WÖRTERBUCH ZUR DEUTSCHEN MILITÄRGESCHICHTE

Schriften des Militärgeschichtlichen Instituts
der Deutschen Demokratischen Republik

WÖRTERBUCH ZUR DEUTSCHEN MILITÄR-GESCHICHTE

A
—
Me

Militärverlag
der Deutschen Demokratischen
Republik

Hauptredaktion:
R. Brühl (Vors.), A. Charisius (†), K. Dorst, G. Förster (†), G. Glaser, P. Heider, M. Lachmann, N. Müller (Sekr.), H. Oeckel, K. Schützle (stellv. Vors.)

Projektleitung und wissenschaftliche Bearbeitung:
K. Schützle (Leiter), G. Förster (†), U. Freye, E. Heidmann, R. Lakowski, N. Müller, T. Nelles, H. Otto, K. Schmiedel, H. Schnitter

Illustrationsvorlagen:
P. Hoch, J. Irmscher, E. Krenz, G. Mattig, H. Mehlhorn, W. Ritter, G. Schulz, R. Studanski

Organisatorisch-technische Arbeiten:
H. Haube, R. Kriegel, H. Moritz, S. Penquitt, A. Weiher

ISBN Gesamt 3-327-00239-8
ISBN Bd. 1 3-327-00477-3
ISBN Bd. 2 3-327-00478-1

Beiträge lieferten:
M. Adam, F. Arnold, G. Barber, F. Bauer, M. Baumann, H.-J. Berendt, A. Benndorf, K. Berthold, H.-J. Beth, K. Bieber, G. Biernath, F. Brandt, R. Brühl, A. Charisius (†), T. Dobias, E. Doehler, D. Dreetz, W. Effenberger, D. Eichholtz, W. Eltze, H. Engelmann, J. Ernst, V. Ernst, E. Falkenberg, R. Falkenberg, R. Felber, E. Fischer, H. Fischer, W. Flegel, G. Förster (†), U. Freye, P. Gausche, G. Geier, H. Gerold, K. Geßner, H. Giertz, G. Giese, G. Glaser, B. Gloede, H. Göpfert, K. Greese, E. Griebel, W. Grobosch, O. Groehler, W. Groß, Ch. Gudzent, G. Günther, F. Haberland, H. Hager, W. Hanisch, W. Hauschild (†), P. Heider, E. Heidmann, B. Heimann, S. Heinze, G. Heitsch, O. Hennicke, E. Hensel, Ch. Hermann, P. Hoch, R. Hoffmann, H. Höhn, O. Hollstein, B. Hübner, W. Hübner, M. Hummeltenberg, J. Irmscher, U. Israel, F.-R. Jacobs, H.-J. Jung, F. Karfik, A. Kästner, W. Kern (†), K.-U. Keubke, W. Kieck, R. Kirchner, H. Knöchel, W. Knoll, L. Koch, P. Kolmsee, D. Kotsch, H. Krause, R. Kriegel, U. Krüger, L. Krumbiegel, K. Krumsieg (†), H. Kühne, M. Lachmann, R. Lakowski, J. Lampe, K. Langbein, H. Lange, H. Leist, S. Lohde, H. Löhr, M. Loleit, H. Löwning, H. Luczak, W. Lutterberg, G. Lux, S. Mahn, S. Mai, K. Mammach, E. Mätzschker, R. Meister, H. Metzschke, S. Modrach, E. Moritz, A. Mücke, H. Mückenheim, D. Müller, H. Müller, N. Müller, R. Müller, D. Neffe, T. Nelles, K. Nuß, H. Oeckel, E. Oettel, H. Otto, G. Paulus, N. Paulus, E. Poppitz, A. Preuße, K. Quaiser, R. Quaiser, H. Rahne, G. Regner, D. Richter, K. Riesbeck, K. Riese, D. Rogowski, W. Roschlau, G. Sarge, G. Schäfer, M. Schiffner, D. Schmidt, H. Schmidt, K. Schmiedel, I. Schmöker, H. Schnitter, P. Schramm, L. Schröter, P. Schröter, G. Schulz, K. Schulz, K. Schützle, W. Schwital, E. Schwock, H. Seewald, H. Selig, H. Sperling, M. Springer, R. Stang, W. Stang, H. Starke, H. Steigleder, E. Stenzel (†), G. Stephan, K. Stich, R. Studanski, B. Tannert, G. Thiede, W. Ullrich, G. Urbani, H.-J. Usczeck, H. Voigt, S. Wagner, B. Watzdorf, K. Wiegand, L. Winter, V. Witt, E. Woit, W. Wolff, W. Wünsche, L. Zähler, H. Zimmermann, H.-J. Zippler, R. Zöbisch

Vorbemerkung

Das vorliegende Wörterbuch ist das erste marxistisch-leninistische Nachschlagewerk zur deutschen Militärgeschichte. Die fast 700 Stichwörter umfassen den Zeitraum von der militärischen Demokratie bis zum bewaffneten Schutz der entwickelten sozialistischen Gesellschaft in der DDR. Bei ihrer Auswahl wurden vor allem die Hauptbestandteile des Gegenstandes der Militärgeschichtswissenschaft berücksichtigt – die Geschichte der Militärpolitik, der Kriege, der Streitkräfte, der Militärtechnik, der Kriegskunst und des militärtheoretischen Denkens. Der geschichtlichen Entwicklung Rechnung tragend, sind die Sachverhalte in ihrem Zusammenhang mit der Klassenauseinandersetzung zwischen Fortschritt und Reaktion dargestellt. Breiter Raum wurde dabei Stichwörtern gewidmet, die die progressiven und revolutionären militärpolitischen und militärischen Traditionen des deutschen Volkes, die Militärpolitik der SED, die Landesverteidigung der DDR mit der NVA als Kern und das sozialistische Verteidigungsbündnis betreffen. Ein weiterer Schwerpunkt sind Stichwörter zur Rolle des preußisch-deutschen Militarismus, seiner Aggressionspolitik und seiner Streitkräfte. Zur Remilitarisierung und Aufrüstung der BRD sowie zur NATO aufgenommene Stichwörter verdeutlichen, warum im Interesse von Frieden und Sozialismus die Landesverteidigung der DDR und das Warschauer Verteidigungsbündnis notwendig, die Erhöhung der Kampfkraft und Gefechtsbereitschaft der NVA und der verbündeten sozialistischen Streitkräfte unerläßlich wurden.

Mit dem «Wörterbuch zur deutschen Militärgeschichte» soll den auf dem Gebiet der Geschichtswissenschaft Tätigen und allen militärhistorisch Interessierten ein Nachschlagewerk zur schnellen und zuverlässigen Information in die Hand gegeben werden. Im besonderen ist bezweckt, die Forschung, Lehre, propagandistische Tätigkeit und gesellschaftswissenschaftliche Weiterbildung in der NVA und den anderen bewaffneten Organen der DDR zu unterstützen sowie die sozialistische Wehrerziehung zu fördern.

Um eine handliche und benutzerfreundliche Ausgabe zu gewährleisten, wurde das Wörterbuch auf 2 Bände begrenzt. Das zwang allerdings zu Beschränkungen hinsichtlich der Anzahl der Stichwörter und des Umfangs der Darstellungen. Zahlreiche Verweisungen bieten die Möglichkeit, den militärgeschichtlichen Gehalt des Wörterbuches vielseitig zu erschließen. Die umfangreiche Illustration soll zusätzliche Informationen vermitteln und das Verständnis der Textaussagen erhöhen. Ein am Schluß des zweiten Bandes befindliches Stichwörterverzeichnis sowie ein vergleichendes geographisches und Ortsverzeichnis erleichtern die Benutzbarkeit.

Kritische Hinweise und Vorschläge, die der Verbesserung des vorliegenden Nachschlagewerkes dienen, sind stets erwünscht.

An der Erarbeitung und der Fertigstellung des militärhistorischen Wörterbuches wirkte ein großer Kreis von wissenschaftlichen und technischen Kräften mit. Neben Angehörigen des Militärgeschichtlichen Instituts der DDR beteiligten sich vor allem Offiziere des Ministeriums für Nationale Verteidigung und der Kommandos der Teilstreitkräfte, Mitarbeiter der Militärakademie «Friedrich Engels», des Zentralinstituts für Geschichte der Akademie der Wissenschaften der DDR, der Militärpolitischen Hochschule «Wilhelm Pieck», der Militärmedizinischen Sektion an der Ernst-Moritz-Arndt-Universität, des Armeemuseums, des Militärarchivs sowie des Militärverlags der DDR. Ihnen allen sei für ihre Unterstützung vielmals gedankt.

Vorbemerkung zur 2. Auflage

Infolge der überaus großen Resonanz, die das «Wörterbuch zur deutschen Militärgeschichte» bei militärhistorisch Interessierten gefunden hat, haben sich Herausgeber und Verlag entschlossen, der sehr rasch vergriffenen ersten Auflage kurzfristig eine zweite folgen zu lassen. Sie entspricht der Erstauflage, enthält jedoch eine Reihe von sachlichen Korrekturen und im wesentlichen auf Personen beschränkten Aktualisierungen. Der Herausgeber war dabei bemüht, auch die ihm von Lesern zugegangenen Hinweise zu berücksichtigen. Eine generelle Fortschreibung oder Erweiterung des Wörterbuches war wegen der Kürze der zur Verfügung stehenden Zeit verständlicherweise nicht möglich. Sie muß einer langfristig vorzubereitenden Neubearbeitung des Werkes vorbehalten bleiben.

Hinweise für die Benutzung

1. Ordnung der Stichwörter
Die Stichwörter sind alphabetisch geordnet. Die Buchstaben ä, ö, ü werden wie a, o, u behandelt.

Bei mehrgliedrigen Stichwörtern richtet sich die Einordnung stets nach dem ersten Wort. Ausnahmen: Wehrmacht, faschistische; Weltkrieg, erster, 1914–1918; Weltkrieg, zweiter, 1939–1945.

2. Bezeichnung der Stichwörter
Die Stichwortbezeichnungen sind nach dem Prinzip leichter Auffindbarkeit der gesuchten Information gewählt. Sie stimmen daher nicht in jedem Fall mit der historisch exakten Bezeichnung des behandelten Gegenstandes überein (z. B. Barbarossaplan statt Weisung des Oberkommandos der Wehrmacht Nr. 21 (Fall Barbarossa)).

Bei Schlachten und Gefechten ist als Stichwort nur der Ort bzw. das Gebiet der Kampfhandlungen mit beigefügter Jahreszahl aufgenommen (z. B. Moskau 1941).

Da das Wörterbuch militärhistorische Sachverhalte behandelt, wurde in der Regel auf das Attribut «militärisch» verzichtet. Stichwörter zu Manövern und Übungen sowie zu Zeitungen und Zeitschriften sind in Anführungszeichen gesetzt.

3. Personennamen
Personen sind bei ihrer ersten Nennung im Stichworttext mit Vornamen (möglichst Rufname), Namen und in Klammern gesetzten Lebensdaten (Jahresangaben) aufgeführt. Bei russischen Personennamen sind Vor- und Vatersname mit den Anfangsbuchstaben wiedergegeben.

Adelstitel sind nur bei Monarchen und anderen regierenden Häuptern sowie bei Personen aufgeführt, die sonst nur schwer identifizierbar wären (z. B. Johann Tserclaes, Graf von Tilly). Der bei Militärpersonen angegebene Dienstgrad entspricht dem Zeitpunkt des dargelegten Sachverhalts.

4. Geographische und Ortsnamen
Geographische und Ortsnamen sind in der zeitgenössischen bzw. im deutschen Sprachgebrauch üblichen Bezeichnung und Schreibweise angegeben. Unterschiedliche heutige Bezeichnungen sind aus dem vergleichenden geographischen und Ortsverzeichnis ersichtlich.

5. Verweisungen
Zusätzliche Informationen zum Sachverhalt eines Stichwortes in anderen Stichwörtern sind durch → und Kursivsetzung des Verweisungswortes kenntlich gemacht. Die Verweisung erfolgt bei der ersten Nennung des Verweisungswortes im Stichworttext. Dieses ist vollständig, jedoch ohne Berücksichtigung von Zahl und Fall angeführt.

Als selbständige Stichwortverweisungen (Blindverweise) sind außer Synonymen Begriffe aufgenommen, deren Sachverhalt in anderen Stichwörtern dargelegt ist (z. B. **Taktik** → *Kriegskunst*).

Auf nicht beim betreffenden Stichwort stehende Illustrationen bzw. auf Tafeln ist am Schluß des Stichwortes verwiesen.

6. Abkürzungen
Ein- und zweigliedrige Stichwörter sind im Text mit dem ersten Buchstaben jedes Wortes abgekürzt. Ist einem Stichwort in Klammern eine Abkürzung beigefügt, wird diese im betreffenden Stichworttext verwendet. Nicht abgekürzt sind mehr als zweigliedrige sowie die unter Ziff. 1 angeführten Stichwörter.

Abkürzungen für nichtmilitärische Begriffe sowie Kurzzeichen und Zeichen im Text entsprechen dem Duden bzw. allgemeinen Gepflogenheiten. Auf Karten und Zeichnungen verwendete Abkürzungen sind von der bildlichen Gestaltung bestimmt.

Folgende Abkürzungen militärischer Begriffe werden in den Stichworttexten durchgängig verwendet:

AOK – Armeeoberkommando
Fla – Fliegerabwehr
Flak – Fliegerabwehrkanone
GSSD – Gruppe der Sowjetischen Streitkräfte in Deutschland
KVP – Kasernierte Volkspolizei
MG – Maschinengewehr
mot. – motorisiert
MPi – Maschinenpistole
NVA – Nationale Volksarmee der DDR
OHL – Oberste Heeresleitung
OKH – Oberkommando des Heeres
OKL – Oberkommando der Luftwaffe
OKM – Oberkommando der Kriegsmarine
OKW – Oberkommando der Wehrmacht
Pak – Panzerabwehrkanone
SFL – Selbstfahrlafette
U-Boot – Unterseeboot (auch U-Schiff u. ä.)

7. Angabe von Quellen bei Zitaten
Nachstehende Werke sind im Text mit den angeführten Kurzbezeichnungen angegeben:

Karl Marx/Friedrich Engels, Werke, Bd. 1–39, Berlin 1957–1968 – K. Marx/F. Engels
W. I. Lenin, Werke, Bd. 1–40, Berlin 1955–1965 – W. I. Lenin
Dokumente und Materialien zur Geschichte der deutschen Arbeiterbewegung, Berlin 1957–1975 – Dok. GdA
Dokumente der Sozialistischen Einheitspartei Deutschlands, Bd. 1–18, Berlin 1948–1982 – Dok. SED
Heinz Hoffmann, Sozialistische Landesverteidigung, Bd. 1–5, Berlin 1971–1983 – H. Hoffmann
Erich Honecker, Reden und Aufsätze, Bd. 1–7, Berlin 1975–1982 – E. Honecker
Karl Liebknecht, Gesammelte Reden und Schriften, Bd. 1–9, Berlin 1958–1971 – K. Liebknecht
Franz Mehring, Gesammelte Schriften, Bd. 1–15, Berlin 1960–1967 – F. Mehring
Wilhelm Pieck, Gesammelte Reden und Schriften, Bd. 1–6, Berlin 1959–1981 – W. Pieck

Nach der Nennung des Autors/Werkes folgen die mit arabischer Ziffer gekennzeichnete Bandnummer und die Seitenangabe (z. B. K. Marx/F. Engels, 19, S. 447).

A

Aachen 1944: Schlacht im zweiten Weltkrieg (→ *Weltkrieg, zweiter, 1939–1945*) zwischen amerikanischen und faschistischen deutschen Truppen (12./13. 9.–21. 10. 1944), die mit einer Niederlage der Wehrmacht und der Einnahme der Stadt durch die 1. USA-Armee endete.

Im Verlauf der anglo-amerikanischen Sommeroffensive 1944 war die 1. USA-Armee bis zum Hügelgelände westlich A. vorgestoßen und hatte am 12. 9. die Staatsgrenze Hitlerdeutschlands erreicht. Das Ziel der amerikanischen Truppen bestand darin, die Grenzbefestigungen (→ *Westwall*) zu durchbrechen, unter Umgehung der Stadt den Angriff durch die sog. Aachener Enge und den Stolberger Korridor in Richtung Köln zu entwickeln und Brückenköpfe auf dem Ostufer des Rheins zu bilden. Den Raum A. verteidigte das LXXXI. Armeekorps der faschistischen 7. Armee, das nur über eine geringe Kampfkraft verfügte. Ein Teil seiner Verbände hatte in den vorhergegangenen Gefechtshandlungen mit den amerikanischen Truppen erhebliche Verluste an Kräften und vor allem an schweren Waffen erlitten; viele Truppenteile waren aus Versprengten, Ersatzeinheiten u. ä. rasch zusammengestellt worden. Die amerikanischen Truppen waren sowohl an Kräften als auch an Mitteln, vor allem an Geschützen, überlegen. Die deutsche militärische Führung war bestrebt, den Raum A. hartnäckig zu verteidigen und durch Gegenangriffe Zeit zu gewinnen, um neue Truppen (u. a. 2 Infanteriedivisionen) heranzuführen. Tatsächlich vermochte sie ein weiteres Vorstoßen der USA-Verbände in den geplanten Angriffsrichtungen zu vereiteln und den vollen Durchbruch durch den Westwall und in die Tiefe der deutschen Verteidigung zu verhindern. Die amerikanischen Truppen sahen sich gezwungen, ihren operativen Plan zu ändern und zuerst die Stadt einzunehmen. Es gelang ihnen bis zum 21. 10., A. einzuschließen und zu erobern, ostwärts der Stadt Geländegewinne zu erzielen, den Einbruch in den Westwall auszuweiten und diesen stellenweise zu durchbrechen.

Achselklappen → *Schulterklappen*

Achselstücke → *Schulterstücke*

Adjutant: einem Kommandeur bzw. Befehlshaber oder Stab als Gehilfe beigegebener Offizier.

Die in Frankreich seit Mitte des 16. Jh. für den Gehilfen des → *Majors* übliche Bezeichnung A. bürgerte sich in den folgenden Jahrzehnten auch im deutschen Militärwesen ein. Besonderes Gewicht erhielt die Dienststellung des A. in Preußen seit König Friedrich II. (1712–1786). Er ließ die Zahl der A. beträchtlich erhöhen und wies den in höheren Dienststellungen tätigen A. Aufgaben zu, die denen der späteren Generalstabsoffiziere ähnelten.

Der Aufgabenbereich des A. war vielfältig. Er führte in der Regel den militärischen Schriftverkehr, erarbeitete Berichte und verfaßte Befehle an die unterstellten Truppenformationen. Auf Bataillons- und Regimentsebene fungierte der A. als Führungsgehilfe bei der Ausbildung sowie bei der Lösung taktischer Aufgaben und war Dienst- und Disziplinarvorgesetzter des Stabspersonals. In den Kommandoebenen ab Brigade aufwärts bearbeitete er Personalfragen der Offiziere und Mannschaften einschließlich der Disziplinarangelegenheiten. Auf den Schiffseinheiten der Marine übte der A. zugleich die Funktion des Signaloffiziers aus. Im Kriegsfall wurden die A. auf allen Kommandoebenen zahlenmäßig vermehrt und in verstärktem Maße zu Unterstützungsaufgaben bei der Führung der Truppen im Gefecht herangezogen. Um seine Beweglichkeit zu sichern, war der A. bis zum zweiten Weltkrieg beritten, danach zumeist motorisiert. Neben den Truppen-A. gab es persönliche A., die den Angehörigen der Herrscherhäuser, dem Kriegsminister, dem Generalstabschef und anderen hohen Militärs zur Verfügung standen. Dazu gehörten auch die den regierenden Häuptern beigegebenen Flügel-A. (nach der früheren Funktion der A., Befehle an die Flügel des Heeres weiterzuleiten) und General-A. Während die Bataillons- und

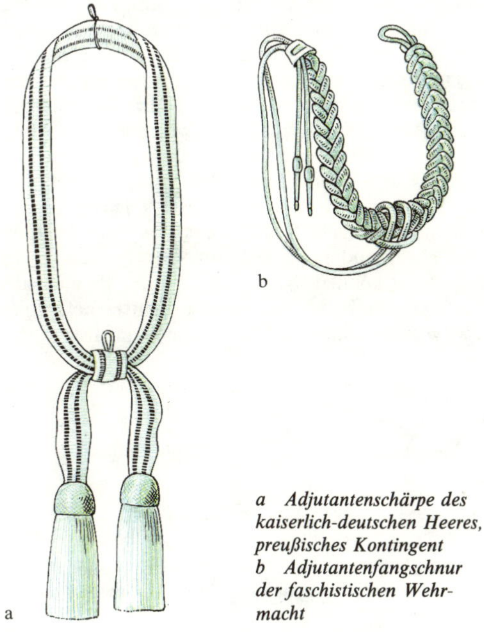

a Adjutantenschärpe des kaiserlich-deutschen Heeres, preußisches Kontingent
b Adjutantenfangschnur der faschistischen Wehrmacht

Regiments-A. von den entsprechenden Kommandeuren aus dem Kreis der unterstellten Offiziere ausgewählt wurden, erhielten die höheren A. ihre Ernennung durch Befehl der obersten Militärbehörde, in Deutschland bis 1918 durch Kabinettsorder. In der Reichswehr und in der faschistischen Wehrmacht bestand die Dienststellung A. ebenfalls. Während des zweiten Weltkrieges gab es neben den A. in den höheren Stäben als Strukturelement noch die Adjutantur, die der sog. 1. A. leitete. Dieser war für den Dienstbetrieb des Stabes verantwortlich, verfügte über dessen Fahrzeuge und ihren Einsatz und bearbeitete Offiziersangelegenheiten.

Auch in der NVA existiert die Dienststellung des A. Sie wird mit Offizieren bzw. Fähnrichen besetzt.

Admiral: ursprünglich Titel für einen Befehlshaber in der Marine, später höchste Ranggruppe in den Seestreitkräften; in der Volksmarine der NVA zur Gruppe Generale der Dienstgradgruppe Offiziere gehörend.

Der vermutlich aus dem Arabischen stammende Begriff war bis in das 17. Jh. hinein der allgemeine Titel für einen höheren Befehlshaber zur See. Er konnte in einigen Ländern, so in Frankreich und den Niederlanden, erblich sein. Im deutschen Feudalreich verlieh erstmals der Hamburger Senat in der zweiten Hälfte des 17. Jh. seinem Konvoikapitän Berend Jacobsen Karpfanger (1623–1683) den Titel eines A. Mit der Herausbildung stehender Flotten Ende des 17. Jh. wurde nach niederländischem und britischem Vorbild A. der höchste Dienstgrad in den Seestreitkräften der meisten Staaten. Als Bezeichnung für das Kampfschiff, von dem aus der A. den von ihm befehligten Verband führte und das die A.flagge setzte, bürgerte sich die bis heute gebräuchliche Bezeichnung → *Flaggschiff* ein. Der unterste A.dienstgrad, der Konter-A., bezeichnete ursprünglich den Befehlshaber der Nachhut der Flotte, der zugleich der Vertreter des Befehlshabers während der Nacht war. Der nächsthöhere Dienstgrad, der Vize-A., war ehem. Stellvertreter des Befehlshabers einer Flotte und zugleich Führer der Vorhut. In der Gegenwart können sowohl der Vize-A. als auch der Konter-A. Verbände oder große Schiffe befehligen bzw. wichtige Stabsfunktionen ausüben. Der A. besaß in den deutschen Streitkräften die Rechte und die Stellung eines → *Generals.* Seit 1900 gab es in der Kaiserlichen Marine den Groß-A., der dem Dienstgrad → *Generalfeldmarschall* im Heer entsprach. Für die Zeit der Weimarer Republik blieb A. der höchste Marinedienstgrad. Von der faschistischen Regierung wurde 1936 im Zusammenhang mit den Flottenrüstungen erneut ein höherer A.rang eingeführt, der dem Generaloberst entsprechende General-A. Am 1. 4. 1939 erfolgte auch wieder die Ernennung eines Groß-A.

Der Dienstgrad A. ist bei den Seestreitkräften der meisten Länder noch heute gebräuchlich. Dabei wird traditionsgemäß jedem A.dienstgrad eine Flagge zugeordnet, die gesetzt wird, wenn ein A. an Bord geht.

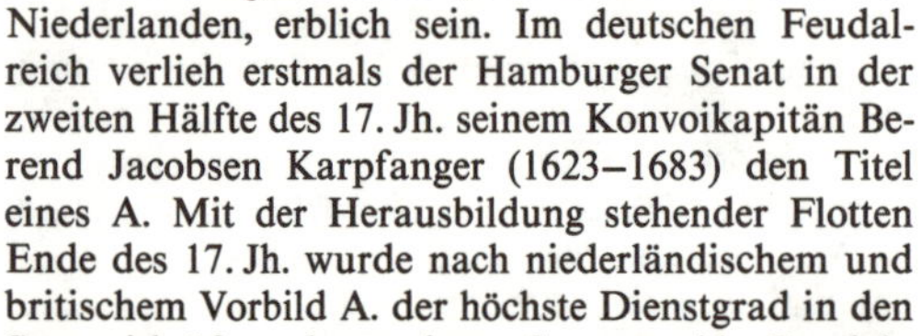

Admiralsflaggen der Kaiserlichen Marine: 1 Admiral; *2* Vizeadmiral; *3* Konteradmiral (hier: II. Geschwader der Hochseeflotte)

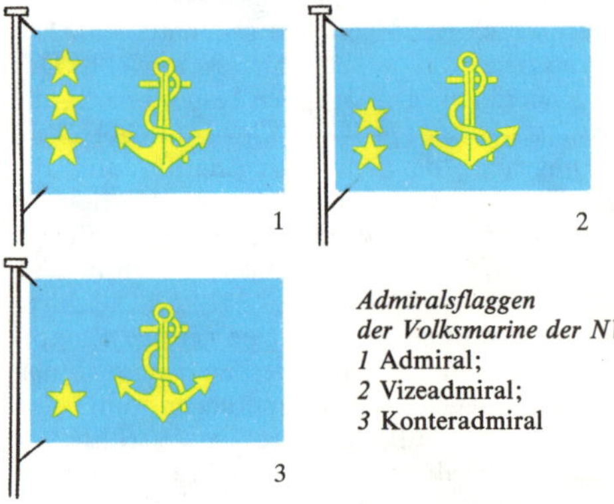

Admiralsflaggen der Volksmarine der NVA: 1 Admiral; *2* Vizeadmiral; *3* Konteradmiral

In der NVA gibt es die A.dienstgrade Konter-A. (= Generalmajor), Vize-A. (= Generalleutnant), A. (= Generaloberst) und Flotten-A. (= Armeegeneral). A.dienstgrade haben u. a. der Chef der Volksmarine, dessen Stellvertreter sowie Chefs von operativen oder operativ-taktischen Verbänden. *(s. Abb. S. 144, 145, 147, 1006)*

Admiralstab: oberste Planungs- und Führungsbehörde der deutschen → *Kaiserlichen Marine.*

Die Anfänge des A. gehen auf eine Kabinettsorder Kaiser Wilhelms I. (1797–1888) vom 14. 12. 1875 zurück. Er entstand zunächst als eine Dienststelle der Admiralität der seit 1872 bestehenden obersten Marinebehörde des kaiserlichen Deutschlands. Nach Auflösung der Admiralität im Jahre 1889 (an ihre Stelle traten als Nachfolgebehörden das Oberkommando der Marine, das → *Reichsmarineamt* und das Marinekabinett) bildete der A. eine Abteilung des Marine-Oberkommandos. Als Kaiser Wilhelm II. (1859–1941) 1899 selbst den Oberbefehl über die Marine übernahm und deren Oberkommando auflöste, erhielt der A. den Rang einer selbständigen Institution. Der A.chef war Berater des Kaisers in operativen Fragen und ihm unmittelbar unterstellt. Befehlsgewalt besaß er nicht. Der A. erlangte im kaiserlichen Deutschland nicht den seiner Stellung entsprechenden Einfluß auf die Seekriegführung und Marinepolitik. Seine Befugnisse wurden vor allem durch das Reichsmarineamt eingeengt. Ständige Ressortstreitigkeiten mit diesem Amt sowie mit dem Marinekabinett und dem Flottenkommando trugen dazu bei, daß der A. von 1899 bis 1919 10 Chefs hatte.

Der A. (Friedensgliederung) bestand aus der Zentralabteilung, der Nachrichtenabteilung, der Abteilung für Taktik und Ausbildung, der Europäischen Abteilung, der Außereuropäischen Abteilung und dem Kriegsgeschichtlichen Dezernat. Er bearbeitete alle Fragen der Seekriegführung in den heimischen Gewässern und in Übersee und entwarf Denkschriften und Operationsdirektiven für die verschiedenen Kriegsfälle, seit 1905 vor allem für den Krieg gegen Großbritannien. Zu seinen Aufgaben gehörten weiter die Durchführung von Planspielen sowie – in Verbindung mit dem Flottenkommando – der Herbstmanöver der Flotte, die Beobachtung der ausländischen Marinen, die Ausbildung von A.offizieren u. a. m. Eine besondere Rolle spielte der A. bei der überseeischen Expansionspolitik des deutschen Imperialismus. Über ihn liefen die Verbindungen zu den im Ausland befindlichen deutschen Kriegsschiffen, zu deren Aufgaben die militärische Sicherung der Kolonialinteressen des deutschen Kaiserreiches gehörte. Der A. war an der Vorbereitung und Durchführung von kolonialen Kriegen, insbesondere an der Intervention des deutschen Imperialismus in China 1900/01, beteiligt.

Im ersten Weltkrieg 1914–1918 hatte der A., dessen Chef zum Großen Hauptquartier des Kaisers gehörte, auf die eigentliche Flottenführung wenig Einfluß. Der Chef der Hochseeflotte handelte im Rahmen der von Wilhelm II. beeinflußten Operationsdirektiven des A. mehr oder weniger selbständig. Der A. vertrat ebenso wie die → *Oberste Heeresleitung (OHL)* weitreichende Kriegsziele. Er gehörte von Ende 1914 bis 1918 zu den Verfechtern des uneingeschränkten → *U-Boot-Krieges* und rücksichtsloser Luftangriffe auf England. In seinen Händen lag u. a. die Planung bzw. Koordinierung einer Reihe von gemeinsam mit Heereskräften durchgeführter Operationen, so der Besetzung der Ostseeinseln Ösel, Moon und Dagö im Oktober 1917 sowie der Intervention in Finnland 1918. Am 11. 8. 1918 wurde Admiral Reinhard Scheer (1863–1928) Chef des A. und der neugeschaffenen Seekriegsleitung, die zur obersten Kommandobehörde der Kaiserlichen Marine aufstieg. Ende Oktober 1918 versuchten Seekriegsleitung und Flottenchef, die Waffenstillstandsverhandlungen durch einen Angriff der Hochseeflotte auf die britische Kriegsflotte zu stören. Die «Todesfahrt» wurde jedoch durch den Widerstand der Mannschaften (→ *revolutionäre Matrosenbewegung 1917/18*) verhindert. Am 15. 11. 1918 erfolgte die Unterstellung des A. unter das Reichsmarineamt. Auf Verlangen der Siegermächte wurde der A. am 15. 7. 1919 aufgelöst. In der Reichsmarine der Weimarer Republik (→ *Reichswehr*) führte die Flottenabteilung des Marinekommandoamtes wesentliche Aufgaben des A. fort. In der Kriegsmarine des faschistischen Deutschlands wurden seine Funktionen von der Seekriegsleitung übernommen (→ *Oberkommando der Kriegsmarine (OKM)*).

Akademien: höchste militärische Bildungsstätten zur weiteren Qualifizierung von Offizieren der Streitkräfte.

Im 17. Jh. wurden im deutschen Feudalreich die ersten Lehranstalten zur militärischen Aus- und Weiterbildung von Offizieren errichtet. Ihre Gründung erfolgte im Zusammenhang mit dem Aufbau fest organisierter und disziplinierter Heere bzw. der Stärkung der → *Landesdefension*, mit den Fortschritten in der Waffentechnik und der Kriegskunst sowie unter dem Einfluß von Ideen der bürgerlichen Frühaufklärung auf das feudale Militärwesen. Als erste A. gilt die Kriegsschule des Grafen Johann VII. von Nassau-Siegen (1561–1623), die 1616 in Siegen eröffnet wurde. Sie bestand ebenso wie die 1624 in Gitschin vom kaiserlichen Feldherrn Albrecht von Wallenstein (1583–1634) geschaffene Friedländische A. jedoch nur wenige Jahre. In Brandenburg und in Bayern entstanden sog. Ritter-A. für die militärische Ausbildung junger Adliger. In den Lehrplänen all dieser Anstalten dominierten allgemeinbildende Fächer (alte und neue Sprachen, Naturwissenschaften). Militärisches Wissen wurde vor allem in Mathematik, Befestigungskunst, Artilleriewissenschaft und Taktik vermittelt; hinzu kamen Reit- und Fechtausbildung sowie Waffenübungen.

Die im 18. Jh. gegründeten A. waren enger mit dem feudalabsolutistischen Staats- und Militärapparat verbunden. Namentlich die weiteren Fortschritte

Das 1883 fertiggestellte Lehrgebäude der Kriegsakademie in Berlin

in der Organisation der stehenden Heere und der Waffengattungen, vor allem der Artillerie, sowie die Entwicklung des Befestigungswesens erforderten mehr ausgebildete Offiziere. Mit diesem Ziel wurden in Wien 1717 eine Ingenieurschule, in Dresden 1742 eine Ingenieurschule und 1766 eine Artillerie-A. (beide 1816 vereinigt zur Militär-A.) sowie in Berlin 1788 eine Ingenieur- und 1791 eine Artillerie-A. errichtet. Neben diesen waffentechnisch orientierten A. gab es noch allgemeine A., die vor allem junge Adlige auf den Offiziersberuf vorbereiteten und Offiziere weiterbildeten. Dazu gehörten die von 1711 bis 1744 bestehende Ritter-A. in Kloster Ettal, die 1752 gegründete Militär-A. in Wiener Neustadt, die 1765 in Berlin geschaffene Adels-A. und die 1790 gegründete Militär-A. in München. Das militärische Bildungswesen wurde in der zweiten Hälfte des 18. Jh. durch eine militärische Reformbewegung begünstigt, die unter dem Einfluß von Ideen der bürgerlichen Aufklärung durch eine verbesserte Erziehung und Bildung der Offiziere die Mißstände in den stehenden Söldnerheeren zu beseitigen suchte. In den Lehrplänen der A. hatten weiterhin allgemeinbildende Fächer einen hohen Anteil. Den Anforderungen an eine höhere Bildungsanstalt für Offiziere am nächsten kam die 1801 in Berlin gegründete Lehranstalt für junge Infanterie- und Kavallerieoffiziere. Ihr Direktor, Oberst Gerhard von Scharnhorst (1755–1813), war die Seele der 1804 durchgeführten Neuorganisation, die zur Bildung eines Lehrinstituts für die Berliner Inspektion sowie der A. für junge Offiziere führte.

Im bürgerlichen Militärwesen erhielt das militärische Erziehungs- und Bildungswesen neue Aufgaben und einen breiteren Wirkungskreis. Der Aufbau von Massenheeren, die Neuerungen in der Organisation, Gliederung und Ausbildung der Streitkräfte und die volle Herausbildung von Generalstäben und Kriegsministerien erforderten neben der durchgängigen Ausbildung aller Offiziere auch eine hohe Zahl speziell ausgebildeter Offiziere. Diese Tendenz verstärkte sich noch durch den wachsenden Einfluß der sich im 19. Jh. rasch entwickelnden Natur- und Gesellschaftswissenschaften sowie der Technik auf das Militärwesen. Im Verlauf der → *Militärreformen in Preußen 1807–1815* wurde auf Initiative Scharnhorsts 1810 mit der Allgemeinen Kriegsschule (seit 1859 → *Kriegsakademie*) erstmals eine A. als höchste militärische Lehreinrichtung geschaffen. Ihre Aufgabe war, Offiziere für die höhere Adjutantenlaufbahn, den Generalstab und als Lehrer für die Offiziersschulen (→ *Kriegsschulen*) auszubilden. Scharnhorsts Ideen vom gebildeten Offizier als Träger des Fortschritts in der Armee wurden jedoch nach 1815 unter dem Einfluß der Restaurationspolitik immer mehr durch reaktionäres politisch-ideologisches Gedankengut aus dem Lehr- und Ausbildungsprogramm der Allgemeinen Kriegsschule verdrängt. Die Allgemeine Kriegsschule bildete vorwiegend Infanterie- und Kavallerieoffiziere weiter. Artillerie- und Pionieroffiziere besuchten zur militärfachlichen Qualifizierung zumeist den zweiten (höheren) Kurs der 1815 in Berlin gegründeten vereinigten Artillerie- und Ingenieurschule, die den Charakter einer Offiziersschule und einer A. besaß. Auch andere Staaten des Deutschen Bundes errichteten A. bzw. reorganisierten bestehende Bildungsinstitutionen, um den neuen Anforderungen zu entsprechen. So führte die sächsische Militär-A. von 1819 bis 1866 mehrfach 2jährige Kurse zur Ausbildung von Generalstabsoffizieren und höheren Komandeuren durch. In Hannover bestand von 1824 bis 1834 eine Generalstabs-A., deren Lehrgänge 5 Jahre dauerten; sie wurde 1834 mit der früher geschaffenen Militär-A. vereinigt. Baden richtete 1831/32 eine Höhere Kriegsschule mit 3-Jahres-Kursen ein. 1852 wurde in Österreich eine A.charakter tragende Kriegsschule für die Aus- und Weiterbildung von Stabsoffizieren gegründet. Nach preußischem Vorbild entstand 1867 die bayrische Kriegs-A. in München. Sie bestand auch nach 1871, als die preußische Kriegs-A. die Ausbildung der Generalstabsoffiziere und höheren Kommandeure aller Bundesländer übernahm, für das bayrische Heer weiter. In der zweiten Hälfte des 19. Jh. beeinflußten vor allem die Erfahrungen des Krimkrieges (1853–1856) und der preußisch-deutschen Kriege (1864, 1866, 1870/71) sowie das nach 1871 einsetzende Wettrüsten die weitere Entwicklung des höheren militärischen Bildungswesens. Die maritime Rüstung des deutschen Kaiserreiches wurde 1872 durch die Errichtung einer Marine-A. in Kiel mit vorbereitet. Die A. bildete Offiziere vor allem für den Admiralstabsdienst heran. Der Lehrplan schloß militärische und technisch-naturwissenschaftliche Fächer ein, wobei nach 1900 der Anteil der letzteren zugunsten der militärischen Fächer sank. Im Laufe des 19. Jh. gründeten andere kapitalistische Staaten ebenfalls A. als höchste militärische Bildungsstätten. Für die Landstreitkräfte wurden entsprechende Einrichtungen z. B. 1830 und 1855 in Rußland, 1858 in Großbritannien und 1878 in Frankreich geschaffen. Marine-A. gab es seit Ende des 19. Jh.

Im Zusammenhang mit der raschen Entwicklung der Militärtechnik wurde 1903 in Berlin eine Militärtechnische A. mit dem Ziel errichtet, Offiziere der Artillerie, der Pioniere und anderer technischer Waffengattungen theoretisch aus- und weiterzubilden. Die A. unterstützte besonders die Rüstungsinteressen der großen deutschen Konzerne, in begrenztem Umfang leistete sie auch militärtechnische Forschungs- und Untersuchungsarbeiten. 1907 wurde ihr die vereinigte Artillerie- und Ingenieurschule angegliedert. Der Besuch der Militärtechnischen A. fand im Offizierskorps, das die Rolle der Technik im modernen imperialistischen Militärwesen unterschätzte, wenig Anklang. Die Weiterbildung vor allem der Artillerieoffiziere trug starke praktizistische Züge und erfolgte in größerem Maße durch die verschiedenen Lehrgänge der Artillerieschießschule Jüterbog. Nach Kriegsausbruch 1914 stellten die deutschen A. den Lehr- und Dienstbetrieb vorübergehend ein. Die personellen Verluste 1914/15 sowie die Neuaufstellungen von Verbänden und Kommandobehörden führten jedoch zu einem Mangel an ausgebildeten Stabsoffizieren und Kommandeuren. Ab 1916 wurden deshalb Kurzlehrgänge der Kriegs-A. durchgeführt.

Die Bestimmungen des Versailler Vertrages 1919 untersagten dem deutschen Imperialismus und Militarismus, A. zu unterhalten und Generalstabsoffiziere auszubilden. Die Reichswehr umging aber im Rahmen der getarnten Aufrüstung dieses Verbot durch die → *Führergehilfenausbildung.* In Auswertung der Erfahrungen des ersten Weltkrieges delegierte sie außerdem eine Anzahl Offiziere nach bestandener Wehrkreisprüfung zur sog. waffentechnischen Sonderausbildung an zivile Universitäten und Hochschulen zum Studium solcher Fächer wie Brükkenbau, Ballistik, Motoren- und Flugzeugbau. Diese Offiziere stellten die Kader für die technischen Generalstabsbereiche der geplanten Aggressionsarmee sowie für die Leitung der Waffen- und Geräteentwicklung. Nach Errichtung der faschistischen Diktatur und dem offenen Bruch des Versailler Vertrages wurden 1935 die Kriegs- und die Marine-A. wiedereröffnet sowie die Luftkriegs- und die Lufttechnische A. (beide Berlin) als höhere Bildungsanstalten für die Luftwaffe neu geschaffen. Die beiden Luftwaffen-A. sollten sowohl Kader weiterbilden als auch an der Lösung technischer und militärischer Probleme der Entwicklung dieser Teilstreitkraft sowie der geplanten Luftkriegführung mitarbeiten. Die Lehrgänge an der Luftkriegs-A. dauerten 2 Jahre und schlossen kurze Truppenkommandos und sog. Belehrungsreisen ein. Die Lufttechnische A. hatte zunächst die Ausbildung technischer Generalstabsoffiziere zum Ziel. Im Zuge der Aufrüstung der Luftwaffe wurde sie 1938 als technische Einrichtung in die Luftkriegs-A. eingegliedert und die Tätigkeit ihrer Mitarbeiter auf die Unterstützung des Lehrprozesses ausgerichtet. Die Aufgaben einer allgemeinen technischen A. erfüllte die an der Technischen Hochschule Berlin errichtete Wehrtechnische Fakultät. Außerdem wurden weiterhin Offiziere nach bestandener Aufnahmeprüfung für die Kriegs-A. zum Studium technischer und naturwissenschaftlicher Fächer an Universitäten und Hochschulen entsandt. 1935 wurde als neue Bildungsstätte die Wehrmacht-A. eröffnet. In 1-Jahres-Lehrgängen erhielten hier Generalstabsoffiziere aller Teilstreitkräfte Unterricht in der Führung gemeinsamer Operationen und in der Gesamtkriegführung, während höhere Wehrmacht- und Staatsbeamte in Fragen der Versorgung und Sicherstellung der Streitkräfte unterwiesen wurden. Die Oberbefehlshaber der 3 Teilstreitkräfte, die einen Bedeutungsverlust ihrer A. befürchteten, boykottierten diese Einrichtung weitgehend, so daß die Wehrmacht-A. 1938 wieder aufgelöst wurde. In den meisten imperialistischen Staaten bestanden seit dem ersten Weltkrieg ebenfalls derartige A. für die Streitkräfte und die Gesamtkriegführung, so in Großbritannien das Imperial Defence College. Der Ausbau und das Wirken der A. waren ein wesentlicher Teil der faschistischen Aufrüstung und Kriegsvorbereitung. Mit Beginn des zweiten Weltkrieges stellten die deutschen A. den Lehr- und Dienstbetrieb zunächst ein. Bereits 1940 führten die Kriegs-A. jedoch wieder Kurse durch, die ab 1941 ständig erweitert werden mußten. Dazu zwangen vor allem die hohen Verluste an Kommandeurskadern im Krieg gegen die Sowjetunion und der durch Neuaufstellung von Verbänden und Führungsstäben rasch ansteigende Bedarf. 1943 nahm auch die Marine-A. ihre Kurse wieder auf, die jeweils 4 Monate dauerten. Die Luftkriegs-A. war schon am 1. 11. 1939 wiedereröffnet worden. Sie führte bis Kriegsende 6 Lehrgänge unterschiedlicher Dauer durch, auf denen Fragen der Luftverteidigung und der Unterstützung des Heeres eine wachsende Rolle spielten. Die Lufttechnische A. entstand 1942 unter der Bezeichnung Technische A. der Luftwaffe wieder als selbständige Einrichtung. Sie hatte die Aufgabe, den technischen Rückstand der faschistischen Luftwaffe abbauen zu helfen. Auf diese Weise sollte sie dazu beitragen, das Übergewicht der Luftstreitkräfte der Staaten der Antihitlerkoalition zu reduzieren. Sie begann 1944 mit einem Lehrgang zur Qualifizierung von Ingenieuroffizieren, für die ab 1940 in der Luftwaffe eine eigene Laufbahnrichtung geschaffen worden war.

Nach 1945 beeinflußten die Erfahrungen des zweiten Weltkrieges, die militärpolitischen Veränderungen in der Welt und seit den 50er Jahren insbesondere die weitreichenden Wandlungen in der Militärtechnik und ihre Auswirkungen auf die Streitkräfte und ihre Führungs- und Einsatzmethoden das gesamte höhere militärische Bildungswesen. Die Zahl der A. nahm zu, wobei sich eine wachsende Spezialisierung durchsetzte. In den imperialistischen Staaten vollzog sich dieser Prozeß auf dem Boden einer aggressiven, besonders gegen den Sozialismus gerichteten Politik.

In der Bundeswehr der BRD stützen sich die neugeschaffenen A. zugleich auf die Traditionen ihrer imperialistischen Vorgänger. Zu den A. der Bundeswehr zählen u. a. die 1957 gegründete Führungs-A.

(Bad Ems, seit 1958 Hamburg), die speziell an die ehem. Kriegs-A. anknüpft, sowie die A. des Sanitäts- und Gesundheitswesens (München) und die Bundes-A. für Wehrtechnik und Verwaltung (Mannheim). Alle diese Einrichtungen verbinden in ihrer Tätigkeit antikommunistische Beeinflussung mit fachlicher Aus- und Weiterbildung der Offiziere. Sie stehen mit entsprechenden A. in anderen NATO-Staaten, besonders in den USA und Großbritannien, sowie mit der 1951 geschaffenen NATO-A. (Rom) in engem Kontakt.

Im sozialistischen Militärwesen dienen die A. der Erhöhung der Verteidigungskraft der Streitkräfte zum Schutz des Friedens und der sozialistischen Gesellschafts- und Staatsordnung. Sie nehmen in der Erziehung und Ausbildung militärischer Kader, aber auch in der Forschung und Publikation einen wichtigen Platz ein. Die ersten sozialistischen A. wurden nach der Gründung der Roten Arbeiter-und-Bauern-Armee auf Anordnung W. I. Lenins (1870–1924) in Moskau und Petrograd eröffnet. Als erste nahm im Dezember 1918 die A. des Generalstabes der Roten Armee ihre Arbeit auf. Weitere A. entstanden im Zusammenhang mit der Militärreform (1924–1928) und der technischen Neuausrüstung von Armee und Seekriegsflotte in den 30er Jahren. Bis Mitte 1941 erhöhte sich ihre Zahl auf 19. Neben der A. des Generalstabes, der Militärpolitischen A. «W. I. Lenin» und der Militärtechnischen A. «F. E. Dzierżyński» gab es A. der Teilstreitkräfte, Waffengattungen und Dienste, dazu 7 Seekriegshochschulen und 10 militärische Fakultäten an zivilen Hochschulen. Entsprechend den Prinzipien des proletarischen Internationalismus wurden an sowjetischen A. auch militärische Kader der revolutionären Arbeiterbewegung und der nationalen Befreiungsbewegung aus verschiedenen Ländern ausgebildet. Sie bewährten sich im nationalrevolutionären Krieg Spaniens 1936–1939, im antifaschistischen Widerstands- und Partisanenkampf während des zweiten Weltkrieges und nach 1945 beim Aufbau der Streitkräfte der sozialistischen Staaten. Unter Führung der KPdSU wurden die sowjetischen A. nach dem zweiten Weltkrieg weiterentwickelt. Ihr Profil sowie die Lehr- und Forschungstätigkeit entsprechen den Anforderungen, die sich aus der militärpolitischen und wissenschaftlich-technischen Entwicklung ergeben. Hörer an sowjetischen A. waren und sind auch zahlreiche Offiziere verbündeter sozialistischer Streitkräfte. Die sowjetischen A. unterstützten den Auf- und Ausbau von A. und ähnlichen höheren militärischen Bildungseinrichtungen in anderen sozialistischen Ländern. In der DDR wurden 1959 die → *Militärakademie «Friedrich Engels»* als höchste militärische Bildungsstätte und 1981 die → *Militärmedizinische Akademie (MMA)* gegründet. Leitende

Akademie des Generalstabs der Sowjetarmee «M. W. Frunse» in Moskau, 1936

militärische Kader qualifizieren sich speziell auf gesellschaftswissenschaftlichem Gebiet an der → *Militärpolitischen Hochschule «Wilhelm Pieck»* in besonderen Kursen.

à la suite → *Offizier*

Allgemeine Kriegsschule → *Kriegsakademie*

«Allgemeine Militär-Zeitung»: von einer Gesellschaft deutscher Offiziere und Militärbeamten von 1826 bis 1902 in Darmstadt herausgegebenes unabhängiges Journal.

Die Zeitung, die 2- bzw. 3mal wöchentlich erschien, war eines der bekanntesten Organe der bürgerlichen → *Militärpresse.* Durch ihre vielseitige Thematik und den umfangreichen Rezensions- und Annotationsteil trug sie wesentlich zur Verbreitung neuer militärischer Ideen und Literatur bei. Dem Autorenkreis gehörten Militärpublizisten vor allem aus den süd- und mitteldeutschen Ländern an, neben Vertretern konservativer und liberaler politischer Ansichten auch demokratisch gesinnte ehemalige Offiziere. Friedrich Engels (1820–1895) schrieb für diese Zeitung folgende Beiträge: «Eine Musterung englischer freiwilliger Jäger» (1860, Nr. 36); «Eine englische Freiwilligen-Inspektion» (1862, Nr. 44/45) und «Englands Streitmacht Deutschland gegenüber» (1864, Nr. 27). Die Zeitung verfolgte alle wesentlichen Veränderungen auf militärischem Gebiet, insbesondere den Einfluß der ökonomischen, technischen und wissenschaftlichen Fortschritte auf das Militärwesen und den bewaffneten Kampf. Dabei standen Fragen der Bewaffnung, der Taktik und der Ausbildung im Vordergrund. Mit dem Aufschwung der nationalen Einigungsbewegung seit 1859 befürwortete die Zeitung verstärkt eine Reform der Kriegsverfassung des Deutschen Bundes. Eine Reihe von Beiträgen beschäftigte sich mit der Milizfrage. In diesem Zusammenhang vermieden die meisten Autoren eine offene Kritik am reaktionären Charakter der stehenden Heere und beschränkten sich auf die Forderung nach verkürzter Dienstzeit und nach Einengung des geistlosen Drills. Nach dem Dänisch-Deutschen Krieg 1864 trat die Zeitung dafür ein, die → *Konskription* abzuschaffen und die → *allgemeine Wehrpflicht* nach preußischem Muster konsequent durchzuführen. Die ablehnende Haltung gegenüber den Milizanhängern führte 1864 dazu, daß sich einige demokratisch gesinnte ehemalige Offiziere von der Zeitung abwandten und die → *«Deutsche Wehrzeitung»* gründeten. Nach 1871 verlor das Journal durch die militärische Vorherrschaft Preußens im deutschen Kaiserreich und das Erscheinen neuer militärpolitischer Periodika zunehmend an Einfluß; sein Mitarbeiter- und Wirkungskreis wurde kleiner. Vorrangig befaßte es sich mit den militärischen Ereignissen und Erfahrungen des Deutsch-Französischen Krieges 1870/71 sowie mit den Kriegen nach 1871. In den 80er und 90er Jahren des 19. Jh. plädierte die Zeitung für die Heeresverstärkungen, die Einführung neuer Waffen und die maritime Rüstung. 1902 stellte sie aus finanziellen Gründen ihr Erscheinen ein.

allgemeine Volksbewaffnung: militärpolitische Grundsatzforderung fortschrittlicher Klassenkräfte, vor allem der revolutionären deutschen Arbeiterbewegung, im Kampf gegen den Militarismus und die reaktionären stehenden Heere, für nationale und soziale Befreiung.

In ihrer Frühform wurde die Forderung nach a. V. schon in den Kämpfen der bürgerlichen, bäuerlichen und plebejischen Klassenkräfte gegen die feudale Knechtung und Ausbeutung erhoben, so insbesondere im → *deutschen Bauernkrieg 1524–1526.* Der amerikanische Unabhängigkeitskrieg 1775–1783 und die Kriege des revolutionären Frankreichs trugen wesentlich zur Ausbreitung der Idee der a. V. bei. Die deutschen Jakobiner forderten in Flugschriften die a. V. nach dem Vorbild der Levée en masse in der Französischen Revolution für den Kampf gegen die feudalabsolutistische Reaktion. Die preußischen Reformer, besonders die fortschrittlichen Militärs, verlangten zur Beseitigung der napoleonischen Fremdherrschaft den bewaffneten Kampf durch das ganze Volk und suchten dies mit der → *Landwehr* und dem → *Landsturm* zu verwirklichen. Die Idee der a. V. fand auch ihren Niederschlag in den oppositionellen Bewegungen nach 1815. Sie war eine Losung der bürgerlichen Demokratie, so z. B. des linken Flügels der Burschenschaftsbewegung 1817, und kam während der revolutionären Klassenkämpfe 1830/31 in spontanen Volksbewaffnungsaktionen zum Ausdruck. Die bürgerliche Demokratie verstand jedoch unter a. V. in erster Linie Bewaffnung des Bürgertums als Alternative zum stehenden Heer, nicht aber Bewaffnung der Volksmassen für den revolutionären Kampf.

Mit dem Eintritt der Arbeiterklasse in die Geschichte in den 30er und 40er Jahren des 19. Jh. und ihrem Emanzipationsstreben erhielt die Forderung nach a. V. einen qualitativ neuen Inhalt (→ *Militärpolitik der revolutionären deutschen Arbeiterbewegung (bis 1945)*). In der bürgerlich-demokratischen → *Revolution 1848/49* wurde sie zur entscheidenden militärpolitischen Forderung von Karl Marx (1818–1883) und Friedrich Engels (1820–1895), von ihnen formuliert im «Manifest der Kommunistischen Partei» (Februar 1848) und in den 17 «Forderungen der Kommunistischen Partei in Deutschland» (März 1848). Ihr Ziel war die Bewaffnung der Arbeiter, aber auch der Bauern und Kleinbürger im revolutionären Kampf, d. h. die Auflösung des stehenden Heeres und die Schaffung einer Revolutionsarmee. Marx und Engels sahen in der a. V. einen notwendigen Akt der Revolution, um deren Ergebnisse und ihre Weiterführung zu sichern. Sie ordneten die a. V. der Zuendeführung der bürgerlich-demokratischen Revolution unter. Das Proletariat, Kern der bewaffneten Kräfte, sollte auf dem äußersten linken Flügel der revolutionären Bewegung kämpfen. Ein Ausdruck des Ringens um die Verwirklichung der a. V. waren die bewaffneten Volkskämpfe 1848/49 (u. a. → *Zeughaussturm in Berlin 1848*). Ansätze der a. V. verkörperten die auf kommunaler Ebene 1848 entstandenen Bürgerwehren, die Nationalgarden und die oppositionellen Elemente der Landwehr. In den Freischaren dominierte vor allem das proletarische Element. Die Bourgeoisie lehnte jedoch die Forderung nach a. V. ab und benutzte, die Revolution verratend, das reaktionäre Heer zum Einsatz gegen das Volk.

Der Gedanke der a. V. ging auch in die programmatischen Forderungen der revolutionären deutschen Sozialdemokratie ein. Seine Verwirklichung stellte sie sich in Form einer Volkswehr (→ *Miliz*) anstelle der stehenden Heere vor. Sie sah darin den Weg, um den Militarismus zu überwinden und Eroberungskriege zu verhindern. Unter a. V. verstand sie zugleich die Verfügung über Waffen, Munition und Kriegsgerät sowie die Fertigkeit aller wehrfähigen Bürger, diese zu handhaben. Die opportunistischen Parteiführer verwässerten jedoch später den revolutionären Klasseninhalt der Forderung nach a. V.

W. I. Lenin (1870–1924) konkretisierte am Vorabend der russischen Revolution 1905–1907 die Losung der a. V. für die Bedingungen des Imperialismus. Er erkannte als erster, daß in die imperialistischen Kriege breiteste Volksmassen einbezogen werden. Das ermöglichte die Schaffung einer revolutionären Armee, bestehend aus bewaffneten Arbeitern und Bauern, den organisierten Vortrupps der Vertreter dieser Klassen, sowie aus revolutionierten Truppenteilen. Das damit geforderte proletarische Klassenprinzip der a. V. verwirklichten die Bolschewiki in der Großen Sozialistischen Oktoberrevolution. Sie bauten eine stehende Armee neuen Typs zur Verteidigung der sozialistischen Errungenschaften auf. Geleitet von der Lehre Lenins und den Erfahrungen der Bolschewiki, forderte die KPD in ihrem auf dem Gründungsparteitag angenommenen Programm als Sofortmaßnahme die Entwaffnung der herrschenden Klassen und die Bewaffnung der gesamten erwachsenen männlichen proletarischen Bevölkerung als Arbeitermiliz. Rote Garden aus Proletariern sollten den Kern dieser Miliz zum Schutz der → *Novemberrevolution 1918/19* bilden. Entsprechend dieser Forderung und diktiert vom Klassenkampf, schufen die revolutionären Kräfte zur Weiterentwicklung der Revolution und zur Verteidigung ihrer Errungenschaften vielerorts bewaffnete Formationen. Die bedeutendsten waren die → *bayrische Rote Armee* und die → *Rote Ruhrarmee.* Im Kampf gegen den Hitlerfaschismus wurde die Forderung nach a. V. zu einer wichtigen militärpolitischen Losung der antifaschistisch-demokratischen Kräfte. In den von der KPD auf der Brüsseler (1935) und der Berner Parteikonferenz (1939) entwickelten Vorstellungen über die Volksarmee eines neuen, demokratischen deutschen Staates fanden die Ideen der a. V. ihren Niederschlag. Seine Krönung erfuhr der jahrhundertelange Kampf der fortschrittlichen und revolutionären Kräfte des deutschen Volkes um die a. V. in der Schaffung der NVA sowie der anderen Schutz- und Sicherheitsorgane der DDR.

allgemeine Wehrpflicht: auf Gesetz beruhende Pflicht jedes (in der Regel männlichen) wehrfähigen erwachsenen Staatsbürgers, im Frieden eine bestimmte Zeit und im Kriegsfall entsprechend den Erfordernissen in den Streitkräften zu dienen.

Die Einführung der a. W. war mit der Entstehung der bürgerlichen Gesellschaft verbunden und setzte den von Leibeigenschaft bzw. Hörigkeit und fürstlicher Willkür befreiten Staatsbürger voraus. Doch gab es auch in den vorhergehenden Jahrhunderten die zumeist als ungeschriebene Rechtsnorm überlieferte Pflicht aller männlichen Landesbewohner, nach Aufforderung durch den Landesherrn Kriegsdienst zu leisten. Der selbst in Kriegen begrenzte Umfang der Heere und die Furcht der herrschenden Klasse vor den bewaffneten Bauern und Handwerkern ließen aber die Feudalgewalten vom ausgehenden Mittelalter an nur im allergrößten Notfall auf diese Kriegsdienstpflicht zurückgreifen. Die spätfeudale Aufgebotsverpflichtung (→ *Landesdefension*) war ebensowenig eine a. W. wie das z. B. in Preußen im 18. Jh. bestehende → *Kantonsystem.* Die a. W., von der europäischen Aufklärung gefordert, fand ihre erste Verwirklichung während der Französischen Revolution von 1789. Durch die Wehrpflichtgesetze von 1793 ordnete der revolutionäre Konvent in Paris für die Dauer des Krieges gegen die Feudalmächte die Dienstpflicht aller unverheirateten Männer vom 18. bis zum 25. Lebensjahr im Heer und aller Männer bis zum 40. Lebensjahr in der Nationalgarde an. Bis zum Sturz der Jakobinerherrschaft im Sommer 1794 waren jedoch alle konterrevolutionären Elemente vom Kriegsdienst ausgeschlossen. Die a. W. stellte einen Fortschritt dar, wenn sie auch damals der Durchsetzung einer neuen Ausbeuterordnung, der bürgerlichen Gesellschaft, diente. Bereits 1798 wurde in Frankreich die → *Konskription* gesetzlich eingeführt und 1800 die Stellvertretung gestattet und damit die a. W. zu Lasten der besitzlosen Schichten verwässert.

In den deutschen Staaten setzte sich die a. W. Anfang des 19. Jh. im Rahmen der militärischen Reformen durch, die durch die Niederlagen gegen das großbürgerliche Frankreich erzwungen wurden und die bürgerliche Umgestaltung des Militärwesens auf deutschem Boden einleiteten. Dabei bildeten sich 2 Formen heraus: die uneingeschränkte a. W. mit langjähriger Reserveverpflichtung und die Konskription mit Stellvertretung bei langjährigem Dienst in den Streitkräften und nur relativ kurzer Reserveverpflichtung. Fast alle Rheinbundstaaten führten nach französischem Vorbild das Konskriptionssystem mit Stellvertretung ein, während das Kernstück der → *Militärreformen in Preußen 1807–1815* die uneingeschränkte a. W. war. Die preußischen Reformer um den Staatsminister Karl vom und zum Stein (1757–1831) und den Generalmajor Gerhard von Scharnhorst (1755–1813) forderten zwar von Beginn an die Verwirklichung der Verpflichtung jedes Staatsbürgers zur Vaterlandsverteidigung. Sie erreichten dieses Ziel jedoch erst im Frühjahr 1813, als die regierenden Kreise unter dem Druck der wachsenden antinapoleonischen Bewegung ihren Widerstand gegen eine Volksbewaffnung aufgeben mußten. Mit der Aufhebung der bisherigen Befreiungen von der Kantonpflicht sowie mit der Bildung von → *Landwehr* und → *Landsturm* konnte die a. W. in Preußen realisiert werden. Die juristische Fixierung der a. W. erfolgte durch das «Gesetz über die Verpflichtung zum Kriegsdienste» vom 3. 9. 1814, das vor allem das Werk von Generalmajor Hermann von Boyen (1771–1848), dem ersten preußischen Kriegsminister, war. Es sah im Frieden eine 3jährige aktive Dienstzeit im stehenden Heer vor (20.–23. Lebensjahr), der 2 Jahre Zugehörigkeit zur Kriegsreserve

(24./25. Lebensjahr) und je 7 Jahre Zugehörigkeit zum ersten und zweiten Aufgebot der Landwehr (26.–39. Lebensjahr) folgten. Darüber hinaus waren alle Männer, soweit sie nicht zum stehenden Heer oder zur Landwehr gehörten, vom 17. bis 50. Lebensjahr landsturmpflichtig. Um die Abneigung eines Teils des Bürgertums gegen den aktiven Militärdienst zu überwinden, gestattete das Gesetz von 1814 vermögenden Dienstpflichtigen, als sog. → *Einjährig-Freiwillige* nur 1 Jahr im stehenden Heer zu dienen und anschließend zur Landwehr überzutreten. In Preußen waren nach 1815 die reaktionären Kräfte bemüht, die a. W. in ihrem Klasseninteresse, nicht aber als demokratische Einrichtung wirksam werden zu lassen. Sie verkürzten 1820 die aktive Dienstzeit bei der Infanterie und Fußartillerie auf 2½ Jahre und 1833 sogar auf 2 Jahre. Die eingesparten Gelder wurden benutzt, um → *Kapitulanten* in größerer Zahl in den Linientruppen einzustellen. Dadurch erhielt die auf der a. W. aufgebaute Armee neben dem Offizierskorps ein zusätzliches Korsett aus Kräften, die der bestehenden Ordnung ergeben waren und maßgeblich dazu beitrugen, die Armee als zuverlässiges Instrument reaktionärer Klassenpolitik nach innen und außen zu erhalten. Da zudem nicht jeder Taugliche zum aktiven Dienst herangezogen wurde, blieb die a. W. in Preußen insgesamt auf eine Minderheit der Militärpflichtigen beschränkt. In fast allen anderen Staaten des Deutschen Bundes galt weiterhin die Konskription. Auslosung, Freikaufen und Stellvertretung sowie zahlreiche generelle Ausnahmen durchlöcherten die allgemeine Dienstpflicht, die damit vor allem zur drückenden Last der Werktätigen wurde. Die aktive Dienszeit in den einzelnen Konskriptionsarmeen betrug 8–12 Jahre, in Österreich anfangs im Durchschnitt 14 Jahre.

Nach 1815 richteten sich die militärpolitischen Forderungen der liberalen und demokratischen Opposition gegen die reaktionäre Einschränkung der a. W. in Preußen und ganz besonders gegen das volksfeindliche Konskriptionssystem. In der Revolution 1848/49 lag zwar der Frankfurter Nationalversammlung der Entwurf eines Wehrgesetzes vor, der die Abschaffung der Konskription und die Einführung der uneingeschränkten a. W. für ganz Deutschland vorsah. Die verräterische Haltung der Bourgeoisie und der Sieg der Konterrevolution 1849 verhinderten jedoch die Annahme und Verwirklichung eines solchen Gesetzes. Als einzige politische Kraft in der Revolution trat der Bund der Kommunisten für eine konsequent demokratische Lösung der Militärfrage ein. Entsprechend den von Karl Marx (1818–1883) und Friedrich Engels (1820–1895) formulierten 17 «Forderungen der Kommunistischen Partei in Deutschland» (März 1848) erhob er die Entwaffnung der Konterrevolution sowie die → *allgemeine Volksbewaffnung* und die Aufstellung revolutionärer Streitkräfte zur entscheidenden militärpolitischen Forderung.

Nach der Revolution 1848/49 hielten die regierenden Kreise Preußens die 2jährige Dienstpflicht nicht mehr für ausreichend zur Erziehung politisch zuverlässiger Truppen. Sie führten 1855 erneut die 3jährige aktive Dienstzeit ein. Ihr Versuch, im Rahmen der → *Heeresreorganisation in Preußen 1859/60* die im Kriegsdienstgesetz von 1814 festgelegte aktive Dienst-, Reserve- und Landwehrpflicht gesetzlich zu ändern, scheiterte am Widerstand der bürgerlichen Opposition. Da sich jedoch die Bourgeoisie fürchtete, das Volk zur Unterstützung aufzurufen, gelang es den Militärbehörden, ohne Gesetz die Reorganisation nach ihrer Vorstellung durchzuführen. Eine neue gesetzliche Regelung erfolgte erst im Norddeutschen Bund mit dem «Gesetz, betreffend die Verpflichtung zum Kriegsdienste» vom 9. 11. 1867. Es dehnte die Grundprinzipien der preußischen Militärverfassung auf alle Bundesstaaten aus, in denen nun ausnahmslos die uneingeschränkte a. W. galt. Das Gesetz bestimmte eine 7jährige Dienstzeit im stehenden Heer, davon 3 Jahre aktiv und 4 Jahre in der Reserve (20.–27. Lebensjahr), und eine anschließende 5jährige Verpflichtung zur Landwehr (28.–32. Lebensjahr). Außerdem bestand die Landsturmpflicht für alle gedienten und ungedienten Männer vom 17. bis 42. Lebensjahr. Die nicht in das stehende Heer eingestellten Dienstpflichtigen wurden 1868 in der sog. → *Ersatzreserve* zusammengefaßt. Auch die süddeutschen Staaten reorganisierten ab Frühjahr 1867 ihre Streitkräfte nach preußischem Muster und ersetzten die Konskription durch die a. W. Die Verfassung des 1871 gegründeten deutschen Kaiserreiches legte die a. W. und die preußische Militärgesetzgebung einheitlich für das ganze Reich fest. Im → *Reichsmilitärgesetz 1874* wurden die Bestimmungen des Kriegsdienstgesetzes von 1867 beibehalten; sinngemäß gleiche Bestimmungen galten für den Dienst in den Seestreitkräften.

Nach den Erfahrungen der Kriege von 1866 und 1870/71 stellten die militaristisch-junkerlichen Kräfte die a. W. in den Dienst der zunehmend reaktionären und aggressiven Innen- und Außenpolitik und verfälschten damit in gröbster Weise ihren fortschrittlich-demokratischen Inhalt. Im Dienst imperialistischer Weltmachtpolitik verwandelte sich die a. W. seit Ende des 19. Jh. endgültig in eine reaktionäre Zwangsdienstpflicht, die mit dem ursprünglichen bürgerlichen Wehrpflichtgedanken nicht mehr identisch war. 1888 wurde die Dienstpflicht bis zum 45. Lebensjahr verlängert und 1893 die 2jährige aktive Dienstzeit für die Fußtruppen eingeführt, deren Reservepflicht sich dafür auf 5 Jahre erhöhte. Diese Gesetze legten die Grundlagen für das spätere imperialistische Massenheer. Sie widerspiegelten zugleich den Zwang für den Militarismus, zur Verwirklichung seiner Aggressionspläne die wehrpflichtigen Jahrgänge in größerem Maße als bisher auszuschöpfen. Dabei diente die a. W. den Militärbehörden auch als Mittel, Mitglieder der Arbeiter- und Gewerkschaftsbewegung durch die Einberufung zum Militär mundtot zu machen. Während des ersten Weltkriegs wurde die Militärdienstpflicht unter starker Herabsetzung der bisherigen Tauglichkeitsnormen radikal für alle Jahrgänge bis zum Landsturm durchgeführt.

Die klassenbewußten Kräfte des Proletariats kämpften entschlossen gegen Militarismus und für eine demokratische Militärverfassung. Bereits 1865 hatte Engels in seiner Schrift «Die preußische Militärfrage und die deutsche Arbeiterpartei» die Stellung der Arbeiterklasse in der Frage der Streitkräfte dargelegt. Er forderte damals die Ausnutzung der a. W. in doppelter Hinsicht: einmal mit dem Ziel, die Armee für ungerechte Kriege und reaktionäre Staatsstreiche unbrauchbar zu machen; zum anderen dafür, das Proletariat im Waffengebrauch zu üben und zu bewaffnen. Maximale Verwirklichung der a. W. bei gleichzeitiger Verkürzung der aktiven Dienstzeit war nach Engels ein wichtiges Mittel zur demokratischen Umgestaltung des stehenden Heeres unter aktivem und direktem Einfluß der revolutionären Arbeiterklasse. Die Ansichten von Engels wurden im wesentlichen auch zum militärpolitischen Standpunkt der I. Internationale. Der Kampf um wahrhaft demokratische Streitkräfte auf der Grundlage der voll verwirklichten uneingeschränkten a. W., bis zum ersten Weltkrieg vor allem von August Bebel (1840–1913), Karl Liebknecht (1871–1919) und Rosa Luxemburg (1871–1919) leidenschaftlich in Wort und Schrift geführt, blieb ein Hauptbestandteil der → *Militärpolitik der revolutionären deutschen Arbeiterbewegung (bis 1945)*. Es waren die Bolschewiki unter Führung W. I. Lenins (1870–1924), die als erste eine wahrhafte Volksarmee schufen. Im Feuer der Großen Sozialistischen Oktoberrevolution 1917 entstand die Rote Arbeiter-und-Bauern-Armee zum Schutz des jungen Sowjetstaats. Aufgrund der sich verstärkenden ausländischen militärischen Intervention mußte die Partei der Bolschewiki im Mai 1918 vom Freiwilligenprinzip zur a. W. übergehen. Damit war erstmalig in der Geschichte die a. W. zu einer in vollem Umfang demokratischen Institution geworden, denn sie diente nunmehr dem Schutz des Aufbaus einer von Unterdrückung und Ausbeutung freien Gesellschaft.

Der Versailler Vertrag 1919 verbot die a. W. in Deutschland, und demzufolge rekrutierte sich die → *Reichswehr* der Weimarer Republik ausschließlich aus Freiwilligen. Schon bald nach der Errichtung der faschistischen Diktatur ging die Reichswehrführung jedoch dazu über, durch geheime gesetzliche Verordnungen militärdiensttaugliche Männer einzuberufen. Am 16. 3. 1935 verkündete die Hitlerregierung die sog. Wehrhoheit und führte mit dem «Gesetz für den Aufbau der Wehrmacht» (→ *Wehrmacht, faschistische*) die a. W. wieder ein. Das Wehrgesetz vom 21. 5. 1935 bestimmte die Dienstpflicht für alle Männer vom 18. bis 45. Lebensjahr. Die aktive Dienstzeit, der ein ½jähriger Dienst im Reichsarbeitsdienst vorausgehen mußte, betrug zunächst 1 Jahr und wurde 1936 auf 2 Jahre heraufgesetzt. Daran schloß sich die Reservepflicht bis zum 35. Lebensjahr an, während alle nicht zum aktiven Dienst einberufenen Diensttauglichen bis zum 35. Lebensjahr zur Ersatzreserve gehörten. Es folgte die Landwehrpflicht bis zum 45. Lebensjahr. Für den Landsturm, der aus den Männern im Alter von über 45 Jahren gebildet werden sollte, war keine Grenze gesetzt. Das Wehrgesetz führte auch den Begriff «Wehrunwürdigkeit» ein. Darunter fielen u. a. alle wegen «staatsfeindlicher» Betätigung verurteilten Antifaschisten sowie die jüdischen Bürger. Diese Bestimmungen und besonders der Umstand, daß das Prinzip der a. W. erneut imperialistischer Weltmachtpolitik dienstbar gemacht wurde, offenbarten deutlich den extrem reaktionären Charakter der faschistischen Militärdienstpflicht. Während des zweiten Weltkriegs wurde die Militärdienstpflicht noch umfassender als während des ersten Weltkrieges verwirklicht und dabei auch das Mindestalter herabgesetzt (1945 auf 16 Jahre) sowie die «Wehrunwürdigkeit» eingeschränkt (Bildung von Strafbataillonen aus Antifaschisten). Das Potsdamer Abkommen 1945 verbot die a. W. in Deutschland für den Zeitraum der Entmilitarisierung und Entnazifizierung. Im Zuge der Remilitarisierung und der Eingliederung der BRD in das imperialistische Paktsystem schuf die Adenauerregierung ab 1950 Voraussetzungen für die Wiedereinführung der a. W. Nach Verfassungsergänzungen 1954 und 1956 und vorbereitenden gesetzlichen Regelungen nahm schließlich die Mehrheit des Bundestages das Wehrpflichtgesetz am 7. 7. 1956 an. Es leitete den beschleunigten Aufbau der → *Bundeswehr der BRD* und damit eine neue Etappe in der Militarisierung und Revanchepolitik des BRD-Imperialismus ein. Wehrpflichtig sind alle Männer vom 18. bis zum 45., im Kriegsfall bis zum 60. Lebensjahr.

In der DDR ist die a. W. erstmalig in einem deutschen Staat verwirklicht, in dem es keine antagonistischen Klassen mehr gibt. Sie ist Ausdruck des Willens der Arbeiterklasse und aller mit ihr verbündeten Klassen und Schichten, den sozialistischen Staat und seine Errungenschaften zuverlässig zu schützen und einen wirksamen Beitrag zur Sicherung des Friedens zu leisten. Die Ergänzung der → *Nationalen*

Volksarmee der DDR (NVA) erfolgte zunächst bis Anfang der 60er Jahre ausschließlich nach dem Freiwilligenprinzip. In Wahrnehmung der souveränen Rechte und internationalen Bündnisverpflichtungen der DDR beschloß die Volkskammer zur Stärkung der Landesverteidigung angesichts der Aggressionspolitik des BRD-Imperialismus im September 1961 das Verteidigungsgesetz. Darauf basierte das Wehrpflichtgesetz vom 24. 1. 1962, das die Verteidigung des sozialistischen Vaterlandes zur verbindlichen Rechtsnorm für jeden wehrpflichtigen Bürger der DDR machte. Mit dem → *Gesetz über den Wehrdienst in der DDR 1982* wurden die bisherigen wehrdienstrechtlichen Bestimmungen kontinuierlich weitergeführt und präzisiert. Es legt fest, daß alle männlichen Bürger der DDR vom 18. bis zum 50. (Offiziere bis zum 60.) Lebensjahr der a. W. unterliegen. Während der Mobilmachung und im Verteidigungszustand endet die a. W. für alle männlichen Bürger mit dem 60. Lebensjahr; außerdem können weibliche Bürger vom 18. bis 50. Lebensjahr in die a. W. einbezogen werden. Das Gesetz sichert das in der Verfassung der DDR verbriefte Recht und die Ehrenpflicht der Staatsbürger auf den Waffendienst zum Schutz des Friedens und des sozialistischen Vaterlandes.

Alliierte Militärkommandantur für Berlin → *Alliierter Kontrollrat für Deutschland*

Alliierter Kontrollrat für Deutschland: 1945 nach der bedingungslosen Kapitulation des faschistischen Deutschlands gebildetes Organ der Alliierten, das sich aus den Oberbefehlshabern der amerikanischen, britischen, französischen und sowjetischen Besatzungstruppen zusammensetzte und in allen Deutschland als Ganzes betreffenden Angelegenheiten zuständig war.

Der Kontrollrat wurde entsprechend den Beschlüssen der Krimkonferenz (Konferenz von Jalta) vom 4. bis 11. 2. 1945 gebildet. Die Repräsentanten der Hauptmächte der Antihitlerkoalition waren dort übereingekommen, durch eine Zentrale Kontrollkommission, die dann als Kontrollrat bezeichnet wurde, eine koordinierte Verwaltung und Kontrolle in allen Besatzungszonen Deutschlands zu gewährleisten. Am 5. 6. 1945 unterzeichneten in Berlin die 4 Oberbefehlshaber die Deklaration über die Niederlage Deutschlands und die Übernahme der obersten Regierungsgewalt sowie die Festlegungen über das Kontrollverfahren und über die Besatzungszonen. Der Kontrollrat wurde mit Sitz in Berlin gebildet und im Zusammenhang damit vereinbart, das in der sowjetischen Besatzungszone liegende Gebiet von Groß-Berlin durch eine Interalliierte Militärkommandantur gemeinsam zu verwalten und in den westlichen Stadtbezirken amerikanische, britische und französische Besatzungstruppen zu stationieren. Auf der ersten offiziellen Tagung am 30. 7. 1945 beschloß der Kontrollrat, seine Sitzungen jeweils am 10., 20. und 30. jedes Monats bzw. jederzeit auf Wunsch eines Ratsmitglieds durchzuführen. Die Ratsmitglieder waren gleichberechtigt und auf das Prinzip der Einstimmigkeit festgelegt; die Vorsitzenden wechselten in alphabetischer Reihenfolge der vertretenen Mächte. Das Potsdamer Abkommen vom 2. 8. 1945 bildete die Grundlage für die Tätigkeit des Kontrollrats, der in seiner Proklamation Nr. 1 vom 30. 8. 1945 an das deutsche Volk die Übernahme der ihm übertragenen Machtbefugnisse bekanntgab. Die von ihm bis Anfang 1948 erlassenen Proklamationen, Gesetze, Befehle, Direktiven und Instruktionen entsprachen den Interessen des deutschen Volkes, wurden jedoch in den Westzonen oft nur teilweise und formal durchgeführt. Im Vordergrund der Tätigkeit des Kontrollrats standen Maßnahmen zur Verwirklichung der Forderung der friedliebenden Völker nach Entmilitarisierung und Entnazifizierung Deutschlands. Die erlassenen Rechtsnormen waren eine wichtige Grundlage zur Durchführung des Londoner Viermächteabkommens vom 8. 8. 1945 über die Verfolgung und Bestrafung der Hauptkriegsverbrecher. Zum Aufgabenbereich des Kontrollrats gehörten u. a. die Regelung der Versorgung insbesondere der Großstädte mit Lebensmitteln und Energie, die Sicherung der Verkehrsverbindungen, Fragen der Umsiedlung deutscher Bevölkerung aus anderen Ländern in die Besatzungszonen Deutschlands sowie Reparationsleistungen. Unter seiner Leitung fungierte die am 11. 7. 1945 gebildete Interalliierte Militärkommandantur für Berlin, nachdem Anfang Juli vereinbarungsgemäß Truppenkontingente der westlichen Besatzungsmächte in die Westsektoren der Stadt eingerückt waren. Während die Sowjetunion für die konsequente Durchsetzung der Machtbefugnisse des Kontrollrats und seiner Organe eintrat, bestand in der Haltung der imperialistischen Besatzungsmächte von Anfang an ein Gegensatz zwischen den gemeinsam proklamierten Zielen und der Praxis. Im Prozeß der Spaltung Deutschlands und der Restauration der imperialistischen Machtverhältnisse in den westlichen Besatzungszonen blockierten die Westmächte zunehmend die Zusammenarbeit auch im Kontrollrat. Die von Februar bis Juni 1948 in London durchgeführte Konferenz imperialistischer Mächte zur deutschen Frage bedeutete eine grundsätzliche Abkehr der Westmächte von den Prinzipien des Potsdamer Abkommens. Auf der (letzten) Sitzung des Kontrollrats am 20. 3. 1948 verweigerten die westlichen Mitglieder sowohl jede Information über die Londoner Konferenz als auch ihre Zustimmung zu Maßnahmen, die vom sowjetischen Vertreter zur Verhinderung der staatlichen Spaltung Deutschlands vorgeschlagen wurden. Der Alliierte Kontrollrat als oberstes Machtorgan in

Deutschland, das die gemeinsame Viermächteverwaltung zu verwirklichen hatte, hörte damit faktisch auf zu bestehen.

Alpenkorps → *Gebirgstruppen*

alpenländischer Bauernkrieg 1525/26 → *deutscher Bauernkrieg 1524–1526*

Altenesch 1234: entscheidende Schlacht im → *Stedinger Aufstand um 1204–1234* zwischen dem Stedinger → *Aufgebot* und einem Kreuzfahrerheer am 27. 5. 1234.

Gegen die um ihre Unabhängigkeit kämpfenden Stedinger wurde seit 1232 zum Kreuzzug aufgerufen. Nachdem das im Juli 1233 von den Stedingern geschlagene Kreuzfahrerheer weiteren Zuzug erhalten hatte, rüstete die Feudalklasse zum entscheidenden Angriff. Das im Mai 1234 bei Bremen versammelte Heer vereinigte Feudalherren vor allem aus dem Weser-, Niederrhein- und Maasgebiet, aus dem Lipper Land und aus Westfalen. Die Stärkeangaben reichen von 6000 bis 40000 Mann. Den Oberbefehl über das Heer, dessen Hauptstoßkraft die schwergepanzerten Ritter bildeten, führten ein Sohn des Herzogs von Brabant und ein Graf von Holland. Die Stedinger kämpften im Familien- und Sippenverband, die Mehrheit zu Fuß, ohne Rüstung und mit dem langen Spieß als Hauptwaffe. Ihre gewählten Anführer waren Boleke von Bardenfleth, Tammo von Huntorf und Dietmar tom Diek. Für das Aufgebot schwanken die angegebenen Zahlen zwischen 3500 und 11000 Kämpfer. Vermutlich standen bei A. etwa 4000 Bauern gegen 8000 Kreuzfahrer. Trotz ihrer zahlenmäßigen Überlegenheit und besseren Bewaffnung scheuten die Ritter einen Frontalangriff auf die Befestigungsanlagen der Stedinger. Am 27. 5. brach das Kreuzfahrerheer in Bremen auf und zog zwischen Weser und Ochtum nordwärts. Gleichzeitig fuhren zahlreiche flachbordige Schiffe die Weser hinab, bogen in die Ochtum ein und verankerten sich zu einer oder mehreren Schiffsbrücken. So gelangten die Kreuzfahrer nahe A. auf das stedingische Ufer und damit überraschend in die Flanke der bäuerlichen Verteidigungsstellung. Die Stedinger mußten ihren Geländevorteil aufgeben. Sie stellten sich in tiefgegliederter Phalanx den Kreuzfahrern entgegen und begannen den Angriff, bevor die Gesamtheit der Gegner die Ochtum überschritten hatte. Mit gefällten Spießen stürmten die Stedinger vor und brachten die Ritter in schwere Bedrängnis. Die Wende trat ein, als die → *Panzerreiter* des Grafen von Kleve in die ungedeckte Flanke des Bauernheeres stießen. Die dichten Reihen der Stedinger rissen auf, und die Ritter vermochten in die Lücken einzudringen. Nach äußerst erbittertem Kampf erlagen die Stedinger der gegnerischen Übermacht. Viele von ihnen wurden niedergemacht, viele kamen auf der Flucht um. Der Niederlage folgte ein grausamer Terror der Kreuzfahrer. Mit der Vernichtung ihres Aufgebots bei A. endete der über 30jährige Aufstand der Stedinger, die sich der feudalen Herrschaft beugen mußten.

Amt Blank: Dienststelle der BRD-Regierung, die von 1950 bis 1955 als Organisationszentrum bei den Vorbereitungen zur Aufstellung der → *Bundeswehr der BRD* fungierte; bezeichnet nach ihrem Leiter, dem CDU-Bundestagsabgeordneten Theodor Blank (1905–1972).

Die BRD-Regierung schuf mit dem A. B. die staatliche zentrale Institution für die Planung und Leitung aller Vorarbeiten für den Aufbau einer imperialistischen Armee. Sie befand sich dabei in Übereinstimmung mit den Bestrebungen der USA und anderer imperialistischer Mächte zur Ausweitung und Verstärkung der → *NATO* und zur Einbeziehung künftiger Streitkräfte der BRD in den Pakt (→ *New-Yorker Konferenz 1950*). Diese Handlungen widersprachen sowohl den Festlegungen des Potsdamer Abkommens als auch anderen alliierten Bestimmungen über die Entmilitarisierung Deutschlands. Am 26. 10. 1950 wurde Blank zum sog. Bevollmächtigten (später Beauftragten) «des Bundeskanzlers für die mit der Vermehrung der alliierten Truppen zusammenhängenden Fragen» berufen. Als wichtigste konzeptionelle Grundlage für das A. B. galt die → *Himmeroder Denkschrift 1950.* Sie enthielt Forderungen herrschender Kreise der BRD und Vorstellungen ehem. faschistischer Generale. Diese betrafen Umfang, Gliederung, Ausrüstung, Bewaffnung, Führungsorganisation, Einsatzgrundsätze und Status künftiger BRD-Streitkräfte innerhalb einer westeuropäischen Streitmacht. Wesentliche Vorarbeiten waren durch die bereits im Mai 1950 entstandene staatliche Institution «Zentrale für Heimatdienst» geleistet worden. Ein Teil ihres Personals, u. a. eine Gruppe ehem. Generale und Generalstabsoffiziere der faschistischen Wehrmacht, wurde in das A. B. übernommen. Dessen Tätigkeit konzentrierte sich in den Jahren 1950–1952 auf Absprachen mit Vertretern der Westmächte über die Modalitäten der Aufstellung von Streitkräften in der BRD einschließlich ihrer zahlenmäßigen Stärke und Gliederung. Bis Frühjahr 1952 entstanden die Planungsgrundlagen der BRD-Führung für die militärische Aufrüstung im Rahmen der → *Europäischen Verteidigungsgemeinschaft (EVG).* Es war vorgesehen, neben den weiterhin auf dem Territorium der BRD verbleibenden Truppen der USA, Großbritanniens, Frankreichs und anderer NATO-Staaten BRD-Streitkräfte in Stärke von 500000 Mann aufzustellen. Sie sollten sich in taktische Verbände (Divisionen) gliedern und im Rahmen einer künftigen «Europaarmee» unter NATO-Kommando stehen. Von 1952 bis 1955 befaßte sich das A. B. mit dem Beginn der Aufstellung von Truppen. Demgemäß erfolgte ein rascher struktureller und personeller Ausbau der Dienststelle. Ihre Personalstärke betrug 1951 140, 1953 700 und 1955 1366 Mitarbeiter. Das A. B. erarbeitete die militärischen, politisch-ideologischen, personellen, materiell-technischen und juristischen Planungen und Vorbereitungen für die Aufstellung von Streitkräften. Ebenso wurde, getarnt als Aufstellungsstab, der Rahmen für ein künftiges Kriegsministerium geschaffen. Gleichzeitig wirkte eine Arbeitsgruppe des A. B. im Interimsausschuß der EVG in Paris, die über Detailprobleme der Streitkräfteplanung für die «Europaarmee» verhandelte.

Nach dem Scheitern des Projekts einer «Europaarmee» erfolgte die Eingliederung der BRD in die NATO über die → *Pariser Verträge 1955.* Diese sanktionierten und legalisierten die Aufrüstung der BRD im Rahmen des imperialistischen Militärblocks. Durch das A. B. politisch, militärisch und personell vorbereitet, vollzog sich der Aufbau der Bundeswehr der BRD. Am 7. 6. 1955 entstand faktisch aus dem A. B. das Bundesministerium für Verteidigung der BRD. Darin nahmen ehem. Generale und Generalstabsoffiziere der faschistischen Wehrmacht, die bislang im A. B. tätig gewesen waren, führende Positionen ein.

Angriff → *Kriegskunst*

antikoloniale Aufstände → *Kolonialtruppen*

Arbeitsgemeinschaft für Wehrtechnik: seit 1956 in der BRD bestehende Vereinigung zur Zusammenfas-

Amt Blank 1951

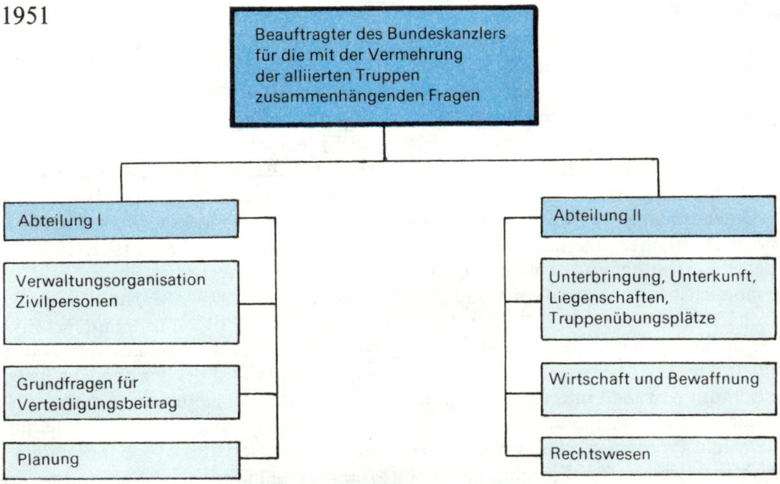

Amt Blank 1954

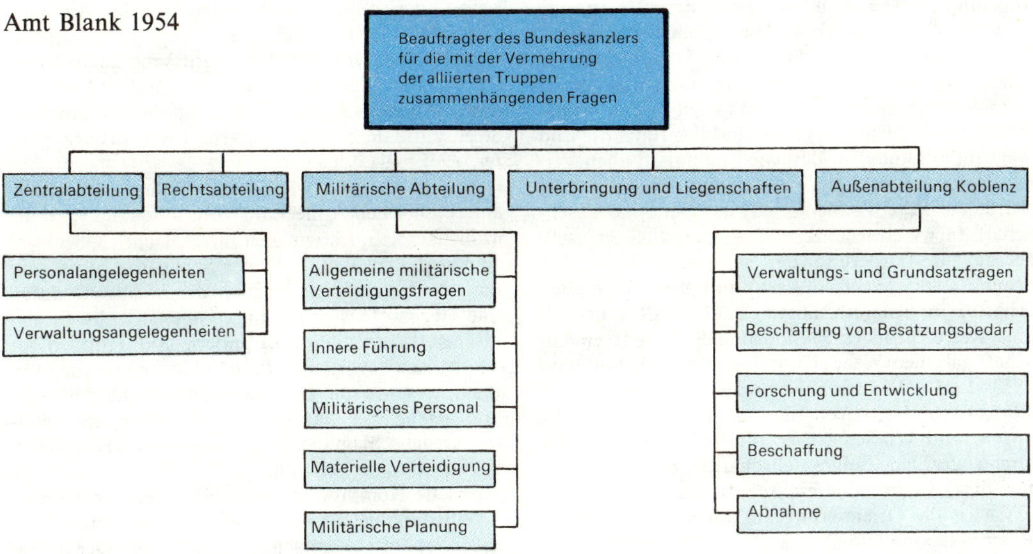

sung und Förderung der militärtechnischen Forschung und Entwicklung im Dienste der imperialistischen Rüstungspolitik und Streitkräfteentwicklung.

Die Arbeitsgemeinschaft formierte sich im Zuge der Aufrüstung in der BRD nach deren Eingliederung in die NATO auf der ersten Arbeitstagung des → *Arbeitskreises für Wehrforschung* im Oktober 1956. Im Frühjahr 1957 konstituierte sich die Leitung der Arbeitsgemeinschaft. Sie setzte sich aus ehem. Offizieren der faschistischen Wehrmacht, Offizieren der → *Bundeswehr der BRD*, Vertretern der Großindustrie und Wissenschaftlern zusammen. Das Programm, die organisatorische Selbständigkeit und die wachsende Mitgliederzahl resultierten aus den gemeinsamen Bemühungen der an der Aufrüstung in der BRD beteiligten oder interessierten Konzerne und der Bundeswehrführung. Zu den Mitgliedern zählten vor allem Bundeswehroffiziere und Rüstungsexperten aus Wissenschaft und Produktion. Die Arbeitsgemeinschaft propagierte zunächst mit Publikationen und Informationen den raschen Aufbau einer Rüstungsindustrie. Ihre Hauptaufgabe bestand in der Unterstützung führender Industriekreise und wissenschaftlicher Institutionen bei der Entwicklung der Bewaffnung und Ausrüstung mit dem Ziel, eine möglichst hohe Kampfkraft und Aggressionsbereitschaft aller Teilstreitkräfte der Bundeswehr zu erreichen. Die Arbeitsgemeinschaft machte der Industrie und den wissenschaftlichen Institutionen die richtungweisende internationale militärtechnische Fachliteratur zugänglich. Sie befaßte sich insbesondere mit Problemen, die sich aus der Revolution im Militärwesen für Forschung, Entwicklung und Produktion moderner Bewaffnung und Ausrüstung ergaben. Die Arbeitsgemeinschaft bildete Arbeitsgruppen, die Studien zu militärtechnischen Problemen erarbeiteten. Sie unterstützte damit vor allem die Zusammenarbeit zwischen den militärischen Beschaffungsorganen und der Industrie und war eng mit anderen ähnlichen militaristischen Vereinigungen in der BRD verbunden. Im April 1967 wurde die Arbeitsgemeinschaft in «Deutsche Gesellschaft für Wehrtechnik e. V.», Untertitel «Gesellschaft zur Förderung der wehrtechnischen Forschung, der Wehrindustrie und der Wehrwirtschaft», umbenannt. Diese Gesellschaft unterhält eine Reihe örtlicher Sektionen. Die Arbeitsgemeinschaft gab die «Wehrtechnischen Monatshefte» (von 1953–1955 «Wehrtechnische Hefte») heraus. Seit 1969, nach deren Vereinigung mit der Zeitschrift «Wehr und Wirtschaft» ist die «Wehrtechnik» das Organ der Nachfolgegesellschaft. Charakteristisch für die «Deutsche Gesellschaft für Wehrtechnik e. V.» ist die Orientierung auf die westeuropäische Rüstungskooperation.

Arbeitskreis für Wehrforschung: aus ehem. Generalen und Generalstabsoffizieren der faschistischen Wehrmacht sowie reaktionären zivilen Wissenschaftlern in der BRD gebildete Vereinigung, die durch Forschung, Publikation und Propaganda zur Erhöhung des Kriegspotentials der BRD beiträgt.

Bereits 1945 faßte das Hauptquartier der amerikanischen Truppen in Europa eine Gruppe von ehem. Generalen und Generalstabsoffizieren der faschistischen Wehrmacht zusammen, um ihre Kriegserfahrungen in militärhistorischen Studien festzuhalten. Unter ihrer Redaktion bzw. Mitarbeit erschien seit 1951 die Zeitschrift «Europäische Sicherheit», Vorläufer der «Wehrwissenschaftlichen Rundschau». Im April 1954 wurde der Arbeitskreis gegründet. Studien, die im Rahmen des Arbeitskreises insbesondere zur Geschichte des zweiten Weltkrieges erarbeitet wurden, propagierten ein antisowjetisch und antikommunistisch geprägtes Geschichtsbild mit dem Ziel, in der Bevölkerung und insbesondere unter den Angehörigen der → *Bundeswehr der BRD* militaristischen Geist, Revanchismus und Aggressionsbereitschaft gegen die sozialistischen Staaten zu fördern. Dementsprechend wirken die vom Arbeitskreis herausgegebenen Zeitschriften «Wehrwissenschaftliche Rundschau» (von 1971 bis 1975 unter dem Namen «Wehrforschung») und «Marine-Rundschau» (seit 1977 «Marine-Rundschau International»). Die Publikationsorgane setzen die Tradition ähnlicher Zeitschriften aus der Zeit des deutschen Kaiserreichs und des Faschismus fort. Seit Ende der 60er Jahre verlagerte der Arbeitskreis den Schwerpunkt seiner Tätigkeit auf aktuelle militärpolitische und militärische Probleme, besonders auf die imperialistische militärische Führungstheorie, auf juristische und rüstungswirtschaftliche Aspekte der Militärpolitik und des Militärwesens.

Ardennenoffensive 1944: Angriffsoperation der faschistischen Wehrmacht vom 16. bis 26. 12. 1944 in den Ardennen gegen die anglo-amerikanischen Streitkräfte im zweiten Weltkrieg (→ *Weltkrieg, zweiter, 1939–1945*).

Als im Herbst 1944 die Angriffskraft der anglo-amerikanischen Armeen im Vorgelände des → *Westwalls* nachließ, festigte sich im deutschen Oberkommando die Absicht, nach der Schaffung von Reserven aus Neuaufstellungen an der Westfront durch eine Gegenoffensive die Lage zugunsten des faschistischen Deutschlands zu ändern und Truppen für die deutsch-sowjetische Front freizubekommen. Vor allem aber war die Gegenoffensive an die politisch-strategische Spekulation geknüpft, durch einen starken Gegenschlag den anglo-amerikanischen Streitkräften schwere Verluste zuzufügen und dadurch die politische Kompromißbereitschaft in den USA und Großbritannien für den Abschluß eines antisowjetischen Separatabkommens zu stimulieren. Der opera-

Einheiten der 7. US-Panzerdivision im Gegenangriff bei Saint Vith, Januar 1945

tiv-strategische Grundgedanke sah vor, den Hauptschlag durch die Ardennen zu führen und nach dem Forcieren der Maas in Richtung Antwerpen vorzustoßen, um die östlich davon eingesetzten anglo-amerikanischen Streitkräfte abzuschneiden und zu vernichten. Dafür wurden die 6. SS-Panzerarmee, die 5. Panzerarmee und die 7. Armee bereitgestellt, einschließlich der Reserven insgesamt 30 Divisionen, von denen 23 in der Hauptrichtung handeln sollten.

Die am 16. 12. zwischen Monschau und Echternach, einem von den anglo-amerikanischen Truppen nur schwach gesicherten Frontabschnitt, begonnene Offensive überraschte das alliierte Oberkommando, das die faschistischen Angriffsmöglichkeiten unterschätzte. Nach beträchtlichen Anfangserfolgen verlangsamte sich in der Tiefe das Angriffstempo erheblich, zumal es nicht gelang, den hartnäckig verteidigten Straßenknotenpunkt Bastogne einzunehmen. Am 22. 12. hatte die Offensive ihren Höhepunkt überschritten, und am 26. 12. blieb sie 15 km vor der Maas endgültig stecken. Aufklarendes Wetter ermöglichte den ununterbrochenen Einsatz der überlegenen anglo-amerikanischen Fliegerkräfte. Anfängliche Mängel in der Organisation der Verteidigung konnten die alliierten Führungsorgane bald überwinden. Seit dem 20. 12. gingen ihre Truppen in zunehmendem Maße zu erfolgreichen Gegenangriffen über. Als sich die A. festlief, versuchte die faschistische Führung, in den Vogesen zum Erfolg zu gelangen. Der am 1. 1. 1945 mit unzureichenden Kräften begonnene Angriff mußte jedoch Mitte Januar eingestellt werden. Trotzdem blieb die Lage für die Westalliierten angespannt, so daß Franklin Roosevelt (1882–1945) und am 6. 1. auch Winston Churchill (1874–1965) die Sowjetregierung baten, im Osten so schnell wie möglich eine Entlastungsoffensive zu beginnen. Das sowjetische Oberkommando verlegte daher den Beginn der Weichsel-Oder-Operation um eine Woche, auf den 12. 1., vor. *(s. Abb. S. 1081)*

Arkebuse: → *Handfeuerwaffe* (Vorderlader) des 15.–17. Jh. mit glattem Lauf und Lunten- bzw. Luntenschloßzündung.

Die A. entwickelte sich aus der Hakenbüchse, einer aus einem kurzen schmiedeeisernen Lauf und einem langen hölzernen Stiel (Schaft) bestehenden einfachen Handfeuerwaffe mit einem Kaliber zwischen 16 und 30 mm. Gewicht und Kaliber machten es notwendig, sie beim Schießen abzustützen und an der Rohrunterseite mit einem den Rückstoß auffangenden Haken zu versehen. Die frühen Hakenbüchsen hatten kein Schloß, sondern nur ein Zündloch; später erhielten sie das Mitte des 15. Jh. aufkommende Luntenschloß (→ *Luntenschloßgewehr*) sowie eine einfache Zielvorrichtung. Außerdem verlängerte man den Lauf, um eine gewisse Schußgenauigkeit zu erreichen. Auf dieser Entwicklungsstufe entstand Anfang des 15. Jh. als Prototyp eines Militärgewehrs die A., eine etwa 7 kg schwere Waffe mit langem, glattem Lauf und einem Kaliber von 20 mm und darüber, die Bleikugeln von ca. 30 bis 45 g verschoß. Die Schützen trugen außer der A. Schießpulver und Geschosse sowie ein Pulvermaß und einen Ladestock bei sich. Bis zur vollen Herausbildung des Luntenschlosses erfolgte das Abfeuern der A., indem man die glimmende Lunte auf eine mit Pulver versehene Zündpfanne legte, die durch eine Bohrung mit der im Lauf befindlichen Treibladung verbunden war. Wegen des umständlichen Ladens und Abfeuerns sowie der mangelnden Treffsicherheit war die Wirksamkeit der A. relativ gering. Sie war jedoch als Waffe außerordentlich entwicklungsfähig. In der zweiten Hälfte des 16. Jh. entstanden die Arkebusiere als älteste, strukturmäßig mit einer Handfeuerwaffe ausgerüstete Fußtruppe. Im 16. Jh. verfügten fast alle europäischen Söldnerheere über Arkebusiere. Sie bestanden neben den → *Pikenieren* und wurden mit dem Aufkommen der leistungsfähigeren → *Muskete* von den → *Musketieren* abgelöst. Einige Armeen verfügten im 16. und 17. Jh. auch über berittene Arkebusiere (→ *Dragoner*). Unter Kurfürst Friedrich Wilhelm (1620–1688) hießen die im brandenburgischen Heer außer den Dragonern bestehenden Reiterregimenter, die mit einer am Bandelier getragenen A. bewaffnet waren, Arkebusierreiter. Im 17. Jh. trugen sowohl Luntenschloß- wie Radschloßgewehre noch häufig die Bezeichnung A. Ende des 17. Jh. kam der Name außer Gebrauch. *(s. Abb. S. 273, 369)*

Armbrust: zu den → *Kaltwaffen* gehörende, aus der kreuzförmigen Verbindung des Bogens mit einem Schaft (Säule) entstandene mechanische Handfernwaffe des Altertums und des Mittelalters.

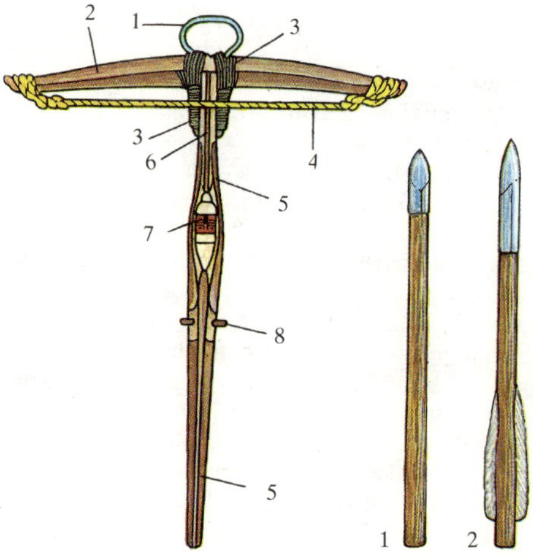

Armbrust, 15. Jh.: 1 Steigbügel; *2* Armbrustbogen; *3* Strickhalterung; *4* Sehne; *5* Säule; *6* Bolzenlager; *7* Nuß; *8* Knebel
Armbrustbolzen: 1 Bolzen (14. Jh.); *2* Bolzen (15./16. Jh.)

Die in China bereits v. u. Z. nachweisbare A. ist in Europa als Jagdwaffe seit dem frühen Mittelalter, als Kriegswaffe seit dem 12./13. Jh. verbreitet. Sie wurde vor allem von den Städten im Kampf gegen die Vorherrschaft des Adels angewandt und entwikkelt. Ähnlich wie beim → *Bogen* erhielt man auch bei der A. die Schußenergie durch Spannen einer Sehne, die jedoch mechanisch festgehalten und durch eine Abzugsvorrichtung freigegeben wurde. Der Bogen der A. bestand zunächst aus Holz, im 14. und 15. Jh. zumeist aus Horn oder Fischbein, das mit Tiersehnen umwickelt war. Seit 1500 etwa waren auch Stahlbogen in Gebrauch. Die A.säule bestand ebenfalls aus Holz, die Sehne zumeist aus gedrehten Hanffäden. Bei den einfachsten Formen der A. legte man die gespannte Sehne in einen Einschnitt der Säule ein, später wurde sie in der Nuß (einer Scheibe aus Knochen oder Hirschhorn, die sich um eine waagerecht in die Säule eingelagerte Achse drehte) befestigt. Das Geschoß, ein Pfeil oder Bolzen, kam in eine auf der Säule befindliche Rinne. Bei Betätigung der Abzugsvorrichtung gab die Nuß durch eine Drehung die Sehne frei, die das Geschoß nach vorn schleuderte. Wesentlichstes Unterscheidungsmerkmal der verschiedenen Arten der A. war die Spannvorrichtung. Die einfache A. wurde zunächst mit der Hand gespannt. Zur Erleichterung diente schon im 12. Jh. ein am oberen Säulenende angebrachter Fußbügel, in den der Schütze trat, während er die Sehne mit der Hand oder mit einem besonderen Haken anzog. Dieser Haken wurde bei der Geißfuß-A. durch einen Spannhebel ersetzt. Die zunehmende Stärke der Ritterrüstungen erforderte auch eine größere Durchschlagskraft der A. Daher benötigte man immer wirksamere Spannvorrichtungen. Einen wesentlichen Fortschritt stellte die Ende des 14. Jh. aufkommende Winden-A. dar, bei der die Bogenspannung mittels eines Zahnstangengewindes bzw. durch Anwendung des Flaschenzugprinzips erfolgte.

Die A. war bis zum Ende des 15. Jh. den → *Handfeuerwaffen* an Treffsicherheit und Durchschlagskraft überlegen. Ihre Reichweite betrug 200–400 m, die Schußgeschwindigkeit etwa 2–3 Schuß pro Minute. Auf kürzere Entfernung durchschlugen die Bolzen den → *Harnisch* der Ritterrüstung. Im 14. und 15. Jh. war die A. die gebräuchlichste tragbare Schußwaffe auf dem europäischen Kontinent, während in England weiter der Langbogen vorherrschte. Die sog. Armbruster bildeten einen Hauptbestandteil des damaligen Fußvolkes. Ihre Einheiten führten außer der A. häufig große Setzschilde (→ *Schild*) als Schutzbewaffnung mit sich. Teilweise waren den Schützen besondere Spanner beigegeben, wodurch sich die Schußfolge erhöhte. Seit Beginn des 16. Jh. kamen leichtere, als Schnäpper bezeichnete A. sowie schwere Arten (Balläster) zur Anwendung, mit denen Blei- oder Tonkugeln verschossen werden konnten und die bereits über besondere Visiereinrichtungen verfügten. Die schweren Balläster, die auch auf Radgestelle montiert wurden, verschossen Kugeln von beträchtlichem Gewicht.

In der ersten Hälfte des 16. Jh. wurde die A. von den verbesserten Handfeuerwaffen aus dem Militärwesen verdrängt; sie blieb aber als Jagd- und später als Sportwaffe in Gebrauch. Im ersten Weltkrieg sind während des Stellungskriegs Versuche gemacht worden, Granat- bzw. Minenwerfer nach den Grundsätzen der relativ geräuschlos funktionierenden A. zu bauen. In militärischen Spezialeinheiten einiger imperialistischer Länder werden besonders konstruierte A. wegen ihrer Geräuscharmut beim Abschuß bei sog. Kommandounternehmen verwendet. *(s. Abb. S. 305)*

Armee: 1. gebräuchliche Bezeichnung sowohl für die Gesamtheit der → *Streitkräfte* eines Staates als auch nur für die → *Landstreitkräfte.*

Der im 17. Jh. aus dem Französischen übernommene Begriff A. bezeichnete die Gesamtheit der Streitkräfte und findet in diesem Sinne noch heute Anwendung. Er wurde von Beginn an auch gleichbedeutend mit Heer (Landstreitkräfte) gebraucht, das in den feudalabsolutistischen deutschen Staaten ausschließlich die Militärmacht verkörperte. Die Bezeichnung der Landstreitkräfte als A. im Unterschied zu den anderen Teilstreitkräften war im deutschen Militärwesen bis Anfang des 20. Jh. üblich und gilt noch gegenwärtig in einigen Ländern.

2. Seit dem Ende des 18. Jh. Element der Gliederung der Landstreitkräfte, das aus mehreren opera-

tiv-taktischen und taktischen Verbänden der Hauptwaffengattung sowie Verbänden, Truppenteilen und Einheiten verschiedener Waffengattungen, Spezialtruppen und Dienste besteht.

Noch im letzten Drittel des 18. Jh. bildeten die auf dem Kriegsschauplatz stehenden Landstreitkräfte einen nicht in operative Verbände unterteilten Truppenkörper, der als Ganzes handelte und in dem die taktische und die strategische Führung ohne Zwischenglieder miteinander verbunden waren. Mit der Herausbildung des europäischen bürgerlichen Militärwesens seit dem Ausgang des 18. Jh. entstanden Massenheere, die manöverreiche Kampfhandlungen in mehreren strategischen Richtungen und auf verschiedenen Kriegsschauplätzen gleichzeitig führen konnten. Die neuen Bedingungen machten die Untergliederung der Landstreitkräfte in operative Verbände erforderlich. Eine Gliederungsform war die A., die aus operativ-taktischen und taktischen Verbänden der Hauptwaffengattung → *Infanterie* sowie Verbänden, Truppenteilen und Einheiten verschiedener Waffengattungen, Spezialtruppen und Dienste bestand. Zum ersten Mal bildeten Frankreich 1794, Rußland 1812 und die Verbündeten im sechsten Koalitionskrieg 1813/14 gegen Frankreich mehrere A. Preußen gliederte sein Heer erstmalig im Krieg gegen Österreich 1866 in A. Seitdem war die A., bestehend aus mehreren → *Armeekorps*, Spezialtruppen und Diensten, stets wichtige Organisationsform der Kriegsgliederung der deutschen Streitkräfte. Unmittelbar geführt durch das oberste Kommando, hatte sie in einer strategischen Richtung selbständig Aufgaben strategischen oder strategisch-operativen Charakters zu erfüllen. Im ersten Weltkrieg änderte sich mit der Bildung operativer Vereinigungen, der → *Heeresgruppen*, die Stellung der A. in der Kriegsgliederung. Nunmehr handelte sie zunehmend im Rahmen der Heeresgruppe und hatte operative Aufgaben zu lösen. Ihre Gefechtsstärke, meist zwischen 120000 und 250000 Mann, und ihre Zusammensetzung, in der Regel 3–6 A.korps bzw. Reservekorps und Kavalleriedivisionen oder Landwehrbrigaden, waren nicht konstant. Sie wurden im Rahmen der kriegswirtschaftlichen und militärischen Möglichkeiten entsprechend den von der A. zu lösenden Aufgaben festgelegt. Die dem AOK als Verstärkungsmittel direkt unterstehenden A.truppen, darunter besonders Artillerie-, Pionier- und Fliegertruppenteile, nahmen bis Kriegsende beträchtlich zu.

Die Entwicklung der Streitkräfte und der sich wandelnde Charakter der Kampfhandlungen, besonders durch die massenweise Einführung moderner Kampftechnik, bedingten nach dem ersten Weltkrieg auch Veränderungen in der Zusammensetzung der A. Im zweiten Weltkrieg gehörten zu einer A. der faschistischen Wehrmacht außer dem AOK und den Stabstruppen eine erheblich größere Anzahl von Heerestruppen als bisher (u. a. 1 Nachrichtenregiment, 1 Propagandakompanie oder -abteilung, Nachschub-, Sanitäts- und Ordnungstruppen) sowie zumeist 2–5 A.korps mit 7–15 Verbänden, darunter im Rahmen entsprechender Korps auch → *Panzerdivisionen* und → *Panzergrenadierdivisionen*. Neben den allgemeinen A. wurden 1940/41 als Stoßkräfte der faschistischen Wehrmacht einige Panzergruppen geschaffen, die zum überwiegenden Teil aus schnellen Verbänden (→ *Panzertruppen*) bestanden. Ende 1941 in Panzer-A. umgebildet, nahmen sie im Laufe des Krieges jedoch weitgehend den Charakter von allgemeinen A. an. Die sowjetischen Panzer-A. blieben dagegen bis Kriegsende ein wichtiges Mittel für die Ausweitung eines Durchbruchs und für das operative Manöver. Als neuartige operative Verbände entstanden während des zweiten Weltkriegs außer der Panzer-A. die Gebirgs-A. (in Deutschland), die Luft-A. (in der UdSSR, den USA und Japan) und die Luftverteidigungs-A. (in der UdSSR).

Nach dem zweiten Weltkrieg wurde die A. als Gliederungsform sowohl in den sowjetischen als auch in den amerikanischen und einigen anderen NATO-Streitkräften beibehalten. Durch die Einführung neuer starker Kampfmittel und die Verbesserung ihrer Struktur hat die A. beträchtlich an Feuerkraft, Stoßkraft und Manövrierfähigkeit gewonnen. Heute ist die A. um ein vielfaches kampfstärker als die A. des zweiten Weltkriegs. Sie ist in der Lage, auf jedem Kriegsschauplatz Angriffs- und Verteidigungshandlungen mit und ohne Kernwaffeneinsatz zu führen und die ihr übertragenen Aufgaben sowohl im Bestand einer Front oder einer A.gruppe als auch selbständig zu lösen.

Armeefilmstudio der NVA: Einrichtung der → *Nationalen Volksarmee der DDR (NVA)* zur Herstellung von Dokumentar- und Ausbildungsfilmen sowie von Filmmagazinen, die der Erziehung und Ausbildung in den bewaffneten Kräften und der sozialistischen Wehrerziehung dienen.

Das A. wurde am 31. 12. 1960 mit Sitz in Berlin-Biesdorf gegründet. Es gliedert sich in die Bereiche Dramaturgie, Produktion und Ökonomie. Während anfangs vorwiegend Instruktionsfilme zur allgemeinen Veranschaulichung militärischer Handlungen und Sachverhalte produziert wurden, richtete in der Folgezeit das A. seine Tätigkeit zunehmend auf Erfordernisse des militärischen Aufbaus unter den konkreten Bedingungen der politischen Lage und der Prozesse im Militärwesen aus. Es entstanden Filmbeiträge über Einsatzprinzipien und Meisterung der modernen Militärtechnik, über militärische Handlungen unter den Bedingungen des modernen Gefechts, über politisch-ideologische Motivationen in der Gefechtsausbildung sowie über das Zusammen-

Bei Aufnahmen für einen Ausbildungsfilm

wirken der Teilstreitkräfte und Waffengattungen. Auf Filmfestivalen der sozialistischen Armeen, der internationalen Dokumentar- und Kurzfilmwoche in Leipzig und dem Militärfilmfestival in Versailles erhielt das A. mehr als 40 Preise und Auszeichnungen. Zu den ausgezeichneten Filmen gehören «Im Regiment nebenan» (1967), «Scharnhorst – Schöpfer der Volksbewaffnung» (1969), «Manöver Waffenbrüderschaft» (1970), «Und auf den Lippen ein Lied» (1977) sowie «Unsere Panzerjäger» (1980). Anläßlich des 25. Jahrestags der NVA entstand der Film «Dem Frieden verpflichtet». Eine wichtige Aufgabe des A. besteht auch darin, Filme aus der Produktion der Filmstudios der sozialistischen Armeen für die Nutzung in der NVA zu synchronisieren. Die Dokumentar- und Ausbildungsfilme unterstützen in vielfältiger Weise die Angehörigen der NVA und anderer Organe der Landesverteidigung der DDR im Kampf um vorbildliche Erfüllung ihres verantwortlichen Auftrags und fördern die Waffenbrüderschaft der NVA mit der Sowjetarmee und den anderen sozialistischen Bruderarmeen. Die Filmmagazine informieren u. a. über wichtige militärpolitische und militärische Ereignisse in der DDR und über vorbildliche Aktivitäten im sozialistischen Wettbewerb um hervorragende Ergebnisse in der Erziehung und Ausbildung sowie im geistig-kulturellen und sportlichen Leben der bewaffneten Kräfte. Enge Formen der Zusammenarbeit haben sich zwischen dem A. und Filmstudios der sowjetischen und anderer sozialistischer Streitkräfte entwickelt. Kooperationsbeziehungen bestehen zu allen DEFA-Studios und zum Fernsehen der DDR. Filme des A. gehen in etwa 50 Staaten. Für seine erfolgreiche Arbeit erhielt das A. mehrfach hohe staatliche Auszeichnungen. 1976 wurde ihm der Orden Banner der Arbeit (Stufe I) verliehen.

Armeegeneral → *General*

Armeekorps: seit dem 19. Jh. Element der Gliederung der → *Landstreitkräfte*, das sich aus mehreren → *Divisionen* sowie selbständigen Truppenteilen und Einheiten verschiedener Waffengattungen, Spezialtruppen und Dienste zusammensetzt und in der Regel zu einer → *Armee* gehört.

Bereits seit dem ersten Drittel des 17. Jh. bezeichnete man einen aus Truppenteilen und Einheiten verschiedener Waffengattungen zusammengesetzten Truppenkörper oder Heeresteil als Korps. Solche Formationen wurden zeitweilig für eine bestimmte taktische oder operative Aufgabe gebildet und jeweils von einem Befehlshaber geführt. Ihre Stärke und Zusammensetzung waren entsprechend Auftrag und Lage unterschiedlich. Mit dem Entstehen von Massenheeren seit Ende des 18. Jh. ergab sich die Notwendigkeit, die Truppen zur besseren Führung nicht nur in Divisionen zu gliedern, sondern diese auch in einer höheren Gliederungsform, den A., zusammenzufassen. Die Korpsgliederung wurde zuerst in Frankreich 1800 zunächst vorläufig und 1804 endgültig eingeführt. In der russischen Armee gab es A. seit 1810, in den preußischen und österreichischen Streitkräften während des nationalen Unabhängigkeitskrieges 1813/14. Nach 1815 wurde, um die Kriegsbereitschaft der Armeen zu erhöhen, das A. auch im Frieden zur ständigen Gliederungsform der Heere in fast ganz Europa. Während Österreich und Bayern in der ersten Hälfte des 19. Jh. nur vorübergehend die Korpseinteilung hatten, bestand das A. in Preußen seit Ende 1816 in einem festen territorialen Bereich, dem A.bezirk, aus dem es sich ergänzte und in dem seine Truppenteile in Garnison lagen. An der Spitze des A. stand der Kommandierende General, der sich auf ein Generalkommando stützte. Diese Behörde, bis April 1820 noch in ein militärisches Verwaltungsorgan der Provinz und in eine Kommandobehörde des A. geteilt, hatte die Truppen für den militärischen Einsatz auszubilden, im Felde zu führen sowie mit militärischen Mitteln die Aufrechterhaltung der bestehenden sozialen und politischen Ordnung im Innern zu gewährleisten.

Die Zahl der preußischen A. stieg von 3 im Jahre 1813 auf 9 in der Zeit von 1821 bis 1866. Das deutsche → *Bundesheer* umfaßte 10 unterschiedlich kampfstarke A.; das Heer des Norddeutschen Bundes hatte 13. Im kaiserlich-deutschen Heer wuchs bis 1914 die Zahl der A. auf 25. Ihre Generalkommandos waren im Frieden die obersten territorialen Kommando- und Militärverwaltungsbehörden. Sie gehörten zu den wichtigsten Machtorganen des preußisch-deutschen Militarismus für die Bekämpfung der Arbeiterbewegung und für die Vorbereitung der Truppen auf den Krieg um die Neuaufteilung der Welt. Anfangs in der Gliederung recht unterschiedlich und auch wechselnd, bildete sich allmählich eine in den verschiedenen deutschen Ländern ähnliche Zusammensetzung und Stärke des A. heraus. 1813/14 bestand es in Preußen aus 4 sog. Truppenbrigaden sowie Reservekavallerie und -artillerie. Seit 1816 umfaßte es in der Regel 2 → *Infanteriedivisionen* mit zugeteilter Kavallerie, 1 Artilleriebrigade, die einem späteren Artillerieregiment entsprach, und 1 Pionierbataillon. In der Folgezeit führten qualitativ neue Bewaffnung und die Entwicklung der Kriegskunst zu erheblichen Veränderungen des A., vor allem zur Verringerung der Kavallerie und zur Verstärkung sowohl der Artillerie als auch der technischen Truppen. 1870/71 bestand das A. aus 2 Infanteriedivisionen, 2 Artillerieabteilungen, 1 Kolonnenabteilung und den Trains. Seine Kampftruppen zählten 25000 Mann Infanterie und 1200 Mann Kavallerie (84 Geschütze). Bis 1914 wurden die Pioniere, Munitionskolonnen und Trains verstärkt, außerdem kamen 1 Bataillon schwere Feldhaubitzen, 1 Fernsprechabteilung, 1 Scheinwerferzug und 1 Fliegerabteilung hinzu. Die Gesamtstärke des A. erhöhte sich dadurch auf rd. 44900 Mann, davon 38600 Mann Kampftruppen (144 Geschütze). Mit der Mobilmachung bei Ausbruch des ersten Weltkriegs wurden 15 A. unter verschiedenen Bezeichnungen, darunter 1 Landwehrkorps, neuaufgestellt, im Laufe des Kriegs weitere 32 (einschließlich Marinekorps). Doch ließ sich im Stellungskrieg die ursprüngliche Korpseinteilung nicht lange beibehalten. Den Generalkommandos der A. wurden je nach Lage und Bedarf bis zu 6 Infanteriedivisionen unterstellt. Da sie zudem am betreffenden Frontabschnitt eingesetzt blieben, während die Verbände zur Wiederauffrischung immer wieder abgelöst werden mußten, wurden die Generalkommandos seit 1916 praktisch zum Stab einer Kampfgruppe von ständig wechselnden Divisionen. Die bei der Mobilmachung im Reichsgebiet verbliebenen Stellvertretenden Generalkommandos waren als oberste Behörde der A.bezirke verantwortlich für die Ausbildung und Bereitstellung des Ersatzes für die Feldtruppen. Sie hatten außerdem bestimmte politische und kriegswirtschaftliche Aufgaben zu erfüllen sowie im Hinterland gegen jegliche Antikriegsbewegung vorzugehen. In der Novemberrevolution 1918/19 wurde die Tätigkeit zahlreicher Generalkommandos durch revolutionäre Soldaten unterbunden.

In der Reichswehr der Weimarer Republik gab es keine A. Die beiden durch den Versailler Vertrag 1919 erlaubten Korpsstäbe, bereits in der vorläufigen Reichswehr als Gruppenkommandos bezeichnet, hatten die Stärke und die Aufgaben eines AOK. Die Divisionskommandeure als Befehlshaber in den → *Wehrkreisen* waren jedoch faktisch die Nachfolger der früheren Kommandierenden Generale; ihre Stäbe glichen mehr General- als Divisionskommandos. In den Streitkräften des faschistischen Deutschlands wurden bereits im Oktober 1934, zunächst noch getarnt, die bestehenden Divisions- in Generalkommandos von A. umgewandelt und 2 weitere gebildet. Im Zuge der forcierten Kriegsvorbereitungen entstanden insgesamt 22 A., davon 4 A. (mot.) ohne Wehrkeise und 3 korpsähnliche Verbände der Grenztruppen im Bereich des Westwalls. Bei der Mobilmachung zu Beginn des zweiten Weltkriegs erhielten die A. die vorgesehenen Stabs- und Korpstruppen. Zugleich wurden 5 neue und in der Folgezeit zahlreiche weitere A. gebildet, so daß in der faschistischen Wehrmacht während des Kriegs unter verschiedenen Bezeichnungen insgesamt 153 Korps bestanden. Ihre Generalkommandos hatten dieselben Aufgaben wie im ersten Weltkrieg, während den Stellvertretenden Generalkommandos hauptsächlich die Ausbildung und die Bereitstellung des Ersatzes für das Feldheer sowie die Aufstellung von Neuformationen oblagen. Im Heer gab es unter den Korps auch A. (mot.) und Panzerkorps. Sie umfaßten Infanteriedivisionen (mot.) bzw. → *Panzergrenadierdivisionen*, leichte und → *Panzerdivisionen* und wurden im Unterschied zu den übrigen A. aufgrund ihrer höheren Stoßkraft und Beweglichkeit für operative Aufgaben eingesetzt. Gebirgskorps bestanden in der Regel aus Gebirgsdivisionen (→ *Gebirgstruppen*), Reservekorps aus → *Reservedivisionen.* Höhere Kommandos hatten verringerte Stabs- und Korpstruppen, und A. z. b. V. waren für ihre speziellen Aufgaben besonders ausgestattet. In der Luftwaffe gehörten zu den Luftwaffenfeld-, Fallschirm- und Fallschirmpanzerkorps die während des Kriegs geschaffenen Bodentruppen. In der Waffen-SS entstanden mit deren Ausweitung ebenfalls Korps, so SS-Panzerkorps, SS-Gebirgskorps und SS-A. Während des zweiten Weltkriegs veränderten sich Zahl und Art der Verbände des A. derart oft, daß das Generalkommando des A. im Grunde nur ein Führungsstab für häufig wechselnde Verbände war und daß, besonders in den letzten Kriegsjahren, die Bezeichnung des A. meist nur wenig über dessen tatsächliche Zusammensetzung und Kampfstärke aussagte.

In Auswertung der Erfahrungen der faschistischen Wehrmacht und der USA-Armee im zweiten Weltkrieg ist in der → *Bundeswehr der BRD* das Korps mit 3–4 Divisionen unter einem Kommandierenden General die höchste Führungsebene. Ihre gegenüber den früheren A. beträchtlich gestiegene Feuer- und Stoßkraft befähigt diese Korps, selbständig operativ-taktische, in bestimmten Fällen auch operative Aufgaben zu lösen.

Die NVA hat keine Korpsgliederung.

Armeemuseum der DDR: wissenschaftliche Einrichtung der → *Nationalen Volksarmee der DDR (NVA)* zur Sammlung, Erschließung, Bewahrung und propagandistisch-pädagogischen Nutzbarmachung von Sachzeugen zur Militärgeschichte des deutschen Volkes bis 1945 sowie zur Militärgeschichte der DDR.

Die Einrichtung wurde am 1. 3. 1961 als Deutsches Armeemuseum mit einer Ausstellungsfläche von 1 000 m^2 in Potsdam eröffnet. Die erste ständige Ausstellung, die noch stark fragmentarischen Charakter trug, veranschaulichte die fortschrittlichen und revolutionären militärischen Traditionen des deutschen Volkes, besonders der deutschen Arbeiterklasse, Wesen und Aufgaben der NVA sowie die Waffenbrüderschaftsbeziehungen der NVA mit der Sowjetarmee und den anderen sozialistischen Bruderarmeen. Mit dem fortschreitenden Aufbau von Sammlungsbeständen und gestützt auf die inzwischen erzielten Forschungsergebnisse zur deutschen Militärgeschichte, erfolgte Mitte der 60er Jahre eine generelle Überarbeitung dieser Ausstellung. Unter stärkerer Orientierung auf Sachzeugen wurden herausragende militärgeschichtliche Ereignisse von der Zeit des deutschen Bauernkrieges (1524–1526) bis zur Gegenwart museal dargestellt. Für den Einsatz in militärischen Dienststellen, in der Öffentlichkeit und in anderen sozialistischen Staaten gestaltete das Armeemuseum mehrere Wanderausstellungen.

Mit der weiteren Entwicklung der sozialistischen Landesverteidigung der DDR und ihres Kernstücks, der NVA, sowie angesichts der gewachsenen Ansprüche an die sozialistische Wehrerziehung wurden in der zweiten Hälfte der 60er Jahre die wissenschaftlichen, künstlerischen, technischen und organisatorischen Vorarbeiten für ein größeres militärhistorisches Museum in Angriff genommen. Am 24. 3. 1972 erfolgte die Eröffnung des A. in Dresden. Als zentrales militärhistorisches Fachmuseum mit einer Gestaltungsfläche von mehr als 7 000 m^2 und einem umfangreichen Freigelände gehört das A. zu den größten historischen Museen der DDR. Seine ständige Ausstellung mit mehr als 6 000 gegenständlichen Exponaten – darunter viele einmalige Objekte – ist in die Hauptteile «Militärgeschichte 1400 bis 1917», «Militärgeschichte 1917 bis 1945» und «Militärgeschichte der DDR» gegliedert. Sie vermittelt erstmalig ein zusammenhängendes marxistisch-leninistisches Bild deutscher Militärgeschichte vom Spätmittelalter bis zur unmittelbaren Gegenwart. Ein vielfältiges, vor allem auf die Angehörigen der NVA und der anderen bewaffneten Organe sowie auf die Jugend orientiertes Programm propagandistisch-pädagogischer Maßnahmen dient der Betreuung der jährlich mehr als 200 000 Besucher. Das A. gestaltet regelmäßig Sonderausstellungen. Sie dienen

Armeemuseum der DDR in Dresden

der musealen Würdigung herausragender militärhistorischer Jubiläen und militärpolitischer Ereignisse oder stellen ausgewählte Sammlungsbestände vor. Zur unmittelbaren Unterstützung der politischen Arbeit in den Streitkräften, zur Vertiefung der Waffenbrüderschaft mit der Sowjetarmee und den anderen sozialistischen Bruderarmeen sowie als Hilfe für die wehrpolitische Arbeit gesellschaftlicher und staatlicher Organe werden thematische Wanderausstellungen eingesetzt. Ein weiteres wichtiges Anliegen des A. besteht in der Sammlung, wissenschaftlichen Erschließung, Pflege, Restaurierung und Bewahrung von Sachzeugen zur Militärgeschichte des deutschen Volkes bis 1945 und zur Militärgeschichte der DDR. Aus äußerst bescheidenen Anfängen konnten dank intensiver Sammlungsarbeit beachtliche Bestände aufgebaut werden. Den Grundstock bilden die von der Sowjetarmee 1945 geretteten und 1958/59 in die DDR zurückgeführten Reste der Handfeuer- und

Armeemuseum Potsdam

Blankwaffensammlung des ehemaligen Sächsischen Armeemuseums und der ehemaligen Kriegsmarineschau des im zweiten Weltkrieg zerstörten Museums für Meereskunde in Berlin (rund 3700 Exponate). 1981 zählte der Fundus insgesamt fast 130000 Exponate. Die wichtigsten Sachgruppen umfassen rund 250 militärische Großgeräte, wie Geschütze, Raketenwaffen, Flugzeuge, Panzer, gepanzerte und andere Fahrzeuge; ferner 9000 automatische, Handfeuer-, Blank- und Stangenwaffen, 22500 Uniformen, Helme und Mützen, 18500 Effekten, 12500 Orden, Medaillen und Abzeichen, 800 Fahnen, Standarten und Wimpel, 1700 militärische Modelle, 32000 Dokumente, Karten und Plakate, 9500 Gemälde, Grafiken, Plastiken und andere Kunstwerke sowie 21000 Zinnfiguren. Zu den interessantesten militärhistorischen Sachzeugen gehören die «Faule Magd», ein aus der ersten Hälfte des 15. Jh. stammendes Riesengeschütz, und der «Brandtaucher», das im Jahre 1850 von Wilhelm Bauer (1822–1876) konstruierte erste funktionstüchtige deutsche Tauchboot. Besondere Erwähnung verdienen die zahlreichen persönlichen Gebrauchsgegenstände, Waffen, Uniformen (Bekleidung), Auszeichnungen und Dokumente, die vom revolutionären Kampf der deutschen Arbeiterklasse, vom proletarischen Internationalismus auf militärischem Gebiet sowie von der unverbrüchlichen Waffenbrüderschaft der NVA mit der Sowjetarmee und den anderen sozialistischen Armeen zeugen. Dieser Bestand, zu dem auch wertvolle Exponate zum Lebensweg des ersten Kosmonauten der DDR, Oberst Sigmund Jähn (geb. 1937), und zum gemeinsamen Weltraumflug mit dem erfahrenen sowjetischen Kosmonauten Oberst W. F. Bykowski (geb. 1934) im Sommer 1978 gehören, wird ständig erweitert. Die Fotothek des A. zählte 1981 mehr als 265000 Fotos, Dias und Negative. Das A. verfügt über modern ausgestattete Restaurierungswerkstätten zur Bearbeitung von Metall, Holz und Textilien.

Das A. leistet spezifische Forschungsarbeit zur deutschen Militärgeschichte bis 1945 und zur Militärgeschichte der DDR, die hauptsächlich durch seine Bewahrungs- und Ausstellungsfunktion bestimmt wird. Es publiziert Bilddokumentationen zur Entwicklung der NVA, Kataloge, Dokumenten- und Fotomappen zur Würdigung militärhistorischer Ereignisse, populärwissenschaftliche Beiträge, Plakate und andere Druckerzeugnisse. Umfangreich ist die Auskunfts- und Gutachtertätigkeit. Vielfältige inhaltlich-methodische und materielle Unterstützung gewährt das A. bei der Ausgestaltung der Traditionskabinette bzw. -zimmer in der NVA und in den Grenztruppen der DDR. Es leistet den zentralen Bezirks- und Kreismuseen, der DEFA und dem Fernsehen der DDR, volkseigenen Betrieben und anderen staatlichen und gesellschaftlichen Institutionen Hilfe bei der Darstellung militärhistorischer Probleme und bei der sozialistischen Wehrerziehung. Das A. ist im Nationalen Museumsrat der DDR sowie im Rat für Museumswesen beim Minister für Kultur der DDR vertreten. Es ist Mitglied des International Council of Museums (ICOM) und gehört seit 1973 der International Association of Museums of Arms and Military History (IAMAM) an. Es steht in ständigem wissenschaftlichem Kontakt mit ausländischen Museen in sozialistischen und nichtsozialistischen Ländern. Besonders enge und fruchtbare Beziehungen bestehen zu den zentralen militärgeschichtlichen Museen der Staaten des Warschauer Vertrages.

Das Armeemuseum Potsdam als Teil des A. wurde in den 70er Jahren neugestaltet. Die ständige Ausstellung hat folgende Schwerpunkte: Erstens wird der opferreiche Kampf der fortschrittlichen Kräfte, insbesondere der von ihrer revolutionären Partei geführten Arbeiterklasse, gegen den preußisch-deutschen Militarismus veranschaulicht. Zweitens schildert die Ausstellung die im Ergebnis der konsequenten Militärpolitik der SED und der Staatsführung der DDR entstandene NVA als eine moderne, sozialistische Koalitionsarmee, die an der Seite der Sowjetarmee und der anderen Bruderarmeen ihren Beitrag zur zuverlässigen Sicherung des Sozialismus und zur Erhaltung des Friedens leistet. Das Armeemuseum Potsdam zählt jährlich rund 150000 Besucher. Eine weitere Einrichtung des A. ist die ständige Ausstellung «Militärtechnik und Gesellschaftsordnung» im Neuen und Alten Zeughaus der Festung Königstein (eröffnet im Mai 1965 bzw. im Juni 1979). Anhand interessanter, z. T. einmaliger militärtechnischer Sachzeugen veranschaulicht sie den Zusammenhang von Gesellschaftsordnung, Ökonomie und Bewaffnung vom Spätmittelalter bis zur Gegenwart. Die Ausstellung wird jährlich von rund 350000 Touristen besucht. Anläßlich seines 20jährigen Bestehens wurde das A. mit dem Kampforden «Für Verdienste um Volk und Vaterland» in Gold ausgezeichnet.

«Armeerundschau»: seit 1956 monatlich im → *Militärverlag der DDR (VEB)* erscheinendes Soldatenmagazin der → *Nationalen Volksarmee der DDR (NVA)*.

Die A. spricht durch ihre breit gefächerte Thematik einen großen Leserkreis an. Sie bringt Reportagen aus dem Leben der NVA und der sozialistischen Bruderarmeen, Berichte über Streitkräfte kapitalistischer Länder sowie antiimperialistischer Nationalstaaten, Beiträge zur Militärgeschichte, Enthüllungen über die Kriegspolitik des Imperialismus, Informationen über neue Waffen, Erzählungen, Literaturempfehlungen u. a. Damit trägt das Magazin in vielseitiger Weise zu einer sinnvollen Freizeitbeschäftigung der Angehörigen der NVA und der Grenztruppen der DDR bei. Es unterstützt die politisch-ideologische und militärische Erziehung und Ausbildung und lenkt die geistig-kulturellen Interessen der Soldaten. Durch die niveauvolle und ansprechende Gestaltung sowie die Informationsbreite der Thematik ist die A. zu einem massenwirksamen Mittel der → *sozialistischen Wehrerziehung der Bevölkerung der DDR* geworden.

Armeesportvereinigung «Vorwärts» (ASV): sozialistische Militärsportorganisation der DDR, die aktiv zur Entwicklung eines hohen physischen und psychischen Leistungsvermögens der Angehörigen der NVA, der Grenztruppen und der Zivilverteidigung der DDR beiträgt. Sie ist ein Teil des Deutschen Turn- und Sportbundes der DDR (DTSB) und fördert die Weiterentwicklung von Körperkultur und Sport.

Am 1. 10. 1956 gegründet, vereint die ASV in ihren Reihen auf freiwilliger Grundlage Angehörige, Zivilbeschäftigte und Beschäftigte der NVA, der Grenztruppen und der Zivilverteidigung der DDR, deren Familienangehörige sowie Kinder, Jugendliche und andere interessierte Bürger. Entsprechend dem Prinzip des demokratischen Zentralismus werden die Leitungen der ASV von den Mitgliedern gewählt und sind den Mitgliederversammlungen bzw. Delegiertenkonferenzen gegenüber rechenschaftspflichtig. Der Organisationsaufbau der ASV erfolgt auf der Grundlage des Statuts des DTSB. Dabei ist die militärische Struktur zugrunde gelegt. Die Sportkonferenz als das höchste Organ wählt das Präsidium und die Revisionskommission der ASV. Zwischen den Sitzungen des Präsidiums leitet das Komitee der ASV die Tätigkeit der Organisation. Die Leitung des Komitees arbeitet mit den Rechten und Pflichten des Sekretariats eines Bezirksvorstandes des DTSB. In Truppenteilen, Stäben und selbständigen Einheiten bestehen Armeesportgemeinschaften. Die Basis der sportlichen und sportpolitischen Arbeit in den Sportgemeinschaften sind die Sportgruppen. In den Sportgemeinschaften können außerdem Sektionen gebildet werden, in denen sich die leistungsstärksten Sportler einer Sportart zusammenschließen. Trainingszentren und -stützpunkte dienen der Förderung sportlich geeigneter Kinder und Jugendlicher. Die Armeesportklubs (ASK) sind Zentren des Leistungssports.

Sportschau der ASV «Vorwärts» beim VII. Turn- und Sportfest der DDR in Leipzig, 1983

Die ASV organisiert eine vielseitige, regelmäßige und leistungsorientierte sportliche Betätigung im Interesse einer hohen Verteidigungskraft der DDR. Ihr besonderer Einfluß gilt der Stärkung der militärischen Kampfkollektive. Dem dienen ASV-Wettbewerbe und die Bestenbewegung. Höhepunkte der Wettkämpfe sind die jährlich in den wichtigsten Sportarten stattfindenden Armeemeisterschaften. Mit hervorragenden Leistungen tragen die Angehörigen der Sportklubs wesentlich zur Stärkung des internationalen Ansehens der sozialistischen Sportbewegung der DDR bei. Die ASV ist Mitbegründer des

Erfolge der ASV-Sportler 1956–1983

Zeitraum	Olymp. Spiele			Weltmeist.			Europameist.			Medaillen		Rekorde	
	G	S	B	G	S	B	G	S	B	SKDA-Wettk.	DDR-Meist.	Welt	Europa
1956	–	–	–	–	–	–	–	–	1	–	45	–	–
1957–1960	–	3	1	9	8	3	1	1	4	51	230	1	3
1961–1964	1	4	5	16	9	6	5	5	6	77	266	1	4
1965–1968	3	1	1	11	8	6	5	13	14	69	247	11	11
1969–1972	5	4	5	6	13	16	20	15	22	100	250	11	4
1973–1976	10	2	10	20	16	18	14	7	18	107	215	10	12
1977–1980	12	9	8	23	8	11	20	20	21	146	171	7	1
1981–1983	–	–	–	28	20	15	9	18	6	130	238	3	5
Gesamt	31	23	30	113	82	75	74	79	92	680	1662	44	40

Sportkomitees der befreundeten Armeen (SKDA), das im März 1958 zu seiner konstituierenden Sitzung in Moskau zusammentrat. Vom 20. bis 28. 9. 1958 fand in der DDR die I. Sommerspartakiade der befreundeten sozialistischen Armeen statt. Sportler der ASV nahmen seitdem an den SKDA-Spartakiaden und SKDA-Meisterschaften mit großem Erfolg teil. Auch bei den Olympischen Spielen sowie bei Welt-, Europa- und DDR-Meisterschaften errangen sie zahlreiche Medaillen. Das sportliche Leistungsvermögen der ASV-Sportler wird darüber hinaus durch die von ihnen aufgestellten Welt- und Europarekorde dokumentiert. Die Mitgliederzahl der ASV stieg kontinuierlich an. 1956 betrug sie 28337 Erwachsene/969 Kinder und Jugendliche, 1964 = 116075/13603, 1972 = 159209/15810 und 1982 = 201491/29780. Im Oktober 1976 wurde die ASV anläßlich ihres 20jährigen Bestehens mit dem Kampforden «Für Verdienste um Volk und Vaterland» in Gold ausgezeichnet.

Armeeverordnungsblatt → *Heeresverordnungsblatt*

Armierungstruppen → *Bautruppen*

Arsenal: mit Produktionsstätten verbundenes Waffen- und Kriegsgerätemagazin der Land- oder der Seestreitkräfte.

Der Begriff A. gelangte aus dem Arabischen in den europäischen Sprachgebrauch. Im Unterschied zum historisch älteren → *Zeughaus* war das A. nicht nur Lager-, sondern zugleich Produktionsstätte für Waffen- und Kriegsgerät. Die Bezeichnung A. wurde erstmals im 17. Jh. in Venedig verwendet, wo die Magazine für Waffen, Munition und Kriegsgerät mit entsprechenden Rüstungswerkstätten, einschließlich einer Geschützgießerei, verbunden waren. Später entstanden auch in einigen deutschen Staaten zentrale Waffenmagazine mit Werkstätten, so die A. in Karlsruhe und Schwerin. In der zweiten Hälfte des 19. Jh. galt das A. in Wien mit seiner Zeugfabrik als Hauptproduktionsanlage und mit seinem Artilleriezeugdepot als Hauptlager für Artilleriematerial, Waffen, Munition und Werkzeuge der österreichisch-ungarischen Armee. Für die sächsische Armee entstand von 1873 bis 1876 in Dresden ein A. In seinem Hauptgebäude lagerten Geschütze, Handfeuer- und Blankwaffen sowie Ausrüstungsgegenstände für die im Mobilmachungsfall aufzustellenden Kriegsformationen. Zum A. gehörten die Artilleriewerkstatt Dresden und das Monturdepot mit Werkstatt. Diese Werkstätten waren Teile der unter militärischer Verwaltung stehenden staatlichen Rüstungsindustrie. Die Artilleriewerkstatt produzierte Lafetten, Protzen, Wagen und Zubehör. Das A. in Dresden unterstand seit 1892 der neugebildeten Feldzeugmeisterei (→ *Generalfeldzeugmeister*) des sächsischen Kriegsministeriums. Im Zusammenhang mit der forcierten Aufrüstung im deutschen Kaiserreich, dem wachsenden Bedarf an Waffen, Munition und Kriegsgerät, der militärtechnischen Entwicklung und dem Ausbau der militärischen Depotorganisation veränderte sich die Funktion des A. Einfluß hatte auch die wachsende Leistungsfähigkeit der staatlichen und besonders der privatkapitalistischen Rüstungsindustrie. Die A. wurden zunehmend auf das Lagern und Instandhalten der Bewaffnung und Ausrüstung beschränkt und erhielten einen anderen Verwendungszweck. So wurde das A. in Dresden, dessen historische Sammlung seit 1897 der Öffentlichkeit zugängig war, 1914 zum Königlich Sächsischen Armeemuseum umgewandelt. Das A. der Kriegsmarine in Kiel bestand noch bis 1945.

Vorderansicht des sächsischen Arsenals in Dresden, 1912

Artikelbrief → *Kriegsartikel,* → *Söldnerheere*

Artillerie: Gesamtheit von → *Geschützen,* → *Granatwerfern,* → *Geschoßwerfern,* Panzerabwehrlenkraketen (→ *Panzerabwehrmittel*) und → *Selbstfahrlafetten (SFL)* einschließlich der für ihren Einsatz notwendigen Mittel; seit dem Aufkommen stehender Heere zugleich Waffengattung der Landstreitkräfte, in der NVA der DDR Teil der Waffengattung Raketentruppen und Artillerie.

Die Bezeichnung A. wird vom lateinischen «ars tollendi» (Schleuderkunst) oder «ars telorum» (Kunst der Geschosse) abgeleitet. Neuere Auffassungen sehen den Ursprung im altfranzösischen «atillier» (vorbereiten, ausrüsten). Zu den Vorläufern der A. gehören neben den Wurfmaschinen, wie Ballisten und Katapulten, die seit dem Altertum verwendeten Brandsätze (Flammenwaffen). Pulvermischungen waren frühzeitig in Ostasien und bei den Arabern, im 13. Jh. auch in Europa bekannt. Hier kamen infolge der wirtschaftlich-technischen Entwicklung die eigentlichen Feuerwaffen auf. Geschütze als schwerer Typ der Büchsen, nach den von ihnen verschossenen steinernen Kugeln Steinbüchsen genannt, verbreiteten sich in der ersten Hälfte des 14. Jh. in den meisten Armeen Europas, auch in den deutschen. Den militärischen Bedürfnissen des Kampfes um Befestigungen entsprechend tendierte ihre Entwicklung zunächst bevorzugt zu großen Kalibern. Mit schwerem Geschütz brachen die Zentral- und Partikulargewalten den Widerstand einzelner Feudalherren und

Geschütze. *14. Jh. bis 19. Jh., I:* **1** Steinbüchse (2. Hälfte 14. Jh.); **2** höhenrichtbares Schiffsgeschütz auf Blocklafette (14./15. Jh.); **3** Viertelbüchse in Lade und Bank (1. Hälfte 15. Jh.); **4** Geschütz in Marschlage (Mitte 15. Jh.), Rohr in Lade gelagert und auf Sattelwagen; **5** Steinbüchse auf einholmiger Räderlafette mit Richthorn (um 1470); **6** Feldschlange auf Burgunderlafette mit Richthörnern (2. Hälfte 15. Jh.); **7** Mörser (1. Hälfte 16. Jh.); **8** Schiffsgeschütz auf Räderlafette (1. Hälfte 17. Jh.)

Geschütze. *14. Jh. bis 19. Jh., II:* **9** kurbrandenburgisches Regimentsstück (um 1680); **10** französische leichte Feldkanone (2. Hälfte 18. Jh.); **11** französische schwere Feldkanone (2. Hälfte 18. Jh.); **12** sächsische Feldkanone (1812); **13** preußisches Feldgeschütz (1842); **14** Haubitze (1832), preußisches Festungs- und Belagerungsgeschütz; **15** Karronade (1. Hälfte 19. Jh.)

der Raubritter. Auch die reichen niederländischen, italienischen und deutschen Städte rüsteten sich mit zahlreichen Feuerwaffen aus und setzten sie in ihrem Interesse ein. Friedrich Engels (1820–1895) schrieb: «Die bisher unnahbaren Steinmauern der Adelsburgen erlagen den Kanonen der Bürger, die Kugeln der bürgerlichen Handbüchsen schlugen durch die ritterlichen Panzer. Mit der geharnischten Kavallerie des Adels brach auch die Adelsherrschaft zusammen» (K. Marx/F. Engels, 20, S. 155).

Die für den Bau der Geschütze, für die Herstellung der → *Munition* und auch für das Schießen verantwortlichen Büchsenmeister waren selbständige Handwerker, die sich mit Geschütz und Stückknechten an die Kriegführenden verdingten. Als Spezialisten besaßen sie eine geachtete Stellung, die ihnen bestimmte Vorrechte verschaffte, u. a. gemäß einer Zusicherung des römisch-deutschen Kaisers von 1444 den Anspruch auf einen Anteil an der Kriegsbeute.

Im 15. Jh. wurde die Leistungsfähigkeit der A. durch technische Verbesserungen des Geschützes und der Munition erhöht: Die Lagerung der Rohre auf Transportwagen und später auf zweirädrige Burgunderlafetten machte die A. beweglich; die Richtmöglichkeiten verbesserten sich; anstelle von Steingeschossen kamen eiserne Voll- und Hohlkugeln zum Einsatz. Die Geschütze dienten nicht nur als Mauerbrecher, sondern zunehmend als Hilfswaffe im Felde (→ *Feldschlange*), wofür sich erste taktische Einsatzprinzipien herausbildeten: die Entfaltung, die Aufstellung vor der Schlachtordnung des Fußvolkes und das Manövrieren. Eine verstärkte Verwendung der A. im Felde brachten die Hussitenkriege 1419–1437.

Die A. verdrängte immer mehr die mechanischen Fernwaffen und wurde auch auf Kriegsschiffen und zur Verteidigung von Küsten und Häfen eingesetzt (→ *Schiffsartillerie*).

Mit der allgemeinen Durchsetzung des Söldnerwesens um die Wende vom 15. zum 16. Jh. veränderten sich die Heeresorganisation, die Taktik und die Rolle der immer zahlreicheren Feuerwaffen, die bald ein entscheidendes Mittel für den Sieg wurden. Um die Mitte des 16. Jh. bemühte man sich in verschiedenen Ländern um die Vereinheitlichung der Kaliber, die aber in den deutschen Territorien nicht so weit ging wie in Frankreich. Die A. wurde regelmäßig ins Feld mitgeführt und nach bestimmten Regeln bereits in die Marschkolonne eingeordnet. So befanden sich bei den zur Sicherung eingeteilten Kräften einige leichte Geschütze und beim «verlorenen Haufen» (Vorhut) gewöhnlich mittlere Feldschlangen oder Orgelgeschütze; die übrigen Stücke marschierten in der Mitte des «Gewalthaufens» (Hauptkräfte). Im Gefecht hatte sich die A. der bereits etwas aufgelokkerten Formation des Fußvolkes anzupassen, indem die leichten Geschütze die Stellung mehrfach wechselten und mit dem Haufen vorgingen. Die schweren Stücke verblieben während des Gefechts in ihren nach Möglichkeit auf beherrschenden Höhen gewählten Stellungen.

Das Aufkommen stehender Heere im 17. und 18. Jh. führte dazu, daß auch die A. eine eigene Organisation und Gliederung erhielt und damit innerhalb der Landstreitkräfte eine Waffengattung wurde. Nach dem Dreißigjährigen Krieg (1618–1648) entstanden in den meisten Ländern Einheiten und Truppenteile der A. (→ *Kanoniere*). In Brandenburg war der Generalfeldmarschall Otto Christoph von Sparr (um 1600–1668) Organisator der A. Er reduzierte die große Zahl verschiedener Kaliber auf die gebräuchlichsten, bildete einen besonderen A.train zur Herstellung der Beweglichkeit der Geschütze und schuf die Voraussetzungen für die Gründung

Taktisch-technische Entwicklung der Artillerie vom 14. bis zum 18. Jh.

Zeit und Geschützart	Geschoß	Kugeldurchmesser mm	Schußfolge	max. Reichweite
14./15. Jh. Steinbüchsen, (außer Riesengeschütze)	Stein- und Eisenkugeln bis 200 kg	100–640	2–3 Schuß/Tag	100–1 000 m je nach Geschoßmasse und Ladung
16. Jh. verschiedene Geschütze	Eisenkugeln bis 50 kg	70–350	2–3 Schuß/h	500–1 000 m
17. Jh. Feldgeschütze, Feldschlangen	Eisenkugeln 3–20 kg	90–170	1–2 Schuß/min	750 bis über 1 000 m
18. Jh. Feldgeschütze	Eisenkugeln 1,4–20 kg	150–200	2–3 Schuß/min	1 200–3 000 m
18. Jh. Haubitzen	Eisenkugeln 7–30 kg	150–240	2–3 Schuß/min	1 000–1 500 m
18. Jh. Mörser	Eisenkugeln bis 80 kg	300–330	2–3 Schuß/min	bis 1 000 m

Geschütze. *Kaiserlich-deutsches Heer – 1871 bis 1918:* **1** Kanone (1872) 150 mm; **2** preußische schwere Kanone „Kruppscher Tausendpfünder" (1867) 355,6 mm; **3** Ballonabwehrkanone (1870) 36 mm; **4** Flugabwehrkanone L/30 (1916) 76,2 mm; **5** Feldkanone M 17 (1917) 105 mm; **6** schwere Feldhaubitze 13 (1917) 149,1 mm; **7** schwerer Mörser (1914) 420 mm; **8** Eisenbahnkanone L/40 (1916) 238 mm

des kurfürstlich-brandenburgischen A.korps. Um eine größere Wirkung zu erzielen, wurden → *Kartätschen* verschiedener Art, Spreng-, Brand- und Leuchtgeschosse sowie erste einfache Zünder angefertigt (→ *Granate*).

Die Fortschritte in den Naturwissenschaften und in der Mathematik im 17. und 18. Jh. gaben der A. fundiertere Grundlagen. Dazu leisteten bedeutende Gelehrte verschiedener Länder, so auch Otto von Guericke (1602–1686) und Gottfried Wilhelm Leibniz (1646–1716), einen Beitrag. Ihre Berechnungen über den Einfluß des Luftwiderstandes und der Erdgravitation auf die Geschoßbahn, die experimentell ermittelten Formeln für die Gasausdehnung bei der Verbrennung des Pulvers sowie für die Anfangsgeschwindigkeit der Geschosse halfen, eine Theorie der Geschützherstellung und des Schießens zu entwikkeln. Die Ausbildung von Fachleuten und die Überleitung von Erkenntnissen in die Praxis erfolgten in staatlichen Lehreinrichtungen, wie sie in München (1526 und 1686), Dresden (1766), Wien (1778), Hannover (1782) und Berlin (1791) geschaffen wurden.

Um die Wende vom 18. zum 19. Jh. erschienen, besonders in den größeren deutschen Staaten, zahlreiche Werke über theoretische und praktische Fragen der Waffengattung. Führend auch auf diesem Gebiet war Generalmajor Gerhard von Scharnhorst (1755–1813) mit seinem Handbuch der A. Karl Gustav von Struensee (1735–1804) und Generalleutnant Georg Friedrich von Tempelhof (1737–1807) verfaßten Arbeiten über Mathematik und A. Als weitere namhafte Fachleute auf diesem Gebiet traten Generalmajor Johann Gottfried von Hoyer (1767–1848) und Oberst Friedrich Gustav von Rouvroy (1771–1839) hervor.

a b

a Bombardier der preußischen Artillerie, 1750
b Kanonier der sächsischen Reitenden Artillerie, 1867

Etwa ab Mitte des 18. Jh. war die A. keine Hilfswaffe mehr, sondern stand gleichberechtigt neben Infanterie und Kavallerie. Ihr Einsatz richtete sich nach Kaliber und Zweckbestimmung. Die leichten Geschütze gehörten zu den Bataillonen und wurden gleichmäßig auf die Front verteilt, die schweren Stücke bildeten die A.reserve des Befehlshabers, der sie nach seinem Ermessen in den Kampf einführte. Stark betont wurden das sich kreuzende Feuer sowie die Feuereröffnung auf wirksamste Entfernung: mit Kugeln auf 800 bis 900 Schritt, mit Kartätschen auf 50 bis 100 Schritt. Um die Stoßkraft der Kavallerie zu erhöhen, wurde im Siebenjährigen Krieg zuerst bei den russischen, dann bei den preußischen Truppen (1759) die reitende A. geschaffen, nach dem Krieg auch in anderen europäischen Armeen.

Die Französische Revolution von 1789 und die ökonomisch-technischen Fortschritte des Kapitalismus übten auf das Militärwesen, dabei auch auf die A., starken Einfluß aus. In Preußen wurde unter Leitung der Militär-Reorganisationskommission, deren Vorsitz Scharnhorst hatte, nach der Niederlage von 1806/07 die Erneuerung der A. in Angriff genommen. Dazu gehörten ihre Einteilung in 3 Brigaden, die Vorbereitung auf ihre Vermehrung im Kriegsfall mittels der durch das → *Krümpersystem* geschaffenen Reserven, die Schaffung eines A.-Komitees und die Herausgabe eines mustergültigen Exerzierreglements (1812). Bei der Neugliederung des preußischen Heeres ab 1816 unter Kriegsminister Generalmajor Hermann von Boyen (1771–1848) wurden die Anzahl der A.brigaden auf 9 erhöht, die Landwehr-A. geschaffen sowie die A.- und Ingenieurschule in Berlin ins Leben gerufen. Die industrielle Umwälzung führte zu ständigen technischen Verbesserungen und ermöglichte es, die A. periodisch mit einheitlichen Typen neu auszustatten. Am wichtigsten war die Entwicklung von gezogenen Rohren, die eine größere Stabilität der Geschoßbahn, eine bessere Treffgenauigkeit der Geschosse sowie eine Vergrößerung der Schußweiten bewirkten. Die massenhafte rasche Einführung der gezogenen Rohre bis Anfang der 60er Jahre des 19. Jh. war Teil des Rüstungswettlaufs und der Kriegsvorbereitung kapitalistischer Mächte. Als besonders wirkungsvolle Geschosse wurden Langgranaten mit Spreng- oder Schrapnellwirkung konstruiert, die mit einem Aufschlagzünder (Perkussionszünder) versehen waren. Zur besseren Führung im Rohr hatten die Granaten einen Mantel, später Ringe aus Weichmetall.

Geschütze. *Reichswehr und faschistische Wehrmacht – 1919 bis 1945, I:* **1** Minenwerfer (Reichswehr) 170 mm; **2** Feldkanone 96 n. A. (Reichswehr) 75 mm; **3** leichte Feldhaubitze 16 (Reichswehr) 105 mm; **4** leichte Feldkanone 16 n. A. (1934) 75 mm; **5** leichtes Infanteriegeschütz 18 (ab 1927) 75 mm; **6** schweres Infanteriegeschütz 33 (1933) 149,1 mm; **7** leichte Feldhaubitze 18 M (1939) 105 mm; **8** Feldhaubitze 18 (1933/34) 149,1 mm

Die Produktion des A.geräts ging im 19. Jh. von staatlichen Manufakturen immer mehr an große kapitalistische Privatfirmen über, zu denen Schneider in Frankreich, Armstrong in England und Krupp in Preußen zählten. Krupp baute Geschütze mit Rohren aus Tiegelgußstahl, der eine viel geringere Wandstärke erlaubte. Die Firma stieg zur Hauptwaffenschmiede Preußen-Deutschlands auf und belieferte auch andere Staaten. 1884 wurden ein brauchbares rauchloses Pulver (aus Schießbaumwolle und Pikrinsäure) und 1886 ein neuer Sprengstoff für Granaten (Dynamit, Melinit) erfunden. Im Geschützbau vollzogen sich weitere technische Fortschritte, so z. B. bei leichten → *Kanonen* die Einführung der sog. Einheitspatrone, bei der Granate und Treibladung fest miteinander verbunden waren. Sie gehörte zusammen mit verbesserten Verschlüssen zu den Kennzeichen der Schnellfeuerkanonen. In Deutschland wurden seit Beginn der 90er Jahre schwere Kanonen, → *Haubitzen* und → *Mörser* eingeführt, die Schußweiten von 7000 bis über 10000 m erreichten. Die A. vieler Armeen hatte verlastbare Geschütze.

Die Einsatzgrundsätze der A. wandelten sich stark mit dem Übergang von der Linear- zur Kolonnen- und Tirailleurtaktik. Dieser von den französischen Armeen eingeleitete Prozeß führte dazu, daß neben dem Feuer der Bajonettangriff der in Kolonne vorrückenden Infanterie die Gefechte und Schlachten entschied. Eine wesentliche Entwicklung erfuhr die Organisation der A. unter dem französischen Kaiser Napoleon I. (1769–1821). Er formierte die Feld-A. in → *Batterien* zu 6 Geschützen (5 Kanonen und 1 Haubitze). Eine Anzahl leichter Batterien wurde den Divisionen zugeteilt, während die Masse der A. in der Hand des Oberbefehlshabers blieb, der sie in eine Korps-Reserve-A. und in eine Armee-Reserve-A. gliederte. Ihr massierter Einsatz in der Schlacht erfolgte im Aufmarsch zu Großen Batterien, deren Fronten bis zu 2 km breit waren.

Die Gegner Napoleons gingen gleichfalls dazu über, die A. konzentriert einzusetzen. In einem preußischen Korps wurde erstmalig bei Großbeeren 1813 eine A.reserve eingeteilt. Auch in den folgenden Jahrzehnten stand die von Napoleon begründete massierte Verwendung der A. im Vordergrund. Gruppen von Batterien sollten unter einheitlicher Führung an entscheidenden Punkten überraschend vorrücken und mit ihrem Feuer selbständige Handlungen durchführen. Die dafür besonders geeignete reitende A. wurde zeitweise bevorzugt. Geringere Beachtung fand dagegen die schwere A., die in den rasch verlaufenden Feldzügen bis 1815 keine wichtige Rolle gespielt hatte. Diese Einstellung änderte sich nach den Erfahrungen des Krimkrieges (1853–1856) und des österreichisch-französischen Krieges in Oberitalien (1859). Als entsprechende organisatorische Veränderung wurde ab 1860 bei den preußischen A.brigaden allmählich eine zweite Festungsabteilung mit 4 Kompanien eingerichtet und mit der schon bestehenden Abteilung zu einem Festungs-A.regiment zusammengeschlossen. Im Jahre 1872 wurde die Festungs-A. von der Feld-A. getrennt und nahm als Fuß-A. eine eigenständige Entwicklung.

Einschneidende Änderungen in der Taktik bahnten sich mit den Vervollkommnungen gezogener Infanteriewaffen an (ungefähr ab 1830). Wie Engels 1860 einschätzte, waren «diese Verbesserungen ... nur der Beginn jener gewaltigen Umwälzung im gesamten System der Feuerwaffen, die selbst jetzt noch weit von ihrem Abschluß entfernt ist» (K. Marx/F. Engels, 15, S. 28). So wie der Einsatz von Kolonnen auf dem Schlachtfeld unmöglich wurde, konnte auch die A. ihre Kampfmethode, bis auf wenige hundert Meter an den Gegner heranzugaloppieren und ihn mit Kartätschenfeuer zu überschütten, nur um den Preis hoher Verluste anwenden. Sie mußte daher ihre Feuerstellungen weiter rückwärts und gedeckt hinter dem Gros der Infanterie einrichten. Die Ermittlung zweckmäßiger Einsatzgrundsätze zog sich jedoch über Jahre hin. Im Deutsch-Französischen Krieg (1870/71) hatte die A. beider Seiten beim Kampf um Festungen wie in Feldschlachten einen wichtigen Anteil. Es zeigten sich Anfänge der zentralen Feuerleitung und des Zusammenwirkens mit anderen Waffengattungen. Im Interesse einer höheren Kampfkraft der Verbände kam 1889 die Feld-A. unter den Befehl der Armeekorps, und ab 1899 wurden die Divisionen mit A.brigaden ausgestattet. Jede Brigade bestand aus 2 Regimentern mit insgesamt 12 Batterien, davon 3 Batterien leichte Feldhaubitzen (105 mm).

Die Veränderungen in der Ökonomie beim Übergang vom vormonopolistischen zum monopolistischen Stadium des Kapitalismus, die Entstehung mächtiger Industriekomplexe der Metallurgie und neuer Industriezweige, die Mechanisierung der grundlegenden Produktionsprozesse und zahlreiche Erfindungen förderten auch die Herstellung der A.technik. Geschütze, Zubehör und Munition konnten rasch, einheitlich, in hohen Stückzahlen und in besserer Qualität produziert werden.

Die technische Perfektionierung der A. wurde durch die von den imperialistischen Staaten um die Jahrhundertwende geführten Kriege beschleunigt. Im Russisch-Japanischen Krieg (1904/05), in dem sich die hohe Wirksamkeit des modernen Schnellfeuergeschützes erwies, wandten beide Seiten das Schießen aus gedeckten Stellungen an und nutzten dabei optische Präzisionsgeräte. Aus der Notwendigkeit, auf kürzere Entfernungen Ziele hinter Deckungen zu erreichen, entstand 1904 der Minenwerfer, aus dem sich der Granatwerfer entwickelte. Die gro-

Geschütze. *Reichswehr und faschistische Wehrmacht – 1919 bis 1945, II:* **9** schwere Kanone 18 (1938) 149,1 mm; **10** Eisenbahnkanone K 12 (E) (1940) 211 mm; **11** schwerer Mörser „Karl“ (1941) 600 mm; **12** Eisenbahnkanone (E) „Dora“ (1942) 800 mm

ßen Staaten führten in rascher Folge noch leistungsfähigere Geschützmodelle ein, Deutschland besonders schwere Systeme. Seine militärische Führung plante, im künftigen Krieg die belgischen und französischen Grenzbefestigungen mit schwerer A. rasch aufzubrechen. Sie erhöhte daher den Anteil der schweren Geschütze im Heer bedeutend und erreichte darin eine Überlegenheit über die Gegner.

Im ersten Weltkrieg (1914–1918) entwickelte sich die A. zur Hauptfeuerkraft der Landstreitkräfte und verlieh im Stellungskrieg besonders der Verteidigung in Verbindung mit den Sperren eine hohe Standhaftigkeit. Beim Angriff hatte sie den Gegner durch intensives und lang anhaltendes Vorbereitungsfeuer (Trommelfeuer) niederzuhalten. So betrug die A.vorbereitung vor der französischen Offensive bei Ypern (Juli 1917) 10 Tage. Eine typische Feuerform zur Unterstützung angreifender Infanterie war die Feuerwalze, während in der Verteidigung das Sperrfeuer aufkam. Es wurden immer stärkere Massierungen von A. geschaffen, die bei einzelnen Operationen eine Dichte von 120 bis 160 Rohren je Frontkilometer erreichten. Erstmals wurde die A. entsprechend ihren Aufgaben in Gruppen und Untergruppen gegliedert. Als neue Zweige der A. bildeten sich im Krieg die Panzerabwehr-A. und die → *Flakartillerie.* Neu war auch die A.instrumentalaufklärung, die durch Licht- und Schallmessung die gedeckt aufgestellten Batterien des Gegners ermittelte und ihre Bekämpfung kontrollierte, wofür außerdem A.flieger und Fesselballone in großem Umfang verwendet wurden. Für die völkerrechtswidrige Verwendung chemischer Kampfstoffe als Massenvernichtungsmittel, zu der zuerst das imperialistische Deutschland und danach andere kriegführende Mächte übergingen (→ *chemische Kriegführung*), wurde die A. das wichtigste Einsatzmittel.

Anwachsen der Artillerie im ersten Weltkrieg

Land	Zahl der Geschütze zu Beginn des Krieges	Zahl der Geschütze am Ende des Krieges
Deutschland	9388	19810
Großbritannien	1352	11000
Rußland	7088	10178 (1917)
Frankreich	4300	11280

In den 20er und 30er Jahren beeinflußten die Erfahrungen des ersten Weltkrieges und neue wissenschaftlich-technische Erkenntnisse die internationale Entwicklung der A. Neben der Modernisierung alter erfolgte die Konstruktion völlig neuer A.systeme. Es kam zu einer weiteren Standardisierung des Geräts, zur Steigerung der Schußleistungen und der Beweglichkeit durch mehr motorisierte und geländegängige Zugmittel sowie erste SFL, zur Entwicklung der Panzerabwehr- und der Flak-A., ferner zur Vervollkommnung der A.aufklärung. Die antisowjetisch orientierten und auf Revanche eingestellten deutschen Imperialisten und Militaristen widmeten dem Ausbau der A. große Aufmerksamkeit. Zwar durfte Deutschland gemäß dem Versailler Vertrag – mit wenigen Ausnahmen – keine Geschütze mit Kalibern über 105 mm besitzen, doch schon 1921 beschäftigten sich die Firmen Krupp und Rheinmetall wieder mit der Konstruktion von Geschützen. Die auf den Aggressionskrieg orientierte staatsmonopolistische Wirtschaft Deutschlands hatte den riesigen Bedarf an A. bei der Vergrößerung des Heeres von 10 Divisionen 1932 auf 51 Divisionen 1939 zu dekken. Bei Kriegsbeginn 1939 verfügte die faschistische Wehrmacht allein in der Feld-A. und der schweren Infanteriebewaffnung über fast 15000 Geschütze und Granatwerfer. In ihrer Struktur besaß jede Infanteriedivision im Frieden ein leichtes A.regiment mit 3 und ein schweres A.regiment mit 2 Abteilungen. Eine schwere Abteilung wurde bei Kriegsbeginn dem leichten Regiment angeschlossen und die zweite der Korps- oder Heeres-A. zugeteilt. Da das neue Geschützmaterial nicht ausreichte, erhielten einige Aufstellungswellen weniger A. mit teilweise veralteten Modellen.

Im imperialistischen Militärwesen schätzten viele Theoretiker vor dem zweiten Weltkrieg die Rolle der A. nicht zutreffend ein. Die Verbreitung der Theorie des Luftkrieges (→ *Luftkriegskunst*) wie auch des Panzerkrieges führte dazu, daß einige Armeen, so die Großbritanniens, Italiens und der USA, eine verhältnismäßig schwache A. hatten. Einen modernen Stand repräsentierte die sowjetische A., die sich auf die marxistisch-leninistische → *Militärwissenschaft* stützte. Sie hatte ihr von der zaristischen Armee übernommenes Gerät in den 20er Jahren modernisiert und in den 30er Jahren völlig erneuert. Besonders leistungsfähig war die Panzerabwehr der Sowjetarmee. Umfangreiche Erprobungen nahm die Sowjetarmee auf dem Gebiet der reaktiven A. und der SFL vor.

Im zweiten Weltkrieg (1939–1945) wurden die Feueraufgaben für die faschistischen deutschen Truppen zum Teil durch den Einsatz der Luftwaffe und der Panzertruppen erfüllt. Dies war vor allem in der Anfangsperiode der Fall, so daß die A. an den Erfolgen einen relativ geringen Anteil hatte. Sie erwies sich dabei der A. der imperialistischen Gegner Deutschlands als gleichwertig. Der A. der Sowjetarmee jedoch wurde sie, nachdem die Blitzkriegsstrategie gescheitert und die grundlegende Wende im Kriegsverlauf eingetreten war, in zunehmendem Maße unterlegen. Das betraf die Menge des produ-

Geschütze. *Reichswehr und faschistische Wehrmacht – 1919 bis 1945, III:* **13** Gebirgsgeschütz 36 (1938) 75 mm; **14** schwerer Granatwerfer 42 (1943) 120 mm; **15** leichte Pak 35/36 (1936) 37 mm; **16** Pak 38 (1940) 50 mm; **17** Sturmgeschütz III auf Fahrgestell Pz III (1942), SFL mit 1 Kanone 75 mm, 1 MG 7,92 mm; **18** Panzerhaubitze 18 „Wespe" auf Fahrgestell Pz II (1942), SFL mit 1 Haubitze 105 mm; **19** Pak 40 (1941) 75 mm; **20** schwere Pak 43 (1943) 88 mm

zierten Geräts, die Organisation, die operative Dichte an Geschützen und Granatwerfern und besonders die Fähigkeit zur Panzerabwehr. Die faschistische deutsche Führung war stark bemüht, während des Krieges neue A.waffen zu entwickeln, um auf Teilgebieten einen qualitativen Vorsprung zu erringen. Es entstanden reaktive Waffen und → *Raketenwaffen* verschiedener Art, darunter auch mehrere Muster von Fla-Raketen, die aber zum größten Teil nicht die Einsatzreife erreichten. In der faschistischen Wehrmacht wurde versucht, die A. taktisch beweglicher zu machen und beim Einsatz zu konzentrieren. Diesem Ziel diente die Zusammenfassung von Kräften zu einer allerdings nur kurzlebigen A.division sowie zu Heeres-A.brigaden. Im Herbst 1944 begann die Aufstellung sog. Volks-A.korps (insgesamt 12), die aber faktisch nur Brigadestärke hatten. Diese Heeres-A. betrug, ähnlich wie in anderen imperialistischen Staaten, nur 10–15% der gesamten Waffengattung und wurde lediglich zur Lösung taktischer Aufgaben eingesetzt. Im Streben nach Massierung der A. organisierte die Wehrmachtführung große A.aufmärsche, vor allem bei den Belagerungen Sewastopols und Leningrads. In der Schlacht von Kursk (1943) erreichte sie in der Orjol-Kursker Richtung eine operative Dichte von 70 bis 80 Geschützen und Granatwerfern, in der Belgorod-Kursker Richtung von 50 Rohren je Frontkilometer, ohne jedoch damit zum Erfolg zu kommen. Die Sowjetarmee konnte 1941 vor Moskau nur 5-15 Geschütze und Granatwerfer je Frontkilometer einsetzen, in der Schlacht an der Wolga jedoch bereits 60–80 und bei der Gegenoffensive vor Kursk 150–200. In der Berliner Operation 1945 waren es teilweise sogar über 300 Rohre je Frontkilometer. Gegenüber den weitgehend schematischen Feuerüberfällen der lediglich das Überraschungsmoment anstrebenden deutschen A. wurden in der Sowjetarmee neue Formen der A.sicherstellung angewendet. Unbefriedigend blieb in der faschistischen Wehrmacht die Panzerabwehr. Anfangs waren die Kaliber der dafür konstruierten Geschütze zu schwach und die in der A. überwiegend vorhandenen Haubitzen für den Kampf gegen Panzer nur bedingt geeignet. Überdies war die Panzerabwehr als selbständige Waffengattung von der A. getrennt. In der Sowjetarmee dagegen war die Panzerabwehr eine vorrangige Aufgabe der gesamten A. Ihre zahlreiche SFL-A. gewährleistete außerdem die unmittelbare Unterstützung der Infanterie und der Panzer – ein Problem, das in der Wehrmacht nur unzureichend gelöst wurde.

Nach dem zweiten Weltkrieg entwickelte sich die A. gemäß den in den Kriegsjahren gewonnenen Erkenntnissen. Vor allem erreichte sie eine höhere Beweglichkeit und Wirkung. Die noch bespannten Einheiten und Truppenteile der Waffengattung wurden in den meisten Armeen motorisiert und mit geländegängigen Zugmitteln, zum Teil mit Gleisketten, ausgestattet. Der Anteil der SFL stieg, zunächst bei der Panzerjäger- und Fla-A., dann auch bei der im indirekten Richten schießenden A. Als leichte und schnell zu bewegende Feuermittel wurden rückstoßfreie Geschütze verschiedener Kaliber eingeführt. Auf eine verbesserte Wirkung zielte die Tendenz, die Kaliber zu vergrößern und den Anteil der Haubitz-A. zu vermehren. Die Reichweiten stiegen gegenüber dem zweiten Weltkrieg um ein Drittel und mehr. Geschoßwerfer und Panzerabwehrlenkraketen wurden in breitem Umfang eingeführt. Einen entscheidenden Einfluß auf das Profil der modernen A. nahmen die Kernwaffen und die Raketen als ihre hauptsächlichen Einsatzmittel.

Im imperialistischen Militärwesen, verkörpert vor allem durch die NATO, trat während der 50er Jahre zeitweilig eine schwankende Einstellung zum Wertverhältnis zwischen Kernwaffen und konventioneller A. auf. Insgesamt kam es aber zu einer Rangerhöhung der Waffengattung, in die auch die A.raketen eingeordnet wurden. Die A. wird auch unter modernen Bedingungen weiterhin als ein kampfentscheidendes Element gewertet. Dazu gehört, daß für verschiedene Systeme – ursprünglich nur für die amerikanische 280-mm-Kanone, heute auch für die 175-mm-Kanone und die 203-mm-Haubitze – Kerngranaten vorgesehen sind. Neuerdings sollen alle Rohr-A.systeme für den Verschuß von Kerngranaten

Stärke der Artillerie in Infanteriedivisionen 1939[1]

Land	Feldkanonen 75–84 mm	Feldhaubitzen 100–122 mm	Feldhaubitzen 150–155 mm	Insgesamt	Panzerabwehrgeschütze 37–47 (57) mm
Deutschland	–	36	12	48	36
Frankreich	36	–	24[2]	60	8
Großbritannien	72[3]	–	–	72	48[4]
Sowjetunion Juli 1941	28	8	–	36	18

1 ohne Granatwerfer
2 bei einigen Divisionen 12 Geschütze 105 mm und 12 Geschütze 155 mm
3 Kaliber 87,6 mm
4 Kaliber 20 oder 40 mm

Geschütze. *Reichswehr und faschistische Wehrmacht – 1919 bis 1945, IV:* **21** Panzerhaubitze 18 (M) „Hummel" auf Fahrgestell Pz III/IV (1943), SFL mit 1 Haubitze 150 mm; **22** Pak 43/1 „Nashorn" auf Fahrgestell Pz III/IV (1944), SFL mit 1 Pak 88 mm; **23** Flakpanzer auf Fahrgestell Pz 38 (t) (1943), Fla-SFL mit 1 Flak 20 mm; **24** Flak 36 (1936) 37 mm; **25** Flak 41 (1943) 88 mm; **26** schwere Flak 39 (1940) 105 mm

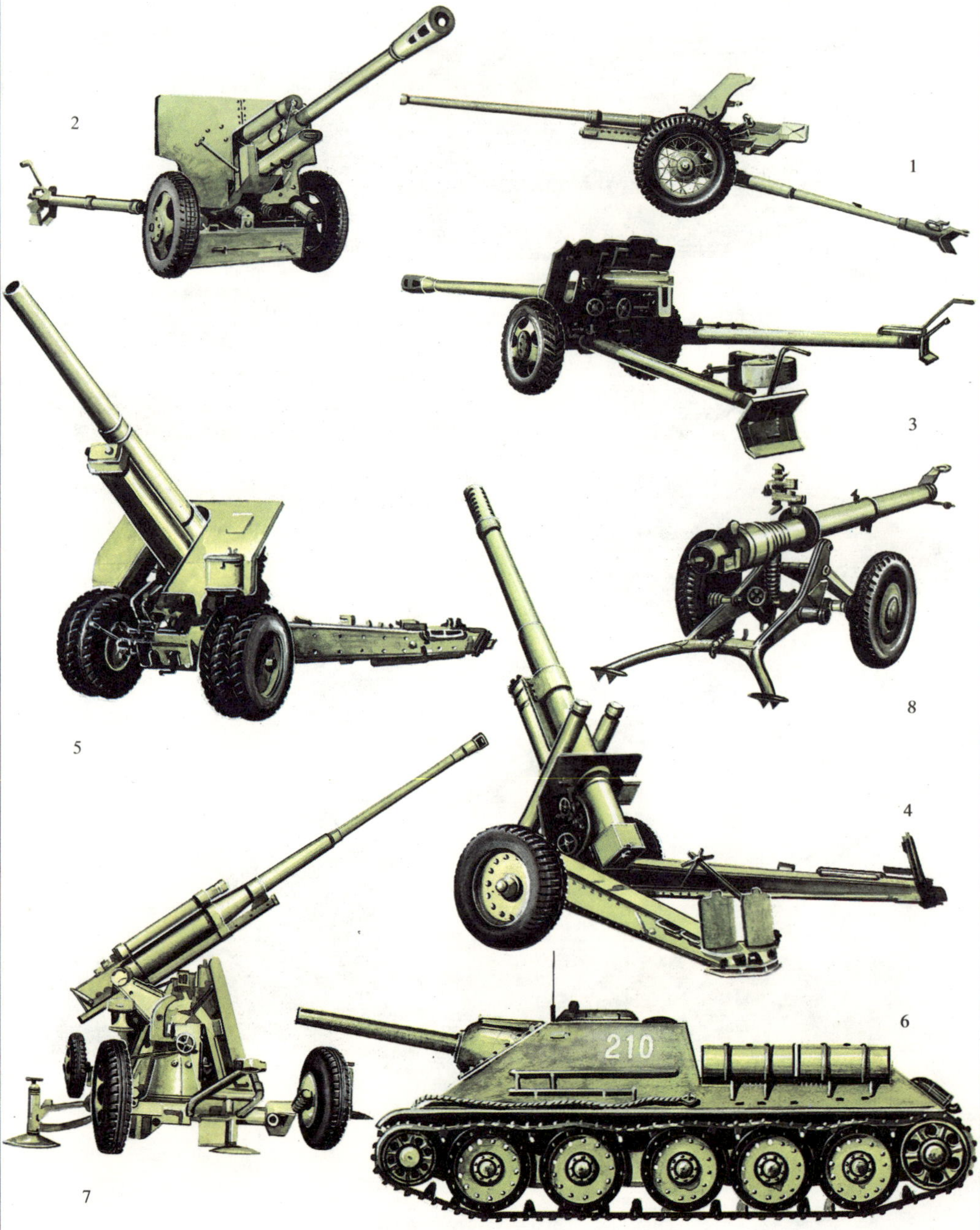

Geschütze. *NVA der DDR, I:* **1** leichte Pak, Kanone M42 (50er Jahre) 45 mm; **2** Feldkanone und Pak, Kanone S/S-3 M42 (50er Jahre) 76,2 mm; **3** Divisionsgeschütz, Kanone D-44 (50er und 60er Jahre) 85 mm; **4** Kanonenhaubitze 37 ML-20 (60er Jahre) 152 mm; **5** Haubitze 38M 10 (60er Jahre) 152 mm; **6** SFL SU-122 (50er Jahre) mit 1 Haubitze 122 mm; **7** Flak 44 (60er Jahre) 85 mm; **8** rückstoßfreies Geschütz B-11 (bis Mitte 60er Jahre) 107 mm

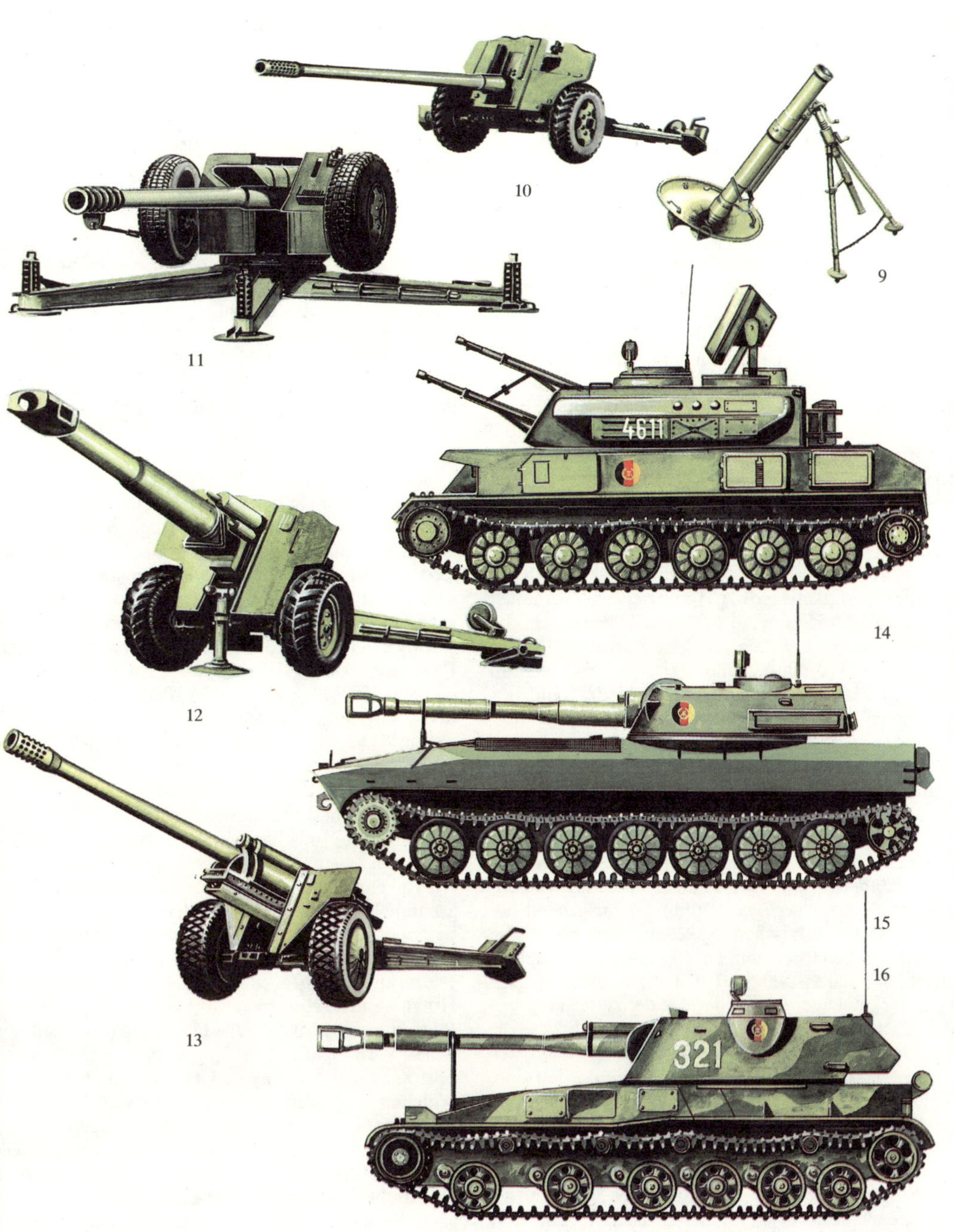

Geschütze. *NVA der DDR, II:* **9** Granatwerfer 43 120 mm; **10** Pak 100 mm; **11** Haubitze D-30 122 mm; **12** Kanonenhaubitze M 55 D-20 152 mm; **13** Kanone M 46 130 mm; **14** Vierlings-Fla-SFL ZSU 23/4 „Schilka“ 23 mm; **15** SFL mit 1 Haubitze 122 mm; **16** SFL mit 1 Haubitze 152 mm

eingerichtet werden. In den Armeen der NATO-Staaten sind bis heute die Systeme der USA-Armee, teilweise in modernisierten Versionen, verbreitet. Einige Staaten, so Frankreich und Großbritannien, verwenden eine Reihe nationaler Modelle. In der zweiten Hälfte der 70er Jahre wurden von den Rüstungskonzernen der BRD, Großbritanniens und Italiens gemeinsam die Feldhaubitze 70 und die Panzerhaubitze 70 entwickelt. Die Landstreitkräfte der Bundeswehr der BRD besitzen eine Truppengattung A., die aus den beiden Waffengattungen A. und ABC-Abwehrtruppen besteht. Die A. als Waffengattung gliedert sich in die schießende A., die aufklärende A. und die Topographietruppe. In der zweiten Hälfte der 50er Jahre bestand die Geschützausstattung der Bundeswehr überwiegend aus Haubitzen der USA-Armee mit Kraftzug. Mit der Einführung der Struktur «Division 59» erhielten die neu gebildeten Brigaden je 1 Bataillon Haubitzen (105 mm, später 155 mm) auf SFL. Als Kernwaffeneinsatzmittel besaß das A.regiment der Division ab 1962 1 Bataillon «Honest John»-Raketen und ab 1964 1 weiteres Bataillon mit 203-mm-Haubitzen und 175-mm-Kanonen auf SFL. Das A.regiment des Korps hatte «Sergeant»-Raketen sowie Haubitzen und Kanonen des Kalibers 155 mm. Ab 1970 wurde begonnen, die Raketen in der Division teilweise durch «Feldraketenwerfer» (110-mm-Geschoßwerfer) zu ersetzen, um eine intensive Flächenwirkung auf große Schußentfernungen zu erzielen. Die Korps-A. bestand nunmehr aus dem Raketen-A.bataillon mit dem System «Lance» (ab 1977) und einem A.regiment mit 3 Abteilungen. Stark vermehrt wurde die Panzerabwehr, in die Panzerabwehrlenkraketen der Typen «Hot» und «Milan» eingeführt wurden.

In den Streitkräften des → *Warschauer Verteidigungsbündnisses* nimmt die A. von jeher einen festen Platz im System der Bewaffnung ein, ausgehend davon, daß die taktischen Raketenwaffen nicht alle Feueraufgaben lösen können. Die marxistisch-leninistische Militärwissenschaft teilt die A. nach folgenden Merkmalen ein: nach der Art der zu bekämpfenden Ziele in A. zur Bekämpfung von Erdzielen, Luftzielen, Seezielen sowie Universal-A.; nach der Zugehörigkeit zu den Teilstreitkräften und den dort zu lösenden spezifischen Aufgaben in Begleit-A., unterstützende A., Gebirgs-A., Fla-A. u. a. bei den Landstreitkräften sowie in Universal-Schiffs-A., Küsten-A. u. a. bei den Seestreitkräften; nach der Art der Flugbahn in Kanonen, Haubitzen, Mörser u. a.; nach dem Kaliber in A. leichten, mittleren und schweren Kalibers.

Die sowjetische A. vervollkommnete im Zeichen des wissenschaftlich-technischen Fortschritts und der Revolution im Militärwesen, in Koordination mit der Entwicklung und Rolle der Raketenwaffen, die bewährten Systeme der Kriegszeit, ersetzte sie Schritt für Schritt durch neue Generationen und vermehrte insgesamt die Zahl der Geschütze und Granatwerfer. In der zweiten Hälfte der 50er Jahre entstanden die Raketentruppen. Zur Abwehr gegnerischer Fliegerkräfte wurden leistungsstarke Fla-A.gruppen gebildet. Mit der Entwicklung der Raketenkernwaffen zum Hauptkampfmittel wurden die mit ihnen möglichen Schläge bestimmend für die Verwendung der A.

In den anderen Armeen des Warschauer Verteidigungsbündnisses stützt sich die A. auf die Errungenschaften der marxistisch-leninistischen Militärwissenschaft und die Erfahrungen der Sowjetarmee, womit sie ständig den Anschluß an den Welthöchststand im Militärwesen besitzt. Ihre Bewaffnung, Struktur und Ausbildung sind im wesentlichen einheitlich, so daß A.truppenteile jeder Armee erfolgreich in gemischten Gruppierungen wirken können.

Beim Aufbau der A. der NVA waren die organisatorischen Formen der sowjetischen A. sowie ihre Waffentechnik das verbindliche Vorbild. Die mot. Schützen erhielten Einheiten leichter und mittlerer Granatwerfer, Begleitbatterien aus Panzerabwehr- und rückstoßfreien Geschützen im Bataillon sowie Einheiten selbstfahrender Kanonen und rückstoßfreier Geschütze, ferner 2 Flakbatterien in jedem Regiment. Die Divisionen verfügten über 1 A.regiment sowie 1 Flakregiment. Auf höherer Stufe wurden selbständige Truppenteile der A., der Panzerjäger- und der Fla-A. geschaffen. In der Gefechtsausbildung der A. spielten von Anfang an die Panzerabwehr, die Gefechtshandlungen bei Nacht sowie ein hohes Tempo bei der Lösung von Feueraufgaben und bei Manövern eine wichtige Rolle. Seit Beginn der 60er Jahre wurden in den Landstreitkräften Raketenverbände und -truppenteile mit der herkömmlichen A. in der Waffengattung Raketentruppen und A. vereinigt. Als wirksame Flächenfeuermittel erhielt 1962 die A. Geschoßwerfer und als neue Panzerabwehrwaffe Panzerabwehrlenkraketen. Hinzu kamen schwere Panzerbüchsen und neuartige Panzerjägergeschütze. Die Flak-A. wurde Teil der neuen Waffengattung → *Truppenluftabwehr* bzw. gehört zur Luftverteidigung. Divisions- und Armee-A. erhielten im Prozeß des Generationswechsels der Militärtechnik neue Systeme von Panzerjägerkanonen, Haubitzen und Geschoßwerfern. Die Truppenteile und Einheiten der A. der NVA sind mit modernen Nachrichtenmitteln, Führungsfahrzeugen, beweglichen Beobachtungsstellen, meteorologischen Stationen sowie mit moderner Vermessungs-, Instrumentalaufklärungs- und Führungstechnik ausgestattet. Anfang der 80er Jahre verfügte die NVA u. a. über 130-mm-Kanonen, 152-mm-Kanonenhaubitzen (mit Zugmitteln oder als SFL), 122-mm-Haubitzen (mit Zugmitteln oder als SFL), 40rohrige Geschoßwerfer des Kalibers 122,4 mm sowie über 120-mm-Granatwerfer und moderne Panzerabwehrlenkraketen.

Die weitere Entwicklung der A. zielt allgemein auf die Erhöhung der Beweglichkeit, Feuergeschwindigkeit, Schußweite, Genauigkeit des Schießens sowie auf eine stärkere Wirkung im Ziel. Große Erwartungen werden an neuartige Munitionsarten geknüpft, wie z. B. an Geschosse mit sog. Endphasenlenkung, an Kernladungen mittlerer Kaliber und an Raketengefechtsköpfe mit Streuwirkung. Die technischen Mittel der Zielaufklärung werden verbessert, um die Treffgenauigkeit zu erhöhen und zusammengefaßtes Feuer ohne Einschießen zu ermöglichen. Die Anfangsangaben für das Schießen sollen durch elektronische Rechengeräte mit automatischer Einbeziehung der ballistischen und meteorologischen Daten rasch fertiggestellt und durch Datenübertragungsanlagen an die Feuereinheiten übermittelt werden. Aufgrund technischer Errungenschaften wird die A. auch künftig eine wichtige Rolle spielen und zusammen mit den Raketenwaffen die Hauptfeuerkraft der Landstreitkräfte bleiben. *(s. Abb. S.244, 256, 355, 361, 656, 796, 798, 856, 858, 901, 999, 1005–1007)*

Atlantikwall: 1942–1944 vom faschistischen Deutschland in den Niederlanden, Belgien und Frankreich angelegte Küstenbefestigungen, um eine anglo-amerikanische Landungsoperation abzuwehren oder zumindest stark zu verzögern (→ *Weltkrieg, zweiter, 1939–1945*).

Eine mit starken Kräften unternommene angloamerikanische Landungsoperation in Westeuropa, die die Eröffnung der → *zweiten Front* bedeutet hätte, wollte die faschistische deutsche Führung möglichst schon an der Küste abwehren. Der dazu mit großem Material- und Arbeitskräfteaufwand errichtete A. bestand aus Vorstrand- und Strandhindernissen, Minenfeldern und anderen Sperren, leichten Feldbefestigungen, befestigten Artilleriestellungen, starken Küstenbefestigungsanlagen und befestigten Unterständen (Mannschaftsbunker). Dazu waren von 1942 bis 1944 über 13 Mill. m^3 Beton und 1,2 Mill. t Eisen verbraucht und allein 1944 etwa 175 000 Arbeitskräfte eingesetzt worden. Aufgrund der hohen Verluste an Menschen und Material an der deutsch-sowjetischen Front sah sich die faschistische deutsche Führung nicht in der Lage, den Bau des A. bis zum Sommer 1944 zu vollenden. Neben kampfstarken Küstenbefestigungsanlagen mit weittragender Küstenartillerie (Kaliber bis zu 400 mm), hauptsächlich in den Räumen wichtiger Küstenstädte und Häfen, gab es große Abschnitte, die nicht oder nur schwach gesichert werden konnten. Am stärksten war der Abschnitt am Ärmelkanal ausgebaut; dort lag der Anteil ausgeführter Pionierarbeiten bei 68 %, in der Normandie dagegen nur bei 18 %. Zur Verteidigung des A. standen 27 Divisionen der ersten Staffel der Heeresgruppen B und G bereit, davon allein 14 am Ärmelkanal zwischen den Flüssen Schelde und Seine. Die Verteidigungsmöglichkeiten des A. wurden von der faschistischen Propaganda stark übertrieben.

Bei der Invasion der anglo-amerikanischen Truppen, die am 6. 6. 1944 in der Normandie begann, erwies sich der A. als kein unüberwindliches Hindernis. Nach vorangegangenen massierten Luftangriffen und Feuer der Schiffsartillerie konnte er bezwungen bzw. bei den nachfolgenden Angriffshandlungen vom Rücken her eingenommen werden. Einzelne Seestützpunkte, z. B. Saint-Nazaire und Lorient, hielten sich bis zum Kriegsende.

Aufbruch-Arbeitskreis: lose Vereinigung von ehem. Offizieren, Freikorpsangehörigen und Intellektuellen, die gegen Faschismus und Militarismus, für die Verteidigung der demokratischen Rechte des Volkes und die Sicherung seiner friedlichen Zukunft eintrat.

Die verstärkte Faschisierungs- und Aufrüstungspolitik der deutschen Monopolbourgeoisie Ende der 20er und Anfang der 30er Jahre des 20. Jh. und der machtvolle revolutionäre Kampf der Arbeiterklasse für die Interessen der Volksmassen veranlaßten ehem. Offiziere und andere Armeeangehörige sowie ehem. Mitglieder und Funktionäre militaristischer Verbände, die Gefahren der imperialistischen Politik klarer zu erkennen und sich in den Kampf zu ihrer Abwendung einzureihen. Die vor dem Reichstag am 19. 3. 1931 (→ *Reichswehrprozeß*) verlesene Erklärung des zu Festungshaft verurteilten früheren Reichswehrleutnants Richard Scheringer (1904–1986), in der er seinen Bruch mit der NSDAP begründete und sich zur nationalen Politik der KPD bekannte, gab diesen Kräften neuen Aufschwung. Sie schlossen sich im April 1931 zum A. zusammen. Diese Vereinigung, zu deren führenden Repräsentanten neben Scheringer auch Ludwig Renn (1889–1979), Josef (Beppo) Römer (1892–1944), Bruno von Salomon, Alexander von Stenbock-Fermor (1902–1972) und Bodo Uhse (1904–1963) gehörten, sah ihre Aufgabe vor allem darin, politisch und ideologisch unter den Angehörigen der Reichswehr, der Polizei sowie der faschistischen und militaristischen Wehrverbände zu wirken, ihnen die Gefahren der faschistischen und militaristischen Entwicklung bewußt zu machen und sie für den Kampf an der Seite der Antifaschisten zu gewinnen. Ab Juli 1931 gab der A. die monatlich erscheinende Zeitschrift «Aufbruch» heraus. In den verschiedenen Gegenden Deutschlands, besonders in den Städten, bildeten die Anhänger des A. Arbeitskreise, in denen sie grundsätzliche und tagespolitische Fragen diskutierten. Die Arbeitskreise wurden vom A. zusammengefaßt und zentral angeleitet.

Die KPD förderte die Bildung und Entwicklung des A., um entsprechend ihren Zielen eine breite antifaschistische Bewegung zu entfalten. In der → *Militärpolitischen Abteilung beim ZK der KPD* konstituierte sich eine Kommission «Aufbruch». Analog dazu wurden bis Ende 1931 auch bei den Bezirksleitungen der KPD solche Kommissionen gebildet. Durch sie nahm die KPD Einfluß auf die Tätigkeit des A. und integrierte dessen Wirken in den politischen Massenkampf der Partei, in ihr Ringen um die Aktionseinheit gegen Faschismus und Kriegsgefahr. Eine Reihe von Anhängern des A. näherte sich im Verlauf ihres antifaschistischen und antimilitaristischen Kampfes den Positionen der Arbeiterklasse, und einige von ihnen, beispielsweise Scheringer, Römer und Uhse, traten als Mitglieder in die KPD ein. Mit speziellem Aufklärungsmaterial und durch die Ausnutzung persönlicher Kontakte zu ehem. Kameraden in der Reichswehr, der Polizei, der SA sowie anderen faschistischen und militaristischen Organisationen leisteten die Angehörigen des A. eine wertvolle antifaschistische Arbeit in den bewaffneten Organen der deutschen Monopolbourgeoisie. Während der faschistischen Diktatur kämpften viele in der Illegalität oder in der Emigration. In Konzentrationslagern wurden nicht wenige von ihnen ermordet.

Aufgebot: militärische Organisation der Wehrfähigen hauptsächlich in der sich zersetzenden Urgesellschaft und im Frühfeudalismus.

Im letzten Stadium der Urgesellschaft, der → *militärischen Demokratie*, wurden nach Friedrich Engels (1820–1895) «der Krieg und die Organisation zum Krieg ... regelmäßige Funktionen des Volkslebens» (K. Marx/F. Engels, 21, S. 159). Alle wehrfähigen männlichen Stammesangehörigen waren neben ihrer wirtschaftlichen Tätigkeit zugleich Krieger und für den bewaffneten Kampf im A. des Stammes (Heerbann) militärisch organisiert. Neben dem allgemeinen A. bildeten sich Gefolgschaften der Heerführer und Häuptlinge heraus, die zunehmend an militärischer Bedeutung gewannen. Sie umfaßten mitunter einige hundert Mann, waren in ihrer Zusammensetzung zumeist stammesindifferent und erreichten eine hohe Schlagkraft, zumal die Entwicklung der Waffentechnik vor allem von ihnen selbst genutzt werden konnte. Die Gefolgschaften standen am Beginn des Trennungsprozesses zwischen Stamm und der bewaffneten Organisation der Gentilaristokratie. Die militärische Macht des Stammes stellte jedoch das A. dar. Seine zahlenmäßige Stärke hing von der Größe des Stammes bzw. des Stammesverbandes ab. Da die Teilnahme an Stammeskriegen das Recht und die Pflicht jedes freien Wehrfähigen war, konnten A. nach Zehntausenden zählen; im allgemeinen dürften sie jeweils 5000–8000 Krieger umfaßt haben. Bei den Germanen hatte das A. seine Hauptkraft in den Fußkämpfern, die mit der Reiterei eng zusammenwirkten. Die Bewaffnung war uneinheitlich und wies stammesmäßige Besonderheiten auf. Hauptwaffen waren Lanze, Speer und Schwert, später auch Axt, Beil sowie Pfeil und Bogen. Die Masse der Krieger führte den Schild, dagegen verfügte nur ein Teil über Helm und Brustpanzer. Die typische Schlachtordnung bestand in einer tiefen, keilförmigen Aufstellung («Eberkopf»), wobei die gentilen Bindungen dem in Hundert- und Tausendschaften gegliederten A. einen festen Zusammenhalt verliehen. Mehrere Schlachtkeile konnten in der Front gestaffelt aufgestellt werden. Fußvolk und Reiterei, die geschlossen zum Einsatz kamen, suchten die Schlacht in einem ungestümen Frontalangriff zu entscheiden. Heerführer wie Unterführer standen in der vordersten Reihe und beschränkten sich während des Kampfes meist darauf, durch eigenes Vorbild die Krieger anzuspornen.

In den → *germanisch-römischen Kriegen 2. Jh. v. u. Z.–5. Jh. u. Z.* bewies das allgemeine A. seine große militärische Kraft. Es bestand auch im fränkischen Feudalstaat fort, verlor aber mit der weiteren Entwicklung der Feudalverhältnisse gegenüber dem → *Vasallenheer* und den → *Panzerreitern* immer mehr an Bedeutung. Nicht zuletzt durch die Teilnahme an den zahlreichen → *fränkischen Expansionskriegen 5.–9. Jh.* wurde die Masse der freien Bauern ruiniert und in die feudale Abhängigkeit gezwungen. Damit verengte sich die soziale Basis des allgemeinen A., dessen Verfall auch durch karolingische Gesetze über den Kriegsdienst der Freien nicht aufgehalten werden konnte. In seiner ursprünglichen Form bestand das allgemeine A. nach dem 11. Jh. nur noch in Randgebieten, so an der Nordseeküste und in den Alpenländern, wo viele freie Bauern lebten. Obwohl sich im frühfeudalen deutschen Staat die Trennung von Volk und Streitkräften weiter ausprägte, blieb die Kriegsdienstpflicht der Bauern erhalten. Sie spielte zwar seit dem 10. Jh. im militärischen Leben und in den Kriegen fast keine Rolle mehr, lebte aber als Rechtsnorm (Landfolge) weiter. Daran knüpfte im 15. Jh. die → *Landesdefension* an. Der Begriff des A. lebte im nationalen Unabhängigkeitskrieg 1813/14 beim → *Landsturm* und bei der → *Landwehr* wieder auf. Unter Mißbrauch des positiven Gehalts der Bezeichnung wurde 1944/45 der faschistische → *Volkssturm* nach dem Prinzip des A. mobilisiert.

Aufklärungsfliegerkräfte: Gattung der Fliegerkräfte (→ *Luftstreitkräfte*), die durch verschiedene Methoden und Mittel Angaben über den Gegner beschafften.

Die A. bildeten am Vorabend des ersten Weltkrieges die Masse der Luftstreitkräfte. Bei Kriegsbeginn waren alle verfügbaren Flugzeuge für die Nah- und Fernerkundung, vorwiegend mittels visueller Beobachtung, eingesetzt. Infolge des Stellungskrieges trat ab Herbst 1914 die taktische Nahaufklärung in den Vordergrund. Sie war durch verstärkte Luftbildaufklärung mit verbesserten Kameras und Entwicklungsverfahren sowie durch den Einsatz von Artillerieaufklärungsflugzeugen gekennzeichnet. Letztere lenkten und korrigierten das Artilleriefeuer, zunächst durch optische Signale, später durch Funk. Eine Weiterentwicklung erfuhr im Verlauf des Krieges auch die operative und strategische Fernaufklärung, die den erfahrensten Besatzungen übertragen wurde. Zwar sank bei allen kriegführenden Staaten in den Kriegsjahren der Anteil der A. zugunsten anderer Gattungen der Fliegerkräfte, jedoch steigerten sich ihre Leistungen durch den Einsatz verbesserter Flugzeugtypen, höhere Qualität der Luftbildaufnahmen und deren Auswertung sowie durch die Verwendung von Funkgeräten. Im Frühjahr 1918 waren die A. des kaiserlich-deutschen Heeres in 105 Fliegerabteilungen mit je 6 bzw. 9 zweisitzigen Flugzeugen zusammengefaßt. Die durchschnittliche Zahl der Luftbildaufnahmen pro Tag stieg von 400 im Mai 1915 auf rd. 4000 im Mai 1918. In den 20er Jahren, in denen Deutschland gemäß dem Versailler Vertrag keine Luftstreitkräfte unterhalten durfte, übernahmen zivile Fluggesellschaften weitgehend die Weiterentwicklung von Verfahren und Geräten für die Nah- und Fernaufklärung sowie die Ausbildung von entsprechendem Personal. Das erleichterte der faschistischen Luftrüstung nach 1933 die Aufstellung relativ leistungsfähiger A. Die militärische Führung Hitlerdeutschlands maß nicht nur der operativ-taktischen, sondern auch der strategischen Luftaufklärung im Rahmen ihrer → *Blitzkriegskonzeption* große Bedeutung bei. Bereits längere Zeit vor Beginn der einzelnen Aggressionsakte ließ sie durch speziell für Höhenflüge ausgerüstete Fernaufklärer industrielle und militärische Objekte der künftigen Gegner erkunden. Besonders intensiv wurden diese Spionageflüge seit 1937 gegen die UdSSR betrieben. Bei Ausbruch des zweiten Weltkrieges umfaßten die A. als selbständige Gattung der Fliegerkräfte international zwischen 9 und 29% des Gesamtflugzeugbestandes der Luftstreitkräfte, in Deutschland etwa 18%. Die faschistische Luftwaffe verfügte am 31.8.1939 über 257 Fernaufklärungsflugzeuge des Typs Do 17, die während des Krieges zunehmend durch Fernaufklärerversionen der Typen He 111, Ju 88, Do 215 und andere ersetzt wurden. Die Nah-A. besaßen bei Kriegsbeginn 356 Maschinen der bereits Anfang der 30er Jahre entwickelten Typen He 45 und He 46 sowie des neueren Typs Hs 126. Die A. gliederten sich in 25 Fernaufklärungsstaffeln, die zu 75% zur strategischen Luftaufklärung für das OKH und zu 25% für die Luftwaffenführung eingesetzt waren, sowie in 30 einsatzmäßig dem Heer unterstellte Aufklärungsstaffeln (→ *Heeresfliegerkräfte*). Zur Aufklärung des Seeraumes sowie der gegnerischen Küstengewässer und Häfen waren spezielle Küstenflieger- bzw. Seeaufklärergruppen mit Schwimmerflugzeugen und Flugbooten der Firmen Heinkel, Arado, Dornier sowie Blohm & Voß bestimmt. Ein Teil dieser Kräfte wurde ab 1941 auf Flugzeuge der Typen He 111 sowie Ju 88 umgerüstet und als Kampfflieger an der deutsch-sowjetischen Front eingesetzt. Während des Krieges verbesserte sich die Qualität der A. Neue Typen von Aufklärungsflugzeugen, so der mit Doppelrumpf versehene Nahaufklärer FW 189, wurde konstruiert, die Fotoausrüstung verbessert und die Funkmeßtechnik für die Luftaufklärung genutzt. Der Flugzeugbestand der A. der faschistischen Luftwaffe blieb während des Krieges im wesentlichen konstant. Seine größte Stärke erreichte er 1941 beim Überfall auf die UdSSR mit 393 Fern- und 440 Nahaufklärungsflugzeugen. Dagegen sank der Anteil der A. am Gesamtbestand der Fliegerkräfte des faschistischen Deutschlands von 18% bei Kriegsbeginn auf 8% 1944/45. Mit dem Verlust der Luftherrschaft mußten ab 1943/44 in wachsendem Maße Jagdflugzeuge (zumeist Me 109 und Me 110) als Nahaufklärer eingesetzt werden.

Nach dem zweiten Weltkrieg wuchs die Rolle der Luftaufklärung weiter an. Dabei verstärkte sich vor allem seit den 60er und 70er Jahren der Einsatz funkelektronischer und anderer moderner Ortungsmittel bedeutend. Die Aufgaben der Luftaufklärung sind heute nicht allein mit den Kräften und Mitteln der A. zu bewältigen. An ihrer Lösung beteiligen sich faktisch alle Gattungen der Fliegerkräfte, einschließlich der Hubschrauber. In wachsendem Maße stehen sowohl für die strategische Fernaufklärung als auch für Aufklärungsaufgaben unmittelbar über dem Gefechtsfeld unbemannte Luftaufklärungsmittel zur Verfügung.

Ausschuß für Nationale Verteidigung: Organ der Volkskammer der DDR, das das Recht hat, Gesetzesvorlagen zur Landesverteidigung einzubringen und die Durchführung von Gesetzen zur Landesverteidigung zu kontrollieren.

Der Ausschuß entstand auf Beschluß der Volkskammer vom 10.2.1960. Seitdem wird er aus der Mitte der Abgeordneten des obersten staatlichen Machtorgans der DDR gebildet. Die Zusammensetzung des Ausschusses entspricht den in der Volkskammer vertretenen Parteien und Massenorganisationen. Vorsitzender ist ein Abgeordneter der SED, der stärksten Fraktion der Volkskammer. Von 1960 bis 1970 war es Paul Fröhlich (1913–1970), seit 1971 ist Paul Verner (geb. 1911) mit dieser Funktion betraut. Grundlage der Arbeit des Ausschusses sind die Verfassung der DDR und die Geschäftsordnung der Volkskammer. Für seine gesamte Tätigkeit ist er gegenüber der Volkskammer verantwortlich und rechenschaftspflichtig. Der Ausschuß erfüllt seine verantwortungsvollen Aufgaben in enger Verbindung mit den Wählern. Bei der Vorbereitung oder Beratung von Gesetzesvorlagen kann er die Anwesenheit der zuständigen Minister und Leiter anderer staatlicher Organe für die Erteilung von Auskünften verlangen sowie Fachleute zur ständigen oder zeitweiligen Mitarbeit heranziehen. Besonders enge Beziehungen entwickelt der Ausschuß zu den verschiedenen Bereichen der Landesverteidigung. So suchen Mitglieder des Ausschusses Truppenteile und Einheiten der NVA auf und beraten unmittelbar mit den Armeeangehörigen über die Erhöhung der Kampfkraft und Gefechtsbereitschaft. Große Aufmerksamkeit widmen die Abgeordneten der → *sozialistischen Wehrerziehung der Bevölkerung der DDR.* Zur Tätigkeit des Ausschusses gehört die Festigung des Klassen- und Waffenbündnisses mit der Sowjetunion und den anderen sozialistischen Staaten. Auf seine Initiative hin konnten sich Delegationen mit Repräsentanten aus kapitalistischen Ländern von der zutiefst gerechten und aktiv dem Frieden dienenden Militärpolitik der DDR überzeugen. Somit leistet der Ausschuß auch einen wichtigen Beitrag zur Verständigung der Völker im Sinne der Politik der friedlichen Koexistenz.

Austerlitz 1805 → *Koalitionskriege* 1792–1815

Auszeichnungen: Orden, Ehrenzeichen (Medaillen), Abzeichen und Ehrentitel zur Würdigung besonderer Leistungen und Verdienste.

Die Verleihung von A. ist durch Statute, Gesetze, Verordnungen und Befehle festgelegt und kann mit Gratifikationen verschiedener Art (Ehrensold, Verleihung von Privilegien u. ä.) gekoppelt sein. Die Wertigkeit der A. bestimmt im allgemeinen auch die Trageweise, die gleichfalls in Statuten, Ordnungen und Befehlen fixiert ist. Das A.wesen entwickelte sich in engem Zusammenhang mit der Politik, vor allem der Militärpolitik der herrschenden Klassen, mit den Streitkräften und der militärischen Traditionspflege. In den A., ihrem Verleihungs- und Tragemodus, in den Insignien und der Gestaltung widerspiegelt sich symbolhaft der Klassencharakter des Staates und der Streitkräfte.

Bereits in den Staaten der antiken Sklavereigesellschaft waren verschiedene Formen und Stufen von A. üblich, um besondere militärische Verdienste zu belohnen und zu kennzeichnen oder auch um die Zugehörigkeit zu bestimmten Eliteformationen und Rängen ehrend hervorzuheben. Das römische Heer kannte als A. vor allem Soldzulagen, Beförderung, Laubkränze, bronzene oder silberne Arm- und Stirnreifen und für die Legionen symbolische Feldzeichen. Besonders erfolgreiche Feldherren erhielten vergoldete Lorbeerkränze, Purpurmäntel und elfenbeinerne Kommandostäbe; als höchste A. galt die Ehrenparade (triumphus). Eine Form der A. waren die Phaleren, meist kreisförmige Metallscheiben, getragen an den Brustpanzern der Legionäre oder den Standarten der Legionen. Als eine Urform der Medaillen gaben sie der A.kunde den Namen Faleristik.

Im Feudalismus war die Entwicklung der A. vor allem an das Wirken geistlicher (z. B. Mönchsorden) und weltlicher Ordensgemeinschaften (→ *Ritterorden*) gebunden. Die Aufnahme bzw. Mitgliedschaft in Orden, die nur dem Adel offenstanden, war die eigentliche A. Der Rang im Orden wurde durch die Tracht und später durch Abzeichen kenntlich gemacht: Ritterkreuz, Offizierskreuz, Kommandeur- oder Komturkreuz sowie Großkreuz für den Großmeister eines Ordens. Seit dem ausgehenden Mittelalter (14./15. Jh.) verloren die Ordensgemeinschaften an Bedeutung, blieben aber weiterhin bestehen. Die Rangabzeichen entwickelten sich allmählich zu Verdienstorden, die auch von weltlichen und geistlichen Fürsten verliehen wurden, wobei sich innerhalb der Ränge eine breite Staffelung durchzusetzen begann. Durch die Stiftung von Orden, darunter besonderer Militärorden, durch Dotationen (Land- und Geldschenkungen) sowie durch wertvolle Ehrengeschenke (Ehrensäbel, Ehrendolche, Schmuck) suchten die regierenden Dynastien den Adel, namentlich das adlige Offizierskorps und die Generalität ihrer Söldnerheere, an das Herrscherhaus zu binden. Im spätfeudalen römisch-deutschen Kaiserreich sicherten sich die Landesfürsten das Privileg, derartige Orden stiften und verleihen zu können. Die Vielzahl landesherrlicher A. widerspiegelte den politisch-militärischen Souveränitätsanspruch der fürstlichen Partikulargewalten gegenüber der kaiserlichen Zentralgewalt.

Zu den ältesten deutschen Militärorden gehörten der hessische Militärverdienstorden (1769), der sächsische Militär-St.-Heinrichs-Orden (1736), der habsburgische Militär-Maria-Theresia-Orden (1757) und der bayrische Militär-Max-Joseph-Orden (1806). Der preußische Orden → *Pour le mérite*, 1740 für militärische und zivile Verdienste durch Umwandlung des Ordens Pour la générosité geschaffen, wurde 1810 zum höchsten preußischen Militärorden. Nur Adlige erhielten Orden, d. h., mit der Verleihung solcher A. an Nichtadlige war deren Erhebung in den Adelsstand verbunden.

Der Aufbau stehender Heere im 17./18. Jh. wirkte auf den bislang exklusiven Charakter des A.wesens ein. Um auch die Söldner materiell und moralisch stärker an die regierenden Dynastien zu binden und die Kampfmoral zu heben, stifteten die Landesherrscher Ehrenzeichen für die Unteroffiziere und Mannschaften. Die ersten A. dieser Art waren bereits im 16. und 17. Jh. in England, Schweden und Rußland geschaffen worden. In deutschen Territorialstaaten entstanden solche A. vor allem gegen Ende des 18. Jh. Preußen (1793), Bayern und Württemberg (1794) sowie Sachsen stifteten Militärverdienstmedaillen, die Kurbistümer Mainz und Köln (1795) sowie Trier (1797) mehrklassige Tapferkeitsmedaillen. Einige Länder begannen im 17./18. Jh., Regimentern, die sich im Kampf ausgezeichnet hatten, besondere Fahnen und Standarten, Namen von Fürsten und Feldherren, Zierate an der Uniform und bestimmte Privilegien zu verleihen. Diese A. sollten vor allem den Korpsgeist auch in den Mannschaften der Regimenter fördern.

Die Französische Revolution von 1789 sowie die bürgerliche Umgestaltung des Militärwesens in Frankreich und den meisten europäischen Ländern im 19. Jh. leiteten die Entwicklung eines bürgerlichen A.wesens ein. Der französische Konvent schaffte alle an das alte Bourbonenregime erinnernden Orden und Ehrenzeichen ab. Militärische Verdienste beim Schutz der Republik wurden zunächst durch Geldzuwendungen und Widmung von Ehrenwaffen belohnt. 1802 stiftete Napoleon Bonaparte (1769–1821) als Erster Konsul den Orden der Ehrenlegion, der dem wachsenden bürgerlichen National- und Staatsbewußtsein Rechnung trug. Seine Verleihung unterlag keinem sozialen und militärischen Zensus. Der Orden mit seinen 4, später 5 Klassen wurde zum Muster für eine dem bürgerlichen Staat gemäße A. und zum Vorbild für viele weitere A., die in den ersten Jahrzehnten des 19. Jh. in europäischen Ländern gestiftet wurden.

Die Herrscherhäuser der Staaten des Deutschen Bundes hielten weitgehend an den alten dynastischen Orden fest, stifteten aber auch neue, die den Charakter von Erinnerungsmedaillen (Kreuze, Denkmünzen) an die antinapoleonischen Kriege trugen. Obwohl die meisten Militärorden nach französischem Muster in mehrere Klassen gegliedert wurden, behielt man den militärischen Zensus bei, d. h., Orden konnten nur an Offiziere verliehen werden. Dieses Prinzip galt mit wenigen Ausnahmen auch für die zahlreichen während des 19. Jh. neugeschaffenen militärischen oder allgemeinen Verdienstorden mit militärischer oder Kriegsdekoration. Zu den Ausnahmen zählte das im Frühjahr 1813 gestiftete preußische → *Eiserne Kreuz.*

Nach preußischem Vorbild wurden dann in der ersten Hälfte des 19. Jh. in den Armeen des Deutschen Bundes Dienst-A. für Offiziere und Mannschaften eingeführt, um festere Bindungen aller Chargen an die Herrscher zu fördern. In Zweckbestimmung und Formgebung der Dekoration folgten sie zumeist älteren russischen, dänischen und englischen Vorbildern. Während die Offiziers-A. in der Regel die Form von vergoldeten oder silbernen Kreuzen hatten, wurden die Soldaten-A. meist als Schnallen oder Medaillen gefertigt. Ein sehr häufig beschrittener Weg, militärische Verdienste von Unteroffizieren und Mannschaften sichtbar zu würdigen, ohne Konventionen der Ordensverleihung aufgeben und ohne die reaktionäre Traditionslinie durchbrechen zu müssen, bestand darin, den Militär- bzw. Verdienstorden eine Klasse oder mehrere Klassen sog. Verdienstkreuze oder Verdienstmedaillen zuzuordnen. Zu den ersten A. dieser Art gehörten die badische Militärische Karl-Friedrich-Verdienstmedaille (1807) und die hannoveranische Medaille des Guelphen-Ordens (1815). Der antidemokratische Grundzug der dynastischen A. offenbarte sich deutlich in den Denkzeichen, die Baden und Bayern (1849) sowie Preußen (1851) an alle Teilnehmer des konterrevolutionären Feldzuges gegen die Volkserhebung in Baden und in der Pfalz 1849 verliehen. Gegenüber den vielen monarchistisch-reaktionären A. in der ersten Hälfte des 19. Jh. nahmen die Ehrenzeichen anläßlich des Dänisch-Deutschen-Krieges (1848–1851) nur einen untergeordneten Platz ein.

Zahlreiche A. stifteten die deutschen Monarchen in den 60er Jahren. Zu den markantesten gehörten der hannoveranische Ernst-August-Orden (1865) und der bayrische Militärverdienstorden (1866) sowie zahlreiche Denkzeichen zu den Kriegen von 1864 und 1866. Während des Deutsch-Französischen Krieges (1870/71) erneuerte die preußische Krone das Eiserne Kreuz. Außerdem wurden Kriegsdenkmünzen vergeben.

Nach 1871 nahm im Zuge der verstärkten Militarisierung des staatlichen und gesellschaftlichen Lebens die Zahl der inoffiziellen Ehrendekorationen und Abzeichen der Krieger-, Militär- und Schützenvereine immer mehr zu. In dieser Zeit gab die revolutionäre Arbeiterbewegung in geringer Auflage eine kleine Zahl von tragbaren Denkmünzen heraus und würdigte damit die Pariser Kommune 1871, den Sieg über das Sozialistengesetz 1890 sowie Maifeiern der 90er Jahre.

Während des ersten Weltkrieges (1914–1918) wurden zu den bestehenden A. mehr als 60 verschiedene ein- und mehrklassige Ehrenzeichen für Kriegsdienste, Kriegsfürsorge, Wohlfahrts-, Verwundeten- und Krankenpflege gestiftet; hinzu kamen Kriegsdekorationen von älteren Orden und Ehrenzeichen, Waffen-, Kampf- und Tätigkeitsabzeichen sowie Verwundetenabzeichen. Technisch waren die meisten A. des ersten Weltkrieges von schlechter Qualität; Edelmetalle und Medaillenbronze wurden durch sog. unedle Werkstoffe (Eisen, Zink u. a.) ersetzt.

Nach Art. 109 der Weimarer Verfassung konnte der Staat keine Orden und Ehrenzeichen verleihen, und kein deutscher Staatsbürger durfte von ausländischen Regierungen Titel oder Orden annehmen; das Tragen aller vor Inkrafttreten der Verfassung (14. 8. 1919) erworbenen A. unterlag dagegen keiner

Beschränkung. Zu diesen verfassungsmäßigen Festlegungen stand das Wirken staatlicher Organe der Weimarer Republik und der Reichswehrführung im Widerspruch. Noch bis März 1925 wurden Weltkriegs-A. (z. B. das Eiserne Kreuz und das Verwundetenabzeichen) ausgegeben. Träger einer Reihe hoher Militärorden erhielten, lediglich mit kurzer Unterbrechung (1923–1925), weiterhin staatliche Gratifikationen. Das Ministerium für Wiederaufbau stiftete eine Dekoration, den sog. Elefantenorden, für die Tätigkeit in den ehem. deutschen Kolonien. Auch die abgesetzten Landesfürsten konnten nach wie vor im Namen ihrer Dynastien A. vergeben. Reichsregierung und Länderregierungen duldeten und förderten die Herausgabe, Verleihung und das Tragen zahlreicher Ehrenzeichen, Denkmünzen sowie Abzeichen von Freikorps und anderen reaktionären Verbänden. Auch auf diese Weise konservierte der deutsche Imperialismus militaristisches Gedankengut und konterrevolutionäre Traditionen und bereitete dem Faschismus ideologisch den Weg.

Das faschistische deutsche Regime nutzte in breitem Maße A., um seine Ideologie zu verbreiten und die Politik der Kriegsvorbereitung materiell und moralisch zu stimulieren; die A. sollten auch ein Anreiz für den Dienst in der Wehrmacht sowie in den zahlreichen paramilitärischen Organisationen sein. Bei der Gestaltung der Insignien der A. wurden häufig überlieferte Formen (z. B. das Kreuz) übernommen und durch faschistische Symbole (z. B. das Hakenkreuz) ergänzt und abgewandelt. Traditionelle Inhalte und Klassifikationen modifizierten die Faschisten im Sinne ihrer rassistischen und völkischen Dogmen. Das bereits am 7. 4. 1933 erlassene Gesetz über Titel, Orden und Ehrenzeichen, 1934 und 1937 erweitert und ergänzt, regelte die Verleihung von A. Für alle Teilnehmer des ersten Weltkrieges und deren Hinterbliebene wurde ein Ehrenzeichen gestiftet und in außergewöhnlich hoher Stückzahl verliehen. Zur Förderung der faschistischen Wehrbereitschaft wurden im März 1936 für langjährig dienende Wehrmachtangehörige Dienst-A. eingeführt (in der Polizei, der SS und dem RAD 2 Jahre später). Zur gleichen Zeit wurden die ersten Luftwaffenabzeichen gestiftet; ihnen folgten in den nächsten Jahren zahlreiche Leistungs-, Tätigkeits- und Kampfabzeichen. Angehörige der «Legion Condor» erhielten für ihre Teilnahme an der Intervention gegen die Spanische Republik (1936–1939) Ehrenkreuze und Verwundetenabzeichen. Denkmünzen glorifizierten die Annexion Österreichs (1938), der Tschechoslowakei (1938/39) und des Memelgebietes (1939). Am 1. 9. 1939 wurde das Eiserne Kreuz als erster Militärorden des zweiten Weltkrieges (1939–1945) wieder gestiftet, am 18. 10. 1939 das Kriegsverdienstkreuz. Durch Ergänzungen zum Eisernen Kreuz sowie durch die Stiftung des Deutschen Kreuzes versuchte die faschistische Führung, die Kampfmoral der Truppen zu steigern. Diesem Ziel diente auch die zunehmende Zahl von besonderen Ehrenzeichen sowie von Varianten bereits bestehender A. Hinzu kamen Abzeichen (in Form von Ärmelbändern, Schilden und Spangen), die Kampfhandlungen der faschistischen Wehrmacht glorifizierten (Narvik-Schild u. a. m.). Neue Formen, Symbole und Trageweisen sollten den moralischen Wert dieser A. für die Wehrmacht und die Zivilbevölkerung hervorheben. Die Zahl dieser A. stieg insbesondere in den letzten Jahren des zweiten Weltkrieges an, als die faschistische Führung mit allen Mitteln der Niederlage zu entgehen suchte.

Die Beschlüsse der Potsdamer Konferenz (17. 7.–2. 8. 1945) verboten jede nazistische und militaristische Betätigung und Propaganda und damit auch das öffentliche Tragen solcher A. Gesetzgebung und Rechtspraxis in der DDR haben diese Bestimmungen voll respektiert. Damit entsprach die DDR dem Vermächtnis aller Antifaschisten. In der BRD hingegen sanktionierte das Gesetz über Titel, Orden und Ehrenzeichen vom 26. 7. 1957 (Ordensgesetz) die bis dahin ohnehin übliche Praxis des Tragens aller vor 1945 gestifteten und erworbenen staatlichen A. mit Ausnahme einiger weniger sog. Friedens-A. der Jahre 1934 bis 1939. Orden und Ehrenzeichen durften nur ohne die faschistischen Symbole getragen werden. Zur Regelung dieser Bestimmungen wurden Muster und Vorschriften für die Herstellung der Insignien faschistischer A. ohne das Hakenkreuz herausgegeben. Dieser formale Akt änderte jedoch

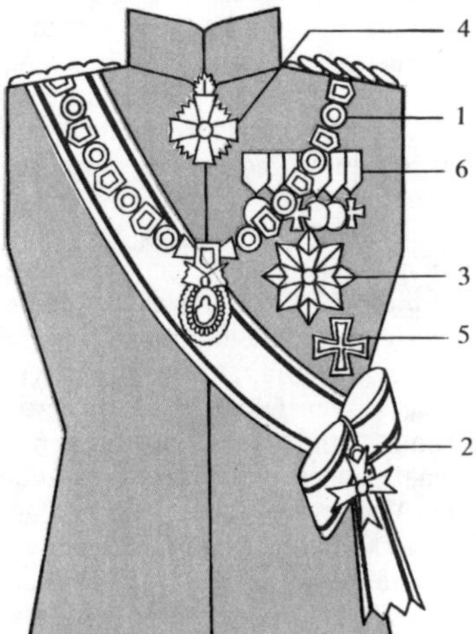

Trageweise von Orden, 19. Jh.: 1 Kollane (Ordenskette) mit Ordenskleinod; *2* Großkreuz (Hüftkreuz) mit Schärpe; *3* Stern zum Großkreuz; *4* Halsorden; *5* Steckorden; *6* Bandorden an großer Ordensspange

1

2

3

4

5

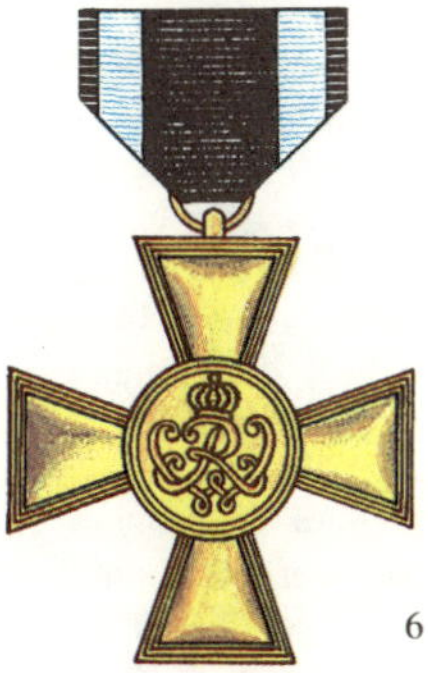
6

7

8

9

10

11

12

Auszeichnungen. *Deutsche Staaten – 18. Jh. bis 1918:* **1** „Roter Adler-Orden", Kreuz-Grundform und Kriegsband, gest. am 17. 11. 1705 als Orden „de la Sincérité" (Preußen); **2** „Militär-St.-Heinrichsorden", Ritterkreuz, gest. am 7. 10. 1736 (Sachsen); **3** Orden „Pour le mérite", Kreuz mit Eichenlaub am Band für mehrfache Auszeichnung, 1740 aus dem 1667 gestifteten Orden „de la générosité" hervorgegangen (Preußen); **4** „Militär-Verdienstorden", Großkreuz, gest. am 11. 2. 1759 (Württemberg); **5** „Eisernes Kreuz", 2. Klasse (1813 bis 1815) am Kämpferband, gest. am 10. 3. 1813 (Preußen); **6** Goldenes „Militär-Verdienstkreuz", gest. am 27. 2. 1864 (Preußen); **7** „Militär-Verdienstorden", Kreuz 2. Klasse, gest. am 19. 7. 1866 (Bayern); **8** „Militär-Verdienstkreuz", gest. am 12. 9. 1870 (Hessen); **9** „Kriegsverdienstkreuz", gest. am 23. 5. 1915 (Reuß); **10** „Hanseatenkreuz", gest. am 21. 8. 1915 (Lübeck); **11** „Ehrenkreuz für freiwillige Krankenpflege", gest. am 11. 10. 1915 (Sachsen); **12** „Ehrenkreuz für Heimatverdienste", gest. am 27. 1. 1918 (Sachsen-Weimar)

nichts daran, daß die regierenden Kreise der BRD den aktiven Einsatz für das faschistische Regime faktisch anerkannten. Nach § 11 des Ordensgesetzes werden Gratifikationen, die mit Orden aus der Zeit vor 1945 verbunden sind, anerkannt und entgolten. Das Tragen faschistischer A. durch Angehörige der Bundeswehr der BRD, des Bundesgrenzschutzes der BRD und der Länderpolizei der BRD regelt § 12 des Ordensgesetzes. Der Kult mit faschistischen Dekorationen ist ein Teil der Pflege reaktionärer Traditionen in der BRD.

Die A. der sozialistischen Staaten widerspiegeln den neuen Klassencharakter der Streitkräfte als bewaffnete Macht der Arbeiterklasse und ihrer marxistisch-leninistischen Partei sowie ihre fortschrittlichen und revolutionären militärischen Traditionen. Sie würdigen beispielhafte kollektive und individuelle Leistungen und Verdienste beim Aufbau der Landesverteidigung und beim zuverlässigen Schutz der sozialistischen Gesellschafts- und Staatsordnung. Diesem neuen Inhalt entsprechen neue symbolische Gestaltungselemente – der 5zackige rote Stern, die rote Fahne oder Grundelemente des jeweiligen Staatsemblems – sowie die Verleihungsbedingungen. Die Einteilung der A. in Klassen sowie die Unterteilung aller Dekorationen in Orden, Ehrenzeichen (Medaillen) und Abzeichen ist nicht mehr an die Zugehörigkeit zu einer Klasse oder zu einem Stand gebunden, sondern kennzeichnet nur eine Abstufung der Verdienste und Leistungen.

Der erste sozialistische Militärorden war der am 16. 9. 1918 von der RSFSR gestiftete einklassige Rotbanner-Orden, der zusammen mit anderen von den Sowjetrepubliken gestifteten Orden 1924 durch den Rotbanner-Orden der UdSSR ersetzt wurde. Während des Großen Vaterländischen Krieges der UdSSR (1941–1945) sind für hervorragende Heldentaten und Leistungen bei der Landesverteidigung zahlreiche A. gestiftet worden (Suworow-Orden, Kutusow-Orden, Uschakow-Orden, Tapferkeitsmedaille u. a. m.). Für Heldentaten an der Front und im Hinterland wurden über 7 Mill. Bürger der UdSSR mit Orden und Medaillen ausgezeichnet, viele erhielten den Ehrentitel Held der Sowjetunion verliehen. Hohe sowjetische A. bekamen auch Antifaschisten anderer Völker, die an der Seite der UdSSR gegen den Faschismus kämpften.

Nach 1945 wurden in den sozialistischen Ländern A. für Verdienste um die Landesverteidigung, die Festigung der Klassen- und Waffenbrüderschaft zwischen den verbündeten Armeen, die Erhöhung der Kampfkraft und Gefechtsbereitschaft sowie für persönliche Leistungen in der militärischen Ausbildung und Qualifizierung geschaffen. Diese A. widerspiegeln die auf die Sicherung der Souveränität, der sozialistischen Errungenschaften und des Friedens gerichtete Politik. Die Dekorationen haben den Charakter von Orden, Ehrenzeichen (Medaillen) für Verdienste, Ehrenzeichen (Medaillen) für treue Dienste sowie von Leistungs- und Qualifizierungsabzeichen. Die Stiftung einiger Militärorden reicht in die Zeit des zweiten Weltkrieges zurück und würdigt hervorragende Waffentaten im antifaschistischen Befreiungskampf.

In der DDR können Leistungen und Verdienste in der Landesverteidigung auf vielfältige Art gewürdigt werden. Die A. für die → *Nationale Volksarmee der DDR (NVA)* und die anderen Schutz- und Sicherheitsorgane der DDR fußen auf dem Gesetz über die Stiftung und Verleihung staatlicher A. vom 7. 4. 1977 und auf den entsprechenden Durchführungsbestimmungen. Einzelheiten für die A. in der NVA sind in einer A.ordnung und in speziellen Ordnungen geregelt. Die Entwicklung dieser A. ist eng mit der Geschichte der NVA und der anderen bewaffneten Organe der DDR verbunden. Bereits in den Jahren von 1949 bis 1956 entstanden verschiedene A. für besondere Leistungen und treue Dienste in der DVP, der KVP und der Deutschen Grenzpolizei. Nach Aufstellung der ersten Truppenteile der NVA (1. 3. 1956) wurden am 1. 6. 1956 die ersten A. für den Dienst in der NVA geschaffen: die Verdienstmedaille der Nationalen Volksarmee (3 Stufen), das Leistungsabzeichen der Nationalen Volksarmee und die Medaille für treue Dienste in der Nationalen Volksarmee (3 Stufen; am 28. 8. 1964 um die Stufe Gold für 20jährige Dienstzeit erweitert). Mit der wachsenden Größe und Vielfalt der Aufgaben zum bewaffneten Schutz des Friedens und des Sozialismus entstanden neue A., die die entsprechenden Leistungen und Verdienste auf den verschiedenen Gebieten differenzierter würdigten. Das betrifft auch besondere A. für die → *Grenztruppen der DDR*, die → *Zivilverteidigung der DDR*, die bewaffneten Organe des Ministeriums des Innern und die → *Kampfgruppen der Arbeiterklasse*. Anläßlich des 10jährigen Bestehens der NVA wurden in Würdigung ihrer bisherigen Leistungen am 17. 2. 1966 der → *Scharnhorst-Orden*, der → *Kampforden «Für Verdienste um Volk und Vaterland»* (3 Stufen) sowie die Medaille der Waffenbrüderschaft (3 Stufen) gestiftet.

Der Anerkennung hervorragender wissenschaftlicher bzw. künstlerischer Leistungen bei der Stärkung der Verteidigungskraft der DDR dienten der Friedrich-Engels-Preis (3 Stufen) sowie der Theodor-Körner-Preis (beide am 8. 5. 1970 gestiftet). Wie in anderen gesellschaftlichen Bereichen wurden Mitte der 70er Jahre Ehrentitel geschaffen: «Verdienter Militärflieger der Deutschen Demokratischen Republik» (1. 8. 1974), «Verdienter Angehöriger der Nationalen Volksarmee» (14. 11. 1975), «Verdienter Angehöriger der Grenztruppen der Deutschen Demokratischen Republik» (14. 11. 1975), «Verdienter Angehöriger

Auszeichnungen. *Verliehen an deutsche Antifaschisten im zweiten Weltkrieg:* **1** Orden „Rotes Banner“ (Rotbanner-Orden), gest. am 16. 9. 1918 (UdSSR); **2** „Orden des Vaterländischen Krieges“, 1. Klasse, gest. am 20. 5. 1942 (UdSSR); **3** „Ruhmesorden“, 2. Klasse, gest. am 8. 11. 1943 (UdSSR); **4** Militärorden des „Roten Sterns“, gest. am 6. 4. 1930 (UdSSR); **5** Medaille „Für den Sieg über Deutschland im Großen Vaterländischen Krieg 1941–1945“, gest. am 9. 5. 1945 (UdSSR); **6** Medaille „Partisanen des Vaterländischen Krieges“, 2. Klasse, gest. am 2. 2. 1943 (UdSSR); **7** „Partisanenkreuz“, gest. 1945 (VR Polen); **8** Orden „Grunwald-Kreuz“, 3. Klasse, gest. 1944 (VR Polen); **9** Erinnerungsmedaille „Schlacht am Dukla-Paß“ (ČSSR); **10** „Freiheitsmedaille“ (Frankreich); **11** Medaille „Stern 1939–1945“ (Großbritannien); **12** „Partisanenmedaille“, 1942–1945 (Griechenland)

Auszeichnungen. *DDR/NVA der DDR:* **1** Medaille „Goldener Stern" zum Ehrentitel „Held der Deutschen Demokratischen Republik", gest. am 28. 10. 1975; **2** „Scharnhorst-Orden", gest. 17. 2. 1966; **3** Kampforden „Für Verdienste um Volk und Vaterland" in Gold (3 Stufen), gest. am 17. 2. 1966; **4** „Verdienstmedaille der Nationalen Volksarmee" in Gold (3 Stufen), gest. am 1. 6. 1956; **5** „Medaille der Waffenbrüderschaft" in Gold (3 Stufen), gest. am 17. 2. 1966; **6** „Medaille für treue Dienste in der Nationalen Volksarmee" in Gold für 20jährige Dienstzeit (4 Stufen), gest. am 1. 6. 1956 und am 28. 8. 1964 um die Stufe in Gold für 20jährige Dienstzeit erweitert – *Verbündete der NVA in der Warschauer Verteidigungsgemeinschaft:* **7** Orden „Für die Befreiung des Volkes 1941–1944", 1. Klasse (2 Klassen), gest. am 14. 9. 1945 (VR Bulgarien); **8** „Orden des Roten Sterns", gest. 1953 (Ungarische VR); **9** Orden „Virtuti Militari", 4. Klasse (5 Klassen), gest. 1792, erneuert 1919 und 1944 (VR Polen); **10** Orden „23. August", 1. Klasse (5 Klassen), gest. am 3. 6. 1959 (SR Rumänien); **11** „Orden des Sieges", gest. am 8. 11. 1943 (UdSSR); **12** Orden „Für Verdienste um die Heimat in den Streitkräften der UdSSR", 1. Klasse (3 Klassen), gest. am 28. 10. 1974 (UdSSR); **13** „Kommandeursorden Jan Žižka von Trocnov", 1. Klasse (3 Klassen), gest. am 2. 4. 1946 (ČSSR)

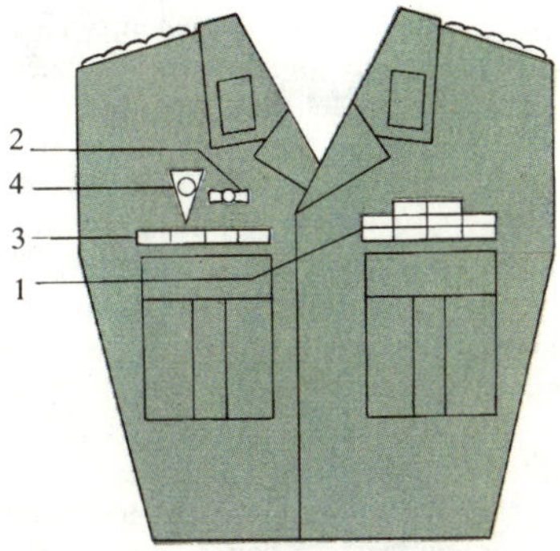

Trageweise von Auszeichnungen in der NVA für Offiziere: *1* Interimsspange für staatliche Auszeichnungen (Orden, Ehrentitel, Medaillen); *2* staatlicher Preis; *3* Interimsspange für nichtstaatliche Auszeichnungen; *4* Absolventenabzeichen

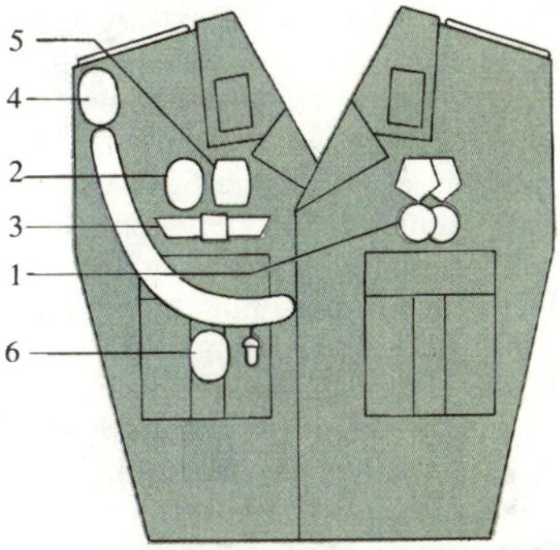

Trageweise von Auszeichnungen in der NVA für Unteroffiziere: *1* staatliche Auszeichnungen am Band (Orden, Ehrentitel, Medaillen); *2* Leistungsabzeichen; *3* Klassifizierungsabzeichen; *4* Schützenschnur; *5* Bestenabzeichen; *6* Militärsportabzeichen

der Zivilverteidigung der Deutschen Demokratischen Republik» (25. 10. 1977). Die enge Verbindung der bewaffneten Kräfte mit dem gesamten gesellschaftlichen Leben der DDR bedingt, daß die Angehörigen der NVA, der Grenztruppen und der Zivilverteidigung der DDR auch mit staatlichen A. geehrt werden können. Dazu gehören der Karl-Marx-Orden (30. 4. 1953), der Vaterländische Verdienstorden (21. 4. 1954), der am 28. 10. 1975 geschaffene Ehrentitel «Held der Deutschen Demokratischen Republik» u. a. m. Der Ehrentitel «Fliegerkosmonaut der Deutschen Demokratischen Republik» wurde am 13. 3. 1978 gestiftet (verbunden mit dem Ehrentitel «Held der Deutschen Demokratischen Republik» und der Medaille «Goldener Stern» sowie dem Karl-Marx-Orden); diese A. wurde an Oberst Siegmund Jähn (geb. 1937) verliehen. Einige dieser A. können auch an zivile Kollektive und Zivilpersonen für Verdienste um die Stärkung der Landesverteidigung verliehen werden.

Zu den ausschließlich für Angehörige der NVA und der Grenztruppen der DDR bestimmten nichtstaatlichen A. des Ministeriums für Nationale Verteidigung der DDR gehören außer den Leistungsabzeichen der NVA und der Grenztruppen der DDR (geschaffen 1956 bzw. 1962 als staatliche A., seit 1978 nichtstaatliche A.) das Bestenabzeichen (1964), die ab 1958 eingeführten und ab 1963 durch neue Ausführungen abgelösten Klassifizierungsabzeichen und -spangen, das Militärsportabzeichen (1968), das Fallschirmsprungabzeichen (1967) und die Schützenschnur. Weitere nichtstaatliche A. sind das Reservistenabzeichen (1960; seit 1965 Reservistenmedaille), die Ehrennadel für Verdienste in der sozialistischen Wehrerziehung und das Abzeichen Bester der Zivilverteidigung.

Offiziere, die ein Hochschulstudium abgeschlossen und ein Diplom erworben haben, tragen ein Absolventenabzeichen. Es zeigt das Porträt der Persönlichkeit, deren Namen die militärische Bildungsstätte trägt (→ *Militärakademie «Friedrich Engels»*, → *Militärmedizinische Sektion an der Ernst-Moritz-Arndt-Universität*, → *Militärpolitische Hochschule «Wilhelm Pieck»*, Sektion Militärtransport- und Nachrichtenwesen an der Hochschule für Verkehrswesen «Friedrich List»). Absolventen aus der NVA, den Grenztruppen und der Zivilverteidigung der DDR, die eine zivile Hochschule oder Universität erfolgreich abgeschlossen haben, erhalten ein entsprechendes Abzeichen mit dem Emblem der NVA.

Am 17. 9. 1982 stiftete der Nationale Verteidigungsrat den «Militärischen Verdienstorden der Deutschen Demokratischen Republik» (3 Klassen) und die «Militärische Verdienstmedaille der Deutschen Demokratischen Republik» (1 Stufe). Sie werden an Angehörige der Streitkräfte oder Zivilpersonen anderer Staaten verliehen. *(s. Abb. S. 260, 320, 449, 461, 503, 504, 531, 589, 615, 627, 680, 684, 685, 1030, 1031, 1102)*

B

badisch-pfälzische Revolutionsarmee 1849: aus regulären Truppen, Volkswehren und Freischaren bestehende Streitkräfte der demokratischen Bewegung in Baden und in der Pfalz während der → *Revolution 1848/49.*

Im Verlauf der → *Reichsverfassungskampagne 1849* führten Volkserhebungen im Großherzogtum Baden und in der zum Königreich Bayern gehörenden Pfalz zur Bildung demokratischer Regierungsorgane und zur Aufstellung revolutionärer Streitkräfte. In Baden lösten revolutionäre Soldaten den Aufstand aus, und fast die gesamte Armee ging auf die Seite des Volkes über. Auch in der Pfalz schloß sich die Mehrheit der dort garnisonierenden bayrischen Truppen, meist Pfälzer, den Aufständischen an. Die übrigen zogen sich in die Festungen Landau und Germersheim zurück. Besonders in Baden, wo die Demokraten über die staatlichen Ressourcen und die Armee verfügten, bestanden günstige Voraussetzungen, eine Wende in der bürgerlich-demokratischen Revolution herbeizuführen. Die Provisorische Regierung wurde jedoch von dem gemäßigt kleinbürgerlichen Demokraten Lorenz Brentano (1813–1891) beherrscht, der einen Kompromiß mit dem Großherzog suchte. Sie betrieb die Reorganisation der Armee äußerst nachlässig, behinderte die Aufstellung von Volkswehren und Freischaren, scheute vor der militärischen Offensive zurück und ließ die Pfalz ohne wirksame Hilfe. Demgegenüber drängten radikale Demokraten wie Gustav von Struve (1805–1870), Amand Goegg (1820–1897) und Samuel Erdmann Tzschirner (1812–1870) auf entschiedene politische und militärische Maßnahmen. Zum hervorragenden militärischen Organisator und Führer entwickelte sich der revolutionäre Demokrat Johann Philipp Becker (1809–1886), der am 19. 5. zum Oberst und Oberbefehlshaber der Volkswehren ernannt wurde. Er kämpfte um die konsequente Durchsetzung der beschlossenen Volksbewaffnung sowie für die Verschmelzung der regulären Truppen mit den milizartig organisierten Volkswehren und Freiwilligenformationen. Auch in der Pfalz, wo es an den Mitteln für eine schlagkräftige Verteidigung mangelte, entsprachen die militärischen Maßnahmen nicht den Erfordernissen. Hilfeersuchen an Baden führten zwar Mitte Mai zu einem Vertrag über militärische Zusammenarbeit, der jedoch durch die Haltung Brentanos nur auf dem Papier blieb. Erst mit der Ernennung Ludwik Mierosławskis (1814–1878) zum Oberbefehlshaber am 10. 6. wurden die revolutionären Streitkräfte beider Länder unter ein gemeinsames Oberkommando gestellt.

Die Revolutionsarmee setzte sich aus verschiedenartigen und zunächst weitgehend selbständigen Bestandteilen zusammen: aus den zum Volk übergegangenen Soldaten, aus Volkswehren und aus Freischaren. Den zahlenmäßig stärksten sowie am besten bewaffneten und organisierten Teil bildeten die badischen Linientruppen. Nach einem Beschluß wurden die Offiziere bis zum Hauptmann aufwärts von den Soldaten gewählt, wobei viele Unteroffiziere aufrückten. Die Gliederung in Regimenter, Bataillone und Batterien blieb bestehen, während die Brigaden mangels entsprechender Offiziere aufgelöst wurden. In ihrer Mehrheit waren die Soldaten und Unteroffiziere bereit, die Revolution zu verteidigen. Dagegen erwies sich ein Großteil des Offizierskorps als politisch unzuverlässig oder gar verräterisch. Die in Baden und in der Pfalz aufgestellten Volkswehren sollten alle diensttauglichen Männer von 18 bis 30 Jahren erfassen und sich gemeindeweise in Bataillone zu 600 Mann gliedern. Ihre Rekrutierung und Ausrüstung stießen jedoch vielfach auf Teilnahmslosigkeit und sogar Widerstand seitens opportunistischer Kräfte in den Regierungen und Gemeinden. So konnten in Baden von den geplanten 50 Volkswehrbataillonen lediglich 25 gebildet werden, von denen 8 der Armee eingegliedert wurden. In der Pfalz traten viele der zum Volk übergegangenen Soldaten in die Volkswehren ein. Die demokratischen Kräfte des Kleinbürgertums und der Bauernschaft bestimmten den Geist der Volkswehrformationen, die im allgemeinen unzureichend bewaffnet (Streitsensen) und kaum ausgebildet waren. Meist wurden sie von politisch zuverlässigen, aber militärisch unerfahrenen Offizieren geführt. Den politisch bewußtesten und kampfentschlossensten Teil der Revolutionsarmee bildeten die Freischaren. In ihnen organisierten sich nur Freiwillige, vor allem Arbeiter und Handwerksgesellen, die aus allen deutschen Staaten und aus der Emigration (Schweiz, Frankreich) herbeikamen. Die Freischaren waren diszipliniert und meist relativ gut bewaffnet. Zu den bedeutendsten badischen Freischaren gehörte die Deutsche Legion, auch Schweizer Legion oder Flüchtlingslegion genannt. Sie wurde von Georg Böning (1788–1849) befehligt, einem ehemaligen nassauischen Offizier und entschiedenen Demokraten. In ihren Reihen kämpften viele Mitglieder deutscher Arbeitervereine aus der Schweiz sowie – nach Eingliederung der deutsch-ungarischen Legion – ungarische und polnische Soldaten. In der Pfalz entstand das berühmte Freikorps

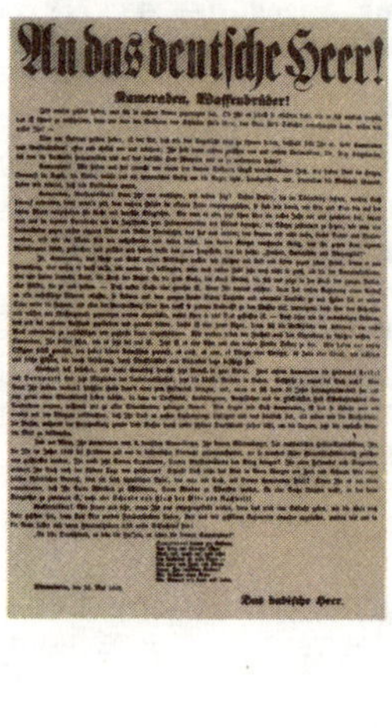
An das deutsche Heer!
Kameraden, Waffenbrüder!
Das badische Heer.

Aufruf der badisch-pfälzischen Revolutionsarmee an die Interventionstruppen zur Verbrüderung vom 24. Mai 1849

Badische Freischärler, 1849

unter August Willich (1810–1878), einem ehemaligen preußischen Offizier und Mitglied des Bundes der Kommunisten. Den Kern des Freikorps bildeten Teilnehmer am badischen Aufstand vom Frühjahr 1848, die nach Frankreich geflüchtet und in Besançon von Willich zu einer Arbeiterkompanie formiert worden waren. Friedrich Engels (1820–1895) trat dem Freikorps als Adjutant Willichs bei.

Badischer Kriegsminister und Oberbefehlshaber der badischen Armee war seit dem 25. 5. 1849 Franz Sigel (1824–1902), ehemaliger badischer Leutnant und Teilnehmer des badischen Aprilaufstandes. Er neigte zu einer offensiven Kriegführung, war jedoch in der Führung größerer Operationen unerfahren. Ende Mai unternahm er einen unzureichend vorbereiteten Vorstoß nach Hessen, der bei Heppenheim (30. 5.) von hessischen Truppen zurückgeschlagen wurde. Dieser Mißerfolg und die Untätigkeit der Regierung Brentano boten der preußisch-deutschen Konterrevolution die Möglichkeit, an den Grenzen Badens und der Pfalz eine zahlenmäßig weit überlegene Interventionsarmee unter Generalleutnant Prinz Wilhelm von Preußen (1797–1888) zu konzentrieren. Sie vereinigte 2 preußische Armeekorps sowie 1 Bundeskorps aus Kontingenten verschiedener Mittel- und Kleinstaaten mit insgesamt etwa 51 000 Mann und 104 Geschützen. Diese Truppen sollten die letzte Flamme der deutschen Revolution ersticken. Der Zweifel an der Zuverlässigkeit der → *Landwehr*, deren Angehörige der Einberufung teilweise nur unter Zwang gefolgt waren, ließ das Oberkommando allerdings jedes Risiko scheuen.

Als der erfahrene polnische Revolutionsgeneral Mierosławski den Oberbefehl über die Revolutionsarmee übernahm, zählte sie ungefähr 31 000 Mann und etwa 70 Feldgeschütze, darunter 24 bespannte Geschütze. Mierosławski plante eine aktive Verteidigung. Er wollte die Armee im Winkel zwischen Rhein und Neckar konzentrieren und übersetzende feindliche Gruppierungen mit starken disponiblen Kräften einzeln angreifen. Dementsprechend wurden Stellungen am Neckar vorbereitet und die pfälzischen Kräfte angewiesen, sich mit den badischen Hauptkräften bei Ludwigshafen oder südlich davon zu vereinigen. Mit der Mitte Juni eingeleiteten Reorganisation der Revolutionsstreitkräfte (Gliederung der unterschiedlichen Teile in 6 Divisionen zu je 4000 Mann mit festen Befehlsverhältnissen) schuf Mierosławski erst den Rahmen einer wirklichen Armee.

Badisch-pfälzische Revolutionsarmee

Stand: Mitte Juni 1849 (Stärkezahlen sind Etwa-Angaben)
Oberkommandant: General Ludwik Mierosławski
Generaladjutant: Oberst Franz Sigel

Badische Kräfte:

a) Linientruppen (15 000 Mann, davon 1 500 Mann Kavallerie)
b) Volkswehrbataillone (6 000 Mann)
c) Freischaren (3 500 Mann); darunter
   - Deutsche Legion mit deutsch-ungarischer Legion (1 000 Mann)
   - Hanauer Turner (600 Mann)
   - Mannheimer Arbeiterbataillon (350 Mann)
   - deutsch-polnische Legion (300 Mann)
   - Heubergers Schützenkompanie (80 Mann)
   - Kompanie Robert Blum (60 Mann, vorwiegend Sachsen)

Pfälzische Kräfte:

a) Volkswehrbataillone (4 000 Mann, darunter viele übergegangene bayrisch-pfälzische Soldaten)
b) Freischaren (2 500 Mann); darunter
   - Freikorps Willich (800 Mann), bestehend aus
     1 Kompanie Arbeiter aus Besançon (vorwiegend Deutsche)
     1 Kompanie Rheinhessen
     3 Kompanien Turner (aus Landau, Neustadt, Kaiserslautern)
     2 Kompanien Pfälzer Freiwillige
     1 Kompanie Studenten
   - Rheinhessisches Freikorps (700 Mann)
   - Freikorps Blenker (500 Mann)

Artillerie

a) Festungsartillerie Rastatt: 300 Geschütze
b) Feldartillerie: 70 Geschütze; darunter
   - Volkswehr-(Blusen-)Batterie: 6 Geschütze

Am 12.6. fiel das starke preußische I. Korps (19000 Mann, 50 Geschütze) in die Pfalz ein. Das Gros der pfälzischen Revolutionstruppen unter dem polnischen General Franz Sznayde (1790–1850) zog sich am 18.6. bei Knielingen auf badisches Gebiet zurück, gedeckt vom Freikorps Willich, das den nachdrängenden preußischen Vorhuten einige kühne Gefechte lieferte. Seit dem 15.6. wurde auch an der Neckarfront gekämpft. Teilkräfte des preußischen I. Korps griffen Ludwigshafen und Mannheim an, während das Korps des Bundes (17000 Mann, 24 Geschütze) mit dem preußischen II. Korps (15000 Mann, 30 Geschütze) als Reserve gegen Brükkenköpfe am Neckar vorstieß. Einheiten der Revolutionsarmee verhinderten bei Ludwigshafen unter besonderem Einsatz der Volkswehrbatterie den Rheinübergang preußischer Truppen; an der Neckarfront vertrieben sie das eingedrungene Bundeskorps wieder von badischem Gebiet. Am 20.6. gelang es jedoch dem in der Pfalz vorgedrungenen Korps, den Rhein bei Germersheim zu überschreiten und in den Rücken der Neckarfront vorzustoßen. Die Hauptkräfte der Revolutionsarmee versuchten, die preußischen Truppen über den Fluß zurückzuwerfen, erlitten jedoch bei → *Waghäusel 1849* (21.6.) eine Niederlage. Weil den im Rhein-Neckar-Dreieck stehenden Revolutionstruppen die Einschließung drohte, führte sie Mierosławski in einem kühnen Gewaltmarsch zwischen den feindlichen Korps hindurch nach Süden zurück. Der Kampf der von Bekker geführten Nachhut bei → *Durlach 1849* (25.6.) sicherte einen geordneten Rückzug. In der Schlacht an der → *Murg 1849* (28.-30.6.) leistete die Revolutionsarmee nochmals hartnäckigen Widerstand. Danach zogen sich ihre Reste in Richtung Freiburg, Teile auch in die Festung → *Rastatt 1849* zurück. Am 1.7. ging der Oberbefehl an Sigel über. Der Gedanke, im Schwarzwald erneut eine Verteidigung zu organisieren, mußte angesichts der fortschreitenden Auflösung und der gegnerischen Übermacht aufgegeben werden. Am 11./12.7. überschritten die letzten Einheiten mit dem Freikorps Willich als Nachhut die Schweizer Grenze. Das Schicksal der Revolutionsarmee vollendete sich mit der Kapitulation von Rastatt (23.7.) nach über 3wöchiger Belagerung.

Kampf der badisch-pfälzischen Revolutionsarmee – Mai bis Juli 1849

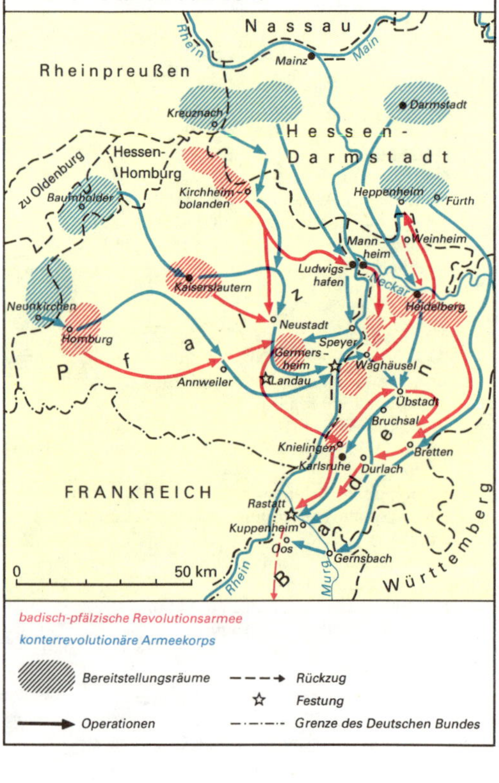

Mit den revolutionären badisch-pfälzischen Streitkräften war zum ersten Mal in der deutschen Geschichte eine wirkliche Revolutionsarmee entstanden. Obwohl durch die kleinbürgerliche politische Führung von vornherein in eine militärisch aussichtslose Lage gebracht, hatte sie dank der Kampfbereitschaft und dem Mut Tausender von Freischärlern, Soldaten und Volkswehrmännern den Truppen der Konterrevolution wochenlang in offenem Feld Widerstand geleistet. Dabei erwiesen sich die Kommunisten nicht nur als die tapfersten Soldaten, sondern bewährten sich auch als Kommandeure. An der Seite der deutschen Kämpfer standen viele Angehörige anderer Nationen, darunter Schweizer, Franzosen, Ungarn und vor allem Polen. Die Revolutionsarmee unterlag schließlich einem Gegner, der zahlenmäßig und waffentechnisch überlegen war, den Vorteil einer perfekteren Organisation besaß und vor keinem Mittel zurückschreckte. Der Kampf dieser Revolutionsarmee wurde zu einem wichtigen Bestandteil der → *militärischen Traditionen der DDR* und ihrer bewaffneten Kräfte. *(s. Abb. S.1004)*

Bajonett: am Vorderteil von → *Handfeuerwaffen* fest oder aufsteckbar angebrachte Stich- bzw. Stoßwaffe (→ *Stich- und Hiebwaffen*) für den Nahkampf.

Das B. (vom Französischen bayoner = einen Zapfen ins Faß stecken) entstand in dem Bestreben, Stich- und Feuerwaffe in einer Waffe zu kombinieren. In der ersten Hälfte des 17. Jh. kam, von Frankreich ausgehend, das sog. Spund-B. auf, das aus einer Stahlklinge mit hölzernem Schaft bestand, der in den Lauf der → *Muskete* gesteckt wurde. Da diese hierdurch als Schußwaffe ausfiel, wurde gegen Ende des 17. Jh. das Dillen-B. eingeführt, das mit einer Halterung (Dille) über die Laufmündung geschoben wurde, so daß es seitlich parallel zur Laufrichtung stand und das weitere Schießen ermöglichte. Solange das B. nicht benutzt wurde, trug es der → *Musketier* an einem Schulterriemen. Das dicht am Lauf angebrachte B. behinderte jedoch das Laden und Zielen. Daher ging man Anfang des 18. Jh. dazu über, die B.klinge durch einen seitwärts gerichteten Arm von der Dille abzusetzen. Diese Verbesserung ermöglichte es, die Infanterie mit ständig aufgestecktem B. kämpfen zu lassen, was ihre taktische Verwendbarkeit sowohl beim Angriff als auch bei der Abwehr von Kavallerieangriffen erhöhte. Im 17. Jh. wurden manche Gewehre auch mit B. ausgestattet, die fest am Lauf angebracht waren. Zwecks besserer Handhabung des Gewehrs ging man zur Befestigung des B. an Scharnieren über, so daß es an den Lauf zurückgeklappt werden konnte. Die feste Verbindung des B. mit dem Gewehr setzte sich jedoch in den deutschen Streitkräften nicht durch. Zu den bedeutendsten Befürwortern des teilweise ohne Feuer geführten B.angriffs der Infanterie gehörten im 18. Jh. der preußische König Friedrich II. (1712–1786) und der russische Feldherr A. W. Suworow (1729–1800). Mit der Verbesserung der Handfeuerwaffen und der Einführung aufgelockerter Gefechtsordnungen in die Infanterietaktik trat der B.angriff allmählich in den Hintergrund. Das B. wurde daher meist wieder am Körper als → *Seitengewehr* getragen und nur im Bedarfsfall aufgesteckt (aufgepflanzt). Seine Befestigung erfolgte – wie am Beispiel des preußischen → *Zündnadelgewehres* von 1841 ersichtlich ist – mit Hilfe des sog. B.verschlusses. Das war eine Halterung, bei der eine an der Dille angebrachte Nut auf einen an der Laufunterseite befindlichen Vorsprung geschoben wurde; dann mußte das B. mit einem Schraubring festgezogen werden. Als Waffe für den Nahkampf blieb das B. nach wie vor bedeutsam. In den 30er und 40er Jahren des 19. Jh. wurde daher das B.fechten allgemein in die Ausbildung der Soldaten aufgenommen. Dabei fanden unterschiedliche B.formen Anwendung, so das einschneidige Hau-B. mit breiter Klinge und doppelt geschliffener Spitze sowie das Säbel- oder Degen-B., das seit 1870 in fast allen europäischen Armeen eingeführt und verschiedentlich auch als nicht abnehmbares Klapp-B. konstruiert wurde. Da das althergebrachte Anbringen des B. am Lauf die Treffsicherheit der Schußwaffe beeinträchtigte, fand die Befestigung am Schaftende zunehmende Verbreitung. In den Streitkräften des kaiserlichen Deutschlands wurde diese Befestigung mit dem Seitengewehr Modell 98 eingeführt, das eine lange, schmale Steckrückenklinge mit vorn gebogener Parierstange aufwies und mit einem verbesserten B.verschluß versehen war. Die Scheide bestand wie bei den meisten früheren B. aus Leder mit Metallbeschlägen, teilweise auch aus Blech. Neben diesem Lang-B. entstand eine verkürzte, etwas leichtere Form. Anfang der 80er Jahre des 19. Jh. wurde das in den deutschen Streitkräften zeitweilig überbewertete B.fechten in seinem Umfang eingeschränkt, blieb aber als Ausbildungselement bestehen, wobei sich das Training immer stärker auf die gesamte Waffe bezog (Gewehrfechten). Während des ersten Weltkrieges fanden noch unterschiedliche B.arten Verwendung, in der Reichswehr dagegen nur noch das kurze Seitengewehr, das auch in der faschisti-

Bajonettgefecht im Deutsch-Französischen Krieg 1870/71

schen Wehrmacht bis 1945 zur Ausrüstung gehörte, jedoch als Waffe nicht mehr die frühere Bedeutung besaß.

In der NVA gehört zur MPi «Kalaschnikow» (→ *Maschinenpistole*) ein aufsteckbares Seitengewehr, das im Nahkampf als Stich- und Hiebwaffe, darüber hinaus aber auch als Messer, Säge und Drahtschere verwendet werden kann. *(s. Abb. S.952)*

Ballon: von einer Gasfüllung getragener, frei schwebender oder verankerter Flugkörper ohne Eigenantrieb.

Im Unterschied zu Frankreich, wo der B. bereits Ende des 18. Jh. als militärisches Beobachtungs- und Verbindungsmittel genutzt wurde, fand er in Deutschland erst in Auswertung des → *Deutsch-Französischen Krieges 1870/71* Eingang in die Streitkräfte. 1884 ließ das preußische Kriegsministerium ein Ballondetachement aufstellen, das nach erfolgreicher Teilnahme an Belagerungs- und Schießübungen 1887 zu einer Luftschifferabteilung ausgebaut wurde. 1892 entwickelte man anstelle des bisherigen kugelförmigen B. einen für militärische Beobachtungszwecke besser geeigneten länglichen B., den sog. Drachen-Fessel-B., der eine wesentlich stabilere Lage in der Luft besaß. Dieser wurde ab 1896 im Heer eingeführt. 1901 erfolgte die Erweiterung der Luftschifferabteilung zu einem Luftschifferbataillon. Nachdem um 1900 das lenkbare, durch Verbrennungsmotor angetriebene → *Luftschiff* entwickelt und 1912 eine Fliegertruppe formiert worden war, verminderte sich das Interesse an dem unlenkbaren, sehr stark von meteorologischen Bedingungen abhängigen B. Bei der Mobilmachung 1914 verfügte das kaiserlich-deutsche Heer über 10 Feldluftschifferabteilungen mit je 1–2 Fessel-B. sowie über 15 Festungsluftschiffertrupps. Nach dem Übergang vom Bewegungs- zum Stellungskrieg kam es Ende 1914/Anfang 1915 zu einem Aufschwung in der Nutzung des Fessel-B. Besonders bei der Beobachtung und Leitung des Artilleriefeuers sowie zur Unterstützung der Truppenführung im taktischen Bereich erfüllte er eine Reihe spezifischer Aufgaben, die weder vom Luftschiff noch vom → *Militärflugzeug* übernommen werden konnten. Bis Ende 1916 waren 53 Feldluftschifferabteilungen mit je 2–3 B. an verschiedenen Fronten eingesetzt. Gleichzeitig wuchs die B.größe von 600 m^3 auf 800 m^3 und 1000 m^3, wodurch ein Steigvermögen auf 1000 m und mehr erreicht werden konnte. 1917 gelangte eine zuerst von den Ententemächten entwickelte neue B.art in Tropfenform mit luftgefüllten Steuerwulsten als AE-B. auch im deutschen Heer zur Einführung, die eine erheblich größere Stabilität des aufgelassenen B. bewirkte und in der Folgezeit nicht mehr wesentlich verändert wurde. Fahrbare Gaserzeugungsanlagen erleichterten den B.einsatz, leistungsfähige

Mit fotographischem Gerät ausgerüsteter Korb eines Beobachterballons im ersten Weltkrieg

Motorwinden gestatteten ein rasches Einholen des Gerätes. Der ab Herbst 1915 eingeführte Fallschirm ermöglichte den B.beobachtern die Rettung vor den Angriffen gegnerischer Flugzeuge, die neben den B.abwehrgeschützen (→ *Flakartillerie*) bald zum gefährlichsten Feind des Fessel-B. wurden. Im zweiten Weltkrieg kam der B. als Beobachtungsmittel nur noch vereinzelt, als Sperr-B. im Rahmen der → *Luftverteidigung* dagegen verstärkt zum Einsatz. So gab es dichtgestaffelte B.sperren um London, Leningrad, Moskau und andere Städte. Die faschistische Wehrmacht unternahm seit 1935 Versuche mit Luftsperr-B. und stellte dazu bei der Flak eine Spezialtruppe auf. Bei Kriegsbeginn wurde eine Anzahl von Luftsperrabteilungen zum Schutz wichtiger Objekte gebildet. Insgesamt bestanden während des Krieges 23 Luftsperrabteilungen, ab 1944 als Luftsperr-Flakabteilungen bezeichnet. B. fanden auch in den Artilleriebeobachtungsabteilungen Verwendung. Eine Anzahl dieser Abteilungen erhielt bei Kriegsbeginn B.batterien, die Ende 1942 als B.züge und B.trupps auf einzelne der von diesem Zeitpunkt ab formierten leichten Beobachtungsabteilungen aufgeteilt wurden. Ihre Hauptaufgabe bestand in der Überwachung des Gefechtsfeldes, der Aufklärung gegnerischer sowie im Einschießen der eigenen Artillerie. Neben Fessel-B. kamen in beiden Weltkriegen unbemannte Frei-B. mit Propaganda- und Diversionsmaterial zum Einsatz.

Auch unter modernen Bedingungen besitzt der B.

sowohl als Fessel-B. als auch als Sperr-B. und als B.sonde für meteorologische Messungen militärische Bedeutung. *(s. Abb. S.489)*

Baltikumunternehmen 1919: Aggressionsfeldzug des deutschen Imperialismus vom 3. 3. bis Mitte Dezember 1919, um die Sowjetmacht in den baltischen Ländern zu vernichten und Expansionsziele zu verwirklichen.

Nach dem Fiasko der → *Intervention des deutschen Imperialismus in Sowjetrußland und in Finnland 1918* war Ende 1918 die Sowjetmacht in den baltischen Ländern wiederhergestellt worden. Nur das Gebiet westlich der Linie Kaunas–Ventspils befand sich noch in deutscher Hand. Hier wurden seit Januar 1919 bedeutende Kräfte an Freiwilligentruppen und → *Freikorps* für eine antisowjetische Aggression konzentriert. Mit dem B. wollte der geschlagene deutsche Imperialismus die Sowjetmacht in den baltischen Ländern gewaltsam beseitigen und dadurch ein weiteres Vordringen der Revolution verhindern. Er fand die Unterstützung der Ententemächte, die eine politisch-wirtschaftliche Einflußnahme auf die baltischen Länder und deren Ausbau zu antisowjetischen Stützpunkten anstrebten. Die herrschenden Kreise Deutschlands hofften, durch die Beteiligung am Interventionskrieg der Entente gegen die Sowjetmacht mildere Friedensbedingungen zu erreichen. Gleichzeitig verfolgten sie aber mit dem B. eigene Eroberungsziele.

Das B. wurde zielstrebig vorbereitet, wobei die ideologisch-propagandistische Beeinflussung der Truppen und der Öffentlichkeit eine große Rolle spielte. Seit November 1918 erfolgte die Bildung von Freiwilligenformationen, die sich aus den Resten der Feldverbände und aus geworbenen Söldnern rekrutierten. Größte Werbezentrale war die «Anwerbestelle Baltenland» mit Sitz in Berlin und Zweigbüros in mehreren Städten. Sie versprach den Freiwilligen u. a. erhöhten Sold, Treueprämien und Siedlungsboden in Lettland. Die in Kurland eintreffenden Freikorps wurden größtenteils der aus der 8. Armee hervorgegangenen sog. Eisernen Division zugeteilt. Mitte November 1918 begann auch die Formierung der Baltischen Landeswehr, in der sich Baltendeutsche, russische und lettische Weißgardisten sowie deutsche Freiwillige sammelten. Sie galt formal als Truppenverband der bürgerlichen lettischen Ulmanisregierung, stand jedoch unter deutscher Führung. Die Baltikumtruppen ähnelten zum großen Teil verwilderten Landsknechtshaufen, getrieben von der Gier nach Beute und persönlicher Bereicherung. Als Führungsorgan für das B. wurde Ende Januar 1919 das Oberkommando Grenzschutz Nord gebildet. Hauptstoßkraft war das von Generalmajor Rüdiger von der Goltz (1865–1946) befehligte VI. Reservekorps in Kurland, unterstützt von dem sich in Nordlitauen anschließenden Generalkommando z. b. V. 52 (später in Brigade Schaulen umgewandelt). Anfang März gehörten zum VI. Reservekorps vor allem die 1. Gardereservedivision, die Eiserne Division, Teile der 45. Reservedivision und die Baltische Landeswehr. Die Gesamtstärke der Truppen in Kurland und Nordlitauen betrug bei Beginn des B. etwa 25000 Mann und erhöhte sich bis Mai auf über 40000 Mann. Die Truppen waren gut bewaffnet und ausgerüstet und verfügten sogar über Panzerzüge und Flugzeuge.

Der deutsch-weißlettischen Aggressionsstreitmacht konnte die lettische Sowjetregierung nur schwache Kräfte entgegenstellen, zumal gleichzeitig weißgardistische Verbände von Estland aus Sowjetlettland angriffen. Mitte März zählten die roten lettischen Schützenformationen an der Kurlandfront knapp 7000 Mann Infanterie und 500 Mann Kavallerie mit 184 MG und 22 Geschützen. Besonders an Munition herrschte Mangel. An der Seite der lettischen Roten Armee kämpften internationale Truppenteile, so eine Internationale Division und die Internationale Karl-Liebknecht-Legion. Ihnen gehörten viele ehem. deutsche Soldaten an, die auch beim Zusammentreffen mit den deutschen Interventionstruppen ihre antiimperialistische Haltung bewiesen (→ *deutsche Internationalisten in der Roten Armee 1918–1920*).

Das B. begann am 3. 3. mit dem Angriff des VI. Reservekorps. Ihm ging ein Stoß der Baltischen Landeswehr auf Ventspils voraus, das am 24. 2. eingenommen wurde. In 3 aufeinanderfolgenden Operationen (Decknamen «Tauwetter», «Eisgang», «Frühlingswind») besetzten die zahlenmäßig überlegenen Aggressoren den größten Teil Kurlands und errichteten ein blutiges Terrorregime. Die rotlettischen und internationalen Truppenteile leisteten erbitterten Widerstand, der das Vordringen des Gegners hemmte und Ende März zur Stabilisierung der Front an der Lielupelinie führte. Aufgrund der schweren Kämpfe waren die Interventen zunächst nicht in der Lage, die Offensive fortzusetzen. Mit dem Sturz der ententefreundlichen Ulmanisregierung am 16. 4. und der Einsetzung einer eigenen Marionette suchten sie ihren Machteinfluß in Lettland zu vergrößern. Diesem Ziel diente auch der Angriff auf Riga am 22. 5., das nach erbittertem Kampf eingenommen wurde. In der Stadt fielen innerhalb weniger Tage 4500 Menschen dem Wüten der Soldateska zum Opfer. Die lettische Rote Armee zählte zwar im Mai etwa 40000 Mann, konnte jedoch der Übermacht der Interventen, die Sowjetlettland von 2 Seiten angriffen, nicht standhalten. Nach dem Fall von Riga zog sie sich nach Osten zurück. Im Juni kam es beim Vorstoß von Teilkräften des VI. Reservekorps nach Livland wiederholt zu Zusammenstößen mit den von Norden her vordringenden estnischen Weißgardisten und lettischen Ulmanistruppen. Die Söldner der Baltischen Landeswehr und der Eisernen Division erlitten in den Gefechten bei Cēsis (20.–23. 6.) eine schwere Niederlage und mußten den Rückzug antreten. Auf Druck der Entente, die durch die deutschen Erfolge ihre eigenen Ziele gefährdet sah, wurde am 3. 7. ein Waffenstillstand geschlossen. Er setzte die Ulmanisregierung wieder ein und legte fest, daß die deutschen Truppen bis zum 5. 7. Riga räumen und sich hinter die Daugava zurückziehen sollten. Damit versuchte die Entente, die Machtansprüche des deutschen Imperialismus in Lettland zu beschneiden und die Truppen unter ihre Kontrolle zu bekommen. Außerdem wurde die Baltische Landeswehr dem deutschen Oberbefehl entzogen und für den weiteren Kampf gegen die Rote Armee einem britischen Offizier unterstellt.

Die deutschen Imperialisten und Militaristen, die nicht als bloße Handlanger der Ententemächte fungieren wollten, suchten ihre Ziele auf einem Umweg zu erreichen. Nach einer inszenierten Meuterei der für den Abzug vorgesehenen Formationen unterstellte Goltz am 21. 9. die Truppen in Kurland der sog. Russischen Westarmee. Diese war mit deutscher Unterstützung seit Ende 1918 von zaristischen Offizieren aus russischen Kriegsgefangenen in Deutschland und Emigranten aufgestellt worden. Ihr Oberkommando, in dem deutsche Offiziere die wichtigsten Führungsfunktionen ausübten, stellte nur ein Werkzeug der deutschen Kommandostellen dar. Anfang Oktober betrug die Gesamtstärke der Westarmee mehr als 51 000 Mann, davon 40 000 Deutsche. Unter der Flagge der weißgardistischen Konterrevolution setzte der deutsche Imperialismus das B. fort. Nach Vorbereitung durch den Stab des VI. Reservekorps griffen Truppenteile der Westarmee am 8. 10. in Richtung Riga an, wobei deutsche Formationen den Hauptstoß führten. Der Angriff blieb nach 2 Tagen am Stadtrand von Riga stecken. Am 1. 11. gingen die lettischen Ulmanistruppen zur Gegenoffensive über und trieben die völlig demoralisierten deutsch-russischen Söldner zurück. Ultimativ von den Ententemächten gefordert, zogen die deutschen Truppen bis Mitte Dezember aus Lettland und Litauen ab. Damit waren auch alle Pläne des deutschen Imperialismus im Baltikum gescheitert. Zum Zusammenbruch des B. hatten die militärischen Erfolge der Roten Armee an den anderen Fronten des Bürger- und Interventionskrieges sowie die Festigung der inneren Verhältnisse in Sowjetrußland beigetragen. Eine Rolle spielte aber auch der Kampf der deutschen Werktätigen. Das B. traf von Beginn an auf den entschiedenen Widerstand der Arbeiterklasse und rief vielfältige Gegenaktionen hervor. Vor allem die junge KPD brandmarkte die imperialistische Aggressionspolitik im Osten.

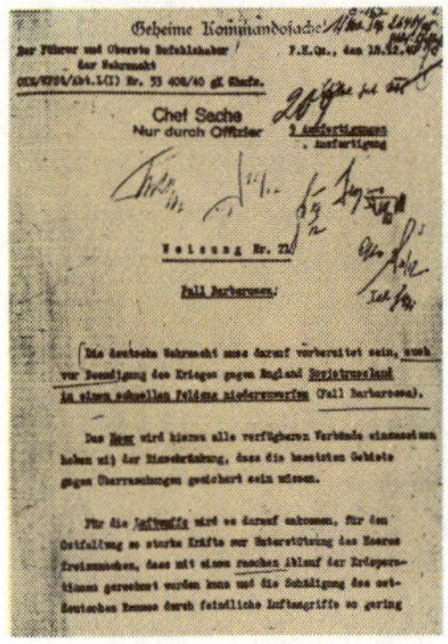
Geheime Kommandosache
Chef Sache
Nur durch Offizier
Weisung Nr. 21
Fall Barbarossa.
Die deutsche Wehrmacht muss darauf vorbereitet sein, auch vor Beendigung des Krieges gegen England Sowjetrussland in einem schnellen Feldzug niederzuwerfen (Fall Barbarossa).

Deckblatt der Weisung Nr. 21, Fall Barbarossa vom 18. Dezember 1940

Barbarossaplan: Tarnname des Aggressionsplanes des faschistischen deutschen Imperialismus gegen die Sowjetunion gemäß Weisung Nr. 21 (Fall «Barbarossa») des OKW vom 18. 12. 1940.

Der B. war das Hauptkettenglied in den auf der → *Blitzkriegskonzeption* beruhenden Aggressionsplänen des deutschen Imperialismus. Mit der Vernichtung der Sowjetunion sollte der Prozeß des welthistorischen Übergangs vom Kapitalismus zum Sozialismus rückgängig gemacht und gleichzeitig das Haupthindernis auf dem Wege zur Herrschaft über Europa und zur Vorherrschaft in der Welt ausgeschaltet werden (→ *Weltkrieg, zweiter, 1939–1945*). Mit der Kapitulation Frankreichs am 22. 6. 1940, die für den deutschen Imperialismus die Realisierung eines wichtigen Etappenziels seiner Weltmachtpläne bedeutete, rückte die Zerschlagung der UdSSR als Kernstück der geplanten Neuordnung in Europa und in der Welt in den Mittelpunkt der Strategie des deutschen Oberkommandos. Am 31. 7. 1940 fiel die Grundsatzentscheidung, die UdSSR Mitte Mai 1941 zu überfallen und bis dahin Großbritannien als militärischen Gegner auszuschalten und die übrigen Staaten Europas dem eigenen Machteinfluß zu unterwerfen. Nachdem bereits im Juni 1940 erste Truppenverschiebungen nach Osten eingeleitet worden waren, begann im Juli die unmittelbare Feldzugsplanung. Der Befehl «Aufbau Ost» vom 9. 8. 1940 legte Maßnahmen zum Ausbau und zur verstärkten militärischen Sicherung des Aufmarschraumes fest. Weiterhin wurden der Rüstungsindustrie neue Aufträge erteilt und die Wehrmacht durch Neuaufstellung von Verbänden verstärkt.

Die zentrale Rolle bei der Ausarbeitung des Feldzugsplanes spielte der Generalstab des Heeres. Erste operative Überlegungen seiner Operationsabteilung liefen darauf hinaus, mit einer Stoßgruppierung in Richtung Kiew anzugreifen und von dort aus auf Moskau vorzustoßen, während der Chef des Generalstabes vorschlug, den Hauptschlag in Richtung Moskau zu führen und dann in den Rücken der sowjetischen Truppen im Süden vorzudringen. Am

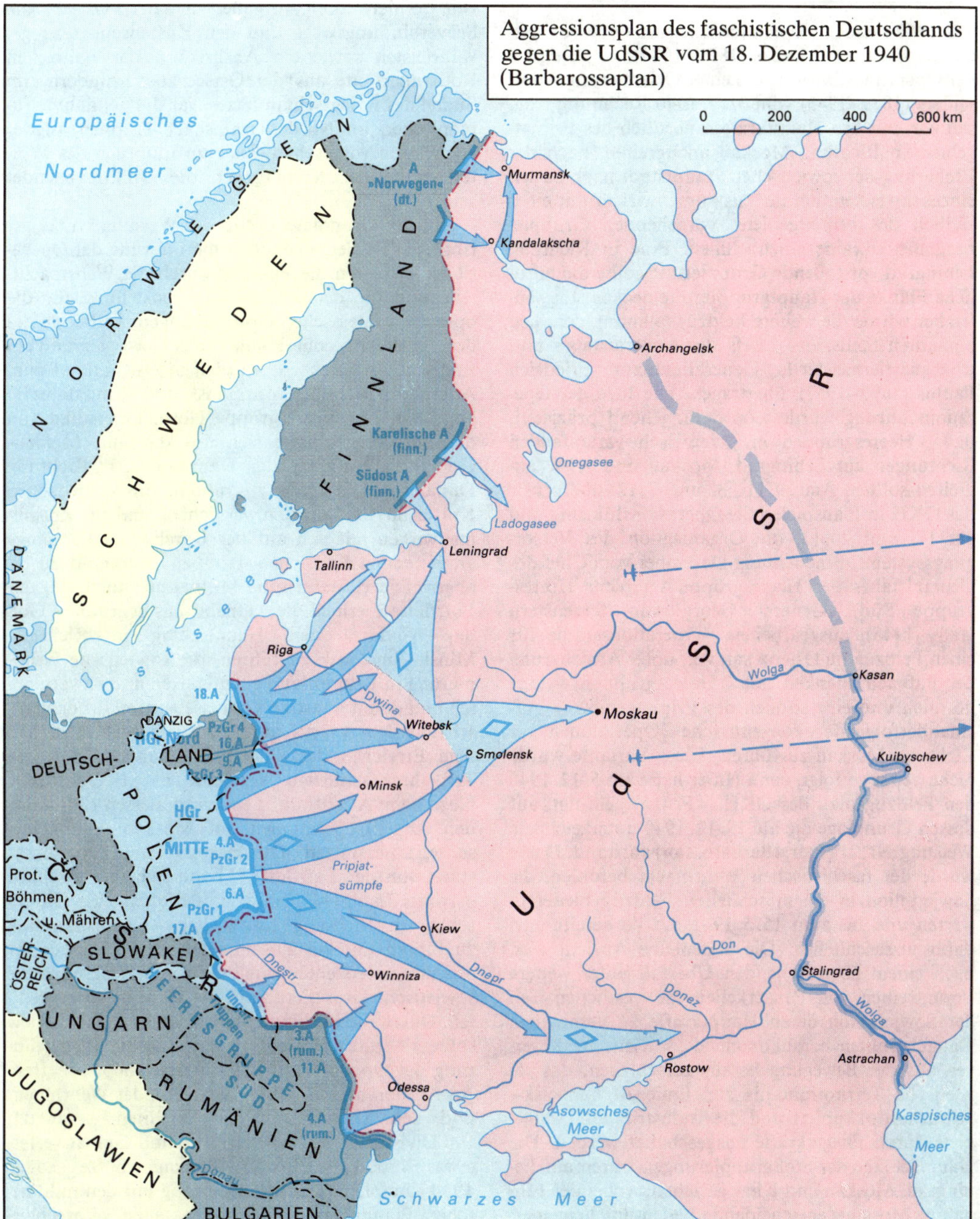
Aggressionsplan des faschistischen Deutschlands gegen die UdSSR vom 18. Dezember 1940 (Barbarossaplan)
0 200 400 600 km
Europäisches Nordmeer
NORWEGEN
SCHWEDEN
FINNLAND
A »Norwegen« (dt.)
Karelische A (finn.)
Südost A (finn.)
Murmansk
Kandalakscha
Archangelsk
Onegasee
Ladogasee
Leningrad
Tallinn
Ostsee
Riga
DÄNEMARK
DANZIG
DEUTSCHLAND
HGr Nord
18.A
PzGr 4
16.A
9.A
PzGr 3
HGr MITTE
4.A
PzGr 2
6.A
PzGr 1
17.A
POLEN
Prot. Böhmen u. Mähren
ÖSTERREICH
SLOWAKEI
UNGARN
ung. Truppen
HEERESGRUPPE SÜD
3.A (rum.)
11.A
4.A (rum.)
RUMÄNIEN
JUGOSLAWIEN
Donau
BULGARIEN
Dwina
Witebsk
Moskau
Smolensk
Minsk
Pripjat-sümpfe
Kiew
Dnestr
Winniza
Dnepr
Odessa
Don
Donez
Rostow
Asowsches Meer
Schwarzes Meer
UdSSR
Wolga
Kasan
Kuibyschew
Stalingrad
Astrachan
Kaspisches Meer
Hauptschlagrichtungen zur Erfüllung der nächsten Aufgaben
Hauptrichtungen der Handlungen zur Lösung der folgenden Aufgaben
Linie des geplanten weitesten Vordringens
Panzer
vorgesehene Handlungen der Luftwaffe gegen Industriezentren im Ural
Trennungslinie der Heeresgruppen
Staaten des faschistischen Blocks und ihre Verbündeten
von den Aggressoren okkupierte Staaten und Territorien
Staatsgrenze der UdSSR am 18. 12. 1940
Grenze der anderen Staaten 1937
von den Staaten des faschistischen Blocks festgelegte Grenzen

5. 8. 1940 lag der «Operationsentwurf Ost» von Generalmajor Erich Marcks (1891–1944) vor. Die Idee der Operationsführung, die einer Orientierung Adolf Hitlers (1889–1945) vom 31. 7. 1940 Rechnung trug, sah vor, mit den Hauptkräften nördlich des Pripjatgebiets in Richtung Moskau anzugreifen, nach der Eroberung der sowjetischen Hauptstadt nach Süden einzuschwenken, um im Zusammenwirken mit einer südlich des Pripjatgebietes vorgehenden Gruppierung die Ukraine einzunehmen. Eine in Richtung Leningrad vorstoßende Gruppierung sollte die nördliche Flanke der Hauptgruppierung decken. Im September wurde die weitere Feldzugsplanung dem neu ernannten Stellv. des Chefs des Generalstabes und Oberquartiermeister I, Generalleutnant Friedrich Paulus (1890–1957), übertragen. Die Idee der Operationsführung wurde jetzt dahingehend präzisiert, daß 3 Heeresgruppen in exzentrisch verlaufenden Richtungen auf Leningrad, Moskau und Kiew angreifen sollten. Am 29. 11., 3. und 7. 12. überprüfte das OKH in Planspielen die Operationsführung und am 17. und 20. 12. die Organisation des Versorgungssystems. Eine Anfang Dezember vom Chef des Generalstabes der Heeresgruppe A (später Heeresgruppe Süd), General Georg von Sodenstern (1889–1945), ausgearbeitete «Operationsstudie für einen Feldzug im Osten» sah vor, unter Absicherung der äußeren Flanken mit 2 Heeresgruppen – eine nördlich und eine südlich des Pripjatgebiets – aufeinanderfolgende konzentrische Operationen in Richtung Moskau zu führen. Diese Variante wurde nicht weiter verfolgt, denn Hitler hatte am 5. 12. 1940 den Feldzugsplan des OKH («Fritz») gebilligt, auf dessen Grundlage die am 18. 12. 1940 unterzeichnete Weisung Nr. 21 (Fall «Barbarossa») entstand. Darin wurde der faschistischen Wehrmacht befohlen, die Sowjetunion in einem schnellen Feldzug niederzuwerfen und bis zum 15. 5. 1941 die Vorbereitungen dafür abzuschließen. Die allgemeine Absicht war, nach einem überraschenden Überfall unter weitem Vorantreiben von Panzerkeilen im westlichen Teil der Sowjetunion deren Hauptkräfte zu vernichten. Danach sollten herankommende sowjetische Reserven aus der Bewegung heraus zerschlagen, das sowjetische Territorium bis zur Linie Archangelsk–Astrachan okkupiert und die Industrie des Uralgebiets durch Fliegerkräfte ausgeschaltet werden. Die Hauptschläge der Stoßgruppierungen waren auf Leningrad, Moskau und Kiew gerichtet, wobei der Einnahme Moskaus entscheidende Bedeutung beigemessen und die frühzeitige Eroberung des Donezbeckens aus kriegswirtschaftlichen Gründen angestrebt wurde. Die Luftwaffe hatte die Luftüberlegenheit zu erringen und die in den Hauptrichtungen angreifenden Verbände des Heeres, vor allem die Panzergruppierungen, wirksam zu unterstützen. Die Kriegsmarine erhielt die Aufgabe, in der Ostsee die Seeverbindungswege und den Küstenschutz zu gewährleisten sowie ein Ausbrechen der Baltischen Rotbannerflotte aus der Ostsee zu verhindern. Im Süden des Kriegsschauplatzes war die Teilnahme rumänischer, im Norden finnischer Truppen an der Aggression vorgesehen. Bis zum Einbruch des Winters sollte der Krieg gegen die UdSSR beendet sein.

Auf der Grundlage der in der Weisung Nr. 21 getroffenen Festlegungen über die Führung der Operationen erfolgten die Planung durch die Wehrmachtteile und die detaillierte Aufgabenstellung für die operativ-strategischen Gruppierungen. Verbände des deutschen Armeeoberkommandos Norwegen und ein finnisches Armeekorps wurden in Ostfinnland zum Angriff in Richtung Murmansk und Kandalakscha angesetzt. Die Heeresgruppe Nord, unterstützt von der Luftflotte 1, hatte sich im Abschnitt Memel–Goldap zu entfalten, den Hauptschlag in Richtung Dünaburg–Leningrad zu führen, die sowjetischen Kräfte im Baltikum zu vernichten und im Zusammenwirken mit den auf der Karelischen Landenge angreifenden finnischen Truppen Leningrad zu erobern. Die Heeresgruppe Mitte, unterstützt von der Luftflotte 2, erhielt die Aufgabe, aus dem Raum Goldap–Włodawa den Hauptschlag in Richtung Minsk–Smolensk zu führen, die sowjetische Gruppierung in Belorußland einzukreisen und zu vernichten und damit günstige Voraussetzungen für den entscheidenden Angriff auf Moskau zu schaffen. Mit dem Erreichen des Smolensker Raumes sollte ein Teil ihrer schnellen Verbände die Heeresgruppe Nord beim Angriff auf Leningrad, dessen Einnahme den Angriffsoperationen auf Moskau vorangehen sollte, unterstützen. Die Heeresgruppe Süd, unterstützt von der Luftflotte 4, hatte sich im Abschnitt ostwärts Lublin–Przemyśl zu entfalten, den Hauptschlag in Richtung Lwow–Kiew–Dneprmündung zu führen und im Zusammenwirken mit einer ihr operativ unterstellten rumänischen Armeegruppe die sowjetische Gruppierung in der Ukraine zu vernichten. Durch die Bildung von Brückenköpfen bei Kiew sollte sie günstige Bedingungen für die Weiterführung der Operationen ostwärts des Dnepr schaffen. An Kräften und Mitteln wurden von der Wehrmacht und den Streitkräften der Satelliten eingesetzt: 190 Divisionen, 47200 Geschütze und Granatwerfer, etwa 4300 Panzer und Sturmgeschütze sowie 4980 Kampfflugzeuge. Gleichzeitig mit den militärischen Planungen wurden umfassende verbrecherische Befehle und Maßnahmen zur Ermordung großer Teile der sowjetischen Bevölkerung (→ *Kommissarbefehl*), zur wirtschaftlichen Ausplünderung der UdSSR (→ *Wirtschaftsstab Ost*) sowie zur staatlichen Zerstückelung vorbereitet. Im Zusammenhang mit den Aggressionen gegen Griechenland und Jugoslawien wurde am 30.4.1941 der Angriffstermin endgültig auf den 22.6. festgelegt. Die langfristige, zielstrebige und detaillierte Ausarbeitung des B. widerlegt die Thesen bürgerlicher Historiker über eine «Improvisation» oder gar einen «Präventivkrieg» des faschistischen Deutschlands gegen die UdSSR.

Der B. bedeutete für die UdSSR eine ernste Gefahr. Er war aber auch im höchsten Maße abenteuerlich, da er auf der Überschätzung der Möglichkeiten des faschistischen Blocks und einer krassen Unterschätzung der Stabilität und Leistungsfähigkeit der sozialistischen Sowjetunion beruhte. Der B. scheiterte im Sommer-Herbst-Feldzug 1941 am heldenhaften Widerstand des von der KPdSU geführten Sowjetvolkes und seiner Streitkräfte (→ *Moskau 1941/42*).

Bataillon: seit dem 17. Jh. bestehende größte taktische Einheit vorwiegend der → *Landstreitkräfte*, die aus mehreren → *Kompanien* einer Waffengattung, einer Spezialtruppe oder eines Dienstes besteht und in der Regel Bestandteil eines → *Regiments* ist.

Etwa seit dem 15. Jh. bezeichnete man als B. (französisch bataillon, italienisch battaglione = Abteilung) einen selbständig handelnden, aber in der zahlenmäßigen Stärke unterschiedlichen Schlachthaufen. In der ersten Hälfte des 17. Jh. übertrug man den Namen im Zuge der stärkeren Untergliederung der Schlachtordnung auf kleinere Formationen des Fußvolkes mit einem festen Bestand. 1635 ging man in Frankreich, 1686 in Preußen und 1695 in Österreich dazu über, feste Unterabteilungen der Infanterieregimenter, die mehrere Kompanien umfaßten, als B. zu bezeichnen. Mit der weiter wachsenden Bedeutung der Handfeuerwaffen durch die Einführung des → *Steinschloßgewehres* mit → *Bajonett* wurde das B. gegen Anfang des 18. Jh. zur größten taktischen Einheit der nach der → *Lineartaktik* kämpfenden → *Infanterie.* Im 18. Jh. wurden in Preußen auch selbständige (regimentsfreie) → *Freibataillone* aufgestellt.

Im 17. Jh. bestand das B. in den Armeen verschiedener Länder aus 4–17 Kompanien mit insgesamt 500–1000 Mann; im 18. Jh. wurde das aus 1000 Mann bestehende preußische B. mit 4–5 Kompanien zum Vorbild für andere Heere. Es war eine taktische Formation, die im Kampf in 2 Flügel mit je 2 → *Divisionen* zu je 2 Pelotons gegliedert und mit leichter Artillerie, den B.geschützen, verstärkt wurde. Nach 1815 setzte sich die B.kolonne (→ *Kolonne*) als die bestimmende Gefechtsordnung in Preußen und anderen Ländern Europas durch. Im 19. Jh., verstärkt nach 1871, übernahmen die Streitkräfte der übrigen deutschen Staaten die preußische Gliederung des B. in 4 Kompanien zu 3 Zügen und mit einer Kriegsstärke von 26 Offizieren und Beamten, 1054 Unteroffizieren und Mannschaften (1914). Selbständige B. gab es bis in die zweite Hälfte des 19. Jh. fast nur bei den Pionieren und Jägern, doch nahm seitdem mit dem Entstehen neuer Spezialtruppen und Dienste ihre Zahl und Bedeutung ganz erheblich zu. Im ersten Weltkrieg (1914–1918) mußte in Deutschland infolge der starken personellen Verluste die Gefechtsstärke eines Infanterie-B., das seit 1916 aus 4 Kompanien und 1 MG-Kompanie bestand, auf 650 Mann herabgesetzt (28.2.1917) und die Zahl der Kompanien vielfach auf 3 verringert (18.8.1918) werden. Doch mit der Einführung verbesserter und neuer Waffen sowie Ausrüstung stieg die Kampfkraft des B. beträchtlich. Im Herbst 1918 bestand das Infanterie-B. aus dem Stab mit 1 Nachrichtenzug, 3–4 Kompanien mit je 6 lMG und 2 Granatwerfern und 1 MG-Kompanie mit 12 sMG. Die Entwicklung des Militärwesens nach dem ersten Weltkrieg, besonders der Kampftechnik, führte auch in Deutschland zur Bildung von B. neuer Spezialtruppen (z. B. von Schützen- bzw. Panzergrenadier- und Kradschützen-B.) sowie zur Erhöhung der Feuerkraft des Infanterie-B. Im Mai 1941 umfaßte ein Infanterie-B. in der Regel 23 Offiziere und Beamte, 797 Unteroffiziere und Mannschaften und bestand aus dem B.stab mit 1 Nachrichtenstaffel, 3 Kompanien mit je 12 lMG und 3 leichten Granatwerfern und 1 MG-Kompanie mit 12 sMG und 6 mittleren Granatwerfern. Während des zweiten Weltkrieges (1939–1945) stieg bei einem Absinken der Soll-Stärke des B. um über 20 % die Feuerkraft durch die Erhöhung der Zahl der MG, besonders der lMG und ihrer Feuergeschwindigkeit, die Verbesserung der Granatwerfer sowie durch die Einführung von Maschinenpistolen und Panzerbüchsen. In der Bundeswehr der BRD werden auch Artillerieabteilungen als B. bezeichnet.

In der NVA der DDR unterscheidet man entsprechend den Waffengattungen, Spezialtruppen oder Diensten mot. Schützen-, Panzer-, Pionier-, Nachrichten-, Aufklärungs-, Sanitäts-, Transport-B. u. a. Ein mot. Schützen-B. besteht aus der Führung, 3 mot. Schützenkompanien sowie aus Feuerunterstützungs-, Panzerabwehr-, nachrichtentechnischen, Sicherstellungs- und Versorgungseinheiten und dem Med. Punkt. Zur Bewaffnung gehören automatische Schützenwaffen, Abschußvorrichtungen für Panzerabwehrlenkraketen (PALR), Panzerbüchsen, Granatwerfer, Schützenpanzerwagen und Schützenpanzer. Im Panzer-B. gibt es die Führung, 3 Panzerkompanien sowie Sicherstellungs- und Versorgungseinheiten. Strukturmäßig nicht zu einem Regiment gehörende B. sind sog. selbständige B. Sie haben den Charakter eines Regiments und gehören zum Bestand einer Division. Bei der Artillerie und Truppenluftabwehr heißt die dem B. gleichgestellte Einheit Abteilung.

Stellung einer Strandbatterie an der Ostsee bei Neustadt während des Dänisch-Deutschen Krieges 1864

Batterie: bis zur ersten Hälfte des 19. Jh. Bezeichnung für die in einer Feuerstellung zusammengefaßten → *Geschütze*, danach kleinste Struktureinheit der → *Artillerie*.

B. wurden unmittelbar für das Gefecht, die Schlacht oder für den Festungskrieg gebildet. Bereits im 17. Jh. bezeichnete man die in einer Stellung vereinigten Geschütze, die eine gemeinsame Aufgabe zu lösen hatten, als B. So gab es Wurf-, Demontier-, Demolier- oder Bresch-B. Auf Festungen bezeichnete man die hinter der Brustwehr gelegene Geschützstellung, einschließlich der für die Bedienung erforderlichen Einrichtungen, als B. Nach dem Ort bzw. der Art der Aufstellung der Geschütze gab es Große B., Panzer-B. oder Zwischen-B. Auf Kriegsschiffen nannte man jeden gedeckten Aufstellungsraum mit mehr als 3 Geschützen B. Mitte des 19. Jh. entstanden die ersten gepanzerten Schiffe, die sog. Monitore oder schwimmende B., mit einem nur wenig über die Wasserlinie ragenden gepanzerten Schiffskörper und in Panzertürmen untergebrachten schweren Geschützen.

Struktureinheit der Artillerie war anfangs die → *Kompanie*. So bildete das brandenburgisch-preußische Heer seit 1683 Artilleriekompanien als organisatorisch-administrative Einheiten. Bayern stellte 1705 erste sog. Bombardierkompanien auf. Ende des 18. Jh. begannen die deutschen Armeen aus den Artilleriekompanien jeweils zu Kriegsbeginn B. als zeitweilige taktische Einheiten zu formieren. So vereinigte eine B. in Österreich 4 Kanonen und 2 Haubitzen. In Preußen hatte nach 1809 eine Artilleriekompanie im Kriegsfall 2 B. in gleicher Zusammensetzung wie die österreichische zu bilden. In der ersten Hälfte des 19. Jh. setzte sich in den europäischen Staaten die Tendenz durch, aus der B. eine ständige strukturmäßige taktische und administrative Einheit zu machen, z. B. in Baden 1831, in Sachsen und Preußen 1849, in Bayern 1855. In den Streitkräften des Deutschen Reiches blieb, trotz sich wandelnder Geschützzahlen und weiterentwickelter Technik, die B. die kleinste taktische Einheit der Artillerie. Sie war entweder Bestandteil einer Abteilung im Rahmen eines Regiments oder einer selbständigen Abteilung. Im militärischen Sprachgebrauch wurden B. der Erdartillerie nach dem Kaliber ihrer Geschütze als leichte oder schwere B. bezeichnet, nach der Art des Zugs der Geschütze als bespannte oder motorisierte B., nach dem Platz und der Aufgabe der Kanoniere als fahrende oder reitende B., nach der Geschützart als Kanonen-B., Haubitz-B. usw. Ein Teil dieser Bezeichnungen ist noch heute gebräuchlich. Strukturell änderte sich der Aufbau einer B. der Feldartillerie seit Ende des 19. Jh. nur wenig. Die B. bestand im allgemeinen aus einem Führungstrupp (B.trupp) mit einer Nachrichteneinheit, der Geschützstaffel (2–6 Geschütze) mit den Munitionsfahrzeugen sowie dem Verpflegungs- und Gepäcktroß. In der Bundeswehr der BRD gliedert sich eine B. in die Führungsgruppe bzw. den Führungszug und die Feuerzüge (2–6 Geschütze, wobei Selbst-

122-mm-Haubitzen der NVA in Feuerstellung

fahrlafetten vorherrschend sind). Mehrere B., in der Regel 3, bilden ein Bataillon, das auch für die Versorgung der ihm angehörenden B. verantwortlich ist.

In der NVA der DDR ist die B. ebenfalls kleinste taktische Einheit der Artillerie und besteht aus dem Führungszug oder der Führungsgruppe und 2–3 Feuerzügen mit insgesamt 2–6 Geschützen bzw. Granatwerfern, Geschoßwerfern, Panzerabwehrlenkraketen, Selbstfahrlafetten, Raketen mit Startvorrichtungen. Zur Erfüllung von Feueraufgaben nimmt die B. eine Gefechtsordnung ein, deren Hauptelemente die Beobachtungsstelle und die Feuerstellung sind. Bei der Waffengattung Raketentruppen und Artillerie heißen auch Topographische, Schallmeß- und andere Einheiten B. Mehrere B. bilden eine Abteilung.

Bautruppen: militärische Formationen für spezielle Bauarbeiten verschiedener militärischer Zweckbestimmung zur Unterstützung der Kampftruppen.

B. als besondere Formationen zur Ausführung von Befestigungsarbeiten und damit zur Entlastung der Kampftruppen von diesen Aufgaben gab es bereits in den Heeren antiker Sklavenhalterstaaten. Im Zuge der bürgerlichen Umgestaltung des Militärwesens entstanden seit Beginn des 19. Jh. in den Heeren der größeren Militärstaaten B.teile im engen Zusammenhang mit der Entwicklung der → *Pioniertruppen.* Die durch den Übergang zum Imperialismus bedingten tiefgreifenden Veränderungen im Charakter des Krieges, namentlich die zeitliche und räumliche Ausdehnung der Kampfhandlungen und die wachsende Bedeutung von Feldbefestigungen, führten zu einer raschen quantitativen und organisatorischen Entwicklung der B. Während des ersten Weltkrieges wurden im kaiserlich-deutschen Heer B. aus gedienten und ungedienten (später nur ungedienten, nicht waffentauglichen) Landsturmpflichtigen aufgestellt. Da sie in den Mobilmachungsplänen ursprünglich zur kriegsmäßigen Herrichtung der Festungen vorgesehen waren, erhielten sie die Bezeichnung Armierungstruppen. Der seit Ende 1914 vorherrschende Stellungskrieg erforderte immer häufiger auch im Kampfgebiet Bau- und Instandhaltungsarbeiten. Weil dafür die Pioniertruppen nicht ausreichten, wurden im Februar 1915 die B. einheitlich in Armierungsbataillonen (zu 4 Kompanien mit je 500 Mann) zusammengefaßt und erhielten den Kombattantenstatus. Die Armierungssoldaten wurden etwas später feldgrau uniformiert und teilweise bewaffnet. Insgesamt entstanden 217 Armierungsbataillone, die zu den Armeetruppen zählten. An der Front und im Hinterland für den Stellungsbau und Straßenbau, zum Munitionsstapeln u. ä. eingesetzt, erlitten sie im feindlichen Feuerbereich oft hohe Verluste. Zur Sicherstellung militärischer Bauarbeiten bestanden außerdem Baudirektionen und -kompanien, Kriegsgefangenen-Arbeiter-Bataillone, Militär-Gefangenen-Kompanien sowie Zivil-Arbeiter-Bataillone aus den besetzten Gebieten. Als Armierungssoldat, im Volksmund «Schipper» genannt, wurde im Februar 1915 auch der 44jährige Karl Liebknecht (1871–1919) einberufen, um ihm politische Arbeit unmöglich zu machen. Trotz erschwerter Bedingungen (Unterstellung unter die Militärgesetze) setzte er seinen revolutionären Kampf gegen den imperialistischen Krieg fort. Zu Beginn des zweiten Weltkrieges wurden in den Streitkräften des faschistischen Deutschlands ebenfalls B. aufgestellt. Ihre Zahl war unverhältnismäßig hoch, 1939/40 ca. 427000 Mann (rd. 15% des Feldheeres). Sie gehörten in der Masse zu den Heerestruppen und gliederten sich anfangs in Oberbaustäbe, Abschnittsbaustäbe, Baubataillone und Straßenbaubataillone. Im Winter 1939/40 wurden die aus dem Reichsarbeitsdienst aufgestellten B. ins Heer übernommen. Ihre Angehörigen bekamen feldgraue Uniformen (Waffenfarbe hellbraun), die Abschnittsbaustäbe wurden zu Kommandeuren der B. Die Mannschaften waren nur zum Teil ausgebildet und bewaffnet und erhielten die Bezeichnung Bausoldat. Die B. wurden zunehmend durch zu besonderen Baubataillonen formierte Kriegsgefangene und durch zum Kriegsdienst gepreßte Arbeiter aus den besetzten Gebieten verstärkt. Am 19. 8. 1943 erfolgte die Überführung der B. zu den Pioniertruppen.

Auch in den modernen Armeen bestehen neben den Pioniertruppen B. verschiedener Art und Zweck-

Armierungssoldat im ersten Weltkrieg, 1915

bestimmung. Die Ingenieur-B. der NVA sind Spezialtruppen zur Durchführung militärischer Bauvorhaben im Frieden und unter Gefechtsbedingungen. Sie sind mit spezifischer Kfz-, Militärbau- und Pioniertechnik ausgestattet sowie in Truppenteile und Einheiten strukturiert. Von den Angehörigen wird neben hohem militärischem auch ein umfangreiches spezialfachliches Wissen und Können gefordert. Einen völlig anderen Charakter tragen die laut Anordnung des Nationalen Verteidigungsrates vom 7. 9. 1964 im Bereich des Ministeriums für Nationale Verteidigung der DDR aufgestellten Baueinheiten. Die Bausoldaten leisten den Dienst ohne Waffe und tragen als besonderes Kennzeichen das Symbol eines Spatens auf den Schulterklappen. Zu den Aufgaben gehören insbesondere die Mitarbeit bei Straßen- und Verkehrsbauten, Ausbau von Verteidigungsanlagen und Einsatz bei Katastrophen. Der Dienst in den Baueinheiten entspricht der Ableistung des Wehrdienstes entsprechend dem → *Gesetz über den Wehrdienst in der DDR 1982. (s. Abb. S.771, 775)*

Bayrischer Erbfolgekrieg 1778/79: dynastischer Krieg Preußens gegen Österreich, um die Annexion bayrischer Gebiete durch Österreich zu verhindern.

Nach dem Aussterben der bayrischen Linie des Hauses Wittelsbach am 30. 12. 1777 fiel Bayern an den Kurfürsten Karl Theodor von der Pfalz (1724–1799). Dieser erkannte in der Wiener Konvention vom 3. 1. 1778 die von Kaiser Joseph II. (1741–1790) erhobenen Ansprüche auf bayrische Landesteile an; vorgesehen war sogar ein Austausch Bayerns gegen die österreichischen Niederlande (Belgien). Am 16. 1. 1778 rückten österreichische Truppen in die abgetretenen bayrischen Gebiete ein. König Friedrich II. von Preußen (1712–1786), mit Kurfürst Friedrich August III. von Sachsen (1750–1827) im Bunde, widersetzte sich diesem Aggressionsakt. Er sah das bestehende Kräfteverhältnis gefährdet und suchte einen Machtzuwachs Österreichs zu verhindern, der die eigenen Pläne im Kampf um die Vormachtstellung im Reich durchkreuzte. Nachdem diplomatische Verhandlungen ergebnislos geblieben waren, eröffnete Preußen die Feindseligkeiten. Eine von Friedrich II. befehligte Armee (80000 Mann) marschierte am 5. 7. 1778 von Schlesien aus in Böhmen ein. Ihr folgte Ende Juli von Sachsen aus eine Armee unter Prinz Heinrich von Preußen (1726–1802), die sich aus 60000 Preußen und 20000 Sachsen zusammensetzte. Die beiden österreichischen Heere in Böhmen standen unter dem Befehl des Kaisers und des Feldmarschalls Gideon Ernst von Laudon (1717–1790), zusammen etwa 170000 Mann stark. Der Feldzug erschöpfte sich fast ausschließlich in Manöverhandlungen. Beide Seiten vermieden eine Schlacht, um nicht den Verlust der Armee zu riskieren. Große Verpflegungsschwierigkeiten, weshalb der B. E. auch als «Kartoffelkrieg» bezeichnet wurde, bedingten hauptsächlich den preußischen Rückzug im September/Oktober 1778 aus Böhmen. Die Truppen hatten durch Krankheiten und Desertion Ausfälle in Höhe von über 40000 Mann erlitten. Der durch französische und russische Vermittlung am 13. 5. 1779 geschlossene Frieden von Teschen vereitelte die Pläne des Kaisers. Österreich erhielt nur das bayrische Innviertel; das politische Gleichgewicht zwischen Preußen und Österreich blieb somit gewahrt. Der B. E., vierter und zugleich kläglichster Krieg Friedrichs II., zeigte bereits deutlich die innere Schwäche der preußischen Armee. Er war aber auch ein Symptom für die Krise und nicht mehr vorhandene Entwicklungsfähigkeit des feudalabsolutistischen Militärwesens und seiner Kriegskunst.

bayrische Rote Armee: militärische Formation zum Schutz der am 13. 4. 1919 in München neukonstituierten Bayrischen Räterepublik.

Die revolutionäre Rätemacht in Bayern und ihre bewaffneten Kräfte gingen aus dem Kampf des Münchener Proletariats gegen die sich im Frühjahr 1919 in ganz Deutschland ausbreitende Konterrevolution hervor. Bereits Anfang April 1919 hatte sich in München ohne Beteiligung der KPD eine kleinbürgerlich-anarchistischen Charakter tragende Räteregierung gebildet, die die Machtpositionen der imperialistischen Bourgeoisie unangetastet ließ. Nach der Niederschlagung eines Militärputsches von Teilen der Münchener Garnison am 13. 4. 1919 durch revolutionäre Arbeiter und Soldaten unter Führung der Kommunisten wurde die gesetzgebende und vollziehende Gewalt einem aus Vertretern der KPD, USPD und SPD gebildeten Aktionsausschuß übertragen, der seinerseits einen Vollzugsrat mit dem Kommunisten Eugen Leviné (1883–1919) an der Spitze bildete. Die neukonstituierte Rätemacht beschloß am 14. 4. die Schaffung einer Roten Armee und übertrag diese Aufgabe einer Militärkommis-

Aufruf an das Proletariat zum Eintritt in die bayrische Rote Armee vom 25. April 1919

sion unter Leitung von Rudolf Egelhofer (1896–1919), einem aktiven Teilnehmer an der → *Novemberrevolution 1918/19* und Mitglied der KPD.

Innerhalb kurzer Zeit erreichte die vor allem in München und seiner näheren Umgebung aufgestellte Rote Armee eine Stärke von 25000 bis 30000 Mann. Sie setzte sich vorwiegend aus Industriearbeitern, teilweise aus Bauern zusammen. Neben Mitgliedern der KPD, USPD und SPD gehörten ihr viele parteilose Arbeiter an. Auch ehemalige russische und italienische Kriegsgefangene traten an die Seite ihrer deutschen Klassenbrüder. Die Bewaffnung der Roten Armee bestand aus Gewehren und Maschinengewehren sowie einigen Geschützen und Granatwerfern. Die unteren Führungskader bis zum Bataillonskommandeur wurden von der Mannschaft gewählt, die höheren Kommandeure und Führer selbständiger Formationen vom Vollzugsrat ernannt. Oberbefehlshaber der Roten Armee wurde Egelhofer.

Die neugebildeten revolutionären Formationen mußten sofort den Kampf gegen die zur Niederschlagung der Räterepublik eingesetzten bayrischen Truppen aufnehmen. Am 15. und 16. 4. zwangen sie bei Dachau einen Truppenverband nach heroischem Kampf zum Rückzug. Auch bei Rosenheim fügten Einheiten der Roten Armee den bayrischen Truppen eine Niederlage zu. Die Führung der Roten Armee nutzte jedoch die errungenen militärischen Erfolge nicht aus, sondern schloß unter dem Einfluß opportunistischer und pazifistischer Elemente am Dachauer Frontabschnitt einen Waffenstillstand mit den konterrevolutionären Truppen, der diesen eine Atempause gewährte und die Heranführung bedeutender Verstärkungen ermöglichte. Auf Befehl des Reichswehrministers Gustav Noske (1868–1946) wurden gegen die Rote Armee → *Reichswehr* und → *Freikorps* eingesetzt – insgesamt 60000 Mann. Sie rückten von Norden und Westen her in Bayern vor. Dabei kam es beim Vorstoß auf Augsburg vom 20. bis 22. 4. 1919 zu heftigen Kämpfen mit bewaffneten Arbeitern, deren Widerstand erst durch den Einsatz von Artillerie gebrochen werden konnte.

Unter dem Eindruck des Vormarsches des an Stärke weit überlegenen Militärs gewannen im Aktionsausschuß und im Vollzugsrat die rechtsopportunistischen, kapitulantenhaften Elemente die Oberhand. Demgegenüber beschloß das Oberkommando der Roten Armee, die Räterepublik zu verteidigen. Hartnäckige Kämpfe entwickelten sich vor allem bei Fürstenfeldbruck, wo eine 1300 Mann starke Einheit der Roten Armee – darunter etwa 250 ehemalige russische Kriegsgefangene – Stellung bezogen hatte. Dagegen zog sich die bei Dachau stehende etwa 10000 Mann starke Hauptgruppierung infolge des Eindringens verräterischer Elemente in ihre Führung kampflos auf München zurück. Am 1. 5. 1919 eröffneten die konterrevolutionären Verbände von mehreren Seiten her den Angriff auf München. Es kam zu erbitterten Kämpfen, die bis zum 3. 5. 1919 andauerten. Schließlich mußten die teilweise mit größtem Opfermut kämpfenden Einheiten der Roten Armee der Übermacht weichen.

Die zur Liquidierung der Bayrischen Räterepublik eingesetzten Truppen entfalteten einen zügellosen Terror. Allein in der Stadt München wurden von ihnen in der Zeit vom 30. 4. bis 7. 5. 1919 186 Personen ermordet, darunter Egelhofer; Leviné wurde am 5. 6. 1919 hingerichtet. Bis Mitte Februar 1920 verhängten die von der Konterrevolution eingesetzten Sondergerichte über 2200 Personen hohe Zuchthaus-, Gefängnis- und Festungsstrafen.

Die Zerschlagung der Bayrischen Räterepublik bedeutete das Ende der großen revolutionären Massenaktionen im Verlauf der Novemberrevolution und war Ausdruck der Niederlage der Revolution. Der aufopferungsvolle Kampf der revolutionären Arbeiter und ihrer bewaffneten Kräfte ist Bestandteil des revolutionären Erbes des deutschen Volkes. Er zählt zu den → *militärischen Traditionen der DDR.*

Befestigungen: Anlagen im Gelände zum Schutz der Truppen vor gegnerischer Waffenwirkung und Beobachtung sowie für die Führung des bewaffneten Kampfes.

Charakter, Aufgaben und Arten der B. wurden von den Funktionen der Streitkräfte, vom Entwicklungsstand der Ökonomie und Technik, namentlich der Waffentechnik und der Baukunst, sowie von den geographischen Bedingungen entscheidend beeinflußt. In der langen historischen Entwicklung prägten sich 2 Grundarten der B. heraus: ständige B., die für einen längeren Zeitraum vorbereitet wurden und in der Regel besondere Kräfte und Mittel besaßen (Festungsartillerie, Festungstruppen), und Feld-B. bzw. B., die im allgemeinen von den Truppen vor oder während Kampfhandlungen zumeist mit eigenen Kräften und örtlichen Mitteln errichtet wurden. Das B.wesen spielte innerhalb der Geschichte des Militärwesens und der Kriege lange Zeit eine relativ selbständige Rolle; seit dem 15./16. Jh. ist seine Entwicklung eng mit der → *Artillerie* und seit dem 18./19. Jh. mit den → *Pioniertruppen* verbunden.

Die Anfänge von B. entstanden in der Zeit der → *militärischen Demokratie.* Im Verlaufe der bewaffneten Auseinandersetzungen errichteten die Stämme Verteidigungsanlagen in Form von ringförmigen Wällen aus Erde, Holz und Stein, wobei die natürlichen Gegebenheiten des Geländes genutzt wurden. Häufig waren diese Ringwälle von einem Graben umgeben und durch Hindernisse (Verhaue, Gebücke) an den Zugängen gesichert. Sie dienten dem dauernden oder zeitweiligen Schutz des Stammes vor Überfällen (Volks- und Fluchtburgen). Im Zuge der sozialen Differenzierungen und der Ausbildung antagonistischer Klassenverhältnisse errichteten Herzöge und Stammesadlige mit ihren Gefolgschaften eigene Burgen als Stützpunkte ihrer Herrschaft (Adelsburgen).

Im Altertum waren viele Städte durch Mauern aus Steinen und Lehmziegeln, Türme und vorgelagerte Gräben geschützt; häufig umgab die innerhalb der Stadt gelegenen Königspaläste und Tempelbauten noch eine zweite erhöhte Mauer. Die so befestigten Städte waren nur sehr schwer einzunehmen; der Angreifer setzte gegen die Mauern besondere Belagerungsmaschinen – Rammböcke, Widder, Katapulte – ein und versuchte durch das Graben von Stollen die Mauer zum Einsturz zu bringen. In der Regel umschloß der Belagerer die befestigte Stadt oder B. durch einen Graben und Wall (Zirkumvallationslinie) und legte weiter rückwärts eine zweite Stellung gegen Entsatzversuche an (Kontravallationslinie); zwischen beiden Linien befanden sich die Truppen mit ihrer Technik und dem Lager. Diese Formen der B. erreichten im Römischen Reich den Höhepunkt ihrer Entwicklung auf dem Boden der Sklavereigesellschaft. Die Römer sicherten die eroberten Gebiete durch Festungen, befestigte Lager und Stützpunkte sowie durch ausgedehnte Grenzwälle, zu letzteren gehörte der → *Limes* zwischen Donau und Rhein. Die Truppenlager wurden durch einfache Feld-B. (Graben, Palisaden u. ä.) geschützt.

Die Entwicklung der B. in der feudalen Zeit bis zum Aufkommen der Feuerwaffen im 14. Jh. stand im Zeichen des Burgenbaues und der städtischen B.anlagen. Die Herrscher des Frankenreiches und des deutschen Feudalstaates errichteten zur militärischen Sicherung der Grenzen und als Ausgangsbasis

Erstürmung eines befestigten Schlosses. Zwei Außentürme werden auf Leitern erstiegen, während der Hauptangriff durch einen vorgetriebenen unterirdischen Gang erfolgt, 14. Jh.

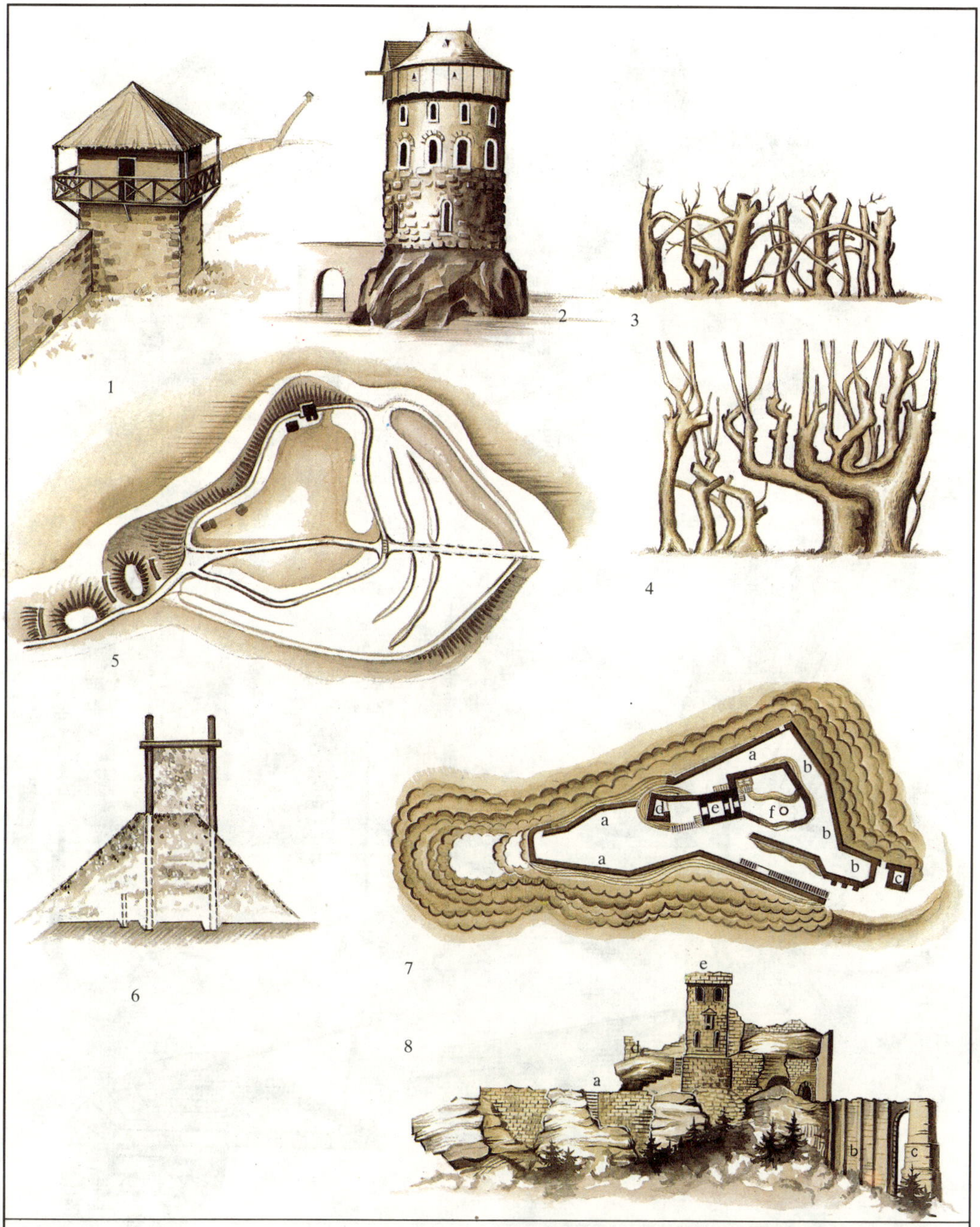

Befestigungen. *Beginn unserer Zeitrechnung bis 12. Jh.:* **1** obergermanisch-rätischer Limes (Ende 1. Jh.), Steinmauer mit Wachturm; **2** römisches Verteidigungswerk am Rhein (um 300); **3/4** Formen germanischer Gebückbaumbefestigungen (1. bis 5. Jh.); **5** Grundriß einer slawischen Schanzenbefestigung bei Potsdam, Wall und Graben; **6** Rekonstruktion des Walls dieser Schanze; **7/8** Grund- und Aufriß einer fränkischen Burgbefestigung (8./9. Jh.) **a** Ringmauer, **b** Terrassenmauer, **c** Brunnenturm, **d** Wachhaus, **e** Hauptturm, **f** Zisterne

Befestigungen. *12. Jh. bis Mitte 16. Jh.:* **1** befestigtes Schloß mit Wassergraben (13. Jh.); **2** Schützengalerie (Hurd) aus Stein (12./13. Jh.); **3** Stadtbefestigung (14. Jh.), Teil der Stadtmauer von Naumburg (Saale) **a** Graben, **b** Vorwall, **c** Vormauer, **d** Zwinger, **e** Vorhof, **f** Ringmauer, **g** Rondengang, **h** Hurd, **i** Mauerturm, **k** Torturm; **4** Stadtbefestigung (16. Jh.), Teil der Stadtmauer von Frankfurt (Main); **5** Schartenmauer mit Hurdaufsatz (16. Jh.); **6** Kanonenscharte mit Blende (16. Jh.)

für Expansionen Grenzmarken, in denen die Markgrafen besondere B.rechte erhielten. Seit dem 10. Jh. entstanden zahlreiche Burgen, die zu Symbolen der feudalen Klassenherrschaft wurden. Die Könige wollten durch die Anlage von Reichsburgen ihre Zentralgewalt stärken, während der Adel durch den Burgenbau seine Position gegenüber der Krone wie seine Herrschaft über die abhängigen Bauern zu festigen suchte. In der frühfeudalen Zeit bestanden die Burgen zumeist nur aus einer Umfassungsmauer mit einem Turm (Bergfried), der dem Aufenthalt und der Verteidigung diente. Später kamen weitere Türme (Tortürme, Wachtürme, Brunnentürme) und Gebäude (Palas, Kemenate u. a.) hinzu; die größeren Burgen gliederten sich in eine Vor- und Hauptburg. Man unterschied zwischen Höhenburgen auf Bergen und Felsen und Niederburgen in ebenem Gelände. Letztere waren zumeist von einem Wassergraben umgeben (Wasserburgen) oder nutzten Moore und Sümpfe als natürliche Hindernisse. Zu den größten B.anlagen des Mittelalters zählten die Burgen der Ritterorden und der Landesfürsten.

Die aufstrebenden Städte errichteten Ringmauern mit Türmen und legten davor Gräben an. In den alten, bereits in der Römerzeit entstandenen Städten am Rhein und an der Donau (Regensburg, Worms, Trier u. a. m.) wurden auch Überreste römischer Verteidigungsanlagen (Türme und Kastelle) für die Stadt-B. genutzt. Für die Bürger waren Wachdienste, Arbeiten an den B.anlagen und Waffenübungen wichtige militärische Pflichten. Im Verlaufe der → *Kreuzzüge 11.–13. Jh.* wurden Elemente der orientalischen B.kunst übernommen. Dazu gehörten besondere Schutzbauten an den Toren, Pechnasen und Mauererker, die Verstärkung der Mauer und das Anlegen einer zweiten Mauer im Vorfeld. Der Raum zwischen den Mauern – Zwinger genannt – wurde in die Verteidigung einbezogen. Hier sollte der Gegner aufgehalten werden, ehe er die Hauptmauer zerstören bzw. stürmen konnte.

Mit dem Aufkommen der Artillerie und den bedeutenden ökonomisch-technischen Fortschritten im 15. und 16. Jh. begannen sich in den B. grundlegende Wandlungen zu vollziehen. Die alten Burgen und Stadt-B. mit ihren hochragenden Mauern fielen rasch dem Feuer der Geschütze zum Opfer. Entscheidende Anstöße für die Modernisierung und Weiterentwicklung der B.-anlagen gingen im deutschen Feudalreich von Albrecht Dürer (1471–1528) und Daniel Speckle (1536–1589) aus. Sie forderten den Bau von starken, mit Artillerie bestückten Basteien anstelle der hohen Türme, die Verbreiterung der Mauern durch Erdanschüttungen, die Anlage von geschoßsicheren Hohlbauten (Kasematten) für die Verteidiger und die Schaffung eines gedeckten Weges am Vorderrand des Grabens. Der gedeckte Weg war als erste Verteidigungsstellung gedacht. Von hier aus führten die Verteidiger Ausfälle gegen die Belagerungstruppen. Bis zum 19. Jh. galt der gedeckte Weg als eines der stärksten Verteidigungselemente der Festung.

Durch die Nutzung mathematischer, physikalischer und technischer Erkenntnisse begann sich seit dem 15./16. Jh. der Bau von B. zu einer Wissenschaft zu entwickeln. Dies fand Niederschlag in zahlreichen Werken zur «Militärarchitektur». Die Fortschritte im B.wesen führten zur Herausbildung mehrerer Systeme (Manieren) der Festungsbauweise im 17. und 18. Jh.: des italienischen, niederländischen, französischen und preußischen, wobei es Übergangs- und Mischformen gab. Wichtigste Teile der Festung waren die verstärkten Wälle mit Bastionen – ausgebauten Artilleriestellungen – und Kasematten, breite Gräben, vorgelagerte Werke – Ravelins, Lünetten u. a. genannt – und die Zitadelle als Kern der Festung. Der Grundriß der Festung war in der Regel ein Vieleck (Polygon). Nach der Form der B. unterschied man vom 17. bis 19. Jh. die Bastionär-B. von der Tenaillen-B. Erstere wurde durch die starken Bastionen an den Eckpunkten des Walles charakterisiert, von denen aus die Artillerie das Vorfeld (Glacis) und den Graben beherrschte; letztere bestand aus langen Wällen mit spitzen ein- und ausspringenden Winkeln sowie zahlreichen vorgelagerten kleinen Werken, von denen aus der Verteidiger die Abwehr führte.

Bedeutende Fortschritte im B.wesen waren mit dem Wirken des französischen Marschalls Sébastien le Prestre de Vauban (1633–1707), des niederländischen Generalleutnants Menno van Coehoorn (1641–1704), des deutschen Kriegsingenieurs Georg Rimpler (1636–1683), des preußischen Offiziers Gerhard Kornelius von Walrave (1692–1773) und des Königs Friedrich II. von Preußen (1712–1786) verbunden. Unter ihnen übte Vauban den größten internationalen Einfluß aus. Er entwarf 3 Arten der Bastionär-B., entwickelte die Taktik der systemati-

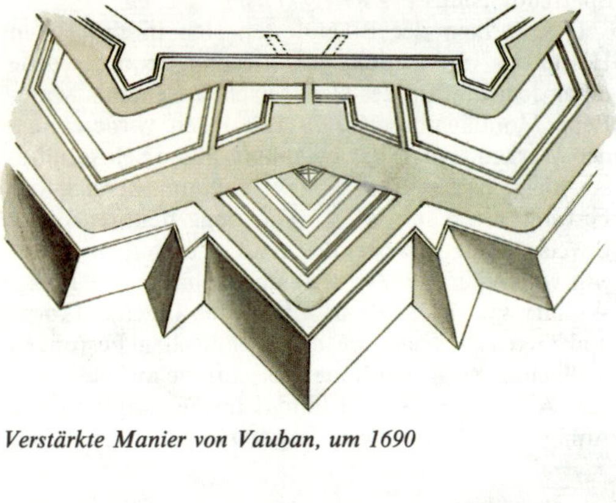

Verstärkte Manier von Vauban, um 1690

schen Belagerung einer Festung durch Annäherungsgräben (Sappen und Parallelen) sowie festgelegte Feuerstellungen der Artillerie und ließ an der Ostgrenze Frankreichs einen Gürtel von Festungen bauen. Dienten bis zum 17. Jh. die B. vornehmlich dem Ortsbesitz, so sollten die neuen französischen B.anlagen ganze Provinzen decken. Zusammen mit den Magazinen bildeten sie die Operationsbasis der stehenden Söldnerheere. Daneben wurden auch befestigte Linien angelegt, die aus einer Kette von Schanzen (Redouten u. ä.) bestanden, wobei Flüsse, Sümpfe und Wälder als natürliche Hindernisse ausgenutzt wurden. Befestigte Linien gab es im 17./18. Jh. vor allem im Südwesten des deutschen Feudalreiches zur Abwehr französischer Vorstöße über den Rhein. Eine Form der befestigten Linien waren die Verteidigungsanlagen der österreichischen und russischen Militärgrenze gegen die Türkei (befestigte Dörfer, Verhaue, Wachtürme). Feld-B. spielten in den Kriegen bis zum 19. Jh. nur eine untergeordnete Rolle; zumeist wurden die Lager der Söldnertruppen kurzfristig durch Verschanzungen gesichert. Eine Ausnahme war das befestigte Lager von Bunzelwitz, das 1761 die geschwächte preußische Armee zum Schutz vor der gegnerischen Übermacht bezog (→ *Siebenjähriger Krieg 1756–1763*).

Grundlagen des entwickelten B.wesens in der Zeit vom 16. bis zum 18. Jh. waren die gewachsenen ökonomisch-finanziellen Potenzen der feudalabsolutistischen Staaten, die technischen Fortschritte sowie der Ausbau der stehenden Heere, in denen es Mineure und → *Sappeure* als Vorläufer der Pioniertruppen sowie Spezialisten für den Festungsbau und die Belagerung (Ingenieuroffiziere) gab. In breitem Maße ruhte der Bau der B. auf Diensten zwangsverpflichteter Landeseinwohner. Politisch stärkten die Festungen die Macht der ein absolutistisches Regime anstrebenden Herrscher, militärisch wurden sie zu wichtigen Waffenplätzen und Versorgungsstützpunkten des Heeres. Deshalb war der Kampf um Festungen auch ein Angelpunkt der Kriegführung im Spätfeudalismus (→ *Kriegskunst*).

Die Formen der B. änderten sich in der ersten Hälfte des 19. Jh. nicht grundlegend. Jedoch wurde unter dem Einfluß des französischen Generals Marc-René Montalembert (1714–1800) den vorgeschobenen Werken (Forts) der Festung größere Selbständigkeit beigemessen und der Verteidigungsbereich der Festung etwas erweitert. Die sog. neupreußische B.weise, an der die preußischen Generale Ernst Ludwig von Aster (1778–1855) und Johann von Brese-Winiary (1787–1878) als Chefs des Ingenieurkorps und Generalinspekteure der preußischen Festungen maßgeblichen Anteil hatten, orientierte auf eine stärkere Ausnutzung des Geländes im Festungsbau, die Anlage vorgeschobener Forts sowie den Ausbau des Geländes zwischen den Forts und der Kernfestung durch gedeckte Artillerie- und Infanteriestellungen (sog. Kaponnieren als Hohlbauten in den Gräben). Nach 1815 wurden Mainz, Luxemburg, Landau, Ulm und Rastatt Bundesfestungen (→ *Bundesheer*); Preußen wie Österreich begannen, ihre Festungen zu modernisieren. Die Festungen mit ihren vorgelagerten Werken bildeten große verschanzte Lager, die dem Feldheer Rückhalt boten, so z. B. das Festungsviereck Mantua–Legnago–Verona–Peschiera in Oberitalien der österreichischen Armee in den Kriegen 1848/49, 1859 und 1866. Feld-B. gewannen im Krimkrieg (1853–1856) an Bedeutung. Unter Leitung des russischen Generals und Militäringenieurs E. I. Totleben (1818–1884) errichteten die russischen Truppen vor Sewastopol zahlreiche Feld-B., bestehend aus Schanzen, Gräben und Stollen, um die Angriffe gegen die Festungswerke aus gedeckten Stellungen abzuwehren.

Die raschen ökonomisch-technischen Fortschritte auf dem Boden des Kapitalismus in der zweiten Hälfte des 19. Jh., vor allem die Einführung der wirkungsvolleren und treffsicheren gezogenen Geschütze, und in den 80er Jahren die Entwicklung von Brisanzgeschossen führten zu wichtigen Veränderungen in den B. Im Festungsbau wurden vermehrt Beton und Panzerplatten verwendet und damit die Widerstandsfähigkeit der B.anlagen gegen die Artilleriewirkung erhöht. Es entstand die sog. Ring-B., die aus der Kernfestung und zahlreichen, 3–5 km vorgelegten Forts unterschiedlicher Größe und Bewaffnung bestand, wobei die einzelnen Forts zu Gruppen zusammengefaßt wurden, die sich gegenseitig deckten. Der Schwerpunkt der artilleristischen Verteidigung verlagerte sich von den Festungswällen auf die ausgebauten Stellungen zwischen den Forts und der Kernfestung. Wesentlichen Anteil an der Entwicklung der Festungsbaukunst auf der Grundlage von Beton und Stahl hatte der belgische General Henri A. Brialmont (1821–1903), nach dessen Plänen die Festung Antwerpen ausgebaut und mit einem breiten Fortgürtel umgeben wurde, unter dessen Schutz sich das belgische Heer sammeln konnte.

Im deutschen Kaiserreich zählten zu den stärksten Festungen an der Westgrenze Straßburg, Metz, Neubreisach, Köln und Koblenz und im Osten Königsberg, Graudenz, Thorn, Posen und (seit 1913) Breslau; die Küsten-B. von Danzig, Kiel, Wilhelmshaven, Cuxhaven und anderen Basen der Kaiserlichen Marine wurden ebenfalls verstärkt. Eine Reihe von Städten verlor ihren Charakter als Festung, so Stralsund (1890), Rastatt (1892) und Magdeburg (1912). Der Festungsausbau im kaiserlichen Deutschland stand im Zeichen der Vorbereitung eines Zweifrontenkrieges, wobei es zeitweise zu Differenzen innerhalb der militärischen Führung über Ausmaß und Art der B. sowie über die Verteilung der Mittel zwi-

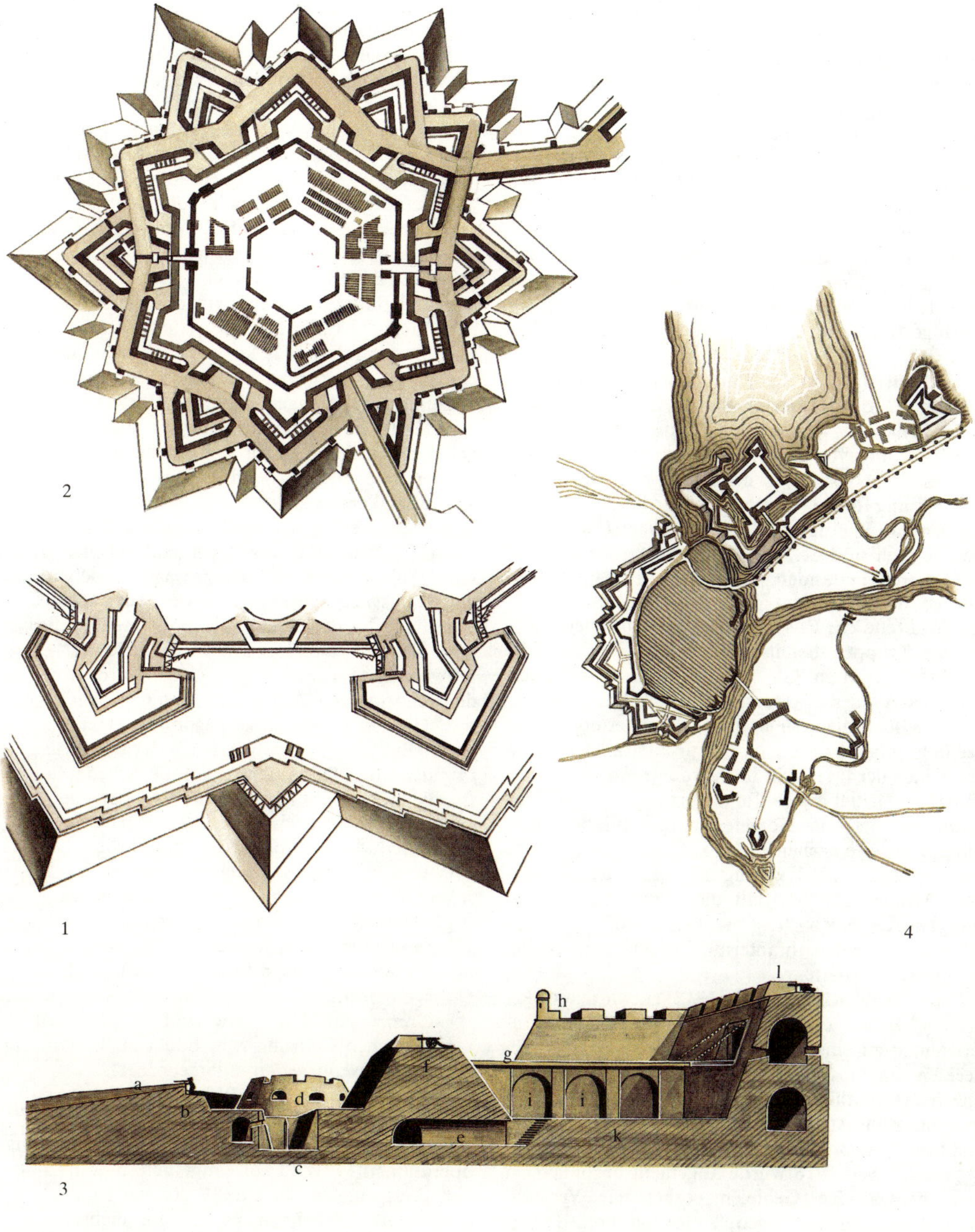

Befestigungen. *Mitte 16. Jh. bis Anfang 19. Jh.:* **1** Manier von Daniel Speckle (1589); **2** Zitadelle mit Bastionen und Ravelinen (um 1700); **3** Querschnitt einer bastionären Befestigung (17./18. Jh.) **a** Glacis, **b** Kontraeskarpe, **c** Graben, **d** Vorbastion, **e** Kasematte, **f** Bastion, **g** Brücke, **h** Wachturm, **i** großer Graben, **k** Galerie, **l** Inneres der Festung; **4** Skizze der Festung Spandau (1811)

schen der Heeres- und Flottenrüstung einerseits und dem Festungsbau andererseits kam. Die Ausbildung von Ingenieuren und technischem Personal für das B.wesen erfolgte im 19. Jh. an der Vereinigten Artillerie- und Ingenieurschule, aus der 1903 die Militärtechnische Akademie hervorging, sowie an der 1886 gegründeten Festungsbauschule Berlin und der 1907 gegründeten Wallmeisterschule Straßburg. Für den Ausbau, die Ausrüstung und Verwaltung der Festungen bestanden in Preußen seit 1821 Festungsinspektionen, die dem Chef des Ingenieurkorps und Inspekteur (später Generalinspekteur) der Festungen unterstellt waren. Bayern behielt als eigene Festungen Ingolstadt und Germersheim, Sachsen den Königstein.

Die Fortschritte in der Waffentechnik und die Erfahrungen des Deutsch-Französischen Krieges (1870/71), des Russisch-Türkischen Krieges (1877/78) und vor allem des Russisch-Japanischen Krieges (1904/05) hoben den Wert von Feld-B. Die Entwicklung führte von einfachen Erd-B. zur Anlage von Stellungen, die aus Gräben, Unterständen für die Truppen und Schanzen für die Artillerie sowie aus Sperren bestanden; diese Arbeiten an Feld-B. wurden in wachsendem Maße den Pionieren übertragen. Während des Russisch-Japanischen Krieges legten die Truppen bereits ausgedehnte Feldverteidigungsstellungen an. Gleichzeitig wandelte sich auch die Taktik des Festungskampfes. Standen bis 1870/71 noch die systematische Annäherung an die Festungsanlagen durch Sappen und Parallelen sowie das Feuer der Artillerie im Vordergrund, so wurde im letzten Drittel des 19. Jh. dem raschen Angriff der Infanterie, der von Pionieren und Artillerie unterstützt wurde, entscheidender Erfolg zugeschrieben. Jedoch zeigte die Belagerung der russischen Festung Port Arthur 1904/05, daß die Einnahme der Festungswerke einen lang vorbereiteten, sich auf Feld-B. stützenden Infanterie-, Pionier- und Artillerieangriff erforderte.

Im ersten Weltkrieg (1914–1918) entwickelten sich die Feld-B. aus zunächst wenigen Gräben und Unterständen zu einem tiefen System von Gräben, gedeckten Stellungen mit Feuerpunkten (Bunkern), Sperren (Drahthindernisse, Minenfelder) und Unterständen. Zum Ausbau der Feld-B. wurden in vorher nicht gekanntem Maße Holz, Beton, Eisen und Stahl verwendet. Seit 1916 wurde allgemein begonnen, in den rückwärtigen Gebieten vorbereitete Verteidigungsstellungen anzulegen, zu denen Feld-B. verschiedenster Art gehörten. Die ausgebauten und befestigten Stellungen verliehen der Verteidigung große Stärke und verhinderten lange Zeit den angestrebten Durchbruch. Dagegen erwiesen sich die französischen, belgischen und russischen Festungen 1914/15 dem Feuer der schweren und schwersten Artillerie als unterlegen, in der Regel fielen diese Festungen nach kurzer Belagerung. Die starke Festung Verdun mit ihrem breiten Fortgürtel war einer der wichtigsten Eckpfeiler der französischen Stellungsfront und widerstand im Zusammenwirken mit dem Feldheer dem deutschen Angriff (→ *Verdun 1916*).

Aus dem ersten Weltkrieg zogen imperialistische Militärs Schlußfolgerungen für den Ausbau befestigter Linien an den Landesgrenzen, die aus Gruppen von befestigten Werken mit ausgedehnten Panzer- und Minensperren bestanden, wobei ein Großteil der Werke unter die Erde verlegt wurde. Dies fand in der Errichtung der Maginotlinie in Frankreich, der Mannerheimlinie in Finnland sowie in ähnlichen B. in anderen Ländern seinen Niederschlag. In der Feld-B. dominierte das Streben, eine tiefe Staffelung der befestigten Stützpunkte sowie eine verbesserte Tarnung gegen Fliegersicht zu gewährleisten und die verschiedenen Sperren auszubauen; die durchgängigen Gräben fielen damit weitgehend weg. Deutschland mußte entsprechend den Bestimmungen des Versailler Vertrages (1919) die Festungen und B.anlagen schleifen, nur noch Königsberg und Ulm behielten Festungsstatus mit vorgeschriebener Ausrüstung; Neubauten waren untersagt. Jedoch begann die Reichswehr schon Anfang der 20er Jahre gegenüber Polen an der Oder sowie in Ostpreußen Bunker und Sperren anzulegen und Gebiete zur Überschwemmung vorzubereiten. 1932 wurde im Zuge der schrittweisen Aufrüstung mit dem Ausbau des sog. Heilsberger Dreiecks begonnen, einer befestigten Stellung in Ostpreußen. Nach der Errichtung der faschistischen Diktatur wurden die Arbeiten an den B., die sich auf Pläne und Studien der 20er Jahre stützten, beschleunigt vorangetrieben. Die Erörterungen innerhalb der militärischen Führung über die Vor- und Nachteile befestigter Linien nach französischem Vorbild führten 1935 zur Entscheidung, befestigte Gebiete (Zonen) an den Grenzen zu errichten. 1936 wurde mit dem Bau des → *Westwalles* begonnen. 1938 setzte dessen forcierter Ausbau als durchgängige befestigte Zone von Aachen bis zur Schweizer Grenze ein. Die Pläne und Maßnahmen der faschistischen Führung zum Bau von B. waren der → *Blitzkriegskonzeption* untergeordnet.

Der zweite Weltkrieg (1939–1945) zeigte vor allem die gestiegene Bedeutung tiefgegliederter Feld-B. Die Sowjetarmee, die sich während der Verteidigungsoperationen 1941/42 auf einige befestigte Räume in den Westgebieten der UdSSR stützen konnte, schuf ausgebaute Grabensysteme, die aus mehreren Zwischen- und Riegelstellungen, Minen-, Panzerabwehr- und Infanteriesperren und gedeckten Stellungen bestanden. Der Schutz gegen Fliegerkräfte und die Tarnung wurden zu einem wichtigen Bestandteil der Feld-B. Die Anstrengungen der faschistischen Führung ab 1943 beim Übergang zur strategischen Defensive, stabile B.systeme zu schaffen (Ostwall u. ä.), blieben erfolglos. Die Errichtung des → *Atlantikwalles* 1942–1944 als ständige B.anlage (verschiedene Sperren, leichte Feld-B., befestigte Artilleriestellungen, Küsten-B. und befestigte Unterstände) konnte die alliierte Invasion nicht abwehren. Im Spätsommer 1944 erfolgte ein improvisierter Ausbau des Westwalles, der ab 1942 zugunsten des Atlantikwalles weitgehend desarmiert worden war. Der Westwall wurde zuerst im September 1944 bei Aachen und im Frühjahr 1945 auch an anderen Abschnitten durchbrochen. Die sinnlose Verteidigung von Städten, die ohne entsprechende Mittel und Kräfte 1945 zu Festungen erklärt wurden, war ein Ausdruck der verbrecherischen faschistischen Kriegführung.

Nach 1945 beeinflußten vor allem die Auswirkungen der wissenschaftlich-technischen Revolution auf das Militärwesen und die Kriegführung die Entwicklung der B.anlagen. Für Feld-B. werden in verstärktem Maße vorgefertigte Teile verwendet und die Mittel der modernen Pioniertechnik eingesetzt. Ständige B.anlagen werden mit Stahlbeton und Stahlteilen errichtet, sie haben jedoch unter den Bedingungen eines Raketenkernwaffenkrieges wesentlich an Bedeutung verloren. Insgesamt wird den verschiedenen Arten von B. weiterhin eine wichtige Funktion bei der Erfüllung strategischer, operativer und taktischer Aufgaben beigemessen. *(s. Abb. S.771)*

Befreiungskrieg 1813/14 → *nationaler Unabhängigkeitskrieg 1813/14*

begrenzter Krieg → *Kriege*

Bekleidung → *Uniformen*

Belle Alliance 1815 → *Waterloo 1815*

Belorussische Operation 1944: Kampfhandlungen und Operationen von strategischem Ausmaß am Mittelabschnitt der deutsch-sowjetischen Front vom 23. 6. bis 29. 8. 1944, in denen die Sowjetarmee die deutsche Heeresgruppe Mitte zerschlug und Belorußland, Teile des Baltikums und Polens befreite (→ *Weltkrieg, zweiter, 1939–1945*).

Sowjetische Truppen kämpfen in den Straßen von Minsk, Juli 1944

Die B. O. als größte Angriffsoperation der Sowjetarmee war das Kernstück des Sommer-Herbst-Feldzuges 1944. Sie richtete sich hauptsächlich gegen die Heeresgruppe Mitte mit der 3. Panzerarmee sowie der 4., 9. und 2. Armee, insgesamt über 40 Divisionen. Die von der Luftflotte 6 unterstützte Heeresgruppe verteidigte einen 700 km breiten Frontabschnitt, der von nordöstlich Witebsk in südlicher Richtung ostwärts Orscha und Mogiljow über Rogatschow und dann nach Südwesten durch die Pripjatsümpfe bis nördlich Kowel verlief. Die deutschen Truppen stützten sich auf ein tiefgestaffeltes, gut ausgebautes System von Verteidigungsstellungen, die sich vielfach an natürliche Hindernisse, insbesondere an Wasserläufe und Sümpfe, anlehnten. Die Städte Witebsk, Orscha, Mogiljow, Bobruisk und zahlreiche Ortschaften waren zu starken Widerstandszentren ausgebaut. Obwohl das Oberkommando der Heeresgruppe Mitte im Juni erkannte, daß auf sowjetischer Seite Aufmarschvorbereitungen im Gange waren, blieb ihm das Ausmaß dieser Vorbereitungen verborgen. Das deutsche Oberkommando hielt an seiner Einschätzung fest, wonach der sowjetische Hauptschlag im Sommer 1944 am Südabschnitt erfolgen werde. Hier hatte es in den Heeresgruppen Nord- und Südukraine die Masse der an der deutsch-sowjetischen Front eingesetzten gepanzerten Verbände konzentriert.

Das sowjetische Oberkommando ging davon aus, daß die Befreiung Belorußlands sowie das Vordringen sowjetischer Truppen auf das Gebiet Polens und an die Grenze Ostpreußens die militärpolitische Situation Hitlerdeutschlands erheblich verschlechtern würden. Nach dem am 30. 5. 1944 bestätigten Plan «Bagration» sollte die Offensive mit 4 Fronten geführt werden: der 1. Baltischen Front unter Armeegeneral I. Ch. Bagramjan (1897–1982), der 3. Belorussischen Front unter Generaloberst I. D. Tschernjachowski (1906–1945), der 2. Belorussischen Front unter Generaloberst G. F. Sacharow (1897–1957) und der 1. Belorussischen Front unter Armeegeneral K. K. Rokossowski (1896–1968).

Die Idee des Operationsplanes sah vor, mit gleichzeitigen Schlägen der 4 Fronten in den Richtungen Witebsk, Orscha, Mogiljow und Bobruisk die deutsche Verteidigung zu durchbrechen und aufzuspalten, an den Flügeln des belorussischen Frontbogens bei Witebsk und Bobruisk die starken gegnerischen Flankengruppierungen einzukreisen und zu zerschlagen sowie anschließend die Hauptkräfte der Heeresgruppe Mitte durch konzentrische Stöße der 3. und 1. Belorussischen Front östlich Minsk einzukreisen und zu vernichten. Sodann sollte die Offensive bis an die Grenzen Polens und Ostpreußens weitergeführt werden, wobei sich der Angriffsstreifen erweiterte und die angreifenden Verbände auf Teile der

16. Armee der Heeresgruppe Nord und der 4. Panzerarmee der Heeresgruppe Nordukraine treffen mußten. Die 2. und 3. Baltische Front und die 1. Ukrainische Front hatten die sowjetischen Erfolge in Belorußland auszunutzen und ebenfalls zur Offensive überzugehen und so die gesamte deutsch-sowjetische Front in Bewegung zu bringen. Das sowjetische Oberkommando beauftragte die Marschälle G. K. Shukow (1896–1974) und A. M. Wassilewski (1895–1977), die Angriffshandlungen der Fronten in der B. O. zu koordinieren.

Zu Beginn der Offensive gehörten zur sowjetischen Gruppierung 19 Armeen mit 166 Schützendivisionen, 2 Panzerarmeen, 12 mechanisierte und Panzerkorps, 21 Brigaden sowie 5 Luftarmeen. Sie verfügte an Kräften und Mitteln über 2,4 Mill. Mann, 36400 Geschütze und Granatwerfer, 5200 Panzer und SFL sowie 5300 Kampfflugzeuge. Ihr standen gegnerische Kräfte und Mittel in Stärke von 1,2 Mill. Mann, 9500 Geschützen und Granatwerfern, 800 Panzern und Sturmgeschützen sowie 950 Kampfflugzeugen gegenüber. Die operative Idee wurde von den sowjetischen Truppen erfolgreich verwirklicht. Charakteristisch dabei waren die starke Artillerievorbereitung und -unterstützung (an den Durchbruchsabschnitten jeder Front war die Artilleriedichte je Frontkilometer 150–200 Geschütze und Granatwerfer), ein mit den Stäben der Sowjetarmee koordinierter gewaltiger Schlag der Partisanen sowie der masssenhafte, äußerst wirkungsvolle Einsatz der Fliegerkräfte (sie führten während der B. O. über 150000 Kampfstarts durch). In der ersten Etappe der Operation vom 23. 6. bis 4. 7. drangen die sowjetischen Stoßgruppierungen bis zu 280 km nach Westen vor. Bei Witebsk schlossen sie 5 Divisionen der 3. Panzerarmee, bei Bobruisk 6 Divisionen der 9. Armee ein und vernichteten sie innerhalb weniger Tage. Östlich Minsk geriet das Gros der 4. Armee in einen Kessel, der bis 12. 7. liquidiert wurde. Minsk wurde bereits am 3. 7. befreit. Von 3 deutschen Armeen vermochten sich lediglich Restgruppen zu retten. Innerhalb weniger Wochen verlor die Heeresgruppe Mitte faktisch 3 von 4 Armeen, 28 ihrer Divisionen waren zerschlagen, davon 17 vernichtet; die übrigen hatten große Verluste erlitten. 350000–400000 Mann fielen, wurden verwundet oder gefangengenommen.

Das deutsche Oberkommando begann erst am 27. 6. die Tragweite des sowjetischen Durchbruchs zu begreifen. Seine Befehle, die unterbrochene operative Verbindung zwischen den Heeresgruppen Nord und Mitte wiederherzustellen und die sowjetische Offensive an der Beresina zum Stehen zu bringen, waren völlig illusionär. Der Entschluß, Verbände von anderen Gruppierungen, vor allem von der Heeresgruppe Nordukraine, abzuziehen und in die bedrohte Richtung zu transportieren, konnte sich erst nach Wochen auswirken. Unterdessen verfolgten die sowjetischen Truppen die weichenden faschistischen Verbände und Restverbände, die ihrerseits durch Gegenangriffe Zeit gewinnen wollten, um wieder eine durchgehende Front zu schaffen und diese nach und nach zu stabilisieren. Die Offensive nahm immer größere Ausmaße an. Am 10. 7. gingen die Truppen der 2. und am 17. 7. die der 3. Baltischen Front zum Angriff über. Ihnen folgten am 24. 7. die der Leningrader Front. Im Süden eröffnete die 1. Ukrainische Front den Angriff. Damit war die deutsch-sowjetische Front von der Ostsee bis zu den Karpaten in Bewegung geraten.

Diese Ausdehnung der Kampfhandlungen beeinflußte das Vordringen der sowjetischen Truppen in Belorußland günstig. Truppen der 1. Baltischen Front befreiten am 31. 7. Jelgava, erreichten die Rigaer Bucht, wodurch die Verbindungswege der Heeresgruppe Nord nach Ostpreußen abgeschnitten waren. Jedoch konnte dieser Erfolg noch nicht behauptet werden. Die Truppen der 3. Belorussischen Front befreiten am 13. 7. Vilnius, drangen zum Neman vor, forcierten ihn und erreichten die deutsche Grenze in Ostpreußen. Die 2. Belorussische Front rückte bis zum Narew vor, und die Truppen der 1. Belorussischen Front erreichten Ende Juli/Anfang August die Wisła südlich von Warschau und begannen bei Magnuszew und Puławy Brückenköpfe zu errichten. Unter großen Verlusten versuchten sowjetische und polnische Truppen vergeblich, die Wisła bei Warschau zu forcieren mit dem Ziel, die polnische Hauptstadt zu befreien, um dem Aufstand der Warschauer Bevölkerung, den polnische Reaktionäre in abenteuerlicher Weise ohne Absprache mit dem sowjetischen Oberkommando am 1. 8. ausgelöst hatten, zu Hilfe zu kommen.

Die Breite des Angriffsstreifens der 4 sowjetischen Fronten vergrößerte sich im Verlaufe der B. O. auf über 1100 km. Das im Juni/Juli 1944 außergewöhnlich hohe Angriffstempo ging im August stark zurück. Bis zum Abschluß der B. O. am 29. 8. befreiten die sowjetischen Truppen Belorußland, große Teile Litauens, einen Teil Lettlands und die polnischen Gebiete östlich des Narew und der Wisła. Sie waren 550–600 km nach Westen vorgedrungen. Dieser bedeutende Sieg der Sowjetarmee vertiefte die Krise der faschistischen Kriegführung wesentlich. Zugleich erwies sich erstmals, da am 6. 6. die angloamerikanischen Streitkräfte in der Normandie gelandet waren (→ *zweite Front*), die strategische Fernwirkung der Kampfhandlungen im Osten und Westen. Die Auswirkungen von Niederlagen in Verteidigungsoperationen konnten vom faschistischen Oberkommando kaum noch eingegrenzt werden. Der Zerfall des faschistischen Blocks beschleunigte sich. Am 25. 8. bat Finnland um Waffenstillstandsverhandlungen.

Die B. O. bereicherte die Theorie und Praxis der Kriegskunst, insbesondere hinsichtlich der Einkreisung und Vernichtung starker gegnerischer Gruppierungen sowohl durch mehrere Fronten als auch durch eine Front, wobei die Einkreisung und die Vernichtung des Gegners als einheitlicher Prozeß abliefen und die äußere Einkreisungsfront außerordentlich beweglich handelte. Beim Einsatz der Artillerie wurde das Prinzip der Massierung in den Hauptrichtungen entschieden verwirklicht. Als neue Methode der wirksamen Unterstützung des Sturmangriffs der Infanterie und der Panzer wurde eine doppelte Feuerwalze geschossen. Die ununterbrochene Luftunterstützung der Bodentruppen in der gesamten Tiefe der Operation wurde gewährleistet durch ausgedehnte frontale Manöver mit den Fliegerkräften sowie durch Verlegung der Anstrengungen in eine andere Richtung. *(s. Abb. S.1083)*

Bereitschaftspolizei in der BRD: paramilitärisch gegliederte und ausgerüstete, kasernierte Verfügungstruppe zur Absicherung der imperialistischen Klassenherrschaft vor allem in inneren Krisensituationen des Regimes sowie im Kriegsfall.

Ein Verwaltungsabkommen zwischen der Bundesregierung und den Länderregierungen der BRD vom 27. 10. 1950 sah den Aufbau der Bereitschaftspolizei in Stärke von 30000 Mann vor. Die Verfügungstruppe wurde den Innenministern der Länder unterstellt. Bei verschärften inneren Krisensituationen sowie im Kriegsfall geht die Befehlsgewalt an den Innenminister der BRD-Regierung über. Bei diesem fungiert ständig ein Inspekteur der Bereitschaftspolizei. Er wirkt mit seinem Stab koordinierend auf die Planung und Entwicklung der kasernierten Polizeitruppen in den Ländern. In Anlehnung an die Führungsgliederung der → *Territorialorganisation der Bundeswehr der BRD* gliederte sich die Bereitschaftspolizei nach dem Stand vom 1. 1. 1972 in 6 Bereitschaftspolizeidirektionen (vorher Gruppenstäbe), 27 Bereitschaftspolizeiabteilungen (davon 3 im Aufbau) und 113 Hundertschaften mit insgesamt etwa 17500 Beamten. In den 70er und beginnenden 80er Jahren erfolgte ein bedeutender zahlenmäßiger Ausbau der Verfügungstruppe mit dem Ziel, eine vorläufige Endstärke von 22290 Mann zu erreichen. Die Dienstzeit betrug ursprünglich 7 Jahre, jetzt ist sie 3 Jahre. Die Grundausbildung (1 Jahr) erfolgt an der jeweiligen Landespolizeischule. Um im Einsatzfall ein enges Zusammenwirken mit Einheiten der auf dem Territorium der BRD dislozierten NATO-Kontingente sowie dem → *Bundesgrenzschutz der BRD (BGS)* zu gewährleisten, wurde die Struktur einer Hundertschaft der Bereitschaftspolizei der einer Panzergrenadierkompanie der → *Bundeswehr der BRD* angeglichen. Zur Bewaffnung und Ausrüstung der Hundertschaften gehören derzeitig Schützenwaffen (Pistolen, MPi, Schnellfeuergewehre, lMG u. a.), gepanzerte Fahrzeuge und Mannschaftstransportwagen, spezielle Mittel zum Einsatz gegen Demonstranten (Wasserwerfer, Tränengas, Schlagstöcke, z. T. «chemische Keulen») und zur Nachrichtenübertragung sowie Sanitätsausrüstung. Die Bereitschaftspolizei ist ihrem Auftrag gemäß mehrfach zum Einsatz gekommen, so gegen demonstrierende Arbeiter, Studenten und andere Bürger. In Übungen wurde das Zusammenwirken mit Einheiten des BGS und der Bundeswehr der BRD erprobt. Dabei standen neben der inneren Unterdrückungsfunktion verstärkt Aufgaben zur Sicherung der Operationsfreiheit der NATO-Streitkräfte bei einer Aggression gegen die sozialistischen Staaten im Vordergrund.

Berliner Operation 1945: strategische Angriffshandlung der Sowjetarmee vom 16. 4. bis 8. 5. 1945, die zur endgültigen Zerschlagung der faschistischen Wehrmacht und zur Beendigung des zweiten Weltkrieges in Europa führte (→ *Weltkrieg, zweiter, 1939–1945*).

Nachdem die sowjetischen Truppen Ende Januar/Anfang Februar 1945 die Oder auf breiter Front erreicht und in der Folgezeit die Oder- und Neißelinie erkämpft sowie bei Küstrin und Frankfurt Brückenköpfe auf dem Westufer der Oder errichtet hatten, bereiteten sie sich auf die abschließende Offensive zur endgültigen Zerschlagung der faschistischen Wehrmacht vor. Das deutsche Oberkommando hatte seit Anfang Februar zwischen der Oder und Berlin unter zum Teil rücksichtsloser Einbeziehung der Zivilbevölkerung fieberhaft Verteidigungsstellungen ausbauen lassen, die jedoch in vielen Fällen nicht über Improvisationen hinauskamen. Der vordere, entlang der Oder verlaufende Verteidigungsstreifen bestand aus mehreren Gräben, Bunkern und Geschützstellungen, wobei die Hauptstellungen in der Regel auf den beherrschenden Höhen westlich der Flußniederung angelegt worden waren. 10–20 km westwärts verlief der zumeist aus 1 oder 2 Schützengräben bestehende zweite Verteidigungsstreifen; dahinter lag ein nur in einzelnen Abschnitten ausgebauter dritter.

Besonders stark waren die deutschen Stellungen im Raum ostwärts Berlin. Etwa 25–40 km vom Stadtzentrum entfernt begannen die vordersten, zum Teil noch provisorischen und lückenhaften Stellungen des Verteidigungsraumes Berlin. Der äußere Sperring lehnte sich an Seen, Flüsse und Kanäle an und stützte sich auf zu Widerstandszentren ausgebaute Ortschaften. Etwa entlang dem Autobahnring verlief der äußere Verteidigungsring, der aus Schützengräben und in seinem östlichen Teil auch aus einem Panzergraben bestand. Angelehnt an den S-Bahn-Ring, gab es einen inneren Verteidigungsring. Alle 3 Verteidigungsstreifen waren in 8 Verteidigungssektoren unterteilt. Der neunte Verteidigungssektor bestand aus dem besonders stark befestigten Stadtzentrum mit der Reichskanzlei und dem Regierungsviertel. Die dem Westufer der Oder und Neiße folgende Frontlinie wurde von Stettin bis nördlich Guben von der Heeresgruppe Weichsel mit der 3. Panzer- und der 9. Armee und von nördlich Guben bis nördlich Görlitz von der 4. Panzerarmee der Heeresgruppe Mitte verteidigt. Sie verfügten bei Beginn der B. O. über 1 Mill. Mann, über 10400 Geschütze und Granatwerfer, 1500 Panzer und Sturmgeschütze sowie 3300 Flugzeuge.

Demgegenüber bereiteten sich die Truppen von 3 Fronten auf den letzten Schlag vor. Von der Odermündung bis Schwedt erstreckte sich der Streifen der 2. Belorussischen Front unter Marschall der Sowjetunion K. K. Rokossowski (1896–1968), der über 5 Armeen, 3 Panzer-, 1 mechanisiertes und 1 Kavalleriekorps sowie über 1 Luftarmee verfügte. Der Streifen der südlich daran anschließenden 1. Belorussischen Front unter Marschall der Sowjetunion G. K. Shukow (1896–1974) reichte bis Groß-Gastrose. Zur ihr gehörten 8 Armeen, darunter die 1. Polnische Armee, 2 Panzerarmeen, 2 Panzer- und 2 Kavalleriekorps sowie 2 Luftarmeen. Der an der B. O. beteiligte Nordflügel der 1. Ukrainischen Front unter Marschall der Sowjetunion I. S. Konew (1897–1973) bestand aus 6 Armeen, darunter die 2. Polnische Armee, 2 Panzerarmeen, 3 Panzer-, 1 mechanisiertes und 1 Kavalleriekorps sowie 1 Luftarmee. Insgesamt waren in der B. O. 19 allgemeine Armeen, 4 Panzerarmeen, 4 Luftarmeen und zahlreiche selbständige Korps eingesetzt. Die Gesamtstärke der Truppen belief sich auf etwa 2,5 Mill. Mann mit 41600 Geschützen und Granatwerfern, 6250 Panzern und SFL sowie 7500 Flugzeugen. Die Kräfteüberlegenheit der sowjetischen Truppen betrug bei Menschen das 2,5fache, bei Geschützen und Granatwerfern das 4fache, bei Panzern und SFL bzw. Sturmgeschützen das 4,1fache, bei Flugzeugen das 2,3fache.

Das faschistische Oberkommando beabsichtigte, die sowjetische Offensive bereits im Verteidigungsstreifen an der Oder aufzuhalten, durchgebrochene sowjetische Truppen durch Gegenstöße beweglicher Reserven zu zerschlagen, vor allem aber Zeit zu gewinnen, um in Verhandlungen mit den imperialistischen Westmächten eine politische Lösung zur Rettung der Herrschaft des faschistischen deutschen Imperialismus herbeizuführen.

Das sowjetische Oberkommando hatte die allgemeine Idee der B. O. in ihren Grundzügen schon im November 1944 konzipiert. Ende März/Anfang April 1945 erhielt der Plan seine endgültige Fassung. Die deutsche Verteidigung sollte durch wuchtige Schläge der 3 Fronten sowie der Fernfliegerkräfte an mehreren Abschnitten durchbrochen werden, um anschließend die gesamte Berliner Gruppierung der Wehrmacht einzukreisen, aufzuspalten und zu vernichten. Weiter war vorgesehen, nach Einnahme Berlins zur Elbe vorzustoßen und sich mit den von Westen herankommenden britischen und USA-Truppen zu vereinigen. Die 2. Belorussische Front hatte die Oder zu forcieren, den Hauptschlag nördlich von Schwedt in Richtung Neustrelitz zu führen und die Linie Anklam–Wittenberge zu erreichen. Die 1. Belorussische Front sollte den Hauptschlag aus dem Küstriner Brückenkopf heraus auf Berlin führen und mit 2 unterstützenden Schlägen nördlich und südlich der deutschen Hauptstadt vorstoßen. Aufgabe der 1. Ukrainischen Front war es, die Neiße zu forcieren, den Hauptschlag in Richtung Spremberg–Belzig

Berliner Operation – April/Mai 1945

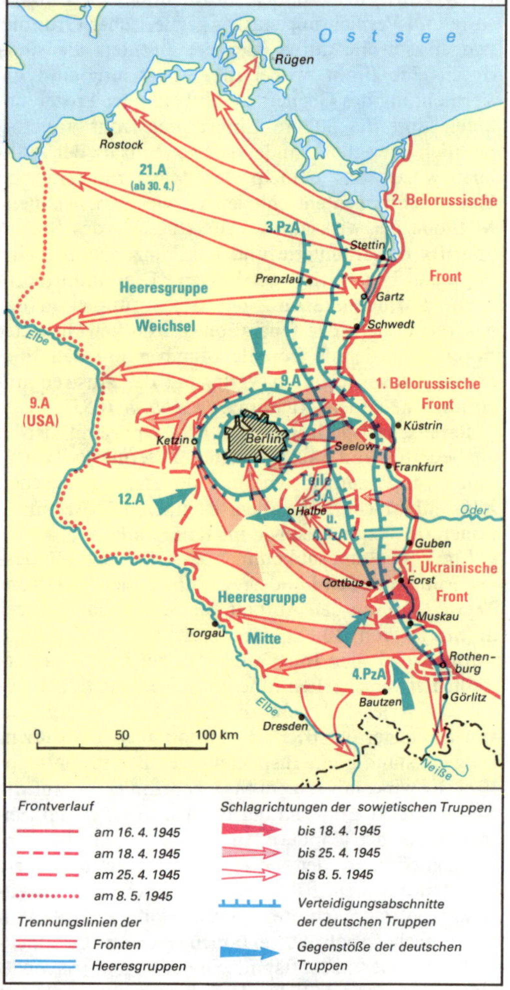

und einen Nebenschlag in Richtung Dresden zu führen. Für den Fall, daß die Truppen der 1. Belorussischen Front unter dem geplanten Angriffstempo blieben, war vorgesehen, daß eine starke Gruppierung der 1. Ukrainischen Front nach Nordwesten vorstieß und an den Kämpfen um Berlin teilnahm.

Die B. O. begann am 16. 4. mit dem Angriff der Truppen der 1. Belorussischen und 1. Ukrainischen Front. 4 Tage später schlossen sich die Truppen der 2. Belorussischen Front dem Angriff an, wobei sie vor der äußerst schwierigen Aufgabe standen, zunächst die Ostoder, dann das überschwemmte Zwischenstromland und schließlich die Westoder zu forcieren. In 3tägigen schweren, opferreichen Kämpfen durchbrachen die Truppen der 1. Belorussischen Front die deutschen Verteidigungsstellungen auf den Seelower Höhen, zerschlugen die zu Gegenangriffen übergegangenen Reserven der Heeresgruppe Weichsel und stießen dann zügig auf Berlin vor. Die Truppen der 1. Ukrainischen Front konnten die deutschen Verteidigungsstellungen an der Neiße bis zum 17. 4. durchbrechen. Da der Angriff der 1. Belorussischen Front in den ersten Tagen der B. O. nicht so schnell vorankam wie erwartet, befahl das sowjetische Oberkommando der 1. Ukrainischen Front, mit einer starken, im wesentlichen aus 2 Gardepanzerarmeen bestehenden Stoßgruppierung nach Nordwesten abzudrehen und Berlin von Süden her anzugreifen. Die Vorauskräfte dieser Gruppierung forcierten am 18. 4. die Spree zwischen Cottbus und Spremberg. Gleichzeitig wies die 2. Polnische Armee zusammen mit einer sowjetischen Armee mehrere Gegenstöße der 4. Panzerarmee bei Görlitz und Bautzen ab und sicherte dadurch die Südflanke der Hauptkräfte der 1. Ukrainischen Front.

Die vom faschistischen Oberkommando nicht erwartete Nordwestschwenkung der Hauptkräfte der 1. Ukrainischen Front und das nach dem Durchbruch der deutschen Verteidigungsstellungen auf den Seelower Höhen schneller gewordene Angriffstempo der Truppen der 1. Belorussischen Front veränderten die Lage grundlegend. Am 21./22. 4. erreichten Truppen der 1. Ukrainischen Front die südlichen Vororte Berlins. Zur gleichen Zeit drangen Verbände der 1. Belorussischen Front von Nordosten her in Berlin ein. Als sich am 24. 4. südöstlich von Berlin Truppen der 1. Ukrainischen und 1. Belorussischen Front vereinigten, waren das Gros der 9. Armee und Teile der 4. Panzerarmee von Berlin abgeschnitten und im Raum Lübben–Guben eingekesselt. Am 25. 4. vereinigten sich bei Ketzin, westlich von Potsdam, Truppen der 47. Armee der 1. Belorussischen Front mit der 4. Gardepanzerarmee der 1. Ukrainischen Front und vollendeten damit die Einkreisung Berlins.

Während der Sturm auf Berlin begann, stießen Teilkräfte der sowjetischen Fronten auf die Elbelinie vor. Am 25. 4. trafen bei Torgau Truppen der 5. Gardearmee der 1. Ukrainischen Front auf Vorauskräfte der amerikanischen 1. Armee. Damit war die Aufspaltung des noch von faschistischen Truppen verteidigten Territoriums in 2 Teile vollzogen. Die Truppen der 2. Belorussischen Front, die in schweren Kämpfen beiderseits Gartz Brückenköpfe gebildet hatten, durchbrachen am 26. 4. die deutsche Verteidigung, drangen auf breiter Front in Mecklenburg vor und durchkreuzten die faschistische Absicht, mit Kräften der 3. Panzerarmee und der sich formierenden Armeegruppe Steiner von Norden her einen Stoß gegen das eingeschlossene Berlin zu führen. Das deutsche Oberkommando hatte schon am 22. 4.

Feuerstellung sowjetischer Artillerie in der Schlacht um Berlin, April 1945

befohlen, die Front der sich noch in Aufstellung befindlichen 12. Armee vom Westen nach Osten umzukehren und einen Entsatzangriff auf Berlin zu führen. Der Angriff der 12. Armee kam jedoch bei Ferch und Beelitz zum Erliegen. Die im Raum Lübben–Guben eingekreiste faschistische Gruppierung hatte versucht, nach Westen durchzubrechen, wobei sie vor allem bei Halbe schwerste Verluste erlitt. Ihre Reste, die sich als «wandernder Kessel» westwärts bewegten, waren gegen Abend des 1. Mai größtenteils vernichtet. Geringen Kräften gelang es, die 12. Armee zu erreichen, die am 1. 5. den Rückzug antrat, um bei Tangermünde die Elbe zu überschreiten und vor amerikanischen Truppen zu kapitulieren.

Unterdessen ging auch der Sturm auf Berlin zu Ende, an dem 7 Armeen sowie zahlreiche selbständige Verbände der 1. Belorussischen und der 1. Ukrainischen Front teilnahmen. Von Norden und Nordosten griffen die 2. Gardepanzerarmee und die 3. Stoßarmee an, die sich bis zum 26. 4. nach Weißensee, Pankow, Wedding und Siemensstadt vorkämpften. Die 5. Stoßarmee befreite im gleichen Zeitraum Lichtenberg und Teile von Friedrichshain. Die 8. Gardearmee und die mit ihr zusammenwirkende 1. Gardepanzerarmee stießen von Erkner her über Köpenick, Schöneweide und Treptow nach Neukölln, Mariendorf und Tempelhof vor. Im Südwesten befreite die 3. Gardepanzerarmee Zehlendorf, Dahlem, Steglitz und Lankwitz. Bis zum 28. 4. erfolgte die Befreiung großer Teile Charlottenburgs und Moabits; die 5. Stoßarmee erreichte mit ihrem linken Flügel die Linie Spittelmarkt–Alexanderplatz; die 8. Gardearmee und die 1. Gardepanzerarmee standen kurz vor dem Potsdamer Bahnhof.

Am 30. 4. begann der Sturm auf das Reichstagsgebäude, das am 1. 5. vormittags erobert war. Die Faschisten verfügten zu dieser Zeit nur noch über ein minimales Gebiet, das sich in der Form eines maximal 2 km breiten S vom Flakbunker Friedrichshain zum Stettiner Bahnhof, von dort zur Friedrichstraße (südlich der Spree) und dann über den Potsdamer Platz und durch den Tiergarten zum Flakbunker Zoo hinzog; von der Reichskanzlei waren die sowjetischen Truppen nur noch 100 m entfernt. Nach dem Selbstmord Adolf Hitlers (1889–1945) am 30. 4. kapitulierten die Reste der in Berlin stehenden deutschen Truppen am frühen Morgen des 2. 5. Bis zum 8. 5. erreichten die sowjetischen Truppen, wobei sie faschistische Restgruppen vernichteten, die Linie Schwerin–Elbe ab Wittenberge.

In der B. O. zerschlug die Sowjetarmee, unterstützt von polnischen Truppen, die militärischen Hauptkräfte des deutschen Faschismus zwischen Oder und Elbe, vernichtete die in Berlin eingeschlossenen Verbände der Wehrmacht und befreite Mecklenburg, die Mark Brandenburg und weite Teile Sachsens. Die

Sowjetische Schlachtflugzeuge über Berlin, Mai 1945

bedingungslose Kapitulation des faschistischen Deutschlands am 8. 5. 1945 war das direkte Ergebnis der B. O. Die Operation stellte einen bedeutenden Beitrag zur Theorie und Praxis der sowjetischen Kriegskunst dar. Sie zeichnete sich durch die Klarheit der strategischen Idee, die konsequente Massierung der Kräfte und Mittel in den Hauptrichtungen, die Schaffung hoher Dichten bei den Feuermitteln sowie einer tiefen Gefechtsordnung der Truppen aus. Die B. O. war ein klassisches Beispiel für eine Offensive, die von einer Gruppe von Fronten geführt wird.

Berufssoldat: Angehöriger der Streitkräfte, der im Unterschied zu befristet Wehrdienst Leistenden in einem langjährig aktiven Dienstverhältnis steht und einen militärischen Beruf ausübt.

Die Angehörigen der Söldnerheere (Landsknechte) sowie der stehenden Heere des 17./18. Jh. waren, im weitesten Sinne, die ersten B. in deutschen Streitkräften. Mit der Einführung der allgemeinen Wehrpflicht zu Beginn des 19. Jh. zählten nur noch → *Offiziere* und → *Unteroffiziere* zu den B. Die rasche Entwicklung des Militärwesens vor allem seit Mitte des 19. Jh. erhöhte die Anforderungen an Kenntnisse und Fähigkeiten der B. zur Führung von Einheiten, Truppenteilen und Verbänden, zur Ausbildung, zur

Beherrschung der Waffen und der Technik sowie zur materiellen und finanziellen Sicherstellung. Deshalb wurden in den preußischen und anderen deutschen Streitkräften verschiedenartige Maßnahmen durchgeführt, um den wachsenden Bedarf an B. zu decken und deren Qualifikation zu steigern (→ *Unteroffiziersschulen,* → *Kriegsschulen,* → *Akademien*). Insbesondere wurden Berufsunteroffiziere für waffentechnische und andere, spezielle und größere Erfahrungen und Kenntnisse erfordernde Funktionen benötigt. Immer mehr Dienststellungen wurden daher mit B. besetzt und teilweise neue Dienstgrade geschaffen: in den Landwehr- und Ersatztruppen des kaiserlichen Deutschlands der Feldwebelleutnant, in der Marine die Dienstgradgruppe der → *Deckoffiziere.* Die Zunahme der B. und die Ausprägung eines B.tums verschärften die Gegensätze zwischen Vorgesetzten und Mannschaften und förderten die Militarisierung des staatlichen und gesellschaftlichen Lebens im imperialistischen Deutschland. In der entsprechend dem Versailler Vertrag bis 1921 endgültig formierten → *Reichswehr* waren erst- und einmalig in der deutschen Militärgeschichte nicht nur alle Offiziere und Unteroffiziere, sondern auch alle Mannschaftsdienstgrade B. Entgegen der damit von den Siegermächten des ersten Weltkriegs verfolgten Absicht wurde diese Tatsache zur entscheidenden kadermäßigen Voraussetzung dafür, daß später die faschistische Wehrmacht in kurzer Zeit als aggressive Massenarmee aufgebaut werden konnte.

Im Militärwesen der Gegenwart ist vor allem auch durch den hohen Grad der Technisierung, die komplizierte Waffen- und Kampftechnik der Bedarf an B. besonders hoch. Daher verfügen alle modernen Streitkräfte über einen hohen Prozentsatz von ihnen. Außerdem kennzeichnet den B. wie schon in der Vergangenheit politische Zuverlässigkeit gegenüber der bestehenden sozialpolitischen Ordnung. In den sozialistischen Armeen entstand entsprechend dem Charakter und Auftrag der Streitkräfte ein B. völlig neuen Typs. B. (→ *Soldat*) in der NVA und den Grenztruppen der DDR sind durch Ernennung bzw. Bestätigung in dieses Dienstverhältnis übernommene Reservisten oder Armeeangehörige im aktiven Wehrdienst, die sich verpflichtet haben, als Berufsunteroffizier mindestens 10 Jahre, als → *Fähnrich* mindestens 15 Jahre oder als Berufsoffizier mindestens 25 Jahre zu dienen.

Besatzungstruppen in der BRD: Streitkräftekontingente der USA, Großbritanniens und Frankreichs, die in den Jahren nach dem zweiten Weltkrieg Besatzungsfunktionen mit dem Ziel ausübten, eine Art Schirmherrschaft über den geschlagenen deutschen Imperialismus zu errichten, ihn in ihre antikommunistische, reaktionäre Politik einzubeziehen und die Entfaltung der antifaschistisch-demokratischen Kräfte des deutschen Volkes nicht zuzulassen.

Im Zuge der militärischen Siege über die faschistische Wehrmacht besetzten Truppen der westlichen alliierten Streitkräfte das südwestliche, westliche und nordwestliche Territorium Deutschlands. Endgültige Festlegungen über die Besatzungszonen wurden in der Erklärung des → *Alliierten Kontrollrates für Deutschland* vom 5. 6. 1945 getroffen. Nach Auflösung des gemeinsamen Oberkommandos der westlichen alliierten Streitkräfte am 14. 7. 1945 standen die Besatzungstruppen unter dem Kommando des Oberbefehlshabers der jeweiligen neu gebildeten Militärregierung: in der amerikanischen Besatzungszone mit Sitz in Frankfurt a. Main, in der britischen Besatzungszone mit Sitz in Bad Oeynhausen und in der französischen Besatzungszone mit Sitz in Baden-Baden. Gestützt auf ihre Streitkräftekontingente, errichteten die Westmächte in ihren Besatzungszonen einen umfassenden Macht- und Kontrollmechanismus, der bis in die Landkreise und kreisfreien Städte reichte. In den Jahren 1945/46 verstärkte ziviles Militärpersonal die Besatzungskräfte. Nach Ermessen der Oberbefehlshaber wurden in Übereinstimmung mit bestehenden Festlegungen zwischen den alliierten Mächten Hilfskontingente von Streitkräften anderer Staaten, die an den militärischen Operationen gegen Hitlerdeutschland teilgenommen hatten, als Besatzungstruppen herangezogen. Seit April 1946 beteiligten sich 2 belgische Divisionen an den Besatzungsaufgaben. Dänemark, Kanada und Norwegen stellten kleinere Kontingente. Im Gegensatz zur Tätigkeit der sowjetischen Besatzungstruppen (→ *Gruppe der Sowjetischen Streitkräfte in Deutschland (GSSD)*) standen die Maßnahmen der imperialistischen Besatzungsmächte von Anfang an im Widerspruch zu den auch von den Westmächten völkerrechtlich eingegangenen Verpflichtungen, den deutschen Faschismus und Militarismus mit den Wurzeln auszurotten und das deutsche Volk bei der Errichtung eines einheitlichen, friedliebenden, demokratischen Staates zu unterstützen. Ungeachtet bestehender unterschiedlicher Interessen in der Deutschlandpolitik verfolgten die Westmächte das gemeinsame Ziel, die Grundlagen der imperialistischen Machtverhältnisse auf deutschem Boden zu erhalten und die Herrschaft des deutschen Monopolkapitals zu restaurieren. In den Besatzungszonen der Westmächte blieb der alte Beamtenapparat zum größten Teil erhalten, demokratische Veränderungen wurden weitgehend verhindert. Die Besatzungstruppen schränkten die politische und gewerkschaftliche Betätigung der fortschrittlichen Kräfte ein oder unterdrückten diese. Die britische Militärregierung lehnte z. B. offen die Bildung der SED als politische Partei in ihrer Besatzungszone ab. Die Verhinderung der Einheit der Arbeiterklasse war ein entscheidender Schritt gegen eine echte antifaschistisch-demokratische Umwälzung. Systematisch betrieben die Westmächte schon frühzeitig die Bildung eines separaten imperialistischen Westzonenstaates, der Bestandteil eines antikommunistischen Blocks werden sollte. Entgegen den Bestimmungen des Potsdamer Abkommens lösten sie schließlich die westlichen Besatzungszonen aus der Viermächtekontrolle des Alliierten Kontrollrates heraus. Am 1. 1. 1947 trat ein Abkommen zwischen den USA und Großbritannien über den Zusammenschluß der amerikanischen und britischen Besatzungszonen zur sog. Bizone in Kraft. 1948 wurde zusammen mit der französischen Besatzungszone die sog. Trizone geschaffen. Mit Duldung und Unterstützung der Besatzungstruppen blieben unter dem Deckmantel einer «Entflechtung» die deutschen Rüstungskonzerne in ihrer Grundstruktur erhalten. Entgegen den alliierten Festlegungen, Deutschland vollständig zu entmilitarisieren, unterhielten die 3 westlichen Besatzungsmächte sog. → *Dienstgruppen in der BRD* aus kriegsgefangenen deutschen Soldaten und erweiterten diese mit dem Ziel, Kader für die Wiederbewaffnung des deutschen Imperialismus im Rahmen der imperialistischen Militärblockpolitik zu erhalten und vorzubereiten. Die Westmächte gingen zur offenen Wirtschaftsblockade gegen die volksdemokratischen Staaten über. Im Zusammenhang damit wurde auf Befehl der Besatzungsbehörden der USA und Großbritanniens am 1. 3. 1948 zwischen den Westzonen und der sowjetischen Besatzungszone der Handel eingestellt, der Bahntransport und Transitverkehr gesperrt und am 20. 6. 1948 in den Westzonen eine separate Währungsreform durchgeführt, womit die historisch gewachsene Wirtschaftseinheit Deutschlands systematisch weiter zerstört wurde. Dem folgten Schritte zur politischen Spaltung. Nachdem die Besatzungsbehörden im Juli 1948 die Ministerpräsidenten der westdeutschen Länder beauftragt hatten, einen Westzonenstaat zu schaffen, setzten sie am 1. 9. 1948 den sog. Parlamentarischen Rat ein. Gegen den Widerstand der KPD handelte dieser Rat in Abstimmung mit den westlichen Besatzungsmächten einen Grundvertrag für den künftigen Separatstaat aus. Zusammen mit den Besatzungsmächten sprengten die reaktionären Vertreter im September 1948 die bis dahin einheitliche Stadtverwaltung von Berlin. Die Besatzungsmächte blockierten gleichzeitig die Zusammenarbeit mit der Sowjetunion im Alliierten Kontrollrat, der daraufhin 1948 seine Tätigkeit einstellte. Die beschleunigte Vorbereitung eines Separatstaates in den Westzonen stand in direktem Zusammenhang mit der Formierung der → *NATO*. Unmittelbar nach der Gründung dieses Paktes übergaben die Vertreter der Besatzungstruppen dem Parlamentarischen Rat in Bonn das Besatzungsstatut, das am 21. 9. 1949 in Kraft trat. Es gab den Besatzungsmächten weitgehende Sonderbefugnisse in der Außen- und Innenpolitik und räumte die Möglichkeit ein, gegebenenfalls eine Militärdiktatur gegen die fortschrittlichen Kräfte zu errichten. Die Besatzungstruppen sicherten und unterstützten nunmehr vornehmlich die → *Remilitarisierung der BRD* und deren Eingliederung in die NATO. Sie hatten entscheidenden Anteil am Ausbau Westberlins als Brückenkopf der NATO gegen die sozialistischen Länder. Die Besatzungstruppen hatten im Zusammenwirken mit BRD-Organen wesentlichen Anteil am konterrevolutionären Putschversuch 1953 gegen die DDR. Im Zusammenhang mit dem Inkrafttreten der → *Pariser Verträge 1955* und der Eingliederung der BRD in die NATO hoben die Westmächte das Besatzungsstatut auf. Die Besatzungstruppen beendeten als solche ihre Tätigkeit, verblieben aber als NATO-Kontingente auf dem Territorium der BRD und wirkten mit modifizierter Aufgabenstellung unverändert im Sinne der antikommunistischen, reaktionären Politik des Imperialismus.

Bestenbewegung in der NVA → *sozialistischer Wettbewerb in der NVA*

Beurlaubtenstand: im kaiserlichen und faschistischen Deutschland Bezeichnung für den militärischen Status der nicht im aktiven Dienst stehenden Wehrpflichtigen.

Anfänge eines B. finden sich in Preußen während der Regierungszeit König Friedrich Wilhelms I. (1688–1740), wo erstmals inländische Söldner außerhalb der Hauptübungszeit dauernd beurlaubt wurden. Die dadurch erzielten finanziellen Einsparungen wurden vom Inhaber des Regiments und vom Kompaniechef persönlich verwendet (→ *Kompaniewirtschaft*). Nach Einführung der → *allgemeinen Wehrpflicht* in Preußen zu Beginn des 19. Jh. überstieg die Zahl der Wehrpflichtigen die Zahl der aktiv Wehrdienst Leistenden beträchtlich. Die «Überzähligen» und diejenigen, die ihren Grundwehrdienst beendet hatten, wurden je nach Dienstzeit und Alter in Kategorien von Wehrpflichtigen eingeteilt, die sich in einem Beurlaubtenverhältnis befanden. Sie konnten zu Kontrollversammlungen, Übungen, Verstärkungen oder bei Mobilmachungen eingezogen werden. Im letzten Drittel des 19. Jh. entstanden für diese Praktiken im ganzen Reich geltende verbindliche Festlegungen. Nach der Wehrordnung von 1888 gehörten zum B. 1. Offiziere, Ärzte, Beamte und Mannschaften der Reserve, Marinereserve, Land- und Seewehr sowie die Mannschaften der → *Ersatzreserve* und der Marineersatzreserve; 2. die vorläufig in die Heimat beurlaubten Rekruten und Freiwilligen; 3. die bis zur Entscheidung über ihr ferneres Militärverhältnis zur Disposition der Ersatzbehörde entlassenen Mannschaften und 4. die vor erfüllter aktiver Dienstpflicht zur Disposition der Truppenteile beurlaubten Mannschaften. Nach dem Aufruf des → *Landsturms* zählten bis 1918 auch die vom Aufruf betroffenen oder nach freiwilliger Meldung in die Listen des Landsturms eingetragenen Personen zum B. Die Bestimmungen des Versailler Vertrages vom 28. 6. 1919 untersagten die Organisierung eines B. Er wurde erst wieder mit dem Wehrgesetz vom 21. 5. 1935 gebildet und erfaßte die Angehörigen der Reserve, Ersatzreserve und der → *Landwehr*, d. h. erneut alle Wehrpflichtigen im Alter von 18 bis 45 Jahren.

bewaffneter Aufstand: schärfste Form des Kampfes unterdrückter und ausgebeuteter Klassen (sozialer Gruppen) oder kolonial versklavter Völker gegen die reaktionären Machthaber für fortschrittliche politisch-soziale Veränderungen; für die Arbeiterklasse ist er eine Form des revolutionären Kampfes gegen die herrschende Bourgeoisie zur Errichtung ihrer eigenen politischen Macht.

Der b. A. ist eine jahrtausendealte, gesetzmäßige Erscheinung der antagonistischen Klassengesellschaft. In der Geschichte des deutschen Volkes haben zahlreiche b. A. der Volksmassen tiefen Einfluß auf die gesellschaftlichen Verhältnisse ihrer Zeit ausgeübt. In der Epoche des Niedergangs des Feudalismus trugen b. A. der Bauern, Handwerker und anderer Werktätiger dazu bei, die überlebte Feudalordnung zu erschüttern (→ *sächsischer Bauernaufstand 1790* und → *schlesische Aufstände 1793/94*).

In der → *Revolution 1848/49* bildeten die b. A. in Wien und Berlin den Höhepunkt der revolutionären Bewegung. Aus den Erfahrungen dieser und anderer bewaffneter Kämpfe Europas schufen Karl Marx (1818–1883) und Friedrich Engels (1820–1895) für die Arbeiterklasse und ihre revolutionäre Partei die Theorie des b. A. gegen die Herrschaft der Bourgeoisie. Die Vorbereitung und Durchführung des b. A. betrachteten sie als Teil der Lehre von der sozialistischen Revolution (→ *Militärpolitik der revolutionären deutschen Arbeiterbewegung (bis 1945)*).

Engels schrieb in seinem Werk «Revolution und Konterrevolution in Deutschland»: «Nun ist der Aufstand eine Kunst, genau wie der Krieg oder irgendeine andere Kunst, und gewissen Regeln unterworfen, deren Vernachlässigung zum Verderben der Partei führt, die sich ihrer schuldig macht» (K. Marx/F. Engels, 8, S. 95). Die Arbeiterklasse muß sich gründlich und allseitig auf die Führung des b. A. vorbereiten. Als wichtigste militärische Regeln nannte Engels entschlossenes Handeln, Ergreifen der Offensive, Überraschung des Gegners, Erhaltung des durch den Anfangserfolg errungenen moralischen Übergewichts, das Streben, den Feind zum Rückzug zu zwingen, ehe er seine Kräfte gesammelt hat, und vor allem Kühnheit. Die militärischen Maßnahmen sind stets mit politischen und ideologischen zu verbinden, um den Erfolg des b. A. zu sichern. Die Theorie des b. A. von Marx und Engels beruht auf der Erkenntnis der entscheidenden Rolle der Volksmassen in der Geschichte. In seiner Einleitung zu dem Werk von Marx «Klassenkämpfe in Frankreich 1848 bis 1850», die Engels 1895 schrieb, wies er darauf hin, daß die neue Waffentechnik, das moderne Verkehrswesen und der Städtebau die Bedingungen des Straßenkampfes für die Aufständischen erschwert haben, und warnte die Arbeiter, sich von der Bourgeoisie zum b. A. provozieren zu lassen.

W. I. Lenin (1870–1924) entwickelte die marxistische Lehre vom b. A. unter den neuen Kampfbedingungen im Imperialismus vor allem in seinen Arbeiten «Marxismus und Aufstand» und «Ratschläge eines Außenstehenden» weiter. Er wies nach, daß der b. A., um erfolgreich zu sein, eine revolutionäre Situation voraussetzt. Er muß sich auf die fortgeschrittenste Klasse und auf den revolutionären Aufschwung der Volksmassen stützen und zu einem Zeitpunkt erfolgen, in dem das Kräfteverhältnis für die Aufständischen günstig ist. Lenin analysierte den Einfluß der neuen Militärtechnik auf den b. A. und unterstrich die Notwendigkeit, ihn auch durch illegale Arbeit in den Streitkräften des Ausbeuterstaates vorzubereiten. Nach seiner Ansicht war der b. A. für die Arbeiterklasse und ihre revolutionäre Partei unter den Bedingungen des Imperialismus und der Stärke des Militarismus das wahrscheinlichste Mittel, die politische Macht zu erobern. Da in Deutschland die objektiven und subjektiven Voraussetzungen für eine revolutionäre Situation fehlten, wurde die Frage des b. A. auch von den revolutionären Linken in der deutschen Sozialdemokratie vor 1914 nicht erörtert.

Der erste imperialistische Weltkrieg verschärfte den Klassenkampf bis aufs äußerste. In einigen kriegführenden Ländern kam es zu Aufstandsversuchen bzw. b. A. der Volks- und Soldatenmassen. Den Aufstandsversuch der Matrosen auf einem Schiff der deutschen Hochseeflotte Anfang August 1917 konnten die Militärbehörden rasch unterdrücken (→ *revolutionäre Matrosenbewegung 1917/18*). Am 7. 11. 1917 begann in Rußland die sozialistische Revolution mit dem b. A. der Arbeiter, Bauern und Soldaten, geführt von der Partei der Bolschewiki. Unter dem Einfluß der Großen Sozialistischen Oktoberrevolution nahm die revolutionäre Antikriegsbewegung in Deutschland einen mächtigen Aufschwung. Seit Frühjahr 1918 besaß die Spartakusgruppe, deren Hauptanstrengungen auf die politische Agitation gerichtet waren, eine klare Orientierung auf die Vorbereitung des b. A. Unter der Militärdiktatur stießen jedoch alle Maßnahmen dazu auf außerordentliche Schwierigkeiten. In Berlin gelang es den revolutionären Kräften bis November, in etwa 30 Großbetrieben geheime bewaffnete Kampfgruppen zu organisieren.

Die → *Novemberrevolution 1918/19* brach am 3. 11. mit dem b. A. der Kieler Matrosen und Arbeiter aus.

Die KPD beschäftigte sich im Rahmen ihrer Militärpolitik wiederholt mit Fragen des b. A. Der → *Hamburger Aufstand 1923* stand unter der politischen Leitung Ernst Thälmanns (1886–1944). Er hat die konkreten Bedingungen für die Vorbereitung und Durchführung des b. A. in Deutschland analysiert und die Bedeutung des b. A. als Kampfmittel erläutert.

Während des zweiten Weltkrieges (1939–1945) kam es unter dem Einfluß des Sieges der Sowjetunion über den Faschismus in einigen südosteuropäischen Ländern zu b. A. gegen die faschistische Herrschaft. Nach 1945 war der b. A. wichtiger Bestandteil nationaler Befreiungsrevolutionen und des antikolonialen Befreiungskampfes. In den kapitalistischen Ländern gewann die Arbeiterklasse durch das Entstehen des sozialistischen Weltsystems günstigere Möglichkeiten, die politische Macht auf friedlichem Wege zu erringen. Damit wurde auch die linksopportunistische These widerlegt, der b. A. sei das einzige Mittel zur Eroberung der politischen Macht.

Der b. A. wird vor allem durch folgende Merkmale gekennzeichnet: 1. ein revolutionäres politisches Ziel, 2. eine organisierte militärische Aktion, 3. seinen Massencharakter und 4. seine relativ kurze Dauer. Wo ein rascher Erfolg des b. A. ausblieb, ging er in der Regel in den Bürgerkrieg über. Der b. A. unterscheidet sich grundsätzlich von reaktionären militärischen Verschwörungen und Putschen. Aufgrund ihres humanistischen Charakters war und ist die revolutionäre Arbeiterbewegung bestrebt, die politische Macht mit friedlichen Mitteln zu erobern, sofern ihr die Bourgeoisie nicht mit militärischer Gewalt entgegentritt.

Bidenhänder → *Schwert*

bilaterale Verträge der DDR mit anderen sozialistischen Staaten über gegenseitigen Beistand: zum Schutz der sozialistischen Errungenschaften und zur Sicherung des Friedens eingegangene zweiseitige Bündnisbeziehungen, die die umfassenden Grundsätze des → *Warschauer Verteidigungsbündnisses* über die gemeinsame Verteidigung der Länder der sozialistischen Staatengemeinschaft ergänzen und mit diesen eine Einheit bilden.

Für die Sicherheit der DDR und ihre Entwicklung als sozialistischer Staat, der im Zentrum Europas unmittelbar an der Trennlinie zwischen Sozialismus und Kapitalismus gelegen ist, waren Bündnisbeziehungen mit anderen sozialistischen Staaten stets von lebenswichtiger Bedeutung. In den ersten Jahren der Existenz der DDR wurde ihr bewaffneter Schutz vor einer Aggression von außen vor allem durch die anwesenden sowjetischen Streitkräfte gewährleistet (→ *Gruppe der Sowjetischen Streitkräfte in Deutschland (GSSD)*). Mit der Teilnahme der DDR am Warschauer Vertrag standen ihre revolutionären Errungenschaften und der weitere sozialistische Aufbau unter dem Schutz der kollektiven Verteidigungsmacht der verbündeten sozialistischen Staaten. Damit war jedoch in keiner Weise die Bedeutung bilateraler Verträge über gegenseitigen Beistand geringer geworden. Ausdrücklich bestimmt der Warschauer Vertrag, daß er nichts an den Verpflichtungen ändert, die seine Teilnehmer im Rahmen zweiseitiger Verträge übernommen haben. Die zwischen der UdSSR und anderen sozialistischen Staaten bereits bestehenden bilateralen Bündnisbeziehungen erleichterten die Bemühungen der Bruderländer im Ringen um eine höhere Stufe ihrer Zusammenarbeit und spielten eine wichtige Rolle bei der Gewährleistung der kollektiven Sicherheit. Ein weiterer Schritt war in dieser Hinsicht der Abschluß des Vertrages über die Beziehungen zwischen der DDR und der UdSSR vom 20. 9. 1955 in Moskau, der die Beziehungen zwischen beiden Staaten auf der Grundlage völliger Gleichberechtigung, gegenseitiger Achtung und Souveränität und Nichteinmischung in die inneren Angelegenheiten regelte. Die vertragschließenden Seiten erklärten, daß sie alle ihnen zu Gebote stehenden Maßnahmen ergreifen werden, um eine Verletzung des Friedens nicht zuzulassen. Die im Vertrag verankerte uneingeschränkte Souveränität der DDR und die Bekundung der UdSSR, daß in der DDR alle Verpflichtungen aus dem Potsdamer Abkommen verwirklicht worden waren, boten die völkerrechtliche Grundlage, die es der DDR ermöglichte, den gegebenen militärischen Erfordernissen zur Verteidigung der sozialistischen Errungenschaften des eigenen Landes wie auch ihren Rechten und Pflichten als Teilnehmerstaat des Warschauer Verteidigungsbündnisses nachzukommen. Gemäß einer zusätzlichen Vereinbarung zwischen beiden Staaten verblieben sowjetische Truppen zeitweilig auf dem Territorium der DDR. Darin lag eine notwendige militärpolitische Konsequenz angesichts der massiven Gruppierungen amerikanischer, britischer und französischer Streitkräfte auf dem Territorium der BRD und des Inkrafttretens der Pariser Verträge. Auf der Grundlage des Vertrages und des weiteren Ausbaus der bilateralen Bündnisbeziehungen hat sich zwischen der UdSSR und der DDR und ihren Streitkräften das unverbrüchliche Klassen- und Waffenbündnis als bedeutender Faktor für Sicherheit und Frieden in Europa entwickelt.

Vom beiderseitigen Bestreben ausgehend, die allseitige brüderliche Zusammenarbeit zu vertiefen und zu festigen, wurde am 12. 6. 1964 in Moskau der Vertrag über Freundschaft, gegenseitigen Beistand und Zusammenarbeit zwischen der DDR und der

UdSSR abgeschlossen. Diese neue vertragliche Regelung trug den Veränderungen in der Entwicklung beider Länder ebenso wie der neuen Etappe des sozialistischen Weltsystems und den konkreten Bedingungen in der Klassenauseinandersetzung mit dem Imperialismus Rechnung. Die DDR und die UdSSR erklärten im Vertrag ihre feste Absicht, die Sicherung des Friedens in Europa und in der ganzen Welt weiter mit allen zu Gebote stehenden Mitteln zu fördern und unbeirrt eine Politik der friedlichen Koexistenz von Staaten mit unterschiedlicher Gesellschaftsordnung zu verfolgen. Ein wichtiger Bestandteil der in 11 Artikeln vertraglich festgeschriebenen bilateralen Zusammenarbeit war die Erklärung beider Seiten, die Unantastbarkeit der Staatsgrenzen der DDR, einer der Grundfaktoren der europäischen Sicherheit, in Übereinstimmung mit dem Warschauer Vertrag gemeinsam zu gewährleisten. Zu diesem Zweck verpflichteten sich beide Staaten, im Falle eines bewaffneten Überfalls irgendeines Staates oder irgendeiner Staatengruppe auf eine der vertragschließenden Seiten in Europa einander in Übereinstimmung mit den Bestimmungen des Warschauer Vertrages sofortigen militärischen Beistand zu leisten, wobei dem Sicherheitsrat entsprechend den Satzungen der UNO von den ergriffenen Maßnahmen Mitteilung gemacht würde. Der Vertrag trug in seiner Gesamtheit zur Festigung der Positionen des Sozialismus und des Friedens bei und festigte die internationale Stellung der DDR. Ihre Unabhängigkeit, Souveränität und Sicherheit waren unmißverständlich völkerrechtlich verbrieft und zuverlässig gesichert.

Der Vertrag zwischen der DDR und der UdSSR war Bestandteil eines neuen bilateralen Vertragssystems, das in den 60er Jahren in der sozialistischen Staatengemeinschaft entstand. Am 15. 3. 1967 wurde der Vertrag über Freundschaft, Zusammenarbeit und gegenseitigen Beistand zwischen der DDR und der VR Polen abgeschlossen. In der Präambel hoben die vertragschließenden Seiten hervor, daß die Verwirklichung der Grundsätze des Potsdamer Abkommens durch die DDR sowie der Abschluß des Abkommens über die Markierung der festgelegten und bestehenden deutsch-polnischen Staatsgrenze vom 6. 7. 1950 zum historischen Wendepunkt in den Beziehungen zwischen den Völkern beider Staaten geworden sind. Als Teil der gemeinsamen Anstrengungen zur Gewährleistung des Friedens erklärten beide Seiten, daß die territoriale Integrität beider Staaten, die Unantastbarkeit der Grenze der VR Polen an Oder und Lausitzer Neiße sowie der Grenze zwischen der DDR und der BRD von grundlegender Bedeutung für die europäische Sicherheit sind. In allen weiteren bilateralen Verträgen der DDR – so am 17. 3. 1967 mit der ČSSR, am 18. 5. 1967 mit der Ungarischen VR, am 7. 9. 1967 mit der VR Bulgarien und am 12. 5. 1972 mit der Sozialistischen Republik Rumänien – nahmen die Festlegungen über die Unverletzlichkeit der Staatsgrenzen und ihrer gemeinsamen Garantie einen zentralen Platz ein. In konsequenter Verwirklichung dieser auf die Erhaltung und Sicherung des Friedens gerichteten Politik führte das gemeinsame Handeln der sozialistischen Staaten dazu, eine Wende vom kalten Krieg zur Entspannung einzuleiten und das europäische Vertragswerk über Sicherheit und Zusammenarbeit bis zur Schlußakte der Konferenz in Helsinki im Sommer 1975 herbeizuführen.

Die rasche Intensivierung der Zusammenarbeit der sozialistischen Länder auf allen Gebieten des gesellschaftlichen Lebens, die in den 70er Jahren ein höheres Niveau erreichte, und die Bedingungen in der internationalen Situation machten es möglich und erforderlich, neue vertragliche Grundlagen für das brüderliche Bündnis einschließlich des gegenseitigen Beistandes zu schaffen. Am 7. 10. 1975 schlossen die DDR und die UdSSR einen neuen Vertrag über Freundschaft, Zusammenarbeit und gegenseitigen Beistand ab, der die weitere Annährung der Völker beider Staaten als unumkehrbaren Prozeß zum Ziel hat. Weit in die Zukunft reicht die Erklärung beider Seiten, in Übereinstimmung mit den Grundinteressen der ganzen sozialistischen Gemeinschaft die unverbrüchliche Freundschaft und brüderliche Zusammenarbeit auf allen Gebieten zu festigen. Im Vertrag ist verankert, daß die UdSSR und die DDR auch künftig alles in ihren Kräften Stehende tun werden, um die Prinzipien der friedlichen Koexistenz von Staaten mit unterschiedlicher Gesellschaftsordnung zu verwirklichen, den Entspannungsprozeß in den internationalen Beziehungen zu erweitern und zu vertiefen und um den Krieg für immer aus dem Leben der Völker zu verbannen. Die vertragschließenden Seiten werden alles daransetzen, den internationalen Frieden und die Sicherheit der Völker gegen Anschläge aggressiver Kräfte des Imperialismus und der Reaktion zu schützen, dem Wettrüsten Einhalt zu gebieten, zur allgemeinen und vollständigen Abrüstung beizutragen und den Kolonialismus in allen seinen Erscheinungsformen endgültig zu beseitigen. Die Unverletzlichkeit der Staatsgrenzen in Europa wird von beiden Seiten als wichtigste Voraussetzung für die Gewährleistung der europäischen Sicherheit betrachtet. Sie bringen im Vertrag ihre feste Entschlossenheit zum Ausdruck, gemeinsam und im Bündnis mit den anderen Teilnehmerstaaten des Warschauer Vertrages die Unantastbarkeit der Grenzen, wie sie im Ergebnis des zweiten Weltkrieges und der Nachkriegsentwicklung entstanden sind, einschließlich der Grenzen zwischen der DDR und der BRD, zu gewährleisten. Beide Seiten werden gemeinsam allen Erscheinungen des Revanchismus und Militarismus entgegenwirken und die strikte Einhaltung der mit dem Ziel der Festigung der europäischen Sicherheit abgeschlossenen Verträge anstreben. Wie bereits im Vertrag von 1964 ist erneut festgelegt, daß sich beide Seiten im Falle eines bewaffneten Überfalls gegenseitig unverzüglich jeglichen Beistand, einschließlich des militärischen, leisten werden. Der Vertrag gilt 25 Jahre und verlängert sich um jeweils weitere 10 Jahre, wenn nicht 12 Monate vor Ablauf der Geltungsdauer von einer der beiden Seiten der Wunsch geäußert wird, ihn zu kündigen. Im Jahre 1977 erfolgte die Erneuerung der Vertragswerke zwischen der DDR und anderen sozialistischen Staaten: am 24. 3. mit der Ungarischen VR, am 28. 5. mit der VR Polen, am 14. 9. mit der VR Bulgarien, am 3. 10. mit der ČSSR.

Der Warschauer Vertrag und die bilateralen Verträge bilden zusammen ein festes System von Beistandsverpflichtungen, die sowohl die Sicherheit der einzelnen sozialistischen Länder als auch der gesamten sozialistischen Gemeinschaft garantieren. Als Verkörperung der Prinzipien des sozialistischen Internationalismus dienen die Verträge der notwendigen Stärkung der Verteidigungsfähigkeit der sozialistischen Länder und erhöhen deren Rolle im weltweiten Kampf der Völker um die Vertiefung der Entspannung und die Festigung des Friedens.

Blankwaffen → *Kaltwaffen*

Blindheim 1704 → *Höchstädt 1704*

Blitzkriegskonzeption: vom imperialistischen deutschen Generalstab entwickeltes, im ersten und zweiten Weltkrieg gescheitertes System strategischer und operativer Auffassungen über die Führung kurzer, siegreicher Kriege, das in die Militärdoktrin einging und mit dessen Hilfe das Mißverhältnis zwischen dem begrenzten Potential des deutschen Imperialismus und seinen weitgesteckten Kriegszielen überbrückt werden sollte.

Die in der Hauptsache vom Chef des Großen Generalstabes Generaloberst Alfred von Schlieffen (1833–1913) seit den 90er Jahren des 19. Jh. ausgearbeitete und besonders deutlich im → *Schlieffenplan* vom Dezember 1905 zum Ausdruck kommende B. beinhaltete, Frankreich und Rußland in kurzer Zeit nacheinander zu besiegen. Erreicht werden sollte dies durch Ergreifen der strategischen Initiative, beruhend auf einem Vorsprung in der strategischen Entfaltung des Heeres, die Führung des ersten Schlages mit der höchstmöglichen Wucht, die maximale Konzentration der Kräfte und Mittel in der Hauptrichtung, die Vernichtung der gegnerischen Hauptkräfte durch Umfassung und Einkreisung und die skrupellose Anwendung völker- und kriegsrechtswidriger Mittel und Methoden. Der Konzipierung der Blitzkriegsstrategie lagen die Überlegungen zugrunde, daß der deutsche Imperialismus bei der Realisierung seiner Expansionsziele einen langandauernden Zermürbungskrieg an 2 Fronten nicht siegreich durchstehen könne und daß die ungeheuren finanziellen Kosten eines Krieges mit Millionenheeren sowie seine Opfer und nicht zuletzt die Gefahr einer Revolution eine rasche Kriegsentscheidung verlangten.

Die auf der B. basierende Strategie scheiterte im ersten Weltkrieg bereits in der Schlacht an der → *Marne 1914*. Trotzdem hielten in den 20er und 30er Jahren führende deutsche Militärs an ihr fest, was sich in einer ausgesprochenen Verherrlichung der Auffassungen Schlieffens äußerte. Der Gedanke des rücksichtslosen Angriffskrieges und der Vernichtung des Gegners durch schnelle, entscheidende Schläge im Bewegungskrieg sowie ein extremes Offensiv- und Vernichtungsstreben durchdrangen das militärtheoretische Denken und inspirierten in Vorbereitung des zweiten Weltkrieges die Weiterentwicklung der B. Diese wurde zur strategischen Konzeption zur Führung des totalen Krieges (→ *Theorie des totalen Krieges*).

Im Unterschied zur B. vom Vorabend des ersten Weltkrieges stellte die in Vorbereitung des zweiten Weltkrieges entwickelte und den Einsatzmöglichkeiten der neuen Waffen, insbesondere der Fliegerkräfte und Panzertruppen, angepaßte B. eine längere Kriegsdauer in Rechnung, baute jedoch darauf, daß es gelingen werde, die Gegner nacheinander in blitzartig verlaufenden Feldzügen niederzuwerfen. Auf diese Weise hoffte die faschistische Führung, mehrere für den deutschen Imperialismus ungünstig wirkende Faktoren ausschalten zu können. Vor allem sollten gleichzeitige, angespannte und kräftezehrende Kampfhandlungen an mehreren Fronten verhindert werden. Die angestrebten strategischen Pausen zwischen den einzelnen Feldzügen waren dazu gedacht, den nächsten Schlag vorzubereiten und durch die Ausnutzung und Ausplünderung der nacheinander eroberten Länder das vorhandene ökonomische Potential schrittweise zu vergrößern. So sollten die potentiellen Möglichkeiten Schritt für Schritt erhöht werden, um jeweils weiterliegende Aggressionsziele in Angriff nehmen zu können, während umgekehrt die Gegner daran gehindert werden sollten, ihr insgesamt überlegenes Potential koordiniert einzusetzen. Gleichzeitig war damit die Hoffnung verbunden, das eigene ökonomische und moralische Potential nicht solchen Dauerbelastungen aussetzen zu müssen wie im ersten Weltkrieg.

Als wesentliche Voraussetzungen für das Gelingen des Blitzkrieges galten die außenpolitische Isolierung und die innenpolitische Zersetzung der für den Überfall vorgesehenen Länder, die insbesondere auch durch ein breit gefächertes Instrumentarium völker- und kriegsrechtswidriger, verbrecherischer Methoden und Praktiken wie Neutralitätsverletzung,

Sabotageakte, Terrorisierung der Zivilbevölkerung geschaffen werden sollten. Zu den militärischen Elementen und Methoden der faschistischen Blitzkriegführung, die für sich genommen in vieler Hinsicht den objektiven Erfordernissen der Kriegskunst entsprachen, gehörten: das Erzielen der Überraschung auf allen Ebenen der Kriegskunst, insbesondere durch den strategischen Überfall; die geheime und rechtzeitige Entfaltung der Streitkräfte; die Tarnung und Geheimhaltung; die Schnelligkeit der Handlungen; die Anwendung neuer Methoden der Kriegführung und der massenhafte Einsatz neuer Waffen; das alles beherrschende Streben nach frühzeitigen feldzugsentscheidenden Erfolgen, insbesondere durch die höchstmögliche Wucht des ersten Schlages und die maximale Massierung der Kräfte in der Hauptrichtung; das unbedingte Streben nach Umfassung und Vernichtung der gegnerischen Hauptkräfte in kurzer Zeit und damit das Erreichen der Feldzugsziele in 1–2 Operationen von strategischem Ausmaß, insbesondere durch konzentrische Operationen großen Stils in der Hauptrichtung.

Die Elemente und Methoden der B. ergänzten und durchdrangen einander. Ihre endgültige Ausarbeitung erfolgte in den 30er Jahren. Am deutlichsten kam das in den seit 1936 jährlich herausgegebenen Weisungen für die Kriegführung sowie in deren Ergänzungen zum Ausdruck.

Die B. machte die Aggressionspläne des deutschen Imperialismus und Militarismus gefährlicher denn je. Jedoch war sie insgesamt irreal. Mit ihr versuchte die faschistische Führung, die Gesetzmäßigkeit zu unterlaufen, daß – wie W. I. Lenin (1870–1924) sagte – im Kriege derjenige siegt, «der die meisten Reserven, die meisten Kraftquellen, den größten Rückhalt in den Volksmassen hat» (W. I. Lenin, 30, S. 58). Die B. beruhte auf einer Fehleinschätzung des politischen und militärischen Charakters des künftigen Krieges sowie auf der Unterschätzung des Kampfwillens und der Widerstandskraft der Völker. Sie ignorierte, daß die verbrecherischen Kriegsziele und die terroristischen Methoden der Kriegführung den Widerstand der Völker höchstens vorübergehend zu lähmen vermochten, ihn aber, auf längere Sicht gesehen, geradezu anfachen mußten.

Die Blitzkriegführung war nur in der ersten Periode des zweiten Weltkrieges gegen schwächere oder von Teilen der herrschenden Klasse verratene kapitalistische Staaten erfolgreich, als zeitweilige Vorteile ausgenutzt werden konnten. Sie erlitt trotz bedeutender Anfangserfolge ein Fiasko beim Überfall auf die Sowjetunion. Mit der Niederlage der faschistischen Wehrmacht im Dezember 1941 in der Schlacht vor Moskau (→ *Moskau 1941/42*) war sie endgültig gescheitert.

Seit 1945 tauchten die B. oder Elemente von ihr in strategischen Vorstellungen imperialistischer Militärtheoretiker immer wieder auf, insbesondere im Zusammenhang mit dem Einsatz von Raketenkernwaffen und anderen Massenvernichtungsmitteln. Die israelischen Aggressionskriege gegen arabische Staaten gaben den mit der B. verknüpften Spekulationen neue Nahrung.

Blockade: vorwiegend im Kriegsfall angewandte Maßnahme zur Abschneidung des Gegners von seinen äußeren Verbindungen bzw. zur Isolierung von Teilen seiner Streitkräfte oder seines Territoriums.

Die B. wurde bereits in den Kriegen der Antike angewandt. Als Mittel der Landkriegführung (auch Zernierung genannt) unterschied sich die B. von Festungen und Städten von der Belagerung durch passives Verhalten der B.streitkräfte. Ziel der B. war es, die blockierte Seite durch Erschöpfen der Vorräte bzw. Aushungern zur Kapitulation zu zwingen oder zumindest günstige Voraussetzungen zur Vernichtung und zur Einnahme des blockierten Objekts zu schaffen. In Abhängigkeit von Politik, Strategie und geographischer Lage der Kriegführenden, vom Stand des Militärwesens und vom Kräfteverhältnis entwickelten sich verschiedene Formen und Mittel der B., wie die enge und weite B. zur See (Nah- und Fern-B.). Gewohnheitsrechtlich bildeten sich gewisse Regeln, besonders der B. zur See, heraus, die seit Mitte des 19. Jh. teilweise völkerrechtlich kodifiziert wurden (→ *Regeln des Seekrieges*).

Die Kriege im Feudalismus wiesen zahlreiche Fälle der B. von Festungen, Städten, Häfen und Kräftegruppierungen auf. Seit dem 17. und 18. Jh. stieg mit der Existenz stehender Heere und großer Flotten der Einfluß von B.handlungen auf den Kriegsverlauf. Zur See herrschte die enge B. vor. Um den Handel seiner Gegner wirksam zu schädigen, ging England daneben frühzeitig zur weiten B. über, indem es (auch neutrale) Schiffe weit entfernt vom Bestimmungshafen kontrollierte. Gegen diese Praxis richtete sich der sog. Neutralitätsbund europäischer Staaten 1780, dem Preußen und Österreich 1781 beitraten. In den Koalitionskriegen 1792–1815 verhängte England über Frankreich eine See-B. Das napoleonische Frankreich versuchte dagegen 1806–1812/13, die englische Wirtschaft durch Ausschluß vom kontinentalen Markt (Kontinentalsperre) zu ruinieren. Im Dänisch-Deutschen Krieg 1864 und im Deutsch-Französischen Krieg 1870/71 hatten B.maßnahmen der überlegenen dänischen bzw. französischen Flotte keinen nennenswerten Erfolg. Zu Lande führte die B. der französischen Rheinarmee in → *Metz 1870* zu ihrer Kapitulation. Imperialistische Mächte griffen auch im Frieden zur B., um ihre Expansionsziele durchzusetzen. 1902/03 wurden z. B. die Häfen Venezuelas von deutschen, englischen und italienischen Kriegsschiffen blokkiert. Mit der wachsenden Abhängigkeit der Kriegführung von den ökonomischen Bedingungen wuchs die Rolle der Wirtschafts-B. als Methode des Seekriegs. Sie wurde zu einer wichtigen Frage des Völkerrechts. Die Seerechtsdeklarationen von Paris 1856 und London 1909 anerkannten nur die effektive, küstennahe B., die eine tatsächliche Kontrolle des blokkierten Objekts beinhaltete. Bei der Festlegung der → *Regeln des Landkrieges* in den Abkommen der Haager Landkriegsordnung von 1899 und 1907 galten für die B. die Regeln über die Belagerung. Das Aushungern einer Stadt galt weiterhin als erlaubt.

Im ersten Weltkrieg 1914–1918 blieb die B. der österreichischen Festung Przemyśl (November 1914–22. 3. 1915) die einzige B. zu Lande. Dagegen gewann die See-B., vor allem die Handels-B., strategische Bedeutung. Mit Kriegsbeginn errichtete England nicht die von deutscher Seite erwartete Nah-B. im Raum der Deutschen Bucht, sondern eine völkerrechtswidrige Fern-B. im Kanal sowie zwischen den Shetlandinseln und Norwegen (Patrouillenfahrten, Minen- und Netzsperren). Am 2. 11. 1914 erklärte Engiand die gesamte Nordsee zum Sperrgebiet und zwang die neutrale Schiffahrt, kontrollierte Fahrstraßen in englischer Küstennähe zu benutzen. Der Kriegseintritt der USA am 6. 4. 1917 machte die B. der überseeischen Zufuhr der Mittelmächte global wirksam. Von 1914 bis 1918 fesselte die B. der Straße von Otranto die österreichisch-ungarische Flotte in der Adria. Deutschland und seine Verbündeten blockierten seit 1914 Rußlands Zufuhr durch die Ostsee und die Dardanellen. Da die → *Kaiserliche Marine* die weite B. nicht sprengen konnte, versuchte der deutsche Imperialismus seit Anfang 1915, das einfuhrabhängige England durch den völkerrechtswidrigen uneingeschränkten → *U-Boot-Krieg* zu blockieren. Am 4. 2. 1915 erklärte der Admiralstab die Gewässer um Großbritannien und Irland zum Kriegsgebiet, schränkte jedoch aufgrund neutraler Proteste den U-Boot-Krieg wieder ein. Am 1. 2. 1917 begann der uneingeschränkte U-Boot-Krieg, d. h. die warnungslose Versenkung alliierter und neutraler Schiffe. Dabei wurden die Sperrgebiete zuletzt bis auf das Europäische Nordmeer, die Barentssee und die Azoren ausgedehnt. Während jedoch die B.maßnahmen des U-Boot-Krieges nach anfänglichen Erfolgen scheiterten, trug die alliierte B. maßgeblich zur Niederlage des deutschen Imperialismus bei. Der propagandistisch aufgebauschte Einsatz einzelner deutscher → *Blockadebrecher* war für den Kriegsverlauf unbedeutend.

Im Unterschied zum ersten wurden Land-B. im zweiten Weltkrieg 1939–1945 wiederholt durchgeführt. So blockierte die faschistische Wehrmacht im September 1939 die polnischen Verteidiger der Halbinsel Hel. Durch B. des sich heldenhaft verteidigenden → *Leningrad 1941–1944* versuchte die faschistische Führung, die Übergabe der Stadt zu erzwingen. In der zweiten Kriegshälfte wurden in einigen Fällen Teile der faschistischen Wehrmacht blockiert. So errichtete die Sowjetarmee ab Herbst 1944 mit der Abriegelung der faschistischen Heeresgruppe Kurland eine B. von operativem Ausmaß. Die westalliierten Streitkräfte blockierten nach ihrer Landung in Frankreich 1944 u. a. die von der Wehrmacht besetzten Kanalinseln Guernsey und Jersey. Hinsichtlich der See-B. versuchte die faschistische Führung, analog der Politik des deutschen Imperialismus im ersten Weltkrieg, ihre Maßnahmen als Antwort auf entsprechende Schritte der britischen Regierung hinzustellen, die mit der Erklärung des Kriegszustandes zugleich eine B. über Deutschland verhängte, mit der sie vor allem die Einfuhr strategischer Rohstoffe zu sperren trachtete. Die Hitlerregierung benutzte dies, um die Verschärfung des Seekrieges von ihrer Seite aus zu begründen. Infolge der zeitweisen Beherrschung des größten Teils von Europa mit ausgedehnten Küstengebieten durch die faschistischen Mächte konnte die alliierte Handels-B. keinen entscheidenden Einfluß auf den Kriegsverlauf gewinnen.

Gemäß dem Beschluß der XXIX. Vollversammlung der Vereinten Nationen vom 14. 12. 1974 ist die B. als Aggressionsakt anzusehen und daher verboten. Allein der Sicherheitsrat hat gemäß Artikel 42 der UN-Charta die Möglichkeit, zur Aufrechterhaltung oder Wiederherstellung des internationalen Friedens und der Sicherheit gegebenenfalls B.maßnahmen zu verhängen. Dessenungeachtet gehört die Androhung oder Durchführung von B.maßnahmen nach wie vor zum Arsenal politischer und militärischer Repressivmaßnahmen imperialistischer Staaten.

Blockadebrecher: zur Überwindung einer gegnerischen Seesperre (→ *Blockade*) eingesetzte Kriegs-, Hilfskriegs- oder Handelsschiffe.

B. gab es in fast allen Kriegen, in denen die Blokkade als Mittel des bewaffneten Kampfes auf See genutzt wurde. Der Einsatz von B., bereits im Altertum gebräuchlich, fand später, besonders in den Seekriegen des 16.–18. Jh, in den Kriegen 1792–1815 und im Bürgerkrieg der USA 1861–1865, breitere Anwendung. Im ersten Weltkrieg wurden deutscherseits vereinzelt Handelsschiffe als B. verwendet, um für die Kriegführung wichtige Güter zu transportieren. Darüber hinaus konnten einige als Hilfskreuzer zur Störung der Seeverbindungen der Ententemächte eingesetzte bewaffnete deutsche Passagier- und Handelsschiffe die gegnerische Blockade durchbrechen. Von den zu Kriegsbeginn in exterritorialen Gewässern befindlichen deutschen Schiffen gelang dieser Versuch nur wenigen. Im Sommer/Herbst 1916 kamen erstmals 2 sog. Handels-U-Boote als B. zum Einsatz. Während ein Boot 2 Reisen in die noch neutralen USA durchführte, ging das andere auf der ersten Fahrt verloren. Zu Beginn des zweiten Weltkrieges konnten aufgrund der langfristigen Kriegsvorbereitungen des faschistischen Deutschlands über 100 Handelsschiffe die britische Blockade durchbrechen. Während des Krieges setzte die deutsche Marineführung B. ein, um strategische Rohstoffe aus Übersee einzuführen. Zunächst unternommene Versuche, Handelsschiffe als B. nach Südamerika zu schicken, blieben im wesentlichen erfolglos. In der Zeit von 1940 bis 1943 wurden B. eingesetzt, um dringend benötigte Rohstoffe wie Kautschuk, Molybdän, Wolfram sowie andere kriegswichtige Güter aus dem von Japan beherrschten ostasiatischen Raum nach Deutschland zu bringen. Dazu fanden vor allem Handelsschiffe Verwendung, die seit Ausbruch des zweiten Weltkrieges in japanischen Häfen lagen. Insgesamt wurden von Japan oder den von ihm eroberten Gebieten 37 B. mit einer Gesamtladung von 217415 t (darunter 93879 t Kautschuk, 84838 t Speiseöle und Fette sowie 19931 t Erze und Metalle) nach dem vom faschistischen Deutschland beherrschten Europa, zumeist zur französischen Atlantikküste, in Marsch gesetzt. Davon erreichten 21 B. mit 113805 t Ladung (darunter 44495 t Kautschuk, 51158 t Speiseöle und Fette sowie 6666 t Erze und Metalle) ihre Bestimmungshäfen. Der Einsatz von Überwasserschiffen als B. kam im Winter 1943/44 infolge der sich ständig verdichtenden alliierten Seeraumüberwachung zum Erliegen. Der 1943 von der deutschen Marineführung geplante Bau spezieller Fracht-U-Boote als B. gelangte wegen des vordringlichen Bedarfs an Kampf-U-Booten (→ *U-Boot-Krieg*) nicht über sein Anfangsstadium hinaus und mußte 1944 abgebrochen werden. Der statt dessen erfolgende Einsatz von Serien-U-Booten als B. hatte den Verlust der Mehrzahl der eingesetzten Boote zur Folge. Insgesamt wirkte sich der Einsatz von B. nur geringfügig auf die kriegswirtschaftliche Lage Deutschlands aus.

Lokale Kriege und bewaffnete Konflikte nach 1945 machen deutlich, daß die Blockade nach wie vor Bestandteil der Kriegführung imperialistischer Staaten ist. Daher kann auch der Einsatz von B., insbesondere von größeren U-Schiffen zu wirtschaftlichen Versorgungszwecken, im modernen Krieg nicht ausgeschlossen werden.

Bogen: im Altertum und Mittelalter gebräuchliche → *Kaltwaffe*, die aus elastischem Bügel und Sehne bestand und als Handfernwaffe zum Verschießen von Pfeilen diente.

Der B. war die erste mechanische Schußwaffe, bei der die Muskelkraft des Menschen technisch umgesetzt wurde. Zu unterscheiden sind der einfache B. mit ständig gespannter Sehne und der zusammengesetzte B., der entgegen der natürlichen Krümmungsrichtung des Bügels gespannt wird und höhere Schußweiten erzielt. Der Gebrauch des B. für Kriegszwecke war schon im Altertum bei allen zivilisierten Völkern bekannt. Seine Konstruktion veränderte sich auch während des Mittelalters nicht wesentlich. Kraftträger war der aus Holz (meist Eibenholz) oder Horn bestehende Bügel. In Italien fertigte man seit dem 15. Jh. auch Stahlbügel. Zum Spannen des B. diente die oft aus gedrehten Hanffäden oder Seide hergestellte Sehne, die mit der Hand zurückgezogen wurde. Das Geschoß, ein Pfeil von unterschiedlicher Länge, hatte eine beträchtliche Durchschlagskraft. Seine Spitze bestand aus Knochen, Stein, Holz oder Metall. Das Schaftende war der besseren Fluglage wegen mit Federn, Pergament oder anderen Stabilisierungselementen versehen. Zu besonderer Meisterschaft im B.schießen brachten es im Mittelalter die asiatischen Reitervölker, die Sarazenen (Araber) und die Engländer. Dagegen verschmähten die deutschen und französischen Lehnsherren den B. lange Zeit als eine unritterliche Waffe und behinderten dadurch seine allgemeine Einführung in das Militärwesen ihrer Länder. In den deutschen Ländern werden B.schützen als Krieger erst seit dem 12. Jh. genannt; sie fanden jedoch offenbar keine große Verbreitung. Der von den englischen und schottischen Schützen geführte, aus Eiben- oder Ahornholz hergestellte B. war im Unterschied zum Reiter-B. mannslang. Mit ihm konnten bis zu 10 Pfeile pro Minute verschossen werden, deren wirksame Reichweite etwa 150 m betrug. Die Pfeile besaßen lanzettförmige Spitzen. Zur weiteren Ausrüstung des B.schützen gehörten meist ein leichtes → *Panzerhemd* und ein Köcher zur Aufbewahrung der Pfeile. Eine am Unterarm getragene Eisenschiene diente zum Schutz vor der zurückprallenden Sehne. Im Masseneinsatz erwies sich der B. als eine auch gegen die Ritter geeignete Waffe. So besiegte das im Kern aus B.schützen bestehende englische Heer in den Schlachten bei Crecy 1346, Poitiers 1356 und Azincourt 1415 das französische → *Ritterheer.* Wie die → *Armbrust* war auch der B. den Feuerwaffen bis ins 15. Jh. an Treffsicherheit und Durchschlagskraft überlegen. In England erhielt sich der B. als Kriegswaffe noch bis ins 17. Jh.

Bombe → *Fliegerbombe*, → *Munition*

Bombenfliegerkräfte: Gattung der Fliegerkräfte (→ *Luftstreitkräfte*) zur Bekämpfung von Land- und Seezielen aus der Luft mit → *Fliegerbomben* bzw. Luft-Boden-Raketen (→ *Raketenwaffen*).

Fliegerbomben wurden erstmals während des Italienisch-Türkischen Krieges 1911/12 von italienischen Piloten in Libyen abgeworfen. Der erste Bombenangriff des ersten Weltkrieges 1914–1918 fand am 14. 8. 1914 statt, als französische Druckpropellerflugzeuge vom Typ «Voisin» 1 L die Luftschiffhallen bei Metz bombardierten. Während in Deutschland das → *Luftschiff* als Hauptmittel des Bombenkrieges betrachtet wurde, galt in anderen Ländern bereits vor dem Krieg das → *Militärflugzeug* als wichtigster Bombenträger. Zu den fortgeschrittensten Mustern zählten die 1912/13 entwickelte russische «Ilja Muromez», das erste 4motorige Flugzeug der Welt, und die italienische Caproni Ca 2. In Frankreich und Rußland wurden bereits nach den ersten Kriegsmonaten die ausschließlich für den Bombenabwurf vorgesehenen Fliegerkräfte in besonderen Formationen zusammengezogen. Ihre Hauptaufgabe sollte die systematische Bombardierung von Zielen im Hinterland des Gegners, wie Luftschiffhallen, Versorgungsdepots, Verkehrsknotenpunkte und Industriewerke, sein. In Deutschland hielt man dagegen zunächst weiter an der Idee vom Luftschiff als Hauptträger des Bombenkrieges fest. Zwar waren bereits im Herbst 1914 bzw. Frühjahr 1915 die sog. Brieftaubenabteilungen Ostende und Metz formiert worden, die als Elitegeschwader der OHL häufig für Bombenangriffe herangezogen wurden. Jedoch erst 1915/16 kam es mit der Neuformierung und Erweiterung dieser Kräfte auf zunächst 5, später 7 Kampfgeschwader der OHL zu einer wesentlichen Verstärkung der B. Die massenhafte Verwendung von leichten Bombenflugzeugen zur Unterstützung der Landstreitkräfte der Entente in der Sommeschlacht Juli-November 1916 sowie das Scheitern der deutschen Versuche, mit Hilfe der Kampfgeschwader der OHL im gegnerischen Hinterland der Verdunfront einen operativen Fernbombenkrieg zu führen, hatten zur Folge, daß bis Oktober 1916 4 dieser Kampfgeschwader in Schutz-, später in Schlachtstaffeln (→ *Schlachtfliegerkräfte*) umgewandelt wurden. Die verbleibenden Geschwader erhielten im Herbst 1917 die Bezeichnung Bombengeschwader der OHL. Ihre Zahl erhöhte sich unter gleichzeitiger Herabsetzung ihrer zahlenmäßigen Stärke bis Ende 1917 auf 6, 1918 auf insgesamt 8. Sie waren zur indirekten Luftunterstützung gegen rückwärtige Ziele im Hinterland der Front sowie zu Fernangriffen gegen London und Paris eingesetzt. Verwendung fanden vor allem Groß- bzw. Riesenflugzeuge der Gothaer Waggonfabrik, der AEG, der Siemens-Schuckert-Werke sowie der Zeppelinwerke Staaken. Das Bombengeschwader 3 und die 1916 errichtete Riesenflugzeugabteilung 501 flogen 1917/18 33 Angriffe mit insgesamt 320 Flugzeugen gegen London und warfen 102 t Bomben ab. Dabei gingen 24 Flugzeuge durch die britische Luftverteidigung, 37 Flugzeuge durch Unfälle verloren. 1918 erreichten die leistungsstärksten schweren Bombenflugzeuge in Deutschland bei 260–300 PS eine Gipfelhöhe von 7000 bis 8000 m und Geschwindigkeiten bis 160 km/h. Am Ausgang des ersten Weltkrieges machten die Bombenflugzeuge etwa 11 % des deutschen Flugzeugbestandes aus. In Frankreich und Großbritannien wurde dem

Bombenaufhängung an einem deutschen Bombenflugzeug im ersten Weltkrieg

Aufbau der B. für die Unterstützung der Frontverbände und für Fernoperationen noch mehr Beachtung geschenkt. Anfang Juni 1918 war mit der Independent Air Force ein spezielles britisches Bombenfliegerkommando formiert worden, das mit dem 4motorigen Bombenflugzeug Handley-Page V/1500 den Fernluftkrieg bis nach Berlin tragen sollte.

Zwischen 1918 und 1939 nahmen die B. eine rasche Entwicklung. Durch die Luftkriegstheorie des Douhetismus (→ *Luftkriegskunst*) gefördert, wurden sie in vielen Ländern zur Hauptgattung der Fliegerkräfte. Ihr Anteil schwankte 1939 bei den imperialistischen Luftmächten zwischen 48 % (Italien) und 30 % (Frankreich). Im faschistischen Deutschland betrug er 46,8 %. Die Fortschritte in der Verkehrsluftfahrt (stärkere Triebwerke, Metallbeplankung, Auftriebshilfen, Druckkabinen, Halbschalenbauweise) kamen zuerst dem Bombenflugzeug zugute. Die bereits im ersten Weltkrieg herausgebildete Trennung zwischen Front-B. und Fern-B. vertiefte sich. In der Diskussion über die Einsatzprinzipien der B. schälten sich verschiedene Konzeptionen heraus: die in Italien, in den USA und in Großbritannien im Vordergrund stehende Lehre von der kriegsentscheidenden Verwendung der B.; die vor allem in der UdSSR und Frankreich vertretene Auffassung von engem Zusammenwirken der B. mit den Landstreitkräften; die primär in Deutschland dominierende Konzeption vom vorrangigen Einsatz operativer B., die sowohl für eine selbständige Luftkriegführung als auch für das enge Zusammenwirken mit gepanzerten Stoßkeilen des Heeres vorgesehen waren.

Nach 1933 standen in Deutschland zunächst das als Behelfsbomber vorgesehene Transportflugzeug Ju 52, die ab 1934/35 einsatzbereiten mittleren Bomber Do 11 und Do 13 sowie die seit 1935 an die Stelle der Ju 52 tretende Ju 86 zur Verfügung. Diese Typen wurden ab 1937/38 durch die als Schnell- bzw. «Blitz»bomber entwickelten Do 17, He 111 und Ju 88 ersetzt, von denen die beiden letzteren bis 1944/45 in großen Stückzahlen (etwa 5600 He 111 und 15000 Ju 88) gebaut wurden. In der Anfangsperiode des zweiten Weltkrieges wurden sie ihren Aufgaben sowohl im selbständigen Einsatz als auch beim Zusammenwirken mit dem Heer im wesentlichen gerecht. Für eine strategische Luftkriegführung waren sie dagegen nicht geeignet, wie das Fehlschlagen der deutschen Luftoffensive gegen die Britischen Inseln im Herbst 1940 zeigte. Nach dem Scheitern des Blitzkrieges an der deutsch-sowjetischen Front im Herbst 1941 entwickelten sich die faschistischen B. immer stärker zum verlängerten Arm des Heeres. Wurden beim Überfall auf die UdSSR 1941 über 50% aller Bombenfliegereinsätze zur direkten Unterstützung der Landstreitkräfte geflogen, so waren es 1942/43 80%. Dieser Aufgabe waren die Bombenflugzeuge der faschistischen Luftstreitkräfte konstruktionsmäßig (geringe Abwehrbewaffnung, schwache Panzerung) und von ihren Einsatzprinzipien her angesichts der immer stärker werdenden gegnerischen Luftabwehr nicht gewachsen. Ab Herbst 1943 trat an die Stelle des Bombenflugzeugs zunehmend das Schlachtflugzeug. Die Mitte der 30er Jahre mit den Typen Do 19 und Ju 89 begonnene, wenig später jedoch zugunsten der taktischen B. unterbrochene Entwicklung strategischer Bombenflugzeuge wurde während des Krieges mit der in den Flugzeugwerken von Ernst Heinkel (1888–1958) konstruierten He 177 zwar wieder aufgenommen, führte jedoch nicht zu befriedigenden Ergebnissen. Damit scheiterten auch alle seit dem Frühjahr 1943 gehegten Absichten, einen Fernluftkrieg gegen das sowjetische Industriepotential sowie gegen Großbritannien zu führen. Im Juni 1943 unter Einsatz taktischer B. unternommene Angriffe gegen einige sowjetische Industriestädte (Gorki, Saratow, Jaroslawl) mußten bald abgebrochen werden, da die eingesetzten Kräfte dringend zur Unterstützung des Heeres benötigt wurden. Nach der Niederlage bei Kursk 1943 begann die Stärke der faschistischen B. rasch abzusinken. Von 1663 Flugzeugen am 30. 6. 1943 verringerte sich ihre Zahl auf 1200 im Mai 1944, 528 im Dezember 1944 und 480 im April 1945. Bei Kriegsende machten die B. nur noch 6% des Gesamtbestandes der deutschen Fliegerkräfte aus.

In der UdSSR bestand in den Jahren von 1941 bis 1945 die Hauptaufgabe der B. in der taktischen Unterstützung der Landstreitkräfte. Daher konzentrierte sich die sowjetische Flugzeugindustrie während des Krieges auf den Bau leichter 2motoriger Bombenflugzeuge der Konstrukteure S. W. Iljuschin (1894–1977), W. M. Petljakow (1891–1942) und

Taktisch-technische Daten von Bombenflugzeugen

	Besatzung	Bewaffnung		Motoren		Höchstgeschwindigkeit	Gipfelhöhe	Reichweite
		MG	Bombenlast kg	Zahl	PS/kp	km/h	m	km
1918								
Leichtes Tagbombenflugzeug	2	2–3	100–250	2	200–300	160–190	5300–6000	400–900
Schweres Nachtbombenflugzeug	4–8	3–7	800–2500	3–5	150–300	130–140	3700–5900	800–1000
1932								
Leichtes Tagbombenflugzeug	2	2–4	300–440	2	650–775	200–250	6000–7000	600–800
Schweres Bombenflugzeug	4–6	3–6	1500–2200	2–4	550–730	180–220	4000–6500	1200–1500
1945								
Mittleres Bombenflugzeug	3–6	4–11	1000–3000	2	1000–1900	430–580	6000–9700	1200–3000
Schweres Bombenflugzeug	5–13	6–13	3000–9000	4	1350–2200	430–570	6500–10000	3000–5200
1970								
Taktisches Bombenflugzeug	1–3	2–4 Kanonen	3000–4500	2 Strahltriebwerke	4000–10000 kp	900–1800	bis 18000	bis 5000
Strategisches Bombenflugzeug	3–8	2–7 Kanonen Raketen	10000–34000	2–4 Strahltriebwerke	7700–14000 kp	900–2500	bis 21000	bis 18000

A. N. Tupolew (1888–1972), insbesondere der Typen Il-4, Pe-2 und Tu-2. Die seit Anfang der 30er Jahre aufgebauten schweren B., zu deren bei Beginn des zweiten Weltkrieges teilweise veraltetem Bestand seit 1940 hochleistungsfähige Flugzeuge des Typs Pe-8 traten, wurden im März 1942 zu Fernfliegerkräften des Hauptquartiers des Oberkommandos zusammengefaßt. Aus ihnen entstand Anfang Dezember 1944 die 18. Luftarmee, die Schläge gegen Objekte im tiefen Hinterland des Gegners führte. Insgesamt führten die sowjetischen Fernfliegerkräfte während des Großen Vaterländischen Krieges über 7000 Einsätze gegen solche Objekte durch.

Am stärksten wurden von 1939 bis 1945 die britischen und amerikanischen B. ausgebaut. Die seit 1936 im Bomberkommando (Bomber Command) zusammengefaßten britischen B. eröffneten im August 1940 einen ab 1942 mit wachsender Intensität geführten, bis zum Kriegsende andauernden Fernluftkrieg gegen das deutsche Hinterland. In seinem Verlauf flog das Bomber Command 364514 Einsätze, bei denen 955442 t Bomben abgeworfen wurden. 8325 Flugzeuge gingen verloren. Bei den vorwiegend nächtlichen Einsätzen fanden vor allem die 4motorigen Bombertypen Handley-Page «Halifax» und Avro «Lancaster» Verwendung. Dagegen waren die britischen Front-B. schwach ausgebildet. Ihre Aufgabe übernahmen vorwiegend Jagdbombenflugzeuge. Die B. der USA bildeten seit 1941 eine Anzahl von Luftarmeen, die von Großbritannien, Italien bzw. von Stützpunkten im Pazifik das deutsche und japanische Hinterland vor allem in Tagangriffen mit Flugzeugen der Typen B 17 «Fortress», B 24 «Liberator» sowie mit der ab Juni 1944 gegen Japan eingesetzten B 29 «Superfortress» bombardierten. Sie warfen dabei etwa 2 Mill. t Bomben ab; davon fielen rd. 1 Mill. t auf Deutschland. Als Frontbombenflugzeuge fanden bei den B. der USA die 2motorigen Typen B 25 «Mitchell» und B 26 «Marauder» Verwendung. Bei Kriegsende verfügten die USA über 22393 Bombenflugzeuge, darunter 2865 B-29-Bomber. Von 2 Flugzeugen dieses Typs wurden am 6. und 9. 8. 1945 über Hiroshima und Nagasaki die ersten Atombomben abgeworfen.

Die Entwicklung der B. nach dem zweiten Weltkrieg war vor allem durch die Verwendung von Strahltriebwerken, die Ausstattung mit modernen Bordsystemen, die Einführung von Luft-Boden-Raketen und die Verwendung als Kernwaffenträger gekennzeichnet. Unter den Frontbombenflugzeugen war längere Zeit die ab 1949/50 in Dienst gestellte sowjetische Il-28 führend. In den 60er und 70er Jahren gelangten bei den B. verschiedener Länder Flugzeuge mit Überschallgeschwindigkeit zum Einsatz, so die B-58 «Hustler» und die FB-111 (beide USA), in den Luftstreitkräften der UdSSR die Tu-22 und

Sowjetisches taktisches Bombenflugzeug

die Typen der Mjasischtschew-Serie. Verstärkte funkelektronische Ausrüstung, vielseitige Raketenbewaffnung und Nachtanken in der Luft erhöhten die Gefechtsmöglichkeiten vor allem der strategischen Bombenflugzeuge (Fernbombenflugzeuge) wesentlich. Wenngleich in der Gegenwart Raketen unterschiedlicher Bestimmung und Reichweite (→ *Raketenwaffen*) einen Teil der früher den B. zufallenden Aufgaben übernommen haben, so bilden diese, nicht zuletzt wegen der Selbständigkeit ihrer Handlungen und ihrer hohen Manövrierfähigkeit, nach wie vor ein wichtiges Element moderner Streitkräfte. *(s. Abb. S. 493, 497, 501, 661)*

Bordgerichte → *Feldgerichte*

brandenburgische Kriegsflotte → *Seestreitkräfte*

Brandenburgisch-Schwedischer Krieg 1674–1679: im Rahmen des gegen die Niederlande gerichteten zweiten französischen Raubkrieges 1672–1678/79 geführter Krieg zwischen Brandenburg-Preußen und dem mit Frankreich verbündeten Schweden.

Kurfürst Friedrich Wilhelm von Brandenburg (1620–1688) trat 1672 auf seiten der Niederlande in den Krieg ein. Er hoffte auf eine Schwächung Frankreichs und dessen Verbündeten und damit auf eine Möglichkeit zu Territorialgewinn. Doch schon im Juni 1673 schloß der Kurfürst mit Frankreich einen Sonderfrieden. Mitte 1674 wechselte er erneut die Partei. Nach Abschluß eines antifranzösischen Bündnisses mit dem Kaiser, den Niederlanden, Spanien und Dänemark (1. 7. 1674) beteiligte sich Brandenburg-Preußen am Reichskrieg gegen Frankreich, der am 28. 5. 1674 erklärt worden war.

Ende Dezember 1674 rückte auf französisches Drängen eine etwa 15000 Mann starke schwedische Armee in die Mark Brandenburg ein. Die brandenburgische Armee kämpfte zu diesem Zeitpunkt am Rhein und bezog danach Winterquartier in Franken, so daß militärische Gegenaktionen zunächst unterblieben. Hingegen leistete besonders die Landbevölkerung den schwedischen Truppen vielerorts aktiven Widerstand und schuf so wesentliche Voraussetzungen für die erfolgreiche Verteidigung der Mark. In der Altmark führten die Bauern einen regelrechten Partisanenkampf gegen die raubende und sengende Soldateska. Ende Juni 1675 war die schwedische Armee bis zur unteren Havel vorgedrungen und stand im Begriff, sich bei Havelberg zu konzentrieren. Sie wollte dort über die Elbe gehen, nach Westen marschieren und sich mit der französischen Armee vereinigen. Mit Unterstützung altmärkischer Bauern und Bürger gelang es eilig herangeführten brandenburgischen Truppen, diesen Plan zu vereiteln. Sie nahmen in der Nacht zum 25. 6. Rathenow ein und schlugen am 28. 6. die Masse der schwedischen Armee in der Schlacht bei → *Fehrbellin 1675.* Die Schweden mußten sich nach Mecklenburg zurückziehen, wobei sie durch Aktionen der Bevölkerung sowie durch Desertion noch erhebliche Verluste erlitten.

Die Mark war befreit. Im Erfolg über den Aggressor sah der Kurfürst die Möglichkeit, Schwedisch-Vorpommern zu erobern und damit die Herrschaft über die mittlere Ostsee und den Unterlauf der Oder zu gewinnen. Im weiteren Kriegsverlauf konnte er sich auf die militärische Hilfe des Reiches stützen, das im Juli 1675 Schweden den Krieg erklärte. Wichtigster Verbündeter wurde jedoch Dänemark. Charakteristisch für die folgenden Feldzüge in Pommern war der Kampf um feste Plätze, in die sich die schwedischen Truppen zurückzogen. Noch im Herbst 1675 gelang es der brandenburgischen Armee, die Städte Wollin und Wolgast einzunehmen. Von Juli bis Oktober 1676 wurden Anklam und Demmin sowie die Inseln Usedom und Wollin erobert. Das mehrere Monate lang belagerte Stettin mußte Ende Dezember 1677 kapitulieren. Im September 1678 besetzten brandenburgische Truppen mit dänischer Unterstützung die Insel Rügen. Nachdem auch Stralsund (25. 10) und Greifswald (16. 11.) gefallen waren, befand sich Vorpommern in brandenburgischer Hand. Der Erfolg auf diesem Kriegsschauplatz wurde begünstigt durch die Seeherrschaft der dänischen und niederländischen Flotte in der Ostsee. Auch in Preußen erlitt Schweden eine Niederlage. Hier war Mitte November 1678 nördlich Memel eine annähernd 16000 Mann starke schwedische Armee eingedrungen, der zunächst fast ausschließlich Defensionstruppen (→ *Landesdefension*) gegenüberstanden. Als im Januar 1679 brandenburgische Streitkräfte in einer Gesamtstärke von etwa 14000 Mann herangerückt waren, traten die Schweden den Rückzug an. Der Winterfeldzug mündete in eine energische Verfolgung des Gegners, wobei die brandenburgischen Truppen auch das zugefrorene Kurische Haff überquerten. In ständigen kleinen Gefechten wurde die schwedische Armee aufgerieben; nur etwa 3000 Mann trafen Mitte Februar in Riga ein.

Unterdessen war es Frankreich gelungen, die Uneinigkeit und Sonderinteressen seiner Gegner auszunutzen und in Nijmegen mit den Niederlanden (10. 8. 1678), mit Spanien (17. 9. 1678) sowie mit dem Kaiser und Reich (5. 2. 1679) Frieden zu schließen. Dadurch fast völlig isoliert, mußte auch Brandenburg den Krieg beenden, zumal französische Truppen brandenburgische Westgebiete besetzten. Im Frieden von Saint-Germain-en-Laye (29. 6. 1679) mit Frankreich und Schweden konnte der Kurfürst die Eroberungen nicht behaupten, weil sich Frankreich schützend vor seinen Verbündeten stellte. Bis auf einen kleinen Gebietsstreifen am rechten Oderufer, den Schweden abtrat, wurde der territoriale Vorkriegsstand wiederhergestellt. Dennoch stärkten die militärischen Erfolge über Schweden, das noch als erste Militärmacht galt, das Ansehen Brandenburgs.

Landung brandenburgischer Truppen auf Rügen am 23. September 1678

Marsch der Brandenburger über das zugefrorene Kurische Haff, Januar 1679

Die Operationen des Kurfürsten zur Vertreibung der Schweden aus der Mark und Pommern waren in ihrer Art beachtliche Leistungen und trugen wesentlich zum militärischen Aufstieg des brandenburgisch-preußischen Staates bei. *(s. Abb. S. 184)*

Brander → *Seestreitkräfte*

Breitenfeld 1631: Schlacht im → *Dreißigjährigen Krieg 1618–1648* zwischen schwedisch-sächsischen und kaiserlich-ligistischen Truppen am 17. 9. 1631.

Nach dem Abschluß des schwedisch-sächsischen Bündnisvertrags (11. 9. 1631) vereinigten sich die schwedische Armee unter König Gustav II. Adolf (1594–1632) und die sächsische Armee unter Kurfürst Johann Georg I. (1585–1656) am 15. 9. bei Düben. Tags darauf marschierten die Verbündeten auf Leipzig, das gerade von der kaiserlich-ligistischen Armee unter Johann Tserclaes Graf von Tilly (1559–1632) besetzt wurde. Am 17. 9. trafen die Gegner bei B. nördlich Leipzig aufeinander. Die Verbündeten zählten insgesamt etwa 39 000 Mann, davon 13 000 Reiter, mit 75 Geschützen; zur schwedischen Armee (23 000 Mann) gehörten auch mehrere Tausend deutsche Söldner. Tilly verfügte über etwa 32 000 Mann, davon 11 000 Reiter, und 26 Geschütze. Die Schlacht begann am frühen Nachmittag. Nach einem Artillerieduell griff zuerst die Reiterei des kaiserlich-ligistischen linken Flügels an. Sie erlitt vor allem durch das Feuer der zwischen den schwedischen Reiterregimentern stehenden Musketierabteilungen schwere Verluste und mußte nach 2stündigem Ringen den Kampf einstellen. Währenddessen hatte Tilly mit dem rechten Flügel und der Masse der Infanterie die sächsische Armee, die den linken Flügel der Verbündeten bildete, in die Flucht geschlagen und setzte zum Flankenangriff an. Die Schweden schlossen jedoch ihre offene linke Flanke durch eine Schwenkung des zweiten Treffens, zogen Verstärkungen vom erfolgreichen rechten Flügel heran und zerschlugen im Zusammenwirken von Reiterei, Musketieren und Artillerie die kaiserlich-ligistische Armee. Tilly floh mit dem Rest seiner Truppen nach Halle. Er verlor 7 000 Mann an Toten und Verwundeten, etwa 3 500 Gefangene, die in schwedische Dienste traten, sowie alle Geschütze und die gesamte Bagage. Die schwedisch-sächsischen Verluste betrugen über 4 000 Mann. Die etwa 5stündige Schlacht, die mit der weitgehenden Auflösung der kaiserlich-ligistischen Armee endete, bewies die Überlegenheit der schwedischen → *Ordonnanz.* Das Kräfteverhältnis veränderte sich zuungunsten des bisher erfolgreichen habsburgisch-spanisch-katholischen Lagers, dem vorläufig keine intakte Armee zur Verfügung stand. Der Sieg von B. machte den Schweden den Weg in den Westen und Süden des Reiches frei, während die sächsischen Truppen nach Böhmen vorstießen.

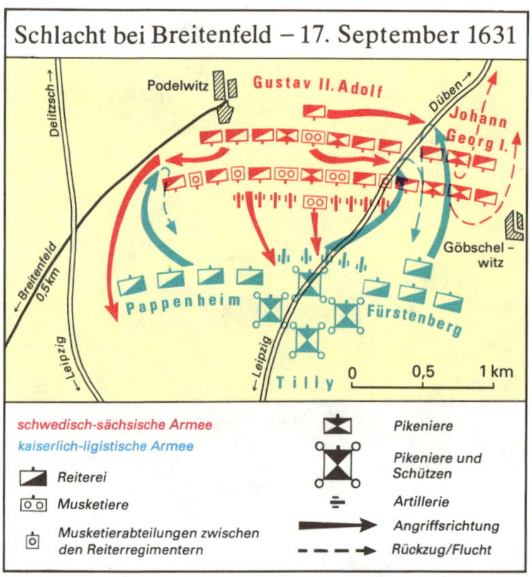

Brest-Litowsk 1918 → *Intervention des deutschen Imperialismus in Sowjetrußland und in Finnland 1918*

Brigade: 1. Bestandteil der Schlachtordnung vom 16. bis 18. Jh., unabhängig von der administrativen Gliederung der → *Landstreitkräfte.*

In der zweiten Hälfte des 16. Jh. formierte sich die spanische → *Infanterie* zur Schlacht nicht in → *Gevierthaufen*, sondern in B., die aus 4 großen → *Bataillonen* bestanden. Die B. wurden zu Flügeln und Treffen zusammengestellt. Im 17. Jh. waren die meist aus → *Pikenieren* und → *Musketieren* bestehenden B. in den europäischen Heeren ein wesentliches Element der Schlachtordnung. Im Dreißigjährigen Krieg 1618–1648 erwiesen sich die B. der schwedischen Infanterie infolge ihrer größeren Beweglichkeit der noch in dichten Haufen kämpfenden Infanterie der kaiserlichen Heere als überlegen. In der Folgezeit wurden bei Bedarf größere B. gebildet, die sich aus → *Regimentern* und Bataillonen zusammensetzten.

2. seit Ende des 18. Jh. taktischer Verband bzw. Truppenteil zunächst in den Landstreitkräften, später auch in den anderen Teilen der → *Streitkräfte*, der hinsichtlich Größe und Bedeutung zwischen Regiment und → *Division* steht.

Mit der bürgerlichen Umgestaltung des Militärwesens in Frankreich ausgangs des 18. Jh. wurde die B. als Hauptbestandteil der Division bei der Infanterie und → *Kavallerie* zur ständigen, meist aus 2 Regimentern bestehenden Struktureinheit. Sie war seit 1804 in Frankreich und 1806 in Rußland ständige Einrichtung. Die 1808 in Preußen geschaffenen Divisionen, bis 1818 als Truppen-B. bezeichnet, gliederten sich faktisch in 1 Infanterie- und 1 Kavallerie-B. zu je 2 Regimentern. Auch die anderen deutschen Staaten führten die B.struktur ein. Bis 1918 war die im allgemeinen aus 2 Regimentern Infanterie oder Kavallerie oder → *Artillerie* formierte B. der höchste taktische Verband einer Waffengattung, der vor allem im Rahmen der Infanterie- oder Kavalleriedivision Verwendung fand. Mit der Einführung der Dreigliedrigkeit im März 1915 wurde die B.gliederung der deutschen → *Infanteriedivision* aufgehoben, jedoch standen die 3 Infanterieregimenter weiter unter einem B.kommando. In der Novemberrevolution 1918/19 trugen einzelne der für den inneren Einsatz gebildeten → *Freikorps*, die sich aus Einheiten verschiedener Waffengattungen und Spezialtruppen zusammensetzten, die Bezeichnung B. Die B.struktur der vorläufigen Reichswehr der Weimarer Republik resultierte aus dem Bestreben, eine maximale Schlagkraft für den jeweiligen Verwendungszweck zu erreichen. So wurden große B. für den äußeren und kleine B. für den inneren Einsatz formiert, die sich in Personalstärke, Zusammensetzung, Bewaffnung und Ausrüstung unterschieden. Im Heer der faschistischen Wehrmacht war die B. entweder ein selbständiger gemischter taktischer Verband (z. B. Kraftfahrkampf-, Kampfwagen-, Gebirgs-, leichte B.) oder ein großer, aus einer Waffengattung bestehender selbständiger Truppenteil (z. B. Kavallerie-, Kraftfahr-, Panzer-, Schützen-B.). Nur die → *Panzerdivision* besaß bis 1941/42 B.gliederung. Bei den Heerestruppen gab es eine ganze Reihe B. der verschiedenen Waffengattungen und Spezialtruppen (z. B. Festungs-, Panzerjagd-, Sturmgeschütz-, Sturmartillerie-, Werfer-, Pionier-B.). Weniger zahlreich waren die B. in der Luftwaffe (z. B. Flak-B.) und in der Kriegsmarine. Die → *Waffen-SS* verfügte über eine relativ große Anzahl von B. In der Bundeswehr der BRD wurden 1958 im Rahmen der Divisionen B. gebildet. Die Panzergrenadier-B., die aus Panzer-, Panzergrenadier- und Panzerartilleriebataillonen sowie weiteren Einheiten der Spezialtruppen und Dienste bestehen, werden als zur selbständigen Kampfführung besonders geeignete Verbände angesehen.

Die NVA der DDR verfügt über B. bei den Raketentruppen der Landstreitkräfte und in der Volksmarine.

Brüsseler Pakt 1948: auch als Westunion bezeichneter imperialistischer Block, der am 17. 3. 1948 in Brüssel zwischen Belgien, Frankreich, Großbritannien, Luxemburg und den Niederlanden vertraglich gebildet wurde und antisozialistischen Charakter trug.

Der B. P. kam auf Initiative Großbritanniens in Erweiterung des britisch-französischen Vertrages von Dünkirchen (4. 3. 1947) zustande. Er war das erste multinationale militärisch-politische Bündnis in Westeuropa nach dem zweiten Weltkrieg. Ursprünglich als sog. Beistandspakt gegen eine etwaige erneute deutsche Aggression deklariert, sah der B. P. jedoch von Anfang an die politische, ökonomische und militärische Einbeziehung eines künftigen westdeutschen Separatstaates und anderer westeuropäischer Länder in ein Blocksystem gegen die UdSSR und die volksdemokratischen Staaten vor. Führende Kreise Großbritanniens und Frankreichs betrachteten den B. P. als Möglichkeit, ihre Positionen im internationalen Kräfteverhältnis aufzuwerten. Die USA förderten den Pakt aus antisozialistischen Beweggründen und mit dem Ziel, ihn im Rahmen ihrer Globalstrategie für die Militärblockbildung unter amerikanischer Dominanz auszunutzen. Der auf 50 Jahre geschlossene Vertrag über den B. P. trat am 25. 8. 1948 in Kraft. Er enthielt neben einer Präambel 10 Art. Wichtigste Bestimmung war die in Art. 4 enthaltene Verpflichtung zu automatischem militärischem und anderem Beistand im Falle eines Krieges. Die übrigen Art. legten vor allem die Ziele und Hauptformen der wirtschaftlichen, sozialen und kulturellen Zusammenarbeit sowie das Verfahren zur Schlichtung von Streitigkeiten zwischen den beteiligten Staaten fest. Am 17. 4. 1948 wurde als oberstes Organ der Westunion ein Konsultativrat der Außenminister geschaffen, dem die Beratung aller Vertragsgegenstände oblag. Ihm war eine Ständige Organisation aus den diplomatischen Vertretern der beteiligten Mächte untergeordnet. Die politische Organisation des B. P. blieb lose. Aus Konkurrenzgründen kamen zwischen den Teilnehmerstaaten keine wirtschaftlichen Vereinbarungen zustande. Die Militärorganisation der Westunion enthielt dagegen erste Elemente einer militärischen Integration. Am 30. 4. 1948 tagten die Verteidigungsminister erstmals als Verteidigungsausschuß. Sie beschlossen die Bildung eines Ständigen Militärausschusses, bestehend aus Militärmissionen der Vertragsstaaten, dessen

Aufgabe die militärische Planung war. Außerdem wurde aus je einem Vertreter der nationalen Generalstäbe ein Komitee der Stabschefs geschaffen. Seit Juli 1948 nahmen Vertreter der USA und Kanadas an den Tagungen des Verteidigungsausschusses und des Komitees der Stabschefs als Beobachter teil. Die USA und Kanada leiteten am 6. 7. 1948 offiziell Verhandlungen über die militärische Zusammenarbeit mit den Staaten des B. P. ein. Ende September 1948 erfolgte die Gründung einer Militärorganisation der Westunion (Western Union Defence Organization). An ihre Spitze trat am 12. 10. 1948 ein unter britischer Leitung stehender Ausschuß der Oberbefehlshaber, zusammengesetzt aus den Oberbefehlshabern der Land-, Luft- und Seestreitkräfte der Westunion. Die Land- und Seestreitkräfte standen unter französischem, die Luftstreitkräfte unter britischem Befehl. Struktur, Bewaffnung, Ausbildung und Versorgung der Streitkräfte blieben in nationalstaatlicher Zuständigkeit.

Mit der Gründung der → *NATO* gingen die entscheidenden militärischen Machtbefugnisse faktisch immer mehr an die USA über. Die Militärorganisation des B. P., die bis Dezember 1950 bestand und dann in der Militärorganisation der NATO aufging, repräsentierte die westeuropäische Seite im aggressiven Nordatlantikblock. Aufgrund ihrer militärischen Vormachtstellung und der Abhängigkeit der Staaten der Westunion vor allem von dem 1947 verkündeten Marshallplan konnten die USA die Mitglieder des B. P. immer stärker in die Globalstrategie einordnen. Die militärischen Funktionen der Westunion wurden 1950 voll von der NATO übernommen; erhalten blieben die automatische Beistandspflicht zwischen den Staaten des B. P. sowie dessen Gültigkeitsdauer. Mit der weiteren Formierung der NATO unter Einbeziehung der BRD wurde der Vertrag über den B. P. in abgeänderter Form Bestandteil der → *Pariser Verträge 1955.* Diese bestimmten die Umwandlung der Westunion zur → *Westeuropäischen Union (WEU)* unter Einschluß der BRD und Italiens.

Büchse: → *Handfeuerwaffe* mit langem, gezogenem Lauf.

Die Mitte des 14. Jh. aufkommenden Feuerwaffen wurden zunächst ziemlich unterschiedslos B. genannt. Später ging diese Bezeichnung auf die gegen Ende des 15. Jh. erstmals hergestellten Handfeuerwaffen mit gezogenem Lauf über. Im Unterschied zum glattläufigen → *Gewehr* gaben die Züge (Einschnitte in der inneren Rohrwandung) dem meist kugelförmigen Geschoß (→ *Munition*) anstelle der rollenden Bewegung eine regelmäßige Führung und wirkten somit geschoßstabilisierend. Breite, Tiefe und Zahl der Züge waren vom Rohrkaliber sowie von Art und Größe des Geschosses abhängig. Um dessen möglichst enge Führung im Lauf zu erreichen, wurde es bereits im 17. Jh. beim Laden mit einem als Pflaster bezeichneten gefetteten Woll- oder Leinwandläppchen schalenförmig umhüllt (Pflasterbüchse). Der dadurch beim → *Vorderlader* zum Herunterstoßen des Geschosses im Lauf benötigte große Kraft- und Zeitaufwand verlängerte den Ladevorgang. Die B. war daher für die Linieninfanterie (→ *Infanterie*) des 16. bis 18. Jh. nicht brauchbar, sondern nur für Spezialtruppen sowie für einzelne, besonders gute Schützen geeignet. Schußweite und Treffsicherheit der B. steigerten sich, als man dazu überging, anstelle der gradlinig verlaufenden Züge schraubenförmig gewundene anzubringen. Der dadurch erzielte Drall bewirkte eine bedeutend bessere Stabilisierung des Geschosses, so daß mit einer guten B. ein Brustziel bereits auf 150 m zu treffen war.

B. wurden anfangs nur zur Verteidigung von Befestigungen verwendet. Seit dem Dreißigjährigen Krieg (1618–1648) waren in den einzelnen europäischen Heeren kleinere Abteilungen der Infanterie (→ *Jäger* oder → *Schützen*) mit der B. ausgerüstet. Im brandenburgischen Heer tauchten erstmals 1674 B. auf. Der preußische König Friedrich Wilhelm I. (1688–1740) teilte jeder Infanteriekompanie einige Schützen zu. Ende des 18. Jh. war ein beträchtlicher Teil der leichten Infanterie mit B. ausgerüstet. In den Feldzügen von 1812/13 und 1815 verfügten alle beteiligten Armeen über eine größere Zahl von B.schützen. Das Streben nach Vereinigung der Treffsicherheit der B. mit der Feuergeschwindigkeit des glattläufigen Gewehrs führte in der ersten Hälfte des 19. Jh. zu Veränderungen in der Art der Geschoßführung, um das aus Blei bestehende Geschoß so zu verformen, daß es die Rohrseele voll ausfüllte und damit eine gute Führung erhielt. Das geschah entweder durch kräftiges Stauchen beim Ladevorgang (Stauchführung) oder durch den Druck der Treibla-

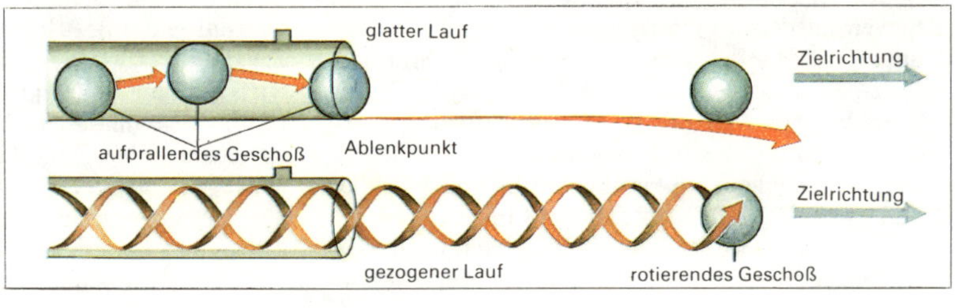

Schematische Darstellung des Unterschieds in der Zielgenauigkeit von Waffen mit glattem Lauf und mit gezogenem Lauf

dung (Expansionsführung). Derartige B. erreichten eine Anfangsgeschwindigkeit des Geschosses von 300 bis 350 m/s und eine Schußweite bis 750 m. Das war gegenüber dem kaum über 200 m hinaus wirksamen glatten Gewehr eine enorme Verbesserung. Besonders mit dem von Claude Etienne Minié (1804–1879) entwickelten Expansionsgeschoß, einem am Boden ausgehöhlten bleiernen Spitzgeschoß, das einen geringeren Zeitaufwand beim Laden erforderte, entstand die Möglichkeit, die gesamte Infanterie mit einer Waffe auszurüsten, die sowohl Massen- wie gezieltes Einzelfeuer gestattete. In den 40er und 50er Jahren des 19. Jh. wurden in vielen Armeen die noch vorhandenen glattläufigen Gewehre nach dem System Minié umgeändert. Allerdings brachte das von Minié entwickelte Geschoß infolge seines komplizierten Aufbaus eine Reihe innerballistischer Probleme mit sich. Außerdem saß es relativ locker und neigte dazu, aus dem Lauf zu rutschen, so daß meist ein Papierpfropfen aufgesetzt wurde. Diese Schwierigkeiten wurden erst durch den gezogenen → *Hinterlader* mit patronierter Munition überwunden, der ab Mitte des 19. Jh. die bis dahin üblichen Handfeuerwaffen ablöste. *(s. Abb. S. 275, 659)*

Bulgarische Volksarmee (BVA): stärkstes bewaffnetes Machtorgan der VR Bulgarien, das in Klassen- und Waffenbrüderschaft mit den anderen Streitkräften des → *Warschauer Verteidigungsbündnisses* die sozialistische Ordnung, die staatliche Sicherheit und das friedliche Leben der Bürger der VR Bulgarien und aller Staaten der sozialistischen Gemeinschaft gegen jegliche Angriffe der aggressiven Kräfte des Imperialismus und der Reaktion schützt.

Die BVA ging aus dem siegreichen Volksaufstand vom 9. 9. 1944 hervor, der die monarchofaschistische Diktatur in Bulgarien stürzte und die volksdemokratische Revolution einleitete. Wichtigste Grundlage der BVA bildeten die unter Führung der Bulgarischen Kommunistischen Partei (1938–1948 Bulgarische Arbeiterpartei) seit 1941 formierten und 1943 zur Volksbefreiungsarmee zusammengefaßten Partisaneneinheiten. Im Sommer 1944 zählte die bewaffnete Widerstandsbewegung mehr als 250000 aktive Teilnehmer. Hier fanden die großen Traditionen des bulgarischen Volkes aus den jahrhundertelangen Kämpfen um nationale und soziale Befreiung ihre Fortsetzung. Die Kommunistische Partei leistete zugleich eine umfangreiche politische und organisatorische Arbeit zur moralischen Zersetzung der bürgerlichen Armee. Entscheidenden Einfluß auf den antifaschistischen Kampf der bulgarischen Patrioten hatten die Siege der Sowjetarmee. Anfang September 1944 erreichten die sowjetischen Truppen die Nordostgrenze Bulgariens. In einer Note an die bulgarische Regierung vom 5. 9. wies die Sowjetregierung darauf hin, daß die UdSSR die Politik Bulgariens als faktische Kriegführung im faschistischen Lager ansehe und sich von nun an im Kriegszustand mit Bulgarien betrachte. Am 8. 9. überschritten Truppen der 3. Ukrainischen Front die rumänisch-bulgarische Grenze und drangen rasch in das Innere des Landes vor. Die revolutionären Kräfte Bulgariens nutzten die günstige Lage und lösten den bewaffneten Aufstand aus. An der Machtergreifung durch die Vaterländische Front in Sofia in der Nacht zum 9. 9. beteiligten sich zusammen mit Partisanentruppen und Kampfgruppen auch Truppenteile, die für den Aufstand gewonnen worden waren. In der Armee bildeten sich Soldatenkomitees, die als revolutionäre Organe der Kommunistischen Partei und der Vaterländischen Front wirkten. Das entschlossene Vorgehen der Volksbefreiungsarmee, der sich Zehntausende bewaffnete Arbeiter und Bauern sowie in großer Zahl aufständische Soldaten anschlossen, ermöglichte es, daß innerhalb von 24 Stunden die neugebildete Regierung der Vaterländischen Front im ganzen Land die Macht übernehmen konnte. In Würdigung der historischen Ereignisse vom September 1944 sowie zur Erinnerung an den antifaschistischen Septemberaufstand 1923 wird der 23. 9. als Tag der BVA begangen.

Nach der Errichtung der Volksmacht war eine der vordringlichsten Aufgaben, die alte, bürgerliche Armee in eine revolutionäre, kampfstarke Volksarmee, die BVA, umzuwandeln. Organisator und führende Kraft bei der Lösung dieser schwierigen Aufgabe war die Kommunistische Partei, an deren Spitze 1946–1949 der hervorragende Führer der bulgarischen und internationalen revolutionären Arbeiterbewegung Georgi Dimitroff (1882–1949) stand. Die Partei stützt sich in ihrer Militärpolitik auf das mili-

Vereidigung

tärtheoretische Erbe der Klassiker des Marxismus-Leninismus und wandte die Erfahrungen der KPdSU beim Aufbau der Sowjetstreitkräfte schöpferisch auf die Bedingungen Bulgariens an. Zu den wichtigsten, auf Initiative der Partei noch im September 1944 durchgeführten militärpolitischen Maßnahmen gehörten die Säuberung der Streitkräfte von reaktionären Generalen und Offizieren, die Eingliederung der Volksbefreiungsarmee in die Streitkräfte, deren revolutionären Kern sie bildete, sowie – anstelle der Soldatenkomitees – die Einsetzung von Gehilfen der Kommandeure (für politische Arbeit), die in den Einheiten und Truppenteilen die führende Rolle der Partei und die Politik der Vaterländischen Front verwirklichten. Zur Stütze beim Aufbau der BVA wurden bulgarische Offiziere, die aus der Sowjetunion in das befreite Bulgarien zurückkehrten. Sie hatten in den Jahren der Emigration eine militärische Ausbildung erhalten und an der Seite ihrer sowjetischen Klassengenossen gegen die faschistischen Aggressoren gekämpft.

Um die nationale Unabhängigkeit und territoriale Integrität Bulgariens zu sichern, hatte die Regierung der Vaterländischen Front am 9. 9. 1944 dem faschistischen Deutschland den Krieg erklärt. Der Losung der Kommunistischen Partei «Alles für die Front, alles für den Sieg!» folgten umgehend etwa 40000 Jugendliche, die sich freiwillig zum Eintritt in die Streitkräfte meldeten. Im Ergebnis der durch die Regierung der Vaterländischen Front angeordneten allgemeinen Mobilmachung standen in kürzester Zeit etwa 450000 Mann bereit. Die neu formierte BVA nahm im Bestand der 3. Ukrainischen Front der Sowjetarmee an wichtigen Operationen in Mazedonien, Südserbien und Südungarn teil. Ihr Weg führte nach Österreich, wo die Kampfhandlungen in der Nähe der Stadt Klagenfurt am 14. 5. 1945 endeten.

Nach der siegreichen Beendigung des Vaterländischen Krieges Bulgariens stand die Konsolidierung der volksdemokratischen Macht auf der Tagesordnung. Die von den imperialistischen Mächten unterstützte Reaktion im Land versuchte, die alten Machtverhältnisse zu restaurieren. Die Errungenschaften der Revolution mußten gegen konterrevolutionäre Kräfte verteidigt, die Entwicklung der Armee als volksdemokratische Armee konsequent fortgesetzt werden. Anfang Juli 1946 verabschiedete die Volkskammer als oberstes Staatsorgan auf Vorschlag der Bulgarischen Kommunistischen Partei das Gesetz über die Führung und Kontrolle der Armee. Darin wurde die Verantwortung der Regierung der Vaterländischen Front für die Ausprägung des Klassencharakters der BVA bekräftigt. Als eine Hauptfrage erwies sich die Entwicklung des Offizierskorps. Nach dem Gesetz durften keine Personen in der Armee bleiben, die sich faschistischer und volksfeindlicher Tätigkeit schuldig gemacht hatten. Auf Antrag einer Regierungskommission wurden innerhalb von 2 Wochen nach Erlaß des Gesetzes über 2000 Offiziere aus der Armee entlassen. An ihre Stelle traten der Arbeiterklasse und dem ganzen werktätigen Volk ergebene Offiziere, die an den Offiziersschulen der BVA bzw. an der Militärakademie ihre Ausbildung erhalten hatten. Bis 1948 wurden 80% des Offizierskorps erneuert. Eine bedeutende Unterstützung leistete die Sowjetunion, an deren militärischen Lehranstalten sich zahlreiche leitende Kader der BVA hervorragende militärische und politische Kenntnisse aneignen konnten. Entsprechend einem Abkommen zwischen beiden Regierungen leisteten sowjetische Militärspezialisten brüderliche Unterstützung beim Aufbau der BVA. Neue Lehrprogramme, Vorschriften und Ordnungen widerspiegelten die Ergebnisse der sowjetischen Militärwissenschaft und die allgemeingültigen Erfahrungen beim Aufbau der Sowjetarmee. In hohem Maße trug die systematische Neuausrüstung mit sowjetischer Kampftechnik zur Entwicklung der Organisation und zur Steigerung der Gefechtsmöglichkeiten der BVA bei.

Der V. Parteitag der Bulgarischen Kommunistischen Partei vom Dezember 1948, der die Grundlinie für den planmäßigen Aufbau des Sozialismus in der VR Bulgarien erarbeitete, leitete auch eine neue Etappe bei der Stärkung des Verteidigungspotentials der volksdemokratischen Staatsmacht ein. Ein wichtiger Schritt war der Beschluß des Politbüros des ZK der Bulgarischen Kommunistischen Partei vom Januar 1949 über den Aufbau von Parteiorganisationen in der Armee. Im Zusammenhang damit erfolgte die Neuregistrierung der Kommunisten in der BVA, die bis dahin in Parteiorganisationen außerhalb der Armee organisiert waren. Die Partei entsandte zahlreiche erfahrene Mitglieder zur Arbeit in die Streitkräfte. Ebenfalls im Januar 1949 nahm eine Offiziersschule für Politoffiziere ihre Tätigkeit auf. Große Bedeutung für die Festigung der führenden Rolle der marxistisch-leninistischen Partei in der BVA hatte der vom ZK der Kommunistischen Partei im März 1951 gefaßte Beschluß über Maßnahmen zur Verbesserung der parteipolitischen Arbeit. Die 1949 geschaffene Politische Verwaltung wurde zur Politischen Hauptverwaltung umgebildet, die Organisationsstruktur der Politorgane der Teilstreitkräfte und Verbände weiterentwickelt. Dank der uneigennützigen Unterstützung durch die Sowjetunion konnten in der ersten Hälfte der 50er Jahre große Fortschritte bei der Entwicklung der BVA zu einer modernen sozialistischen Armee erreicht werden. Stufenweise wurden neue Schützenwaffen, weiterentwickelte Artilleriesysteme, strahlgetriebene Flugzeuge und moderne Panzer eingeführt. Während der Aufbau der Panzerverbände und der Verbände der Luftstreitkräfte zum Abschluß gebracht wurde, begann der Aufbau von Truppen der Luftverteidigung. Um den wachsenden Bedarf an Militärkadern zu decken, wurden Offiziersschulen der Artillerie, der Panzertruppen, der rückwärtigen Dienste, der Nachrichten- und Pioniertruppen eröffnet. 1951 erfolgte die Gründung der Militärpolitischen Akademie und der Militärtechnischen Akademie. Seit 1952 ist der sozialistische Wettbewerb fester Bestandteil des militärischen Lebens in der BVA. Er erlangte für die Herausbildung politisch-moralischer und kämpferischer Eigenschaften sowie für ausgezeichnete Ergebnisse in der Gefechts- und politischen Ausbildung große Bedeutung.

Mit dem Warschauer Verteidigungsbündnis (1955) erhöhte sich die internationalistische Verantwortung der BVA für den militärischen Schutz des Sozialismus und die Sicherung des Friedens. Von der Kommunistischen Partei erhielt sie den Auftrag, alle modernen Mittel und Methoden zur Führung des bewaffneten Kampfes beherrschen zu lernen und jederzeit bereit zu sein, im engen Zusammenwirken mit der Sowjetarmee und den anderen Bruderarmeen jeden Aggressor vernichtend zu schlagen. Dementsprechend wurde mit der Realisierung eines langfristigen Programms der Umrüstung aller Teilstreitkräfte und Waffengattungen begonnen. Die Landstreitkräfte erhielten mehr Panzer, die Feuer- und Schlagkraft sowie Manövrierfähigkeit ihrer Verbände und Truppenteile erhöhten sich. Die Waffengattungen der Luftstreitkräfte, einschließlich der Fliegerverbände zur Unterstützung der Landstreitkräfte, wurden organisatorisch weiterentwickelt und ausrüstungsmäßig modernisiert. Zugleich erfolgte der weitere Aufbau von Waffengattungen der Luftverteidigung. In den Seestreitkräften wurden neben der Struktur der Schifsseinheiten auch die der Künsteneinheiten vervollkommnet, die die Basierung und Führung der Flottenkräfte sicherstellen. Um den höheren Anforderungen an den militärischen Schutz des Sozialismus gerecht zu werden, nahm die oberste Volksvertretung der VR Bulgarien im Februar 1958 das Gesetz über die allgemeine Wehrpflicht an.

Der tiefgreifende Prozeß der Reorganisation der BVA unter den Bedingungen der Revolution im Militärwesen war getragen von der Stärkung der führenden Rolle der marxistisch-leninistischen Kampfpartei in allen Bereichen des militärischen Lebens. In Auswertung der Erfahrungen der KPdSU faßte das ZK der Bulgarischen Kommunistischen Partei im Oktober 1958 den Beschluß «Über den Zustand der parteipolitischen Arbeit in der Bulgarischen Volksarmee und Maßnahmen zu ihrer Verbesserung». Darin wurde von der Anwendung des Leninschen Prinzips der Einzelleitung in der Armee ausgegangen und vollständige Klarheit geschaffen über die Aufgaben und die Stellung der Politorgane und der Parteiorganisationen und ihrer Rolle bei der Herstellung einer hohen Kampfkraft und Gefechtsbereitschaft der Streitkräfte. Der VIII. Parteitag vom November 1962 schätzte ein, daß die Entwicklung der BVA entsprechend den Anforderungen des Charakters eines modernen Krieges und der komplizierten internationalen Situation erfolgreich verlief. Besondere Aufmerksamkeit widmete die Partei der Heran- und Weiterbildung des militärischen Kaderbestands. Das Niveau der höchsten Bildungsstätten der BVA, der Militärakademie «Georgi Stojkow Rakowski» sowie der anderen Militärakademien, wurde weiter profiliert. Die Offiziersschulen wurden zu 4 Offiziershochschulen umgebildet. Die Studienzeit der künftigen Offiziere beträgt je nach Lehreinrichtung 4 oder 5 Jahre. Eine wachsende Anzahl mittlerer und höherer Kader qualifizierte sich an sowjetischen militärischen Lehreinrichtungen.

In den 60er Jahren wurde weitere moderne Kampftechnik zugeführt. In den Landstreitkräften gehörten dazu operativ-taktische und taktische Raketen, Panzerabwehrlenkraketen, moderne Panzer und Schützenpanzerwagen. Die Truppen der Luftverteidigung und die Luftstreitkräfte erhielten neue Fla-Raketenkomplexe, Überschallflugzeuge sowie moderne Funkmeßanlagen, Führungs- und Leitsysteme. Die Ausrüstung der Seestreitkräfte mit modernen Überwasserschiffen und U-Booten wurde fortgesetzt. Von der Meisterung der neuen Erfordernisse des Militärwesens durch die Angehörigen der BVA zeugte das Manöver «Rhodopen» 1967. Gemeinsam mit Einheiten der Sowjetarmee und der Streitkräfte der Sozialistischen Republik Rumänien demonstrierten Verbände und Truppenteile aller Teilstreitkräfte der BVA ihre hohe Kampfkraft und Gefechtsbereitschaft zur Erfüllung jeder Kampfaufgabe. Truppenteile der BVA erfüllten im August 1968 ihre internationalistische Pflicht zum Schutz der sozialistischen Errungenschaften in der ČSSR. Sie sicherten in en-

Truppenteile der Landstreitkräfte im Manöver «Waffenbrüderschaft 80», September 1980

ger Kampfgemeinschaft mit der Sowjetarmee und anderen Bruderarmeen den Frieden an der Trennlinie der beiden Gesellschaftssysteme in Europa. Der friedenssichernden Mission diente ebenfalls die Teilnahme am Manöver → *«Waffenbrüderschaft» 1970.* Fallschirmjäger der BVA, von sowjetischen Transportfliegerkräften in das Manövergebiet auf dem Territorium der DDR eingeflogen, erwiesen sich als hervorragende Soldaten und Waffengefährten im Zusammenwirken aller Bruderarmeen der Teilnehmerstaaten des Warschauer Vertrages.

Die weitere Entwicklung der BVA wurde durch die Beschlüsse des X. Parteitags der Bulgarischen Kommunistischen Partei vom April 1971 über die Gestaltung der entwickelten sozialistischen Gesellschaft bestimmt. Im Sinne seiner militärpolitischen Generallinie, die Verteidigungsfähigkeit des Landes auf dem gebotenen Niveau zu halten, verstärkte die Partei ihre führende Rolle auf allen Gebieten der Theorie und Praxis des Militärwesens. Die BVA demonstrierte auch in den 70er Jahren gemeinsam mit ihren Klassen- und Waffenbrüdern aus der Sowjetarmee und den anderen Armeen der Teilnehmerstaaten des Warschauer Vertrags das gewachsene Können der Kommandeure und Stäbe. Dabei stellte sie den hervorragenden Ausbildungsstand der Truppenteile sowie die hohen moralisch-politischen und kämpferischen Eigenschaften der Soldaten unter Beweis. Ihre Fähigkeit, schwierige Gefechtsaufgaben vor allem in Gebirgsregionen aber auch beim Schutz der 320 km langen Seegrenze der VR Bulgarien zu meistern, wurde deutlich sichtbar. Der XI. Parteitag der Bulgarischen Kommunistischen Partei vom März/April 1976 stellte die Aufgabe, angesichts der wachsenden Aggressivität des Imperialismus die kollektive Verteidigungsorganisation der sozialistischen Staatengemeinschaft zu stärken, vor allem durch die weitere Vergrößerung des nationalen Verteidigungspotentials. Dank der kontinuierlichen, immer engeren Zusammenarbeit mit der UdSSR und den anderen sozialistischen Staaten konnte die BVA bei der Vervollkommnung ihrer Struktur, Bewaffnung und Ausbildung den Anforderungen des modernen Militärwesens in gebotenem Maße entsprechen. Kennzeichnend dafür ist, daß sich z. B. der Motorisierungsgrad in den mot. Schützendivisionen in den vergangenen 3 Jahrzehnten auf das 40fache erhöht hat. Die Feuersalve einer solchen Division war Ende der 70er Jahre 8mal so groß wie die einer Schützendivision des Jahres 1945. In der Zeit des sozialistischen Aufbaus sind in der VR Bulgarien, einem ehemals rückständigen Land mit einem hohen Anteil an Analphabeten, politisch und militärisch hochqualifizierte Kader herangewachsen. Alle Kommandeure der Verbände und Truppenteile verfügen über eine militärakademische Bildung, 50% der Offiziere sind

Signalgast der Schwarzmeerflotte

Hochschulabsolventen, und jeder vierte ist Hochschulingenieur. Etwa 90% der Offiziere sind Mitglieder der Kommunistischen Partei. 97% der jungen Soldaten und Unteroffiziere, von denen über 90% eine Mittelschulbildung besitzen, gehören dem kommunistischen Jugendverband an. Im internationalistischen Geist erzogen, der marxistisch-leninistischen Partei und dem Volk treu ergeben, demonstrieren Angehörige der BVA, die am Manöver → *«Waffenbrüderschaft 80»* teilnahmen, ihre hohe Kampfkraft und Gefechtsbereitschaft zur Erfüllung des einheitlichen militärischen Klassenauftrages der verbündeten sozialistischen Armeen.

Dank den Leistungen des bulgarischen Volkes ist die BVA in der Lage, den Erfordernissen entsprechend ihre Kampfkraft und Gefechtsbereitschaft zu erhöhen. Sie steht in geschlossener Front mit den Angehörigen der Sowjetarmee und der Armeen der anderen Teilnehmerstaaten des Warschauer Vertrages an der Südflanke der Staatengemeinschaft auf Wacht für die zuverlässige Sicherung von Sozialismus und Frieden. *(s. Abb. S. 56, 146, 186, 310, 1011)*

Bund Deutscher Offiziere (BDO): während des zweiten Weltkriegs antifaschistische Organisation kriegsgefangener deutscher Offiziere und Generale in der Sowjetunion, die Teil der Bewegung «Freies Deutschland» war.

Der BDO wurde am 11. und 12. 9. 1943 in Lunjowo bei Moskau gegründet. Die mehr als 100 Delegierten kriegsgefangener Offiziere in der UdSSR wählten General Walther von Seydlitz-Kurzbach (1888–1976) zum Präsidenten des BDO. Die Gründung des BDO erleichterte vaterlandsliebenden Offizieren und Generalen den Anschluß an die Bewegung «Freies Deutschland», der am 14. 9. 1943 erfolgte. Seine Mitglieder wirkten über die Zeitung

«Freies Deutschland» und den gleichnamigen Sender an der Verbreitung antifaschistischen Gedankenguts mit. Der BDO spielte eine bedeutsame Rolle im Kampf der Frontorganisation des → *Nationalkomitees «Freies Deutschland» (NKFD)* an der sowjetisch-deutschen Front. Vertreter des Bundes waren als Frontbevollmächtigte, Armeebeauftragte bzw. Divisionshelfer in der Roten Armee tätig oder gehörten Kampfgruppen an, die im Frontgebiet oder im Hinterland des Gegners eingesetzt waren. Mit vielen zentralen Flugblättern und persönlichen Briefen wandte sich das Präsidium des BDO vor allem an die höheren Truppenkommandeure der faschistischen Wehrmacht und forderte sie auf, im Sinne der taktischen Hauptlosungen des NKFD zu handeln. Umfangreich war auch die Arbeit, die die Gruppen des BDO in den Kriegsgefangenenlagern für Offiziere in der UdSSR leisteten. Bis zum Frühjahr 1945 waren etwa 4000 kriegsgefangene Offiziere und Generale dem BDO beigetreten. Gemeinsam mit dem NKFD beschloß der BDO am 2.11.1945 seine Selbstauflösung.

NATIONALKOMITEE Freies Deutschland
BUND DEUTSCHER OFFIZIERE

Deutsche Unteroffiziere und Soldaten, gebt dieses Flugblatt an Eure Offiziere ab!

Deutsche Offiziere im Baltikum!

Als überlebender Offizier aus dem Kessel von Stalingrad habe ich nicht nur das Recht, sondern die Pflicht, mich an Sie zu wenden. Ich wurde von Hitler totgesagt – dennoch lebe ich und schweige nicht.

Im blinden Gehorsam glaubte ich an die Versprechungen des Dilettanten Hitler, dem auch Sie noch gehorchen. 2000 km entfernt, vom grünen Tisch aus, befahl der Größenwahnsinnige, bis zur letzten Patrone zu kämpfen.

Auf Hilfe von Außen hoffend, aber im Stich gelassen, belogen und verraten, im deutschen Rundfunk die eigenen Grabreden hörend, gingen für diesen sogenannten Führer 250.000 Deutsche wie die Hunde zugrunde. 90000 traten als Skelette den Weg in die Gefangenschaft an.

In unzähligen Kesselserien, trotz allen Versprechungen Hitlers, wiederholte sich die Vernichtung der Wehrmacht. Hunderttausenden Soldaten kostete es das Leben.

Heute hat Sie im Baltikum dasselbe Schicksal ereilt. Sie werden ebenso bedenkenlos geopfert und werden ebenso untergehen, wie so viele andere deutsche Offiziere in den Kesseln von **Stalingrad, Korsun, Tarnopol, Witebsk, Brody**, endlich **Kischinew** u. a. m.

Flugblatt des BDO an die Soldaten und Offiziere der Heeresgruppe Nord vom 20. September 1944

Bundesgrenzschutz der BRD (BGS): seit 1951 bestehende militärähnlich organisierte Polizeitruppe, die nicht nur für den Grenzdienst, sondern auch für den Einsatz im Innern und für konterrevolutionäre Aktionen gegen die sozialistischen Nachbarstaaten der BRD geschaffen wurde und die später als Grundstock für die Aufstellung der → *Bundeswehr der BRD* diente.

Gemäß den Empfehlungen der Londoner Konferenz 1948 wurde im Grundgesetz der BRD die Errichtung sog. Bundesgrenzschutzbehörden festgelegt. An die Erfahrungen der Grenzschutz- und Heimatschutzverbände der Weimarer Republik anknüpfend, war vorgesehen, auf diese Weise die Polizei der Länder der BRD zu ergänzen und gleichzeitig eine flexibel einsetzbare Sonderpolizeitruppe zu schaffen. Insbesondere sollte der BGS im Zusammenwirken mit der Bayrischen Grenzpolizei (gebildet 1945) und dem Zollgrenzdienst (gebildet 1949) die Staatsgrenzen zur DDR und zur ČSR überwachen und aufklären, Kontrolldienst an den Übergangsstellen dieser Grenzen durchführen und Provokationen sowie gegebenenfalls bewaffnete Aktionen gegen die sozialistischen Grenzsicherungsorgane unternehmen. Die Aufstellung des BGS erfolgte auf der Grundlage eines Gesetzes vom 16.3.1951, das Festlegungen über Charakter, Struktur und Gliederung der Polizeitruppe enthielt. Schon im November 1951 erreichte der BGS eine Stärke von 10000 Mann. Von seinen Offizieren waren 62% ehem. Offiziere der Wehrmacht und Waffen-SS, 31% ehem. Polizeibeamte der Weimarer Republik und 7% ehem. Polizeiangehörige des faschistischen Staates. Etwa 15% des gesamten Peronalbestandes rekrutierte sich aus ehem. Angehörigen der Fallschirmtruppe der Wehrmacht. Der BGS gliederte sich anfangs in die Grenzschutzkommandos West (ab 1953 Mitte), Nord und Süd mit je 4 Grenzschutzabteilungen zu je 600 Mann, den Seegrenzschutzverband (500 Mann) und eine Grenzschutzabteilung Bau. Von den Grenzschutzabteilungen wurden 9 an der Staatsgrenze zur DDR und 2 an der zur ČSR disloziert. Die Erstausstattung des BGS an Waffen und Gerät bestand vorwiegend aus leichten Infanteriewaffen, Mannschaftstransportfahrzeugen und Nachrichtenmitteln. Zur Führung durch das Bundesinnenministerium der BRD wurde die Dienststellung des Inspekteurs des BGS geschaffen, der für die Führung, die Ausbildung und den Einsatz des BGS sowie für die Koordination des Zusammenwirkens mit anderen Polizeiformationen zuständig ist.

Am 19.6.1953 beschloß der Bundestag der BRD die personelle Verstärkung des BGS auf 20000 Mann, wodurch offensichtlich die politische Lage nach dem Scheitern des konterrevolutionären Putschversuchs 1953 gegen die DDR weiter zugespitzt werden sollte. Daraufhin erfolgte Änderungen in der Gliederung des BGS betrafen die Bildung des Grenzschutzkommandos Küste mit einer Grenzschutzgruppe aus 3 Grenzschutzabteilungen und dem Seegrenzschutzverband sowie die Formierung von je 2 Grenzschutzgruppen zu je 3 Grenzschutzabteilungen bzw. den Aufbau je 1 Grenzschutzbau- und 1 Grenzschutzausbildungsabteilung unter den anderen 3 Grenzschutzkommandos. Die Übungen, vorrangig in grenznahen Gebieten und in der Nähe von Industriezentren, wurden intensiviert und ermöglichten den geschlossenen Einsatz von BGS-Formationen bis zur Stärke eines Regiments in allen Gefechtsarten. Zugleich erfolgte eine Um- bzw. Neuausrüstung mit modernen Waffen, eingeschlossen leichte Artilleriewaffen. Der seit dem 1.7.1951 aufgestellte Seegrenzschutz verfügte zunächst über 3, ab 1954 über 6 Flottillen und umfaßte Ende 1954 bereits 1100 Mann und 38 Schiffseinheiten. Die Neuausrüstung des BGS Mitte der 50er Jahre schloß die Errichtung einer eigenen Flugbereitschaft in Hangelar am 7. 5. 1955 ein.

Eine neue Entwicklungsetappe begann mit dem am 31. 5. 1956 in Kraft getretenen zweiten BGS-Gesetz. Es sah die teilweise Überführung des BGS in die Bundeswehr der BRD vor. Neben Ausrüstungsgütern wurden 9600 BGS-Angehörige übernommen, die bereits längere Zeit auf ihre neuen Aufgaben vorbereitet worden waren. Sie bildeten die Kader für 3 Grenadierdivisionen. Der vollständig übergeführte Seegrenzschutzverband des BGS wurde zum Grundstock für die Seestreitkräfte. Durch Sondermaßnahmen wurde der BGS bis 1961 wieder auf 14000 Mann aufgefüllt. Die Grenzschutzabteilungen erreichten die Feuerkraft von Panzergrenadierbataillonen der Bundeswehr. Gleichzeitig wurden spezielle Waffengattungen geschaffen, u. a. die Pionier- und die Fernmeldetruppe. Mitte 1961 gliederte sich der BGS in 4 Grenzschutzkommandos mit 4 technischen und 4 Ausbildungsabteilungen, 8 Grenzsschutzgruppen und 24 Grenzschutzabteilungen sowie in das Grenzschutzkommando Schulen, den Grenzschutzeinzeldienst und die Grenzschutzverwaltung. Nach dem Scheitern der Aggressionspläne gegen die DDR und andere sozialistische Staaten im Sommer 1961 wurde die Rolle des BGS innerhalb der verstärkten imperialistischen Kriegsvorbereitung präzisiert. Er sollte künftig als Bestandteil der → *zivilen Verteidigung in der BRD* wirksam werden. Entsprechende Festlegungen enthielten die in den 60er Jahren verabschiedeten Notstandsgesetze der BRD. Der 1965 gesetzlich fixierte Kombattantenstatus bedeutet die offizielle Integration des BGS in den militärischen Machtmechanismus der BRD.

Bereits 1962/63 hatte auf der Basis der BGS-Flugbereitschaft die Aufstellung von Fliegerstaffeln begonnen, die 1964 zum Aufbau der Grenzschutzfliegergruppe führte. Diese verfügte Ende 1970 über ca. 50 Hubschrauber. Seit 1964 wurde auch der Bundesgrenzschutz See wieder aufgebaut. Es entstanden eine Stabs- und eine Lehr- und Ergänzungsflottille sowie eine mit Hubschraubern ausgerüstete Küstenjägerhundertschaft, zu der auch Aufklärungs- und Luftlandezüge gehören. 1970/71 kamen 2 Einsatzflottillen mit je 4 seegehenden Patrouillenbooten hinzu.

Seit 1961/62 gibt es bei allen BGS-Kommandos Nachrichtenzentralen zum Erfassen von Aufklärungs- und Spionageangaben. Sie arbeiten den Verbindungsstäben für Aufklärung/Spionage zu, die in den an die DDR und ČSSR angrenzenden Bundesländern bestehen. In den Verbindungsstäben sind Mitarbeiter aller militärischen, geheimdienstlichen und polizeilichen Organe der BRD vertreten. Das BGS-Gesetz vom 1. 4. 1973 legte eine personelle Erweiterung, verbesserte Ausbildung und technisch vollkommenere Ausstattung der Formationen fest. Gleichzeitig sollte der Einfluß des BGS auf die Polizei der Länder verstärkt sowie eine effektivere Zusammenarbeit zwischen ihnen gewährleistet werden. Die Stärke des BGS stieg in den 70er Jahren weiter an und erreichte zu Beginn der 80er Jahre rd. 22500 Mann. Der BGS erhielt moderne Infanteriewaffen, gepanzerte und ungepanzerte Mannschaftsfahrzeuge, Spezialfahrzeuge, Spezialausrüstungen für den inneren Einsatz, Hubschrauber sowie Schnellboote mit 40-mm-Kanonen. Seine Kampfkraft und vor allem seine Mobilität wurden dadurch erhöht. Auf Anordnung des Bundesinnenministers der BRD vom 26. 9. 1972 entstand die Grenzschutzgruppe 9, zu deren Aufgaben die Durchführung von Kommandounternehmen gehört. Das 1975 in Bonn geschaffene Grenzschutzkommando West übernahm die Abschirmung u. a. solcher Objekte wie des Bundeskanzleramtes, des Bundestages und bestimmter Ministerien.

Mit dem organisatorischen, materiellen und personellen Ausbau des BGS und der immer stärkeren Ausprägung militärischer Funktionen ging eine wachsende ideologische Beeinflussung seiner Angehörigen einher. Bereits am 5. 10. 1951 wurde der Bundesgrenzschutz-Verband e. V. gegründet, der als vorgeblicher Interessenverband aller BGS-Beamten seine Hauptaufgabe in deren antikommunistischer, proimperialistischer und militaristischer Beeinflussung sieht. Dem gleichen Ziel dienen Zeitschriften und Zeitungen, darunter «Der Grenzgänger» (1951–1973), «Der Bundesgrenzschutz» (seit 1974), «Die Parole» (1951–1973), «BGS – Zeitschrift des Bundesgrenzschutzes» (seit 1974), «Polizei-Kurier» (seit 1956) und «Die Bundespolizei» (seit 1977), eine Vielzahl anderer Propagandamaterialien und seit 1955/56 auch die Tätigkeit von evangelischen und katholischen Geistlichen im BGS. Seinem Charakter und seinen Aufgaben nach ist der BGS ein wichtiges Instrument im politischen und militärischen Machtmechanismus des staatsmonopolistischen Kapitalismus der BRD. Er soll im Aggressionsfall an der Sicherung des rückwärtigen Raumes der operativen Streitkräftegruppierungen der NATO teilnehmen.

Bundesheer: Kontingentsheer des Deutschen Bundes von 1815 bis 1866.

Der 1815 gegründete Deutsche Bund, eine Föderation von 41 (später 38) souveränen Territorialstaaten und Freien Städten, hatte das Ziel, die Unabhängigkeit der deutschen Einzelstaaten zu erhalten und die erstarkende nationale Einigungsbewegung zu unterdrücken. Das Militärsystem des Deutschen Bundes (Bundeskriegsverfassung) beruhte auf den «Grundzügen der Kriegsverfassung des Deutschen Bundes» vom 9. 4. 1821 und den sie ergänzenden Bestimmungen vom 12.4.1821 und 11.7.1822. Bundeskriegsverfassung und B. widerspiegelten die Aufrechterhaltung der territorialen Zersplitterung und der Fürstenherrschaft sowie den Dualismus der beiden stärksten Mächte, Österreich und Preußen. Sie stellten aber gegenüber der feudalen Reichskriegsverfassung und der → *Reichsarmee* einen begrenzten Fortschritt dar.

Die Bundesstaaten verpflichteten sich, den Bund sowie jeden einzelnen Staat gegen einen äußeren Angriff zu verteidigen und keinen Krieg gegeneinander zu führen. Der Deutsche Bund konnte den Bundeskrieg gegen ausländische Mächte erklären und Frieden schließen. Die Mittel zur Durchsetzung der Bundesverfassung waren die Bundesintervention, die sich vor allem gegen Volksbewegungen richtete, und die Bundesexekution gegen verfassungswidrig handelnde Bundesstaaten. Militärisches Instrument des Bundes war das B., das sich aus Kontingenten aller Mitgliedstaaten zusammensetzte. Oberstes Entscheidungsorgan in militärischen Fragen war die Bundesversammlung (Bundestag). Für die laufenden militärischen Geschäfte wurde 1819 die Militärkommission als ständiges Organ mit beratender Funktion gebildet. Sie bestand unter österreichischem Vorsitz aus 6 Militärbevollmächtigten: 3 ständigen (Österreich, Preußen und Bayern) und 3 wechselnden von den 3 gemischten Armeekorps, die aber an die Weisungen ihrer Regierungen gebunden waren. Ihre Tätigkeit erstreckte sich auf die Verwaltung der Bundesfestungen und die Leitung des Festungsbaus, auf eine gewisse Kontrolle des Zustandes der Kontingente sowie (seit 1846) auf die Überprüfung der Eisenbahnen für militärische Zwecke. Die Militärkommission arbeitete sehr schwerfällig. Erst nach 1830 bemühte sie sich stärker darum, die Kriegsbereitschaft des B. zu heben.

Das B. wurde erst im Konfliktfall formiert. Von der Kopfstärke des B. stellten Österreich 31 %, Preußen 26 %, Bayern 12 % und die übrigen Bundesstaaten zusammen 31 %. Gemäß der Bundesmatrikel vom

Zusammensetzung des Bundesheeres 1860

Armeekorps	Divisionen	Kontingentstaat	Gesamtstärke (mit Reserve)	Pferde	Geschütze
I., II., III.		Österreich	200558	27927	568
IV., V., VI.		Preußen	176790	44043	532
VII.		Bayern	77191	11161	136
VIII.	1.	Württemberg	24762	3510	52
	2.	Baden	17196	3666	38
	3.	Großherzogtum Hessen	12631	2074	24
			54589	9250	114
IX.	1.	Sachsen	27448	3001	46
	2.	Kurhessen	12191	1350	22
		Nassau	6157	145	16
		Limburg	926	634	
		Luxemburg	1779	7	
			48501	5137	84
X.	1.	Hannover	25751	4718	50
		Braunschweig	4900	447	8
	2.	Holstein und Lauenburg	6005	761	8
		Mecklenburg-Schwerin	6297	679	14
		Mecklenburg-Strelitz	1350	10	
		Oldenburg	3761	443	10
		Lübeck	757	2	
		Bremen	710	3	
		Hamburg	2120	241	
			51651	7304	90
Reservedivision		15 kleine Kontingentstaaten	17725	60	
Gesamtstärke des Bundesheeres			627005	105882	1524

20. 8. 1818 hatte jeder Mitgliedstaat ein Kontingent von 1% seiner Bevölkerung aufzubringen, das insgesamt (einschließlich Reserve und Ersatz) $1^5/_6$% nicht überschreiten durfte. 1855 wurde dieser Prozentsatz geringfügig erhöht. 1821 zählte das B. insgesamt 455260 Mann, davon 151767 Mann Reserve und Ersatz. Innerhalb der Kontingente war für jede Waffengattung ein bestimmter Anteil festgelegt. Aufgrund der schweren wirtschaftlichen Folgen der Kriege 1813–1815 blieben aber die Anforderungen an die Friedenspräsenzstärke und die Kriegsbereitschaft der Kontingente relativ niedrig. Österreich und Preußen stellten nur den kleineren Teil ihrer Heere für den Bund.

Das B. gliederte sich in 10 Armeekorps: 7 ungemischte und 3 gemischte. Da die Bundeskriegsverfassung die Militärhoheit auch der kleinen Kontingente garantierte – Liechtenstein stellte mit 82 Mann das kleinste – und deren Eingliederung in größere untersagte, war die Organisation der 3 gemischten Korps kompliziert. Kontingentstruktur und Gliederung des B. überlagerten und durchkreuzten sich. Außerdem konnten die Kleinstaaten die Waffengattungen nicht im festgelegten Verhältnis aufbringen. Seit 1830 wurden deshalb die Kontingente von 19 Kleinstaaten (später 15) aus dem VIII. und IX. Armeekorps herausgenommen und zu einer Reservedivision formiert. Sie bestand nur aus Infanterie und sollte Festungsdienst leisten. Das B. verfügte neben der Feldartillerie der Armeekorps über einen Belagerungspark von 200 schweren Geschützen, die korpsweise gestellt wurden, sowie über einen österreichisch-preußischen Brückentrain. Bundesfestungen waren seit 1815 Mainz, Luxemburg und Landau, seit 1841 auch Ulm und Rastatt. Für sie galt die Militärhoheit der Bundesstaaten nur bedingt. 1860 machten die vorgesehenen Besatzungen fast 15% des B. aus. Die Bundesfestungen lagen jedoch strategisch und verkehrsmäßig ungünstig; sie gewannen erst Bedeutung im Zusammenhang mit dem ganzen Festungssystem Österreichs und Preußens.

Nach 1815 gerieten die Heere der Bundesstaaten in einen Zustand von Stagnation und teilweisem Verfall. Oft war die Bewaffnung veraltet, der Truppendienst von stupidem Exerzierplatzdrill geprägt. In den kleinen Staaten verkam das Militärwesen; zur Aufrechterhaltung ihrer Macht suchten die Fürsten militärische Hilfe bei Österreich und Preußen. Bewaffnung, Ausrüstung, Ausbildung, Dienstzeit, Uniformen, Verpflegung, Militärgerichtsbarkeit u. a. m. waren bei den Truppen der einzelnen Staaten unterschiedlich. Gleiches galt für die personelle Ergänzung der Heere: Es gab die → *allgemeine Wehrpflicht* nach preußischem Muster, die → *Konskription* mit Stellvertretung in Österreich und in den meisten Mittel- und Kleinstaaten sowie faktische Freiwilligenwerbung in den Freien Städten (Lübeck, Bremen, Hamburg, Frankfurt am Main). Im Einsatz sollten die Bundestruppen ein gemeinsames Erkennungszeichen tragen. In der Kriegsbereitschaft und Kampfart bestanden zwischen den ungemischten und den gemischten Korps des B. gravierende Unterschiede. Die Kontingente der gemischten Korps besaßen infolge ausgedehnter Beurlaubungen nur eine geringe Friedenspräsenzstärke, vor allem aber fehlten ihnen Artillerie und Kavallerie. Eine einheitliche Bewaffnung kam nur beim VIII. Armeekorps zustande. Eine weitere Schwäche des B. bestand darin, daß ihm die Kontingente von Territorialstaaten angehörten (Hannover, Limburg, Luxemburg, Holstein und Lauenburg), die durch Personalunion von ausländischen Fürsten regiert wurden. Es gab kein ständiges Oberkommando des B. Der Oberbefehlshaber sollte erst bei Mobilmachung durch die Bundesversammlung, der er verantwortlich war, gewählt werden. Seine Befugnisse (Operationsplanung sowie Ausrüstung, Versorgung und Unterbringung des B.) waren jedoch durch das Hauptquartier eingeschränkt, dessen Mitglieder teils von der Bundesversammlung und teils vom Oberbefehlshaber ernannt wurden. Auch für die Bundeskorps bestanden keine ständigen Kommandobehörden. Besonders schwierig war es, die Befugnisse der Befehlshaber der gemischten Korps festzulegen.

Das B. kam bis 1866 niemals vollständig zum Einsatz. Wie die Truppen der Bundesstaaten diente es wesentlich als Unterdrückungsinstrument im Innern. Im Sommer 1830 sanktionierte der Bundestag die preußischen Pläne, in anderen Bundesstaaten gegen die Volksbewegungen zu intervenieren. Unter dem Einfluß der neuen Welle revolutionärer antifeudaler Bewegungen, hervorgerufen durch die Julirevolution in Frankreich 1830, kam es zu ersten kleinen Schritten, um die Kriegsbereitschaft des B. zu heben (Bil-

Einsätze von Bundestruppen

1830	Bundesintervention in Luxemburg (24000 Mann) zur Unterdrückung der revolutionären Volksbewegung
1831	Intervention preußischer Truppen (mit Billigung des Bundestages) in Reuß-Schleiz, Reuß-Ebersbach und Waldeck zur Niederschlagung der antifeudalen Volksbewegungen
1833	Besetzung von Frankfurt am Main
1848/49	Bundeskrieg gegen Dänemark. Einmarsch in Holstein und Schleswig
1849	Einsatz von Bundestruppen und preußischen Truppen zur Vernichtung der badisch-pfälzischen Revolutionsarmee
1850	Einmarsch bayrischer, österreichischer und preußischer Truppen in Kurhessen
1863/64	Besetzung von Holstein und Lauenburg
1866	Erklärung des Bundeskrieges gegen Preußen

dung der Reservedivision; Einigung über die Organisation der gemischten Korps; periodische Inspektionen der Bundeskorps seit 1841). In der → *Revolution 1848/49* scheiterte der Versuch, ein einheitliches deutsches Militärwesen mit einer Nationalarmee zu schaffen. Die militärischen Einrichtungen des Bundes wurden nur zeitweise ausgeschaltet. Die 1848 gegründete → *Kriegsflotte der Frankfurter Nationalversammlung* übernahm der Deutsche Bund nicht. Im Bundeskrieg gegen Dänemark (→ *Dänisch-Deutscher Krieg 1848–1851*) wurden Truppen Preußens und des X. Bundeskorps eingesetzt.

Unter dem Einfluß des raschen ökonomischen und technischen Fortschritts auf das Militärwesen, insbesondere der Entwicklung gezogener Waffen, und der Lehren des Krimkrieges (1853–1856) wurde die Überlebtheit der Bundeskriegsverfassung und des B. immer offenkundiger. 1853 leitete der Bundestag eine teilweise Revision der Bestimmungen von 1821/22 ein. Ihre im Januar 1855 beschlossenen Ergebnisse (periodische Manöver für Divisionen bzw. Brigaden; Mindestausbildungszeit für Rekruten; geringfügige Erhöhung der Kontingentsstärken; Aufstellung der Reservekontingente bereits mit den Hauptkontingenten u. a. m.) bedeuteten keine wesentlichen Veränderungen des B. 1859 offenbarten Österreichs Niederlage im Krieg gegen Sardinien-Piemont und Frankreich, die erstmalige Mobilmachung des ganzen B. und auch die Mobilisierung der preußischen Armee die katastrophalen Mißstände im Militärwesen des Deutschen Bundes. Fast alle Bundesstaaten sahen sich gezwungen, militärische Reformen einzuleiten. Wie Friedrich Engels (1820–1895) schrieb, wurde «die Heeresreform zur Tageslosung in Deutschland» (K. Marx/F. Engels, 15, S. 19). Konsequent wurde sie nur in Preußen durchgeführt (→ *Heeresreorganisation in Preußen 1859/60*), das nach militärischer Vorherrschaft im Deutschen Bund strebte. Dem dienten auch die preußischen Vorschläge von 1860/61 zur Revision der Bundeskriegsverfassung, insbesondere die Forderung nach preußischem Oberbefehl über die norddeutschen Bundeskontingente. Österreich lehnte jedoch diese Vorschläge ab.

Gestützt auf seinen militärischen Einfluß in zahlreichen norddeutschen Kontingenten seit den 50er Jahren (u. a. durch deren Ausrüstung mit dem → *Zündnadelgewehr*), versuchte Preußen auf bilateralem Wege sein Ziel zu erreichen. Aufgrund der 1861/62 abgeschlossenen Militärkonventionen mit Coburg-Gotha, Sachsen-Altenburg, Waldeck und Anhalt-Dessau wurden deren Kontingente in die preußische Armee eingegliedert. Auch mit anderen norddeutschen Kleinstaaten kamen militärische Absprachen zustande. Den Bundeskrieg gegen Dänemark (→ *Dänisch-Deutscher Krieg 1864*) führte eine preußisch-österreichische Armee. Die dabei zutage getretene militärische Überlegenheit der preußischen Truppen trug sehr dazu bei, daß sich Preußens Einfluß im Deutschen Bund rasch verstärkte. Als der Bundestag 1866 die Bundesexekution gegen Preußen beschloß, traten die meisten norddeutschen Kleinstaaten an die Seite Preußens. Im → *Preußisch-Österreichischen Krieg 1866* waren die Mängel der gegen Preußen kämpfenden Bundestruppen eine Hauptursache für deren schnelle Niederlage. Mit der Zerschlagung des Deutschen Bundes im Ergebnis des Krieges von 1866 hörte das B. auf zu bestehen. Die letzte Phase der bürgerlichen Umgestaltung des Militärwesens in Deutschland vollzog sich unter der Hegemonie des preußischen Militärstaates. Sein Militärsystem wurde auf den Norddeutschen Bund und danach auf das deutsche Kaiserreich (→ *kaiserlich-deutsches Heer*) übertragen.

Bundesnachrichtendienst der BRD (BND): Zweig des Geheimdienstsystems der BRD, der nach außen fungiert und dessen Spionage- und Subversionstätigkeit vorwiegend gegen sozialistische Staaten und in besonderem Maße gegen die DDR gerichtet ist.

Unmittelbar nach dem zweiten Weltkrieg wurden Teile des faschistischen Geheimdienstes durch USA-Behörden vor der Zerschlagung bewahrt und als Organisation Gehlen in den Dienst des amerikanischen militärischen Geheimdienstes bzw. der 1947 gegründeten CIA gestellt. Leiter der Organisation war Reinhard Gehlen (1902–1979), ehem. Generalleutnant der faschistischen Wehrmacht und langjähriger Chef der Abteilung Fremde Heere Ost beim OKH. Nach Gründung der BRD verblieb die Organisation vorerst noch unter CIA-Regie, ihre Übernahme in den Verantwortungsbereich der BRD-Regierung wurde aber vorbereitet. Die Gehlenorganisation war maßgeblich an der Vorbereitung und Auslösung des konterrevolutionären Putschversuchs 1953 in der DDR beteiligt. Im Zuge der Integration der BRD in die NATO erfolgte die Eingliederung der Organisation in den BRD-Regierungsapparat. Sie wird seit dem 1. 4. 1956 offiziell als BND bezeichnet. Die Aufgabenbereiche des BND umfassen: Informationsbeschaffung durch Spionage auf wirtschaftlichem, militärischem, wissenschaftlich-technischem sowie außen- und innenpolitischem Gebiet; Einflußnahme auf progressive gesellschaftliche Entwicklungen in anderen Staaten durch Diversion, Sabotage, psychologische Kriegführung, Terror und konterrevolutionäre Aktionen; Beteiligung am internationalen Waffenhandel; Abschirmung der eigenen Organisation gegen andere Geheimdienste und gegen die Öffentlichkeit. Ein Schwerpunkt seiner Geheimdiensttätigkeit sind die sozialistischen Staaten. Der BND ist unmittelbar dem Bundeskanzler der BRD unterstellt und unterhält Verbindungsreferenten zu den Ministerpräsidenten der Bundesländer der BRD. Im Widerspruch zu den völkerrechtlichen Vereinbarungen über den Status von Westberlin gibt es eine derartige Verbindung auch zum Regierenden Bürgermeister von Westberlin. Der BND ist zentralistisch und nach dem Linearprinzip organisiert. Er stützt sich auf viele, zahlenmäßig kleine Gruppen (z. B. geheimdienstliche Zubringergruppen) inner- und außerhalb der BRD. Zur Tarnung seiner Tätigkeit benutzt er Scheinfirmen und -organisationen. Der BND arbeitet mit anderen Geheimdienstzweigen der BRD, insbesondere mit dem → *Geheimdienst der Bundeswehr der BRD,* sowie mit den Geheimdiensten der NATO-Partner und mit NATO-Institutionen zusammen. Er ist durch gegenseitige umfangreiche personelle Vertretungen vor allem mit der CIA eng verknüpft und strebt bei Wahrung der Eigenständigkeit und unter den Bedingungen bestehender Konkurrenz untereinander weitestgehende Kooperationen mit ihr an. 1956 hatte der BND 1245 hauptamtliche Mitarbeiter, 1965 waren es rd. 3000 und 1974 bereits rd. 6000. Die staatliche Finanzierung wurde offiziell 1956 mit 23,1 Mill. DM, 1966 mit 68,0 Mill. DM und 1979 mit 135,0 Mill. DM ausgewiesen, jedoch stehen dem BND über diese Mittel hinaus weitere Finanzquellen zur Verfügung. Die Tätigkeit des BND ist gesetzlich nahezu völlig ungebunden und widerspiegelt die aggressive Politik des BRD-Imperialismus. Sie verstößt gegen völkerrechtliche Grundrechte und Prinzipien sowie gegen die Landesgesetze der betroffenen Staaten und trägt damit verbrecherischen Charakter. 1980 übernahm das bei der Bundeswehr der BRD gebildete Amt für Nachrichtenwesen einen Teil des militärischen Apparates des BND.

Bundeswehr der BRD: stärkstes bewaffnetes Organ der BRD, das sich in Heer, Luftwaffe, Marine und Territorialorganisation gliedert und die Aufgabe hat, das monopolkapitalistische Regime in der BRD militärisch abzusichern und im Falle einer Aggression der → *NATO* gegen die Staaten des → *Warschauer Verteidigungsbündnisses* – zusammen mit den USA-Streitkräften – die Rolle der Hauptschlagkraft in Mitteleuropa zu übernehmen.

Nach jahrelangen Vorbereitungen durch die → *Remilitarisierung der BRD* begann der Aufbau der B. unmittelbar nach der Ratifizierung der → *Pariser Verträge 1955* und der damit verbundenen Aufnahme der BRD in die → *Westeuropäische Union (WEU)* sowie in die NATO. Die nunmehr beginnende beschleunigte Aufrüstung der BRD entsprach den Absichten der USA, auch das militärische Potential der BRD in den nordatlantischen Militärblock einzubeziehen und für die Durchsetzung ihrer Globalstrategie auszunutzen.

Konzeptionelle Grundlagen für den Aufbau der B. und die Ausbildung sowie Erziehung ihrer Angehörigen waren von ehem. Offizieren, Generalen und Admiralen der faschistischen Wehrmacht seit Ende der 40er Jahre entwickelte Vorstellungen. Sie beruhten auf der Auswertung von Erfahrungen des zweiten Weltkrieges sowie auf Schlußfolgerungen aus der Entwicklung des Imperialismus seit 1945 aus reaktionärer Sicht, so insbesondere aus der Korea-Aggression der USA. Sehr detaillierte Überlegungen für den Aufbau der B. wurden bereits in der → *Himmeroder Denkschrift 1950* fixiert. Gleichzeitig schuf die Regierung mit der → *Militärgesetzgebung der BRD* die juristischen Grundlagen für den Aufbau von Streitkräften. Im September 1955 gab die Adenauerregierung den Aufstellungsplan für die B. bekannt. Er sah vor, bis 1. 1. 1959 12 Divisionen voll auszurüsten und auszubilden und bis 1. 1. 1960 außerdem Luftstreitkräfte in Stärke von 80000 Mann und eine Marine in Stärke von 20000 Mann aufzustellen. Die ersten Führungskräfte der B., die deren Aufbau sowie die Ausbildung und Erziehung der Soldaten durchführten, waren ehem. Generale, Offiziere und Unteroffiziere der faschistischen Wehrmacht. Die Generalität hatte zum größten Teil Generalstabspraxis. Ende 1956 traf dies auf 31 von den insgesamt 38 Generalen zu; von den 237 Obersten kamen 100 aus dem faschistischen Generalstab. Hierin offenbart sich u. a. die Kontinuität von faschistischer Wehrmacht und B. Diese Führungskräfte waren die Gewähr für den revanchistischen, antisozialistischen Charakter der Streitkräfte des BRD-Imperialismus und prägten deren moralische Haltung im Geiste militaristisch-faschistischer Traditionen.

Die militärpolitischen und militärischen Entwicklungsleitlinien für die Streitkräfte der BRD im Rahmen der NATO präzisierte das am 7. 6. 1955 in das Bundesministerium für Verteidigung umgewandelte → *Amt Blank.* Die USA unterstützten den Aufbau der B. durch militärische Ausbildung von Führungskräften und durch Waffenlieferungen.

Die erste Etappe des Aufbaus der B. umfaßt den Zeitraum von 1955 bis 1962/63. Bis etwa 1957/58 ist sie vom Streben nach militärischer Gleichberechtigung der BRD in der NATO gekennzeichnet, danach geht es um wesentliche Verstärkung des Einflusses im Pakt.

Im November 1955 erfolgte die Erweiterung der Aufgaben des Bundesministeriums für Verteidigung. Nach dem für 1955/56 geltenden Organisationsschema bestand das BRD-Verteidigungsministerium aus 12 Abteilungen, deren wichtigste die Abteilungen IV bis VII (Gesamtstreitkräfte, Heer, Luftwaffe und Marine) waren. Mit der Herstellung der Einsatzbereitschaft der ersten Divisionen am 1. 6. 1957 wurde die militärische Spitzengliederung im Sinne eines Oberkommandos reorganisiert. Hauptergebnisse der Reorganisation waren die Schaffung der Funktionen des Generalinspekteurs der B. und der Inspekteure der Teilstreitkräfte sowie die Bildung des Führungsstabes der B. und von Führungsstäben der Teilstreitkräfte. Es begann ebenfalls der Aufbau des Apparates der → *Inneren Führung der Bundeswehr der BRD* zur systematischen ideologischen Beeinflussung und zu antikommunistischer Manipulierung der Angehörigen der B.

Die Aufstellung der B. vollzog sich von Ende 1955 bis 1957 als Kaderarmee, basierend auf dem sog. Freiwilligengesetz von 1955. Die ersten 1000 Freiwilligen wurden am 2. 1. 1956 einberufen. Ab 1957 erfolgte die Auffüllung auf der Grundlage des am 7. 7. 1956 verabschiedeten Gesetzes über die allgemeine Wehrpflicht. Am 1. 4. 1957 rückten die ersten 10000 Wehrpflichtigen zu den Einheiten des Heeres ein. Das Stammpersonal der B. kam größtenteils aus den → *Dienstgruppen in der BRD* und aus dem → *Bundesgrenzschutz der BRD (BGS)*. Die von diesem übernommenen 9600 Angehörigen bildeten den Grundstock für 3 Divisionen des Heeres. Die BRD-Führung war bestrebt, beschleunigt einsatzfähige Verbände zu formieren, um damit ihr militärisches Gewicht im Pakt zu verstärken, Einfluß auf dessen Militärstrategie zu gewinnen und sich den Bedingungen der Kernwaffenkriegführung anzupassen. Sie modifizierte ihre ursprüngliche Konzeption zur Aufstellung einer konventionellen Massenarmee. Danach sollten nunmehr nicht 12 Divisionen gleichzeitig, sondern schrittweise entstehen und sofort der NATO unterstellt werden. Die bis 1958 aufgestellten Truppenteile und Verbände der Landstreitkräfte entsprachen trotz ihrer konventionellen Ausrüstung und Bewaffnung in ihren Gliederungs- und Einsatzgrundsätzen bereits zunehmend den NATO-Forderungen zur Vorbereitung auf den Kernwaffenkrieg. Zugleich entstanden Elemente einer Kampfführung unter den Bedingungen des Kernwaffeneinsatzes; an die Stelle der traditionellen Regimentsgliederung traten Kampfgruppenstäbe als taktische Führungsorgane für mehrere Bataillone mit Verstärkungsmitteln. Den NATO-Vorgaben und den eigenen Forderungen und Vorstellungen entsprechend, bereitete sich die B. ab 1957/58 auf die Ausrüstung mit Trägermitteln für taktische Kernwaffen vor. Von 1957/58 bis 1962/63 ist die Entwicklung der B. von der wesentlichen Verstärkung des Einflusses der BRD in der NATO gekennzeichnet. Die B. entwickelte sich zur einsatzbereiten Aggressionsarmee im Rahmen des Paktes, mit der Fähigkeit, unter den Bedingungen eines Kernwaffenkrieges zu handeln. Entsprechend den Festlegungen in der Planungsdirektive MC 70 des NATO-Rates vom Mai 1958 und in Übereinstimmung mit den eigenen militärstrategischen Vorstellungen beschloß der Bundestag mit Stimmenmehrheit am 25. 3. 1958 die Ausrüstung der B. mit Einsatzmitteln für taktische Kernwaffen. Die BRD-Führung orientierte auf den Ausbau der Landstreitkräfte und die Ausstattung der B. mit modernen Kampfmitteln. Im November 1958 waren bereits die ersten taktischen Raketen des Typs Honest John bei den Landstreitkräften eingeführt. Die Luftstreitkräfte verfügten schon über Matador-Flugkörper. Der Umrüstungsprozeß war begleitet von der Entwicklung entsprechender Führungsvorschriften. In der Heeresdienstvorschrift 100/2 von 1956 war noch versucht worden, den neuen Bedingungen der sog. Atomkampfesweise durch eine einfache Erweiterung konventioneller Einsatzgrundsätze zu entsprechen. In der Ende August 1959 vom Führungsstab des Heeres herausgegebenen neuen Heeresdienstvorschrift «Truppenführung 59» zeichnete sich schon deutlicher die verstärkte Orientierung der Bundeswehrführung auf den Kampf auch mit Kernwaffen ab. Es wurde wesentlich stärker auf die Erhöhung der Beweglichkeit, Stoß- und Feuerkraft orientiert. Die Landstreitkräfte sollten im Zusammenwirken mit anderen NATO-Streitkräften fähig sein, überraschende Stöße vorzutragen, gegnerische Kernwaffenschläge abzuschwächen oder zu «unterlaufen», vor allem aber die eigenen Kernwaffenschläge wirksam auszunutzen. Dem entsprach die seit 1954 geplante, 1958 erprobte und 1959 eingeführte sog. Division 59 mit ihrer Brigadestruktur. Sie bestimmte das neue Profil der Landstreitkräfte. Es entstanden nunmehr relativ kleine, bewegliche, stark gepanzerte und mechanisierte Verbände mit großer Feuerkraft, die geeignet sein sollten, taktische Aufgaben im Rahmen eines nuklearen Angriffskrieges der NATO zu lösen. Mit der neuen Struktur wurden die Feuer- und Stoßkraft und Manövrierfähigkeit vergrößert, die Grenadierbataillone in Panzergrenadierbataillone umgewandelt, die Anzahl der Panzer erhöht. Im Unterschied zur früheren Division (mit 150 Panzern) hatte eine Panzergrenadierdivision jetzt 216 mittlere und 41 Spezialpanzer. Das schwere Gerät stammte vorwiegend aus den USA, die die Erstausstattung der B. kostenlos geliefert hatten. Für die zwischen 1955 und 1962 aufgebaute Luftwaffe zeichnete sich ebenfalls eine Profilierung für Angriffshandlungen im Kernwaffenkrieg ab. Deshalb erfolgte eine beschleunigte Umrüstung auf den USA-Jagdbombertyp F-104 G Starfighter. Der Aufbau der Seestreit-

Entwicklung der Personalstärke der Bundeswehr

Jahr	Gesamtstärke	Landstreitkräfte[1]	Luftstreitkräfte	Seestreitkräfte
1956	79900	60200	12000	7700
1960	272600	186500	63000	23100
1965	438000	306000	97000	35000
1971	467000	327000	104000	36000
1982	495000	335000	106000	36500

1 einschließlich Territorialstreitkräfte

kräfte begann im Juli 1956 mit der Übernahme des Seegrenzschutzes. Erste Schiffseinheiten und Marineflugzeuge wurden aus den USA, Großbritannien und Frankreich geliefert. Gleichzeitig stellte die BRD-Führung das erste Marinebauprogramm auf. Die BRD-Führung begann ebenfalls mit dem Aufbau der → *Territorialorganisation der Bundeswehr der BRD*, insbesondere mit der Aufgabe, die Operationsfreiheit der NATO-Streitkräfte auf dem Territorium der BRD zu gewährleisten und die staatsmonopolistischen Herrschaftsverhältnisse im Inneren zusammen mit anderen Organen zu sichern.

Bis 1960 hatte die BRD im wesentlichen das 1956 verkündete Streitkräfteprogramm erfüllt. Die bis dahin vorhandenen 10 Divisionen waren bereits der NATO assigniert. Die B. gliederte sich in 3 Korps mit Korpstruppen und 12 Divisionen, von denen sich noch 2 im Aufbau befanden. Das II. und III. Korps unterstanden der NATO-Armeegruppe Mitte und das I. Korps der NATO-Armeegruppe Nord des Oberkommandos Zentraleuropa. Bis 1962 hatte die BRD der NATO 2 Panzer-, 7 Panzergrenadier-, 1 Gebirgs- und 1 Luftlandedivision, 2 Luftwaffengruppen mit 8 Jagdbomber-, 4 Jagd-, 3 Transport-, 3 Aufklärungs- und 1 Flugkörpergeschwader mit Raketen des Typs Matador, außerdem Fla-Regimenter und -Bataillone, davon 6 Bataillone mit Flugkörpern des Typs Nike Hercules, sowie Fernmelde- und Versorgungseinheiten unterstellt. Die Marine hatte 1962 von den insgesamt geforderten 24 Geschwadern 18 in Dienst gestellt und der NATO assigniert. Weitere 5 Geschwader befanden sich in Aufstellung. Der Schiffsbestand umfaßte 185 Kriegs- und 54 Hilfsschiffe; dazu kamen 4 Marinefliegergeschwader. Die B. hatte Anfang der 60er Jahre bereits einen hohen Stand der militärischen Integration erreicht. Sie gehörte zur ersten strategischen Staffel der NATO, die nahe den Staatsgrenzen zur DDR und ČSSR stationiert war. Mit dem Abschluß ihrer Aufbauphase waren wichtige Voraussetzungen geschaffen zur Entwicklung der B. zur kampfstärksten Streitkraft in Westeuropa neben der 7. USA-Feldarmee. Aufgrund ihrer wachsenden militärischen Macht bemühte sich die BRD verstärkt, wichtige Schlüsselpositionen im NATO-Kommandobereich mit Generalstabsoffizieren zu besetzen, um damit ihren Einfluß auf militärpolitische und militärische Entscheidungen des Paktes weiter zu erhöhen. Bereits 1956 war ein General der B. Leiter der Abteilung Logistik im Obersten Kommando Europa. 1957 übernahm ein weiterer General die Funktion des Befehlshabers der NATO-Landstreitkräfte im Kommando Zentraleuropa, 1958 hatten schon 7 hohe Militärs der BRD-Streitkräfte NATO-Stabsfunktionen inne. Ihre Zahl wuchs ständig weiter. Die Ausbildung und Erziehung der Angehörigen der B. wurden zunehmend von einer zielgerichteten Vorbereitung auf die Bedingungen eines Kernwaffenkrieges bestimmt. Die immer offenere Hinwendung zu militaristischen Traditionen war verbunden mit einer forcierten antikommunistischen Manipulierung der Soldaten und ihrer unmittelbaren Vorbereitung auf einen Aggressionskrieg gegen die DDR. In zahlreichen Stabs- und Truppenübungen probte die B. ihre Aggressionsbereitschaft, insbesondere ihre Angriffsfähigkeit, die Fähigkeit zur Koalitionskriegführung, die Auslösung eines «innerdeutschen» Krieges sowie die Mobilmachungs- und Gefechtsbereitschaft. Das wurde besonders deutlich im NATO-Manöver «Hold fast» (1960) und in den NATO-Stabsübungen «SHAPEX» (1960 und 1961). Im Frühjahr und Sommer 1961 beschleunigten die führenden Kräfte der BRD ihre umfassenden Aggressionsvorbereitungen gegen die DDR, unterstützt von den USA und anderen NATO-Mächten. Die vor allem mit Hilfe der B. beabsichtigte Ausdehnung des imperialistischen Herrschaftsbereiches nach Osten konnten die Staaten des Warschauer Vertrages durch die → *Sicherung der Staatsgrenze der DDR 1961* verhindern.

Die zweite Etappe der B. umfaßt die Zeit von 1962/63 bis zum Ende der 60er Jahre. Angesichts des zuungunsten des Imperialismus veränderten internationalen Kräfteverhältnisses sahen sich auch die herrschenden Kreise der BRD gezwungen, wie die der USA und anderer NATO-Mächte, sich schrittweise auf flexiblere Mittel und Methoden in der internationalen Klassenauseinandersetzung zu orientieren. In der konterrevolutionären Politik der NATO gewannen auf der Grundlage des weiteren Ausbaus der militärischen Macht auch nichtmilitärische Methoden des Klassenkampfes zunehmend an Bedeutung. Die regierenden Kreise der BRD widersetzten sich zu Beginn der 60er Jahre zunächst der von den USA angestrebten flexiblen Militärstrategie. Sie wollten unter geringfügiger Modifikation an der Strategie der sog. abgestuften Abschreckung festhalten, verbunden mit einem möglichst frühzeitigen Kernwaffeneinsatz und der weiteren Ausrüstung der B. mit Einsatzmitteln für Kernwaffen, eingeschlossen die angestrebte Beteiligung an deren Verfügungsgewalt. Das Kernwaffenstreben der BRD-Regierung scheiterte an den imperialistischen Widersprüchen, der konsequenten Friedenspolitik der UdSSR und der anderen Staaten des Warschauer Vertrages sowie an der breiten Volksbewegung. Der BRD-Führung gelang es jedoch, ihren Einfluß auf grundsätzliche Entscheidungen über den Kernwaffeneinsatz zu erhöhen und zunehmend die Entwicklung der Militärstrategie der NATO mitzugestalten. Der in den USA einsetzende Prozeß der Anpassung der Streitkräfte an die flexible Militärstrategie beeinflußte den weiteren Ausbau der B. Dieses strategische Konzept schloß eine breite Skala von Kriegsarten mit und ohne Einsatz von Kernwaffen ein. Der NATO-Rat sanktionierte 1963 die von der Bundeswehrführung in die flexible Militärstrategie eingebrachten Vorstellungen zur nuklearen Vorwärtsstrategie als militärstrategisches Prinzip für den NATO-Kommandobereich Zentraleuropa. Sie sieht vor, die Kampfhandlungen unmittelbar nach Kriegsentfesselung auf die Territorien der DDR und ČSSR zu tragen. Diese Orientierung bestimmte seitdem die Erhöhung der Kriegsbereitschaft der B. Nachdem die Anforderungen der NATO-Planungsdirektive MC 70 in der ersten Hälfte der 60er Jahre im wesentlichen erfüllt waren, wurde die nun einsetzende nächste Phase der Entwicklung der B. als «Konsolidierungsphase» ausgegeben. Dies war mit der Absicht verbunden, die B. für die verschiedenen Kriegsvarianten zu befähigen. Das kam bereits in der 1962 eingeführten neuen Heeresdienstvorschrift 100/1 (der sog. Truppenführung 62 – TF 62) zum Ausdruck, die auf die weitere Steigerung der Kampfkraft, besonders der Mobilität, Stoß- und Feuerkraft, und auf die erhöhte Aggressionsbereitschaft der B. im Rahmen der NATO orientierte. 1965 erfolgten auch strukturelle Veränderungen im BRD-Verteidigungsministerium zur Reorganisation der militärischen Führungsspitze, mit der eine Straffung der Befehlswege und ein höherer Grad der Truppenführung im «Notstands»- und Aggressionsfall erreicht werden sollten. 1968 setzten die herrschenden Kreise eine Verfassungsänderung durch, die die rechtliche Absicherung der Errichtung einer Militärdiktatur und des Einsatzes von Truppen im Falle eines sog. inneren Notstandes bot (→ *zivile Verteidigung in der BRD*).

Die Bundeswehrführung beschleunigte die Einführung von Kernwaffeneinsatzmitteln bei den Landstreitkräften. Die seit 1963 in Dienst gestellten operativ-taktischen USA-Raketen vom Typ Sergeant erhöhten die nukleare Feuerkraft der Korps und Divisionen. Gleichzeitig begann die Einführung sog. Doppelzweckartillerie für konventionelle und nukleare Granaten. Am Ende der 60er Jahre hatte die B. Doppelzweck-Haubitzen auf Selbstfahrlafetten der Kaliber 155 mm und 203,2 mm. Neben der weiteren Orientierung auf den Kernwaffeneinsatz steigerte die Bundeswehrführung gleichzeitig ihre Anstrengungen zur Erhöhung der konventionellen Kampfkraft ihrer Streitkräfte. Nach Erprobungen in Truppenübungen entschloß sie sich Ende der 60er Jahre, ein «ausgewogenes» Verhältnis zwischen Panzer- und Infanteriekräften herzustellen. Es begann die Bildung von Panzerregimentern als Verstärkungsmittel der Korps und von Jägerbrigaden für den Einsatz in panzerungünstigem Gelände.

Die Entwicklung der Luftwaffe war in dieser Etappe dadurch gekennzeichnet, daß die Bundeswehrführung einen Teil der Luftangriffsmittel durch Kernwaffenträger ersetzte sowie, vor allem in der zweiten Hälfte der 60er Jahre, die Luftwaffe befähigte, die Operationen der Landstreitkräfte mit konventionellen Mitteln wirksamer zu unterstützen. In der ersten Hälfte der 60er Jahre waren die Geschwader mit dem Jagdbomber F-104 G Starfighter einsatzbereit, bis 1964 2 Flugkörpergruppen mit Flugkörpern Pershing 1 aufgestellt. 1968 wurde eine Umgliederung der Luftstreitkräfte abgeschlossen: Bildung nach dem Verwendungszweck getrennter Luftwaffenverbände (Luftangriff, Luftverteidigung, Einsatzunterstützung).

Der weitere Aufbau der Seestreitkräfte der B. erfolgte ebenfalls beschleunigt. 1964 begann ein zweites Marinebauprogramm, das 1967 weiter präzisiert wurde und der Tendenz der Aufwertung der Seestreitkräfte im Rahmen der neuen NATO-Militärstrategie entsprach.

Die BRD-Führung stimulierte die militärische Integration der NATO. BRD-Vertreter besetzten weitere Positionen in Führungsgremien des Paktes, insbesondere im Oberkommando Zentraleuropa. Die Ausbildung der Soldaten der B. umfaßte vor allem die Vorbereitung auf die mit der Erweiterung der Aggressionsskala vorgesehenen umfassenderen Aufgaben, sie erfolgte zunehmend auch in Ausbildungszentren anderer NATO-Staaten. In der antikommunistischen Erziehung und Manipulierung der Soldaten der B. nahm angesichts des mit dem 13. 8. 1961 deutlich sichtbar veränderten internationalen Kräfteverhältnisses das Bestreben zu, die Aggressionsbereitschaft durch die Erzeugung eines positiven Wehrmotivs zu erhöhen. Mit der antikommunistischen Bedrohungslüge und der Betonung der «verteidigungswürdigen» Staats- und Gesellschaftsordnung der BRD waren revanchistische Verhetzung und nationalistische Traditionspflege verbunden. Den erreichten relativ hohen Stand der Aggressionsvorbereitungen der B. und der Ausbildung ihrer Angehörigen bestätigten Manöver und NATO-Kommandostabsübungen wie die «Fallex»-Serie, in denen alle Formen der Eskalation, von Spannungen bis zur Eröffnung eines Aggressionskrieges gegen die sozialistischen Staaten, sowie die gewaltsame Unterdrükkung progressiver Kräfte im Innern geprobt wurden.

Ein weiterer Abschnitt in der Rolle und Entwicklung der B. begann Anfang der 70er Jahre. Der seit Ende der 60er Jahre gültigen Doppelstrategie der NATO entsprechend bemühten sich die regierenden Kreise der BRD, den NATO-Militärpakt politisch zu aktivieren, militärisch zu stärken und effektiver an die veränderten Bedingungen der internationalen Klassenauseinandersetzung anzupassen. Ihr Ziel war, die Militärmacht der BRD zu vergrößern und den außenpolitischen Handlungsspielraum auszuweiten. Die BRD leistete neben den USA den umfassendsten und höchsten Beitrag zur Steigerung der

Aggressionsbereitschaft des Paktes. An der Wende zu den 80er Jahren trugen die führenden Kräfte der BRD als Hauptpartner der USA durch militärische Maßnahmen aktiv zur Verschärfung der internationalen Lage bei. Die BRD und ihre Streitkräfte nahmen einen zentralen Platz in der seit der zweiten Hälfte der 70er Jahre schrittweise modifizierten Globalstrategie der USA ein, die zunehmend auf Konfrontation und militärische Überlegenheit gegenüber den Staaten des Warschauer Vertrages orientiert. In der Militärpolitik der BRD gewinnt die Arbeitsteilung im Rahmen der NATO in den 80er Jahren an Bedeutung, was darauf zielt, die umfassende Aufrüstung zu gewährleisten und die verstärkten außereuropäischen Aktivitäten des Paktes zu unterstützen.

Die systematische Erhöhung der Kampfkraft und Einsatzbereitschaft der B. erfolgte entsprechend der 1970 erlassenen NATO-Direktive AD-70 und den darauf basierenden 1972 beschlossenen «Verteidigungspolitischen Richtlinien» der BRD sowie nach der «Militärstrategischen Konzeption» der B. von 1973. Im Mittelpunkt stand dabei die seit dem Ende der 60er Jahre vorbereitete Reorganisation der B.; deren Realisierung reicht bis in die 80er Jahre hinein und umfaßt folgende Schwerpunkte: die Neuordnung der Gliederung und Struktur der B., die Neuordnung von Bildung und Ausbildung, die Neuordnung des Rüstungsbereichs im Verteidigungsministerium, die Beschaffungsprogramme der Teilstreitkräfte. In den 70er Jahren erfolgten qualitative Veränderungen, insbesondere der Grundgliederung der Landstreitkräfte, des Einberufungs-, Auffüllungs- und Mobilierungssystems der gesamten B., ihrer Bewaffnung und Ausrüstung, des zahlenmäßigen Verhältnisses zwischen Berufssoldaten, Längerdienenden und Wehrpflichtigen sowie bei der antisozialistischen Manipulierung der Soldaten. Spezielles Ziel der Reorganisation war, die Einsatzbereitschaft und Kampfkraft der Truppen der ersten Staffel zu verstärken, gut ausgerüstete Stoßkräfte in den Richtungen der Hauptanstrengungen zu konzentrieren und für Nebenrichtungen geländeangepaßte Kräfte zur Verfügung zu haben. Zugleich sollten umfangreichere Reserven für die Korps geschaffen werden, um mit ihrer Einführung die Wirkung der Kräfte der ersten Staffel zu vergrößern sowie einen in die Tiefe an Intensität anwachsenden Schlag zu gewährleisten.

Bei der Reorganisation der B. wurden zunächst Veränderungen im Aufbau des BRD-Verteidigungsministeriums und eine Vereinheitlichung in der Gliederung der Führungsstäbe der Teilstreitkräfte vorgenommen bzw. zu Ende geführt. In der Reorganisation besaßen die Landstreitkräfte Vorrang. Die 1973 eingeführte Heeresdienstvorschrift 100/100 stimmte die Führungs- und Einsatzgrundsätze der Streitkräfte bei nuklearen und konventionellen Kampfhandlungen in Übereinstimmung mit den präzisierten NATO-Festlegungen aufeinander ab und wertete die Varianten der konventionellen Kriegführung auf. Weitere wichtige Elemente dieser Vorschrift sind Erhöhung der Mobilität, der Stoß- und Feuerkraft der Kampftruppen entsprechend der Vorwärtsstrategie sowie die Ausrüstung mit moderner Technik und die Anwendung der Erfahrungen imperialistischer Aggressionen im Nahen Osten und in Südostasien. Im Rahmen der Reorganisation erfolgten auch Veränderungen des Einberufungs-, Auffüllungs- und Mobilisierungssystems. Der 1975 von 18 auf 15 Monate verkürzte Grundwehrdienst ermöglicht eine Erhöhung der Zahl der ausgebildeten Soldaten, gleichzeitig wurde die sog. Verfügungsbereitschaft für Wehrpflichtige und aus der B. ausscheidende Zeitsoldaten auf 12 Monate verlängert. Sie soll die unverzügliche Herstellung der vollen Präsenz landweiter Truppenteile und Einheiten bei Auslösung einer Aggression sichern. Mit der 1980 bestätigten neuen sog. Reservistenkonzeption der B. können präsente Verbände bereits in «Spannungszeiten» durch 40000 Reservisten der Verfügungsbereitschaft verstärkt und im Kriegsfall mit 650000 Soldaten der sog. Alarmreserve in kurzer Zeit auf eine Stärke von ca. 1,2 Mill. Mann gebracht werden. Als Kernstück der Neuordnung der Wehrstruktur erließ der BRD-Verteidigungsminister am 7. 11. 1978 die Verfügung über die «Neue Struktur des Heeres». Mit ihrer Einführung als «Heeresstruktur 4» wird in den Hauptbereichen bis 1983 die Zahl der Brigaden von 33 auf 36 erhöht, die Anzahl der Panzerbataillone verdoppelt. Die Brigaden erhielten 4 Kampfbataillone. Davon besteht im Frieden ein Bataillon aus Stammkräften und wird im «Spannungsfall» voll aufgefüllt. Die Bataillone haben im Frieden 4, im «Spannungsfall» 3 Kompanien. Im «Spannungsfall» wird aus den 4. Kompanien das 4. Bataillon zusammengestellt. Mit der Vereinheitlichung der Divisionstypen auf Panzer- und Panzergrenadierdivisionen wächst der Bestand an Stoßverbänden von 8 auf 11. Die Neuaufstellung von 3 Panzerabwehr-Hubschrauberregimentern verstärken in den 80er Jahren die luftbeweglichen Kräfte des Feldheeres erheblich. Alle Brigaden erhalten die höchste NATO-Einsatzstufe, nach der sie innerhalb von 24 Stunden mit 90% ihres Personalbestandes einsatzbereit sein müssen. Die Umstrukturierung der Territorialorganisation der B. soll bis 1985 im wesentlichen abgeschlossen sein.

Im Rahmen des Militärprogramms der BRD-Regierung für die 70er Jahre erfolgte die Fortsetzung der umfassenden Neuausstattung aller Teilstreitkräfte der B. mit moderner Bewaffnung und Ausrüstung. Zwischen 1972 und 1977 wendete die BRD allein dafür ca. 40 Mrd. DM auf. Mit der Erfüllung ihres festgelegten Anteils im 1978 beschlossenen Langzeitrüstungsprogramm der NATO übernahm

Militärausgaben der BRD
(in Milliarden DM)

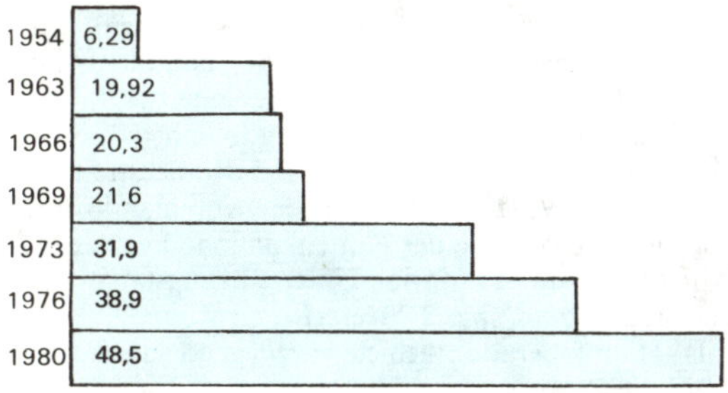

die BRD kurz- und mittelfristig 130 von insgesamt 180 sog. Verbesserungsmaßnahmen in der Bewaffnung und Ausrüstung. Sie wird bis zur Mitte der 80er Jahre dafür 55 Mrd. DM ausgeben und hat sich verpflichtet, ihren Militärhaushalt jährlich um real 3% zu erhöhen. Die B. setzt die in den 70er Jahren begonnene Modernisierung der Kernwaffeneinsatzmittel fort. Die Divisionen und Brigaden erhielten weitere Doppelzweckartillerie und die USA-Rakete Lance, die die Typen Honest John und Sergeant ersetzte. BRD-Vertreter engagierten sich besonders für die Einführung moderner Kernsprengköpfe sowie entsprechender Trägermittel im westeuropäischen NATO-Bereich, einschließlich der Neutronenwaffen. Die BRD-Regierung ist führend beteiligt an der Vorbereitung und Durchsetzung des NATO-Beschlusses vom 12. 12. 1979 zur Einführung zusätzlicher Kernwaffensysteme strategischer Bestimmung der USA in Westeuropa. Auf dem Territorium der BRD werden davon ab 1983 96 bodengestützte Marschflugkörper sowie 108 Pershing-2-Raketen stationiert. In den 70er Jahren konnte die BRD ihren Einfluß auf den Kernwaffeneinsatz der NATO im Rahmen der Nuklearen Planungsgruppe des Paktes verstärken, in der sie ständiges Mitglied ist.

Die B. erhöhte in den 70er Jahren ebenfalls ihre konventionelle Kampfkraft durch die Zuführung moderner Technik, die in den 80er Jahren entsprechend den Langzeitrüstungsprogrammen fortgesetzt wird. Der Schwerpunkt der Heeresrüstung lag in der weiteren Modernisierung der gepanzerten und mechanisierten Verbände sowie in einer umfassenden Verstärkung der Panzer- und Luftabwehr. Die Feuer- und Stoßkraft sowie die Mobilität des Heeres

Bundeswehr der BRD
Landstreitkräfte, 1977

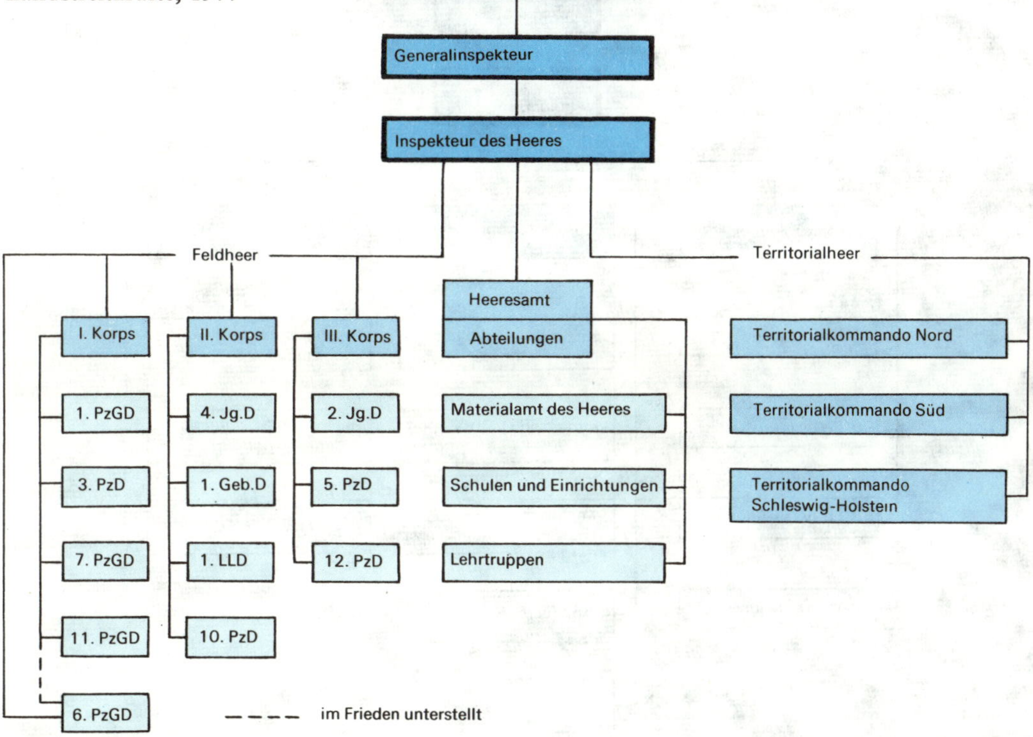

erhöhten sich durch die bereits in Dienst gestellten 2500 Kampfpanzer Leopard 1. Seit 1979 gelangt der wesentlich verbesserte Kampfpanzer Leopard 2 in die Truppe; bis 1986 sollen davon insgesamt 1800 Stück ausgeliefert sein. Ein großer Teil der 2100 modernen Schützenpanzer Marder erhielt die Panzerabwehrlenkrakete Milan. Der Fla-Raketenpanzer Roland, der Raketenjagdpanzer Jaguar, Panzerabwehrhubschrauber und der Fla-Panzer Gepard gehören zum modernen schweren Gerät, mit dem das Heer seit dem Ende der 70er Jahre vermehrt ausgerüstet wird.

In den 70er Jahren erhöhten sich die Einsatzfähigkeit und Schlagkraft der Luftwaffe weiter durch Präzisierung ihrer Führungs- und Einsatzgrundsätze, durch Strukturveränderungen zur effektiveren Führung im NATO-Rahmen und durch die Zuführung moderner Bewaffnung und Ausrüstung. Bei der Umrüstung ihrer fliegenden Verbände konzentrierte sich die Luftwaffenführung vorrangig auf die Luftangriffsverbände. Mit den in der ersten Hälfte der 70er Jahre eingeführten F-4 F Phantom II für einige Jagd- und Jagdbombergeschwader und von RF-4 E Phantom II für Aufklärungsgeschwader war die erste Etappe der Umrüstung abgeschlossen. Eine zweite Phase begann 1978/79. Sie hat die Umrüstung der restlichen Fliegertruppenteile der Luftangriffskräfte für 210 moderne Jagdbomber Tornado und 175 Alpha Jet zum Inhalt. Bei den Seestreitkräften leiteten Veränderungen in der Kommandostruktur, wie die Bildung des Flottenkommandos, des Marineamtes und des Marine-Unterstützungsamtes, den Übergang zum sog. 2-Meere-Konzept ein. Es sieht als Hauptoperationsgebiet vorwiegend die Ostsee und die Ostseezugänge, die Nordsee und – seit 1980 – das Europäische Nordmeer vor. Die Marine erhielt dafür modernere Schiffe. Darunter befanden sich Raketenschnellboote der Typen 143, 143A und 148 sowie U-Boote. Das Rüstungsprogramm für die 80er Jahre orientiert vor allem auf die Einführung moderner Raketenträger, wie 6 Fregatten der Typen 122 bis zur Mitte der 80er Jahre, die Ausrüstung aller Zerstörer sowie der 40 Schnellboote mit verbes-

Bundeswehr der BRD
Luftstreitkräfte, 1977

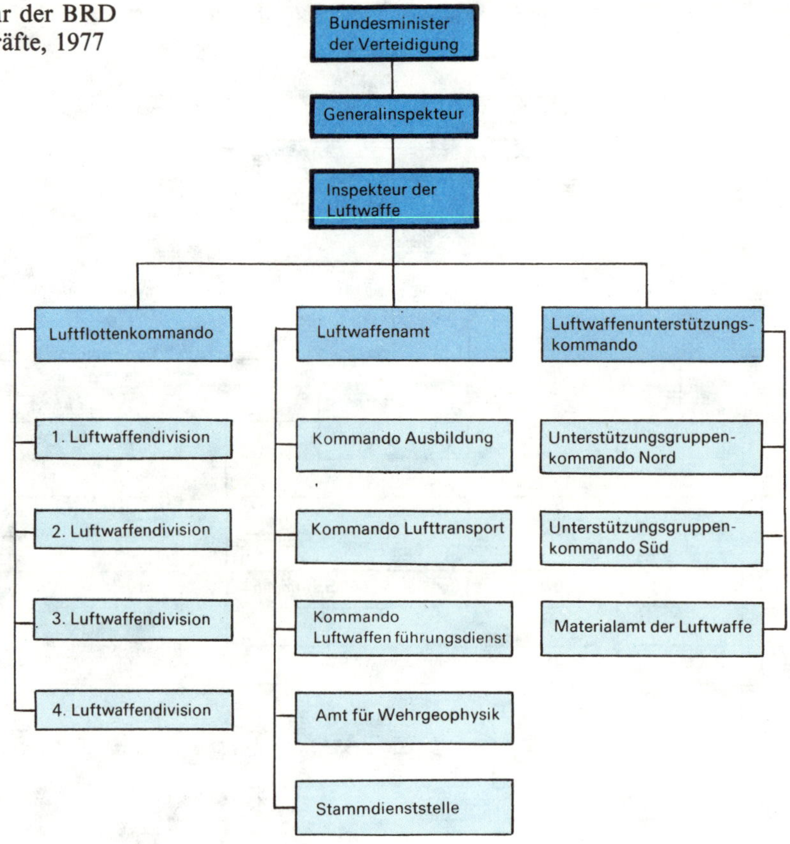

serten Raketen und die Entwicklung neuer U-Boote. Seit Beginn der 80er Jahre erhöhte sich die Kampfkraft der Marinefliegerkräfte durch die Einführung von 112 Tornado-Kampfflugzeugen.

Die B. bildet neben den in Westeuropa untergebrachten Verbänden der USA-Streitkräfte den Kern der NATO-Streitkräfte in den wichtigen Kommandobereichen Zentraleuropa und Ostseezugänge. Hier stellen die BRD-Streitkräfte u. a. 50 % der Landstreitkräfte mit 40 % der taktischen Raketen, 45 % der Panzer und 47 % der Doppelzweckartillerie, 30 % der taktischen Luftstreitkräfte, 70 % der Seestreitkräfte Ostsee und 100 % der Marinefliegerkräfte Ostsee. Die Landstreitkräfte der B. (Feldheer) gliederten sich beim Übergang zu den 80er Jahren in 3 Korps mit 6 Panzerdivisionen, 4 Panzergrenadierdivisionen, 1 Gebirgsdivision und 1 Luftlandedivision mit insgesamt 36 Brigaden. Das Territorialheer setzte sich aus 3 Territorialkommandos, 5 Wehrbereichskommandos, etwa 30 Verteidigungsbezirkskommandos, rund 70 Verteidigungskreiskommandos zusammen. Die Kampftruppen des Territorialheeres bestanden aus 6 Heimatschutzkommandos, 30 Jägerbataillonen und ca. 300 Sicherungskompanien. Die Luftstreitkräfte der B. gliederten sich in das Luftflottenkommando, das Luftwaffenamt und das Luftwaffenunterstützungskommando. Das Luftflottenkommando verfügte über 16 für den Kernwaffen- und den konventionellen Einsatz vorgesehene Jagdbomberstaffeln mit den Flugzeugtypen F-4 F Phantom II und F-104 G Starfighter, 4 Aufklärungsstaffeln mit RF-4 E Phantom II, 4 Abfangjägerstaffeln mit F-4 F Phantom II, 2 Flugkörpergeschwader Pershing 1 A, 24 Fla-Raketen-Batterien Nike Hercules und 36 Fla-Raketen-Batterien Hawk. Das Luftwaffenamt ist das zuständige zentrale Organ für Führungs-, Ausbildungs- und Transportfragen. Das Luftwaffenunterstützungskommando gewährleistet die rückwärtige und logistische Sicherstellung der Luftstreitkräfte. Die Seestreitkräfte der B. bestanden aus dem Flottenkommando, dem Marineamt und dem Marine-Unterstützungskommando. Das Flottenkommando führte alle schwimmenden und fliegenden Kampf-

Bundeswehr der BRD
Seestreitkräfte, 1977

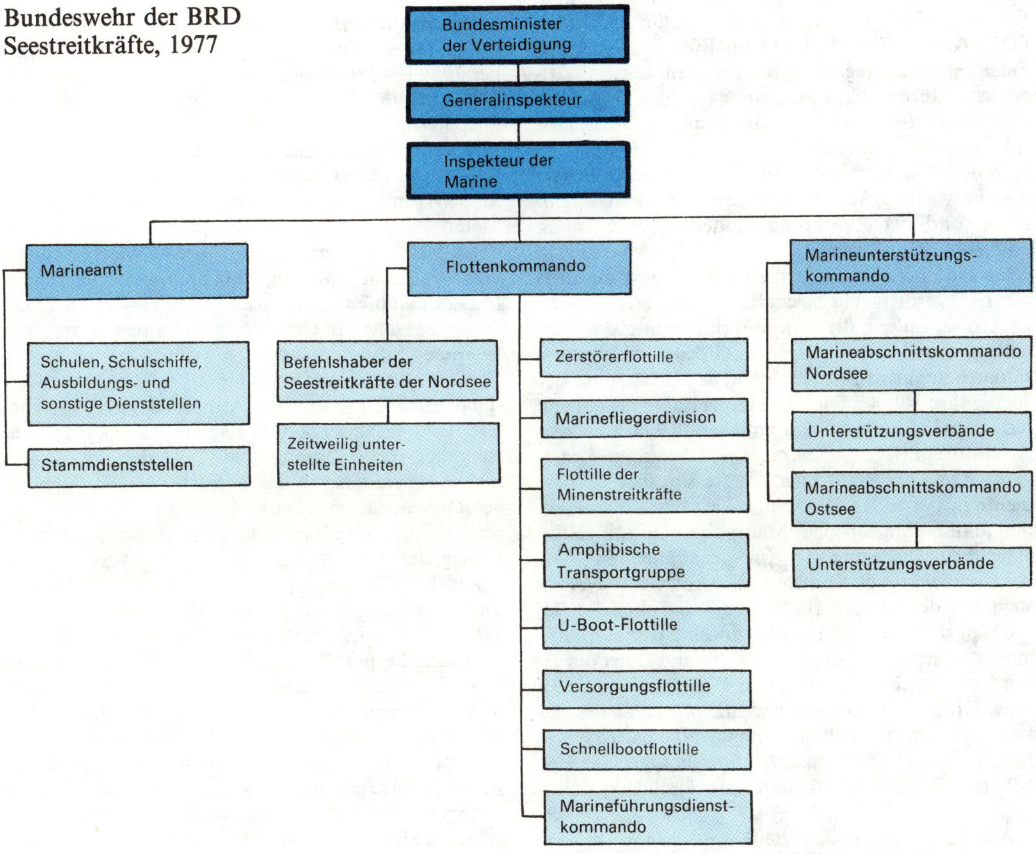

verbände, die Versorgungsflottille, die Amphibische Transportgruppe sowie die Einheiten und Einrichtungen des Marineführungsdienstes. Das Marineamt ist für die Ausbildung, die Rüstung und den Marinesanitätsdienst verantwortlich. Das Marine-Unterstützungskommando sichert Aufgaben der Systembetreuung sowie des Transports und des Verkehrs. Zu den Einsatzkräften der Marine zählen 20 Geschwader mit 217 Schiffen und Booten sowie 4 Marinefliegergeschwader mit 200 Flugzeugen und Hubschraubern. Über 100 weitere Schiffe und Boote dienen sicherstellenden Aufgaben.

In den 70er Jahren konnte die B. weiter hohe Kommandopositionen in der NATO-Militärorganisation besetzen und damit zusätzlichen politischen und militärstrategischen Einfluß gewinnen. Streitkräftekontingente von 7 anderen NATO-Staaten stehen in den Kommandos von Generalen und Admiralen der B., mehr als 20 Generale und Admirale arbeiten führend in integrierten NATO-Stäben. Die BRD ist an der mobilen Eingreiftruppe der NATO (AMF) mit einem Luftlandebataillon am Heereskontingent und mit einer Staffel am Luftwaffenkontingent beteiligt. Für die Ständige Einsatzflotte Atlantik (STANAFORLANT) stellt die BRD im Rotationsverfahren Zerstörer und Fregatten. Im Rahmen des militärischen Infrastrukturprogramms der NATO 1980–1984 finanziert die BRD mit 2,5 Mrd. DM einen wesentlichen Teil.

In den 70er Jahren war die Ausbildung der B. von dem Bestreben gekennzeichnet, die mit der Reorganisation und der Zuführung moderner Bewaffnung und Ausrüstung verbundenen Probleme möglichst gefechtsnah zu lösen. Insbesondere mit dem Ziel, mehr längerdienende Spezialisten zur Verfügung zu haben, veränderte die Bundeswehrführung das Verhältnis von Wehrpflichtigen und Zeit- bzw. Berufssoldaten zugunsten der letzteren, es betrug Mitte der 70er Jahre 40:60. Die B. konnte die permanente Kriegsbereitschaft für den konventionellen und den Kernwaffenkrieg mit nahtlosen Übergängen steigern. Der Erhöhung der Aggressionsbereitschaft diente in der ersten Hälfte der 70er Jahre besonders die antikommunistische Manipulierung mit Hilfe einer Friedensdemagogie. Im Zusammenhang mit dem verschärften Konfrontationskurs der NATO steht seit der zweiten Hälfte der 70er Jahre die Bedrohungslüge wieder im Mittelpunkt der antikommunistischen Erziehung. Charakter und Geist der B. werden auch besonders aus der Zusammensetzung ihres Offizierskorps deutlich. Entsprechend der sozialen Zusammensetzung kommen 1980 ca. 75 % der Berufsoffiziere der B. aus der Großbourgeoisie, der höheren Beamtenschaft und aus ähnlichen Kreisen.

Ausdruck der gesteigerten Aggressionsfähigkeit und -bereitschaft der B. waren die Manöverserien der NATO. Besonders seit 1975 kennzeichneten die vornehmlich auf dem Territorium der BRD durchgeführten «Autumn Forge»-Übungen die B. mit den USA-Streitkräften als Hauptstoßkraft der NATO in Zentraleuropa.

Mit dem Übergang zu den 80er Jahren konnte die BRD aufgrund ihrer mit dem NATO-Programm identischen politischen Zielstellung, durch ihr enges Bündnis mit den USA, durch das starke eigene militärische Potential und den wachsenden Beitrag zur Militärstrategie sowie zur gesteigerten Hochrüstung im Rahmen der NATO eine Sonderstellung in der Nordatlantikorganisation erreichen und zur zweiten europäischen Führungsmacht im NATO-Militärblock aufrücken. Auf dem Territorium der BRD befinden sich Streitkräftekontingente von 7 NATO-Staaten mit einer Gesamtstärke von 887 100 Mann. In keinem anderen europäischen NATO-Land sind mehr Streitkräfte und Waffen stationiert. Die BRD ist damit ein wesentlicher Faktor des Konfrontationskurses und des militärischen Überlegenheitsstrebens der NATO.

Bzura 1939: bedeutendste Angriffshandlung der polnischen Streitkräfte nach dem Überfall durch die faschistische deutsche Wehrmacht im September 1939 (→ *Weltkrieg, zweiter, 1939–1945*).

Den stark überlegenen faschistischen Angriffsgruppierungen war es in den ersten Tagen des Überfalls gelungen, die Grenzschlachten für sich zu entscheiden und bis zum 9. 9. 1939 in konzentrischen Stößen von Norden und Südwesten schnell in die Tiefen Polens vorzudringen. Dadurch konnte eine neue polnische Verteidigung an der Weichsel nicht mehr aufgebaut werden, und alle noch östlich des Flusses kämpfenden polnischen Verbände und Truppenteile gerieten in Gefahr, abgeschnitten zu werden. In dieser Situation befanden sich auch die Armee Poznań, die sich nördlich der B. in Richtung Warschau zurückzog, und die Armee Pomorze, die entlang der Weichsel auf Warschau zurückging. Als sich die Armee Poznań und Teile der Armee Pomorze unbemerkt von der faschistischen Aufklärung vereinigten, entstand bei Kutno eine polnische Gruppierung mit 9 Infanteriedivisionen und 3 Kavalleriebrigaden.

Am 9. 9. führten 3 polnische Infanteriedivisionen und 2 Kavalleriebrigaden über die B. zwischen Łeczyca und Łowicz einen Angriff nach Süden. Er bezweckte, die parallel zur Rückzugslinie der Armee Poznań vorgehende deutsche 8. Armee zu schwächen und zu binden, um den Hauptkräften der beiden polnischen Armeen die Möglichkeit zu verschaffen, sich nach Warschau durchzuschlagen. Der ungestüme polnische Angriff kam für die faschistischen Truppen überraschend und rief bei der 8. Armee eine kritische Situation hervor. Sie mußte den Vormarsch auf Warschau einstellen und an ihrer Nordflanke eine Verteidigungsfront aufbauen. Nachdem in den folgenden Tagen auch mehrere Divisionen der Armee Pomorze bei Łowicz zum Angriff übergegangen waren, sah sich der Oberbefehlshaber der Heeresgruppe Süd, Generaloberst Gerd von Rundstedt (1875–1953), gezwungen, persönlich die Leitung der Schlacht zu übernehmen und 3 Armeekorps der 10. Armee heranzuführen. Bereits am 12. 9. hatte Divisionsgeneral Tadeusz Kutrzeba (1886–1947) eine Umgruppierung der Kräfte befohlen, um nach Warschau durchzubrechen. Teilen der beiden polnischen Armeen gelang es nach der Umgruppierung, die unter schweren Luftangriffen und bei zunehmenden Abwehrkämpfen durchgeführt werden mußte, am 17. 9. bei Brochów den Übergang über die B. zu erzwingen und am 20. 9. Warschau zu erreichen. Die Hauptkräfte der polnischen Armeen, die nun endgültig in der Einkreisung kämpften, wurden am 18./19. 9. zerschlagen; Reste setzten den Kampf noch bis zum 23. 9. fort. Die Schlacht an der B. zeigte den Mut und die große Einsatzbereitschaft der polnischen Soldaten. In dieser Schlacht, in der die stärkste polnische Gruppierung unterlag, wurde über den raschen Ausgang der Kämpfe in Polen mitentschieden. *(s. Abb. S. 1073)*

C

Cambrai 1917: Schlacht im ersten Weltkrieg (→ *Weltkrieg, erster, 1914–1918*) zwischen britischen Truppen, die erstmals massiert Panzerkräfte einsetzten, und deutschen Truppen vom 20. 11. bis zum 6. 12. 1917.

Seit Mitte Oktober 1917 zeichnete sich das Scheitern der britischen Offensive in → *Flandern 1917* ab. Um diesen Eindruck zu beseitigen und den Kampfwert der jungen Panzerwaffe zu beweisen, beschloß das britische Oberkommando in Frankreich am 19. 10., bei C. eine Angriffsoperation durchzuführen. Ihre Vorbereitung wurde angesichts der italienischen Niederlage am → *Isonzo 1917* seit Ende Oktober forciert. Das Oberkommando der britischen 3. Armee plante, die pioniertechnisch stark ausgebaute deutsche Stellung (Teil der → *Siegfriedstellung*) durch massierten Panzereinsatz zu durchbrechen, mit Kavallerie in die Tiefe vorzustoßen und den Eisenbahnknotenpunkt C. einzunehmen. Zwischen Banteux und Havrincourt (auf etwa 12 km) wurden dafür bereitgestellt: das britische Tankkorps mit 378 Kampf- und 98 Hilfspanzern sowie 6 Infanterie- und 2 Kavalleriedivisionen mit 1 009 Geschützen und 1 536 MG. Außerdem standen rd. 400 Flugzeuge zur Verfügung. Diesen Kräften lagen im Bereich der deutschen 2. Armee 4 schwache Infanteriedivisionen mit 224 Geschützen, 272 Minenwerfern und rd. 900 MG gegenüber. Da der Angriff am 20. 11. früh ohne die übliche Artillerievorbereitung begann, wurden die deutschen Truppen völlig überrascht. Die hinter einer Feuerwalze angreifenden Panzer, gefolgt von Infanterie und unterstützt von Fliegerkräften, durchbrachen bis Mittag die deutschen Stellungen auf etwa 12 km Breite in ihrer ganzen Tiefe (bis 7 km). Dabei gingen 60 Panzer verloren. Der nur zögernd folgende Kavallerievorstoß scheiterte jedoch. Die britische Führung hatte den Erfolg nicht entschlossen ausgenutzt. Deshalb konnte die deutsche Seite die Krise durch den Einsatz von Reserven überwinden. Auch in den folgenden Tagen gelang es den britischen Truppen nicht, den taktischen Durchbruch zu erweitern und C. zu erobern. Die Panzer hatten schwere Verluste erlitten (insgesamt 120 St.) und wurden seit dem 27. 11. zurückgeführt. Am 29. 11. endete die britische Angriffsoperation. Infolge relativer Kampfruhe an der übrigen Westfront und im Osten sowie der für sie günstigen Lage auf dem italienischen Kriegsschauplatz konnte die OHL zur Abwehr des britischen Angriffs 13 Divisionen heranführen und weitere Kräfte und Kampfmittel für einen Gegenangriff bereitstellen. Er begann am 30. 11. mit 18 Divisionen und 1 240 Geschützen, unterstützt von starken Fliegerkräften, und überraschte den Gegner. Der Hauptstoß erfolgte gegen die südliche Flanke des britischen Frontvorsprungs. Die deutschen Truppen gewannen zwar einen großen Teil des verlorenen Geländes zurück, liefen sich aber am 6. 12. endgültig fest. In der Schlacht bei C. betrugen die deutschen Gesamtverluste 41 000 und die britischen 45 000 Mann.

Bekämpfung eines britischen Tanks durch Flammenwerfer bei Cambrai

Schlacht bei Cambrai – 20. November bis 6. Dezember 1917

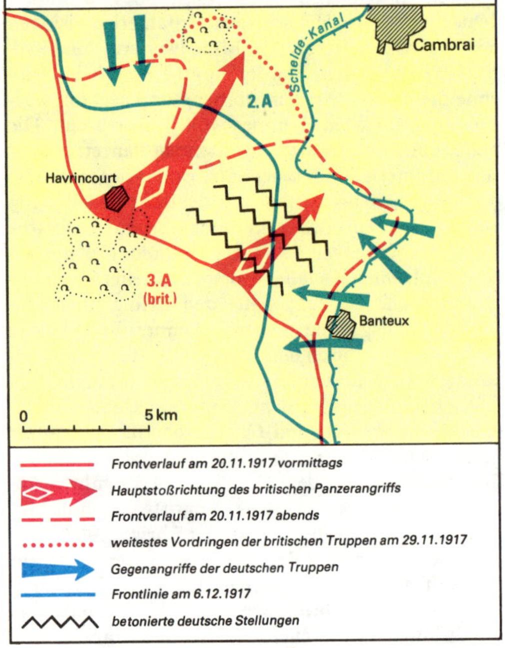

Die britische Angriffsoperation bei C. unterstrich die Zukunftsträchtigkeit der Panzerwaffe. Im Zusammenwirken mit den anderen Waffengattungen hatten die Panzer in wenigen Stunden Ergebnisse erzielt, für die bisher an der Westfront über Wochen und Monate hinweg viel mehr Kräfte und Kampfmittel eingesetzt werden mußten. Für das britische Heer gab C. den Anstoß zum weiteren Ausbau der Panzertruppe. Dagegen fühlte sich die deutsche Führung durch den Ausgang der Schlacht in ihrer Geringschätzung der Panzer bestärkt und zog falsche Schlußfolgerungen. Selbst der Ausbau einer wirksamen Panzerabwehr unterblieb.

Cannaedoktrin → *Blitzkriegskonzeption*

Charge: 1. im 17. Jh. aus dem Französischen entlehnte Bezeichnung für Unteroffiziers- und Offiziersränge.

In den Streitkräften des deutschen Kaiserreiches wurde 1899 Ch. durch das Wort Dienstgrad ersetzt, blieb aber im allgemeinen Sprachgebrauch bis zum ersten Weltkrieg erhalten.

2. in der Taktik bis Anfang des 20. Jh. angewandter Begriff für einen Kavallerieangriff mit blanker Waffe.

3. bis zum Ausgang des 19. Jh. in den deutschen Armeen übliche Bezeichnung für eine Salve der Artillerie oder Infanterie.

Mit Chargierung bezeichnete man die zum Laden einer Feuerwaffe mitgeführte Munition, die dazu erforderlichen Verrichtungen wurden Chargiergriffe genannt. Das davon abgeleitete Verb chargieren war für das Laden einer Feuerwaffe in Gebrauch.

chemische Kriegführung: militärischer Einsatz von Stoffen mit direkt toxischer Wirkung (Kampfstoffen) auf Mensch, Tier oder Pflanze; oft als Gaskriegführung bezeichnet, obwohl die eingesetzten Stoffe auch fest oder flüssig sein können.

Waffen mit toxischer Wirkung gab es seit den ältesten Zeiten, wobei ursprünglich vor allem Pflanzengifte (Pfeilgifte) Verwendung fanden. Seit dem Ende des 16. Jh. wurde in verschiedenen kriegstheoretischen Schriften die Anwendung von giftigen Dämpfen zur Behinderung oder Vernichtung des Gegners beschrieben und empfohlen. Die praktische Durchführung beschränkte sich jedoch auf wenige Fälle (u. a. Belagerung von Groningen 1672). Die rasche Entwicklung der chemischen Wissenschaft und Industrie seit Mitte des 19. Jh. schuf die Möglichkeit einer großtechnischen Herstellung und des Masseneinsatzes von Giftstoffen. Zugleich wurde die Benutzung von Giften und vergifteten Waffen zum Gegenstand diplomatischer Verhandlungen (→ *völkerrechtliche Abkommen über die Regeln der Kriegführung*). Die sog. Haager Friedenskonferenzen von 1899 und 1907 verboten Geschosse mit giftigen Kampfstoffen. Trotzdem erwogen Militärs und Politiker imperialistischer Länder für den Kriegsfall die Anwendung von Giftstoffen, zumal die völkerrechtlichen Abmachungen hinsichtlich der Art und der Einsatzmittel der Kampfstoffe gewisse Lücken ließen.

Die ch. K. im eigentlichen Sinne entstand während des ersten Weltkrieges. Seit Ende 1914, nach dem Scheitern der Blitzkriegsstrategie, trieb die OHL in Zusammenarbeit mit Wissenschaftlern und Industriellen die Vorbereitungen für eine ch. K. voran. Erstes Ergebnis war die Entwicklung von Artilleriemunition (z. B. «Ni-Schrapnell», «T-Geschoß»), deren Sprengladung Nasen- oder Augenreizstoffe beigemischt waren. Solche Munition wurde erstmals im Oktober 1914 gegen französische und im Januar 1915 gegen russische Truppen verschossen. Der Einsatz reizerregender Kampfstoffe (z. B. Bromessigester oder Xylylbromid) von deutscher sowie französischer Seite erwies sich als militärisch wirkungslos, bahnte aber die Eskalation der ch. K. an. Die OHL drängte zur Entwicklung wirkungsvollerer Kampfstoffe und Einsatzmittel. Im Dezember 1914 empfahl der Chemiker Fritz Haber (1868–1934), Leiter des Kaiser-Wilhelm-Instituts für Physikalische Chemie und Elektrochemie in Berlin, das Abblasen des in Deutschland schnell und billig herzustellenden Chlors aus Stahlflaschen. Unter wissenschaftlicher Beratung Habers, ab Ende 1914 Leiter der chemischen Abteilung im preußischen Kriegsministerium, wurde der erste militärische Großeinsatz von

Mengen der im ersten Weltkrieg 1914–1918 eingesetzten chemischen Kampfstoffe (in 1 000 t)

	1915	1916	1917	1918	1915–1918
Deutschland	2,9	7,0	15,0	28,0	52,9
Frankreich	0,3	3,5	7,5	15,0	26,3
Großbritannien	0,2	1,6	4,9	7,7	14,4
Österreich-Ungarn	–	0,8	2,7	4,4	7,9
Italien	–	0,4	2,5	3,4	6,3
Rußland	0,2	1,8	2,7	–	4,7
USA	–	–	–	1,0	1,0

Kampfstoffen vorbereitet. Aus Pionierformationen bildete die OHL spezielle Gasregimenter. Am 22. 4. 1915 ließ sie bei Ypern auf einer Frontbreite von etwa 6 km aus insgesamt 5 730 Stahlflaschen 180 000 kg verflüssigtes Chlor gegen britische Stellungen abblasen. Die Verluste des unvorbereiteten Gegners betrugen schätzungsweise 6 000 Geschädigte, darunter 3 000 tödlich Vergiftete.

Mit dem Masseneinsatz des lungenschädigenden Chlors leitete der deutsche Imperialismus eine qualitativ neue Phase der ch. K. ein. Von April 1915 bis September 1917 führten die deutschen Truppen an verschiedenen Fronten insgesamt etwa 50 Blasangriffe durch. Chlor blieb wegen seiner physikalischen Eigenschaften (2,5mal schwerer als Luft) und seiner billigen Herstellung der hauptsächliche Kampfstoff des Blasangriffs. Die Wirksamkeit erhöhte sich durch Beimischen des lungenschädigenden Phosgens (25–75 %), ebenso durch wellenweises Abblasen über längere Dauer, was den Maskenfilter erschöpfte. Die Blasangriffe, die während der Schlacht an der → *Somme 1916* ihren Höhepunkt erreichten, verloren jedoch allmählich an Bedeutung, weil sie sehr wetterabhängig waren, umständliche Vorarbeiten erforderten und zudem die eigenen Truppen gefährdeten. Die letzten deutschen Blasangriffe erfolgten an der Westfront im Sommer 1917, an der Ostfront (im Kampf gegen die junge Sowjetmacht) im Winter 1917/18. Ab 1916 wurde das Blasverfahren durch den artilleristischen Einsatz von Kampfstoffen (Gasschießen) verdrängt. Dabei erfuhr die ch. K. eine erneute Eskalation, als im Februar 1916 französische Truppen bei Verdun erstmals Granaten verschossen, die nur mit Kampfstoff (Phosgen) gefüllt waren. Die deutsche Seite setzte seit Mai 1916 das noch wirksamere Diphosgen («Grünkreuz»-Kampfstoff) ein. Die Lungengifte Phosgen und Diphosgen verursachten während des Krieges etwa 80 % aller tödlichen Vergiftungen. Zum Haupteinsatzmittel wurde die Artillerie. Ihr Anteil am Verbrauch der Kampfstoffe stieg von 48 % (1915) auf 98 % (1918). Im deutschen Heer machten Kampfstoffgranaten verschiedener Kaliber und Füllungen 6,4 % aller verschossenen Artilleriemunition aus. Die Entwicklung einer wirksamen chemischen Abwehr (Gasmasken, Sauerstoffschutzgeräte, Gaswarnsystem, «Gasdisziplin» der Truppe u. a. m.) bis Ende 1916 verstärkte wiederum das Suchen nach neuen Kampfstoffen und Anwendungsmethoden. Das Bestreben nach schlagartigem Einsatz großer Kampfstoffmengen (zwecks Herstellung einer hohen Gefechtskonzentration in kurzer Zeit) führte zur Konstruktion spezieller Gaswerfer. Der erste Gaswerfereinsatz erfolgte durch britische Truppen mit dem sog. Livens-Projektor im April 1917 bei Arras. Im deutschen Heer wurden seit Juni 1917 ebenfalls Gaswerfer verwandt und insgesamt 9 Gaswerferbataillone mit je 1 000 Rohren gebildet. Der deutsche Imperialismus erzielte seit Sommer 1917 vor allem durch den Einsatz neuartiger Kampfstoffe einige Vorteile in der ch. K. Am 13. 7. 1917 setzte die OHL bei Ypern erstmals Lost («Gelbkreuz»-Kampfstoff) ein, eine flüssige Verbindung von stark hautschädigender Wirkung, hohem Durchdringungsvermögen (bei Leder, Textilien und ähnlichen Materialien) und langer Seßhaftigkeit. Der Einsatz dieses Geländekampfstoffes, von den Alliierten unter der Bezeichnung Yperit erst seit Juni 1918 angewandt, diente vor allem der Schaffung von vergifteten Sperrzonen. Neuartig waren auch die am 10. 7. 1917 an der Yser von deutscher Seite erstmals eingesetzten «Blaukreuz»-Kampfstoffe. Durch Verschießen in Brisanzgranaten als Schwebestoffe (Aerosole) zur Wirkung gebracht, durchdrangen sie den Atemfilter und erzwangen durch unerträgliche Reizwirkung das Abnehmen der Schutzmaske. Der Einsatz dieser «Maskenbrecher» zusammen mit «Grünkreuz»-Munition (sog. Buntschießen) führte bei den alliierten Truppen zu hohen Verlusten. Die Alliierten selbst wandten erst 1918 «Blaukreuz»-Kampfstoffe an. Während des ersten Weltkrieges ging in der ch. K. der deutsche Imperialismus voran, vor allem hinsichtlich der Initiativen und der eingesetzten Kampfstoffmengen. Die von allen kriegführenden Mächten eingesetzte Kampfstoffmenge wird auf mehr als 115 000 t geschätzt. Insgesamt wurden durch Kampfstoffe mehr

Verluste durch chemische Kampfstoffe im ersten Weltkrieg 1914–1918

	Geschädigte	Tote
Rußland	250 000	38 600
Frankreich	190 000	8 000
Großbritannien	181 000	6 100
Österreich-Ungarn	100 000	3 000
Deutschland	78 600	2 300
Italien	60 000	4 600
USA	74 700	1 400

als 1 Mill. Menschen geschädigt und etwa 70000 Menschen getötet.

In der Zeit zwischen den beiden Weltkriegen forcierten die imperialistischen Staaten die kriegschemische Rüstung. Unter Bruch internationaler Abkommen setzten u. a. britische Truppen in Indien, französische in Marokko, italienische in Äthiopien und japanische in China Kampfstoffe ein. Der Versailler Vertrag 1919 verbot Deutschland, Kampfstoffe herzustellen oder einzuführen. Die Reichswehrführung ging jedoch bereits Mitte der 20er Jahre daran, in Zusammenarbeit mit der chemischen Industrie die Entwicklung und die Produktion von Kampfstoffen wieder aufzunehmen. Alle organisatorischen und taktischen Fragen der ch. K. wurden anfangs von der Inspektion 4 (Artillerie) mitbearbeitet. Die Kampfstofforschung unterstand einem 1925 bei der Heeresleitung gebildeten Rat von wissenschaftlichen Mitarbeitern. Seit 1926, als der passive Luftschutz erlaubt wurde, entstand eine umfangreiche Industrie zur Herstellung von Schutzmasken sowie von Kampfstoffen (diese vorerst in begrenzten Mengen für Übungszwecke). Parallel dazu lief die Weiterentwicklung der Einsatzmittel, wobei neben dem Einsatz durch Artillerie auch der durch Flugzeuge (mittels Bomben und Absprühgeräten), durch Geländevergiftungsgeräte und -fahrzeuge, durch Minen und vor allem durch neuentwickelte Gaswerfer vorbereitet wurde. Mitte 1929 erhielt die 2. Eskadron der Fahrabteilung 4 den Auftrag zur Entwicklung und Erprobung von Nebelmitteln und -geräten; unter der Tarnbezeichnung «Nebeleskadron» wurde sie zum Kern einer Spezialtruppe für die ch. K.

Nach dem Machtantritt des Faschismus setzte die militärische Führung im Rahmen der beschleunigten Kriegsvorbereitungen die kriegschemische Rüstung verstärkt fort. Die unmittelbare Leitung lag wesentlich bei der Gasschutzabteilung im Heereswaffenamt, der 1934 ein Kampfstofforschungsinstitut und ein Versuchsplatz (Heeresversuchsstelle Raubkammer) unterstellt wurden. Bei der Aufnahme der Großproduktion von Kampfstoffen stützten sich die verantwortlichen Militärs zunächst auf mittlere Chemiebetriebe. Die IG Farben, die bereits 1934 die Vermittlungsstelle W (Wehrmacht) in Berlin einrichtete, übernahm bald eine Leitfunktion auf dem Gebiet der kriegschemischen Forschung und Technologie. Sie war auch führend bei der seit 1936 erfolgenden Entwicklung hochtoxischer nervenschädigender Gifte, der sog. Trilone (Tabun, Sarin, Soman). Zugleich begann der Aufbau der → *Nebeltruppen* als Spezialtruppe für die ch. K. Aus der Fahrabteilung 4 wurde 1934 die Artillerieabteilung Königsbrück gebildet, und aus dieser ging im Herbst 1935 die erste Nebelabteilung hervor. 1936 wurde eine eigene Inspektion (Inspektion der Nebeltruppe und für Gasabwehr) errichtet. Die Nebeltruppen, deren Bezeichnung den eigentlichen Zweck verschleiern sollte, zählten 1939 3 Abteilungen mit insgesamt 2044 Mann. Seit 1936/37 rechnete die Wehrmachtführung damit, bereits in der Anfangsphase der geplanten Aggressionskriege Kampfstoffe einzusetzen. Als wichtigster Kampfstoff galt Lost (weiterentwickelt als Sauerstoff-Lost und Stickstoff-Lost), mit dem weite Geländeabschnitte vergiftet werden sollten. Zu Beginn des zweiten Weltkrieges war das faschistische Deutschland allen anderen imperialistischen Mächten in der Bereitstellung von Kampfstoffen überlegen. Im September 1939 betrug die vorhandene Kampfstoffmenge 9152 t, davon 4020 t Lost. Dagegen verfügten z. B. die britischen Streitkräfte nur über 500 t Lost sowie über kleinere Mengen anderer Kampfstoffe. Die Wehrmachtführung sah in der Artillerie das Haupteinsatzmittel für Kampfstoffe. Daneben orientierte sie aber auch auf den Einsatz aus der Luft durch Kampfstoffbomben (seit 1938 in Serienproduktion) und auf das Verschießen mittels Gaswerfer, die seit Ende der 30er Jahre als Raketenwerfer ausgebildet wurden. Das 1938 entwickelte sog. Do-Gerät, ein Werfer von 6 Rohren mit einem Kaliber von 150 mm, war vornehmlich für schlagartige Gasüberfälle bestimmt. Es diente wie alle Werfer der Nebeltruppen auch zum Verschießen von Brisanz-, Rauch- und Flammunition.

Im zweiten Weltkrieg steigerte der deutsche Faschismus, der ständig zur ch. K. bereit war, die Kampfstoffproduktion. Diese betrug 1940–1944 etwa 54000 t. Im ersten Halbjahr 1941, bei der Vorbereitung des Überfalls auf die UdSSR, erreichte sie mit 1300 t Monatsdurchschnitt den höchsten Stand. Besondere Anstrengungen galten den neuen Nervengiften. Seit 1942 bzw. 1944 wurden Tabun und Sarin großtechnisch produziert, während sich Soman 1945 noch in der labormäßigen Erprobung befand. Bei Kriegsende lagerten in den deutschen Reservoirs 169000 t Kampfstoff, davon über 12000 t Tabun und Sarin. An abgefüllter Munition war bis Ende 1944 ein Vorrat von 6 Mill. Kampfstoffgranaten (15 verschiedene Typen) und von 650000 Kampfstoffbomben (12 Typen) angehäuft. Parallel zur Kampfstoffproduktion lief der weitere Ausbau der Nebeltruppen. Die reale Gefahr, daß der faschistische deutsche Imperialismus in seiner Skrupellosigkeit zur unbeschränkten ch. K. überging, bestand während des gesamten Krieges. Diesbezügliche Pläne wurden anfangs aufgeschoben, offenbar weil die Chancen nicht hoch genug angesetzt werden konnten (z. B. mangelhafter Schutz der eigenen Truppen durch den Heeresfilter FE 39) und erst größere Mengen der neuen Kampfstoffe angehäuft werden sollten. Zudem schienen die militärischen Anfangserfolge eine ch. K. unnötig zu machen. Angesichts der kriegsentscheidenden Siege der Sowjetarmee drängten die abenteuerlichsten Kreise des deutschen Faschismus ab 1943 auf den Einsatz von Kampfstoffen. Das Kräfteverhältnis hatte sich jedoch auch bezüglich der Möglichkeiten einer ch. K. so sehr zuungunsten Deutschlands verändert, daß seine Machthaber aus Furcht vor den Konsequenzen letztlich davor zurückschreckten. In den faschistischen Konzentrationslagern wurden an Häftlingen verbrecherische Experimente mit Kampfstoffen unternommen und in den Vernichtungslagern fabrikmäßig Millionen von Menschen durch Zyanwasserstoff, bekannt als «Zyklon B», bestialisch ermordet.

Nach dem zweiten Weltkrieg setzte insbesondere der USA-Imperialismus die kriegschemische Rüstung verstärkt fort. Er konzentrierte sich auf die Entwicklung neuartiger Kampfstoffe: hochwirksamer Nervengifte (V-Kampfstoffe), psychotoxische Kampfstoffe, die beim Menschen geistige Störungen (Modellpsychosen) erzeugen sollen, und phytotoxische Gifte zur Entlaubung von Waldgebieten und Vernichtung von Nutzpflanzen. In jüngster Zeit entwickelten die USA die Technologie der sog. Binärwaffen. Diese bestehen aus 2 relativ wenig toxischen Vorprodukten, die erst nach dem Abfeuern des Geschosses oder nach dem Abwurf der Bombe miteinander vermischt und zu einem hochtoxischen Kampfstoff verbunden werden. Solche Binärwaffen besitzen vielfältige militärisch-ökonomische Vorteile. Sie haben nicht nur die gesamte Technologie der Herstellung, Lagerung und Anwendung von Kampfstoffen wesentlich verändert, sondern auch die Kontrolle der chemischen Waffen sehr erschwert. Der potentielle Aggressor kann bei der Verwendung von Binärwaffen erheblich leichter seine Vorbereitungen auf eine ch. K. verschleiern. Ende der 60er Jahre gingen die USA-Streitkräfte im Krieg gegen Vietnam zu einer barbarischen und folgenschweren ch. K. über und setzten in großem Umfang phytotoxische Kampfstoffe ein. Die USA haben seitdem die Produktion chemischer Kampfstoffe gesteigert und große Mengen auch außerhalb ihres Territoriums, z. B. in der BRD, gelagert. Um die Menschheit vor den Folgen einer totalen ch. K. zu bewahren, führt die sozialistische Staatengemeinschaft einen konsequenten Kampf für ein striktes Verbot der Entwicklung, Herstellung und Lagerung chemischer Waffen.

Clausewitz-Gesellschaft: Bezeichnung für eine seit 1961 in der BRD bestehende militaristische Vereinigung, die sich mit konzeptionellen Fragen zur Entwicklung der Militärdoktrin, Militärstrategie und Militärpolitik der BRD im Rahmen der NATO befaßt und Traditionen des reaktionären deutschen Generalstabsdenkens bewahrt und fortsetzt. Ihr gehören vor allem ehem. Generalstabsoffiziere der Wehrmacht sowie ehem. und aktive Generalstabsoffiziere der Bundeswehr der BRD an.

Die Gründung der C. am 18. 9. 1961 entsprach einer seit 1955 gehegten Absicht ehem. faschistischer Militärs, eine Vereinigung für Generalstabsoffiziere zu schaffen. Unter Verfälschung des Werkes von Carl von Clausewitz (1780–1831) und unter Mißbrauch seines Namens ist die C. bestrebt, Arbeitserfahrungen des früheren deutschen Generalstabes auf die aktuelle Situation anzuwenden und konzeptionelle sowie theoretische Überlegungen – unter Berücksichtigung der jeweiligen veränderten Bedingungen – zur Militärpolitik, Militärstrategie und zur Entwicklung des Militärwesens der BRD im Rahmen der NATO zu erarbeiten. Über ihre Mitglieder (530 im Jahre 1975), von denen viele exponierte Positionen in der Wirtschaft und im Staatsapparat der BRD bekleiden, beeinflußt die C. die militärtheoretischen Auffassungen führender politischer, wirtschaftlicher und militärischer Kreise der BRD. Dem dienen neben der persönlichen Einflußnahme die mehrmals jährlich stattfindenden Clausewitz-Foren sowie Publikationen. Die C. pflegt besonders engen Kontakt mit der Führung der Bundeswehr der BRD, in erster Linie mit der Führungsakademie, deren Kommandeur seit 1967 als Vizepräsident der Gesellschaft fungiert. Die C. unterhält enge Arbeitskontakte zum → *Arbeitskreis für Wehrforschung* sowie zur → *Gesellschaft für Wehrkunde* und zu deren Publikationsorganen. Sie publiziert selbst die unregelmäßig erscheinenden «Rundbriefe». Nach ihrer Zielstellung, ihrem Charakter und ihrer Zusammensetzung erweist sich die C. als förderndes Element und als ein geistiges Zentrum des Militarismus in der BRD.

D

Dänisch-Deutscher Krieg 1848–1851: nationalrevolutionärer Unabhängigkeitskrieg der vom deutschen Volk unterstützten schleswig-holsteinischen Bevölkerung gegen Dänemark.

Die Herzogtümer Schleswig und Holstein waren seit 1460 durch Personalunion mit der dänischen Krone verbunden, besaßen jedoch relative Selbständigkeit und die Zusicherung ihrer Unteilbarkeit. Anfang 1848 kündigte die dänische Monarchie die Annexion Schleswigs an. Gegen die Dänisierung erhob sich die deutschsprachige Bevölkerung Schleswig-Holsteins, getragen von der demokratischen und nationalen Bewegung des ganzen deutschen Volkes. Am 24. 3. 1848 bildete sich eine provisorische Regierung. Unter dem Druck der Volksbewegung betrieb sie die Aufnahme Schleswigs in den Deutschen Bund, ersuchte diesen um militärische Hilfe und stellte eigene Truppen auf. Während die dänischen Offiziere und Soldaten über die Grenze flüchteten, traten die einheimischen Truppenteile der dänischen Armee auf die Seite der Regierung. Sie bildeten den Kern der schleswig-holsteinischen Armee, die durch einheimische Freikorps und zu Freischaren formierte Freiwillige aus anderen deutschen Staaten verstärkt wurde. Es fehlte jedoch an kriegserfahrenen Offizieren, an Waffen und Ausrüstung. Am 3. 4. 1848 erklärte der Bundestag die Bundesexekution (→ *Bundesheer*) gegen Dänemark und beauftragte Preußen sowie die Staaten, die das 10. Bundesarmeekorps stellten, mit deren Durchführung. Die preußische Monarchie wollte den Feldzug benutzen, um die eigenen Machtpositionen zu stärken und eine demokratische Entwicklung in Schleswig-Holstein zu verhindern. Sie strebte jedoch keine energische Kriegführung an, weil sie vor allem jeden Konflikt mit dem hinter Dänemark stehenden Rußland zu vermeiden suchte.

Die schleswig-holsteinische Armee zählte Ende März etwa 5000 Mann und 16 Geschütze. Im Vertrauen auf rechtzeitige Bundeshilfe versammelte sie sich bei Flensburg und versuchte, das nördliche Schleswig gegen dänische Angriffe zu verteidigen. Sie konnte jedoch den dänischen Truppen, die aus dem Raum Apenrade in einer Stärke von etwa 11000 Mann und 28 Geschützen heranrückten, nicht standhalten (Gefechte bei Bau und Crusau am 9. 4.) und mußte sich bis Schleswig zurückziehen. Nachdem die schleppende Ausführung der Bundesexekution Anfangserfolge der Dänen erleichtert hatte, drängte der zunehmend nationalrevolutionäre Charakter des Kampfes die deutschen Fürsten zu schnellerem Handeln. Mitte April 1848 übernahm der preußische Generalleutnant Friedrich von Wrangel (1784–1877) den Oberbefehl über die inzwischen versammelten Bundestruppen (23600 Mann, davon 12900 Preußen, und 40 Geschütze) und die schleswig-holsteinische Armee (8900 Mann und 24 Geschütze). Die Verbündeten rückten von Holstein aus vor und besiegten die dänischen Truppen (etwa 12000 Mann und 30 Geschütze) am 23. 4. in der Schlacht bei Schleswig. Während sich das Bundesarmeekorps gegen die Insel Alsen wandte, auf die das Gros der geschlagenen Dänen zurückging, besetzten die preußischen Truppen bis Mitte Mai den südöstlichen Teil von Jütland einschließlich der Festung Fredericia. Wrangel erhob in Jütland eine hohe Kontribution (2 Mill. Taler). Er setzte Anfang Mai bei der schleswig-holsteinischen Regierung durch, daß die revolutionär gesinnten Freischaren neu formiert und unter politische und militärische Kontrolle gestellt wurden.

Dänemark hatte die Bundesexekution mit der Beschlagnahme des deutschen Staatseigentums und seit Mai auch mit der → *Blockade* deutscher Häfen beantwortet. Das veranlaßte die Gründung einer → *Kriegsflotte der Frankfurter Nationalversammlung,* die jedoch der dänischen Flotte unterlegen blieb. Aus Furcht vor einer Einmischung Rußlands, Großbritanniens und Schwedens vermied Preußen nicht nur aktive militärische Handlungen, sondern suchte sich auch mit Dänemark zu verständigen. Ohne daß es die Lage erforderte, zog Wrangel Ende Mai die Truppen aus Jütland in das mittlere Schleswig zurück. Die nun wieder vorstoßenden Dänen behaupteten sich in Gefechten im Sundewitt (28. 5. und 5. 6.), unterlagen dann aber bei Hoptrup (7. 6.) sowie Hadersleben (28. 6.) und zogen sich nach Jütland zurück. Die Kampfhandlungen waren vorerst beendet,

Schleswig-holsteinisches Kanonenboot im Gefecht gegen eine dänische Korvette, 20. Juli 1850

da Wrangel auf Weisung der preußischen Regierung die dänische Grenze nicht überschreiten ließ. Am 15. 7. vereinbarten Preußen und Dänemark eine vorläufige Waffenruhe und schlossen am 26. 8. den auf Monate befristeten Waffenstillstand von Malmö. Der Waffenstillstand, der Schleswig-Holstein praktisch der dänischen Krone auslieferte, bedeutete einen Verrat der deutschen Interessen. Er löste im ganzen Volk große Empörung aus und verschärfte die Spannungen in der Frankfurter Nationalversammlung, deren liberale Mehrheit ihn schließlich am 16. 9. bestätigte.

Nach erfolglosen Friedensverhandlungen und Kündigung des Waffenstillstandes durch Dänemark begann am 3. 4. 1849 der Angriff der dänischen Armee. Sie zählte etwa 30000 Mann und 72 Geschütze und wurde von Generalmajor Gerhard Christopher von Krogh (1785–1860) befehligt. Ihren Vorstoß von Alsen und Jütland aus unterstützten Kriegsschiffe, die jedoch am 5. 4. vor Eckernförde durch Landbatterien verlustreich abgewiesen wurden. Die Stärke der Verbündeten betrug 50700 Mann, darunter allein 11200 Schleswig-Holsteiner, und 72 Geschütze; neuer Oberbefehlshaber war der preußische Generalleutnant Karl von Prittwitz (1790–1871). Nach dem Sieg der Verbündeten bei Düppel (13. 4.) überschritten die schleswig-holsteinischen Truppen selbständig die dänische Grenze und belagerten ab 10. 5. Fredericia von der Landseite her. Auch Prittwitz rückte mit 2 Divisionen in Jütland ein. Während er sich untätig verhielt, konzentrierte das dänische Oberkommando bei Fredericia 25000 Mann. Die dort isoliert stehenden schleswig-holsteinischen Truppen (10000 Mann) erlitten am 6. 7. eine schwere Niederlage; Prittwitz griff nicht in die Schlacht ein. Danach kam es erneut zu einem preußisch-dänischen Waffenstillstand (10. 7. 1849). Die Bundestruppen wurden aufgelöst, und die schleswig-holsteinische Armee mußte sich nach Holstein zurückziehen. Preußen schloß am 2. 7. 1850 mit Dänemark den Frieden von Berlin und überließ die Schleswig-Holsteiner endgültig ihrem Schicksal.

Von allen deutschen Staaten in Stich gelassen, setzte Schleswig-Holstein den Krieg gegen Dänemark allein fort. Mitte Juli 1850 rückte die reorganisierte schleswig-holsteinische Armee (27000 Mann und 72 Geschütze) unter dem ehemaligen preußischen Generalleutnant Wilhelm von Willisen (1790–1879) in Schleswig ein. Sie unternahm aber nichts, um die Vereinigung von 2 dänischen Armeekorps (insgesamt 38000 Mann und 96 Geschütze) zu verhindern. In der Schlacht bei Idstedt (25. 7.) unterlag die schleswig-holsteinische Armee, nicht zuletzt infolge der Unfähigkeit Willisens, und zog sich nach Rendsburg zurück. Nachdem die mit überlegenen Kräften, aber energielos unternommenen Angriffe bei Eckernförde und Missunde (12. 9.) sowie auf Friedrichstadt (4. 10.) gescheitert waren, stellte Willisen den Kampf faktisch ein. Ende 1850 war infolge der politischen Lage und der militärischen Stärke Dänemarks ein weiterer Kampf für die schleswig-holsteinische Armee völlig aussichtslos geworden. Im Vertrag von Olmütz (29. 11. 1850) hatte sich Preußen auf Verlangen Rußlands und Österreichs verpflichtet, die schleswig-holsteinische Frage im Sinne der dänischen Krone zu lösen. Gemeinsamer preußisch-österreichischer Druck zwang die Schleswig-Holsteiner am 11. 1. 1851 zur Kapitulation. Ihre Armee wurde aufgelöst und die Regierungsgewalt an Dänemark übergeben. Im Londoner Protokoll vom 8. 5. 1852 garantierten die europäischen Großmächte und Schweden den Bestand der dänischen Monarchie, doch blieben die Selbständigkeit Schleswigs und seine Realunion mit Holstein formell bestehen. Die ungelöste nationale Frage in Schleswig-Holstein und der Kampf Preußens um die Vorherrschaft im Deutschen Bund führten zum → *Dänisch-Deutschen Krieg 1864.*

Dänisch-Deutscher Krieg 1864: Krieg zwischen Preußen/Österreich und Dänemark um die Herzogtümer Schleswig, Holstein und Lauenburg.

Der → *Dänisch-Deutsche Krieg 1848–1851* hatte die Schleswig-Holstein-Frage nicht gelöst. Dänemark versuchte weiterhin, Schleswig von Holstein zu trennen und sich einzuverleiben. Als die neue dänische Verfassung von 1863 dieses Ziel proklamierte, entstand in den Ländern des Deutschen Bundes eine breite nationale Bewegung für die Selbständigkeit der Herzogtümer. Unter ihrem Druck erklärte der Bundestag am 7. 12. endgültig die Bundesexekution (→ *Bundesheer*) gegen Dänemark. Seit dem 23. 12. rückten sächsische, hannoveranische, preußische und österreichische Bundestruppen (insgesamt 22000 Mann) in die Herzogtümer Holstein und Lauenburg ein, die von den dänischen Truppen (etwa 12000 Mann) kampflos geräumt wurden. Die deutsche Volksbewegung drängte darauf, auch Schleswig zu befreien. Mit der spontanen Bildung von Freikorps und Volkswehren in vielen deutschen Gebieten deutete sich die Möglichkeit eines nationalrevolutionären Krieges an. Die konkurrierenden Großmächte des Deutschen Bundes, Preußen und Österreich, wollten jedoch die nationale Bewegung zu dynastischer Machterweiterung ausnutzen. Sie einigten sich deshalb, gemeinsam und vom Deutschen Bund unabhängig, Schleswig zu besetzen. Das preußisch-österreichische Ultimatum (16. 1. 1864), den vorherigen Status von Schleswig wiederherzustellen, lehnte Dänemark ab. Daraufhin überschritten die bei Kiel und Rendsburg versammelten preußischen und österreichischen Truppen, deren Aufmarsch mit der Eisenbahn erfolgt war, die Grenze nach Schleswig (1. 2.). Sie gliederten sich in 3 Korps:

das I. (preußische) mit 24950 Mann und 96 Geschützen, das II. (österreichische) mit 21320 Mann und 48 Geschützen sowie das III. (preußische Garde) mit 10100 Mann und 14 Geschützen. Dazu kamen später noch 80 preußische Festungsgeschütze. Oberbefehlshaber war der senile preußische Generalfeldmarschall Friedrich von Wrangel (1784–1877). Der Deutsche Bund beteiligte sich nicht am Krieg, hielt aber die Herzogtümer Holstein und Lauenburg mit sächsischen und hannoveranischen Truppen besetzt.

Die dänische Feldarmee (etwa 39000 Mann und 104 Feldgeschütze) unterstand Generalleutnant Christian Julius de Meza (1792–1865). Ihre Hauptkräfte hatten sich bei Schleswig versammelt und sollten zunächst das Danewerk, einen 17 km breiten Grenzwall, hinhaltend verteidigen. Sie waren den Verbündeten an Zahl, Bewaffnung und Kampfkraft deutlich unterlegen, konnten sich aber auf befestigte Stellungen mit zahlreicher Artillerie und das Zusammenwirken mit der Flotte stützen. Die dänische Flotte war den verbündeten Seestreitkräften überlegen. Der Feldzugsplan des Chefs des preußischen Generalstabes, Generalleutnant Helmuth von Moltke (1800–1891), sah vor, die dänische Armee von ihren Rückzugslinien abzuschneiden. Moltke besaß aber vorerst kaum Einfluß auf die Operationen, die Wrangel unentschlossen und fehlerhaft leitete. Die dänische Armee zog sich kampflos (seit 5./6. 2.) auf Flensburg zurück. Ihre Hauptkräfte (etwa 23000 Mann) wurden bei Düppel und auf Alsen konzentriert, die übrigen Truppen bei Fredericia und auf Fünen, von wo aus sie die Verbündeten in der Flanke bedrohen konnten. General de Meza wurde abgelöst; seit 1. 3. führte Generalleutnant Georg Daniel Gerlach (1797–1865) den Oberbefehl. Über die weitere Kriegführung kam es auch unter den Verbündeten zu Differenzen, weil die erwartete rasche Entscheidung ausgeblieben war und außenpolitische Verwicklungen drohten. Die von Moltke geforderte Besetzung Jütlands lehnte Österreich mit Rücksicht auf Großbritannien ab. Man einigte sich schließlich darauf (1.3.), den Hauptangriff gegen die Düppel-Alsen-Stellung (→ *Düppeler Schanzen 1864*) zu führen und in Jütland nur so weit vorzurücken, wie es zum Schutz gegen dänische Angriffe notwendig schien. In Jütland besetzten die verbündeten Truppen Kolding (1. 3.); das II. Korps nahm Vejle (8. 3.) und schloß mit dem III. Korps die Hafenstadt und Festung Fredericia ein. Die dänischen Truppen zogen sich nach Nordjütland zurück und setzten am 17. 3. auf Mors über. Gegen die verbündeten Truppen vor Fredericia führten dänische Abteilungen, von der Bevölkerung unterstützt, einen Kleinkrieg (Streifzüge und Überfälle). In Schleswig begann das verstärkte I. Korps

Seegefecht bei Jasmund am 17. März 1864

Mitte März, die Düppeler Schanzen zu belagern. Ihre Erstürmung am 18. 4. war das wichtigste militärische Ereignis des Krieges. Die dänischen Hauptkräfte standen aber weiterhin auf Alsen.

In der folgenden Periode des Krieges drängten die preußische Regierung und der Generalstab auf weiteres energisches Vorgehen, um Dänemark zum Nachgeben zu zwingen. Während das III. Korps über Århus bis Ålborg am Lijmfjord (10. 5.) vordrang, besetzte das II. Korps am 29. 4. das von den dänischen Truppen überstürzt geräumte Fredericia. Am 18. 5. löste Generalleutnant Prinz Friedrich Karl von Preußen (1828–1885) den unfähigen Wrangel ab; Moltke wurde Generalstabschef der verbündeten Armee. Auf Betreiben der britischen Regierung war am 25. 4. 1864 in London eine internationale Konferenz zur Lösung der Schleswig-Holstein-Frage zusammengetreten. Sie brachte aber nur einen 6wöchigen Waffenstillstand (ab 12. 5.). Danach (29. 6.) erzwang das I. Korps mit einem schwierigen und verlustreichen Landungsunternehmen den Übergang nach der stark befestigten Insel Alsen. Die dänischen Truppen (etwa 10000 Mann) zogen sich nach anfänglich hartnäckigem Widerstand zurück und setzten ungehindert nach Fünen über (1. 7.). In Jütland überschritten die Verbündeten (I. und II. Korps) nach kurzen Gefechten bei Ålborg und Lundby (3. 7.) den Lijmfjord und erreichten Mitte Juli Grenen (Skagens Horn). Der schwächere Gegner wich kampflos zurück und schiffte sich nach Fünen ein. Die Kampfhandlungen zur See hatten auf den Kriegsverlauf wenig Einfluß. Die verbündeten Seestreitkräfte beschränkten sich darauf, die dänische → *Blockade* der deutschen Küsten zu erschweren und Landungen zu verhindern. Am 9. 5. kam es vor Helgoland zum einzigen bedeutenden Seegefecht, in dem ein preußisch-österreichisches Geschwader zum Rückzug gezwungen wurde. Mit Unterstützung von Flottenkräften besetzten die Verbündeten die nordfriesischen Inseln Sylt (13. 7.), Rømø (14. 7.) und Fanø (15. 7.).

Erstürmung der Düppeler Schanzen am 18. April 1864

Die militärischen Niederlagen, die schwierige Finanzlage und fehlende ausländische Hilfe veranlaßten Dänemark zum Einlenken. Am 1. 8. wurde ein Präliminarfrieden unterzeichnet, am 30. 10. 1864 der Frieden von Wien. Dänemark trat die Herzogtümer Schleswig, Holstein und Lauenburg an Österreich und Preußen ab, die sie gemeinsam verwalteten. Daraus entstehende Konflikte veranlaßten den → *Preußisch-Österreichischen Krieg 1866.* Einflußreiche Kreise der Großindustrie, der Banken und der Konservativen Partei in Preußen drängten auf die Annexion von Schleswig und Holstein. Ende 1864

Die Eroberung der Insel Alsen am 29. Juni 1864

zwang Preußen den Bundestag, die sächsischen und hannoveranischen Truppen aus Holstein abzuziehen. Kiel wurde preußischer Kriegshafen. Im Verlauf des Krieges fielen 422 preußische, 227 österreichische und 1423 dänische Soldaten und Offiziere. Unvergleichlich höher als die Gefechtsverluste war die Zahl der Erkrankungen: auf preußischer Seite 26717 Mann und auf dänischer 31575 Mann. Im bewaffneten Kampf zeigte sich die überlegene Feuerkraft des von den preußischen Truppen erstmals in größerer Zahl eingesetzten → *Zündnadelgewehrs* sowie der gezogenen Hinterladegeschütze (→ *Artillerie*). Der Krieg zwischen Preußen, Österreich und Dänemark war eine wichtige Etappe auf dem Wege der nationalstaatlichen Einigung Deutschlands unter Führung des junkerlich-militaristischen Preußens, das seine gewachsene militärische Stärke (→ *Heeresreorganisation in Preußen 1859/60*) bewiesen hatte.

Dänisch - Deutscher Krieg 1864

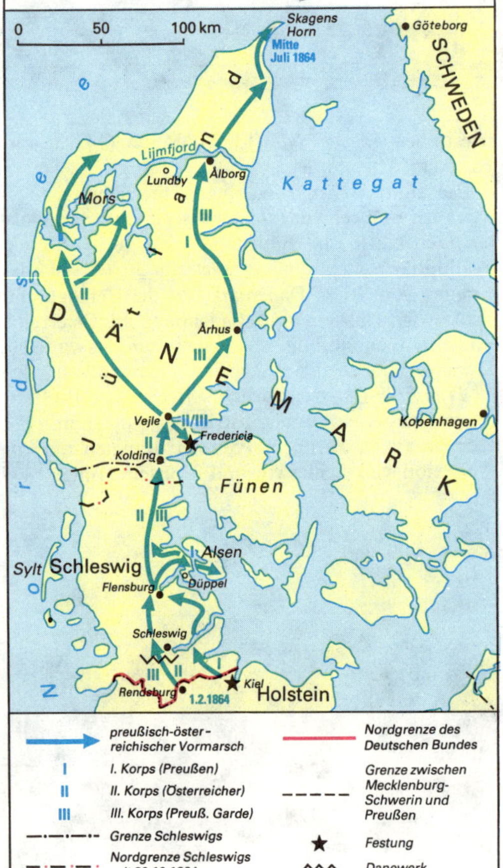

Deckoffiziere: in den preußisch-deutschen Seestreitkräften von Mitte des 19. Jh. bis 1920 Bezeichnung für die Angehörigen der höchsten Gruppe von Portepeeunteroffizieren, zugleich – seit 1860 – Rangklasse zwischen → *Unteroffizieren* und → *Offizieren.*

Mit dem Aufbau von Seestreitkräften in Preußen in den 50er Jahren des 19. Jh. wurde auch die Bezeichnung D. eingeführt. Unmittelbar dem Ersten Offizier unterstellt, erstreckte sich die Verantwortung der D. auf den navigatorischen und seemännischen Bereich sowie auf die Maschinenanlagen und die Waffen. Sie überwachten die Spezialisten der verschiedenen Bereiche an Bord und spielten eine wichtige militärische Rolle als Verbindungsglied vom Ersten Offizier zur Besatzung des Schiffes. Bei den damals noch in zwei Dienstgradgruppen untergliederten D. gehörten zur 1. Klasse in der preußischen Marine der Obersteuermann, der Oberbootsmann, der Oberfeuerwerker, der Obermaschinist und der Obermeister, zur 2. Klasse der Steuermann, der Bootsmann usw. 1857 gab es insgesamt 13 D.laufbahnen, darunter noch den Böttchermeister und den Reepschläger. Mit der zunehmenden Technisierung in der Marine sowie dem Ausbau der Flotte vergrößerte sich auch die Zahl der D. Seit 1860 bildeten sie eine eigene Rangklasse zwischen den Offizieren und Unteroffizieren. Zu ihrer Ausbildung entstand 1872 aus der Vorbereitungsschule für D.anwärter die Kaiserliche Steuermann- und Maschinistenschule, ab 1885 D.schule, von 1891 an Ingenieur- und D.schule (Wilhelmshaven). Die D. waren eine zuverlässige Stütze der bestehenden Klassengesellschaft. Dieser Rolle entsprachen sie auch mit wenigen Ausnahmen in der Novemberrevolution 1918/19. D. bildeten den Kern der 3 Marinebrigaden zur Niederschlagung des revolutionären Proletariats. 1920 wurde die Rangklasse D. abgeschafft, sie lief in der Reichsmarine bis etwa Mitte der 20er Jahre aus; an ihre Stelle traten die Oberfeldwebel (→ *Feldwebel*). *(s. Abb. S. 145)*

Defensionswerk → *Landesdefension*

Degen: vorwiegend zum Stoß verwendete → *Stich- und Hiebwaffe* mit langer, schmaler ein- oder mehrschneidiger Klinge.

Der D., dessen Entwicklung eng mit der im Mittelalter in Mode kommenden Fechtkunst verbunden ist, tauchte zuerst in Italien und Spanien auf und erreichte im 16. Jh. einen Höhepunkt seiner technischen Entwicklung. Die gerade Steckklinge des D., die durch einen Mittelgrat auf beiden Seiten, häufig auch durch eingeschliffene Hohlkehlen erleichtert war, wurde aus Stahl gefertigt. Ihr nahe dem Griff liegender Schwerpunkt begünstigte eine leichte und schnelle Waffenführung. Ein typisches Merkmal des D. bildete von Anfang an sein stark ausgeprägter Faustschutz, bei dem das Gefäß nicht selten zu einem kunstvoll gestalteten Korb (Korb-D.) ausgear-

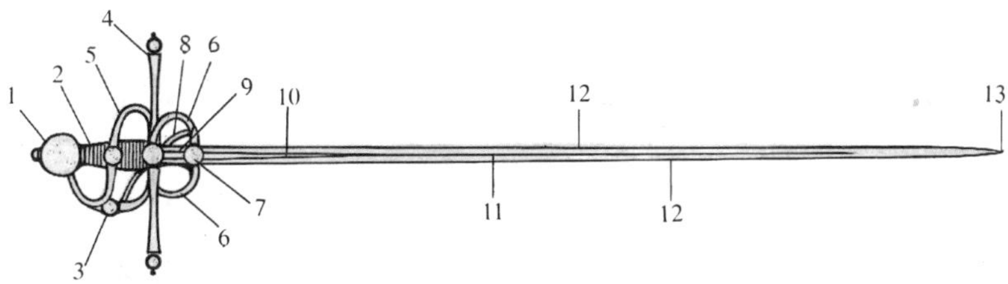

Degen, 16./17. Jh.: *1* Knauf mit Nietkopf; *2* Hilze; *3* Griffbügel; *4* Parierstange; *5* Parierbügel; *6* einseitiger Faustschutzbügel; *7* Parierring; *8* hintere Faustschutzspange; *9* Klingenansatz (Fehlschärfe); *10* Hohlschliff; *11* Mittelgrat; *12* Schneide; *13* Ort

beitet war. Der häufig als zivile Waffe getragene D. war in der Form des Rapiers zugleich über Jahrhunderte eine weit verbreitete Duellwaffe. Im 16. Jh. fand der D. breiten Eingang in das europäische Militärwesen und löste dort zusammen mit dem → *Pallasch* das schwerer zu führende und der Hand weniger Schutz bietende → *Schwert* ab. Zwar blieb das Schwert im 16. Jh. noch in begrenztem Umfang Kampfwaffe, jedoch führten Schwertträger außerdem häufig schon den D. Kriegs-D. waren in der Regel einfach und zweckmäßig gearbeitet. Ihre Handhabung erforderte eine gründliche Ausbildung. Musketiere und Pikeniere führten im 16. und 17. Jh. den D. als Zweitwaffe. Bei der Kavallerie kam mit dem zeitweiligen Verschwinden der → *Lanze* der aus dem alten Reiterschwert entstandene sog. Hau-D. auf, der bei der leichten Kavallerie seit dem 18. Jh. durch den → *Säbel* ersetzt wurde. Bei der Infanterie mußte der D. einem kürzeren und handlicheren, teilweise zum Aufstecken auf das Gewehr geeigneten → *Seitengewehr* weichen. Nur die Offiziere führten auch weiterhin einen D. Dagegen blieb der D. bei → *Kürassieren* und → *Dragonern* bis zum 19. Jh. allgemein im Gebrauch. 1890 erfolgte im Zuge der Vereinheitlichung von Waffen und Ausrüstungsgegenständen in der kaiserlich-deutschen Armee die Einführung neuer D.modelle. Für alle Fußtruppen wurde der in verschiedenen Längen gefertigte Offiziers-D. Modell 89 eingeführt, während die Kavallerie mit Ausnahme der weiter den Pallasch führenden Kürassiere den Kavallerie-D. Modell 89 erhielt. Nach dem ersten Weltkrieg wurde in den Streitkräften des imperialistischen Deutschlands der D. allgemein durch den Säbel ersetzt. Nur vereinzelt fand der D. noch als Paradewaffe Verwendung, so der Stich-D. bei Generalen der faschistischen Luftwaffe. *(s. Abb. S. 951)*

«Der Kämpfer»: 1. von Mai 1953 bis August 1956 Zeitung für die Angehörigen der → *Kasernierten Volkspolizei (KVP).*

Die Zeitung, die zunächst wöchentlich (bis Januar 1954) und danach 3mal wöchentlich erschien, spielte eine wichtige Rolle bei der klassenmäßigen Erziehung und fachlichen Ausbildung der Angehörigen der KVP. Sie informierte über wichtige außen- und innenpolitische Ereignisse, unterstützte die Tätigkeit der Grundorganisationen der SED und FDJ in den Einheiten der KVP und widmete der kulturellen Massenarbeit große Aufmerksamkeit. Sie vermittelte Erfahrungen über den Aufbau des bewaffneten Schutzes der UdSSR und anderer sozialistischer Staaten und leistete einen wichtigen Beitrag zur Erziehung zum proletarischen Internationalismus. Ausführlich erläuterte die Zeitung den Klassencharakter und politischen Auftrag sozialistischer Streitkräfte und berichtete 1956 über die Aufstellung der → *Nationalen Volksarmee der DDR (NVA).* Mit der Auflösung der KVP stellte die Zeitung ihr Erscheinen ein.

2. seit Oktober 1957 vom ZK der SED monatlich hrsg. Zeitung für die Angehörigen der → *Kampfgruppen der Arbeiterklasse.*

Die Thematik der Zeitung ist auf die ideologische Erziehung und fachliche Ausbildung der Angehörigen der Kampfgruppen der Arbeiterklasse zugeschnitten. Dazu gehören militärpolitische Aufsätze und Kommentare sowie Beiträge zur Erläuterung der Ausbildungsprogramme, zur methodischen Anleitung der Ausbilder und Kommandeure, zum Erfahrungsaustausch, zum sozialistischen Wettbewerb und zur Neuererbewegung. Durch Berichte über historische Jahrestage und über die Verleihung von Ehrennamen an Kampfgruppeneinheiten verbreitet die Zeitung Kenntnisse über die revolutionären Traditionen der deutschen und internationalen Arbeiterbewegung und wirkt an der Traditionspflege sowie der → *sozialistischen Wehrerziehung der Bevölkerung der DDR* mit.

«Der Politarbeiter»: von 1953 bis 1956 von der Politischen Verwaltung der → *Kasernierten Volkspolizei (KVP)* hrsg. Halbmonatsschrift für Fragen der politischen Arbeit in der KVP.

Die Thematik der Zeitschrift umfaßte Beiträge zu politischen und militärpolitischen Ereignissen, zum Austausch von Erfahrungen der politischen Arbeit in der KVP, zur Nutzung von Erkenntnissen aus der politisch-ideologischen Erziehung in den sowjetischen Streitkräften sowie Aufsätze zur Unterstützung der marxistisch-leninistischen Aus- und Weiterbildung der Angehörigen der KVP. Die Zeitschrift veröffentlichte auch Artikel zur Geschichte des deutschen Volkes, namentlich der revolutionären Arbeiterbewegung, sowie Rezensionen und Argumentationsmaterialien für den Agitator. Als monatliche Sonderdrucke wurden «Materialien zur Unterstützung der kulturellen Aufklärungsarbeit in der Kasernierten Volkspolizei» publiziert. Im Januar 1956 erschien ein der bevorstehenden Schaffung der → *Nationalen Volksarmee der DDR (NVA)* gewidmetes Sonderheft. Mit Auflösung der KVP stellte «Der Politarbeiter» sein Erscheinen ein.

Desertion → *Fahnenflucht*

Deutsche Gesellschaft für Wehrpolitik und Wehrwissenschaften: von 1933 bis 1945 bestehende militaristische Vereinigung, die mit Mitteln und Methoden von Wissenschaft und Publikation aktiv die faschistische Aufrüstung und Kriegspolitik unterstützte.

Vorläufer der Gesellschaft war die im Januar 1929 gegründete Wehrwissenschaftliche Arbeitsgemeinschaft, in der sich ehemalige Generale, Admirale und Offiziere in verschiedenen Arbeitsgruppen mit Problemen der Entwicklung des imperialistischen Militärwesens und mit militärischen Erfahrungen des ersten Weltkrieges (1914–1918) beschäftigten. Diese Arbeitsgemeinschaft unterstützte vor allem propagandistisch das Wiedererstarken des deutschen Militarismus. Nach Errichtung der faschistischen Diktatur entstand aus ihr am 28. 6. 1933 die Gesellschaft, zu deren Mitgliedern auch Beamte des faschistischen Staatsapparates, Vertreter von Konzernen und Wirtschaftsinstitutionen sowie nazistische Ideologen gehörten. Durch korporative Mitgliedschaft von Universitäten, Behörden und Organisationen sollte der Mitarbeiter-, Wirkungs- und Einflußbereich der Gesellschaft verbreitert werden. Die Gesellschaft übernahm die Zeitschrift → *«Wissen und Wehr»* und protegierte die Herausgabe militärischer Publikationen. In den Arbeitsgemeinschaften und geheimen Studienausschüssen (für Kriegspolitik, Kriegsrecht, Wehrpsychologie, Wehrtechnik u. a. m.) entstanden Analysen und andere Materialien, die der politischen und militärischen Führung zugeleitet wurden. Die Gesellschaft verfügte seit 1935 über Zweigstellen in verschiedenen Städten und unterhielt enge Kontakte zu den Wehrkreiskommandos und anderen militärischen Dienststellen. Über die Arbeitsgemeinschaften hinaus unterstützte sie durch eine breit gefächerte Vortragstätigkeit, die sich in erster Linie an die Mitglieder der Gesellschaft sowie an Kader nazistischer Organisationen und Institutionen richtete, zielstrebig die Aufrüstung sowie die Kriegs- und Eroberungspolitik. Während des zweiten Weltkrieges (1939–1945) war die Gesellschaft ein Sprachrohr der faschistischen Sieges- und Durchhaltepropaganda.

In der BRD knüpft die 1952 gegründete → *Gesellschaft für Wehrkunde* an die Tradition der Deutschen Gesellschaft für Wehrpolitik und Wehrwissenschaften an.

Deutsche Gesellschaft für Wehrtechnik e. V. → *Arbeitsgemeinschaft für Wehrtechnik*

Deutsche Grenzpolizei → *Grenztruppen der DDR*

Deutsche Heeresbücherei → *Militärbibliotheken*

deutsche Internationalisten in der Roten Armee 1918–1920: freiwillige Kämpfer, die an der Verteidigung der Sowjetmacht gegen die innere und äußere Konterrevolution teilnahmen.

Am Kampf für die Errichtung und Verteidigung der Sowjetmacht beteiligten sich neben Angehörigen anderer Nationen auch deutsche Internationalisten. Überwiegend waren es revolutionär gesinnte ehemalige Kriegsgefangene des ersten Weltkrieges. Doch traten auch Soldaten der deutschen Okkupationstruppen (→ *Intervention des deutschen Imperialismus in Sowjetrußland und in Finnland 1918*), beeinflußt von den Ideen der Bolschewiki, zur Sowjetmacht über. Schon seit Ende 1915 leisteten die Bolschewiki revolutionäre Arbeit in den Kriegsgefangenenlagern in Rußland. Nach der Februarrevolution 1917 entstanden unter bolschewistischem Einfluß zahlreiche revolutionäre Gruppen und Komitees von Kriegsgefangenen. Aufgrund ihrer politischen Tätigkeit beteiligten sich in der ersten Hälfte 1917 tausende deutsche Kriegsgefangene an Maidemonstrationen und Streiks. Die klassenbewußtesten von ihnen traten in die Sozialdemokratische Arbeiterpartei Rußlands (Bolschewiki) und in die Rote Garde ein.

Mit dem Sieg der Großen Sozialistischen Oktoberrevolution erreichte die revolutionäre Bewegung unter den kriegsgefangenen Mannschaften eine neue, höhere Stufe, indem klassenbewußte Kriegsgefangene am bewaffneten Kampf gegen die Feinde der Sowjetmacht teilnahmen. Bereits im Dezember 1917 beteiligten sich revolutionäre deutsche Kriegsgefangene im Donezbecken und in Rostow am Don an der Zerschlagung weißgardistischer Banden. Ende 1917 wurde in Moskau eine internationale Abteilung für den Schutz des Kreml aufgestellt, der deutsche Kämpfer angehörten. Als sich Anfang 1918 mit der ausländischen imperialistischen Intervention die Bedrohung Sowjetrußlands vergrößerte, traten immer mehr Internationalisten in die sich formierende Rote Arbeiter-und-Bauern-Armee ein. Unter Leitung der im Mai 1918 gegründeten Föderation ausländischer Gruppen der Kommunistischen Partei Rußlands (Bolschewiki) warben deutsche Kommunisten und Internationalisten unter den Kriegsgefangenen neue Kämpfer für die internationalen Abteilungen der Roten Armee.

Deutsche Internationalisten kämpften an allen Fronten des Bürger- und Interventionskrieges. Ihr Eintreten für die Sowjetmacht war Ausdruck der proletarischen Solidarität mit dem ersten Arbeiter-und-Bauern-Staat. Die deutschen Freiwilligen gehör-

Stab des 1. deutschen Freiwilligenregiments der Roten Armee an der Südfront, 1920

ten hauptsächlich internationalen Truppenteilen an, in denen sie zumeist in Gruppen, Zügen und Kompanien zusammengefaßt waren. Ein Teil diente in regulären Verbänden der Roten Armee und in Partisanenabteilungen sowie in rückwärtigen Wacheinheiten. Die deutschen Internationalisten besaßen als ehemalige Soldaten in der Regel militärische Erfahrungen. Viele von ihnen verfügten als Industriearbeiter über technische Kenntnisse und Fertigkeiten und konnten dadurch vorzugsweise als Geschützbedienungen, Panzerzugbesatzungen, Flugzeugmechaniker und Waffenmeister eingesetzt werden. Am höchsten war die Zahl der deutschen Internationalisten an der Ostfront (Ural, Sibirien) und in Turkestan, wo sich die Mehrheit der in Sowjetrußland verbliebenen deutschen Kriegsgefangenen befand. An der Befreiung des Uralgebiets von den Weißen war u. a. das 1. Internationale Kommunistische Regiment beteiligt, dem im Januar 1920 über 100 Deutsche angehörten. An der turkestanischen Front kämpften im September 1920 in den verschiedensten Truppenteilen der Roten Armee insgesamt etwa 1500 ehemalige deutsche Soldaten. Zu einer ernsthaften Prüfung wurde für die deutschen Internationalisten das Zusammentreffen mit deutschen Okkupations- und Interventionstruppen an der Westfront 1918/19 (im Baltikum, in Belorußland und in der Nordukraine). Sie schwankten nicht und bewährten sich auch in dieser Situation als zuverlässige Verteidiger der Sowjetrepublik. Ihr Kampf war hier zugleich ein Ringen gegen die bewaffnete Macht des deutschen Imperialismus und Militarismus. Zahlreiche deutsche Internationalisten standen in den Reihen des 1. Zarizyner Internationalen Kommunistischen Bataillons, das Ende 1918 an der Verteidigung von Zarizyn und der Vernichtung weißer Banden im Dongebiet beteiligt war. In Sibirien und im Fernen Osten, vor allem an der Transbaikalfront, kämpften deutsche und andere Internationalisten an der Seite der russischen Klassenbrüder gegen die konterrevolutionären Kosaken, gegen das Tschechoslowakische Korps und die anderen ausländischen Interventen. Unter Mitwirkung von deutschen Kommunisten wurden Ende 1919/Anfang 1920 in Krasnojarsk und Irkutsk internationale Abteilungen gebildet, die an der Zerschlagung der weißgardistischen Soldateska teilnahmen. Etwa 200 ehemalige deutsche Kriegsgefangene beteiligten sich am Kampf um den Sieg der Revolution in Buchara. Deutsche Internationalisten nahmen auch an den Operationen der Roten Armee zur Abwehr des dritten Feldzuges der Entente und an den Kampfhandlungen zur Vernichtung der Weißgardisten auf der Krim teil.

Nach den niedrigsten Schätzwerten gehörten der Roten Armee insgesamt etwa 6000 deutsche Internationalisten an. Sie waren sehr diszipliniert und fanden für ihre Einsatzbereitschaft und Tapferkeit wiederholt Anerkennung durch Kommandostellen und Sowjetorgane. Ihre bewußtesten und standhaftesten Kämpfer wurden zu Kommandeuren und Politkommissaren von Truppenteilen ernannt und viele mit hohen Auszeichnungen geehrt. Die deutschen Internationalisten schonten ihr Leben nicht und erlitten große Verluste. Die Mehrheit kehrte in die Heimat zurück, nachdem im Herbst 1920 die Hauptkräfte der inneren Konterrevolution und der ausländischen Interventen zerschlagen waren. Der Kampf der deutschen Internationalisten für die Verteidigung der Sowjetmacht gehört zu den besten revolutionären Traditionen der deutschen Arbeiterbewegung und nimmt in der Geschichte der → *Waffenbrüderschaftsbeziehungen der NVA* mit den Streitkräften der UdSSR einen wichtigen Platz ein.

«Deutsche Krieger-Zeitung»: fortschrittliche militärpolitische Wochenzeitung demokratisch und liberal gesinnter Offiziere der sächsischen Armee, die 1848/49 in Leipzig erschien.

Das Wirken der Zeitung in der → *Revolution 1848/49* war ein Teil des Kampfes der demokratischen Kräfte um eine fortschrittliche Militärverfassung. Politisch führender Kopf der Redaktion war Oberleutnant Hermann Müller (1817–nach 1850), der als engagiertes Mitglied des Dresdner «Vaterlandsvereins» auch im sächsischen Landtag für eine Demokratisierung der Armee agitierte. Die wichtigsten Forderungen der Zeitung waren: uneingeschränkte Übertragung staatsbürgerlicher Rechte auf Armeeangehörige, Vereidigung des Heeres auf die Verfassung, Wählbarkeit der Offiziere, Verbesserung der sozialen und rechtlichen Lage der Soldaten, Schaffung einer einheitlichen Nationalarmee als ersten Schritt zur Überwindung der Kleinstaaterei, Organisierung der Volksbewaffnung. Im Bekenntnis zur konstitutionellen Monarchie und in Vorbehalten gegenüber dem revolutionären Volkskampf zeigten sich die Grenzen des gemäßigten Demokratismus des Journals. Dieses Programm fand bei einem Teil fortschrittlicher Offiziere und insbesondere unter den Soldaten und Unteroffizieren Resonanz; auch aus Preußen, Oldenburg, Hannover und anderen Ländern des Deutschen Bundes erhielt die Redaktion beipflichtende Zuschriften. Die «Deutsche Krieger-Zeitung» wurde vom sächsischen Kriegsministerium und der Masse des Offizierskorps angefeindet und mußte unter dem Druck der Konterrevolution 1849 ihr Erscheinen einstellen (insgesamt kamen 31 Nummern heraus). An einige ihrer militärpolitischen Vorstellungen knüpfte später die → *«Deutsche Wehrzeitung»* an.

Deutsche Legion: militärische Formation deutschsprachiger Freiwilliger zur Unterstützung des ungarischen Befreiungskampfes während der → *Revolution 1848/49.*

Mit dem Aufstand in Pest am 15. 3. 1848 begann die bürgerlich-demokratische Revolution in Ungarn, die sich mit dem Kampf um nationale Unabhängigkeit verknüpfte. Als im September die bewaffnete habsburgische Konterrevolution begann, bildeten die revolutionären Kräfte Ungarns ein Landesverteidigungskomitee (16. 9.), das faktisch die Regierungsgewalt übernahm. Es rief das gesamte Volk zu den Waffen und organisierte die Bildung einer Nationalarmee (Honvéd). Am 30. 11. verordnete das Landesverteidigungskomitee auch die Aufstellung der D. L. aus den deutschsprachigen Freiwilligen, die seit Sommer 1848 und verstärkt nach der Niederwerfung des Wiener Oktoberaufstandes der ungarischen Revolution ihre Waffendienste angeboten hatten. Zum Organisator und Kommandeur wurde der ehemalige preußische Hauptmann und Teilnehmer am Wiener Oktoberaufstand Peter Giron (1798–1849) ernannt, ein überzeugter Revolutionär und Internationalist, dessen militärische Fähigkeiten jedoch umstritten waren. Den Werbungen für die D. L. folgten viele Flüchtlinge aus Wien, deutschsprachige In- und Ausländer sowie kriegsgefangene österreichische Soldaten. Ende 1848 zählte die D. L. 227, Mitte April 1849 etwa 1000 Mann, vorwiegend Handwerker und kleine Gewerbetreibende. Unter den 18 Offizieren befanden sich nur 4 Berufsoffiziere. Die Statuten und Dienstvorschriften der D. L. basierten auf den ungarischen Landesgesetzen und verpflichteten die Legionäre, Ungarn gegen den inneren und äußeren Feind zu verteidigen. Die Angehörigen der Legion besaßen die gleichen Rechte wie die Honvédsoldaten. Sie trugen eine dunkelgraue Uniform und an der linken Hutkrempe die deutsche Kokarde und das ungarische Wappen.

Die D. L. bestand nur aus Infanterie. Sie bildete zuletzt 3 Bataillone mit insgesamt 9 Kompanien, die allerdings unterschiedliche Stärke aufwiesen. Eine einheitliche Führung fehlte, da die Einheiten verschiedenen Verbänden zugeteilt waren und zersplittert zum Einsatz kamen. Nachdem die ersten beiden Kompanien am 16. 12. 1848 bei Sopron ihre Feuertaufe erhalten hatten, bewährte sich die rasch anwachsende D. L. in der Folgezeit bei zahlreichen Gefechten, Streifzügen und Aufklärungsunternehmen. Der größte Teil der D. L., die in Nagyvárad aufgestellten und ausgebildeten Einheiten, wurden in Transsylvanien gegen rumänische Truppen eingesetzt. Die Verschlechterung der militärischen Lage nach dem Beginn der zaristischen Intervention, militärische Niederlagen, z. B. bei Abrudbánya am 6. 5. 1849, mangelhafte Ausrüstung und Verpflegung, geringer Sold und das Verhalten unfähiger Offiziere ließen die anfänglich hohe Kampfmoral und Disziplin sinken. Am 24. 5. wurde Giron (zuletzt Oberstleütnant) als Kommandeur der D. L. abgelöst und am 23. 7. entlassen. Die D. L. verlor am 22. 6. ihre Bezeichnung und wurde in Honvédbataillon Nr. 126 umbenannt. Nach der Niederschlagung der ungarischen Revolution fielen dem Wüten der Konterrevolution auch viele ehemalige Angehörige der D. L. zum Opfer; Giron wurde am 20. 10. 1849 hingerichtet. Der Kampf und die Opfer der D. L. verkörperten die revolutionäre Solidarität deutscher Freiheitskämpfer mit den ungarischen Patrioten im gemeinsamen Kampf um gesellschaftlichen Fortschritt. *(s. Abb. S. 1004)*

deutscher Bauernkrieg 1524–1526: größte bewaffnete Erhebung der Bauern und Plebejer gegen die Feudalgewalten im römisch-deutschen Kaiserreich.

Der d. B. wurzelte in den verschärften ökonomischen und sozialen Widersprüchen des ausgehenden 15. und beginnenden 16. Jh. und war der Höhepunkt der deutschen frühbürgerlichen Revolution von 1517 bis 1525/26. Vor allem in den ökonomisch fortgeschritteneren südwestdeutschen Gebieten, wo die Ware-Geld-Beziehungen eine große Rolle spielten, verstärkten die Feudalherren die Unterdrückung und Ausbeutung der Bauern. Dem Aufstandsversuch des Pfeifers Hans Böheim (gest. 1476) 1476 im Würzburger Gebiet folgten Bundschuhverschwörungen 1493, 1502, 1513 und 1517 am Oberrhein und der Aufstand des Armen Konrad 1514 in Württemberg. In zahlreichen Städten kam es zu Auseinandersetzungen zwischen dem Patriziat und der bürgerlichen Opposition, an denen auch plebejisch-vorproletarische Kräfte teilnahmen. Die 1517 durch den Thesenanschlag Martin Luthers (1483–1546) ausgelöste frühbürgerliche Revolution weitete sich von einer gegen die Papstkirche gerichteten Aktion zur Volksbewegung gegen die geistlichen und weltlichen Feudalgewalten aus. Ihre historische Aufgabe bestand darin, die feudalen Hemmnisse auf dem Lande und in der Stadt zu beseitigen und Voraussetzungen für die Herstellung eines zentralisierten Staates zu schaffen, in dessen Rahmen die kapitalistische Entwicklung rasch voranschreiten konnte. Diese Ziele lagen sowohl im Interesse des aufstrebenden Bürgertums als auch der bäuerlich-plebejischen Schichten, die schon mit Forderungen nach einer neuen, von Ausbeutung freien Gesellschaft auftraten. Vor allem im Programm von Thomas Müntzer (um 1490–1525) und in der Tiroler Landesordnung von Michael Gaismair (um 1490–1532) fanden diese Bestrebungen der revolutionären Bauern und Plebejer ihren Ausdruck. Der d. B. war ein Revolutionskrieg, in dem sich militärisch organisierte Volksmassen und die aus Aufgeboten des Feudaladels und verbündeter Städte sowie aus Söldnern bestehenden Fürstenheere gegenüberstanden. Die aufständischen Bauern und Plebejer, denen sich vereinzelt Städte und Adlige anschlossen, schufen auf regionaler Ebene in Gestalt der Haufen eine bewaffnete Streitmacht des Volkes. In der Organisation und Kampfführung knüpften die Haufen an das Militärwesen der Hussiten (→ *Hussitenkriege 1419–1437*) und der Schweizer Eidgenossen sowie an die → *Landesdefension* und die zeitgenössischen → *Söldnerheere* an. Feld- und Kriegsordnungen regelten die Rechte und Pflichten der Kämpfer, die Kommando- und Disziplinargewalt, die Marschordnung und das Lagerleben.

Nach den Veränderungen im Kräfteverhältnis teilt sich der d. B. in 3 Etappen.

In der *1. Etappe (Juni 1524–Mitte April 1525)* erzielten die Aufständischen große Erfolge gegen den überraschten Feudaladel. Der d. B. begann am 23. 6. 1524 mit der Erhebung der Stühlinger Bauern im südlichen Schwarzwald. Unter Führung des ehemaligen Landsknechts Hans Müller aus Bulgenbach (gest. 1525) sammelten sie sich in einem Haufen und kamen Ende August den aufständischen Bürgern der Stadt Waldshut zu Hilfe. Die Erhebung breitete sich rasch aus, und im Herbst beherrschten die Bauern das gesamte südliche Schwarzwaldgebiet. Durch demagogische Versprechungen gelang es aber dem Adel, die bäuerliche Bewegung einzudämmen. Der entscheidende Aufschwung setzte mit der Bildung mehrerer großer Bauernhaufen im Februar und März 1525 ein. Der Allgäuer, der Baltringer und der Seehaufen, die militärisch stärksten Bauernheere in Oberschwaben und im Allgäu, vereinigten sich Anfang März für kurze Zeit bei Memmingen und vereinbarten am 6./7. 3. eine Bundes- und Landesordnung. Die Haufen gaben sich eine feste militärische Organisation und schlossen sich zu einer Christlichen Vereinigung zusammen. Ihr Programm bildeten die «Zwölf Artikel der Bauernschaft in Schwaben», die gedruckt und in allen Aufstandsgebieten bekannt wurden. Allerdings kam keine einheitliche Führung zustande, was sich verhängnisvoll auf den weiteren Verlauf der Bewegung auswirkte. In Franken beherrschte Ende März der Taubertaler Haufen unter Jakob Kohl (gest. 1525) und dem Ritter Florian Geyer (um 1490–1525) das Tauber-Main-Gebiet. Der Odenwälder Haufen unter Georg Metzler (gest. vermutlich nach 1525) und der Neckartaler Haufen mit Jäcklein Rohrbach (um 1498–1525) an der Spitze vereinigten sich Mitte April bei Schöntal und bildeten den Hellen Haufen, die stärkste Streitmacht der Bauern in Franken. Am 16. 4. nahm der Helle Haufen Weinsberg ein und richtete am folgenden Tag den dortigen habsburgischen Statthalter Ludwig von Helfenstein (um 1480–1525). Zahlreiche Städte und Adlige schlossen sich den Bauern an oder stellten Waffen und Mannschaften. Nach der Formierung des Bildhäuser Haufens in Unterfranken am 12. 4. kontrollierten die Aufständischen den größten Teil Frankens. In Thüringen suchten Müntzer und seine Anhänger die entstehende bäuerliche Aufstandsbewegung zu vereinen und die plebejischen Schichten in den Städten sowie die Mansfelder Bergknappen in den antifeudalen Kampf einzubeziehen. Zentren der revolutionären Propaganda waren Allstedt, Mühlhausen und das obere Werragebiet. In

Der deutsche Bauernkrieg, Triptychon

Mühlhausen, wo der ehemalige Mönch Heinrich Pfeiffer (um 1500–1525) Führer der Stadtarmut war, schufen sich die kleinbürgerlich-plebejischen Kräfte im Ewigen Bund Gottes eine militärische Organisation und setzten Mitte März die Wahl des Ewigen Rates durch. Die militärischen Maßnahmen des Rates unterstützten Müntzers Bemühen, Mühlhausen zum Mittelpunkt der Aufstandsvorbereitung auszubauen. Gegen die Aufständischen rüsteten die Feudalgewalten. Das von Georg III. Truchseß von Waldburg (1488–1531) befehligte Heer des Schwäbischen Bundes rückte mit etwa 1500 → *Reisigen,* 7000 Fußknechten und 18 Geschützen aus dem Raum Ulm gegen die Bauern in Schwaben vor und konnte einen schwächeren Haufen am 4. 4. bei Leipheim sowie die Unterallgäuer Bauern am 14. 4. bei Wurzach schlagen. Der mit dem überlegenen Seehaufen am 17. 4. geschlossene Vertrag von → *Weingarten 1525,* dem der Allgäuer Haufen beitrat (19. 4.), leitete in Schwaben eine Wende im d. B. ein. Er gab dem Bundesheer freie Hand, sich gegen die Aufständischen in Württemberg und Franken zu wenden.

Aufständische Bauern nehmen einen Ritter gefangen

Die *2. Etappe (Mitte April–Mitte Mai 1525)* bildete den Höhepunkt des d. B.; die revolutionäre Volksbewegung und die militärischen Kämpfe erreichten ihre größte Verbreitung. In Thüringen brach am 18. 4. bei Vacha ein Bauernaufstand aus, der rasch das ganze Land erfaßte. Die Aufständischen errangen bedeutende Erfolge. Meiningen, Salzungen, Erfurt, Frankenhausen und andere Städte schlossen sich zumeist unter dem Druck der Stadtarmut den Bauern an oder erlaubten den Durchzug bäuerlicher Haufen. Von Mühlhausen aus zog ein Haufen, dem auch das Aufgebot der Stadt angehörte, durch das Eichsfeld (29. 4.–6. 5.), nahm Heiligenstadt ein und zerstörte zahlreiche Adelssitze und Klöster. Bei Frankenhausen bezogen Ende April die Bauern ein Lager, in dem am 11. 5. Müntzer mit Mühlhäuser Plebejern und Werrabauern eintraf. Gegen den Aufstand rückten die Söldnerheere des Herzogs Georg von Sachsen (1471–1539) und des Landgrafen Philipp I. von Hessen (1504–1567) heran. Am 14./15. 5. erlitten die Bauern in der Schlacht bei → *Frankenhausen 1525* eine folgenschwere Niederlage. Mit der Einnahme Mühlhausens am 25. 5. und der Selbstauflösung der schwächeren Bauernhaufen in Süd- und Westthüringen endete die Erhebung, deren Ausläufer bis nach Zwickau, Pirna und in die Lausitz reichten. Ein Aufstand der bewaffneten und organisierten Bergknappen und Bauern unter Führung von Wolf Göftel (gest. 1525) Ende Mai in Joachimsthal brachte einige Zugeständnisse der Feudalgewalten an die Aufständischen. Der mit dem Namen Müntzer verbundene Thüringer Aufstand war Kulminationspunkt des d. B. Seine Niederlage löschte das mögliche nationale Zentrum der Erhebung aus und schwächte entscheidend die revolutionären Kräfte. Im Südwesten des Reiches kam es zu zahlreichen Kämpfen zwischen den Bauernhaufen und Feudalheeren. Mitte April bildeten sich im südlichen Schwarzwald und in Baden mehrere Bauernhaufen, die nach mehrtägiger Belagerung am 23. 5. Freiburg (→ *Freiburg 1525*) einnahmen. Die Bauernhaufen im Elsaß, unter denen der von Erasmus Gerber (gest. 1525) befehligte Unterelsässische Haufen mit etwa 18000 Mann einer der stärksten des d. B. war, nahmen auf dem Molsheimer Bauerntag am 11. 5. ein Kampfprogramm und eine Kriegsordnung an. Die Unterelsässer besetzten am 12. 5. Zabern, erlitten aber in der vom 15. bis 17. 5. dauernden Schlacht bei Zabern trotz zuziehender Verstärkungen (Gesamtstärke ungefähr 27000 Aufständische) gegen die 6000 Reisige und 5000 Fußknechte starke Söldnerstreitmacht des Herzogs Anton II. von Lothringen (1489–1544) eine schwere Niederlage. Mit der Zerschlagung eines größeren mittelelsässischen Haufens am 20. 5. bei Scherweiler unweit Schlettstadt durch das lothringische Heer war die Kraft des Aufstands im Elsaß gebrochen. In Württemberg, wo Herzog Ulrich (1487–1550) im Konflikt mit dem Schwäbi-

Bauernhaufen 1525

	max. zahlenmäßige Stärke
9 Haufen in Thüringen	63500
5 Haufen in Oberschwaben	43000
3 Haufen im Elsaß	27000
Württemberger Haufen	20000
3 Haufen in Franken	19000
4 Haufen im Breisgau	12000
Salzburger Haufen	9500
Pfälzischer Haufen	8000
Schwarzwälder Haufen	6000

schen Bund die Bauernerhebung für seine dynastischen Ziele ausnutzen wollte, besetzte ein Bauernhaufen am 25.4. Stuttgart und stürmte am 11.5. Herrenberg. In der Schlacht bei Böblingen am 12.5. unterlag der Württemberger Haufen (ungefähr 12000 Mann) dem Schwäbischen Bundesheer, nachdem die Böblinger Bürger von den Aufständischen abgefallen waren. Die fränkischen Bauernhaufen kamen zu keinen großen gemeinsamen Operationen. Nach Auseinandersetzungen mit gemäßigten Elementen verließen Rohrbach und weitere revolutionäre Bauern den Hellen Haufen, der am 24.4. den Ritter Götz von Berlichingen (1480–1562) zum Obersten Feldhauptmann wählte. Die Niederlagen der Aufständischen in Thüringen, Württemberg und im Elsaß im Mai 1525 veränderten das Kräfteverhältnis weiter zugunsten des Feudaladels, der jetzt seine Hauptkräfte gegen Franken konzentrierte. Schlacht bei Königshofen, der Taubertaler Haufen am 4.6. bei Ingolstadt nahe Giebelstadt. Am 4.6. kapitulierte auch der Bildhäuser Haufen bei Meiningen vor den überlegenen kursächsisch-hennebergischen Truppen. Das Bundesheer, das am 8.6. Würzburg besetzte, unterdrückte in einem grausamen Terrorfeldzug die letzten Herde der Erhebung in Franken. Der im April 1525 ausgebrochene Aufstand in der Pfalz wurde in der Schlacht bei Pfeddersheim in der Nähe von Worms am 24.6. durch die Söldner des Pfälzer Kurfürsten niedergeschlagen. Während der Kämpfe in Franken hatten sich im Allgäu und im Schwarzwald erneut Bauernhaufen gebildet, gegen die im Juli 1525 das reorganisierte Heer des Schwäbischen Bundes vorrückte. Nach der Kanonade an der Leubas (14.7.) löste sich der Allgäuer Haufen auf, ein Teil der Kämpfer verteidigte bis

Bauernhaufen 1525 (nach der sogenannten Ochsenfurter Kriegsordnung des Taubertaler Haufens)

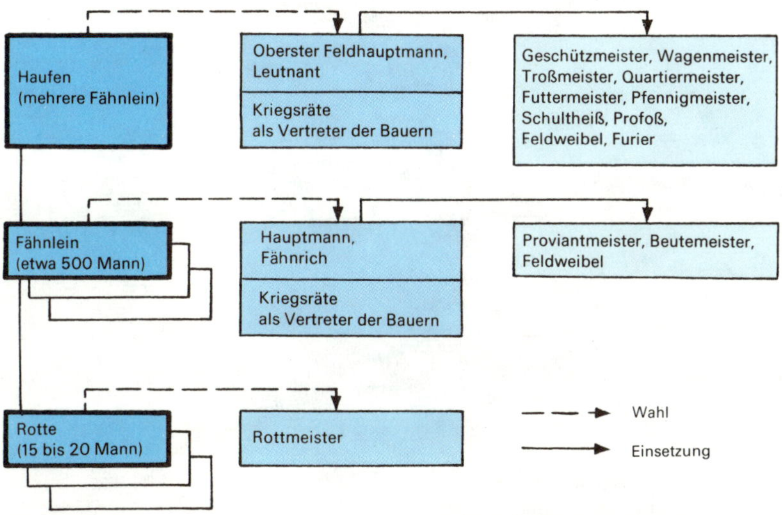

In der *3. Etappe (Mitte Mai 1525–Juli 1526)* erlitten die isoliert kämpfenden Bauernhaufen durch die verstärkten Feudalheere Niederlagen, die zugleich das Ende der frühbürgerlichen Revolution bedeuteten. Ein Teil der fränkischen Aufständischen zog gegen Würzburg und belagerte von Mitte bis Ende Mai 1525 ergebnislos das stark befestigte bischöfliche Schloß. Das für Mitte Mai nach Heilbronn einberufene Bauernparlament, für das auch das bürgerliche Interessen widerspiegelnde Heilbronner Programm erarbeitet wurde, löste sich noch vor Beginn der Verhandlungen beim Nahen des Schwäbischen Bundesheeres auf (17.5.). Nach der tapferen Verteidigung von Neckarsulm Ende Mai erlitten die fränkischen Aufständischen schwere Niederlagen gegen das nunmehr über 13000 Mann zählende Bundesheer: Der Helle Haufen unterlag am 2.6. in der zum 23.7. den Kohlberg bei Sulzberg. Reste des Hegauer Haufens unterlagen am 26.7. an der Hilzinger Stiege nach tapferer Gegenwehr. Im November 1525 wurden auch im Klettgau und im Sundgau die letzten Bauernabteilungen vernichtet. Ein Bauernaufstand in Preußen im September/Oktober 1525 blieb eine Einzelaktion ohne Verbindung zu den anderen Aufstandsgebieten.

Im *alpenländischen Bauernkrieg* kam es 1525/26 zu einem Bündnis zwischen Bauern und Bergknappen, das große militärische Potenzen besaß. An die Spitze der Tiroler Aufständischen trat Gaismair, nach dem Urteil von Friedrich Engels (1820–1895) «das einzige bedeutende militärische Talent unter sämtlichen Bauernchefs» (K. Marx/F. Engels, 7, S. 407). Die Bauern nahmen Anfang Mai 1525 Brixen ein und machten es zum Stützpunkt der revolu-

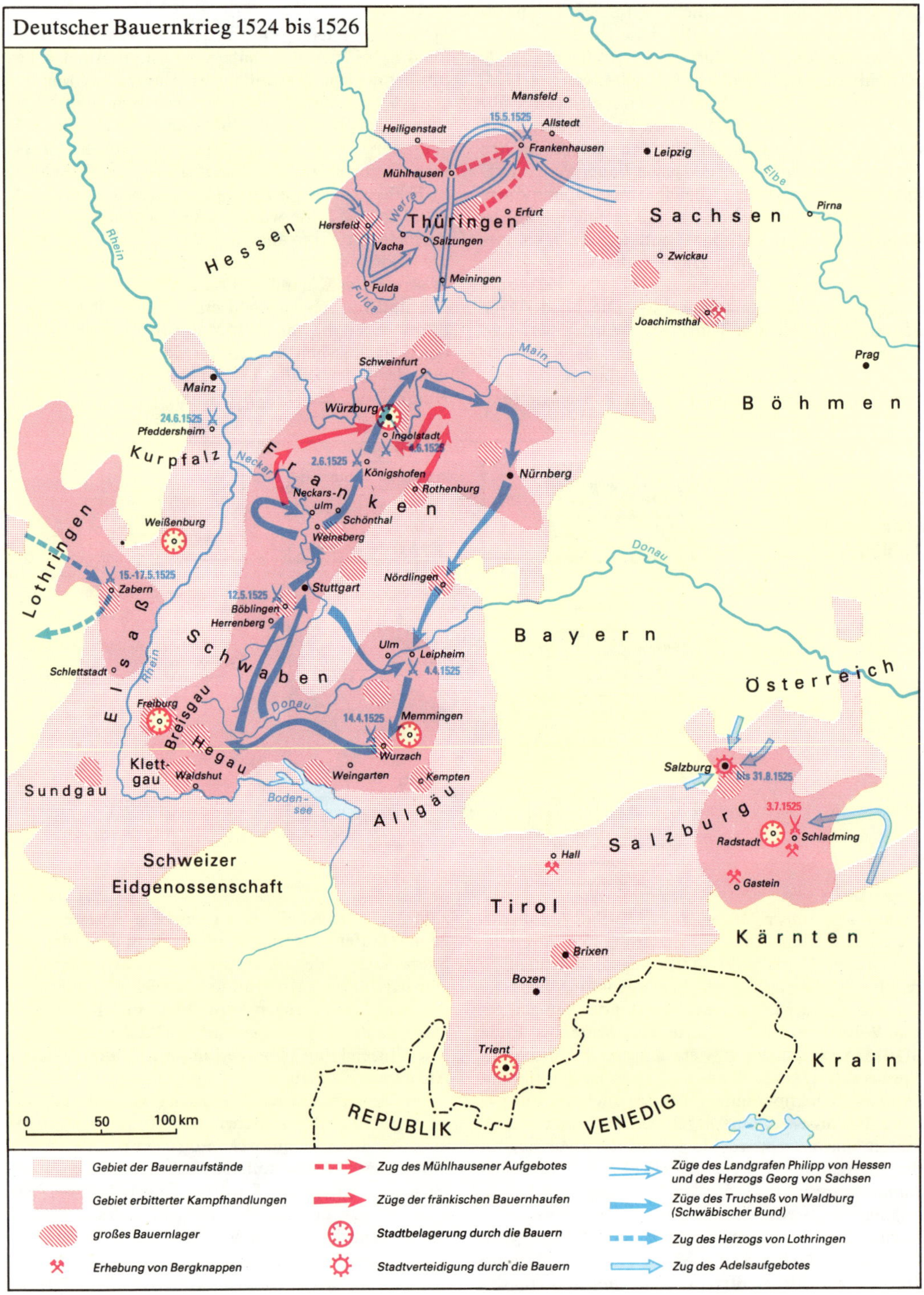

Deutscher Bauernkrieg 1524 bis 1526
Mansfeld
Allstedt
15.5.1525
Heiligenstadt
Frankenhausen
Leipzig
Mühlhausen
Elbe
Werra
Erfurt
Thüringen
Sachsen
Pirna
Hersfeld
Salzungen
Hessen
Vacha
Zwickau
Rhein
Meiningen
Fulda
Joachimsthal
Prag
Schweinfurt
Main
Mainz
Würzburg
Böhmen
24.6.1525
Pfeddersheim
Ingolstadt
4.6.1525
Kurpfalz
Neckar
2.6.1525
Königshofen
Franken
Nürnberg
Rothenburg
Neckars-ulm
Schönthal
Weißenburg
Weinsberg
Lothringen
Donau
15.-17.5.1525
Zabern
Nördlingen
Stuttgart
12.5.1525
Böblingen
Herrenberg
Bayern
Elsaß
Schwaben
Ulm
Leipheim
4.4.1525
Schlettstadt
Österreich
Freiburg
Breisgau
14.4.1525
Memmingen
Hegau
Wurzach
Salzburg
bis 31.8.1525
Klettgau
Waldshut
Weingarten
Kempten
Sundgau
Bodensee
Allgäu
3.7.1525
Salzburg
Radstadt
Schladming
Hall
Schweizer
Eidgenossenschaft
Gastein
Tirol
Kärnten
Brixen
Bozen
Trient
Krain
0
50
100 km
REPUBLIK
VENEDIG
Gebiet der Bauernaufstände
Gebiet erbitterter Kampfhandlungen
großes Bauernlager
Erhebung von Bergknappen
Zug des Mühlhausener Aufgebotes
Züge der fränkischen Bauernhaufen
Stadtbelagerung durch die Bauern
Stadtverteidigung durch die Bauern
Züge des Landgrafen Philipp von Hessen und des Herzogs Georg von Sachsen
Züge des Truchseß von Waldburg (Schwäbischer Bund)
Zug des Herzogs von Lothringen
Zug des Adelsaufgebotes

tionären Erhebung, die ganz Tirol erfaßte. Ende Mai brach ein Aufstand im Erzbistum Salzburg aus. Im Gefecht von → *Schladming 1525* (3. 7.) schlugen die Aufständischen ein durch Söldner verstärktes Adelsaufgebot. Dieser Sieg war der bedeutendste militärische Erfolg der revolutionären Kräfte im d. B. Im August 1525 verteidigten Bauern und Bergknappen 2 Wochen lang Salzburg gegen das Heer des Schwäbischen Bundes, ehe sie sich durch Verhandlungen bewegen ließen, die Waffen niederzulegen und ihren Haufen aufzulösen. Ein zweiter Aufstand in Salzburg begann Ende März 1526. Die Bauern, denen Gaismair aus Tirol zu Hilfe kam, belagerten seit Mitte April Radstadt, erlitten jedoch in den Gefechten am 24. 6. Mißerfolge und hoben am 2. 7. die Belagerung auf. Ein Versuch Gaismairs, in Südtirol den Kampf fortzusetzen, scheiterte. Mit dem Übertritt der letzten 1500 Aufständischen auf venezianisches Gebiet am 12. 7. 1526 endeten auch im Alpengebiet die Kämpfe.

Die Niederlage der revolutionären Bewegung im d. B. blieb aufgrund der unterschiedlichen ökonomisch-sozialen Verhältnisse und der territorialen Zersplitterung des Reiches regional begrenzt. Der Norden und Nordwesten, Bayern sowie die ostelbischen Gebiete wurden von ihm nicht oder nur in Ausläufern erfaßt. Die Bauernhaufen waren den feudalen Heeren in der Regel zahlenmäßig überlegen. Sie besaßen nicht nur selbstgefertigte Waffen (Streitsensen, Dreschflegel, → *Morgensterne* u. a.) sowie → *Kaltwaffen*, sondern auch Handfeuerwaffen und Geschütze. Aber ihnen fehlte häufig eine kampfentschlossene Führung, die das militärische Zusammenwirken aller Haufen organisiert und damit die großen Potenzen des Volkes genutzt hätte. Unter dem Einfluß von gemäßigten Elementen glaubten die Bauern oft den Versprechungen des Feudaladels, verzichteten auf die Anwendung militärischer Gewalt oder lösten ihre Haufen auf. Die Zeitspanne der bewaffneten Aktionen war zu kurz, um taktische und führungsmäßige Kenntnisse und Erfahrungen zu

Das Blutgericht der Fürsten, 1525

d. B. wurzelte in der ökonomisch-politischen Lage und dem Kräfteverhältnis zwischen den Klassen und Schichten, hatte aber auch spezifische militärische Ursachen. «Das Bürgertum war weder stark noch entwickelt genug, um die übrigen rebellischen Stände – die Plebejer der Städte, den niederen Adel und die Bauern auf dem Lande – unter seiner Fahne vereinigen zu können. Der Adel wurde zuerst geschlagen; die Bauern erhoben sich zu einem Aufstand, der den Gipfelpunkt dieser ganzen revolutionären Bewegung bildet; die Städte ließen sie im Stich, und so erlag die Revolution den Heeren der Landesfürsten, die den ganzen Gewinn einstrichen», schrieb Engels (K. Marx/F. Engels, 21, S. 304). Der

sammeln und zu nutzen. Die revolutionären Kräfte in den Haufen, die auf einen entschlossenen Kampf drängten, konnten sich nur zeitweise und regional durchsetzen. Zersplitterung, Lokalborniertheit und Vertrauensseligkeit hemmten den Kampf der Bauern, die aufgrund ihrer objektiven gesellschaftlichen Stellung von sich aus und ohne Führung durch das Bürgertum nicht imstande waren, die frühbürgerliche Revolution zum Sieg zu führen. Deshalb wirkten sich das Versagen des Bürgertums und die Isolierung der innerstädtischen Auseinandersetzungen vom bäuerlichen Klassenkampf verhängnisvoll auf den Verlauf des d. B. aus. Dagegen stellten die Fürsten ihre Gegensätze untereinander zeitweilig zurück und nutzten alle Mittel zur militärischen Unterdrückung des Volkes. Sie erhielten auch von Vertretern des Wucher- und Handelskapitals, so den Fuggern in Augsburg, Gelder für den Unterhalt von Söldnertruppen. Die Feudalheere verfügten in der Regel über eine starke, kriegserfahrene Reiterei, die ein wenig geübtes oder schwach organisiertes bäuerliches Fußvolk besiegen konnte. Häufig brachen die Fürsten Verträge, um Bauernhaufen überraschend zu schlagen; andere militärische Erfolge des Adels wurden durch Verräter möglich.

Der d. B. war die größte Massenbewegung in der Geschichte des deutschen Volkes vor 1848/49 und offenbarte die politische und militärische Schöpferkraft der Volksmassen. Sein Scheitern hatte gravierende Folgen. Die revolutionären Kräfte wurden für lange Zeit geschwächt, die Bauern schieden zeitweise als selbständiger militärischer Faktor im Klassenkampf aus. Dagegen konnten die Feudalgewalten, voran die Fürsten, ihr erschüttertes Regime wieder festigen. Sie machten sich dazu auch das Bürgertum dienstbar, dessen weiteres ökonomisches und politisches Wachstum in starkem Maße behindert wurde. Die Fürsten nutzten die mit dem Söldnerwesen und der frühkapitalistischen Entwicklung verbundenen Fortschritte in der Heeresorganisation, Waffentechnik und Kriegskunst für die Stärkung ihrer militärischen Macht und die Durchsetzung absolutistischer Herrschaftsformen. Die frühbürgerliche Revolution eröffnete den bürgerlichen Revolutionszyklus in der Übergangsepoche vom Feudalismus zum Kapitalismus. Trotz der Niederlage und der hohen Blutopfer – die Verluste im d. B. werden auf etwa 130000 Menschen geschätzt – wirkte der Kampf der Bauern und Plebejer als Vorbild und Tradition im antifeudalen Klassenkampf weiter. Die Lehren des d. B. gingen in den Erfahrungsschatz der Arbeiterklasse ein. Engels begründete in seinem Werk «Der deutsche Bauernkrieg» (1850) die Notwendigkeit des Kampfbündnisses der Arbeiterklasse mit den Bauern. Die militärischen Leistungen der Aufständischen sowie die Lehren und Erfahrungen des d. B. gehören zu den → *militärischen Traditionen der DDR* und ihrer bewaffneten Kräfte (→ ***Traditionspflege in der NVA***). Auf dem Schlachtberg in Frankenhausen wurde die Bauernkriegsgedenkstätte «Panorama» errichtet; weitere Gedenkstätten befinden sich in Mühlhausen, Heldrungen und Allstedt. *(s. Abb. S. 184, 865, 947, 999)*

Titelblatt der von Franz Mehring herausgegebenen Ausgabe von 1920

Deutscher Offiziersbund (DOB) → *Reichsverband Deutscher Offiziere (RDO)*

Deutscher Orden → *Ritterorden*

Deutsches Rotes Kreuz der DDR (DRK): sozialistische Massenorganisation für Gesundheitsschutz, Bergungs- und Rettungsdienst sowie Pflege- und Sozialdienst. Das DRK ist eine freiwillige Hilfsorganisation im Sinne des Genfer Abkommens vom 12. 8. 1949 und Mitglied der Liga der Rotkreuzgesellschaften.

Die Gründung des DRK erfolgte durch Verordnung des Ministerrates der DDR vom 23. 10. 1952. Das DRK knüpft in seiner Tätigkeit an das humane Anliegen der zwischen 1863 und 1868 entstandenen nationalen deutschen Rotkreuzvereine an und setzt die Traditionen des «Arbeiter-Samariter-Bundes» (1909–1933), des «Proletarischen Gesundheitsdienstes» (1924/25) sowie des «Vereins sozialistischer Ärzte» (bis 1933) fort. Am 30. 8. 1956 beschloß die Volkskammer der DDR das «Gesetz über den Beitritt der DDR zu den vier Genfer Abkommen zum Schutz der Kriegsopfer vom 12. 8. 1949» (→ *Rotkreuzzeichen*).

Leistungsabzeichen des DRK der DDR «Bereit zur medizinischen Sicherung der Landesverteidigung», Stufe 1; seit 1967 in 3 Stufen

Idee und Arbeit des DRK werden von über 1 Mill. Mitgliedern und Freunden getragen. Zu den Aufgaben der Massenorganisation gehören: die Förderung des Gesundheitsschutzes der Werktätigen in Industrie, Landwirtschaft und Bauwesen sowie in den Wohngebieten; die Gewährleistung der Ersten Hilfe am Arbeitsplatz durch Gesundheitshelfer des DRK; die Aus- und Weiterbildung seiner Mitglieder und der Bevölkerung in der Ersten Hilfe; die Organisation und Durchführung des Bergunfall- und Wasserrettungsdienstes, des Pflege- und Sozialdienstes zur Betreuung kranker und pflegebedürftiger Bürger und des Bahnhofsdienstes. Das DRK wirbt für die Rotkreuz-Blutspende, gewährleistet den Krankentransport und unterstützt die Schnelle Medizinische

Hilfe. Es organisiert die betrieblichen und territorialen Einsatzkräfte für die medizinische Sicherstellung im Katastrophen- und Verteidigungsfall (→ *Zivilverteidigung der DDR*), bildet die Einsatzkräfte aus und unterhält Unfallhilfs- und Meldestellen. Die Publikationsorgane des DRK sind die Monatszeitschrift «Das Deutsche Rote Kreuz der Deutschen Demokratischen Republik» und das Informationsblatt «Unser Standpunkt». Das DRK arbeitet eng mit den Rotkreuzorganisationen der Sowjetunion und der anderen sozialistischen Länder zusammen. Es setzt sich dafür ein, daß das Rote Kreuz als internationale Organisation immer mehr zu einem Faktor des Weltfriedens wird. Es verwirklicht selbst die humanistischen Grundsätze und Aufgaben im Internationalen Roten Kreuz. Dem Umfang der internationalen Hilfssendungen nach gehört das DRK zu den 10 führenden nationalen Organisationen der 122 Gesellschaften umfassenden Liga der Rotkreuzgesellschaften. Am 23. 10. 1982 wurde das DRK mit dem Vaterländischen Verdienstorden in Gold geehrt.

«Deutsche Wehrzeitung»: fortschrittliche militärische Wochenzeitung, die von 1864 bis 1866 in Coburg erschien.

Das Journal wurde als Organ des Deutschen Offizierstages (Vereinigung liberaler und demokratischer Offiziere) von einer Gruppe Militärpublizisten und Offiziere hrsg., die sich von der → *«Allgemeinen Militär-Zeitung»* getrennt hatten. Leiter der Redaktion war Wilhelm Rüstow (1821–1878), ehem. preußischer, dann Schweizer Offizier, dessen demokratisch-republikanische Haltung das militärpolitische Profil der Zeitung prägte. Im Mittelpunkt des Programms der Zeitung stand die Forderung, das stehende Heer als Werkzeug der aristokratisch-junkerlichen Reaktion durch eine volkstümliche, am Schweizer Vorbild orientierte Nationalmiliz zu ersetzen (→ *Miliz*). Damit war eine kritische Polemik gegen den militärischen Kastengeist, die besondere Militärgerichtsbarkeit, die dreijährige Dienstzeit, den Kadavergehorsam und andere Erscheinungen des Militarismus verbunden. Die Zeitung hatte vor allem auf die kleinbürgerlich-demokratische Opposition in den Landtagen der Mittelstaaten (namentlich Württembergs und Bayerns) Einfluß, deren Forderungen nach einer milizartigen Volkswehr sie unterstützte. Ihre Wirksamkeit wurde jedoch durch die Überbetonung der Ideen einer «reinen» Miliz beeinträchtigt. Da die Zeitung zudem ungenügend die Entwicklungstendenzen des modernen Militärwesens berücksichtigte, verlor sie bald an Einfluß und stellte 1866 ihr Erscheinen ein.

«Deutsche Wehr-Zeitung»: reaktionär-monarchistische Wochenzeitung, die von einer Gruppe preußischer Offiziere und Militärbeamter von 1848 bis 1851 in Berlin und als «Preußische Wehr-Zeitung» von 1852 bis 1854 in Potsdam hrsg. wurde.

Die Gründung der Zeitung war Teil der sich seit Juni 1848 verstärkenden Offensive der junkerlich-militaristischen Konterrevolution. Das Journal wurde vom preußischen Kronprinzen Wilhelm (1797–1888; seit 1861 preußischer König und seit 1871 als Wilhelm I. deutscher Kaiser) gefördert. Leiter der Redaktion war der preußische Hofrat und Schauspieler Louis Schneider (1805–1878), der sich auf einen großen Mitarbeiterkreis stützte. Die Zeitung führte von preußisch-partikularistischer Position aus einen erbitterten Kampf gegen alle revolutionären, demokratischen und liberalen Kräfte. Sie diffamierte die Volkskämpfe in der → *Revolution 1848/49,* lehnte jedoch Demokratisierung der Armee und jegliche Volksbewaffnung ab, verfocht die uneingeschränkte Kommandogewalt des Königs und verteidigte die 3jährige Dienstzeit als «Erziehungsfaktor» der Soldaten. Die Redaktion maß den Offizieren und Unteroffizieren die Rolle von «Volkslehrern» gegenüber den Soldaten und der Zivilbevölkerung bei und entwickelte Pläne für einen antidemokratischen Unterricht in der Armee. Beiträge über die organisatorischen und technischen Fortschritte im Militärwesen orientierten betont auf Schlußfolgerungen für den Einsatz der Truppen gegen Volksaufstände. Unter diesem Aspekt wertete die Zeitung auch die Straßenkämpfe 1848/49 aus. Die Zeitung hatte wesentlichen Anteil an der Sammlung der konterrevolutionären Kräfte und an der Verbreitung reaktionären Gedankengutes in der preußischen Armee.

Deutsch-Französischer Krieg 1870/71: Krieg des Norddeutschen Bundes und der süddeutschen Staaten gegen Frankreich, der bis zum Sturz des französischen Bonapartismus von deutscher Seite ein im wesentlichen gerechter Krieg zur Herstellung der nationalstaatlichen Einheit und danach ein Raubkrieg gegen die Französische Republik war.

Nach dem Ende des → *Preußisch-Österreichischen Krieges 1866* verschärfte sich der Gegensatz zwischen Preußen und dem bonapartistischen Frankreich, das die nationalstaatliche Einheit Deutschlands zu verhindern suchte. Der preußische Ministerpräsident und Kanzler des Norddeutschen Bundes, Otto von Bismarck (1815–1898), nutzte die französische Politik für eine kriegsauslösende Provokation aus (sog. Emser Depesche vom 13. 7. 1870). Daraufhin begannen Frankreich und der Norddeutsche Bund zu mobilisieren. Am 19. 7. erklärte Kaiser Napoleon III. (1808–1873) dem Norddeutschen Bund den Krieg. Die süddeutschen Staaten traten geschlossen auf die Seite des Norddeutschen Bundes und vereinigten ihre Armeen mit dessen Streitkräften. Der Krieg wurde für die deutsche Sozialdemokratische Arbeiterpartei zu einer Bewährungsprobe (→ *Militärpolitik der revolutionären deutschen Arbeiterbewegung (bis*

1945)). Die beiden von Karl Marx (1818–1883) verfaßten Adressen des Generalrates der Internationalen Arbeiterassoziation vom 23.7. und 9.9. halfen der deutschen Arbeiterbewegung, den jeweiligen Charakter des Krieges zu erkennen und ihre politische Taktik zu bestimmen.

Kräfteverhältnis bei Kriegsbeginn

	Gesamtkriegsstärke	Feldheer
Frankreich	567 000 Mann (Soll) und 4000 Geschütze (Hinterlader mit gezogenem Rohr)	336 000 Mann und 924 Geschütze
Deutschland	1,186 Mill. Mann und 2050 Geschütze (Hinterlader mit gezogenem Rohr)	697 000 Mann und 1 584 Geschütze

Frankreichs Heer, seit 1868 in einer Umorganisation, war ein Kaderheer mit einem Kern kriegserfahrener, langgedienter Soldaten. Ausgebildete Reserven hatte es relativ wenig. Zur Auffüllung der Reservearmee und der Festungsbesatzungen sollten die Mobilgarden dienen. Die territorial organisierten Nationalgarden befanden sich noch im Aufbau. Von der Bewaffnung war das Chassepotgewehr dem deutschen → *Zündnadelgewehr* ballistisch überlegen. Die Feldartillerie führte auch mehrläufige automatische Kartätschgeschütze mit Gewehrkaliber (Mitrailleusen). Infolge Korruption und Fehlorganisation war die Kriegsbereitschaft des Heeres sehr mangelhaft. Die konfuse Mobilmachung und der überstürzte Aufmarsch machten die geplante Offensive ins Maintal zunichte. Die Handelsblockade der deutschen Küsten durch die weitaus stärkere französische Flotte blieb unwirksam. Aus den Hauptkräften des Feldheeres wurde die von Napoleon III. befehligte sog. Rheinarmee gebildet (210050 Mann, 780 Geschütze und 244 Mitrailleusen), ein schwerfälliger Verband von 8 Korps. Das Heer der verbündeten deutschen Staaten besaß demgegenüber einen weit höheren Grad der Kriegsbereitschaft und größere Kampfkraft. Die Soldatenmassen sahen den Krieg als eine gerechte Sache an. Unter dem nominellen Oberbefehl des preußischen Königs Wilhelm I. (1797–1888) leitete der Chef des → *Generalstabes*, General Helmuth von Moltke (1800–1891), die Operationen weitgehend selbständig. Seine strategische Konzeption bestand darin, die Initiative zu ergreifen und durch eine rasche Offensive die französischen Hauptkräfte nahe der Grenze zu zerschlagen, danach den Gegner von seinen rückwärtigen Verbindungen abzuschneiden, Paris einzunehmen und so den Krieg in kurzer Zeit zu beenden. Mobilmachung und Aufmarsch mit der Eisenbahn, langfristig und detailliert vorbereitet, verliefen beinahe reibungslos. Das Feldheer bestand zunächst aus 3 Armeen: Die 1. Armee (84600 Mann und 270 Geschütze) marschierte südlich von Trier auf, die 2. Armee (204400 Mann und 630 Geschütze) südwestlich von Mainz und die 3. Armee (172650 Mann und 576 Geschütze) bei Landau. Zum Schutz der deutschen Küsten wurden 69500 Mann Feldtruppen und 108 Geschütze eingesetzt.

Die Kampfhandlungen begannen am 2.8. mit

Erstürmung von Weißenburg am 4. August 1870

Hessische Infanterie in der Schlacht bei Saint-Privat, 18. August 1870

einem französischen Vorstoß bei Saarbrücken. Danach gingen die deutschen Armeen zur Offensive über. Die 3. Armee war im Gefecht bei Weißenburg (4. 8.) und in der beiderseits verlustreichen Schlacht bei Wörth (6. 8.) erfolgreich. Teilkräfte der 1. und 2. Armee siegten bei Spichern (6. 8.). Die gegen Moltkes Ansicht herbeigeführten Schlachten veranlaßten die Rheinarmee zum Rückzug und machten so die beabsichtigte Entscheidungsschlacht in Grenznähe zunichte. Das Gros der Rheinarmee unter Marschall François Bazaine (1811–1888) ging auf Metz zurück. In den beiderseits verlustreichen Schlachten bei Vionville – Mars-la-Tour (16. 8.) und Gravelotte – St-Privat (18. 8.) erlitt es schwere Niederlagen und wurde dann in der Festung Metz eingeschlossen (→ *Metz 1870*). Bei St-Privat bereitete das Schnellfeuer der französischen Infanterie der Kompaniekolonne endgültig den Untergang. Spontan gingen die deutschen Infanteristen zur aufgelösten Gefechtsordnung (Schützenschwarm) über. Die schwächere rechte Gruppierung der Rheinarmee zog sich nach Châlons-sur-Marne zurück und vereinigte sich dort mit den übrigen Feldtruppen zu einer neuen Armee. Als diese versuchte, Metz zu entsetzen, wurde sie in Sedan eingeschlossen und am 2. 9. zur Kapitulation gezwungen (→ *Sedan 1870*). Dabei geriet Napoleon III. in Gefangenschaft. Die Vernichtung seiner letzten Feldarmee besiegelte das Ende des Kaiserreiches. In Paris erzwang das Proletariat am 4. 9. die Proklamation der Dritten Republik.

Mit dem Sturz des französischen Bonapartismus war das Haupthindernis für die Bildung eines bürgerlichen deutschen Nationalstaates beseitigt. Die herrschenden Klassen Preußen-Deutschlands, nicht zuletzt die militärische Führung, verlangten jedoch die Weiterführung des Krieges mit dem Ziel, Elsaß-Lothringen zu annektieren. Der Krieg wurde damit zum ungerechten Eroberungskrieg gegen das französische Volk. Dagegen forderten die deutschen Arbeiter einen sofortigen Frieden ohne Annexionen und Kontributionen. Im Norddeutschen Reichstag stimmten die sozialistischen Abgeordneten gegen die Kriegskredite (28. 11.). Unter dem Druck des Volkswiderstandes und angesichts der deutschen Gebietsforderungen war die französische provisorische Regierung gezwungen, Maßnahmen zur Verteidigung von Paris und zur Mobilmachung des noch vorhandenen großen Kriegspotentials einzuleiten. Die deutschen Truppen hatten Paris seit dem 19. 9. eingeschlossen (→ *Paris 1870/71*). Die Regierung und zahlreiche bonapartistische Generale verhielten sich defätistisch. Exponent des nationalen Widerstandes wurde Léon Gambetta (1838–1882), Kriegsminister der in Tours, später in Bordeaux residierenden Regierungsvertretung. Sie rief zum Volkskrieg auf (Dekret vom 2. 11.), betrieb die Aufstellung neuer Truppenverbände sowie von Freikorps für den Franktireurkrieg und kurbelte die Rüstungsproduktion an. England und die USA lieferten Waffen und Munition. Bis Januar 1871 wurden 12 Armeekorps formiert (etwa 500000 Mann mit 1400 Geschützen), denen es jedoch an Offizieren, Unteroffizieren und Ausgebildeten mangelte. Die neu entstehenden republikanischen Armeen sollten Paris entsetzen. Mit einem derartigen Volkskrieg und längerer Kriegsdauer hatte man im deutschen Hauptquartier nicht gerechnet. Außerdem wurden die republikanischen Armeen unterschätzt. Die Weiterführung des Krieges erforderte deshalb eine bedeutende Verstärkung des deutschen Feldheeres (im Februar 1871 ungefähr 937000 Mann), die auf zunehmende Schwierigkeiten stieß, sowie die Bildung neuer Armeen und von Ar-

Bayrische Truppen stürmen Bazailles, 1. September 1870

meeabteilungen. Die Gesamtkriegsstärke stieg auf 1,494 Mill. Mann. Die Lage des deutschen Feldheeres war zunächst kompliziert, da es zersplittert vor Paris, Metz, Toul, Straßburg, Verdun und anderen Festungen lag. Auf diesen umfangreichen Festungs-

Sächsische Infanterie in der Abwehrschlacht von Villiers – Champigny, 30. November – 2. Dezember 1870

krieg war die Artillerie nicht vorbereitet. Die Kapitulation von Metz (27. 10.) ermöglichte es, die Einschließungsarmee gegen die neuen französischen Armeen einzusetzen. Die größte Gefahr drohte den deutschen Belagerungstruppen vor Paris von den französischen Armeen an der Loire. Nach anfänglichen Rückschlägen gelang es, sie in den Schlachten von Orléans (3./4. 12.) und Beaugency – Cravant (8.–10. 12.) zu besiegen und zurückzuwerfen. In Nordfrankreich entbrannten seit Ende November Kämpfe zwischen der französischen Nordarmee und der deutschen 1. Armee. Bei Amiens (27. 11.) und an der Hallue (23./24. 12.) wurden die französischen Truppen zurückgeschlagen. Am 5. 12. fiel Rouen in

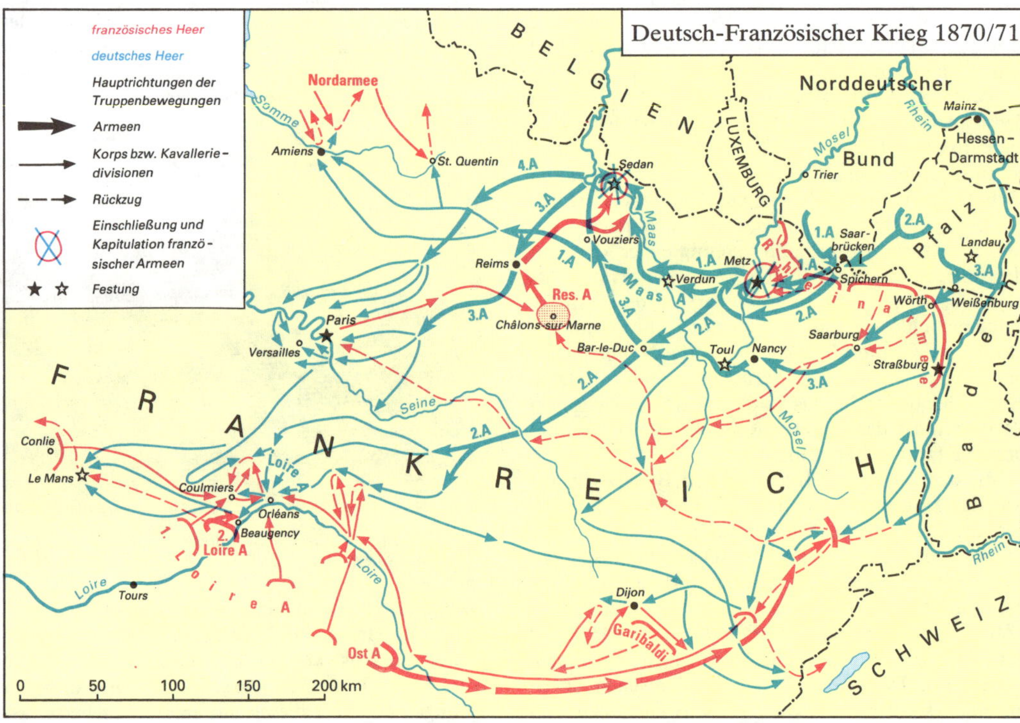

deutsche Hand. Starke deutsche Kräfte wurden durch den sich ausweitenden Kleinkrieg der Franktireurs gebunden. Diese bildeten auch einen Großteil der Internationalen Brigade des italienischen Freischarenführers Giuseppe Garibaldi (1807–1882), die im Raum von Dijon kämpfte. Gegen den Franktireurkrieg wurde auf Befehl des Hauptquartiers mit äußerster Härte vorgegangen (Erschießung von Zivilisten, Niederbrennen von Dörfern, Geiselnahme u. a.). Im Winter 1870/71 gestaltete sich die Lage der deutschen Truppen weiterhin schwierig. Die Belagerung von Paris dauerte an. Die übrigen Armeen waren durch ausgedehnte Märsche und einen hohen Krankenstand erschöpft. Kriegsmüdigkeit griff weiter um sich. In der Schlußphase der Kämpfe um Paris gingen die republikanischen Feldarmeen noch einmal verstärkt zu Kampfhandlungen über, erlitten aber in den Schlachten bei Le Mans (10.–12. 1.) und bei St-Quentin (19. 1.) Niederlagen. In Südostfrankreich begann überraschend eine Operation der französischen Ostarmee (140000 Mann und 300 Geschütze), um im Zusammenwirken mit der Vogesenarmee Belfort zu entsetzen und die militärische Lage zu verbessern. Sie wurde jedoch in der Schlacht an der Lisaine (15.–17. 1.) zerschlagen. Mehr als 80000 Mann traten in die Schweiz über. Trotz der schweren Rückschläge waren die materiellen Hilfsquellen Frankreichs noch nicht erschöpft. Aus Furcht vor der drohenden Revolution stellte jedoch die provisorische Regierung in Paris den Kampf ein. Am 31. 1. 1871 begann der allgemeine Waffenstillstand; in den südöstlichen Departements trat er am 15. 2. in Kraft. Das deutsche Heer hielt etwa zwei Drittel des Landes besetzt. Zur Besetzung weiterer Gebiete wäre es aus Kräftemangel kaum in der Lage gewesen. Die deutschen Verluste beliefen sich auf 28000 Tote (davon 12000 an Krankheiten gestorben), 89000 Verwundete und 13000 Vermißte. Die französischen Verluste lagen weit höher. Während des Krieges gerieten insgesamt rd. 724000 Mann in Gefangenschaft.

Nach dem Präliminarfrieden von Versailles (26. 2.), dessen Bedingungen der Frankfurter Friedensvertrag (10. 5. 1871) bestätigte, mußte Frankreich Elsaß-Lothringen mit den lothringischen Erzgruben und der Festung Metz an Deutschland abtreten sowie 5 Mrd. F Kontributionen zahlen. Bis diese bezahlt waren (August 1873), verblieben deutsche Besatzungstruppen in einigen ostfranzösischen Departements.

Gegen die reaktionäre und antinationale großbourgeoise Regierung erhoben sich die Pariser Arbeiter. Die Pariser Kommune (18. 3.–28. 5.), die erste Machtergreifung des Proletariats, wurde jedoch mit Unterstützung durch die preußisch-deutsche Siegermacht (Freilassung von Gefangenen für die konterrevolutionäre Versailler Armee u. a.) blutig niedergeworfen. Im Ergebnis des Krieges entstand der deutsche Nationalstaat unter preußischer Hegemonie in Form des Kaiserreiches, proklamiert am 18. 1. 1871 in Versailles. Die Annexion Elsaß-Lothringens aber wurde zu einer Quelle des Wettrüstens und der Kriegsgefahr. Dieser Krieg war der letzte große europäische Krieg des 19. Jh. Er war charakterisiert durch den Einsatz von Massenheeren, die zunehmende Bedeutung des ökonomischen Potentials sowie durch die Tendenz zu einem längeren Krieg und unterstrich die wachsende Rolle der Eisenbahnen und des Nachrichtenwesens für die Kriegführung. Der Franktireurkrieg erlangte strategische Bedeutung. In der Taktik zeigte sich vor allem die Notwendigkeit, die Gefechtsordnung aufzulokkern und das Zusammenwirken der Waffengattungen zu sichern. Zur Verpflegung der deutschen Truppen wurden erstmals in großem Umfang Konserven (Erbswurst, Zwieback u. a.) verwendet (→ *eiserne Portion*). Die deutsche militärische Führung zog nur bedingt und schleppend Schlußfolgerungen aus dem Krieg. Sie förderte den entstehenden Mythos von der Unbesiegbarkeit des deutschen Heeres und orientierte sich in der Folgezeit immer stärker auf die Idee des Präventivkrieges sowie auf ein übersteigertes Offensivdenken.

Dienstgradabzeichen: gewebte, geprägte oder gestickte Kennzeichen an der → *Uniform* zur Bezeichnung des militärischen Ranges.

Schon im Altertum gab es Abzeichen an Kleidung und Rüstung der Kämpfer, um im Gefecht Freund und Feind zu unterscheiden. Größere Ausschmükkung der Bekleidung oder spezielle Bewaffnung kennzeichneten die militärischen Vorgesetzten auch später, u. a. Streitkolben (→ *Schlagwaffen*), → *Partisane,* Luntenspieß. Nach Aufkommen der stehenden Heere begannen sich in der zweiten Hälfte des 17. Jh. mit der Uniformierung der Soldaten auch bestimmte Rangabzeichen als Vorläufer der D. durchzusetzen. Zur unterschiedlichen Gestaltung der Uniform als Rangunterscheidungsmerkmal kamen im 18. Jh. besondere Symbole: für Generale die Plumage (Federschmuck), für Offiziere Ringkragen (als letztes Überbleibsel des ritterlichen → *Harnischs*), Schärpe (→ *Feldbinde*), → *Portepee* und Sponton, für Unteroffiziere Kurzgewehr oder andere → *Stangenwaffen.* Ende des 17. Jh. waren im preußischen Heer bereits Ärmel- und Huttressen an der Uniform der Unteroffiziere gebräuchlich. Im letzten Drittel des 18. Jh. übernahmen einige deutsche Armeen, z. B. die bayrische, nach französischem Beispiel Epauletten (→ *Schulterstücke*) oder Schulterschnüre verschiedener Ausführungen zur Kennzeichnung von Offiziersdienstgraden.

Die Militärreformen in Preußen und anderen deutschen Staaten zu Beginn des 19. Jh. brachten mit

Dienstgradabzeichen. *Streitkräfte deutscher Staaten – 18. und 19. Jh.:* **1** Aufschlagtresse, Kürassierunteroffizier (Preußen 1737); **2** Ringkragen, Infanterieoffizier (Mecklenburg 1761); **3** Ringkragen, Infanterieoffizier (Preußen 1806); **4** Rabattenstickerei, Kavalleriegeneral (Preußen 1790); **5** Achselklappe, Leutnant (Preußen 1812); **6** Achselklappe, Kapitän und Rittmeister (Preußen 1812); **7** Achselklappe, Stabsoffizier (Preußen 1812); **8** Kragenstickerei, General (Preußen 1808); **9** Achselstück, General (Preußen 1808); **10** Epaulette, Ulanenleutnant (Preußen 1813); **11** Armwinkel, Sergeant (Braunschweig 1815); **12** Kontreepaulette, Sekondeleutnant (Baden 1808); **13** Kontreepaulette, Premierleutnant (Baden 1808); **14** Kontreepaulette, Souslieutenant (Sachsen 1809); **15** Kontreepaulette, Premierlieutenant (Sachsen 1809); **16** Kragenabzeichen, Oberleutnant (Bayern 1802); **17** Kragenabzeichen, Oberst (Bayern 1802); **18** Kragenstickerei, Generalleutnant (Bayern 1802); **19** Kragenabzeichen, Hauptmann (Sachsen 1815); **20** Kragenstickerei, Generalmajor (Sachsen 1815); **21** Schulterklappe, Feldwebel (Hannover 1858); **22** Epaulette, Kontreadmiral (Kriegsflotte der Frankfurter Nationalversammlung 1849); **23** Epaulette, Oberstlieutenant (Hessen 1850)

Dienstgradabzeichen. *Kaiserlich-deutsches Heer und Kaiserliche Marine – 1872 bis 1918:* **1** Kragenabzeichen, Gefreiter; **2** Kragenabzeichen, Unteroffizier; **3** Kragenabzeichen, Feldwebel; **4** Armwinkel, Obermatrose; **5** Ärmelabzeichen, Oberbootsmannsmaat; **6** Schulterklappe, Obersteuermann; **7** Schulterstück, Leutnant (bis 1888); **8** Schulterstück, Oberleutnant (ab 1888); **9** Schulterstück, Major; **10** Schulterstück, General der Infanterie; **11** Epaulette, Hauptleute und Rittmeister; **12** Epaulette, Unterleutnant z. See; **13** Ärmelstreifen, Fregattenkapitän und Kapitän z. See; **14** Epaulette, Oberstleutnant; **15** Epaulette, Generalfeldmarschall; **16** Epaulette, Admiral – *Reichswehr – 1919 bis 1935:* **17** Ärmelstreifen, Hauptmann (bis 1920); **18** Ärmelstreifen, Oberstleutnant (bis 1920); **19** Ärmelstreifen, Generalleutnant (bis 1920); **20** Schulterschnur, General (bis 1920); **21** Armwinkel, Oberschütze (ab 1921); **22** Schulterklappe, Feldwebel (ab 1921); **23** Schulterstück, Zahlmeister (ab 1921); **24** Schulterstück, Oberstabsveterinär (ab 1921); **25** Schulterstück, Generalstabsarzt (ab 1921) – *Faschistische Wehrmacht – 1935 bis 1945:* **26** Kragenspiegel, Gefreiter (Flakartillerie); **27** Kragenspiegel, Oberleutnant (Fliegertruppe); **28** Kragenspiegel, General der Flieger; **29** Ärmelabzeichen für Tarn- und Spezialanzüge, Hauptmann (ab 1942); **30** Ärmelabzeichen für Tarn- und Spezialanzüge, Major (ab 1942); **31** Schulterstück, Kriegsgerichtsrat

Dienstgradabzeichen. *NVA der DDR (Land- und Luftstreitkräfte):* **1** Gefreiter (Rak.tr./Art.u.rak.-/waffentechn. Dienst); **2** Unteroffizier (rückw. Dienste); **3** Offiziersschüler, 3. Studienjahr (Panzertr.); **4** Stabsfeldwebel (Pioniertr.); **5** Oberfähnrich (Nachr.tr.); **6** Leutnant (mot. Schützentr.); **7** Hauptmann (Felddienstuniform); **8** Oberstleutnant (LSK); **9** Oberst (Felddienstuniform); **10** Generaloberst (LaSK) – *Verbündete der NVA in der Warschauer Verteidigungsgemeinschaft (Land- und Luftstreitkräfte): – Bulg. VA:* **11** Gefreiter; **12** Unterfeldwebel (Berufsuffz.); **13** Unterleutnant; **14** Oberst (LSK); **15** Generalmajor (LSK) – *Ung. VA:* **16** Feldwebel (Berufsuffz.); **17** Fähnrich; **18** Hauptmann; **19** Major; **20** Generalleutnant – *Poln. Armee:* **21** Stabsfeldwebel; **22** Unterfähnrich; **23** Oberleutnant (LSK); **24** Major; **25** Armeegeneral – *Streitkr. der SR Rumänien:* **26** Unterfeldwebel (LSK); **27** Hauptmilitärmeister (Nachr.tr.); **28** Hauptmann (Panzertr.); **29** Oberst (mot. Schützentr.); **30** Generalmajor – *Sowjetarmee:* **31** Gefreiter (LaSK außer mot. Schützentr.); **32** Fähnrich (LSK/LLtr.); **33** Unterleutnant (mot. Schützentr.); **34** Oberstleutnant (med. Dienst); **35** Marschall der Sowjetunion – *Tschechoslow. VA:* **36** Unteroffizier; **37** Fähnrich; **38** Leutnant; **39** Oberstleutnant; **40** Generalleutnant (LSK)

Dienstgradabzeichen. *Verbündete sozialistische Ostseeflotten: – Volksmarine der NVA:* **1** Stabsmatrose (seem. Laufbahn); **2** Obermaat auf Zeit (techn. Laufbahn); **3** Oberleutnant (Militärjustizorgane); **4** Korvettenkapitän (Küstendienstlaufbahn); **5** Konteradmiral – *Polnische Seekriegsflotte:* **6** Obermatrose; **7** Stabsobermeister; **8** Kapitänleutnant; **9** Fregattenkapitän; **10** Vizeadmiral – *Baltische Flotte der UdSSR:* **11** Matrose; **12** Maat; **13** Leutnant; **14** Kapitän z. See (Stabsdienstuniform); **15** Admiral (Stabsdienstuniform)

durchgreifenden Änderungen in der Uniformierung auch die Einführung von D. Durch die Kabinettsorder vom 2.7.1808 und die Bekleidungsorder vom 23.10.1808 wurden in Preußen für die Offiziersdienstgrade→ *Schulterklappen* mit unterschiedlichem Tressenbesatz eingeführt, während die Abzeichen für die Ranggruppe der Unteroffiziere einheitlich aus Tressen an Ärmel und Kragen der Uniform bestanden. Ab 1814 wurden für alle Offiziere (für Kürassieroffiziere bereits ab 1812, für Stabsoffiziere ab 1813) die Schulterklappen durch Epauletten nach russischem Muster ersetzt. Die einzelnen Dienstgrade kennzeichnete man durch die unterschiedliche Form der Epauletten und durch verschiedenartige Tressen, ab 1830 zusätzlich durch Sterne. Seit dem Dänisch-Deutschen Krieg von 1864 wurden in Preußen Epauletten nicht mehr generell getragen. Durch die Kabinettsorder vom 17.6.1866 wurden dafür Schulterstücke – zunächst als «Feld»schulterstücke bezeichnet – eingeführt. Eine weitere Kabinettsorder vom 17.10.1866 ordnete das Tragen der Schulterstücke auch in Friedenszeiten an. Sie bestanden aus Tuch und Tresse, für Stabsoffiziere und Generale geflochten, mit den gleichen Gradsternen wie bei den Epauletten. Letztere wurden nur noch an der Paradeuniform getragen. 1888 wurden die Schulterstücke in der Form modifiziert und ohne wesentliche weitere Änderungen bis 1945 beibehalten, ausgenommen die Zeit von 1919 bis 1921.

In einigen deutschen Heeren gab es Abweichungen. So kennzeichnete die bayrische Armee von 1802 bis 1872 die Dienstgrade durch verschiedenartige Litzen und Tressen am Kragen. Die sächsische Armee führte erst 1832 Epauletten mit Gradsternen ein, die 1866 nach österreichischem Muster durch Kragensterne ersetzt wurden. Nach dem um 1870 erfolgten Abschluß von Militärkonventionen der anderen deutschen Staaten mit Preußen wurden Uniformen und D. dem preußischen Vorbild weitgehend angeglichen.

1919 wurden neue «vorläufige» D. eingeführt. Schulterstücke der Offiziere und Schulterklappen der Unteroffiziere fielen fort, dafür wurden gleichartig gestaltete Schulterschnüre (2 nebeneinanderliegende Schnüre mit 2 Knoten oder Schlaufen) getragen, die sich in den Dienstgradgruppen durch das Material unterschieden. Die eigentlichen D. waren waagerechte Tressen oder Winkel auf beiden Ärmeln. 1921 wurden nach der Gründung der Reichswehr die D. abermals neu gestaltet. An die Stelle der Schulterschnüre und Ärmelabzeichen traten nun wieder für Offiziere Schulterstücke mit Gradsternen, für Unteroffiziere Schulterklappen mit Tressen; obere Mannschaftsdienstgrade trugen auf dem linken Oberarm Winkel aus Silbertressen. Diese Formen der D. wurden in der Wehrmacht beibehalten.

Für die NVA der DDR sind die D. durch Beschlüsse des Ministerrates der DDR bzw. seines Präsidiums vom 18.1.1956 und 24.1.1962 sowie des Staatsrates der DDR und Nationalen Verteidigungsrates vom 23.7.1979 festgelegt. Sie haben ihren Niederschlag in Vorschriften und anderen militärischen Bestimmungen gefunden und gelten analog für die Grenztruppen und die Zivilverteidigung der DDR. Danach werden folgende D. getragen: von den Soldaten Schulterklappen mit einer Biesenumrandung in der Waffenfarbe, von den Matrosen Schulterklappen in der Uniformfarbe. Die Unteroffiziersdienstgrade tragen die gleichen Schulterklappen, zusätzlich umrandet mit silber-, bei der Volksmarine goldfarbenen Tressen, wobei beim Unteroffizier/Maat die untere Schmalseite offen, bei den Feldwebeldienstgraden geschlossen ist. Zur Dienstgradunterscheidung dienen vierzackige Sterne. Fähnriche haben Schulterstücke aus 4 auf einer Tuchunterlage in der Waffenfarbe nebeneinanderliegenden Plattschnüren, von denen die beiden äußeren steingrau bzw. bei der Volksmarine dunkelblau, die inneren silberfarben sind, dazu goldfarbene vierzackige Gradsterne. Bei den Leutnanten und Hauptleuten sind alle Plattschnüre der Schulterstücke silberfarben. Stabsoffiziere tragen Schulterstücke aus 2 nebeneinanderliegenden geflochtenen Schnüren auf einer in der Waffenfarbe gehaltenen Unterlage mit vierzackigen goldfarbenen Gradsternen. Die Generalsdienstgrade tragen Schulterstücke, die aus 3 geflochtenen (2 gold-, 1 silberfarbenen) Schnüren mit fünfzackigen silberfarbenen Gradsternen bestehen. Die Unterlage ist in der Waffenfarbe gehalten, die für die Gruppe der Generale bei den Landstreitkräften und der Zivilverteidigung hochrot, bei den Luftstreitkräften/Luftverteidigung hellblau, der Volksmarine dunkelblau und den Grenztruppen hellgrün ist. Bei der Volksmarine werden in allen Dienstgradgruppen zusätzlich Ärmelabzeichen bzw. -streifen als D. getragen. Für Zusatzbekleidung, z. B. Arbeits- und Trainingsanzug, bestehen spezielle Regelungen. Im Unterschied zur bisherigen Praxis ist im → *Gesetz über den Wehrdienst in der DDR 1982* festgelegt, daß die Gestaltung der Uniformen und der D. vom Minister für Nationale Verteidigung der DDR geregelt wird. *(s. Abb. S. 169, 196, 197, 233, 357, 782, 873, 999, 1001, 1003–1007, 1009, 1011, 1012)*

Dienstgruppen in der BRD: von 1945 bis 1958 bestehende, vorwiegend aus deutschen Kriegsgefangenen gebildete paramilitärische Formationen im Dienste der imperialistischen → *Besatzungstruppen in der BRD.*

Ab 8.6.1945 begann die britische Besatzungsmacht in großem Umfang mit der Bildung von Arbeitskompanien aus kriegsgefangenen deutschen Soldaten. Die amerikanische und die französische Besatzungsmacht formierten gleichartige Einheiten.

Aus Westberlinern rekrutierte Dienstgruppen der USA-Streitkräfte üben im Berliner Grunewald, November 1950

Die ab Herbst 1945 einheitlich als Dienstgruppen bezeichneten Formationen erreichten 1946 bei den britischen Besatzungstruppen (German Service Organization) eine Stärke von 140000 Mann, bei den USA-Besatzungstruppen (Labor Service Units) von 15000 und bei den französischen Besatzungstruppen (Formations auxiliaires) von 8000 Mann.

Die Dienstgruppen wurden zunächst vorwiegend zum Sammeln, Lagern oder Vernichten von Kriegsmaterial der ehem. faschistischen Wehrmacht, zum Entminen früherer Kampfgebiete und zu Versorgungsleistungen eingesetzt. Später übernahmen sie andere Aufgaben, wie die Wiederherstellung und den Ausbau militärischer Anlagen, Dienstleistungen als geschlossene Pionier-, Transport-, Instandsetzungs- oder Nachrichteneinheiten, als Bodenpersonal der Luftstreitkräfte sowie als bewaffnete Wach- und Sicherungstruppe auch für Einsätze gegen politische Demonstrationen fortschrittlicher Kräfte. Minenräumverbände der ehem. faschistischen Kriegsmarine in ihrer Kriegsgliederung kamen unter Leitung des britischen Flottenkommandos zu Räumarbeiten in der Ost- und der Nordsee zum Einsatz. Die Dienstgruppen wurden von ehem. Wehrmachtsoffizieren geführt, mit jeweils einem General oder Oberst an der Spitze. Auf allen Führungsebenen ab Kompanie aufwärts erfolgte ihre Überwachung durch Offiziere bzw. Beauftragte der Besatzungstruppen. Die britische Besatzungsmacht verringerte 1946/47 den Bestand ihrer Dienstgruppen. Die USA stellten ab Mai 1946 zusätzlich die sog. Industriepolizei auf. Im Zusammenhang mit der verstärkt einsetzenden Entlassung von ehem. Wehrmachtsangehörigen aus der Kriegsgefangenschaft erhielten die Angehörigen der Dienstgruppen im Sommer 1947 de jure den Status von Zivilbeschäftigten, ohne daß sich der Charakter als paramilitärische Formation wesentlich veränderte. Mit dem Übergang der Westmächte zum kalten Krieg verdoppelten die USA-Streitkräfte das Personal ihrer Dienstgruppen. Auch die französische Besatzungsmacht stellte seit Ende 1948 zusätzlich kasernierte Pionier- und Nachschubeinheiten auf. Erneut verstärkt wurden die Dienstgruppen zur Zeit der USA-Aggression in Korea und der forcierten Formierung der NATO-Streitkräfte in Europa seit 1949/50. Die Dienstgruppen wurden jetzt durchgängig strenger kaserniert, generell mit Handfeuerwaffen und anderen leichten Waffen ausgerüstet und entsprechend ausgebildet. Formationen nahmen an Manövern der NATO-Streitkräfte teil. Parallel mit der Aufstellung der → *Bundeswehr der BRD* schränkten die auf deren Territorium stationierten NATO-Streitkräfte den Umfang der Dienstgruppen allmählich ein. Im Mai 1957 vereinbarten die Vertreter der Westmächte mit der BRD-Regierung, die noch verbliebenen etwa 40000 Mann bis 1958 in ein Arbeitsverhältnis bei den NATO-Kontingenten zu überführen. Zahlreiche Angehörige der Dienstgruppen, die – besonders in den 50er Jahren – in der Wartung und Bedienung von Kampf-, Nachrichten- und Pioniertechnik der NATO-Truppen ausgebildet worden waren, stellten ein ideologisch im antikommunistisch-militaristischen Sinne entsprechend vorbereitetes Kräftereservoir für die Bundeswehr der BRD dar.

Dienstlaufbahnbestimmungen für die Angehörigen der NVA: rechtliche Regelungen über Beginn, Gestaltung und Beendigung des Dienstverhältnisses der Angehörigen der → *Nationalen Volksarmee der DDR (NVA).*

Mit dem Aufbau der NVA ergab sich die Notwendigkeit, alle das militärische Dienstverhältnis betreffenden Fragen rechtlich verbindlich zu regeln. Dieses Dienstverhältnis ist ein spezielles gesellschaftliches Verhältnis, das zwischen der NVA und dem Bürger während der Ableistung seines Wehrdienstes besteht und das den militärischen Bedingungen des Armeedienstes entspricht. Es wird auf der Grundlage der Verfassung abgeschlossen und ist untrennbarer Bestandteil des einheitlichen sozialistischen Rechts der DDR. Am 1. 6. 1956 bestätigte das Präsidium des Ministerrates die ersten Dienstlaufbahnbestimmungen. Grundsätzlich wurde damit dem Gesetz zur Ergänzung der Verfassung der DDR vom 26. 9. 1955 entsprochen. Im ergänzten Art. 5 der Verfassung hieß es, daß der Dienst zum Schutze des Vaterlandes und der Errungenschaften der Werktätigen eine ehrenvolle Pflicht der Bürger der DDR ist. Da in der Aufbauetappe der NVA deren Auffüllung ausschließlich nach dem Freiwilligenprinzip erfolgte, lag dem militärischen Dienstverhältnis eine persönliche Verpflichtung der Armeeangehörigen zugrunde. Mit der Annahme des Gesetzes über die allgemeine Wehrpflicht am 24. 1. 1962 erhob die Volkskammer der DDR zur verbindlichen Rechtsnorm, wozu der Schutz des Sozialismus und die Sicherung des Friedens aufgrund der bestehenden imperialistischen Bedrohung verpflichteten. Im Zusammenhang mit dem Wehrpflichtgesetz wurde ebenfalls am 24. 1. 1962 durch den Staatsrat der DDR die Dienstlaufbahnordnung erlassen. Diese legte generell fest, daß der Dienst in der NVA auf der Grundlage der Verfassung und der entsprechenden gesetzlichen Bestimmungen durch Befehle des Ministers für Nationale Verteidigung, von ihm erlassene Direktiven, Dienstvorschriften und andere Normative geregelt wird. Die Dienstlaufbahnordnung selbst enthielt u. a. Bestimmungen über den aktiven Wehrdienst, den Reservistenwehrdienst und den Wehrersatzdienst, über die Pflichten und Rechte der Armeeangehörigen, über deren Unterscheidung nach Dienstverhältnis, Dienstgrad (→ *Dienstgradabzeichen*) und Dienststellung, über die verschiedenen Arten der Dienstverhältnisse, einschließlich der unterschiedlichen Dauer der Dienstzeit, sowie über den → *Fahneneid,* den jeder Armeeangehörige leistet.

Unter Berücksichtigung der gesellschaftlichen Entwicklung in der DDR und der Erfordernisse aus dem voranschreitenden Umwälzungsprozeß im Militärwesen erließ der Nationale Verteidigungsrat der DDR am 12. 10. 1973 die «Anordnung über den aktiven Wehrdienst in der Nationalen Volksarmee (Dienstlaufbahnordnung – NVA)». Ausdrücklich war darin der Grundsatz bekräftigt, daß die Bürger der DDR auch während der Ableistung des Wehrdienstes die Grundrechte und Grundpflichten gemäß der Verfassung besitzen. Die Neuregelung der Dienstlaufbahnbestimmungen enthielt den Dienstgrad Fähnrich für Kommandeurskader und militärische Spezialisten in den unteren Führungsebenen, die sich durch hohe politische, militärische und spezialfachliche Bildung, vor allem aber durch große Erfahrungen auszeichnen. Neu war weiterhin das Dienstverhältnis der Offiziere auf Zeit. Die untere Grenze der Dienstzeit für Fähnriche und Berufsoffiziere wurde auf 25 Jahre (seit 1. 9. 1979 für Fähnriche auf 15 Jahre) festgelegt. Für die Angehörigen der → *Grenztruppen der DDR* galt die Dienstlaufbahnordnung – NVA entsprechend. Das Dienstverhältnis in der → *Zivilverteidigung der DDR* wurde durch die Anordnung des Nationalen Verteidigungsrates über den Dienst in der Zivilverteidigung der DDR (Dienstlaufbahnordnung – ZV) vom 1. 11. 1977 geregelt.

Im Zusammenhang mit dem von der Volkskammer beschlossenen → *Gesetz über den Wehrdienst in der DDR 1982* erließ der Nationale Verteidigungsrat u. a. die Anordnung über den Verlauf des Wehrdienstes in der NVA – Dienstlaufbahnordnung – NVA – vom 25. 3. 1982. Sie enthält neben allgemeinen Bestimmungen über die Dienstverhältnisse Festlegungen über das Dienstverhältnis der Soldaten im Grundwehrdienst, die Dienstverhältnisse des aktiven Wehrdienstes auf Zeit, die Dienstverhältnisse des aktiven Wehrdienstes in militärischen Berufen sowie Sonderregelungen. In die Bestimmungen ist sowohl der aktive als auch der Reservistenwehrdienst einbezogen. Zugleich enthält die Dienstlaufbahnordnung Regelungen für die Mobilmachung und den Verteidigungszustand. Der Fahneneid ist aus der Dienstlaufbahnordnung herausgelöst und als Anlage dem Wehrdienstgesetz beigefügt. Die militärischen Dienstgrade der NVA und der Grenztruppen sind durch einen besonderen Beschluß des Staatsrates der DDR vom 25. 3. 1982 festgelegt. Gleichzeitig erließ der Nationale Verteidigungsrat die Anordnung über den Verlauf des Wehrdienstes in den Grenztruppen der DDR – Dienstlaufbahnordnung – GT – mit dem Fahneneid für die Angehörigen der Grenztruppen als Anlage sowie die Anordnung über den Verlauf des Dienstes in der Zivilverteidigung – Dienstlaufbahnordnung – ZV –. Die letztere enthält u. a. die Dienstgradbezeichnungen für die Angehörigen der Zivilverteidigung; der von diesen zu leistende Diensteid ist als Anlage beigefügt. Die Dienstlaufbahnordnungen sind vom Prinzip sozialistischer Militärpolitik geprägt, wonach der zuverlässige Schutz des gesellschaftlichen Fortschritts und des Friedens vor allem von der Fähigkeit, Bereitschaft und Einstellung der Soldaten abhängig ist. Die rechtliche Regelung des Dienstverhältnisses dient der weiteren Verbesserung der Führungstätigkeit, der Erziehung und Ausbildung der Angehörigen und Kampfkollektive der NVA, der Grenztruppen und der Zivilverteidigung der DDR zur vorbildlichen Erfüllung ihres Klassenauftrages.

Dienstvorschriften: allgemeingültige Bestimmungen für die einheitliche Truppenführung, Durchführung des Dienstes, der Tätigkeiten und des Lebens in den Streitkräften.

Die Entstehung der D. im 17. Jh. war mit der Aufstellung stehender Heere verbunden. Die vermehrte Einführung von Feuerwaffen in die Streitkräfte, die Entwicklung der Waffengattungen sowie ihr Zusammenwirken im Gefecht erforderten genaue Bestimmungen zur Ausbildung der zum Soldatendienst gezwungenen, militärisch unerfahrenen Bauern und Handwerker sowie zur Führung der Truppen im Gefecht. Die erste gedruckte D., eine Wehrordnung mit → *Exerzierreglement,* erschien Ende 1600 in Hessen-Kassel. Um die Wende zum 18. Jh. bildeten sich allgemeine D. oder Reglements heraus, die alle Seiten des militärischen Lebens umfaßten. In Preußen existierten allgemeine D. für die Infanterie und für die Kavallerie von Anfang des 18. Jh. bis Mitte des 19. Jh. In Bayern und Sachsen bestanden allgemeine Dienstreglements bis Anfang des 20. Jh. Seit der zweiten Hälfte des 19. Jh. wurden die allgemeinen D. immer mehr ergänzt und ersetzt durch spezielle Vor-

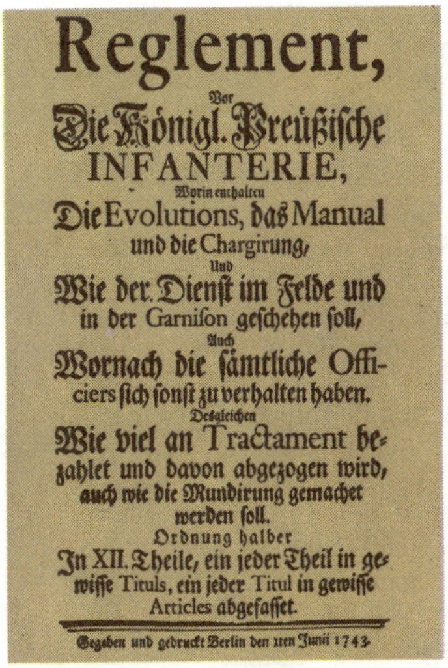
Reglement,
Vor
Die Königl. Preußische
INFANTERIE,
Worin enthalten
Die Evolutions, das Manual
und die Chargirung,
Und
Wie der Dienst im Felde und
in der Garnison geschehen soll,
Auch
Wornach die sämtliche Officiers sich sonst zu verhalten haben.
Desgleichen
Wie viel an Tractament bezahlet und davon abgezogen wird,
auch wie die Mundirung gemachet werden soll.
Ordnung halber
In XII. Theile, ein jeder Theil in gewisse Tituls, ein jeder Titul in gewisse Articles abgefasset.
Gegeben und gedruckt Berlin den 1ten Junii 1743.

Titelblatt des preußischen Reglements von 1743

schriften, die bestimmte Seiten des Dienstes, der Tätigkeiten und des Lebens regelten. Als D. galten in den Streitkräften des kaiserlichen Deutschlands, in der Reichswehr der Weimarer Republik und in der faschistischen Wehrmacht Erlasse, Bekanntmachungen, Dienstordnungen, Instruktionen, Reglements und andere Normative, die in Verordnungsblättern und Mitteilungen des Heeres, der Marine und später auch der Luftwaffe enthalten waren, sowie in Buch- oder Broschürenform herausgegebene Druckvorschriften. Letztere wurden mit dem Stichwort des Inhalts und Nummer bezeichnet und erschienen wie die Verordnungsblätter und Mitteilungen als Vorschriften der Teilstreitkräfte: Heeresdruckvorschriften (H. Dv.); Marinedruckvorschriften (M. Dv.); Luftwaffendruckvorschriften (L. Dv.). In der Bundeswehr der BRD werden im wesentlichen dieselben Arten und Formen von D. praktiziert.

In der NVA sind die D. Dokumente für die einheitliche Regelung der militärischen Tätigkeiten und des militärischen Lebens. Sie enthalten die grundlegenden Normen für das Handeln und Verhalten der Angehörigen der bewaffneten Kräfte im Frieden und im Falle eines Krieges. Sie dienen der Gewährleistung einer hohen Kampfkraft und Gefechtsbereitschaft im Interesse des zuverlässigen Schutzes des Sozialismus und bilden als grundsätzliche militärische Bestimmungen die entscheidende und unmittelbare Grundlage für die Befehle der Vorgesetzten.

Disziplinarstrafen → *Militärjustiz*

Division: 1. im 17./18. Jh. taktische Untergliederung bzw. Einheit, danach taktischer Verband der → *Landstreitkräfte*, später auch der → *Luftstreitkräfte* und → *Luftverteidigung*.

In den stehenden Heeren des 17. und 18. Jh. wurden die Truppen für die Schlacht, abweichend von der administrativen Gliederung, stärker untergliedert, um ihre Manövrierfähigkeit zu erhöhen. Die dabei gebildeten taktischen Unterabteilungen waren in den verschiedenen → *Armeen* in ihrem Verhältnis zueinander, in der Zahl wie in den Bezeichnungen unterschiedlich. So war bei der Infanterie in Preußen um 1790 das → *Bataillon* in 5 D., 10 Pelotons und 20 Züge eingeteilt. In Österreich waren die D. noch im 19. Jh. eine zwischen Bataillon und → *Kompanie* stehende Infanterieabteilung unter einem strukturmäßigen Kommandeur. Bei der Kavallerie war die D. in einigen Armeen, z. B. in Österreich, auch die Unterabteilung eines → *Regiments*, wenn dieses stärker als 4 → *Eskadronen* war. Bei der Artillerie war in Preußen seit 1796 jede → *Batterie* in 3 D. (Züge) eingeteilt, die sich im Kampf gegenseitig zu unterstützen hatten.

Seit dem Ende des 18. Jh. wurde mit der bürgerlichen Umgestaltung des Militärwesens die D., die bereits vorher u. a. als zeitweilige Vereinigung mehrerer → *Brigaden* bestanden hatte, zunächst in Frankreich, dann auch in anderen europäischen Ländern zum größten taktischen Verband der Landstreitkräfte, dessen Hauptbestandteile Infanterie- und Kavalleriebrigaden waren und der meist zu einem Korps gehörte. Die meisten D. waren, da in ihnen der Anteil der Infanterie überwog, ihrem Charakter nach → *Infanteriedivisionen.* Auch Kavallerie-D. wurden geschaffen, die einem Armeekorps zugeteilt wurden oder Kavalleriekorps bildeten. Ende September 1806 wurde die D.gliederung in der mobilen preußisch-sächsischen Armee eingeführt, bewährte sich aber erst nach den Militärreformen in Preußen in den Kriegen von 1813/14 und 1815. Seitdem gab es die D. unter verschiedenen Bezeichnungen (so in Preußen 1808–1818 Truppenbrigade, dann D. oder Infanterie-D.; in Österreich bis 1859 Truppen-D., seit 1866 Infanterie- bzw. Kavallerie-Truppen-D.) als ständige Gliederungsform zunächst in Preußen und Österreich, später auch in den anderen größeren deutschen Staaten. Bis 1914 war die Entwicklung der D. gekennzeichnet durch die zahlenmäßige Steigerung der Infanterie-D. und deren weiteren Ausbau zu einem zum selbständigen Kampf fähigen Verband. Die Bedeutung der Kavallerie ging sowohl innerhalb der Infanterie-D. wie auch als selbständiger Verband zurück.

Im ersten Weltkrieg (1914–1918) stiegen die Zahl und Kampfkraft der D., vor allem der Infanterie-D., obwohl die Brigadegliederung aufgegeben und zur Dreigliedrigkeit übergegangen werden mußte. Für den Kampf im Hochgebirge entstanden zum ersten Mal auch D., die ihrem Charakter nach Gebirgs-D. (→ *Gebirgstruppen*) waren. Die Kavallerie-D. wurden zum größten Teil infanteristisch verwendet; nur auf Nebenkriegsschauplätzen blieben bis zum

Kriegsende Kavallerieverbände eingesetzt. Die 10 D. der Reichswehr umfaßten entsprechend den Bestimmungen des Versailler Vertrages 7 Infanterie- und 3 Kavallerie-D. Nach Errichtung der faschistischen Diktatur in Deutschland dienten diese als Grundlage forcierter Kriegsvorbereitungen; Zahl wie Typen der D. der faschistischen Wehrmacht stiegen. Neben den Infanterie-D. und den bis 1939 auf eine Kavalleriebrigade reduzierten Kavallerie-D. entstanden auf Grund der massenhaften Einführung technischer Kampfmittel → *Panzerdivisionen*, leichte D. und Gebirgs-D. In den neugeschaffenen Luftstreitkräften wurde die D.gliederung bei der Bildung von → *Fliegerdivisionen*, Flak-D. (→ *Flakartillerie*) und Fallschirmjäger-D. (→ *Fallschirmtruppen*) verwendet. Während des zweiten Weltkrieges (1939–1945) entstanden als neue D.typen die → *Sicherungsdivision* und eine Artillerie-D. Verschiedene neue Arten der Infanterie-D. wie die Infanterie-D. (bodenständig), die → *Grenadierdivision*, die → *Volksgrenadierdivision*, die → *Jägerdivision*, die → *Luftwaffenfelddivision* und die → *Feldausbildungsdivision* wurden gebildet. Charakteristisch war der wachsende Anteil der Panzer- und mot. D. bzw. → *Panzergrenadierdivisionen*, so daß schließlich jede sechste D. des deutschen Heeres ein solcher Verband war. Der sich steigernde Einsatz von Panzer- und Fliegerkräften im Gefecht machte die Aufnahme von Panzer- und Fliegerabwehreinheiten in die Struktur der D. notwendig.

Nach dem zweiten Weltkrieg nahmen der Motorisierungsgrad, die Feuer- und Stoßkraft der D. stark zu. Die Entwicklung von Massenvernichtungsmitteln führte dazu, daß in allen modernen Armeen die Panzer-D. und die mot. D. Strukturelemente für den Kernwaffeneinsatz, die KCB-Aufklärung und den Schutz vor Kern-, chemischen und biologischen Waffen erhielten. In einigen NATO-Armeen, z. B. der Bundeswehr der BRD, wurde der Brigade als unterstem taktischem Verband erstrangige Bedeutung eingeräumt. Die D. wird als taktische Führungsebene verstanden, die unter Umständen die Führung von Brigaden übernehmen soll, ihnen Unterstützungsmittel zuweist und Versorgungsaufgaben erfüllt.

In der → *Nationalen Volksarmee der DDR (NVA)* ist die D. ein taktischer Verband in den Landstreitkräften und den Luftstreitkräften/Luftverteidigung. Seine Bezeichnung erfolgt nach der in der D. vorherrschenden Waffengattung, z. B. → *mot. Schützendivision der NVA (MSD)*. Die D. der NVA ist den Erfordernissen des modernen Krieges entsprechend gegliedert, ausgerüstet und ausgebildet. Sie besitzt einen hohen Grad an Selbständigkeit und handelt in der Regel im Rahmen eines operativ-taktischen Verbandes.

2. seit Mitte des 19. Jh. in den deutschen → *Seestreitkräften* zeitweilig verwendete Bezeichnung für eine taktische Einheit von Kriegsschiffen, außerdem für Formationen an Bord, bei der Ausbildung oder an Land.

In der → *Kaiserlichen Marine* bildete die D. eine taktische Formation von 3 bis 5 Linienschiffen, die vor allem beim Fahren im Verband von Bedeutung war. Darüber hinaus wurden die Torpedoboote, teilweise auch andere leichte Seestreitkräfte, in D. gegliedert. Marinetruppenteile an Land wie die Matrosenstamm-D. (1849–1853), Matrosen-D. (seit 1853), Werft-D. (seit 1853) und Torpedo-D. (seit 1906) waren Stamm- und Ausbildungstruppenteile für das untere und mittlere seemännische, technische und Verwaltungspersonal der Kaiserlichen Marine. Bis zum Ende des zweiten Weltkrieges (1939–1945) wurden die Besatzungen größerer Kriegsschiffe der Kriegsmarine für den täglichen Dienstbetrieb an Bord in D., teilweise auch Musterungs-D. genannt, zusammengefaßt, die etwa Kompanien entsprachen. Zugleich blieb die Bezeichnung D. bei Teilen der leichten Seestreitkräfte (Zerstörer, Schnellboote, Sicherungskräfte) erhalten.

Dnepr 1943: Kampfhandlungen und Operationen am Südabschnitt der deutsch-sowjetischen Front von August bis Dezember 1943, die mit der Vertreibung der faschistischen Streitkräfte aus den östlich des D. liegenden Gebieten der Ukraine sowie der Bildung von Brückenköpfen strategischer Bedeutung auf dem rechten Flußufer durch die Sowjetarmee endeten (→ *Weltkrieg, zweiter, 1939–1945*).

Nach der Niederlage in der Schlacht bei → *Kursk 1943* orientierte das deutsche Oberkommando darauf, planmäßig zur strategischen Verteidigung überzugehen. Am 12. 8. 1943 erließ das OKH den Führerbefehl Nr. 10 zum sofortigen Ausbau des sog. Ostwalls. Die befohlene Verteidigungszone sollte unter Anlehnung an die Flüsse Narwa, Sosh, D. sowie Molotschnaja von der Ostsee bis zum Asowschen Meer verlaufen und bis zum 15. 11. ausgebaut sein. Den Schwerpunkt kommender Kämpfe erwartete das OKH am Südabschnitt der deutsch-sowjetischen Front. Von Brjansk bis Taganrog standen hier Ende August von der Heeresgruppe Mitte die 9. und 2. Armee, von der Heeresgruppe Süd die 4. Panzer-, die 8., die 1. Panzer- sowie die neue 6. Armee.

Das sowjetische Oberkommando beabsichtigte, die Gegenoffensive von Kursk in eine allgemeine Offensive am Mittel- und mit Schwerpunkt am Südabschnitt der sowjetisch-deutschen Front überzuleiten. Mit dem Hauptschlag in südwestlicher strategischer Richtung sollte der östlich des D. liegende Teil der Ukraine mit dem Donezbecken befreit, der D. an mehreren Abschnitten forciert und damit verhindert werden, daß die faschistischen Gruppierungen am Ostwall eine stabile Verteidigung schufen. Die Of-

Schlacht um den Dnepr -
August bis Dezember 1943

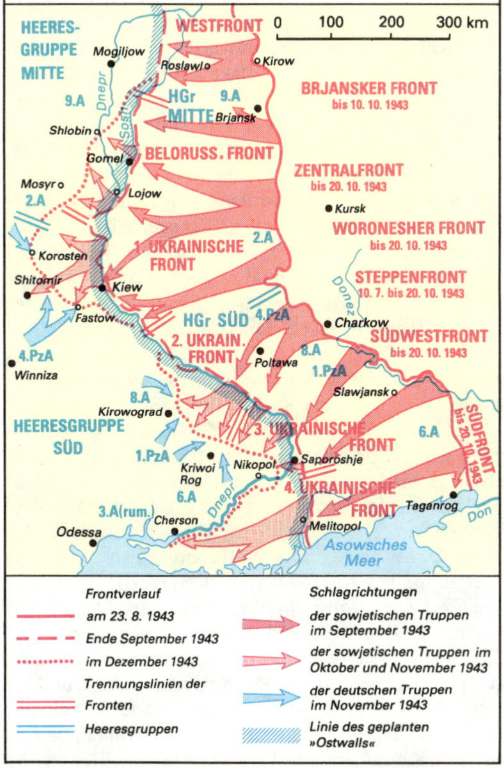

fensive der Zentral-, der Woronesher und der Steppenfront zielte auf den Mittellauf des D., während die Südwest- sowie die Südfront den Fluß am Unterlauf erreichen sollten. Gleichzeitige Angriffsoperationen der West- und der Brjansker Front, hauptsächlich gegen die deutsche 4. Armee und Teile der 3. Panzerarmee sowie die 9. Armee, sollten verhindern, daß das OKH vom Mittelabschnitt Truppen nach dem Süden abzog.

In der ersten Etappe der Schlacht um den D. im August/September 1943 durchbrachen die sowjetischen Gruppierungen mit zeitlich gestaffelten Operationen in hartnäckigen und teilweise langwierigen Kämpfen die deutschen Verteidigungsstellungen und stießen in Richtung des D. vor. Am 15. 9. mußte das OKH dem Drängen des Oberbefehlshabers der Heeresgruppe Süd nachgeben und den Rückzug hinter den Fluß befehlen, um zu verhindern, daß 3 Armeen mit über 50 Divisionen von den Brückenübergängen abgeschnitten werden. Lediglich die 6. Armee sollte von Saporoshje bis Melitopol eine Sehnenstellung ostwärts des D. behaupten.

Trichterförmig zogen sich die Verbände der Heeresgruppe Süd auf die 5 festgelegten Übergangsstellen zwischen Kiew und Saporoshje zurück, wobei ihnen die nachdrängenden sowjetischen Truppen, insbesondere durch Vorausabteilungen und Fliegerkräfte, hohe Verluste zufügten, sie aber nicht zu überflügeln und abzuschneiden vermochten. In der letzten Septemberdekade erreichten die sowjetischen Truppen den D. auf einer Länge von rd. 750 km von Lojow bis Saporoshje, wo die deutsche 1. Panzerarmee noch einen starken Brückenkopf hielt. Entsprechend den Befehlen des sowjetischen Hauptquartiers forcierten sie an mehreren Stellen den Mittel- und Unterlauf des D. aus der Bewegung und bildeten insgesamt 23 kleinere Brückenköpfe, die Schritt für Schritt erweitert wurden. Zugleich erreichte die Südfront die deutschen Verteidigungsstellungen an der Molotschnaja.

Bei ihrem Rückzug aus der Ostukraine praktizierten die faschistischen Truppen massiert die verbrecherische Taktik der «verbrannten Erde»; sie zerstörten die Ortschaften, Dörfer und Industrieanlagen, machten die Verkehrsanlagen unbrauchbar, trieben Menschen und Nutzvieh weg und vernichteten alle Vorräte, die nicht rechtzeitig abtransportiert werden konnten.

In der zweiten Etappe der Schlacht um den D. von Oktober bis Dezember 1943 waren die erbitterten Kämpfe von den vergeblichen Versuchen der mit neu herangeführten Kräften verstärkten Heeresgruppe Süd gekennzeichnet, die sowjetischen Brückenköpfe zu beseitigen und den D. als Verteidigungslinie wiederzugewinnen. Die Sowjetarmee vermochte jedoch ihre Positionen zu halten, die Brückenköpfe noch auszuweiten und den Ostwall faktisch im gesamten Abschnitt der Heeresgruppe Süd zu überwinden. Das deutsche Oberkommando mußte angesichts der Erfolge der sowjetischen Truppen in der Kiewer Richtung auf sein Vorhaben verzichten, durch einen Stoß aus dem Brückenkopf Nikopol nach Südosten die auf der Krim eingeschlossenen Truppen zu entsetzen.

Die Zentralfront, die in Belorussische Front umbenannt wurde, befreite am 25. 11. Gomel und erkämpfte günstige Ausgangspositionen für die Befreiung Belorußlands. Am 20. 10. wurden die Woronesher, die Steppen-, die Südwest- und die Südfront in die 1., 2., 3. und 4. Ukrainische Front umbenannt. Neben der Befrciung von Kiew sollten die gegnerischen Brückenköpfe beseitigt, die eigenen vereinigt und an den gewonnenen Abschnitten das Vordringen auf ukrainischem Boden fortgesetzt werden. Nach mißlungenen Durchbruchsversuchen der 1. Ukrainischen Front im Oktober südlich Kiew verlegte das sowjetische Oberkommando den Angriff auf den rechten Flügel der Front. Anfang November durchbrach die 1. Ukrainische Front die faschistische Verteidigung in südlicher und westlicher Richtung. Bereits am 5./6. 11. konnte sie Kiew von den Faschisten säubern. Ihre Panzertruppen erreichten am 12. 11. Shitomir und 5 Tage später Fastow.

Die 2. Ukrainische Front griff Mitte Oktober südlich Krementschug an und stieß auf Kriwoi Rog vor. Ihr schloß sich die 3. Ukrainische Front an, die am 25. 10. Dnepropetrowsk befreite. Mitte November überwand der rechte Flügel der 2. Ukrainischen Front den D. bis nördlich von Tscherkassy und setzte seinen Vorstoß auf dem rechten Flußufer fort. Auch der linke Flügel der 3. Ukrainischen Front konnte Mitte Dezember südlich Saporoshje den D. forcieren.

Bereits im Oktober hatte die 4 .Ukrainische Front ihre Angriffe gegen die tiefausgebaute gegnerische Verteidigung beiderseits Melitopol fortgesetzt und sie zwischen dem 12. und 24. 10. durchbrochen. Bis Anfang November erreichte sie bis auf einen deutschen Brückenkopf bei Nikopol den Unterlauf des D. sowie die Landenge von Perekop und schnitt damit die 17. Armee von ihren Landverbindungen ab.

Die Schlacht um den D. besiegelte den grundlegenden Umschwung an der deutsch-sowjetischen Front, der den Verlauf des gesamten zweiten Weltkrieges maßgeblich beeinflußte. Die Sowjetarmee, die sich uneingeschränkt im Besitz der strategischen Initiative befand, errang im Kampf um den D. einen bedeutenden Sieg. Dazu trugen die Beherrschung und Entwicklung der Kriegskunst wesentlich bei. Das sowjetische Oberkommando verstand es, das Zusammenwirken mehrerer, in verschiedenen Richtungen angreifender Fronten zu organisieren und die Stöße in die Tiefe durch strategische Reserven zu nähren. Die Befehlshaber beherrschten die Kunst, Brückenköpfe unter komplizierten Bedingungen zu schaffen und zu nutzen sowie größere Truppenmengen schnell und gedeckt umzugruppieren. Die sowjetischen Soldaten zeigten beim Forcieren von Wasserläufen aus der Bewegung und bei der Abwehr von Gegenangriffen mit starken Panzerkräften große militärische Erfahrung.

Das deutsche Oberkommando konnte den Übergang zur strategischen Stellungsverteidigung am Ostwall und zur Bildung einer schlagkräftigen beweglichen Reserve nicht verwirklichen. Obwohl es infolge des Fehlens einer → *zweiten Front* der Heeresgruppe Süd beträchtliche Verstärkungen aus Westeuropa und anderen okkupierten Ländern zuführen konnte, blieben die deutschen Gegenschläge erfolglos. Der feuerwehrartige Einsatz der Panzerverbände vermochte unter hohen Verlusten lediglich eine Ausweitung der sowjetischen Offensive bis zum südlichen Bug zeitweilig zu verhindern. Während der Rückzugskämpfe kam es auf deutscher Seite erstmals seit dem Winter 1941/42 wieder zu panikartigen Erscheinungen, da manche Verbände durch die teilweise fluchtartigen Absetzbewegungen unter ständiger Feindeinwirkung demoralisiert waren.

Dolch: Stich- bzw. Stoßwaffe mit kurzer zweischneidiger oder mehrkantiger Klinge für den Nahkampf.

Der D. und das ihm nahe verwandte einschneidige D.messer gehören mit zu den ältesten Waffenarten. Ursprünglich aus Holz, Knochen oder Stein gefertigt, wurden sie nach dem Aufkommen der Erzverarbeitung aus Metall (Kupfer, Bronze, Eisen, Stahl) hergestellt. Der große Formenreichtum der D. erstreckte sich von schwertähnlichen Waffen bis zum Kurz-D. mit dreischneidiger, spitz zulaufender Klinge, dem sog. Stilett. Die fränkischen Krieger verwendeten bis ins 9. Jh. eine dolchmesserartige Stoßwaffe (Sax), die sich in verlängerter Form und mit breiterer Klinge zum Kurzschwert (Scramasax) entwickelte. Die Verbreitung des D. als Kriegswaffe begann in Europa erst in der zweiten Hälfte des 13. Jh. Die hier bis ins 14. Jh. gebräuchlichen D.arten besaßen meist eine starke, messerartig geformte Rückenklinge. Seit Mitte des 13. Jh. führten die → *Ritter* einen D. als zusätzliche Waffe am Gürtel. Mit dem sehr schmalen Ritter-D. war es möglich, durch die Fugen des → *Harnischs* das Panzerhemd zu durchstechen und dem verwundet am Boden liegenden Gegner den Gnadenstoß zu versetzen. Daher rühren auch die Bezeichnungen Panzerstecher oder Gnadengeber. Der Ritter-D. wurde mit und ohne Scheide getragen. In den äußeren Formen des Gefäßes, besonders im Knauf und in der Parierstange, glich er oft dem zeitgenössischen → *Schwert.* Daneben existierten aber auch andere Formen. Zu den Haupttypen im 14. und 15. Jh. gehörten der Scheiben-D., dessen Gefäß beiderseits in einer horizontalen Rundplatte endete, der sehr verbreitete, durch gänzlich fehlende oder stark verkürzte Parierstange gekennzeichnete Nieren-D. sowie der Antennen- und der Ring-D., deren Bezeichnungen von entsprechenden Knaufformen abgeleitet sind. Außerdem waren weiterhin einschneidige D.messer gebräuchlich. Die D.scheiden dieser Zeit waren zumeist aus Holz, teilweise mit Leder überzogen und reich verziert. Größere Verbrei-

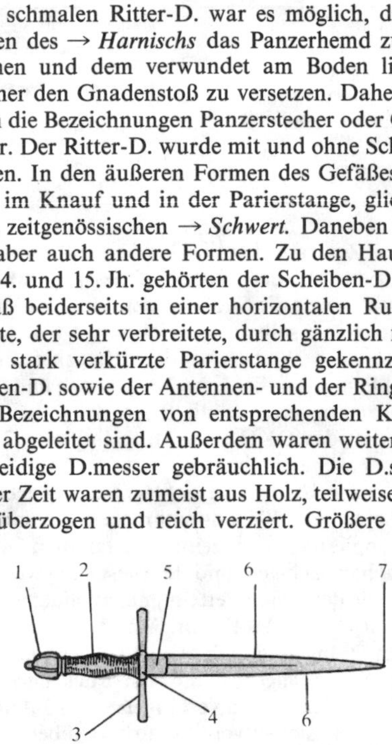

Dolch, 16./17. Jh.: 1 Knauf; *2* Hilze (darunter Angel); *3* Parierstange; *4* Parierring; *5* Klingenansatz; *6* Schneide; *7* Ort

tung fand vom Ende des 15. bis zur ersten Hälfte des 16. Jh. der Landsknechts-D. mit zumeist rundem, nach oben in den Knauf übergehendem Griff, kurzer Parierstange und starker, blattförmiger Klinge. Erwähnenswert ist auch der bereits Mitte des 15. Jh. bekannte Schweizer D., der eine Klinge mit scharfem Mittelgrat sowie einen Griff mit konvex nach oben gebogenem Knauf und entgegengesetzt gebogener Parierstange aufwies. Als Hilfswaffe zur Abwehr gegnerischer Degenstöße diente seit Anfang des 16. Jh. der Linkehand-D., der neben einer langen Parierstange häufig eine dreispaltige Springklinge besaß, bei deren Lösen zwei Seitenarme herausschnellten. Auf diese Weise entstand eine Gabel, die es gestattete, den → *Degen* des Gegners zu fassen und festzuhalten. Bei einer Abart des Linkehand-D., dem sog. Degenbrecher, war die blattartige Klinge an einer Seite mit Kerben und Widerhaken versehen, in denen sich die Klinge des Gegners verfangen sollte. Eine besondere D.art bildete gegen Ende des 17. Jh. das sog. Artilleriestilett (Artilleriemeß-D.). Seine schmale, mehrkantige Klinge diente nicht nur zum Stechen, sondern gleichzeitig zum Messen des Geschützkalibers. Zu diesem Zweck war in die D.klinge unter Anlehnung an den vom Nürnberger Mathematiker Georg Hartmann (1498–1564) 1540 erfundenen Kalibermeßstab eine Gewichtsskala der verschiedenartigen Artilleriegeschosse eingraviert. D.form hatte auch das um 1640 erfundene Spundbajonett (→ *Bajonett*), das in den Gewehrlauf gesteckt wurde. Mit dem verstärkten Einsatz der → *Handfeuerwaffen* im 17. Jh. verschwand der D. weitestgehend aus der Bewaffnung. Seit Ausgang des 19. Jh. war er als Traditionswaffe hauptsächlich bei der Marine, in Deutschland seit 1935 auch beim Heer und bei der Luftwaffe zum wahlweisen Tragen außer Dienst und im sog. kleinen Dienst anstelle des langen Offizierssäbels in Gebrauch. Während des ersten Weltkrieges fand in einigen Armeen neben dem → *Seitengewehr* der kürzere und handlichere Graben- oder Patrouillen-D. für den Nahkampf Verwendung. Im kaiserlich-deutschen Heer wurde er als nicht strukturmäßige Waffe getragen, die eine einschneidige Klinge mit zum Griff abgebogener Parierstange besaß.

In der NVA, den Grenztruppen und der Zivilverteidigung der DDR wird der D. von Offizieren zur Parade-, Ausgangs- und Gesellschaftsuniform getragen. *(s. Abb. S. 952)*

Douhetismus → *Luftkriegskunst*

Dragoner: ursprünglich Angehörige der berittenen → *Infanterie*, vom 17. bis Anfang des 20. Jh. eine Truppengattung der → *Kavallerie*, die in der Regel abgesessen kämpfte.

Erstmals in Piemont erwähnt, kamen die D. in der zweiten Hälfte des 16. Jh. in Frankreich, später auch in anderen europäischen Staaten auf. Sie gingen aus berittenen Arkebusieren (→ *Arkebuse*) und → *Musketieren* hervor. Ihre Bewaffnung war im 17. Jh. die leichte → *Muskete*. Außerdem trugen sie → *Degen* oder → *Säbel*, häufig auch Radschloßpistolen. In der zweiten Hälfte des 17. Jh. wurden die D. in Bewaffnung und Kampfweise immer stärker den Reiterregimentern angeglichen. So verwendete der schwedische König Gustav II. Adolf (1594–1632) die D. als leichte Kavallerie, die nur noch im Notfall abgesessen kämpfte. Dagegen kamen die D. im kaiserlichen Heer weiterhin als berittene Infanterie zum Einsatz. Ihre Bewaffnung bestand neben Musketen und Säbeln aus Halbpiken. Teilweise führten sie sogar Erdhauen und Schaufeln, so daß sie als berittene Pioniertruppen verwendet werden konnten. Das brandenburgische Heer verfügte seit 1631 über D. Sie wurden sowohl für das Fußgefecht als auch für den Reiterkampf ausgebildet. Diese zweifache Funktion blieb auch in den folgenden Jahrzehnten erhalten. Mit Bajonettflinten ausgerüstet, fanden die D. hauptsächlich zum Vorposten- und Aufklärungsdienst Verwendung. Geschlossene Attacken wurden selten geritten. Der preußische König Friedrich II. (1712–1786) setzte die D. unter Ausstattung mit besserem Pferdematerial als vollgültige Reitertruppe ein, und zwar ähnlich wie die → *Kürassiere* als schwere Kavallerie. Für den Reiterkampf führten die

a Dragoner vom preußischen Dragonerregiment Bayreuth, 1756
b Dragoner vom mecklenburgischen Dragonerregiment Nr. 18, 1910

D. seit 1735 einen → *Pallasch*, ab 1811 verschiedene Säbelmodelle. 1808 zählte die preußische Armee 6 D.regimenter, zu denen 1815, einschließlich der Garde-D., 3 weitere traten. Auch in anderen deutschen Territorialstaaten gehörten D. seit dem 17. Jh. zum Bestand der Kavallerie. In einigen Ländern, wie Bayern und Sachsen, wurden die D. Anfang des 19. Jh. aufgelöst bzw. durch andere Truppengattungen der Kavallerie ersetzt. Bereits in den Kriegen der 60er und 70er Jahre des 19. Jh. trat angesichts der gesteigerten Feuerkraft von Infanterie und Artillerie die Fragwürdigkeit geschlossener Kavallerieattacken zutage. Dennoch erhöhte sich die Gesamtstärke der Kavallerie im kaiserlich-deutschen Heer ständig weiter. Es stieg auch die Zahl der D.regimenter. Sie waren in Bewaffnung und Ausrüstung bereits weitgehend der angestrebten Einheitskavallerie angeglichen, gehörten aber zur leichten Kavallerie. Die D. führten den Karabiner und den Kavalleriesäbel. Seit 1890 waren sie wie die übrige Kavallerie mit der Stahlrohrlanze bewaffnet. Während des ersten Weltkrieges fanden die D. ebenso wie andere Truppengattungen der Kavallerie in zunehmendem Maße als Infanterie Verwendung. In der Reichswehr und der faschistischen Wehrmacht wurde die Bezeichnung D. nur noch als Traditionsname gebraucht. *(s. Abb. S. 369, 1001, 1003, 1004)*

Württembergische Dragoner bei der Fechtausbildung, um 1900

Dreadnought: vor und während des ersten Weltkrieges gebräuchliche Bezeichnung für Großkampfschiffe, abgeleitet vom Namen des ersten (britischen) Schiffes dieses Typs.

Mit den zu Beginn des 20. Jh. im Schiffbau und bei der → *Schiffsartillerie* sowie in der Herstellung von hochwertigem Panzerstahl und leistungsfähigen Antriebsmaschinen erreichten Ergebnissen entstanden die technischen Voraussetzungen, um von den bisher gebräuchlichen Linienschiffstypen zum Bau bedeutend stärkerer Kampfschiffe mit vereinheitlichten schweren Geschützkalibern hoher Reichweite überzugehen. Dahingehende Überlegungen von Marineexperten verschiedener Länder wurden durch Erfahrungen aus dem Russisch-Japanischen Krieg von 1904/05 bekräftigt. Gestützt auf eine leistungsfähige Werftindustrie, erteilte die britische Admiralität 1905 den ersten Bauauftrag für den neuen Schiffstyp. Die bereits 1906 in Dienst gestellte «Dreadnought» hatte eine maximale Wasserverdrängung von 21845 t, eine Bewaffnung von 10 305-mm-Geschützen, eine Höchstgeschwindigkeit von 21 kn und eine Besatzung von 773 Mann. Das Fehlen mittlerer Geschützkaliber wurde bei den folgenden Typen schrittweise korrigiert. Die mit dem D.bau eingeleitete Entwicklung setzte sich auch bei den Panzerkreuzern durch.

Die Annahme der britischen Marineführung, das kaiserliche Deutschland werde die technischen Schwierigkeiten sowie die hohen Kosten für den Bau von D. scheuen, erwies sich als falsch. Im Frühjahr 1906, 3 Monate nach dem Stapellauf des britischen Prototyps, wurde der erste deutsche D. des «Nassau»-Typs auf Stapel gelegt. Er hatte eine maximale Wasserverdrängung von 20210 t, eine Bewaffnung von 12 280-mm-Geschützen sowie zahlreichen Geschützen mittleren und leichten Kalibers, eine Höchstgeschwindigkeit von 20 kn und eine Besatzung von 1008 Mann. 1908 folgte der erste deutsche → *Schlachtkreuzer.*

Ab 1907 begannen auch die anderen großen Seemächte mit dem Bau von D. Im kaiserlichen Deutschland sah die Marineführung im D.bau, der die älteren Linienschiffe entwertete, eine Chance, die bisherige Überlegenheit der britischen Flotte in kürzerer Zeit aufzuholen. Das führte zu einer neuen, verschärften Etappe des Wettrüstens, brachte jedoch nicht den erhofften Erfolg. Kurz nach Ausbruch des ersten Weltkrieges 1914 verfügte die → *Kaiserliche Marine* über 20, die britische Flotte dagegen über 30 einsatzbereite D., einschließlich der Schlachtkreuzer. Die immer mehr an Größe und Kampfkraft zunehmenden D., zuweilen auch Super-D. genannt, wurden nach dem ersten Weltkrieg allgemein als → *Schlachtschiffe* bezeichnet. *(s. Abb. S. 889)*

Dreimächtepakt 1940: am 27. 9. 1940 in Berlin unterzeichnetes Abkommen zwischen Deutschland, Italien und Japan zur gegenseitigen Unterstützung ihrer aggressiven Pläne.

Der zunächst für 10 Jahre abgeschlossene D. fixierte die Absicht der Teilnehmerstaaten zur Unterwerfung großer Teile der Welt unter ihre als «Neuordnung» bezeichnete Gewaltherrschaft und bekräftigte den Führungsanspruch Deutschlands und Italiens in Europa sowie die Führungsrolle Japans im sog. großostasiatischen Raum. Die Paktstaaten sicherten sich gegenseitige politische, ökonomische und militärische Unterstützung zu, falls eine der 3 vertragschließenden Seiten von einer Macht angegriffen würde, die bis dahin nicht in den europäischen Krieg oder in den chinesisch-japanischen Konflikt (→ *Weltkrieg, zweiter, 1939–1945*) verwikkelt war. Gemeinsame technische Kommissionen sollten strittige Fragen regeln. Der D. wurde ergänzt durch einen Notenwechsel zwischen dem deutschen Botschafter in Tokio und dem japanischen Außenminister, in dem u. a. die Forderungen dargelegt wurden, die Deutschland im Falle der Abtretung seiner ehem. Südseekolonien an Japan erhob. Der D. war von seiten des faschistischen Deutschlands den Vorbereitungen für den Überfall auf die Sowjetunion untergeordnet. Das gemeinsame Ziel der Aggressoren bestand darin, ihre nächsten militärischen Aktionen abzuschirmen, die USA zu neutralisieren und Großbritannien zu isolieren. Der D. konnte jedoch die zwischen den Paktstaaten bestehenden, auf unterschiedlichen machtpolitischen Interessen beruhenden Widersprüche nicht beseitigen. Als mit dem faschistischen Deutschland verbündete bzw. von ihm abhängige Staaten traten dem D. bei: Ungarn (20. 11. 1940); Rumänien (23. 11. 1940); Slowakei (24. 11. 1940); Bulgarien (1. 3. 1941); der Beitritt Jugoslawiens am 25. 3. 1941 führte 2 Tage später zum Sturz der prodeutschen Regierung; Kroatien trat dem Pakt am 15. 6. 1941 bei. Nach dem Kriegseintritt der USA wurde der D. am 11. 12. 1941 ergänzt. Die Vertragspartner verpflichteten sich, ohne gegenseitiges Einverständnis weder mit den USA noch mit Großbritannien Waffenstillstand oder Frieden zu schließen. Die im folgenden Monat unterzeichnete → *Militärkonvention zwischen Deutschland, Italien, Japan 1942* sollte die militärische Zusammenarbeit der Aggressoren vertiefen.

Dreißigjähriger Krieg 1618–1648: größter europäischer Eroberungskrieg in der Übergangsepoche vom Feudalismus zum Kapitalismus mit dem römisch-deutschen Reich als Hauptkriegsschauplatz.

Der D. K. erwuchs aus einer gesamteuropäischen Wirtschafts- und Gesellschaftskrise. Er war einerseits eine Auseinandersetzung zwischen der bürgerlich-aristokratischen Republik der Vereinigten Niederlande und der feudalreaktionären spanischen Despotie, andererseits ein Machtkampf zwischen den historisch progressiven Feudalstaaten und den spanisch-österreichischen Habsburgern, die eine längst überlebte Universalmonarchie anstrebten. Mit diesen Rivalitäten verflochten sich die inneren Gegensätze im Reich, die sich im Kampf zwischen kaiserlicher Zentralgewalt und fürstlichen Partikulargewalten sowie zwischen den beiden Fürstenbünden Union und Liga manifestierten. Der D. K. wurde zum Teil unter religiösen Losungen geführt, hinter denen sich aber materielle Klasseninteressen, politische Forderungen und machtpolitische Ansprüche verbargen. Im D. K. standen sich 2 Mächtegruppierungen mit wechselnden Verbündeten gegenüber. Der habsburgische Block Österreich-Spanien besaß im Papst und in Polen seine Hauptverbündeten. Die

Die Belagerung von Stralsund, 1628

führenden Staaten der heterogenen antihabsburgischen Koalition waren die Niederlande, England, Frankreich, Schweden und Dänemark. Diesen Mächtegruppierungen hingen die beiden deutschen Fürstenbünde an. In der 1608 entstandenen und vom Pfälzer Kurfürsten geführten Union hatte sich eine Reihe protestantischer Reichsstände zusammengeschlossen, jedoch nicht der Kurfürst von Sachsen als mächtigster protestantischer Fürst. Die Liga, 1609 unter bayrischer Hegemonie gegründet, vereinigte fast alle größeren katholischen Reichsstände. Jeder Bund richtete eine Kriegskasse ein und stellte ein Söldnerheer auf. Befehlshaber des Heeres der Union wurde Fürst Christian I. von Anhalt-Bernburg (1568–1630); die Armee der Liga befehligte Johann Tserclaes Graf von Tilly (1559–1632). Die Union orientierte sich auf Frankreich, England und die Niederlande, während die Liga mit dem Kaiser, dem Papst und Spanien paktierte. Den am D. K. Beteiligten ging es um die Erweiterung ihrer Einflußbereiche und um Gebietserwerbungen. Der Kriegsverlauf wurde aber auch durch die antifeudalen militärischen Aktivitäten der Bauern und Bürger sowie die Interessen des niederländischen Handelskapitals beeinflußt. Die Kampfhandlungen verflochten sich zeitweise mit polnisch-schwedischen, schwedisch-dänischen und russisch-polnischen Auseinandersetzungen, mit dem habsburgisch-französischen Erbfolgekrieg um Mantua 1628–1631 und dem antihabsburgischen Kampf der Siebenbürger Fürsten.

Militärisch war der D. K. durch den Einsatz bis zu 40000 Mann starker → *Söldnerheere* gekennzeichnet. Ausrüstung und Bewaffnung oblagen den Söldnerführern oder wurden bereits von den Landesherren gestellt, die Waffenmanufakturen gründeten und Kriegsmaterial importierten. Für den kostspieligen Unterhalt der Heere wurden zunehmend Subsidien fremder Mächte sowie Finanzmittel des Wucher- und Handelskapitals genutzt. Die Söldnerheere verwilderten im Laufe des D. K. in erschreckendem Maße. Sie handelten nach dem Grundsatz «Der Krieg ernährt den Krieg» und erpreßten Verpflegung und Geld aus dem Lande. Es kamen auch Defensionstruppen (→ *Landesdefension*) zum Einsatz, die jedoch militärisch ohne Bedeutung blieben. Die Söldnerheere bestanden aus Infanterie, die sich in → *Musketiere* und → *Pikeniere* (→ *Pike*) gliederte, und aus Kavallerie, zu der → *Kürassiere*, → *Dragoner* und leichte Reiter gehörten. Die Artillerie trug noch stark zünftlerischen Charakter, war aber fest mit dem Heer verbunden. Zur Schlacht stellten sich die Armeen in 2 oder 3 Treffen auf. Die Infanterie befand sich im Zentrum, die Kavallerie an den Flügeln und die Artillerie gewöhnlich vor der Front. Wichtige taktische Fortschritte gingen von den Schweden aus, deren Armee sich aus dienstpflichtigen Bauern und Bürgern sowie dem Lehnsadel zusammensetzte, bald aber in ein Söldnerheer verwandelte. In Verbindung mit der stärkeren Ausrüstung an Handfeuerwaffen und leichtbeweglichen Geschützen erwies sich die schwedische → *Ordonnanz* mit ihren kleineren, bis 6 Glieder tiefen Formationen den bis zu 30 Mann tiefen Haufen der kaiserlich-spanischen Söldner als überlegen. Auslösendes Ereignis des D. K. war der Aufstand der böhmischen Stände im Frühjahr 1618 gegen das Habsburgerregime (Prager Fenstersturz 23. 5.). Nach den Veränderungen im politisch-militärischen Kräfteverhältnis werden 4 Kriegsperioden unterschieden: böhmisch-pfälzischer Krieg (1618–1623), niederdeutsch-dänischer Krieg (1625–1629), schwedischer Krieg (1630–1635) und schwedisch-französischer Krieg (1635–1648).

Marodierende Soldaten plündern ein Dorf

1. Periode (1618–1623): Die böhmischen Stände stellten ein Heer auf und nahmen den Söldnerführer Ernst von Mansfeld (1580–1626) in Dienst. Die Armee wurde durch schlesische und mährische Kontingente sowie niederländisches, weimarisches und englisches Kriegsvolk verstärkt. Aus Klasseninteressen widersetzte sich der böhmische Adel aber der umfassenden Mobilisierung der Bauern und Bürger, so daß die starken militärischen Potenzen der Volksbewegung ungenutzt blieben. Die Unterstützung der mährischen, schlesischen und österreichischen Stände sowie des Siebenbürger Fürsten Gábor Bethlen von Iktár (1580–1629) sicherte den böhmischen Ständen zunächst ein Übergewicht der Kräfte. In Böhmen eingefallene kaiserliche Truppen wurden geschlagen, Pilsen erobert (21. 11. 1618) und die österreichischen Erblande unmittelbar bedroht. Nachdem bereits Ende Mai 1619 ein böhmisches Heer unter Heinrich Matthias von Thurn

(1567–1640) bis Wien vorgerückt war, wurde Ende November 1619 die Stadt von böhmischen Truppen und dem Heer Bethlens belagert. Unentschlossenes Handeln und mangelndes Zusammenwirken bedingten die Erfolglosigkeit der Belagerung, die Anfang Dezember aufgegeben werden mußte. Seit Ende 1619 begann sich die militärpolitische Lage für die böhmischen Stände zu verschlechtern. Frankreich und England verhielten sich neutral, und die Niederlande unterstützten den am 26. 8. 1619 zum böhmischen König gewählten Kurfürsten Friedrich V. von der Pfalz (1596–1632) lediglich mit Geld. Die Union verweigerte nicht nur den Böhmen wirksame Hilfe, sondern gestattete sogar kaiserlichen Truppen freien Durchzug durch ihre Gebiete. Dagegen konnte der römisch-deutsche Kaiser Ferdinand II. (1578–1637) seine Macht durch umfangreiche Söldnerwerbungen, durch spanische Hilfstruppen sowie durch die Bündnisse mit Bayern (8. 10. 1619) und Kursachsen (21. 3. 1620) stärken. Im Dezember 1619 beschloß die Liga, auf seiten des Kaisers in den Kampf einzugreifen. Im Juli 1620 ging die feudalklerikale Reaktion zur militärischen Offensive über. Die ligistisch-bayrische Armee besetzte Oberösterreich und vereinigte sich Anfang September in Südböhmen mit den kaiserlich-spanischen Truppen. Die auf Prag zurückgewichene böhmische Hauptarmee erlitt am 8. 11. in der Schlacht am → *Weißen Berg 1620* eine schwere Niederlage. Damit brachen der böhmische Aufstand und das Königtum des Pfälzer Kurfürsten zusammen, wenn auch einige Stützpunkte noch bis 1623 militärischen Widerstand leisteten. Die Kronländer verloren ihre Unabhängigkeit und wurden Bestandteil der Habsburgermonarchie.

Der Erfolg im böhmischen Krieg stärkte das habsburgisch-spanisch-katholische Lager, das im folgenden pfälzischen Krieg seine Machtpositionen ausbauen konnte, zumal sich die Union auflöste (Mai 1621) und Bethlen zeitweilig den Kampf einstellte. Bereits im August 1620 war eine spanische Armee in die nur schwach gesicherte Kurpfalz eingefallen. Spanien leitete damit die Wiederaufnahme des Kampfes gegen die Niederlande ein, den es im Sommer 1621 nach Ablauf des 12jährigen Waffenstillstands begann. Der Krieg erfaßte bald Süd- und Nordwestdeutschland, nachdem Ernst von Mansfeld mit einem Söldnerheer im Herbst 1621 aus der Oberpfalz an den Rhein gezogen war und Markgraf Georg Friedrich von Baden-Durlach (1573–1638) und Christian von Braunschweig (1599–1626), Administrator des Bistums Halberstadt, ebenfalls die Partei des vom Kaiser geächteten Pfälzer Kurfürsten ergriffen hatten. In der Schlacht bei Wiesloch (27. 4. 1622) besiegten die Söldner des Mansfelders und des Markgrafen von Baden das Heer der Liga unter Tilly, das jedoch kurz darauf, durch spanische Truppen verstärkt, das Kriegsvolk des Markgrafen bei

Die Belagerung von Magdeburg, 1631

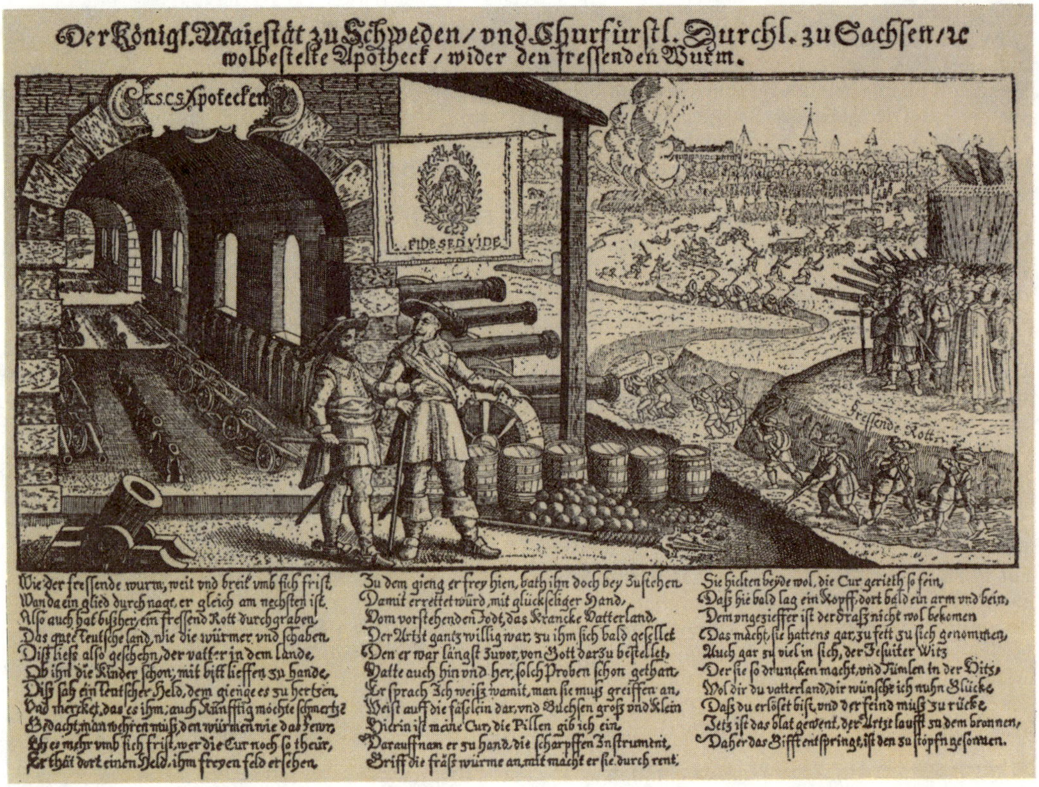

Satirisches Flugblatt von 1631 geißelt die Kriegführung in Sachsen als Ursache von Not und Elend der Bevölkerung

Wimpfen vernichtend schlug (6. 5.). Auch der als «toller Halberstädter» berüchtigte Christian von Braunschweig erlitt bei Höchst (20. 7. 1622) eine Niederlage. Seine restlichen Truppen konnte er dem Mansfelder zuführen, mit dem er durch den Sieg bei Fleurus (29. 8. 1622) über ein spanisches Heer den Durchbruch nach den Niederlanden erzwang. Mit der Eroberung der Kurpfalz durch spanische und ligistische Truppen und dem Sieg Tillys in der Schlacht bei Stadtlohn (6. 8. 1623) über Christian von Braunschweig, der von den Niederlanden aus in Westfalen eingefallen war, endete die erste Kriegsperiode.

2. Periode (1625–1629): Die Machtausdehnung der Habsburger und das Vordringen kaiserlich-ligistischer Truppen nach Nordwestdeutschland verstärkten den antihabsburgischen Widerstand in Europa und im Reich. Während sich Frankreich 1624 mit England und den Niederlanden gegen Spanien verbündete, schlossen sich die Niederlande, England, Dänemark und einige norddeutsche Fürsten im Haager Bündnis (19. 12. 1625), dem Anfang 1626 auch Bethlen beitrat, gegen die Habsburger zusammen. Im Mai 1625 wurde König Christian IV. von Dänemark (1577–1648), als Herzog von Holstein gleichzeitig Reichsfürst, zum Kreisobersten des niedersächsischen Kreises gewählt. Er führte die dänisch-niedersächsische Armee; dazu kam das von Ernst von Mansfeld und Christian von Braunschweig in den Niederlanden geworbene Söldnerheer. Auf der Gegenseite handelten ebenfalls 2 Armeen: das kriegserprobte Heer der Liga unter Tilly und eine 1625 vom böhmischen Adligen Albrecht von Wallenstein (1583–1634) aufgestellte kaiserliche Söldnerarmee. Die Kämpfe begannen im Mai 1625 mit dem Einfall Tillys in Niedersachsen. Wallensteins Armee besiegte in der Schlacht an der Dessauer Brücke die Söldner Ernst von Mansfelds (25. 4. 1626) und verhinderte dadurch deren Vormarsch nach Böhmen. Bei der Verfolgung des Mansfelders bis nach Ungarn schlug Wallenstein bei Neuhäusel an der Neutra siebenbürgische Truppen (30. 9.). Das Kriegsvolk Ernst von Mansfelds, der auf dem Weg nach Venedig starb, löste sich nach dem Friedensschluß zwischen dem Kaiser und Bethlen (28. 12. 1626) auf. Ein Teil zog sich nach

Dreißigjähriger Krieg
1. und 2. Periode – 1618 bis 1629
0 100 200 km
Nordsee
Ostsee
DÄNEMARK
ENGLAND
Dover
Vereinigte Nieder-lande
Amsterdam
Stadtlohn
Minden
Lübeck
Stralsund
Danzig
Preußen
Pommern
Stettin
Mecklenburg
Brandenburg
Berlin
Lutter
Dessau
Weser
Elbe
Oder
Weichsel
Warschau
POLEN
Spanische Niederlande
Brüssel
Fleurus
Hessen
Sachsen
Schlesien
Kosel
Rhein
Höchst
Mainz
Coburg
Eger
Weißer Berg
Prag
Böhmen
Pilsen
Main
Pfalz
Wiesloch
Wimpfen
Regensburg
FRANKREICH
Württemberg
Donau
Bayern
Linz
Wien
Neuhäusel
UNGARN
Siebenbürgen
Österreich
Inn
Eidgenossen-schaft
OSMANISCHES REICH

3. und 4. Periode – 1630 bis 1648
0 100 200 km
DÄNEMARK
Ostsee
Nordsee
Stralsund
Kolberg
Pommern
Neubrandenburg
Mecklenburg
Stettin
Dömitz
Wittstock
Schwedt
Bärwalde
Landsberg
Kyritz
Brandenburg
Berlin
Frankfurt
ENGLAND
Vereinigte Niederlande
Amsterdam
Osnabrück
Wolfenbüttel
Magdeburg
Münster
Weser
Elbe
Oder
Weichsel
Warschau
POLEN
Kempen
Steinau
Spanische Niederlande
Brüssel
Rocroi
Rhein
Hessen
Lützen
Breitenfeld
Leipzig
Sachsen
Bautzen
Dresden
Schlesien
Erfurt
Aussig
Coburg
Eger
Prag
Böhmen
Pilsen
Jankau
Olmütz
Mainz
Main
Pfalz
Mergentheim
Nürnberg
Fürth
Brünn
Nördlingen
Regensburg
Donauwörth
Rain
Augsburg
Bayern
Donau
Linz
Wien
FRANKREICH
Wittenweier
Württemberg
Zusmarshausen
Breisach
Freiburg
Dachau
München
Tuttlingen
Rheinfelden
Eidgenossen-schaft
Inn
Österreich
UNGARN
OSMANISCHES REICH
Feldzüge des habsburgisch-spanischen Lagers
Feldzüge des antihabsburgischen Lagers
Gebiete von Bauernaufständen
Grenze des Römisch-Deutschen Kaiserreiches

Oberschlesien zurück und wurde bei Kosel von Wallenstein geschlagen (9. 7. 1627), der damit ganz Schlesien beherrschte. Währenddessen war Tilly über den Dänenkönig, der nach Thüringen und Franken vorstoßen wollte, erfolgreich geblieben. Nach der Eroberung von Minden (8. 6. 1626) und Göttingen (12. 8.) schlug er Christian IV. in der Schlacht bei Lutter am Barenberg (27. 8.) und zwang ihn zum Rückzug hinter die Elbe.

Ab Herbst 1627 besetzten die kaiserlich-ligistischen Truppen Holstein, Jütland, Mecklenburg und Teile von Pommern. Wallensteins Armee belagerte jedoch erfolglos Stralsund (23. 5.–4. 8. 1628), weil die von Dänemark und Schweden unterstützte Stadt nicht von ihren Seeverbindungen abgeschnitten werden konnte. Mit dem Erlaß des Restitutionsedikts (6. 3. 1629) und dem Abschluß des Lübecker Friedens (22. 5. 1629), der praktisch das Ausscheiden Dänemarks aus dem D. K. bedeutete, erreichte die kaiserliche Macht ihren politischen und militärischen Gipfelpunkt. Dieser Machtzuwachs führte protestantische wie katholische Fürsten zusammen, die um ihre Libertät fürchteten. Auf dem Regensburger Kurfürstentag (3. 7.–13. 8. 1630) erzwangen sie die Entlassung Wallensteins, in dem sie die wichtigste Stütze der kaiserlichen Macht sahen. Zugleich spitzten sich die Spannungen zwischen den Habsburgern und Frankreich sowie vor allem Schweden zu, dessen Hegemoniebestrebungen im Ostseeraum durch die kaiserlichen Erfolge gefährdet waren. Der von Frankreich vermittelte 6jährige Waffenstillstand zwischen Polen und Schweden (26. 9. 1629) bildete eine wichtige Voraussetzung für den Kriegseintritt Schwedens, das unter religiösem Deckmantel («Rettung des Protestantismus») seine Eroberungspläne zu verwirklichen suchte.

3. Periode (1630–1635): Am 6. 7. 1630 landete König Gustav II. Adolf von Schweden (1594–1632) mit seiner nur etwa 15000 Mann starken, aber kriegserprobten Armee auf Usedom. Mit dem Eingreifen Schwedens in den D. K. weitete sich der Kriegsschauplatz rasch aus. Diese Kriegsperiode bildete insofern einen Höhepunkt im militärischen Geschehen, als weiträumige Feldzüge und eine Reihe großer Schlachten das Kräfteverhältnis wiederholt kurzfristig änderten. Die Schweden besetzten Stettin (18. 7. 1630) und gewannen eine breite Operationsbasis in Pommern. Der Vertrag von Bärwalde (23. 1. 1631) sicherte Gustav Adolf französische Subsidien. Durch deutsches Kriegsvolk bald zahlenmäßig angewachsen, rückte die schwedische Armee im Frühjahr 1631 in Brandenburg ein, eroberte Mecklenburg und stieß bis zur Elbe vor. Das kaiserlich-ligistische Heer unter Tilly hatte unterdessen Neubrandenburg erobert und Magdeburg belagert, das am 20. 5. eingenommen und dabei fast völlig zerstört wurde. Der Einfall Tillys in Sachsen führte zum Bündnisvertrag zwischen Schweden und Sachsen (11. 9.), deren vereinigte Armeen am 17. 9. in der Schlacht bei → *Breitenfeld 1631* Tillys Heer vernichtend schlugen. Danach stießen die sächsischen Truppen nach Böhmen vor und besetzten Prag (15. 11.), während die schwedische Armee über Thüringen und Franken an den Rhein marschierte und Mainz einnahm (23. 12.).

Anfang 1632 fielen die Schweden in Bayern ein. In der Schlacht bei Rain a. Lech (15. 4.) besiegten sie Tilly, der selbst tödliche Verwundungen erlitt, und besetzten München (17. 5.). Der Kaiser nahm angesichts der unmittelbaren Bedrohung der österreichischen Erblande Wallenstein wieder in Dienst und gestand ihm außerordentliche Vollmachten zu (Vertrag von Göllersdorf 23. 4.). Mit einem neuen Söldnerheer vertrieb Wallenstein die Sachsen aus Böhmen und der Lausitz und bezog bei Nürnberg ein befestigtes Lager, das erfolglos von den Schweden angegriffen wurde (3. 9.). Sein Zug nach Sachsen führte am 16. 11. zur Schlacht bei → *Lützen 1632,* in der Gustav Adolf fiel, die siegreichen Schweden jedoch ihre Position im Reich behaupten konnten. Das kaiserliche Heer mußte nach Böhmen zurückweichen, wo Wallenstein ein Strafgericht über die Offiziere hielt, die bei Lützen versagt hatten. Das nun von Herzog Bernhard von Weimar (1604–1639) und dem schwedischen Feldmarschall Gustav Horn (1592–1657) befehligte schwedisch-deutsche Heer operierte in der Folgezeit in Süddeutschland und eroberte Regensburg (14. 11. 1633). Wallenstein besiegte eine schwedische Heeresabteilung bei Steinau (11. 10. 1633), besetzte Schlesien und rückte bis Fürth vor. Des Hochverrats bezichtigt, wurde er auf Geheiß des Kaisers am 25. 2. 1634 von eigenen Offizieren in Eger ermordet. Den Oberbefehl über die Armee übernahm Erzherzog Ferdinand von Österreich (1608–1657), ab 1637 deutscher Kaiser. Die Kaiserlichen eroberten Regensburg und Donauwörth und schlugen zusammen mit ligistischen und spanischen Truppen das schwedisch-deutsche Heer am 5./6. 9. in der Schlacht bei → *Nördlingen 1634.* Das Übergewicht der Schweden, die sich nach Norddeutschland zurückziehen mußten, war gebrochen. Der Süden und Westen des Reiches wurden von den Kaiserlichen und ihren Verbündeten besetzt. Die Veränderung der Lage zugunsten der Habsburger veranlaßte Frankreich, offen in den Krieg einzutreten.

4. Periode (1635–1648): Frankreich erklärte am 19. 5. 1635 Spanien den Krieg, der vor allem um die Hegemonie in Westeuropa geführt wurde. Zuvor hatten französische Truppen schon linksrheinische Reichsgebiete besetzt und im Winter 1634/35 den Rhein überschritten. Die offizielle Kriegserklärung des Kaisers an Frankreich erfolgte am 18. 9. 1635.

Frankreichs Hauptverbündete waren die Niederlande und Schweden. Im Reich schlossen der Kaiser und Sachsen in Prag am 30. 5. 1635 Frieden, dem in der Folgezeit fast alle norddeutschen Fürsten und Reichsstände beitraten. Norddeutschland blieb jedoch Kriegsschauplatz, weil dort die Schweden durch ihre Siege in den Schlachten bei Dömitz (1. 11.), Kyritz (17. 12.) und Wittstock (4. 10. 1636) über die sächsischen und kaiserlichen Söldner ihre Stellung behaupteten. Für die seit 1635 zunehmend von Verhandlungen begleiteten Kämpfe waren Einzelaktionen charakteristisch. Es bildeten sich 2 Hauptkriegsschauplätze heraus: der Süden und Westen des Reiches sowie der sächsisch-böhmische Raum.

Im Süden und Westen besaß das habsburgisch-spanisch-katholische Lager noch eine Zeitlang die strategische Initiative. Die Kaiserlichen besetzten im Sommer 1635 Kaiserslautern und Heidelberg. 1636 stieß ein bayrisches Heer unter Johann von Werth (um 1600–1652) bis in die Nähe von Paris vor, während kaiserliche Söldner unter Matthias von Gallas (1584–1647) in die Bourgogne einfielen. 1638 vermochte dann das Heer Bernhards von Weimar die Kaiserlichen bei Rheinfelden (3. 3.) und Wittenweier (30. 6.) zu schlagen und die strategisch wichtige Rheinfestung Breisach einzunehmen (17. 12.). Französische und schwedische Truppen gelangten Ende 1640 bis vor Regensburg, durchzogen Hessen und blieben in der Schlacht bei Wolfenbüttel (19. 6. 1641) über ein kaiserliches Heer erfolgreich. Auch am Niederrhein erlitten die Kaiserlichen durch französisches Kriegsvolk bei Kempen eine Niederlage (2. 1. 1642). Die Franzosen gewannen nach ihrem entscheidenden Sieg bei Rocroi (19. 5. 1643), der die spanische Niederlage in den Niederlanden besiegelte, auch auf dem deutschen Kriegsschauplatz allmählich das militärische Übergewicht. Zwar erlitten sie durch einen Überfall kaiserlich-bayrischer Truppen unter Werth und Franz von Mercy (um 1590–1645) bei Tuttlingen eine schwere Niederlage (24. 11. 1643), doch in der Folgezeit bestimmte das von Marschall Henri de La Tour d'Auvergne, Vicomte de Turenne (1611–1675), geführte französische Heer das Kriegsgeschehen. 1644 drangen die französischen Truppen wieder über den Rhein vor und eroberten nach der blutigen Schlacht bei Frei-

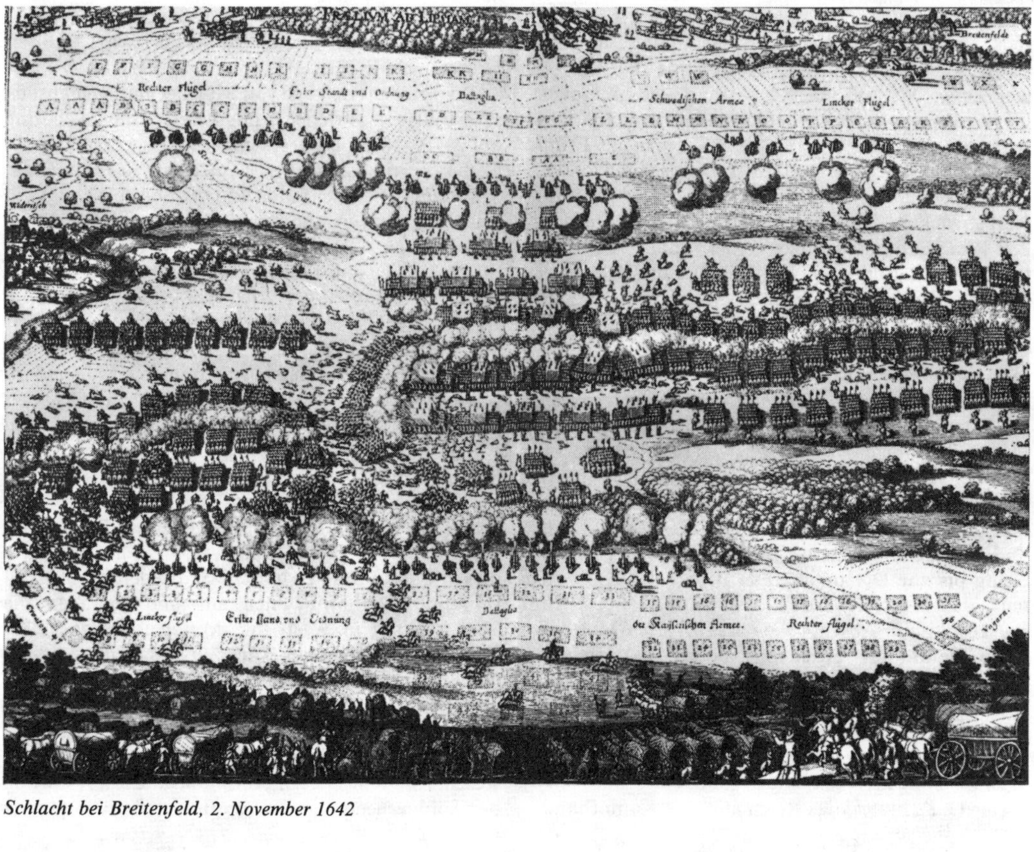

Schlacht bei Breitenfeld, 2. November 1642

burg (3.–5. 8.) gegen bayrisches Kriegsvolk unter Mercy die Rheingebiete bis Mainz. Der Versuch Turennes, in Bayern einzufallen, wurde durch seine Niederlage bei Mergentheim vereitelt (5. 5. 1645). Das französische Heer konnte jedoch zusammen mit hessischem Kriegsvolk bald darauf die bayrischen Truppen bei Nördlingen schlagen (3. 8.). Franzosen und Schweden eroberten 1646 fast ganz Bayern und zwangen es zum Waffenstillstand (15. 3. 1647). Als der bayrische Kurfürst erneut den Kampf aufnahm, erlitt das kaiserlich-bayrische Heer unter Feldmarschall Peter Melander von Holzappel (1585–1648) bei Zusmarshausen durch die vereinigten französisch-schwedischen Armeen unter Turenne und dem schwedischen Feldmarschall Karl Gustav Wrangel (1613–1676) eine schwere Niederlage (17. 5. 1648). Bayern wurde bis zum Inn besetzt und erst nach dem Sieg der Kaiserlichen unter Octavio Piccolomini (1599–1656) bei Dachau (6. 10. 1648) geräumt.

Auf dem sächsisch-böhmischen Kriegsschauplatz hatten die 1637 zurückgedrängten Schweden unter Johann Banér (1596–1641) wieder die strategische Initiative an sich gerissen. Sie fielen Anfang 1639 in Böhmen ein, zogen sich dann aber vor einem kaiserlichen Heer unter Piccolomini nach Thüringen zurück. Nachdem es hier zur Vereinigung mit den Franzosen gekommen war, wurde Ende 1640 ein gemeinsamer Vorstoß auf Regensburg unternommen. Unter dem neuen Oberbefehlshaber Lennart Torstenson (1603–1651) zogen die Schweden im Frühjahr 1642 nach Schlesien und eroberten die wichtige Festung Olmütz (14. 6.) und weite Teile Mährens. Im Herbst rückten sie in Sachsen ein und konnten dort ihre Position durch den Sieg in der Schlacht bei Breitenfeld (2. 11.) über ein kaiserlich-sächsisches Heer sichern. Der Krieg Dänemarks gegen Schweden (1643–1645) zog die schwedischen Hauptkräfte nur kurzzeitig vom deutschen Kriegsschauplatz ab. Bereits im Herbst 1644 schlugen sie ein kaiserliches Heer unter Gallas, das bis Holstein vorgerückt war, bei Jüterbog und Magdeburg. Nach dem erneuten Einfall in Böhmen 1645 errang die schwedische Armee bei Jankau (6. 3.) einen Sieg über ein kaiserliches Heer unter Feldmarschall Melchior von Hatzfeld (1593–1658), besetzte große Teile von Böhmen und Mähren, belagerte Brünn (4. 5.–15. 8.) und drang bis zur Donau vor. Die Eroberung Kursachsens, das erst 1650 freigegeben wurde, führte am 6. 9. 1645 zum Abschluß eines sächsisch-schwedischen Neutralitätsvertrags. 1646 aus Böhmen verdrängt, operierte Wrangel dann vor allem zusammen mit Turenne gegen Bayern. Am 26. 7. 1648 konnte schwedisches Kriegsvolk noch die Prager Kleinseite einnehmen, die Verteidiger der Altstadt hielten jedoch bis zum Friedensschluß stand.

Der D. K. blutete das Reich aus. Die Kampfhandlungen, die unsagbaren Greueltaten der verwilderten Soldateska sowie Hunger und Seuchen dezimierten die Bevölkerung in hohem Grade. Ganze Landstriche wurden verwüstet, zahllose Städte und Dörfer ausgeraubt und zerstört. Gegen die Bedrückung und Ausplünderung durch die demoralisierten Söldner leisteten Bauern und Bürger in vielen Gebieten organisierten Widerstand. Die bedeutendsten Bewegungen waren die 1624/25 einsetzenden Aktionen der → *Harzschützen*, der oberösterreichische Bauernkrieg 1626 und der oberbayrische Bauernaufstand 1633/34. Die Aufständischen bildeten bewaffnete Formationen, suchten teilweise Kontakte zu Gegnern ihrer eigenen Feudalgewalten und errangen in größeren Gefechten und vor allem im Kleinkrieg bedeutende Erfolge. Gebietsweise nahm der Widerstandskampf des Volkes direkt antifeudale Züge an. Die militärischen Verluste im D. K., in dem mehr als 80 Schlachten, größere Gefechte und Belagerungen stattfanden, werden auf etwa 150000 Gefallene und 300000 Verwundete geschätzt. Dazu kommen die Verluste durch Krankheiten, die wesentlich höher waren als die Gefechtsverluste, zumal das militärische → *Sanitätswesen* noch große Mängel aufwies. Durch Seuchen, Epidemien u. a. starben annähernd 500000 Söldner, so daß die Gesamtzahl der Gefallenen, Verwundeten und Gestorbenen etwa 1 Mill. erreichte.

Die Friedensverträge von Münster und Osnabrück (Westfälischer Frieden), mit deren Unterzeichnung am 24. 10. 1648 der D. K. endete, besiegelten die politische Zerrissenheit des deutschen Feudalreiches. Während die Niederlande und die Schweiz endgültig souverän wurden und aus dem Reichsverband ausschieden, sicherten sich Frankreich und Schweden durch Gebietserwerbungen im Westen und Norden und als «Garanten des Friedens» großen Einfluß im Reich. Die Landesfürsten festigten ihre Herrschaft auf Kosten der kaiserlichen Zentralgewalt. Sie erhielten das Recht, Bündnisse mit fremden Mächten zu schließen und stehende Heere zu unterhalten (Reichsabschied von 1654); den weltlichen Fürsten wurde zudem der bis 1624 säkularisierte Kirchenbesitz bestätigt. Der D. K. veränderte auch das politisch-militärische Kräfteverhältnis in Europa. Spanien, das noch bis zum Pyrenäenfrieden (7. 11. 1659) mit Frankreich Krieg führte, verlor seine Hegemoniestellung. Frankreich und Schweden stiegen zu führenden Militärmächten auf und errangen die Vorherrschaft in West- und Mitteleuropa sowie im Ostseeraum. Das Reich war militärisch entscheidend geschwächt, dafür gewannen neben Österreich vor allem Brandenburg-Preußen, Sachsen und Bayern nach 1648 an militärischer Macht. Während des D. K. gingen nachhaltige Veränderungen im Militärwesen vor sich. Die Organisation und die Führung der Söldnerheere wurden straffer, außerdem gingen

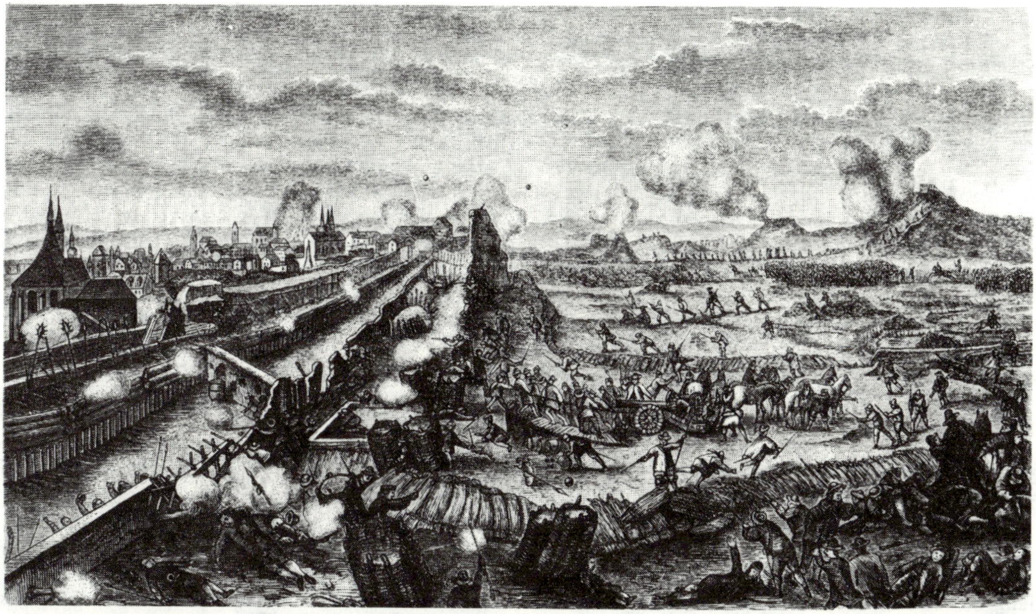

Schwedische Truppen dringen in die Kleinseite von Prag ein, Juli 1648

Verwaltung, Versorgung und Rechtsprechung allmählich von den Söldnerführern auf die Landesherren und deren Behörden über. Aus den verschiedenen militärischen Ämtern begann sich ein Unterführer- und Offizierskorps herauszubilden. Der Anteil der Kavallerie stieg zahlenmäßig stark an (bis zu 50% der Heeresstärke), denn nur die Reiterei konnte die verwüsteten Landstriche rasch durchziehen und neue Gebiete kurzzeitig besetzen und ausplündern. Bei der Infanterie führten technische Verbesserungen an den Handfeuerwaffen zu einem Übergewicht der Musketiere über die Pikeniere. In der → *Kriegskunst* vollzog sich der Übergang von der Haufentaktik zur gegliederten Aufstellung der Truppen nach niederländisch-schwedischem Muster. Wachsende Bedeutung erlangten das Befestigungswesen und die Belagerungstaktik. Die im D. K. zutage getretene Demoralisation der Söldner trug mit dazu bei, die Entwicklung vom zeitweilig formierten zum stehenden Söldnerheer zu beschleunigen.

Dresdner Aufstand 1849: bewaffnete Erhebung sächsischer Arbeiter und kleinbürgerlicher Demokraten vom 3. bis 9. 5. 1849 während der → *Revolution 1848/49*.

Mit der → *Reichsverfassungskampagne 1849* verschärfte sich auch im Königreich Sachsen der Volkskampf gegen die feudale Konterrevolution. Die Situation spitzte sich Ende April zu, nachdem der König die Reichsverfassung abgelehnt, den Landtag aufgelöst und schließlich preußische Militärhilfe erbeten hatte. Der D. A. brach am Nachmittag des 3. 5. spontan aus, als auf eine Volksmenge, die Waffen forderte und das Zeughaus zu stürmen versuchte, das Feuer eröffnet wurde. Die Aufständischen errichteten in der Altstadt mehr als 100 Barrikaden, die meist fest ausgebaut und durch Schützenstände in Eckhäusern und auf Dachböden ergänzt wurden. Durch die Flucht des Königs (4. 5.) herausgefordert, drängten die Massen zum Angriff auf das Militär, das mit 2000 Mann und 13 Geschützen die Neustadt sowie das Schloß und das Zeughaus der Altstadt besetzt hielt. Ein aus gemäßigt demokratischen und liberalen Stadtverordneten gebildeter Sicherheitsausschuß (3. 5.) war unfähig, die revolutionäre Bewegung zu leiten, und handelte mit dem Militärgouverneur eine Waffenruhe aus. Die entschiedenen

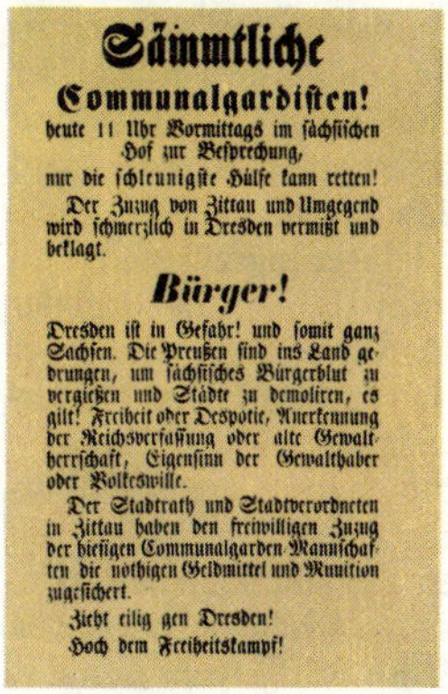

Sämmtliche

Communalgardisten!

heute 11 Uhr Vormittags im sächsischen Hof zur Besprechung,

nur die schleunigste Hülfe kann retten!

Der Zuzug von Zittau und Umgegend wird schmerzlich in Dresden vermißt und beklagt.

Bürger!

Dresden ist in Gefahr! und somit ganz Sachsen. Die Preußen sind ins Land gedrungen, um sächsisches Bürgerblut zu vergießen und Städte zu demoliren, es gilt! Freiheit oder Despotie, Anerkennung der Reichsverfassung oder alte Gewaltherrschaft, Eigensinn der Gewalthaber oder Volkswille.

Der Stadtrath und Stadtverordneten in Zittau haben den freiwilligen Zuzug der hiesigen Communalgarden-Mannschaften die nöthigen Geldmittel und Munition zugesichert.

Zieht eilig gen Dresden!

Hoch dem Freiheitskampf!

Aufruf Zittauer Demokraten zur bewaffneten Unterstützung für die revolutionären Kämpfer in Dresden vom Mai 1849

Demokraten, an ihrer Spitze Samuel Erdmann Tzschirner (1812–1870), suchten dem Aufstand ein politisches Ziel zu geben. Sie veranlaßten die Bildung einer Provisorischen Regierung (4. 5.), die sich zur Reichsverfassung bekannte und auch alle demokratischen Kräfte Sachsens zur Unterstützung des D. A. aufrief. Doch zögerte diese, revolutionäre politische und militärische Maßnahmen zu ergreifen, weil sie glaubte, die Soldaten gewinnen und den König kampflos zu Zugeständnissen zwingen zu können. Inzwischen vermochte das Militärkommando die erschütterte Disziplin der Soldaten wiederherzustellen und mittels Eisenbahn Verstärkungen heranzuziehen. Es trafen auch preußische Gardetruppen ein, die teilweise mit dem → *Zündnadelgewehr* ausgerüstet waren.

Die konterrevolutionären Truppen, die sich bis zum 7. 5. auf etwa 5000 Mann verstärkten, begannen am 5. 5. anzugreifen und gleichzeitig die Stadtzugänge zu sperren. Sie vermieden verlustreiche Sturmangriffe und drangen unter Einsatz von Artillerie und Pionieren innerhalb der Häuserreihen vor. Gefangene und verwundete Aufständische wurden grausam mißhandelt oder ermordet. Die Insurgenten verteidigten 4 Tage lang hartnäckig ihre Stellungen. Trotz eintreffender Verstärkung, darunter Bergleute aus Freiberg und Arbeiter aus Chemnitz, betrug die Zahl der wirklichen Kämpfer nie mehr als 3000 Mann. Höchstens die Hälfte von ihnen besaß Gewehre, die anderen kämpften mit Behelfswaffen und Pflastersteinen. Auf Initiative Tzschirners wurden Maßnahmen zur Verbesserung der Organisation und Kampfführung eingeleitet. So verfaßte der am 5. 5. gebildete militärische Beraterstab, dem der russische Revolutionär M. A. Bakunin (1814–1876) und 3 polnische Demokraten angehörten, eine Barrikadenordnung, in der Barrikadenkommandanten benannt wurden und die den Dienst an den Barrikaden regelte. Als der Kampf aussichtslos geworden war, verließen am Morgen des 9. 5. etwa 2000 Kämpfer unter Führung von Stephan Born (1824–1898), Mitglied des Bundes der Kommunisten, durch den einzigen noch freien Ausgang die Stadt. Die Verluste der Aufständischen betrugen mindestens 250 Tote und 400 Verwundete, die der Truppen 31 Tote und 96 Verwundete. Die Reaktion verhängte über Dresden und Umgebung den Belagerungszustand und verfolgte die Teilnehmer des D. A. mit brutaler Härte. Das Scheitern des D. A. brach die Kraft der revolutionären Bewegung in Sachsen. Die Niederlage war bedingt durch den Verrat der liberalen Bourgeoisie, die Unentschlossenheit der kleinbürgerlich-demokratischen Führer und die Isoliertheit des D. A. im revolutionären Gesamtgeschehen. Unter Berücksichtigung der Unterschiede zwischen Straßenkampf und offenem Feldgefecht urteilte Friedrich Engels (1820–1895), daß sich die Dresdner Aufständischen gegen die Übermacht des Militärs «tapferer geschlagen haben, als es sonst wohl in der Reichsverfassungskampagne geschehen ist» (K. Marx/F. Engels, 7, S. 115). Der D. A. gehört zu den → *militärischen Traditionen der DDR.*

Drill → *Exerzierausbildung*

Druckvorschriften → *Dienstvorschriften*

Düppeler Schanzen 1864: Befestigungsanlage, die im → *Dänisch-Deutschen Krieg 1864* von preußischen Truppen am 18. 4. 1864 erstürmt wurde.

Seit Anfang Februar bezogen die Hauptkräfte der dänischen Armee bei Düppel und auf Alsen eine neue Stellung, von der aus sie die preußisch-österreichischen Truppen in der Flanke bedrohen konnten. Sie stützten sich dabei auf die D. S., eine Befestigungsanlage mit 88 Geschützen, die auf Höhenzügen lag, beiderseits von der See begrenzt wurde und die Übergänge nach Alsen deckte. Die erste Linie von 3,2 km Ausdehnung bestand aus 7 großen geschlossenen Schanzen (Redouten) und 3 kleineren offenen Schanzen (Halbredouten), die durch Gräben verbunden waren. Die unvollständige zweite Linie hatte 4 kleinere offene Schanzen (Lunetten). 2 weitere Schanzen deckten die beiden Schiffsbrücken über den Alsensund nach Sonderburg. Hauptschwächen der D. S. waren ihre geringe Tiefe, die erhöhte Geschützaufstellung und der Mangel an beschußsicheren Unterständen. Nach Aufkommen der gezogenen Geschütze (→ *Artillerie*) waren die D. S. veraltet (→ *Befestigungen*). Am 1. 3. beschlossen die Verbündeten den Angriff auf die D. S. durch das I. (preußische) Korps, um dem Gegner eine entscheidende Niederlage beizubringen. Zur Vermeidung eines verlustreichen Sturms bereitete das Korpskommando ein von der Flotte unterstütztes Landungsunternehmen auf Alsen vor, das die dänische Führung zur Aufgabe der so umgangenen D. S. zwingen sollte. Die Mitte März eingeleitete Belagerungstätigkeit diente mehr zur Ablenkung des Gegners. Wegen ungünstiger Wetterverhältnisse mußte die Landung jedoch aufgegeben werden (3. 4.). Daraufhin trieb die preußische Seite die Angriffsvorbereitungen voran. Sie verstärkte den Beschuß der Schanzen und forcierte die pioniertechnische Vorbereitung des Sturms durch das Anlegen von Sappen und mehreren Parallelen, deren letzte ungefähr 250 m vor den Schanzen lag. Nach Verstärkung durch eine preußische Gardedivision (29. 3.) verfügte das I. Korps über rd. 37000 Mann sowie 67 Feld- und 102 Festungsgeschütze. Für den Sturm auf 6 Schanzen wurden 6 starke Kolonnen (Infanterie, Pioniere, Feldartillerie) formiert und gründlich vorbereitet sowie eine Hauptreserve (2 Infanteriebrigaden und 4 Batterien) gebildet. Die dänische Seite besaß Mitte April in den D. S. und auf Alsen rd. 23000 Mann und verfügte über 133 leichte und schwere Geschütze sowie über

Preußische Gardetruppen erobern die Schanze I, 18. April 1864

10 Kriegsschiffe. Das preußische Artilleriefeuer hatte zwar die Schanzen erheblich zerstört, der Großteil der Geschütze war aber noch einsatzfähig. In der ersten Linie befanden sich nur 4200 Mann, die zweite Linie war ohne Infanteriebesatzung. Am 18. 4. begann nach 6stündiger wirksamer Artillerievorbereitung durch 102 Geschütze (7900 Schuß) um 10 Uhr der Sturm auf den südlichen Abschnitt und das Zentrum der D. S. Den Sturmkolonnen dichtauf folgte die Hauptreserve. Von dem schnellen Sturmangriff überrascht, konnte der Gegner seine Reserven erst verspätet einsetzen. Nach kaum 4stündigem, teilweise erbittertem Kampf waren die D. S. erobert. Die Dänen zogen sich nach Alsen zurück und brachen die Schiffsbrücken ab. Sie hatten insgesamt 4816 Mann (davon 3400 Gefangene) und den Großteil ihrer Artillerie verloren, die preußischen Truppen dagegen 1201 Mann (davon 263 Gefallene). Die Erstürmung der D. S. war das bedeutendste Ereignis des Krieges. Dieser erste große Sieg der preußischen Truppen nach der → *Heeresreorganisation in Preußen 1859/60* stärkte die politische Stellung der Regierung. Der Kampf um die D. S. war ein lehrreiches Beispiel für den Angriff auf eine befestigte Anlage (bzw. für ihre Verteidigung) unter den neuen Bedingungen des teilweisen Einsatzes gezogener Geschütze. Nach 1864 wurden bei Düppel preußische Festungswerke angelegt.

Durlach 1849: Gefecht in der → *Reichsverfassungskampagne 1849* zwischen Truppen der → *badisch-pfälzischen Revolutionsarmee 1849* und preußischen Interventionstruppen am 25. 6. 1849.

Nach der Niederlage bei → *Waghäusel 1849* (21. 6.) entzog sich die Masse der badisch-pfälzischen Revolutionsarmee der drohenden Umfassung durch die Interventionstruppen mit einem weit ausholenden Marsch. Am 24. 6. vereinigte sie sich bei Bretten mit den übrigen Kräften. Die auf etwa 15000 Mann zusammengeschrumpfte Revolutionsarmee bewegte sich danach auf Karlsruhe zu, gefolgt von den 3 Korps der Interventionstruppen (insgesamt etwa 51000 Mann). Das ungünstige Kräfteverhältnis, der Zustand der Revolutionsarmee sowie die feindselige Haltung der Karlsruher Bourgeoisie veranlaßten den Oberbefehlshaber, General Ludwik Mierosławski (1814–1878), zu dem Entschluß, die Armee auf Rastatt zurückzuführen und sich an der Murglinie zu verteidigen. Der Kommandeur der 5. Division, des sog. Fliegenden Korps, Oberst Johann Philipp Becker (1809–1886), erhielt den Befehl, das Städtchen D. (heute Stadtteil von Karlsruhe) so lange zu halten, bis der Rückzug gesichert und Karlsruhe von Kriegsmaterial geräumt war. Becker verfügte nur über einen Teil der ihm unterstellten Truppen: 3 Kompanien der Deutschen Legion, Heubergers Schützenkompanie, das Mannheimer Arbeiterbataillon sowie 1½ Kompanien der deutsch-polnischen Legion. Diese Formationen, ausschließlich Freischaren, zählten insgesamt 1000 Mann; Geschütze waren nicht vorhanden. Unter geschickter Ausnutzung des Geländes, insbesondere eines Flußhindernisses, ließ Becker den Ort zur Verteidigung einrichten und die Anmarschwege der preußischen Truppen verschanzen. Seine Einheiten verteilte er zweckentsprechend.

Am Morgen des 25. 6. drang zunächst die 1. Division des preußischen I. Korps gegen D. vor. Ihre Gesamtstärke betrug etwa 7000 Mann und 6 Geschütze. Die tapfere, elastische Verteidigung zwang die preußische Führung, nach und nach alle Kräfte der 1. Division einzusetzen sowie 2 weitere Divisionen heranzuführen. Nachdem die Nachhut der Revolutionsarmee ihre Aufgabe gelöst hatte, zog sie sich in voller Ordnung zurück. In 4stündigem Kampf hatten die nur flüchtig ausgebildeten und mangelhaft bewaffneten Revolutionssoldaten einer mit Artillerie und teils mit → *Zündnadelgewehr* ausgerüsteten vielfachen Übermacht getrotzt. Die preußischen Truppen verloren 9 Offiziere und 118 Mann an Toten und Verwundeten, die Verteidiger 50 Tote und Gefangene. Im Gefecht bei D. bewies Becker, später Mitstreiter von Karl Marx (1818–1883) und Friedrich Engels (1820–1895) in der I. Internationale, besonders seine militärische Befähigung. Ebenso bestätigte sich erneut der hohe Kampfgeist der revolutionären proletarischen Kräfte. Das Gefecht bei D., nach Engels «wohl die glänzendste Episode im ganzen badisch-pfälzischen Feldzug» (K. Marx/F. Engels, 21, S. 321), hat einen festen Platz in den → *militärischen Traditionen der DDR.*

E

Ehrenbezeigung: seit dem 17. Jh. in Vorschriften oder Befehlen geregelte Gruß-, Achtung- und Ehrerweisung durch einzelne Armeeangehörige und geschlossene Einheiten.

In den Heeren der Antike bei bestimmten Anlässen üblich, fanden E. im feudalen Militärwesen größere Verbreitung. Aus verschiedenartigen militärischen Bräuchen entwickelten sich in den Armeen allmählich Arten und Formen der E., die über Instruktionen Eingang in die militärische Ordnung fanden und zu einem Bestandteil des militärischen Zeremoniells wurden. Es handelte sich dabei vor allem um die Ehrerweisung gegenüber hochgestellten Persönlichkeiten durch Abfeuern von Salven, durch Paradieren, Präsentieren des Gewehrs, Stellen von Ehrenwachen u. ä. Charakteristisch für die Herausbildung von E. ist die Entstehung des militärischen Grußes durch Führen der Hand an die Kopfbedekkung, wie es bis heute in allen Armeen üblich ist. Die Handbewegung geht auf die Gepflogenheit der Ritter zurück, bei einer Begegnung ihre friedliche Absicht durch Hochklappen des Visiers am Helm bzw. ihre Ehrerbietung durch Abnehmen des Helms zu bekunden. Mit Aufkommen der stehenden Heere und der Dienstgradhierarchie wurde der Brauch des Grußes in militärische Vorschriften aufgenommen und damit für die Armeeangehörigen verpflichtend. War in den deutschen Heeren bis zum 18. Jh. der Gruß mit der linken Hand üblich, so setzte sich seit Beginn des 19. Jh. der Gebrauch der rechten Hand durch (in der preußischen Armee ab 1802, in der sächsischen ab 1805). Im 19. Jh. fanden auch weitere Arten und Formen der E. Eingang in die deutschen Armeen und ihre Teilstreitkräfte (besonders die Kriegsmarine); zugleich vergrößerte sich die Zahl staatlicher Ereignisse und Anlässe, bei denen militärische E. erwiesen wurden. In den imperialistischen deutschen Streitkräften dienten die E. der Militarisierung und insbesondere der Erziehung willfähriger, unterwürfiger Untergebener, weshalb z. B. auch in der Novemberrevolution 1918/19 viele Soldatenräte u. a. die Abschaffung der Grußpflicht gegenüber Vorgesetzten außerhalb des Dienstes forderten.

Entsprechend dem sozialistischen Charakter der DDR erhielten die E. in der NVA, den Grenztruppen und der Zivilverteidigung einen neuen Inhalt. Sie sind Ausdruck bewußter militärischer Disziplin, gegenseitiger Achtung und Zusammengehörigkeit, des sozialistischen Staatsbewußtseins und der Waffenbrüderschaft mit den Angehörigen der anderen sozialistischen Armeen. Die Armeeangehörigen sowie geschlossene Einheiten erweisen E. dem Generalsekretär des ZK der SED und Vorsitzenden des Staatsrates der DDR, dem Vorsitzenden des Ministerrates, dem Präsidenten der Volkskammer, Ehrenposten, -wachen und -einheiten, an Ehrenmalen, bei Trauerparaden und Kranzniederlegungen, gegenüber Truppenfahnen, Staats- und Dienstflaggen sowie bei vorgeschriebenen oder befohlenen Anlässen. NVA-Angehörige haben außerdem einander wie auch dienstgradgleichen und -höheren Angehörigen anderer sozialistischer Streitkräfte E. zu erweisen, ferner bei Intonation von Nationalhymnen und anderen Anlässen (→ *Zeremoniell in der NVA*).

Ehrengerichte → *Militärjustiz*

Ehrenzeichen → *Auszeichnungen*

Einjährig-Freiwilliger: in Preußen, später im Deutschen Reich von 1814 bis 1918 Militärdienstpflichtiger zumeist bürgerlicher oder kleinbürgerlicher Herkunft, der bei freiwilligem Eintritt in Heer oder Marine durch Ableistung eines Dienstjahres seiner aktiven Dienstpflicht genügte.

Nach dem preußischen Kriegsdienstgesetz vom 3. 9. 1814 hatten Militärdienstpflichtige mit höherer Bildung das Recht, als Freiwillige statt der vollen aktiven Dienstzeit nur ein Jahr abzuleisten. Sie mußten sich während dieser Zeit selbst verpflegen, bekleiden und ausrüsten. Als Vorbild für diese Regelung diente der Status der → *Freiwilligen Jäger* im nationalen Unabhängigkeitskrieg 1813/14. Die zunächst «Freiwillige» genannten Dienstpflichtigen erhielten 1842 die Bezeichnung E. Sie mußten das «Einjährige»

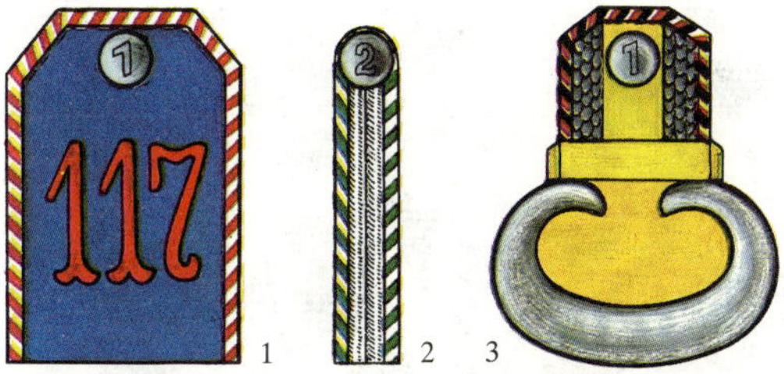

Einjährigenschnüre um Schulterklappen, Achselschnüre und Epauletten von Kontingenten des kaiserlich-deutschen Heeres: 1 Hessen; *2* Sachsen; *3* Württemberg

(später «mittlere Reife») besitzen oder vor einer Prüfungskommission einen entsprechenden Bildungsnachweis erbringen. Außerdem war eine amtliche Beglaubigung über die materiellen Voraussetzungen hinsichtlich der Kosten für Bekleidung, Ausrüstung, Verpflegung, teilweise auch Wohnung erforderlich. Bei berittenen Truppengattungen hatten die E. zusätzlich für das Dienstpferd aufzukommen. Damit war bei der Auswahl der E. außer dem Bildungs- zugleich ein gewisser Vermögenszensus gegeben. Nur im Mobilmachungsfall erhielt der E. Löhnung und Verpflegung und wurde unentgeltlich bekleidet und ausgerüstet. Der E. diente ein Jahr in einem Linientruppenteil seiner Wahl und wurde in dieser Zeit in der Regel zum Gefreiten oder Unteroffizier befördert. Besonders geeignete Bewerber konnten eine Prüfung für den späteren Einsatz als Landwehroffizier, nach 1868 in der Regel als → *Reserveoffizier* ablegen und wurden nach Ablauf der einjährigen aktiven Dienstzeit als Offiziersaspiranten entlassen. Nach 1871 übernahmen die übrigen deutschen Staaten das System der E. Auch in anderen Ländern entstanden – bedingt durch die Entwicklung der bürgerlichen Massenheere – ähnliche Wehrdienstformen. Die bei ihrer Gründung progressiven Zielen dienende Institution der E. wurde besonders von der akademischen Jugend als eine Möglichkeit zur raschen Ableistung des Wehrdienstes genutzt.

Mit den im Verlauf des 19. Jh. im Militärwesen Preußens um sich greifenden restaurativen Bestrebungen wandelte sich jedoch ihr politischer Charakter. Sie wurde mehr und mehr zu einem Privileg, mit dem sich die Angehörigen der besitzenden bürgerlichen Schichten in beträchtlichem Maße den Härten des aktiven Wehrdienstes entzogen, förderte mit der Reserveoffiziersperspektive Kastengeist und Standesdünkel und trug so zur Militarisierung des gesellschaftlichen Lebens bei. Gleichwohl blieben die E. ein wirksamer Faktor, um ein zahlenmäßig umfangreiches Reserveoffizierskorps zu schaffen, das in den Kriegen von 1866 und 1870/71 sowie im ersten Weltkrieg seine militärische Brauchbarkeit bewies. Mit der Aufhebung der allgemeinen Wehrpflicht nach 1918 entfielen in der Reichswehr der Weimarer Republik auch die E. Sie wurden bei der Neuregelung der Reserveoffiziersausbildung in der faschistischen Wehrmacht nicht wieder eingeführt, da sich einerseits auf Grund des hohen Offiziersbedarfs für den geplanten Aggressionskrieg der bisherige Bildungszensus nicht mehr in vollem Umfang aufrechterhalten ließ, andererseits infolge der wachsenden militärischen Anforderungen eine einjährige aktive Dienstzeit als nicht mehr ausreichend betrachtet wurde.

Eisenbahntruppen: Spezialtruppen des → *Militärtransportwesens* für den Bau, die Instandhaltung, die Sicherung und den Betriebsdienst sowie das Außerbetriebsetzen von Militäreisenbahnlinien.

Die E. entstanden im Zuge der militärischen Nutzbarmachung der Eisenbahn. Eine Art Vorläufer waren die 1862 in Preußen gebildeten besonderen Abteilungen ziviler Eisenbahnarbeiter unter militärisch-ziviler Leitung. Im Preußisch-Österreichischen Krieg 1866 und im Deutsch-Französischen Krieg 1870/71 entstanden vorübergehend Feldeisenbahnabteilungen aus zivilem technischem Personal und Militärangehörigen. Seit 1869 wurde die in der 2. Abteilung des Generalstabes bestehende Eisenbahnsektion zu einer selbständigen Abteilung ausgebaut und für die Feldeisenbahnabteilungen ein Friedensstamm geschaffen. Trotz beachtlicher Leistungen im Krieg von 1870/71 entsprachen Organisationsform, Arbeitsweise und Bestand der kurzfristig aufgestellten Feldeisenbahnabteilungen nicht den Anforderungen an die Transportsicherstellung. Ein 1871 aufgestelltes Eisenbahnbataillon, um die Jahreswende 1875/76 zum Regiment erweitert, war die erste E.

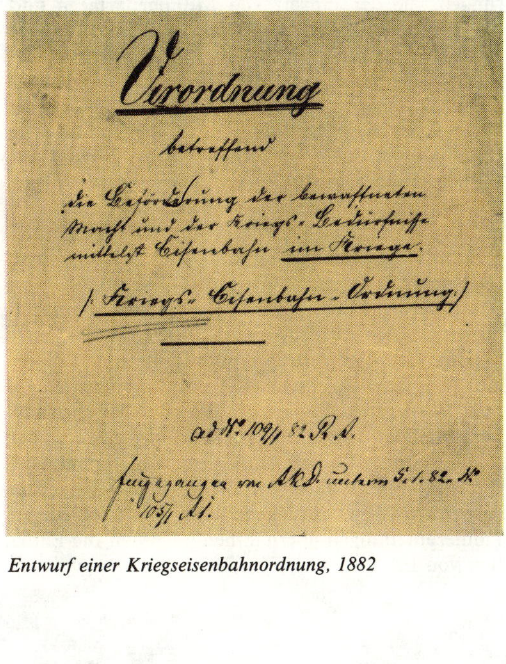

Verordnung

betreffend

die Beförderung der bewaffneten Macht und der Kriegs-Bedürfnisse mittelst Eisenbahn im Kriege.

(Kriegs-Eisenbahn-Ordnung)

Entwurf einer Kriegseisenbahnordnung, 1882

rein militärischen Bestands des kaiserlich-deutschen Heeres. Zu ihren Aufgaben gehörten der Bau und Betrieb vollspuriger Kriegseisenbahnen sowie von Feld- und Förderbahnen, der Bau von Kriegsbrükken, das Zerstören von Bahnanlagen sowie deren Aufklärung und Verteidigung. Für Ausbildungszwecke entstand 1875 die Militäreisenbahn Berlin–Zossen–Jüterbog. 1890 wurde eine Versuchsabteilung der E. geschaffen, die im weiteren sämtliche verkehrstechnischen Entwicklungen militärischer und ziviler Bedeutung prüfte und erprobte. Im Zuge der kolonialen Expansion des deutschen Imperialismus fanden E. mehrfach Verwendung.

Im Rahmen der Vorbereitung des deutschen Heeres auf einen Blitzkrieg erfuhren die E. eine laufende Verstärkung; 1899 kamen sie unter die Dienstaufsicht der Inspektion der Verkehrstruppen (1911 Generalinspektion). Der Ausbau der E. vollzog sich im Zusammenhang mit der Ausgestaltung des gesamten Militäreisenbahnwesens. Die deutschen Staatsbahnen waren vom Generalstab schon im Frieden fest in die Mobilmachungs- und Aufmarschpläne einbezogen. Am Vorabend des ersten Weltkrieges (1914–1918) zählten die E. des deutschen Heeres insgesamt 4500 Mann und gliederten sich in 2 Brigaden und 1 Bataillon. Nach der Mobilmachung und Auflösung der Friedensformationen verfügte der Chef des Feldeisenbahnwesens im Großen Hauptquartier über 74 Eisenbahnbau- und 16 Eisenbahnarbeiterkompanien (insgesamt 26000 Mann) sowie über die Betriebskompanien der beiden Militäreisenbahndirektionen. Diese Kräfte reichten schon Ende des ersten Kriegsmonats nicht aus. Die enormen Anforderungen, die der Einsatz von Millionenarmeen und die wachsende Ausdehnung der Kriegsschauplätze an das Transportwesen stellten, führten zu einer Verstärkung der E. und zur Heranziehung von mehr als 200000 Zwangsarbeitern und Kriegsgefangenen. Im Verlauf des Krieges wuchs allein das militärische Eisenbahnpersonal im Felde von 20000 auf 108000 Mann. Der vorwiegend für die Etappe vorgesehene Einsatz der E. verlagerte sich bald mehr und mehr in Frontnähe. Im Verlauf des Krieges wurden z. B. im Westen 45 Brücken und 9 Tunnel instandgesetzt sowie 3 Strecken mit einer Gesamtlänge von 87 km neu gebaut. Zerstörungen von Bahnanlagen begleiteten den Rückzug aus Frankreich 1918.

Laut Versailler Vertrag mußte Deutschland die E. auflösen. Die Reichswehrführung bereitete jedoch ihre Wiederaufstellung vor. Die Reichswehrtransportabteilung sorgte in Zusammenarbeit mit der Reichsbahngesellschaft und dem Verkehrsministerium für die Wahrung militärischer Belange im Eisenbahnwesen. Brückenkolonnen verschiedener Pionierabteilungen übernahmen potentiell die Funktion von E.

Feldbahn-Bauzug, um 1900

Im Zuge der faschistischen Aufrüstung und Kriegsplanung erfuhren auch die E. seit Mitte der 30er Jahre einen raschen Ausbau. Bereits 1935 entstand eine Pionierlehr- und -versuchskompanie für Eisenbahn- und schweren Brückenbau. Nach Erweiterung und Vermehrung bestand bei Kriegsbeginn 1939 1 Eisenbahnpionierregiment, das mit der Mobilmachung durch Bauzüge sowie einberufenes Eisenbahn- und Brückenbaupersonal verstärkt wurde. Danach bestanden die E. aus der Bautruppe (Eisenbahnpioniere) mit verschiedenen Spezialeinheiten (u. a. für Brückenbau, Oberbau, Feld- und Seilbahnen), der Betriebstruppe (mit Betriebs-, Maschinen- und Werkstättenabteilungen) sowie, bis März 1943, aus den Panzerzügen (danach an die Panzertruppe abgegeben). Im Winter 1939/40 wurden die E. aus der Pioniertruppe ausgegliedert und dem Befehlshaber (seit 1943 General) der E. unterstellt; dieser unterstand dem Chef des Transportwesens. In Vorbereitung des Überfalls auf die UdSSR wurden die E. wesentlich verstärkt, allein die Eisenbahnpioniere auf 7 Regimenter. Zugleich wurden im Frühjahr 1941 die Betriebstruppen vermehrt und als Feldeisenbahneinheiten (sog. Graue Eisenbahner) den Feldeisenbahndirektionen (ab 1942 -kommandos) unterstellt, die der Chef des Transportwesens direkt führte. Die Feldeisenbahntruppen, ab 1944 Eisenbahnbetriebstruppen genannt, bildeten seit 1943 eine selbständige Waffengattung neben den E. Der zunächst rasche Raumgewinn nach dem Überfall auf die UdSSR erforderte bald weiteres Eisenbahnpersonal, das man vom Bestand der Deutschen Reichsbahn abzog. Es wurde unter der Bezeichnung Blaue Eisenbahner (bis Januar 1942 Wehrmachtgefolge) ab Juli 1941 neben den E. dem Chef des Transportwesens unterstellt und hinter dem Frontgebiet eingesetzt.

Wie auf anderen Gebieten, so widerspiegelte sich auch in Planung und Einsatz der E. die Fehleinschätzung der Ausmaße und Anforderungen des Krieges seitens der faschistischen Führung. Die Folgen waren ein frühzeitiger Mangel an militärisch qualifizierten Führungskadern und an Fachleuten, mehrfache Veränderungen des Bestands der E. und Umstrukturierungen im Kriegsverlauf. Namentlich die Zerstörungen der Transportwege, die enormen Entfernungen sowie die besonderen militärischen, technischen und klimatischen Bedingungen an der deutsch-sowjetischen Front zwangen zu einem wachsenden Einsatz von Kräften und Material. Dieser wurde jedoch immer weniger den Erfordernissen gerecht. Die durch Luft- und Artillerieeinwirkung sowie durch Partisanen im Militärtransportwesen verursachten Schäden stiegen stark an. Eine weitere Verschärfung der Lage trat nach dem Abzug von Kräften und Fahrzeugen der E. zur Auffüllung der Kampftruppen ab November 1943 sowie nach Eröffnung der zweiten Front im Sommer 1944 ein.

Die gewachsene Rolle der E. in der Gegenwart ergibt sich aus der Bedeutung der Eisenbahn als strategisches Ferntransportmittel, aus den enorm gestiegenen Transportanforderungen moderner Armeen sowie aus der wesentlich höheren Verletzlichkeit der Transportwege durch den Einsatz von Raketenkernwaffen.

In der NVA entstand, ausgehend von den gewachsenen Aufgaben im Rahmen des Warschauer Vertrags, Anfang der 60er Jahre ein Ausbildungsregiment Transportwesen. Heute unterstehen dem Chef Transportwesen Eisenbahnpioniertruppen, die allen pioniermäßigen Anforderungen an die Sicherstellung des Eisenbahntransports im Verteidigungsfall gewachsen sind. Zu den E. der NVA gehören Formationen für Strecken- und Brückenbau sowie Betriebs- und andere Spezialabteilungen. Sie verfügen über verschiedene zerleg- und austauschbare Brückengeräte, über Eisenbahnschiffsbrücken sowie über moderne Gleisbettungs- und -verlegemaschinen, Kräne, vorbereitetes Gleismaterial usw., die eine schnelle Wiederherstellung von Verkehrsbauten und Gleisen ermöglichen.

Eisenbahnpioniere der NVA beim Gleisbau

eiserne Portion: quantifizierte, besonders haltbare und durch spezielle Verpackung geschützte Notverpflegung für den Soldaten.

Die e. P. entstand aus der Notwendigkeit, den Soldaten in besonderen Situationen im Krieg von den Versorgungskolonnen und anderen Verpflegungsmöglichkeiten unabhängig zu machen und so die Beweglichkeit der Heere zu erhöhen. Bereits im zweiten Schlesischen Krieg 1744/45 führten die preußischen Grenadiere «eiserne» Brotportionen mit sich. Während die e. P. zunächst meist aus Dauerbrot (Zwieback) bestand, entstand eine e. P. im modernen Sinne erst seit der Mitte des 19. Jh. mit der Entwicklung der verschiedenen Konservierungsmethoden. So wurde z. B. im Deutsch-Französischen Krieg 1870/71 Erbswurst verwendet. 1912 setzte sich die e. P. im deutschen Heer aus 276 g Eierzwieback, 333 g Fleisch- und 175 g Gemüsekonserven sowie 52 g Kaffee zusammen. 1939 gehörten zum dauernden Verpflegungsvorrat 2 e. P. Die gekürzte e. P. war vom Soldaten mitzuführen und bestand aus 250 g Zwieback oder Knäckebrot und 200 g Fleischkonserven. Die volle e. P. wurde in der Feldküchenprotze oder auf anderen Fahrzeugen transportiert und bestand aus 250 g Zwieback oder Knäckebrot, 200 g Fleisch-, 150 g Suppenkonserven und 20 g Kaffee. Neben diesen e. P. gab es für einige Einheiten Sonderverpflegung.

Auch in der NVA ist die e. P. (E-Portion) eine Notverpflegung, die bei Ausfall der Verpflegungsversorgung in besonderen Situationen die Minimalversorgung gewährleistet. Sie besteht aus konzentrierten und komprimierten Lebensmitteln und wird an empfangsberechtigte Armeeangehörige mit Beginn des aktiven Wehrdienstes ausgegeben. Die e. P. zählt nicht zu den Truppenvorräten und darf nur auf Befehl verbraucht werden. Umgangssprachlich findet sich für e. P. teilweise auch der Begriff → *eiserne Ration.*

eiserne Ration: quantifizierte, für den Notfall von den Truppen mitgeführte Hafermenge für Pferde.

Die e. R. sollte in den kaiserlich-deutschen Streitkräften wie die → *eiserne Portion* von der Truppe im Kriegsfall mitgeführt werden. Im Unterschied zu den Garnison- und Marschrationen aus Hafer, Heu und Stroh bestand die e. R. lediglich aus 6 kg Hafer. Unterschiedlich nach Waffengattung und Verwendung des Pferdes (Reit- oder Zugpferd) waren je Pferd 1–3 e. R vorgesehen. Ihr Transport erfolgte teils auf Pferden, teils auf Fahrzeugen. In der faschistischen Wehrmacht wurde 1938 für die Versorgung des Feldheeres festgelegt, daß die e. R. 1 Haferration zu 5 kg beträgt, die auf Fahrzeugen mitgeführt wird. Tatsächlich wurden jedoch die Pferde während des zweiten Weltkrieges weitgehend aus den okkupierten Gebieten versorgt. Infolge der schnell fortschreitenden Motorisierung der Landstreitkräfte in den modernen Armeen verloren das Pferd und damit die e. R. ihre Bedeutung. Umgangssprachlich wird der Begriff e. R. teilweise auch für eiserne Portion gebraucht.

Eisernes Kreuz: vom preußischen König Friedrich Wilhelm III. (1770–1840) für besondere Verdienste im Kampf gegen die napoleonischen Truppen am 10. 3. 1813 gestiftete → *Auszeichnung.*

Der König sah sich zur Stiftung der Auszeichnung, die auf Anregungen der Reformer-Patrioten zurückging, durch die allgemeine Volksstimmung gedrängt. Das E. K. war (in seinen beiden unteren Stufen) die erste preußische Kriegsauszeichnung, die an alle Dienstgrade verliehen werden konnte. Es war zu jener Zeit ein volkstümliches Symbol des gerechten Krieges, wozu auch die Schlichtheit seiner Form beitrug. Das von Karl Friedrich Schinkel (1781–1841) ausgeführte E. K. ist ein leicht geschweiftes Tatzenkreuz (Templerkreuz) aus schwarzem Gußeisen, silbern bordiert. Die Vorderseite ist glatt; die Rückseite zeigt im oberen Balken den Namenszug F. W. (Friedrich Wilhelm) mit Krone, in der Mitte 3 Eichenblätter und im unteren Balken die Jahreszahl 1813. Die II. Klasse, deren Verleihung die Voraussetzung für höhere Stufen war, wurde am Band im Knopfloch (schwarzes Band mit weißen Seitenstreifen für Kombattanten; weißes Band mit schwarzen Seitenstreifen für Nichtkombattanten), die I. Klasse als Ansteckkreuz auf der linken Brustseite getragen. Das Großkreuz des E. K. (mit Band um den Hals getragen) erhielten nur Heerführer. Vom 2. 4. 1813 bis 30. 3. 1814 wurden 6639 E. K. II. Klasse, 331 E. K. I. Klasse sowie 3 Großkreuze verliehen. Ab 1814 konnte das E. K. auch an Truppenteile verliehen werden, deren Fahnen und Standarten damit ausgezeichnet wurden. Anläßlich des Sieges bei → *Waterloo 1815* wurde das E. K. ausnahmsweise durch einen Ordensstern (E. K. auf 8zackigem goldenem Stern) ergänzt und an Generalfeldmarschall Gebhard Leberecht von Blücher (1742–1819) verliehen (sog. Blücherstern). Entsprechend einer königlichen Order trug man seit 1838 die verzierte Rückseite nach vorn. In der Folgezeit wurde das E. K. mehrmals erneuert (19. 7. 1870; 5. 8. 1914; 1. 9. 1939), wobei die herrschenden Klassen den ursprünglich progressiven Sinngehalt immer mehr für chauvinistische Zwecke mißbrauchten. Während die Grundform bestehen blieb, änderte sich bei jeder Erneuerung die Gestaltung der Vorderseite. Die Rückseite erhielt 1939 im unteren Kreuzesarm die Jahreszahl 1813. Gleichzeitig ersetzte man die bisherigen Farben des Bandes durch einen breiten roten Mittelstreifen, an den sich nach außen schmale weiße und schwarze Streifen anschlossen. Auch die frühere Klassifizierung in E. K. II, E. K. I und Großkreuz änderte sich. So wurde im zweiten Weltkrieg der Orden zunächst in 4facher (E. K. II, E. K. I, Ritterkreuz, Großkreuz), dann in 8facher Einteilung verliehen: E. K. II. Klasse; E. K. I. Klasse; Ritterkreuz des E. K.; dasselbe mit Eichenlaub, mit Eichenlaub und Schwertern, mit Eichenlaub, Schwertern und Brillanten, mit Goldenem Eichenlaub mit Schwertern und Brillanten; Großkreuz des E. K. In beiden imperialistischen Weltkriegen als Massenauszeichnung verwendet, wurde das E. K. zu einem Symbol des aggressiven deutschen Imperialismus und Militarismus. *(s. Abb. S. 53)*

El Alamein 1942: Schlacht zwischen britischen Streitkräften und deutsch-italienischen Truppen (23. 10.–4. 11. 1942) im Verlauf der → *nordafrikanischen Feldzüge 1941–1943,* die mit einer vernichtenden Niederlage der faschistischen Gruppierung endete.

In der E. A.-Stellung, die sich von der Mittelmeerküste etwa 70 km nach Süden bis zur Kattarasenke erstreckte, gelang es der britischen 8. Armee Ende Juni 1942, den Vormarsch der deutsch-italienischen Panzerarmee Afrika aufzuhalten und auch alle weiteren faschistischen Durchbruchsversuche in Richtung Suezkanal zu vereiteln. Im Spätsommer 1942 hatte sich das Kräfteverhältnis zugunsten der britischen Truppen verändert, da diese laufend verstärkt worden waren, während das deutsche Oberkommando infolge der Kämpfe an der deutsch-sowjetischen Front der Gruppierung in Nordafrika keine nennenswerten Kräfte zuführen konnte. Zudem führte der Abzug von Fliegerkräften an die deutsch-sowjetische Front im Mai 1942 zu einer zunehmenden britischen Luftüberlegenheit im Mittelmeerraum, die wachsende Verluste bei den deutsch-italienischen Versorgungskonvois bedingte. Als am 23. 10. 1942 der Angriff der britischen 8. Armee begann, verfügte diese über 150000 Mann, 1114 Panzer, 880 Feldgeschütze und etwa 850 Flugzeuge gegenüber etwa 96000 Mann, 500 Panzern, etwa 600 Feldgeschützen und 372 Flugzeugen der deutsch-italienischen Panzerarmee. Nachdem am

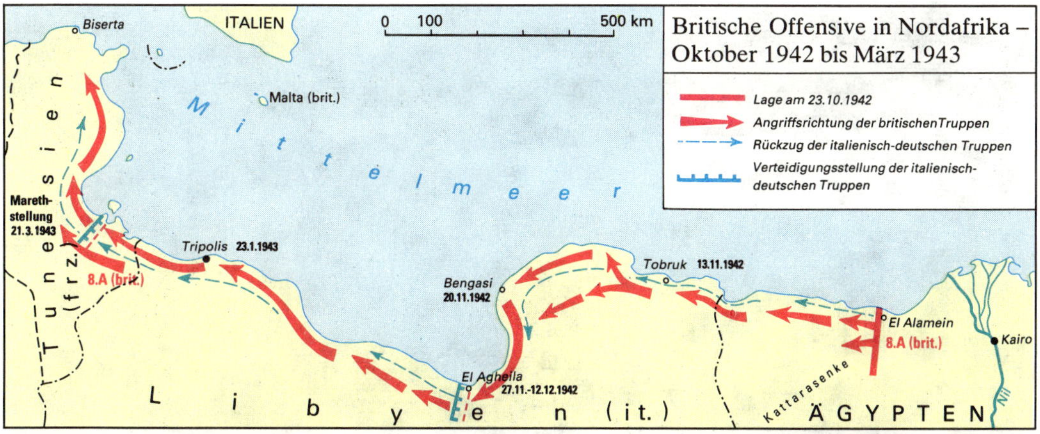

Britische Offensive in Nordafrika – Oktober 1942 bis März 1943

4. 11. 1942 die faschistische Verteidigung endgültig durchbrochen war, zogen sich die noch kampffähigen Teile der Panzer- und mot. Divisionen unter schweren Verlusten in die 1200 km zurückliegende Marethstellung auf tunesischem Boden zurück, während die Infanteriedivisionen größtenteils eingekesselt und vernichtet wurden. Die Schlacht bei E. A. und die anglo-amerikanische Landung in Marokko und Algerien am 7./8. 11. 1942 leiteten die Vertreibung der faschistischen Truppen aus Nordafrika ein. Die alliierte Offensive wurde wesentlich durch die Kampfhandlungen an der deutsch-sowjetischen Front begünstigt.

Ensemble der NVA «Erich Weinert»: zentrales Gesangs- und Tanzensemble der → *Nationalen Volksarmee der DDR (NVA)*, das mit künstlerischen Mitteln die Armeeangehörigen bei der Erfüllung ihres militärischen Klassenauftrages unterstützt und zur Entwicklung des sozialistischen Wehrbewußtseins der Bevölkerung beiträgt.

Am 15. 7. 1950 als Volkskunstensemble der Deutschen Volkspolizei gegründet, wurde das Ensemble 1956 in die NVA übernommen. Mit der Verleihung des Ehrennamens Erich Weinert (1890–1953) verband sich der verpflichtende Auftrag, das progressive humanistische Kulturerbe vor allem der revolutionären deutschen und internationalen Arbeiterbewegung zu pflegen und fortzusetzen. Namhafte Schriftsteller und Komponisten förderten aktiv die Entwicklung des Ensembles. So vertonte Hanns Eisler (1898–1962) nach einem Text von Wladimir Majakowski (1893–1930) «Regimenter gehen im Trommelton». Der Schriftsteller Kuba (Kurt Barthel 1914–1967) und die Komponisten André Asriel (geb. 1922) und Kurt Greiner-Pol (1922–1978) schufen gemeinsam für das Ensemble solche bekannten Lieder wie «Es lebe das Brot» oder «Das Lied vom glücklichen jungen Kapitän». Zu einem bedeutenden Ereignis wurde für das Ensemble sein erfolgreiches Auftreten während der III. Weltfestspiele der Jugend und Studenten in Berlin im August 1951. Die erste Auslandstournee unternahm das Ensemble 1955 in die Sowjetunion. Durch Zugang von qualifizierten Mitarbeitern vor allem aus der Musikhochschule Berlin entstanden wichtige Voraussetzungen für die Verbesserung von Inhalt und Form der Ensemblearbeit. Im Jahre 1961 wurden dem Ensemble das Kabarett der Grenztruppen der DDR «Die Kneifzange» angeschlossen. Zu dieser Zeit war der Übergang vom Laien- zum Berufskünstlerkollektiv im wesentlichen vollzogen. Das Ensemble besteht seitdem aus Chor, Orchester, Ballett, Estrade mit Tanzorchester, Schlagersolisten und Vokalgruppe, Doppelquartett als selbständiger Gesangsgruppe und Kabarett. Verstärkt traten die künstlerischen Gruppen auch vor sozialistischen Waffenbrüdern auf, u. a. bei gemeinsamen Übungen und Manövern der Vereinten Streitkräfte des Warschauer Vertrages. Mehrfach gastierte das Ensemble in den sozialistischen Staaten sowie in anderen befreundeten Ländern. Enge Kontakte mit dem Alexandrow-Ensemble der Sowjetarmee, mit Ensembles anderer Bruderarmeen und dem der GSSD bereicherten die eigene künstlerische Arbeit. Neue Impulse ergaben sich aus der Zusammenarbeit mit Armeesingeklubs und Soldatenchören bei der Vorbereitung und Durchführung der «Parade des Soldatenliedes», dem traditionellen Kollektivbeitrag der NVA zu den Arbeiterfestspielen der DDR. Die ständige Vervollkommnung der Ensemblearbeit war die Grundlage dafür, daß die Gruppen mit ihren künstlerischen Mitteln immer wirkungsvoller zur Erfüllung des mi-

Ärmelstreifen für die Angehörigen des Erich-Weinert-Ensembles

Auftritt des Erich-Weinert-Ensembles bei der 11. Parade des Soldatenliedes, 1974

litärischen Klassenauftrages der NVA und zur Stärkung der Verteidigungskraft des Sozialismus beigetragen haben. Für seine hohen Leistungen wurde das Ensemble mehrfach ausgezeichnet. Es erhielt 1970 und 1974 den Orden «Banner der Arbeit».

Epauletten → *Schulterstücke*

Erbfolgekriege → *Kriege*

Erkennungsmarke: Bestandteil der persönlichen Ausrüstung zum Nachweis der personellen Identität eines gefallenen Angehörigen der Streitkräfte.

Die Herausbildung der Massenheere, die steigende Vernichtungskraft der Kriegstechnik und die Entwicklung des Ersatzwesens führten im 19. Jh. zur Einführung von E. in den Streitkräften verschiedener Länder. In Preußen wurden sie erstmals im Krieg 1870/71 an Armeeangehörige ausgegeben. Es waren ellipsenförmige Metallmarken, auf die in den Kriegen 1870/71 und 1914–1918 der Name (nur bei Offizieren), die Nummer der Kriegsstammrolle sowie die Bezeichnung des letzten Truppenteils oder Schiffs geprägt waren. Die E. wurde von allen Dienstgraden an einer Schnur um den Hals auf der Brust getragen. In der faschistischen Wehrmacht bekam jeder Angehörige von der Einheit, der er am Mobilmachungstag angehörte oder zu der er während des Krieges einberufen wurde, eine aus Leichtmetall bestehende E. Für das fliegende Personal der Luftwaffe bestand sie seit Ende 1940 aus schwer schmelzbarem Metall mit feuerfester Schnur. In diese E. waren nur noch die abgekürzte Bezeichnung der Einstellungseinheit sowie eine Nummer des dort geführten E.verzeichnisses eingeprägt. Die bei den Dienststellen des Ersatzheeres beschäftigten Angestellten und Arbeiter empfingen E., die mit Vornamen, Namen, Geburtstag und Wohnort beschriftet waren. In der Längsachse eingestanzte Schlitze gestatteten ein leichtes Abtrennen des unteren Teils der E., den der Truppenteil erhielt, während der obere Teil beim Gefallenen verblieb. Beide Teile waren gleichlautend geprägt.

In der NVA wird die E. seit Anfang der 70er Jahre getragen. Sie ist Bestandteil des Wehrdienstauswei-

Muster der Erkennungsmarke für Angehörige und Reservisten der NVA

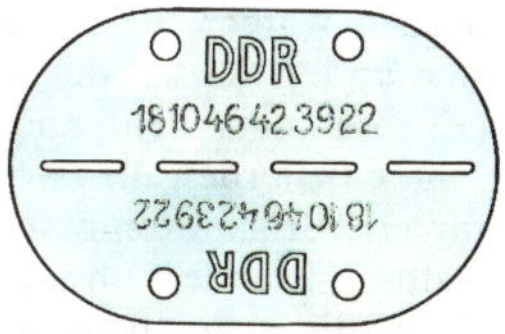

ses aller Angehörigen und Reservisten der NVA. Eingestanzt sind Personenkennzahl, die Abkürzung DDR und die Blutgruppe (Rückseite). Im Kriegsfall dient die E. entsprechend dem Genfer Abkommen vom 12.8.1949 zur raschen Identifikation des Gefallenen und zur Benachrichtigung der in diesem Abkommen dafür vorgesehenen Stellen.

Ersatzdivision: 1. aus Ersatztruppen gebildeter allgemeiner taktischer Verband des kaiserlich-deutschen Heeres im ersten Weltkrieg (1914–1918).

Infolge der aus der Blitzkriegskonzeption des deutschen Generalstabes erwachsenden Bestrebungen, in den ersten, als entscheidend angesehenen Kämpfen so viel Kräfte wie irgend möglich einzusetzen, wurden bei der Mobilmachung am 2. 8. 1914 aus den Ersatzeinheiten der aktiven Truppenteile 6 E. als sog. mobile Ersatzformationen aufgestellt. Ursprünglich waren sie, da unzureichend bewaffnet und ausgerüstet, vor allem für den Küstenschutz und die Grenzsicherung bestimmt. Doch bei Kriegsbeginn bildeten sie faktisch die einzige Reserve der OHL und mußten bereits Mitte August 1914 an die Westfront geworfen werden. Im Laufe des Krieges wurde nur noch eine weitere E. (Juni 1916) aufgestellt. Die bestehenden E. wurden zu Infanteriedivisionen ausgebaut, eine wurde 1917 aufgelöst.

2. allgemeiner taktischer, nicht feldverwendungsfähiger Verband des faschistischen deutschen Ersatzheeres im zweiten Weltkrieg (1939–1945), in dem die Ersatz- und Ausbildungstruppenteile eines → *Wehrkreises* zusammengefaßt waren.

Aus den seit Beginn der Mobilmachung im Sommer 1939 aufgestellten Ersatz- und Ausbildungstruppenteilen wurden bis Jahresende in den Wehrkreisen unter wechselnden Bezeichnungen je 2 E. formiert. Im Jahre 1940 entstanden 9 weitere E., von denen 4 nur wenig länger als 2 Monate bestanden. Die E. bildeten die Neueingezogenen aus und führten diese sowie die zur erneuten Feldverwendung bestimmten Genesenen in Marschkompanien bzw. -bataillonen den Frontverbänden zu. Ein Teil der E. wurde seit 1939/40 in den annektierten oder okkupierten Gebieten der ČSR, Polens, Dänemarks und Westeuropas stationiert bzw. in der Folgezeit dorthin verlegt und erfüllte zugleich Besatzungsfunktionen. Mit der Neugliederung des Ersatzheeres im Herbst 1942 erfolgte auf Bataillonsebene die Trennung von Ersatz- und Ausbildungstruppen. Während letztere in → *Reservedivisionen* zusammengefaßt und in die okkupierten Länder und Gebiete verlegt wurden, bestanden die E. jetzt nur aus den in den Wehrkreisen zurückbleibenden oder dorthin zurückkehrenden Ersatztruppenteilen. Im letzten Kriegsjahr wurden die E., teilweise nach Umgliederung in Infanteriedivisionen, mobil gemacht und an die Front geworfen.

Ersatzreserve: bis 1945 Kategorie von Wehrpflichtigen, die noch nicht zur Erfüllung ihrer aktiven Dienstpflicht einberufen wurden.

Im Zusammenhang mit der Einführung der → *allgemeinen Wehrpflicht* in Preußen Anfang des 19. Jh. bildeten sich Wehrpflichtkategorien heraus. Eine davon war die E. Ihr wurden diejenigen Wehrpflichtigen zugeteilt, die 20 Jahre alt und voll diensttauglich waren, aber wegen der etatmäßig begrenzten Einstellungszahl überzählig blieben. Die E. erfaßte zugleich bedingt und zeitweilig Taugliche sowie alle, die wegen familiärer oder wirtschaftlicher Verhältnisse zurückgestellt wurden. Die Zugehörigkeit zur E. betrug 12 Jahre. Die Angehörigen der E. dienten zur Heeresergänzung im Mobilmachungsfall (→ *Beurlaubtenstand*). Sie waren Kontrollversammlungen unterworfen und zur Ableistung von zunächst 4, dann 3 Übungen verpflichtet. Nach Ausscheiden aus der E. gehörten diejenigen, die geübt hatten, zur Landwehr II. Aufgebots, die anderen zum Landsturm I. Aufgebots. Die grundlegenden Festlegungen über die E. bis zum Ende des ersten Weltkrieges sind im Reichsmilitärgesetz vom 2.5. 1874, im Gesetz betreffend Änderungen der Wehrpflicht vom 11. 2. 1888 und in der Deutschen Wehrordnung vom 21. 11. 1888 enthalten. Seit Bildung der Reichswehr im Frühjahr 1919 und dem Verbot der allgemeinen Wehrpflicht durch den Versailler Vertrag vom 28. 6. 1919 gab es in Deutschland bis 1935 keine E. Sie entstand erst wieder mit der Einführung der allgemeinen Wehrpflicht am 16. 3. 1935 durch das faschistische Deutschland. Jetzt gehörten ihr vom Beginn der Wehrpflicht bis zum vollendeten 35. Lebensjahr alle Wehrpflichtigen an. Nach der Musterung wurden die Wehrpflichtigen in E. I bzw. E. II eingestuft. Die wehrfähigen Dienstpflichtigen kamen zur E. I. Sie konnten im allgemeinen innerhalb der ersten 3 Jahre nach der Musterung zur Erfüllung der aktiven Dienstpflicht oder zur kurzfristigen Ausbildung herangezogen werden. Nach Erfüllung einer aktiven Dienstpflicht von mindestens 9 Monaten traten diese Angehörigen der E. I zur Reserve I über. Die E. II setzte sich aus beschränkt tauglichen, untauglichen und den aus politischen, rassischen oder anderen Gründen zu den sogenannten Wehrpflichtausnahmen zählenden Dienstpflichtigen zusammen. Angehörige der E. II wurden bis zum Kriegsausbruch nicht zum Wehrdienst einberufen. Die Einrichtung der E. war eine Methode der militärischen Führung zur weitgehenden Ausschöpfung des Menschenpotentials des Landes für den Krieg.

In der DDR dient der auf der allgemeinen Wehrpflicht beruhende Wehrdienst dem Schutz des Friedens und des sozialistischen Vaterlandes sowie der Einheit und Verteidigungsfähigkeit der sozialistischen Militärkoalition. Es gibt keine E. obiger Art. Der Wehrdienst gliedert sich in den aktiven Wehrdienst und den Reservistenwehrdienst. In der Zeit, in der die Wehrpflichtigen keinen Wehrdienst bzw. keinen ihm entsprechenden Dienst leisten, bilden sie als Reservisten die Reserve der NVA (→ *Gesetz über den Wehrdienst in der DDR 1982,* → *Reservistenordnung der DDR*).

Ersatzwesen: territorial und zentral gegliedertes Organisationssystem zur Erfassung, Musterung und Einberufung (Aushebung) von Wehrpflichtigen und Freiwilligen sowie zur Entlassung von Soldaten aus dem aktiven Dienst.

Träger des E. sind besondere militärische und zivile Behörden, die ihre Tätigkeit auf der Grundlage von Gesetzen, Verordnungen und Plänen ausüben. Das E. schließt das Kontrollwesen bzw. die Überwachung der Wehrpflichtigen ein. Die Entstehung des E. ist eng mit der allmählichen Herausbildung der stehenden Söldnerheere seit der zweiten Hälfte des 17. Jh. verbunden. Zu den Keimformen der territorialen Erfassung und zielgerichteten Aushebung gehören die in Preußen seit 1720 vorgenommene Abgrenzung des Rekrutierungsgebiets (→ *Kantonsystem*) und die Eintragung junger Männer in Rollen (Listen). Andere Länder, wie Frankreich und Österreich-Ungarn, begannen Ende des 18. Jh. mit ersten Versuchen zur statistischen Erfassung der männlichen Bevölkerung. Die Einführung der → *allgemeinen Wehrpflicht* in zahlreichen europäischen Staaten, wie Frankreich, Preußen, Österreich-Ungarn, Rußland und Italien, Ende des 18. und im Verlauf des 19. Jh. erforderte und beschleunigte die weitere Herausbildung des E. (→ *Ersatzreserve*). Andererseits hemmte die inkonsequente Verwirklichung der allgemeinen Wehrpflicht (verschiedene Formen der Stellvertretung und Befreiungen vom Wehrdienst) seine Weiterentwicklung.

Im Deutschen Reich hatte sich in den 70er Jahren des 19. Jh. ein E. herausgebildet, dessen wesentliche Merkmale bis Mitte des 20. Jh. gültig blieben. Grundlage seiner Entwicklung waren vor allem der Aufschwung der Produktivkräfte, die Erfahrungen des Krieges 1870/71 und die politischen Auswirkungen der Gründung des preußisch-deutschen Kaiserreichs 1871. Das damalige E. war durch folgende Merkmale gekennzeichnet: 1. Es existierte eine straffe territoriale Aufteilung. Jeder Armeekorpsbezirk war zugleich besonderer Ersatzbezirk, der sich in mehrere Landwehr-, Musterungs- und Ausbildungsbezirke unterteilte. 2. Es gab ein System von zivilen und militärischen Ersatzbehörden. Diese Behörden waren: die Ministerialinstanz (Kriegsminister und Minister des Innern); die dritte Instanz (Korpskommandeur und Chef der Provinzial- oder Landesbehörde); die zweite Instanz (die aus dem Infanterie-Brigadekommandeur und einem hohen Verwaltungsbeamten bestehende Oberersatzkommission); die erste Instanz (die aus dem Bezirkskommandeur und einem Verwaltungsbeamten des Bezirks bestehende Ersatzkommission). 3. Die Heranziehung der Wehrpflichtigen oder Freiwilligen zum Wehrdienst vollzog sich in 3 Etappen: durch die Erfassung, → *Musterung* und Einberufung (das sogenannte Ersatzgeschäft). 4. Die Organe des E. übten ihre Tätigkeit vor allem auf der Grundlage folgender Gesetze und Pläne aus: des «Gesetzes, betreffend die Verpflichtung zum Kriegsdienst» vom 9. 11. 1867 (Wehrgesetz); des «Reichsmilitärgesetzes» vom 2. 5. 1874; der «Deutschen Wehrordnung» vom 28. 9. 1875 und des «Gesetzes, betreffend die Ausübung der militärischen Kontrolle über die Personen des Beurlaubtenstandes, die Übungen derselben sowie die gegen sie zulässigen Disziplinarstrafmittel» vom 15. 2. 1875 (Kontrollgesetz) sowie des Mobilmachungsplans. Der Ende der 70er Jahre des 19. Jh. erreichte Stand in der Organisation des E. und die differenzierten Festlegungen zur Wehrpflicht ermöglichten eine schnellere und größere Ausschöpfung der Menschenreserven Deutschlands für den Krieg. Die Übertragung des preußischen Militärsystems einschließlich des E. auf ganz Deutschland konservierte und stärkte die Macht des reaktionären Junkertums und preußischen Militarismus.

Der Übergang zum Imperialismus, besonders die damit verbundenen tiefgreifenden Wandlungen in der sozialen Struktur der Länder und die rasche wirtschaftlich-technische Entwicklung sowie der qualitativ neue Charakter des Krieges bewirkten weitere Veränderungen im deutschen E. So wurde das Netz der Erfassung durch die Errichtung von Hauptmelde- und Meldeämtern verdichtet, und die Methoden zur personellen Planung, zur Kontrolle der Reservisten sowie zur Bereitstellung der Bewaffnung und Ausrüstung wurden weiterentwickelt. Im ersten Weltkrieg führten die zunehmende Zahl der Soldaten, die personellen Verluste und der wachsende Widerspruch zwischen Ersatzbedarf und vorhandenen Menschenreserven zu gewissen Modifizierungen in der Ersatzverteilung und zu neuen Methoden in der Ersatzbeschaffung. Der Versailler Vertrag verbot das E. in Deutschland. Die Reichswehr ergänzte ihren personellen Bedarf an längerdienenden Freiwilligen auf der Grundlage der Heeresergänzungsbestimmungen vom 4. 6. 1921, die durch die Verordnung vom 9. 12. 1927 eine neue, aber nicht grundlegend geänderte Fassung erhielten. Die Wehrkreiskommandos (→ *Wehrkreis*) leiteten die Werbung aller in ihrem Bereich stationierten Truppenteile. Der Kommandeur des Truppenteils entschied über die Annahme des Freiwilligen, der einen Verpflichtungsschein für 12 Jahre unterzeichnen mußte. Der festgelegte Annahmetruppenteil berief den Angeworbenen durch Gestellungsaufforderung ein. Die durch den Versailler Vertrag verbotene Erfassung der männlichen Bevölkerung wurde von den Wehrkreiskommandos und illegalen Einrichtungen (z. B. Kreiskommissare) in gewissem Umfang fortgeführt.

Die Errichtung der faschistischen Diktatur beeinflußte die weitere Entwicklung des deutschen E. maßgeblich. Das «Gesetz für den Aufbau der Wehrmacht» vom 16. 3. 1935, das u. a. die allgemeine Wehrpflicht festlegte, und die «Verordnung über das Erfassungswesen» vom 22. 5. 1935 führten das E. unter der Bezeichnung Wehr-E. von neuem in Deutschland ein. Das faschistische E. war vordergründig auf die Vorbereitung und Führung eines Krieges ausgerichtet. Es gliederte sich in Anlehnung an die politische Einteilung Deutschlands in Wehrkreise, Wehrersatzbezirke, Wehrbezirke und diese schließlich in Wehrmelde- und Musterungsbezirke. Entsprechende militärische und zivile Behörden führten die Erfassung, Musterung und Aushebung durch. Der Reichskriegsminister/Chef des OKW bestimmte jährlich im Einvernehmen mit dem Reichsminister des Innern, welche wehrpflichtigen Geburtsjahrgänge erfaßt, gemustert und einberufen werden sollten. Hierzu ergingen verschiedene Anordnungen. Gestützt auf die von der jeweiligen polizeilichen Meldebehörde und dem Standesamt angefertigten Personalunterlagen, leitete das Wehrbezirkskommando, unterstützt von der Kreispolizeibehörde und zivilen Stellen, die Musterung. Der Entscheid des Wehrbezirkskommandeurs wurde in die Wehrstammkarte, Wehrstammblätter und Wehrstammrolle sowie in den Wehrpaß eingetragen. Der Wehrbezirkskommandeur entschied auch über die Art der Aushebung. Nach der Entfesselung des zweiten Weltkrieges wurden die Behörden des E. Bestandteil des Ersatzheeres und in der Zahl erweitert. 1941 bestanden 17 Wehrkreise, 40 Wehrersatzbezirke und 339 Wehrbezirke mit 722 Wehrmeldeämtern. Die Verordnungen über Erfassung, Musterung, Aushebung und Wehrüberwachung galten auch während des Krieges, waren aber vereinfacht. Die Zeit zwischen Erfassung und Musterung war kürzer. Musterung und Aushebung fielen zusammen. Die Bestimmungen zur Wehrüberwachung wurden verschärft. Die Waffen-SS und ihre Vorläufer besaßen ein relativ selbständiges E., das mit der Ernennung des Reichsführers SS Heinrich Himmler (1900–1945) zum Befehlshaber des Ersatzheeres im Jahre 1944 noch größere Selbständigkeit erhielt.

Das Bestehen einer Reserve und gut ausgebildeter Reservisten ist auch für den modernen Krieg von großer Bedeutung. In den sozialistischen Staaten haben die Reservisten den gesellschaftlichen Auftrag, ihre persönliche Kampfbereitschaft zu erhalten und die Maßnahmen zur Festigung der Landesverteidigung zu unterstützen. Die wichtigste gesetzliche Grundlage dafür ist in der DDR das am 25. 3. 1982 von der Volkskammer beschlossene Wehrdienstgesetz (→ *Gesetz über den Wehrdienst in der DDR 1982*). Danach erfolgt die Erfassung der Wehrpflichtigen durch die Deutsche Volkspolizei. Zeitpunkt, Geburtsjahrgang und Personenkreis der zu Erfassenden bestimmt der Minister für Nationale Verteidigung. Zur Vorbereitung auf die Mobilmachung und den Verteidigungszustand können auch weibliche Bürger erfaßt werden. Die Musterung der aufgerufenen Wehrpflichtigen wird von den Wehrkreiskommandos in Zusammenarbeit mit den Räten der Kreise oder Stadtbezirke vorbereitet und durchgeführt. Den Termin der Einberufung bestimmt der Minister für Nationale Verteidigung, die Einberufung erfolgt durch die Wehrkreiskommandos mittels Einberufungsbefehl. Die Wehrpflichtigen bilden in der Zeit, in der sie keinen aktiven Wehrdienst oder Reservistenwehrdienst bzw. keinen dem Wehrdienst entsprechenden Dienst leisten, die Reserve der NVA.

Eskadron: seit dem 17. Jh. in der → *Kavallerie* bestehende taktische Einheit, die sich seit dem 19. Jh. in Züge und Beritte bzw. Reitergruppen untergliederte und in der Regel zu einem Regiment gehörte.

Das Wort E. geht wahrscheinlich wie der gleichbedeutende Begriff Schwadron auf das italienische quadra (= Karree) zurück. Dies war im 15./16. Jh. die Bezeichnung für einen viereckigen Schlachthaufen, der aus mehreren → *Fähnlein* oder → *Kompanien* ohne Unterschied der Waffengattung bestand. Seit der ersten Hälfte des 16. Jh. wurde unter E. eine Kavallerieabteilung mit mehreren Gliedern, anfangs bis zu 17, verstanden.

Erste E. entstanden unter dem römisch-deutschen Kaiser Karl V. (1500–1558). Im 17./18. Jh. wurde die E. bei der Kavallerie zur größten taktischen Einheit, zu der 3–4, später 2 Kompanien gehörten. Die Gefechtsaufstellung der E. in 2 Gliedern führte Preußen 1743 unter König Friedrich II. (1712–1786) bei den Husaren, 1757 bei der schweren Kavallerie, Frankreich 1766 ein. Die anderen Armeen folgten erst zu Beginn des 19. Jh. Seit dieser Zeit fiel in der E., die sich für den Kampf nunmehr in meist 4 Züge untergliederte, die taktische und administrative Funktion zusammen. Die Zahl der E. je Kavallerieregiment war noch lange in den verschiedenen Armeen unterschiedlich (bis zu 10 E.), verringerte sich jedoch bis zum Beginn des 20. Jh. meist auf 4, die im kaiserlich-deutschen Heer je 150, in der Reichswehr 165 Reiter stark waren. In der faschistischen Wehrmacht war die Bezeichnung Schwadron üblich. In den meist aus Kavallerieformationen hervorgegangenen Aufklärungsabteilungen der Infanterie- und Panzerdivisionen hießen die Kompanien ebenfalls Schwadronen. Führer der E. bzw. Schwadron war der Rittmeister, dessen Stellung dem Dienstgrad eines → *Hauptmanns* entsprach.

Europaarmee → *Europäische Verteidigungsgemeinschaft (EVG)*

Europäische Verteidigungsgemeinschaft (EVG): von 1952 bis 1954 bestehendes Projekt der Westmächte zur Bildung eines westeuropäischen Militärblocks im Rahmen der → *NATO*, in den die BRD mit starken Streitkräften einbezogen werden sollte.

Der Vertrag über die Gründung der EVG wurde am 27. 5. 1952 in Paris von den Regierungschefs Belgiens, der BRD, Frankreichs, Italiens, Luxemburgs und der Niederlande auf 50 Jahre abgeschlossen. Grundlage war ein Plan, den der damalige französische Ministerpräsident René-Jean Pleven (geb. 1901) am 24. 10. 1950 den späteren EVG-Unterzeichnerstaaten vorgeschlagen hatte (Plevenplan). Dieser war ein Versuch der französischen Monopolbourgeoisie, dem Streben der NATO-Mächte nach offener → *Remilitarisierung der BRD* und deren Einbeziehung in das imperialistische Militärpaktsystem gerecht zu werden, zugleich aber die eigene Vormachtstellung zu sichern. So sah der Plan die Aufstellung einer supranationalen «Europaarmee» vor, in der Frankreich den bestimmenden Einfluß hatte und in die auch BRD-Truppen, jedoch nicht gleichberechtigt, einbezogen waren. Trotzdem stimmte die BRD-Regierung dem Plan als Grundlage für Verhandlungen zur Durchsetzung ihrer Interessen zu. Ergebnis war der EVG-Vertrag. Verhandlungen und Vertrag machten das Drängen der NATO-Mächte auf die schnelle, offene Aufrüstung der BRD und ihre Einbeziehung in das aggressive imperialistische Militärbündnis deutlich. Sie kamen den Absichten des BRD-Monopolkapitals nach gewaltsamer Revision der Ergebnisse des zweiten Weltkrieges entgegen.

Plakat der KPD gegen die EVG, 1952

Der EVG-Vertrag umfaßte 132 Art., mehrere Zusatzabkommen und Geheimabkommen. Die militärische Organisation der EVG sah Zentralorgane, Truppenführungsstäbe und Territorialkommandos vor, so einen europäischen Generalstab, eine Direktion für Bewaffnung und Versorgung und eine Finanzdirektion zur Verwaltung des gemeinsamen Budgets. Die Streitkräfte der EVG sollten sich zusammensetzen aus: integrierten Landstreitkräften mit 43 Divisionen (Groupements) der Typen Panzerdivision, Panzerbegleitdivision und Infanteriedivision (mot.) mit durchschnittlich je 13 000 Mann (Frankreich 14 Divisionen, Italien und die BRD je 12, die Beneluxstaaten 5); integrierten taktischen Luftstreitkräften (Aufklärungs-, Jagd-, Schlachtfliegerkräfte) mit insgesamt 5 200 Flugzeugen, davon die BRD 1 350 Flugzeuge, und 85 000 Mann (die operativ-strategischen Luftstreitkräfte wollte die NATO stellen); Seestreitkräften, die als nationale Kontingente zur Verfügung stehen sollten. Für die Seestreitkräfte der BRD waren 12 000 Mann und 210 Schiffe und Boote sowie Marinefliegerkräfte vereinbart. Bis Ende 1954 sollten die EVG-Streitkräfte aufgestellt sein. Ferner war vorgesehen, gemeinsame Führungs- und Ausbildungsgrundsätze zu entwickeln, nach einer Übergangszeit die Bestimmungen der nationalen Militärverfassungen für die «Europaarmee» aufzuheben und diese im Kriegsfall der NATO-Militärorganisation zu unterstellen.

Der EVG-Vertrag wurde am 19. 3. 1953 vom BRD-Bundestag gegen den Willen breiter Bevölkerungskreise ratifiziert. Am 13. 4. 1954 schlossen die 6 EVG-Staaten mit Großbritannien ein Abkommen über militärische Zusammenarbeit. Bis zum Sommer 1954 gaben auch die Parlamente Belgiens, Italiens, Luxemburgs und der Niederlande dem EVG-Vertrag ihre Zustimmung. Die französische Nationalversammlung lehnte jedoch unter dem Druck einer mächtigen Volksbewegung in Frankreich und in anderen europäischen Ländern den Vertrag ab. Nachdem das EVG-Projekt ein Fiasko erlitten und sich am 15. 9. 1954 der EVG-Interimsausschuß in Paris aufgelöst hatte, beschritten die USA unter Mißachtung des Friedenswillens der Völker im Komplott mit ihren Bündnispartnern und den herrschenden imperialistischen Kreisen der BRD den Weg der schnellen und direkten Eingliederung der BRD in die NATO und ihrer offenen und beschleunigten Aufrüstung (→ *Pariser Verträge 1955*).

Exerzierausbildung: Teil der allgemeinen Ausbildung seit dem 17. Jh., dessen Wesen in der Einübung bestimmter elementarer Tätigkeiten und Verhaltens-

Rekrutenausbildung im kaiserlich-deutschen Heer

weisen zur Erfüllung der militärischen Aufgaben und Pflichten besteht.

Der Begriff exerzieren, der sich von dem französischen «exercer» (vom lateinischen exercere = einüben) ableitet und dem englischen «drill» entspricht, gelangte im 16. Jh. in den deutschen Sprachgebrauch. Obwohl der Grundzweck der E., das exakte, schnelle und sichere Einüben bestimmter militärischer Handlungen, gleichblieb, haben sich doch in Abhängigkeit vom Charakter der jeweiligen Gesellschaftsordnung und vom Stand des Militärwesens der gesellschaftliche Inhalt und die konkreten Formen der E. im Laufe der Geschichte verändert. Unter den Bedingungen reaktionärer Klassenherrschaft diente die E. immer zwei Zielen: der militärischen Perfektionierung des Soldaten und seiner bedingungslosen Unterwerfung unter die Ziele der herrschenden Klassen. Eine E. im eigentlichen Sinne wurde zuerst von den oranischen Prinzen im Zuge ihrer Militärreform während des niederländischen Befreiungskampfes (1566/67–1609) eingeführt, um ein schlagkräftiges Heer gegen die spanische Söldnerarmee zu schaffen. Blieb bei den Landsknechten dem jeweiligen Regimentsobristen die Art der Waffen- und Exerzierübungen überlassen, so legten die Oranier mit ihrem 1607 erschienenen → *Exerzierreglement* den Grundstein für die einheitliche Ausbildung im gesamten Heer. Die E., zunächst weitgehend auf die Beherrschung der Waffe beschränkt, und die Funktion des Exerzier- oder Drillmeisters wurden auch in anderen Armeen eingeführt. In den stehenden Heeren des 17./18. Jh. mit der ihnen eigenen komplizierten → *Lineartaktik* diente die E. dazu, die Soldaten schärfster Disziplin zu unterwerfen und sie zu willenlosen Werkzeugen des Krieges zu machen. Vor allem in der preußischen Armee entartete die E. zu einem übersteigerten Drillsystem, das mit systematischen → *Soldatenmißhandlungen* sowie härtesten Zwangsmaßnahmen verbunden war. Der sich bis zur Menschenverachtung steigernde stumpfsinnige Kasernenhof- und Paradedrill blieb bis ins 20. Jh. ein Wesensmerkmal des preußisch-deutschen Militarismus. Von daher wurde der Begriff Drill zum Synonym für Soldatenschinderei und in diesem Sinne, vor allem seitens der Arbeiterbewegung, Gegenstand scharfer Kritik.

Gewehrexerzieren im kaiserlich-deutschen Heer

In den modernen Streitkräften ist die E. notwendiger Bestandteil der militärischen Ausbildung, um die erforderlichen Fertigkeiten in der Beherrschung der Waffen und im taktischen Verhalten herauszubilden. In den imperialistischen Armeen ist die E. gleichzeitig ein Mittel, den Soldaten gefügig zu machen, wobei es häufig zur Verletzung der Menschenwürde kommt.

In den sozialistischen Armeen ist die E. Teil der Gefechtsausbildung und dient der bewußten Herausbildung von Fertigkeiten und diszipliniertem Verhalten.

Exerzierreglement: gedruckte Vorschrift für die allgemeine militärische Ausbildung (→ *Exerzierausbildung*).

Als verbindliche und für längere Zeit gültige Bestimmungen kamen E. mit der Herausbildung der stehenden Heere seit dem 17. Jh. auf. Die ersten E. enthielten im wesentlichen Festlegungen über die Handhabung und den Einsatz der Feuerwaffen. Ihr Prototyp war die 1607 erschienene Vorschrift über den Umgang mit Röhren, Musketen und Spießen, mit der Prinz Moritz von Oranien (1567–1625) «den Grundstein für die einheitliche Ausbildung einer ganzen Armee» legte (K. Marx/F. Engels, 14, S. 30). Sie bildete im 17. Jh. die Grundlage der Waffenhandhabung der Infanterie in den europäischen Armeen und beeinflußte auch die ersten deutschen E. Offizielle E. für die Infanterie erschienen 1702 in Preußen, 1704 in Sachsen und 1737 in Österreich. Auch die Kavallerie erhielt in dieser Zeit entsprechende Reglements, die Artillerie dagegen erst seit Ende des 18. Jh. Alle diese E. trugen den Charakter allgemeiner → *Dienstvorschriften* der Waffengattungen. Sie enthielten sowohl Bestimmungen über den

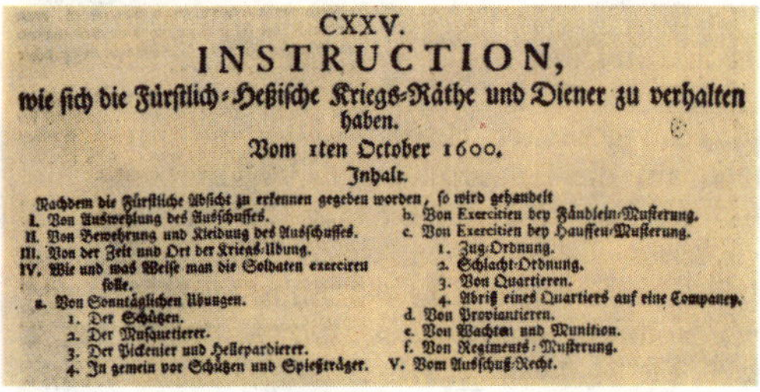
CXXV.
INSTRUCTION,
wie sich die Fürstlich-Heßische Kriegs-Räthe und Diener zu verhalten haben.
Vom 1ten October 1600.
Inhalt.
Nachdem die Fürstliche Absicht zu erkennen gegeben worden, so wird gehandelt
I. Von Auswehlung des Ausschusses.
II. Von Bewehrung und Kleidung des Ausschusses.
III. Von der Zeit und Ort der Kriegs-Ubung.
IV. Wie und was Weise man die Soldaten exerciren solle.
a. Von Sonntäglichen Ubungen.
1. Der Schützen.
2. Der Musquetierer.
3. Der Pickenier und Hellepardierer.
4. In gemein vor Schützen und Spießträger.
b. Von Exercitien bey Fändlein-Musterung.
c. Von Exercitien bey Hauffen-Musterung.
1. Zug-Ordnung.
2. Schlacht-Ordnung.
3. Von Quartieren.
4. Abriß eines Quartiers auf eine Compagney.
d. Von Proviantieren.
e. Von Wachten und Munition.
f. Von Regiments-Musterung.
V. Vom Ausschuß-Recht.

Aus der hessischen Instruktion vom 1. Oktober 1600

Waffengebrauch und taktische Regeln als auch Festlegungen, die fast alle Seiten des militärischen Dienstes und Lebens erfaßten.

Die beginnende bürgerliche Umgestaltung des Militärwesens im Gefolge der Französischen Revolution (1789–1794) und die neue → *Kriegskunst* bedingten auch neue E. für alle Waffengattungen. In Österreich wurden sie 1807, in Preußen 1812 erlassen; an der Ausarbeitung der preußischen E. hatte vor allem Generalmajor Gerhard von Scharnhorst (1755–1813) großen Anteil. Im Laufe des 19. Jh. traten an die Stelle der bisherigen Einheitsreglements Dienst-, Verwaltungs-, Mobilmachungs- und Ausbildungsvorschriften sowie taktische E. Letztere wurden für jede Waffengattung gesondert herausgegeben und waren neben der allen gemeinsamen → *Felddienstordnung* die wichtigste Vorschrift für die Truppen. Die Herausgabe der Vorschriften erfolgte durch eigene Druckschriftenverwaltungen innerhalb der Kriegsministerien.

Die in den E. enthaltenen offiziellen Grundsätze der Taktik trugen dem Entwicklungsstand der Waffentechnik und den Kriegserfahrungen oft nur ungenügend Rechnung. Die Militärbehörden nahmen jedoch nur zögernd Änderungen vor. So führten z. B. das Festhalten der österreichischen Truppen im Krieg 1866 an der Taktik der Bataillonskolonne (→ *Kolonne*) und das der preußischen Truppen 1870/71 an der Taktik der Kompaniekolonne zu großen Verlusten. Das preußische Infanterie-E. von 1876 ignorierte jedoch diese Erfahrungen, weil die Militärs die Soldaten mit geschlossenen Formationen fest in der Hand halten wollten. Erst das nach heftigen Auseinandersetzungen erlassene E. von 1888 setzte den Schützenschwarm durch. Seit der zweiten Hälfte des 19. Jh. wurden weitere spezielle Vorschriften erlassen (für Felddienst, Schießausbildung u. a. m.), die das E. ergänzten und Teile seiner bisherigen Aufgaben übernahmen. Die E. widerspiegelten, daß im Zuge der Kriegsvorbereitung bei vertiefter und vielseitigerer taktischer und technischer Ausbildung zugleich das Ziel bestand, die Soldatenmassen zum Kadavergehorsam zu erziehen. An die E. des kaiserlich-deutschen Heeres lehnten sich die als Ausbildungsvorschriften bezeichneten E. der Reichswehr an, die ab 1922 für die einzelnen Waffengattungen erschienen. Der wesentlich höhere Anteil des Felddienstes in der Grundausbildung resultierte aus der Auswertung der Kriegserfahrungen. Mit dem Übergang des deutschen Faschismus zur offenen Aufrüstung erfolgten ab 1935 Neudrucke, die dem beschleunigten Ausbau der Wehrmacht zum kriegsbereiten Aggressionsinstrument Rechnung trugen. Die ab 1941 herausgegebenen Neubearbeitungen der E. berücksichtigten Erfahrungen der faschistischen Aggressionsfeldzüge.

In den modernen Streitkräften sind Exerzier- und Gefechtsausbildung durch Vorschriften einheitlich geregelt. Die Dienstvorschrift Exerzieren der NVA dient dem Ziel, den Armeeangehörigen eine bewußte militärische Disziplin anzuerziehen und sie zu befähigen, die allgemeinen Dienstpflichten zu erfüllen sowie zweckmäßige elementare Handlungen zur Lösung von Gefechtsaufgaben auszuführen.

Explosivstoffe: chemische Verbindungen oder Gemische, die sich infolge bestimmter äußerer Einwirkungen explosiv (durch Verbrennung oder Detonation) in stark erhitzte Gase umwandeln.

Ihrer Zusammensetzung nach werden die E. in 2 Hauptgruppen unterteilt: in chemische Verbindungen und in Stoffgemische. Entsprechend ihrer physikalischen Beschaffenheit unterscheidet man pulverförmige, flüssige und plastische E. Im Militärwesen kommen vor allem feste E.gemische zur Anwendung. Die E. werden nach ihrem Verwendungsgebiet in die Initial- oder primären Sprengstoffe, die brisanten oder sekundären Sprengstoffe und schließlich die Pulver oder E. mit schiebender (treibender) Wirkung unterteilt. Zu der Gruppe der Pulver zählt man auch die festen Raketentreibstoffe sowie die pyrotechnischen Gemische (letztere können je nach Zusammensetzung auch Sprengwirkung erreichen). Nach der Reaktionsgeschwindigkeit bei der Explosion unterscheidet man deflagrierende (verbrennende) und detonierende E. Deflagrierende E. besitzen eine niedrige Reaktionsgeschwindigkeit (bis 1000 m/s), werden durch Zünder oder Zündhütchen zur Reaktion gebracht und als Treibmittel oder E. mit schiebender Wirkung eingesetzt. Detonierende E. (brisante Sprengstoffe) verfügen über eine hohe Reaktionsgeschwindigkeit (1000–10000 m/s). Sie werden zur Füllung von Granaten, Bomben, Minen und anderen Arten von → *Munition* sowie als Sprengmittel mit zertrümmernder Wirkung eingesetzt. Brisante Sprengstoffe werden in der Regel durch Initialsprengstoffe zur Detonation gebracht. Initialsprengstoffe sind bereits in kleinen Mengen sehr explosiv, reagieren auf einen leichten Stoß oder bei Funken- oder Flammenentzündung.

Bis in das 19. Jh. diente Schwarzpulver (auch als Pulversprengstoff bezeichnet) sowohl als treibender

E. für Geschosse als auch zur Füllung von Explosivgeschossen und als Sprengmittel für die Mineure. Die Entstehungsgeschichte des Schwarzpulvers ist unvollständig erforscht. Die Kenntnisse von der beschleunigenden Wirkung des Pulvers und seinen waffentechnischen Einsatzmöglichkeiten verbreiteten sich in Europa seit Mitte des 13. Jh. Produktionsstätten von Schwarzpulver entstanden 1340 in Straßburg, 1344 in Spandau, 1360 in Lübeck und in anderen Städten. Die Zusammensetzung des deflagrierenden Schwarzpulvers (standardmäßig aus etwa 75% Kalisalpeter, 10% Schwefel und 15% Holzkohle) veränderte sich im Laufe der Jahrhunderte kaum. Unter König Friedrich II. von Preußen (1712–1786) gab es eine Pulvermühle in Berlin, die den Heeresbedarf im Siebenjährigen Krieg (1756–1763) nur zum Teil deckte. Mit der raschen Weiterentwicklung des Militärwesens in der zweiten Hälfte des 19. Jh., vor allem der Waffentechnik und des Befestigungswesens, erwies sich die Leistungsfähigkeit des Schwarzpulvers als Treib- und Sprengmittel (Reaktionsgeschwindigkeit 400 m/s) als unzureichend. Als sog. Sprengpulver wird es heute nur noch begrenzt eingesetzt.

Die Suche nach neuen, wirksameren E. wurde seit dem letzten Drittel des 18. Jh. vor allem in England und Frankreich intensiviert und führte 1799 in England zur Entdeckung des Knallquecksilbers. Seine Einführung als Füllung der Zündmittel stimulierte die Entwicklung der → *Handfeuerwaffen* und → *Faustfeuerwaffen* und der Geschütze (→ *Artillerie*), die in der Konstruktion moderner → *Hinterlader* gipfelte. Knallquecksilber und das später entdeckte Bleiazid blieben die wichtigsten Initialsprengstoffe. Für die Anwendung werden sie in Hülsen oder auch in Kapseln eingepreßt. 1845/46 wurden Schießbaumwolle (Zellulosenitrat), hergestellt durch Nitrieren von Baumwolle mittels Salpetersäure, und 1847 Nitroglyzerin (Glyzerintrinitrat) als erste brisante Sprengstoffe entdeckt. Die an sie geknüpften großen Erwartungen hinsichtlich ihres militärischen Einsatzes bestätigten sich jedoch nicht. Schießbaumwolle (Reaktionsgeschwindigkeit 600 m/s) neigte zur Zersetzung und war nur bedingt verwendbar. Die flüssige Form des sehr schlag-, stoß- und erschütterungsempfindlichen Nitroglyzerins (Detonationsgeschwindigkeit 7600 m/s) sowie die geringe Lagerfähigkeit von Dynamit und Sprenggelatine schlossen diese als Geschoßfüllmittel aus. Im Preußisch-Österreichischen Krieg 1866 und im Deutsch-Französischen Krieg 1870/71 diente Schwarzpulver noch als treibender E., als Geschoßfüllmittel und für andere Sprengzwecke. Dynamit und Sprenggelatine, von dem schwedischen Ingenieur Alfred Nobel (1833–1896) 1867 bzw. 1875 erfunden, waren die ersten handhabungssicheren brisanten Sprengstoffe. Nobel benutzte 1867 erstmals Knallquecksilber als Initialzünder für brisanten Sprengstoff (Dynamit). Schießbaumwolle wurde noch längere Zeit zur Füllung von Minen und Torpedos verwendet. Heute dient sie fast nur zur Produktion treibender E.

Erst in den 80er Jahren des 19. Jh. gelang es durch die Entwicklung der organischen Chemie, hochwirksame, handhabungssichere und relativ lagerungsfähige treibende und brisante E. herzustellen. Ihre militärische Verwendung war mit einem waffentechnischen Qualitätssprung in der Infanterie- und Artilleriebewaffnung verbunden. Die Vereinigten Köln-Rottweiler Pulverfabriken führten seit 1884 Versuche mit rauchschwachem Pulver (treibenden E.) durch. 1888 erwarb das preußische Kriegsministerium die Lizenz für das neue Treibmittel, das jedoch durch das 1884–1886 erfundene französische Pyroxilin-Blättchenpulver entwertet wurde. Das 1889 im kaiserlich-deutschen Heer eingeführte erste Nitrozellulosepulver war eine durch Spionage ermöglichte Nachahmung des französischen rauchschwachen Pulvers. Sein Einsatz ermöglichte wegen des Wegfalls der starken Rauchentwicklung beim Schuß, gesteigerter Treibwirkung, größerer Feuergeschwindigkeit, Durchschlagskraft und Reichweite, Mehrladegewehre kleineren Kalibers und Schnelladegeschütze zu konstruieren. In der Folgezeit wurden weitere treibende E. auf Nitrozellulose- und Nitroglyzerinbasis entwickelt. Um den Verbrennungsvorgang beim Schuß dem Anwendungszweck entsprechend zu steuern, erhielt das rauchschwache Pulver durch mechanische Bearbeitung eine unterschiedliche Form (Blättchen-, Stangen- und Würfelpulver u. ä.). Nitrozellulose- und Nitroglyzerinpulver sind noch heute in Gebrauch. Beide Pulverarten werden auch häufig miteinander vermischt.

Der Bau von Festungsanlagen aus Stahlbeton und unter Verwendung von Panzerplatten aus hochfesten Stahllegierungen beschleunigte auch die Suche nach wirksameren brisanten E. als Geschoßfüllmittel. Im deutschen Heer wurden 1883 für das hauptsächliche Belagerungsgeschütz, den 210-mm-Mörser, Brisanzgranaten mit Schießbaumwolle eingeführt, die sich jedoch als unbrauchbar erwiesen. Von allen Nitroverbindungen war die Pikrinsäure (Trinitrophenol) der militärisch zuerst eingesetzte brisante Sprengstoff. Im deutschen Heer wurde sie als «Granatfüllung 88» verwendet. Da sie aber mit Metallen hochexplosive Salze bildete, mußte der Granatmantel durch Sprengladungsbüchsen aus Pappe oder durch Lackieren geschützt werden. Die Forderung nach einem druck- und stoßsicheren sowie lagerbeständigen brisanten Sprengstoff, insbesondere für schwerste Kaliber, führte zur Entwicklung des Trinitrotoluols (TNT, Trotyl). Seine industrielle Herstellung wurde erst möglich, nachdem es Anfang des 20. Jh. gelungen war, die dafür notwendigen großen Mengen hochkonzentrierter Schwefelsäure durch das Kontaktverfahren relativ billig zu produzieren. Im deutschen Heer und in der Marine kam TNT (Detonationsgeschwindigkeit 6900 m/s) unter der Bezeichnung «Füllpulver 02» zum Einsatz. TNT wurde der am meisten verwendete militärische Sprengstoff. Deshalb wird auch die Sprengkraft (Detonationsstärke) von Kernwaffen durch die Angabe äquivalenter Mengen TNT bezeichnet. Zur besseren Handhabung wird brisanter Sprengstoff in Form von gepreßten oder gegossenen Sprengkörpern bestimmten Ausmaßes hergestellt.

Die Produktion von E. erfolgte in staatlichen und vor allem in privatkapitalistischen Fabriken, die infolge des Wettrüstens hohe Profite abwarfen. Gestützt auf die fortgeschrittene Entwicklung der chemischen Wissenschaften in Deutschland, errangen die Sprengstoffkonzerne (z. B. die Vereinigten Köln-Rottweiler Pulverfabriken, die Rheinisch-Westfälischen Pulverfabriken, die Deutsche Sprengstoff Aktiengesellschaft, Hamburg) einen führenden Platz in der Welt. Sie arbeiteten eng mit den Waffenwerken und den Chemiekonzernen zusammen. Letztere lieferten die Ausgangsprodukte für die E.herstellung und gingen nach Beginn des ersten imperialistischen Weltkrieges selbst zur Produktion von brisantem Sprengstoff über. Aufgrund der Blockade der Salpetereinfuhr stand der deutsche Imperialismus bereits im Herbst 1914 vor einem katastrophalen E.mangel. Er konnte seit 1915 in dem Maße allmählich überwunden werden, wie es gelang, in großtechnischen Anlagen Salpetersäure aus einheimischen Stickstofferzeugnissen (Ammoniak) zu gewinnen und die Stickstoffproduktion vor allem mittels des Haber-Bosch-Verfahrens zur Gewinnung von Ammoniak aus dem Stickstoff der Luft in neuen Werken (z. B. im Leunawerk) gewaltig zu steigern. Außerdem gelangten Ammonsalpeterzusätze zur Streckung der Produktion von TNT sowie neuartige brisante Sprengstoffe, vor allem Ammonsalpeter- und Perchloratsprengstoffe, zum Einsatz, für die Rohstoffe vorhanden waren. Dagegen stieß die Produktion von treibenden E. aufgrund ihrer komplizierten Fertigungsverfahren auf größere Schwierigkeiten. Die vom → *Hindenburgprogramm* geforderte Verdoppelung der Produktion rauchschwachen Pulvers wurde erst 1918 erreicht. Die Monatsproduktion stieg von 1200 t im September 1914 auf 13 800 t im Oktober 1918.

In den 20er und 30er Jahren und während des zweiten Weltkrieges wurden neue E.arten entwickelt. Die faschistische Wehrmacht setzte stärkere rauchschwache Pulver und neue brisante Sprengstoffe ein, wie Nitropenta und Hexogen. Nitropenta gilt als der sprengkräftigste aller einheitlichen chemischen Sprengstoffe mit einer Detonationsgeschwindigkeit bis 8 500 m/s. Das hochbrisante und chemisch sehr stabile Hexogen besitzt eine Detonationsgeschwindigkeit bis 8 400 m/s. Während des zweiten Weltkrieges verwendete die faschistische Wehrmacht über 100 E.arten, zumeist Gemische. Die Produktion (Monatsdurchschnitt) Hitlerdeutschlands stieg von 1938 bis 1944 bei treibendem E. von 5 500 t auf 21 500 t und bei brisantem Sprengstoff von 7 500 t auf 41 200 t.

Nach dem zweiten Weltkrieg wurden die brisanten Sprengstoffe vor allem in ihrer Dichte und Haltbarkeit verbessert, um ihre zerstörende Wirkung zu vergrößern. Gleichzeitig verringerte man ihre Stoß- und Reibungsempfindlichkeit. Besondere Bedeutung erlangten plastische Sprengstoffgemische für Hohlladungsgranaten und verflüssigte Zweikomponentensprengstoffe, deren detonierende Gaswolken eine hohe Sprengkraft haben sollen. TNT ist jedoch der wichtigste militärische Sprengstoff geblieben. In der Raketentechnik haben die festen Treibstoffe immer größere Bedeutung gewonnen. Es werden homogene und zusammengesetzte Raketentreibstoffe unterschieden. Zu den homogenen Treibstoffen gehören die aus Schießbaumwolle und Nitroglyzerin hergestellten rauchschwachen Pulver. Sie dienen jedoch nur noch für kleine Raketen. Für weitreichende Raketen werden heterogen zusammengesetzte Treibstoffe verwendet. Sie bestehen aus Bindebrennstoff (Polyurethane und andere Plaste), Oxydator (zumeist Ammoniumperchlorat) und energiesteigernden Zusätzen (Aluminiumpulver). Fester Brennstoff wird außerdem in Hybridraketen eingesetzt. Feste (und für Großraketen geeignete flüssige) Raketentreibstoffe haben den Fortschritt in der Entwicklung moderner Trägermittel für konventionelle und Kernsprengköpfe mitbestimmt und damit wesentlich zur Revolution im Militärwesen beigetragen.

F

Fahne: an einer Stange befestigtes Tuch, das in Farbe und aufgebrachten Symbolen die Funktion als Feld-, Erkennungs-, Ehren- und Hoheitszeichen erfüllt.

Schon die antiken Heere der Ägypter, Perser, Assyrer u. a. führten auf ihren Kriegszügen F. als Feldzeichen mit. Über die Römer lernten die Germanen die F. kennen. Auch in den deutschen Heeren diente sie ursprünglich als Feldzeichen. Sie war Sammelpunkt des Heerhaufens sowie Zeichen für die Übermittlung der Befehle zum Angriff oder zur Verteidigung. Aus diesem Gebrauch heraus entwickelte sich frühzeitig die Bedeutung der F. als Erkennungszeichen und zugleich als Symbol der Treue, Standhaftigkeit und Einsatzbereitschaft für den feudalen und später bürgerlich-kapitalistischen Kriegsherrn oder Staat entsprechend dem Treueid, den der Soldat auf die F. ablegte (→ *Fahneneid*). Verlust der F. oder eigenmächtiges Entfernen von der F. (→ *Fahnenflucht*) waren gleichbedeutend mit Entehrung, Feigheit oder Verrat. Der als F.träger ausgewählte Soldat, Offiziersanwärter oder Offizier (F.junker; → *Fähnrich*) mußte hohe moralisch-kämpferische und physische Eigenschaften besitzen und von blinder Treue zum Kriegsherrn beseelt sein, um im Gefecht den Schutz und die Sicherheit der F. gewährleisten und damit zur Standhaftigkeit des Truppenteils beitragen zu können.

Die F. bestand in den feudalen wie auch später in den bürgerlich-kapitalistischen Heeren aus einem meistens rechteckigen, ein- oder mehrfarbigen, mit Symbolen, Emblemen, Inschriften oder Namenszügen versehenen Tuch (gestickt oder bemalt) und aus F.stange mit F.spitze. Im Unterschied zur F. ist bei der seit dem Mittelalter als Erkennungs- und Hoheitszeichen gebräuchlichen und international anerkannten Flagge das Tuch nicht an einer Stange (Mast) befestigt, sondern wird an einer Leine geführt (gehißt). Die Gestaltung der F. und Flaggen änderte sich in den jeweiligen historischen Perioden oft.

Prinzipaufbau einer Truppenfahne

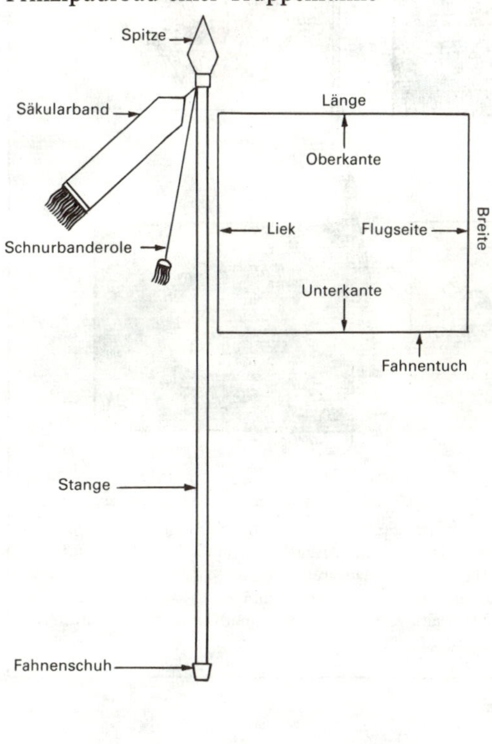

Ähnliches gilt für die Standarte, die als spezielle Form der F. von den berittenen, später auch von motorisierten Kräften geführt wurde. Im Unterschied zur F. war sie kleiner und in der Regel quadratisch. Ebenfalls aus der F. entwickelten sich der Stander und der Wimpel (dreieckig), die vor allem bei den Seestreitkräften als Rangabzeichen und Kommandozeichen verwendet werden.

Flaggensignale in der von 1906 bis 1945 in den deutschen Seestreitkräften gültigen Form: 1 Flagge (hier: R), Wimpel (hier: 9) und Stander (hier: Z); *2* codiertes Signal J (Jot) – D (Dora) «Feuer eröffnen» aus der Skagerrakschlacht 1916

Im deutschen Feudalreich war die F. der Kaiser, das Reichsbanner, das Hauptfeldzeichen. Seit 1336 auch Sturmfahne genannt, wurde sie dem Feldherrn in der Schlacht vorangetragen. Als Emblem trug das Reichsbanner seit dem 12. Jh. einen schwarzen Adler mit dem Hauswappen des Kaisers im gelben Feld. Als ab Ende des 15. Jh. die Ritterheere verfielen, eine Schwächung der militärischen Macht der Zentralgewalt eintrat und Söldnerheere im Dienste der verschiedensten Feudalherren entstanden, erfuhr die F. eine starke Verbreitung, erhöhte militärische Bedeutung und wurde gleichzeitig vielgestaltiger. Ihr Aussehen und ihre Verwendung wurden in den zeitweilig geworbenen Söldnerheeren immer mehr von dem Regimentsobristen bestimmt. In den stehenden Heeren wurde es zur Regel, daß die Landesherren an Truppenteile und Einheiten F. verliehen. Gleichzeitig reglementierten sie die Anzahl, die Ausgestaltung und den Gebrauch der F. für die verschiedenen Regimenter und Bataillone. Für die preußische Armee beispielsweise erließ vom Beginn des 18. Jh. bis zum Ende des 19. Jh. jeder König neue derartige Weisungen, das letzte Mal im Jahre 1890. In den Heeren der einzelnen deutschen Länder wurden F. bis zum Ende des ersten Weltkrieges geführt. Die Reichswehr der Weimarer Republik besaß keine Truppen-F. Die faschistische Wehrmacht führte in Vorbereitung des zweiten Weltkrieges 1936 wieder F. ein.

Eine hervorragende Rolle kam der F. von jeher im

Fahnen. *12. Jh. bis 18. Jh.:* **1** Knechtsfähnlein (um 1180); **2** Banner des Hochmeisters des Deutschen Ritterordens (1410); **3** Landsknechtsfahne (um 1520); **4** Bundschuhfahne (1517); **5** Fahne Thomas Müntzers (1525); **6** Fahne altmärkischer Bauernpartisanen (1675); **7** Kompaniefahne des brandenburgischen Regiments Hillebrand v. Kracht (1626); **8** Fahne des kursächsischen Artilleriebataillons (1678); **9** brandenburgische Kriegsflagge (um 1700); **10** Standarte des preußischen Husarenregiments v. Zieten (1741); **11** Fahne des preußischen Regiments Pioniers (1742); **12** Gibraltar-Ehrenfahne des hannoverschen 3. Infanterieregiments (1787)

Fahnen. *19. Jh. bis 1945:* **1** Güstrower Landsturmfahne (1813); **2** Fahne der Bürgerwehr von Dippoldiswalde (1848); **3** Kriegsflagge, beschlossen von der Frankfurter Nationalversammlung (1848); **4** Standarte des bayrischen 2. Schweren Reiterregiments (um 1850); **5** Standarte des preußischen Regiments Garde du Corps (1890); **6** Fahne des preußischen Eisenbahnregiments (1887); **7** Reichskriegsflagge des kaiserlichen Deutschlands (1903); **8** Reichskriegsflagge der Weimarer Republik (1922); **9** Flagge des Oberbefehlshabers des Heeres der faschistischen Wehrmacht; **10** Fahne der Ortsgruppe Zwickau des Roten Frontkämpferbundes (1926); **11** Fahne der Thälmann-Hundertschaft deutscher Antifaschisten in Spanien (1936); **12** Fahne der XI. Internationalen Brigade in Spanien (1936)

Fahnen. *DDR/NVA der DDR:* **1** Flagge des Vorsitzenden des Nationalen Verteidigungsrates der DDR; **2** Dienstflagge der NVA der DDR; **3** Dienstflagge für Kampfschiffe und -boote der Volksmarine der NVA; **4** Truppenfahne der NVA der DDR; **5** Dienstflagge für Hilfsschiffe der Volksmarine der NVA; **6** Flagge des Stellvertreters des Ministers für Nationale Verteidigung und Chefs der Volksmarine der NVA – *Verbündete der NVA in der Warschauer Verteidigungsgemeinschaft:* **7** Truppenfahne der Bulg. VA; **8** Truppenfahne der Ung. VA; **9** Truppenfahne der Poln. Armee; **10** Truppenfahne der Streitkr. der SR Rumänien; **11** Truppenfahne der Sowjetarmee; **12** Truppenfahne der Tschechoslow. VA

Kampf der progressiven, revolutionären Kräfte des deutschen Volkes zu. So schufen sich die aufständischen Bauern Ende des 15./Anfang des 16. Jh. eine eigene F., deren Zeichen, der Bundschuh, den Klassencharakter des Aufstands zum Ausdruck bringen sollte. Die badisch-pfälzische Revolutionsarmee 1849 wählte als F.farbe Schwarz-Rot-Gold, das Symbol des Kampfes gegen die feudale Unterdrückung und Zersplitterung, für nationale Einheit auf demokratischer Grundlage. Entsprechend der von der revolutionären internationalen und deutschen Arbeiterbewegung entwickelten F.tradition führten auch ihre Wehrorganisationen und deren Formationen F. Im → *Roten Frontkämpferbund (RFB)* hatten Ortsgruppen und Hundertschaften eine F., deren Tuch einheitlich rot war. In der Mitte trug jede F. das Symbol der geballten Faust, oft auf goldenem Grund, darüber in der Regel die Inschrift «Roter Frontkämpfer Bund» oder «R. F. B.», darunter den Namen der Ortsgruppe oder der Hundertschaft. Die Rückseite war vielfach anders gestaltet und trug meistens eine Kampflosung.

Gestaltung von Flaggen und Fahnen der NVA

	Verhältnis der Breite zur Länge	Verhältnis des Staatswappens zur Breite
Flagge des Vorsitzenden des Nationalen Verteidigungsrates	3:5	2:3
Dienstflagge der NVA	3:5	2:3
Dienstflagge für Kampfschiffe und -boote der Volksmarine der NVA	3:5	2:3
Dienstflagge für Hilfsschiffe der Volksmarine der NVA	3:5	2:3
Truppenfahnen der NVA	3:4	1:2

Die Tradition der für den gesellschaftlichen Fortschritt kämpfenden bewaffneten Kräfte des deutschen Volkes und der revolutionären deutschen Wehrorganisationen fortsetzend, werden in der NVA Dienstflaggen, Truppen-F., Stander und Wimpel geführt. Ihre Form sowie die Gestaltung und das Führen sind festgelegt. Die Truppen-F. der NVA werden als Symbol der militärischen Ehre und Tapferkeit und des militärischen Ruhmes auf Befehl des Ministers für Nationale Verteidigung der DDR an Truppenteile und Verbände sowie an die Militärakademie, an Offiziershochschulen und Unteroffiziersschulen der NVA verliehen. Auf die Truppen-F. schwören die Soldaten den F.eid.

Der F. sind durch die Angehörigen der Streitkräfte militärische Ehren zu erweisen. *(s. Abb. S. 10)*

Fahneneid: Treuschwur des Soldaten auf die → *Fahne*; in sozialistischen Streitkräften die Verpflichtung in Form eines feierlichen Gelöbnisses, die militärischen Pflichten gegenüber dem sozialistischen Staat zu erfüllen.

Im F. drückt sich der Klassencharakter der Streitkräfte aus. Treuegelöbnisse der Gefolgschaften gegenüber dem Heerführer gab es bereits in der Zeit der → *militärischen Demokratie.* Im feudalen → *Vasallenheer* und → *Ritterheer* war der militärische Gefolgseid im allgemeinen mit dem der Lehenstreue verbunden. Der F. im eigentlichen Sinne bildete sich seit Ende des 15. Jh. mit der Entstehung der → *Söldnerheere* heraus. Die Kriegsleute schworen Treue und Gehorsam gegenüber dem «Feldobristen» nach einer Formel, die meist als Anhang zu den Artikelbriefen (→ *Kriegsartikel*) niedergelegt war, und bekräftigten dies durch Berühren einer Fahne oder Waffe. In den stehenden Söldnerheeren der feudalabsolutistischen Territorialstaaten (seit Mitte des 17. Jh.) benutzten die Landesfürsten den F. als Mittel, die großenteils gepreßten Söldner ihrem Militärrecht unterzuordnen und zugleich ihre Kommandogewalt gegenüber den «Feldobristen» durchzusetzen. Deshalb wurden auch die Eidesformeln (bis dahin für verschiedene Truppenteile unterschiedlich) zusammen mit den Kriegsartikeln vereinheitlicht und das Zeremoniell ausgebaut.

Die unter dem Einfluß der Französischen Revolution eingeleitete bürgerliche Umgestaltung des Militärwesens beeinflußte auch die Frage des F. Im → *nationalen Unabhängigkeitskrieg 1813/14* erhielt der F. des reformierten preußischen Heeres (→ *Militärreformen in Preußen 1807–1815*) einen progressiven Sinn. Außer dem Treueid gegenüber dem König gelobten das stehende Heer und die → *Landwehr,* die Kriegsartikel vom 3. 8. 1808, denen die Eidesformel beigefügt war, zu befolgen; der → *Landsturm* beschwor bestimmte Artikel der Landsturmordnung vom 21. 4. 1813. Da der 1815 gegründete Deutsche Bund halbfeudal und partikularistisch geprägt war, leisteten die verschiedenen Kontingente des → *Bundesheeres* den F. weiterhin auf den jeweiligen Landesherrn (die der Freien Reichsstädte auf den Senat). Im Kampf gegen die willkürliche Verfügungsgewalt des Landesherrn über das Heer wurde der Heereseid auf die Verfassung eine der militärpolitischen Forderungen der antifeudalen Kräfte nach 1815. Aber nur im Kurfürstentum Hessen-Kassel wurde 1831 in den F. der Passus aufgenommen, auch die Verfassung einzuhalten. Während der → *Revolution 1848/49* wurde in den meisten deutschen Staaten die Vereidigung des stehenden Heeres auf die Landesverfassungen zeitweilig erreicht oder zumindest versprochen. Dies blieb jedoch praktisch ein Zusatzartikel, der die fürstliche Kommandogewalt nicht einschränkte. Die von der Frankfurter Nationalversammlung am 28. 3. 1848 beschlossene, aber nicht verwirklichte Reichsverfassung sah vor, daß der F. der verschiedenen Heereskontingente die Treueverpflichtung gegenüber dem Reichsoberhaupt (Kaiser) und der Reichsverfassung zu enthalten habe. Im Heer des Norddeutschen Bundes (1867–1870), das im Frieden und Krieg dem preußischen König als Bundesfeldherrn unterstand, wurde der F. für die nichtpreußischen Truppen erweitert. Er verpflichtete zu Treue gegenüber dem Landesherrn und zugleich zu Gehorsam gegenüber dem Bundesfeldherrn.

Nach der Wehrverfassung des 1871 gegründeten Deutschen Reiches enthielt der F. der Truppen des → *kaiserlich-deutschen Heeres* die Treuepflicht gegenüber dem jeweiligen Landesfürsten und das Gehorsamsversprechen gegenüber dem deutschen Kaiser (die bayrischen Truppen leisteten letzteres nur für den Kriegsfall). Die → *Kaiserliche Marine* und die Rekruten aus Elsaß-Lothringen leisteten den F. nur auf den Kaiser. Die → *Reichswehr* leistete als erste deutsche Armee den F. auf die Reichsverfassung. Das änderte jedoch nichts an ihrem reaktionären Charakter. In den Streitkräften des faschistischen Deutschlands (→ *Wehrmacht, faschistische*) wurde der F. seit 2. 8. 1934 auf die Person Adolf Hitlers (1889–1945) geleistet. Bis heute benutzen die imperialistischen Staaten den F., um die überwiegend werktätigen Klassen entstammenden Soldaten ihrer reaktionären und aggressiven Innen- und Außenpolitik zu unterwerfen, wobei deren Ziele durch die Eidesformel demagogisch verschleiert werden.

Grundsätzlich anderen politischen Zielen dienen der Treueschwur bzw. das Gelöbnis der Angehörigen der bewaffneten Organe der Arbeiterklasse bzw. sozialistischer Staaten. So hatte der → *Rote Frontkämpferbund (RFB)* ein besonderes Kampfgelöbnis, das die revolutionären Pflichten seiner Angehörigen gegenüber der Arbeiterklasse, dem Sozialismus und der Sowjetunion zum Ausdruck brachte. Die Angehörigen des → *Nationalkomitees «Freies Deutschland» (NKFD)* gelobten, den Kampf bis zur Vernichtung des Hitlerfaschismus zu führen. An diese revolutionären und fortschrittlichen Traditionen knüpft der F. der → *Nationalen Volksarmee der DDR (NVA)* an. Er ist die höchste Bekräftigung des Versprechens und politisch-moralische Verpflichtung, der DDR stets treu zu dienen und jederzeit bereit und fähig zu sein, an der Seite der Sowjetarmee und der anderen verbündeten sozialistischen Armeen den Sozialismus gegen alle Feinde unter Einsatz des Lebens zu verteidigen. Die Eidesformel, 1962 in die Dienstlaufbahnordnung aufgenommen, enthält die wichtigsten Forderungen der sozialistischen Gesellschaft an den seinen Wehrdienst antretenden Soldaten. Sie wurde als Anlage dem von der Volkskammer

Öffentliche Vereidigung von Angehörigen der NVA, 1982

der DDR am 25. 3. 1982 beschlossenen und am 1. 5. 1982 in Kraft getretenen Wehrdienstgesetz (→ *Gesetz über den Wehrdienst in der DDR 1982*) zugefügt und damit zur staatsrechtlichen Norm der Wehrgesetzgebung erhoben. Die Vereidigung der Soldaten erfolgt unter militärischem → *Zeremoniell in der NVA*.

Fahneneid der NVA → *Nationale Volksarmee der DDR (NVA)*

Fahnenflucht: Fernbleiben von den Streitkräften bzw. deren eigenmächtiges Verlassen durch eine Militärperson, um sich dem Militär- bzw. Kriegsdienst zu entziehen.

F., bis zum 19. Jh. im deutschen Militärwesen ausschließlich als Desertion bezeichnet, ist in den Ausbeuterstaaten meist eine Reaktion auf zwangsweise Rekrutierung, menschenunwürdige Ausbildungsmethoden und den Interessen der Soldaten widersprechenden Einsatz der Streitkräfte. Sie ist ihrem Wesen nach Ausdruck tiefer, klassenmäßig bedingter Gegensätze zwischen Volk und Armee sowie zwischen dem Offizierskorps und der Masse der Soldaten.

Bestrafung von Deserteuren im Dreißigjährigen Krieg

In der deutschen Militärgeschichte gab es F. als Verstoß gegen lehnsrechtliche Militärpflichten bereits in den mittelalterlichen Vasallen- und → *Ritterheeren.* Mit dem Aufkommen der → *Söldnerheere* im 15./16. Jh. gewann die F., zumeist bei Verstößen gegen die Artikelbriefe (→ *Militärjustiz*) oder aus ideologisch-religiösen Gründen, größere Dimensionen. In den stehenden Heeren des 17./18. Jh., deren Kennzeichen Zwangswerbung bzw. -aushebung sowie ein barbarisches Drill- und Strafsystem waren, nahm die F. Massencharakter an und entwickelte sich zu einer Form individuellen Widerstandes gegen den feudalabsolutistischen Militarismus. Besonders hoch war im 18. Jh. die F. im preußischen Heer. Sie beeinflußte die Kriegführung (→ *Lineartaktik*) sowie die Bewegungen und die Unterbringung der Truppen. Die → *Kriegsartikel* drohten für F. harte Strafen an, zumeist mehrmaliges → *Gassenlaufen* oder die Todesstrafe.

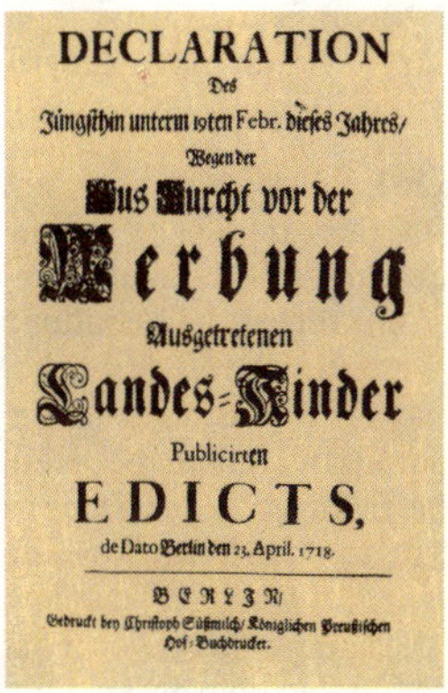
DECLARATION
Des
Jüngsthin unterm 19ten Febr. dieses Jahres/
Wegen der
Aus Furcht vor der
Werbung
Ausgetretenen
Landes-Kinder
Publicirten
EDICTS,
de Dato Berlin den 23. April. 1718.

BERLIN/
Gedruckt bey Christoph Süßmilch/ Königlichen Preußischen
Hof-Buchdrucker.

Deklaration des Edikts zur Einschränkung der Desertionen, 1718

Mit der Entwicklung des bürgerlichen Militärwesens im 19. Jh. ging der Umfang der F. allgemein zurück. Zu den Hauptursachen gehörten die Entstehung von Nationalheeren, die Einführung der → *allgemeinen Wehrpflicht* und die Änderung der Ausbildungsmethoden. Zudem bemühten sich die herrschenden Klassen und ihre Ideologen intensiv, die Rolle der Streitkräfte als Instrument zur Durchsetzung der kapitalistischen Interessen zu verschleiern. Eine Zunahme von F. war vor allem dann zu verzeichnen, wenn die Klassengegensätze sich zuspitzten oder offen ausbrachen und die Armee zur Niederschlagung demokratischer und revolutionärer Kräfte eingesetzt wurde, z. B. während der bürgerlich-demokratischen Revolution 1848/49. Mit dem Eintritt des Kapitalismus in sein monopolistisches Stadium, der Verschärfung aller kapitalistischen Widersprüche, auch zwischen Armee und Volk sowie innerhalb der Streitkräfte, ihrer Verwendung als Instrument des Imperialismus und Militarismus für die Vorbereitung und Durchführung von Aggressionskriegen und zur brutalen Unterdrückung aller progressiven und antiimperialistischen Kräfte nahm die Tendenz zur F. allgemein wieder zu. Dieser Prozeß verschärfte sich mit dem Hinzutreten des Widerspruchs zwischen Imperialismus und Sozialismus, der zum Grundwiderspruch der Epoche wurde. Die F. nahm seitdem auch immer stärker politischen Charakter an. Das zeigte sich deutlich sowohl in der kaiserlich-deutschen Armee gegen Ende des ersten Weltkrieges bei der Intervention gegen Sowjetrußland als auch in der faschistischen Wehrmacht während des zweiten Weltkrieges, insbesondere nach dem Überfall auf die Sowjetunion. Obwohl die herrschenden Kreise Deutschlands ein ausgeklügeltes System härtester Strafen und raffinierter ideologischer Manipulation entwickelten und praktizierten, konnten sie ein Anwachsen der F. nicht verhindern.

In den sozialistischen Staaten, so auch in der DDR, bestehen keine sozialökonomischen oder politischen Grundlagen, die eine F. bedingen. Der politische Charakter und die Funktionen der Streitkräfte unterscheiden sich grundlegend von denen kapitalistischer Armeen. Die Interessen von Armee und Volk, von Offizieren und Soldaten stimmen objektiv überein. Fälle von F. haben hier in der Regel ihre Ursache im Einwirken des imperialistischen Klassengegners. Sie sind zumeist die Folge eines wenig ausgeprägten Staats- und Klassenbewußtseins oder labiler charakterlicher Haltung. F. aus einer sozialistischen Armee ist Verrat an den Interessen des Volkes, am Frieden und am gesellschaftlichen Fortschritt. Den Fahnenflüchtigen treffen daher zu Recht die Härte des Gesetzes und die moralische Verurteilung des ganzen Volkes. Im Strafgesetzbuch der DDR (§ 254) sind die Strafen für Militärpersonen festgelegt, die ihre Truppe, Dienststelle oder einen anderen für sie bestimmten Aufenthaltsort verlassen oder ihnen fernbleiben, um sich dem Wehrdienst zu entziehen.

Fähnlein: im 16. und 17. Jh. unterste administrative Einheit der → *Infanterie* und → *Kavallerie,* die eine → *Fahne* führte.

Seit Ende des 15. Jh. war das F. die kleinste administrative Einheit der vorwiegend aus Fußvolk bestehenden → *Söldnerheere.* Mehrere durch Hauptleute oder Rittmeister (→ *Hauptmann*) geführte F. bildeten unter einem Obristen (→ *Oberst*) das → *Regiment.* Die F., deren Angehörige von den Hauptleuten geworben wurden, erhielten bei der Musterung nach geleistetem Eid ihre Fahnen. Stärke und Zusammensetzung der F. waren recht unterschiedlich; um 1600 hatte sich eine Durchschnittsstärke beim Fußvolk von 300 bis 400, bei der Reiterei von 100 bis 150 Söldner herausgebildet. Mit der Verbesserung der Handfeuerwaffen stieg die Zahl der → *Musketiere* in den F. an. Der Militärtheoretiker Johann Jacobi von Wallhausen (um 1580–1627) rechnete zu Anfang des 17. Jh. 100 → *Pikeniere,* 160 Musketiere, 20 Hellebardiere und 20 Rundschildner auf ein F. Der Obrist setzte die Hauptleute, → *Fähnriche* und Feldweibel (→ *Feldwebel*) ein. Der Hauptmann des F. bestimmte den → *Leutnant* zu seinem Stellv., während die Söldner als ihre Vertrauensleute und Sprecher 2 Gemeinweibel wählten. Zum Stab des F. gehörten außerdem 1 → *Furier,* 1 Führer, 1 → *Feldscher,* 1 Kaplan und 1 Schreiber, 2–3 Trommler und Pfeifer sowie einige Trabanten als Leibwache des Hauptmanns.

Das F. gliederte sich in Rotten von je 10–15 Mann, die von Rottmeistern geführt wurden. Die sog. Prima Plana (vom ersten Blatt der Musterrolle abgeleitet) bestand aus etwa 100 sehr gut bewaffneten und zumeist kampferfahrenen Doppelsöldnern, bei den deutschen → *Landsknechten* anfangs meist Adlige und wohlhabendere Bürger. Die übrigen Söldner stammten aus ärmeren Schichten, waren nur durchschnittlich bewaffnet und verfügten über keine oder nur geringe Kriegserfahrungen. Bei der Aufstellung zum Kampf gingen die F. des Fußvolks in den → *Gevierthaufen* auf. Nur die F. der Reiterei wurden auch als taktische Einheiten eingesetzt. Vom Söldnerheer der Landsknechte übernahmen die Aufständischen im → *deutschen Bauernkrieg 1524–1526* die Gliederung der Haufen in F. und die meisten militärischen Ämter. Doch kopierten sie nicht einfach dieses Vorbild, wie u. a. die Wahl und Absetzbarkeit der Hauptleute und Fähnriche sowie das Mitbestimmungsrecht der Kämpfer zeigten. In der → *Landesdefension* wurden sehr unterschiedlich starke und zusammengesetzte F. aufgestellt. Im 17. Jh. entwickelte sich aus dem F. bei der Infanterie die → *Kompanie* und bei der Kavallerie die → *Eskadron.*

Fähnrich: ursprünglich Fahnenträger, später Dienstgrad für Offiziersanwärter; in der NVA und den Grenztruppen der DDR unterster Dienstgrad der Dienstgradgruppe Fähnriche.

In den Landsknechtsheeren des 16. Jh. nannte man den mit der Obhut über die Fahne betrauten Söldner F. oder Fahnenjunker. Letzteres deshalb, weil es sich zumeist um einen jungen Adligen, d. h. Junker, in der Regel um den jüngsten → *Offizier* der Einheit, handelte. Bei der → *Kavallerie* hieß der F. Kornett, bei der → *Artillerie* Stückjunker.

Nach dem nationalen Unabhängigkeitskrieg 1813/14 wurde der F. in Preußen eine Dienstgradstufe bei der Heranbildung des Offiziersanwärters zum Offizier, der Fahnenjunker eine Vorstufe zum F. Nach der bestandenen F.prüfung nannte sich der Offiziersanwärter F. (im Range eines → *Unteroffiziers*) und trug ein silbernes → *Portepee* (Portepee-F.). Nach erfolgter Offiziersprüfung erhielt er das

Fähnrich, Anfang 16. Jh.

Offiziersseitengewehr (Degen-F.) und stand bis zu seiner Ernennung zum Offizier im Rang eines → *Feldwebels.* Dieser Werdegang des F. wurde in den kaiserlich-deutschen Streitkräften beibehalten. In der Reichswehr und im wesentlichen auch in der faschistischen Wehrmacht war für den Eintritt in die Offizierslaufbahn das Reifezeugnis einer höheren Lehranstalt erforderlich. Wie früher wurden Bewerber aus den vermögenden Kreisen der herrschenden Klassen bevorzugt angenommen. Der Offiziersanwärter leistete zunächst als Fahnenjunker Dienst in der Truppe. Nach einigen Monaten wurde er zum → *Gefreiten,* später zum Fahnenjunker/Unteroffizier befördert. Danach erfolgte seine Kommandierung für 2 Jahre auf eine Waffenschule (Reichswehr) bzw. Kriegsschule (faschistische Wehrmacht). Nach bestandener Prüfung am Ende des ersten Ausbildungsjahres wurde er zum F. ernannt, nach einem weiteren Jahr zum Ober-F. befördert.

In der NVA und den Grenztruppen der DDR wurde der Dienstgrad und das Dienstverhältnis F. auf Grundlage des Beschlusses des Nationalen Verteidigungsrates vom 17. 5. 1973 eingeführt. Gemäß dem Beschluß des Staatsrates der DDR über die militärischen Dienstgrade vom 25. 3. 1982 ist F. eine Dienstgradgruppe zwischen den Gruppen Offiziersschüler und Offiziere, der die Dienstgrade F., Ober-F., Stabs-F. und Stabsober-F. angehören. Alle F. besitzen, gleich auf welchem Wege und in welcher Ausbildungsrichtung sie ihre Qualifikation erworben haben, mit Beendigung ihres Studiums einen Fachschulabschluß. Sie werden in speziellen Dienststellungen eingesetzt. Ihre Dienstzeit beträgt mindestens 15 Jahre. *(s. Abb. S. 146, 1009, 1012)*

Entwicklungswege zum Fähnrich in der NVA

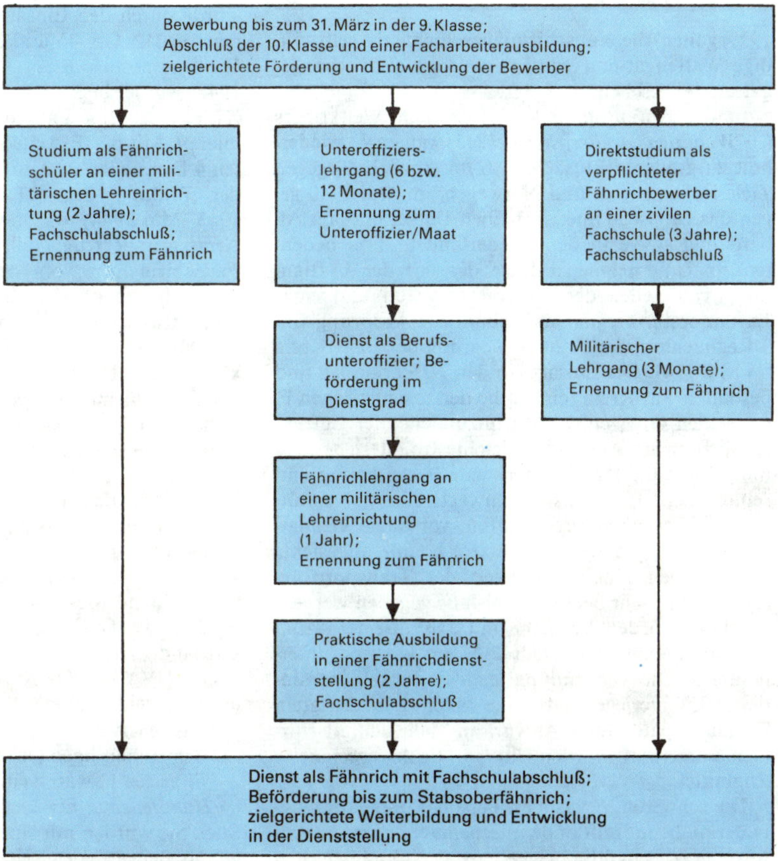

Fallschirmtruppen: Waffengattung für den operativ-taktischen Einsatz vor allem im Hinterland des Gegners (→ *Luftlandetruppen*).

Die Herausbildung der F. in Deutschland vollzog sich von 1935 bis 1939 in dem Bemühen der faschistischen Militärs, neue Lösungswege zu beschreiten, um in der Anfangsperiode eines Aggressionskrieges entscheidende Vorteile über den Gegner zu erlangen. Durch den überraschenden Einsatz von F. sollten vor allem der Vormarsch von gepanzerten Stoßkräften erleichtert, das Hinterland des Gegners desorganisiert, Verwirrung unter dessen Truppen und Panik unter die Bevölkerung getragen werden. Den F. war damit die Rolle eines militärischen und psychologischen Stoßtrupps im Rahmen der faschistischen → *Blitzkriegskonzeption* zugedacht. Das erste Bataillon der F. wurde im November 1935 von der Luftwaffe aufgestellt. Es gliederte sich im Sommer 1937 in 3 Schützenkompanien, 1 Maschinengewehr- und 1 Pionierkompanie. Im Rahmen des Heeres wurde 1936 ebenfalls 1 Fallschirminfanteriezug aufgestellt, der bis Frühjahr 1938 auf 1 Bataillon erweitert wurde. An den Wehrmachtmanövern 1937 nahmen erstmals Fallschirmjägertrupps der Luftwaffe und des Heeres teil, die Sabotageeinsätze gegen Eisenbahneinrichtungen hinter der Front übten.

Im Zuge der Aggressionsvorbereitungen gegen die Tschechoslowakei beschleunigte das OKW den Ausbau der F. Unter dem Begriff Fallschirmjäger wurden in der faschistischen Wehrmacht 3 Kategorien erfaßt: die F. der Luftwaffe, die – nach Eingliederung des Fallschirminfanteriebataillons des Heeres am 1. 1. 1939 – im Sommer 1939 über 5 Bataillone mit 20 Kompanien verfügten; die Lastenseglertruppe der Luftwaffe, deren Aufstellung zum 1. 4. 1938 befohlen wurde und die im November 1939 den ersten Einsatzverband bildete; die Luftlandetruppen, die im Sommer 1938 aus 1 Luftlandebataillon, dem SA-Regiment «Feldherrnhalle» und dem Infanterieregiment 16 der 22. (Luftlande-)Infanteriedivision bestanden. Im September 1938 übernahm die 7. Fliegerdivision das Kommando über die Einheiten einschließlich die mit Ju 52 ausgerüsteten Kampfgruppen z. b. V. (Transportverbände). Bis September

1939 galten die Fallschirmjäger nicht als selbständige Waffengattung, sondern wurden als Verbandsgattung angesehen.

In der Anfangsperiode des zweiten Weltkrieges (→ *Weltkrieg, zweiter, 1939–1945*) kamen F. wiederholt zu größeren Einsätzen, so im April 1940 gegen Ziele in Dänemark und Norwegen, im Mai 1940 gegen das belgische Sperrfort Eben Emael und am Albertkanal sowie in den Niederlanden. Das bedeutendste Unternehmen bildete der mit der Luftlandung von Teilen der 5. Gebirgsdivision und eines Luftlandesturmregiments verbundene Absprung von 3 Regimentern der F. zur Eroberung der Insel Kreta im Mai 1941. Die Einsätze in den Niederlanden und besonders auf Kreta zeigten die den faschistischen F. gesteckten Grenzen. Neben unzureichender Luftunterstützung erwies sich ihre leichte Infanteriebewaffnung im Kampf gegen einen zur Verteidigung entschlossenen Gegner als zu schwach. Eine Unterstützung in Form schwerer Waffen, vor allem Granatwerfern und leichten Geschützen, konnte angesichts der geringen Nutzlastfähigkeit der Transportflugzeuge nur in sehr begrenztem Maße gegeben werden. Ab 1942 wurden Versuche mit Lastenseglern zum Transport eines speziellen 2-Mann-Panzers unternommen. Die Verwendung leichter, rückstoßgeminderter Infanteriegeschütze, die 1940/41 in zerlegtem Zustand, später durch Abwurf an Mehrfachfallschirmen mitgeführt wurden, litt am Fehlen geeigneter Zugmittel.

Die schweren Verluste an Personal und Flugzeugmaterial beim Luftlandeunternehmen gegen Kreta sowie das endgültige Scheitern der faschistischen Blitzkriegskonzeption im Winter 1941/42 vor Moskau führten dazu, daß die F. in der Folgezeit größtenteils als Infanterie eingesetzt wurden. Im Fallschirm- bzw. Luftlandeeinsatz kamen sie im begrenzten Rahmen noch im November 1943 bei der Besetzung der Insel Leros und im Dezember 1944 bei der Ardennenoffensive zur Verwendung. Daneben bestanden kleinere Sondereinheiten (u. a. bei der Waffen-SS), die wiederholt zu Kommandounternehmen eingesetzt wurden. 1942/43 dienten die F. der faschistischen Führung vor allem als mobile Eingreifreserve. So wurden kurzfristig Verbände im Lufttransport auf entfernte Kriegsschauplätze verlegt, z. B. 1942 nach Nordafrika und Südfrankreich, 1943 nach Tunesien und Sizilien. Stärkere Kontingente der F. waren vom Herbst 1941 bis zum Kriegsende an der deutsch-sowjetischen Front sowie 1944 in Italien eingesetzt.

Strukturell wurden die F. ab Sommer 1940 im XI. Fliegerkorps zusammengefaßt. Es bestand aus Korpstruppen, der 7. Fliegerdivision sowie der 5. Gebirgsdivision mit springenden, luftlandenden und transportierenden Teilen. Die Lufttransportkapazität wurde durch den Einsatz von Lastenseglern der Typen Go 242, Go 345 und Me 321 «Gigant» sowie des Großraumtransporters Me 323 «Gigant» erhöht. 1942 wurde begonnen, auf dem Grundstock des XI. Fliegerkorps Fallschirmjägerdivisionen zu formieren. Mit der Erweiterung der bis 1943 aufgestellten 4 Divisionen im Laufe des Jahres 1944 um 3 und der Bildung der 1. Fallschirmarmee (November 1943–Mai 1944), die starke Züge einer allgemeinen Armeegruppe trug, vollzog sich die Trennung der Fallschirmjäger von den Transportfliegerkräften. Zugleich glichen sich die F. hinsichtlich Organisation, Struktur, Ausbildung und Bewaffnung, vor allem aber des Gefechtseinsatzes immer stärker herkömmlichen Infanteriedivisionen an. Die Soll-Stärke der Fallschirmarmee betrug 90242 Mann, die der Fallschirmjägerdivisionen je 12000 und die der Fallschirmjägerregimenter je 3460 Mann. Am 24. 9. 1944 wurde die Formierung weiterer 4 Fallschirmjägerdivisionen aus dem Personal aufgelöster Scheinwerferbatterien und der Ersatzluftwaffe befohlen. Ihr Soll-Bestand war je Division 10000 Mann. Die Verbände kamen nur noch teilweise zum Einsatz. Die F. erlitten während des Krieges schwere Verluste. Die → *Bundeswehr der BRD* hat F. im Rahmen einer Luftlandedivision.

Die NVA der DDR verfügt in begrenztem Maß über Fallschirmjäger.

Faustfeuerwaffen: Feuerwaffen mit kurzem Lauf für den einhändigen Gebrauch auf kurze Distanz.

Die ersten F. waren einfache, im Verhältnis zu den → *Handfeuerwaffen* kleine Feuerrohre mit kurzem Stiel. Sie wurden mit einer Lunte gezündet und dienten als Beiwaffe des Reiters. Ähnlich wie beim späteren Luntenschloß war ihr Kampfwert gering, da die brennende Lunte für den Reiter besonders schwierig zu handhaben war. Eine Änderung brachte die Erfindung des Radschlosses (→ *Radschloßgewehr*) Anfang des 16. Jh. Die Radschloßpistole war im 16. und in der ersten Hälfte des 17. Jh. ein wichtiger Bestandteil der Reiterausrüstung. Die ältesten derartigen Pistolen hatten einen kurzen Lauf und einen schweren Schaft, der häufig in einem kugelförmigen Knauf endete, um die Waffe auch zum Schlag verwenden zu können. Das Kaliber schwankte zwischen 18 und 15 mm. Spätere Pistolen waren länger, gleichzeitig aber leichter. Das Kaliber verringerte sich auf 13 bis 7 mm. Einen weiteren Schritt in der Entwicklung der F. bedeutete die Erfindung des Steinschlosses (→ *Steinschloßgewehr*). Damit wurde es möglich, die Waffe mit nur einer Hand unmittelbar vor dem Gebrauch zu spannen. Waren die Radschloßpistolen noch vielfach eine Kombination von Schlag- und Schußwaffen gewesen, so trat nun die letztere Eigenschaft eindeutig in den Vordergrund. Damit fanden die F. größere Verbreitung. Das Steinschloß ermöglichte auch die Herstellung von F., bei denen zwei

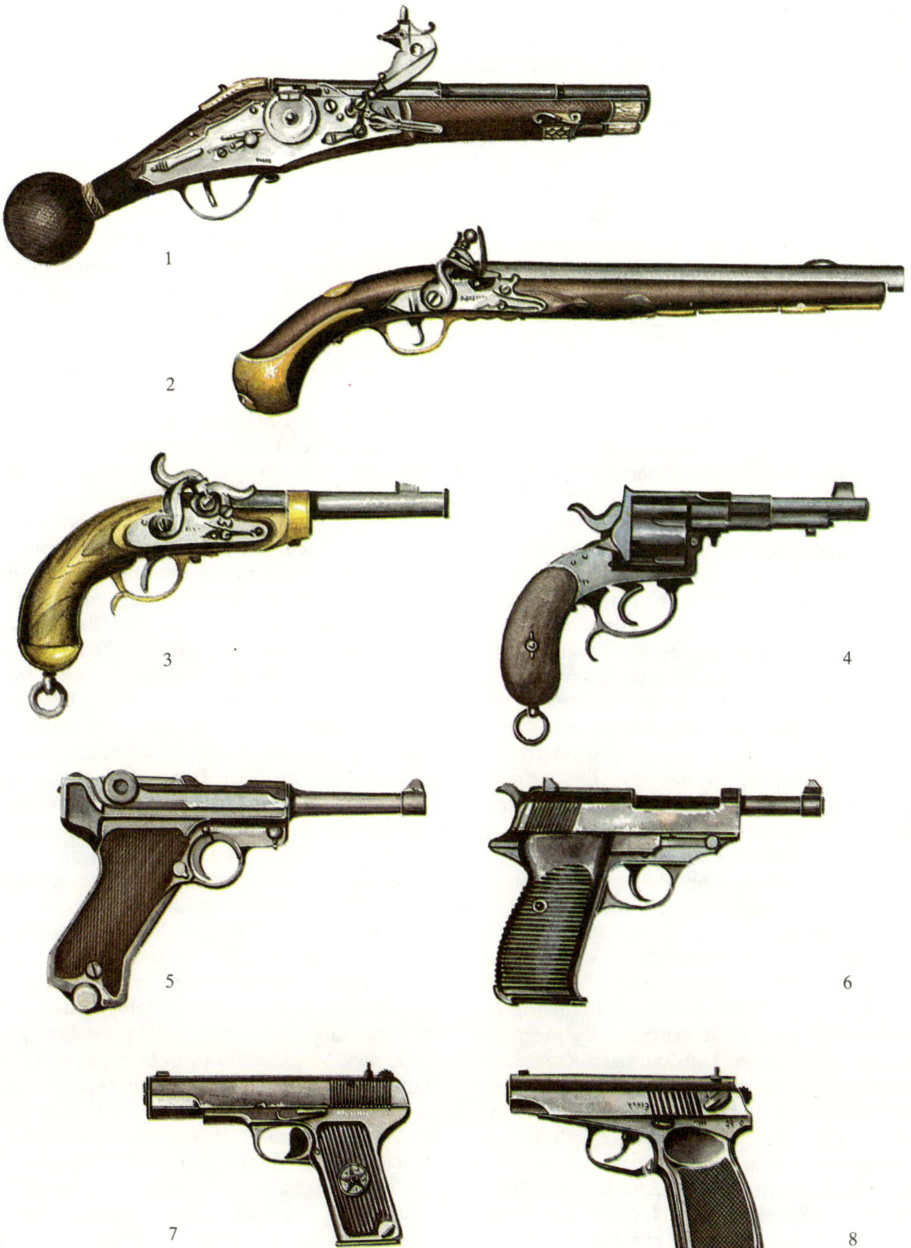

Pistolen und Revolver. *16. Jh. bis 19. Jh.:* **1** Radschloßreiterpistole (um 1590); **2** Steinschloßreiterpistole M 1787 (Preußen); **3** Perkussionskavalleriepistole M 1850 (Preußen); **4** Armeerevolver M 1879/83 – *20. Jh.:* **5** Pistole 08; **6** Pistole 38; **7** Pistole TT; **8** Pistole M

drehbare Läufe mit Hilfe eines Schlosses nacheinander abgefeuert wurden («Wender» genannt). Dagegen konnten sich einläufige Pistolen mit mehreren hintereinander liegenden Ladungen vor allem wohl wegen der Gefährdung des Schützen nicht durchsetzen. Die Reiterpistolen der absolutistischen Heere des 18. Jh. waren kleiner und leichter als ihre Vorgänger. Der hölzerne Vorderschaft reichte gewöhnlich bis zur Laufmündung. Teilweise waren Pistolen mit ansetzbarem Kolben in Gebrauch, um ein genaueres Zielen zu ermöglichen. In der zweiten Hälfte des 18. Jh. fanden auch Pistolen mit trichterförmig oder elliptisch verbreiterter Laufmündung, sog. Tromblons (Trombons), Verwendung, die mit Eisen- oder Bleistücken geladen wurden und einen beträchtlichen Streueffekt besaßen. Um 1820 ermöglichte die Erfindung der Perkussionszündung (→ *Perkussionsgewehr*) mit einem mit der Treibladung des Geschosses verbundenen, durch Schlag oder Stoß zur Reaktion gebrachten Zündhütchen die Konstruktion brauchbarer Drehpistolen oder Revolver. Zwar waren schon Ende des 16. Jh. kurzläufige Revolverwaffen hergestellt worden, die über mehrere Geschoßkammern in einer von Hand drehbaren Trommel verfügten, wobei jede Kammer eine eigene Pulverpfanne mit Zündloch besaß. Diese Waffen hatten jedoch vor allem wegen ihrer umständlichen Handhabung keine größere Anwendung gefunden. Verbreitung und Nachahmung fanden dagegen in der ersten Hälfte des 19. Jh. verschiedene Arten von mehrläufigen Revolvern, wobei die Läufe, deren Zahl bis zu 18 betrug, bündelweise starr oder drehbar angeordnet waren. 1836 erwarb der amerikanische Industrielle Samuel Colt (1814–1862) das Patent auf die Konstruktion eines Perkussionsrevolvers, bei dem mit dem Spannen des Hahns zugleich die Trommel weitergedreht und so das nächste Patronenlager hinter den Lauf gebracht wurde. Das entsprach den Anforderungen an einen brauchbaren Revolver. Colt ließ die Waffe, die rasch auch in das Militärwesen Eingang fand, fabrikmäßig in großen Stückzahlen produzieren. Zum stärksten Konkurrenten des Coltrevolvers wurde ein 1850 in England entwickeltes Modell, bei dem durch Druck auf den Abzug gleichzeitig die Trommel weitergedreht, der Hahn gespannt und der Schuß ausgelöst wurde. Wenig später konstruierte der Franzose Casimir Lefaucheux (1802–1852) den ersten für das Laden von hinten eingerichteten Revolver mit Metallpatronen, die nicht mehr nach dem Perkussionsprinzip, sondern mit Stift- oder Nadelzündung abgefeuert wurden. Nachdem Ende der 60er/Anfang der 70er Jahre die Randzündung der Patrone durch die Zentralzündung ersetzt und das Problem der raschen Entfernung der Hülsen nach dem Verschießen der Patronen gelöst war, entstanden in mehreren Ländern moderne sechsschüssige Armeerevolver, deren Konstruktion im wesentlichen bis heute unverändert geblieben ist. Auch im kaiserlich-deutschen Heer wurden Ende der 70er/Anfang der 80er Jahre zwei Revolvermodelle (M 79 und M 83) eingeführt, von denen das erste für die berittenen, das zweite für die Fußtruppen Verwendung fand. Beide Revolver verschossen Patronen des Kalibers 11 mm mit Zentralzündung und unterschieden sich durch Größe und Gewicht. Ein wesentlicher Mangel der damaligen Revolver bestand darin, daß ein Teil der Gase durch den Spalt zwischen Lauf und Trommel entwich und das Geschoß daher eine geringere Anfangsgeschwindigkeit und Durchschlagskraft besaß. Durch die möglichst enge Verbindung beider Teile sowie durch die Verwendung neuartiger Patronenhülsen wurde dieser Mangel weitgehend beseitigt. Auch heute werden Revolver in manchen Armeen noch bevorzugt. Ausschlaggebend dafür ist neben der Tradition vor allem die im Prinzip geringe Störanfälligkeit des Revolvers. Verursacht z. B. eine fehlerhafte Patrone eine Störung, so kann beim Revolver sofort die nächste Patrone abgefeuert werden. Bei der Pistole muß jedoch erst die schadhafte Patrone entfernt und eine neue eingeführt werden. Ungeachtet dessen wurde um die Jahrhundertwende die neu entwickelte Selbstladepistole zu einem ernsthaften Konkurrenten des Revolvers. Bei der Selbstladepistole treibt der Gasdruck nicht nur das Geschoß aus dem Lauf, sondern öffnet auch den Verschluß, wirft die abgeschossene Hülse aus und spannt eine Feder, die den Verschluß wieder schließt. Dabei wird gleichzeitig eine neue Patrone in das Patronenlager eingeführt und das Schloß gespannt (→ *Selbstladegewehr*). 1900 konstruierte der Amerikaner John Browning (1855–1926) eine Taschenpistole, die als Grundtyp aller späteren Selbstladepistolen in vielen Ländern, darunter auch in Deutschland, Verbreitung und Nachahmung fand. Zu den ersten brauchbaren Armeepistolen gehörte die von Paul Mauser (1838–1914) konstruierte Pistole Modell 1896, ein Rückstoßlader mit zurückgleitendem Lauf und vorn liegendem Magazin für 6, 10 oder 20 Patronen. 1908 wurden im kaiserlich-deutschen Heer die Revolver abgeschafft und durch die von Georg Luger (1849–1923) konstruierte Parabellum-Selbstladepistole 08, einen Rückstoßlader mit Gelenkverschluß für 9-mm-Spezialpatronen, ersetzt. Diese Patronenart fand später bei zahlreichen anderen Armeepistolen und fast allen → *Maschinenpistolen* Verwendung. Während des ersten Weltkrieges wurde die Pistole 08 mit einem ansetzbaren Holzschaft, teilweise auch mit einem verlängerten Lauf sowie einem Trommelmagazin für 32 Patronen versehen. Der hohe Herstellungspreis und die komplizierte Handhabung bewirkten 1938 die Ablösung dieser Armeepistole durch die Walther P 38, eine Konstruktion der Waffenfabrik

Karl Walther in Zella-Mehlis. Die P 38 war einfacher zu fertigen und daher billiger als die Pistole 08. Sie hatte einen Spannabzug, der den Vorteil bot, daß bei nichtgespannter Schlageinrichtung gefahrlos eine Patrone im Lauf mitgeführt werden konnte, so daß eine größere Feuerbereitschaft gegeben war. Die P 38 war mit einem Griffstückmagazin für 8 Patronen ausgestattet und verschoß die schon bei der Pistole 08 verwendete 9-mm-Patrone. Während des zweiten Weltkrieges wurde in den deutschen Waffenfabriken die P 38 als einzige Pistole produziert. Nach dem Kriege wurde sie unter der Bezeichnung P 1 u. a. von der Bundeswehr der BRD übernommen. In der NVA wurde zunächst die Selbstladepistole TT-33 des sowjetischen Konstrukteurs F. W. Tokarew (1871–1968) eingeführt und ab 1957/58 durch die von N. F. Makarow (geb. 1914) entwickelte Waffe abgelöst (→ *Schützenwaffen der NVA*).

Fehrbellin 1675: Schlacht im → *Brandenburgisch-Schwedischen Krieg 1674–1679* zwischen brandenburgischen und schwedischen Truppen am 28. 6. 1675.

Ende Juni 1675 war die entlang der unteren Havel stehende schwedische Armee im Begriff, sich bei Havelberg zu konzentrieren, um dort über die Elbe zu gehen. Kurfürst Friedrich Wilhelm von Brandenburg (1620–1688) und Generalfeldmarschall Georg von Derfflinger (1606–1695) führten von Magdeburg eilig Truppen heran, denen es mit Unterstützung der Bevölkerung gelang, in der Nacht zum 25. 6. Rathenow einzunehmen. Damit war den schwedischen Hauptkräften, die aus dem Raum Brandenburg heranrückten, der Weg versperrt. Ihr Befehlshaber, Generalleutnant Waldemar Wrangel (1641–1676), ließ deshalb über Nauen und Flatow in Richtung F. marschieren. Die brandenburgischen Truppen setzten nach. Eine kleine Abteilung zerstörte bei F. den Übergang über den Rhin, bevor ihn die Schweden erreichen konnten. Am 28. 6. früh zwang die 1 500 Reiter starke brandenburgische Vorhut, geführt von General Prinz Friedrich von Hessen-Homburg (1633–1708), den Gegner nahe F. zum Stehen. Die Schweden verfügten über annähernd 7 000 Mann Fußvolk, etwa 4 000 Reiter und 38 Geschütze. Ihre Schlachtordnung wurde zuerst beim Dorf Linum formiert, dann auf das Dorf Hakenberg zurückgenommen. Die brandenburgischen Truppen bestanden insgesamt aus etwa 5 000 Kürassieren und 800 Dragonern; sie führten 13 Geschütze mit.

Schlacht bei Fehrbellin

Die Schlacht begann im dichten Morgennebel. Der schwedische linke Flügel, an das Rhinluch angelehnt, wies den Angriff der brandenburgischen Vorhut ab. Der ungedeckte rechte Flügel der Schweden dagegen geriet in das Feuer der Geschütze, die auf kleinen Anhöhen konzentriert waren. Um diese Geschützstellungen entbrannte ein heftiger, wechselvoller Kampf. Erst nach dem Eintreffen der letzten brandenburgischen Kürassierregimenter auf dem Gefechtsfeld fiel gegen 10 Uhr die Entscheidung. Die Reiterei des schwedischen rechten Flügels wurde in die Flucht geschlagen und ein vorgerücktes Regiment Pikeniere fast völlig vernichtet. Daraufhin traten die Schweden in voller Ordnung den Rückzug nach F. an. Sie schlugen alle Angriffe der Verfolger zurück und zogen über die wiederhergestellte Rhinbrücke nach Norden ab. Ihre Verluste betrugen etwa 4000 Mann an Toten und Verwundeten, fast 400 Gefangene sowie mehrere Geschütze und zahlreiche Troßfahrzeuge. Die brandenburgischen Truppen verloren etwa 500 Mann an Toten und Verwundeten. Durch den Sieg bei F. wurde die Mark Brandenburg von der schwedischen Besatzung befreit. Der Plan der Schweden, über die Elbe nach Westen vorzustoßen und sich mit der französischen Armee zu vereinigen, war vereitelt. Unter dem Eindruck der Schlacht von F. erklärte das Reich im Juli 1675 Schweden den Krieg. Auf dem Schlachtfeld von F. steht ein Denkmal.

Feldapotheker → *Militärpharmazie*

Feldausbildungsdivision: allgemeiner taktischer, nichtfrontverwendungsfähiger Verband des faschistischen deutschen Feldheeres im zweiten Weltkrieg (1939–1945) mit Ausbildungs- und Besatzungsaufgaben.

Die seit Sommer 1942 gebildeten, fast ausschließlich an der deutsch-sowjetischen Front eingesetzten F. sollten die nach der Ausbildung im Ersatzheer ins Feldheer geschickten Soldaten in Frontnähe weiter ausbilden. In den rückwärtigen Heeresgebieten untergebracht, konnten die F. die hier speziell auf ihr Einsatzgebiet vorbereiteten Soldaten den Frontverbänden rasch zum Ausgleich personeller Verluste zuführen. Zugleich dienten sie in den okkupierten Gebieten zur Unterdrückung des Volkswiderstandes. Ende August/Anfang September 1942 wurden die ersten 5 F. mit je 2–4 Infanterieregimentern, aber ohne Artillerieregiment und Divisionseinheiten gebildet und den → *Heeresgruppen* an der deutsch-sowjetischen Front zugeführt. Weitere 2 F. entstanden Mitte Dezember 1942 und Anfang Dezember 1943. Angesichts des sich durch die Erfolge der Sowjetarmee grundlegend veränderten Kräfteverhältnisses im Kriege erwies sich auch diese Methode, die Ersatzschwierigkeiten des deutschen Feldheeres zu mildern, bald als nicht mehr möglich. Meist, um zerschlagene → *Infanteriedivisionen* aufzufüllen, mußten 1943 2, bis Sommer 1944 weitere 3 F. aufgelöst werden. Zudem wurde 1 F. von der Sowjetarmee im April 1944 auf der Krim vernichtet. Auch der Versuch, die Ende 1944 aufgestellten 4 F., darunter 1 Feldausbildungspanzerdivision, mit 1 Artillerieabteilung und Divisionseinheiten auszustatten, konnte die ständig wachsenden Ersatzschwierigkeiten nicht lösen. Anfang 1945 wurden die restlichen F. schließlich aufgelöst oder in Infanteriedivisionen umgewandelt.

Feldbinde: ursprünglich in Form einer Armbinde oder Schärpe, später eines Leibgurtes zeitweilig oder ständig an → *Uniformen* getragenes Erkennungszeichen für Truppen sowie Kennzeichen für Offiziere oder für bestimmte Funktionen von Armeeangehörigen.

Die F. entstand zuerst in der Form der Armbinde und fand vor allem im Kriege als Erkennungszeichen Verwendung. So trugen schon im Schmalkaldischen Krieg 1546/47 die gegnerischen Parteien F. Im nationalen Unabhängigkeitskrieg 1813/14 hatten die Truppen der Verbündeten zeitweilig eine weiße F. am linken Oberarm angelegt. Die gleiche Kennzeichnung wurde 1864 bei der in Schleswig-Holstein stehenden preußischen und österreichischen Armee verwendet. 1866 trugen die Truppen der süddeutschen Staaten eine schwarz-rot-gelbe F. Als Armbinde hat sich die F. bis in die Gegenwart zur Kennzeichnung der Parteien in Übungen und Manövern sowie von Sanitätspersonal und anderen Armeeangehörigen mit besonderen Funktionen erhalten. In Form der Schärpe wurde die F. bereits seit dem Mittelalter als

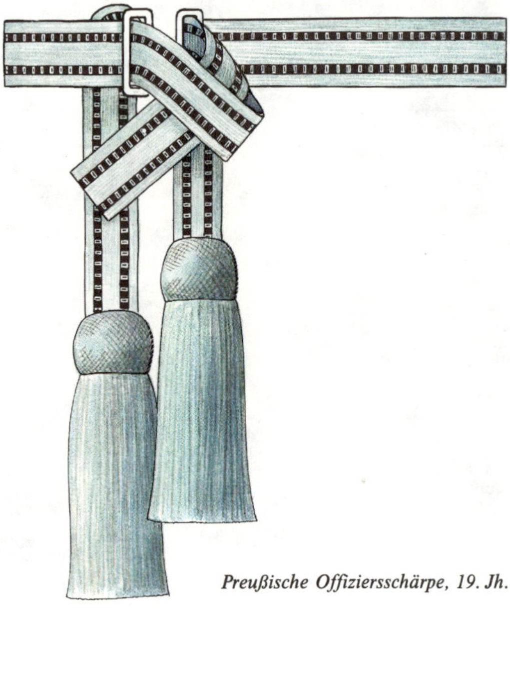

Preußische Offiziersschärpe, 19. Jh.

Offiziersabzeichen getragen. Besonders verbreitete sich die über die Schulter oder um den Leib getragene Schärpe mit der einheitlichen Uniformierung der stehenden Heere, vor allem aber im 19. Jh. Das Material der Schärpe bestand meist aus Seide oder Wolle mit verschiedenen Gespinsteinlagen, in denen die Landesfarben oder Teile davon eingewebt waren, so in Preußen schwarz, Sachsen grün, Bayern blau, Mecklenburg rot-gelb-blau. Die Schärpe kam in den deutschen Streitkräften nach 1914 in Fortfall. Als neue Form der F. fand seither ein besonders gestalteter Leibgurt immer breitere Anwendung.

Feldbinde für Generale der NVA

In der NVA, den Grenztruppen und der Zivilverteidigung der DDR tragen die Offiziere (außer weiblichen) in Form des Leibgurtes silberfarbene, die Generale und Admirale goldfarbene F. mit silber- (Offiziere außer Volksmarine) bzw. goldfarbenem (Offiziere der Volksmarine, Generale, Admirale) Metallschloß zur Paradeuniform, zu der außerdem Ehrendolch oder Paradesäbel sowie Achselschnüre gehören. *(s. Abb. S. 9, 999, 1001, 1004, 1006, 1009)*

Felddienstordnungen: allgemeingültige Bestimmungen in den deutschen Streitkräften über die Führung von Truppen im Kriege.

Die rasche Entwicklung des Militärwesens seit der Mitte des 19. Jh., insbesondere die gesteigerte Wirkung gezogener Waffen, stellte verstärkt das Problem der Verwendung und des Zusammenwirkens der Waffengattungen im Rahmen größerer Verbände. Daraus ergab sich zugleich die Notwendigkeit, für die höheren Führer (Kommandierende Generale und Divisionskommandeure) zusammenfassende Richtlinien zu schaffen, die der Führung von Truppenverbänden zugrunde liegen sollten. Die im Gefolge der → *Heeresreorganisation in Preußen 1859/60* erschienenen «Allerhöchsten Verordnungen über die größeren Truppenübungen» (29. 6. 1861) bildeten ihrem Charakter nach die ersten preußischen F. Ein weiterer Schritt waren die am 17. 6. 1870 erlassenen «Verordnungen über die Ausbildung der Truppen für den Felddienst und über die größeren Truppenübungen». Als besondere Grundsatzvorschrift für die Truppenführung im Krieg und bei größeren Übungen entstand die F. vom 23. 5. 1887, die 1894 und 1900 geringfügig ergänzt wurde. Die Auswirkungen der seit Ende des 19. Jh. sich neu entwickelnden technischen Kriegsmittel auf die Truppenführung in einem künftigen Krieg versuchte die F. vom 22. 3. 1908 zu berücksichtigen. Neben solchen Fragen wie Kriegsgliederung, Truppeneinteilung, Verbindung der Kommandobehörden und Truppen, Aufklärung und Sicherung, Marsch usw. fand die mit dem Einsatz der Eisenbahn, der Nachrichtenmittel und der modernen Waffen (insbesondere MG) zusammenhängende Problematik besondere Aufmerksamkeit. Auf der Grundlage der F. von 1908 erfolgte die truppendienstliche Vorbereitung des preußisch-deutschen Heeres auf den ersten Weltkrieg. An die Stelle der F. trat in der Reichswehr die Vorschrift «Führung und Gefecht der verbundenen Waffen» und in der faschistischen Wehrmacht die Vorschrift «Truppenführung». In der → *Bundeswehr der BRD* sind die Fragen der Truppenführung in speziellen Heeresdienstvorschriften (HDv 100) festgelegt. Die am 1. 1. 1975 erlassene HDv 100 «Führung im Gefecht» geht davon aus, daß ein Krieg der NATO gegen das sozialistische Verteidigungsbündnis immer unter atomaren und chemischen Bedingungen geführt wird. Die Vorschrift enthält folgende Abschnitte: Politische und militärische Grundlagen der Truppenführung; Allgemeine Grundsätze der Truppenführung; Allgemeine Aufgaben im Gefecht; Verteidigung; Angriff; Verzögerung; Besondere Gefechtshandlungen.

Feldeisenbahnen → *Militärtransportwesen*

Feldgendarmerie: seit 1866 im Kriegsfalle zur Überwachung der eigenen Soldaten, zur Unterdrükkung der Bevölkerung okkupierter Territorien sowie zur Marschregulierung eingesetztes Polizeiorgan der preußisch-deutschen Streitkräfte.

Die F. wurde erstmals im Krieg Preußens gegen Österreich (1866) aufgestellt. Sie rekrutierte sich aus Landgendarmen, die seit 1870/71 noch durch Kavallerieunteroffiziere und -gefreite verstärkt wurden. Die F. besaß weitgehende Rechte und Befugnisse (u. a. zum Waffengebrauch und zur Festnahme) gegenüber Soldaten und Unteroffizieren sowie der Zivilbevölkerung. Äußeres Kennzeichen der F.-Angehörigen war der an einer Kette getragene Ringkragen, der zum berüchtigten Symbol («Kettenhunde») der F. wurde. Im Deutsch-Französischen Krieg (1870/71) gehörten der F. 875 Angehörige an, die vorwiegend zur Verfolgung der französischen Franktireurbewegung eingesetzt wurden. Der erste Weltkrieg (1914–1918) führte mit zunehmender Kriegsdauer zur sprunghaften Ausweitung des Militärpolizeiapparats. Zur Bekämpfung von Zersetzungs- und Revolutionierungserscheinungen unter den deutschen Soldaten stieg im Feldheer des kaiserlichen Deutschlands die Anzahl der F.trupps zwischen 1914 und 1918 von 33 auf 115 an; Anfang Oktober 1918 wurde aus 5 Kavallerieeskadronen 1 F.korps z. b. V. (ab 5. 11. 1918: Gendarmerieregiment 9) gebildet. Während des zweiten Weltkrieges (1939–1945) war die vor allem aus Kadern der faschistischen Ordnungspolizei gebildete F. Kommandobehörden des Feldheeres unterstellt. Im allgemeinen verfügten die Armeen über mehrere F.abteilungen, Korps und Divisionen über je 1 F.trupp, Feld- und Ortskommandanturen über je 1 F.gruppe. Die F. der faschistischen deutschen Wehrmacht beging Kriegsverbrechen und Verbrechen gegen die Menschlichkeit in großem Ausmaße. Seinen Höhepunkt erreichte ihr Terroreinsatz in den zeitweise vom deutschen Faschismus okkupierten Gebieten der Sowjetunion. Hier wurde die F. in engem Zusammenwirken mit der → *Geheimen Feldpolizei* und anderen Repressivorganen hauptsächlich gegen die ständig anwachsende sowjetische Partisanenbewegung, bei der Verschleppung der Sowjetbevölkerung zur Zwangsarbeit sowie zur Verfolgung der seit 1942/43 stark zunehmenden antifaschistischen und Antikriegsregungen in den faschistischen deutschen Streitkräften eingesetzt. Aufgaben der F. in der Endphase des zweiten Weltkrieges waren vor allem: Abtransport geraubter Güter, Anlegen von Zonen «verbrannter Erde», Freimachen der Rückzugsstraßen, Erfassen versprengter Soldaten und Zuführung zu Alarmeinheiten. 1945 war die F. an der Ermordung zahlreicher deutscher Soldaten und Zivilpersonen beteiligt, die mit dem Krieg Schluß machen wollten.

Feldgerichte: im ersten und zweiten Weltkrieg in der kämpfenden Truppe praktizierende Organe der Rechtsfindung und Rechtsprechung der → *Militärjustiz* zur Sicherung absoluter Unterwerfung der Soldaten unter die Befehle ihrer Vorgesetzten und zur Unterdrückung jeder Antikriegsregung in den Streitkräften des imperialistischen Deutschlands.

F. traten auf Anordnung des zuständigen militärischen «Gerichtsherrn» ab Regimentsebene aufwärts zusammen. Sie bestanden im ersten Weltkrieg aus 5, im zweiten Weltkrieg aus 3 Richtern, und zwar in der Regel aus 1 Militärjustizbeamten als Verhandlungsleiter und den militärischen Beisitzern. Die in einem vereinfachten und abgekürzten Verfahren von den F. gefällten Feldurteile waren nicht anfechtbar. Um Rechtskraft zu erhalten, bedurften sie lediglich der Zustimmung des «Gerichtsherrn». Aufstellung und Verfahrensweise der F. waren in Deutschland durch das Militärstrafgesetzbuch von 1872 – letzte Fassung vom 10. 10. 1940 – sowie die Kriegssonderstrafrechtsverordnung und die Kriegsstrafverfahrensordnung vom 17. 8. 1938 mit den hierzu erlassenen Ergänzungen und Änderungen geregelt. Bereits im ersten Weltkrieg (1914–1918) bedrohten die F. jedes offene Auftreten gegen den Krieg mit der Todesstrafe. Den unter dem Einfluß der Großen Sozialistischen Oktoberrevolution anwachsenden Zersetzungs- und Revolutionierungsprozeß der deutschen Streitkräfte konnte der 1917/18 verschärfte Terror der F. jedoch nicht aufhalten. Während des zweiten Weltkrieges (1939–1945) gingen die faschistischen F. mit besonderer Brutalität vor. Vor allem unter dem Eindruck der bald nach dem Überfall Hitlerdeutschlands auf die Sowjetunion einsetzenden Niederlagen der faschistischen Wehrmacht vervielfachten sich die von F. wegen «Fahnenflucht», «Feigheit» oder «Zersetzung der Wehrkraft» gegen deutsche Soldaten ausgesprochenen Todesurteile. Ihren Höhepunkt erreichte die Eskalation des Terrors in den letzten Kriegswochen, als auf juristische Formalitäten weitgehend verzichtet und den Kommandeuren die Entscheidung über Leben und Tod ihrer Untergebenen direkt übertragen wurde. Vom 26. 8. 1939 bis 31. 1. 1945 verhängten die faschistischen F. 14 338 Todesurteile gegen Wehrmachtangehörige (davon 8996 vollstreckt). Eine ähnliche Funktion wie die F. übten auf den Schiffen der faschistischen Kriegsmarine die Bordgerichte aus.

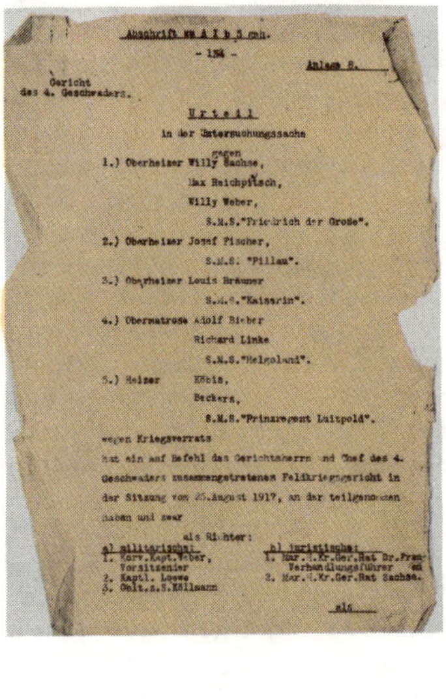
Abschrift
- 134 -
Anlage 8.
Gericht
des 4. Geschwaders.
Urteil
in der Untersuchungssache
gegen
1.) Oberheizer Willy Sachse,
Max Reichpietsch,
Willy Weber,
S.M.S. "Friedrich der Große".
2.) Oberheizer Josef Fischer,
S.M.S. "Pillau".
3.) Oberheizer Louis Bräuner
S.M.S. "Kaiserin".
4.) Obermatrose Adolf Bieber
Richard Linke
S.M.S. "Helgoland".
5.) Heizer Köbis,
Beckers,
S.M.S. "Prinzregent Luitpold".
wegen Kriegsverrats
hat ein auf Befehl des Gerichtsherrn und Chef des 4. Geschwaders zusammengetretenes Feldkriegsgericht in der Sitzung vom 25. August 1917, an der teilgenommen haben und zwar
als Richter:
a) militärische:
1. Korv.Kapt. Weber, Vorsitzender
2. Kaptl. Loewe
3. Oblt.z.S. Köllmann
b) juristische:
1. Mar.Kr.Ger.Rat Dr. [illegible] Verhandlungsführer
2. Mar.Kr.Ger.Rat Sachse.
als

Das Kriegsgerichtsurteil gegen Max Reichpietsch, Albin Köbis und andere Teilnehmer am revolutionären Aufstand in der Hochseeflotte, 25. August 1917

Feldmarschall → *Generalfeldmarschall*

Feldpolizei → *Feldgendarmerie,* → *Geheime Feldpolizei (GFP)*

Feldpost: Spezialdienst in Kriegszeiten für den Postverkehr innerhalb der Streitkräfte sowie zwischen diesen und der Zivilbevölkerung.

Als Bestandteil der Heeresorganisation begann sich die F. im Spätfeudalismus zu entwickeln. Eine urkundlich nachweisbare F. wurde 1496 während des Kriegszuges des römisch-deutschen Kaisers Maximilian I. (1459–1519) nach Italien eingerichtet. Im Dreißigjährigen Krieg verfügten die schwedischen Armeen über ein stabiles F.system, während bei den deutschen Söldnertruppen nur zeitweise F.einrichtungen bestanden. Mit dem Aufkommen der stehenden Heere nahm die F. in Deutschland festere Formen an. Das sächsische F.reglement von 1693 bestimmte erstmals die F. im Kriege für den allge-

Preußischer Feldpostillon, 18. Jh.

meinen Verkehr zwischen Heer und Bevölkerung. Das erste preußische F.amt wurde 1716 in Pommern während des Nordischen Krieges (1700–1721) eingerichtet. In den Kriegen des 18. Jh. bildete sich das deutsche F.wesen, das bis zur Gründung der Reichspost (in Bayern und Württemberg bis 1918/19) an die einzelnen Territorialstaaten gebunden blieb, weiter aus. Im nationalen Unabhängigkeitskrieg 1813/14 erfolgte die Mobilmachung der F. in Preußen bereits nach einem vorbereiteten Plan; jedes Korps erhielt 1 F.amt, jede Brigade 1 F.expedition zugeteilt.

Die F. gewann an Bedeutung, als im 19. Jh. die Massenheere auf der Grundlage der allgemeinen Wehrpflicht entstanden und sich in den Kriegen die Verbindung zwischen Front und Hinterland enger gestaltete. Sie wurde zu einem wichtigen Faktor, der die Moral der Truppe wie der Bevölkerung beeinflußte. Das Bemühen um die Funktionstüchtigkeit der F. zeigte sich in den einzelnen F.dienstordnungen, in denen sowohl die Erfahrungen der vorangegangenen Kriege als auch die technischen Fortschritte ihren Niederschlag fanden. Zu Beginn des Deutsch-Französischen Krieges 1870/71 wurden im Bereich des Norddeutschen Bundes aufgestellt: 1 Feldoberpostamt beim Großen Hauptquartier, 3 F.ämter bei den Armeen, 13 F.ämter mit je 3 F.expeditionen bei den Armeekorps sowie 3 Etappenpostdirektionen; Baden, Bayern und Württemberg besaßen eigene F.organisationen. Eine ähnliche Gliederung wies die deutsche F. im ersten und zweiten Weltkrieg auf. In der Regel hatten Kommandobehörden bis zur selbständigen Brigade herunter F.ämter. Seit Mitte des 19. Jh. gehörten Aufstellung und Ausrüstung der F. zu den Aufgaben der Postverwaltung. Sie stellte auch das F.personal, das größtenteils den Status von Militärbeamten besaß. Die F.einheiten und F.dienststellen unterstanden militärisch den Kommandobehörden, denen sie zugeteilt waren, und posttechnisch der Postverwaltung. Geleitet wurde die deutsche F. im ersten Weltkrieg vom Feldoberpostmeister, der dem → *Generalquartiermeister* bei der → *Obersten Heeresleitung (OHL)* unterstellt war. Im zweiten Weltkrieg lag die Leitung des gesamten F.dienstes der faschistischen Wehrmacht beim Heeres-F.meister, der zum Stab des Generalquartiermeisters beim → *Oberkommando des Heeres (OKH)* gehörte.

Die F. beförderte gebührenfrei dienstliche und private Postsendungen, deren Gesamtzahl im Deutsch-Französischen Krieg etwa 100 Mill., im ersten Weltkrieg knapp 29 Mrd. betrug und für den zweiten Weltkrieg auf 40 Mrd. geschätzt wird. Die F. war ein bedeutsamer Faktor in der Kriegspolitik des deutschen Imperialismus. Mehr noch als im ersten unterlag die F. im zweiten Weltkrieg strengen Geheimhaltungsbestimmungen sowie einer zunehmenden Zensur durch F.prüfstellen, deren Tätigkeitsberichte für die politische und militärische Führung eine wichtige Informationsquelle über die Stimmung der Truppe und der Bevölkerung bildeten. Sie lieferten auch Material für die faschistischen Kriegsgerichte. Mit den militärischen Niederlagen und dem Anwachsen der Kriegsmüdigkeit (besonders seit 1916 im ersten und 1942 im zweiten Weltkrieg) wurde nicht nur die Überwachung des F.verkehrs verschärft, sondern es nahmen auch die Beförderungsbeschränkungen zu.

Rückseite einer deutschen Feldpostkarte, erster Weltkrieg

Feldscher: ursprünglich Bezeichnung für einen Heilgehilfen in den Streitkräften, in der NVA der DDR zeitweilig Angehöriger des mittleren medizinischen Dienstes.

In den Landsknechtsheeren des 16. Jh. hatten jedes → *Fähnlein* Fußvolk und jedes Reiterfähnlein je einen F. für die unmittelbare medizinische Betreuung. Die F. sollten «rechtschaffene, kunstreiche, erfahrne un wolgeübte» Leute sein «und nit nur schlecht Bartschärer und Baderknechte», aus deren Reihen sie sich vor allem rekrutierten. Sie waren die Hauptträger der praktischen medizinischen Behandlung der → *Landsknechte* und wurden vom Feldhauptmann für Doppelsold angeworben.

In den stehenden Heeren des 18. Jh. war der F. eine im Etat vorgesehene Person, die sich um die Verwundeten und Kranken zu kümmern hatte. Ende des 17. Jh. hatte das brandenburgische Heer Regiments- und Kompanie-F. Die von den Kompaniechefs angeworbenen F. hatten außer ihren medizinischen Aufgaben, für die sie zunächst nur sehr unzulänglich ausgebildet waren, im Zusammenhang mit dem Barbierhandwerk stehende Aufträge zu erfüllen. Im brandenburgisch-preußischen Heer, in dem der Ausbildungsstand der F. ursprünglich noch schlechter als in den Streitkräften der übrigen deutschen Staaten war, begann sich in der ersten Hälfte des 18. Jh. eine Veränderung abzuzeichnen. 1712 wurde die Anwerbung der Kompanie-F. den F. der Regimenter übertragen, um das Niveau der medizinischen Versorgung zu verbessern. Ab 1716 waren die Kompanie-F. dem Generalchirurgen unterstellt, der zugleich die Oberaufsicht über alle «Chirurgen in den preußischen Landen» erhielt. 1724 entstand das Collegium medico-chirurgicum, eine medizinische Lehranstalt, die innerhalb von 3 Jahren F. ausbildete. Die praktische Ausbildung führte die 1710 gegründete Berliner Charité durch. Die F. erhielten nun das Recht, Militär- und Zivilpersonen medizinisch zu behandeln. 1788, später als in anderen deutschen Armeen, wurden in Preußen die F. offiziell von der Tätigkeit des Rasierens und Bartscherens befreit. Im selben Jahr wurden die Kompanie-F. disziplinarisch den Regiments-F. unterstellt. 1790 wurde die Bezeichnung F., um auch äußerlich die Anhebung ihrer Rolle zu verdeutlichen, durch die des Chirurgen ersetzt.

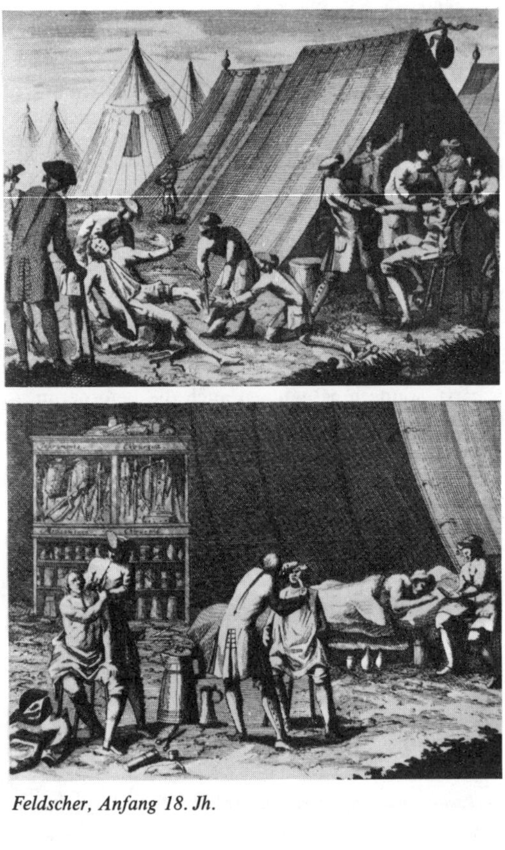

Feldscher, Anfang 18. Jh.

In der NVA hießen bis 1976 Arzthelfer F.

Feldschlange: von Mitte des 15. bis Anfang des 18. Jh. gebräuchliches feldbewegliches → *Geschütz* mit langem Rohr und relativ großer Reichweite.

Die F. war ein → *Vorderlader* mit glattem, sich zur Mündung verjüngendem Rohr und einer zweirädrigen Lafette zum Fahren des Geschützes. Diese Lafette wurde in größerem Umfang zuerst von dem burgundischen Herzog Karl dem Kühnen (1433–1477) eingeführt und daher auch «Burgunderlafette» genannt. Die meist aus Bronze gegossenen Rohre der F. hatten eine zylindrische Bohrung und kurz vor dem Stoßboden auf der Oberseite ein Zündloch. Auf dem mittleren Rohrteil (Zapfenfeld) befanden sich 2 Henkel («Delphine»), mit deren Hilfe das bis 3000 kg schwere Rohr auf die Lafette gelegt oder heruntergehoben wurde. Während das horizontale Einstellen der F. durch Drehen des ganzen Geschützes erfolgte, dienten zum vertikalen Richten unter das Rohr geschlagene Holzkeile oder bewegliche Querhölzer (Richthörner). Seit der zweiten Hälfte des 15. Jh. erlaubten zylindrische Schildzapfen ein leichteres und genaueres vertikales Verstellen des Rohres. Gleichzeitig übertrugen sie beim Schießen den Rückstoß auf die Lafette. Die Pulverladung der F. wurde mit einer Lunte gezündet. Die Schußweite lag zwischen 150 und 2000 m. Sie wurde wesentlich beeinflußt durch die Rohrerhöhung und die eingefüllte Pulvermenge, die die Hälfte des Geschoßgewichtes erreichen konnte. Das Hauptgeschoß der F. war eine aus Eisen geschmiedete oder gegossene Vollkugel. Daneben gab es → *Kartätschen* und Hohlkugeln mit Sprengladung und Zünder

Feldschlangen des 16. und 17. Jh.

Bezeichnung	Kugel		Rohr	
	Masse kg	Kaliber mm	Masse kg	Länge Kal.
Doppelschlange (Dracana)	7,6	126	2867	42
Ganze Schlange	5,6	120	1380	33
Schlange (Colobrina)	3,8	100	1147	34
Halbe Schlange (Falcona)	2,8	91	1230	38
Viertelschlange (Falconet)	1,4	70	795	40
Quartierschlange	0,9	55	350	44

(→ *Granate*). Gefürchtet waren Stangen- und Kettenkugeln, die ganze Kriegerreihen zu Boden reißen konnten. Im 16. Jh. gelang es aufgrund der Fortschritte im Hüttenwesen und in der Metallverarbeitung, die Konstruktion der F. zu vervollkommnen. Eine wichtige technische Verbesserung war die Einführung des Kalibermaßstabes (um 1540). Damit wurde eine gewisse Vereinheitlichung in der Herstellung der F. erzielt. Sie richtete sich vor allem auf Kaliber und Rohrlängen. Dagegen blieb die äußere Form der Rohre sehr unterschiedlich. Beeinflußt durch den jeweiligen Kunststil (Gotik, Renaissance, Barock), wies sie reiche Schmuckelemente wie Ornamente, Wappen, Personen- und Tierbilder auf. Für die fahrbaren Geschütze setzte sich in der zweiten Hälfte des 16. Jh. anstelle der Blocklafette die leichtere Wandlafette durch, bei der das Rohr mit den Schildzapfen in den Seitenwänden der Lafette ruhte. Trotz dieser Verbesserungen war die Manövrierfähigkeit der F. im Gefecht recht beschränkt. Die meist vor der Front stehenden Geschütze gaben ihr Feuer vor dem Zusammenstoß der Truppenkörper ab und veränderten in der Regel ihre Position während des Gefechts nicht. Dennoch hatten die F. Mitte des 16. Jh. die schweren, großkalibrigen Steinbüchsen (Mauerbrecher) weitgehend aus der Bewaffnung der europäischen Heere verdrängt. Bis zur Mitte des 18. Jh. verlor sich der für Feldgeschütze gebräuchliche Begriff «Schlange». Die entsprechenden Geschütze galten als → *Kanonen* mit einer vom Kugelgewicht abgeleiteten Kaliberbezeichnung (z. B. 3- oder 6pfünder). *(s. Abb. S. 32, 33)*

Feldwebel: ursprünglich Gehilfe des → *Hauptmanns*, später Unterführerdienstgrad; in der → *Nationalen Volksarmee der DDR (NVA)* und den → *Grenztruppen der DDR* Dienstgrad der Dienstgradgruppe Unteroffiziere.

Bereits gegen Ende des 15. Jh. gehörten die Aufgaben des «Weibels», später «Feldweibels», zu den wichtigsten Funktionen im → *Fähnlein*. Im Unterschied zu den «gemeinen Weibeln», die, von den → *Landsknechten* gewählt, deren Interessen gegenüber den → *Offizieren* vertraten, wurde der F. vom → *Oberst* oder vom Hauptmann eingesetzt. Als taktischer Gehilfe des Hauptmanns hatte er bei der Einteilung und Aufstellung der Schlachtordnung des Fähnleins mitzuwirken. Als diese Funktion der Oberwachtmeister (→ *Major*) übernahm, wurde der F. sein Gehilfe. Im 17./18. Jh. beschränkte sich die Tätigkeit des F. allmählich, ähnlich der des Majors, auf den inneren Dienst. Eine Sonderstellung nahm der «Hurenweibel» ein, der als Führer des Trosses, bei entsprechender Größe desselben, Hauptmannssold erhielt. Zu seiner Unterstützung standen ihm dann ein → *Leutnant* und ein → *Fähnrich* zur Verfügung, mit deren Hilfe er die innere Ordnung im Troß aufrechtzuerhalten hatte und dessen taktische Führung er sichern mußte. Mit der Herausbildung regulärer Dienstgrade in den Streitkräften zu Beginn des 18. Jh. wurde der F. zum ranghöchsten → *Unteroffizier* der → *Kompanie*. In einigen Armeen deutscher Staaten nannte man ihn zeitweilig Sergeant. Der F. war insbesondere verantwortlich für den inneren Dienst der Kompanie, den Befehlsempfang, das Schreib- und Rechnungswesen usw. Die Bezeichnung für diese Dienststellung änderte sich vom Kompanie-F. der preußischen Armee über den etatmäßigen und den diensttuenden F. bis zum Haupt-F. Bei der Artillerie und der Kavallerie hieß der F. → *Wachtmeister*.

Im Jahre 1789 erhielt der etatmäßige F. der preußischen Armee das Recht, das Offiziersportepee (→ *Portepee*) zu tragen, 1844 die Offiziersschirmmütze mit Kokarde. Mit der weiteren Entwicklung des Militärwesens seit Mitte des 19. Jh. gewannen die F.dienstgrade zunehmend an Bedeutung. Die von ihnen zu besetzenden Dienststellungen wurden zahlreicher und erforderten, vor allem im Zusammenhang mit der Technisierung der Streitkräfte, in steigendem Maße Spezialkenntnisse. Seit 1873 gab es in den Streitkräften des kaiserlichen Deutschlands den Vize-F. zur Anleitung der jüngeren Unteroffiziere und nötigenfalls zur Vertretung eines Offiziers. In den folgenden Jahrzehnten bildeten sich schrittweise die speziellen Dienstgradbezeichnungen Sanitäts-, Waffen- oder Bekleidungs-F. sowie Schirrmeister und Funkmeister heraus. Bei der Marine gab es F. bis 1920 in der Regel bei der Marineinfanterie, in den Flottenstammdivisionen und beim Sanitätsdienst. Ab 22. 10. 1920 wurden die Dienstgrade F. und Ober-F. als Unteroffiziere mit Portepee in der Reichsmarine (später Kriegsmarine) eingeführt, jedoch galten die alten Dienstgradbezeichnungen für → *Deckoffiziere*, wie Steuermann, Bootsmann usw., weiter.

In der NVA und den Grenztruppen der DDR ist

der F. in der Regel ein Berufsunteroffizier (→ *Berufssoldat*), der nach erfolgreichem Abschluß der Unteroffiziersschule und nach 1 praktischen Dienstjahr zum Unter-F. und nach weiteren $1^1/_2$ Jahren zum F. befördert werden kann. Weitere Dienstgrade sind der Ober-F. und der Stabs-F. Als Berufsunteroffizier und Militärspezialist kann sich der F. auch für das Dienstverhältnis des Fähnrichs oder Berufsoffiziers bewerben. Die Verwendung des F. erfolgt als Gruppenführer und stellvertretender Zugführer sowie in verschiedenen Funktionen des Stabsdienstes. Als Haupt-F. wird der Dienststellung nach derjenige Unteroffiziers- oder Fähnrichsdienstgrad bezeichnet, der in der Kompanie für die Dienstdurchführung der Unteroffiziere und Soldaten, die Disziplin und Ordnung sowie die ständige Einsatzbereitschaft der materiellen Mittel verantwortlich ist. Er untersteht unmittelbar dem Kompaniechef und ist direkter Vorgesetzter der Unteroffiziere und Soldaten der Kompanie. *(s. Abb. S. 144–146, 1006, 1009, 1011, 1012)*

Feldzeugmeister → *Generalfeldzeugmeister*

Fernmeldetruppe → *Nachrichtenwesen*

Fesselballon → *Ballon*

Festungskrieg → *Kriegskunst*

Feuerwerker: Armeeangehöriger im Unteroffiziersrang mit fachtechnischer Ausbildung für die Lagerung, Pflege, Vorbereitung und Vernichtung von → *Munition*.

Die Funktion des F. findet erstmalig 1406 in Nürnberg urkundliche Erwähnung. Seine Hauptaufgabe bestand zunächst in der Bedienung der damaligen artilleristischen Feuerwaffen und der Herstellung von Geschossen. Die F. entstammten zumeist dem Büchsenmeisterhandwerk. Auf Grund der für ihre Tätigkeit erforderlichen speziellen Kenntnisse und Fähigkeiten gehörten die F., bis Mitte des 17. Jh. berufsmäßig organisiert, zu den privilegierten Schichten des Soldatenstandes. Mit der Bildung der stehenden Heere in den deutschen Staaten wurden die F. Ende des 17., Anfang des 18. Jh. als Verwaltungspersonal im Dienstrang Unterführer in die Artillerietruppe übernommen, in Preußen 1683. In dieser Zeit bildeten sich die auch heute noch charakteristischen Tätigkeitsmerkmale heraus. Mit dem schnellen Ausbau der → *Artillerie* wuchs die Zahl der F. im Heer ständig an. Seit Mitte des 19. Jh. fanden sie auch in den preußisch-deutschen Seestreitkräften Verwendung. Zu ihrer Ausbildung wurden spezielle Lehrgänge und Schulen eingerichtet, so Ober-F.schulen 1840 in Berlin, 1876 in München. Die F. waren im Heer dienstgradmäßig den → *Unteroffizieren*, Ober-F. den → *Feldwebeln* gleichgestellt; in der Marine gehörten sie zu den → *Deckoffizieren*. Die fachlichen Vorgesetzten der F. waren sog. Feuerwerksoffiziere. 1901 wurde das gesamte Feuerwerkspersonal der Feldzeugmeisterei unterstellt (→ *Generalfeldzeugmeister*). Bei Ausbruch des ersten Weltkrieges erfolgte die Schließung der Ober-F.schulen; erst 1918 nahm in Berlin-Spandau eine neugegründete Kriegs-F.schule die Ausbildung von F. wieder auf. In der Reichswehr bildete man F. zunächst an der Artillerieschule in Jüterbog in speziellen Lehrgängen aus, bis dann 1929 in Berlin-Lichterfelde wieder eine selbständige Heeres-F.schule entstand. Die Feuerwerksoffiziere erhielten jetzt die Bezeichnung Waffen-Offiziere (Offiziere (W)). In der faschistischen Wehrmacht wurden F. im Heer vor allem in Stäben von Artillerie-, Infanterie- und Kavallerieregimentern, bei Artillerieabteilungen und auf Truppenübungsplätzen verwendet, bei der Kriegsmarine auf Schiffen, in Werften und Munitionsdepots. Seit 1935 gab es F. auch bei der Luftwaffe. Dienstgradmäßig waren sie jetzt Feldwebeln bzw. Oberfeldwebeln gleichgestellt.

Feuerwerker, 16. Jh.

Vom Feuerwerker hergestellte Waffen, 16. Jh.

Mit der Entwicklung und massenweisen Einführung neuer Waffen in die Streitkräfte seit dem zweiten Weltkrieg vergrößerten sich die Aufgaben der F. beträchtlich. In der NVA der DDR sind die F. Angehörige des raketen- und waffentechnischen Dienstes der Teilstreitkräfte. Sie können den Dienstgrad Stabsfeldwebel erreichen.

Flachfeuergeschütz → *Geschütz*, → *Kanone*

Flagge → *Fahne*

Flaggschiff: Kampfschiff, auf dem sich der Befehlshaber (Kommandeur) eines Verbandes mit seinem Stab befindet und von dem aus er die unterstellten Einheiten führt.

Bereits in der Segelschiffszeit bezeichnete man das Schiff, von dem aus der Flotten- bzw. Geschwaderführer seinen Verband befehligte und das daher seine Flagge führte, als F. Von hier aus wurden mit Hilfe optischer und akustischer Signale die Befehle zur Führung des Verbandes, auch während einer Schlacht, gegeben. Mit der seit Einführung des Dampfantriebs wachsenden Kompliziertheit der Führung von Schiffsverbänden vor allem im Gefecht (→ *Seekriegskunst*) wurden in den meisten Flotten ständige F. bestimmt und von vornherein mit entsprechenden Führungsanlagen (vergrößerte Kommandozentralen, verstärkte Ausstattung mit Nachrichtenmitteln usw.) versehen. Das galt speziell für die Flotten-F., deren Bau z. B. in den Flottengesetzen des deutschen Imperialismus von 1898 und 1900 (→ *Kaiserliche Marine*) gesondert aufgeführt war. Sonst galt als F. in der Regel das jeweils modernste bzw. kampfkräftigste Schiff seiner Klasse. In den Flotten der Gegenwart ist zumeist kein ständiges F. festgelegt. Das dafür bestimmte Fahrzeug muß jedoch mit allen erforderlichen Mitteln für die ununterbrochene Führung der unterstellten Kräfte ausgerüstet sein und dem Stab des Befehlshabers ausreichend Platz bieten. Das F. ist gewöhnlich zugleich Richtungsschiff in der Formation bzw. der jeweiligen Marsch- oder Gefechtsordnung. Zur Flaggenführung sind die Admiralsdienstgrade (→ *Admiral*) berechtigt. In Ausnahmefällen können Admiralsflaggen von Kommandeuren mit niedrigerem Dienstgrad geführt werden, wenn sie die Dienststellung eines Admirals einnehmen. Das Setzen der Admiralsflagge ist auch von Einfluß auf das Seezeremoniell. Dem F. ist von anderen Schiffen der Gruß zu erweisen. *(s. Abb. S. 10)*

Flakartillerie: im ersten Weltkrieg entstandene Art der → *Artillerie* zur Vernichtung von Luftzielen, insbesondere Flugzeugen, die vor allem Bestandteil der → *Truppenluftabwehr* und der → *Luftverteidigung* ist.

Die Herausbildung der F. hängt eng mit der Entwicklung der Luftkriegsmittel (→ *Luftstreitkräfte*) zusammen. Anfangs benutzte man zur Bekämpfung der verschiedentlich eingesetzten → *Ballons* gewöhnliche, im Feld verwendete → *Geschütze*, so 1794 bei der Belagerung der Festung Maubeuge und 1870/71 im Deutsch-Französischen Krieg während der Belagerung von Paris. Ein neues Geschäft erwartend, baute damals die Firma Krupp speziell zur Ballonbekämpfung eine Kanone des Kalibers 36 mm, die mit großem Erhöhungswinkel schießen konnte, rasch schwenkbar war und eine hohe Feuergeschwindigkeit besaß. Sie drehte sich mit einer hakenförmigen Pivotgabel auf einem kegelförmigen Untersatz, der sich auf der Plattform eines pferdebespannten Wagens befand. Der schnelle Aufschwung der Militärluftfahrt um die Jahrhundertwende forcierte die bis dahin wenig betriebene Entwicklung spezieller Geschütze zum Kampf gegen Luftziele (Schnellfeuergeschütze für Geschosse mit gestreckter Flugbahn). Für das kaiserlich-deutsche Heer baute die Rheinische Metallwaren- und Maschinenfabrik 1906 eine Ballonabwehrkanone L/30 des Kalibers 50 mm, die ein Schrapnell von 2,4 kg mit einer Anfangsgeschwindigkeit von 450 m/s oder eine Granate von 1,5 kg mit 572 m/s verschoß. Die Brennzünderreichweite betrug 4200 m. Das Geschütz war auf einem Sockel befestigt und auf einem Auto montiert. Krupp konstruierte 1908 die 65-mm-Ballonkanone L/35. Sie besaß bereits eine Räderlafette und abschwenkbare Räder. Ihre Brandgeschosse mit Aufschlagzünder hatten eine Anfangsgeschwindigkeit von 620 m/s und eine Schußhöhe von 5200 m. In den nächsten Jahren folgten Neuentwicklungen weiterer Versuchsgeschütze in allen wichtigen europäischen Streitkräften.

Im deutschen Feldheer gab es bei Ausbruch des ersten Weltkrieges 18 Ballonabwehrgeschütze, davon waren 6 motorisiert und 12 pferdebespannt. Bis Kriegsende stieg ihre Zahl (ab 1916 «Flugabwehrkanonen» oder Flak genannt) auf 2576. Da die Fertigung den Bedarf nicht decken konnte, wurden in den ersten Kriegsjahren auch leichte Feldkanonen und Feldhaubitzen sowie zahlreiche erbeutete Geschütze mit behelfsmäßigen Sockeln ausgerüstet und – allerdings mit geringem Erfolg – zur Fliegerabwehr eingesetzt. Ab Ende 1916 lieferte die Industrie Neuentwicklungen aus, doch war die deutsche F. des ersten Weltkrieges mit 21 verschiedenen Kalibern

Deutsche leichte Kraftwagen-Flak L 27 M, Kal. 77 mm, im ersten Weltkrieg

und Geschützmustern sehr uneinheitlich bewaffnet. Mit der Ausarbeitung einer speziellen Theorie des Schießens, der Einführung von Entfernungsmessern, Kommandogeräten sowie von Horchgeräten und Scheinwerfern erhöhte die F. ihre Wirksamkeit. In ihrer taktisch-operativen Organisation unterstand die F. des deutschen Heeres eigenen Truppenkommandeuren bei den AOK. Seit dem Jahre 1916 war die F. in Flakgruppen (bei den Korps) und Flakuntergruppen (bei den Divisionen) gegliedert. Die F. galt von dieser Zeit an als eine selbständige Waffengattung.

Entsprechend der höheren Wirksamkeit der Luftkriegsmittel waren die Streitkräfte aller Staaten nach dem ersten Weltkrieg bestrebt, die F. zu verbessern. Dazu trug auch bei, daß sie sich über ihre Hauptaufgabe, die Luftabwehr, hinaus aufgrund der gestreckten Flugbahn ihrer Geschosse als besonders geeignet zur Verstärkung der Panzerabwehr (→ *Panzerabwehrmittel*) erwies. Eine wichtige Neuerung war bei den mittleren Kalibern die Übertragung der Schußwerte von einem Rechengerät direkt an die Geschütze. Grundlage waren die Angaben leistungsfähiger optischer Entfernungsmesser. War bisher die Batterie gleichzeitig strukturelle und Feuereinheit, so wurden nunmehr bei der F. Abteilungen und Regimenter geschaffen und eingesetzt. Laut Versailler Vertrag von 1919 war Deutschland die Aufstellung von F. verboten. Mit Beginn der offenen Aufrüstung im faschistischen Deutschland wurde die F. auf der Grundlage schon früher betriebener illegaler Entwicklungen aufgebaut, hauptsächlich als Waffengattung der Luftwaffe. Das Heer stellte erst ab 1938 in geringem Umfang Luftabwehrkräfte in Gestalt der MG-Bataillone mit 20-mm-Flak 38 auf. Zur kriegsmäßigen Erprobung der F. setzte die faschistische Führung eine Anzahl Batterien im Rahmen der sog. Legion Condor gegen die Streitkräfte der Spanischen Republik ein.

Zu Beginn des zweiten Weltkrieges befanden sich in den Armeen der kriegführenden Mächte F.geschütze vom Kaliber 20 bis 133 mm. Neben den

Feuerstellung der Flakartillerie der faschistischen Wehrmacht am Stadtrand von Berlin, November 1940

leichten automatischen Kanonen war F. mittleren Kalibers am meisten verbreitet. Charakteristika der damaligen F. waren der Schwenkbereich nach der Seite um 360°, Richtmechanismen, automatische Zündereinstellung und magazinierte Munition. 1939 besaß die F. der faschistischen Wehrmacht 9300 Geschütze verschiedener Kaliber und 2988 Scheinwerfer. Am Ende des Jahres 1944 stieg die Zahl der Geschütze auf 29960 und die der Scheinwerfer auf 7500. Für die damalige Zeit moderne Kommandogeräte, störsichere Radargeräte (→ *Funkmeß*), Horchgeräte und andere Hilfsmittel erhöhten die Wirksamkeit der F. Dennoch gelang es ihr nicht, die 1942 einsetzenden Großangriffe britischer und amerikanischer Bomberverbände abzuschlagen. Ihre Wirksamkeit verschlechterte sich im Heimatgebiet mit der Zunahme des Anteils (bis zu 50 %) von Behelfspersonal (Oberschüler, weibliche Helfer und sogar Kriegsgefangene, die völkerrechtswidrig zum Waffendienst gezwungen wurden) an den Geschützbedienungen. Auch im Felde war die F. angesichts der materiellen Überlegenheit des Gegners ihren Aufgaben nicht gewachsen. Für den Einsatz gegen

Flak der faschistischen Wehrmacht 1939–1945

Typ	Masse der Spreng-granate kg	Schußweite m	Schußhöhe m	V_0 m/s	Feuer-geschwindig-keit Schuß/min
20-mm-Flak 38	0,132	4800	3700	900	480
20-mm-Vierling	0,132	4800	3700	900	1800
37-mm-Flak 18/36	0,623	6500	4800	820	160
88-mm-Flak 18/36/37	14,700	14860	10600	820	15–20
88-mm-Flak 43	19,200	19800	14700	1000	20–25
105-mm-Flak 38/39	26,000	17700	12800	880	12–15
128-mm-Flak 40 (Zwilling)	47,700	20900	14800	880	20–24

Geschütze der modernen Flakartillerie (Auswahl)

Land	Modell	Masse des Geschosses kg	V_0 m/s	max. Reichweite Höhe km	Weite km	Feuergeschwindigkeit Schuß/min
UdSSR	57-mm-Fla-SFL (2rohrig)	2,8	1000	5,0	12,0	350
	57-mm-autom. Flak	2,8	1000	5,0	12,0	120
	100-mm-autom. Flak	15,6	900	15,0	21,0	15
	130-mm-autom. Flak	33,4	970	19,5	27,5	12
USA	20-mm-autom. Flak «Vulcan» (6rohrig)	0,12	1050	2,0	5,4	3000
	40-mm-Fla-SFL M 42 (2rohrig)	0,96	875	4,8	9,9	240
BRD	35-mm-Fla-SFL «Gepard» (2rohrig)	0,55	1175	5,5	11,0	1100

See- und vor allem Erdziele wurden Flakkampftrupps und Erdkampfbatterien gebildet. Die in den ersten Kriegsjahren als Ausnahme geltende Verwendung zum Kampf gegen Panzer wurde zur Regel. Dafür wurden insbesondere die 88-mm-Geschütze verwendet.

Nach dem zweiten Weltkrieg wirkten auch auf die Entwicklung der F. der wissenschaftlich-technische Fortschritt und die Revolution im Militärwesen ein. Vor allem die Verwendung elektronischer Bauelemente erhöhte die Wirksamkeit moderner F. bedeutend. Sie erhielt weitreichende Rundblickstationen zur Zielaufklärung, Geschützrichtstationen und Feuerleitgeräte. Halbautomatische und automatische Lade- und Abfeuerungsmechanismen wurden eingeführt. Der Bau von SFL, meist mit mehrrohrigen automatischen Kanonen, erhöhte die Effektivität der Truppen-F. Die moderne F. wird entsprechend ihrem Kaliber in leichte (20–60 mm), mittlere (60–100 mm) und schwere (über 100 mm) unterteilt.

Die F. der NVA der DDR ist nach dem Vorbild der entsprechenden Formationen der Sowjetarmee aufgebaut und mit deren Gerätesystemen ausgestattet. Zu ihrer Erstausstattung gehörten Fla-MG und 37-mm-Geschütze M 39 in den mot. Schützen- und Panzertruppenteilen, die bald durch 57-mm-Kanonen (Flak S-60, Zwillings-Fla-SFL ZSU-57/2) ersetzt wurden. Diese Systeme bildeten über mehrere Jahre auch die Ausstattung der F.truppenteile der Verbände. Die Divisions-F. hatte die 85-mm-Kanone M 39 und die 100-mm-Kanone (Flak KS-19 M 49). Später wurden die Truppenteile mit kleinkalibriger F., vor allem des Kalibers 23 mm (Zwillingsflak ZU-23/2, Vierlings-Fla-SFL ZSU-23/4), ausgestattet. Anfang der 60er Jahre wurden die F.formationen der Landstreitkräfte zu einer eigenen Waffengattung, der Truppenluftabwehr, zusammengefaßt. In der Luftverteidigung (→ *Luftstreitkräfte/Luftverteidigung der NVA (LSK/LV)*) bildeten sich die Fla-Raketentruppenteile heraus. Bei der → *Volksmarine der NVA (VM)* dient die F. neben der Luftabwehr auch zur Bekämpfung von Seezielen. Bei der weiteren Entwicklung der F. wurde in der NVA die Tatsache berücksichtigt, daß die Effektivität der F.geschütze, besonders der mittleren und schweren Kaliber, angesichts der wachsenden Geschwindigkeit, Manövrierfähigkeit und Gipfelhöhe der Flugzeuge abnimmt. Die Bekämpfung solcher Ziele wurde zunehmend den Fla-Raketenkomplexen übertragen. Der Anteil kleinkalibriger mehrrohriger Kanonen auf SFL ist gewachsen. Diese mit eigenen Funkmeßmitteln und Rechengeräten ausgestatteten Gefechtsfahrzeuge

100-mm-Flak der NVA

sind ein kampfstarkes Mittel, um Luftziele in niedrigen Höhen zu vernichten, und zwar sowohl aus dem Stand als auch der Bewegung. Ihre Kombination mit leichten Raketenkomplexen hat sich für die zuverlässige Erfüllung von Gefechtsaufgaben als besonders zweckmäßig erwiesen. *(s. Abb. S. 35, 43–45)*

Flammenwerfer: Einsatzmittel zur Bekämpfung von Zielen auf kurze Distanz mittels eines Flammstrahls.

Als Vorläufer der F. können die der Überlieferung nach bereits während des Peloponnesischen Krieges (431–404 v. u. Z.) von den Griechen eingesetzten eisernen Flammenrohre gelten, durch die ein Brandmittel aus Pech, Schwefel, Öl, gebranntem Kalk und Salpeter («Griechisches Feuer») geblasen wurde. Obwohl die Verwendung ähnlicher Brandmittel auch weiterhin eine Rolle im Militärwesen spielte (z. B. bei der im Mittelalter gegen Befestigungen eingesetzten «Feuertonne»), fand das Flammenrohr erst zu Beginn des 20. Jh. wieder als Waffe Beachtung. 1915 kamen an den im Stellungskrieg erstarrten Fronten des ersten Weltkrieges, zunächst auf deutscher Seite, wenig später auch bei den anderen kriegführenden Armeen, die ersten F. zum Einsatz. Ihr später im wesentlichen beibehaltenes Funktionsprinzip bestand darin, verdickte flüssige Brandstoffe – meist Flammöl – mittels Preßluft oder Pulvergasen aus einem Behälter durch ein Rohr auf den Gegner zu schleudern. Die Entzündung des Brandgemisches erfolgte beim Verlassen des Rohres durch eine Zündpatrone oder eine elektrische Zündvorrichtung. Neben leichten F. in Form von Tornistergeräten mit etwa 10 l Inhalt und etwa 20–30 m Reichweite entstanden schwere, fahrbare und stationäre Einsatzmittel mit größerem Flammölvorrat und Reichweiten von 50 m und darüber. Die F. waren im taktischen Rahmen offensiv wie defensiv verwendbar. Die Bedienung bestand aus 1–2 Mann. Beim Einsatz wurden sie durch Schützen- und MG-Feuer gedeckt. Die Bekämpfung des Zieles erfolgte in der Regel in kurzen Flammstößen. Der F. fand vorwiegend zur Bekämpfung von Feuernestern, leichten Befestigungsanlagen und Bunkerbesatzungen sowie beim Kampf in Ortschaften Verwendung. Die Verbesserung der F. nach dem ersten Weltkrieg führte u. a. zur Vergrößerung der Reichweiten und zur Entwicklung von neuen Einsatzmitteln. Während des zweiten Weltkrieges verfügten die kriegführenden Seiten neben leichten, tragbaren F. über verschiedenartige fahrbare und stationäre schwere Einsatzmittel, einschließlich F.panzer, mit einem mitgeführten Brandgemischvorrat von 100 bis über 500 l und Reichweiten bis zu 120 m. So führte der für den F.einsatz umgebaute sowjetische Panzer KW einen Flammölvorrat von 570 l mit sich, womit bis zu 57 Flammstöße abgegeben werden konnten. Die → *Pioniertruppen* des faschistischen deutschen Heeres benutzten einen auf Tragegestell montierten kleinen F. (Bedienung 1 Mann, Flammölvorrat 10 l, Reichweite 25–30 m) sowie als fahrbares Kleingerät den mittleren F. (Bedienung 2 Mann, Flammölvorrat 30 l, Reichweite ebenfalls bis 30 m). Als schwere F. fanden u. a. umgebaute Kampfpanzer (Flammpanzer) der Typen P II, P III und P 38 (t) (→ *Panzer*) Verwendung.

Einsatz eines Flammenwerfers gegen einen britischen Tank, Ende 1917

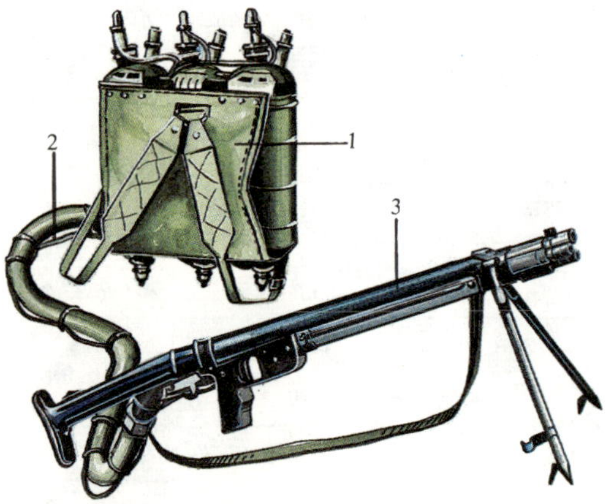

Leichter Tornisterflammenwerfer LPO-50, NVA: 1 Brandstofftornister; *2* Saugrohr; *3* Werferrohr mit Gasdüse

Nach 1945 wurden die taktisch-technischen Eigenschaften der F. weiter vervollkommnet. Diese Waffen werden auch in der Gegenwart von fast allen Armeen verwendet. Die Streitkräfte der sozialistischen Verteidigungskoalition, darunter auch die NVA, verfügen u. a. über Tornister-F. sowie über fahrbare schwere, mehrrohrige F., die sich durch große Reichweiten und hohen Wirkungsgrad auszeichnen.

Flandern 1917: Schlacht im ersten Weltkrieg zwischen britisch-französischen und deutschen Truppen vom 15. 7. bis Mitte November 1917 (→ *Weltkrieg, erster, 1914–1918*).

In der zweiten Hälfte des Jahres 1917 lag das

Schwergewicht der Kampfhandlungen an der Westfront in F. Das von einer breiten Antikriegsbewegung erschütterte französische Feldheer konnte vorerst keine größeren Angriffe unternehmen. Der Oberbefehlshaber des britischen Heeres in Frankreich, Feldmarschall Sir Douglas Haig (1861–1928), beschloß deshalb, im Sommer 1917 eine neue Offensive beiderseits von Ypern durchzuführen. Ungeachtet des Scheiterns der bisherigen Offensiven der Entente unter den Bedingungen des Stellungskrieges, stellte Haig ihr wiederum ein weites Ziel: Eroberung der belgischen Kanalküste mit den U-Boot-Stützpunkten, um den deutschen → *U-Boot-Krieg* zu schwächen. Dies forderte vor allem die britische Admiralität. Durch Masseneinsatz von Artillerie und gewaltige Munitionsmengen sollte die deutsche Verteidigung abschnittsweise zerschlagen und danach von der Infanterie besetzt werden. Dieses Verfahren, das auf die Überraschung verzichtete, hatte schon an der → *Somme 1916* versagt. Anfang Juni 1917 beseitigten britische Truppen mit Hilfe großer Minensprengungen den deutschen Frontbogen bei Wytschaete, aus dem heraus die Offensive in der Südflanke bedroht werden konnte. Für diese wurden 26 britische und 6 französische Divisionen, 3535 Geschütze (davon 1423 schwere) und 680 Flugzeuge bereitgestellt. Die gegenüberliegende deutsche 4. Armee verfügte nur über 18 Divisionen, davon 10 in den Stellungen, 1162 Geschütze (davon 550 schwere) und 600 Flugzeuge. Sie hatte jedoch umfangreiche Abwehrmaßnahmen getroffen. Das von zahlreichen Wasserläufen durchschnittene Gelände war für einen Angriff noch schwieriger als für die Verteidigung. Der hohe Grundwasserstand erschwerte den Bau von Stellungen und Verbindungswegen außerordentlich und machte umfangreiche Entwässerungsanlagen notwendig.

Die Offensive begann am 15.7. mit der längsten Artillerievorbereitung des Weltkrieges (16 Tage), die wiederholt bis zum Trommelfeuer gesteigert wurde. Zugleich erfolgten zahlreiche Luftangriffe auf Ziele hinter der deutschen Front. Am 31.7. gingen die Truppen auf 23 km Breite von Deulemont an der Lys bis nördlich Steenstraate zum Angriff über. Den Hauptstoß, von 2300 Geschützen vorbereitet, führte die britische 5. Armee (15 Divisionen, davon 9 in vorderer Linie) auf 12 km Breite beiderseits von Ypern. In den ersten Tagen (31.7./1.8.) erzielte sie nur einen 16 km breiten und bis zu 3 km tiefen Einbruch in die deutsche Verteidigung. Örtliche Gegenangriffe warfen die britischen Truppen teilweise zurück. Regen und die Zerstörung der Entwässerungsanlagen durch Artilleriefeuer verwandelten das Gelände in eine Schlammwüste, in der jede Truppenbewegung aufs äußerste erschwert war, insbesondere das Vorziehen der Artillerie. In der Folgezeit entwickelte sich das typische Bild einer sog. Material- bzw. Zermürbungsschlacht. Zahlreiche kleinere und größere Angriffe, oft von einigen Panzern unterstützt, wechselten einander ab. Der Munitionseinsatz auf britischer Seite war dabei weitaus größer als bisher, ohne daß es gelang, die deutsche Front zu durchbrechen. Wochen- und monatelang waren die Ruinen einzelner Orte erbittert umkämpft. Paschendaele mit seinem Höhenrücken fiel erst am 6.11. in britische Hand. Die britischen Angriffe erfolgten stets an schmalen Abschnitten, was ihre Abwehr erleichterte. Zudem wurde das deutsche Abwehrverfahren durch die Schaffung eines Vorfeldes, das geräumt werden konnte, und durch Zurücknahme der Hauptverteidigungslinie elastischer und wirkungsvoller. Auf deutscher Seite war die Hauptschwierigkeit, die nach kurzer Zeit kampfunfähigen Divisionen regelmäßig abzulösen. Als sich Mitte Oktober das Scheitern der Offensive immer deutlicher abzeichnete, befahl Haig, eine Angriffsoperation mit massiertem Panzereinsatz in Nordfrankreich vorzubereiten (→ *Cambrai 1917*). In F. aber ließ er die sinnlosen Angriffe fortsetzen. Die Schlacht war auch durch den massierten Einsatz der Jagdfliegerkräfte gekennzeichnet; es kam erstmals zu Luftkämpfen unter Beteiligung von über 100 Flugzeugen. Die deutsche Seite konnte die Luftüberlegenheit des Gegners ausgleichen, was zum Scheitern der Offensive beitrug.

Der Beginn der Angriffsoperation bei Cambrai am 20.11. bezeichnete das Ende der letzten großen Material- bzw. Zermürbungsschlacht des ersten Weltkrieges in F. An ihr nahmen nach und nach 57 britische und französische und 73 halb so starke deutsche Divisionen teil, viele davon mehrmals, d. h. über die Hälfte des deutschen Westheeres. Die Erschöpfung der Truppen durch die monatelangen unmenschlichen Strapazen wirkte lange nach. Die britisch-französischen Verluste betrugen insgesamt 332000 Mann (davon 88000 Tote und Vermißte), die deutschen 217000 Mann (davon 83000 Tote und Vermißte). Ein Hauptmerkmal der Flandernschlacht war die gewachsene materielle Übermacht der britisch-französischen Seite. Ihr Munitionsverbrauch stieg auf weit über 50 Mill. Granaten, der der deutschen 4. Armee auf 18 Mill. Der riesige Aufwand an Kräften und Mitteln hatte lediglich zu einer 22 km breiten und bis zu 8 km tiefen Einbuchtung der deutschen Front geführt. Die Schlacht endete mit einem Mißerfolg des britischen Heeres. Sie war Ausdruck der zeitweiligen Überlegenheit der Verteidigung über den Angriff sowie der Krise der bürgerlichen → *Kriegskunst*, die noch keinen Weg aus der Sackgasse des Stellungskrieges gefunden hatte.

Fla-Raketentruppen → *Artillerie*, → *Luftstreitkräfte/Luftverteidigung der NVA (LSK/LV)*

Flieger: gebräuchliche Bezeichnung für die Angehörigen des fliegenden Personals, zeitweilig auch unterster Dienstgrad in den → *Luftstreitkräften.*

Im deutschen Sprachgebrauch werden seit Entstehung des Flugwesens neben dem Piloten eines Flugzeuges auch die übrigen Besatzungsmitglieder F. genannt. Der Dienstgrad F. entstand 1912 mit der Bildung der F.truppe. Aufgrund des Verbots von Luftstreitkräften für das Deutsche Reich durch den Versailler Vertrag führte die Reichswehr den Dienstgrad F. nicht. Mit der Aufstellung der faschistischen Luftwaffe 1935 wurde er wieder eingeführt.

In der NVA (→ *Luftstreitkräfte/Luftverteidigung der NVA (LSK/LV)*) gab es den Dienstgrad F. in den Luftstreitkräften bis zur Neufassung der Dienstlaufbahnordnung vom 10. 12. 1970 (→ *Dienstlaufbahnbestimmungen für die Angehörigen der NVA*). Seitdem ist der unterste Dienstgrad in den Luftstreitkräften → *Soldat.* Der Begriff F. wird daneben in Wortverbindungen angewendet, die bestimmte Tätigkeiten, Waffen- und Kampftechnik sowie Dienste in der NVA zum Ausdruck bringen, z. B. F.abwehrkanone, F.training, F.ingenieurdienst.

Fliegerbombe: seit Beginn des 20. Jh. verwendete Munitionsart der → *Luftstreitkräfte* zur Bekämpfung von Erd- und Seezielen, die aus einem meist zylindrischen oder tropfenförmigen Gehäuse, der Ladung und einem Flugstabilisator (Leitwerk) besteht. Man unterscheidet zwischen Gefechtsbomben (z. B. Spreng-, Splitter, Brand-, chemische Bomben) und Bomben spezieller Bestimmung (z. B. Signal-, Leucht-, Nebel-, Rauch-, Versorgungsbomben).

Mit der Entwicklung von Luftfahrzeugen wurde auch ihre militärische Verwendung für den Abwurf von Geschossen und Explosivkörpern erwogen. Ein 1899 von den größeren Militärmächten vereinbartes, auf 5 Jahre befristetes Verbot dieses Abwurfs wurde nach Ablauf nicht erneuert (→ *Regeln des Luftkrieges*). Die ersten F. kamen während des Italienisch-Türkischen Krieges 1911/12 auf italienischer Seite zum Einsatz. In Deutschland wurden 1912/13 von der Artillerie-Prüfungskommission kugelförmige 5- und 10-kg-Sprengbomben aus Stahlguß mit Aufschlagzünder entwickelt und übungsmäßig erprobt. Wegen ihrer geringen Wirkung wurden sie ab Anfang 1914 durch sog. Carbonitbomben der Sprengstoff AG «Carbonit»-Schlebusch ersetzt. Diese Bomben hatten eine Masse von 4, 5, 10, 20 und 50 kg und bestanden aus einem birnenförmigen Stahlgußkörper mit einem am oberen Ende angebrachten ringförmigen Stabilisator. Pendeln und Abdrift beeinträchtigten jedoch die Treffgenauigkeit beträchtlich. Ab 1916 wurde daher eine von der Prüfanstalt und Werft der Fliegertruppe mit der Firma Goerz konstruierte F. (sog. P. u. W.-Bombe) an der Front eingesetzt. Die Bomben dieses Typs waren torpedoähnlich geformt und am oberen Ende mit Stabilisierungsflächen versehen. Sie wurden als 12,5-, 50-, 100-, 300- und 1 000-kg-Bomben hergestellt. Die auch von → *Schlachtfliegerkräften* zur Bekämpfung von Flächenzielen verwendete 12,5-kg-Bombe erreichte bei dickwandigem Gehäuse starke Splitterwirkung. Die von den → *Bombenfliegerkräften* verwendeten schweren F. waren als Minenbomben konstruiert. Sie enthielten bei geringer Wandstärke einen hohen Sprengstoffanteil. Seit 1914 wurden auch Brandbomben von 5 und 10 kg hergestellt, die mit Brandmassen aus Benzol, Petroleum, flüssigem Teer oder Thermit gefüllt waren. Die faschistische Luftrüstung orientierte sich in Auswertung der Erfahrungen des ersten Weltkrieges und der Intervention in Spanien 1936–1939 auf 5 Standardtypen von F.: die 10-kg-Splitterbombe SC 10, die Spreng- bzw. Minenbomben SC 50, SC 250 und SC 500 sowie die 1-kg-Elektrothermit-Brandbombe. Bei den schweren F. betrug der Sprengstoffanteil 45–50 % der Gesamtmasse. Ab 1942 wurden in begrenzter Menge 1 000-kg-, 1 800-kg- und 2 800-kg-Bomben produziert und vor allem als Terrorwaffen gegen Wohngebiete verwendet. Von den anglo-amerikanischen Fliegerkräften wurden 1944/45 teilweise noch schwerere F. (bis 4 500 kg) eingesetzt. Für den Überfall auf die UdSSR erhielt die faschistische Luftwaffe zusätzlich die 2-kg-Splitterbombe SD 2, die in 90 Stück fassenden Abwurfbehältern flächendeckend wirken sollte. Seit November 1939 verfügte die Luftwaffe auch über chemische F., deren Bestand bis zum Frühjahr 1944 auf etwa 660 000 anwuchs. Während des zweiten Weltkrieges entstanden auch neue Arten von F., wie die Panzerbekämpfungsbombe und die Fliegerwasserbombe. Nach 1945 verschwanden mit der Einführung von Kernwaffen die überschweren F. aus der Bewaffnung. Zur Hauptabwurfmunition der Fliegerkräfte wurden – wie der Krieg der USA gegen das vietnamesische Volk und andere imperialistische Aggressionshandlungen zeigen – 250- bis 500-kg-Bomben. Die Brandwirkung der F. wurde durch Napalm- und Flammstrahlbomben, ihre Splitterwir-

Größenvergleich im ersten Weltkrieg eingesetzter Sprengbomben von 12 bis 300 kg

kung durch verschiedenartige Flächenbomben (Kassetten- und Kugelbomben), die Treffwahrscheinlichkeit durch Fern- und Zielsuchlenkung beträchtlich erhöht. *(s. Abb. S. 661)*

Fliegerdivision: Grundverband der Fliegerkräfte (→ *Luftstreitkräfte*) zur Lösung taktischer und operativer Aufgaben.

Gegen Ende des ersten Weltkrieges (1914–1918) entstanden vereinzelt über das Geschwader als taktische Grundeinheit der Fliegerkräfte hinausgehende Formationen der Luftstreitkräfte, die als F. bezeichnet wurden. So faßte man in Frankreich im Sommer 1918 die Bomben- und einen großen Teil der Jagdfliegerkräfte für den Einsatz an Durchbruchsabschnitten der Front zu einer F. zusammen. Im imperialistischen Deutschland erfolgte erstmals im Frühjahr 1934 die Aufstellung einer F. mit 1 Jagdgruppe und 2 Bombenfliegerverbänden. Ihr Befehlshaber war gleichzeitig Kommandeur der → *Heeresfliegerkräfte.* Im weiteren Verlauf der faschistischen Luftrüstung wurde diese F. Ende März 1935 aufgelöst, und ihre Verbände wurden speziellen Führungsstäben, den sog. Höheren Fliegerkommandeuren, unterstellt. An ihre Stelle traten ab Spätsommer 1938 F. 1938/39 wurden insgesamt 8 F. aufgestellt, unter ihnen auch eine Luftwaffenlehrdivision. Die F. waren etatmäßig etwa gleichstark. Sie umfaßten je 1 Fernaufklärungsstaffel, 1 Jagd-, 2–3 Kampf-(Bomben-) und 1 Sturzgeschwader sowie 1 Luftnachrichtenabteilung. Damit konnte eine F. über 500–600 Flugzeuge verfügen. Ab November 1939 wurden 5 F. zur Aufstellung von insgesamt 7 Fliegerkorps herangezogen, die – teilweise in F. gegliedert – eine ähnliche Struktur aufwiesen wie diese. Im Verlauf des zweiten Weltkrieges gab es in der Struktur der Fliegerkorps beträchtliche Veränderungen. Einige von ihnen blieben bis zum Kriegsende im wesentlichen als operativ-taktische Mehrzweckverbände bestehen. Dagegen wurden in anderen Korps bestimmte Gattungen der Fliegerkräfte konzentriert, so im IV. und V. Fliegerkorps vor allem → *Bombenfliegerkräfte,* im XII. → *Jagdfliegerkräfte* und im XIV. → *Transportfliegerkräfte.* Im VIII. Fliegerkorps war ein beträchtlicher Teil der sog. Nahkampfverbände vereinigt, während man im IX. (Bomben-)Fliegerkorps ab Ende 1944 u. a. die mit strahlgetriebenen Flugzeugen ausgerüsteten Einheiten zusammenfaßte. Das XI. Fliegerkorps diente als Führungsorgan von → *Fallschirmtruppen.* Nach dem Scheitern des faschistischen Blitzkrieges gegen die UdSSR begann die Luftwaffenführung vom Frühjahr 1942 ab neben den Fliegerkorps erneut F. aufzustellen, in denen vor allem die Nahkampffliegerverbände zusammengefaßt wurden. Ihre Hauptaufgabe bestand in der unmittelbaren Unterstützung des Heeres, vor allem an der deutsch-sowjetischen Front. Gegen Kriegsende verfügte die faschistische Luftwaffe über 10 F., deren zahlenmäßige Stärke zwischen 300 und einigen Dutzend Flugzeugen schwankte.

Auch in den Luftstreitkräften anderer Länder existierten vor und während des zweiten Weltkrieges F. unterschiedlicher Bestimmung, Struktur und Stärke. In den sowjetischen Luftstreitkräften begann 1938 die Aufstellung von F. Gegenwärtig umfassen die F. in der Regel mehrere taktische Einheiten derselben oder verschiedener Fliegergattungen sowie Truppenteile zur Sicherstellung. Die Anzahl der in den F. zusammengefaßten Flugzeuge liegt im allgemeinen – abhängig von der Gattung der Fliegerkräfte – zwischen 100 und 200 Flugzeugen.

Fliegerkorps → *Fliegerdivision*

Fliegerschulen: Einrichtungen zur Ausbildung von Piloten, Beobachtern, Bordschützen und fliegendem technischem Personal für die → *Luftstreitkräfte.*

Die Ausbildung von Militärpiloten erfolgte in Deutschland vor dem ersten Weltkrieg zunächst durch Schulen bzw. Kurse der einzelnen Flugzeugfirmen. Das militärische Ausbildungsprogramm begann 1910 mit Lehrgängen für Flugzeugführer an der provisorischen F. in Döberitz, die im April 1911 zur «Lehr- und Versuchsanstalt für Militärflugwesen» erweitert wurde. Anfangs wurden nur Offiziere, später auch Unteroffiziere und Mannschaften als Flugzeugführer ausgebildet. 1911/12 setzte die Ausbildung von Offizieren als Beobachter ein. Ab Februar 1912 übernahmen die mit Heereslieferungen beauftragten Flugzeugwerke die gesamte Anfängerausbildung für Flugzeugführer. Die militärische Spezialausbildung verblieb in Döberitz. Ab 1915/16 erforderten die Spezialisierung in den Luftstreitkräften, das Ringen um die Luftherrschaft und die flugzeugtechnische Entwicklung eine differenziertere Ausbildung. Es entstanden F. für Flugzeugführer, Beobachter und fliegendes technisches Personal. Besondere Aufmerksamkeit galt der Ausbildung von Personal für die Bombenfliegerkräfte (Bombenlehrkommando Frankfurt/Oder) sowie von Jagdfliegern (F. in Großenhain, Paderborn und Warschau). Darüber hinaus entstanden weitere Spezial-F. und Kurse für Artillerie- und Infanterieflieger, 1 Lehranstalt für Bordfunker (Neuruppin) und 1 Fliegerschießschule (Asch/Belgien). Die nach dem Versailler Vertrag verbotene Ausbildung von Militärpiloten wurde in Deutschland ab 1924 illegal von Privatschulen der Flugzeugindustrie sowie von der vom Reichswehrministerium finanzierten «Sportflug GmbH» (ab 1927 «Luftfahrt GmbH») durchgeführt, die in den 7 Wehrkreisen 10 mit Sportflugzeugen ausgestattete F. unterhielt. Ähnlich erfolgte die Ausbildung von Marinefliegern an 2 von der Marineleitung unterhaltenen F. der «Severa GmbH». Die auf Sportflugzeugen nicht durchführbare Pilotenausbildung für

Bombenflugzeuge übernahm ab 1925 die Verkehrs-F. in Berlin-Staaken einschließlich ihrer Nebenstellen in Warnemünde, Stettin-Altdamm, Sylt, Braunschweig und Schleißheim. Ingesamt umfaßte die illegale fliegerische Ausbildung ab Mitte der 20er Jahre eine Vielzahl von Einrichtungen. Um die Jahreswende 1930/31 rechnete die Reichswehrführung mit 300 einsetzbaren Heeresfliegern. Darüber hinaus sollte im Bedarfsfall das gesamte in Deutschland vorhandene fliegende und technische Personal, einschließlich ehem. Offiziere der Fliegertruppe des Kaiserreichs, Verwendung finden. Das 1932 in Kraft tretende erweiterte Rüstungsprogramm für die → *Reichswehr* sah als neue Ausbildungsmaßnahme die Schaffung der Dienststelle eines Kommandeurs der F. mit 3, später 4 Schulen vor. Mit dem ab 1933 von der faschistischen Führung forcierten Luftrüstungsprogramm entstand jedoch in sehr kurzer Zeit ein weit über diese Planungen hinausgehendes Netz von F.

Bis 1938 unterstanden der neu gebildeten Luftwaffeninspektion der Flugzeugführerschulen 2 Aufklärungs-F. und 3 Kampf-F. (Bomben-F.) sowie 1 Jagd-F., 3 Flugzeugführer- und 2 Fliegerwaffenschulen (See), 2 fliegertechnische Schulen und 1 Fliegerbildschule. Der Fliegernachwuchs wurde in über 40 Flugzeugführerschulen unterschiedlicher Klassifikation und 6 Fliegerwaffenschulen herangezogen. Der operativen und taktischen Ausbildung dienten weitere Lehreinrichtungen wie die Luftkriegsakademie, die Höhere Luftwaffenschule (bis 1939) und mehrere Luftkriegsschulen. Von 1935/36 bis 1938/39 stieg die Zahl der Ausbildungsplätze in der Luftwaffe von 13000 auf über 46000. Die Reservisten wurden von dem 1933 gegründeten «Deutschen Luftsportverband» erfaßt, der bereits 1935 über 45 Übungseinrichtungen und 1350 Schulmaschinen verfügte. 1937 erfolgte die Umwandlung des Verbandes in das «Nationalsozialistische Fliegerkorps», das seit 1938 für die vormilitärische Ausbildung der Jugend im Motorflug, Segelflug und Modellbau zuständig war, während die Reservistenausbildung weitgehend von der Luftwaffe selbst übernommen wurde. Zu Beginn des zweiten Weltkrieges verfügte die faschistische deutsche Luftwaffe über ein relativ gut qualifiziertes Personal. Die F. waren ab 1939 Bestandteil der Fliegerausbildungsregimenter der → *Luftflotten.* Im weiteren Kriegsverlauf wurden sie schließlich in gesonderten → *Fliegerdivisionen* zusammengefaßt. Dabei sank infolge der hohen Verluste und der dadurch erzwungenen Verkürzung der Ausbildung (von 240 Flugstunden 1939–1942 auf 120 Flugstunden 1944/45) das Ausbildungsniveau erheblich. Gegen Kriegsende fand ein beträchtlicher Teil des nur noch mangelhaft ausgebildeten fliegenden Personals in Einsatzstaffeln bzw. Einsatzgruppen zur Bekämpfung gegnerischer Durchbrüche vor allem an der deutsch-sowjetischen Front Verwendung.

Nach 1945 erreichte die Ausbildung von fliegendem und flugtechnischem Personal besonders mit der Konstruktion hochentwickelter → *Militärflugzeuge* im Überschallbereich eine neue Qualität. Es entstanden F. mit modernsten technischen Einrichtungen, die zugleich höchste Anforderungen an die auszubildenden Kader stellen. In den → *Luftstreitkräften/Luftverteidigung der NVA (LSK/LV)* ist die fliegerische Ausbildung seit 1963 an der heutigen → *Offiziershochschule der Luftstreitkräfte/Luftverteidigung «Franz Mehring»* konzentriert.

Flotte → *Seestreitkräfte*

Flottenadmiral → *Admiral*

Flottenkonferenzen und -verträge: zwei- oder mehrseitige Verhandlungen und Vereinbarungen von Staaten über Stärke und Arten der → *Seestreitkräfte,* maritime Einflußzonen und Stützpunkte.

Internationale Flottenkonferenzen und entsprechende Verträge von über lokale Fragen hinausgehender Bedeutung gibt es seit dem Ende des ersten Weltkrieges 1914–1918. Nach Zielsetzung und Ergebnissen sind sie stets Ausdruck des jeweils bestehenden Kräfteverhältnisses zwischen den beteiligten Staaten bzw. Staatengruppen. Die erste bedeutende internationale Flottenkonferenz fand vom 12. 11. 1921 bis 6. 2. 1922 in Washington statt. Ihr Zustandekommen war stark beeinflußt von der Revolutionierung der Volksmassen in der unmittelbaren Nachkriegsperiode sowie der ökonomischen Schwächung nicht nur der imperialistischen Verliererstaaten, sondern auch der Siegermächte, deren Regierungen zeitweilig zu Beschränkungen des Rüstungshaushaltes gezwungen waren. Die Konferenz behandelte Fragen der quantitativen und qualitativen Begrenzung der Flottenrüstung und im Zusammenhang damit die Verteilung der Einflußsphären im Fernen Osten. Vertreter Deutschlands und der jungen Sowjetmacht waren nicht eingeladen. Wichtigstes Konferenzergebnis war der Flottenvertrag von Washington vom 6. 2. 1922. Er legte Relationen für den Flottenbau der USA, Großbritanniens, Japans, Frankreichs und Italiens sowie Höchstgrenzen für Wasserverdrängung und Bewaffnung einzelner Schiffsklassen fest. Für die Gesamttonnage der → *Schlachtschiffe* der genannten Länder fixierte der Flottenvertrag im Art. IV ein Verhältnis von 525000 t : 525000 t : 315000 t : 175000 t : 175000 t, bei → *Flugzeugträgern* im Art. VII ein Verhältnis von 135000 t : 135000 t : 81000 t : 60000 t : 60000 t. Darin dokumentierten sich das Bestreben der USA und Großbritanniens, den Expansionsdrang des japanischen Imperialismus im Fernen Osten zu zügeln, aber auch der Aufstieg der USA zu einer der beiden stärksten Seemächte. Auf der Konferenz wurde die Höchsttonnage für Schlachtschiffe auf 35000 t und das Höchstkaliber ihrer artilleristischen Bewaffnung auf 406 mm festgelegt. Für Flugzeugträger setzte man die entsprechenden Höchstgrenzen auf 27000 t und ein Kaliber von 203 mm, für → *Kreuzer* auf 10000 t und ein Kaliber von ebenfalls 203 mm fest. Der Washingtoner Flottenvertrag bestätigte das Ende der britischen Vorherrschaft auf den Weltmeeren, ohne jedoch die Gegensätze zwischen den imperialistischen Seemächten zu beseitigen. Auf derselben Konferenz verpflichteten sich die USA, Großbritannien, Japan und Frankreich am 13. 12. 1921 in einem Abkommen, ihre gegenseitigen Besitzrechte im Stillen Ozean zu respektieren und Streitigkeiten auf dem Verhandlungswege beizulegen. Schließlich unterzeichneten die Konferenzteilnehmer am 6. 2. 1922 den sog. Neunmächtevertrag. Darin sicherten sich die USA, Großbritannien. Japan, Frankreich, Italien, die Niederlande, Belgien und Portugal gegenüber dem ebenfalls teilnehmenden China das Recht der offenen Tür in diesem Land. Seinem Wesen nach war der Vertrag eine Art Einheitsfront der imperialistischen Mächte zur Aufrechterhaltung der halbkolonialen Lage Chinas.

Die Bestrebungen zur Reglementierung der Flottenrüstung im Interesse der imperialistischen Großmächte wurden – nicht zuletzt unter dem Druck der im Herbst 1929 ausgebrochenen Weltwirtschaftskrise – mit dem Londoner Flottenvertrag vom 22. 4. 1930 fortgesetzt. Inhalt des Vertrages bildeten vor allem die in Washington nicht erfaßten leichten Seestreitkräfte. Das Vertragswerk unterschied bei den Kreuzern zwischen A-(Schweren) und B-(Leichten) Kreuzern, von denen die ersteren als Hauptbewaffnung Geschütze vom Kaliber über 155 mm bis 203 mm, die letzteren Geschütze bis 155 mm führen durften. Darüber hinaus sah der Vertrag Rüstungsbegrenzungen für Kreuzer, → *Zerstörer* und → *U-Boote* vor. Gleichzeitig wurde die bereits 1922 beschlossene Baupause für Schlachtschiffe bis 1936 verlängert. Der Vertrag begünstigte wiederum die USA und Großbritannien. Frankreich und Italien versagten ihm daher ihre Zustimmung. Japan, dem einige Zugeständnisse hinsichtlich der Bauquoten gemacht wurden, trat zunächst dem Vertrag bei, kündigte ihn jedoch 1934. Im Zusammenhang mit dem vor allem von Großbritannien ausgehenden Bestreben, den bis 1936 befristeten Londoner Vertrag rechtzeitig zu erneuern, kam es zum Flottenabkommen zwischen Großbritannien und Deutschland vom 18. 6. 1935. Großbritannien machte darin dem faschistischen Deutschland das Zugeständnis, eine Flotte im Umfang von 35 % der Gesamtkriegsflotte des Britischen Commonwealth zu bauen. Beim U-Boot-Bau sollten für die Vertragspartner gleiche Tonnagezahlen gelten. Die deutsche Seite verpflichtete sich jedoch zur Einhaltung einer Relation von 45:100, sofern nicht besondere Umstände darüber hinausgehende Quoten erforderten. Insgesamt hatte das faschistische Deutschland damit die Möglichkeit, die Gesamttonnage seiner Kriegsflotte von den bisherigen rd. 86000 t auf das 5fache zu erhöhen. Das Flottenabkommen beseitigte damit faktisch die aufgrund des Versailler Vertrages im maritimen Bereich bestehenden Rüstungsbegrenzungen und legalisierte die forcierte Flottenrüstung Deutschlands in dem Bestreben, sie gegen die Sowjetunion zu lenken. Im Dezember 1935 begann in London eine weitere Flottenkonferenz zwischen Großbritannien, den USA, Frankreich, Japan und Italien, die zum Londoner Flottenvertrag vom 25. 3. 1936 führte. Angesichts des wachsenden Widerstands einer Anzahl von Ländern gegen die quantitativen Begrenzungen des Flottenbaus beschränkte sich die Konferenz auf die teilweise Neufestlegung der Merkmale für einzelne Schiffsklassen sowie der Höchstgrenzen für Wasserverdrängung und Bewaffnung. Danach sollten künftig Schlachtschiffe (einschließlich Küstenpanzerschiffe, Monitore usw. mit großkalibriger Artillerie), Flugzeugträger, leichte Überwasserfahrzeuge (Kreuzer, Zerstörer, → *Torpedoboote*), U-Boote, kleine Kriegsfahrzeuge (zwischen 1000 und 2000 t), Hilfsschiffe und kleine Fahrzeuge (unter 100 t) unterschieden werden. Bei Schlachtschiffen sah der Vertrag eine Kaliberbegrenzung auf 356 mm vor (im Ausnahmefall weiterhin 406 mm), bei Flugzeugträgern eine maximale Wasserverdrängung von 23000 t und eine Kaliberbegrenzung auf 155 mm, bei Schweren Kreuzern maximal 17500 t, bei Leichten Kreuzern maximal 8000 t (jeweils unter Beibehaltung der 1930 festgelegten Höchstkaliber), bei U-Booten 2000 t. Außerdem wurde eine Baupause für Schwere Kreuzer beschlossen. Ungeachtet des Wegfalls der bisherigen Verhältnisstärken widersetzten sich Japan und Italien diesen Regelungen. Daher wurde der Londoner Flottenvertrag von 1936 nur von Großbritannien, den USA und Frankreich unterzeichnet. Das faschistische Deutschland trat den Hauptbestimmungen des Vertrages in einem gesonderten Abkommen vom 17. 7. 1937 bei, wobei es sich u. a. eine Kündigung der Baupause für Schwere Kreuzer sowie den früheren Ersatz der bis 1935 gebauten Kriegsschiffe vorbehielt. Der Beitritt zum Londoner Flottenvertrag von 1936 war für die Hitlerregierung ein weiterer Erfolg. Die politische und militärische Führung Deutschlands betrachtete die Verträge jedoch von Anfang an als Übergangslösung, da die faschistischen Flottenrüstungspläne weit über die 1935 und 1937 vereinbarten Festlegungen hinausgingen. Bereits im Dezember 1938 trat die Hitlerregierung von der 45-%-Einschränkungsklausel für den U-Boot-Bau zurück. Am 28. 4. 1939 annullierte sie einseitig das gesamte Flottenabkommen von 1935 und ihren Beitritt zum Flottenvertrag von 1936. Mit dem sog. → *Z-Plan* strebte das faschistische Deutschland den raschen weiteren Ausbau seiner Seestreitkräfte zu einer mächtigen Kriegsflotte an.

Die seit 1945 zustande gekommenen Flottenkonferenzen sind vor allem gekennzeichnet durch das im Ergebnis des zweiten Weltkrieges grundlegend zugunsten des Sozialismus veränderte Kräfteverhältnis in der Welt. Die bedeutendste dieser Nachkriegskonferenzen fand 1972 auf Initiative der Sowjetregierung zwischen der UdSSR und den USA in Moskau statt. In ihrem Ergebnis wurde am 25. 5. 1972 das «Abkommen zwischen der Regierung der UdSSR und der Regierung der USA über die Verhütung von Zwischenfällen auf und über hoher See» geschlossen. Darin bekräftigten beide Länder in Anerkennung der völkerrechtlich festgelegten und in der Genfer Schiffahrtskonvention von 1958 vereinbarten Prinzipien bei der Durchführung von Operationen auf hoher See das Bestreben, die Sicherheit der Schiffe ihrer Streitkräfte auf hoher See und ihrer Militärflugzeuge im Luftraum über hoher See zu gewährleisten und Konfliktsituationen zu vermeiden. Die insbesondere von der UdSSR unternommenen Bemühungen zur strikten Einhaltung des Abkommens durch beide Staaten sind ein fester Bestandteil ihrer weltweit auf Frieden und Entspannung gerichteten Politik.

Flottille: selbständig oder mit anderen Streitkräften gemeinsam handelnder operativer bzw. operativtaktischer Verband der → *Seestreitkräfte.*

Schon im 18. und 19. Jh. bezeichnete man einen Verband kleinerer Schiffe oder Boote als F. In der preußischen Marine gelangten aus kleineren Segelfahrzeugen oder Ruderkanonenbooten bestehende F. während des Siebenjährigen Krieges 1756–1763 sowie in den Dänisch-Deutschen Kriegen 1848–1851 und 1864 zum Einsatz. In der Kaiserlichen Marine wurden u. a. → *Torpedoboote* und → *U-Boote* in F. zusammengefaßt, diese wiederum in Halb-F. untergliedert. Die faschistische Kriegsmarine gliederte → *Zerstörer,* Torpedoboote, → *Schnellboote,* Minenleg- und Räumboote sowie zahlreiche Sicherungsstreitkräfte in F.

In den Seestreitkräften der Gegenwart kommen F. in bestimmten Operationsrichtungen eines Seegebiets selbständig im Verband einer Flotte oder im Zusammenwirken mit anderen Teilstreitkräften zum Einsatz. Dabei können im Rahmen einer F. Überwasserschiffe, U-Boote, → *Marinefliegerkräfte,* Einheiten der → *Marineinfanterie* usw. handeln. In einigen Staaten verfügen die Seestreitkräfte über F. kernkraftgetriebener Raketen-U-Schiffe zur Lösung operativ-strategischer Aufgaben. Vereinzelt werden auch bestimmte Waffengattungen (z. B. U-Boot-Abwehr-Hubschrauber) der Marinefliegerkräfte in F. gegliedert. In der → *Volksmarine der NVA (VM)* bildet die F. den strukturmäßig größten operativ-taktischen Verband. Sie wird von einem F.chef geführt. Jede F. verfügt über einen Hauptstützpunkt sowie mehrere Manöverstützpunkte zur Basierung, Dezentralisierung, Versorgung und Reparatur der Schiffe und Boote.

Flugzeugträger: Klasse der schweren Überwasserkräfte, die vor allem mittels bordgestützter Flugzeuge (→ *Marinefliegerkräfte*) Schläge gegen → *Seestreitkräfte* und Stützpunkte des Gegners sowie Kampfhandlungen zum Schutz der eigenen Seeverbindungen und zur Unterstützung von Seelandungen führen können.

Versuche, mit Räderflugzeugen auf behelfsmäßig hergerichteten Kriegsschiffen zu starten und zu landen, fanden noch vor Beginn des ersten Weltkrieges in den USA und Großbritannien statt. 1918 verfügte die britische Marine mit dem umgebauten Schlachtkreuzer «Furious» über ein als F. zu bezeichnendes Schiff. Von ihm aus erfolgte am 19. 7. 1918 der erste Trägereinsatz in der Seekriegsgeschichte gegen den deutschen Luftschiffsstützpunkt Tondern. Gegen Ende des ersten Weltkriegs und danach begannen auch andere imperialistische Mächte, F. zu bauen. Die ersten als F. entworfenen Schiffe waren die 1922 in Dienst gestellte japanische «Hosyo» mit 26 Flugzeugen und die 1924 fertiggestellte britische «Hermes». Die F. wurden trotz zahlreicher technischer Schwierigkeiten und einer Reihe von Vorbehalten hinsichtlich ihrer Einsatzmöglichkeiten Bestandteil der meisten größeren Flotten. Zu Beginn des zweiten Weltkriegs verfügten Großbritannien über 7, die USA über 5, Japan über 6 und Frankreich über 1 F. Diese Schiffe hatten meist eine Wasserverdrängung zwischen 20000 t und 30000 t, eine Höchstgeschwindigkeit von über 30 kn und konnten 30–70 Flugzeuge (Bomben-, Torpedo-, Jagd- und Aufklärungsflugzeuge) an Bord nehmen. Entgegen den Prognosen einer Anzahl von Seekriegstheoretikern wurden die F. während des Kriegs zur entscheidenden Klasse der Überwasserschiffe, die das → *Schlachtschiff* aus seiner bisherigen Rolle verdrängten. Vor allem in den See-Luft-Schlachten im Pazifik zeigte sich die Schlagkraft von Kampfgruppen, deren Kern große Angriffs-F. bildeten. Zur Sicherung von → *Geleitzügen* entstanden kleinere Geleit-F., die sich u. a. bei der Abwehr von → *U-Booten* bewährten. Von den für die faschistische Kriegsmarine geplanten 4 F. wurden 1937/38 2 Einheiten in Bau gegeben. Der im Januar 1938 von Stapel laufende erste F. («Graf Zeppelin») hatte bei einer Länge von 262,5 m und einer Breite von 36,2 m eine Wasserverdrängung von 32600 t sowie eine projektierte Maschinenleistung von 200000 PS und war für etwa 40 Flugzeuge vorgesehen. Die Niederlagen der faschistischen Wehrmacht, insbesondere an der deutsch-sowjetischen Front, verhinderten die Fertigstellung des Schiffes sowie die Realisierung aller weiteren Pläne für den F.bau.

Nach 1945 war die besonders durch die USA forcierte Entwicklung des F. durch den weiteren Aufschwung der Flugzeugtechnik und Elektronik sowie die Verwendung der Kernenergie geprägt. Seit den 50er Jahren erfolgte in breitem Maße der Einsatz strahlgetriebener Flugzeuge von beträchtlich vergrößerten F. mit winklig angeordnetem Landedeck und hochleistungsfähigen Katapulten. Heute gehören die F. zu den größten Überwasserschiffen. Bei einer Wasserverdrängung bis 90000 t können sie bis zu 100 Flugzeuge, darunter Kernwaffenträger, mitführen. Sie sind ferner mit Universalartillerie, automatischen Waffen verschiedener Kaliber sowie Fla-Raketenkomplexen ausgestattet. Entsprechend den auf ihnen basierten Fliegerkräften und den zu lösenden Aufgaben lassen sich die F. in Angriffs-, U-Boot-Abwehr- und amphibische Hubschrauberträger unterteilen. Seit Ende der 60er Jahre zeichnet sich eine teilweise Neuorientierung im Einsatz bordgestützter Fliegerkräfte ab. Auch in der UdSSR wurden vielseitig verwendbare Flugdeckschiffe entwickelt, die, wie z. B. die Typen «Moskwa» und «Kiew», mit Hubschraubern oder zusätzlich mit senkrecht startenden und landenden Flugzeugen ausgerüstet sind und faktisch neue Schiffsklassen darstellen. *(s.Abb. S.897)*

Frankenhausen 1525: Schlacht im → *deutschen Bauernkrieg 1524–1526* zwischen dem Frankenhäuser Bauernhaufen und dem vereinigten hessisch-braunschweigisch-sächsischen Fürstenheer am 14./15. 5. 1525.

Im Lager von F., dem Mittelpunkt des nordostthüringischen Aufstandsgebiets, befanden sich Mitte Mai 1525 etwa 8000 Aufständische. Der Haufen, dessen revolutionäre Tatkraft durch starke gemäßigte Kräfte beeinträchtigt war, wurde vom Obersten Feldhauptmann Bonaventura Kürschner (gest. nach 1525) geführt. Die Aufständischen, die keine ausreichende militärische Erfahrung besaßen, waren in der Mehrzahl mit selbstgefertigten Waffen ausgerüstet. Sie verfügten über mindestens 15 Geschütze und zahlreiche Handbüchsen, jedoch über keine Reiterei. Am 11. 5. stieß Thomas Müntzer (um 1490–1525) mit etwa 300 Anhängern aus Mühlhausen und mehreren hundert Werrabauern zu ihnen. Als Prediger und geistiger Führer des Haufens war er sofort um dessen militärische und ideologische Stärkung bemüht.

Müntzers Ankunft in F. veranlaßte die Fürsten, ihren Zug auf Mühlhausen abzubrechen und sich zunächst gegen F. zu wenden. Von Westen rückte das vereinigte hessisch-braunschweigische Heer unter Landgraf Philipp I. von Hessen (1504–1567) und Herzog Heinrich von Braunschweig-Wolfenbüttel (1489–1568) auf F. vor. Von Süden zog das von Herzog Georg von Sachsen (1471–1539) befehligte sächsische Heer heran, dem sich am 14. 5. in Heldrungen noch ein kurmainzisches und ein brandenburgisches Aufgebot anschlossen. Ohne die zur Sicherung abgestellten Kräfte betrug die Gesamtstärke der gut bewaffneten und kriegserfahrenen Fürstenheere etwa 2500 → *Reisige* und mindestens 4000 Fußknechte, dazu zahlreiche Geschütze. Am 14. 5. vormittags griff nach einem Vorhutgefecht die Masse des hessisch-braunschweigischen Heeres frontal F. an. Die Söldner wurden von 6000 Aufständischen, die sich auf eine → *Wagenburg* stützten, mit Geschütz- und Büchsenfeuer empfangen und mußten sich unter Verlusten zurückziehen. Nach diesem Erfolg zogen die Aufständischen noch am selben Tag aus F. heraus und errichteten auf dem Hausberg (Schlachtberg) ihr mit Wagenburg und Graben gesichertes Lager. Der Vorteil dieser Position schwand, als die hessisch-braunschweigischen Truppen am 15. 5. früh F. umgingen und sich mit dem sächsischen Heer vereinigten. Die Stadt wurde eingeschlossen. Philipp stellte seine Geschütze auf den Höhen nordöstlich von F. und die Reiterei, durch Schützen verstärkt, oberhalb des Hausbergs auf. Um Zeit für diese bis Mittag dauernden Angriffsvorbereitungen zu gewinnen, hatten die Fürsten einem Waffenstillstand zugestimmt. Sie brachen ihn, als die Masse der Aufständischen noch am Fuße des Hausbergs zur Beratung und Predigt versammelt war. Die Geschütze eröffneten das Feuer, dann brachen die Reiter und Fußknechte durch die entblößte Wagenburg vor und drückten die Aufständischen gegen die Stadt. Trotz

Schlacht bei Frankenhausen – 14./15. Mai 1525

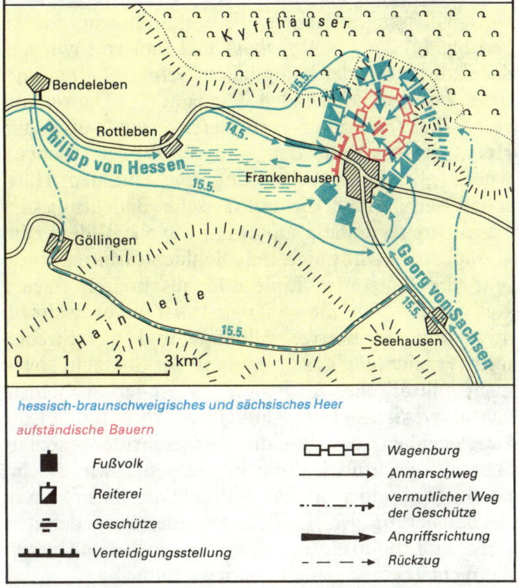

teilweise verzweifelter Gegenwehr fielen nahezu 6000 Aufständische dem grausamen Morden zum Opfer, nur 600 wurden gefangengenommen. Auch Müntzer konnte nicht entkommen und wurde am 27. 5. 1525 hingerichtet.

Die Schlacht von F. war der Höhepunkt der revolutionären Bewegung in Mitteldeutschland. Die Niederlage der Aufständischen und der Tod Müntzers brachen die Kraft des Aufstands in Thüringen und Sachsen. Die auf dem Schlachtberg errichtete Bauernkriegsgedenkstätte «Panorama» erinnert an den Kampf der Bauern und ihrer Verbündeten, der zu den → *militärischen Traditionen der DDR* gehört.

fränkische Expansionskriege 5.–9. Jh.: Eroberungsfeldzüge des fränkischen Adels, die zur Schaffung eines Großreiches mit Einschluß der rechtsrheinischen Germanenstämme führten.

Im Rahmen des Frankenreiches vollzog sich in West- und Mitteleuropa vom Ende des 5. bis zur Mitte des 9. Jh. der Übergang zum Feudalismus. Das Reich wurde vom Adel der salischen Franken im Verlauf der Eroberung der römischen Gebiete am Niederrhein und in Gallien im letzten Drittel des 5. Jh. gegründet (→ *germanisch-römische Kriege 2. Jh. v. u. Z.–5. Jh. u. Z.*). Es gewann Gestalt unter dem Merowingerkönig Chlodwig I. (466–511) und erreichte unter dem römisch-fränkischen Kaiser Karl dem Großen (742–814) den Höhepunkt seiner Macht und seine größte räumliche Ausdehnung. Festigkeit und Expansionskraft des fränkischen Reiches basierten im wesentlichen darauf, daß diese germanische Staatsgründung mit einer intensiven bäuerlichen Landnahme in Nordgallien verbunden war. Die Franken standen erst in der Anfangsphase einer Klassengesellschaft. Ihre militärische Stärke beruhte auf dem → *Aufgebot* freier Bauern sowie auf der Kampfkraft der königlichen Gefolgschaften und eines rasch zunehmenden Dienstadels. Der König besaß die Verfügungs- und Befehlsgewalt über das Heer, dessen Kern das Fußvolk bildete. Jedoch wuchs mit der Durchsetzung der feudalen Herrschaftsverhältnisse die militärische Bedeutung der Vasallenreiterei stetig an. Das Fußvolk bildete zum Kampf eine keilförmige, tiefe Schlachtordnung, während die Reiterei in Linie oder als breiter, flacher Keil angriff. Für die → *Kriegskunst* waren weiträumige und langwierige Feldzüge und das Streben nach Vernichtung des Gegners in der Schlacht sowie nach militärischer Sicherung der eroberten Gebiete charakteristisch. Der fränkische Adel nutzte die Überlegenheit, die ihm die fortgeschrittene sozialökonomische Entwicklung in Gallien sowie die im Kerngebiet seiner Macht schnell voranschreitende Feudalisierung verschafften, zu einer ausgedehnten Expansionspolitik aus. Sie richtete sich auch gegen die rechtsrheinischen Germanenstämme.

Unter Chlodwig I. und seinen Nachfolgern eroberten die Franken fast ganz Gallien und 532 das Burgunderreich. Bis zur Mitte des 6. Jh. wurden die germanischen Stammesverbände der Alamannen, Thüringer und Bayern sowie Teile der Friesen unterworfen, zunächst aber nur sehr locker in die Entwicklung der feudalen Verhältnisse im Frankenreich einbezogen. Von den Merowingern eingesetzte Herzöge verkörperten die fränkische Macht in den abhängigen Stämmen. Die f.E. der Merowingerzeit kamen zu einem gewissen Abschluß, als mit der Aufteilung des Reiches nach dem Tode König Chlothars I. (498–561) langwierige innere Machtkämpfe und die allmähliche Herausbildung der 3 Reichsteile Neustrien, Austrasien und Burgund einsetzten. Während dieser Zeit erlangten die Grenzherzogtümer Thüringen, Bayern und Alamannien fast völlige Unabhängigkeit. Eine neue Periode der f.E. begann, nachdem sich das politische Zentrum des Frankenreiches in den feudal weniger entwickelten austrasischen Reichsteil verlagert und das Geschlecht der Karolinger im Kampf um die Vorherrschaft durchgesetzt hatte. Pippin II. (um 635–714) und Karl Martell (um 688–741) als Hausmeier sowie der 751 zum König erhobene Pippin III. (um 714–768) errichteten durch nachhaltige Förderung des Lehnswesens im Bunde mit der Kirche wieder eine starke Zentralgewalt. Auf der Grundlage des Lehnswesens und unter Ausnutzung der Fortschritte in der Eisenbearbeitung schufen die Karolinger im 8. Jh. ein → *Vasallenheer*, das zum militärischen Hauptinstrument des Feudaladels wurde. Gestützt auf das vor allem in Austrasien noch sehr schlagkräftige allgemeine Aufgebot und auf die → *Panzerreiter*, konnten die Karolinger sowohl die Araber-, Awaren- und Normannenangriffe abwehren als auch die Expansion wieder aufnehmen. Ihre Eroberungspolitik war vom Streben der großen und mittleren Grundbesitzer diktiert, neue Ländereien zu erwerben und die Zahl der abhängigen Arbeitskräfte zu vermehren. Die f.E. der Karolingerzeit führten zur Eroberung südfranzösischer und nordspanischer Gebiete, zur Annexion des Langobardenreiches in Italien und zur festen Eingliederung aller rechtsrheinischen germanischen Stammesverbände in das Frankenreich, darunter der bisher unabhängigen Sachsen und Ostfriesen. Die Einführung der Grafschaftsverfassung auch in den rechtsrheinischen Gebieten zielte darauf, die bei den Stammesverbänden entstandenen Institutionen der öffentlichen Gewalt zu zerschlagen und die Gliederung nach Stämmen durch eine feudalstaatlich-territoriale Verwaltungsgliederung zu ersetzen.

Alamannen: Die Auseinandersetzungen zwischen Alamannen und Franken begannen Anfang der 80er Jahre des 5. Jh. Unter Chlodwig I. siegten die Franken um 496 in einer Schlacht und unterwarfen große Teile der Alamannen. Um 537 gerieten auch die Reste der Alamannen unter fränkische Oberherrschaft. Von 709 bis 712 unternahm Pippin II. ohne größeren Erfolg 4 Kriegszüge, um das im 6./7. Jh. weitgehend wieder unabhängig gewordene Alamannien erneut zu unterwerfen. Erst 744 gelang es Pippin III., Herzog Theudebald (gest. um 746) in Schwaben entscheidend zu schlagen. Danach wurde das alamannische Herzogtum aufgehoben und dem Frankenreich eingegliedert. Den dennoch fortdauernden Widerstand brach schließlich Pippins III. Bruder Karlmann (um 720–754), der als Hausmeier im östlichen Reichsteil regierte. Er nahm 746 unter bisher unbekannten Umständen das alamannische Heeresaufgebot kampflos gefangen und hielt anschließend in Cannstatt ein hartes Strafgericht ab.

Thüringer: Das Thüringerreich konnte 529 einen ersten fränkischen Angriff abwehren. 531 griffen die Franken im Bündnis mit den Sachsen erneut an und siegten in einer Schlacht wahrscheinlich in der Nähe von Burgscheidungen an der Unstrut. Damit fand das Thüringerreich sein Ende. Das Gebiet südlich der Unstrut kam unter fränkische Herrschaft, während der nördlich des Flusses gelegene Teil Thüringens von den Sachsen besiedelt wurde. Die nach Unabhängigkeit vom fränkischen Reich strebenden Thüringer erlangten mit ihrem Sieg 641 an der Unstrut über das gegen sie aufgebotene austrasische Heer eine weitgehende politische Selbständigkeit. Pippin II. vermochte es jedoch, Thüringen wieder fest dem Frankenreich einzugliedern. Nach 717 wurde kein Herzog mehr eingesetzt und die Grafschaftsverfassung eingeführt.

Bayern: Wie der bayrische Stammesverband in der ersten Hälfte des 6. Jh. unter fränkische Oberherrschaft geriet, ist nicht bekannt. Die im 7. Jh. erreichte weitgehend unabhängige Stellung Bayerns konnten weder Karl Martells Feldzüge von 725 und 728 noch der 743 am Lech errungene Sieg der Franken unter Pippin III. und Karlmann über das durch alamannische, sächsische und slawische Hilfstruppen verstärkte bayrische Aufgebot unter Herzog Odilo (vor 709–748) ernsthaft erschüttern. Damit Bayern nicht zu einer Gefahr für die fränkische Herrschaft in Oberitalien (773/74 Eroberung des Langobardenreiches) wurde, suchte Karl der Große das Herzogtum seinem Machtbereich fester einzuordnen. Herzog Tassilo III. (um 742–um 795) verweigerte jedoch die Unterwerfung. 787 zog ein großes fränkisches Heer heran und rückte von 3 Seiten in Bayern ein. Nachdem ein beträchtlicher Teil des bayrischen Klerus und Adels auf die Seite Karls übergegangen war, unterwarf sich Tassilo. Mit seiner Absetzung 788 fand das bayrische Stammesherzogtum zunächst ein Ende. In Bayern wurde die Grafschaftsverfassung eingeführt.

Sachsen: Der sächsische Stammesverband befand sich noch Anfang des 8. Jh. außerhalb der politischen Einflußsphäre des fränkischen Reiches. Der Angriff zur Unterwerfung der Sachsen begann 772, als Karl der Große mit einem starken Heer in das Land einfiel. Der Widerstand gegen die fränkischen Eroberer, der sich ab 792 nur noch in vorwiegend lokalen Aufständen äußerte, dauerte bis 804 an. Er wurde vor allem von den sächsischen Bauern getragen, für die sich der Freiheitskampf mit der Auflehnung gegen feudale Knechtschaft verband. Ein Teil des Adels dagegen ging bald auf die Seite der Franken über, um die eigenen Herrschafts- und Ausbeuterpositionen zu erhalten und zu stärken. Wie 773/74 kam es in den folgenden Jahren immer wieder zu Erhebungen, sobald das fränkische Heer abgezogen war. Als einer der Führer der Aufständischen trat der 777 erstmals erwähnte westfälische Adlige Widukind (gest. nach 804) hervor. Die Sachsen erlitten 775 am Brunsberg an der Weser und 779 bei Bocholt empfindliche Niederlagen. Auf den Versuch Karls, die fränkisch-sächsische Feudalherrschaft zu sichern (782 Einführung der Grafschaftsverfassung), antworteten die sächsischen Bauern unter Führung Widukinds mit einer machtvollen Erhebung. In dem auf beiden Seiten mit großer Härte geführten Kampf gelang es den Aufständischen mit ihrem Sieg am Süntel, erstmals seit Beginn der Sachsenkriege ein fränkisches Heer in offener Feldschlacht zu schlagen. Der Aufstand wurde dennoch unterdrückt. Aber weder durch die Massenhinrichtung von Aufständischen (die Quellen sprechen von 4500 Toten) im Herbst 782 in Verden noch durch die fränkischen Siege 783 in den Schlachten nahe Detmold und an der Hase konnte der Widerstand der Sachsen gebrochen werden. Ende 784 unternahm Karl einen für die damalige Kriegführung ungewöhnlichen Schritt. Er legte sein Heer in Sachsen ins Winterquartier und ließ ständig Streifzüge durchführen, um den Aufständischen keine Möglichkeit zur Erholung und Sammlung ihrer Kräfte zu geben. Auch nach der Unterwerfung Widukinds und weiterer Führer Ende 785 setzten die Sachsen den Kampf fort. Erst 804 konnte der fränkisch-sächsische Adel den letzten Widerstand brechen und Sachsen endgültig in das Frankenreich eingliedern.

Friesen: Die Friesen waren im 6./7. Jh. im wesentlichen noch unabhängig. Unter Chiothar I. hatten die Franken zwar zwischen 555 und 561 einen Teil der Friesen unterworfen, aber diese konnten im 7. Jh. ihre verlorenen Gebiete teilweise zurückerobern. Wahrscheinlich 689 besiegte Pippin II. den Friesenherzog Radbod (vor 679–719) in der Schlacht bei Wijk bij Duurstede und eroberte Westfriesland. Die danach zeitweilig wieder verlorengegangene fränkische Herrschaft wurde 719 von Karl Martell gefestigt, der durch 2 Feldzüge 733/34 gegen die von Herzog Poppo (gest. 734) geführten Friesen auch

Mittelfriesland unterwerfen konnte. Die Ostfriesen, die sich um 784 dem sächsischen Aufstand anschlossen, verloren erst im Zusammenhang mit den Sachsenkriegen ihre politische Selbständigkeit.

Anfang des 9. Jh. hörten die f.E. der Karolinger auf, weil die militärische Kraft der freien Bauern nahezu erschöpft und der landhungrige Feudaladel vorläufig saturiert war. Zum Stillstand der Expansion kam es auch durch die feudalen Machtkämpfe, die nach dem Tode Karls des Großen ausbrachen und die Zentralgewalt schwächten. Das karolingische Imperium, das in der ersten Hälfte des 9. Jh. rasch zerfiel, schloß alle späteren deutschen Stammesverbände mit Ausnahme der westslawischen Bevölkerungsteile ein. Die fränkischen Eroberungen förderten die Ausbildung und Verbreitung feudaler Verhältnisse bei den unterworfenen Stammesverbänden und schufen durch deren Vereinigung in einem einheitlichen Staatsverband eine wichtige Voraussetzung für die Entstehung des frühfeudalen deutschen Staates und des deutschen Volkes. *(s. Abb. S. 73, 305, 367)*

französische Revolutionskriege → *Koalitionskriege 1792–1815*

Fregatte: Klasse der Überwasserkräfte (→ *Seestreitkräfte*) für den Aufklärungs- und Geleitdienst sowie zur Durchführung kleinerer, selbständiger Aktionen.

Als F. wurden seit dem Mittelalter sehr unterschiedliche Schiffsarten bezeichnet. Allgemein handelte es sich jedoch um schnelle Kampfschiffe von mittlerer Größe und Bewaffnung. Der brandenburgische Staat verfügte unter Kurfürst Friedrich Wilhelm (1620–1688) über einige Segel-F. Seit Mitte des 18. Jh. bildeten die F. eine den → *Linienschiffen* nachgeordnete Schiffsklasse. Es waren 3mastige, vollgetakelte Segelschiffe, deren Hauptbewaffnung sich in einem gesonderten Batteriedeck befand. Die damaligen F. hatten eine Wasserverdrängung bis zu 1200 t und eine Bewaffnung von 20 bis 50 Geschützen verschiedener Kaliber. Die Hauptaufgabe dieser vielseitig verwendbaren Schiffe bestand neben dem Aufklärungs- und Geleitdienst in der Handelskriegführung. Mitte des 19. Jh. trat an die Stelle der Segel-F. die mit Takelage versehene Dampf-F. Die → *Kriegsflotte der Frankfurter Nationalversammlung* verfügte als größte Schiffsklasse über 2 Segel- und 3 Dampf-F., die Marine des Norddeutschen Bundes über dampfgetriebene Rad- und Kreuzer-F. Eine besondere Kategorie bildeten die in der zweiten Hälfte des 19. Jh. entstandenen Panzer-F., die ihrer Bauart und Bestimmung nach gepanzerten Linienschiffen ähnelten. Um die Jahrhundertwende verschwanden die F. völlig aus den Kriegsflotten. An ihre Stelle traten die großen Kreuzer bzw. Panzerkreuzer (→ *Kreuzer*). Während des zweiten Weltkrieges kam 1942 – zunächst in der britischen Marine – die Bezeichnung F. wieder auf. Man verwendete sie für vorwiegend im Geleitdienst zur Abwehr von → *U-Booten* und Flugzeugen eingesetzte, bis 2500 t große und bis zu 20 kn schnelle, robuste Mehrzweckschiffe. Nach 1945 entwickelten sich daraus die gegenwärtig in vielen Flotten gebräuchlichen F. Sie stellen eine Klasse von Kampfschiffen dar, die bei einer Wasserverdrängung bis zu 5000 t mit Universalartillerie mittleren und leichten Kalibers, Raketen, U-Abwehrwaffen und Torpedos bzw. einer Kombination dieser Kampfmittel ausgerüstet sind und zur Abwehr von Überwasser-, Unterwasser- und Luftangriffen sowie zum Schutz eigener Kampf- und Transportschiffe gegen solche Angriffe dienen. *(s. Abb. S.887)*

Fregattenkapitän → *Kapitän*

Freibataillone: in der zweiten Hälfte des 18. Jh. als leichte Truppen verwendete selbständige → *Bataillone* der preußischen Armee.

In den stehenden Söldnerheeren der deutschen Staaten kam die Bezeichnung F. in der zweiten Hälfte des 17. Jh. auf und wurde ursprünglich für selbständige (regimentsfreie) Bataillone verwendet. Die mit der Herausbildung der → *Lineartaktik* immer stärkere Bindung der Linientruppen an festgefügte Gefechtsformen und an eine geschlossene Schlachtordnung machte es notwendig, leichte Truppen für Vorposten-, Sicherungs- und Aufklärungsdienste sowie für den Kampf in unübersichtlichem Gelände zu schaffen. Im Österreichischen Erbfolgekrieg 1740–1748 erwiesen sich die Kroaten und Panduren der österreichischen Armee als kampffähige leichte Truppen. Nach ihrem Vorbild begann Preußen bei Ausbruch des Siebenjährigen Krieges 1756–1763 als F. bezeichnete selbständige Bataillone leichter Infanterie aufzustellen. Im Laufe des Krieges wurden weitere Bataillone leichter Fuß- und berittener Truppen (Freigrenadiere, -jäger, -husaren, -dragoner), schließlich auch Freiregimenter und

Freijäger (vorn) und Freimusketiere des preußischen Freibataillons de Le Noble, um 1760

→ *Freikorps* geschaffen. Insgesamt bestanden 23 verschiedene Truppenteile, zusammengefaßt Freitruppen genannt. Die nur für die Kriegsdauer aufgestellten F. hatten seit 1758 eine Stärke von 21 Offizieren, 35 Unteroffizieren, 5 Tambouren und 750 Gemeinen. Sie besaßen eine relativ geringe Kampfkraft. Die Mannschaften bestanden zum größten Teil aus Nichtpreußen, darunter zahlreiche, oft mit Gewalt eingestellte Kriegsgefangene, die sehr häufig desertierten. Auch galten die F. als Versorgungs- und Strafplätze für Linienoffiziere. Die F. waren wie normale Infanteriebataillone bewaffnet. Aus Gründen der Beweglichkeit führten sie keine Zelte und Packwagen, sondern nur Brotwagen, ihre Offiziere nur Packpferde. Wie die Linientruppen besoldet und häufig zusammen mit ihnen eingesetzt, unterschieden sich die F. von diesen in der Uniform, in der vereinfachten Ausbildung und in der Verwendung besonders in aufgelöster Ordnung. Außerdem hatten sie eine lockere Disziplin und durften plündern. Die F. waren in der preußischen Armee wenig angesehen und von der Bevölkerung wegen ihrer Zügellosigkeit gefürchtet. Nur wenige erreichten die für den Kleinkrieg notwendigen Fähigkeiten, so daß ihnen die österreichischen leichten Truppen weit überlegen blieben. In der Schlacht deckten die F. meist die Flanken und das Lager oder wurden der Linieninfanterie vorangeschickt. Im Bayrischen Erbfolgekrieg 1778/79 stellte Preußen erneut F. auf. Vor allem die bisherigen Kriegserfahrungen führten jedoch dazu, eine wirkliche leichte Infanterie zu schaffen. Mit ihrer Aufstellung seit Ende des 18. Jh. fielen die F. weg.

Freiburg 1525: erfolgreiche Belagerung durch Bauernhaufen vom 14. bis 23. 5. 1525 im → *deutschen Bauernkrieg 1524–1526.*

Als Anfang Mai 1525 der Bauernaufstand den gesamten Breisgau erfaßte, hielt das bauernfeindliche F., eine Hauptstütze der Habsburger, die Tore geschlossen. Daraufhin begann Mitte Mai ein konzentrischer Vormarsch auf die Stadt. Von Norden kam der Ortenauer Haufen, von Süden der Haufen der oberen Markgrafschaft Baden; von Osten rückten der Schwarzwälder und der Hegauer Haufen heran, die sich bei Kirchzarten vereinigten. Dazu sammelte sich um F. ein Breisgauer Haufen. Der Aufmarsch war eine strategische Meisterleistung. Insgesamt sollen 12000–18000 Aufständische um F. konzentriert gewesen sein. Sie verfügten auch über Büchsen und Geschütze. Der Führer des Schwarzwälder Haufens, der ehem. Landsknecht Hans Müller aus Bulgenbach (gest. 1525), war offensichtlich ein Hauptorganisator bei der Belagerung. Die Verteidigungskraft der gut befestigten und mit Geschützen versehenen Stadt beruhte im wesentlichen auf der Wehrmannschaft der Zünfte und dem Kontingent der Universität; dazu kamen etwa 50 → *Reisige.* Die städtischen Kriegsknechte waren ausgeliehen, und andere zu erhalten gelang nicht. Am 14. 5. richteten die Belagerer die erste Aufforderung an F., dem Verbündnis beizutreten. Die Verhandlungen zogen sich über mehrere Tage hin und waren von wachsendem Druck der innerstädtischen plebejisch-kleinbürgerlichen Opposition gegen den patrizischen Rat begleitet. Am 21. 5. gelang es den Aufständischen, der Stadt das Wasser für die Brunnen und Mühlen abzugraben. Außerdem konnten sie nach systematischer Erkundung in einem überraschenden Angriff den Schloßberg besetzen und von dort die Stadt wirksam unter Beschuß nehmen. Da die Verteidigung von F. nun nahezu unmöglich geworden war, bat der Rat um Waffenstillstand. Als die Verhandlungen erneut scheiterten, setzten die Belagerer den Beschuß fort. Am 23. 5. mußte die Stadt die Tore öffnen und sich am folgenden Tag dem Verbündnis anschließen. Sie wurde verpflichtet, bei Bedarf Geschütze und Mannschaft zu stellen. Die Einnahme von F. war ein bedeutender militärischer Sieg der Aufständischen. Durch koordiniertes und zielstrebiges Handeln war es gelungen, die militärischen Vorteile voll zu nutzen. Zum Erfolg hatte auch die Unterstützung durch die Plebejer der Stadt beigetragen.

Freikorps: 1. irreguläre Truppenformationen im 18./19. Jh., die außerhalb des stehenden Heeres und seiner Gefechtsordnungen den Kampf führten.

Im 18. Jh. besaß das österreichische Heer in den Panduren und Kroaten, die aus den Grenzgebieten zum Osmanischen Reich stammten, kampffähige leichte Truppen. Sie wurden vor allem zu Streif- und Raubzügen im Rücken der Heere des Gegners sowie in dessen Hinterland eingesetzt. Während des Siebenjährigen Krieges 1756–1763 stellte die preußische Armee, die bislang nicht über solche Truppen verfügte, F. und → *Freibataillone* aus Freiwilligen, Überläufern und Abenteurern auf. Die Aktionen dieser Einheiten wurden allgemein als Kleinkrieg bezeichnet.

Die im Kampf gegen die napoleonische Fremd-

Freiwillige Jäger des Lützowschen Freikorps im Angriff

Offizier vom Freikorps Lützow

herrschaft entstandenen F. (auch als Freischaren bezeichnet) besaßen einen anderen Charakter. Sie suchten den Volkskampf zu organisieren und verfochten in der Mehrzahl national-patriotische Ziele. Ihre Angehörigen waren Freiwillige, die sich in der Regel selbst ausrüsteten und bewaffneten (→ *Freiwillige Jäger*). Das bedeutendste F.unternehmen der → *nationalen Erhebungen 1809* war der → *Schillsche Zug 1809*. Von den F. des → *nationalen Unabhängigkeitskrieges 1813/14* genoß besonders das des preußischen Majors Adolf von Lützow (1782–1834) große Popularität. Es bestand aus Freiwilligen vieler deutscher Staaten und führte im Frühjahr 1813 einen wirksamen Kleinkrieg in Thüringen und im Vogtland gegen napoleonische Truppen. Am 17. 6. wurde es bei Kitzen (westlich Leipzig) durch einen gegnerischen Überfall geschwächt und kämpfte nach Verstärkung im Herbst in engem Kontakt mit preußischen Truppen in Mecklenburg. Im November 1813 begann die schrittweise Überführung der Einheiten dieses F. in die preußische Armee. Fürsten und Adel suchten die Aktivitäten der F. zu hemmen. Nach Ende des Unabhängigkeitskrieges wurden die F. aufgelöst bzw. in die stehenden Heere eingegliedert. Während der → *Revolution 1848/49* bildeten proletarische und kleinbürgerlich-demokratische Kräfte zahlreiche F., die gegen die Konterrevolution kämpften. Dazu gehörten u. a. die Kolonne Stockmann, das Mannheimer Arbeiterbataillon, die Deutsche Legion und das F. Willich (→ *badisch-pfälzische Revolutionsarmee 1849*). Der Kampf der F. 1813/14 und 1848/49 gehört zu den revolutionären militärischen Traditionen der NVA der DDR. *(s. Abb. S. 307, 371, 874, 1003, 1004)*

2. reaktionäre militärische Formationen, die in der → *Novemberrevolution 1918/19* und der revolutionären Nachkriegskrise 1919–1923 gegen die Arbeiterbewegung und die demokratischen Kräfte kämpften.

Die F. entstanden im November/Dezember 1918 auf der Grundlage geheimer Anweisungen der OHL und mit Billigung und Unterstützung der rechten SPD-Führer. Letztere hatten bereits am 10. 11. 1918 ein Übereinkommen mit der OHL für den Kampf gegen die revolutionäre Arbeiterklasse getroffen. Den F. gehörten überwiegend deklassierte Elemente des Klein- und Mittelbürgertums sowie der rückständigen Landbevölkerung an. Der reaktionäre Klassencharakter der F. spiegelte sich u. a. im relativ hohen Anteil von Offizieren und Unteroffizieren aus den sich auflösenden Streitkräften wider. Politisch-ideologisch standen die F. auf dem Boden eines militanten Antikommunismus und Chauvinismus mit starken monarchistischen Tendenzen. Zahl und personelle Stärke der F. schwankten beträchtlich. Im Laufe des Jahres 1919 gab es etwa 150 F. (namentlich nachweisbar) mit insgesamt rd. 400000 Mann. Zu den größten F. gehörten das Freiwillige Landesjägerkorps unter Generalmajor Georg Maercker (1865–1924), die berüchtigte → *Garde-Kavallerie-Schützen-Division* und das Landesschützenkorps, die zeitweise bis zu 40000 Mann zählten. Die Stärke der kleineren F. betrug im allgemeinen 2000–11000 Mann. Organisatorisch gliederten sich die F. in Bataillone und Kompanien (Infanterie), Schwadronen (Kavallerie) und Batterien (Artillerie); Infanterie und Kavallerie verfügten über zahlreiche MG und Minenwerfer. Gestützt auf Geldmittel des Reiches sowie auf finanzielle Zuschüsse von Konzernen und

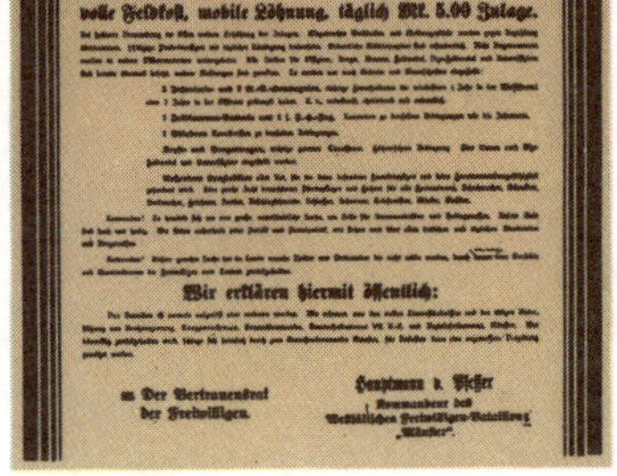
Westfälisches
Freiwilligen-Bataillon „Münster"
zum Schutz der Ostmarken.

Kriegszucht und Ordnung.

volle Feldkost, mobile Löhnung, täglich Mk. 5.00 Zulage.

Wir erklären hiermit öffentlich:

Der Vertrauensrat der Freiwilligen.

Hauptmann v. Pfeffer
Kommandeur des
Westfälischen Freiwilligen-Bataillons
„Münster".

Werbeaufruf des konterrevolutionären Freiwilligen-Bataillons «Münster», Januar 1919

Schwadron eines Freikorps im Einsatz gegen die revolutionären Arbeiter des Ruhrgebiets, Februar 1919

imperialistischen Organisationen, konnten die F. ihren Angehörigen einen relativ hohen Sold zahlen und weitere materielle Vergünstigungen in Aussicht stellen (Zuteilung von Landparzellen u. a. m.). Die F. hatten 1919 einen maßgeblichen Anteil an der Unterdrückung der revolutionären Arbeiterbewegung in Berlin (Januar und März), in Bremen (Februar), in München (Mai) sowie in anderen Städten und Gebieten. Nach Erlaß des Gesetzes über die Bildung der vorläufigen Reichswehr (6. 3. 1919) wurden die F. teilweise in die → *Reichswehr* übernommen, teilweise aufgelöst. F. nahmen am → *Baltikumunternehmen 1919* des deutschen Imperialismus teil und gehörten zum Kern der am → *Kapp-Putsch 1920* und am Feldzug gegen die → *Rote Ruhrarmee* beteiligten konterrevolutionären Truppen. Auf Druck der Entente mußten im April/Mai 1920 die F. offiziell aufgelöst werden. Reste existierten mit Duldung und Unterstützung der Reichswehrführung in verschiedenen paramilitärischen Organisationen illegal weiter. Angehörige der F. bildeten in der Folgezeit einen aktiven Grundstock für militaristische und faschistische Organisationen; zahlreiche Offiziere und Unteroffiziere wurden von der Sicherheitspolizei bzw. später von der Schutzpolizei übernommen. Erfahrungen der F. aus ihren militärischen Aktionen, namentlich den Straßen- und Barrikadenkämpfen, und aus der Organisation des Terrors gegen die Arbeiterbewegung (Haussuchungen, Festnahmen u. ä.) dienten der Reichswehr zur Ausarbeitung von Grundsätzen für den Kampf gegen die progressiven Kräfte im Innern.

Freischaren → *Freikorps*

Freiwillige Jäger: Angehörige der Anfang 1813 in Preußen gebildeten Freiwilligeneinheiten (Jägerdetachements), die mit eigener Ausrüstung im Rahmen der regulären Truppenteile am → *nationalen Unabhängigkeitskrieg 1813/14* teilnahmen.

Der preußische Reformer Generalmajor Gerhard von Scharnhorst (1755–1813) hatte bereits in seiner Denkschrift vom 8. 3. 1809 vorgeschlagen, im Kriegsfall die Armee durch Jägerkompanien aus Freiwilligen mit eigener Ausrüstung und Bewaffnung zu vermehren. Durch die wachsende Volksbewegung gegen die napoleonische Fremdherrschaft vorwärtsgetrieben, erließ die preußische Regierung am 3. 2. 1813 die «Bekanntmachung in Betreff der zu errichtenden Jägerdetachements». Damit sollte vor allem den Söhnen des besitzenden Bürgertums der Eintritt in die Armee erleichtert und eine Basis für den Offiziersersatz während des Krieges geschaffen werden. Die Verordnung bestimmte, bei jedem Infanteriebataillon und Kavallerieregiment ein Jägerdetachement aus Freiwilligen bis Kompanie- bzw. Eskadronstärke zu bilden. Aufgerufen zum Eintritt waren die vom Militärdienst befreiten Männer zwischen 17 und 24 Jahren, die sich auf eigene Kosten einkleiden, ausrüsten und beritten machen konnten. Sie hatten freie Wahl des Truppenteils und durften nach etwa 3monatiger Dienstzeit ihre Offiziere und Unteroffiziere aus den eigenen Reihen wählen. Die F.J. trugen eine dunkelgrüne Uniform, die Waffen erhielten sie größtenteils gestellt. In bezug auf Besoldung und Militärgerichtsbarkeit waren die F.J. den regulären Truppen gleichgestellt, jedoch ausdrücklich vom Garnisondienst sowie von Arbeits-, Transport- und Bagagekommandos befreit. Die Jägerdetachements dienten hauptsächlich als bewegliche Abteilungen und zugleich als Kaderreserve für die Besetzung von Offiziers- und Unteroffiziersstellen in den Linienre-

In aufgelöster Schützenordnung angreifende Freiwillige Jäger, 1813

gimentern. Der Zulauf zu den F.J. war relativ groß, wobei Freiwillige auch von Städten und Gemeinden ausgerüstet wurden. Bis Ende Mai 1813 standen etwa 7000 F.J. zu Fuß und 3000 F.J. zu Pferde unter Waffen. Ein Jägerdetachement zählte im Durchschnitt bei der Infanterie 100–150, bei der Kavallerie 60–80 Mann. Bei der Artillerie und den Pionieren wurden keine Detachements formiert, so daß hier die zahlenmäßig geringen Freiwilligen in Reih und Glied dienten. Die F.J. nahmen erfolgreich am nationalen Unabhängigkeitskrieg teil; viele kamen bereits im Frühjahrsfeldzug 1813 zum Einsatz. Im Verlauf des Krieges besetzten F.J. zahlreiche Offiziersstellen in den Linientruppen und trugen dazu bei, das bürgerliche Element im preußischen Offizierskorps zu verstärken. Die F.J. wurden im Mai 1814 durch königliche Verfügung aufgelöst. Sie waren das Vorbild für das mit dem preußischen Kriegsdienstgesetz vom 3.9.1814 geschaffene Dienstverhältnis des → *Einjährig-Freiwilligen. (s. Abb. S.307, 371, 1003)*

Front: 1. von einem Oberbefehlshaber geführte höchste operative Vereinigung von operativen Verbänden der Teilstreitkräfte, von selbständigen operativ-taktischen und taktischen Verbänden der Waffengattungen sowie von taktischen Verbänden, Truppenteilen und Einheiten der Spezialtruppen und Dienste.

Charakteristische Elemente einer F. und von F.operationen bildeten sich zuerst im Russisch-Japanischen Krieg 1904/05 heraus. Im ersten Weltkrieg wurde die F. bzw. die Armee- oder → *Heeresgruppe* zu einem festen Bestandteil der militärischen Gliederung und strategischen Führung. Entsprechend den Erkenntnissen der marxistisch-leninistischen Militärwissenschaft, die auch die Erfahrungen des ersten Weltkriegs sowie des Bürger- und Interventionskriegs einschlossen, war die Sowjetarmee im Großen Vaterländischen Krieg 1941–1945 in F. gegliedert. Die F. hatte Handlungen operativen und operativ-strategischen Charakters in einer strategischen oder operativen Richtung bzw. in mehreren operativen Richtungen durchzuführen. Je nach der zu lösenden Aufgabe und dem Charakter des Kriegsschauplatzes gehörten zu einer F. 2–5 allgemeine und Panzerarmeen, selbständige Korps, Spezialtruppenteile und Dienste sowie zumeist 1 Luftarmee. 1944/45 verfügte eine F. in der Regel über 30–60 Schützendivisionen, 1000–2000 Panzer und SFL sowie ebensoviele Flugzeuge. Eine neue Erscheinung der sowjetischen Kriegskunst waren strategische Operationen, die mit den Kräften von 2 bis 4 F. durchgeführt wurden.

In der faschistischen deutschen Wehrmacht war die Heeresgruppe eine der F. ähnliche Gliederungsform. Infolge der anderen Struktur und vor allem des wesentlich höheren Bestands der Verbände (Divisionen und Korps) an Kräften und Mitteln entsprach die Stärke einer Heeresgruppe der Stärke mehrerer sowjetischer F. Mit der Heeresgruppe vergleichbar war die Armeegruppe in den Streitkräften Frankreichs, Großbritanniens und der USA.

In der Theorie der Kriegskunst der im Warschauer Verteidigungsbündnis vereinten sozialistischen Armeen gilt die F. als höchste Gliederungsform der Streitkräfte und zugleich als operative Vereinigung.

2. Bezeichnung für die vorderste Gefechtslinie oder die am Gegner befindlichen Teile einer Truppe, häufig auch für die gesamte Kampfzone, in der Gefechtshandlungen stattfinden.

3. in Exerzierordnungen und Dienstvorschriften übliche Bezeichnung für die vordere Seite der Antreteordnung.

Führergehilfenausbildung: Tarnbezeichnung für die illegale Heranbildung von Generalstabs- und Admiralstabsoffizieren in der → *Reichswehr* von 1920 bis 1932.

Entgegen dem durch den Versailler Vertrag 1919 festgelegten Verbot eines → *Generalstabs* und einer → *Kriegsakademie* sicherte die Reichswehrführung mit der F. die Kontinuität des Generalstabsnachwuchses. Zu diesem Zweck fanden ab 1920 jährliche Prüfungen in den 7 Wehrkreisen statt, denen sich alle jüngeren Offiziere zu unterziehen hatten. Die 10 Offiziere jedes Wehrkreises, die in der Wehrkreisprüfung am besten abgeschnitten hatten, wurden zu einem am Sitz des Wehrkreiskommandos stattfindenden 2jährigen Lehrgang einberufen. Lehrfächer waren Taktik, Kriegsgeschichte, Generalstabsdienst, Organisation und Führung in fremden Heeren, Abwehrdienst, Versorgung und Transportwesen, Heerestechnik und Waffenlehre sowie Zusammenarbeit mit Marine- und Luftstreitkräften. Außerdem gehörten Fremdsprachen, Sport und Vorträge über Probleme der imperialistischen Innen- und Außenpolitik zum Programm. Die theoretische Ausbildung wurde durch ein jährliches Truppenpraktikum ergänzt. Nach Beendigung des Lehrgangs wählten Vertreter des Truppenamts aus den Teilnehmern 10–15 Offiziere aus, die ein drittes, abschließendes Ausbildungsjahr in Berlin absolvierten. Anschließend wurden die Offiziere mit geringen Ausnahmen für 3 Jahre in Stabsstellungen bei der Truppe oder in eine Abteilung des Reichswehrministeriums kommandiert. Erst nach Ablauf dieser Probezeit erfolgte die Versetzung in das Truppenamt, den Nachfolger des Generalstabs. Ähnlich verlief die von der Marineleitung organisierte F. für den verbotenen → *Admiralstab*, dessen Geschäfte die im Marinekommandoamt eingerichtete Flottenabteilung weiterführte. Im Rahmen der F. delegierte die Reichswehr auch erstmalig Offiziere zu einer technischen Generalstabsausbildung an Universitäten oder Technische Hochschulen, wo sie ein reguläres Studium absolvierten. Ab

1932 trat in der F. eine Veränderung ein. Sie wurde nunmehr unter der Bezeichnung Offizierslehrgänge Berlin in der Hauptstadt zentral durchgeführt. Diese Maßnahme bildete die Vorstufe für die 1935 erfolgte Wiedereröffnung der Kriegsakademie. Durch die F. wurden militärfachlich qualifizierte, truppendiensterfahrene Generalstabs- und Admiralstabsoffiziere herangebildet, die später führend in der faschistischen Wehrmacht tätig sowie an deren Aggressionsvorbereitungen und verbrecherischer Kriegführung während des zweiten Weltkriegs beteiligt waren.

Funkmeß: seit den 30er Jahren angewandtes Verfahren zur Ortung von Zielen sowie zur Feuerleitung von Waffen mittels elektromagnetischer Wellen, bei dem sich Sender und Empfänger am selben Ort befinden.

Theoretische Grundlagen für das häufig mit «Radar» (radio detection and ranging) bezeichnete F.verfahren schufen vor allem die Physiker James Clerk Maxwell (1831–1879) und Heinrich Hertz (1857–1894) mit ihren Arbeiten zur Hochfrequenztechnik. Um 1900 wies Nikola Tesla (1856–1943) auf die Möglichkeit der Ortung mit Hilfe elektromagnetischer Wellen hin. 1904 erhielt Christian Hülsmeyer (1881–1957) das Patent für ein F.ortungsgerät. Die praktische Anwendung von F.geräten scheiterte zunächst an den unzulänglichen technischen Voraussetzungen. Erst der in den 20er Jahren beginnende Aufschwung der Elektronik schuf günstige Bedingungen für eine rasche Entwicklung der F.technik. Mitte der 30er Jahre entwickelten Wissenschaftler in Großbritannien, der Sowjetunion und den USA F.geräte. Im faschistischen Deutschland konstruierten Wissenschaftler im Auftrag der Kriegsmarine 1937 ein solches Gerät. Dem für den Einsatz auf Schiffen bestimmten «Seetakt»-Gerät folgte die an Land stationierte Flugmeldevariante «Freya». 1937 wurden bei Manövern der faschistischen Wehrmacht erstmals F.geräte eingesetzt. Das «Seetakt»-Gerät arbeitete auf einer Wellenlänge von 50 cm. Das «Freya»-Gerät ortete Flugzeuge bis zu einer Entfernung von 90 km und konnte 360° überwachen. Beide Geräte zeigten keine Höhe an. Dagegen ließen sich mit dem seit 1936 entwickelten «Würzburg»-Gerät Entfernung und Höhe des georteten Objekts messen. Die Reichweite des als Flakzielgerät eingesetzten Geräts betrug 60 km. Vom Sommer 1940 an setzte die faschistische Luftwaffe «Würzburg»-Geräte im größeren Maße ein. Obwohl die Führung der faschistischen Wehrmacht um die Konstruktion neuer, verbesserter F.systeme bemüht war, wurden die in Deutschland gebauten Geräte von den in anderen Ländern entwickelten Anlagen übertroffen.

Seit 1934 wurden in der UdSSR die F.geräte «Rapid» und «RUS» entwickelt, mit denen die Wirksamkeit der sowjetischen Luftverteidigung wesentlich verbessert werden konnte. Zu Beginn des Großen Vaterländischen Krieges befanden sich 45 Stationen des Typs «RUS» im Einsatz. Sie trugen, ebenso wie die im Verlaufe des Kriegs entwickelten F.geräte «Redut» und «Pegmatit», zur erfolgreichen Abwehr der Angriffe der faschistischen Luftwaffe auf sowjetische Städte bei.

Die britische Regierung ließ seit 1936 eine Kette von F.stationen an der Süd- und Ostküste Englands errichten. Der über 200 km reichende F.schirm spielte bei der Abwehr der deutschen Flugzeuge in der → *Luftschlacht über England 1940/41* eine wichtige Rolle. Darüber hinaus entwickelten britische Wissenschaftler F.geräte zur Feuerleitung sowie spezielle Geräte für Nachtjäger, Seeaufklärungs- und Kampfflugzeuge. Entscheidend für die Verbesserung der Wirksamkeit des F.verfahrens und seiner taktischen Einsatzmöglichkeiten war die Konstruktion von Ortungsgeräten, die auf Wellenlängen unter 10 cm arbeiteten. Die Einführung und rasche Verbesserung solcher Geräte verhalf den Westmächten zu einem bedeutsamen Vorsprung in der F.technik. Der breite Einsatz von F.geräten an Bord alliierter Schiffe und Flugzeuge war eine der Ursachen für die Niederlage der faschistischen Kräfte im → *U-Boot-Krieg.* Auch erhöhte sich durch den Einsatz von F.anlagen die Wirksamkeit des anglo-amerikanischen Luftkriegs gegen Deutschland.

Die Anstrengungen der faschistischen Führung, F. für die → *Luftverteidigung* nutzbar zu machen, führten zu einer Vielzahl von Typen in oft nur kleinen Stückzahlen. Von dem am meisten gebauten «Würzburg»-Gerät, dem Standardfeuerleitgerät der 88-mm-Flak, befanden sich 4000 im Einsatz. Seit dem Frühjahr 1942 wurden auch die Jagdflugzeuge der faschistischen Luftwaffe zunehmend durch F.anlagen geführt. Die dazu benutzten Geräte deckten einen Umkreis von 35 km; das als Frühwarngerät eingesetzte Gerät «Würzburg-Riese» erreichte Weiten bis zu 70 km. Vom Herbst 1942 an verfügte die Mehrzahl der Nachtjagdverbände der Luftwaffe über Bordradar. Mit dem Gerät «Lichtenstein» SN 2 konnten die Besatzungen Ziele auf 7–8 km Entfernung auffassen. Der Wirkungsbereich der Antennen erstreckte sich auf je 30° nach oben und unten und je 60° nach beiden Seiten. Der Einsatz neuer F.mittel in Flugzeugen und auf Schiffen wie auch der Nachbau des alliierten «Rotterdam»-Geräts konnten den Rückstand der deutschen Rüstungsindustrie bei der Entwicklung elektronischer Mittel nicht wettmachen.

Nach dem zweiten Weltkrieg fand die zunächst nur für militärische Zwecke entwickelte F.technik auch im zivilen Bereich weite Verbreitung. In den Streitkräften ist sie heute zur Ortung von Luft- und Seezielen, als F.visier, zur Feuerleitung und zu anderen Einsatzzwecken unentbehrlich. F.anlagen werden von allen Teilstreitkräften genutzt. Es gibt spezielle F.geräte für Flugzeuge, Schiffe, Raketen und auch bei der Artillerie. Im Rahmen der Luftverteidigung wird die F.technik für die Frühwarnung, die Zielortung, die Feuerleitung von Geschützen und Fla-Raketen, die Jägerleitung und die Funknavigation genutzt.

Furier: vom 16. bis zum Ende des 19. Jh. Funktionsbezeichnung für den mit Quartier- und Verpflegungsangelegenheiten betrauten Militärangehörigen.

Bereits im 16. Jh. hatte bei den Landsknechtsheeren jedes → *Fähnlein* einen F., der dem Quartiermeister beigegeben war und diesen vor allem bei der Versorgung und Unterbringung der Truppen unterstützte. In den stehenden Heeren des 17./18. Jh. gehörte zu jeder Kompanie ein F., in der Regel im Unteroffiziersrang. Seine Hauptaufgabe war, die Verpflegung zu empfangen und zu verteilen, im Einsatz beim Abstecken des Lagers zu helfen oder Quartier zu beschaffen. In der Garnison hatte er für eine den gestellten Anforderungen entsprechende Unterbringung der Soldaten durch die Bürger zu sorgen. Häufig mußte der F. auch Schreiberdienste leisten oder die Kompanierechnung führen. Als F. wurden daher aufgrund ihres breiten Aufgabenbereichs, der ein relativ großes Wissen erforderte, vielfach ehem. Studenten, Verwaltungs- oder Handlungsgehilfen eingestellt. Auf dem Marsch und im Feld erhielt der F. zur Bewältigung seiner Aufgaben meistens einige Soldaten zugeteilt, die – bis ins 19. Jh. – F.schützen hießen.

Mit der Entwicklung des bürgerlichen Militärwesens in den deutschen Staaten seit Anfang des 19. Jh. und der damit verbundenen Neugestaltung der Heeresverwaltung (in Preußen 1820) änderte sich der Aufgabenbereich des F. Für die militärökonomischen Angelegenheiten der Truppe waren jetzt der → *Intendant* und die Intendanturen zuständig. Zugleich führten die zunehmende Kasernierung der Truppen und andere Faktoren zur Reduzierung der Aufgaben des F. In der Kaserne war er jetzt in der Kompanie bzw. gleichgestellten Einheiten nur noch für Aufgaben zuständig, die die Unterbringung betrafen. Dazu gehörten die Kontrolle und Instandhaltung des Inventars, Empfang und Verteilung des Heizmaterials, Ausgabe von Bettwäsche u. a. m. Auf Märschen und Übungen hatte er an der Sicherstellung der Verpflegung und Futtermittel sowie der Einquartierung mitzuwirken. In der Regel wurden in solchen Fällen die Kompanie-F. des Bataillons zusammen mit F.schützen einem Offizier, dem sog. F.offizier, unterstellt. Seit der Wende vom 19. zum 20. Jh. gibt es den F. in den deutschen Streitkräften nicht mehr. Jedoch hat sich der Begriff im militärischen Sprachgebrauch bis zur Gegenwart erhalten.

Füsiliere: Truppengattung der leichten bzw. der Linieninfanterie (→ *Infanterie*) des 17.–19. Jh. mit zeitweilig besonderer Ausbildung für das zerstreute Gefecht.

Als F. (vom französischen fusil = Gewehr) wurden zuerst die mit → *Steinschloßgewehren* bewaffneten Fußsoldaten im französischen Heer z. Z. König Ludwigs XIV. (1638–1715) bezeichnet, die vor allem für Deckungsaufgaben Verwendung fanden. Preußen übernahm die Bezeichnung F. für 4 der unter König Friedrich Wilhelm I. (1688–1740) errichteten Infanterieregimenter. Unter seinem Nachfolger Friedrich II. (1712–1786) wurden diese Regimenter zunächst aufgelöst. 1773 kam es jedoch erneut zur Aufstellung von 5 F.regimentern, die sich allerdings kaum von den anderen Infanterieregimentern unterschieden. Auch in der bayrischen Armee gab es bereits Anfang des 18. Jh. F. Später verfügten weitere deutsche Staaten wie Württemberg und Baden über diese Truppengattung. Zu einer wesentlichen Veränderung hinsichtlich der Verwendung der F. kam es offenbar erst aufgrund der im amerikanischen Unabhängigkeitskrieg von 1775–1783 gewonnenen Erfahrungen über die Zweckmäßigkeit leichter Fußtruppen bei der Infanterie. Das 1787 erschienene Reglement für die preußische leichte Infanterie, das

a Füsilier vom preußischen Füsilierbataillon Ernest, 1797
b Füsilier vom lippe-detmoldischen Füsilierbataillon, 1861

die Bezeichnung F.bataillone einführte, berücksichtigte diese Erfahrungen in bestimmtem Maße. Von 1787 bis 1802 wurden 24 F.bataillone aufgestellt. Sie sollten vor allem im Gefecht in aufgelöster Ordnung (Tiraillieren) geübt werden, doch verhinderte der dominierende Einfluß der Lineartaktik zunächst weitgehend die Verwirklichung dieser Forderung. Ungeachtet dessen waren Militärs wie Ludwig Yorck von Wartenburg (1759–1830), August Neidhardt von Gneisenau (1760–1831), Friedrich Wilhelm von Bülow (1755–1816) und andere erfolgreich um die Ausbildung der F. für das zerstreute Gefecht bemüht, so daß diese als eine Elitetruppe galten. F. rekrutierten sich zumeist aus besonders ausgewählten Mannschaften und führten zeitweilig eine leichtere Waffe, das sog. F.gewehr. Im Jahre 1808 erhielt im Zuge der Militärreformen in Preußen jedes Infanterieregiment ein F.bataillon. Auch die Armeen der Staaten des 1806 gegründeten Rheinbundes hatten fast durchweg F.formationen in ihrem Bestand. Nach den napoleonischen Kriegen gehörten die F. in den meisten Armeen zur Linieninfanterie. Auch in Preußen bestanden zwischen dieser und den F. keine wesentlichen Unterschiede mehr. Da die F. als gute Schützen galten, wurden sie bis 1853 als erste Truppengattung vollständig mit dem neuen → *Zündnadelgewehr* ausgerüstet. Ab 1869 bezeichnete man auch die Unteroffiziersschüler (→ *Unteroffiziersschulen*) als F. Gegen Ende des 19. Jh. waren die Unterschiede zwischen den einzelnen Truppengattungen der Infanterie gänzlich verschwunden. Dennoch hießen die dritten Bataillone der Garde- und Grenadierregimenter im kaiserlich-deutschen Heer bis zum ersten Weltkrieg F.bataillone. Daneben bestanden bis zum Kriegsende 14 F.regimenter. In der Reichswehr der Weimarer Republik und in der faschistischen Wehrmacht wurde die Bezeichnung F. als Traditionsname verwendet. *(s. Abb. S. 307)*

Fußvolk → *Infanterie*

G

Galeere → *Seestreitkräfte*

Garde: 1. Leibwache von Herrschern oder Heerführern zum persönlichen Schutz und zur Repräsentation.

Seit dem Altertum existierten ständige militärische Formationen für den Sicherungs-, Ordonnanz- und Ehrendienst. Solche Formationen waren z. B. die römischen Prätorianer, die Trabanten und Hartschiere der römisch-deutschen Kaiser und die französischen Musketiere. Für solche Leibwachen setzte sich seit Ende des 15. Jh. die Bezeichnung G. durch, die zuerst in Frankreich mit der G. du corps und der Schweizer-G. auftauchte. Die G. galten als eine privilegierte Truppe. Sie rekrutierten sich aus besonders ausgewählten Mannschaften und Offizieren, trugen prächtige, oft mit Repräsentationssymbolen reich verzierte Uniformen und hatten ihre Garnisonen in der Regel in den Haupt- bzw. Residenzstädten.

Für Brandenburg wird zum ersten Male 1542 eine Trabanten-G. zu Fuß erwähnt. 1571 errichtete Kurfürst Johann Georg (1525–1598) eine Trabanten-Leib-G. zu Pferd, die von seinen Nachfolgern vergrößert und ab 1692 als G. du Corps bezeichnet wurde. Die sächsischen Kurfürsten verfügten seit der ersten Hälfte des 16. Jh. über eine berittene Leibwache, die ab 1620 Hoffahne und nach 1690 G. genannt wurde. In Hessen ging die G. aus den 1619 als fürstliche Leibwache aufgestellten Arkebusierreitern hervor. Die meisten deutschen Fürsten errichteten eine derartige G., die als Leibwache bis 1918 bestand.

2. Elitetruppen bzw. mit dem G.titel für hervorragende militärische Leistungen ausgezeichnete Formationen der Streitkräfte.

In der Zeit des Absolutismus bildeten sich G. als Elitetruppen für den Einsatz im Krieg heraus. In Preußen setzte König Friedrich II. (1712–1786) die berittene G. du Corps sowie das neu aufgestellte G.regiment (zu Fuß) erfolgreich in seinen Eroberungskriegen ein. Als eigentlicher Schöpfer der G. in ihrer Funktion als Elitekampftruppe gilt der französische Kaiser Napoleon I. (1769–1821). Nach dem Vorbild seiner G. impériale, die bis zu 70 000 Mann stark war, faßte man auch in Preußen im → *nationalen Unabhängigkeitskrieg 1813/14* die G.truppen in einem größeren Truppenkörper (Brigade) zusammen. 1815 entstand das G.- und Grenadierkorps, das ab 1821 als G.korps bezeichnet wurde. Das nach der Heeresreorganisation von 1859/60 zu einem Armeekorps erweiterte G.korps bestand in unterschiedlicher Struktur und Stärke bis 1918. Darüber hinaus wurden in nahezu allen anderen Waffen- und Truppengattungen G.einheiten gebildet. Auch in den meisten anderen deutschen Staaten entstanden G.truppen, die, ähnlich wie in Preußen, durch die konservativ-reaktionäre Gesinnung ihres vorwiegend adligen Offizierskorps gekennzeichnet waren. Sie blieben im kaiserlich-deutschen Heer in ihrer Mehrzahl bis zum Ende des ersten Weltkriegs erhalten.

In den Streitkräften verschiedener kapitalistischer Länder bestehen G.truppenteile bis in die Gegenwart, zumeist als Verkörperung militaristischer Traditionen. Dagegen entstanden im Großen Vaterländischen Krieg der Sowjetunion mit den G.truppen der Sowjetarmee besonders hervorragende militärische Verbände und Truppenteile zur Verteidigung der sozialistischen Heimat. Die ersten G.verbände

(4 G.schützendivisionen) wurden am 18.9.1941 in der Zeit schwerster Kämpfe gegen die faschistische Wehrmacht ernannt. Bis zum Kriegsende wuchs ihre Zahl auf 215 Divisionen der verschiedensten Waffengattungen der Land- und Luftstreitkräfte an. Auch zahlreiche Kampfschiffe erhielten diese ehrenvolle Bezeichnung. In Friedenszeiten wird in der Sowjetarmee der G.titel nicht verliehen. *(s. Abb. S. 185, 258, 999, 1004, 1006)*

Garde-Kavallerie-Schützen-Division: allgemeiner taktischer Verband der kaiserlich-deutschen Armee im ersten Weltkrieg, der in der → *Novemberrevolution 1918/19* zur militärischen Kerntruppe der Konterrevolution gehörte.

Die G. wurde im April 1918 aus inzwischen unberittenen Kavallerieregimentern der Gardekavalleriedivision sowie der 5., 8. und 9. Kavalleriedivision in Gliederung und Stärke einer Infanteriedivision gebildet und an der Westfront eingesetzt. Nach dem Waffenstillstand vom 11.11.1918 zurückgeführt und im Raum Teltow untergebracht, gehörte sie zu den Feldverbänden, die die → *Oberste Heeresleitung (OHL)* für die Niederschlagung der revolutionären Kräfte in Berlin bereitstellte. Divisionskommandeur war Generalleutnant Hermann von Hofmann (gest. nach 1919), jedoch führte faktisch der Erste Generalstabsoffizier, Hauptmann Waldemar Pabst (1880–1970). Am 10.12. marschierte die G. als erste von 9 Felddivisionen demonstrativ in Berlin ein. Nach personellen Veränderungen, vor allem der Entlassung älterer Soldaten, griffen Teile der G. zusammen mit Einheiten anderer Verbände (insgesamt etwa 1200 Mann) am 24.12. die etwas über 100 Mann der → *Volksmarinedivision* im Berliner Schloß und im Marstall an. Durch das Eingreifen Zehntausender Arbeiter, die den sich standhaft verteidigenden Matrosen zu Hilfe kamen, scheiterte der konterrevolutionäre Anschlag. Die Truppen mußten aus Berlin abziehen. Nach dieser schweren Niederlage wurde die wieder im Teltower Raum liegende G. weitgehend zu einem Freiwilligenverband (→ *Freikorps*) umgebildet, durch neue Freiwilligenformationen zahlenmäßig verstärkt und u.a. durch Flammen- und Minenwerfer besser für den Ortskampf ausgerüstet. Die Formierung von Offiziers-, Unteroffiziers- und Zeitfreiwilligenkompanien (→ *Zeitfreiwillige*) sowie materielle Korrumpierung und intensive antikommunistische Verhetzung ihrer Angehörigen ließen die G. zu einer recht kampfstarken und zuverlässigen Bürgerkriegstruppe der Konterrevolution werden. Seit dem 11.1.1919 nahm die G. am weißen Terrorfeldzug gegen die Berliner Arbeiter teil. Am 15.1. fielen Karl Liebknecht (1871–1919) und Rosa Luxemburg (1871–1919) in die Hände dieser Division und wurden auf Befehl von Pabst noch am selben Tag meuchlings ermordet. Der Divisionsstab war maßgeblich am Lockspitzel- und Nachrichtensystem zur Überwachung der revolutionären Arbeiter Berlins beteiligt; einer seiner Abteilungen unterstanden die Berliner Bürgerwehren. Truppenteile der G. hatten erheblichen Anteil an der blutigen Niederwerfung der Bremer Räterepublik im Februar und der revolutionären Berliner Arbeiter und Soldaten im März. Bis Anfang April wurde die G. auf ein Korps zu 3 Divisionen mit insgesamt 40000 Mann verstärkt. Teile des Korps gehörten zu den konterrevolutionären Truppen, die Anfang Mai die Bayrische Räterepublik niederschlugen. Bei der Bildung der vorläufigen → *Reichswehr* wurde das Korps Ende Juli 1919 in die Brigaden 15, 30, 31 und 40 aufgeteilt.

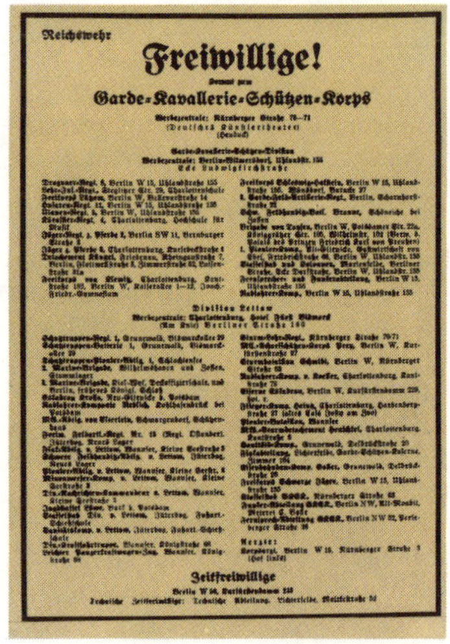

Werbeaufruf, Anfang 1919

Garnison: ständiger oder zeitweiliger Aufenthaltsort bzw. -raum von Truppen (Standort); auch die Gesamtheit der in einem bestimmten Ort bzw. Raum vorhandenen militärischen Kräfte.

G. entstanden in den deutschen Territorialstaaten mit der Herausbildung der → *Söldnerheere*, insbesondere der stehenden Heere im 17. Jh. Sie wurden in der Regel zunächst in Festungen und fürstlichen Residenzen eingerichtet. Seit Anfang des 17. Jh. wurde der aus dem Französischen entlehnte Begriff auch auf die Festungsbesatzungen angewendet. In Brandenburg-Preußen gehörten die Festungen Spandau, Küstrin und Peitz, in Sachsen das befestigte Dresden zu den ersten G. Im Rahmen der Heeresverstärkungen unter König Friedrich Wilhelm I. (1688–1740) und der Kriegspolitik König Friedrichs II. (1712–1786) stiegen Zahl und Größe der preußischen G. erheblich an. 1779 war die seit 1713 bestehende G. Potsdam mit rd. 8200 Militärangehörigen und über 100 militärischen Objekten die größte. Der G.dienst wurde im Krieg meist von nicht felddienstfähigen Truppen geleistet. Die Existenz von G. half dem feudalabsolutistischen Herrschaftssystem, Volksbewegungen zu unterdrücken sowie gepreßte Söldner und Landeseinwohner zu überwachen. Die G.chefs besaßen beträchtliche Machtbefugnisse, die auch der persönlichen Bereicherung Vorschub leisteten.

Seit Mitte des 19. Jh. wurde die mit durchgängiger Kasernierung verbundene Dislozierung der Streitkräfte in G. vor allem bestimmt von der Vergrößerung der Friedens- und Kriegsorganisation des Heeres sowie von strategischen Gesichtspunkten (Beschleunigung von Mobilmachung und Aufmarsch). Einen wesentlichen Faktor bildete aber auch die Entwicklung industrialisierter städtischer und großstädtischer Ballungsgebiete mit einer starken Arbeiterklasse und sozialistischen Arbeiterbewegung. Als wichtige Stützen des militaristischen Herrschaftssystems verfügten die deutschen G. seit Ende des 19. Jh. über detaillierte Pläne zum Einsatz von Truppen bei inneren Unruhen. In zahlreichen Fällen wurde Militär gegen Streiks, Demonstrationen und Versammlungen aufgeboten oder in Alarmbereitschaft versetzt (→ *kaiserlich-deutsches Heer*). In Elsaß-Lothringen und der Provinz Posen dienten die G. auch zur Unterdrückung der nationalen Minderheiten. Bis 1914 wurde das Deutsche Reich mit einem Netz von G. überzogen. In Preußen stieg ihre Zahl von 1871 bis 1914 von 347 auf 450. Berlin als größte deutsche G. umfaßte 1914 rd. 22000 Militärpersonen. Vor 1914 bestand eine größere G. aus zahlreichen Einrichtungen: Kasernen, Waffen- und Munitionsdepots, Proviant- und Bekleidungsämtern, Werkstätten, Übungs- und Schießplätzen, Kommando- und Verwaltungsbehörden, Lazaretten, Arrestanstalten, G.kirchen, G.gerichten (bis 1900) u. a. m. Der rangälteste Truppenbefehlshaber war als G.ältester verantwortlich für alle die G. betreffenden dienstlichen Angelegenheiten. In den mittleren und kleineren G. wurde das gesamte gesellschaftliche Leben weitgehend vom Militär geprägt. In der Novemberrevolution gingen die Mannschaften zahlreicher G. auf die Seite der Revolution über; viele G. aber waren Zentren der Konterrevolution. Nach seiner Niederlage im ersten Weltkrieg mußte der deutsche Imperialismus die Zahl der G. erheblich verringern. In der Reichswehr wurde für G. offiziell die schon lange gebräuchliche Bezeichnung Standort eingeführt. Mit der forcierten Kriegsrüstung des faschistischen Deutschlands erhöhte sich die Zahl der Standorte beträchtlich, für die faschistische Luftwaffe wurden neue geschaffen. Bis 1945 waren die Standorte der Wehrmacht wichtige Stützen der faschistischen Diktatur.

In der NVA und den Grenztruppen der DDR wird der ständige oder zeitweilige Aufenthaltsort von Truppen als Standort bezeichnet.

Gassenlaufen: Militärstrafe in feudalabsolutistischen Heeren in der Zeit vom 17. bis zu Beginn des 19. Jh., bei der der Verurteilte durch eine Doppelreihe auf ihn einschlagender Soldaten laufen mußte.

Das G., auch Spießrutenlaufen genannt, wurde als Strafe gegen Soldaten vor allem für die Delikte → *Fahnenflucht* und Widersetzlichkeit im Dienst verhängt (→ *Militärjustiz*). Der Strafvollzug geschah in der Regel folgendermaßen: 100–300 Mann bildeten eine etwa 2 m breite Doppelreihe (Gasse), die der Verurteilte mit entblößtem Oberkörper und gefesselten Händen mehrmals langsam durchlaufen mußte. Hierbei hatte ihm jeder Soldat mit einer Rute einen Schlag auf den

Gassenlaufen, 18. Jh.

Rücken zu versetzen; bei der Kavallerie wurden auch Steigbügelriemen anstelle der Ruten verwendet. Vor und hinter dem Verurteilten gingen Unteroffiziere, die darauf zu achten hatten, daß der Delinquent nicht zu schnell oder zu langsam lief. Die Exekution, meist von einem Stabsoffizier beaufsichtigt, endete im allgemeinen mit schweren Verletzungen oder dem Tod des Verurteilten, zumal das G. häufig auf mehrere Tage verteilt wurde. Das G. war eine besonders barbarische Strafe und galt namentlich in Preußen als ein Wesenszug des feudalabsolutistischen Militarismus. Es wurde wie alle Prügelstrafen von Vertretern der bürgerlichen Aufklärung angeprangert. Im Zuge der → *Militärreformen in Preußen 1807–1815* wurde das G. durch die 1808 erlassenen → *Kriegsartikel* abgeschafft. Auch die meisten anderen deutschen Staaten beseitigten Anfang des 19. Jh. diese Strafe (z. B. Württemberg 1818). In einigen Ländern gab es sie noch bis Mitte des 19. Jh. (Österreich bis 1855, Rußland bis 1863).

Gebirgstruppen: für den Einsatz im Hochgebirge besonders ausgerüstete und ausgebildete Formationen der → *Landstreitkräfte.*

Die Erfordernisse des Gebirgskrieges führten im 19. Jh. in einigen Ländern zur Aufstellung von Formationen mit einer den speziellen Geländebedingungen entsprechenden Ausrüstung, Bewaffnung und Ausbildung. Besonderheiten waren u. a. die Zerlegbarkeit der schweren Waffen und Geräte in Traglasten, zweckmäßige Bekleidung und Ausrüstung der Soldaten (Bergstiefel, Schneeschuhe u. a.) sowie eine teilweise alpinistische Befähigung. G. im eigentlichen Sinne (auch Alpentruppen, Alpini oder Alpenjäger genannt) entstanden in der zweiten Hälfte des 19. Jh. in Italien, Frankreich und Österreich-Ungarn aus Jägereinheiten, wobei vorrangig Alpenbewohner herangezogen wurden. Die deutsche militärische Führung unterschätzte dagegen Kampfhandlungen im Gebirge und führte bis 1914 nur vereinzelte Versuche durch, Jägerbataillone für den Gebirgskrieg auszurüsten und auszubilden. Im ersten Weltkrieg, als zahlreiche Gebirgs- und Hochgebirgsregionen zum Kriegsschauplatz wurden, erlangten die G. bald zunehmende Bedeutung. Bereits Ende 1914 ergab sich für das kaiserlich-deutsche Heer die Notwendigkeit, in den Vogesen Schneeschuheinheiten einzusetzen. Sie wurden aus Freiwilligen zusammengestellt, und zwar bildeten Bayern und Preußen je 2 Bataillone und Württemberg 1 Kompanie. Im Mai 1915, unmittelbar nach dem Kriegseintritt Italiens, erfolgte die Aufstellung des deutschen sog. Alpenkorps aus Jäger- und Schneeschuheinheiten, ein für den Hochgebirgskrieg bestimmter Verband mit dem Charakter einer verstärkten → *Jägerdivision.* Das Alpenkorps, zunächst an die Tiroler Südgrenze verlegt, kam als Elitetruppe auch in Serbien, Rumänien und Frankreich zum Einsatz. Bis Kriegsende wurden zahlreiche weitere Einheiten der G. aufgestellt, so Jäger- und MG-Kompanien sowie Gebirgsminenwerfer-, Gebirgsartillerie- und Gebirgsnachrichtenabteilungen. Der Versailler Vertrag 1919 verbot Deutschland, G. zu unterhalten. Die Reichswehrführung schuf jedoch auch einen Kaderstamm für die G., deren Wiederaufbau durch die faschistische Wehrmachtführung erfolgte. Im Juni 1935 wurde die 1. Gebirgsbrigade aufgestellt, aus der im April 1938 die 1. Gebirgsdivision hervorging. Die Okkupation Österreichs ermöglichte es, die faschistischen G. durch die des österreichischen Bundesheeres zu verstärken. An Ausbildungsstätten entstanden 1936 der Hochgebirgs-Truppenübungsplatz Luttensee und 1939 ein Ausbildungszentrum in Fulpmes (Tirol). Während des zweiten Weltkrieges wurden die G. der faschistischen Wehrmacht, die schließlich auf 11 Gebirgsdivisionen (davon 1 Reservedivision) anwuchsen, weniger im Hochgebirge als vielmehr in unwegsamen Gebieten eingesetzt, so in Norwegen, Jugoslawien, Griechenland, der UdSSR und Finnland. Auch bei Luftlandeunternehmungen fanden sie Verwendung.

Die G. der Gegenwart fußen in ihrer Ausbildung auf den bisherigen Erfahrungen, nutzen die neuesten Erkenntnisse des Alpinismus und stützen sich auf eine größtmögliche Mechanisierung und Motorisierung in der Ausrüstung sowie auf modernste Bewaffnung. Die Bundeswehr der BRD besitzt eine hochtechnisierte Gebirgsdivision, die für den Kampf im Hoch- und Mittelgebirge vorgesehen ist. Die NVA hat keine G. *(s. Abb. S. 41, 1007)*

Gebirgsartillerieabteilung der faschistischen Wehrmacht, 1939

Gefechtsordnung → *Kriegskunst,* → *Luftkriegskunst,* → *Seekriegskunst*

Gefreiter: ursprünglich ein von bestimmten Diensten befreiter Landsknecht, später Mannschaftsdienstgrad; in der NVA und den Grenztruppen der DDR Dienstgrad der Dienstgradgruppe → *Soldaten.*

In den Landsknechtsheeren des 16. Jh. ernannte man zu «gefreyten Knechten» vor allem ältere, erfahrene und zuverlässige Söldner, die von niederen oder schweren Diensten befreit (gefreyet) waren. Sie führten die Wache auf und mußten im Feld die am meisten gefährdeten Posten beziehen. Im 18. Jh. bildeten die G. unabhängig von ihrer Körpergröße das erste Glied der → *Kompanie.* Jeder G. war Führer einer Rotte. Der erste G. der Korporalschaft fungierte als Gehilfe des → *Korporals.* In der preußischen Armee gab es ursprünglich den Dienstgrad G. nur bei der Infanterie, die Kavallerie erhielt ihn im Jahre 1807. Er blieb in den preußisch-deutschen Landstreitkräften, mit Ausnahme des Ober-G. bei der Artillerie (seit 1859), bis 1918 der einzige Mannschaftsdienstgrad. Im Zusammenhang mit der langjährigen Dienstzeit und der zunehmenden Technisierung in den Streitkräften führte die Reichswehr der Weimarer Republik die Dienstgrade Ober- und Stabs-G. ein. Diese Dienstgrade blieben auch in der faschistischen Wehrmacht bis 1945 bestehen. Nach 1919 hatte die Reichsmarine den Matrosen-G., den Matrosenober-G. und den Matrosenstabs-G. als Mannschaftsdienstgrade eingeführt. Von 1938 an gab es in der faschistischen Kriegsmarine den G., den Ober-G., Haupt-G. und Stabs-G. Dabei war es üblich, vor dem jeweiligen Dienstgrad die entsprechende Laufbahnbezeichnung zu setzen (z. B. Matrosen-G., Funkober-G., Maschinenhaupt-G.).

In den Landstreitkräften und Luftstreitkräften/Luftverteidigung der NVA sowie in den Grenztruppen der DDR gibt es die Dienstgrade G. und Stabs-G. Sie können u. a. als Posten- und Geschützführer eingesetzt werden. Die entsprechenden Dienstgrade bei der Volksmarine der NVA sind Obermatrose und Stabsmatrose. *(s. Abb. S. 145, 146, 1007, 1009)*

Geheimdienst der Bundeswehr der BRD: seit 1955 bestehender Zweig des Geheimdienstsystems der BRD (→ *militärischer Geheimdienst des deutschen Imperialismus*) zur Spionage und Nachrichtensammlung für militärische Zwecke, zur Abschirmung der Streitkräfte gegen nachrichtendienstliche und antimilitaristische Einwirkungen sowie zur militärischen Subversion und ideologischen Diversion vor allem gegen die Armeen des → *Warschauer Verteidigungsbündnisses.*

Als Vorläufer war die Sicherungsgruppe beim → *Amt Blank* tätig. Der Geheimdienst entstand schon im Prozeß der Aufstellung der → *Bundeswehr der BRD.* Ein als «Vertrauensmänner-Gremium» des Bundestags der BRD bezeichnetes Organ übt eine scheinparlamentarische Kontrolle über die Tätigkeit der Geheimdienste der BRD aus, um die demokratische Öffentlichkeit zu täuschen. Die Einsatzgrundsätze des Geheimdienstes der Bundeswehr wurden u. a. in der Heeresdienstvorschrift (HDv) 100/1 «Truppenführung» von 1962 (1973 neu bearbeitet und als HDv 100/100 herausgegeben) festgelegt und in den Dienstvorschriften 2/11 und 2/33 präzisiert. Alle Organe des

Geheimdienst der Bundeswehr der BRD 1980

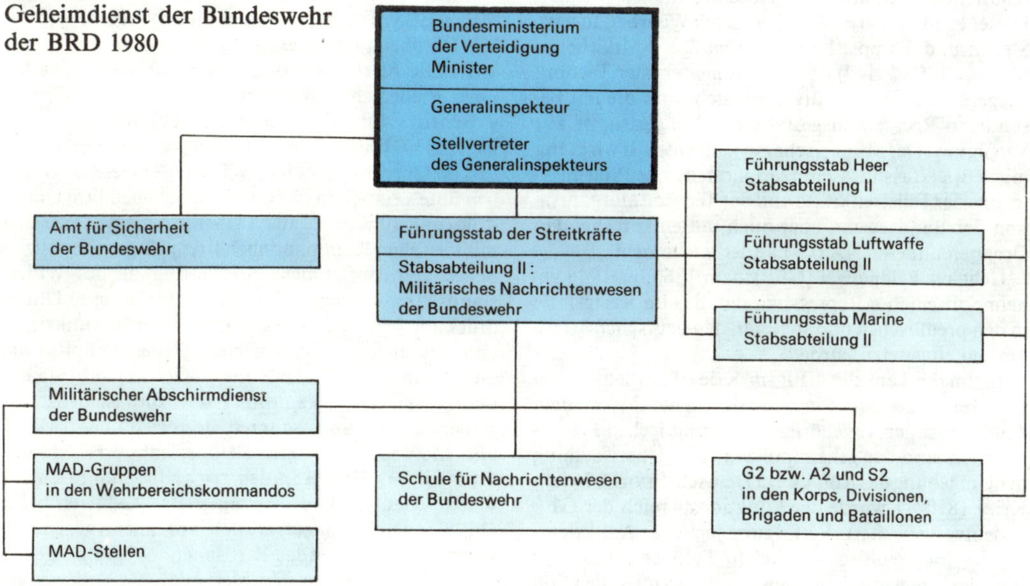

Geheimdienstes sind strukturell dem Stellv. des Generalinspekteurs der Bundeswehr zugeordnet. Als unmittelbare Leitstelle fungiert die Stabsabteilung II im Führungsstab der Streitkräfte mit der Bezeichnung Militärisches Nachrichtenwesen der Bundeswehr (FüS II). Entsprechende Stabsabteilungen bestehen auch auf der Ebene der Teilstreitkräfte. Auf der Grundlage militärischer Spionageergebnisse werden periodische und spezielle Lageberichte über die internationale wie innenpolitische Situation unter militärischem Aspekt zusammengestellt (z. B. über die Streitkräfte des Warschauer Vertrags, die «Wehrlage West» und die Aggressionsbereitschaft der Bevölkerung). Die Auswertung erfolgt durch das Bereitschaftszentrum der Bundeswehr mit Lage- und Alarmzentrum (BZBw). 1980 entstand das Amt für Nachrichtenwesen der Bundeswehr, das dem Generalinspekteur der Bundeswehr unterstellt ist. In allen Teilstreitkräften und in der → *Territorialorganisation der Bundeswehr der BRD* wirken Nachrichtenoffiziere, denen spezielle Aufklärungstrupps zur Verfügung stehen (G2- und A2-Stabsdienste). Der Geheimdienst der Bundeswehr arbeitet eng mit dem → *Bundesnachrichtendienst der BRD (BND)*, mit dem Nachrichtendienst des → *Bundesgrenzschutzes der BRD (BGS)*, mit den in der BRD stationierten ausländischen Truppen und deren Geheimdiensten sowie mit dem NATO-Lagezentrum (→ *NATO*) zusammen.

Die Ermittlung und Überwachung politischer Gegner der Bundeswehr und des NATO-Pakts sowie die Absicherung der Streitkräfte und der Rüstungswirtschaft bzw. -forschung obliegen dem eigens dafür geschaffenen Militärischen Abschirmdienst (MAD). Dieser gliedert sich in Gruppen (nach Wehrbereichen), Stellen und Trupps. Er umfaßt ca. 2000 Mitarbeiter (davon ca. 50 % zivil) und ist mit modernster Technik ausgerüstet. Als Exekutivorgan steht ihm die mit besonderen Rechten ausgestattete Feldjägertruppe zur Verfügung. Der Militärische Abschirmdienst wirkt eng mit dem Verfassungsschutzapparat, den Aufklärungstrupps der Teilstreitkräfte und der Territorialorganisation der Bundeswehr, aber auch mit entsprechenden Organen anderer NATO-Länder zusammen.

Geheime Feldpolizei (GFP): von 1866 bis 1945 geheimpolizeiliches Repressivorgan, das im Kriegsfalle in den preußischen und später in den deutschen Streitkräften eingesetzt wurde.

Erstmalig kam die GFP im Krieg Preußens gegen Österreich 1866 zum Einsatz. Hier diente sie vor allem dem Schutz der Angehörigen des preußischen Hauptquartiers und der geheimpolizeilichen Überwachung der Umgebung des Königs. Im Deutsch-Französischen Krieg 1870/71 wurde der Funktionsbereich der GFP bedeutend erweitert: Verfolgung jeglicher Antikriegsregung im preußisch-deutschen Feldheer, Bekämpfung der Widerstandsbewegung des französischen Volkes sowie Spionage gegen die französischen Streitkräfte und die Franktireurbewegung. 1870/71 betrug der GFP-Personalbestand 31 Polizeibeamte und 157 Soldaten. Im ersten Weltkrieg hatte die GFP die Aufgabe, Antikriegstendenzen unter den Soldaten aufzuspüren und jede revolutionäre Tätigkeit in den Streitkräften im Keim zu ersticken. Sie nahm Untersuchungen gegen deutsche Soldaten selbständig oder auf Anforderung des → *militärischen Geheimdienstes des deutschen Imperialismus* und der → *Feldgerichte* vor. Der in Auswirkung der Großen Sozialistischen Oktoberrevolution 1917 stürmisch anwachsende Zersetzungs- und Revolutionierungsprozeß des deutschen Feldheeres führte zu einer Eskalation ihrer Repressivmaßnahmen. Zu den Aufgaben der GFP gehörten weiterhin die Bekämpfung der gegnerischen Geheimdienste sowie die Überwachung der Bevölkerung in den besetzten Gebieten. An der Spitze der GFP stand im ersten Weltkrieg eine Zentralstelle. Sie gehörte zur Abteilung III B des Generalstabs des Feldheeres, die das Zentrum des militärischen Geheimdienstes im kaiserlichen Deutschland war. Mit Mobilmachungsbeginn wurde jeder Armee, später auch jeder Heeresgruppe 1 GFP-Einheit zugeteilt. Diese unterstand dem Nachrichtenoffizier (seit 1917: Ic) der jeweiligen Kommandobehörde. 1917/18 betrug der Personalbestand einer GFP-Einheit etwa 80 Feldpolizeibeamte.

In den Überlegungen der Militärs zur repressiven Absicherung des Aggressionsprogramms des faschistischen deutschen Imperialismus erhielt die GFP einen wichtigen Stellenwert. Bereits vor Beginn des zweiten Weltkrieges wurden GFP-Kräfte zur geheimpolizeilichen Unterstützung der faschistischen Intervention in Spanien (1936–1939), der Annexion Österreichs (März 1938) und der Okkupation der Tschechoslowakei (Oktober 1938/März 1939) aufgestellt und eingesetzt. Die hierbei gewonnenen Erfahrungen fanden ihren Niederschlag in der bis 1945 geltenden «Dienstvorschrift für die Geheime Feldpolizei» vom 24. 7. 1939. Im zweiten Weltkrieg war die GFP vor allem im Operationsgebiet des Heeres eingesetzt. Daneben übte sie auch in okkupierten Gebieten ihre Unterdrückungsfunktion aus. Überall diente sie den militärischen Kommandobehörden als geheimpolizeiliches Terrorinstrument zur Verfolgung des Widerstandskampfes der Völker sowie zur rigorosen Unterdrückung jeglicher antifaschistischer und Antikriegstätigkeit in der Wehrmacht. Dabei knüpfte die GFP an die von der Geheimen Staatspolizei bei der Bekämpfung des antifaschistischen Widerstandes angewandten terroristischen Mittel und Methoden an. Seinen Höhepunkt erreichte der GFP-Einsatz jedoch in den zeitweilig vom faschistischen Deutschland okkupierten Gebieten der UdSSR. Hier richtete er sich vor allem gegen die ständig anwachsende Partisanenbewegung, gegen alle anderen Formen und Methoden des Volkswiderstandes sowie gegen die Aufklärungstätigkeit der Sowjetstreitkräfte. Mißhandlungen und Massenexekutionen gehörten dabei zur täglichen Praxis. So fielen allein vom 1. 7. 1942 bis 31. 3. 1943 etwa 21 000 Sowjetbürger der GFP zum Opfer. Zugleich leitete die GFP die Ermittlungen für die nach 1942/43 sprunghaft zunehmenden Feldkriegsgerichtsverfahren gegen deutsche Antifaschisten und Kriegsgegner in der Wehrmacht und fahndete nach flüchtigen Wehrmachtsangehörigen. Der Einsatz der GFP erfolgte in unmittelbarem Zusammenwirken mit anderen faschistischen Geheimdienst- und Terrororganen, insbesondere mit den Einsatzgruppen und -kommandos der Sicherheitspolizei und des Sicherheitsdienstes der SS sowie mit den Abwehrkommandos, -trupps und -meldeköpfen (ab 1944: Frontaufklärungskommandos, -trupps und -stellen). Als Hilfsorgan konnte die GFP die → *Feldgendarmerie* heranziehen.

Die GFP war Teil des faschistischen Feldheeres. Ihre einheitliche Führung lag bis 1944 in den Händen der Zentrale des militärischen Geheimdienstes Hitlerdeutschlands, dem Amt Ausland/Abwehr des OKW. Ausgeübt wurde sie vom Chef dieses Amtes zunächst über den ihm unterstehenden Heeresfeldpolizeichef und ab 1. 5. 1940 über den zur Abteilung Abwehr III des Amtes Ausland/Abwehr gehörenden Feldpolizeichef der Wehrmacht. Operative Einheiten der GFP waren die GFP-Gruppen, die meist dezentralisiert als Kommissariate, Sekretariate und Außenstellen bzw. -kommandos ihre Funktion ausübten. Die GFP-Gruppen wurden durch das Amt Ausland/Abwehr des OKW den Heeresgruppen, Armeen, Panzergruppen, Sicherungsdivisionen, Oberfeldkommandanturen und Militärbefehlshabern in den von der faschistischen Wehrmacht okkupierten Territorien sowie den Luftflottenkommandos und den Kommandobehörden der Kriegsmarine zuge-

Geheime Feldpolizei 1940

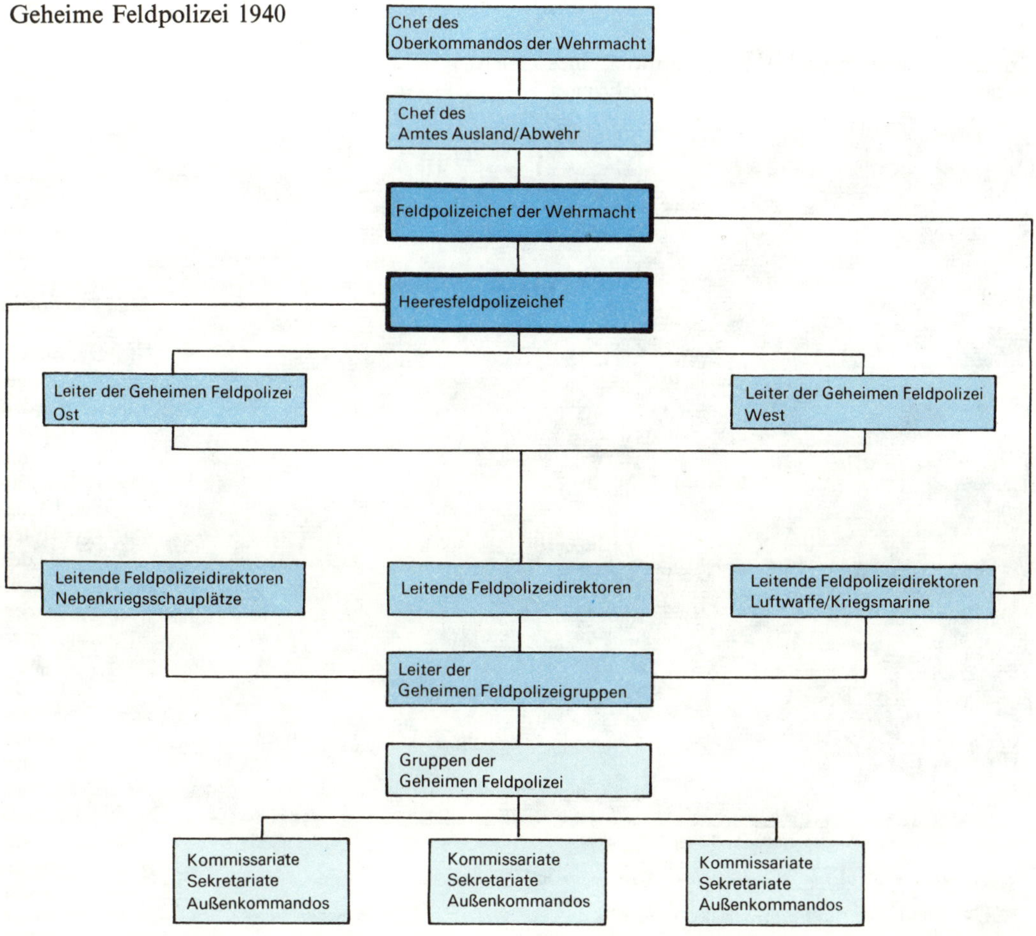

teilt. Die Einsatzbefehle erhielten die Leiter der GFP-Gruppen vom dritten Generalstabsoffizier (Ic) oder vom Abwehroffizier der Abteilung Ic/AO der jeweiligen Kommandobehörde. 1939 gehörten 15, 1940 37, 1941 43, 1942/43 83 und 1944 68 GFP-Gruppen zum Bestand des Feldheeres. Ab 1941 betrug die Personalstärke einer GFP-Gruppe 95 Mann (1 Einheitsführer, 9 Feldpolizeibeamte, 45 Hilfsfeldpolizeibeamte, 40 Mann militärisches Unterpersonal). Die Leitung der Stäbe und Gruppen der GFP erfolgte durch im Offiziersrang stehende Feldpolizeibeamte, die sich aus den Reihen der faschistischen Sicherheitspolizei (Geheime Staatspolizei/Kriminalpolizei) rekrutierten. Nach der 1944 erfolgten Fusion des Amtes Ausland/Abwehr des OKW mit dem Reichssicherheitshauptamt der SS unterstand die GFP der Abteilung Truppenabwehr des Wehrmachtführungsstabs des OKW. Im Urteil des Nürnberger Prozesses gegen die Hauptkriegsverbrecher wurde die GFP für schuldig befunden, Kriegsverbrechen und Verbrechen gegen die Menschlichkeit in großem Maßstab begangen zu haben.

Geleitzug: für den sicheren Seetransport gebildeter zeitweiliger Verband von Transport- und Hilfsschiffen mit zugeteilten Sicherungskräften.

Schon im Altertum war es üblich, Handelsschiffe zu einem Konvoi zusammenzustellen, um die Abwehrmöglichkeiten gegen feindliche → *Seestreitkräfte* oder Seeräuber zu verbessern. Zuweilen teilte man den im Konvoi fahrenden, schwach bewaffneten Handelsschiffen einige Kriegsschiffe als Geleitschutz zu. In den Seekriegen des 17. und 18. Jh. wurden G. teilweise von starken Flottenverbänden gesichert. Bei Angriffen auf die G. kam es nicht selten zu Seeschlachten. Aufgrund des Piraten- und Kaperunwesens führten einige Staaten für ihre Handelsschiffe zeitweilig den Konvoizwang ein. Auch deutsche Hansestädte setzten im 17. Jh. spezielle Kriegsschiffe für den Konvoidienst ein. Ein bekann-

Zusammensetzung und Marschordnung eines Geleitzuges in den letzten Jahren des zweiten Weltkrieges

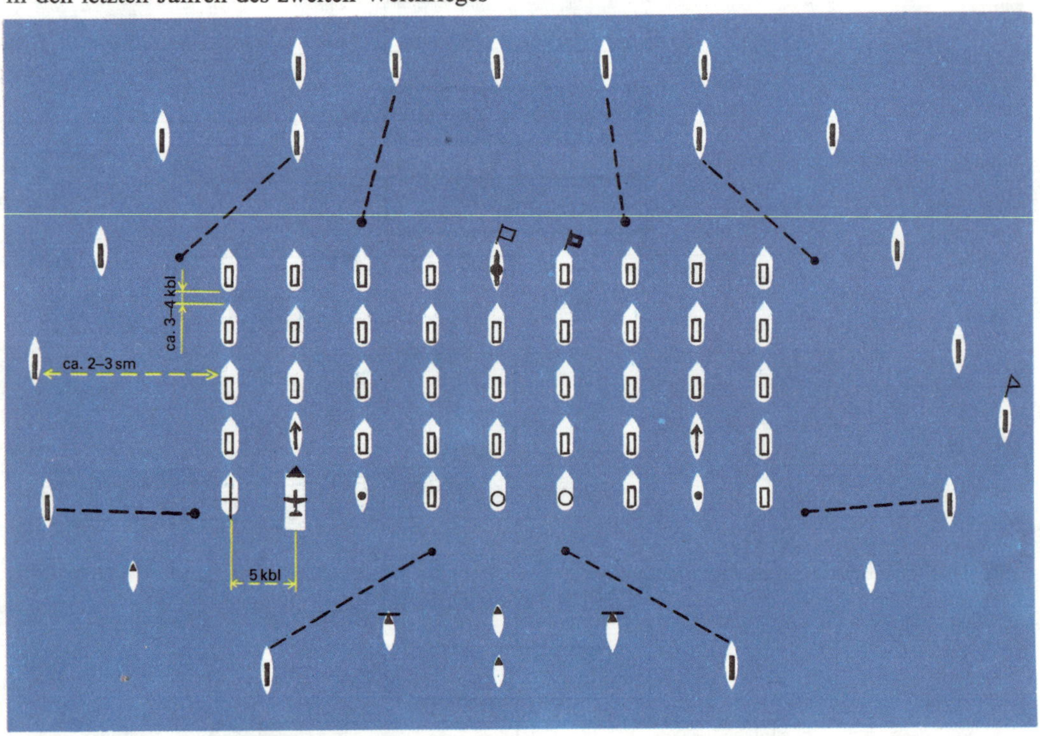

Die schwarzen Positionspunkte wurden bei Luftangriffen eingenommen.

ter Konvoikapitän war der in hamburgischen Diensten stehende Berend Jacobsen Karpfanger (1623–1683). Ende des 18. Jh. hörten die G. auf, eine Rolle zu spielen. Dazu trugen die zunehmende Sicherheit auf den Seewegen sowie das im Zusammenhang mit der kapitalistischen Entwicklung entstehende Völkerrecht bei. Nicht zuletzt sprachen ökonomische Bedürfnisse gegen die G., da ihre Organisation und Durchführung dem Streben nach rascher und effektiver Abwicklung des Seehandels entgegenstanden. Im ersten Weltkrieg 1914–1918 erwies sich das G.system als wirksamstes Mittel gegen die besonders mit der Eröffnung des uneingeschränkten → *U-Boot-Krieges* im Februar 1917 durch das kaiserliche Deutschland stark anwachsenden Schiffsraumverluste der Entente. Im Mai 1917 wurde in der britischen Admiralität eine Konvoiabteilung gebildet, der die Zusammenstellung von G., die Organisation ihres Schutzes und die Festlegung der Routen oblagen. Die Zusammenstellung der G. erfolgte nach langsamer (8–10 kn) und schneller (bis 16 kn) fahrenden Einheiten. Noch schnellere Schiffe fuhren in der Regel einzeln, da sie durch die auch bei Überwasserfahrt kaum über 16 kn laufenden → *U-Boote* wenig gefährdet erschienen. Während des ersten Weltkrieges blieben die G. relativ klein. Den Geleitkern bildeten etwa 20–30 Transportschiffe, die in 4, 5 oder 6 Kolonnen fuhren. Sie wurden an der Spitze und an den Seiten von den Sicherungskräften (→ *Zerstörer,* → *Torpedoboote,* Hilfskriegsschiffe) abgeschirmt.

Im zweiten Weltkrieg 1939–1945 übernahm die britische Admiralität bereits kurz nach Kriegsbeginn die Kontrolle über die Handelsschiffahrt Großbritanniens. Anfang September 1939 lief der erste G. aus. Die britischen G. waren zunächst bevorzugtes Ziel deutscher Überwasser-Handelsstörer und im Küstenvorfeld auch der Luftwaffe. Ab 1940/41 wurden sie Angriffsobjekt der U-Boote, die mit ihrer Gruppen- bzw. Rudeltaktik zeitweilig Erfolge erzielten. Diese Entwicklung beeinflußte Organisation und Taktik des G.einsatzes. Anfangs bestanden die G. aus 30–40 Handelsschiffen, die in mehreren Kolonnen liefen. Vor gegnerischen Überwasserkräften wurden sie neben den unmittelbaren Sicherungskräften zusätzlich von → *Schlachtschiffen* oder → *Kreuzern* geschützt. Im Verlauf des Krieges wuchs der Umfang alliierter G. bis auf 70 und mehr Schiffe an. Die nunmehr vor allem gegen die U-Boote und Fliegerkräfte gerichtete G.sicherung bestand in der Regel aus Kreuzern, Geleitflugzeugträgern, Zerstörern, Flakschiffen bzw. → *Korvetten* und Hilfskriegsschiffen. Die wichtigsten alliierten G.routen führten von den USA über den Atlantik nach Großbritannien, von Großbritannien über den Nordatlantik und das Europäische Nordmeer nach der UdSSR und von Großbritannien durch das Mittelmeer in den Nahen Osten. Durch verbesserte Funkpeilung und -aufklärung, den Einsatz zahlreicher mit Radargeräten (→ *Funkmeß*) ausgestatteter Flugzeuge sowie die Einführung neuer U-Boot-Bekämpfungswaffen erlangte die alliierte G.sicherung seit Ende 1942 eine hohe Effektivität und erwies sich zunehmend in der Lage, die Seetransporte zuverlässig zu schützen. Von 1939 bis 1945 überquerten den Atlantik etwa 2200 G. mit über 75000 Handelsschiffen. Davon wurden nur 574 Schiffe, d. h. 0,75 %, versenkt.

Auch die UdSSR führte während des Großen Vaterländischen Krieges einen beträchtlichen Teil ihrer Seetransporte, vor allem in den arktischen Gewässern, mittels G. durch. Darüber hinaus übernahmen sowjetische See- und Luftstreitkräfte einen Teil der Sicherungsaufgaben für die nach und von Murmansk und Archangelsk verkehrenden westalliierten G. Insgesamt war das G.system auch im zweiten Weltkrieg ein entscheidender Faktor für das Scheitern der auf die Blockade der gegnerischen Seeverbindungen gerichteten Seekriegsoperationen des imperialistischen Deutschlands. In eine umgekehrte Lage geriet dagegen die faschistische Kriegsmarine. Mit der vor allem durch die Sowjetarmee bewirkten Veränderungen des allgemeinen Kräfteverhältnisses zugunsten der Antihitlerkoalition wurden auch ihre relativ kleinen, zumeist im Schutz der Küste laufenden G. durch die alliierten Luftstreitkräfte und U-Boote zunehmend gefährdet. Das führte z. B. im Mittelmeer zu einer bedeutsamen Schwächung der in Nordafrika handelnden Truppen der Achsenmächte. Auch Japan bediente sich ab 1942 der G. für seine Seetransporte.

In der Gegenwart hat das G.system mit gleicher Zielstellung und ähnlichen Organisationsprinzipien wie im zweiten Weltkrieg seinen Platz in der → *Seekriegskunst.*

General: ursprünglich Bezeichnung für den Befehlshaber einer größeren Truppenformation; später meist Teil von Bezeichnungen für hohe Dienstgrade und Dienststellungen; in der NVA und den Grenztruppen der DDR Bezeichnung für die höchste Gruppe der Offiziersdienstgrade.

In Frankreich wurde im 13. Jh. der allgemeine Truppenkommandeur colonel (oder capitaine) général genannt, woraus schließlich die selbständige Bezeichnung général (General) entstand. Seit der zweiten Hälfte des 16. Jh., besonders aber mit der Herausbildung einer festen militärischen Rangordnung nach dem Dreißigjährigen Krieg fand die Bezeichnung G. in die Streitkräfte der deutschen Staaten Eingang. Zunächst wurde sie in Verbindungen gebraucht, wie G.hauptmann, G.feldherr und anderen. Später hieß der Befehlshaber größerer allgemeiner Truppenformationen oder bestimmter Waffengattungen G. (G. über das Fußvolk, G. über die

Reiterei, G. über die Artillerie). Seit Ende des 17. Jh. gab es z. B. in Preußen den G. der Infanterie, seit 1743 den G. der Artillerie. Unabhängig von der Waffengattung traten nach Bildung der → *Armeekorps* G. an deren Spitze. In den deutschen Staaten bildeten sich vorwiegend im 18. Jh. folgende G.dienstgradbezeichnungen heraus, die auch in den imperialistischen deutschen Streitkräften bis 1945 gebräuchlich waren: G.major, G.leutnant, G. (mit Zusatz der Waffengattung), G.oberst, → *Generalfeldmarschall.* Daneben wurden zahlreiche Wortverbindungen mit dem Begriff G. gebildet, u. a. G.quartiermeister, G.arzt und G.inspekteur.

Der G.major löste im 17. Jh. den G.wachtmeister ab, als man die Rangstufe Wachtmeister für Offiziere generell durch die Bezeichnung Major ersetzte. In den deutschen Armeen wurde bis Ende des zweiten Weltkrieges der Dienstgrad G.major für die Befehlshaber der Ebene Brigade/Division, häufig auch für die Kommandeure einer militärischen Behörde oder Einrichtung vergeben.

Als G.leutnant wurde im 16./17. Jh. zum einen der den römisch-deutschen Kaiser im Felde vertretende höchste Offizier bezeichnet. Er war mit weitgehenden politischen und militärischen Vollmachten ausgestattet und oft mehr als ein militärischer Oberbefehlshaber. G.leutnant hieß zum anderen auch der Stellvertreter des Höchstkommandierenden. Noch die Kriegsverfassung des Deutschen Bundes von 1821/22 bestimmte, einen G.leutnant als Stellvertreter des Oberfeldherrn zu wählen. Im Laufe des 17. Jh. entwickelte sich in Preußen der G.leutnant zu einem Dienstgrad unter dem G., seit Ende des 18. Jh. zum Kommandeur einer Division. In den deutschen Streitkräften bis 1945 war G.leutnant in der Regel der Dienstgrad für Divisionskommandeure und Gleichgestellte.

Im 18. Jh. wurde es in Preußen und anderen deutschen Staaten üblich, den Dienstgrad G. mit dem Zusatz der Waffengattung zu verleihen, aus der der G. hervorgegangen war und die den Charakter der von ihm befehligten Truppen bestimmte. Bis Mitte der 30er Jahre des 20. Jh. gab es in den deutschen Streitkräften den G. der Infanterie, den G. der Artillerie und den G. der Kavallerie. Die faschistische Wehrmacht führte den Dienstgrad G. für weitere Waffengattungen und Spezialtruppen ein, u. a. G. der Pioniere, G. der Panzertruppen, G. der Nachrichtentruppe und G. der Flieger. Da der Dienstgrad des G. einer Waffengattung hauptsächlich für die Befehlsebene Armeekorps Verwendung fand, hießen die Korpskommandeure auch Kommandierende G. Diese Bezeichnung wurde in Preußen bereits 1816 mit der ständigen Armeekorpsgliederung eingeführt.

Der Titel G.oberst begann sich im 16. Jh. in den deutschen Söldnerheeren für den Befehlshaber der Armee anstelle der bisher gebräuchlichen Bezeichnung oberster Feldhauptmann einzubürgern. Der G.oberst konnte anfangs der Führer des ganzen Heeres oder einer bestimmten Waffengattung sein. Mit der Entstehung eines regulären Dienstgradsystems im 18. Jh. wurde der G.oberst über dem G.leutnant und unter dem G.feldmarschall eingestuft. Vom Ende des 19. Jh. bis 1918 wurden im kaiserlichen Deutschland nur G. der Infanterie und der Artillerie zu G.obersten unter Beifügung der Waffengattung befördert. In der Reichswehr (ab 1926) und der faschistischen Wehrmacht war G.oberst im allgemeinen der Dienstgrad für Oberbefehlshaber von Armeen und ihnen Gleichgestellte. Aus dem Titel Marschall bzw. Feldmarschall ging im 17. Jh. der G.feldmarschall hervor, der in den deutschen Land- und Luftstreitkräften bis 1945 der höchste Dienstgrad war.

In der NVA und den Grenztruppen der DDR gehören zur Gruppe der G. die Dienstgrade G.major, G.leutnant, G.oberst und Armee-G. sowie Konteradmiral, Vizeadmiral, → *Admiral* und Flottenadmiral. Offiziere mit G.dienstgraden sind der Minister für Nationale Verteidigung der DDR, seine Stellvertreter, die Chefs der Teilstreitkräfte und der Militärbezirke, die Chefs von Verwaltungen, die Kommandeure von Verbänden und in gleichgestellten Dienststellungen Tätige. Der höchste militärische Dienstgrad in der DDR ist Marschall der DDR. *(s. Abb. S. 144–146, 197, 873, 1001, 1003, 1007, 1009, 1011)*

Generaladmiral → *Admiral*

Generalbevollmächtigter für die Kriegswirtschaft: überministerielles Regierungsorgan für die wirtschaftliche Kriegsvorbereitung des faschistischen deutschen Imperialismus.

Schon im April 1933 wurde der Reichswirtschaftsminister im Rahmen des → *Reichsverteidigungsrates* mit der wirtschaftlichen Kriegsvorbereitung beauftragt. Mit dem Übergang zur beschleunigten Aufrüstung erhielt er durch das → *Reichsverteidigungsgesetz* vom 21. 5. 1935 die Funktion des Generalbevollmächtigten für die Kriegswirtschaft. Er sollte alle wirtschaftlichen Potenzen in den Dienst der Kriegsvorbereitung stellen. Dazu waren das Reichswirtschaftsministerium, das Reichsministerium für Ernährung und Landwirtschaft, das Reichsarbeitsministerium, das Reichsfinanzministerium, die Reichsbank, das Reichsforstamt und andere zentrale Behörden an seine Weisungen gebunden. Bis 1937 übte Hjalmar Schacht (1877–1970) diese Funktion aus. Da er zugleich Reichswirtschaftsminister und Reichsbankpräsident war, vereinigte er Schlüsselpositionen der wirtschaftlichen Kriegsvorbereitung in seiner Hand. Der bisher von der Wehrmacht erhobene alleinige Führungsanspruch in der Rüstung war damit zugunsten der umfassenden Aufrüstungskonzeption des Monopolkapitals und des faschistischen Staates aufgegeben worden. Dabei kam es zu Kompetenzstreitigkeiten und Überschneidungen, zumal die Aufgaben des Generalbevollmächtigten nicht klar von denjenigen der Wehrmacht für die Rüstungsindustrie zu trennen und abgegrenzt waren.

Die mit dem Tempo der Aufrüstung unzufriedenen führenden Kreise des deutschen Finanzkapitals und der Nazipartei wählten 1936 mit dem → *Vierjahresplan* eine andere Variante der wirtschaftlichen Kriegsvorbereitung. Die Einsetzung Hermann Görings (1893–1946) als Beauftragter für den Vierjahresplan im Oktober 1936 untergrub die Stellung Schachts und trug wesentlich zu seiner Demission als Reichswirtschaftsminister und als Generalbevollmächtigter für die Kriegswirtschaft im November 1937 bei. Wenig später übernahm der neuernannte Reichswirtschaftsminister Walther Funk (1890 bis 1960) diese Funktion, nun unter der Bezeichnung Generalbevollmächtigter für die Wirtschaft. Im Dezember 1939 übernahm Göring dieses Amt, das damit de facto in die Vierjahresplanorganisation aufging und erlosch.

Generalfeldmarschall: ab 17. Jh. zunächst Bezeichnung für den Oberbefehlshaber der Kavallerie, vom 18. Jh. bis 1945 höchste Rangstufe in den Landstreitkräften und im zweiten Weltkrieg auch in den Luftstreitkräften.

Aus dem Hofamt des Stallmeisters entwickelte sich im Mittelalter der Oberbefehl über die Reiterei im Kriege. Im 16. Jh. war der jetzt Feldmarschall genannte Hofbeamte gewöhnlich Befehlshaber der berittenen Kräfte sowie der Vorhut und in der Regel auch der Stellvertreter des Obersten Befehlshabers. Daneben hatte er richterliche Befugnisse, war Quartier- und Proviantmeister sowie für Ordnung und Disziplin auf dem Marsch und im Lager verantwortlich. Sein Stellvertreter, der Feldmarschalleutnant, war vor allem für die administrativen Aufgaben zuständig.

Im 17. Jh. kam für den Marschall bzw. Feldmarschall die Bezeichnung G. auf. Der G. verlor in der Folgezeit seine richterlichen und administrativen Befugnisse und wurde Oberbefehlshaber der Kavallerie. Nach der Herausbildung regulärer Dienstgrade war der G. seit dem 18. Jh. der höchste Generalsdienstgrad. Der G. trug als Kennzeichen auf den Epauletten bzw. Schulterstücken am häufigsten 2 gekreuzte Kommandostäbe; bei feierlichen Anlässen trug er in der Hand den Marschallstab.

In beiden Weltkriegen wurde im imperialistischen Deutschland der Dienstgrad G. an Oberbefehlshaber operativer Gruppierungen der Land- und Luftstreitkräfte sowie an weitere Militärs in höchsten Dienststellungen verliehen. Die Ernennung zum G. schloß eine Reihe von Vorrechten ein. So traten G., auch wenn sie keinen Dienst mehr leisteten, nicht in den Ruhestand. Die G. der faschistischen Wehrmacht erhielten in der Regel große Dotationen an Geld bzw. Landbesitz. *(s. Abb. S. 145, 873)*

Generalfeldzeugmeister: Titel und zeitweilig auch Dienstgrad für Generale, die aus technischen Truppen, insbesondere der Artillerie, hervorgegangen und für diese verantwortlich waren.

In den Landsknechtsheeren hieß der oberste Befehlshaber der Artillerie Feldzeugmeister. Mit «Zeug» wurden die Geschütze und alle für ihren Einsatz notwendigen Materialien bezeichnet. In den Streitkräften der meisten größeren deutschen Staaten wurde der Titel und Rang G. vom 16. bis 18. Jh., in Preußen bis Mitte des 19. Jh., an den für die Artillerie verantwortlichen General sowie an Mitglieder des Herrscherhauses verliehen. G. entsprach in Preußen dem Rang eines → *Generalfeldmarschalls*, war jedoch nicht immer mit Befehlsgewalt verbunden. Im kaiserlich-deutschen Heer stand ein Feldzeugmeister mit Generalsdienstgrad an der Spitze der Feldzeugmeisterei. Diese bestand von 1898 bis 1919, war dem preußischen Kriegsministerium unterstellt und bearbeitete das gesamte Waffen- und Munitionswesen. In der faschistischen Wehrmacht leitete ein Heeresfeldzeugmeister die Heeresfeldzeugmeisterei, ein Luftzeugmeister die Luftzeugmeisterei. Sie waren für die Versorgung der entsprechenden Teilstreitkräfte mit Waffen, Gerät und Munition sowie für die Ausbildung und Ergänzung der auf diesen Gebieten tätigen Fachoffiziere verantwortlich.

Generalkommando → *Armeekorps*

Generalleutnant → *General*

Generalmajor → *General*

Generaloberst → *General*

Generalquartiermeister: Dienststellungsbezeichnung für einen hohen → *Offizier*, in der Regel einen → *General*, der für die pioniermäßige Sicherstellung, später für Versorgungs- und Verwaltungsfragen zuständig war.

1655 setzte Kurfürst Friedrich Wilhelm von Brandenburg (1620–1688) erstmals für sein Heer einen G. ein. Ihm oblagen Auswahl der Lager, Erkundung der Marschrouten, Befestigung von Feldstellungen und der Festungsbau. Zur Erfüllung seiner Aufga-

Preußischer Marschallstab, letztes Drittel 19. Jh.

ben standen dem G. eine unterschiedliche Anzahl von G.leutnants und Oberquartiermeistern zur Seite. Bestrebungen in der zweiten Hälfte des 18. Jh., dem G. und seinem Stab bestimmte taktische Aufgaben zu übertragen, setzten sich nicht durch. Als der preußische → *Generalstab* Anfang des 19. Jh. entstand, wurde die Bezeichnung G. nicht selten für den Chef des Generalstabs gebraucht, so in den Kriegen 1813/14 und 1815. Die Dienststellung G. im obigen Sinne gab es noch nicht.

Erst am Ende des Jahres 1881 ließ der Chef des Generalstabs, Generalfeldmarschall Helmuth von Moltke (1800–1891), zu seiner Entlastung einen G. ernennen. Im Zuge der Reorganisation des Generalstabs wurde 1889 die Stelle des G. aufgehoben, 1896 aber für den Stellvertreter des Generalstabschefs wieder eingeführt. Seit 1897 war der dienstälteste Oberquartiermeister zugleich G. Im ersten Weltkrieg zeichnete der G. mit seinem umfangreichen Stab für die Versorgung des Feldheers und die Verwaltung besetzter Gebiete verantwortlich. Am 29. 8. 1916 wurde für General Erich Ludendorff (1865–1937) die Dienststellung Erster G. als voll mitverantwortlicher Berater des Generalstabschefs in strategisch-operativen Fragen geschaffen (→ *Oberste Heeresleitung (OHL)*). Von Ende Oktober 1918 bis Juni 1919 war Generalleutnant Wilhelm Groener (1867–1939) Erster G. Danach bestand bis 1939 die Dienststellung des G. nicht. Mit Beginn des zweiten Weltkriegs wurde die 6. Abteilung des Generalstabs des faschistischen Heeres zur Dienststelle «Generalquartiermeister» umgewandelt und ein G. ernannt. Sein Stab, anfangs etwa 80 Offiziere und Beamte, erweiterte sich im Verlauf des Krieges auf mehrere hundert Mitarbeiter. Die faschistische Luftwaffe besaß gleichfalls einen G.; die Kriegsmarine erhielt am 1. 5. 1944 einen Admiralquartiermeister. Am 25. 4. 1945 wurde der G. des Heeres als Wehrmachtquartiermeister dem Chef des → *Oberkommandos der Wehrmacht (OKW)* direkt unterstellt.

Generalstab: wichtigstes Organ des Obersten Befehlshabers der preußischen bzw. imperialistischen deutschen Streitkräfte für die strategischen und operativen Fragen seit Anfang des 19. Jh.

Die Herausbildung des G. als feste, rationell gegliederte und nach wissenschaftlichen Methoden arbeitende Einrichtung der Friedens- und Kriegsorganisation des Heeres war bedingt durch die Entwicklung des Massenheeres und die damit verbundene Kompliziertheit des bewaffneten Kampfes. Vorformen des G. waren die Generalquartiermeisterstäbe (→ *Generalquartiermeister*), die seit Mitte des 17. Jh. in den Armeen Preußens, Bayerns und Sachsens als Hilfsorgane der Oberbefehlshaber aufkamen. Der Generalquartiermeisterstab des preußischen Königs Friedrich II. (1712–1786) bereitete u. a. Märsche und Lager vor und beaufsichtigte Festungen. Ende 1803 wurde er reorganisiert und erhielt eine feste Friedensgliederung mit einem Generalquartiermeister an der Spitze. Er blieb jedoch von der Truppenführung abgekapselt und war im Krieg von 1806/07 nicht funktionsfähig. Im Zuge der → *Militärreformen in Preußen 1807–1815* schuf Generalmajor Gerhard von Scharnhorst (1755–1813) seit 1809 einen neuen Generalquartiermeisterstab oder G., wie er immer häufiger und seit 1816 auch offiziell bezeichnet wurde. Er gehörte als 2. Division zum Allgemeinen Kriegsdepartement des → *Kriegsministeriums.* Scharnhorst war Direktor dieses Departements und als Generalquartiermeisterleutnant bis 1812 zugleich Chef des G. Für die etwa 20 G.offiziere in der 2. Division, bei den Militärgouvernements und den Brigaden (den späteren Generalkommandos und Divisionen) wurde 1809 der Wechsel zwischen G.- und Truppendienst eingeführt. Seit 1810 erfolgte die Heranbildung von G.offizieren auf der Allgemeinen Kriegsschule (→ *Akademien*), der späteren → *Kriegsakademie.* Stellung und Befugnisse des G. waren noch nicht fest umrissen. Der G. sollte im Krieg zur Befreiung von der napoleonischen Fremdherrschaft die neue, bürgerliche Kriegskunst verwirklichen und eine einheitliche Kriegführung sichern. Scharnhorsts Prinzip, die G.offiziere als erste Berater der Befehlshaber anzuerkennen, stieß jedoch häufig auf deren Widerstand. Der preußische G. bewährte sich im → *nationalen Unabhängigkeitskrieg 1813/14* und im Krieg 1815 in der Tätigkeit der Stabschefs und Stabsoffiziere im Rahmen einer Armee, bei den Korps und Divisionen. Es gab aber keinen G. der gesamten preußischen Feldarmee, da der König den Oberbefehl nicht selbst übernahm. Damit wurde verhindert, daß Scharnhorst, seit 12. 3. 1813 Generalquartiermeister, als strategischer

Preußischer Großer Generalstab 1824

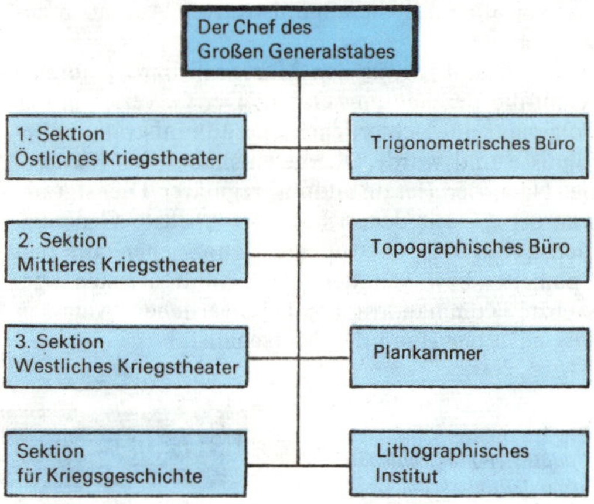

Berater des Königs die Operationen zentral leitete. Er wirkte deshalb als Stabschef des Korps, das General Gebhard Leberecht von Blücher (1742–1819) befehligte. Nach Scharnhorsts Tod war Generalmajor August Neidhardt von Gneisenau (1760–1831) vorübergehend Generalquartiermeister der preußischen Armee und seit August 1813 Stabschef der neugebildeten Schlesischen Armee unter Blücher. Bei der Neuorganisation des Kriegsministeriums 1814 wurden die zentralen Aufgaben des G. im 2. Departement unter Generalmajor Karl von Grolman (1777–1845) zusammengefaßt. Es bestand seit 1816 aus je einer Sektion für den östlichen, westlichen und mittleren Kriegsschauplatz, der Historischen Abteilung, der Aufnahmeabteilung (Trigonometrisches und Topographisches Büro) und 2 Plankammern. Grolman trat Ende 1819 aus Protest gegen die feudale Restaurationspolitik zurück.

Der Einfluß der Reformer im preußischen G. wurde durch die 1821 begonnene Neuorganisation weiter zurückgedrängt. Die neue Stelle des Chefs des G. der Armee, dem alle G.offiziere unterstellt waren und der seinerseits nur dem König unterstand, bekleidete 1821–1829 der konservative Generalleutnant Friedrich von Müffling (1775–1851). Bis 1825 wurde der Geschäftsbereich des 2. Departements aus dem Kriegsministerium herausgelöst und im sog. Großen G. vereinigt. Sein Chef blieb aber dem Direktor des Allgemeinen Kriegsdepartements im Kriegsministerium unterstellt. 1837 erfolgte die endgültige Loslösung des G. vom Kriegsministerium. Die Chefstelle des Großen G. ging an den Chef des G. der Armee über, der in Übereinstimmung mit dem Kriegsminister handeln und diesen beraten sollte. Für die G.offiziere bei den Generalkommandos und Divisionen kam die inoffizielle Bezeichnung Truppen-G. auf. 1821 wurde für sie der sog. G.dienstweg eingeführt, nach dem sie direkt dem Chef des G. der Armee berichten konnten. Seit 1843 trugen die G.offiziere karmesinrote Hosenstreifen.

Die Entwicklung des G. wurde vom wiedererstarkenden preußischen Militarismus geprägt. Bis in die 60er Jahre des 19. Jh. erfuhren die Organisation des G. und die Stellung des G.chefs keine größeren Änderungen. Die Tätigkeit des G. umfaßte vor allem die Mitwirkung an den Mobilmachungsvorarbeiten und den größeren Truppenübungen, die Beurteilung möglicher Kriegsschauplätze und fremder Armeen, die Ausbildung der G.offiziere, die Landesvermessung und die Ausarbeitung kriegsgeschichtlicher Studien. 1848/49 war der G. maßgeblich an der Niederschlagung der revolutionären Bewegung in Deutschland beteiligt; seitdem gewann seine innere Funktion wesentlich an Bedeutung. Seit Anfang der 60er Jahre wurde die Tätigkeit des G. von der Großmachtpolitik Preußens bestimmt, die nationalstaatliche Einigung Deutschlands durch Krieg herbeizuführen. Generalmajor Helmuth von Moltke (1800–1891), seit 1857 Chef des G., machte die detaillierte Vorbereitung von Mobilmachung und Aufmarsch unter Verwendung der Eisenbahn und der Nachrichtentechnik zur Grundlage der strategisch-operativen Planung. 1859 erhielt der Große G. eine Eisenbahnsektion (seit 1869 Abteilung) und 1862 eine militärwissenschaftliche Abteilung. Im Dänisch-Deutschen Krieg 1864 wurde Moltke erst nach dem Versagen des preußischen Oberbefehlshabers zur Leitung des Feldzugs hinzugezogen. Entscheidenden Einfluß nahm der G. auf den Preußisch-Österreichischen Krieg 1866. Am 2. 6. 1866 erhielt der Chef des G. erstmals das Recht, im Namen des Königs, des formellen Oberbefehlshabers, den Kommandobehörden des Feldheeres Befehle direkt zu erteilen, d. h., die Operationen selbst zu leiten. Der Kriegsminister, bisheriger Vermittler dafür, wurde nur noch informiert. Der Chef des G. war seitdem im Kriegsfall tatsächlicher Leiter der Operationen des Feldheeres. Die Bildung des Norddeutschen Bundes erweiterte die Befugnisse des preußischen G. auf das Bundesheer und im Kriegsfall auch auf die Armeen der süddeutschen Staaten. 1867 wurde deshalb der Große G. reorganisiert und personell auf 109 Offiziere (zuzüglich der zum G. kommandierten) verstärkt. Er erhielt einen Hauptetat mit 3, seit 1869 mit 4 Abteilungen: je eine Abteilung für den östlichen und den westlichen Kriegsschauplatz, eine Abteilung für Aufmarsch und Operationen des deutschen Heeres sowie die seit 1869 selbständige Eisenbahnabteilung. Sein Nebenetat bestand aus der Kriegsgeschichtlichen, der Geographisch-Statistischen und der Topographischen Abteilung sowie der Landestriangulation und der Plankammer. Im Deutsch-Französischen Krieg 1870/71 hatte der G. erstmals eine besondere Kriegsgliederung, nach der ein stellvertretender G. in Berlin zurückblieb. Der G. drängte auf die Annexion Elsaß-Lothringens und unterstützte die Niederwerfung der Pariser Kommune.

Gestützt auf die Siege von 1866 und 1870/71, entwickelte sich der G. zur einflußreichsten Behörde des → *kaiserlich-deutschen Heeres.* Der preußische Große G. übernahm im 1871 gegründeten Deutschen Reich die gesamtstaatliche Funktion, um die Einheitlichkeit der strategisch-operativen Kriegsvorbereitung zu sichern. Ein Reichs-G. wurde nicht geschaffen. Die kleinen G. der bayrischen, der sächsischen und der württembergischen Armee blieben als Zwischenglieder zum Großen G. in Berlin bestehen. Zu ihm wurden Offiziere kommandiert, später auch versetzt. Etwas selbständiger war der bayrische G. als Ausbildungsstätte; im Frieden unterstand er dem bayrischen Kriegsministerium. Hinsichtlich Organisation, Arbeitsweise und Ausbildung entwickelte sich somit ein einheitlicher preußisch-deutscher G. Hauptaufgaben des Großen G. waren die Beurteilung der wichtigsten europäischen Armeen, die Ausarbeitung der Aufmarsch- und Operationspläne und die eisenbahntechnische Vorbereitung der Mobilmachung. Er beeinflußte die Heeresrüstungen, plante Maßnahmen des Kampfes gegen die sozialistische Arbeiterbewegung, war das Zentrum der offiziellen Kriegsgeschichtsschreibung (→ *Militärgeschichtsschreibung*) und arbeitete mit dem verbündeten österreichisch-ungarischen und dem italienischen G. zusammen. Seit den 70er Jahren vertrat der G. die aggressive Konzeption des → *Präventivkrieges.* Der Chef des G. war allein dem Kaiser verantwortlich. Im Frieden besaß er keine Befehlsgewalt und kein Inspektionsrecht über Truppen, ausgenommen über die ihm 1871–1899 unterstellten Verkehrstruppen (Eisenbahn- und Luftschiffertruppenteile). Die Offiziere des Truppen-G. unterstanden ihm nur fachlich,

Großer Generalstab 1913

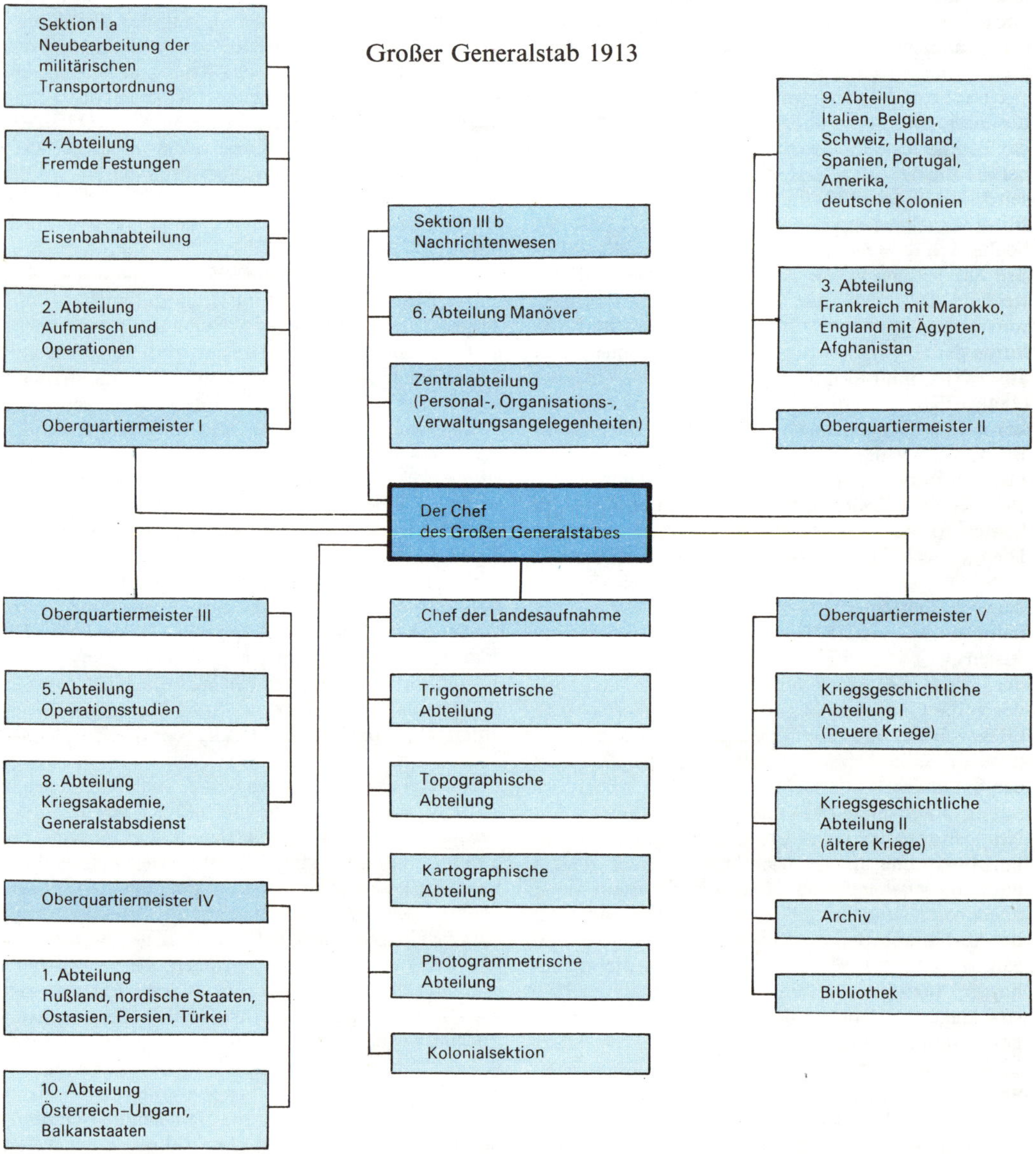

die preußische Kriegsakademie seit 1871 in wissenschaftlicher Hinsicht. Auf Drängen von Generalleutnant Alfred von Waldersee (1832–1904), seit 1882 Generalquartiermeister und Stellv. Moltkes, erhielt der Chef des G. am 25. 4. 1883 das Recht, dem Kaiser direkt Vortrag zu halten (Immediatrecht). Damit war die volle Selbständigkeit des G. gegenüber dem Kriegsministerium auch formell hergestellt. Als Nachfolger Moltkes reorganisierte Waldersee 1888 den Großen G. Es wurden 1 Zentralabteilung und 3 Oberquartiermeisterstellen geschaffen, die jeweils mehrere der 14 Abteilungen und Sektionen leiteten. Die Bildung und Entwicklung der Kaiserlichen Marine führten zur Entstehung eines speziellen Stabsorgans für die Seestreitkräfte (→ *Admiralstab*).

Unter den Bedingungen des Imperialismus rückte die Vorbereitung des Krieges um die Neuaufteilung der Welt in den Mittelpunkt der Tätigkeit des G. Generalleutnant Alfred von Schlieffen (1833–1913), seit 1891 Chef des G., schuf dafür die abenteuerliche Blitzkriegsstrategie (→ *Schlieffenplan*). Der Aufgabenbereich des G. erweiterte sich; er war beteiligt an der Intervention in China 1900/01 und der Niederwerfung der Herero und Nama 1904–1907 in Südwestafrika. Unter dem Einfluß der russischen Revolution 1905–1907 wurde die innere Funktion des G. ausgebaut. Generaloberst Helmuth von Moltke (1848–1916), der 1906 Chef des G. wurde, drängte seit 1910 auf eine maximale Verstärkung des Heeres. Bis 1914 stieg die Zahl der Abteilungen und Sektionen im Großen G. beträchtlich. Der G. umfaßte 1914 insgesamt 622 Offiziere (einschließlich der kommandierten und zugeteilten) sowie 370 Beamte. Die Offiziere des G. wurden rascher befördert als die in der Truppe. Sie galten als die Elite des kaiserlich-deutschen Offizierskorps und standen fast ausnahmslos auf dem Boden der aggressiven imperialistischen Weltmachtpolitik. In der Julikrise 1914 trat der G.chef für die Entfesselung des Krieges ein. Mit der Mobilmachung 1914 entstand aus dem Großen G. der G. des Feldheeres; in Berlin blieb ein stellvertretender G. zurück. Am 2. 8. 1914 erhielt der Chef des G. des Feldheeres das Recht, im Namen des Kaisers die Landkriegsoperationen selbständig zu leiten. Nur bei grundlegenden Entscheidungen wurde dessen Zustimmung eingeholt. Der G.chef verkörperte damit die → *Oberste Heeresleitung (OHL)*. Nach der Niederlage des deutschen Heeres in der Schlacht an der Marne erfolgte im September 1914 die Ablösung Moltkes durch Generalleutnant Erich von Falkenhayn (1861–1922), der nach dem Scheitern seiner strategischen Konzeption im Sommer 1916 ebenfalls gestürzt wurde. Seine größte Macht errang der G. unter Generalfeldmarschall Paul von Beneckendorff und von Hindenburg (1847–1934) und General Erich Ludendorff (1865–1937), die eng mit den führenden Rüstungsmonopolen zusammenarbeiteten. Die eigens für Ludendorff geschaffene Dienststellung des Ersten Generalquartiermeisters (bei voller Mitverantwortung für alle Entscheidungen) ermöglichte ihm den bestimmenden Einfluß auf die Gesamtkriegführung und auf die wesentlichen Fragen der Politik und Rüstungsproduktion. Im Zuge der Durchführung des → *Hindenburgprogramms* wurde das Kriegsministerium weitgehend zum ausführenden Organ des G.chefs. Die Zentralisation der Führung im G. des Feldheeres betraf auch oberste Waffenbehörden. Der G. war einer der Hauptverantwortlichen für die abenteuerliche Kriegspolitik und Kriegführung des deutschen Imperialismus.

Nach der Niederlage im ersten Weltkrieg wurde die OHL zum militärischen Zentrum der Konterrevolution. Sie steuerte den Einsatz der Freikorps zur Niederschlagung der revolutionären Bewegung in Deutschland sowie den konterrevolutionären Truppeneinsatz im Baltikum und gegen den sich bildenden polnischen Staat. Als der Große G. gemäß den Bestimmungen des Versailler Vertrags am 1. 10. 1919 aufgelöst werden mußte, setzte der deutsche Imperialismus und Militarismus alles daran, ihn als Institution zu erhalten. Bei der Formierung der vorläufigen Reichswehr und dem Aufbau der → *Reichswehr* wurden bevorzugt G.offiziere eingestellt. Mehrere Abteilungen des G. arbeiteten faktisch unter zivilem Deckmantel weiter: die Schiffahrtabteilung im Verkehrsministerium, die Kartographische Abteilung im Reichsamt für Landesaufnahme, die kriegsgeschichtlichen Abteilungen im neugebildeten Reichsarchiv. Die Funktion des G. übte im Reichswehrministerium das Truppenamt unter dem Chef der Heeresleitung aus. Es bestand aus der Heeresabteilung, der Heeres-Organisationsabteilung, der Heeres-Statistischen Abteilung mit der Chiffrierstelle und der Heeres-Transportabteilung (bis 1926) mit der Zentralstelle für Völkerrechtsverletzungen. 1926 kamen die Heeres-Ausbildungsabteilung und die Heeres-Abwehrabteilung (bis 1928) hinzu. Im Truppenamt sowie in den Stäben der Gruppenkommandos und der Divisionen waren rd. 300 G.offiziere tätig. Sie richteten ihre Hauptanstrengungen darauf, die Kriegserfahrungen auszuwerten, Nachrichten über andere Armeen zu sammeln, Mobilmachungs-, Aufmarsch- und Operationspläne auszuarbeiten, neue Ausbildungs- und Führungsvorschriften zu entwerfen, Vorbereitungen für den Einsatz der Truppen nach innen zu treffen und G.offiziere auszubilden. Beim Chef der Marineleitung führte die Flottenabteilung wesentliche Aufgaben des Admiralstabes fort.

Im Interesse einer schnellen Aufrüstung und der zuverlässigen Sicherung des eigenen Hinterlands durch die rigorose Unterdrückung aller fortschrittlichen Kräfte gehörten einflußreiche G.offiziere der Reichswehr zu den Wegbereitern der faschistischen

Truppenamt 1932

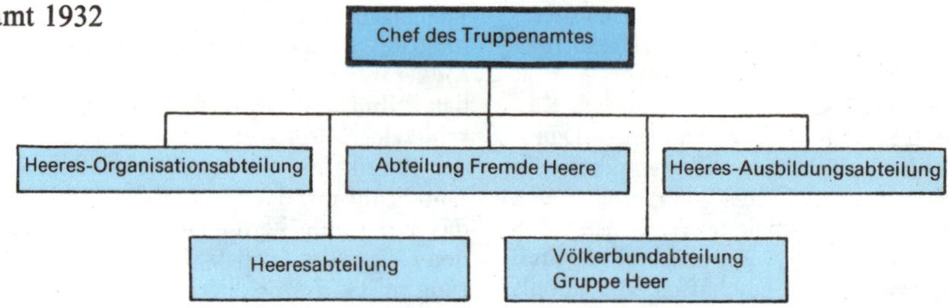

Diktatur. Mit der faschistischen Aufrüstung wuchs der G. schnell an; auch verbreitete sich sein Aufgabenkreis. Im → *Wehrmachtamt* des Reichswehr-, seit 1935 Reichskriegsministeriums entstand mit der Abteilung Landesverteidigung die Keimzelle eines Wehrmacht-G. Ihr weiterer Ausbau wurde von den Oberkommandos der Teilstreitkräfte aus Rivalitätsgründen erfolgreich behindert. Daher mußte auch die 1935 gegründete Wehrmachtakademie 1938 ihre Pforten wieder schließen. Mit der Einführung der allgemeinen Wehrpflicht (16. 3. 1935), die den Übergang zur offenen und beschleunigten Aufrüstung signalisierte, entfielen die bisherigen Tarnbezeichnungen. Das Truppenamt wurde in G. des Heeres umbenannt, der den wichtigsten Bestandteil des → *Oberkommandos des Heeres (OKH)* bildete. Das Luftkommandoamt entwickelte sich zum G. der Luftwaffe und erhielt Mitte 1937 auch offiziell diese Bezeichnung (→ *Oberkommando der Luftwaffe (OKL)*). Im → *Oberkommando der Kriegsmarine (OKM)* erfuhr das Marinekommandoamt mit seinem Kernstück, der Flottenabteilung (ab Oktober 1936

Wehrmachtführungsstab 1943

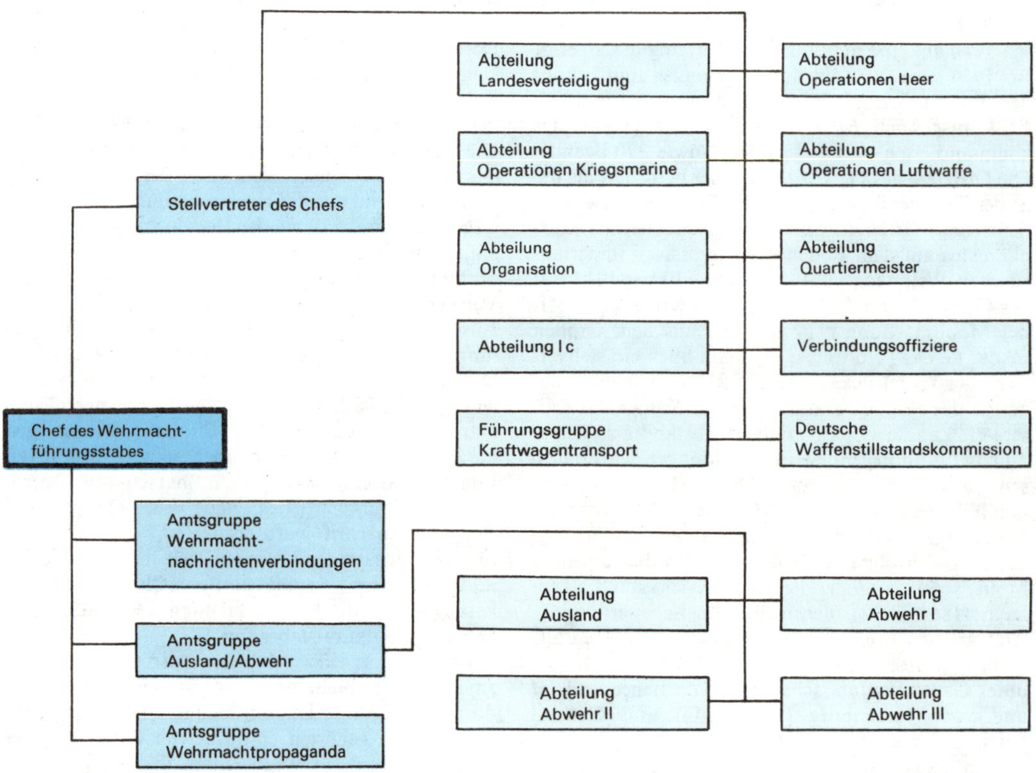

Operationsabteilung), einen schnellen Ausbau. Infolge der sich aus den Kriegszielen ergebenden Dominanz der Landkriegführung besaß der G. des Heeres besondere Bedeutung. Sein Chef war Stellv. und wichtigster Berater des Oberbefehlshabers des Heeres. Bis zum Sommer 1939 wuchs der G. des Heeres auf 12 Abteilungen an, deren Tätigkeit von mehreren Oberquartiermeistern koordiniert wurde. Bei allen höheren Kommandobehörden bis zur Division wirkten G.offiziere als Führungsgehilfen der Kommandeure bzw. Befehlshaber. Bereits im Oktober 1935 war die Kriegsakademie wiedereröffnet worden. Die Militärs, die für einen G. plädierten, der für alle Teilstreitkräfte verantwortlich war, konnten Anfang 1938 ihre Positionen stärken. Am 4. 2. 1938 übernahm Adolf Hitler (1889–1945) den Oberbefehl über die Wehrmacht, schaffte das Reichskriegsministerium ab und baute aus dessen Wehrmachtamt seinen Stab auf, das → *Oberkommando der Wehrmacht (OKW).* Die G. bereiteten die Streitkräfte intensiv auf den Krieg vor. Sie hatten maßgeblichen Anteil an der weiteren Herausarbeitung der abenteuerlichen → *Blitzkriegskonzeption.* Meinungsverschiedenheiten über den Stand der Kriegsbereitschaft, über die Strategie und das Tempo bei der Realisierung der Kriegsziele führten im August 1938 zum Rücktritt des Chefs des G. des Heeres, Generaloberst Ludwig Beck (1880–1944). An seine Stelle trat Generaloberst Franz Halder (1884–1972).

Mit der Mobilmachung (25. 8. 1939) und der Entfesselung des zweiten Weltkriegs (1. 9. 1939) trat die Kriegsspitzengliederung in Kraft, die in den G. erhebliche Veränderungen bedingte. Der G. des Heeres gliederte sich in 2 Teile. Seine für die Operationsführung benötigten Kräfte traten zu der dem Chef des G. des Heeres unterstehenden Feldkommandobehörde, dem sog. Hauptquartier OKH. Die Ämter und Dienststellen, die für die Ausbildung, Ergänzung und Ausrüstung des Feldheeres in personeller, materieller und finanzieller Hinsicht zu sorgen hatten, wurden mit dem Ersatzheer dem neueingesetzten Befehlshaber des Ersatzheeres unterstellt. Im OKW wurde das Wehrmachtführungsamt, ab 8. 8. 1940 Wehrmachtführungsstab, das mit einer Feldstaffel im Hauptquartier vertreten war, nur allmählich ausgebaut. Es war daher personell nicht in der Lage, die Funktion eines Wehrmacht-G. voll wahrzunehmen. Sein Chef, Generaloberst Alfred Jodl (1890–1946), war der wichtigste Berater Hitlers in strategischen und operativ-strategischen Fragen.

Die G. des Heeres und der Luftwaffe sowie die Seekriegsleitung mit der Operationsabteilung wirkten als selbständige Organe der strategischen Führung nebeneinander, was mitunter zu Reibungen und unabgestimmten Entschlüssen führte. Der G. des Heeres blieb auch im Krieg das wichtigste Führungsorgan. Mit Ausnahme des Überfalls auf Dänemark und Norwegen, für den das Wehrmachtführungsamt zuständig war, lag die generalstabsmäßige Vorbereitung aller faschistischen Aggressionsfeldzüge beim G. des Heeres. Nach dem Überfall auf die Sowjetunion war er für diesen Kriegsschauplatz verantwortlich, während der Wehrmachtführungsstab auf den sog. OKW-Kriegsschauplätzen (Nordafrika, Italien, Südosteuropa, Finnland und ab Juni 1944 Westeuropa) führte. Die G. der faschistischen Wehrmacht waren für die Ausarbeitung verbrecherischer, kriegs- und völkerrechtswidriger Befehle und Weisungen sowie für unzählige Kriegsverbrechen verantwortlich. Jedoch verhinderten die imperialistischen Westmächte im → *Nürnberger Prozeß gegen die Hauptkriegsverbrecher,* daß der G. zu einer verbrecherischen Organisation erklärt wurde. Ehem. faschistische G.offiziere wirkten in führenden Positionen an der → *Remilitarisierung der BRD* und am Aufbau der → *Bundeswehr der BRD* mit. In dieser nehmen der Führungsstab der Bundeswehr und die Führungsstäbe der Teilstreitkräfte Aufgaben des G. wahr.

Generalvertrag 1952 → *Pariser Verträge 1955*

gerechter Krieg → *Kriege*

germanisch-römische Kriege 2. Jh. v. u. Z.–5. Jh. u. Z.: bewaffnete Auseinandersetzungen zwischen germanischen Stämmen bzw. Stammesverbänden und dem Römischen Reich, die wesentlich zur Überwindung der Gentil- wie der Sklavereigesellschaft in Mitteleuropa beitrugen.

Zu Beginn der Zusammenstöße mit dem römischen Sklavenhalterstaat befand sich die germanische Gentilgesellschaft weitgehend im Stadium der → *militärischen Demokratie.* Die Stämme waren unabhängig, zumeist ohne gegenseitige Beziehungen zueinander und teilweise miteinander verfeindet. Erst seit dem 2. Jh. u. Z. bildeten sich Stammesverbände heraus, die später zu den Volksstämmen der Franken, Friesen, Sachsen, Alamannen und Thüringer verschmolzen. Die bewaffnete Macht des Stammes war das → *Aufgebot,* das alle wehrfähigen Männer umfaßte. Es gliederte sich in Hundert- und Tausendschaften und besaß seine Hauptkraft in den Fußkämpfern; bei einigen Stämmen spielte die Reiterei eine größere Rolle. Neben dem Aufgebot entstanden Gefolgschaften der Heerführer und Häuptlinge, die sich bereits aus Angehörigen verschiedener Stämme zusammensetzten. Diese Kriegergruppen, vor allem durch Raubzüge zusammengehalten und immer mehr ausgebaut, gewannen seit Ende des 2. Jh. an militärischer Bedeutung. Hauptwaffen der Germanen waren Speer, Schwert und Streit- oder Wurfaxt. Die Schutzausrüstung bestand aus Schild und Kappe, später auch aus Helm und Brustpanzer. Für den Kampf bildete das Fußvolk, nach Sippen geordnet und von der Reiterei gedeckt, einen tiefen Keil («Eberkopf») ohne Reserven. Übliche Kampfform war die offene Feldschlacht, die das Fußvolk im Zusammenwirken mit der Reiterei in raschem, wuchtigem Angriff zu entscheiden suchte. Im Verlauf der jahrhundertelangen Kämpfe gegen die römische Militärmacht verbesserten die Germanen ihre Bewaffnung und Ausrüstung. Sie gaben zeitweise auch den offenen Kampf zugunsten einer geeigneteren Taktik auf, wobei sie die Geländebedingungen zu nutzen verstanden. Als die Auseinandersetzungen zwischen Germanen und Römern begannen, war die römische Sklavereigesellschaft bereits von Krisen erfaßt. Unter den Bedingungen zunehmender gesellschaftlicher Widersprüche zentralisierte die herrschende Klasse ihre politische Macht und reformierte die Streitkräfte. Aus dem Milizheer wurde seit Ende des 2. Jh. v. u. Z. ein stehendes Söldnerheer von langjährig dienenden Freiwilligen. Es rekrutierte sich aus römischen Bürgern, seit dem 2. Jh. u. Z. in immer stärkerem Maße aus Provinzialen und fremdländischen Söldnern. Größte Einheit war die in 10 Kohorten gegliederte Legion. Ihre Normalstärke betrug 6000 Fußsoldaten, verringerte sich jedoch ständig und sank in der Spätantike bis auf 1000 Mann. Der Legion waren berittene und leichtbewaffnete Hilfstruppen zugeteilt, die von den Bundesgenossen gestellt, aus den Provinzen ausgehoben oder angeworben wurden. Der Legionär trug Schild, Helm und Brustharnisch und war mit Speer und Kurzschwert bewaffnet. Die Gefechtsordnung der Legion bestand aus der kohortenweisen Aufstellung in 2 oder 3 Linien. Mit der zunehmenden Entromanisierung des Heeres traten leichtbewaffnete Truppen und wieder die Phalanx (→ *Kriegskunst*) in den Vordergrund. Seit der Zeitenwende besaßen die Legionen ihre festen Standorte in den Grenzprovinzen, und um die Wende vom 3. zum 4. Jh. wurden die Streitkräfte in die Grenztruppen und das Feldheer geteilt.

Die ersten großen bewaffneten Zusammenstöße zwischen Germanen und Römern fanden Ende des 2. und in der ersten Hälfte des 1. Jh. v. u. Z. statt. Sie ergaben sich aus dem Einfall der landsuchenden Kimbern-Teutonen-Ambronen-Stämme in römisches Gebiet sowie aus der Ansiedlung und Machtausdehnung elbgermanischer Stammesteile unter ihrem Heerführer Ariovist (gest. nach 58 v. u. Z.) im keltischen Gallien. Römische Heere erlitten in den Schlachten bei Noreia 113 v. u. Z., an der Rhône 109 v. u. Z., an der Garonne 107 v. u. Z. und bei Arausio 105 v. u. Z. verlustreiche Niederlagen. Erst durch die Siege der reorganisierten römischen Streitkräfte bei Aquae Sextiae 102 v. u. Z. über die Teutonen und Ambronen sowie bei Vercellae 101 v. u. Z. über die Kimbern konnte die germanische Gefahr abgewendet werden. Auch in Gallien gelang es den Legionen unter Gajus Julius Cäsar (100–44 v. u. Z.) im Jahre 58 v. u. Z., die von Ariovist geführte Streitmacht im Elsaß zu schlagen und die Germanen über

Römische Belagerungstechnik in den Kriegen gegen Gallier und Germanen

Germanen und Römer im Kampf

den Rhein zurückzuwerfen. Die Eroberung Galliens sowie des gesamten Alpen- und nördlichen Voralpengebietes durch Rom verhinderte für längere Zeit die Ausbreitung germanischer Stämme westlich des Rheins und südlich der Donau. In den letzten Jahrzehnten vor der Zeitenwende kam es nur zu kleineren Raubzügen von Stammesteilen oder Gefolgschaften im nördlichen Grenzgebiet des Römischen Reiches.

Ein neuer Abschnitt der Kämpfe zwischen Germanen und Römern begann 12 v. u. Z. mit der römischen Offensive vom Rhein aus. Ihr Ziel war die Eroberung Germaniens bis zur Elbe und Moldau, um Gallien zu sichern, die strategisch ungünstige Rhein-Donau-Grenze zu begradigen und zugleich ein neues Sklavenpotential zu erschließen. Für die jahrelang vorbereitete Offensive wurden 6 Legionen (etwa 30000 Mann) und mehr als 10000 Mann Hilfstruppen bereitgestellt. Der Kriegsplan sah vor, die germanischen Stämme einzeln zu unterwerfen. Die zwischen 12 und 7 v. u. Z. unternommenen Feldzüge führten zur Eroberung Germaniens bis zur Weser. Die germanischen Stämme leisteten zwar häufig erbitterten Widerstand, doch blieb die militärische Kraft des Einzelstammes der römischen Truppenmacht unterlegen. Bis auf ein kurzzeitiges Bündnis mehrerer Stämme im Jahre 11 v. u. Z. gab es keine geschlossene Abwehrfront. Wiederholte Unruhen und Aufstände veranlaßten die Römer, die militärische Unterwerfungspolitik wieder aufzunehmen. Durch 2 Feldzüge in den Jahren 4/5 u. Z. konnten sie ihre Positionen festigen und ausbauen. Um das Jahr 6 befanden sich fast alle Stämme zwischen Rhein und Elbe in römischer Abhängigkeit, die allerdings oft sehr locker war. Einziger ernsthafter Gegner der Römer im freien Germanien blieben die Markomannen in Böhmen. Sie hatten unter dem Stammeskönig Marbod (vor 8 v. u. Z.–nach 36 u. Z.) einen großen Stammesverband gebildet und verfügten nach sicherlich übertriebenen römischen Angaben über ein Aufgebot von 70000 Fußkriegern und 4000 Reitern. Die Römer sahen in den Markomannen eine bedeutende Gefahr für die neue Provinz Germanien wie auch für Pannonien und Noricum und wollten sie deshalb im Jahre 6 mit 12 Legionen in einer großangelegten Umfassungsbewegung vom Rhein und von der Donau her unterwerfen. Der Feldzug mußte aber wegen des pannonisch-dalmatischen Aufstandes gegen Rom (6–9) abgebrochen werden.

Die römische Unterdrückungs- und Ausbeutungspolitik erreichte ihren Höhepunkt unter Publius Quinctilius Varus (um 50 v. u. Z.–9 u. Z.), seit 7 u. Z. Oberbefehlshaber der Rheinarmee und Statthalter in Germanien. Der germanische Widerstand organisierte sich unter dem Cheruskerfürsten Arminius

(17 v. u. Z.–21 u. Z.) in einem lockeren Bund, der hauptsächlich die Stämme zwischen Mittelrhein und Weser umfaßte. Der Freiheitskampf der Germanen kulminierte im Sieg der verbündeten Stämme unter Arminius über das von Varus befehligte Heer in der Schlacht im → *Teutoburger Wald 9.* Diese Schlacht bildete nach dem Urteil von Friedrich Engels (1820–1895) «einen der entscheidendsten Wendepunkte der Geschichte» (K. Marx/F. Engels, 19, S. 447). Der germanische Sieg bewirkte letztlich das Scheitern der römischen Eroberungspolitik in Mitteleuropa und sicherte für die Stämme ostwärts des Rheins und nördlich der Donau die eigenständige sozialökonomische und ethnische Entwicklung.

Nach der Vernichtung des Varus-Heeres befanden sich beträchtliche Teile des ostrheinischen Germaniens im Aufstand. Mit allen Mitteln versuchte die aufgefüllte und auf 8 Legionen verstärkte Rheinarmee, den Widerstand zu brechen. Die Feldzüge in den Jahren 14–16, durch Verwüstung weiter Gebiete und Vernichtung vieler Bewohner gekennzeichnet, führten jedoch nicht zur Niederwerfung Germaniens. Die Germanen wichen zunächst allen größeren Kämpfen aus und griffen nur in schwierigem Gelände an. Im Jahre 16 kam es erstmals zu einer offenen Feldschlacht. In der wahrscheinlich nördlich der Westfälischen Pforte gelegenen Ebene von Idistaviso siegte zwar das römische Heer (8 Legionen, Reiterei und zahlreiche Hilfstruppen) über das gesamte cheruskische Aufgebot, wurde aber schon auf dem Weitermarsch erneut angegriffen. Auch in der kurz darauf geschlagenen Schlacht am Angrivarierwall, der vermutlich zwischen Weser und Steinhuder Meer lag, konnten die Römer keinen entscheidenden Erfolg erringen. Der erbitterte und trotz aller Verluste ungebrochene Widerstand der germanischen Stämme bewahrte ihnen die Freiheit. Seit dem Spätherbst 16 gab das römische Imperium die Expansionspolitik gegenüber dem freien Germanien auf, behauptete jedoch die Gebiete an Rhein und Donau. Es beschränkte sich seitdem darauf, die Rhein-Donau-Grenze in Form einer offensiven Verteidigung zu sichern und den Stammeshader der Germanen zu schüren.

Nach der erfolgreichen Abwehr der römischen Aggression trat an der Rheingrenze keine Ruhe ein. Im Jahre 28 erhoben sich die Friesen gegen die römische Besatzung, in den 40er Jahren führten Plünderungszüge der Chauken zu römischen Gegenstößen, und 69 kam es zu einem sich ausweitenden Aufstand der batavischen Hilfstruppen gegen ihre Legionen. Ende der 30er Jahre begannen die langwierigen Kämpfe zwischen Römern und Chatten. Obwohl die Römer in den Jahren 39, 41 und 50 chattische Einfälle in die Mainebene zurückschlugen und 83 mit 5 Legionen und zahlreichen Hilfstruppen einen großangelegten Kriegszug in das Chattenland unternahmen, hörten die Vorstöße der Chatten nicht auf. Wichtigstes Ergebnis des Chattenkrieges waren die Vorverlegung der römischen Grenze in die Gebiete ostwärts des Oberrheins und deren militärische Sicherung durch den obergermanisch-rätischen → *Limes.* Die Stabilisierung der Grenze an Rhein und oberer Donau im letzten Viertel des 1. Jh. leitete eine relativ friedliche Etappe in den Beziehungen zwischen Römern und Germanen ein.

Die kriegerischen Auseinandersetzungen begannen erneut in den 60er Jahren des 2. Jh. Von seiten der Germanen wurden sie auf der Grundlage einer neuen Qualität des Kräftepotentials, der sich bildenden Stammesverbände, geführt. Dabei handelten anfangs wohl nur gefolgschaftlich strukturierte Aufgebote, mit denen der erstarkende Gentiladel vor allem Raub- und Eroberungszüge in römische Gebiete unternahm. Die Kämpfe setzten fast gleichzeitig an Rhein und Donau ein. 162 durchbrachen chattische Kriegergruppen erstmals die Limesbefestigungen, 165 fielen auch Scharen anderer Stämme in Obergermanien und Rätien ein. Sie wurden jedoch wieder zum Rückzug gezwungen. Vorstöße der Markomannen, Quaden und weiterer Stämme nach Pannonien, Noricum und Rätien lösten 166/67 die sog. Markomannenkriege aus, die bis 180 andauerten. Nach schweren und wechselvollen Kämpfen gelang es der römischen Militärmacht, die Germanen zurückzuwerfen. Im 3. Jh. zerschlugen germanische Stammesverbände die römische Herrschaft in den Gebieten ostwärts des Rheins und nördlich der Donau. Am Oberrhein brach der Limes unter den seit 213 geführten Angriffen der Alamannen zusammen. 258 durchstießen ihn die Alamannen auf breiter Front und eroberten bis 260 das Gebiet zwischen Rhein, Main und Donau (Dekumatland). Die römische Grenze mußte an den Rhein, die Iller und die Donau zurückgenommen werden. Mitte des 3. Jh. begannen auch die Franken über den Mittel- und Niederrhein in gallisches Gebiet vorzudringen. Sie wurden zwar noch zurückgedrängt, teilweise jedoch als Siedler mit der Verpflichtung zu Kriegsdiensten aufgenommen. Um die Abwehrkraft des Imperiums zu verstärken, erfolgten auch zunehmend Einstellungen germanischer Formationen in das römische Heer, vor allem fränkischer und alamannischer Kontingente.

Eine entscheidende Etappe in der Auseinandersetzung zwischen der von Krisen erschütterten römischen Sklavereigesellschaft und der zerfallenden germanischen Gentilgesellschaft begann Mitte des 4. Jh. Im Unterschied zu den früheren Raubzügen zielten jetzt die germanischen Vorstöße, an denen sich in immer stärkerem Maße auch Bauern beteiligten, auf die Eroberung von neuem Siedlungsland. Obwohl die Übergriffe auf römisches Gebiet förmlich Massencharakter annahmen, mißlangen vorerst noch die

Versuche zu einer dauerhaften Ansiedlung. Seit 350 verstärkten sich die Einfälle der Alamannen, Franken und später der Burgunder in die Gebiete links des Rheins bis weit nach Gallien hinein. Das in römischen Quellen auf 35000 Mann bezifferte Aufgebot der vereinigten alamannischen Teilstämme unter Führung des Königs Chnodomar (gest. um 357) erlitt 357 in der Schlacht bei Argentoratum eine vernichtende Niederlage. Den Ausgang des Kampfes entschied vor allem das Fußvolk des insgesamt 13000–15000 Mann starken und vom späteren Kaiser Flavius Claudius Julian (331–363) befehligten römischen Heeres durch seine überlegene Kohortentaktik. Die Alamannen mußten ihre linksrheinischen Eroberungen aufgeben, stießen aber bis zum Ende des 4. Jh. wiederholt über den Rhein nach Gallien vor. 378 wurden sie im Elsaß von einem römisch-fränkischen Heer erneut schwer geschlagen. Später fanden Teile von ihnen als Föderaten, die zur Verteidigung der römischen Grenzen verpflichtet waren, Aufnahme in das Imperium. Die Franken hatten sich mehrerer römischer Gegenangriffe zu erwehren und konnten schließlich nur unter dem Föderatenstatus das Gewonnene behaupten.

Mit den Föderatenverträgen verfolgten die Römer die Absicht, ihre Besitzungen durch germanische Hilfstruppen zu sichern. Zugleich war damit in großem Ausmaß die ständige Ansiedlung von Germanen auf römischem Gebiet verbunden. Als Föderaten wurden auch 375/76 die sich vor den Hunnen über die untere Donau zurückziehenden Westgoten aufgenommen. Von der römischen Bürokratie in Thrakien unterdrückt, erhoben sich die Goten, denen sich bald Sklaven und andere Ausgebeutete anschlossen. Am 9. 8. 378 kam es bei Adrianopel zur Schlacht zwischen dem 10000–15000 Mann starken Gotenheer unter Herzog Frithigern (gest. nach 382) und einem römischen Heer, das etwa 30000 Mann zählte und von Kaiser Valens (328–378) geführt wurde. Während das in seiner → *Wagenburg* verschanzte gotische Fußvolk dem Angriff der gegnerischen Reiterei standhielt, überraschte die gotische Reiterei die Römer durch einen Flankenstoß und schlug sie vernichtend. Erst nach den Friedensschlüssen von 380/81, in denen den Westgoten gegen militärische Verpflichtungen illyrische Gebiete als Bundesgenossen überlassen wurden, stabilisierte sich zeitweilig die Lage im Balkangebiet. Die Niederlage bei Adrianopel hatte für die untergehende römische Sklavereigesellschaft zwar keine strategischen Folgen, jedoch waren die außerordentlich hohen Verluste (etwa 20000 Mann und Dutzende Kommandeure) kaum zu ersetzen. Das zwang dazu, in die Armee verstärkt germanische und andere fremdländische Formationen aufzunehmen. Zwischen den Germanen in römischem Dienst und den freien Germanen gab es keine Gemeinsamkeit. Deshalb vermochte es der römische Staat, die germanischen Föderaten gegen andere germanische Stämme einzusetzen. Ganze Stammesverbände wurden schließlich als Föderaten aufgenommen, die im 5. Jh. teilweise Reiche von unterschiedlicher Lebensdauer bildeten. Den Verfall der Sklavereigesellschaft offenbarte auch die Teilung des Imperium Romanum 395 in ein West- und ein Oströmisches (Byzantinisches) Reich.

Als es zu Beginn des 5. Jh. zur bisher größten Invasion germanischer Stämme über den Rhein kam, brach das römische Verteidigungssystem bald zusammen. Um die Wende von 406 zu 407 drangen Vandalen, Alanen und Sueben in Gallien ein, denen sich Burgunder, Quaden, Alamannen und weitere Stämme anschlossen. Weder konnten die Germanen durch Verträge auf die Dauer gebunden noch die großen Gebietsverluste durch einzelne militärische Siege verhindert werden. Für die Ohnmacht des Weströmischen Reiches waren die Plünderungen Roms durch die Westgoten 410 und die Vandalen 455 kennzeichnend. Die Lage änderte sich auch nicht durch die Abwehr des Hunnenangriffs im Jahre 451. An dieser Schlacht auf den sog. Katalaunischen Feldern bei Troyes sollen nahezu 1 Mill. Kämpfer beteiligt gewesen sein; einige Quellen geben die Verluste mit mehreren Hunderttausend Toten an. Auf beiden Seiten handelten germanische Aufgebote und Gefolgschaften. Das römisch-germanische Föderatenheer unter dem Heermeister Aetius Flavius (390–454) errang allerdings nur einen taktischen Erfolg über die Streitmacht des Hunnenkönigs Attila (gest. 453). In der Folgezeit ging das römische System in Gallien und im Rheinland seinem Ende entgegen. Die Franken rückten vom Niederrhein aus zur Somme vor, während die Alamannen wieder das obere Donau- und Oberrheingebiet besetzten. Die Römer mußten endgültig Köln und Trier aufgeben und ihre Truppen aus Rätien zurückziehen. Die Absetzung des letzten weströmischen Kaisers durch den Heerkönig der germanischen Söldner in Italien, Odoaker (433–493), im Jahre 476 besiegelte den Untergang des Weströmischen Reiches. 486 beseitigten in einer Schlacht bei Soissons die Franken unter dem Merowingerkönig Chlodwig I. (466–511) den letzten römischen Besitz in Gallien, das zwischen Loire und Somme errichtete Reich des Statthalters Syagrius (um 430–486). Der Untergang Roms in Europa bedeutete auch den endgültigen Zusammenbruch der auf Sklaverei beruhenden Produktionsweise.

Die freien germanischen Bauern und Handwerker der in das römische Imperium eingedrungenen Stammesverbände zerschlugen unter Führung der Gentilaristokratie die zerfallende Sklavereigesellschaft. Zugleich leitete die Eroberung von Teilen des ehem. römischen Territoriums auch die endgültige Auflösung der gentilgesellschaftlichen Verhältnisse bei den germanischen Stammesverbänden ein. Mit der Vernichtung der politischen Macht der Sklavenhalter wurde eine wesentliche Voraussetzung für die revolutionäre Herausbildung einer neuen, der feudalen Gesellschaftsordnung geschaffen. Die militärische Gewalt und die Kriege spielten dabei eine progressive Rolle. Den siegreichen Kampf der Germanen gegen den römischen Sklavenhalterstaat hat die deutsche bürgerliche Germanen- und Altertumsforschung lange Zeit vorrangig mit einer rassischen Überlegenheit zu erklären versucht. Imperialismus und Faschismus haben daran angeknüpft und die antihumanistische «Herrenmenschen»theorie entwickelt. Das marxistische Germanenbild, von Engels mit seinen Arbeiten über die deutsche Frühzeit begründet, ist frei von nationaler Überheblichkeit und Rassismus. Es weist wissenschaftlich nach, daß die urkommunistischen Eigentums- und Gesellschaftsverhältnisse die Grundlage für den Erfolg der Germanen über den römischen Sklavenhalterstaat bildeten. *(s. Abb. S. 73, 305, 367)*

Geschoßwerfer: vor dem zweiten Weltkrieg entwickeltes, vorwiegend auf geländegängigen Fahrzeugen montiertes Gerät, das mittels einer Abschußvorrichtung in Leitschienen- oder Rohrform den Salvenstart ungelenkter reaktiver Geschosse ermöglicht und zur Bekämpfung von Flächenzielen dient.

Die Entwicklung reaktiver Antriebe begann in der Sowjetunion wie auch bei den imperialistischen Hauptmächten nach dem ersten Weltkrieg. Sie wurde im Militärwesen besonders durch das Bestreben gefördert, die Manövrierfähigkeit und Feuerkraft der Artillerie zu erhöhen. Der reaktive, rückstoßfreie Start und Antrieb der Geschosse ermöglichten die Konstruktion eines im Aufbau einfachen, relativ leichten und – mit einem Fahrgestell versehen – sehr beweglichen Gerätes vor allem für den Einsatz von Splitter-, Splitter-Spreng-, Brand- und Nebelgeschossen. Große Fortschritte bei der Entwicklung von G. einschließlich der entsprechenden Geschosse erzielten sowjetische Wissenschaftler und Techniker. Ein von ihnen 1939 konstruiertes Modell wurde nach seiner Vervollkommnung im Juni 1941 als G. BM-13 in die Bewaffnung der sowjetischen Streitkräfte eingeführt. Bereits im Juli 1941 bestand der G. seine Bewährungsprobe und offenbarte damit die Existenz einer qualitativ neuen Art sowjetischer Artillerie. Sein Salvenfeuer erzielte neben der Flächenwirkung großen moralischen Effekt. Schon zu dieser Zeit bewiesen die sowjetischen G. ihre Überlegenheit über die sog. Nebelwerfer (→ *Nebeltruppen*) der faschistischen Wehrmacht. In der Folgezeit wurden in der Sowjetarmee zahlreiche weitere G.einheiten aufgestellt, mit verbesserten G.typen und Geschossen ausgerüstet und erfolgreich eingesetzt. Die sowjetischen Soldaten nannten die seit dem Herbst 1941 offiziell als Gardewerfer bezeichneten G. liebevoll «Katjuscha».

Geschoßwerfer BM-21 auf Ural 375 D

Heute gehören G. zur Ausrüstung der Artillerietruppenteile aller modernen Armeen. Einen bedeutenden Platz nehmen die nach dem zweiten Weltkrieg weiterentwickelten G. in den sowjetischen Streitkräften im Rahmen der Artillerie ein. Auch Streitkräfte der anderen sozialistischen Staaten übernahmen sowjetische G.systeme oder führten auf diesen basierende Konstruktionen ein. Die NVA der DDR nahm Anfang der 60er Jahre G. vom Typ BM-24 in ihre Bewaffnung auf. Der BM-24 hatte anstelle von Leitschienen 12 in zwei Lagen übereinander angeordnete Gitterrohre. Anstelle der früher an den Raketengeschossen angebrachten Leitflossen zur Stabilisierung des Flugs besaß er schräggestellte Düsen, die eine Drallstabilisierung bewirkten. Der Werfer war in der Lage, in 6–8 s alle 12 Geschosse zu starten. Das Basisfahrzeug, ein 3achsiger Lkw, war sehr manövrierfähig. 1967 wurde mit dem BM-21 ein neuer Werfer eingeführt. Er erhielt gegenüber dem BM-24 u. a. ein verändertes Basisfahrzeug, je 10 in 4 Lagen übereinanderliegende lange Startrohre, ein um 50% kleineres Kaliber, dafür eine 3mal so große Schußweite. Diese Konstruktion ermöglichte das Abfeuern von 40 Geschossen innerhalb weniger Sekunden. Das G.system BM-21 wurde 1975 durch den G. RM-70 aus der ČSSR, eine Weiterentwicklung des sowjetischen BM-21, ergänzt. Er besitzt u. a. eine

Geschoßwerfer der NVA

Typ	Basisfahrzeug	Anzahl Rohre	Kaliber mm	Länge m	Breite m	Geschoßtyp	Reichweite m
BM-24	ZIL-157	12	240,9	6,93	2,32	M-24 F	6000–7000
BM-21	Ural 375 D	40	122,4	7,35	2,60	M-21 OF	20000
RM-70	Tatra 813	40	122,4	8,80	2,50	M-21 OF	20000

elektrohydraulische Nachladeeinrichtung, wodurch die Kampfkraft der G.einheiten erheblich gewachsen ist. Die gegenwärtige Entwicklung der G. zielt vor allem auf die Steigerung der Schußweite, die Verringerung der Streuung der Geschosse sowie die Erhöhung ihrer Wirksamkeit.

Geschütz: im allgemeinen von mehreren Soldaten bediente schwere Waffe, mit der im Vergleich zu Schützenwaffen größere Geschosse auf größere Entfernung verschossen werden können.

Das G., bis Ende des 18. Jh. auch Stück genannt, ist seit Entwicklung der → *Artillerie* zur Waffengattung deren Hauptwaffe. Es wurde seitdem aber auch Waffe technischer Kampfmittel anderer Waffengattungen in allen Teilstreitkräften (Panzer, Flugzeuge, Kampfschiffe). Die wesentlichen Teile des G. sind das Rohr mit dem Verschluß, die Lafette bzw. Bodenplatte (→ *Granatwerfer*) und die Zieleinrichtung. Im Rohr wird dem Geschoß Richtung, Geschwindigkeit und – bei gezogenen Rohren – Drall verliehen. Der Verschluß schließt das Rohr (Rohrseele) in Verbindung mit der → *Kartusche* bzw. Patrone gasdicht ab. Die Lafette dient als Rohrauflage, Fahr- und Schießgestell. Durch die Zieleinrichtung wird das G. nach der Seite und Höhe gerichtet und gezieltes Feuer ermöglicht. Im Verlaufe der militärtechnischen Entwicklung haben sich für die verschiedenen Verwendungszwecke besondere G.arten und G.typen mit spezifischen Eigenschaften herausgebildet. Sie wurden, ebenso wie die → *Munition* und die Zugmittel, ständig vervollkommnet.

Die Entwicklung der G. begann Mitte des 14. Jh., als auf der Grundlage der Fortschritte im Guß und in der Bearbeitung von Metall Gefäße gebaut wurden, durch die der Verbrennungsdruck des Pulvers in eine Richtung gelenkt und als Antrieb für ein Geschoß genutzt wurde. Die alte → *Büchse* bestand aus einem kurzen, durch Ringe zusammengehaltenen Hartholzzylinder, einem flaschenförmigen Metallbehälter oder einem eisernen Rohr, von dessen italienischem Namen «canna» die Bezeichnung → *Kanone* abgeleitet ist. Die Geschosse waren zunächst Brandpfeile, später Blei- und Steinkugeln. Um 1400 war es technisch bereits möglich, riesige Bresch- und Belagerungs-G. mit Kalibern über 300 mm und Rohrlängen bis zu 5 m zu bauen, die bis etwa 1450 vorherrschend blieben. Zur weiteren Entwicklung der G. trugen die Hussiten bei, die ein neuartiges Feld-G., die «houfnice» (→ *Haubitze*), einführten und kleinere G. auf Räderlafette sowie Tarras- und Kammerbüchsen verwendeten. Auch kamen frühzeitig → *Mörser* als kurzrohrige Steilfeuer-G. in Gebrauch. Um 1450 wurden die Rohre durch die seitlichen «Schildzapfen» in der Senkrechten schwenkbar gemacht. Ende des 15. Jh. hatte sich weitgehend der Übergang vom vierrädrigen Transportwagen zur zweirädrigen Lafette vollzogen, wodurch die G. feldverwendungsfähig wurden (→ *Feldschlange*). Anfang des 16. Jh. kam der Vorderwagen (Protze) hinzu. Zur Einstellung des Erhöhungswinkels diente ein aus Holz, später zumeist aus Messing gefertigter Pendelquadrant. Mitte des 16. Jh. brachte man Kimme und Korn auf den Rohren an. Der 1540 vom Mathematiker und Mechaniker Georg Hartmann (1498–1564) erfundene Kalibermaßstab diente der Vereinheitlichung der Rohrdurchmesser und anderer Teile der G. Als Material für die Rohre wurde meist Bronze, nur bei kleineren Kalibern noch Eisen verwendet. Die Herstellung erfolgte in Glockengießereien, später in speziellen Werkstätten, die gemauerte Flammöfen und neuartige Bohr- und Ausreibemaschinen («Gangspill») besaßen.

Die Feudalherrscher, insbesondere die römisch-deutschen Kaiser Maximilian I. (1459–1519) und Karl V. (1500–1556), die zahlreiche G. in die Ausstattung ihrer Söldnerheere einbezogen, bemühten sich um eine Reduzierung der Typen und Kaliber, um die Produktion von Gerät und Munition beschleunigen zu können. Folgende Hauptarten von G. wurden in jener Zeit unterschieden: Belagerungs-G. (Kartaunen), Feld-G. (Schlangen) und Wurf-G. (Mörser, Haubitzen). Als zentrale Waffenmagazine richtete man spezielle Gebäude (→ *Zeughaus*) ein. Im 17./18. Jh. halfen Mathematik und Naturwissenschaften, den Bau der G. zweckmäßiger zu gestalten. Untersuchungen und Berechnungen führten zu günstigeren Relationen zwischen Kaliber, Rohrlänge, Ladung und Schußweite. Die Kaliber wurden kleiner, die Ladungen auf ein Drittel, zum Teil bis zur Hälfte der Geschoßmasse verringert. Dadurch konnte auch die Masse der G. vermindert werden. In jener Zeit begann sich der Begriff Kanone für das Flachfeuer-G. einzubürgern. Das Kaliber der G. wurde damals bei Feldschlangen und Kanonen nach der Masse einer in das Rohr passenden eisernen Kugel, bei Haubitzen und Mörsern durch die Masse einer entsprechenden Steinkugel in Pfunden ausgedrückt, wobei 1 Pfund etwa 500 g betrug. Der Übergang zur Kaliberangabe in Zoll, Zentimeter oder Millimeter erfolgte erst in der zweiten Hälfte des 19. Jh., als sich die gezogenen Rohre allgemein durchgesetzt hatten.

Fortschritte im G.bau bewirkte u. a. der Dreißigjährige Krieg 1618–1648, in dem die schwedischen Truppen mit der → *Lederkanone* und einem leichtbeweglichen Vierpfünder auftraten. Um 1650 wurden die horizontale Richtschraube und ein Richtaufsatz, zunächst für kleinere G., eingeführt. Die Wirkung des Feuers der G. wurde durch verschiedene Munitionsarten, u. a. Spreng- und Brandkugeln sowie Kartätschen, und erste einfache Zünder erhöht; leichte Gebirgs-G. wurden entwickelt. Im 18. Jh. deckten immer mehr die staatlichen Gieße-

Vergleich der Kaliberbenennungen

Kanonen (nach der Masse der kalibergleichen eisernen Vollkugel)	
1pfünder	51 mm
3pfünder	70 mm
4pfünder	80 mm
6pfünder	90 mm
12pfünder	120 mm
24pfünder	150 mm
42pfünder	172 mm
68pfünder	203 mm
72pfünder	210 mm
96pfünder	240 mm
Haubitzen (nach der Masse der kalibergleichen steinernen Vollkugel)	
7pfünder	150 mm
10pfünder	170 mm
25pfünder	220 mm
30pfünder	240 mm

reien und die Manufakturen den wachsenden Bedarf an G. Die Arbeitsproduktivität bei der G.herstellung wuchs durch die Verwendung von Kohle statt Holz in den Schmelzöfen. Für die Vereinheitlichung des G.baus hatten die 1732 und 1774 in Frankreich von Jean-Florent de Vallière (1667–1759) und besonders von Jean Baptiste Vaquette de Gribeauval (1715–1789) durchgeführten Reformen große Bedeutung. Nicht nur Rohre, sondern auch Räder und Achsen wurden in nur wenigen Modellen einheitlich für die ganze Armee hergestellt. «Dank der Verbesserungen Gribeauvals», schrieb Friedrich Engels (1820–1895), «übertraf die französische Artillerie während der Revolutionskriege jede andere und entwickelte sich in den Händen Napoleons bald zu einer Waffe von bisher unbekannter Wirksamkeit» (K. Marx/F. Engels, 14, S. 198).

Die rasche kapitalistische Entwicklung und die wissenschaftlich-technischen Fortschritte im 19. Jh. (Verwendung der Dampfkraft, Elektrizität, beginnende Mechanisierung) ermöglichten die massenhafte Herstellung von G. und Munition in hoher Präzision. Um die Mitte des 19. Jh. begann der Übergang vom glattläufigen zum gezogenen Rohr und zugleich vom → *Vorderlader* zum → *Hinterlader.* Zunächst führte Frankreich 1848/49 gezogene Rohre als Vorderlader ein, die sich aber auf die Dauer als unzweckmäßig erwiesen. Es folgten mit gezogenen Hinterladern Preußen und Rußland 1859, Großbritannien 1860, Österreich 1862 und die USA 1870. Durch die Ausstattung aller Artillerieeinheiten mit den neuen Systemen stieg die Schußweite von knapp 2 000 m auf 3 500 m bis über 5 000 m an, wobei sich die Genauigkeit auf mehr als das 5fache verbesserte. Gleichlaufend mit der Entwicklung der G. veränderte sich deren Munition. 1803 war das → *Schrapnell* erfunden worden. Allgemein ging man mit der Einführung von G. mit gezogenen Rohren vom Kugel- zum Langgeschoß über, das bei den wachsenden Schußweiten aufgrund der höheren Querschnittsbelastung eine bessere Stabilität behielt. Für die Langgeschosse wurden ein Aufschlagzünder (Perkussionszünder) und ein Zeitzünder mit Brennsatz entwickelt.

Im letzten Drittel des 19. Jh. vollzog sich eine schnelle Entwicklung der Waffentechnik. Sie führte u. a. zum Schnellfeuer-G., zum rauchlosen Pulver und zur hochbrisanten Sprenggranate. Um die Rohre widerstandsfähiger zu machen, wurden sie mehrschichtig gebaut, d. h., über das innere, das Seelenrohr wurden ein oder mehrere Ringlagen bzw. ein Mantelrohr gezogen oder eine Lage Stahldraht aufgewickelt. Der Verbesserung des Richtens diente die 1885 in Deutschland eingeführte Zahnbogenrichtmaschine. Charakteristisch für die technische Entwicklung der G. war die mit einem Federvorholer gekoppelte hydraulische Rohrrücklaufbremse. Der nunmehr beim Schuß fast unverändert bleibende Stand des G. erlaubte es, Feuergeschwindigkeit und Treffsicherheit zu steigern. Mit diesen Mechanismen war erstmalig die deutsche Feldkanone 96 n. A. vom Jahre 1906 ab ausgerüstet, während das französische leichte Feld-G. schon 10 Jahre vorher damit ausgestattet war. Außer den zu Schnellfeuerkanonen entwickelten Feld-G. entstanden gegen Ende des 19. Jh. zahlreiche Modelle von kleinkalibrigen «Revolver-» bzw. «Maschinenkanonen». Im deutschen Kaiserreich wurden seit Beginn der 90er Jahre außer leichten und mittleren G. für die Feldartillerie (77-mm- und 100-mm-Kanonen, 105-mm-Feldhaubitzen sowie Gebirgs-G.) auch schwere und überschwere G. in die Streitkräfte eingeführt, u. a. eine 150-mm- und eine 280-mm-Feldhaubitze, eine 150-mm-Kanone, ein 210-mm-Mörser, die 420-mm-Mörser L/12 und L/16 sowie der 305-mm-Beta-Mörser 09. Sie gehörten während des ersten Weltkrieges, teilweise fortentwickelt, zur G.ausstattung der Artillerie. Besondere Anstrengungen unternahm die deutsche militärische Führung, um G. zur Bekämpfung von operativen Fernzielen zu entwickeln. So kam es zur Konstruktion und zum Einsatz solcher Abnormitäten wie dem sog. Paris-G., einer 209-mm-Kanone mit einem 35 m langen Rohr und einer Schußweite von 132 km. Die Fortbewegung der schweren G. erfolgte zum Teil mit Pferdezug, zum Teil mit Motorzugmaschinen oder Dampfzugaggregaten. Ein Anlaß für Änderungen in der G.ausstattung war das Auftreten neuer Waffengattungen. Gegen die ab 1916 aufkommenden Panzer wurden von den deutschen Truppen leichte Feldkanonen eingesetzt, doch erwies sich bald die Notwendigkeit spezieller Panzerabwehr-G. (→ *Panzerabwehrmittel*). Zur Bekämpfung von Flugzeugen wurden Fla-G. (→ *Flakartillerie*) gebaut. Als Munitionsarten gab es Spreng-, Brand-, Nebel- und spezielle Einschießgranaten, während das Schrapnell weniger Verwendung fand.

Nach 1918 wurde in den imperialistischen Ländern in Auswertung der Kriegserfahrungen angestrebt, bessere taktische und ballistische Leistungen der G. zu erreichen. Dies erfolgte durch weitere Motorisierung, durch Entwicklung bzw. Einführung geländegängiger Zugmittel mit Rad- und Gleiskettenantrieb (→ *Selbstfahrlafette (SFL)*) und schwererer Kaliber sowie durch Herstellung eines günstigeren Verhältnisses zwischen Masse und Schußleistung. Die Reichswehr, die aufgrund der Bestimmungen des Versailler Vertrages überwiegend leichte Kanonen und verhältnismäßig wenig Haubitzen besaß, ließ leistungsgesteigerte G.modelle entwickeln. Die späteren Standard-G. der faschistischen Wehrmacht, die 105-mm- und 150-mm-Haubitzen, wurden zwischen 1926 und 1930 als Prototypen zunächst in Schweden und den Niederlanden, nach Auflösung der Interalliierten Militärkontrollkommission 1927 auch in Deutschland gebaut und ab 1933/34 als Modell 18 in großer Zahl in die Truppe eingeführt. Abweichend von der bisherigen Ausstattung, wurde die 105-mm-Haubitze zum Standard-G. der Divisionen. Für die Panzerabwehr waren 37-mm- und 50-mm-G. bestimmt, die jedoch als Infanteriewaffen zählten. Das gleiche galt für die aus den Minenwerfern des ersten Weltkrieges entstandenen Infanterie-G. Als Feld-G. besaß die deutsche Wehrmacht während des zweiten Weltkrieges u. a. 75-mm- und 150-mm-Infanterie-G., 75-mm- und 105-mm-Gebirgs-G., 105-mm- und 150-mm-Feldhaubitzen, Kanonen der Kaliber 105, 150, 170 und 240 mm sowie Mörser der Kaliber 210 und 420 mm. Schwerste G. für den Beschuß von Festungsanlagen waren der 600-mm-Mörser 040 («Karl»-G.) und die 800-mm-«Dora»-Kanone (E) L/36.

Die Entwicklung der G. vollzog sich vor allem unter dem Eindruck der angespannten Kämpfe an der deutsch-sowjetischen Front. Es wurde angestrebt, die G. leistungsfähiger zu machen, ohne ihre Masse zu erhöhen. Durch Verstärkung der Rohrbremsen und ihre Ergänzung durch Mündungsbremsen war es möglich, größere Treibladungen, zum Teil mit speziellen Ferngranaten, zu verwenden. Der Gewichtseinsparung diente u. a. der Übergang von Kasten- zu Rohrholmen. Zur höheren Beweglichkeit wurden rückstoßfreie G., sog. Leicht-G., eingeführt. Angesichts der unbefriedigenden Wirkung der Panzerabwehrmittel gegenüber dem sowjetischen Panzer T-34 lieferte die Rüstungsindustrie Hitlerdeutschlands ab 1942 Panzerabwehr-G. mittleren Kalibers (75 mm und 88 mm). Es handelte sich um zum Teil als Jagdpanzer bezeichnete SFL, zu denen die 88-mm-Kanone auf einem Panzerfahrgestell als SFL «Ferdinand» (später «Elefant») gehörte. Diese Waffen trafen auf hervorragende sowjetische Panzerabwehrkanonen (76-mm-Kanone 1942, 57-mm-Panzerabwehrkanone, 100-mm-Feldkanone 1943, 85-mm-Panzerabwehrkanone D-44) sowie auf leistungsfähige SFL (Kaliber 85, 122, 152 und später 100 mm). Mit diesen Mitteln wurden auch die neuen faschistischen Panzer P V («Panther») und P VI («Tiger») erfolgreich bekämpft. Andere SFL, die sog. Sturm-G. (Anfänge 1937), ersetzten die in der Wehrmacht fehlende unmittelbare Panzerunterstützung der Infanterie. Die Standard-G. der Feldartillerie wurden ebenfalls als SFL ausgeführt («Wespe» 105 mm, «Hummel» 150 mm) und besonders den Panzerdivisionen zugewiesen. Dem Streben nach neuen Waffen, mit denen wenigstens auf Teilgebieten ein qualitativer Vorsprung errungen werden sollte, entsprangen die ein- und mehrrohrigen sog. Nebelwerfer (→ *Nebeltruppen*) mit einem Kaliber bis 320 mm.

Die Zeit nach dem zweiten Weltkrieg ist vor allem durch die Entwicklung von → *Raketenwaffen* charakterisiert. In den modernen Armeen wurden G. zur Panzerbekämpfung und zur Fliegerabwehr ergänzt oder teilweise ersetzt durch Panzerabwehrlenkraketen und durch Fla-Raketen; zur Schiffsbewaffnung kamen Raketen der verschiedensten Art hinzu. Der wissenschaftlich-technische Fortschritt erfaßte jedoch nicht nur die Raketentechnik, sondern auch die herkömmlichen G., bei denen sich zum Teil große qualitative Veränderungen vollzogen. Es entstanden neue Modelle und Typen von Kanonen, Haubitzen, Kanonenhaubitzen, Granatwerfern und reaktiven G. (→ *Geschoßwerfer*), ein wachsender Teil davon auf SFL. Ihre Reichweite, Feuergeschwindigkeit, Schußgenauigkeit und Manövrierfähigkeit erhöhten sich bedeutend. Dazu trugen die Verwendung neuer Materialien (z. B. spezielle Stahllegierungen), neuer Technik (u. a. halbautomatische und automatische Verschlüsse, leistungsfähigere Bremssysteme) sowie neuer Munition bei. In einigen Ländern, z. B. den USA, wurden G. zum Verschießen von Kernmunition entwickelt. Erfahrungen und Erkenntnisse ergaben, daß unter dem Gesichtspunkt der Anforderungen eines modernen Krieges die gleichzeitige Entwicklung von Raketenwaffen und G. und ihre Einführung in die Streitkräfte notwendig sind. Davon lassen sich auch die Armeen der sozialistischen Verteidigungsgemeinschaft leiten.

Die marxistisch-leninistische Militärwissenschaft teilt heute die G. wie folgt ein: nach der Art, wie sie dem Geschoß die Anfangsgeschwindigkeit verleihen, in Rohr- und in reaktive G.; nach konstruktiven Besonderheiten in G.systeme mit gezogenem und mit glattem Rohr, in rückstoßfreie, reaktive, Kasematten- und Universal-G.; nach der Art ihrer Munition in G. mit Patronenmunition und in G. mit geteilter Munition; nach der Flugbahn des Geschosses in Steilfeuer-G. und Flachfeuer-G.; nach ihrer Beweglichkeit in gezogene, selbstfahrende und stationär eingebaute G.; nach dem Einsatzort und den zu lösenden Aufgaben in Feld-, Festungs-, Panzerabwehr-, Panzer-, Fliegerabwehr-, Gebirgs-, Schiffs- (→ *Schiffsartillerie*) und Küsten-G.; nach dem Kaliber in G. kleinen (20–57 mm), mittleren (76–152 mm) und großen Kalibers (über 152 mm), wobei für Fla-, Schiffs- und Küsten-G. andere Kalibereinteilungen gelten.

In der künftigen Entwicklung der G. werden die noch breitere Anwendung des Eigenantriebs sowie die Umstellung auf schwimmfähige SFL eine Rolle spielen. Der Erhöhung der Feuergeschwindigkeit dienen die weitere Mechanisierung und teilweise Automation des Ladevorgangs, wobei auch für Feld-G. Patronenmagazine verbreitet Anwendung finden sollen. Um die Schußweiten zu erhöhen, werden stärkere Ladungen und technisch leistungsfähigere Bremssysteme für die Rohre in Betracht gezogen. Bei dem G. der Panzer und der Panzerabwehr gehört die Zukunft den immer häufiger verwendeten glatten Rohren. Ein Schwerpunkt bleibt die Steigerung des Kalibers und der Reichweite der Geschoßwerfer. *(s. Abb. S. 32, 33, 35, 37, 39, 41, 43–45, 741, 856, 858, 901)*

Geschwader: 1. Verband von Schiffen bzw. Booten der → *Seestreitkräfte* zur Lösung taktischer und operativ-taktischer Aufgaben.

Als G. wurden ursprünglich Kavallerieformationen (→ *Eskadron*) bezeichnet. Seit Ende des 17. Jh. fand der Begriff als Synonym für Flotte oder Teilflotte Verwendung. Eine entscheidende Voraussetzung für die breite Anwendung des G.prinzips bildete der gegen Ende des 19. Jh. allgemein durchgesetzte Bau einer größeren Anzahl relativ gleichwertiger Kriegsschiffe einer Klasse (Typen- bzw. Serienbau). In der deutschen → *Kaiserlichen Marine* war das G. die Grundgliederung für die → *Linienschiffe.* Je 2 aus Schiffen eines Typs bestehende Divisionen bildeten 1 G., mehrere G. die Flotte. Kurz nach Ausbruch des ersten Weltkrieges (→ *Weltkrieg, erster, 1914–1918*) verfügte die deutsche Hochseeflotte über 3 Linienschiffs-G. mit je 8 Einheiten. In der Marine der Weimarer Republik und in der faschistischen Kriegsmarine fand der Begriff G. in bezug auf die eigenen Seestreitkräfte keine Anwendung. Gegenwärtig bildet das G. in verschiedenen Marinen eine taktische Strukturform. So gibt es z. B. Schnellboot- und U-Boot-G. Auf operativer Ebene sind G. in der Regel zeitweilige Vereinigungen von Einheiten verschiedener Schiffsklassen, die selbständig größere Gefechtshandlungen führen können. Ihre Stärke und Zusammensetzung hängt von den zu lösenden Aufgaben, den Führungs- und Versorgungsmöglichkeiten sowie den militärgeographischen Bedingungen des jeweiligen Einsatzraumes ab. Die Flottenkräfte der → *Volksmarine der NVA (VM)* haben keine G.unterteilung. Sie gliedern sich in → *Flottillen*, Brigaden und Abteilungen.

2. taktische Grundeinheit (Truppenteil) der Fliegerkräfte (→ *Luftstreitkräfte*).

Bereits während des ersten Weltkrieges wurden in den kriegführenden Ländern Teile der Fliegerkräfte, insbesondere Bomben- und Jagdfliegerformationen, in G. zusammengefaßt. In der Luftwaffe des faschistischen Deutschlands waren neben den Jagd- und Bombenfliegerkräften auch die Transport- und Schlachtfliegerkräfte in G. gegliedert. 1 G. bestand meist aus 3 Gruppen zu je 3 Staffeln (3 × 27 Flugzeuge) und 1 Führungskette (3 Flugzeuge). In den sowjetischen Luftstreitkräften waren die Fliegerkräfte ab 1938 im Rahmen der neu geschaffenen → *Fliegerdivisionen* anstelle von G. in Fliegerregimenter untergliedert. Im zweiten Weltkrieg gehörten zu 1 Fliegerregiment etwa 32–40 Flugzeuge.

Gegenwärtig gibt es G. in den Fliegerkräften verschiedener Länder. Sie umfassen in der Regel mehrere Staffeln einer Fliegergattung und sind in der Lage, selbständig Gefechtsaufgaben zu lösen. Die Anzahl der Flugzeuge in den G. beträgt bei den strategischen Fliegerkräften zwischen 15 und 30, bei taktischen Fliegerkräften bis 70 und darüber. Die Flieger-G. der → *Luftstreitkräfte/Luftverteidigung der NVA (LSK/LV)* entsprechen in Struktur, Einsatzprinzipien und Gefechtsaufgaben Fliegerregimentern.

Gesellschaft für Militärmedizin der DDR: medizinisch-wissenschaftliche Gesellschaft zur Förderung und Verbreitung militärmedizinischer Erkenntnisse und Leistungen.

Die Gesellschaft wurde am 15. 2. 1971 gegründet. Sie vereinigt in sich auf dem Gebiet der Militärmedizin tätige und an militärmedizinischen Problemen interessierte Fach- und Hochschulkader der NVA, anderer Schutz- und Sicherheitsorgane sowie des staatlichen Gesundheitswesens der DDR und anderer Bereiche. Die Gesellschaft ist eine der medizinisch-wissenschaftlichen Dachgesellschaften der DDR. Sie wird im Koordinierungsrat des Ministeriums für Gesundheitswesen durch ihren Präsidenten und den Generalsekretär vertreten. Sie gliedert sich territorial in bezirksgebundene Regionalgesellschaften und nach Fachdisziplinen in 8 Sektionen. Die Organe der Gesellschaft sind die Delegiertenversammlung, das Präsidium und die Revisionskommission. Die Gesellschaft wirkt an der Lösung von Schwerpunktaufgaben der militärmedizinischen Forschung und der Überleitung der Forschungsergebnisse in die Praxis mit und nimmt Einfluß auf die militärmedizinische Aus- und Weiterbildung sowie auf die militärpolitische Arbeit im Gesundheitswesen. Sie pflegt die Zusammenarbeit mit anderen wissenschaftlichen Gremien und gesellschaftlichen Organisationen der DDR und der anderen Staaten des Warschauer Vertrages. Auf den jährlich mehrmals stattfindenden Regionaltagungen und auf Veranstaltungen der Sektionen nimmt der Gedankenaustausch zu militärmedizinischen Grundfragen und aktuellen medizinischen Problemen einen breiten Raum ein. Für hervorragende wissenschaftliche Leistungen auf dem Gebiet der Militärmedizin werden der Preis und die Ehrenmedaille der Gesellschaft für Militärmedizin der DDR verliehen.

Gesellschaft für Sport und Technik (GST): seit 1952 in der DDR bestehende Massenorganisation mit der Aufgabe, die Wehrbereitschaft der Bürger zu fördern und vor allem die Jugend durch vormilitärische Grund- und Spezialausbildung auf den Wehrdienst vorzubereiten.

Die SED orientierte auf ihrer 2. Parteikonferenz im Juli 1952 angesichts des verschärften Aggressionskurses der imperialistischen Mächte und der beschleunigten → *Remilitarisierung der BRD* darauf, den bewaffneten Schutz der DDR zu stärken. Sie stellte damit gleichzeitig die Aufgabe, die Bereitschaft der Werktätigen zur Verteidigung des sozialistischen Vaterlandes zu entwickeln. Von der SED ging auch die Initiative zur Gründung der GST aus. Am 7. 8. 1952 erließ die Regierung der DDR eine entsprechende Verordnung. Die GST übernahm die Aufgabe, die Bürger der DDR und vor allem die Jugend auf den Dienst zum bewaffneten Schutz der DDR vorzubereiten und ihnen militärische Grundkenntnisse zu vermitteln. Den Grundstock bildeten wehrsportliche Interessengemeinschaften, die in der FDJ entstanden waren und deren Ausbildungseinrichtungen und technische Ausrüstungen an die GST übergingen. Zahlreiche FDJ-Funktionäre übernahmen verantwortliche Aufgaben in der GST. Unter Führung der SED und allseitig gefördert durch die staatlichen Organe sowie gesellschaftliche Organisationen, entfaltete die GST eine breite wehrpolitische Bildungs- und Erziehungsarbeit. Von Beginn an stützte sie sich dabei auf Erfahrungen der Wehrorganisationen in anderen sozialistischen Ländern, insbesondere der DOSAAF (Freiwillige Gesellschaft zur Unterstützung der Armee, der Luftstreitkräfte und der Flotte) in der UdSSR, und leistete ihrerseits einen aktiven Beitrag zur engen Zusammenarbeit zwischen den Bruderorganisationen. Folgende Disziplinen entstanden beim Aufbau der GST: Gelände- und Schießsport; Tiersport (Diensthundewesen, Pferde- und Taubensport); Motorsport (Motorrad- und Autosport); Nachrichtensport (Funk-, Fernsprech- und Fernschreibausbildung); Flugsport (Motor- und Segelflug, Flugmodellbau, Fallschirmsport); Seesport (maritime Ausbildung, Schiffsmodellbau); Jagdsport. Die interessant und differenziert gestaltete Tätigkeit in den Disziplinen fand großen Anklang bei den Werktätigen, besonders den Jugendlichen. In kurzer Zeit entwickelte sich die GST zur Massenorganisation, die wesentlich dazu beitrug, noch vorhandene, meist pazifistisch motivierte Vorbehalte gegenüber den Erfordernissen des bewaffneten Schutzes der Errungenschaften des Volkes abzubauen und bewußte Bereitschaft und Befähigung zur sozialistischen Landesverteidigung zu wecken. So unterstützte die GST wirkungsvoll die 1952 übernommene → *Patenschaft der FDJ über die bewaffneten Organe der DDR.*

In der zweiten Hälfte der 50er Jahre prägte sich der Charakter der GST als sozialistische Wehrorganisation weiter aus. Bestimmend wurden dafür jene Anforderungen, die sich vor allem aus der Gründung und Entwicklung der → *Nationalen Volksarmee der DDR (NVA)* ergaben. Der Ministerrat der DDR präzisierte in seiner Verordnung vom 28. 4. 1956 die Aufgaben der GST dahingehend, die Jugend durch eine solide vormilitärische Ausbildung auf den Ehrendienst in der NVA vorzubereiten. Die Verantwortung für die Anleitung der Arbeit der GST wurde dem Minister für Nationale Verteidigung übertragen.

Der organisatorische Aufbau der GST erfolgte entsprechend den Prinzipien des demokratischen Zentralismus. Anfang 1956 fanden erstmals Wahlen der Vorstände in den Sektionen, Grund-, Kreis- und Bezirksorganisationen statt. Im September 1956 tagte der I. Kongreß der GST. Als höchstes Organ beschloß er das Statut der Organisation und wählte

Segelschulschiff «Wilhelm Pieck» der GST

den Zentralvorstand und die Zentrale Revisionskommission. Durch den Zentralvorstand erfolgte die Wahl des Vorsitzenden und des Sekretariats. Unter Anleitung des Ministeriums für Nationale Verteidigung und in enger Verbindung mit der NVA vervollkommnete die GST in der Folgezeit die wehrpolitische und wehrsportliche Arbeit. Der Erwerb des vom Zentralvorstand der GST gestifteten Mehrkampfleistungsabzeichens wurde fester Bestandteil der Ausbildungstätigkeit. Zehntausende Jugendliche erhielten im Schieß- und Geländesport, im Motor- und Nachrichtensport, im Flug- und Seesport der GST ein wichtiges Rüstzeug für ihren späteren Dienst in den Streitkräften. Auf diese Weise leistete die GST einen beachtlichen Beitrag zur erfolgreichen Entwicklung der NVA als moderne, sozialistische Armee. Von der GST organisierte bzw. unterstützte Sportwettkämpfe und Meisterschaften, Geländespiele und Schützenfeste in Städten und Gemeinden förderten aktiv die → *sozialistische Wehrerziehung der Bevölkerung der DDR.*

Mit dem Eintritt in eine neue Entwicklungsetappe der → *Landesverteidigung der DDR* zu Beginn der 60er Jahre erhöhten sich auch die Aufgaben der GST. Entsprechend dem Verteidigungsgesetz von 1961 und dem Wehrpflichtgesetz von 1962 kam es darauf an, die gesamte wehrfähige Jugend in eine auf hohem Niveau stehende vormilitärische Ausbildung einzubeziehen. Eine solche Vorbereitung auf den aktiven Wehrdienst wurde unter den Bedingungen der sich vollziehenden Revolution im Militärwesen unerläßlich. Auf diese Weise konnten wichtige Voraussetzungen geschaffen werden, um auch bei dem relativ kurzen Grundwehrdienst von 18 Monaten den erforderlichen Zuwachs an Kampfkraft und

Fahrausbildung in der GST

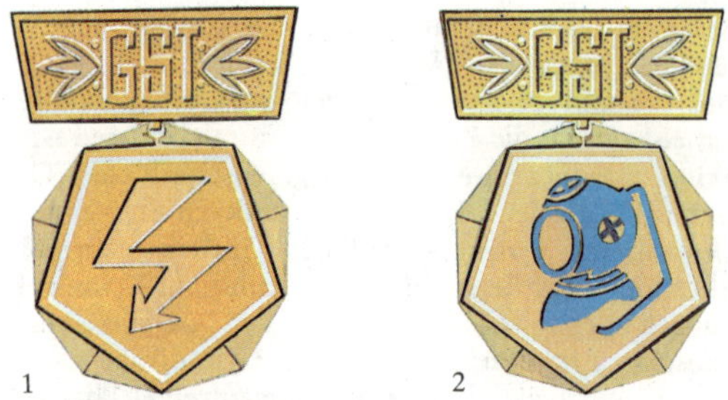

1 2

Leistungsabzeichen der GST «Für vormilitärische und technische Kenntnisse», Stufe I (Spange) und Stufe II (Anhänger mit Laufbahnsymbol); 1971 bis 1983: *1* Laufbahn Tastfunker/Fernschreiber; *2* Laufbahn Taucher

Gefechtsbereitschaft der NVA zu sichern. Die GST aktivierte ihre Tätigkeit vor allem an den polytechnischen und erweiterten Oberschulen sowie an den Berufsschulen und arbeitete in den 1962 bei den Räten der Bezirke und Kreise gebildeten Kommissionen für sozialistische Wehrerziehung mit. Auf Beschluß des Zentralvorstandes wurden 1963 die Bestimmungen für den Erwerb des Abzeichens «Für gute vormilitärische und technische Kenntnisse» herausgegeben. Differenziert nach dem erreichten Qualifizierungsgrad, erfolgt die Verleihung des Abzeichens in 3 Stufen. Die Anforderungen für die dritte Stufe führen unmittelbar an das Ausbildungsprogramm im Grundwehrdienst der NVA heran. Wichtige Initiativen gingen vom III. Kongreß der GST im April 1964 für die Bewältigung der neuen Aufgaben aus. Während der Tier- und der Jagdsport aus der GST ausschieden, erfuhren die anderen Disziplinen eine weitere Profilierung. Die vormilitärische Ausbildung wurde als spezieller Ausbildungszweig neu aufgebaut. Die dabei gewonnenen Erfahrungen dienten als Grundlage für die Beschlüsse des IV. GST-Kongresses vom September 1968. Danach wurde die vormilitärische Ausbildung zu einem einheitlichen System planmäßiger und langfristig organisierter Maßnahmen für die politisch-moralische, militärfachliche und -technische sowie physische und psychische Vorbereitung der männlichen Jugendlichen im Alter von 16 bis 18 Jahren auf den Wehrdienst weiterentwickelt. Die vormilitärische Ausbildung gliedert sich seitdem in die vormilitärische Grundausbildung und in die vormilitärische Ausbildung für die Laufbahnen in der NVA, so u.a. für mot. Schützen, Militärkraftfahrer, Flugzeugführer, Fallschirmjäger, Tastfunker/Fernschreiber, Taucher und Spezialisten für die Volksmarine. Träger dieser Ausbildung sind die Grundorganisationen der GST. Die Teilnahme an der Ausbildung, die auf freiwilliger Grundlage erfolgt, steht auch Nichtmitgliedern frei. Der Inhalt der wehrsportlichen Massenarbeit wurde ebenfalls präzisiert. Ausdruck dafür ist die Wehrspartakiadebewegung. Im August 1970 fand die I. Wehrspartakiade der GST statt, an der 5000 Aktive um Besten- und Meistertitel im Wehrsport rangen. Mehr als 260000 Jugendliche waren an den vorausgegangenen Kreis- und Bezirkswehrspartakiaden beteiligt. Die GST unterstützt aktiv die → *Hans-Beimler-Wettkämpfe* und den seit Ende der 70er Jahre eingeführten Wehrunterricht an den allgemeinbildenden polytechnischen Oberschulen. Progressive militärische Traditionen vor allem der revolutionären Arbeiterbewegung werden genutzt, um die Jugendlichen zur bewußten und standhaften Verteidigungsbereitschaft zu erziehen. Dem dient auch die Verleihung von Namen verdienstvoller antifaschistischer Widerstandskämpfer an Grundorganisationen und Einrichtungen der GST. Hohe erzieherische Wirkung haben Besuche in nationalen Mahn- und Gedenkstätten sowie von Ehrenmalen der Sowjetarmee.

Wie auf dem V. Kongreß der GST im September 1972 eingeschätzt wurde, war es seit dem IV. Kongreß gelungen, einen großen Teil der wehrfähigen Jugendlichen der DDR in eine kontinuierliche vormilitärische Grund- und Spezialausbildung einzubeziehen. In dieser Zeit erwarben die Jugendlichen 2,6 Mill. Leistungsabzeichen und andere Qualifikationsnachweise der verschiedenen Wehrsportarten. Bedeutende Erfolge erreichte der GST-Leistungssport. Sportschützen, Fallschirmsportler, Motorkunstflieger, Flug- und Schiffsmodellsportler sowie Tauchsportler der Organisation errangen 7 Weltmeister- und 40 Europameistertitel. Entsprechend der Aufgabenstellung des VIII. Parteitages der SED (Juni 1971), die sozialistische Landesverteidigung zu stärken, orientierte der V. GST-Kongreß auf eine höhere Qualität und Effektivität in der vormilitärischen Ausbildung und auf eine größere Breite im Wehrsport. Ein wichtiger Schritt war die Einführung neuer Programme für die Grund- und Laufbahnausbildung ab 1973/74. Dadurch wurden für jeweils 2 Jahre eine kontinuierliche Ausbildung gesichert und höhere Ziele vor allem in bezug auf die wehrpolitische Bildung und die vormilitärische Körperertüchtigung gesetzt. Auf der Grundlage des am 28. 1. 1974 durch die Volkskammer beschlossenen Gesetzes über die Teilnahme der Jugend an der Gestaltung der entwickelten sozialistischen Gesellschaft und über ihre allseitige Förderung in der DDR leitete das Präsidium des Ministerrates Maßnahmen zur weiteren Unterstützung der GST ein. Die materielle Basis für die vormilitärische Ausbildung und den Wehrsport wurde verbessert. Es entstanden zahlreiche neue Ausbildungszentren, Wehrsportstätten und Ausbildungskabinette. Zunehmend übernahmen Reservisten der NVA eine Ausbildungstätigkeit in der GST. Ein Hauptergebnis der erfolgreichen Entwicklung der GST besteht darin, daß fast alle männlichen Jugendlichen im Alter von 16 bis 18 Jahren an der vormilitärischen Ausbildung teilnehmen. In Würdigung ihrer 25jährigen verdienstvollen Tätigkeit wurde die GST mit dem Vaterländischen Verdienstorden in Gold ausgezeichnet. Die vom X. Parteitag der SED (April 1981) gestellte Aufgabe, die Fähigkeiten aller Bürger der DDR zur Landesverteidigung durch zielstrebig organisierte Ausbildung zu vervollkommnen, erhöht die Verantwortung der GST als Organisation zur Förderung der Wehrbereitschaft. Im → *Gesetz über den Wehrdienst in der DDR 1982* ist die vormilitärische Ausbildung, die in der GST zur Vorbereitung der Jugend auf den Dienst in der NVA und in anderen Schutz- und Sicherheitsorganen durchgeführt wird, als vorbereitende Maßnahme für den Wehrdienst fixiert. Davon ausgehend, beschloß der VII. GST-Kongreß im Juni 1982, die wehrpolitische Erziehung, die vormilitärische Ausbildung und den Wehrsport weiter zu

Qualifizierungsabzeichen der GST für die vormilitärischen Laufbahnausbildungen mot. Schütze, Nachrichtenspezialist, Taucher und Fallschirmjäger; seit 1984

Qualifizierungsabzeichen der GST für die vormilitärische Laufbahnausbildung Militärflieger; seit 1984

Im zentralen Ausbildungslager «Wilhelm Pieck» der GST in Breege/Rügen

entwickeln. Für ihr verdienstvolles Wirken wurde die GST auf dem Kongreß mit dem Karl-Marx-Orden ausgezeichnet.

Gesellschaft für Wehrkunde: seit 1952 in der BRD bestehende militaristische Organisation, die vielseitig die Aufstellung der → *Bundeswehr der BRD* vorbereiten half und seitdem die militärpolitische und militärtheoretische Ausrichtung der Offiziere, vor allem der Reserveoffiziere, unterstützt.

Die Gesellschaft, der Militärs sowie militärisch interessierte Wissenschaftler, Journalisten und Industrielle angehören, besteht offiziell seit dem 5. 1. 1952. Ihre Gründung erfolgte zu einer Zeit, als die herrschenden Kreise der BRD, unterstützt von den USA und anderen NATO-Mächten, zur offenen → *Remilitarisierung der BRD* übergingen (→ *Europäische Verteidigungsgemeinschaft (EVG)*). Im Vordergrund ihrer Tätigkeit standen die Sammlung von militärischen Führungskräften und deren Vorbereitung auf den Dienst in den geplanten Streitkräften des BRD-Imperialismus. Vor allem wurden ehem. Offiziere der faschistischen Wehrmacht organisatorisch erfaßt, um einerseits über wiederverwendungsfähige Kader verfügen und andererseits deren militärische Erfahrungen und Kenntnisse für die Aufstellung von Streitkräften nutzen zu können. Das → *Amt Blank* beauftragte die Gesellschaft, Expertisen für Struktur, Ausbildung und geistige Manipulierung der künftigen Streitkräfte auszuarbeiten. Daraufhin wurden von Arbeitsgruppen der Gesellschaft Entwürfe für Dienstvorschriften und andere militärische Dokumente vorgelegt, die beim Aufbau der Bundeswehr Verwendung fanden. Durch aktives Propagieren militaristischen Ideengutes in den Sektionen (Ortsgruppen) trug die Gesellschaft dazu bei, den Prozeß der Remilitarisierung zu beschleunigen. Bei der Aufstellung bewaffneter Kräfte der BRD erwies sich die Gesellschaft als wichtiges Kaderreservoir; ein Großteil ihrer Mitglieder übernahm Führungspositionen in der Bundeswehr. Im Zuge des weiteren Aufbaus der BRD-Streitkräfte erhielt die Gesellschaft ab Ende der 50er Jahre mit der «Betreuung» und Schulung der Reserveoffiziere ein neues, breites Betätigungsfeld. Die Gesellschaft entwickelte sich zu einer der führenden militaristischen Organisationen in der BRD. Sie nimmt maßgeblich Einfluß auf die Ausarbeitung und Propagierung militärtheoretischer Konzeptionen zur weiteren Erhöhung der Aggressionsbereitschaft vor allem der Bundeswehr, aber auch anderer Bestandteile der Militärmacht der BRD. Es bestehen enge Beziehungen zur → *Territorialorganisation der Bundeswehr der BRD* und zur → *zivilen Verteidigung in der BRD*. Die Gesellschaft kooperiert mit verschiedenen militaristischen Organisationen, z. B. mit dem → *Kyffhäuserbund* und dem → *Verband deutscher Soldaten (VdS)*. Unter ihrer Anleitung wirken Hochschulgruppen für Wehrkunde (aus hochschulrechtlichen Gründen formell selbständige Gruppen), die den Einfluß militaristischer Führungskreise auf die studentische Jugend verstärken. Zunehmend unterstützt die Gesellschaft durch ihre Propagandamittel, hauptsächlich durch das monatlich erscheinende Organ «Wehrkunde» (ab 1976 «Europäische Wehrkunde»), die militärpolitischen und militärischen Ziele des BRD-Imperialismus. Seit 1961 ist sie korporatives Mitglied der Reserveoffiziersvereinigung der NATO (Confédération Interalliée des Officiers de Réserve – CIOR).

Gesetze und Gebräuche des Krieges → *völkerrechtliche Abkommen über die Regeln der Kriegführung*

Gesetze und Prinzipien der Kriegskunst → *Militärwissenschaft*

Gesetz über den Wehrdienst in der DDR 1982: auf der Grundlage der Verfassung und des Verteidigungsgesetzes der DDR staatsrechtlich fixierte Regelung zur personellen Sicherstellung der → *Nationalen Volksarmee der DDR (NVA)*, der → *Grenztruppen der DDR* und anderer Schutz- und Sicherheitsorgane.

Das Gesetz über den Wehrdienst in der Deutschen Demokratischen Republik – Wehrdienstgesetz – wurde am 25. 3. 1982 von der Volkskammer beschlossen und trat mit Wirkung vom 1. 5. 1982 in Kraft. Es ist Bestandteil des → *Rechts der Landesverteidigung der DDR* und eine bedeutsame historische Errungenschaft der Arbeiterklasse sowie des ganzen werktätigen Volkes; zugleich ist es Ausdruck der kontinuierlichen Weiterführung und Präzisierung der bisherigen wehrdienstlichen Bestimmungen.

In den ersten Jahren des Aufbaus der NVA erfolgten deren personelle Sicherstellung wie auch die der anderen Schutz- und Sicherheitsorgane ausschließlich nach dem Freiwilligenprinzip, obwohl die Zweckmäßigkeit und die Vorteile der → *allgemeinen Wehrpflicht* grundsätzlich anerkannt waren. Die DDR leistete mit ihrem freiwilligen Verzicht auf die Einführung der allgemeinen Wehrpflicht einen konkreten Beitrag im gemeinsamen Kampf der Völker der sozialistischen Staaten und der anderen friedliebenden Kräfte für Schritte zur Entspannung in Europa. Vor allem unterstützte sie damit die antimilitaristischen Aktionen in der BRD gegen die Politik der dort herrschenden imperialistischen Kreise, die Anfang Juli 1956 die allgemeine Wehrpflicht als Mittel zur beschleunigten Aufstellung der Bundeswehr der BRD und ihrer Entwicklung zu einer aggressionsbereiten Massenarmee einführten (→ *Militärgesetzgebung der BRD*).

Als deutliche Reaktion auf die unverändert aggressive Politik des Imperialismus sowie unter Berücksichtigung der wissenschaftlich-technischen Revolution mit ihren Auswirkungen auf das Militärwesen wurden zu Anfang der 60er Jahre in der DDR Schritte eingeleitet, um die Streitkräfte sowie alle Werktätigen umfassend auf die Abwehr einer imperialistischen Aggression vorzubereiten. Grundlegende staatsrechtliche Voraussetzungen wurden dazu durch das Verteidigungsgesetz vom 20. 9. 1961 geschaffen. Das Wehrpflichtgesetz vom 24. 1. 1962 ermöglichte es, daß alle wehrdienstfähigen männlichen Bürger systematisch und planmäßig militärisch ausgebildet wurden. Dabei ging es der DDR nicht um eine Erhöhung der zahlenmäßigen Stärke der NVA. Die Einführung der allgemeinen Wehrpflicht bewirkte jedoch, die Vorzüge der ausbeutungsfreien Gesellschaftsordnung der DDR, in der die Arbeiterklasse im festen Bündnis mit allen anderen Werktätigen den Sozialismus umfassend aufbaute, im gebotenen Maße für die Gewährleistung des zuverlässigen militärischen Schutzes zu entfalten und zu nutzen. Der Wehrdienst wurde zu einer ehrenvollen Sache aller Bürger; die Einheit von Volk und Armee festigte sich stetig. Darin lag eine der Hauptquellen für die Stärkung der Kampfkraft und Gefechtsbereitschaft der Streitkräfte als Kern der sozialistischen → *Landesverteidigung der DDR*. Die staatsrechtlichen Grundlagen für die weitere Entwicklung der Landesverteidigung beschloß die Volkskammer mit dem neuen Verteidigungsgesetz vom 13. 10. 1978. Das Wehrdienstgesetz von 1982 mit seinen Folgebestimmungen gewährleistet die personelle Sicherstellung der NVA und anderer Schutz- und Sicherheitsorgane. Dabei sind die militärpolitischen und militärwissenschaftlichen Erkenntnisse sowie Erfordernisse der 80er Jahre berücksichtigt.

Im Wehrdienstgesetz sind erstmalig alle notwendigen gesetzlichen Regelungen über die Gestaltung des Wehrdienstes in der DDR zusammengefaßt. Im einzelnen enthält das Gesetz Festlegungen über die Vorbereitung der Bürger auf den Wehrdienst; die Wehrpflicht und den freiwilligen Wehrdienst; den aktiven Wehrdienst, seine Gestaltung und innere Organisation; den Reservistenwehrdienst während der Mobilmachung und im Verteidigungszustand; die Reserve der NVA und die Förderung nach dem Wehrdienst. Die Veränderung der Gesetzesbezeichnung in «Wehrdienstgesetz» gegenüber dem vorher geltenden «Wehrpflichtgesetz» entspricht der nunmehr vorgenommenen staatlichen Fixierung der komplexen Gestaltung des Wehrdienstes in der DDR. Dabei sind Festlegungen, die sich aus den bisher geltenden Rechtsvorschriften über den Wehrdienst bewährt haben, in das neue Gesetz übernommen worden, so u. a. die Dauer des Grundwehrdienstes von 18 Monaten.

Erstmalig ist die nationale und internationale Bedeutung des Wehrdienstes staatsrechtlich fixiert. Danach sichert die DDR ihren Bürgern durch den Wehrdienst die Wahrnehmung ihres Rechtes und die Erfüllung ihrer Ehrenpflicht, den Frieden und das sozialistische Vaterland und seine Errungenschaften zu schützen. Mit dem Wehrdienst ihrer Bürger, so lautet eine weitere Bestimmung des Gesetzes, stärkt die DDR als Teilnehmerstaat des Warschauer Vertrages die Einheit und Verteidigungsfähigkeit der sozialistischen Militärkoalition und trägt zur Erfüllung ihrer internationalen Bündnisverpflichtungen bei. Im Wehrdienstgesetz ist die gesellschaftliche und staatsrechtliche Stellung der Armeeangehörigen geregelt. Diese besitzen, wie alle Bürger der DDR, die in der Verfassung garantierten Grundrechte und Grundpflichten. Besondere Rechte und Pflichten während des Wehrdienstes, die sich aus den Erfordernissen der Landesverteidigung ergeben, werden auf der Grundlage des Wehrdienstgesetzes in Rechtsvorschriften und militärischen Bestimmungen festgelegt. Ausdrücklich ist, entsprechend dem Grundsatz der sozialistischen Demokratie, das Recht auf Mitgestaltung des aktiven Wehrdienstes festgelegt. Danach sind die Armeeangehörigen berechtigt und verpflichtet, den Wehrdienst initiativreich mitzugestalten. Das erfolgt vor allem durch die exakte und schöpferische Erfüllung der Befehle der Vorgesetzten, durch die Teilnahme an der Tätigkeit der gesellschaftlichen Organisationen, am sozialistischen Wettbewerb und an der Tätigkeit der Neuerer sowie durch die Verwirklichung des Rechtes auf Eingaben und Beschwerden.

Von dem Grundsatz ausgehend, daß die sozialistische Landesverteidigung gesamtgesellschaftliches Anliegen ist und kein wehrfähiger Bürger vom Wehrdienst entbunden werden kann, tragen die staatlichen Organe, Betriebe und gesellschaftlichen Organisationen hohe Verantwortung, die Bereitschaft und Fähigkeit aller Bürger zum militärischen Schutz des Sozialismus zu fördern und die dazu erforderlichen Maßnahmen zu treffen. Diese sind fester Bestandteil der Bildung und Erziehung insbesondere der jungen Generation. Dazu zählen z. B. die vormilitärische Ausbildung durch die → *Gesellschaft für Sport und Technik (GST)*, die Gewinnung des Nachwuchses für militärische Berufe und freiwilliges längeres Dienen. Während des Wehrdienstes sind die Organe und Betriebe verpflichtet, mit den Angehörigen und deren Familienangehörigen Verbindung zu halten und die Bürger nach Ableistung des Wehrdienstes zu fördern. In den gesetzlichen Festlegungen widerspiegeln sich die Vorzüge und die Überlegenheit der sozialistischen Ordnung sowie die enge Verbundenheit der Werktätigen mit ihrem sozialistischen Vaterland und der SED als der führenden gesellschaftlichen Kraft. Das Wehrdienstgesetz trägt dazu bei, die Verteidigungsbereitschaft der Bürger der DDR zu entwickeln und die militärische Macht des Sozialismus zu stärken.

Gevierthaufen: taktische Formation der → *Infanterie* vom 14. bis 17. Jh. mit gleicher Anzahl von Kämpfern an allen Seiten.

In den Kriegen der Schweizer Volksheere gegen die → *Ritterheere* der Habsburger und Burgunder im 14./15. Jh. bildete sich als Hauptelement der Schlachtordnung des in geschlossener Masse kämpfenden Fußvolkes der Haufen heraus. Zur Schlacht formierten die Schweizer gewöhnlich 3 Haufen (Vorhut, Gewalthaufen, Nachhut), für die sich im Laufe des 15. Jh. das Geviert als Norm durchsetzte. Seit dem letzten Drittel des 15. Jh., als die Schweizer immer häufiger als Söldnertruppen in fremde Dienste traten, wurde der Schweizer G. ebenso wie die Aufstellung des Fußvolkes in 3 Haufen von den → *Söldnerheeren* anderer Länder übernommen und zur taktischen Formation der Infanterie weiterentwickelt. Der G. war ein dichtgeschlossenes Rechteck mit je 30–50 Mann neben- und hintereinander. Bei den Schweizern bestand er aus mehreren Gliedern Spießern (→ *Spieß*), die anfangs von Leichtbewaffneten mit Äxten, Beilen und kurzen Schwertern, später von Hellebardieren (→ *Hellebarde*) umgeben waren. Den G. der deutschen → *Landsknechte* bildeten, bei immer weniger Hellebardieren, Spießer und → *Pikeniere*. Im ersten Glied kämpften gewöhnlich die Hauptleute und Doppelsöldner, in der Mitte des G. befanden sich die Fahnen. Der G. suchte mit einem wuchtigen Stoß die gegnerische Aufstellung aufzubrechen, wozu die ersten 6 dem Gegner zugewandten Glieder die Spieße fällten, löste sich aber nach dem Zusammenprall zumeist in Einzelkämpfer auf. In der Verteidigung, besonders gegen Reiterei, streckten alle äußeren Glieder die Spieße vor, so daß ein «Igel» mit hoher Abwehrkraft entstand. Anfangs schwärmten die Armbrust- und Büchsenschützen lose in geringer Zahl vor der Front des G. und spielten im Gefecht nur eine unbedeutende Rolle. Mit der raschen Zunahme der → *Musketiere* im 16. Jh. entstanden im Rahmen der Haufen zur besseren Verbindung von Stoß- und Feuerkraft neue Gefechtsaufstellungen, die in → *Ordonnanzen* festgelegt wurden. Die weitere Entwicklung der Feuerwaffen führte zur allmählichen Auflösung der großen G. in eine größere Anzahl Haufen mit geringerer Tiefe. Die Einführung des → *Bajonetts* machte schließlich um 1700 die → *Stangenwaffen* als Infanteriebewaffnung überflüssig. An die Stelle der dichten Haufen der Pikeniere und der mit ihnen zusammenwirkenden Musketiere traten die langen, 6–10 Glieder tiefen Linien der ausschließlich mit Feuerwaffen ausgerüsteten Infanterie. Die Haufentaktik wurde durch die → *Lineartaktik* abgelöst.

Gewehr: → *Handfeuerwaffe* mit langem, zunächst glattem, seit Ende des 19. Jh. auch gezogenem Lauf.

Im Militärwesen des Feudalismus wurden ursprünglich alle zur «Wehr» verwendeten Handwaffen als G. bezeichnet. Man unterschied dabei das Ober-G. (z. B. → *Stangenwaffen* und Handfeuerwaffen) vom Unter-G. (→ *Seitengewehr*, → *Dolch* u. a.). Im Unterschied zu den → *Geschützen* nannte man die Handfeuerwaffen auch Klein-G., während die

Schweizer Gevierthaufen in der Schlacht bei Sempach am 9. Juli 1386

→ *Stich- und Hiebwaffen* als blanke G. bezeichnet wurden. In dem Maße, wie die Handfeuerwaffen mit langem Lauf im 17. Jh. zur Hauptbewaffnung des Fußvolks bzw. der → *Infanterie* wurden, fand die Bezeichnung G. vor allem auf diese Waffen Anwendung. Konstruktionsgeschichtlich reicht das G. vom → *Luntenschloßgewehr* und → *Radschloßgewehr* über das → *Steinschloßgewehr* und → *Perkussionsgewehr* bis zum → *Mehrladegewehr* und → *Selbstladegewehr.* Daneben fanden auch andere Konstruktionsmerkmale ihre begriffliche Fixierung, so das glatte G. und das als → *Büchse* bezeichnete gezogene G., das Vorderlade-G. (→ *Vorderlader*) und das Hinterlade-G. (→ *Hinterlader*). Während des 18. und teilweise noch während des 19. Jh. wurden für einzelne Waffen- bzw. Truppengattungen auf den jeweiligen Einsatzzweck zugeschnittene unterschiedliche G.arten konstruiert. So gab es neben dem Infanterie-G. das als → *Karabiner* bezeichnete kurzläufige Kavallerie-G. sowie Füsilier- und Pionier-G. Nicht selten wurden die einzelnen G.arten auch nach ihren Konstrukteuren benannt. Gegen Ende des 19. Jh. wurde mit der Entstehung moderner Massenheere die weitgehend einheitliche Ausrüstung aller Waffengattungen mit Handfeuerwaffen eines Typs und gleicher Leistung zu einem taktischen und militärökonomischen Erfordernis. Dafür boten die gesteigerte Wirkung und universelle Einsetzbarkeit des Infanterie-G. günstige Möglichkeiten. Im deutschen Militärwesen bezeichnete man seit den 80er Jahren des 19. Jh. die einheitliche Handfeuerwaffe der Infanterie als G. (z. B. Gewehr 88, Gewehr 98). Kavallerie und andere nichtinfanteristische Waffengattungen führten denselben Waffentyp mit in der Regel verkürztem Lauf als Karabiner. Vor und im zweiten Weltkrieg wurde das G. als Schützenwaffe durch den Karabiner und die → *Maschinenpistole* abgelöst. Dennoch befindet sich das G. heute noch für besondere Einsatzzwecke, z. B. als Scharfschützen-G., in der Strukturbewaffnung vieler Armeen. *(s. Abb. S. 100, 273, 275, 277, 278, 508, 525, 763, 795, 902, 949, 1104)*

Granate: aus Geschützen oder Werfern abgefeuertes Geschoß, Bestandteil der → *Munition* und hauptsächliches Wirkungsmittel der → *Artillerie*; früher auch von Hand geworfener Sprengkörper (→ *Handgranate*).

Die G. ist in der Regel ein Hohlkörper mit einer dem vorgesehenen Bekämpfungszweck entsprechenden Gefechtsladung, die ein Zünder auslöst. Sie wird mit einer Treibladung (→ *Kartusche*) oder mit einem Raketentreibsatz verschossen. Eingeteilt werden die G. nach ihren Funktionsmerkmalen und dem Kaliber ihres Feuermittels. Die Entwicklung der G. begann in Europa Anfang des 16. Jh., als neben den massiven Stein- und Eisenkugeln als Bomben bezeichnete Hohlgeschosse aufkamen. Sie waren mit Schwarzpulver gefüllt, mit Schwammzünder oder Zündschnur versehen und wurden aus Steilfeuergeschützen (→ *Haubitze,* → *Mörser*) verschossen. Neben Spreng- und Brandgeschossen wurden als Vorläufer der → *Kartätsche* Kugelbehälter mit «Hagel» (Eisenstücke und Steine) verwendet. Im 17. Jh. begann man, die Bezeichnung G. auf alle Hohlgeschosse von Kanonen und Haubitzen anzuwenden, während die Geschosse schwerer Mörser bis ins 19. Jh. weiterhin Bomben hießen. Vor 1700 waren die G. teilweise mit eisernen Spitzen versehen, um an Palisaden und anderen Holzbauten festzuhaften. Vom 17. bis Anfang des 19. Jh. wurden kleine G. aus Eisen oder Glas in mehreren Lagen in große, topfartige Bomben gefüllt («Granathagel») und als Streuschuß aus Mörsern oder schweren Haubitzen verfeuert. Andere Geschoßarten waren glühende Kugeln sowie Stangen- und Kettenkugeln. Insgesamt bot die G. jedoch die besten Wirkungsmöglichkeiten. Im 18. Jh. verwendete man anstelle der unzuverlässigen Schwamm- und Luntenzünder Säulen- bzw. Ringzünder. Sie waren mit einem Pulversatz versehen, der beim Abfeuern von der Treibladung in Brand gesetzt wurde und nach einer bestimmten Zeit das Geschoß zerlegte. Eine wichtige Neuerung war das 1803 erfundene, auch G.kartätsche genannte → *Schrapnell.*

Ihre moderne Form als Langgeschoß erhielt die G. um 1850 mit dem Übergang der Artillerie von glatten → *Vorderladern* zu gezogenen → *Hinterladern.* Versuche mit walzenförmigen G., u. a. mit kugelförmiger Spitze und einem Bleiring, der den Spielraum im glatten Rohr schließen sollte, hatten bereits seit Mitte des 18. Jh. stattgefunden. Das Langgeschoß wurde durch einen Mantel mit mehreren Wulsten, später durch Ringe aus Blei im Rohr geführt und erhielt durch die Rotation um die Längsachse (Drall) die notwendige Stabilität. Für die Füllung der G. stand ab Mitte der 80er Jahre anstelle des Schwarzpulvers hochwirksamer Sprengstoff wie Dynamit, Pikrinsäure, später auch TNT zur Verfügung. Für die Treibladungen kam rauchschwaches Pulver zur Anwendung, das die Sicht beim Schießen weniger behinderte. Die Zündung erfolgte zunächst durch ein Zündhütchen, etwa ab 1890 durch eine Zündladung (Detonator) mit Sprengkapsel. Mit den neuen Sprengstoffen konnte die Splitterwirkung der Spreng-G. erheblich verbessert werden. Sie erhöhte sich noch bei den neu konstruierten Doppelwand- und Ring-G. Die Führungsringe aus Kupfer gewährleisteten, im Vergleich zu den bisherigen aus Blei, eine straffere Geschoßführung auch bei großer Anfangsgeschwindigkeit und eine bessere Stabilisierung der G. Als Geschoßmantel fand anstelle von Gußeisen Stahlguß Verwendung, der scharfkantige Splitter ergab. Die Sprengladung wurde in geschmolzenem

Zustand in eine Büchse aus Pappe, später aus Zinkblech gegossen und in die Geschoßhöhlung eingeführt. Gegen widerstandsfähige Ziele wurden zunächst Hartguß-G. verwendet, die starken Stahl- oder Betonpanzer durchschlugen und erst danach detonierten.

Der seit 1861 gebräuchliche empfindliche Aufschlagzünder bewirkte die sofortige Zerlegung des Geschosses bei der Ziel- oder Bodenberührung und damit die weite Ausbreitung der meisten Splitter. Daneben gab es den Verzögerungszünder, der die G. tief in Deckungen eindringen oder zum nachfolgenden Luftsprengpunkt abprallen ließ. Außerdem wurden sog. Doppelzünder verwendet. Sie ergaben entweder einen Sprengpunkt auf einem vorher berechneten Punkt der Flugbahn oder funktionierten als Aufschlagzünder. Ihr Zeitmechanismus beruhte auf einer abbrennenden «Pulverseele», später auf einem Präzisionsuhrwerk. Für kleinkalibrige Schnellfeuerkanonen setzte sich um die Jahrhundertwende die Vereinigung von G. und Kartusche zur Patronenmunition durch, die später auch bei leichten Feldkanonen, Panzerabwehr- und Fla-Geschützen zur Anwendung kam. Im ersten Weltkrieg verfügte die Artillerie über verschiedene Arten von G., z. B. Spreng-, Nebel-, Leucht- und Beton-G. sowie Schrapnells. Kartätschen waren nur noch zur Selbstverteidigung der Feuerstellungen vorgesehen. Mit der → *chemischen Kriegführung* kamen auch Gas-G. zur Anwendung. Die Abwehr gepanzerter Kampfwagen ab 1916 zwang zur Entwicklung spezieller G. mit Bodenzünder (→ *Panzerabwehrmittel*). Bei der Feldartillerie kamen ballistische Hauben in Gebrauch, mit denen die G. den Luftwiderstand leichter überwanden und eine größere Schußweite erreichten. Im zweiten Weltkrieg führte die gesteigerte Kampfkraft der Panzer zur Einführung von hocheffektiven panzerbrechenden G. Dazu gehörte die Hohlladungs-G., die mit trichterförmig angeordnetem Sprengstoff bei der Zündung einen Gasstrahl von hoher Energie entwikkelt, der die Panzerung durchschlägt. Da der Drall der G. die Durchschlagskraft des Gasstrahls mindert, werden bei moderner Bewaffnung die Hohlladungs-G. zumeist aus glattrohrigen Einsatzmitteln abgefeuert. Während des Krieges entstanden auch Unterkaliber-G., deren Hartmetallkern dank der großen Materialdichte, dem geringen Querschnitt und der vom Geschoßkörper übertragenen zusätzlichen Energie selbst starke Panzerungen durchschlagen kann. Die technische Entwicklung führte weiter zu verbesserten Leucht- und Leuchtwurf-G., die in ihrem Mantel einen Brennsatz mit Fallschirm enthalten, der nach eingestellter Zeit durch eine spezielle Ladung ausgestoßen wird.

Nach dem zweiten Weltkrieg wurden, beeinflußt durch die Revolution im Militärwesen, Anstrengungen unternommen, um durch die Qualität der G. die Wirksamkeit der Geschütze und Werfer zu erhöhen. So lassen sich mit aktiv-reaktiven Geschossen die Schußweiten beträchtlich vergrößern. Dabei erhält die G. ihre Anfangsgeschwindigkeit durch eine konventionelle Treibladung und wird durch ein Raketentriebwerk auf einem Teil der Flugbahn zusätzlich beschleunigt. Die Stabilisierung der G. erfolgt entweder durch den Drall oder durch Blechflügel bzw. Leitflossen. Zielsuchende G. sollen die Treffgenauigkeit verbessern, wofür in den 70er Jahren die sog. Endphasenlenkung der G. entsprechend dem Prinzip der halbaktiven Zielsuche durch Laserenergie entwickelt wurde. Bei der Truppenluftabwehr bzw. der Luftverteidigung spielen Infrarotsensoren in den Zündern der G. eine bedeutende Rolle. Andere in Erforschung bzw. Entwicklung befindliche Selbstlenkungsverfahren fußen auf dem Radarprinzip, auf der optischen Umrißerkennung oder auf dem elektronischen Ansprechen des von metallischen Zielen erzeugten Magnetfeldes. Bei den Panzerabwehrmitteln dominieren neben den Lenkraketen flügelstabilisierte Unterkaliber- und Hohlladungs-G. mit hochenergetischen Treibladungen.

Um eine maximale Feuerwirkung zu erzielen, wurden in einigen imperialistischen Armeen G. der Kaliber 175 und 203 mm, später auch des Kalibers 155 mm zum Verschuß von Kernladungen eingerichtet. Besondere Erwartungen werden auf die als Kassettengeschosse konstruierten G. der Geschoßwerfer gesetzt, die u. a. als Kugelsplitterkopf, Nebelkopf

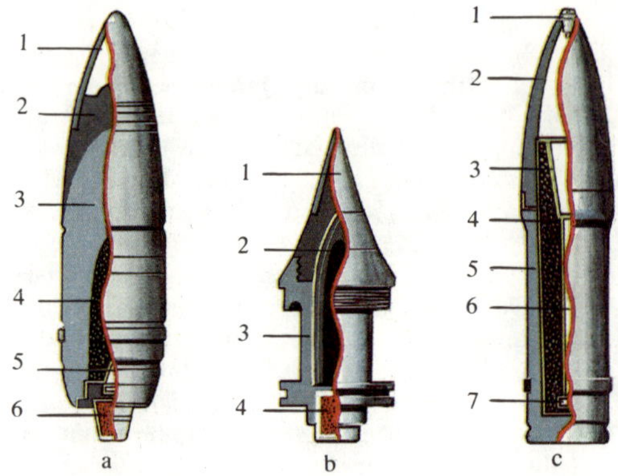

a Panzerkopfgranate mit Haftmaterial, 1970: 1 ballistische Haube; *2* Granatkopf (Haftmaterial); *3* Granatkörper; *4* Sprengladung; *5* Zünder; *6* Leuchtspureinrichtung

b Unterkalibergranate, 1970: 1 ballistische Spitze; *2* Hartmetallkern; *3* Granatkörper; *4* Leuchtspureinrichtung

c Hohlladungsgranate, 1970: 1 Kopfzünder; *2* Granatkopf; *3* Kumulationseinsatz; *4* Sprengladung; *5* Granathülle; *6* Zündkanal; *7* Detonator

oder Mehrfachminenkopf der Rakete ausgelegt sein können. Mit solchen Geschossen soll im Flächenfeuer eine Wirkung erreicht werden, die derjenigen leichter Kernwaffen gleichkommt. *(s. Abb. S. 279, 656, 743)*

Granatwerfer: meist glattrohrige und mit Bodenplatte versehene Steilfeuerwaffe, die Wurfgranaten (→ *Granate*) verschießt und im Vergleich mit anderen → *Geschützen* kürzere Schußentfernung hat.

Der nach dem Prinzip älterer → *Mörser* wirkende G. entstand zu Beginn des 20. Jh. aus der Notwendigkeit, auf kürzere Entfernungen Ziele zu erreichen, die sich hinter Deckungen befanden. Eine solche Steilfeuerwaffe wurde erstmalig im September/Oktober 1904 bei der Verteidigung von Port Arthur durch die russische Armee eingesetzt. Unter dem Einfluß der im Russisch-Japanischen Krieg 1904/05 gesammelten Erfahrungen begann in den Armeen vieler Länder die Entwicklung dieser Waffenart. Für die kaiserlich-deutsche Armee wurden sog. Minenwerfer entwickelt. Im Verlauf des ersten Weltkrieges stieg in allen kriegführenden Armeen die Zahl der Minenwerfer sprunghaft an. Sie kamen in leichter, mittlerer und schwerer Ausführung zur Verwendung und können als die eigentlichen Vorläufer des G. gelten. Aus dem Minenwerfer als einfache, leicht zu transportierende und zu bedienende Waffe wurde der G. abgeleitet und als Mittel der unmittelbaren Unterstützung der Infanterie in die Bewaffnung der Streitkräfte eingeführt. Das prinzipielle Konstruktionsschema des G. blieb bis in die Gegenwart unverändert: glattes Rohr, Zweibeinlafette, Bodenplatte und Zieleinrichtung. Bis zu einem Kaliber von 120 mm ist der G. als → *Vorderlader*, bei größerem Kaliber als → *Hinterlader* angelegt. Am Vorabend des zweiten Weltkrieges verfügte die faschistische deutsche Wehrmacht über G. mit den Kalibern 50 mm und 81 mm, während des Krieges auch mit Kaliber 120 mm. Leistungsfähige G. besaßen besonders die Sowjetstreitkräfte: 50-mm-G. in den Kompanien, 82-mm-G. in den Bataillonen und 120-mm-G. in den Regimentern. G. vom Kaliber 120 mm gab es bei Kriegsbeginn in keiner anderen Armee. 1943/44 führten die Sowjetstreitkräfte auch Divisions-G. des Kalibers 160 mm und nach dem Krieg sogar G. des Kalibers 240 mm ein. Die G. bewährten sich im zweiten Weltkrieg in vielfältigem Einsatz. Technisch vervollkommnet, nehmen sie gegenwärtig in der Bewaffnung fast aller Armeen einen festen Platz ein, verschiedentlich auch unter den Bezeichnungen Minenwerfer und Mörser. Auch die modernen G. sind in Aufbau und Bedienung einfache Steilfeuerwaffen mit relativ geringer Masse und Schußentfernung, aber mit hoher Beweglichkeit. Ihre Rohrerhöhung reicht von +45° bis +85°. Daraus ergeben sich eine steile Flugbahn und ein großer Fallwinkel der Wurfgranaten mit günstiger Geschoßwirkung. Die weitere Entwicklung der G. tendiert vor allem dahin, die Masse durch Verwendung von Leichtmetallegierungen zu verringern, die Schußentfernung durch Anwendung aktiv-reaktiver Wurfgranaten zu vergrößern sowie Feuergeschwindigkeit und Manövrierfähigkeit durch Entwicklung automatischer und selbstfahrender G. zu erhöhen. In jüngster Vergangenheit wurde in der Sowjetunion eine Waffe entwickelt, die Eigenschaften eines G. und eines MG vereinigt. Sie besitzt ein kurzes Rohr, eine große Munitionstrommel und ein kompaktes Gehäuse auf 3 Metallbeinen. Mit ihr sind kurze und lange Feuerstöße möglich. *(s. Abb. S. 37, 41, 45)*

Grenadierdivision: allgemeiner taktischer Verband des faschistischen deutschen Feldheeres im zweiten Weltkrieg 1939–1945, der vorwiegend Verteidigungsaufgaben lösen sollte, sowie Bezeichnung für den Infanterieverband der BRD-Bundeswehr in deren erster Aufbauphase.

Die überaus schweren Verluste des Feldheeres im Sommer 1944, vor allem die Vernichtung von über 20 Divisionen innerhalb weniger Tage durch die Sowjetstreitkräfte, zwangen die militärische Führung des faschistischen Deutschlands, schnellstens neue Divisionen zu schaffen. Am 10. und 21. 7. 1944 befahl das OKH die Aufstellung von 17 → *Infanteriedivisionen*, von denen die meisten am 20. 7., die letzte am 25. 8. verwendungsbereit sein sollten. Anfangs entsprechend der vorgesehenen Aufgabe als Sperrdivisionen, dann mit propagandistischer Absicht als

Taktisch-technische Angaben von Granatwerfern der faschistischen Wehrmacht und der Sowjetarmee zu Beginn des zweiten Weltkrieges

Land Modell	Kaliber mm	Masse der Wurfgranate kg	V_0 m/s	max. Schußentfernung m	Höhenrichtbereich Grad	Masse in Gefechtslage kg
Deutschland						
Modell 36	50	0,9	75	520	42–90	14
Modell 34	81	3,5	174	2400	40–90	57
Sowjetunion						
Modell 1938	50	0,85	95	800	45–75	12
Modell 1937	82	3,1	211	3040	45–85	55,5
Modell 1938	120	15,9	272	5700	45–80	282

G. bezeichnet, wurden sie eilig aus Teilen des Ersatzheeres, Resten zerschlagener Divisionen, Bodenpersonal der Luftwaffe und Urlaubern zusammengestellt. Seit 15. 7. unterstanden die G. truppendienstlich dem Reichsführer SS, faktisch dem SS-Führungshauptamt. Die G. war hinsichtlich Personalbestand (etwa 8600 Mann Soll-Stärke), Bewaffnung und Ausrüstung schwächer als die Verbände nach der Mustergliederung «Infanteriedivision 44», jedoch materiell gut ausgestattet, u. a. mit Sturmgeschützen, Sturm- und Selbstladegewehren. Die überstürzte Aufstellung verhinderte eine längere Ausbildung. Bei ihrem Kampfeinsatz (15 an der deutsch-sowjetischen Front, 2 an der Westfront) erfüllten die G. nicht die in sie gesetzten Erwartungen. Am 9. 9. 1944 wurde die Umgliederung der G., am 9. 10. auch ihre Umbenennung in → *Volksgrenadierdivision* befohlen. Beim Aufbau der → *Bundeswehr der BRD* wurde die in der faschistischen Wehrmacht angewandte Bezeichnung G. übernommen. Als erste Verbände stellte 1956 die Bundeswehr 2 Panzerdivisionen und 3 G. auf. Die G. waren im Grunde vollmotorisierte Infanteriedivisionen und eigneten sich vorwiegend für die konventionelle Kriegführung. Mit dem Ausbau der Bundeswehr zu einer einsatzbereiten Atomkriegsarmee wurden die G. seit Herbst 1958 zu → *Panzergrenadierdivisionen* umgebildet.

Grenadiere: Infanteristen des 17. und 18. Jh., die spezielle Kampfaufgaben zu lösen hatten; in der faschistischen deutschen Wehrmacht allgemeine Bezeichnung für infanteristische Truppenteile und ihre Angehörigen im zweiten Weltkrieg.

Als G., anfangs auch Granatiere, wurden in den feudalabsolutistischen Söldnerheeren diejenigen Angehörigen der → *Infanterie* bezeichnet, deren vordringliche Aufgabe im Gefecht das Werfen von → *Handgranaten* war. In Frankreich gab es G. bereits 1667. Bei den deutschen Streitkräften wurden die G. 1670 in der österreichischen, 1676 in der brandenburgischen und 1682 in der bayrischen Armee eingeführt. Ihr Einsatz erfolgte häufig an Schwerpunkten des Kampfes, z. B. zum Sturmangriff oder zur Abwehr gegnerischer Kavallerie. Bis zum 19. Jh. trugen die G. charakteristische G.mützen, die ihnen ein martialisches Aussehen verleihen sollten. Je nach Ländern verschieden, wurden den Kompanien 4–18 G. zugeteilt. Im 18. Jh. entstanden die ersten selbständigen G.kompanien, -bataillone und -regimenter, die als Elitetruppen galten. In dieser Zeit verloren die G. jedoch durch die Weiterentwicklung der Handfeuerwaffen und die damit verbundene einheitlichere Ausrüstung der Infanterie ihre spezielle Werferfunktion. Die Bezeichnung G. blieb aber als historischer Begriff weiterbestehen. Sie wurde bis zum ersten Weltkrieg in verschiedenen europäischen

a Grenadier vom preußischen Roten Leibbataillon, 1730
b Grenadier vom bayrischen Infanterieregiment Kronprinz, 1812

Armeen (z. B. Frankreich, Preußen, Österreich-Ungarn) an Infanterieformationen verliehen, um deren Elitecharakter zu betonen. Die Einführung der Bezeichnung G. und Panzer-G. im zweiten Weltkrieg durch die Führung der faschistischen Wehrmacht sollte, an preußische Traditionen anknüpfend, den Kampfgeist der Soldaten heben. *(s. Abb. S. 307, 998, 999, 1001, 1004, 1006)*

Grenztruppen der DDR: bewaffnetes Organ der Arbeiter-und-Bauern-Macht der DDR zur ununterbrochenen und zuverlässigen Sicherung ihrer Staatsgrenze.

Die Anfänge der geschichtlichen Entwicklung der G. reichen bis in das Jahr 1946 zurück, als mit Wirkung vom 1. 12. entsprechend einem Befehl der → *Sowjetischen Militäradministration in Deutschland (SMAD)* im Einklang mit den zwischen den Besatzungsmächten getroffenen Vereinbarungen in den Ländern der damaligen sowjetischen Besatzungszone eine Grenzpolizei aufgestellt wurde. In Ländern der westlichen Besatzungszonen bestanden zu diesem Zeitpunkt bereits Grenzschutzorgane, so in Niedersachsen seit September 1945 ein Zollgrenzschutz, in Bayern seit November 1945 und in Hessen seit Mai 1946 eine Grenzpolizei. Der Zusammenschluß der britischen und amerikanischen Besatzungszone zur Bizone im Januar 1947 sowie weitere Maßnahmen, wie die Bildung des Bizonenwirtschaftsrates, waren erste Schritte zur Errichtung eines separaten imperialistischen Westzonenstaates. Als Folge dieser gegen das weitere Voranschreiten des revolutionären Prozesses in Europa gerichteten Politik wurde die Demarkationslinie zwischen den Westzonen und der sowjetischen Besatzungszone, ursprünglich nur zur Abgrenzung der Militärverwaltungsbereiche der alliierten Mächte bestimmt, immer ausgeprägter zu einer Trennungslinie zweier gegensätzlicher gesellschaftlicher Entwicklungen auf deutschem Boden. Unter diesen Bedingungen erhöhte sich die Verantwortung der Grenzpolizeieinheiten bei der Erfüllung ihrer Aufgabe, gemäß den Weisungen der SMAD und gemeinsam mit sowjetischen Truppen die Landgrenzen der sowjetischen Besatzungszone, insbesondere die damalige Demarkationslinie, zu überwachen. Sie hatten Ordnung in den Grenzverkehr zu bringen und ein illegales Überschreiten der Grenzlinien zu verhindern, Schwarzhandel, Schiebertum und Bandenunwesen zu bekämpfen, nach Kriegs- und Naziverbrechern sowie illegalen faschistischen und militaristischen Gruppen und sonstigen Rechtsbrechern zu fahnden und vor allem deren Flucht in die Westzonen zu verhindern. Auf 2236 km Landgrenze wurden zunächst 2543 Mann eingesetzt, so daß eine Grenzstreife bzw. häufig nur ein Einzelposten einen Grenzabschnitt von 6 bis 15 km zu überwachen hatte. Gliederung und Struktur wiesen in den einzelnen Ländern große Unterschiede auf, Schußwaffen und Uniformen waren nur teilweise vorhanden.

Die Grenzpolizeieinheiten waren Bestandteil der Schutzpolizei des jeweiligen Landes der sowjetischen Besatzungszone, setzten sich aus bewährten Kräften der Orts-, Kreis- und Landespolizeidienststellen zusammen und wurden in der Folgezeit durch andere, dem demokratischen Neuaufbau treu ergebene Kader aufgefüllt. Im Gegensatz dazu wurde in den Westzonen auch die Führung der Grenzschutzorgane von Anfang an maßgeblich in die Hände ehemaliger Offiziere der faschistischen Wehrmacht gelegt. Die im Zuge des «kalten Krieges» durch die imperialistischen Kräfte vollzogene wirtschaftliche und schließlich staatliche Spaltung Deutschlands machte 1948/49 verstärkte Sicherungsmaßnahmen auch seitens der Grenzpolizei notwendig. So wurden nach der widerrechtlichen Übertragung der separaten Währungsreform auf Westberlin ständige Kontrollstellen an der äußeren Stadtgrenze Berlins errichtet. Verstärkte klassenmäßige Erziehung, verbunden mit einer zunehmend systematischen Ausbildung der Grenzpolizeiangehörigen, und die im August/September 1949 für die gesamte Grenzpolizei eingeführte einheitliche Struktur und Dienstregelung befähigten diese zur Lösung der Aufgaben.

Mit der Gründung der DDR begann ein neuer Entwicklungsabschnitt für die Grenzpolizei als Grenzsicherungsorgan des deutschen Arbeiter-und-Bauern-Staates. In Übereinstimmung mit der fortschreitenden inneren gesellschaftlichen Entwicklung wurden der Grenzpolizei schrittweise weitere Aufgaben übertragen, so ab 1950 auch die Sicherung der Seegrenze der DDR. Seit dem 1. 1. 1951 wurde die noch auf Länderbasis geführte Grenzpolizei endgültig zentralisiert. Während der Kampf gegen Wirtschaftssabotage, politische Diversion und imperialistische Provokationspolitik an der Staatsgrenze der DDR zur BRD zunehmend höhere Sicherungsanforderungen an die Grenzpolizei stellte, entwickelten sich die Bedingungen an der Grenze zur VR Polen und zur ČSR (später ČSSR) in völlig anderer Weise. Auf der Grundlage gleichartiger gesellschaftlicher Verhältnisse konnten das Abkommen zwischen der DDR und der VR Polen vom 6. 7. 1950 über die Markierung der festgelegten und bestehenden deutsch-polnischen Staatsgrenze und eine zwischen den Regierungen der DDR und ČSR am 23. 6. 1950 unterzeichnete Deklaration, daß keinerlei gegenseitige Gebiets- oder Grenzansprüche bestehen, auch zum Ausgangspunkt für eine sich immer enger entwickelnde Zusammenarbeit der Grenzsicherungsorgane der benachbarten sozialistischen Länder werden. Demgegenüber verschärften die imperialistischen Kräfte die Lage an der Westgrenze weiter. Sie inszenierten hinterhältige Morde an Angehörigen der Grenzpolizei und mißbrauchten den Status der offenen Grenze zu politischen und ökonomischen Erpressungsversuchen als Bestandteil des «kalten Krieges». Dabei bedienten sie sich zunehmend des ab 1951 ausschließlich an der Grenze zur DDR und ČSR aufgestellten → *Bundesgrenzschutzes der BRD (BGS).* Diesem gefährlichen Kurs mußte bei der Weiterentwicklung der Grenzsicherung der DDR Rechnung getragen werden. Auf der Grundlage einer Ministerratsverordnung vom 26. 5. 1952 wurden an der Grenze zur BRD erstmalig eine Sperrzone mit Schutz- und Kontrollstreifen errichtet und danach auch die Sicherung an der Küste und die Kontrolle an der äußeren Berliner Stadtgrenze gegenüber Westberlin verstärkt. Die bisher dem Ministerium des Innern unterstehende Grenzpolizei war bereits am 16. 5. 1952 als Deutsche Grenzpolizei (DGP) dem Ministerium für Staatssicherheit unterstellt worden und damit zugleich endgültig aus dem Bestand der Volkspolizei ausgeschieden. Bei der Niederschlagung des konterrevolutionären Putschversuches 1953 bestand die Deutsche Grenzpolizei zusammen mit anderen bewaffneten Organen eine wichtige Bewährungsprobe.

Im Ergebnis des Staatsvertrages mit der UdSSR vom September 1955 übernahm die Grenzpolizei mit

Wirkung vom 1. 12. 1955 die alleinige Bewachung und Kontrolle der Staatsgrenzen der DDR. Die Kontrolle des Verkehrs von Personal und Gütern der in Westberlin stationierten Truppen Frankreichs, Großbritanniens und der USA blieb der → *Gruppe der Sowjetischen Streitkräfte in Deutschland (GSSD)* vorbehalten. Durch einen Komplex von Maßnahmen wurde die Grenzpolizei zur Ausübung der alleinigen Grenzsicherung und entsprechend den Erfordernissen der militärpolitischen Lage weiterentwickelt. Am 1. 3. 1957 wurde sie wieder dem Ministerium des Innern unterstellt und das Kommando der Deutschen Grenzpolizei mit Sitz in Pätz bei Königs Wusterhausen gebildet. Im August 1957 wurde begonnen, die Grenzpolizei in Brigaden zu gliedern, neue technische Mittel und Waffen zuzuführen und in der Ausbildung stärker militärische Erfordernisse der Grenzsicherung zu berücksichtigen. Die gefährliche Zuspitzung der Lage an den Staatsgrenzen der DDR zur BRD und zu Westberlin Anfang der 60er Jahre hat die Dringlichkeit der getroffenen Maßnahmen voll bestätigt.

Mit der → *Sicherung der Staatsgrenzen der DDR 1961* entstand vor allem durch die Beseitigung der offenen Grenze gegenüber Westberlin erstmalig an allen Teilen der Staatsgrenze ein zuverlässiges Grenzsicherungsregime. Gleichzeitig begann eine qualitativ neue Entwicklungsetappe, indem auf Beschluß des Nationalen Verteidigungsrates der DDR die bisherige Grenzpolizei mit Wirkung vom 15. 9. 1961 als Grenztruppe dem Minister für Nationale Verteidigung unterstellt wurde. Ab November 1961 sicherte die Grenzbrigade Küste selbständig die Seegrenze der DDR. Als dann im August 1962 mit der Bildung der → *Stadtkommandantur der Hauptstadt der DDR* über diese auch die zu Westberlin sichernden Formationen dem Minister

Grenzposten meldet die Lage im Grenzabschnitt

Ärmelstreifen für die Angehörigen der Grenztruppen der DDR

«Medaille für vorbildlichen Grenzdienst»; seit 1953 (diese Medaillenausführung ab 1956, diese Bandspangenform 1954 bis 1961)

für Nationale Verteidigung unterstellt wurden, standen alle für den äußeren Schutz der DDR bestimmten Organe unter Führung eines einzigen Ministeriums.

Waren bereits früher Maßnahmen eingeleitet worden, die Grenzsicherungskräfte zur Grenztruppe zu entwickeln, so vollzog sich dieser Prozeß nun allseitig und entsprechend neuen objektiven Erfordernissen. Angesichts des aggressiven Wesens des Imperialismus und verstärkt durch die Auswirkungen des modernen Militärwesens auf einen möglichen Aggressionsbeginn, mußte die Grenzsicherung über die spezifischen Ordnungs- und Sicherungsfunktionen hinaus gleichzeitig auf das rechtzeitige Erkennen, die Verhinderung und die Abwehr einer imperialistischen Aggression gerichtet und stärker mit den anderen Maßnahmen der → *Landesverteidigung der DDR* koordiniert sein. Dabei konnten die Erfahrungen der Sowjetunion und der anderen sozialistischen Länder genutzt werden, deren Grenzsicherungskräfte in der Regel Truppencharakter tragen. Für die Weiterentwicklung und Festigung der G. war es notwendig, konsequent militärische Führungsprinzipien sowie eine wirksame politische und spezialfachliche Ausbildung durchzusetzen. Moderne Handfeuerwaffen und zunehmende Motorisierung erhöhten Kampfkraft und Beweglichkeit der Einheiten der G. Bis zum Herbst 1963 wurde entlang der Staatsgrenze zur BRD ein durchgehendes Sperrensystem aufgebaut. An der Staatsgrenze zu Westberlin erfolgte gemäß einer Ministerratsverordnung vom 21. 5. 1963 die Errichtung eines besonderen Grenzgebietes, um die ständige Störtätigkeit revanchistischer und militaristischer Kräfte Westberlins besser unterbinden zu können. So entstand schließlich ein solches Grenzregime der DDR, wie es den Bedingungen an dieser Trennlinie der beiden Gesellschaftssysteme, an der sich die militärischen Hauptkräfte der NATO und des Warschauer Vertrages unmittelbar gegenüberstehen, entsprach. Dazu trugen auch Kräfte und Mittel bei, die von den Grenzabschnitten zur VR Polen und ČSSR abgezogen wurden. Hier konnte von der Grenzsicherung zur Grenzüberwachung übergegangen werden. Der Entwicklung der G. galt die ständige Fürsorge der Partei- und Staatsführung. So beschloß der Nationale Verteidigungsrat der DDR im November 1963, die Dienst- und Lebensbedingungen sowie die Ausbildung und Erziehung im Bereich des Kommandos der G. und der Stadtkommandantur Berlin zu verbessern. Die Offiziersschule der G., der am 1. 3. 1964 der Ehrenname «Rosa Luxemburg» verliehen wurde, entwickelte sich zu einer modernen wissenschaftlichen Lehreinrichtung zur Heranbildung von Offizierskadern für die G. Die Verbundenheit und Zusammenarbeit von G. und Bevölkerung in den Grenzgebieten vertieften und festigten sich. Am 19. 3. 1964 beschloß der Ministerrat der DDR die Verordnung zum Schutz der Staatsgrenze der DDR, auf deren Grundlage eine neue Grenzordnung erlassen wurde, die erstmalig in zusammengefaßter Form alle Bestimmungen über die Ordnung im Grenzgebiet zur BRD und zu Westberlin, in den Territorialgewässern sowie an der Staatsgrenze zur ČSSR und zur VR Polen enthielt. Zunehmende Provokationen und verbrecherische Anschläge der aggressiven imperialistischen Kräfte auf die Staatsgrenze der DDR, denen erneut Angehörige der G. zum Opfer fielen, machten es dringend erforderlich, den Entwicklungsprozeß der G. zu vervollkommnen. Das schloß das Zusammenwirken mit Verbänden und Truppenteilen der NVA ein. Dazu bedurfte es einer weiteren Profilierung der Führungstätigkeit wie auch neuer Anforderungen an die Ausbildung. Unter direkter Anleitung durch die Parteiführung erfolgten 1966/67 weitere Maßnahmen, um den politisch-moralischen Zustand der G. zu festigen. Den Politorganen und Parteiorganisationen wurde die Aufgabe gestellt, die Klassenerziehung der Angehörigen der G. zu erhöhen, damit diese auch in schwierigen Situationen standhaft ihren Auftrag erfüllen. Der im Jahre 1966 begonnene Neuausbau der Staatsgrenze mit wirksameren Pionieranlagen trug ebenfalls zu einer Erhöhung der Sicherheit an der Staatsgrenze der DDR bei.

Grenzsicherung auf der Elbe

Für die Entwicklung der G. in den 70er Jahren war der Beschluß des Nationalen Verteidigungsrates der DDR vom 23. 10. 1969 richtungweisend. Zu einem Zeitpunkt, als sich das internationale Kräfteverhältnis weiter zugunsten des Sozialismus und des Friedens gestaltete, bekräftigten Partei- und Staatsführung die Notwendigkeit, die Sicherung der Staatsgrenze im gebotenen Maße zu erhöhen, um dem Imperialismus keine Möglichkeit zu lassen, seine aggressiven Ziele und konterrevolutionären Machenschaften gegen den realen Sozialismus zu verwirklichen. Anfang der 70er Jahre wurden die Kräfte und Mittel der G. so umformiert, daß schrittweise ein neues Dienstregime auf einer höheren Stufe des Einsatzes geschlossener Einheiten entstand. Im Ergebnis der Umformierung wurden auch die Grenzsicherungskräfte der Stadtkommandantur der Hauptstadt der DDR dem Kommando der G. unterstellt. All das erhöhte die Effektivität der Grenzsicherung und die Gefechtsbereitschaft der G. und schuf günstigere Bedingungen für die politische und militärische Bildung und Erziehung. Der Übergang zur → *Offiziershochschule der Grenztruppen «Rosa Luxemburg»* Anfang 1971 war ein wichtiger Schritt, um die Kader für die wachsenden Aufgaben auszubilden. Umfangreiche neue Aufgaben ergaben sich für die G. aus der vertraglichen Regelung der Beziehungen zur BRD und zu Westberlin entsprechend den Normen des Völkerrechts. Das galt vor allem hinsichtlich der Vereinbarungen zwischen der Regierung der DDR und dem Senat von Westberlin über Erleichterungen und Verbesserungen des Reise- und Besucherverkehrs sowie über die Regelung der Frage von Enklaven durch Gebietsaustausch (20. 12. 1971), hinsichtlich des Transitabkommens (17. 12. 1971) und des Verkehrsvertrages (26. 5. 1972) zwischen der DDR und der BRD. Neue Aufgaben entstanden auch aus den Maßnahmen, die im Zusammenhang mit dem Abschluß des Vertrages über die Grundlagen der Beziehungen zwischen der DDR und der BRD (21. 12. 1972) zur Markierung der zwischen beiden Staaten bestehenden Grenze (Protokoll zwischen der Regierung der DDR und Regierung der BRD vom 28. 11. 1978), zur Öffnung weiterer Grenzübergangsstellen und zur Lösung anderer der Zusammenarbeit und der Sicherung des Friedens dienender Fragen ergriffen wurden.

Angesichts der ihrem Wesen nach unverändert aggressiven Politik der reaktionärsten imperialistischen Kreise, ihrer provokatorischen wie auch gefährlichen

Anschläge auf die Sicherheit der Staatsgrenze der DDR kommt deren zuverlässigem Schutz außerordentliche Bedeutung zu. Davon ausgehend, vor allem aber von dem Bestreben geleitet, einen gewichtigen Beitrag zur Entspannung und Sicherheit in Europa zu leisten, beschloß die Volkskammer der DDR am 25.3.1982 das Gesetz über die Staatsgrenze der Deutschen Demokratischen Republik – Grenzgesetz –. Es trat am 1.5.1982 zusammen mit der Grenzverordnung (Durchführungsverordnung zum Gesetz über die Staatsgrenze der Deutschen Demokratischen Republik) und der Grenzordnung (Anordnung über die Ordnung in den Grenzgebieten und den Seegewässern der Deutschen Demokratischen Republik) in Kraft. Damit wurde erstmalig eine komplexe Regelung über alle das Hoheitsgebiet und die Staatsgrenze der DDR betreffenden Fragen geschaffen. Sie steht in voller Übereinstimmung mit dem Völkerrecht. Das Grenzgesetz regelte zugleich die Stellung und Verantwortung der G. unter ausdrücklicher Hervorhebung des Zusammenwirkens mit den anderen Schutz- und Sicherheitsorganen. Damit erfolgte die gesetzliche Ausgestaltung des Verfassungsauftrages (Art. 7, Abs. 1), die territoriale Integrität der DDR und die Unverletzlichkeit ihrer Staatsgrenze jederzeit zuverlässig zu gewährleisten. Den G. erwuchsen daraus größere Anforderungen an ihre ständig hohe Einsatzbereitschaft und an ihre Fähigkeit, zur praktischen Durchsetzung der von der Sowjetunion, der DDR und den anderen sozialistischen Staaten konsequent verfolgten Politik der friedlichen Koexistenz unmittelbar beizutragen. Die personelle Sicherstellung der G. und die weitere Qualifizierung ihrer Kader bleiben deshalb wichtige Aufgaben. Das von der Volkskammer zum gleichen Zeitpunkt wie das Grenzgesetz beschlossene Wehrdienstgesetz (→ *Gesetz über den Wehrdienst in der DDR 1982*), dessen Festlegungen auch für die G. entsprechend gelten, sowie die Anordnung des Nationalen Verteidigungsrates der DDR über den Verlauf des Wehrdienstes in den G. – Dienstlaufbahnordnung – GT – mit dem Fahneneid für die G. als Anlage sind dafür von grundlegender Bedeutung. Beide Dokumente traten ebenfalls am 1.5.1982 in Kraft.

Grenztruppen der DDR

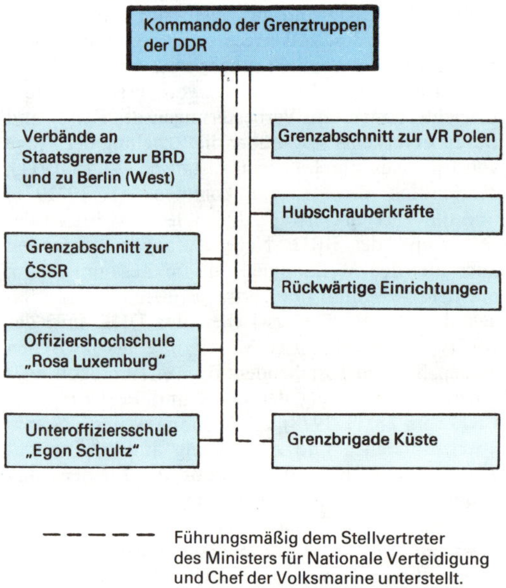

Fahneneid der Angehörigen der Grenztruppen der DDR

Ich schwöre:

Der Deutschen Demokratischen Republik, meinem Vaterland, allzeit treu zu dienen und sie auf Befehl der Arbeiter-und-Bauern-Regierung gegen jeden Feind zu schützen.

Ich schwöre:

An der Seite der Nationalen Volksarmee und der anderen Schutz- und Sicherheitsorgane der Deutschen Demokratischen Republik sowie fest verbunden mit den Armeen und den Grenztruppen der Sowjetunion und der anderen verbündeten sozialistischen Länder als Soldat der Grenztruppen der Deutschen Demokratischen Republik jederzeit bereit zu sein, standhaft und mutig, auch unter Einsatz des Lebens, die Grenzen meines sozialistischen Vaterlandes gegen alle Feinde zuverlässig zu schützen.

Ich schwöre:

Ein ehrlicher, tapferer, disziplinierter und wachsamer Soldat zu sein, den militärischen Vorgesetzten unbedingten Gehorsam zu leisten, die Befehle mit aller Entschlossenheit zu erfüllen und die militärischen und staatlichen Geheimnisse immer streng zu wahren.

Ich schwöre:

Die militärischen Kenntnisse gewissenhaft zu erwerben, die militärischen Vorschriften zu erfüllen und immer und überall die Ehre unserer Republik und ihrer Grenztruppen zu wahren.

Sollte ich jemals diesen meinen feierlichen Fahneneid verletzen, so möge mich die harte Strafe der Gesetze unserer Republik und die Verachtung des werktätigen Volkes treffen.

Die G. haben in der Zeit ihres Bestehens, eng verbunden mit den anderen bewaffneten Organen und den örtlichen Staatsorganen, unterstützt von freiwilligen Helfern, verantwortungsbewußt und besonnen das Leben der Bürger der DDR, ihr friedliches Aufbauwerk und die Errungenschaften des Sozialismus geschützt. Die Arbeiter-und-Bauern-Macht würdigte diese Leistung der G. durch die Verleihung des Karl-Marx-Ordens 1974 und des Vaterländischen Verdienstordens in Gold 1976.

Großadmiral → *Admiral*

Großbeeren 1813: Schlacht im → *nationalen Unabhängigkeitskrieg 1813/14* zwischen preußisch-russisch-schwedischen und napoleonischen Truppen am 23. 8. 1813.

Die napoleonische Berlinarmee unter Marschall Nicolas Charles Oudinot (1767–1847) stieß seit dem 19. 8. 1813 aus dem Raum Baruth nach Norden mit dem Ziel vor, Berlin einzunehmen. Sie bestand aus französischen und Rheinbundtruppen (vor allem Sachsen) und zählte 68000 Mann (davon 9700 Reiter) mit 216 Geschützen. Die Deckung Berlins oblag der Nordarmee der Verbündeten, die vom schwedischen Kronprinzen Karl Johann (1763–1844), dem ehem. französischen Marschall Jean Baptiste Bernadotte, befehligt wurde. Ihre Gesamtstärke betrug 127000 Mann (davon 26000 Reiter) und 290 Geschütze. Das Gros bildeten 2 preußische Armeekorps (74000 Mann Linien- und Landwehrtruppen) unter den Generalleutnanten Friedrich Wilhelm von Bülow (1755–1816) und Bogislaw von Tauentzien (1760–1824). Gegen die gestaffelt in 3 Kolonnen vorrückende Berlinarmee marschierte die Nordarmee südlich Berlin auf: das russische und das schwedische Korps zwischen Gütergotz (Güterfelde) und Ruhlsdorf, das Korps Bülow bei Heinersdorf und das Korps Tauentzien bei Blankenfelde.

Am 23. 8. morgens stieß die französische rechte Kolonne bei Blankenfelde auf das Korps Tauentzien, das erfolgreichen Widerstand leistete und den Gegner am frühen Nachmittag zum Rückzug zwang. Die mittlere Kolonne erreichte G. erst nach 15 Uhr, nahm das Dorf ein und besetzte die sich westlich an

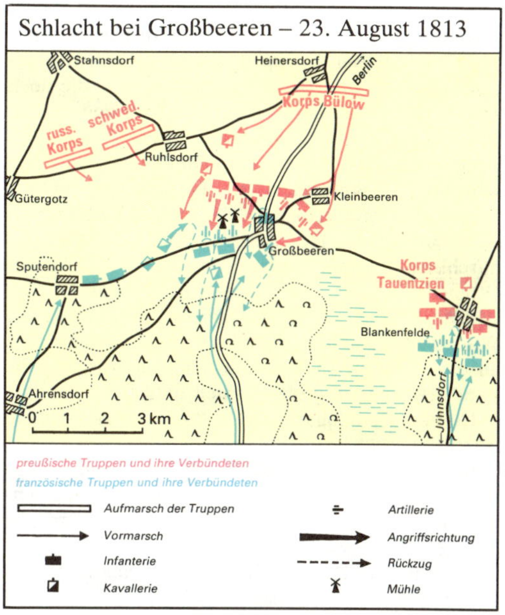

G. anschließende Windmühlenhöhe. Hier griffen gegen 18 Uhr überraschend die von Artillerie unterstützten Hauptkräfte des Korps Bülow frontal an, während gleichzeitig eine Brigade über Kleinbeeren gegen G. vorging. Aufgrund des strömenden Regens waren die Gewehre nicht schußfertig, und es wurde fast nur mit Bajonett und Kolben gekämpft. Nach

Kampf um den Friedhof von Großbeeren

hartnäckigem Widerstand mußten die sächsischen und französischen Truppen weichen. Auch die Kavallerie der linken französischen Kolonne, die noch am Abend in den Kampf eingriff, wurde von preußischer Reiterei in die Flucht geschlagen. Eine Verfolgung unterblieb wegen der Dunkelheit und des schwierigen Waldgeländes. Die napoleonischen Truppen verloren etwa 3000 Mann, die Verbündeten etwa 1000 Mann. Der Sieg der Verbündeten bei G. durchkreuzte zunächst den französischen Plan einer Offensive nach Norden. Obwohl nur Teilkräfte geschlagen worden waren, zog sich die Berlinarmee auf Wittenberg zurück. In G. erinnert eine Gedenkstätte an die Schlacht, an deren siegreichem Ausgang die Landwehrtruppen großen Anteil hatten.

Großes Hauptquartier → *Oberste Heeresleitung (OHL)*

Großgörschen 1813: Schlacht im → *nationalen Unabhängigkeitskrieg 1813/14* zwischen preußisch-russischen und napoleonischen Truppen am 2. 5. 1813.

Die aus dem Raum Erfurt heranrückende französische Armee unter Kaiser Napoleon I. (1769–1821) erreichte am 1. 5. 1813 die Ebene südlich Lützen. Zu dieser Zeit standen die verbündeten preußisch-russischen Truppen, die vom russischen General P. Ch. Wittgenstein (1769–1843) befehligt wurden, im Raum Zwenkau–Borna. Für die beiderseits geplante Schlacht verfügten am 2. 5. die Verbündeten über 81100 Mann (davon 24100 Reiter) und 552 Geschütze, Napoleon über 136600 Mann französische und Rheinbundtruppen (davon 7600 Reiter) und 372 Geschütze. Das Hauptquartier der Verbündeten wollte den auf Leipzig marschierenden Gegner in der rechten Flanke angreifen, ohne jedoch alle verfügbaren Kräfte zu konzentrieren. Der in der Nacht zum 2. 5. begonnene Übergang über die Elster bei Pegau vollzog sich außerdem sehr schleppend, so daß der Aufmarsch zwischen Werben und Domsen erst am Spätvormittag abgeschlossen war. Die Schlacht begann gegen 12 Uhr mit einem 40minutigen Artilleriefeuer auf das von den Franzosen eingenommene Dörferviereck Kaja–Kleingörschen–G.–Rahna. Die anfangs zahlenmäßig überlegenen Verbündeten verlegten das Schwergewicht des Angriffs nicht in das freiere Gelände bei Starsiedel, wo ihre Überlegenheit an Kavallerie und Artillerie voll ausgenutzt werden konnte. Sie richteten statt dessen ihre Hauptanstrengungen auf die Einnahme der 4 Dörfer, die im Verlauf des erbitterten Ringens mehrmals den Besitzer wechselten. Während sich die Kräfte der Verbündeten zersplitterten und Reserven entweder gar nicht oder nur spärlich zum Einsatz kamen, führte Napoleon seine Truppen zielgerichtet in die Schlacht ein und konnte bald das Kräfteübergewicht erlangen. Die Lage der Verbündeten wurde

Preußische Gardetruppen in der Schlacht bei Großgörschen

kritisch, als am Spätnachmittag eine Umfassung drohte und sich im Zentrum ein von 60 Geschützen unterstützter französischer Infanterieangriff erfolgreich entwickelte. Ihre Front wurde zwar nicht durchbrochen, aber das Hauptquartier leitete den Rückzug ein, zumal es an Munition mangelte und die Truppen erschöpft waren. Eine noch in der Dunkelheit unternommene preußische Kavallerieattacke konnte den Ausgang der Schlacht nicht mehr beeinflussen. An Gefallenen und Verwundeten verloren die Verbündeten 11500 Mann, die napoleonischen Truppen dagegen 22000 Mann. Generalleutnant

Schlacht bei Großgörschen – 2. Mai 1813

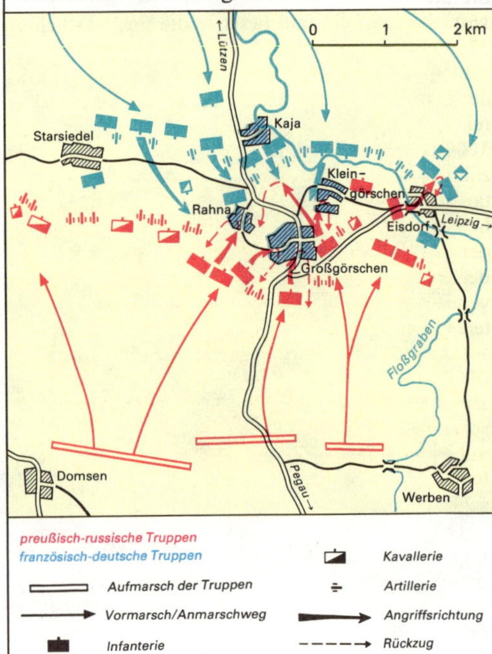

Gerhard von Scharnhorst (1755–1813) wurde verwundet und starb am 28.6. an den Folgen dieser Verletzung.

Napoleon errang bei G., französischerseits auch als Schlacht bei Lützen bezeichnet, den politisch dringend benötigten Sieg. Die Verbündeten waren aber nicht entscheidend geschlagen. Sie konnten sich planmäßig und geordnet zurückziehen und die französische Verfolgung abwehren. Es steigerte den Kampfgeist und das Selbstvertrauen der preußisch-russischen Truppen, deren Waffenbrüderschaft sich auf dem Schlachtfeld gefestigt hatte, daß sie der überlegenen Macht Napoleons standgehalten hatten. Der Rückzugsrichtung Bautzen lag wesentlich das Bestreben der Verbündeten zugrunde, die Verbindung mit Österreich aufrechtzuerhalten.

Grunwald (Tannenberg) 1410: entscheidende Schlacht im Krieg Polen–Litauens gegen den Deutschen Orden 1409–1411 zwischen dem Ordensheer und dem polnisch-litauischen Heer am 15.7.1410.

Die Eroberungspolitik des Deutschen Ordens (→ *Ritterorden*) führte 1409 zum Krieg mit Polen–Litauen, die seit 1386 in Personalunion verbunden waren. Anfang Juli 1410 stieß das vereinigte polnisch-litauische Heer unter dem polnischen König Władisław II. Jagiełło (1348–1434) nach Preußen vor. Beim Dorf G. nahe Tannenberg stellte sich ihm das von Hochmeister Ulrich von Jungingen (gest. 1410) befehligte Ordensheer entgegen. Die Angaben über die Stärke beider Heere differieren beträchtlich: Sie reichen für das polnisch-litauische Heer von 16000 bis 32000, für das Ordensheer von 11000 bis 27000 Mann. Auf jeden Fall war das vereinigte Heer zahlenmäßig überlegen. Es bestand vor allem aus der polnischen und litauischen gerüsteten Adelsreiterei, dazu tschechische und ungarische Ritter sowie 3000 tatarische Reiter. Zu den litauischen Truppen zählten auch einige Abteilungen aus damals zu Litauen gehörenden russischen Gebieten. Das Ordensheer hatte seine Hauptkraft in den → *Rittern*, unter denen sich eine große Anzahl im Solddienst stehender Ritter aus verschiedenen Ländern befand. Das vereinigte Heer stellte sich in 3 Linien auf. Am rechten Flügel standen die litauisch-russischen Truppen sowie die tatarischen Reiter und am linken Flügel die Polen. Das Ordensheer entfaltete sich in 2 Linien auf einer Anhöhe und bildete auch eine stärkere Reserve. Sein Fußvolk hielt sich bei der Wagenburg auf. Vor den etwa 2,5 km langen Frontlinien waren beiderseits Steinbüchsen aufgestellt und Armbrustschützen postiert.

Die Schlacht begann am 15.7. gegen Mittag. Ein ungeordneter Angriff der tatarischen Reiterei gegen den linken Flügel des Ordensheeres blieb erfolglos. Im Gegenstoß brachen die Ritter in die Schlachtordnung des litauisch-russischen Flügels ein und drängten ihn in hartem Ringen zurück. Ein Durchbruch

Schlacht bei Grunwald – 15. Juli 1410

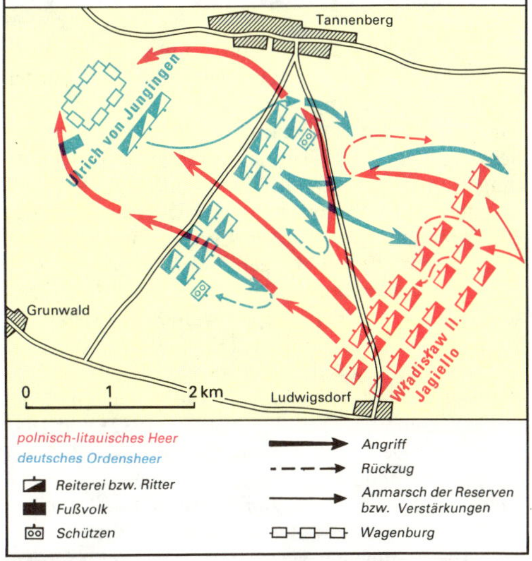

wurde durch mehrere russische Abteilungen verhindert, die unter großen Verlusten die Front hielten. Inzwischen waren auch die beiden anderen Flügel aufeinandergestoßen, ohne daß es hier zunächst einer Seite gelang, Vorteile zu erringen. In dieser Situation suchte der Hochmeister mit dem Einsatz der Reserve gegen den angeschlagenen rechten Flügel die Entscheidung zu erzwingen. Der Widerstand der litauisch-russischen Truppen konnte jedoch durch Heranführung von Kräften verstärkt und der Angriff abgewehrt werden. Auch der rechte Flügel des Ordensheeres geriet zunehmend in Bedrängnis. Am Spätnachmittag war die Schlacht entschieden. Die Kreuzritter flohen, nachdem der Hochmeister und alle hohen Ordensführer gefallen waren. Mit der Erstürmung der Wagenburg vollendete das polnisch-litauische Heer seinen glänzenden Sieg über das Ordensheer, das fast vollständig aufgerieben wurde. Die Verluste waren beiderseits sehr hoch. Die schwere Niederlage des Deutschen Ordens bei G. – die Kreuzritter benannten die Schlacht nach dem Ort Tannenberg – beschleunigte seinen inneren Verfall und leitete den Zusammenbruch seiner Herrschaft in Preußen ein. Der Orden mußte in dem relativ milden ersten Frieden von Thorn (1.2.1411) Schamaiten abtreten und eine hohe Geldsumme zahlen.

Gruppe der Sowjetischen Streitkräfte in Deutschland (GSSD): aus den sowjetischen Besatzungstruppen in Deutschland hervorgegangene und in Übereinstimmung mit der Regierung der DDR auf deren Territorium zeitweilig stationierte Land- und Luftstreitkräfte der Sowjetarmee, die ihre historische Aufgabe des Schutzes von Frieden und Sozialismus im engen Klassen- und Waffenbündnis mit der

→ *Nationalen Volksarmee der DDR (NVA)* erfüllen.

Nach dem Sieg der Sowjetunion über die faschistischen Aggressoren im zweiten Weltkrieg wurden Verbände und Truppenteile der 1. und 2. Belorussischen Front der Sowjetarmee (→ *Sowjetarmee und Seekriegsflotte*) als Gruppe der Sowjetischen Besatzungstruppen in Deutschland (GSBD) formiert. Standort ihres Kommandos wurde Wünsdorf. Der Oberkommandierende der Gruppe war zugleich Chef der am 9. 6. 1945 gebildeten → *Sowjetischen Militäradministration in Deutschland (SMAD)*. Oberkommandierende der Gruppe waren: Marschall der Sowjetunion G. K. Shukow (1896–1974) von 1945 bis 1946, Marschall der Sowjetunion W. D. Sokolowski (1897–1968) von 1946 bis 1949, Marschall der Sowjetunion W. I. Tschuikow (1900–1982) von 1949 bis 1953. Der Hälfte aller Regimenter der zur Gruppe gehörenden Truppen, von denen die meisten unmittelbar an der → *Berliner Operation 1945* teilgenommen hatten, war der Gardetitel verliehen worden. Alle Regimenter waren Träger mehrerer Orden, 33 des Leninordens. 1 062 Angehörige der Gruppe waren als Helden der Sowjetunion ausgezeichnet worden. Diesen ruhmreichen sowjetischen Streitkräften oblag nun der verantwortungsvolle Auftrag, auf dem besetzten Territorium Deutschlands über den schwer erkämpften Frieden zu wachen, die Interessen des Sowjetstaates und der anderen Völker zu wahren sowie die politischen und militärischen Grundsätze durchzusetzen, die von den Hauptmächten der Antihitlerkoalition in bezug auf ganz Deutschland vereinbart worden waren (→ *Alliierter Kontrollrat für Deutschland*). Zum erstenmal in der Geschichte übte ein sozialistisches Land die Funktion einer Besatzungsmacht aus. Alle von ihr erlassenen Befehle und Anordnungen, alle getroffenen Maßnahmen stimmten mit den Leninschen Prinzipien sozialistischer Außenpolitik überein und waren durchdrungen vom Geist des proletarischen Internationalismus. Die Sowjetunion kam der auf der Krimkonferenz (4.–11. 2. 1945) und im Potsdamer Abkommen vom 2. 8. 1945 getroffenen Übereinkunft zur Entmilitarisierung, Entnazifizierung und Demokratisierung Deutschlands konsequent nach. Im Widerspruch zu diesen völkerrechtlichen Festlegungen verschafften die imperialistischen Mächte in den westlichen Besatzungszonen Deutschlands der Reaktion eine Atempause. Indem sie eine Art Schirmherrschaft über die monopolistischen Macht- und Besitzverhältnisse ausübten, verhinderten sie zugleich die Vernichtung des Militarismus. Unter diesen Bedingungen waren an die Angehörigen der sowjetischen Besatzungstruppen besonders hohe Anforderungen gestellt. Ihre marxistisch-leninistische Weltanschauung und internationalistische Erziehung, ihre Erfahrungen und Fähigkeiten nicht nur auf militärischem, sondern auch auf politischem, ökonomischem und geistig-kulturellem Gebiet befähigten sie, die ihr von der Sowjetregierung übertragenen neuen und schwierigen Aufgaben im Interesse ihres sozialistischen Vaterlandes wie auch der anderen Völker zu erfüllen. Sie erwiesen dem deutschen Volk umfassende Hilfe auf dem Weg in eine neue Zukunft. Enge Beziehungen bestanden von Anfang an mit der KPD, die sich am 11. 6. 1945 mit einem marxistisch-leninistischen Programm an das schaffende Volk in Stadt und Land wandte. Dessen Ziele stimmten völlig mit den völkerrechtlich fixierten Aufgaben und Verpflichtungen der Besatzungsmächte überein. Gemeinsam mit den Aktivisten der ersten Stunde leisteten die Angehörigen der Sowjetarmee eine gigantische Arbeit, um die Versorgung der Bevölkerung zu gewährleisten, die Produktionsstätten in Gang zu setzen und das friedliche Aufbauwerk zu schützen. Ein Teil der Verbände der Gruppe erfüllte an der Demarkationslinie zu den westlichen Besatzungszonen Deutschlands wichtige Sicherungsaufgaben.

Entsprechend ihrer Rolle und verantwortungsvollen Mission an vorderster Front beim Schutz des Friedens in Europa wurde die Gruppe in den Nachkriegsjahren mit neuer Bewaffnung und Kampftechnik ausgerüstet. Ihre Feuerkraft und Beweglichkeit nahmen beträchtlich zu. Ende 1948 verfügten die Verbände im Vergleich zum Jahr 1944 über mehr als das Dreifache an Schützenpanzerwagen, Zugmitteln und Kfz. Der hohe Grad ihrer Gefechtsbereitschaft trug wesentlich zur Zügelung der aggressivsten imperialistischen Kreise der USA und anderer kapitalistischer Länder bei, die 1949 die → *NATO* schufen und die → *Remilitarisierung der BRD* forcierten. Bei der Gründung des ersten deutschen Arbeiter-und-Bau-

Truppenluftabwehr sichert Gefechtshandlungen der mot. Schützen

Panzertruppenteil während einer Übung

ern-Staates erwies die Gruppe brüderliche Hilfe. Sie schützte zuverlässig den sozialistischen Aufbau in der DDR vor imperialistischer Intervention und Konterrevolution. Durch ihr besonnenes und entschlossenes Handeln vereitelten sowjetische Einheiten die Pläne der Imperialisten, die den konterrevolutionären Putschversuch 1953 in der DDR zu einem blutigen Bürgerkrieg ausweiten und diesen als Vorwand für eine militärische Intervention benutzen wollten. Getreu ihrer Verantwortung für den Frieden sicherten die sowjetischen Truppen auch weiterhin günstige äußere Bedingungen für das sozialistische Aufbauwerk in der DDR. Mit dem Abschluß des Vertrages über die Beziehungen zwischen der DDR und der UdSSR vom September 1955 bekundete die UdSSR, daß in der DDR alle Verpflichtungen aus dem Potsdamer Abkommen vollständig verwirklicht worden waren. Der Vertrag sicherte der DDR die uneingeschränkte Souveränität einschließlich ihrer Rechte und Pflichten als Mitbegründer des 1955 geschaffenen → *Warschauer Verteidigungsbündnisses* und trug den wachsenden militärischen Erfordernissen bei der Verteidigung von Sozialismus und Frieden Rechnung. Angesichts der Einbeziehung des westdeutschen Staates in die NATO (→ *Pariser Verträge 1955*) und der Aufstellung der → *Bundeswehr der BRD*, wodurch die Gefahren für Sozialismus und Frieden unmittelbar an der Trennlinie zwischen den beiden Weltsystemen in Europa zunahmen, vereinbarten die DDR und die UdSSR in einem Zusatzabkommen, daß sowjetische Truppen zeitweilig auf dem Territorium der DDR verbleiben. Zwischen diesen sowjetischen Truppen, die seit 1953 die Bezeichnung GSSD tragen, und den bewaffneten Organen der DDR, insbesondere der 1956 gegründeten NVA, entwickelten sich enge Waffenbrüderschaftsbeziehungen als zuverlässiges Fundament der Sicherheit der DDR und des Friedens in Europa. Von 1953 bis 1957 war Marschall der Sowjetunion A. A. Gretschko (1903–1976) Oberkommandierender der GSSD; von 1957 bis 1960 Marschall der Sowjetunion M. W. Sacharow (1898–1972); von 1960 bis 1961 und von 1962 bis 1965 Marschall der Sowjetunion I. I. Jakubowski (1912–1976); von 1961 bis 1962 Marschall der Sowjetunion I. S. Konew (1879–1973); von 1965 bis 1969 Marschall der Sowjetunion P. K. Koschewoi (1904–1976); von 1969 bis 1971 Marschall der Sowjetunion W. G. Kulikow (geb. 1921); von 1971 bis 1972 Marschall der Sowjetunion S. K. Kurkotkin (geb. 1917); von 1972 bis 1980 Armeegeneral E. F. Iwanowski (geb. 1918); von 1980 bis 1985 Armeegeneral M. M. Saizew (geb. 1923); von 1985 bis 1986 Armeegeneral P. G. Luschew (geb. 1923); seit August 1986 ist Armeegeneral W. A. Belikow (geb. 1925) Oberkommandierender der GSSD.

Die Truppenteile und Verbände der GSSD nehmen

Angehörige einer Nachrichteneinheit bei der Lösung der Gefechtsaufgabe

Kommandeure einer mot. Schützeneinheit werden in die Gefechtsaufgabe eingewiesen

seit Bestehen des Warschauer Vertrages einen wichtigen Platz in der sozialistischen Militärkoalition ein. Gestützt auf die unübertroffenen moralischen Kampfeigenschaften und die militärische Meisterschaft ihrer Angehörigen, konnte die GSSD ihren Auftrag zum Schutz von Sozialismus und Frieden erfüllen, so bei der → *Sicherung der Staatsgrenzen der DDR 1961*, als sie mit der NVA und den anderen Schutz- und Sicherheitsorganen der DDR den Frieden in Europa retten half. Auch in den nachfolgenden Jahren trug die GSSD entscheidend dazu bei, daß die im Kampf um die Sicherung des Friedens in Europa erreichten Ergebnisse von den aggressiven imperialistischen Kreisen nicht wieder rückgängig gemacht werden konnten. Als diese im Sommer 1968 gemeinsam mit der Konterrevolution den Sozialismus in der ČSSR liquidieren und einen Keil zwischen die sozialistischen Länder treiben wollten, leisteten Truppen der GSSD gemeinsam mit anderen Kräften der Sowjetarmee, der Bulgarischen Volksarmee, der Nationalen Volksarmee der DDR, der Polnischen Armee und der Ungarischen Volksarmee auf Bitte patriotischer Kräfte in der ČSSR sowie im Einklang mit den bestehenden vertraglichen Verpflichtungen brüderliche Hilfe. Die hohe Kampfkraft und ständige Gefechtsbereitschaft der Stäbe und Truppen der GSSD waren von grundlegender Bedeutung für den Erfolg der gemeinsamen Aktion, wodurch der imperialistischen Strategie des kalten Krieges eine erneute schwere Niederlage zugefügt wurde. Im Einvernehmen mit der Regierung der DDR und nach Konsultationen mit den anderen Teilnehmerstaaten des Warschauer Vertrages beschloß die Regierung der UdSSR im Oktober 1979, innerhalb von 12 Monaten 20 000 Militärangehörige, 1 000 Panzer und militärtechnische Einrichtungen der GSSD vom Gebiet der DDR abzuziehen. Die Realisierung dieses Beschlusses war eine wichtige

Jagdflugzeuge des Typs MiG-21 im Einsatz zur Sicherung des Luftraumes der DDR

neue sowjetische Initiative für politische und militärische Entspannung in Europa. Die GSSD ist ihrer verantwortungsvollen Aufgabe als einer Vorhut der Sowjetarmee, der militärischen Hauptkraft des sozialistischen Verteidigungsbündnisses, jederzeit gerecht geworden. Ihr geschichtlicher Weg ist eng mit der Entwicklung des sozialistischen deutschen Staates und der → *Landesverteidigung der DDR* verbunden. Zum Kernstück der unverbrüchlichen → *Waffenbrüderschaftsbeziehungen der NVA* zur GSSD sind die gemeinsame Gefechtsausbildung und die koordinierte Tätigkeit im Diensthabenden System geworden. Die Bevölkerung der DDR bringt der treuen Pflichterfüllung und den vielfältigen Beweisen selbstloser Unterstützung durch die Sowjetsoldaten Achtung und Dankbarkeit entgegen. *(s. Abb. S. 146, 1012)*

Gruppenkommando → *Heeresgruppe*

H

Haager Landkriegsordnung → *Regeln des Landkrieges*

Hakenbüchse → *Arkebuse*

Halderplan 1949: Bezeichnung für das vom ehem. Chef des Generalstabs des Heeres der faschistischen deutschen Wehrmacht, Generaloberst Franz Halder (1884–1972), vorgelegte Modell über Aufbau, Stärke, Gliederung, Ausrüstung, Bewaffnung, Einsatzgrundsätze künftiger Streitkräfte der BRD und deren Wehrverfassung.

Im Einklang mit der imperialistischen Politik der Westmächte, einen deutschen Separatstaat zu schaffen und ihn in das entstehende Militärblocksystem gegen die UdSSR und die anderen sozialistischen Staaten Europas einzubeziehen, konzipierten die mit Halder an der Spitze in der sog. Historischen Abteilung der USA-Armee tätigen ehem. Generale und Generalstabsoffiziere der faschistischen Wehrmacht im H. Vorstellungen für den Wiederaufbau einer imperialistischen deutschen Armee. Dabei entsprach es dem Streben der erneut auf Aggression orientierten Militaristen, ein Übergewicht an Stoßkräften im europäischen NATO-Bereich herzustellen, vorrangig für Offensivoperationen an der Front zwischen Ostsee und Alpen gegen die UdSSR und ihre Verbündeten. Die zahlreichen vorhandenen Kader der faschistischen Wehrmacht sollten genutzt werden, um schnell kampfbereite Streitkräfte aufzustellen. Der H. sah als Strukturmodell die Bildung von 9 Wehrkreisen auf dem Territorium der BRD vor, die je einem Armeekorps entsprechen sollten. Das Heer sollte aus 27 Divisionen bestehen, davon 24 Infanteriedivisionen, 2½ Panzerdivisionen und 1 Gebirgsbrigade. Ferner war die Errichtung eines Luftfahrtministeriums für den Aufbau und die Führung der Luftwaffe mit 4 Luftwaffenbereichen und für die zivile Luftfahrt geplant. Die Konzeption enthielt die Forderung nach einer allgemeinen 2jährigen Wehrpflicht. In der 1. Etappe der Aufstellung sollten 25000 Ausbildungskader einberufen und 6 Monate auf ihre künftigen Aufgaben vorbereitet werden. Die 2. Etappe sah die Einrichtung von Rekrutierungsorganen und die 3. Etappe die Einberufung der Wehrpflichtigen und die Aufstellung der Verbände vor. Der H. lag im Juli 1950 der Adenauer-Regierung und dem Oberkommando der USA-Besatzungstruppen in der BRD vor. Er entsprach im wesentlichen noch den Vorstellungen von einer konventionellen Kriegführung. Die beginnenden Umwälzungen im Militärwesen wurden bei weiteren Plänen für die Streitkräfte der BRD berücksichtigt (→ *Himmeroder Denkschrift 1950*).

Hamburger Aufstand 1923: bewaffnete Erhebung Hamburger Arbeiter vom 23. bis 25. 10. 1923 unter Führung der KPD gegen den deutschen Imperialismus und Militarismus.

Der H.A. erwuchs aus einer revolutionären Krise, die sich im Herbst 1923 in Deutschland entwickelte. Er widerspiegelte die gewachsene Kampfbereitschaft von Teilen des Proletariats, die sich aus der damaligen wirtschaftlichen und politischen Lage in Deutschland ergab. Der H.A. war Antwort auf das mit Verhängung des militärischen Ausnahmezustandes am 26. 9. 1923 über ganz Deutschland und der Übertragung der vollziehenden Gewalt auf den Reichswehrminister, Otto Geßler (1875–1955), erkennbare Bemühen der herrschenden Klasse, dem Anwachsen der revolutionären Kräfte gewaltsam Einhalt zu gebieten.

Im September 1923 gelangte das Exekutivkomitee der KI zu dem Schluß, daß es in den nächsten Wochen in Deutschland zum Machtkampf kommen würde. Das Exekutivkomitee schenkte der unrealen Lageeinschätzung des damaligen Vorsitzenden der KPD, Heinrich Brandler (1881–1967), mehr Gehör als den Warnungen Ernst Thälmanns (1886–1944) und Hugo Eberleins (1887–1944) vor einer falschen Beurteilung des Kräfteverhältnisses der Klassen. Am 1. 10. 1923 beschloß es, daß Kommunisten bei der ersten sich bietenden Gelegenheit in die Regierungen von Sachsen und Thüringen eintreten und die errungenen Positionen für eine Bewaffnung des Proletariats ausnutzen sollten. Die KPD hatte die Werktätigen in ganz Deutschland zu mobilisieren, damit diese bereitstanden, um im geeigneten Augenblick in Aktion treten zu können. Die am 10. 10. bzw. am 16. 10. in Sachsen und Thüringen gebildeten Arbeiterregierungen leiteten jedoch keine wirksamen Maßnahmen zur sofortigen Verbesserung der Lage der Werktätigen und zur Bewaffnung der Arbeiter ein. Dennoch wirkte die Existenz dieser beiden Arbeiterregierungen wie ein Fanal auf die deutschen Werktätigen, so daß mit Billigung des Reichspräsidenten die militärische Niederwerfung dieser Regierungen durch die → *Reichswehr* vorbereitet wurde. Der Beschluß der Zentrale der KPD, am 21. 10. anläßlich der Konferenz der sächsischen Regierung mit Vertretern der Betriebsräte, Gewerkschaften und Kontrollausschüsse in Chemnitz (Karl-Marx-Stadt) den Generalstreik auszurufen, wurde rückgängig gemacht, gelangte aber der Hamburger Parteiorganisation nicht zur Kenntnis. In Hamburg wurden Vorbereitungen für eine bewaffnete Erhebung getroffen, die als Signal für das gesamte deutsche Proletariat gedacht war. Am 22. 10. 1923 bestätigten die Leitung des KPD-Oberbezirks Nordwest und die unmittelbaren Leiter des Aufstandes den Plan der Erhebung und legten den Beginn der Kämpfe auf den 23. 10. um 5.00 Uhr fest. Da alle Kampftrupps zusammengenommen nur 20 Gewehre und annähernd 30 Pistolen besaßen, erhielten sie zunächst die Aufgabe, die Verkehrsverbindungen zu unterbrechen, um den Antransport gegnerischer Verstärkungen zu verhindern, dann die Polizeireviere der Vororte einzunehmen und mit den dabei eroberten Waffen bis in das Zentrum Hamburgs vorzudringen sowie strategisch wichtige Punkte zu besetzen.

In der Nacht vom 22. zum 23. 10. 1923 unterbrachen Arbeitertrupps an einigen Stellen Bahnlinien und errichteten Sperren auf Zufahrtsstraßen nach Hamburg. Am 23. 10., 5.00 Uhr morgens begann der Sturm vor allem auf die im Nordosten, Osten und

Während des Hamburger Aufstands errichtete Barrikaden

Südosten von Hamburg liegenden Polizeistationen. Auch einige Reviere im Norden und Nordwesten Hamburgs, so in Eimsbüttel, wurden angegriffen. Obwohl die Kampfgruppen der Arbeiter durchschnittlich nur mit 2 Pistolen und 1 Gewehr bewaffnet waren, gelang es ihnen, durch kühnes und überraschendes Vorgehen 17 von 26 angegriffenen Polizeiwachen zu erobern, die Polizisten zu entwaffnen und 170 Gewehre, zahlreiche Pistolen und eine beachtliche Menge Munition zu erbeuten. Starke Gegenwehr der Polizei sowie Leichtfertigkeit und Undiszipliniertheit einiger Kämpfer, besonders einzelner Leiter der Kampftrupps, verhinderten die Inbesitznahme weiterer Polizeireviere.

Die politische Leitung des Aufstandes lag in den Händen Ernst Thälmanns. Er arbeitete eng mit dem militärischen Oberleiter des H. A., Albert Schreiner (1892–1979), zusammen. Am Vormittag des 23. 10. 1923 gingen Arbeiter in vielen Teilen Hamburgs auf die Straße. Der seit dem 18. 10. andauernde Streik der Werft- und Hafenarbeiter weitete sich aus. Doch alle Bemühungen, insbesondere Ernst Thälmanns, den Generalstreik für Hamburg oder Streiks in den benachbarten Bezirken auszulösen, scheiterten. Einzelne Polizisten wurden in der Innenstadt entwaffnet. In einigen Stadtteilen kam es zu Sympathiedemonstrationen für die kämpfenden Arbeiter. Am erfolgreichsten verliefen die bewaffneten Auseinandersetzungen in Barmbeck. Hier war Hans Kippenberger (1898–1937) militärischer Leiter. Gekämpft wurde vor allem in Nord-Barmbeck, Süd-Barmbeck und in Bramfeld-Hellbrook. Der Schwerpunkt des Kampfes lag in Süd-Barmbeck, wo die Aufständischen mit Unterstützung der Bevölkerung in wenigen Stunden 58 Barrikaden errichtet hatten. Annähernd 300 Polizisten gingen, unterstützt von 5 Panzerwagen, gegen etwa 80 kämpfende Arbeiter vor. Auch in Schiffbek, wo Fritz (Fiete) Schulze (1894–1935) militärischer Leiter war, kam es zu heftigem Schußwechsel. In Schiffbek hatten Arbeiter Barrikaden gebaut, Verwaltungsgebäude und Polizeireviere besetzt. In den Kämpfen mit der Polizei wandten die Arbeiter eine bewegliche Taktik an. Während nur wenige die Barrikaden verteidigten, bekämpfte die Mehrheit der Aufständischen von Dächern, Dachluken, Fensternischen, Balkons und Kellerböden aus die Polizisten. Unterstützt von der Bevölkerung, waren die Arbeiter außerordentlich manövrierfähig. Diese Kampfesart verwirrte den Gegner, fügte ihm empfindliche Verluste zu und erschwerte es ihm, seine Übermacht an Menschen und Waffen konzentriert einzusetzen. Viele Aufständische waren den Polizisten an Mut, Standhaftigkeit und Initiative überlegen.

Am 24. 10. 1923 sahen sich die herrschenden Kreise Hamburgs gezwungen, zur Entlastung der Polizei Reichswehr einzusetzen. Um 1.00 Uhr morgens ging ein Landungskommando des Kreuzers «Hamburg» an Land und griff mit leichten und schweren Maschinengewehren in die Kämpfe um Schiffbek ein. Der Kreuzer «Hamburg» und eine Torpedoboothalbflottille sicherten den Hamburger Hafen und die Südseite der Stadt. Annähernd 700 Angehörige der sozialdemokratischen sog. Vereinigung Republik übernahmen in der Innenstadt Polizeifunktionen und ermöglichten damit eine Verstärkung der Einsatzkräfte der Polizei gegen die Aufständischen. Die wachsende Überlegenheit des Gegners sowie die Tatsache, daß der H.A. isoliert geblieben war, veranlaßten die Kampfleitung in Hamburg in Übereinstimmung mit Fritz Heckert (1884–1936), dem Abgesandten der Zentrale der KPD, sich am Abend des 24. 10. für den Abbruch der Kampfhandlungen zu entscheiden, die ohnehin bei weitem nicht mehr so intensiv und zahlreich wie am Vortage waren. Ernst Thälmann und andere führende Funktionäre der Hamburger KPD erwirkten persönlich am 24. 10. in Schiffbek und Bramfeld-Hellbrook, den zwei Zentren der bewaffneten Auseinandersetzungen, die Einstellung des Kampfes und den geordneten Rückzug der Aufständischen. Am 25. 10. führten nur noch sehr wenige kleine Gruppen den bewaffneten Kampf fort.

Der H.A. endete mit einer Niederlage. Viele Arbeiter waren bereit, am Aufstand teilzunehmen, aber es fehlte an Waffen. Kaum 300 bewaffneten Aufständischen standen mehr als 6000 Mann der Polizei und Reichswehr gegenüber, die außer Handfeuerwaffen Panzerwagen und Flugzeuge einsetzten. Rechte Führer der Vereinigten Sozialdemokratischen Partei verhinderten in Hamburg den Generalstreik, unterstützten die Polizei und halfen als Beamte im bürgerlichen Staatsapparat, die revolutionären Kräfte Hamburgs gewaltsam niederzuwerfen. Damit hatten sie ebenso wie Friedrich Ebert (1871–1925) und andere sozialdemokratische Funktionäre in zentralen Stellen des imperialistischen Staatsapparates einen entscheidenden Anteil daran, daß der deutsche Imperialismus im Herbst 1923 die revolutionäre Krise überwinden konnte. Obwohl der H.A. eine Niederlage erlitten hatte, war er nicht vergebens. Der H.A. war ein Meilenstein auf dem Weg des Kampfes um den Sozialismus in Deutschland. Von großer Bedeutung für die weitere Entwicklung der revolutionären deutschen Arbeiterbewegung waren seine Lehren. Es bestätigte sich der Leninsche Hinweis, daß vor einem Aufstand eine reale Analyse der Lage und des Kräfteverhältnisses vorzunehmen ist und die Werktätigen durch sich ständig steigernde Massenaktionen an den Kampf um die Macht heranzuführen sind. Der H.A. bewies den Heroismus der revolutionären Kräfte.

Der H.A. gehört zu den revolutionären Traditionen der deutschen Arbeiterklasse und ist ein Bestandteil der → *Traditionspflege in der NVA* und in den anderen bewaffneten Organen der DDR. *(s. Abb. S.711)*

Handbücher militärischen Grundwissens: seit der ersten Hälfte des 19. Jh. für die Ausbildung in den Streitkräften herausgegebene halbamtliche Materialien, die in anschaulicher, einprägsamer Form den wesentlichen Inhalt der militärischen Dienstvorschriften und Bestimmungen enthalten.

Mit der Einführung der allgemeinen Wehrpflicht in den deutschen Staaten entstand in der 1. Hälfte des 19. Jh. die Notwendigkeit, die aktive Dienstzeit intensiver als bisher für die militärische Ausbildung zu nutzen. Gleiches galt für die Übungszeiten der Reservisten. Nicht zuletzt stellte die allgemeine Wehrpflicht höhere Anforderungen in bezug auf die ideologische Beeinflussung der Soldaten im Sinne der herrschenden Klassen. Unterstützt von einflußreichen Militärs am preußischen Hof, erarbeitete der monarchistisch gesinnte Berliner Schauspieler und Militärschriftsteller Louis Schneider (1805–1878) den «Soldatenfreund, ein Lesebuch für den Preußischen Infanteristen in Fragen und Antworten gestellt», der 1832 in Berlin erschien. Zusammen mit einer Fassung für Kavalleristen und Artilleristen erreichte dieses erste Handbuch in wenigen Jahren eine Auflage von mehreren Hunderttausend Exemplaren. Nach diesem Vorbild verfaßten Offiziere in Preußen und anderen deutschen Staaten ähnliche Schriften für Infanteristen sowie für Soldaten anderer Waffengattungen. Weit verbreitet war der «Leitfaden bei der Instruction des Infanteristen» (1843), verfaßt von dem damaligen Major und späteren preußischen Kriegsminister Friedrich von Waldersee (1795–1864); dieses Handbuch erschien später unter dem Titel «Leitfaden für den Unterricht (Dienstunterricht) des Infanteristen» und erreichte 1915 seine 150. Auflage. Größere Resonanz fand auch von Dossows «Instruction für den preußischen Infanteristen» (1860), später als «Dienst-Unterricht für den Infanteristen des Deutschen Heeres» herausgegeben.

Nach dem Deutsch-Französischen Krieg 1870/71 kamen neue Handbücher heraus, die den veränderten politischen und ökonomischen Bedingungen beim Übergang zum imperialistischen Stadium des Kapitalismus in Deutschland sowie den wachsenden Anforderungen an die militärische Ausbildung und die ideologische Manipulierung der Soldaten entsprachen. Wegen ihres niedrigen Preises konnten sie von jedem Soldaten erworben werden. Am meisten verbreitet waren der «Dienst-Unterricht für den Infanteristen des Deutschen Heeres» von W. Transfeldt (Erstauflage 1876; 51 Auflagen bis 1916) und «Unser Infanteriedienst. Leitfaden zum Dienstunterricht der Mannschaften» (1896) von Eggert von Estorff. Die immer wieder auf den Stand der neuesten militärischen Vorschriften gebrachten Handbücher beschrieben an Beispielen aus dem Soldatenleben und der Kriegsgeschichte, bis ins Detail gehend, wie sich der Soldat in allen möglichen Situationen des militärischen Lebens im Frieden wie im Kriege zu verhalten habe. Von monarchistischem Geist durchdrungen, dienten sie als Mittel, die Soldaten zum bedingungslosen Gehorsam gegenüber den militärischen Vorgesetzten und zur völligen Ergebenheit gegenüber den deutschen Fürstenhäusern zu erziehen. 1929 erhielt die Reichswehr mit dem Handbuch «Der Dienstunterricht für Unteroffiziere und Mannschaften» von Wilhelm Reibert, das später den Titel «Der Dienstunterricht im Reichsheer» bekam, ein im Aufbau an den «Transfeldt» angelehntes Werk. Es berücksichtigte in Darstellung und Anleitung sowohl den gestiegenen Bildungsstand als auch die neuen Erkenntnisse der Pädagogik. In der faschistischen Wehrmacht wurde dieses Handbuch, ab 1935 unter dem Titel «Der Dienstunterricht im Heere», in von Fachoffizieren bearbeiteten Ausgaben für die verschiedenen Waffengattungen und Spezialtruppen des Heeres zum wichtigsten Ausbildungsmittel für die Soldaten, das bis 1942/43 in immer wieder veränderten Auflagen herauskam. Auch die Kriegsmarine nutzte es bei der Grundausbildung ihrer Rekruten, während in der Luftwaffe seit 1936 das Handbuch «Der Dienstunterricht in der Luftwaffe» von Ehrenfried Tschoeltsch verwendet wurde, das bis 1943 erschien. In allen diesen Publikationen dienten spezielle Abschnitte zur deutschen Geschichte und zum Soldatenberuf der Beeinflussung der Soldaten in militaristischem Geist. Die Bundeswehr der BRD nutzt seit 1959 unter der Bezeichnung «Der Reibert» ein leicht faßlich geschriebenes Handbuch, das seit 1974 in Ausgaben für Heer, Luftwaffe und Marine erscheint. Mit seinem Titel knüpft es bewußt an das in der faschistischen Wehrmacht verbreitete Material an. Raffiniert verbindet es die Vermittlung militärischen Grundwissens mit der politisch-ideologischen Manipulierung der Bundeswehrsoldaten im Sinne der imperialistischen Staats- und Gesellschaftsordnung.

Der → *Militärverlag der DDR (VEB)* gibt seit 1968 in seiner Reihe der militärischen Handbücher für die Waffengattungen und Dienste der NVA ein «Handbuch Militärisches Grundwissen» heraus. Es unterstützt wirksam die militärische Ausbildung der Soldaten sowie die Ausprägung einer hohen sozialistischen Kampfmoral.

Handfeuerwaffen: in der Regel von einem Schützen tragbare und im Unterschied zu den → *Faustfeuerwaffen* beidhändig zum Schießen in Anschlag zu bringende Waffen.

H. bestehen aus Lauf (mit oder ohne Visiereinrichtung), Schaft, Schloß oder Verschluß (fehlt bei sehr frühen H.), Garnitur (Beschläge) und Zubehör. Militärische H. zeichnen sich allgemein durch Robustheit, Funktionssicherheit, schmucklose Form sowie durch Konstruktionslösungen aus, die eine unkomplizierte Wartung und die Herstellung größerer Stückzahlen ermöglichen. Nach der Ladeweise unterscheidet man bei den H. → *Vorderlader* und → *Hinterlader* sowie Mehrlader (→ *Mehrladegewehr*) und Selbstlader (→ *Selbstladegewehr*). Bei letzteren erfolgt das Nachladen selbsttätig, unter Ausnutzung des Gasdrucks, seltener des Rückstoßes. Die Selbstladegewehre werden häufig den automatischen H. zugeordnet, deren typische Vertreter → *Maschinengewehr* und → *Maschinenpistole* sind. Mit den H. wurden ursprünglich Kugeln aus Eisen oder Blei, zuweilen auch gehacktes Blei oder Schrot verschossen. Seit Beginn der 30er Jahre des 19. Jh. verwendete man in Ausnutzung ballistischer Erkenntnisse gestreckte Rotationskörper aus reinem oder legiertem Blei, die seit den 80er Jahren einen Hartmetallmantel erhielten. Die Treibladung bestand lange Zeit aus Schwarzpulver, das im letzten Drittel des 19. Jh. durch rauchschwaches Nitrozellulosepulver ersetzt wurde. Die Bestandteile der → *Munition* wurden zunächst einzeln, seit dem 18. Jh. auch patroniert in den Lauf eingeführt. Ab Beginn des 19. Jh. erfolgte die Entwicklung von Einheitspatronen, in denen Geschoß, Treibladung und Zündsatz in einer Papier-, später Metallhülse zusammengefaßt waren.

Die Entwicklungsgeschichte der H. steht in enger Wechselbeziehung zur Geschichte der Produktivkräfte, der Kriegskunst und der Streitkräfte. Die moderne Waffengeschichtsforschung datiert den Beginn der H. auf die erste Hälfte des 14. Jh. Zu den ältesten H. gehören die «Loshult-Büchse» wie auch die Tannenberger Büchse, die in den Ruinen der 1399 zerstörten hessischen Burg Tannenberg gefunden wurde. Die zunächst als Handrohr oder Stangenbüchse bezeichneten H. bestanden aus einer Metallröhre mit Pulverkammer und Zündloch, die der Handhabung wegen an einer Stange befestigt war. Sie fanden aufgrund ihres erheblichen Gewichts und Rückstoßes hauptsächlich bei der Belagerung von Städten und Burgen Verwendung. Zur Abgabe eines gezielten Schusses mußte man den Lauf abstützen. Größere Kaliber wurden im 15. und 16. Jh. zumeist an der Unterseite des Laufes mit einem Haken versehen, der zum Abfangen des Rückstoßes diente. Man nannte diese Waffen daher auch Hakenbüchsen (→ *Arkebuse*). Hakenbüchsenschützen fanden als Doppelsöldner Eingang in die Landsknechtsheere. Ihre Gefährdung während des langwierigen Nachladens, aber auch die zunehmende Wirksamkeit ihrer Waffen förderten die Herausbildung fester taktischer Regeln für das Fußgefecht, die im 16. und 17. Jh. ihren Niederschlag im Ordonnanzsystem (→ *Ordonnanz*) fanden. Bedeutenden Einfluß auf die Verbreitung der H. und ihre Anwendung in offener Feldschlacht hatte die Kampfesweise der hussitischen Volksheere (→ *Hussitenkriege 1419–1437*).

Revolutionierend auf die Entwicklung der H. wirkte die Erfindung des Zündschlosses. Die ersten Schloßkonstruktionen, die Luntenschlösser des 15. und 16. Jh. (→ *Luntenschloßgewehr*), enthielten bereits wesentliche Teile einer mechanischen Zündvorrichtung, die – abgewandelt und vervollkommnet – bis in das 19. Jh. hinein verwendet wurde. Die Einführung dieser Mechanismen ermöglichte ein besseres Zielen und einen zuverlässigeren Zündvorgang. Trotz aller anfänglichen Unvollkommenheit setzten sich die H. wegen ihrer größeren Wirksamkeit durch, so daß sie im 16. Jh. die längere Zeit mit ihnen konkurrierenden mechanischen Handfernwaffen (→ *Bogen*, → *Armbrust*) verdrängten. Die relativ einfach zu bedienenden Luntenschloßgewehre und die sich durch größere Handlichkeit auszeichnenden → *Musketen* zählten bis zum 17. Jh. zur regulären Bewaffnung von Teilen des Fußvolkes. Durch strenge Reglementierung und intensives Training des Ladevorgangs sowie durch teilweise ausgeklügelte Gefechtsordnungen und taktische Vorschriften suchte man eine Erhöhung der Waffenwirkung zu erreichen. Einen wesentlichen Fortschritt bei der Verbesserung der Zündvorrichtung der H. bewirkte die Erfindung des Radschlosses (→ *Radschloßgewehr*) in der ersten Hälfte des 16. Jh. Beim Radschloß erfolgte die Zündung erstmals durch Reibung, und zwar durch Abreißen eines Zündfunkens von einem Feuerstein (Eisen- oder Schwefelkies) mittels einer rotierenden Reibfläche in Form eines geriffelten Stahlrädchens. H. mit Radschloß waren jedoch in der Herstellung wesentlich teurer und komplizierter als Luntenschloßwaffen. Das schränkte ihre militärische Verwendung ein. Das Radschloß fand vor allem für Reiterwaffen Verwendung, da es das Schießen aus dem Sattel wesentlich erleichterte. In diese Zeit fällt auch die Differenzierung der militärischen H. in → *Gewehre* für die Infanterie und → *Karabiner* für die Berittenen. Anfang des 17. Jh. fand das Steinschnappschloß (→ *Steinschloßgewehr*) Eingang in den Waffenbau. Sein Funktionsprinzip – ein im Hahn befestigter Feuerstein (Flintstein) schlägt gegen einen Feuerstahl und bewirkt dadurch die Zündung – ähnelte dem des Radschlosses. Die Herstellung war jedoch wesentlich einfacher und das Schloß funktionstüchtiger. Seine Vervollkommnung fand das Steinschloß im französischen Batterieschloß, das sich vor allem durch die stabile Verbindung des Feuerstahls mit dem Pfannendeckel zu einer «Batterie» auszeichnete. Beim Abdrücken schlug der Hahn mit dem Flintstein gegen den Feuerstahl; gleichzeitig gab der

1
2
3
4
5
6
7
8

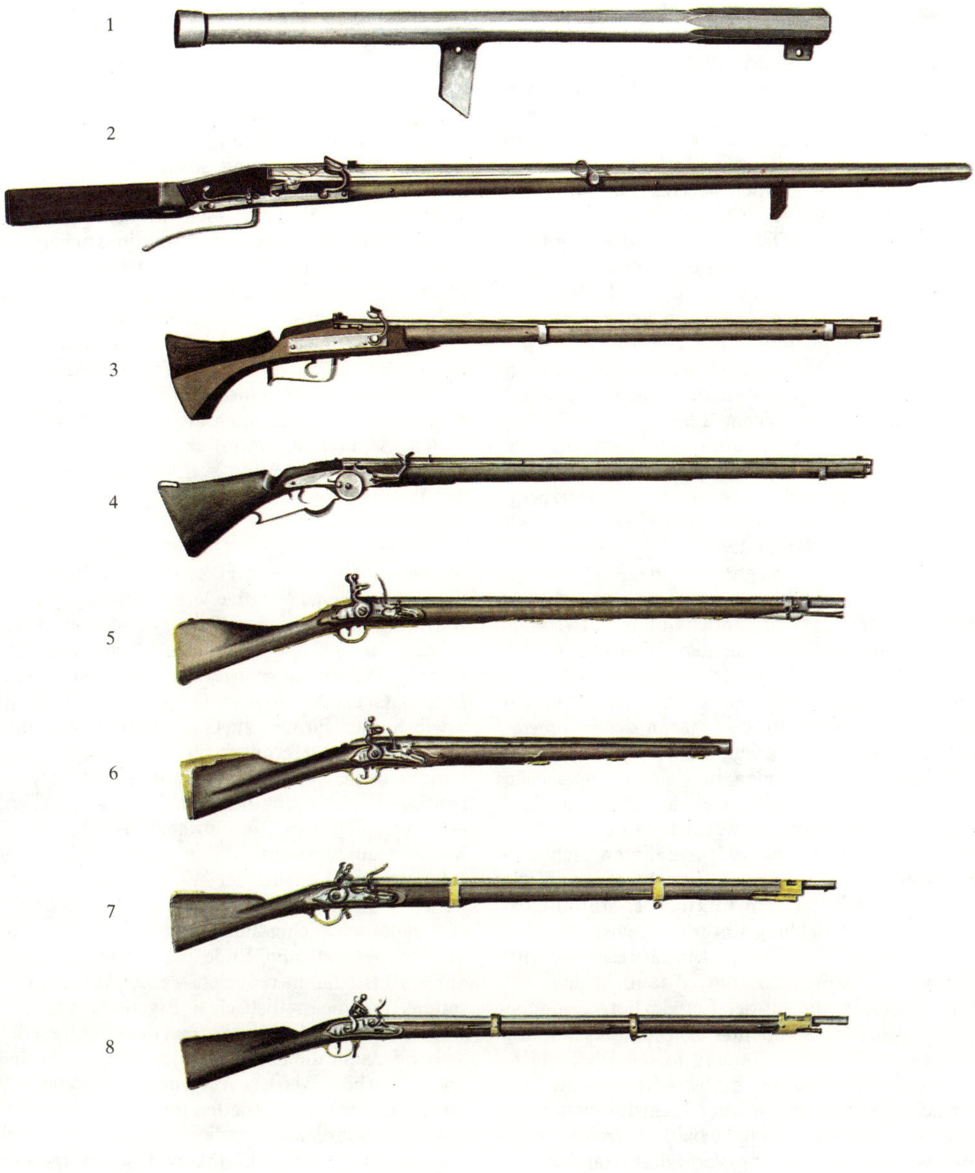

Handfeuerwaffen. *15. Jh. bis Ende 18. Jh.:* **1** Hakenbüchse für Tüllenschäftung (Ende 15. Jh.); **2** Doppelhaken mit Lunten- und Schwammschloß (2. Hälfte 16. Jh.); **3** Luntenschloßmuskete (1. Hälfte 17. Jh.); **4** Radschloßarkebuse (Anfang 17. Jh.); **5** Infanteriesteinschloßgewehr (um 1740); **6** Husarensteinschloßkarabiner (Preußen, Mitte 18. Jh.); **7** Infanteriesteinschloßgewehr M 1778 (Sachsen); **8** Infanteriesteinschloßgewehr M 1809 (Preußen)

Pfannendeckel die Pulverpfanne frei. Das Batterieschloß fand seit Mitte des 17. Jh. in ganz Europa und in Teilen Amerikas weite Verbreitung. Es war mit geringfügigen Verbesserungen bis in die 30er Jahre des 19. Jh. das Standardschloß bei H.

Die mit dem Übergang zum Absolutismus einhergehende Bildung stehender Heere brachte auch neue Methoden der Herstellung von H. mit sich. Es erwies sich als zweckmäßig, die relativ stabilen taktischen Formationen des stehenden Heeres mit H. annähernd gleicher Konstruktion und Leistung zu bewaffnen, da das den Effekt der Ausbildung und des Waffengebrauchs steigerte. Die quantitativ und qualitativ höheren Anforderungen, die das Militärwesen im 18. Jh. an die Waffenproduktion stellte, vermochten nur die Waffenmanufakturen zu erfüllen. Sie waren in der Lage, H. eines «Modells» in größeren Stückzahlen und mit etwa gleichbleibender Qualität herzustellen. Auf deutschem Territorium befanden sich bedeutende Manufakturen für H. in Potsdam, Spandau, Neisse, Saarn, Danzig, Amberg, Ludwigsburg/Oberndorf, Suhl, Olbernhau und Herzberg. Die in Manufakturen hergestellten H. zeigten noch die wesentlichen Merkmale handwerklicher Fertigung. Insbesondere bewegte sich die Maßgenauigkeit in Toleranzbereichen, die einen Austausch von Einzelteilen des gleichen Modells ohne aufwendige Nacharbeiten unmöglich machten. Die trotz höherer Feuergeschwindigkeit unbefriedigenden Schußleistungen derartiger, aus ladetechnischen Gründen fast durchweg glattläufiger H. gaben der → *Lineartaktik* des 18. Jh. wesentlich das Gepräge. Seit der Mitte des 18. Jh. bestanden in vielen europäischen Heeren allerdings Spezialeinheiten, die mit gezogenen H., sog. → *Büchsen*, bewaffnet waren.

Im ersten Drittel des 19. Jh. bahnten sich einschneidende Veränderungen in der H.technik an, die in der Folgezeit unter dem Einfluß der stürmischen industriellen Entwicklung und der wachsenden Anforderungen des bürgerlichen Militärwesens schrittweise realisiert wurden. Zunächst fand in den 30er Jahren des 19. Jh. die auf der Entwicklung gesonderter Zündkapseln beruhende Perkussionszündung (→ *Perkussionsgewehr*) Eingang in die Waffentechnik. Gleichzeitig wurden ballistische und waffentechnische Versuche mit solcher Intensität betrieben, daß den Militärverwaltungen bald zahlreiche Neukonstruktionen von H. zur Verfügung standen, die sich durch moderne Lösungen der Geschoßführung, der Ladeweise, der Munitionierung usw. auszeichneten. Der Übergang vom Manufaktur- zum Fabrikbetrieb und die damit einhergehende Gründung größerer privatkapitalistischer und staatlicher Spezialunternehmen waren durch den Einsatz neuartiger Antriebs- und Werkzeugmaschinen gekennzeichnet, die eine Umwälzung in der Technologie des Waffenbaus herbeiführten. Die fast gleichzeitige Einführung von Perkussionsvorderladern beträchtlicher ballistischer Leistung, von Perkussionshinterladern und schließlich von Hinterladern mit Nadelzündung (→ *Zündnadelgewehr*) in die Heeresbewaffnung kennzeichnet Dichte und Tempo der waffentechnischen Entwicklung in der Mitte des 19. Jh. In ihrem Ergebnis setzte sich bei den H. der Hinterlader mit gezogenem Lauf endgültig durch. Die Einheitspatrone mit Initialzündung sowie die Vervollkommnung des Verschlusses erhöhten die Leistungsparameter, speziell die Ladegeschwindigkeit der H. Patronenhülsen aus Metall und funktionssichere Repetiervorrichtungen führten im letzten Drittel des 19. Jh. allgemein zur Einführung des Mehrladegewehrs mit beachtlich gestiegener Feuerfrequenz. Das zwang dazu, die bis in den Deutsch-Französischen Krieg 1870/71 angewendete Infanterietaktik, den massierten Gefechtseinsatz von Bataillons- und Kompaniekolonnen, durch offene, zerstreute Formationen (Schützenschwarm) abzulösen. Darüber hinaus trieb die Steigerung der Visierschußweite und der Treffgenauigkeit der H. die technische Entwicklung der Feldgeschütze voran.

Mit dem endgültigen Übergang zur industriellen Massenproduktion von H. einschließlich der Munition entstand eine wichtige Voraussetzung für die Bewaffnung und Umbewaffnung moderner Massenheere. Im 1871 gegründeten Deutschen Reich wurden Unternehmen wie Ludwig Loewe & Co. in Berlin, Gebrüder Mauser & Cie.KG in Oberndorf sowie Suhler Firmen zu Großproduzenten von H., die neben den Lieferungen für die Armee des eigenen Landes in bedeutendem Umfang Waffen exportierten. Die Verfeinerung der Werkzeuge und Technologien ermöglichte es, die Einzelteile von H. desselben Modells auszutauschen. Das erleichterte Wartung, Reparatur und Ersatz der Waffenbestände. Mit der höheren Qualität der Laufbearbeitung und dem Einsatz rauchschwacher Pulversorten konnte das Standardkaliber bis zum Ende des 19. Jh. schrittweise auf 8,0 bis 6,5 mm reduziert werden. Damit verbesserten sich die ballistischen Eigenschaften der H. weiter, und der Munitionsvorrat des einzelnen Schützen und damit die Feuerkraft der Infanterieeinheiten konnten erhöht werden. Aufgrund der größeren Wirkung und des verminderten Eigengewichts der Infanteriegewehre wurden diese universell einsetzbar. Das entsprach den militärökonomischen, fertigungstechnischen und taktischen Erfordernissen. Neben dem Gewehr existierte mit Ausnahme der Faustfeuerwaffen lediglich noch der für die Kavallerie und die fahrenden Truppengattungen bestimmte Karabiner, der die gleiche Bauart und Munitionierung, aber einen verkürzten Lauf und ein geringeres Gewicht aufwies. Nach der Einführung von Mehrladegewehren bestand der nächste Schritt in der Ent-

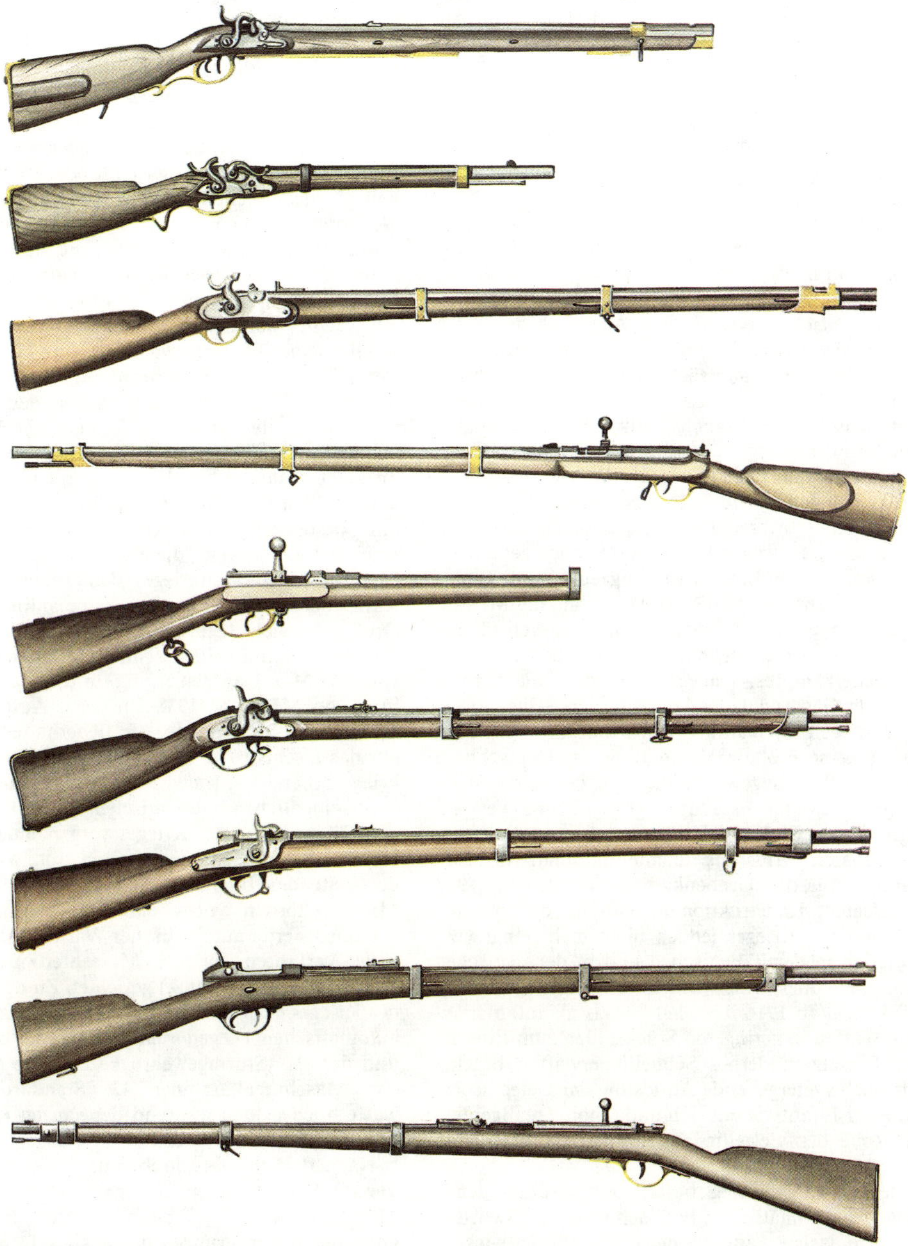

Handfeuerwaffen. *Perkussions- und Hinterladewaffen bis letztes Drittel 19. Jh.:* **1** Perkussionsjägerbüchse M 1835 (Preußen); **2** Perkussionsreiterkarabiner M 1823/47 (Sachsen); **3** Perkussionsinfanteriegewehr M 1839 (Preußen); **4** Zündnadelgewehr M 1841 (Preußen); **5** Zündnadelkarabiner M 1857 (Preußen); **6** Infanteriegewehr M 1858/67 (Bayern); **7** Infanteriegewehr M 1865 (Sachsen); **8** Infanteriegewehr M 1869 (Bayern); **9** Infanteriegewehr M 71

wicklung von H., bei denen die Pulvergase nicht nur als Geschoßantrieb, sondern auch zum Auswerfen der Patronenhülse sowie zum Wiederladen und Abfeuern der Waffe genutzt wurden. Diese etwa seit der Jahrhundertwende einsetzende Entwicklung führte in der Folge zur Konstruktion verschiedener automatischer (eigentlich halbautomatischer) H. Das von Hiram Maxim (1840–1916) entwickelte erste funktionstüchtige MG, ein Rückstoßlader mit beweglichem Lauf und Wasserkühlung, bei dem die Patronenzuführung durch einen Gurt erfolgte, wurde zum Prototyp einer ganzen Gattung von H. und fand – teilweise in modifizierter Form – Anfang des 20. Jh. Eingang in fast alle Armeen, darunter auch das kaiserlich-deutsche Heer. Bis zum Ausbruch des ersten Weltkrieges wurde die militärische Verwendbarkeit automatischer H. hauptsächlich wegen ihres komplizierten Aufbaus, des hohen Gewichts und des enormen Munitionsverbrauchs teilweise unterschätzt. Während des Krieges gewann vor allem das MG außerordentlich an Bedeutung. Die Anzahl dieser Waffen in den kämpfenden Heeren vervielfachte sich. Neben den schweren MGs entstanden leichte, von einem Mann zu tragende Typen sowie spezielle Konstruktionen zum Einbau in Flugzeuge und Tanks. Bei der Infanterie wurde das MG, ohne die Mehrladegewehre aus der Strukturbewaffnung verdrängen zu können, immer mehr zum eigentlichen Rückhalt des Feuerkampfes. Dagegen erlangten die vorwiegend als Gasdrucklader konstruierten Selbstladegewehre wegen ihrer anfänglichen Störanfälligkeit zunächst keine größere Verbreitung. In Deutschland fanden Selbstladegewehre während des ersten Weltkrieges zeitweilig als Flugzeugbewaffnung Verwendung. Gegen Ende des Krieges erschienen die ersten brauchbaren MPis als leichte automatische Einmann-H. für den Grabenkampf. Von den bis 1918 vorgelegten Konstruktionen wurden die meisten während des Krieges jedoch nicht mehr eingesetzt. Lediglich in der italienischen und in der deutschen Armee, die über keine wirklich leichten MGs verfügten, kamen ab 1916 bzw. 1918 MPis als infanteristische Waffen in geringeren Stückzahlen zum Einsatz. Der Einsatz moderner Schnellfeuerwaffen brachte eine noch weitergehende Auflösung der Gefechtsordnung der Infanterie mit sich und erhöhte maßgeblich die Rolle des vielseitig ausgebildeten Einzelkämpfers.

Der erste Weltkrieg bestätigte die überragende Rolle der automatischen H. Nach dem Krieg wurden daher in vielen Ländern neue Modelle entwickelt. Dabei ging das Bestreben aufgrund der im Krieg gesammelten Erfahrungen dahin, wenig störanfällige, schnell und genau schießende Waffen zu konstruieren. So entstanden in den 20er und 30er Jahren zahlreiche neue Modelle leichter, schwerer und überschwerer MGs für unterschiedliche Verwendungszwecke. Bei der Infanterie verdrängte das luftgekühlte leichte MG mit wenigen Ausnahmen die schweren wassergekühlten Modelle. Unübersehbar war besonders seit den 30er Jahren auch das Streben nach Vereinheitlichung der verschiedenen Waffentypen sowie der für sie benutzten Munition. Einen bedeutenden Aufschwung nahm die Entwicklung der MPis. Teilweise wurden die noch gegen Ende des ersten Weltkrieges konstruierten Modelle weiterentwickelt. Daneben entstanden jedoch auch zahlreiche Neukonstruktionen, in der Regel Gasdrucklader mit unstarr verriegeltem Verschluß, die sich durch größere Funktionssicherheit sowie relativ hohe Schußfolge auszeichneten und für Einzel- und Dauerfeuer eingerichtet waren. Für Deutschland waren die Produktion und Weiterentwicklung von H. durch den Versailler Vertrag Einschränkungen und Verboten unterworfen. Dennoch entwickelten deutsche Waffenfirmen, teilweise mit Hilfe ausländischer Unternehmen, neue Modelle. Als Auftraggeber oder Produzenten traten neben Waffenfabriken wie Mauser und Walther die Erfurter Maschinenfabrik (ERMA) und besonders der Rheinmetall-Konzern hervor. Auch die Reichswehr, die als H. neben den MG-Typen des ersten Weltkrieges den weiterentwickelten Karabiner 98 führte, erprobte neue automatische H. Großes Gewicht legte die militärische Führung auf die Entwicklung eines schnell feuernden leichten Einheits-MG. Dagegen erging für die Massenherstellung von MPis erst 1938 ein fester Auftrag an die Waffenfabriken. Infolge der fieberhaften Eile, mit der das faschistische Deutschland den zweiten Weltkrieg vorbereitete, traten seine Streitkräfte mit recht unterschiedlichen automatischen H. in diesen Krieg ein. Die während des Krieges vorgenommenen Neu- bzw. Weiterentwicklungen waren trotz teilweise widerstreitender Interessen von Rüstungsfirmen und Militärbehörden vor allem auf die Entwicklung standardisierter automatischer Waffen und auf rationelle Verfahren für die Massenfertigung (Blechpräge- und Stanztechnik) gerichtet. Zu den während des Krieges entwickelten bzw. zum Einsatz gelangten automatischen H. gehörten das MG 42, die MPi 40 und der als «Sturmgewehr» bezeichnete MPi-ähnliche Maschinenkarabiner 42. Standardinfanteriewaffe blieb jedoch während des ganzen Krieges der Mehrladekarabiner 98 k.

Nach 1945 trat das Streben nach einheitlichen automatischen H. noch stärker in Erscheinung. Das Mehrladegewehr verschwand. Unter Berücksichtigung der Anforderungen des auch auf größere Entfernungen zu führenden modernen infanteristischen Gefechts wurden die MPis des zweiten Weltkrieges, deren wirksame Schußentfernung etwa 200 m betrug, teilweise von neuentwickelten Selbstladegewehren bzw. -karabinern mit größerem Magazininhalt, hö-

Handfeuerwaffen. *Mehrlade- und automatische Waffen bis 1945:* **1** Gewehr 88; **2** Gewehr 98; **3** Maschinenpistole 18 I; **4** Karabiner 98 K; **5** Maschinenpistole 38/40; **6** Selbstladegewehr 43; **7** Sturmgewehr 44

Handfeuerwaffen. *NVA der DDR:* **1** Gewehr M 91/30; **2** Mehrladekarabiner K 38/44; **3** Maschinenpistole PPSch 41; **4** Selbstladekarabiner S; **5** Scharfschützengewehr D; **6** Maschinenpistole KMS/ältere Version; **7** Maschinenpistole KM

herer Feuergeschwindigkeit und verbesserter Funktionssicherheit abgelöst. Daneben setzte sich die Entwicklung von MG-Typen fort, die, von einem Grundmodell ausgehend, sowohl als leichte wie als schwere MGs verwendbar waren. Gleichzeitig fand bei den genannten H. die Einheitspatrone mehr und mehr Anwendung. In den im Warschauer Verteidigungsbündnis vereinten sozialistischen Streitkräften wurden bereits in den 50er Jahren einheitliche Schützenwaffen (→ *Schützenwaffen der NVA*) eingeführt, die in hervorragender Weise die Vorzüge verschiedener moderner automatischer H. in sich vereinigen. Seit den 70er Jahren geht der internationale Trend bei den H. in Richtung auf die Entwicklung kleinkalibriger automatischer Modelle, wobei auch die Verwendung hülsenloser Munition zunehmendes Interesse erlangt. *(s. Abb. S. 100, 193, 310, 508, 521–523, 525, 659, 763, 795, 902, 949, 1104)*

Handgranate: mit der Hand geworfener Sprengkörper für den Nahkampf.

Als Vorläufer der H. fanden bereits im 14. Jh. pulvergefüllte Gefäße mit Zündschnur Verwendung. Im 17. Jh. traten an ihre Stelle Hohlkugeln aus Eisen, Blei oder Glas. Die 1–2 kg schweren Sprengkörper wurden von ausgesucht kräftigen Soldaten, den → *Grenadieren*, geworfen. Mit der weiteren Entwicklung der → *Handfeuerwaffen* wurde die H. im 19. Jh. aus der Bewaffnung der europäischen Heere verdrängt. Erst im Russisch-Japanischen Krieg 1904/05 kam sie wieder in Gebrauch. Behelfsmäßig hergestellt, fand sie hauptsächlich im Grabenkampf Anwendung. Obwohl vor dem ersten Weltkrieg die Wirksamkeit der H. als Nahkampfwaffe bewiesen war, wurde sie bei dessen Beginn nur zögernd eingesetzt. Ihre Anfertigung erfolgte zunächst provisorisch an der Front. Mit dem Übergang zum Stellungskrieg gewann die H. verstärkt an Bedeutung;

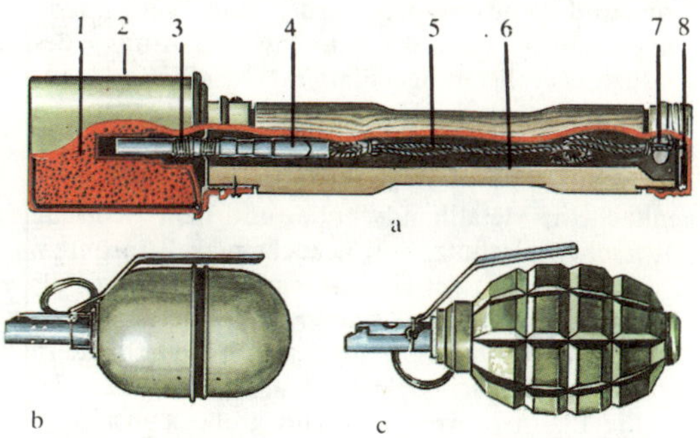

a Prinzipaufbau der deutschen Stielhandgranate, 1915 bis 1945: 1 Sprengstoffladung; *2* Explosivkopf; *3* Zündkapsel; *4* Abreißzünder; *5* Reißleine; *6* Handgriff; *7* Porzellanperle; *8* Metallverschlußkappe
b Splitterhandgranate RGD-5, Angriffshandgranate NVA
c Splitterhandgranate F-1, Verteidigungshandgranate NVA

ihre fabrikmäßige Produktion begann. Im Verlauf des Krieges bildeten sich 2 Grundtypen dieser Waffe heraus: H. für den Angriff (geringer Splitterradius) und für die Verteidigung (großer Splitterradius). Außerdem wurden chemische H. (Brand-, Nebel-, Rauch- und Kampfstoff-H.) entwickelt. Der Form nach unterschied man Stiel-, Kugel- (Eier-) und Diskus-H. Im kaiserlich-deutschen Heer kamen vor allem Stiel-H. zum Einsatz. Sie bestanden aus einem dünnwandigen Stahlblechtopf mit einer 300 g schweren Sprengladung und aus einem durchbohrten Holzstiel, der den Brennzünder mit Abreißvorrichtung aufnahm. Der Splitterradius betrug 10–15 m, die Zündverzögerung 5,5 sec. Daneben wurden auch Kugel- und Diskus-H. verwendet. Erstere besaßen einen stark geriffelten gußeisernen Mantel. Ihre Sprengladung betrug 750 g, die Splitterwirkung reichte bis ungefähr 100 m. Bei den Diskus-H. bestand der Granatkörper aus Eisenblech. Ihre Wirkungsparameter ähnelten der Stiel-H., jedoch besaßen sie einen Aufschlagzünder. Insgesamt produzierte die deutsche Rüstungsindustrie 1914–1918 etwa 300 Mill. H. Die Reichswehr führte 1924 eine verbesserte Stiel-H. ein, deren auf 165 g verringerte Sprengstoffüllung den Splitterradius auf etwa 15 m begrenzte, so daß sie noch günstiger als Angriffswaffe verwendet werden konnte. Gebündelt konnten die H.töpfe als geballte Ladung zur Bekämpfung von Bunkern und gepanzerten Fahrzeugen eingesetzt werden. Durch Befestigung einer Anzahl von Einzelladungen hintereinander an einer Stange entstand eine gestreckte Ladung, z. B. zum Zerstören von Drahthindernissen. In der faschistischen Wehrmacht fanden seit Ende der 30er Jahre auch Eier-H. mit einem Splitterradius von 15 m und einer Wurfweite bis zu 40 m und darüber Verwendung. Während des zweiten Weltkrieges entstanden zum Einsatz gegen gepanzerte Fahrzeuge und Deckungen verschiedene Typen von Panzer-H. Aufbau und Wirkungsweise stimmten prinzipiell mit dem der Hohlladungsgranaten (→ *Granate*) überein. Nach 1945 fanden in fast

In Armeen der sozialistischen Verteidigungskoalition in den 70er Jahren verwendete Handgranatentypen (Auswahl)

Typ	Masse (wurffertig) kg	Mittlere Wurfweite m	Radius der Splitterwirkung m	Zündverzögerung s
RGD-5	0,31	40–50	25	3,2–4,2
F-1	0,65	35–45	200	3,2–4,0
RKG-3	1,07	15–20	200	Aufschlag
AZ-58-K-100	0,85	20–25	200	Aufschlag

allen Armeen neue H.typen für Angriff und Verteidigung sowie zur Panzerabwehr Verwendung. In der NVA werden verschiedene sowjetische H.typen verwendet, deren Splitterwirkung zwischen 20 und 200 m liegt. Dazu kommen spezielle Panzer-H. mit Stabilisierungseinrichtung und Kumulativladung, die auch stärkere Panzerungen durchdringen. Neue Entwicklungstendenzen in der Konstruktion von H. betreffen u. a. die Gewichtsverminderung sowie die sichere Zündung unmittelbar nach dem Auftreffen im Ziel.

Hans-Beimler-Wettkämpfe: Einzel- und Mannschaftswettkämpfe, bei denen die Jugendlichen in Vorbereitung auf Aufgaben bei der sozialistischen Vaterlandsverteidigung geistig und körperlich gestählt werden. Diese Form der → *sozialistischen Wehrerziehung der Bevölkerung der DDR* wurde nach dem Funktionär und Kämpfer der → *Interbrigaden im nationalrevolutionären Krieg Spaniens 1936–1939* Hans Beimler (1895–1936) benannt.

Die außerunterrichtlichen Wettkämpfe werden auf der Grundlage einer Vereinbarung zwischen dem Zentralrat der FDJ, dem Ministerium für Volksbildung und dem Zentralvorstand der → *Gesellschaft für Sport und Technik (GST)* vom Juni 1967 in Verantwortung der FDJ-Kreisleitungen und der Leitungen der FDJ-Grundorganisationen der Oberschulen durchgeführt. Sie erfaßten zunächst alle Mädchen und Jungen der 8.–10. Klassen und gelten seit 1979 nur für die Schülerinnen und Schüler der 8. Klassen, während in den 9. und 10. Klassen der Wehrunterricht eingeführt wurde. Anfangs bestanden die Wettkämpfe aus wehrsportlichen Einzel- und Mannschaftswettkämpfen, Luftgewehr- bzw. Kleinkaliberschießen und Geländespielen. Durch Beschluß des Sekretariats des Zentralrates der FDJ vom 16. 3. 1972 wurden Inhalt und Art der Wettkämpfe präzisiert und erweitert. Seitdem gehören dazu: Kampfmeetings, wehrpolitische Veranstaltungen in den FDJ-Gruppen, militärpolitische Rundtischgespräche in der Woche der Waffenbrüderschaft (→ *Waffenbrüderschaftsbeziehungen der NVA*), der Kraftsportwettkampf «Wer ist der stärkste Schüler?», ein Geländelauf, ein wehrsportlicher Mehrkampf und ein Marsch der Bewährung. Die Wettkämpfe helfen, bei den Jugendlichen klassenmäßig geprägte Motive für die Verteidigung des Friedens und des Sozialismus auszubilden und das Interesse am militärischen Beruf zu wecken.

Schweriner Jugendliche auf einem Marsch der Bewährung

Harnisch: metallener Körperschutz des Kriegers vom 15. bis 17. Jh.

Vom 7. bis zum 11. Jh. war im europäischen Raum der römischen Vorbildern entlehnte Schuppenpanzer weit verbreitet. Ab Mitte des 13. Jh. führte die Weiterentwicklung der Angriffswaffen zur Verstärkung des bisher gebräuchlichen Körperschutzes durch das → *Panzerhemd* bzw. den Spangen-H. Es entstand der sog. Lentner, ein kurzes, ärmelloses Lederhemd mit aufgesetzten Metallplatten, die vor allem die am meisten gefährdeten Körperteile bedeckten. Aus den auf Brust und Rücken befestigten Platten bildete sich allmählich eine geschlossene Panzerung für Oberkörper und Rumpf heraus, die gegen Mitte des 14. Jh. durch einen kompletten eisernen Schutz für Arme und Beine erweitert wurde. Durch Verbindung der einzelnen Schutzelemente entstand Anfang des 15. Jh. der vollständige Platten-H. Er bestand aus dem → *Helm* mit Visier, der H.brust mit Bauchreifen und Beintaschen, dem H.rücken mit Gesäßreifen, dem Armzeug (Ober- und Unterarmzeug, Ellenbogenkacheln, Metallhandschuhe) und dem Beinzeug (Oberschenkelschutz, Kniekacheln, Beinröhren, Eisenschuhe). An der H.brust war ein Rüsthaken als Halterung für die eingelegte → *Lanze* befestigt. Die Achseln waren durch besondere, an Lederbändern befestigte Metallschilde geschützt. Die Hersteller der H., die Plattner, erreichten bald große Kunstfertigkeit. In der ersten Hälfte des 15. Jh. entstand der gotische H., der den Körper des Kriegers gänzlich in Eisenplatten einhüllte, die der Körperform weitgehend angepaßt waren. An den Gelenken wurden die einzelnen H.teile mit Bolzen, Scharnieren und Riemen verbunden. Seit Beginn des 16. Jh. veränderte sich die H.konstruktion. Die H.brust wurde aus

Harnisch um 1500, Vorderansicht:
A Helm. *B* Harnischkragen. *C* Harnischbrust, *C1* Rüsthaken; *C2* Bauchriemen; *C3* Bauchreifen; *C4* Beintasche. *E* Achseln, *E1* Brechränder; *E2* Vorderflüge. *F* Armzeug, *F1* Oberarmzeug; *F2* Armkachel; *F3* Unterarmzeug. *G* Hentze (mit geschlossener Fingerdecke), *G1* Handschuhstulpe; *G2* Fingerdecke; *G3* Daumen. *H* Beinzeug, *H1* Diechling; *H2* Kniekachel; *H3* Beinröhre; *H4* Schuh

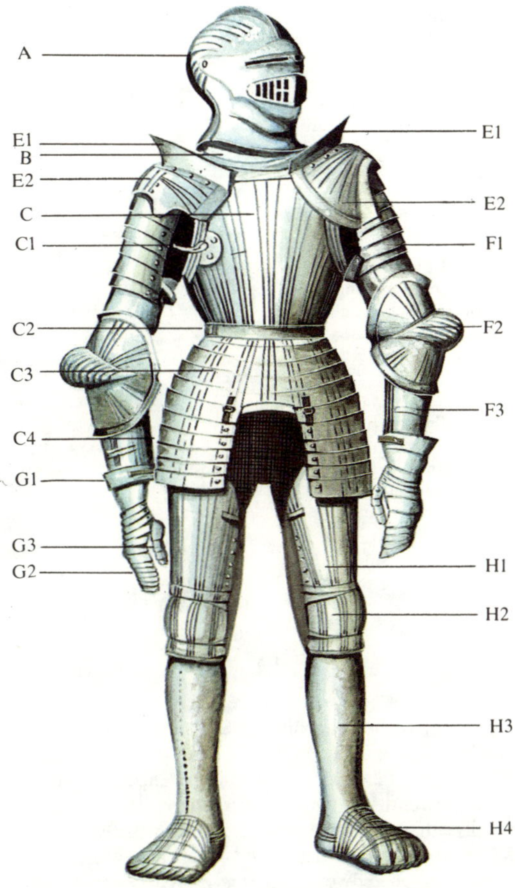

Harnisch um 1500, Hinteransicht:
A Helm. *D* Harnischrücken, *D1* Gesäßreifen. *E* Achseln, *E1* Brechränder; *E3* Hinterflüge

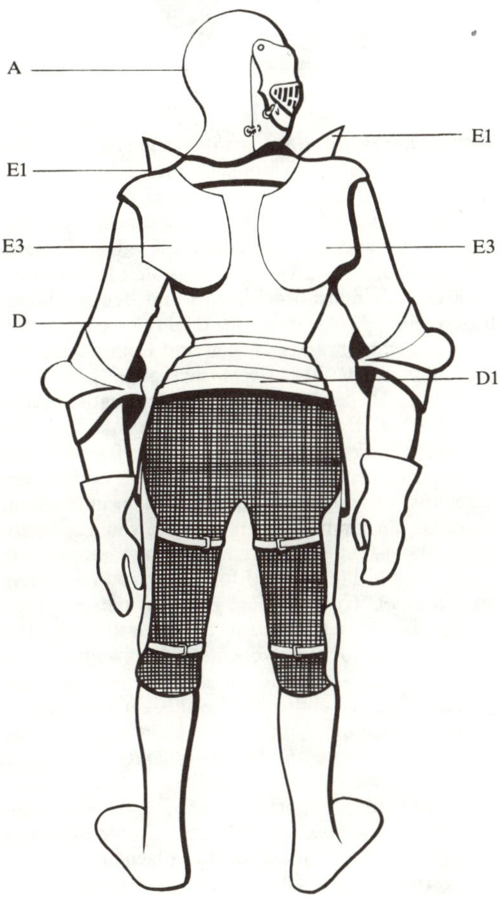

einem Stück gefertigt und stärker gewölbt, Achseln und Hüften besser geschützt. Eine wesentliche Neuerung stellte auch der H.kragen dar, der den durchgängigen Schutz zwischen Kopf und Oberkörper gewährleistete. Charakteristisch für diese Zeit war der Riefel-H., der seinen Namen nach der riefelförmig verstärkten Oberfläche der Panzerung erhielt. Der vollständige H. mit Arm- und Beinschutz wurde von den Berittenen getragen. Das Fußvolk trug in der Regel nur den sog. halben H., der aus Helm, Brust- und Rückenteil sowie Oberarmschutz bestand. Mitte des 16. Jh. wurde deutlich, daß der H. gegen die immer mehr aufkommenden Feuerwaffen keinen ausreichenden Schutz liefern konnte. Er verschwand daher schrittweise aus der Bewaffnung. Zunächst verzichtete man auf die Panzerung der Unterschenkel. Die übrigen Teile des H. wurden leichter gestaltet, so daß sie zwar nicht gegen Feuerwaffen, wohl aber noch im Nahkampf Schutz boten.

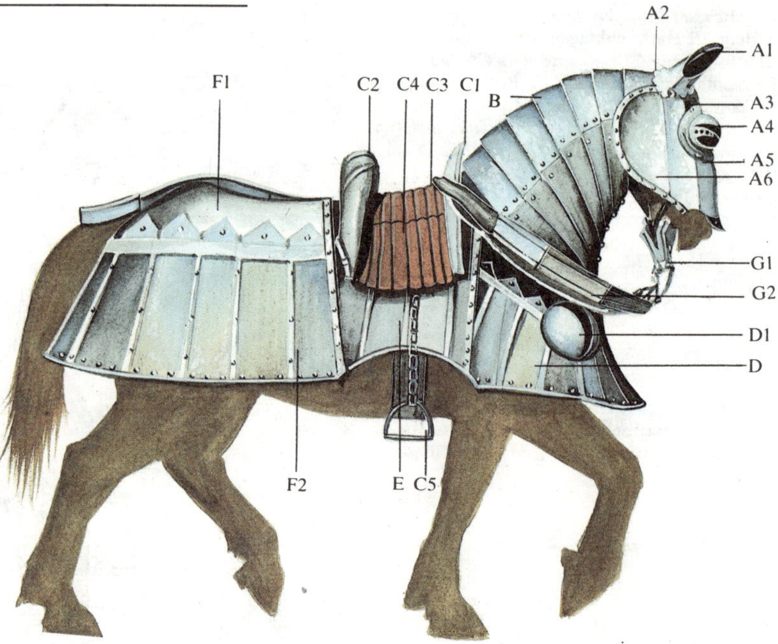

Roßharnisch um 1500:
A Roßkopf,
A1 Ohrenbecher;
A2 Scheitelstück (verdeckt);
A3 Stirnschild (verdeckt);
A4 Augenbecher;
A5 Nasenbein;
A6 Backenstück.
B Kanz.
C Sattel,
C1 vorderer Sattelbogen;
C2 hinterer Sattelbogen;
C3 Steg mit Sitzkissen;
C4 Seitenblätter;
C5 Steigbügel.
D Fürbug,
D1 Streifbuckel.
E Seitenblech.
F Gelieger,
F1 Kruppenteil;
F2 Seitenteil.
G Zaumzeug,
G1 Stangentrense;
G2 Zügel mit Zügelblechen

In der zweiten Hälfte des 16. und im 17. Jh. trug nur noch die schwere Reiterei einen vollständigen, gegenüber früher allerdings wesentlich leichteren H. (Trab-H.). Die leichten Reiter und die → *Pikeniere* waren mit Helm, Brust- und Rückenpanzer versehen, während bei den → *Musketieren* in der Regel bereits auf jede Panzerung verzichtet wurde. Der als Küraß bezeichnete Brust- und Rückenschutz der Berittenen blieb teilweise bei den → *Kürassieren* bzw. Schweren Reitern noch bis zum ersten Weltkrieg erhalten. *(s. Abb. S. 305, 367, 369, 745)*

Harzschützen: Angehörige einer Widerstandsbewegung im Harzgebiet gegen die Söldnertruppen der Liga und des Kaisers während des → *Dreißigjährigen Krieges 1618–1648.*

Die unter dem Namen H. bekannte Bewegung entstand 1624/25, als sich Bauern, Bergleute und Köhler, teilweise ganze Dorfgemeinden, gegen die Requirierungen, Plünderungen und Gewalttaten der Soldateska erhoben. Die H. fanden Unterstützung bei Plebejern und Handwerkern der Harzstädte sowie bei der Landbevölkerung. Sie verließen ihre Heimstätten, bildeten kleine Abteilungen und bezogen Stützpunkte in schwer zugänglichen Gebieten des Gebirges, von denen aus sie ihre Aktionen unternahmen. Die Bewegung konzentrierte sich vor allem im Hochharz sowie in den Gebieten um Osterode, Benneckenstein, Stolberg, Thale, Blankenburg und Elbingerode. Nach zeitgenössischen Angaben, die jedoch zu hoch sein dürften, zählten die H. etwa 6000 Mann. Die H. führten einen erfolgreichen Kleinkrieg, wobei sie das waldreiche und gebirgige Gelände geschickt ausnutzten. Sie vernichteten Requirierungstrupps, überfielen Transporte, verjagten Kommandos und zerschlugen schwache Garnisonen. Durch erbeutete Waffen, Munition, Pferde und Wagen konnten sie ihre Kampfkraft und Beweglichkeit steigern. 1626/27 dehnten die H. ihre Streifzüge bis nach Halberstadt, Aschersleben und Einbeck aus. In Überfällen auf feudale Herrensitze zeigte sich auch die bei den H. partiell vorhandene antifeudale Zielsetzung. Den H. gelang es nicht, die lokale Zersplitterung des Volkswiderstands gegen das Treiben der Söldner zu überwinden. Zwischen den Zentren der Bewegung bestanden nur lose Kontakte, und selten gab es ein Zusammenwirken. Obwohl von den Söldnern und der feudalen Obrigkeit verfolgt, setzten die H. den Kampf längere Zeit fort. Erst Ende der 20er Jahre konnten Truppen diese größte Widerstandsbewegung im mitteldeutschen Raum während des Krieges unterdrücken, wobei Feudalgewalten und städtisches Patriziat Hilfe leisteten. Der Kampf der H., der im geschichtlichen Bewußtsein der Volksmassen tiefe Spuren hinterließ, gehört zu den fortschrittlichen → *militärischen Traditionen der DDR* und ihrer bewaffneten Kräfte.

Haubitze: ursprünglich Bezeichnung für ein großkalibriges → *Geschütz*, später ein auf unterschiedliche Entfernungen wirkendes, für Flach- und Steilfeuer geeignetes Geschütz.

Mit «houfnice», woraus das deutsche Wort H. entstand, bezeichneten die Hussiten Anfang des 15. Jh. ihr Feldgeschütz mit einem Kaliber von 150 bis 250 mm – eine Geschützart zwischen einem Flach- und Steilfeuergeschütz. Auf Räderlafette und technisch verbessert, wurde die H. bis Ende des 17./Anfang des 18. Jh. eine wichtige Waffe sowohl der Feld- als auch der Festungs- und Belagerungsartillerie (→ *Artillerie*). Ihre maximale Reichweite betrug zu dieser Zeit zwischen 1000 und 1500 m bei einer Schußfolge von 2 bis 3 Schuß/min. Als Feldgeschütze wurden z. B. leichte H. von Preußen im Siebenjährigen Krieg (1756–1763) eingesetzt. Neben 7- und 10pfündigen H. (etwa 150 bzw. 170 mm) verfügte die preußische Belagerungsartillerie in der damaligen Zeit außerdem über 25- (220 mm) und 30pfündige (240 mm) H. Eine begrenzte technische Weiterentwicklung der H. erfolgte in der ersten Hälfte des 19. Jh. in Auswertung der Erfahrungen über die Rolle der Artillerie in den französischen Revolutions- und antinapoleonischen Unabhängigkeitskriegen. Sie betraf vor allem die Erhöhung der Schußweiten, die Verringerung der Geschützmasse und ein günstigeres Verhältnis zwischen Wirkung und Beweglichkeit. So führte Frankreich Ende der 20er Jahre des 19. Jh. neue H. ein, u. a. eine 165-mm-H. mit einer Reichweite von 1900 m und eine 223-mm-H. mit einer maximalen Schußentfernung von 1430 m. Die preußische Armee erhielt um dieselbe Zeit eine 25pfündige H. (226,5 mm), Reichweite 3150 m und eine 50pfündige H. (284,3 mm), größte Schußentfernung 3200 m. Eine 7pfündige H. (150 mm) war in Erprobung, wurde aber erst 1850 in die Truppe eingeführt.

Mit der Entwicklung der gezogenen Rohre zu Beginn der zweiten Hälfte des 19. Jh. verloren die Feld-H. vorübergehend zugunsten der → *Kanone* an Bedeutung. Erst gegen Ende des Jh. und in Vorbereitung des ersten Weltkrieges wurde ihrer Rolle und technischen Weiterentwicklung in den europäischen Armeen, besonders in den kaiserlich-deutschen Streitkräften, wieder größere Aufmerksamkeit beigemessen. Die Ursache dafür waren technische Neuerungen, die die Kampfeigenschaften der Geschütze grundlegend veränderten. Dazu gehörten die Erfindung der Lafette mit Rohrrücklauf und Rücklaufbremse, neuer Zielgeräte, neuer Geschosse, Zünder u. a. Des weiteren ergab sich die Notwendigkeit, auch durch die Feldartillerie gedeckte Ziele und Verteidigungsanlagen wirksam bekämpfen zu können. Die europäischen Mächte ergänzten daher ihre Kanonenartillerie seit Ende des 19./Anfang des 20. Jh. mit leichten und schweren Feld-H. Im Unterschied zu den Kanonen besitzen die H. bis heute charakteristische Eigenschaften, die insbesondere darin bestehen, daß H. über ein kürzeres Rohr verfügen, mit einer größeren Rohrerhöhung schießen und ihre Geschosse durch die steilere Flugbahn einen größeren Auftreffwinkel erzielen können. Die H. ist im Vergleich zur gleichkalibrigen Kanone wesentlich leichter. Für H. wird vorwiegend getrennte → *Munition* verwendet. Granate und Treibladung werden einzeln geladen. Die ausgewählte Ladung richtet sich nach der Lage bzw. Entfernung des Ziels. Zu den Standardgeschützen in der Artillerieausstattung des kaiserlich-deutschen Heeres gehörten vor und während des ersten Weltkrieges eine 105-mm- und eine 150-mm-Feld-H., von denen mehrere, jeweils verbesserte Modelle in die Streitkräfte eingeführt wurden. Allgemein erhöhte sich die Schußweite vom Beginn des 20. Jh. bis Ende des ersten Weltkrieges bei den Feld-H. um fast das Doppelte, was in der Hauptsache durch eine Steigerung der Anfangsgeschwindigkeit der Geschosse von etwa 300 m/s auf 450 m/s erreicht wurde.

Nach dem ersten Weltkrieg war die Entwicklung der Feld-H. darauf gerichtet, die Schußweiten durch Erhöhung der Anfangsgeschwindigkeit noch zu steigern und den Richtbereich nach Seite und Höhe zu vergrößern. Es gelang, bis zum zweiten Weltkrieg die Anfangsgeschwindigkeit der Geschosse um etwa 25–30% zu erhöhen und dadurch eine um etwa den gleichen Prozentsatz größere Schußentfernung zu erreichen – allerdings auf Kosten einer bedeutend gewachsenen Geschützmasse. Es gab im wesentlichen 2 Gruppen von H.: Feld-H. mit einem Kaliber von 100 bis 122 mm und Feld-H. mit einem Kaliber zwischen 149 und 155 mm. Zugleich entwickelten einige Staaten, z. B. die Sowjetunion und Großbritannien, Kanonen-H. Das Ziel dabei war, ballistische Leistungen der Kanone mit dem Höhenrichtbereich der H. in bestimmtem Maße zu verbinden. In der faschistischen deutschen Wehrmacht gehörten die 105-mm-Feld-H. und die 150-mm-Feld-H. zu den Standardgeschützen der Divisionen. Beides waren konstruktiv verbesserte Modelle von bereits im ersten Weltkrieg eingesetzten Geschützen.

Nach dem zweiten Weltkrieg wurden die H. sowie die Kanonen-H. weiter vervollkommnet. Die H. erhielten z. B. ein längeres Rohr unter Verwendung widerstandsfähigerer Legierungen, stärkerer Treibladungen u. a., wodurch die Schußweiten erneut, bis zu 60%, gesteigert werden konnten. Ihre Schwenkbarkeit in Feuerstellung wurde beträchtlich erweitert und erreichte bis zu 360°. Die schnelle Entwicklung von Geschützen auf SFL machte die H. auch äußerst beweglich. Im sozialistischen Militärwesen wird unter einer H. ein Geschütz mit einer Rohrerhöhung bis +65°, einem Kaliber zwischen 105 mm und 520 mm und einer Rohrlänge bis 30 Kaliber verstanden. Die Streitkräfte der Länder des Warschauer Verteidigungsbündnisses, darunter auch die NVA der DDR, besitzen moderne H. und Kanonen-H., die auf Basis

Taktisch-technische Daten von Haubitzen der Erdartillerie im ersten Weltkrieg

Land Modell	Kaliber mm	Rohrlänge Kaliber	Masse in Feuerstellung kg	V_0 m/s	max. Schußweite km	Richtbereich Seite Grad	Richtbereich Höhe Grad	Masse des Geschosses kg	Zugkraft
Feldhaubitzen bis 122 mm									
Deutschland									
M 16	104,9	22,0	1380–1525	400–427	8,4–9,7	4–10	+40	15,70	Pferde
Frankreich									
M 10	121,9	12,8	1324	335	7,68	9–3	+45	23,00	Pferde
Großbritannien									
M 10	114,3	15,6	1370	313	6,4–7,5	6–5	+45	15,90	Pferde
Rußland									
M 04	121,9	12,0	1225	292	6,7	4,33–0	+42	21,00	Pferde
Feldhaubitzen von 149 bis 155 mm									
Deutschland									
M 02	149,7	12,0	2035	325	7,45	4–0	+42	42,00	Pferde
Frankreich									
M 17	155,0	15,3	3300	450	11,5	6–0	+42,3	43,50	Pferde/mot.
Großbritannien									
M 17	152,4	14,6	3692	376	8,7	8–0	+45	45,36	Pferde/mot.
Rußland									
M 09	152,4	14,0	2750	381	8,7	6–0	+41	41,00	Pferde

Taktisch-technische Daten von Haubitzen der Erdartillerie im zweiten Weltkrieg

Land Modell	Kaliber mm	Rohrlänge Kaliber	Masse in Feuerstellung kg	V_0 m/s	max. Schußweite km	Richtbereich Seite Grad	Richtbereich Höhe Grad	Masse des Geschosses kg	Zugkraft
Feldhaubitzen bis 122 mm									
Deutschland									
M 18/40	104,9	28,0	1800	540	12,3	60–5	+45	14,80	Pferde/mot.
Frankreich									
M 35	105,0	17,0	1627	442	12,0	58–6	+50	15,67	Pferde/mot.
Großbritannien									
MK II[1]	87,6	28,3	1742	530	12,2	360–5	+42	11,34	mot.
UdSSR									
M 38	121,9	22,7	2450	515	11,8	49–3	+63,5	21,76	mot.
Feldhaubitzen von 149 bis 155 mm									
Deutschland									
M 18	149,1	29,5	5512	520	13,3	60–0	+45	43,52	Pferde/mot.
Frankreich									
M 17	155,0	15,3	3300	450	11,5	6–0	+42,3	43,50	Pferde/mot.
Großbritannien									
M IV[1]	139,7	31,2	5838	511/594[2]	14,6/16,6[2]	60–5	+45	45,40/37,20[2]	mot.
UdSSR									
M 43	152,4	24,6	3601	508	12,4	35–3	+63,5	40,00	mot.

1 Kanonenhaubitze 2 schweres/leichtes Geschoß

der bewährten Modelle der Sowjetarmee, teilweise mit SFL, entwickelt worden sind. *(s. Abb. S. 33, 35, 37, 41, 43–45)*

Hauptfeldwebel → *Feldwebel*

Hauptmann: ursprünglich Bezeichnung für den militärischen Führer, später mittlerer Offiziersdienstgrad; in den Land- und Luftstreitkräften/Luftverteidigung der NVA und Grenztruppen der DDR Dienstgrad und Dienstgraduntergruppe zwischen → *Leutnanten* und → *Stabsoffizieren* (→ *Nationale Volksarmee der DDR (NVA)*).

Der H. gehört im deutschen Militärwesen zu den

ältesten Funktions- und Dienstgradbezeichnungen. Schon im 15. Jh. hieß der Anführer einer selbständigen Söldner- oder Vasallentruppe H. So wurde der Oberbefehlshaber häufig als oberster H. oder Feld-H., der Führer von einem → *Fähnlein* entsprechend als Unter-H. bezeichnet. In den Landsknechtsheeren des 16. Jh. war der H. der vom → *Oberst* eingesetzte Führer eines Fähnleins. Er war für die eigentliche Werbung, Ausrüstung, Verpflegung sowie Soldzahlung seiner Truppe verantwortlich und ernannte die unteren Führer. Den H. als militärischen Führer gab es auch in den bewaffneten Formationen aufständischer Bauern im 16. und 17. Jh. Er wurde von den Aufständischen gewählt und war ihnen gegenüber rechenschaftspflichtig.

Als sich Ende des 17. Jh. in den deutschen Heeren für das Fähnlein der aus dem Französischen stammende Begriff → *Kompanie* einbürgerte, erhielt der H. die Bezeichnung → *Kapitän*. Sie war in Preußen bis 1842, in anderen norddeutschen Staaten ebenfalls bis Mitte des 19. Jh., in den süddeutschen Staaten hingegen nur bis Ende des 17./Anfang des 18. Jh. üblich. Bei der besonders in Preußen ausgebildeten → *Kompaniewirtschaft* (bis 1808) war der H. vorrangig für Fragen der materiellen Versorgung seiner Kompanie verantwortlich und nutzte diesen Umstand häufig zu seiner persönlichen Bereicherung. Die militärischen Aufgaben wurden weitgehend von dem ihn vertretenden Leutnant wahrgenommen, daher die zeitweilige Bezeichnung → *Kapitänleutnant* (in Preußen Stabskapitän). Im Gefecht hatte der H., so lange das → *Bataillon* die taktische Einheit war, nur die Funktion eines Leutnants inne. Bei den berittenen Truppen nannte man den H. seit dem 16. Jh. Rittmeister. Seine Stellung unterschied sich nicht wesentlich von der des H. bei der Infanterie. Ebenso wie dieser war er bis 1808 Nutznießer der ökonomischen Vorteile aus der materiellen Verantwortlichkeit für die von ihm geführte → *Eskadron*. Sein militärischer Stellvertreter hieß Stabsrittmeister. Die Dienstgradbezeichnung Rittmeister fand bis 1945 traditionsgemäß bei berittenen Einheiten oder den häufig aus ihnen hervorgegangenen technischen Truppen, z. B. den Aufklärungsabteilungen der Panzerdivisionen, Anwendung. H. bzw. Rittmeister bekleideten seit den Militärreformen in Preußen und anderen deutschen Staaten von Beginn des 19. Jh. bis zum Ende des zweiten Weltkrieges in der Regel die Dienststellung des Kommandeurs bzw. Chefs einer Kompanie, → *Batterie*, Eskadron oder Fliegerstaffel.

In den Landstreitkräften und Luftstreitkräften/Luftverteidigung der NVA, den Grenztruppen und der Zivilverteidigung der DDR erfolgt die Beförderung zum H. gewöhnlich nach 3jähriger Dienstzeit als Oberleutnant. Der H. ist zumeist Führer einer Kompanie oder entsprechender Einheiten. Er trägt die Verantwortung für die Gefechtsausbildung und Gefechtsbereitschaft, die militärische Disziplin und Ordnung, den politisch-moralischen Zustand, die Aufrechterhaltung der inneren Ordnung sowie die Einsatzbereitschaft der Kampftechnik und Ausrüstung der ihm unterstellten Einheit. *(s. Abb. S. 144–146, 1006, 1007, 1012)*

Hauptverwaltung für Ausbildung (HVA): 1949 geschaffenes bewaffnetes Organ der DDR zur Ausbildung von Kadern zum Schutz der Arbeiter-und-Bauern-Macht vor konterrevolutionärer Wühltätigkeit und dem Treiben imperialistischer Agentengruppen.

Die DDR war vom Tag ihrer Gründung an unmittelbar mit der aggressiven imperialistischen Politik des kalten Krieges konfrontiert. Von den NATO-Staaten aktiv unterstützt, verfolgten die herrschenden Kreise in der BRD mit ihrem revanchistischen Kurs das Ziel, den deutschen Arbeiter-und-Bauern-Staat zu beseitigen. Darauf war die → *Remilitarisierung der BRD* vorrangig gerichtet; dem dienten völkerrechtswidrige Praktiken wie das Petersberger Abkommen 1949, in dem festgeschrieben war, die BRD in das unter Führung der USA stehende aggressive Paktsystem der Imperialisten einzugliedern. Unter diesen Bedingungen war es für die DDR dringend geboten, in enger Zusammenarbeit mit der UdSSR, deren Truppen (→ *Gruppe der Sowjetischen Streitkräfte in Deutschland (GSSD)*) die Sicherheit der DDR vor imperialistischer Intervention gewährleisteten, Maßnahmen zur Entwicklung des bewaffneten Schutzes der Arbeiter-und-Bauern-Macht zu treffen. Ein erster Schritt erfolgte mit der Schaffung der HVA im Oktober 1949. Diesem beim Ministerium des Innern der Regierung der DDR gebildeten Organ oblag der Aufbau spezieller Polizeiformationen, die sowohl Kader (Unterführer und Offiziere) ausbildeten als auch in der Lage waren, im koordinierten Einsatz mit anderen bewaffneten Organen die vermehrten Aktionen konterrevolutionärer Wühltätigkeit abzuwehren, imperialistische Agentengruppen zu zerschlagen und im Falle einer imperialistischen Aggression die Sowjetarmee in bestimmtem Maße zu unterstützen. In leitende Dienststellungen wurden bewährte Arbeiterfunktionäre berufen. Leiter der HVA wurde im April 1950 Generalinspekteur der Volkspolizei Heinz Hoffmann (1910–1985), der seit 1960 Minister für Nationale Verteidigung der DDR war. An der Spitze des Stabes und der Hauptabteilungen Polit-Kultur, Kader, Inspektion und Versorgung standen Chefinspekteure der Volkspolizei. Die Ausbildung von Unterführern (Wachtmeister, Oberwachtmeister, Hauptwachtmeister und Meister der Volkspolizei) erfolgte in den der HVA unterstellten Volkspolizeibereitschaften; die Ausbildung von Offizierskadern wurde an Volkspolizeischulen durchgeführt. Die weitere Qualifizierung der Offizierskader erfolgte an der Höheren Volkspolizeischule. 80% der Angehörigen der HVA kamen aus der Arbeiterklasse, 30% gehörten als Mitglieder oder Kandidaten der SED, 65% der FDJ an. Über die Polit-Kultur-Organe und Parteiorganisationen der SED in den Dienststellen und Einheiten der HVA verwirklichte die marxistisch-leninistische Partei ihre führende Rolle beim Aufbau des bewaffneten Organs der sich entwickelnden sozialistischen Staatsmacht. Verantwortungsvolle Aufgaben übernahmen die FDJ-Organisationen bei der politisch-ideologischen Festigung der Volkspolizeibereitschaften und -schulen. Zielstrebig wurden die Erfahrungen der KPdSU bei der Organisation des bewaffneten Schutzes in der Sowjetunion ausgewertet und genutzt. Auf Ersuchen der Staatsführung der DDR standen den Führungskadern der HVA sowjetische Berater zur Seite, die sie in allen Fragen des Aufbaus der Volkspolizeibereitschaften und -schulen unterstützten. In den Jahren des Bestehens der HVA wurde eine bedeutende Anzahl von Offizieren und Unterführern herangebildet, die sich Grundkenntnisse im Waffenhandwerk aneigneten und ihre enge Verbundenheit zur Arbeiterklasse und zum gesamten werktätigen Volk der DDR unter Beweis stellten. Geführt von der SED, bewährten sich die Angehörigen der HVA bei der Abwehr konterrevolutionärer Schädlings- und Agententätigkeit gegen die Arbeiter-und-Bauern-Macht der DDR. Die HVA bildete die Grundlage für den Aufbau der → *Kasernierten Volkspolizei (KVP)* im Jahre 1952.

Hauptverwaltung Seepolizei (HVS): 1950 geschaffenes bewaffnetes Organ der DDR zur Wahrnehmung der Sicherheitsinteressen des Arbeiter-und-Bauern-Staates an der Seegrenze und in den Küstengewässern der DDR.

Nach Schaffung der → *Hauptverwaltung für Ausbildung (HVA)* war die Bildung der HVS beim Ministerium des Innern der Regierung der DDR im Juni 1950 ein weiterer Schritt beim Aufbau des bewaffneten Schutzes des Arbeiter-und-Bauern-Staates. Die HVS wurde notwendig, um die Interessen der DDR an ihrer Seegrenze zu sichern, den Handel vor Schädigung durch Schmuggel an der Küste zu schützen und der Fischereiflotte der DDR sowie allen anderen in Häfen der Republik aus- und einlaufenden Schiffen in den Küstengewässern Schutz und Sicherheit zu gewähren. Von besonderer Bedeutung war das Räumen der Küstengewässer von Minen. Erste Räumboote wurden unmittelbar nach Schaffung der HVS von der Sowjetunion übergeben. Die junge Werftindustrie der DDR stellte ab Ende 1950 kleine Fahrzeuge (Küstenschutz- und Spezialboote) für die Überwachung von Häfen und Reeden sowie für die Sicherung der Seegrenze zur Verfügung. Erste Ausbildungslehrgänge wurden durchgeführt. 1952 wurde die HVS in die Volkspolizei-See (VP-See) umgewandelt. Es bestanden nun Voraussetzungen, in stärkerem Maße das Räumen der minenverseuchten Gebiete vor der Küste der DDR in Angriff zu nehmen. Der bewaffnete Schutz der Küste war soweit ausgebaut, daß seeseitige Provokationen erfolgreich abgewehrt werden konnten. 1953 wurde die VP-See mit allen Dienststellen und Einheiten dem Chef der → *Kasernierten Volkspolizei (KVP)* unterstellt.

Heer → *Landstreitkräfte*

Heeresarchive → *Militärarchive*

Heeresdienstvorschrift → *Dienstvorschriften*

Heeresfachschulen: Bildungseinrichtungen der → *Reichswehr* und der faschistischen Wehrmacht (→ *Wehrmacht, faschistische*) zur Vorbereitung längerdienender Soldaten und Unteroffiziere auf einen Zivilberuf.

Die H. entstanden 1922 aufgrund der Festlegungen im Wehrgesetz vom 23. 3. 1921, wonach die → *Berufssoldaten* während ihrer Dienstzeit eine Ausbildung erhalten sollten, die ihnen nach ihrem Ausscheiden eine qualifizierte Berufstätigkeit ermöglicht. H. bestanden an den jeweiligen Truppenstandorten. Verantwortlich für ihre Bildung waren die Standortältesten. In jedem → *Wehrkreis* war ein Unterrichtsleiter eingesetzt. Die oberste Leitung der H. lag bei der Inspektion des Erziehungs- und Bildungswesens im Reichswehrministerium, 1935–1938 im Reichskriegsministerium, ab 1938 beim → *Oberkommando der Wehrmacht (OKW)* sowie bei den Inspektionen für das Bildungswesen der Teilstreitkräfte. Die Einrichtung der H. knüpfte an den 1909 in den Streitkräften Deutschlands eingeführten Kapitulanten- und Militäranwärterunterricht (→ *Kapitulanten*) an. Der Aufbau der H. erfolgte 1922–1924. Es entstanden 3 Arten von H.: 1. für Verwaltung und Wirtschaft. Eine solche war je Standort bei allen nichttechnischen Truppen einzurichten. Sie bereiteten auf die untere und mittlere Beamten- oder kaufmännische Laufbahn vor; 2. für Gewerbe und Technik. Sie bestanden bei den technischen Truppen (Pionier-, Kraftfahr- und Nachrichtentruppen, teilweise bei der Artillerie) und bildeten handwerklich Vorgebildete in holz- und metallbearbeitenden Berufen bis zum Meister bzw. zu mittleren technischen Beamten aus; 3. für Land- und Forstwirtschaft. H. für Landwirtschaft bildeten aus der Landwirtschaft stammende Reichswehrangehörige für die Übernahme von Siedlerstellen sowie als landwirtschaftliche Beamte (Gutsverwalter oder Inspektoren) aus. Sie waren oft mit heereseigenen Gütern gekoppelt.

Die H. konnten ab dem 4. Dienstjahr besucht werden, d. h., nachdem die Bewerber die allgemeine militärische Ausbildung bis zum Unteroffizier absolviert und ihre politische und militärische Zuverlässigkeit bewiesen hatten. Der theoretische und praktische Unterricht erfolgte vorwiegend neben dem Dienst. Bis 1925 wurden den Absolventen nur Teilnahmebescheinigungen ausgestellt, danach fanden im 11. bzw. 12. Dienstjahr Prüfungen zur Vergabe staatlich anerkannter Berufsabschlüsse statt. Den Unterricht an den H. erteilten haupt- und nebenamtlich tätige Lehrkräfte, deren Bezahlung bis 1931 durch die Länder, danach aus dem Reichswehretat erfolgte. Seit 1936 waren die hauptamtlichen Lehrkräfte als → *Militärbeamte* angestellt. Zur Unterstützung der Lehrkräfte erschien von 1924 bis 1935 die Zeitschrift «Reichswehr-Fachschule», von 1935 bis 1939 die «Wehrmacht-Fachschule».

Mit der forcierten Aufrüstung seit der Errichtung der faschistischen Diktatur koordinierte die Wehrmachtführung die Vorbereitung auf den späteren Zivilberuf mit der Heranbildung von Militärspezialisten auf den verschiedensten Gebieten. Dazu wurden den H. spezielle militärische Lehreinrichtungen, Lehrgänge u. ä. angegliedert, die Spezialisten ausbildeten, deren erlangte Qualifikation sowohl einen Einsatz in der Wehrmacht als auch im Zivilleben ermöglichte. So wurden den H. für Gewerbe und Technik angegliedert: die Heereshandwerkerschulen, die höhere Lehranstalt für Vermessungswesen, die höhere Lehranstalt für militärisches Kraftfahrwesen. Der Marinefachschule für Gewerbe und Technik waren zugeordnet: die Seemaschinistenschule und die Seefahrtschule. Ähnlich verhielt es sich bei der Luftwaffe. Auf Grund der enormen Verluste der Wehrmacht wurde ab 1942 die Tätigkeit der H. eingestellt. Ihre Einrichtungen wurden jedoch genutzt, um Kriegsversehrte und Blinde auf eine geeignete Tätigkeit im Zivilleben vorzubereiten.

Heeresfliegerkräfte: den → *Landstreitkräften* ständig unterstellte Einheiten und Truppenteile der → *Luftstreitkräfte*, insbesondere Aufklärungs-, Kurierflieger- sowie Transport- und Kampfhubschraubereinheiten.

Im faschistischen Deutschland erfolgte mit dem illegalen Aufbau der Luftwaffe als dritter selbständiger Teilstreitkraft ab Mai 1933 die Überführung der bisher der Reichswehr unterstellten Fliegerstaffeln in den Zuständigkeitsbereich des Reichsministers für Luftfahrt. Um das Zusammenwirken von Luft- und Landstreitkräften zu gewährleisten, wurde am 1. 4. 1934 ein Stab des Kommandeurs der Heeresflieger gebildet, dem zunächst 3 Fern- und 2 Nahaufklärungsstaffeln unterstanden. An die Stelle dieses Stabes trat am 1. 7. 1937 die neu errichtete Dienststelle des Generals der Luftwaffe beim Oberbefehlshaber des Heeres und Befehlshaber der Heeresfliegerverbände. Vom September 1939 bis zum Februar 1942 wurden durch diese Dienststelle alle Fragen des Zusammenwirkens zwischen Heer und Luftwaffe abgestimmt, die strategische und taktische Erkundung und Aufklärung organisiert und der Einsatz der H. und der Flak in der Frontzone geregelt. Am Vorabend des Überfalls auf die UdSSR gehörten von den etwa 3 500 dafür bereitgestellten Flugzeugen 594 zum Bestand der H. Darunter waren alle Nah- und 50% der Fernaufklärungsstaffeln (→ *Aufklärungsfliegerkräfte*). Im Oktober 1941 unterstanden dem Befehlshaber der Heeresfliegerverbände 16 Fern- und 56 Nahaufklärungsstaffeln, 14 Kurierfliegerstaffeln, 11 Flakregimenter mit 43 Abteilungen (→ *Flakartillerie*) und 9 Luftnachrichtenabteilungen (→ *Luftnachrichtentruppen*) in Stärke von insgesamt 70000 Mann. Ende Februar 1942 wurden die H. auf Drängen der Luftwaffenführung direkt den Luftflotten und Fliegerkorps unterstellt, und zwar mit der Begründung, dadurch eine bessere Konzentration der Kräfte sowie ihre einheitliche Versorgung, Ausbildung und Führung zu gewährleisten. Tatsächlich hatte die Auflösung der H. jedoch zur Folge, daß sich die Effektivität der taktischen Luftaufklärung für die Landstreitkräfte verminderte.

Nach 1945 wurden in der → *Bundeswehr der BRD* wieder H. als Kampfunterstützungstruppen der Landstreitkräfte aufgestellt. Sie erfüllten bis Anfang der 60er Jahre vorwiegend Führungs-, Aufklärungs- und Verbindungsaufgaben. In der Folgezeit trat daneben ihre Rolle als Träger der Luftbeweglichkeit der Landstreitkräfte und von Feuerkraft immer stärker in Erscheinung. Kernstück der Anfang der 80er Jahre eingeleiteten Reorganisation der H. der BRD-Landstreitkräfte bildet die Aufstellung spezieller Heeresfliegerregimenter aus Kampfhubschraubern, vorwiegend zur Panzerabwehr.

In verschiedenen Armeen werden die strukturmäßig zum Bestand der Landstreitkräfte gehörenden Fliegerkräfte, die Führungs-, Verbindungs- und Aufklärungsaufgaben, in jüngster Zeit unter Einsatz von Kampfhubschraubern jedoch zunehmend auch direkte Kampfaufgaben, insbesondere bei der Panzerbekämpfung, zu lösen haben, als H. bzw. Armeefliegerkräfte bezeichnet. In einigen Ländern ohne selbständige Luftstreitkräfte fand die Bezeichnung H. für alle zu den Landstreitkräften gehörenden Fliegerkräfte Verwendung.

Heeresgruppe: höchste Gliederungsform der deutschen → *Landstreitkräfte* und zugleich operative Vereinigung im ersten und zweiten Weltkrieg, die aus mehreren operativen, operativ-taktischen und taktischen Verbänden der Hauptwaffengattungen sowie Verbänden, Truppenteilen und Einheiten verschiedener Waffengattungen, Spezialtruppen und Dienste bestand.

Bereits in der Anfangsperiode des ersten Weltkrieges (→ *Weltkrieg, erster, 1914–1918*) machte sich bei der Führung des Millionenheeres das Fehlen eines selbständigen Verbindungsgliedes zwischen der obersten militärischen Führung des kaiserlichen

Deutschlands, der → *Obersten Heeresleitung (OHL)*, und den → *Armeen* bemerkbar. Nach verschiedenen, durchweg wieder rückgängig gemachten Maßnahmen wurden 1915 vorläufige, 1916 etatmäßige H. mit H.kommandos an der Spitze geschaffen. Ein H.kommando verfügte über eigene Nachrichtentruppenteile und führte die unterstellten meist 3 Armeen bzw. Armeeabteilungen in operativer Hinsicht, war aber in der Regel weder für die Versorgung der Truppen noch für die Verwaltung der besetzten Gebiete verantwortlich. Die zwischen den beiden Weltkriegen in Deutschland bestehenden Gruppenkommandos, seit Februar 1938 als H.kommandos bezeichnet, hatten den Charakter von Armeeoberkommandos; einige wurden aber zu Beginn des zweiten Weltkrieges zu H.kommandos umgebildet. Im zweiten Weltkrieg (→ *Weltkrieg, zweiter, 1939–1945*) war die H. der faschistischen Wehrmacht mit mindestens 2, meist mehr Armeen die höchste operative Vereinigung des Heeres, die von Kräften der Luftwaffe, häufig einer → *Luftflotte*, unterstützt wurde und mit der Kriegsmarine zusammenwirkte. Auf dem Hauptkriegsschauplatz unterstand sie unmittelbar dem → *Oberkommando des Heeres (OKH)*, auf den Nebenkriegsschauplätzen dem → *Oberkommando der Wehrmacht (OKW)*. Das H.kommando verfügte über Stabstruppen, in der Regel über 1 Nachrichtenregiment und 1 Propagandakompanie (oder -abteilung) sowie, ab 1942, über Nachschubtruppen in Stärke von mehreren Regimentern. Es war zwar erst ab 1943 für die Versorgung der Truppen zuständig, nahm aber stets entsprechend den Operationsabsichten darauf Einfluß. Die faschistische Besatzungspolitik in den okkupierten Gebieten bestimmten die H. durch den Befehlshaber des rückwärtigen Heeresgebietes, der unmittelbar dem Oberbefehlshaber der H. unterstand, wesentlich mit. In beiden Weltkriegen war die H. zur selbständigen Lösung strategischer und operativ-strategischer Aufgaben fähig. Als operative Vereinigung von Verbänden entsprachen ihr im großen und ganzen die Armeegruppe bzw. die → *Front* in den Streitkräften anderer Staaten.

Heeresreorganisation in Preußen 1859/60: Umgestaltung des Militärsystems zur Festigung der inneren und äußeren Machtpositionen des preußischen Junkerstaates.

Nach der Niederlage der Revolution 1848/49 drängten führende preußische Militärs unter maßgeblicher Beteiligung des Thronfolgers Wilhelm Prinz von Preußen (1797–1888; seit 1861 König Wilhelm I. von Preußen) verstärkt auf eine Veränderung des seit 1814/15 bestehenden Militärsystems (→ *Militärreformen in Preußen 1807–1815*). Grundforderung war die Verschmelzung der als liberal und politisch unzuverlässig geltenden → *Landwehr* mit der Linie, d. h. ihre Aufhebung als selbständiger Teil der

Kriegsstärke der preußischen Armee

vor der Reorganisation:	nach der Reorganisation:
ca. 532700 Mann	ca. 637500 Mann
davon Feldheer:	davon Feldheer:
ca. 335000 Mann	ca. 367000 Mann
bestehend aus	
Linie:	
126 Bataillone Infanterie	243 Bataillone Infanterie
152 Eskadronen Kavallerie	192 Eskadronen Kavallerie
Landwehr:	
117 Bataillone Infanterie	Landwehr aus dem Feldheer
117 Eskadronen Kavallerie	ausgeschieden

Armee. Dabei verbanden sich primär innenpolitische Motive mit außenpolitischen und militärfachlichen. Mit der Einsetzung Wilhelms als Prinzregent (7. 10. 1858) steuerte Preußen eine aktivere und selbständigere Politik im Deutschen Bund an, die eine Verstärkung der militärischen Macht voraussetzte. Vor allem erforderten die waffentechnischen und taktischen Fortschritte eine Verjüngung des Feldheeres, das jetzt mit dem I. Aufgebot der Landwehr noch Männer bis zum 32. Lebensjahr einschloß, während andererseits etwa 23000 Dienstpflichtige unausgebildet blieben. Die bei den Mobilmachungen (→ *Mobilmachung*) 1850 und 1859 hervortretenden Mängel in Organisation, Ausbildung und Ausrüstung lieferten viele Argumente für die Notwendigkeit der Heeresreorganisation.

Von den verschiedenen Reorganisationsplänen entsprach der des Generalleutnants Albrecht von Roon (1803–1879) vom Juli 1858 am meisten den Vorstellungen Wilhelms. Dieser benutzte die im April 1859 wegen des Österreichisch-Französischen Krieges verfügte Mobilmachung, um die Heeresreorganisation stillschweigend einzuleiten. So wurden bei der Demobilmachung im Juli 1859 nur die Linienbataillone auf den Friedensstand (686 Mann) zurückgeführt. Dagegen reduzierte man die Landwehr-Infanterieregimenter und -bataillone nicht auf die sonst im Frieden bestehenden geringen Kader, sondern bildete sie unter dem Namen Landwehr-Stammregimenter und -bataillone de facto zu aktiven Truppenteilen um. Sie entließen zwar die älteren Mannschaften, übernahmen aber Offiziere, Unteroffiziere und Mannschaften der Linienregimenter sowie Rekruten. Die umgebildeten Landwehrbataillone bestanden jetzt aus Mannschaften im Alter von 20 bis 25 Jahren (statt bisher von 20 bis 32 Jahren), hatten jedoch eine geringere Stärke (etwa 450 Mann) als die Linienbataillone. Die Landwehr-Kavallerieregimenter wurden aufgelöst, die Kavallerieregimenter des stehenden Heeres auf voller Kriegsstärke belassen. Artillerie, Pioniere und Train erhielten eine erhöhte Friedensstärke. Verstärkte Rekruteneinstellungen ermöglichten es, alle Reservisten vor Jahresabschluß zu entlassen.

Die endgültige Durchführung der Heeresreorganisation stieß auf militärische, finanzielle und staatsrechtliche Bedenken. Letztere ergaben sich daraus, daß die eingeleiteten Maßnahmen auch eine Veränderung der Militärverfassung (Wehrpflichtgesetz von 1814) bedeuteten. Die hiermit verbundenen Reibungen führten dahin, daß der bisherige Kriegsminister General Eduard von Bonin (1793–1865) am 5. 12. 1859 durch Roon ersetzt wurde. Dieser legte am 10. 2. 1860 dem preußischen Abgeordnetenhaus den Entwurf eines neuen Heeresgesetzes vor. Die wichtigsten Veränderungen waren folgende: allgemeine 8jährige (statt der bisher 5jährigen) Dienstpflicht im stehenden Heer unter Aufrechterhaltung der 3jährigen aktiven Dienstzeit bei allen Waffengattungen; Erhöhung der jährlichen Aushebungsquote (einzustellende Rekruten) von 40 000 auf 63 000 Mann und damit stärkere Ausschöpfung der → *allgemeinen Wehrpflicht*; Ausscheiden der bisherigen Landwehr I. Aufgebots aus dem Feldheer, um sie nur noch für den Etappen- und Festungsdienst zu verwenden; Verdoppelung der Anzahl der Infanterieregimenter und -bataillone des stehenden Heeres; Reduzierung der Friedensstärke der Bataillone auf 538 Mann (bei einer Kriegsstärke von 1 002 Mann); Neubildung von 18 Linien-Kavallerieregimentern; Formierung der Artillerie bei jedem Armeekorps zu 12 Batterien und 4 Festungskompanien; Verstärkung der Pionier- und Trainbataillone. Die vollständige Durchführung des Planes hätte eine Verstärkung des Heeres um 1 345 Offiziere, 6 249 Unteroffiziere, 59 421 Soldaten und 14 492 Pferde bedeutet. Der jährliche finanzielle Mehraufwand betrug etwa 9 Mill. Taler.

Der Reorganisationsplan und die Bewilligung der notwendigen Mittel stießen im Abgeordnetenhaus auf Widerstand. Die liberale Bourgeoisie befürchtete eine Stärkung der politischen Macht des Junkertums und eine erhöhte Staatsstreichgefahr. Sie erklärte deshalb die Heeresreorganisation für zu kostspielig und hielt an der populären Forderung nach 2jähriger Dienstzeit und Beibehaltung des bisherigen Landwehrsystems mit seinem vorwiegend bürgerlichen Offizierskorps fest. Allerdings übersah sie die für ihre nationalen Ziele brauchbaren Elemente des Reorganisationsplans und vermochte nicht, in einer offensiven Taktik das Steuerbewilligungsrecht gegen politische Rechte einzuhandeln. Auf diese Möglichkeit wies später Friedrich Engels (1820–1895) in seiner Schrift «Die preußische Militärfrage und die deutsche Arbeiterpartei» (1865) hin. Bis zum Mai 1860 konnten die Kosten (zur Aufrechterhaltung der Kriegsbereitschaft) aus den Mitteln der Kriegsanleihe bestritten werden. Am 15. 5. bewilligte die liberale Landtagsmehrheit als Kompromiß eine zusätzliche Ausgabe von 9 Mill. Talern. Diese Mittel ermöglichten es der Regierung, die geforderten Maßnahmen definitiv durchzusetzen, ohne daß darüber ein entsprechendes Gesetz zustande kam. Mit der Verleihung der Fahnen an die neuen Truppenteile am 18. 1. 1861 wurde die Heeresreorganisation äußerlich abgeschlossen; ihre volle Durchführung, besonders in der Verstärkung der Kavallerie und Artillerie, zog sich bis 1864 hin. Sie bewirkte vor allem eine beträchtliche Erhöhung der Friedenspräsenzstärke und Vermehrung der Formationen, besonders bei der Infanterie. Die Stärke des Feldheeres änderte sich nicht wesentlich, weil die älteren Landwehrjahrgänge aus ihm ausschieden. Es wurde jedoch verjüngt und gewann erheblich an Beweglichkeit und Kampfkraft.

Die Auseinandersetzungen um die Heeresvorlage führten zu einem bis 1866 währenden Machtkampf zwischen der Krone und dem preußischen Abgeordnetenhaus, in dem sich der erneut zugespitzte Klassengegensatz zwischen Junkertum und Bourgeoisie ausdrückte (sog. Heeres- und Verfassungskonflikt). Otto von Bismarck (1815–1898), im September 1862 zum Ministerpräsidenten berufen, bekämpfte die liberale Opposition durch staatliche Repressivmaßnahmen und regierte ohne gesetzlich genehmigtes Militärbudget. Es gelang ihm, durch seine außenpolitischen Erfolge den Widerstand der Mehrheit der Liberalen zu brechen und 1866, mit der nachträglichen Billigung der verausgabten Mittel (sog. Indemnitätserklärung), den Machtkampf zugunsten der Krone zu beenden. Die Heeresreorganisation war verbunden mit einer durchgängigen Umbewaffnung der Infanterie (→ *Zündnadelgewehr*) und der Artillerie (gezogene Geschützrohre) sowie mit einer Verbesserung der Taktik, Planung und Operationsführung. Damit wurde sie eine wichtige Voraussetzung für den preußischen Sieg im → *Preußisch-Österreichischen Krieg 1866* und für die Zuendeführung der bürgerlichen Umwälzung auf dem Weg einer Bismarckschen «Revolution von oben».

Heeresverordnungsblatt: von 1919 bis 1945 offizielles Verfügungs- und Mitteilungsblatt des Reichswehrministeriums und (ab 1935) des → *Oberkommandos des Heeres (OKH)* der faschistischen Wehrmacht.

Vorläufer des H. war das Armeeverordnungsblatt, das seit dem 1. 4. 1867 vom preußischen Kriegsministerium hrsg. wurde. Es hatte alle die preußische Armee sowie das Heer des Norddeutschen Bundes betreffenden und zur allgemeinen Veröffentlichung bestimmten dienstlichen Befehle (Kabinettsorder) des preußischen Königs sowie die Erlasse des Kriegsministeriums abzudrucken. Bis dahin waren diese durch das → *«Militär-Wochenblatt»* publiziert worden. Das Armeeverordnungsblatt wurde sämtlichen Kommando- und Militärverwaltungsbehörden sowie den Truppen (bis einschließlich Kompanie) unentgeltlich zugesandt. Mit der Gründung des Kaiserreiches 1871 dehnte sich der Geltungsbereich des Armeeverordnungsblattes aus, nur Sachsen, Bayern und Württemberg, die eigene Kriegsministerien behielten, gaben bis 1919 eigene Mitteilungsblätter heraus. Verfügungen und Befehle für die Kaiserliche Marine erschienen in dem seit 1870 vom → *Reichsmarineamt* publizierten Marineverordnungsblatt. Während des ersten Weltkrieges (1914–1918) veröffentlichte das Armeeverordnungsblatt als Beilage, hrsg. von der Medizinalverwaltung des preußischen Kriegsministeriums, die amtliche Verlustliste der deutschen Truppen, deren Nachträge bis 1919 erschienen.

Das H. erschien ab 27. 8. 1919 mit Erlassen und Anordnungen des Reichswehrministeriums für das Reichsheer. Mit der forcierten Kriegsvorbereitung des deutschen Imperialismus nach 1933 nahm die Zahl der Veröffentlichungen im H. ständig zu, so daß es ab Jahrgang 20 (1938) in 3 Ausgaben erschien (Teil A: unbegrenzt gültige, B: bis zu 5 Jahren gültige und C: bis zu 1 Jahr gültige Verfügungen u. dgl.). 1935 übernahm das OKH das H., 1937 kam ein Sonderband des H. mit Dauererlassen aus den Jahren von 1919 bis 1937 heraus. 1939 erhielt das H. einen Kraftfahrtechnischen Anhang. Daneben erschienen die Allgemeinen Heeresmitteilungen mit geheimzuhaltenden Verfügungen u. dgl. Die Reichsmarine bzw. die faschistische Kriegsmarine behielten das Marineverordnungsblatt, die faschistische Luftwaffe gab ab 1935 ein eigenes Luftwaffenverordnungsblatt heraus. Nach Beginn des zweiten Weltkrieges (1939–1945) wurde der Umfang der Veröffentlichungen in den Verordnungsblättern eingeschränkt; Anfang 1945 stellten das H. und die anderen Verordnungsblätter ihr Erscheinen ein. Insgesamt widerspiegelten sich in den Verordnungsblättern die vielseitigen konkreten Schritte und Maßnahmen vor allem des Auf- und Ausbaues der Streitkräfte des deutschen Imperialismus.

Heeresveterinärwesen: Fachdienst in den Landstreitkräften für die tierärztliche Versorgung der Militärpferde.

Das H. umfaßte Truppenteile und Einheiten des Veterinärdienstes sowie das Veterinärpersonal in den Verbänden und Truppenteilen. Ferner gehörten dazu die Mittel und Einrichtungen zur tierärztlichen Pflege und Behandlung, zur Bekämpfung von Tierseuchen, für den Hufbeschlag und die Pferdebewirtschaftung, für die veterinärärztliche Überwachung der Ziviltierbestände sowie für die Tierkörperbeseitigung und -verwertung im Operationsgebiet und die veterinäre Futter- und Lebensmittelüberwachung.

Eine organisierte tierärztliche Betreuung der Militärpferde war bereits in der Reiterei der römischen Legionen bekannt. In den mittelalterlichen Ritterheeren und Söldnerarmeen des 16. Jh. war die Tierheilkunde eine Aufgabe der Schmiede und Stallmeister, die einfache Grundkenntnisse darüber in ihrer Schmiedelehrzeit erwarben. Mit dem Aufkommen stehender Heere im 17./18. Jh. wurden die Militärpferde Eigentum des Staates, ihre Gesunderhaltung oblag den Militärbehörden. Für die Heranbildung von veterinärmedizinischem Personal entstanden im 18./Anfang des 19. Jh. Ausbildungsanstalten (1762 in Frankreich, 1791 in England, 1808 in Rußland). In Preußen wurde 1790 die Tierarzneischule eröffnet; Haupttätigkeit der hier ausgebildeten Fahnen- und Kurschmiede war der Hufbeschlag.

In der 1. Hälfte des 19. Jh. entstanden in den deutschen Ländern – mit Ausnahme von Preußen – bei den Kriegsministerien Dezernate für das H., an deren Spitze Militärtierärzte standen, denen zugleich die oberste technische Leitung des H. übertragen wurde (Bayern 1808, Württemberg 1819, Hessen 1821, Sachsen 1852). Ein großer Teil des Veterinärpersonals (Pferdeärzte, später Veterinärärzte genannt) besaß Offiziersrang. In Preußen hingegen fehlte eine solche einheitliche Leitung des H., die Kur- und Beschlagschmiede waren den Unteroffizieren gleichgestellt. Die fachliche Ausbildung der Schmiede blieb unzureichend, erst 1838 wurde das Lehrprogramm an der Berliner Tierarzneischule neugestaltet. In einem Studium von 6 Semestern wurden hier den künftigen Heeresveterinären wissenschaftliche Kenntnisse in der Tierheilkunde vermittelt. Sie erhielten nach Abschluß des Studiums und Erwerb des Gesellenbriefes des Schmiedehandwerkes die Anerkennung als Tierarzt II. Klasse. Nach 7 Semestern wurde ihnen die Befähigung als Kreistierarzt (Tierarzt I. Klasse) zuerkannt. 1849 wurde in Berlin ein Militär-Kurschmiedeeleven-Institut (seit 1855 Militär-Roßarztschule) gegründet. Die Hauptarbeit der Roßärzte (seit 1854 Bezeichnung der Tierärzte I. Klasse bei der Kavallerie und Artillerie) blieb weiterhin der Hufbeschlag, deshalb erwiesen sich im Deutsch-Französischen Krieg (1870/71) die mangelhaft ausgebildeten preußischen Roßärzte außerstande, die auftretenden Tierseuchen wirksam zu bekämpfen.

Nach 1871 übernahm die Veterinärsektion beim preußischen Kriegsministerium die Koordinierung des H. im Kaiserreich. Sie wurde von einem höheren Kavallerieoffizier als Inspekteur geleitet, dem seit 1874 der gesamte roßärztliche Dienst, die Ausbildung der Roßärzte, der Hufbeschlag und die Lehrschmieden unterstanden. Aus der Militär-Roßarztschule entstand 1903 die Militärveterinärakademie, die bisherigen Roßärzte erhielten die Bezeichnung Veterinär. 1910 wurden alle Veterinäre des aktiven Dienstes und der Reserve zu einem Veterinäroffizierskorps zusammengefaßt.

Obgleich die militärische Führung bei der Vorbereitung des ersten Weltkrieges den Landstreitkräften fast ausschließlich Pferde als Zugmittel zur Verfügung gestellt hatte, bereitete sie das H. personell, materiell und organisatorisch unzureichend auf einen längeren Krieg vor. Das H. hatte eine ungenügende Feldausrüstung an Veterinärgerät und besaß keine Pferdelazarette, die es bis 1871 in Bayern (seit 1812) und Sachsen (seit 1848) gegeben hatte. Nach den hohen Pferdeverlusten 1914/15 wurden Änderungen in der Führung, Struktur und Ausrüstung des deutschen H. eingeleitet. 1915/16 wurden die Funktionen der Chefveterinäre West, Ost und Südost sowie der Armee- und Divisionsveterinäre geschaffen. An die Spitze des H. trat 1917 ein Leitender Chefveterinär beim Großen Hauptquartier. Im Kriegsverlauf richtete das H. zunächst behelfsmäßige, später strukturmäßige Pferdesammelstellen und -lazarette sowie Tierblutuntersuchungs- und Tierseuchenforschungsstellen ein.

Die Reichswehrführung legte großen Wert auf ein leistungsfähiges H., da das Reichsheer über zahlreiche Pferde verfügte. Sie übernahm 200 Veterinäroffiziere aus dem kaiserlich-deutschen Heer. Mit der Errichtung des Heeresveterinäruntersuchungsamtes, der Veterinärmittelabteilung sowie von Militärlehrschmieden, Pferdelazaretten, Veterinärarzneistuben, Krankenställen und Operationsräumen in Standorten, auf Truppenübungsplätzen und in Remonteämtern wurden Voraussetzungen für den Unterhalt eines großen Pferdebestandes in der geplanten Aggressionsarmee geschaffen. Im Zuge der faschistischen Aufrüstung entstand 1935 die Heeresveterinärakademie, gleichzeitig wurde ein Reserveveterinäroffizierskorps aufgebaut. 1939 besaß das faschistische Deutschland ein entwickeltes H. Seine personelle Stärke betrug 1939 51565 Mann und stieg bis 1944 auf 87200 an. Durchschnittlich arbeiteten 5500 Tierärzte als Veterinäroffiziere in der faschistischen Wehrmacht. 1944 verfügte das H. über 256 Veterinärkompanien. Die Veterinärtruppen waren selbständige Truppenteile und Einheiten der Versorgungstruppen und unterstanden einsatzmäßig, wirtschaftlich und disziplinarisch ihren Kommandobehörden, fachlich dem leitenden Veterinäroffizier der übergeordneten Kommandobehörde.

Im zweiten Weltkrieg erfüllte das H. der faschistischen Wehrmacht Aufgaben der Vorbeugung und Heilung von Tierkrankheiten und der Bekämpfung von Tierseuchen. Es hatte die Versorgung, die Pflege und den Abschub verwundeter und kranker Tiere zu gewährleisten. Von September 1939 bis Juli 1943 behandelte der Veterinärdienst insgesamt über 4,6 Mill. erkrankte und verwundete Pferde, von denen rd. 3,8 Mill. der Truppe geheilt zugeführt wurden. Zu den Aufgaben des H. gehörten auch der Hufbeschlag und die Futtermittelüberwachung, die Beseitigung und Verwertung der Tierkörper sowie die veterinärmedizinische Versorgung nichtmilitärischer Tierbestände im Operationsgebiet. Weitere Aufgaben waren die Lebensmittelüberwachung, die Schlachtvieh- und Fleischbeschau, die Mitwirkung an der Versorgung der Truppe mit Fleisch und Fleischwaren sowie die Verhütung von Lebensmittelvergiftungen. Das H. war schließlich für die Beschaffung von Zug-, Reit- und Tragtieren verantwortlich. Die faschistische Wehrmacht verfügte bei Kriegsbeginn 1939 über rd. 344000, im Juli 1941 über 835000 und Mitte 1944 (höchster Stand) über 1,25 Mill. Pferde. Da die Nachzucht in Deutschland für das Heer und die Wirtschaft jährlich höchstens 300000 Pferde zur Verfügung stellen konnte, konzentrierte sich das H. auf die Requirierung von Pferden in den okkupierten Gebieten. Mit den vernichtenden Niederlagen der Naziwehrmacht 1944/45 brach auch das H. zusammen.

Mit der fortschreitenden Motorisierung und der Reduzierung des Pferdebestandes in den Streitkräften nach 1945 verlor das H. rasch an Bedeutung, es übernahm von nun an hauptsächlich Aufgaben in der Lebensmittelüberwachung. In der NVA der DDR erfüllt der Verpflegungsdienst als Teil der rückwärtigen Dienste veterinärdienstliche Aufgaben.

Heereswaffenamt: von 1919 bis 1945 zentrale Behörde in der Reichswehr und der faschistischen Wehrmacht, die für die Beschaffung, Entwicklung und Bereitstellung von Waffen, Munition und Gerät der Landstreitkräfte zuständig war.

Das H. wurde am 8. 11. 1919 als Nachfolgebehörde des Ende 1918 aufgelösten Waffen- und Munitionsbeschaffungsamtes gebildet. Es wirkte bei der langfristigen Planung der Wiederaufrüstung des deutschen Imperialismus nach 1918 eng mit Vertretern des Monopolkapitals, wissenschaftlicher Institutionen und des Staatsapparates zusammen. Das H. befaßte sich zunächst hauptsächlich mit Beschaffungsaufgaben, arbeitete technisch-fabrikatorische Lieferbedingungen für die Besorgung von Waffen, Munition und Gerät aus und vergab Rüstungsaufträge; zugleich war es für die Abnahme, Lagerung, Verwaltung und Instandsetzung von Waffen und Gerät verantwortlich. 1925 kam die bis dahin selbständige Inspektion Waffen und Gerät als Bereich Prüfwesen zum H., das jetzt auch die Entwicklung neuer Bewaffnung und Militärtechnik zu leiten hatte. Der 1921 eingegliederte Nachschubstab, die spätere Wirtschaftsgruppe, wurde am 1. 11. 1934 herausgelöst und trat als Abteilung Wehrwirtschafts- und Waffenwesen zum → *Wehrmachtamt* über. Als militärischer Auftraggeber hatte das H. bereits in Friedenszeiten wehrwirtschaftliche und rüstungsindustrielle Pläne vorzubereiten und Maßnahmen einzuleiten. Bis zum Beginn des zweiten Weltkrieges

1939 unterstand es dem Chef der Heeresleitung bzw. (ab 1935) dem OKH. Während des Krieges kam das H. zum Bereich des Chefs der Heeresrüstung und Befehlshabers des Ersatzheeres, wo es im Rahmen der faschistischen Kriegswirtschafts- und Rüstungsorganisation eine wichtige Rolle spielte. Entsprechende Aufgaben hatten bei der Marine das Marinewaffenamt und bei der Luftwaffe das Technische Amt der Luftwaffe. Der Versuch, Anfang 1945 aus dem H. ein Wehrmachtwaffenamt zu bilden, scheiterte. Ende April wurde das H. aufgelöst.

Heerschildordnung: ständisch-hierarchische Gliederung des → *Ritterheeres* und der Adelsklasse im deutschen Feudalstaat vom 12. bis 14. Jh.

Der Heerschild bedeutete ursprünglich das Recht, den Heerbann (→ *Aufgebot*) aufzubieten und zu befehligen. Mit der vollen Ausprägung des Adels in seinen einzelnen Schichten im 12. Jh. kennzeichnete er den Rang der Feudalherren im Lehnssystem, auf dem auch die Organisation des Ritterheeres basierte. Aus der anfänglichen Dreistufigkeit der H. (König – Fürsten – Vasallen) entwickelte sich eine Vielstufigkeit. Die im 13. Jh. entstandenen Rechtsbücher, der Schwaben- und der Sachsenspiegel, fixierten die pyramidenartige H., die 7 Rangstufen unterschied. Der erste Heerschild gehörte dem König als oberstem Lehns- und Kriegsherrn, der zweite den geistlichen und der dritte den weltlichen Fürsten. Es folgten die Hochfreien (Grafen), die Mittelfreien und die Ministerialen. Auf der untersten Stufe standen die «einschildigen» Ritter, die nur Lehen empfangen, nicht aber vergeben konnten und daher keine Vasallen besaßen. Die anderen Heerschilde dagegen berechtigten sowohl zum Empfang als auch zur Vergabe von Lehen, wobei vom gleich- und tieferrangigen Heerschildträger kein Lehen empfangen werden durfte. Der niedere Heerschildträger war verpflichtet, mit seinen Vasallen dem Lehnsherrn Heerfolge zu leisten. Bauern und Bürger waren von der H. ausgeschlossen. Damit grenzte sich das Ritterheer, das hauptsächlich aus den Kontingenten der großen Feudalherren und deren Vasallen bestand, noch schärfer als das → *Vasallenheer* von den Volksmassen ab. Es wurde zum entscheidenden militärischen Instrument der Adelsklasse. Dem deutschen Königtum gelang es nicht, die in der H. enthaltenen politischen, ökonomischen und militärischen Möglichkeiten zur Stärkung der Zentralgewalt zu nutzen. Mit dem Scheitern dieser Bemühungen begann im 14. Jh. auch der Zerfall der H., da die mit der Verleihung von Lehen verbundenen Pflichten kaum mehr erfüllt wurden.

Heimatschutztruppe → *Territorialorganisation der Bundeswehr der BRD*

Hellebarde: zu den → *Stangenwaffen* zählende Hieb- und Stoßwaffe des Fußvolks des 14.–16. Jh.,

Hellebarde, 15. Jh.:
1 Stoßklinge;
2 Beil;
3 Haken;
4 Schaftfeder;
5 Schaft

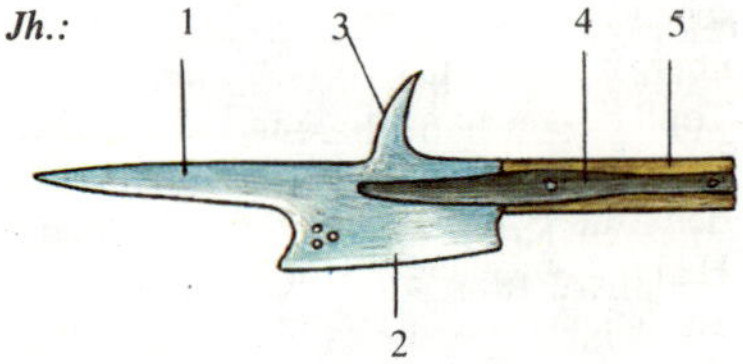

deren Grundform eine an einem langen Schaft befestigte Beilklinge bildete.

Die auch als Helmbarte bezeichnete, bereits um die Mitte des 13. Jh. für Süddeutschland erwähnte H. trat in einer großen Zahl verschiedenartiger Einzelformen auf. Hauptursache für ihr Entstehen war das Bestreben nach hinreichend wuchtigen Waffen gegen die immer stärkere Panzerung der → *Ritter.* In ihrer charakteristischen Form als Kampfwaffe bestand die H. aus einem bis zu 2 m langen, als Helm bzw. Halm bezeichneten hölzernen Schaft, an dessen Spitze sich eine eiserne Stoßklinge befand, deren unteres Ende auf der einen Seite mit einem Beil (Barte) versehen war und auf der anderen Seite gewöhnlich in einem abwärts gekrümmten Haken endete. Letzterer diente dazu, die Reiter an ihrer Rüstung (→ *Harnisch*) festzuhalten und vom Pferde zu ziehen, während das Beil zum Durchhauen der Rüstung benutzt wurde. Im Masseneinsatz war die H. eine wirksame Waffe, die sowohl von den Fußsöldnern (→ *Landsknechte*) wie auch von den Volksaufgeboten der Schweizer und der Hussiten (→ *Hussitenkriege 1419–1437*) und von den deutschen aufständischen Bauern und Städtebürgern in der 1. Hälfte des 16. Jh. verwandt wurde. Mit dem Verschwinden der gepanzerten Ritter und der zunehmenden Bedeutung des Kampfes der Fußsöldner prägte sich im 16. Jh. der Charakter der H. als Stoßwaffe mit vergrößerter Klinge immer stärker aus. Gleichzeitig begann die längere Zeit neben ihr existierende, bei der sich durchsetzenden engeren Aufstellung und Gliederung des Fußvolks jedoch wirksamere und leichter zu handhabende → *Pike* die H. zu ersetzen. Letztere wurde als Prunk- und Paradewaffe an den Fürstenhöfen weiter benutzt. *(s. Abb. S. 947)*

Helm: zu den Schutzwaffen gehörende, aus festem Material gefertigte militärische Kopfbedeckung.

Schützende Kopfbedeckungen waren schon im Militärwesen des Altertums bekannt. Die ersten in Europa gefertigten H. gehen bis in die Bronzezeit zurück. Die Germanen übernahmen den H. offenbar von den Römern, wie Beschreibungen und Fundstücke aus der Zeit des 5.–8. Jh. erkennen lassen. Typisch für die Epoche des Übergangs zum Feudalismus im europäischen Raum war der aus Metallbändern zusammengenietete Spangen-H., dessen Zwischenteile aus Horn bestanden. Einen technischen Fortschritt stellte der im 11. Jh. entstehende, aus einem Stück geschmiedete sog. Normannische H. dar, der konisch getrieben und mit einem festen Naseneisen versehen war. Die Verlängerung der H.teile über das Gesicht führte um 1200 zum schweren Topf-H. mit Sehschlitzen und Nasenlöchern, der den Kopf vollkommen umschloß. In der Folgezeit wurden die H., vor allem für Turniere, mit der sog. H.zier (Federbusch, Wappen u. ä.) sowie mit einer als Nackenschutz wirkenden H.decke versehen. Für die weitere Entwicklung des H. waren zwei Hauptlinien kennzeichnend. Einmal entstand Anfang des 16. Jh. mit der Herausbildung des Harnischkragens (→ *Harnisch*) ein geschlossener H., in dem der Kopf frei beweglich war. Charakteristisch für diesen H.typ war u. a. das bewegliche Gesichtsteil (Visier), das beim sog. Hundsgugel weit nach vorn vorsprang. Zugleich entwickelte sich in dieser Zeit die bewegliche Kopfbedeckung des Söldners, der einfache Eisenhut und die Schallern, ein Nacken und Gesicht schützender Eisen-H. von ovaler Grundform, der durch einen von den Schultern ausgehenden Kinnschutz ergänzt wurde. Mit der stärkeren Herausbildung einzelner Waffengattungen in der zweiten Hälfte des 16. Jh. kamen leichtere, haubenförmige H. in Gebrauch (Morion, Schützenhaube, Birn-H., Zischägge u. a.). Infolge der zunehmenden Wirksamkeit der → *Handfeuerwaffen* reduzierte sich in der zweiten Hälfte des 17. Jh. die Verwendung metallener H. auf das Tragen eiserner Hirnhauben unter den in dieser Zeit allgemein gebräuchlichen Filzhüten. Mit dem Aufkommen der stehenden Heere im 17. und 18. Jh. wurde die Kopfbedeckung des Soldaten endgültig zum festen Bestandteil der → *Uniform.* Besonders für das 18. Jh. waren der Filzhut bzw. die hohe, mit Blech beschlagene Grenadiermütze oder die Pelzmütze der Husaren typisch, so daß die Entwicklungslinie des H. zeitweilig fast gänzlich unterbrochen wurde. In der zweiten Hälfte des 18. Jh. führte das Bestreben, die immer höher werdenden Hüte und Mützen durch eine praktische, den militärischen Erfordernissen besser angepaßte Kopfbedeckung zu ersetzen, in Bayern und einigen anderen deutschen Staaten zur Einführung des Kasketts, eines ledernen H. mit Metallbeschlag. Gegen Ende des 18. Jh. entwickelte sich daraus der mit kammartigem Aufsatz und einem daran befestigten Haarbusch versehene Raupen-H. An seine Stelle trat in verschiedenen Armeen Anfang des 19. Jh. der Tschako, ein lederner H. mit flachem, meist rundem Oberteil. In Preußen wurde im Rahmen der Militärreformen nahezu die gesamte Armee mit dem Tschako ausgestattet. Er wurde mit oder ohne Schirm getragen und war während des nationalen Unabhängigkeitskrieges 1813/14 oft mit einer Schutzhülle aus Wachstuch versehen. Der Tschako blieb für einige Jahrzehnte die häufigste Kopfbedekkung in den deutschen und in einigen anderen europäischen Armeen. Seine Form war modischen Wandlungen unterworfen, wobei vor allem Höhe und Verzierung variierten. In Preußen wurde mit der Neuuniformierung der Armee 1842/43 ein neuer H.typ, die sog. Pickelhaube, eingeführt, die ebenfalls aus Leder (bei den Kürassieren aus Metall) bestand und mit Gesichts- und Nackenschirm sowie mit einer Metallspitze oder Metallkugel als Scheitelverstärkung versehen war. Metallbeschläge und Schup-

Helme:
1 Spangenhelm (6. Jh.);
2 normannischer Helm (11. Jh.);
3 Topfhelm (13. Jh.);
4 Hundsgugel (2. Hälfte 14. Jh.);
5 Schaller (15. Jh.);
6 geschlossener Helm (16. Jh.);
7 Morion (16. Jh.)

penkette dienten als Verzierung. In der Folgezeit wurde die Pickelhaube von den Streitkräften anderer deutscher Staaten übernommen (z. B. 1867 Sachsen, 1886 Bayern). Der zunächst recht hohe H. wurde in der zweiten Hälfte des 19. Jh. verkleinert und erreichte kurz vor dem ersten Weltkrieg eine leichte und niedrige, dabei jedoch stabile Form. Seit dem Ende des 19. Jh. war die Pickelhaube die charakteristische H.form des kaiserlich-deutschen Heeres. Bei Infanterie, Artillerie und Pionieren war sie mit einem runden, bei den Dragonern mit einem eckigen Vorderschirm versehen. Kürassiere und Schwere Reiter trugen diesen H., aus Stahl oder Tombak gefertigt, mit verlängertem Nackenschirm. Husaren und Ulanen behielten hingegen weiterhin ihre traditionellen Kopfbedeckungen, die Pelzmütze bzw. die Tschapka. Daneben fand auch der Tschako wieder Verwendung. In modernisierter Form wurde er seit 1854 von den Jägern und Schützen, seit 1901 von den MG-Abteilungen getragen. Auch andere Truppengattungen und Dienste, so die neu formierten Verkehrs- und Luftschifferbataillone, zeitweilig auch der Train, trugen den Tschako. Während des ersten Weltkrieges wurden zunächst die zuvor gebräuchlichen Kopfbedeckungen getragen. Ende 1915/Anfang 1916 begann mit der Einführung des → *Stahlhelms* ein neuer Entwicklungsabschnitt des H.

Bemerkenswerte H.sammlungen auf dem Territorium der DDR befinden sich im Museum für Deutsche Geschichte in Berlin und im → *Armeemuseum der DDR. (s. Abb. S. 943, 998)*

Herero- und Namaaufstand 1904–1907: Befreiungskampf der in Südwestafrika (Namibia) ansässigen Herero und Nama gegen die Kolonialherrschaft des deutschen Imperialismus.

Seit ihrer Errichtung 1884 stieß die deutsche Kolonialherrschaft in Südwestafrika auf den Widerstand der einheimischen Bevölkerung. Zahlreiche lokale Aufstände wurden grausam niedergeschlagen. Die deutsche Kolonialherrschaft war aber noch 1904 auf wenige Militärstationen und andere Stützpunkte beschränkt. Im Januar 1904 erhoben sich die Herero erneut gegen den Land- und Viehraub, der ihre Existenzgrundlage gefährdete. Eine wesentliche Ursache war der Eisenbahnbau, der zur Beherrschung des Hererolandes und zur Ausbeutung der Kupferlagerstätten im Raum Otavi–Tsumeb–Grootfontein dienen sollte. Das etwa 80000 Menschen zählende Hererovolk unter seinem Oberhäuptling Samuel Maharero (gest. 1923) forderte die Rückgabe des geraubten Landes und den Abzug der Kolonialherren. Es stützte sich auf eine etwa 7000–8000 Mann starke Kriegerorganisation, den Orlog. Die Mehrzahl der Krieger kämpfte mit der landesüblichen primitiven Kirri, einer zum Schlag und zum Wurf dienenden Holzkeule. Nur wenige besaßen Gewehre. Unterdrückungsinstrument der Kolonialmacht war die sog. Kaiserliche Schutztruppe (→ *Kolonialtruppen*) mit Gouverneur Oberst Theodor Leutwein (1849–1921) an der Spitze. Sie bestand Anfang 1904 aus 74 Offizieren sowie 1459 Unteroffizieren und Mannschaften. Dazu kamen 377 deutsche Siedler als Landwehr- und Landsturmmänner; der Anteil einheimischer Hilfskräfte war gering. Der Kriegsschauplatz trug den Charakter einer wasserarmen Savannen- und Wüstenlandschaft. Sie steigt von der Küste des Atlantischen Ozeans her terrassenförmig an, ist hochgelegen und von Tafelgebirgen durchzogen. Für die Beherrschung des Landes spielten neben dem Hafen Swakopmund und der Hauptstadt Windhuk, die eine 382 km lange schmalspurige Eisenbahnlinie miteinander verband, Gobabis, Grootfontein, Karibib, Okahandja, Omaruru und Outjo eine wichtige Rolle. Diese größeren Ansiedlungen bildeten zugleich die äußere Grenze des Aufstandsgebiets.

Der Hereroaufstand begann überraschend am 12. 1. 1904 mit der Einschließung von Okahandja und unterbrach die Eisenbahnverbindung von und nach Windhuk. Die Aufständischen nutzten den Umstand aus, daß sich der Großteil der Kolonialtruppe noch im Einsatz gegen den Stamm der Bondelzwarts im Südosten befand. So gelang es ihnen, geraubtes Land und Vieh zurückzuerobern. Gestützt auf ihre Werften (Dorfgemeinschaften), kämpften die Herero zunächst weit verstreut, belagerten eine Anzahl deutscher Stützpunkte und rieben deren Besatzungen zum Teil auf. Eilig herangezogene Verstärkungen der Kolonialtruppe erlitten im März und April 1904 bei Owikokorero, Okaharui und Oviumbo Niederlagen. Im Gefecht nutzten die Aufständischen, waffenmäßig stark unterlegen, die ihnen vertrauten Geländebedingungen geschickt aus. Oft gelang es, den Gegner in vorbereitete Hinterhalte zu locken. Der Orlog wandte häufig eine Gruppengefechtsform an, in der hinter den Gewehrträgern die Kirrikämpfer folgten. In der Regel wurde das Feuer auf Nahdistanz eröffnet; verschiedentlich bekämpften Späher und Schützen von hohen Bäumen aus den Gegner schon auf weite Entfernung. Nachteilig wirkte sich für die Herero aus, daß sie sich selbst während der Kampfhandlungen nicht von ihren Herden trennten und den Nachtkampf vermieden. Sie lehnten auch den Angriff gegen befestigte Plätze ab und wollten die Entscheidung im offenen Feld erzwingen. Dem aber ging die Kolonialtruppe vorerst aus dem Weg. In der Folgezeit verloren deshalb die Herero die Initiative. Im April 1904 änderten sie ihre Kampfweise und zogen sich im Gebiet um den Waterberg zum entscheidenden Kampf zusammen (insgesamt etwa 60000 Männer, Frauen und Kinder). Dabei spielte auch die Hoffnung mit, Weideplätze für ihre Viehherden zu finden.

Die Kolonialtruppe, die rücksichtslos vorging und

Hererokämpfer greifen am Waterberg deutsche Kolonialtruppen an, August 1904

keine Gefangene machte, vermochte nicht, den Aufstand rasch niederzuwerfen, obwohl seit Februar 1904 erste Verstärkungen eintrafen. Der deutsche Imperialismus mußte viel mehr Kräfte und Mittel als bisher in Südwestafrika einsetzen. Seit Frühjahr 1904 wurde der Kolonialkrieg vom Chef des Großen Generalstabs in Berlin, Generaloberst Alfred von Schlieffen (1833–1913), geleitet. Er setzte die Aufstellung größerer, mit den modernsten Waffen und Kampfmitteln ausgerüsteter Formationen durch. Im Juli zählte die Kolonialtruppe etwa 4000 Mann mit 8 Batterien Feldartillerie. Neuer Befehlshaber war seit Juni Generalleutnant Lothar von Trotha (1848–1920), berüchtigt durch die Niederschlagung des Waheaufstands in Ostafrika 1896. Am 11. 8. 1904 begann am Waterberg der konzentrische Angriff der deutschen Kolonialtruppen (6 Abteilungen mit 1488 Gewehren, 12 MGs und 30 Feldgeschützen) zur Vernichtung der Herero. 2 Tage dauerten die hartnäckigen Kämpfe, dann mußte der größte Teil der Aufständischen vor der militärischen Übermacht in die wasserlose Kalahariwüste zurückweichen. Nach 2monatiger Verfolgung errichtete die Kolonialsoldateska einen 250 km langen Sperriegel (bis Juni 1905) und ließ Zehntausende Männer, Frauen und Kinder in der Wüste umkommen. Nur etwa 15000 Herero überlebten den Völkermord. Sie kamen in KZs, in denen fast 50% starben, bzw. mußten ihre Heimat aufgeben und sich in ghettoähnliche Reservate treiben lassen. Die deutschen Kolonialtruppen verloren insgesamt 617 Mann an Toten, Verwundeten und Vermißten. Während die deutschen Imperialisten den Ausrottungskrieg gegen die Herero als eine militärische Glanzleistung feierten, rief er unter den Volksmassen, insbesondere der Arbeiterklasse, Empörung hervor. Die deutsche Sozialdemokratie stand an der Spitze des Kampfes gegen die verbrecherische Kolonialpolitik und -kriegführung.

Als der Hereroaufstand im wesentlichen niedergeschlagen war, erhoben sich Anfang Oktober 1904 im Süden die Nama (Hottentotten) unter ihrem Häuptling Hendrik Witbooi (1824–1905). Ihr Aufstand kam für die deutsche Kolonialmacht unerwartet, da die Nama eine Hilfstruppe gegen die Herero zur Verfügung gestellt hatten. Das Namaland war wenig erschlossen, Eisenbahnen und befestigte Wege fehlten; es mangelte an Wasser und Lebensmitteln. Der Einsatz zahlenmäßig stärkerer Truppenteile stieß deshalb auf erhebliche Schwierigkeiten. Das Namavolk zählte etwa 20000 Menschen und wenige hundert Krieger, aber diese waren sehr beweglich und schwer zu bekämpfen. Der Versuch, sie durch einen konzentrischen Angriff zu vernichten, schlug fehl. Seit Herbst 1905 gelang es, den Aufstand nach und nach zu unterdrücken. Der Kleinkrieg der Nama zog sich jedoch bis 1907 hin und umfaßte über 200 Überfälle und Gefechte. Neben Witbooi, der Ende Oktober 1905 einer schweren Verwundung erlag, trat Jakob Morenga (gest. 1907) als geschickter Partisanenführer hervor. Seit Juli 1906 leitete Oberst Berthold Deimling (1853–1944) als neuer Befehlshaber der Kolonialtruppe die Niederwerfung des Namaaufstands. Ende März 1907 wurde der Kriegszustand in der Kolonie aufgehoben.

Der Herero- und der Namaaufstand scheiterten

vor allem an der Uneinigkeit der afrikanischen Stämme und an der militärischen Überlegenheit der deutschen Kolonialmacht. Diese mußte dabei über 15000 Mann, moderne Waffen und Kampfmittel sowie 31000 Pferde einsetzen. Die Verluste betrugen 1365 Mann an Toten und Verwundeten. Bei der Unterdrückung der Aufstände arbeiteten die deutschen und britischen Kolonialbehörden zusammen. Ein wesentlicher Teil des deutschen Nachschubs kam über das Gebiet der Kapkolonie (Südafrika). Die Kosten des Kriegs beliefen sich auf rd. 600 Mill. Mark. Einige Großunternehmen erzielten aus der Ausrüstung, dem Transport und der Versorgung der Kolonialtruppen hohe Gewinne. Nach der Niederschlagung der Aufstände wurden den afrikanischen Stämmen riesige Ländereien geraubt und deutschen Siedlern übergeben sowie der Bau von Bahn- und Telegraphenlinien forciert. Die militärische Führung des deutschen Imperialismus wertete die Niederschlagung der Aufstände aus. Im Vordergrund standen taktische und waffentechnische Fragen sowie Probleme der Truppenversorgung in überseeischen Gebieten. Einflußreiche militärische und politische Kreise forderten, die Schutztruppe zu reorganisieren und zu verstärken und einen ständig einsatzbereiten Verband für überseeische Aufgaben zu bilden.

Hilfsgemeinschaft auf Gegenseitigkeit ehemaliger Angehöriger der Waffen-SS (HIAG): Nachfolgeorganisation der → *Waffen-SS* in der BRD, die als Zentrum der Verbreitung faschistisch-militaristischer Ideologie, der Rechtfertigung und Verherrlichung begangener Kriegsverbrechen sowie als politische und materielle Interessenvertretung ihrer Angehörigen wirkt.

Die HIAG formierte sich am 10.9.1951 durch Zusammenschluß von SS-Traditionsverbänden. Die Organisation hat ihren Sitz in Hamburg, ist Mitglied des «Internationalen Rings der Aktionsgemeinschaft der Waffen-SS-Verbände in Europa» und bezeichnet sich seit dem 19.4.1959 als «Bundesverband der Soldaten der ehemaligen Waffen-SS e.V. (HIAG)». Die HIAG besteht aus Landesverbänden, darunter auch einer für Westberlin, sowie Kreis- und Ortsgruppen, die von einer Bundesverbindungsstelle geleitet werden. In ihren über 100 Gliederungen und ca. 40 Einzelverbänden waren im Jahre 1966 bis zu 70000 Mitglieder registriert. 1976 umfaßte die Organisation noch immer 113 Ortsgruppen mit ca. 40000 Mitgliedern. Von den CDU/CSU-Regierungen gefördert und auf vielfältige Weise unterstützt, unterhält die HIAG seit ihrer Gründung enge Verbindung zu anderen militaristischen und faschistischen Vereinigungen im In- und Ausland. Sie besitzt eine eigene Geheimorganisation. In den 50er Jahren war die HIAG insbesondere bestrebt, mit der demagogischen Forderung nach völliger Gleichberechtigung der ehem. Angehörigen der Waffen-SS diesen in breiterem Maße den Weg in den Staatsdienst und die Streitkräfte der BRD zu öffnen. Sehr massive Anstrengungen richtete sie in diesem Zusammenhang auf die Rehabilitierung der im → *Nürnberger Prozeß gegen die Hauptkriegsverbrecher* als Teil der SS für verbrecherisch erklärten Waffen-SS. Ein Ergebnis dieser Bestrebungen war die Dienstaufnahme einer größeren Anzahl von Waffen-SS-Angehörigen in den bewaffneten Kräften der BRD. Die HIAG tritt als Organisator und Sammelbecken neofaschistischer Elemente gegen die demokratischen Kräfte im eigenen Land und gegen die internationale Politik der Entspannung auf. Sie unterstützt offen extrem aggressive und revanchistische Ziele. Durch Bucheditionen (Memoiren, Truppengeschichten), die die Geschichte des zweiten Weltkriegs verfälschen, und durch Artikel in ihrem Publikationsorgan «Der Freiwillige» (seit 1958 unter diesem Titel mit der Zeitschrift «Wiking-Ruf» vereinigt) ist die HIAG bis in die Gegenwart bemüht, die Waffen-SS als Beispiel für eine militärische Elitetruppe hinzustellen. Darüber hinaus versucht sie, die faschistische Ideologie den heutigen Existenzbedingungen des BRD-Imperialismus anzupassen und sie vor allem unter der jüngeren Generation zu verbreiten.

Hilfskreuzer → *Kreuzerkrieg*

Himmeroder Denkschrift 1950: im Zuge der → *Remilitarisierung der BRD* Anfang Oktober 1950 im Eifelkloster Himmerod verfaßte Konzeption zur Aufstellung von BRD-Streitkräften als Teil einer integrierten westeuropäischen bzw. NATO-Streitmacht.

Die H. D., auch Eifel-Denkschrift genannt, wurde im Auftrag der BRD-Regierung von einer Gruppe ehem. Generale und Generalstabsoffiziere der faschistischen deutschen Wehrmacht verfaßt. Sie enthielt die Leitlinien für die Stärke, Gliederung, Führungsorganisation, Ausrüstung, Bewaffnung, Ausbildung und Erziehung der aufzustellenden → *Bundeswehr der BRD*. Als Planungsrahmen waren Landstreitkräfte (12 vollmotorisierte Divisionen mit starken Panzerkräften), taktische Luftstreitkräfte und Küsten-Seestreitkräfte vorgesehen. Hinsichtlich der militärischen Führung künftiger BRD-Streitkräfte wurde in der H. D. ein modifiziertes OKW-Prinzip vertreten. Unter Beibehaltung der traditionellen Gliederung in Heer, Luftwaffe und Marine sollte die Armee einer einheitlichen Führung unterstellt werden. Als sog. → *Innere Führung der Bundeswehr der BRD* wurden Prinzipien für die künftige ideologische Manipulierung der Soldaten entworfen. In Erweiterung der damals bestehenden militärstrategischen Vorstellungen der Westmächte für einen Krieg gegen die sozialistischen Länder in Europa forderten die Verfasser der H. D. eine militärische Ausgangslinie so weit östlich wie möglich. Ihre politische Hauptforderung war die völlige Gleichberechtigung der BRD-Streitkräfte im Rahmen eines imperialistischen westlichen Militärpaktes. Die H. D. bildete bis Mitte der 50er Jahre das im wesentlichen gültige Grundsatzdokument der BRD-Regierung und des → *Amtes Blank* für die Planung und den Aufbau der Streitkräfte des BRD-Imperialismus.

Hindenburgprogramm: Bezeichnung für das Rüstungsprogramm der dritten → *Obersten Heeresleitung (OHL)* im ersten Weltkrieg (→ *Weltkrieg, erster, 1914–1918*).

Im Sommer 1916 geriet die Kriegführung des deutschen Imperialismus in ihre bisher schwerste Krise. Der mit den Materialschlachten von → *Verdun 1916* und an der → *Somme 1916* enorm gestiegene Bedarf an Kampfmitteln, insbesondere an Artilleriemunition, und die zunehmende Übermacht der Ententeheere machten eine Veränderung der deutschen Kriegswirtschaft unumgänglich. Die Rüstungsmonopole drängten auf totale Mobilisierung der noch vorhandenen ökonomischen und personellen Reserven. Gestützt auf ihre Vorschläge, entwarf die neue OHL unter Generalfeldmarschall Paul von Beneckendorff und von Hindenburg (1847–1934) und General Erich Ludendorff (1865–1937) ohne Berücksichtigung der ökonomischen Möglichkeiten sofort ein riesiges Rüstungsprogramm. Aus propagandistischen Gründen erhielt es den Namen H. Federführend waren Ludendorff und sein Mitarbeiter Oberstleutnant Max Bauer (1869–1929). Ausgangspunkt des H. war ein Schreiben Hindenburgs an den preußischen Kriegsminister vom 31. 8. 1916. Darin forderte die OHL, bis Frühjahr 1917 die monatliche Produktion von Artilleriemunition, Pulver und Minenwerfern zu verdoppeln und die Herstellung von Geschützen und MGs zu verdreifachen. Darüber hinaus verlangte sie eine bedeutende Steigerung der Produktion von Flugzeugen sowie von Handwerkszeug und Baumaterial für den Stellungsbau. Durch den Einsatz von mehr Kampfmitteln sollte zugleich der Mangel an Soldaten kompensiert werden. Mitte September 1916 forderte die OHL eine radikale Einschränkung der zivilen Produktion, die Erweiterung der Wehr- bzw. Landsturmpflicht, den Fronteinsatz aller Kriegsverwendungsfähigen und die Militarisierung der Arbeitskräfte. Letzteres wurde zum Kernstück des H. (Gesetz über den Vaterländischen Hilfsdienst vom 2. 12. 1916). Zwangsweise Konzentration der Produktion, der Bau neuer Werke und eine straffere Zentralisierung der Kriegswirtschaftsorganisation sollten ebenfalls die Durchführung des H. ermöglichen. Als neue Leitungszentrale diente das am 1. 11. 1916 gebildete → *Kriegsamt*. Das H. sollte die Voraussetzungen für die Abwehr der Ententeoffensive 1917 und für die spätere Offensive des deutschen Heeres zur Erringung des Siegfriedens schaffen. Seine Durchführung stieß jedoch auf große Schwierigkeiten. Die geplanten Steigerungsraten wurden bis Frühjahr 1917 bei weitem nicht erreicht. Im Winter 1916/17 sank sogar die Produktion auf wichtigen Gebieten, vor allem infolge der Transportkrise. Obwohl das H. insgesamt scheiterte, hauptsächlich bedingt durch Arbeitskräftemangel, stieg die Produktion in vielen Zweigen bis zum Sommer 1918 bedeutend. Das H. hatte verschärfte Ausbeutung und Unterdrückung der Werktätigen sowie verstärkte Ausplünderung der besetzten Gebiete zur Folge. Seine Hauptnutznießer waren die Rüstungsmonopole, deren vom Profitstreben diktierter Konkurrenzkampf jedoch die Rüstungsproduktion hemmte. Das H. stand am Beginn einer neuen Etappe der Kriegswirtschaft und beschleunigte die staatsmonopolistische Entwicklung. Die erhöhten Rüstungen konnten die Niederlage des deutschen Imperialismus zwar verzögern, verschärften jedoch deren Ausmaß.

Hinterlader: über eine hintere Lauf- oder Rohröffnung zu ladende Feuerwaffe.

Der H. weist gegenüber dem → *Vorderlader* bedeutende Vorteile auf, da seine Handhabung im Gefecht, insbesondere das Laden, sowie das Reinigen des Laufs oder Rohres wesentlich einfacher sind. Versuche zum Bau funktionstüchtiger H. lassen sich bis fast in die Anfänge der Feuerwaffenentwicklung zurückverfolgen. Die ältesten in Europa überlieferten H. stammen aus dem 15. und 16. Jh. (Stein- und Hakenbüchsen mit Kammerverschluß). Bis zur Mitte des 19. Jh. blieben H. jedoch Ausnahmen. Die Hauptursache dafür lag in der Schwierigkeit, einen geeigneten Verschluß zu konstruieren. Erst mit dem Übergang zur industriellen Waffenfertigung gelang es, bewegliche Verschlußteile mit Toleranzen herzustellen, die einen gasdichten Verschluß des Lauf- oder Rohrbodens gewährleisteten. Die Bedingungen für die Massenproduktion von H. entstanden etwa zwischen 1840 und 1860 durch Einführung moderner Werkzeugmaschinen im Waffenbau und bedeutende Fortschritte in der Metallurgie (Stahlguß). Am Anfang der Entwicklungsgeschichte des modernen H. stand die Erfindung des → *Zündnadelgewehrs*, handlicher → *Faustfeuerwaffen* mit Trommelmagazin (Revolver) sowie des H.geschützes (→ *Geschütz*). Hauptsächliches Funktionselement und typologisches Bestimmungsmerkmal aller H. ist der Verschluß. Charakteristisch ist weiter die Verlegung des gesamten Zündvorgangs in das Innere des Laufs oder Rohres. In den 60er Jahren des 19. Jh. wurden H. in den Armeen und Flotten aller europäischen Großmächte, darunter auch im deutschen Militärwesen, als Strukturwaffen für alle Waffengattungen eingeführt. Die Durchsetzung der waffentechnischen Grundidee des H. machte die allgemeine Verwendung gezogener Läufe oder Rohre für militärische Feuerwaffen möglich. Damit konnten bei vereinfachtem Nachladen der Waffe deren Feuerfrequenz und ballistische Leistungsparameter (Treffgenauigkeit, Reichweite, Durchschlagskraft) bedeutend erhöht werden. Bei den → *Handfeuerwaffen* ermöglichte der H. die weitestgehende Ausnutzung des Geländes im Gefecht, da er selbst bei geringer Deckung und in nahezu jeder Körperlage geladen werden konnte. Alle diese Faktoren beeinflußten die weitere Entwicklung der militärischen Taktik. Die Durchsetzung des H.prinzips war zugleich eine wesentliche Voraussetzung für die Entwicklung moderner → *Mehrladegewehre*, Schnellfeuergeschütze sowie automatischer Waffen. Ungeachtet der mit der Revolution im Militärwesen verbundenen massenweisen Einführung von → *Raketenwaffen* besteht noch heute ein beträchtlicher Teil der Strukturbewaffnung der Streitkräfte aus herkömmlichen Feuerwaffen, die mit Ausnahme von → *Granatwerfern* und einigen Modellen reaktiver Geschoßwerfer durchgängig als H. konstruiert sind.

Höchstädt 1704: Schlacht im → *Spanischen Erbfolgekrieg 1701–1714* zwischen kaiserlich-englisch-niederländischen und französisch-bayrischen Truppen am 13. 8. 1704.

Das vereinigte französisch-bayrische Heer hatte am 12. 8. 1704 nördlich von H., zwischen Blindheim und Lutzingen, ein Lager bezogen. Es wurde geführt von den französischen Marschällen Camille de Tallard (1652–1728) und Ferdinand de Marsin (1656–1706) sowie dem bayrischen Kurfürsten Maximilian II. Emanuel (1662–1726). Das vereinigte Heer zählte insgesamt etwa 39000 Mann Infanterie, 17000 Mann Kavallerie und 90 Geschütze. Ihm gegenüber standen das kaiserliche Heer unter Prinz Eugen von Savoyen (1663–1736) und das englisch-niederländische Heer unter dem englischen Feldherrn John Churchill, Duke of Marlborough (1650–1722). Die Gesamtstärke betrug 32000 Mann Infanterie, 20000 Mann Kavallerie und 52 Geschütze. Zu dem aus österreichischen und Reichstruppen bestehenden kaiserlichen Heer gehörte auch ein 8000 Mann starkes preußisches Infanteriekorps. Marlboroughs Heer setzte sich aus englischen, niederländischen, deutschen und dänischen Kontingenten zusammen. Um dem drohenden Angriff zuvorzukommen, rückten Eugen und Marlborough mit ihren Heeren am frühen Morgen des 13. 8. in Schlachtordnung vor. Die Kaiserlichen bildeten den rechten, ihre Verbündeten den linken Flügel. Die überraschten französisch-bayrischen Truppen fanden keine Zeit, die Waffengattungen zweckmäßig zu verteilen. Außerdem mußte der schwächere rechte Flügel unter Tallard eine relativ lange Frontlinie einnehmen. Der Kurfürst und Marsin befehligten gemeinsam den

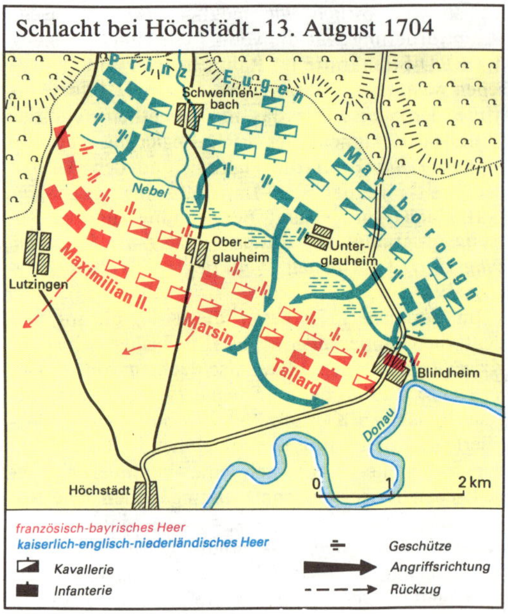

stärkeren linken Flügel. Zwischen den Gegnern, deren Kavallerie jeweils im Zentrum massiert war, floß durch teilweise versumpfte Wiesen der Nebelbach.

Die Schlacht begann am Vormittag mit dem Angriff englischer Infanterie gegen Blindheim. Mehrere Vorstöße blieben erfolglos, ebenso die seit Mittag geführten Angriffe englischer Reiterei und Infanterie im Zentrum. Auch die Truppen Eugens, die erst gegen Mittag ihre Angriffsstellungen erreicht hatten, vermochten keine größeren Vorteile zu erringen. Sie fesselten aber die Hälfte der gegnerischen Kräfte. Dadurch wurde es Marlborough möglich, den

Gefangennahme des französischen Marschalls Tallard bei Höchstädt

schlachtentscheidenden Stoß gegen Tallards linke Flanke zu führen. Gegen 16 Uhr griff, von Infanterie unterstützt, die Masse der Reiterei an, warf die zahlenmäßig unterlegene französische Kavallerie zurück und durchbrach die Front. Auf die Meldung von der Niederlage Tallards hin, der selbst in Gefangenschaft geriet, traten der Kurfürst und Marsin mit ihren Truppen einen geordneten Rückzug an. Die Infanterie Tallards, die Blindheim verteidigte, war jedoch verloren. Dort kapitulierten in der Nacht etwa 9000 Franzosen. Insgesamt beliefen sich die französisch-bayrischen Verluste auf etwa 14000 Tote und Verwundete, 13000 Gefangene, mehrere Tausend Deserteure und 40 Geschütze. Nach der Schlacht fielen den Siegern, die 12000 Mann an Toten und Verwundeten verloren hatten, noch der Troß, die Kriegskasse, der Belagerungspark mit 111 schweren Geschützen und 2 Schiffsbrücken in die Hände.

Die Schlacht wurde taktisch durch das Zusammenwirken von Eugen und Marlborough entschieden. Auf französisch-bayrischer Seite blieb infolge ungenügender Koordinierung, die wesentlich aus den Rivalitäten der Befehlshaber resultierte, der Vorteil der zahlenmäßigen und artilleristischen Überlegenheit ungenutzt. Dem Sieg bei H. folgte die Unterwerfung Bayerns. Damit verlor Frankreich seine militärisch-politische Basis auf deutschem Territorium, das als Kriegsschauplatz im Spanischen Erbfolgekrieg keine Rolle mehr spielte. Die Schlacht von H. wurde auch, besonders von englischer Seite, nach dem Ort Blindheim benannt.

Hohenfriedeberg 1745: Schlacht im zweiten Schlesischen Krieg 1744/45 (→ *Schlesische Kriege 1740–1742, 1744/45*) zwischen preußischen und österreichisch-sächsischen Truppen am 4. 6. 1745.

Nach dem mißglückten Feldzug in Böhmen 1744 war König Friedrich II. von Preußen (1712–1786) entschlossen, die seit Ende Mai 1745 über das Riesengebirge nach Schlesien vorstoßende österreichisch-sächsische Armee um jeden Preis anzugreifen. Am 3.6. erreichten die österreichisch-sächsischen Truppen, die von Feldmarschall Prinz Karl Alexander von Lothringen (1712–1780) befehligt wurden, bei Striegau die schlesische Ebene. Ihre Gefechtsstärke belief sich auf 40400 Mann Infanterie und 18300 Mann Kavallerie (121 Geschütze). Die bei Schweidnitz konzentrierte preußische Armee zählte 38600 Mann Infanterie und 19900 Mann Kavallerie (192 Geschütze). In der Nacht zum 4. 6. marschierte sie nach Striegau in die unmittelbare Nähe des zwischen H. (umgangssprachlich Hohenfriedberg) und Pilgramshain lagernden Gegners, zu dessen Täuschung sie ihre Wachtfeuer bei Schweidnitz brennen ließ. Um Raum zur Entfaltung zu gewinnen, mußten die Preußen zuerst den linken (sächsischen) Flügel des Gegners schlagen. Im Morgengrauen passierten sie in einem schwierigen Flankenmarsch die Front der lagernden Österreicher und griffen nach 4 Uhr überraschend mit dem rechten Flügel an. In dem heftigen Kampf erzielte namentlich die preußische Artillerie große Wirkung. Gegen 7.30 Uhr hatten die preußischen Truppen die sich tapfer wehrenden Sachsen zurückgeworfen und von den Österreichern getrennt. Inzwischen war der preußische linke Flügel eingeschwenkt und stieß gegen 8.30 Uhr, unterstützt von einigen Bataillonen des rechten Flügels, frontal gegen die österreichische Infanterielinie zwischen Günthersdorf und Thomaswaldau vor. Die beiden Dörfer wurden gestürmt. Auch die Kavallerie des linken Flügels blieb nach erbittertem Gefecht über die österreichische Reiterei erfolgreich. Obwohl an beiden Flanken bedroht, leistete die österreichische Infanterie hartnäckigen Widerstand; einzelne preußische Regimenter verloren bis zur Hälfte ihres Bestands. Erst die Attacke eines preußischen Dragoner-

Schlacht bei Hohenfriedeberg – 4. Juni 1745

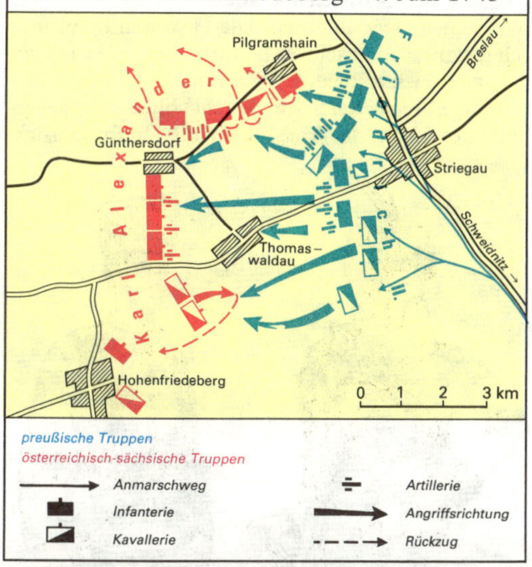

Angriff preußischer Dragoner bei Hohenfriedeberg

regiments, durch die 20 allerdings schon erschütterte Bataillone zersprengt wurden, entschied gegen 9 Uhr die Schlacht. Die österreichisch-sächsische Armee mußte sich nach Böhmen zurückziehen. Sie verlor etwa 13700 Mann an Gefallenen, Verwundeten, Gefangenen und Vermißten sowie 66 Geschütze. Die preußischen Verluste betrugen 4750 Mann. Die Schlacht bei H. war ein großer taktischer Erfolg der preußischen Armee, der jedoch weder strategische noch politische Folgen hatte. Österreich zeigte sich nicht zu Friedensverhandlungen bereit, und seine Armee blieb intakt.

Husaren: Angehörige der vor allem zur Aufklärung, Sicherung und Verfolgung verwendeten Truppengattung der leichten → *Kavallerie* vom 15. bis Anfang des 20. Jh.

Die H. traten erstmalig in der zweiten Hälfte des 15. Jh. als ungarische Nationalreiterei in Erscheinung. Ihr Name leitet sich von der Art der Aufbietung ab: Der jeweils 20. Mann (husz) mußte gegen Löhnung (ar) befristeten Waffendienst als Reiter im königlichen Heer ableisten. Die H. waren ursprünglich gepanzert und schwer bewaffnet, wurden jedoch später in leichte Reiterei umgewandelt. Ihre farbenprächtige, reich verzierte Tracht blieb bis gegen Ende des 19. Jh. das Vorbild für die Uniformierung der H. in den meisten europäischen Staaten. Als charakteristische Merkmale der H.uniform galten Pelzmütze (Kalpak) oder Flügelkappe, Dolman (mit Schnüren besetzte Jacke) oder Pelz sowie Säbeltasche. Die leichte Rüstung und Bewaffnung der ungarischen H. und ihre Rekrutierung aus Freien machten sie zur Lösung selbständiger, besondere Beweglichkeit erfordernder Aufgaben geeignet. Ihr Auftreten in den militärischen Auseinandersetzungen Ungarns mit anderen europäischen Feudalstaaten – insbesondere mit Österreich – führte bei diesen zur Errichtung einer ebenfalls aus H. bestehenden Truppengattung. In den meisten deutschen Territorialstaaten erfolgte die Bildung von H.formationen anfänglich nur zögernd und in geringem Umfang. Nach Bayern (1688) bildete Preußen 1721 ein erstes H.kontingent aus Wallonen, das einem Dragonerregiment angegliedert war. 1729 wurde ein selbständiges H.korps aufgestellt. Der erfolgreiche Einsatz von H. in den Schlesischen Kriegen 1740–1742 und 1744/45 auf österreichischer Seite hatte eine rasche Erweiterung dieser Truppengattung auch in Preußen zur Folge. Unter König Friedrich II. (1712–1786) stieg die Zahl der H. von 1000 Mann (9 Eskadronen in 2 Regimentern) auf über 15000 Mann (100 Eskadronen in 10 Regimentern). Im Unterschied zu anderen Armeen dieser Zeit wurden die preußischen H. so organisiert und ausgebildet, daß sie nicht nur zu Streifzügen, sondern auch in der Schlacht eingesetzt werden konnten. Nach 1763 wurden in den Armeen Sachsens, Braunschweigs, Hannovers und Hessens ebenfalls stehende H.kontingente formiert. Auch im 19. Jh. behielten die H. ihre Bedeutung. So vergrößerte Preußen die Zahl seiner H.regimenter in der Zeit von 1815 bis 1866 von 12 auf 16. 1853 wurden Dolman und Pelz durch die dem Waffenrock ähnlichere Attila abgelöst. Vor dem ersten Weltkrieg verfügte das kaiserlich-deutsche Heer über 21 H.regimenter, die mit → *Säbel*, Lanze und Karabiner bewaffnet und weitgehend der angestrebten Einheitskavallerie angepaßt waren. In der Kavallerie der Reichswehr der Weimarer Republik und der faschistischen Wehrmacht wurde die Bezeichnung H. nur noch als Traditionsname verwendet. *(s. Abb. S. 369, 1001, 1003, 1005)*

a b

a Husar vom bayrischen Husarenregiment Lidl von Borbula, 1688
b Husar vom preußischen Husarenregiment Nr. 9, 1914

Hussitenkriege 1419–1437: bewaffnete Kämpfe der revolutionären Hussitenbewegung gegen die innere und äußere feudale Reaktion.

Die sich Anfang des 15. Jh. in Böhmen ausbreitende revolutionäre Hussitenbewegung richtete sich gegen die Papstkirche, die feudale Ausbeutung und die nationale Unterdrückung. Ihre breite Klassenkoalition bildete die Grundlage für eine neue, auf die Potenzen der Volksmassen gestützte Militärorganisation und Kriegführung. Die hussitischen Heere, in denen das Fußvolk eindeutig überwog, hatten ihre soziale Basis hauptsächlich in der Bauernschaft und in den städtischen Mittel- und Unterschichten. Der niedere Adel stellte die zahlenmäßig kleine Reiterei und den Großteil der militärischen Führer, unter denen Jan Žižka von Trocnov (um 1370–1424) als Feldherr herausragte. Die Städte sicherten die Ausrüstung mit Handfeuerwaffen und Geschützen, die von den Hussiten in bisher ungekanntem Ausmaß im Feldkrieg verwendet wurden. Die straff geführten Volksheere, in denen Kriegsordnungen eine hohe Disziplin und Ordnung gewährleisteten, hatten eine große Kampfkraft. Diese resultierte vor allem daraus, daß sich Beherrschung und zweckmäßiger Einsatz der Waffen sowie geschickte Ausnutzung des Geländes mit moralischer Geschlossenheit und revolutionärem Geist verbanden. Die Überzeugung von der Gerechtigkeit des Kampfes und die daraus erwachsende Disziplin und Moral waren auch die Voraussetzung für die Wirksamkeit der hussitischen Taktik mit Kriegswagen und → *Wagenburg*. Sie beruhte auf der Verbindung von Verteidigung und Gegenstoß, wobei Fußvolk, Artillerie und Reiterei organisiert zusammenwirkten. Die Hussitenbewegung strahlte über die Grenzen Böhmens hinweg aus und gab dem antifeudalen Volkskampf neue Impulse.

Die herrschende Klasse versuchte, die als Ketzer abgestempelten Hussiten zu vernichten. Von der römischen Kurie ideologisch und finanziell unterstützt, stellte sie große Heere auf. Hauptorganisator und nomineller Oberbefehlshaber war der deutsche und ungarische König Sigismund (1368–1437), seit 1433 römisch-deutscher Kaiser. Er ließ sich 1420 auch zum König von Böhmen krönen, wurde jedoch 1421 von den Ständen des Landes abgesetzt und konnte erst 1436 die Anerkennung als böhmischer König erreichen. Die Kreuzfahrerheere setzten sich aus den Kontingenten der Feudalherren und Städte, aus Söldnern sowie aus dienstpflichtigen Bauern und Bürgern zusammen. Es mangelte ihnen an moralischem Zusammenhalt, einheitlicher Ordnung und Disziplin; außerdem bestanden große Unterschiede in der Bewaffnung, Ausrüstung und Ausbildung. Der 1427 unternommene Versuch, mit Hilfe einer Reichskriegssteuer ein Söldnerheer anzuwerben, blieb ebenso erfolglos wie das Bemühen, die militärische Disziplin zu festigen und die hussitische Kampfesweise nachzuahmen. Das Fußvolk war zahlenmäßig zwar relativ stark, jedoch wenig kampfkräftig. Die in wachsendem Umfang eingesetzten Geschütze erzielten insgesamt geringe Wirkung. Die Hauptkraft bildete die rittermäßig gerüstete Reiterei, deren Angriff gegen die Wagenburg in der Regel die Schlacht eröffnete. Rivalitäten der beteiligten Fürsten beeinträchtigten erheblich die ohnehin komplizierte Führung der Kreuzfahrerheere. Der Kampf gegen die Hussiten war durch äußerste Grausamkeit

Hussitenkriege 1419 bis 1437

Hussiten vor der Schlacht

gekennzeichnet. Obwohl mit großer Übermacht geführt, endeten alle 5 Kreuzzüge mit Niederlagen.

Nach dem militärischen Verlauf teilen sich die H. in 2 Perioden: von 1419 bis 1426 mit Böhmen als einzigem Kriegsschauplatz und von 1426/27 bis 1437 mit der Verlagerung des Kampfes in die an Böhmen angrenzenden Gebiete. Bereits in der ersten bewaffneten Auseinandersetzung zeigte sich die militärische Überlegenheit der Hussiten. Eine von Žižka geführte Schar schlug am 25. 3. 1420 bei Sudoměř zahlenmäßig stärkere königliche Reiter und Kreuzherren. Im Mai 1420 begann der vom Papst aufgerufene erste Kreuzzug gegen die Hussiten. Unter Führung von Sigismund fielen mehr als 100000 Kreuzfahrer aus fast allen Ländern Europas von 4 Seiten in Böhmen ein und vereinigten sich Ende Juni bei Prag. Am 14. 7. kam es zur Schlacht am Sankt Veitsberg, dem Schlüsselpunkt der von Žižka geleiteten Verteidigung der Stadt. Das Kreuzfahrerheer erlitt eine schwere Niederlage und löste sich auf. Auch ein zweiter Angriff Sigismunds auf Prag im Herbst wurde durch den hussitischen Sieg in der Schlacht am Vyšehrad abgewehrt (1. 11.). Im Sommer 1421 folgte der zweite Kreuzzug. Die in Westböhmen eingefallenen Heere, deren Gesamtstärke wiederum etwa 100000 Mann betragen haben soll, belagerten das hartnäckig verteidigte Saaz. Žižka warf sie zurück und entsetzte die Stadt (2. 10.). Die aus Mähren und Österreich vorgedrungenen Kreuzfahrer wurden in den Schlachten bei Kuttenberg (21. 12.) und Deutsch Brod (8.–10. 1. 1422) geschlagen. Der dritte Kreuzzug (1422) scheiterte an der Schwäche des Feudalheeres und der Uneinigkeit seiner Führer.

Als der äußere Druck nachließ, versuchten die konservativen Kräfte in der Hussitenbewegung den Kampf zu beenden; doch der linke Flügel verhinderte dies. Die Feldheere zerschlugen 1423/24 in mehreren Schlachten, kulminierend in dem glänzenden Sieg Žižkas bei Maleschau (7. 6. 1424), den Herrenbund der gemäßigten Hussiten und sicherten den Fortbestand der revolutionären Bewegung. Nachdem 1425 ein von Österreich her geführter Angriff der Feudalherren gegen Mähren zusammengebrochen war, konzentrierten sich die Kämpfe im nordböhmischen Raum. Im Frühjahr 1426 belagerten die vereinigten hussitischen Feldheere (insgesamt etwa 25000 Mann) unter Prokop dem Großen (um 1380–1434) die Stadt Aussig. Zum Entsatz rückte ein sächsisches Heer heran, das durch Hilfstruppen aus anderen deutschen Ländern verstärkt war und

Hussitische Heerführer nach der siegreichen Schlacht bei Aussig, 16. Juni 1426

etwa 70000 Mann umfaßt haben soll. Am 16.6. entbrannte die Schlacht, in der die Hussiten einen ihrer größten Siege errangen. Das Feudalheer wurde vernichtend geschlagen. Der sorgfältig vorbereitete vierte Kreuzzug vom Sommer 1427 endete ebenfalls mit einem Fiasko. Das über 80000 Mann starke Kreuzfahrerheer, das Mies belagerte, ergriff schon beim Nahen der knapp 26000 Mann starken hussitischen Streitmacht die Flucht und suchte auch bei Tachau vor den nachsetzenden Hussiten das Weite (2.–4. 8.). Nur eine kleine Schar verteidigte Tachau, mußte sich aber bald ergeben.

Bereits im Mai/Juni 1427 hatten die Hussiten ihren ersten größeren Kriegszug in die Lausitz und nach Schlesien unternommen. 1428 begannen die planmäßigen Feldzüge in die Nachbarländer. Ihr Hauptziel war, gegnerische Kräftekonzentrationen im Grenzraum zu verhindern. Außerdem dienten diese sog. Reisen der eigenen Versorgung, die durch die Verwüstung Böhmens und durch Blockademaßnahmen der feudalen Reaktion immer schwieriger wurde. In den Jahren 1428–1430 zogen die Hussiten nach Mähren, Österreich, Ungarn, Schlesien, Sachsen, Franken, Bayern und in die Lausitz. Nirgends stießen sie auf nennenswerten Widerstand, dagegen zeitigte ihre Propaganda unter der Bevölkerung vielerorts Wirkung. So wurde u. a. die Erhebung der Bamberger Stadtarmut 1430 unmittelbar durch die Hussiten beeinflußt. Die Ausbreitung der hussitischen «Seuche» war eine Hauptursache des fünften Kreuzzuges. Das wohl größte Kreuzfahrerheer (angeblich 40000 Reiter und 90000 Fußkämpfer) fiel Anfang August 1431 in Böhmen ein und belagerte Taus. Als das etwa 40000 Mann starke hussitische Heer überraschend auftauchte, floh die Masse der Kreuzfahrer. Ein Teil verschanzte sich in einer Wagenburg, die nach hartem Kampf von den Hussiten gestürmt wurde (14. 8.). Nach dieser Niederlage stellte die Feudalklasse den bewaffneten Kampf ein. Es begannen Verhandlungen mit den Hussiten, deren innere Einheit zerbrach, nachdem der äußere Druck gewichen war. Die von den radikalen Kräften getragenen Feldheere unternahmen zwar noch erfolgreiche Kriegszüge, u. a. 1432 in die Mark Brandenburg und 1433 bis an die Ostseeküste. Im mörderischen Bruderkampf jedoch erlitten sie in der Schlacht bei Lipan (30. 5. 1434) gegen das überlegene Heer des neuen Herrenbundes der gemäßigten Hussiten eine entscheidende Niederlage. Die H. endeten im September 1437 mit der Einnahme der Burg Zion, der letzten Zufluchtsstätte der revolutionären Kräfte.

Die Hussitenbewegung gehört zu den nationalen Traditionen des tschechoslowakischen Volkes. Sie bildete einen Höhepunkt des bewaffneten Klassenkampfes im 15. Jh. und offenbarte die militärische Schöpferkraft des Volkes. Die hussitische Militärorganisation und Kriegskunst, die sich im Kampf entwickelten und ihre Überlegenheit bewiesen, beeinflußten tiefgreifend Militärwesen, Waffentechnik und Kriegführung. Deutlich traten in den H. die Schwächen der lehnsrechtlich begründeten Militärverfassung des deutschen Feudalreiches hervor. Versuche, eine starke zentralstaatliche Streitmacht zu schaffen, scheiterten am Partikularismus der Fürsten.

I

Infanterie: Waffengattung der → *Landstreitkräfte*, deren Angehörige bis zur Mitte des 20. Jh. zu Fuß gekämpft haben und seitdem Gefechtshandlungen immer mehr auch von Gefechtsfahrzeugen aus durchführen.

Als I. (abgeleitet vom Spanischen infante = Knecht, Knabe) wurden seit dem 15./16. Jh. die Fußtruppen der Heere bezeichnet. Sie ist eine der ältesten Waffengattungen. Ihre Zusammensetzung, Bewaffnung und Ausrüstung, Organisation und Taktik änderten sich im Laufe der Jahrhunderte. Bestimmenden Einfluß übten darauf der Klassencharakter des jeweiligen Staates, der ökonomisch-technische Entwicklungsstand, die soziale Struktur der Bevölkerung, aber auch geographische und andere Bedingungen aus. Bis ins 20. Jh. bildete die I. in den meisten Ländern den zahlenmäßig stärksten Teil und die Hauptwaffengattung der Landstreitkräfte. Wichtigstes Kennzeichen war die Führung des Kampfes zu Fuß, wobei sie von der → *Kavallerie*, der → *Artillerie* sowie den sich entwickelnden Spezialtruppen unterstützt wurde. Im Zusammenhang mit der Steigerung der Feuerkraft durch die Einführung neuer Waffen sowie die Erhöhung der Beweglichkeit durch Motorisierung und Mechanisierung entwickelte sich die I. zu einer qualitativ neuen, universell einsetzbaren Waffengattung.

Die I. bildete sich als Fußvolk beim Übergang von der Gentilordnung zur antagonistischen Klassengesellschaft (→ *militärische Demokratie*) heraus. Sie entwickelte sich in den meisten Sklavereistaaten zur Hauptwaffengattung des Heeres, die in der Schlacht die entscheidende Rolle spielte. Gliederung, Bewaffnung und Ausrüstung wurden im allgemeinen durch die Besitzverhältnisse der dienstpflichtigen Freien bestimmt. In Griechenland stellten die vermögenden Schichten die Hopliten, die mit Speeren und Kurzschwertern bewaffnet waren, eine Schutzrüstung trugen und in der dichten Phalanx (= Walze) kämpften (→ *Kriegskunst*). Ärmere Freie dienten vor allem als

Schleuderer und Speerwerfer in zerstreuter Ordnung. Seit dem 4. Jh. v. u. Z. entstanden die leichtgerüsteten Peltasten, die sowohl in der Phalanx als auch in aufgelöster Ordnung kämpften. Das römische Fußvolk verkörperte den höchsten Entwicklungsstand der I. in der Antike. Durch eine strenge Ausbildung und Disziplin erreichte die römische I., die seit dem 1. Jh. v. u. Z. aus Berufskriegern bestand, eine hohe Kampfkraft. Die antike Überlieferung von der schlachtentscheidenden, kampfstarken I. übte einen großen Einfluß auf das militärische Denken vom 15. bis 18. Jh. aus. Die römische I. wurde als das erstrebenswerte Vorbild für die I. der → *Söldnerheere* jener Zeit betrachtet.

Die germanischen Stämme, die sich zum Zeitpunkt des Zusammenstoßes mit Rom noch auf der Stufe der militärischen Demokratie befanden, hatten ein kampfstarkes Fußvolk, das mit Keulen, Streitäxten, Schwertern und Speeren bewaffnet war und in der Schlacht einen keilförmigen taktischen Körper bildete.

Mit der Ausprägung der feudalen Klassenverhältnisse verlor das Fußvolk allmählich seine sozialökonomische Grundlage: die freien dienstpflichtigen Bauern. An die Stelle des Aufgebots trat in West- und Mitteleuropa das berittene → *Vasallenheer*, später das → *Ritterheer.* Das unzureichend ausgebildete und kaum organisierte Fußvolk galt bis zum 13./14. Jh. nur als Hilfswaffe der Ritter. Es rekrutierte sich aus verarmten, abhängigen Bauern, Gesinde des Adels und Tagelöhnern der Städte. Nur in den von der feudalen Entwicklung wenig berührten Alpen und an der Nordseeküste (Stedingen, Dithmarschen) blieb bis in das 15. Jh. ein bäuerliches Fußvolk erhalten, das wiederholt Ritterheere schlug. Auch in Ost- und Nordeuropa behielt das Fußvolk noch lange seine militärische Bedeutung.

Die Wiedergeburt einer schlagkräftigen I. in West- und Mitteleuropa setzte im 13./14. Jh. im Zusammenhang mit dem Erstarken der Städte und dem partiellen Wegfall feudaler Bindungen infolge der zunehmenden Ware-Geld-Beziehungen ein. Die Schweizer und die Hussiten bildeten eine starke I. Bewaffnet mit Armbrüsten und Hellebarden, schlugen sie im Masseneinsatz feudale Heere, wobei sie das Gelände gegen die Reiterei ausnutzten und in den → *Wagenburgen* einen Rückhalt fanden. Im Spätmittelalter waren in England/Schottland die Langbogenschützen und vornehmlich in Italien die Armbrustschützen eine besondere Art der I. Mit dem Massensöldnerwesen seit Ende des 15. Jh. verbreiteten sich die Kampfformen und -erfahrungen der neuen I., die zur Hauptwaffengattung der Söldnerheere wurde. Als kampfkräftigste I. galten im 16. Jh. neben den Schweizern die deutschen → *Landsknechte,* das spanische Fußvolk, die russischen Strelitzen (Schützen) und die türkischen Janitscharen. Die I. gliederte sich organisatorisch in → *Regimenter* und → *Fähnlein,* nach der Bewaffnung in Schützen, die ein Luntenschloßgewehr besaßen, und in → *Pikeniere.* Mit der Einführung der handlicheren und treffsicheren Muskete erhöhte sich die Feuerkraft der Schützen, deren Zahl im Verhältnis zu den Pikenieren anwuchs. Auf dem Schlachtfeld bildete die I. mehrere → *Gevierthaufen.*

Verhältnis von Pikenieren und Schützen in deutschen Söldnerheeren (in %)

	um 1500	um 1550	um 1600	nach 1650
Pikeniere	90	70	60	40
Schützen	10	30	40	60

Während des niederländischen Befreiungskampfes gegen Spanien (1566/67–1609) und des Dreißigjährigen Krieges (1618–1648), vor allem aber mit dem Aufkommen der stehenden Heere nach 1648 und durch waffentechnische Neuerungen (Steinschloßgewehr u. a.) veränderten sich allmählich Struktur, Bewaffnung und Taktik der I. Die Regimenter gliederten sich jetzt in → *Kompanien* (8–14); taktische Formation wurde im 18. Jh. das → *Bataillon.* Die Ausbildung erfolgte nach Reglements. Zu Beginn des 18. Jh. verschwanden allgemein die Pikeniere. Zur I. gehörten neben den → *Musketieren* die → *Grenadiere* sowie gegen Mitte des 18. Jh. verschiedene Arten einer leichten I., die außerhalb der Schlachtordnung kämpften (Kroaten und Panduren in der österreichischen Armee, → *Freibataillone* in der preußischen Armee). Auf dem Schlachtfeld stellte sich die I. in mehreren, 3–4 Glieder tiefen Treffen auf, wobei die unter den beiden Königen Friedrich Wilhelm I. (1688–1740) und Friedrich II. (1712–1786) besonders gedrillte preußische I. als – wie Friedrich Engels (1820–1895) schrieb – die «klassische Infanterie des 18. Jahrhunderts» galt (K. Marx/F. Engels, 14, S. 360). Die Erfolge der Milizen im amerikanischen Unabhängigkeitskrieg (1775–1783) veranlaßten Preußen und andere Staaten zu dem Versuch, eine kampfkräftige leichte I. zu schaffen (1787 Bildung von 20 Füsilierbataillonen in Preußen). Das feudalabsolutistische Organisations- und Rekrutierungssystem der I. (Zwangswerbung, Prügeldisziplin und Drill) behinderte sie jedoch dabei, so daß letztlich keine dauernden Ergebnisse erzielt werden konnten.

Die bürgerliche Umgestaltung des Militärwesens im Gefolge der Französischen Revolution von 1789 war mit tiefgreifenden Veränderungen der Organisation und Kampfführung der I. verbunden. Im Verlauf der Revolutions- und der napoleonischen Kriege

Fußvolk. *5. Jh. bis 17. Jh.:* **1** germanischer Krieger (um 500); **2** karolingischer schwerer Fußkrieger (um 900); **3** gepanzerter Fußkrieger (um 1150); **4** Fußknecht (um 1300); **5** Armbrustschütze (um 1450); **6** Landsknecht (um 1520); **7** Pikenier (um 1590); **8** Musketier (um 1620)

bildete die I. der französischen Armee, deren sozialer Charakter nunmehr von freien Bauern bestimmt wurde, eine neue Taktik heraus, die auf der Verbindung von zerstreuter Ordnung und geschlossenen → *Kolonnen* beruhte. Die leichte I. (sog. Tirailleure) hatte durch das Feuergefecht den Angriff einzuleiten, die schwere oder Linien-I. sollte darauf durch den Bajonettangriff das Gefecht entscheiden. Die Zusammenfassung von I. mit Artillerie und Kavallerie in → *Divisionen* sicherte ein besseres Zusammenwirken der Waffengattungen. Vom französischen Vorbild, das bis weit in das 19. Jh. hinein wirkte, übernahmen Preußen und andere Staaten wesentliche Prinzipien der Organisation und Taktik der I. Im Rahmen der → *Militärreformen in Preußen 1807–1815* wurde die preußische I. modernisiert. Das preußische I.bataillon gliederte sich in 4 Kompanien zu je 2 Zügen bzw. Pelotons und zählte etwa 1000 Mann. Je 1 Füsilierbataillon und 2 Musketierbataillone bildeten ein I.regiment. Die Division umfaßte 3 I.regimenter zusammen mit Kavallerie- und mit Artillerieformationen. Während des → *nationalen Unabhängigkeitskrieges 1813/14* kämpfte die preußische I. in tiefgegliederter Ordnung (im allgemeinen 3 Treffen). Das Schützengefecht führten meist → *Jäger*.

Von 1815 bis in die Mitte der 60er Jahre des 19. Jh. entwickelten sich Organisation und Taktik der I. nur langsam. In den Heeren der europäischen Mächte war die I. die vorherrschende und bestimmende Waffengattung; ihre Organisation und Gliederung glichen sich weitgehend an. Mit der Einführung des → *Perkussionsgewehrs*, insbesondere aber des → *Hinterladers* erhöhte sich die Feuerkraft der I. Die Bedeutung des Schützengefechts stieg gegenüber dem Bajonettangriff. Das hob die Trennung in leichte und schwere I. allmählich auf und beschleunigte die Herausbildung einer einheitlichen I. Seit 1848 wurde die preußische I. schrittweise mit dem → *Zündnadelgewehr*, dem ersten feldbrauchbaren Hinterlader, ausgerüstet. Gegenüber der steigenden Wirkung der Feuerwaffen blieb jedoch die Taktik überall zurück; das Exerzieren geschlossener Bataillone bildete noch lange Zeit den Schwerpunkt der Friedensausbildung. Das preußische Exerzierreglement von 1847 bahnte den Übergang von der Bataillons- zur Kompaniekolonne an, trug aber insgesamt der gestiegenen Bedeutung des Schützengefechts nicht Rechnung. Im Verlauf des → *Deutsch-Französischen Krieges 1870/71*, in dem die I. beider Seiten mit gezogenen Hinterladern kämpfte, lösten sich vielfach die Kolonnen unter Feuer spontan zu aufgelockerten Schützenschwärmen auf. In der Zeit von 1871 bis zum Ausgang des 19. Jh. wurde die Entwicklung der I. wesentlich vom beginnenden Wettrüsten zwischen den europäischen Staaten und vom

Verhältnis von Infanterie zu Kavallerie und Artillerie im preußisch-deutschen Feldheer

Jahr	Auf 1000 Infanteristen entfielen Kavalleristen	Auf 1000 Infanteristen entfielen Geschütze
1806	286	2,5
1813 (Herbst)	143	2,6
1815	130	2,6
1870	123,5	3,4
1914	85,5	4,8
1918	—	9,4

raschen Fortschritt der Militärtechnik geprägt. Die seit Mitte der 80er Jahre beginnende Einführung des → *Mehrladegewehrs* erhöhte die Bedeutung des Feuergefechts weiter und erforderte eine verstärkte Schießausbildung des Soldaten. Entgegen den Erfahrungen des Russisch-Türkischen Krieges (1877/78) wurde aber noch längere Zeit die Entscheidung vom Stoß geschlossener Kolonnen erwartet. Im → *kaiserlich-deutschen Heer* entstand eine nach preußischem Vorbild weitgehend vereinheitlichte I. Sie wurde mit ständig verbesserten Mehrladegewehren sowie dem aufpflanzbaren Seitengewehr ausgerüstet. Das Exerzierreglement von 1888 war ein erster Schritt zur Führung des I.gefechts in aufgelöster Ordnung, blieb aber noch immer hinter den Anforderungen der Gefechtspraxis zurück.

Das mit Beginn der imperialistischen Epoche sprunghaft einsetzende Wettrüsten der kapitalistischen Großmächte führte auch zu einem quantitativen und qualitativen Ausbau der I. Vor allem erhöhte sich deren Kampfkraft durch Einführung neuer oder verbesserter Bewaffnung und Ausrüstung. So wurde die deutsche I. mit dem Gewehr 98 und dem → *Maschinengewehr* bewaffnet und erhielt feldgraue bzw. graugrüne Felduniformen, tragbare Zeltausrüstungen, vermehrte Taschenmunition und fahrbare Feldküchen. Der Russisch-Japanische Krieg (1904/05) zeigte die gestiegene Feuerkraft der I., die Stärke der auf Feldstellungen gestützten Verteidigung sowie die Tendenz zur Entwicklung des Stellungskriegs. Die vorgesehene Auflockerung der Gefechtsordnung in dünne Schützenlinien entsprach aber noch nicht der Wirkung der modernen Schnellfeuerwaffen. Unter dem beherrschenden Prinzip des Vorwärtsstürmens um jeden Preis dominierte in der Ausbildung der I. übermäßig der Angriff auf Kosten der Verteidigung. Im Verlauf des ersten Weltkriegs (1914–1918) blieb die I. Hauptwaffengattung; sie bestimmte den Ausgang der Gefechte und Operationen. Die rasche Entwicklung der Militärtechnik und das Entstehen des Stellungskriegs bewirkten tiefgreifende Veränderungen in Bewaffnung, Ausrüstung,

Infanterie. *18. Jh. bis 1945:* **1** Grenadier (Bayern 1706); **2** Füsilier (Preußen 1760); **3** Freiwilliger Jäger (Mecklenburg 1813/14); **4** Infanterist (Preußen 1870/71); **5** Jäger in Felduniform (1914); **6** Infanterist mit Gasmaske (1917); **7** Panzergrenadier und Schützenpanzerwagen (1942)

Organisation und Kampfweise der I. Durch ihre Ausstattung mit verbesserten oder neuen Kampfmitteln stieg die Feuerkraft um das Mehrfache. Das Maschinengewehr wurde zur Hauptfeuerwaffe der I. Als Strukturwaffen des Regiments und später des Bataillons kamen mittlere und leichte Minenwerfer und gegen Kriegsende I.begleitgeschütze hinzu. Zunehmende Verwendung fanden im Grabenkampf → *Handgranaten* und → *Granatwerfer*, für den Nahkampf der geschliffene Spaten und für die Abwehr von Panzerangriffen behelfsmäßige → *Panzerabwehrmittel.* Zu der etwa 28 kg schweren Ausrüstung des Infanteristen (einschließlich Zeltbahn, Mantel und Kurzspaten) kamen seit 1916 der → *Stahlhelm* und mit Beginn der → *chemischen Kriegführung* die Gasmaske. Die anfänglichen Massenangriffe der I. in dichten Schützenlinien führten im Feuer der Schnellfeuerwaffen zu außerordentlich hohen Verlusten. Das zwang zur schrittweisen Auflockerung der Gefechtsordnung im Angriff. Die Bedingungen des Stellungskriegs, verbunden mit massenhaftem Einsatz von Artillerie, und die Verwendung von chemischen Kampfstoffen und Panzern stellten der I. im Angriffs- und Verteidigungsgefecht neue Aufgaben. In dem Maße, wie andere Waffengattungen und Spezialtruppen an Bedeutung gewannen oder neu aufkamen, verringerte sich der Anteil der I. an den Landstreitkräften von ca. 60 % (nach der Mobilmachung) auf ca. 40 %. Aufgrund der hohen Verluste und des Mangels an Ersatz sanken die Stärken der → *Infanteriedivisionen* stark ab; die Anzahl der I.bataillone in den I.divisionen wurde von 12 auf 9 verringert. Sonderformationen der I. mit besonderer Ausrüstung und Ausbildung waren Jägerbataillone, Radfahrbataillone (→ *Radfahrtruppen*), Gebirgs- und Schneeschuhformationen (→ *Gebirgstruppen*) sowie Sturmbataillone, die für besondere Aufgaben des Sturmangriffs zusammengesetzt und ausgebildet waren. Der Einsatz neuer Kampfmittel, die gesteigerte Wirkung der Waffen und die Kriegserfahrungen bestimmten maßgeblich die weitere Entwicklung der I. Zugleich aber wirkten auf sie die großen gesellschaftlichen Veränderungen – die Krise des imperialistischen Systems, das Erstarken der revolutionären Arbeiterbewegung und ihr Einfluß auf die imperialistischen Streitkräfte u. a. m. – ein.

Entwicklung der Feuerkraft der Infanterie

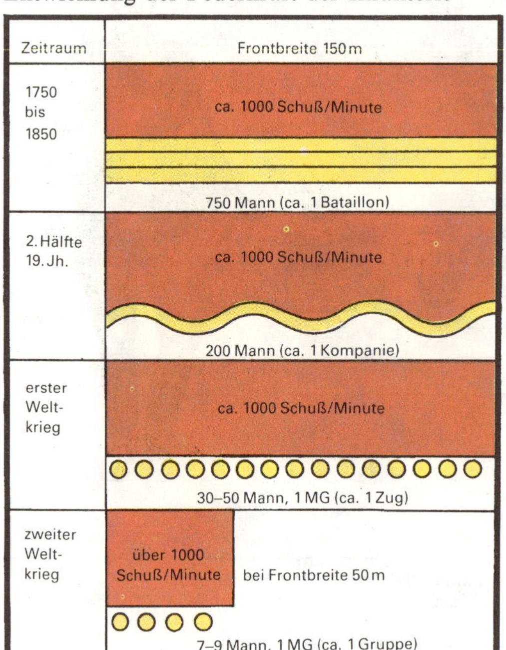

In der Zeit zwischen den beiden Weltkriegen stiegen Beweglichkeit und Feuerkraft der I. beträchtlich an. Die Einführung neuer Waffen in die Einheiten und Truppenteile beeinflußte die Struktur der I. tiefgreifend. Allgemein setzte sich die Tendenz durch, die Anzahl der nur mit dem Gewehr bewaffneten Schützen zu verringern und die Ausstattung der I. mit Maschinengewehren, Gewehrgranatgeräten, Granat- und Minenwerfern sowie mit I.geschützen zu vergrößern. Dagegen fanden Selbstladegewehre und Maschinenpistolen nur zögernd Eingang in die Bewaffnung der I. Wesentlichen Einfluß auf ihre Bewaffnung und Aufgabenstellung hatten in der Tendenz die zunehmende Heeresmotorisierung, insbesondere die wachsende Rolle der Panzertruppen, sowie die Entwicklung der Luftstreitkräfte. Die Ausstattung mit Panzerabwehrkanonen sowie mit Truppenluftabwehrmitteln blieb aber nach Zahl und Qualität zunächst unzureichend. Die Aufstellung von mot. I.divisionen erhöhte die Beweglichkeit der I., hatte jedoch infolge ihres geringen Umfangs wenig Einfluß auf den taktischen Einsatz. Auch die Panzerverbände erhielten in der Regel mot. I.truppenteile.

Laut Versailler Vertrag waren Stärke und Bewaffnung der I. in der → *Reichswehr* begrenzt. Im Zuge der geheimen Aufrüstung stellte die Reichswehrführung jedoch modern ausgerüstete I.truppenteile und -verbände als Kern eines schlagkräftigen Massenheers auf. Daran konnte die Führung der faschistischen Wehrmacht (→ *Wehrmacht, faschistische*) anknüpfen, als sie bei der beschleunigten Kriegsvorbereitung die Einheiten, Truppenteile und Verbände der I. in Struktur und Bewaffnung den Bedingungen des geplanten Aggressionskriegs (→ *Blitzkriegskonzeption*) anzupassen versuchte. Feuer- und Stoßkraft der I. waren beträchtlich gewachsen. 3 I.regimenter bildeten zusammen mit Truppenteilen und Einheiten anderer Waffengattungen und Spezialtruppen eine

I.division. Als die Hauptaufgabe der I. galt die Erringung der Feuerüberlegenheit, um den Gegner niederzukämpfen und zu vernichten. Ungelöste Fragen blieben vor allem, wie der I.angriff in der Tiefe durch schwere Waffen unterstützt werden kann, wie angesichts des unterschiedlichen Angriffstempos I.- und Panzerverbände zusammenwirken können und wie die Truppen wirksam vor Luftangriffen zu schützen sind (→ *Truppenluftabwehr*).

Während des zweiten Weltkriegs (1939–1945) durchlief die I. der kriegführenden Mächte einen einschneidenden Entwicklungsprozeß. Vor allem stieg die Ausrüstung mit automatischen Handfeuerwaffen, Maschinengewehren und verbesserten Panzerabwehrmitteln (Panzerabwehrkanonen, Panzerabwehrbüchsen und schließlich reaktiven Waffen). Neue Artilleriegeschütze und Minenwerfer führten zu einem weiteren Anwachsen der Feuerkraft, insbesondere auch mit der Einführung selbstfahrender, leicht gepanzerter Artillerie. Die Motorisierung der I. schritt fort, wenn auch in der faschistischen Wehrmacht infolge der großen Verluste an der deutsch-sowjetischen Front und der nicht ausreichenden Produktionskapazität eine gegenläufige Tendenz zu verzeichnen war. Die mot. I.divisionen und -regimenter traten 1943 zu den Panzertruppen über (→ *Panzergrenadierdivision*). Dazu bestimmt, unmittelbar mit den Panzern zusammenzuwirken, erhielten sie ihr spezifisches Gepräge mit der Einführung von Schützenpanzerwagen.

Die I. des faschistischen Heeres erfuhr während des zweiten Weltkriegs viele organisatorische und strukturelle Veränderungen, hauptsächlich bedingt durch die Verluste an der deutsch-sowjetischen Front. Der zunehmende Mangel an personellem und materiellem Ersatz bei gleichzeitiger Aufstellung neuer I.verbände führte dazu, daß deren Struktur immer uneinheitlicher wurde. Als tendenzielle Entwicklung zeichnete sich eine Verringerung der personellen Stärke und der Waffenausstattung ab. Ein Großteil der I.verbände und -truppenteile war seit 1943/44 daher nur noch für Verteidigungsaufgaben geeignet.

Dagegen wuchs die Kampfkraft der sowjetischen Schützentruppen ständig an. Sie wurden mit den damals modernsten Feuermitteln ausgerüstet. Die Maschinenpistole wurde zur meistverwendeten Waffe. Die Zahl der zur Bewaffnung einer Division gehörenden leichten Maschinengewehre nahm um mehr als das Doppelte zu. Auch die Anzahl der Artilleriegeschütze und der Granatwerfer stieg. Der zahlenmäßige Bestand an Kfz-Transportmitteln blieb jedoch unzureichend, worunter die Beweglichkeit litt. Ungeachtet dessen vollbrachten die sowjetischen Schützentruppen hervorragende Leistungen; sie entwickelten in den Operationen nach der Wende im Kriegsverlauf ein hohes Angriffstempo und eine große Meisterschaft im Zusammenwirken mit den anderen Waffengattungen und Spezialtruppen.

Nach 1945 wurde die Entwicklung der I. durch die Erfahrungen des zweiten Weltkriegs und in der Folgezeit vor allem durch die Auswirkungen der Revolution im Militärwesen bestimmt. Das Aufkommen der Raketen- und Kernwaffen, die Modernisierung der herkömmlichen Waffentechnik sowie die militärische Nutzung neuer Nachrichten- und Führungsmittel beeinflußten wesentlich Gliederung, Bewaffnung, Ausrüstung, Ausbildung und Einsatzprinzipien der I.

Die führenden Militärs der USA und anderer imperialistischer Staaten räumten in ihren aggressiven Kriegs- und Rüstungsplänen zunächst der I. gegenüber den Panzertruppen und anderen Waffengattungen geringere Entwicklungsmöglichkeiten ein. Seit den 60er Jahren, mit der zunehmenden Orientierung der NATO auf die vom US-amerikanischen Imperialismus entwickelte Theorie vom begrenzten Krieg mit und ohne Kernwaffeneinsatz, wurde der I. wieder eine größere Rolle beigemessen. Es wurde erkannt, daß auch beim Einsatz von Massenvernichtungswaffen das Gefecht ein allgemeines Truppengefecht bleibt, dessen Erfolg vom effektiven Zusammenwirken aller Waffengattungen, Spezialtruppen und Dienste abhängt. Verbesserte Bewaffnung und Ausrüstung, durchgängige Motorisierung und Mechanisierung sowie teilweise Luftlandefähigkeit der I. sollten vor allem deren Stoß- und Feuerkraft sowie Fähigkeit für weiträumige und schnelle Operationen steigern. In den 60er Jahren wurde die I. verstärkt zu einer «Vielzweck-Waffengattung» umstrukturiert, um sie im Sinne der sog. flexiblen Militärstrategie der NATO für Kampfhandlungen unter verschiedenen politisch-militärischen und geographischen Bedingungen einsetzen zu können. Dabei profilierten sich als Arten der I.: mechanisierte I., Luftlande-I., Panzergrenadiere und Jäger.

In der Sowjetarmee wie in den anderen Armeen der Staaten des Warschauer Vertrags bildete die I. bis in die erste Hälfte der 50er Jahre die zahlenmäßig stärkste und gefechtsentscheidende Waffengattung der Landstreitkräfte. Dementsprechend wurden die Feuer- und Stoßkraft sowie Beweglichkeit der I.einheiten und -truppenteile erhöht. Dem dienten die verstärkte Einführung automatischer Schützenwaffen, die Ausstattung mit Panzerabwehrmitteln und die weitere Zuführung von Kfz-Technik. Im Zusammenhang mit der Revolution im Militärwesen erfuhr die I. in den sozialistischen Armeen grundlegende Veränderungen. Sie erhielt als Waffengattung die Bezeichnung mot. Schützentruppen. Es entstand die Aufgabe, im Zusammenwirken mit anderen Waffengattungen (vor allem den Panzertruppen) die Schläge der Raketentruppen und Artillerie schnell

mot. Schützen. *NVA der DDR:* **1** mot. Schütze und Schützenpanzerwagen (50er Jahre); **2** mot. Schütze mit persönlicher Schutzausrüstung; **3** mot. Schütze mit Einmann-Fla-Rakete und Schützenpanzer – *Verbündete der NVA in der Warschauer Verteidigungsgemeinschaft:* **4** mot. Schützenzugführer der Bulg. VA; **5** lMG-Schütze der Ung. VA; **6** Panzerbüchsenschütze der Poln. Armee; **7** mot. Schütze der Streitkr. der SR Rumänien; **8** Scharfschütze der Sowjetarmee; **9** mot. Schütze der Tschechoslow. VA mit sMG

auszunutzen und aktive Kampfhandlungen durchzuführen. Diese haben das Ziel, durch geschickte Kombination von Feuer, Stoß und Bewegung die gegnerischen Kräfte zu vernichten, die vom Aggressor besetzten Räume und Objekte einzunehmen sowie eigenes Territorium gegen feindliche Angriffe zu verteidigen. Entsprechend der neuen Rolle der mot. Schützentruppen auf dem Gefechtsfeld wurden Kampfkraft und Gefechtsbereitschaft vervollkommnet und die Feuerkraft um ein Vielfaches erhöht. Die Fähigkeit der mot. Schützen zu schnellen, manövrierreichen und entschlossenen Handlungen wuchs an. Struktur und Gliederung der qualitativ neuen Waffengattung der sozialistischen Streitkräfte wurden den veränderten Bedingungen des modernen Gefechts angepaßt.

Als 1956 die → *Nationale Volksarmee der DDR (NVA)* geschaffen wurde, war die Entwicklung der mot. Schützentruppen in den Landstreitkräften der Sowjetarmee wie auch anderer sozialistischer Armeen fortgeschritten. Unter Auswertung ihrer Erfahrungen wurde bereits in der Formierungsphase der → *Landstreitkräfte der NVA (LaSK)* mit der Aufstellung von mot. Schützentruppen begonnen. Diese bilden seitdem die tragende Waffengattung der → *mot. Schützendivisionen der NVA (MSD)*. Mot. Schützentruppenteile und -einheiten gehören ebenso zum Bestand der Panzerdivision. Durch mehrere Umrüstungen nahmen Feuer- und Stoßkraft sowie Beweglichkeit und Manövrierfähigkeit der mot. Schützentruppen der NVA zu. Bis Mitte der 60er Jahre wurde die Waffengattung vollständig mit modernen automatischen Schützenwaffen ausgestattet (→ *Schützenwaffen der NVA*). Dadurch erhöhte sich die Feuerkraft der mot. Schützentruppenteile von 1957 bis 1964 auf 140%. Die neueingeführte Panzerbüchse vom Typ RPG 7 verbesserte die Fähigkeit zur Bekämpfung gepanzerter Ziele.

Während der 60er Jahre erhöhte die durchgängige Ausstattung mit gepanzerten Gefechtsfahrzeugen die Beweglichkeit und Manövrierfähigkeit der mot. Schützentruppen. Bis 1965 waren die mot. Schützen fast vollständig mit dem Schützenpanzerwagen 152 ausgerüstet, wo das Feuer bereits von Bord aus geführt werden konnte. Die seit 1967 eingeführten schwimmfähigen Schützenpanzerwagen der Typen 60 PA und PB erhöhten die Manövrierfähigkeit bedeutend. Im ersten Drittel der 70er Jahre setzte eine weitere Umrüstungsphase der Waffengattung ein. Der Schützenpanzer BMP ermöglicht es, Panzer auch auf größere Distanzen wirkungsvoll zu bekämpfen. Damit vermögen die mot. Schützen unter Umständen auch vor den eigenen Panzerkräften zu handeln. Die Ausstattung mit dem Fliegerabwehr-Raketenkomplex «Strela» erlaubt die treffsichere Bekämpfung tieffliegender Flugzeuge. Alle diese Elemente verleihen den mot. Schützen im modernen Gefecht ein hohes Maß an Handlungsfähigkeit. Die mot. Schützentruppen in den Landstreitkräften der NVA haben sich in Übungen und Manövern der Vereinten Streitkräfte bewährt. In einem von den aggressiven imperialistischen Kräften entfesselten Krieg sind sie in der Lage, im Zusammenwirken mit anderen Waffengattungen in allen Arten eines Krieges erfolgreich Gefechtshandlungen zu führen. *(s. Abb. S. 193, 222, 258, 273, 275, 277, 278, 334, 663, 765, 865, 874, 947, 951, 952)*

Infanteriedivision: allgemeiner taktischer Verband in den → *Landstreitkräften*, der aus mehreren Truppenteilen der bestimmenden Waffengattung → *Infanterie*, aber auch aus Truppenteilen und Einheiten anderer Waffengattungen, Spezialtruppen und Dienste besteht und in der Regel zu einem → *Armeekorps* gehörte.

Nach dem Vorbild der → *Division* in der französischen Revolutions- und napoleonischen Armee entstanden im 19. Jh. in den deutschen Heeren I. Das waren aus Infanterie und → *Kavallerie* sowie einigen Batterien → *Artillerie* bestehende gemischte Verbände mit zunächst unterschiedlichen Bezeichnungen. Bis zum Ende des 19. Jh. setzte sich im kaiserlich-deutschen Heer die Tendenz zur Verringerung des Anteils der Kavallerie in der I. durch. Gleichzeitig kam es zur Verstärkung der Feldartillerie; in die I. wurde 1899 eine Artilleriebrigade eingegliedert. Bis 1914 hatte der Verband die meisten zum selbständigen infanteristischen Kampf notwendigen Waffengattungen, Spezialtruppen und Dienste erhalten. Die I. waren bis Mai 1945 der Hauptbestandteil der deutschen Landstreitkräfte.

Im ersten Weltkrieg (1914–1918) stieg die Zahl der I. von 92 bei Kriegsbeginn auf 242 Ende 1917. Es verringerte sich der Personalbestand, während sich die Feuerkraft der Artillerie erhöhte. Parallel dazu kam es zur Einführung der Minenwerfer, zur verstärkten Ausrüstung mit MGs, zum Ausbau der → *Pioniertruppen* sowie zur Eingliederung von Nachrichten- (→ *Nachrichtenwesen*) und Nachschubeinheiten. Aufgrund der militärischen Bestimmungen des Versailler Vertrages hatten die 7 I. der Reichswehr eine eingeschränkte Gliederung und Bewaffnung. Die Infanterie und bis 1930 auch die Pioniertruppen unterstanden dem Infanterieführer, die Truppenteile und Einheiten der Artillerie und die Fahrabteilung dem Artillerieführer; alle übrigen Truppenkörper, ab 1931 auch das Pionierbataillon, waren unmittelbar dem Divisionskommandeur unterstellt.

Nach Beginn der faschistischen Diktatur in Deutschland wurde die Zahl der I. innerhalb von 6 Jahren erheblich erhöht. Gliederung, Personalbestand, Bewaffnung und Ausrüstung paßte man soweit wie möglich den Forderungen der faschistischen

Militärdoktrin an. Bei Entfesselung des zweiten Weltkriegs 1939 bestanden 86 aktive und neuaufgestellte I. Im Krieg stieg die Zahl der insgesamt aufgestellten I. auf rd. 300, darunter zahlreiche motorisierte I. (→ *Panzergrenadierdivision*). Zusammen mit den anderen Divisionen, die den Charakter von I. hatten (beispielsweise → *Feldausbildungsdivision,* → *Grenadierdivision,* → *Jägerdivision,* → *Luftwaffenfelddivision,* → *Sicherungsdivision* und entsprechende Verbände der → *Waffen-SS*), waren es sogar über 500. Durch die Niederlagen der Wehrmacht, besonders an der deutsch-sowjetischen Front, war das OKH gezwungen, die personelle Stärke der I. zu verringern und die Struktur zu vereinfachen. Mit immer neuen Mustergliederungen (I. neuer Art, 2. 10. 1943; I. 44, 4. 3. 1944; I. 45, 10. 12. 1944) und davon abweichenden Sondergliederungen suchte die militärische Führung der ständig stärker werdenden Diskrepanz zwischen den Anforderungen des militärischen Kampfes und den schwindenden personellen und materiellen Möglichkeiten des faschistischen Deutschlands zu entsprechen. 1945 wurden die I. strukturmäßig schließlich auf rd. 11900 Mann verringert, außerdem eine Reihe spezieller Arten festgelegt, deren Gesamtstärken nur zwischen 8800 und 5000 Mann lagen. Gegen Kriegsende erreichten die I. meist nicht einmal diese stark reduzierten Sollzahlen. Auch Gliederung, Bewaffnung und Ausrüstung entsprachen längst nicht mehr den veränderten Bedingungen des militärischen Kampfes, die starke Feuerkraft, besonders zur Panzer- und Fliegerabwehr, und große Beweglichkeit durch einen hohen Motorisierungsgrad verlangten.

Entwicklung der preußisch-deutschen Infanteriedivision 1806–1945

Zeitpunkt	Zusammensetzung und Stärke
Ende September 1806	Stab, 2 Infanteriebrigaden mit 8–12 Bataillonen und 2 Fußbatterien, 1 Kavalleriebrigade mit 10–25 Eskadronen und 1 reitenden Batterie, 1 Füsilier- oder Jägerbataillon, 5–10 Eskadronen Husaren, insgesamt rd. 9000 Mann, 24 Geschütze.
16. 11. 1808	Stab, 2 Infanterieregimenter mit 6 Bataillonen, 1 Grenadierbataillon, 3 Kavallerieregimenter mit 12 Eskadronen, 1 reitende und 1 Fußbatterie, insgesamt etwa 7000 Mann, 16 Geschütze.
Frühjahr 1813	Stab, 3 Infanterieregimenter, 1 Kavallerieregiment, 1 reitende Batterie und 2 Fußbatterien, insgesamt rd. 9200 Mann, 24 Geschütze.
nach 1815	Stab, 1 Infanteriebrigade mit 2 Regimentern und 1 Fußbatterie, 1 Kavalleriebrigade mit 2 Regimentern und 1 reitenden Batterie, insgesamt rd. 10000 Mann, 16 Geschütze.
1866	Stab, 2 Infanteriebrigaden mit 4 Regimentern, 1 Kavallerieregiment, 1 Jäger- oder Pionierbataillon, 1 Fußartillerieabteilung (4 Batterien), 1 leichtes Feldlazarett, 1 Krankenträgersektion, insgesamt 12600–15750 Mann, 24 Geschütze.
1914	Divisionsstab, 2 Infanteriebrigaden mit 4 Regimentern (je 3 Bataillone und 1 MG-Kompanie), 1 Kavallerieregiment mit 3–4 Eskadronen, 1 Feldartilleriebrigade mit 2 Regimentern (12 Batterien), 1–2 Feldpionierkompanien, 1 Brückentrain, 1–2 Sanitätskompanien, insgesamt rd. 15000 Mann, 72 Geschütze.
Frühjahr 1918	Divisionsstab, 1 Infanteriebrigade mit 3 Regimentern zu je 3 Bataillonen (je 4 Kompanien und 1 MG-Kompanie) sowie 1 zugeteilten MG-Scharfschützenabteilung, 1 Artilleriekommandeur mit 1 Feldartillerieregiment zu 3 Abteilungen (je 3 Batterien) und 1 Fußartilleriebataillon (3 Batterien), 1 Pionierbataillon mit 2 Pionierkompanien und 1 Minenwerferkompanie, 1 Nachrichtenabteilung und rückwärtige Dienste, insgesamt rd. 12000 Mann, 48 Geschütze.
1921–1933	Divisionsstab, 3 Infanterieregimenter (je 3 Bataillone und 1 Minenwerferkompanie), 1 Reiterschwadron, 1 Artillerieregiment mit 3 leichten Abteilungen, 1 Pionierbataillon, 1 Nachrichtenabteilung, 1 Kfz-Abteilung, 1 Fahrabteilung und 1 Sanitätsabteilung, insgesamt rd. 10800 Mann, 36 Geschütze.
September 1939	Divisionskommando, 3 Infanterieregimenter (je 3 Bataillone, 1 Infanteriegeschützkompanie, 1 Reiterzug und 1 Infanteriepanzerabwehrkompanie), 1 Aufklärungsabteilung, 1 Artillerieregiment mit 3 leichten Abteilungen, 1 schweren Abteilung und 1 Beobachtungsabteilung, 1 Panzerabwehrabteilung (später als Panzerjägerabteilung bezeichnet), 1 Pionierbataillon, 1 Nachrichtenabteilung, Nachschub-, Verwaltungs- und Sanitätsdienste sowie 1 Veterinärkompanie, 1 Feldgendarmerietrupp und 1 Feldpostamt, insgesamt 15000–17900 Mann, 48 Geschütze (ohne leichte Infanteriegeschütze und Pak).
1945	Divisionskommando, 3 Grenadierregimenter (je 2 Bataillone, 1 schwere und 1 Panzerzerstörerkompanie), 1 Füsilierbataillon, 1 Panzerjägerabteilung, 1 Artillerieregiment mit 3 leichten Abteilungen und 1 schweren Abteilung, 1 Pionierbataillon, 1 Nachrichtenabteilung, 1 Feldersatzbataillon und 1 Versorgungsregiment, insgesamt rd. 11900 Mann, 37 Geschütze und 14 Sturmgeschütze (ohne Flak, Pak, leichte und schwere Infanteriegeschütze).

Nach dem zweiten Weltkrieg wandelte sich der Charakter der I. durch die Einführung neuer Bewaffnung und Ausrüstung sowie durch verstärkte

Motorisierung grundlegend. Die meisten NATO-Armeen haben moderne, kampfstarke I. Die Bundeswehr der BRD besitzt Panzergrenadierdivisionen.

In den Armeen der Warschauer Verteidigungsgemeinschaft, darunter der NVA der DDR, bestehen mot. Schützendivisionen (→ *mot. Schützendivision der NVA (MSD)*).

Innere Führung der Bundeswehr der BRD: Bezeichnung für Inhalt und System der politisch-ideologischen Beeinflussung der Angehörigen der → *Bundeswehr der BRD.*

Die I. F. soll vor allem durch die Vermittlung eines antikommunistischen Feindbildes und proimperialistischer Wehrmotive die Aggressionsbereitschaft der Streitkräfte ständig gewährleisten. Erste konzeptionelle Grundlagen für ein System politisch-ideologischer Manipulierung der Angehörigen künftiger imperialistischer Streitkräfte der BRD wurden durch das → *Amt Blank* vorbereitet. Ausgangsmaterialien bildeten Studien und Expertisen, die ehem. Generale und Offiziere der faschistischen Wehrmacht auftragsgemäß angefertigt hatten (→ *Himmeroder Denkschrift 1950*). Ab Anfang der 50er Jahre wurde in die konzeptionelle Arbeit auch ein großer Kreis von Wissenschaftlern und wissenschaftlichen Institutionen einbezogen. Mit der Aufstellung der Bundeswehr begann die Realisierung des Konzepts der I. F. Für die Durchsetzung ihrer Grundsätze wurde im Führungsstab der Bundeswehr Ende 1955 die Unterabteilung Innere Führung (ab 1959 Personal/Innere Führung) geschaffen. Sie gliederte sich in die Referate Wehrwesen/Soldatische Ordnung, Disziplin und Recht, Erziehungswesen, Bildungswesen, Truppeninformation, Truppenbetreuung. Zu ihren Aufgaben gehörte die Herausgabe von Richtlinien, Vorschriften, Publikationen und anderen Materialien. Das vom Führungsstab der Bundeswehr herausgegebene Handbuch Innere Führung, Informationen für die Truppe sowie die Schriftenreihe Innere Führung enthielten Grundsätze und inhaltliche und methodische Richtlinien für die politisch-ideologische Manipulierung der Angehörigen der im Aufbau befindlichen imperialistischen Armee. Kernstück bildete darin das Leitbild vom «Staatsbürger in Uniform». Durch eine konzentrierte politisch-ideologische Beeinflussung, unter Ausnutzung des gesamten, dem imperialistischen Staat zur Verfügung stehenden Instrumentariums der Meinungsmanipulierung, sollte den Bürgern der BRD und insbesondere den Bundeswehrsoldaten ein proimperialistisches Wehrmotiv suggeriert werden. Antikommunismus und Antisowjetismus, Erziehung zu Haß und Aggressionsbereitschaft gegenüber dem realen Sozialismus und allen gesellschaftlich progressiven Bewegungen machten das Wesen dieses Leitbildes aus. Es war gleichzeitig darauf gerichtet, der Verschärfung der inneren antagonistischen Klassenwidersprüche entgegenzuwirken. Im Bewußtsein der Armeeangehörigen sollten Vorstellungen hervorgerufen werden, als sei die BRD ein freier, demokratischer und damit verteidigungswürdiger Staat. Demgegenüber wurden die Sowjetunion, die DDR und andere sozialistische Staaten verleumdet und die gewaltsame Ausdehnung der imperialistischen Herrschaft nach Osten begründet. An der am 1. 10. 1956 eröffneten Schule der Bundeswehr für Innere Führung (Köln, später Koblenz) wurden Offiziere und Berufsunteroffiziere auf die Tätigkeit in der Truppe vorbereitet.

Der wirksameren Durchsetzung der I. F. in der Truppe dienten der 1958 gebildete Beirat für Innere Führung beim Verteidigungsminister der BRD ebenso wie die 1959 besetzte Institution des Wehrbeauftragten des BRD-Bundestags. Eine wichtige Rolle spielte der Erlaß des BRD-Verteidigungsministers vom 1. 7. 1965 «Bundeswehr und Tradition». Der Erlaß war die erste offizielle Verlautbarung des BRD-Verteidigungsministeriums zu den Traditionen der Bundeswehr seit deren Gründung. Er verdeutlichte das Dilemma der militärischen und politischen Führung. Einerseits sollte die Bundeswehr als Armee eines angeblich freiheitlich-demokratischen Staates, andererseits als Fortsetzerin der militärischen Traditionen des deutschen einschließlich faschistischen Imperialismus dargestellt werden. Den Ausweg glaubte man in der Popularisierung «ewiger Tugenden deutschen Soldatentums» gefunden zu haben. Tatsächlich aber blieb der reaktionäre und militärische Inhalt des Traditionsbildes der Bundeswehr der BRD weiterhin bestimmend.

In den 60er Jahren kam es in der militärischen Führungsspitze der BRD zu Auseinandersetzungen über die Schwerpunkte und die effektivste Gestaltung der politisch-ideologischen Beeinflussung, da diese nicht mehr die erhofften Ergebnisse brachte. Die offen militaristischen, an den Leitbildern von Reichswehr und faschistischer Wehrmacht orientierten, politisch der CDU/CSU angehörenden oder nahestehenden Kreise, die sog. Traditionalisten, lehnten alle scheindemokratischen Konzepte zugunsten rigoroser und vordergründiger Prinzipien und Methoden der I. F. ab. Die sog. Reformer dagegen, politisch unterstützt vor allem von der rechten SPD-Führung, beharrten auf dem weiteren Ausbau eines Konzepts, das den konkreten politischen und militärischen Bedingungen flexibler angepaßt war. Von der Schärfe der Meinungsverschiedenheiten zeugten vor allem die Ablösung des Wehrbeauftragten (1964), die demonstrativen Rücktritte hoher Militärs (1966) sowie Studien (1969), in denen der damalige Inspekteur des Heeres ein den Auffassungen der Traditionalisten entsprechendes Konzept unterbreitete. Diese Auffassungen konnten sich jedoch nicht durchsetzen, da Ende der 60er Jahre in der BRD die

Kräfte das Übergewicht errangen, die für demokratische Veränderungen und realistische Schritte in der Außenpolitik eintraten. Ausdruck fand dies in der Bildung einer SPD/FDP-Koalitionsregierung. Diese setzte eine Reihe inhaltlicher, personeller und organisatorischer Veränderungen im System der I. F. durch. Die Neugliederung des Bundesverteidigungsministeriums der BRD (1970) war verbunden mit der Zusammenfassung der Bereiche Personal, Innere Führung und Ausbildung in der Stabsabteilung I des Führungsstabs der Streitkräfte (FüS I). Gleichzeitig entstand die Stelle eines Beauftragten für Erziehung und Bildung beim Generalinspekteur. Als verbindliche Teilbereiche der I. F. wurden die «Politische Bildung», die «Menschenführung» sowie die «Soldatische Ordnung», das «Wehrrecht» und «Betreuung und Fürsorge» formuliert. Die Zentrale Dienstvorschrift (ZDv) 10/1 «Hilfen für die Innere Führung» vom August 1972 faßte deren teilweise modifizierte Grundsätze verbindlich zusammen und löste damit das Handbuch Innere Führung ab. Sie deklarierte die I. F. nunmehr als eine Aufgabe, die gleichrangig neben der taktischen und technischen Führung der Einheiten und Verbände stehen sollte. Dem trugen die «Vorläufigen Richtlinien für den staatsbürgerlichen Unterricht in der Bundeswehr» vom Januar 1972 sowie die neugefaßte Zentrale Dienstvorschrift (ZDv) 12/1 «Politische Schulung in der Bundeswehr» vom Januar 1973 Rechnung. Hauptanliegen war die Festigung des antikommunistischen Leitbildes der Bundeswehrsoldaten im Sinne der Bedrohungslüge, verbunden mit verstärkter Friedensdemagogie. Durch diese und andere

Innere Führung der Bundeswehr der BRD 1980

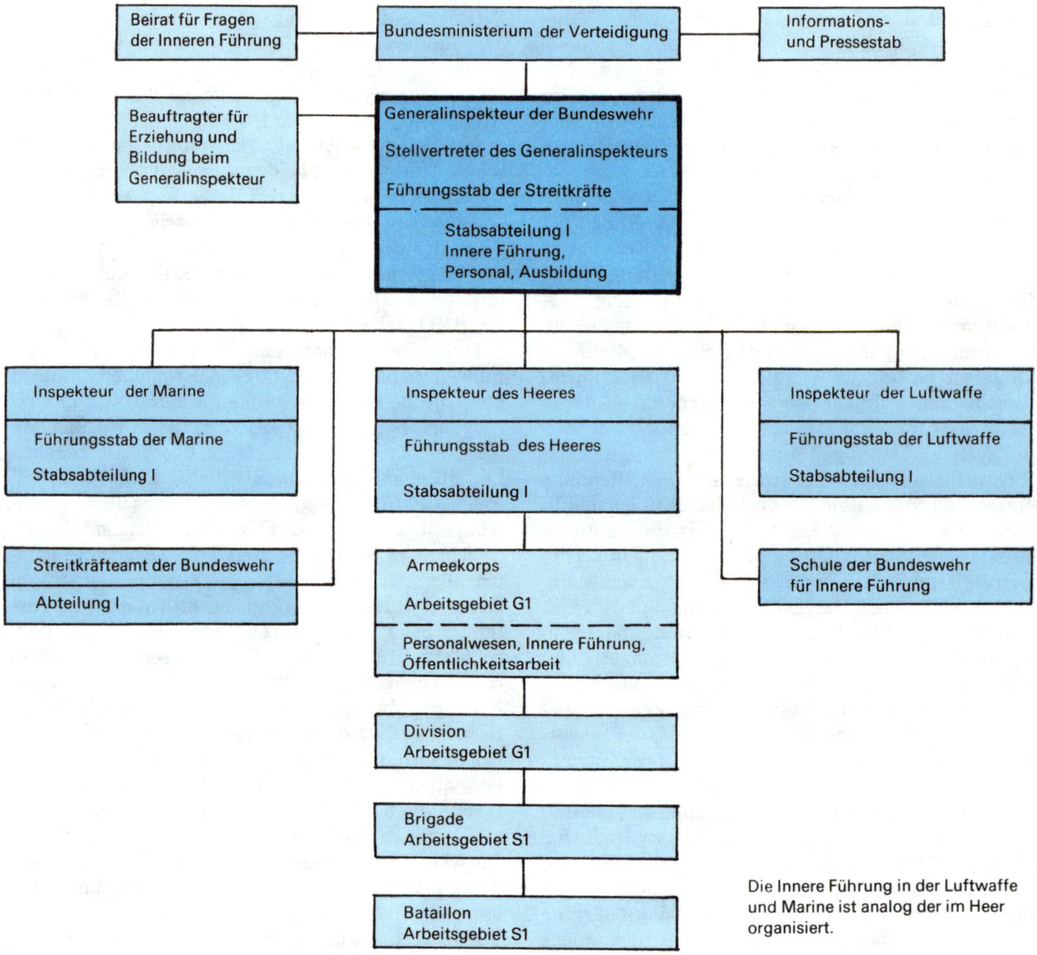

Maßnahmen der Bundeswehrführung gelang es, die Wirksamkeit der geistigen Manipulierung zu erhöhen.

Seit Mitte der 70er Jahre wurde die I. F. auf die Anforderungen des von aggressivsten NATO-Kreisen eingeleiteten antisozialistischen Konfrontationskurses und der von ihnen betriebenen Politik zur Erringung der militärischen Überlegenheit über die Staaten des Warschauer Vertrages eingestellt. Die in den Jahren 1976–1978 erarbeitete «Wirkungsanalyse Politische Bildung» orientierte auf umfassende und komplexe Maßnahmen, um das Denken und Handeln der Bundeswehrangehörigen intensiver zu beeinflussen. Dazu gehörte eine weitere Perfektionierung des Apparates der I. F. Am 1. 1. 1981 wurde der Aufgabenverbund Innere Führung geschaffen, in dem die zum «Zentrum Innere Führung» umgebildete bisherige Schule der Bundeswehr für Innere Führung die Rolle einer Leitinstitution ausübt. Von diesem Zentrum aus wird die gesamte politisch-ideologische Manipulierung und psychologische Kriegsvorbereitung der Soldaten gesteuert. Dazu werden einheitliche Propagandaschriften herausgegeben, Offiziere und Unteroffiziere geschult und Manipulierungsmethoden erprobt. Das Zentrum koordiniert die Tätigkeit des Sozialwissenschaftlichen Instituts der Bundeswehr, des Militärgeschichtlichen Forschungsamtes, der Schule der Bundeswehr für Psychologische Verteidigung, des Amtes für Studien und Übungen der Bundeswehr und der Medienzentrale der Bundeswehr. Enge Zusammenarbeit besteht mit der Führungsakademie der Bundeswehr, mit den militärischen Hoch- und Fachschulen der BRD sowie dem Apparat der Militärseelsorge. Durch das koordinierte, zielgerichtete Wirken all dieser Einrichtungen gelang es der Bundeswehrführung, beim Übergang zu den 80er Jahren den Wirkungsgrad der politisch-ideologischen und psychologischen Beeinflussung der Bundeswehrangehörigen zu erhöhen. Dabei zeigte sich zugleich, daß das System der I. F. nicht, wie demagogisch vorgegeben, zur Schaffung eines «Staatsbürgers in Uniform» geführt hat. Es trug im Gegenteil dazu bei, daß die Bundeswehrangehörigen, insbesondere die Generale, Offiziere und Unteroffiziere, von extrem antikommunistischem und revanchistischem, z. T. auch neonazistischem Geist durchdrungen und bereit sind, zusammen mit ihren NATO-Verbündeten jederzeit Aggressionshandlungen gegen die Staaten des Warschauer Verteidigungsbündnisses durchzuführen.

Intendant: in den deutschen Streitkräften vom 19. Jh. bis 1945 für die Versorgung der Truppen vor allem mit Verpflegung und Bekleidung sowie für das Rechnungswesen, später auch für das Lazarett- und Bauwesen verantwortlicher → *Militärbeamter*, meist im Offiziersrang.

Bereits im 18. Jh. wurde in Preußen im Kriegsfall ein General-I. für die Armee ernannt. Seine Aufgabe war die ökonomische Sicherstellung der Truppen und ihrer Handlungen, insbesondere die Besorgung der Magazine. Im Zuge der bürgerlichen Umgestaltung des Militärwesens kam es auch zur Neuordnung der preußischen Heeresverwaltung. Ende 1820 erhielten die Oberkriegskommissare den Titel I. und traten an die Spitze der neugebildeten Intendanturen, die als militärische Verwaltungsbehörde im Armeekorpsbezirk (→ *Armeekorps*) bei jedem Generalkommando eingesetzt wurden. Die Korps-I. unterstanden militärisch dem Kommandierenden General und in Verwaltungsangelegenheiten dem Militärökonomiedepartement (seit 1898 Armeeverwaltungsdepartement) des Kriegsministeriums. Sie waren Vorgesetzte des Personals ihrer Dienststelle. 1861 wurden in Preußen auch ständige Divisionsintendanturen geschaffen, deren I. den Korps-I. unterstanden. Bayern und Württemberg führten 1869, Sachsen 1894 die Intendanturen bei den Korps und Divisionen ein. Seit 1872 hatten die Marinestationen Ostsee und Nordsee jeweils eine Intendantur; diese waren militärisch den Marinestationschefs und verwaltungsmäßig dem Reichsmarineamt untergeordnet. Im ersten Weltkrieg gab es einen General-I., der als Chef der Generalintendantur dem Großen Hauptquartier angehörte. Ihm unterstand vor allem das Verpflegungswesen. Dem General-I. waren Armee-, Korps- und Etappen-I. mit ihren Behörden nachgeordnet. In der faschistischen Wehrmacht besaß jede Teilstreitkraft ihre eigene Verwaltungsorganisation, dementsprechend auch eigene Intendantureinrichtungen. Bis Ende des zweiten Weltkrieges bestanden bei den Landstreitkräften in den Stäben von der Division an aufwärts Dienststellungen für I., die als Wehrmachtbeamte Leiter der Intendanturen (Abteilung IV) waren. In der Marine gab es Marineintendanturen mit Marine-I. an der Spitze. In der Luftwaffe führte die Intendanturaufgaben eine Abteilung des Luftgaukommandos durch, die von einem sog. Luftgau-I. geleitet wurde.

Interbrigaden im nationalrevolutionären Krieg Spaniens 1936–1939: aus antifaschistischen Freiwilligen vieler Nationen während des nationalrevolutionären Befreiungskriegs des spanischen Volkes 1936–1939 formierte Truppenteile der spanischen Volksarmee.

Nach dem von den faschistischen Mächten inspirierten Franco-Putsch vom 18. 7. 1936 beschloß das Exekutivkomitee der KI (EKKI), der Spanischen Republik allseitige Hilfe zu erweisen. Es entsprach damit einem Ersuchen, das die rechtmäßige Madrider Regierung an alle friedliebenden und fortschrittlichen Kräfte gerichtet hatte. Das vom EKKI angenommene umfassende Programm sah gemeinsame Aktionen der internationalen Arbeiterklasse und aller antifaschistischen Kräfte zum Schutz der Spanischen Republik vor. Es diente dem Ziel, einem gefährlichen Anschlag auf den Weltfrieden zu begegnen und dem Faschismus den Weg zu verlegen. Das tapfere spanische Volk brauchte in seinem gerechten Kampf für nationale Unabhängigkeit, Demokratie und sozialen Fortschritt vor allem praktische militärische Unterstützung. Diese erhielt es insbesondere von der UdSSR, die der Spanischen Republik Kampftechnik, Ausrüstung und Munition sowie Militärspezialisten zur Verfügung stellte. Eine andere, unter den gegebenen Bedingungen zweckmäßige Form der Militärhilfe bestand in der Formierung von Interbrigaden als reguläre Truppenteile der Streitkräfte Volksfrontspaniens.

Die Führungen der kommunistischen Parteien appellierten seit Anfang August 1936 an die militärisch ausgebildeten Antifaschisten, sich in die Streitkräfte der Spanischen Republik einzureihen. Gleichzeitig unternahmen sie große Anstrengungen, um den Freiwilligen trotz der von den Regierungen fast aller kapitalistischen Staaten getroffenen Verbotsmaßnahmen die Reise nach Spanien zu ermöglichen.

Die ersten internationalen Einheiten entstanden bereits unmittelbar nach dem Franco-Putsch als Teil der von Parteien und Gewerkschaften aufgestellten spanischen Volksmilizen. Sie rekrutierten sich aus ausländischen Antifaschisten, die sich in Spanien aufhielten und spontan zu den Waffen griffen. So entstanden die «Centuria Tom Mann», die «Columna Rosselli», die «Centuria Gastone Sozzi», die «Centuria Commune de Paris», die «Gruppe Dąbrowski», die «Gruppe Rákosi», die «Gruppe Thälmann», die «Gruppe Edgar André» und die «Centuria Thälmann». Nach der Ankunft zahlreicher weiterer Freiwilliger in Spanien stimmte die neue Volksfrontregierung der Spanischen Republik am 22. 10. 1936 dem von den ausländischen Antifaschisten unterbreiteten Vorschlag zu, Interbrigaden aufzustellen.

Am 7. 8. 1936 rief das ZK der KPD alle militärisch ausgebildeten deutschen Antifaschisten im Ausland auf, sich der spanischen Volksfront als Soldaten zur Verfügung zu stellen. Gleichzeitig schlug es dem Parteivorstand der SPD vor, den Freiheitskampf in Spanien mit gemeinsamen Aktionen zu unterstützen. Obwohl die rechten sozialdemokratischen Führer das nicht taten, folgten zahlreiche deutsche Hitlergegner dem Appell des ZK der KPD. Unter ihnen waren vor allem Kommunisten, aber auch Sozialdemokraten und Christen. Neben Industrie- und Landarbeitern, aus deren Reihen die meisten Freiwilligen kamen, standen Intellektuelle, Künstler, Angestellte und Gewerbetreibende. Das entsprach der von der Brüsseler Parteikonferenz der KPD beschlossenen militärpolitischen Konzeption. Die Par-

Das Thälmann-Bataillon, 1937

teiführung der KPD leistete eine umfangreiche ideologische und organisatorische Arbeit unter den deutschen Freiwilligen. Sie entsandte viele hervorragende Kader nach Spanien. Zu ihnen gehörte der ehemalige Reichstagsabgeordnete Hans Beimler (1895–1936), der am 1. 12. 1936 in den Kämpfen vor Madrid den Heldentod fand. An seiner Stelle wurde Franz Dahlem (1892–1981) als Vertreter des ZK der KPD und des EKKI in die führende politische Kommission der Interbrigaden delegiert.

Aufstellung, Ausrüstung und Ausbildung der Interbrigaden erfolgten von Oktober 1936 bis April 1938 in Albacete, danach in Barcelona. Die militärische Ausbildung leitete 1936 zunächst General Gomez (Wilhelm Zaisser, 1893–1958), der später die XIII. Interbrigade befehligte. Eine Interbrigade bestand in der Regel aus 3, 4 oder 5 Infanteriebataillonen, 1 Feldartillerie- und 1 Panzerabwehrbatterie, 1 Pionier-, 1 Nachrichten-, 1 Transport- und 1 Sanitätskompanie sowie 1 Kavalleriezug. Von Oktober 1936 bis Ende 1937 wurden 7 Interbrigaden aufgestellt: Ende Oktober 1936 die XI. mit den Bataillonen «Edgar André», «Commune de Paris» und «Dąbrowski»; Anfang November 1936 die XII. mit den Bataillonen «Garibaldi», «Franco-Belge» und «Thälmann». Im Dezember 1936/Januar 1937 wurden formiert: die XIII. mit den Bataillonen «Tschapajew», «Mickiewicz» und «Henri Vuillemin»; die XIV. mit den Bataillonen «Henri Barbusse», «Franco-Inglés», «Domingo Germinal» und einem spanischen Bataillon; die XV. mit den Bataillonen «Lincoln», «Dimitroff», «Franco-Belge» (II), «Inglés» und einem spanischen Bataillon. Ende 1937/Anfang 1938 entstand die 129. Brigade mit den Bataillonen «Dimitroff», «Masaryk» und «Djaković» und im Juni/Juli 1937 die 150. mit drei Bataillonen. Die Zusammensetzung der Interbrigaden änderte sich im Verlauf des Kriegs wiederholt, insbesondere nach verlustreichen Kämpfen. Die meisten Interbrigaden kämpften im Bestand der von Ge-

Interbrigadisten in Abwehrkämpfen

neral Walter (Karol Swierczewski, 1897–1947) befehligten 35. Division und in der 45. Division unter dem Kommando von Oberstleutnant Hans Kahle (1899–1947). Neben den Interbrigaden wurden drei internationale Bataillone formiert, die zur 35. und 45. Division bzw. zur 86. spanischen Brigade gehörten. Andere ausländische Antifaschisten leisteten ihren Dienst in Panzer-, Flieger-, Artillerie-, Flak-, Kavallerie- oder Transporteinheiten der spanischen Volksarmee sowie im Sanitätswesen und in der Kriegsindustrie. Auch in Partisaneneinheiten kämpften Interbrigadisten.

Den Interbrigaden gehörten Freiwillige aus 54 Ländern an. Darunter waren etwa 8500 Franzosen, 5000 Deutsche, fast 5000 Polen, mehr als 4000 Italiener, 2000 Engländer, 2000 Tschechen und Slowaken, 1700 Österreicher und 1000 Ungarn sowie Tausende Internationalisten Lateinamerikas und anderer Kontinente. Seit Ende 1936 wurden auch spanische Kämpfer in die Interbrigaden aufgenommen. Sie machten im Sommer 1937 etwa 60 % des Bestands aus. Insgesamt kämpften über 42000 internationale Freiwillige auf der Seite der Spanischen Republik. Einen beträchtlichen Anteil hatten die Kommunisten: 39 % bei den polnischen, 46 % bei den italienischen, 55 % bei den ungarischen und 70 % bei den bulgarischen Freiwilligen. Die Interbrigadisten verloren an Toten, Verwundeten und Vermißten mindestens 20000 Mann.

Friedhof der Interbrigadisten in Fuencarral bei Madrid, 1937

Im April 1937 wurden die Interbrigaden aus praktischen Gründen nach Sprachgruppen reorganisiert. Die XI. Interbrigade entwickelte sich zu einer «deutschen Brigade». Zu ihrem Bestand zählten die Bataillone «Edgar André», «Thälmann» (seit November 1936), «Hans Beimler» (seit April 1937) und «12. Februar» (seit Juni 1937). Neben Deutschen und Österreichern kämpften in der XI. Interbrigade vor allem Spanier sowie Antifaschisten aus Norwegen, Dänemark, der Schweiz und den Niederlanden. Kommandeure der XI. Interbrigade waren Manfred Stern (1896–1954), der oben genannte Oberstleutnant Kahle, Major Richard Staimer (1907–1982), Major Heinrich Rau (1899–1961), Major Gustav Szinda (geb. 1897), Major Ferenc Münnich (1886–1967) und Major Adolf Reiner. Ebenso wie den anderen Verbänden und Truppenteilen der spanischen Volksarmee mangelte es den Interbrigaden fast während des ganzen Kriegs an Bewaffnung und Ausrüstung. Ihre Bewaffnung bestand hauptsächlich aus Gewehren, Pistolen, Handgranaten, schweren und leichten MGs. Dazu kamen Granatwerfer und Panzerabwehrkanonen sowie einige Geschütze und Panzer. Im August 1937 verfügte die XI. Brigade bei einer Gefechtsstärke von 2350 Mann über 1358 Gewehre, 24 schwere MGs, 8 leichte MGs, 3 Panzerabwehrkanonen und 1 Flak.

Eine der wichtigsten Voraussetzungen für die militärischen Erfolge der Interbrigaden war die zielklare politisch-ideologische Arbeit unter ihren Angehörigen. Sie wurde vor allem von Kriegskommissaren und Politdelegierten gelenkt. Sie stützten sich auf die Mitglieder und Funktionäre der antifaschistischen

Parteien, insbesondere auf die starken Organisationen der Kommunistischen Partei Spaniens (KPSp), in die 1937 für die Dauer des Kriegs alle ausländischen Kommunisten übernommen wurden. Die Kriegskommissare ließen sich von den Beschlüssen des VII. Weltkongresses der KI sowie von den Direktiven des ZK der KPSp, der Volksfrontregierung und des republikanischen Oberkommandos leiten. Die gesamte politisch-ideologische Arbeit stand im Zeichen der Einheits- und Volksfrontpolitik und war darauf gerichtet, den Faschismus im bewaffneten Kampf zu schlagen. Ihre Schwerpunkte waren die Festigung der revolutionären Wachsamkeit und der bewußten militärischen Disziplin sowie die Ausprägung von Standhaftigkeit, Opferbereitschaft und anderen moralisch-kämpferischen Eigenschaften. In engem Zusammenwirken mit dem ZK der KPSp halfen die führenden Kader der KPD, in den deutschsprachigen Einheiten ein hohes Niveau der politischen Arbeit zu sichern. Als erste organisierte die XI. Interbrigade Ende 1937 eine Kriegskommissarschule in Pozo Rubio. Bis dahin bestand bereits eine deutschsprachige Parteischule in Benecasim, die von Anton Ackermann (1905–1973) und Ewald Munschke (1901–1981) geleitet wurde. Einen bedeutenden Beitrag zur Unterstützung der politisch-ideologischen Arbeit in den Interbrigaden leisteten fortschrittliche deutsche Geistesschaffende, unter ihnen Anna Seghers (1900–1983), Erika Mann (geb. 1905), Ernst Busch (1900–1980) und Erich Weinert (1890–1953). Namhafte Schriftsteller wie Willi Bredel (1901–1964), Hans Marchwitza (1890–1965) und Ludwig Renn (1889–1979) trugen die Uniform der Interbrigaden. Die Interbrigadisten halfen der spanischen Volksarmee, den Ansturm der Faschisten aufzuhalten und eine Reihe bedeutsamer Offensiven zu führen. Wiederholt würdigte das Oberkommando der Volksarmee ihre militärischen Leistungen. Auch die XI. Interbrigade zeichnete sich in wichtigen Operationen der republikanischen Streitkräfte aus. Sie besaß während des ganzen Kriegs den Ruf einer kampfstarken, gut geführten und ausgebildeten, straff organisierten und disziplinierten Formation.

Im September 1938 wurden die Interbrigaden in der Hoffnung, der Völkerbund werde die Beendigung der faschistischen deutschen und italienischen → *Intervention in Spanien 1936–1939* erzwingen, auf Beschluß der Volksfrontregierung von der Front zurückgezogen und demobilisiert. Als die faschistischen Mächte jedoch ihre Offensive fortsetzten, wurden die noch nicht repatriierten Interbrigadisten im Januar 1939 wieder zu den Waffen gerufen. Deutsche und österreichische Freiwillige formierten die «Agrupación de la XI. Brigada Internacional». Ihr letzter Kampfauftrag bestand darin, die Evakuierung Hunderttausender Flüchtlinge zu decken.

Die Bildung der Interbrigaden war Bestandteil der weltweiten machtvollen Solidaritätsaktionen für Volksfrontspanien, an deren Spitze die kommunistischen Parteien standen. Die militärischen Kader der Interbrigaden leisteten einen wertvollen Beitrag zur Schaffung schlagkräftiger antifaschistisch-demokratischer Streitkräfte. Die aus deutschen Antifaschisten gebildeten Einheiten waren ihrem Wesen nach Keimformen einer antifaschistisch-demokratischen deutschen Volksarmee. Die deutschen Interbrigadisten verstanden sich als Soldaten der Volksfront. Am 13. 3. 1938 fand auf Einladung eines Arbeitsausschusses der XI. Interbrigade, dem zwei Kommunisten und zwei Sozialdemokraten angehörten, eine Einheitskonferenz in Valencia statt. Sie verallgemeinerte die im nationalrevolutionären Befreiungskrieg des spanischen Volkes gesammelten politischen Erfahrungen und forderte die Einheit aller Hitlergegner zum Sturz der faschistischen Diktatur, für die Errichtung eines demokratischen Deutschlands. Die Beschlüsse der Konferenz bewiesen erneut den Willen der deutschen Interbrigadisten, mit allen Kräften auf die Einheitsfront der Arbeiterklasse und die Volksfront in Deutschland hinzuwirken. Das ZK der KPD schätzte den gemeinsamen Kampf deutscher

Besten-Gelöbnis der Interbrigaden, Juni 1938

Teilnahme der XI. Internationalen Brigade an wichtigen Operationen

Frontabschnitt	Zeitraum	Gefechtshandlung
Madrid	9. 11. 1936	Erster Einsatz der Brigade. Zurückdrängung der Faschisten über den Manzanares el Real.
	16. 11.–7. 12. 1936	Schwere Abwehrkämpfe im Universitätsviertel und im Casa del Campo.
	15. 12. 1936 bis 16. 1. 1937	Kämpfe bei Majadahonda, Las Rozas und Remisa zur Abwehr der erneuten faschistischen Offensive auf Madrid.
Jaramafront	9.–15. 2. 1937	Einsatz der Brigade bei Morata de Tajuña südöstlich von Madrid. Erbitterte Abwehrkämpfe gegen die pausenlos angreifenden faschistischen Truppen.
	17.–20. 2. 1937	Sicherung des Gegenangriffs von Einheiten der spanischen Volksarmee auf La Marañosa und San Martin de la Vega.
	22. 2. 1937	Mitwirkung bei dem Versuch, den Gegner über den Jarama zurückzudrängen.
Guadalajara	9. 3. 1937	Einsatz der Brigade an der Straße Zaragoza–Madrid bei Trijueque.
	11. 3. 1937	Aufgabe von Trijueque unter dem Druck massierter faschistischer Angriffe.
	13. 3. 1937	Gemeinsamer Gegenangriff der Brigade mit der Division Lister. Rückeroberung von Trijueque.
	18./19. 3. 1937	Teilnahme an der erfolgreichen Gegenoffensive der spanischen Volksarmee an der gesamten Guadalajarafront.
	20. 3. 1937	Angriff auf Muduex und Utande, gemeinsam mit der 35. Brigade.
	21. 3. 1937	Überführung der Brigade in die Reserve.
Brunete	7. 7. 1937	Einbeziehung der Brigade in die Offensivhandlungen der spanischen Volksarmee nach der Eroberung von Brunete.
	8./9. 7. 1937	Einnahme des stark befestigten faschistischen Stützpunktes Quijorna im Zusammenwirken mit einer spanischen Brigade.
	11.–17. 7. 1937	Vorstoß auf Navalcarnero gegen zunehmenden faschistischen Widerstand.
	18.–28. 7. 1937	Teilnahme an den Kämpfen zur Abwehr der faschistischen Gegenoffensive auf Brunete.
Aragonfront	24. 8. 1937	Beginn der Offensive der spanischen Volksarmee. Angriff der Brigade südwestlich von Zaragoza.
	26. 8. 1937	Teilnahme an der Erstürmung von Quinto und Abwehr faschistischer Gegenangriffe an der Straße Belchite–Mediana.
	6. 9. 1937	Teilnahme an der Eroberung von Belchite.
	Ende September bis Dezember 1937	Erfolgreiche Abwehrkämpfe nördlich von Zaragoza im Abschnitt Zuera.
Teruel	Anfang Januar 1938	Einsatz der Brigade im Abschnitt Teruel–Concud zur Abwehr der faschistischen Gegenoffensive gegen die Mitte Dezember 1937 unternommene Angriffsoperation der spanischen Volksarmee auf Teruel.
	Mitte Januar 1938	Erbitterte Kämpfe um die nordwestlich Teruel gehaltenen Stellungen.
	Anfang Februar 1938	Reorganisation der Brigade.
	15. 2. 1938	Entlastungsangriff nördlich von Montalban, gemeinsam mit anderen Einheiten der spanischen Volksarmee.
	Ende Februar/ Anfang März 1938	Teilnahme an erfolgreichen Abwehrkämpfen nach der Aufgabe von Teruel.
Aragonfront	9. 3. 1938	Abzug der Brigade von der Teruelfront und Einsatz gegen die bei Belchite angreifenden faschistischen Truppen.
	13.–17. 3. 1938	Rückzug auf Alcañiz und Caspe, um der drohenden faschistischen Einkreisung zu entgehen. Teilnahme an der Verteidigung von Caspe.
	Ende März/ Anfang April 1938	Erneuter Einsatz nördlich von Gandesa zur Deckung des Rückzuges von Einheiten der spanischen Volksarmee.
	Mitte April 1938	Beziehen von Verteidigungsstellungen am Ebro.
Ebrofront	25. 7. 1938	Teilnahme an der Ebrooffensive der spanischen Volksarmee. Kämpfe bei Fatarella.
	27.–29. 7. 1938	Einsatz im Abschnitt Gandesa.
	August 1938	Stellungskrieg am Ebro.
	Anfang September 1938	Gegenangriff gegen die nach Gandesa und Corbera vorgedrungenen faschistischen Truppen.
	23. 9. 1938	Abzug aller Interbrigaden von der Front.

Antifaschisten in den Interbrigaden der spanischen Volksarmee sehr hoch ein.

Die Interbrigaden entwickelten eine eigene Tradition, mit der sie an die bewaffneten Kämpfe der internationalen Arbeiterbewegung und aller anderen fortschrittlichen Kräfte anknüpften. Beim Stab der Interbrigaden in Albacete wurde 1938 eine Historische Sektion gebildet, die ihre Tätigkeit auch im Demobilisierungslager weiterführte. Zu ihrer Leitung gehörte der ehemalige Kommandeur der «Centuria Thälmann» und Stabschef der XIII. Interbrigade Albert Schreiner (1892–1979). Unter Einbeziehung vieler Kameraden analysierte die Historische Sektion die Kampfhandlungen, an denen die Brigaden teilgenommen hatten, um daraus Lehren für die politisch-ideologische Arbeit, für die Gefechtsausbildung und die Truppenführung abzuleiten. Ihre Tätigkeit war darauf gerichtet, die Interbrigadisten für künftige Klassenschlachten zu rüsten und die im nationalrevolutionären Krieg des spanischen Volkes gewonnenen Kampferfahrungen für die gesamte revolutionäre Arbeiterbewegung zu erschließen.

In den Interbrigaden wurden Militärkader erzogen, die sich sowohl während des spanischen Krieges als auch in der Folgezeit härtesten Prüfungen gewachsen zeigten. Nach ihrer Rückkehr aus Spanien standen viele Interbrigadisten an anderen Fronten des Kampfes gegen den Faschismus. In den Reihen der Sowjetarmee, in Partisaneneinheiten, in der Bewegung und im → *Nationalkomitee «Freies Deutschland» (NKFD)* sowie in den illegalen Widerstandsorganisationen trugen sie im zweiten Weltkrieg zum Sieg der Antihitlerkoalition bei.

Die Tradition der Interbrigaden wird in den bewaffneten Kräften der DDR bewahrt und fortgesetzt (→ *Traditionspflege in der NVA*). Truppenteile und Kasernen, Geschwader, Schiffe und Boote tragen die Namen von Interbrigadisten. Die Tradition der Interbrigaden repräsentieren auch ehemalige antifaschistische Spanienkämpfer, die das ZK der SED und die Regierung der DDR mit verantwortungsvollen Aufgaben beim Aufbau bewaffneter Kräfte betrauten. In der historischen Kontinuitätslinie, die von den Interbrigaden bis zur sozialistischen Gegenwart reicht, verkörpern sich Zielklarheit und Konsequenz der Militärpolitik der revolutionären deutschen Arbeiterbewegung. Die unter Führung der kommunistischen Parteien geschmiedete Waffenbrüderschaft in den Interbrigaden der spanischen Volksarmee zählt zugleich zu den Traditionen aller Streitkräfte der sozialistischen Verteidigungskoalition. *(s. Abb. S. 185, 1008)*

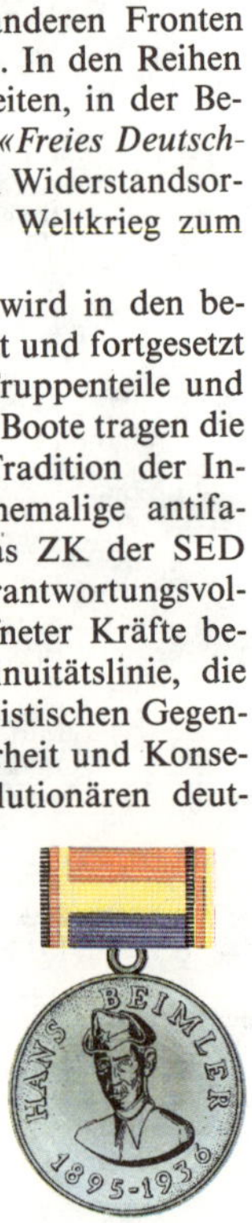

«Hans-Beimler-Medaille»; seit 1956

Intervention des deutschen Imperialismus in Sowjetrußland und in Finnland 1918: erster imperialistischer Klassenkrieg zur Vernichtung der Sowjetmacht.

Der Sieg der Großen Sozialistischen Oktoberrevolution brachte an der Ostfront der Mittelmächte Waffenruhe (→ *Weltkrieg, erster, 1914–1918*) und massenhafte Soldatenverbrüderung. Am 15. 12. 1917 schlossen Deutschland, Österreich-Ungarn, die Türkei und Bulgarien mit Sowjetrußland in Brest-Litowsk ein Waffenstillstandsabkommen. Die am 22. 12. in Brest-Litowsk beginnenden Friedensverhandlungen beruhten auf dem Vorschlag der Sowjetregierung, einen Frieden ohne Annexionen und Kontributionen abzuschließen, den die Mittelmächte am 25. 12. aber nur zum Schein anerkannten. Die Niederschlagung des Januarstreiks der Arbeiterklasse in Deutschland 1918 ermöglichte es dem deutschen Imperialismus, seine Kriegsziele im Osten mit Gewalt zu verwirklichen. Nach Abschluß eines Separatfriedens mit der machtlosen konterrevolutionären ukrainischen Zentralrada (9. 2. 1918 in Brest-Litowsk), die den Mittelmächten für den Sturz der Sowjetmacht riesige Mengen an Nahrungsmitteln und Rohstoffen versprach, forderten diese von der Sowjetregierung die Annahme räuberischer Friedensbedingungen. Die Ablehnung dieser Forderungen durch die sowjetrussische Delegationsleitung (10. 2.), die gegen den Willen W. I. Lenins (1870–1924) erfolgte, diente der deutschen Seite als Vorwand für die militärische Intervention. Unter Ausnutzung der Schwäche Sowjetrußlands wollte der deutsche Imperialismus seinen Herrschafts- und Einflußbereich im Osten bedeutend erweitern und seine strategische Ausgangslage für künftige Kriege verbessern. Zunächst aber sollte die wirtschaftliche Ausplünderung Rußlands, vor allem der Ukraine, den Sieg über die Entente im Westen (→ *Offensive 1918*) ermöglichen. Untrennbar damit war das Bestreben verbunden, die Bolschewiki und den von ihnen errichteten ersten Arbeiter-und-Bauern-Staat der Welt zu vernichten. Die deutschen Linken riefen zum Kampf gegen die Intervention auf (→ *Militärpolitik der revolutionären deutschen Arbeiterbewegung (bis 1945)*).

Die OHL, insbesondere General Erich Ludendorff (1865–1937), rechnete mit einem kurzen Feldzug bis zum Zusammenbruch der Sowjetmacht. Das deutsche Ostheer zählte rd. 1 Mill. Mann. Nach Weisungen der OHL wurde die Intervention vom → *Oberkommando Ost* vorbereitet und geleitet. Sie begann am 18. 2. 1918 vom Dnestr bis zur Ostsee. Obwohl

Deutsche Besatzungstruppen in Kiew, März 1918

die Sowjetregierung am 19. 2. die Friedensbedingungen annahm, wurde der Überfall fortgesetzt. In den ersten Tagen drangen die Truppen zumeist mit der Eisenbahn bis zu 200 km vor, da an vielen Stellen kein Widerstand erfolgte. Die alte russische Armee befand sich in Auflösung, und die Rote Armee war erst im Entstehen. Die Heeresgruppe Linsingen (16½ Infanterie- und 4½ Kavalleriedivisionen) fiel in die Ukraine ein und besetzte am 1./2. 3. Kiew. Seit dem 28. 2. okkupierte die österreichisch-ungarische 2. Armee die Südukraine. In Belorußland und in die baltischen Länder drang die Heeresgruppe Eichhorn (24 Infanterie- und 4½ Kavalleriedivisionen) ein. Ihre Truppen nahmen Minsk (23. 2.), stießen in den Raum von Pskow und Narva vor und okkupierten bis Anfang März Lettland und Estland. Ende Februar verlangsamte sich der Vormarsch, vor allem bedingt durch den wachsenden Widerstand sowie durch den Mangel an Nachschub und Pferden. Die Okkupanten gingen gegen Rotgardisten und die Zivilbevölkerung grausam vor. Die Sowjetmacht befand sich in großer Gefahr. Schwache örtliche Rote Garden trugen anfangs die Hauptlast des Widerstandes. Mit ihrem Aufruf vom 21. 2. «Das sozialistische Vaterland ist in Gefahr!» mobilisierten die Kommunistische Partei und die Sowjetregierung den Masseneintritt in die Rote Armee und den Volkswiderstand. Vor Pskow und Narva stoppten revolutionäre Einheiten am 23. 2. vorübergehend den deutschen Vormarsch auf Petrograd. Dieser Tag gilt als der Geburtstag der Roten Armee. Da die Rote Armee Anfang März erst etwa 150000 Mann zählte, gelang es nicht, die Interventen völlig zum Stehen zu bringen. Pskow fiel am 25. 2. und Narva am 4. 3. In den besetzten Gebieten vereinigten sich Bauern und demobilisierte Soldaten zu Partisaneneinheiten, die Überfälle auf deutsche Kolonnen und Trosse durchführten. Seit dem Frühjahr 1918 beteiligten sich auch viele revolutionär gesinnte deutsche und österreichisch-ungarische Kriegsgefangene auf seiten der Roten Armee am Kampf gegen die Okkupanten (→ *deutsche Internationalisten in der Roten Armee 1918–1920*). Um eine lebenswichtige Atempause zu erhalten, unterzeichnete die Sowjetregierung den Diktatfrieden von Brest-Litowsk (3. 3.). Er bestimmte die Abtrennung polnischer Gebiete, Litauens, Lettlands und Estlands sowie der armenischen Gebiete Kars, Ardahan und Batumi, die Anerkennung der Ukraine und Finnlands als selbständige Staaten, die völlige Demobilmachung der Streitkräfte (einschließlich der Roten Armee), die Desarmierung der Flotte u. a. m. Die besetzten belorussischen Gebiete ostwärts der festgelegten Demarkationslinie blieben vorerst in deutscher Hand. Vom ehem. Russischen Reich wurden insgesamt 1 Mill. km^2 mit rd. einem Drittel der Bevölkerung losgerissen. Auf diesem Territorium befanden sich 90 % der Kohlegruben, 73 % der Eisenerzverarbeitung, 54 % der Industrie, 33 % des Eisenbahnnetzes sowie die reichsten Getreideanbaugebiete. Große Mengen Kriegsmaterial und anderer Güter wurden erbeutet. Der deutsche Imperialismus hatte jedoch die Sowjetmacht nicht stürzen können. Etwa 1 Mill. Mann (April 1918) blieben im Osten gebunden.

Die Lage Sowjetrußlands war äußerst bedrohlich, da auch die Entente zur militärischen Intervention überging (Landung britischer Truppen in Murmansk am 9. 3. 1918) und die Mittelmächte den Krieg schrittweise fortsetzten. Am 5. 3. begann der deutsche Einfall in Finnland mit der Besetzung der Ålandsinseln. Bereits seit Herbst 1917 waren die weißfinnischen Truppen, die 1918 bis auf etwa 70000 Mann anwuchsen, für den Bürgerkrieg gegen das finnische Proletariat mit Waffen und Munition unterstützt worden. Ein in Deutschland aufgestelltes finnisches Freiwilligenbataillon war Ende Februar 1918 in Vasa gelandet. Der deutsch-finnische Vertrag vom 7. 3. 1918 sicherte die deutsche Vorherrschaft in Finnland als Preis für die Niederschlagung der Sowjetmacht. Die Marine hatte einen Sonderverband von 154 Kriegs- und Transportschiffen bereitgestellt, darunter 3 Schlachtschiffe und 4 kleine Kreuzer. Am 3. 4. landete die sog. Ostseedivision (mehr als 10000 Mann) unter Generalmajor Rüdiger von der Goltz (1865–1946) in Hangö, im Rücken der Roten Garde. Am 7. 4. folgte die etwa 3000 Mann starke Brigade Brandenstein bei Lovisa. Die russische Baltische Flotte hatte sich aus Helsinki durch das Eis nach Kronstadt retten können. Unzureichende Bewaffnung und Ausrüstung sowie Mangel an Kadern machten die Rote Garde (bis zu 70000 Mann) den deutschen Truppen militärisch stark unterlegen. Helsinki fiel am 13./14. 4. nach mehrtägigem hartem Kampf. Die entscheidende Schlacht zwischen Lahti und Hämeenlinna (30. 4.–2. 5.) endete mit der Kapitulation der eingeschlossenen Hauptkräfte der Roten Garde. 8400 Rotgardisten wurden ermordet, 12500 starben in Konzentrationslagern. Ohne deutsche Hilfe hätte die finnische Konterrevolution nicht gesiegt. Das bürgerliche finnische Heer wurde nach der Niederlage der Volksmacht von einer deutschen Militärmission reorganisiert und während der Vermittlungsversuche um einen Friedensschluß gegen die britischen Interventionstruppen bei Murmansk eingesetzt.

Das Schwergewicht der deutschen Intervention lag zunächst in der rohstoff- und getreidereichen Ukraine. Am 8. 4. wurde Charkow eingenommen; bald darauf war die ganze Ukraine besetzt. Eine Vereinbarung der OHL mit der österreichisch-ungarischen Heeresleitung (28. 3. 1918) teilte die Ukraine in Besatzungsgebiete und legte die Verwaltung der Schwarzmeerhäfen fest. An der Spitze der deutschen Okkupation stand das neue Heeresgruppenkommando Eichhorn (später Heeresgruppe Kiew). Sein Stabschef, Generalleutnant Wilhelm Groener (1867–1939), leitete die wirtschaftliche Ausplünderung des Landes. Um sie erfolgreicher betreiben zu können, ersetzte er Ende April die Zentralrada durch eine Marionettenregierung der ukrainischen Großgrundbesitzer und Kapitalisten. Der Versuch, 2 unter deutscher Aufsicht gebildete ukrainische Divisionen zum Kampf gegen die Sowjetmacht einzusetzen, schlug fehl. Im Mai standen rd. 500000 Mann deutsche und rd. 250000 Mann österreichisch-ungarische Truppen in der Ukraine. Im Interesse der Expansionsziele des Monopolkapitals ließ die OHL die Intervention in Südrußland fortsetzen. Ende April/Anfang Mai okkupierten deutsche Truppen die Krim (Sewastopol am 1. 5.), Teile des Donezbeckens (Rostow am 8. 5.) und einige Häfen am Asowschen Meer, in das deutsche und österreichisch-ungarische Kriegsschiffe eindrangen. Ein erheblicher Teil der russischen Schwarzmeerflotte fiel in deutsche Hände. Die weißgardistische Armee der Donkosaken wurde mit Geld, Waffen und Munition unterstützt. Nach einem mißglückten Landungsunternehmen der Roten Armee bei Taganrog (11./12. 6.) ermordeten deutsche Truppen 2500 gefangene Rotarmisten. Seestreitkräfte der Mittelmächte beherrschten das Schwarze Meer. Im Sommer weitete Ludendorff die Intervention bis in den Kaukasus aus. Ziel waren das Erdöl Bakus, die georgischen Manganerzgruben und die Eisenbahnlinien Transkaukasiens. Mit Hilfe von Marionettenstaaten sollte zudem das britische Imperium in Persien und Indien bedroht und die Herrschaft auf dem Kaspischen Meer errungen werden. Seit Anfang Juni landeten Truppenteile aller Waffengattungen (5300 Mann), u. a. 1 Fliegerabteilung, in Poti, drangen nach Tbilissi vor (Einnahme am 10. 6.), unterstützten die bürgerlich-nationalistische Republik Georgien mit Geld, Waffen und Munition und versuchten, eine georgische Armee aufzubauen. Noch Anfang September befahl die OHL den Transport von 2 Brigaden in den Kaukasus (sog. Kaspi-Unternehmen), in dem sich schließlich rd. 19000 Mann deutscher Truppen befanden. Über die Beherrschung des Kaukasus kam es zum Konflikt mit der Türkei, die seit Frühjahr 1918 mit 6 Divisionen eigene Eroberungsziele verfolgte. Die Türken besetzten Kars, Ardahan und Batumi, drangen bis südlich Tbilissi vor und nahmen Baku ein (15. 9.), das britische Truppen vorübergehend besetzt hatten.

Die rasche Verschlechterung der Gesamtlage der Mittelmächte seit Sommer 1918 beendete das Kaukasusabenteuer und verhinderte, daß sich die zum offenen Krieg und zum Sturz der Sowjetregierung drängenden Kräfte (u. a. Ludendorff, Groener) durchsetzten. Am 27. 8. kam es zum Abschluß der Zusatzverträge zum Brest-Litowsker Diktat. Sie bürdeten Sowjetrußland neue schwere Lasten auf, hielten aber die deutschen Truppen von Moskau und Petrograd fern. Die Sowjetregierung war unter bestimmten Bedingungen damit einverstanden, daß deutsche Truppen die Briten aus Murmansk vertrieben. Die OHL beabsichtigte, diese Operation (Deckname «Schlußstein») zur Besetzung Petrograds und zum Sturz der Sowjetregierung auszunutzen, mußte jedoch die seit Juli laufenden Vorbereitungen am 28. 9. einstellen. Trotz grausamen Terrors, u. a. der Ermordung Hunderter aufständischer ukrainischer Bauern Mitte Juni bei Swenigorodka, war es nicht gelungen, den Volkswiderstand (Partisanenkampf, Streiks, Sabotage u. a. m.) zu unterdrücken. Er verhinderte auch die Ausplünderung in großem Maßstab. Aus der Ukraine wurden bis 3. 8. 1918 rd. 86000 t Getreide und 198000 t andere Lebensmittel geraubt, ein Bruchteil der geplanten Menge. Die deutschen Soldaten (im Oktober noch etwa 500000 Mann) waren kriegsmüde, teils glichen sie einer Räuberbande, teils waren sie von revolutionärem Geist erfaßt. Ganze Einheiten verweigerten den Abtransport an die Westfront. Ende September/Anfang Oktober kam es in Kiew, Rowno, Polozk und anderen Städten zu bewaffneten Zusammenstößen revolutionär gesinnter Truppen mit Offizieren und sog. Strafabteilungen.

Die Niederlage der Mittelmächte und der Ausbruch der Novemberrevolution 1918 in Deutschland ermöglichten der Sowjetregierung, das Diktat von Brest-Litowsk und alle Zusatzverträge zu annullieren (13. 11.) und mit der Befreiung der besetzten Gebiete zu beginnen. Die Okkupation brach zusammen. Im Waffenstillstandsabkommen von Compiègne (11. 11.) verzichtete die Entente auf sofortige

Intervention in Sowjetrußland und Finnland 1918
Frontverlauf bei Beginn der Intervention am 18.2.1918
Trennungslinien der Heeresgruppen
von den deutschen Unterhändlern mit dem Brest-Litowsker Friedensdiktat im März 1918 erpreßter Grenzverlauf
Vormarsch der deutschen und verbündeten Truppen
deutsche Seelandungen
Gegenstöße der Roten Armee
von den deutschen und verbündeten Truppen bei Abschluß des Brest-Litowsker Friedensdiktates am 3.3.1918 erreichte Linie
Kapitulation eingeschlossener Kräfte der Roten Garde
von den deutschen und verbündeten Truppen am 11.11.1918 erreichte Linie
Hauptrichtungen des Einrückens der Roten Armee in die besetzten Gebiete ab Mitte November 1918
Festung
Staatsgrenzen am 1.1.1918
0 100 200 300 400 km
FINNLAND
Vaasa
Åland-Inseln
Hämeenlinna
Lahti
Hangö
Helsinki
Lovisa
Tallinn
Narva
Petrograd
Estland
Ostsee
Riga
Pskow
Livland
Kurland
SOWJET-RUSSLAND
Wolga
HGr EICHHORN
Königsberg
Danzig
Litauen
Daugavpils
Polozk
DEUTSCHES REICH
Witebsk
Moskau
Belorußland
Orscha
Dnepr
Minsk
Mogilew
Warschau
Polen
Bobruisk
Brjansk
Brest-Litowsk
Pinsk
Don
HGr LINSINGEN
Mosyr
Gomel
Kursk
Rowno
Kiew
Ukraine
Charkow
ÖSTERREICH-UNGARN
Winniza
Dnestr
HFr KOVESS
RUMÄNIEN
Bessarabien
Kischinjow
Taganrog
Rostow
Odessa
Asowsches Meer
HGr MACKENSEN
Sewastopol
Noworossisk
Donau
Schwarzes Meer
BULGARIEN
Kaukasus
Petrowsk
Kaspisches Meer
Georgien
Poti
Tbilissi
Batumi
Ardahan
Armenien
Kars
Baku
GRIECHENLAND
OSMANISCHES REICH
PERSIEN

Räumung der Ostgebiete durch den deutschen Militarismus, um ihn für den Kampf gegen Sowjetrußland ausnutzen zu können. Dies entsprach auch den Absichten der deutschen Imperialisten. Alle Versuche der OHL, des Oberkommandos Ost und anderer Kommandobehörden, die Räumung möglichst hinauszuschieben, wurden jedoch von den Soldatenmassen und → *Soldatenräten* vereitelt. Sie verlangten sofortigen Abtransport der Truppen nach Deutschland und bewerkstelligten ihn vielfach mit Hilfe der örtlichen Sowjetmacht. Seit Mitte November betrieb deshalb das Oberkommando Ost fieberhaft die Bildung von konterrevolutionären Freiwilligenformationen (→ *Freikorps*). In der zweiten Novemberhälfte begann die Rote Armee in die besetzten Gebiete einzurücken. Aus Finnland mußten die deutschen Truppen im Dezember zurückgezogen werden. Die Krim und die Ukraine wurden bis Anfang 1919 geräumt. In den baltischen Ländern wütete die konterrevolutionäre deutsche Soldateska bis Ende 1919 (→ *Baltikumunternehmen 1919*). Die imperialistische Intervention hatte verhindert, daß Sowjetrußland noch im Jahre 1918 den vollen Sieg über die innere Konterrevolution errang. Sie war mit dem imperialistischen Weltkrieg verknüpft, trug jedoch den grundsätzlich anderen politischen Charakter eines erbitterten Klassenkrieges gegen den ersten Arbeiter-und-Bauern-Staat der Welt, der die sozialistische Ordnung verkörperte. Das Fiasko der Intervention war unvermeidlich und verschärfte das Ausmaß der Niederlage des deutschen Imperialismus. *(s. Abb. S. 1067)*

Intervention in China 1900/01: Aggression imperialistischer Mächte zur Niederschlagung der nationalrevolutionären Volksbewegung der Yihetuan unter Teilnahme deutscher Land- und Seestreitkräfte.

Nach dem Chinesisch-Japanischen Krieg 1894/95 verstärkten die imperialistischen Großmächte ihren Kampf um die Aufteilung Chinas in Einflußsphären. Deutsche Marinetruppen okkupierten am 14. 11. 1897 Bucht und Stadt Kiaotschou als Basis zur Beherrschung der rohstoffreichen Provinz Shandong. Das Ostasiatische Kreuzergeschwader und ein Seebataillon (→ *Marineinfanterie*) wurden dort stationiert. Gegen die Ausplünderung durch die imperialistischen Mächte entstand 1898 die von Bauern und städtischen Armen getragene Aufstandsbewegung der Yihetuan (Faust der Gerechtigkeit und des Friedens; daher die Bezeichnung «Boxeraufstand»). Der Aufstand breitete sich 1900 über die Provinz Zhili aus. Es kam u. a. zur Zerstörung ausländischer Eisenbahnanlagen und von Kirchen sowie zur Tötung von Missionaren. In Peking wurde das Botschaftsviertel belagert. Die untereinander rivalisierenden Großmächte beschlossen, den Aufstand niederzuschlagen. Sie konzentrierten dazu Streitkräfte vor Dagu und der Mündung des Peiho. An der Intervention beteiligten sich Deutschland, Großbritannien, Frankreich, Italien, Japan, Österreich-Ungarn, Rußland und die USA. Sie begann am 10. 6. 1900 in Zhili, dem wichtigsten Kampfgebiet, wo ein 2100 Mann starkes Kontingent, darunter etwa 500 deutsche Seesoldaten, versuchte, mit der Eisenbahn nach Peking vorzustoßen (sog. Seymour-Expedition). Auf Drängen des Chefs des Ostasiatischen Kreuzergeschwaders wurden die Dagu-Forts beschossen und gestürmt (17. 6.). Aufgrund dieser Völkerrechtsverletzung griffen Teile der regulären chinesischen Armee in den Kampf ein und brachten die Seymour-Expedition zum Scheitern.

Zur Verstärkung der deutschen Truppen befahl Kaiser Wilhelm II. (1859–1941) am 19. 6. die Aufstellung eines Marine-Expeditionskorps. Es bestand aus 2 Seebataillonen sowie Artillerie-, Pionier- und Sanitätsformationen, deren Abtransport am 3. 7. von Wilhelmshaven aus erfolgte. Die Ermordung des deutschen Gesandten in Peking am 20. 6. nahm die deutsche Regierung zum Anlaß, die Intervention auszuweiten. Wilhelm II. gab Befehl, eine Linienschiffsdivision sowie Kreuzer und Torpedoboote nach China zu entsenden (2. 7.) und ein Expeditionskorps zu mobilisieren (9. 7.). An der Vorbereitung und Durchführung der Intervention waren das preußische Kriegsministerium, der Große Generalstab, das Reichsmarineamt, der Admiralstab und die Reichsregierung beteiligt. Die Aufstellung des Expeditionskorps aus Freiwilligen der aktiven Armee, die ohne Zustimmung des Reichstages erfolgte, wurde vom Kriegsministerium geleitet. Das Ostasiatische Expeditionskorps unter Generalleutnant Emil von Lessel (1847–1927) zählte 19638 Mann (6 Infanterieregimenter, 1 Feldartillerie- und 1 Kavallerieregiment, 2 Batterien schwere Artillerie, Jäger, Pioniere, Nachrichten-, Eisenbahnbau- und Sanitätstruppen, Munitionskolonnen und Etappenformationen). Es verfügte über die modernsten Waffen und Kampfmittel (Gewehr 98, MG, Feldkanonen, leichte und schwere Feldhaubitzen, Gebirgsgeschütze u. a.), die im feldmäßigen Einsatz erprobt werden sollten. Der Transport mit 57 Schiffen der Großreedereien Hamburg-Amerika-Linie und Norddeutscher Lloyd erfolgte seit dem 27. 7. ab Bremerhaven. Bei der Verabschiedung der Truppen forderte Wilhelm II. in seiner berüchtigten «Hunnenrede», gegen die Aufständischen rücksichtslos vorzugehen. Auf sein Drängen hin akzeptierten die Interventionsmächte die Bildung eines gemeinsamen Oberkommandos unter dem deutschen Generalfeldmarschall Alfred von Waldersee (1832–1904). Ihm unterstanden aber nur die deutschen, italienischen und österreichisch-ungarischen Kontingente sowie die britischen, japanischen und russischen Truppen in der Provinz

Von Interventen bei Tientsin ermordete Aufständische, 1900

Zhili. Der deutsche Imperialismus beabsichtigte, weitere wirtschaftliche Vorteile und eine hohe Kriegskontribution zu erpressen sowie den Hafen von Chifu an sich zu reißen.

In China hatten die auf 49500 Mann verstärkten Interventionstruppen am 14. 7. Tientsin erobert und am 5. 8. mit starken Kräften (ohne deutsche Beteiligung) den Vormarsch nach Peking angetreten, das am 14. 8. fast kampflos besetzt und danach geplündert wurde. Als das deutsche Marine-Expeditionskorps vor Dagu eintraf, war die militärisch weit unterlegene Aufstandsbewegung im wesentlichen niedergeschlagen. Um an der Besetzung Pekings und des Kaiserpalastes teilzunehmen, wurde sofort ein Bataillon dorthin verlegt. Die deutschen Seestreitkräfte in chinesischen Gewässern waren auf 4 Linienschiffe, 4 große und 7 kleine Kreuzer, 4 Kanonenboote, 4 Torpedoboote und 1 Divisionsboot angewachsen (ferner 1 Lazarettschiff und Versorgungsschiffe). Seit dem 6. 9. traf das Ostasiatische Expeditionskorps vor Dagu ein, seine Ausladung zog sich jedoch bis Dezember hin. Waldersee übernahm nach seiner Ankunft (27. 9.) das Oberkommando und veranlaßte sog. Strafexpeditionen, um die beginnenden Friedensverhandlungen zu verzögern. Von Oktober 1900 bis Mai 1901 erfolgten 66 größere Strafexpeditionen, davon 44 nur mit deutschen Truppen, weil die Gegensätze zwischen den Interventionsmächten zunahmen. Dabei wurden Orte geplündert und verwüstet, Tausende chinesischer Zivilisten ermordet und Kontributionen eingetrieben. Bis Dezember konzentrierten sich diese Unternehmungen auf die Provinz Zhili, deren Hauptstadt Baoding im Oktober besetzt wurde. Die großen Städte erhielten Besatzungen. Von Februar bis Mai 1901 erfolgten die Strafexpeditionen im Westen vor allem an der Grenze zur Provinz Shanxi und im Norden bis zur mongolischen Grenze. Der Kampf mit regulären chinesischen Truppen blieb bedeutungslos, weil diese sich zurückzogen. In Deutschland wandte sich nur die Sozialdemokratie entschieden gegen die Aggression und prangerte mit der Veröffentlichung der «Hunnenbriefe» das verbrecherische Vorgehen der deutschen Militaristen an.

Am 7. 9. 1901 mußte China einen Friedensvertrag unterzeichnen, der es in eine Halbkolonie der imperialistischen Mächte verwandelte. Es mußte u. a. 1,4 Mrd. Mark Entschädigung zahlen (davon 20% an Deutschland), die Dagu-Forts schleifen und den Großmächten das Recht einräumen, im Pekinger Botschaftsviertel sowie längs der Eisenbahnlinie Peking – Shanhaiguan ständig Truppen zu stationieren.

Chinesische Volkskämpfer verteidigen Hophu gegen deutsche Interventionstruppen, Januar 1901

Vom 23. 7. bis 29. 10. 1901 kehrte das Ostasiatische Expeditionskorps wieder nach Deutschland zurück (14705 Mann). Die Gefechtsverluste betrugen etwa 400 Mann an Toten, weit höher aber war die Zahl der Kranken, besonders der Seuchenkranken. In China blieb eine etwa 3000 Mann starke deutsche Besatzungsbrigade, die ab 1902 mehrmals verringert und 1909 durch Marinetruppen ersetzt wurde. Die Intervention war das größte militärische Unternehmen des deutschen Imperialismus vor dem ersten Weltkrieg. Die dabei gesammelten Erfahrungen schlugen sich in der am 1. 9. 1904 erlassenen Vorschrift Nr. 395 «Anhaltspunkte für die Mobilmachung von Truppen für außereuropäische Unternehmungen» nieder. Es wurden außerdem das Zusammenwirken von Infanterie und Artillerie verbessert, neue Waffen und die feldgraue Uniform eingeführt sowie Seuchenschutzmaßnahmen getroffen.

Intervention in Spanien 1936–1939: bewaffnete Unterstützung des falangistischen Militärputsches zum Sturz der legitimen Volksfrontregierung Spaniens durch das faschistische Deutschland und Italien.

Die Intervention wurde vom deutschen Imperialismus und seinem italienischen Verbündeten aus grundsätzlichen politischen, wirtschaftlichen und militärstrategischen Erwägungen unternommen. Der Sieg der Volksfront in Spanien am 16. 2. 1936 beeinträchtigte die antisozialistische Gesamtstrategie der herrschenden Kreise der faschistischen Staaten und gefährdete ihre Expansionsziele in diesem Raum. Hitlerdeutschland wollte ebenso wie das faschistische Italien mit dem bewaffneten Eingreifen vor allem die an Stärke zunehmenden Kräfte des gesellschaftlichen Fortschritts schwächen. Damit wurde die Intervention zur ersten bewaffneten Auseinandersetzung zwischen dem internationalen Faschismus und den Kräften der Demokratie, des Fortschritts und des Friedens. Weiterhin strebten die Machthaber des deutschen und italienischen Faschismus danach, ihren politischen und ökonomischen Einfluß in Spanien auf Kosten der britischen, französischen und amerikanischen Konkurrenten zu vergrößern, neue strategische Positionen im Mittelmeerraum zu gewinnen und dort die Stellung Großbritanniens und Frankreichs zu schwächen. Für die deutschen und italienischen Streitkräfte bot die Intervention zudem die Möglichkeit, neue Waffen und Waffensysteme im «scharfen Schuß» zu erproben und praktische Erfahrungen für die Führung eines modernen Krieges zu sammeln.

Das militärische Eingreifen Deutschlands gegen die legitime Regierung Spaniens erfolgte auf Bitten des spanischen Putschistengenerals Francisco Franco (1892–1975) vom 22. 7. 1936. Schon am folgenden Tag setzte das OKM unter dem Vorwand, die in Spanien lebenden Deutschen schützen zu wollen, einen aus 2 Panzerschiffen, 1 Kreuzer, 1 Torpedobootflottille und 2 weiteren Torpedobooten bestehenden Flottenverband nach Spanien in Marsch. Am 25. 7. wurde in Bayreuth auf einer Beratung Adolf Hitlers (1889–1945) mit dem Kriegsminister, dem Oberbefehlshaber der Luftwaffe und einem Vertreter aus dem OKM die geheime Unterstützung der Putschisten beschlossen. Die Intervention war ein eindeutiger Aggressionsakt und eine schwere Verletzung des Völkerrechts. Sie bildete den Kulminationspunkt der seit langem währenden Zusammenarbeit der herrschenden Kreise Deutschlands mit den reaktionärsten Kräften in Spanien, bei der die deutschen Monopolisten, der deutsche militärische Geheimdienst und die Auslandsorganisation der NSDAP eine besonders große Rolle spielten. Bereits unmittelbar nach dem Sieg der Volksfront hatte sich der spanische Falangistenführer General José Antonio Primo de Rivera (1903–1936) in Berlin der Hilfe Hitlerdeutschlands im Falle eines Militärputsches der spanischen Reaktion versichert.

Ein am 26. 7. 1936 aufgestellter Stab unter Führung des Staatssekretärs im Reichsluftfahrtministerium, des Generals Erhard Milch (1892–1972), leitete die vereinbarten Maßnahmen. Franco zur Verfügung gestellte deutsche Transportflugzeuge errichteten am 28. 7. eine Luftbrücke zwischen Spanisch-Marokko, dem Hauptstützpunkt der Putschisten, und Sevilla. Sie transportierten innerhalb kurzer Zeit ca. 15 000 Francosöldner sowie 300 t Kriegsmaterial nach Spanien. Kriegsmateriallieferungen aus Deutschland besorgten die im Juli für solche Zwecke gegründeten Parallelfirmen Compañia Hispano-Marroqui de Transportes Ltda. (Hisma) und Rohstoff- und Wareneinkaufsgesellschaft mbH (Rowak). Die Heranführung der ersten Freiwilligen der faschistischen Wehrmacht erfolgte durch die sog. Reisegesellschaft Union. Deutsche Marineeinheiten sicherten seit dem 2. 8. diese Transporte. Bis Ende Oktober 1936 erhielt Franco nach unvollständigen Angaben von Hitlerdeutschland 87 Flugzeuge, 4 schwere und 28 leichte Flak, 41 Pan-

Fotomontage von John Heartfield, 1937

zer, 50 Granatwerfer, 30000 Gewehre und 212 MGs sowie Munition, Bomben und Nachrichtengerät. Die deutschen Interventionstruppen erreichten bis zu diesem Zeitpunkt folgende Stärke: Luftwaffe: 14 Jagdflugzeuge He 51, 8 Aufklärer, 20 auch als Bomber eingesetzte Transportflugzeuge Ju 52, 2 Sturzbomber Hs 123, 1 schwere 88-mm-Flakbatterie und entsprechendes Bedienungs- und Ausbildungspersonal; Heer: 2 Panzerkompanien, 1 Transport- und 1 Nachrichtenkompanie und Panzerabwehrgeschütze; Marine: eine wechselnde Zahl von Überwasserkampfschiffen und U-Booten für Geleit- und Blockadehandlungen vor der spanischen Küste unter der Tarnbezeichnung Marinegruppe Nordsee, 80 Ausbilder und Spezialisten für das Artillerie-, Minen- und Funkwesen der putschistischen Marinekräfte. Führer dieser Truppenformationen und Berater Francos war seit dem 6. 9. 1936 Oberstleutnant i. G. Walter Warlimont (1894–1981). Die deutschen Truppen wurden an den Brennpunkten der Kämpfe eingesetzt, beispielsweise die Fliegerkräfte bei den faschistischen Terrorangriffen auf Madrid Ende August 1936.

Nach den Mißerfolgen der Francotruppen vor Madrid verstärkte die faschistische Führung Deutschlands am 30. 10. 1936 zusammen mit Italien die Eingreiftruppen. Sie entsandte ein geschlossenes Luftwaffenkorps, die sog. Legion Condor, nach Spanien. Damit erreichte die Intervention eine neue Stufe. Das Luftwaffenkorps einschließlich der bereits in Spanien handelnden Fliegereinheiten bestand aus 1 Kampffliegergruppe zu 4 Staffeln mit je 12 Bombern, 1 Jagdgruppe mit gleichem zahlenmäßigem Flugzeugbestand, 1 Aufklärungsstaffel mit 12 Flugzeugen, 1 Seefliegerstaffel, 1 Versuchsstaffel, 1 Flakabteilung zu 4 Batterien mit je 4 88-mm-Geschützen sowie 2 leichten Flakbatterien, 1 Luftnachrichtenabteilung zu 4 Kompanien, 1 Luftzeuggruppe und 1 Luftwaffensanitätsabteilung. Der Legion wurden auch die bereits in Spanien eingesetzten und

Flugplatz der Legion Condor in Lérida

später zugeführten Heereseinheiten sowie die Marinespezialisten unterstellt. Die Heereseinheiten wuchsen auf eine Stärke von 1 Panzerabteilung zu 4 Kompanien mit je 12 Panzern, 1 Nachrichtengruppe, 1 Horchkompanie, 2 Transportkompanien und 1 Ausbildungsgruppe mit etwa 500 Mann an. Insgesamt erreichte die Legion eine Stärke von 5600 Mann.

Am 18. 11. 1936 erkannte die Hitlerregierung das faschistische Francoregime an, das dafür und für die weitere Unterstützung durch Deutschland ökonomische und militärische Zugeständnisse machen mußte. So erfolgten der Einsatz der deutschen Truppen und das Zusammenwirken mit den Francosöldnern nur unter dem Kommando des Befehlshabers der Legion Condor. Dies war vom 6. 11. 1936 bis 31. 10. 1937 Generalleutnant Hugo Sperrle (1885–1953), vom 1. 11. 1937 bis 31. 10. 1938 Generalmajor Hellmuth Volkmann (1889–1940) und vom 1. 11. 1938 bis Juni 1939 Generalmajor Wolfram von Richthofen (1895–1945). Sie waren an der Ausarbeitung der Operationspläne Francos beteiligt und versuchten, die Operationsführung entsprechend den Interessen des deutschen Imperialismus festzulegen. Mehrmals leiteten sie den gemeinsamen Einsatz von Fliegerkräften der Legion, der Putschisten und der italienischen Interventionsstreitmacht. Die Führung der Legion drängte nach den Niederlagen der Francotruppen am Jamara im Februar 1937 und der italienischen Interventen bei Guadalajara im März 1937 darauf, die Operationen gegen Madrid einzustellen und zunächst die rohstoff- und industriereichen Nordprovinzen Spaniens zu erobern. Das Ziel war, den Einfluß des deutschen Monopolkapitals in diesen Gebieten zu vergrößern und durch die Ausbeutung der Rohstoffe Kompensationen für die Kriegsmateriallieferungen zu erhalten. Am 21. 10. 1937 hatten die Faschisten das gesamte nordspanische Industrie- und Bergwerksgebiet eingenommen.

Als die spanische Volksarmee zusammen mit den Interbrigaden (→ *Interbrigaden im nationalrevolutionären Krieg Spaniens 1936–1939*) im Juli 1937 eine Offensive bei Madrid in Richtung Brunete erfolgreich einleitete, wurden die deutschen Interventionstruppen an diese Front verlegt. Die deutschen Faschisten erhöhten die Lieferungen moderner Flugzeuge und beteiligten sich mit Teilen ihrer Seestreitkräfte an der Blockade spanischer Seeverbindungen, um die Republik von Kriegsmateriallieferungen abzuschneiden. Deutsche Kriegsschiffe beschossen und zerstörten am 31. 5. 1937 Wohnviertel der Stadt Almería. Mit Unterstützung der Interventen gelang es den Francotruppen am 15. 4. 1938, das Mittelmeer im Osten der Halbinsel zu erreichen. Damit war das republikanische Gebiet aufgespalten, und die Fa-

Pablo Picassos Gemälde «Guernica», 1937 – eine leidenschaftliche Anklage von Faschismus und Krieg

schisten konnten ihre Fronten stabilisieren. Um die Offensive der spanischen Faschisten zu beschleunigen und den Einfluß des deutschen Imperialismus in Spanien weiter zu verstärken, wurde die Legion Condor wiederholt aufgefrischt und mit neueren Waffen und verbessertem Gerät ausgerüstet. Die faschistische Seite ignorierte den Beschluß des internationalen Nichteinmischungskomitees vom Juli 1938, wonach alle ausländischen Freiwilligen Spanien verlassen sollten. Gestützt auf die Hilfe der faschistischen Mächte, konnte Franco im Winter 1938/39 und zu Beginn des Frühjahrs 1939 Offensiven gegen die spanischen Mittelmeerprovinzen und gegen Madrid durchführen. Nach der Einnahme Madrids am 1. 4. 1939 und der darauffolgenden Beendigung der Kampfhandlungen wurden die deutschen Truppen mit Ausnahme der Marinespezialisten Ende Mai 1939 aus Spanien abgezogen. Insgesamt hatte das faschistische Deutschland in Spanien nacheinander mindestens 26000 Mann eingesetzt. Sie waren später Ausbilder bzw. kampferfahrene Kader der Wehrmacht.

Die deutschen Faschisten erprobten auf spanischem Boden Prinzipien ihrer Kriegskunst, besonders auf taktischem Gebiet, sowie Methoden der totalen Kriegführung gegen die Bevölkerung. Im Vordergrund stand die Überprüfung von Einsatzprinzipien der neuen Waffengattungen, insbesondere der Flieger-, Panzer- und Panzerabwehrkräfte, des Zusammenwirkens der Teilstreitkräfte und Waffengattungen sowie des Einsatzes der Nachrichtentechnik als Führungsmittel. Eine Reihe von Erkenntnissen wurde Bestandteil der faschistischen Blitzkriegführung im zweiten Weltkrieg. Die Faschisten erprobten den Kampf um die Luftherrschaft durch Luftkampf und durch Angriffe auf die Flugplätze, das Zusammenwirken von Luft-, Land- und Seestreitkräften und die schnelle Verlegung von Fliegerkräften. Sie sammelten Erfahrungen beim Einsatz von Kriegsschiffen unter gefechtsnahen Bedingungen, bei der Sicherung von Nachschub, bei der Durchführung von Diversionsakten und im Propagandakrieg. Spanien war für die Interventen auch ein riesiges Übungsgelände für ihre technischen Kampfmittel und für ihre Waffen. Erprobt wurden z. B. der Einsatz von Flak gegen Luft- und Erdziele, die Verwendung von Panzereinheiten und Panzerabwehrgeschützen, die Sicherstellung von Nachrichtenverbindungen und die Möglichkeiten der Funkaufklärung. Die deutschen Faschisten testeten 12 Flugzeugtypen, darunter die Bombenflugzeuge He 111 und Do 17, das Sturzbombenflugzeug Ju 87 und das Jagdflugzeug Me 109 – Standardtypen der faschistischen Luftwaffe im zweiten Weltkrieg –, sowie die 88-mm- und die 20-mm-Flak. Mit barbarischen Bombenangriffen gegen Madrid, Durango, Guernica und Barcelona, die Tausenden von Zivilisten das Leben kosteten, übten sie sich im Luftterror. Durch den Einsatz von Spezialisten und Ausbildern für die Francotruppen sicherte sich der deutsche Imperialismus großen politischen und militärischen Einfluß auf die spanischen Faschisten. Die Ausbilder der Luftwaffe flogen spanische Besatzungen in deutschen Flugzeugen ein. Die von den Ausbildern des Heeres durchgeführten Lehrgänge zur Infanterie-, Artillerie-, Granatwerfer-, Panzer-, Pionier-, Gasschutz-, Nachrichten- und Kraftfahrausbildung erfaßten etwa 56000 Spanier, insbesondere Offiziere und Unteroffiziere der Putschistenarmee. Die Marinegruppe Nordsee half bei der Unterrichtung an den

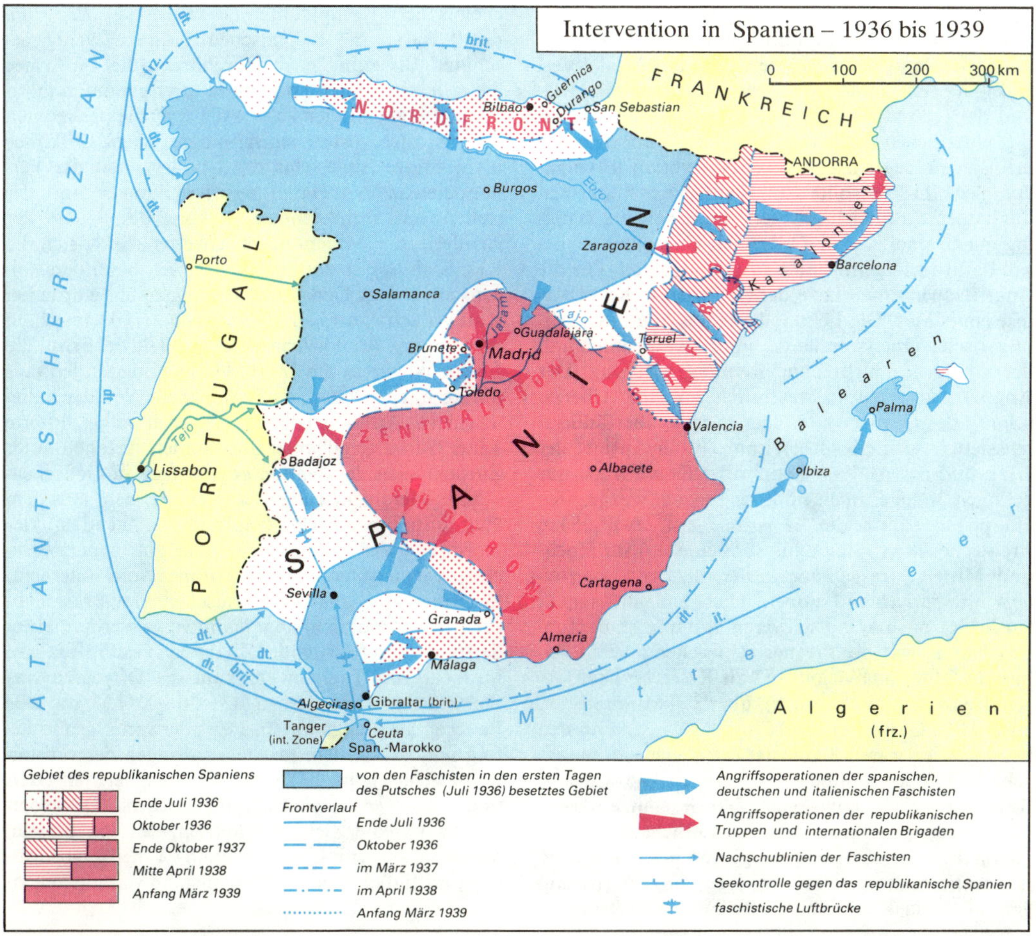

Intervention in Spanien – 1936 bis 1939

gelieferten Waffen und Geräten, auf Schnellbooten und auf anderen Schiffen. Die Ausbilder und Ausbildungsgruppen nahmen auch direkt an Kampfhandlungen teil.

Die Ausgaben für ihre Intervention bezifferte die Hitlerregierung auf 547 Mill. RM. Die laufenden Kompensationslieferungen und Zahlungen der Francoclique betrugen dagegen nur 65 Mill. RM. Die größten Profite aus den Kriegsmateriallieferungen zogen die deutschen Rüstungskonzerne. Darüber hinaus vergrößerte sich der wirtschaftliche Einfluß des deutschen Monopolkapitals in Spanien durch den Erwerb von Bergbaukonzessionen, besonders für Kupfererz und Schwefelkies, sowie durch die Gewährung einer faktisch unbegrenzten Meistbegünstigung. Der britische und amerikanische Einfluß in Spanien konnte zurückgedrängt, aber nicht ausgeschaltet werden. Der Beitritt zum Antikominternpakt am 27. 3. 1939 und der wenige Tage später folgende Abschluß eines Freundschaftsvertrages mit Hitlerdeutschland band Francospanien noch stärker an den aggressiven faschistischen Block. Die Intervention des deutschen und italienischen Imperialismus in Spanien war eine wichtige Stufe bei der Formierung des Blocks der aggressiven faschistischen Achsenmächte in Europa und ein weiterer Schritt zur Vorbereitung des zweiten Weltkrieges.

Isonzo 1917: Schlacht im ersten Weltkrieg (sog. 12. I.schlacht) zwischen den verbündeten deutschen und österreichisch-ungarischen Truppen und den italienischen Truppen vom 24. 10. bis Anfang Dezember 1917 (→ *Weltkrieg, erster, 1914–1918*).

Die nach dem Fluß I. bezeichnete Front von Flitsch bis zur Adriaküste war auf dem oberitalienischen Kriegsschauplatz für beide Seiten die Hauptfront. Seit 1915 hatten die italienischen Truppen am unteren I. mit 11 Offensiven vergeblich versucht, nach Triest durchzubrechen. Unter schweren Verlusten konnten sie ihre Frontlinie nur bis zu 12 km vorschieben. Da aber die österreichisch-ungarische Verteidigung sehr geschwächt war, hielten es die OHL und das österreichisch-ungarische AOK für notwendig, einer neuen italienischen Offensive mit einer gemeinsamen begrenzten Angriffsoperation zuvorzukommen. Ihr Ziel sollte sein, den Gegner hinter den Tagliamento zurückzudrängen und die eigene Verteidigung zu stabilisieren. Österreich-Ungarn allein besaß dafür nicht genügend Kräfte und Mittel. Für die Angriffsoperation wurde daher die deutsche 14. Armee eingeführt. Die Leitung hatte das österreichisch-ungarische Oberkommando im Einvernehmen mit der OHL, was nicht ohne Reibungen abging. Der Angriffsplan beruhte wesentlich auf der Überraschung des Gegners und einer kurzen, aber äußerst massierten Artillerievorbereitung. Nach Ansicht der OHL und des AOK 14 konnte der Durchbruch nur gelingen, wenn er in einem Zuge erreicht wurde. Den Hauptstoß führte die 14. Armee auf etwa 35 km Breite (nördlich Flitsch bis südlich Selo) im Hoch- und Mittelgebirgsgelände, unterstützt von österreichisch-ungarischen Truppen. Hier, am mittleren I., wo bisher noch keine schweren Kämpfe stattgefunden hatten, war der Gegner schwächer. Die 14. Armee umfaßte 15 Divisionen (3 als Reserve), 1 845 Geschütze (davon 492 schwere), über 350 Minenwerfer, etwa 1 000 Gaswerfer, 100 Flugzeuge u. a. Für den Gebirgskrieg waren 8 zumeist österreichisch-ungarische Divisionen besonders vorbereitet. Die deutsche Seite setzte ein: 7 Divisionen, 540 Geschütze (davon 104 schwere), 216 Minenwerfer, sämtliche Gaswerfer (erstmaliger Einsatz), Flugzeuge und besonders technische Formationen. In den Hauptangriffsrichtungen, aus dem Raum von Flitsch und von Tolmein, vor allem aber auf Karfreit, bestand eine starke Konzentration an Kräften und Mitteln. Die maximale Artilleriedichte erreichte etwa 220 Rohre auf 1 km. Die italienische Seite verfügte über zahlenmäßig stärkere Kräfte und Mittel. Ihre Führung erwartete aber die Offensive vor allem am unteren I., so daß der 14. Armee in der vorderen Linie nicht mehr als 5 Divisionen und schätzungsweise 400–500 Geschütze gegenüberstanden. Die italienische Führung, durch Überläufer vom Angriff unterrichtet, unterschätzte zudem die Gefahr. Zu dieser Zeit befanden sich das italienische Heer und das Hinterland in einer tiefen Krise. Die Soldaten waren kriegsmüde. Im März hatten an der I.front ganze Brigaden den Gehorsam verweigert. Seit Mai beliefen sich die Verluste des Heeres auf 720 000 Mann. Das Hinterland war durch den Streik und bewaffneten Aufstand der Turiner Arbeiter Ende August erschüttert.

Die Angriffsoperation begann am 24. 10. mit einer etwa 7stündigen massierten Artillerievorbereitung. Gegen den völkerrechtswidrigen, starken Einsatz chemischer Kampfstoffe (→ *chemische Kriegführung*) waren die italienischen Truppen wenig geschützt. Bis zum 26. 10. durchbrach die 14. Armee die italienische Verteidigung in ihrer gesamten taktischen Tiefe. Dagegen kamen die Angriffe des rechten Flügels der österreichisch-ungarischen 2. Armee nicht voran. Angesichts der Überlegenheit der Verbündeten in den Hauptangriffsrichtungen und der stellenweise verheerenden Wirkung des Feuers der Artillerie, der Minen- und Gaswerfer wirkte sich die Kriegsmüdigkeit der Soldatenmassen besonders folgenschwer aus. Der größte Anfangserfolg wurde bei Karfreit erzielt und ausgenutzt. Am 27. 10. erreichten die Truppen der 14. Armee bei Cividale del Friuli die Ebene, eroberten am 28. 10. Udine und standen tags darauf mit Vorhuten am Tagliamento. Von der italienischen 2. Armee existierten nur noch aufgesplitterte Teile. Ganze Regimenter und Einheiten flohen unter Zurücklassen der Waffen oder gingen in Gefangenschaft. Heranrückende Reserven wurden mit dem Ruf «Streikbrecher!» empfangen. Nachdem der Nordflügel der italienischen I.front zusammengebrochen war, mußten sich die Truppen vom unteren I. (3. Armee) und aus den Karnischen Alpen rasch zurückziehen, um nicht abgeschnitten zu werden. Hunderttausende flüchtende Zivilisten verstopften die Straßen. Am Tagliamento kam die Offensive vorübergehend zum Stehen (31. 10.–2. 11.), da alle Brücken gesprengt waren. Der unerwartet große Erfolg und das weitere rasche Vordringen der verbündeten Armeen nach Westen weckten bei der OHL und dem österreichisch-ungarischen Oberkommando unreale Ziele. Sie hofften, den Piave rasch forcieren, bis zur Linie Rovereto–Venedig vordringen und Italien zum Waffenstillstand veranlassen zu

Rückzug italienischer Truppen am Tagliamento, Oktober 1917

Offensive der Mittelmächte gegen Italien – 24. Oktober bis Mitte November 1917

können. Dazu dienten seit Anfang November auch die Angriffe der Heeresgruppe Conrad in Südtirol (bei Asiago), die jedoch scheiterten. Italiens Niederlage beschleunigte die Bildung des Obersten Kriegsrates der Alliierten am 5. 11., der Sofortmaßnahmen zur Unterstützung des italienischen Heeres beschloß. Mitte November ging die Offensive der Mittelmächte am Piave in den Stellungskrieg über. Nach einem Vormarsch bis zu 140 km waren die Truppen erschöpft, Reserven und Munition fehlten. Der Gegner, seit Ende November durch 6 französische und 4 britische Divisionen verstärkt, baute hinter dem Piave eine neue Verteidigungslinie auf. Am 2. 12. wurde die Schlacht endgültig beendet. Der Abtransport der deutschen 14. Armee dauerte bis Februar 1918. Das italienische Heer verlor bis zum 10. 11. 40000 Tote und Verwundete, 293000 Gefangene, außerdem 3152 Geschütze, 1772 Minenwerfer, 1600 Kraftfahrzeuge u. a. m. 350000–400000 Soldaten waren versprengt und ins Hinterland desertiert. Die Mittelmächte büßten etwa 65000 Mann ein. Die spontanen Massendesertionen waren ein Höhepunkt des Klassenkampfes in Italien 1917. Am 8. 12. wurde der italienische Generalstabschef, General Luigi Cadorna (1850–1928), abgelöst. Die Niederlage offenbarte die tiefe Krise des italienischen Imperialismus und erleichterte vorübergehend die militärische Lage der Mittelmächte. Die Angriffsoperation am I. gehört zu den wenigen Operationen im ersten Weltkrieg, in denen es gelang, den taktischen Durchbruch in Ansätzen operativ auszunutzen.

J

Jagdbombenflugzeug → *Schlachtfliegerkräfte*

Jagdfliegerkräfte: Gattung der Fliegerkräfte (→ *Luftstreitkräfte*) zur Abwehr bemannter und unbemannter Flugkörper, zum Schutz eigener Fliegerkräfte, zur Unterstützung der Land- und Seestreitkräfte sowie zur Luftaufklärung.

Die ersten J. wurden während des ersten Weltkrieges Ende 1914/Anfang 1915 von französischer Seite eingesetzt, um die deutsche Luftaufklärung zu unterbinden. Im Sommer 1915 konstruierte Anthony Fokker (1890–1939) im Auftrag der deutschen OHL den Jagdeindecker Fokker E I, der mit einem starr eingebauten, motorsynchronisierten und in Flugrichtung durch den Propellerkreis feuernden MG ausgestattet war. Mit diesem Flugzeug gelang es den Fliegerkräften des kaiserlichen Deutschlands, vorübergehend die Luftüberlegenheit zu erkämpfen.

Das Jagdflugzeug und die J. stellten während des ersten Weltkrieges ein besonderes dynamisches Element der Flugtechnik und Fliegertaktik dar, das sich zahlenmäßig bei Kriegsende auf 40–50 % der gesamten Luftstreitkräfte belief (in Deutschland 1918 etwa

Luftkampf an der Westfront im ersten Weltkrieg

37 %). Organisatorisch wurden die J. ab 1916 in Staffeln zu etwa 12 Flugzeugen zusammengefaßt. Im Juli 1917 erfolgte in Deutschland die Aufstellung des ersten aus 40–50 Flugzeugen bestehenden Jagdgeschwaders unter dem Kommando von Rittmeister Manfred von Richthofen (1892–1918). Daneben gab es bis 1918 weitere 2 Jagdgeschwader und 70 Jagdstaffeln mit einem Soll-Bestand von insgesamt 1 134 Flugzeugen. Charakteristisch für die Jagdflugzeuge waren verspannte, später verspannungslose Drei- bzw. Doppeldecker, gegen Kriegsende freitragende Eindecker. Als leistungsfähigste Typen galten auf deutscher Seite der «Albatros» D III mit einer Motorleistung von 160 PS, einer Höchstgeschwindigkeit von 165 km/h und einer Gipfelhöhe von 5 000 m sowie der «Fokker» D VII mit 185 PS, 200 km/h und 6 000 m Gipfelhöhe. In den 20er und frühen 30er Jahren wurde das Jagdflugzeug als Doppeldecker vervollkommnet, blieb jedoch zunächst technisch und konstruktiv hinter den beim Bau schwerer mehrmotoriger Ganzmetallbombenflugzeuge erzielten Fortschritten zurück. Der Anteil der J. in den Luftstreitkräften aller imperialistischer Staaten sank.

Am Vorabend des zweiten Weltkrieges wurden die leichten J. vor allem in Deutschland und Italien primär als Hilfswaffe der → *Bombenfliegerkräfte* und Unterstützungsmittel der → *Luftverteidigung* angesehen. In Deutschland machten Jagdflugzeuge 1939 etwa 35 %, in Italien 25 %, in den USA 34 % und in Großbritannien 48 % des Bestandes aus. Technisch entstand in den industriell fortgeschrittenen Ländern seit 1934 eine neue Generation von Jagdflugzeugen. An die Stelle des Doppeldeckers traten Ganzmetalleindecker mit Hochleistungsmotoren. Sie verfügten über ein einziehbares Fahrwerk und waren mit mehreren MGs bzw. Bordkanonen bewaffnet. Prototypen dieser Entwicklung waren in der UdSSR die Jak-1, MiG-3 und LaGG-3, in Großbritannien die Supermarine «Spitfire», in Deutschland die unter Leitung von Willy Messerschmitt (1898–1978) konstruierte Me 109, die zum Standardjäger der faschistischen Luftwaffe wurde.

Entgegen allen imperialistischen Luftkriegsprognosen erwiesen sich die J. im zweiten Weltkrieg als wichtigstes Mittel zur dauerhaften Erringung der Luftherrschaft. Die faschistische deutsche Luftwaffe begann im September 1939 den Krieg mit 5 Jagdgeschwadern und 771 einmotorigen Jagdflugzeugen. Bis Juni 1941 vergrößerten sich die J. auf 9 Jagdgeschwader mit 1 414 Flugzeugen. Im Herbst 1943 verfügten die faschistischen J. über 15 Geschwader mit 1 721 Flugzeugen. Im Oktober 1944 erreichten sie mit 21 Jagdgeschwadern und 3 055 Flugzeugen ihren höchsten Stand. Kam 1939 auf $1\frac{1}{2}$ Bomber nur 1 Jagdflugzeug, so entfielen 1945 bei Kriegsende 5 einmotorige Jagdflugzeuge auf 1 Bombenflugzeug. Der Umschwung zugunsten der J. war im faschistischen Deutschland vor allem durch die seit dem Herbst/Winter 1942 rasch wachsende Stärke der sowjetischen Luftstreitkräfte, in bestimmtem Maße auch durch den ab 1943 intensivierten Fernluftkrieg der anglo-amerikanischen Luftstreitkräfte erzwungen worden. In den Kämpfen um die Luftherrschaft an der deutsch-sowjetischen Front entwickelten sich in der Luftschlacht um den Kuban im Frühjahr 1943 Gruppenluftkämpfe, an denen Hunderte von Jagdflugzeugen beteiligt waren. Die sowjetischen J., die 1941 53,4 % und 1945 42 % des Gesamtbestandes der Fliegerkräfte der UdSSR betrugen, errangen nach der Umrüstung auf Flugzeuge der Typen La-7, La-5, Jak-9 und Jak-3 und der Vervollkommnung ihrer Luftkampftaktik in der Kursker Schlacht

Focke-Wulf-Jäger und britische Spitfire im Luftkampf an der Küste von Dover

(→ *Kursk 1943*) die Luftherrschaft. Zur besseren operativen Führung ihrer J. hatte die UdSSR diese bereits vor Juni 1941 in Jagdfliegerdivisionen sowie ab 1942 in Jagdfliegerkorps zusammengefaßt. In der Luftwaffe Hitlerdeutschlands entstanden 1943 die ersten Jagdkorps zur einheitlichen Führung des Luftkampfes. Der von der faschistischen Führung ab Ende 1943 unternommene Versuch, durch die Verstärkung der J. und Bildung eines speziellen Jägerstabes die verlorengegangene Luftüberlegenheit schrittweise zurückzugewinnen, endete – nach vorübergehenden Teilerfolgen gegen anglo-amerikanische Bomberverbände – mit einem völligen Mißerfolg. Die Verluste an Jagdflugzeugen stiegen weiter rapide an. Insgesamt produzierte die deutsche Rüstungsindustrie während des zweiten Weltkrieges etwa 50000 Jagdflugzeuge. Davon ging der größte Teil an der deutsch-sowjetischen Front verloren.

Am Ausgang des zweiten Weltkrieges hatte das mit Kolbenmotor und Luftschraube angetriebene Jagdflugzeug mit Geschwindigkeiten von über 700 km/h seine technische Grenze erreicht. Ab Sommer 1944 wurden von deutscher Seite die ersten mit Flüssigkeitsraketen (Me 163) bzw. mit Strahltriebwerken (Me 262) ausgestatteten Jagdflugzeuge eingesetzt. Ähnliche Entwicklungen gingen auch in anderen Ländern vor sich. In die Bordbewaffnung der Jagdflugzeuge wurden ungelenkte Raketen eingeführt. Die Konstruktion antriebsstarker Strahltriebwerke revolutionierte in den späten 40er Jahren den gesamten Jagdflugzeugbau. Die Flugzeuge erreichten Schallgeschwindigkeit. Prototyp der ersten neuen Generation des Jagdflugzeuges war die Ende 1947 zum Erstflug gestartete sowjetische MiG-15 aus dem Konstruktionsbüro von A. I. Mikojan (1905–1970). Die Entwicklung der Elektronik und die Einführung gelenkter und selbstlenkender Flugzeugraketen hatten in Verbindung mit der Bereitstellung noch leistungsstärkerer Triebwerke seit Mitte der 50er Jahre einen weiteren qualitativen Sprung in der Technik des Baues von Jagdflugzeugen zur Folge. Ihre taktischen Verwendungsmöglichkeiten als Allwetterflugzeuge und überschallschnelle Raketenträger erhöhten sich trotz der wachsenden Rolle von Boden-Luft-Raketen in der Luftverteidigung beträchtlich. Die Taktik der J. war in den 50er und 60er Jahren vor allem durch den paarweisen Einsatz vom Boden aus geführter Flugzeuge geprägt. Mit dem Übergang zu Geschwindigkeiten von 2 Mach und darüber sowie mit der Einführung elektronischer Bordsysteme (Funkmeßvisiere und andere Ortungsmittel), der Verwendung wirksamerer Waffensysteme in der Luftverteidigung und an Bord der Jagdflugzeuge zeichneten sich in den 70er Jahren erneut Veränderungen in den taktischen Einsatz- und Leitverfahren

Taktisch-technische Daten von Jagdflugzeugen

Jahr	Triebwerksleistung	Höchstgeschwindigkeit km/h	Steigfähigkeit $\frac{min}{m}$	Gipfelhöhe m	Bewaffnung
1915	80– 130 PS	90– 130	$\frac{25–30}{3000}$	2000– 3000	1–2 MG
1918	200– 300 PS	200– 240	$\frac{9–12}{3000}$	7000– 8000	1–2 Kanonen oder 1–8 MG 50–100 kg Bomben
1932	250– 500 PS	220– 350	$\frac{8–10}{3000}$	8000– 9000	1–2 Kanonen oder 1–8 MG 50–100 kg Bomben
1939	800– 1200 PS	540– 560	$\frac{5}{5000}$	10000–11000	1–4 Kanonen oder 4–8 MG 100–200 kg Bomben
1945	1500– 2000 PS	650– 720	$\frac{3–5}{5000}$	11000–13000	1–2 Kanonen oder 4–6 MG bis 700 kg Bomben oder Raketen
1950	2500– 2700 kp	950–1070	$\frac{2}{5000}$	14000–15000	2–4 Kanonen oder 4–6 MG bis 900 kg Bomben oder Raketen
1970	6500–11500 kp	1500–2700	$\frac{0.5}{5000}$	20000–30000	2–4 Kanonen oder 4–6 MG bis 7000 kg Bomben oder Raketen

der J. ab. Dabei kommt neben dem Führen von Raketenschlägen auf größere Entfernung dem Luftkampf auf Nahdistanz bei gleichzeitigem Einsatz von Einheiten bis zu Staffelstärke wachsende Bedeutung zu. Wichtige Jagdflugzeugtypen der 70er Jahre sind die MiG-21, MiG-23 und MiG-25 (UdSSR), die F-4 «Phantom», F-14 «Tomcat», F-15 «Eagle» und F-16 «Fighting Falcon» (USA), die «Mirage V» (Frankreich), die «Harrier» (Großbritannien) sowie die «Tornado» (BRD, Großbritannien, Italien). Die J. machen Ende der 70er/Anfang der 80er Jahre in den meisten Staaten 20–40 % des Bestandes der Luftstreitkräfte aus. Auch in der NVA der DDR nehmen die mit modernen Flugzeugen der sowjetischen MiG-Serie ausgerüsteten J. einen wichtigen Platz ein (→ *Luftstreitkräfte/Luftverteidigung der NVA (LSK/LV)*). *(s. Abb. S. 493, 497, 501)*

Anbringen einer Luft-Luft-Rakete an einem Jagdflugzeug der Luftstreitkräfte der NVA

Jäger: mit der → *Büchse* bewaffnete, vorwiegend zum Einsatz im zerstreuten Gefecht bestimmte Truppengattung der → *Infanterie* des 17. bis 19. Jh.; zeitweilig auch unterster Mannschaftsdienstgrad.

Die Bildung der J.truppe erfolgte im 17. Jh. aus dem Bestreben, die Wirksamkeit des Feuergefechts der Infanterie zu erhöhen. Die auch als Scharf- oder Büchsenschützen bezeichneten J. führten als erste Gewehre mit gezogenem Lauf, mit denen sich die Treffsicherheit erheblich steigern ließ. Sie rekrutierten sich vor allem aus Forstleuten, die sich durch besondere Gewandtheit im Gebrauch der Waffe auszeichneten. Der größeren Beweglichkeit wegen formierte man die J. häufig als berittene Infanterie. Die ersten deutschen J. wurden 1631 in Hessen, 1645 in Bayern und 1674 in Brandenburg aufgestellt und der Infanterie zugeteilt. Als selbständige J.formation in Preußen entstand 1740 eine Abteilung in Stärke von 60 Mann, die in den folgenden Jahrzehnten auf mehrere Kompanien erweitert wurde. 1800 übernahm der damalige Major und spätere Generalfeldmarschall Ludwig Yorck von Wartenburg (1759–1830) die preußischen J. (Feld-J.regiment) und entwickelte unter Nutzung von Erfahrungen aus dem amerikanischen Unabhängigkeitskrieg (1775–1783) und dem Einsatz von Tirailleuren in Frankreich Grundsätze für die Gefechtsausbildung dieser Truppe. Bei Altenzaun, nordöstlich Stendal, lieferten die Yorckschen J. am 26. 10. 1806 französischen Truppen erfolgreiche Rückzugskämpfe. Die nach 1806 noch vorhandenen 9 J.kompanien bildeten den Stamm für die in und nach dem nationalen Unabhängigkeitskrieg 1813/14 entstehenden J.- bzw. Schützenbataillone. Auch die 1813 aufgestellten → *Freiwilligen Jäger* wurden 1815 teilweise in diese Bataillone eingegliedert. Der Einsatz der J. erfolgte aufgrund der besseren Schieß- und Geländeausbildung vorwiegend im Schützengefecht sowie im Vorposten- und Erkundungsdienst. In den anderen deutschen Territorialstaaten verlief die Entwicklung ähnlich. So entstanden in Bayern und Sachsen Anfang des 19. Jh. J.- bzw. Scharfschützenkompanien, die – teilweise nach mehreren Neuformierungen – zu J.bataillonen erweitert wurden. Die Bedeutung der J. als Truppengattung ging im Verlauf des 19. Jh. in dem Maße zurück, wie die gesamte Infanterie mit gezogenen Waffen ausgerüstet wurde und die Ausbildung für das Schützengefecht sich allgemein durchsetzte. Die meisten J.bataillone wurden daher

Jäger vom preußischen Feldjägerregiment, 1806

nach 1871 in normale Infanterieformationen umgewandelt, wobei die Bezeichnung J. teilweise erhalten blieb. Vor Ausbruch des ersten Weltkrieges bestanden im deutschen Feldheer 1 Garde-J.- und 16 J.bataillone. Aus ihnen wurden während des Krieges → *Jägerdivisionen* formiert; solche J.verbände stellte man auch im zweiten Weltkrieg wieder auf. Von 1895 bis zum Ende des ersten Weltkrieges existierten in der kaiserlich-deutschen Armee außerdem J. zu Pferde. Diese ab 1899 den einzelnen Kavallerieregimentern zugeteilte Truppe war in Anlehnung an die früheren Feld-J. ursprünglich zu Kurierdiensten bestimmt, wurde aber später zu Regimentern vereinigt und als normale Kavallerie verwendet. Im kaiserlichen Heer sowie in der faschistischen Wehrmacht wurde in den J.einheiten die Bezeichnung J. als niedrigster Mannschaftsdienstgrad gebraucht. Aus den Besonderheiten im Einsatz der J.truppen leitete sich auch die Verwendung dieser Bezeichnung bei den → *Gebirgstruppen*, → *Fallschirmtruppen* und Panzer-J. ab. *(s. Abb. S. 307, 371, 1003, 1005)*

Jägerdetachements → *Freiwillige Jäger*

Jägerdivision: 1. allgemeiner taktischer Verband des kaiserlich-deutschen Heeres im ersten Weltkrieg (1914–1918) für den Einsatz im Gebirge.

Nach dem Kriegseintritt Italiens (23. 5. 1915) entstanden bis 1917 als Verbände für den Kampf im Gebirge 3 J.: das Alpenkorps, die 200. → *Infanteriedivision* und die Deutsche J. Sie hatten, abgesehen von der Deutschen J., den Charakter von Gebirgstruppen.

2. allgemeiner taktischer Verband des faschistischen deutschen Feldheeres im zweiten Weltkrieg (1939–1945) für den Einsatz vor allem in wegearmen Gebieten.

In Vorbereitung des faschistischen Überfalls auf die Sowjetunion stellte Ende 1940 das Heer 4 sog. leichte Infanteriedivisionen auf, die später die Bezeichnung J. erhielten. Nach Gliederung und Ausrüstung stand die J. zwischen Infanterie- und Gebirgsdivision. Sie verfügte über nur 2 Infanterieregimenter, die in der Gliederung Gebirgsjägerregimentern ähnelten. Im Unterschied zur Infanteriedivision gehörten zu ihrer Ausstattung zahlreiche Infanteriekarren, Kettenkräder als Zugmittel für Pak sowie teilweise 75-mm-Gebirgsgeschütze auf Tragetieren. Dadurch sollten die Divisionen für relativ wegearme Gebiete der Sowjetunion einsatzfähig gemacht werden. Ende 1941 wurde einer dieser Verbände in eine Gebirgsdivision umgegliedert, zugleich wurden 3 wiederaufgefrischte Infanteriedivisionen in leichte Infanteriedivisionen umgegliedert. Seit 28. 6. 1942 trugen alle diese Verbände die Bezeichnung J. Aus Infanteriedivisionen (bodenständig) entstanden auf dem Balkan im Frühjahr 1943 weitere 4, Ende 1943 aus einer → *Reservedivision* nochmals eine J. Die J. wurden meist in der Sowjetunion, aber auch in Griechenland, Jugoslawien und Italien in Wald-Sumpf-Gebieten oder im Gebirge eingesetzt.

«Jahrbücher für die deutsche Armee und Marine»: militärisches Periodikum, das von 1871 bis 1919 in Berlin erschien, vom preußischen Oberst Heinrich von Loebell (1816–1901) mit finanzieller Unterstützung der Rüstungsfirma Krupp gegründet wurde und Beiträge zu militärpolitischen, -wissenschaftlichen, -historischen und -technischen Problemen sowie umfangreiche Literaturübersichten bot.

Das Periodikum entsprach dem nach 1871 rasch wachsenden Informationsbedürfnis der Militärbehörden und des Offizierskorps. Die Redaktion, die enge Verbindungen zum Generalstab und zum Kriegsministerium sowie zu reaktionären bürgerlichen Zeitungen besaß, orientierte auf den Ausbau der preußisch-deutschen Militärmacht und rechtfertigte die Rüstungs- und Kriegspolitik des deutschen Imperialismus und Militarismus. Die militärgeschichtlichen Beiträge zielten vor allem darauf, Schlußfolgerungen aus den Kriegen des 19. Jh. für die Vorbereitung eines Aggressionskrieges zu ziehen; dieser Absicht dienten u. a. auch die Beiträge über die Entwicklung der Streitkräfte anderer kapitalistischer Mächte. Die Jahrbücher wandten sich in erster Linie an die Offiziere von Heer und Flotte sowie die Ideologen des deutschen Militarismus und fand bei Militärbehörden, militärischen Bildungsinstitutionen, Rüstungskonzernen sowie imperialistischen Propagandaorganisationen Unterstützung und Resonanz. Nach dem ersten Weltkrieg suchte der Generalmajor a. D. August Keim (1845–1926), seit 1901 Herausgeber der Jahrbücher, die periodisch erscheinende Schriftenreihe zunächst unter dem Titel «Monatshefte für die deutsche Wehrmacht» und später als «Monatshefte für Politik und Wehrmacht» fortzusetzen. Jedoch konnte sich das Nachfolgeorgan im Feld der deutschen imperialistischen → *Militärpresse* nicht behaupten und mußte 1922 aus finanziellen Gründen sein Erscheinen einstellen.

Jena und Auerstedt 1806: Doppelschlacht im 4. Koalitionskrieg 1806/07 (→ *Koalitionskriege 1792–1815*) zwischen preußisch-sächsischen und napoleonischen Truppen am 14. 10. 1806.

Anfang Oktober 1806 stieß die von Kaiser Napoleon I. (1769–1821) geführte französische Armee in Stärke von fast 200000 Mann, darunter Rheinbundtruppen, aus dem Raum Bayreuth–Bamberg rasch nach Norden vor. Nach siegreichen Gefechten bei Schleiz (9. 10.) und Saalfeld (10. 10.) gelangte sie am 12. 10. in die linke Flanke und den Rücken der vereinigten preußisch-sächsischen Streitkräfte, die zwischen Erfurt und Jena standen. Um die rückwärtigen Verbindungen wiederzugewinnen, beschloß der preußische Oberkommandierende, Generalfeldmarschall Herzog Karl Wilhelm Ferdinand von Braunschweig (1735–1806), über die Unstrut zurückzugehen und die getrennten Heeresteile nördlich Naumburg zu vereinigen. Am 13. 10. marschierte die 52 000 Mann zählende Hauptarmee von Weimar in Richtung Auerstedt ab. Die Nebenarmee mit 43 000 Preußen und Sachsen unter dem preußischen General Fürst Friedrich Ludwig von Hohenlohe-Ingelfingen (1746–1818) sollte zunächst bei Jena verbleiben und den Marsch der Hauptarmee decken. Für diese Aufgabe wurde auch das die Reserve bildende Korps (15 000 Mann) unter General Ernst Philipp von Rüchel (1754–1823) aus dem Erfurter Raum nach Weimar herangezogen.

Der mit seinen Hauptkräften zwischen Isserstedt und Kapellendorf stehende Hohenlohe hatte Befehl, einer Schlacht auszuweichen. Als sich die napoleonischen Truppen näherten, gab er deshalb Jena in der Nacht zum 13. 10. auf und zog die Avantgarde bis Closewitz und Lützeroda zurück. Sein Fehler, den hier das Saaletal beherrschenden Landgrafenberg nicht zu besetzen, wurde von Napoleon sofort ausgenutzt. Von dieser Höhe griff am 14. 10. das französische Zentrum an, während der rechte Flügel durch das Rautal und der linke durch das Mühltal gegen die Flanken von Hohenlohes Truppen vorgingen. Die Schlacht begann vor 6 Uhr bei dichtem Nebel, der bis in den Vormittag anhielt. Die Franzosen, deren Stärke bis zum Ende der Kämpfe auf über 100 000 Mann anwuchs, zerschlugen die Avantgarde und stießen gegen 10 Uhr auf die zwischen Hermstedt und Isserstedt entfalteten Hauptkräfte. Die langen Linien der preußisch-sächsischen Bataillone, deren Feuer kaum ein Ziel fand, wurden von den im Gelände gedeckten französischen Tirailleuren und von Artillerie förmlich zusammengeschossen. Besonders heftig tobte der Kampf bei Vierzehnheiligen. Als die Franzosen schließlich mittags auf breiter Front angriffen, brach der Widerstand zusammen. Durch die französische Verfolgung artete der Rückzug in regellose Flucht aus. In diese wurde auch Rüchels Korps mit hineingerissen, das nach 13 Uhr auf dem Schlachtfeld eintraf.

Zur selben Zeit erlitt auch die preußische Hauptarmee eine vollständige Niederlage. Sie war am 13. 10. nur bis Auerstedt gelangt. Am folgenden Morgen marschierte sie in einer einzigen, weit auseinandergezogenen Kolonne auf der Straße nach Kösen weiter, von wo ihr Marschall Louis Nicolas Davout (1770–1823) mit etwa 27 000 Mann entgegenkam. Bei Hassenhausen stießen gegen 7 Uhr die Vorhuten aufeinander. In der sich beiderseits des Dorfes entwickelnden Begegnungsschlacht konnte Davout sein ganzes Korps zum Einsatz bringen, während auf preußischer Seite fast die halbe Armee überhaupt nicht am Kampf teilnahm. Hinzu kam, daß mit dem Ausfall des schwerverwundeten Her-

Doppelschlacht bei Jena und Auerstedt – 14. Oktober 1806

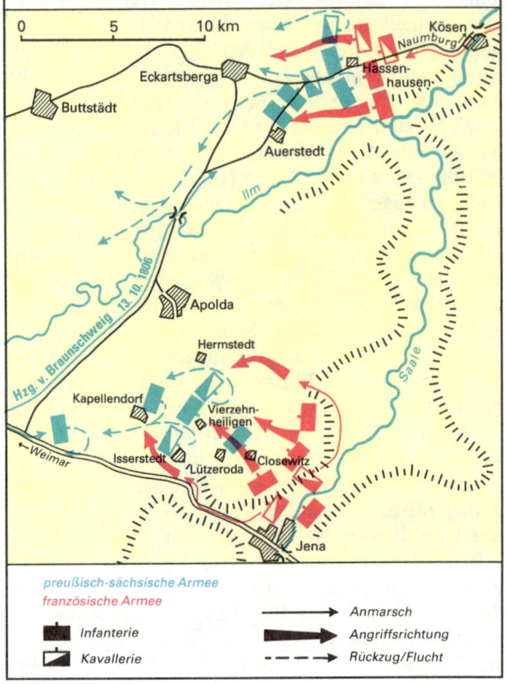

zogs von Braunschweig die einheitliche Führung verlorenging. Nachdem ihre zusammenhanglosen Attacken abgeschlagen waren, räumte zuerst die preußische Kavallerie das Schlachtfeld. Auch die in Linie kämpfenden Bataillone, einem stundenlangen wirkungsvollen Tirailleurfeuer ungedeckt ausgesetzt, begannen gegen Mittag zu weichen. Von den Franzosen verfolgt, floh am frühen Nachmittag die ganze Armee. Ihre Reste mischten sich mit denen der Ar-

Der verwundete Herzog von Braunschweig bei Auerstedt

mee Hohenlohes, wodurch sich das allgemeine Chaos noch vergrößerte.

In der Doppelschlacht verloren die preußisch-sächsischen Truppen 22000 Mann an Gefallenen und Verwundeten, die Franzosen nur 13000 Mann. Allein bei Jena, wo insgesamt 18000 Soldaten getötet oder verwundet wurden, waren die Verluste der Verbündeten doppelt so hoch wie die der französischen Armee. Die preußischen Soldaten desertierten massenhaft. Zur schnellen Auflösung der Armee trug bei, daß beide Schlachten mit verkehrter Front geschlagen und dadurch die Preußen bei der Flucht zu weiten Umwegen gezwungen wurden. Die militärische Katastrophe leitete den Zusammenbruch Preußens ein. «Am 14. Oktober 1806 wurde der ganze preußische Staat an einem Tage bei Jena und Auerstedt in Stücke geschlagen», hob Friedrich Engels (1820–1895) hervor (K. Marx/F. Engels, 21, S. 243). Die Niederlage des absolutistischen Preußens führte zwingend zu bürgerlichen Reformen, darunter den → *Militärreformen in Preußen 1807–1815.*

Jugendaufgebot 1961: bis dahin größte Massenaktion der FDJ zur Stärkung der bewaffneten Kräfte der Arbeiter-und-Bauern-Macht in der DDR.

Am 16. 8. 1961 wandte sich das Sekretariat des Zentralrates der FDJ mit dem Appell an die Jugend der DDR: «Das Vaterland ruft! Schützt die sozialistische Republik!» Mit dem Ziel, die wenige Tage zuvor getroffenen Maßnahmen zur → *Sicherung der Staatsgrenzen der DDR 1961* zu stabilisieren und den Frieden in Europa zu festigen, wurden die jungen Bürger der DDR aufgerufen, sich freiwillig zum Ehrendienst für den bewaffneten Schutz der Republik zu melden. In Verbindung damit verstärkten die Grundeinheiten der FDJ, unterstützt durch die Parteiorganisationen der SED, die patriotische Erziehung der Jugend. Mit vielen Jugendlichen wurden persönliche Gespräche geführt, die sie von der Notwendigkeit erhöhter Verteidigungsbereitschaft überzeugten. Bereits eine Woche nach dem Aufruf des

Aufstellung des 2. FDJ-Regiments in Leipzig, 1961

Medaille «Kampfauftrag der FDJ August 1961»

Zentralrates der FDJ wurden in den Bezirken Erfurt, Frankfurt/Oder, Leipzig, Karl-Marx-Stadt und Gera die ersten «FDJ-Regimenter» mit Freiwilligen in die Einheiten und Truppenteile der NVA feierlich verabschiedet. Insgesamt erklärten sich fast 300000 Jugendliche bereit, freiwillig Ehrendienst in den bewaffneten Kräften zu leisten. Gleichzeitig verpflichteten sich Zehntausende Soldaten, Unteroffiziere und Offiziere, so lange zu dienen, wie es die Situation erforderte. Mehr als 10000 Angehörige der NVA wurden in diesen Wochen erhöhter Kampfbereitschaft in die Reihen der SED aufgenommen. Sie bekundeten damit ihre Übereinstimmung mit der prinzipienfesten Militärpolitik der Partei, die sich in einer zugespitzten Klassenkampfsituation bewährte. Das Jugendaufgebot wie alle anderen Schritte zur Stärkung des bewaffneten Schutzes des Arbeiter-und-Bauern-Staates verdeutlichten das Heranreifen der gesellschaftlichen Bedingungen, um die → *Landesverteidigung der DDR* in noch stärkerem Maße als zuvor zur Sache des ganzen werktätigen Volkes werden zu lassen.

K

Kabinettskriege → *Kriege*

Kadetten: Schüler der seit dem 17. Jh. entstandenen militärischen Einrichtungen zur Heranbildung von Offiziersanwärtern.

Als K. (cadets) wurden in Frankreich die jüngeren Söhne adliger Familien bezeichnet. Sie traten zumeist in das Heer ein, um Offizier zu werden. Für diese K. wurden 1682 erstmals selbständige Kompanien aufgestellt, in denen sie sich auf die Offizierslaufbahn vorbereiteten. Die Herausbildung der stehenden Heere machte es notwendig, für eine regelmäßige Ergänzung des Offizierskorps zu sorgen. In diesem Zusammenhang übernahmen viele Länder den Begriff K. zur Bezeichnung der Offiziersanwärter und schufen ähnliche Einrichtungen zu deren Erziehung und Ausbildung wie in Frankreich. Bereits 1686 stellte Brandenburg-Preußen

3 K.kompanien mit etwa 125 K. auf. Sachsen errichtete 1692 das «Adeliche Cadetten-Corps» zu 2 Kompanien mit 124 K., davon 1 berittene Kompanie für den Offiziersnachwuchs der Kavallerie. In Bayern entstand 1756 ein zahlenmäßig kleines K.korps (etwa 20 K.).

Die Organisation und Bezeichnung der K.einrichtungen (K.kompanien, K.akademien, K.anstalten und andere) sowie Inhalt und Dauer ihrer zumeist unentgeltlichen Ausbildung änderten sich bis Anfang des 19. Jh. häufig und waren auch in den einzelnen Ländern unterschiedlich. Für die Gesamtheit der K. setzte sich der Begriff K.korps durch. Eine Einteilung der K. nach dem Bildungsstand in Klassen oder Jahrgänge begann sich Ende des 18. Jh. durchzusetzen. Sie erfolgte insbesondere in Preußen, dessen K.korps zu jener Zeit mit etwa 1000 K. das zahlenmäßig stärkste der deutschen Staaten war.

Grundlegende Veränderungen in der Ausbildung der K. vollzogen sich Anfang des 19. Jh. mit der beginnenden bürgerlichen Umgestaltung des Militärwesens in Preußen und anderen deutschen Staaten. Um das Bildungsniveau des Offiziers zu erhöhen, wurden jetzt bereits bei der Aufnahme als Offiziersanwärter bestimmte Anforderungen an den Wissensstand erhoben. Der allgemeinbildende und wissenschaftliche Unterricht gewann größere Bedeutung, so daß die K.ausbildungsstätten den Charakter einer militärisch organisierten höheren Schuleinrichtung annahmen. Die Mehrzahl der K., die jetzt zumeist im Alter von 10 bis 12 Jahren eintraten, legte die mittlere Reifeprüfung ab.

Die militärische Vorherrschaft Preußens im Norddeutschen Bund beendete 1866/67 die selbständige Ausbildung von K. in der Mehrzahl der deutschen Klein- und Mittelstaaten. Die preußischen Anstalten wurden zu zentralen Ausbildungseinrichtungen für die K. aus diesen Staaten. Allein Bayern und Sachsen behielten eigene K.korps, die sich jedoch dem preußischen Muster anglichen. Die rasche Entwicklung des preußisch-deutschen Militärwesens nach 1871 wirkte sich auch auf das K.korps aus. Um den damit verbundenen höheren Anforderungen an den Offizier Rechnung zu tragen, wurde 1878 der Lehrplan des K.korps dem einer Realschule 1. Ordnung gleichgestellt und die Haupt-K.anstalt in Großlichterfelde bei Berlin eröffnet. Alle K.einrichtungen kamen unter einheitliches Kommando. Aufgrund ihrer intensiven militaristischen Erziehung und Ausbildung vermochten die aus dem K.korps hervorgegangenen Offiziere sehr oft nicht nur den Ton im Offizierskorps anzugeben, sondern auch in führende militärische Stellen aufzurücken. Sie gehörten zu den festen Stützen des preußisch-deutschen Militarismus. Nach der Niederlage des deutschen Imperialismus im ersten Weltkrieg wurde die K.ausbildung eingestellt. 1920 erfolgte die Umwandlung der K.anstalten in staatliche Erziehungsanstalten. In der Marine bezeichnete der Begriff K. die Offiziersanwärter, die die Aufnahmeprüfung – vergleichbar dem Fähnrichsexamen beim Heer – bestanden hatten.

Die NVA der DDR besaß von 1956 bis 1960 eine K.schule, die ihrem Charakter nach eine allgemeinbildende Oberschule mit einer militärähnlichen Ordnung war. Die K. wurden zum Abitur geführt und dabei auch mit bestimmten Grundkenntnissen über das Militärwesen vertraut gemacht. Bevor sie nach bestandener Reifeprüfung an einer Offiziersschule der NVA das Studium aufnahmen, dienten sie 5 Monate in der Truppe als Soldat. *(s. Abb. S. 1005)*

Kahlenberg 1683: Schlacht im sog. Großen Türkenkrieg 1683–1699 zwischen österreichisch-deutsch-polnischen und türkischen Truppen am 12. 9. 1683.

Mitte des 17. Jh. suchte das Osmanische Reich durch die Wiederaufnahme der Eroberungspolitik einen Ausweg aus seiner inneren Krise. Nach Erfolgen gegen Venedig und Polen und nach Abschluß eines Bündnisses (1682) mit den gegen die Herrschaft der Habsburger rebellierenden Ungarn richtete es 1683 den Stoß gegen Österreich, das mit Polen daraufhin einen militärischen Beistandspakt schloß (31. 3. 1683). Der Kampf gegen die türkischen Eroberer fand die Unterstützung der Volksmassen und mobilisierte auch große Teile des römisch-deutschen Reiches. Dem von Großwesir Kara Mustafa (um 1635–1683) befehligten türkischen Heer gehörten zahlreiche Kontingente unterworfener Völker an. Seine Stärke betrug angeblich fast 200000 Mann, den riesigen Troß und die nur außerhalb der Schlachtordnung eingesetzte leichte Reiterei einbegriffen. Die regulären Truppen setzten sich aus etwa 60000 Mann Infanterie und knapp 40000 Mann Kavallerie zusammen; sie verfügten über 300 Geschütze. Den Kern des Heeres bildeten die mit Feuerwaffen ausgerüsteten 20000 Janitscharen. Die Schlachtenreiterei wurde von den Spahi gestellt, die mit Lanzen, Krummsäbeln und Handfeuerwaffen bewaffnet waren und in geschlossener Ordnung anritten. Das türkische Heer trieb die kaiserlichen Truppen vor sich her und vernichtete auf seinem Marsch Hunderte von Dörfern und Schlössern. Es erreichte Wien, das am 16. 7. vollständig eingeschlossen wurde. Die Besatzung der mit Befestigungsanlagen umgebenen Stadt zählte etwa 11000 Mann, an deren Seite 20 Bürger- und 3 Studentenkompanien kämpften. Das Kommando führte Feldzeugmeister Ernst Rüdiger von Starhemberg (1638–1701), von Bürgermeister Johann Andreas von Liebenberg (um 1627–1683) tatkräftig unterstützt. Anfang September verschlechterte sich die Lage der Verteidiger insbesondere durch den Minenkrieg der Türken, der breite Breschen in die Mauern schlug. Aber auch bei den beutesüchtigen Belagerern, von denen bis Monatsmitte etwa 48000 Mann eigenmächtig abzogen, komplizierte sich die Situation.

Das vom Tullner Feld heranrückende Entsatzheer vereinigte österreichische, sächsische, bayrische, fränkische, schwäbische und polnische Truppen. Es war 65000 Mann stark und bestand bis auf die polnische Adelsreiterei aus Söldnern. Den Oberbefehl führte der polnische König Jan III. Sobieski (1629–1696) in Verbindung mit dem kaiserlichen Generalleutnant Herzog Karl V. Leopold von Lothringen (1643–1690). Sowohl die Infanterie als auch die zahlenmäßig etwas stärkere Kavallerie waren für den Kampf in geschlossener Schlachtordnung ausgebildet und verfügten über Handfeuer- und Blankwaffen. Die Artillerie zählte weniger als 200 Geschütze. Am 11.9. besetzte das Entsatzheer den 483 m hohen K. nordwestlich Wien und griff am folgenden Morgen an. Bis Mittag konnten der linke Flügel und das Zentrum, von der auf dem K. postierten Artillerie wirksam unterstützt, Nußdorf, Heiligenstadt, Grinzing und Sievering einnehmen. Der rechte Flügel dagegen wurde von überlegenen türkischen Kräften bei Dornbach zurückgedrängt. Als am frühen Nachmittag der zügig vorstoßende linke Flü-

Schlacht am Kahlenberg – 12. September 1683

Die Verteidiger von Wien wehren einen Sturm des türkischen Belagerungsheeres auf die Löwenbastei ab

gel gegen das türkische Zentrum einschwenkte und gleichzeitig die polnische Reiterei den linken Flügel des Gegners attackierte, brach der Widerstand der Türken zusammen. Die kopflos fliehenden Türken verloren allein in der Schlacht 20000 Mann sowie den gesamten Troß. Der Sieg in der Schlacht am K. wurde durch das geschickte Zusammenwirken der Verbündeten gesichert. Er wurde wesentlich erleichtert durch die Handlungen der Belagerten und vor allem dadurch, daß ein Teil der türkischen Truppen während der Schlacht vor den Wällen Wiens verblieb. Die Befreiung Wiens war Ausgangspunkt für die Offensive gegen die Türken, die schließlich im Frieden von Karlowitz (26. 1. 1699) Ungarn, Siebenbürgen und Nordslowenien endgültig aufgeben mußten. Mit der erfolgreichen Schlacht am K. wurde dem weiteren Vordringen der Türken in Europa Einhalt geboten und Österreichs Aufstieg zur Großmacht eingeleitet.

kaiserlich-deutsches Heer: Hauptbestandteil der → *Landstreitkräfte* des Deutschen Reiches von 1871 bis 1918 und Hauptinstrument aggressiver Großmachtpolitik sowie Mittel zur Unterdrückung des werktätigen Volkes.

Die Herausbildung des kaiserlich-deutschen Heeres erfolgte im Zusammenhang mit der auf undemokratischem Wege vollzogenen Reichsgründung. Nach dem Zerfall des → *Bundesheeres* 1866 entstand 1867 das Heer des Norddeutschen Bundes; zu ihm gehörten die preußische und sächsische Armee sowie die Truppen der norddeutschen Staaten und der Freien Städte. Die Verfassung des Norddeutschen Bundes verankerte die Übernahme der preußischen Militärgesetze, insbesondere der → *allgemeinen Wehrpflicht.* Der preußische König Wilhelm I. (1797–1888) hatte in Frieden und Krieg den Oberbefehl über das Heer des Norddeutschen Bundes. Im Jahre 1870 betrug die Friedensstärke dieses Heeres 312000 Mann. Die süddeutschen Staaten unterstellten noch 1866 ihre Armeen im Kriegsfall preußischem Oberbefehl und begannen 1867, diese nach preußischem Muster zu vereinheitlichen. Während des → *Deutsch-Französischen Krieges 1870/71* vereinigten sich der Norddeutsche Bund und die süddeutschen Staaten zum Deutschen Bund (November 1870), dessen Verfassung die militärische Hegemonie Preußens festschrieb.

Das Heer des Deutschen Reiches bestand der Form nach aus den Armeen (Kontingenten) Preußens, Bayerns, Sachsens und Württembergs mit eigenen Militärverwaltungen und Generalstäben; das bayrische Heer blieb – im Unterschied zu den anderen Kontingenten – im Frieden dem Landesherrscher unterstellt. Der bundesstaatliche Aufbau des kaiserlich-deutschen Heeres äußerte sich auch in der landsmannschaftlichen Bezeichnung der Truppenteile, geringen Unterschieden in der Uniform, dem Recht der Landesfürsten auf Offiziersernennungen und anderen Sonderrechten. Auf der Grundlage der Reichsverfassung von 1871 und des → *Reichsmilitärgesetzes 1874* entwickelte sich in der Folgezeit ein in Organisation, Ergänzung, Bewaffnung, Ausrüstung und Ausbildung im wesentlichen einheitliches Heer (auch als Reichsheer bezeichnet). Die oberste Kommandogewalt lag im Frieden (ausgenommen die bayrische Armee) und Krieg beim preußischen König als erblichem deutschem Kaiser. Ihm unterstanden die Chefs zahlreicher Behörden und Dienststellen (die sog. Immediatstellen): der preußische Kriegsminister (→ *Kriegsministerium*), der Chef des → *Generalstabes*, der Chef des → *Militärkabinetts*, die Kommandierenden Generale der Armeekorps und andere.

Das kaiserlich-deutsche Heer diente zur Unterdrückung des werktätigen Volkes, insbesondere der sozialistischen Arbeiterbewegung, und der nationalen Minderheiten sowie zur Durchsetzung einer aggressiven Großmachtpolitik. Umgeben vom Nimbus siegreicher Kriege, übte das Heer großen Einfluß auf Politik und Gesellschaft aus. Sein reaktionärer Klassencharakter trat kraß in dem eine exklusive Kaste bildenden Offizierskorps zutage, wo die Adligen die Schlüsselpositionen innehatten. Gegenüber dem Reichskanzler und der Regierung verfügte die Führung der Armee über weitgehende Selbständigkeit. Der Reichstag hatte über sein Budgetrecht nur einen geringen Einfluß auf die Heeresentwicklung.

Die Streitkräfte beruhten auf der allgemeinen Wehrpflicht, die im Frieden zunächst eine 12jährige Dienstzeit vorsah: entweder 3 Jahre aktiven Dienst, 4 Jahre in der Reserve und 5 Jahre in der → *Landwehr* oder 12 Jahre Dienst in der → *Ersatzreserve.* Daneben bestand das bürgerliche Privileg der → *Einjährig-Freiwilligen.* Die Zahl der aktiven Mannschaften (Ausgehobene und Freiwillige) und der Unteroffiziere ergab die Friedenspräsenzstärke, die ab 1874 alle 7, ab 1893 alle 5 Jahre neu festgelegt werden sollte. Die Friedensorganisation des Heeres umfaßte zunächst 18 Armeekorps (14 preußische, 2 bayrische, 1 sächsisches, 1 württembergisches) und stieg bis 1914 auf 25. Das Armeekorps zu 2 Divisionen war im Frieden der größte Verband mit dem Generalkommando an der Spitze; für 3–4 Armeekorps bestand 1 Armeeinspektion, die bei Mobilmachung zu 1 AOK erweitert wurde. Die Friedensorganisation bildete den Rahmen für das Kriegsheer, das aus dem Feldheer und dem Besatzungsheer (auch als Heimatheer bezeichnet) bestand.

Nach 1871 begann mit Hilfe der französischen Kriegskontribution die sich in erster Linie gegen Frankreich und bald auch gegen Rußland richtende Aufrüstung des kaiserlich-deutschen Heeres. Die Annexion von Elsaß-Lothringen hatte für einen

Friedensstärke des Heeres 1875–1914

Jahr	Gesamtfriedensstärke (einschließlich Offiziere, Einjährig-Freiwillige, Ärzte, Beamte)
1875	429645
1880	458237
1893	593452
1899	616811
1905	637058
1911	640732
1912	670557
1914	808280

Kriegsstärke des Heeres 1875–1918 (in Mill.)

Jahr	Feldheer	Heimatheer	Gesamtkriegsstärke
1875	0,761	0,584	1,345
1888	1,2	1,5	2,7
1898	1,6	1,5	3,1
1910	2,142	1,337	3,479
1914	2,398	1,425	3,823
1918	5,3	2,7	8,0

kommenden Krieg die Gefahr eines Zweifrontenkrieges heraufbeschworen, was bis 1914 die Heeresrüstung bestimmte. Ende der 80er Jahre forcierte das Deutsche Reich das Wettrüsten in Europa. Die bisher größte Heeresvermehrung erfolgte 1893 im Zusammenhang mit der vorläufigen Einführung der 2jährigen aktiven Dienstzeit (außer bei der Kavallerie und reitenden Feldartillerie). Dadurch wurden mehr Dienstpflichtige ausgebildet und der → *Beurlaubtenstand* schneller vergrößert. Von 1875 bis 1898 stieg die Gesamtfriedensstärke um rd. 164000 Mann. Verstärkt wurden vorrangig die → *Infanterie* und die → *Artillerie*. Diese war seit 1872 in Feldartillerie (die mit dem Feldheer vorrückende leichte Artillerie) und Fußartillerie (die zur Belagerung bzw. Verteidigung von Festungen sowie beim Feldheer eingesetzte schwere Artillerie) getrennt. Die Kampfkraft erhöhte sich vor allem durch die Einführung von Mehrladegewehren kleineren Kalibers sowie durch neue bzw. verbesserte Geschütze und Granaten. Ferner entstanden einige selbständige Formationen der Eisenbahn-, Telegrafen- und Luftschiffertruppen. Das Friedensheer wurde voll kaserniert, der Festungsbau an der Westgrenze vorangetrieben.

Aus der Überschätzung des Sieges von 1870/71 heraus war die Heeresentwicklung sehr stark mit einem Festhalten an überlebten Erscheinungen und Formen verbunden, insbesondere in der Gefechtsausbildung. Hauptergebnis der Heeresrüstung bis Ende des 19. Jh. war ein mehrere Million Mann starkes Kriegsheer. Die Verlängerung der Dienstpflicht 1888 von 12 auf 19 Jahre erbrachte etwa 200000 Mann. Seitdem konnte auch der → *Landsturm* zur Ergänzung des Feldheeres herangezogen werden. Die Vermehrung der Einjährig-Freiwilligen (von rd. 7000 Mann 1875 auf rd. 16000 Mann 1914) ermöglichte es, den steigenden Bedarf an Reserve- und Landwehroffizieren zu decken. Unter dem Drängen des Generalstabes wurde seit den 90er Jahren vorrangig das Feldheer ausgebaut, durch mobile Landwehrbrigaden verstärkt und mit dem Aufbau der schweren Artillerie des Feldheeres für den Bewegungskrieg begonnen. 1898 umfaßte es in 8 Armeen 20 aktive und 5 Reservekorps sowie 11 Kavalleriedivisionen und 31½ mobile Landwehrbrigaden. Das Feldheer war jedoch strukturmäßig sehr uneinheitlich, die Kampfkraft der Reserve- und Landwehrtruppen gering.

Truppenparade, 1906

Friedensorganisation des Heeres 1875–1914

Jahr	Armeekorps	Divisionen		Formationen					
		Infanterie	Kavallerie	Infanterie- und Jäger-bataillone	Eskadrons	Feldartillerie-batterien	Fußartillerie-kompanien (ab 1908 Bataillone)	Pionier-bataillone	Train-bataillone
1875	18	37	2	469	465	300	116	18	18
1890	20	43	1	538	465	434	124	20	21
1902	23	48	1	625	482	574	159	26	23
1911	23	48	1	633	510	574	165	29	23
1914	25	50	1	669	547	633	190	35	25

Mit dem Übergang zum Imperialismus wurde das Heer zum Hauptinstrument der herrschenden Klasse für den Krieg um die Neuaufteilung der Welt, der nach Ansicht der Heeresleitung zu Lande entschieden werden sollte. Zunächst erhöhte das Gesetz von 1899 die Friedenspräsenzstärke. Man steigerte die Kriegsbereitschaft und Kampfkraft durch die Bildung von 3 neuen Armeekorps und die Unterstellung der Feldartilleriebrigaden unter die Divisionen. Außerdem wurden die technischen Spezialtruppen in den → *Verkehrstruppen* zusammengefaßt und die ersten MG-Abteilungen aufgestellt. Die zahlenmäßige Stärke des Feldheeres stieg von 1898 bis 1902 um rd. 350000 Mann. Unter dem Einfluß des Kriegsministeriums, das ein Sinken der «inneren Güte» der Truppen und der Zuverlässigkeit des Massenheeres befürchtete, ging in der Folgezeit (etwa 1904–1912) der Zuwachs (Kopfstärke) vor allem für das Friedensheer erheblich zurück. Jährlich wurden weniger Dienstpflichtige ausgebildet. Die Hauptursache, bedingt durch die Industrialisierung Deutschlands, war der wachsende Anteil von Rekruten und Angehörigen des Beurlaubtenstandes aus Industriegebieten und Großstädten, von dem die militärische Führung ein verstärktes Eindringen von Sozialdemokraten ins Heer und in den Beurlaubtenstand sowie die Verbreitung sozialistischer Ideen auch unter den Unteroffizieren befürchtete. Außerdem wuchsen durch die steigende Zahl bürgerlicher Offiziere die Bedenken vor einer «Demokratisierung» des Offizierskorps. Seine kastenmäßige Geschlossenheit sollte um jeden Preis erhalten werden. Hinzu kamen große finanzielle Schwierigkeiten durch den sprunghaften Ausbau der → *Kaiserlichen Marine* und die → *Intervention in China 1900/01.*

Das Schwergewicht der Heeresrüstung lag auf der gleichmäßigen Entwicklung des Friedens- und des Feldheeres, vor allem auf dem Gebiet der materiellen Rüstung, der Einführung neuer bzw. verbesserter Waffen und Ausrüstung für fast alle Waffengattungen. Am bedeutungsvollsten war die Umrüstung der Artillerie auf Rohrrücklaufgeschütze. Weitere Maßnahmen betrafen die Einführung des MG 08, von Feldfernsprechern, Feldküchen und der feldgrauen Uniform. Der Umfang der Militärtechnik nahm weit schneller zu als vorher. Im Zusammenhang damit verstärkte die privatkapitalistische Rüstungsindustrie ihren Einfluß auf das Heer. Die gesamte Heeresrüstung wurde immer mehr von der → *Blitzkriegskonzeption* bestimmt und das Heer infolgedessen einseitig und unter schematischer Betonung der Umfassung auf einen kurzen Bewegungskrieg vorbereitet. Maßgeblichen Anteil daran hatte Generalfeldmarschall Alfred von Schlieffen (1833–1913), Chef des Generalstabes von 1891 bis 1906.

Die zweite Marokkokrise 1911 und die Balkankriege 1912/13 markierten eine neue Phase imperialistischen Wettrüstens. Das deutsche Kaiserreich trat dabei besonders aggressiv hervor. Die Heeresverstärkung von 1911 betraf vornehmlich den Ausbau der technischen Truppen. Seit 1910 erhielt das Feldheer mobile Ersatzformationen. Mit den außerplanmäßigen Heeresverstärkungen von 1912 und 1913 sollte eine Überlegenheit auf wichtigen Gebieten erreicht werden, um den für unvermeidlich angesehenen Krieg beginnen zu können, ehe die Ententemächte ihre Rüstungsprogramme verwirklicht hatten. Das Reichsgesetz vom 14. 6. 1912 brachte eine erhebliche Verstärkung der Friedenspräsenzstärke, die Bildung von 2 neuen Armeekorps, die Verdoppelung der Haubitzenbewaffnung bei den aktiven Armeekorps, die Einführung der schweren Minenwerfer sowie die Bildung der Fliegertruppe (→ *Luftstreitkräfte*). Das Reichsgesetz vom 3. 7. 1913 führte zur Erhöhung der Truppenstärke um rd. 136000 Offiziere, Unteroffiziere und Mannschaften. Das war die seit 1871 größte Heeresverstärkung. Damit verbunden waren Etaterhöhungen bei den aktiven Formationen und insbesondere die Aufstellung von 135 MG-Kompanien. Seit 1871 hatte die Heeresrüstung etwa 25,918 Mrd. M verschlungen, die innere Militarisierung außerordentlich verstärkt und entscheidend zur Gefahr eines imperialistischen Weltkrieges beigetragen.

Der Dienst im Heer sollte die Werktätigen in Uniform gefügig machen, für volksfeindliche Ziele zu kämpfen und auf ihre Klassenbrüder und Angehörigen zu schießen. Diesem Zweck dienten ein hartes Militär- und Disziplinarstrafwesen, der in der → *Exerzierausbildung* nach 1871 besonders vorherrschende stumpfsinnige Kasernenhofdrill, → *Soldatenmißhandlungen* und nicht zuletzt eine militaristische politisch-ideologische Beeinflussung, wozu auch die Militärseelsorge gehörte. Der physisch-psychische Zwang im Heer führte von 1870 bis 1911 zu 10439 Selbstmorden und 2353 Selbstmordversuchen. Fortschrittliche politische Betätigung war strengstens verboten; das Eintreten für die Sozialdemokratie galt als das schwerste Verbrechen. Für die militärische Führung war der «innere Feind», die sozialistische Arbeiterbewegung, gefährlicher als der äußere Feind. Nach 1871 kam es wiederholt zum Einsatz von Truppen gegen Streikende, Demonstrierende und Versammlungsteilnehmer. Seit den 80er Jahren intensivierten die Militärbehörden den Kampf gegen die Sozialdemokratie (Anlegen sog. schwarzer Listen, Überwachung von Sozialdemokraten, Kasernenkontrollen u. a.). Während des großen Bergarbeiterstreiks 1889 wurden 7 Arbeiter getötet und zahlreiche verwundet. Seit 1890 wurden in den Garnisonen Pläne zur Niederwerfung von Streiks und Unruhen ausgearbeitet. Unter dem Eindruck der bürgerlich-demokratischen Revolution in Rußland 1905–1907 wurden die Vorbereitungen für den inneren Einsatz der Truppen erweitert. Bei Maifeiern, Streiks, Reichstagswahlen und Demonstrationen der Arbeiterbewegung lag das Militär in Alarmbereitschaft. Von 1909 bis 1914 wurden mehrfach Truppen gegen streikende Arbeiter eingesetzt (1909 in Mansfeld und 1912 im Ruhrgebiet). Bis 1914 entstanden bei allen Generalkommandos regelrechte Bürgerkriegspläne. Die Aufgabe des Heeres, die staatliche Ordnung gegen Streikende aufrechtzuerhalten, wirkte auch auf die Gefechtsausbildung ein, in der noch 1914 die geschlossene Ordnung dominierte und nicht die Ausbildung zum selbständigen Einzelkämpfer.

Bei Ausbruch des ersten Weltkrieges (→ *Weltkrieg, erster, 1914–1918*) verfügte der deutsche Imperialismus über das kampfkräftigste Heer, das sich auf einen hohen Entwicklungsstand von Industrie, Verkehrswesen, Technik und Naturwissenschaften stützen konnte. Die Soldatenmassen wurden durch die Lüge von der Vaterlandsverteidigung irregeführt. Mobilmachung (seit 2. 8. 1914) und Aufmarsch des Heeres verliefen nicht zuletzt aufgrund ihrer perfekten organisatorischen Vorbereitung fast reibungslos. Das Feldheer mit der → *Obersten Heeresleitung (OHL)* an der Spitze zählte rd. 2,4 Mill. Mann, davon 120000 Offiziere, gegliedert in 50 aktive Infanterie-, 11 Kavallerie-, 29 Reserve-, 6½ mobile Ersatz- und 2 Landwehrdivisionen sowie 15½ Landwehrbrigaden. Seinen Hauptbestandteil bildete das kriegsstarke Friedensheer, das einheitlich mit modernen Waffen und Kampfmitteln ausgerüstet war. Die Kampfkraft der Reserveverbände war schwächer. Die Landwehrtruppenformationen waren unzureichend ausgerüstet. Das Heimat- bzw. Besatzungsheer, das die Friedensgliederung beibehielt, bestand aus den immobilen Truppen, insbesondere Ersatztruppen. Seine Hauptaufgaben waren die Ausbildung und Bereitstellung des laufenden Ersatzes für das Feldheer, die Bildung von Neuformationen und nicht zuletzt die Unterdrückung aller Antikriegskräfte. Die Stellvertretenden Generalkommandos verfügten dazu über weitreichende militärdiktatorische Befugnisse.

Zahl der Verbände und Formationen des Feldheeres im ersten Weltkrieg

Verbände und Formationen	1914	1918
Heeresgruppen	–	9
Armeen	8	17
Armeekorps	25	67
Kavalleriekorps	4	–
Infanteriedivisionen	96[1]	241
Kavalleriedivisionen	11	4
Feldartilleriebatterien	865	2834
Fußartilleriebatterien	330½	rd. 1370
Infanteriegeschützbatterien	–	51
Pionierbataillone	69	238
Telegrafenbataillone/ Fernsprechabteilungen	52	rd. 240/312
Fliegerbataillone/ Fliegerabteilungen	33	294
Ballonzüge	–	186
Eisenbahnkompanien	106	387
MG-Kompanien	323	2500

1 einschließlich Reserve-, Landwehr- und Ersatzdivisionen

Die schnellere Kriegsbereitschaft und höhere Kampfkraft des deutschen Feldheeres trugen wesentlich zu den großen Anfangserfolgen besonders im Westen bei, doch scheiterte die Blitzkriegsstrategie endgültig in der Marneschlacht (→ *Marne 1914*). Der neue Charakter des bewaffneten Kampfes und des Krieges stellte an die personelle und materielle Sicherstellung Anforderungen, mit denen die militärische Führung nicht im mindesten gerechnet hatte. Bereits Ende 1914 bestand infolge der gewaltigen Verluste ernster Mangel an Waffen und Kampftechnik sowie an ausgebildetem Ersatz. Zur Verwirklichung der abenteuerlichen Kriegsziele des deutschen Imperialismus wurde das Feldheer bis September 1916 auf über 5 Mill. Mann verstärkt. Neuformierungen erfolgten vor allem bei der Infanterie, der schweren Artillerie, den Pionieren, den Nachrichten-, den Eisenbahn- und den Fliegertruppen. Das gesamte Nachschubwesen erwies sich als unzureichend und wurde mehrfach umorganisiert. Die Zahl der Pferde stieg beim Feldheer von 1914 bis 1918 von 730000 auf 1,6 Mill. Neu entstanden u. a. die chemischen Truppen. Seit Anfang 1917 war der Ausbau des Feldheeres nur noch auf Kosten des laufenden Ersatzes möglich, deshalb sanken 1917/18 die Gefechtsstärken der Truppenteile stark ab. Zu den wichtigsten Erscheinungen gehörte die Herausbildung einer neuen Divisionsstruktur mit verminderter Kopfstärke und gesteigerter Feuerkraft. Durch Zuteilung von schwerer Artillerie und Nachschubkolonnen erhielt die Division einen hohen Grad von Selbständigkeit. Seit 1916 bestanden feste → *Heeresgruppen.*

Das Kräftepotential des deutschen Imperialismus reichte auch bei rücksichtslosester Anspannung nicht aus, um die Anforderungen der Streitkräfte und der Rüstungsindustrie erfüllen zu können. Während die OHL bis Sommer 1916 der Verstärkung des Feldheeres den Vorrang gegeben hatte, wurden seit Herbst 1916 dem Feldheer Facharbeiter für die Steigerung der Rüstungsproduktion entzogen (→ *Hindenburgprogramm*). Von der dritten OHL, an deren Spitze Generalfeldmarschall Paul von Beneckendorff und von Hindenburg (1847–1934) und General Erich Ludendorff (1865–1937) standen, wurde in den Jahren 1916/17 das Feldheer umorganisiert, um dem zunehmenden Mangel an Kräften durch eine außerordentlich wachsende Anzahl von Waffen und Kampftechnik zu begegnen. Durch den vorherrschenden Stellungskrieg veränderten sich Bewaffnung und Ausrüstung des Feldheeres wesentlich, so u. a. durch die Nahkampfwaffen. Am stärksten erhöhte sich die Zahl der MGs (von 2400 auf 100000) und der leichten Minenwerfer. Völlig unzureichend aber blieb das Kraftfahrwesen; mit Tanks (Panzern) ausgerüstete Truppenteile (→ *Panzertruppen*) gab es nicht. Das Heimatheer wurde durch die Bildung vieler neuer Ersatzformationen für alle Waffengattungen bedeutend erweitert. Zur Beschaffung von Ersatz erfolgten seit 1915 Nachmusterungen, die Anforderungen an die Tauglichkeit wurden herabgesetzt sowie die Ausbildungs- und Genesungszeiten verkürzt. Infolgedessen ging die Qualität des Ersatzes seit Ende 1916 stark zurück. Im Sommer 1918 waren die Ersatzquellen des Feldheeres erschöpft.

Während des ersten Weltkrieges mobilisierte der deutsche Imperialismus insgesamt 13,4 Mill. Mann (einschließlich Marine und Kolonialtruppen), davon rd. 364000 Offiziere, Offizierstellvertreter, Sanitätsoffiziere u. a. Die Verluste des kaiserlich-deutschen Heeres betrugen insgesamt 1,9 Mill. Tote, davon rd. 55000 Offiziere und 190000 Unteroffiziere; rd. 994000 Mann gerieten in Gefangenschaft.

Stellung bei Ypern im ersten Weltkrieg

Mit der Dauer des Krieges, durch seine ungeheuren Opfer und Entbehrungen nahmen Kriegsmüdigkeit und Antikriegsstimmung vor allem im Heimatheer, aber auch im Feldheer zu. Unter dem Einfluß der Februarrevolution 1917 in Rußland und besonders der Großen Sozialistischen Oktoberrevolution 1917 kam es unter den Truppen im Osten zu einem Aufschwung der revolutionären Antikriegsbewegung und zu massenweisen Soldatenverbrüderungen. Die militärische Führung versuchte vergeblich, durch verschärfte Strafen, Überwachungsmaßnahmen und systematische politisch-ideologische Beeinflussung (→ *Vaterländischer Unterricht*) diese Entwicklung aufzuhalten. Nach dem Scheitern der deutschen → *Offensive 1918* sank die Kampfmoral rapide, und im Herbst stand der deutsche Imperialismus unmittelbar vor dem militärischen Zusammenbruch. In Deutschland entwickelte sich eine revolutionäre Situation. Um die völlige militärische Katastrophe zu verhindern und den Kern der kaiserlichen Armee als Machtinstrument insbesondere gegen die anschwellende revolutionäre Bewegung zu erhalten, drängte die OHL die Reichsregierung zum Abschluß eines Waffenstillstandes mit der Entente, der schließlich am 11. 11. in Compiègne erfolgte. Inzwischen hatten jedoch die Kieler Matrosen, Arbeiter und Soldaten mit dem bewaffneten Aufstand am 3. 11. bereits den Auftakt zur → *Novemberrevolution 1918/19* gegeben. Die Auflösung des Heeres wie auch der Kriegsflotte schritt schnell voran. Überall bildeten sich Arbeiter- und Soldatenräte. In dieser Lage trafen Generalleutnant Wilhelm Groener (1867–1939) von der OHL und der Sozialdemokrat Friedrich Ebert (1871–1925), Mitglied des Rates der Volksbeauftragten, am 10. 11. ein Geheimabkommen gegen die Revolution, dessen Hauptinhalt darin bestand, die militärische Macht unter der Befehlsgewalt der kaiserlichen Offiziere und Generale zu erhalten und die Rätebewegung zu beseitigen. Gestützt auf dieses Abkommen und mit Hilfe der rechten sozialdemokratischen Führer, gelang es der OHL, die Rolle des militärischen Zentrums der Konterrevolution zu übernehmen, Bürgerkriegsformationen aus Generalen, Offizieren und Unteroffizieren der alten Armee aufzustellen und den Kampf zur militärischen Niederschlagung der Revolution zu beginnen. Ein Teil dieser konterrevolutionären Militärs wurde in die → *Reichswehr* übernommen, wo sie die Generalität und das Offizierskorps bildeten und die Kontinuität der Aggressionspolitik des deutschen Imperialismus sichern halfen. *(s. Abb. S. 35, 53, 145, 185, 277, 307, 371, 489, 493, 1006)*

Kaiserliche Marine: Bezeichnung für die → *Seestreitkräfte* des Deutschen Reiches 1871–1919.

Mit der Reichsgründung 1871 wurde die aus 6 Panzerschiffen verschiedener Typen, 10 Korvetten, 3 Avisos sowie 23 Kanonenbooten bestehende Marine des Norddeutschen Bundes zur K. M. Oberste Kommando- und Verwaltungsbehörde war bis 1889 die Admiralität, die von 1872 bis 1883 Generalleutnant Albrecht von Stosch (1818–1896) leitete. Stoschs operativ-taktische Anschauungen waren in starkem Maße von den Prinzipien des Landkrieges geprägt. Sein Flottengründungsplan von 1872 ging von einem wahrscheinlichen Krieg gegen Frankreich aus und orientierte vornehmlich auf aktiven Küstenschutz durch eine Ausfallflotte. Unter dem Aspekt einer Seeschlacht in Küstennähe sollte diese Flotte bis 1882 bei einem Kostenaufwand von 73 Mill. Talern vor allem durch gepanzerte Schiffe erweitert werden. Einen weiteren Schwerpunkt des Planes bildete der Bau von Kriegsschiffen zum Schutz der überseeischen Expansion des Deutschen Reiches.

Die bis 1883 erreichte Verstärkung brachte die K. M. vom 5. auf den 3. Platz unter den Seemächten der Welt hinter England und Frankreich. Neu in Dienst gestellt wurden u. a. 7 gepanzerte Schiffe (davon 4 sog. Ausfallkorvetten vom «Sachsen»-Typ mit etwa 8000 t, einer Hauptbewaffnung von 6 260-mm-Geschützen und einer Höchstgeschwindigkeit von 13,5 kn) für den Küstenschutz sowie 8 Kreuzerfregatten für den Dienst in Übersee. Seit 1881 wurden die veralteten Spierentorpedoboote (→ *Torpedoboot*) durch modernere Typen ersetzt. Alle Neubauten erfolgten seit den 70er Jahren auf deutschen Werften unter zunehmender Beteiligung der Privatindustrie. Parallel verlief der Ausbau der Kriegshäfen Kiel und Wilhelmshaven, wobei sich das Schwergewicht von der Ost- nach der Nordsee zu verschieben begann.

Stosch setzte einen an das Exerzieren beim Heer angelehnten Drill auf den Schiffen durch und führte in der K. M. statt der 12jährigen die 3jährige Dienstzeit ein. 1872 entstanden die Marineakademie und das mit der Führung im technischen Bereich betraute Maschinen-Ingenieur-Korps. Im Zuge zunehmender Auslandstätigkeit der K. M. wurden die auswärtigen Stationen in Ostasien, Südamerika und an der westafrikanischen Küste vermehrt.

Im März 1883 trat Generalleutnant Leo von Caprivi (1831–1899) als Vizeadmiral an die Spitze der kaiserlichen Admiralität. Von der Erwartung eines Zweifrontenkrieges gegen Frankreich und Rußland geleitet, sah er die vordringliche Aufgabe der Flotte in der unmittelbaren Küstenverteidigung. Deshalb förderte er den weiteren Bau von Torpedobooten. Das 1884 ausgearbeitete Bauprogramm von 150 Booten wurde allerdings 2 Jahre später auf 70 Boote reduziert. 1886 ließ Caprivi eine Torpedo-Inspektion einrichten. Darüber hinaus hielt er an der Vorstellung fest, daß der Seekrieg durch Seeschlachten und diese wiederum durch Panzerschiffe entschieden würden. Der Plan zum Bau von 10 größeren, hochseetüchtigen Panzerfahrzeugen wurde jedoch vom

Reichstag abgelehnt. Die Einsatzmöglichkeiten der seit 1888 in Bau gegebenen Küstenpanzerschiffe des «Siegfried»-Typs gingen über eine aktive Verteidigung im Küstenvorfeld kaum hinaus. Trotzdem wurden die Mobilmachungspläne für die militärische Auseinandersetzung mit Frankreich auf eine schnelle Offensive der deutschen Torpedoboote und Panzerschiffe gegen die französische Nordflotte ausgerichtet. Die Kolonialexpansion des kaiserlichen Deutschlands bestärkte Caprivi darin, auch den Kreuzerbau (→ *Kreuzer*) fortzusetzen. 1885 wurde erstmals eine detaillierte Vorschrift für den Handelskrieg mit Auslands- und Hilfskreuzern (→ *Kreuzerkrieg*) erlassen.

Seit Ende der 80er Jahre mehrten sich die Forderungen großkapitalistischer Kreise, die Flotte als Mittel zur Erringung und Absicherung wirtschaftlicher und politischer Weltmachtstellung zu verstärken. Wilhelm II. (1859–1941), seit 1888 deutscher Kaiser, förderte die Flottenpläne und unternahm gleichzeitig Schritte, um seinen unmittelbaren Einfluß auf die Kommandosphäre der K. M. zu sichern. 1889 löste er die Admiralität auf und ersetzte sie durch 3 Behörden: das Oberkommando der Marine, das → *Reichsmarineamt* (für Schiffbau, Entwicklungsfragen und Verwaltungsangelegenheiten) und das Marinekabinett (zur Bearbeitung von Personalfragen, zur persönlichen Beratung Wilhelms II. und zur Übermittlung seiner Befehle an die übrigen Verwaltungs- und Kommandoorgane der K. M.). Über Inhalt und Ziel des Flottenbaus bestanden jedoch unterschiedliche Vorstellungen. Wie anfangs der Kaiser, so neigte auch Admiral Friedrich von Hollmann (1842–1913), von 1890 bis 1897 Staatssekretär des Reichsmarineamtes, zum Bau einer starken Kreuzerflotte. Ab 1895 wurde eine Kreuzerdivision, später ein Kreuzergeschwader ständig in Ostasien stationiert. Dennoch setzte sich sehr bald der Bau einer Flotte von → *Linienschiffen* als Kernstück durch. Der Etat von 1888 sah neben dem Weiterbau der Küstenpanzerschiffe den Ersatz veralteter Panzerschiffe durch 4 Hochseelinienschiffe des «Brandenburg»-Typs vor. Diese für ihre Zeit außerordentlich modernen Schiffe mit fast 11000 t, einer Hauptarmierung von 6 in Zwillingstürmen mittschiffs aufgestellten 280-mm-Geschützen und einer Höchstgeschwindigkeit von 16 kn bildeten in den kommenden Jahren den eigentlichen Flottenkern. Der Erwerb Helgolands 1890 und der Bau des Nord-

Schiffs- und Personalbestand der Kaiserlichen Marine

1871	1888	1898	1905	1914 (nach Mobilmachung)
3 Panzerfregatten 1 Panzerkorvette	13 Panzerschiffe	7 Linienschiffe	16 Linienschiffe	37 Linienschiffe (davon 15 Großkampfschiffe)
2 Panzerfahrzeuge	14 Panzerkanonenboote	8 Küstenpanzerschiffe 13 Panzerkanonenboote	8 Küstenpanzerschiffe	8 Küstenpanzerschiffe
5 Gedeckte Korvetten 5 Glattdeckskorvetten	8 Kreuzerfregatten 10 Kreuzerkorvetten 5 Kreuzer	4 Kreuzer I. Kl. 8 Kreuzer II. Kl.	6 Große Kreuzer	14 Panzerkreuzer (davon 5 Großkampfschiffe)
3 Avisos	6 Avisos	3 Kreuzer III. Kl. 9 Kreuzer IV. Kl. 10 Avisos	24 Kleine Kreuzer	34 Kleine Kreuzer
8 Kanonenboote I. Kl. 15 Kanonenboote II. Kl.	5 Kanonenboote	5 Kanonenboote	5 Kanonenboote	6 Kanonenboote 3 Flußkanonenboote
–	–	10 Divisionsboote 90 Kleine Torpedoboote	100 Torpedoboote	90 Große Torpedoboote (Hochseeboote) 47 Kleine Torpedoboote
–	–	–	–	28 U-Boote
ca. 5000 Mann	ca. 16000 Mann	ca. 22000 Mann	ca. 47000 Mann	ca. 161500 Mann

Ostsee-Kanals von 1887 bis 1895, der ein Verschieben der Flotte zwischen den beiden Meeren ermöglichte, verbesserten die seestrategische Lage Deutschlands.

Die um die Jahrhundertwende immer stärker hervortretenden imperialistischen Tendenzen in der deutschen Marinerüstung und Seekriegsdoktrin verkörperte am deutlichsten der spätere Generaladmiral Alfred von Tirpitz (1849–1930), seit 1892 Chef des Stabes im Oberkommando der Marine. Stärkung der politischen Macht gegenüber Großbritannien war für ihn das – zunächst unausgesprochene – Ziel des Flottenbaus. Unter dem Einfluß der Lehren des amerikanischen Seekriegstheoretikers Alfred Mahan (1840–1914) orientierte er auf die Erringung der Seeherrschaft durch eine entscheidende Seeschlacht und forderte dafür den Bau einer starken, homogenen Schlachtflotte. Als Hauptelement der Gefechtstaktik wurde ähnlich wie in der Segelschiffszeit der Kampf der in Kiellinie rangierten → *Geschwader* angesehen.

Seit 1897/98 begannen sich die neuen Tendenzen in Marinerüstung und Seekriegsdoktrin voll durchzusetzen. Nachdem Tirpitz 1897 als Konteradmiral das Reichsmarineamt übernommen hatte, begann er den Ausbau einer Schlachtflotte planmäßig und auf lange Sicht zu betreiben. Das entsprach den Profitinteressen der Schwerindustrie und wurde propagandistisch durch den 1898 gegründeten Deutschen Flottenverein massiv unterstützt. Das 1. Flottengesetz von 1898, für dessen Durchführung fast 500 Mill. M veranschlagt wurden, sah vor, die Flotte bis 1904 auf einen Stand von 19 Linienschiffen, 8 Küstenpanzerschiffen, 12 Großen Kreuzern und 30 Kleinen Kreuzern zu bringen. Davon waren 3 Große und 10 Kleine Kreuzer für die Auslandsflotte bestimmt. Die Linienschiffe sollten nach 25 Jahren, die Kreuzer nach 20 bzw. 15 Jahren durch Neubauten ersetzt werden. Nach dem 2. Flottengesetz von 1900 sollte sich diese Stärke bis 1917 auf 38 Linienschiffe, 14 Große und 39 Kleine Kreuzer erhöhen. Darüber hinaus vergrößerte sich die Zahl der nicht in den Flottengesetzen erfaßten Torpedoboote und anderen kleineren Kriegsschiffe.

Zum weiteren Ausbau der Schlachtflotte war noch vor dem Flottengesetz von 1898 ein Linienschiffsgeschwader von 5 Einheiten des «Kaiser»-Typs in Auftrag gegeben worden, die allerdings den Schiffen des «Brandenburg»-Typs in der Hauptbewaffnung (4 240-mm-Geschütze, dafür eine stärkere Mittelartillerie), Panzerung und im Fahrbereich nachstanden. Auch die ab 1898 folgenden 5 Linienschiffe des «Wittelsbach»-Typs behielten bei verstärkter Panzerung und höherem Fahrbereich diese Hauptarmierung bei. Sie wurde erst bei den ab 1900 gebauten Schiffen des «Braunschweig»- und «Deutschland»-Typs wieder auf das Kaliber von 280 mm gebracht. Gleichlaufend erfolgte der Bau Großer Kreuzer (später Panzerkreuzer) mit einer Hauptbewaffnung von zunächst 2 oder 4, dann 8 Geschützen des Kalibers 210 mm und einer Höchstgeschwindigkeit von 19 bis 23 kn. Der Bau Kleiner Kreuzer führte Anfang des 20. Jh. mit dem sog. Städtekreuzer («Bremen» und weitere) zu einem sowohl als Flotten- wie als Auslandskreuzer verwendbaren Einheitstyp, dessen Hauptbewaffnung bis 1915 jedoch nur aus 105-mm-Geschützen bestand und damit den meisten gleichartigen britischen Schiffen unterlegen war. 1899 liefen die ersten modernen Hochseetorpedoboote vom Stapel. Der vorgegebene Zweck der Flottenrüstung, einen Angriff der britischen Flotte zu einem Risiko werden zu lassen und damit Großbritannien von einem Krieg gegen Deutschland abzuschrecken, tarnte die aggressive Politik der Stärke mit defensiven Leitsätzen. Im Herbst 1903 wurde – zunächst aus 2 Linienschiffsgeschwadern – erstmals ein ständiger Flottenverband als aktive Schlachtflotte (seit 1907 Hochseeflotte) gebildet.

Dem Schiffszuwachs entsprachen die personelle Vermehrung und der Ausbau sämtlicher Marineeinrichtungen (Kriegshäfen, Werften, Schulen u. a.). 1899 erfolgte eine weitere Dezentralisierung der obersten Behörden der K. M. Das Oberkommando wurde aufgelöst, den Oberbefehl über die Marine übernahm Wilhelm II. Ihm waren der → *Admiralstab*, die Chefs der Stationskommandos Ost- und Nordsee, der Inspekteur des Bildungswesens, der Chef des I. Geschwaders (später der Flottenchef) und der Chef des Kreuzergeschwaders unmittelbar unterstellt.

Der Schlachtflottenbau belastete die Beziehungen zu Großbritannien weiter und verschärfte die Flottenrivalität. Der britische Imperialismus näherte sich Frankreich und Rußland an und begann, das Gros seiner Flotte in der Nordsee zu konzentrieren. 1905 leitete er mit dem Bau von Großkampfschiffen (→ *Dreadnought*), die über eine größere Zahl weittragender schwerer Geschütze verfügten, ein neues Stadium des Wettrüstens zur See ein. 1906 folgte Deutschland dieser Entwicklung. 1908 fand der erste Stapellauf eines deutschen Großlinienschiffes vom «Nassau»-Typ mit über 20000 t, 12 280-mm-Geschützen und 20 kn Höchstgeschwindigkeit statt. Ihm folgten in raschem Baurhythmus (3, später 4 Einheiten jährlich) weitere Großkampfschiffe des «Helgoland»-, «Kaiser»- und «König»-Typs, die vor allem durch Vergrößerung des Hauptkalibers auf 305 mm, stärkere Panzerung und damit wachsende Wasserverdrängung gekennzeichnet waren. Parallel dazu erfolgte der ebenfalls zuerst in Großbritannien praktizierte Bau stark bewaffneter, schneller und demgemäß großer → *Schlachtkreuzer*, die bei höherer Geschwindigkeit als die Großlinienschiffe diesen bis auf die schwächere Panzerung und die etwas geringere Zahl schwerer Geschütze durchaus ebenbürtig waren. Mit dem Übergang zu Großkampfschiffen schien – unter enormen finanziellen Anstrengungen – die Möglichkeit gegeben, den britischen Vorsprung (1905 noch 56 britische gegen 17 deutsche Linienschiffe) rascher einzuholen, da die älteren Linienschiffe den neuen Typen an Kampfkraft bedeutend unterlegen waren. Die Flottennovelle von 1908 beschleunigte durch Herabsetzung der Indiensthaltungszeit der Linienschiffe auf 20 Jahre das Bautempo wesentlich. Die Novelle von 1912 erweiterte das Bauprogramm nochmals, so daß in kurzer Zeit ein drittes Linienschiffsgeschwader der Hochseeflotte in Dienst gestellt werden konnte. Daneben erfuhr die Torpedo- und Minenwaffe große Förderung. 1905 begann der serienmäßige Bau von → *U-Booten*, 1910 erfolgte die Aufstellung der ersten U-Boot-Flottille, und seit 1911 wurden dieselgetriebene, hochseetüchtige U-Boote gebaut. Insgesamt sollte nach den Ergänzungen des Flottenbauprogramms der Schiffsbestand der K. M. bis 1917 auf 41 Linienschiffe, 20 Panzer- bzw. Schlachtkreuzer (davon 8 für den Auslandsdienst), 40 Kleine Kreuzer (davon 10 für den Auslandsdienst), 144 Torpedoboote und 54 U-Boote anwachsen.

Infolge des sprunghaften Flottenbaus rückte die deutsche Flotte von 1897 bis 1914 auf die zweite Stelle hinter die britische. In derselben Zeit erhöhte sich ihr Personalbestand von ca. 17000 auf 161500 Mann bei Kriegsbeginn. Die Flotte gliederte sich bei Kriegsbeginn 1914 in die Hochseeflotte (aktives Gros der Flotte und Reserveflotte) und die Auslandsflotte (Ostasiatisches Kreuzergeschwader und Stationskreuzer sowie 1912 gebildete Mittelmeerdivision). Gegenüber den britischen Schiffen waren die deutschen im allgemeinen hinsichtlich Geschützkaliber, Geschwindigkeit und Fahrbereich unterlegen. Dagegen verfügten sie, wie sich später zeigte, über höhere Standfestigkeit und Sinksicherheit.

Während des ersten imperialistischen Weltkrieges (→ *Weltkrieg, erster, 1914–1918*) ergaben sich Aufgaben, Rolle und Möglichkeiten der K. M. wesentlich aus dem allgemeinen Kräfteverhältnis sowie aus der Entwicklung der Gesamtkriegslage, die hauptsächlich auf den Landkriegsschauplätzen entschieden wurde. Mit dem Scheitern des Blitzkriegs zu Lande und der wachsenden Kriegsdauer gewann der Kampf auf den überseeischen Zufuhrwegen an Bedeutung, trat die enge Verbindung von See- und Wirtschaftskrieg zutage. Dabei konnte sich der Hauptgegner zur See, Großbritannien, auf ein Übergewicht an Kriegsschiffen von etwa 3:2 und weitaus günstigere militärgeographische Bedingungen stützen. Das Kräfteverhältnis, bei Großkampfschiffen (Linienschiffen) anfangs 21 britische gegen 15 deutsche, veränderte sich im Verlauf des Krieges noch mehr zugunsten Großbritanniens. Die deutsche Hochseeflotte war in der Nordsee praktisch lahmgelegt. Versuche, durch gelegentliche Flottenvorstöße einen Kräfteausgleich herbeizuführen und die britische Flotte weitab von deren Stützpunkten zur Entscheidungsschlacht zu veranlassen, mißlangen. Letztere konnte ihre Hauptaufgabe, die eigenen Seeverbindungen zu sichern und die deutschen zu blockieren, durch eine → *Blockade* auch in der Defensive erfüllen. Spätestens in der Seeschlacht am → *Skagerrak 1916* offenbarte sich das Fiasko der deutschen Seekriegsdoktrin. Auch der das Seekriegsgeschehen zunehmend bestimmende → *U-Boot-Krieg*, der mit fortschreitendem Kriegsverlauf immer rücksichtsloser geführt wurde, zwang Großbritannien nicht in die Knie, beschleunigte vielmehr den Kriegseintritt der USA. Die Wirkung des Kreuzerkrieges in den ausländischen Gewässern blieb aus Mangel an Stützpunkten und geeigneten Schiffen beschränkt. In der Ostsee wurden die Kampfhandlungen mit geringeren Kräften geführt. Dabei erlitt die K. M. vor allem durch Minen, später auch durch U-Boote Verluste. Einige größere Flottenaktionen dienten der Unterstützung der Heereskräfte im Baltikum (Herbst 1917) sowie der Niederwerfung der revolutionären Kräfte in Finnland (Frühjahr 1918).

Während des Krieges kam keine wirkliche Abstimmung zwischen → *Oberster Heeresleitung (OHL)* und Marineführung zustande. Der operative Einsatz der Flotte selbst litt unter den komplizierten Befehls- und Kommandoverhältnissen in der K. M. Erst im August 1918 wurde eine oberste Seekriegsleitung gebildet, an deren Spitze der Chef des Admiralstabes stand. Auch in der Baupolitik setzte sich lange Zeit keine klare Konzeption zugunsten bestimmter Schiffsklassen durch, jedoch zwang der Kriegsverlauf zur ständigen Ergänzung und Vergrößerung der U-Boot-Flotte, aber auch der für Geleit-, Vorposten- sowie Minensuch- und -räumdienste einsetzbaren Kräfte. Von 1914 bis 1918 stellte die K. M. bei den wichtigsten Schiffsklassen neu in Dienst: 7 Großkampfschiffe (5 Linienschiffe; 2 Schlachtkreuzer), 12 Kleine Kreuzer, 193 Torpedoboote, davon 108 Hochseeboote, und 293 U-Boote. In der selben Zeit verlor sie u. a. 1 Linienschiff, 1 Schlachtkreuzer, 6 Große bzw. Panzerkreuzer, 17 Kleine Kreuzer, 105 Torpedoboote (davon 36 Hochseeboote) sowie 34833 Offiziere und Mannschaften.

Das Offizierskorps der K. M. bildete einen Hort reaktionärer Gesinnung. Dagegen fand die Bewegung für eine revolutionäre Beendigung des Krieges unter den Mannschaften der Hochseeflotte breiten Widerhall (→ *revolutionäre Matrosenbewegung 1917/18*). Mit dem bewaffneten Aufstand der Matrosen in Kiel am 3. 11. 1918 begann die → *Novemberrevolution 1918/19*.

Gemäß den Waffenstillstandsbedingungen vom 11. 11. 1918 mußte Deutschland alle U-Boote an die Entente ausliefern. Der größte Teil der Überwasserstreitkräfte, darunter fast alle modernen Einheiten, wurden in der Bucht von Scapa Flow interniert, wo sie sich im Einverständnis mit den obersten Marinebehörden am 21. 6. 1919 selbst versenkten. Der Rest wurde bis auf eine kleinere Zahl älterer Schiffseinheiten den Siegermächten als Kriegsbeute übergeben oder abgewrackt. *(s. Abb. S. 10, 53, 145, 185, 515, 889, 891, 1006)*

Kaliber → *Geschütz*

Kaltwaffen: Sammelbezeichnung für Nahkampf- und Fernwaffen, bei denen die menschliche Muskelkraft direkt ausgenutzt oder technisch konzentriert wird.

Zu den K. gehören → *Stich- und Hiebwaffen*, → *Stangenwaffen*, → *Schlagwaffen* und mechanische Fernwaffen, wie → *Bogen* und → *Armbrust*. Meist werden auch die sog. Schutzwaffen, wie z. B. der → *Harnisch*, dazu gerechnet. K. waren von der Bronzezeit bis zum 17. Jh. die Hauptwaffen in den bewaffneten Kämpfen und Kriegen. Mit dem Fortschreiten der Produktivkräfte vor allem im Hüttenwesen und in der Metallverarbeitung sowie in Abhängigkeit von der jeweils vorherrschenden Kampfesweise machten die K. zahlreiche Veränderungen durch. Dabei blieben Konstruktion und Einsatz stets von der Kraft und Gewandtheit des Kriegers abhängig. Ein deutliches Beispiel dafür bildet die Entwicklung des → *Schwertes* vom Bronze- über das Eisen- bis zum Stahlschwert und vom Kurzschwert über das lange Ritterschwert bis zum ungefügen Bidenhänder, mit dem gleichzeitig eine Grenze hinsichtlich des möglichen physischen Kraftaufwandes des Kämpfers erreicht war.

Vorherrschende K. im Militärwesen des Altertums und des frühen Mittelalters waren Schwert und → *Dolch*, → *Spieß* bzw. Speer, Keule, → *Streitaxt*, Schleuder und Bogen. Auch Schutzwaffen, wie → *Helm*, → *Schild* und → *Panzerhemd*, waren teilweise bereits gebräuchlich. Charakteristisch für die Waffen dieser Zeit waren eine relativ unkomplizierte Technologie und die einfache Handhabung, die noch keinen großen Spezialisierungsgrad erforderte. Die mit der Entwicklung des Feudalismus verbundene weitgehende Ersetzung der Stammes- bzw. Volksaufgebote durch Berufskrieger führte zu einer stärkeren Profilierung des Einzelkämpfers und gab damit zugleich neue Impulse für die Waffentechnik. Die schwere Reiterei der → *Ritterheere*, die vom 12. bis 14. Jh. den Kern der Streitkräfte des Feudalismus bildete, war mit dem mit langer Klinge versehenen, aus Stahl gefertigten Ritterschwert, der langen und wuchtigen → *Lanze* sowie dem der Streitaxt eng verwandten Streitkolben bewaffnet. Der Ritter trug außerdem eine metallene Rüstung, die fast alle Körperteile bedeckte. Im dialektischen Widerstreit zwischen Schutzrüstung und eigentlicher Waffe erfuhren beide Elemente bedeutende Veränderungen. Besondere Schwertformen wie der Panzerstecher, Schlagwaffen wie der → *Morgenstern* und nicht zuletzt die Durchschlagskraft des mit der Armbrust verschossenen eisernen Bolzens zwangen zu immer stärkerer Schutzrüstung, die schließlich den ganzen Körper voll bedeckte und ihrerseits wieder auf die Waffenentwicklung zurückwirkte. Als mit dem wirtschaftlichen Erstarken des Städtebürgertums und der Ausbreitung der Ware-Geld-Beziehungen während des 14. und 15. Jh. die auf dem Lehnswesen fußende feudale Militärorganisation allmählich zu zerfallen begann, bildeten immer häufiger bewaffnete Bürger und Bauern die Fußkrieger. Sie kämpften in geschlossener Ordnung und entwickelten mit dem → *Gevierthaufen* eine überlegene taktische Formation. Langspieß, → *Hellebarde* und Armbrust waren im Masseneinsatz äußerst wirksame Waffen gegen die Ritter, die sich ihrerseits durch noch stärkere Panzerung zu schützen suchten.

Seit dem letzten Jahrzehnt des 15. Jh. zeichneten sich mit der Herausbildung großer Söldnerheere neue Tendenzen in der Entwicklung der K. ab. Die in Deutschland als Landsknechte bezeichneten Söldner übernahmen die militärischen Neuerungen der Städtebürger und Bauern und entwickelten sie weiter. Als charakteristische K. traten im 15. und 16. Jh. neben dem Landsknechtsschwert (Anderthalb- und Bidenhänder) die → *Partisane* und die → *Pike* in Erscheinung. An die Stelle der schweren Reiterei der Ritterheere trat die leichter gerüstete, beweglichere Söldnerkavallerie, die zumeist mit der Lanze und mit dem → *Degen* bewaffnet war, der sich auch beim Fußvolk immer mehr durchsetzte. In zunehmendem Maße wirkten sich die Einführung und Verbesserung der Feuerwaffen auf Organisation, Bewaffnung und Taktik der Söldnerheere aus. Im 16. und 17. Jh. erhielten die K., speziell der Degen, beim Fußvolk immer mehr die Funktion von Zweitwaffen, die neben den stark verbesserten → *Handfeuerwaffen* häufig als → *Seitengewehr* getragen wurden. Ausgang des 17. Jh. machte die allgemeine Einführung des aufsteckbaren → *Bajonetts* auch die letzte vom Fußvolk geführte Stangenwaffe, die Pike, überflüssig. Seither behaupteten sich von den K. im wesentlichen nur noch einige Hieb- und Stichwaffen im Militärwesen, so der Degen und der schwerere → *Pallasch*, der → *Säbel*, die Lanze und das Bajonett. Bestimmte Teile früherer Schutzwaffen blieben erhalten, so der Harnisch der → *Kürassiere* oder der im ersten Weltkrieg getragene Sappenpanzer. Verschiedene K. werden heute noch als Traditions-, Prunk- oder Ehrenwaffen geführt. *(s. Abb. S. 24, 129, 154, 292, 649, 759, 846, 864, 865, 876, 941, 947, 951–953)*

Kampfbund gegen den Faschismus → *proletarischer Selbstschutz*

Kampfgruppen der Arbeiterklasse: 1953 auf Initiative der SED gebildete und von ihr geführte bewaffnete Organe der Arbeiterklasse zum Schutz der sozialistischen Betriebe und Einrichtungen.

Aus dem Kampf zur Zerschlagung des konterrevolutionären Putschversuches 1953 zog die SED weitreichende Schlußfolgerungen zur Stärkung des bewaffneten Schutzes der DDR. Bestandteil der ergriffenen Maßnahmen war die Bildung der Kampfgruppen. Mit deren Aufbau wurde auf Initiative der Partei noch im Juni 1953 begonnen. Dabei nutzte die Partei die revolutionären Traditionen früherer proletarischer Schutz- und Wehrorganisationen, darunter des → *Roten Frontkämpferbundes (RFB).* Unter den Arbeitern, die sich unmittelbar in die Kampfgruppen einreihten, waren viele erfahrene und erprobte Kämpfer gegen Imperialismus, Faschismus und Krieg. Dank einer intensiven Überzeugungsarbeit durch die Partei gelang es innerhalb weniger Monate, Kampfgruppen in allen wichtigen volkseigenen Betrieben, in staatlichen und wirtschaftlichen Institutionen sowie landwirtschaftlichen Produktionsgenossenschaften zu bilden. Der Eintritt erfolgte auf der Grundlage der Freiwilligkeit. Außer Mitgliedern und Kandidaten der SED wurden auch parteilose Arbeiter und andere Werktätige aufgenommen, die damit ihre Verbundenheit mit der Partei der Arbeiterklasse und dem sozialistischen Staat bekundeten. 1955 wurden Hundertschaften gebildet, die sich in Züge und in Gruppen gliederten. Die Ausbildung fand in der Regel außerhalb der Arbeitszeit statt. Schrittweise wurden die Formationen mit Handfeuerwaffen ausgerüstet. Die Ausbildung sowie die materielle Sicherstellung der Kampfgruppen wurden 1955 in die Verantwortung der Volkspolizeikreisämter gelegt. Diese Maßnahmen sowie eine gleichzeitig erlassene Dienstordnung und die Einführung eines einheitlichen Ausbildungsprogramms trugen wesentlich dazu bei, die Kampfgruppen zu einem wirksamen Schutzorgan der Arbeiter-und-Bauern-Macht zu entwickeln.

Erste Kampfgruppenformationen in den Leuna-Werken, 1954

Als der Imperialismus im Sommer und Herbst 1956 seine konterrevolutionäre Wühlarbeit auch gegen die DDR erneut verstärkte und die internationale Lage gefährlich zuspitzte, machte nicht zuletzt das entschlossene Auftreten der Kampfgruppenformationen, die im September/Oktober 1956 in Berlin und anderen Städten der DDR zusammengefaßt wurden und im größeren Maßstab Einsatzübungen durchführten, alle Hoffnungen der imperialistischen Provokateure und Diversanten zunichte. Die Lehren aus den Ereignissen des Jahres 1956 – insbesondere aus dem konterrevolutionären Putsch Ende Oktober in der Ungarischen VR – berücksichtigend, verstärkten die Parteiorganisationen ihre Anstrengungen zur klassenmäßigen Erziehung der Kämpfer. Auf Beschluß der Parteiführung wurde am 10. 5. 1957 die Zentralschule für Kampfgruppen der Arbeiterklasse in Schmerwitz (Kreis Belzig) mit einem Lehrgang für Kommandeure von Hundertschaften eröffnet. Anläßlich ihres 10jährigen Bestehens wurde der Schule der Ehrenname «Ernst Thälmann» verliehen. Zur Unterstützung der Erziehung und Ausbildung wurde erstmals im Oktober 1957 die monatlich erscheinende Zeitung → *«Der Kämpfer»* vom ZK der SED herausgegeben. Mit Beginn des Ausbildungsjahres 1958 erhielten die Kampfgruppen neue Uniformen. Ihre Struktur, Ausbildung, Bewaffnung und Ausrüstung wurden verbessert. Dies versetzte sie in die Lage, selbständig oder im Zusammenwirken mit anderen Schutz- und Sicherheitsorganen der DDR den Kampf auch gegen größere Terroristen- oder Diversantengruppen, wie sie vom Gegner aus der Luft abgesetzt werden könnten, erfolgreich zu führen. Die Partei richtete ihr Hauptaugenmerk in der Erziehung und Ausbildung darauf, das Handeln der Kämpfer politisch zu motivieren und sie zu hohen Leistungen anzuspornen. Dabei nahm die Pflege der revolutionären Traditionen der Arbeiterbewegung, insbesondere die Verleihung von Namen antifaschistischer Widerstandskämpfer an verdiente Einheiten, einen wichtigen Platz ein. Große Bedeutung in der Erziehung der Kämpfer erlangte das vom Politbüro des ZK der SED im Mai 1959 beschlossene Gelöbnis. Es wurde zum ersten Male am Vorabend des 10. Jahrestages der Gründung der DDR abgelegt. Seitdem ist es Tradition, daß die neu aufgenommenen Kämpfer jeweils am Vorabend des 1. Mai und des Gründungstages der DDR in einem feierlichen Zeremoniell ihr Treuebekenntnis zur SED und zur DDR abgeben und sich verpflichten, ihren Dienst auf der Grundlage der Beschlüsse der SED gewissenhaft und diszipliniert zu versehen. Gemeinsam mit Einheiten und Verbänden

Kampfgruppen bei der Sicherung der Staatsgrenze der DDR zu Westberlin, August 1961

Angehöriger der Kampfgruppen der Arbeiterklasse

der NVA und anderen bewaffneten Organen bestanden die Kampfgruppen ihre Bewährungsprobe bei der → *Sicherung der Staatsgrenzen der DDR 1961.* Am Brandenburger Tor wie auch an anderen Abschnitten der bislang offenen Grenze zu Westberlin bildeten Angehörige der Kampfgruppen einen lebendigen Schutzwall, an dem es für die aggressiven imperialistischen Kräfte kein Durchkommen mehr gab. Die Regierung der DDR würdigte den großen Beitrag der Kampfgruppen zur zuverlässigen Gewährleistung der Souveränität der DDR und zur Sicherung des Friedens in Europa. Mit der vom Ministerrat gestifteten «Verdienstmedaille der Kampfgruppen der Arbeiterklasse» wurden erstmals am 1. 5. 1962 mehr als 3000 Kämpfer ausgezeichnet. Als weitere staatliche Auszeichnungen wurden gestiftet: die «Medaille für ausgezeichnete Leistungen in den Kampfgruppen der Arbeiterklasse» und die «Medaille für treue Dienste in den Kampfgruppen der Arbeiterklasse».

Als wichtige Triebkraft für die Vervollkommnung der Tätigkeit der Kampfgruppen in den 60er Jahren erwies sich der sozialistische Wettbewerb. In einer speziellen Richtlinie des ZK der SED von 1964 für die Führung des Wettbewerbs in den Kampfgruppen waren Festlegungen für die Auszeichnung mit dem Titel «Bester» und «Bestes Kollektiv» enthalten. Hohe Anforderungen verbinden sich mit dem «Schießabzeichen der Kampfgruppen der Arbeiterklasse», das ab 1975 in drei Stufen verliehen wird. Im gleichen Jahr erfolgte der Übergang zu einer nunmehr zweijährigen Ausbildungsperiode, verbunden mit der Einführung neuer Ausbildungsprogramme. Die Zuführung weiterer Bewaffnung und Ausrü-

«Verdienstmedaille der Kampfgruppen der Arbeiterklasse» in Bronze; seit 1961 ohne Stufen, ab 1978 in 3 Stufen

Kämpfer des Kampfgruppenbataillons «Erwin Panndorf» bei der Abschlußübung, 1978

stung erhöhte die Einsatzmöglichkeiten der Einheiten. Ausdruck dessen war ihre Bewährung in Übungen, die zum Abschluß der Ausbildungsjahre durchgeführt wurden. Formationen der Kampfgruppen waren erfolgreich im Rahmen des Manövers → *«Waffenbrüderschaft» 1970* eingesetzt, wobei sie u. a. Aufgaben bei der Bekämpfung von abgesetzten Luftlandeeinheiten in der Tiefe der Verteidigung zu lösen hatten.

Angesichts der wachsenden Aggressionsbereitschaft des Imperialismus, seiner offenen und versteckten konterrevolutionären Machenschaften wurden die Kampfgruppen auch in der Folgezeit ihrer Verantwortung als Bestandteil der → *Landesverteidigung der DDR* stets gerecht. Davon zeugen nicht zuletzt die Spartakiaden der Kampfgruppen, die eindrucksvoll die Kampfkraft der bewaffneten Formationen der Arbeiterklasse widerspiegeln.

Kampforden «Für Verdienste um Volk und Vaterland»: staatliche → *Auszeichnung* in der DDR für hervorragende Leistungen und Verdienste bei der Erhöhung der Kampfkraft und Gefechtsbereitschaft der NVA, beim Schutz der Staatsgrenze und der Stärkung der sozialistischen Landesverteidigung.

Der Orden wurde am 17. 2. 1966 in 3 Stufen (Bronze, Silber, Gold) gestiftet. Er hat die Form eines Fünfecks und ist bronzefarben, versilbert oder vergoldet. Der größte Durchmesser beträgt 40 mm. Auf der Vorderseite ist erhaben ein glatter Stern mit 5 Zacken geprägt. In der Mitte des Sterns befindet sich eine rot emaillierte geschliffene Rundfläche mit dem Staatswappen der DDR, umgeben mit den Worten «Für den Schutz der Arbeiter-und-Bauern-Macht» und 2 Lorbeerzweigen. Die Rundfläche wird mit 1 mm breitem weiß emailliertem Rand abgeschlossen. Die Flächen zwischen den Zacken des Sterns sowie die Rückseite der Medaille sind gehämmert. Der Orden wird an einer 5eckigen, mit goldfarbenem Band bezogenen Spange getragen. Im Band sind 3 weinrote Längsstreifen (Breite je 3,5 mm) eingewebt. Die Interimsspange ist rechteckig und hat dasselbe Band. Auf ihr sind in Miniaturausführung 2 bronzefarbene, versilberte oder vergoldete gekreuzte Dolche, mit der Spitze nach oben zeigend, aufgesetzt. Der Orden wird an Angehörige, Kollektive, Verbände, Truppenteile bzw. Einrichtungen der NVA und anderer bewaffneter Organe sowie an Zivilpersonen und -kollektive durch den Minister für Nationale Verteidigung verliehen und auf der linken Brustseite getragen. *(s. Abb. S. 56)*

Kanone: ursprünglich Bezeichnung für ein Feldgeschütz (→ *Geschütz*), später ein langrohriges, weitreichendes Flachfeuergeschütz, das sowohl bei der → *Artillerie* (Erdartillerie, → *Schiffsartillerie*, → *Flakartillerie*) als auch zur Flugzeug- und Panzerbewaffnung verwendet wird.

Aus dem Italienischen stammend, wurde die Bezeichnung K. (canon) zuerst in Frankreich im 15. Jh. für eine bestimmte Geschützart angewandt, ehe sie im 17. Jh. auch in den deutschen Sprachgebrauch einging, wo sie sich allmählich als Gattungsbegriff für Flachfeuergeschütze einbürgerte. Die Rohre der K. waren anfangs aus Schmiedeeisen, dann aus Bronze. An ihrem Ende befand sich der Pulversack oder die Kammer. Die K.rohre wurden zuerst meist auf eine grobe Unterlage von dafür zubereiteten Balken gelegt. Mit Räderlafette und technisch verbessert, entwickelte sich die K. zu einer spezifischen Geschützart der Feld- und Schiffsartillerie für Flachfeuer. Seit dem 18. Jh. wurde z. B. in der Geschützausstattung und Organisation der preußischen Feldartillerie zwischen K. und → *Haubitzen* unterschieden. Bis zur Mitte des 19. Jh. überwogen bei den K. 6- und 12pfünder. Sie verschossen Vollkugeln aus Gußeisen und → *Kartätschen*, später auch → *Schrapnells*. Die Masse der Vollkugel lag bei 2,8 bzw. 5,6 kg. Die größte Schußentfernung dieser glatten → *Vorderlader* betrug bei Vollkugeln ca. 1200 m, die wirksamste 600 m und weniger.

Tiefgreifende Veränderungen vollzogen sich bei der Artillerie, darunter den K., in der zweiten Hälfte des 19. Jh. und im Jahrzehnt vor dem ersten Weltkrieg. Die Verwendung von Gußstahl für die K.fertigung, der Übergang zu gezogenen → *Hinterladern*, die Einführung des Rohrrücklaufs und anderer Neuerungen erhöhten die Schußweite und Wirksamkeit der K. beträchtlich. In dem Bestreben, ein günstiges Verhältnis zwischen Wirksamkeit, Masse des Geschützes und Beweglichkeit zu erreichen, bildeten sich bis zum Beginn des 20. Jh. fast überall 2 Kaliberbereiche heraus: K. mit einem Kaliber von 75 bis 77 mm und einem Kaliber zwischen 100 und 155 mm. Vor und während des ersten Weltkrieges wurden Anstrengungen unternommen, um die Kaliber zu erhöhen, die Schußweiten durch Steigerung der Anfangsgeschwindigkeit der Geschosse, Ausdehnung des Höhenrichtbereichs und durch Entwicklung neuer Geschoßarten zu vergrößern, zugleich aber auch einen breiteren Seitenrichtbereich zu erreichen. Ein Ergebnis war, daß die Höchstschußweiten von Anfang des 20. Jh. bis zum Ende des ersten Weltkrieges bei den K. von 75 bis 77 mm von 5 bis 7 km auf 11 km, bei den K. von 100 bis 155 mm von 10 km auf über 16 km anwuchsen. Im Verlauf des Krieges wurden auch spezielle K. für die Fliegerabwehr und die Panzerabwehr (→ *Panzerabwehrmittel*) entwickelt. Die Streitkräfte des deutschen Imperialismus setzten außerdem einige überschwere Sondergeschütze ein, so die 209-mm-K. L/162 (sog. Paris-Geschütz), mit dem 1918 die französische Hauptstadt auf eine Entfernung bis zu 132 km beschossen wurde.

Der vor und im ersten Weltkrieg sichtbare Trend

in der Entwicklung der K. setzte sich in der Folgezeit und besonders während des zweiten Weltkrieges fort. Die Anfangsgeschwindigkeiten erhöhten sich bis Kriegsende um 20–25 %, der Richtbereich, besonders nach der Seite, wurde ebenfalls vergrößert. Neue Geschoßarten wurden, den unterschiedlichen Zielen angepaßt, entwickelt. Eine Besonderheit bestand darin, daß der Anteil der leichten Feld-K. bei der Erdartillerie zurückging, der der Feldhaubitzen sich erhöhte. Zugleich wurden K.haubitzen, die in sich Eigenschaften der K. und Haubitze vereinigten und als Flach- wie Steilfeuergeschütz Verwendung fanden, verstärkt in die Armeen eingeführt. Panzerabwehr-K. und Fliegerabwehr-K. nahmen eine schnelle Entwicklung. Vor allem aber erhöhte sich die Beweglichkeit. Wurden im ersten Weltkrieg als Zugmittel noch vorwiegend Pferde verwendet, waren im zweiten Weltkrieg die Zugmaschine und die → *Selbstfahrlafette (SFL)* das Typische. Die faschistische Wehrmacht besaß im zweiten Weltkrieg Modelle, die im wesentlichen in den 20er Jahren entwickelt, in den 30er Jahren eingeführt und während des Krieges zum Teil verbessert wurden. Neuentwicklungen waren unbedeutend. Zu den verbesserten Modellen gehörten die 105-mm-K. M 18 und die 88-mm-Flak 18. Mit der 149-mm-K. M 18 und der 173-mm-K. M 18 in Mörserlafette zählten sie zur Standardbewaffnung der Wehrmacht. An schweren K. waren außerdem 283-mm-K. sowie K. österreichischer und tschechoslowakischer Produktion eingeführt worden. Neben diesen durch Kraftzug in mehreren Lasten fortbewegten Geschützen wurde auch eine Reihe von Eisenbahn-K. entwickelt und eingesetzt; die meisten hatten ein Kaliber von 238 und 283 mm. Wie schon im ersten Weltkrieg brachte die deutsche militärische Führung auch im zweiten Weltkrieg überschwere Sondergeschütze zum Einsatz, z. B. gegen Sewastopol die 800-mm-Eisenbahn-K. «Dora». Sie wog in Feuerstellung 1 350 t, hatte eine Höchstschußweite von 47 km und konnte 3 Schuß/h abfeuern. Zu ihrer Bedienung waren 500 Mann erforderlich. Dabei standen auch jetzt Aufwand für Herstellung und Einsatz und die erzielte Wirkung in keinem Verhältnis.

Seit dem zweiten Weltkrieg haben sich die K. vor allem als Mittel der Panzerabwehr und der Begleitung der Infanterie bzw. mot. Schützentruppen entwickelt, wofür ihre Beweglichkeit durch Eigenantrieb und Selbstfahrlafetten erhöht wurde. K. großen Kalibers entstanden, die auch als Einsatzmittel für Kernwaffen verwendet werden können. Die Anfangsgeschwindigkeit der Geschosse erreicht 600–1 000 m/s und die Schußweite großkalibriger K. über 40 km. Bei Kalibern bis 100 mm ist die → *Munition* patroniert. Durch Anwendung halbautomati-

Taktisch-technische Daten von Kanonen der Erdartillerie im ersten Weltkrieg

Land Modell	Kaliber mm	Rohrlänge Kaliber	Masse in Feuerstellung kg	V_0 m/s	max. Schußweite km	Richtbereich Seite Grad	Richtbereich Höhe Grad	Masse des Geschosses kg	Zugkraft
Feldkanonen unter 100 mm									
Deutschland									
M 96 n. A.	77	27,3	925	465	7,8	8	− 13 + 15	6,85	Pferde
Frankreich									
M 97	75	36,0	1 160	529/550[1]	8,5/11,2[1]	6	− 11 + 18	7,24/7,98[1]	Pferde/mot.
Großbritannien									
M 04	76,2	24,4	998	518	7,0	8	− 5 + 16	5,90	Pferde
M 03	83,8	29,4	1 280	491	8,7	8	− 5 + 16	8,40	Pferde
Rußland									
M 02	76,2	30,0	1 040	593/588[1]	6,6/8,75[1]	5,5	− 6 + 17	6,58/7,45[1]	
Feldkanonen 105–155 mm									
Deutschland									
M 17	105,2	45,0	3 200	650	14,1/16,5[1]	6	− 2 + 45	18,75	Pferde
M 16	149,3	42,7	10 140	749	22,8	8	− 3 + 42	52,50	mot.
Frankreich									
M 13	105	28,4	2 300	550	12,7	6	− 0 + 37	16,00	Pferde/mot.
M 17	155	38,2	10 750	bis 735	bis 18,8	60	− 0 + 35	ca. 44,00	mot.
Großbritannien									
M 04	127	33,6	4 471	634	13,8	8	− 5 + 21,5	27,20	Pferde/mot.
Rußland									
M 77	106,7	35,0	2 690	518	9,6	37[2]	− 6 + 40	ca. 16,00	Pferde
M 04	152,4	30,0	5 437	623/600	bis 11,0	80[2]	− 3,5 + 40,5	40/41,10	Pferde/mot.

1 neues Geschoß 2 mit Bettung

Taktisch-technische Daten von Kanonen der Erdartillerie im zweiten Weltkrieg

Land Modell	Kaliber mm	Rohrlänge Kaliber	Masse in Feuerstellung kg	V_0 m/s	max. Schußweite km	Richtbereich Seite Grad	Richtbereich Höhe Grad	Masse des Geschosses kg	Zugkraft
Feldkanonen und Kanonenhaubitzen unter 100 mm									
Deutschland									
M 38	75	34,0	1380	580	11,3	55	−5 +45	–	Pferde/mot.
Frankreich									
M 27[1]	85	34,8	1970	675	15,0	54	−6 +65	10,0	mot.
Großbritannien									
MK II[1]	87,6	28,3	1742	530	12,2	360	−5 +42	11,34	mot.
UdSSR									
M 42	76,2	42,6	1116	680	13,3	54	−5 +37	6,2	mot.
Feldkanonen und Kanonenhaubitzen 105–155 mm									
Deutschland									
M 18	105	52,0	5542	835	19,07	60	−0 +45	15,14	Pferde/mot.
M 18	149,1	55,0	12460	865	24,8	11	−2 +45	43,0	mot.
Frankreich									
M 36	105	37,6	3920	725	16,0	50	−0 +47,8	15,7	Pferde/mot.
M 32	155	50,0	16400	900	26,0	360	−8 +45	50,0	mot.
Großbritannien									
MK II	114,3	43	5262	693	18,8	60	−5 +45	24,95	mot.
MK IV[1]	139,7	31,2	5838	511/594[2]	14,6/16,6[2]	60	−5 +45	45,4/37,2[2]	mot.
UdSSR									
M 31/37	121,9	46,3	7117	800	20,4	58	−2 +65	25,0	mot.
M 37[1]	152,4	29	7128	655	17,2	58	−2° +65	43,56	mot.

1 Kanonenhaubitze 2 schweres/leichtes Geschoß

scher und vollautomatischer Verschlüsse hat sich die Feuergeschwindigkeit bedeutend erhöht. Im sozialistischen Militärwesen wird als K. der Erdartillerie ein Flachfeuergeschütz mit einer Rohrerhöhung bis +40° und einer Rohrlänge von über 30 bis 70 Kalibern bezeichnet.

Die NVA der DDR verfügt, wie auch die anderen Armeen der Warschauer Verteidigungsgemeinschaft, über moderne, leistungsfähige K. sowjetischer Produktion. *(s. Abb. S. 32, 33, 35, 37, 39, 41, 43–45)*

Kanonenboot: Klasse der leichten Überwasserkräfte (→ *Seestreitkräfte*) für Gefechtshandlungen vorwiegend im Küstenvorfeld sowie auf größeren Binnengewässern.

Als K. wurden bereits im 17. und 18. Jh. kleinere, flachgehende, teilweise mit Hilfsbesegelung versehene Ruderfahrzeuge mit 1–3 mittleren bzw. leichten Kanonen (Ruder-K.) bezeichnet. Sie waren besonders in den Flotten der Ostseeanliegerstaaten zahlreich vertreten. Unter den deutschen Staaten verfügten die brandenburgische, die preußische sowie die 1848–1851 bestehende schleswig-holsteinische Marine über Ruder-K. Mit der Durchsetzung des Dampfantriebs im Kriegsschiffbau wurden von fast allen Seemächten Dampf-K. unterschiedlicher Größe gebaut und zum Küstenschutz, auf Flüssen (Fluß-K.), teilweise auch in überseeischen Küstengewässern eingesetzt. Je nach Verwendungszweck hatten die Dampf-K. eine Wasserverdrängung von 250 bis 500 t und eine Bewaffnung von 2 bis 4 Geschützen mittleren Kalibers. Gegen Ende des 19. Jh. wurden in verschiedenen Ländern, darunter auch Deutschland, Panzer-K. für den Küstenschutz gebaut, die bei etwa 1000 t Wasserverdrängung mit 1–2 schweren Geschützen armiert waren. In der deutschen → *Kaiserlichen Marine* wurden hochseetüchtige K. vor allem zur Sicherung kolonialer Interessen und zur Unterdrückung antikolonialer Bewegungen eingesetzt. Charakteristisch für die moderneren Vertreter dieser Schiffsklasse war das 1898 in Dienst gestellte und 1900 an der → *Intervention in China 1900/01* beteiligte K. «Iltis» mit 1048 t Wasserverdrängung, 1418 PS Maschinenleistung, 14 kn Geschwindigkeit, einer Bewaffnung von 4 88-mm-Schiffskanonen und 6 37-mm-Maschinenkanonen sowie einer Besatzung von 130 Mann. K. wurden auch zur Demonstration eigener Machtinteressen gegenüber anderen imperialistischen Staaten verwendet. Berüchtigt ist die Entsendung des deutschen K. «Panther» im Mai 1911 nach dem marokkanischen Hafen Agadir, der sog. Panthersprung, der in der zweiten Marokkokrise scharfe Konflikte vor allem mit Frankreich heraufbeschwor. Seit der Jahrhundertwende fanden anstelle der größeren, hochseetüchtigen K. zunehmend Kleine Kreuzer (→ *Kreuzer*) Verwendung. Die Seestreitkräfte des deutschen Imperialismus verfügten seit dem Ende des ersten Weltkrieges nicht mehr über K. Dagegen fand diese Schiffsklasse bei vielen anderen, vor allem kleineren Seemächten noch bis zum Ende des zweiten Weltkrieges zum Fluß- und Küstenschutz sowie zur Geleitsicherung (→ *Geleitzug*) Verwendung. *(s. Abb. S. 891)*

Kanoniere: Bezeichnung für Angehörige einer Geschützbedienung und zeitweilig unterster Dienstgrad für Soldaten der → *Artillerie.*

Nachdem die Artillerie sich bis zur Wende des 17./18. Jh. zur Waffengattung der Landstreitkräfte entwickelt hatte, galten auch ihre Angehörigen als reguläre Soldaten. An die Stelle der zahlreichen Funktionsbezeichnungen des früheren Artilleriewesens trat in den Armeen des Deutschen Bundes und des Deutschen Reiches die einheitliche Benennung K. An sie wurden höhere geistige und körperliche Anforderungen gestellt als an die Angehörigen anderer Waffengattungen. Diesem Erfordernis dienten eine entsprechende Auswahl bei der Musterung der Rekruten (bevorzugt wurden technische Berufe) sowie spezielle Trainingsmethoden in der Ausbildung.

Unter den K. einer Geschützbedienung waren die zu lösenden Aufgaben genau festgelegt und aufgeteilt. Der Richt-K. war für das Einstellen des Geschützes nach Richtung und Erhöhung verantwortlich. In Abwesenheit des Geschützführers übernahm er dessen Aufgaben. Der Verschluß-K. sorgte für das Funktionieren des Verschlusses sowie die Sauberkeit des Rohrinnern und übertrug bei vielen Systemen den Höhenwinkel auf das Rohr. Der Lade-K. führte Geschoß und Treibladung in den Laderaum des Rohres ein. Zünder-, Munitions- und Ladungs-K. waren gemeinsam für das Vorbereiten der Munition zum Schießen und die richtige Übergabe an den Lade-K. verantwortlich. Später wurden die Funktionen der K. mit Nummern bezeichnet (K. 1, K. 2 usw.). Die Funktionsverteilung der K. blieb, abhängig von Geschützart, bei der konventionellen Artillerie im Prinzip bis in die heutige Zeit bestehen. Es wird jedoch eine gegenseitige Ersetzbarkeit der einzelnen K. angestrebt. Vom Jahre 1919 an war K. zugleich die Bezeichnung für den untersten Rang des Soldaten bei der Artillerie.

Richtkanonier vom Mecklenburg-Schweriner Feldartillerieregiment Nr. 60, 1914

In der NVA der DDR war K. zunächst ebenfalls eine Funktions- und Dienstgradbezeichnung. Mit der Dienstlaufbahnordnung vom 10. 12. 1970 wurde der Dienstgrad K. durch Soldat ersetzt. *(s. Abb. S. 36, 999, 1005)*

Kantonsystem: Form des Heeresersatzes in Preußen vom 18. bis Anfang des 19. Jh., bei der ein Regiment einen Aushebungsbezirk (Kanton) zugewiesen erhielt.

Das K. wurde notwendig, weil bei der ständigen Vergrößerung der preußischen Armee die Rekrutierung von Soldaten immer schwieriger und die Werbung in nichtpreußischen Gebieten immer teurer geworden war. Zugleich brachte die Entnahme großer Teile des Ersatzes aus einem festen Bezirk dem Regiments- bzw. Kompamechef wirtschaftliche Vorteile (→ *Kompaniewirtschaft*), erhöhte die Zuverlässigkeit der Armee und schuf günstigere Bedingungen zur Mobilisierung der Beurlaubten im Kriegsfall.

Erstmals bestimmte ein Reglement aus dem Jahre 1693 die Eintragung einer gewissen Zahl für den Armeedienst vorgesehener Einwohner in Listen (Enrolierung). Nach verschiedenen Änderungen wurden ab 1726 alle männlichen Einwohner auf diese Weise erfaßt und erste Kantone, wenn auch noch ohne feste Grenzen, festgelegt. Um die zahllosen Kompetenzstreitigkeiten zwischen den einzelnen Regimentern zu beseitigen, erhielt jedes Infanterieregiment durch Kabinettsorder vom 1. 5. 1733 sowie vom 18. 5. 1733 und 15. 9. 1733 einen «Enrolierungskanton» mit ca. 5000, jedes Kavallerieregiment einen Kanton mit ca. 1800 Feuerstellen, jede Kompanie einen Distrikt (7–10 Dörfer), aus dem sie jährlich 3–4 Kantonisten einziehen durfte. Später erhöhte sich mit Vergrößerung der Regimenter die Zahl der Feuerstellen bis auf 8000. Seit 1733 waren in Preußen freie Werbung und gegenseitige Entziehung von Rekruten verboten. Im rheinisch-westfälischen Gebiet wurde die Einteilung in Kantone erst am 30. 10. 1735 eingeführt, das K. konnte dort aber wegen des Widerstandes von Bürgertum und Adel nie voll durchgesetzt werden. Die Registrierung der Kantonisten oblag zuerst den Pfarrern, später Offizieren. Die Kantonisten unterstanden der Militärgerichtsbarkeit, besaßen einen Militärpaß und durften ohne Erlaubnis nicht außer Landes gehen und heiraten. Die Verpflichtung zum Armeedienst betraf vor allem die werktätige Bevölkerung, die Dienstpflicht betrug bis zu 20 Jahre. Von ihr ausgenommen (eximiert) waren z. B. der Adel, Beamte, Gelehrte, Künstler, Offizierssöhne, Söhne von Pfarrern, die Theologie studierten, Grundbesitzer sowie Bürger mit 10000 (später 6000) Talern Vermögen. Im Laufe des 18. Jh. wurden aus ökonomischen Interessen immer mehr Berufe vom Militärdienst befreit, beispielsweise Tuchmacher. Auch Städte und sogar Provinzen wurden bei Zahlung von Ablösungsgeldern vom Militärdienst ausgeschlossen. Inoffiziell gab es auch die Stellvertretung. Da sich viele Enrolierte durch Flucht dem Militärdienst entzogen, sprach man von «unsicheren Kantonisten». Seit 1763 vollzog sich die Aushebung zunehmend unter Mitwirkung von Zivilbehörden, den Land- und Steuerräten, auf der Grundlage von Instruktionen. Durch Maßnahmen im Rahmen der → *Militärreformen in Preußen 1807–1815* und die Aufhebung der Exemtionen im Februar 1813 hörte das K. de facto auf zu bestehen.

Kapitän: ursprünglich Befehlshaber in Heer und Marine, seit dem 19. Jh. – mit dem Zusatz «zur See» – dienstgradhöchster → *Stabsoffizier* in den deutschen Seestreitkräften, auch in der Volksmarine der NVA.

Schon im Mittelalter war die Bezeichnung Capitaneus für den Befehlshaber der bewaffneten Kräfte einer Stadt oder eines größeren Gebietes gebräuchlich. Später, nach Aufkommen der stehenden Heere, war K. zeitweilig eine Dienstgradbezeichnung in den Landstreitkräften anstelle → *Hauptmann*, so in den süddeutschen Staaten vom Ende des 17. Jh. bis Anfang des 18. Jh., in den norddeutschen Staaten bis zum 19. Jh.

Auf Kriegsschiffen war der K. der militärische Befehlshaber im Unterschied zum eigentlichen Schiffsführer, dem Schiffer, der jedoch häufig ebenfalls als K. bezeichnet wurde. Als mit der Entwicklung stehender Flotten Ende des 17. Jh. und eines Systems von Dienstgraden zu Beginn des 18. Jh. ein einheitliches Seeoffizierskorps entstand, bildeten sich entsprechend den für die Kriegsflotten der damaligen Zeit typischen Schiffsklassen (→ *Linienschiff*, → *Fregatte*, → *Korvette*) verschiedene Stabsoffiziersdienstgrade in den Seestreitkräften heraus. Der K. war dabei in der Regel Kommandant eines großen Kriegsschiffs (Segel-, später Dampflinienschiff), Befehlshaber eines Verbandes kleinerer Schiffseinheiten bzw. leitender Offizier in größeren Verbands- und Flottenstäben. In der preußischen und späteren → *Kaiserlichen Marine* gab es seit Mitte des 19. Jh. die Dienstgrade K. mit dem Zusatz «zur See» (im Range → *Oberst*) und Korvetten-K. (im Range → *Major*). 1898 wurde der Korvetten-K. mit Oberstleutnantrang eingeführt, der 1899 die Bezeichnung Fregatten-K. erhielt. K. z. S., Fregatten-K. und Korvetten-K. wurden seitdem in den Marinen der deutschen Staaten zur traditionellen Bezeichnung für die Stabsoffiziersdienstgrade.

In der Volksmarine der NVA ist der K. z. S. in der Regel Verbandskommandeur von Schiffen oder Booten, Kommandeur oder Inhaber einer höheren Dienststellung im Stabsdienst. Fregatten- und Korvetten-K. bekleiden entsprechend niedrigere Dienststellungen. *(s. Abb. S. 144, 145, 147)*

Kapitänleutnant: im 17. und 18. Jh. Stellvertreter des → *Kapitäns* bzw. → *Hauptmanns*, seit dem 19. Jh. Offiziersdienstgrad in den Seestreitkräften zwischen den Dienstgradgruppen Leutnante und Stabsoffiziere; in der Volksmarine der NVA zur Dienstgradgruppe Hauptleute gehörend.

In der Zeit der → *Kompaniewirtschaft* war der Hauptmann bei der ihm zur Verfügung stehenden Kompanie – beim Regimentsinhaber war es die Leib- bzw. Stabskompanie – vor allem an der Nutzung der ökonomischen Einkünfte interessiert. In seiner Vertretung versah der K. den militärischen Dienst. In Preußen hieß er seit Mitte des 18. Jh. auch Stabskapitän. Der K. erhielt von den Kompanieeinkünften nur soviel, wie ihm der eigentliche Inhaber freiwillig zukommen ließ. Vom Staat bezog er das Gehalt eines Leutnants. Erst nach der amtlichen Einführung des Dienstgrades K. Ende des 17. Jh. bekam er ein entsprechendes Gehalt. Seit 1768 befanden sich in einem Infanterieregiment der preußischen Armee 4 K., die Ende des 18. Jh. um einen 5. und später um einen 6. ergänzt wurden. Sie befehligten die Flügelkompanien der einzelnen Bataillone. Seit 1808 gab es im Heer Preußens den Dienstgrad des K. (Stabskapitän) nicht mehr. In anderen deutschen Heeren, so in Sachsen, blieb er auch danach noch einige Jahre erhalten.

In den Marinen verschiedener Staaten war nach Herausbildung regulärer Dienstgrade K. der nächstniedrigere Offiziersrang unter dem Kapitän. In der preußischen Marine gab es bis 1864 keinen K., seine Stelle nahm der Leutnant z. S. 1. Klasse im Range eines Hauptmanns ein. Nach der Gründung des Deutschen Reiches 1871 wurde in der Kaiserlichen Marine der K. als Dienstgrad zwischen Oberleutnant z. S. und Korvettenkapitän eingeführt. In den entsprechenden Laufbahnen hatte er auch die Bezeichnung Torpeder- bzw. Feuerwerks-K. Der

Dienstgrad K. wird seitdem in den Marinen der deutschen Staaten geführt. K. befehligten Boote und kleinere Schiffe, an Bord größerer Kampfschiffe Gefechtsabschnitte und Dienste.

In der Volksmarine der NVA sind K. Kommandanten von Schiffen und Booten, Offiziere im Stabsdienst oder Kommandeure von Formationen an Land. *(s. Abb. S. 147, 1011)*

Kapitulant: bis 1918 Bezeichnung für die nach Beendigung der gesetzlich vorgeschriebenen Militärdienstzeit freiwillig länger dienenden Wehrpflichtigen (→ *Berufssoldat*).

Mit der Einführung der allgemeinen Wehrpflicht und der damit verbundenen Begrenzung der Militärdienstzeit ergab sich u. a. die Notwendigkeit, den Bedarf an Unteroffizieren anders als bisher zu decken. In Preußen bot z. B. das Wehrgesetz vom 3. 9. 1814 den Wehrpflichtigen die Möglichkeit, nach dem 3 Jahre dauernden aktiven Wehrdienst zu kapitulieren, d. h., sich zum weiteren Militärdienst als Unteroffizier zu verpflichten. Kapitulationsverträge wurden für mindestens 1 Jahr, in der Regel jedoch für 9, 12 und mehr Jahre abgeschlossen. Jeder Kompanie stand nur eine bestimmte Anzahl von K. zu. Im Mai 1823 dienten in der preußischen Armee z. B. 19600 K. Sie bildeten das Hauptreservoir für den Unteroffiziersnachwuchs, da die → *Unteroffiziersschulen* nicht in der Lage waren, den Bedarf zu dekken. Die Ausbildung der K. erfolgte größtenteils im Rahmen der Truppenpraxis, seit 1876 auch an den sog. K.schulen. Ähnliche Formen der K.ausbildung gab es auch in anderen deutschen Staaten. Hatte der K. 12 Jahre gedient, so konnte er seine Dienstzeit ohne erneute Kapitulation verlängern lassen. Bis 1918 bestand die überwiegende Mehrheit der Unteroffiziere in den preußisch-deutschen Streitkräften aus K. Als Anreiz zur Gewinnung geeigneter K., vor allem im Zuge des Wettrüstens nach 1871, diente die Zivilversorgung nach Beendigung ihrer Militärdienstzeit. In Preußen wurde sie bereits 1820 eingeführt. Seit 1907 hatten die K. vorzugsweise die Anwartschaft auf eine mittlere bzw. untere Beamtenstellung (sog. Militäranwärter). So gelangten bis 1914

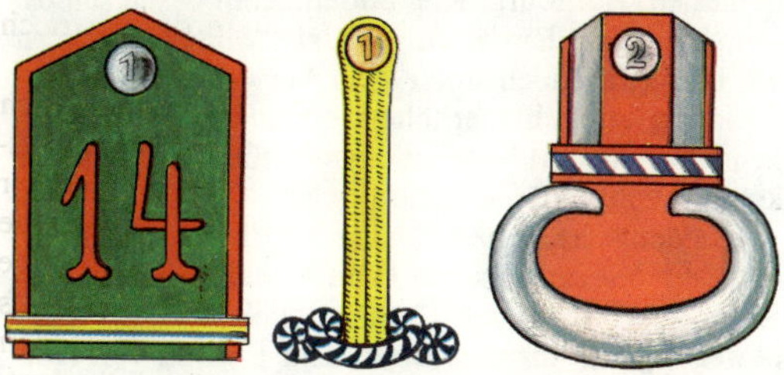

1 2 3

Kapitulantenabzeichen an Schulterklappen, Achselschnüren und Epauletten von Kontingenten des kaiserlich-deutschen Heeres: 1 Mecklenburg; *2* Preußen; *3* Bayern

Zehntausende ehemaliger K. in die zivile Verwaltung des Staates, der Städte und Gemeinden sowie in die Reichsbahn und Reichspost und durchsetzten sie mit dem Geist des Militarismus und blinden Gehorsams. Ein weiterer materieller Anreiz war das 1893 eingeführte K.handgeld, das Soldaten, die sich zum Längerdienen verpflichteten, einmalig erhielten. Ausgenommen waren bestimmte, nicht im Truppendienst verwendete Gruppen von Armeeangehörigen. Ab 1899 bekam der K. mit dem Dienstgrad Unteroffizier außerdem im 3. und 4. Dienstjahr eine monatliche K.zulage zu seiner Löhnung. In der Reichswehr gab es keine K., da Mannschaften und Unteroffiziere Berufssoldaten mit 12jähriger Dienstzeit waren. In die faschistische Wehrmacht übernommen, verpflichtete sich ein Teil der vor dem Ausscheiden stehenden Militärangehörigen mit Unteroffiziersdienstgrad, noch eine bestimmte Zeit weiter zu dienen. Diese wie auch die sich am Ende ihres 2jährigen Wehrdienstes zum Längerdienen Verpflichtenden wurden in der Soldatensprache ebenfalls K. genannt, obzwar dieser Begriff keine offizielle Anwendung mehr fand.

Kapp-Putsch 1920: konterrevolutionärer Umsturzversuch vom 13. bis 17. 3. 1920 mit dem Ziel, eine offene Militärdiktatur in Deutschland zu errichten und die Errungenschaften der → *Novemberrevolution 1918/19* zu beseitigen.

Hinter dem K. standen die reaktionärsten Gruppen des Monopolkapitals, der Großgrundbesitzer und der Militaristen. Sie sahen den Weg zur vollständigen Wiederherstellung der in der Novemberrevolution erschütterten imperialistischen Klassenherrschaft darin, ein autoritäres Regime zu errichten. Ihr Staatsstreich richtete sich gegen die bürgerlich-parlamentarische Republik, die sozialen und politischen Rechte der Werktätigen und die Arbeiterbewegung, vor allem die KPD; außenpolitisch zielte er auf einen verschärften revanchistischen und antisowjetischen Kurs. Politischer Führer des Putsches war der ostpreußische Generallandschaftsdirektor Wolfgang Kapp (1858–1922). Die militärische Leitung des K. übernahm General Walther von Lüttwitz (1859–1942), rangältester Offizier der → *Reichswehr* und Befehlshaber des Gruppenkommandos 1. Das Zentrum der Verschwörung bildete die sog. Nationale Vereinigung. Sie war von Hauptmann Waldemar Pabst (1880–1970), dem ehem. Stabschef der → *Garde-Kavallerie-Schützen-Division*, im Sommer 1919 gegründet worden und fungierte als Dachorganisation von nationalistischen Verbänden. Von ihren führenden Mitgliedern spielten neben Kapp und Pabst vor allem General a. D. Erich Ludendorff (1865–1937), dessen früherer politischer Berater Oberst a. D. Max Bauer (1869–1929) und der ehem. Berliner Polizeipräsident Traugott von Jagow

(1865–1941) eine Hauptrolle bei der Vorbereitung des K. Die Verschwörer konnten sich militärisch auf Teile der Reichswehr und auf die → *Freikorps* stützen, hatten aber auch eine Basis in den bürgerlichen Einwohnerwehren, in den Einheiten der → *Zeitfreiwilligen* und in der preußischen Sicherheitspolizei. Nicht alle Militärs befürworteten jedoch die Umsturzpläne. Eine Reihe von ihnen versprach sich angesichts des innenpolitischen Kräfteverhältnisses von einem unverhüllten Militärputsch keinen Erfolg und setzte stärker auf die Spaltung der Arbeiterbewegung und die Zusammenarbeit mit den rechten Führern der SPD und der Gewerkschaften.

Die Verschwörer waren bestrebt loszuschlagen, solange noch größere konterrevolutionäre Verbände unter Waffen standen. So nahmen sie die Forderung der Ententemächte, bis zum 1. 4. 1920 die deutschen Streitkräfte auf die im Versailler Vertrag festgelegten 115000 Mann zu reduzieren, zum Anlaß für die Auslösung des K. Am 29. 2. ordnete der sozialdemokratische Reichswehrminister Gustav Noske (1868–1946) im Zuge der Heeresverminderung die Auflösung der Marinebrigaden II und III bis zum 10. 3. an. Diese beiden kampfkräftigen Freikorps waren Kerntruppen der Konterrevolution. Lüttwitz wie auch die von Korvettenkapitän Hermann Ehrhardt (1881–1971) befehligte Marinebrigade II, die im 25 km von Berlin entfernten Lager Döberitz stationiert und von den Verschwörern für die Besetzung der Hauptstadt vorgesehen war, widersetzten sich dem Auflösungsbefehl. Nachdem Verhandlungen ergebnislos geblieben waren, stellte Lüttwitz am 10. 3. Reichspräsident Friedrich Ebert (1871–1925) ein Ultimatum. Die Hauptforderungen lauteten: Neuwahl der Nationalversammlung und des Reichspräsidenten; Beendigung der Truppenreduzierung und der Ablieferung von Waffen an die Entente. Erst auf diese offene Kampfansage reagierte die von rechten Sozialdemokraten geführte Reichsregierung, die von den Putschvorbereitungen wußte, jedoch bis dahin keine energischen Gegenmaßnahmen eingeleitet hatte. Ihr am 11. 3. erlassener Haftbefehl gegen die führenden Verschwörer kam zu spät. Noch am selben Tag gab der von Noske lediglich beurlaubte Lüttwitz den Befehl zum Losschlagen.

In der Nacht zum 13. 3. marschierte die Marinebrigade Ehrhardt, 5000 Mann stark und feldmarschmäßig ausgerüstet, nach Berlin. Die Reichswehrführung weigerte sich, Truppen gegen die putschende Soldateska einzusetzen. Der Chef des Truppenamtes, Generalmajor Hans von Seeckt (1866–1936), erklärte im Sinne der unter den Soldaten verbreiteten Parole, daß Reichswehr nicht auf Reichswehr schieße. Angesichts dieser Haltung verzichtete die Reichsregierung auf den Einsatzbefehl und floh nach Dresden, dann weiter nach Stuttgart. So konnten die Meuterer, denen sich die Mehrheit der Reichswehrbrigade III (Potsdam) anschloß, am 13. 3. früh unter schwarzweißroten Fahnen ungehindert in Berlin einziehen und das Regierungsviertel besetzen. Kapp ernannte sich zum Reichskanzler, erklärte die Nationalversammlung für aufgelöst und die Reichsregierung für abgesetzt. Lüttwitz übernahm den militärischen Oberbefehl und das Reichswehrministerium, Jagow wurde Innenminister. Die Putschisten proklamierten den Ausnahmezustand und kündigten die rücksichtslose Unterdrückung von Streiks und anderen Widerstandsaktionen an. Sie suchten im übrigen durch sozialdemagogische Phrasen sowie durch eine zügellose antikommunistische und antisowjetische Propaganda die werktätigen Massen zum Stillhalten zu veranlassen. Der größte Teil der Truppen im Berliner Raum, fast das gesamte Marineoffizierskorps sowie zahlreiche Reichswehrkommandeure und Freikorps in Mitteldeutschland, Mecklenburg, Pommern, Ostpreußen, Schlesien, Hamburg, Kiel und anderen Orten schlossen sich offen dem K. an. Andere Militärs warteten ab, bezogen jedoch unter dem Vorwand, Ruhe und Ordnung aufrechtzuerhalten, eindeutig Stellung gegen die Arbeiterklasse und unterstützten damit die konterrevolutionären Ziele.

Putschtruppen in Berlin am 13. März 1920

Die deutsche Arbeiterklasse als die einzige Kraft, die den K. zerschlagen konnte, nahm sofort den Kampf auf. Schon am 13. 3. setzte eine breite Streikbewegung ein, die sich unter dem Einfluß von Aufrufen der Arbeiterparteien und der Gewerkschaften zu einem machtvollen Generalstreik ausweitete. Dabei forderte die KPD in ihrem Aufruf vom 14. 3. mit dem Generalstreik zugleich die vollständige Entwaffnung der Konterrevolution und die Bildung einer Arbeiterwehr. Am 15.3. standen bereits rd. 12 Mill. Werktätige in der Streikfront. Die Lahmlegung von Wirtschaft, Verkehr und Nachrichtenwesen isolierte die einzelnen Putschzentren voneinander und machte Truppenverschiebungen unmöglich. Überall in Deutschland bildeten sich zur Organisation und Leitung des Kampfes gegen den K. Einheitsfrontorgane in Gestalt von Aktionsausschüssen, Vollzugsräten und Kampfstäben. Bewaffnete Arbeiter überwältigten und entwaffneten reaktionäre Einwohnerwehren, hoben geheime Waffenlager der Freikorps auf den großen Gütern in Nord- und Ostdeutschland aus und bemächtigten sich einzelner Waffenfabriken. Polizei, Freikorps und Reichswehreinheiten, die sich offen zum K. bekannten, wurden daran gehindert, die Macht an sich zu reißen. Teilweise mußten die Arbeiter heftige Kämpfe führen, um die putschenden Truppen zurückzudrängen.

Die bewaffneten Auseinandersetzungen erreichten ihren Höhepunkt im Ruhrgebiet, aber auch in Mitteldeutschland und Mecklenburg kam es zu bedeutenden Kämpfen. Die im Abwehrkampf gegen den K. entstandene → *Rote Ruhrarmee*, die kampfstärkste bewaffnete Formation der Arbeiterklasse, vertrieb innerhalb weniger Tage die konterrevolutionären Truppen aus dem Ruhrgebiet. Die Arbeiter in der Umgebung Berlins verhinderten, daß weitere Putschtruppen nach Berlin geführt werden konnten. In Leipzig, Dresden, Riesa und anderen Orten Sachsens gelang es den Arbeiterwehren nach heftigen Gefechten, die Putschisten aktionsunfähig zu machen. In Thüringen, wo sich die örtlichen Arbeiterwehren zu einer regionalen Volkswehrarmee formierten, wurde der Truppenübungsplatz Ohrdruf besetzt und die konterrevolutionäre Soldateska aus Gotha, Suhl, Gera und Sömmerda vertrieben. In zahlreichen lokalen Kämpfen verhinderten die Arbeiter im mitteldeutschen Industriegebiet die Errichtung der Militärdiktatur und die Unterstützung der Putschisten

Bewaffnete Arbeiter in Leipzig errichten Barrikaden gegen die Putschisten

durch die Reichswehr. Bei der Abwehr der Putschistenabteilung Buchrucker entstand in Cottbus eine starke Arbeiterformation, die auch die Verbindung der Berliner Putschisten mit Schlesien unterbrach. Vor allem in Mecklenburg und Pommern beteiligten sich Landarbeiter an der bewaffneten Abwehr des weißen Terrors. In Rostock und Stettin standen die Hafenarbeiter an der Spitze des Kampfes, der die Reichswehrtruppen lähmte. In Kiel drängten die bewaffneten Arbeiter die Putschtruppen in die Kasernen zurück. In Cuxhaven, Emden und Wilhelmshaven setzten Mannschaften der dortigen Marineeinheiten unter dem Eindruck des entschiedenen Widerstandes der Arbeiterklasse ihre Offiziere ab.

Am einheitlichen Handeln der Arbeiterklasse, dem sich Angehörige der Kleinbauernschaft, der städtischen Mittelschichten, der Intelligenz und des demokratischen Bürgertums anschlossen, am Generalstreik und am bewaffneten Kampf brach der K. zusammen. Am 17.3 trat die Putschregierung zurück. Während Kapp ins Ausland floh, hielt sich Lüttwitz mit Unterstützung der Reichswehrführung verborgen. Die mächtige Einheitsaktion der deutschen Arbeiterklasse gegen den K. bot die Chance für eine Wende in der politischen Entwicklung Deutschlands. Die KPD unterstützte deshalb den von der Führung des Allgemeinen Deutschen Gewerkschaftsbundes am 18.3. unterbreiteten Vorschlag, eine Arbeiterregierung aus SPD und USPD unter maßgeblicher Mitwirkung der Gewerkschaften zu bilden. Die rechten SPD-Führer lehnten jedoch diesen Vorschlag ab. Erschreckt von der Wucht der Massenbewegung, die sich teilweise ihrer Kontrolle entzogen hatte, hielten sie an ihrer Koalitionspolitik mit der Großbourgeoisie fest. Diese Politik, die den Ausbruch des K. erst ermöglicht hatte, diente jetzt der Niederwerfung und Entwaffnung der Arbeiterklasse.

Noch am 17.3. wurde Seeckt mit Eberts Zustimmung zum Befehlshaber des Gruppenkommandos 1 und wenige Tage später zum Chef der Heeresleitung ernannt. Er organisierte sofort militärische Aktionen gegen die Arbeiterklasse. Dabei setzte er auch Reichswehreinheiten und Freikorps als «Regierungstruppen» ein, die sich am K. beteiligt hatten, darunter selbst die Ehrhardtbrigade. Am 18.3. rief die SPD-Führung zum Abbruch des Generalstreiks auf, fand jedoch wenig Widerhall. Die bewußtesten Teile der Arbeiterschaft verlangten nach Garantien gegen die Wiederholung eines Militärputsches und für die Schaffung wirklich demokratischer Verhältnisse. Unter dem Druck der Massen und um die Einheitsfront der Arbeiter zu zerbrechen, sicherten die Regierungsparteien zu, einige demokratische Forderungen zu erfüllen, u. a. Entwaffnung und Bestrafung aller Putschtruppen, Auflösung aller konterrevolutionären militärischen Organisationen und Übernahme des Sicherheitsdienstes durch die Arbeiterschaft. Daraufhin beschlossen am 22./23. 3. auch die Führungen der Gewerkschaften und der USPD sowie die Generalversammlung der revolutionären Betriebsräte Groß-Berlins die Beendigung des Generalstreiks. Als einzige Partei trat die KPD konsequent für die Weiterführung des Generalstreiks und damit für die Sicherung des Sieges über den K. ein.

Während in einzelnen Gebieten die Kämpfe unter dem Einfluß rechter SPD-Funktionäre eingestellt wurden und sich die Arbeiterwehren auflösten, setzten sich die Arbeiter im Ruhrgebiet, im mitteldeutschen Industriegebiet, in der Lausitz, in Thüringen und im Vogtland gegen den blutigen Unterdrükkungsfeldzug der militaristischen Reaktion zur Wehr. Zu heftigen Kämpfen kam es in Berlin, wo die berüchtigte Ehrhardtbrigade bei ihrem erzwungenen Abzug noch ein Blutbad anrichtete. Am 21. 3. wurden mehrere Mitglieder der inzwischen aufgelösten Berliner Arbeiterwehren von Standgerichten zum Tode verurteilt und erschossen. In Hennigsdorf fielen Arbeiter bei der Verteidigung der Lokomotivwerke. Arbeiterformationen hielten in Halle das konterrevolutionäre Militär, das bewaffnete Auseinandersetzungen provozierte, in seinen Stützpunkten eingeschlossen. Als Reichswehrverstärkungen heranrückten, mußten sich die Arbeiter zurückziehen. Eine Gruppe von Jungarbeitern, die den Rückzug deckte, wurde nach erbittertem Kampf von der Soldateska niedergemacht. Am 20. 3. wurde in Leipzig der letzte bewaffnete Widerstand der Arbeiter blutig erstickt. Auch an anderen Orten nahm die Soldateska blutige Rache für die erlittenen Niederlagen. So ermordeten Marburger Zeitfreiwillige am 25. 3. bei Gotha 15 verhaftete Arbeiter. Im Ruhrgebiet, wo sich die Rote Ruhrarmee im Vertrauen auf das Bielefelder Abkommen vom 24. 3. aufzulösen begann, wütete die unter vorsätzlichem Bruch des Abkommens einmarschierte Reichswehr mit äußerster Grausamkeit. Ihrem Terror fielen Hunderte von Arbeitern zum Opfer. Während die imperialistische Klassenjustiz weit über 1000 Arbeiter wegen ihrer Beteiligung am Abwehrkampf gegen den K. zu hohen Freiheitsstrafen verurteilte, gingen die Putschisten mit Ausnahme von Jagow straffrei aus (Amnestieerlaß vom 4. 8. 1920).

Bei der Abwehr des K. vollbrachte die deutsche Arbeiterklasse bedeutende militärische Leistungen. Die Kämpfe bewiesen erneut, daß die Einheit im politischen Handeln die grundlegende Voraussetzung für militärische Erfolge bildet. Durch das Zusammenspiel von Imperialisten und Opportunisten wurden jedoch die Volksmassen um die Früchte ihres Sieges gebracht. Die Kämpfe zur Niederschlagung des K. und zur Abwehr der angreifenden Konterrevolution nach dem 17. 3. gehören zu den hervorragenden → *militärischen Traditionen der DDR* und sind Bestandteil der → *Traditionspflege in der NVA.*

Karabiner: → *Gewehr* mit verkürztem Lauf und relativ geringem Gewicht.

Als Vorläufer des K. können das bis zum 16. Jh. bei der Reiterei verwendete Handrohr (Petrinal) sowie die verkürzte → *Arkebuse* angesehen werden, die mittels eines K.hakens am Bandelier getragen wurde. Die mit einem solchen Gewehr bewaffneten Reiter hießen daher auch Karabiniers. Im 17. Jh., besonders während des → *Dreißigjährigen Krieges 1618–1648*, fand der Radschloß-K. (→ *Radschloßgewehr*) Verbreitung. In der Folgezeit wurden für einzelne Truppengattungen der Kavallerie teilweise unterschiedliche K. hergestellt. So hatte in Preußen unter König Friedrich II. (1712–1786) der Kürassier-K. eine Länge von 133 cm gegenüber 90–92 cm des Husaren-K. (Das von der Infanterie verwendete → *Steinschloßgewehr* war 156 cm lang.) Zeitweilig waren in einzelnen Armeen auch K. mit verbreiterter Laufmündung (Trombons oder Tromblons) im Gebrauch. In der Regel hatte der K. ein geringeres Kaliber als das Gewehr. Getragen wurde er wie zuvor am Bandelier. Um die Mitte des 19. Jh. war der K., inzwischen ebenso wie das Gewehr zum Hinterlader mit gezogenem Lauf entwickelt, immer noch vorwiegend Kavalleriewaffe. In dieser Zeit verstärkte sich aufgrund der industriell-technischen Entwicklung sowie im Zusammenhang mit taktischen und ökonomischen Überlegungen die Tendenz, dasselbe Waffenmodell als Gewehr und als K. zu fertigen. Im deutschen Militärwesen setzte sich diese Tendenz mit dem K. M71 durch, der bei Unterschieden in Länge, Gewicht und Visiereinrichtung dem Grundtyp des Gewehrs M71 entsprach. Das bedeutete eine größere Vereinheitlichung der → *Handfeuerwaffen* des Heeres. Mit dem Aufkommen der Mehrladewaffen (→ *Mehrladegewehr*) wurde der K. auch bei anderen Waffengattungen sowie bei Spezialtruppen und Diensten eingeführt. So erhielten um die Jahrhundertwende u. a. die Fußartillerie, Kraftfahr- und Telegrafentruppen, MG-Abteilungen und Trains des kaiserlich-deutschen Heeres den vom Gewehr 98 abgeleiteten K. 98, während die Feldartillerie erst 1914 damit ausgerüstet wurde. Die Schußleistung des K. war bei kurzen und mittleren Entfernungen annähernd die gleiche wie beim Gewehr; die etwas geringere Schußweite des K. spielte kaum eine Rolle, da sich der Feuerkampf für den einzelnen Schützen vorwiegend bis 400 m, für die Abteilung kaum über 800 m abspielte. Während des ersten Weltkrieges und danach blieb die Verwendung des K. 98 im wesentlichen auf die vorgenannten Heeresteile beschränkt. 1935 wurde in der faschistischen Wehrmacht der weiter verkürzte und leichtere K. 98k als die einheitliche Handfeuerwaffe für alle Waffengattungen, Spezialtruppen und Dienste eingeführt. Er blieb bis 1945 als Standardwaffe im Gebrauch. Darüber hinaus entstanden während des zweiten Weltkrieges mit den neu entwickelten → *Selbstladegewehren* und automatischen Handfeuerwaffen auch K.modelle, so der Selbstlade-K. 43 und der Maschinen-K. 42, der Prototyp der von der faschistischen Durchhaltepropaganda später als «Sturmgewehr» bezeichneten MPi-ähnlichen Waffe.

Die NVA der DDR war von 1956 bis Anfang der 60er Jahre mit den K.38, 44 und S sowjetischer Konstruktion (→ *Schützenwaffen der NVA*) ausgerüstet. *(s. Abb. S. 273, 275, 277, 278)*

Kartätsche: mit Metallstücken oder Kugeln gefülltes Artilleriegeschoß zur Bekämpfung ungedeckter lebender Ziele auf Nahdistanz.

Bereits Anfang des 15. Jh. erreichte man mit → *Geschützen* eine Flächenwirkung auf geringe Entfernung, indem man gehacktes Metall, Nägel u. ä. als «Hagel» verschoß. Seit dem 16. Jh. verwendete man in einen Leinwandbeutel gefüllte kleine Eisenkugeln als K. Die als Beutel- oder Trauben-K. bezeichneten Geschosse waren hinten mit einem Holzspiegel versehen, um eine bessere Abdichtung zur Rohrwandung zu erreichen. Da die K. beim Transport leicht beschädigt werden konnten, ersetzte man im 17. Jh. den Beutel durch eine aus Eisen, später aus Zink gefertigte Büchse, in der die Kugeln in geschmolzenem Wachs, Schwefel, Kolophonium oder in Gips festgelegt waren. Die Büchsen-K. wurde vorwiegend bei der Feldartillerie eingeführt. Dagegen fanden Beutel-K. bis in die Mitte des 19. Jh. bei der Festungsartillerie Verwendung.

Der Gasdruck der Treibladung zerstörte den jeweiligen Behälter bereits im Rohr und schleuderte den Inhalt im Streuschuß gegen das Ziel. Die Wirkung der K. reichte je nach Kaliber 300–600 m weit. Bei Einführung gezogener Geschütze ersetzte man die Eisenkugeln zur Schonung der Züge durch solche aus Zink oder Hartblei. Der Blechmantel der K. wurde beim Gleiten durch das Geschützrohr von den Kanten der zwischen den Zügen liegenden Felder aufgeschnitten. Anzahl und Gewicht der Kugeln wuchsen mit dem Geschützkaliber. Vor dem ersten Weltkrieg hatte z. B. die deutsche 10[illegible]-mm-K. eine Ladung von 275 Hartbleikugeln zu je 48,5 g. Im Gefecht wurde die K. eingesetzt, wenn sich gegnerische Infanterie oder Kavallerie den eigenen Positionen auf kurze Distanz näherte. Im Festungskrieg fand die K. zum Bestreichen von Gräben und Zugängen sowie zur Verstärkung des infanteristischen Abwehrfeuers Verwendung. Die auf kurze Entfernung gegen ungedeckte lebende Ziele oft verheerende Wirkung der K. nutzten die herrschenden Ausbeuterklassen wiederholt dazu, um Volkserhebungen «niederkartätschen» zu lassen. Im Verlauf des 19. Jh. wurde die K. vor allem bei der Feldartillerie durch das auch auf größere Entfernungen wirksame → *Schrapnell* verdrängt. Dagegen gehörten z. B. bei der Fuß-, Küsten- und Marineartillerie der kaiserlich-deutschen Armee noch zu Anfang des 20. Jh. K. zur Munitionsausstattung. Auch in der Folgezeit wurden K. gelegentlich zur Nahabwehr gegen lebende Ziele verwendet.

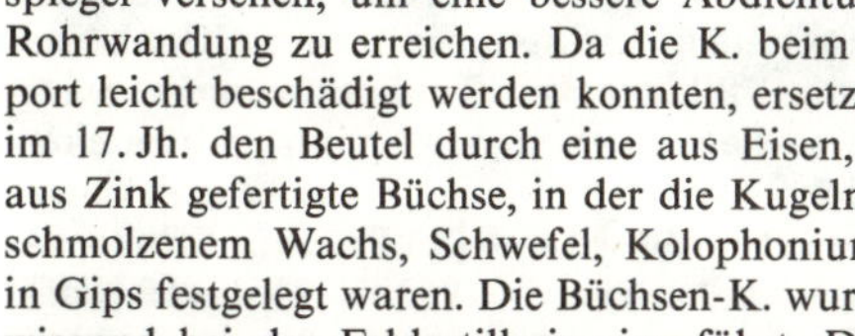

1 2 3 4

Kartätschenarten: 1 Korbhagel (16./17. Jh.); *2* Traubenhagel (17. Jh.); *3* Büchsenkartätsche (17./18. Jh.); *4* Beutelkartätsche (18. Jh.)

Kartusche: 1. mit einer Hülle versehene, abgewogene Treibladung für Artilleriegeschosse.

Der aus dem französischen «cartouche» (Papier- bzw. Papphülse, im übertragenen Sinn Patrone) abgeleitete Begriff erlangte im Artilleriewesen des Spätmittelalters die Bedeutung einer mit schützender Hülle versehenen Treibladung. Der Gebrauch der K. anstelle des mit der Ladeschaufel eingebrachten losen Pulvers begann Ende des 16. Jh., wurde aber erst im 18. Jh., zunächst für → *Kanonen*, allgemein üblich. Noch in der Schlacht bei Mollwitz 1741 benutzte z. B. die österreichische Artillerie die Ladeschaufel, während die preußische K. verwendete. Die K. bestand aus einer abgewogenen Menge Pulver in einem Beutel aus starkem Papier, später aus Leinen oder Seide. Die Beutel-K. ermöglichten eine erhebliche Steigerung der Feuergeschwindigkeit. Sie waren teilweise oben durch einen hölzernen Spiegel abgeschlossen, der eine Höhlung für das Geschoß aufwies. Ihre Aufbewahrung erfolgte häufig in aus Leder gefertigten K.tornistern. Nach Einführung der → *Hinterlader* wurde die Beutel-K. zunächst weiter verwendet. Dazu bedurften die Geschütze jedoch einer besonderen Abdichtung (Liderung) zwischen Rohr und Verschluß. Etwa bis 1890 war für jede Ladung eine spezielle Beutel-K. im Gebrauch. Später wurden auch zusammengesetzte Netz-K. verwendet. Sie enthielten eine unterschiedliche Zahl von Teilladungen, mit denen die zur Bekämpfung des jeweiligen Ziels nötige Flugbahn und Schußweite reguliert werden konnten. Im letzten Drittel des 19. Jh. wurde die selbstdichtende Hülsen-K. eingeführt. Die Hülse bestand aus gezogenem Messing- oder Stahlblech. In der Mitte des Hülsenbodens befand sich die Zündvorrichtung (Schlagzündschraube). Beim Schuß wurde der Hülsenmantel gegen die Rohrwand gepreßt und so eine feste Abdichtung erreicht. Für kleinkalibrige Schnellfeuerkanonen setzten sich seit der Jahrhundertwende Granatpatronen (→ *Granate*) durch, bei denen das Geschoß fest mit der K. verbunden war. Diese Munitionsart kam später auch bei leichten Feldkanonen, Panzerabwehr- und Fla-Geschützen zur Anwendung. Schwere Kanonen und Haubitzen behielten dagegen getrennt zu ladende Hülsen-K. In den Land- und Seestreitkräften des kaiserlichen Deutschlands verwendete man selbst für die schwersten Kaliber Hülsen-K. Da diese jedoch nicht stets die gesamte Treibladung faßten, wurde der restliche Teil in einer Vor-K. aus dünnem Weißblech eingeschlossen. Nach dem ersten Weltkrieg richtete sich mit der verstärkten Einführung von Panzerabwehr- und Fla-Geschützen die Aufmerksamkeit vor allem auf die Weiterentwicklung der Granatpatronen. Die Hülsen-K. wurde nicht mehr wesentlich verbessert. In der NVA finden für Kanonen kleinen und mittleren Kalibers Granatpatronen, für Haubitzen Hülsen-K. mit unterschiedlichen Teilladungen Verwendung.

2. Bezeichnung für die im 17. und 18. Jh. (bei den berittenen Truppen auch noch danach) am Bandelier getragene → *Patronentasche.*

Kaserne: Gebäude oder Gebäudekomplex zur ständigen Unterbringung von Truppen und Stäben einschließlich Bewaffnung und Ausrüstung.

K. gab es schon im Altertum und Mittelalter zur Unterbringung ständig in Dienst gehaltener militärischer Einheiten. Dagegen wurden die meist nur zeitweilig geworbenen Söldnertruppen des 15.–17. Jh. in der Regel auf Schlössern und Burgen oder in Bürgerhäusern untergebracht. K. im heutigen Sinne entstanden in Europa mit dem Aufkommen stehender Söldnerheere. Ihr Bau begann Ende des 17. Jh. zunächst in Frankreich. In vielen Staaten verblieben jedoch die Truppen bis weit ins 18. Jh. in Friedenszeiten im Bürgerquartier oder in Festungskasematten. K. entstanden vor allem in den Residenz- und großen Garnisonstädten. 1738 wurde in Berlin die erste K. der preußischen Armee errichtet. Anfangs dienten die K. vornehmlich zur Unterbringung von Soldatenfamilien, denen jeweils mehrere ledige Soldaten zwecks Unterkunft, Verpflegung und Versorgung zugeteilt waren. Erst zu Beginn des 19. Jh. ging man zur gemeinsamen Essenszubereitung für die Mannschaften über. Noch Mitte des 19. Jh. war es üblich, Truppenkörper bis zum Regiment mit allen Dienst- und Wirtschaftseinrichtungen in einem aus mehreren Teilen bestehenden Gebäudekomplex zu stationieren. Später setzte sich die dezentralisierte K. durch. Sie umfaßte in verschiedenen Blöcken Unterkünfte für höchstens eine Kompanie, Stabs- und Wirtschaftsräume sowie entsprechend den einzelnen Waffengattungen Stallungen, Geschütz- und Wagenschuppen, Reit- und Exerzierhallen usw. Umfangreiche K.bauprogramme wurden in Deutschland unmittelbar nach dem Deutsch-Französischen Krieg 1870/71, im Zusammenhang mit den Heeresverstärkungen 1912–1914 sowie im Zuge der faschistischen Aufrüstung ab 1935 durchgeführt. Die Benennung der K. erfolgte in der Regel nach den in ihnen untergebrachten Einheiten. Nach dem ersten Weltkrieg, insbesondere in den 30er Jahren, wurden vor allem K.neubauten nach führenden Vertretern des deutschen Faschismus und Militarismus benannt. Diese Tradition wird in der Bundeswehr der BRD durch die Benennung von K. nach Idolen der faschistischen Wehrmacht aus dem zweiten Weltkrieg fortgesetzt.

In der NVA der DDR tragen zahlreiche K. gemäß dem Charakter sozialistischer Streitkräfte Namen hervorragender revolutionärer Kämpfer der deutschen und internationalen Arbeiterbewegung sowie anderer progressiver Persönlichkeiten der Geschichte des deutschen Volkes. Die K. entsprechen den Erfordernissen des modernen Militärwesens und gewährleisten gute Ausbildungs-, Dienst- und Lebensbedingungen für die Soldaten, Unteroffiziere und Offiziere. Neben Unterkünften, Ausbildungsbasen, Stabs- und Wirtschaftsgebäuden, Garagen, Parks und Werkstätten umfassen die K. u. a. Klubhäuser und -räume, Bibliotheken, Traditionszimmer, Sportanlagen sowie Einrichtungen der Militärhandelsorganisation.

Kasernierte Volkspolizei (KVP): zum Schutz des sozialistischen Aufbaus von 1952 bis 1956 bestehendes, in → *Kasernen* stationiertes stärkstes bewaffnetes Organ der DDR, das das wichtigste Kaderreservoir bei der Aufstellung der → *Nationalen Volksarmee der DDR (NVA)* bildete.

Aus dem Beschluß der 2. Parteikonferenz der SED (9.–12. 7. 1952), in allen gesellschaftlichen Bereichen der DDR planmäßig die Grundlagen des Sozialismus zu schaffen, leiteten sich auch neue Anforderungen an die Organisation des bewaffneten Schutzes der revolutionären Errungenschaften ab. Hinzu kam eine Verschärfung der internationalen Lage durch die aggressive Politik der USA und anderer NATO-Mächte sowie durch den Übergang zur beschleunigten Remilitarisierung in der BRD. Es war daher ein notwendiger und bedeutender Schritt, als im Sommer 1952 auf Initiative der SED die bestehenden Volkspolizeiformationen der 1949 gebildeten → *Hauptverwaltung für Ausbildung (HVA)* zur KVP entwickelt wurden. Äußerst wichtig war auch, daß die auf dem Territorium der DDR stationierten Sowjetsoldaten (→ *Gruppe der Sowjetischen Streitkräfte in Deutschland (GSSD)*) weiterhin die DDR zuverlässig gegen eine militärische Intervention seitens des Imperialismus schützten. Die Aufstellung der KVP sowie die Entwicklung ihrer Kampfkraft und Einsatzbereitschaft waren vor allem das Ergebnis zielstrebiger Führungstätigkeit durch die marxistisch-leninistische Partei. Das ZK der SED delegierte bewährte Kader und zahlreiche junge Parteimitglieder in die KVP. In allen Bereichen und Ebenen der KVP entwickelten sich starke Parteiorganisationen, denen 1955 etwa 80% der Offiziere, 40% der Unteroffiziere sowie 10% der Wachtmeister (Soldaten) angehörten. Aktive politisch-ideologische Arbeit leisteten die in den Kommandos gebildeten Politorgane. Konsequent wurde das Klassenprinzip bei der Werbung von Freiwilligen beachtet, die sich zu einer Dienstzeit von 3 Jahren verpflichteten. Fast 85% der KVP-Angehörigen entstammten der Arbeiterklasse und der werktätigen Bauernschaft. Hervorragende Unterstützung bei der Auffüllung der KVP leistete der sozialistische Jugendverband, insbesondere durch die Übernahme der → *Patenschaft der FDJ über die bewaffneten Organe der DDR.* Unter der Führung der SED festigte sich die Verbundenheit der KVP mit dem werktätigen Volk der DDR. Eine Bewährungsprobe war die Teilnahme von Einheiten der KVP an der Zerschlagung des konterrevolutionären Putschversuches 1953. Zu den Schlußfolgerungen aus der Abwehr der imperialistischen Konterrevolution gehörte der Beschluß des Präsidiums des Ministerrats der DDR, ab August 1953 die Dienststellen und Einheiten der bisherigen KVP (in Territorialverwaltungen organisierte Bereitschaften sowie Schulen), der aus der → *Hauptverwaltung Seepolizei (HVS)* hervorgegangenen Volkspolizei-See (Flottenbasis, Küstenabschnitt, Schulen) und der Verwaltung der Aeroklubs (Aeroklubs, Schulen) zu reorganisieren und dem Chef der KVP zu unterstellen. Oberstes Führungsorgan war der Hauptstab der KVP. Zum Chef der KVP, zugleich Stellvertreter des Ministers des Innern, wurde Generalleutnant Heinz Hoffmann (1910–1985) berufen. Um den wachsenden Aufgaben des bewaffneten Schutzes der DDR gerecht zu werden und rechtzeitig der durch die Einbeziehung der BRD in die NATO (→ *Pariser Verträge 1955*) zunehmenden Bedrohung des Friedens an der Trennlinie zwischen Sozialismus und Imperialismus in Europa auch von der DDR aus zu begegnen, wurde in den Jahren 1954/55 die Organisation der KVP ausgebaut, ihre Bewaffnung und Ausrüstung verbessert und die Ausbildung stärker militärischen Belangen angenähert. Die große, uneigennützige Hilfe durch die Sowjetunion und ihre Streitkräfte trug wesentlich dazu bei, daß sich die KVP zu einem starken Instrument für den Schutz der DDR entwickelte und als Grundstock für die NVA herangezogen werden konnte. Ende 1956 wurde die KVP für aufgelöst erklärt.

KVP-Einheiten eröffnen die Demonstration der Werktätigen zum 3. Jahrestag der DDR, 7. Oktober 1952

Katzbach 1813: Schlacht im → *nationalen Unabhängigkeitskrieg 1813/14* zwischen russisch-preußischen und napoleonischen Truppen am 26. 8. 1813.

Entsprechend dem Operationsplan der Verbündeten wich die Schlesische Armee unter dem preußischen General Gebhard Leberecht von Blücher (1742–1819) dem Stoß der verstärkten französischen Boberarmee kämpfend aus. Am 21. 8. 1813 ging sie hinter die K. und die Wütende Neiße in den Raum Jauer zurück. Nach dem Abzug von Teilkräften (22. 8.) befehligte Marschall Alexandre Macdonald (1765–1840) die Boberarmee, die französische und Rheinbundtruppen umfaßte. Als Macdonald am 24. 8. stehenblieb, entschloß sich Blücher zum Angriff. Die Schlesische Armee begann am 25. 8. vorzurücken; aber auch die Boberarmee setzte am folgenden Tag ihren Vormarsch fort. Aus dem überraschenden Zusammenstoß der beiderseitigen Vorhuten am 26. 8. entwickelte sich eine Begegnungsschlacht. Von der Schlesischen Armee, die aus preußischen (Linien- und Landwehreinheiten) und russischen Truppen bestand, befanden sich 31000 Mann westlich und 55000 Mann ostwärts der Wütenden Neiße. Während gegnerische Teilkräfte (23000 Mann) westlich der Neiße vorrückten, bewegte sich das Gros der Boberarmee (67000 Mann)

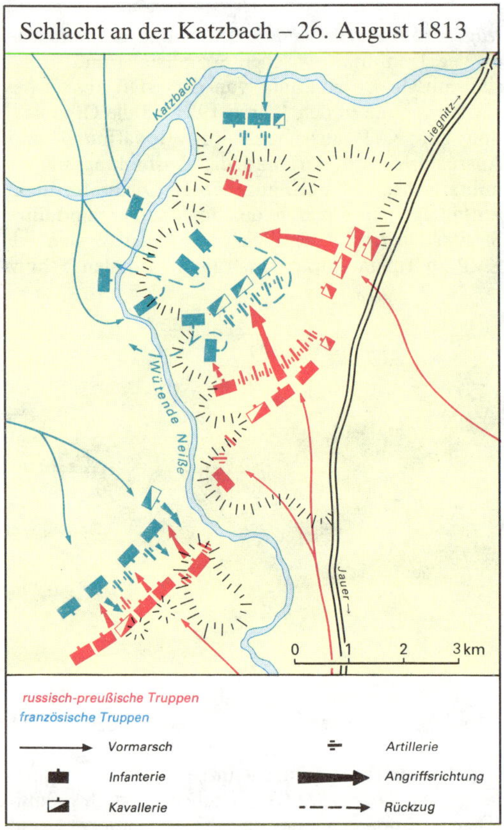

mühsam über die von anhaltendem Regen angeschwollene K. und Neiße hinüber und auf die Hochfläche am rechten Neißeufer hinauf.

Der französische Angriff begann etwa 14 Uhr gegen den westlich der Neiße stehenden linken Flügel der Verbündeten, auf dem russische Truppen hartnäckigen Widerstand leisteten. Nach wechselvollen Kämpfen konnte hier bis zum Abend keine Seite einen Vorteil erringen. Inzwischen fiel jenseits der Neiße nach über 3stündigem Ringen die Entscheidung. Als die Masse der gegnerischen Kavallerie und Infanterie den Fluß überschritten hatte, griffen das im Zentrum stehende preußische Korps und das russische Korps auf dem rechten Flügel gegen 15 Uhr mit Artillerieunterstützung an. Durch den heftigen Regen versagten die Gewehre, so daß fast nur mit Bajonett und Kolben gekämpft wurde. Die Gefahr eines französischen Durchbruchs im Zentrum wurde durch eine von Blücher geführte Kavallerieattacke beseitigt. Nach erbitterter Gegenwehr mußten die napoleonischen Truppen weichen, wobei Artilleriefeuer ihre Verwirrung noch vergrößerte. Viele Soldaten ertranken auf der Flucht in den reißenden Flüssen. Insgesamt verlor die Boberarmee, von der Teile überhaupt nicht zum Einsatz gekommen waren, etwa 30000 Mann, davon 18000 Gefangene, sowie über 100 Geschütze und 250 Munitionswagen. Die Verluste der Verbündeten betrugen etwa 3000 Mann.

Das enge Zusammenwirken der preußischen und russischen Truppen und die Standhaftigkeit der Landwehr waren entscheidende Faktoren für den

Kampfszene aus der Schlacht an der Katzbach

Ausgang der Schlacht. Zu einer energischen Verfolgung war die physisch völlig erschöpfte Schlesische Armee nicht fähig. Ihr Sieg trug jedoch zusammen mit dem Erfolg der Nordarmee am 23. 8. südlich Berlin (→ *Großbeeren 1813*) dazu bei, die Bedingungen für die Kriegführung der Verbündeten wesentlich zu verbessern.

Kaukasus 1942/43: Kampfhandlungen und Operation an der deutsch-sowjetischen Front vom 25. 7. 1942 bis 9. 10. 1943, in denen die Sowjetarmee den Versuch der faschistischen Wehrmacht vereitelte, das K.gebirge zu erobern und von Transkaukasien aus nach dem Nahen Osten vorzustoßen (→ *Weltkrieg, zweiter, 1939–1945*).

In den Eroberungsplänen des faschistischen deutschen Imperialismus spielte der Vorstoß in den Nahen und Mittleren Osten zur Verdrängung der imperialistischen Konkurrenten aus diesen strategisch wichtigen Positionen und erdölreichen Gebieten eine große Rolle. Im Entwurf der Weisung Nr. 32 vom 11. 6. 1941 war vorgesehen, nach der Zerschlagung der Sowjetunion den Kampf gegen die britischen Positionen im Mittelmeer und in Vorderasien fortzusetzen, und zwar durch konzentrische Angriffe aus Libyen durch Ägypten, aus Bulgarien durch die Türkei und unter Umständen auch aus Transkaukasien heraus durch den Iran. Im Frühjahr 1942 knüpfte das deutsche Oberkommando an diese Spekulationen an. In der Weisung Nr. 41 vom 5. 2. 1942 stellte es der Wehrmacht die Aufgabe, die sowjetischen Streitkräfte am Südabschnitt der deutsch-sowjetischen Front zu zerschlagen, die Wolga bei Stalingrad zu erreichen und anschließend den K. zu erobern. Der davon erhoffte Zusammenbruch der Sowjetunion sollte auch die wichtigste Voraussetzung für eine großangelegte Zangenoperation zur Eroberung des Nahen Ostens schaffen. Als die Ende Juni 1942 eröffnete Sommeroffensive zwar großen Geländegewinn, aber nicht die erwartete Vernichtung starker sowjetischer Gruppierungen brachte, befahl das deutsche Oberkommando in der Weisung Nr. 45 vom 23. 7. 1942, Stalingrad und das K.gebirge nicht mehr in aufeinanderfolgenden Operationen, sondern durch gleichzeitige Schläge zu erobern.

Die Heeresgruppe A erhielt die Weisung, noch vor Einbruch des Winters die nordkaukasischen Erdölfelder einzunehmen sowie die Pässe des K. zu überwinden. Ihr unterstanden die 1. und 4. Panzerarmee sowie die Armeegruppe Ruoff (17. Armee und rumänische 3. Armee). Die ihr ebenfalls unterstehende 11. Armee auf der Krim konnte infolge der hohen Verluste, die sie beim Kampf um Sewastopol erlitten hatte, nicht an der Offensive teilnehmen und wurde später vor Leningrad eingesetzt. Mit rund 30 Divisionsverbänden war die Heeresgruppe A den sowjetischen Truppen der Nordkaukasusfront unter Marschall S. M. Budjonny (1883–1973), der am 28. 7. die Südfront eingegliedert wurde, beträchtlich überlegen. Die Heeresgruppe A stieß ab 25. 7. zügig in den Richtungen Woroschilowsk (Stawropol) und Krasnodar vor, ohne jedoch die geplante Einschließung starker sowjetischer Kräfte zwischen Don und Kuban zu erreichen. Als am 31. 7. die 4. Panzerarmee der in Richtung Stalingrad angreifenden Heeresgruppe B (→ *Stalingrad 1942/43*) unterstellt wurde, ließ das Angriffstempo allmählich nach, wenn auch Truppen der 1. Panzerarmee am 9. 8. noch das Erdölgebiet von Maikop erobern konnten, während die Armeegruppe Ruoff bis Ende August die Tamanhalbinsel und bis 10. 9. Teile von Noworossisk einnahm. Die sowjetische Verteidigung hatte sich inzwischen so gefestigt, daß im September/Oktober alle faschistischen Angriffe scheiterten, die das Ziel hatten, durch Stöße entlang der Küstenstraße sowie über den Nord-K. hinweg Tuapse zu erreichen und anschließend die anderen Küstenstädte an der Schwarzmeerküste zu erobern. Auch die Versuche, über den Großen K. zur Schwarzmeerküste vorzustoßen, wurden von der Sowjetarmee vereitelt. Lediglich in Richtung Grosny erzielte die 1. Panzerarmee bis Anfang September noch beträchtlichen Geländegewinn, aber am Terek wies die Sowjetarmee alle Angriffe ab und verhinderte damit die Absicht, das Erdölgebiet von Baku zu erobern. Im Spätherbst 1942 war die faschistische Offensive gescheitert.

Die am 19. 11. 1942 begonnene sowjetische Gegenoffensive bei Stalingrad veränderte die strategische Lage am gesamten Südabschnitt der deutsch-sowjetischen Front. Ende Dezember stießen Truppen der Stalingrader Front (ab 1. 1. 1943 Südfront) unter Generaloberst A. I. Jeremenko (1892–1970) am unteren Don auf Rostow vor, wodurch die Heeresgruppe A in Gefahr geriet, von ihren rückwärtigen Verbindungen abgeschnitten zu werden. Das faschistische Oberkommando befahl deshalb der 1. Panzerarmee und der 17. Armee, sich ab 1. 1. 1943 auf Rostow bzw. auf die Kubanmündung zurückzuziehen.

Die Transkaukasusfront hatte zu dieser Zeit die Vorbereitung für die Gegenoffensive noch nicht abgeschlossen. Die Nordgruppe der Transkaukasusfront nahm die Verfolgung des Gegners in Richtung Stawropol – Rostow am 3. 1. auf, verhinderte das Festsetzen der deutschen Truppen in Zwischenstellungen, verwandelte deren Rückzug teilweise in eine Flucht und befreite bis 24. 1. das Gebiet bis Armawir. Anfang Februar erreichte die 1. Panzerarmee unter beträchtlichen Verlusten über Rostow das rechte Donufer. Die Schwarzmeergruppe der Transkaukasusfront eröffnete die Offensive am 11. 1., befreite am 29. 1. Maikop und zwang die 17. Armee zum Rückzug auf die Tamanhalbinsel. Eine am 4. 2. erfolgte Seelandung südlich Noworossisk führte zur

Bildung eines Brückenkopfes («Kleines Land»), den die sowjetischen Truppen 7 Monate gegen überlegene Kräfte hielten. Den entscheidenden Angriff gegen den faschistischen Kubanbrückenkopf begann die Sowjetarmee im Rahmen des Sommer-Herbst-Feldzuges 1943 am 10.9. Am 16.9. befreiten die Truppen der Nordkaukasusfront im Zusammenwirken mit der Schwarzmeerflotte und der Asowflottille Noworossisk. Die 17. Armee mußte sich bis 9.10. unter großen Verlusten von der Tamanhalbinsel auf die Krim zurückziehen.

Damit war die Schlacht um den K., in deren Verlauf die Wehrmacht eine schwere Niederlage erlitt, beendet. Die Sowjetarmee leistete mit ihrem Sieg in dieser Schlacht einen wichtigen Beitrag zum grundlegenden Umschwung im Kriegsverlauf.

Kavallerie: Waffengattung der → *Landstreitkräfte*, die Gefechtshandlungen und Marsch vorwiegend zu Pferde durchführt.

Die K. ist neben der → *Infanterie* die älteste Waffengattung. Ihre Struktur, Aufgaben, Einsatzprinzipien wandelten sich im Laufe der Geschichte mehrfach. Sie hingen vor allem von den politischen Herrschaftsverhältnissen, dem Entwicklungsstand der Militärtechnik sowie von den Möglichkeiten ab, kriegstaugliche Pferde zu züchten und zu versorgen. Aufgrund ihrer hohen Beweglichkeit, Manövrierfähigkeit und Stoßkraft spielte die K. in den Kriegen bis zum letzten Drittel des 19. Jh. eine wichtige Rolle. Sie konnte selbständige Handlungen in bedeutender Entfernung vom Gros des Heeres bzw. von den Stützpunkten führen, in kurzer Zeit große Strekken überwinden, überraschend gegen die Flanken und im Rücken des Gegners angreifen, sich schnell zum Gefecht entfalten und sowohl zu Pferd als auch abgesessen kämpfen. Zugleich hatte die K. in den antagonistischen Klassengesellschaften meist einen besonderen sozialen Status: Der berittene Krieger galt häufig als Symbol der herrschenden Klasse. Das war vor allem im Mittelalter der Fall, wo der → *Ritter* das dominierende Element in den Streitkräften war. Daraus hervorgehende feudalaristokratische Traditionen beeinflußten noch bis zum 20. Jh. die Stellung der K. in den kapitalistischen Streitkräften, namentlich die Haltung des Offizierskorps.

Die K. entstand in der Zeit des Übergangs von der Ur- zur Klassengesellschaft, in erster Linie bei Stämmen und Völkern Europas, Asiens und Afrikas, die als Nomaden lebten und das Pferd als Reit- und Transporttier nutzten. Diese sog. Reitervölker (Skythen, Parther, Sarmaten, Numidier u. a. m.) stellten häufig für die Armeen der Sklavenhalterstaaten irreguläre Reitertruppen. Mazedonien und Rom besaßen auch eine reguläre K., die sich aus den Oberschichten der herrschenden Klasse rekrutierte. Diese K. bildete taktische Einheiten und wirkte im Kampf mit der Infanterie zusammen. Der griechische Historiker Xenophon (um 430–um 354 v. u. Z.) verfaßte ein Werk über die Reitkunst, das die älteste Quelle zur Geschichte der K. ist. In Rom nahm seit dem 2. Jh. u. Z. die Zahl der berittenen Krieger allmählich zu. Im 5. Jh. setzte sich das römische Heer vorwiegend aus Reiterei zusammen, zumeist germanischen, slawischen und anderen Söldnern.

Bei den germanischen und slawischen Stämmen, die sich zur Zeit des Zusammenstoßes mit der Sklavereiordnung im Übergang von der Ur- zur Klassengesellschaft befanden (→ *militärische Demokratie*), kämpften der Stammesadel und seine Gefolgschaften zumeist beritten. Die mit Schwertern, Lanzen, Keulen und Streitäxten bewaffnete germanische Reiterei benutzte kleine, aber zähe Pferde und kannte noch keine Sättel und Steigbügel.

Mit der Herausbildung der Feudalordnung stieg die Bedeutung der K. Auf der Grundlage der vorherrschenden Naturalwirtschaft, des sich ausbildenden Lehnswesens und der Fortschritte in der Pferdezucht und -haltung nahm die von den Lehnsbesitzern (Vasallen) gestellte K. vor dem bäuerlichen Fußvolk den ersten Platz ein. Diese Entwicklung wurde im Frankenreich durch die massenweise Landvergabe gegen Reiterdienste, besonders unter dem Hausmeier Karl Martell (688–741) und Kaiser Karl dem Großen (742–814), vorangetrieben. Kapitularien (Gesetze) regelten die Ausrüstung, Bewaffnung und die Dienstpflichten der berittenen Vasallen. An der Schlacht von Tours und Poitiers gegen die Araber (732) nahmen bereits schwergerüstete Reiterabteilungen teil. Im frühfeudalen deutschen Staat wurde das berittene → *Vasallenheer*, aus dem im 11. Jh. das → *Ritterheer* hervorging, zum entscheidenden militärischen Machtinstrument des Feudaladels. «Gegen Ende des 10. Jahrhunderts war die Kavallerie die einzige Waffengattung», schrieb Friedrich Engels (1820–1895), «die die Schlachten in ganz Europa wirklich entschied» (K. Marx/F. Engels, 14, S. 350). Den Kern der K. bildeten die mit Schwert, Lanze, Streitkolben bzw. Streitaxt bewaffneten und mit einer Rüstung für Mann und Pferd versehenen → *Panzerreiter.* Sie waren von leichter gerüsteten Berittenen und Fußknechten begleitet. Im Krieg sammelte sich die K. nach dem Aufgebot durch den König, Herzog oder Grafen entsprechend der → *Heerschildordnung.* Organisatorisch gliederte sich die K. in den meisten europäischen Staaten nach Bannern, Fähnlein bzw. Lanzen der einzelnen Feudalherren, jedoch gab es keine Normen für die Struktur und zahlenmäßige Stärke. Die Ritter saßen auf schweren, plumpen Rossen. In der Regel führten sie mehrere Pferde für den Marsch, den Kampf und den Transport der Rüstung und Verpflegung mit. Eine waffenmäßige und taktische Ausbildung erfolgte vor allem auf den zahlreichen Turnieren. Trotz

Kavallerie. *5. Jh. bis 16. Jh.:* **1** germanischer Reiter (um 500); **2** karolingischer Panzerreiter (um 900); **3** Ritter (um 1250); **4** Ritter (um 1350); **5** Reisiger (um 1450); **6** Ritter (um 1520)

der lockeren Organisation und Führung, die in der politischen Struktur des Feudalstaates wurzelte, erwies sich die K. sowohl dem Fußvolk wie den zahlenmäßig starken irregulären Reiterheeren der Ungarn und anderer Völker überlegen (→ *Lechfeld 955*). Während der → *Kreuzzüge 11.–13. Jh.* stieg in den deutschen, französischen und englischen Heeren der Anteil der leichten Reiterei an, um die schwerfälligen Ritter vor der beweglicheren Reiterei der Araber und Türken zu schützen. Einige der im 12./13. Jh. gegründeten → *Ritterorden* verfügten über eine fest organisierte und disziplinierte K., da vor allem die geistlichen Orden auf eine strenge Unterordnung ihrer Mitglieder achteten.

Die Entwicklung der Ware-Geld-Beziehungen, der Aufstieg der Städte und das Aufkommen der Feuerwaffen im 14. Jh. wirkten tiefgreifend auf die K. ein. Während die Zahl der gegen Sold dienenden Ritter anstieg, begann die auf dem Lehnsdienst fußende Reiterei zu verfallen. Im Kampf wurde sie wiederholt von den → *Gevierthaufen* der Infanterie geschlagen. Häufig saßen die Ritter ab, um die Widerstandskraft des begleitenden Fußvolkes zu stützen, allerdings gab die Reiterei dadurch ihre Stoßkraft und Beweglichkeit preis. Im 15. Jh. wurde in Frankreich und Burgund begonnen, Ritter, andere Berittene und Fußkämpfer in sog. Ordonnanzkompanien zu vereinen, jedoch blieb der Ritter als Einzelkämpfer noch das bestimmende Element. Unter dem Einfluß der steigenden Wirkung der Feuerwaffen und der wachsenden Kampfkraft der Infanterie wandelten sich im 16. Jh. Struktur, Ausrüstung, Bewaffnung und Einsatzprinzipien der K. Sie wurde zu einer Söldnertruppe, in der aber der Adel große Vorrechte behielt, die 1570 im «Reiterrecht» des kaiserlichen Generals Lazarus von Schwendi (1522–1584) verankert wurden. Während der zahlreichen Kriege im 16. und 17. Jh. entstanden mehrere Arten von K.: die schwergerüsteten, weniger beweglichen Lanzenreiter, die leichter gerüsteten Harkebusiere (Arkebusiere), die neben Blankwaffen eine Arkebuse bzw. Muskete führten, und die gerüsteten, aber nur mit Degen und Pistolen bewaffneten «Schwarzen Reiter» (später auch «Deutsche Reiter» genannt und in der Folgezeit als → *Kürassiere* bezeichnet). Die leichten Reiter, zu denen die aus Ungarn stammenden → *Husaren* gehörten, besaßen keine oder nur eine leichte Rüstung und waren mit Lanzen, Bogen, Säbeln und Pistolen bewaffnet. Ende des 16. Jh. kamen die → *Dragoner* auf, die mit Piken oder Luntenschloßgewehren bewaffnet waren und keine Schutzrüstung trugen; sie konnten sowohl zu Pferde als auch zu Fuß kämpfen.

Organisatorisch gliederte sich die K. der → *Söldnerheere* des 16. und 17. Jh. in Regimenter von 800 bis 2000 Mann, die aus 8–10 Kompanien unterschiedlicher Stärke bestanden. Für den Kampf formierte sie sich in Geschwader, Schwadronen oder Fahnen; in den meisten deutschen Ländern wurde im 17. Jh. die → *Eskadron* zur taktischen Einheit der K. Die Grenzen zwischen den organisatorischen und taktischen Einheiten blieben noch lange fließend. Im niederländischen Heer entstand während des Unabhängigkeitskrieges gegen Spanien (1566/67–1609) eine disziplinierte und taktisch geschulte K., dagegen zeigte die K. der anderen Staaten ein Bild vielfältiger Organisation, Führung und Kampfesweise. Die schwere Reiterei bekämpfte im allgemeinen den Gegner in langsamem Anritt mit den Feuerwaffen, Attacken mit blanker Waffe waren selten. Die leichte Reiterei wurde für Streifzüge und Überfälle sowie zur Sicherung der eigenen Truppen und zur Verfolgung des Gegners eingesetzt.

Während des Dreißigjährigen Krieges (1618–1648) erwies sich die schwedische K. der schwerfälligen K. der kaiserlich-spanischen Heere überlegen. Die von König Gustav II. Adolf (1594–1632) reorganisierte schwedische K. bestand nur aus Kürassieren und Dragonern. Sie stellte sich in mehreren, 3–4 Glieder tiefen Treffen auf und griff mit der blanken Waffe an, ohne vorher anzuhalten und zu schießen. Dadurch wurden Schnelligkeit und Stoßkraft der K. besser ausgenutzt. Der Anteil der K. an der Gesamtstärke der Heere nahm im Laufe des Krieges zu und erreichte nach 1630 nicht selten 50%. Dies lag vor allem darin begründet, daß die K. besonders geeignet war, verwüstete Gebiete rasch zu durchqueren und in vom Krieg bislang wenig oder nicht erfaßte Gegenden vorzustoßen. 1636 rückte ein kaiserliches Heer, das vorwiegend aus K. bestand, bis in die Nähe von Paris vor; ähnliche Streifzüge unternahm die schwedische K. bis nach Mähren. Eine starke K. besaßen die osteuropäischen Feudalstaaten sowie das Osmanische Reich.

Mit dem allmählichen Übergang zu den stehenden Heeren nach 1648 erhielt die K. eine feste und weitgehend einheitliche Organisation. Für die Ausbildung und den Dienstbetrieb erschienen Reglements sowie → *Kriegsartikel*; das frühere «Reiterrecht» mit seinen Privilegien für den Reiter verschwand. Allgemein gliederte sich die K. in die Kürassiere und Dragoner als die Schlachtenreiterei und in die Husaren als leichte K. Daneben gab es in vielen Heeren noch Arten der K., die u. a. in Bekleidung, Ausrüstung und Kampfesweise ihre fremdländische Herkunft und Tradition hervorhoben, wie z. B. die Bosniakenreiter der preußischen Armee oder die aus Polen stammenden → *Ulanen* der K. vieler deutscher Länder. Allgemein betrug der zahlenmäßige Anteil der K. an der Gesamtheeresstärke bis zum Ende des 17. Jh. noch 30–50%. In der Schlacht bei → *Fehrbellin 1675* setzte sich die Armee des brandenburgischen Kurfürsten Friedrich Wilhelm (1620–1688)

Kavallerie. *17. Jh. und 18. Jh.:* **1** Kürisser (um 1620); **2** Arkebusier/Karabinier (um 1630); **3** Dragoner (um 1630); **4** Reiter (Brandenburg 1700); **5** Husar (Sachsen 1763); **6** Kürassier (Preußen 1757)

fast ausschließlich aus K. zusammen, an deren Ausbildung und erfolgreicher Taktik Feldmarschall Georg von Derfflinger (1606–1695) maßgeblichen Anteil hatte.

Die gesteigerte Wirkung der weiterentwickelten Handfeuerwaffen im 17./18. Jh. führte u. a. dazu, daß die K. vieler Heere erneut die Attacke mit blanker Waffe zugunsten des Feuerkampfes vernachlässigte und damit auf ihre Stoßkraft verzichtete. So erlitt die schlecht ausgebildete preußische K. in der Schlacht bei → *Mollwitz 1741* gegen die zügig angreifende österreichische K. eine Niederlage. Die vom preußischen König Friedrich II. (1712–1786) daraufhin eingeleitete Reorganisation führte zu einer erheblichen Verstärkung der K. Die Zahl der Eskadrons stieg von 114 (1740) auf 192 (1742) und 233 (1786). Das Reglement von 1743 für die K. verbot das Feuergefecht zu Pferde und verlangte den Angriff mit blanker Waffe. Unter den Generalen Friedrich Wilhelm von Seydlitz (1721–1773) und Hans Joachim von Zieten (1699–1786) gewann die preußische K. ein hohes Maß an Kampfkraft; sie trug entscheidend zu den preußischen Siegen bei → *Hohenfriedeberg 1745* und → *Roßbach 1757* bei. Auch das österreichische Heer besaß eine starke K. sowie eine große Zahl leichter irregulärer Reiter. Die K. dieser Armee konnte sich auf Erfahrungen aus den langdauernden Kämpfen gegen das Heer des Osmanischen Reiches stützen. Ähnlich wie die Infanterie rekrutierte sich die schwere K. aus gepreßten bzw. zwangsausgehobenen Soldaten, die einer harten Disziplinar- und Strafgewalt unterworfen waren. Die leichte K. bestand zumeist aus freiwillig dienenden, beutegierigen Söldnern, Deserteuren, aber auch aus dienstpflichtigen Bewohnern der ungarisch-türkischen Grenzgebiete (Kroaten und Panduren des österreichischen Heeres).

Die bürgerliche Umgestaltung des Militärwesens im Gefolge der Französischen Revolution von 1789 veränderte Struktur und Einsatzprinzipien der K. Es bildete sich die strategische K. heraus, die hauptsächlich aus schwerer K. bestand und in K.brigaden, K.divisionen und K.korps eingeteilt war. Sie hatte in der Schlacht geschlossen und massiert anzugreifen und dabei möglichst die Entscheidung herbeizuführen, in großer Tiefe aufzuklären, die Bewegungen der Hauptkräfte zu verschleiern sowie den geschlagenen Gegner zu verfolgen oder den eigenen Rückzug zu decken. Die Truppen-K. hingegen gehörte zu den Infanterieverbänden und sollte vornehmlich zur Nahaufklärung, Sicherung und Aufrechterhaltung der Verbindung eingesetzt werden. Bestehend aus leichter K., war sie in Eskadrons und Regimenter eingeteilt. In der Taktik gewann der Angriff in Kolonnen, gestaffelten Kolonnen und Eskadrons an Bedeutung.

In der napoleonischen Armee wurde der strategischen K. großes Gewicht beigemessen, wobei der Angriff großer Reitermassen in riesigen Kolonnen mitunter extrem übersteigert wurde und infolge unzureichender Staffelung nach Breite und Tiefe nicht immer den erhofften Erfolg brachte. Der richtige Gedanke, große K.verbände während der Schlacht für die entscheidende Massenattacke bis zum günstigsten Moment zurückzuhalten, barg die Gefahr in sich, die K. untätig warten zu lassen bzw. sie erst verspätet in den Kampf einzuführen. Die Verfolgung des geschlagenen Gegners erfolgte weit- und tiefräumig bis an die Grenze der Leistungsfähigkeit von Pferd und Reiter. Dagegen kam die österreichische und preußische K. infolge ihres zersplitterten Einsatzes weniger zu Geltung. Das preußische Reglement von 1812 für die K. betonte das räumlich enge Zusammenwirken mit der Infanterie.

Bereits in den Kriegen 1792–1815 hatte sich gezeigt, daß die zu Kolonnen formierte Infanterie gegen K.attacken unempfindlicher geworden war. Die mit der industriellen Revolution verbundenen Fortschritte in der Waffentechnik (gezogene Läufe und Rohre u. a. m.) erhöhten die Feuerkraft, ohne daß für Struktur, Ausrüstung und Taktik der K. die entsprechenden Konsequenzen gezogen wurden. Obwohl der Grundsatz überholt war, daß die K. in erster Linie der Schlachtentscheidung zu dienen habe, hielt die bürgerliche Militärwissenschaft im 19. Jh. doktrinär daran fest. Demgegenüber wurde die Aufklärung vernachlässigt. Das Fußgefecht galt als Ausnahmeerscheinung, es konnte ohnehin nur von den mit dem Karabiner ausgerüsteten Regimentern der leichten K. – in Preußen rechneten Dragoner und Husaren dazu, in Bayern die Chevaulegers – geführt werden. Die Leistungsfähigkeit der K. erhöhte sich im Laufe des 19. Jh. durch den Ausbau des → *Heeresveterinärwesens* sowie durch die Verbesserung des Pferdematerials (Züchtung von militärdiensttauglichen Pferden für die schwere K. und Artillerie vor allem in Hannover und Holstein, für die andere K. vorwiegend in den west- und ostpreußischen Gebieten). Jedoch wurden diese Möglichkeiten unzureichend genutzt. In der Reitausbildung dominierte das Bahnreiten. Trotz mancher Reformansätze seit der Mitte des 19. Jh. zeigten sich im Dänisch-Deutschen

Anzahl der Kavallerieregimenter

Land	Mitte 19. Jh.	Ende 19. Jh.
Frankreich	62	89
Großbritannien	26	31
Österreich	48	42
Preußen	58	93 (Deutschland)
Rußland	78	100

Kavallerie. *19. Jh. und 20. Jh.:* **1** Freiwilliger Jäger zu Pferd (Anhalt 1814); **2** Ulan (Preußen 1845); **3** Chevauleger (Bayern 1870); **4** Schwerer Reiter (Sachsen 1910); **5** Kavallerist (1917); **6** Kavallerist (1927)

Krieg (1864), im Preußisch-Österreichischen Krieg (1866) und im Deutsch-Französischen Krieg (1870/71) erhebliche Mängel beim K.einsatz, vor allem bei der Aufklärung und der Verfolgung. Die Reitergefechte waren nicht entscheidend. Lediglich in der Schlacht von Mars-la-Tour und Vionville am 16. 8. 1870 im Rahmen der Kämpfe bei → *Metz 1870* trug eine K.attacke wesentlich zum Erfolg in der Schlacht bei.

Neue Methoden der K.verwendung traten im Nordamerikanischen Bürgerkrieg (1861–1865) auf. In großen Verbänden zusammengefaßt, war die mit Säbel, Revolver und Karabiner bewaffnete K. äußerst vielseitig. Hauptsächlich kämpfte sie zu Fuß mit dem Karabiner, verschiedentlich suchte sie die Entscheidung in der Attacke der 2gliedrigen Linie. Die großen K.verbände betrieben gewaltsame Aufklärung, führten Überraschungsangriffe, unternahmen weiträumige schnelle Flankenbewegungen und tiefe Vorstöße in das gegnerische Hinterland.

Diese neuen Erscheinungen wurden in Europa kaum beachtet. Die schlachtentscheidende K.attacke galt nach wie vor als Ideal des Reiterangriffes und wurde bis 1914 geübt. Nur allmählich gewann die Erkenntnis an Boden, daß die Hauptaufgabe der K. die Aufklärung sei. Obwohl der Unterschied zwischen schwerer und leichter K. weiterhin aufrechterhalten wurde, war der Trend zur Einheits-K. unübersehbar. Alle K.gattungen wurden mit dem Karabiner ausgerüstet, das Fußgefecht wurde häufiger geübt. Charakteristisch für die widersprüchliche, der Kriegswirklichkeit wenig entsprechende Entwicklung der K. im → *kaiserlich-deutschen Heer* war die 1890 für alle K.gattungen erfolgte zusätzliche Ausstattung mit der Lanze. Die K.soldaten rekrutierten sich hauptsächlich aus ländlichen Gebieten. Die Truppenteile der K. galten daher für den inneren Einsatz als besonders zuverlässig. Das Offizierskorps war infolge des hohen Anteils Adliger ein Hort der Reaktion und des Konservatismus.

Obgleich die militärische Bedeutung der K. mit Einführung neuer und verbesserter Waffen zurückging, erhöhte sich im Zuge der Heeresrüstungen in der 2. Hälfte des 19. Jh. die Zahl der K.regimenter in den meisten Armeen beträchtlich. 1914 verfügte das kaiserlich-deutsche Heer über 110 K.regimenter, zu denen nach der Mobilmachung noch 36 Reserve- und Landwehr-K.regimenter kamen. 11 K.divisionen zu je 6 Regimentern bildeten die Heeres-K., wobei je 2–3 Divisionen in insgesamt 4 K.korps zusammengefaßt werden sollten, denen die Aufgabe zugewiesen war, den gegnerischen Aufmarsch aufzuklären und den eigenen zu verschleiern. Die übrigen K.regimenter gehörten als Divisions-K. zu den Infanteriedivisionen.

Zu Beginn des ersten Weltkrieges (1914–1918) betrug der zahlenmäßige Anteil der K. an der Stärke der Armeen der kriegführenden Mächte 8–10%. Sie war die einzige rasch bewegliche Waffengattung der Landstreitkräfte, jedoch auf die sich verändernden Bedingungen des Gefechts nicht ausreichend vorbereitet, verlor im Stellungskrieg weiter an Bedeutung und hörte auf, eine der Hauptwaffengattungen zu sein. Im kaiserlich-deutschen Heer mußte der größte Teil der K. nach und nach seine Pferde abgeben und wurde als unberittene K. bzw. als K.-Schützen-Regimenter wie die Infanterie eingesetzt. Am Ende des ersten Weltkrieges gab es nur noch 22 berittene aktive K.regimenter und etwa 260 Eskadrons als Divisions-K. 1916 war wie bei der Infanterie der Stahlhelm eingeführt worden, die traditionellen Waffenröcke waren der Feldbluse gewichen.

In der Zeit zwischen den beiden Weltkriegen ging infolge der fortschreitenden Motorisierung und Mechanisierung in den meisten kapitalistischen Staaten der zahlenmäßige Anteil der K. weiter zurück. Aus der K. wurden vielfach die Kader für neuaufgestellte mot. und gepanzerte Truppenteile genommen. Dabei kam es zu verschiedenen experimentellen Strukturen und Organisationsformen, wie zur Aufstellung von Truppenteilen aus gepanzerten, mot. und berittenen Einheiten und Radfahreinheiten. Bis 1939 war die K. als Waffengattung in vielen kapitalistischen Armeen verschwunden. Dagegen hatte die → *Reichswehr* einen unverhältnismäßig hohen Anteil an K. Ihre 18 Reiterregimenter (über 16% der Heeresstärke) bildeten 3 K.divisionen, hinzu kamen 7 Eskadrons als Aufklärungseinheiten für die Infanteriedivisionen. Neben einer 2,30 m langen Stahlrohrlanze waren die Reiter mit Karabiner und Säbel bewaffnet. Diese von den imperialistischen Siegermächten im Versailler Vertrag (1919) festgelegte Struktur widersprach den Entwicklungstendenzen des Militärwesens. Zusammen mit den anderen Waffen- und Rüstungsbeschränkungen sollte sie die Einsatzmöglichkeit der Reichswehr begrenzen. Im Zuge der faschistischen Aufrüstung wurden 1935 die 3 K.divisionen aufgelöst; viele K.truppenteile bildeten den Stamm für die Aufstellung der Panzer-, mot. Infanterie- und leichten Divisionen. Als einziger K.verband blieb eine K.brigade zu 2 Regimentern bestehen. Aus noch vorhandenen selbständigen K.regimentern wurden 1939 bei der Mobilmachung 52 Reiterschwadronen gebildet, die zu den Aufklärungsabteilungen der 52 Infanterie- und Gebirgsdivisionen traten (→ *Wehrmacht, faschistische*). Ausgehend von Kriegserfahrungen und den geographischen Verhältnissen in Osteuropa (große Steppengebiete), wurden in der faschistischen Wehrmacht seit 1943 mehrere K.verbände aufgestellt, die an der deutsch-sowjetischen Front zum Einsatz kamen (1943 Bildung von 3 K.regimentern, die 1944 zu 2 K.brigaden vergrößert und mit einer ungarischen K.division zu einem K.korps vereinigt wurden). Auch die Waffen-SS formierte eigene K.divisionen.

Nach dem zweiten Weltkrieg wurde die K. als Waffengattung in den meisten Armeen abgeschafft. *(s. Abb. S. 155, 193, 273, 275, 300, 440, 831, 865, 947, 951, 992)*

Kavalleriedivision → *Kavallerie*

Kernwaffenkrieg → *Kriege*, → *Raketenwaffen*

Kleinkampfmittel: Kampfmittel der → *Seestreitkräfte* von geringer Dimension für überraschenden, gedeckten Einsatz, zu denen bemannte → *Torpedos*, Kleinst-U-Boote (→ *U-Boot*), kleine → *Schnellboote* und Sprengboote, vielfach auch Kampfschwimmer – als Träger von K. – gerechnet werden.

Bau und Einsatz von schnellaufenden kleinen Motorbooten mit Wasserbomben- bzw. Torpedobestükkung und von bemannten Torpedos in der italienischen Flotte sowie von fernlenkbaren Sprengbooten in der deutschen → *Kaiserlichen Marine* leiteten in den letzten Jahren des ersten Weltkrieges die Entwicklung der K. als neuer Waffengattung ein. Italienische K. kamen ab 1916 in den engen Seegebieten der Adria gegen die österreichisch-ungarische Flotte, deutsche Sprengboote ab 1917 vor der flandrischen Küste zum Einsatz. Die britische Marine setzte im August 1919 beim Überfall auf die im Hafen von Kronstadt liegenden Seestreitkräfte der jungen Sowjetrepublik von einem Mutterschiff aus kleine Motortorpedoboote ein. Da der Einsatz von K. auf eine Reihe technischer und taktischer Schwierigkeiten stieß, wurde in den 20er und 30er Jahren nur in Italien und Japan zielstrebig an ihrer Weiterentwicklung, vornehmlich an der Konstruktion von bemannten Torpedos und Kleinst-U-Booten, gearbeitet. Erst während des zweiten Weltkrieges (1939–1945) gingen alle größeren Seemächte zum Bau und Einsatz von K. über. Einsatzschwerpunkte waren das Mittelmeer, die norwegische und die niederländische Küste, die französische Atlantikküste und der Pazifik. In der deutschen Kriegsmarine hatte man bis in den zweiten Weltkrieg den K. nur geringe Aufmerksamkeit geschenkt. Erst als sich die Niederlage des faschistischen Deutschlands unausweichlich abzeichnete, griff die Marineführung zu den als «Wunderwaffen» deklarierten K. Von 1943 bis zum Kriegs-

Einmanntorpedo vom Typ «Marder» der faschistischen Kriegsmarine

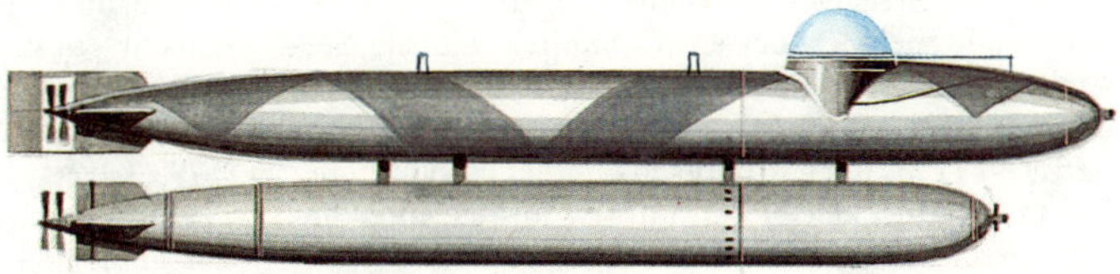

Kleinst-U-Boot vom Typ «Biber» der faschistischen Kriegsmarine

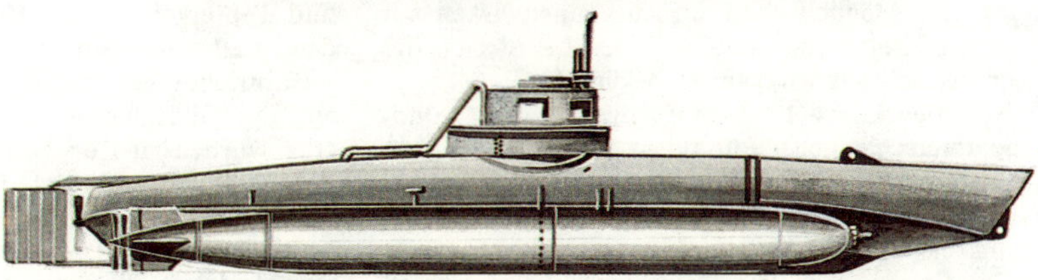

Taktisch-technische Daten von Kleinkampfmitteln der faschistischen Kriegsmarine im zweiten Weltkrieg

Typ	Bestimmung	Besatzung	Wasserverdrängung t	Länge m	Größte Breite m	Tauchtiefe m	Geschwindigkeit (max.) kn	Bewaffnung
«Linse»	Sprengboot	1	1,8	5,75	1,75	–	35	300–400 kg Sprengstoff
«Neger»[1]	Einmanntorpedo	1	5,0	7,65	0,53	0,50	4,2/3,2	1 Gefechtstorpedo
«Biber»	Kleinst-U-Boot	1	6,3	9,04	1,57	20	6,5/5,3	2 Torpedos
«Molch»	Kleinst-U-Boot	1	11,0	10,78	1,82	40	4,3/5,0	2 Torpedos
«Seehund»	Kleinst-U-Boot	2	15,0	12,5	1,6	30	7/6	2 Torpedos

1 ähnlich «Marder»

ende wurden etwa 500 Einmanntorpedos der Typen «Neger» und «Marder», 324 Einmann-U-Boote vom Typ «Biber», 390 vom Typ «Molch», etwa 50 Zweimann-U-Boote vom Typ «Seehund» und einige hundert Sprengboote vom Typ «Linse» fertiggestellt. Insoweit die 1944 einem speziellen Kommando der Kleinkampfverbände unterstellten K. noch zum Einsatz kamen, erfüllten sie die Erwartungen der faschistischen Führung nicht; teilweise erlitten sie äußerst hohe Verluste.

Seit dem zweiten Weltkrieg wird von allen größeren Seemächten an der Vervollkommnung der K. gearbeitet. Dabei mißt man der Entwicklung von Kleinst-U-Booten und Kleinsttorpedoschnellbooten große Bedeutung bei. Die K. werden heute allgemein in Überwasser-K. und Unterwasser-K. eingeteilt. Darüber hinaus verfügen die Seestreitkräfte vieler Länder über Kampfschwimmereinheiten, deren Aufgaben u. a. in Aktionen gegen Hafenanlagen, Schleusen und Brücken sowie im Hafen oder vor Anker liegende Schiffe, in der Räumung pioniertechnischer Sperren und Mittel bei Landungsoperationen, dem Unschädlichmachen von Minen und anderen Sprengkörpern sowie der Durchführung von Kommandounternehmen bestehen. Ähnlich wie die Seestreitkräfte anderer Staaten des Warschauer Verteidigungsbündnisses verfügt auch die → *Volksmarine der NVA (VM)* über Kampfschwimmer. Moderne K. haben bei gedeckter Heranführung infolge ihrer hohen Geschwindigkeit und hochwirksamen Bewaffnung gute Möglichkeiten, im Zusammenwirken mit anderen Kräften der See- und der Luftstreitkräfte gegnerische Ziele wirksam zu bekämpfen.

Koalitionskriege 1792–1815: die auf der Grundlage unterschiedlicher Bündnisse geführten 7 Kriege der europäischen Feudalmächte und Großbritanniens gegen das revolutionäre und das napoleonische Frankreich.

Die Französische Revolution von 1789 entschied den weltgeschichtlichen Sieg des Kapitalismus. Gegen das bürgerliche Frankreich bildeten sich 7 Koalitionen, deren Kriege unterschiedlichen und in sich widersprüchlichen Charakter trugen. Die K. begannen als Intervention gegen die Französische Revolution und wurden mit der Unterjochung großer Teile Europas durch das französische Kaiserreich zum gerechten Befreiungskampf der Völker. Mit ihnen verschmolzen die Durchsetzung bürgerlicher Verhältnisse, die Auseinandersetzung um die politisch-ökonomische Vorherrschaft auf dem europäischen Kontinent und der kapitalistische Konkurrenz- und Kolonialkrieg zwischen Großbritannien und Frankreich. Initiator und Geldgeber aller antifranzösischen Koalitionen war Großbritannien.

In den K. bewies das bürgerliche Militärwesen – nach der Feststellung von Friedrich Engels (1820–1895) «das notwendige Produkt der Französischen Revolution» (K. Marx/F. Engels, 7, S. 477) – seine Überlegenheit über das feudalabsolutistische Militärwesen. Schöpfer des neuen Militärwesens, das sich vor allem durch massenhaften Einsatz der Kräfte und Mittel sowie durch deren hohe Beweglichkeit auszeichnete, waren die revolutionären Volksmassen Frankreichs. Das französische Massenheer beruhte auf der → *allgemeinen Wehrpflicht* (1793 Levée en masse) bzw. der → *Konskription* (seit 1798). Voraussetzungen für den Offiziersstand waren nicht mehr adlige Herkunft, sondern Verdienst und Tapferkeit. In der Heeresorganisation entstanden → *Divisionen* und Korps (→ *Armeekorps*) als feste Einrichtungen, die alle Waffengattungen umfaßten. Die Divisionen handelten entweder selbständig oder wurden zu Korps bzw. Armeen vereinigt. Die sich herausbildende neue Kriegführung war charakterisiert durch die Verbindung von Tirailleur- und Kolonnentaktik (→ *Kolonne*), das Requisitionssystem und eine Strategie, die nach rascher Vernichtung des Gegners durch entscheidende Schläge strebte. Zur Entwicklung der neuen → *Kriegskunst* trug vor allem Napoleon Bonaparte (1769–1821) bei, ein sehr begabter Feldherr und seit 1804 französischer Kaiser. Er verstand es hervorragend, die Ergebnisse der Revolution auf militärischem Gebiet auszunutzen. Bei Beginn der K. besaßen die meisten europäischen Feudalmächte und das kapitalistische Großbritannien noch stehende → *Söldnerheere* mit allen ihren Mängeln (Desertionsanfälligkeit, schwerfälliger Troß, Abhängigkeit vom Magazinsystem usw.). Die Armeen kämpften mit der veralteten → *Lineartaktik* und Manöverstrategie. Katastrophale Niederlagen in den K. zwangen jedoch Preußen (→ *Militärreformen in Preußen 1807–1815*), Österreich und andere Feudalstaaten, ihr Militärwesen nach französischem Vorbild zu reformieren. In

Interventionstruppen in der Schlacht bei Valmy, 20. September 1792

der Koalition verfügte Rußland über das zahlenmäßig stärkste Heer, dessen Mannschaften national homogen zusammengesetzt waren. Großbritannien besaß die mit Abstand stärkste Flotte und errichtete gegen Frankreich eine → *Blockade* zur See.

1. K. 1792–1797: Vorreiter der Feudalreaktion gegen die Französische Revolution waren Österreich und Preußen. Ihrer konterrevolutionären Deklaration von Pillnitz (27. 8. 1791) folgten verstärkte Rüstungen und das Kriegsbündnis gegen Frankreich (7. 2. 1792). Die am 20. 4. 1792 beschlossene französische Kriegserklärung an Österreich löste den 1. K. aus. In dem ihm aufgezwungenen Krieg kämpfte Frankreich um die Verteidigung der Revolution und der nationalen Unabhängigkeit. Seine Armee zählte zunächst etwa 90000 Mann Linientruppen und Freiwillige, war jedoch desorganisiert. Hauptstoßkraft der Feudalreaktion bildete die bis Juli im Raum Koblenz aufmarschierte preußisch-österreichisch-hessische Interventionsarmee in Stärke von etwa 70000 Mann. Ihr Oberbefehlshaber, der preußische Generalfeldmarschall Herzog Karl Wilhelm Ferdinand von Braunschweig (1735–1806), verkündete in einem Manifest vom 25. 7. als Kriegsziel die Vernichtung der Revolution.

Die Kampfhandlungen begannen Ende April 1792 mit erfolglosen Versuchen der französischen Truppen, die österreichischen Niederlande (Belgien) zu erobern. Mitte August fiel die von 8000 Emigranten begleitete Interventionsarmee in die Champagne ein und marschierte auf Paris. Durch Verrat gelangte sie in den Besitz der Festungen Longwy und Verdun (2. 9.). Die tödliche Gefahr für Frankreich wurde vor allem durch den revolutionären Aufschwung der Volksmassen und energische Maßnahmen zur Heeresverstärkung gebannt. Die Revolutionstruppen hielten am 20. 9. bei → *Valmy 1792* stand und veranlaßten die Interventen zum Rückzug. Ende September ging die Revolutionsarmee zur Offensive über. Rheinische Gebiete sowie Savoyen und Nizza wurden besetzt. An der Nordfront siegten die Revolutionstruppen bei Jemappes (6. 11.) in der ersten großen Feldschlacht über die Österreicher, die Belgien aufgeben mußten. Unter dem Einfluß der Erfolge der Revolution und des vom Konvent dekretierten «Propagandakrieges» (19. 11.) zur Unterstützung des Befreiungskampfes der Völker nahm die antifeudale Volksbewegung überall einen neuen Aufschwung. Er kulminierte auf deutschem Boden in der Proklamation der Mainzer Republik am 18. 3. 1793 (→ *Mainz 1793*).

Vor allem die französische Besetzung Belgiens bewirkte Anfang 1793 den Kriegseintritt Großbritan-

Schlacht bei Jemappes, 6. November 1792

niens, das die erste große Koalition gegen Frankreich organisierte. Sie umfaßte schließlich Großbritannien, Österreich, Preußen, Sardinien, die Niederlande, Spanien, Toskana, Neapel sowie das römisch-deutsche Reich (Kriegserklärung am 22.3. 1793) und wurde von Rußland unterstützt. Die Verbündeten erzielten zunächst Erfolge gegen die geschwächte französische Armee: Rückgewinnung Belgiens nach der Schlacht bei Neerwinden (18. 3.); Vormarsch auf dem rheinischen Kriegsschauplatz und Einnahme von Mainz (23. 7.); britische Landung in Toulon (27. 8.). Die militärischen Niederlagen in Wechselwirkung mit dem konterrevolutionären Bürgerkrieg spitzten die Lage der Republik seit Frühjahr 1793 gefährlich zu. Durch die Errichtung der Jakobinerdiktatur und ihre Maßnahmen einer revolutionären Kriegspolitik und Kriegführung (Levée en masse, Nationalisierung der Rüstungsproduktion, Säuberung der Kommandostellen u. a.) konnte jedoch im Herbst an den Fronten eine Wende herbeigeführt werden. Die bei Hondschoote (8. 9.) und Wattignies (15./16. 10.) geschlagenen Interventen mußten sich aus Nordfrankreich zurückziehen, und die britischen Truppen wurden aus Toulon vertrieben (19. 12.). Im Dezember drängte die Revolutionsarmee die preußisch-österreichischen Truppen über den Rhein zurück und befreite das Elsaß (Sieg bei Weißenburg am 26. 12.). Diese Erfolge wurden durch den Gegensatz zwischen Preußen und Österreich begünstigt, der sich nach der zweiten Teilung Polens (Anfang 1793) verschärft hatte und die gemeinsame Kriegführung hemmte.

Seit Beginn des Feldzuges 1794 lag das zahlenmäßige Übergewicht beim revolutionären Volksheer Frankreichs, dessen Stärke im Frühjahr die Millionengrenze erreichte. Seine Neugliederung in strukturell weitgehend einheitliche Divisionen erhöhte die Kampfkraft. Auf dem Hauptkriegsschauplatz Belgien begann Mitte April die französische Offensive. Die Entscheidung fiel in der Schlacht bei Fleurus (26. 6.) mit dem Sieg über die österreichisch-britisch-niederländischen Hauptkräfte, die Belgien erneut räumen mußten. Im Winter 1794/95 wurden die Niederlande erobert und in eine französische Vasallenrepublik (Batavische Republik) umgewandelt. Auf dem rheinischen Kriegsschauplatz griffen die Revolutionstruppen seit Mitte Juli an und besetzten bis Ende 1794 das ganze linksrheinische Gebiet, nachdem sich die preußisch-österreichischen Truppen wieder über den Rhein zurückgezogen hatten. Hierbei wirkte sich der polnische Nationalaufstand zugunsten Frankreichs aus, da starke preußische Kräfte zu seiner Unterdrückung eingesetzt wurden. Nur in Oberitalien errang die Revolutionsarmee kaum Vorteile. Die Beseitigung der akuten militärischen Bedrohung der Republik trug zum Sturz der

Schlacht bei Novi, 15. August 1799

Jakobinerdiktatur (27. 7. 1794) bei. Es blieb jedoch unter der Herrschaft des großbürgerlichen Direktoriums (1795–1799) die wichtigste Aufgabe, die Republik gegen die konterrevolutionäre Koalition zu verteidigen und damit die Erfolge der Revolution zu sichern. Der Krieg behielt französischerseits seinen prinzipiell gerechten Charakter, wenn auch das Element der Plünderung und Eroberung immer stärker hervortrat. Erst «viele Jahre später, *nach* dem Siege der Reaktion im Innern des Landes, verwandelte die konterrevolutionäre Diktatur Napoleons die Verteidigungskriege Frankreichs in Eroberungskriege» (W. I. Lenin, 25, S. 373).

1795 schieden Preußen, Spanien, die Niederlande und Toskana aus der Koalition aus. Um freie Hand für seine räuberische Polenpolitik zu erhalten (1795 dritte Teilung Polens), schloß Preußen am 5. 4. 1795 mit Frankreich den Frieden von Basel, dem die Neutralisierung Norddeutschlands folgte. Frankreichs Kriegführung richtete sich nun vor allem gegen Österreich. Die im September 1795 eingeleitete französische Offensive nach Süddeutschland, um eine Operationsbasis gegen Österreich zu gewinnen, scheiterte jedoch mit der Schlacht bei Handschuhsheim nahe Heidelberg (24. 9.). Das vernachlässigte französische Heer zählte im Felde nur noch 45 000 Mann. Nach längerem Waffenstillstand nahmen die französischen Truppen im Juni 1796 die Offensive wieder auf. Sie drangen bis nach Franken und Bayern vor, mußten aber nach österreichischen Siegen bei Amberg (24. 8.) und Würzburg (3. 9.) abermals über den Rhein zurückgehen. Die Entscheidung fiel auf dem italienischen Kriegsschauplatz. Die schlecht versorgte und ausgerüstete französische Armee in Italien, seit Anfang März 1796 von Napoleon Bonaparte befehligt, zwang im April Sardinien zur Waffenstreckung, vertrieb in einem glänzenden Feldzug bis Ende 1796 die Österreicher aus fast ganz Oberitalien und plünderte das Land aus. Als die französischen Truppen nach dem Sieg bei Rivoli (14. 1. 1797) und der Einnahme der Festung Mantua (2. 2.) auf innerösterreichisches Gebiet vorstießen und Wien bedrohten, schloß Österreich am 7. 4. 1797 Waffenstillstand, der zum Vorfrieden von Leoben (18. 4.) führte. Der 1. K. endete mit dem französisch-österreichischen Frieden von Campo Formio vom 17. 10. 1797; der Frieden zwischen Frankreich und dem Reich sollte auf dem Rastatter Kongreß (seit Ende 1797) hergestellt werden. Trotz des französischen Sieges im 1. K. war die Gefahr einer konterrevolutionären Intervention noch nicht beseitigt, zumal Großbritannien den Krieg fortsetzte.

2. K. 1799–1802: Während Frankreich seit Sommer 1798 durch Feldzüge in Ägypten und Syrien versuchte, die britische Kolonialherrschaft in Indien zu bedrohen, brachte Großbritannien eine neue antifranzösische Koalition mit Rußland, Österreich, der Türkei, Neapel und Portugal zustande. Ihr Ziel war, Frankreich auf die Grenzen von 1792 zu beschränken und die Bourbonendynastie zu restaurieren. Um dem Angriff der Koalition zuvorzukommen, eröffnete Frankreich Anfang März 1799 ohne Kriegserklärung die Offensive in Süddeutschland, der Schweiz und Oberitalien. Daraufhin erklärte Österreich am 12. 3. den Krieg.

Alpenübergang der russischen Truppen, September 1799

Auf dem süddeutschen Kriegsschauplatz zwangen überlegene österreichische Kräfte unter Feldmarschall Erzherzog Karl von Österreich (1771–1847) nach Siegen bei Ostrach (20. 3.) und Stockach (25. 3.) die Franzosen zum Rückzug über den Rhein. Dadurch verlor die revolutionäre republikanische Bewegung in Süddeutschland, die von der französischen Regierung nicht mehr unterstützt wurde, ihre Wirkungsmöglichkeit. In der Schweiz und Oberitalien erlitten die mangelhaft versorgten und ohne einheitliche strategische Führung kämpfenden französischen Verbände ebenfalls schwere Niederlagen. Besonders die Siege der russischen Truppen unter Generalfeldmarschall A. W. Suworow (1729–1800), u. a. bei Bassano (24. 4.) und Novi (15. 8.), trugen zum Zusammenbruch der französischen Herrschaft in Italien bei. Russisch-österreichische Gegensätze in den Kriegszielen beeinträchtigten die weiteren Operationen. Auf österreichisches Betreiben mußte die russische Armee schließlich in die Schweiz abmarschieren. Ende September erfolgte ihr großartiger Alpenübergang, doch konnte sie die Niederlage der Verbündeten bei Zürich (25./26. 9.) nicht mehr verhindern. Als zudem im Oktober ein britisch-russisches Landungsunternehmen in den Niederlanden fehlschlug, zog Rußland seine Truppen zurück und trat Ende 1799 aus der Koalition aus.

Die im Gefolge der militärischen Niederlagen entstandene innere Krise in Frankreich führte am 9. 11. 1799 zum Staatsstreich Napoleon Bonapartes, der die offene Diktatur im Interesse der Großbourgeoisie errichtete. Die im Frühjahr 1800 begonnene Doppeloffensive der reorganisierten französischen Armee in Oberitalien sowie in der Schweiz und in Süddeutschland brachte die Kriegsentscheidung. Bei Marengo (14. 6.) erlitt die österreichische Armee eine schwere Niederlage und mußte Oberitalien räumen. Nachdem auch in Süddeutschland die französischen Truppen bei Höchstädt (19. 6.) und Hohenlinden (3. 12.) gesiegt hatten, schloß das von 2 Seiten bedrohte Österreich am 9. 2. 1801 den Frieden von Lunéville. Dieser bezog das Reich ein, das alle linksrheinischen Gebiete an Frankreich abtreten mußte. Die daraus folgende und unter französischem Diktat vollzogene Umgestaltung des Reiches (25. 2. 1803 Reichsdeputationshauptschluß) bedeutete eine Neuverteilung der Machtverhältnisse zwischen den deutschen Staaten und praktisch die Auflösung des Reichsverbandes. Der 2. K. wurde am 25. 3. 1802 mit dem französisch-britischen Frieden von Amiens beendet.

3. K. 1805: Bereits am 18. 5. 1803 brach der Krieg zwischen Großbritannien und Frankreich (seit 1804 Kaiserreich) erneut aus. Französische Truppen besetzten Hannover, und eine «Große Armee» wurde bei Boulogne für eine Landung in England versam-

Schlacht bei Austerlitz, 2. Dezember 1805

melt, ein Vorhaben, das sich als unreal erwies. Auf britische Initiative bildete sich 1805 die dritte Koalition mit Großbritannien, Rußland, Österreich, Schweden und Neapel. Ihr Ziel war es, die französische Herrschaft in Italien, der Schweiz, den Niederlanden und Norddeutschland zu beseitigen. Damit sollte zugleich die bürgerlich-fortschrittliche Bewegung in den mittel- und westeuropäischen Ländern geschwächt werden. Preußen blieb neutral. Die Koalition verfügte über 420000 Mann, verteilt auf mehrere Kriegsschauplätze. Die Entscheidung erwartete sie in Oberitalien, wo die österreichischen Hauptkräfte aufmarschierten. Kaiser Napoleon I. beabsichtigte dagegen, Österreich nördlich der Alpen vor dem Eintreffen der russischen Armee zu besiegen. Obwohl er nur über 250000 Mann verfügte, gelang es ihm, auf dem Hauptkriegsschauplatz Süddeutschland überlegene Kräfte zu vereinigen (200000 Mann). Da sich neben Spanien auch Bayern, Württemberg und Baden mit ihm verbündeten, war ein ungehinderter französischer Aufmarsch möglich.

Als Anfang September 1805 eine österreichische Armee in Bayern eindrang, zogen französische Korps aus Frankreich, Holland und Hannover in Eilmärschen an die Donau und vereinigten sich mit den süddeutschen Truppen. Die österreichische Armee wurde strategisch umfaßt und ihre in Ulm eingeschlossene Hauptgruppierung (25000 Mann) am 17. 10. zur Kapitulation gezwungen. Damit war der Weg nach Wien frei, in das Napoleon am 13. 11. einzog. Inzwischen marschierten die österreichischen Truppen aus Oberitalien zurück, konnten jedoch die

Seeschlacht bei Trafalgar, 21. Oktober 1805

Kriegsentscheidung nicht mehr beeinflussen. Diese fiel am 2. 12. in der sog. Dreikaiserschlacht bei Austerlitz in Mähren. Während der Angriff der rus-

Schlacht bei Jena, 14. Oktober 1806

sisch-österreichischen Armee (85000 Mann) gegen den französischen rechten Flügel scheiterte, durchbrachen die französischen Truppen (73000 Mann) das gegnerische Zentrum. Die Verbündeten mußten sich unter schweren Verlusten an Menschen (über 26000 Tote, Verwundete und Gefangene) und Geschützen zurückziehen. Mit dem Feldzug von 1805 erreichte Napoleons Kriegskunst ihren Höhepunkt. Der 3. K., von Napoleon mit einer Generalschlacht (Austerlitz) entschieden, endete mit dem österreichisch-französischen Frieden von Preßburg am 26. 12. 1805. Rußland zog seine Truppen ab, blieb aber im Kriegszustand mit Frankreich. Auch Großbritannien setzte den Krieg fort. Durch die Vernichtung der französisch-spanischen Flotte bei Trafalgar (21. 10. 1805) hatte es seine unumschränkte Seeherrschaft gesichert und war für Napoleon unangreifbar geworden. Eine wichtige politische Folge des 3. K. bestand in der Gründung des Rheinbundes unter dem Protektorat Napoleons (Rheinbundakte vom 12. 7. 1806), dessen Mitglieder sich an einem von Frankreich geführten Krieg mit Truppen (insgesamt 63000 Mann) und Geld beteiligen mußten. Die anschließende Niederlegung der deutschen Kaiserwürde durch Kaiser Franz II. (1768–1835) am 6. 8. 1806 besiegelte das Ende des römisch-deutschen Reiches.

4. K. 1806/07: Preußen hatte am 15. 12. 1805 einen Bündnisvertrag mit Frankreich geschlossen und das mit Großbritannien durch Personalunion verbundene Kurfürstentum Hannover zugesichert erhalten. Im März 1806 besetzte es Hannover und sperrte auf Druck Napoleons alle Häfen für den britischen Handel. Napoleons Angebot, Hannover als Preis für einen Frieden an Großbritannien zurückzugeben, führte zur preußischen Mobilmachung und schließlich am 9. 10. 1806 zur Kriegserklärung an Frankreich. Preußen wurde von Rußland, Sachsen, Sachsen-Weimar, Braunschweig und Hannover unterstützt. Die vom Herzog von Braunschweig geführte preußisch-sächsische Armee (150000 Mann) marschierte schwerfällig nördlich des Thüringer Waldes auf. Napoleon zog französische und Rheinbundtruppen (200 000 Mann) am oberen Main zusammen und stieß Anfang Oktober rasch nach Norden vor. Nach den ersten verlorenen Gefechten (9. 10. bei Schleiz, 10. 10. bei Saalfeld) wurde preußischerseits jeder Offensivgedanke aufgegeben. Die Kriegsent-

Einzug Napoleons I. in Berlin, 27. Oktober 1806

scheidung fiel am 14. 10. in der Doppelschlacht von → *Jena und Auerstedt 1806*, in der das preußische Heer eine vernichtende Niederlage erlitt. Während die geschlagenen Truppen bei Prenzlau (28. 10.) und Lübeck (7. 11.) kapitulierten, ergab sich kampflos eine preußische Festung nach der anderen. Die Verteidigung von → *Kolberg 1807* zählte zu den rühmlichen Ausnahmen. Binnen kurzem war ganz Norddeutschland in französischer Hand. Am 27. 10. 1806 zog Napoleon in Berlin ein und dekretierte von hier aus am 21. 11. die Kontinentalsperre gegen Großbritannien. Ende 1806 schloß er Frieden mit Sachsen, das dem Rheinbund beitrat und ein Hilfskorps von 6000 Mann gegen Preußen stellte.

Den Zusammenbruch des feudalabsolutistischen preußischen Staates konnte auch die russische Armee nicht aufhalten, die Ende Oktober in Preußen einrückte. Gemeinsam mit schwachen preußischen Kräften hielt sie jedoch in der Schlacht bei → *Preußisch-Eylau 1807* (7./8. 2.) gegen die französische Armee stand. Erstmals verließ Napoleon das Schlachtfeld nicht als Sieger. Obwohl sich Rußland und Preußen im Bündnisvertrag von Bartenstein (26. 4.) zur Fortsetzung des Krieges verpflichteten, wurde nach der russischen Niederlage am 14. 6. bei Friedland ein Waffenstillstand geschlossen. Der 4. K. endete mit den Friedensverträgen von Tilsit zwischen Frankreich und Rußland vom 7. 7. sowie zwischen Frankreich und Preußen vom 9. 7., ergänzt durch die Konvention von Königsberg vom 12. 7. 1807 und die → *Pariser Konvention 1808*. Preußen verlor über die Hälfte seines Gebietes, bewahrte jedoch unter dem Zwang der bedrückenden Verträge seine Selbständigkeit. «Der Tilsiter Frieden war die größte Erniedrigung Deutschlands und gleichzeitig eine Wendung zu einem gewaltigen nationalen Aufschwung» (W. I. Lenin, 27, S. 149). Tilsit markierte den Höhepunkt der französischen Vorherrschaft in Europa. Während Napoleons Kriegsziele abenteuerliche Ausmaße annahmen, erstarrten seine Kriegskunst und Führungsmethoden zur Routine. Kampfkraft und Moral des französischen Heeres, in dem der Anteil fremder Truppen wuchs, begannen zu sinken. Napoleons Gegner aber lernten zunehmend, die neue Kriegskunst anzuwenden.

5. K. 1809: Der von Großbritannien mit Waffen und Truppen unterstützte spanische Volkskrieg (Guerillakrieg) gegen die französische Fremdherrschaft sowie die Bedrohung seines Besitzstandes veranlaßten Österreich seit Sommer 1808, gegen Frankreich zu rüsten. Die nach 1805 eingeleiteten Militärreformen, insbesondere die Errichtung einer Landwehr, hatten Österreich militärisch gestärkt.

Schlacht bei Aspern, 21./22. Mai 1809

Tiroler Freiheitskämpfer in der Sachsenklamm, 4. August 1809

Sein antinapoleonischer Kampf fand in Norddeutschland lebhaften Widerhall und löste mehrere → *nationale Erhebungen 1809* aus. Die mit der Kriegserklärung an Frankreich (9. 4. 1809) verbundene Hoffnung auf preußische Hilfe erfüllte sich nicht. Österreich erhielt nur geringe britische Unterstützung; Rußland erklärte ihm am 5. 5. sogar den Krieg.

Die österreichischen Hauptkräfte unter Erzherzog Karl drangen seit 10. 4. aus Böhmen nach Bayern vor. Ihr langsamer Aufmarsch ermöglichte es Napoleon, die in Süddeutschland getrennt stehenden französischen und Rheinbundtruppen zu konzentrieren. Die Österreicher wurden am 20. 4. südlich Regensburg in mehreren Gefechten (Schlacht von Abensberg) und am 22. 4. bei Eggmühl geschlagen. Die strategische Initiative ging an die napoleonische Armee über, die Wien am 13. 5. kampflos besetzte. Ihr Versuch, mit 110000 Mann die Donau zu überschreiten, scheiterte jedoch bei Aspern (21./22. 5.). Es war ihre erste Niederlage in einer offenen Feldschlacht. Da das österreichische Oberkommando den Erfolg nicht ausnutzte, konnte Napoleon seine Kräfte verstärken und durch den Sieg bei Wagram (5./6. 7.) den Donauübergang erzwingen. Obwohl Österreich noch über bedeutende Reserven verfügte, schloß es aus Furcht vor einem militärischen Zusammenbruch und einem revolutionären Volkskrieg am 12. 7. 1809 den Waffenstillstand von Znaim. Damit wurde auch der von Andreas Hofer (1767–1810) geführte Freiheitskampf der Tiroler gegen das bayrische Okkupationsregime verraten. Er begann bei Kriegsausbruch, wurde aber von den österreichischen Truppen nur mangelhaft unterstützt. Die unzureichend bewaffneten und in Schützen- und Landsturmeinheiten organisierten Tiroler siegten in 3 Schlachten am Berg Isel (11.–13. 4., 25.–29. 5., 13. 8.) gegen bayrisch-französische Truppen. Dem konzentrischen Angriff überlegener Kräfte, der Mitte Oktober begann, vermochten sie jedoch nicht mehr standzuhalten (1.–4. 11. vierte Schlacht am Berg Isel). Bis Ende 1809 wurde Tirol unterworfen und wieder Bayern angegliedert. Der 5. K. war am 14. 10. 1809 mit dem Frieden von Schönbrunn beendet worden. Auch der Sieg über Österreich, das sich in der Folgezeit mit Napoleon verständigte, konnte nicht verhindern, daß die Krise des napoleonischen Systems voranschritt.

6. K. 1813/14: Die Vernichtung der napoleonischen Großen Armee im Vaterländischen Krieg 1812 des russischen Volkes – von 594000 Mann kehrten nur 81000 zurück – veränderte schlagartig das militärische Kräfteverhältnis auf dem Kontinent. Sie gab, wie Engels schrieb, «das Signal zum allgemeinen Aufstand gegen die französische Oberherrschaft im Westen» (K. Marx/F. Engels, 22, S. 28). Das russisch-preußische Bündnis gegen Frankreich vom 27./28. 2. 1813 war Ausgangspunkt der sechsten Koalition, die im Spätsommer 1813 Rußland, Preußen, Großbritannien, Schweden, Österreich, Spanien, Portugal und die beiden Mecklenburger Herzogtümer umfaßte. Neben dem gemeinsamen Ziel, das napoleonische Frankreich zu besiegen, verfolgten die Koalitionspartner eigennützige Kriegsziele. Dadurch und durch das Fehlen eines einheitlichen Oberbefehls wurde die gemeinsame Kriegführung beeinträchtigt. Zudem schwächte die Bildung der Koalition, besonders der Beitritt Österreichs (10. 8.), den Einfluß der patriotischen Kräfte auf den bewaffneten Kampf zugunsten der feudalreaktionären Kreise.

Die preußische Kriegserklärung vom 16. 3. 1813 an Frankreich, auf dessen Seite die Rheinbundstaaten und Dänemark standen, eröffnete mit dem 6. K. zugleich den → *nationalen Unabhängigkeitskrieg 1813/14* des deutschen Volkes. Auf dem deutschen Kriegsschauplatz fiel nach französischen Anfangserfolgen die Entscheidung in der Völkerschlacht bei → *Leipzig 1813* (16.–19. 10.). Mit dem Rückzug der

Die geschlagene napoleonische Armee auf dem Rückzug aus Rußland, 1812

zerschlagenen napoleonischen Armee über den Rhein brach die französische Fremdherrschaft zusammen. Bis Ende November gingen alle Rheinbundstaaten zur Koalition über, um ihre Souveränität zu retten. Auch Dänemark trat im Januar 1814 auf die Seite der Verbündeten. In Spanien hatten die britisch-spanisch-portugiesischen Truppen und vor allem der Guerillakrieg die französischen Okkupanten bis Ende 1813 fast aus dem ganzen Land vertrieben. Auf dem italienischen Kriegsschauplatz verschlechterte sich die Lage der napoleonischen Truppen durch österreichische Erfolge und den Frontwechsel Neapels, doch übte dies nur geringen Einfluß auf den Gesamtkriegsverlauf aus. Napoleons mangelnde Friedensbereitschaft und seine fieberhaften Rüstungen zwangen die Verbündeten, den Krieg fortzusetzen. Der mit Jahresbeginn 1814 eingeleitete Feldzug in Frankreich wurde jedoch von Ver-

Schlacht an der Katzbach am 26. August 1813

handlungen mit Napoleon begleitet (5. 2.–19. 3. Kongreß von Châtillon-sur-Seine) und deshalb nicht energisch geführt. Er endete mit der Kapitulation von Paris (30. 3.) und der Abdankung Napoleons (6. 4.). Auch auf den Nebenkriegsschauplätzen wurden die Kampfhandlungen eingestellt. Die Verbündeten restaurierten die Bourbonenherrschaft, verbannten Napoleon nach Elba und legten im ersten Pariser Frieden vom 30. 5. 1814 für Frankreich die Grenzen von 1792 fest. Die Ursachen für die Niederlage Napoleons lagen sowohl in der gewaltigen Überlegenheit der Verbündeten als auch in der Erschöpfung Frankreichs und der Abkehr der französischen Nation von der abenteuerlichen napoleonischen Kriegspolitik.

Straßenkampf in Leipzig, 19. Oktober 1813

7. K. 1815: Die Gegensätze der Siegermächte auf dem Wiener Kongreß (1. 11. 1814–Mitte Juni 1815) und die Mißstimmung im französischen Volk über die Politik der Ultraroyalisten bewogen Napoleon, Anfang März 1815 von Elba nach Frankreich zurückzukehren (Herrschaft der 100 Tage). Gegen ihn erneuerten Großbritannien, Rußland, Österreich und Preußen am 25. 3. in der Konvention von Wien ihr Bündnis, dem bis auf Schweden, Neapel und die Türkei alle europäischen und deutschen Staaten beitraten. Ehe die überlegenen Feldheere der Verbündeten (700000 Mann) ihren Aufmarsch abgeschlossen hatten, stieß Napoleon (230000 Mann Feldtruppen) Mitte Juni mit der Nordarmee nach Belgien vor. Durch eine Operation auf der inneren Linie wollte er die sog. Niederlandearmee unter dem englischen Feldmarschall Arthur Wellesley, Duke of Wellington (1769–1852), und die preußische Armee unter Generalfeldmarschall Gebhard Leberecht von Blücher (1742–1819) getrennt schlagen. Während Teilkräfte (40000 Mann) bei Quatre-Bras die Armee Wellingtons banden, konnte die Hauptgruppierung (78000 Mann, 248 Geschütze) am 16. 6. bei Ligny die preußische Armee (82000 Mann, 216 Geschütze) zwar besiegen, aber nicht zerschlagen. Deren kühner Abzug nach Norden statt nach Osten sicherte die Verbindung mit Wellington. Das Zusammenwirken beider Armeen entschied am 18. 6. die Schlacht bei → *Waterloo 1815*, mit der das napoleonische Regime endgültig zusammenbrach. Der zur Abdankung gezwungene Kaiser (22. 6.) wurde auf die Insel Saint Helena verbannt, und die Bourbonen kehrten nach Paris zurück. Der zweite Pariser Frieden vom 20. 11. 1815, der Frankreich im wesentlichen auf die Grenzen von 1790 beschränkte, beendete den 7. K.

Braunschweigische Truppen in der Schlacht bei Quatre-Bras, 16. Juni 1815

Ergebnisse: Die Völker erlitten in den K. gewaltige personelle und materielle Verluste. Nach Schätzungen betrug allein die Zahl der gefallenen und der an Verwundungen gestorbenen Soldaten über 4 Mill. Mann; sehr hoch war auch die Zahl der an Krankheiten Gestorbenen. Die Fürsten nutzten den Zusammenbruch der napoleonischen Herrschaft für eine spätfeudale Restaurationspolitik aus. Diese konnte zwar die territorial-politischen Veränderungen und die begonnene soziale Umwälzung nicht mehr rückgängig machen, hemmte jedoch die Weiterführung des bürgerlichen Fortschritts. Unter der Vorherrschaft des russischen Zarentums errichteten die europäischen Monarchen auf dem Kontinent ein konterrevolutionäres Herrschaftssystem (Heilige Allianz), das den 1815 geschaffenen Deutschen Bund einschloß.

In militärischer Hinsicht brachten die K. wichtige Ergebnisse. Die auf massenhaften Einsatz und Beweglichkeit der Streitkräfte und Kampfmittel aufbauende bürgerliche Kriegskunst wurde zum Gemeingut aller europäischen Armeen. Fast überall setzte sich das Prinzip der Zwangsaushebung der Bevölkerung zum Wehrdienst entweder in Form der allgemeinen Wehrpflicht oder der Konskription durch. Gliederung, Struktur und Ausrüstung der Streitkräfte glichen sich weitgehend an, und mit Ausnahme von Großbritannien wurden die militärische Führung und der Militärapparat in allen Staaten zentralisiert. Die Kriegserfahrungen führten im allgemeinen zu einer Übereinstimmung der Militärmächte in bezug auf die strategisch-operativen Grundsätze sowie in taktischer Hinsicht zur Verwendung von Tirailleuren in Verbindung mit Linien und Kolonnen. Schließlich beschleunigte die Auswertung der Erfahrungen der K. die Entwicklung der Militärtheorie und Militärwissenschaft. Die strategischen und taktischen Methoden und Prinzipien, die Napoleon anwandte, wurden bis Ende des 19. Jh. auch von deutschen Militärtheoretikern kanonisiert. *(s. Abb. S. 336, 472, 675, 1050)*

Kogge → *Seestreitkräfte*

Kokarde: in der Regel an der Kopfbedeckung befindliches Abzeichen, das die Zugehörigkeit zu den Streitkräften oder anderen bewaffneten Organen eines Landes verdeutlicht.

Coquarde nannte man im 17. Jh. die zumeist einfarbige Bandschleife, die am Hut getragen wurde und als Erkennungszeichen politischer Gruppierungen diente. Nach der Französischen Revolution von 1789 wurde sie vor allem Ausdruck des bürgerlichen Nationalbewußtseins. Mit der Übernahme als militärisches Symbol durch die Revolutionsheere Frankreichs bekam die K. die Funktion eines wichtigen Unterscheidungsmerkmals an den Uniformen der Armeen. Sie fand bald Eingang in die Streitkräfte weiterer Staaten, z. B. Preußens seit dem nationalen Unabhängigkeitskrieg von 1813. 1867 wurde für die im Norddeutschen Bund vertretenen Armeekontingente das Tragen der preußischen K. (schwarzweiß) neben der jeweiligen Landes-K. festgelegt. Erst seit 1897 gab es eine einheitliche K. für alle deutschen Länder, die sogenannte Reichs-K. (schwarzweißrot). Daneben wurde weiterhin die Landes-K. getragen. Die Reichswehr führte seit 1921 auf dem Mützenband eine ovale K. mit schwarzem Adler auf gelbem Grund, umschlossen von einem Eichenlaubkranz, und darüber auf dem Randstreifen der Dienstmütze die Landes-K. Mit der Aufstellung des faschistischen Massenheeres 1935 wurde wieder die schwarzweißrote K. eingeführt, und darüber, an die Stelle der Landes-K., kam das faschistische «Hoheitszeichen». Die K. hatte in ihrer Entwicklung als nationales Erkennungszeichen Schleifen-, Oval- oder Kreisform. Ihr Material, abhängig von der Mützenart und dem Dienstgrad, bestand zuerst aus einem rosettenartigen Band, dann aus einer Metall- bzw. Leder- oder Tuchrosette.

Die K. der NVA und anderer bewaffneter Organe der DDR wird vorn an der Mütze getragen. Sie zeigt das Staatsemblem der DDR auf rotem Grund, umrankt von einem Ährenkranz, der im unteren Drittel die Farben Schwarz-Rot-Gold enthält und von einem Eichenlaubkranz umschlossen ist. *(s. Abb. S. 1011, 1012)*

Kokardenformen: 1 Bandschleife (18. Jh.); *2* Bandrosette (Nationalkokarde 1848); *3* Reichskokarde (Streitkräfte des kaiserlichen Deutschlands); *4* Kokarde mit Eichenlaubkranz (Reichswehr); *5* Kokarde mit Eichenlaubkranz und Schwingen (Luftstreitkräfte der NVA)

Kolberg 1807: Festungsverteidigung im 4. Koalitionskrieg 1806/07 (→ *Koalitionskriege 1792–1815*) durch preußische Truppen und Stadtbürger gegen napoleonische Belagerungstruppen von Anfang März bis 2. 7. 1807.

Nach der Schlacht von → *Jena und Auerstedt 1806* leisteten nur wenige preußische Festungen den napoleonischen Truppen ernsthaften Widerstand. Zu ihnen gehörte K., das seit Anfang März 1807 belagert wurde. Die Belagerungstruppen unter dem französischen General Jean Loison (1770–1816) zählten zeitweise 14000 Mann, darunter Rheinbundtruppen, mit zahlreichen Geschützen. Der preußische Festungskommandant Oberst Ludwig Friedrich von Lucadou (1741–1812) verfügte nur über etwa 6000 Mann und 86 Geschütze. Er lehnte jedoch die Zusammenarbeit mit der traditionsbewußten und patriotisch gesinnten Bürgerschaft ab. Auch den Kleinkrieg, den der Dragonerleutnant Ferdinand von Schill (1776–1809) mit einem Freikorps vor der

Stadt führte, unterstützte er nicht. Aufgrund seiner kapitulantenhaften Haltung wurde Lucadou am 11. 4. durch Major August Neidhardt von Gneisenau (1760–1831) ersetzt, der Ende April in K. eintraf. Unter dessen Leitung und mit tatkräftiger Hilfe der von Joachim Nettelbeck (1738–1824) geführten Bürgerschaft verteidigte sich die Festung erfolgreich.

Die Lage K. auf einer Bodenerhebung am Fluß Persante begünstigte die Verteidigung. Hauptwall und 6 Bastionen umschlossen die Stadt mit ihren 4300 Einwohnern. Im Westen bot die Persante einen durch Befestigungsanlagen ergänzten natürlichen Schutz; ein Fort sicherte die Flußmündung mit dem Hafen. Die vor den Wällen liegenden breiten Wiesen wurden durch Stauen des Flusses überschwemmt, so daß nur wenige schmale Zugänge übrigblieben. Gegen den von Osten und Südosten vordringenden Gegner führte Gneisenau, abweichend von der bisher üblichen Praxis, eine aktive Verteidigung mit vorgeschobenen Posten und überraschenden Ausfällen sowie unter geschickter Ausnutzung des Vorgeländes. Hauptstütze des Verteidigungssystems war der nordöstlich von K. gelegene befestigte Wolfsberg, der erst nach 24tägigem heftigem Kampf am 11. 6. in die Hand der Belagerer fiel. Trotz des am 25. 6. zwischen Frankreich und Preußen abgeschlossenen Waffenstillstandes, der den Verteidigern nicht bekannt wurde, setzten die Belagerer zum entscheidenden Angriff an. Am 1. 7. früh begann eine 36stündige Beschießung von K., die große Zerstörungen verursachte. Die Vorstöße der napoleonischen Truppen scheiterten jedoch am Widerstand der Festungsbesatzung. Als am 2. 7. nachmittags die Nachricht vom Waffenstillstand eintraf, wurde der erbittert geführte Kampf eingestellt. Allein in den letzten beiden Monaten der Belagerung betrugen die Verluste der Verteidiger fast 2000, die der napoleonischen Truppen 5000 Tote, Verwundete und Gefangene. Preußen behielt eine wichtige Festung an der Ostsee, die eine Verbindung nach Schweden und Großbritannien ermöglichte. Die erfolgreiche Verteidigung von K. beruhte nicht zuletzt auf einer hohen Kampfmoral der preußischen Soldaten und dem Patriotismus der Einwohner. Großen Anteil hatte Gneisenau, der sich als fähiger und energischer Kommandant erwies. Noch Ende Juni zum Oberstleutnant befördert, wurde er einen Monat später zum Mitglied der Militär-Reorganisationskommission ernannt (→ *Militärreformen in Preußen 1807–1815*).

Kolin 1757: Schlacht im → *Siebenjährigen Krieg 1756–1763* zwischen preußischen und österreichischen Truppen am 18. 6. 1757.

Die im Frühjahr 1757 in Böhmen einmarschierte preußische Armee unter König Friedrich II. (1712–1786) besiegte die österreichischen Hauptkräfte am 6. 5. bei Prag und schloß sie in der Stadt ein. Entgegen den preußischen Erwartungen zog sich die Belagerung in die Länge. Als eine Entsatzarmee unter Feldmarschall Leopold von Daun (1705–1766) heranrückte und die Verbindungslinien zu den preußischen Magazinen in Nimburg und Brandeis bedrohte, mußte sich Friedrich II. gegen sie wenden. Dauns 54000 Mann (35000 Mann Infanterie, 19000 Mann Kavallerie) und 154 Geschütze starke Armee bezog bei K. eine befestigte Höhenstellung und vereitelte damit die Absicht Friedrichs II., sie durch Manövrieren zurückzudrängen. Dem Preußenkönig, der nur über 35000 Mann (21000 Mann Infanterie, 14000 Mann Kavallerie) und 90 Geschütze verfügte, blieb deshalb nichts anderes übrig, als die Schlacht zu wagen. Die Stellung der Österreicher war vorteilhaft. Ihre Flügel standen auf frontal schwer ersteigbaren Höhen, den linken schützte außerdem eine Seenkette vor Umfassung. Das Zentrum zwischen den Höhen war tief gegliedert und durch Kavallerie verstärkt, die Artillerie günstig postiert. Friedrich II. entschloß sich deshalb, den rechten Flügel anzugreifen, dessen ausgedehnte Hakenstellung ihm aber verborgen blieb. Die Bewegungen der preußischen Armee und ihr Aufmarsch zur schiefen Schlachtordnung (→ *Lineartaktik*) vollzogen sich unter den Augen des Gegners, so daß Daun den Angriffsplan erkennen und den bedrohten Flügel verstärken konnte. Die preußischen Truppen durchbrachen zwar den österreichischen rechten Flügel, wurden dann aber von den Kräften, die auf dem äußersten rechten Flügel standen, in der Flanke und im Rücken angegriffen. Auch der Versuch der preußischen Kavallerie, das Zentrum zurückzuwerfen, scheiterte nach Anfangserfolgen. Die Entscheidung fiel gegen 18 Uhr durch eine Attacke der gesamten österreichischen Reiterei, die die Masse der preußischen Infanterie zerschlug. Friedrich II. verließ fluchtartig das Schlachtfeld, während sich seine Armee nahezu auflöste. Sie verlor fast 14000 Mann, darunter mehr als 3000 Deserteure, und 45 Geschütze. Dauns Armee büßte knapp 9000 Mann ein,

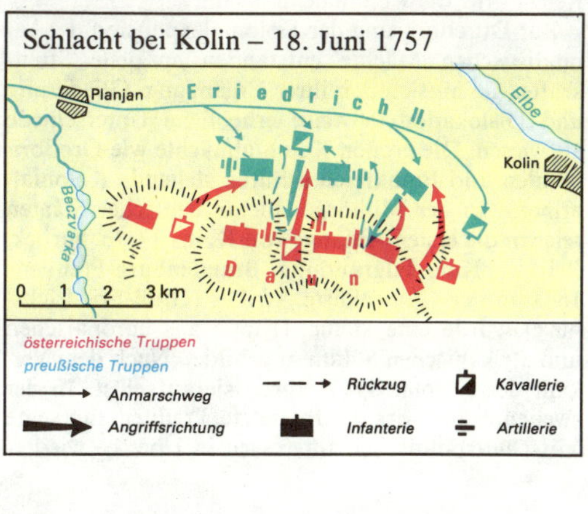

Schlacht bei Kolin – 18. Juni 1757

Angreifende preußische Infanterie bei Kolin

davon 1300 Tote. Die Niederlage von K. zwang Friedrich II., die Belagerung Prags aufzugeben und Böhmen zu räumen. Sie nahm ihm nicht nur den Ruf der Unbesiegbarkeit, sondern durchkreuzte auch seine Pläne für eine schnelle Beendigung des Krieges. In Österreich wurde der Tag des Sieges von K. zum Stiftungstag des für hervorragende militärische Verdienste verliehenen Maria-Theresia-Ordens.

Kolonialkriege → *Kolonialtruppen*, → *Kriege*

Kolonialtruppen: vom Ende des 19. Jh. bis 1918 selbständiger Teil der Streitkräfte des Deutschen Reiches für die Kolonialexpansion.

Zur Durchführung der Kolonialexpansion der kapitalistischen Mächte entstanden spezielle Streitkräfte, die hinsichtlich ihrer Ergänzung, Gliederung und Dislokation teilweise erhebliche Unterschiede aufwiesen. Die großen Kolonialmächte wie Großbritannien und Frankreich schufen stehende Kolonialarmeen. In der Militärgeschichte deutscher Staaten reichen die ersten Anfänge von K. ins 17. Jh. zurück. Bei der Kolonialgründung Brandenburg-Preußens 1683 an der Guineaküste Afrikas (Groß-Friedrichsburg) wurde eine kleine Truppe aus europäischen und afrikanischen Söldnern gebildet. Nach dem Verkauf der Kolonie 1717 wurde sie aufgelöst. In der zweiten Hälfte des 19. Jh. setzte Preußen für seine wirtschaftspolitischen Interessen in Übersee wiederholt Kriegsschiffe und Teile seiner Seebataillone ein (→ *Marineinfanterie*). Seit 1896 wurden die Seebataillone für den Kolonialkrieg ausgebildet und erhielten Tropenuniform. Mit dem Übergang des Deutschen Reiches zur kolonialen Expansion in den 80er Jahren entstanden die Anfänge von K. zunächst in Form von Söldnerformationen deutscher Kolonialgesellschaften. Da sie und die Marine nicht in der Lage waren, die Aufstände der afrikanischen Bevölkerung zu unterdrücken, bildete die Reichsregierung in den Kolonien Deutsch-Ostafrika, Deutsch-Südwestafrika und Kamerun reguläre K., die sog. Kaiserlichen Schutztruppen. Sie bestanden selbständig neben dem Heer und der Marine; ihre Angehörigen erhielten den Status von → *Soldaten*. In den anderen deutschen Kolonialgebieten (in Togo und in den Gebieten im Stillen Ozean) gab es nur Polizeiformationen. Der Marinestützpunkt Kiaotschou an der chinesischen Küste war von einem Seebataillon besetzt.

Die erste reguläre deutsche K. entstand nach Unterdrückung eines großen Aufstandes in der Kolonie Ostafrika (Gesetz vom 22. 3. 1891). Sie rekrutierte sich aus Freiwilligen des kaiserlich-deutschen Heeres und der Kaiserlichen Marine mit 2½jähriger und afrikanischen Söldnern mit 5jähriger Dienstzeit. Bis 1913/14 erreichte sie eine Stärke von 132 Truppenoffizieren, Sanitäts- und Veterinäroffizieren sowie Militärbeamten und 138 Unteroffizieren von deutscher Seite und 2 Offizieren (Effendis) sowie 2434 Unteroffizieren und Mannschaften von afrikanischer Seite (Askaris). Die Askaris stammten aus dem Sudan, aus Somalia und der einheimischen Bevölkerung. Die Truppe gliederte sich in Kompanien und war auf 20 Stützpunkte verstreut. Jede Kompanie erhielt 3 MG; die übrige Bewaffnung war teilweise veraltet. In der Kolonie Südwestafrika wurde die seit 1889 bestehende Freiwilligentruppe am 3. 5. 1894 zur sog. Kaiserlichen Schutztruppe umgewandelt. Sie bestand nur aus Deutschen. 1913/14 zählte sie 154 Offiziere, Sanitäts- und Veterinäroffiziere sowie Militärbeamte und 1893 Unteroffiziere und Mannschaften. Sie war auf die Hauptstadt Windhuk und eine Anzahl größerer und kleinerer Militärstationen verteilt. Gegliedert war sie in ein Kommando des Nord- und des Südbezirkes, umfaßte 6 berittene Kompanien, 2 MG-Kompanien, 2 Batterien Feldartillerie, Verkehrstruppen und Kamelreiter. Ihre Bewaffnung entsprach der des Heeres. Die Freiwilligen dienten 3½ Jahre, die wehrpflichtigen deutschen Siedler 3 Jahre. Die K. in Südwestafrika waren am besten ausgerüstet und am schlagkräftigsten. In Kamerun wurde 1894 die bestehende Polizeitruppe zur «Kaiserlichen Schutztruppe» umgewandelt. 1913/14 erreichte sie eine Stärke von 90 deutschen Truppenoffizieren, Sanitäts- und Veterinäroffizieren sowie Militärbeamten, 103 deutschen Unteroffizieren und 1550 afrikanischen Unteroffizieren und Mannschaften, überwiegend Söldnern aus anderen afrikanischen Gebieten. Sie war gegliedert in 12 Kompanien und 1 Artilleriedetachement. Ihre Bewaffnung (außer den MG) war veraltet.

Die deutschen K. waren eine Reichseinrichtung und dem Reichskanzler unterstellt. Seit 1896 gehörten sie zum Ressort der Kolonialabteilung des Auswärtigen Amtes und seit 1907 zum neuerrichteten Reichskolonialamt. Das 1897 geschaffene Oberkommando der Schutztruppe wurde 1907 in Kommando der Schutztruppe im Reichskolonialamt umbenannt. An seiner Spitze stand ein Oberst oder General. Die oberste Kommandogewalt der K. lag beim Kaiser. Die Offiziersangelegenheiten bearbeitete das → *Militärkabinett*. Am 25. 7. 1898 wurden für die K. einheitliche organisatorische Bestimmungen erlassen, die sog. Schutztruppenordnung. Danach lag die oberste militärische Gewalt in den 3 afrikanischen Kolonien bei den Gouverneuren. Die Kommandeure der K. waren verantwortlich für die Ausbildung und Verwaltung der Truppen. Die deutschen K. erreichten einen hohen Ausbildungsstand. Die Ausbildung erfolgte nach den Vorschriften des Heeres, die für die spezifischen Bedingungen in Afrika abgeändert wurden. Die K. waren ein Sammelbecken für abenteuerliche Elemente. Es gab vor allem für die Offiziersstellen viele Bewerber, da keine speziellen Anforderungen gestellt wurden und die Bezahlung weit höher war als im Heer und in der Marine. Bei der Anwerbung afrikanischer Söldner nutzten die deutschen Behörden die ethnischen und religiösen Unterschiede und Gegensätze zwischen den afrikanischen Völkern aus. Die sozial korrumpierten Söldner wurden zum großen Teil in fremden Gebieten eingesetzt.

Die Hauptaufgabe der vom Rassismus geprägten K. bestand darin, die afrikanische Bevölkerung zu unterdrücken und die wirtschaftliche Ausplünderung zu sichern. Seit der Inbesitznahme der Kolonien wurde die Kolonialherrschaft des deutschen Kaiserreichs wie die anderer imperialistischer Staaten fast ununterbrochen durch Aufstände erschüttert. Eine Welle großer Aufstände erfaßte die afrikanischen Kolonien in der Zeit von 1904 bis 1908. In Südwestafrika führten die Herero und die Namastämme (→ *Herero- und Namaaufstand 1904–1907*) einen heroischen Kampf gegen die verhaßte deutsche Kolonialherrschaft. 1905/06 erhoben sich in Deutsch-Ostafrika große Teile der Bevölkerung (sog. Maji-Maji-Aufstand) gegen ihre Ausbeuter und Unterdrücker. In Kamerun war schon 1904 der Anyang-Aufstand ausgebrochen. 1905 und 1906 flackerten dort wie auch in Togo weitere bewaffnete Kämpfe auf. Die antikolonialen Widerstands- und Befreiungsaktionen überschritten vielfach die Stammesgrenzen und erfaßten weite Gebiete. Zwischen ihnen und den Kämpfen in den Kolonien der anderen imperialistischen Staaten bestanden enge Verbindungen und Zusammenhänge. Sie kündigten eine neue Stufe des Widerstandes und Freiheitskampfes gegen das imperialistische Kolonialsystem an. Die Kolonialherren gingen daher mit äußerster Brutalität unter Ausnutzung ihrer überlegenen Waffentechnik gegen die Aufständischen vor. So vernichteten die Streitkräfte des deutschen Imperialismus in Südwestafrika auf grausamste Weise 70000 Herero, und in Ostafrika ermordeten sie weit über 100000 Menschen. Sog. Strafexpeditionen gegen «unbotmäßige» Stämme waren an der Tagesordnung. Zur Niederschlagung der Aufstände setzten die deutschen Imperialisten neben den K. auch Kriegsschiffe, Seebataillone und aus Freiwilligen des Heeres neugebildete Formationen ein.

Durch seine forcierte Heeres- und Flottenrüstung war der deutsche Imperialismus nicht in der Lage, eine starke stehende Kolonialarmee aufzubauen, wie einflußreiche Kreise forderten. Die militärischen Vorbereitungen für die Verteidigung der Kolonien in einem Krieg mit anderen imperialistischen Mächten blieben sehr begrenzt. Die barbarische Kolonialpolitik und Kriegführung des deutschen Imperialismus wurde nur von der deutschen Sozialdemokratie, insbesondere von ihren revolutionären Führern, konsequent bekämpft. Sie prangerten den Kolonialismus als wesentliche Quelle des Militarismus an und entlarvten die Lüge von der zivilisatorischen Mission des Deutschen Reiches in den Kolonien.

Im ersten Weltkrieg (1914–1918) standen die deutschen K. in Afrika, abgeschnitten von der Versorgung aus Deutschland, gegen die viel stärkeren Ententestreitkräfte auf verlorenem Posten. Die Kolonie Togo ging bereits Ende August 1914 verloren. In Südwestafrika zählten die K. nach der Mobilmachung ungefähr 6000 Mann, davon etwa die Hälfte Kampftruppen. Sie verfügten über 12500 Gewehre, 24 MG, 66 Geschütze und eine größere Menge Munition. Im April 1915 vereinigte sich die aufständische Bevölkerung mit den Ententetruppen. Am 9. 7. 1915 mußten die Reste der deutschen K. kapitulieren. In Kamerun umfaßten die K. 1460 deutsche Offiziere und Unteroffiziere sowie 6550 afrikanische Söldner mit insgesamt 6800 Gewehren und Büchsen, 60 MG und 14 Geschützen. Die aufständische Duala-Bevölkerung unterstützte die Ententetruppen, vor denen die Reste der deutschen K. am 18. 2. 1916 kapitulierten. Langwieriger war der Kampf um Ostafrika. Die starken deutschen K. konnten sich auf reiche innere Hilfsquellen stützen und mit der Eisenbahn Truppenverschiebungen vornehmen. 1915/16 brachten 2 Schiffe Waffen, Munition sowie Ausrüstungen. Die K. unter dem Generalmajor Paul von Lettow-Vorbeck (1870–1964) erreichten 1916 ihre größte Stärke (3000 deutsche Offiziere, Unteroffiziere und Militärbeamte sowie 12000 Askaris). Sie verfügten über 96 MG und 49 Geschütze. Während des ersten Weltkrieges wurden von den K. etwa 200000 bis 300000 Afrikaner zu Träger- und anderen Hilfsdiensten gezwungen. Die deutschen K. führten seit 1915 einen Kleinkrieg und entzogen sich allen Versuchen des Gegners, sie zur Schlacht zu stellen. Hartnäckig setzte die K. den sinnlosen Krieg auf Kosten der afrikanischen Bevölkerung bis zum Ende des ersten Weltkrieges fort. In Ostafrika kamen von 1914 bis 1918 schätzungsweise 750000 Afrikaner ums Leben. Während seiner Kolonialherrschaft wandte der deutsche Imperialismus vorzugsweise die Methode der Gewalt an. Die Kolonialkriege vernichteten unermeßliche Produktivkräfte.

Mit der Aufteilung der ehem. deutschen Kolonien unter die imperialistischen Siegermächte wurden die K. aufgelöst. Ehem. Angehörige der K. gehörten während der Novemberrevolution 1918/19 und danach zur militärischen Konterrevolution und wie Lettow-Vorbeck zu den Wegbereitern des Faschismus. In den Streitkräften des deutschen Imperialismus, der Reichswehr, der faschistischen Wehrmacht und auch der Bundeswehr der BRD, wurden und werden die militaristischen Traditionen der deutschen K. gepflegt. *(s. Abb. S. 1006)*

Kolonne: 1. Antreteordnung, bei der die Tiefe größer als die Breite oder gleich dieser ist.

2. in sich geschlossene Formation von Kräften und Mitteln, deren Teile hintereinander in festgelegten Abständen aufgestellt sind bzw. die sich in bestimmten Abschnitten, mit bestimmter Geschwindigkeit und Richtung bewegen.

Die K. gewährleistet die organisierte Bewegung beim Marschieren, die rasche Entfaltung zur Vorgefechts- oder Gefechtsordnung, die Schonung der Kräfte der Armeeangehörigen sowie die straffe und ununterbrochene Führung. Als Marschordnung trat die K. bereits in den Heeren der Sklavereistaaten in Erscheinung. Seitdem ist sie die wichtigste Form des Marsches bzw. der Fortbewegung von Truppen.

3. Form der Gefechtsordnung der Truppen bis zur zweiten Hälfte des 19. Jh.

Die Stoßkraft tiefer K., häufig in Verbindung mit dem Einsatz leichtbewaffneter Plänkler wie Bogenschützen, verschiedentlich auch leichter Kavallerie, wurde seit der Entstehung von Krieg und Armee als eine wichtige Form der Gefechtsordnung genutzt. In Form des Karrees spielte die K. auch bei der infanteristischen Rundumverteidigung bis zum 19. Jh. eine große Rolle. Die verbesserten Feuerwaffen brachten im 17. Jh. die Notwendigkeit mit sich, die Fronten zu verbreitern. Diese Entwicklung führte im 18. Jh. zur → *Lineartaktik*, die auf der Wirkung des Salvenfeuers der Linie bzw. der Linien beruhte. Aber auch in der klassischen Zeit der Lineartaktik kam es wiederholt zu K.angriffen, insbesondere wenn die Truppen überstürzt das Gefecht aufnehmen mußten.

Ende des 18. Jh. gingen die französischen Revolutionstruppen zur aufgelösten Ordnung von Schützen (Tirailleure) über, die vor der Liniengefechtsordnung kämpften. Da diese dem Schützengefecht zu wenig Rückhalt bot und außerdem einen hohen Ausbildungsstand voraussetzte, entwickelte sich schnell eine Gefechtsordnung, die aus der Verbindung der voraus handelnden Schützen mit den zu Bataillons-K. formierten Kräften bestand. Die K.ordnung war viel beweglicher als die Linienaufstellung, ihr Stoß hatte eine große Wucht, und jede K. besaß eine gewisse taktische Selbständigkeit. Unter Kaiser Napoleon I. (1769–1821) wurde oft die Infanterie einer Division zu einer K. formiert, womit zwar die Möglichkeit zum Durchbruch der gegnerischen Stellung erhöht, gleichzeitig aber ein durch Artillerie relativ leicht verwundbares Ziel geschaffen wurde.

Die → *Militärreformen in Preußen 1807–1815* schufen hier die notwendigen Voraussetzungen für eine neue Kriegskunst nach französischem Vorbild. Das 1812 eingeführte Reglement für die Infanterie sah die Bildung einer Bataillons-K. mit vorgezogenen Schützen vor, die das Gefecht einleiteten und die Bewegung der K. verschleierten. Die Bataillons-K. blieb in der Mehrzahl der europäischen Heere für

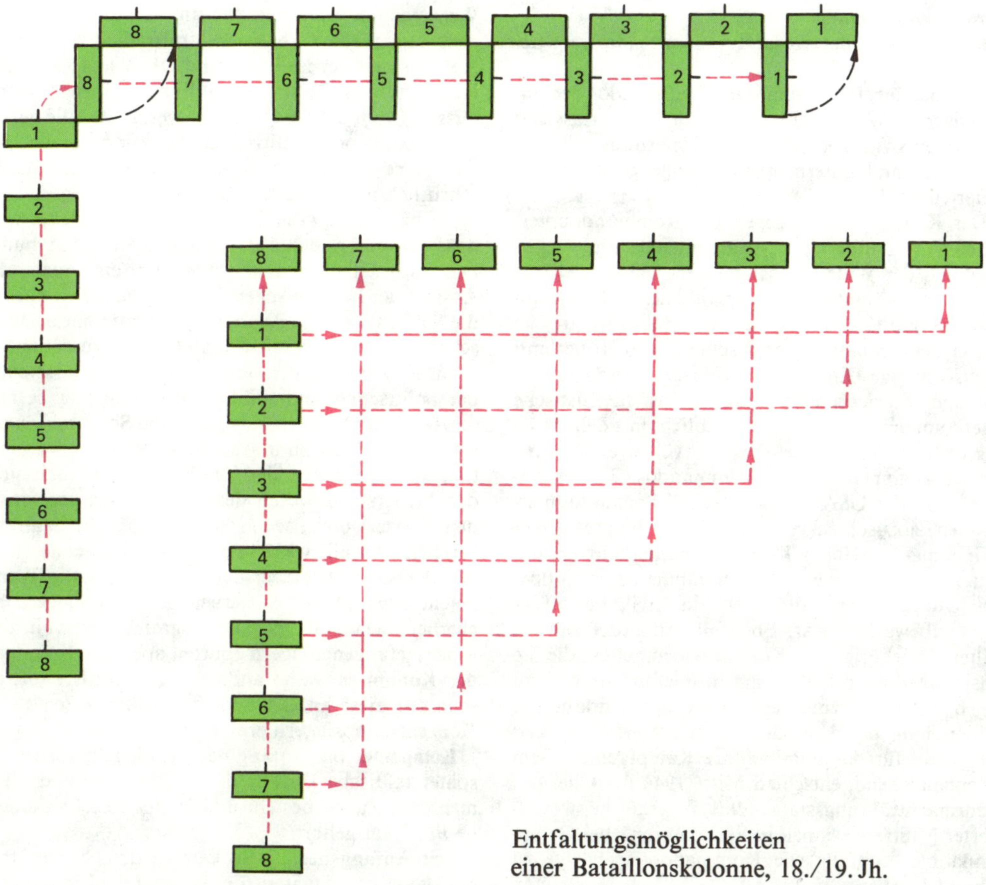

Entfaltungsmöglichkeiten einer Bataillonskolonne, 18./19. Jh.

die erste Hälfte des 19. Jh. die bestimmende Gefechtsordnung. Mitte des 19. Jh. begann sich in Preußen die kleinere Kompanie-K. durchzusetzen, die im Reglement von 1812 nur für die Füsilierbataillone der Infanterieregimenter vorgesehen war. Dennoch blieb nach dem 1847 eingeführten Reglement in Preußen offiziell noch immer die Bataillons-K. die bestimmende Gefechtsordnung. Diese wurde durch die militärtechnische Entwicklung, insbesondere die Einführung gezogener Hinterlader, immer fragwürdiger. Im Krieg Preußens gegen Österreich 1866 bewährte sich die Kompanie-K., so daß sie sich in der Folgezeit bald allgemein durchsetzte. Während des Deutsch-Französischen Krieges 1870/71, in dem beide Seiten gezogene Hinterlader einsetzten, war die K. in Gestalt der Kompanie-K. die vom Reglement vorgeschriebene Angriffsform der preußischen Armee. Wie die Praxis des Krieges jedoch zeigte, war auch sie inzwischen durch die Ausrüstung der französischen Streitkräfte mit Hinterladern, deren ballistische Leistungen die des Zündnadelgewehres übertrafen, überholt. Aufgrund der großen Verluste, die das Vorgehen in Kompanie-K. zur Folge hatte, gingen die angreifenden Einheiten von sich aus zur aufgelösten Ordnung über. Friedrich Engels (1820–1895) schrieb dazu treffend: «Der Soldat war wieder einmal gescheiter gewesen als der Offizier; die einzige Gefechtsform, die bisher im Feuer des Hinterladers sich bewährt, hatte *er* instinktmäßig gefunden und setzte sie trotz des Sträubens der Führung erfolgreich durch» (K. Marx/F. Engels, 20, S. 158). Dennoch dauerte es noch fast 2 Jahrzehnte, ehe man in den Streitkräften des kaiserlichen Deutschlands 1888 offiziell von der K. abging und den Schützenschwarm zum hauptsächlichen Element der Gefechtsordnung der Infanterie machte.

Komitee der Verteidigungsminister → *Warschauer Verteidigungsbündnis*

Kommandierender General → *Armeekorps*, → *General*

Kommandobefehl: vom Oberkommando der faschistischen Wehrmacht am 18. 10. 1942 erlassener völkerrechtswidriger Befehl zur Ermordung aller bei sog. Kommandounternehmen gefangengenommenen alliierten Soldaten.

Der K. richtete sich gegen die Kommandounternehmen westalliierter Spezialeinheiten und gegen Aktionen der Widerstandskämpfer. Die speziell für begrenzte Störaktionen ausgebildeten «Commandos» führten 1942 in wachsendem Maße erfolgreiche Einzelunternehmungen im faschistischen Hinterland gegen wichtige Objekte der Wehrmacht und kriegswichtige Einrichtungen durch. Das faschistische Oberkommando versuchte vergeblich, mit den im K. angeordneten rücksichtslosen und völkerrechtswidrigen Maßnahmen die Oberkommandos Großbritanniens und der USA von weiteren Kommandounternehmen abzuschrecken. Der K. verlangte, jeden Teilnehmer an einem Kommandounternehmen unmittelbar am Ort der Gefangennahme zu ermorden, gleichgültig ob er uniformiert, in Zivil, bewaffnet oder unbewaffnet war. Ebenfalls ermordet werden sollten Angehörige von Kommandoeinheiten, die die Absicht erkennen ließen, sich in Gefangenschaft zu begeben. Der K. wurde auch nach der Landung der Alliierten in der Normandie aufrechterhalten, galt aber nicht für das unmittelbare Kampfgebiet. Dem K. entsprechend, entschied Mitte 1944 der Chef des Wehrmachtführungsstabs, daß Angehörige westalliierter Militärmissionen in Südosteuropa bei Gefangennahme ebenfalls wie Kommandoangehörige zu behandeln seien.

Kommissarbefehl: vom Oberkommando der faschistischen Wehrmacht in Vorbereitung des Überfalls auf die UdSSR am 6. 6. 1941 erlassener verbrecherischer Befehl zur Ermordung gefangengenommener politischer Funktionäre des Sowjetstaates und speziell der Sowjetarmee.

Im Rahmen der Vorbereitung des Überfalls auf die Sowjetunion (→ *Barbarossaplan*) erarbeitete das faschistische Oberkommando im Frühjahr und Sommer 1941 Dokumente, die die Vernichtung großer Teile der sowjetischen Bevölkerung vorsahen und als Befehle, Richtlinien u. ä. erlassen wurden. Dazu gehörten die Richtlinien auf Sondergebieten zur Weisung Nr. 21 vom 13. 3. 1941, die der Wehrmacht die Rolle als Exekutivorgan im Okkupationsregime zuwiesen; der Entwurf von Richtlinien betr. Behandlung politischer Hoheitsträger vom 12. 5. 1941, in denen die Ermordung von Funktionären der KPdSU und des Staatsapparates der UdSSR festgelegt war, ferner der Erlaß über die Ausübung der Kriegsgerichtsbarkeit im Gebiet «Barbarossa» und besondere Maßnahmen der Truppe vom 13. 5. 1941, in dem den Wehrmachtangehörigen für an der Sowjetbevölkerung begangene Verbrechen Straffreiheit zugesichert wurde, sowie der im OKH und OKW ausgearbeitete K. (Richtlinien für die Behandlung politischer Kommissare) vom 6. 6. 1941. Der K. verlangte, alle gefangengenommenen politischen Funktionäre der Sowjetarmee sofort zu erschießen. Der K. durfte schriftlich nur bis zu den Oberbefehlshabern der Armeen bzw. Chefs der Luftflotten weitergeleitet werden, während er den übrigen Kommandeuren mündlich mitgeteilt werden sollte. Er entsprach der Absicht der faschistischen Führung, den Krieg gegen die Sowjetunion als Ausrottungsfeldzug mit barbarischen Mitteln und mit brutaler Härte zu führen.

Im K. kommen die verbrecherischen Klassenziele der politischen und militärischen Führung des faschistischen Deutschlands gegen die Sowjetunion besonders deutlich zum Ausdruck. Von der Vernichtung der Mitglieder der KPdSU erhoffte man sich, den Widerstandswillen der anderen Kriegsgefangenen wie der sowjetischen Bevölkerung überhaupt zu brechen. Bei allen Maßnahmen im Zusammenhang mit der Durchführung des K. arbeitete die Wehrmacht eng mit der Sicherheitspolizei und dem Sicherheitsdienst der SS (SD) zusammen. Noch in den Kriegsgefangenenlagern spürten spezielle Kommandos Kommissare und andere Kommunisten auf, erschossen diese an Ort und Stelle oder ließen sie in Konzentrationslagern ermorden.

Kompanie: bis Anfang des 19. Jh. administrative, später taktische Einheit der → *Streitkräfte*, die aus mehreren Zügen besteht und in der Regel zu einem → *Bataillon* gehört.

Seit Anfang des 17. Jh. kam in den Streitkräften der deutschen Staaten für das → *Fähnlein* das aus dem Französischen kommende Wort K. auf, das zuerst bei der → *Infanterie* und der → *Kavallerie*, seit dem 18. Jh. auch bei der → *Artillerie* verwendet wurde. Als sich die Bezeichnungen → *Eskadron* und → *Batterie* durchgesetzt hatten, wurde K. nur noch für Einheiten der Infanterie und neuentstehender Waffengattungen, Spezialtruppen und Dienste gebraucht. Seit dem Ende des 17. Jh. wurden die K., dem französischen Vorbild folgend, zu Bataillonen zusammengefaßt, doch blieben sie bis zum Anfang des 19. Jh. die kleinste administrative Einheit (→ *Kompaniewirtschaft*). Mit der Einführung der K.kolonne als Gefechtsform seit dem nationalen Unabhängigkeitskrieg 1813/14 wurde die K. in Deutschland endgültig zur taktischen Einheit der Infanterie. Noch im 18. Jh. schwankte die Stärke der K. selbst innerhalb derselben Armee. In Preußen zählte 1704 die Infanterie-K. etwa 160 Mann, von denen im Frieden infolge des Beurlaubungssystems kaum die Hälfte unter Waffen stand. Bis 1914 bildete sich in den deutschen Streitkräften die Kriegsstärke der nunmehr ständig in Züge und Gruppen gegliederten K. von 250 Mann heraus. Während des ersten Weltkrieges (1914–1918) sank die personelle Stärke der K., doch stieg deren Kampfkraft durch die bessere und zunehmend vielfältigere Bewaffnung und Ausrüstung, vor allem durch die Einführung leichter Maschinengewehre und von Granatwerfern. Die in K.trupp und 3 Züge mit je 3 Gruppen gegliederte Infanterie-K. der faschistischen Wehrmacht hatte rd. 150 Mann in ihrem Bestand und verfügte bereits zu Beginn des zweiten Weltkrieges (1939–1945) mit Granatwerfern sowie leichten und schweren Maschinengewehren über eine erhebliche Feuerkraft. Während des zweiten Weltkrieges sank ihr Personalbestand, ihre Kampfkraft aber stieg weiter mit der Einführung des MG 42 sowie von Maschinenpistolen und Panzerbüchsen. Bei anderen seit Ende des 19. Jh. sich herausbildenden Waffengattungen, Spezialtruppen und Diensten – außer bei fliegenden Verbänden – wurde die K. ebenfalls zur taktischen Einheit.

In der NVA der DDR ist die K. eine taktische Einheit, die im allgemeinen zum Bestand eines Bataillons gehört. Sie setzt sich aus Zügen und Gruppen zusammen und wird von einem Kompaniechef geführt. Je nach Waffengattung bzw. Spezialtruppen oder Diensten unterscheidet man mot. Schützen-K., Panzer-K., Nachrichten-K., Pionier-K. usw. Ihrer spezifischen Aufgabe entsprechen die zahlenmäßige Stärke sowie Bewaffnung und Ausrüstung. Die mot. Schützen-K. der NVA z. B. ist vollmotorisiert, ausschließlich mit automatischen Schützenwaffen bewaffnet und verfügt über reaktive Handfeuerwaffen zur Panzerabwehr sowie über tragbare Fla-Raketenkomplexe, so daß sie zu den verschiedenartigsten Kampfhandlungen in der Lage ist. Bei den Raketentruppen, der Artillerie und der Truppenluftabwehr heißt die der K. gleichgestellte Einheit Batterie.

Kompaniewirtschaft: Form der administrativ-wirtschaftlichen Führung der Einheiten (→ *Kompanien*) in feudalabsolutistischen Heeren des 17./18. Jh., vor allem in der preußischen Armee.

Die K. hat ihre Wurzeln in der Stellung und den Befugnissen der Regimentsinhaber (Kriegsobristen) der zeitweilig geworbenen → *Söldnerheere* des 16./17. Jh. Sie unterhielten im allgemeinen die Truppen mit ihren eigenen Mitteln im Auftrag des Landesfürsten. Mit der Herausbildung stehender Heere nach 1648 übernahmen der Landesherrscher und von ihm eingesetzte Behörden (Kriegskommissariate u. ä.) die Führung und Verwaltung der Truppen, deren administrative Einheit nunmehr die Kompanie wurde. Die Inhaber der Kompanien und Regimenter – adlige Offiziere und Generale – behielten aber bestimmte wirtschaftliche Rechte und Privilegien, die in den einzelnen feudalabsolutistischen Armeen unterschiedlich waren. In der preußischen Armee bildete sich nach 1700 die K. in besonders prägnanter Form heraus. Der Kompaniechef, zumeist ein Hauptmann (Kapitän), erhielt die Gelder für die Werbung, Besoldung, Bekleidung, Verpflegung und Versorgung der Söldner. Er war, wie Franz Mehring (1846–1919) treffend schrieb, «Unternehmer an der Spitze einer Waffengenossenschaft» (F. Mehring, 6, S. 17). Seine Wirtschaftsführung wurde durch Quartiermeister sowie bei den jährlichen Revuen (Truppenbesichtigungen) geprüft. Mit der K. waren zunächst eine gewisse Straffung der Verwaltung und einheitliche Versorgung der Truppen verbunden, was zur Festigung der preußischen Armee in der ersten Hälfte des 18. Jh. beitrug. Jedoch bot das System der K. viele Möglichkeiten zur Bereicherung der Kompanie- und Regimentschefs auf Kosten der Söldner und der von der königlichen Kasse gezahlten Gelder. So verblieb der Sold für sog. Freiwächter (ausländische Söldner, die für Arbeit in der Garnison freigestellt wurden) und Beurlaubte (einheimische Söldner, die für 9–10 Monate im Jahr nach Hause entlassen wurden) dem Kompaniechef. Dazu kamen Einsparungen aus Werbe-, Verpflegungs- und Bekleidungskosten sowie Gelder aus willkürlichen Anordnungen (kostenpflichtige Trauscheine u. a.) und Unterschlagungen. Auch bei der Beförderung des Kompaniechefs zum Stabsoffizier oder Regimentschef behielt dieser seine eigene Kompanie als Einnahmepfründe, die dann von einem Stabskapitän geführt wurde. Die K. war den spezifischen Bedingungen der Armee des feudalabsolutistischen Militarismus in Preußen angepaßt. Sie brachte den adligen Regiments- und Kompaniechefs reiche Gewinne, stärkte die Position der feudalen Gutsherren und ermöglichte zugleich den Ausbau und eine zahlenmäßige Vergrößerung der Armee auf einer schwachen ökonomischen Grundlage. Die der K. innewohnende Korruption trat besonders nach dem Siebenjährigen Krieg (1756–1763) voll zutage und beeinträchtigte in wachsendem Maße die Organisation, Ausrüstung und Versorgung der Truppen sowie die Moral des Offizierskorps und der Soldaten. Die K. trug damit zur totalen Niederlage der preußischen Armee im Krieg gegen Frankreich (1806/07) bei. Während der → *Militärreformen in Preußen 1807–1815* wurde am 13. 7. 1808 die K. offiziell abgeschafft.

Königgrätz 1866: entscheidende Schlacht im → *Preußisch-Österreichischen Krieg 1866* zwischen den preußischen und den österreichisch-sächsischen Hauptkräften am 3. 7. 1866.

Nach den für sie erfolgreichen Gefechten in Nordböhmen (26.–29. 6.) setzten die 3 preußischen Armeen (Elb-, 1. und 2. Armee) ihren Vormarsch in operativem Zusammenwirken fort. Die geschlagene österreichische Nordarmee und das sächsische

Korps bezogen nordwestlich der Festung K. eine halbkreisförmige Stellung, die auf einigen Höhen verlief und pioniertechnisch ausgebaut wurde. Ihr Oberbefehlshaber, Feldzeugmeister Ludwig von Benedek (1804–1881), beabsichtigte, in der günstigen Stellung eine Abwehrschlacht zu schlagen. Am 2. 7. besaß die Führung beider Seiten noch keine klare Kenntnis der Lage. Der Chef des Generalstabes der preußischen Armee, General Helmuth von Moltke (1800–1891), rechnete nur mit österreichischen Teilkräften, während Benedek nicht annahm, daß die Schlacht unmittelbar bevorstand. Um den Rückzug des Gegners hinter die Elbe zu verhindern, plante Moltke die Vereinigung der 3 Armeen auf dem Schlachtfeld. Die 1. Armee erhielt die Aufgabe, das gegnerische Zentrum angriffsweise zu fesseln, während die schwache Elbarmee den linken und die starke 2. Armee den rechten Flügel des Gegners umfassen und so die Entscheidung erzwingen sollten. Moltke konnte insgesamt mit 221000 Mann und 702 Geschützen rechnen. Benedek verfügte über 206100 Mann (davon 22000 Sachsen) und 650 Geschütze. Die österreichischen Truppen hatten bereits spürbare Verluste erlitten; ihre Ausrüstung war teilweise mangelhaft.

Die Schlacht begann am Morgen des 3. 7. mit dem Angriff von Teilen der 1. Armee bei Sadowa. Unter großen Schwierigkeiten wurde die Bistritz überschritten. Sowohl die Elbarmee als auch die 2. Armee kamen aber infolge schwieriger Marschverhältnisse mit Verspätung heran. Nach anfänglichen Erfolgen der 1. Armee entwickelten sich wechselvolle, erbitterte Kämpfe, teilweise in unübersichtlichem Waldgebiet. Das wirksame Feuer der österreichischen Artillerie brachte den Angriff der preußischen Truppen zum Stehen. Es war ihnen aber gelungen, weit überlegene österreichische Infanterie und Artillerie auf sich zu ziehen. Inzwischen hatte die Elbarmee den gegnerischen linken (sächsischen) Flügel zurückgeworfen. Die Entscheidung fiel schließlich durch den Stoß der 2. Armee in die österreichische rechte Flanke und die Eroberung von Chlum, einer Schlüsselposition der Nordarmee, deren Rückzugslinien damit gefährdet waren. Hartnäckige Gegenangriffe österreichischer Bataillonskolonnen brachen im Schnellfeuer der preußischen Infanterie zusammen. Am Spätnachmittag gestaltete sich die Lage der österreichisch-sächsischen Truppen äußerst bedrohlich, da die Elb- und die 2. Armee sich bis auf 2 km genähert hatten. Benedek befahl deshalb um 16 Uhr den Rückzug. Massierter Einsatz der österreichischen Reserveartillerie (170 Geschütze in einer Feuerlinie) und der Reservekavallerie verhinderte, daß die Preußen energisch nachstießen und eine Katastrophe eintrat. Die österreichisch-sächsischen Truppen fluteten, teilweise chaotisch, über die Elbe

Preußische Gardetruppen erstürmen Chlum, 3. Juli 1866

zurück. Da sich die Elbarmee und die 2. Armee taktisch zu sehr an die 1. Armee angelehnt hatten, gelang es nicht, dem Gegner den Rückzug abzuschneiden. Eine Verfolgung unterblieb, so daß die österreichisch-sächsischen Truppen am 4. 7. wieder einigermaßen geordnet werden konnten. Die Schlacht bei K. spielte sich auf einem Raum von etwa 10 km Breite und 3–5 km Tiefe ab.

Die österreichisch-sächsischen Hauptkräfte hatten eine schwere Niederlage und große Verluste erlitten, insgesamt 44100 Mann (5735 Tote, 7925 Vermißte, 8440 Verwundete und 22000 Gefangene). Die Preußen verloren 8975 Mann (1900 Tote, 275 Vermißte und 6800 Verwundete). Hauptursachen des preußischen Sieges waren die höhere Kampfkraft der mit dem → *Zündnadelgewehr* ausgerüsteten Infanterie und die überlegene operative Führung. Dagegen hatte sich die österreichische Artillerie, die in der Schlacht 46000 Granaten verschoß, in der Ausrüstung und im Einsatz überlegen gezeigt. In der Schlacht scheiterten mehrere massierte Kavallerieangriffe beider Seiten an der Feuerkraft der Infanterie und Artillerie. Der Sieg der preußischen Truppen trug wesentlich zur baldigen Beendigung des Krieges bei. *(s. Abb. S. 787)*

Konskription: im 19. Jh. bestehende Form der allgemeinen Militärdienstpflicht, die eine Befreiung der Dienstpflichtigen durch Stellvertretung und Loskauf gestattete.

Der Begriff K. (lateinisch = Aufzeichnung) wurde durch das französische Wehrgesetz vom 5. 9. 1798 bekannt, das erstmals die → *allgemeine Wehrpflicht* institutionell für ein stehendes Heer einführte. Das Gesetz erklärte alle unverheirateten Franzosen vom 20. bis 25. Lebensjahr für militärdienstpflichtig, verbot die persönliche Stellvertretung (individuelle Exemtion) und bestimmte die Erfassung der Dienstpflichtigen in besonderen Listen. Das am 8. 3. 1800 vom Ersten Konsul der Republik, Napoleon Bonaparte (1769–1821), dekretierte neue französische Wehrgesetz behielt zwar die allgemeine Militärdienstpflicht prinzipiell bei, schränkte sie jedoch im Klasseninteresse der herrschenden Bourgeoisie durch die Möglichkeit der Stellvertretung und des Loskaufs ein. In dieser rückständigen Form fand die K. seit Anfang des 19. Jh. im Zuge erster bürgerlicher Militärreformen und teilweise unter Druck Napoleons auch Eingang in Österreich sowie in fast alle deutschen Mittel- und Kleinstaaten. Dabei wurde das französische Muster vielfach modifiziert. Sachsen führte die K. erst 1825 ein, doch herrschte noch etwa ein Jahrzehnt die Freiwilligenwerbung in der Praxis vor. Nur in Preußen bestand seit 1813 die uneingeschränkte allgemeine Wehrpflicht.

In den Staaten mit K.system wurde einmal die gesetzlich geregelte Militärdienstpflicht von vornherein durch zahlreiche generelle Befreiungen für bestimmte Berufsgruppen und soziale Schichten eingeschränkt; zum anderen hatten die Dienstpflichtigen die Möglichkeit, durch Stellvertretung oder Loskauf vom Militärdienst freizukommen. Bei der Stellvertretung mußte der Dienstpflichtige im Falle seiner mit der Aushebung verbundenen Auslosung einen Ersatzmann stellen, dessen Einwilligung zum aktiven Dienst erkauft wurde. Beim Loskauf konnte sich der Dienstpflichtige bereits vor der Aushebung freikaufen. Für die Loskaufsumme (Befreiungstaxe) stellte der Staat geeignete Freiwillige ein oder verpflichtete ausgediente Soldaten zu einer weiteren Dienstzeit. Da nur die besitzenden Schichten in der Lage waren, die relativ hohe Summe für einen Stellvertreter oder Einsteher zu zahlen, und davon auch weitgehend Gebrauch machten, wurde die Militärdienstpflicht praktisch den werktätigen Massen aufgebürdet.

Gegen das undemokratische K.system richteten sich nach 1830 zunehmend die Angriffe der antifeudalen Oppositionsbewegung. In der → *Revolution 1848/49* wurde zwar durch Verfassungsakte die Stellvertretung meist gesetzlich aufgehoben und das Prinzip der allgemeinen Wehrpflicht verkündet, jedoch blieben diese Beschlüsse infolge des Sieges der Konterrevolution wirkungslos. In den 50er Jahren trat in vielen Staaten, bedingt durch den wirtschaftlichen Aufschwung, ein Mangel an Stellvertretern ein. Man erhöhte deshalb die Befreiungstaxen, z. B. in Sachsen 1858 von 200 auf 300 Taler und in Baden 1862 für die Infanterie von 500 auf 550 Gulden. Es gelang trotzdem nicht, die notwendige Anzahl von Stellvertretern zu werben. Nach dem Krieg von 1866 wurde die K. zuerst in den Staaten des Norddeutschen Bundes und dann bis 1868 auch in den süddeutschen Staaten durch die allgemeine Wehrpflicht nach preußischem Muster ersetzt.

Konteradmiral → *Admiral*

Kornett → *Fähnrich*

Korporal: vom 17. bis 19. Jh. Bezeichnung für den Führer einer Ausbildungsgruppe von Soldaten, zugleich niedrigster Unterführerdienstgrad.

Aus Frankreich kommend, ging die Bezeichnung K. um 1600 in die deutsche Militärsprache ein und trat an die Stelle des Begriffs Rottmeister. Der K. stand an der Spitze einer Gruppe von 10 bis 15 Mann, der sog. K.schaft, von denen es 2 oder 3 in einer Kompanie gab. Er war für die vorschriftsmäßige und pünktliche Ausübung aller Dienstverrichtungen sowie für die strikte Befolgung der gegebenen Befehle durch die K.schaft verantwortlich. Der K. exerzierte die Rekruten; sein unentbehrliches Werkzeug, der Stock, wurde zum Symbol preußischen Drills und Gamaschendienstes. Funktion und Aufgabenbereich des K. wurden in einer von Fürst Leopold I. von Anhalt-Dessau (1676–1747) verfaßten Instruktion erstmals umfassend dargelegt. Danach hatte der K. die ihm unterstellten Soldaten innerhalb und außerhalb des Dienstes zu führen. Zu seinen Pflichten gehörte die Ausbildung, die Verhinderung von Desertionen, die Anleitung und Kontrolle der Wachposten und das Sammeln der K.schaft bei Alarm. Im Frieden sollte er sich auch als Werber betätigen. Seine taktischen Aufgaben im Gefecht waren darauf beschränkt, die exakte Ausführung der Befehle für Evolution und Feuer sichern zu helfen. Seit Mitte des 19. Jh. – infolge der Vergrößerung der Kompanien war die Anzahl ihrer K.schaften inzwischen auf 10 bis 15 angewachsen – wurde der Dienstgrad K. in den Heeren der deutschen Länder durch die Bezeichnung → *Unteroffizier* ersetzt, so in Preußen 1856, in Bayern 1872. Die kleinste strukturmäßige Einheit bildete jetzt die Gruppe. Allerdings blieb es in den imperialistischen deutschen Streitkräften zum Teil noch bis 1945 üblich, während der Rekrutenausbildung K.schaften mit einem K.schaftsführer (Unteroffizier oder Gefreiter) an der Spitze zu bilden. Bis 1808 gab es in den verschiedenen deutschen Armeen außerdem den Gefreiten-K. als Rangbezeichnung des für die Offizierslaufbahn vorgesehenen, zumeist adligen Unteroffiziers der Infanterie (ab 1787 auch der Artillerie).

Korps → *Armeekorps*

Korseke → *Partisane*

Korvette: Klasse der leichten Überwasserkräfte (→ *Seestreitkräfte*) für den Aufklärungs-, Geleit- und Kurierdienst; seit dem zweiten Weltkrieg besonders zur U-Boot-Abwehr eingesetzte Schiffsklasse.

Als K. wurden seit dem 17./18. Jh. schnelle Segelschiffe mit einer Wasserverdrängung bis zu 600 t und einer auf dem Oberdeck aufgestellten Artilleriebewaffnung von 18 bis 24 Geschützen bezeichnet. In der Folgezeit unterschied man Glattdecks-K., bei denen alle Geschütze auf dem Oberdeck standen, und gedeckte K., die den Hauptteil ihrer Bewaffnung, ähnlich wie die → *Fregatten*, in einem gesonderten Batteriedeck führten, während sich an Oberdeck nur eine Bug- und Heckarmierung befand. Ab Mitte des

19. Jh. trat an die Stelle der Segel-K. die anfangs noch mit voller Takelage versehene, wesentlich größere Dampf-K. Typische Glattdecks-K. jener Zeit waren die 1863 bzw. 1864 in Danzig als Vollschiffe gebauten K. «Nymphe» und «Medusa» mit etwa 1200 t Wasserverdrängung, einem zusätzlichen Dampfantrieb von 800 PS, einer Bewaffnung von 17, später 9 Ringkanonen des Kalibers 120 mm und einer Besatzung von 190 Mann. In der deutschen → *Kaiserlichen Marine* wurden die K. ab 1884 als Kreuzer-K. bezeichnet und mit einer Teilpanzerung versehen. Zeitweilig nannte man größere gepanzerte Schiffe Panzer-K. Um die Jahrhundertwende trat an die Stelle der Kreuzer-K. allgemein der Kleine Kreuzer (→ *Kreuzer*). Im zweiten Weltkrieg fand die Bezeichnung K. für leichte, zur Abwehr von → *U-Booten* bestimmte Kriegsschiffe Verwendung, die den alliierten Geleitzügen beigegeben wurden. Die in großer Zahl gebauten K. besaßen viele Eigenschaften der Fregatten und → *Zerstörer* dieser Zeit, waren jedoch kleiner (bis 1000 t) und billiger. Gegenwärtig werden in den Seestreitkräften verschiedener Länder als K. kleine, schnelle Kampfschiffe bezeichnet, die mit leichten Artillerie- bzw. Raketenwaffen sowie mit speziellen U-Boot-Abwehrmitteln ausgerüstet sind und eine Wasserverdrängung bis zu 2000 t haben. In den Seestreitkräften einiger Staaten wurden die K. in den 60er Jahren in U-Boot-Abwehrfregatten umbenannt. *(s. Abb. S. 887)*

Korvettenkapitän → *Kapitän*

Kraftfahrtruppen: Spezialformationen des Heeres in den imperialistischen deutschen Streitkräften, die hauptsächlich mit Lkws ausgestattet waren und für Transportzwecke (→ *Militärtransportwesen*) eingesetzt wurden.

Nach der Entwicklung funktionsfähiger Kraftfahrzeuge mit Verbrennungsmotor begann 1899 deren Erprobung im → *kaiserlich-deutschen Heer.* Bereits 1901 wurde die erste Lkw-Kolonne aufgestellt. Seit 1911 bestand 1 Kraftfahrbataillon (ab 1913 zu 4 Kompanien), das vor allem Lkws für Truppentransporte erprobte. Zu Beginn des ersten Weltkrieges entstanden 114 Kraftfahrformationen mit etwa 200 Offizieren und 8000 Mann. Die ingesamt 4000 im Heer eingesetzten Fahrzeuge waren vorwiegend im zivilen Bereich requiriert worden. Jedem Armeeoberkommando war ein Kommandeur der K. zugeteilt, dem eine Anzahl von Lkw-Kolonnen (als Höchstzahl bei der 1. und 2. Armee je 18 Kolonnen) sowie 1 Kfz-Park unterstellt waren und der die Einzel-Kfz der Stäbe (meist Pkw) beaufsichtigte. Die Lkw-Kolonnen beförderten zunächst den Nachschub, später auch Truppen und Waffen, besonders Geschütze. Den Kfz-Parks oblagen die Instandhaltung der Kfz sowie der Ersatz an Personal und technischen Mitteln. Für die Etappe bestanden Kraftwagenstaffeln. Während des Krieges wuchs die Ausstattung des Heeres mit Kfz (neben Lkws auch Pkws, Traktoren und Krafträder) rasch an. Zugleich verlagerte sich der Schwerpunkt ihres Einsatzes immer mehr von der Etappe in das Operationsgebiet. Seit Dezember 1916 unterstanden alle K. in Feld und Heimat einem Chef des Feldkraftfahrwesens. Außerdem wurden die verschiedenartigen Kolonnen einheitlich zu Armeekraftwagenkolonnen formiert (je 54 t Transportkapazität) wie auch den Divisionen Kraftwagenkolonnen zugeteilt. Der Ausbau der K.

Kraftwagenabteilung, um 1908

als Transportformationen und auch die Ansätze für eine Motorisierung der Kampftruppen fanden ihre Grenzen vor allem im Mangel an Rohstoffen, Kraftstoff und Produktionskapazität. Im November 1918 zählten die deutschen K. ca. 2000 Offiziere und 100000 Mann. Insgesamt waren ca. 25000 Lkws, 12000 Pkws, 3200 Sanitäts-Kfz und 5400 Krafträder im deutschen Heer eingesetzt. Zur gleichen Zeit verfügten die Ententearmeen, ihr weitaus größeres Potential nutzend, über 180000 Lkws und andere Kfz.

Kraftstoffbehälter werden von Kraftfahrtruppen des kaiserlich-deutschen Heeres zu den Flugplätzen an der Westfront transportiert, 1918

Nach dem Versailler Vertrag sollten die deutschen K. beträchtlich reduziert und ausschließlich als Versorgungstruppe verwendet werden. Zunächst verfügte die → *Reichswehr* über 7 Kraftfahrabteilungen (je 1 Stab und 3 Kompanien). Jede Kompanie umfaßte 2 oder 3 Offiziere, 112 Mann und einen Soll-Bestand von 105 Kfz. Im Reichswehrministerium waren die K. zusammen mit den (bespannten) Fahrtruppen in der Inspektion der Verkehrstruppen zusammengefaßt. Im Zuge der geheimen Aufrüstung nahm die Reichswehrführung Kurs auf den Aufbau eines schlagkräftigen Heeres zur beweglichen Kriegführung. Für diesen Zweck begann sie auch, die Kraftfahrabteilungen, die ihre ursprüngliche Bestimmung als Versorgungstruppe verloren, zu Stammformationen künftiger motorisierter und gepanzerter Kampftruppen umzubilden. Ende der 20er Jahre traten die Vorbereitungen für die Heeresmotorisierung einschließlich des Aufbaus von → *Panzertruppen* in eine neue Phase. 1928 verfügte die Reichswehr über ca. 3000 Kfz (Lkws, Pkws, Krafträder und Traktoren).

Kleinkraftwagen der Reichswehr während der Herbstmanöver 1932

Nach der Errichtung der faschistischen Diktatur wurden in den deutschen Streitkräften (→ *Wehrmacht, faschistische*) die bestehenden K. endgültig in Kampftruppen umgewandelt. Neben dem Inspekteur der K. entstand (teils in Personalunion) 1934 die Dienststelle eines Kommandeurs der Kraftfahrkampftruppe (ab 1935 Kommandeur der Panzertruppen). Zu den Vorbereitungen auf einen blitzartig zu führenden Aggressionskrieg (→ *Blitzkriegskonzeption*) gehörte es, daß zugleich ab 1935 wieder motorisierte Rahmenformationen für Nachschub- und Transportzwecke – bis 1939 10 Kraftfahrabteilungen mit 28 Kraftfahrkompanien – aufgestellt wurden. Nach der Entfesselung des zweiten Weltkrieges entstanden daraus zahlreiche motorisierte Nachschubformationen, wobei die Mehrzahl der Kfz (oft zusammen mit dem Fahrer) dem zivilen Bereich entnommen wurde. Etatmäßig gehörten anfangs zu den Nachschubdiensten einer Infanteriedivision u. a. 8 Kraftwagenkolonnen (je 30 t Ladekapazität), eines Korps 3 Kraftwagenkolonnen, einer Armee 2 motorisierte Nachschubkolonnenabteilungen (je 360 t) und zu den Heerestruppen 6 motorisierte Nachschubkolonnenabteilungen (je 360 t). Dazu kamen noch Kraftwagenkolonnen für Kraftstoff und Kfz-Werkstatteinheiten. Zusammen mit anderen Nachschubformationen (z. B. bespannten Fahrtruppen) unterstanden die Kraftwagenkolonnen auf allen Ebenen Nachschubführern. Außerdem wurden 1939 3 Kraftwagentransportregimenter (je 4500 t) aufgestellt. Diese sollten je eine Division verlasten können, wurden aber später in Abteilungen getrennt eingesetzt. Nach dem Überfall auf die Sowjetunion zwangen die hohen Verluste und der Rohstoffmangel, aber auch Schwierigkeiten des Terrains die faschistische Wehrmachtführung dazu, stärker auf Pferdezug für Transportzwecke zurückzugreifen. Mit zunehmender Kriegsdauer wuchsen die Anforderungen an das gesamte Militärkraftfahrwesen bezüglich der Beschaffung und Verteilung von Fahrzeugen, Ersatzteilen und Betriebsstoffen sowie der Zusammenarbeit mit den entsprechenden Organen der Wirtschaft. Das führte zu verschiedenen Versuchen einer stärkeren Zentralisierung (z. B. durch Schaffung entsprechender Dienststellen, beim OKW: Chef des Wehrmachtkraftfahrwesens, beim OKH: General des Kraftfahrwesens, General der Kraftfahrparktruppen), aber auch zu verwirrenden Unterstellungsverhältnissen und Kompetenzüberschneidungen. Die Schwierigkeiten resultierten vor allem aus dem sich im zweiten Weltkrieg ständig vertiefenden Widerspruch zwischen dem Bedarf der faschistischen Wehrmacht an Kfz und dem Mangel an Roh- und Betriebsstoffen sowie der Konkurrenz zwischen den Monopolen. Die Heeresmotorisierung und Spezialisierung der Truppen im zweiten Weltkrieg führten zur Auflösung der K. als Spezialtruppe. Zugleich wuchs und stieg die Bedeutung des Kfz wegen seiner großen Ladefähigkeit, Geländegängigkeit, Beweglichkeit und seiner Einsatzmöglichkeiten unter schwierigen klimatischen Bedingungen weiter.

Die Kfz-Transporttruppen in der Gegenwart kommen als Spezialtruppen der rückwärtigen Dienste den Aufgaben der ehem. K. am nächsten, unterscheiden sich von ihnen, insbesondere in Unterstellung, Gliederung, Umfang und Ausrüstung, jedoch grundlegend.

Kragenspiegel: Abzeichen an den Kragenenden einer Uniform, gewöhnlich zur Kennzeichnung einer Waffengattung, einer Spezialtruppe oder eines Dienstes.

Der K. entstand im 19. Jh. zur Kennzeichnung einer bestimmten Formation und als Zierat. Seine Vorläufer waren farbige Tuchfelder und Stickereien auf dem Kragen in verschiedener Form (z. B. Kapellenlitzen, Arabesken und goldene Schleifen). Farbige Tuchfelder (Kragenpatten), die als Unterlage für Stickereien dienten, unterschieden seit 1808 die Regimenter der Provinzen und später die Waffengat-

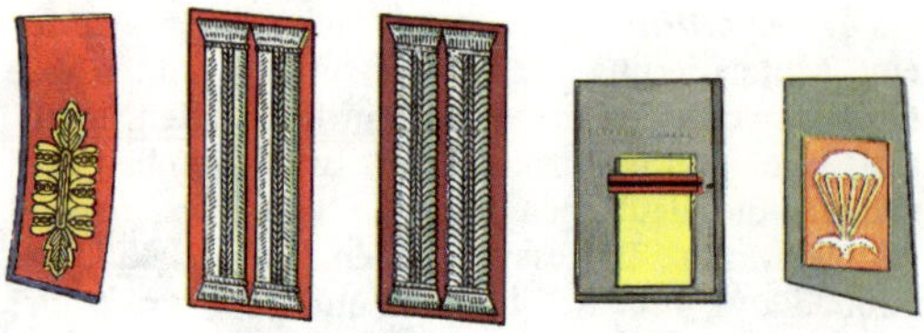

1 2 3 4 5

Arten von Kragenspiegeln:
1 Arabeskenstickerei; *2* Kapellenlitzen; *3* Kolbenstickerei; *4* Tuchspiegel mit Rangborte; *5* Tuchspiegel mit Waffengattungssymbol (NVA)

tungen. Beispielsweise bedeutete weiß Infanterie und hochrot Artillerie. Die bis zum ersten Weltkrieg im K. vorherrschenden Kapellenlitzen wurden 1915 verkürzt und behielten danach ihre Form bis zum Ende des zweiten Weltkrieges. Die Einführung des K. für alle Waffengattungen und Dienste erfolgte jedoch erst 1921 in der Reichswehr. Er entwickelte sich in enger Abhängigkeit von Form und Höhe des Uniformkragens. Bei den Mannschaften und Offizieren der Reichswehr und der faschistischen Wehrmacht unterschied sich der K. durch Ausführung und Material. Der K. der Generale des Heeres bestand aus goldfarbenen Arabesken, die teilweise verschieden unterlegt waren. Die übrigen Dienstgrade hatten K. aus sog. doppelter Kapellenlitze. Luftwaffe und Kriegsmarine trugen ein einfarbiges Tuchfeld mit möglichen Zusätzen, z. B. farbigen Paspeln oder Symbolen.

In der NVA werden die K. aus Besatztuch mit aluminiumfarbener Doppellitze in den Farben der Teilstreitkräfte bzw. Waffengattungen getragen. Die Luftstreitkräfte, die Volksmarine und die Fallschirmjäger tragen jeweils bestimmte Symbole oder glatte K. Bei den Generalen der NVA befindet sich auf den in der Waffenfarbe unterlegten K. eine aufgestickte goldfarbene Arabeske, Admirale tragen anstelle des K. eine Goldstickerei. *(s. Abb. S. 144, 145)*

Kreuzer: Klasse der Überwasserkräfte (→ *Seestreitkräfte*) mit mittlerer bis schwerer Bewaffnung und hoher Fahrgeschwindigkeit zur Lösung von Aufklärungs- und Sicherungsaufgaben sowie zur Führung des Seegefechts im Bestand von Schiffsverbänden.

Während der Segelschiffsepoche war K. die Bezeichnung für die Einsatzart bestimmter Schiffsklassen, vor allem der → *Fregatten* und → *Korvetten.* Im Frieden bestand ihre Aufgabe darin, in den ihnen zugewiesenen Seegebieten die Macht- und Sicherheitsinteressen ihrer Herkunftsländer wahrzunehmen. In Kriegszeiten wurden sie vor allem zur Aufklärung, im Blockadedienst, zu Angriffen auf gegnerische Handelsschiffe und zum Schutz der eigenen Seeverbindungen eingesetzt. Als Schiffsklasse bildete sich der K. in den 60er Jahren des 19. Jh. heraus. In ihm sollten sich relativ geringe Wasserverdrängung, mittlere Geschützkaliber, großer Aktionsradius und hohe Geschwindigkeit vereinen. Ein wesentlicher Schritt zur Herausbildung des K. war die Einführung des Dampfantriebes, der allmählich die Besegelung gänzlich verdrängte. Dabei ging die allgemeine Entwicklung zunächst von der gedeckten Korvette zur K.fregatte und von der Glattdeckskorvette zur K.korvette. In der deutschen → *Kaiserlichen Marine* fanden diese Bezeichnungen in den 80er Jahren des 19. Jh. Verwendung. Mit der Einführung einer Deckpanzerung entstand der geschützte K. Daneben baute man in den 80er und 90er Jahren ungeschützte K. Zeitweilig teilte man sämtliche K. nach Größe und Armierung in verschiedene Klassen (I–IV) ein. Ende des 19. Jh. begann – zuerst in Frankreich – der Bau eines neuen K.typs, der rasch Eingang in die anderen Flotten fand und in Deutschland zunächst Großer K., später Panzer-K. genannt wurde. Bei diesen Schiffen waren außer dem Deck Teile des Schiffsrumpfes und wichtige Gefechtsaufbauten durch Panzerung geschützt. Die Panzer-K. erreichten Anfang des 20. Jh. eine Wasserverdrängung von 10000 bis 12000 t, eine Höchstgeschwindigkeit von 18 bis 22 kn und eine Hauptbewaffnung, die aus mehreren Turmgeschützen mit einem Kaliber bis zu 240 mm bestand. Über sie führte die Entwicklung zu den ab 1906/07 gebauten → *Schlachtkreuzern.* Daneben entwickelte sich seit den 90er Jahren – von der K.korvette, teilweise auch vom Aviso ausgehend – die Klasse der Kleinen K., die bis zum Ende des ersten Weltkrieges in fast allen Marinen vorhanden war. In der deutschen Marine setzte diese Entwicklung in größerem Umfang mit den ab 1897 gebauten K. des Typs «Gazelle» ein, die über eine Wasserverdrängung von etwa 3000 t, eine Geschwindigkeit von 20 bis 22 kn und eine artilleristische Hauptbewaffnung von 10 105-mm-Geschützen verfügten. Bei den ihnen folgenden Städte-K. («Bremen», «Cöln» usw.) stieg die Wasserverdrängung bis 1918 nach und nach bis auf etwa 8000 t. Die zunächst noch mit Kolbendampfmaschinen, ab 1902 zunehmend mit Dampfturbinen ausgerüsteten K. erreichten eine Höchstgeschwindigkeit bis zu 29 kn. Ihre artilleristische Bewaffnung mit 105-mm-Geschützen erwies sich jedoch als zu schwach und wurde ab 1915 durch das 155-mm-Kaliber ersetzt. Das erste in der Reichsmarine der Weimarer Republik gebaute größere Kriegsschiff war der 1921 auf Stapel gelegte Kleine K. «Emden». Bei seinem Bau fand zum ersten Mal in größerem Umfang die Schweißtechnik anstelle von Nietverbindungen Verwendung.

Auf der Washingtoner Flottenkonferenz 1921/22 (→ *Flottenkonferenzen und -verträge*) wurde die Wasserverdrängung von K. auf 10000 t und das artilleristische Hauptkaliber auf 203 mm begrenzt. Die daraufhin von fast allen Seemächten in dieser Größenordnung gebauten Schiffstypen bezeichnete man als schwere K., während die bisherigen Kleinen K. entsprechend leichte K. genannt wurden. Zu letzteren zählten in der Reichs- und späteren faschistischen Kriegsmarine insgesamt 5 Einheiten des «Königsberg»- und des «Leipzig»-Typs, die in Größe, Bewaffnung und Geschwindigkeit die «Emden» zum Teil erheblich übertrafen. An schweren K. stellte die faschistische Kriegsmarine 3 Einheiten des «Admiral Hipper»-Typs in Dienst. Seit Februar

Kreuzertypen im imperialistischen Deutschland (1890–1945)

Bezeichnung	Kleiner Kreuzer (Kreuzer IV. Kl.)	Kleiner Kreuzer	Leichter Kreuzer	Großer Kreuzer (Kreuzer II. Kl.)	Panzerkreuzer	Schwerer Kreuzer
Name	Cormoran	Karlsruhe	Köln	Hertha	Scharnhorst	Admiral Hipper
Indienststellung	1893	1914	1930	1898	1907	1939
Besatzung	161	373	514	477	764	1382
max. Wasserverdrängung (t)	1887	6191	8130	6491	12985	18200
Länge (m)	82,6	142,2	174,0	110,6	144,6	202,8
Breite (m)	12,7	13,7	15,3	17,4	21,6	21,3
Maschinenleistung (PS)	2949	37885	68485	10312	28783	134000
max. Geschwindigkeit (kn)	15,5	28,5	32,0	19,0	23,5	32,0
Fahrstrecke (sm/kn)	2170/14	5000/12	5700/19	2810/15	4800/14	6800/20
Hauptbewaffnung Zahl/Kaliber (mm)	8/105	12/105	9/155	2/210 8/155	8/210 6/155	8/203 12/105
Panzerung (mm)	–	20–100	15–100	30–150	30–200	12–150

1940 wurden auch die zuvor gebauten Panzerschiffe (→ *Panzerkreuzerbau*) als schwere K. bezeichnet.

Mit der Entwicklung der Raketenkernwaffen büßten die K. Ende der 50er/Anfang der 60er Jahre ihre Bedeutung als Artillerieträger weitgehend ein. An ihre Stelle traten mit → *Raketenwaffen* unterschiedlicher Bestimmung ausgestattete Kampfschiffe, die in wichtigen Konstruktionselementen den früheren K. vergleichbar sind und daher als Raketen-K. bezeichnet werden. Ihre Hauptbewaffnung bilden Seeziel-, Luftziel- und U-Jagdraketen. Dazu kommen Universalgeschütze kleinen und mittleren Kalibers. Eine Anzahl früherer Artillerie-K. wurde auf Raketen umgerüstet bzw. ergänzend damit ausgestattet. Raketen-K. können konventionellen oder Kernkraftantrieb besitzen. Sie verfügen über einen großen Aktionsradius und hohe Geschwindigkeit. Die Kriegsflotten einiger Staaten verfügen über spezielle U-Jagd-K. Gegenwärtig zählen die Raketen-K. neben den kernkraftgetriebenen → *U-Booten* und den → *Flugzeugträgern* zu den stärksten Kampfschiffen der Seestreitkräfte. *(s. Abb. S. 889, 891, 893, 895, 897)*

Kreuzerkrieg: Bezeichnung für den mit Überwasserkräften (→ *Seestreitkräfte*) geführten bewaffneten Kampf auf See zur Störung bzw. Unterbindung der gegnerischen Handelsschiffahrt.

Vorläufer des K. war der Kaperkrieg, der bis ins 19. Jh. – teilweise von Schiffen privater Eigentümer auf eigene Rechnung, jedoch mit staatlicher Genehmigung (Kaperbrief) – geführt wurde. Die Kaperschiffe gehörten damit zu den Seestreitkräften des betreffenden Landes. Kapitän und Mannschaft hatten die → *Regeln des Seekrieges* zu beachten, andernfalls galten sie als Seeräuber. Nach dem Verbot des häufig mißbrauchten Kaperkrieges durch die Pariser Seerechtsdeklaration von 1856 durften nur noch Kriegsschiffe bzw. Hilfskriegsschiffe gegen die Schiffahrt eines gegnerischen Staates eingesetzt werden. In der zweiten Hälfte des 19. Jh. bildete sich in Frankreich eine seekriegstheoretische Auffassung heraus, die den K. zur entscheidenden Form des Seekrieges erklärte. Hauptträger dieser Kriegführung sollten → *Kreuzer* oder zu Hilfskreuzern umgerüstete Handels- und Passagierschiffe sein. Ihr Einsatz auf allen Meeren sollte vor allem den Seehandel des Gegners schädigen. In den Plänen der kaiserlich-deutschen Marineführung spielte der K. eine untergeordnete Rolle. Ein Hauptgrund dafür war der Mangel an leistungsfähigen überseeischen Stützpunkten. Dennoch wurden vom → *Admiralstab* langfristig Vorarbeiten für einen begrenzten K. getroffen. Die bei Beginn des ersten Weltkrieges (→ *Weltkrieg, erster, 1914–1918*) in überseeischen Gewässern befindlichen deutschen Schiffseinheiten (2 Panzerkreuzer, 4 Kleine Kreuzer sowie eine Anzahl von Kanonenbooten, Hilfskriegs- und Hilfsschiffen) wurden nach Anfangserfolgen durch gegnerische Seestreitkräfte ausgeschaltet. Einige bereits vor dem Krieg als Hilfskreuzer vorgesehene große Passagierdampfer konnten sich vor allem wegen des hohen Brennstoffverbrauchs und der leichten Erkennbarkeit nicht lange behaupten. An ihrer Stelle wurden kleine, unauffällige Handelsschiffe für den K. ausgerüstet. Sie waren mit verdeckt aufgestellten Geschützen versehen und verfügten über verschiedene Möglichkeiten der Tarnung. Obwohl einige Hilfskreuzer beträchtliche Erfolge erzielen konnten, gelang es nicht, den Seehandel der Ententemächte nachhaltig zu stören. Diese Aufgabe fiel in immer stärkerem Maße dem → *U-Boot-Krieg* zu.

In den 20er und 30er Jahren unseres Jh. erarbeiteten die Seekriegstheoretiker des deutschen Imperialismus die Konzeption des atlantischen Zufuhrkrieges, die Elemente des K. enthielt. Die in den ersten Jahren des zweiten Weltkrieges (→ *Weltkrieg, zweiter, 1939–1945*) unternommenen Versuche der faschistischen Kriegsmarine, mit Hilfe schwerer Überwasserkräfte die britischen Zufuhren zu beeinträchtigen, blieben wegen unzureichender Kräfte auf teilweise erfolgreiche Einzelaktionen beschränkt. 1942 mußten sie wegen der immer stärker werdenden alliierten Abwehrmaßnahmen fast gänzlich eingestellt werden. Dem von 1940 bis 1943 ähnlich wie im ersten Weltkrieg erfolgenden Einsatz von Hilfskreuzern fielen 138 versenkte oder zu Prisen erklärte alliierte und neutrale Schiffe mit 875 000 BRT zum Opfer. Insgesamt gingen durch den mit Überwasserkräften geführten Zufuhrkrieg etwa 200 alliierte und neutrale Schiffe mit rd. 1,2 Mill. BRT verloren. Das waren lediglich etwas über 8 % im Vergleich zu den vom faschistischen Deutschland durch den U-Boot-Krieg verursachten Verlusten.

Kreuzzüge 11.–13. Jh.: religiös verbrämte Eroberungszüge europäischer Feudalherren nach dem Orient (1096–1291).

Hauptträger der K. war die Feudalklasse der west- und südeuropäischen Länder und des römisch-deutschen Reiches. Die K. wurden vor allem vom römischen Papsttum, das seinen Machtbereich erweitern wollte, organisiert und ideologisch begründet («Kampf gegen die Ungläubigen», «Befreiung des Heiligen Grabes»). Starke Triebkraft der K. waren auch die italienischen Seerepubliken, die das Handelsmonopol im östlichen Mittelmeergebiet erstrebten. Die K.aufrufe fanden in allen Klassen und Schichten der europäischen Feudalgesellschaft großes Echo. Während die Feudalherren Machtzuwachs, Land und Reichtum gewinnen wollten, hofften die besonders am ersten K. teilnehmenden Bauern und Armen, der Verelendung und feudalen Bedrückung zu entgehen. Ausgelöst wurden die K. durch den Hilferuf des byzantinischen Kaisers, der

1095 Papst Urban II. (um 1040–1099) um Truppen gegen die vordringenden türkischen Seldschuken ersuchte. Die K.bewegung hatte anfangs eine Massenbasis. Diese ging bis Mitte des 13. Jh. vollständig verloren, bedingt durch die veränderten sozialökonomischen und politischen Verhältnisse in Mittel- und Westeuropa. Herkömmlich werden 8 K. gezählt, jedoch gab es weitere Eroberungszüge in den Vorderen Orient.

Dem Aufruf des Papstes zum *ersten K. (1096–1099)* folgten vor allem Adlige und Bauern aus Frankreich, Italien und den west- und süddeutschen Gebieten. Im Frühjahr 1096 brachen die Bauern auf (Bauern-K.). Während des Marsches versorgten sie sich, wie auch alle späteren Kreuzfahrer, durch Plünderung, Beute oder Kauf. Unter großen Verlusten gelangten die Bauern nach Kleinasien, wo ihre mangelhaft ausgerüsteten, kampfunerfahrenen und schlecht geführten Abteilungen bei Nikaia von den Seldschuken vernichtend geschlagen wurden (21. 10. 1096). Im August 1096 setzte sich das ritterliche Kreuzfahrerheer in 4 Abteilungen nach Konstantinopel in Marsch, wo es sich bis April 1097 sammelte. Es sollen insgesamt 100000 Mann, darunter etwa 17000 Ritter, gewesen sein. Sie verfügten weder über einen einheitlichen Oberbefehl noch über einen gemeinsamen Operationsplan. An der Spitze der lothringischen und deutschen Kreuzritter stand Gottfried IV. von Bouillon, Herzog von Niederlothringen (um 1060–1100). Das Kreuzfahrerheer ging im Frühjahr 1097 über den Bosporus und konnte die Seldschuken bei Nikaia (21. 5. 1097) und Dorylaion (1. 7. 1097) schlagen. In beiden Schlachten erwiesen sich die gepanzerten Ritter den seldschukischen leichten Reitern als überlegen. Politisch-ökonomische Sonderinteressen der fürstlichen Feudalherren prägten den weiteren Vormarsch. Während ein Teil der Kreuzfahrer das Gebiet von Edessa eroberte, belagerten die Hauptkräfte seit Oktober 1097 das strategisch wichtige Antiochia, das schließlich durch Verrat fiel (3. 6. 1098); ein seldschukischer Rückeroberungsversuch blieb erfolglos (28. 6. 1098). Damit hatten die Kreuzfahrer die militärische Vormachtstellung in Syrien errungen. Zahlreiche Beute- und Eroberungszüge sowie ständige Besitzstreitigkeiten bedingten, daß erst Anfang 1099 der Vorstoß auf Jerusalem begann. Nach wochenlanger Belagerung stürmten die Kreuzfahrer die Stadt (15. 7. 1099) und richteten unter der Bevölkerung ein Blutbad an. Der Sieg über eine heranrückende ägyptische Armee bei Askalon (12. 8. 1099) sicherte den Besitz des eroberten Territoriums.

Zur Konsolidierung und Erweiterung der in Syrien und Palästina okkupierten Gebiete wurden Kreuzfahrerstaaten gegründet: Grafschaft Edessa 1098, Fürstentum Antiochia 1098, Königreich Jerusalem 1100 und Grafschaft Tripolis 1109. Als Lehnsstaaten mit schwachen Zentralgewalten waren sie politisch und militärisch wenig gefestigt, zumal eine solide wirtschaftliche Basis fehlte. Der Mangel an Truppen sollte durch Zuzüge aus Europa behoben werden. Größere Kontingente lombardischer, französischer und süddeutscher Kreuzfahrer wurden jedoch 1101 in Kleinasien von den Seldschuken einzeln aufgerieben, weil Rivalitäten der Befehlshaber und Führungsfehler ein Zusammenwirken verhinderten. Dennoch konnten die Kreuzfahrerstaaten, von den italienischen Seestädten unterstützt, ihre Herrschaftsbereiche in der Folgezeit ausdehnen.

Die Eroberung von Jerusalem durch die Kreuzritter, Juli 1099

Anlaß für den *zweiten K. (1147–1149)* war die Eroberung Edessas 1144 durch die Seldschuken. Er wurde von König Ludwig VII. von Frankreich (um 1120–1180) und dem deutschen König Konrad III. (1093–1152) unternommen, die im Frühjahr 1147 von Metz bzw. Regensburg aufbrachen. Beide Heere, über deren Stärke keine genaueren Angaben vorliegen, operierten getrennt. Die deutschen Kreuzfahrer wurden Ende Oktober 1147 bei Dorylaion unter sehr großen Verlusten zum Rückzug gezwungen. Die berittenen seldschukischen Bogenschützen wichen jedem Angriff der Panzerreiter aus und zersprengten schließlich die ermatteten Ritter. Nur Reste erreichten Nikaia, wo sich ein Teil dem nachfolgenden französischen Heer anschloß. Auch die Franzosen erlitten eine Niederlage (Januar 1148), gelangten aber dennoch teils über See, teils zu Lande nach Antiochia. Nachdem Verstärkungen eingetroffen waren, zogen die beiden Könige Mitte 1148 von Jerusalem aus gegen das reiche Damaskus. Die Belagerung der Stadt blieb erfolglos, und auch der folgende Zug gegen Askalon schlug fehl. 1148/49 verließen Konrad III. und Ludwig VII. mit den verbliebenen Truppen das «Heilige Land».

Der *dritte K. (1189–1192)* kam nach der Eroberung Jerusalems Ende 1187 durch ein Heer des ägyptischen Sultans Saladin (1138–1193) zustande. Der römisch-deutsche Kaiser Friedrich I. (Barbarossa; um 1125–1190), König Philipp II. von Frankreich (1165–1223) und der englische König Richard I. (Löwenherz; 1157–1199) nahmen das Kreuz, um das «Heilige Grab» wiederzugewinnen. Im Mai 1189 brach als erster der Kaiser mit seinem Heer auf, das annähernd 15000 Mann, darunter 3000 Ritter, sowie 17000 Pferde umfaßt haben soll. Auf dem Landweg erreichte er das Byzantinische Reich, wo das Heer überwinterte. Der Marsch durch Kleinasien war wiederum außerordentlich strapazenreich; zudem mußten sich die Kreuzfahrer ständiger Angriffe seldschukischer Reiterei erwehren. Am 18.5.1190 wurde zwar bei Ikonion die seldschukische Hauptmacht geschlagen, doch nach dem Tod des Kaisers im Fluß Saleph (10.6.1190) löste sich das Heer auf. Die Mehrzahl der Kreuzfahrer kehrte um; die restlichen vereinigten sich im Oktober mit den Truppen des Königs von Jerusalem, die das gut befestigte Akkon belagerten. Die englischen und französischen Kreuzfahrer, die auf dem Seeweg vor Akkon eintrafen, eroberten die Stadt am 22.7.1191. Während Philipp II. kurz darauf nach Frankreich zurückkehrte, unternahm Richard I. seinen berühmten Küstenmarsch von Akkon nach Jaffa. Durch das Zusammenwirken von gepanzerter und leichter Reiterei, Fußvolk und Flotte gelang es, die Hauptkräfte einsatzfähig zu halten und die ägyptischen Truppen bei Arsuf am 7.9.1191 zu schlagen. Nachdem mehrere Versuche, Jerusalem zu erreichen, gescheitert waren, kam es zum Abschluß eines mehrjährigen Waffenstillstandes (September 1192). Von großer Bedeutung war die Eroberung Zyperns durch die englischen Kreuzfahrer im Mai 1191. Das hier errichtete Königreich gab den anderen Kreuzfahrerstaaten militärischen Rückhalt.

Kreuzzugspredigt, Aufruf zum zweiten Kreuzzug

Seit 1195 bereitete der römisch-deutsche Kaiser Heinrich VI. (1165–1197) einen neuen K. vor, um seine Weltreichpläne zu realisieren. Im März 1197 brachen die ersten Kontingente des kaiserlichen Heeres auf. Sidon und Beirut konnten erobert werden (Herbst 1197), doch nach dem Tod des Kaisers lösten sich die Truppen schnell auf. Der *vierte K. (1202–1204)*, an dem sich vor allem französische Feudalherren beteiligten, enthüllte die ökonomischen Hintergründe besonders deutlich. Auf Betreiben Venedigs, von dessen Flotte das Kreuzfahrerheer abhängig war, eroberten die Kreuzfahrer das Byzantinische Reich (Mai 1204 Errichtung des Lateinischen Kaiserreiches). Das ursprüngliche Ziel dieses K., die Niederwerfung Ägyptens und damit die Wiedergewinnung Jerusalems, wurde erst mit dem *fünften K. (1217–1221)* verfolgt. Im Herbst 1217 landete ein großes Kreuzfahrerheer unter dem ungarischen König Andreas II. (1175–1235), dem österreichischen Herzog Leopold VI. (1176–1230) und weiteren Fürsten in Akkon. Zwistigkeiten der Fürsten verhinderten ernsthafte militärische Aktionen. Der Abzug Andreas' II. und anderer Feudalherren wurde im Frühjahr 1218 durch das Eintreffen von zahlreichen Kreuzfahrern zumeist aus Norddeutschland und dem Rheinland ausgeglichen. Unter dem Oberbefehl des Königs Johann I. von Jerusalem (1148–1237) landete das Kreuzfahrerheer im Mai 1218 vor der stark befestigten Stadt Damiette und belagerte sie. Obwohl ständig Zuzug aus Westeuropa eintraf, gelang erst im November 1219 die Einnahme der Stadt. Nach langdauernden Streitigkeiten um den Beuteanteil wurde der Eroberungsfeldzug in Ägypten im Juli 1221 fortgesetzt. Beim Vorstoß auf Kairo geriet das Heer in eine ausweglose Lage, doch ein Waffenstillstand (30. 8. 1221) bewahrte es vor der Vernichtung. Für die Gewährung freien Abzugs räumten die Kreuzfahrer Ägypten. Damit endete der unter riesigem Einsatz von Kräften und Mitteln begonnene K. erfolglos.

Den *sechsten K. (1227–1229)* unternahm der römisch-deutsche Kaiser Friedrich II. (1194–1250), seit 1225 zugleich König von Jerusalem. Da er mit seinem relativ schwachen Heer keinen größeren Feldzug gegen Ägypten führen konnte, verlegte er sich auf Verhandlungen. Im Vertrag von Jaffa (18. 2. 1229) erhielten die Kreuzfahrer zwar Jerusalem zurück, verloren es aber 1244 endgültig. Nachdem kleine französische und englische Kreuzfahrerkontingente 1239 und 1240/41 durch Verhandlungen die Rückgabe einiger Gebiete von den Ägyptern erreicht hatten, versuchte König Ludwig IX. von Frankreich (1214–1270), die ägyptische Herrschaft mit Waffengewalt zu brechen. Auf diesem *siebenten K. (1248–1254)* konnten die französischen Truppen im Sommer 1249 Damiette einnehmen, erlitten aber beim Vormarsch auf Kairo im April 1250 eine katastrophale Niederlage. Ebenso erfolglos war 1269 ein Unternehmen spanischer Kreuzfahrer. Auf dem *achten K. (1270)*, den Ludwig IX. gegen Tunis unternahm, gingen der König und ein Teil des Kreuzfahrerheeres an der Pest zugrunde. Ohne Ergebnis blieb schließlich ein 1271/72 durchgeführter Orientzug englischer Feudalherren. Bis 1291 eroberten die ägyptischen Mameluken sämtliche syrisch-palästinensischen Kreuzfahrerbesitzungen und bereiteten damit der kolonialen Expansion der europäischen Feudalstaaten im Vorderen Orient ein Ende.

Das weltgeschichtlich folgenschwerste Ergebnis der K. waren die Ausschaltung des Byzantinischen Reiches und die Errichtung der Vorherrschaft Venedigs und Genuas im östlichen Mittelmeer. Im deutschen Feudalreich bildete die Orientexpansion einen Teil der imperialen Politik und vertiefte deren verhängnisvolle Wirkungen. Die K. förderten die Berührung mit dem Orient, was sich auch auf das europäische Militärwesen auswirkte. Neben Neuerungen in der Entwicklung von Hieb- und Stichwaffen sowie in der Panzerung der Ritter wurden vor allem die leichte Reiterei, das Befestigungswesen und die Kampfformen gegen feste Plätze beeinflußt. Typisches Produkt der K. waren die → *Ritterorden*, die in Europa im Sinne der Expansionsbewegung weiterwirkten. Seit Anfang des 13. Jh. nutzte das Papsttum die Form und die Ideologie von K. verstärkt im Kampf gegen politische, soziale und dogmatische Gegner («Ketzer-K.») in Europa (→ *Stedinger Aufstand um 1204–1234*, → *Hussitenkriege 1419–1437*). Frühzeitig wurde die K.ideologie auch in den Dienst der deutschen feudalen Ostexpansion gestellt (→ *Wendenkreuzzug 1147*), für die sie in der Folgezeit immer mehr an Bedeutung gewann.

Kriege: mit organisierter bewaffneter Gewalt geführte Kämpfe zwischen Klassen, Völkern, Nationen, Staaten oder Staatenkoalitionen zur Erreichung von politischen und ökonomischen Zielen.

Der K. ist eine historische Erscheinung der antagonistischen Klassengesellschaft und wird mit deren Überwindung wieder verschwinden. Die Klassiker des Marxismus-Leninismus haben die Entstehung des K., seine Ursachen, sein Wesen und seine Rolle in der Geschichte erstmals wissenschaftlich erklärt. Karl Marx (1818–1883), Friedrich Engels (1820–1895) und W. I. Lenin (1870–1924) wiesen nach, daß der K. in den auf Privateigentum an Produktionsmitteln, Ausbeutung und Unterdrückung beruhenden sozialökonomischen Formationen verwurzelt ist. Sie rüsteten die revolutionäre Arbeiterbewegung mit einer wissenschaftlichen Theorie aus, die ihr den Weg zeigt, den K. aus dem Leben der Gesellschaft zu verbannen. Lenin entwickelte die Erkenntnis des bürgerlichen preußischen Generals und Militärtheoretikers Carl von Clausewitz (1780–1831), daß der K. die Fortsetzung der Politik mit anderen Mitteln sei, dialektisch weiter: «Und gerade das war stets der Standpunkt von Marx und Engels, die *jeden* Krieg als eine *Fortsetzung* der Politik der betreffenden interessierten Mächte – und der *verschiedenen Klassen* in ihnen – in dem betreffenden Zeitabschnitt auffaßten» (W. I. Lenin, 21, S. 213).

K. sind klassenmäßig bedingt und durch Anwendung bewaffneter Gewalt gekennzeichnet. Der Charakter eines K. und dessen Rolle für die gesellschaftliche Entwicklung werden bestimmt durch die konkret-historischen Bedingungen, unter denen er entstanden ist, die Politik der Klassen und Staaten, die ihn herbeigeführt haben, sowie die Ziele der am K. beteiligten Kräfte und Kräftegruppierungen. Die marxistisch-leninistische Lehre vom K. unterscheidet klar zwischen gerechten und ungerechten K. Ein K. für die Verteidigung des Sozialismus, für die Befreiung von nationaler und kolonialer Unterdrückung, für die Verteidigung der Unabhängigkeit gegen imperialistische Aggression sowie der Bürger-K. einer revolutionären oder historisch progressiven Klasse sind gerechte K. Ungerecht ist ein K., der das Ziel verfolgt, die von der herrschenden Klasse betriebene Politik der Unterdrückung und Ausbeutung des eigenen Volkes und fremder Völker mit Waffengewalt fortzusetzen, den Herrschaftsbereich auszudehnen und die Macht der reaktionären Kräfte gewaltsam aufrechtzuerhalten oder zu restaurieren.

«Kriege sind eine kunterbunte, mannigfaltige, komplizierte Sache. Da darf man nicht mit einer allgemeinen Schablone herangehen» (W. I. Lenin, 35, S. 249). Häufig enthalten K., wie die Geschichte zeigt, zugleich gerechte und ungerechte Elemente. Ausschlaggebend für den Charakter eines K. sind jedoch stets die politischen Ziele, die die kriegführenden Seiten anstreben. Der Charakter eines K. kann sich auch im Verlauf des bewaffneten Kampfes ändern. Ein gerechter K. kann in einen ungerechten umschlagen, ein ungerechter K. in einen gerechten. Dies resultiert vor allem aus Veränderungen im Kräfteverhältnis zwischen den Klassen und Schichten eines Staates bzw. einer Koalition, deren K.ziele und K.führung den weiteren Verlauf und den Ausgang des K. beeinflussen. Revolutionäre Umwälzungen oder reaktionäre Umstürze während eines K. können dessen Charakter wandeln. Vom Klassencharakter eines K. hängt die Stellungnahme der Marxisten-Leninisten zu ihm ab. Grundsätzlich verurteilen sie den K. als grausam und inhuman und bekämpfen entschieden den ungerechten K. Im Gegensatz zum Pazifismus, der unterschiedslos jeden K. ablehnt, bejahen sie jedoch prinzipiell den gerechten K. der Volksmassen und unterdrückten Völker.

Der K. stellt eine Kombination militärischer, politischer, ökonomischer, ideologischer und psychologischer Kampfformen dar, unter denen der bewaffnete Kampf die Hauptform ist. Ihm sind die anderen Kampfformen untergeordnet, können aber Verlauf und Ausgang des K. in bedeutendem Maße mitbestimmen. Der organisierte bewaffnete Kampf wird vor allem von den → *Streitkräften* geführt. Entsprechend den Zielen des K. besteht ihre Aufgabe darin, die Streitkräfte des Gegners zu zerschlagen, dessen K.potential sowie politisch-militärische Führungszentren auszuschalten und das gegnerische Territorium einzunehmen. Nach der Zahl der beteiligten Staaten und Klassen, der eingesetzten Kampftechnik, dem Ausmaß des bewaffneten Kampfes, der Organisationsform der kriegführenden bewaffneten Kräfte und dem vorwiegend benutzten Raum der K.führung werden verschiedene Arten von K. unterschieden, wobei immer mehrere miteinander verflochten sind. Als K.arten gelten u. a. Koalitions-K.; konventionelle (kernwaffenlose) K., Kernwaffen-K.; lokale K., begrenzte K., Welt-K.; Land-K., Luft-K., See-K. Das komplexe Wesen eines möglichen globalen bzw. Welt-K. in unserer Zeit ist in dem Begriff moderner K. enthalten. Die marxistisch-leninistische → *Militärwissenschaft* schließt in diesen Begriff den sozialpolitischen Charakter des K., mögliche Varianten des K.beginns durch den imperialistischen Aggressor und der K.führung beider Seiten, den militärtechnischen Charakter des K. sowie Auffassungen über sein Ausmaß und seine Dauer ein. Sie betrachtet den modernen K. in seiner umfassendsten Form als bewaffnete Auseinandersetzung zwischen den beiden entgegengesetzten Weltsystemen, die von seiten der Gemeinschaft der sozialistischen Staaten zur Verteidigung des Sozialismus/Kommunismus, für den Sieg des gesellschaftlichen Fortschritts auf der ganzen Welt geführt würde. Von der feudalen und bürgerlichen Geschichtsschreibung wurden K. häufig nach Anlaß, Dauer und Entstehungsgebiet oder anderen äußeren Merkmalen benannt, z. B. Pfälzischer Erbfolge-K., Dreißigjähriger K., Schlesischer K. Die marxistisch-leninistische Militärgeschichtswissenschaft benutzt eine Reihe dieser überlieferten Bezeichnungen, wertet aber die K. nach ihrem klassenpolitischen Wesen in der jeweiligen Gesellschaftsordnung.

Für die antagonistischen Klassengesellschaften sind verschiedene historische Typen von K. charakteristisch. Diese Klassifikation der K. stützt sich auf die wissenschaftliche Analyse der Klassenkräfte und Klassenkämpfe der jeweiligen Epoche, auf die sozialpolitischen Grundwidersprüche, die zu K. führen, und auf Formen des bewaffneten Kampfes. In der historischen Entwicklung gehen die verschiedenen Typen von K. häufig ineinander über und treten nur selten in reiner Form in Erscheinung. Hauptkriterium für die Klassifikation der historischen Typen der K. ist ihr sozialpolitischer Inhalt in den Gesellschaftsordnungen.

In der klassenlosen *Urgesellschaft* gab es weder K. noch Streitkräfte. Erst als es bei den Zusammenstößen zwischen Sippen oder Stämmen nicht mehr nur um die Nutzung von Jagd-, Weide- und Siedlungsgebieten, sondern vor allem um den Raub und die Aneignung des Mehrprodukts anderer Stämme ging, erwuchs allmählich der K. als eine sozialpolitische Erscheinung. Für das letzte Stadium der Gentilordnung, die → *militärische Demokratie*, war das militärische Element ein Wesensmerkmal, «denn der Krieg und die Organisation zum Krieg sind jetzt regelmäßige Funktionen des Volkslebens geworden», wie Engels feststellte (K. Marx/F. Engels, 21, S. 159). Die Stammesaristokratie nutzte den K., um Beutegüter zu erlangen, aber auch in ständig steigendem Maße dazu, Herrschafts- und Ausbeutungsverhältnisse herzustellen und zu erweitern. Den bewaffneten Kampf führten das allgemeine → *Aufgebot* des Stammes und die Gefolgschaften der Heerführer und Häuptlinge. Die Gefolgschaften waren der

Keim für die späteren Streitkräfte der herrschenden Klasse. Die K. spielten bei der Zersetzung und Überwindung der Gentilgesellschaft eine große Rolle und wurden zur ständigen Begleiterscheinung der durch Klassenherrschaft und Klassenkampf gekennzeichneten Gesellschaftsordnungen.

In der *Sklavereigesellschaft*, die in Europa im 9./8. Jh. v. u. Z. im antiken Griechenland entstand und ihre höchste Entwicklungsstufe im Römischen Imperium erreichte, wurde der Charakter der K. durch die neuen, antagonistischen Klassen- und Herrschaftsverhältnisse (Eigentum der Sklavenhalter an den Produktionsmitteln und an den Sklaven als Produzenten) bestimmt. Die herrschende Ausbeuterklasse strebte danach, Länder zu erobern und Sklaven zu erhalten, wobei die Versklavung von K.gefangenen große Bedeutung hatte. Die K. zur Versklavung fremder Völker und ein Großteil der bewaffneten Kämpfe innerhalb der herrschenden Klasse waren ungerechte K., deren Verlauf und Folgen die weitere Entwicklung der Sklavereiordnung beeinflußten (Ausbreitung der Sklaverei im Mittelmeerraum). Gerecht waren die K. der Stämme und der Völker gegen die Sklavereiordnung und die bewaffneten Erhebungen der Sklaven (Spartacusaufstand 74–71 v. u. Z.) sowie der unterdrückten und ausgebeuteten Bauern und Handwerker (Bagaudenaufstände 263–285). Die erbitterten Klassenauseinandersetzungen und die besonders seit dem 3. Jh. verstärkten Einfälle germanischer Stämme (→ *germanisch-römische Kriege 2. Jh. v. u. Z.–5. Jh. u. Z.*) erschütterten den römischen Sklavenhalterstaat und führten schließlich in der zweiten Hälfte des 5. Jh. zum Sturz des Weströmischen Reiches. Sie trugen entscheidend zur revolutionären Überwindung der antiken Sklavereigesellschaft bei und beschleunigten den allmählichen Übergang zum Feudalismus in sehr großen Teilen Europas. Die K. der Sklavereigesellschaft waren durch den Einsatz von Aufgeboten der Sklavenhalter und Freien sowie von → *Söldnerheeren* gekennzeichnet. Es bildete sich die → *Kriegskunst* heraus, und ein militärisches Denken (Militärliteratur) begann sich zu entwickeln.

In der *Epoche des Feudalismus (Ende 5.–Ende 18. Jh.)* dienten in der Zeit der vollen feudalen Entfaltung die K. den weltlichen und geistlichen Feudalherren vor allem als Mittel, den Besitz von Grund und Boden mit feudalabhängigen Bauern zu vermehren, ihre Macht gegenüber den Volksmassen zu festigen und feudale Konkurrenten zu schwächen. Eine wichtige Rolle in den K. spielte die Kirche (Papsttum), die zugleich eine religiöse Begründung für K. gab. Die sog. Religions-K. waren religiös verbrämte Machtkämpfe zwischen feudalen Staaten bzw. innerhalb der herrschenden Klasse und Klassenschlachten zwischen dem Feudaladel und den unterdrückten und ausgebeuteten Volksschichten. «Wenn diese Klassenkämpfe damals religiöse Schibboleths trugen, wenn die Interessen, Bedürfnisse und Forderungen der einzelnen Klassen sich unter einer religiösen Decke verbargen, so ändert dies nichts an der Sache und erklärt sich leicht aus den Zeitverhältnissen», hob Engels hervor (K. Marx/F. Engels, 7, S. 343).

Die → *fränkischen Expansionskriege 5.–9. Jh.* richteten sich von Beginn an auch gegen die Germanenstämme östlich des Rheins, wo sich im 9./10. Jh. durch Teilungen des fränkischen Großreiches der deutsche Feudalstaat herausbildete. Der Feudaladel betrieb eine ausgedehnte Expansionspolitik, in deren Verlauf im 10. Jh. das mittelalterliche römisch-deutsche Kaiserreich entstand. Durch die Ostexpansion des 10.–13. Jh. gegen slawische Völker und Staaten (→ *Wendenkreuzzug 1147*, → *Ritterorden*), die im 12./13. Jh. ihren Höhepunkt erreichenden Italien-K. (→ *Legnano 1176*) und die → *Kreuzzüge 11.–13. Jh.* erweiterte sich der Machtbereich des deutschen Feudalstaates. Diese Eroberungs-K. und die zahlreichen Machtkämpfe des Feudaladels brachten große Verluste und Schäden, hemmten die Entwicklung der Produktivkräfte und führten zu Machtverschiebungen innerhalb der herrschenden Klasse (Stärkung der fürstlichen Partikularherrschaft auf Kosten der kaiserlichen Zentralgewalt). Gerecht waren die K. zur Abwehr der Einfälle der Normannen, Dänen und Ungarn vom 8.–10. Jh. (→ *Lechfeld 955*), die zur Festigung des deutschen Feudalstaates beitrugen, und der Kampf gegen die Mongolen im 13. Jh. (→ *Liegnitz 1241*).

Die K.handlungen im Frühfeudalismus wurden vorwiegend von bäuerlichen Aufgeboten geführt, neben denen das zahlenmäßig kleinere, aber kampfstärkere → *Vasallenheer* zunehmend an Bedeutung gewann. Bis zur Mitte des 11. Jh. verschwand das allgemeine Aufgebot in Mittel- und Westeuropa weitgehend, und die aus den Vasallenaufgeboten hervorgegangenen → *Ritterheere* wurden zum entscheidenden militärischen Instrument des Feudaladels. Die K. erstreckten sich über weite Gebiete Europas und Teile Kleinasiens. Sie dauerten nicht selten Jahrzehnte, waren allerdings häufig von Waffenstillständen und zeitweiligen Friedensschlüssen unterbrochen, wie die K. zwischen der Hanse und Dänemark im 14. Jh. Die Kämpfe konzentrierten sich zumeist um Städte, Burgen und wichtige Gebiete. Die Entscheidung wurde durch eine Schlacht, durch die Einnahme der Stadt bzw. Burg oder durch Verwüstung des gegnerischen Gebietes angestrebt. Neben ausgedehnten Eroberungszügen prägten viele lokal begrenzte, mit zahlenmäßig schwachen Kräften geführte Fehden des Feudaladels sowie Kämpfe zwischen Städten und Feudalgewalten den K. im vollentfalteten Feudalismus. Mit dem Aufkommen der

Feuerwaffen im 14. Jh. begann sich der militärische Charakter des K. allmählich zu verändern. Die neue Waffentechnik führte im Zusammenhang mit den sozialökonomischen Wandlungen des Feudalismus im 14./15. Jh. zu grundlegenden Veränderungen im Militärwesen und in der K.führung.

Der antifeudale Volkskampf nahm wiederholt die Form von bewaffneten Aufständen und K. an. Die größten Erhebungen im deutschen Feudalreich vor 1517 waren der → *Stellingaaufstand 841–843*, der → *sächsische Bauernaufstand 1073–1075*, der → *Stedinger Aufstand um 1204–1234*, der Appenzeller K. 1402–1408, in dem die bäuerlichen Aufständischen über mehrere Jahre erfolgreich gegen die Habsburger und süddeutsche Feudalherren kämpften, und der Ende des 15. Jh. einsetzende Kampf der Bauern der Dithmarschen gegen deutsche und dänische Feudalgewalten. Die bewaffneten Volkskämpfe im deutschen Feudalstaat waren teil- und zeitweise mit antifeudalen Bewegungen anderer Völker verbunden, so mit dem Kampf der Schweizer Eidgenossen gegen die Unterwerfungsversuche der Habsburger und mit der revolutionären Hussitenbewegung in Böhmen (→ *Hussitenkriege 1419–1437*).

Während des Übergangs vom Feudalismus zum Kapitalismus ab Ende des 15. Jh. wurde der K. «ein viel stärkerer Hebel der geschichtlichen Entwicklung, als er je in der feudalen Gesellschaft gewesen war» (F. Mehring, 8, S. 405). Die aufstrebenden kapitalistischen Staaten Niederlande und England führten zahlreiche K. um die Beherrschung von Handelswegen, Märkten und Kolonien. Diese K., die sich z. T. mit den K. zwischen den feudalen Staaten verwoben, waren ein Mittel der ursprünglichen Akkumulation des Kapitals und trugen zum Erstarken der Handels- und Manufakturbourgeoisie bei. Durch die Fortschritte der Produktivkräfte (Entwicklung des Manufakturkapitalismus, Beginn der industriellen Revolution in England) und die Veränderungen im Militärwesen (Ausbreitung des Söldnerwesens, Aufkommen stehender Heere und K.flotten) wuchsen die in den K. eingesetzten Kräfte und Mittel an.

Das deutsche Feudalreich und deutsche Territorialstaaten waren an den meisten K. dieser Epoche beteiligt, von denen namentlich der → *Dreißigjährige Krieg 1618–1648*, der → *Spanische Erbfolgekrieg 1701–1714*, der → *Österreichische Erbfolgekrieg 1740–1748* sowie der → *Siebenjährige Krieg 1756–1763* europäische Ausmaße trugen. Bei diesen K. handelte es sich fast ausschließlich um Eroberungs-K. Dagegen wurden die sog. Türken-K. im 16./17. Jh. (→ *Kahlenberg 1683*) durch die aktive Beteiligung der Völker Mittel- und Osteuropas am Kampf gegen ein feudal-despotisches Joch zu gerechten K., deren Ergebnisse jedoch vor allem dem Feudaladel zugute kamen (Ausdehnung der Herrschaft der Habsburger in Ungarn und auf dem Balkan). Gerechten Charakter hatten die K. der kolonial unterdrückten bzw. von der Kolonialherrschaft bedrohten Völker, der Befreiungskampf der Niederlande gegen Spanien im 16./17. Jh., die antiroyalistischen K. während der bürgerlichen Revolution in England im 17. Jh. und der amerikanische Unabhängigkeits-K. 1775–1783. In Deutschland bildete der → *deutsche Bauernkrieg 1524–1526* den Höhepunkt der frühbürgerlichen Revolution und des antifeudalen Volkskampfes dieser Epoche. Im bewaffneten bäuerlichen Klassenkampf gegen den Feudaladel wurden teilweise auch K.zeiten ausgenutzt, wie u. a. der oberösterreichische Bauern-K. 1626 und der Bauernaufstand in Bayern 1705/06 zeigten. Zu vielfältigen militärischen Aktionen der Bauern und Bürger gegen Söldnertruppen kam es besonders im Verlauf des Dreißigjährigen K. (→ *Harzschützen*), des → *Pfälzischen Erbfolgekrieges 1688–1697* sowie auch des → *Brandenburgisch-Schwedischen Krieges 1674–1679*. Die Auseinandersetzungen zwischen Fürstenmacht und Zentralgewalt kulminierten zunächst im → *Schmalkaldischen Krieg 1546/47* und führten seit der zweiten Hälfte des 17. Jh. zum territorialstaatlichen Absolutismus.

Bis zur Mitte des 17. Jh. wurden die meisten K. mit zeitweilig geworbenen, danach mit stehenden Söldnerheeren geführt. Deren Charakter und Eigenheiten übten neben der Weiterentwicklung der technischen Kampfmittel und den Fortschritten im militärischen Denken wesentlichen Einfluß auf die K.kunst und die Methoden der K.führung aus. Suchten die Landsknechtsheere (→ *Landsknechte*) im 16./17. Jh. die K.entscheidung noch vorrangig durch Schlachten, so wurden diese im 17./18. Jh. bei den desertionsanfälligen absolutistischen Söldnerarmeen weitgehend zugunsten einer Manöver- und Kordonstrategie vermieden. Durch die großen Entdeckungen und die Kolonialpolitik der westeuropäischen Mächte dehnten sich die K.schauplätze weiter aus (See-K. im Atlantischen, Indischen und Stillen Ozean, Kolonial-K. in Amerika und Indien). Für die Zeit des Absolutismus waren sog. Kabinetts-K. kennzeichnend, die aus der Kabinettspolitik der feudalen Potentaten entstanden. Zumeist durch dynastische Erbstreitigkeiten veranlaßt (Erbfolge-K.), ging es in diesen K. um die Erweiterung des politisch-ökonomischen Einflusses und des territorialen Besitzstandes. Dabei konnten besonders die deutschen Landesfürsten vielfach nur durch Subsidienverträge mit ausländischen Staaten, vor allem Frankreich und England, die finanziellen Mittel für ihre K. aufbringen. Die Anlehnung an die rivalisierenden europäischen Mächte bedingte, daß deutsche Territorialstaaten fast stets auf beiden kriegführenden Seiten standen. Die skrupellosen K.bündnisse offenbarten das volksfeindliche Wesen der fürstlichen Militärpolitik.

Die *Epoche des Sieges und der Entfaltung des Kapitalismus*, die mit der Französischen Revolution von 1789 begann, brachte eine neue Stufe der Verflechtung und gegenseitigen Abhängigkeit von K. und Gesellschaft hervor. Weitaus stärker als zuvor waren die Volksmassen in die K. einbezogen und beeinflußten deren Charakter, Verlauf und Ergebnisse. Die im 19. Jh. von den kapitalistischen Staaten geführten K. entstanden aus dem Profit- und Machtstreben der Bourgeoisie und dem ökonomischen Konkurrenzkampf im vormonopolistischen Kapitalismus. Ihrem politischen Charakter nach waren sie hauptsächlich Eroberungs-K. um Absatzmärkte, Rohstoffquellen und Kolonien. Die Bourgeoisie als neue herrschende Klasse (in einigen Ländern zusammen mit dem verbürgerlichten Adel) nutzte K. außerdem zur verstärkten Ausbeutung und Unterdrückung der Volksmassen und zur Festigung der eigenen Klassenherrschaft. Solche K. sowie die militärische Niederwerfung revolutionärer Erhebungen und nationaler Unabhängigkeitsbewegungen im eigenen Land und in anderen Ländern und Gebieten trugen eindeutig ungerechten Charakter.

Im Kampf gegen die feudalabsolutistische Reaktion verfolgte die Bourgeoisie im Rahmen ihrer Klassenherrschaft auch demokratische und nationale Interessen. So stellten in der Zeit von 1789 bis 1871 «die bürgerlich-fortschrittlichen nationalen Befreiungskriege einen besonderen Typus von Kriegen dar ... Der Hauptinhalt und die historische Bedeutung dieser Kriege waren die Beseitigung des Absolutismus und des Feudalismus, ihre Untergrabung, die Abwerfung eines national fremden Jochs» (W. I. Lenin, 21, S. 300). Zu diesen K. gehörten die Befreiungs-K. der europäischen Völker gegen die napoleonische Fremdherrschaft 1808–1815, darunter der → *nationale Unabhängigkeitskrieg 1813/14* des deutschen Volkes; der → *Dänisch-Deutsche Krieg 1864*, der → *Preußisch-Österreichische Krieg 1866* und der → *Deutsch-Französische Krieg 1870/71*, die zur Schaffung des deutschen Nationalstaates führten; die K. um die Einigung Italiens 1859–1870; die nationalen Aufstände und Befreiungs-K. der Balkanvölker gegen das Osmanische Reich im 19. Jh.; der Nordamerikanische Bürger-K. in den Jahren 1861–1865. Diese K. lösten vor allem Aufgaben der bürgerlichen Umgestaltung und spielten eine progressive Rolle bei der Konsolidierung der Nationen und der Herstellung bürgerlicher Nationalstaaten. In unterschiedlichem Maße enthielten sie jedoch Elemente ungerechter K., da die Bourgeoisie zugleich Unterdrückungs- und Annexionspolitik betrieb. Der Charakter solcher K. konnte sich deshalb auch ändern. Die K. des revolutionären Frankreichs gegen die vom kapitalistischen Rivalen Großbritannien organisierte Koalition der Feudalmächte wandelten sich Anfang des 19. Jh. zu ungerechten K., als die französische Großbourgeoisie ihre Macht gesichert hatte und das Moment der Eroberung und Ausplünderung anderer Völker ausschlaggebend wurde (→ *Koalitionskriege 1792–1815*). Auch der Deutsch-Französische K. 1870/71 schlug deutscherseits in einen Eroberungs-K. um.

Die europäische Bourgeoisie führte in dieser Epoche zahlreiche K. in Amerika, Afrika, Asien und Ozeanien, um Kolonien zu erobern und Länder in Abhängigkeit zu bringen. Durch räuberische Kolonial-K. entwickelten sich Großbritannien, Frankreich und die Niederlande zu den größten Kolonialmächten, während Deutschland erst im letzten Drittel des 19. Jh. einige Kolonien eroberte. Ende des 19. Jh. war die territoriale Aufteilung der Welt unter den mächtigsten kapitalistischen Ländern abgeschlossen. Gegen die koloniale Unterdrückung erhoben sich viele Völker zum bewaffneten Kampf für Freiheit und Unabhängigkeit. Zu diesen gerechten K. gehörten der Unabhängigkeits-K. der spanisch-portugiesischen Kolonien in Mittel- und Südamerika 1810–1824, der K. des algerischen Volkes gegen die französischen Kolonisatoren 1832–1847 und der indische Volksaufstand gegen die britische Herrschaft 1857–1859.

Die K. waren seit der Französischen Revolution von 1789 in vorher unbekanntem Maße durch Massenhaftigkeit und Beweglichkeit der Kräfte und Mittel gekennzeichnet. Die bürgerlichen Staaten setzten zahlenmäßig starke Streitkräfte ein, die auf der Grundlage der → *allgemeinen Wehrpflicht* oder der → *Konskription* formiert wurden. Einen zunehmenden Einfluß auf das Militärwesen und die K.führung übten seit der zweiten Hälfte des 19. Jh. die ökonomisch-technischen Fortschritte der kapitalistischen Entwicklung aus, u. a. militärische Nutzung der Dampfmaschine, der Eisenbahn und der Telegraphie sowie Übergang von den glatten zu den gezogenen Rohren und Läufen. Bereits im Krim-K. 1853–1856 trat die Wechselwirkung zwischen kapitalistischer Produktionsweise, Waffentechnik und K.führung deutlich zutage. Die Veränderungen im sozialpolitischen und militärtechnischen Charakter der K. spiegelten sich in der Entwicklung der bürgerlichen Militärtheorie und K.kunst wider. Frühzeitig, vor allem in den Kolonial-K., wendete die Bourgeoisie brutale, völkerrechtswidrige Methoden der K.führung an (Ausrottung von Stämmen und Völkern). Wachsende Bedeutung gewann der Volks-K., der vielfach als Guerilla-K. (Klein-K. irregulärer Kräfte) oder Partisanen-K. geführt wurde.

Die Arbeiterklasse kämpfte in bewaffneten Erhebungen für den gesellschaftlichen Fortschritt und gegen die kapitalistische Unterdrückung. Höhepunkte auf deutschem Boden waren der → *Weberaufstand 1844* und die Volkskämpfe in der bürgerlich-demokratischen → *Revolution 1848/49*. Welthistorische Bedeutung besaß der revolutionäre Bürger-K. der Pariser Kommune 1871. «Der Kampf der Arbeiterklasse mit der Kapitalistenklasse und ihrem Staat ist durch den Pariser Kampf in eine neue Phase getreten», schrieb Marx (K. Marx/F. Engels, 33, S. 209). Die Aufstände und K. der unterdrückten Volksmassen und Völker waren die Fortsetzung der Politik des Kampfes für soziale und nationale Befreiung. Sie hatten ihre sozialökonomischen Wurzeln in den kapitalistischen Produktionsverhältnissen und entsprangen den antagonistischen Gegensätzen zwischen Unterdrückten und Unterdrückern. Aus den K. des 19. Jh. und besonders den bewaffneten Kämpfen der Arbeiterklasse zogen Marx und Engels grundlegende Lehren und Erkenntnisse für die proletarische Militärtheorie und Militärpolitik (→ *Militärpolitik der revolutionären deutschen Arbeiterbewegung (bis 1945)*).

Vom *Beginn des Imperialismus bis zum Vorabend der Großen Sozialistischen Oktoberrevolution* (Ende des 19. Jh.–1917) zeichneten sich die K. durch qualitativ neue Züge aus. Der Imperialismus verschärfte alle Widersprüche des Kapitalismus auf das äußerste. Die sprunghaft ungleichmäßige Entwicklung der kapitalistischen Länder veränderte das Kräfteverhältnis schneller als im vormonopolistischen Stadium und führte zum Kampf um die Neuaufteilung der Welt. «‹Weltherrschaft› ist, kurz gesagt, der Inhalt der imperialistischen Politik, deren Fortsetzung der imperialistische Krieg ist» (W. I. Lenin, 23, S. 26). Die imperialistischen Mächte bereiteten durch enorme Verstärkung ihrer Streitkräfte, durch gesteigertes Wettrüsten und durch umfassende Militarisierung neue K. vor. Dabei wurden die Wechselbeziehungen zwischen Gesellschaft, Militärwesen und K. immer enger. Die Einbeziehung der Volksmassen in die Vorbereitung und Führung der K. und die ideologische K.vorbereitung erreichten ein bis dahin nicht dagewesenes Ausmaß. Durch die militärische Ausnutzung der ökonomischen, technischen und wissenschaftlichen Fortschritte gewann der K. neue Dimensionen, u. a. Entwicklung von Schnellfeuerwaffen, beginnende Verwendung des Verbrennungsmotors in den Armeen, Bau von Großkampfschiffen, U-Booten und Flugzeugen sowie breite Anwendung der Nachrichtentechnik. Bereits in den lokalen K. vor 1914 traten einige dieser neuen Züge des K. im Imperialismus hervor.

Typisch für die imperialistische Epoche waren K. um die Neuaufteilung der Welt. Dazu gehörten der K. zwischen den USA und Spanien 1898, der K. Großbritanniens gegen die beiden Burenrepubliken 1899–1902, die → *Intervention in China 1900/01*, der Russisch-Japanische K. 1904/05 und der erste Welt-K. (→ *Weltkrieg, erster, 1914–1918*). Der deutsche Imperialismus, der bei der Aufteilung der Welt zu spät gekommen war, jedoch durch seine rasche Entwicklung seit dem Ende des 19. Jh. ein großes ökonomisches Potential besaß, trat besonders aggressiv auf. Er strebte nach der Weltherrschaft und trug die Hauptverantwortung für die Entfesselung des ersten weltweiten imperialistischen K. Dieser aus den Widersprüchen des Imperialismus erwachsene K. war ein allseitig ungerechter Eroberungs-K., in dem das Monopolkapital der Großmächte seine reaktionäre Außen- und Innenpolitik mit den Mitteln militärischer Gewalt fortsetzte.

Der erste Welt-K. unterschied sich grundlegend von allen vorangegangenen K. Er erfaßte alle Bereiche des gesellschaftlichen Lebens; 38 Staaten befanden sich im K.zustand. Die Kampfhandlungen erstreckten sich über 3 Kontinente und alle Weltmeere. Es wuchs die Abhängigkeit des bewaffneten Kampfes vom Hinterland, von den wirtschaftlichen, technischen, politischen und moralischen Ressourcen der Länder. Die Verluste der Völker (insgesamt 10 Mill. Gefallene und über 20 Mill. Verwundete und Versehrte) und die materiellen Schäden erreichten riesige Ausmaße. Der K. verschärfte die Gegensätze zwischen den kapitalistischen Staaten und die Widersprüche innerhalb der kriegführenden Mächte. Mit ihm begann die allgemeine Krise des Kapitalismus und entstanden neue objektive Bedingungen für ein Anwachsen der revolutionären Bewegung. Militärisch war der Welt-K. durch den Einsatz von Millionenarmeen (insgesamt 70 Mill. Einberufene), langdauernde und verlustreiche Kampfhandlungen an mehreren Fronten und weitreichende Veränderungen in der Führung, Organisation und Bewaffnung der Streitkräfte sowie in der K.kunst gekennzeichnet. Neue Kampfmittel (chemische Kampfstoffe seit 1915, Panzer seit 1916) wurden eingesetzt und die Artillerie, die Pionier- und Nachrichtentruppen, die rückwärtigen Dienste, die Fliegerkräfte und die U-Boot-Waffe ganz beträchtlich verstärkt. Der Stellungs-K. beherrschte den bewaffneten Kampf auf dem Lande; zur See spielten die → *Blockade* und der → *U-Boot-Krieg* eine wachsende Rolle. Die Lehren des Welt-K. übten auf die bürgerliche und die marxistisch-leninistische Militärwissenschaft großen Einfluß aus.

Die Erhebungen der kolonial unterdrückten und abhängigen Völker gegen Imperialismus und Kolonialismus sowie der Kampf der Volksmassen gegen den verbrecherischen Welt-K. trugen gerechten Charakter. Von den antikolonialen Aufständen im deutschen Kolonialreich war der → *Herero- und Namaaufstand 1904–1907* der bedeutendste. In Asien kam es vor allem unter dem Einfluß der bürgerlich-demokratischen Revolution in Rußland 1905–1907 zu Volkskämpfen gegen feudalreaktionäre Gewalten und imperialistische Kolonialherrschaft (Beginn bürgerlicher Revolutionen im Iran 1905, in der Türkei 1908 und in China 1911). Historisch progressive Bedeutung besaß auch der erste Balkan-K. 1912/13, der die nationale Unabhängigkeit der Balkanstaaten gegenüber dem Osmanischen Reich festigte. Im Kampf gegen den imperialistischen Welt-K. erhielt die internationale Arbeiterbewegung mit dem von Lenin entworfenen Manifest «Der Krieg und die russische Sozialdemokratie» (Oktober 1914), das zur Umwandlung des K. in den Bürger-K. und zum Sturz der herrschenden Klassen aufrief, die gültige politische Orientierung. Die sich in allen kriegführenden Ländern entwickelnde und nach der russischen Februarrevolution 1917 beschleunigt wachsende Anti-K.bewegung griff auch auf die Streitkräfte über. Hier fand sie im deutschen Kaiserreich besonders in den Soldatenverbrüderungen und in der → *revolutionären Matrosenbewegung 1917/18* ihren Ausdruck.

Die Große Sozialistische Oktoberrevolution leitete die *Epoche des Übergangs vom Kapitalismus zum Sozialismus* ein und markierte den Beginn der Entwicklung der Menschheit zu einer Gesellschaft ohne Ausbeutung und ohne K. In dieser Epoche entstand als historisch neuer Typ der K. zwischen Staaten mit entgegengesetzten Gesellschaftssystemen. Er entspringt dem Streben des Imperialismus, die sozialistische Gesellschaftsordnung gewaltsam zu beseitigen und den Kapitalismus im Weltmaßstab wiederherzustellen. «In solchen Fällen», schrieb Lenin bereits 1916, «wäre ein Krieg unsererseits legitim und gerecht, es wäre ein Krieg für den Sozialismus, für die Befreiung anderer Völker von der Bourgeoisie» (W. I. Lenin, 23, S. 74). Dieser dem Sozialismus aufgezwungene K. ist seinem Klassencharakter nach die Fortsetzung des proletarischen Klassenkampfes gegen die internationale imperialistische Reaktion. Dabei kann sich der Kampf gegen den Aggressor mit dem Bürger-K. gegen die innere Konterrevolution verflechten, wie in Sowjetrußland 1918–1922 (→ *Intervention des deutschen Imperialismus in Sowjetrußland und in Finnland 1918*, → *Baltikumunternehmen 1919*) und in der Ungarischen Räterepublik 1919. Die K. zur Verteidigung des sozialistischen Vaterlandes zeichnen sich durch ihren uneingeschränkt gerechten, revolutionären und internationalistischen Charakter aus. Sie sind echte Volks-K., in denen die von den kommunistischen und Arbeiterparteien geführten Volksmassen bewußt alle Kräfte und Mittel mobilisieren und mit großer Entschlossenheit und hoher Opferbereitschaft an der Front, im Hinterland und in der Partisanenbewegung für den Sieg über den Gegner kämpfen. Bis 1945 mußte sich der erste sozialistische Staat der Welt mehrfach gegen die militärischen Angriffe des internationalen Imperialismus verteidigen. Im Großen Vaterländischen K. 1941–1945 errang er einen Sieg von welthistorischer Bedeutung.

Unter dem Einfluß der Großen Sozialistischen Oktoberrevolution kam es nach 1917/18 zu zahlreichen nationalen Befreiungs- und Bürger-K., die sich gegen Imperialismus und Kolonialismus richteten und das kapitalistische System weiter erschütterten. Dazu gehörten der nationale Befreiungs-K. der Türkei 1919–1922, die Revolution in der Mongolei 1921, der Freiheitskampf der Rifkabylen 1921–1926 und die revolutionären Bürger-K. in China 1924–1937. Durch die Veränderung des Kräfteverhältnisses und die allgemeine Krise verschärften sich erneut die Spannungen zwischen den kapitalistischen Ländern. Die faschistischen Länder Deutschland und Italien sowie das militaristische Japan erweiterten durch K. ihren Herrschaftsbereich: 1931 Beginn der japanischen Aggression gegen China, italienischer Überfall auf Äthiopien 1935/36, deutsch-italienische → *Intervention in Spanien 1936–1939*. In diesen K. erprobten die faschistischen Mächte den Einsatz weiterentwickelter und neuer Kampfmittel sowie Methoden der barbarischen, völkerrechtswidrigen K.führung, u. a. den Einsatz von Giftgas in Äthiopien und den Luftterror gegen die Zivilbevölkerung in Spanien. Gegen die Aggressoren entstand eine Partisanenbewegung, die den Kampf auch während der Okkupationszeit fortsetzte.

Die zugespitzten Widersprüche des Imperialismus führten zum zweiten Welt-K. (→ *Weltkrieg, zweiter, 1939–1945*). Er wurde vom deutschen Imperialismus und Militarismus entfesselt, dessen Politik darauf gerichtet war, die im ersten Welt-K. verlorenen Machtpositionen zurückzugewinnen und die Weltherrschaft zu erringen. Dabei sollten ganze Völker unterjocht und ausgerottet und vor allem die Sowjetunion und die sozialistischen Kräfte in der Welt vernichtet werden. Den aggressiven K.zielen entsprach die faschistische Militärdoktrin, deren Hauptbestandteile die → *Theorie des totalen Krieges* und die → *Blitzkriegskonzeption* bildeten. Der zweite Welt-K. begann als beiderseits ungerechter imperialistischer K. um die Neuaufteilung der Welt. Angesichts des aus der extremen faschistischen Eroberungs- und Vernichtungspolitik erwachsenen Widerstandskampfes der überfallenen und bedrohten Völker trug er jedoch von Beginn an Elemente eines gerechten antifaschistischen Befreiungs-K. auf seiten der gegen Hitlerdeutschland und seine Verbündeten kriegführenden Staaten. Dieser Charakter des K. prägte sich in zunehmendem Maße aus und wurde mit dem 1941 erzwungenen K.eintritt der UdSSR voll wirksam.

Der zweite Welt-K. übertraf in Ausmaß und Folgen den ersten bei weitem. Er erfaßte 72 Staaten und bezog mehr als 75 % der Weltbevölkerung direkt oder indirekt ein. Zum Einsatz kamen große Massen an Kräften (insgesamt 110 Mill. Einberufene) sowie an Waffen und Kampftechnik, darunter neuartige wie Raketen und 1945 die Atombombe. Der K. forderte ungeheure Verluste (fast 50 Mill. Tote, davon 32 Mill. Gefallene; 35 Mill. Versehrte) und hinterließ riesige materielle Schäden. Die K.führung wurde durch die massenhafte Verwendung technischer Kampfmittel (Panzer, Flugzeuge, Artillerie, automatische Waffen), eine weitgehende Motorisierung der Streitkräfte und die Anwendung neuentwickelter Nachrichten- und Führungstechnik (Funk) bestimmt. Die gestiegene Beweglichkeit und Feuerkraft der Streitkräfte verliehen dem K. zu Lande einen ausgeprägten Bewegungscharakter. Masseneinsätze von U-Booten und Flugzeugen kennzeichneten die Kampfhandlungen zur See. Die Luftstreitkräfte erhielten sowohl im Zusammenwirken mit den anderen Teilstreitkräften als auch im selbständigen Einsatz gegen das Hinterland des Gegners (strategischer Luft-K.) ein neues Gewicht. Stärker als im ersten Welt-K. verwischte sich die Grenze zwischen Front und Hinterland. Die Bedeutung des wirtschaftlichen und politisch-moralischen Potentials für den Verlauf und Ausgang des K. wuchs weiter an. Noch profilierter nahm der zweite Welt-K. den Charakter eines langwierigen, unter Einsatz aller Kräfte geführten Kampfes an. Eine wichtige Rolle spielten die breite antifaschistische Volksbewegung und der Partisanen-K., der vor allem in Ost- und Südosteuropa sowie in Asien wesentlich den Verlauf der Kämpfe an der Front beeinflußte. Die Hauptlast des Kampfes gegen den Faschismus trug die Sowjetunion, deren Streitkräfte als eine Armee neuen Typus ihre Unbesiegbarkeit bewiesen (→ *Sowjetarmee und Seekriegsflotte*). In der unvermeidlichen Niederlage des faschistischen deutschen Imperialismus und Militarismus und der mit ihm verbündeten Staaten fand eine historische Gesetzmäßigkeit ihren konkreten Ausdruck.

Kriege und bewaffnete Volkskämpfe in der deutschen Geschichte

2. Jh. v.u.Z. bis 5. Jh. u.Z.	germanisch-römische Kriege
5.–9. Jh.	fränkische Expansionskriege gegen Alamannen, Thüringer, Sachsen, Bayern und Friesen
8.–10. Jh.	Abwehrkriege gegen Normannen, Dänen und Ungarn
841–843	Stellingaaufstand
10.–13. Jh.	Kriege gegen slawische Völkerschaften (Ostexpansion); Eroberungskriege in Italien
1073–1075	sächsischer Bauernaufstand
11.–13. Jh.	zahlreiche Fehden und Kriege der Feudalgewalten innerhalb des römisch-deutschen Reiches
1096–1291	Kreuzzüge in den Vorderen Orient
1147	Wendenkreuzzug
1204–1234	Stedinger Aufstand
1241	Abwehrkampf gegen die Mongolen
1291–1499	Kriege zwischen den Habsburgern und Schweizer Eidgenossen
1301/02	Kurfürstenkrieg am Rhein
1311–1317	Krieg zwischen der Hanse und Dänemark
1336–1339	Armlederaufstand in Südwestdeutschland
1361–1370	Kriege der Hanse gegen Dänemark
1369–1388	Lüneburger Erbfolgekrieg
1385–1389	Krieg süddeutscher Städte gegen Fürsten- und Ritterbünde
1402–1408	Appenzeller Krieg
1409–1411	Krieg zwischen dem Deutschen Orden und Polen/Litauen
1419–1437	Hussitenkriege
1426–1435	Krieg der wendischen Hansestädte gegen Dänemark
1443–1450	Armagnakenkrieg am Oberrhein
1443–1517	Verschwörungen und Aufstandsversuche der Bundschuhbewegung
1454–1466	Krieg zwischen dem Deutschen Orden und den mit Polen/Litauen verbündeten preußischen Städten
zweite Hälfte des 15. Jh.	neuer Höhepunkt von feudalen Fehden und Kriegen innerhalb des Reiches sowie von Kämpfen zwischen Städten und Feudalgewalten
1474–1477	Burgunderkrieg
1477–1493	Kriege zwischen den Habsburgern und Frankreich um das burgundische Erbe
1494–1544	habsburgisch-französische Kriege um Italien
1499	Schwabenkrieg (Schweizer Krieg)
Ende des 15. Jh.–1559	Kampf der Bauern der Dithmarschen gegen dänische und deutsche Feudalherren
1504/05	Landshuter Erbfolgekrieg
1514	Bauernaufstand in Württemberg (Armer Konrad)
1519	Krieg des Schwäbischen Bundes gegen Württemberg
1522/23	Fehde Sickingens gegen Trier (Reichsritterkrieg)
1524–1526	deutscher Bauernkrieg
1529–1533	Abwehrkrieg gegen die Türken

1534/35	Verteidigung der Täuferkommune Münster
1534–1536	Krieg zwischen Lübeck und Dänemark
1541–1545	Krieg des Osmanischen Reiches gegen Österreich und den Kaiser
1546/47	Schmalkaldischer Krieg
1552	Fürstenkrieg gegen den Kaiser
1553/54	Fürstenkrieg gegen den Markgrafen von Brandenburg-Kulmbach
1564–1568	Krieg des Osmanischen Reiches gegen Österreich und den Kaiser
1566/67–1609	Befreiungskrieg der Niederlande gegen Spanien
1593–1606	Krieg des Osmanischen Reiches gegen Österreich und den Kaiser
1595–1597	Bauernkrieg in Ober- und Niederösterreich
1618–1648	Dreißigjähriger Krieg
1626	Bauernkrieg in Österreich
1633/34	Bauernaufstand in Oberbayern
1655–1660	Krieg zwischen Schweden und Polen mit Teilnahme von Brandenburg-Preußen und Österreich
1663/64	Krieg des Osmanischen Reiches gegen Österreich und das Reich
1667/68	Devolutionskrieg (erster französischer Raubkrieg um die zum Reich gehörenden spanischen Niederlande)
1672–1678/79	Krieg Frankreichs gegen die Niederlande, das Reich, England und Spanien (zweiter französischer Raubkrieg)
1674–1679	Brandenburgisch-Schwedischer Krieg
1683–1699	Großer Türkenkrieg
1688–1697	Pfälzischer Erbfolgekrieg (dritter französischer Raubkrieg)
1700–1721	Nordischer Krieg
1701–1714	Spanischer Erbfolgekrieg
1703	Volksaufstand in Tirol
1705/06	Bauernaufstand in Bayern
1716–1718	Krieg Österreichs und Venedigs gegen die Türkei
1733–1735	Polnischer Erbfolgekrieg
1737–1739	Krieg der Türkei gegen Österreich und Rußland
1740–1748	Österreichischer Erbfolgekrieg
1756–1763	Siebenjähriger Krieg
1778/79	Bayrischer Erbfolgekrieg
1787	Intervention Preußens in den Niederlanden
1788–1791	Krieg Österreichs gegen die Türkei
1790	Bauernaufstand in Sachsen
1792–1815	Koalitionskriege gegen das revolutionäre und napoleonische Frankreich
1793/94	Aufstände von Webern und Bauern in Schlesien
1794/95	Unterdrückung des polnischen Nationalaufstandes durch Preußen und Rußland
1809	bewaffnete Erhebungen gegen die napoleonische Fremdherrschaft
1812	Teilnahme deutscher Staaten am Krieg des napoleonischen Frankreichs gegen Rußland
1813/14	nationaler Unabhängigkeitskrieg gegen die napoleonische Fremdherrschaft
1830/31	Volksunruhen und -aufstände in mehreren deutschen Staaten
1844	Weberaufstand in Schlesien
1848/49	bewaffnete Volkskämpfe in der bürgerlich-demokratischen Revolution
1848–1851	Dänisch-Deutscher Krieg
1848/49	Krieg Österreichs gegen Sardinien-Piemont
1859	Krieg zwischen Österreich und Frankreich/Sardinien-Piemont
1864	Dänisch-Deutscher Krieg
1866	Preußisch-Österreichischer Krieg
1870/71	Deutsch-Französischer Krieg
1893–1898	Unterdrückung antikolonialer Aufstände in Südwestafrika
1900/01	Intervention des deutschen Imperialismus in China
1904–1907	Unterdrückung des Herero- und Namaaufstandes in Südwestafrika
1905/06	Niederschlagung des Maji-Maji-Aufstandes in Ostafrika
1914–1918	erster Weltkrieg
1918	Intervention des deutschen Imperialismus in Sowjetrußland und Finnland
1918/19	bewaffnete Kämpfe in der Novemberrevolution
1919	Aggressionsfeldzug des deutschen Imperialismus gegen die Sowjetmacht im Baltikum
1920	Niederschlagung des Kapp-Putsches und Kampf der Roten Ruhrarmee
1921	Mitteldeutscher Aufstand
1923	Hamburger Aufstand
1936–1939	Intervention des deutschen Faschismus in Spanien
1939–1945	zweiter Weltkrieg

Verluste in den größten Kriegen

Kriege	Gefallene und gestorbene Soldaten und Offiziere (in 1000)
Dreißigjähriger Krieg 1618–1648	600
Nordischer Krieg 1700–1721	300
Spanischer Erbfolgekrieg 1701–1714	700
Österreichischer Erbfolgekrieg 1740–1748	450
Siebenjähriger Krieg 1756–1763	550
Revolutions-, napoleonische und Unabhängigkeitskriege 1792–1815	4205
Krimkrieg 1853–1856	309
Nordamerikanischer Bürgerkrieg 1861–1865	538
Deutsch-Französischer Krieg 1870/71	188
Russisch-Japanischer Krieg 1904/05	139
Balkankriege 1912/13	224
Erster Weltkrieg 1914–1918	10000
Bürger- und Interventionskrieg in Sowjetrußland 1918–1922	800
Nationalrevolutionärer Krieg in Spanien 1936–1939	450
Zweiter Weltkrieg 1939–1945	32000

Im Ergebnis des zweiten Welt-K. entstanden neue Bedingungen für die Lösung des Problems von K. und Frieden. Die Siege der Sowjetunion über die faschistischen Aggressoren, die Herausbildung des sozialistischen Weltsystems, die Verschärfung der allgemeinen Krise des Kapitalismus, der Aufschwung der Arbeiter- und der nationalen Befreiungsbewegung sowie die Entstehung einer weltweiten antiimperialistischen Friedensbewegung veränderten das internationale Kräfteverhältnis grundlegend zugunsten des Sozialismus und des Friedens. Es ergab sich die reale Möglichkeit, K. zu verhindern. Aufgrund der dem Imperialismus wesenseigenen Aggressivität blieb jedoch die K.gefahr bestehen. Die Aggressivität des Imperialismus fand nach dem zweiten Welt-K. ihren besonderen Ausdruck in mehr als 30 lokalen K. und einer Vielzahl anderer bewaffneter Konflikte, an denen über 12 Mill. Soldaten und Offiziere imperialistischer Streitkräfte beteiligt waren und die etwa 20 Mill. Menschenopfer forderten. Entfesselt und geführt wurden die lokalen K. hauptsächlich von den NATO-Staaten USA, Großbritannien, Frankreich, Belgien, Niederlande und Portugal. Als Aggressoren traten auch sog. Stellvertreter in Erscheinung, wie Israel, die Republik Südafrika und Marionettenregime. In der gegen die 3 Hauptströme des revolutionären Weltprozesses gerichteten politischen und militärischen Strategie des Imperialismus nahmen lokale K. und bewaffnete Interventionen einen bedeutenden Platz ein. Sie wurden geführt, um die sich entwickelnde sozialistische Revolution in einzelnen Ländern im Keim zu ersticken bzw. deren Ergebnisse rückgängig zu machen. Dazu gehörten die K. gegen die Koreanische Demokratische Volksrepublik 1950–1953 und die Demokratische Republik Vietnam 1964–1973 sowie die Intervention in Kuba 1961. Das internationale Monopolkapital versuchte und versucht, mit Waffengewalt die nationale Befreiungsbewegung in den Kolonien zu unterdrükken und gegenüber jungen Nationalstaaten eine neokolonialistische Politik durchzusetzen. Imperialistische Mächte mischten sich auch wiederholt zugunsten der reaktionären Kräfte in Bürger-K. ein.

Außer den unmittelbar vom Imperialismus ausgelösten Aggressionen gibt es auch K. zwischen jungen Nationalstaaten, deren Ursachen im wesentlichen im kolonialen Erbe und in den daraus resultierenden Gegensätzen (in territorialen, nationalen und religiösen Fragen) zu suchen sind. Möglich sind nach wie vor K. zwischen kapitalistischen Staaten, wie es sich 1974 beim Konflikt zwischen Griechenland und der Türkei in der Zypernfrage andeutete oder wie die Kampfhandlungen zwischen Großbritannien und Argentinien um die Falklandinseln 1982 zeigten. Europa blieb seit 1945 faktisch von K. verschont, da auf diesem Kontinent die Veränderung des Kräfteverhältnisses zugunsten des Sozialismus besonders wirksam wurde. Die imperialistischen Mächte provozierten jedoch hier wie in anderen Teilen der Welt ernste politische Krisen (u. a. Westberlinkonflikt 1948/49) und inspirierten konterrevolutionäre Aktionen in sozialistischen Ländern (DDR 1953, Ungarn 1956, ČSSR 1968 und Polen 1981). Die Gefahr der Ausweitung dieser imperialistischen Angriffe zu einem Welt-K. wurde durch die Stärke und Geschlossenheit des sozialistischen Lagers gebannt.

Die K. nach 1945 weisen eine Reihe von Merkmalen und Besonderheiten auf, die auf die grundlegenden sozialen, politischen und militärischen Entwicklungen in dieser Zeit zurückzuführen sind. Obwohl es sich den Ausmaßen nach um lokale K. handelte, trugen die auftretenden Wirkungen und Gegenwirkungen bei den bedeutendsten dieser K. globalen Charakter. Sie führten zu einer Polarisierung und Einbeziehung der Klassenkräfte auf dem ganzen Erdball sowie zu breiten Solidaritätsbewegungen mit den gegen die Aggressoren kämpfenden Völkern (z. B. Vietnam). Angesichts des komplizierten Systems internationaler Beziehungen und der Existenz von Kernwaffen trugen die lokalen K. dazu bei, die Weltlage zu verschärfen und die Gefahr der Entstehung eines Welt-K. zu erhöhen. Die größten lokalen K. unterschieden sich hinsichtlich der Stärke der eingesetzten Streitkräfte, der Methoden des bewaffneten Kampfes, der Dauer und Intensität der Kampfhandlungen und der Verluste erheblich von den K., die

Kriege und Aggressionsakte imperialistischer Mächte nach dem zweiten Weltkrieg
(Auswahl. Bei den Jahresangaben sind Kriegsunterbrechungen nicht berücksichtigt)

1945–1949	Kolonialkrieg der Niederlande in Indonesien
1946–1949	Intervention Großbritanniens und der USA im griechischen Bürgerkrieg
1946–1954	Kolonialkrieg Frankreichs in Indochina
1948/49	Aggressionskrieg Israels gegen arabische Staaten
1948–1955	Kolonialkrieg Großbritanniens, Australiens und Neuseelands in Malaya
1948–1951	Intervention der USA auf den Philippinen
1950–1953	Aggressionskrieg der USA und 15 weiterer Staaten gegen die Koreanische Demokratische Volksrepublik
1952–1956	Kolonialkrieg Großbritanniens in Kenia
1954–1962	Kolonialkrieg Frankreichs in Algerien
1956	Aggressionskrieg Großbritanniens, Frankreichs und Israels gegen Ägypten
1958	Intervention der USA und Großbritanniens im Libanon und in Jordanien
1959	Intervention der USA in Panama
1960–1964	Intervention Belgiens, der USA und Großbritanniens in Kongo
1961–1974	Kolonialkrieg Portugals in Angola
1961	Intervention kubanischer Konterrevolutionäre mit USA-Unterstützung in Kuba
1962–1973	Interventionskrieg der USA und 5 weiterer Staaten in Südvietnam
1963–1974	Kolonialkrieg Portugals in Guinea-Bissau
1964–1973	Interventionskrieg der USA, Thailands und des Saigoner Regimes in Laos
1964–1973	Aggressionskrieg der USA gegen die Demokratische Republik Vietnam
1964–1974	Kolonialkrieg Portugals in Moçambique
1965/66	Intervention der USA und weiterer 5 Staaten in der Dominikanischen Republik
seit 1966	Unterdrückungsfeldzug Südafrikas gegen die Befreiungsbewegung in Namibia
1967	Aggressionskrieg Israels gegen Ägypten, Syrien und Jordanien
1970–1975	Interventionskrieg der USA, Thailands und des Saigoner Regimes in Kambodscha
1973	Krieg zwischen dem Aggressorstaat Israel und Ägypten/Syrien
seit 1975	Interventionsakte Südafrikas in Angola
1982	Krieg zwischen Großbritannien und Argentinien um die Falklandinseln
1982	Aggressionskrieg Israels gegen Libanon
1983	Okkupation Grenadas durch die USA

vor dem zweiten Welt-K. geführt wurden. Die Aggressoren nutzten die K., um die nach 1945 entwickelten Kampfmittel (u. a. strahlgetriebene Flugzeuge, Hubschrauber, Raketen, Napalm, chemische Kampfstoffe, elektronische Mittel) und neue Methoden des bewaffneten Kampfes zu erproben; sogar der Einsatz von Kernwaffen wurde erwogen und vorbereitet (Korea 1950/51). Die K. standen in engem Zusammenhang mit der imperialistischen Militärblockpolitik (→ *NATO*).

In den K. seit 1945 erlitt der Imperialismus, nach wie vor Hauptquelle der K.gefahr, empfindliche Niederlagen. Seine Möglichkeiten, auf diesem Wege die expansiven Ziele zu erreichen, wurden zunehmend eingeschränkt. Der Ausbruch eines neuen Welt-K. konnte aufgrund gewaltiger Anstrengungen der Friedenskräfte, deren konsequenteste und mächtigste Kraft die sozialistische Staatengemeinschaft mit der UdSSR an der Spitze ist, verhindert werden. Seit Anfang der 80er Jahre haben sich jedoch die regierenden Kreise der USA immer mehr über das Friedensstreben der Völker hinweggesetzt. Ihre aggressive Außenpolitik, zahlreiche Aggressionsakte in allen Teilen der Welt sowie ihr Hochrüstungskurs zur Erringung der militärischen Überlegenheit über den Sozialismus ließen die K.gefahr bedrohlich ansteigen. Die Stationierung neuer amerikanischer Erstschlagswaffen (Pershing 2 und Cruise Missiles) in der BRD und anderen NATO-Ländern vergrößerte die Gefahr eines nuklearen K. in Europa. Sollte es den aggressivsten Kreisen des Imperialismus gelingen, einen solchen K. zu entfesseln, könnte dieser sich zweifellos schnell zu einem Welt-K. ausweiten, zur entscheidenden Auseinandersetzung zwischen den beiden gegensätzlichen sozialen Systemen werden. Ein solcher K. würde alle Kontinente erfassen, Hunderte Millionen Menschen einbeziehen und von Koalitionen geführt werden, die einander mit aller Entschiedenheit bekämpfen und dabei ihr gesamtes militärisches, ökonomisches, wissenschaftlich-technisches und politisch-moralisches Potential ausschöpfen. Hinsichtlich der Hartnäckigkeit seiner Führung und des Ausmaßes der Zerstörung wäre er unvergleichbar mit früheren K. Allein die eingesetzten modernen Waffen stellten die Zukunft der gesamten Menschheit in Frage. Davon ausgehend, unternehmen die UdSSR und die anderen Staaten des → *Warschauer Verteidigungsbündnisses* alles Notwendige, um die K.pläne der aggressivsten Kräfte der USA und der NATO zu vereiteln und den Frieden in Europa und der Welt zu sichern.

Kriegsakademie: → *Akademie* zur Ausbildung von Offizieren für den Generalstab und höheren Truppenkommandeuren in Preußen und Bayern sowie im kaiserlichen und faschistischen Deutschland.

Die preußische K. wurde am 15. 10. 1810 in Berlin unter der Bezeichnung Allgemeine Kriegsschule (1. 10. 1859 offiziell in K. umbenannt) im Zuge der → *Militärreformen in Preußen 1807–1815* gegründet. Sie sollte vor allem zur Umgestaltung des feudalen Offizierskorps und zur Modernisierung der Armee beitragen. Generalmajor Gerhard von Scharnhorst (1755–1813) unterbreitete hierzu Pläne und Vorschläge, denen zufolge die K. als die höchste militärische Bildungsstätte die Aufgabe haben sollte, einen neuen, hochgebildeten Offizier zu erziehen, der allen progressiven Gedanken in der Entwicklung des Militärwesens aufgeschlossen gegenüberstand und selbst aktiv zur Entwicklung der militärischen Theorie und Praxis beitrug. Das Lehrprogramm der K. enthielt sowohl militärwissenschaftliche als auch allgemeinbildende Fächer und baute auf dem an den → *Kriegsschulen* vermittelten Wissen auf. Ein Lehrgang der K. dauerte 3 Jahre. Von 1810 bis 1812 wurden alle Offiziere aufgenommen, die die Aufnahmeprüfung bestanden. Anfangs war es auch möglich, die Vorlesungen nur 1 oder 2 Jahre zur allgemeinen Weiterbildung zu besuchen. Artillerie- und Pionieroffiziere mußten jedoch den vollen Zyklus absolvieren, da bis 1815 keine spezifischen Lehreinrichtungen zu ihrer Qualifizierung bestanden. Zu den ersten Lehrern an der K. zählte der damalige Major Carl von Clausewitz (1780–1831), der u. a. Vorträge über Generalstabsdienst und Taktik hielt. 1812 wurde die K. geschlossen. Nach der Wiedereröffnung 1816 verflachte ihr Niveau unter dem Einfluß der restaurativen Entwicklung in Preußen. Die Ziele, mit denen die K. gegründet worden war, traten immer mehr in den Hintergrund. Die K. bildete zwar militärfachlich qualifizierte Offiziere aus, entwickelte sich aber immer mehr zum Hort des Preußentums, des Militarismus und Chauvinismus. Diese Tendenz verstärkte sich besonders seit der 2. Hälfte des 19. Jh., vor allem seitdem die K. mit der Vorherrschaft Preußens in Deutschland zur zentralen akademischen Ausbildungsstätte für die deutschen Landstreitkräfte geworden war. Die Einseitigkeit der Ausbildung an der K. vertiefte sich auch dadurch, daß sie in wissenschaftlicher Hinsicht 1872 dem Chef des Generalstabs unterstellt wurde (bisher dem Generalinspekteur des Militärerziehungs- und -bildungswesens). Die seit 1867 in München bestehende bayrische K., wesentlich kleiner als die preußische, bildete nur für das bayrische Heer aus. Ihren wesentlichen Ausbildungsinhalten nach entsprach sie jedoch der preußischen K.

Die Zahl der Hörer, die in der 1. Hälfte des 19. Jh. durchschnittlich 100 bis 120 Offiziere betrug (30 bis 40 pro Lehrgang bzw. Lehrgruppe), stieg ab 1871 im Zusammenhang mit den laufenden Heeresverstärkungen und der Zunahme der Generalstabsstellen ständig. 1897 waren es 400 (etwa 130 je Lehrgang) und 1909 480 Hörer (etwa 160 je Lehrgang). Die von Generalstabsoffizieren geleiteten Lehrgruppen unterteilten sich weiter in Hörsäle (anfangs bis zu 50, später 25–30 Offiziere). An ihrer Spitze stand ein Taktiklehrer. Die Aufnahme an der K. erfolgte seit 1816 nach einem strengen Ausleseverfahren, dessen Ergebnis nicht nur von der abzulegenden Prüfung, sondern auch von den Beurteilungen durch die Kommandeure (bisherige Führung, materielle Lage usw.) abhing. Für die spätere Verwendung hatte die Einschätzung des Taktiklehrers, die er auf Grund der praktischen Übungen während der Lehrgänge und Übungsreisen gab, besonderes Gewicht. Von den nicht im Generalstab verwendeten Absolventen arbeitete ein erheblicher Teil als Lehrer an anderen militärischen Lehreinrichtungen.

Der Unterricht an der K. unterteilte sich in obligatorische und fakultative Fächer. Als Dozenten waren entweder Offiziere (besonders in den Hauptfächern) oder zivile Lehrer tätig. In den militärischen Fächern unterrichteten z. T. vom Generalstab gestellte Offiziere. Der Unterricht in den allgemeinbildenden Fächern (den sogenannten Formaldisziplinen) wurde vorwiegend von Professoren der Berliner Universität bestritten. Seit der 2. Hälfte des 19. Jh. erhielten die Fächer Taktik und Kriegsgeschichte immer mehr den Vorrang. Dabei hatte der Unterricht in Kriegsgeschichte sowohl militärische als auch ideologische Bedeutung. Ideologisch sollte er dazu beitragen, bei den Offizieren die reaktionären Traditionen des preußischen Militarismus und das Kasten- und Elitedenken des Generalstabs zu festigen; militärisch hatte er die Aufgabe, an Hand historischer Beispiele in die höhere Truppenführung einzuführen. Der Taktikunterricht beschränkte sich in erster Linie auf Probleme des Einsatzes der Division; die Führung eines Armeekorps wurde nur im Überblick vermittelt. Bei Ausbruch des ersten Weltkrieges wurde die K. geschlossen und bis Kriegsende nicht wieder eröffnet, obwohl durch die Entwicklung des Kriegsverlaufs, die Neuaufstellung großer Verbände sowie die Schaffung neuartiger operativer Vereinigungen (Heeresgruppen) der Bedarf an akademisch ausgebildeten Kommandeuren und Generalstabsoffizieren stieg. Die OHL suchte dem zu entsprechen, indem sie sog. Gefechtsübungskurse bzw. Lehrgänge an der Divisionskommandeursschule in Solesnes (Frankreich) durchführte. Außerdem bildete sie Generalstabsoffiziere 1917/18 auf 4wöchigen Lehrgängen in Sedan aus.

Die Reichswehr umging das vom Versailler Vertrag festgelegte Verbot der K. mit der Einrichtung einer sog. → *Führergehilfenausbildung.* Mit Beginn der beschleunigten Kriegsvorbereitung eröffnete die faschistische Wehrmacht 1935 die K. wieder, zunächst mit einer 2jährigen Ausbildung und einer Teilnehmerzahl von 100 bis 150 Offizieren. Ab 1937 erfolgte zusätzlich die Vorbereitung älterer Hauptleute in einem 1jährigen Kurs auf die Generalstabslaufbahn. Die Ausbildung reichte bis zur Ebene Armeekorps. Über den Einsatz der Armee vermittelte sie einen allgemeinen Überblick. Im Mittelpunkt stand die militärfachliche Ausbildung, ergänzt durch spezielle Fächer über faschistische Politik und Ideologie. 1939 stellte die K. die Ausbildung ein, doch bereits 1940 wurden Generalstabslehrgänge eingerichtet (anfangs in Dresden, dann in Berlin). Während des zweiten Weltkrieges fanden insgesamt 17 Lehrgänge mit jeweils etwa 60 Teilnehmern statt. Sie dauerten zu Beginn 8 Wochen, wurden aber später auf etwa 6 Monate verlängert. Im März 1943 erfolgte die Wiedereröffnung der K., an die nahezu 200 Offiziere einberufen wurden. Schwerpunkt war die Ausbildung von Generalstabsoffizieren für die Ebene Division. Die Niederlage der faschistischen Wehrmacht 1945 besiegelte auch das Ende der K., deren Traditionen von der Führungsakademie der Bundeswehr der BRD fortgesetzt werden.

Kriegsamt: oberste kriegswirtschaftliche Behörde des kaiserlich-deutschen Heeres im ersten Weltkrieg.

Das K. wurde am 1. 11. 1916 auf Initiative der dritten OHL zur Durchführung des → *Hindenburgprogramms* gebildet. Damit folgte die OHL Vorschlägen der Rüstungsmonopole. Das K. unterstand dem preußischen → *Kriegsministerium*, verfügte jedoch über weitgehende Selbständigkeit. Sein Chef, stellvertretender Kriegsminister mit Sitz und Stimme im preußischen Staatsministerium, erhielt gegenüber den Stellvertretenden Generalkommandos Befehlsbefugnis. Das K. war eine preußische Behörde, besaß aber gegenüber den Kriegsministerien der anderen Bundesstaaten (Bayern, Sachsen, Württemberg), die dem K. ähnliche Einrichtungen erhielten, gewisse Sonderbefugnisse, da es für die Durchführung des Gesetzes über den Vaterländischen Hilfsdienst vom 2. 12. 1916 verantwortlich war. Im K. wurden folgende Abteilungen bzw. Ämter des Kriegsministeriums vereinigt: das Kriegsersatz- und Arbeitsdepartement, das Waffen- und Munitionsbeschaffungsamt, die Kriegsrohstoffabteilung, das Bekleidungsbeschaffungsamt, die Abteilung für Aus- und Einfuhr und bis Herbst 1917 die Abteilung für Volksernährung. Neu gebildet wurden u. a. der Stab des K. und Anfang 1917 der Ständige Ausschuß für Zusammenlegung und Stillegung von Betrieben. Als örtliche Organe erhielt das K. 27 K.stellen bei den Stellvertretenden Generalkommandos, beim österreichisch-ungarischen Kriegsministerium, bei den Generalgouvernements in Brüssel und Warschau sowie 6 K.nebenstellen. Anfang 1917 kamen noch 26 Kriegswirtschaftsämter mit 4 Kriegswirtschaftsstellen hinzu. Damit stellte das K. einen bedeutenden Machtapparat dar, in dem einflußreiche Vertreter der Rüstungsindustrie tätig waren. Das K., in vieler Hinsicht eine Kompromißlösung, war jedoch nicht in der Lage, das Durcheinander in der kriegswirtschaftlichen Organisation des deutschen Imperialismus zu beseitigen. Neben dem K. bestanden die Beschaffungsstellen für Flugzeuggerät und Luftschiffe, für Kraftfahrzeug-, Pionier- und Nachrichtengerät, für die Eisenbahn- und die anderen Spezialtruppen sowie die Beschaffungsstellen der Marine. Seit Herbst 1918 beschäftigte sich das K. auch mit militärischen Fragen der Demobilmachung. Die Chefs des K. waren vom 1. 11. 1916 bis 16. 8. 1917 Generalleutnant Wilhelm Groener (1867–1939), danach bis 9. 10. 1918 Generalmajor Heinrich Scheüch (1864–1946) und bis zur Auflösung Generalmajor Ulrich Hoffmann. Das K. diente den Interessen der Monopole in der Schwer- und Rüstungsindustrie. Mit ihm erreichte die staatsmonopolistische Regulierung institutionell ihre höchste Stufe. Am 1. 10. 1919 wurde mit dem preußischen Kriegsministerium der noch bestehende Teil des K. aufgelöst.

Kriegsartikel: vom 17. Jh. bis zum Beginn des 20. Jh. Verzeichnis der Pflichten besonders von Unteroffizieren und Soldaten sowie der Strafen für Verstöße gegen die militärische Ordnung und Disziplin.

Vorläufer der K. waren die Artikelbriefe. Sie regelten die rechtlichen Beziehungen in den zeitweilig formierten Söldnerheeren vom 15. bis 17. Jh. und umfaßten neben Straf- und Disziplinarbestimmungen auch Festlegungen zur Ausrüstung und Versorgung der Truppen. Durch den Eid (→ *Fahneneid*) verpflichteten sich die Söldner zur Einhaltung des Artikelbriefes.

Mit der Herausbildung stehender Heere nach 1648 wandelten sich Inhalt und Form der Artikelbriefe. Der Landesherrscher als oberster Kriegsherr legte die militärischen Pflichten und die Strafen für Verstöße gegen die militärische Disziplin und Ordnung in K. fest, die zu Grundpfeilern der feudalabsolutistischen → *Militärjustiz* wurden. Im Unterschied zu den Artikelbriefen räumten die K. den Soldaten keine bzw. nur sehr eingeschränkte Rechte ein. Die 1621 vom schwedischen König Gustav II. Adolf (1594–1632) erlassenen K. (erneuert 1632) mit ihren für das ganze Heer einheitlichen Straf- und Disziplinarbestimmungen wurden zum Vorbild für andere europäische Armeen. Das brandenburgische «Kriegs-Recht» von 1656 betraf das gesamte Heer und machte keinen rechtlichen Unterschied zwischen den Waffengattungen sowie zwischen Offizieren und Mannschaften. Dagegen galten die 1713 vom preußischen König Friedrich Wilhelm I. (1688–1740) erlassenen K. nur noch für die Soldaten und Unteroffiziere, während für das Offizierskorps die alten Festlegungen mit zahlreichen Sonderrechten Geltung behielten (bis 1845). Eine solche Trennung wurde auch für die K. anderer spätfeudaler Heere typisch. Die preußischen K. von 1713 (1724, 1749, 1787 und 1797 geringfügig modifiziert) unterwarfen Soldaten und Unteroffiziere einem barbarischen Strafsystem und legten für eine große Zahl von Delikten die Todesstrafe, für Fahnenflucht das → *Gassenlaufen* und für andere Vergehen Zwangsarbeit, Arrest und Körperstrafen fest; in der Regel waren auch die Angehörigen der Soldaten den K. unterworfen.

Im Rahmen der militärischen Reformen in Preußen wurden 1808 vor allem auf Initiative des damaligen Oberstleutnants August Neidhardt von Gneisenau (1760–1831) neue K. sowie eine Verordnung über Militärstrafen erlassen. Sie fußten auf der Pflicht des Staatsbürgers zum Kriegsdienst und änderten grundlegend das bisherige System der Strafen und den Strafvollzug. So wurde das Gassenlaufen abgeschafft. Nach der Schwere des Delikts wurden Arreststrafen in 3 Abstufungen und Festungsbaugefangenschaft festgelegt. Mit Stockschlägen sollten nur noch die Soldaten bestraft werden, die schwere und entehrende Verbrechen begingen, sich wiederholter Vergehen schuldig machten und in die «zweite Klasse des Soldatenstandes» versetzt waren.

Mit der Herausgabe von Militärstrafgesetzbüchern und der Entstehung eines eigenen Disziplinarstrafrechtes verloren die K. Mitte des 19. Jh. nach und nach ihre vorherige Bedeutung für die Ahndung militärischer Straftaten. Die neuen preußischen K. von 1852 begrenzten sich stärker auf die Darlegung allgemeiner militärischer Pflichten der Soldaten und Unteroffiziere. Auch in anderen Heeren des Deutschen Bundes wurden die K. in diesem Sinne verändert (Hannover 1841, Nassau 1852, Österreich 1855). Nach der Gründung des Norddeutschen Bundes 1867 und des deutschen Kaiserreiches 1871 glichen sich deren K. weitgehend den preußischen an. Die K. von 1872 für das kaiserlich-deutsche Heer orientierten in besonderem Maße auf die Erfüllung der dienstlichen Pflichten (Art. 1) und hoben die «Treue» als erste Pflicht des Soldaten hervor (Art. 2). Die erneuerten K. von 1902 bestimmten in Art. 1 den Schutz von «Thron und Vaterland» als erste Pflicht des Soldaten. Die Festlegungen in diesen K. trugen mehr den Charakter einer bürgerlichen militärischen Pflichtenlehre mit einer gestrafften Wiedergabe von Teilen des Militärstrafgesetzbuches. Für die Kaiserliche Marine galten analoge K. von 1872 (neugefaßt 1903). Insgesamt dienten die K. der politisch-ideologischen Beeinflussung und militärischen Erziehung der Angehörigen der Streitkräfte in militaristisch-monarchistischem Sinne. Sie waren zugleich ein Mittel der Krone zum Kampf gegen Einflüsse der revolutionären Arbeiterbewegung.

Mit der Beseitigung der Militärgerichtsbarkeit 1920 fielen die K. weg. An ihrer Stelle erließ die Führung der Reichswehr und später der faschistischen Wehrmacht besondere «Pflichten», die die Anforderungen an die politisch-moralischen und militärischen Verhaltensweisen der Soldaten in der imperialistischen deutschen Armee enthielten.

Kriegsflegel → *Morgenstern*

Kriegsflotte der Frankfurter Nationalversammlung: während der bürgerlich-demokratischen → *Revolution 1848/49* geschaffene deutsche Seestreitkräfte.

Während der Revolution von 1848/49 kam es in den deutschen Staaten zu einer breiten Bewegung für die Gründung einer deutschen Kriegsflotte. Unmittelbaren Anlaß dazu gab die dänische Blockade der deutschen Seehäfen (→ *Dänisch-Deutscher Krieg 1848–1851*). Entscheidende Ursache war jedoch die Forderung der Bourgeoisie nach Schutz ihrer Handelsinteressen, da zu dieser Zeit die deutschen Staaten zusammen nach England über die zweitgrößte Handelsflotte Europas verfügten. Am 4. 6. 1848 setzte die Nationalversammlung in Frankfurt einen Marineausschuß ein, der vorschlug, eine Flotte zum Schutz des Handels und zur Sicherung der Küsten zu schaffen. Am 30. 10. 1848 schuf die Nationalversammlung 2 vorläufige Marinebehörden: die dem Handelsministerium beigeordnete Marineabteilung und die Technische Marinekommission. Die Leitung der letzteren übernahm Prinz Adalbert von Preußen (1811–1873), Generalinspekteur der Artillerie der preußischen Armee. Prinz Adalbert, der künftige preußische Großmachtinteressen im Auge hatte, befürwortete die Schaffung einer starken Seemacht, vermochte sich jedoch mit diesem Vorschlag in der Kommission nicht durchzusetzen. Nach dem Sieg der reaktionären Kräfte in Berlin Ende 1848 wurde er im Februar 1849 vom preußischen König abberufen. Zum eigentlichen Organisator der Flotte wurde Karl Rudolf Bromme bzw. Brommy (1804–1860), vorher Fregattenkapitän in griechischen Diensten und Verfasser marinewissenschaftlicher Schriften. Am 5. 4. 1849 wurden ihm unter Ernennung zum Kapitän zur See die Verwaltung der neu gebildeten Seezeugmeisterei und der Oberbefehl über die künftige Flotte übertragen. Die Technische Marinekommission hatte sich für eine Flotte von 5 Dampf- und 15 Segelfregatten, 20 Dampfkorvetten, 10 Dampfavisos, 5 Schonern und 80 Kanonenschaluppen entschieden. Die Beschaffung der Schiffe stieß jedoch auf größte Schwierigkeiten, da Geldmittel sowie bautechnische und personelle Voraussetzungen fehlten. Im Ausland angekaufte Schiffe, darunter umgebaute und armierte Handelsschiffe, bildeten den Grundstock der Kriegsflotte. Bereits bis Mitte Oktober 1848 waren 1 Dampf- und 1 Segelfregatte sowie 3 Dampfkorvetten angekauft worden. Anfang 1849 kamen noch 2 Dampffregatten, 3 weitere Dampfkorvetten und 1 im Gefecht bei Eckernförde erbeutete dänische Segelfregatte hinzu. Insgesamt entstand bis zum Jahre 1852 eine Kriegsflotte von 2 Segel- und 3 Dampffregatten, 6 Dampfkorvetten und einer größeren Anzahl von Ruderkanonenbooten.

Wie in anderen Flotten wurden die Mannschaften

Schiffe der Kriegsflotte der Frankfurter Nationalversammlung

Klasse/Name	Wasserverdrängung t	Maschinenleistung PS	Bewaffnung Zahl/Kaliber (Pfund/mm)	Besatzung
Dampffregatte „Hansa“	650	1 800	3/(84/–) 8/(68/204)	260
Dampffregatte „Barbarossa“	1 313	1 600	9/(68/204)	200
Dampffregatte „Erzherzog Johann“	1 313	1 600	9/(68/204)	200
Dampfkorvette „Der Königliche Ernst August“	580	950	6/(68/204)	150
Dampfkorvette „Großherzog von Oldenburg“	415	920	2/(68/204)	100
Dampfkorvette „Frankfurt“	448	700	2/(68/204)	100
Dampfkorvette „Bremen“	350	700	2/(36/–) 1/(32/162) 2/(18/135)	100
Dampfkorvette „Hamburg“	380	700	1/(56/190) 1/(32/162) 2/(18/135)	120
Dampfkorvette „Lübeck“	335	700	1/(84/–) 1/(32/162) 2/(18/135)	100
Segelfregatte „Deutschland“	853[1]	–	36 Kanonen	230
Segelfregatte „Eckernförde“	1 826	–	2/(60/197) 46/(24/145)	420

1 BRT

angeworben; ihre Zahl erreichte niemals die Soll-Stärke. Die höheren Offiziere waren meist Ausländer, vor allem Engländer und Belgier, die übrigen ehem. Kapitäne und Steuerleute von Handelsschiffen. An der Weser bei Bremerhaven entstand ein provisorischer Kriegshafen. Dort erhielt auch die Seezeugmeisterei ihren Sitz. Bromme gelang es trotz vieler Schwierigkeiten, die Kriegsflotte in kurzer Zeit zu einem einigermaßen einsatzfähigen Verband zu formieren. Am 4. 6. 1849 traf Bromme mit der Dampffregatte «Barbarossa» und den Dampfkorvetten «Hamburg» und «Lübeck» vor Helgoland auf die im Blockadedienst eingesetzte dänische Segelkorvette «Valkyrien». Das sich zugunsten des deutschen Geschwaders entwickelnde Seegefecht mußte jedoch bald abgebrochen werden, da sich die «Valkyrien» in die Hoheitsgewässer der damals noch im britischen Besitz befindlichen Insel rettete. Das Gefecht bei Helgoland blieb die einzige Kampfhandlung.

Der Sieg der Konterrevolution in Deutschland und die Wiederherstellung der alten Bundesversammlung besiegelten auch das Schicksal der Kriegsflotte der Frankfurter Nationalversammlung. Ein im März 1852 in Hannover abgehaltener Kongreß, der sich mit der Finanzierung und damit der Erhaltung der Kriegsflotte befaßte, blieb erfolglos. Von den Bundesstaaten hatte sich zwar Preußen, das entscheidenden Einfluß auf die Flotte zu erlangen trachtete, zu finanziellen Stützungen bereit erklärt, verlangte aber einen Teil der Schiffe als Pfand. Die Flotte wurde immer mehr zum Schacherobjekt der partikularistischen Interessen einzelner deutscher Staaten. Am 2. 4. 1852 beschloß die Bundesversammlung die sofortige Auflösung der Flotte. Preußen erhielt die Fregatten «Barbarossa» und «Eckernförde». Die übrigen Schiffseinheiten wurden zumeist versteigert und das Flottenpersonal, darunter auch Bromme, unter teils unwürdigen Bedingungen entlassen. In ihrer kurzen Existenz verkörperte die Kriegsflotte der Frankfurter Nationalversammlung, insbesondere das Wirken Brommes, die Bestrebungen des deutschen Volkes zur Schaffung einer fortschrittlichen Wehrverfassung im Rahmen eines einheitlichen Nationalstaates. Sie war eines der wenigen Instrumente der provisorischen Zentralgewalt während der Revolution 1848/49. *(s. Abb. S. 185, 887)*

Kriegsgefangene: Angehörige der Streitkräfte eines Staates oder Volkes und andere Personengruppen, die während eines Krieges in die Gewalt des Gegners gefallen sind.

Der Status von K. wurde bis in das 19. Jh. weitgehend von der Willkür der Kriegführenden bestimmt. In der Sklavereigesellschaft war es üblich, die K. zu töten, zu verstümmeln oder in Arbeitssklaven zu verwandeln. Im Feudalismus wurden die K. zu schwersten Arbeiten eingesetzt und auf die Galeeren verschickt. Bis in das 18. Jh. waren sie eine persönliche Beute des jeweiligen Befehlshabers. Mit der Entwicklung der Söldnerheere setzte sich die Praxis durch, die K. nach einem bestimmten Modus auszutauschen und freizukaufen. Gefangene Offiziere konnten entlassen werden, wenn sie sich ehrenwörtlich verpflichteten, nicht wieder am Kriege teilzunehmen. Im Siebenjährigen Krieg (1756–1763) zwang König Friedrich II. von Preußen (1712–1786) die gefangenen sächsischen Truppen und später auch andere K. in preußische Dienste. Ende des 18. Jh. begann sich die Auffassung durchzusetzen, daß Kriege zwischen Staaten geführt würden und K. demzufolge nicht persönlicher Willkür unterworfen, sondern als Gefangene des Staates human zu behandeln seien. Dies fand seinen Niederschlag in einer Reihe bilateraler Abkommen, die vor allem über die Behandlung verwundeter und kranker K. abgeschlossen wurden.

In den seit Anfang des 19. Jh. mit bürgerlichen Massenheeren geführten Kriegen stieg die Zahl der K. Damit entstand für die herrschenden Klassen die

Notwendigkeit, das K.recht international zu kodifizieren. Ein erster Schritt dazu war die Genfer Konvention vom 22. 8. 1864, die verwundeten und kranken K. zu besserer Behandlung verhelfen sollte. Noch im Deutsch-Französischen Krieg 1870/71 gab es keine allgemeine vertragliche Regelung der K.frage. Gefangene Franktireurs wurden von den preußisch deutschen Truppen massenhaft mißhandelt und getötet. Die Gesamtzahl der französischen K. betrug etwa 700000 Mann, davon befanden sich 382000 Soldaten und Offiziere auf deutschem Territorium.

Völkerrechtlichen Schutz erhielten die K. durch die Haager Landkriegsordnung (HLKO) vom 29. 7. 1899 und vom 18. 10. 1907 (→ *völkerrechtliche Abkommen über die Regeln der Kriegführung*). Danach bekamen sowohl Kombattanten als auch Nichtkombattanten der bewaffneten Macht den Status von K., wenn sie erkennbare militärische Abzeichen trugen, die Waffen offen führten und andere Bedingungen erfüllten. Dies galt auch für Bewohner besetzten Gebietes, die sich zur Abwehr des Feindes erhoben. Spätere Abkommen übernahmen diese Normen im wesentlichen. Zu den Rechten und Pflichten der K. gehörte es, daß sie der Regierung des Gewahrsamstaates, seinem Militärstrafrecht und seiner Disziplinarordnung unterstanden. Die K. (Offiziere ausgenommen) waren zur Arbeit verpflichtet, die jedoch nicht in Zusammenhang mit Kriegsunternehmen stehen durfte. Art. 23 der Haager Landkriegsordnung verbot, Pardon zu verweigern und K. zu verwunden oder zu töten.

Die imperialistischen Staaten vertraten die Ansicht, daß diese Normen nicht gegenüber den Völkern Afrikas und Asiens galten. So mißachtete der deutsche Imperialismus das Völkerrecht aufs gröbste in seinen Kolonialkriegen (z. B. bei der Unterdrükkung des Herero- und Namaaufstandes 1904–1907). Auch die Teilnehmer revolutionärer bewaffneter Aufstände wurden meist vom völkerrechtlichen Schutz ausgeschlossen, als Verbrecher diffamiert und erhielten vielfach kein Pardon. Ähnlich verfuhren die deutschen Imperialisten bei ihren Aktionen zur Unterdrückung des Volkswiderstandes und Partisanenkampfes im ersten und zweiten Weltkrieg.

Im ersten Weltkrieg (1914–1918) begingen die imperialistischen Staaten an K. zahllose Verbrechen (Tötung, Verletzung, Zwangsarbeit u. a.). Gegenüber Offizieren aber wurden die Haager Bestimmungen in der Regel eingehalten. In der Gewalt des deutschen Imperialismus befanden sich bis zu 2,5 Mill. K., die zum großen Teil schrankenlos ausgebeutet wurden. Etwa 1 Mill. deutsche K. waren in den Ententeländern. In den okkupierten Gebieten und in Deutschland entstand ein umfangreicher Apparat zur Bewachung, Verwaltung und Unterbringung der K. In den deutschen Ländern wurden 175 K.lager eingerichtet. Seit Herbst 1914 kam es zu bilateralen Verhandlungen und Abkommen mit den Ententestaaten über den Austausch schwerverletzter K. Insgesamt wurden 219000 K. ausgetauscht.

Die Sowjetregierung nahm zur K.frage von Anfang an einen grundsätzlich anderen Standpunkt ein als die imperialistischen Mächte. Nach dem Sieg der Großen Sozialistischen Oktoberrevolution 1917 wurden die K. in Sowjetrußland von Ausbeutung und Zwangsarbeit befreit und erhielten das Recht zu revolutionärer Betätigung. Tausende ehemalige deutsche K. beteiligten sich an der bewaffneten Verteidigung der Sowjetmacht (→ *deutsche Internationalisten in der Roten Armee 1918–1920*). Dagegen hielt die deutsche Regierung nach dem Frieden von Brest-Litowsk (3. 3. 1918) über 1 Mill. russische K. als Zwangsarbeiter zurück. Während der Intervention in Sowjetrußland und in Finnland (1918) und beim Baltikumunternehmen (1919) begingen die deutschen Okkupanten schwere Verbrechen an K.

Nach dem ersten Weltkrieg wurde das K.recht von 1907 durch das umfangreichere Genfer Abkommen vom 27. 7. 1929 über die Behandlung der K. ersetzt, das 47 Staaten ratifizierten. In Deutschland trat es am 21. 2. 1934 in Kraft. Neu waren die Anwendung des K.rechts auf den See- und Luftkrieg, das Verbot von Repressalien an K. und der Wegfall der Allbeteiligungsklausel. Der erweiterte völkerrechtliche Schutz der K. wurde jedoch bereits bei den imperialistischen Aggressionen vor 1939 mißachtet. Führende Vertreter des imperialistischen deutschen Völkerrechts lehnten vor allem das Verbot von Repressalien ab und warnten vor «übertriebener Humanität». Im Oberkommando der faschistischen Wehrmacht wurde seit 1937 der Arbeitseinsatz von K. vorbereitet. Schwerste Verbrechen gegen K. beging das faschistische Deutschland im zweiten Weltkrieg (1939–1945). Unmittelbar verantwortlich dafür war das Oberkommando der Wehrmacht, in dem das Allgemeine Wehrmachtamt mit der Abteilung K. – ab Anfang 1942 mit der Amtsgruppe Chef des K.wesens – für die K. zuständig war. Im September 1944 wurden die K.lager dem Reichsführer SS und Befehlshaber des Ersatzheeres unterstellt. Während der Aggression gegen die UdSSR hatten die Morde an sowjetischen K. von Beginn an Massencharakter. Der verbrecherische → *Kommissarbefehl* entzog einem Teil von ihnen den K.status und bestimmte ihre Tötung. Hunderttausende sowjetische K. wurden durch die Einsatzkommandos des Sicherheitsdienstes der SS, durch Hunger, Epidemien, unmenschliche Arbeitsbedingungen, Erschießungen und medizinische Versuche in Konzentrationslagern physisch vernichtet. Viele sowjetische K. leisteten aktiv Widerstand gegen die faschistische Vernichtungspolitik. Die UdSSR hat die völkerrechtlichen Bestimmungen über die K. strikt eingehalten. Der Erlaß des Rates der Volkskommissare vom 1. 7. 1941 über K. stimmte vollinhaltlich mit der HLKO und dem Genfer Abkommen vom 27. 7. 1929 überein.

Das III. Genfer Abkommen vom 12. 8. 1949 zog Schlußfolgerungen aus dem zweiten Weltkrieg. Es fixierte, daß die K. der Gewalt des Gewahrsamstaates unterstehen und daß dieser für deren Behandlung bis zur Heimschaffung voll verantwortlich zeichnet. Verboten ist, die K. zur Abhaltung des gegnerischen Feuers, zu gefährlichen Arbeiten in der Kampfzone oder zur unmittelbaren Unterstützung der Streitkräfte des Gewahrsamstaates einzusetzen und Repressalien gegen sie zu verhängen. Jede an einem Konflikt beteiligte Partei ist verpflichtet, für die in ihrem Gewahrsam befindlichen K. ein Auskunftsbüro einzurichten, das die erforderlichen Angaben sammelt und an die gegnerischen Parteien weiterleitet. Weiterhin enthält das Abkommen Bestimmungen über Unterkunft, Verpflegung, Bekleidung, medizinische Betreuung, Arbeitseinsatz, Beziehungen zur Außenwelt und zu den Behörden, gerichtliche Verfolgung, Heimschaffung u. a. Rechtswidrige Handlungen und Unterlassungen des Gewahrsamstaates gegenüber K. gelten als schwere Verletzungen des Völkerrechts, die strafrechtlich zu ahnden sind. Das am 8. 6. 1977 in Genf unterzeichnete Ergänzungsprotokoll I zu den Genfer Abkommen stellt einen weiteren Fortschritt im K.recht dar. Es bekräftigt den völkerrechtlichen Schutz der Partisanen und räumt den Kämpfern der nationalen Befreiungsbewegungen den Status legaler Kombattanten ein, womit diesen eine völkerrechtsgemäße Kriegsgefangenschaft zugebilligt wird. Die DDR ist dem III. Genfer Abkommen von 1949 (zugleich der HLKO von 1907) am 30. 8. 1956 beigetreten.

Kriegsgerichte → *Militärjustiz*

Kriegskunst: mit der Herausbildung des → *Krieges* und der → *Streitkräfte* entstandene Theorie und Praxis der Vorbereitung und Führung von Kampfhandlungen unterschiedlicher Dimensionen in allen Sphären.

Die K. wird vor allem vom Charakter der jeweiligen Gesellschaftsformation bestimmt. Auf ihre Entwicklung wirkten mehrere Faktoren ein, in erster Linie die Produktivkräfte, namentlich die Militärtechnik und die Wissenschaften, sowie die Politik der jeweils herrschenden Klasse und deren Ansichten über die Kriegführung, die in der Militärdoktrin zum Ausdruck kommen. Aber auch geographische Bedingungen sowie nationale Traditionen der Völker und Staaten beeinflußten in zeitlich und territorial unterschiedlichem Maße die K. Friedrich Engels (1820–1895) schrieb: «Nichts ist abhängiger von ökonomischen Vorbedingungen als grade Armee und Flotte. Bewaffnung, Zusammensetzung, Organisation, Taktik und Strategie hängen vor allem ab von der jedesmaligen Produktionsstufe und den Kommunikationen. Nicht die ‹freien Schöpfungen des Verstandes› genialer Feldherrn haben hier umwälzend gewirkt, sondern die Erfindung besserer Waffen und die Veränderung des Soldatenmaterials» (K. Marx/F. Engels, 20, S. 155). Die Abhängigkeit der Methoden und Formen des bewaffneten Kampfes von den ökonomischen Bedingungen, von der Technik und von den Streitkräften ist eine objektive Gesetzmäßigkeit der Entwicklung der K. in allen Gesellschaftsformationen. Karl Marx (1818–1883) und Friedrich Engels, die im 19. Jh. die marxistische Lehre vom Krieg und von den Streitkräften schufen, wiesen zugleich die wichtigsten Gesetzmäßigkeiten der Entwicklung der K. von der Sklavereigesellschaft bis zum Kapitalismus nach. W. I. Lenin (1870–1924) deckte die grundlegenden Besonderheiten der Kriege in der Epoche des Imperialismus auf, entwickelte die von Marx und Engels begründete Theorie des → *bewaffneten Aufstandes* weiter und erarbeitete Methoden der Führung von Revolutionskriegen und Kriegen zur Verteidigung des sozialistischen Vaterlandes (→ *Militärwissenschaft*).

Der Begriff K. tauchte erstmals in militärischen Schriften des 16./17. Jh. auf und bezog sich vor allem auf die Tätigkeit des Feldherrn im Krieg. In der bürgerlichen Militärliteratur des 19. Jh. wurde unter K. im allgemeinen das Können der Heerführer verstanden, die vorhandenen Kräfte und Mittel im Kampf erfolgreich einzusetzen. Die bürgerliche Militärwissenschaft entwickelte keine einheitliche Auffassung über das Wesen und die Aufgaben der K. Ein Teil der bürgerlichen Militärtheoretiker betrachtete die K. als Wissenschaft auf der Grundlage einer idealistischen Weltanschauung, ein anderer Teil als Kunst im Sinne subjektiv richtiger Entscheidungsfindung.

Die K. bestand bis in das 19. Jh. nur aus der Strategie und der Taktik, wobei die Strategie stets als der bestimmende und richtungweisende Teil angesehen wurde. Die Strategie löste sowohl allgemeine Probleme des bewaffneten Kampfes als auch die konkreten Formen und Arten seiner Führung im Krieg bis zur Truppenführung im Verlauf der Schlacht. Zur Taktik gehörten im allgemeinen alle Fragen der Vorbereitung und Führung des Gefechts und der Schlacht. Seit Ende des 19. Jh. bildete sich die operative Kunst heraus, die sich mit eigenen Aufgaben zwischen die Strategie und die Taktik schob. Die bürgerliche Militärwissenschaft erkennt die operative Kunst als selbständigen Bestandteil der K. formal nicht an. In der militärischen Literatur werden allerdings Begriffe wie «große Taktik», «Taktik des Kriegsschauplatzes» und andere Termini als Bezeichnung für operative Kampfhandlungen benutzt.

Die marxistisch-leninistische Militärwissenschaft

unterteilt die K. in die Strategie, die operative Kunst und die Taktik, zwischen denen eine enge Verbindung und wechselseitige Abhängigkeit bestehen. Die Strategie ist die Theorie und Praxis des Einsatzes der Streitkräfte während des ganzen Krieges und in den einzelnen strategischen Operationen sowie der Vorbereitung der Streitkräfte und des gesamten Landes (der Koalition) auf die Kriegführung. Sie ist als der bestimmende Teil der K. der Politik des betreffenden Staates (der Koalition) untergeordnet und setzt die politischen Ziele in militärische Handlungen um. Die operative Kunst ist die Theorie und Praxis der Vorbereitung und Durchführung operativer Kampfhandlungen von Teilstreitkräften und Verbänden, die auf einem Kriegsschauplatz entweder selbständig oder im Zusammenwirken handeln. Sie dient der Verwirklichung der strategischen Ziele und befaßt sich mit der Konzipierung und Koordinierung von Gefechten im Interesse der Operation. Die Taktik ist die Theorie und Praxis des Einsatzes von Verbänden, Truppenteilen und Einheiten in Gefechten. Sie organisiert insbesondere das Zusammenwirken der verschiedenen Waffengattungen sowie benachbarter Truppen. Jede Waffengattung, jede Spezialtruppe und jeder Dienst verfügen entsprechend ihren speziellen Einsatzmethoden über eine spezielle Taktik, die der Taktik der Teilstreitkräfte untergeordnet ist. Die operative Kunst und die Taktik der Teilstreitkräfte sind durch Besonderheiten unterschieden, die sich aus den spezifischen Aufgaben und Einsatzmethoden der Teilstreitkräfte ergeben; sie entwickelten sich im Zusammenhang mit der jeweiligen Teilstreitkraft. Während erste Elemente der → *Seekriegskunst* bereits im 5. Jh. v. u. Z. entstanden, bildeten sich die Anfänge der → *Luftkriegskunst* erst zu Beginn des 20. Jh. heraus.

Die Theorie der K. ist der wichtigste Bestandteil der marxistisch-leninistischen Militärwissenschaft und umfaßt die theoretischen Bereiche der Strategie, operativen Kunst und Taktik. Unter der Praxis der K. wird die militärische Meisterschaft der Befehlshaber, Kommandeure, Stäbe und Soldaten beim Einsatz der Kräfte und Mittel, bei der Anwendung der günstigsten Kampfformen und bei der Führung der Kampfhandlungen verstanden.

Die K. entstand in der Zeit des Übergangs von der Gentilordnung zur antagonistischen Klassengesellschaft im Zusammenhang mit der allmählichen Herausbildung des Staates und der Streitkräfte. Dieser Prozeß setzte im 5./4. Jt. v. u. Z. in den Ländern Vorderasiens und Nordafrikas ein und vollzog sich in Europa über Jahrhunderte bis zum 5. Jh. u. Z.

In den *frühen Klassenstaaten des Orients und in den Ländern der antiken Sklavereigesellschaft* bildeten sich erste Elemente der K. heraus. Die Strategie umfaßte die Vorbereitung der Streitkräfte auf den Krieg, die Wahl des Schlachtfeldes, die Festlegung der Zeit und des Hauptpunktes für den Schlag sowie die Führung der Truppen. Mit der Ausdehnung der Sklavereigesellschaft und der damit verbundenen Entwicklung der Produktivkräfte gewann die Strategie an Bedeutung. Die Entwicklung der Taktik führte vom einfachen, zumeist frontalen Zusammenstoß der Heere zu immer komplizierteren, die Waffenwirkung und das Zusammenwirken der Waffen berücksichtigenden Schlachtordnungen. Dabei formierte sich im allgemeinen das gesamte Heer auf dem räumlich begrenzten Schlachtfeld zu einem taktischen Körper, der vom Feldherrn befehligt wurde. Das Zentrum und die Flügel konnten in der Schlacht aber auch eine relativ selbständige Rolle spielen. Die Stammes- und Volksaufgebote der → *militärischen Demokratie* bildeten eine trapezförmige Schlachtordnung, den sog. Keil, in dem das Fußvolk, gedeckt durch die Reiterei, angriff. Mit der Verbesserung der Waffentechnik durch die Verwendung von Bronze und Eisen, der sozialen Differenzierung bei der Herausbildung der Ausbeuterordnung und der militärischen Ausbildung der Krieger entstand in den griechischen Sklavenhalterstaaten die 16 und mehr Glieder tiefe Phalanx, die an den Flanken von Reiterei gedeckt wurde. Der Frontalangriff der Phalanx entschied in der Regel die Schlacht, an die sich eine kurze Verfolgung des Gegners anschloß. Ein wichtiger taktischer Fortschritt war die sog. schiefe Schlachtordnung, die erstmals der thebanische Feldherr Epaminondas (um 418–362 v. u. Z.) in der Schlacht bei Leuktra (371 v. u. Z.) verwirklichte. Er massierte dort an einer Flanke seine Kräfte in einer tiefen Kolonne und splitterte damit die Schlachtordnung der zahlenmäßig überlegenen Spartaner auf.

In den Kriegen Makedoniens, Karthagos und Roms erreichte die antike K. ihren Höhepunkt. Die Taktik dieser Heere fußte auf einer festen Gliederung, Ausbildung und Disziplin der Truppen, wobei ein enges Zusammenwirken zwischen der → *Infanterie*, der → *Kavallerie* und den Abteilungen, die Katapulte und andere Schleuderwaffen führten, erreicht wurde. Im 4. Jh. v. u. Z. teilten die Römer die Pha-

Phalanx griechischer Heere, 5./4. Jh. v. u. Z.

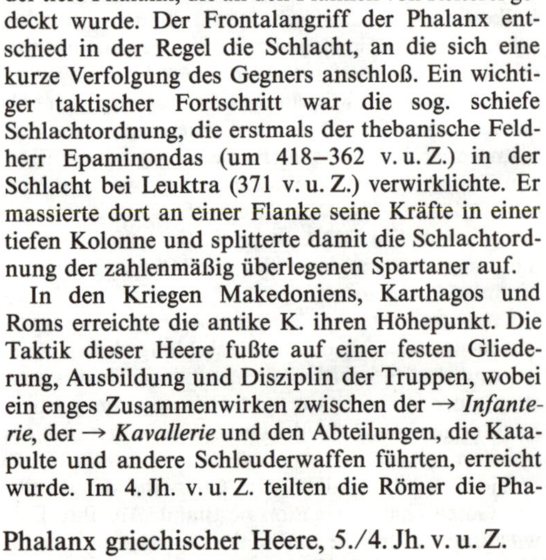

lanx ihrer Legion in mehrere taktische Abteilungen (Manipel) auf, wodurch die Schlachtordnung beweglicher wurde. In der Folgezeit wurden 3–4 Manipel zu einer Kohorte zusammengefaßt und die Kohorten in mehreren Linien aufgestellt. Diese Entwicklung sowie die Bildung einer Reserve machten die Gefechts- und Schlachtordnung noch elastischer und manövrierfähiger. Der durch den Zerfall der römischen Sklavereigesellschaft bedingte Niedergang der antiken K. vollzog sich in den Kämpfen der Völkerwanderungszeit (→ *germanisch-römische Kriege 2. Jh. v. u. Z.–5. Jh. u. Z.*).

Kohortenaufstellung im römischen Heer, 1. Jh. v. u. Z.

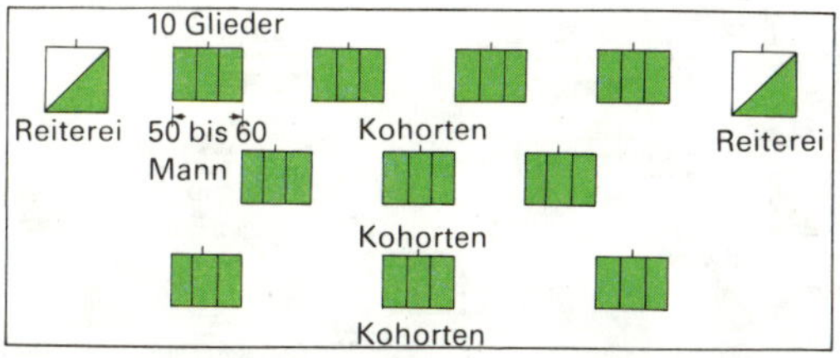

Der Entwicklungsstand der K. widerspiegelte sich in überlieferten Schriften (→ *Militärgeschichtsschreibung*). Älteste Quelle zur Geschichte der K. ist das «Traktat über die Kriegskunst» des chinesischen Feldherrn Sun Zi (um 500 v. u. Z.). Über die K. ihrer Zeit berichteten u. a. die griechischen Geschichtsschreiber Thukydides (um 460–um 396 v. u. Z.) und Xenophon (um 430–um 354 v. u. Z.), der römische Feldherr und Politiker Gajus Julius Cäsar (100–44 v. u. Z.) und die römischen Militärtheoretiker Sextus Julius Frontinus (1. Jh. u. Z.) und Flavius Vegetius Renatus (4. Jh. u. Z.). Einige der systematisierenden Werke der antiken Militärliteratur übten auf die K. im Oströmischen Reich und später auf die K. und das militärische Denken in Europa im 16./17. Jh. einen großen Einfluß aus.

In der *feudalen Klassengesellschaft* entwickelte sich eine neue K. auf der Grundlage der vorherrschenden Naturalwirtschaft, des Lehnswesens und der Struktur der → *Vasallenheere.* Das bäuerliche → *Aufgebot* kämpfte in keilförmiger, tiefer Aufstellung. Jedoch stieg mit der Durchsetzung der feudalen Herrschaftsverhältnisse die militärische Bedeutung der Reiterei der adligen Lehnsträger, während das zu Fuß und z. T. beritten kämpfende Bauernaufgebot seine Kampfkraft einbüßte. Die K. der Heere des Frankenreiches und anderer frühfeudaler Staaten der Zeit des 5.–10. Jh. war durch weitgesteckte Feldzüge, das Suchen nach Schlachtentscheidung und das Streben nach militärischer Sicherung der eroberten Gebiete gekennzeichnet (→ *fränkische Expansionskriege 5.–9. Jh.*).

Das im 10./11. Jh. in Mittel- und Westeuropa entstehende → *Ritterheer* war das militärische Instrument der mächtigen Feudalstaaten für Eroberungszüge in den Vorderen Orient (→ *Kreuzzüge 11.–13. Jh.*), gegen osteuropäische Völker und benachbarte Feudalherrschaften. Die Kriegführung zielte vor allem darauf, wichtige Zentren des Landes zu erobern und das gegnerische Gebiet auszuplündern. Die politisch-soziale Struktur des Ritterheeres, namentlich die unterschiedlichen Dienstpflichten des Adels, legten der Kriegführung Fesseln an, die sich auf die K. auswirkten. Die Schlachtordnung war linear, seltener wurde die breite, nur wenige Glieder tiefe keilförmige Aufstellung angewandt; eine Reserve wurde zumeist nicht gebildet. Beim Zusammenstoß löste sich die Schlachtordnung im allgemeinen in Einzelkämpfe der Ritter auf. Das zahlenmäßig starke, aber kaum ausgebildete Fußvolk formierte gleichfalls keine taktischen Einheiten. Es kämpfte in losen Haufen gegen das gegnerische Fußvolk und wurde vor allem für Belagerungen verwendet. In Ost- und Südosteuropa, wo der Feudalisierungsprozeß langsamer verlief, wirkten das bäuerlich-städtische Fußvolk und die adligen Reiteraufgebote während des ganzen Mittelalters auf dem Schlachtfeld als taktische Körper zusammen.

Mit dem Aufstieg des Städtebürgertums seit dem 12. Jh. und der partiellen Lockerung feudaler Abhängigkeitsverhältnisse in West- und Mitteleuropa veränderte sich die K. Die aus Bürgern und Bauern bestehenden Aufgebote formierten in Gestalt der → *Gevierthaufen* wieder taktische Körper, die durch den geordneten Masseneinsatz von Spießen, Piken, Schwertern und anderen Waffen den Rittern und Fußkriegern feudaler Heere überlegen waren. Die Entwicklung der Haufentaktik begann im 13./14. Jh. in England und Flandern, wo es zahlenmäßig starke freie bäuerliche Schichten gab, und kulminierte im 15. Jh. in den Siegen der Schweizer gegen österreichische und burgundische Ritterheere. Die Hussiten bildeten mit der → *Wagenburg* eine eigene Taktik heraus, die auf der Verbindung von Verteidigung und Gegenangriff fußte (→ *Hussitenkriege 1419–1437*).

Seit dem 14. Jh. beeinflußte das Aufkommen der Feuerwaffe die weitere Entwicklung der K. Die damit verbundene Revolution im Militärwesen veränderte im Laufe des 14.–17. Jh. im Zusammenhang mit der Entstehung kapitalistischer Produktionsformen und mit der frühbürgerlichen Revolution die Methoden der Kriegführung. Mit der → *Artillerie* entstand eine neue Waffe, die im 17./18. Jh. zu einer Waffengattung der stehenden Heere wurde. Der Aufstieg der Infanterie, die Wandlungen innerhalb der Kavallerie, die quantitative Zunahme der Feuerwaffen und die Herausbildung der → *Söldnerheere* waren Grundlagen einer neuen K. Die Verbesserung der Feuerwaffen ermöglichte es, die Tiefe der aus Pikenieren und Schützen bestehenden Haufen zu verringern, die Front zu verbreitern und damit die gestiegene Feuerkraft der Schützen besser zu nutzen. Seit dem 16. Jh. äußerte sich diese Entwicklung in verschiedenen Gefechtsordnungen (→ *Ordonnanz*): in den Kriegen gegen die Osmanen die ungarische Ordonnanz, die das ganze Heer in einer geschlossenen Aufstellung vereinte; im niederländischen Unabhängigkeitskrieg (1566/67–1609) die niederländische Ordonnanz mit flacheren Pikenier- und Musketierabteilungen sowie die spanische Ordonnanz, die aus mehreren tiefgegliederten Gevierten (Terzios) aus Pikenieren und Musketieren bestand; zu Beginn des 17. Jh. die schwedische Ordonnanz, die auf der niederländischen Schlachtordnung aufbaute und mit ihren flachen Aufstellungen in mehreren Treffen bereits die → *Lineartaktik* vorbereitete. In der militärischen Praxis gab es zahlreiche Misch- und Übergangsformen der Gefechtsordnungen, die auch in der seit dem 16. Jh. anschwellenden Literatur behandelt wurden. An den Fortschritten der K. hatten namentlich Prinz Moritz von Oranien (1567–1625) und der schwedische König Gustav II. Adolf (1594–1632) maßgeblichen Anteil.

Niederländische Ordonnanz, Anfang 17. Jh.

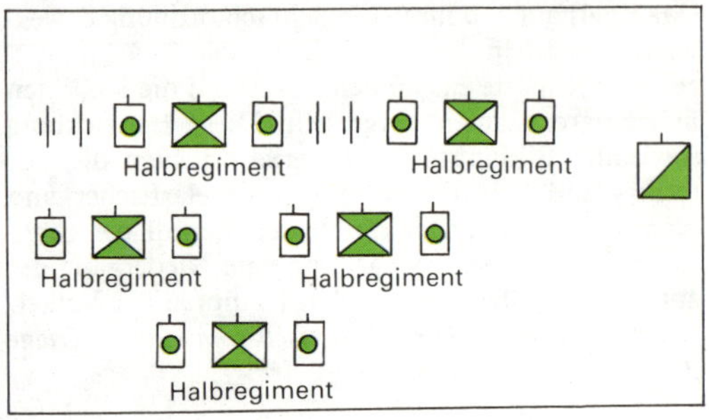

Spanische Ordonnanz, 16./17. Jh.

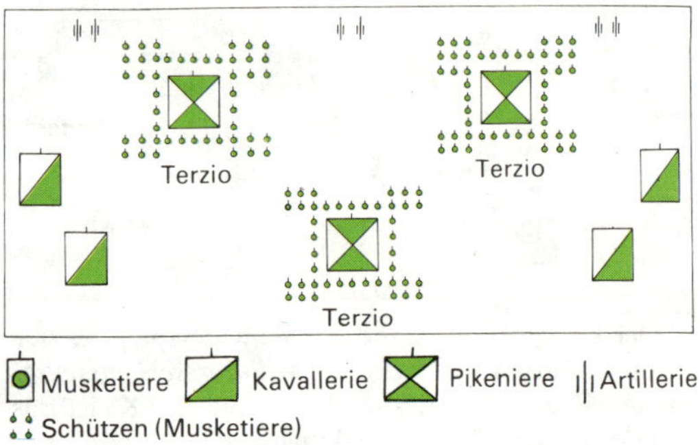

Mittel- und westeuropäisches Ritteraufgebot – 12. bis 15. Jh.

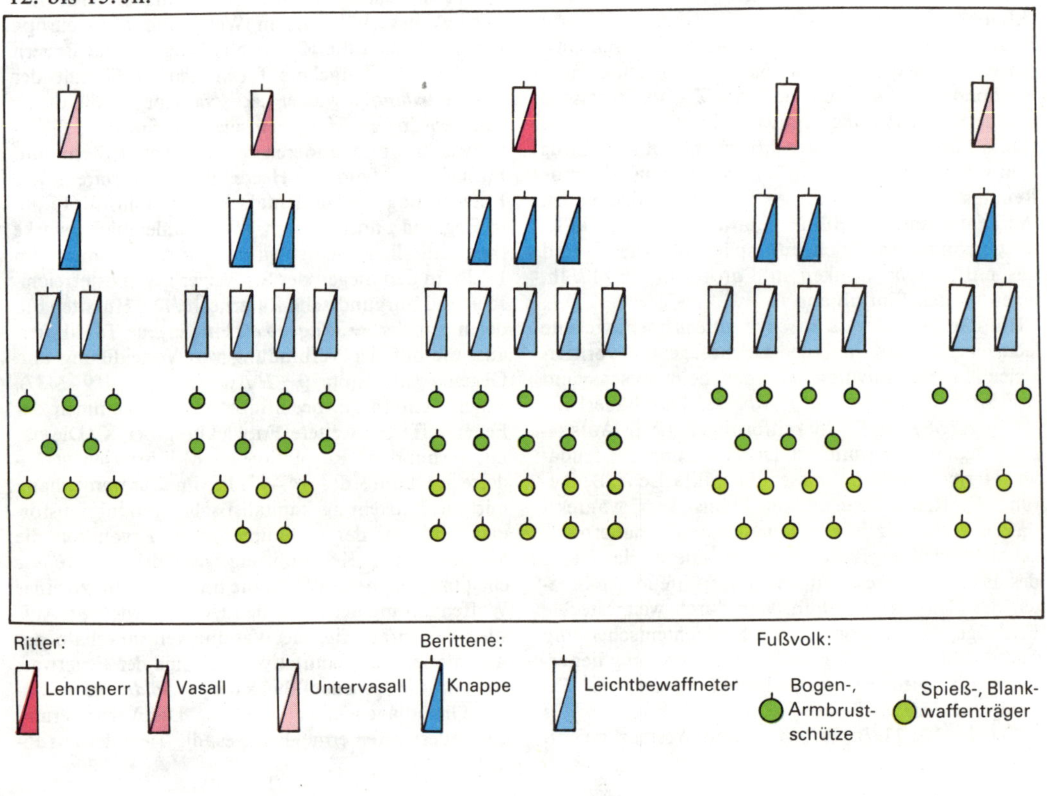

Mit dem Übergang zu den stehenden Söldnerheeren, die eine verbesserte Waffentechnik besaßen und gründlich ausgebildet wurden, setzte sich allgemein die Lineartaktik durch. Sie erreichte im → *Siebenjährigen Krieg 1756–1763* in der preußischen Armee unter König Friedrich II. (1712–1786) ihre Vollendung. In der Strategie herrschte das Streben vor, größere Schlachten möglichst zu vermeiden, um das teure, schwer zu ersetzende Söldnerheer nicht unnötigen Risiken auszusetzen. Statt dessen suchte man durch geschickte Manöver auf den gegnerischen Verbindungswegen oder durch Einnahme wichtiger Gebiete und Plätze, vor allem Festungen, kriegsentscheidende Vorteile zu erringen. Die Festungen, die den feudalabsolutistischen Heeren als Stützpunkte sowie als Waffenlager und Lebensmitteldepots dienten, konnten in der Regel nur in einer langen, systematischen Belagerung erobert werden. Dabei näherte sich der Angreifer durch zahlreiche Laufgräben langsam dem Festungswall und bereitete mit Artillerie und Minensprengungen den Sturm vor. In Gebieten mit vielen Festungen (niederländisch-französisches Grenzgebiet, Oberrhein, Oberitalien) erschöpften sich die Kampfhandlungen im 17./18. Jh. häufig in langwierigen Belagerungen und in Manövern, um den Gegner zur Aufhebung einer Belagerung zu zwingen. Eine entschlossenere, auf Schlachten gerichtete Kriegführung strebten Schweden unter König Karl XII. (1682–1718), Rußland unter Zar Peter I. (1672–1725) und Preußen unter König Friedrich II. an. Im amerikanischen Unabhängigkeitskrieg (1775–1783) kündigte der Kampf von Schützen in zerstreuter Ordnung bereits Elemente einer neuen, bürgerlichen K. an.

Grundsätze und Regeln der K. der spätfeudalen Armeen fanden ihren Niederschlag in den Schriften der französischen Marschälle Henri de la Tour d'Auvergne, Vicomte de Turenne (1611–1675) und Sébastien le Prestre de Vauban (1633–1707), der österreichisch-kaiserlichen Feldherren Raimund von Montecuccoli (1609–1680) und Prinz Eugen von Savoyen (1663–1736) sowie des Preußenkönigs Friedrich II. und in den im 17./18. Jh. erlassenen → *Exerzierreglements*. Weiterführende Ideen entwickelten die russischen Heerführer P. A. Rumjanzew (1725–1796) und A. W. Suworow (1729–1800).

Lineare Schlachtordnung, Mitte 18. Jh.

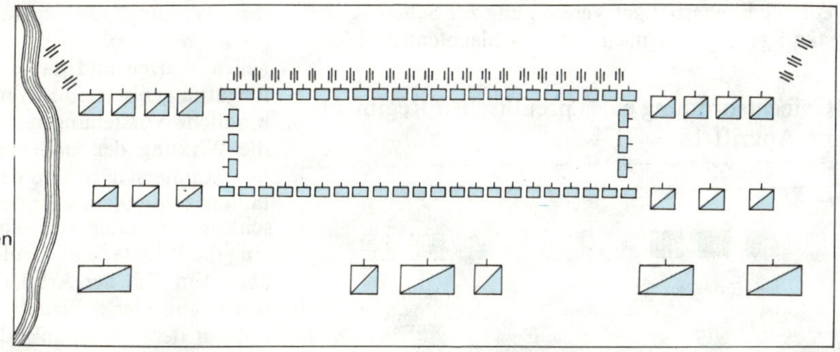

Infanteriebataillon mit Bataillonsgeschützen
Infanteriebataillon
Kavallerie
Artillerie

Die *bürgerliche Revolution in Frankreich 1789* und ihre weitreichenden ökonomisch-sozialen und politischen Auswirkungen waren die entscheidenden Grundlagen für die bürgerliche K., die in den Revolutionskriegen und den napoleonischen Kriegen ihre Überlegenheit über die feudalabsolutistische K. bewies. Engels schrieb: «Die moderne Kriegführung ist das notwendige Produkt der Französischen Revolution. Ihre Voraussetzung ist die soziale und politische Emanzipation *der Bourgeoisie und der Parzellenbauern*. Die Bourgeoisie schafft das Geld, die Parzellenbauern stellen die Soldaten» (K. Marx/F. Engels, 7, S. 477). Massenhaftigkeit und Beweglichkeit der Truppen und Mittel des Krieges kennzeichneten die neue Kriegführung. In der Strategie dominierte das Streben, den Gegner durch massierte Schläge, die in der Generalschlacht gipfelten, rasch zu besiegen und damit den Krieg zu entscheiden. Für die Taktik wurde der Einsatz der in zerstreuter Ordnung kämpfenden Schützen in Verbindung mit der Stoßkraft tiefgestaffelter Bataillonskolonnen (→ *Kolonne*) charakteristisch. Die neue Gefechtsordnung sicherte ein enges Zusammenwirken der Waffengattungen, Spezialtruppen und Dienste im Gefecht und in der Schlacht.

Hervorragender Vertreter der neuen K. war der französische Kaiser Napoleon I. (1769–1821). Er verstand es, die von der bürgerlichen Revolution hervorgebrachten materiellen und politisch-moralischen Möglichkeiten und Potenzen für die Kriegführung zu nutzen. Maßgeblichen Einfluß auf die Weiterentwicklung der K. übte die Feldherrnkunst des russischen Heerführers M. I. Kutusow (1745–1813) aus. Der preußische Generalmajor und Militärtheoretiker Carl von Clausewitz (1780–1831) analysierte in seinem Werk «Vom Kriege» Grundlagen und Methoden der bürgerlichen K. und verallgemeinerte kriegsgeschichtliche Erfahrungen des 18./19. Jh. für die bürgerliche Militärtheorie.

Gefechtsordnung einer französischen Division im Angriff, Anfang 19. Jh.

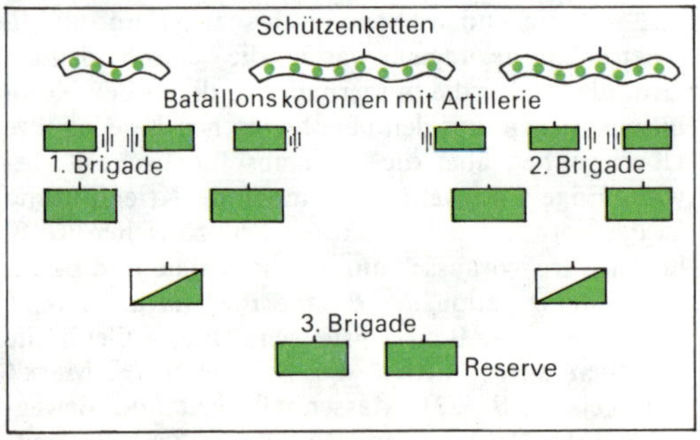

In Österreich, Preußen und anderen Staaten entstand die neue K. auf dem Boden der bürgerlichen Umgestaltung des Militärwesens im Laufe der Kriege gegen das napoleonische Frankreich. In Preußen sahen die unter maßgeblicher Leitung von Generalleutnant Gerhard von Scharnhorst (1755–1813) entwickelten strategischen Grundsätze die Erringung der Initiative in den wichtigsten Operationsrichtungen, den getrennten Marsch der Armee bzw. Armeekorps bei rechtzeitiger Vereinigung zur Schlacht, das ständige Streben nach einer Schlachtentscheidung sowie strategische Manöver zur Zersplitterung der gegnerischen Kräfte vor. In der Taktik, die auf der veränderten politisch-sozialen Stellung des Soldaten und seiner gründlichen Gefechtsausbildung fußte, wurde die tiefe Gefechtsordnung eingeführt, die dem Schützengefecht Rückhalt gab und dem Bajonettangriff der Kolonnenformation große Wucht verlieh. Die Artillerie bereitete den Angriff vor, die Kavallerie unterstützte und weitete ihn mit Attacken aus. Der Ausgang der Gefechte und Schlachten wurde vor allem durch den Bajonettangriff der in Kolonne vorgehenden Infanterie entschieden.

Die Entwicklung der K. seit Mitte des 19. Jh. wurde insbesondere durch die Auswirkungen der industriellen Revolution auf das Militärwesen beeinflußt. Die Eisenbahnen ermöglichten eine rasche Mobilmachung, Konzentrierung, Entfaltung und schnellere Versorgung der Truppen. Die Nutzung des elektrischen Telegrafen erleichterte die Nachrichtenübermittlung und die Truppenführung. Die Einführung von Artillerie- und Schützenwaffen mit gezogenem Rohr bzw. Lauf, die eine größere Reichweite, höhere Schußfolge und bessere Treffgenauigkeit besaßen, steigerte erheblich die Feuerkraft der Armeen und erforderte den Übergang zu einer aufgelockerten Gefechtsordnung. Bereits der Krimkrieg (1853–1856) und der Krieg zwischen Österreich und Frankreich/Sardinien-Piemont (1859) offenbarten die Wirkung der gezogenen Hinterladewaffen (→ *Hinterlader*). Über den taktischen Einsatz der neuen Waffen und das Zusammenwirken der Waffengattungen setzten sich nur langsam klare und verbindliche Vorstellungen durch. In Österreich wurde die Wirkung der modernen Hinterladegewehre zunächst unterschätzt und dem Bajonettangriff der Bataillonskolonne sowie dem Feuergefecht der geschlossenen Linie der Vorzug gegeben. Hingegen ging die Infanterie in Preußen zur Kompaniekolonne über. Ein Teil der Artillerie sollte den Feuerkampf von Beginn der Schlacht an führen, die Masse aber erst auf dem Höhepunkt des Kampfes eingreifen.

Gefechtsordnung eines preußischen Regiments im Angriff 1870/71

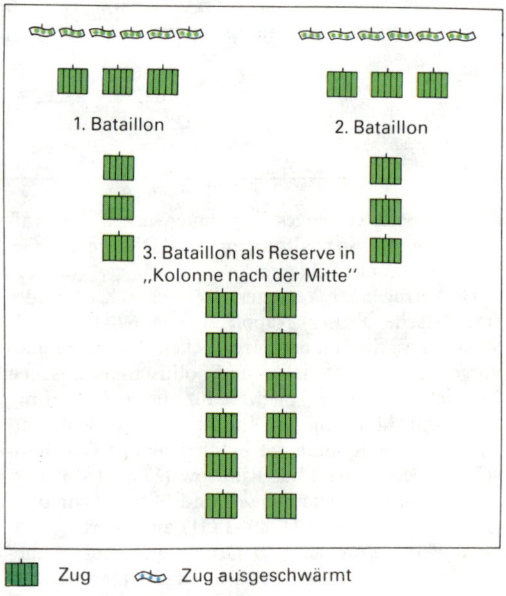

In der Strategie zog der preußische → *Generalstab* unter dem späteren Generalfeldmarschall Helmuth von Moltke (1800–1891) eine Reihe realer Schlußfolgerungen aus den neuen Bedingungen. Dazu zählten die frühzeitige Kriegsbereitschaft, der gründlich vorbereitete Aufmarsch und das schnelle Manöver der Kräftegruppierungen mit dem Ziel, die gegnerischen Hauptkräfte zu zerschlagen. Die neue Organisation des Heeres (→ *Heeresreorganisation in Preußen 1859/60*), die Weiterentwicklung der strategischen Ansichten und der Versuch, die Taktik den neuen Waffen anzupassen, waren wesentliche Grundlagen für die militärischen Erfolge Preußens im → *Preußisch-Österreichischen Krieg 1866* sowie auch im → *Deutsch-Französischen Krieg 1870/71*. Jedoch zeigten die Kampfhandlungen 1870, daß die Kompaniekolonne durch das Feuer der gezogenen Hinterlader schwere Verluste erlitt. Deshalb gingen die Soldaten entgegen der Gefechtsvorschrift zum Schützenschwarm über. Engels schrieb dazu: «Der Soldat war wieder einmal klüger gewesen als der Offizier; die einzige Gefechtsform, die bis jetzt im Feuer des gezognen Hinterladers sich bewährt, hatte *er* instinktmäßig gefunden und setzte sie trotz des Sträubens der Führer erfolgreich durch. Ebenso wurde nun im Bereich des feindlichen Gewehrfeuers nur noch der *Laufschritt* angewandt» (K. Marx/F. Engels, 20, S. 603).

Die Erfahrungen des Krieges 1870/71 fanden in der K. nur partiell Berücksichtigung. Im strategischen Denken im deutschen Kaiserreich dominierte die von Moltke in den 60er Jahren entwickelte Theorie vom kurzen Krieg, die mit ihrem übersteigerten Offensivprinzip die spätere → *Blitzkriegskonzeption* mit vorbereitete. Taktik und Ausbildung blieben im kaiserlich-deutschen Heer ebenso wie in vielen anderen europäischen Landstreitkräften hinter der technischen Entwicklung zurück. Die gesteigerten Schußweiten und Feuergeschwindigkeiten der Artillerie- und der Infanteriewaffen verlangten eine aufgelokkerte Gefechtsordnung, bessere Geländeausnutzung und größere Tiefengliederung. Die daraus entspringende Notwendigkeit, Führer und Mannschaften zu größerer Selbständigkeit zu erziehen, stieß auf die reaktionäre politische Tendenz, die Truppen im Kadavergehorsam zu halten. Erst 1888 erhielt das kaiserlich-deutsche Heer ein neues Exerzierreglement, das die bis dahin verbindliche Kompaniekolonne und die Linienaufstellung durch den Schützenschwarm ablöste. Aber auch dieser entsprach schon nicht mehr den Gefechtsbedingungen.

Mit dem *Übergang zum Imperialismus* vollzogen sich in der materiell-technischen Basis des kapitalistischen Militärwesens tiefgreifende Veränderungen. Die schnellen waffentechnischen Fortschritte, das Vorhandensein von Millionenheeren mit massenhafter Technik sowie die Entwicklung des Flugzeuges und des U-Bootes erschlossen der Kriegführung neue Dimensionen und bewirkten Veränderungen im Charakter des Krieges und bewaffneten Kampfes. Die Kriege in der Epoche des Imperialismus waren durch ihre großen Ausmaße und durch die Anspannung aller wirtschaftlichen und personellen Ressourcen des Landes gekennzeichnet. Bereits im Russisch-Japanischen Krieg (1904/05) traten viele neue Erscheinungen zutage, wie die entscheidende Rolle der Volksmassen, die ausschlaggebende Bedeutung des ökonomisch-technischen Potentials für den Kriegsverlauf und der langwierige Charakter der Kampfhandlungen. Die Aufgaben aller Bestandteile der K. wandelten sich. Die Strategie hatte die Kampfhandlungen der Streitkräfte auf allen Kriegsschauplätzen zur Erringung des Gesamtzieles des Krieges zu vereinen. Die unmittelbare Führung einzelner Schlachten wurde zu einer Aufgabe der operativen Kunst; die Armeeoberbefehlshaber führten die Gefechtshandlungen der unterstellten Verbände und Truppenteile. Zur Hauptaufgabe der Taktik gehörten die detaillierte Ausarbeitung der Theorie und die Anwendung praktischer Methoden der Vorbereitung und Führung des Gefechts, das größere Selbständigkeit erlangte und hinsichtlich der Vielfalt des Einsatzes der Kampfmittel und des Inhalts der Gefechtsaufgabe immer komplizierter wurde.

Im imperialistischen Deutschland bestimmte die Blitzkriegskonzeption den Ausbau, die Organisation, Struktur, Bewaffnung und Ausbildung des Heeres sowie die Mobilmachungs- und Aufmarschpläne. Das schematische Umfassungsstreben prägte das gesamte militärtheoretische Denken, das von einem alles beherrschenden Angriffsgeist durchdrungen war. Trotz der gesteigerten Wirkung der Schnellfeuerwaffen blieb die dichte Schützenkette hauptsächliche Gefechtsordnung der Infanterie. Die Verteidigung zählte allgemein als schwächliche Form der Kriegführung. Obwohl Waffenentwicklung und Feldbefestigung vor 1914 der Verteidigung eine große Stärke verliehen, dominierte in den Armeen aller europäischen Länder das Offensivprinzip. Die Lehren des Burenkrieges (1899–1902) und namentlich des Russisch-Japanischen Krieges mit langdauernden Stellungskämpfen wurden nur als bedingt zutreffend für europäische Verhältnisse angesehen. Nachschub- und Versorgungsprobleme moderner Massenheere wurden unzureichend beachtet. Für die maritime Rüstung und die Seekriegskunst vor 1914 besaßen die Ansichten des USA-Admirals Alfred Mahan (1840–1914) über die kriegsentscheidende Rolle der Flotte großen Einfluß. Die meisten imperialistischen Mächte bauten starke Kriegsflotten auf, vor allem Großbritannien, die USA, Japan und Deutschland (→ *Kaiserliche Marine*). Ein Zusammenwirken von See- und Landstreitkräften wurde jedoch im Prinzip kaum in Betracht gezogen.

Der erste Weltkrieg (→ *Weltkrieg, erster, 1914–1918*) markierte einen wichtigen Einschnitt in der Geschichte der K. Das bürgerliche Kriegsbild aus der Zeit vor 1914 zerbrach bereits in den ersten Monaten des Krieges. Nicht schnelle, manöverreiche, den Krieg rasch entscheidende Handlungen, sondern langwierige Stellungskämpfe prägten ab Winter 1914/15 den Verlauf der Kampfhandlungen. Der Krieg zeigte die gewachsene Bedeutung des ökonomischen Potentials und der personellen Ressourcen der Länder und Koalitionen. Es bestätigte sich die Voraussage von Engels (1887), daß für den deutschen Imperialismus und seine Konkurrenten kein anderer Krieg möglich war als ein Weltkrieg von einer bisher unbekannten Ausdehnung und Heftig-

Gefechtsordnung eines deutschen Regiments im Angriff 1914

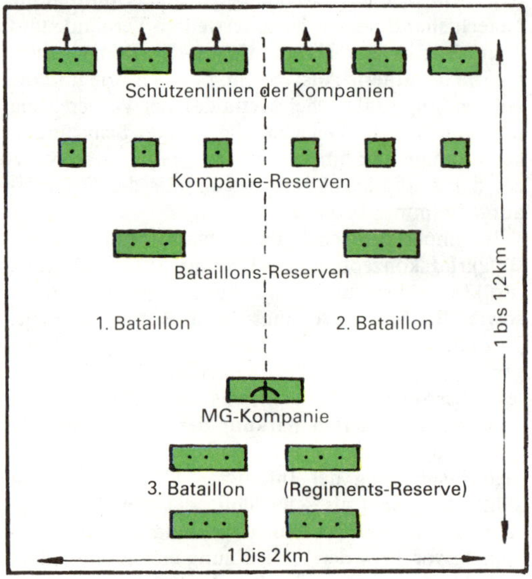

keit, der zu tiefen politisch-sozialen Erschütterungen der imperialistischen Ordnung führen würde.

Die vielfältigen Neuerungen in der Militärtechnik führten zu Veränderungen in der Organisation, Bewaffnung und Taktik der Truppen. Es entwickelten sich neue Methoden der Führung der Kampfhandlungen. Die Offensive wurde von starken operativen Verbänden auf breiter Front und in großer Tiefe geführt. Versuche, den Gegner mit direkten Schlägen der Armeen in einer Generalschlacht zu vernichten, wie es im 19. Jh. zum Teil noch möglich gewesen war, erwiesen sich unter den neuen Verhältnissen als erfolglos. Der Durchbruch der Verteidigung blieb ein bis zum Ende des Krieges nicht völlig gelöstes Problem. Es wurden verschiedene Formen und Methoden angewandt: der Durchbruch an einem schmalen Abschnitt (→ *Verdun 1916*, → *Cambrai 1917*) und an einem breiten, geschlossenen Abschnitt (→ *Somme 1916*) sowie der gleichzeitige Durchbruch an mehreren Abschnitten (sog. Brussilowoffensive 1916). Zum Einsatz kamen neben starken Infanterieverbänden und Artillerie erstmals auch Flugzeuge und Panzer sowie chemische Kampfmittel (→ *chemische Kriegführung*). In der Taktik bildete sich mit den Wellen von Schützenketten eine neue Gefechtsordnung für den Angriff heraus. Gegen Kriegsende entstand die Gruppengefechtsordnung: Kleine Infanterietrupps folgten im Angriff dem Panzer, dem Begleitgeschütz oder dem schweren Maschinengewehr. Im allgemeinen Gefecht wurden die taktischen Aufgaben durch die gemeinsamen Anstrengungen von Infanterie, Artillerie, Panzern und Pioniertruppen erfüllt. Gleichzeitig wandelten sich auch die Methoden des Verteidigungsgefechts. Die Gefechtsordnung der Truppen wurde immer tiefer gestaffelt, und es entstanden Verteidigungsstreifen mit 2–4 Stellungen. Die Verteidigung richtete sich nicht mehr nur gegen Infanterieangriffe, sondern auch gegen Panzer, Artillerie, Fliegerangriffe und chemische Kampfstoffe. Neben der allgemeinen Taktik vervollkommnete sich die Taktik der einzelnen Waffengattungen und Spezialtruppen.

Nach der Großen Sozialistischen Oktoberrevolution und dem Ende des ersten Weltkrieges entwickelte sich die bürgerliche K. unter dem Einfluß der allgemeinen Krise des Kapitalismus, des verschärften Klassenkampfes und der sich zuspitzenden Widersprüche zwischen den imperialistischen Staaten. Angesichts des Erstarkens der revolutionären Arbeiterbewegung und unter dem Eindruck der zunehmenden Rolle der Technik in den Streitkräften neigten zahlreiche imperialistische Militärtheoretiker zu einer Unterschätzung des Menschen im Kriege und zu einer Überschätzung der neuen Kampfmittel, namentlich des Panzers und des Flugzeugs. Ausdruck dessen waren die Theorien über die entscheidende Rolle der Bombenfliegerkräfte und des Luftkrieges sowie die Theorie des mechanisierten Krieges, der mit zahlenmäßig kleinen, aber technisch hochgerüsteten Elitearmeen geführt werden sollte. Diese und ähnliche Theorien enthielten zwar eine Reihe realer Auffassungen über die Organisation und den Einsatz der neuen Waffen, waren jedoch insgesamt extrem einseitig und von einer unrealistischen Einschätzung des Charakters eines künftigen Krieges getragen. Sie gingen nur teilweise in die K. der imperialistischen Staaten ein.

Der deutsche Imperialismus und Militarismus, der nach dem ersten Weltkrieg danach strebte, vorteilhafte Bedingungen für die Wiederaufrüstung und die Vorbereitung eines neuen Eroberungskrieges zu schaffen, richtete großes Augenmerk auf die Weiterentwicklung der K. Im Ringen um die beste Konzeption für eine erfolgreiche Kriegführung setzten sich die Militärtheoretiker durch, deren Ansichten am ehesten geeignet schienen, mit besonderen Methoden der K. das für den deutschen Imperialismus ungünstige Kräfteverhältnis unterlaufen zu können. Die weiterentwickelte und sich besonders auf die Panzer- und Fliegerkräfte stützende Blitzkriegskonzeption orientierte auf rasche Entscheidungen durch überraschende, manöverreiche Handlungen in großer Tiefe. Die Truppenführungs- und Gefechtsvorschriften waren auf die Führung eines Bewegungskrieges durch ein modern ausgerüstetes und gegliedertes Massenheer abgestimmt. Besonderes Gewicht wurde auf den raschen Durchbruch der gegnerischen Verteidigung, den zügigen Vorstoß der beweglichen Verbände in die Tiefe und die Einschließung der Hauptkräfte des Gegners und deren Zerschlagung gelegt.

Nach der Großen Sozialistischen Oktoberrevolution und der Entstehung des ersten sozialistischen Staates mit seiner Armee neuen Typus begann sich die sowjetische K. herauszubilden (→ *Sowjetarmee und Seekriegsflotte*). Sie entwickelte sich auf der theoretischen Grundlage des dialektischen und historischen Materialismus und der marxistisch-leninistischen Lehre vom Krieg und von den Streitkräften. Ihre grundlegenden methodologischen Leitsätze wurden von der Kommunistischen Partei und ihrem Führer Lenin erarbeitet. Während des Bürger- und Interventionskrieges (1918–1922) bewies die junge sowjetische K. bereits ihre Überlegenheit über die K. der imperialistischen Aggressoren und der russischen Weißgardisten. Die Erfahrungen dieses Krieges wurden zu einer der wichtigsten Quellen der sowjetischen K. Aufbauend auf dem militärtheoretischen Erbe Lenins, vervollkommnete sich die sowjetische K. in den 20er und 30er Jahren. Einen schöpferischen Beitrag dazu leisteten M. W. Frunse (1885–1925), A. I. Jegorow (1883–1939), B. M. Schaposchnikow (1882–1945), M. N. Tuchatschewski (1893–1937), W. K. Triandafillow (1894–1931) und andere Heerführer und Militärtheoretiker.

Die sowjetische Militärstrategie löste erfolgreich Probleme des strategischen Einsatzes und des Zusammenwirkens der Teilstreitkräfte in einem künftigen Krieg. Als Hauptart strategischer Handlungen galt die strategische Offensive. Sie sollte durch mehrere gleichzeitige oder aufeinanderfolgende Frontangriffsoperationen auf großer Breite und Tiefe verwirklicht werden. Unter Beachtung des Prinzips der Massierung der Kräfte und Mittel sollten die Hauptstöße gegen große Gruppierungen des Gegners geführt werden. Die im Bürger- und Interventionskrieg häufig notwendigen Methoden der strategischen Verteidigung und der folgenden Gegenoffensive traten dagegen im militärischen Denken vor 1941 in den Hintergrund. Die Verteidigung wurde als erzwungene Art der Kampfhandlungen gewertet und vorwiegend nur im Maßstab der Armee untersucht. Der hohe Entwicklungsstand der sowjetischen K. zeigte sich Mitte der 20er Jahre in der Bestimmung der operativen Kunst als selbständiger Teil der K. Die Erarbeitung der Theorie der operativen Kunst war eine Hauptvoraussetzung für die Begründung der Theorie der tiefen Angriffsoperation. Unter Ausnutzung der Gefechtsmöglichkeiten der Artillerie, der Panzer- und mechanisierten Truppen, der Fliegerkräfte und der Luftlandetruppen sollte der Gegner gleichzeitig in der gesamten Tiefe seiner Verteidigung bis zu den nahen strategischen Reserven bekämpft und zerschlagen werden. Dazu wurden die Konzentrierung überlegener Kräfte in der Hauptrichtung und eine tiefe Staffelung der Kräfte als notwendig erachtet. In Übereinstimmung mit den Forderungen der Strategie und der operativen Kunst wurde die Taktik weiterentwickelt, namentlich die Theorie und Praxis des tiefen Angriffsgefechts. Sein Wesen bestand im massierten Einsatz von Truppen beim Angriff in die gesamte Tiefe der Gefechtsordnung des Gegners. Zu dessen Vernichtung sollten die Gefechtsmöglichkeiten aller Waffengattungen der Land- und Luftstreitkräfte zusammengefaßt werden.

Die sowjetische K. stand am Vorabend des Großen Vaterländischen Krieges auf einem hohen Niveau. Sie orientierte auf entschiedene Ziele, hohe Aktivität sowie auf Vielfalt in den Formen und Methoden der Kampfhandlungen. Unter Führung der KPdSU war das Land bemüht, eine starke Verteidigungsindustrie zu schaffen, um die materiellen Grundlagen der Streitkräfte und ihrer K. zu erweitern. Allerdings konnten bis zum faschistischen Überfall 1941 eine Reihe neuentstandener Probleme der K. nicht oder nur zum Teil gelöst werden.

Für die Kriegführung im zweiten Weltkrieg (→ *Weltkrieg, zweiter, 1939–1945*) waren der Einsatz großer Menschenmassen und die massenhafte Verwendung moderner Kampf- und Transportmittel sowie einer hochentwickelten Nachrichtentechnik charakteristisch. Die Kampfhandlungen zur See waren durch den zunehmenden Masseneinsatz von U-Booten und Flugzeugen gekennzeichnet. Bei den Luftstreitkräften spielte neben der Unterstützung der Land- und Seestreitkräfte der selbständige Einsatz gegen das Wirtschaftspotential, bei den imperialistischen Luftstreitkräften auch gegen die Zivilbevölkerung des Gegnerlandes eine besondere Rolle.

Die K. der faschistischen Wehrmacht wurde maßgeblich beeinflußt von der schnellen Kriegsbereitschaft der Streitkräfte und dem relativ hohen Motorisierungsgrad. Die Aggressionen gegen Polen und die west- und südosteuropäischen Staaten wurden mit dem Vorstoß massierter Panzerkräfte eingeleitet, die in engem Zusammenwirken mit den Fliegerkräften zur Umfassung großer gegnerischer Gruppierungen ansetzten. Das hohe Tempo der Operationen und der rücksichtslose Einsatz der neuen technischen Kampfmittel gegen die Streitkräfte und die Bevölkerung waren u. a. wichtige militärische Ursachen für die beträchtlichen Anfangserfolge des faschistischen Deutschlands. Die hierbei gewonnenen Erfahrungen fanden bei der Vorbereitung des Überfalls auf die Sowjetunion im → *Barbarossaplan* ihren Niederschlag. Im Krieg gegen die Sowjetunion scheiterte jedoch die faschistische Blitzkriegskonzeption vollständig. Nach der Niederlage der Wehrmacht vor → *Moskau 1941/42* wurde die Offensivstrategie immer abenteuerlicher und immer irrealer und ging mit den faschistischen Niederlagen bei → *Stalingrad 1942/43* und bei → *Kursk 1943* endgültig bankrott.

Die strategische Defensive bestimmte nunmehr die faschistische K., verbunden mit barbarischen Methoden der Kriegführung. Die Verteidigung beruhte hauptsächlich auf der größtmöglichen Anspannung aller Kräfte und Mittel in der ersten operativen Staffel. Die Hauptanstrengungen richteten sich darauf, die taktische Verteidigungszone zu halten. Es gelang bis Kriegsende weder die Frage der strategischen Reserven noch das Problem der Schaffung einer standhaften operativen Verteidigung zu lösen. Am stärksten war in der K. der faschistischen Wehrmacht die Taktik entwickelt. Typische Merkmale der taktischen Verteidigung waren hartnäckiges Halten des Hauptverteidigungsstreifens, gut organisiertes Granatwerfer- und Artilleriefeuer, hohe Aktivität, die sich häufig in Gegenangriffen ausdrückte, sowie schnelles und entschlossenes Manöver mit Panzertruppenteilen und -einheiten bei einem Durchbruch der Verteidigung. Wundester Punkt der Verteidigung war der Mangel an Reserven. Die Defensivstrategie erwies sich als unbrauchbar, die Abwehr der entscheidenden Schläge vor allem der sowjetischen Streitkräfte zu sichern. Insgesamt war für die faschistische K. im Verlauf des ganzen Krieges charakteristisch, daß die Ziele nicht den realen Möglichkeiten entsprachen.

Operative Manöverformen der faschistischen Wehrmacht

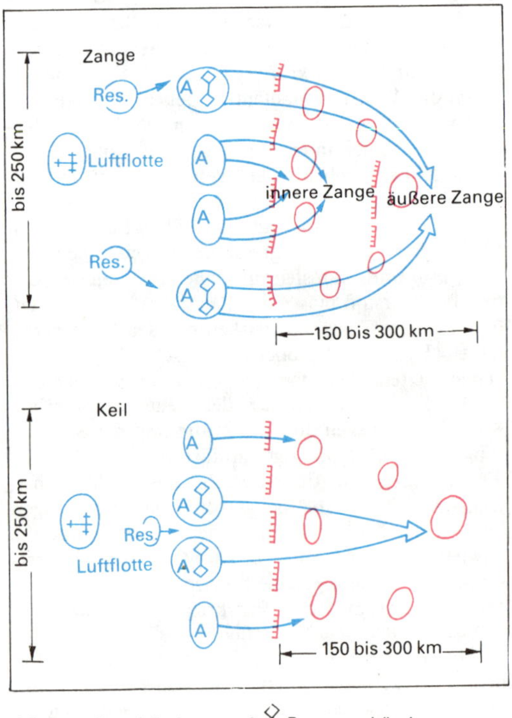

Der *Große Vaterländische Krieg der UdSSR (1941–1945)* war eine wichtige Etappe in der Entwicklung der sowjetischen K. Von Juni 1941 bis November 1942 stand die sowjetische K. vor der Aufgabe, die strategische Verteidigung als zeitweilige und durch das Kräfteverhältnis erzwungene Art von Kampfhandlungen gleichzeitig an der ganzen Front oder in mehreren wichtigen Richtungen in Form von Verteidigungsoperationen einzelner oder mehrerer → *Fronten* zu führen. Die Hauptmethode zur Führung von Verteidigungsoperationen war die Kombination von Stellungsverteidigung und ausgreifender Manöver mit Kräften und Mitteln zwischen den strategischen Richtungen und aus der Tiefe. Erste Ansätze einer Artilleriegegenvorbereitung und eine wachsende Effektivität der mit Panzer- und mechanisierten Verbänden geführten Gegenstöße zeugten von der zunehmenden Wirksamkeit der operativen Verteidigung. Im Winter 1941/42 gewannen die sowjetischen Streitkräfte große Erfahrungen in der Vorbereitung und Durchführung von Angriffsoperationen. In der Folgezeit wurden die Zielstrebigkeit, die Entschlossenheit und das Tempo der Operationen durch den Einsatz von Stoßgruppierungen in ausgewählten Richtungen, die Ausnutzung des Artillerieangriffs und die Bildung beweglicher Gruppen aus Panzerverbänden erhöht. Einschneidende Veränderungen vollzogen sich 1941/42 auch in der Taktik der Verteidigungs- und der Angriffsgefechte. In der Verteidigung gewann 1941 die Standfestigkeit der taktischen Verteidigungszone besondere Bedeutung, da zweite Staffeln und starke operative Reserven fehlten. Erst seit Herbst 1942 wurde die taktische Verteidigungszone durch zweite Staffeln und zahlreiche Reserven stabiler gestaltet. Ein Hauptproblem der Taktik der Verteidigungsgefechte war der Aufbau eines Systems der Panzerabwehr. Infolge des Mangels an technischen Kampfmitteln konnte diese Aufgabe 1941/42 nicht vollständig gelöst werden. Während der Gegenoffensive bei Moskau erwarb die Sowjetarmee viele Erfahrungen in der Vorbereitung und Durchführung von Angriffsgefechten.

Von November 1942 bis Ende 1943 löste die sowjetische K. sowohl Aufgaben der weiteren Vervollkommnung der Verteidigung als auch der Vorbereitung und Führung des Angriffs auf allen Ebenen. Die Hauptaufgabe der sowjetischen Streitkräfte bestand in dieser Zeit darin, die strategische Initiative endgültig zu erringen. Dafür waren die Konzentration der Anstrengungen mehrerer Fronten in der Hauptrichtung ebenso erforderlich wie der zweckmäßige Einsatz der strategischen Reserven und die Erringung der Luftherrschaft. Eine bedeutende Weiterentwicklung erfuhr die operative Kunst. Im Vergleich zur vorangegangenen Periode des Krieges

Gefechtsordnung einer sowjetischen Schützendivision im Angriff 1941

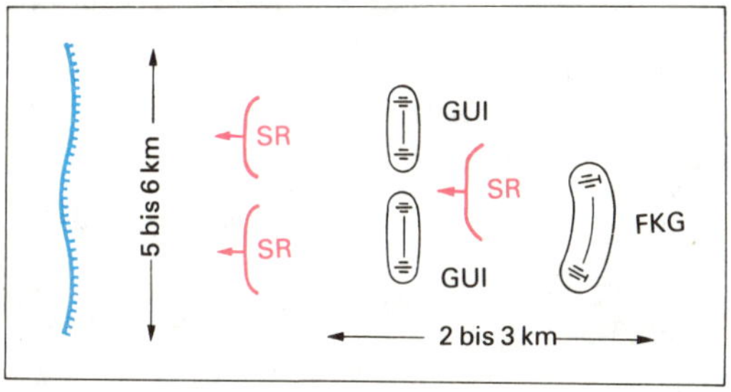

Gefechtsordnung einer sowjetischen Schützendivision in der Verteidigung 1941

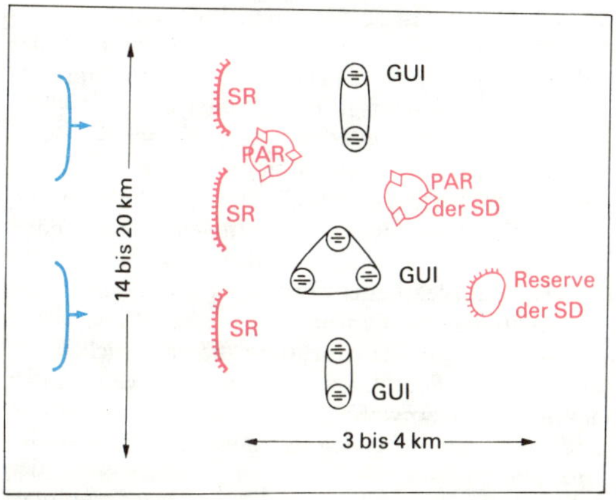

FKG Fernkampfgruppe
GUI Gruppe zur Unterstützung der Infanterie
PAR Panzerabwehrraum
SD Schützendivision
SR Schützenregiment

zeichneten sich die Front- und Armeeangriffsoperationen durch entschiedenere Zielstellung, durch kühne Massierung der Kräfte und Mittel sowie durch das Streben nach Umfassung gegnerischer Gruppierungen aus. Zunehmende operative Dichten und Tiefenstaffelung der Kräfte gingen einher mit der Vervollkommnung der Methoden des Durchbruchs der taktischen Verteidigungszone und der Entwicklung des taktischen zum operativen Erfolg. Charakteristisch für die Verteidigungsoperationen waren eine größere Organisiertheit sowie hohe Standhaftigkeit und Aktivität. Die Widerstandsfähigkeit der Verteidigung wurde durch ihren ausgeprägten Panzerabwehrcharakter bestimmt. Die Taktik der Angriffs- und Verteidigungsgefechte wurde weiter vervollkommnet. Da sich der Charakter der taktischen Verteidigungszone des Gegners ständig veränderte, mußten unablässig neue Methoden für einen erfolgreichen Durchbruch gefunden werden. Die Entwicklung der Angriffsgefechte schloß eine zunehmende Wendigkeit der Führung und die ständige Organisation des Zusammenwirkens ein. Die Verteidigungsgefechte zeichneten sich durch größere Tiefe der Verteidigungsabschnitte, besseren pioniertechnischen Ausbau und eine vollständige Gefechtsordnung aus. Das wichtige Problem der Panzerabwehr wurde dadurch gelöst, daß man Panzerabwehrstützpunkte und -räume einrichtete, bei den Vereinigungen und Verbänden Artillerie-Panzerabwehrreserven bildete, eine maximale Anzahl von Divisions-, Korps- und Armeeartillerie, Panzern, SFL und Frontfliegerkräften zur Panzerbekämpfung heranzog und weitgehend Minensperren anwandte.

In der letzten Periode des zweiten Weltkrieges in Europa von Anfang 1944 bis Mai 1945 konzentrierte die sowjetische K. ihr Augenmerk auf die Vervollkommnung der Methoden der Vorbereitung und Führung von Angriffsoperationen von Frontgruppen, Fronten und Armeen. Charakteristische Merkmale des strategischen Angriffs waren die entschie-

Gefechtsordnung einer sowjetischen Schützendivision im Angriff 1944/45

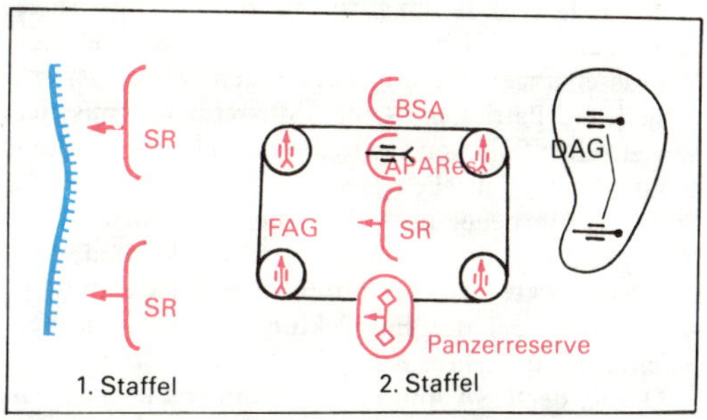

Gefechtsordnung einer sowjetischen Schützendivision in der Verteidigung 1944/45

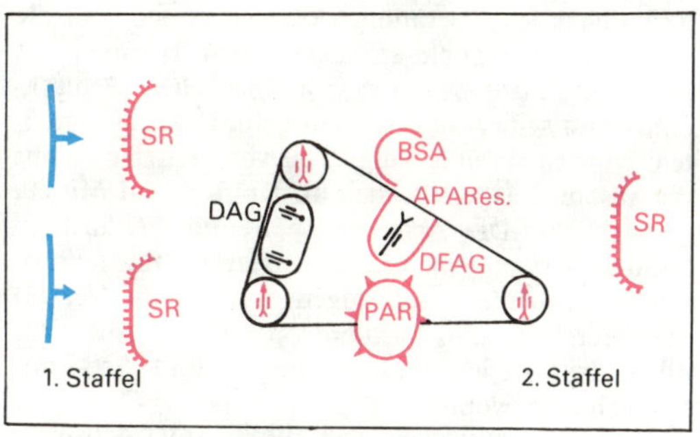

APARes. Artillerie-Panzerabwehrreserven
BSA bewegliche Sperrabteilung
DAG Divisionsartilleriegruppe
DFAG Divisionsflakartilleriegruppe
FAG Flakartilleriegruppe
PAR Panzerabwehrraum
SR Schützenregiment

dene Zielstellung, die zweckmäßige Wahl der Hauptrichtungen, umfangreiche Manöver mit massierten Kräften und Mitteln sowie das Bestreben, die Einkreisung zur Hauptmethode der Vernichtung großer gegnerischer Gruppierungen zu machen. Dabei wirkten die sowjetischen Landstreitkräfte eng mit Flieger- und Flottenkräften sowie mit der Partisanen- und Widerstandsbewegung zusammen. Um die taktische Verteidigungszone des Gegners in kürzester Zeit zu durchbrechen, bedurfte es rascher und gedeckter Manöver zur Schaffung starker Stoßgruppierungen mit dem notwendigen Übergewicht an Kräften und Mitteln. Auch die Theorie und Praxis der Einnahme von Großstädten wurden bereichert und vervollständigt. Die Anwendung zweckmäßiger Methoden des Einsatzes der Panzertruppen, der Artillerie und der Fliegerkräfte trug zu einem hohen Angriffstempo während der gesamten Operation und zur Vernichtung des Gegners bei. Die Verfolgung des Gegners erhielt durch zügige Handlungen von kampfkräftigen Vorausabteilungen ein hohes Tempo.

Die Zerschlagung der faschistischen deutschen Wehrmacht und der japanischen Kwangtung-Armee zeigte das hohe Niveau der sowjetischen K. Wichtige Voraussetzungen für ihre Leistungen waren der sozialistische Patriotismus, der Massenheroismus der sowjetischen Soldaten sowie die gewachsene Meisterschaft der sowjetischen Heerführer, Kommandeure, Stäbe, Politarbeiter und die Arbeit der Partei- und Komsomolorganisationen in den Streitkräften. Die KPdSU wirkte als die führende und richtungweisende Kraft bei der Entwicklung der sowjetischen Streitkräfte und ihrer K.

Die K. der USA und Großbritanniens im zweiten Weltkrieg wurde insbesondere durch die Erfahrungen des Einsatzes von Streitkräften im Koalitionsbestand sowie bei der Planung und Sicherstellung von weitreichenden Operationen bereichert. Obwohl die Offensiven der anglo-amerikanischen Truppen nur gegen begrenzte Kräfte des faschistischen Deutschlands und seiner Verbündeten geführt werden mußten, wurden sie über lange Zeit vorbereitet und nur bei absoluter Überlegenheit an Kräften und Mitteln verwirklicht. Die Armeegruppen und Feldarmeen handelten stets gemeinsam mit starken Fliegerkräften. Bedeutende Erfahrungen wurden im Verlauf mehrerer Luft- und Luftlandeoperationen sowie vor allem bei Seelandungsoperationen und See-Luft-Schlachten gewonnen.

Nach 1945 entwickelte sich die K. unter dem Einfluß des veränderten internationalen Kräfteverhältnisses zwischen Sozialismus und Kapitalismus, der Erfahrungen des zweiten Weltkrieges und vor allem der Auswirkungen der wissenschaftlich-technischen Revolution auf das Militärwesen und die Kriegführung weiter. In den 50er Jahren führten mehrere Staaten Kernwaffen und Raketen in die Bewaffnung ihrer Streitkräfte ein. Damit begann die Ausarbeitung der Methoden des Kernwaffeneinsatzes zur Lösung operativ-taktischer und strategischer Aufgaben. Die Entwicklung der Mittel des bewaffneten Kampfes, vor allem der Raketenkernwaffen, bewirkte grundlegende Veränderungen in der Strategie, operativen Kunst und Taktik. Diese Prozesse erfaßten sowohl das kapitalistische als auch das sozialistische Militärwesen.

Die Weiterentwicklung der bürgerlichen K. wurde nach 1945 weitgehend von der Militärdoktrin der USA bestimmt, die auf die Führung eines Krieges zur Vernichtung der UdSSR und der anderen sozialistischen Staaten gerichtet war. Der überraschend eröffnete Krieg mit Kernwaffeneinsatz, getragen vor allem von den strategischen Bombenfliegerkräften der USA, galt in den USA bis Ende der 50er Jahre und in der → *NATO* bis in die 60er Jahre als offizielle Militärstrategie (sog. Strategie der massiven Vergeltung). Nur außerhalb der Grenzen Europas war die Führung lokaler Kriege ohne Kernwaffeneinsatz vorgesehen. Die Methoden der Vorbereitung und Führung von Kampfhandlungen unterschieden sich zunächst nur wenig von denen, die im zweiten Weltkrieg ausgearbeitet worden waren, allerdings berücksichtigten die Führungsorgane den Einsatz von Kernwaffen. Eine Überprüfung dieser Ansichten erfolgte in den 50er Jahren, als sich die Möglichkeit abzeichnete, Kernwaffen auch zur Lösung operativer und taktischer Aufgaben auf dem Gefechtsfeld einzusetzen.

Unter dem Eindruck der weiteren Veränderung des internationalen Kräfteverhältnisses zugunsten des Sozialismus begannen die USA und ihre NATO-Verbündeten die strategische Konzeption der sog. flexiblen Reaktion zu entwickeln. Bereits Mitte der 50er Jahre hatte sich die Auffassung durchgesetzt, daß vor Beginn der antisowjetischen Aggression die strategische Entfaltung der Streitkräfte erfolgen muß. Die bürgerliche K. befaßte sich verstärkt mit den Möglichkeiten, bereits in Friedenszeiten einen solchen Stand der Kriegsbereitschaft großer Teile der Land-, See- und Luftstreitkräfte zu erreichen, um zu beliebiger Zeit einen Krieg auslösen und rasch strategische Erfolge erzielen zu können. Dabei orientierte sie sich in den 60er Jahren auf verschiedene Arten von Aggressionskriegen. Die Kriegsplanung schloß das Schüren von Krisen, vielfältige Techniken der Kriegsauslösung sowie Steigerungen (Eskalation) in den Formen und Methoden des bewaffneten Kampfes vom «begrenzten» Krieg mit und ohne Einsatz taktischer Kernwaffen bis zum allgemeinen Kernwaffenkrieg ein. Der «begrenzte» Krieg als eine für Europa besonders relevante Kriegsart erhielt größeres Gewicht. In die Grundsätze der flexiblen Militärstrategie flossen auch Schlußfolgerungen der militärischen Führungsorgane der NATO ein, die sie aus der USA-Aggression gegen die Völker Indochinas sowie aus den Kriegen Israels gegen arabische Staaten gezogen hatten. Dabei wertete die bürgerliche K. insbesondere die schnellen Operationen und das Zusammenwirken von Land- und Luftstreitkräften aus und leitete daraus Anforderungen an die Beweglichkeit, Manövrierfähigkeit und Feuerkraft der Truppen sowie an eine offensive Operationsführung ab.

Die vor allem seit Beginn der 70er Jahre rasch zunehmende Ausstattung der Teilstreitkräfte mit neuer Kampftechnik wurde als Grundlage betrachtet, um die Möglichkeiten der Strategie der flexiblen Reaktion und der darauf aufbauenden sog. Strategie der realistischen Abschreckung optimal zu nutzen. Dazu werden u. a. gerechnet: überraschende Kriegsentfesselung, raumgreifende Stöße in die gegnerische Verteidigung und das abgestimmte Zusammenwirken der Land- und Luftstreitkräfte, um den Kampfhandlungen einen sehr dynamischen Charakter zu verleihen. Priorität besitzen nach wie vor die Kernwaffen, deren Einsatzprinzipien weiter vervollkommnet wurden. Die bürgerliche K. mißt der Erforschung von Operationen der See- und Luftstreitkräfte sowie von Luft- und Seelandungsoperationen einen hohen Stellenwert bei. Sie betrachtet als Hauptaufgabe der Landstreitkräfte die Zerschlagung der gegnerischen Truppen im Zusammenwirken mit den Luftstreitkräften und in Küstenrichtungen mit den Seestreitkräften, die Eroberung des Territoriums bzw. wichtiger Geländeabschnitte, das Abschneiden des Gegners von seinen Reserven, die Demoralisierung seiner Truppen und das Brechen seines Widerstandswillens. Als Hauptmethode gelten der Angriff aus der Bewegung und der frühzeitig vorbereitete Angriff aus der unmittelbaren Berührung mit dem Gegner bei Ersteinsatz von Kernwaffen. Die Ergebnisse der Schläge mit Kernwaffen, Artillerie und Fliegerkräften sollen von gepanzerten und mechanisierten Truppen zügig ausgenutzt werden. Dabei gibt es hinsichtlich der Methoden und der Organisation taktischer Handlungen bestimmte Unterschiede zwischen den Streitkräften der NATO-Staaten. Seit Beginn der 70er Jahre untersucht die bürgerliche K. auch Probleme der Führung von Operationen in Räumen mit dichter Besiedelung und vielen Industrieanlagen.

Die sowjetische K. entwickelte sich nach 1945 auf der Grundlage der Erfahrungen des Großen Vaterländischen Krieges und berücksichtigte dabei die veränderte politische Lage in der Welt, die Vervollkommnung der Mittel des bewaffneten Kampfes und das ständige Anwachsen der ökonomischen Möglichkeiten der UdSSR. Die verallgemeinerten Kampferfahrungen und die neugewonnenen Ansichten und Grundsätze über die Vorbereitung und Führung von Kampfhandlungen sowie theoretische Probleme der K. fanden ihren Niederschlag in den Dienstvorschriften der Teilstreitkräfte, Waffengattungen und Spezialtruppen sowie in der Militärliteratur und -publizistik.

Im Bereich der Strategie lag in den ersten Jahren nach 1945 der Schwerpunkt auf der weiteren Ausarbeitung der Theorie der strategischen Angriffsoperationen, der strategischen Verteidigung mit Übergang zur Offensive und des Einsatzes der Teilstreitkräfte sowie auf der Analyse der K. der imperialistischen Staaten. Die operative Kunst befaßte sich mit der Weiterentwicklung der Theorie der Vorbereitung und Führung von Operationen verschiedenen Ausmaßes und Charakters auf den Kriegsschauplätzen zu Land und zu Wasser. Die Ansichten zu Front- und Armeeoperationen wurden zu einem harmonischen System entwickelt und die Fragen der Vorbereitung und Führung von Luftlandeoperationen, selbständigen Luft- und Seeoperationen sowie gemeinsamen Operationen der Land- und Seestreitkräfte neu bearbeitet. Dabei führte die Verbesserung der Mittel des bewaffneten Kampfes zu Korrekturen an der Theorie der tiefen Angriffsoperation. Die neuen Waffen ermöglichten es, die Kräfte und Mittel des Gegners in größerer Tiefe zu bekämpfen als während des zweiten Weltkrieges. Die Rolle der Panzer- und Luftlandetruppen, der Fliegerkräfte sowie der Kräfte und Mittel der Luftabwehr in der Operation erhöhte sich bedeutend. In der Taktik wurden effektive Methoden der Führung des allgemeinen Gefechts durch gemeinsame Anstrengungen aller Waffengattungen unter verschiedenen Gelände- und Witterungsbedingungen sowie Tages- und Jahreszeiten entwickelt. Als charakteristische Züge des allgemeinen Gefechts galten entschlossene Handlungen, ihre schnelle Ausweitung und Handlungen zur Einkreisung und Vernichtung des Gegners. Die sowjetische K. der Jahre 1945–1953 entsprach den Anforderungen der erfolgreichen Führung von Kampfhandlungen mit herkömmlichen Mitteln des bewaffneten Kampfes, wobei die Wirkungen des Kernwaffeneinsatzes bereits berücksichtigt wurden.

Ab 1954 begann eine qualitativ neue Etappe in der Entwicklung der sowjetischen K. Die Ausrüstung der Streitkräfte mit Raketenkernwaffen, die Verbesserung der herkömmlichen Waffen und der wachsende Einfluß des wissenschaftlich-technischen Fortschritts auf alle Bereiche des Militärwesens führten in der K. zu grundlegenden Veränderungen. Vor allem wuchs die Rolle der Strategie. Sie erhielt im Zusammenhang mit der Bildung strategischer Kernwaffenkräfte die Möglichkeit, unmittelbar auf den Verlauf eines Krieges einzuwirken und entscheidende Ergebnisse zu erzielen. Erarbeitet wurden die Theorie und die praktischen Methoden der Organisation und Führung von Kampfhandlungen aller Teilstreitkräfte, der strategischen Operationen auf dem Kriegsschauplatz und des Einsatzes strategischer Kernwaffen sowie anderer Kräfte und Mittel strategischer Bestimmung. Die Raketenkernwaffen vergrößerten zugleich beträchtlich die Möglichkeit eines überraschenden gegnerischen Überfalls. Daher gewannen Probleme der ständigen Aufrechterhaltung einer hohen Gefechtsbereitschaft der Streitkräfte für alle Bereiche der K. sowie für die Truppenführung und für die Ausbildung eine erhöhte Bedeutung. Auf dem Gebiet der operativen Kunst wurden wirksamere Methoden der Vorbereitung und Führung von Operationen und Kampfhandlungen von Fronten und Armeen bei Einsatz aller Vernichtungsmittel entwickelt. Dazu gehörten u. a. die Erarbeitung von Methoden der effektiven Ausnutzung von Kernwaffenschlägen durch die Truppen im Handlungsstreifen operativer Verbände, die Wiederherstellung der Kampffähigkeit von Gruppierungen, die einem massierten Schlag des Gegners ausgesetzt waren, sowie die Entwicklung neuer Formen der Massierung der Kräfte und Mittel im Angriff und in der Verteidigung. Die neuen Bedingungen führten auch zu Veränderungen in der Taktik. Zu den bisherigen Gefechtselementen Feuer, Stoß und Bewegung kam der dem Kampf vorausgehende Kernwaffenschlag hinzu. Kernwaffen- und Feuerschläge in Verbindung mit zielstrebigen Manövern und entschlossenen Angriffen bildeten nunmehr den Hauptinhalt des allgemeinen Gefechts, das komplizierter, manöverreicher und tiefer wurde und die Anspannung aller moralischen und physischen Kräfte erforderte. Das stellte an die Truppenführung qualitativ neue Aufgaben, Kühnheit, Entschlossenheit und Beharrlichkeit im Angriff sowie die Standhaftigkeit und Aktivität in der Verteidigung erhielten in der Taktik aller Waffengattungen zunehmende Bedeutung. Besondere Aufmerksamkeit galt dem effektiven Einsatz der Bewaffnung und der Kampftechnik, der Organisation einer kontinuierlichen Truppenführung und dem Zusammenwirken aller Kräfte und Mittel.

Die Vervollkommnung der sowjetischen K. ist auf die allseitige Erhöhung der Kampffähigkeit der sowjetischen Streitkräfte und ihrer Bereitschaft gerichtet, jedem Aggressionsakt des Imperialismus entschlossen entgegenzutreten. Die Erkenntnisse der sowjetischen K. kommen den im Warschauer Vertrag vereinten sozialistischen Bruderarmeen (→ *Warschauer Verteidigungsbündnis*) zugute, die ihrerseits durch die eigenen militärwissenschaftlichen Arbeiten und Erkenntnisse zur Stärkung der sozialistischen Militärkoalition beitragen.

Kriegsmarine → *Seestreitkräfte*, → *Wehrmacht, faschistische*

Kriegsministerium: von Anfang des 19. Jh. bis 1938 oberste Verwaltungs- und zeitweilig auch Kommandobehörde der deutschen Streitkräfte.

Mit Beginn des 19. Jh. wurden in den großen deutschen Territorialstaaten vor allem durch die Vergrößerung des Heeres und die kompliziertere Kriegführung zentrale Militärbehörden zur Verwaltung und Führung des Heeres notwendig. Die entstehenden K. dienten zugleich der bürgerlichen Umgestaltung des Militärwesens. Vorläufer des K. war in Preußen das Militärdepartement, das 1746 als 6. Departement des Generaldirektoriums eingerichtet und nach dessen Auflösung 1807 in das 1787 gebildete Oberkriegskollegium eingegliedert wurde. Ähnliche Einrichtungen gab es in anderen deutschen Staaten: das Kriegsratskollegium in Württemberg (1704), das Militärdepartement in Sachsen (1706) und der 1799 in das Oberkriegskollegium umgewandelte Hofkriegsrat in Bayern. Das im Zuge der → *Militärreformen in Preußen 1807–1815* aus dem Oberkriegskollegium entstandene K. oder Kriegsdepartement nahm am 1. 3. 1809 seine Tätigkeit auf. Es umfaßte 2 Hauptabteilungen (Departements) mit 3 bzw. 4 Unterabteilungen (Divisionen), das Kriegskommissariat sowie den Justitiar. 1810 kam noch ein Ministerialbüro hinzu. Nach den Vorstellungen der Reformer sollte das K. als zentrale Behörde für die Heeresverwaltung und Kommandoführung ein entscheidendes Mittel zur Durchsetzung der Reformen werden. An der Spitze des Allgemeinen Kriegsdepartements stand Generalmajor Gerhard von Scharnhorst (1755–1813), der als Vorsitzender der Militär-Reorganisationskommission maßgeblich an der Errichtung des K. mitgewirkt hatte. Ihm oblag zugleich die kommissarische Leitung des gesamten K., da der König, der eine Beeinträchti-

Preußisches Kriegsdepartement 1809

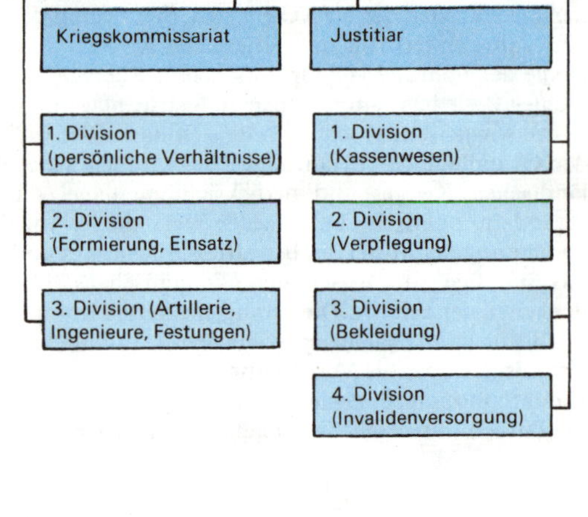

gung seiner Kommandogewalt befürchtete, vorerst keinen Kriegsminister ernannte. In anderen deutschen Staaten entstanden ebenfalls K., so 1806 in Württemberg, 1808 in Bayern und 1831 in Sachsen. Aus dem österreichischen Hofkriegsrat, der seit 1705 bestand und 1803 im Sinne eines K. umorganisiert wurde, bildete sich 1848 offiziell ein K.

Unter Scharnhorsts Leitung war das preußische K. Zentrum für die Durchsetzung militärischer Reformen und für die Vorbereitung des nationalen Unabhängigkeitskrieges. Es leitete u. a. Veränderungen in der Ausbildung und Bewaffnung sowie im Sanitäts- und Militärjustizwesen ein. 1813 nahm es entscheidenden Einfluß auf die Aufstellung der Landwehr, des Landsturms und der freiwilligen Jägerdetachements. 1814 wurde das K. organisatorisch umgestaltet (Einteilung in Departements) und mit Generalmajor Hermann von Boyen (1771–1848) erstmals ein preußischer Kriegsminister ernannt. Boyen versuchte, das Reformwerk mit dem Kriegsdienstgesetz vom 3. 9. 1814, der Landwehrordnung vom 21. 11. 1815 und weiteren Maßnahmen zu festigen und fortzuführen. Die Oberhand gewinnenden feudalrestaurativen Kräfte erreichten jedoch 1819 die Entlassung Boyens als Kriegsminister. Das K. wurde in der Folgezeit zu einer festen Stütze des wieder erstarkenden preußischen Militarismus und war maßgeblich daran beteiligt, Teile der militärischen Reformen rückgängig zu machen. 1825 erfolgte eine erneute Reorganisation des K. Die ursprüngliche Einteilung wurde im wesentlichen wiederhergestellt und blieb über 60 Jahre fast unverändert, jedoch erlangten der → *Generalstab* und das → *Militärkabinett* trotz gewisser Bindungen zunehmende Selbständigkeit. Während der → *Revolution 1848/49* bildete das preußische K. ein Bollwerk der Reaktion. Es ignorierte nicht nur die Beschlüsse des preußischen Parlaments über die Vereidigung der Armee auf die Verfassung, über die Unterstellung der Streitkräfte unter die Zentralgewalt und über die Entlassung konterrevolutionärer Offiziere, sondern organisierte auch die militärische Niederschlagung der revolutionären Kräfte in Deutschland. Vom preußischen K. aus wurde außerdem die Tätigkeit der preußischen Offiziere im Wehrausschuß der Frankfurter Nationalversammlung sowie im Reichs-K. geleitet. An der Spitze des im Sommer 1848 geschaffenen Reichs-K. (mit den Departements für Heerwesen und Reichsfestungen) stand als sog. Reichskriegsminister der preußische Generalmajor Eduard von Peucker (1791–1876). Er amtierte auf ausdrücklichen Befehl des preußischen Königs und kommandierte nach seinem Rücktritt (Mai 1849) das vom Reichsverweser aufgebotene Bundeskorps, das gemeinsam mit preußischen Truppen gegen die badisch-pfälzische Revolutionsarmee operierte. Mit dem Ende der Revolution hörte auch die Tätigkeit des Reichs-K. auf.

In Boyens zweiter Amtszeit als Kriegsminister (1841–1847) konnte die im preußischen K. verkörperte Einheit von Kommandoführung und Armeeverwaltung noch weitgehend bewahrt werden. Seit der Revolution 1848/49 befand sich aber der Kriegsminister durch seinen Eid auf die Verfassung in einer gewissen konstitutionellen Abhängigkeit. Diese

Preußisches Kriegsministerium 1861

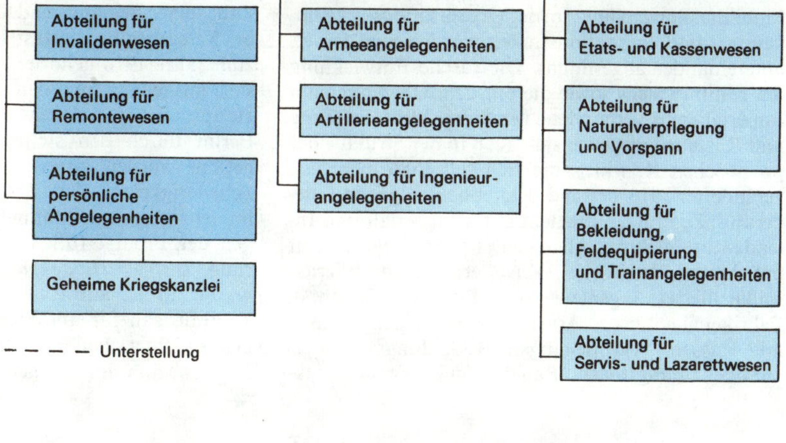

wurde Anlaß für das Bestreben der Militärkamarilla, das K. auf die Heeresverwaltung zu beschränken und damit die königliche Kommandogewalt jeder parlamentarischen Einflußnahme zu entziehen. Während sich die Bedeutung des K. als zentrale militärische Verwaltungsbehörde durch die von ihm maßgeblich beeinflußte und geleitete → *Heeresreorganisation in Preußen 1859/60* erhöhte, wurde der Kriegsminister seit 1866 aus dem Bereich der Kommandogewalt verdrängt. Der Chef des Generalstabes, dem im Krieg das Recht der Befehlserteilung zugestanden wurde, begann zum bevollmächtigten Berater des Königs in allen Fragen der strategisch-operativen Kriegführung aufzusteigen. 1883 erhielten schließlich der Generalstab (Verleihung des Immediatrechts an den Generalstabschef) und das Militärkabinett (Abtrennung der Abteilung für persönliche Angelegenheiten vom K.) auch formell die volle Selbständigkeit gegenüber dem K. Dessen Befugnisse bezogen sich fortan vor allem auf die Organisation, Bewaffnung, Ausrüstung, Ausbildung, Versorgung und Ergänzung. Mit der Bildung des Norddeutschen Bundes 1867 erweiterte sich die Zuständigkeit des preußischen K. auf das gesamte Bundesheer.

Im 1871 gegründeten Deutschen Reich wurde kein Reichs-K. geschaffen. Die K. von Preußen, Bayern, Sachsen und Württemberg blieben oberste Verwaltungsbehörden ihrer Armeen, jedoch übte das preußische K. de facto die gesamtstaatliche Funktion aus. Der preußische Kriegsminister vertrat den Reichskanzler in allen gemeinsamen Angelegenheiten der Militärverwaltung und dadurch auch das kaiserlich-deutsche Heer vor dem Reichstag. Unter die Zuständigkeit des preußischen K. fielen alle Organisations-, Ausrüstungs-, Bewaffnungs-, Befestigungs-, Ausbildungs- und Versorgungsfragen sowie die Verwaltung der gemeinschaftlichen Einrichtungen des Gesamtheeres. Seine grundlegenden Erlasse wurden den anderen deutschen K. mitgeteilt und von diesen zumeist für ihren Bereich in Kraft gesetzt. Mobilmachungspläne sowie Organisations-, Dislokations- und Inspektionsfragen wurden von den K. untereinander abgestimmt. Die rasche Entwicklung des Militärwesens sowie die mit dem Übergang zum Imperialismus verbundene verstärkte Militarisierung und Rüstung spiegelten sich auch in der Struktur des preußischen K. wider, die sich seit 1886 mehrfach veränderte. 1913 bestand schließlich folgende Gliederung: Zentraldepartement mit Ministerial- und Intendanturabteilung; Allgemeines Kriegsdepartement mit Armee-, Infanterie-, Kavallerie-, Feldartillerie-, Fußartillerie-, Ingenieur- und Pionier-, Verkehrs-, Fabrikenabteilung; Armeeverwaltungsdepartement mit Kassen-, Verpflegungs-, Bekleidungs-, Unterkunfts-, Übungsplatz-, Bauabteilung; Versorgungs- und Justizdepartement mit Pensions-, Versorgungs-, Justizabteilung; Remonteinspektion; Medizinalabteilung.

Das preußische K., das eng mit dem → *Reichsmarineamt* als der obersten Marineverwaltungsbehörde zusammenarbeitete, war bis 1914 die wichtigste Militärbehörde bei der Planung und Durchsetzung der Heeresvermehrung. Von 1871 bis 1913 brachte es 10 Vorlagen über Heeresverstärkungen im Reichstag ein. Im Zuge der forcierten Aufrüstung entwickelten sich vielfältige Beziehungen zwischen dem K. und den führenden Rüstungsunternehmen, besonders der Firma Krupp. Zusammen mit dem Generalstab war das K. militärisches Führungsorgan der Expansions- und Kolonialpolitik des deutschen Imperialismus. Seine maßgebliche Beteiligung vor allem an der → *Intervention in China 1900/01* kam u. a. darin zum Ausdruck, daß im August 1900 eine spezielle Ostasiatische Abteilung im K. errichtet wurde. Mit dem Übergang zum Imperialismus und der zunehmenden Kriegsvorbereitung gewann auch die innere Funktion des K. mehr und mehr an Bedeutung. Das preußische K. leitete seit Ende des 19. Jh. zahlreiche Maßnahmen ein, um den ansteigenden Kampf insbesondere der revolutionären Sozialdemokratie gegen Imperialismus und Militarismus einzudämmen. Es arbeitete gemeinsam mit den Generalkommandos detaillierte Bürgerkriegspläne aus und gab 1899 in Neufassung die bereits 1863 erlassene Vorschrift über den Waffengebrauch des Militärs und seine Mitwirkung zur Unterdrückung innerer Unruhen heraus. Die Instruktion wurde im März 1914 in nochmals erweiterter Fassung erneuert.

Mit Entfesselung des ersten Weltkrieges wuchsen die Aufgaben des preußischen K. beträchtlich an. In enger Zusammenarbeit mit den anderen deutschen K. war es verantwortlich für die Ergänzung, Ausbildung und Ausrüstung des Ersatzes, für die Aufstellung neuer Formationen sowie für die Versorgung des Feldheeres mit Waffen, Munition und Ausrüstung. Im Verlauf des Krieges bildeten sich etwa 20 neue Arbeitsgebiete im preußischen K. heraus; die Zahl seiner Beamten und Offiziere stieg von rd. 6000 bei Kriegsbeginn auf fast 7000 im Jahre 1917 an. Bis zum Jahre 1916 gehörte der preußische Kriegsminister mit einem mobilen Arbeitsstab zum Großen Hauptquartier, während die Geschäfte des K. in Berlin durch den stellvertretenden Kriegsminister geführt wurden. Aufgrund der rasch zunehmenden Schwierigkeiten der Ersatzlage griff das K. zu immer rigoroseren Maßnahmen, um die Anforderungen der Front erfüllen zu können. Zur Durchführung des → *Hindenburgprogramms* der 3. OHL wurde im K. am 1. 11. 1916 das → *Kriegsamt* als Zentralorgan für alle kriegswirtschaftlichen Aufgaben errichtet. Unter dieses Amt trat auch die bei Kriegsbeginn im K. gebildete Kriegsrohstoffabteilung, das bis dahin wichtigste Instrument der Kriegswirtschaftslenkung des deutschen Imperialismus. Angesichts der sich 1916 allseitig verschärfenden Widersprüche der imperialistischen Kriegführung drängte die herrschende Klasse auch immer stärker auf eine wirksame Unterdrückung der anwachsenden Antikriegsbewegung. Am 8. 12. 1916 wurde der preußische Kriegsminister zum Obermilitärbefehlshaber des Heimatheeres ernannt und damit eine nach innen gerichtete zentrale Kommandobehörde geschaffen. Die von Ende 1916 bis in die Schlußphase des Krieges vorgenommenen organisatorischen Veränderungen im K. dienten dazu, die Bewältigung der Aufgaben zu sichern. Die im Oktober 1918 angeordnete Unterstellung des Militärkabinetts unter das K. gehörte bereits zu dem Bestreben der herrschenden Kreise, mit parlamentarischen Reformen die in Deutschland heranreifende Revolution abzuwenden. In der → *Novemberrevolution 1918/19* bildete das preußische K. zusammen mit der OHL das Zentrum der militärischen Konterrevolution. Unter Oberst Walther Reinhardt (1872–1930), dem letzten preußischen Kriegsminister (3. 1.–September 1919), war es vor allem führend an der Wiederherstellung der Kommandogewalt der Offiziere, an der Entmachtung der → *Soldatenräte* und an der Aufstellung der konterrevolutionären → *Freikorps* beteiligt. Als oberste friedensmäßige Militärbehörde organisierte das preußische K. nicht nur die Demobilisie-

Preußisches Kriegsministerium 1918

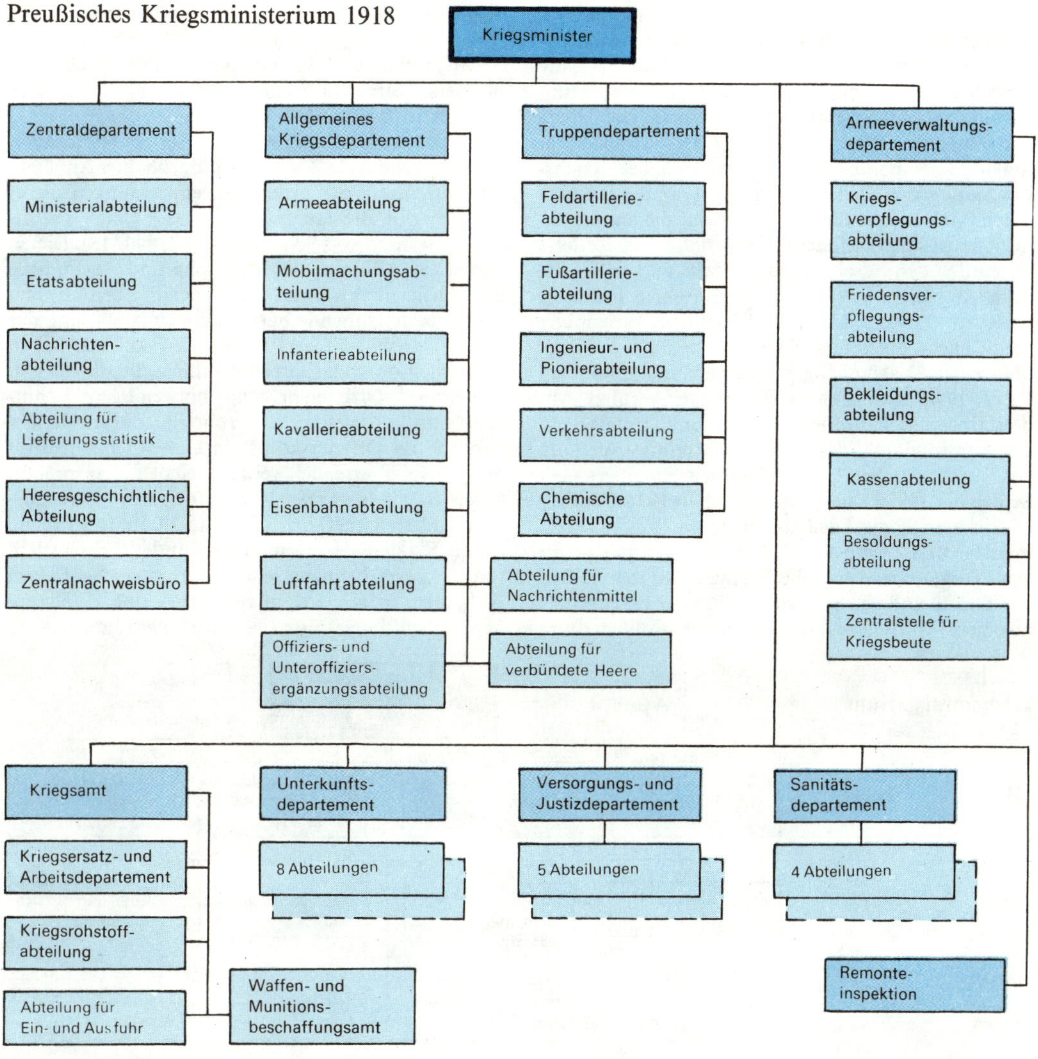

rung der kaiserlichen Armee, sondern hatte auch die Federführung bei der parallel laufenden Neuformierung der imperialistischen deutschen Streitkräfte (→ *Reichswehr*). Mit der Bildung des Reichswehrministeriums am 1. 10. 1919 wurden alle deutschen K. aufgelöst.

Das Reichswehrministerium war die zentrale militärische Kommando- und Verwaltungsbehörde. Unter dem Reichspräsidenten als oberstem Befehlshaber übte der Reichswehrminister die Kommandogewalt aus, die jedoch bis 1926 vom Chef der Heeresleitung stark begrenzt wurde. Der dem Parlament verantwortliche Reichswehrminister war de jure Vorgesetzter der Chefs der Heeres- und Marineleitung. Zur Führung seiner Amtsgeschäfte unterstanden ihm nach der 1926 erfolgten Umorganisation des Reichswehrministeriums direkt die Adjutantur, die Wehrmacht-, die Rechts- und ab 1928 die Abwehrabteilung, die im März 1929 alle zum Ministeramt zusammengefaßt wurden, sowie die Haushaltabteilungen Heer und Marine. Das Ministeramt fungierte als politischer Führungsstab der Reichswehr und war ein entscheidendes Organ der militärischen Führung zur Einflußnahme auf die Staatspolitik. Die Reichswehrführung inspirierte und förderte wesentlich den Faschisierungsprozeß und half auch nach der Errichtung der faschistischen Diktatur, diese zu festigen. Unter gleichzeitiger Ernennung zum General der Infanterie wurde am 30. 1. 1933 der überzeugte Nazianhänger Werner von Blomberg (1878–1946) zum Reichswehrminister berufen. Mit dem Übergang zur offenen Aufrüstung erfolgte 1935 die Umwandlung des Reichswehrministeriums in das Reichs-K. Am 1. 6. 1935 erhielt Blomberg, seit September 1933 Generaloberst und ab 1936 Generalfeldmarschall, die Dienstbezeichnung Reichskriegsminister und Oberbefehlshaber der Wehrmacht. Er war Vorgesetzter der Oberbefehlshaber der 3 Teilstreitkräfte und versuchte, mit Hilfe des bereits 1934 aus dem Ministeramt des Reichswehrministeriums gebildeten → *Wehrmachtamtes* die Führung der Wehrmacht auszuüben. Das Reichs-K. wurde systematisch zur zentralen Kommando- und Verwaltungsinstitution der faschistischen Streitkräfte ausgebaut. Es forcierte den Ausbau der Wehrmacht zum kriegsbereiten Aggressionsinstrument und unterstützte den Kriegskurs des faschistischen deutschen Imperialismus. Die am 4. 2. 1938 eingeführte neue Kommandostruktur diente dazu, die oberste militärische Führung noch zweckmäßiger für den Krieg zu gestalten. Den Oberbefehl über die Wehrmacht übernahm Adolf Hitler (1889–1945) selbst. Das K. wurde als Institution beseitigt. Seine Geschäfte hatte das neu geschaffene → *Oberkommando der Wehrmacht (OKW)* zu führen, das aus dem Wehrmachtamt hervorgegangen war.

Kriegsrecht → *völkerrechtliche Abkommen über die Regeln der Kriegführung*

Kriegsschulen: Lehreinrichtungen der preußisch-deutschen Streitkräfte zur Heranbildung von Offizieren von 1810 bis 1945.

K. entstanden 1810 im Zuge der → *Militärreformen in Preußen 1807–1815*. Maßgeblichen Anteil an der Errichtung der ersten Lehreinrichtungen dieser Art in Berlin, Breslau und Königsberg hatte Generalmajor Gerhard von Scharnhorst (1755–1813). Die K. hatten die Aufgabe, die Erziehung und Ausbildung der Offiziersanwärter entsprechend den neuen, durch die beginnende bürgerliche Umgestaltung des Militärwesens sich herausbildenden Anforderungen einheitlich durchzuführen und ihnen die für die neu eingeführte Offiziersprüfung notwendigen Kenntnisse und Fertigkeiten zu vermitteln. Zugleich sollte dadurch im Offizierskorps ein einheitliches Ausbildungsniveau erreicht werden. Neben den preußischen K. (1816–1859 als Brigade- bzw. Divisionsschulen bezeichnet) existierten im 19. Jh. in verschiedenen Staaten des Deutschen Bundes Lehreinrichtungen dieses Namens, jedoch mit unterschiedlichen Aufgaben, so ab 1852 in Österreich eine K. als höhere Ausbildungsstätte (→ *Akademien*) und eine in

Reichskriegsministerium 1935

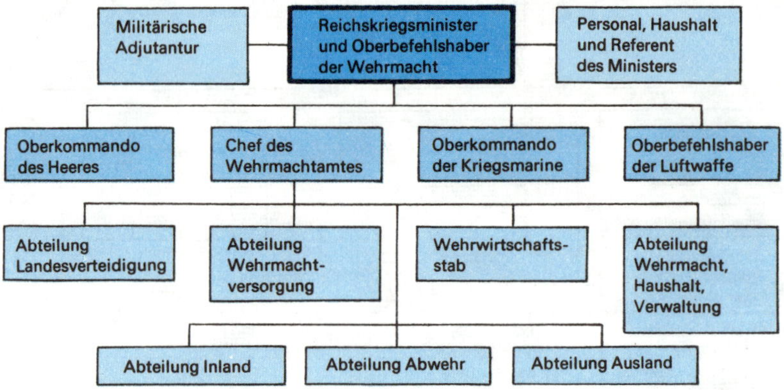

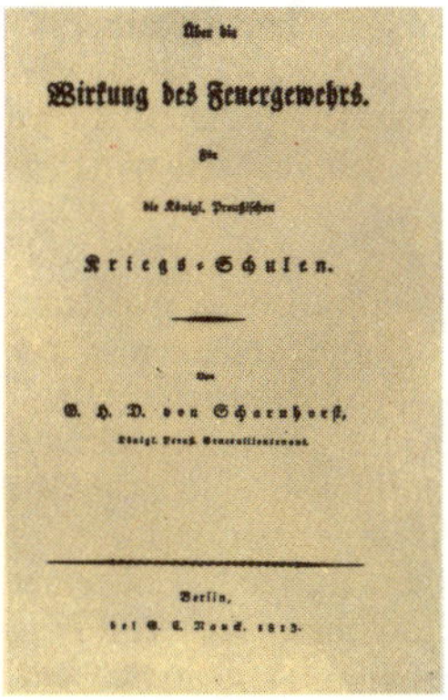
Über die
Wirkung des Feuergewehrs.
für
die Königl. Preußischen
Kriegs-Schulen.
von
G. H. D. von Scharnhorst,
Königl. Preuß. Generallieutenant.
Berlin,
bei G. C. Nauck. 1813.

Gerhard von Scharnhorst, Über die Wirkung des Feuergewehrs. Titelblatt der Lehrschrift für die preußischen Kriegsschulen von 1813

Sachsen von 1851 bis 1859 zur Heranbildung eines Teils des Offiziersnachwuchses. Die bayrische K. (1859–1918) war dagegen in Organisation und Zielstellung der preußischen K. nachgestaltet. Sie bildete den Offiziersnachwuchs des bayrischen Heeres aus. Die Lehrgänge auf den preußischen K. dauerten 9 Monate und endeten mit der Offiziersprüfung vor speziell dafür eingesetzten Kommissionen. Die Ausbildung erfolgte sowohl durch theoretischen Unterricht als auch durch praktische Unterweisungen und Übungen mit dem Ziel, die Schüler für die erste Offiziersdienststellung vorzubereiten. Hauptfächer waren Mathematik, Geschichte, Geographie, Fortifikation, deutsche und französische Sprache sowie Zeichnen. Im Vordergrund stand Mathematik. Taktik wurde erst ab 1816 gelehrt. Als Lehrer und Erzieher waren Offiziere (Hauptleute für die militärischen Fächer, Leutnants als Inspektions- bzw. Aufsichtsoffiziere), zum Teil auch Zivilisten angestellt. Direktor war stets ein Stabsoffizier. Die K. konnte besuchen, wer die Portepeefähnrichs- (später Fahnenjunker-) Prüfung bestanden hatte, die einen bestimmten Stand der Allgemeinbildung (später den Besuch einer höheren Schule bzw. eines Gymnasiums bis zur Primareife, in Bayern bis zum Abitur) voraussetzte, bei einem Regiment als Freiwilliger eingetreten und als Offiziersanwärter angenommen war sowie mehrere Monate Dienst als Soldat, Gefreiter und Unteroffizier geleistet hatte. Die Lehrgänge an den K. waren nach ihrer Stärke in Inspektionen und Aufsichten eingeteilt.

Bereits 1812/13 löste man die K. in Preußen wieder auf und errichtete 1816 dafür 17 Brigade- bzw. (seit 1818) Divisionsschulen bei den Verbänden. Diese Dezentralisation senkte das Niveau der Ausbildung. Hinzu kam, daß zu dieser Zeit der Kommandeur des jeweiligen Verbandes, der meist noch dem alten Offizierskorps entstammte, zugleich Direktor der Schule war. Als Lehrer hatte er Offiziere der unterstellten Truppen einzusetzen. Der Militärgeistliche des Verbandes war nicht nur Lehrer, sondern auch Studiendirektor. Damit wurden die Ziele der Reformer zur Heranbildung eines neuen, dem Fortschritt aufgeschlossenen, gebildeten Offizierskorps unter dem Einfluß der restaurativen und reaktionären Kräfte in der preußischen Armee verwässert. Zugleich hatten die K. bis 1828 in einer zweiten Klasse die Heranbildung für die Portepeefähnrichsprüfung durchzuführen, um vor allem Bewerbern aus dem Junkertum, sofern sie nicht in das Kadettenkorps eingetreten waren und nicht über die erforderliche Allgemeinbildung verfügten, weiterhin den Zugang zum Offiziersberuf zu sichern. Offiziersanwärter der Artillerie und der Pioniertruppen wurden seit 1816 nicht mehr gemeinsam mit den Anwärtern der anderen Waffengattungen an den K., sondern an der vereinigten Artillerie- und Ingenieurschule ausgebildet. Seit 1844 erteilten die K. nur noch militärfachliche Ausbildung. Davon dienten 6½ Monate dem theoretischen Unterricht und Übungen in der Klasse (Taktik, Waffenlehre, Befestigungswesen, Zeichnen u. a.), ferner 2½ Monate Unterweisungen, Belehrungen und Übungen im Gelände sowie Sport (Reiten, Fechten u. a.). Zugleich gaben die einzelnen K. erstmals Leitfäden der Hauptfächer heraus. Parallel zu diesen Umgestaltungen wurde die Organisation der Ausbildung der Kadetten verändert. Inhaltlich lag das Schwergewicht der Ausbildung auf der militärfachlichen Qualifikation. Durch die Betonung der reaktionären Traditionen preußischer Geschichte, die Erziehung im Standesdenken und im Kastengeist sollten die künftigen Offiziere zu bedingungslosen Verfechtern der bestehenden Ordnung erzogen werden. Große Bedeutung für die Zulassung zur Offiziersprüfung hatten die Beurteilungen durch die Inspektions- bzw. Aufsichtsoffiziere.

Nachdem 1850 die Zahl der Divisionsschulen auf 9, d. h. 1 je Armeekorps, reduziert worden war, um die Ausbildung zentralisierter durchführen zu können, erfolgte 1858 ihre Zusammenfassung zu 3 Divisionsschulen und gleichzeitig ihre Umbenennung in K., die 1859/60 eröffnet wurden. Als Lehrer wurden jetzt zum Teil Absolventen der → *Kriegsakademie* bzw. anderer militärischer Lehranstalten eingesetzt und jeweils für 3 bis 5 Jahre berufen. Seitdem existierten einheitliche Vorschriften für alle K. (Dienst-, Lehr- und Prüfungsordnungen). Unterrichtet wurden Waffenlehre, Taktik, Befestigungswesen, Terrainlehre, Dienstinstruktion, Militärstil bzw. -schreibwesen. Seit 1890 kam noch Fremdsprachenunterricht (Russisch oder Französisch) hinzu. Zur praktischen Ausbildung gehörten u. a. Exerzieren und Schießdienst. Seit 1865 hatten wieder die Offiziersbewerber aller Waffengattungen die K. zu besuchen.

Auf Grund der Vorherrschaft Preußens im Norddeutschen Bund und im Kaiserreich mußten alle Offiziersbewerber des Heeres (außer den bayrischen) preußische K. besuchen. Die Zahl der K., zu deren einheitlicher Anleitung 1874 die Inspektion der K. geschaffen und dem Generalinspekteur des Militärerziehungs- und -bildungswesens unterstellt wurde, stieg bis 1914 auf 10 an: Anklam, Kassel, Danzig, Engers, Erfurt bzw. Glogau, Hannover, Hersfeld, Metz, Neiße und Potsdam sowie die bayrische K. in München. Verschiedene bis 1914 noch vorgenommene organisatorische Veränderungen an den K. hatten das Ziel, diese in die Lage zu versetzen, die durch die forcierte Aufrüstung, die Heeresverstärkungen und die Kriegsvorbereitung notwendige zusätzliche Zahl von Offizieren ausbilden zu können. Bei Ausbruch des ersten Weltkrieges wurden die K. aufgelöst, doch mußte ab 1916 der Ausbildungsbetrieb wieder aufgenommen werden, um die großen Verluste sowie die Anforderungen auf Grund von Neuaufstellungen decken zu können. Dazu fanden etwa 2 Monate dauernde Kurse an sog. Offiziersanwärter- bzw. Fahnenjunkerschulen statt. Zur Ausbildung des Offiziersersatzes der Reichswehr entstanden 1920 an Stelle der bisherigen K. Waffenschulen der wichtigsten Waffengattungen. Alle Offiziersanwärter mußten das Abitur haben, von einem Regiment angenommen sein und relativ lange Truppendienst geleistet haben. Sie hatten danach zunächst 10 Monate die Infanterieschule (anfangs in München, ab 1923 in Ohrdruf, seit 1926 in Dresden stationiert) zu besuchen. Die Ausbildung erfolgte in Taktik (als Hauptfach), Geländekunde, Waffenlehre, Pionierlehre, Luftschutz und Tarnung, Nachrichtenwesen, Kraftfahrzeugwesen, Heerwesen, Bürgerkunde, Waffendienst, Sport (u. a. nach wie vor Reiten) und einer Fremdsprache. Nach Abschluß der Infanterieschule folgte als 2. Lehrgang (ebenfalls 10 Monate) die spezielle Ausbildung an der Waffenschule der jeweiligen Waffengattung. Für die Infanterie stand dabei die Taktik der verbundenen Waffen im Rahmen des verstärkten Infanterieregiments im Vordergrund. Die Ausbildung bis zur Ernennung zum Offizier dauerte nach 1918 anfangs 4 Jahre. Sie wurde besonders seit 1933 ständig verkürzt. Im Zuge der forcierten Aufrüstung wurden 1935 wieder K. eröffnet. Während die K. Dresden 1000 Schüler je Lehrgang ausbildete, waren es in München, Hannover und Potsdam je 500. Die Offiziersprüfung erfolgte jetzt wieder nach 9 Monaten Schulbesuch. Die anschließende Delegierung zur Waffenschule dauerte 2 Monate. Mit Kriegsbeginn 1939 wurden die K. aufgelöst. An ihre Stelle traten seit 1940 Lehrgänge für Offiziersanwärter der einzelnen Waffengattungen (seit 1942 Fahnenjunkerschulen), die in abgekürzten Intensivlehrgängen für den Ersatz des Offizierskorps zu sorgen hatten. Für die Annahme als Offiziersbewerber wurden die bildungsmäßigen Voraussetzungen ständig herabgesetzt. Bis Anfang 1945 fanden insgesamt 18 Lehrgänge für Offiziersanwärter statt. Die Angehörigen der letzten Durchgänge wurden 1945 zu sog. Führernachwuchs- bzw. Fahnenjunkerregimentern formiert, an die Front geschickt und dort aufgerieben.

Kriegsspiel: Methode der militärischen Aus- und Weiterbildung von Offizieren und Stäben und der Überprüfung von Führungs- und Einsatzgrundsätzen sowie -plänen in Form ein- oder zweiseitiger, überwiegend simulierter Handlungen.

Das K. entwickelte sich im ersten Drittel des 19. Jh. mit der wachsenden Notwendigkeit einer ständigen militärwissenschaftlichen Weiterbildung der Offiziere im Zusammenhang mit dem sich entwickelnden bürgerlichen Militärwesen. Vorformen dazu waren u. a. das im 17. Jh. erfundene Kriegsschach, bei dem je 30 Figuren der beiden Seiten 14 verschiedene Bewegungen vollführen konnten. 1798 veröffentlichte der braunschweigische Geniehauptmann Georg Venturini (1772–1802) Regeln für ein K. auf einer geographischen Karte. Kurz darauf entwickelte der preußische Kriegs- und Domänenrat M. von Reißwitz (gest. 1829) ein Sandkasten-K., wobei er zur Kennzeichnung der eingesetzten Kräfte und Mittel Holz- oder Porzellansymbole verwendete und für ihre Handlungen bestimmte Regeln entwarf. Sein Sohn, der preußische Offizier Georg Heinrich von Reißwitz (1794–1827), verlegte das K. auf die Karte, entwickelte dafür einen sog. K.apparat und stellte für den Verlauf des K. genaue Regeln auf. 1824 veröffentlichte er sie erstmals im → *«Militär-Wochenblatt»*. Ende der 20er Jahre wurde der Reißwitzsche K.apparat in der preußischen Armee (einer je Regiment) zur militärischen Weiterbildung der Offiziere eingeführt.

Im Laufe des 19. Jh. erschienen verschiedene weitere Anleitungen sowie Ergänzungen zum K. (u. a. Tabellen zur Verlustberechnung), die den taktischen Rahmen nicht sprengten. In den 70er Jahren des 19. Jh. entwickelte Vorschläge regten dazu an, das K. den Veränderungen des Militärwesens anzupassen, ihm stärker die Methoden der Truppenführung zugrunde zu legen und sich an Stelle formaler Regeln von der realen Beurteilung der Lage leiten zu lassen. Bis zum Beginn des 20. Jh. bildeten sich die Formen und Methoden des K. heraus, die in den imperialistischen deutschen Streitkräften bis 1945 galten.

K. fanden auf taktischer, operativer und strategischer Ebene nach einer vom Leitenden vorgegebenen Lage, einer allgemeinen Idee oder einer Weisung statt, deren Durchführung von Schiedsrichtern überwacht wurde. K. bildeten ferner eine wichtige Lehrmethode an den Offiziersschulen (→ *Kriegsschulen*) und Militärakademien (→ *Kriegsakademie*). Taktische K. dienten der Schulung der Offiziere aller Waffengattungen. Sie wurden entweder auf Karten größeren Maßstabs (1:10000 bzw. 1:25000) oder an Sandkästen mit nachgestaltetem Geländerelief unter Benutzung von Symbolen oder Zeichen für die eingesetzten Kräfte und Mittel durchgeführt. Strategische und operative K. wurden vor allem anhand von Karten (mindestens 1:100000) praktiziert, wobei zur größeren Wirklichkeitsnähe Kommandoorgane mit ihren Stäben und Teilen von Truppen in die Handlungen einbezogen werden konnten. Eine dem K. ähnliche und ihm oft auch gleichgesetzte Methode stellten die verschiedenen militärischen Übungsreisen dar, die vor allem in Form regelmäßig stattfindender Generalstabsreisen eine wichtige Rolle in den Kriegsvorbereitungen des deutschen Imperialismus seit Ende des 19. Jh. spielten. Die strategischen und operativen K. dienten besonders der Qualifizierung höherer Kommandeure und Stäbe im Rahmen der Generalstabsausbildung sowie der Überprüfung bestehender Planungen und Einsatzgrundsätze für die vorgesehenen Aggressionshandlungen oder die Vorbereitung und Umsetzung von Führungsentschlüssen in deren Verlauf.

Neben allgemeinen K. konnten auch spezielle K. stattfinden, wie das Festungs- oder Belagerungs-K. sowie K. über den Einsatz einzelner Waffengattungen. Für den Einsatz von Truppen zur bewaffneten Niederschlagung der revolutionären Arbeiterbewegung führte die Reichswehr spezielle K. durch. Eine besondere Form des K. im faschistischen Deutschland bildete das aus dem Nachschub- bzw. Versorgungs-K. nach 1918 entstandene wehrwirtschaftliche K., das auch die ökonomische Ausraubung überfallener Staaten einschloß. Nach 1945 wurden für die Bundeswehr der BRD die über die Durchführung von K. in der Reichswehr und der faschistischen Wehrmacht gesammelten Erfahrungen im März 1956 in der Vorschrift «Gefechts- und Planübungen für Landstreitkräfte» zusammengefaßt. Im weiteren übernahm die Bundeswehr in das K. Elemente der in den USA entwickelten mathematischen Spieltheorie (Operationsresearch).

In der sozialistischen Militärwissenschaft fand das Anliegen des K. schöpferische Anwendung. Moderner Ausdruck dafür ist u. a. die Durchführung von Kommandostabsübungen in den Streitkräften der Länder des Warschauer Vertrages, wobei die ständige Weiterentwicklung des Militärwesens berücksichtigt wird. Die NVA der DDR wendet, gestützt auf die Erfahrungen der Sowjetarmee, Formen des K. bei der Ausbildung ihrer Führungskader an.

Kriegstagebuch: seit Mitte des 19. Jh. geführtes Nachweisdokument über die Vorbereitung, den Verlauf und den Ausgang der Kampfhandlungen.

Seit der Herausbildung stehender Heere in den deutschen Staaten im 17. Jh. war es üblich, Parolebücher zu führen, in denen zum Dienstgebrauch neben der Tagesparole die Befehle verschiedener Kommandoebenen festgehalten wurden. Mitunter führten einzelne Offiziere, häufig Adjutanten, aus eigener Initiative oder im Auftrag ihrer unmittelbaren Vorgesetzten über die militärischen Ereignisse, an denen ihre Einheiten oder Truppenteile beteiligt waren, Tagebücher. Am 22.4.1850 erließ der preußische Kriegsminister die «Bestimmung über die von den höheren Truppen-Befehlshabern und selbständigen Truppentheilen im Kriege zu führenden Tagebücher». Seit dieser Zeit hatten vom Tage der Mobilmachung an alle Kommandobehörden, Truppenteile und selbständigen Einheiten bzw. Dienststellen tageweise ein K. zu führen. Einzutragen waren alle wesentlichen militärischen Handlungen, Standortveränderungen, wichtige Meldungen und Befehle, personelle und materielle Verluste, Zuführungen usw. Besondere Bedeutung hatten die Anlagen zum K. Sie enthielten zunächst vor allem Berichte über Gefechtshandlungen, Vorpostenaufstellungen u. ä., später auch die verschiedensten Tätigkeitsberichte, Aufstellungen, Karten, Skizzen. Diese Handhabung blieb bei allen modifizierenden Bestimmungen über die Führung von K. (17.8.1870, 18.6.1895, 19.6.1916, 23.4.1940) im wesentlichen unverändert. War im 19. Jh. die Art der Darstellung im K. noch weitgehend freigestellt, so bildeten sich im Laufe der Zeit, teilweise in Manövern geübt, bindende Formen heraus. Im zweiten Weltkrieg umfaßte das K. mit seinen Anlagen das wesentliche Schriftgut der betreffenden Kommandobehörden bzw. ihrer Stäbe (z. B. des Wehrmachtführungsstabes), der Truppenteile usw. und spiegelte ihre Tätigkeit teilweise bis ins Detail wider. K. sind bedeutende Quellen der militärwissenschaftlichen und militärgeschichtlichen Arbeit, die zur Auswertung von Organisations- und Kampferfahrungen wertvolles Material liefern.

Kriegstrachten → *Uniformen*

Kriegsvölkerrecht → *völkerrechtliche Abkommen über die Regeln der Kriegführung*

Krümpersystem: Bezeichnung für die im Herbst 1808 in Preußen eingeführte Methode der Rekrutenausbildung, um die Festlegungen der → *Pariser Konvention 1808* zu umgehen.

Nach der Niederlage Preußens im Krieg 1806/07 schlug der Vorsitzende der Militär-Reorganisationskommission, Generalmajor Gerhard von Scharnhorst (1755–1813), im Juli 1807 vor, eine Reservearmee zu schaffen. Jährlich sollte eine bestimmte Anzahl ausgebildeter Soldaten entlassen und durch Rekruten ersetzt werden. Aus diesem Vorschlag und einigen anderen Entwürfen entstand die «Kabinettsordre betreffend die Ausbildung einer Kriegsreserve» vom 6.8.1808. Danach wurden seit Herbst 1808 in jeder Kompanie monatlich 3–5 oder mehr Soldaten beurlaubt und dafür ebensoviel Rekruten eingezogen, ausgebildet und nach 4 Wochen, später nach 2 Monaten, wieder entlassen. Diese kurzfristig ausgebildeten Soldaten hießen Krümper. Der Begriff stammte aus dem Ostpreußischen, wo man darunter noch nicht in die Kompanielisten aufgenommene Soldaten bzw. die überschüssigen, nicht etatmäßigen Pferde der Kavallerie verstand. Seit 1809 wurden die eingezogenen Rekruten nicht mehr entlassen, sondern es schieden an ihrer Stelle langjährig gediente Soldaten aus, die man ebenfalls als Krümper in den Regimentslisten führte. 1811 bestimmte eine Kabinettsorder, künftig in jeder Kompanie 8 und in jeder Eskadron 3 Rekruten auszubilden. Bereits im Herbst 1812 standen 33337 feld- und 3087 garnisonverwendungsfähige Krümper zur Verfügung. Durch das K. konnten die Bestimmungen der Pariser Konvention von 1808 umgangen werden, die für Preußen die Höchstgrenze der aktiven Armee auf 42000 Mann festlegten und jegliche Miliz und Reserveeinrichtung verboten. Das K. schuf eine militärische Reserve und bildete eine Voraussetzung für die rasche Aufstellung einer kriegstüchtigen Armee im → *nationalen Unabhängigkeitskrieg 1813/14*. Es gehörte zu den vorbereitenden Maßnahmen für die künftige Verwirklichung der → *allgemeinen Wehrpflicht*.

Kunersdorf 1759: Schlacht im → *Siebenjährigen Krieg 1756–1763* zwischen preußischen und russisch-österreichischen Truppen am 12. 8. 1759.

Die russische Armee unter General P. S. Saltykow (1698–1773) hatte auf ihrem Vormarsch zur Oder am 23. 7. 1759 bei Kay ein preußisches Korps geschlagen und dann Frankfurt besetzt. Anfang August bezog sie am rechten Oderufer bei K. ein Lager. Es befand sich auf einem Höhenzug, den 2 tiefe Rinnen (Kuhgrund und Hohler Grund) durchschnitten, und war durch Verschanzungen gesichert. Einem etwa 19000 Mann starken österreichischen Korps unter Feldmarschalleutnant Gideon Ernst von Laudon (1717–1790) gelang es, sich mit der russischen Armee zu vereinigen. Die Gesamtstärke der Verbündeten bei K. betrug 79000 Mann (62400 Mann Infanterie, 16600 Mann Kavallerie) und 211 schwere Geschütze. Bevor die Verbündeten den Vormarsch fortsetzten, war König Friedrich II. von Preußen (1712–1786) mit 50000 Mann (37000 Mann Infanterie, 13000 Mann Kavallerie) und 114 schweren Geschützen herangerückt. Am 11.8. gingen die Preußen über die Oder und bereiteten für den folgenden Tag den Angriff vor. Wie bei → *Leuthen 1757* wollte Friedrich II. einen Flügel der Verbündeten mit überlegenen Kräften angreifen. Die mangelhafte Erkundung der gegnerischen Stellungen und des Geländes zwang ihn, seine Armee noch am 12. 8. frühmorgens umzugruppieren. Dadurch ging das Überraschungsmoment verloren. Erst nach einem fast 8stündigen Marsch entfalteten sich die Preußen gegen 10.30 Uhr zur schiefen Schlachtordnung (→ *Lineartaktik*). Nach einer kurzen Kanonade begann mittags der Angriff gegen den linken Flügel der Verbündeten, der bis zum Kuhgrund zurückgeworfen wurde. Hier entspann sich ein stundenlanger erbitterter Kampf. Vom russischen Zentrum, das infolge der Verschanzungen nicht angegriffen wurde, konnten immer wieder Truppen zur Verstärkung herangeholt werden. Mit wirksamer Unterstützung der Artillerie hielt vor allem die russische Infanterie den vielmals anstürmenden preußischen Bataillonen stand. Um die Entscheidung zu erzwingen, ließ Friedrich II. den gegnerischen rechten Flügel attackieren. Aber die preußische Kavallerie, die in dem schwierigen Gelände nicht zur Entfaltung kam, geriet in das vernichtende Feuer der russischen Artillerie und mußte unter schweren Verlusten an den Verschanzungen zurückweichen. Eine wuchtige Attacke der russisch-österreichischen Reiterei, die am rechten Flügel zusammengefaßt war, entschied schließlich gegen 19 Uhr die Schlacht zugunsten der verbündeten Truppen.

Die Schlacht von K. war eine der verlustreichsten des 18. Jh. Die Preußen verloren 19000 Tote und Verwundete sowie fast alle schweren und die Mehrzahl der leichten Geschütze. Die russischen Verluste betrugen 14000, die österreichischen 2300 Mann. Bei K. erlitt die preußische Armee ihre schwerste Niederlage im Siebenjährigen Krieg. Friedrich II. wurde hier das Opfer der besonders von ihm bevorzugten schiefen Schlachtordnung, die er schematisch anwandte. Friedrich war völlig verzweifelt; er gab alles verloren und wollte Selbstmord begehen. Die Verbündeten nutzten jedoch, auch wegen der eigenen schweren Verluste, den Sieg nicht aus. In erster Linie aber waren es ihre unterschiedlichen politischen Interessen, die Preußen vor der militärischen Katastrophe bewahrten.

Schlacht bei Kunersdorf – 12. August 1759

Kampfszene aus der Schlacht bei Kunersdorf

künstlerisches Laienschaffen in der NVA: Bestandteil des kulturellen Lebens in der → *Nationalen Volksarmee der DDR (NVA),* der durch freiwilliges Mitwirken in Singeklubs, Laienkabaretten und Fotozirkeln sowie in Arbeitsgemeinschaften des bildnerischen Schaffens, des Amateurfilms und schreibender Soldaten realisiert wird.

Das künstlerische Laienschaffen nimmt seit Gründung der NVA einen wichtigen Platz im kulturellen Leben der Truppe ein. Unter Anleitung durch die Kommandeure, Politorgane und Parteiorganisationen und mit Hilfe der FDJ und anderer Massenorganisationen bildeten sich verstärkt in den 60er Jahren solche Formen heraus, die ohne hohen technischen und organisatorischen Aufwand jederzeit und unter allen Bedingungen anzuwenden sind. Sie zeugen seitdem vom Bedürfnis der Armeeangehörigen nach kulturvoller sozialistischer Lebensweise und ästhetischer Bildung, die sich immer mehr mit der schöpferischen Entfaltung der eigenen künstlerischen Fähigkeiten verbunden haben. In vielfältigen künstlerischen Genres beschäftigen sich Kollektive und Einzelschaffende mit dem Klassenauftrag der NVA, mit dem Profil und der Herausbildung sozialistischer Soldatenpersönlichkeiten und militärischer Kampfkollektive. Sie gestalten die Bemühungen, Konflikte und Erlebnisse bei der Erhöhung der Gefechtsbereitschaft der NVA, greifen Entwicklungsprobleme der Waffenbrüderschaft mit der Sowjetarmee und den anderen Bruderarmeen auf und fördern damit die Verteidigungsbereitschaft der Armeeangehörigen und das Wehrbewußtsein der Bevölkerung der DDR. Dank schöpferischer, erfolgreicher Partnerschaft zwischen Laienschaffenden der NVA und Berufskünstlern der DDR hat sich das Niveau der Arbeit ständig erhöht. Viele Gruppen wurden mit

Bildbesprechung in einem Fotozirkel

dem Titel «Hervorragendes Volkskunstkollektiv der DDR» ausgezeichnet bzw. mit staatlichen Preisen, so dem «Fritz-Reuter-Kunstpreis» und dem «Theodor-Körner-Preis», geehrt.

Kürassiere: Angehörige einer Truppengattung der schweren → *Kavallerie* vom 16. bis Anfang des 20. Jh. mit teilweiser Panzerung des Reiters.

Die K. entstanden aus dem Bestreben, die schwer gepanzerten → *Ritter* durch eine zwar geschützte, jedoch manövrierfähigere Reitertruppe zu ersetzen. Als ihre Vorläufer können die unter Kaiser Maximilian I. (1459–1519) bestehenden «Kyrisser» gelten, die zwar noch völlig, aber leichter gepanzert waren. In der Folgezeit reduzierte sich die Panzerung der K. Umfaßte sie bei den seit Anfang des 16. Jh. «deutsche gerüstete Reiter» genannten Kyrissern noch Kopf und Körper sowie die Oberschenkel, so verringerte sie sich gegen Ende des 16. Jh. auf Eisenkappe sowie Brust- und Rückenpanzer (Küraß). Die K. gehörten zur schweren Reiterei. Sie trugen außer dem Küraß Schwert und Reiterpistolen und kämpften meist in größeren geschlossenen Formationen. Dabei ritten sie in der Regel vor, feuerten ihre Pistolen ab und zogen sich dann zurück, um neu zu laden. Dagegen wurden die unter dem Schwedenkönig Gustav II. Adolf (1594–1632) aufgestellten K. dazu ausgebildet, auch den Reiterkampf mit der blanken Waffe zu führen. Im → *Dreißigjährigen Krieg 1618–1648* erwies sich das wuchtige Attackieren des Gegners durch Einheiten schwerer Reiter als äußerst wirksam. Im Interesse ihrer Beweglichkeit wurde sogar gänzlich auf die Schutzrüstung verzichtet, so daß die Bezeichnung K. vorübergehend aus den Streitkräften verschwand. In den ersten Jahrzehnten des 18. Jh. wurde der Küraß bei der schweren Kavallerie allgemein wieder eingeführt. Unter König Friedrich II. (1712–1786) wurden die K. in Preußen einheitlich mit → *Pallasch* und → *Karabiner* bewaffnet.

a Kürassier vom sächsischen Kürassierregiment Zastrow, 1812
b Kürassier vom preußischen Kürassierregiment Nr. 7, 1870

Attacke einer preußischen Kürassierbrigade bei Mars-la-Tour, 16. August 1870

Um 1780 besaß Preußen 13, Sachsen 4 und Bayern 2 K.regimenter, während einige andere deutsche Territorialstaaten über 1 K.regiment bzw. 2 K.regimenter verfügten. Anfang des 19. Jh. übte das Beispiel der napoleonischen Armee, in der die K. unter der erneuten Verstärkung ihres Panzerschutzes als schwere Schlachtenkavallerie besonders in entscheidenden Gefechtsphasen Verwendung fanden, starken Einfluß auf die allgemeine Entwicklung dieser Truppengattung aus. Die verstärkte Schutzrüstung wurde in der Folgezeit zugunsten der größeren Beweglichkeit wieder aufgegeben. Voll gültig blieb jedoch das Prinzip des wuchtigen Einsatzes der K. als Schlachtenkavallerie. In Preußen wurde für die K. ebenso wie für die → *Ulanen* 1859 sogar der Karabiner abgeschafft, um sie noch stärker auf den Angriff mit der blanken Waffe zu orientieren. 1870 zählten die Streitkräfte des unter preußischer Vorherrschaft stehenden Norddeutschen Bundes 10 K.regimenter, zu denen bei Ausbruch des Deutsch-Französischen Krieges 1870/71 noch 2 bayrische Regimenter traten. Anfang der 80er Jahre wurde der Karabiner wieder in die Bewaffnung eingeführt. Im Zuge der Vereinheitlichung der Kavallerie des kaiserlich-deutschen Heeres legten die K. 1890 den Küraß – außer zu Parade- und Repräsentationszwecken – endgültig ab. Gleichzeitig wurde die Stahlrohrlanze in die Bewaffnung aufgenommen. Während des ersten Weltkrieges fanden die K. teilweise auf dem westlichen Kriegsschauplatz, und zwar mit Beginn des Stellungskrieges im infanteristischen Einsatz, in der Mehrzahl jedoch auf dem östlichen Kriegsschauplatz zu vorwiegend kavalleristischen Aufgaben Verwendung. In der Kavallerie der Reichswehr und der faschistischen Wehrmacht wurde die Bezeichnung K. nur noch als Traditionsname verwendet. *(s. Abb. S.369, 999, 1003, 1006)*

Kursk 1943: Operation an der deutsch-sowjetischen Front vom 5. 7. bis 23. 8. 1943, in der die Sowjetarmee der faschistischen Wehrmacht eine sehr schwere Niederlage zufügte und entscheidende Voraussetzungen für die Vollendung des grundlegenden Umschwungs im zweiten Weltkrieg (→ *Weltkrieg, zweiter, 1939–1945*) schuf.

Nach den strategischen Niederlagen der faschistischen Streitkräfte im Winter 1942/43 entschloß sich das deutsche Oberkommando im März 1943, erneut zur Offensive überzugehen, die strategische Initiative zurückzugewinnen, der Sowjetarmee einen vernichtenden Schlag zu versetzen und deren Angriffskraft für längere Zeit zu lähmen. Der erstrebte Sieg sollte gleichzeitig das ins Wanken geratene Vertrauen der Verbündeten und der Bevölkerung Hitlerdeutschlands in die faschistische Kriegführung wieder festigen. Weiterhin sollten die okkupierten kriegswirtschaftlich wichtigen Gebiete vor allen Befreiungsversuchen der Sowjetarmee gesichert werden. Schließlich hoffte das deutsche Oberkommando, nach erfolgreichem Abschluß der Offensive mindestens 10 gepanzerte Verbände freizubekommen, um sie als Reserve an Krisenpunkten im Osten oder in Süd- bzw. Westeuropa einsetzen zu können.

Kräfteverhältnis zu Beginn der Schlacht bei Kursk

	Sowjetische Truppen	Deutsche Truppen	Kräfteverhältnis
Personalbestand	1900000	900000	2,1:1
Kampftruppen	1400000	570000	2,4:1
Geschütze/ Granatwerfer	28000	10000	2,8:1
Panzer/SFL	4850	2700	1,7:1

Die Befehle des OKH Nr. 5 vom 13. 3. 1943 und Nr. 6 vom 15. 4. 1943 enthielten den Operationsplan für das Unternehmen «Zitadelle». Nördlich und südlich des etwa 80–100 km nach Westen vorspringenden Frontbogens um K. wurden in den Räumen Orjol und Belgorod/Charkow starke Stoßgruppierungen zusammengezogen, die sich am 5./6. Angriffstag östlich K. treffen sollten, um die Zentral- und Woronesher Front einzuschließen und anschließend zu vernichten sowie gleichzeitig die zu erwartenden sowjetischen Reserven zu zerschlagen. Nach erfolgreicher Ausführung dieses Planes sollte die Offensive fortgesetzt werden, um weitere sowjetische Gruppierungen zu vernichten.

Für die Kursker Operation wurden bei der Heeresgruppe Mitte die 9. Armee mit 22 Divisionen, davon 8 Panzer- und Panzergrenadierdivisionen, bei der Heeresgruppe Süd die 4. Panzerarmee und eine Armeeabteilung mit insgesamt 19 Divisionen, davon 9 Panzer- und Panzergrenadierdivisionen, bereitgestellt. Beide Gruppierungen erhielten teilweise neue Panzertechnik, insbesondere die neuentwickelten Panzer P V, überschwere Panzer P VI sowie das schwere Sturmgeschütz «Ferdinand», deren Auslieferung sich jedoch beträchtlich verzögerte. Das war einer der Hauptgründe für die mehrmalige Verschiebung des Angriffstermins, der ursprünglich für den 3. 5. vorgesehen war und schließlich auf den 5. 7. festgesetzt wurde. Außerdem wurden die Luftflotten 4 und 6 durch starke Fliegerkräfte von anderen Frontabschnitten verstärkt und darauf vorbereitet, mit rd. 2000 Flugzeugen den Angriff der Erdtruppen zu unterstützen. Unter den Flugzeugen befanden sich ebenfalls verbesserte Muster vom Typ He 111, FW 190 und Hs 129. Das faschistische Oberkommando, das bei K. eine gigantische «Kesselschlacht» schlagen und 8–10 sowjetische Armeen vernichten wollte, setzte auf das Überraschungsmoment, auf massierte Schläge an schmalen Abschnitten, auf ein hohes Angriffstempo durch eine tiefe Staffelung der operativ-taktischen Gefechtsordnung und auf die Wirkung der neuen Waffen. Es unterschätzte die sowjetischen Möglichkeiten, insbesondere die gewachsene Führungskunst in der Sowjetarmee.

Das sowjetische Oberkommando, das die deutschen Absichten rechtzeitig und umfassend aufklärte, verfügte zwar über hinreichende Kräfte und Mittel, um selbst offensiv zu werden, beschloß jedoch, die Schlacht bei K. anzunehmen, den deutschen Angriff in einer tiefgestaffelten Verteidigung aufzufangen und nach Schwächung der Angriffsgruppierungen zur Gegenoffensive überzugehen. Es übertrug die Verteidigung des Nordteils des Kursker Bogens der Zentralfront; der Stoßgruppierung der Heeresgruppe Süd stand die Woronesher Front gegenüber. 100–150 km ostwärts K. wurde als strategische Reserve die Steppenfront konzentriert.

Seit April 1943 war im Kursker Bogen ein Verteidigungssystem ausgebaut worden, das eine Tiefe von mehr als 150 km aufwies. Hinter 3 Verteidigungsstreifen der Armeen verliefen noch 2–3 Frontverteidigungsabschnitte. Kernstück der Verteidigung waren die Panzerabwehr, die mit allen Kräften und Mitteln geführt werden sollte, der massierte Einsatz der Artillerie sowie die Vorbereitung von Gegenschlägen durch gepanzerte bewegliche Truppen in verschiedenen Richtungen.

Am 5. 7. 1943 eröffnete die 9. Armee die Offensive mit dem Angriff ihrer Infanteriedivisionen, deren Durchbruch durch die taktische Verteidigungszone den gepanzerten Verbänden das rasche Vordringen in die operative Tiefe auf K. ermöglichen sollte. Der hartnäckige Widerstand der sowjetischen Truppen zwang das Oberkommando der 9. Armee jedoch, die gepanzerten Verbände bereits am 2. Angriffstag einzusetzen. Trotz des Wechsels der Stoßrichtung und des Angriffsverfahrens blieb der Angriff der 9. Armee unter hohen Verlusten am 10. 7. in 10–12 km Tiefe in der sowjetischen Verteidigung stecken. Am 11./12. 7. einsetzende Angriffe der West- und der Brjansker Front gegen den Frontbogen von Orjol in den Rücken der 9. Armee zwangen die Heeresgruppe Mitte, auf eine Fortsetzung des Angriffs zu verzichten, um die Kräfte zur Verteidigung des Gebietes um Orjol zu verstärken.

Bei der Heeresgruppe Süd griffen die gepanzerten Verbände in einer außergewöhnlichen Massierung von Kräften und Mitteln in der 1. Staffel an, wodurch es gelang, die ersten beiden sowjetischen Armeeverteidigungsstreifen zu durchbrechen und bis zu 35 km vorzudringen. Als nach einer Umgruppierung der Kräfte der Angriff fortgesetzt wurde, stießen die Hauptkräfte der 4. Panzerarmee am 12. 7. bei Prochorowka im Begegnungsgefecht auf die sowjetische 5. Gardepanzerarmee sowie weitere in Eilmärschen eintreffende Reserven von der Steppenfront. Es kam zur größten Panzerschlacht des zweiten Weltkrieges, an der etwa 1 500 Panzer, Sturmgeschütze und Selbstfahrlafetten teilnahmen. Beide Seiten erlitten große Verluste, doch den sowjetischen Truppen gelang es, den faschistischen Angriff zurückzuschlagen. Am 15. 7. mußten auch die Truppen der Heeresgruppe Süd den Angriff abbrechen. Bis zum 23. 7. wurden sie in ihre Ausgangsstellungen zurückgedrängt.

Inzwischen führten die sowjetischen Truppen die Operation «Kutusow» zur Beseitigung des Frontbogens von Orjol weiter. Das deutsche Oberkommando konnte deshalb seine Absicht nicht realisieren, Truppen nach Italien zu verlegen, wo am 10. 7. angloamerikanische Truppen auf Sizilien gelandet waren. Trotz der Zuführung weiterer Kräfte mußten die deutschen Truppen am 5. 8. Orjol räumen. Bis 18. 8. zogen sie sich auf die vorbereitete «Hagenstellung» an der Sehne des Orjoler Frontbogens zurück.

Im Süden brachen in Verwirklichung des Operationsplanes «Rumjanzew» die Truppen der Woronesher und der Steppenfront ab 3. 8. auf Belgorod und Charkow durch. Das Oberkommando der Heeresgruppe Süd verstärkte entsprechend den Befehlen des OKH die Besatzung Charkows und führte mit aus dem Süden herangeführten Reserven Gegenangriffe, mußte aber nach erbitterten Kämpfen am

Sowjetischer Gegenangriff im Kursker Bogen

Schlacht bei Kursk - 5. Juli bis 23. August 1943

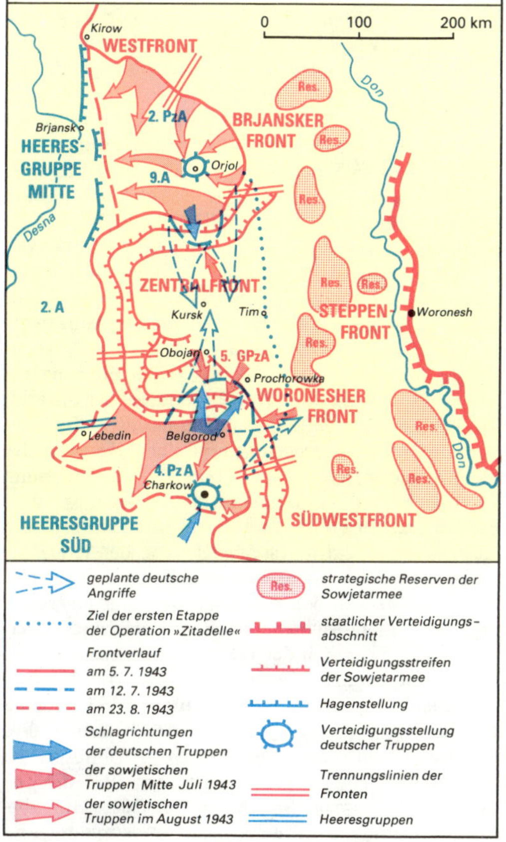

23. 8. die Stadt den sowjetischen Truppen überlassen, die damit die Schlacht bei K. siegreich abschlossen.

Die Niederlage der faschistischen Wehrmacht in der Schlacht bei K. bestätigte, daß die Siege der Sowjetarmee in den Schlachten bei Moskau und um Stalingrad keine witterungsbedingten Zufälle waren, sondern Ausdruck der gesetzmäßigen Vorzüge der sozialistischen Gesellschafts- und Staatsordnung. Die Schlacht bei K. bewies, daß die deutschen Truppen ihre zeitweiligen Vorteile der Zahl, technischen Ausstattung, Kriegserfahrung und Überraschung, denen sie ihre Erfolge 1941 und 1942 verdankten, endgültig eingebüßt hatten. Von internationaler Bedeutung war, daß die Sowjetarmee der Wehrmacht die eklatante Niederlage bei K. beibringen konnte, ohne durch eine zweite Front entlastet zu werden. Das verlieh den Prozessen des Zerfalls des faschistischen Blocks und der Festigung der Antihitlerkoalition neue spürbare Impulse. Mit dem Sieg in der Schlacht bei K. schuf die Sowjetarmee wesentliche Voraussetzungen für ihre Erfolge in der anschließenden allgemeinen Offensive, deren wichtigster Bestandteil die Schlacht um den → *Dnepr 1943* war.

Kurzgewehr → *Partisane*

Küstenschutzschiff: allgemeine Bezeichnung für zur Küstenverteidigung bestimmte Überwasserkräfte (→ *Seestreitkräfte*); in sozialistischen Flotten Klasse der leichten Überwasserkräfte, die vorrangig Aufgaben bei der Bekämpfung von Luft- und Seezielen zur Sicherung anderer Kampfschiffe bzw. -boote, im Vorpostendienst und beim Geleitschutz erfüllen.

Speziell zur Küstenverteidigung vorgesehene Wasserfahrzeuge gab es bei vielen Flotten schon in früherer Zeit. Im 18. Jh. gehörten dazu Ruderkanonenboote (→ *Kanonenboot*) und kleinere, nicht hochseetüchtige Segelschiffe. Gegen Ende des 19. Jh. waren in der deutschen → *Kaiserlichen Marine* flachgehende, mit wenigen schweren Geschützen bestückte Küstenpanzerschiffe und kleine → *Torpedoboote* zur Küstenverteidigung bestimmt. Während des zweiten Weltkrieges fanden K. unterschiedlicher Größe und Bewaffnung vor allem bei der U-Boot-Abwehr Verwendung. Von der Marineführung des faschistischen Deutschlands wurden die in norwegischen Häfen stationierten Minensuch- und -räumeinheiten, Vorposten- und U-Jagd-Flottillen zu sog. Küstenschutzverbänden zusammengefaßt.

Die Entwicklung von K. als eigenständige, neue Schiffsklasse begann in den 20er Jahren in der UdSSR. Nach 1945 stellte die sowjetische Seekriegsflotte weiterentwickelte Typen von K. in Dienst, die teilweise auch beim Aufbau der Seestreitkräfte der DDR Verwendung gefunden haben. Ende 1956 erhielt die → *Volksmarine der NVA (VM)* die ersten K. Sie hatten eine Wasserverdrängung von 1185 t und eine Höchstgeschwindigkeit von 28 kn. Die Bewaffnung bestand aus 3 100-mm-Universalgeschützen, 4 37-mm-Flak in Doppellafetten, 4 Wasserbombenwerfern, 2 Torpedorohren und Minen. Im Januar 1961 wurden an die zur Volksmarine gehörenden 4 K. die Namen «Karl Marx», «Friedrich Engels», «Karl Liebknecht» und «Ernst Thälmann» verliehen.

Die Entwicklung von K. ist in der UdSSR kontinuierlich weitergeführt worden. Charakteristisch für moderne K., denen in Flotten kapitalistischer Staaten etwa die → *Fregatten* und → *Korvetten* entsprechen, sind leistungsfähige Antriebsanlagen (Dieselmotoren, Dampf- oder Gasturbinen) und eine universelle Bewaffnung. Dazu gehören Luft- und Seezielraketen (→ *Raketenwaffen*), vollautomatische Artilleriewaffen, Torpedos und reaktive Wasserbombenwerfer größerer Reichweite sowie Einrichtungen zum Minenlegen. Die Schiffe sind mit modernen Führungs-, Überwachungs- und Waffenleitsystemen ausgerüstet und verfügen über spezielle Über- und

Unterwasserortungsanlagen sowie eine Kernwaffenschutzeinrichtung. Ende der 70er/Anfang der 80er Jahre wurden mit den K. «Rostock» und «Berlin – Hauptstadt der DDR» die ersten Einheiten dieser neuen Generation von K. in der Volksmarine der NVA in Dienst gestellt. *(s. Abb. S. 899)*

Kyffhäuserbund: Dachverband nahezu aller reaktionären deutschen Kriegervereine von 1900 bis 1943, 1951 in der BRD wiedergegründete militaristische Organisation.

Der K. entstand im Ergebnis der Zusammenarbeit verschiedener militaristischer Verbände (→ *Soldatenverbände*) in einem Initiativausschuß für die Errichtung eines Kaiser-Wilhelm-Denkmals auf dem Kyffhäuser. Er wurde Anfang 1900 als Dachverband der Deutschen Landeskriegerverbände gegründet und war seit dem 15. 8. 1900 juristisch selbständig. Als Zentralorgan gab er die «Kyffhäuser-Korrespondenz» heraus. Bereits 1900 setzte sich der K. aus 22000 einzelnen Vereinen mit etwa 1,85 Mill. Mitgliedern zusammen. 1914 gehörten ihm 32173 Kriegervereine mit über 2,8 Mill. Mitgliedern an, in der Mehrzahl aus den Mittelschichten. Das größte politische Gewicht im K. besaß der Preußische Landes-Kriegerverband, dessen Präsident zugleich erster Präsident des Bundes war. Daneben waren dem K. 25 weitere Landesverbände angeschlossen, darunter der Königlich Sächsische Militär-Vereins-Bund, der Württembergische Kriegerbund und der Königlich Bayerische Veteranen- und Kriegerbund. Bis zur Auflösung des K. 1943 standen ausschließlich Generale an seiner Spitze, die enge Beziehungen zu den Regierungen und Armeeführungen unterhielten.

Der K. fand von Anfang an die nachdrückliche Unterstützung der herrschenden Kreise in Deutschland, für deren Parteien er ein starkes Wählerreservoir darstellte. Hauptziel und -tätigkeit des K. bestanden darin, mit Hilfe der zahlreichen Kriegervereine die aus dem aktiven Dienst entlassenen Soldaten zu erfassen und sie im Geist des preußisch-deutschen Militarismus zu manipulieren. Durch Schießübungen, turnerische Veranstaltungen und Einflußnahme auf die gewerblichen Fortbildungsschulen, verbunden mit nationalistischer und vor allem gegen die revolutionäre Arbeiterbewegung gerichteter Hetze, versuchte der K., die Jugendlichen bereits vor ihrem Militärdienst zu erfassen und für seine Ziele zu gewinnen. Karl Liebknecht (1871–1919) entlarvte diese Praktiken im Februar 1912 im preußischen Abgeordnetenhaus als Mißbrauch der Fortbildungsschulen und charakterisierte das Zentralorgan des K. als ein Hetzblatt niedrigsten Ranges. Im ersten Weltkrieg setzte der K. seine militaristisch-chauvinistische Tätigkeit vor allem zur Erhaltung der «patriotischen Stimmung des Volkes» verstärkt fort. Im Mai 1915 revidierte er seinen bisherigen antisozialdemokratischen Kurs. Damit honorierte er nicht nur die sozialchauvinistische Haltung der rechten SPD-Führer, sondern suchte zugleich größere Einwirkungsmöglichkeiten auf die organisierten Arbeiter zu erlangen. Diesem Zweck diente auch die zunehmende sozialdemagogische Propaganda des K. Dennoch ging sein Einfluß mit der Verschlechterung der Lage an den Fronten und der wachsenden Kriegsmüdigkeit des Volkes zurück. Der K. trat noch kurz vor der Novemberrevolution 1918/19 für einen imperialistischen Siegfrieden ein.

In den ersten Jahren nach der Novemberrevolution geriet der K. in eine tiefe Krise und verlor zahlreiche Mitglieder. Während er einem von Antikriegsstimmung erfaßten Teil zu militaristisch war, traten andere, die die lavierende Politik seiner Führung ablehnten, zu extrem konterrevolutionären Organisationen über. Mit der Schaffung eines zentralisierten Verbandes, des Deutschen Reichskriegerbundes «Kyffhäuser» (RKB), am 1. 1. 1922, dem Übergang zu einer betont national- und sozialdemagogischen Phraseologie in Politik und Propaganda sowie durch Gewinnung und Interessenvertretung der Kriegsbeschädigten und Kriegshinterbliebenen sollte den neuen politischen Verhältnissen besser entsprochen und der frühere Masseneinfluß wiedererrungen werden. Auch in der Zeit der Weimarer Republik betrieb der K. eine intensive Jugendarbeit. Die von ihm aufgebauten Jugendgruppen hatten 1933 etwa 100000 Mitglieder; die von ehem. Offizieren und Unteroffizieren eine wehrsportliche Ausbildung erhielten. Als Zentralorgan erschien seit 1926 die Zeitung «Kyffhäuser». Seit Mitte der 20er Jahre bestimmte zunehmend eine offen reaktionäre und aggressive politische Linie die Tätigkeit des Verbandes, die vor allem durch die ihm angehörenden rd. 100000 ehem. Offiziere und ebensoviel ehem. Angehörige der → *Freikorps* beeinflußt war. Bis 1933 wuchs die Mitgliederzahl wieder auf über 2,5 Mill. an. Unverhüllt wurden die Vorbereitung eines Revanchekrieges und vor allem der Kampf gegen den Versailler Vertrag, gegen die «bolschewistischen Ideen» und für die Erhaltung des «Geistes der Wehrhaftigkeit» propagiert, was die Faschisierung in den letzten Jahren der Weimarer Republik aktiv förderte. Nach Errichtung der faschistischen Diktatur in Deutschland gliederte sich der Verband in einem organisatorischen, personellen und vor allem ideologisch-politischen Anpassungsprozeß rasch in das faschistische Regime ein. Er unterstützte die auf die Entfesselung des zweiten Weltkriegs gerichtete Politik der herrschenden Klassen mittels ungezügelter antikommunistischer und revanchistischer Hetze, verstärkter wehrsportlicher Ausbildung seiner Mitglieder sowie über seine Beziehungen zu Soldatenverbänden ausländischer imperialistischer Staaten und deren Beeinflussung im Sinne der faschistischen Ideologie und Politik. Im Herbst 1938 erfolgte die Umbildung des Verbandes zum Nationalsozialistischen Reichskriegerbund. Anfang 1943 wurden im Zuge des «totalen Krieges» die Bundesführung und die regionalen Leitungen aufgelöst und die weiter bestehenden Kriegervereine den Organen der Nazipartei unterstellt.

Obwohl alle Kriegervereine aufgrund ihres militaristisch-faschistischen Charakters unter die Verbotsbestimmungen des → *Alliierten Kontrollrates für Deutschland* fielen, formierte sich der K. im Rahmen der → *Remilitarisierung der BRD* unter der Bezeichnung Deutscher Soldatenbund Kyffhäuser (DSBK) 1951 erneut und setzte die Traditionen des faschistischen Reichskriegerbundes fort. Er wirkte nicht nur als Sammelbecken ehem. Angehöriger der faschistischen Wehrmacht und damit als Kaderreservoir für die spätere → *Bundeswehr der BRD*, sondern hatte auch erheblichen Anteil an der Erhaltung und Verbreitung militaristischen Gedankengutes. Im Zuge der von der Führung der Bundeswehr betriebenen Konzentration des personellen militaristischen Potentials trat er 1957 dem Ring deutscher Soldatenverbände bei. 1973 liierte er sich mit dem → *Verband deutscher Soldaten (VdS)* bei Aufrechterhaltung der organisatorischen Selbständigkeit jedes Verbandes. Bis Ende 1976 gaben beide Verbände eine gemeinsame Monatszeitung mit dem Titel «Soldat im Volk – Kyffhäuser» heraus. Seit Anfang 1977 ist der Deutsche Soldatenbund Kyffhäuser wieder selbständig, sein Publikationsorgan ist der «Kyffhäuser». Der Bund hat ca. 90000 Mitglieder, die in Landesverbänden organisiert sind. An ihrer Spitze stehen ehem. Generale und Offiziere der faschistischen Wehrmacht und zunehmend auch der Bundeswehr. Angeschlossen ist der Deutsche Jugendbund Kyffhäuser. Die Traditionen des faschistischen Reichskriegerbundes fortsetzend, sehen der K. sowie alle anderen militaristischen Verbände ihre Hauptaufgabe darin, extremen Antikommunismus, vor allem Antisowjetismus und revanchistisches Gedankengut zu verbreiten, um die geistige Aggressionsbereitschaft der Streitkräfte zu fördern und die Militarisierung des gesellschaftlichen Lebens in der BRD zu intensivieren. Darauf sind die zahlreichen Aktivitäten des K. zur Verherrlichung reaktionärer Traditionen deutscher Militärgeschichte ebenso ausgerichtet wie die ständigen Versuche, die DDR und ihre fortschrittlichen, revolutionären militärischen Traditionen zu diffamieren und zu verleumden. Der K. besitzt die Unterstützung der BRD-Regierung und der sie tragenden Parteien. Er arbeitet eng mit dem Ministerium der Verteidigung, der Bundeswehr, dem Deutschen Bundeswehr-Verband sowie den anderen militaristischen Soldaten- und Traditionsverbänden zusammen.

L

Landesdefension: milizähnliche Militärorganisation deutscher Territorien im Feudalismus.

Die Wurzeln der L. reichen bis in das allgemeine → *Aufgebot* in der frühfeudalen Zeit zurück. Mit der Durchsetzung der feudalen Herrschaftsverhältnisse im Frankenreich und im frühfeudalen deutschen Staat bis zum 10. Jh., mit der Verpflichtung freier Bauern zum Frondienst, mit der Herausbildung der feudalen Abhängigkeit gegenüber dem feudalen Grundeigentümer hatte die Masse der ehemals freien Bauern auch die Pflichten und Rechte, Kriegsdienste zu leisten, eingebüßt. Dort, wo die noch geringe Tributpflicht des Bauern es erlaubte – das war regional unterschiedlich –, hatte er, wie auch der Städtebürger seit dem 10. Jh., im Kriegsfall bestimmte Dienste zu leisten, zumeist im Fußvolk und Troß der Ritterheere, bei der Sicherung der Grenzen sowie bei Befestigungsarbeiten. Diese Pflicht wurde als Landfolge bezeichnet und war in vielen europäischen Feudalstaaten ein Mittel der königlichen Zentralgewalt zur Festigung ihrer Herrschaft. Das Recht, die Landfolge zu fordern, verlor aber im mittelalterlichen römisch-deutschen Kaiserreich die Zentralgewalt allmählich an die erstarkenden Partikulargewalten (Fürsten, Grafen, geistliche Feudalherren). Die aufgebotenen Landfolgepflichtigen waren in der Regel schlecht bewaffnet und kaum ausgebildet, sie konnten sich allein weder gegen Ritter behaupten noch Einfälle fremder Heere (Normannen, Ungarn, Mongolen) abwehren.

Durch die Siege der fest organisierten und geübten Bürgeraufgebote der ökonomisch starken flandrischen Städte über französische Ritterheere im 14. Jh. und mit den Erfolgen der Schweizer gegen den österreichischen und burgundischen Feudaladel im 14./15. Jh. wurden die militärischen Potenzen der Landfolge wieder stärker beachtet. Vereinzelt begannen Landesherrscher, die Aufgebote der Landfolge zu reorganisieren. In Sachsen, Bayern und Brandenburg gaben namentlich die Mißerfolge der feudalen Heere gegen die Hussiten (→ *Hussitenkriege 1419–1437*) den Anstoß, während in Österreich und den südöstlichen Gebieten des Reiches das Vordringen der Osmanen militärische Reformen in der Landfolge stimulierte. Hier wirkte als Vorbild das 1511 zwischen dem Landesherrn und den Landständen Tirols vereinbarte «Libell» (Gesetz). Es legte fest, daß im Kriegsfall Städte, Landgemeinden, der

Adel sowie die Kirche bestimmte Truppenkontingente zu stellen hatten. Hier wie in anderen Territorien des Reiches wurden die Dienstpflichtigen gemustert, in ein Aufgebot eingeteilt und an Sonn- und Feiertagen ausgebildet. Da die Feudalgewalten eine Bewaffnung und militärische Organisation breiterer Volksschichten fürchteten, entschlossen sie sich im allgemeinen nur zögernd und angesichts unmittelbarer Kriegsgefahr zum Ausbau der Aufgebote. Die Aufgebotspflicht betraf nur die haus- oder hofbesitzenden Landesbewohner, die dem Feudaladel als zuverlässig galten. Trotz dieser Begrenztheit boten die Aufgebote dem antifeudalen Volkskampf Ansatzpunkte. Im deutschen Bauernkrieg (1524–1526) stützten sich in Franken, Württemberg und Schwaben die Aufständischen auch auf die Landfolge. Die Aufgebote blieben nach 1526 bestehen, wurden aber von den Landesherren stärker kontrolliert. Angesichts der hohen Kosten für Söldnertruppen sahen finanziell schwächere Fürsten in den Aufgeboten der Landfolge eine Möglichkeit, mit geringem Aufwand eine eigene Streitmacht zu unterhalten. Im 16. Jh. beeinflußten die militärischen Ideen der Renaissance nachhaltig das Aufgebotswesen. Besonders der Italiener Niccolò Machiavelli (1469–1527), der in seinen Schriften für Bürgeraufgebote eintrat und das Söldnerwesen verurteilte, fand in den Reformplänen weithin Beachtung.

Im letzten Drittel des 16. Jh. kam es in zahlreichen deutschen Territorien zu einer Neuordnung der alten Aufgebote. Angesichts der zahlreichen Mißstände in den → *Söldnerheeren* und unter dem Eindruck des Krieges zwischen Spanien und den Niederlanden, der die westlichen deutschen Länder bedrohte, suchten vor allem die Grafen von Nassau-Siegen sowie Landgraf Moritz von Hessen-Kassel (1572–1632) neue Aufgebote zu formieren. In der Kurpfalz, in Nassau-Siegen, Hessen-Kassel, aber auch in Sachsen und Bayern entstand um die Wende vom 16. zum 17. Jh. aus den alten Aufgeboten eine neue Militärorganisation: das Defensionswerk. Es bestand aus den Ausschüssen der Städte und Dörfer und den sog. Lehnspferden (auch Roßdienste genannt) des Landadels. Im Unterschied zu den älteren Aufgeboten erfaßten die Ausschüsse nur die jüngeren kriegstauglichen Männer, sie wurden gemustert, in Fähnlein (Landfahnen) und Regimenter eingeteilt und nach niederländischem Vorbild von «Trillmeistern» ausgebildet. Im Kriegsfalle konnten die Ausschüsse durch die Einbeziehung der älteren Dienstpflichtigen verstärkt werden. Wie zuvor beruhte diese Pflicht auf dem Haus- und Grundbesitz; die ärmeren Schichten wurden im Krieg zu Arbeitsdiensten verpflichtet oder als Söldner geworben. Nach der Art der Bewaffnung gliederte sich das Fußvolk in Pikeniere und Musketiere. Der Landadel hatte je nach der Größe des Grundbesitzes eine bestimmte Zahl gerüsteter Reiter zu stellen. Die Artillerie kam aus den fürstlichen und städtischen Zeughäusern. Für die Landesverteidigung wurden an den Grenzen Stellungen (Landwehren) angelegt, alte Festungen modernisiert und neue erbaut. Im Defensionswerk begannen sich schrittweise einheitliche Normen für die Organisation, Ausrüstung, Bekleidung und Ausbildung der Dienstpflichtigen durchzusetzen, landesfürstliche Beamte sowie ehemalige Söldnerführer übernahmen die Kommandofunktionen. In den westelbischen Gebieten, wo die feudale Grundherrschaft dominierte, bestanden für das Defensionswerk insofern günstigere sozialökonomische Voraussetzungen, als hier die Landesfürsten breite bäuerliche Schichten, die sich nicht in persönlicher Abhängigkeit vom Grundherrn befanden, in die Aufgebote einbeziehen konnten. Dagegen scheiterte der Aufbau von Defensionswerken in den Ländern der feudalen Gutswirtschaft am Widerstand des Adels, der die an den Boden gebundenen und von ihm abhängigen Bauern (Leibeigenschaft) dem Zugriff des Landesfürsten entzog. In Brandenburg, Mecklenburg und Pommern existierten daher im 16./17. Jh. noch die alten, wenig kriegstauglichen Aufgebote, die vornehmlich von den Städten gestellt wurden. Trotz organisatorischer Unzulänglichkeiten, unzureichender Ausbildung und Ausrüstung der Ausschüsse und obwohl es an kriegserprobten Befehlshabern mangelte, konnten feindliche Einfälle regional und zeitweise verhindert werden. In den ersten Jahren des Dreißigjährigen Krieges (1618–1648) leisteten Ausschußtruppen Grenzdienste, hatten den Durchzug fremder Heere zu kontrollieren und die Bevölkerung vor Übergriffen der Söldner zu schützen. In den Schlachten aber unterlagen sie den besser ausgerüsteten und ausgebildeten Söldnerarmeen, so die sächsischen Lehnspferde bei

Organisation der Landesdefension, Anfang 17. Jh.

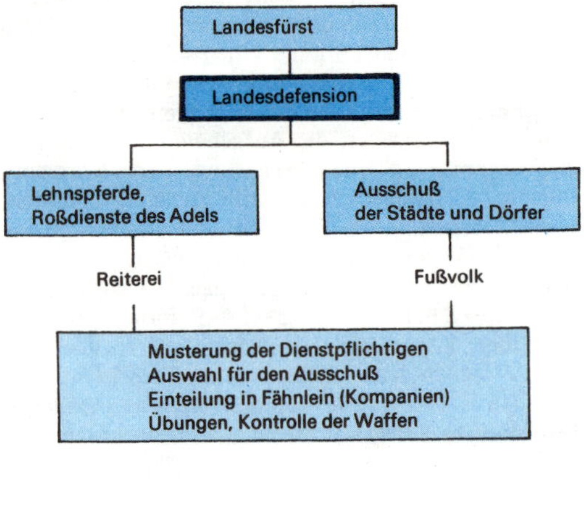

→ *Breitenfeld 1631* und die bayrischen Landfahnen bei Rain am Lech 1632. Die in vielen Territorien nach 1618 eingeleiteten Maßnahmen, wie Musterungen, Aufstellung neuer Ausschüsse, Aufgebotsforderungen an den Adel und Verbot des Eintritts von Landeseinwohnern in fremde Solddienste, blieben infolge der zunehmenden Zerrüttung der staatlichen Ordnung ohne Erfolg.

Nach 1648 verloren die Ausschüsse ihre frühere Bedeutung und traten hinter das stehende Heer. Jedoch suchten viele Landesfürsten, die nur ein kleines Söldnerheer unterhalten konnten, ihre militärische Souveränität durch eine Wiederbelebung der Defensionswerke zu stärken. In den Kriegen zu Beginn des 18. Jh. erhielt dieses Streben dadurch einen Impuls, daß auch die größeren Landesherrscher die Verluste ihrer Söldnertruppen durch ausgehobene Landesbewohner ohne Werbekosten ersetzen wollten. Deshalb übertrugen sie die Ausschußpflicht häufig auf den Zwangsdienst im stehenden Heer. Eine eigenständige Landmiliz nach dem Vorbild der Ausschüsse entstand in Brandenburg-Preußen nach 1701 durch den schrittweisen Aufbau von 8 «Nationalregimentern» unter König Friedrich I. (1657–1713). Dabei gelang es nur in den Städten und auf den königlichen Besitzungen (Domänen), Milizen zu formieren. Die feudalen Gutsherren widersetzten sich allen Versuchen, ihre leibeigenen Bauern für die Landmiliz zu verpflichten. So blieb die geplante neue Militärorganisaion ein Torso. 1713 löste sie König Friedrich Wilhelm I. (1688–1740) auf, um das Söldnerheer rasch vergrößern zu können, denn bisher waren die Angehörigen der Landmiliz von der Zwangswerbung zum stehenden Heer befreit gewesen. Die Ausschüsse in den anderen deutschen Territorien verkümmerten im Laufe des 18. Jh., in den Kleinstaaten boten sie ohnehin ein Zerrbild realer militärischer Macht. Auch das um die Mitte des 18. Jh. im Fürstentum Schaumburg-Lippe vom Grafen Wilhelm (1724–1777) errichtete Defensionswerk blieb eine Miniatur.

Unter dem Einfluß der Aufklärung entstand im letzten Drittel des 18. Jh. eine Bewegung zur Reform der L. Angesichts der Siege der französischen Revolutionsheere nach 1792 gewannen Pläne zur Reorganisation der Ausschüsse in verschiedenen deutschen Ländern stärkeres Gewicht. Im April 1806 verfaßte der preußische Oberst Gerhard von Scharnhorst (1755–1813) eine Denkschrift über die Formierung einer Nationalmiliz aus Bauern, Bürgern und allen bislang in Preußen durch das Kantonsystem vom Militärdienst befreiten Schichten. Diese Miliz sollte für die Landesverteidigung eingesetzt werden. Krone und Feudaladel lehnten diesen Plan ab. Die Militärreformen in den deutschen Ländern zu Beginn des 19. Jh. beseitigten die noch vorhandenen Reste von Ausschüssen und Milizen der L. Ihre Traditionen wirkten jedoch bei der Schaffung von Landwehr und Landsturm sowie bei der Begründung der allgemeinen Wehrpflicht mit.

Die Institutionen der L. waren ein Element der feudalen Gesellschaft und ihres Militärwesens. Im Unterschied zum Ritterheer und zum feudalen Söldnerheer war die L. jedoch im Volk verwurzelt und besaß vor allem durch die Verteidigungsfunktion eine Reihe historisch progressiver, volkstümlicher Züge.

Landesverteidigung der DDR: Gesamtheit der Organe, Einrichtungen, Kräfte und Mittel zur Gewährleistung des bewaffneten Schutzes des Arbeiter-und-Bauern-Staates und Teil der militärischen Macht der sozialistischen Gemeinschaft.

Die L. entwickelte sich unter Führung der SED (→ *Militärpolitik der SED*) entsprechend den konkreten Bedingungen und Erfordernissen der Klassenauseinandersetzung zwischen Sozialismus und Imperialismus. Die bei der Ausgestaltung der politischen Macht der Arbeiterklasse im Bündnis mit den anderen Werktätigen geschaffenen Schutz- und Sicherheitsorgane – darunter die → *Hauptverwaltung für Ausbildung (HVA)* und die → *Hauptverwaltung Seepolizei (HVS)* – bewährten sich im Kampf gegen konterrevolutionäre Aktionen und andere Schädlingstätigkeit der Feinde des Sozialismus. Gegen eine imperialistische Intervention wurde die DDR durch die auf ihrem Gebiet stationierten sowjetischen Truppen (→ *Gruppe der Sowjetischen Streitkräfte in Deutschland (GSSD)*) zuverlässig geschützt. Angesichts der Zuspitzung der internationalen Lage im Zusammenhang mit dem Überfall der USA und ihrer Satelliten auf die Koreanische Demokratische Volksrepublik Mitte 1950, der beschleunigten → *Remilitarisierung der BRD* und der aggressiven Politik ihrer herrschenden Kreise, insbesondere gegen den sozialistischen deutschen Staat, waren weitergehende Maßnahmen zum bewaffneten Schutz des sozialistischen Aufbaus in der DDR erforderlich. So beschloß die 2. Parteikonferenz der SED (9.–12. 7. 1952), die Grenzen der DDR wirksamer zu sichern und Streitkräfte aufzustellen, die an der Seite der sowjetischen Klassen- und Waffenbrüder «imstande sind, die Errungenschaften der Werktätigen vor einem imperialistischen Angriff zu schützen» (Dok. SED, 4, S. 72). Notwendige Vorkehrungen wurden dazu im Rahmen der 1952 gebildeten → *Kasernierten Volkspolizei (KVP)* getroffen. Weitere Schritte beim Aufbau der L. folgten mit der Gründung der → *Gesellschaft für Sport und Technik (GST)* im August 1952 und mit der Bildung der → *Kampfgruppen der Arbeiterklasse* seit Juni 1953.

Um die Mitte der 50er Jahre, als die Auseinandersetzung zwischen Sozialismus und Imperialismus, der Kampf um die Sicherung des Friedens in eine neue Etappe eintraten, begann ein neuer Abschnitt in der Entwicklung der L. Beim Abschluß des Warschauer Vertrages am 14. 5. 1955, der dem gefährlichen Aggressionskurs des Imperialismus (→ *Pariser Verträge 1955*) unüberwindliche Schranken gesetzt hat, verwirklichten die Mitgliedstaaten die Leninsche Lehre von der kollektiven Verteidigung des Friedens und der Errungenschaften des Sozialismus. Die Verankerung der DDR im → *Warschauer Verteidigungsbündnis* wurde zum Fundament ihrer Verteidigungsfähigkeit. Gleichermaßen wuchsen die Anforderungen an die L., deren Verantwortung über den Rahmen des eigenen Landes hinausging. Dem entsprach die Schaffung der → *Nationalen Volksarmee der DDR (NVA)*, die in enger Klassen- und Waffenbrüderschaft mit der Sowjetarmee und den anderen verbündeten Armeen eine ständig hohe Gefechtsbereitschaft gewährleistet, um jederzeit allen Provokationen der imperialistischen Reaktion zu begegnen, um Sozialismus und Frieden zuverlässig zu sichern. Zur Stärkung der L. erfolgte der Ausbau der bereits bestehenden Schutz- und Sicherheitsorgane. Unter Führung der SED entwickelte sich die → *sozialistische Wehrerziehung der Bevölkerung der DDR* zu einem wichtigen Bereich der L. Ein weiterer Schritt bedeutete die Bildung von Führungsorganen und freiwilligen Einsatzgruppen zum Schutz der Bevölkerung, der Betriebe und Einrichtungen bei militärischen Aggressionshandlungen und bei Katastrophen. Auf der Grundlage des Gesetzes über den Luftschutz vom 11. 2. 1958 entstanden Vorläufer der späteren → *Zivilverteidigung der DDR*. Mit dem → *Nationalen Verteidigungsrat der DDR* wurde im Februar 1960 ein Führungsorgan geschaffen, dem die zentrale Leitung aller Verteidigungs- und Sicherheitsmaßnahmen obliegt. Eine bedeutende Bewährungsprobe bestand die L. bei der → *Sicherung der Staatsgrenzen der DDR 1961*. Die im August 1961 gemeinsam mit den Teilnehmerstaaten des Warschauer Vertrages getroffenen Maßnahmen für den Schutz und die Sicherheit der DDR zügelten die aggressiven imperialistischen Kräfte und retteten den Frieden in Europa. Darauf waren auch weitere Schritte zum Ausbau des Grenzsicherungsregimes gerichtet, wozu die Entwicklung der bisherigen Grenzpolizei zu → *Grenztruppen der DDR* sowie die Bildung der → *Stadtkommandantur der Hauptstadt der DDR*, Berlin, Ende August 1962 gehörten.

Um die im neuen Entwicklungsabschnitt der DDR erforderlichen Aufgaben der L. zu lösen, beschloß die Volkskammer im September 1961 das Verteidigungsgesetz und im Januar 1962 das Gesetz über die allgemeine Wehrpflicht (→ *Recht der Landesverteidigung der DDR*). Diese beiden Gesetze mit ihren Folgebestimmungen ermöglichten, die Vorzüge und Triebkräfte der sozialistischen Gesellschafts- und Staatsordnung für die Stärkung der Verteidigungsfähigkeit besser zu nutzen. So vermochte die DDR in enger Zusammenarbeit mit der UdSSR und den anderen sozialistischen Staaten ihre Leistungen auf dem Gebiet der ökonomischen Sicherstellung der L. wesentlich zu steigern. Unter Führung der SED entwickelten die staatlichen Organe und gesellschaftlichen Organisationen eine kontinuierliche Arbeit zur sozialistischen Wehrerziehung der Bevölkerung. Fast 300000 Jugendliche erklärten allein in den Jahren 1961/62 ihre Bereitschaft, freiwillig Ehrendienst in den bewaffneten Organen zu leisten. Wachsende Aufgaben erfüllten die → *Wehrbezirkskommandos (WBK) und Wehrkreiskommandos (WKK) der NVA*, um das politische und gesellschaftliche Potential der DDR für die Stärkung der L. effektiv zu nutzen. Um den zuverlässigen Schutz der DDR vor einer imperialistischen Aggression unter allen Bedingungen zu gewährleisten, erfolgte die weitere Entwicklung der NVA als moderne sozialistische Koalitionsarmee. Von den dabei erreichten Fortschritten zeugte das erfolgreiche Zusammenwirken in → *Übungen und Manövern der Vereinten Streitkräfte*. Für den Ausbau des territorialen Bereichs der L. – auch als Territorialverteidigung bezeichnet – war die Annahme des Gesetzes über die Zivilverteidigung der DDR vom 16. 9. 1970 von wesentlicher Bedeutung. Damit war das System einer funktionstüchtigen L. im wesentlichen herausgebildet.

Angesichts der verstärkten Bestrebungen der reaktionärsten Kräfte des internationalen Monopolkapitals, sich dem Kurs der Entspannung durch forcierte Kriegsvorbereitung zu widersetzen, beschloß der VIII. Parteitag der SED (15.–19. 6. 1971), die L. zu vervollkommnen. Dabei ließ sich die SED von neuen Erkenntnissen vor allem der sowjetischen → *Militärwissenschaft* über Charakter und Merkmale eines möglichen Krieges im Falle einer imperialistischen Aggression leiten (→ *Kriegskunst*). Bedeutende Fortschritte erreichte in den 70er Jahren die NVA bei der Steigerung ihrer Kampfkraft und Gefechtsbereitschaft, um in allen Varianten einer Kriegsentfesselung durch aggressive Kräfte jederzeit an der Seite der Sowjetarmee und der anderen Bruderarmeen und im engen Zusammenwirken mit ihnen erfolgreiche Kampfhandlungen zur Abwehr und zur Zerschlagung der Streitkräfte des Gegners zu führen. Durchgeführte Übungen unter Einbeziehung aller Bereiche der L. zeugten von deren zunehmend komplexen Charakter. Die Aufgaben zur Gewährleistung der Operationsfreiheit der mobilen militärischen Kräfte wurden ebenso gemeistert wie Handlungen zum Schutze und zur Sicherung des Territoriums und der Bevölkerung. Mit dem Gesetz über die L. vom 13. 10. 1978 wurde den veränderten Bedingungen Rechnung getragen, die sich aus dem Entwicklungsstand in der DDR und den Erforder-

«Medaille für langjährige Pflichterfüllung zur Stärkung der Landesverteidigung der Deutschen Demokratischen Republik» in Gold; seit 1974 in 4 Stufen

nissen ihres zuverlässigen militärischen Schutzes, aus den Verpflichtungen im Rahmen der sozialistischen Staatengemeinschaft und aus der internationalen Lage ergaben. Insbesondere mußte berücksichtigt werden, daß die entspannungsfeindlichen imperialistischen Kräfte mit dem Beschluß des NATO-Rats von Anfang 1978 über das Rüstungsprogramm des Paktes und anderen Maßnahmen in eine neue Phase ihrer Kriegsvorbereitungen eingetreten waren. Dementsprechend schuf das Gesetz die staatsrechtliche Grundlage für die notwendige schnelle und flexible Reaktion auf bedrohliche militärpolitische Situationen, für die allseitige Vorbereitung und im Notfalle auch für die Umstellung des Landes auf den Verteidigungszustand, auf die Abwehr einer möglichen imperialistischen Aggression. In der Neufassung des Verteidigungsgesetzes nehmen Fragen der Leitung der L. einen besonders wichtigen Platz ein. Vor allem wurden die Stellung, Aufgaben und Befugnisse des Nationalen Verteidigungsrates präzisiert. Dadurch ist in Übereinstimmung mit der Verfassung der DDR auch dann eine einheitliche Leitung der L. gesichert, wenn die Volkskammer oder der Staatsrat aufgrund der Lage verhindert ist zu tagen. Den höheren Erfordernissen der L. diente ebenso die im Gesetz geregelte Führung der Zivilverteidigung durch den Minister für Nationale Verteidigung der DDR. Die Verfassung und das Gesetz über die L. verankern den obersten Grundsatz der Militär- und Sicherheitspolitik der DDR, alles zu tun, um Frieden und Sozialismus zu sichern.

In diesem Sinne richtete die SED unter aktiver Mitwirkung aller anderen politischen Parteien und vor allem der Massenorganisationen die Anstrengungen darauf, die L. immer mehr zur Sache des ganzen Volkes zu machen. In Anbetracht wachsender moralisch-psychologischer, wissenschaftlich-technischer und physischer Anforderungen an die Ausübung des Dienstes in der NVA, den Grenztruppen der DDR, der Zivilverteidigung und den anderen Schutz- und Sicherheitsorganen wurden die Anerziehung von kämpferischen Eigenschaften, die Vermittlung von Wissen und der Erwerb von Fertigkeiten auch in den Bereichen intensiviert, die vor dem Wehrdienst die Wehrbereitschaft fördern. Ab 1978 wurde der Wehrunterricht für die Schüler der 9. und 10. Klassen der allgemeinbildenden polytechnischen Oberschulen zum festen Bestandteil der Bildung und Erziehung. Die sozialistische Wehrerziehung und die Aneignung von bestimmten militärischen Grundkenntnissen gehören zum Studienprozeß an Universitäten, Hoch- und Fachschulen. Mit immer besseren Ergebnissen erfüllt die GST ihren gesellschaftlichen Auftrag bei der Vorbereitung der Jugend auf den Militärdienst. Mehr als 90% aller für den Wehrdienst geeigneten männlichen Jugendlichen erhalten seit Jahren in der GST eine vormilitärische und Laufbahnausbildung. Auf der Grundlage einer Vereinbarung zwischen dem Ministerium für Nationale Verteidigung und dem Bundesvorstand des Freien Deutschen Gewerkschaftsbundes (FDGB) vom Dezember 1978 wird die Zusammenarbeit mit dem Ziel vertieft, noch wirksamer die Wehrbereitschaft und Wehrfähigkeit bei den Werktätigen zu entwickeln und zur Wehrkrafterhaltung der gedienten Reservisten beizutragen. Analoge Vereinbarungen fördern die Partnerschaftsbeziehungen der NVA zur FDJ sowie zur GST. Zahlreiche erfahrene Offiziere wirken aktiv in den Sektionen Militärpolitik der URANIA. Eine enge Zusammenarbeit hat sich auf den verschiedenen Ebenen der L. mit entsprechenden Organen und Kräften der Landesverteidigung der UdSSR und anderer Bruderstaaten entwickelt.

Ausgehend von der wachsenden Aggressivität des Imperialismus und der durch die USA und NATO verursachten Verschärfung der internationalen Lage sowie der Notwendigkeit, den Frieden dauerhaft zu gestalten, stellte der X. Parteitag der SED (April 1981) die Aufgabe, die Kampfkraft, die Gefechts- und Einsatzbereitschaft der NVA und der anderen Schutz- und Sicherheitsorgane weiter zu erhöhen. Er stellte allen Waffenträgern im Dienste der DDR – der NVA, den Grenztruppen der DDR, dem Ministerium für Staatssicherheit, der Deutschen Volkspolizei und den anderen Organen des Ministeriums des Innern, den Kampfgruppen der Arbeiterklasse und den Offizieren der Zivilverteidigung – den gemeinsamen Klassenauftrag, den sie Schulter an Schulter mit den Waffenbrüdern der Sowjetunion und der anderen sozialistischen Staaten erfüllen: auch bei der Weiterführung der sozialistischen Revolution die sozialistische Ordnung und das friedliche Leben der Bürger der DDR und aller Staaten der sozialistischen Gemeinschaft gegen jegliche Angriffe der aggressiven Kräfte des Imperialismus und der Reaktion zu schützen. Sie haben die Souveränität der DDR, ihre territoriale Integrität, die Unverletzlichkeit ihrer Grenzen und ihrer staatlichen Sicherheit zu gewährleisten. Von den staats- und wirtschaftsleitenden Organen forderte der Parteitag, den Belangen der L. und der Gewährleistung von Sicherheit und Ordnung stets Rechnung zu tragen. Er betonte, daß an den Leistungswillen der Bürger und ihre Bereitschaft, für den militärischen Schutz des sozialistischen Vaterlandes und die Erhaltung des Friedens notwendige Opfer zu bringen, hohe Ansprüche gestellt werden.

Im Sinne dieser Forderungen des X. Parteitages der SED beschloß die Volkskammer der DDR am 25. 3. 1982 das Gesetz über den Wehrdienst in der Deutschen Demokratischen Republik – Wehrdienstgesetz – sowie das Gesetz über die Staatsgrenze der Deutschen Demokratischen Republik – Grenzgesetz –, die beide mit Wirkung vom 1. 5. 1982 in Kraft traten (→ *Gesetz über den Wehrdienst in der DDR 1982*). Zusammen mit einer Reihe Folgebestimmungen tragen die Gesetze zur personellen Sicherstellung und weiteren planmäßigen Organisation des Wehrdienstes sowie zur noch größeren Sicherheit der Grenzen der DDR bei.

Die Notwendigkeit aller auf die Stärkung der L. gerichteten Maßnahmen wurde besonders offensichtlich, als die USA 1983 begannen, in der BRD und weiteren NATO-Staaten Pershing-2-Raketen und Cruise missiles zu stationieren. Die nukleare Bedrohung der DDR und der anderen sozialistischen Staaten in Europa hat sich dadurch äußerst verschärft.

Landfolge → *Landesdefension*

Landkriegsrecht → *Regeln des Landkrieges*

Landsknechte: deutsche Söldner zu Fuß vom Ende des 15. bis Anfang des 17. Jh.

Seit Ende des 15. Jh. wurde das → *Söldnerheer* immer mehr zur militärischen Hauptstütze des Feudaladels. Das Bestreben der deutschen Fürsten, nach dem Vorbild der Schweizer (→ *Reislaufen*) ein kampfstarkes Fußvolk aus Söldnern zu schaffen, führte zur Herausbildung des Landsknechtswesens. Die Bezeichnung L., die erstmals um 1475 im Breisgau auftauchte, ist etymologisch nicht eindeutig. Sie wird zumeist abgeleitet entweder von Kriegsknechten aus dem (eigenen) Lande, im Unterschied zu den ausländischen Söldnern, vor allem den Schweizern, oder von der Lanze (→ *Spieß*), der Hauptwaffe der Fußkämpfer. Als «Vater der L.» galt der spätere römisch-deutsche Kaiser Maximilian I. (1459–1519). Seine um 1485 besonders in den rheinischen Städten angeworbenen und zu einer disziplinierten Fußtruppe formierten Söldner wurden bereits L. genannt. Das deutsche Landsknechtswesen bildete sich rasch aus und wurde Anfang des 16. Jh. typisch für das europäische Söldnerwesen.

Die L. ließen sich gegen Handgeld vom Meistbietenden anwerben. Die Werbung erfolgte durch einen vom Kriegsherrn beauftragten obersten Feldhauptmann (Obrist) und die von ihm ernannten Hauptleute. Bei der → *Musterung* wurden die L. auf den Artikelbrief vereidigt, der die Sold-, Disziplinar- und Rechtsbestimmungen enthielt. Der Zulauf war groß. Anfangs rekrutierten sich die L. vorwiegend aus dem Städtebürgertum und der Bauernschaft, später zunehmend aus verarmten Bauern, Plebejern und deklassierten Elementen. Der niedere Adel stellte fast ausschließlich die höheren Ämter. Ursprünglich bildeten die L. eine Art Genossenschaft. Sie übernahmen von den Schweizern bestimmte Organisations- und Führungsprinzipien, entwickelten aber zugleich eine eigene Organisation, Ranghierarchie, Verwaltung und Rechtsprechung sowie spezifische Normen des Dienstes und Lagerlebens. Die Ausrüstung mußte von den L. selbst beschafft werden. Die Bewaffnung bestand aus Spieß oder → *Pike* und → *Schwert*. Die Zahl der mit → *Arkebuse* und → *Luntenschloßgewehr* bewaffneten L. war zunächst gering (um 1500 etwa 10%), stieg aber stetig an (um 1600 etwa 50%). Die ersten L. trugen keine Schutzkleidung. Später kamen leichte Brustpanzer, vorwiegend Lederharnische, sowie Eisenhüte in Gebrauch. Von der Qualität der Ausrüstung hing weitgehend die Höhe des Soldes ab, der im 16. Jh. durchschnittlich 4 Gulden im Monat für den Fußknecht betrug. Sehr gut ausgerüstete und besonders kriegserfahrene L. bekamen höheren Sold und wurden als Doppelsöldner bezeichnet. Ein Hauptmann erhielt mindestens 40 Gulden Monatssold. Die Tracht der L. war uneinheitlich und durch das geschlitzte Wams, die Pluderhose und das Federbarett gekennzeichnet. Das Landsknechtsheer, noch insgesamt als → *Regiment* bezeichnet, gliederte sich organisatorisch in → *Fähnlein* (300–500 Mann), die in Rotten (10–15 Mann) unterteilt waren. An der Spitze des Fähnleins standen der Hauptmann und ein Leutnant als sein Stellvertreter. Zum Rahmen des Fähnleins gehörten der → *Fähnrich* und der Feldweibel (Exerziermeister), die beide vom Obristen eingesetzt wurden, sowie je 1 Furier, Führer zur Wegeerkundung, Feldscher, Kaplan und Schreiber, außerdem 2–3 Spielleute. Die L.

Landsknechte, Ende 15. Jh.

Landsknechte, Mitte 16. Jh.

eines Fähnleins, die «Gemeinde», wählten die Rottmeister und 2 Gemeinweibel als ihre Vertrauensleute. 10–18 Fähnlein bildeten das Regiment. Der Stab des Obristen setzte sich u. a. aus dem Schultheiß (Gerichtswesen), Wachtmeister (Sicherheit des Lagers), Quartiermeister, Proviantmeister, Pfennigmeister (Finanzen), → *Profoß* und Obristwachtmeister (Gefechtsordnung) zusammen. Der riesige Troß der L., zu dem Diener, Buben, Frauen, Kinder, Händler und Gaukler gehörten, unterstand dem Hurenweibel. Die Disziplinargewalt lag beim Obristen. Die L. hatten jedoch das Recht, in besonderen Fällen Selbstjustiz zu üben («Recht der langen Spieße»). Auch konnten sie sich zum sog. Ring versammeln und dort ihre Grundanliegen beraten. Diese demokratischen Elemente wurden allerdings mit der Zeit immer mehr abgebaut. Für die L. waren Völlerei, Spiel- und Rauflust, Gewinnsucht und Gewalttätigkeit charakteristisch. Ihre schon früh einsetzende Verwilderung zeigte sich drastisch in der Plünderung Roms 1527 und spiegelte sich auch im Inhaltswandel des Landsknechtsliedes wider, mit dem der eigentliche deutsche Soldatengesang entstand.

Taktische Grundeinheit der L. war der → *Gevierthaufen.* Formierung, Zusammenhalt und Bewegung des Haufens erforderten ein Massenexerzieren, mit dem sich Waffenübungen verbanden. Im Gefecht hatte der Gevierthaufen eine Vor- und eine Nachhut, später wurden entsprechend der Gesamtstärke mehrere Haufen aufgestellt (→ *Kriegskunst*). In den ersten Reihen kämpften gewöhnlich die Doppelsöldner. Die Schützen standen anfangs in aufgelöster Ordnung vor den Spießträgerhaufen, dann in kleinen Gruppen (Schützenquadrate) an deren Flügeln und umsäumten schließlich die → *Pikeniere.* Im Angriff suchte der Haufen mit massivem Stoß die Entscheidung, während er in der Verteidigung mit den ringsum vorgestreckten Spießen einen «Igel» bildete. Die L. stellten eine starke militärische Kraft dar und wurden, wie Friedrich Engels (1820–1895) schrieb,

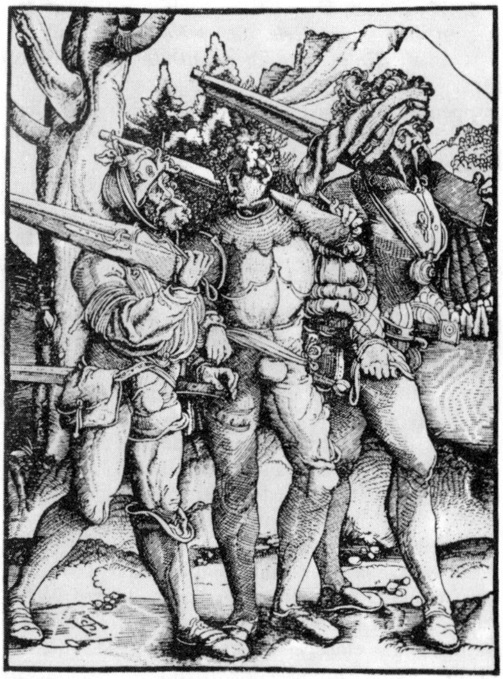

Landsknechte mit Luntenschloßmusketen, 16. Jh.

nach der Schlacht von → *Pavia 1525* «als die erste Infanterie Europas betrachtet» (K. Marx/F. Engels, 14, S. 353). Als freie Berufskrieger besaßen sie keinerlei politisch-moralische Bindung an den Kriegsherrn und das Land, sondern kannten nur eine Gebundenheit durch Geld und Beute. Bei stockenden oder ausbleibenden Soldzahlungen kam es sehr häufig zu Meuterei, Plünderung und Desertion. Nach der Entlassung aus dem Soldverhältnis gerieten die L. zumeist in tiefes Elend und zogen als räubernde Banden durch das Land. Noch im 16. Jh. entarteten die L. zu einem äußerst rohen und gewalttätigen Kriegsvolk. Im Dreißigjährigen Krieg 1618–1648 verfiel das Landsknechtswesen völlig, und mit dem Aufkommen stehender Söldnerheere verschwanden auch die L. Heute wird der Begriff L. in übertragenem Sinne oft für imperialistische Soldateska gebraucht. *(s. Abb. S. 184, 305, 947, 951)*

Landstreitkräfte: Teil der → *Streitkräfte*, der zu Lande selbständig oder im Zusammenwirken mit anderen Teilstreitkräften strategische, operative und taktische Aufgaben löst.

Aufgaben, Zusammensetzung, Ausrüstung, Bewaffnung und Einsatzprinzipien der L. und ihr Anteil an den Streitkräften hängen vor allem vom Klassencharakter und von der Politik des Staates, vom Stand der Ökonomie und Technik, von der sozialen Struktur der Bevölkerung und von geographischen Bedingungen ab. Die ältesten Waffengattungen der L. sind die → *Infanterie*, die → *Kavallerie* und die → *Artillerie*. Sie prägten über Jahrhunderte das Profil der L. Weitere Waffengattungen sowie Spezialtruppen und Dienste entwickelten sich seit dem 18. Jh. im Zusammenhang mit den raschen ökonomischen und technischen Fortschritten.

Die L. entwickelten sich aus den Stammesaufgeboten in der Zeit der → *militärischen Demokratie*. In der Sklaverei bestanden die L. in der Regel aus Infanterie, Kavallerie sowie Abteilungen für Arbeiten und Dienste (Bau von Straßen, Brücken und Festungen, Bedienen der ballistischen Wurfmaschinen u. a. m.). Die fest organisierten und taktisch ausgebildeten Legionen Roms verkörperten den höchsten Entwicklungsstand der L. in dieser Gesellschaftsordnung.

Die L. des Frankenreiches und des deutschen Feudalstaates setzten sich aus dem zu Fuß kämpfenden allgemeinen Aufgebot der dienstpflichtigen freien Bauern und aus der Reiterei des → *Vasallenheeres* zusammen. Die fränkischen und deutschen Herrscher verfügten über zahlenmäßig starke L. Durch die feudale Unterjochung der freien Bauern verfiel das Aufgebot allmählich; die Vasallen bildeten als Berufskrieger eine gepanzerte Reiterei, aus der im 11. Jh. das → *Ritterheer* hervorging. Eine einheitliche und feste Organisation der feudalen L. gab es nicht. Bis zum 15. Jh. setzten sich die L. des deutschen Feudalreichs aus den Kontingenten der Feudalherren und ihrer Vasallen, den Aufgeboten der Städte, aus Bauern sowie aus Söldnern zusammen. Die feudale Herrschaftsstruktur und die unterschiedlichen Dienst- und Rechtsverhältnisse bewirkten einen nur lockeren Zusammenhalt der L., was ihren Einsatz komplizierte und der → *Kriegskunst* im Mittelalter das Gepräge gab.

Ein entscheidender Wandel in den L. trat im 15./16. Jh. mit der Herausbildung kapitalistischer Produktionsverhältnisse in West- und Mitteleuropa ein. Die Siege der Schweizer und die der Hussiten über Ritterheere (→ *Hussitenkriege 1419–1437*) veränderten zusammen mit dem Aufkommen der Feuerwaffen und der Ausweitung des Söldnerwesens (→ *Söldnerheere*) allmählich die Struktur der L. Die Infanterie bildete mit dem → *Gevierthaufen* wieder einen festen taktischen Körper und wurde im 16. Jh. zur stärksten und schlachtentscheidenden Waffengattung. Aus verarmten Rittern und berittenen Söldnern erwuchs die Söldnerkavallerie. Die im 14. Jh. in Europa entstandene Artillerie blieb noch eine Zunft, deren militärische Bedeutung jedoch seit Ende des 15. Jh. rasch anstieg. Bis zum 17. Jh. gab es – von Ansätzen in Frankreich und Rußland abgesehen – keine stehenden L., sondern nur zeitweilig geworbene Truppen. Ein kleines stehendes Heer entstand Ende des 16. Jh. in den Niederlanden. In vielen deutschen Territorien gehörten neben den Söldnertruppen auch die Formationen der → *Landesdefension* zu den L.

Nach 1648 vollzog sich der Übergang von den zeitweilig formierten Armeen zu den stehenden Heeren, wobei die bürgerlichen Niederlande und das feudalabsolutistische Frankreich als Vorbilder wirkten. In den langandauernden Kriegen des 17./18. Jh. wuchs die zahlenmäßige Stärke der L. an. Rußland unterhielt um 1750 über 300000 Mann L., Frankreich über 210000, Österreich über 170000 und Preußen über 150000 Mann. Die Kommando- und Befehlsgewalt ging von den Söldnerobristen an die Landesherrscher über, die Verwaltungsbehörden (Kriegskommissariate u. a. m.) einsetzten und für die einheitliche Ausbildung der Soldaten Reglements erließen. Ausrüstung und Versorgung der Truppen erfolgten durch staatliche Behörden aus Magazinen und → *Zeughäusern*. Durch diese Maßnahmen und die Ausnutzung der technischen Fortschritte der manufakturkapitalistischen Entwicklung erhöhte sich die Kampfkraft der L. Namentlich das preußische Heer unter König Friedrich II. (1712–1786) galt aufgrund militärischer Erfolge in den → *Schlesischen Kriegen 1740–1742, 1744/45* und im → *Siebenjährigen Krieg 1756–1763* als Vorbild für die L. anderer feudaler Staaten. Hauptwaffengattungen waren Infanterie, Kavallerie und Artillerie; mit den Mineu-

Zahlenmäßige Stärke der Landstreitkräfte deutscher Länder Ende des 18. Jh.

Land	Einwohner	Truppenstärke
Österreich	21 Mill.	280000
Preußen	6 Mill.	195000
Sachsen	2 Mill.	30000
Bayern-Pfalz	1,9 Mill.	9000
Württemberg	600000	3000
Hessen-Kassel	435000	9000
Hessen-Darmstadt	250000	5000

ren, → *Pontonieren* und → *Sappeuren* entstanden im 18. Jh. in Preußen die Anfänge der → *Pioniertruppen.* Unterhalt und Einsatz der kostspieligen, schwer ersetzbaren Söldnerheere bewirkten im 18. Jh. einen verstärkten Ausbau des → *Militärtransportwesens* und des → *Sanitätswesens.* Versuche im letzten Drittel des 18. Jh., Veränderungen in der erstarrten Struktur der L. herbeizuführen, z. B. durch Bildung leichter Truppen bei der Infanterie für den Kampf in aufgelöster Ordnung, vermochten unter den feudalabsolutistischen Verhältnissen keine echte Weiterentwicklung einzuleiten.

Die Französische Revolution von 1789 und die Revolutionskriege brachten, wie W. I. Lenin (1870–1924) schrieb, «an Stelle der alten Truppen ein neues, revolutionäres Volksheer und eine neue Kriegführung» hervor (W. I. Lenin, 24, S. 398). Das französische Revolutionsheer beruhte auf der allgemeinen Militärdienstpflicht; den feudalen Söldnerheeren war es durch die Masse der Kräfte und Mittel, die hohe Beweglichkeit sowie eine neue Taktik, die auf der Verbindung von Tirailleursystem und Bataillonskolonne beruhte, überlegen. Die von der Revolution übernommenen neuen Elemente in Organisation und Kampfweise der französischen L. wurden von Kaiser Napoleon I. (1769–1821) zu einem einheitlichen System entwickelt, das bis weit ins 19. Jh. hinein beispielgebend wurde. Die L. Frankreichs bestanden aus dem Feldheer und dem Heimatheer (Territorialtruppen), letzteres diente dem Schutz des Landes und der Ausbildung von Ersatz. Die L. wurden in → *Divisionen* und Korps (→ *Armeekorps*) gegliedert, die alle zur Lösung selbständiger Gefechtsaufgaben notwendigen Waffengattungen vereinigten. Sie wurden je nach Bedarf zu → *Armeen* zusammengefaßt. Im Gefecht wirkten die Waffengattungen enger zusammen, wobei die Artillerie durch massierten Einsatz den entscheidenden Angriff der Infanterie vorbereitete.

Auch in anderen europäischen Ländern entstanden im 19. Jh. bürgerliche Massenheere, die aber noch längere Zeit feudale Überreste enthielten. Bürgerliche Reformen schufen die Voraussetzungen für die Aufstellung starker und kampfkräftiger L. in Preußen und anderen deutschen Staaten (→ *Militärreformen in Preußen 1807–1815*). Die → *allgemeine Wehrpflicht* sowie eine neue Organisation und Kriegführung trugen dazu bei, den erfolgreichen Verlauf des → *nationalen Unabhängigkeitskriegs 1813/14* zu sichern. In der Restaurationszeit nach 1815 stagnierte die Entwicklung der L. in fast allen europäischen Staaten. Die im Deutschen Bund zusammengeschlossenen Einzelstaaten besaßen eigene Heere, über deren Gliederung, Ausbildung, Bewaffnung und Ausrüstung sie selbst verfügten. Daher war das im Kriegsfall aufzubietende → *Bundesheer* hinsichtlich Ausrüstung und Ausbildung sehr uneinheitlich. Die preußischen Streitkräfte ergänzten sich durch die allgemeine Wehrpflicht und gliederten sich in das stehende Heer (Linie), die → *Landwehr* und den → *Landsturm.* Die L. der übrigen deutschen Staaten fußten im allgemeinen auf der → *Konskription.* Durch den teilweisen Abbau von Ergebnissen der progressiven Militärreformen nahmen die Armeen wieder Züge von Söldnerheeren an.

Der stürmische Aufschwung der kapitalistischen Wirtschaft und Technik nach 1848/49 gab der Entwicklung der L. einen starken Anstoß. Dazu gehörten namentlich die Umwälzungen in der Waffenproduktion und -technik sowie die militärische Nutzung der Eisenbahn. Das Aufkommen gezogener Hinterlader bei der Infanterie und Artillerie leitete eine Auflockerung der Gefechtsordnung ein. Im allgemeinen blieben jedoch Taktik und Ausbildung noch lange Zeit hinter der Waffenentwicklung zurück. Die technischen Fortschritte veränderten das Verhältnis der Waffengattungen: Der Anteil der Kavallerie in den L. sank, dagegen erhöhte sich die Rolle der Artillerie und der Pioniere; die → *Eisenbahntruppen* sowie Nachrichtenformationen (→ *Nachrichtenwesen*) entstanden. Durch die → *Heeresreorganisation in Preußen 1859/60* und die Anpassung der Taktik an die neuen Waffen sowie eine zweckmäßigere Ausbildung der Offiziere und Soldaten konnten Stärke, Einsatzfähigkeit und Schlagkraft der preußischen L. wesentlich erhöht werden. Das waren wichtige militärische Voraussetzungen für die Reichsgründung durch «Eisen und Blut» unter Führung des junkerlich-militaristischen Preußens (→ *Dänisch-Deutscher Krieg 1864,* → *Preußisch-Österreichischer Krieg 1866,* → *Deutsch-Französischer Krieg 1870/71*). Das Heer des unter preußischer Führung stehenden Norddeutschen Bundes (1867–1871) gliederte sich in das Gardekorps, 12 Armeekorps und 1 Division. Dazu traten im Kriegsfall die Heere der süddeutschen Staaten, die sich inzwischen in der Wehrverfassung und Militärorganisation mehr und mehr Preußen angepaßt hatten.

Nach 1871 wuchsen die L. der europäischen kontinentalen Großmächte rasch an. Verstärkt setzte sich die Tendenz zu steigender Feuerkraft und Beweg-

Zusammensetzung und Entwicklung der deutschen Landstreitkräfte – 11. Jh. bis 1945

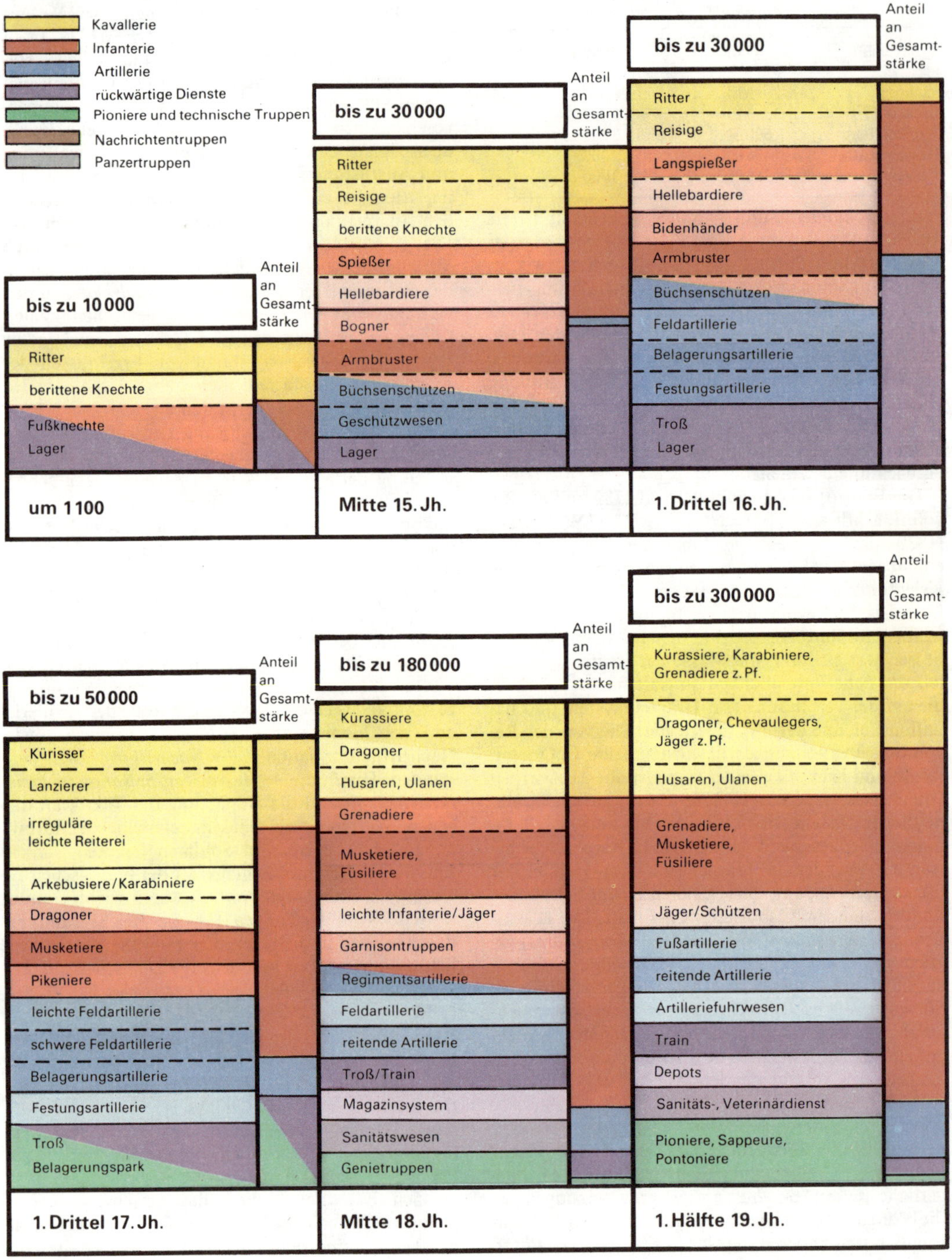

Die jeweils rechts angeordneten schmalen Säulenteile geben für den betreffenden Zeitraum den ungefähren prozentualen Anteil der einzelnen Teile bzw. der Waffengattungen wieder. Die Zahlen über dem breiten Teil der jeweiligen Säule weisen die ungefähre Personalstärke der Feldheere aus. Klar unterschiedene militärische Funktionen sind durch verschiedene Farbtöne und/oder durchgehende Linien, übergreifende, doppeldeutige oder nicht klar unterschiedene Funktionen durch zwei diagonal gestellte Farben innerhalb eines Blocks oder durch gestrichelte Linien gekennzeichnet. Mehrere Begriffe innerhalb eines Farbblocks weisen unterschiedliche Benennungen ohne echte Unterschiede hinsichtlich der jeweiligen Funktion aus.

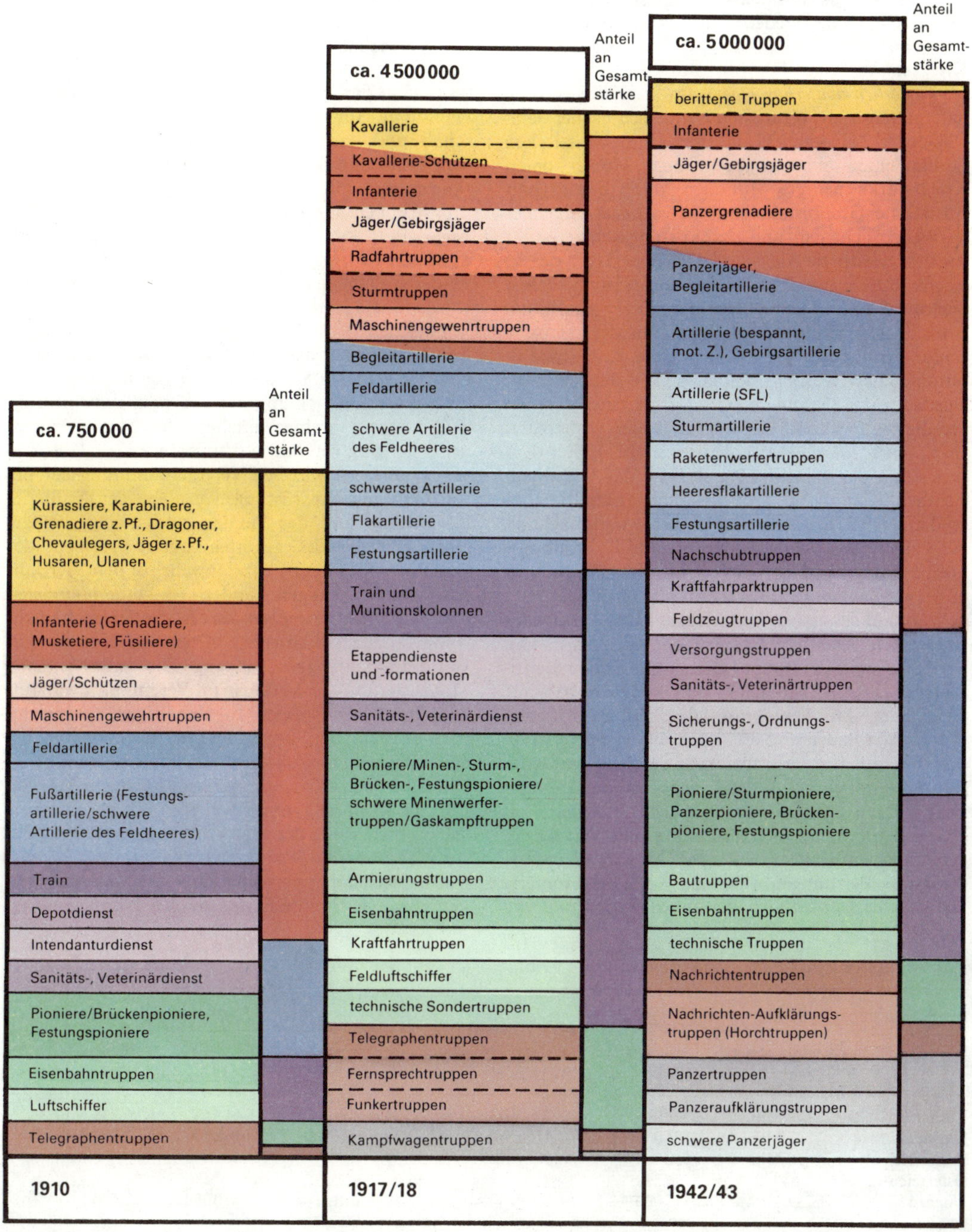

lichkeit der L. fort. Die L. des deutschen Kaiserreichs umfaßten nach dem → *Reichsmilitärgesetz 1874* zunächst 18 Armeekorps, darunter 2 bayrische, 1 sächsisches und 1 württembergisches. Durch Heeresvermehrungen und den Ausbau der Kriegsorganisationen stieg die Friedensstärke der L. von 1875 bis 1898 von knapp 430 000 auf rd. 595 000 Mann, die Kriegsstärke von 1,3 Mill. auf 3,1 Mill. Mann (→ *kaiserlich-deutsches Heer*). Im Zuge des sprunghaft gesteigerten Wettrüstens und technischer Umwälzungen entstanden in den imperialistischen Großmächten modern bewaffnete Heere, deren Kriegsstärke mehrere Millionen Mann betrug (mit Ausnahme Großbritanniens, wo es keine allgemeine Wehrpflicht gab und der Rüstungsschwerpunkt bei den Seestreitkräften lag). Die Feuerkraft der L. wuchs durch die Einführung von automatischen Schußwaffen und Schnellfeuergeschützen enorm an. Besondere Anstrengungen unternahm der deutsche Imperialismus, um die Friedens- und Kriegsorganisation seines Heeres auszubauen. Die deutschen L. wurden mehr als andere einseitig für einen offensiven Bewegungskrieg von kurzer Dauer vorbereitet. Im Sommer 1914 war das deutsche Heer hinter dem russischen das zahlenmäßig stärkste der Welt; hinsichtlich Kampfkraft und Kriegsbereitschaft nahm es den ersten Platz ein. Nach der Mobilmachung 1914 zählte das Feldheer knapp 2,4 Mill. Mann mit 5602 Feldgeschützen, 1369 schweren Geschützen und 2438 MGs.

Während des ersten Weltkrieges (1914–1918) wandelten sich Struktur, Organisation und Ausrüstung der L. tiefgreifend. Hauptwaffengattung blieb die Infanterie. Ihr Anteil an den L. sank zwar von 70% auf 50%, aber ihre Feuerkraft stieg auf das 3fache. Wachsende Bedeutung erlangten die → *Gebirgstruppen*. Besonders rasch entwickelte sich die Artillerie, die als Hauptfeuerkraft der L. vor allem den Infanterieangriff zu unterstützen hatte. Die Kavallerie, zu Kriegsbeginn noch für Aufklärung und Verfolgung verwandt, wurde stark verringert. Im Kampf um befestigte Feldstellungen wuchs die Rolle der Pioniere. Die Nachrichtentruppen gewannen Bedeutung für die Truppenführung auf allen Ebenen. Die → *Panzertruppen* (in den deutschen L. nur in Ansätzen) entstanden, vorerst als Begleitwaffe der Infanterie beim Durchbruch durch eine Verteidigungsstellung. Mit dem Einsatz chemischer Kampfstoffe entstanden erstmals chemische Truppen sowie die Organisation einer Gasabwehr (→ *chemische Kriegführung*). Die Ausdehnung der Kriegsschauplätze und die Notwendigkeit der Versorgung von Millionenheeren bedingten den raschen Ausbau der rückwärtigen Dienste im Hinterland und in der Etappe. Für Nachschub und Truppenbewegungen gewannen neben dem Train und den Eisenbahntruppen die → *Kraftfahrtruppen* und für den Stellungsbau die Armierungstruppen (→ *Bautruppen*) an Bedeutung. Die Ausweitung der Kriegsschauplätze führte zur Bildung von Kommandobehörden für breitere Frontabschnitte; als höchster operativ-strategischer Verband wurde die → *Heeresgruppe* geschaffen.

Zwischen 1918 und 1939 prägten die Auswertung der Erfahrungen des ersten Weltkriegs und namentlich das schnelle Voranschreiten der Militärtechnik die weitere Entwicklung der L. Die allgemeine Tendenz bestand in einer zunehmenden Motorisierung, der Schaffung von Panzertruppenteilen (→ *Panzerdivision*) und der weiteren Vervollkommnung der Bewaffnung und Ausrüstung, vor allem der Artilleriebewaffnung und der Pionier- und Nachrichtengeräte. Zu den L. gehörten auch Truppen der Luftabwehr und der Panzerabwehr. In den 30er Jahren kamen in einigen Ländern → *Luftlandetruppen* und → *Fallschirmtruppen* auf. In die Truppenausrüstung fanden verschiedene Arten von Ketten- und Halbkettenfahrzeugen Eingang. Die fortschreitende Motorisierung der L. führte im Verein mit dem Aufbau der Panzertruppen zu vielfältigen organisatorisch-strukturellen Experimenten, insbesondere bei der Schaffung mechanisierter Truppenteile und Verbände, wobei es viele Übergangslösungen gab, so z. B. die Kopplung von Kavallerie- mit mechanisierten Einheiten. Bei der Motorisierung der L. kristallisierte sich in den 30er Jahren die Tendenz heraus, ganze Verbände, vornehmlich → *Infanteriedivisionen*, sowie bestimmte Einheiten und Truppenteile zu

Zahlenmäßige Stärke der Landstreitkräfte imperialistischer Staaten 1892 und 1914

Land	1892			1914		
	Einwohnerzahl	Friedensstärke	Kriegsstärke	Einwohnerzahl	Friedensstärke	Kriegsstärke
Rußland	104 Mill.	946000	2,729 Mill.	180,6 Mill.	1,44 Mill.	5,338 Mill.
Deutschland	47 Mill.	521000	2,370 Mill.	67,5 Mill.	808000	3,823 Mill.
Frankreich	38 Mill.	552000	2,605 Mill.	39,7 Mill.	767000	3,580 Mill.
Österreich-Ungarn	39 Mill.	317000	1,159 Mill.	52,7 Mill.	450000	2,500 Mill.

motorisieren, hauptsächlich schwere Artillerie, Aufklärungs-, Panzerabwehr-, Pionier-, Nachrichten- und Nachschubtruppen. Dennoch waren 1939 die L. der imperialistischen Großmächte mit Ausnahme der britischen erst zwischen 10% und 45% motorisiert. Die Zunahme an Technik in der Bewaffnung und Ausrüstung der L. begünstigte das Streben nach für die herrschende Klasse zuverlässigen, kleinen, schlagkräftigen, hochmechanisierten Heeren.

Die deutschen L. waren nach den Bestimmungen des Versailler Vertrags (1919) auf 100000 Mann begrenzt und durften keine schweren Waffen und keine Panzer besitzen (→ *Reichswehr*). Durch illegale Rüstungen und andere Maßnahmen wurden diese Festlegungen jedoch umgangen und Vorbereitungen für ein modernes, schlagkräftiges Massenheer getroffen. Nach der Errichtung der faschistischen Diktatur 1933 ermöglichten diese Vorarbeiten und Pläne den schnellen Aufbau eines kampffähigen Heeres, dem nach den Vorstellungen der faschistischen Führung die Hauptrolle in der ersten Etappe des Kampfes um die Vormachtstellung in der Welt, der Eroberung der Vorherrschaft in Europa, zugedacht war. Der Schwerpunkt der faschistischen Aufrüstung lag deshalb bis 1938 beim Heer (→ *Wehrmacht, faschistische*). Als dessen Hauptschlagkraft galten die sog. schnellen Verbände, zu denen die Panzer-, die mot. Infanterie- und die leichten Divisionen zählten.

Während des zweiten Weltkriegs (1939–1945) durchliefen die L. eine stürmische Entwicklung. Durch die Mobilmachungen erhöhte sich die zahlenmäßige Stärke der L. beträchtlich. Zahlreiche neue bzw. wesentlich verbesserte Waffen und Geräte wurden eingeführt. Die Infanterie als Hauptwaffengattung erhielt in zunehmendem Maße automatische Waffen, die Anzahl der MGs nahm zu. Die Artillerie als Hauptfeuerkraft der L. wuchs zahlenmäßig an, die Leistungsparameter der Geschütze erhöhten sich. Fliegerabwehr- und Panzerabwehrgeschütze mit hohen Gefechtseigenschaften gehörten in wachsender Anzahl ebenso zur Bewaffnung der L. wie die selbstfahrende und die reaktive Artillerie. Die Panzer- und mechanisierten Truppen als Hauptstoß- und Manöverkraft der L. entwickelten sich schnell. Die Tendenz zur Vollmotorisierung ganzer Verbände verstärkte sich, setzte sich jedoch in den L. der verschiedenen Länder in Abhängigkeit von den Möglichkeiten der Kriegswirtschaft sehr ungleichmäßig durch. Die rapide zunehmende Zahl der Funkmittel erhöhte die Führungsmöglichkeiten. Das massenhafte Einführen von Militärtechnik aller Art bewirkte ein sprunghaftes Anwachsen der rückwärtigen Dienste, dabei stieg der Anteil der Versorgungs- und Unterstützungstruppen weit über den der eigentlichen Kampftruppen. In den L. der USA-Streitkräfte rechnete man 1945 auf eine rd. 18000 Mann starke Infanteriedivision etwa 91000 Mann Versorgungs- und Unterstützungstruppen. Der grundlegende taktische Verband der L. blieb die Division. Mehrere taktische Verbände und selbständige Truppenteile bildeten als operativ-taktischen Verband ein Korps, seltener eine Armee, die als operativer Verband auch aus mehreren Korps, selbständigen Truppenteilen und Einheiten verschiedener Waffengattungen, Spezialtruppen und Diensten der L. flexibel, je nach den zu lösenden Aufgaben, zusammengesetzt werden konnte. Die L. waren die zahlenmäßig stärkste Teilstreitkraft. In der Sowjetarmee vereinigte sie über 80% des Personalbestands in sich, in der faschistischen Wehrmacht über 70%.

Im zweiten Weltkrieg wuchsen die faschistischen L. einschließlich der Verbände der → *Waffen-SS* von 103 Divisionen im September 1939 auf 288 im April 1945 an, darunter 60 Panzer- und → *Panzergrenadierdivisionen.* Struktur, Bewaffnung und Ausrüstung der Verbände der deutschen L. entwickelten sich sehr uneinheitlich und wurden im Verlauf des Krieges immer unausgewogener. Ihre Kampfkraft und Beweglichkeit (Motorisierungsgrad) verringerten sich seit 1944 rasch.

Demgegenüber bewiesen die sowjetischen L. im Großen Vaterländischen Krieg der UdSSR (1941–1945) überzeugend ihre Fähigkeit, Struktur und Organisation der sich schnell entwickelnden Kampftechnik und den sich ändernden Kampfbedingungen anzupassen und damit einen wichtigen Faktor für die Erringung des Sieges zu nutzen. Die hauptsächliche Tendenz bestand darin, daß der Anteil der Artillerie, der Panzer- und mechanisierten Truppen sowie der Spezialtruppen, insbesondere der Pionier- und Nachrichtentruppen, weiter anstieg, wodurch die Feuerkraft und die Beweglichkeit der L. bedeutend zunahmen. Verglichen mit den L. anderer Armeen, wuchs die Artillerie als Hauptfeuerkraft der L. quantitativ und qualitativ besonders schnell. Die Panzertruppen wurden so strukturiert, daß sie sowohl für die unmittelbare Unterstützung der Infanterie als auch für die Handlungen zur Ausweitung des Erfolgs in der operativen Tiefe eingesetzt werden konnten.

Nach 1945 beeinflußten der wissenschaftlich-technische Fortschritt und die Revolution im Militärwesen, insbesondere die Einführung von Raketenkernwaffen und die Weiterentwicklung der konventionellen Kampfmittel, die Entwicklung der L. entscheidend. Die Waffengattungen, Spezialtruppen und Dienste bildeten weiterhin die Grundstruktur der L., jedoch veränderten sich ihre Einsatzprioritäten untereinander sowie die Führungs- und Einsatzgrundsätze. Mit der Einführung verschiedener Raketenarten entstanden neue Waffengattungen.

Die imperialistischen Mächte entwickelten die L. im Rahmen ihrer antikommunistischen «Politik der

Stärke» quantitativ und qualitativ weiter. Zunächst gab es in den 50er Jahren in der → *NATO* divergierende Auffassungen über die Aufgaben der L. Den L. wurde insgesamt eine gegenüber den Kernwaffenkräften und Luftstreitkräften untergeordnete Rolle zugemessen. Seit Ende der 50er Jahre setzte sich jedoch die Erkenntnis durch, daß die Aggressionspolitik eine ständige Kriegsbereitschaft und die vereinten Anstrengungen aller Teilstreitkräfte erforderte, was mit einer Aufwertung der Rolle der L. verbunden war. Ihre Feuer- und Stoßkraft erhöhten sich durch eine umfassende Ausrüstung mit Kernwaffeneinsatzmitteln (taktische und operativ-taktische Raketen, Artilleriegeschütze), mit neuen Panzern sowie Panzerabwehr- und Luftabwehrmitteln. Die NATO-Staaten erprobten verschiedene Modelle von neuen Divisionsgliederungen. Durch technische Umrüstungen, Reorganisationen und die zeitweise Verlagerung des Rüstungsschwergewichts auf andere Teilstreitkräfte variierte die zahlenmäßige Stärke der L. einiger NATO-Länder beträchtlich. In der → *Bundeswehr der BRD* fanden im Zeitraum 1956–1978 insgesamt 4 Reorganisationen statt. Mit der Einführung verschiedener Arten moderner Kernwaffeneinsatzmittel seit den 50er Jahren und entsprechender Einsatzgrundsätze vergrößerten sich die Einsatzmöglichkeiten der L. in allen von der NATO vorgesehenen Kriegsarten. Die Mechanisierung der hauptsächlichsten Waffengattungen hatte eine Steigerung der Mobilität, der Feuer- und Stoßkraft sowie des Angriffstempos zur Folge. Die in der NATO seit Ende der 60er Jahre verbindliche flexible Militärstrategie, eingeschlossen der «begrenzte» Krieg mit und ohne Kernwaffeneinsatz, erhöhte die Bedeutung der L. weiter. Die NATO-Mächte sind bestrebt, vielseitig einsetzbare L. zu entwickeln, die aufgrund ihrer Struktur und ihrer modernen Bewaffnung und Ausrüstung über eine hohe Feuer- und Stoßkraft verfügen und eng mit den anderen Teilstreitkräften zusammenwirken.

Die Entwicklung der L. in den sozialistischen Staaten wurde zunächst von Erfahrungen des Großen Vaterländischen Krieges der UdSSR bestimmt. Bis 1953 verfügten die sowjetischen L. an Waffengattungen über Schützen-, Panzer- und mechanisierte Truppen, Artillerie und Kavallerie (bis Ende 1953 Waffengattung). Die wichtigsten taktischen Verbände der L. waren Schützen-, mechanisierte und Panzerdivisionen. In dieser Periode erhielten die sowjetischen L. neue Systeme von Schützenwaffen, Panzern und Rohrartillerie. Auf der Grundlage herkömmlicher technischer Kampfmittel richteten sich die Anstrengungen auf die Erhöhung der Feuerkraft, Beweglichkeit und Manövrierfähigkeit und die Vervollkommnung der Mechanisierung und Motorisierung. Dadurch waren die L. imstande, Operationen mit hohem Tempo und in großer Tiefe zu führen. Ab 1954 erhielten die sowjetischen L. Raketenkernwaffen. Die Kernwaffen und andere neue Kampfmittel ließen die Feuer- und Stoßkraft sowie die Manövrierfähigkeit der L. sprunghaft anwachsen, erhöhten die Gefechtsmöglichkeiten ihrer operativ-taktischen und taktischen Verbände und verliehen ihnen bei der Lösung von Gefechtsaufgaben eine größere Selbständigkeit. Die durchgängige Motorisierung und die umfangreiche Ausstattung mit gepanzerten Fahrzeugen führte zur Bildung von mot. Schützendivisionen, die über mot. Schützeneinheiten und Panzerabteilungen verfügten. Die operativ-taktischen und taktischen Raketentruppen verschmolzen in den sowjetischen L. in der zweiten Hälfte der 50er Jahre mit der Waffengattung Artillerie; die Truppen der Luftverteidigung wurden eine selbständige Waffengattung. In den → *Landstreitkräften der NVA (LaSK)* und in anderen verbündeten Armeen entwickelten sich diese Waffengattungen seit Anfang der 60er Jahre besonders durch die Zuführung neuer technischer Kampfmittel.

Die Entwicklung der Raketenkernwaffen, vor allem die großen Gefechtsmöglichkeiten der strategischen Raketen, führte 1960 in der Sowjetarmee zur Bildung der strategischen Raketentruppen als selbständiger Teilstreitkraft. Zu den wichtigsten Aufgaben der mit operativ-taktischen und taktischen Raketen ausgerüsteten L. gehört nunmehr im Falle einer Aggression die Vernichtung von Kernwaffeneinsatzmitteln und anderen Objekten des Gegners, die endgültige Zerschlagung seiner verbliebenen Gruppierungen und das Besetzen seines Territoriums. Die Hauptstoßkraft der L. bilden weiterhin die Panzertruppen, die die Ergebnisse der Kernwaffenschläge am effektivsten ausnutzen und die am zügigsten vorstoßen können. Die Gefechtsmöglichkeiten der mot. Schützentruppen stiegen beträchtlich; die herkömmliche Artillerie, die weiterhin außerordentliche Be-

Zahlenmäßige Stärke der Landstreitkräfte imperialistischer Staaten 1955–1980

Staat	1955	1960	1965	1970	1975	1980
USA	1,109 Mill.	873000	963000	1,363 Mill.	785000	774000
Großbritannien	437000	317000	208000	190000	174900	175250
Frankreich	688000	812000	350000	328000	331500	321320
BRD	–	186500	306000	326000	345000	335200
Italien	280000	310000	292000	295000	306500	253000

deutung besitzt, wurde vervollkommnet. Zur Bekämpfung der Panzer dienen neben Panzerabwehrgeschützen vor allem Panzerabwehrlenkraketen.

Die Organisation der Verbände der L. der sozialistischen Armeen wurde in den 70er Jahren weiter vereinheitlicht. Durch das Einführen des Schützenpanzers erhöhten sich sowohl die Beweglichkeit und Feuerkraft der mot. Schützen als auch die Möglichkeiten ihres Zusammenwirkens mit den Panzertruppen bedeutend. Der Luftbeweglichkeit der L. wird besondere Beachtung geschenkt; es werden in größerem Maße Kampf- und Transporthubschrauber eingeführt. Die L. sind die zahlenmäßig stärkste und am vielseitigsten ausgerüstete Teilstreitkraft. Ihre Feuerkraft, Stoßkraft und Beweglichkeit werden durch Modernisierung der Bewaffnung und Ausrüstung weiter erhöht. Bei der Sicherung und Verteidigung der sozialistischen Staaten wirken die L. mit den anderen Teilstreitkräften zusammen. *(s. Abb. S. 32, 33, 35, 37, 39, 41, 43–45, 305, 307, 310, 367, 369, 371, 749, 751, 753, 769, 771, 775)*

Landstreitkräfte der NVA (LaSK): größte Teilstreitkraft der → *Nationalen Volksarmee der DDR (NVA)*, die für Kampfhandlungen zu Lande bewaffnet, ausgerüstet und ausgebildet ist.

Die Aufstellung der LaSK erfolgte entsprechend dem Gesetz vom 18. 1. 1956 über die Schaffung der NVA. Eine wichtige Grundlage stellte dabei die → *Kasernierte Volkspolizei (KVP)* dar. Die Führungsorgane der Militärbezirke (Leipzig, Pasewalk bzw. Neubrandenburg) wurden zuerst gebildet. Sie nahmen ihre Tätigkeit bis zum 1. 3. 1956 auf. Ihre Aufgabe bestand in der Formierung der Einheiten, Truppenteile und Verbände. Der beschleunigte Aufbau der → *Bundeswehr der BRD* duldete keine Verzögerung bei der Aufstellung der LaSK und bei der Herstellung ihrer Gefechtsbereitschaft. Dabei waren zahlreiche komplizierte Probleme zu meistern, z. B. die Erarbeitung von Führungsdokumenten, die Gewinnung und der Einsatz von Kadern, die Zuführung von Bewaffnung und Ausrüstung, die Schaffung von Unterkünften u. a. m. Gleichzeitig mit der Aufstellung der Einheiten mußte mit der Ausbildung begonnen werden. Dank der aufopferungsvollen und gewissenhaften Tätigkeit der Kommandeure, Stäbe, Politorgane, der Partei- und FDJ-Organisationen wurden die in den Befehlen des Ministers für Nationale Verteidigung gestellten Aufgaben termingemäß gelöst. Am 30. 4. 1956 leisteten die Truppenteile der 1. Mechanisierten Division den Schwur vor der Truppenfahne (→ *Zeremoniell in der NVA*). Dank den engen → *Waffenbrüderschaftsbeziehungen der NVA*, vor allem mit den sowjetischen Streitkräften, gelang es, modernen Anforderungen beim Aufbau der LaSK in relativ kurzer Frist Rechnung zu tragen.

Nachdem die Formierung der 1. Mechanisierten Division abgeschlossen war, wurde anschließend mit der Aufstellung von 2 → *Infanteriedivisionen* begonnen. Ab dem zweiten Halbjahr 1956 bestanden dann → *Panzerdivisionen* und → *mot. Schützendivisionen der NVA (MSD)*. Das Neue beim Aufbau der MSD trat vor allem im Verhältnis zwischen Panzer- und Schützenbataillonen zutage. Es betrug bei den Infanteriedivisionen 1:3, bei den neu formierten MSD 1:1,5. Wesentlichen Einfluß auf die Entwicklung der LaSK nahm deren Ausstattung mit moderner Bewaffnung und anderer Kampftechnik. So erfolgte in der 2. Hälfte der 50er Jahre die Einführung des Panzers T-54, des Schwimmpanzers PT-76, der selbstfahrenden 85-mm-Kanone, der 100-mm-Kanone, der 57-mm-Zwillings-Flak auf Selbstfahrlafette und der neuen Schützenwaffe MPi K (→ *Schützenwaffen der NVA*). Insgesamt wurde ein erheblicher Zuwachs an Feuer- und Stoßkraft sowie Beweglichkeit der allgemeinen taktischen Verbände erreicht. Davon legten vor allem Kommandostabs- und Truppenübungen Zeugnis ab. Die erste gemeinsame Übung mit Truppen der → *Gruppe der Sowjeti-*

Mot. Schützengruppe bei der Ausbildung

Normtraining am Geschoßwerfer BM-21

Vorbereitung einer taktischen Rakete zum Start

schen Streitkräfte in Deutschland (GSSD) fand im August 1957 statt. Zur → *Sicherung der Staatsgrenzen der DDR 1961* eingesetzte Truppenteile und Verbände der LaSK bewiesen ihre Gefechtsbereitschaft und Entschlossenheit zum Schutz des Sozialismus und des Friedens an der Seite der sowjetischen Kampfgenossen.

Zu Beginn der 60er Jahre setzte eine neue Etappe in der Entwicklung der LaSK ein. Auswirkungen der Revolution im Militärwesen traten auch hier immer mehr in den Vordergrund. Ein wesentlicher Faktor lag in einer erhöhten Beweglichkeit, Feuer- und Stoßkraft der Verbände, Truppenteile und Einheiten. Maßgeblich wirkte sich darauf ein Prozeß der Um- und der Neuausrüstung aus, so u.a. die Einführung schwimmfähiger Schützenpanzerwagen der Typen 40-P und 60-P und des mittleren Panzers T-55, der über eine vollstabilisierte Kanone, eine Anlage zum

Mot. Schützen forcieren einen Fluß über eine von Brückenbaupionieren errichtete Pontonbrücke

Schutz vor radioaktivem Staub und eingebaute Vorrichtungen zur Unterwasserfahrt verfügte. Die Einsatzmöglichkeiten von Panzern und Schützenpanzerwagen wurden einander weiter angenähert. Damit wuchsen die Voraussetzungen zum ununterbrochenen und gemeinsamen Handeln von Panzertruppen und mot. Schützen. Deren Fähigkeit, Märsche über große Entfernungen und Kampfhandlungen unter schwierigen Lage- und Geländebedingungen durchzuführen, erhöhte sich. Die Grundlage für qualitativ neue Kampfeigenschaften der LaSK bildete die Einführung von taktischen und operativ-taktischen Raketen. Die Raketen erhöhten die Schußentfernung gegenüber der Artillerie auf das Mehrfache. Infolge der Ausrüstung mit neuen Generationen von Raketen und neuer bzw. verbesserter Artilleriebewaffnung vergrößerte sich die Feuerkraft beträchtlich. Maßgeblichen Anteil daran hatten der im Jahre 1963 eingeführte 12rohrige → *Geschoßwerfer* BM-24 auf Lkw ZIL-157, der 1967 durch den 40rohrigen BM-21 auf Lkw Ural 375 D abgelöst wurde, sowie die Einführung von Panzerabwehrlenkraketen. Die LaSK erhielten außerdem neue Typen von Schützenwaffen (lMG K, sMG PK/PKS), neue Versionen von Funk- und Richtfunkstationen, neue Brückenbau- und Übersetzmittel sowie neue Typen von Strahlungsaufklärungs- und -meßgeräten. Mit der Einführung der Raketentechnik in die LaSK entstand die neue Waffengattung der Raketentruppen und Artillerie. Anfang der 60er Jahre entwickelte sich auch die Truppenluftabwehr zu einer selbständigen Waffengattung der LaSK. Die Vervollkommnung der Organisation und Struktur der LaSK, ihre Ausrüstung mit neuen Waffen und moderner Kampftechnik hatten wesentliche Auswirkungen auf die Erhöhung der Kampfkraft und Gefechtsbereitschaft. Die entscheidende Bedeutung kam jedoch nach wie vor dem Menschen zu, der die Kampftechnik bedient und einsetzt. Unter Führung der SED waren daher die Anstrengungen vor allem auf die Erhöhung der klassenmäßigen Erziehung und Bildung der Armeeangehörigen, die Meisterung der Waffen- und Kampftechnik und das Erzielen ausgezeichneter Ergebnisse in der Gefechtsausbildung gerichtet. Bedeutende Initiativen gingen von der III. Zentralen Militärwissenschaftlichen Konferenz im Juni 1962 aus. Gestützt auf neueste Erkenntnisse der sowjetischen Militärwissenschaft und auf eigene Erfahrungen, orientierte die Konferenz auf eine allseitig gefechtsnahe Ausbildung, die den Armeeangehörigen die Fähigkeit anerzieht, die militärischen Aufgaben unter allen Bedingungen der Lage konsequent, mit hoher Einsatzbereitschaft und Initiative zu erfüllen. Im Zusammenhang damit gewannen Führungsprobleme zunehmend an Bedeutung, was an die Kommandeure, Polit- und Stabsoffiziere neue Anforderungen stellte. Einen zentralen Platz bei de-

Klassifizierungsabzeichen Panzerfahrer, später Fahrer von Ketten-Panzertechnik, Stufe I; seit 1958 (diese Ausführung von 1962 bis 1985)

ren politischer, militärischer, militärtechnischer und naturwissenschaftlicher Qualifizierung nahm die militärakademische Bildung ein. An Militärakademien der Sowjetunion wurde eine zunehmend größere Anzahl von Offizieren der LaSK zu hochqualifizierten Führungskadern herangebildet. 1962 verließen die ersten Absolventen die → *Militärakademie «Friedrich Engels»* als Diplommilitärwissenschaftler, Diplomgesellschaftswissenschaftler und Diplomingenieure. Mit dem Aufbau der zentralen Offiziersschule der LaSK Ende 1963 und ihrer Weiterentwicklung zur modernen → *Offiziershochschule der Landstreitkräfte «Ernst Thälmann»* entstanden Voraussetzungen, einen qualifizierten Offiziersnachwuchs heranzubilden. Moderne Führungsmittel gelangten zum Einsatz. Jeder weitere Schritt beim Aufbau der LaSK erfolgte in enger, unverbrüchlicher Kampfgemeinschaft mit den Waffenbrüdern der Sowjetarmee wie auch der anderen sozialistischen Armeen. Wachsende Bedeutung gewannen dabei die → *Übungen und Manöver der Vereinten Streitkräfte.* Die teilnehmenden Kommandeure, Stäbe und Truppen der LaSK bewiesen in ihnen ihren hohen Ausbildungsstand und erwarben neue Erfahrungen und Erkenntnisse für die weitere Erhöhung der Kampfkraft und Gefechtsbereitschaft, die in der Polit- und Gefechtsausbildung Berücksichtigung fanden. Die 1966 präzisierten Ausbildungsdokumente trugen der Erkenntnis Rechnung, daß das Tempo der Kampfhandlungen in einem vom Imperialismus entfesselten Krieg hoch sein wird. Das Hauptziel der Gefechtsausbildung war die Befähigung der Truppen, ohne Verzug in ein Gefecht einzutreten, den angreifenden Gegner mit allen Waffen zu bekämpfen, nach erfolgreichem Gegenangriff sofort die Verfolgung des Gegners aufzunehmen und Gegenangriffe entschieden abwehren und zerschlagen zu können. Größere Bedeutung erlangte das Forcieren von Wasserhindernissen aus der Bewegung. Zum organischen Bestandteil des modernen allgemeinen Gefechts wurde der Nachtkampf. Höhere Anforderungen wurden an die Schießausbildung gestellt. Hierbei war die Feuerführung aus der Bewegung ein besonderer Schwerpunkt.

Seit Beginn der 70er Jahre vollzog sich die weitere Entwicklung der LaSK planmäßig, kontinuierlich und umfassend als integrierter Bestandteil der verbündeten Streitkräfte. Von großer Bedeutung war dabei die Bildung des Kommandos der LaSK mit Wirkung vom 1. 12. 1972, wodurch eine höhere Qualität der Führung dieser wichtigsten Teilstreitkraft der NVA ermöglicht wurde. Die Beziehungen zur GSSD wurden zunehmend enger. In der Bewegung «Regiment nebenan» hat die planmäßige Entwicklung der Waffenbrüderschaftsbeziehungen ihren Ausdruck gefunden. Sie ist auf die Erhöhung der Kampfkraft und Gefechtsbereitschaft gerichtet und gestaltet das Klassen- und Waffenbündnis mit der Sowjetarmee für alle Armeeangehörigen unmittelbar erlebbar. Dieses Bündnis ermöglicht den LaSK, geführt von der marxistisch-leninistischen Partei und gestützt auf das wachsende Potential der entwickelten sozialistischen Gesellschaft in der DDR, ihrer Verantwortung für den Schutz des Friedens und des Sozialismus auch weiterhin voll gerecht zu werden. Durch Zuführung neuer Bewaffnung und Ausrüstung erhöhten sich die Feuerkraft, Stoßkraft und Beweglichkeit der LaSK beträchtlich. Die mot. Schützentruppen erhielten den Schützenpanzer BMP, in den Panzertruppen wurde mit der Einführung eines neuen Panzers vom Typ T-72 begonnen. Dadurch verbesserten sich zugleich die Möglichkeiten des Zusammenwirkens dieser Waffengattungen. Zur Erhöhung der Feuerkraft trugen auch neue Artilleriesysteme wie die 122-mm-Haubitze D-30, die 152-mm-Kanonenhaubitze D-20 und der Geschoßwerfer RM-70 mit Nachladeeinrichtung für 40 Geschosse auf Lkw Tatra 813 bei. Durch die Einführung tragbarer Fla-Raketen «Strela-II» in die mot. Schützeneinheiten, die Aufnahme von Fla-Raketenkomplexen auf SFL in die Struktur der mot. Schüt-

Panzer auf dem Marsch

zentruppenteile und der Verbände der LaSK (Mehrfach-Raketenstartrampen mit automatischen Feuerleitkomplexen) haben sich die Beweglichkeit sowie die Gefechtsmöglichkeiten der Truppenluftabwehr außerordentlich erhöht. Zu den LaSK gehören heute die Waffengattungen mot. Schützentruppen, Panzertruppen, Raketentruppen und Artillerie, Truppenluftabwehr und Luftlandetruppen. Zu ihnen gehören ferner als Spezialtruppen und Dienste die Pioniertruppen, Nachrichtentruppen, Chemischen Truppen und die rückwärtigen Dienste. Die LaSK sind fähig, aktive, manöverreiche und entschlossene Kampfhandlungen bei engem Zusammenwirken mit den anderen Teilstreitkräften im Rahmen der sozialistischen Militärkoalition unter allen Bedingungen zu führen. Bewährungsproben wie das Manöver → *«Waffenbrüderschaft 80»* bestätigten, daß die LaSK auch unter den Bedingungen der wachsenden Aggressivität des Imperialismus in der Lage sind, jederzeit ihre Aufgabe zu erfüllen. *(s. Abb. S. 44, 45, 310, 753, 775)*

Landsturm: in Preußen und Deutschland von 1818 bis 1945 Form des militärischen Aufgebots und Bestandteil der bewaffneten Macht auf der Grundlage der → *allgemeinen Wehrpflicht.*

Der aus dem Dänischen und Schwedischen entlehnte Begriff «Landstorm» beinhaltete ursprünglich die Gesamtheit der Landesverteidigung. 1511 trat in Österreich eine L.ordnung in Kraft, nach der die Landeseinwohner bei einem feindlichen Überfall durch Läuten der Sturmglocke aufgeboten werden konnten. Bei der Vorbereitung des → *nationalen Unabhängigkeitskrieges 1813/14* wurde insbesondere von Generalmajor August Neidhardt von Gneisenau (1760–1831) vorgeschlagen, neben der → *Landwehr* den L. als äußerste Form der Volksbewaffnung zu bilden (→ *Militärreformen in Preußen 1807–1815*). Vorbild waren vor allem die spanischen Guerilleros seit 1808, die Tiroler Landesschützen von 1809 und die russischen Partisanen von 1812.

Die Verordnung über den L. vom 21. 3. 1813 erfaßte alle männlichen Personen vom 15. bis zum 60. Lebensjahr, die nicht dem stehenden Heer oder der Landwehr angehörten. Der L. sollte im Falle einer feindlichen Invasion aufgeboten werden, nur im eigenen Land kämpfen und mit allen Mitteln einen Volkskrieg im Rücken des Feindes führen. Er war ferner für den Schutz von Transporten und die Bewachung der Gefangenen vorgesehen. Preußen wurde in L.bezirke und -unterbezirke eingeteilt, in denen Ausschüsse (sog. Schutzdeputationen) den L. organisierten und Verteidigungsmaßnahmen trafen. Der aus Fußtruppen und Reiterei bestehende L. erhielt keine Uniform. Seine Offiziere und Unteroffiziere wurden (bis auf gewisse Einschränkungen) von der Mannschaft gewählt. Seine Bewaffnung (Flinten

Deckblatt der Verordnung über den Landsturm vom 21. April 1813

mit und ohne Bajonett, Spieße, Piken, Heugabeln, Morgensterne, Beile usw.) erfolgte aus Waffendepots, die an schwer zugänglichen Orten der Unterbezirke angelegt wurden. Die Übungen des L. fanden unter Anleitung ausgedienter Soldaten statt. Auf Plünderung, Anstiftung zur Meuterei und Desertion, aber auch auf Verweigerung der Abgaben und Frondienste stand die Todesstrafe. Alle Armee- und Korpsbefehlshaber hatten das Recht, den L. aufzurufen, wo sie es für notwendig erachteten. Die Militärgouverneure sowie die Kreis- und Bezirksvorsteher durften dies nur in ihren Kreisen bzw. Bezirken. Ein Zusammenlaufen des L. ohne Aufgebot wurde als Meuterei bestraft. Im Frühjahrsfeldzug 1813 wurde der L. nur örtlich und begrenzt aufgeboten, z. B. in der Mark Brandenburg. Anfang April behinderten L.formationen in der Ostpriegnitz das Vorrücken französischer Verbände. Den preußischen Truppen, die gegen die französische Besatzung von Magdeburg vorgingen, schlossen sich spontan zahlreiche bewaffnete Bauern an. Bereits im Sommer 1813 wurde das L.edikt auf Drängen der feudalreaktionären Kräfte, die unkontrollierte Volkserhebungen befürchteten, modifiziert. Die Verordnungen vom 17. 7. und 21. 7. 1813 erweiterten die Verfügungsgewalt der Militärgouverneure und verschärften die Strafbestimmungen. Zu weiteren Einschränkungen kam es nach dem nationalen Unabhängigkeitskrieg 1813/14. Das Gesetz über die Verpflichtung zum Kriegsdienst vom 3. 9. 1814 legte die L.pflicht im Kriegsfall für alle Männer, die nicht dem stehenden Heer oder der Landwehr angehörten, vom 17. bis zum 50. Lebensjahr fest. Der L. sollte nur auf ausdrücklichen Befehl des Königs bei einer feindlichen Invasion zusammentreten. Seinen Einsatz in Einzelfällen durch die Regierung «zur Unterstützung der öffentlichen Ordnung» regelten im Frieden besondere Bestimmungen. In den großen Städten war der L. in Bürger-Kompanien eingeteilt, in den übrigen Landesteilen in Land-Kompanien. Die Verordnung vom 15. 5. 1815 sah eine enge Verbindung des L. mit dem 2. Aufgebot der Landwehr vor.

Im Zuge der politischen Restauration der Adelsherrschaft in Preußen nach 1815 und des Wiedererstarkens des preußischen Militarismus verlor der L. seinen demokratischen und progressiven Charakter. Er blieb aber Bestandteil der bewaffneten Macht neben dem Feldheer (stehendes Heer und Landwehr). In der preußischen Verfassung vom 5. 12. 1848, der sog. oktroyierten Verfassung, wurde der L. nicht erwähnt. Die Verfassung vom 31. 1. 1850 nannte ihn wieder. Der 1866 geschaffene Norddeutsche Bund führte mit der preußischen Militärgesetzgebung den L. in allen Mitgliedstaaten ein. Nach dem Kriegsdienstgesetz vom 9. 11. 1867 bestand der L. aus den Wehrpflichtigen vom vollendeten 17. bis zum vollendeten 42. Lebensjahr, die weder dem Heer noch der Marine angehörten. Er wurde (wie in den Kriegen von 1864 und 1866) im Deutsch-Französischen Krieg 1870/71 nicht aufgeboten, ein Teil der L.pflichtigen aber zur Landwehr und zu den Garnisontruppen einberufen.

Im 1871 gegründeten deutschen Kaiserreich wurde die Organisation des L. durch das L.gesetz vom 12. 2. 1875 geregelt, das zahlreiche Bestimmungen von 1867 übernahm. Das Aufgebot des L. erfolgte nur durch kaiserliche Verordnung und jahrgangsweise. Er wurde in besonderen L.formationen organisiert; seine Angehörigen erhielten beim Einsatz gegen den Feind Abzeichen, die auf Schußweite erkennbar waren. Bei außerordentlichem Bedarf konnte die Landwehr ihre Verluste aus dem aufgebotenen L. ergänzen. Im Zuge des Wettrüstens wurden auch der L. und seine Funktionen wesentlich erweitert. Das Gesetz zur Änderung der Wehrpflicht vom 11. 2. 1888 verlängerte die L.pflicht bis zum vollendeten 45. Lebensjahr und teilte den L. in 2 Aufgebote ein: das 1. Aufgebot vom vollendeten 17. bis zum vollendeten 39. Lebensjahr und das 2. vom 40. bis zum 45. Lebensjahr. Im Kriegsfall konnte der L. zur Ergänzung des Heeres und der Marine herangezogen und auch außerhalb Deutschlands eingesetzt werden. Die militärische Führung des deutschen Imperialismus bereitete die Aufstellung einer zunehmenden Zahl von L.formationen vor.

Ausbildung des Landsturms in Berlin, 1813

Bei Ausbruch des ersten Weltkriegs umfaßte der L. mehrere Millionen ausgebildete und unausgebildete L.pflichtige. Bereits am 1. 8. 1914 erfolgte das Aufgebot des L. in 14 Armeekorpsbezirken; weitere Aufrufe in der Folgezeit dienten auch dazu, den rasch ansteigenden Bedarf an militärischen Formationen und an Ersatz zu befriedigen. 1914 wurden 328 L.-Infanteriebataillone und L.-Ersatzbataillone sowie zahlreiche L.-Eskadrons, L.-Batterien und L.-Pionierkompanien gebildet und zum großen Teil dem Feldheer zugeteilt. Ihre Ausrüstung und Bewaffnung waren mangelhaft und veraltet. Seit 1915 wurden aus ausgebildeten und unausgebildeten L.pflichtigen Armierungstruppen zusammengestellt. L.formationen kämpften an verschiedenen Fronten und dienten vor allem als Besatzungstruppen im Hinterland. Bei der allgemeinen Demobilisierung des kaiserlichen Heeres und der Marine wurde der L. am 28. 12. 1918 aufgelöst.

Das von der Hitlerregierung erlassene Wehrgesetz vom 21. 5. 1935 sah vor, daß alle wehrpflichtigen Männer über 45 Jahre im Kriegsfall den L. bilden. Während des zweiten Weltkrieges wurden sie zu sog. Landesschützenbataillonen eingezogen; L.formationen gab es nicht. Der faschistische Erlaß vom 25. 9. 1944 zwang alle bisher nicht zur Wehrmacht eingezogenen waffenfähigen männlichen Personen vom 16. bis zum 60. Lebensjahr zum Dienst im → *Volkssturm*, den die faschistische Führung demagogisch als eine Neuauflage des L. von 1813 hinzustellen suchte. *(s. Abb. S. 185)*

Landungsschiff: Klasse der Überwasserkräfte (→ *Seestreitkräfte*) für Transport und Anlandung von Truppen und Kampftechnik bei Seelandeoperationen und taktischen Seelandungen an nicht vorbereiteter Küste, aber auch für die Durchführung anderer Seetransportaufgaben.

L. weisen gegenüber anderen Kriegsschiffen konstruktive Besonderheiten auf. Beim Schiffskörper ist die Pontonform vorherrschend, der Schiffsboden ist flach gehalten, Leer- und Trimmzellen sowie die Ausrüstung mit Heckankern unterstützen das An- und Ablanden. Das Entladen der Technik erfolgt über Bugklappen oder Bugtore. Die Brückenaufbauten befinden sich meist am Heck. Die dadurch entstehende freie Oberdecksfläche kann bei größeren L. zusätzlich zum Beladen genutzt werden.

Die Entwicklung spezieller L. begann 1916 in Rußland. Wesentliche Bedeutung erhielten L. aber erst im zweiten Weltkrieg. Vor allem Großbritannien und die USA produzierten ab 1942/43 in großer Stückzahl spezielle Fahrzeuge für Landungsunternehmen auf den Kriegsschauplätzen im Pazifik und in Europa. Die Kriegsmarine des faschistischen Deutschlands verfügte bei Kriegsbeginn über keine L. Bei der Okkupation Norwegens (Unternehmen «Weserübung») erfolgte die Überführung der Seelandungseinheiten mit Transportdampfern und Kriegsschiffen, die Anlandung in ausgebauten Häfen. Im Zusammenhang mit den Planungen für eine Landung an der englischen Küste im Herbst 1940 (Operation «Seelöwe») befaßten sich alle Wehrmachtteile mit der Konstruktion spezieller Landungsfahrzeuge. Neben umgebauten Handelsschiffen, Motor- bzw. Schleppkähnen, Schleppern und Motorbooten wurden dafür Pionierlandungs- und Sturmboote, doppelrümpfige sog. Siebel-Fähren und spezielle Marine-Fährprähme entwickelt. Nach dem zweiten Weltkrieg fand der Bau von L. allgemeine Verbreitung. In einigen Flotten entstanden als große L. Kampfschiffe, die in sich die Eigenschaften von amphibischen Hubschrauberträgern, Landungstransport- bzw. Dockschiffen und Materialtransportern vereinigen. Bei den mittleren L. sind Fahrzeuge zum Transport von Panzern und anderer schwerer Kfz-Technik, bei den kleineren Landungsbooten Mehrzweckfahrzeuge vorherrschend. In zunehmendem Maße finden als L. Luftkissenfahrzeuge Verwendung, bei denen die strömungsmäßigen Nachteile der flachen Unterwasserschiffsform weitgehend aufgehoben werden, so daß sie relativ hohe Geschwindigkeiten erreichen können.

Die → *Volksmarine der NVA (VM)* wurde in den 60er Jahren mit kleineren und mittleren L. aus dem DDR-Schiffbau ausgerüstet. Die ab 1961 eingeführten kleinen L. vom Typ «Labo» faßten bis zu 3 Panzer oder andere Fahrzeuge sowie einen Zug Landungstruppen. Aufgrund ihres geringen Tiefgangs waren sie in der Lage, Truppen und Kampftechnik unmittelbar am Strand auszuladen. Die seit 1962 zum Einsatz kommenden mittleren L. vom Typ «Robbe» konnten 7–10 Panzer bzw. andere Ketten- oder Rädertechnik und eine Kompanie Landungstruppen aufnehmen. Der vordere Tiefgang von 1,20 m bzw. 1,40 m lag im Bereich der Watfähigkeit der Ketten- und Räderfahrzeuge. Die Bewaffnung bestand aus Geschützen kleinen und mittleren Kalibers zur Selbstverteidigung und zum Niederhalten der gegnerischen Landungsabwehr. In den 70er Jahren wurde eine neue Generation mittlerer L. in die Volksmarine eingeführt, die u. a. über verbesserte Seetüchtigkeit und geschwindigkeitsgünstigere Formgebung verfügt. *(s. Abb. S. 899)*

Landwehr: ursprünglich Bezeichnung für ein Befestigungswerk im Gelände, später milizartig oder als Kriegsreserve zur Unterstützung bzw. Verstärkung des stehenden Heeres organisierte Streitkräfte aus Landeseinwohnern; in Preußen 1813 formiert, war die L. bis 1918 Bestandteil des preußisch-deutschen Heeres, von 1935 bis 1945 eine Form des Wehrdienstes.

Der 847 erstmals erwähnte, aus dem Althochdeutschen stammende Begriff «Lantweri» (Landesverteidigung) erfuhr im späten Mittelalter einen Bedeutungswandel. L. war zum einen das Befestigungswerk vor Dörfern und Städten, bestehend aus einem System von Gräben, Wällen und Türmen, zum anderen wurden größere Aufgebote zum Heerbann als L. bezeichnet. Im 16. und 17. Jh. hießen die Aufgebote der → *Landesdefension* im Herzogtum Preußen ebenfalls L. Auch die 1701 in Preußen aufgestellten Landmilizen waren landwehrartige Formationen. Aus diesen historischen Vorläufern leitete der damalige Generalmajor Gerhard von Scharnhorst (1755–1813) vor allem nach 1807 seine zahlreichen Vorschläge zur Bildung einer Reservearmee bzw. einer Miliz ab (→ *Militärreformen in Preußen 1807–1815*). Außerdem diente die 1809 in Österreich und 1812 in Rußland aufgebotene L. als Vorbild.

Bei der Vorbereitung des → *nationalen Unabhängigkeitskrieges 1813/14* wurde in Preußen am 9. 2. 1813 die «Verordnung über die Aufhebung der bisherigen Exemtion von der Kantonpflichtigkeit für die Dauer des Krieges» erlassen, d. h. die Aufforderung an alle bisher von der Dienstpflicht befreiten 17- bis 24jährigen Männer zum Dienst im stehenden Heer. Um auch die älteren Jahrgänge der männlichen Bevölkerung in ihrer Gesamtheit zum Waffendienst heranzuziehen, erschien am 17. 3. 1813 die von Scharnhorst entworfene «Verordnung über die Organisation der Landwehr». Zum Dienst in der L. waren alle nicht dem stehenden Heer, den Freiwilligen Jägern oder anderen Sonderformationen angehörenden Männer vom 17. bis 40. Lebensjahr verpflichtet. Mit der Bildung der L. und des → *Landsturms* wurde 1813 die → *allgemeine Wehrpflicht* in Preußen – vorerst aber nur für die Dauer des Krieges – verwirklicht. Die Organisation der L. erfolgte nach

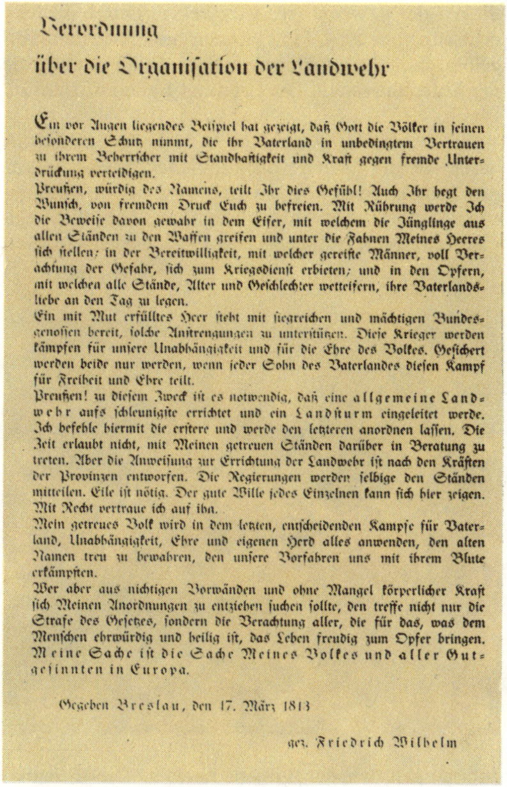

Verordnung

über die Organisation der Landwehr

Ein vor Augen liegendes Beispiel hat gezeigt, daß Gott die Völker in seinen besonderen Schutz nimmt, die ihr Vaterland in unbedingtem Vertrauen zu ihrem Beherrscher mit Standhaftigkeit und Kraft gegen fremde Unterdrückung verteidigen.

Preußen, würdig des Namens, teilt Ihr dies Gefühl! Auch Ihr hegt den Wunsch, von fremdem Druck Euch zu befreien. Mit Rührung werde Ich die Beweise davon gewahr in dem Eifer, mit welchem die Jünglinge aus allen Ständen zu den Waffen greifen und unter die Fahnen Meines Heeres sich stellen; in der Bereitwilligkeit, mit welcher gereifte Männer, voll Verachtung der Gefahr, sich zum Kriegsdienst erbieten; und in den Opfern, mit welchen alle Stände, Alter und Geschlechter wetteifern, ihre Vaterlandsliebe an den Tag zu legen.

Ein mit Mut erfülltes Heer steht mit siegreichen und mächtigen Bundesgenossen bereit, solche Anstrengungen zu unterstützen. Diese Krieger werden kämpfen für unsere Unabhängigkeit und für die Ehre des Volkes. Gesichert werden beide nur werden, wenn jeder Sohn des Vaterlandes diesen Kampf für Freiheit und Ehre teilt.

Preußen! zu diesem Zweck ist es notwendig, daß eine allgemeine Landwehr aufs schleunigste errichtet und ein Landsturm eingeleitet werde. Ich befehle hiermit die erstere und werde den letzteren anordnen lassen. Die Zeit erlaubt nicht, mit Meinen getreuen Ständen darüber in Beratung zu treten. Aber die Anweisung zur Errichtung der Landwehr ist nach den Kräften der Provinzen entworfen. Die Regierungen werden selbige den Ständen mitteilen. Eile ist nötig. Der gute Wille jedes Einzelnen kann sich hier zeigen. Mit Recht vertraue ich auf ihn.

Mein getreues Volk wird in dem letzten, entscheidenden Kampfe für Vaterland, Unabhängigkeit, Ehre und eigenen Herd alles anwenden, den alten Namen treu zu bewahren, den unsere Vorfahren uns mit ihrem Blute erkämpften.

Wer aber aus nichtigen Vorwänden und ohne Mangel körperlicher Kraft sich Meinen Anordnungen zu entziehen suchen sollte, den treffe nicht nur die Strafe des Gesetzes, sondern die Verachtung aller, die für das, was dem Menschen ehrwürdig und heilig ist, das Leben freudig zum Opfer bringen. Meine Sache ist die Sache Meines Volkes und aller Gutgesinnten in Europa.

Gegeben Breslau, den 17. März 1813

gez. Friedrich Wilhelm

Verordnung über die Organisation der Landwehr vom 17. März 1813

Landkreisen, in denen Kreisausschüsse für die Aufstellung und Ausrüstung zu sorgen hatten. Entsprechend der Bevölkerungszahl der einzelnen Kreise wurde die Mannschaftsstärke der L. festgelegt. Die Besetzung der Offiziersstellen bis zum Kompanie- bzw. Schwadronschef erfolgte durch die Kreisausschüsse, wobei die Bestätigung durch den König eingeholt werden mußte. Waffen und Munition erhielt die L. auf Kosten der Staatskasse, die Kleidung stellten die Kreise bzw. der L.mann selbst. Das Pflichten- und Strafsystem (→ *Kriegsartikel*) des stehenden Heeres galt auch für die L., ebenso leistete sie dessen Eid und erhielt gleiche Rechte und Dienstränge wie die Linientruppen. Sie bestand aus Infanterie und Kavallerie, die in Brigaden zu meist 4 Bataillonen bzw. 3–4 Schwadronen eingeteilt waren. Nachdem sich gezeigt hatte, daß die fehlende Ausbildung der L.truppen, vor allem die mangelnde Gefechtsdisziplin, durch einen engeren Anschluß an die Regimenter des stehenden Heeres ausgeglichen werden mußte, wurde die L. im Sommer 1813 in die Brigaden der einzelnen → *Armeekorps* eingegliedert.

Am Herbstfeldzug 1813 nahm die L. in einer Stärke von 120565 Mann teil (die Gesamtstärke der preußischen Armee betrug 280720 Mann). Die besonders in den ersten Wochen sichtbaren Mängel und Schwächen der L., z. B. mangelhafter Ausbildungsstand, Panikstimmung im Falle eines Rückzuges und fehlender Zusammenhalt der Bataillone, konnten allmählich überwunden werden. Sie zeichnete sich durch hohe Kampfentschlossenheit aus und hatte großen Anteil an den militärischen Erfolgen von 1813/14, besonders in den Kämpfen bei → *Großbeeren 1813* (23. 8.), an der → *Katzbach 1813* (26. 8), bei Hagelberg (27. 8. 1813), bei Dennewitz (6. 9. 1813) und in der Völkerschlacht bei → *Leipzig 1813* (16.–19. 10.). Als sich nach der Schlacht bei Leipzig die Fürsten des Rheinbundes der Koalition anschlossen, wurden auch in diesen Staaten entsprechend ihren Bevölkerungszahlen L.einheiten gebildet. So bewährte sich z. B. die sächsische L. Anfang 1814 bei ihrem Einsatz in Belgien. Militärisch und politisch verkörperte die L. den gerechten Charakter des Krieges und in besonderem Maße den hervorragenden Anteil der Volksmassen.

Nach dem Gesetz über die Verpflichtung zum Kriegsdienst vom 3. 9. 1814 erhielt Preußen als einziger Staat Europas ein Heer, das auf der allgemeinen Wehrpflicht ohne → *Konskription* und Stellvertretung basierte. Der 3jährigen aktiven Dienstzeit folgten 2 Jahre in der Reserve. Vom 26. bis 32. Lebensjahr gehörten die Wehrpflichtigen zum 1. Aufgebot, vom 33. bis 39. Lebensjahr zum 2. Aufgebot der L. Entsprechend der von Kriegsminister Generalmajor Hermann von Boyen (1771–1848) initiierten L.ordnung vom 21. 11. 1815 wurde Preußen nach der Kreiseinteilung des Staates in 136 L.bataillonsbezirke aufgeteilt, aus denen sich beide Aufgebote der L. ergänzten. Ein L.regiment setzte sich künftig zusammen aus 2 Bataillonen des 1. Aufgebots, 2 Bataillonen des 2. Aufgebots sowie 2 Kavallerieschwadronen des 1. und 2 Kavallerieschwadronen des 2. Aufgebots. In Friedenszeiten bestanden besoldete L.stämme; die Mannschaften waren bis auf die jährliche Übungszeit – eine 3wöchige und eine 8tägige Übung für das 1. und eine 8tägige Übung für das 2. Aufgebot – in ihre Heimatkreise entlassen. In der Praxis wurden diese Übungszeiten noch verkürzt: Das 1. Aufgebot übte jährlich nur 2 Wochen, und die Übungen des 2. Aufgebots fielen weg. Zwar zog man dafür jährlich bei jedem L.bataillon 100 unausgebildete Männer (sog. L.rekruten) zu einer 4wöchigen Übung ein, aber die militärische Brauchbarkeit der L. war in der Folgezeit stark eingeschränkt. Die Bekleidung verblieb bei den L.männern, während Ausrüstung und Waffen in Bataillonszeughäusern deponiert wurden. Die Mehrzahl der L.offiziere rekrutierte sich aus den → *Einjährig-Freiwilligen.* Im Kriegsfall sollten jeweils 2 L.regimenter und 1 Regiment der Linie zu einer Brigade vereinigt werden, wobei das 1. Aufgebot für die Verstärkung der Feldarmee und das 2. für Besatzungszwecke vorgesehen war. Nach 1815 war die L. ein fester Bestandteil des preußischen Heeres.

Das System der allgemeinen Wehrpflicht mit der L. als Teil des bürgerlichen Militärsystems ermöglichte es Preußen, im Frieden nur ein relativ kleines Heer bestehen zu lassen, im Kriegsfall jedoch eine zahlenmäßig starke Armee aufstellen zu können. Aus diesem Grund wollte die Mehrzahl der reaktionären Kräfte die L. auch nicht generell abschaffen, sondern sie enger an die Linie anschließen. Dies wurde im wesentlichen durch die Kabinettsorder vom 22. 12. 1819 erreicht. Die neugebildeten 16 L.brigaden wurden den Divisionen unterstellt, so daß jede Division bereits im Frieden aus 1 Infanteriebrigade, 1 Kavalleriebrigade und 1 L.brigade bestand. Mit dieser Einschränkung der organisatorischen Selbständigkeit der L. wurden charakteristische Grundlagen der ursprünglichen L.ordnung beseitigt, ohne die tatsächlichen Mängel (geringe Zahl von 3jährig ausgebildeten Mannschaften, zu wenig Offiziere) zu beheben. Während der → *Revolution 1848/49* erwies sich ein Teil der aufgebotenen L.bataillone (in Erfurt, Düsseldorf, Berlin, Elberfeld, Krefeld, Mühlhausen, Langensalza, Breslau, Iserlohn und Prüm) als nicht gegen die Revolution einsetzbar. Es kam zu Meutereien und Befehlsverweigerungen und z. T. zum gemeinsamen Kampf mit den Arbeitern gegen die anrückenden Linientruppen. Dies und die 1850 bei der Mobilmachung der L. aufgetretenen Mängel in Ausbildung und Ausrüstung nutzten die militaristischen Kräfte, um die Selbständigkeit der L. weiter einzuschränken. Durch die Verordnung vom 29. 4. 1852 wurden die L.brigaden aufgelöst und die L.regimenter einer Infanteriebrigade der Linie unterstellt. Die L. erhielt Linienoffiziere zugeteilt.

Die → *Heeresreorganisation in Preußen 1859/60* beseitigte die letzten volkstümlichen Elemente aus der Militärverfassung, so daß von der ursprünglichen L. allein der Name übrigblieb. Aus den Regimentern des 1. Aufgebots der L., d. h. den jüngeren Jahrgängen, wurden Linieneinheiten. Die L. wurde eine aus der Feldarmee ausgegliederte Reserve des stehenden Heeres. Das Gesetz vom 9. 11. 1867 legte die Dienstpflicht in der L. für alle gedienten Soldaten auf 5 Jahre fest, die Einteilung in 2 Aufgebote entfiel. Sowohl im Preußisch-Österreichischen Krieg 1866 als auch im Deutsch-Französischen Krieg 1870/71 wurden L.truppen aufgeboten und zu Besatzungs- und Belagerungszwecken eingesetzt. Das Reichsmilitärgesetz vom 2. 5. 1874 behielt die L.verpflichtung bei, sie wurde allerdings durch das Gesetz vom 11. 2. 1888 auf insgesamt 12 Jahre ausgedehnt (vom 28. bis 40. Lebensjahr), davon 5 Jahre Dienstpflicht im 1. und 7 Jahre im wieder eingeführten 2. Aufgebot. Während des ersten Weltkrieges wurde die L. in Regimentern, Brigaden, Divisionen und in einem L.korps formiert und an nahezu allen Fronten und als Besatzungstruppe eingesetzt. Nach der am 31. 12. 1918 angeordneten allgemeinen Demobilmachung des Heeres und der Marine und dem am 28. 6. 1919 unterzeichneten Versailler Vertrag erfolgte die Auflösung der L.

Das von der Hitlerregierung erlassene Wehrgesetz vom 21. 5. 1935 legte die L.pflicht für alle Jahrgänge vom 35. bis zum 45. Lebensjahr fest, wobei die ausgebildeten Wehrpflichtigen zur L. I und die unausgebildeten zur L. II gehörten. Wie die Angehörigen der

Landwehr im Angriff, 1813

Ersatzreserve zählten die L.pflichtigen zum Beurlaubtenstand der faschistischen Wehrmacht und unterlagen damit deren Melde-, Gestellungs- und Geheimhaltungsbestimmungen. Während des zweiten Weltkrieges wurden die zur L. einberufenen Männer auf die Divisionen verteilt. Die 1940/41 aus L.angehörigen aufgebotenen und bis Kriegsende bestehenden Landesschützenbataillone wurden vor allem für Besatzungs- und Sicherungsaufgaben in Deutschland und in den eroberten Ländern sowie auch zur Partisanenbekämpfung eingesetzt. *(s. Abb. S. 1003, 1005)*

Lanze: aus langem Schaft und aufgesetzter zwei- oder mehrschneidiger Stoßklinge bestehende → *Stangenwaffe*, die vom Altertum bis zum Beginn des 20. Jh. im Militärwesen Verwendung fand.

Die L. gehört zu den ältesten Waffenarten. In ihrer Anwendung ist sie nicht immer eindeutig vom → *Spieß* bzw. Speer zu unterscheiden. Im Altertum war die L. bei fast allen Völkern als Stoß- oder Wurfwaffe gebräuchlich. In späterer Zeit fand sie zunehmend als Reiterwaffe Verwendung. Der Begriff selbst wurde erst im Mittelalter als Lehnwort aus dem Italienischen übernommen. Bei den Germanen bestand die als Stoßwaffe gebrauchte L. aus einem langen Schaft von Eschen- oder Eibenholz, dem eine zweischneidige bronzene, später eiserne Spitze aufgesetzt war. Daneben war bei vielen germanischen Stämmen eine kurze Wurf-L. üblich. Mit der Verbreitung der Handfernwaffen Bogen und Armbrust verlor die L. ihre Bedeutung als Wurfwaffe. In den Ritterheeren des Mittelalters wurde sie als Stoßwaffe benutzt. Die aus einem 3–4 m langen, nicht selten mit Eisenblech beschlagenen Schaft und einer mehrschneidigen stählernen Klinge bestehende Stoß-L. sollte ungeschützte oder schwächer gepanzerte Körperpartien des Gegners durchstoßen oder ihn durch die Wucht des Anpralls aus dem Sattel heben. Bei den Ritterturnieren fanden gewöhnlich L. mit abgestumpfter Stoßklinge Verwendung. Im 15./16. Jh. bestand die von den Berittenen geführte L. meist aus einem leichteren Schaft mit einer flachen, etwa 8 cm langen Spitze. Solche L. wurden auch als Reisspieße (Reiterspieße) bezeichnet. Die L. waren häufig mit L.flaggen in den Haus- oder Landesfarben verziert. Mit der zunehmenden Verbreitung der Handfeuerwaffen verschwand die L. bei den europäischen Söldnerheeren fast gänzlich, blieb jedoch bei der irregulären Reiterei im Gebrauch. Seit Mitte des 18. Jh. wurden auch Teile der regulären leichten Kavallerie wieder mit der L. ausgerüstet, so in Preußen und anderen deutschen Staaten die → *Ulanen.* In dem Bestreben, die Bewaffnung der Kavallerie zu vereinheitlichen und ihren im Zeitalter der aufkommenden Schnellfeuerwaffen immer fraglicher werdenden Wert als Schlachtenkavallerie zu erhalten, wurde sie im kaiserlich-deutschen Heer zwischen 1888 und 1890 neben Karabiner und Säbel bzw. Pallasch gänzlich mit der L. ausgerüstet, deren Schaft seit 1890 aus Stahlrohr bestand. Im ersten Weltkrieg setzte die Kavallerie im Bewegungskrieg noch verschiedentlich die L. ein. In der Reichswehr wurde die L. 1927 abgeschafft. Heute sind L. nur noch bei Traditionstruppenteilen einiger Armeen als Paradewaffen im Gebrauch. *(s. Abb. S. 367, 371, 832, 941, 947, 992)*

Lastensegler → *Luftlandetruppen*

Lazarett: Einrichtung des militärischen → *Sanitätswesens* zur stationären Behandlung von Angehörigen der Streitkräfte.

Die ersten lazarettähnlichen Einrichtungen gab es in den festen Lagern der römischen Legionen. Während der Kreuzzüge vom 11. bis 13. Jh. richteten vor allem geistliche Ritterorden als Hospitäler bezeichnete L. ein. Der im 12. Jh. gegründete französische «Orden des Heiligen Lazarus» schuf Einrichtungen für Aussatzkranke, L. genannt. Während des Mittelalters erfolgte in den L. (auch Siechenhäuser) neben der Behandlung verwundeter Krieger vor allem die Betreuung der Seuchenkranken.

In den Landsknechtsheeren des 16. Jh. gab es in der Regel keine L.; die Behandlung der Verwundeten und Kranken erfolgte in nahegelegenen Quartieren. 1620 ließ der bayrische Herzog Maximilian I. (1573–1651) nach französischem Vorbild – in Frankreich bestanden seit 1590 bewegliche und ortsfeste L. für die Söldnertruppen – ein bewegliches «Veltspital» und ein stationäres Hauptspital einrichten. Nach der dazu erlassenen Ordnung sollten im Feldspital die erkrankten und verwundeten Söldner erste Hilfe erhalten und im Hauptspital endgültig versorgt werden. Beim Hauptspital befand sich auch eine Feldapotheke (→ *Militärpharmazie*). Dieses Prinzip der L.organisation blieb in den meisten deutschen Territorien bis Anfang des 19. Jh. bestehen. Im Zusammenhang mit dem Aufbau stehender Heere und der Kasernierung in Städten wurden Garnison-L. geschaffen. Die Behandlung der Verwundeten und Kranken oblag den Kompanie- und Regimentsfeldscheren (→ *Feldscher*), gegen Ende des 18. Jh. traten an ihre Stelle ausgebildete Ärzte («Lazarett-Medici»), unter deren medizinischer Aufsicht L.chirurgen und L.gehilfen arbeiteten. Die bürgerliche Umgestaltung des Militärwesens und die Fortschritte in der Medizin im 19. Jh. veränderten auch das L.wesen. Es erhöhte sich die Zahl der Garnison-L., im Verlauf der Kriege 1812–1815 erhielten die Truppen mehr und besser ausgestattete bewegliche Feld-L., aus zivilen Einrichtungen wurde ein in die Tiefe gestaffeltes System von Haupt-, Provinzial- und Reserve-L. gebildet. Im Deutsch-Französischen Krieg 1870/71 erfolgte der Abtransport der Verwundeten und Kranken von den → *Verbandplätzen* über

Deutsches Feldlazarett an der Somme, 1915

die Feld-L. zu den Kriegs- und Etappen-L. bzw. zu den Reserve-L. im Heimatgebiet. Dafür wurden behelfsmäßig eingerichtete L.züge benutzt. Während des ersten Weltkrieges (1914–1918) gab es im kaiserlich-deutschen Heer folgende Haupttypen von L.: im Operationsgebiet Feld- und Kriegs-L., zum Teil mit internistischen und chirurgischen Abteilungen, sowie Infektions-L.; in der Etappe Etappen-L.; im Heimatgebiet Reserve-, Vereins- und Heimat-L. Im allgemeinen durchliefen die Verwundeten zur Behandlung nacheinander alle diese Haupttypen. Um den Truppen rasch wieder Genesene zuzuführen, wurden ab 1916 in Frontnähe L. für Leichtverwundete und -kranke eingerichtet. Die faschistische Wehrmacht verfügte im zweiten Weltkrieg (1939–1945) über Feld-, Kriegs-, Reserve- und Leichtverwundeten-L. sowie Spezial-L. In der BRD

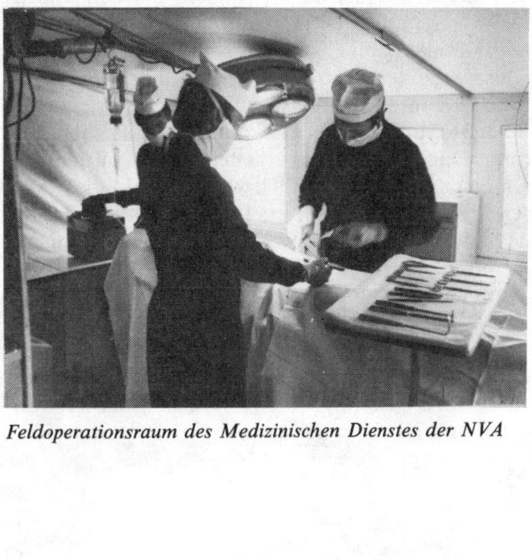

Feldoperationsraum des Medizinischen Dienstes der NVA

werden die L. als Bundeswehr-Krankenhäuser bezeichnet; für den Kriegsfall sind Reserve-L. vorgesehen, die zu Reserve-L.gruppen zusammengefaßt werden sollen.

Die sozialistischen Streitkräfte nutzen die Erfahrungen der Sowjetarmee beim Aufbau und Einsatz ihres L.wesens. Die UdSSR verfügte im Großen Vaterländischen Krieg (1941–1945) über bewegliche Feld-L., die in Armee- und Front-L.basen zusammengefaßt und in 2 Staffeln entfaltet waren; des weiteren gab es im Hinterland eine Vielzahl von L. Zur ambulanten und stationären medizinischen Grundbetreuung sowie zur spezialisierten medizinischen Betreuung besitzen die Streitkräfte der Staaten des Warschauer Vertrages leistungsfähige L.einrichtungen. Der NVA und den Grenztruppen der DDR stehen die → *Militärmedizinische Akademie (MMA)* der NVA, Bad Saarow, sowie L. und Med.Punkte zur Verfügung.

Lechfeld 955: Schlacht zwischen einem deutsch-böhmischen und einem ungarischen Reiterheer am 10. 8. 955.

Die seit Beginn des 10. Jh. wiederholt in deutsche Gebiete einfallenden Ungarn unternahmen im Frühsommer 955 erneut einen Kriegs- und Beutezug nach Bayern und Schwaben. Da sie Augsburg nicht erstürmen konnten, errichteten sie ihr Lager auf dem zwischen Wertach und Lech gelegenen L. und belagerten die Stadt. Das von König Bulcsu (gest. 955) angeführte Heer war etwa 8000 Mann stark. Es bestand fast ausschließlich aus Leichtberittenen, die mit Speer, Pfeil und Bogen, Streitaxt und Schwert bewaffnet waren. Der deutsche König Otto I. (912–973) rief zum Feldzug gegen die Ungarn auf. Im Juli sammelten sich im Raum Ingolstadt insgesamt 7 Heeresabteilungen, von denen je 2 die Bayern und Schwaben sowie je 1 die Franken, der König selbst und die Böhmen unter Herzog Boleslaw I. (929–967) stellten. Hauptkraft des Heeres waren die 7000–8000 → *Panzerreiter*; das Fußvolk kam in der Schlacht nicht zum Einsatz. Den Oberbefehl führte der König. Als das deutsch-böhmische Heer von Norden heranrückte, gaben die Ungarn die Belagerung von Augsburg auf. Am 9. 8. attackierten schwächere ungarische Kräfte östlich des Lechs die böhmische Reiterei, die gemeinsam mit der zu Hilfe eilenden fränkischen Abteilung den Angriff abwehrte. Am folgenden Tag zog die deutsche Hauptmacht an Augsburg vorbei, um dem Gegner den Fluchtweg zu verlegen. Südlich der Stadt kam es in der Nähe des Lechufers zur Schlacht, die mit umgekehrter Front geschlagen wurde. Die Ungarn griffen mehrmals frontal an, wurden jedoch abgewiesen und schließlich vollständig zersprengt. Sie erlitten schwere Verluste, viele Fliehende ertranken im Lech. Bulcsu fiel in die Hände der deutschen Panzerreiter, die bei der Verfolgung auch das ungarische Lager

Schlacht auf dem Lechfeld

einnahmen. Mit dem Sieg auf dem L. war die Gefahr ungarischer Einfälle in deutsches Gebiet beseitigt. Die Schlacht bewies die waffentechnische und taktische Überlegenheit der Panzerreiter, die zudem den Lech geschickt als natürliches Hindernis nutzten. Der militärische Erfolg trug erheblich zur Festigung des frühfeudalen deutschen Staates bei und verschaffte Otto I. hohes Ansehen in ganz Europa. Neuere Forschungen lassen vermuten, daß die Schlacht nicht auf dem L., sondern nordwestlich von Augsburg stattgefunden hat.

Lederkanone: leichtes Feldgeschütz (→ *Geschütz*) der schwedischen Armee im Dreißigjährigen Krieg 1618–1648 mit lederumwickeltem Rohr.

Bereits vom 14. bis 16. Jh. gab es erste Versuche mit ledernen Büchsen in Italien, jedoch erst Anfang des 17. Jh. wurde in Schweden eine brauchbare L. entwickelt. Sie bestand aus einem dünnwandigen Kupferrohr mit eingeschraubtem eisernem Bodenstück. Das Rohr war durch eiserne Längsschienen verstärkt, die von Eisenringen gehalten wurden, und mehrfach mit leimgetränktem Hanfstrick umwickelt. Das Ganze hatte einen Überzug aus geteertem Leder, nach dem das Geschütz benannt wurde. Das Kaliber der L., die vor allem → *Kartätschen* verschoß, betrug 35 bis 94 mm. Es gab 10- und 16lötige, 1-, 2-, 3- und 6pfündige Rohre. Der 6pfünder wog 38 kg und konnte von 2 Soldaten getragen werden. König Gustav II. Adolf von Schweden (1594–1632) stattete nach 1627 die Infanterie mit der L. aus, um eine größere Beweglichkeit der Armee zu erreichen. Trotz des niedrigen Gewichts bewährte sich die L. nicht. Ihre Hauptnachteile waren die geringe Haltbarkeit, die starke Erhitzung des Rohres und kurze Schußweiten. Schon 1631 wurde sie durch leichte eiserne Geschütze ersetzt. Auch in Sachsen kam die Entwicklung von L. über Anfänge nicht hinaus.

Legion Condor → *Intervention in Spanien 1936–1939*

Legnano 1176: Schlacht zwischen einem deutschen Ritterheer und dem Aufgebot des Lombardischen Bundes am 29. 5. 1176.

Die reaktionäre Machtpolitik des römisch-deutschen Kaisers Friedrich I. (Barbarossa; um 1125–1190) im ökonomisch hochentwickelten Italien (insgesamt 6 Italienzüge) stieß auf den entschiedenen Widerstand der mit dem Papsttum verbündeten oberitalienischen Städte, die sich Ende 1167 zum Lombardischen Bund zusammenschlossen. Als es dem Kaiser auf dem 1174 begonnenen fünften Italienzug nicht gelang, die Kommunen zu unterwerfen, rief er Verstärkungen aus den deutschen Gebieten heran. Im Frühjahr 1176 sammelte sich das kaiserliche Heer im Raum Como. Es bestand aus etwa 3 500 deutschen Rittern und 500 Mann Fußvolk der Stadt Como, das während der Schlacht jedoch nicht in Er-

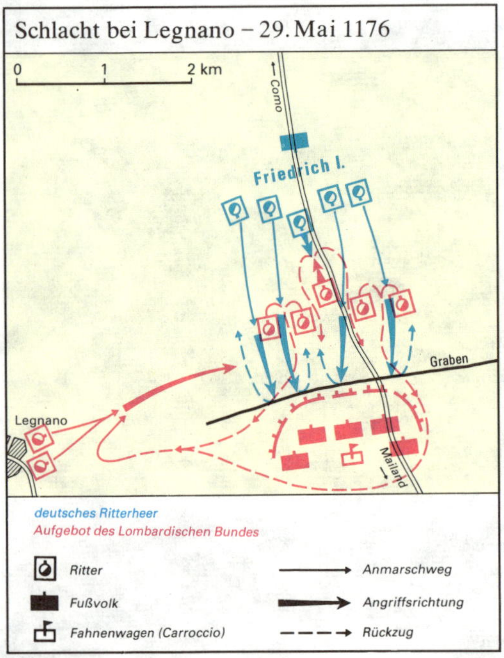

Kampfszene aus der Schlacht bei Legnano

scheinung trat. Dem südwärts ziehenden Heer rückte das noch nicht vollständig versammelte Aufgebot des Bundes von Mailand aus entgegen. Es setzte sich aus den Kontingenten der Städte zusammen und umfaßte wahrscheinlich 3000–4000 Ritter und ebensoviel Fußkämpfer; Namen von Befehlshabern sind nicht überliefert. Am 29. 5. früh stießen die Heere bei L., etwa 20 km nordwestlich Mailand, aufeinander. Die Schlacht begann mit einem Gefecht der Vorhuten, in dem die 700 lombardischen Ritter schließlich von überlegenen Kräften geschlagen wurden. Während sie auf ihrer Flucht den Großteil der Reiter mit sich fortrissen, hielt das um den Fahnenwagen (Carroccio) gescharte Fußvolk stand. Es bildete einen dichtgedrängten Haufen, streckte Lanzen und Schilde vor und wehrte, begünstigt durch einen Graben, alle Angriffe ab. Unterdessen hatten sich die lombardischen Ritter wieder gesammelt und kehrten zusammen mit eintreffenden weiteren Kontingenten auf das Schlachtfeld zurück. Ihren Flankenangriff vermochten die im Kampf gegen das Fußvolk erschöpften deutschen Ritter nicht abzuwehren. Damit war die insgesamt 6stündige Schlacht entschieden. Die Kaiserlichen wurden in die Flucht geschlagen, Friedrich I. selbst entkam nur mit Mühe. Die Ritter hatten hohe Verluste und büßten auch ihren ganzen Troß ein. Verlustziffern für beide Seiten fehlen. Die schwere Niederlage bei L. besiegelte das Scheitern der kaiserlichen Pläne in Norditalien. Bei L. siegte erstmals ein städtisches Aufgebot über ein Ritterheer. Es zeigte sich zwar, daß das Fußvolk die Schlacht noch nicht aus eigener Kraft entscheiden konnte. Sein erfolgreicher Defensivkampf gegen die Ritterangriffe deutete jedoch schon die im 13./14. Jh. einsetzende Wiedergeburt einer schlagkräftigen Infanterie an.

Lehnsheer → *Ritterheer,* → *Vasallenheer*

Leibtruppen → *Garde*

leichte Infanteriedivision → *Jägerdivision*

Leipzig 1813: bedeutendste Schlacht (sog. Völkerschlacht) im → *nationalen Unabhängigkeitskrieg 1813/14* zwischen preußisch-russisch-österreichisch-schwedischen und napoleonischen Truppen vom 16. bis 19. 10. 1813.

Der kühne Vorstoß der Schlesischen Armee unter dem preußischen General Gebhard Leberecht von Blücher (1742–1819) aus dem Raum Bautzen über die Elbe bei Wartenburg (3. 10. 1813) hatte auch die Nord- und die Hauptarmee der Verbündeten zum Vormarsch veranlaßt. Die Bedrohung seiner rückwärtigen Verbindungen zwang den französischen Kaiser Napoleon I. (1769–1821), die Operationsbasis bei Dresden aufzugeben und seine Hauptkräfte bei L. zu konzentrieren. Unter Ausnutzung der inneren Linie wollte er zunächst die von Süden heranrückende Hauptarmee unter dem österreichischen Feldmarschall Karl Philipp zu Schwarzenberg

(1771–1820) mit überlegenen Kräften schlagen und sich dann gegen die aus dem Raum Halle vordringenden beiden anderen Armeen der Verbündeten wenden. Innerhalb von 11 Tagen seit dem Elbübergang Blüchers hatten sich die Verbündeten im Raum L. zusammengezogen. Nur die Nordarmee unter dem schwedischen Kronprinzen Karl Johan (1763–1844), dem ehem. französischen Marschall Jean Baptiste Bernadotte, war bei Halle stehengeblieben. Die durch österreichische Truppen verstärkte russische Reservearmee unter General L. L. Bennigsen (1745–1826) befand sich noch im Anmarsch. Bereits am 14. 10. entwickelte sich aus einer gewaltsamen Aufklärung der Hauptarmee bei Liebertwolkwitz und Güldengossa das größte Kavalleriegefecht des Feldzuges (15000 Reiter, dazu Infanterie und Artillerie). Es endete nach 7stündigem Kampf ohne Entscheidung und ließ das verbündete Oberkommando erkennen, daß Napoleon die Schlacht annahm.

Insgesamt verfügten die Verbündeten am 16. 10. bei L. über 206000 Mann und 918 Geschütze. Die napoleonischen Truppen, die sich aus Franzosen, deutschen Rheinbundsoldaten, Polen und Italienern zusammensetzten, hatten eine Gesamtstärke von 191000 Mann mit 690 Geschützen. Die beiderseitigen Hauptkräfte standen südlich L.: 130000 Mann der Verbündeten mit 550 Geschützen gegen 138000 Mann napoleonische Truppen mit 488 Geschützen. Auf das westlich L. gelegene und von nur 3200 Mann mit 16 Geschützen gesicherte Lindenau waren 21000 Österreicher mit 58 Geschützen angesetzt. Gegen die Schlesische Armee, die 55000 Mann und 310 Geschütze zählte und deren Vorhut den Raum Schkeuditz erreicht hatte, standen im Norden von L. 50000 Mann mit 186 Geschützen, allerdings teilweise noch weit ab.

Gegen 8 Uhr eröffneten die Verbündeten an der Südfront die Schlacht. Auf der Linie Liebertwolkwitz–Wachau–Markkleeberg stießen sie mit den gegnerischen Angriffskolonnen zusammen und mußten nach wechselvollem Kampf schließlich fast alle eroberten Positionen wieder aufgeben. Auch der zwischen Pleiße und Weißer Elster geführte Flankenangriff auf Connewitz blieb im Sumpfgelände und im Feuer des Gegners stecken. Die für ihn am Spätvormittag entstandene günstige Lage wurde von Napoleon nicht zu einem entscheidenden Schlag genutzt. Er wartete noch auf die von der Nordfront heranbefohlenen Truppenverstärkungen, deren Abzug aber durch den unerwarteten Angriff der Schlesischen Armee bei Möckern verhindert wurde. So war der Kampf um Möckern mit der Bindung starker gegnerischer Kräfte für die Schlacht von großer Tragweite. Als Napoleon schließlich gegen 14 Uhr an der Südfront den allgemeinen Angriff befahl, blieb dessen Stoßkraft zu gering, um einen vollen Erfolg herbeizuführen. In hartem Ringen verhinderten die verbündeten Truppen zusammen mit den jetzt eilig herankommenden Reserven einen Durchbruch ihrer Frontlinie. Die Dunkelheit beendete den Kampf, dessen unentschiedener Ausgang für Napoleon einer Niederlage gleichkam. Die Verbündeten erzielten auch bei Lindenau gegen die verstärkten napoleonischen Truppen keine Vorteile, dagegen errangen sie an der Nordfront einen Sieg. Unter großen Opfern eroberten hier preußische Truppen das befestigte Möckern, das im Verlauf des erbitterten Kampfes 5mal den Besitzer gewechselt hatte.

Attacke preußischer Husaren bei Möckern, 16. Oktober 1813

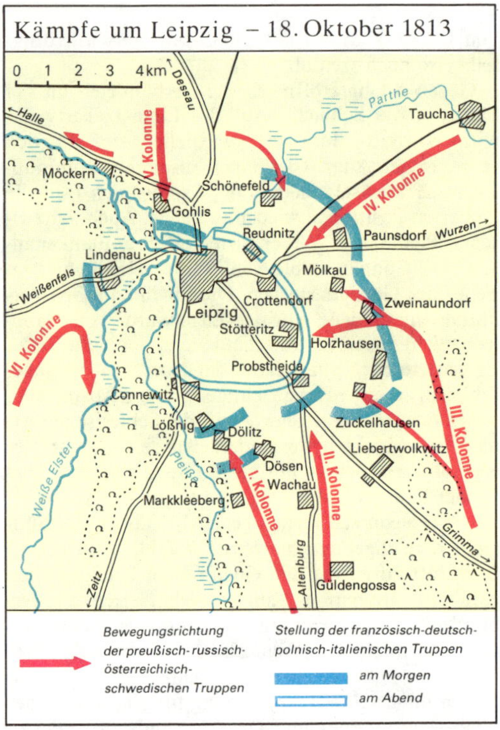

Vor allem wegen der Erschöpfung der Soldaten verzichteten beide Seiten am 17. 10. auf einen Angriff. Napoleon zog seine Truppen, insgesamt noch 160000 Mann (davon 30000 Reiter) mit 630 Geschützen, näher an L. heran, um die Frontlinie zu verkürzen. Außerdem sicherte er die einzig verfügbare Rückzugsstraße nach Westen, die über Lindenau und Weißenfels führte. Die Stärke der Verbündeten stieg durch die eintreffende Reservearmee und die sich dem Schlachtfeld nähernde Nordarmee auf 306000 Mann (davon 60000 Reiter) und 1200 Geschütze. Die Truppen wurden in 6 Kolonnen um L. zusammengefaßt, ohne daß man jedoch gegen Lindenau stärkere Kräfte aufstellte.

Am 18. 10. früh griffen die Verbündeten an, wobei der Schwerpunkt des Kampfes wieder im Süden lag. Als bei der I. Kolonne, die auf Connewitz vorstieß, durch heftige Gegenangriffe zeitweise bei Lößnig–Dölitz die Gefahr eines gegnerischen Durchbruchs drohte, wurde die bei Lindenau bereits geschlagene VI. Kolonne zur Verstärkung heranbefohlen und damit dem Gegner die Rückzugsstraße freigegeben. Mit der Sicherung von Connewitz und der Abwehr des ohne genügende Artillerievorbereitung durchgeführten Frontalangriffs der II. Kolonne gegen Probstheida konnte der französische rechte Flügel seine Schlüsselstellungen behaupten. Die III. Kolonne der Verbündeten brach in das gegnerische Zentrum ein und eroberte Zuckelhausen, Holzhausen und am Spätnachmittag auch Mölkau und Zweinaundorf. Ein Sturm auf Stötteritz blieb jedoch erfolglos. Die von Taucha anrückende IV. Kolonne, die durch 2 Korps der Schlesischen Armee verstärkte Nordarmee, griff erst gegen 14 Uhr in den Kampf ein. Sie eroberte Schönefeld und Paunsdorf und drängte den gegnerischen linken Flügel zurück. An diesem Frontabschnitt gingen sächsische und württembergische

Erstürmung des äußeren Grimmaischen Tores in Leipzig am 19. Oktober 1813

Truppen auf die Seite der Verbündeten über. Im Norden kämpfte die V. Kolonne (Schlesische Armee) um Gohlis und errang kaum Vorteile. Auch die wieder zurückbeorderte VI. Kolonne vermochte keinen Druck auf die französische Rückzugsstraße auszuüben.

Am Abend hielt die französische Armee die Linie Connewitz–Probstheida–Stötteritz–Crottendorf–Reudnitz–Gohlis. Angesichts der hoffnungslosen Lage befahl Napoleon den Rückzug, der allerdings äußerst mangelhaft vorbereitet war. In L. entstanden chaotische Verhältnisse. Seit den Abendstunden drängten hier von allen Seiten und in größter Unordnung die abziehenden Truppen der einzig sicheren, aber schmalen Ausfallstraße nach Lindenau zu. Etwa 30000 Mann, vorwiegend Nichtfranzosen, ließ Napoleon in L. zurück, um die Verbündeten zur Einnahme der Stadt zu veranlassen und von einer energischen Verfolgung abzuhalten. Tatsächlich gewährte die Erstürmung von L. am 19. 10. dem weichenden Gegner einen bedeutenden Vorsprung. Der konzentrische Angriff auf L. begann gegen 10 Uhr, wobei jede Kolonne der Verbündeten ein bestimmtes Stadttor als Angriffsziel hatte. Nach 3stündigen heftigen Kämpfen war L. gegen 13 Uhr vollständig eingenommen und die Schlacht beendet.

In der Völkerschlacht wurde jeder vierte Soldat getötet oder verwundet. Die verbündeten Truppen (127000 Russen, 89000 Österreicher, 72000 Preußen, 18000 Schweden) verloren insgesamt 53600 Mann an Gefallenen und Verwundeten, davon 22600 russische, 16000 preußische, 14800 österreichische und 200 schwedische Soldaten. Die napoleonische Armee, deren Verluste mindestens 73000 Gefallene und Verwundete sowie über 35000 Gefangene betrugen, war entscheidend geschlagen; der eilige Rückzug an den Rhein vollendete ihren Zusammenbruch. Dem Sieg bei L., von den verbündeten Truppen in enger Waffenbrüderschaft erkämpft, folgten die Auflösung des Rheinbundes und die Befreiung der rechtsrheinischen deutschen Gebiete von der napoleonischen Fremdherrschaft.

Am 18. 10. 1913 wurde in L. das monumentale Völkerschlachtdenkmal eingeweiht.

Leningrad 1941–1944: von September 1941 bis Januar 1944 dauernde Einschließung und Belagerung des nach Moskau wichtigsten ökonomischen, wissenschaftlichen und kulturellen Zentrums der Sowjetunion durch die faschistische Wehrmacht (→ *Weltkrieg, zweiter, 1939–1945*).

Entsprechend dem → *Barbarossaplan* sollte L., das im Angriffsstreifen der Heeresgruppe Nord lag, aus der Bewegung heraus erobert werden. Der faschistische Zeitplan geriet jedoch schon im Juli an der Lugaer Verteidigungslinie durcheinander. Erst am 8. 8. 1941 konnte die Heeresgruppe Nord die Offensive fortsetzen. Als ihre Angriffsspitzen am 8. 9. das Südufer des Ladogasees erreichten und Schlüsselburg eroberten, war L. von der gesamten Landseite blockiert. Von Nordwesten war die finnische Südostarmee bis in den Karelischen Befestigten Raum vorgedrungen. Die Stadt konnte nur noch auf dem Luftwege und über den Ladogasee versorgt werden. Damit begann die fast 900 Tage dauernde heldenhafte Verteidigung der Stadt.

Den ganzen September über schlugen die Verteidiger von L. unter Aufbietung all ihrer Kräfte zahlreiche Angriffe der faschistischen Truppen ab und verhinderten die Einnahme der Stadt. Es gelang ihnen, die Front an der Linie Urizk – nördlich Puschkin – nordwestlich Mga – Schlüsselburg zu stabilisieren; außerdem hielten die sowjetischen Truppen einen Brückenkopf bei Oranienbaum, der für die Verteidigung Kronstadts besondere Bedeutung hatte.

Nachdem die Versuche gescheitert waren, L. im Sturm zu nehmen, beabsichtigte das faschistische Oberkommando, die Stadt durch pausenlose Bombenangriffe und permanenten Artilleriebeschuß völlig zu zerstören sowie die Bevölkerung auszuhungern. Von September bis Dezember 1941 wurden auf L. von den Deutschen über 100000 Brandbomben und über 3500 Sprengbomben abgeworfen. Um die letzte Bahnlinie zu unterbrechen, auf der Nachschub in die Nähe des Ladogasees transportiert werden konnte, begannen die faschistischen Truppen am 16. 10. 1941 einen Angriff in Richtung Tichwin, das sie am 8. 11. 1941 eroberten. Der angestrebte weitere Vorstoß nach Norden zum Swir und damit zur Vereinigung mit der finnischen Karelischen Armee scheiterte, da die sowjetischen Truppen ihrerseits noch im November bei Tichwin zum Gegenangriff übergingen und die Stadt am 9. 12. befreiten.

Noch im September war die Versorgung von L. über den Ladogasee aufgenommen worden, aber ehe der Aufbau eines leistungsfähigen Versorgungssystems abgeschlossen war, versiegten die Vorräte an Lebensmitteln, Brenn- und Kraftstoffen. Im November 1941 mußten die Brotrationen auf 125–250 g täglich reduziert werden. Bis zum Sommer 1942 kamen mehr als 600000 Menschen durch Hunger ums Leben. Ende November 1941 konnte die Versorgung der Stadt durch Autotransporte über das Eis des Ladogasees (die «Straße des Lebens») aufgenommen werden. Unter deutschem Artilleriefeuer und Fliegerangriffen wurden Waffen und Munition, Lebensmittel sowie Medikamente und Brennstoffe nach L. gebracht. Auf dem Rückweg wurden Kranke, Verwundete, Arbeitsunfähige und Kinder (von Januar bis April 1942 mehr als 550000 Menschen) abtransportiert.

Die Verteidiger von L. verhinderten, daß die faschistische Wehrmachtführung ihr Ziel, mit der Eroberung der Stadt ihren nördlichen Angriffsflügel

Nachschub für die Verteidiger Leningrads über das Eis des Ladogasees, die «Straße des Lebens»

freizumachen, der Baltischen Rotbannerflotte ihre Basis zu entziehen sowie eine Landverbindung nach Finnland zu gewinnen, erreichte. Die 18. Armee der Heeresgruppe Nord wurde vor L. zu einem langwierigen Stellungskrieg gezwungen. Außerdem wurden durch den Partisanenkrieg im Leningrader Raum, durch Aktionen der See- und Luftstreitkräfte weitere Kräfte der faschistischen Wehrmacht gebunden. Allein die zur Blockierung von L. eingesetzte faschistische 18. Armee hatte 1942 eine Stärke bis zu 26 Divisionen, die nordwestlich der Stadt stehende finnische operative Gruppe verfügte über 4 Divisionen.

Die von den Truppen der Leningrader Front und der Wolchowfront 1942 unternommenen Versuche, den Blockadering zu durchbrechen (Offensive in Richtung Ljuban von Januar bis April 1942 und Offensive in Richtung Sinjawino im August/September 1942) blieben infolge unzureichender Kräfte und Mittel erfolglos. Aber weder diese Mißerfolge noch das fortdauernde barbarische Bombardement faschistischer Fliegerkräfte und Artillerie und auch nicht der Hunger konnten den Verteidigungswillen brechen. Die vom 12. bis 30. 1. 1943 von der Leningrader Front und der Wolchowfront mit Unterstützung von Kräften der Baltischen Rotbannerflotte durchgeführte Offensive entlang dem Südufer des Ladogasees führte zu einer ersten Sprengung des Blockaderings. Es konnte ein 8–10 km breiter Korridor freigekämpft werden, durch den eine Bahnlinie und eine Straße verlegt wurden.

Die 18. Armee verstärkte auch 1943 ihre Belagerungsstellung durch ein tiefgestaffeltes Verteidigungssystem. Sie verfügte über 19 Divisionen und 3 Brigaden mit einer Stärke von etwa 168 000 Mann, 4 500 Geschützen und Granatwerfern sowie 200 Panzern und Sturmgeschützen. Der von Norden und Osten am 14. 1. 1944 von der Leningrader und Wolchowfront mit überlegenen Kräften eingeleiteten sowjetischen Offensive konnte sie dennoch nur wenige Tage Widerstand leisten.

Die Truppen der beiden Fronten durchbrachen die faschistische Verteidigung, fügten der 18. Armee der Heeresgruppe Nord schwere Verluste zu, drängten sie bis zum 27. 1. 1944 70–100 km zurück und befreiten L. damit endgültig von der Blockade.

Leuthen 1757: Schlacht im → *Siebenjährigen Krieg 1756–1763* zwischen preußischen und österreichischen Truppen am 5. 12. 1757.

Auf dem schlesischen Kriegsschauplatz hatten die österreichischen Hauptkräfte im Herbst 1757 mehrere Erfolge über die schwächeren preußischen Truppen errungen. Nach dem Sieg bei → *Roßbach 1757* (5. 11.) zog deshalb König Friedrich II. von Preußen (1712–1786) mit seiner Hauptarmee in Eilmärschen nach Schlesien, um dessen drohenden Verlust zu verhindern. Ende November vereinigte sich die Hauptarmee nordwestlich Breslau mit den geschlagenen Truppen und zählte nun etwa 39 000 Mann (48 Bataillone, 128 Schwadronen) und 167 Geschütze. Die österreichische Hauptarmee unter Feldmarschall Prinz Karl Alexander von Lothringen (1712–1780) in Stärke von 66 000 Mann (84 Bataillone, 144 Schwadronen) und 210 Geschützen hatte eine etwa 9 km lange Höhenstellung bei L. bezogen. An den Flügeln stand die Kavallerie und im Zentrum die Infanterie. Angesichts ihrer günstigen Stellung und zahlenmäßigen Überlegenheit glaubten die Österreicher an keinen preußischen Angriff. Friedrichs II. Ansprache an seine Generale am Vorabend der Schlacht zeugte jedoch von seiner Bedenkenlosigkeit, alles auf eine Karte zu setzen und das Schicksal der Armee dem Zufall anzuvertrauen.

Am Morgen des 5. 12. rückte die preußische Armee in 4 Kolonnen den Österreichern frontal entgegen. Friedrich II. täuschte mit der Vorhut einen Angriff auf den österreichischen rechten Flügel vor. Nach kurzer Gefechtsberührung ließ er die Armee jedoch nach Süden abmarschieren, um den linken Flügel des Gegners anzugreifen. Den teilweise durch Höhenzüge verdeckten Rechtsabmarsch schätzte die österreichische Führung als Abzug der Preußen ein.

Ehe sie die Lage richtig erkannt hatte, begann schon der Angriff gegen ihren linken Flügel (um die Mittagszeit). Durch die gelungene Entfaltung zur schiefen Schlachtordnung (→ *Lineartaktik*), eine bemerkenswerte taktische Leistung, besaßen die preußischen Truppen am entscheidenden Abschnitt eine bedeutende Überlegenheit und konnten den Gegner zurückwerfen. Die ausgedehnte österreichische Schlachtordnung verhinderte eine rasche Umgruppierung der Kräfte. Unter größten Schwierigkeiten kam schließlich eine neue Front hinter L. zustande, das die Preußen nach hartem Kampf erobert hatten. Stellenweise bis zu 100 Glieder tief, behinderte die neue Aufstellung jedoch die eigenen Handlungen und bot zudem der preußischen Artillerie gute Ziele. Als die österreichische Kavallerie einen Entlastungsangriff auf den scheinbar ungedeckten linken Infanterieflügel der Preußen unternahm, stießen ihr die dort hinter einer Höhe zurückgehaltenen preußischen Schwadronen überraschend in die Flanke und warfen sie zurück. Auf ihrer Flucht überritt sie die eigene Infanterie und besiegelte damit (gegen 17 Uhr) die Niederlage. Die Preußen verloren 6400, die Österreicher etwa 10000 Tote und Verwundete sowie über 12000 Gefangene und 131 Geschütze. Die österreichische Hauptarmee mußte fast ganz Schlesien räumen und nach Böhmen zurückgehen. Bei L. errang die preußische Armee unter Friedrich II. ihren bedeutendsten Sieg, doch brachte er nur eine Atempause, keinen Frieden. Durch die Passivität der österreichischen Führung und andere Umstände begünstigt, gelang es Friedrich II. bei L. das einzige Mal, die schiefe Schlachtordnung erfolgreich anzuwenden. Die imperialistische deutsche Militärgeschichtsschreibung aber machte L. unter dem Einfluß der Blitzkriegsstrategie zu einem Modellfall der Vernichtung eines stärkeren Gegners durch Umfassung.

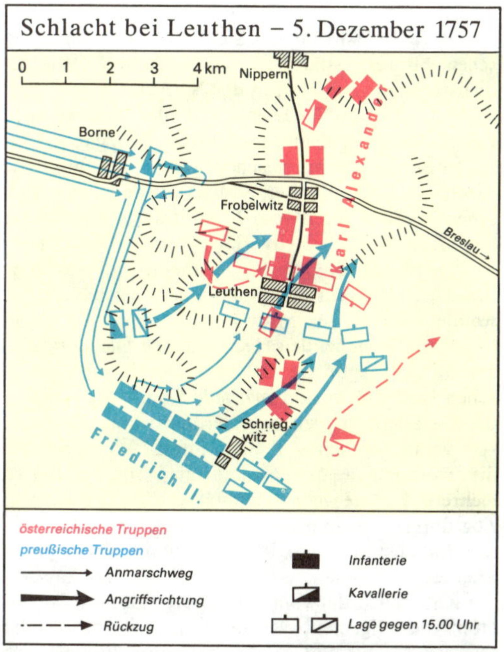

Erstürmung des Kirchhofes von Leuthen

Leutnant: ursprünglich Stellvertreter des militärischen Führers, später zu den untersten Offiziersdienstgraden gehörend; in der NVA und den Grenztruppen der DDR Dienstgrad der Untergruppe Leutnante in der Dienstgradgruppe Offiziere.

Der aus dem Französischen stammende Begriff L. (lieutenant = Statthalter, Stellv.) wurde in den deutschen Söldnerheeren vom Ende des 15. bis Anfang des 17. Jh. für den Stellv. des Befehlshabers (Chefs) angewendet (z. B. Obrist-L., General-L.). War er in dieser Zeit Titel für die Funktion (Dienststellung), so wandelte er sich seit Mitte des 17. Jh., mit dem Aufkommen der stehenden Heere, in eine Dienstgradbezeichnung für untere Offiziere. Im brandenburgischen Heer z. B. bekam jetzt jede Kompanie einen L., der vor allem für den Exerzierdienst und die Disziplin verantwortlich war. Im 18. und 19. Jh. erhielten die Kompanien bzw. Eskadronen und Batterien mehrere L., die hauptsächlich die Aufgaben von Zugführern ausübten. Gleichzeitig entstanden weitere L.dienstgrade (so in Preußen die Dienstgrade Premier- und Sekonde- bzw. Sous-L.). Die kaiserliche Kabinettsorder vom 1. 1. 1899 bestimmte für das Heer die allgemein verbindliche Einführung der Dienstgrade L. und Ober-L. In der preußischen bzw. der späteren Kaiserlichen Marine gab es Mitte des 19. Jh. den L. 1. und 2. Klasse, ab 1864 bis 1899 den L. z. S. und den Unter-L. z. S. Im Jahre 1899 erfolgte die Anpassung an die Dienstgradbezeichnungen im Heer, wobei die Offiziere der seemännischen Laufbahn den Zusatz «zur See» führten. Die neuen L.dienstgrade wurden von allen deutschen imperialistischen Streitkräften bis zur Bundeswehr der BRD beibehalten.

In der NVA und den Grenztruppen der DDR besteht die Untergruppe der L. aus dem Unter-L., dem L. und dem Ober-L. Sie sind in der Regel Berufsoffiziere, die in entsprechenden Dienststellungen als Offiziere des operativen Dienstes, Politoffiziere, Offiziere der technischen und rückwärtigen Dienste sowie der Militärjustizorgane tätig sein können. Die Ernennung zum ersten Offiziersdienstgrad erfolgt in Abhängigkeit vom Ausbildungsgang und von der Vorbildung, die Beförderung zum nächsthöheren L.dienstgrad zumeist nach 2, zum Hauptmann in der Regel nach weiteren 3 Dienstjahren. *(s. Abb. S. 144–147, 873, 1007, 1011)*

Liegnitz 1241: Schlacht zwischen einem polnisch-deutschen Heer und einem tataro-mongolischen Reiterheer am 9. 4. 1241.

Anfang 1241 unternahmen die Mongolen von Wolynien aus einen Eroberungszug nach Westen. Wahrscheinlich um den gegen Ungarn gerichteten Hauptstoß zu decken, fiel ein Teilheer unter Baidar (Peta) in Polen ein. Es schlug am 18. 3. kleinpolnische Aufgebote bei Chmielnik, zerstörte Kraków und drang nach Schlesien vor. Die Mongolen waren mit ihren ausdauernden kleinen Pferden schnell beweglich. Sie führten Pfeil und Bogen, Lanzen und Krummsäbel und trugen leichte Schutzkleidung. Über die Heeresstärke fehlen zuverlässige Angaben; sie wird in neuerer Zeit auf 10000–25000 Mann geschätzt. Auf der Wahlstatt südöstlich von L. stellte sich der niederschlesische Herzog Heinrich II. (1191–1241) den Mongolen mit einem aus Reiterei und Fußvolk bestehenden Heer entgegen. Hauptkraft bildete die gepanzerte schwere Reiterei, die polnische, mährische und deutsche → *Ritter* sowie Angehörige des Templer-, Johanniter- und Deutschen Ordens (→ *Ritterorden*) umfaßte. Zum Fußvolk gehörten bâuerliche und städtische Aufgebote, geworbene Söldner und schlesische Bergknappen. Ihm kam jedoch, wie für die → *Ritterheere* typisch, nur eine untergeordnete Rolle im Kampf zu. Die ganze Streitmacht zählte maximal 10000 Mann. Beide Heere stellten sich in 2 Linien auf: die Hauptkräfte in der ersten, eine jeweils starke Reserve in der zweiten Linie. Die Frontlänge betrug etwa 3,5 km. Der rechte Flügel des Ritterheeres eröffnete die Schlacht. Er wurde jedoch geschlagen ebenso wie das linke Zentrum, wobei die Mongolen zuerst eine Flucht vortäuschten und sich dann auf die aufgelösten Reihen der Verfolger warfen. Es gelang Heinrich II., mit der Reserve die Lücke in der Schlachtordnung zu schließen. Als die Ritter erneut angriffen, ließ Baidar Salven von Raketenpfeilen abschießen, die das Schlachtfeld in stark riechenden Rauch hüllten. Die dadurch im Ritterheer hervorgerufene Verwirrung nutzte er aus und stieß mit seiner Reserve in die rechte Flanke und den Rücken des Gegners. Dieser Angriff entschied die Schlacht. Heinrich fiel, die Reste des Ritterheeres flohen nach L. Die Schlacht war auch für die Mongolen verlustreich. Trotz ihres Sieges drangen sie nicht weiter nach Mitteleuropa vor, sondern zogen über Mähren nach Ungarn ab.

Limes: durch Befestigungsanlagen geschützter Grenzabschnitt des Römischen Reiches.

Im 1. Jh. bezeichnete man im römischen Heer mit L. (ursprünglich Flurgrenze, Grenzweg) offene, künstlich angelegte Wege und Straßen zur Truppenbewegung, zumeist in den Grenzgebieten des Römischen Reiches. Mit der Errichtung durchgehender, in Art und Bauweise unterschiedlicher Grenzbefestigungen in Britannien, Obergermanien, Rätien und anderen römischen Provinzen wurde der Begriff L. fast ausschließlich auf diese geschützten Grenzabschnitte angewandt. Der obergermanisch-rätische L. entwickelte sich als durchgehende Grenzbefestigung teilweise aus militärisch gesicherten, mit bewachten Übergängen versehenen Straßen und aus bereits früher angelegten örtlichen Befestigungen. Er wurde ab 84 u. Z. überwiegend in Form eines Palisaden- oder Flechtwerkzauns mit Holztürmen errichtet und seit

Anfang des 2. Jh. durch steinerne Kastelle und Wachtürme sowie durch Erdwall und Steinmauer verstärkt und ausgebaut (→ *Befestigungen*). Der L. führte vom Rhein südlich des heutigen Bonn bis zur Donau nahe Regensburg über eine Strecke von etwa 550 km. Durch ein organisiertes Zusammenwirken der Besatzung des L., zumeist der in dessen Nähe angesiedelten Numeri (Milizen oder Hilfstruppen), mit den im Hinterland stationierten Legionen gelang es den Römern, die Rhein-Donau-Grenze bis zur Mitte des 3. Jh. gegen alle germanischen Angriffe zu behaupten (→ *germanisch-römische Kriege 2. Jh. v. u. Z.–5. Jh. u. Z.*). Gegen die seit 213 vorstoßenden Alamannen erwies sich der L. jedoch als immer weniger wirksam. 258 wurde er schließlich auf breiter Front durchbrochen. *(s. Abb. S. 73)*

Lineartaktik: für das 18. Jh. typische Schlachtordnung mit enggeschlossenen, flachgegliederten Infanterielinien.

Die L. ergab sich aus der Waffentechnik und dem politisch-sozialen Zustand der nach 1648 errichteten stehenden → *Söldnerheere.* Das Mitte des 17. Jh. aufkommende → *Steinschloßgewehr* sowie die Verwendung von Papierpatronen und des eisernen Ladestocks erhöhten die Feuerwirksamkeit der Gewehre beträchtlich. Zugleich machte die Einführung des → *Bajonetts* die Pike überflüssig. Dadurch beschleunigte sich in den Heeren der zahlenmäßige Rückgang der Pikeniere, während die Zahl der Musketiere ständig anstieg. Diese Entwicklung führte zur Auflösung der tiefgegliederten Haufen des Fußvolkes, an deren Stelle flachere und breitere Gefechtsordnungen traten (→ *Kriegskunst*). Namentlich die schwedische → *Ordonnanz* bereitete mit ihren flachen Aufstellungen die L. vor. Da die ballistischen Leistungen und die Treffgenauigkeit des Steinschloßgewehrs noch gering waren, kam es darauf an, möglichst viele Gewehre gleichzeitig oder in rascher Folge zum Einsatz zu bringen. Deshalb wurden die Truppen zur Schlacht in langgestreckten dünnen Linien aufgestellt. Die einheitliche Ausbildung, Ausrüstung und Bewaffnung sowie die scharfe Disziplin begünstigten die L., die zudem eine weitgehende Überwachung der gepreßten Soldaten ermöglichte. Die allgemeine Anwendung der L. war gerade auch durch den Charakter der Söldnerheere bedingt. Friedrich Engels (1820–1895) wies auf diesen Zusammenhang ausdrücklich hin. Mit Bezug auf das Steinschloßbajonettgewehr und auf die Soldaten in den feudalabsolutistischen Armeen bezeichnete er die L. als «die einzige Kampfform, in der diese Soldaten das neue Gewehr zur Verwendung bringen konnten» (K. Marx/F. Engels, 20, S. 156).

Preußische Infanterielinie im Siebenjährigen Krieg

Die Infanterie als das Hauptelement der Gefechtsordnung wurde anfangs in Linien zu 6, später in der Regel zu 3 Gliedern formiert. Ziel dieser Aufstellung war es, den Gegner durch schnelles Massenfeuer während des Vorrückens zu erschüttern und anschließend mit einem Bajonettangriff zu werfen. Das Marschieren im Gleichschritt und in ausgerichteten Linien sowie das schnelle Laden und das gleichzeitige Schießen auf Kommando gewannen besondere Bedeutung. Das für die L. unerläßliche automatische Handeln und die strenge Ordnung wurden durch ständiges Exerzieren erreicht. Aufgrund der barbarischen Abrichtung der Soldaten zu Bewegungs- und Schießmaschinen erlangte insbesondere die preußische Armee eine hohe Perfektion und damit eine Überlegenheit in der L.

Diejenige Seite, die in einer bestimmten Zeit mehr Salven schießen konnte als die andere, war im Vorteil, wobei es darauf ankam, Feuer und Bewegung exakt miteinander zu verbinden. Das geschah vor allem durch das Salvenfeuer der einzelnen Pelotons, in die das Bataillon (in Preußen 600 Gewehre) gegliedert war. Beim Pelotonfeuer gingen nacheinander erst sämtliche ungeraden Pelotons (1., 3., 5., 7.), dann die geraden Pelotons (2., 4., 6., 8.) auf das Kommando des Pelotonführers schnell 3 große Schritte vorwärts und feuerten je 1 Salve. Dazu fiel das erste Glied auf die Knie, das zweite schloß auf, und das dritte rückte rechts in die Lücken. Gefeuert wurde entweder von den beiden Flügeln zur Mitte hin oder von einem Flügel zum anderen. Das Bataillon verringerte dabei die an sich schon sehr langsame Bewegung und nahm das Peloton wieder auf, während das nächste vortrat. Auf diese Weise kam das Bataillon in der Minute nur 10–12 m voran. Im allgemeinen erfolgte die Feuereröffnung erst auf 200 Schritt Entfernung vom Gegner. Großer Wert wurde auf fortwährendes Feuern und auf das Zusammenbrennen der Salve gelegt. Diese Feuertaktik erforderte eine lange und gründliche Ausbildung und konnte im Gefecht kaum eingehalten werden. Da nicht Treffsicherheit, sondern die geschlossene Salve im Vordergrund stand, war das Zielen in der Regel verboten. Trotzdem waren die Verluste beider Seiten infolge der relativ hohen Feuerkonzentration auf begrenztem Raum sehr hoch. Die mangelhafte Ausbildung des Ersatzes führte dazu, daß an die Stelle des Pelotonfeuers das Bataillonsfeuer trat, wobei die Bataillone in ähnlicher Weise schossen wie die Pelotons. Der heftige und für die Infanterie sehr verlustreiche Feuerkampf drängte zwangsläufig zum Bajonettangriff. Da die zusammengepreßten Massen darin die Chance sahen, überhaupt am Leben zu bleiben, entlud sich in der Regel die aufgespeicherte Furcht in einem blinden Vorwärtsstürzen.

Das gesamte Heer war nur unter größten Schwierigkeiten in einer einzigen 3gliedrigen Linie aufzustellen und ausgerichtet vorwärts zu bewegen. Zudem zerriß aufgrund der geringen Tiefe die Linie leicht und war unbeholfen. Deshalb wurden meist 2, seltener 3 Treffen gebildet. Das zweite Treffen stand 150–200 Schritt hinter dem ersten und wies im Unterschied zu diesem zwischen seinen Bataillonen Intervalle auf. Es hatte die Aufgabe, im ersten Treffen entstandene Lücken zu schließen, Flankenbewegungen durchzuführen und durchgebrochene gegnerische Kavallerie abzuwehren. Die Kavallerie wurde meist in 2 Treffen an den Flügeln der Schlachtordnung aufgestellt. Fest an ihren Platz gebunden, sollte

Schiefe Schlachtordnung, 2. Hälfte 18. Jh.

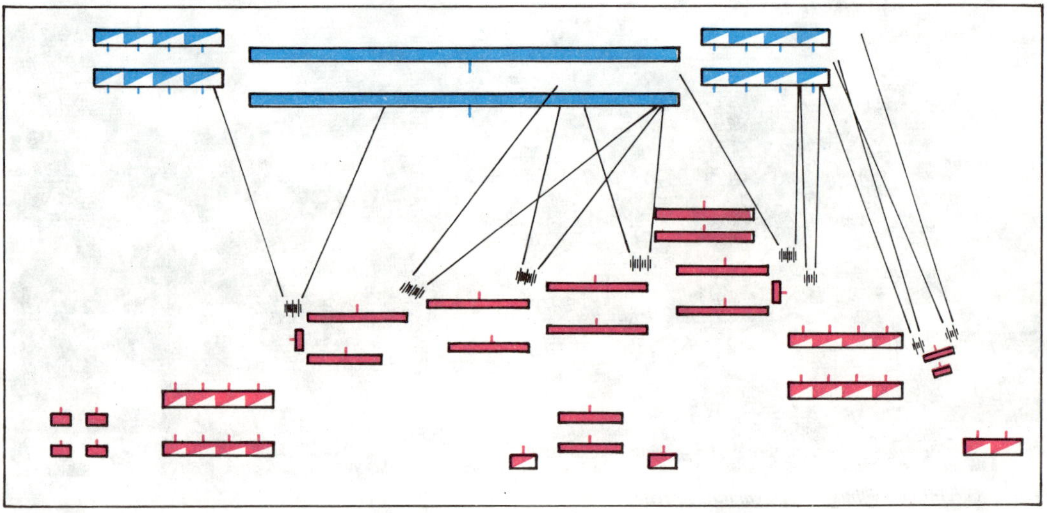

sie ursprünglich die Flanken der Infanterielinie dekken. In Preußen wurde die Kavallerie nach dem ersten Schlesischen Krieg 1740–1742 reorganisiert. Sie fand zwar auch weiterhin bei der Flankendeckung Verwendung, jedoch bestand ihre Hauptaufgabe nunmehr darin, mit ungestümen, geschlossenen Attacken und schnellen Manövern schlachtentscheidend zu wirken. Von der Artillerie wurden zur Unterstützung der angreifenden Infanterie die leichten Geschütze (sog. Bataillonsgeschütze) zwischen den vorgehenden Bataillonen mitgeführt. Die übrige Artillerie wurde zu Batterien formiert, die gemäß den taktischen Bedürfnissen und den Geländeverhältnissen überhöht hinter oder seitlich der Schlachtordnung standen.

Die Schwächen der L. bestanden in der Starrheit und Unbeholfenheit der Gefechtsordnung, die nur eine begrenzte Unterteilung in Infanterielinie und die beiden Kavallerieflügel ermöglichte. Ihr schablonenhafter Aufbau, der Manöver während der Schlacht kaum gestattete, verlangte ein relativ ebenes Gelände. Die verwundbaren Punkte waren die Flanken. Es wurde daher angestrebt, einen gegnerischen Flügel zu umfassen, ihn mit verstärktem Angriffsflügel zu schlagen und dadurch die Schlacht zu entscheiden. Das Zentrum und der andere Flügel, die beide zurückgehalten wurden, sollten indessen eine größere Truppenmasse des Gegners binden und bei erfolgreichem Angriff nachstoßen. «Dies war wirklich die einzig denkbare Methode», schrieb Engels, «mit der es unter Beibehaltung des Linearsystems möglich war, eine überlegene Macht gegen einen Teil der feindlichen Schlachtlinie zu konzentrieren» (K. Marx/F. Engels, 14, S. 361). Diese als schiefe oder schräge Schlachtordnung bezeichnete Variante der L. setzte ein hohes Maß an Manövrierfähigkeit und Schnelligkeit voraus; denn der Gegner durfte keine Gelegenheit haben, seine Aufstellung zu verändern. In ihr sah vor allem der preußische König Friedrich II. (1712–1786) die Möglichkeit, einen zahlenmäßig stärkeren Gegner zu schlagen. Aber selbst mit seiner gut gedrillten Armee gelang es ihm nur in der Schlacht bei → *Leuthen 1757*, die schiefe Schlachtordnung in klassischer Form zu verwirklichen. Bei → *Kolin 1757* und → *Kunersdorf 1759* dagegen unterlag die preußische Armee, weil der Gegner den Aufmarsch zur schiefen Schlachtordnung erkannte und rechtzeitig den bedrohten Flügel verstärkte.

Die L. erreichte während des → *Siebenjährigen Krieges 1756–1763* ihren Höhepunkt. Obwohl ein bedeutender Fortschritt in der Kriegskunst gegenüber der Haufentaktik des 16./17. Jh., war sie, mit den feudalabsolutistischen Verhältnissen verwurzelt, wenig entwicklungsfähig. Die beginnende bürgerliche Umgestaltung des Militärwesens unter dem Einfluß der Französischen Revolution von 1789 nahm der L. die gesellschaftlichen Grundlagen. Die neue Taktik wurde durch das aufgelöste Schützengefecht in Verbindung mit dem Bajonettangriff tiefgestaffelter Kolonnen geprägt.

Linienschiff: Klasse der schweren Überwasserkräfte (→ *Seestreitkräfte*), die vom 17. bis zum Beginn des 20. Jh. als Hauptschlagkraft der Kriegsflotten vorwiegend zum Kampf in der Linie bestimmt war.

Vom 17. bis zur Mitte des 19. Jh. wurden als L. dreimastige, hochbordige Segelschiffe mit starker Artilleriebewaffnung bezeichnet, die zumeist in Kiellinie kämpften. Sie erreichten eine Größe von 500 bis 5000 t und konnten bis zu 130 Geschütze tragen, die in 2 oder 3 Batteriedecks übereinander sowie auf dem Oberdeck aufgestellt waren. Daher bezeichnete man die L. auch als Zwei- oder Dreidecker. Die 1756 in Dienst gestellte «Victory», in der Seeschlacht von Trafalgar am 21. 10. 1805 Flaggschiff des britischen Vizeadmirals Horatio Nelson (1758–1805), hatte bei einer Länge von 62,8 m und einer Breite von 16 m eine Wasserverdrängung von 3100 t; ihre Segelfläche betrug 3000 m², die Zahl ihrer in 3 Batteriedecks aufgestellten Geschütze 100. Die zu damaliger Zeit geringen Seestreitkräfte einiger deutscher Staaten hatten keine L. In der zweiten Hälfte des 19. Jh. entwickelte sich nach einer längeren Übergangsperiode der Bau von dampfgetriebenen und gepanzerten L. Ihre Aufgaben bestanden ähnlich wie bei den L. der Segelschiffszeit darin, durch den Einsatz der → *Schiffsartillerie* aus dem in Linie aufmarschierten Verband die gegnerischen schweren Überwasserkräfte zu vernichten. Die L. hatten zunächst eine Wasserverdrängung von 10000 bis 15000 t, ihre Panzerung eine Stärke bis zu 500 mm. Sie ging nach der Verwendung besseren Panzerstahls auf 150–350 mm zurück. Die Hauptbewaffnung bildeten Geschütze mit einem Kaliber bis zu 300 mm. In der deutschen → *Kaiserlichen Marine* wurden hochseetüchtige L. seit 1891/92 gebaut, so der «Brandenburg»-, der ältere «Kaiser»-, der «Wittelsbach»- und der «Braunschweig»-Typ. Das zum «Deutschland»-Typ gehörende, 1906 gebaute L. «Schleswig-Holstein» war noch in der faschistischen Kriegsmarine als Schulschiff in Dienst. Es erlangte durch seinen Einsatz beim Überfall auf Polen im September 1939 eine unrühmliche Publizität. L. waren ihrem Verwendungszweck nach auch die ab 1906 gebauten → *Dreadnoughts* des «Nassau»-, «Helgoland»-, «Kaiser»- und «König»-Typs sowie die 1916 in Dienst gestellten Einheiten «Bayern» und «Baden». Wegen ihrer gegenüber den L. der Vor-Dreadnought-Zeit bedeutend gewachsenen Größe und Kampfkraft wurden sie auch Groß-L. genannt. Nach dem ersten Weltkrieg wurde die Bezeichnung L. allgemein durch → *Schlachtschiff* ersetzt. *(s. Abb. S. 889, 893)*

Linienschiffstypen der Kaiserlichen Marine

Typschiff	Indienststellung	Besatzung	max. Wasserverdrängung t	Maschinenleistung PS	max. Geschwindigkeit kn	Hauptbewaffnung Zahl/Kaliber in mm	Panzerung mm
Brandenburg	1893	570	10670	10135	16,3	6/280	65–400
Kaiser Friedrich III.	1898	650	11785	13618	17,2	4/240 18/150	75–300
Wittelsbach	1902	680	12789	14483	17	4/240 18/150	75–225
Braunschweig	1904	740	14394	17705	18,7	4/280 14/170	75–225
Deutschland	1906	743	13993	18500	18	4/280 14/170	75–240
Nassau	1909	1008	20210	26244	20	12/280	58–300
Helgoland	1911	1113	24312	31258	20,8	12/305	45–300
Kaiser	1912	1084	26573	55187	23,4	10/305	50–350
König	1914	1136	28148	43300	21	10/305	30–350
Bayern	1916	1171	31691	48000	22	8/380	120–350

lokaler Krieg → *Kriege*

Londoner Flottenabkommen 1935 → *Flottenkonferenzen und -verträge*

Londoner Vertrag 1930 → *Flottenkonferenzen und -verträge*

Luftarmee → *Luftflotte,* → *Luftstreitkräfte*

Luftaufklärung → *Aufklärungsfliegerkräfte*

Luftflotte: operative Vereinigung der → *Luftstreitkräfte,* speziell des faschistischen Deutschlands, vor und im zweiten Weltkrieg.

Mit der Angleichung der Friedenskommandostruktur der faschistischen Luftwaffe an die Kriegsspitzengliederung erfolgte am 1. 2. 1939 die Bildung der L. 1, 2 und 3 aus den seit 1938 bestehenden Luftwaffengruppen 1 (Ost), 2 (Nord) und 3 (West). Am 18. 3. 1939 wurde das Luftwaffenkommando Österreich in L.kommando 4 umbenannt und gleichzeitig das Luftwaffenkommando Ostpreußen dem Kommando der L. 1 unterstellt. Den L. waren → *Fliegerdivisionen* (ab Ende 1939 auch Fliegerkorps) mit Bomben-, Jagd-, Schlacht- und Aufklärungsfliegerkräften unterstellt. Sie hatten in ihrer Struktur außerdem → *Flakartillerie,* → *Luftnachrichtentruppen,* Bodenorganisation und Nachschubtruppenteile, Ausbildungs- und Ersatzeinheiten, teilweise auch → *Fallschirmtruppen.* Ihre territoriale logistische Basis bildeten die 1936 errichteten Luftgaue. Als gemischte, vor allem für offensive Kampfhandlungen gedachte Großverbände konnten die L. für die verschiedensten Aufgaben verwendet werden.

Während des Krieges wirkten die L. in der Regel mit einer Heeresgruppe zusammen, führten jedoch auch selbständige Luftkriegshandlungen. Die Anzahl der ihnen unterstellten Verbände und damit ihre Gesamtstärke waren entsprechend der jeweiligen Aufgabenstellung unterschiedlich. So verfügten beispielsweise beim Überfall auf die UdSSR im Sommer 1941 die L. 1 (bei Heeresgruppe Nord) über 1070 Flugzeuge, die L. 2 (bei Heeresgruppe Mitte) über 1670, die L. 4 (bei Heeresgruppe Süd) über 1300 und die im Hohen Norden eingesetzten Teile der L. 5 über 190 Flugzeuge.

Im Zuge der Ausweitung des faschistischen Aggressionskrieges und des Aufbaus einer zentralisierten → *Luftverteidigung* wurden die Luftgaue des Reichsgebietes ab Oktober 1940 aus der Unterstellung unter die L.kommandos herausgelöst und im März 1941 der neugeschaffenen Dienststelle des Luftwaffenbefehlshabers Mitte unterstellt. Insgesamt bestanden während des Krieges 8 L. Davon waren die L. 1, 4, 5 und 6, zeitweilig auch 2, ganz bzw. mit großen Teilen ab 1941 an der deutsch-sowjetischen Front, die L. 3 sowie Teile der L. 2 in Westeuropa bzw. im Mittelmeerraum eingesetzt. Die Luftverteidigung des deutschen Territoriums oblag der L. «Reich», die Anfang Februar 1944 aus den dem Luftwaffenbefehlshaber Mitte unterstellten Verbänden und Einheiten gebildet wurde. Am 1. 7. 1944 entstand die L. 10, in der Ersatz- und Ausbildungseinheiten der faschistischen Luftwaffe zusammengefaßt waren. 1944/45 wurden die meisten L.kommandos durch Luftwaffenkommandos bzw. Kommandierende Generale der Luftwaffe ersetzt, die mit verkleinerten Stäben die Führung der bisher in den L. zusammengefaßten Verbände, Truppenteile und Einheiten übernahmen.

Ähnliche operative Vereinigungen wie die L. entstanden auch in den Luftstreitkräften anderer Länder, so die sowjetischen Luftarmeen (erstmals 1936, ständig ab 1942), die britischen Air Commands und die Air Forces in den USA-Streitkräften. Auch gegenwärtig verfügen die Streitkräfte einer Anzahl von Staaten über Luftarmeen bzw. L., zu denen außer Verbänden und Truppenteilen der verschiedenen Fliegergattungen auch Nachrichten- und Instandsetzungstruppen, Einrichtungen der rückwärtigen Dienste usw., teilweise (USA) auch Raketentruppen gehören.

Luftkrieg → *Luftkriegskunst,* → *Luftstreitkräfte*

Luftkriegsakademie → *Akademien*

Luftkriegskunst: Theorie und Praxis der Vorbereitung und Führung von Kampfhandlungen unterschiedlichen Ausmaßes der → *Luftstreitkräfte.*

Mit den Fliegerkräften entstanden auch die ersten Theorien über ihre Einsatzmöglichkeiten. In den Jahren vor dem ersten Weltkrieg versuchten der französische Hauptmann Ferdinand Ferber (1862–1909) und der italienische General Giulio Douhet (1869–1930) diese Theorien in ein System zu bringen. Insbesondere Douhet äußerte übertriebene Erwartungen über die militärischen Möglichkeiten der Fliegerkräfte. Angesichts des niedrigen Standes der Flugzeugtechnik fanden sie in den von den Generalstäben am Vorabend des ersten Weltkrieges für den Einsatz von Flugzeugen aufgestellten Grundsätzen kaum Widerhall. In Deutschland wurden derartige Grundsätze, unter Auswertung der seit Herbst 1913 gewonnenen Manövererfahrungen, im Februar 1914 in der Weisung «Flugzeuge im Heeresdienst» niedergelegt. Den Hauptverwendungszweck des Flugzeugs sah man in der Aufklärung; als Nebenaufgaben galten die Nachrichtenübermittlung und der Abwurf von → *Fliegerbomben.*

Die rasche technische Fortentwicklung des Flugzeugs im ersten Weltkrieg und der Übergang vom Bewegungs- zum Stellungskrieg erweiterten die Aufgaben der Fliegerkräfte. Es bildeten sich die Gattungen → *Aufklärungsfliegerkräfte,* → *Schlachtfliegerkräfte,* → *Jagdfliegerkräfte* sowie die schweren und leichten → *Bombenfliegerkräfte* heraus. 1917/18 wurden in Deutschland im Rahmen der Vorschriften für den Stellungskrieg erstmalig auch die taktischen Grundsätze für den Einsatz der verschiedenen Fliegergattungen verbindlich festgelegt. Das betraf u. a. die einheitliche Regelung der Fernaufklärung sowie der Nah- und Gefechtserkundung, den Einsatz von Infanterie- und Schlachtfliegern, die Weiterentwicklung der Jagdfliegertaktik und die zweckmäßige Verwendung der Bombenfliegerkräfte, insbesondere bei Nachteinsätzen, aber auch das Zusammenwirken von Flak und Jagdfliegern im Rahmen der → *Luftverteidigung.*

Auf der Grundlage der Luftkriegserfahrungen des ersten Weltkrieges entstanden nach 1918 in verschiedenen Ländern Vorschriften für den Einsatz und die

Hauptform des Luftkampfes im ersten und im zweiten Weltkrieg

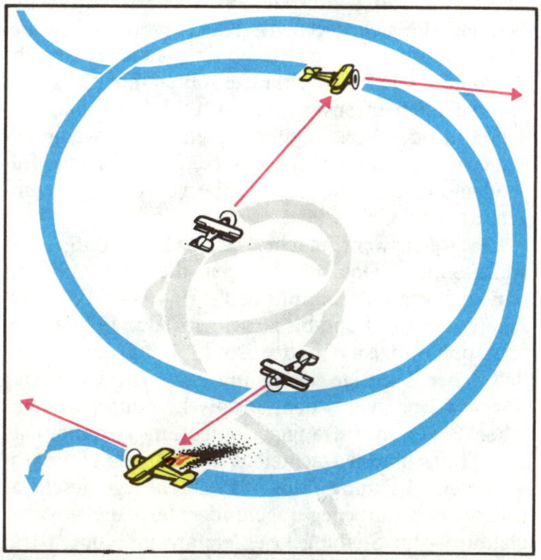

Der Kampf kurvender Jagdflugzeuge mit starr eingebauter Bewaffnung war die Hauptform des Luftkampfes im Unterschallbereich. Das Flugzeug mit der größeren Manövrierfähigkeit konnte seine Fluggeschwindigkeit schneller verringern, um möglichst enge Kurven zu fliegen und damit die Treffmöglichkeiten zu erhöhen. Mit wachsender Geschwindigkeit vergrößerte sich der Kurvenradius, folglich verschlechterten sich die Treffmöglichkeiten.
Im Überschallbereich ist ein solches Bewegungsgefecht praktisch unmöglich, weil selbst die kleinsten Kurvenradien mehrere Kilometer betragen (bei 2400 km/h in 12000 m Höhe – 8,5 km, in 16000 m Höhe – 20 km).

Verwendungsmöglichkeiten der Luftstreitkräfte. Bereits im Frühjahr 1919 erschien in der Sowjetunion die Dienstvorschrift «Vorläufige Anweisung für den Kampfeinsatz der Luftstreitkräfte im Bewegungskrieg der Roten Arbeiter-und-Bauern-Armee». In den USA wurde auf der Grundlage der Felddienstordnung vom 2. 11. 1923 am 26. 1. 1926 die Vorschrift 440–15 «Grundsatzprinzipien über die Verwendung der Fliegerkräfte» herausgegeben.

In der Reichswehr, der nach dem Versailler Friedensvertrag die Aufstellung von Fliegerkräften untersagt war, erarbeitete die Heeresabteilung des Truppenamtes (T 1) im Mai 1926 «Richtlinien für die Führung des operativen Luftkrieges». Sie wurden als Zusammenstellung ausländischer Auffassungen deklariert, gaben jedoch die in der Reichswehr vorherrschenden Auffassungen wieder. Die im Dezember 1931 herausgegebenen «Grundsätze für den Einsatz der Luftstreitkräfte» gingen davon aus, daß mit der Weiterentwicklung der Flugzeugtechnik die Luftstreitkräfte künftig bedeutenden Einfluß auf die

Gesamtkriegführung haben würden. Entscheidende Auswirkungen auf den Kriegsverlauf versprach man sich von Luftangriffen auf das tiefe Hinterland des Feindes, die sich gegen die Kampfmoral seiner Bevölkerung und die gegnerische Kriegswirtschaft richten sollten. Die Luftstreitkräfte sollten ihre Aufgaben grundsätzlich offensiv lösen; für hinhaltenden Widerstand oder Verteidigung galten sie als wenig geeignet. Die genannten Grundsätze wurden in den folgenden Jahren durch eine Reihe von Einzelweisungen, die sog. Grüne Post, ergänzt.

Die Reichswehr machte sich damit weitgehend Auffassungen Douhets zu eigen, die dieser 1921 in seinem Werk «Il dominio dell' aria» (Die Luftherrschaft) dargelegt und bis zu seinem Tode 1930 ausgebaut und präzisiert hatte. Douhet ging davon aus, daß jeder künftige Krieg umfassenden Charakter tragen würde, wobei den moralischen und ökonomischen Faktoren erstrangige Bedeutung zukäme. Das tiefe Hinterland betrachtete er deshalb als Hauptangriffsziel. Leistungsfähige Bombenfliegergeschwader, die den Luftkrieg ungehindert über die – wie er glaubte – im Stellungskrieg erstarrten Fronten tragen konnten, sollten durch überraschende Präventivschläge die Luftherrschaft erobern, anschließend Industriezentren und Städte zerstören und damit gleichzeitig den Kampf- und Widerstandswillen der gegnerischen Bevölkerung brechen. Die Luftstreitkräfte, besonders die Bombenfliegerkräfte als Hauptschlagkraft, sollten deshalb auf Kosten der anderen Teilstreitkräfte, denen Douhet vornehmlich Sicherungs- und Besatzungsfunktionen zudachte, als übermächtige, selbständige Teilstreitkraft ausgebaut und entwickelt werden. Ähnliche Auffassungen vertraten u. a. der amerikanische Fliegergeneral William Mitchell (1879–1936), der britische Luftmarschall Hugh Montague Trenchard (1873–1956) und der Militärtheoretiker John Fuller (1878–1966).

Obgleich die extremen, in vieler Hinsicht spekulativen Thesen Douhets, Mitchells und anderer in der Luftkriegsdoktrin keines Staates voll berücksichtigt wurden, war ihr Einfluß auf die Entwicklung der L. sowie auf Organisation, Bewaffnung und Ausbildung der Luftstreitkräfte in den technisch fortgeschrittenen imperialistischen Staaten unverkennbar. Besonders in Italien, Großbritannien, den USA und in Deutschland gingen bestimmte Elemente dieser Theorien in die L. ein. In Großbritannien und den USA wurde dabei den schweren Bombenfliegerkräften, von deren selbständigen Operationen man maßgeblichen Einfluß auf den Kriegsausgang erwartete, der Vorrang gegeben. Dagegen hielt man in Frankreich trotz einiger Strukturveränderungen daran fest, die Luftstreitkräfte ausschließlich als Hilfs- bzw. Unterstützungswaffe der Landstreitkräfte anzusehen.

In der Sowjetunion fand seit den späten 20er Jahren eine lebhafte militärwissenschaftliche Diskussion über Platz und Rolle der Luftstreitkräfte in den Streitkräften und über ihre Aufgaben in einem künftigen Kriege statt. In den Arbeiten von S. A. Mesheninow (1890–1937) «Die Luftstreitkräfte im Krieg und in der Operation» (1927), A. N. Laptschinski (1882–1938) «Die Taktik der Luftstreitkräfte» (1926), «Die Luftstreitkräfte im Gefecht und in der Operation» (1932), «Der Luftkampf» (1934), «Die Bombenfliegerkräfte» (1937) und in anderen militärtheoretischen Untersuchungen wurden wichtige Grundsätze des Einsatzes der sowjetischen Fliegerkräfte herausgearbeitet. Die operative Kunst der sowjetischen Luftstreitkräfte betonte das Prinzip ihres engen Zusammenwirkens mit den anderen Teilstreitkräften. Davon ausgehend, wurden zweckentsprechende taktische und organisatorische Normen insbesondere für das Zusammenwirken in der tiefen Operation und im tiefen Gefecht erarbeitet. Sie waren in der «Vorläufigen Felddienstvorschrift der Roten Arbeiter-und-Bauern-Armee» von 1936 verankert. Zugleich wurde die Theorie zur Führung selbständiger Kampfhandlungen der Luftstreitkräfte ausgearbeitet, die ihren Niederschlag in der «Zeitweiligen Instruktion für selbständige Handlungen der Luftstreitkräfte der Roten Arbeiter-und-Bauern-Armee» vom Sommer 1936 fand.

In Deutschland blieben nach Errichtung der faschistischen Diktatur für kurze Zeit an den Lehren Douhets orientierte Auffassungen maßgebend. Das äußerte sich besonders im Aufbau der sog. Risikoflotte, deren Kern aus schweren Bombenfliegerkräften bestehen sollte. Die Luftwaffendienstvorschrift 16 «Luftkriegführung» von 1935 gründete sich auf einen gemäßigten Douhetismus. Die in 7 Teile (Luftkrieg, Führung, Aufklärung, Einsatz, Durchführung, Bodenorganisation, Ersatz und Nachschub) gegliederte Vorschrift räumte ein, daß bei einer Erstarrung der Landfronten die Luftwaffe das einzige Mittel sein könnte, eine Entscheidung zu erzwingen. Im wesentlichen orientierte sie jedoch darauf, die Kriegsentscheidung durch das Zusammenwirken aller 3 Teilstreitkräfte herbeizuführen. Die erste Aufgabe der Luftstreitkräfte sollte darin bestehen, durch überraschende, überfallartige Schläge auf die am Boden befindlichen Luftstreitkräfte des Gegners bereits in der Anfangsperiode des Krieges die Luftherrschaft zu erringen.

Die von der → *Blitzkriegskonzeption* beherrschte L. der faschistischen Streitkräfte orientierte vor allem auf den Einsatz der Bombenfliegerkräfte zur Unterstützung der Landstreitkräfte und auf selbständige Luftoperationen für den Fall, daß die Landkriegführung nicht den erhofften schnellen Erfolg brächte bzw. aus geographischen Gründen nicht möglich sei. Die Luftwaffenführung konzentrierte sich daher auf den Aufbau einer Bomberflotte aus mittleren, schnellen Kampfflugzeugen mit schwacher Abwehrbewaffnung und geringer Bombenlast, die durch hohe Treffsicherheit der für den Schräg- bzw. Sturzflug geeigneten Flugzeuge aufgewogen werden sollte. Der sog. Schnellbomber entsprach den ökonomischen Möglichkeiten der deutschen Industrie, der geographischen Lage Deutschlands, den vorgesehenen Aggressionen auf dem europäischen Kontinent und der Doppelbeanspruchung der Luftwaffe für das Zusammenwirken mit dem Heer und für selbständige Operationen. Insgesamt baute die faschistische L. einseitig auf den strategischen Luftüberfall und unterschätzte die Rolle langwieriger Luftschlachten im künftigen Krieg sowie die Notwendigkeit einer starken Luftverteidigung.

Im zweiten Weltkrieg zeigten sich die Schwächen der faschistischen L. erstmals in der → *Luftschlacht über England 1940/41.* Mit dem Scheitern des Blitzkrieges in der Schlacht vor → *Moskau 1941/42* setzte ein Prozeß ein, in dem sich die Unausgewogenheit der faschistischen L. immer stärker bemerkbar machte. Das OKL mußte vor allem infolge der Niederlagen an der sowjetisch-deutschen Front die Luftwaffe hauptsächlich für das Zusammenwirken mit den Landstreitkräften einsetzen. Das bedeutete zwangsläufig den Verzicht auf eine operative Luftkriegführung, aber auch auf die Entwicklung einer den Erfordernissen entsprechenden Luftverteidigung.

Das OKL beschränkte die Weiterentwicklung der L. auf taktische Neuerungen und klammerte sich vielfach an überholte Einsatzprinzipien. Die meisten Dienstvorschriften waren Mitte der 30er Jahre erlassen worden und blieben im wesentlichen unverändert bis 1945 in Kraft. Während des zweiten Weltkrieges entstanden nur wenige Dienstvorschriften. Neue operative, insbesondere jedoch taktische Erkenntnisse wurden lediglich durch Merkblätter und Hinweise verbreitet. Die taktischen Prinzipien für den Einsatz der Luftverteidigungskräfte entstanden erst ab 1940/41, so die Hinweise für die Kampfführung der Flakartillerie bei Nacht oder das Merkblatt über den Einsatz der den Luftgauen zur ortsgebundenen Luftverteidigung unterstellten leichten Jagdfliegerkräfte. 1944 ging das OKL dazu über, anstelle von Grundsatzvorschriften «Taktische Hinweise des Oberbefehlshabers der Luftwaffe», «Taktische Einzelhinweise» sowie ab Herbst 1944 sog. Reichsmarschallbefehle herauszugeben.

Die Luftstreitkräfte der Antihitlerkoalition entwickelten ihre operativen und taktischen Einsatzprinzipien entsprechend den Anforderungen des bewaffneten Kampfes systematisch weiter. In den sowjetischen Luftstreitkräften erfolgte 1942/43 eine Umstrukturierung der Fliegerkräfte in Luftarmeen zur Unterstützung der Landstreitkräfte, Fernfliegerkräfte für selbständige Luftoperationen und selbständige Fliegerkorps in der Reserve des Hauptquartiers des Oberkommandos, die vor allem zur Schaffung von Kräftemassierungen in den Hauptstoßrichtungen herangezogen wurden. Die Gefechtsdienstvorschrift für die Infanterie von 1942 und besonders die Felddienstvorschrift von 1943 enthielten auch die grundlegenden Methoden der ununterbrochen, mit allen Kräften in der gesamten operativen Tiefe erfolgenden Luftunterstützung, die in dem Begriff der Luftoffensive zusammengefaßt wurden. Zugleich präzisierte die sowjetische operative Kunst die Prinzipien des Kampfes um die Luftherrschaft. In den Mittelpunkt rückte die Luftoperation von Bombenfliegerkräften gegen gegnerische Fliegerkräfte am Boden, die von ununterbrochenen Angriffshandlungen aller anderen Fliegerkräfte, insbesondere der Jagdfliegerkräfte, unterstützt werden sollte.

In der L. der USA und Großbritanniens wurden nach den negativen Erfahrungen im Zusammenwirken zwischen Luft- und Landstreitkräften in den ersten Kriegsjahren die Einsatzprinzipien 1943 korrigiert. Bei den amerikanischen Luftstreitkräften ersetzte das am 21. 7. 1943 herausgegebene Field Manual 100–20 die überholten Grundsätze des Zusammenwirkens zwischen Land- und Luftstreitkräften, wie sie im Field Manual 31–35 vom 9. 4. 1942 fixiert worden waren. Hinsichtlich der Methoden zur Erringung der Luftherrschaft ging die anglo-amerikanische Luftkriegführung 1943/44 von dem bisherigen

Taktik eines Staffelangriffs faschistischer Sturzkampfbomber – 1939 bis 1942

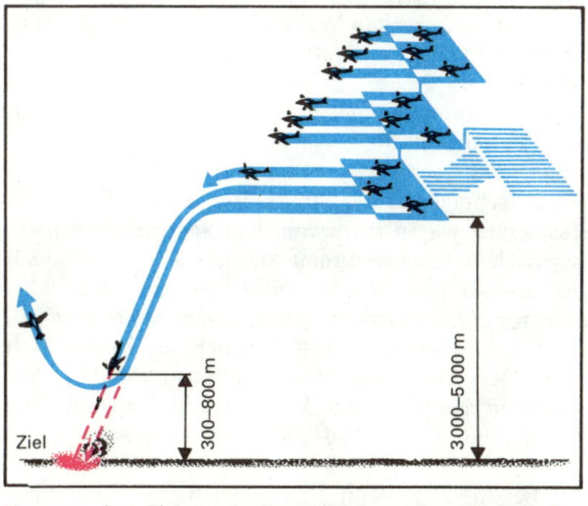

Kurz vor dem Ziel wurde die Anflugformation (Staffelkeil oder Kettenkeil) zur Staffelreihe entfaltet. Gestürzt wurde meist paarweise. Der Abflug erfolgte in der Regel in der Anflugformation. Mit dem Sturzkampfverfahren wurde eine relativ große Punktzielgenauigkeit des Bombenwurfs erreicht.

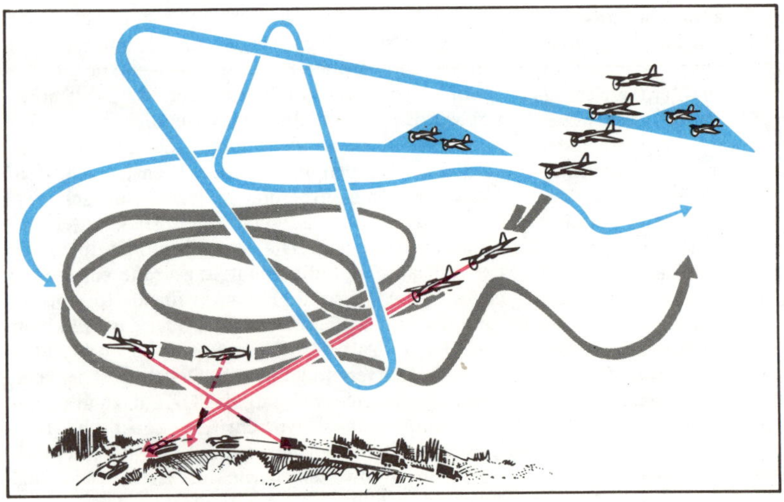

Taktik eines sowjetischen Schlachtfliegerangriffs – 1943 bis 1945

Der Angriff der Schlachtfliegerstaffel erfolgte paarweise aus einer Höhe von 800 m bis 900 m und in einem Winkel von 25° bis 35° unter Einsatz der Bordwaffen. Danach wurde ein Kampfkreis gebildet, aus dem Schläge mit Raketen bzw. Bomben geführt wurden. Der Abflug erfolgte in 350 m bis 400 m Höhe. Gedeckt wurde der Kampfkreis von Jägerpaaren: Ein Paar flog im Kreis mit, das zweite deckte von oben.

Angriffsformation eines USA-Bombergeschwaders 1943

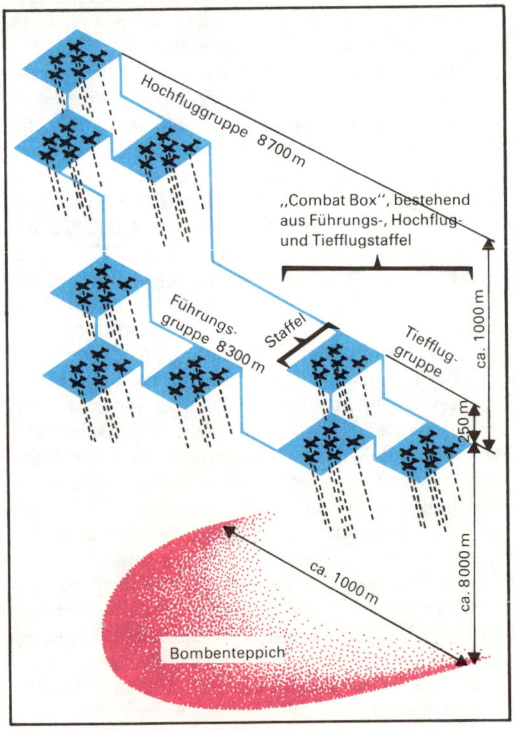

Die Formation bestand aus drei Bomberpulks (sog. Combat Boxes), die so gestaffelt waren, daß sie höchsten gegenseitigen Schutz durch weitestgehende Ausschaltung aller toten Winkel und größte Effektivität beim geschlossenen Bombenwurf auf relativ kleine Zielgebiete im Flächenbombardement gewährleisteten.

Grundsatz ab, daß schwerbewaffnete Bombenfliegergeschwader ohne entsprechenden Jagdbegleitschutz die Luftherrschaft erobern könnten. Wesentlich vervollkommnet wurden die Einsatzgrundsätze zur Führung von Schlägen der Fernfliegerkräfte gegen das tiefe Hinterland des Gegners. Dabei zeigte sich die Tendenz, den Anteil der Fernfliegerkräfte am Ausgang eines Krieges zu überschätzen und ihn nicht als Teil der gesamten Kriegsanstrengungen, sondern als selbständigen Teil der Kriegführung zu betrachten. Besonders der Einsatz von Kernwaffen gegen das japanische Hinterland im August 1945 stärkte jene Anschauungen, die einen Sieg allein durch die Luftstreitkräfte für möglich hielten.

Nach dem zweiten Weltkrieg wurden mit der Einführung von Kernwaffen und strahlgetriebenen Flugzeugen großer Reichweite besonders in den USA Theorien der 30er Jahre wiederbelebt, die in den Luftstreitkräften, vor allem in den kernwaffentragenden schweren Bombenfliegerkräften, die Hauptschlagkraft der Streitkräfte sahen. Diese Auffassungen waren stark von dem aggressiven antisowjetischen Kurs bestimmt, den die USA bald nach Kriegsende einschlugen. Die Fernfliegerkräfte wurden für fähig gehalten, mit massierten Kernwaffenschlägen in kürzester Frist einen Krieg zu entscheiden. Der Überbewertung der strategischen Fliegerkräfte in den USA und in Großbritannien stand eine zeitweilige Vernachlässigung der taktischen gegenüber.

Die operative Kunst der sowjetischen Luftstreitkräfte orientierte sich zwischen 1945 und den frühen 50er Jahren sowohl auf die Unterstützung der Landstreitkräfte als auch auf selbständige Luftoperationen, denen wachsender Stellenwert beigemessen wurde. Diese Luftoperationen waren in erster Linie

Grundschema der Taktik britischer Nachtbomberangriffe 1944/45

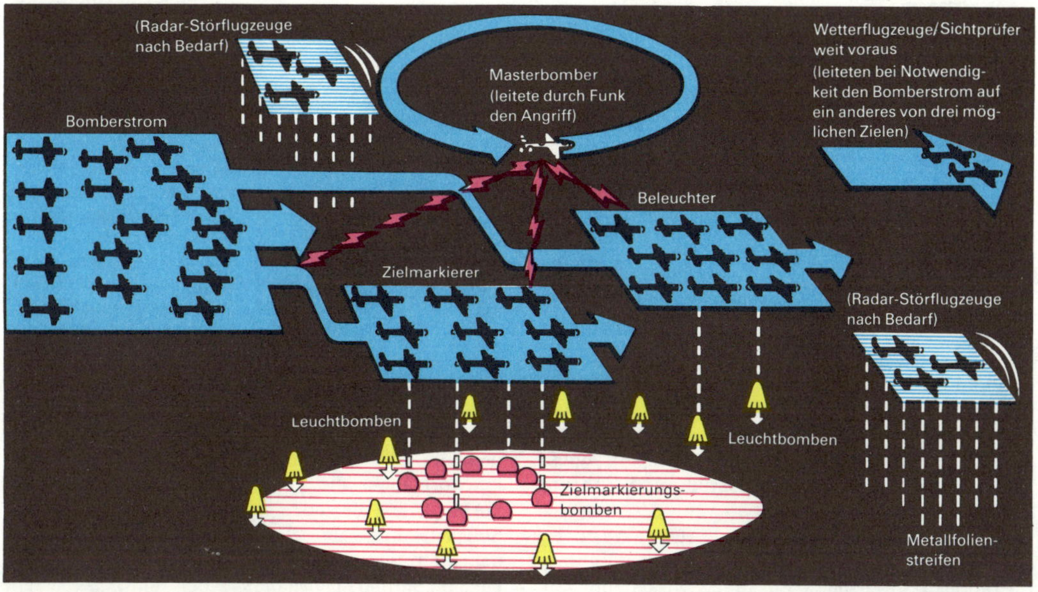

dazu bestimmt, die Luftherrschaft zu erringen und strategische Ziele im Hinterland des Gegners zu zerschlagen.

Die Lehren aus der imperialistischen Aggression in Korea, die Einführung taktischer Kernwaffen und die durchgehende Umrüstung der Fliegerkräfte auf Strahlflugzeuge leiteten die umfassende Entwicklung neuer Methoden auch der Luftkriegführung ein. Die am 1. 4. 1954 unter der Bezeichnung AFM 1-2 Air Doctrine in Kraft gesetzte Grundsatzweisung der USA-Luftstreitkräfte erklärte eine überlegene Luftmacht zum Eckpfeiler der amerikanischen Globalstrategie. Damit war die Luftkriegsdoktrin gleichsam zur Doktrin aller Teilstreitkräfte der USA geworden. Die im Zeichen der sog. massiven Vergeltung entwikkelten Prinzipien der amerikanischen L. gingen davon aus, durch überraschende, massive Kernwaffenschläge der strategischen Bombenfliegerkräfte auf das ökonomische und moralische Potential der Sowjetunion sofort eine Kriegsentscheidung herbeizuführen.

Die Fixierung der USA auf die schweren Bombenfliegerkräfte als Hauptvollstrecker ihrer Luftkriegskonzeption wurde seit den späten 50er Jahren durch die Entwicklung interkontinentaler Raketen, mit Raketen bewaffneter U-Boote und durch die Fortentwicklung der Fliegerkräfte zu Raketenträgern hinfällig. Die späten 50er und frühen 60er Jahre waren infolgedessen in vielen imperialistischen Staaten von einer kontroversen militärwissenschaftlichen Diskussion über die künftige Rolle der Fliegerkräfte bestimmt. In Großbritannien ging das bis zu der Forderung, den Fliegerkräften keine nennenswerten, besonders keine strategischen Aufgaben mehr zu übertragen. Die seit Anfang der 60er Jahre im Zeichen der sog. flexiblen Reaktion erarbeitete Luftkriegsdoktrin der USA hielt am Bombenflugzeug als strategische Waffe fest und unterschied differenzierter 4 Hauptformen des Einsatzes der Luftstreitkräfte: in einem globalen Kernwaffenkrieg, in einem begrenzten Kernwaffenkrieg, in einem taktischen Kernwaffenkrieg und in konventionellen Luftoperationen. Als Hauptaufgaben in einem konventionellen Luftkrieg wurden die Erringung der Luftherrschaft, die Sperrung von Kampfgebieten für den gegnerischen Nachschub und die Bekämpfung nationaler Aufstandsbewegungen angesehen. Die seit den 70er Jahren in den USA-Luftstreitkräften vorherrschenden Auffassungen tendieren auf eine stärkere Hinwendung zu den taktischen und operativen Erfordernissen des Einsatzes der Luftstreitkräfte bei der Erringung der Luftherrschaft sowie beim Zusammenwirken mit Land- und Seestreitkräften. Nach wie vor wird jedoch den für strategische Zwecke vorgesehenen Fliegerkräften große Bedeutung beigemessen. Das kommt u. a. in der Entwicklung neuer Kampfmittel des Fernluftkrieges, wie des strategischen Marschflugkörpers ALCM-B und des als Trägerflugzeug vorgesehenen B-1B-Bombers, zum Ausdruck.

Für die sowjetische L. ist kennzeichnend, daß sie angesichts eines möglichen Raketenkernwaffenkrie-

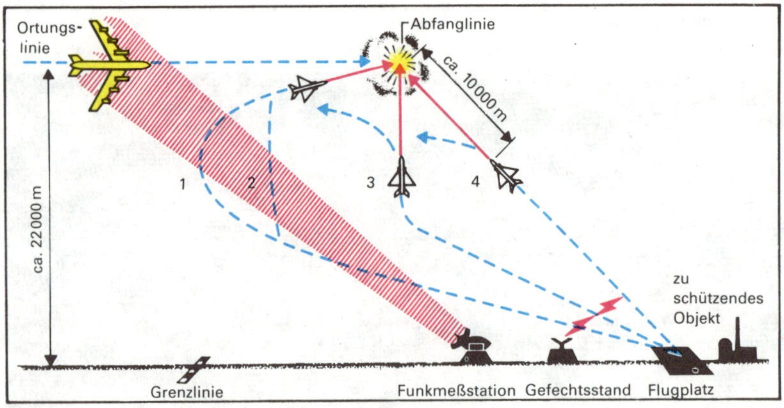

Moderne bodengestützte Abfangmanöver im Überschallbereich bei einmaligem Anflug

1 Abfangen über eine Kurve von 180°; *2* Abfangen über zwei Kurven von je 90° (die Abfangmanöver *1* und *2* sind zeitraubend, da sie in der hinteren Halbsphäre geflogen werden); *3* Abfangen in einem Anflugwinkel von 90°; *4* Abfangen auf Gegenkurs

ges die Luftstreitkräfte stets als organisches Element bei der allseitigen Hebung der Kampfkraft der sowjetischen Streitkräfte betrachtete. Die sowjetischen Fernfliegerkräfte wurden zu Raketenträgern umgebildet und die Methoden der Leitung und Führung der Luftstreitkräfte grundlegend verändert, um den neuen Einsatzbedingungen der Luftstreitkräfte bei selbständigen Operationen, bei Luftverteidigungsoperationen sowie beim Zusammenwirken mit den Land- und Seestreitkräften gewachsen zu sein.

Luftkriegsrecht → *Regeln des Luftkrieges*

Luftlandetruppen: Waffengattung der → *Landstreitkräfte* oder → *Luftstreitkräfte*, die Gefechtsaufgaben im Rücken des Gegners selbständig oder im Zusammenwirken mit anderen Teilstreitkräften löst und deren Kräfte und Mittel mit Transportflugzeugen bzw. Hubschraubern gelandet oder mit Fallschirmen (→ *Fallschirmtruppen*) abgesetzt werden.

Bereits im ersten Weltkrieg 1914–1918 entwarf der amerikanische Brigadegeneral William Mitchell (1879–1936) den Plan, mit 2000 Flugzeugen eine Fallschirmdivision hinter der Front der deutschen 5. Armee abzusetzen und die Festung Metz einzunehmen. In den 20er Jahren experimentierten der italienische Generalstab und die amerikanische militärische Führung mit L., ohne daß daraus militärische Konsequenzen gezogen wurden. Zielstrebig wurde in der UdSSR an der Aufstellung von L., der Entwicklung zweckentsprechenden Geräts und der Formulierung taktischer Grundsätze gearbeitet. 1930 entstand bei der 11. Schützendivision des Leningrader Militärbezirks eine mot. Luftlandeabteilung als Versuchseinheit. 1932 wurde sie zur Brigade erweitert, die sich aus 1 Fallschirmjägerbataillon, 1 Landungsgruppe mit 1 Panzerkompanie, 1 mot. Kompanie und 1 Artilleriebatterie sowie aus 1 Abteilung von Transportflugzeugen zusammensetzte. Weitere Luftlandeabteilungen entstanden in anderen Militärbezirken. Weltweites Aufsehen erregte das Manöver der Roten Armee im September 1935 im Kiewer Militärbezirk, in dessen Verlauf 1200 Fallschirmjäger abgesetzt und 2500 Mann L. mit Geschützen, leichten Panzern und Gefechtsfahrzeugen gelandet wurden. Bis 1940 verfügte die Rote Armee über 6 Luftlandebrigaden, die ab April 1941 in 5 Luftlandekorps zu je 3 Brigaden mit insgesamt 10000 Mann Soll-Stärke umgebildet wurden. Während des zweiten Weltkrieges 1939–1945 kamen sowjetische L. u. a. im Januar/Februar 1942 bei Wjasma, im September 1943 bei der Überwindung des Dnepr und im August/September 1945 bei der Zerschlagung der japanischen Kwangtung-Armee in Nordchina zum Einsatz.

Sowjetische Luftlandetruppen im Manöver bei Kiew, September 1935

In der faschistischen deutschen Wehrmacht begann im Herbst 1935 der Aufbau von Fallschirmtruppen, die im Sommer 1939 über 5 Bataillone mit 20 Kompanien verfügten und der 7. Fliegerdivision unterstellt waren. Ab April 1938 wurde außerdem eine sog. Luftlande-Fliegertruppe aufgestellt, deren Luftlandeteile sich aus Infanterie, Pionieren und Gebirgsjägern zusammensetzten und mehrere Regimenter umfaßten. Sie war vor allem in der 22. Luftlandedivision (Infanteriedivision LL) zusammengefaßt und zunächst mit Transportflugzeugen des Typs

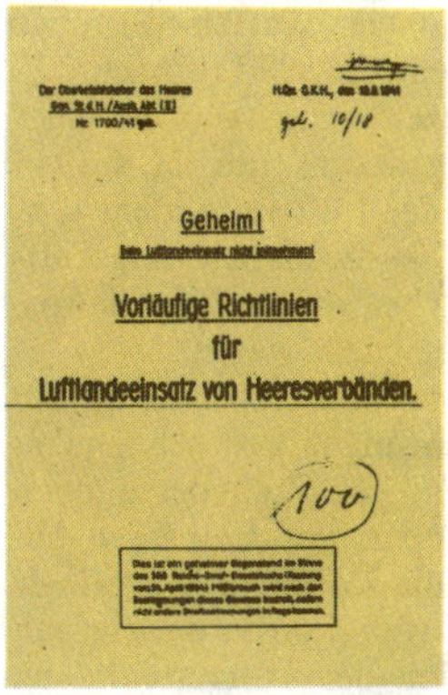
Geheim!

Vorläufige Richtlinien
für
Luftlandeeinsatz von Heeresverbänden.

100

Deckblatt einer geheimen Richtlinie für den Luftlandeeinsatz von Verbänden des faschistischen Heeres vom August 1941

Ju 52 sowie mit 10 Mann fassenden Lastenseglern (DFS 230) ausgerüstet, die durch lautlosen Anflug und Landung geschlossener Gruppen bestimmte Vorteile boten. Der erste Einsatz erfolgte am 10. 5. 1940 in Belgien am Albertkanal und zur Einnahme des Forts Eben-Emael. Bis zur Jahreswende 1941/42 wurde die Luftlande-Fliegertruppe auf 2 Geschwader erweitert. Die Transportmöglichkeiten verbesserten sich durch den Bau des Lastenseglers Go 242 (bis 3,5 t bzw. 25 Soldaten) und des Großraumtransporters Me 321 «Gigant» (bis 22 t bzw. 150 Soldaten). Wichtige Landeunternehmen, an denen L. teilnahmen, waren der Angriff auf die Insel Kreta im Mai 1941 sowie Einsätze in Nordafrika 1942/43. L. waren des weiteren schwerpunktmäßig für Versorgungsaufgaben, insbesondere bei eingeschlossenen faschistischen Gruppierungen, eingesetzt, so u. a. im Winter 1941/42 im Raum Cholm und Welikije Luki, Anfang 1943 auf der Krim und im Winter 1944/45 bei Budapest sowie bei Breslau. Gegen Kriegsende wurden die L. fast gänzlich aufgelöst und als Infanterie eingesetzt, um die immer größer werdenden Lücken des Heeres zu füllen.

In Frankreich, Großbritannien und den USA fanden die L. vor 1940 wenig Beachtung. Die im Frühjahr 1937 nach dem Muster der sowjetischen L. in Frankreich gebildeten 2 kleinen «Luftinfanterie»-Gruppen wurden 1940 aufgelöst. In den USA entstand im September 1940 unter dem Eindruck der deutschen Luftlandungen in Westeuropa ein Fallschirmjägerbataillon. Ende 1940 bestanden 5 Bataillone. Nach der faschistischen Luftlandeoperation gegen Kreta forcierte die militärische Führung der USA den Aufbau von L. Im Herbst 1943 bestanden insgesamt 5 Luftlandedivisionen. In Großbritannien wurde im Juli 1940 ein Fallschirmjägerbataillon, im November 1941 die erste Luftlandedivision aufgestellt. Sie bestand aus 1 Fallschirmjäger- und 1 Luftlandebrigade sowie 1 Gleiterregiment. Zu größeren Einsätzen britischer und amerikanischer L. kam es im November 1942 bei der Landung in Nordafrika, im Juli 1943 bei der Landung in Sizilien, im Juni 1944 in der Normandie und im September 1944 bei Arnhem sowie bei der Überwindung des Rheins im März 1945. Im August 1944 bildete das angloamerikanische Oberkommando eine aus 2 Korps und 5 Luftlandedivisionen bestehende Luftlandearmee, die 1945 u. a. für eine Operation gegen Berlin vorgesehen war. In Südostasien kam es zwischen 1941 und 1945 zu einer Reihe kleinerer Luftlandungen. Im Februar/März 1942 erfolgten japanische Luftlandungen in Indonesien. Die USA führten Luftlandeaktionen in Neuguinea, Nordburma und auf den Philippinen durch.

Nach dem zweiten Weltkrieg wurden die L. wesentlich vervollkommnet. Ihre operativ-strategischen Einsatzmöglichkeiten vergrößerten sich stark. Moderne L. verfügen neben Handfeuerwaffen auch über Geschütze verschiedener Kaliber, reaktive Werfer, Panzer und Selbstfahrlafetten, die mit schweren Transportflugzeugen gelandet oder unter Zuhilfenahme von Bremsraketen an Fallschirmen abgeworfen werden. Sie sind in der Lage, taktische, operative und strategische Luftlandungen durchzuführen und dabei Kräfte und Mittel von bedeutender Stärke rasch über große Entfernungen hinweg zu transportieren. L. imperialistischer Staaten wurden seit dem zweiten Weltkrieg mehrfach zu aggressiven Handlungen eingesetzt, so L. der USA 1950/51 in Korea, britische und französische L. 1956 gegen Ägypten und israelische L. 1967 und 1973 beim Überfall auf die arabischen Nachbarstaaten.

Die UdSSR schenkte in der Nachkriegszeit der Entwicklung ihrer L. große Aufmerksamkeit. Die L. der sowjetischen Streitkräfte sind in der Lage, einen Gegner in der gesamten Tiefe eines Kriegsschauplatzes zu bekämpfen. Bei Manövern und Übungen der Vereinten Streitkräfte des Warschauer Vertrages bewiesen sie ihre hohe Gefechtsbereitschaft und ihr großes Können. Die → *Landstreitkräfte der NVA (LaSK)* verfügen in begrenztem Maß über L.

Luftlandeeinheit der Sowjetarmee während einer taktischen Übung, 1978

Luftnachrichtentruppen: zur Nachrichtenübermittlung, Flugleitung und -sicherung sowie Luftraumüberwachung dienende Spezialtruppen der → *Luftstreitkräfte.*

Erste Vorläufer der L. entstanden bei den kriegführenden Mächten des ersten Weltkrieges (1914–1918). Dazu gehörten im kaiserlichen Deutschland der ab Herbst 1915 als Bestandteil des → *Nachrichtenwesens* aufgebaute Flugmeldedienst (→ *Luftverteidigung*) sowie die etwa zur selben Zeit erprobte Bord-Boden-Telegrafie, zu deren Entwicklung von der Inspektion der Fliegertruppen eine Versuchsabteilung in Döberitz errichtet wurde. Ab November 1916 erfolgte die Aufstellung von Fliegerfunktrupps, bald danach von ersten Luftnachrichten- (Fliegerfunker-) Abteilungen mit eigenen Ausbildungs- und Erprobungseinheiten. 1917/18 wurden diese Maßnahmen durch die Errichtung von Sonderfernsprechnetzen für die Luftstreitkräfte und ihre Bodenorganisation ergänzt. Gegen Kriegsende verfügten die Fliegerkräfte des kaiserlichen Deutschlands auf den Flugplätzen über 250 Funktelegrafenstationen. Auch in den Jahren der Weimarer Republik umfaßte die illegale Luftrüstung Elemente des Luftnachrichtenwesens. Dazu gehörten z. B. die 1925 entstandene Zentralstelle für Flugsicherung im Verkehrsministerium sowie zahlreiche Funkpeilstellen, die Entwicklung von Fliegerfunkgeräten und die Errichtung des Flugmeldedienstes. Ende 1933 erfolgte mit der Bildung der Fliegerfunktruppe die Aufstellung der ersten, noch getarnten Einheiten der L., deren Existenz offiziell mit der sog. Enttarnung der faschistischen Luftwaffe Anfang März 1935 bestätigt wurde. Bereits ab 1934 setzten umfangreiche Ausbildungsmaßnahmen für die L. ein, deren Zentrum fortan die Luftnachrichtenschule in Halle war. Die L. waren in Regimenter, Abteilungen, Kompanien und Züge gegliedert. Ihr Aufgabenbereich umfaßte schwerpunktmäßig die Flugsicherung, den Flugmeldedienst, den Jägerleitdienst und die Funkaufklärung. Dazu verfügten die L. u. a. über Luftnachrichten-, Flugsicherungs-, Flugmelde-, Funksprech-, Funküberwachungs-, Funkstör-, Schalt- und Meßeinheiten sowie über Nachrichteneinheiten bei den im Rahmen des Heeres bzw. der Waffen-SS eingesetzten Verbänden und Einheiten. 1939 waren 40% des Luftnachrichtenpersonals im bodenständigen Verbindungswesen eingesetzt. Im zweiten Weltkrieg wurden der Flugmelde- und Jägerleitdienst, seit Februar 1944 vereinigt, zum Haupttätigkeitsbereich der L. der faschistischen Luftwaffe. Zunehmende Bedeutung erlangten auch die Funkstör- und Funkmeßtätigkeit. Betrug die Personalstärke der L. zu Beginn des zweiten Weltkrieges etwa 70000 Mann, so erreichte sie im Mai 1941 bereits 243000 und im Sommer 1944 (trotz Abgaben an die Luftwaffenfeldverbände, Flak und Heer sowie Waffen-SS) etwa 350000 Mann. Dazu kamen 150000 Luftnachrichtenhelferinnen. An der Spitze der L. stand der Chef des Nachrichtenverbindungswesens (ab 11. 4. 1944 Generalnachrichtenführer) der Luftwaffe, dem u. a. Nachrichtenführer bei den → *Luftflotten* und Luftwaffenkommandos sowie bei den Fliegerkorps, → *Fliegerdivisionen* usw. unterstellt waren.

Nach 1945 erhöhte sich mit der Entwicklung der Luftstreitkräfte und der sprunghaft zunehmenden Bedeutung der Funkelektronik die Rolle der L. noch beträchtlich. Als Spezialtruppen umfassen sie in den meisten modernen Armeen die Kräfte und Mittel zur Gewährleistung der für die Handlungen der eigenen Luftstreitkräfte einschließlich der Luftverteidigung erforderlichen Nachrichtenverbindungen sowie – im Zusammenwirken mit den funktechnischen Truppen – das zur Aufklärung des Luftgegners und zur Störung seiner Nachrichten- und Ortungssysteme notwendige militärische Potential.

Luftschiff: von einer Gasfüllung getragener, mit Eigenantrieb versehener lenkbarer Flugkörper.

In den 70er und 80er Jahren des 19. Jh. gab es in verschiedenen Ländern verstärkte Bemühungen, den windabhängigen Freiballon (→ *Ballon*) lenkbar und damit auch für militärische Zwecke besser verwendbar zu machen. Ein wesentlicher Schritt dazu waren 1884 die Versuchsfahrten mit dem von den Franzosen Charles Renard (1847–1905) und Arthur Krebs konstruierten L., das durch einen Elektromotor angetrieben wurde. Besonders nach der Erfindung des leistungsfähigen Verbrennungsmotors erweckte das L. zunehmend militärisches Interesse. In Deutschland erwies sich das zunächst als militärisch unbrauchbar abgelehnte, am 2. 7. 1900 zum Erstflug aufgestiegene Starr-L. des damaligen Generalleutnants a. D. Ferdinand von Zeppelin (1838–1917) als günstigste Konstruktion. Von zahlreichen weiteren Konstruktionen erlangte neben dem Prall-L. des Majors August von Parseval (1861–1942) das Starr-L. der Firma Schütte-Lanz größere Bedeutung. An der Jahreswende 1907/08 entschloß sich das preußische Kriegsministerium auf Drängen des Generalstabs zum Ankauf von 2 Zeppelin-L. Bei Ausbruch des ersten Weltkrieges verfügte das deutsche Heer über 9 Zeppelin-, 1 halbstarres, 1 Parseval- und 1 Schütte-Lanz-L., die Marine über 1 Zeppelin-L. Für Einsatz und Wartung waren beim Heer 5 Luftschifferbataillone, bei der Marine 1 Luftschifferabteilung vorhanden. Die L. sollten vor allem Fernaufklärung, aber auch Bombenabwürfe gegen wichtige Objekte im Hinterland des Gegners durchführen. Die Kriegsverwendung des L. erfüllte nicht die in diese Waffe gesetzten Erwartungen. Seine beträchtliche Größe und leichte Brennbarkeit, die relativ geringe Geschwindigkeit und Steigfähigkeit machten das L. bei Tage zu einem leichten Ziel für artilleristische und sogar

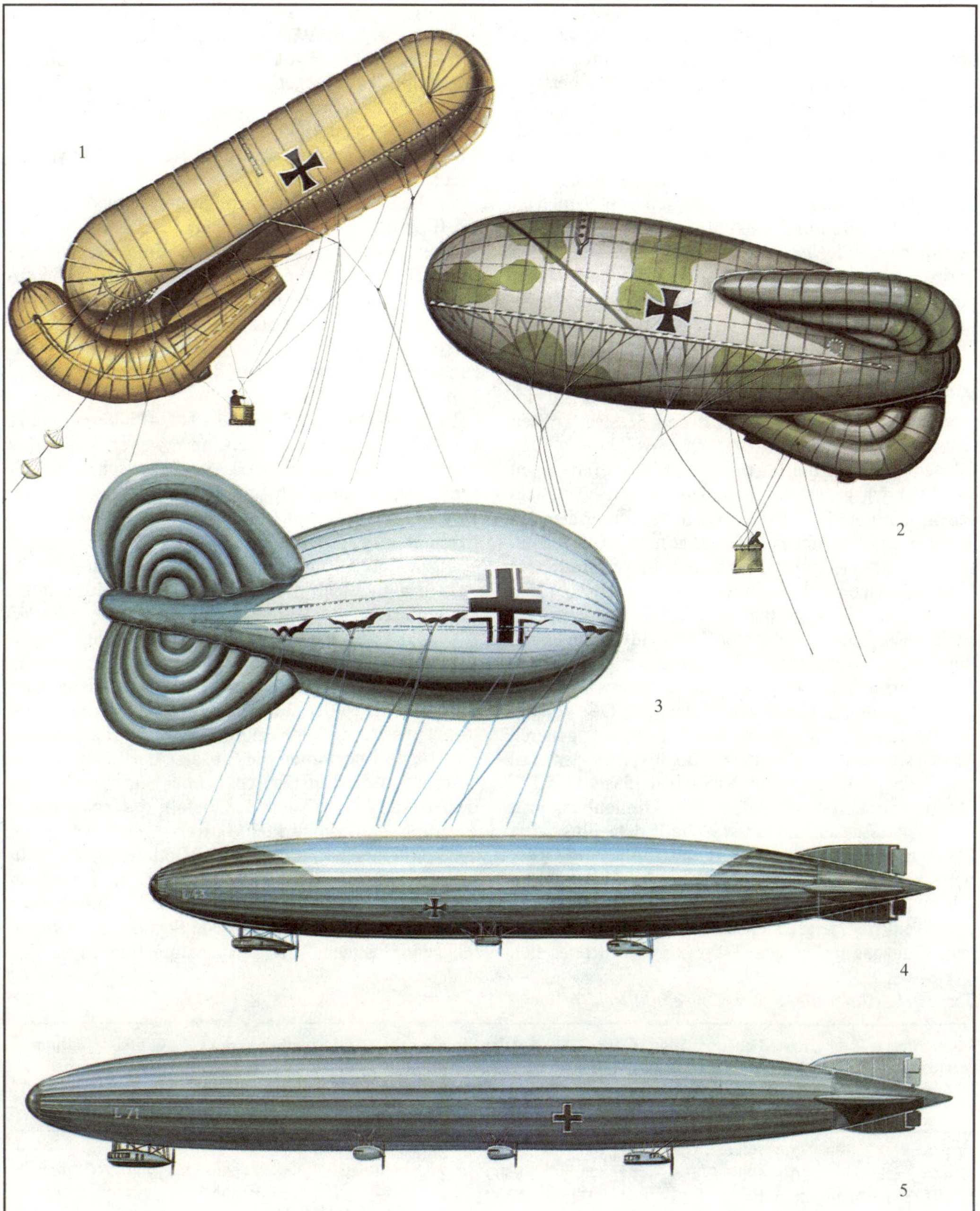

Luftschiffe und Ballons. *Streitkräfte des imperialistischen Deutschlands – 1914 bis 1945:* **1** Drachenballon (1916), Beobachterballon; **2** AE-Ballon (1917), Beobachterballon; **3** Sperrballon (1944); **4** Luftschiff Zeppelin „L 43“ (1916), Fernbombenluftschiff; **5** Luftschiff Zeppelin „L 71“ (1918), Fernbombenluftschiff

infanteristische Waffen, vor allem aber – trotz eigener MG-Armierung – zur Beute der ihm an Geschwindigkeit und Manövrierfähigkeit sehr überlegenen Flugzeuge (→ *Militärflugzeug*). Bereits im Herbst 1914 wurden daher die Heeres-L. nur noch nachts eingesetzt. Im Verlauf des Krieges steigerten sich Größe und Leistung der in Deutschland gebauten L. beträchtlich. Heeres-L. flogen weiterhin vereinzelte Angriffe auf Objekte im Hinterland der Ententemächte. Sie brachten jedoch bei steigenden Verlusten wenig Erfolg. Anfang 1917 wurde daher der L.einsatz im Bereich des Heeres stark eingeschränkt und im Sommer 1917 faktisch eingestellt. Die verbliebenen Heeres-L. wurden der Marine übergeben oder abgerüstet. Die Marine-L. waren seit Kriegsbeginn vor allem zur Aufklärung über See eingesetzt, wobei sie teilweise mit den Seestreitkräften unmittelbar zusammenwirkten. Seit Januar 1915 führten die Marine-L. mit Nachtangriffen einen Fernluftkrieg gegen die Britischen Inseln, vor allem gegen London. Er wurde wegen der zunehmenden Abwehr im November 1916 eingestellt, mit verbesserten L. ab Frühjahr 1917 jedoch in vermindertem Umfang wiederaufgenommen. Insgesamt wurden bei Heer und Marine bis 1918 123 L. in Dienst gestellt. Davon gingen 79 durch Feindeinwirkung bzw. durch Unfälle verloren, 11 mußten an die Entente abgeliefert werden, der Rest wurde abgewrackt bzw. bei Kriegsende in Deutschland zerstört. Der Versailler Vertrag verbot Deutschland zunächst generell den Besitz von L., gestattete jedoch später den Bau von Verkehrs-L. Im Jahre 1928 wurde das L. LZ 127 «Graf Zeppelin», 1936 LZ 129 «Hindenburg» in Dienst gestellt, das am 6. 5. 1937 auf dem Flughafen Lakehurst (USA) einer Brandkatastrophe zum Opfer fiel. Das letzte in Deutschland gebaute L., LZ 130, führte 1938 erfolgreich Probefahrten durch. Im ersten Weltkrieg zeigte sich das L. als Bombenträger dem Flugzeug unterlegen. Dagegen bewährte es sich auch weiterhin als Aufklärungsmittel über See und als Lastenträger. Während des zweiten Weltkrieges setzten z. B. die USA 134 Prall-L. zur Seeaufklärung und zum Kampf gegen U-Boote ein. Die UdSSR verwendete Klein-L. für Transportaufgaben im Hinterland und – von 1945 bis 1947 – zum Suchen von Minen und gesunkenen Schiffen im Schwarzen Meer.

Zu Beginn der 50er Jahre kamen in den USA L. als fliegende Funkmeßstationen (→ *Funkmeß*) zum Einsatz. In jüngster Zeit gibt es in verschiedenen Ländern Projekte für den Einsatz neuartiger L.konstruktionen, z. B. für den Lastentransport. Auch im militärischen Bereich scheint ihre Verwendung auf diesem Gebiet sowie als Träger von Fernaufklärungssystemen und zur U-Boot-Bekämpfung möglich.

Luftschlacht über England 1940/41: Bezeichnung für die Kampfhandlungen im zweiten Weltkrieg (→ *Weltkrieg, zweiter, 1939–1945*) zwischen der faschistischen deutschen Luftwaffe und der britischen Royal Air Force von Juli/August 1940 bis Mai 1941.

Nach der Kapitulation Frankreichs faßte die faschistische Führung am 31. 7. 1940 den Entschluß, die UdSSR Mitte Mai 1941 zu überfallen (→ *Barbarossaplan*) und bis dahin Großbritannien als militärischen Gegner auszuschalten. Die in der Weisung Nr. 16 des OKW vom 16. 7. 1940 vorgesehene Landung an der südenglischen Küste (Operation «Seelöwe») setzte die Erringung der Luftherrschaft voraus. Im Juli begannen die Einsätze der Luftwaffe im Kampf um die Luftherrschaft über Südengland. Mit der Weisung Nr. 17 vom 1. 8. befahl die faschistische Führung den verstärkten Luftkrieg. Er wurde am 13. 8. eröffnet und von den Luftflotten 2 und 3, zeitweise auch von der Luftflotte 5 geführt. Diese verfügten anfangs an einsatzfähigen Maschinen über 1015 Bombenflugzeuge, 346 Sturzkampfbomber, 933 Jagdeinsitzer und 375 Zerstörerflugzeuge. Zur

Technische Daten deutscher Zeppelinluftschiffe

Baunummer/ Bezeichnung	Erste Fahrt des Typschiffs	Länge m	Gasinhalt m^3	Nutzlast kg	Antriebsmotoren Anz./PS	Geschwindigkeit km/h	Aktionsradius km	Gipfelhöhe m	Bombenlast kg
LZ 1/–	2. 7. 1900	128	11300	1400	2/15	28	–	400	–
LZ 4/–	20. 6. 1908	136	15000	4600	2/105	48	1000	1200	–
LZ 10/«Schwaben»	26. 6. 1911	140	17800	6500	3/145	76	1600	2450	500
LZ 18/L 2	9. 9. 1913	158	27000	11100	4/180	75	2100	2850	500
LZ 40/L 10	13. 5. 1915	163,5	31900	16200	4/210	93–98	4300	2800	2000
LZ 62/L 30	28. 5. 1916	198	55200	32500	6/240	100	7400	3900	4000
LZ 100/L 53	8. 8. 1917	196,5	56000	40000	5/240	105–112	13500	5400	4500
LZ 112/L 70	1. 7. 1918	211,5	62200	44500	7/260	132	12000	7000	5000
LZ 126/ZR 3	27. 8. 1924	200	70000	41000	5/400	126	9000	–	–
LZ 129/«Hindenburg»	4. 3. 1936	245	190000	126500	4/900	135	12000	–	–

Abwehr konnte die Royal Air Force 624 Jagdflugzeuge einsetzen. In der ersten Phase des verstärkten Luftkrieges richteten sich die Angriffe vor allem gegen die britischen Fliegerkräfte, die Bodenabwehr und die Flugplätze, aber auch gegen Werke der Flugzeugindustrie und Einrichtungen der Lebensmittelbevorratung. Die britische Luftverteidigung geriet zeitweise in eine schwierige Lage.

In Fehleinschätzung der bisherigen Ergebnisse der Luftschlacht glaubten das OKW und die Luftwaffenführung Anfang September an einen baldigen Zusammenbruch der britischen Luftverteidigung. In der am 7.9. beginnenden zweiten Phase des verstärkten Luftkrieges richteten die deutschen Fliegerkräfte ihre Hauptschläge gegen das britische Wirtschaftspotential und die großen Bevölkerungszentren. Die Absicht bestand darin, die Luftverteidigung endgültig aufzureiben, die Rüstungsproduktion nachhaltig zu stören, die Zivilbevölkerung zu terrorisieren und den Willen des britischen Volkes zur Fortsetzung des Krieges zu brechen. Hauptziel der jetzt vornehmlich in der Nacht angreifenden Bomberverbände war zunächst London. Entgegen den deutschen Erwartungen führte der Bombenterror nicht zur Kapitulationsbereitschaft Großbritanniens. Angesichts der beträchtlich ansteigenden Verluste der Luftwaffe mußten Mitte September die massierten Angriffe abgebrochen werden. Da es den deutschen Fliegerkräften im August/September nicht gelang, die Luftherrschaft zu erkämpfen, wurde die Operation «Seelöwe» am 17.9. hinausgeschoben und am 12.10. für 1940 endgültig abgesagt. Die Weiterführung des Luftkrieges gegen Großbritannien erfolgte in der Hoffnung, doch noch die Bereitschaft der britischen Regierung zu einem Verständigungsfrieden unter antisowjetischem Vorzeichen zu erzwingen.

Seit Ende September bombardierte die Luftwaffe neben London, das als bevorzugtes Ziel bis zum 13.11. Nacht für Nacht angegriffen wurde, die großen Industriestädte Mittel- und Südenglands, aber auch militärische Anlagen, Verkehrsknotenpunkte und Häfen. Ein sehr schweres Bombardement erlitt Coventry in der Nacht zum 15.11. Von den anfliegenden 515 Bombenflugzeugen erreichten 449 die Stadt. Sie warfen 511 t Sprengbomben und 31048 Brandbomben ab, die überaus große Zerstörungen anrichteten. Der Begriff «coventrieren» gilt seitdem als Synonym eines sinnlosen und barbarischen Bombenterrors gegen die Zivilbevölkerung. Seit Ende Februar 1941 nahm die Anzahl der Luftangriffe infolge der Kriegsvorbereitungen der faschistischen Wehrmacht gegen die Sowjetunion mehr und mehr ab. Mit dem letzten massierten Angriff auf London in der Nacht zum 11.5. endete der verstärkte Luftkrieg gegen Großbritannien. Ab Mitte Mai wurden die Hauptkräfte der Luftwaffe für die Aggression gegen die Sowjetunion bereitgestellt.

Während des Luftkrieges von August 1940 bis Mai 1941 warf die faschistische Luftwaffe 58000 t Bomben ab. 40000 Zivilpersonen wurden getötet, 375000 Gebäude total zerstört bzw. schwer beschädigt. Die Luftwaffe verlor mehr als 4000 Flugzeuge. Es war ihr weder gelungen, die britische Luftverteidigung niederzukämpfen, noch hatte sie die britische Industrie entscheidend schwächen und die moralische Widerstandskraft des Volkes brechen können.

Luftschutz der DDR → *Zivilverteidigung der DDR*

Luftstreitkräfte: Teil der → *Streitkräfte*, der strategische, operative und taktische Aufgaben selbständig bzw. im Zusammenwirken mit anderen Teilstreitkräften löst und dessen Kern die Fliegerkräfte sind.

Die modernen L. bestehen aus verschiedenen Waffengattungen, Spezialtruppen und Diensten. Die Fliegerkräfte werden nach ihrer Bestimmung und den taktisch-technischen Eigenschaften der → *Militärflugzeuge* in Arten und Gattungen unterteilt. Arten sind beispielsweise die Frontfliegerkräfte (taktische Fliegerkräfte), die Fernfliegerkräfte (strategische Fliegerkräfte) und die → *Transportfliegerkräfte.* Zu den Gattungen zählen u. a. die → *Aufklärungsfliegerkräfte,* die → *Bombenfliegerkräfte,* die → *Jagdfliegerkräfte,* die Jagdbombenfliegerkräfte, die Schlachtfliegerkräfte und die Spezialfliegerkräfte. In vielen Ländern verfügen die Land- und Seestreitkräfte über eigene Fliegerkräfte (→ *Heeresfliegerkräfte,* → *Marinefliegerkräfte*). Die Hauptaufgaben der L. im bewaffneten Kampf bestehen darin, die Luftherrschaft bzw. Luftüberlegenheit zu erringen, strategisch wichtige Objekte im Hinterland des Gegners zu bekämpfen, durch Schläge aus der Luft die Land- und Seestreitkräfte bei ihren Handlungen zu unterstützen und zu decken, Luftlandungen und -transporte sowie Luftaufklärung durchzuführen. Aufgrund ihrer hohen Beweglichkeit und Manövrierfähigkeit können moderne L. jederzeit und unter allen Wetterbedingungen vielfältige Aufgaben erfüllen.

Das Aufkommen der L. ist mit den raschen Fortschritten von Wissenschaft und Technik zu Beginn des 20. Jh., insbesondere mit der industriellen Herstellung von Flugzeugen und ihrer militärischen Nutzung, verknüpft. Der Flugzeugbau entwickelte sich zuerst in Frankreich. 1909 kaufte das französische Kriegsministerium Flugzeuge für das Heer und organisierte die Ausbildung von Militärpiloten. In Rußland wurden 1910 Fliegerschulen für Heeres- und Marineoffiziere eröffnet. Großbritannien formierte im Frühjahr 1911 ein Luftbataillon, zu dem auch eine Flugzeugkompanie gehörte. In Deutschland standen Kriegsministerium und Generalstab dem Flugzeug als militärischem Kampfmittel zunächst skeptisch gegenüber, da es dem → *Luftschiff* anfangs in Reichweite, Steigfähigkeit und Traglast unterlegen war. Aus dem 1910 geschaffenen Fliegerkommando Döberitz ging 1911 eine Lehr- und Versuchsanstalt für das Militärflugwesen hervor (→ *Fliegerschulen*). Aus ihr entstand am 1. 10. 1912 eine etatmäßige Fliegertruppe des Heeres in Stärke von über 300 Mann. Sie verfügte über 3 weitere Fliegerstationen in Straßburg, Metz und Darmstadt. Seit 1912 wurden neben Offizieren auch Unteroffiziere als Flugzeugführer ausgebildet. Am 1. 7. 1913 entstand eine Marinefliegerabteilung. Anfang Oktober d. J. wurde die Inspektion der Fliegertruppen des Heeres mit 4 Fliegerbataillonen geschaffen. Während der forcierten Kriegsvorbereitungen nach 1910 propagierte und förderte besonders der imperialistische Deutsche Luftflottenverein die Luftrüstung.

Die ersten militärischen Einsätze von Flugzeugen fanden während des Krieges zwischen Italien und der Türkei 1911/12 und in den Balkankriegen 1912/13 statt. Die wenigen vorhandenen Flugzeuge, zumeist französische, deutsche und österreichische Typen, flogen Luftaufklärung, machten Luftbildaufnahmen und warfen vereinzelt Bomben (→ *Fliegerbombe*). Allgemein galt das Flugzeug vor 1914 als ein Mittel der Aufklärung.

Fast durchgängig fand zu Beginn des ersten Weltkrieges 1914 das sog. Einheitsflugzeug Verwendung: in Deutschland die «Rumpler-Taube», in Frankreich, Großbritannien und Rußland Eindecker vom Typ «Blériot» und Zweidecker der Typen «Bréguet» und «Voisin». Die Flugzeuge hatten Motoren von 70–110 PS, sie erreichten eine Gipfelhöhe von 2500–3000 m und Höchstgeschwindigkeiten bis zu 120 km/h. Ihre Reichweite betrug 200–300 km. In den ersten Kriegsmonaten wurden die Flugzeuge hauptsächlich zur Luftaufklärung eingesetzt. Dabei gewann neben der Fernaufklärung vor allem mit der Herausbildung der Stellungsfronten die taktische Aufklärung an Bedeutung. Die L. entwickelten sich jedoch bald zu einer vielseitig verwendbaren Truppengattung. Die Zahl der Militärflugzeuge stieg von 1914 bis 1918 im Durchschnitt auf das 10- bis 15fache.

Das rasche Anwachsen der Fliegerkräfte, die sich stetig verbessernde Flugzeugtechnik sowie der Aufbau der → *Luftverteidigung* führten zu Veränderungen in der Organisation der L.

Die deutschen L. gehörten bei Kriegsbeginn zur Generalinspektion des Militärverkehrswesens. Sie gliederten sich in die Inspektion der Fliegertruppen und die Inspektion der Luftschiffertruppen. Ersterer unterstanden 4 (preußische) Fliegerbataillone zu je 3 Kompanien und 1 (bayrisches) Fliegerbataillon zu 2 Kompanien. Aus diesen Kräften wurden am 2. 8. 1914 33 Feldfliegerabteilungen zu je 6 Flugzeugen, 10 Festungsfliegerabteilungen zu je 4 Flugzeugen, 8 Etappenflugzeugparks und 5 Fliegerersatzabteilungen gebildet. Die den Armeen, Generalkommandos und teilweise den Divisionen unterstellten Fliegerabteilungen hatten keine zentrale Führung. Um diesem Mangel abzuhelfen und gleichzeitig den Nachschub und das Ersatzwesen zu gewährleisten, wurde am 11. 3. 1915 ein Chef des Feldflugzeugwesens eingesetzt, der dem Generalquartiermeister des Heeres unterstand und an die Spitze aller Flieger- und Luftschifferabteilungen trat. Das war der entscheidende Schritt zur Loslösung der Fliegerkräfte vom Militärverkehrswesen. Am 2. 4. 1915 wurde bei allen AOK die Dienststelle eines Stabsoffiziers der Flieger geschaffen, der die Armee beim Einsatz der Fliegerabteilungen beriet. 1915/16 verlagerte sich der Einsatzschwerpunkt der Fliegerkräfte immer stärker von der Aufklärung auf die unmittelbare Kampftätigkeit. Dies sowie die wachsende Erkenntnis über die Rolle der L. im Ringen um die Kriegsentscheidung veranlaßten die OHL, die Fliegerkräfte in raschem Tempo weiter auszubauen. Dazu dienten das → *Hindenburgprogramm* von 1916, das sog. Amerikaprogramm von 1917, das u. a. eine Verdoppelung der Jagdfliegerkräfte bis zum 1. 3. 1918 vorsah, sowie die Reorganisation der Führung. An die Spitze der L. trat im Oktober 1916 Generalleutnant Ernst von Hoeppner (1860–1922) als Kommandierender General, dem alle Luftkampf- und Luftverteidigungsmittel an der Front und im Hinterland (mit Ausnahme der Marine) einschließlich des Heimatluftschutzes und der → *Flakartillerie* unterstellt wurden. Er selbst unterstand unmittelbar dem Chef des Generalstabes des Heeres. Am 29. 11. 1916 wurden die bisherigen Stabsoffiziere der Flieger zu Kommandeuren der Flieger. Sie waren nunmehr Vorgesetzte aller Fliegerkräfte ihrer Armeen. Den Armee-

Anzahl der Militärflugzeuge im ersten Weltkrieg (ohne Marineflugzeuge)

	August 1914[1]	August 1916	November 1917	November 1918
Deutschland	232	1054	1755	2548
Österreich-Ungarn	48	–	–	622
Großbritannien	63	500	961	1799
Frankreich	165	1149	2412	3331
Rußland	263	250	545	–

1 nur einsatzbereite Flugzeuge

Kampfflugzeuge. *Streitkräfte des imperialistischen Deutschlands – 1914 bis 1945, I:* **1** Rumpler-Taube (1914), bis Frühjahr 1915 Hauptflugzeugtyp; **2** Fokker E I (1915), erstes deutsches Jagdflugzeug; **3** Fokker Dr I (1917), Flugzeugtyp der Jagdgeschwader 1917/18; **4** Gotha G V (1917), strategischer Nachtbomber; **5** Junkers Ju 52/3 m (1933), Behelfsbomber, ab 1936/37 Standardtransportflugzeug; **6** Dornier Do 17 E-1 (1937), Bomber der Legion Condor

korps wurden Gruppenführer der Flieger zugeteilt, die für den Einsatz von Fliegerkräften an Schwerpunktabschnitten der Front verantwortlich waren. Anfang 1916 waren die Dienststellen des Befehlshabers der Marinefliegerabteilungen und des Führers der Marineluftschiffe geschaffen worden. Infolge der gesteigerten Flugzeugproduktion und der verstärkten Ausbildung von Piloten erhöhte sich die Zahl der Fliegerabteilungen sowie der Jagd- und Bombenfliegerstaffeln. Die seit Herbst 1914/Frühjahr 1915 bestehenden, vornehmlich zu Bombenangriffen bestimmten Fliegerabteilungen der OHL «Brieftaubenabteilung O (Ostende)» sowie «Brieftaubenabteilung M (Metz)» wurden 1916 in Kampfgeschwader der OHL umgebildet. Deren Zahl erhöhte sich durch Neuaufstellungen zunächst auf 7, sank jedoch in der Folgezeit auf 3. Aus den freiwerdenden Kräften entstanden im Herbst 1916 die Schutzstaffeln (Jagdflugzeuge zum Schutz der Aufklärungsflugzeuge und Artillerieflieger) sowie später die → *Schlachtfliegerkräfte.* Die militärische Führung legte besonderes Gewicht auf die Verstärkung der Jagdfliegerkräfte, um der zunehmenden Luftüberlegenheit der Entente entgegenzuwirken, sowie auf den Einsatz schwerer Bombenflugzeuge gegen französische und englische Städte. Die leistungsfähigsten deutschen Jagdflugzeuge waren die «Albatros» D III sowie die «Fokker» D VII. Zu den meistgebauten schweren Bombenflugzeugen zählten die von der Gothaer Waggonfabrik hergestellten Typen sowie die sog. Riesenflugzeuge von Siemens-Schuckert und den Zeppelinwerken Staaken. Sie waren außer mit Bomben und Flieger-MGs auch mit Funkgeräten und Luftbildkameras ausgerüstet, wodurch sich die Möglichkeiten ihres Gefechtseinsatzes gegenüber den ersten Kriegsjahren beträchtlich erweiterten. Auf seiten der Entente standen den Fliegerkräften des kaiserlichen Deutschlands u. a. die Jagdflugzeugtypen «Nieuport», «Spad» (beide Frankreich) und «Sopwith» (Großbritannien), die Bombenflugzeuge der Typen «Bréguet» (Frankreich), «De Havilland» und

Anzahl der Flugzeuge der wichtigsten Gattungen der Luftstreitkräfte am Ende des ersten Weltkrieges

	Aufklärungsflugzeuge	Bombenflugzeuge	Jagdflugzeuge
Großbritannien	503	496	759
Frankreich	1566	479	1392
USA	277	119	344
Italien	360	116	336
Deutschland	1442	268	1070[1]
Österreich-Ungarn	391	11	220

1 einschließlich Schlachtflugzeuge

«Handley-Page» (beide Großbritannien) sowie die russischen Bombenflugzeuge des Typs «Ilja Muromez» gegenüber, die etwa gleiche, teilweise auch höhere Leistungsparameter als die deutschen Typen besaßen.

Gestützt auf ihr stärkeres ökonomisch-technisches Potential, konnten Großbritannien, Frankreich und seit 1917 auch die USA ihre L. rasch ausbauen. Im Unterschied zu Deutschland nahm man eine klare Trennung zwischen Korps-, Armee- und operativen Fliegerkräften vor. So erhielt im französischen Heer jedes Armeekorps 2–3 Nahaufklärungsstaffeln und 1 Artillerieaufklärungsstaffel; jede Armee verfügte über 1–2 Fernaufklärungsstaffeln sowie 1 Jagdgruppe zu 6 Staffeln. In der Folgezeit wurden bei den kriegführenden Armeen die Staffeln teilweise zu → *Geschwadern* zusammengefaßt. In einigen Ländern entstanden auch darüber hinausgehende Organisationsformen der L. So wurden in Frankreich die Bomben- und der Großteil der Jagdfliegerkräfte im Sommer 1918 in einer → *Fliegerdivision* vereinigt, die als Reserve der Obersten Heeresleitung an Durchbruchsabschnitten eingesetzt wurde. Sie bestand aus 2 Fliegerbrigaden mit insgesamt 788 Flugzeugen. In Großbritannien wurden die Fliegerkräfte des Heeres und der Marine am 1. 4. 1918 zur Royal Air Force vereinigt und damit erstmals im Militärwesen die L. zu einer selbständigen Teilstreitkraft formiert. Zu ihr gehörten Korps- und Armeefliegerkräfte sowie die am 6. 6. 1918 als selbständiges Bombenfliegerkommando gebildete Independent Air Force. Im Verlauf des Krieges entwickelten sich je nach dem Einsatzzweck unterschiedliche Gattungen der Fliegerkräfte. Aus den Einheitsfliegertruppen zu Kriegsbeginn entstanden Aufklärungs-, Jagd-, Bomben- und Schlachtfliegerkräfte mit eigenen Einsatzprinzipien (→ *Luftkriegskunst*). Es entwickelten sich Formen des Zusammenwirkens der L. mit den Landstreitkräften, in Ansätzen auch mit den Seestreitkräften.

Nach 1918 wurde die weitere Entwicklung der L. maßgeblich von den Erfahrungen aus dem ersten Weltkrieg in Verbindung mit dem weiteren wissenschaftlich-technischen Fortschritt in der Luftfahrt bestimmt. Großen Einfluß gewannen zeitweilig die von dem Italiener Giulio Douhet (1869–1930), dem Amerikaner William Mitchell (1879–1936), dem Briten Hugh Montague Trenchard (1873–1956) und anderen imperialistischen Militärtheoretikern propagierten Ideen von der kriegsentscheidenden Funktion der L., insbesondere der Bombenfliegerkräfte. Die stärksten Impulse zur technischen Weiterentwicklung des Flugzeugs kamen vom Verkehrsflugwesen, wobei die Firmen und Konstrukteure bei neuen Typen häufig zugleich eine mögliche militärische Verwendung berücksichtigten. Durch leistungsstärkere Flugzeugmotoren erhöhten sich Reichweite und Nutzlastfähigkeit der Flugzeuge beträchtlich. Bei der

Suche nach den zweckmäßigsten Organisationsformen für die L. stand ihre Selbständigkeit als Teilstreitkraft im Vordergrund. Nach Großbritannien wurden 1923 in Italien und 1928 (erneut 1933) in Frankreich Luftfahrtministerien gebildet und die L. als selbständige Teilstreitkraft formiert. In anderen Ländern blieben die L. bei den Land- bzw. bei den Seestreitkräften.

Die weitere Entwicklung der L. wurde zeitweilig von der Theorie vom Mehrzweckflugzeug beeinflußt, das vielfältige Aufgaben als Aufklärungs-, Bomben-, Transport-, Schlacht- und schweres Jagdflugzeug erfüllen sollte. In den meisten imperialistischen Ländern wurde das Flugzeug hauptsächlich als taktisches Unterstützungsmittel der Landstreitkräfte gesehen. In Großbritannien, Italien und den USA erwogene Pläne, selbständige strategische Fliegerkräfte zu formieren, kamen in den 20er Jahren nicht über Ansätze hinaus.

Deutschland war nach den Bestimmungen des Versailler Vertrages jede militärische Luftfahrt verboten. Die Luftfahrtindustrie unterlag bis 1925 erheblichen Beschränkungen. Am 8.5.1920 waren die deutschen L. offiziell für aufgelöst erklärt worden. Mit der Einrichtung einer als «Luftschutzreferat» bezeichneten Dienststelle im Truppenamt am 1.3.1920 bestand jedoch in der Reichswehr ein koordinierendes Organ für die Planung, die Kaderausbildung und die getarnte Aufstellung fliegender Einheiten sowie für die Entwicklung von Prototypen neuer Flugzeuge. Seit 1926 fanden die Ausbildung des Fliegernachwuchses, die Entwicklung geeigneter Kriegsflugzeuge sowie die Bestimmung der von den L. zu lösenden Aufgaben gesteigerte Aufmerksamkeit. Die Bildung selbständiger L. stieß in der Reichswehrgeneralität jedoch auf Ablehnung. Sie sah in den L. vor allem eine taktische Unterstützungswaffe der Landstreitkräfte, wenn sie auch dem operativen Einsatz von Bombenfliegerkräften größere Beachtung schenkte. Einen wesentlichen Anteil an der Ausbildung des fliegerischen Nachwuchses hatten die Sportfliegerschulen, die Verkehrsfliegerschulen der Deutschen Lufthansa A.G. sowie die seit August 1920 stattfindenden Segelflugwettbewerbe in der Rhön. Bis Ende 1926 wurden 2 Jagd-, 1 Bombenflieger- und 1 Behelfsbombenfliegerstaffel im Rahmen der Lufthansa als reguläre Einheiten in Dienst gestellt. Bis 1933 erhöhte sich dieser Bestand auf 8 Aufklärungs-, 4 Jagd- und 3 Behelfsbomberstaffeln.

Mit der Ernennung von Hermann Göring (1893–1946) zum Reichskommissar für die Luftfahrt am 2.2.1933, der Bildung des Reichsluftfahrtministeriums am 27.4.1933 und der Überführung des Luftschutzamtes (ab 1.9. Luftkommandoamt) des Reichswehrministeriums am 15.5.1933 in das neue Ministerium begann in Deutschland die Formierung der Luftwaffe als dritte selbständige Teilstreitkraft. Als Bestandteil des Reichsluftfahrtministeriums entstanden zugleich unter dem Chef des Luftkommandoamtes (später Chef des Generalstabes der Luftwaffe) die Führungsorgane der Luftwaffe, die die Aufgaben des erst Anfang 1944 offiziell gebildeten → *Oberkommandos der Luftwaffe (OKL)* wahrnahmen.

Die L. des faschistischen Deutschlands umfaßten die Fliegerkräfte, die am 1.12.1933 von der Reichswehr übernommenen → *Luftnachrichtentruppen*, die am 1.4.1935 vom Heer überstellte Flakartillerie sowie ab November 1935 die neuaufgestellten Fallschirmjäger (→ *Fallschirmtruppen*). Als operative Vereinigungen für den militärischen Einsatz, die Verwaltung und Versorgung bildeten sich bis 1939 die → *Luftflotten* heraus, denen jeweils mehrere Fliegerdivisionen, teilweise auch Fliegerkorps unterstanden. Die Fliegerdivision gliederte sich in Fern- und Nahaufklärungsstaffeln sowie in Bomben-, Jagd- und Sturzkampffliegergeschwader, die in Gruppen und Staffeln unterteilt waren. Die Geschwader zählten in der Regel 120 Flugzeuge, die Gruppen 36 und die Staffeln 9 Einsatz- und 3 Reserveflugzeuge. Von 1935 bis zum Kriegsbeginn 1939 stieg die Zahl der Flugzeuge der Luftwaffe von 832 auf 4039, gleichzeitig erhöhte sich die personelle Stärke der neuen Teilstreitkraft um ein vielfaches. Die Leichtbauweise von Flugzeugmotoren ermöglichte es, das Verhältnis von Leistung und Masse entscheidend zu verbessern. Mit dem Übergang zum Bau aerodynamisch verbesserter Flugzeuge mit stärkeren Motoren, der Anwendung neuer Technologien, insbesondere der Glattblechbeplankung anstelle von Wellblech, erhöhten sich Geschwindigkeit und die Gipfelhöhe der Flugzeuge erheblich. Der Doppeldecker wurde vom Eindecker aus Ganzmetall abgelöst. Standardtypen der faschistischen Luftwaffe waren das Jagdflugzeug Me 109, das Bombenflugzeug He 111, das Sturzkampfflugzeug Ju 87, das Mehrzweckflugzeug Me 110 und das bereits in den 20er Jahren entwickelte Transportflugzeug Ju 52. Während des zweiten Weltkrieges 1939–1945 kamen weiterentwickelte, aber auch neue Typen wie das Jagdflugzeug FW 190, das Bomben- und Mehrzweckflugzeug Ju 88 an die Front. 1944 wurden erstmals Jagdflugzeuge mit Raketenantrieb (Me 163) sowie mit Strahltriebwerk (Me 262, Ar 234) in geringer Zahl eingesetzt.

Im Zuge des imperialistischen Wettrüstens wurde seit Mitte der 30er Jahre vor allem die Entwicklung der Bombenfliegerkräfte forciert. Sie bildeten 1939 in Deutschland, den USA, Italien und Japan den Kern der L. Großbritannien schuf 1936 mehrere große Kommandos, in denen die L. nach ihrer künftigen Hauptverwendung zusammengefaßt waren. Dazu zählten u.a. das Jägerkommando (Fighter Command) für Aufgaben der Luftverteidigung und das Bomberkommando (Bomber Command) für die Fernluftkriegführung. Die USA vereinigten 1935 starke L. zur operativ-taktischen Verwendung in einem Luftkorps (Air Corps). Frankreich gliederte 1936 seine L. in taktische, die den Landstreitkräften unterstellt waren, und in operativ-taktische, in denen man Bomben- und Jagdfliegerkräfte jeweils in einem Korps zusammenfaßte. Beide Korps wurden jedoch 1938 wieder aufgelöst.

In der UdSSR begann in den 20er Jahren der Aufbau einer leistungsfähigen Luftfahrtindustrie. Gleichzeitig wurde die Organisation der L. vervollkommnet. Ab 1927 erfolgte die Aufstellung von Fliegerbrigaden. 1933 wurden schwere Bombenfliegerkorps gebildet, aus denen 1938 vorübergehend 3 Luftarmeen zur Lösung strategischer Aufgaben entstanden. Mitte 1941 waren vom Flugzeugbestand der sowjetischen L. 53,4% Jagdflugzeuge, 41,4% Bomben- und Schlachtflugzeuge und 3,2% Aufklärungsflugzeuge. Die L. gliederten sich in die Fernbombenfliegerkräfte des Oberkommandos, die Frontfliegerkräfte der Militärbezirke, die Armeefliegerkräfte der allgemeinen Armeen und die Truppenfliegerkräfte (Fliegerstaffeln der Korps). Die Seefliegerkräfte wurden 1935 aus dem Bestand der L. herausgelöst und als Waffengattung in die Seekriegsflotte eingegliedert. Der Beschluß über die Reorganisation der Fliegerkräfte vom 25. 2. 1941 sah u. a. die Bildung von Führungsorganen für 25 Fliegerdivisionen, die Aufstellung von 106 neuen Fliegerregimentern und die Zuführung neuer Flugzeuge vor. Bis zum Beginn des Großen Vaterländischen Krieges konnten jedoch nur 19 neue Fliegerregimenter formiert werden. Im zweiten Weltkrieg stieg in fast allen kriegführenden Ländern die Zahl der Militärflugzeuge bedeutend.

Wichtigste Aufgabe der L. war die Erringung der Luftherrschaft bzw. der Luftüberlegenheit. Die Hauptmittel dazu sah man in den Jagdfliegerkräften, die während des gesamten Krieges die Hauptlast des Kampfes um die Luftherrschaft bzw. um ihre Sicherung trugen, sowie im Einsatz von Bombenfliegerkräften zur Vernichtung der gegnerischen L. am Boden. 35% aller Einsätze der sowjetischen Frontfliegerkräfte galten dem Kampf um die Luftherrschaft; über 75% aller an der deutsch-sowjetischen Front vernichteten faschistischen Flugzeuge wurden im Luftkampf zerstört. Eine weitere wichtige Aufgabe der L. im zweiten Weltkrieg war das enge Zusammenwirken mit den Land- und Seestreitkräften. Bei Kriegsbeginn hatte die faschistische Luftwaffe aufgrund ihres Flugzeugmaterials, ihrer technischen Ausrüstung und ihrer während der Intervention in Spanien 1936–1939 gewonnenen Erfahrungen einen hohen Grad dieses Zusammenwirkens erreicht. Das war eine der Ursachen für die Anfangserfolge der faschistischen Wehrmacht. Die Luftunterstützung für das Heer wurde direkt auf dem Gefechtsfeld zum Niederhalten von Artillerie, zum Ausschalten von Bunkern, Befestigungen und Stützpunkten, zur Zerschlagung von Reserven usw. geflogen. Indirekt erfolgte sie durch Angriffe gegen Einrichtungen des Verkehrswesens und gegen Depots, Blockierung bestimmter Zonen u. a. m. Beim Überfall auf Polen flogen die faschistischen Bombenfliegerkräfte vom 1. bis 18. 9. 1939 über 9000 Einsätze bei einem Verhältnis von 4:5 zwischen taktischer und operativer Unterstützung der Landstreitkräfte. Im weiteren Kriegsverlauf wandelte sich dieses Verhältnis immer weiter zugunsten des taktischen Einsatzes.

In der Sowjetarmee erreichte das Zusammenwirken zwischen L. und Landstreitkräften besonders ab Herbst 1942 ein hohes Niveau. Mit der Entwicklung wirksamer Formen der Luftunterstützung in der taktischen Tiefe und bei der Entwicklung des operativen Durchbruchs hatten die L. großen Anteil an den Erfolgen der sowjetischen Streitkräfte. 46,5% aller Starts der sowjetischen Frontfliegerkräfte erfolgten zur Unterstützung der Erdtruppen. In den USA und Großbritannien war bis Ende 1942 das Zusammenwirken zwischen L. und Landstreitkräften schwach entwickelt. Zur Unterstützung der britischen 8. Ar-

Anzahl der Militärflugzeuge im zweiten Weltkrieg (ohne Marineflugzeuge)

Land	September 1939	Sommer 1940	Ende 1941	Ende 1942	Mitte 1943	Mitte 1944	Anfang 1945	Mai 1945
Deutschland	4039	4549	5178	5257	6203	6519	8365 (Februar)	7835
Italien	2650	1529	2212	1925	1907 (Mai)	–	–	–
Japan	1000	1200	1570	1800	2200	2300	2346	3300
Großbritannien	1992	2913	4278	4857	6026	8339	8395	9200
USA	1476	1389	4000	10885	18850	28464	33179	31235 (August)
UdSSR	–	–	2495	3254	8357	14787	15818	16112

Kampfflugzeuge. *Streitkräfte des imperialistischen Deutschlands – 1914 bis 1945, II:* **7** Heinkel He 111 E-3 (1938), Standardbomber, später Nachtbomber und Torpedoflugzeug; **8** Junkers Ju 87 B (1938), Sturzkampfbomber; **9** Messerschmitt Me 109 E (1939), Jäger; **10** Focke-Wulf FW 190 D-9 (1944), Jäger und Jagdbomber; **11** Dornier Do 217 N-2 (1943), Nachtjäger; **12** Messerschmitt Me 262 A (1944), Düsenjäger und Düsenjagdbomber

mee in Nordafrika wurde 1942 eine besondere Luftstreitkraft, die Western Desert Air Force, aufgebaut. Sie war der Vorläufer der taktischen Luftflotten Großbritanniens und der USA.

Erhebliches Ausmaß nahmen im zweiten Weltkrieg selbständige Operationen von L. gegen das tiefe Hinterland des Gegners an. Der 1939 von der faschistischen Luftwaffe mit Angriffen gegen Warschau und andere polnische Städte entfesselte Luftterror, der 1940 gegen Rotterdam, Paris, London und Conventry und 1941 gegen Belgrad, Moskau und Leningrad fortgesetzt wurde, zielte vornehmlich darauf, die Zivilbevölkerung zu demoralisieren. Der seit Juli 1940 systematisch gegen Großbritannien geführte Luftkrieg scheiterte unter hohen Verlusten im Herbst 1940, wurde jedoch als Terrorkampagne sowie zur Verschleierung der Kriegsvorbereitungen gegen die UdSSR mit schwächeren Kräften weitergeführt (→ *Luftschlacht über England 1940/41*).

Das britische Bomber Command intensivierte seit Februar 1942 den Luftkrieg gegen Deutschland. Durch die Zerstörung von ganzen Stadtvierteln bei Nachtangriffen hoffte die britische Führung, die Moral der Zivilbevölkerung zu untergraben und damit auch die Kriegswirtschaft zu schädigen. Seit Anfang 1943 nahmen die nach Großbritannien verlegten Teile der Fernfliegerkräfte der USA mit Tagangriffen, vornehmlich gegen Industrieziele geführt, an den Luftkriegsoperationen teil. 1942 waren an solchen Angriffen bereits mehrmals 1000 Flugzeuge, 1943/44 bis zu 3000 Flugzeuge gleichzeitig beteiligt. Bei den britischen L. entfielen 80,2% aller abgeworfenen Bomben auf das Bomber Command, bei den L. der USA 61,2% auf die strategischen Fliegerkräfte. Die massierten Schläge der britischen und amerikanischen Fernfliegerkräfte gegen das faschistische Deutschland und ab Mitte 1944 gegen die japanischen Inseln banden starke Kräfte der Luftverteidigung dieser Staaten, beeinträchtigten ihre Rüstungsanstrengungen und führten zu einer wachsenden Zerrüttung des Verkehrswesens sowie zur Zerstörung zahlreicher Großstädte. Eine kriegsentscheidende Wirkung hatten sie nicht.

Flugzeugverluste der faschistischen deutschen Luftwaffe – 1939 bis 1944

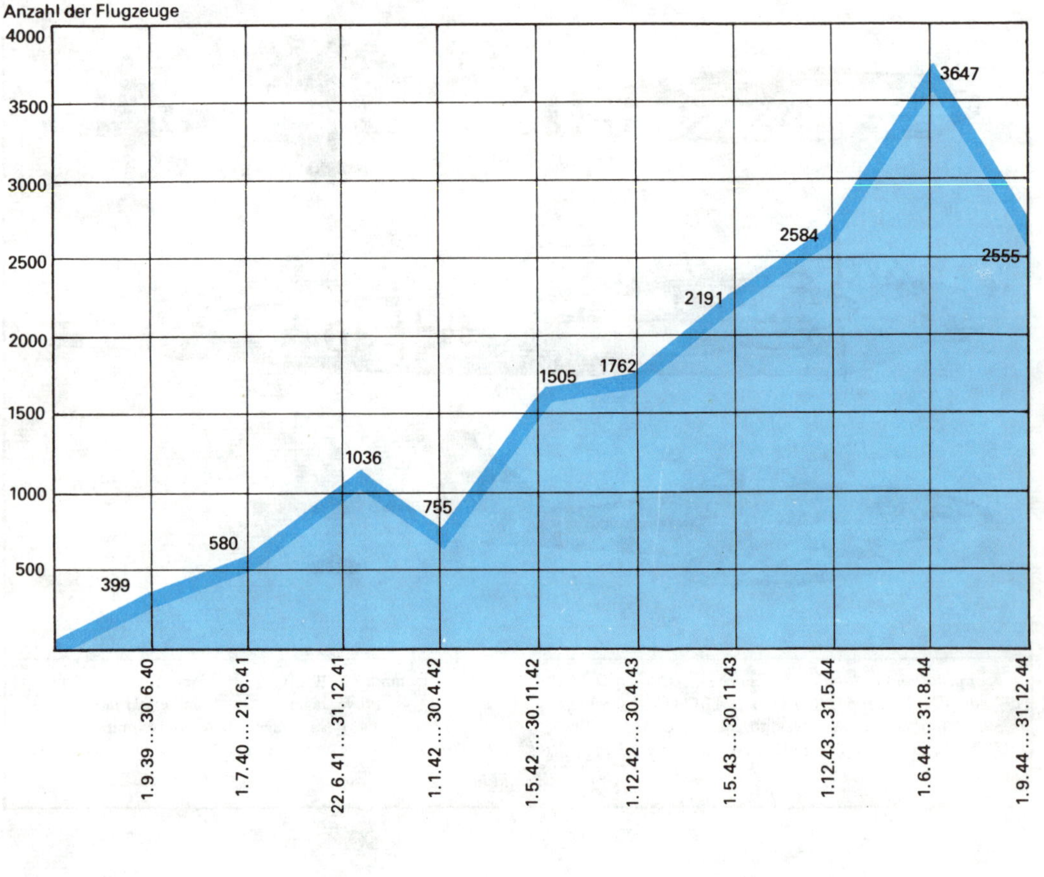

Im Verlaufe des Krieges vollzogen sich in der Organisation der L. bedeutende Veränderungen. Größte operative Vereinigung wurde die Luftarmee (in Deutschland Luftflotte, in den USA Air Force, in Großbritannien Air Command). Sie umfaßte in der Regel Fliegerkorps, Flieger- und Jagddivisionen, Aufklärungs-, Jagd-, Sturzkampf-, Schlacht-, Kampf- und andere Geschwader sowie weitere fliegende Verbände. Außerdem verfügte sie über Formationen der Flak- und Nachrichtentruppen, eigene Bodenorganisation, teilweise auch über Fallschirmjäger. Im faschistischen Deutschland wurden 1944/45 die meisten Luftflottenkommandos durch Luftwaffenkommandos bzw. Kommandierende Generale der Luftwaffe ersetzt. Bis Kriegsende gab es in den deutschen L. 11 Luftwaffenkommandos, 8 Kommandierende Generale der Luftwaffe, 13 Fliegerkorps, 13 Flieger-, 8 Jagd- und 28 Flakdivisionen, 7 Flakbrigaden sowie eine Anzahl weiterer Verbände und Kommandobehörden. Anfang Februar 1945 verfügte die an der deutsch-sowjetischen Front eingesetzte Luftflotte 6 über 4 Divisionen mit etwa 3000 Flugzeugen. Das britische Bomber Command zählte 1944/45 insgesamt 7 Gruppen mit 1600 Bombenflugzeugen, die 8. US Air Force im Januar 1945 3 Divisionen mit 2799 Bomben- und 1484 Jagdflugzeugen, die zur Luftverteidigung Japans im März 1945 eingesetzte japanische 1. Luftarmee 3 Divisionen mit 400 Jagd- und 45 Aufklärungsflugzeugen. Die sowjetische 16. Luftarmee verfügte im November 1942 bei Stalingrad über 8 Divisionen mit 349 Flugzeugen, im Juli 1943 bei Kursk über 12 Divisionen mit 1034 Flugzeugen, im Juni 1944 in Belorußland über 19 Divisionen mit 2022 Flugzeugen und im April 1945, am Vorabend der Berliner Operation, über 15 Divisionen mit 3188 Flugzeugen, davon 1567 Jagd-, 731 Schlacht-, 762 Bomben- und 128 Aufklärungsflugzeuge.

Nach 1945 entwickelten sich die L. in den meisten Staaten endgültig zu einer selbständigen Teilstreitkraft. In der Sowjetunion wurde 1946 die Dienststellung eines Oberbefehlshabers der Luftstreitkräfte und Stellvertreters des Ministers für die Streitkräfte (später Stellvertreter des Ministers für Verteidigung der UdSSR) geschaffen. In den USA erfolgte im Herbst 1947 die Formierung der L. zu einer selbständigen Teilstreitkraft. Für die imperialistischen Mächte, in erster Linie die USA, war der Aufbau starker L. ein Mittel der politisch-militärischen Bedrohung und Erpressung der sozialistischen Länder. Insbesondere die USA-Militärstrategie der «massiven Vergeltung» und die «Schild-Schwert»-Strategie der NATO stützten sich weitgehend auf starke strategische L. als Träger von Kernwaffen. Technisch bestand die Hauptentwicklungsrichtung nach 1945 im Übergang von kolben- zu strahlgetriebenen Flugzeugen. Nachdem bereits Ende der 40er Jahre die ersten leistungsfähigen Jagdflugzeuge mit Strahltriebwerken, so die MiG-15 (UdSSR) und die F-86 «Sabre» (USA), eingeführt worden waren, verfügten zu Beginn der 50er Jahre auch Mittelstreckenbombenflugzeuge, wie das sowjetische Bombenflugzeug Il-28, über Strahlantrieb. Mitte der 50er Jahre wurden die ersten strategischen Bombenflugzeuge mit Strahltriebwerken in Dienst gestellt (z. B. UdSSR Tu-16, USA B-47). In der Folgezeit wurden diese und andere Typen weiterentwickelt. Auch die Transportfliegerkräfte erhielten neue Flugzeugtechnik. Gleichzeitig nahm die Entwicklung von Hubschraubern einen raschen Aufschwung. Die Einführung von Kernwaffen und Raketen in die Bewaffnung, die Möglichkeit der Luftbetankung sowie die raschen technischen Fortschritte in der Konstruktion von Flugzeugen und in der Flugzeugindustrie wirkten tiefgreifend auf die L. der kapitalistischen wie der sozialistischen Staaten. Stärkere Strahltriebwerke ermöglichten Überschallgeschwindigkeiten. Zu den ersten Überschallflugzeugen gehörten das sowjetische Jagdflugzeug MiG-19 (1953), der USA-Jagdbomber F-100 «Super Sabre» (1953), der französische Jagdbomber «Super Mystère» B2 (1953) und das britische Jagdflugzeug «Lightning» (1957). Schwere Bombenflugzeuge waren bis 1956/57 die einzigen Kernwaffenträger. Mit dem Aufkommen der zuerst in der UdSSR entwickelten ballistischen interkontinentalen Raketen ab 1959/60 verloren sie diese Rolle. Zugleich erhöhten sich mit der Einführung von Luft-Boden- und Luft-Luft-Raketen gegen Ende der 50er Jahre die Gefechtsmöglichkeiten der L. beträchtlich.

Diese Veränderungen wirkten auf die Organisation der L. ein. Es entstanden große Kommandos für die Arten der Fliegerkräfte. Zu den taktischen Fliegerkräften zählen in der UdSSR die Frontfliegerkräfte (Frontowaja Awiazija), in den USA das taktische Luftkommando (Tactical Air Command) und in Frankreich das Kommando der taktischen Luftstreitkräfte (Commandement des Forces Aériennes Tactiques). Entsprechend ihrer Zuordnung zu den Landstreitkräften wurden sie in Luftarmeen und -divisionen gegliedert und erhielten Jagd-, Jagdbomben-, leichte Bomben- und Aufklärungsflugzeuge sowie Kampf- und Transporthubschrauber. Gleichzeitig erfolgte die weitere Vervollkommnung der strategischen Fliegerkräfte. In der UdSSR wurden sie 1946 als Fernfliegerkräfte (Dalnaja Awiazija) formiert, in den USA 1946 im strategischen Luftkommando (Strategic Air Command), in Großbritannien im Bomberkommando, in Frankreich 1962 im Kommando der strategischen Luftstreitkräfte (Commandement des Forces Aériennes Stratégiques) zusammengefaßt. Ihren Kern bildeten schwere Bombenflugzeuge, die ab Beginn der 60er Jahre durch überschallschnelle Raketenträger sowie Bombenflugzeuge mit großer Tragfähigkeit und Reichweite abgelöst oder ergänzt wurden. Die in den 60er und 70er Jahren entwickelten strategischen bzw. Fernbomber erreichen Geschwindigkeiten über 2000 km/h, maximale Reichweiten (mit Luftbetankung) von 18000 km und können eine Bombenlast von 10 bis 34 t bzw. Kernbombenladungen bis zu 1 Mt tragen. In den USA gehören zum strategischen Luftkommando auch die landgestützten Interkontinentalraketen; in Frankreich sind die strategischen Fliegerkräfte und die raketentragenden U-Boote in einer gesonderten Streitkraft, der Force de Dissuasion, zusammengefaßt.

Die Transportfliegerkräfte erhielten in den 60er Jahren schwere Großraumflugzeuge zur Beförderung von Truppen und Technik über große Entfernungen (in den sowjetischen L. z. B. die An-22 «Antäus» und Il-76, in den USA die Typen C-5 «Galaxy» und C-141 «Starlifter»). Die Truppen der Luftverteidigung wurden in der UdSSR 1948 zu einer selbständigen Teilstreitkraft umgebildet. In den imperialistischen Hauptländern sind sie dagegen ein Bestandteil der L. Insgesamt begann sich in den 60er Jahren unter dem Einfluß der wissenschaftlich-technischen Revolution ein neuer Abschnitt in der Entwicklung der L. abzuzeichnen. Kampfflugzeuge wie die MiG-21 (UdSSR), F-104 «Starfighter» (USA), «Mirage III» (Frankreich) u. a. erreichten Ende der 50er/Anfang der 60er Jahre doppelte Schallgeschwindigkeit (2400 km/h). Zu Beginn der 70er Jahre wurden die ersten Flugzeuge in Dienst gestellt, deren Geschwindigkeit bei 3000 km/h lag.

Mit dem Aufbau der → *Bundeswehr der BRD* entstanden auf der Grundlage langfristiger Vorarbeiten ab 1955 neue imperialistische deutsche L. Bis Mitte der 60er Jahre waren 2 Aufklärungs-, 2 Jagd-, 8 Jagdbomber- und 2 leichte Kampfgeschwader formiert worden, die vor allem mit den Typen F-104 «Starfighter» und Fiat G-91 ausgerüstet waren. Ende 1967 wurden die L. der Bundeswehr umstrukturiert und 2 Luftwaffengruppen («Nord», «Süd») mit je 1 Luftangriffs-, Luftverteidigungs- und Einsatzunterstützungsdivision gebildet. Außerdem wurde 1 selbständige Lufttransportdivision aufgestellt. Seit der 1971 erfolgten Neuorganisation der Kommandostruktur verfügt die Bundeswehr über 2 Luftangriffs- und 2 Luftverteidigungsdivisionen, die in einem Luftflottenkommando zusammengefaßt sind. Dazu gehören 396 Jagd- und Jagdbombenflugzeuge der Typen F-104 G «Starfighter», F-4F «Phantom II» und «Alpha Jet», 72 Aufklärungsflugzeuge des Typs RF-4E «Phantom II», Transport-, Schul- und Verbindungsflugzeuge, 6 Fla-Raketenregimenter mit 432 Startrampen für Boden-Luft-Raketen «Nike Hercules» und «Improved Hawk» sowie 2 Flugkörpergeschwader mit 72 Startrampen für operativ-taktische Boden-Boden-Raketen «Pershing 1 A». In Einführung begriffen bzw. vorgesehen sind u. a. 210 Mehrzweckkampfflugzeuge «Tornado» sowie verbesserte Raketenwaffen. Die auf einen Aggressionskrieg vorbereiteten L. der Bundeswehr sind mit ihren Hauptkräften in die Kommandos Zentraleuropa und Nordeuropa der NATO-L. integriert.

In der DDR begann der Aufbau der L. der NVA im März 1956 mit der Bildung des Ministeriums für Nationale Verteidigung, zu dem auch eine Verwaltung Luftstreitkräfte und eine Verwaltung Luftverteidigung gehörten. Sie wurden Anfang 1957 zum Kommando → *Luftstreitkräfte/Luftverteidigung der NVA (LSK/LV)* zusammengefaßt. Diesem Kommando unterstanden Jagdfliegerkräfte, Transportfliegereinheiten, Flakartillerie- und funktechnische Truppen, Nachrichtentruppen, rückwärtige Dienste und Schulen. Die Fliegerkräfte wurden ab Herbst 1956 an dem sowjetischen Jagdflugzeug MiG-15, ab Sommer 1957 an der MiG-17, ab 1959 an der MiG-19 und ab 1962 an der MiG-21 ausgebildet. Ende der 70er Jahre begannen die Einführung von Kampfhubschraubern sowie die Ausstattung mit einem neuen Jagdflugzeugtyp der bewährten MiG-Serie. Die LSK/LV der NVA erhielten außer modernen Überschallflugzeugen weitreichende Funkmeßstationen, moderne Rohrflaksysteme sowie Fla-Raketenkomplexe. 1962 erfolgte ihre Einbeziehung in das Diensthabende System der Luftverteidigung der Staaten des Warschauer Vertrages (→ *Warschauer Verteidigungsbündnis*). Die L. der NVA wirken beim Schutz des Luftraumes der DDR und der Sicherung der Westgrenze des sozialistischen Verteidigungsbündnisses eng mit den Truppen der Luftverteidigung der → *Gruppe der Sowjetischen Streitkräfte in Deutschland (GSSD)* sowie den L. und der Luftverteidigung anderer verbündeter sozialistischer Staaten zusammen. Ihre Kräfte und Mittel werden stets auf dem für den zuverlässigen Schutz des Luftraumes der DDR erforderlichen Stand gehalten.

In den vom Imperialismus nach 1945 entfesselten lokalen Kriegen (so z. B. während der USA-Aggression gegen die Demokratische Republik Vietnam 1964–1973) kam es zu ersten Luftkämpfen zwischen Überschallflugzeugen. Diese Kampfhandlungen unterstrichen die Bedeutung der Manövrierfähigkeit sowie der waffen- und spezialtechnischen Ausrüstung der Flugzeuge: Maschinenwaffen, kombiniert mit Luft-Luft-Raketen verschiedener Reichweite, funkelektronische Ausstattung mit Sensoren zur Aufnahme von Funk- und Funkmeßsignalen, Infrarotaufnahmegeräte, bordeigene Funkmeßstationen, Seitenrichtradar, ferngelenkte Raketen- und Bombenabwurfmittel u. a. m.

Die hohen Geschwindigkeiten der Flugzeuge, die

Kampfflugzeuge. *Jagd- und Jagdbombenflugzeuge der NVA der DDR und der Sowjetarmee:* **1** MiG-15bis, Jagdflugzeug der LSK/LV der NVA (50er Jahre); **2** MiG-21 PFM, Abfangjagdflugzeug der LSK/LV der NVA (ab 60er Jahre); **3** MiG-23, Allwetterjagdflugzeug der LSK/LV der NVA (ab Ende 70er Jahre); **4** MiG-25, Abfang- und Langstreckenjagdflugzeug der Sowjetarmee (ab 70er Jahre); **5** Su-7B, Jagdbomben- und Erdkampfflugzeug der Sowjetarmee (50er Jahre); **6** Jak-28P, Allwetterjagdflugzeug der Sowjetarmee (60er Jahre)

besonders für Start und Landung Probleme aufwerfen, führten zur Konstruktion von Überschallkampfflugzeugen mit veränderlicher Tragflügelgeometrie. Gleichzeitig entstanden Flugzeuge mit Kurzstart- und -landeeigenschaften. Die Hubschrauber wurden weiter vervollkommnet und fanden als Transport- und Kampfhubschrauber breiten Eingang in die Streitkräfte. Neue, automatisierte Führungssysteme der L. wurden eingeführt, die auf der elektronischen Rechentechnik sowie auf automatischer Informationsbearbeitung beruhen.

Luftstreitkräfte/Luftverteidigung der NVA (LSK/LV): Teilstreitkraft der → *Nationalen Volksarmee der DDR (NVA)* zur Sicherung der Lufthoheit des Landes, zur Deckung seiner politisch-administrativen und ökonomischen Zentren und Räume vor Schlägen aus der Luft sowie zur Unterstützung anderer Teilstreitkräfte. Kräfte und Mittel der LSK/LV sind in das Diensthabende System der Luftverteidigung der Staaten des → *Warschauer Verteidigungsbündnisses* einbezogen.

Der Aufbau der LSK/LV erfolgte auf der Grundlage des Gesetzes vom 18. 1. 1956 über die Schaffung der NVA. Nachdem gemäß dem Befehl Nr. 1 des Ministers für Nationale Verteidigung vom 10. 2. 1956 die Stäbe bis zum 1. 3. ihre Tätigkeit aufgenommen hatten, wurde mit der Aufstellung der Truppenteile, Einheiten und Dienste begonnen. Die Verwaltung Luftstreitkräfte und die Verwaltung Luftverteidigung wurden Ende Mai 1957 zum Kommando LSK/LV zusammengefaßt. Bis Ende d. J. waren die Führungsorgane und Truppen im wesentlichen formiert. Mehrere Offiziersschulen übernahmen die Heranbildung des Offiziersnachwuchses für die Stäbe, Waffengattungen und Dienste. Von Beginn an leisteten die sowjetischen Klassen- und Waffenbrüder uneigennützige Unterstützung. Die UdSSR stellte Militärtechnik zur Verfügung, Kader der LSK/LV wurden an sowjetischen Militärakademien ausgebildet, und sowjetische Militärspezialisten halfen beim Aufbau der Teilstreitkraft. Zur Erstausstattung an Bewaffnung und Kampftechnik gehörten kolbengetriebene Schulflugzeuge Jak-18 und Übungsjagdflugzeuge Jak-11, Fliegerabwehrgeschütze der Kaliber 85 mm und 37 mm, Rundblickstationen P-8, Geschützrichtstationen SON-4 u. a. Noch in der Aufstellungsphase, ab Oktober 1956, begannen die Umschulung und Umrüstung auf das moderne Strahljagdflugzeug vom Typ MiG-15 und ab Mitte 1957 auf den Typ MiG-17. Gleichzeitig wurden die automatische 57-mm-Flak, die halbautomatische 100-mm-Flak, Geschützrichtstationen SON-9 sowie Rundblickstationen P-10 eingeführt. Mit der Aufstellung von Transport- und Verbindungsfliegereinheiten, die über Flugzeuge der Typen Il-14 und An-2 sowie Hubschrauber Mi-4 ver-

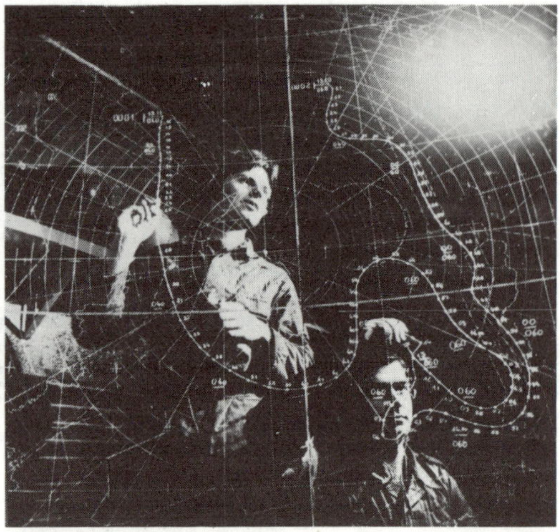

Planzeichner in einem Gefechtsstand

fügten, wurde begonnen. Die wichtigste Aufgabe der Kommandeure aller Stufen, der Stäbe, Politorgane und Parteiorganisationen bestand in dieser Zeit darin, die planmäßige Formierung der Verbände, Truppenteile und Einheiten sowie die Meisterung der Kampftechnik zu gewährleisten. Ab Mitte 1958 übernahmen Führungsstellen und einzelne Einheiten der LSK/LV Teilaufgaben im System der Luftverteidigung des Warschauer Vertrages. Schrittweise wurde ein mit modernen Nachrichten- und elektronischen Führungsmitteln ausgestattetes Netz von Gefechtsständen geschaffen. Erste Fla-Raketenkomplexe, mit Luft-Luft-Raketen ausgerüstete Überschalljagdflugzeuge vom Typ MiG-19 PM und Allwetterjagdflugzeuge vom Typ MiG-17 PF wurden in einzelne Verbände und Truppenteile eingeführt. Im Frühjahr und Herbst 1961 waren die LSK/LV erstmalig in gemeinsame Luftverteidigungsübungen

Kette MiG-21

der Staaten des Warschauer Vertrages einbezogen. Bei diesen Übungen sowie während der Sicherung der Staatsgrenzen der DDR im August 1961 erfüllten sie erfolgreich die gestellten Aufgaben.

Die Kompliziertheit der modernen Luftverteidigung gebot für die LSK/LV, die Kräfte und Mittel zu konzentrieren. Ende 1961 wurden aus den bisherigen Flieger- und Flakartillerieverbänden einheitliche Luftverteidigungsverbände mit Fla-Raketentruppen, Fliegerkräften, funktechnischen Truppen, Spezialtruppen und Diensten gebildet. Die neue Struktur ermöglichte die zentralisierte Führung der Truppen der LSK/LV nach modernsten militärwissenschaftlichen Erkenntnissen und den koordinierten Gefechtseinsatz der Waffengattungen, so daß ihre gewachsene Kampfkraft und Gefechtsbereitschaft voll zur Geltung kamen. Damit waren die Voraussetzungen gegeben, alle Kräfte und Mittel der LSK/LV im

Fla-Raketenstellung der Luftverteidigung

Frühjahr 1962 in das Diensthabende System der Luftverteidigung der Staaten des Warschauer Vertrages einzubeziehen. Seitdem stehen Teile der LSK/LV gemeinsam mit Kräften der verbündeten Armeen ständig im Einsatz, um bei Luftraumverletzungen unverzüglich Abwehrmaßnahmen einzuleiten und einer Aggression zu begegnen.

Seit Beginn der 60er Jahre entwickelten sich die LSK/LV wie die anderen Teilstreitkräfte der NVA immer stärker im Zeichen des schnell voranschreitenden wissenschaftlich-technischen Fortschritts und der Umwälzung im Militärwesen. Das allwetterfähige Überschallabfangjagdflugzeug mit Raketen- und Kanonenbewaffnung vom Typ MiG-21 wurde eingeführt. Es erhöhte die Gefechtsmöglichkeiten der Jagdfliegerkräfte beim Abfangen und Vernichten moderner Luftziele unter verschiedenen Bedingungen und beim Bekämpfen von Erd- und Überwasserzielen bedeutend. Neue Arten von Fla-Raketenkomplexen und die Modernisierung der bereits vorhandenen Komplexe ermöglichten, Objekte und Räume vor Luftangriffen aus allen Höhenbereichen und bei komplizierten Manövern der Luftangriffsmittel zuverlässig zu decken. Leistungsfähigere Technik der funktechnischen Truppen, der Nachrichten- und Flugsicherungstruppen verbesserte die Bedingungen für die Truppenführung, Luftraumaufklärung und Sicherstellung der Feuer- und Jägerleitung. Die automatisierten Führungs- und Leitsysteme ermöglichten einen wirksamen Einsatz der Waffengattungen im Gefecht, stellten aber auch neue, höhere Anforderungen an den Personalbestand. Die Spezialtruppen und Dienste erhielten ebenfalls verbesserte Technik und Ausrüstung. Das Flugplatznetz und der pioniertechnische Ausbau der Stellungen und Räume wurden vervollkommnet und ein modernes, tiefgestaffeltes und verzweigtes Führungssystem auf der Basis von Schutzbauwerken geschaffen. Die Gefechtsbereitschaft erhöhte sich kontinuierlich, und die Gefechtsausbildung erreichte ein Niveau, das voll den geforderten Normativen entsprach. Umfangreiche Vorkehrungen wurden in den 60er Jahren zur Aus- und Weiterbildung von Offizieren getroffen. Im Dezember 1963 wurde eine zentrale Offiziersschule zur Heranbildung von Kommandeuren und Spezialisten der LSK/LV gegründet. Sie entwickelte sich zur modernen → *Offiziershochschule der Luftstreitkräfte/Luftverteidigung «Franz Mehring»*. An der → *Militärakademie «Friedrich Engels»* hatten die ersten Absolventen der Fakultät (später Sektion) für LSK/LV im Oktober 1963 ihr Studium beendet. Das Studium von Offizieren an Lehreinrichtungen der sowjetischen Streitkräfte, an Hoch- und Fachschulen der DDR und Qualifizierungsmaßnahmen in der Truppe vervollkommneten das Bildungssystem.

In den 70er Jahren galt es, die Zuverlässigkeit des Diensthabenden Systems der Luftverteidigung der verbündeten sozialistischen Armeen weiter zu erhöhen. Dies bestimmte auch maßgeblich die Entwicklung der LSK/LV. Vervollkommnet wurde das Zusammenwirken mit den Luftabwehrmitteln der

Klassifizierungsabzeichen Flugzeugführer, später Flugzeugführer/Hubschrauberführer, Stufe I; seit 1960 (diese Ausführung von 1964 bis 1985)

Klassifizierungsabzeichen Ingenieurtechnisches Personal der Luftstreitkräfte, später Fliegeringenieurtechnisches Personal, Stufe I; seit 1968 (diese Ausführung bis 1985)

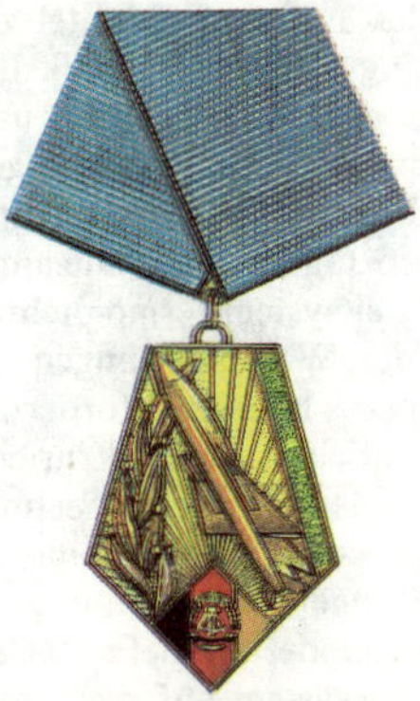

Medaille zum Ehrentitel «Verdienter Militärflieger der Deutschen Demokratischen Republik»; seit 1974

Landstreitkräfte und der Volksmarine der NVA sowie mit Einrichtungen der Zivilverteidigung der DDR. Von der erfolgreichen Entwicklung der LSK/LV und der hohen Qualifikation ihrer Kader zeugt u. a. die Teilnahme des ersten Kosmonauten der DDR, Oberst Sigmund Jähn (geb. 1937), am gemeinsamen bemannten Raumflugunternehmen UdSSR–DDR im Rahmen des Interkosmosprogramms im August/September 1978. Mit modernsten Kampf-, Führungs- und Sicherstellungsmitteln überwiegend sowjetischer Produktion ausgerüstet, erfüllen die Angehörigen der LSK/LV ihren Klassenauftrag. Die Fla-Raketentruppen verfügen über verschiedene Typen hochwirksamer Fla-Raketenkomplexe zur Vernichtung von Luftzielen in allen Höhenbereichen und mit extremen Parametern. Ihr Feuersystem ist an den fernen und nahen Zugängen der zu deckenden Objekte und Räume entfaltet und in der Lage, die vor allem in unmittelbarer Nähe der Grenze zur DDR stationierten und in einer hohen Stufe der Gefechtsbereitschaft befindlichen Luftangriffsmittel der NATO zu vernichten, bevor diese ihre geplanten Ziele bei einer Aggression gegen die sozialistischen Staaten erreichen. Zu den Fliegerkräften gehören Jagdflieger-, Jagdbombenflieger-, Kampfhubschrauber-, Aufklärungs-, Transport- und Verbindungsfliegertruppenteile und -einheiten. Übungskampfflugzeuge sowie Mehrzweckhubschrauber vervollständigen die Ausrüstung der Fliegerkräfte. Für die Führung, Aufklärung und Waffenleitung sind in den LSK/LV moderne und leistungsfähige funkelektronische Mittel eingesetzt. Die funktechnischen Truppen verfügen über Funkmeßstationen verschiedener Zweckbestimmung zur lückenlosen Luftraumaufklärung und ununterbrochenen Führung, Feuer- und Jägerleitung auch unter den Bedingungen intensiver Funkmeßstörungen. Ihre Einheiten sind netzartig über das gesamte Territorium des Landes entfaltet. Die Truppenführung ist durchgängig automatisiert. Ein System der elektronischen Datenverarbeitung unterstützt die Entschlußfassung der Kommandeure und die Arbeit der Stäbe und trägt dazu bei, den Zeitfaktor erfolgreich zu meistern, der bei der Abwehr moderner Luftangriffsmittel von großer Bedeutung ist. Dank der zielgerichteten, festen Führung durch die marxistisch-leninistische Partei, die SED, erfüllen die Verbände, Truppenteile und Einheiten der LSK/LV kontinuierlich und zuverlässig ihre Aufgaben, die ihnen im kollektiven Luftverteidigungssystem der Staaten des Warschauer Vertrages gestellt sind. *(s. Abb. S. 44, 501)*

Luftverteidigung: Teil der Luftabwehr zum Schutz wichtiger politisch-administrativer, ökonomischer und militärischer Zentren bzw. Objekte und der Bevölkerung vor Einwirkung gegnerischer Luftangriffsmittel sowie zur Gewährleistung der Lufthoheit.

Ende des 19./Anfang des 20. Jh. entstanden mit dem → *Luftschiff* und dem → *Militärflugzeug* neuartige Luftangriffsmittel. Trotz der zu erwartenden breiten Verwendung in einem künftigen Krieg trafen die imperialistischen Mächte kaum Vorkehrungen zur L., da man die Möglichkeiten dieser Kampfmittel allgemein unterschätzte. Im Sommer 1914, bei Ausbruch des ersten Weltkrieges, verfügte das kaiserlich-deutsche Heer über 18 teils auf Kraftwagen montierte, teils bespannte Fliegerabwehrkanonen des Kalibers 77 mm, die vorrangig zum Schutz der Rheinbrücken bei Mannheim und Düsseldorf, der Luftschiffwerft in Friedrichshafen und der Luftschiffhallen bei Metz eingesetzt wurden. Die wachsende Intensität der Luftkampfhandlungen sowie das Übergreifen des Luftkrieges auf die westlichen Teile Deutschlands ab Sommer 1915 führten zu einer erheblichen Verstärkung und Verbesserung der deutschen sog. Flugabwehr. Um trotz unzureichender Produktionskapazität die Zahl der Abwehrkanonen rasch zu erhöhen, wurden erbeutete französische 75-mm- und russische 76-mm-Feldgeschütze teilweise auf das Kaliber 77 mm aufgebohrt und auf behelfsmäßige Sockel gesetzt. Die Zahl der im Hinterland einschließlich des deutschen Reichsgebietes vorwiegend zur Abwehr gegnerischer Flugzeuge eingesetzten Geschütze stieg während des Krieges zwar ständig an, die Entwicklung neuer, wirkungsvollerer Abwehrkanonen machte jedoch nur langsame Fortschritte. Ab 1916 wurden Scheinwerfer mit Leuchtweiten von 2000 bis 6000 m eingesetzt. Damit erhöhte sich die Wirksamkeit der Flugabwehr. Infolge der zunehmenden Luftangriffe gegen das Hinterland der Front und auf das Reichsgebiet begann die deutsche militärische Führung Ende 1915/Anfang 1916 die verschiedenen in der Flugabwehr eingesetzten Kräfte zusammenzufassen. Hauptabwehrmittel waren die Ballonabwehrkanonen, die ab Mai 1916 als Flugabwehrkanonen bezeichnet wurden (→ *Flakartillerie*). Sie unterstanden zentral der im September 1915 errichteten Dienststelle «Inspekteur der

Kräfte und Mittel der Luftverteidigung des kaiserlichen Deutschlands 1915–1918

Zeitpunkt	Fla-Geschütze	Fla-MGs	Scheinwerfer	Jagdeinsitzer	Sperrballons	Sperrdrachen	Kräfte
1. 9.1915	215	114	21	–	–	–	–[1]
15.12.1916	500	71	47	82	5	10	7582
31.12.1917	626	110	447	77	279	146	15210
30. 9.1918	896	204	454	170	327	209	24110

1 keine Angaben

Flak im Heimatgebiet», regional den Stellvertretenden Generalkommandos. Dem Inspekteur wurde der im September 1915 geschaffene einheitliche Flugmeldedienst beigeordnet, der zunächst eine Überwachungslinie längs der Reichsgrenze bildete. Nach Einrichtung einer zentralen Behörde mit der Bezeichnung «Kommandeur des Heimatluftschutzes» am 8.12.1916 wurden die Flugmeldeabteilungen Süd (Karlsruhe), West (Köln), Nord (Hamburg), Südwest (Saarbrücken) und Bayern (München) formiert. Ab 1917 wurde der Flugmeldedienst durch ein Netz von Flugmeldeposten in den wahrscheinlichen Hauptanflugrichtungen des Luftgegners sowie um die wichtigsten Städte und Industriezentren gewährleistet. Zum Luftschutz gehörten ferner ab Herbst 1916 Jagdstaffeln (Jagdeinsitzer) sowie ab März 1917 im Saargebiet, in Lothringen, Luxemburg und im rheinisch-westfälischen Industriegebiet eingesetzte, mit Sperrballons und Drachen ausgerüstete Luftsperrabteilungen und der Wetterdienst. 1918 wurde die L. weiter verstärkt und konzentriert. An der Rheinlinie entstanden Luftabwehrzentren in Essen, Köln, Frankfurt a.M., Mannheim und Freiburg. Vorgeschobene Zentren wurden in Saarbrükken und Diedenhofen, weitere Abwehrzentren in Emden, Hamburg, Stuttgart und München errichtet. Ihnen waren jeweils alle regionalen L.mittel einschließlich der Jagdstaffeln unterstellt.

Aufgrund der Erfahrungen im ersten Weltkrieg sowie der Entwicklung der Flugzeugtechnik nach 1918 gewann die L. in den militärtheoretischen Ansichten der 20er und 30er Jahre wachsende Bedeutung. In den meisten imperialistischen Ländern setzte sich dabei die Auffassung durch, daß der Luftangriff die weitaus überlegene Form der Luftkriegführung sei und eine erfolgreiche Luftoffensive zugleich Garantien für eine wirksame L. schaffe. In Deutschland wurde die L., als Luftschutz bezeichnet, vorerst primär als passive Abwehr gegnerischer Luftangriffe organisiert, da der Reichswehr nach den Bestimmungen des Versailler Vertrages der Besitz von Militärflugzeugen, Flak und entsprechenden Feuerleitgeräten verboten war. Nur in Ostpreußen und in bestimmten Küstenbefestigungen durften einige Fla-Geschütze stationiert werden. Heeres- und Marineleitung werteten jedoch die eigenen und ausländischen Erfahrungen der Luftabwehr im ersten Weltkrieg sorgfältig aus und bereiteten den offenen Auf- und Ausbau des aktiven militärischen Luftschutzes vor. Die faschistische Luftwaffenführung setzte in das seit Ende der 20er Jahre entwickelte moderne Geschützmaterial und die dazugehörigen Feuerleitgeräte große Erwartungen. Die ab 1933 aufgestellten Flakbatterien wurden den einzelnen Luftgaukommandos unterstellt, und zwar bevorzugt denen mit wichtigen industriellen Zentren. Das betraf vor allem Hamburg, das Rhein-Main-Gebiet sowie Berlin. Eine zentralisierte Luftabwehrorganisation entstand nicht. Stattdessen wurden lokale Zentren geschaffen, denen neben der Flak die Luftsperrabteilungen, Scheinwerferbatterien, der Flugmeldedienst, der Luftwarndienst sowie der lokale zivile Luftschutz unterstellt waren. Die für den Luftschutz vorgesehenen → *Jagdfliegerkräfte* verblieben bei den jeweiligen Fliegerdivisionen, was das Zusammenwirken erschwerte. Erst ab März 1940 wurden 5 von 22 Jagdgruppen einzelnen Luftgaukommandos für die Tagjagd zur Verfügung gestellt. Das Prinzip der starren, dezentralisierten Objektverteidigung entsprach schon 1939 nicht mehr den militärischen Erfordernissen. Hinzu kam die Unterschätzung des Jagdfliegereinsatzes.

Ballonabwehrkanone auf einem gepanzerten Automobil, 1909

Der zweite Weltkrieg, namentlich die gestiegenen Einsatzmöglichkeiten der → *Luftstreitkräfte* beeinflußten tiefgreifend die weitere Entwicklung der L. in den kriegführenden Staaten. Die Unzulänglichkeiten der faschistischen Konzeption der Objektverteidigung traten bei den im August 1940 einsetzenden Nachtangriffen britischer → *Bombenfliegerkräfte* rasch hervor. Die deutsche Luftwaffenführung suchte dem u. a. durch die organisatorische Straffung der Befehlsverhältnisse entgegenzuwirken. Am 24. 3. 1941 trat an die Stelle des Befehlshabers der L. Berlin der neuernannte Luftwaffenbefehlshaber Mitte, dem die vom Luftkrieg am meisten bedrohten Luftgaukommandos unterstellt wurden. Seit 1941 unterstanden ihm auch die am 17. 7. 1940 aufgestellte 1. Nachtjagddivision sowie die Tagjagdfliegerkräfte. Taktisch schenkte die Luftwaffenführung dem Einsatz von Jagdflugzeugen in der Nacht größere Aufmerksamkeit. Haupteinsatzart war zunächst die «helle» Nachtjagd: Durch einen 30–35 km breiten Scheinwerferriegel von Schleswig-Holstein bis Metz und einen zweiten westlich von Berlin und Magdeburg sollten die einfliegenden Bombenflugzeuge angeleuchtet und dann durch Jagdflugzeuge vernichtet werden. Am 1. 8. 1941 wurde aus der 1. und 2. Fla-Scheinwerfer- sowie der 1. Nachtjagddivision das XII. (Nachtjagd-) Fliegerkorps aufgestellt. Die «helle» Nachtjagd war jedoch stark wetterabhängig und somit wenig erfolgreich. Dagegen ermöglichte die verstärkte Einführung von Funkmeßgeräten (→ *Funkmeß*) einen wirksameren Einsatz der Flak sowie das Heranführen von Nachtjagdflugzeugen an die Luftziele. 1940/41 entstand von der deutschen und niederländischen Nordseeküste bis zum Raum um Berlin ein System von Abwehrriegeln, in das neben Flak und Scheinwerfern auch Abfangräume für die Nachtjäger einbezogen waren. Neben der funkmeßgeleiteten «dunklen» Nachtjagd wurde bei Großstädten wie Berlin, Hamburg, Kiel, Bremen, Köln, Düsseldorf, Frankfurt a. M., Darmstadt und München das Zusammenwirken von Flak und Jagdfliegern (kombinierte Nachtjagd) erprobt. Der Einsatz geschlossener alliierter Bomberpulks bei Nacht sowie die Mitte 1943 schlagartig beginnende Störung der deutschen Funkmeßgeräte durch den Abwurf von Aluminiumfolien, sog. Düppelstreifen, machten im Sommer 1943 die deutsche Konzeption der Objektverteidigung zunichte. Die Pulktaktik der anglo-amerikanischen Fliegerkräfte, der gesteigerte Einsatz des im August 1941 erstmalig verwendeten Bordfunkmeßgeräts («Lichtenstein»-Gerät) sowie die Entwicklung leistungsfähigerer elektronischer Führungsmittel («Würzburg»-Gerät) bei den Bodenleitstellen veranlaßten die Luftwaffenführung, zur Raumverteidigung und zu Luftoperationen überzugehen. Bei Nacht wandten die Jagdflugzeuge 2 Methoden an: unter Ausnutzung der Beleuchtung durch Brände, Scheinwerfer und Leuchtbomben den Pulk geschlossen anzugreifen oder mit Hilfe von Bodenleitstellen und Bordfunkmeßgeräten die Bomberverbände aufzuspüren. Auch bei der Abwehr der 1943 einsetzenden Tagangriffe amerikanischer Bomberpulks entwickelte die Luftwaffenführung die Taktik, ihre Geschwader geschlossen staffel- bzw. gruppenweise zum Einsatz zu bringen. 1943 und im ersten Halbjahr 1944 wurde das Jagdflugzeug zum Hauptkampfmittel der deutschen Luftabwehr. Obgleich die personelle Stärke der Flak und die Ausstattung der L. mit verschiedenen Fla-Waffen anstiegen (im Herbst 1944 waren in der sog. Reichs-L. ungefähr 1500 schwere sowie etwa 800 leichte und mittlere Flakbatterien eingesetzt), nahm ihre Wirksamkeit ab. Die Entwicklung der Flugtechnik, vor allem die wachsenden Einsatzhöhen und Geschwindigkeiten der Bombenflugzeuge begrenzten die Möglichkeiten der Flak. Zudem richteten sich Angriffe der in zunehmendem Maße von Langstreckenjagdflugzeugen begleiteten Bomberverbände immer häufiger auch gegen Flakstellungen. Im zweiten Halbjahr 1944 gelang es den Fliegerkräften der Antihitlerkoalition, die Luftherrschaft über Deutschland zu erringen. Die deutsche Jagdfliegerverteidigung brach zusammen. Die Konzentration der Flak in sog. Flakfestungen, die Verwendung strahl- und raketengetriebener Flugzeuge sowie Versuchseinsätze mit Fla-Raketen konnten die völlige Niederlage der faschistischen L. nicht abwenden. Trotz Heranziehung zusätzlicher Kräfte und organisatorischer Umgliederungen (im Februar 1944 wurde aus der Kommandobehörde des Luftwaffenbefehlshabers Mitte die beträchtlich verstärkte «Luftflotte Reich» gebildet) vermochte die deutsche L. nicht, die verstärkten anglo-amerikanischen Luftangriffe abzuwehren. Der größte Teil der faschistischen Fliegerkräfte wurde an der deutsch-sowjetischen Front verbraucht, und die deutsche Rüstung war materiell und wissenschaftlich-technisch

Mittel der Luftverteidigung des faschistischen Deutschlands 1939–1944

Zeitpunkt	Schwere Geschütze	Leichte/ mittlere Geschütze	Scheinwerfer	Jagdflugzeuge
1. 9. 1939	2340	5331	2667	–[1]
15. 7. 1942	3482	7508	–[1]	400
1. 12. 1942	4266	7401	–[1]	600
1. 9. 1943	6041	9412[2]	–[1]	1913
9. 3. 1944	7270	12421	5153	1341
26. 6. 1944	8903	13674	5744	1076
1. 10. 1944	8423	9015	5357	1913

1 keine Angaben
2 Angaben vom November 1943

nicht mehr in der Lage, den Rückstand gegenüber den Mächten der Antihitlerkoalition aufzuholen.

Nach 1945 führten die Einführung von Strahlflugzeugen und Raketen, die Entwicklung von Kernwaffen sowie die raschen wissenschaftlich-technischen Fortschritte im Bereich der Elektronik und in anderen Wissenschaftszweigen dazu, daß sich Organisation, Führung und Taktik der L. sowohl in den imperialistischen wie in den sozialistischen Staaten stark veränderten. Allgemein nahm die strategische Bedeutung der L. zu, und es bildeten sich einheitliche L.systeme heraus. So begann die NATO 1961 mit dem Aufbau eines solchen Systems, das gegenwärtig voll in diese aggressive Militärorganisation integriert und dem NATO-Oberkommando Europa unterstellt ist.

In der UdSSR wurden 1948 die Truppen der L. zu einer selbständigen Teilstreitkraft. Anfang der 50er Jahre erhielten sie die ersten Fla-Raketen. Die Flakartillerie wurde zwischen 1945 und 1954 auf weitgehend mechanisierte 57-mm-, 100-mm- und 130-mm-Geschütze mit modernen Kommando- und Richtgeräten umgerüstet. Zu Beginn der 60er Jahre übernahmen die neu geschaffenen Fla-Raketentruppen der L. einen großen Teil der Aufgaben, die bisher von der Flakartillerie wahrgenommen wurden. Sie erhielten dazu ferngelenkte und selbstlenkende Raketen unterschiedlicher Zweckbestimmung und Einsatzhöhe. Außer den Fla-Raketenkomplexen wurden die Truppen der L. mit Allwetterabfangjagdflugzeugen, modernen Funkmeßstationen und anderen elektronischen Führungsmitteln ausgestattet. Auch die anderen Staaten des Warschauer Verteidigungsbündnisses besitzen moderne, kampfstarke und einsatzbereite Truppen der L. In der DDR haben die → *Luftstreitkräfte/Luftverteidigung der NVA (LSK/LV)* die Hauptaufgabe, im Zusammenwirken mit den L.kräften der GSSD sowie der tschechoslowakischen und der polnischen Volksarmee im Rahmen des einheitlichen L.systems der Staaten des Warschauer Vertrages die Sicherheit des Luftraumes an der Westflanke der sozialistischen Gemeinschaft in Europa zu garantieren und ihr Territorium vor Angriffen aus der Luft zuverlässig zu schützen. *(s. Abb. S. 35, 43–45, 493, 497, 501)*

Fla-Rakete der Truppen der Luftverteidigung der NVA, 1981

«Luftverteidigung»: von 1966 bis 1971 vom Kommando Luftstreitkräfte/Luftverteidigung (LSK/LV) der NVA im Militärverlag der DDR (VEB) hrsg. Fachzeitschrift für die Angehörigen dieser Teilstreitkraft.

Die Zeitschrift, die 1966 mit 4, von 1967 bis 1969 jährlich mit 6 und 1970/71 mit 12 Heften erschien, befaßte sich mit militärpolitischen Fragen, mit Problemen der Technik und Taktik der Luftstreitkräfte und der Luftverteidigung und informierte über die operativ-taktische und technische Ausbildung. Sie popularisierte Erfahrungen aus der Truppenpraxis der LSK/LV der NVA und aus den Bruderarmeen und berichtete über Ausrüstung und Kriegseinsätze von Luftstreitkräften imperialistischer Staaten. Die Zeitschrift unterstützte aktiv die politisch-ideologische und fachliche Aus- und Weiterbildung der Angehörigen der LSK/LV sowie die Traditionspflege in der NVA. Zum 20. Jahrestag der Gründung der DDR erschien ein Sonderheft. 1970/71 wurden in jedem Heft Flugzeugtypen, vorwiegend aus der Zeit nach 1945, vorgestellt. Ab Januar 1972 übernahm die Ausgabe B der Zeitschrift → *«Militärwesen»* die Aufgaben von «Luftverteidigung».

Luftwaffenfachschulen → *Heeresfachschulen*

Luftwaffenfelddivision: allgemeiner taktischer Verband der faschistischen deutschen → *Landstreitkräfte* im zweiten Weltkrieg (1939–1945), der innerhalb der Luftwaffe aufgestellt wurde.

Zur Deckung der hohen personellen Verluste an der deutsch-sowjetischen Front wurden seit September 1942 auch Angehörige der Luftwaffe herangezogen. Zu L. formiert, waren sie zunächst nur operativtaktisch den Kommandobehörden des Feldheeres unterstellt. Die bis Frühjahr 1943 gebildeten 21 L. mit ingesamt 250 000 Mann besaßen keine einheitliche Struktur. Anfangs entsprachen sie bestenfalls verstärkten Infanterieregimentern, später bestanden sie meist aus 2 Jägerregimentern mit 6 Bataillonen, 1 Artillerieregiment (darunter 1 schwere Flakabteilung), 1 Panzerjägerabteilung und mehreren sicherstellenden und Versorgungseinheiten. Aufgrund der Schwächen in der Gliederung, unzureichender Bewaffnung und Ausrüstung, vor allem aber wegen der ungenügenden Ausbildung und Kampferfahrung der Mannschaften, Unteroffiziere und Offiziere für die Landkriegführung erreichten die L. nicht die Kampfkraft normaler Infanteriedivisionen. Die vorwiegend an der deutsch-sowjetischen Front eingesetzten Verbände erfüllten daher im wesentlichen nur an Nebenabschnitten im Stellungskampf die ihnen gestellten Aufgaben. Bis 1. 11. 1943 wurden die L. vom Oberbefehlshaber der Luftwaffe an das Heer übergeben, wo sie als sog. Felddivisionen (L) weiterbestanden. Obwohl versucht wurde, die Verbände entsprechend der Mustergliederung «Infanteriedivision 45» umzubilden, blieben sie auch dann noch schwächer als ähnliche Divisionen des Heeres. Die ersten L. zerschlug die Sowjetarmee bereits im März 1943, die meisten 1944. In den letzten Kriegsmonaten bestanden nur noch in Resten 4 dieser Verbände.

Luftwaffenverordnungsblatt → *Heeresverordnungsblatt*

Luntenschloßgewehr: → *Handfeuerwaffe* (Vorderlader) des 15. bis 17. Jh., bei der die Zündung der Treibladung erstmals mittels einer mechanischen Vorrichtung zum Senken der in einem beweglichen Hahn befestigten glimmenden Lunte auf eine mit dem Zündloch verbundene Pulverpfanne erfolgte.

Das L. bestand aus einem glatten, seit Anfang des 16. Jh. mit einer Visiereinrichtung (Kimme, Korn) versehenen eisernen Lauf von etwa 1,25 m bis 1,80 m Länge, der mit Eisenstiften am Gewehrschaft befestigt und hinten mit einer Schwanzschraube verschlossen war. Das Gewicht des L. betrug 5–8 kg, das Kaliber 17–20 mm, anfangs auch darüber. Der Gewehrschaft war teilweise bereits mit einem leicht abwärts geneigten Kolben und einem Daumengriff versehen. Die Vorformen des L. besaßen noch keinen Schloßmechanismus. Die glimmende Lunte mußte daher mit der freien Hand an das pfannenförmig ausgearbeitete Zündloch des Laufes geführt werden, damit sich die Treibladung entzündete. Eine wesentliche Weiterentwicklung stellte das gegen Ende des 14. Jh. erfundene und in Deutschland ab Mitte des 15. Jh. verwendete Luntenschloß dar. Es bestand aus einem Luntenhalter (Hahn) sowie einem daran befestigten drehbaren Hebel, der mit einem Abzug verbunden war. Wurde der Abzugshebel nach oben gegen den Schaft gedrückt, so senkte sich der Hahn mit der glimmenden Lunte auf eine mit dem Zündloch verbundene Pulverpfanne, was zur Auslösung des Schusses führte. Anschließend bewegte sich der mit einer Feder versehene Hahn wieder in seine Ausgangsstellung. Das Luntenschloß versetzte den Schützen in die Lage, sein Ziel besser anzuvisieren und die Waffe während des Abfeuerns fest im Anschlag zu halten. Um 1475 wurde das Luntenschloß durch einen Federmechanismus, der den Hahn schlagartig auf die Pfanne fallen ließ, zum Luntenschnappschloß verbessert. Das L. bildete während des 16. und 17. Jh. einen immer gewichtigeren Teil der Infanteriebewaffnung (→ *Infanterie*). Das ständige Mitführen der Lunte sowie die große Empfindlichkeit gegen Regen und Wind bewirkten jedoch erhebliche Einschränkungen in seiner Verwendbarkeit. Im Verlauf des 17. Jh. wurde das L. daher teilweise durch das → *Radschloßgewehr*, hauptsächlich jedoch durch das → *Steinschloßgewehr* ersetzt. *(s. Abb. S. 273, 659)*

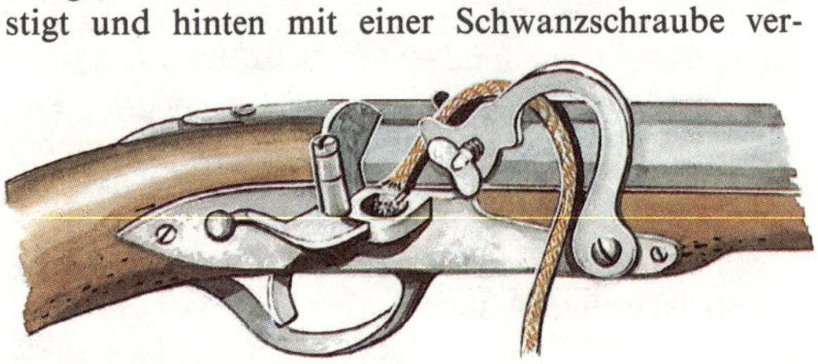

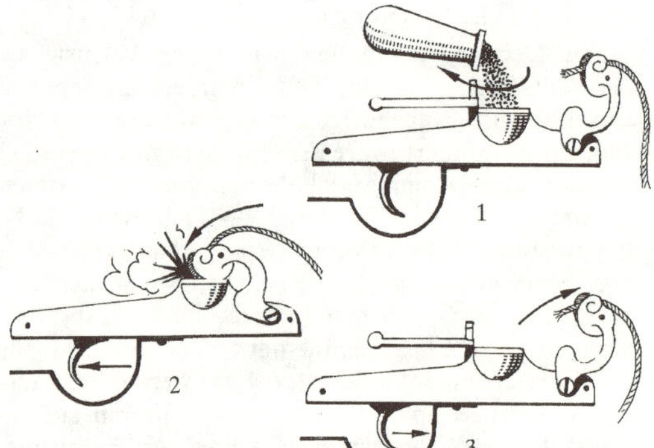

Funktionsweise des Luntenschlosses: 1 Hochklappen des Hahns mit der glimmenden Lunte, Öffnen der Pfanne, Aufschütten des Zündpulvers; *2* Betätigen des Abzugshebels, dadurch Niederfallen des Hahns und Zünden des Schusses; *3* Zurückgehen des Mechanismus in die Ausgangsstellung

Lützen 1632: Schlacht im → *Dreißigjährigen Krieg 1618–1648* zwischen kaiserlichen und schwedisch-deutschen Truppen am 16. 11. 1632.

Im Herbst 1632 fiel die kaiserliche Armee unter dem Generalissimus Albrecht von Wallenstein (1583–1634) in Sachsen ein. Damit wurden die Verbindungen der schwedischen Armee unter König Gustav II. Adolf (1594–1632), die in Süddeutschland stand, zur Ostsee bedroht. Angesichts dieser Gefahr und der Bedrängnis seines sächsischen Verbündeten suchte der Schwedenkönig den Kampf mit Wallenstein. Am 16. 11. standen sich die beiden bisher unbesiegten Feldherren in der Ebene bei L. gegenüber. Wallenstein verfügte anfangs über 8000 Mann Infanterie, 4000 Reiter und 21 schwere Geschütze; Verstärkungen (3000 Mann) und etwa 7000 Reiter unter General Gottfried Heinrich zu Pappenheim (1594–1632) trafen erst während der Schlacht ein. Die Gräben an der vor der Front verlaufenden Straße von Leipzig nach Weißenfels hatte man vertieft und mit Musketieren besetzt. 7 Geschütze waren vor dem Zentrum, die übrigen auf dem rechten Flügel konzentriert. Die schwedische Armee, die auch starke deutsche Truppenkontingente umfaßte, zählte knapp 12000 Mann Infanterie und über 5000 Reiter. Ihre 20 schweren Geschütze befanden sich vor dem Zentrum, die 40 leichten Geschütze auf den Flügeln vor den Musketierabteilungen, die zwischen den Kavallerieregimentern standen.

Die Schlacht begann gegen 10 Uhr mit einem erfolgreichen Angriff der schwedischen Reiterei am rechten Flügel und der Infanterie im Zentrum. Dagegen blieb die Attacke am linken Flügel im Artilleriefeuer stecken. Es gelang den Kaiserlichen, die vordringenden Kräfte des Gegners zurückzuwerfen, aber dem zweiten Angriff hielten sie nicht stand. In dem erbitterten Kampf fiel Gustav Adolf; den Oberbefehl übernahm Herzog Bernhard von Weimar (1604–1639). Mit Hilfe der eingetroffenen Reiterei Pappenheims konnten die schwedisch-deutschen Truppen nochmals über die Gräben zurückgetrieben werden, wobei Pappenheim tödliche Verwundungen erlitt. Der dritte schwedisch-deutsche Angriff entwickelte sich erfolgreich. Ein Großteil der kaiserlichen Reiterei floh, auch gingen alle Geschütze verloren, jedoch löste sich die Schlachtordnung der Kaiserlichen nicht auf. Bei Einbruch der Dunkelheit gab Wallenstein den Kampf auf und zog sich nach Leipzig zurück. Beide Seiten hatten schwere Verluste. Die kaiserliche Armee verlor über 5000, die schwedisch-deutsche über 4000 Mann an Toten und Verwundeten. Die besiegte kaiserliche Armee mußte Sachsen räumen und nach Böhmen abziehen. Bei L. zeigte sich erneut die Überlegenheit der schwedischen → *Kriegskunst.* Dennoch fand hier der Siegeslauf der schwedischen Armee, die sich immer mehr zum Söldnerheer entwickelte, einen gewissen Abschluß. Es bildete sich ein militärisches Gleichgewicht der Kräfte heraus.

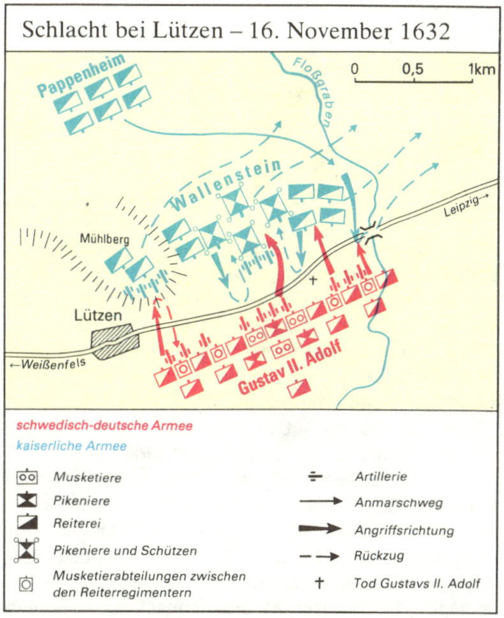

Eine Gedenkstätte und ein Museum bei L. erinnern an die Schlacht.

Schwedische leichte Artillerie bei Lützen

M

Maat: ursprünglich Gehilfe eines → *Deckoffiziers,* später Unterführerdienstgrad in den Seestreitkräften; in der Volksmarine der NVA unterster Dienstgrad der Dienstgradgruppe → *Unteroffiziere.*

Der aus dem gleichen Wortstamm wie Matrose hervorgegangene niederdeutsche Begriff ging über das Niederländische in die Marinesprache vieler Länder ein. Bereits in der zweiten Hälfte des 17. Jh., als sich stehende Flotten herauszubilden begannen, war M. der unterste seemännische Unteroffizier an Bord. In der preußischen und später Kaiserlichen Marine zählten die M. zu den Unteroffizieren ohne → *Portepee.* Je nach Laufbahn und Dienstzeit wurden sie als Steuermanns-, Feuerwerks-, Bootsmanns-, Maschinisten-M. bezeichnet. Bis 1871 gab es dazu noch die Unterteilung in M. 2. und 1. Klasse. Aus der ehemaligen 1. Klasse der M. wurden die Oberbootsmanns-M., Obermaschinisten-M. usw. In der Torpedoabteilung führten die M. zusätzlich das Wort «Torpedo» in der Dienstgradbezeichnung, z. B. Torpedo-Steuermanns-M. oder Torpedo-Obermaschinisten-M. Letztere Regelung entfiel nach 1920. Die übrigen Bezeichnungen blieben im wesentlichen erhalten und wurden auch auf die neuen Laufbahnen angewandt, die im Ergebnis der technischen Entwicklung der Seestreitkräfte entstanden.

In der Volksmarine der NVA existieren einheitlich für alle Laufbahnen die Dienstgradbezeichnungen M. und Ober-M. Sie entsprechen dem Unteroffizier und Unterfeldwebel in den anderen Teilstreitkräften der NVA. M. sind in der Regel Soldaten auf Zeit (→ *Soldat*) oder → *Berufssoldaten.* Sie werden nach dem Besuch der Flottenschule «Walter Steffens» als Vorgesetzte kleiner Kampfkollektive sowie als Spezialisten eingesetzt. *(s. Abb. S. 145, 147, 1007)*

Magazinsystem → *Kriegskunst*

Mainz 1793: Festungsverteidigung während des 1. Koalitionskrieges 1792–1797 (→ *Koalitionskriege 1792–1815*) durch französische Revolutionstruppen und Mainzer Patrioten gegen preußisch-österreichisch-sächsisch-hessische Belagerungstruppen vom 10. 4. bis 23. 7. 1793.

Im Herbst 1792 nahm die antifeudale Volksbewegung am Ober- und Mittelrhein unter dem Einfluß der erfolgreichen Gegenoffensive der französischen Revolutionsarmeen einen neuen Aufschwung. Eine Armee unter General Adam Philippe de Custine (1740–1793) besetzte die Rheinpfalz und nahm am 21. 10. kampflos die Festung M. ein. M. wurde zum Mittelpunkt der demokratischen Bewegung am Rhein. Der am 23. 10. gegründete Jakobinerklub, dessen führende Köpfe Andreas Joseph Hofmann (1752–1849) und Georg Forster (1754–1794) waren, aktivierte die Volksmassen zur Beseitigung der feudalen Verhältnisse in dem von französischen Truppen besetzten linksrheinischen Gebiet. Der hier im Februar 1793 gewählte rheinisch-deutsche Nationalkonvent proklamierte am 18. 3. das Gebiet zwischen Bingen und Landau als Freistaat und dessen Trennung vom Reich. Die Mainzer Republik war die erste bürgerlich-demokratische Staatsmacht auf deutschem Boden. Der Konvent hob die Privilegien des Adels und der Geistlichkeit auf und erklärte am 21. 3. den Anschluß der Republik an Frankreich, da nur so ihr Schutz gegen die Konterrevolution zu gewährleisten war. Die am 31. 3. gebildete Regierung und der Jakobinerklub unterstützten die von Custine angeordneten Maßnahmen zur Stärkung der Verteidigungsfähigkeit von M., insbesondere die Befestigung der rechtsrheinischen Vorstadt Kastel.

Die Verbündeten (Preußen, Österreich und weitere deutsche Territorialstaaten) bereiteten seit Anfang 1793 einen Feldzug zur Rückgewinnung der Rheinpfalz und von M. vor. Die Gesamtstärke ihrer dafür aufgebotenen Truppen betrug etwa 115000 Mann, denen die inzwischen gebildete französische Rheinarmee unter Custine mit rd. 45000 Mann gegenüberstand. Im März rückten die Verbündeten vor, begünstigt durch die unentschlossene Kriegführung Custines. Sie konnten die außerhalb von M. befindlichen Kräfte der Rheinarmee (22000 Mann) bis hinter Landau, das in französischer Hand blieb, zurückdrängen und den Großteil der Mainzer Republik besetzen. M. war nunmehr der letzte französische Stützpunkt am Rhein, dessen Verteidigung der Pariser Konvent nachdrücklich forderte. Die Befestigungsanlagen der Stadt befanden sich in schlechtem Zustand. Die französische Besatzung zählte etwa 22600 Mann, größtenteils Freiwillige, die über 193 Geschütze verfügten. An ihrer Seite kämpfte ein Korps von 800 Mainzer Patrioten. Pulver war zwar genügend vorhanden, doch fehlte es an Munition für die verschiedenen Geschütztypen. Es mangelte auch an Lebensmitteln sowie an Futter für die 3000 Pferde. Die Verteidigung von M. leitete General François Ignace Doyré mit Hilfe eines Kriegsrates, in dem die jakobinischen Konventskommissare sehr aktiv waren. Durch Flucht, massenhafte Ausweisung und Emigration sank die Zahl der Einwohner von Oktober 1792 bis 23. 7. 1793 von etwa 30000 auf 6000.

Seit dem 10. 4. war M. vollständig eingeschlossen. Das überwiegend aus preußischen Truppen bestehende Belagerungskorps unter dem preußischen Generalleutnant Friedrich Adolf von Kalckreuth

Mainzer Bürger empfangen die französischen Revolutionstruppen, Oktober 1792

(1737–1818) erreichte eine Gesamtstärke von rd. 43000 Mann. Die Belagerung zog sich vor allem deshalb in die Länge, weil die Verteidiger bis Mitte Juni beiderseits des Rheins und teilweise mit starken Kräften (bis zu 14000 Mann) mehr oder weniger erfolgreiche Ausfälle unternahmen und dem Gegner beträchtliche Verluste zufügten. Außerdem mußten die Belagerungsgeschütze erst herangeführt werden. Der förmliche Belagerungsangriff begann am 19. 6., in dessen Verlauf die verbündeten Truppen zahlreiche Befestigungen eroberten. Für die am 27. 6. einsetzende verstärkte Beschießung von M. standen schließlich bis zu 84 Geschütze, darunter 19 Mörser, zur Verfügung. Durch Tausende von Geschossen, insbesondere Brandkugeln, wurden große Teile der Stadt zerstört. Die Verteidiger erwiderten das Feuer. Während der Belagerung fand auf französische Initiative mehrmals ein Austausch von Gefangenen statt; auch kam es zu einzelnen Soldatenverbrüderungen.

Mitte Juli wurde die Lage der Verteidiger hoffnungslos. Sie besaßen keine Medikamente mehr und kaum noch Brot und Fleisch. Hilfe von außen kam nicht. Obwohl die Rhein- und die Moselarmee Verstärkungen erhalten hatten, unternahmen ihre Befehlshaber keine entschlossenen Entsatzangriffe. Nach fast 4monatiger tapferer Verteidigung wurde am 22. 7. die Kapitulation unterzeichnet und am 23. 7. die Stadt übergeben. Die französischen Truppen (17300 Mann) erhielten ehrenvollen Abzug, allerdings ohne ihre Artillerie, gegen die Versicherung, ein Jahr lang nicht gegen die Verbündeten zu kämpfen. Ihre Verluste betrugen 1959 Tote und 3055 Verwundete; die Verluste der Verbündeten sind nicht bekannt. Mit dem Fall von M. war das Schicksal der Mainzer Republik besiegelt. Die Mainzer Jakobiner, von denen nur einige nach Frankreich entkamen, wurden von der Konterrevolution grausam verfolgt. Über den Kampf um M. hat Johann Wolfgang von Goethe (1749–1832) in seinem Tagebuch «Die Belagerung von Mainz» als Augenzeuge berichtet und Forster ein Fragment hinterlassen.

Major: ursprünglich Bezeichnung für den im inneren Dienst verantwortlichen → *Offizier*, später bei den Land- und Luftstreitkräften unterster Dienstgrad der → *Stabsoffiziere*; in der NVA sowie den Grenztruppen der DDR Angehöriger der Untergruppe Stabsoffiziere in der Dienstgradgruppe Offiziere.

Die Bezeichnung M. erhielt während des Dreißigjährigen Krieges (1618–1648) der seit dem 16. Jh. als Oberstwachtmeister bezeichnete Offizier des → *Regiments*. Im Frieden war er für die Verwaltung des Regiments verantwortlich und leitete die Ausbildung der Mannschaften. Im Felde ordnete der M. den Marsch und das Lager, beaufsichtigte den Wach- und Patrouillendienst, stellte das Regiment in Schlachtordnung auf und unterstützte den → *Oberst* in der Führung. Er hatte auch den Vorsitz im Standgericht. Den Dienstgrad M. gab es zunächst nur bei der Infanterie. Seit der zweiten Hälfte des 17. Jh. wurde er bei der Kavallerie und im Verlauf des

18. Jh. bei der Artillerie sowie anderen Truppengattungen eingeführt. Gleichzeitig wurde die Funktion des M. immer stärker auf den Ausbildungsbereich konzentriert. Schon um 1700 bestand seine Hauptaufgabe in der Leitung des Exerzierens. Im Verlauf der ersten Hälfte des 18. Jh. erhielten die Regimenter einen zweiten und dritten M., denen die Führung der inzwischen für ständig organisierten → *Bataillone* übertragen wurde. Diese Dienststellung haben M. im Truppendienst bis in die Gegenwart vorwiegend inne.

In den Landstreitkräften und Luftstreitkräften/Luftverteidigung der NVA sowie den Grenztruppen der DDR erfolgt die Ernennung zum M. gewöhnlich nach 4jähriger Dienstzeit als Hauptmann. Der M. kann im operativen Dienst, als Politoffizier, Offizier des technischen Dienstes und in ähnlichen Funktionen eingesetzt werden. Als Kommandeur eines Bataillons oder einer gleichgestellten Einheit ist er für die Gefechts- und Mobilmachungsbereitschaft, die politische und Gefechtsausbildung, die militärische Ordnung, den politisch-moralischen Zustand und den Zustand der Kampftechnik und Ausrüstung verantwortlich. *(s. Abb. S. 145, 146, 873, 1005, 1011, 1012)*

Marine → *Seestreitkräfte*

Marineakademie → *Akademien*

Marinefachschulen → *Heeresfachschulen*

Marinefliegerkräfte: Waffengattung der → *Seestreitkräfte* und Art der Fliegerkräfte (→ *Luftstreitkräfte*) zur Aufklärung und Bekämpfung gegnerischer Über- und Unterwassereinheiten, über See handelnder Fliegerkräfte, Seetransporte und Küstenobjekte sowie zum Schutz eigener Flottenkräfte, Seetransportmittel und Küsteneinrichtungen; auch als Seefliegerkräfte bezeichnet.

Die M. entstanden vor dem ersten Weltkrieg in den Flotten der großen Seemächte, nachdem in Großbritannien, den USA, Rußland und anderen Staaten mit der Konstruktion von Schwimmerflugzeugen bzw. Flugbooten begonnen worden war. In Deutschland befaßte sich seit Ende 1910 das → *Reichsmarineamt* mit Fragen der Marineluftfahrt. Anfang 1912 entstand eine Flugversuchsstelle an der Danziger Bucht. Am 1. 6. 1913 wurden eine Marineluftschiffabteilung und eine Marinefliegerabteilung aufgestellt. Obwohl das Hauptinteresse der Marineführung dem für die Fernaufklärung geeigneter erscheinenden → *Luftschiff* galt, wurde auch die Konstruktion von Seeflugzeugen in Angriff genommen. Zu Beginn des ersten Weltkrieges verfügte die → *Kaiserliche Marine* über 1 Luftschiff und 32 Flugzeuge (davon 3 Flugboote).

Die bei Kriegsbeginn fast ausschließlich für Aufklärungszwecke eingesetzten M. entwickelten sich bald zu einer selbständigen Waffengattung mit breit gefächertem Aufgabenbereich. Ende 1914 verfügte die Marine über 9 Luftschiffe. Sie führten neben Aufklärungsflügen ab Anfang 1915 Bombenangriffe vor allem auf Ziele in England durch. Die sich steigernde Luftabwehr erschwerte jedoch den Einsatz der Luftschiffe zunehmend. Insgesamt hatte die Kaiserliche Marine während des ersten Weltkrieges 77, teilweise vom Heer übernommene Luftschiffe in Dienst, die über 1300 Einsätze über der Nord- und Ostsee sowie gegen die britische Insel unternahmen. Die Verlustquote betrug über 50%. Der Einsatz von Flugzeugen im maritimen Bereich gewann daher mit der raschen technischen Entwicklung dieses Kampfmittels während des Krieges an Bedeutung. Neben einer zweiten Marinefliegerabteilung (die Abteilungen wurden Anfang 1915 in Seefliegerabteilungen umbenannt) entstanden 2 Marinefeldfliegerabteilungen für den Einsatz an der flandrischen Küste. 1917 wurde ein spezielles Marinefeldjagdgeschwader aufgestellt. Die M. handelten, auf küstennahe Flugplätze gestützt, vor allem in der Nord- und Ostsee sowie im Ärmelkanal, zeitweilig auch vor den Dardanellen und im Schwarzen Meer. Dem anfänglichen Einsatz von Einzelflugzeugen und Flugzeugpaaren folgte die staffelweise Verwendung. Die Verbesserung der taktisch-technischen Daten der Flugzeuge, insbesondere ihre Bewaffnung mit MG und die Ausrüstung mit Funkgeräten, erhöhte ihre Einsatzmöglichkeiten bedeutend. Im wesentlichen waren bei den deutschen M., ähnlich wie bei den anderen Seemächten, 3 Grundmuster von Seeflugzeugen im Einsatz: Schwimmerflugzeuge, Flugboote und Amphibienflugzeuge. Hinzu kamen normale Landflugzeuge, deren Anteil am Gesamtbestand der Seeflugzeuge von 1914 bis 1918 von 10% auf 40% stieg. Insgesamt erhielt die Kaiserliche Marine während des ersten Weltkrieges 2107 Flugzeuge, größtenteils ein- und zweimotorige Doppeldecker auf Schwimmern sowie etwa 800 Landflugzeuge. Bei Kriegsende verfügten die deutschen M. über 16 Luftschiffe sowie 1478 See- und Landflugzeuge und eine Gesamtpersonalstärke von 16122 Mann, die in land- bzw. küstengestützten Flugplätzen stationiert waren. Während des ersten Weltkrieges kamen in geringem Umfang auch bordgestützte M. zum Einsatz. Insgesamt wurden während des Krieges in Deutschland 1 Kleiner Kreuzer, 1 Hilfskreuzer und 5 umgebaute Frachtschiffe als Flugzeugmutterschiffe verwendet, die allerdings bis auf den Kreuzer wegen ihrer geringen Geschwindigkeit nicht in der Lage waren, an Flottenoperationen teilzunehmen. Die erstmals 1910/11 in den USA unternommene Erprobung des Startens und Landens von Radflugzeugen auf schwimmenden Flugplattformen, die noch während des Krieges in Großbritannien zum Bau des ersten → *Flugzeugträgers* führte, fand in der Kaiserlichen Marine keine sonderliche Beachtung.

Der Versailler Vertrag verbot Deutschland militärische Luftfahrzeuge. Zum Minensuchen in der Nord- und Ostsee konnte die Reichsmarine der Weimarer Republik bis zum Herbst 1920 jedoch 100 Seeflugzeuge mit 1000 Mann Personal in Dienst halten. Aber auch danach gelang es der Marineleitung mittels illegaler Rüstungsmaßnahmen, Einsatzerfahrungen und technisch-konstruktive Erkenntnisse der M. zu sammeln und weiterzuentwickeln. Anfang 1923 gab der französische Einmarsch ins Ruhrgebiet den Anlaß zur getarnten Beschaffung von 10 Seekampfflugzeugen der Firma Heinkel. Ab 1925 wurden von jedem Einstellungsjahrgang der Marine 12 Kadetten zu Seefliegern ausgebildet. Dazu diente u. a. eine 1926 im Auftrag der Marineführung gegründete, als zivile Seeflug-Versuchsanstalt («Severa») getarnte Ausbildungsstätte. In größerem Umfang wurden Flugzeugbesatzungen im Rahmen der zivilen Luftfahrt auf den Verkehrsfliegerschulen in Warnemünde und List auf Sylt ausgebildet. 1926 wurde eine Führungsgruppe für den weiteren Aufbau der M. geschaffen und, als «Luftschutzgruppe» getarnt, 1930 in das Marinekommandoamt eingegliedert. Die Ausbildung der Flugbootbesatzungen erfolgte vorwiegend auf Überseeflugstrecken des Postflugdienstes der Lufthansa, während die künftigen Bordflieger mit Katapult-Postflugzeugen auf den Passagierdampfern «Bremen» und «Europa» sowie auf speziell gebauten Katapultschiffen (Flugsicherungsschiffen) der Lufthansa Erfahrungen sammelten. Ab 1926 setzte nach Lockerung der Versailler Bestimmungen für den Flugzeugbau die Konstruktion von Schwimmer- und Trägerflugzeugen sowie von Flugbooten ein, speziell bei den Firmen Heinkel in Warnemünde und Dornier in Friedrichshafen am Bodensee. Erste Resultate waren der zweimotorige Doppeldecker He 59 und das einmotorige See-Mehrzweckflugzeug He 60 sowie das zweimotorige Flugboot Do 15 «Wal». Neben dem Bau katapultstartfähiger Bordflugzeuge für Schlachtschiffe und Kreuzer sowie von küstengestützten Flugzeugen bemühte man sich um die Konstruktion von Jagd- und Mehrzweckflugzeugen für Flugzeugträger. 1932 waren erstmals M. an den Flottenmanövern beteiligt. In Auswertung der bis dahin gesammelten technischen und taktischen Erfahrungen entstand die «Seekriegsanleitung für Marine-Luftstreitkräfte 1932/33». Danach sollten im Kriegsfall Einsatzverbände, Bodenorganisation und Schulen der M. unter einem Befehlshaber der Marine-Luftstreitkräfte dem Flottenchef unterstellt werden.

Nach der Errichtung der faschistischen Diktatur wurden die Anstrengungen zum Aufbau der Luftwaffe als dritter Teilstreitkraft bedeutend verstärkt. Bis Ende 1933 entstand auch die Rahmenorganisation der künftigen M. Sie verfügten zu diesem Zeitpunkt über 2 Seefliegerstaffeln, eine Seefliegerschule und eine Erprobungsstelle. Forderungen der Marineführung von 1935 zur Aufstellung von 25 marineeigenen Staffeln mit etwa 300 Flugzeugen, die 1936 auf 64 Staffeln mit 768 Flugzeugen heraufgesetzt wurden, fanden nur teilweise Berücksichtigung. Die bei der Kriegsmarine vorhandenen Kräfte und Mittel wurden trotz des Widerstands der Marineführung in die Luftwaffe übernommen und blieben ersterer nur taktisch unterstellt. In einem Protokoll vom 27. 1. 1939 wurde die Stärke der M. auf 9 Fernaufklärungs-, 18 Mehrzweck-, 2 Bordflieger- und 12 Flugzeugträgerstaffeln festgesetzt. Weiter erfolgte die generelle Festlegung, daß die Luftwaffe den Krieg auch über See zu führen habe. Der Kriegsmarine blieben die Seeaufklärung und der Bordfliegereinsatz sowie die taktische Leitung unmittelbar in Flottenkämpfe eingreifender Fliegerverbände. Ebenso wie im faschistischen Deutschland waren in Großbritannien, Frankreich und Italien die M. eine Gattung der Luftstreitkräfte. In der Praxis erwies sich jedoch die direkte Unterstellung der M. unter das Kommando der Seestreitkräfte als zweckmäßiger. Bei diesem in der UdSSR und auch in den USA und Japan eingeführten Unterstellungsprinzip lagen alle Fragen der Einsatzführung, Bodenorganisation und Ausbildung sowie die Personal- und Materialbeschaffung für die M. im Zuständigkeitsbereich der Seestreitkräfte.

Bei Ausbruch des zweiten Weltkrieges verfügte die faschistische Wehrmacht über 16 Seefliegerstaffeln sowie 2 für den Katapultstart bestimmte Bordfliegerstaffeln mit insgesamt 154 Seeflugzeugen. Die bis dahin aufgestellten Trägerstaffeln (Jagd- und Sturzkampfflugzeuge) wurden ab Herbst 1939 der Luftflotte 2 unterstellt. Der größte Teil der M. war mit den als Fernaufklärer eingesetzten Flugbooten vom Typ Do 18 ausgerüstet, die später von dem bei Blohm & Voß gebauten Typ BV 138 abgelöst wurden. Mehrzweckflugzeuge des Typs He 59 und He 115 sowie Nahaufklärer des Typs He 60 waren u. a. zur Unterstützung des von der Kriegsmarine in der Nordsee geführten Handelskrieges eingesetzt. Als Bordflugzeuge fanden Maschinen vom Typ Arado 196, im Seenotdienst u. a. der Flugboottyp Do 24 Verwendung. Zum Starten der Seeflugzeuge wurden teilweise spezielle Katapult- bzw. Schleuderschiffe, zu ihrer Bergung in Notfällen Flugsicherungsschiffe eingesetzt. Die bei der technischen Entwicklung im Flugzeugbau rasch veraltenden Seeflugzeuge konnten wegen des riesigen Bedarfs der faschistischen Luftwaffe an Landflugzeugen kaum durch neue Muster ersetzt werden. Die Seefliegereinheiten wurden – zumeist unter der Regie der Luftwaffe – in fast allen europäischen Randmeeren zur Aufklärung und Geleitsicherung sowie für Transport- und Seenotaufgaben eingesetzt. Als sich 1944 vor allem aufgrund der katastrophalen Niederlagen an der deutsch-sowjetischen Front die Lage des faschistischen Deutschlands immer mehr verschlechterte, teilte man die für den Einsatz über See verbliebenen M. unter den für Aufklärung, Transport und Seenotdienst zuständigen Kommandobehörden der Luftwaffe auf. Auch die umfangreiche Bodenorganisation der M., die neben zahlreichen Seeflugplätzen, Ausbildungs- und Versorgungseinrichtungen zeitweise bis zu 650 Schiffe und Boote unterschiedlicher Bestimmung umfaßte, wurde der Luftwaffe unterstellt. Die Produktion von Seeflugzeugen lief im Herbst 1944 aus. Sie hatte mit rd. 500 Flugbooten und 700 Schwimmerflugzeugen etwa 1% der deutschen Flugzeugproduktion betragen. 916 Seeflugzeuge gingen durch Kriegseinwirkung verloren. Aufgrund der Überschätzung der eigenen Möglichkeiten sowie von Widersprüchen und Kompetenzstreitigkeiten kam es im Kriegsverlauf außer Ansätzen im taktischen Bereich zu keinem effektiven Zusammenwirken zwischen den See- und Luftstreitkräften des faschistischen Deutschlands. Das Fehlen abgestimmter Ansichten über die operativ-taktische Kampfführung auf den Seekriegsschauplätzen und über das Zusammenwirken zwischen Schiffen und Flugzeugen hemmte die Operationen der Flottenkräfte und schränkte auch die Möglichkeiten der → *U-Boote* ein.

International entwickelten sich die M. während des zweiten Weltkrieges zur Hauptstoßkraft des bewaffneten Kampfes auf See. Ihren Kern bildeten Aufklärungs-, Torpedo-, Bomben- und Jagdflugzeuge für den küsten- und bordgestützten Einsatz. Sicherstellenden Zwecken dienten Transport-, Seenot- und Verbindungsflugzeuge. Über ein bedeutendes Potential verfügten die Seefliegerkräfte der UdSSR. Ihr Flugzeugbestand erhöhte sich von 2581 Maschinen am 22. 6. 1941 auf 4150 (nur Einsatzflugzeuge sowjetischer Produktion) im August 1945. Eine Besonderheit der sowjetischen Seeflieger waren starke → *Schlachtfliegerkräfte*, die mit hoher Effektivität gegen See- und Landziele eingesetzt wurden. Die Marine der USA, die im Dezember 1941 über 3406 Flugzeuge und 7 Flugzeugträger verfügte, richtete ihr Hauptaugenmerk auf die Herausbildung eines starken trägergestützten Angriffspotentials. Am 1. 8. 1945 verfügte sie über 30 Angriffsflugzeugträger und 84 Geleitträger. Die M. trugen zu grundsätzlichen Veränderungen in der Seekriegführung bei. Die Seegefechte wurden immer häufiger unter Einsatz träger- oder landgestützter Fliegerkräfte und auf Distanzen geführt, die um das Mehrfache die Reichweite der → *Schiffsartillerie* überstiegen. Im Verlauf des zweiten Weltkrieges eroberten sich die M. einen festen Platz unter den Hauptwaffengattungen der Seestreitkräfte.

Nach 1945 erfuhren die M. eine allseitige Weiterentwicklung. Es entstanden neue Arten, wie die U-Jagdfliegerkräfte und die Marine-Raketenfliegerkräfte. Moderne M. verfügen über Flugzeuge und Hubschrauber, die mit hocheffektiven Mitteln zur Aufklärung und Bekämpfung von See- und Küstenzielen ausgestattet sind. Teilweise gehören zu ihrem Bestand strahlgetriebene Überschallflugzeuge mit weitreichenden Waffensystemen von großer Wirkung und Treffgenauigkeit, die operativ-strategische Aufgaben lösen können. Ihr Einsatz erfolgt sowohl von landgestützten Basen als auch von speziellen Schiffseinheiten, wie U-Jagdschiffen und Flugzeugträgern verschiedener Bestimmung. Entsprechend den ihr im → *Warschauer Verteidigungsbündnis* gestellten Aufgaben verfügt auch die → *Volksmarine der NVA (VM)* über moderne M. Sie können u. a. für Führungs- und Verbindungszwecke, zur Seeaufklärung, zur Bekämpfung von U-Booten und Überwasserschiffen, zum Legen bzw. Vernichten von Minensperren sowie zum Seenot- und Rettungsdienst eingesetzt werden. *(s. Abb. S. 881, 896, 897)*

Marineinfanterie: Waffengattung der → *Seestreitkräfte*, deren Hauptaufgabe in der Durchführung von Seelandeoperationen und taktischen Seelandungen besteht.

Vorläufer der M. waren die in den Flotten des Altertums und des Mittelalters neben der seemännischen Schiffsbesatzung an Bord befindlichen Krieger, denen die Kampfführung bei Zusammenstößen mit dem Gegner oblag. Mit der Entwicklung des Segelschiffbaus wuchs der Anteil des seemännischen Personals auf den Kriegsschiffen, das auch mehr und mehr die Bedienung der aufkommenden → *Schiffsartillerie* übernahm. In den seit der zweiten Hälfte des 17. Jh. bestehenden ständigen Kriegsflotten erhielten die als Seesoldaten bezeichneten Marineinfanteristen speziellere Aufgaben. Sie stellten die Mannschaften für das mit Handfeuerwaffen geführte Nahgefecht sowie für das Entern, Hilfspersonal für die Geschützbedienungen und nicht zuletzt Landungsabteilungen. Im Unterschied zu den militärisch zumeist mangelhaft ausgebildeten Seeleuten waren die Seesoldaten die eigentlichen stehenden Truppenformationen der Flotten. In England wurden solche Formationen bereits 1664, in Rußland und anderen europäischen Ländern in der ersten Hälfte des 18. Jh., in den USA ab 1775 aufgestellt. Sie waren bis ins 19. Jh. Eliteeinheiten an Bord der Kriegsschiffe, die vom seemännischen Personal abgesondert wurden und dieses im Bedarfsfall zu bewachen hatten.

Auch deutsche Staaten verfügten über M.einheiten. So ließ der brandenburgische Kurfürst Friedrich Wilhelm (1620–1688) im Zusammenhang mit dem Erwerb kolonialer Besitzungen an der afrikanischen Goldküste 1684 eine Marinekompanie aufstellen, die in der Folgezeit zu einem Bataillon erweitert wurde. Nach dem Verfall der brandenburgisch-preußischen Flotte wurde 1757 auch diese Truppe aufgelöst. 1850 stellte die preußische Marine in Stettin ein sog. Marinierkorps auf, das 1852 die Bezeichnung Seebataillon erhielt. 1889 wurde in der deutschen → *Kaiserlichen Marine* ein zweites, 1897 ein drittes Seebataillon formiert. Ebenfalls 1889 erfolgte die Bildung einer Inspektion der M. in Kiel. Seit den 70er Jahren des 19. Jh. befanden sich an Bord der Kriegsschiffe keine Seesoldaten mehr. Die M. entwickelte sich zu einem bewaffneten Instrument der überseeischen Expansions- und Kolonialpolitik des Imperialismus. M.einheiten des kaiserlichen Deutschlands bildeten z. B. die Besatzungstruppen der Kolonie Kiaotschou. Sie waren an der → *Intervention in China 1900/01* sowie an der Niederschlagung von Aufständen in den Kolonien beteiligt. Bei Ausbruch des ersten Weltkrieges formierte die Marineführung im August 1914 aus Teilen der Seebataillone eine M.brigade, die noch im selben Monat zu einer Marinedivision erweitert wurde. Nach Aufstellung einer zweiten Marinedivision im November 1914 wurden beide Divisionen zu einem Marinekorps zusammengefaßt. Anfang Februar 1917 erfolgte die Bildung einer dritten Marinedivision. Die deutsche M. war während des Krieges u. a. in Kiaotschou (1914), bei Antwerpen (1914), Ypern (1915), an der Somme (1916), in Flandern (1917) und bei der deutschen → *Offensive 1918* eingesetzt. Nach dem militärischen Zusammenbruch des kaiserlichen Deutschlands wurde die M. aufgelöst. Ein Teil ging in dem konterrevolutionären Freikorps «Schwarze Jäger» auf und wurde später mit anderen Freikorpseinheiten in die Reichswehr übernommen. Die Reichsmarine der Weimarer Republik verfügte nicht über M. 1938 stellte die faschistische Kriegsmarine 2 Marinesturmkompanien auf, 1942 eine Marinebrigade. In der Schlußphase des zweiten Weltkrieges wurden noch 6 M.divisionen aus dem Bestand der Schiffsstammregimenter sowie aus Schiffsbesatzungen aufgestellt. Die von November 1944 bis April 1945 aufgestellten Divisionen kamen als unzureichend ausgebildete Infanterieverbände vorwiegend an der deutsch-sowjetischen Front zum Einsatz.

Matrose vom 1. Marineinfanterieregiment, 1914

Eine besonders rasche Entwicklung nahm die M. während des zweiten Weltkrieges in den Ländern, in denen der Kriegsverlauf eine größere Zahl von Seelandungsoperationen erforderlich machte. So verfügten die USA bei Kriegsende über 485000, Großbritannien über 80000 Mann M. Die Streitkräfte der UdSSR setzten während des Großen Vaterländischen Krieges der Sowjetunion 1941–1945 M. in Stärke von 60000 Mann ein. Ihre Verbände und Einheiten hatten bedeutenden Anteil an der Verteidigung von Odessa, Sewastopol, Leningrad und anderen sowjetischen Städten und führten während des Krieges über 100 Landungsoperationen durch.

Nach 1945 kamen M.einheiten in einer Reihe vom Imperialismus entfesselter lokaler Kriege und militärischer Konflikte zum Einsatz, so 1950–1953 in Korea, 1958 im Libanon, 1965 in der Dominikanischen Republik und während des Vietnamkrieges, in mehreren Nahostkonflikten sowie 1982 im Falklandkrieg. Auch in der Gegenwart benutzen besonders die USA ihre M., die sog. Ledernacken, zur Einmischung in die inneren Angelegenheiten anderer Staaten und als militärpolitisches Druckmittel in internationalen Konfliktsituationen.

Unter den Teilnehmerstaaten des → *Warschauer Verteidigungsbündnisses* verfügt vor allem die UdSSR, in geringerem Umfang auch die VR Polen über M. Zur Durchführung von Seelandungsoperationen sind jedoch auch andere Verbände und Einheiten der Streitkräfte der Warschauer Vertragsstaaten befähigt. Moderne Verbände, Truppenteile und Einheiten der M. sind vorwiegend mit schwimmfähiger Kampftechnik ausgerüstet und für Kampfhandlungen auf See und an der Küste ausgebildet. Bei Seelandungsoperationen größeren Maßstabs kann die M. auch als 1. Staffel der eingesetzten Truppen oder im Bestand von deren Vorausabteilungen handeln. Darüber hinaus kann die M. zur Abwehr gegnerischer Seelandungen sowie zur Verteidigung von Inseln, Flottenstützpunkten und anderen wichtigen Küstenobjekten eingesetzt werden.

Marineverordnungsblatt → *Heeresverordnungsblatt*

«Marinewesen»: von 1962 bis 1971 vom Kommando Volksmarine der NVA im Militärverlag der DDR (VEB) hrsg. Fachzeitschrift für die Angehörigen dieser Teilstreitkraft.

Die Zeitschrift, die 1962 jeden 2. Monat und ab 1963 monatlich erschien, informierte über die Entwicklung in den Seestreitkräften und vermittelte neue Erkenntnisse der marxistisch-leninistischen Militärwissenschaft. Dabei konzentrierte sie sich auf Probleme der Volksmarine. Neben Artikeln zur Militärpolitik, zur Seekriegskunst, Technik und Bewaffnung der Seestreitkräfte, zur politischen und militärischen Erziehung und Ausbildung sowie über ausländische Flotten brachte sie Beiträge zur Seekriegsgeschichte und zur Traditionspflege in der NVA. Aufsätze über das Havariegeschehen, das Seerecht und die Regeln des Seekrieges dienten der Verbreitung von Rechtskenntnissen. Seit 1969 stellte die Zeitschrift auch Schiffstypen vor. Ab Januar 1972 übernahm die Ausgabe C der Zeitschrift → *«Militärwesen»* die Aufgaben von «Marinewesen».

Marne 1914: entscheidende Schlacht zu Beginn des ersten Weltkrieges (→ *Weltkrieg, erster, 1914–1918*) zwischen den deutschen und den französisch-britischen Hauptkräften in der Zeit vom 6. bis 12. 9. 1914.

Ende August 1914 waren die Hauptkräfte des deutschen Westheeres (1.–5. Armee sowie 2., 1. und 4. Kavalleriekorps) etwa von westlich Noyon bis zu den Argonnen unter schweren Kämpfen auf dem Vormarsch. Im Sinne des → *Schlieffenplans* stellte die Weisung der OHL vom 27. 8. das Ziel, das französische Feldheer durch eine Umgehungs- und Umfassungsoperation, die auch westlich um Paris herumgriff, in südöstlicher Richtung abzudrängen und zu vernichten. Der Krieg im Westen sollte derart in etwa 6 Wochen entschieden werden. Ungeachtet des tiefen Vordringens in Frankreich war jedoch die → *Blitzkriegskonzeption* im wesentlichen bereits gescheitert. Es war nicht gelungen, starke Kräfte des Gegners zu vernichten; sein linker Flügel entzog sich allen Umfassungsversuchen. Die deutsche Seite besaß zudem 12 Divisionen weniger als bei Beginn der Offensive. Besonders nachteilig mußte sich der Abzug von 4 Divisionen der 2. und 3. Armee nach Ostpreußen (→ *Tannenberg 1914*) auswirken, denn er schwächte den in der Hauptrichtung handelnden rechten Flügel (1.–3. Armee). Der hartnäckige Widerstand der britischen und französischen Truppen drohte die deutsche Front zu zerreißen. Deshalb gab die 1. Armee am 30. 8. die Umgehung von Paris auf und schwenkte nach Süden ein. Der französische Oberkommandierende, General Joseph Joffre (1852–1931), befahl daraufhin den Rückzug bis zur Seine und Aube. Gleichzeitig verstärkte er die Vorbereitungen für eine Gegenoffensive. Paris wurde in

Marneschlacht – 6. bis 12. September 1914

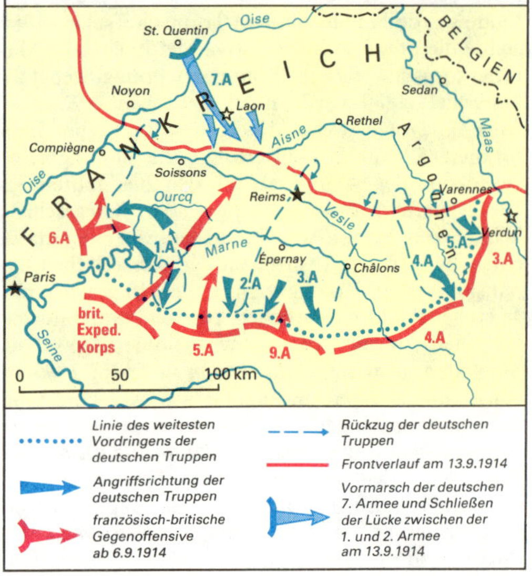

Verteidigungszustand versetzt. Die Lage Frankreichs war äußerst ernst, die Moral des Heeres durch Niederlagen und Rückzug tief gesunken. Im weiteren Verlauf der deutschen Offensive stieß die 1. Armee ostwärts an Paris vorbei und überschritt seit dem 3. 9. die M., gefolgt von der 2. und 3. Armee. Die französische Führung sah die Möglichkeit, aus dem Raum Paris in die fast offene rechte Flanke des deutschen Heeres hineinzustoßen. Am 4. 9. befahl Joffre die allgemeine Gegenoffensive für den 6. 9., um einen Umschwung herbeizuführen. Die Flankenbedrohung wurde vor allem vom Oberkommando der deutschen 1. Armee unterschätzt. Noch am 5. 9. ließ es den Vormarsch südlich der M. fortsetzen, um den Gegner zu umfassen. Erst in der Nacht zum 6. 9. erkannte es die unmittelbare Gefahr eines Flankenangriffs der französischen 6. Armee und befahl den sofortigen Rückzug an den Ourcq. Die hier entbrennenden schweren Kämpfe (5.–9. 9.) bildeten den Beginn der M.schlacht. Die OHL, die sich weit zurück in Luxemburg befand, hatte keinen Überblick über die Lage und ließ den AOKs freie Hand.

Am 6. 9. begann überraschend die französisch-britische Gegenoffensive auf der etwa 230 km langen Front zwischen Verdun und Paris. Da beide Seiten vorgingen, entwickelte sich eine Begegnungsschlacht. Die 6 französisch-britischen Armeen, die zu einem großen Teil aufgefüllt waren, besaßen eine bedeutende zahlenmäßige Überlegenheit über die 5 deutschen Armeen (1,082 Mill. gegenüber 900 000 Mann). Zudem hob der Übergang zur Offensive ihre Kampfmoral. Dagegen hatten nach dem wochenlangen, verlustreichen und kräftezehrenden Vormarsch viele deutsche Verbände und Truppenteile nur eine geringe Gefechtsstärke. Reserven fehlten, und der Nachschub stockte. In den schweren und wechselvollen frontalen Kämpfen scheiterten die deutschen Infanterieangriffe hauptsächlich am Feuer der überlegenen französischen Feldartillerie. Zum Schutz gegen das Artillerie- und MG-Feuer gruben sich die Truppen ein. Joffres Plan, die deutsche Front von Verdun und Paris her zu umfassen, aber scheiterte schon am 6./7.9. Die Entscheidung fiel auf dem deutschen rechten Flügel. Durch den Rückzug der 1. Armee entstand zur 2. Armee eine fast 50 km breite Lücke, in die 18 britische und französische Infanterie- und Kavalleriedivisionen langsam eindrangen (ab 8.9.). Seit dem 9.9. überschritten sie die M. und bedrohten damit den Rücken der 1. und die rechte Flanke der 2. Armee. Diese Gefahr konnten auch die taktischen Siege der 1. Armee am Ourcq und der 3. Armee im Zentrum nicht beseitigen. Um einen operativen Durchbruch mit katastrophalen Folgen zu verhindern, mußte die deutsche Führung die Schlacht abbrechen. Am 9.9. befahl das Oberkommando der 2. Armee im Einvernehmen mit dem Vertreter der OHL, Oberstleutnant Richard Hentsch (1869–1918), den Rückzug hinter die M. Damit wurde der Rückzug auch der 1. Armee unumgänglich. Die 3. Armee ging seit dem 10.9. zurück, die 4. und 5. Armee folgten seit dem 11.9. Der bis zu 100 km tiefe und teilweise sehr schwierige Rückzug, bei dem rd. 40000 Mann und 200 Geschütze verlorengingen, überraschte den gleichfalls erschöpften Gegner, so daß er anfangs nur langsam folgte. Daraus vor allem entstand die Legende vom «Wunder an der M.». Hinter der Aisne und Vesle schlugen die deutschen Truppen am 13./14.9. französisch-britische Angriffe ab. Die Lücke zwischen der 1. und 2. Armee konnte erst an diesen beiden Tagen durch die neue 7. Armee geschlossen werden. Die deutschen Gesamtverluste in der Schlacht an der M. wurden auf 135000–150000 Mann geschätzt. In Lothringen waren alle Versuche der deutschen 6. und 7. Armee gescheitert, die französische Festungsfront Nancy – Épinal zu durchbrechen. Am 9.9. ließ hier die OHL die Angriffe einstellen und nahm die Truppen bis zum 15.9. an die Landesgrenze zurück.

Der deutsche Imperialismus hatte eine Niederlage von strategischer Bedeutung erlitten. Die Planung der Mittelmächte für den Zweifrontenkrieg war zusammengebrochen. Die Hauptursachen dafür lagen in der Unmöglichkeit, bei dem bestehenden Kräfteverhältnis und dem Stand der Militärtechnik die gegnerischen Hauptkräfte in einer riesigen Umgehungs- und Umfassungsoperation zu vernichten. Hinzu kamen schwerwiegende Mängel in der Führung und in den nachrichtentechnischen Verbindungen. Die Schlacht an der M., so die ungenaue Bezeichnung der Kampfhandlungen zwischen Paris und Verdun, wurde zum ersten und entscheidenden Wendepunkt im Kriegsverlauf. Ihre Auswirkungen verstärkten sich noch durch den zeitlichen Zusammenfall mit der strategischen Niederlage des österreichisch-ungarischen Heeres in Galizien. Am 14.9.1914 wurde der Chef des Generalstabes des Feldheeres, Generaloberst Helmuth von Moltke (1848–1916), abgelöst. Sein Sturz blieb vorerst geheim, um die Niederlage nicht eingestehen zu müssen. Mit Hilfe der imperialistischen Massenpresse gelang es, diese vor den Volksmassen zu verschleiern. Keine andere Schlacht des ersten Weltkrieges ist von der imperialistischen deutschen Militärgeschichtsschreibung nach 1918 so verfälscht und mit Legenden umwoben worden wie die M.schlacht. Hentsch und Moltke wurden zu den Hauptverantwortlichen der Niederlage gestempelt, um von den wirklichen Ursachen des Scheiterns der Blitzkriegskonzeption abzulenken.

Marschall → *Generalfeldmarschall*

Märzkämpfe 1848: siegreiche bewaffnete Massenaktionen gegen das Militär am 13.3. in Wien und am 18./19.3. in Berlin, mit denen die → *Revolution 1848/49* ihren Höhepunkt erreichte.

Die Revolution hatte Anfang März 1848 alle deutschen Klein- und Mittelstaaten erfaßt. Die Absicht der Fürsten, ihr mit militärischer Gewalt zu begegnen, mußte angesichts der Stärke der Volksbewegung überall aufgegeben werden, zumal vielerorts die Truppen in ihrer Moral erschüttert waren. Der Erfolg der Revolution entschied sich aber in Preußen und Österreich, den sowohl größten Staaten des Deutschen Bundes als auch stärksten Bollwerken der Reaktion. In Österreich fand die antifeudale Bewegung am 13.3. mit dem Volksaufstand in Wien ihren Höhepunkt. Als Militär eingesetzt wurde und auf die Aufständischen zu schießen begann, kam es zu mehrstündigen Straßenkämpfen. Die meist nur über Behelfswaffen verfügenden Arbeiter, Handwerker und Studenten behaupteten sich im Zentrum der Stadt. Sie erzwangen den Sturz des erzreaktionären Staatskanzlers Klemens von Metternich (1773–1859) und den Rückzug der Truppen. Die Krone mußte unter dem Druck der Massen auch die Bewaffnung der Studenten (Bildung der Akademischen Legion) und die Errichtung einer Nationalgarde zugestehen sowie schließlich eine Verfassung versprechen (15.3.). Der Sieg der Wiener Märzrevolution bahnte den Weg für eine demokratische Entwicklung.

Die entscheidende Auseinandersetzung der deutschen Revolution erfolgte in Berlin. König Friedrich Wilhelm IV. von Preußen (1795–1861) hatte zwar versucht, durch einige liberale Reformen einem Volksaufstand vorzubeugen. Eine Hauptforderung der Volksbewegung, das durch seine Übergriffe verhaßte Militär aus der Stadt abzuziehen, war jedoch von ihm strikt abgelehnt worden. Der Einsatz von

Barrikadenkämpfe in Berlin – 18./19. März 1848

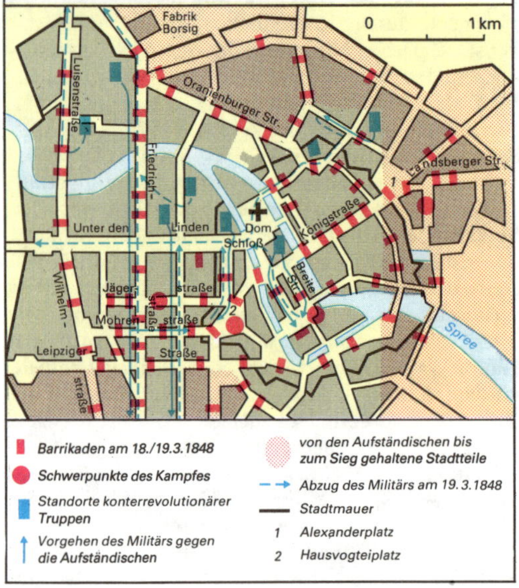

Truppen am frühen Nachmittag des 18. 3. gegen eine Demonstration vor dem Berliner Schloß gab das Signal für die Erhebung. Arbeiter, Handwerksgesellen, Studenten und Bürger bewaffneten sich. Sie errichteten insgesamt fast 1000 Barrikaden, rissen Straßen auf und bauten Dächer zu Verteidigungsständen aus. Überall wehten schwarzrotgoldene Fahnen. Als das Militärkommando, das über 14000 Soldaten mit 36 Geschützen verfügte, den Angriffsbefehl gab, entwickelte sich eine blutige Barrikadenschlacht. Die Truppen setzten rücksichtslos Artillerie ein und gingen mit äußerster Brutalität vor. Die Aufständischen, im Kern etwa 4000 Mann, denen aber Zehntausende zur Seite standen, verteidigten erbittert jede

Barrikadenkampf in den Straßen Berlins

Stellung. Eine der denkwürdigsten Episoden des insgesamt 16stündigen Kampfes war die heldenhafte Verteidigung der Barrikade Jäger-, Ecke Friedrichstraße durch die jugendlichen Arbeiter Heinrich Glasewaldt (um 1828–nach 1849) und Ernst Zinna (1830–1848). Am 19. 3. vormittags sah sich der König gezwungen, die zermürbten und demoralisierten Truppen aus Berlin herauszuziehen. Das Volk hatte den Sieg der Revolution in Preußen erkämpft. Erste Ergebnisse waren die Zusage des Königs, eine Bürgerwehr zu bilden und ein neues Ministerium zu berufen.

Die M., die die erste Phase der Revolution abschlossen, veränderten das Kräfteverhältnis der kämpfenden Klassen entscheidend zugunsten der antifeudalen Bewegung. Die Arbeiter hatten die Hauptlast des Kampfes getragen. Von den mehr als 230 Toten in Berlin, denen der König seine Ehrerbietung erweisen mußte, entstammte der größte Teil dem Proletariat. Ruhe- und Gedenkstätte ist der Friedhof der Märzgefallenen in Berlin-Friedrichshain. Die Berliner Märzrevolution gehört zu den → *militärischen Traditionen der DDR,* und sie nimmt in der → *Traditionspflege in der NVA* einen hervorragenden Platz ein.

Märzkämpfe 1921: bewaffnete Abwehraktionen der Arbeiter des mitteldeutschen Industriegebiets gegen den provokatorischen Einsatz von staatlicher Gewalt zur Niederschlagung der revolutionären Bewegung.

Nach dem Sieg der Arbeiterklasse über den → *Kapp-Putsch 1920* und der Vereinigung des linken Flügels der USPD mit der KPD vollzog sich eine Linksentwicklung in der deutschen Arbeiterklasse. Besonders im mitteldeutschen Industrierevier gewann die KPD starke Positionen. Nach den Plänen der Konterrevolution sollten deshalb in diesem Gebiet, wo die Niederwerfung der Arbeiterklasse bisher nicht gelungen war, die revolutionären Kräfte durch einen Polizeieinmarsch zum bewaffneten Kampf provoziert und daraufhin zerschlagen werden. Die Durchführung der gemeinsam von Monopolkapitalisten und rechten SPD-Führern vorbereiteten Provokation übernahmen der preußische Innenminister Carl Severing (1875–1952) und der Oberpräsident der Provinz Sachsen Otto Hörsing (1874–1937).

Am 19. 3. 1921 besetzten schwerbewaffnete Hundertschaften der Schutzpolizei die Arbeiterzentren Ammendorf, Eisleben, Hettstedt, Merseburg, Schafstädt und Teutschenthal und gingen unter erlogenem Vorwand rücksichtslos gegen die Arbeiter vor. Die Provokation löste in der Arbeiterschaft große Empörung aus. Um den konterrevolutionären Anschlag auf die politischen und sozialen Rechte der Werktätigen abzuwehren, beschlossen Funktionäre der KPD und revolutionäre Betriebsvertrauensleute des Mansfelder Gebiets für den 21. 3. den Generalstreik. Die-

Märzkämpfe 1921

ser dehnte sich im sächsischen Raum rasch weiter aus und fand auch in anderen Teilen Deutschlands (Thüringen, Hamburg, Ruhrgebiet) Unterstützung. Nachdem Schutzpolizei in Eisleben auf streikende Arbeiter geschossen und Verhaftungen vorgenommen hatte, kam es am 22. 3. zu ersten blutigen Auseinandersetzungen. In vielen Orten des Mansfelder Gebiets bewaffneten sich die Arbeiter und nahmen den Kampf gegen die durch einige Reichswehrformationen verstärkte Schutzpolizei auf. Bewaffnete Kampfgruppen bildeten sich u. a. in Bitterfeld, Hettstedt, Teutschenthal, Wimmelburg und Wolferode. Sie hatten zumeist eine Stärke von 30 bis 100 Mann und waren nur zum Teil mit Gewehren, vereinzelt auch mit einigen MGs ausgerüstet. In den Leunawerken organisierten bewaffnete Arbeitergruppen die Verteidigung und stellten einen improvisierten Panzerzug zur Unterstützung der kämpfenden Arbeiter bereit. Schwerpunkte der bewaffneten Zusammenstöße waren die Gebiete um Eisleben, Hettstedt, Röblingen und Teutschenthal. Dabei kam es zu teilweise heftigen Gefechten, so bei Bachra, Helfta und Bitterfeld, in denen die Schutzpolizei zeitweilig aufgehalten bzw. zurückgedrängt werden konnte. In Eisleben gelang es bewaffneten Arbeitergruppen, 3 Polizeihundertschaften in ihren Unterkünften zu blockieren. Erst zwischen dem 26. und 28. 3. vermochten die überlegenen Polizeikräfte das Mansfelder Gebiet zu besetzen. Am 29. 3. stürmten starke Polizeieinheiten mit Unterstützung von Reichswehrartillerie die Leunawerke. Bis zum 3. 4. wurden die letzten Kampfgruppen der Arbeiter zerschlagen. Damit waren die bewaffneten Kämpfe im mitteldeutschen Industrierevier im wesentlichen beendet.

In den M. bewiesen die revolutionären Arbeiter erneut hervorragende Tapferkeit und hohes politisches Bewußtsein. In enger Verbindung mit der Bevölkerung hielten knapp 2000 Kämpfer fast eine Woche lang mehr als doppelt so starken Polizeitruppen stand. Ein wesentlicher Grund für die schließliche Niederlage der kämpfenden Arbeiter bestand neben ihrer zahlenmäßigen Unterlegenheit und unzureichenden Bewaffnung in Mängeln bei der Organisierung und Führung des bewaffneten Kampfes. Schädlich wirkte sich auch das anarchistische Vorgehen der Gruppe um Max Hoelz (1889–1933) aus, die sich gegen jeden Versuch wandte, ein einheitliches Handeln der revolutionären Kämpfer zu erreichen. Die Hauptursache für die Niederlage war jedoch, daß die objektiven Bedingungen für eine allgemeine bewaffnete Erhebung fehlten und die Abwehrkämpfe im wesentlichen auf Mitteldeutschland beschränkt blieben.

In den M. und durch weißen Terror fanden über 100 Arbeiter den Tod. Ungefähr 6000 Arbeiter, Frauen und Jugendliche wurden verhaftet und viele von ihnen zu hohen Zuchthaus- oder Gefängnisstrafen verurteilt. Dennoch konnte die Konterrevolution auch in den M. ihr Hauptziel, die Zerschlagung der Arbeiterbewegung und ihrer revolutionären Vorhut, nicht erreichen. In richtiger Auswertung der Lehren der M. orientierte sich die KPD in der Folgezeit immer stärker auf die Leninsche Politik der proletarischen Einheitsfront und die schrittweise Heranführung der Arbeiterklasse an die sozialistische Revolution. Obwohl die historischen Tatsachen eindeutig den Abwehrcharakter der M. belegen, wird in der

Waffen der Märzkämpfer

bürgerlichen Geschichtsschreibung bis heute die Legende von einem geplanten «kommunistischen Aufstand» vertreten. Hauptzweck dieser Fälschung ist es, die Verantwortung für die von der Konterrevolution begangenen blutigen Gewalttaten der revolutionären Arbeiterbewegung zuzuschieben.

Die M. der Arbeiter im mitteldeutschen Industriegebiet gehören zu den → *militärischen Traditionen der DDR* und sind Bestandteil der → *Traditionspflege in der NVA* und den anderen bewaffneten Organen der DDR.

Maschinengewehr: ortsbewegliche oder ortsfeste automatische → *Handfeuerwaffe* mit hoher Feuergeschwindigkeit.

Lange vor der Erfindung des MG gab es Bemühungen, die Wirksamkeit der Schützenwaffen durch Beschleunigung der Schußfolge zu steigern. Als unmittelbare Vorläufer des MG können von Hand betätigte ein- oder mehrläufige Schnellfeuerwaffen, wie die Mitrailleuse oder die Revolverkanone, gelten, die seit Mitte des 19. Jh. entstanden. Das erste funktionstüchtige MG konstruierte der Amerikaner Hiram Maxim (1840–1916). Die von ihm entwickelte Waffe war ein Rückstoßlader mit beweglichem Lauf und Wasserkühlung. Die Patronenzuführung erfolgte mit Gurt. Um die Jahrhundertwende entstanden neben verschiedenen Versionen des von Maxim entwickelten Modells weitere funktionstüchtige MGs verschiedener Konstrukteure, darunter der erste, von der französischen Firma Hotchkiss produzierte Gasdrucklader. Die überwiegend wassergekühlten MGs waren mit Schlitten- oder Dreibeinlafette ausgerüstet, hatten größtenteils einen Schutzschild und ließen sich wegen ihrer beträchtlichen Masse (40–70 kg) nur schwer transportieren. Die Konstrukteure versuchten daher, die Beweglichkeit durch Gefechtswagen oder Handkarren zu verbessern. In der Führung des kaiserlich-deutschen Heeres stand man der neuen Waffe zunächst skeptisch gegenüber. Ab 1889 mit dem Maxim-MG unternommene Material- und Schießversuche wurden 3 Jahre später eingestellt, da eine vom Generalstab eingesetzte Kommission die vorgeführten Modelle als ungeeignet für Offensivhandlungen einschätzte. Erst 1894 nahm das Kriegsministerium die Erprobung wieder auf. Obwohl die Truppenversuche durchaus zufriedenstellend verliefen, wurden bis 1904 lediglich 16 MG-Abteilungen aufgestellt, die im Fall der Mobilmachung den Kavalleriedivisionen zugeteilt werden sollten. Die Unterbewertung des MG war zunächst auch in anderen Ländern zu verzeichnen. Das änderte sich nach dem Russisch-Japanischen Krieg 1904/05, in dem die große Bedeutung dieser Waffe für den infanteristischen Kampf zutage trat. Die deutschen Imperialisten erprobten die Leistungsfähigkeit des MG zuerst bei der blutigen Niederschlagung der antikolonialen Aufstände der Herero und Nama 1904–1907. Ab 1907 erhielt im kaiserlich-deutschen Heer jede Infanteriebrigade eine MG-Kompanie mit 6 MGs. Die militärische Führung sah jedoch im MG nach wie vor eine Waffe, die vor allem defensiv einzusetzen war und deren Besitz letztlich deshalb notwendig war, weil die künftigen Gegner über sie verfügten.

Bei Ausbruch des ersten Weltkrieges war das deutsche Heer mit dem wassergekühlten MG 08 ausgestattet. Es hatte eine Schlittenlafette, mit der es 65 kg wog. Seine Feuergeschwindigkeit betrug etwa 500 Schuß/min. Nach dem Übergang zum Stellungskrieg wurde das MG zur Hauptfeuerkraft der Infanterie. Diese erhielt schwere und leichte MGs, die sich vor allem in der Montierung und der Art der Munitionszuführung, teilweise auch im Kaliber voneinander unterschieden. Infolge der Vorkriegsversäumnisse gelang es in Deutschland erst 1916, die Voraussetzungen für die Massenproduktion des schweren MG 08 zu schaffen. Sein beträchtliches Gewicht erwies sich im Einsatz jedoch als wesentlicher Mangel; es konnte den Schützen beim Angriff nicht schnell genug folgen. Ab Frühjahr 1917 stand das aus dem MG 08 entwickelte wassergekühlte leichte MG 08/15 in größerer Zahl zur Verfügung, das allerdings mit 17,5 kg Gewicht für eine automatische Schulterwaffe ebenfalls noch recht schwer und unhandlich war. Die insgesamt rasche Zunahme der MGs und die Erweiterung ihres Einsatzzweckes wirkten sich auf die Struktur der Streitkräfte aus. Die Zahl der MG-Kompanien erhöhte sich. Im August 1914 war das kaiserlich-deutsche Heer mit 2400 MGs ins Feld gerückt. Gegen Ende des Krieges war der Bestand auf rd. 100000 angewachsen. Neben seiner infanteristischen Zweckbestimmung wurde das MG im Verlauf des Krieges zunehmend als Flugzeug- und Panzerbewaffnung sowie zur Fliegerabwehr verwendet.

In der Zeit zwischen den beiden Weltkriegen entwickelten die Rüstungskonzerne der führenden kapitalistischen Staaten eine Vielzahl leichter, schwerer und überschwerer MGs. Letztere waren vornehmlich zur Flieger- und Panzerabwehr bestimmt. In diesen Jahren entstanden auch in der Sowjetunion, vor allem in den Konstruktionsbüros von W. A. Degtjarjow (1880–1949) und F. W. Tokarew (1871–1968), leistungsfähige MGs für die Rote Armee. In zunehmendem Maße fand das MG auch als ortsfeste Waffe in Befestigungsanlagen Verwendung. In Deutschland wertete die Reichswehrführung die 1914–1918 gewonnenen Erfahrungen beim MG-Einsatz im Rahmen der langfristigen Vorbereitung eines Revanchekrieges aus. In taktischer Hinsicht sollte durch die Eingliederung des MG in die Infanteriegruppe die Trennung von MG- und Gewehrschützen beseitigt werden. Letztere sollten durch ihr Feuer das MG un-

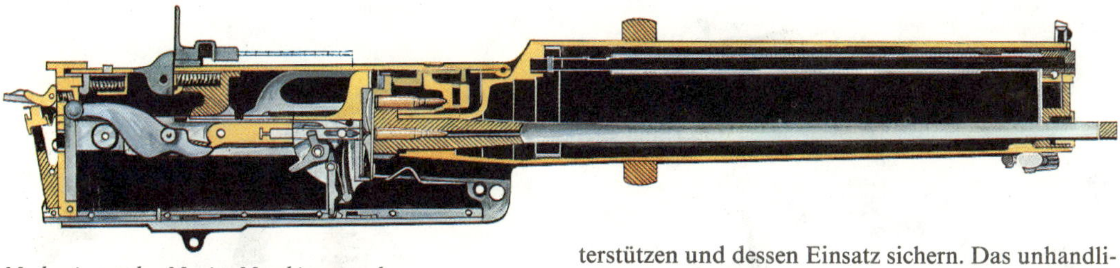

Mechanismus des Maxim-Maschinengewehrs

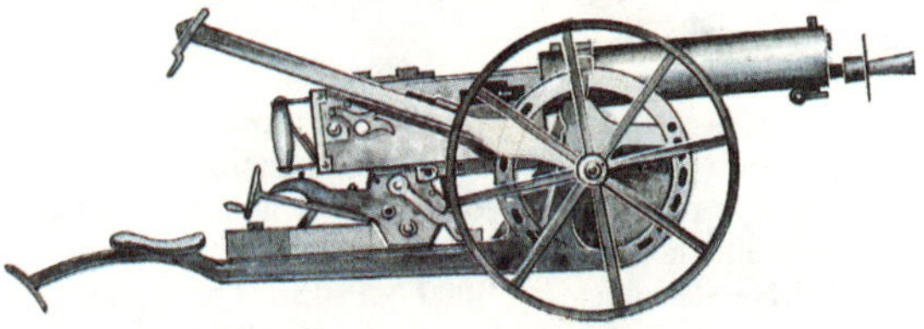

Maschinengewehr 08 mit Schlittenlafette und Rädern in tiefer Position und mit Schlittenlafette ohne Räder in hoher Position

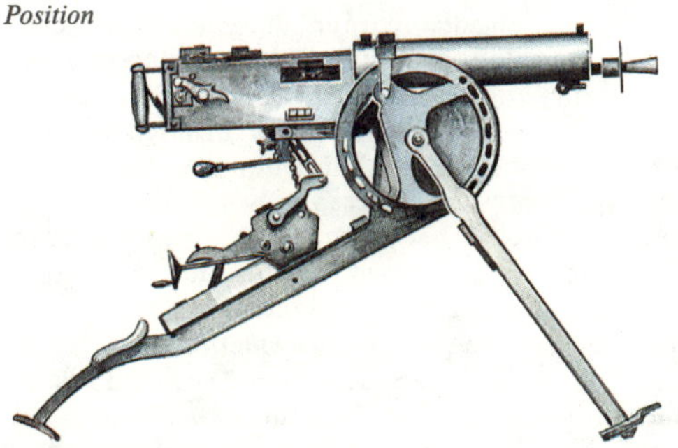

terstützen und dessen Einsatz sichern. Das unhandliche leichte MG 08/15 konnte aber die Funktion des Hauptträgers des infanteristischen Feuerkampfes nur ungenügend erfüllen. Deshalb entschied sich die Reichswehrführung 1926 für die Entwicklung einer luftgekühlten Waffe, die 1930 als leichtes MG 13 in die Truppe eingeführt wurde. Wenig später verlangten das Truppenamt und die Infanterieinspektion die Entwicklung eines luftgekühlten Einheits-MG als handliche Mehrzweckwaffe für den Bewegungskrieg, das entweder als leichtes MG im Infanteriezug oder als schweres MG auf der Kompanieebene Verwendung finden sollte. Die praktische Umsetzung dieses Konzepts führte zu einer Kompromißlösung, dem Rückstoßlader MG 34, der ab 1934 eingeführt wurde. Das in seiner Herstellung sehr aufwendige MG 34, bei dem viele Teile gefräst wurden, war recht störanfällig. In der faschistischen Wehrmacht gehörte es zur Standardbewaffnung der → *Infanteriedivisionen*. Daneben existierten noch ältere Modelle, z. B. das MG 08 und das MG 13. Die Mängel des MG 34 führten schließlich 1942 zur Einführung einer neuen Standardwaffe, des MG 42. Es basierte auf Bauelementen des MG 34, war aber weniger störanfällig. Die Anwendung der Präge- und Stanztech-

Maschinengewehrtypen der Landstreitkräfte des imperialistischen Deutschlands

Waffentyp	Munition	Kühlung	Masse kg	Magazin	Theoret. Feuergeschwindigkeit Schuß/min	Jahr der Einführung
Maxim 08	7,92 mm Gewehrpatrone 98	Wasser	26,4 (ohne Lafette)	200 oder 250 Schuß (Gurt)	450–500	1908
MG 08/15	7,92 mm Gewehrpatrone 98	Wasser	17,5	50 Schuß (Trommel) oder 100 Schuß (Gurt)	600	1915
MG 13	7,92 mm Gewehrpatrone 98	Luft	12,0	75 Schuß (Doppeltrommel)	750	1930
MG 34	7,92 mm Gewehrpatrone 98	Luft	11,1	75 Schuß (Doppeltrommel) oder 250 Schuß (Gurt)	800–900	1934
MG 42	7,92 Gewehrpatrone 98	Luft	11,4	50 bis 250 Schuß (Gurt)	1200–1300	1942

Maschinengewehr 42 mit Zweibeinlafette

nik bei vielen Bauelementen vereinfachte die Massenanfertigung wesentlich. Dennoch blieb das MG 42 mit mehr als 200 Einzelteilen eine relativ komplizierte Waffe. Ihre hervorstechendste Eigenschaft war die hohe Feuergeschwindigkeit, die aber auch den Munitionsverbrauch enorm steigerte. Nach unvollständigen Angaben wurden in den Jahren 1943/44 mehr als 350000 MGs 42 hergestellt. Nach 1945 wurde diese Waffe mit geringfügigen Veränderungen von der Bundeswehr der BRD sowie von einigen anderen Armeen übernommen.

Die Weiterentwicklung des MG nach dem Krieg berücksichtigte die inzwischen beträchtlich fortgeschrittenen technischen Möglichkeiten sowie die Erfordernisse des modernen Gefechts. Die Anstrengungen der Waffenkonstrukteure waren und sind darauf gerichtet, MGs mit großer Feuerkraft sowie geringer Masse und Störanfälligkeit zu schaffen. Als gelungenes Beispiel dafür kann das in den 50er Jahren in den Armeen des Warschauer Verteidigungsbündnisses eingeführte MG K des sowjetischen Konstrukteurs M. T. Kalaschnikow (geb. 1919) gelten, das in seinem Grundaufbau mit der MPi (→ *Maschinenpistole*) identisch ist (→ *Schützenwaffen der NVA*).

Maschinenpistole: vorwiegend für den Kampf auf kürzere Distanz bestimmte automatische → *Handfeuerwaffe*.

Die MPi erschien gegen Ende des ersten Weltkrieges als bedeutsame Neuerung im Bereich der Handfeuerwaffen. Ihre Entstehung resultierte aus der dringenden Forderung nach einer leichten Einmann-Schnellfeuerwaffe für den Grabenkampf, also auf kurze Entfernung. In der italienischen Armee war seit 1916/17 eine kleine doppelläufige MPi mit Pistolenmunition im Gebrauch. In Deutschland befaßten sich etwa zur gleichen Zeit auf Anforderung des Heeres verschiedene Waffenkonstrukteure mit der Herstellung einer MPi. Im März 1918 wurde der von Hugo Schmeisser (1890–1953) in Zusammenarbeit mit der Waffenfabrik Bergmann in Suhl entwickelte Prototyp im kaiserlich-deutschen Heer eingeführt. Der als MPi 18.I (MP 18.I) bezeichnete Automat besaß einen unverriegelten Masseverschluß, der für fast alle späteren Waffen dieser Art typisch wurde. Das seitlich angesetzte Trommelmagazin enthielt 32 Parabellum-Patronen vom Kaliber 9 mm. Noch 1918 erhielt die Waffenfabrik Bergmann einen Auftrag zur Herstellung von 50000 MPi 18.I. Damit sollten in jeder Infanteriekompanie 6 MPi-Trupps ausgerüstet werden. Das ließ sich jedoch nicht verwirklichen, da bis zum Waffenstillstand nur 10000 Stück an die Truppe ausgeliefert wurden. Eine geringe Zahl von MPi 18.I kam während der deutschen Frühjahrsoffensiven 1918 zum Einsatz.

Nach dem ersten Weltkrieg produzierten Waffenfabriken verschiedener Länder neue, verbesserte MPi-Typen. Obwohl längere Zeit vorwiegend als Polizeiwaffe gewertet, bedeutete die MPi gerade für den Infanteristen eine wesentliche Erhöhung seiner Feuerkraft und ergänzte zweckmäßig die Mehr- bzw. Selbstladegewehre und → *Maschinengewehre*. Nachteile lagen in der kurzen Reichweite sowie in relativ häufig auftretenden Ladehemmungen. Deutschland untersagten die Bestimmungen des Versailler Vertrages die Produktion und Weiterentwicklung von MPi. Trotzdem lief die Fertigung der MPi 18.I bei Bergmann bis 1920. Anschließend wurde die Waffe von der Schweizerischen Industrie Gesellschaft (SIG) auf Lizenzbasis in verschiedenen Versionen weiter produziert. Ähnlich ließ die Rheinische Metallwaren- und Maschinenfabrik eine von ihr Anfang der 20er Jahre entwickelte MPi in der Schweizer Waffenfabrik Solothurn produzieren, an der die «Rheinmetall» die Aktienmehrheit erworben hatte, um die Beschränkungen des Versailler Vertrages zu umgehen. 1929 erhielt die österreichische Waffenfabrik Steyr eine Lizenz für die recht produktionsaufwendige MPi, die 1934 beim österreichischen Bundesheer und bei der Gendarmerie als Modell 34 eingeführt wurde. Auch das Prüfwesen im Heereswaffenamt der Reichswehr beteiligte sich an der Weiterentwicklung von MPi. So unterstützte es die Konstruktion eines verbesserten Schmeisser-Modells (MP 28.II). Diese Waffe hatte ein zweireihiges Stangenmagazin mit 32 Schuß, das zum Standardmagazin der MPi-Konstruktionen der faschistischen Wehrmacht wer-

Mechanismus einer Maschinenpistole mit unverriegeltem Masseverschluß, Rückstoßlader

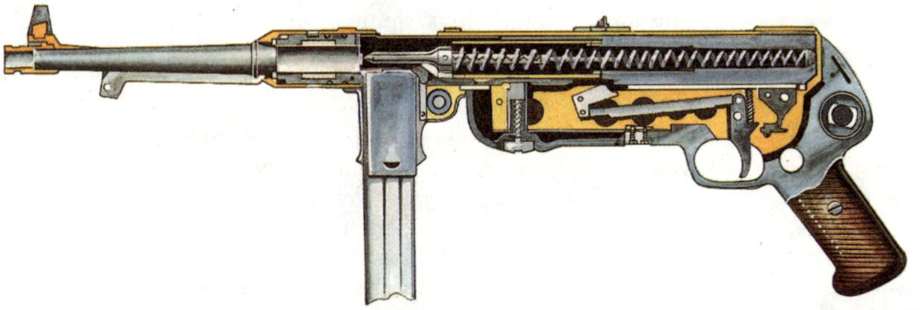

den sollte. In der Wehrmacht wurde die Bedeutung der MPi anfangs jedoch unterschätzt. Forderungen nach Einführung von MPi gingen hauptsächlich von den motorisierten bzw. Panzertruppen aus, da Pistole und Karabiner zum Kampf aus dem Fahrzeug ungeeignet waren. 1938 erteilte das Heereswaffenamt der Erfurter Maschinenfabrik (ERMA) den Auftrag zur Entwicklung eines neuen MPi-Modells. Die als MPi 38 (MP 38) bezeichnete Waffe hatte eine einklappbare Schulterstütze, mit der ihre Länge auf 60 cm reduziert werden konnte. Sie verschoß ebenfalls die 9-mm-Parabellum-Patrone und war auch für den Einsatz aus Fahrzeugen geeignet. Das zugleich als Handgriff dienende Magazin verursachte nicht selten Ladehemmungen. 1940 wurde die Konstruktion den Erfordernissen der Massenproduktion (Blechpräge- und Stanztechnik) besser angepaßt und ersetzte als MPi 40 (MP 40) größtenteils die alten MPi-Bestände. Daneben wurde während des zweiten Weltkrieges in der Wehrmacht die italienische MPi Beretta, Modell 38/42 (MP 38/42), in geringeren Stückzahlen geführt. Zeitweilig erhielt auch der von der faschistischen Propaganda später als «Sturmgewehr» bezeichnete Maschinenkarabiner 42 (→ *Karabiner*) die Benennung MPi (MP 43). Auch im internationalen Maßstab nahm die Entwicklung der MPi vor und während des zweiten Weltkrieges einen enormen Aufschwung. Zu den leistungsfähigsten Handfeuerwaffen dieses Krieges zählten die von den sowjetischen Konstrukteuren W. A. Degtjarjow (1880–1949) und G. S. Schpagin (1897–1952) entwickelten MPi, die sich durch ein bis zu 71 Schuß fassendes Magazin, einfache Konstruktion, große Robustheit und Zuverlässigkeit auszeichneten.

Die nach dem zweiten Weltkrieg konstruierten MPi sind in der Regel durch einfache Herstellung bei hoher Leistung charakterisiert. Zunehmend setzt man für Kolben, Handschutz, Magazin u. a. Teile Plaste ein. Moderne MPi verbinden Feuergeschwindigkeiten von theoretisch 600–900 Schuß/min und optimale Schußweiten bis 600 m mit relativ großer Zielgenauigkeit und geringem Gewicht. Dabei geht der internationale Trend wie bei anderen automatischen Handfeuerwaffen auf die Entwicklung klein-

Maschinenpistolen des zweiten Weltkrieges

Einsatzland	Waffentyp	Munition	Länge mm	Masse (ohne Magazin) kg	Magazin	Theoret. Feuergeschwindigkeit Schuß/min	Einsatzjahr
Deutschland	MP 40	9 mm Parabellum	832 (einschl. Schulterstütze)	3,97	32 Schuß (Stangen-)	500	1940
Italien	Beretta 38/42	9 mm Parabellum	800	3,26	20 oder 40 Schuß (Stangen-)	550	1942
Sowjetunion	Schpagin M 41 (PPSch-41)	7,62 mm	838	3,64	35 Schuß (Stangen-) o. 71 Schuß (Trommel-)	900	1941
Großbritannien	Sten MK 2	9 mm Parabellum	762	2,95	32 Schuß (Stangen-)	550	1941
USA	M-1A1 (Thompson)	11,43 mm Pistolenpatrone	813	4,82	20 oder 30 Schuß (Stangen-)	700	1942

kalibriger Modelle, teilweise auch unter Verwendung hülsenloser → *Munition.* In den Armeen des Warschauer Verteidigungsbündnisses wurde in den 50er Jahren als Standardschützenwaffe die von dem sowjetischen Konstrukteur M. T. Kalaschnikow (geb. 1919) konstruierte MPi K, ein Gasdrucklader mit Drehverschluß, eingeführt (→ *Schützenwaffen der NVA*). Sie wurde inzwischen durch die modernen MPi KM bzw. MPi KMS (mit Schulterstütze) ersetzt. Mit diesen MPi können bei allen Gefechtsarten Einzel- bzw. Gruppenziele durch Feuerstöße und Einzelfeuer bekämpft werden. Ein aufsteckbares Seitengewehr erweitert ihre Verwendbarkeit für den Nahkampf. *(s. Abb. S. 277, 278)*

Matrose: ursprünglich Bezeichnung für den einfachen Seemann, später unterster Mannschaftsdienstgrad in den Seestreitkräften; in der Volksmarine der NVA unterster Dienstgrad der Dienstgradgruppe → *Soldaten.*

Mit dem aus dem Niederdeutschen stammenden Begriff, der über das Niederländische in die Marinesprache verschiedener europäischer Länder gelangte, wurde der einfache Seemann von dem an Bord befindlichen Militär (Seesoldaten) unterschieden. Als sich ab Mitte des 17. Jh. stehende Flotten entwickelten und seit Beginn des 18. Jh. Dienstgrade herauszubilden begannen, wurde M. die Bezeichnung für einen seemännischen Mannschaftsdienstgrad zur Unterscheidung von den untersten Dienstgraden der Seesoldaten. In der um die Mitte des 19. Jh. entstandenen preußischen Marine war M. der unterste Dienstgrad des seemännischen Personals. Zeitweilig gab es bis zu 4 Rangklassen des M.dienstgrades. Der Aufstieg in die 1. Klasse entsprach einer Beförderung zum → *Gefreiten* im Heer. In der Kaiserlichen Marine nach 1871 ging man von dieser Einteilung ab. Die Dienstgradbezeichnung M. führten nunmehr alle Angehörigen der M.division, also das seemännische Personal. Das maschinentechnische Personal der Flotte behielt die Dienstgradbezeichnung Heizer, alle übrigen technischen oder handwerklichen Dienste erhielten entsprechend ihrer Tätigkeit die Bezeichnung «Gast» (aus dem Althochdeutschen gast = Geselle, Mann), z. B. Artilleriegast, Signalgast, Zimmermannsgast. Die in der Torpedoabteilung diensttuenden M. wurden Torpedo-M. genannt. Die Gefreiten hießen Ober-M. oder Obergasten mit entsprechendem Zusatz des jeweiligen Dienstes (z. B. Obersteuermannsgast). Die 1919 gebildete Reichsmarine kannte als untersten Dienstgrad bei den Mannschaften den M. und Heizer (bis 1938) sowie den Marineartilleristen und den Kraftfahrer bei den Marineteilen an Land. Zugleich führte die Marine den Gefreitendienstgrad ein, den es ähnlich wie beim Heer in verschiedenen Stufen gab. Mit geringen Veränderungen bestand diese Regelung bis 1945.

In der Volksmarine der NVA ist M. die unterste Dienstgradbezeichnung für alle Laufbahnen. Ober- und Stabs-M. entsprechen den Dienstgraden Gefreiter und Stabsgefreiter bei den Landstreitkräften und Luftstreitkräften/Luftverteidigung der NVA sowie bei den Grenztruppen der DDR. Als Soldat auf Zeit dienende M. erhalten auf der Flottenschule eine Spezialausbildung für die einzelnen Laufbahnen. *(s. Abb. S. 145, 147, 1009, 1012)*

Medaillen → *Auszeichnungen*

medizinischer Dienst → *Sanitätswesen*

Mehrladegewehr: ein- oder mehrläufige → *Handfeuerwaffe* zum Verschießen magazinierter Munition mittels eines von Hand betätigten Repetiermechanismus; auch als Magazin- und Repetiergewehr bezeichnet.

In dem Bestreben, die Wirkung der Handfeuerwaffen durch Erhöhung der Feuerfrequenz zu steigern, wurden schon im 15. und 16. Jh. Versuche zur Konstruktion von Mehrladewaffen unternommen. Dabei kombinierte man zunächst einige meist unabhängig voneinander zu zündende starre bzw. bewegliche Läufe oder brachte im Lauf mehrere, mittels verschiedener Zündkanäle oder einer durchgängigen Zündschnur zu zündende Ladungen unter. Im 17. Jh. entstanden M. mit vom Lauf getrennten Magazin- und Repetiervorrichtungen. Der Munitionsvorrat wurde in Trommeln, Röhren- oder Kastenmagazinen gespeichert. Alle diese M. waren in ihrer Konstruktion jedoch sehr kompliziert, in ihrer Funktion zu unsicher und in der Herstellung so aufwendig, daß sie im Militärwesen keine breitere Anwendung fanden. Erst Mitte des 19. Jh. erlaubte die militärische und technische Entwicklung die Massenfertigung funktionstüchtiger M. und deren taktische Verwendung als Strukturwaffe. Eine waffentechnische Voraussetzung für die militärische Verwendbarkeit der M. war die Entwicklung selbstdichtender Einheitsmetallpatronen (→ *Munition*). Bahnbrechend bei der Konstruktion und Produktion moderner M. wirkten u. a. Samuel Colt (1814–1862), Benjamin Henry und James Lee (1831–1904). Die Bewährung von M. vor allem im Russisch-Türkischen Krieg 1877/78 beschleunigte die durchgängige Ausrüstung der Infanterie in den Heeren der europäischen Großmächte mit dieser Waffenart. Im kaiserlichen Deutschland wurde die Einführung des ersten modernen M., des Infanteriegewehrs Modell 71/84, zu einer politischen und militärischen Demonstration gegenüber Frankreich. Aus ähnlichen Motiven erfolgte wenig später überstürzt die Einführung der M. Modell 88 (Gewehr 88, Karabiner 88, Gewehr 91), die für das Schießen mit rauchschwachem Pulver geeignet waren. Das Vorderschaftsmagazin des Modells 71/84 war von Paul Mauser (1838–1914), das Mittelschaftsmagazin des Modells 88 nach Patenten Ferdinand von Mannlichers

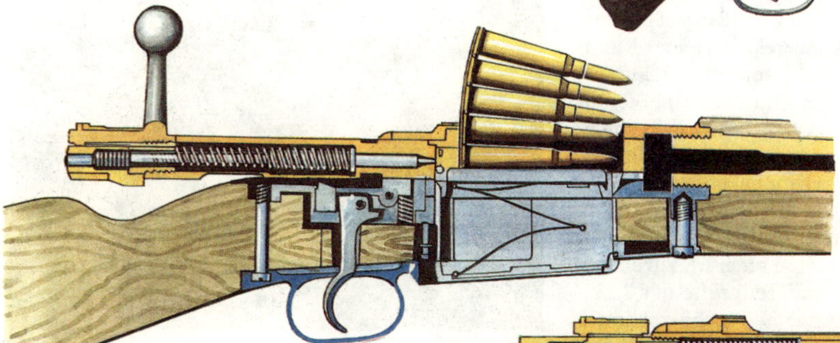

1

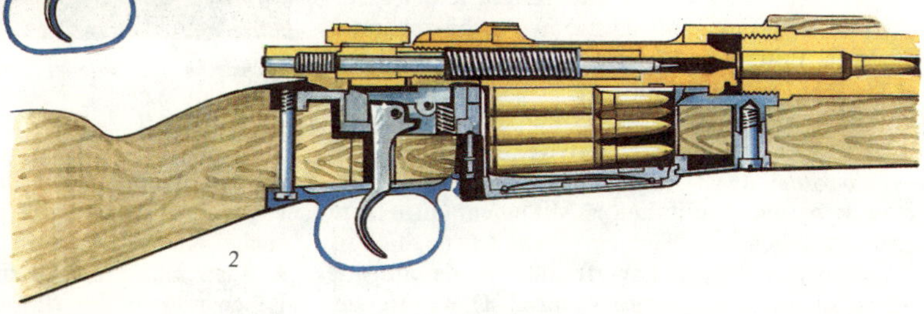

2

Funktionsweise des Mehrladegewehrs, Mauser 98: 1 Öffnen des Schlosses, Eindrücken der Patronen vom Ladestreifen in das Magazin; *2* Einführen einer Patrone aus dem Magazin in die Kammer, Verriegelung der Kammer und Spannen des Schlagbolzens durch Schließen des Schlosses

(1848–1904) konstruiert. Mauser entwarf auch die deutschen M. des Modells 98 (Gewehr 98 und Karabiner 98), aus denen nach dem ersten Weltkrieg der 1935 als Einheitswaffe für alle Truppengattungen eingeführte und bis 1945 verwandte Karabiner 98 k (→ *Karabiner*) entstand. M. mit Mauser- und Mannlicher-Repetiereinrichtungen fanden Eingang in die strukturmäßige Bewaffnung vieler Armeen. Einen führenden Platz nahmen neben den genannten Waffen in den ersten Jahrzehnten des 20. Jh. die Systeme Lebel (Frankreich), Lee-Enfield (England), Springfield (USA) und Mosin (Rußland) ein. Letzteres, 1930 modernisiert, gehörte wegen seiner hervorragenden Eigenschaften noch im zweiten Weltkrieg zur Bewaffnung der Sowjetarmee. Im Verlauf der Kriegs- und Nachkriegszeit wurden die M. durch → *Selbstladegewehre* und andere automatische Handfeuerwaffen abgelöst. Gegenwärtig finden M. nur noch in einigen kleineren Armeen sowie als Sport-, Jagd- und Repräsentationswaffen Verwendung. *(s. Abb. S. 277, 278, 659)*

Meister: in der Kaiserlichen Marine Deckoffiziersdienstgrad (→ *Deckoffiziere*); in der Volksmarine der DDR Dienstgrad der Dienstgradgruppe → *Unteroffiziere.*

Mit der Einführung von Unteroffiziersdienstgraden in den deutschen Marinen im 17./18. Jh. bekamen Verantwortliche für bestimmte Tätigkeitsbereiche, vor allem handwerklichen Charakters, als Dienstgrad die Bezeichnung M., so der Schiffszimmermann, dem wichtige Aufgaben bei der Instandhaltung der hölzernen Segelkriegsschiffe oblagen. In der Kaiserlichen Marine gab es neben dem M. und Ober-M. der Zimmermannslaufbahn traditionelle Dienstgrad- bzw. Funktionsbezeichnungen wie Stück-M., Feuer-M., Wacht-M. u. a. Noch in der Reichsmarine der Weimarer Republik und der faschistischen Kriegsmarine wurde der Begriff M. für die höchsten Unterführerdienstgrade in Verbindung mit der Laufbahnbezeichnung gebraucht, z. B. Funk-M., Oberzimmer-M., Signal-M., Fernschreib-M.

Die Volksmarine der NVA benutzt für alle Laufbahnen einheitlich die Dienstgradbezeichnungen M., Ober-M. und Stabsober-M. Sie entsprechen den Feldwebeldienstgraden in den anderen Teilstreitkräften der NVA sowie den Grenztruppen der DDR. Die M. der Volksmarine dienen in der Regel als → *Soldat* auf Zeit oder → *Berufssoldat.* Entsprechend ihrer Laufbahn und Spezialausbildung können sie als Kommandanten von Booten und Kommandeure von Gefechtsabschnitten oder Gefechtsstationen an Bord eingesetzt werden. Ihre Verwendung an Land erfolgt als Gruppenführer und stellvertretender Zugführer sowie in verschiedenen Funktionen des Stabsdienstes oder bei sicherstellenden Einrichtungen. *(s. Abb. S. 147)*

Metz 1870: Einschließung einer französischen Armee durch deutsche Truppen im → *Deutsch-Französischen Krieg 1870/71* vom 19. 8. bis 27. 10. 1870.

Nach den deutschen Schlachterfolgen Anfang August 1870 wurde das Gros der französischen Rheinarmee (175000–200000 Mann und 540 Geschütze) unter Marschall François Bazaine (1811–1888) auf M. zurückgezogen und dort auf relativ engem Raum konzentriert. Bazaine gab bald seine Absicht auf, einen Gegenstoß zu führen. Da ihm auch eine Verteidigung von M. nicht erfolgversprechend erschien, befahl er schließlich für den 14. 8. den Rückzug auf Verdun. Die französischen Truppen erlitten jedoch in den beiden Schlachten von Vionville – Mars-la-Tour (16. 8.) und Gravelotte – Saint-Privat (18. 8.) schwere Niederlagen und mußten nach M. zurückgehen. Die deutsche 1. Armee und Teilkräfte der 2. Armee (141000 Mann und etwa 550 Geschütze) unter General Prinz Friedrich Karl von Preußen (1828–1885) schlossen M. ein. Wegen des ungünstigen Kräfteverhältnisses und der nur wenigen Belagerungsgeschütze sollte M. ausgehungert werden (→ *Blockade*). Das deutsche Hauptquartier erwartete eine baldige Kapitulation. Mit einem Gürtel von 7 vorgeschobenen großen Forts war M. nach Paris die größte französische Lagerfestung; sie befand sich jedoch in vernachlässigtem Zustand. Die Einschließungslinie betrug etwa 40 km. Obwohl die Zahl der Einwohner von M. durch geflüchtete Landbewohner auf 70000 angewachsen war, reichten die Lebensmittelvorräte für mehrere Wochen. Die Truppen und die Festung verfügten über ausreichend Munition und Waffen. Da auch die Kampfkraft der noch fast 170000 Mann zählenden Rheinarmee weitgehend wiederhergestellt werden konnte, bestanden zunächst alle Möglichkeiten, M. für eine längere Zeit zu halten. Der Bonapartist Bazaine aber gab den Krieg verloren und blieb passiv. Der einzige größere Ausfall, der am 31. 8. zur Schlacht von Noisseville führte, sollte eine gemeldete Entsatzarmee entlasten. Nach der Kapitulation von → *Sedan 1870* (2. 9.) gab es keine Entsatzmöglichkeiten mehr. Bazaine beabsichtigte, die Rheinarmee zur Restauration des gestürzten Kaiserreiches und zum Kampf gegen die demokratischen und revolutionären Kräfte zu erhalten. Diese forderten auch in M. Widerstand bis zum Äußersten, um die deutschen Truppen möglichst lange Zeit zu binden.

Der Schwerpunkt der Einschließungsarmee, die sich stark verschanzt hatte, lag bis Ende September auf dem linken Ufer der Mosel, danach auf dem rechten. Während die Franktireurtätigkeit zunahm, verzichtete Bazaine auf ernsthafte Durchbruchsversuche. Kleinere französische Ausfälle im September und letztmals am 7. 10. dienten der Beschaffung von Lebensmitteln. Im Oktober verschlechterte sich die Lage der Rheinarmee, die sich zum großen Teil im Biwak befand, vor allem durch die anhaltenden Regenfälle zusehends. Auch die deutschen Truppen, von denen etwa ein Drittel im Freien lagerte, litten darunter. Zwar stieg die Verpflegungsstärke der Einschließungsarmee bis auf 197000 Mann, aber 40000 lagen in den Lazaretten. Unter den Truppen beider Seiten waren Seuchen ausgebrochen, namentlich die Ruhr. Ende Oktober gingen in M. die Lebensmittel zur Neige. Ein Kriegsrat entschied sich am 24. 10. für Verhandlungen mit der deutschen Führung, um einen Waffenstillstand zu erreichen. Als dieser abgelehnt wurde, erfolgte am 27. 10. die Kapitulation. 173000 Mann (einschließlich der Verwundeten und Kranken), darunter mehr als 6000 Offiziere, gerieten in Gefangenschaft. Die Beute an Kriegsmaterial war gewaltig. Während der Einschließung verlor die französische Seite etwa 9000 Mann (Gefallene und Gestorbene), die deutsche 5843 Tote und Verwundete. Der Fall von M. hatte weitreichende Auswirkungen, denn er setzte die Einschließungsarmee für den Kampf gegen die neuen Armeen der Französischen Republik und zur Verstärkung der deutschen Truppen vor → *Paris 1870/71* frei. *(s. Abb. S. 142)*

Sächsische Infanterie im Kampf bei Saint-Privat, 18. August 1870

ISBN Bd. 1 3-327-00477-3
ISBN Bd. 2 3-327-00478-1
ISBN Gesamt 3-327-00239-8

2., durchgesehene Auflage
Militärverlag der Deutschen Demokratischen Republik (VEB), – Berlin 1987
Lizenz-Nr. 5
P 185/86
Printed in the German Democratic Republic
Gesamtherstellung: INTERDRUCK Graphischer Großbetrieb Leipzig,
Betrieb der ausgezeichneten Qualitätsarbeit, III/18/97
Redaktionsschluß: 4. Juli 1983
LSV: 0547
Bestellnummer: 746 635 0

WÖRTERBUCH ZUR DEUTSCHEN MILITÄRGESCHICHTE

Schriften des Militärgeschichtlichen Instituts der Deutschen Demokratischen Republik

WÖRTERBUCH ZUR DEUTSCHEN MILITÄR-GESCHICHTE

Mi / Z

Militärverlag
der Deutschen Demokratischen
Republik

ISBN Bd.1 3-327-00477-3
ISBN Bd.2 3-327-00478-1
ISBN Gesamt 3-327-00239-8

M

Militärakademie «Friedrich Engels»: höchste militärische Lehreinrichtung der DDR zur Aus- und Weiterbildung mittlerer und höherer militärischer Kader und Zentrum der militärwissenschaftlichen Forschung in der → *Nationalen Volksarmee der DDR (NVA).*
Der Akademie wurde der verpflichtende Name des Mitbegründers der wissenschaftlichen Weltanschauung und ersten Militärtheoretikers der Arbeiterklasse, Friedrich Engels (1820–1895), verliehen.

Absolventenabzeichen der Militärakademie «Friedrich Engels»; 1. Ausführung

Die Militärakademie wurde am 5. 1. 1959 in Dresden gegründet. Ihre Aufgabe war, Kommandeure der Ebene Truppenteil, Stabsoffiziere, Politoffiziere und ingenieurtechnische Offiziere zu bilden. Sie ging aus der im Oktober 1956 entstandenen Hochschule für Offiziere der NVA hervor. Es war von Anfang an fester Bestandteil der → *Militärpolitik der SED,* qualifizierte Kader auszubilden, die als sozialistische Militärs die Einheit von politischer und militärischer Führung verwirklichen, das stetige Wachstum der Kampfkraft und Gefechtsbereitschaft der NVA sowie die Stärkung des Schutzes der ganzen sozialistischen Staatengemeinschaft gewährleisten. Mit der Schaffung der Militärakademie wurde dem Erfordernis Rechnung getragen, schrittweise alle mittleren und höheren Führungskader «politisch und militärisch, wissenschaftlich und technisch so auszubilden, daß sie den komplizierten Anforderungen der Truppenführung im modernen Gefecht und den Ausbildungsaufgaben in unserer sozialistischen Armee gewachsen sind» (H. Hoffmann, 1, S. 297). Diese verantwortungsvolle Aufgabe wurde unter Führung der SED durch die Militärakademie erfolgreich erfüllt.
Von sehr entscheidender Bedeutung dabei waren die reichen Erfahrungen und Erkenntnisse der Sowjetarmee sowie die große Unterstützung, die sowjetische Militärspezialisten beim Aufbau der Bildungsstätte leisteten. Sie erstreckte sich gleichermaßen auf Fragen der Lehrprogramme, der Gewährleistung eines hohen Ausbildungsniveaus in den Fakultäten und Lehrstühlen wie auf die Entwicklung eines Lehrkörpers, der über die erforderlichen Kenntnisse und Fähigkeit für die Lehre, Forschung und Erziehung verfügt. Besonders vorteilhaft wirkte sich aus, daß ein Teil der Lehr- und Ausbildungsoffiziere bereits ein Studium an sowjetischen Militärakademien absolviert hatte bzw. die Möglichkeit erhielt, sich hier auf den verschiedenen Spezialgebieten zu qualifizieren.

An der Militärakademie standen in den ersten Jahren ihres Bestehens die Lehre und das Studium von Fragen der Gesellschaftswissenschaften und der Militärwissenschaft, der allgemeinen Truppenführung, der Organisation und des Einsatzes der Teilstreitkräfte und Waffengattungen sowie der materiellen und technischen Sicherstellung im Mittelpunkt. 1962 wurden den ersten Offiziershörern die akademischen Grade Diplommilitärwissenschaftler, Diplomgesellschaftswissenschaftler oder Diplomingenieur sowie das Absolventenabzeichen der Militärakademie «Friedrich Engels» verliehen. Die Ausbildungsergebnisse widerspiegelten die großen Fortschritte, die in kurzer Zeit bei der Verwirklichung des Prinzips der Einheit von Lehre, Forschung und Erziehung erreicht wurden. Sie bestätigten auch die Richtigkeit der engen Verbindung von Theorie und Praxis, der Akademie mit der Truppe im Ausbildungsprozeß.
Erste eigene Ergebnisse der Forschungstätigkeit, die sich insbesondere auf ausgewählte Probleme der marxistisch-leninistischen Militärwissenschaft, der Militärökonomie und der Militärtechnik konzentrierte und in die zunehmend auch Offiziers-

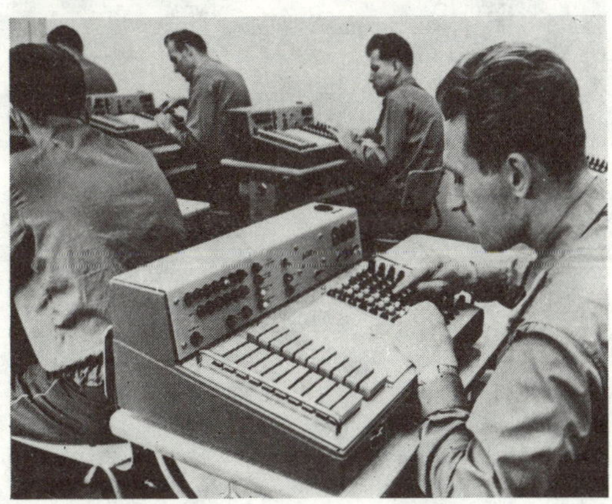

In der Lehrklasse für programmierte Ausbildung

hörer einbezogen wurden, erhöhten das theoretische Niveau der Lehrtätigkeit.

Bei der Meisterung der Aufgaben in Erziehung, Lehre und Forschung wuchs und festigte sich die Kampfkraft der Parteiorganisation. Die Kommunisten wurden ihrer Verantwortung bei der Verwirklichung der Beschlüsse der Partei auf allen Gebieten des politischen und militärischen Lebens gerecht. Die ideologische und organisatorische Einheit und Geschlossenheit ihrer Reihen war eine entscheidende Voraussetzung, um den ständig wachsenden Anforderungen an die Militärakademie gerecht zu werden. 1962 nahm die Fakultät für Kommandeure der Volksmarine ihre Tätigkeit auf. Seitdem erhalten Offiziere aller Teilstreitkräfte der NVA und der Grenztruppen der DDR, vorwiegend für die Ebene Truppenteil, eine militärakademische Ausbildung. Die Einrichtung einer Vorstudienfakultät, die bis zum 1. 9. 1965 bestand, ermöglichte es Offizieren, die noch nicht die notwendigen Voraussetzungen für ein akademisches Studium hatten, die erforderlichen Grundkenntnisse auf mathematischem und naturwissenschaftlichem Gebiet sowie in der russischen Sprache zu erwerben.

Zu Beginn der 60er Jahre wurde der Militärakademie das Recht zugesprochen, Promotionen A und B durchzuführen, die entsprechenden wissenschaftlichen Grade zu verleihen sowie wissenschaftliche Druckschriften herauszugeben. Mit ihren Publikationen unterstützt sie seitdem wirksam die Tätigkeit der anderen Ausbildungsstätten der NVA und leistet einen wichtigen Beitrag zur Weiterbildung der Offiziere im Truppen-, Flotten- und Stabsdienst (→ *militärwissenschaftliche Arbeit in der NVA*). Sie nimmt einen bedeutenden Platz in der sozialistischen Wehrerziehung der Bevölkerung der DDR ein.

Taktikausbildung von Offiziershörern im Gelände

Feierliche Übergabe der Diplome und Verabschiedung der Absolventen in den Truppendienst

1965 legte der → *Nationale Verteidigungsrat der DDR* die Richtung für die weitere Profilierung der Tätigkeit der Militärakademie fest. Besondere Aufmerksamkeit galt der breiten Anwendung von neusten Erkenntnissen der sowjetischen Militärwissenschaft, um die Kader frühzeitig mit den Veränderungen vertraut zu machen, die sich aufgrund der Revolution im Militärwesen im Bereich der operativen Kunst und Taktik vollzogen. Schwerpunkte der wissenschaftlichen Arbeit waren die Entwicklung der theoretischen Ansichten zu taktischen und operativ-taktischen Führungsproblemen, das Mensch-Technik-Verhältnis, die neueste Geschichte der Kriegskunst. Weiterhin wurden truppenwirksame Ergebnisse bei der Mechanisierung und Teilautomatisierung der Truppenführung erzielt. In der militärtechnischen Forschung wurden konkrete Verfahren zur Verbesserung von Wartungs-, Instandsetzungs- und Versorgungsarbeiten erprobt. Bedeutende Forschungsergebnisse gingen aus der Kooperation mit leitenden Offizieren und Wissenschaftlern des Ministeriums für Nationale Verteidigung, der Kommandos der Teilstreitkräfte und der Offiziershochschulen der NVA hervor. 1965 kam es erstmals zu vertraglichen Vereinbarungen mit der Friedrich-Schiller-Universität Jena sowie der Hochschule für Verkehrswesen «Friedrich List» Dresden. Später wurden solche Vereinbarungen auch mit der Technischen Universität Dresden, der Akademie der Wissenschaften der DDR, der Akademie für Gesellschaftswissenschaften beim ZK der SED und anderen wissenschaftlichen Einrichtungen der DDR abgeschlossen. Mit Wirkung vom 1. 9. 1970 erfolgte im Rahmen struktureller Veränderungen eine Umbildung der Fakultäten zu Sektionen, wobei die Eigenverantwortung der Sektionen erhöht und die Einzelleitung stärker ausgeprägt wurde. Die Tätigkeit des Wissenschaftlichen Rates konzentrierte sich auf die Qualität des theoretisch-weltanschaulichen Niveaus und der Praxisbezogenheit der Ausbildung sowie auf die erzieherische

Wirksamkeit. Dabei nahm die Ausprägung der Einheit von sozialistischem Patriotismus und Internationalismus im Denken und Handeln der Offiziershörer einen zentralen Platz ein. Die gesellschaftswissenschaftlichen Lehrstühle leisteten dazu einen anerkannten Beitrag, indem sie das militärpolitische und -theoretische Erbe der Klassiker des Marxismus-Leninismus und der revolutionären deutschen und internationalen Arbeiterbewegung weiter erschlossen und vermittelten sowie Probleme der theoretischen und praktischen Tätigkeit der SED im militärischen Bereich in ihrer geschichtlichen Entwicklung untersuchten und darstellten. Sie schufen wissenschaftliche Grundlagen für die Entwicklung von Formen und Methoden der ideologischen Arbeit, für Probleme des politisch-moralischen Zustandes der Truppen und ihrer psychologischen Vorbereitung auf einen vom Imperialismus entfesselten Krieg. Gleichermaßen bedeutsam waren Forschungsergebnisse über die Aggressionsvorbereitungen der NATO und deren Hauptmächte und ihre Nutzung in der Lehrtätigkeit. Die anderen Sektionen und Lehrstühle erhöhten ebenfalls die inhaltliche und methodische Qualität ihrer Arbeit gemäß den vom Wissenschaftlichen Rat gewiesenen Schwerpunkten. Sie setzten ihre Forschungen – langfristig geplant – unter dem Gesichtspunkt der Anforderungen eines modernen Krieges fort. Die Ergebnisse bereicherten den militärtheoretischen Gehalt des Unterrichts, viele gingen in die Truppenpraxis ein und bewirkten eine Erhöhung der Kampfkraft und Gefechtsbereitschaft der NVA. Sie stellten zugleich einen Beitrag zur Weiterentwicklung der marxistisch-leninistischen Militärwissenschaft dar. Auf operativ-taktischem Gebiet wurde der Anteil der Ausbildung im Gelände und auf Lehrgefechtsständen mit modernen Führungsmitteln beträchtlich erhöht. Im Unterricht bewährten sich Methoden, die die Hörer veranlaßten, ihre theoretischen Kenntnisse selbständig beim Lösen von Aufgaben des modernen Gefechts anzuwenden. Neue Anforderungen wurden in den 70er Jahren auch an die Weiterbildungsaufgaben gestellt. Zu den bisherigen Studienformen kamen Weiterbildungs- und Verwendungslehrgänge für Offiziere aller Teilstreitkräfte der NVA und der Grenztruppen der DDR. Seit 1971 besteht für Offiziere auch die Möglichkeit, sich durch ein von der Militärakademie organisiertes Fernstudium zu qualifizieren. Die Leistungen der Militärakademie bei der Ausbildung militärischer Führungskader, auf dem Gebiet der gesellschaftswissenschaftlichen und militärtheoretischen Forschung, ihr Beitrag zur Stärkung der Landesverteidigung der DDR fanden 1969 ihre Würdigung mit der Verleihung des Kampfordens «Für Verdienste um Volk und Vaterland» in Gold, 1974 mit der Verleihung des → *Scharnhorst-Ordens* und 1979 des Karl-Marx-Ordens.

Aus dem Klassenauftrag der NVA, an der Seite der Sowjetarmee und der anderen verbündeten Streitkräfte Frieden und Sozialismus auch künftig zuverlässig zu schützen, sowie aus der daraus resultierenden Notwendigkeit, angesichts des verschärften Aggressionskurses der NATO die Kampfkraft und Gefechtsbereitschaft der NVA weiter zu erhöhen, ergeben sich für die Militärakademie «Friedrich Engels» noch größere Aufgaben. Bei der Ausbildung von Führungskadern wird vor allem davon ausgegangen, daß sich deren Rolle und Verantwortung beträchtlich erhöhen, ihre erzieherischen Fähigkeiten, ihr militärisches Können und ihre moralisch-kämpferischen Eigenschaften bei der Vorbereitung der Truppe auf das moderne Gefecht noch an Bedeutung gewinnen. Ebenso findet Berücksichtigung, daß in unserer Zeit die Wissenschaft auch im Militärwesen zum wichtigsten Intensivierungsfaktor geworden ist. Bei der Lösung ihrer Aufgaben kann sich die Militärakademie «Friedrich Engels» auf die Zusammenarbeit mit vielen wissenschaftlichen Einrichtungen der DDR stützen. Besonders fruchtbare Beziehungen unterhält sie mit den Militärakademien der UdSSR und anderer sozialistischer Staaten.

Militärakademien → *Akademien*

Militäranwärter → *Kapitulant*

Militärapotheker → *Militärpharmazie*

Militärarchiv der DDR: zentrale wissenschaftliche Einrichtung in der → *Nationalen Volksarmee der DDR (NVA)* mit der Aufgabe, Archivgut der NVA, der Grenztruppen der DDR, der Zivilverteidigung der DDR sowie der militärischen Kommandobehörden und Formationen des ehemaligen Deutschen Reiches und der deutschen Territorialstaaten aufzubewahren und für die Auswertung zu erschließen.

Militärarchiv der DDR in Potsdam

Das M. wurde am 15. 7. 1964 als Deutsches Militärarchiv (seit 1972 M.) mit Sitz in Potsdam gegründet. Es ging aus dem im Jahre 1955 beim Stab der → *Kasernierten Volkspolizei (KVP)* gebildeten Historischen Archiv hervor. Dieses Archiv sollte die Akten des ehemaligen Heeresarchivs Dresden aufnehmen, die von der Sowjetunion gerettet und bis zum Jahre 1955 in der Peter-Pauls-Festung in Leningrad aufbewahrt worden waren. (Die Bestände des früheren Heeresarchivs Potsdam gingen im April 1945 infolge eines anglo-amerikanischen Bombenangriffs größtenteils verloren.) Da sich der geplante Standort des Archivs, die Festung Königstein, als nicht geeignet für die Lagerung von Archivalien erwies, wurde das Archiv in Potsdam beim → *Militärgeschichtlichen Institut der DDR* eingerichtet. Anfang 1959 waren die Bestände eingelagert. Nach Aufnahme der Tätigkeit des M. als selbständige Dienststelle der NVA 1964 erfolgte die Übernahme von Archivgut aus dem Verwaltungsarchiv des Ministeriums für Nationale Verteidigung der DDR. Das M. ist seitdem auch für das dokumentarische Material der KVP und der Grenzpolizei (→ *Grenztruppen der DDR*) zuständig. Es begann eine systematische Erschließung der Archivalien für die militärische Führungstätigkeit, militärwissenschaftliche und militärgeschichtliche Forschung und Lehre sowie zur Unterstützung der Traditionspflege. Seit 1973 ist das M. für die Genehmigung der Kassationsanträge, die Organisation und Durchführung der Weiterbildung der Archivare sowie die Öffentlichkeitsarbeit im Rahmen des Militärarchivwesens der DDR verantwortlich.

Der Gesamtbestand des M. umfaßt mehrere Tausend laufende Meter Archivgut. Zu den wichtigsten Beständen zählen die Archivalien der NVA und der Grenztruppen der DDR, die Akten des ehemaligen Heeresarchivs Dresden, Archivgut der preußischen Armee, der Reichswehr und der faschistischen Wehrmacht. Für diese Bestände liegen Findbücher und Spezialinventare vor. Die Findhilfsmittel für die Bestände der NVA sind thematisch bzw. bestandsübergreifend orientiert und ermöglichen einen schnellen Zugang zu den gewünschten Informationen. Das M. verfügt über eine wissenschaftliche Handbibliothek sowie eine umfangreiche Druck- und Dienstvorschriftensammlung. Es besitzt eigene technische Werkstätten für die Sicherungsverfilmung, die Anfertigung von Kopien sowie die Restaurierung und Konservierung. Als Zentralarchiv der NVA ist das M. verantwortlich für die archivwissenschaftliche Arbeit im Zuständigkeitsbereich und übt gegenüber den Verwaltungsarchiven der verschiedenen Kommandoebenen eine fachlich anleitende Tätigkeit aus. Das M. pflegt eine enge Zusammenarbeit mit anderen wissenschaftlichen Einrichtungen der NVA, mit der Staatlichen Archivverwaltung und den Staatsarchiven der DDR sowie den Militärarchiven der sozialistischen Bruderländer. Für seine Leistungen wurde das M. am 1. 3. 1981 mit der Verdienstmedaille der NVA in Gold ausgezeichnet.

Militärarchive: seit dem 17. Jh. bestehende Institutionen zur Sicherung, Aufbewahrung, Bewertung, Erschließung und Auswertung militärischen Registratur- und Archivguts.

Auf die Entwicklung der M. übten der Klassencharakter des jeweiligen Staates und die Funktionen seiner Streitkräfte einen bestimmenden Einfluß aus. Die ersten M. in deutschen Territorien entstanden im 17. Jh. mit dem Aufkommen stehender Heere und der Bildung organisatorisch festgefügter Institutionen der Heeresverwaltung. 1684 wurde beim sächsischen Geheimen Kriegsratskollegium ein M. eingerichtet; 1711 entstand in Wien zur Bearbeitung des Schriftguts des Hofkriegsrats das «Archivum bellicum». Im 17./18. Jh. waren die M. eng mit der Registratur in zentralen Einrichtungen der Heeresverwaltung verbunden. Die beginnende bürgerliche Umgestaltung des feudalabsolutistischen Militärwesens im Gefolge der Französischen Revolution von 1789 brachte mit den Veränderungen in der Führung, Organisation und Verwaltung der Streitkräfte auch eine Reorganisation der M. sowie die Bildung neuer M. 1801 wurde das Wiener Kriegsarchiv umgestaltet. 1804 entstand in München ein Geheimes Kriegsarchiv, das jedoch nur kurze Zeit existierte. 1816 wurde beim Großen Generalstab in Berlin ein Kriegsarchiv eingerichtet.

Mit der Herausbildung des bürgerlichen Militärwesens, insbesondere der Entwicklung des militärtheoretischen Denkens und dem Aufschwung der → *Militärgeschichtsschreibung* stieg die politische und wissenschaftliche Bedeutung der M. In zunehmendem Maße unterstützten die M. durch Bereitstellung von Archivalien militärgeschichtliche Forschungen sowie die unmittelbare Auswertung von Kriegserfahrungen. Nach den Kriegen von 1864, 1866 und 1870/71 schwoll das militärische Archivgut an. 1885 wurde das Bayrische Kriegsarchiv (München) und 1893 das Sächsische Kriegsarchiv (Dresden) gebildet. Diese M. förderten ähnlich wie das Kriegsarchiv des preußischen Großen Generalstabs die Erarbeitung amtlicher Heeresgeschichten und gaben zum Teil eigene militärhistorische Schriftenreihen heraus. In den übrigen deutschen Bundesstaaten existierten keine M.; militärisches Archivgut wurde dort von anderen Archiven mitverwaltet. In Preußen blieben die Militärakten bis zum ersten Weltkrieg auf 3 Archive verteilt: Das Archiv der Geheimen Kriegskanzlei nahm hauptsächlich militärische Personalakten auf. Im Geheimen Archiv des Kriegsministeriums lagerten die Akten des Kriegsministeriums und seiner Vorgänger sowie Akten von Kommando- und Heeresverwaltungsbehörden. Das

Kriegsarchiv des Großen Generalstabs erfaßte militärische Akten vor allem unter dem Aspekt der Auswertung von Kriegserfahrungen. Während des ersten Weltkrieges (1914–1918) fielen Militärakten in bisher nicht bekanntem Umfang an. Deshalb mußten neue Formen der Erfassung und Sichtung militärischen Schriftguts gefunden werden. Im Herbst 1914 wurde beim stellvertretenden Generalstab des Feldheeres in Berlin eine Prüfungsstelle für Kriegsakten eingerichtet. An diese hatten die Truppenteile, Stäbe und Militärbehörden den Großteil ihrer Akten und die abgeschlossenen → *Kriegstagebücher* einzusenden. Bis Kriegsende entwickelte sich die als selbständige Abteilung des stellvertretenden Generalstabs fungierende Prüfungsstelle für Kriegsakten zu einem M., das nahezu lückenlos die bis Ende 1916 entstandenen wichtigsten Akten und Kriegstagebücher des deutschen Feldheeres sowie eine beträchtliche Anzahl erbeuteter Militärakten aufbewahrte.

Die Niederlage des deutschen Imperialismus im ersten Weltkrieg und die veränderten politischen und militärischen Verhältnisse in der Zeit der Weimarer Republik beeinflußten Struktur und Wirksamkeit der M. in Deutschland. Mit dem am 1. 10. 1919 gebildeten Reichsarchiv entstand erstmals ein Archiv, das für alle militärischen Zentralbehörden und die ihnen nachgeordneten Stellen zuständig war. Das Reichsarchiv sollte, als zivile Institution getarnt, die Tätigkeit der durch den Versailler Vertrag verbotenen Kriegsgeschichtlichen Abteilungen des Generalstabs fortsetzen. Weiterhin hatte es die Aktenmassen der aufzulösenden militärischen Behörden und Formationen für die apologetische Geschichtsschreibung zu sichern. Daher nahm im Reichsarchiv die Historische Abteilung, eine vorwiegend mit ehemaligen Generalstabsoffizieren besetzte Abteilung, die Schlüsselstellung ein. Bis zu ihrer Herauslösung aus dem Reichsarchiv 1935 bestimmte sie mit der Herausgabe des amtlichen Geschichtswerkes «Der Weltkrieg 1914 bis 1918» maßgeblich das Profil des Reichsarchivs. Dagegen erlangte die eigentliche Archivabteilung nur wenig Selbständigkeit. Ihre Tätigkeit bestand vor allem in der Aufarbeitung der Weltkriegsakten und in verschiedenartigen hilfswissenschaftlichen Zuarbeiten. Sitz des Reichsarchivs war die ehemalige Kriegsschule in Potsdam. Da dieses Gebäude die anfallende Masse militärischer Akten nicht fassen konnte, bestanden weiterhin die Abteilung Berlin des Reichsarchivs und ab 1921 13 Reichsarchivzweigstellen an den Sitzen der ehemaligen Stellvertretenden Generalkommandos, die 1925/26 zu 3 M. – den Reichsarchivzweigstellen Dresden, Stuttgart und Spandau – zusammengefaßt wurden. Die Akten der Abteilung Berlin und der Reichsarchivzweigstelle Spandau kamen 1935 nach Potsdam in einen Magazinneubau des Reichsarchivs.

Die faschistischen Kriegsvorbereitungen stellten den M. neue Aufgaben. Im Oktober 1936 übergab das Reichsministerium des Innern die militärischen Bestände des Reichsarchivs an eine dem Generalstab des Heeres unterstellte Archivverwaltung. Der am 1. 4. 1937 begründeten Heeresarchivverwaltung wurden außer dem Heeresarchiv Potsdam das Bayrische Kriegsarchiv sowie die Reichsarchivzweigstellen Dresden und Stuttgart als Heeresarchive München, Dresden und Stuttgart angegliedert. Das Heeresarchiv Potsdam war zuständig für: 1. die gesamten brandenburgisch-preußischen Militärbestände vom 17. Jh. bis 1920; 2. die Akten der militärischen Kommando- und Verwaltungsbehörden des deutschen Heeres aus dem ersten Weltkrieg einschließlich des sog. Übergangsheeres und der vorläufigen Reichswehr mit Ausnahme der bayrischen, sächsischen, badischen und württembergischen Truppenteile; 3. die Archivalien der Reichswehr und des faschistischen Heeres. Das Heeresarchiv München verwaltete die bayrischen Militärakten von etwa 1650 bis 1920. Das Heeresarchiv Dresden verfügte über die sächsischen Militärbestände ab etwa 1830. Das Heeresarchiv Stuttgart war zuständig für das militärische Archivgut Badens und Württembergs von 1871 bis 1920. Nach der Annexion Österreichs und der Tschechoslowakei wurde 1938 das Wiener Kriegsarchiv als Heeresarchiv Wien der Heeresarchivverwaltung angeschlossen und 1939 die Heeresarchivzweigstelle Prag (mit Aktenbeständen des tschechoslowakischen Heeres) gebildet. 1940 entstand die Heeresarchivzweigstelle Danzig, die polnische Heeresakten und nach dem faschistischen Überfall auf die UdSSR auch geraubte sowjetische Militärakten übernahm. Neben den Heeresarchiven bestanden im faschistischen Deutschland noch weitere M. Das nach dem ersten Weltkrieg gebildete Marinearchiv gehörte zur Kriegswissenschaftlichen Abteilung der Kriegsmarine. Die faschistische Luftwaffe begann nach 1937 innerhalb der Kriegswissenschaftlichen Abteilung der Luftwaffe ein M. aufzubauen. Die Waffen-SS besaß ebenfalls ein Archiv, das der Kriegsgeschichtlichen Abteilung der Waffen-SS angegliedert war.

Die M. nahmen mit ihren Mitteln aktiv an der Kriegsvorbereitung teil und versuchten während des zweiten Weltkrieges (1939–1945), die Kriegsakten und -tagebücher der Wehrmacht für die faschistische Militärhistoriographie sicherzustellen. Einen spezifischen Beitrag zur Eroberungspolitik leisteten die «Beauftragten des Chefs der Heeresarchive zur Erfassung von Beuteakten» in den vom faschistischen Deutschland okkupierten Territorien Europas. Unter ihrer Leitung erfolgten der Raub ausländischer M. sowie die Erfassung, erste Auswertung und Weiterleitung von Militärakten, die während oder nach Kampfhandlungen erbeutet wurden. In den letzten

Kriegsjahren zwangen die zunehmenden anglo-amerikanischen Luftangriffe die M. zur Auslagerung ihrer Bestände. Ende 1943 wurde die Abteilung für Kriegstagebücher des Heeresarchivs Potsdam in den Raum Liegnitz evakuiert. Sie kehrte 1944 in die Umgebung Potsdams zurück und kam von dort nach Blankenburg im Harz und nach Bad Reichenhall, wohin auch Bestände des preußischen Kriegsministeriums und des preußischen Generalstabs ausgelagert wurden. Von Bad Reichenhall gelangten Teile der Akten des preußischen Kriegsministeriums und des Generalstabs nach Kufstein. Kurz vor Kriegsende gab der «Beauftragte des Führers für die militärische Geschichtsschreibung», dem der Chef der Heeresarchive seit 1942 unterstand, den Befehl zur Vernichtung sämtlicher militärischer Archivbestände. In Kufstein kam man diesem Befehl vollständig und in Bad Reichenhall teilweise nach. In Bad Reichenhall erbeuteten amerikanische Truppen einige Bestände (vor allem private Nachlässe, ältere preußische Heeresakten). Die in Blankenburg lagernden Militärakten fielen in britische Hände. Der verbliebene Hauptbestand des Heeresarchivs Potsdam wurde am 14. 4. 1945 bei einem anglo-amerikanischen Luftangriff fast völlig vernichtet. Die Archivalien des Heeresarchivs Dresden, deren überwiegender Teil ausgelagert war, kamen in den Gewahrsam der Sowjetarmee. Sie wurden 1955 von der UdSSR an die DDR übergeben und bilden einen wichtigen Bestand des → *Militärarchivs der DDR*. Das Heeresarchiv München (wenig Kriegsverluste) wurde nach 1945 als Abteilung II in das Bayrische Hauptstaatsarchiv München eingegliedert. Die vom Heeresarchiv Stuttgart (wenig Kriegsverluste) verwalteten Akten wurden aufgeteilt: Die badischen Militärakten gelangten in das Generallandesarchiv Karlsruhe und die württembergischen in das Staatsarchiv Stuttgart. Das Marinearchiv hatte seine Bestände nach Schloß Tambach bei Coburg und von dort teilweise nach Garmisch verlagert. Sie wurden von amerikanischen Truppen erbeutet und von diesen an Großbritannien übergeben. Das nach Karlsbad evakuierte Luftwaffenarchiv wurde zum größten Teil vernichtet. Die bei den militärischen Kommando- und Verwaltungsbehörden verbliebenen, nicht an die Archive abgegebenen Akten und Kriegstagebücher wurden bei Kriegsende entweder befehlsgemäß vernichtet, fielen Kriegseinwirkungen zum Opfer oder wurden von alliierten Truppen in Besitz genommen. Bei der Vorbereitung und Durchführung des Nürnberger Hauptkriegsverbrecherprozesses und insbesondere im Prozeß gegen das OKW (Fall 12 der Nürnberger Nachfolgeprozesse) lieferten die von der Antihitlerkoalition erbeuteten Wehrmachtakten neben Unterlagen anderer faschistischer Behörden und Organisationen wichtige dokumentarische Beweise für die verbrecherische Politik und Kriegführung des faschistischen Deutschlands.

Das 1952 in Koblenz gebildete Bundesarchiv war ein Ansatz zur Wiederbelebung des imperialistischen deutschen M.wesens. Mit der verstärkten Remilitarisierung der BRD und dem damit verbundenen Auftrieb der imperialistischen Militärgeschichtsschreibung versuchte die Dienststelle Blank, alles militärische Archivgut unter ihre Aufsicht zu stellen. Als Resultat einer zwischen ihr und dem Bundesministerium des Innern geschlossenen Vereinbarung (durch Kabinettsbeschluß vom 23. 6. 1954 bestätigt) kam es in der BRD zur Bildung von 2 zentralen M.: der Abteilung M. im Rahmen des Bundesarchivs und der Dokumentenzentrale. Erstere wurde dem Bundesinnenministerium unterstellt, letztere der Militärgeschichtlichen Forschungsstelle in Langenau bei Ulm (seit 1958 Militärgeschichtliches Forschungsamt in Freiburg im Breisgau) angeschlossen, die wiederum der Bundeswehr direkt unterstellt wurde. In die Dokumentenzentrale gelangten die Akten der Bundeswehr und ihrer Vorläufer sowie die seit Ende der 50er Jahre von den USA und Großbritannien an die BRD übergebenen Bestände der ehemaligen deutschen M. 1968 wurde zwischen dem Bundesministerium der Verteidigung und dem Bundesinnenministerium eine offizielle Vereinbarung zur Zusammenfassung des militärischen Archivguts unterzeichnet. Das nunmehr als Bundesarchiv-M. bezeichnete Archiv vereint die Bestände der beiden M. Es setzt die Traditionen der faschistischen M. fort und dient mit seinen archivalischen Quellen der imperialistischen Militärhistoriographie.

Das M.wesen der DDR erhielt bei seiner Entwicklung von den M. der UdSSR vielseitige Unterstützung. Im Jahre 1964 wurde das Deutsche M. (seit 1972 M. der DDR, Potsdam) gegründet. Schriftgut der NVA, das für den laufenden Geschäftsverkehr nicht mehr benötigt wird, gelangt in die Verwaltungsarchive der NVA, die es nach Ablauf einer festgelegten Aufbewahrungsfrist zum endgültigen Verbleib sowie zur wissenschaftlichen Bearbeitung und Nutzung an das M. der DDR übergeben.

militärärztliche Bildungsanstalten: medizinische Einrichtungen mit Hochschulcharakter zur Ausbildung von Ärzten für den militärischen Dienst.

Bis zum Beginn des 18. Jh. waren in den deutschen Armeen einige wenige akademisch gebildete Ärzte und eine größere Zahl → *Feldschere* tätig. Der Charakter der sich in der zweiten Hälfte des 17. Jh. herausbildenden stehenden Heere und ihr zahlenmäßiges Anwachsen erforderten eine immer größere Anzahl wissenschaftlich gebildeter Kader (→ *Sanitätswesen*). Auf Vorschlag des ersten Generalchirurgen der preußischen Armee, Ernst Konrad Holtzendorffs (1688–1751), verfügte König Friedrich Wilhelm I. von Preußen (1688–1740) in den Jahren von

1713 bis 1724 die Gründung dreier medizinisch bedeutsamer Einrichtungen in Berlin: des Theatrum Anatomicum, des Collegium medico chirurgicum und des Botanischen Gartens. Hier wurden vornehmlich Kompaniefeldschere zu Medico-Chirurgen der Regimenter und Lazarette ausgebildet. Den als Pensionärchirurgen Kommandierten stand das Bürgerlazarett Charité zur Verfügung. 1748 wurde für Sachsen ein Collegium medico chirurgicum in Dresden eröffnet. Die bayrische Armee verlangte bei der Einstellung von Chirurgen den Nachweis einer dreijährigen medizinischen Ausbildung in Ingolstadt. Der Übergang zur akademischen Ausbildung der Regiments- und Lazarettchirurgen begann in Preußen 1795 mit der Stiftung der Pepinière, einer Anstalt für die Ausbildung von Militärärzten. Zuvor waren 1770 an der württembergischen Höheren Militärschule (Karlsschule) eine medizinische Fakultät und 1786 in Wien die k. u. k. medizinisch-chirurgische Josephs-Akademie gegründet worden. Nach dem Vorbild der militärischen «Pflanzschulen» vereinte sich in der Pepinière die wissenschaftlich-medizinische Ausbildung, welche vom Collegium medico chirurgicum getragen wurde, mit der militärischen Ausbildung und einer strengen Erziehung zur preußisch-militaristischen Subordination. 1811 bzw. 1815 traten an die Stelle der medizinisch-chirurgischen Kollegien in Preußen und Sachsen medizinisch-chirurgische Akademien (in Berlin ausschließlich für das Militär). Die 1818 zum Friedrich-Wilhelm-Institut erhobene Pepinière konnte auch gemeinsam mit der Akademie den Bedarf an ausgebildeten Chirurgen für den Kriegsfall nicht decken. Vorübergehend wurden deshalb zwischen 1822 und 1852 Wundärzte für die Armee an Chirurgenschulen in Breslau, Greifswald, Königsberg und Münster ausgebildet. 1852 führten fast alle deutschen Staaten die obligatorische Universitätsausbildung für Mediziner ein, verbunden mit der einjährig-freiwilligen Dienstzeit (in der Regel 6 Monate vor dem Studium mit der Waffe und 6 Monate nach dem Studium und der Approbation als Unterarzt in der Truppe). Im Jahre 1895 wurde das Friedrich-Wilhelm-Institut in die «Kaiser-Wilhelm-Akademie» umbenannt. An ihr wurden die Militärärzte aller deutschen Staaten, außer Bayern, ausgebildet. Die Ausbildung umfaßte 10 Semester und ein praktisches Jahr an der Charité. Der Funktion der neuen Ausbildungsstätte, Heranbildung ausreichenden militärärztlichen Personals für die bevorstehenden Aufgaben der imperialistischen Aggressionsarmee, entsprachen der dem Studium vorausgehende Waffendienst bei Gardetruppenteilen sowie die studienbegleitende militärmedizinische und militärische Ausbildung. Militärärzte des Stammpersonals der Akademie waren Mitglieder von Missionen mit besonderen Aufgaben während der Marokkokrise, im Burenkrieg, im Fernen Osten und auf dem Balkan sowie bei tropenmedizinischen Expeditionen.

1934 wurde in den Gebäuden der 1919 aufgelösten Kaiser-Wilhelm-Akademie die Militärärztliche Akademie der faschistischen Wehrmacht eröffnet. Seit 1938 bestanden daneben medizinische Akademien der Kriegsmarine und der Luftwaffe. Die militärärztliche Ausbildung war nach dem Muster der Kaiser-Wilhelm-Akademie aufgebaut, jedoch durch Wehrpathologie, Wehrhygiene und Wehrpsychologie als selbständige Lehrfächer erweitert. In die Lehre fanden die faschistische Ideologie über die Rassenhygiene und die rassistische Psychohygiene Eingang. Wissenschaftliche Hilfseinrichtungen, wie die Abteilung für Wehrmachtsanitätsstatistik, das hygienisch-chemische Laboratorium und das Tropenmedizinische Institut, erfüllten spezielle Aufgaben, die ihnen die Heeressanitätsinspektion der Wehrmacht stellte. Die m. B. in Deutschland waren seit ihrer Entstehung bis 1945 Pflanzstätten des preußisch-deutschen Militarismus innerhalb der medizinischen Intelligenz. Sie bildeten die Kader des Sanitätsdienstes vornehmlich für die medizinische Sicherstellung der Armeen in Aggressionskriegen aus. Die Lehrkräfte und Absolventen der 1956 gegründeten Sanitätsschule der Bundeswehr und der hieraus 1963 in München hervorgegangenen Akademie des Sanitäts- und Gesundheitswesens der Bundeswehr der BRD fühlen sich berufen, die Traditionen der Militärärztlichen Akademie der Wehrmacht fortzusetzen.

In der Deutschen Demokratischen Republik werden an der → *Militärmedizinischen Akademie (MMA)* und an der → *Militärmedizinischen Sektion an der Ernst-Moritz-Arndt-Universität* Greifswald Hoch- und Fachschulkader des medizinischen Dienstes der NVA aus- und weitergebildet.

Militärattaché: seit dem 19. Jh. den diplomatischen Vertretungen eines Staates ständig beigegebener Offizier.

Die Institution des M. entstand nach den napoleonischen Kriegen im Zusammenhang mit der Festigung der bürgerlich-kapitalistischen Gesellschaftsordnung in Europa. Die großen Veränderungen im Militärwesen dieser Zeit schufen ein allgemeines Interesse an der Auswertung fremder Entwicklungen. Zu diesem Zweck wurde den Auslandsvertretungen ein Militärfachmann attachiert. Auftrag und Stellung des M. bestimmten erstmals das Wiener Reglement von 1815 und in jüngster Zeit die Wiener Konferenz über die Regeln des diplomatischen Verkehrs und der Immunitäten von 1961. Als Aufgabe des M. kapitalistischer Staaten gelten die Unterstützung des Chefs der Vertretung in militärischen Fragen, die Repräsentation der eigenen Armee im Empfangsstaat und die legale Nachrichtenbeschaffung. Zu den ersten Staaten, die M. entsandten, gehörten Österreich und Rußland. Preußen kommandierte 1831 erstmals einen Offizier an seine diplomatische Vertretung in Paris. Die Zahl der M. wuchs in der zweiten Hälfte des 19. Jh. sehr schnell. Im Mittelpunkt ihrer Arbeit stand zunehmend die sachverständige und kontinuierliche Beobachtung der militärischen Entwicklung in den verschiedenen Staaten, wobei das Prinzip der Legalität immer häufiger durchbrochen wurde. Mit dem Übergang zum Imperialismus verstärkte sich die Zahl der M., zu denen in Deutschland seit 1894 auch Marineattachés traten. Nach der Niederlage im ersten Weltkrieg und der Novemberrevolution von 1918 zog Deutschland seine M. zurück. Im Jahre 1933 wurden erneut M. eingesetzt und 1938 die Stellung des Luftwaffenattachés geschaffen.

Die ersten M. der DDR wurden im Jahre 1957 akkreditiert. Als diplomatische Vertreter stehen den M. alle entsprechenden Immunitätsrechte zu. Sie sind heute in den meisten Fällen dem Leiter der diplomatischen Vertretung und ihrem militärischen Vorgesetzten unterstellt. Der Rang M., Attaché für Luftstreitkräfte oder Attaché für Seestreitkräfte kann durch den Minister für Nationale Verteidigung der DDR verliehen werden. Die Grundlagen der Tätigkeit der M. der DDR bilden die Beschlüsse des ZK der SED und der Staatsführung der DDR zur Außen-, Sicherheits- und Militärpolitik. Den M. obliegt die Aufgabe, als militärische Repräsentanten der DDR einen Beitrag zur Entwicklung der Beziehungen zwischen der NVA und den Streitkräften des Empfangsstaates zu leisten. In Abhängigkeit vom Charakter der gesamtstaatlichen Beziehungen können das Beziehungen der Freundschaft und Waffenbrüderschaft, der antiimperialistischen Solidarität und Unterstützung oder Beziehungen zur Durchsetzung der Politik der friedlichen Koexistenz sein. Der grundlegende Unterschied in der Aufgabenstellung und der sich daraus ergebenden Tätigkeit der militärischen Repräsentanten sozialistischer und imperialistischer Staaten ergibt sich aus dem entgegengesetzten Charakter und den Zielen der beiden Gesellschaftssysteme, ihrer Außen- und Militärpolitik sowie ihrer Streitkräfte. Die M. sozialistischer Staaten sind Interessenvertreter der Arbeiterklasse sowie aller Werktätigen ihres Landes. Ihre gesamte Tätigkeit ist deshalb auf die Schaffung günstiger internationaler Bedingungen für den Aufbau des Sozialismus bzw. Kommunismus ausgerichtet und dient somit der Erhaltung und Sicherung des Friedens.

Militärbeamter: vorwiegend auf dem Gebiet der Administration und der Dienste tätiger Angehöriger der bürgerlich-imperialistischen Streitkräfte, meistens mit militärischem Rang, dessen rechtliche Stellung aber durch das Beamtenrecht geregelt ist.

Seit Beginn der bürgerlichen Umwälzung in Preußen und anderen deutschen Staaten Anfang des 19. Jh. entstand das für kapitalistische Staaten typische Beamtentum. Im Militärwesen bildete sich das Dienstverhältnis der M. heraus, deren Zahl, Bedeutung und Verwendungsgebiete sich in der Folgezeit immer mehr vergrößerten. Die historische Wurzel des M.tums reicht in die Zeit zurück, als die stehenden Heere aufkamen und sich die Notwendigkeit ergab, ständige militärische Einrichtungen besonders für die administrative, finanzielle und materiell-technische Sicherstellung der Armeen zu schaffen und sie mit Kräften zu besetzen, die die erforderlichen Spezialkenntnisse (z. B. auf dem Gebiet der Verwaltung, des Rechnungswesens, der Magazinversorgung) hatten. Status und rechtliche Stellung der M. einschließlich der für die Beamten charakteristischen Privilegien wurden durch gesetzliche Bestimmungen geregelt, von denen für die preußische Armee bzw. die Streitkräfte des deutschen Kaiserreichs das Militärpensionsreglement für Offiziere und M. vom 13. 6. 1825, das Gesetz über die Rechtsverhältnisse der Reichsbeamten vom 31. 3. 1873 sowie die Verordnung über die Klasseneinteilung der M. vom 1. 8. 1908 zu den wichtigsten zählten. Obere M. waren nach dieser Verordnung M. im Offiziersrang, die übrigen gehörten zu den unteren M. Die M. wurden vor allem im Verwaltungsdienst, in Intendanturen, im Justiz-, Bildungs- und Veterinärwesen, in technischen und wissenschaftlichen Einrichtungen sowie in der Militärseelsorge verwendet. Je nach Dienststellung und Rang waren die M. entweder dem militärischen Vorgesetzten oder diesem und gleichzeitig dem vorgesetzten M. oder auch nur dem vorgesetzten Beamten unterstellt. Neben den M. gab es in den Streitkräften außerdem Zivilbeamte der Militärverwaltung ohne militärischen Rang. In der Reichswehr der Weimarer Republik war die Zahl der M. durch die militärischen Bestimmungen des Versailler Vertrages 1919 außerordentlich begrenzt; vor allem die Intendanturbeamten bei den Wehrkreiskommandos und die der Truppe gehörten dazu. Die meisten Beamten wurden zu den Zivilbeamten der Heeresverwaltung gerechnet. Die Aufrüstung des faschistischen Deutschlands brachte eine erhebliche Vergrößerung der Zahl der M. Mit der Verordnung über Rang- und Dienstverhältnisse und die Uniform der Wehrmachtbeamten (Heer) vom 22. 12. 1934 wurde die Trennung in M. und Zivilbeamte beseitigt und die einheitliche Bezeichnung Wehrmachtbeamte in allen Teilstreitkräften der Wehrmacht eingeführt. Vom 1. 6. 1941 an unterstanden diese neben ihren Fachvorgesetzten auch militärischen Vorgesetzten und hatten sich nach Maßgabe ihrer Dienstobliegenheiten an Kampfhandlungen zu beteiligen. Ab 1. 5. 1944 wurden Wehrmachtbeamte des Intendantur- und nichttechnischen Verwaltungsdienstes (darunter die große Gruppe der Zahlmeister sowie die des richterlichen Dienstes) als Offiziere im Truppensonderdienst bezeichnet. In der Bundeswehr der BRD besteht die Einrichtung der M. weiter.

Militärbefehlshaber: seit Anfang des 19. Jh. in Preußen und später im Deutschen Reich Funktionsbezeichnung für Offiziere (in der Regel im Generalsrang), die – mit besonderen, weitgehenden Vollmachten ausgestattet – die Aufgabe hatten, innere Unruhen gewaltsam zu unterdrücken oder das Okkupationsregime in besetzten Gebieten zu sichern.

In dem Bestreben, die Macht der herrschenden Ausbeuterklassen notfalls auch durch den Einsatz der Streitkräfte zu schützen, erhielten in Preußen bereits im 18. Jh. Truppenkommandeure den Status von M. in einem bestimmten Territorium. Sog. Tumultbestimmungen, z. B. die Zirkularverordnung vom 30. 12. 1798, übertrugen ihnen Vollmachten bis zum Waffeneinsatz zur Unterdrückung von politischen Unruhen und zur «Wiederherstellung der inneren Ordnung». Als in den preußischen Provinzen 1815 Generalkommandos geschaffen wurden, bekamen die an ihrer Spitze stehenden Kommandierenden Generale (→ *General*) den Oberbefehl über alle in ihrem Kommandobereich befindlichen Truppen und Militärpersonen. Nach Einführung der Korpsgliederung wurden sie 1820 außerdem Befehlshaber der in ihren Provinzen stehenden Korps. Der Kommandierende General war jetzt sowohl Territorialbefehlshaber der Provinz und in dieser Eigenschaft M. als auch Korpskommandeur. Nach der Revolution von 1848/49 wurden die Befugnisse der M. beträchtlich erweitert und im Gesetz über den Belagerungszustand vom 4. 6. 1851 verankert. Die M. konnten jetzt im Falle eines Belagerungszustandes bzw. bei einer «Gefahr im Verzuge» selbständig Truppen einsetzen, Verhaftungen vornehmen und andere Unterdrückungsmaßnahmen durchführen. Das Gesetz vom 4. 6. 1851, das durch die Verfassung des Norddeutschen Bundes von 1868 und die Reichsverfassung von 1871 bestätigt und auf das ganze Reich ausgedehnt wurde, verschiedene Vorschriften über den Waffengebrauch des Militärs (u. a. vom 23. 3. 1899 und vom 19. 3. 1914) sowie spezielle Erlasse der Kommandierenden Generale in ihren Befehlsbereichen über das «Verhalten bei inneren Unruhen» regelten im Kaiserreich (Bayern hatte Sonderregelungen) bis ins einzelne die Befugnisse der M. im Kriegs- und Belagerungszustand, wobei die vollziehende Gewalt an sie überging. Zu den Repressivmaßnahmen im Innern gehörten im Frieden einschneidende Beschränkungen der persönlichen Freiheit, Sondergerichte, Pressezensur und Presseverbote, im Kriegsfall darüber hinaus die militärische Kontrolle kriegswichtiger Betriebe und die Einziehung streikender Arbeiter (→ *kaiserlich-deutsches Heer*). Während des ersten Weltkrieges zählten zu den M. die stellvertretenden Kommandierenden Generale in den Armeekorpsbereichen des Reichsgebiets und die Gouverneure bzw. Kommandanten von Festungen; am 8. 12. 1916 wurde der preußische Kriegsminister zum Ober-M. ernannt. Die M. griffen, besonders in den letzten Kriegsjahren, tief in das öffentliche Leben ein. So wurden zur Niederschlagung des Januarstreiks 1918 der verschärfte Belagerungszustand ausgerufen und außerordentliche Kriegsgerichte eingesetzt. In der Zeit der Weimarer Republik und während der faschistischen Diktatur fand die Bezeichnung M. im Zusammenhang mit dem inneren Einsatz der Armee ebenfalls Verwendung. Während des zweiten Weltkrieges wurden die inneren Sicherungsaufgaben der Wehrkreisbefehlshaber weitgehend von den sog. Höheren SS- und Polizeiführern sowie von Reichsverteidigungskommissaren übernommen.

M. in okkupierten Gebieten wurden während des Deutsch-Französischen Krieges 1870/71 in den von den preußisch-deutschen Behörden gebildeten Generalgouvernements Elsaß, Lothringen, Reims und Versailles und während des ersten Weltkrieges in den Generalgouvernements Belgien und Warschau eingesetzt. Ihre Aufgaben bestanden vor allem darin, das rückwärtige Gebiet der eigenen Truppen zu sichern, kriegswichtige Güter zu erfassen, Steuern und Kontributionen einzutreiben und jeden Widerstand der Bevölkerung gegen die Okkupationsbehörden sowie die Nichtbefolgung ihrer Anordnungen mit drakonischen Strafen einschließlich Geiseltötung und Niederbrennen von Ortschaften zu ahnden. Während des zweiten Weltkrieges wurden von der militärischen Führung Hitlerdeutschlands M. im sog. Generalgouvernement, in den Niederlanden, Belgien, Nordfrankreich, Luxemburg, Serbien und Griechenland eingesetzt. Ihre Aufgabe bestand ähnlich wie die der z. B. in Dänemark, Norwegen sowie in Teilen der okkupierten sowjetischen Gebiete (baltische Republiken und Ukraine) eingesetzten Wehrmachtbefehlshaber sowie der Wehrmachtbevollmächtigten im sog. Protektorat Böhmen und Mähren in der militärischen Sicherung der okkupierten Länder und Gebiete und in der Unterstützung der Unterdrückungs-, Raub- und Vernichtungsmaßnahmen gegenüber der dortigen Bevölkerung. So nahmen die den M. unterstehenden bewaffneten Organe in verschiedenen okkupierten Ländern an «Strafexpeditionen» gegen die Bevölkerung, der Verfolgung von Kommunisten und anderen progressiven und patriotischen Kräften, der Vernichtung jüdischer Bevölkerungsteile, der Zwangsverschleppung von Arbeitskräften und anderen verbrecherischen Handlungen teil.

Militärberater → *Militärmission*, → *Nationale Volksarmee der DDR (NVA)*

Militärbezirk → *Landstreitkräfte der NVA (LaSK)*

Militärbibliothek der DDR: zentrale Fachbibliothek in der → *Nationalen Volksarmee der DDR (NVA)* für militärisches Schrifttum und Zentrum für militärwissenschaftliche Bibliographie in der DDR.

Die M. nahm 1965 ihre Tätigkeit in Strausberg (Bezirk Frankfurt) auf. Sie wurde 1971 nach Dresden verlegt und dort im Februar 1972 wiedereröffnet. Sie unterstützt mit ihren bibliothekarisch-bibliographischen Kräften und Mitteln die wissenschaftliche Führungstätigkeit, Forschung, Lehre und Truppenpraxis in der NVA und den Grenztruppen der DDR. Sie dient in vielfältiger Weise der politisch-ideologischen Arbeit in den bewaffneten Kräften und der sozialistischen Wehrerziehung der Bevölkerung. Im Bibliothekswesen der NVA wirkt die M. koordinierend in der bibliothekarischen Arbeit, in der Aus- und Weiterbildung der Bibliothekare sowie als fachlich-methodisches Zentrum. Sie fungiert als Zentrale des Leihverkehrs und des Schriftentausches zwischen der NVA und Bibliotheken anderer Bereiche der DDR sowie Bibliotheken des Auslandes. In der M. wird der zentrale Übersetzungsnachweis der NVA geführt. Sie hat Archivfunktion für das gesamte militärische Schrifttum der DDR, führt den fachlichen Zentralkatalog für das Gebiet Militärwesen und veröffentlicht militärwissenschaftliche Bibliographien. Die M. arbeitet zur Lösung ihrer Aufgaben eng mit anderen wissenschaftlichen Bibliotheken und Einrichtungen der DDR sowie mit gleichartigen Bibliotheken sozialistischer Staaten zusammen.

Blick vom Tonstudio in den Lesesaal der Militärbibliothek

Militärbibliotheken: seit dem 18. Jh. bestehende Institutionen zum planmäßigen Aufbau, zur systematischen Ordnung und laufenden Ergänzung von Sammlungen militärischer Literatur.

M. entstanden in den deutschen Staaten in der 2. Hälfte des 18. Jh. Sie wurden bei militärischen Bildungsanstalten und in einzelnen Regimentern eingerichtet. Die Regimentsbibliotheken mußten aus monatlichen Spenden von den Offizieren mitfinanziert werden. Eigene M. besaßen die sächsische Artillerieschule in Dresden (seit 1766) und die Kriegsschule des Grafen Wilhelm von Schaumburg-Lippe (1724–1777); in Hannover gab es eine Ingenieur- und eine Artillerie-Bibliothek (1803 in Kassel vereinigt). Bereits 1793 erschien unter Leitung von Hauptmann Gerhard Scharnhorst (1755–1813) ein gedruckter Katalog der Artillerie-Bibliothek. Die M. unterstützten die Entwicklung von Militärliteratur (→ *Militärpresse*) und trugen zur Verbreitung progressiver militärischer Gedanken bei, ihr Wirkungskreis blieb jedoch begrenzt (Mangel an Geld, Bildungsfeindlichkeit eines Großteils des feudalen Offizierskorps). In den Kriegen nach 1792 und während der Besetzung der deutschen Länder durch französische Truppen ging der Bestand vieler M. ganz oder teilweise verloren.

Im bürgerlichen Militärwesen erhielten die M. als Institutionen zur Sammlung der anschwellenden Militärliteratur und zur Unterstützung der Erziehung und Ausbildung in den Streitkräften einen größeren Wirkungskreis und festeren Organisationsstatus. Die militärischen Führungsorgane richteten an Bildungs- und Verwaltungsinstitutionen sowie in Garnisonen eine M. ein bzw. bauten ältere M. aus und lenkten deren Tätigkeit nach Erfordernissen des kapitalistischen Militärwesens. Im Laufe des 19. Jh. setzte sich bei den M. eine stärkere Spezialisierung durch, zugleich wurden Verbindungen zu den Landes-, Universitäts- und Stadtbibliotheken hergestellt. In Preußen entwickelte sich die 1816 gegründete Bibliothek des Großen Generalstabes zur größten und führenden M. (1857 11000 Bände). Sie übernahm den Buchbestand der 1816 aufgelösten Plankammer; 1830 wurde der erste Katalog fertiggestellt (der erste gedruckte Katalog erschien 1861). Daneben besaßen die Allgemeine Kriegsschule, die Divisionsschulen, die Kadettenanstalten, die Artillerie- und Ingenieurschule sowie viele Truppenteile und Dienststellen eigene M. (1824 bestanden in der preußischen Armee insgesamt 95 M.). Bayern hatte eine M. im 1804 gegründeten Kriegsarchiv; sie wurde 1895 als Bayrische Armee-Bibliothek selbständig. M. bestanden auch in den Heeren einiger Mittel- und Kleinstaaten des Deutschen Bundes. Bibliothekarisch betreut wurden die M. zumeist von fachlich nicht oder unzureichend vorgebildeten Offizieren. Der Buchbestand war im allgemeinen nur unzureichend erschlossen.

Nach 1871 wurden die M. in Deutschland durch die Militärbehörden straffer zusammengefaßt und zielstrebiger auf die Bedürfnisse der Streitkräfte zugeschnitten, die sich aus deren raschem Ausbau und der verstärkten politisch-ideologischen Beeinflussung der Offiziere, Unteroffiziere und Mannschaften ergaben. Mit der steigenden Zahl militärischer Schriften und der anschwellenden militaristischen Massenliteratur erhöhte sich der Buchbestand der M. Die M. des Großen Generalstabes, die nach neuen Erwerbungsrichtlinien weiter ausgestattet wurde, erhielt 1872 den Bestand der in Metz erbeuteten M. der französischen Artillerie- und Ingenieurschule (18700 Bände), außerdem übernahm sie Nachlässe (Privatbibliotheken) von Militärschriftstellern, so 1893 die Bibliothek von Theodor von Bernhardi (1803–1887) und 1900 den Nachlaß von Max Jähns (1837–1900). 1896 wurde erstmals mit der Aufstellung eines alphabetischen Katalogs begonnen (fertiggestellt 1900). 1890 wurde in Preußen der Status aller M. präzisiert (einheitliche Bezeichnung «Militär-Bibliothek» für alle Bibliotheken von Truppenteilen, Garnisonen, Schulen und Dienststellen) und vom Kriegsministerium eine «Verwaltungsordnung der Militär-Bibliotheken» erlassen. Danach sollten die M. die aktiven und Reserveoffiziere sowie die höheren Beamten der Heeresverwaltung bei der fachlichen Weiterbildung unterstützen. Trotz dieser Maßnahmen blieb die fachliche Leitung der M. häufig unzureichend; denn das im öffentlichen Bibliothekswesen nach 1871 entstehende Berufsbild des Bibliothekars fand vorerst keinen Eingang in die M.

Durch die Einrichtung von Mannschaftsbibliotheken (Soldatenbüchereien) nach 1871 suchte die militärische Führung den Einfluß von Ideen der revolutionären Arbeiterbewegung auf die Soldaten zurückzudrängen. Das preußische Kriegsministerium wies mehrfach darauf hin, den Wirkungskreis dieser M. durch die Ausstattung mit monarchistischer Geschichts- und Kriegsliteratur, religiösen Schriften und nationalistischer Belletristik sowie durch eine vereinfachte Benutzung zu verbreitern. Ähnliche Verfügungen wurden auch von den Kriegsministerien in Sachsen, Bayern und Württemberg erlassen. In der Kaiserlichen Marine entstanden eigene Schiffsbibliotheken, die aus 2 zentralen Stationsbibliotheken (Kiel und Wilhelmshaven) eine festgelegte Anzahl von Büchern erhielten. Ein turnusmäßiger Umtausch gewährleistete ihre regelmäßige Belieferung mit neuer Literatur.

Die Niederlage des deutschen Imperialismus und Militarismus im ersten Weltkrieg (1914–1918), der Sturz der Monarchie und die Entstehung der Weimarer Republik hatten bedeutende Veränderungen im M.wesen zur Folge. Im Zuge der Konzentration der M. wurde im Herbst 1919 in Berlin die Deutsche Heeresbücherei geschaffen. Ihre Bestände kamen aus den Bibliotheken der aufgelösten Kriegsakademie, der Militärtechnischen Akademie, des Großen Generalstabes, der Generalinspektion des Ingenieur- und Pionierkorps und der Festungen, der Generalinspektion des Militärverkehrswesens sowie kleineren M. Die Deutsche Heeresbücherei (1919 350000 Bde. in- und ausländischer Militärliteratur) fungierte als Zentralstelle für die gesamte militärwissenschaftliche und -historische Literatur, bereitete Weisungen für das militärische Bibliothekswesen vor, bildete den Kadernachwuchs aus und gab die «Mitteilungen der Deutschen Heeresbücherei» und die gedruckten Neuerwerbungsverzeichnisse «Heer und Wehr im Buch der Gegenwart» (3 Bde. 1919–1939) heraus. Die M. spielten eine wichtige Rolle bei der Sammlung und Verbreitung imperialistischer Militär- und militaristischer Massenliteratur sowie bei der fachlichen Aus- und Weiterbildung und der reaktionären geistigen Beeinflussung der Angehörigen der Reichswehr und der faschistischen Wehrmacht, vor allem der Offiziere und der Schüler militärischer Lehranstalten. Die Reichswehr verfügte 1920 über 7 Wehrkreisbüchereien (durchschnittlicher Buchbestand 30000–40000 Bde.), 2 Stationshauptbüchereien der Reichsmarine sowie einige Standortbüchereien (die Zahl der Wehrkreisbüchereien erhöhte sich bis 1939 auf 15). Die seit 1919 zivile Bayrische Armee-Bibliothek München wurde 1935 im Zuge der faschistischen Aufrüstung wieder eine militärische Dienststelle. Die M., darunter die nach 1933 neugeschaffenen Bibliotheken der militärischen Bildungseinrichtungen, unterstanden dem Reichswehrministerium, ab 1935 dem Generalstab des Heeres (Chef der Heeresbüchereien). Zur intensiven faschistischen Beeinflussung wurden nach 1933 in Truppenteilen, Einheiten und Garnisonen der Wehrmacht weitere Mannschaftsbüchereien eingerichtet. Daneben gab es in einigen Truppenteilen besondere Offiziersbüchereien zur militärwissenschaftlichen Information und Weiterbildung der Offiziere. Während des zweiten Weltkrieges (1939–1945) wurden die Deutsche Heeresbücherei sowie ein Großteil der anderen M. zerstört, ihre Buchbestände vernichtet bzw. verstreut. Mit dem Aufbau der Bundeswehr nach 1955 entstanden in der BRD neue M., die an die Tradition und das Wirken der M. der Reichswehr und der faschistischen Wehrmacht anknüpften. Es entwickelte sich ein weit verzweigtes Netz von M. mit spezifischen Aufgaben und Beständen. Die 6 Wehrbereiche verfügen über eigene Wehrbereichsbibliotheken, von denen die M. des Wehrbereichs III (Düsseldorf) zugleich Zentralbibliothek der Bundeswehr ist. Darüber hinaus besitzen noch Truppenteile, Verbände und Schulen des Heeres, der Luftwaffe und Marine eigene Truppenbüchereien. Zu den Fachbibliotheken der Bundeswehrverwaltung gehören die Bibliothek des Bundesministeriums der Verteidigung (Bonn), die Bibliothek der Bundesanstalt für Wehrtechnik und Beschaffung (Koblenz) und die Bibliothek der Bundeswehrschule (Mannheim). Die Tätigkeit der M. wird durch den Führungsstab der Bundeswehr gelenkt. Einen großen Bestand an Militärliteratur hat die zivile «Bibliothek für Zeitgeschichte/Weltkriegsbücherei» in Stuttgart (gegründet 1915). Die Arbeit der M. ist eng mit dem weiteren Ausbau und der geistigen Manipulierung der Bundeswehr verbunden.

In der DDR wurden mit der Aufstellung der NVA ab 1956 M. in wissenschaftlichen und kulturellen Einrichtungen der NVA sowie in Stäben, Verbänden und Truppenteilen geschaffen. Die M. haben die Aufgabe, mit den spezifischen Formen und Methoden bibliothekarischer Arbeit zur Verbreitung der sozialistischen Ideologie, zur allseitigen Erhöhung der Kampfkraft und Gefechtsbereitschaft, vor allem der politisch-ideologischen und militärischen Aus- und Weiterbildung, und zur kulturell-ästhetischen Erziehung der Armeeangehörigen beizutragen. Hierbei nutzen sie die Erfahrungen der M. der UdSSR und der anderen sozialistischen Staaten. Die zentrale Fachbibliothek für das Militärwesen ist die → *Militärbibliothek der DDR* (Dresden). Von ihr werden die anderen M. bibliotheksfachlich und methodisch angeleitet. Durch die Öffentlichkeitsarbeit unterstützen die M. die sozialistische Wehrerziehung der Bevölkerung.

Militärflugzeug: von den Streitkräften eingesetztes, zumeist bewaffnetes Flugzeug, das zu Aufklärungs-, Kampf-, Transport-, Verbindungs- oder Schulungszwecken verwendet wird.

Die rasche Entwicklung der Flugzeuge im ersten Jahrzehnt des 20. Jh. führte bei allen europäischen Großmächten zum Bau von M. Bis zum Beginn des ersten Weltkrieges 1914–1918 hatte sich die Kriegführung damit eine neue, dritte Dimension erschlossen. Ende 1909 begannen die französischen Militärbehörden mit der Einführung von Flugzeugen in die Armee. Die ersten deutschen M. wurden im Frühjahr 1911 in Dienst gestellt. Zu ihrem wichtigsten Typ entwickelte sich bis 1914 die «Rumpler-Taube», ein robuster Eindecker mit Zugpropeller, der eine Höchstgeschwindigkeit von 115 km/h, eine Flugdauer von 4 h und eine Gipfelhöhe von 3000 m erreichte.

Der erste Weltkrieg beschleunigte die technische Entwicklung des M. Aus dem 1914 im Bestand der Fliegerkräfte (→ *Luftstreitkräfte*) der kriegführenden Mächte vorherrschenden Einheitsflugzeug entwickelten sich Flugzeuggattungen mit speziellem Aufgabenkreis. Neben den Aufklärungsflugzeugen entstanden Jagd-, Bomben-, Infanterie- und Schlachtflugzeuge verschiedener Typen. Grundsätzlich ging die technische Entwicklung der M. während des Krieges dahin, durch Einbau leistungsstärkerer Motoren die Geschwindigkeit und die Tragfähigkeit zu erhöhen, den Aktionsradius zu erweitern und die Gipfelhöhe zu steigern. Gleichzeitig suchte man die Wendigkeit und Manövrierfähigkeit zu vergrößern, die Feuerkraft insbesondere der Jagd- und Bombenflugzeuge zu erhöhen und den M. durch eine verbesserte Bordausrüstung (Funkgeräte, Luftbildkameras u. a.) die optimale Erfüllung ihrer Kampfaufträge zu ermöglichen. Bei den Jagdflugzeugen wurden die anfangs verwendeten verspannten Eindecker durch Doppeldecker verdrängt. Von ihnen führte die Entwicklung über den Anderthalb- und Dreidecker zum 1918 aufkommenden freitragenden Eindecker. Bahnbrechend für die Bewaffnung der Jagdflugzeuge wurde das starr eingebaute, durch den Propellerkreis feuernde motorsynchronisierte Flugzeug-MG. Bei den schweren Bombenflugzeugen, deren erster Prototyp bereits 1913 von der Russisch-Baltischen Waggonfabrik in Riga unter der Bezeichnung «Russki Witjas» fertiggestellt worden war, kam es vor allem auf Reichweite, Tragfähigkeit und Stabilität an. Zu den am meisten gebauten deutschen Bombenflugzeugen zählten während des Krieges die Großflugzeuge der Gothaer Waggonfabrik und der AEG sowie die Riesenflugzeuge der Siemens-Schuckert-Werke und der Zeppelinwerke Staaken. Durch den Einbau immer stärkerer Motoren erhöhten sich insbesondere ausgangs des ersten Weltkrieges die Leistungen mittlerer Bombenflugzeuge, so daß sie in Geschwindigkeit und Steigfähigkeit den Jagdflugzeugen kaum noch nachstanden. Insgesamt kam es während des Krieges zu einer bedeutenden Leistungssteigerung der M. Aus der Forderung der deutschen Militärs, im Tiefflug eingesetzte Infanterieflugzeuge zu panzern, leitete Hugo Junkers (1859–1935) 1916 den Bau des ersten Ganzmetallflugzeuges ab, das aus Duralumin hergestellt war und freitragende, verspannungslose Flügel mit dickem Profil aufwies.

Nach dem Ende des ersten Weltkrieges gingen die stärksten Impulse zur technischen Weiterentwicklung der M. von der rasch aufstrebenden Verkehrsluftfahrt aus. War während des Krieges die Masse des Motors etwa doppelt so hoch wie seine PS-Leistung, so betrug Mitte der 20er Jahre die Masse-Leistung-Relation 1:1. Am Vorabend des zweiten Weltkrieges gelang es, diese Relation auf 1:0,8 und während des Krieges bis auf 1:0,4 herabzudrücken. Die Motorleistung stieg auf 1000 PS und darüber. Zugleich vollzogen sich in der Metallbauweise wesentliche Veränderungen. Ausgang der 20er Jahre ging man bei der Beplankung der Flugzeuge vom Wellblech zum Glattblech über. Das erlaubte eine aerodynamisch wesentlich günstigere Formgebung und damit bessere Flugleistungen. Durch die Konstruktion einziehbarer Fahrwerke, die Verkleidung der

Leistungssteigerung der Militärflugzeuge während des ersten Weltkrieges

	1914				1918			
	Höchstgeschwindigkeit km/h	Gipfelhöhe m	max. Nutzlast kg	Reichweite km	Höchstgeschwindigkeit km/h	Gipfelhöhe m	max. Nutzlast kg	Reichweite km
Einsitzige Flugzeuge	110–120	2500–3000	150–250	200–300	220–240	7000–8000	230–300	350–500
Zweisitzige Flugzeuge	95–110	2000–2500	275–350	300–400	180–220	6000–7000	500–800	700–800
Drei- und mehrsitzige Flugzeuge	90–95	2000	1200–1500	600	140–150	4000	4000	1200–1800

Flugmotoren, den Bau geschlossener Cockpits, die Einführung der Schalenbauweise, von Start- und Landehilfen, verstellbaren Luftschrauben usw. entstanden Anfang der 30er Jahre die ersten leistungsfähigen Schnellflugzeuge mit Geschwindigkeiten über 300 km/h. Die sich anbahnende technische Umwälzung wirkte sich insbesondere auf die Ausrüstung und die Zusammensetzung der Luftstreitkräfte aus. Das zu Beginn der 30er Jahre verschärfte Wettrüsten der imperialistischen Großmächte ließ die bisher vorhandene M.technik in kürzester Frist veralten. Dabei wurde vor allem die Entwicklung der → *Bombenfliegerkräfte* forciert. Es kam in fast allen Ländern zur Einführung schnellfliegender Bombenflugzeuge, z. B. Do 17 (Deutschland), B 17 «Fortress» (USA), SB-2 (UdSSR), deren Geschwindigkeit an die der Jagdflugzeuge herankam, sie teilweise übertraf. Das löste wiederum fieberhafte Anstrengungen zur technischen Verbesserung bei den → *Jagdfliegerkräften* aus. Mitte der 30er Jahre vollzog sich in den fortgeschrittensten imperialistischen Industriestaaten der Übergang zum freitragenden Ganzmetalltiefdecker mit einziehbarem Fahrgestell. Charakteristische Vertreter dieser neuen Jagdflugzeuggeneration waren im faschistischen Deutschland die Me 109, in Großbritannien die Supermarine «Spitfire». 1939 erzielte eine speziell hergerichtete Me 209 mit 755,138 km/h einen absoluten Geschwindigkeitsrekord. Eine weitere wesentliche Geschwindigkeitssteigerung war für Flugzeuge mit Kolbenmotoren und Luftschraubenantrieb nicht zu erreichen. In der zweiten Hälfte der 30er Jahre gelang die Konstruktion des ersten einsatzfähigen Hubschraubers. Als M. setzte sich der Hubschrauber jedoch erst in den Jahren nach dem zweiten Weltkrieg durch.

Hatte man den M. zu Beginn des ersten Weltkrieges nur begrenzte Aufgaben gestellt, so entstanden in den 20er Jahren in einigen imperialistischen Staaten Luftkriegsauffassungen, die den Luftstreitkräften kriegsentscheidende Bedeutung beimaßen (→ *Luftkriegskunst*). Tatsächlich spielten M. aller Gattungen im zweiten Weltkrieg von Anfang an eine erstrangige Rolle. Luftangriffe gegen das tiefe Hinterland des Gegners waren ebenso Bestandteil der Luftkriegführung wie der Einsatz der Fliegerkräfte zur unmittelbaren Unterstützung der Land- oder Seestreitkräfte. Das faschistische Deutschland führte den zweiten Weltkrieg vorwiegend mit den M., die bereits vor seiner Entfesselung konstruiert worden waren. Den Kern der faschistischen Bombenflieger-

Leistungssteigerung der Militärflugzeuge während des zweiten Weltkrieges

	1939				1945			
	Höchstgeschwindigkeit km/h	Gipfelhöhe m	Reichweite km	max. Bombenlast kg	Höchstgeschwindigkeit km/h	Gipfelhöhe m	Reichweite km	max. Bombenlast kg
Einsitzige Jagdflugzeuge	560	11000	1000	–	720	13000	1800	–
Mittlere Bombenflugzeuge	440	8000	1250	750	610	11000	3000	3000
Schwere Bombenflugzeuge	380	8000	3600	2000	570	10000	5200	9000

kräfte machten 2motorige M. der Typen He 111, Ju 88 und Do 17 sowie die 1motorige Ju 87 aus. Die Jagdfliegerkräfte waren mit der Me 109 und der FW 190, die → *Aufklärungsfliegerkräfte* vor allem mit den Typen Do 17, Hs 126 und FW 189, die → *Transportfliegerkräfte* hauptsächlich mit der Ju 52 ausgerüstet. Unter den Jagdflugzeugen der Westmächte erwiesen sich die britische Supermarine «Spitfire» sowie die amerikanischen P-39 «Airacobra» und P-51 «Mustang», unter den Bombenflugzeugen die B-17 und B-29 der USA sowie die britischen Avro «Lancaster» und De Havilland «Mosquito» als besonders leistungsstark. Zu den hervorragenden sowjetischen Flugzeugtypen des Großen Vaterländischen Krieges gehörten die Jagdflugzeuge MiG-3, Jak-3, Jak-9, La-5, La-7, die Schlachtflugzeuge Il-2 und Il-10, das Sturzkampfflugzeug Pe-2 und das Fernbombenflugzeug Pe-8. Während des zweiten Weltkrieges nahmen die M. der beteiligten Länder eine bedeutende technische Entwicklung. Die Jagdflugzeuge erreichten Geschwindigkeiten zwischen 650 und 720 km/h, die mittleren Bombenflugzeuge trugen Bombenlasten zwischen 1 t und 3 t bei einer Reichweite bis zu 3 000 km, die schweren Bombenflugzeuge Bombenlasten bis zu 9 t bei Reichweiten von über 5 000 km. Unter den zwischen 1939 und 1945 in der Technik der M. wirksam werdenden Verbesserungen nahmen neue Navigations- und Leitverfahren, die auf der Funkmeßtechnik (→ *Funkmeß*) beruhten, einen erstrangigen Platz ein.

Eine bahnbrechende technische Entwicklung, die gegen Ende des zweiten Weltkrieges zur Anwendung kam, sich jedoch erst nach 1945 voll durchsetzte, stellte der Übergang vom Kolbenmotor zum Rückstoßtriebwerk dar. Ende der 20er Jahre begannen im Gastechnischen Institut der UdSSR Versuche zur Entwicklung eines Raketenmotors, experimentierten in Deutschland Konstrukteure mit Raketentriebwerken, unternahm man in Großbritannien und Italien erste Schritte zur Konstruktion einer Strahlturbine. Der erste Freiflug eines Raketenflugzeugs fand am 20. 6. 1939 im faschistischen Deutschland statt. Als Erprobungsträger diente eine He 176, der ein Walter-Flüssigkeitstriebwerk eine Geschwindigkeit von 700 km/h verlieh. Am 2. 10. 1941 stellte ein von Alexander Lippisch (1894–1976) weiterentwickeltes Raketenflugzeug mit der Typenbezeichnung Me 163 einen Geschwindigkeitsrekord von 1 002 km/h auf. In der UdSSR startete am 15. 5. 1942 das von W. F. Bolchowitinow (1899–1970) konstruierte Raketenflugzeug BI-1 zum Erstflug. Es erreichte Geschwindigkeiten bis zu 900 km/h. Insgesamt erfüllten die mit Raketenantrieb ausgerüsteten Flugzeuge jedoch nicht die in sie gesetzten Erwartungen. Vor allem war ihr Aktionsradius angesichts der kurzen Brennzeit des Triebwerkes und des enormen Treibstoffverbrauchs zu gering. Im Unterschied zum Raketenmotor erwies sich die Luftstrahlturbine als wesentlich wirtschaftlicher. In den 20er und 30er Jahren waren Projekte und Muster derartiger Triebwerke in der UdSSR, den USA, Italien, Frankreich, Großbritannien und Deutschland entworfen worden. Während des zweiten Weltkrieges kamen jedoch nur in Großbritannien und Deutschland M. mit Luftstrahlturbinen zum Einsatz. Der Erstflug eines von Luftstrahlturbinen angetriebenen Flugzeuges fand am 27. 8. 1939 mit einer He 178 statt. Das Versuchsflugzeug erreichte 850 km/h. Als Serienflugzeuge wurden von der faschistischen Luftwaffe ab Mitte 1944 die zweistrahligen Typen Me 262 und Ar 234 in geringer Anzahl eingesetzt, deren Höchstgeschwindigkeit 870 km/h bzw. 760 km/h betrug.

In den Nachkriegsjahren gelang es, die Schubkraft der Strahltriebwerke bedeutend zu erhöhen. Das ermöglichte eine erhebliche Steigerung der Fluggeschwindigkeit und warf zugleich neuartige Probleme bezüglich Konstruktion, Technologie und Materialeinsatz beim Bau von M. auf. In der Formgebung ging die Entwicklung vom Trapezflügel mit großer Streckung und starkem Profil zum Pfeilflügel mit geringer Profildecke, dem der Delta- und Doppeldeltaflügel bzw. trapezförmige Stummelflächen folgten. Der Rumpf wurde zunehmend raketenförmig konstruiert. In den industriell fortgeschrittensten Ländern erfolgte die Umrüstung der Jagdflugzeuge auf Strahlantrieb zwischen 1945 und 1950. In der UdSSR wurde 1948 die MiG-15 als erstes in Serie produziertes Strahlflugzeug in die Luftstreitkräfte eingeführt. In den 50er Jahren ermöglichten die Fortschritte in der Aerodynamik und die Konstruktion stärkerer Strahltriebwerke die Erprobung, Entwicklung und Fertigung von Überschalljagdflugzeugen, zu deren ersten Typen die MiG-19 (UdSSR), F-100 «Super Sabre» (USA) und «Super Mystère B 2» (Frankreich) gehörten. Strahlturbinen und Pfeilflügel erhöhten auch die Fluggeschwindigkeit der Bombenflugzeuge. 1953 glichen sich die Geschwindigkeiten der neuesten Bombenflugzeuge denen der im Einsatz befindlichen Strahljäger an. Ab Mitte der 50er Jahre kamen Überschallbombenflugzeuge zur Erprobung, deren erste Typen (in der UdSSR u. a. die Tu-22, in den USA die B-58 «Hustler») Anfang der 60er Jahre in Dienst gestellt wurden. In diesen Jahren vollzog sich in der Entwicklung der M. ein von der wissenschaftlich-technischen Revolution ausgelöster neuer Qualitätssprung, der durch noch höhere Geschwindigkeit, Raketenbewaffnung und moderne funkelektronische Anlagen gekennzeichnet war. Bei den Jagdfliegerkräften erfolgte der Übergang zu Flugzeugen mit doppelter Schallgeschwindigkeit (2 Mach), so z. B. der MiG-21 (UdSSR), der F-104 «Starfighter» (USA) oder der «Mirage III»

(Frankreich). Anfang der 70er Jahre begann der Übergang in den Geschwindigkeitsbereich von 3 Mach, dem auf sowjetischer Seite u. a. mit dem Mehrzweckflugzeug MiG-25 Rechnung getragen wurde.

Die hohen Geschwindigkeiten, die immer längere Start- und Landebahnen erforderten, lenkten seit Ende der 60er Jahre verstärkt die Aufmerksamkeit auf die Entwicklung von M. mit Kurzstart- und -landeeigenschaften. Einen geeigneten Weg fand man in sog. Schwenkflüglern, d. h. Flugzeugen mit veränderlicher Tragflügelgeometrie, die sich optimal den verschiedenen Flugzuständen anpassen können. Sie werden z. B. durch die MiG-23 (UdSSR) und F-111 (USA) repräsentiert. Seit Anfang der 70er Jahre übersteigt die Geschwindigkeit der schnellsten M. 3000 km/h, die Gipfelhöhe liegt über 35000 m. Durch das Nachtanken in der Luft ist die Reichweite moderner Bomben- und Raketenträger nahezu unbegrenzt. Transportflugzeuge befördern Nutzlasten bis zu 100 t und mehr.

Entsprechend ihren Aufgaben verfügen die → *Luftstreitkräfte/Luftverteidigung der NVA (LSK/LV)* über moderne Typen von M. sowjetischer Produktion. Darunter befinden sich Jagdflugzeuge der bewährten MiG-Serie sowie verschiedene Hubschraubertypen. *(s. Abb. S. 493, 497, 501)*

Militärgerichte → *Militärjustiz*

«Militärgeschichte»: seit 1962 vom → *Militärgeschichtlichen Institut der DDR* im → *Militärverlag der DDR (VEB)* hrsg. Fachzeitschrift für Geschichte der Militärpolitik, der Kriege und der Kriegskunst, der Streitkräfte, der Militärtechnik sowie des militärischen Denkens.

Die Zeitschrift (bis 1971 unter dem Titel «Zeitschrift für Militärgeschichte») erscheint seit 1965 mit jährlich 6 Heften (1962 2 Hefte, 1963/64 jährlich 4 Hefte). Neben Artikeln und Miszellen enthält sie Dokumentationen, Erinnerungen, Diskussionsbeiträge, Informationsberichte, Rezensionen, Annotationen und Bibliographien. 1971 wurden die Rubriken «Militärische Traditionen» und «Aus der Geschichte der Militärtechnik» aufgenommen. Die thematische Gestaltung der Zeitschrift widerspiegelt die Entwicklung der → *Militärgeschichtsschreibung* in der DDR. Standen in den 60er Jahren vor allem Beiträge zur Geschichte und Vorgeschichte des zweiten Weltkrieges (1939–1945) im Vordergrund, so verbreiterte sich die Thematik in den 70er Jahren durch eine stärkere Behandlung der Militärgeschichte vor 1918, der Militärgeschichte nach 1945, der Geschichte der Militärtechnik sowie methodologischer und historiographischer Probleme. Durch historische Beiträge unterstützt die Zeitschrift die → *Traditionspflege in der NVA.* Gleichzeitig setzt sie sich kritisch mit der imperialistischen Militärgeschichtsschreibung auseinander. Zum Autorenkreis gehören Militärhistoriker und Historiker aus der DDR, der UdSSR sowie aus anderen sozialistischen Staaten. Durch die Verbreitung eines marxistisch-leninistischen Bildes von der Militärgeschichte nimmt die Zeitschrift aktiven Einfluß auf die politische und militärische Erziehung und Bildung der Angehörigen der bewaffneten Kräfte. Die Redaktion ist Träger der Verdienstmedaille der NVA in Gold.

Militärgeschichtliches Institut der DDR: wissenschaftliche Einrichtung der → *Nationalen Volksarmee der DDR (NVA)* mit Hochschulcharakter. Die Forschung und die Verbreitung ihrer Ergebnisse erstrecken sich vor allem auf die Geschichte der Militärpolitik, der Kriege und der Kriegskunst, der Streitkräfte, der Militärtechnik und des militärtheoretischen Denkens.

Die Einrichtung besteht seit dem 15. 3. 1958, anfangs als «Institut für Deutsche Militärgeschichte». Sie trug vom 1. 12. 1967 bis zum 31. 5. 1972 die Bezeichnung «Deutsches Institut für Militärgeschichte», seit 1. 6. 1972 führt sie den Namen «Militärgeschichtliches Institut der DDR». Das Institut befindet sich in Potsdam. Es hat die Aufgabe, auf wichtigen Teilgebieten der Militärgeschichtswissenschaft zu forschen und einen wirksamen Beitrag für die Ausarbeitung des marxistisch-leninistischen Militärgeschichtsbildes, für die politisch-ideologische und militärtheoretische Arbeit in der NVA und anderen bewaffneten Organen sowie für die sozialistische Wehrerziehung der Bevölkerung der DDR zu leisten. Das Institut besitzt aufgabenspezifische Abteilungen für Forschung und Ausbildung sowie eine Fachbibliothek und eine Dokumentations- und Informationsstelle. Seit 1962 ist es Herausgeber der Zeitschrift → *«Militärgeschichte».*

Im Verlaufe der 60er Jahre legte das Institut erstmals Forschungsergebnisse vor. Mit beweiskräftigem

Militärgeschichtliches Institut der DDR in Potsdam

Tatsachenmaterial wurde der antisowjetische Kriegskurs des deutschen Imperialismus und dessen Kontinuität seit der Großen Sozialistischen Oktoberrevolution, vor allem am Beispiel der ersten Aggression gegen die junge Sowjetmacht (1917–1919) und der militärischen Vorbereitung des faschistischen Deutschlands zum Überfall auf die Sowjetunion 1941, entlarvt. Forschungen zur Remilitarisierung in der BRD sowie zur Entwicklung und Rolle der Bundeswehr der BRD legten deren historisch-politische Herkunft und Klassenauftrag als Machtinstrument der in der BRD herrschenden Monopolbourgeoisie bloß. Untersuchungen zur Geschichte der Militärpolitik der SED und Geschichte der NVA erbrachten historische Nachweise vor allem für den Zusammenhang von Sozialismus und Frieden und die friedenserhaltende Rolle sozialistischer Streitkräfte. Wissenschaftliche Konferenzen wurden genutzt, um Forschungsergebnisse darzulegen und zur Diskussion zu stellen. Wissenschaftler des Instituts erhielten Lehraufträge für Militärgeschichte an militärischen und zivilen Hochschuleinrichtungen der DDR. Die Einheit von Forschung, Lehre und Propaganda wurde zu einem festen Prinzip der Tätigkeit des Instituts.

Höhere Anforderungen an die militärgeschichtswissenschaftliche Arbeit und gestiegenes Leistungsvermögen des Instituts leiteten Anfang der 70er Jahre einen neuen Abschnitt in seiner Entwicklung ein. Im September 1970 erhielt die Einrichtung den Status eines wissenschaftlichen Instituts mit Hochschulcharakter. Seinem Wissenschaftlichen Rat wurde das Promotionsrecht A (Dr. phil.) und B (Dr. sc. phil.) verliehen. Seitdem betreuen Hochschullehrer und wissenschaftliche Mitarbeiter des Instituts ständig militärhistorische Aspiranturen. Zur Aus- und Weiterbildung von Offizieren und zivilen Kadern für die militärgeschichtswissenschaftliche Arbeit wurde das Institut 1972 mit der Durchführung eines Hochschulfernstudiums bzw. postgradualen Studiums in Militärgeschichte beauftragt. Entsprechend der neuen Aufgabenstellung konzentriert sich seine Tätigkeit auf folgende Forschungs- und Ausbildungsrichtungen: Militärpolitik und militärische Gewalt in der Klassenauseinandersetzung zwischen Fortschritt und Reaktion in der Militärgeschichte des deutschen Volkes; die fortschrittlichen und revolutionären Traditionen der NVA; die Entwicklung und die Rolle der Militärpolitik der SED; die NVA und ihre Teilstreitkräfte; die Waffenbrüderschaftsbeziehungen zwischen der NVA und der Sowjetarmee sowie den anderen verbündeten Armeen; Entwicklung und Rolle der Militärpolitik, Militärstrategie und der Streitkräfte der NATO und ihrer Hauptmächte. Die weitere Erhöhung und Profilierung der Forschungsleistungen und ihre Verbreitung ermöglichten dem Institut, mit neuen militärgeschichtswissenschaftlichen Erkenntnissen zur Vervollkommnung des marxistisch-leninistischen Geschichtsbildes beizutragen und die politisch-ideologische und militärtheoretische Arbeit in den Streitkräften, die Erziehung und Ausbildung der militärischen Kader, die Pflege militärischer Traditionen und die sozialistische Wehrerziehung wirksam zu unterstützen. Die in den 70er Jahren vorgelegten Forschungsergebnisse wurden zunehmend auch durch interinstitutionelle und interdisziplinäre Gemeinschaftsarbeit, darunter auch mit Einrichtungen des sozialistischen Auslandes, erreicht. Besonders enge Beziehungen bestehen zum Militärhistorischen Institut beim Ministerium für Verteidigung der UdSSR. Die Erkenntnisse der sowjetischen Militärgeschichtswissenschaftler werden in breitem Maße für die eigene Arbeit sowie für den militärhistorisch interessierten Leser nutzbar gemacht. So besorgte das Institut gemeinsam mit dem Militärverlag der DDR die Veröffentlichung der sowjetischen «Geschichte des zweiten Weltkrieges 1939–1945 in zwölf Bänden» in deutscher Sprache.

Zur Verbreitung der Forschungsergebnisse wurde eine große Palette von Genres und Formen (Monographien, Dokumentationen, Nachschlagewerke, Bild-Text-Bände, Lehr- und Vortragstätigkeit u. a.) entwickelt. Seit 1973 gibt das Institut die Schriftenreihe «Militärhistorische Studien – Neue Folge» heraus. Zugleich fördert es militärgeschichtswissenschaftliche Veröffentlichungen von Autoren in und außerhalb der NVA und organisiert selbständig sowie gemeinsam mit anderen Forschungs- und Lehreinrichtungen wissenschaftliche Veranstaltungen mit militärhistorischer und militärpolitischer Thematik. Im August 1974 beendeten erstmalig Absolventen ein Hochschulfernstudium bzw. postgraduales Studium in Militärgeschichte. Nach mehrjähriger Ausbildung, die mit dem Grundlagenstudium Marxismus-Leninismus und dem Grundkurs Geschichte an der Sektion Geschichte der Humboldt-Universität zu Berlin beginnt und am Institut in den Ausbildungsfächern Militärgeschichte und Geschichte, Theorie und Methoden der Militärgeschichtswissenschaft u. a. fortgesetzt wird, erlangen die Teilnehmer den Abschluß als Diplomhistoriker bzw. als Fachhistoriker (Militärhistoriker). Außerdem werden Offiziere und zivile Kader in verschiedenen Lehrgangsformen für die militärgeschichtliche Arbeit qualifiziert. Die weitgespannte propagandistische Tätigkeit des Instituts auf militärhistorischem und militärpolitischem Gebiet basiert vorwiegend auf eigenen Forschungsergebnissen und wendet sich vor allem an die Angehörigen der NVA und anderer bewaffneter Organe der DDR sowie an leitende Kader, Lehrer und Propagandisten weiterer gesellschaftlicher Bereiche. Für seine Leistungen wurde das Institut mehrmals ausgezeichnet. Am 15. 3. 1983 erhielt es den → *Scharnhorst-Orden.*

Das Institut ist durch seinen Direktor und durch Mitarbeiter in geschichtswissenschaftlichen Gremien der DDR vertreten, so im Rat für Geschichtswissenschaft der DDR, im Präsidium der Historiker-Gesellschaft der DDR und in der Kommission der Historiker der DDR und der UdSSR. Es ist Sitz der 1972 gegründeten Kommission für Militärgeschichte der DDR. Diese hat die Aufgabe, die auf dem Gebiet der Militärgeschichtswissenschaft tätigen Forscher, Lehrer, Propagandisten, Museologen und Archivare zu fördern sowie mit der Internationalen Kommission für Militärgeschichte (Commission Internationale d'Histoire Militaire – CIHM) zusammenzuarbeiten.

Militärgeschichtsschreibung: Gesamtheit der schriftlichen Darstellungen zur Militärgeschichte, insbesondere zur Geschichte der Militärpolitik, der Kriege, der Kriegskunst, der Streitkräfte, der Militärtechnik und des militärtheoretischen Denkens.

Die M. ist eng mit der Entwicklung des Militärwesens und der Rolle der militärischen Gewalt im Klassenkampf verbunden. Sie ist von erkenntnistheoretischer Bedeutung und erfüllt politisch-ideologische und militärtheoretische Funktionen. Das von ihr erarbeitete Geschichtsbild und die ihm zugrunde liegende politisch-historische Konzeption, die maßgeblich vom Klassenstandpunkt des einzelnen Militärhistorikers bestimmt ist, sind Ausdruck der Interessen und Ziele einer bestimmten Klasse, ihres historischen Selbstverständnisses und ihrer erkenntnistheoretischen Möglichkeiten. In der M. finden Erkenntnisse vieler Wissenschaften, besonders der Philosophie, der allgemeinen Geschichtswissenschaft und der → *Militärwissenschaft,* ihren Niederschlag. Von der M. aufbereitete Erkenntnisse und Erfahrungen werden in der politisch-ideologischen Tätigkeit, bei der Weiterentwicklung der Militärwissenschaft sowie zur Ausarbeitung und Begründung der Militärpolitik der Klassen, Parteien und Staaten genutzt.

Die Anfänge der M. entstanden im Altertum. Kriege und Feldzüge, die Rolle von Heerführern und die Würdigung herausragender militärischer Leistungen nahmen einen zentralen Platz in der beginnenden Darstellung historischer Ereignisse und Abläufe ein. Zu ihren frühesten Formen zählen Epen (Ilias, Odyssee u. a. m.), die militärische Verhältnisse in der Zeit des Übergangs von der Gentil- zur Klassengesellschaft widerspiegeln. Frühzeitig bemühten sich Historiker und Militärs, aus der Untersuchung und Beschreibung von Kriegen und Feldzügen zu Verallgemeinerungen zu gelangen, Lehren für die Kriegskunst abzuleiten und deren Inhalt zu systematisieren. Dazu gehörten die Griechen Thukydides (um 460–um 396 v. u. Z.), Xenophon (um 430–um 354 v. u. Z.) und Polybios (um 200–120 v. u. Z.) sowie die Römer Gajus Julius Cäsar (100–44 v. u. Z.) und Publius Cornelius Tacitus (um 55–120 u. Z.). Sie beschrieben von der Position der Sklavenhalter aus bedeutende Kriege des Altertums (Peloponnesischer Krieg, Punische Kriege, Gallischer Krieg u. a. m.), interpretierten die damit verfolgten politischen Ziele und analysierten die angewandte Kriegskunst. Der chinesische Theoretiker Sun Zi (Ssun-ds'; Ende des 6. Jh./Anfang des 5. Jh. v. u. Z.), der Römer Flavius Vegetius Renatus (um 400 u. Z.) und der oströmische Kaiser Leo VI. (866–912) schufen lehrbuchartige Traktate über die Streitkräfte und die Regeln der Kriegskunst.

Cornelius Tacitus, Sämtliche Werke. Titelblatt der Ausgabe von 1796

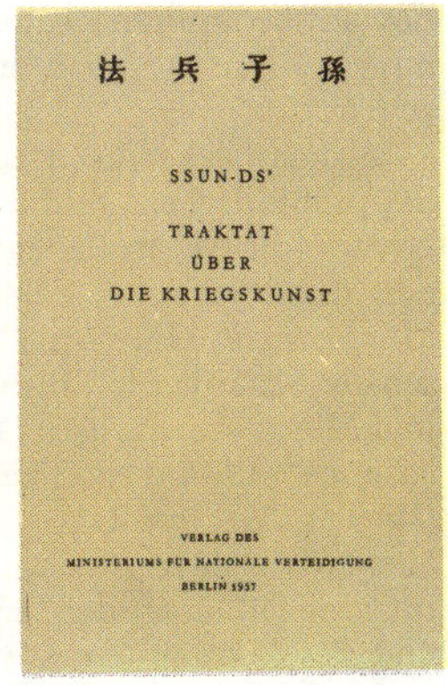

Titelblatt der DDR-Ausgabe von 1957

In der Periode des Aufstiegs und der Blütezeit des Feudalismus gab es außer überlieferten Heldenepen (Siegfried-Sage, Igor-Lied u. a. m.), Chroniken mit Kriegsnachrichten und Übersetzungen bzw. Interpretationen von Werken antiker Autoren kaum militärgeschichtliche Schriften. Erst seit dem 14./15. Jh. erhielt die M. durch den allgemeinen ökonomischen und kulturellen Aufschwung, das Aufkommen der → *Söldnerheere,* die bedeutenden waffentechnischen und taktischen Fortschritte, die Erfindung des Buchdrucks und das sich herausbildende bürgerliche Geschichtsdenken neue Stimuli. Der italienische Politiker Niccolò Machiavelli (1469–1527), von Friedrich Engels (1820–1895) als der «erste nennenswerte Militärschriftsteller der neueren Zeit» gewürdigt (K. Marx/F. Engels, 20, S. 312), der niederländische Gelehrte Justus Lipsius (1547–1606) und der deutsche Militärtheoretiker Johann Jacobi von Wallhausen (1580–1627) nutzten die antike Überlieferung für ihre Pläne zur Reform des Söldnerwesens. So beruhte die Heeresreform der Oranier während des niederländischen Befreiungskrieges gegen Spanien (1566/67–1609) geistig wesentlich auf einer Rezeption antiker militärischer Erkenntnisse (Schlachtordnung, Einführung einer Kommandosprache u. a. m.).

Mit den stehenden Heeren und der Entwicklung des militärischen Bildungswesens (→ *Akademien*) gewann die M. an Bedeutung. Wegweisend wirkten der österreichische Feldmarschall Raimund von Montecuccoli (1609–1680), die französischen Marschälle Sébastien le Prestre de Vauban (1633–1707) und Moritz von Sachsen (1696–1750) sowie der französische Militärtheoretiker Jean Charles de Folard (1669–1752). Ihre Untersuchungen über Kriege der älteren wie ihrer Zeit schlossen zum Teil auch Betrachtungen über den Einfluß der Militärtechnik und des Festungsbaues auf die Heeresorganisation und Kriegskunst ein. Der preußische König Friedrich II. (1712–1786) rechtfertigte in seinen historischen Schriften «Geschichte meiner Zeit» (1746) und «Geschichte des Siebenjährigen Krieges» (1765) vor allem die von ihm geführten Kriege. Militärische Erfahrungen verallgemeinerte er in den «Generalprinzipien vom Kriege» (1748), die er speziell für seine Generale verfaßte. Er war der erste Souverän, der für das kriegsgeschichtliche Studium seiner Offiziere Regimentsbibliotheken einrichten ließ (→ *Militärbibliotheken*). Die zunehmende Zahl militärhistorischer Publikationen widerspiegelte die Entwicklung des militärischen Denkens, das sich bis dahin vor allem in Form der M. äußerte.

Kriegskunst zu Pferde.
Darinnen gelehret werden / die initia vnd fundamenta der Cavallery / aller vier Theilen: Als Lanzierers / Kührissierers / Carbiners vnd Dragoens / was von einem jeden Theil erfordert wirdt / was sie præstiren können / sampt deren exercitien.
Newe / schöne Inventionen etlicher Bataillen mit der Cavallerey ins Werck zustellen.
Mit dargestellten Beweißthumben / was an den edelen Kriegskünsten gelegen: Vnd deren Fürtrefflichkeiten / vber alle Kunst vnd Wissenschafften.
Vormals alles nie an Tag gegeben.
Gepracticiret / beschrieben vnd mit schönen künstlichen Kupfferstücken angewiesen
von
Johann Jacobi von Wallhausen / der löblichen Statt Danzig bestelten Obristen Wachtmeister vnd Hauptman
[illegible]
Gedruckt zu Franckfurt am Mayn / bey Paull Jacobi / In verlegung Iohann-Theodori de Bry.
M DC XVI.

Johann Jacobi von Wallhausen, Kriegskunst zu Pferd. Titelblatt der Ausgabe von 1616

Bürgerliche M.: Wesentliche Grundlagen der im letzten Drittel des 18. Jh. allmählich entstehenden bürgerlichen M. waren der Aufstieg des Bürgertums, das politisch-historische Gedankengut der Aufklärung, die Krise des feudalen Militärwesens und vor allem die Französische Revolution von 1789 mit ihrem Einfluß auf die bürgerliche Umgestaltung des Militärwesens. Die Entwicklung der M. auf der Grundlage des philosophischen Idealismus und der Klasseninteressen der Bourgeoisie setzte ihren Erkenntnisfähigkeiten Grenzen und bestimmte maßgeblich ihre militärtheoretische und politisch-ideologische Funktion. Im 19. Jh. nahm die M. in den meisten europäischen Ländern einen nachhaltigen Aufschwung. Militärische Institutionen wie → *Generalstäbe* und → *Militärarchive* wurden zu Trägern der amtlichen M. und lenkten in unterschiedlichem Maße deren Entwicklung im Interesse der herrschenden Klasse und ihrer Streitkräfte. Sie übten auch auf die Militärliteratur und die → *Militärpresse* großen Einfluß aus.

An der Entwicklung der bürgerlichen M. in den deutschen Territorien hatten Georg von Berenhorst (1733–1814), Adam Heinrich Dietrich von Bülow (1757–1807), Johann Gottfried von Hoyer (1767–1848), Johann Friedrich von der Decken (1769–1840), Wilhelm von Willisen (1790–1879), Franz von Kausler (1794–1848) und andere Offiziere maßgeblichen Anteil. Den bedeutendsten Beitrag leisteten jedoch die progressiven Militärs Gerhard von Scharnhorst (1755–1813) und Carl von Clausewitz (1780–1831), letzterer nach den Worten von W. I. Lenin (1870–1924) einer «der berühmtesten Schriftsteller über die Philosophie des Krieges und die Geschichte des Krieges» (W. I. Lenin, 24, S. 396). Sie deckten wesentliche Mängel der M. ihrer Zeit auf, vor allem die gesellschaftliche Zusammenhänge ignorierende rein militärische Betrachtung des Krieges, die bloße Beschreibung kriegerischer Abläufe, den Subjektivismus in der Beurteilung der Ereignisse und die Suche nach starren Regeln der Kriegführung. Sie praktizierten wissenschaftliche Methoden der kriegsgeschichtlichen Analyse und stellten die M. in den Dienst der bürgerlichen Umgestaltung des Militärwesens.

Für Scharnhorst war die Kriegsgeschichte eine unersetzliche Quelle militärischer Erkenntnis, notwendig für die Bildung der Offiziere, Anregung zu schöpferischem Denken und Handeln sowie Mittel

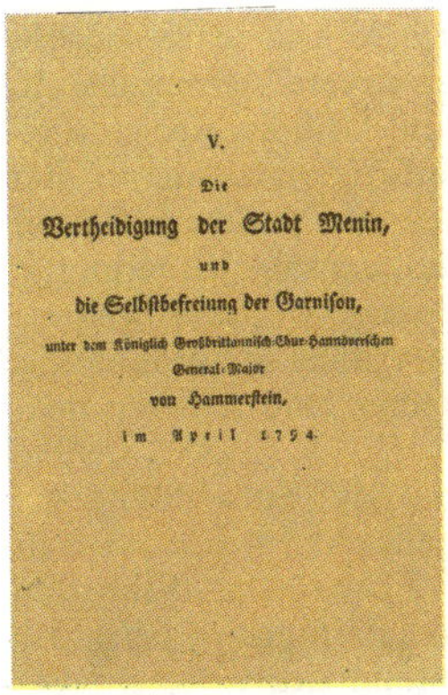
V.
Die
Vertheidigung der Stadt Menin,
und
die Selbstbefreiung der Garnison,
unter dem Königlich Großbrittannisch-Chur-Hannöverschen
General-Major
von Hammerstein,
im April 1794.

Gerhard von Scharnhorst, Die Verteidigung der Stadt Menin und die Selbstbefreiung der Garnison. Titelblatt der Erstveröffentlichung im «Neuen militairischen Journal», 11. Band, 1803

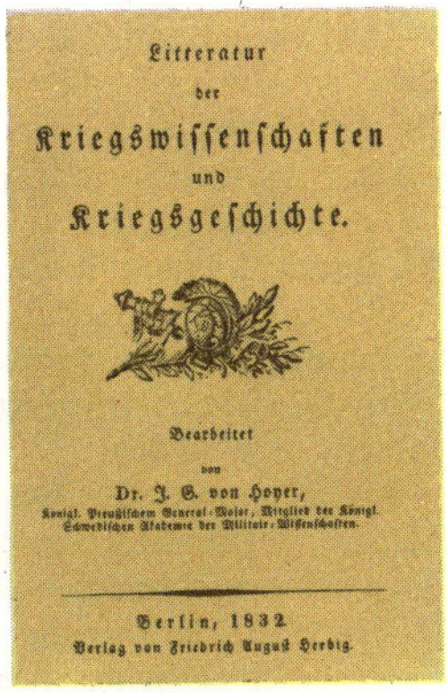
Litteratur
der
Kriegswissenschaften
und
Kriegsgeschichte.
Bearbeitet
von
Dr. J. G. von Hoyer,
Königl. Preußischem General-Major, Mitglied der Königl.
Schwedischen Akademie der Militair-Wissenschaften.
Berlin, 1832.
Verlag von Friedrich August Herbig.

Titelblatt der durch Johann Gottfried von Hoyer bearbeiteten Ausgabe von 1832

zum Kampf gegen Vorurteile und dogmatische Erstarrung. Zu seinen bedeutendsten kriegsgeschichtlichen Arbeiten zählen die «Entwicklung der allgemeinen Ursachen des Glücks der Franzosen in dem Revolutionskriege und insbesondere in dem Feldzuge von 1794» (1797) und «Die Verteidigung der Stadt Menin und die Selbstbefreiung der Garnison unter dem Generalmajor von Hammerstein» (1803). Scharnhorst forderte von der M., die Begebenheiten nicht lediglich als Handlungen einzelner Individuen, sondern in ihrem Verhältnis zum Ganzen zu untersuchen, ihre Ursachen, Bedingungen und Resultate sorgfältig zu prüfen und vor allem die Beziehungen zwischen Militär und Staat sowie zwischen Politik, Krieg und Kriegskunst stets im Blick zu haben. Clausewitz befaßte sich mit Kriegen und Feldzügen des 17. und 18. Jh. sowie mit den französischen Revolutions- und den nationalen Unabhängigkeitskriegen (Hinterlassene Werke des Generals Carl von Clausewitz, 10 Bände, 1832–1837). Er untersuchte den Krieg als historischen Prozeß sowie in seinen gesellschaftlichen Zusammenhängen und charakterisierte ihn als Fortsetzung der Politik mit anderen, gewaltsamen Mitteln, ohne jedoch den Klassencharakter der Politik und des Krieges zu erkennen. Durch seine dialektische Methode, die Einbeziehung moralischer Faktoren u. a. m. wies er der M. neue Wege. In seinem Hauptwerk «Vom Kriege» (1832–1834) verarbeitete er kriegsgeschichtliche Erfahrungen und Lehren und kam zu bedeutenden militärtheoretischen und kriegsphilosophischen Erkenntnissen.

Mit der Bildung einer Kriegsgeschichtlichen Sektion im preußischen Generalstab 1816 erhielt die M. in Deutschland erstmals eine institutionelle Basis. Unter Leitung und Einfluß des Kriegsministers Hermann von Boyen (1771–1848) und des Generalstabschefs Karl von Grolman (1777–1843) folgten Militärhistoriker der preußischen Armee hinsichtlich ihrer Arbeitsmethoden und Zielvorstellungen noch weitgehend dem Vorbild Scharnhorsts und blieben den Idealen der Reformer verbunden. Der zunehmende Einfluß restaurativer Kräfte und drastische Zensurmaßnahmen nach 1819 bewirkten in der Folgezeit ein Abgleiten der M. in die isolierte Betrachtung militärischer Details, vor allem taktischer Begebenheiten, umrahmt von einer apologetischen Darstellung der Rolle der Hohenzollern. Ergebnisse der kriegsgeschichtlichen Arbeit fanden auch in Militärzeitschriften, wie der «Zeitschrift für Kunst, Wissenschaft und Geschichte des Krieges» (1824–1861) und den Beiheften zum → *«Militär-Wochenblatt»* (ab 1843), ihren Niederschlag.

Die Veränderungen im kapitalistischen Militärwesen unter dem Einfluß der ökonomisch-technischen Fortschritte und der Kriege um die Mitte des 19. Jh. sowie das Vormachtstreben Preußens beeinflußten die M. nachhaltig. Neben Darstellungen zu einzelnen Kriegen und Feldzügen entstanden militärische Handbücher und Nachschlagewerke. Die M. bezog stärker Fragen der Heeresverfassung, der Militärtechnik u. a. ein, wobei gleichzeitig die gegen die revolutionären und demokratischen Kräfte gerichtete politisch-ideologische Funktion schärfer hervortrat. Unter Generalfeldmarschall Helmuth von Moltke (1800–1891) wurde die amtliche M. zielgerichtet für die Lösung militärischer Aufgaben genutzt. Hierfür forderte er eine kritische, praxisorientierte Untersuchung kriegsgeschichtlicher Ereignisse. Sie sollte mit der Betrachtung möglicher künftiger Kriegsschauplätze sowie der Beurteilung neuer technischer Entwicklungen und ihrer Konsequenzen für die Kriegführung einhergehen. Moltke verstand und praktizierte die militärgeschichtliche Arbeit als eine spezielle militärwissenschaftliche Aufgabe mit ausgeprägter politisch-ideologischer Funktion. Die Analyse für interne Zwecke sollte exakt, umfassend und rückhaltlos offen sein, die für die Öffentlichkeit bestimmte Darstellung durfte kein Prestige zerstören und mußte zugleich die offizielle Militärpolitik rechtfertigen. Deutlich zeigte sich das in kriegsgeschichtlichen Studien und darauf basierenden Denkschriften Moltkes sowie in den unter seiner Leitung entstandenen Arbeiten «Der Deutsch-Dänische Krieg 1864» (1886/87), «Der Feldzug von 1866 in Deutschland» (1867) und «Der deutsch-französische Krieg 1870/71» (1874–1881). Eine bevorzugte Methode bei der Bearbeitung dieser Themen bestand bis in die 80er Jahre darin, die im Generalstab vor dem Krieg erarbeiteten Auffassungen und Pläne mit dem tatsächlichen Ablauf der Ereignisse zu vergleichen. Dadurch gewonnene Erkenntnisse wurden zur Präzisierung von Operationsplänen und zur Überarbeitung von Reglements genutzt und zu einer Grundlage für die Friedensausbildung der Truppe gemacht.

Auch in anderen Ländern des Deutschen Bundes entwickelte sich die M. Zu ihren namhaftesten Vertretern gehörten der bayrische General Joseph von Xylander (1794–1854), die sächsischen Offiziere Karl Heinrich Aster (1782–1855) und Karl Eduard von Pönitz (1795–1858) sowie der ehem. preußische Offizier Wilhelm Rüstow (1821–1878). In Sachsen, Bayern und anderen Bundesländern erschienen Publikationen zur Geschichte der Heere dieser Staaten. Einfluß auf die Entwicklung der M. sowie auf ihre politische Tendenz nahmen Presseorgane wie die Darmstädter → *«Allgemeine Militär-Zeitung»*, die «Österreichische Militärische Zeitschrift» (Wien) und die «Allgemeine schweizerische Militär-Zeitung» (Basel).

Nach 1871 beeinflußten die Verpreußung Deutschlands und seit Ende des 19. Jh. der Übergang zu imperialistischer Kriegspolitik sowie ein damit einhergehender gesteigerter Chauvinismus zunehmend Inhalt und Profil der M. Sie orientierte sich politisch-ideologisch an nationalistischen Theorien und namentlich am militaristisch-borussischen Geschichtsbild solcher Historiker wie Heinrich von Sybel (1817–1895) und Heinrich von Treitschke (1834–1896). Die M. suchte die aggressive militärpolitische und -strategische Konzeption des deutschen Imperialismus und → *Militarismus* zur Durchsetzung seiner Weltmachtpolitik historisch zu rechtfertigen sowie die forcierte Aufrüstung und die damit verbundenen steigenden Rüstungslasten als notwendig zu erklären. Sie verleumdete den Kampf fortschrittlicher Kräfte, besonders der revolutionären Arbeiterbewegung, für die Sicherung des Friedens und die demokratische Umgestaltung von Staat und

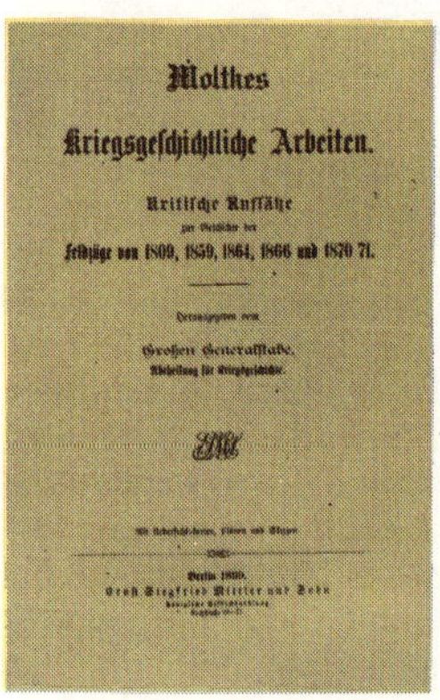

vom Großen Generalstab herausgegebene Ausgabe

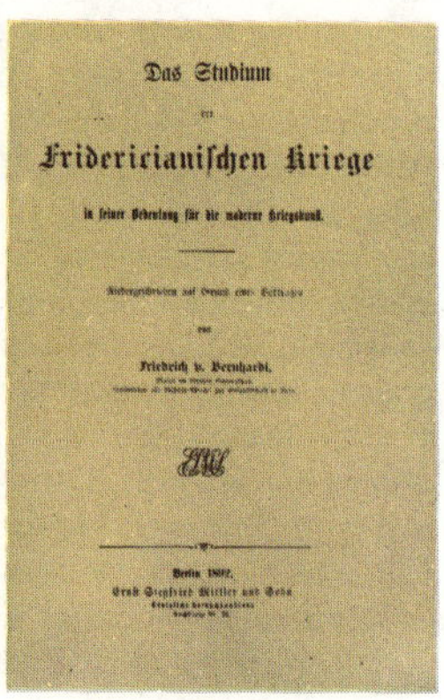

Titelblatt der Ausgabe von 1892

Armee als antinational. 1889/90 erschienen kaiserliche Verordnungen, die eine stärkere Verbreitung militaristischer Geschichts- und Militärgeschichtsliteratur in Armee und Flotte verlangten. In der Öffentlichkeit erweiterte sich das Wirkungsfeld der M. durch Eingang in die akademische Lehre und in den Schulunterricht, durch massenhafte Verbreitung in Publikationen und Presseorganen sowie durch die Aktivitäten von Kriegervereinen und anderen militanten Verbänden.

Maßgeblichen Einfluß auf die Entwicklung der M. zu Beginn der imperialistischen Epoche hatten Generalfeldmarschall Alfred von Schlieffen (1833–1913) sowie die langjährigen Chefs der Kriegsgeschichtlichen Abteilung des Generalstabes Oberst Friedrich von Bernhardi (1849–1930) und Generalmajor Hugo von Freytag-Loringhoven (1855–1924). Sie waren bemüht, aus der Analyse der Kampfhandlungen Schlußfolgerungen für die strategische und operative Führung eines künftigen Krieges sowie für die Schulung der Offiziere und die Ausbildung der Truppen zu gewinnen. Der Widerspruch zwischen den weitgesteckten Eroberungszielen und den begrenzten Mitteln, diese zu erreichen, führte zur Suche nach vermeintlichen Siegesrezepten in der Kriegsgeschichte. Ein typisches Beispiel hierfür wurde Schlieffens Artikelfolge «Cannae» (1909–1913), in der er in ahistorischer Weise das von dem karthagischen Feldherrn Hannibal (247–183 v. u. Z.) in der Schlacht bei Cannae (216 v. u. Z.) erfolgreich angewandte taktische Verfahren zur Grundlage einer siegverheißenden Strategie in einem Zweifrontenkrieg zu Beginn des 20. Jh. machte.

Um die Wirksamkeit der amtlichen M. zu erhöhen, wurde 1896 eine zweite Kriegsgeschichtliche Abteilung im Großen Generalstab gebildet, seit 1904 die Zeitschrift «Vierteljahreshefte für Truppenführung und Heereskunde» veröffentlicht und die kriegsgeschichtliche Lehre im Rahmen der Offiziers- und Generalstabsausbildung verstärkt. Der Große Generalstab gab bis 1914 eine Vielzahl von Publikationen heraus, unter denen «Die Kriege Friedrichs des Großen» (1890–1913, insgesamt 20 Bände, unvollendet), die «Studien zur Kriegsgeschichte und Taktik» (6 Bände, 1901–1913), die Reihe «Urkundliche Beiträge und Forschungen zur Geschichte des preußischen Heeres» (35 Hefte, 1901–1914) und die «Kriegsgeschichtlichen Einzelschriften» (50 Hefte, 1883–1914) die bedeutendsten waren. In ihnen paarten sich eine borussisch-glorifizierende Grundhaltung mit zahlreichen militärorganisatorischen, taktisch-technischen und anderen Einzelerkenntnissen, die für die Stärkung der Streitkräfte und die militärische Vorbereitung eines Eroberungskrieges genutzt wurden.

Von den zivilen Historikern leisteten vor allem der linksliberale Max Lehmann (1845–1929) sowie

Hans Delbrück (1848–1929) gewichtige Beiträge zur M. Lehmann widerlegte in seinen Biographien «Scharnhorst» (1886/87) und «Freiherr vom Stein» (1902–1905) reaktionäre Geschichtslegenden und hellte wesentliche Seiten der preußischen Heeresgeschichte auf. Delbrück verfaßte eine «Geschichte der Kriegskunst im Rahmen der politischen Geschichte» (1900–1920). Mit neuen Forschungsergebnissen stieß er an Dogmen der amtlichen M. und entfachte einen sog. Strategiestreit mit dem Großen Generalstab (Bewertung der Strategie Friedrichs II. als «Vernichtungs-» oder «Ermattungsstrategie»). Dieser Streit vollzog sich vor dem Hintergrund des Ausbaues des Heeres für einen Krieg, den der Generalstab nach dem Prinzip «Offensive um jeden Preis» zu führen gedachte. Delbrück kritisierte zwar die Kriegsziele der Alldeutschen als zu weitgesteckt, befürwortete aber generell eine deutsche Weltmachtpolitik.

Der Ausgang des ersten Weltkrieges konfrontierte die bürgerliche deutsche M. mit einer neuen Situation. Sie stand erstmals vor der Aufgabe, einen verlorenen Krieg zu untersuchen und darzustellen, auf dessen Vorbereitung und Führung sie beträchtlichen politisch-ideologischen und militärtheoretischen Einfluß genommen hatte. Ihre historisch-politische Konzeption wurde dabei vor allem von ihrer ablehnenden bis feindseligen Haltung zu der von der Großen Sozialistischen Oktoberrevolution eingeleiteten Epochenwende sowie von den machtpolitischen Zielen der imperialistischen Bourgeoisie geprägt. Zum Hauptgegenstand der M. wurden die Fragen nach den Kriegsursachen, der Kriegsschuld, den Kriegszielen und den Ursachen der Niederlage sowie Probleme der militärischen Strategie und Taktik. Die bei der Beantwortung dieser Fragen auftretenden Unterschiede blieben insgesamt im Rahmen der reaktionären historisch-politischen Konzeption und beschränkten sich letztlich auf taktische Differenzen. Typisch wurde das Vorherrschen apologetischer, nationalistischer und zunehmend revanchistischer Züge auf der Grundlage des Antikommunismus.

Einige Arbeiten zur Kriegsschuldfrage (Karl Kautsky, Wie der Weltkrieg entstand, 1919; Die deutschen Dokumente zum Kriegsausbruch 1914, 1919) kritisierten das Verhalten einzelner führender Vertreter der Reichsregierung und der Armee in der Julikrise 1914, legten jedoch die im System liegenden Ursachen des Krieges nicht bloß. Führende Militärs, wie Generalfeldmarschall Paul von Beneckendorff und von Hindenburg (1847–1934) und General Erich Ludendorff (1865–1937), leugneten in ihren bereits 1919/20 erschienenen Memoiren jede Kriegsschuld Deutschlands, insbesondere des Generalstabes. Mit dem Wiedererstarken des deutschen Imperialismus und Militarismus wurde in der M. ebenso wie in der allgemeinen bürgerlichen Geschichtsschreibung eine nationalistische Apologetik bestimmend. Sie gipfelte in der These vom Verteidigungskrieg Deutschlands (Erich Brandenburg, Von Bismarck zum Weltkriege, 1929; Hermann Oncken, Das Deutsche Reich und die Vorgeschichte des Weltkrieges, 1933; Alfred von Wegerer, Im Kampf gegen die Kriegsschuldlüge, 1936). In diesem Sinne und angeleitet vom Kriegsschuldreferat im Auswärtigen Amt, entfalteten Organisationen, wie die Gesellschaft für Erforschung der Kriegsursachen, eine breite propagandistische Arbeit.

In der Behandlung der Kriegszielfrage zeigte sich gleichfalls das Bemühen, den deutschen Imperialismus von seiner Schuld am Kriege zu entlasten und statt dessen dem Weltkrieg einen «nationalen» Sinn zu geben. In den Memoiren führender Politiker und Militärs wurden Kriegsziele des imperialistischen Deutschlands völlig geleugnet oder als bloße Reaktion auf die Kriegsziele der Entente verniedlicht. Die von einigen Historikern geübte Kritik an den deutschen Kriegszielen (Joachim Kühn/Paul Rohrbach, Chauvinismus und Weltkrieg, 1919) war durch die Abwälzung aller Verantwortung auf die Alldeutschen und die faktische Entlastung der Regierung letztlich nur der Versuch, durch Preisgabe einiger der extremsten Kräfte das imperialistische System als Ganzes zu retten.

Die Erörterungen über die Ursachen der Niederlage standen im Zeichen der Propagierung der Dolchstoßlegende. Danach sei das Heer «im Felde unbesiegt» geblieben, und erst der antimilitaristische Kampf habe ihm den «Dolch in den Rücken» gestoßen. Diese imperialistische Geschichtslüge wurde zu einer der wirksamsten Waffen der Reaktion gegen die revolutionäre Arbeiterbewegung wie gegen alle demokratischen und antimilitaristischen Kräfte. Einige Politiker und Historiker der Sozialdemokratie, wie Hermann Müller (1876–1931) und Wilhelm

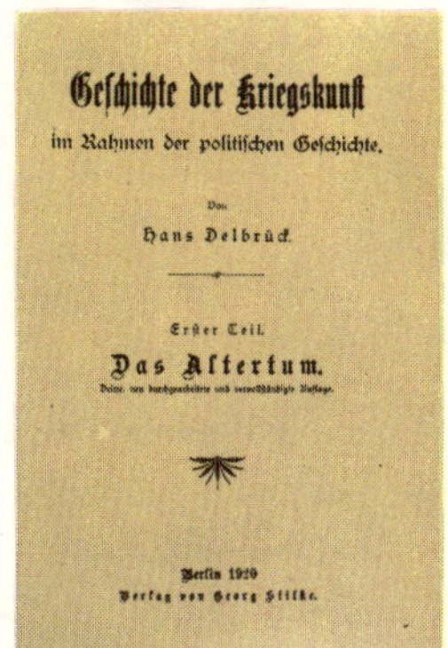
Geschichte der Kriegskunst
im Rahmen der politischen Geschichte.
Von
Hans Delbrück
Erster Teil.
Das Altertum.
Berlin 1920
Verlag von Georg Stilke.

Titelblatt der Ausgabe von 1920

Blos (1849–1927), wandten sich gegen die Dolchstoßlüge, jedoch war ihre Kritik häufig mit scharfen Angriffen auf die marxistischen Kräfte in der deutschen Arbeiterbewegung verbunden.

Die umfassende Darstellung «Der Weltkrieg 1914–1918» (insgesamt 16 Bände, 1925–1944) wurde vom Reichsarchiv und ab 1936 von der Kriegsgeschichtlichen Forschungsanstalt des Heeres veröffentlicht. Politische Grundfragen fanden darin äußerst knappe, die Vorkriegs- und Kriegspolitik des deutschen Imperialismus trotz partieller Kritik rechtfertigende Behandlung. Die Darstellung des Kriegsverlaufs orientierte sich am Schlieffenplan und suggerierte die Auffassung, ein militärischer Sieg Deutschlands wäre bei dessen strikter Befolgung möglich gewesen. Die gleiche Position vertraten Militärs und Militärhistoriker, u. a. die ehem. Generale Hermann von Kuhl (1856–1958) und Wilhelm Groener (1867–1939) sowie Wolfgang Foerster (1875–1963). Mit ihrer These von der «Verwässerung» des Schlieffenplanes wollten sie sowohl die Ursachen der militärischen Niederlage Deutschlands verschleiern als auch die strategische Konzeption für einen künftigen Krieg beeinflussen. Die detaillierten Analysen operativ-taktischer Fragen, die in internen Studien für das Truppenamt und andere Reichswehrdienststellen ihre Ergänzung fanden, verliehen dem Weltkriegswerk des Reichsarchivs die Bedeutung eines kriegsgeschichtlichen Lehrmaterials, besonders für die → *Führergehilfenausbildung.*

Die Auswertung der militärischen Erfahrungen aus dem ersten Weltkrieg bildete eine der entscheidenden Quellen der militärtheoretischen Arbeit und beeinflußte die Formung der Ansichten über eine künftige Kriegführung. Im Blickpunkt standen dabei das Neue im militärischen Charakter des Weltkrieges sowie die Rolle der Volksmassen, des Hinterlandes, des moralischen, ökonomischen und technischen Faktors im Kriege und sein Einfluß auf die Kriegführung. Durch Untersuchungen über solche Fragen lieferte die M. vielfältiges Ausgangsmaterial für die → *Theorie des totalen Krieges* und die → *Blitzkriegskonzeption* (Hans Ritter, Der Zukunftskrieg und seine Waffen, 1924; Otto Groos, Seekriegslehren im Lichte des Weltkrieges, 1929; Erich Buchfinck, Der Krieg von gestern und morgen, 1930; Karl Justrow, Feldherr und Kriegstechnik, 1933; Erich Ludendorff, Der totale Krieg, 1935; Heinz Guderian, Achtung – Panzer!, 1937; Hans Detlef Herhudt von Rohden, Betrachtungen über den Luftkrieg, 1938). Die Kriegserfahrungen dienten immer wieder dazu, kriegstheoretische Auffassungen zu entwickeln, den Vernichtungsgedanken zu propagieren, die Möglichkeit des Sieges über einen zahlenmäßig stärkeren Gegner zu belegen und auf die Bedeutung überlegener Feldherrnkunst zu verweisen (Friedrich von Rabenau, Operative Entschlüsse gegen einen an Zahl überlegenen Gegner, 1935; Konrad Krafft von Delmensingen, Der Durchbruch, 1937; Waldemar Erfurth, Die Überraschung im Kriege, 1938; derselbe, Der Vernichtungskrieg, 1939).

In den 20er und 30er Jahren erschienen militärgeschichtliche Arbeiten, die einen Überblick über die Gesamtentwicklung des Militärwesens von den Germanen bis zur Reichswehr bzw. faschistischen Wehrmacht gaben und von dieser Sicht her bürgerlich-imperialistische Traditionen begründen halfen (Eugen von Frauenholz, Entwicklungsgeschichte des deutschen Heerwesens, 1935–1941). Dabei nahmen Publikationen zur Geschichte des preußischen Heeres einen wichtigen Platz ein (Curt Jany, Geschichte der Königlich Preußischen Armee bis zum Jahre 1807, 1928/29; derselbe, Die Königlich Preußische Armee und das Deutsche Reichsheer 1807 bis 1914, 1933). Daneben kam eine breitgefächerte Massenliteratur heraus, die von populärwissenschaftlichen Darstellungen wie «Schlachten des Weltkrieges» (36 Bände, 1921–1930) bis zu Schriftenreihen wie «Erinnerungsblätter deutscher Regimenter» (ungefähr 1000 Hefte, 1920–1935) reichte. Durch die Glorifizierung des Krieges trugen diese Publikationen maßgeblich dazu bei, beträchtliche Teile des Volkes für die offene Wiederaufrüstung zu manipulieren.

Das faschistische Regime nutzte die M. zielstrebig für die Propagierung der antikommunistischen Kriegspolitik sowie der nazistischen Theorie vom «Volk ohne Raum» und anderer Irrlehren (Bernhard Schwertfeger, Im Kampf um den Lebensraum, 1940; Darstellungen aus den Nachkriegskämpfen deutscher Truppen und Freikorps, 1936–1943; Erwin Hölzle, Der Osten im ersten Weltkrieg, 1944). Das Werk der preußischen Militärreformer wurde verfälscht und zu einer Quelle der faschistischen Kriegsideologie umfunktioniert (Von Scharnhorst zu Schlieffen 1806–1906, 1933). Eine wachsende Zahl

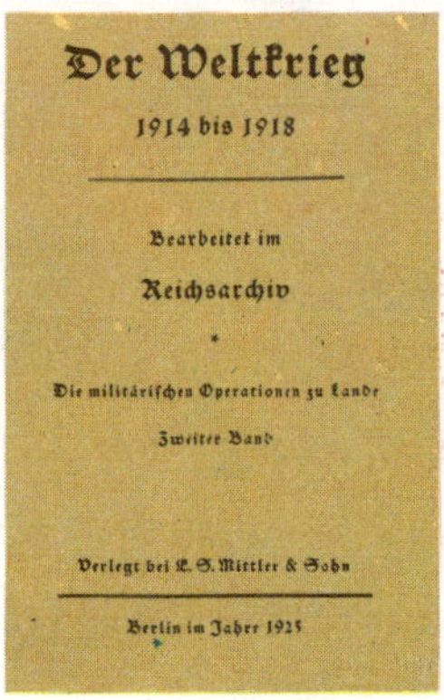
Der Weltkrieg
1914 bis 1918
Bearbeitet im
Reichsarchiv
Die militärischen Operationen zu Lande
Zweiter Band
Verlegt bei E. S. Mittler & Sohn
Berlin im Jahre 1925

Titelblatt der Ausgabe von 1925

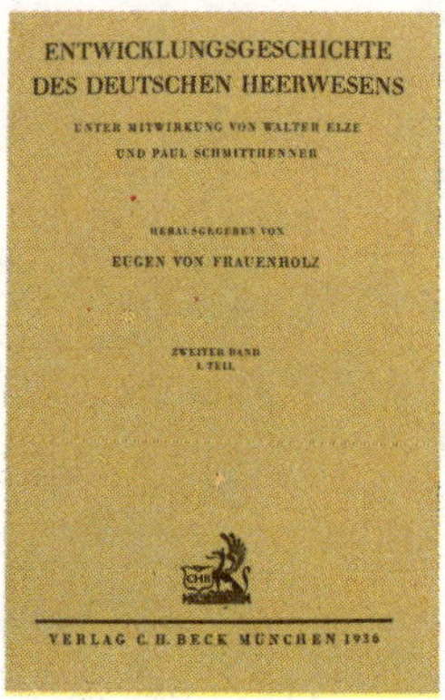
ENTWICKLUNGSGESCHICHTE DES DEUTSCHEN HEERWESENS
UNTER MITWIRKUNG VON WALTER ELZE UND PAUL SCHMITTHENNER
HERAUSGEGEBEN VON
EUGEN VON FRAUENHOLZ
ZWEITER BAND
1. TEIL
VERLAG C. H. BECK MÜNCHEN 1936

Titelblatt der Ausgabe von 1936

von Publikationen orientierte auf die umfassende politisch-ideologische Beeinflussung der Bevölkerung (Kurt Hesse, Persönlichkeit und Masse im Zukunftskrieg, 1933; Albrecht Blau, Geistige Kriegführung, 1937; Erich Weniger, Wehrmachterziehung und Kriegserfahrung, 1938).

Die M. verfügte zwischen 1919 und 1945 über eine starke institutionelle Basis in den Streitkräften (kriegsgeschichtliche Einrichtungen der Wehrmachtteile), im Archivwesen (Reichsarchiv), an Universitäten (kriegsgeschichtliche Seminare) und in der Militärpresse (→ *Wissen und Wehr*, → *Militärwissenschaftliche Rundschau*). Während des zweiten Weltkrieges (1939–1945) rechtfertigte die M. die faschistische Kriegspolitik und fungierte als Sprachrohr der Durchhaltepropaganda.

Nach 1945 stand die bürgerliche deutsche M. erneut vor der Aufgabe, eine gescheiterte Militärpolitik und einen verlorenen Krieg untersuchen zu müssen. Vor allem forderte die besondere Verantwortung des deutschen Imperialismus und Militarismus für 2 kurz aufeinanderfolgende Weltkriege Antwort auf Fragen nach dem Zusammenhang zwischen ihnen und nach den gesellschaftlichen Kräften, die für diese Kriege verantwortlich waren. Bestimmend für die historisch-politische Konzeption, mit der die bürgerliche deutsche Historiographie an diese Probleme heranging, wurde das Ziel des geschlagenen deutschen Imperialismus, seine Machtgrundlagen zu erhalten und wieder zu erstarken. Dazu kam das Interesse der imperialistischen Siegermächte, den deutschen Militarismus in ihre gegen die sozialistischen Staaten gerichtete Politik einzubeziehen. Antikommunismus und Antisowjetismus traten somit frühzeitig als Grundzüge dieser historisch-politischen Konzeption hervor.

Versuche einer Gesamtschau deutscher Geschichte kamen über die Kritik einzelner Seiten und Repräsentanten der Kriegspolitik der herrschenden Klassen nicht hinaus. Sie deckten weder deren Kontinuität noch deren gesellschaftliche Grundlagen und Triebkräfte auf, vielmehr wurde eine nicht faßbare «Dämonie der Macht» für diese Politik verantwortlich gemacht (Friedrich Meinecke, Die deutsche Katastrophe, 1946). Das über den deutschen Militarismus und seine Rolle in der Geschichte verbreitete Bild verschleierte sein Wesen und seine bestimmenden Merkmale (Gerhard Ritter, Staatskunst und Kriegshandwerk, 1954–1968). Es ignorierte das Herauswachsen des Militarismus aus Verhältnissen des Privateigentums an den entscheidenden Produktionsmitteln und leugnete den Zusammenhang von Imperialismus und Militarismus sowie die besondere Aggressivität des deutschen Imperialismus.

Spezielle militärische Fragen des zweiten Weltkrieges wurden zuerst von etwa 400 Generalen, Admiralen und Offizieren der ehem. faschistischen Wehrmacht untersucht, die von 1945 bis 1948 im Dienst der Historischen Abteilung der USA-Armee standen. Eine breit gefächerte Rechtfertigungsliteratur prägte die M. in den 50er Jahren. Sie basierte ebenso auf dem Wiedererstarken des deutschen Imperialismus und der forcierten → *Remilitarisierung der BRD*, wie sie diese aktiv unterstützte. In einer Flut von Memoiren und Darstellungen anderer Art legten Feldmarschälle, Generale, Admirale und Offiziere der faschistischen Wehrmacht, Angehörige anderer militärischer Formationen, Minister, Diplomaten und Beamte ihre Auffassungen zu Grundfragen des zweiten Weltkrieges dar (Franz Halder, Hitler als Feldherr, 1949; Adolf Heusinger, Befehl im Widerstreit, 1950; Albert Kesselring, Gedanken zum zweiten Weltkrieg, 1955; Erich von Manstein, Verlorene Siege, 1955). Trotz vorhandener differenzierter Bewertung einzelner Seiten und Aspekte der faschistischen Kriegspolitik und Kriegführung war das vorherrschende Anliegen dieser Literatur die Apologie, zumindest die persönliche Rechtfertigung. Unter dem Einfluß der imperialistischen Politik des «kalten Krieges» setzten sich in der M. der BRD Grundthesen zur Darstellung des zweiten Weltkrieges durch. Dazu gehörten vor allem die Leugnung der Einheit der staatsmonopolistischen faschistischen Herrschaft und der Kontinuität in der Kriegspolitik des deutschen Imperialismus, die Darstellung des zweiten Weltkrieges als Ausnahmefall der deutschen Geschichte, für den Adolf Hitler (1889–1945) die Alleinschuld trage, und die Negierung der im imperialistischen System liegenden Ursachen des zweiten Weltkrieges. Verbunden damit war eine vielgesichtige Diffamierung der UdSSR und der Rolle ihrer Streitkräfte. Als Ursachen für die Niederlage der faschistischen Wehrmacht im Krieg gegen die Sowjetunion wurden in erster Linie klimatische Bedingungen, geheimdienstliche Tätigkeit, «Hitlers Dilettan-

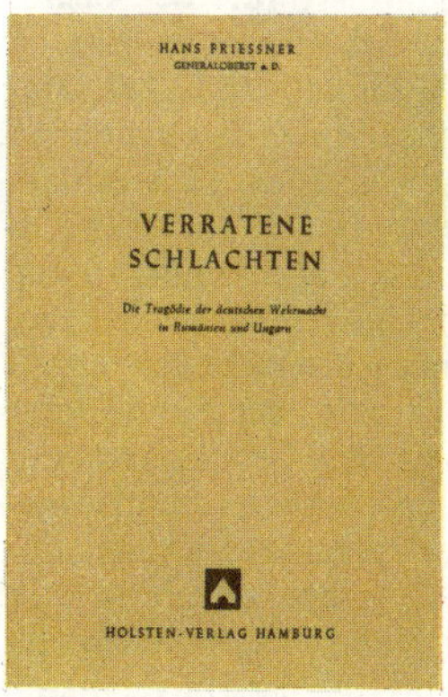

Titelblatt der BRD-Ausgabe von 1955

Titelblatt der BRD-Ausgabe von 1955

tismus» und die weitgehende «Ausschaltung der Generalität» ausgegeben. Die daraus gezogenen Schlußfolgerungen zielten grundsätzlich gegen die Politik der Antihitlerkoalition, die als «widernatürliches Bündnis» verleumdet wurde.

Mit Beginn der 60er Jahre zeigte sich eine Reihe neuer Tendenzen in der M. Sie trugen dem Streben der herrschenden Kreise der BRD Rechnung, ihre Militärpolitik und die «Einordnung der Armee in den Staat» wirksamer zu unterstützen. Zwar wurde keine der Grundthesen zur Geschichte des zweiten Weltkrieges aufgegeben, aber einige der gröbsten Fälschungen, so die vom Präventivkrieg des faschistischen Deutschlands gegen die Sowjetunion oder die von der Alleinschuld Hitlers und von den verlorenen Siegen verschwanden bzw. wurden stark relativiert. Forschungsergebnisse der marxistisch-leninistischen M. konnten nicht mehr pauschal ignoriert werden, Aktenpublikationen vermittelten einige neue Teilwahrheiten (Kriegstagebuch des Oberkommandos der Wehrmacht (Wehrmachtführungsstab), 1961–1965; Hitlers Weisungen für die Kriegführung 1939–1945, 1962; Generaloberst Halder, Kriegstagebuch 1939–1942, 1962–1964). Auf der Grundlage des Antikommunismus und gestützt auf die Totalitarismusdoktrin, die Theorie von der Industriegesellschaft, eine «atlantische» Geschichtsbetrachtung und einen angeblichen Methodenpluralismus, entstanden Arbeiten, die ein flexibleres Bild der deutschen Militärgeschichte einschließlich der Geschichte des zweiten Weltkrieges vermittelten (Handbuch zur deutschen Militärgeschichte 1648–1939, seit 1964; Carl Hans Hermann, Deutsche Militärgeschichte, 1966).

Zunehmenden Einfluß auf die M. gewann das 1957 gegründete Militärgeschichtliche Forschungsamt der → *Bundeswehr der BRD.* Es wertet die M. als Mittel, Lehren für die gegenwärtige und künftige Politik zu gewinnen, Erkenntnisse für die Ausbildung und Führung der Bundeswehr aufzubereiten und zur imperialistischen Wehrmotivation beizutragen. Ein maßgebliches Anliegen der Publikationen dieses Amtes besteht darin, die These zu erhärten, wonach es in der BRD gelungen sei, die Armee in den Staat zu integrieren und das alte demokratische Ideal vom Staatsbürger in Uniform zu realisieren. Auf diese Weise werden, ungeachtet richtiger Einzelerkenntnisse, der Klassencharakter der Bundeswehr und ihr aus der imperialistischen Gesellschaftsordnung und deren antikommunistischer und antisowjetischer Politik resultierender aggressiver Klassenauftrag verschleiert. In dieses Streben reihen sich in graduell unterschiedlichem Maße auch Arbeiten von Historikern und Militärhistorikern der Universitäten und Akademien ein, die sich mit Personen und Einzelproblemen der Militärgeschichte befassen.

Die M. der BRD trägt entscheidend zur Formung des Traditionsbildes der Bundeswehr bei. Unter dem Deckmantel des Pluralismus und angeblich «zeitloser Werte deutschen Soldatentums» werden die Traditionen des deutschen Militarismus gepflegt. Breiten Raum in der Traditionsarbeit nimmt die Truppengeschichtsschreibung ein. Für die von 1951 bis 1980 erschienenen truppengeschichtlichen Arbeiten ist ungeschminkte Apologetik charakteristisch. In kriegsgeschichtlichen Taschenbüchern, Bildbänden, illustrierten Reihen, Fernsehserien und Filmen werden Ereignisse der deutschen Militärgeschichte in verzerrter und verfälschter Form für die politisch-ideologische Manipulierung genutzt. Arbeiten zur neuesten Geschichte beschwören die «Bedrohung aus dem Osten» und rechtfertigen die Aufrüstung nach 1945, den Aufbau der Bundeswehr sowie die → *NATO* (Karl Bauer, Deutsche Verteidigungspolitik 1945–1963, 1964, seitdem mehrere ergänzte und erweiterte Auflagen; Verteidigung im Bündnis, 1975).

Marxistisch-leninistische M.: Die entscheidenden Voraussetzungen und Grundlagen der im zweiten Drittel des 19. Jh. entstandenen marxistischen M. waren die Formierung des modernen Proletariats, seine ersten Erfahrungen im Klassenkampf sowie die Begründung der Weltanschauung der Arbeiterklasse durch Karl Marx (1818–1883) und Friedrich Engels. Die Anwendung ihrer materialistischen Geschichtsauffassung auf die Erforschung und Darstellung der Militärgeschichte schuf die Voraussetzung für eine in vollem Umfang wissenschaftliche M. Sie ermöglichte den Übergang von der einfachen Beschreibung und der zufälligen Aufdeckung einzelner Gesetzmäßigkeiten zur wissenschaftlichen Erkenntnis und Darstellung des militärgeschichtlichen Prozesses, d. h. der ihm zugrunde liegenden Gesetzmäßigkeiten. Marx und Engels leisteten in enger Zusammenarbeit einen großen Beitrag zur Erforschung und Darstellung der Militärgeschichte, wobei der größere Teil ihrer Arbeiten aus der Feder von Engels stammt. Sie deckten Ursachen und Rolle der Gewalt im historischen Prozeß sowie den unlöslichen Zusammenhang und die Wechselbeziehungen zwischen Militärwesen und Politik auf, wiesen nach, daß das Militärwesen von ökonomischen Vorbedingungen abhängig sowie stets Ausdruck der jeweiligen Klassen- und Machtverhältnisse ist, und gaben die Grundlage für eine wissenschaftliche Klassifizierung der Kriege (Friedrich Engels, Die Armeen Europas, 1855; derselbe, Die preußische Militärfrage und die deutsche Arbeiterpartei, 1865; derselbe, Herrn Eugen Dührings Umwälzung der Wissenschaft («Anti-Dühring»), 1878).

Aus der Erkenntnis von der Bedeutung der Militärfrage für den Klassenkampf des Proletariats untersuchten Marx und Engels die Kriege und bewaffneten Klassenkämpfe ihrer Zeit. Arbeiten wie «Die Klassenkämpfe in Frankreich 1848 bis 1850» (Marx, 1850), «Die deutsche Reichsverfassungskampagne» (Engels, 1850) und «Der Bürgerkrieg in Frankreich» (Marx, 1871) bieten auf der Grundlage der materialistischen Geschichtsauffassung umfassende Analysen der ökonomischen und politischen Ursachen der Klassenkämpfe und Kriege einschließlich ihrer militärischen Vorbereitung, des Verlaufs der militärischen Operationen sowie des Zustands und der Bewaffnung der kriegführenden Armeen, insbesondere ihrer materiellen und moralischen Kräfte. Sie waren darauf gerichtet, den Klassenkampf des Proletariats direkt zu unterstützen. Marx und Engels schlußfolgerten z. B. aus der Untersuchung des Nordamerikanischen Bürgerkrieges (mehrere Artikel 1861/62) auf die entscheidende Rolle einer regulären Armee und präzisierten die Idee einer Milizarmee (→ *Miliz*). Aus der Analyse des Klassencharakters des → *Deutsch-Französischen Krieges 1870/71* leiteten sie die Haltung und die revolutionär-internationalistische Taktik des Proletariats im Kriege ab. Von den Erfahrungen der bewaffneten Kämpfe während der → *Revolution 1848/49* in Deutschland und der Pariser Kommune 1871 ausgehend, stellten sie die wichtigsten Prinzipien auf, die der Lehre vom → *bewaffneten Aufstand* und dem Aufbau der Militärorganisation des Proletariats zugrunde liegen. Mit ihren Arbeiten gaben Marx und Engels der Militärtheorie eine wissenschaftliche Grundlage und wiesen der M. die Wege.

Einen bedeutenden Beitrag zur marxistischen M. leistete Franz Mehring (1846–1919). Seine militärhistorischen Schriften umfassen Arbeiten zur deutschen Militärgeschichte sowie zur Geschichte des Militärwesens und der Kriegskunst vom 16. bis zum 20. Jh. (Das Volk in Waffen, 1892; Gustav Adolf. Ein Fürstenspiegel zu Lehr und Nutz der deutschen Arbeiter, 1894; Militärische Streiflichter, 1906; Kriegsgeschichtliche Streifzüge, 1914/15). Sie machen wesentliche Seiten des Militärwesens und der Kriegführung sowie deren Einfluß auf die gesellschaftliche Entwicklung sichtbar. Mehring entlarvte die reaktionäre Rolle des preußischen Militarismus (Die Lessing-Legende, 1893), setzte sich entschieden mit opportunistischen Auffassungen zur Militärfrage auseinander (Miliz und stehendes Heer, 1913; Kriegsgeschichtliche Probleme, 1915) und gab eine fundierte marxistische Analyse (Eine Geschichte der Kriegskunst, 1908) zu Delbrücks «Geschichte der Kriegskunst im Rahmen der politischen Geschichte». Er wandte sich gegen die opportunistischen Losungen von der «Vaterlandsverteidigung» und vom «Burgfrieden» und wies nach, daß der Klassenkampf auch während des Krieges fortbesteht.

Ihre Weiterentwicklung erfuhr die von Marx und Engels begründete marxistische M. durch W. I. Lenin. Mit einer tiefschürfenden Analyse des Imperia-

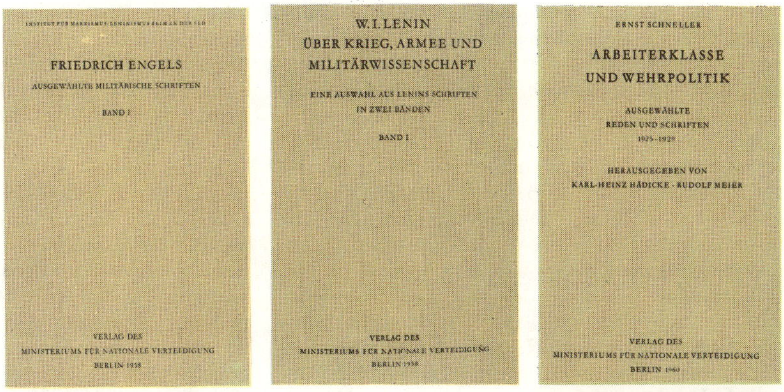

Titelblätter von im Militärverlag der DDR herausgegebenen Schriften von Friedrich Engels, W. I. Lenin und Ernst Schneller

Titelblatt der Ausgabe von 1908

lismus (Der Imperialismus als höchstes Stadium des Kapitalismus, 1916) sowie in zahlreichen militärhistorischen und militärpolitischen Arbeiten (Der Fall von Port Arthur, 1905; Sozialismus und Krieg, 1915; Das Militärprogramm der proletarischen Revolution, 1916) gab er als erster eine wissenschaftliche Bewertung der Ursachen und des Charakters imperialistischer Kriege. Lenin analysierte die gewachsene Rolle der Volksmassen im Krieg sowie das Neue im Zusammenhang von Krieg und Revolution, erarbeitete die Leitsätze für die Militärpolitik des Proletariats und das Militärprogramm der proletarischen Revolution, begründete die Lehre von der Verteidigung des sozialistischen Vaterlandes und legte den Grundstein für die sowjetische Militärwissenschaft.

Wichtige Beiträge zur marxistisch-leninistischen M. leisteten Karl Liebknecht (1871–1919), Rosa Luxemburg (1871–1919) und Hermann Duncker (1874–1960). Sie untersuchten von den Positionen der Arbeiterklasse aus die geschichtliche Entwicklung und Rolle des preußisch-deutschen Militarismus, deckten dessen sozialpolitische Wurzeln sowie innere und äußere Funktion auf und wiesen den untrennbaren Zusammenhang zwischen Militarismus und Imperialismus nach (Liebknecht, Militarismus und Antimilitarismus unter besonderer Berücksichtigung der internationalen Jugendbewegung, 1907; Luxemburg, Miliz und Militarismus, 1899). Frühzeitig legte die marxistisch-leninistische M. die im imperialistischen System wurzelnden Ursachen und die grundlegenden innen- und außenpolitischen Prozesse bloß, die zum ersten Weltkrieg geführt hatten, und entlarvte die Kriegspolitik der imperialistischen Hauptmächte, besonders des deutschen Imperialismus. Sie trug wesentlich dazu bei, der deutschen Arbeiterbewegung für ihren Kampf gegen Militarismus und imperialistischen Krieg die Lehren der bürgerlich-demokratischen Revolution 1905–1907 in Rußland zu erschließen und das Verständnis für die welthistorische Bedeutung der Großen Sozialistischen Oktoberrevolution zu vermitteln.

Die ständige Analyse der Geschichte und die Verbreitung ihrer Lehren bildeten auch einen festen Bestandteil der wissenschaftlichen und ideologischen Arbeit der KPD. Geschichtliche Erkenntnisse und Erfahrungen halfen, die Strategie und Taktik richtig zu bestimmen. Erschwert wurde diese Arbeit jedoch durch den Mangel an ausgebildeten Historikern, die Verbannung des Marxismus aus der akademischen Lehre sowie begrenzte und schwierige Verbreitungsmöglichkeiten. Militärgeschichtlich relevante Themen wurden von Parteifunktionären bearbeitet, wobei die Auswahl vorwiegend auf den Erfordernisssen des politischen Tageskampfes beruhte. Zu den hauptsächlich untersuchten Ereignissen und Problemen zählten die progressiven und revolutionären militärischen Traditionen des deutschen Volkes, besonders der Arbeiterklasse, der erste Weltkrieg sowie die militärischen Erfahrungen der Bolschewiki.

Einen wertvollen Beitrag zur M. leistete die KPD mit ihren Arbeiten zur Klassifizierung des ersten Weltkrieges, zur Entlarvung der besonderen Verantwortung des deutschen Imperialismus an seiner Entstehung und zur Aufdeckung des Zusammenhangs von Imperialismus, Opportunismus und Krieg sowie von Krieg und Revolution (Illustrierte Geschichte der deutschen Revolution, 1929). In ihren Presseorganen, namentlich der «Roten Fahne» und der militärpolitischen Zeitschrift → *«Oktober»*, führte sie einen prinzipiellen Kampf gegen bürgerliche Geschichtsfälschungen sowie gegen rechtsopportunistische und linkssektiererische Ansichten zu militärgeschichtlichen Prozessen und Ereignissen. Eine große Hilfe waren dabei die Aneignung des Leninismus, darunter der Leninschen Lehre über den Imperialismus, den Staat und die Revolution sowie von der Verteidigung des sozialistischen Vaterlandes, und die Beschlüsse und Stellungnahmen der KI. Hervorragenden Anteil an der Ausarbeitung und Verbreitung eines marxistisch-leninistischen Bildes der jüngsten deutschen Militärgeschichte sowie der militärpolitischen und militärischen Lehren der Großen Sozialistischen Oktoberrevolution hatten vor allem Ernst Thälmann (1886–1944), Wilhelm Pieck (1876–1960), Walter Ulbricht (1893–1973), Ernst Schneller (1890–1944), Fritz Heckert (1884–1936), Hugo Eberlein (1887–1944) und Albert Schreiner (1892–1979). Ihre prinzipielle Auseinandersetzung mit der Kriegspolitik des deutschen Imperialismus war ein wesentlicher Bestandteil des antiimperialistischen und antimilitaristischen Kampfes der KPD und der Erziehung der Arbeiterklasse im Geiste wahrhaften Patriotismus und proletarischen Internationalismus (→ *Militärpolitik der revolutionären deutschen Arbeiterbewegung (bis 1945)*).

Die Befreiung des deutschen Volkes vom Faschismus und der Kampf der antifaschistisch-demokratischen Kräfte unter Führung der KPD/SED für die vollständige Ausrottung des Faschismus und seiner Wurzeln sowie für eine demokratische Umgestaltung auf deutschem Boden leiteten eine neue Etappe in der Entwicklung der marxistisch-leninistischen M. ein. Militärgeschichtlich wichtige Fragen fanden zunächst ihre Bearbeitung im Rahmen von Forschungen und Darstellungen zur allgemeinen Geschichte. Von großer Aktualität war in den ersten Jahren nach der Befreiung die Analyse der jüngsten Geschichte Deutschlands, insbesondere der Ursachen und Triebkräfte des vom faschistischen deutschen Imperialismus entfesselten zweiten Weltkrieges sowie der Lehren aus den damit verbundenen Ereignissen. Entscheidende Impulse zur allseitigen Untersuchung dieser Probleme und damit zur schonungslosen Abrechnung mit allem Reaktionären in der deutschen Geschichte und Militärgeschichte gaben die KPD mit ihrem Aufruf vom 11. 6. 1945 und die SED mit der von ihr initiierten Historikerkonferenz der damaligen Deutschen Zentralverwaltung für Volksbildung im Mai 1946 sowie mit ihren Beschlüssen von 1948 zum 100. bzw. 30. Jahrestag der Revolution 1848/49 und der Novemberrevolution 1918/19. Führende Funktionäre der SED vermittelten in ihren Arbeiten wesentliche Erkenntnisse für die weitere Ausarbeitung eines marxistisch-leninistischen Bildes der deutschen Militärgeschichte. Damit leisteten sie zugleich einen wirkungsvollen Beitrag zur Auseinandersetzung mit der von faschistischem Gedankengut durchsetzten bürgerlichen M. und trugen zur Liquidierung des Militarismus samt seiner Wurzeln im Osten Deutschlands bei (Wilhelm Pieck, Der deutsche Imperialismus. Die Lehren aus seiner Entwicklung, 1946; Albert Norden, Lehren deutscher Geschichte, 1947; Otto Grotewohl, Dreißig Jahre später. Die Novemberrevolution und die Lehren der Geschichte der deutschen Arbeiterbewegung, 1948).

Gründung und Entwicklung der DDR verbreiterten entscheidend den Boden für die marxistisch-leninistische M. und stellten ihr zugleich qualitativ neue Aufgaben. Mit der Schaffung der → *Nationalen Volksarmee der DDR (NVA)* und ihrem Aufbau als sozialistische Koalitionsarmee machte es sich erforderlich, die Militärgeschichte des deutschen Volkes umfassend zu untersuchen und die Ergebnisse der militärischen Praxis zur Verfügung zu stellen. Gleichzeitig galt es, militärgeschichtliche Forschungsergebnisse durch vielfältige Arten und Genres der M. in der → *sozialistischen Wehrerziehung der Bevölkerung der DDR* zu nutzen und dadurch zur Entwicklung der Verteidigungsbereitschaft, insbesondere der Jugend, beizutragen. Größte Bedeutung gewann die Verbreitung der in der sowjetischen militärgeschichtlichen Literatur enthaltenen Erfahrungen und Erkenntnisse, die den Aufbau der sowjetischen Streitkräfte und deren heroischen Kampf im Großen Vaterländischen Krieg der Sowjetunion 1941–1945 betrafen.

Eine wichtige Voraussetzung, um diesen Anforderungen zu genügen, war die Schaffung institutioneller Grundlagen militärgeschichtlicher Forschung, Publikation und Lehre. Es entstanden der Verlag des Ministeriums für Nationale Verteidigung (→ *Militärverlag der DDR (VEB)*), die Abteilung Militärgeschichte am Institut für Deutsche Geschichte der Karl-Marx-Universität Leipzig, das Institut für Deutsche Militärgeschichte (→ *Militärgeschichtliches Institut der DDR*) sowie archivische (→ *Militärarchiv der DDR*) und museale (→ *Armeemuseum der DDR*) Einrichtungen. Die Zeitschriften → *«Militärwesen»*, → *«Militärgeschichte»* und andere Periodika begannen mit der Veröffentlichung militärgeschichtlicher Beiträge und förderten durch Information und Meinungsaustausch die Entwicklung der M. Eine weitere wichtige Voraussetzung war die Heranbildung eines breiten Kreises qualifizierter Militärhistoriker. Mitte der 50er Jahre setzte die systematische Ausbildung militärhistorischer Kader an Hochschulen der DDR, besonders an der Karl-Marx-Universität Leipzig, ein. In prinzipieller Auseinandersetzung mit der bürgerlichen Geschichtsideologie und M. gingen die Militärhistoriker der DDR daran, ein geschlossenes Bild der deutschen Militärgeschichte auszuarbeiten.

Die grundlegende politisch-konzeptionelle und methodologische Orientierung dafür gaben die Dokumente der SED, vor allem die Beschlüsse der Parteitage sowie des ZK zur Entwicklung der Gesellschaftswissenschaften und zu den Aufgaben der Geschichtswissenschaft. Der Beschluß des ZK der SED von 1955 forderte die Verbesserung der Forschung und Lehre in der Geschichtswissenschaft der DDR und wies zugleich auf die große Bedeutung hin, die die Partei der vielseitigen Wirksamkeit der Geschichtswissenschaft beimaß. Dieser Beschluß sowie in der Folgezeit die vom Politbüro des ZK der SED bestätigten zentralen Forschungspläne der marxistisch-leninistischen Gesellschaftswissenschaften der DDR und weitere Beschlüsse über die ideologische Arbeit, die Agitation und Propaganda bildeten auch für die M. jeweils eine umfassende, weitreichende Orientierung für ihre Entwicklung. Grundlegende Bedeutung für die M. der DDR kommt dem von einem Kollektiv des Instituts für Marxismus-Leninismus beim ZK der SED vorbereiteten und von einer Kommission des Politbüros des ZK der SED bestätigten Abriß «Geschichte der Sozialistischen Einheitspartei Deutschlands» (1978) zu.

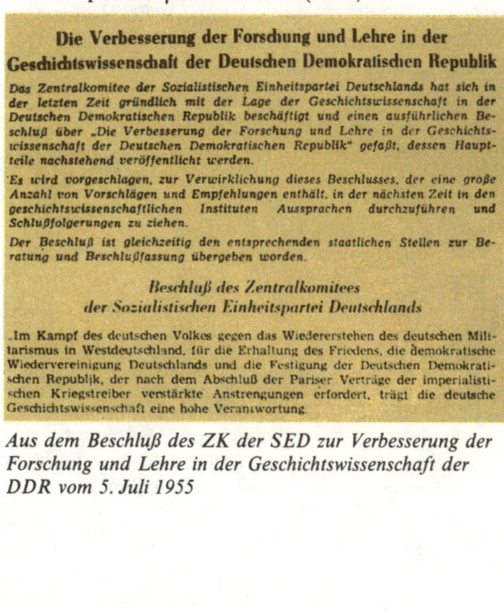

Die Verbesserung der Forschung und Lehre in der Geschichtswissenschaft der Deutschen Demokratischen Republik

Das Zentralkomitee der Sozialistischen Einheitspartei Deutschlands hat sich in der letzten Zeit gründlich mit der Lage der Geschichtswissenschaft in der Deutschen Demokratischen Republik beschäftigt und einen ausführlichen Beschluß über „Die Verbesserung der Forschung und Lehre in der Geschichtswissenschaft der Deutschen Demokratischen Republik" gefaßt, dessen Hauptteile nachstehend veröffentlicht werden.

Es wird vorgeschlagen, zur Verwirklichung dieses Beschlusses, der eine große Anzahl von Vorschlägen und Empfehlungen enthält, in der nächsten Zeit in den geschichtswissenschaftlichen Instituten Aussprachen durchzuführen und Schlußfolgerungen zu ziehen.

Der Beschluß ist gleichzeitig den entsprechenden staatlichen Stellen zur Beratung und Beschlußfassung übergeben worden.

Beschluß des Zentralkomitees der Sozialistischen Einheitspartei Deutschlands

„Im Kampf des deutschen Volkes gegen das Wiedererstehen des deutschen Militarismus in Westdeutschland, für die Erhaltung des Friedens, die demokratische Wiedervereinigung Deutschlands und die Festigung der Deutschen Demokratischen Republik, der nach dem Abschluß der Pariser Verträge der imperialistischen Kriegstreiber verstärkte Anstrengungen erfordert, trägt die deutsche Geschichtswissenschaft eine hohe Verantwortung.

Aus dem Beschluß des ZK der SED zur Verbesserung der Forschung und Lehre in der Geschichtswissenschaft der DDR vom 5. Juli 1955

Titelblatt der Ausgabe von 1977

Titelblatt der Ausgabe von 1983

Seit Mitte der 50er Jahre konzentrierte sich die M. der DDR vor allem auf folgende Gebiete: Erschließung des militärpolitischen und militärischen Erbes der Klassiker des Marxismus-Leninismus; Erforschung des militärpolitischen Kampfes der deutschen und internationalen revolutionären Arbeiterbewegung und Verbreitung ihrer Lehren und Erfahrungen; Erforschung und Darlegung der fortschrittlichen und revolutionären militärischen Traditionen des deutschen Volkes; Untersuchung der Kriege und Streitkräfte in der Klassenauseinandersetzung zwischen Fortschritt und Reaktion, Sozialismus und Imperialismus. Dabei bilden die Entwicklung der NVA und die → *Waffenbrüderschaftsbeziehungen der NVA* zur Sowjetarmee und zu den anderen Bruderarmeen des → *Warschauer Verteidigungsbündnisses* einen Schwerpunkt.

Mit der Herausgabe von ausgewählten militärischen Schriften der Klassiker des Marxismus-Leninismus und führender Vertreter der deutschen und internationalen Arbeiterbewegung wurde bald nach Gründung der NVA der DDR begonnen. Es erschienen Auswahlbände militärischer Arbeiten von Engels, Lenin, M. W. Frunse (1885–1925), Mehring und Schneller. Diese und andere Arbeiten trugen zur tiefgründigen Aneignung und umfassenderen Anwendung des historischen Materialismus auf die Erforschung und Darstellung der deutschen Militärgeschichte bei. Sie vermittelten tiefe Einblicke in Grundfragen der militärhistorischen Entwicklung, besonders in die Gesetzmäßigkeiten und die Dialektik des mit militärischen Mitteln geführten Klassenkampfes zwischen Reaktion und Fortschritt. Später, seit Beginn der 70er Jahre, wurden Sammelbände mit militärpolitischen Reden und Schriften von Erich Honecker (geb. 1912) und Armeegeneral Heinz Hoffmann (1910–1985) publiziert (Honecker, Zuverlässiger Schutz des Sozialismus, 1972; Hoffmann, Sozialistische Landesverteidigung, 1971–1983). Die in ihnen enthaltenen Darlegungen über die → *Militärpolitik der SED* und die → *Landesverteidigung der DDR*, speziell die NVA als sozialistische Koalitionsarmee, sind ein hervorragender Beitrag zur Militärgeschichtswissenschaft. Sie bilden für die M. ein äußerst wertvolles Material über die Rolle der sozialistischen Militärmacht in der Klassenauseinandersetzung zwischen Sozialismus und Imperialismus und über die Gewährleistung des zuverlässigen Schutzes der DDR und der Warschauer Staatengemeinschaft vor den aggressiven Plänen der NATO.

Als eine wichtige Hilfe für die rasche Herausbildung der M. in der DDR erwiesen sich die Forschungsergebnisse der sowjetischen M. Seit Mitte der 50er Jahre erschienen in wachsender Zahl Übersetzungen von sowjetischen Arbeiten, vor allem zur Vorgeschichte und Geschichte des zweiten Weltkrieges, zu Schlachten und Operationen der Sowjetarmee im Großen Vaterländischen Krieg, zur Geschichte der Militärpolitik der KPdSU und zur Entwicklung der sowjetischen Streitkräfte. Höhepunkte markieren die Herausgabe der «Geschichte des Großen Vaterländischen Krieges der Sowjetunion» (1962–1968) und der «Geschichte des zweiten Weltkrieges 1939–1945 in zwölf Bänden» (1975–1985).

Ein erster Schwerpunkt der M. der DDR ergab sich aus den Untersuchungen zur Rolle der militärischen Gewalt in den Klassenauseinandersetzungen in der Zeit des Feudalismus und Kapitalismus/Imperialismus bis 1917. Dabei entwickelte sich, wie auch in anderen Schwerpunktbereichen, eine enge Zusammenarbeit mit Einrichtungen auch anderer Wissenschaftsgebiete. Im Zusammenhang mit dem 450. Jahrestag des deutschen Bauernkrieges wurden vor allem neue Erkenntnisse über die Ursachen, den Charakter, den militärischen Verlauf und die Ergebnisse des Bauernkrieges gewonnen, die militärische Organisation und Disziplin der Bauern analysiert und der Kampf der Bauernhaufen als Teil der fortschrittlichen militärischen Traditionen des deutschen Volkes umfassend gewertet. Weitere Untersu-

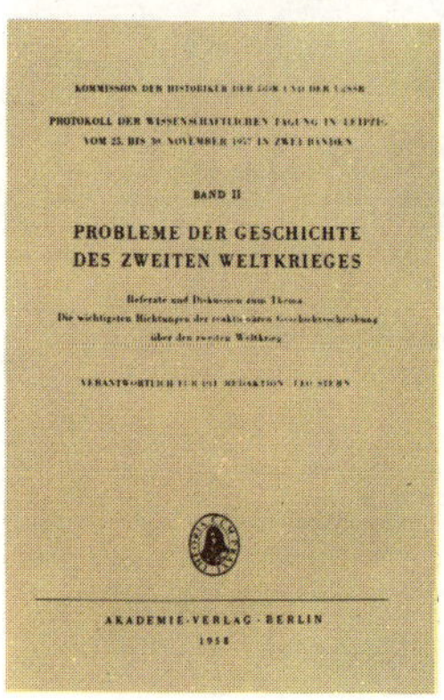

Wissenschaftliche Tagung der Kommission der Historiker der DDR und der UdSSR 1957. Titelblatt des 2. Protokollbandes von 1958

DDR-Ausgabe des sowjetischen Werkes «Geschichte des Großen Vaterländischen Krieges der Sowjetunion», 6 Bände, 1962–1968

DDR-Ausgabe des sowjetischen Werkes «Geschichte des zweiten Weltkrieges 1939–1945», 12 Bände, 1975–1985

chungen betrafen die Geschichte des Dreißigjährigen Krieges (1618–1648), die Entwicklung des Landesdefensionswesens in den deutschen Territorialstaaten sowie die politische und militärische Rolle der preußischen Armee als Kern des feudalabsolutistischen Militarismus im 18. Jh. Durch diese und andere militärhistorische Forschungen entstand ein differenziertes Bild der Entwicklung des Militärwesens und der Kriege in den deutschen Ländern in der Zeit der weltgeschichtlichen Übergangsepoche vom Feudalismus zum Kapitalismus. Die militärgeschichtlichen Forschungen zum 19. Jh. konzentrierten sich vor allem auf die Leistungen der preußischen Militärreformer zu Beginn des 19. Jh., auf die militärischen Kämpfe in der Revolution 1848/49, auf die preußisch-deutschen Kriege 1864–1871 sowie auf die Herausbildung und Entwicklung der proletarischen Militärpolitik und Militärtheorie und ihre praktische Wirksamkeit in den Klassenkämpfen. 1957 wurde Clausewitz' Werk «Vom Kriege» mit einer ausführlichen Einleitung herausgegeben. In der Folgezeit erschienen neben Publikationen zum nationalen Unabhängigkeitskrieg 1813/14 auf breiter Quellengrundlage fußende Arbeiten zur Geschichte der Landwehr, zur Entwicklung des Militärwesens und der Kriege um die Mitte des 19. Jh. sowie zu Einzelproblemen der bürgerlichen Umgestaltung des Militärwesens, der Militärtechnik und der Geschichte des Militarismus. Darstellungen zum antimilitaristischen Kampf der deutschen Sozialdemokratie im 19. Jh. und zur Milizproblematik trugen dazu bei, die verschiedenen Seiten der Militärpolitik der Arbeiterbewegung zu erhellen und Traditionen des proletarischen Antimilitarismus weiter zu erschließen. Eine wesentliche Aufgabe der M. bildete die Erforschung militärischer Probleme des ersten Weltkrieges (1914–1918). Sie brachte neue Erkenntnisse vor allem zur militärischen Kriegsvorbereitung, zum Ausbau der Streitkräfte des deutschen Imperialismus, zu ihrer Führung durch den Generalstab und zur Kriegsplanung, namentlich zum Schlieffenplan. Publikationen über den ersten Weltkrieg gingen von dem Charakter dieser Auseinandersetzung als imperialistischer Eroberungskrieg aus und vermittelten einen militärhistorisch fundierten Überblick über den Verlauf und die Ergebnisse der Kampfhandlungen zu Lande, zur See und in der Luft sowie über die Planung und die Durchführung der Feldzüge, Operationen und Schlachten. Dabei wurde unter Ausnutzung der Ergebnisse der Imperialismusforschung herausgearbeitet, daß der Niederlage des deutschen Imperialismus und Militarismus Gesetzmäßigkeiten zugrunde lagen, die im imperialistischen Herrschaftssystem wurzelten. In Polemik mit der bürgerlichen M. setzte sich die M. der DDR mit der Dolchstoßlegende und anderen imperialistischen Geschichtsfälschungen über den ersten Weltkrieg auseinander. Ergebnisse der militärgeschichtlichen Forschung über die Entwicklung der Streitkräfte und der Kriegskunst fanden Eingang in die gesamthistorische Darstellung «Deutschland im ersten Weltkrieg» (1968/69).

Ein zweiter Schwerpunkt vielseitiger militärgeschichtlicher Forschungen zeichnete sich frühzeitig mit der Untersuchung und Darstellung der Rolle der imperialistischen deutschen Streitkräfte in den Klassenauseinandersetzungen der Zeit von 1917/18 bis 1945 ab. Ausgehend vom Charakter und von den Bedingungen der Epoche des welthistorischen Übergangs vom Kapitalismus zum Sozialismus und von der Ökonomie und Politik des deutschen Monopolkapitals, wurden in Publikationen die militärischen Aspekte der antisowjetischen Politik des deutschen Imperialismus nach 1917/18, sein Anteil am Bürger- und Interventionskrieg gegen die Sowjetrepublik sowie die Rüstungspolitik dargelegt. Es wurde nachgewiesen, daß die Reichswehr maßgeblich an der Vorbereitung und Sicherung der faschistischen Diktatur beteiligt war. Gestützt auf Arbeiten zur Geschichte der deutschen Arbeiterbewegung und der KPD, begann die M. der DDR, die Geschichte der bewaffneten Formationen der Arbeiterklasse in der Zeit der Novemberrevolution und in der revolutionären Nachkriegskrise sowie die Geschichte des RFB zu untersuchen. Diese Forschungen ordneten sich ein in die Untersuchungen zur Militärpolitik der KPD in der Zeit der Weimarer Republik. Sie zeigten den Prozeß der schöpferischen Weiterentwicklung der marxistisch-leninistischen Militärpolitik durch die KPD in enger Anlehnung an die Militärpolitik der KI, wobei Erkenntnisse und Lehren der militärpolitischen Arbeit der KPdSU einen besonderen Platz einnahmen.

Die militärgeschichtlichen Forschungen zur Vorgeschichte und Geschichte des zweiten Weltkrieges erhielten einen wichtigen Impuls durch die Konferenzen der Historiker der DDR und der UdSSR (1957, 1959), die politisch-konzeptionelle und theoretische Orientierungen für die Darstellung dieser Problematik gaben. Es wurden Forschungsarbeiten in Angriff genommen, die sich vor allem mit der militärischen Rüstung des faschistischen deutschen Imperialismus, dem Ausbau der Wehrmacht, der Blitzkriegsplanung, dem militärtheoretischen Denken und der Vorbereitung der Aggression gegen die UdSSR beschäftigten. Dabei konnten neue Erkenntnisse über die faschistische Militärpolitik und Militärtheorie sowie über den Auf- und Ausbau der Teilstreitkräfte und Waffengattungen gewonnen und verbreitet werden, die zeigten, in welchem Maße die faschistische Diktatur ihr militärisches Instrument perfektionierte. Erste militärhistorische Gesamtdarstellungen über den zweiten Weltkrieg, als populärwissenschaftliche Arbeiten für einen breiten Leserkreis bestimmt, fußten auf den gewonnenen Erkenntnissen der M. und der Geschichtswissenschaft und wiesen zugleich auf notwendige weitere Forschungen hin. Vorrangig befaßte sich die M. mit dem Scheitern der faschistischen Blitzkriegsplanung 1941, mit der Entwicklung der Kriegszielplanung sowie mit entscheidenden Operationen und Schlachten, die Marksteine auf dem Weg der Wehrmacht in die totale Niederlage waren. Damit entstand ein differenzierteres Bild vom Wirken der militärischen Führungsorgane des faschistischen Deutschlands und von dessen politisch-militärischen Versuchen, der gesetzmäßigen Niederlage zu entgehen bzw. einen Weg zur Erhaltung der imperialistischen Machtgrundlagen zu finden. Weiteres Material wurde über den Anteil der Wehrmacht an der faschistischen Okkupationspolitik sowie über die völkerrechtswidrigen Mittel und Methoden der Kriegführung des deutschen Imperialismus erschlossen. Diese und weitere militärhistorische Erkenntnisse gingen mit ein in die Erarbeitung der umfassenden Darstellung «Geschichte Deutschlands im zweiten Weltkrieg» (1975–1985).

Die M. der DDR sah sich in besonderem Maße verpflichtet, den antifaschistischen Widerstandskampf in Deutschland sowie das Wirken deutscher Antifaschisten in der internationalen Partisanen- und Widerstandsbewegung und an der Seite der Sowjetarmee zu erforschen und darzustellen. Die in Arbeiten verschiedener Genres gewonnenen Erkenntnisse und neuen Fakten bereicherten das Bild des breiten antifaschistischen Widerstandes und verdeutlichten bedeutende Traditionen des proletarischen Internationalismus, die besonders für die Erziehung und Ausbildung in der NVA, den Grenztruppen und der Zivilverteidigung der DDR sowie für die Wehrerziehung fruchtbar genutzt werden. Erforscht wurden vor allem der Kampf deutscher Antifaschisten in den → *Interbrigaden im nationalrevolutionären Krieg Spaniens 1936–1939*, in der Bewegung und im → *Nationalkomitee «Freies Deutschland» (NKFD)* und in den Partisanen- und Widerstandsbewegungen in den besetzten Ländern sowie in den faschistischen Zuchthäusern und Konzentrationslagern. Dabei konnten neue Erkenntnisse über die Weiterentwicklung der Militärpolitik der KPD sowie über Struktur und Kampf von Militärorganisationen der Widerstandsbewegung gewonnen werden. Untersuchungen über die → *Verschwörung vom 20. 7. 1944* brachten in kritischer Auseinandersetzung mit der imperialistischen M. neue Zusammenhänge und Fakten über den Charakter, die Ziele, Personen und Schritte der beteiligten Kräfte und Gruppen.

Die Militärgeschichte des zweiten Weltkrieges erwies sich zugleich als besonders geeignet, politisch-militärische Schlußfolgerungen und Lehren aus der Politik und Kriegführung des deutschen Imperialismus wie aus dem antifaschistischen Kampf und der Rolle der Streitkräfte der UdSSR als entscheidender Kraft bei der Zerschlagung der Wehrmacht zu ziehen. Diese fanden in Dokumentationen, zahlreichen Beiträgen in den allgemeinen und Fachperiodika sowie in der Geschichtspropaganda ihren Niederschlag, wobei u. a. die Würdigung historischer Jahrestage von Ereignissen des zweiten Weltkrieges eine wichtige Rolle spielte. Die M. unterstützt damit die weitere Erarbeitung und Vertiefung eines marxistisch-leninistischen Geschichtsbildes, die Entwicklung von Verteidigungsbereitschaft und Traditionsbewußtsein sowie die → *militärwissenschaftliche Arbeit in der NVA.*

Anfang der 60er Jahre begann sich die M. der DDR stärker militärpolitischen und -geschichtlichen Problemen der Zeit nach 1945 zuzuwenden. Im Vordergrund standen dabei Fragen der Militärpolitik der SED, des Auf- und Ausbaus der NVA als Kernstück der Landesverteidigung der DDR sowie der Entwicklung des Warschauer Verteidigungsbündnisses zum kollektiven Schutz der sozialistischen Errungenschaften mit der Sowjetarmee als Hauptkraft. Die Untersuchungen bewiesen überzeugend, daß die Gründung der DDR einen Wendepunkt auch in der Militärgeschichte des deutschen Volkes bildet, dessen sichtbarer Ausdruck die Schaffung der NVA als einer Armee sozialistischen Typus ist, die sich grundsätzlich von allen Armeen der Ausbeuterklassen in der deutschen Geschichte unterscheidet. Die Forschungen und Darstellungen (teilweise unveröffentlicht) zu wichtigen Grundfragen des Aufbaues und der Entwicklung der NVA, ihrer Teilstreitkräfte und Waffengattungen, ihrer Bewaffnung, Ausrüstung und Ausbildung sowie der Erziehung der Armeeangehörigen im Geiste des sozialistischen Patrio-

Vom Bauernheer zur Volksarmee, Berlin 1979

Die NVA in der sozialistischen Verteidigungskoalition, Berlin 1982

tismus und proletarischen Internationalismus gingen von den allgemeingültigen Gesetzmäßigkeiten bei der Schaffung sozialistischer Streitkräfte aus. Dabei wurden u. a. die Führung der Armee durch die SED, Probleme der Entwicklung der Einzelleitung, der Truppenführung und der Kriegskunst sowie die Nutzung von entsprechenden Erfahrungen der sowjetischen Streitkräfte analysiert und dargelegt. Besondere Beachtung galt in der M. der DDR von Anfang an dem Warschauer Verteidigungsbündnis sowie den Waffenbrüderschaftsbeziehungen der NVA zu den sowjetischen Streitkräften und den anderen sozialistischen Armeen. Untersuchungen über die Bildung und Entwicklung der sozialistischen Militärkoalition wiesen nach, daß mit ihr ein Militärbündnis entstand und besteht, das konsequent den Sicherheits- und Schutzinteressen der Mitgliedstaaten und dem Frieden dient und die sozialistischen Errungenschaften zuverlässig vor imperialistischer Aggression schützt. Die seit ihrer Gründung bestehenden und sich stetig vertiefenden Waffenbrüderschaftsbeziehungen der NVA, namentlich zur → *Gruppe der Sowjetischen Streitkräfte in Deutschland (GSSD)*, wurden in zahlreichen Beiträgen unterschiedlichen Genres untersucht und in ihrer politischen, militärischen und moralisch-ideologischen Bedeutung für die Erziehung der Angehörigen der NVA gewertet. Eng damit verbunden sind Untersuchungen über das Zusammenwirken der NVA mit anderen verbündeten Armeen in → *Übungen und Manövern der Vereinten Streitkräfte.* Einen wichtigen Platz in der M. nehmen auch Darstellungen ein, in denen Bewährungsproben der NVA und der Grenztruppen der DDR behandelt sind, so ihr erfolgreicher Einsatz bei der → *Sicherung der Staatsgrenzen der DDR 1961* zum Schutz von Frieden und Sozialismus. Die Arbeiten ordnen sich mit ein in die Erforschung der gemeinsamen Kampftraditionen der verbündeten Streitkräfte und des sozialistischen Internationalismus im militärischen Bereich. Zu den wichtigen Darstellungsformen der geschichtlichen Entwicklung der NVA und der Grenztruppen der DDR gehören vor allem Zeittafeln zur Militärgeschichte der DDR, Studien und Analysen, Dokumentationen und Bild-Text-Bände. Ein hervorragendes Ergebnis dieser Arbeit ist die reich illustrierte Geschichte der NVA (1985). Weitere Untersuchungen zur Militärpolitik der SED, zur Landesverteidigung der DDR, zur NVA und zu ihren Traditionen fanden auch Niederschlag in Zeitschriftenpublikationen, Promotionsschriften sowie einem breiten Spektrum populärwissenschaftlicher Literatur.

Das Wiedererstarken des deutschen Imperialismus und Militarismus in der BRD konfrontierte die M. der DDR mit der Aufgabe, den Prozeß der Remilitarisierung der BRD und des Auf- und Ausbaues der Bundeswehr im Rahmen des imperialistischen Paktsystems der NATO zu untersuchen und die kritische Auseinandersetzung mit den Grundrichtungen und -tendenzen der imperialistischen M. zu führen. Bereits in den 50er Jahren erschienen dazu militärgeschichtliche und -politische Darstellungen, die besonders die Aggressivität, die politisch-militärische Demagogie und die den Frieden gefährdende Politik des Monopolkapitals aufdeckten und die Rolle der bürgerlichen Parteien und Organisationen sowie der SPD untersuchten. Seit den 60er Jahren wurden in verstärktem Maße die einzelnen Schritte der Aufrüstung, die Entwicklung der Bundeswehr, ihrer Teilstreitkräfte, Waffengattungen und Führung, die antikommunistische Beeinflussung der Soldaten und Offiziere sowie die wachsende Rolle der Streitkräfte der BRD in der NATO erforscht. Die Untersuchungen bewiesen, daß die reaktionäre Klassenlinie in der deutschen Militärgeschichte ihre Fortsetzung in der BRD gefunden hat. Vor allem in Sammelbänden und ersten historischen Gesamtdarstellungen zur Geschichte der Bundeswehr wurden umfangreiches Material zur Militärgeschichte der BRD publiziert und neue Fakten und Aspekte für die Beurteilung erschlossen. Die Veröffentlichungen trugen dazu bei, die aggressive Militärpolitik der herrschenden imperialistischen Kreise, das Vorherrschaftsstreben der BRD in der NATO, den Einfluß der Bundeswehrführung auf die NATO-Rüstungspolitik und Militärstrategie sowie die Entwicklung der Bundeswehr zur stärksten Streitkräftegruppierung der NATO in Mitteleuropa aufzudecken. In den 60er und 70er Jahren ging die M. der DDR immer stärker von der Analyse der militärgeschichtlichen Entwicklung in der BRD zur komplexen Untersuchung der Militärpolitik der BRD und der Bundeswehr im Rahmen der NATO über, wobei die Vielschichtigkeit der militärhistorischen Prozesse und ihre gegenseitige Verflechtung mehr in den Mittelpunkt rückten. Die Forschungen und Darstellungen zur Rolle und Entwick-

Bundeswehr – Armee der Revanche, Berlin 1965

lung der Bundeswehr der BRD waren eng verbunden mit Untersuchungen und Publikationen über die NATO-Militärorganisation, die Ergebnis interdisziplinärer und zum Teil internationaler Kooperation waren. Gezeigt wurden dabei vor allem die Entwicklung der Militärstrategie und der Streitkräfte der NATO, ihre friedensgefährdende Rolle und ihre Ausrichtung und Vorbereitung auf einen Aggressionskrieg gegen den Sozialismus. In den jüngsten Arbeiten nehmen der von den USA eingeleitete politische Konfrontationskurs, die Hochrüstung der NATO und ihre Bemäntelung mit der Bedrohungslüge einen zentralen Platz ein. Es wird fundiert sichtbar gemacht, daß die NATO-Mächte mit den USA an der Spitze damit versuchen, das militärische Kräfteverhältnis zu ihren Gunsten zu verändern, um ihre aggressiven Pläne in allen Teilen der Welt, vor allem gegen den Sozialismus in Europa, durchsetzen zu können.

Für die Gesamtentwicklung der M. in der DDR ist charakteristisch, daß in dem Maße, wie die militärgeschichtliche Forschung und Publikation vorangeschritten, neben Untersuchungen zu Einzelproblemen auch Gesamtdarstellungen der deutschen Militärgeschichte bzw. der Entwicklung von Teilstreitkräften, Waffengattungen und anderen Bereichen des Militärwesens erarbeitet wurden. Sie ermöglichten es, das Wirken historisch-militärischer Gesetzmäßigkeiten über einen längeren Zeitraum hinweg zu verdeutlichen. So konnte u. a. in Überblicksdarstellungen zum Militärwesen sowie zur Geschichte der bürgerlichen M., der bürgerlichen Militärpresse, der Panzerwaffe und der Luftstreitkräfte die Kontinuitätslinie im Ringen zwischen Fortschritt und Reaktion analysiert werden. In besonderem Maße gilt dies für Darstellungen über die fortschrittlichen und revolutionären militärischen Traditionen, in denen nachgewiesen wurde, daß der jahrhundertelange Kampf der Volksmassen um eine ihren Interessen dienende Streitmacht in der Existenz der NVA der DDR und ihrer Verankerung im sozialistischen Verteidigungsbündnis seinen Höhepunkt erreichte. Eingehendere Forschungen verfolgten die Entwicklung des Militarismus in den antagonistischen Klassengesellschaften und deckten dessen Rolle in Staat, Gesellschaft und Militärwesen auf. Ein charakteristischer Zug der M. der DDR besteht auch darin, daß sich seit Mitte der 50er Jahre die Palette der Formen und Genres der Darstellung ständig verbreiterte. Neben monographischen Arbeiten entstanden Sammel- und Auswahlbände, Dokumentenveröffentlichungen, Text-Bild-Bände, Bildbände sowie zahlreiche populärwissenschaftliche Publikationen und militärhistorische Jugendbücher. Militärgeschichtliche Fragen werden auch in Jahrbüchern, Kalendern und Schriften allgemeinwissenschaftlichen Charakters behandelt. Die Entwicklung der M. in der DDR wird seit den 60er Jahren in wachsendem Maße von wissenschaftlichen Kooperationsbeziehungen zwischen Institutionen der DDR sowie zu militärhistorischen Institutionen sozialistischer Bruderländer geprägt. Aus dieser interdisziplinären und internationalen Zusammenarbeit entstanden u. a. Werke über die Militärstrategie und die Streitkräfte der NATO, die Militärblockpolitik des Imperialismus sowie über Klassen- und Waffenbrüderschaftsbeziehungen des deutschen Volkes und der NVA zu sozialistischen Ländern und ihren Armeen. Insgesamt leistet die M. der DDR durch Verbreitung militärgeschichtlicher Kenntnisse, Erkenntnisse und Lehren einen gewichtigen Beitrag zur Stärkung der Landesverteidigung der DDR.

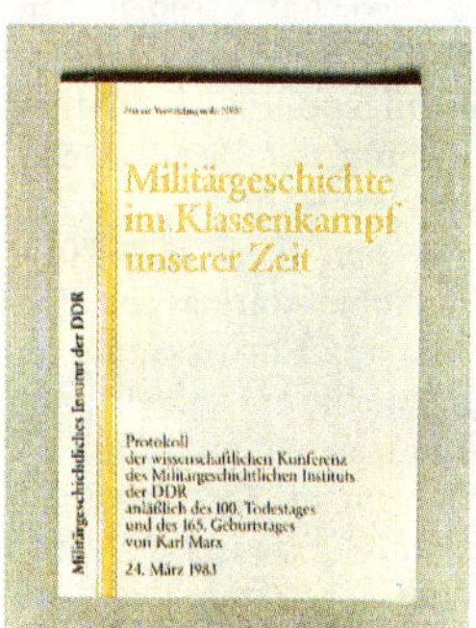

Titelblatt des Protokolls der 1983 in der NVA durchgeführten militärgeschichtswissenschaftlichen Konferenz

Publikationen der Militärgeschichtsschreibung der DDR (Auswahl)

Überblicksdarstellungen

F. Ring, Zur Geschichte der Militärmedizin in Deutschland, 1962

G. Förster/H. Otto/H. Schnitter, Der preußisch-deutsche Generalstab 1870–1963, 1964

H. Schnitter, Militärwesen und Militärpublizistik, 1967

H. Herbell, Staatsbürger in Uniform 1789–1961, 1969

R. Brühl, Militärgeschichte und Kriegspolitik, 1973

Autorenkollektiv, Kurzer Abriß der Militärgeschichte von den Anfängen der Geschichte des deutschen Volkes bis 1945, 1974

O. Groehler, Geschichte des Luftkrieges 1910–1970, 1975
G. Förster/N. Paulus, Abriß der Geschichte der Panzerwaffe, 1977
W. Markov/H. Helmert, Schlachten der Weltgeschichte, 1977
Autorenkollektiv, Vom Bauernheer zur Volksarmee, 1979
E. Doehler/R. Falkenberg, Militärische Traditionen der DDR und der NVA, 1979
Autorenkollektiv, Imperialistische Militärblockpolitik. Geschichte und Gegenwart, 1980
Autorenkollektiv, Der deutsche Militarismus in Geschichte und Gegenwart, 1980

Bis 1789
H.-J. Diesner, Kriege des Altertums, 1971
M. Bensing/S. Hoyer, Der deutsche Bauernkrieg 1524–1526, 1965
S. Hoyer, Das Militärwesen im deutschen Bauernkrieg 1524–1526, 1975
H. Langer, Hortus Bellicus: Der Dreißigjährige Krieg, 1978
H. Schnitter, Volk und Landesdefension, 1977
O. Groehler, Die Kriege Friedrichs II., 1966

1789–1917
F. Straube, Frühjahrsfeldzug 1813, 1963
D. Schmidt, Die preußische Landwehr, 1981
H. Helmert, Friedrich Engels. Die Anfänge der proletarischen Militärtheorie, 1970
K. Schreiner, Die badisch-pfälzische Revolutionsarmee 1848/49, 1956
H. Helmert/H. Usczeck, Bewaffnete Volkskämpfe in Europa 1848/49, 1973
Dieselben, Preußischdeutsche Kriege von 1864 bis 1871, 1967
H. Otto, Schlieffen und der Generalstab, 1966
H. Otto/K. Schmiedel/H. Schnitter, Der erste Weltkrieg, 1964

1917–1945
L. Berthold/H. Neef, Militarismus und Opportunismus gegen die Novemberrevolution, 1958
H. Oeckel, Die revolutionäre Volkswehr 1918/19, 1968
O. Hennicke, Die Rote Ruhrarmee, 1956
K. Nuß, Militär und Wiederaufrüstung in der Weimarer Republik, 1977
K. Schützle, Reichswehr wider die Nation, 1963
R. Lakowski/W. Wunderlich, Zwischen Flottenschlacht und Zufuhrkrieg, 1978
G. Förster, Totaler Krieg und Blitzkrieg, 1967
H. Kühne, Revolutionäre Militärpolitik 1936–1939, 1969
Autorenkollektiv, Auf antisowjetischem Kriegskurs, 1970
P. Heider, Antifaschistischer Kampf und revolutionäre Militärpolitik, 1976
Autorenkollektiv, Das Fiasko der antisowjetischen Aggression, 1978
G. Förster/H. Helmert/H. Schnitter, Der zweite Weltkrieg, 1972
N. Müller, Wehrmacht und Okkupation 1941–1944, 1971
K. Finker, Stauffenberg und der 20. Juli 1944, 1967
G. Kühn/W. Weber, Stärker als die Wölfe, 1976
W. Wolff, An der Seite der Roten Armee, 1973

Nach 1945 (Warschauer Verteidigungsbündnis/NVA)
Autorenkollektiv, Zeittafel militärpolitischer und militärischer Ereignisse, 1965
Autorenkollektiv, Für den zuverlässigen Schutz der DDR, 1969
Autorenkollektiv, Ich schwöre, 1969 (Bilddokumentation)
Autorenkollektiv, Militärpolitik für Sozialismus und Frieden, 1976
Autorenkollektiv, Vereint unbesiegbar, 1976 (Bilddokumentation)
Autorenkollektiv, Die NVA in der sozialistischen Verteidigungskoalition 1955/56–1981, 1982 (Dokumentation)
Autorenkollektiv, Armee für Frieden und Sozialismus, 1985

Nach 1945 (NATO/Bundeswehr)
Autorenkollektiv, Bundeswehr – Armee der Revanche, 1965
A. Charisius/J. Mader, Nicht länger geheim, 1969
W. Hübner, Die Gesellschaft für Wehrkunde, 1970
Autorenkollektiv, NATO-Strategie und Streitkräfte, 1976
Autorenkollektiv, Militarismus heute, 1979
Autorenkollektiv, NATO – Chronik, Fakten, Dokumente, 1983

Militärgesetzgebung der BRD: Gesamtheit der auf der Grundlage der imperialistischen Klassenherrschaft in der BRD erlassenen Rechtsnormen zur Durchsetzung der nach innen und außen aggressiven Militärpolitik der BRD.

Im Prozeß der → *Remilitarisierung der BRD* entstanden erste Vorarbeiten für eine M. insbesondere durch die Tätigkeit des → *Amtes Blank.* Bereits am 26. 2. 1954 beschloß der Bundestag eine Änderung des Grundgesetzes der BRD (1. Wehrergänzung), wonach die gesamte Gesetzgebung über die Wiederaufrüstung in die Zuständigkeit der Bundesorgane fällt. In einem weiteren Ergänzungsgesetz vom 26. 3. 1954 wurden diese ermächtigt, Rechtsnormen zur Einführung der Wehrpflicht für Männer vom vollendeten 18. Lebensjahr an zu erlassen. Die herrschenden Kreise sahen in der Wehrpflicht den geeigneten Weg, kurzfristig eine aggressionsbereite Massenarmee aufzustellen. Gleichzeitig mußten sie dem Widerstand der demokratischen Kräfte gegen die Aufrüstung der BRD Rechnung tragen. Sie konzentrierten sich daher zunächst auf das Kaderreservoir an ehem. Generalen, Admiralen, Generalstabsoffizieren, Offizieren und Unteroffizieren der faschistischen Wehrmacht bzw. anderer bewaffneter Organe des Hitlerregimes. Vor allem auf die Gewinnung dieser Kader war das Freiwilligengesetz vom 23. 7. 1955 gerichtet. Ein weiteres Gesetz vom 1. 6. 1956 legalisierte die Übernahme von Angehörigen des → *Bundesgrenzschutzes der BRD (BGS)* in die im Aufbau befindliche imperialistische Armee. Auf diese Weise war die gesetzliche Grundlage geschaffen, daß Zehntausende militärisch ausgebildete, antikommunistisch und revanchistisch ausgerichtete höhere und mittlere Kader für die beschleunigte Aufstellung der Stäbe, Truppenteile und Verbände der → *Bundeswehr der BRD* zur Verfügung standen. Der lt. Gesetz vom 15. 7. 1956 tätige Personalgutachterausschuß diente der Verschleierung der reaktionären politischen und sozialen Zusammensetzung des Kaderbestandes einer Armee, die als aggressives Machtinstrument der monopolkapitalistischen Herrschaft entstand. Die imperialistischen Machtverhältnisse in der BRD waren ebenso bestimmend für den weiteren Ausbau der M. Einen wichtigen Platz nahm darin die 2. Wehrergänzung vom 22. 3. 1956 – auch als Wehrverfassung bezeichnet – ein. Sie bestimmte u. a. die staatlichen Kompetenzen im militärischen Bereich, den Oberbefehl, die Einschränkung der Grundrechte der Soldaten sowie die Einschränkungen der Befehls- und Kommandogewalt durch die NATO, von denen die → *Territorialorganisation der Bundeswehr der BRD* ausgenommen war. Während der Bundespräsident der BRD neben anderen Funktionen das Recht zur Ernennung und Abberufung militärischer Kader erhielt, wurde dem Bundeskanzler der BRD durch die M. für den Kriegsfall die oberste Befehls- und Kommandogewalt über die Streitkräfte übertragen. In Friedenszeit erstrecken sich seine Befugnisse auf militärischem Gebiet auf die Ausarbeitung der Richtlinien der Militärpolitik und auf die Koordinierung aller die Streitkräfte betreffenden Ressorts innerhalb der Regierung. Beratendes Organ des Bundeskanzlers ist der sog. Bundessicherheitsrat. In Friedenszeit übt ein ziviler Bundesverteidigungsminister die Befehls- und Kommandogewalt über die Streitkräfte aus. Ihm unterstellt, fungiert seit 1957 als höchstes militärisches Organ der Führungsstab der Bundeswehr der BRD unter Leitung eines Generalinspekteurs. Dieser hat Weisungsbefugnisse gegenüber den nachgeordneten Inspekteuren der Teilstreitkräfte. Der Bundesverteidigungsminister ist zugleich für den gesamten Bereich der Rüstung zuständig, so daß unter seiner Führung die entscheidenden politischen und militärischen Machtbefugnisse zur Gewährleistung der Aggressionsbereitschaft der Streitkräfte und der umfassenden Kriegsvorbereitung des Landes konzentriert sind. Die M. ordnete den militärischen Machtmechanismus des Staates in die NATO ein. Gemäß den → *Pariser Verträgen 1955* sind die dem Pakt zugeteilten Streitkräfte der BRD dem NATO-Oberbefehl unterstellt. Im Kriegsfall liegt die gesamte operative Führung dieser Truppen beim Oberbefehlshaber der NATO. Ausgenommen davon sind lediglich die Truppen der Territorialorganisation der Bundeswehr der BRD.

Ebenfalls im März 1956 nahm der Bundestag der BRD das Gesetz über die Rechtsstellung der Soldaten (Soldatengesetz) an. Es trat am 1. 4. 1956 unter Ablösung des Freiwilligengesetzes in Kraft. Die Mehrzahl der 59 Paragraphen betrafen das Dienstverhältnis der Berufssoldaten und der Soldaten auf Zeit, legten Pflichten und Rechte der Bundeswehrangehörigen – die Rechte gegenüber den allgemein gewährten bürgerlich-demokratischen Rechten eingeschränkt – sowie Grundzüge der → *Inneren Führung der Bundeswehr der BRD* fest. Ein weiterer besonders folgenschwerer Schritt zur beschleunigten Militarisierung und verstärkten Aggressionsvorbereitung war das am 7. 7. 1956 vom Bundestag der BRD verabschiedete Gesetz über die allgemeine Wehrpflicht (Wehrpflichtgesetz). Es trat gegen den erklärten Willen breiter demokratischer Kräfte in der BRD am 25. 7. 1956 in Kraft. Danach haben alle männlichen Bürger der BRD vom 18. bis 45. Lebensjahr, Offiziere und Unteroffiziere sowie im Kriegsfall alle Männer bis zum 60. Lebensjahr Militärdienst zu leisten. Ein weiteres Gesetz vom 24. 12. 1956 legte den Grundwehrdienst auf 12 und den verlängerten Grundwehrdienst auf 18 Monate fest. Aber bereits mit der 2. Novelle zur Änderung des Wehrpflichtgesetzes vom 22. 3. 1962 wurde der Grundwehrdienst auf 18 Monate erhöht. Eine weitgehende Neufassung des Wehrpflichtgesetzes vom 8. 12. 1972 verkürzte den Grundwehrdienst seit dem 1. 1. 1973 von 18 auf 15 Monate. Von den herrschenden Kreisen diesmal mit angeblich größerer Wehrgerechtigkeit motiviert, kam diese bis heute bestehende Regelung zustande, weil dadurch jährlich ca. 50000 Wehrpflichtige mehr eingezogen werden konnten. Die gleichzeitig eingeführte 3monatige Verfügungsbereitschaft ermöglichte außerdem, die ausgebildeten und aus dem Grundwehrdienst entlassenen Soldaten wieder unmittelbar in die Bundeswehr einzugliedern. Eine weitere gesetzliche Bestimmung zur Änderung des Wehrpflichtgesetzes, verabschiedet am 24. 1. 1975 und seit 1. 1. 1976 in Kraft gesetzt, dehnte die Verfügungsbereitschaft auf die Wehrpflichtigen sowie auf alle aus dem aktiven Wehrdienst Ausscheidenden von 3 auf 12 Monate aus. Die am 23. 1. 1980 vom Verteidigungsausschuß des Bundestages bestätigte neue Reservistenkonzeption sieht u. a. vor, die kadermäßigen Voraussetzungen zu schaffen, um im Kriegsfall die 495000 Mann starke Armee innerhalb von 48 Stunden auf 1,2 Mill. Mann aufzustocken. Ausgehend vom Soldatengesetz und von der allgemeinen Wehrpflicht, ergingen zahlreiche weitere Gesetze, Verordnungen und Erlasse, so das Militärstrafgesetz, die Militärdisziplinarordnung und die Militärbeschwerdeordnung, Erlasse über die Disziplinargewalt von Offizieren sowie Verordnungen über die Ahndung von Straftaten, die während der Militärdienstzeit begangen werden. Andere gesetzliche Bestimmungen umfassen die Bereiche Besoldung, Versorgung und Unterhalt sowie Musterung,

Laufbahnen, Uniformen, Dienstgradbezeichnungen und Dienstgradabzeichen. Nach der geltenden M. sind Bürger der BRD, die den Wehrdienst mit der Waffe verweigern, verpflichtet, Ersatzdienst in gleicher Dauer wie Wehrdienst zu leisten; sie unterliegen während dieser Zeit den gleichen Einschränkungen der persönlichen Freiheit wie die Wehrpflichtigen.

Ein weiterer Komplex der M. dient der materiellen Sicherstellung der Aufrüstung und dem Ausbau der Infrastruktur der Bundeswehr der BRD im Rahmen der NATO. Dazu gehören das Bundesleistungsgesetz vom 19. 10. 1956, das Gesetz über die Beschränkung von Grundeigentum (Schutzbereichsgesetz) vom 7. 12. 1956, das Gesetz über die Sicherstellung von Leistungen auf dem Gebiet der gewerblichen Wirtschaft vom 24. 12. 1956 und das Landbeschaffungsgesetz vom 23. 2. 1957. Mit diesen Gesetzen sowie mit einer Vielzahl von Nachfolgegesetzen und Verordnungen, die wiederum mit den in den 60er Jahren erlassenen sog. Notstandsgesetzen (Notstandsverfassung vom 24. 6. 1968) sowie der darauf aufbauenden → *zivilen Verteidigung in der BRD* eng gekoppelt sind, schufen sich die herrschenden monopolkapitalistischen Kreise ein umfassendes juristisches Instrumentarium für die Militarisierung aller wirtschaftlichen, politischen und geistigen Lebenssphären der Gesellschaft zum Zwecke der permanenten Erhöhung der Aggressionsbereitschaft der Streitkräfte, der Absicherung der Operationsfreiheit und der Versorgung integrierter NATO-Verbände auf dem Territorium der BRD sowie des Schutzes der imperialistischen Klassenherrschaft bei inneren Krisensituationen. Die ständig durch ergänzende Rechtsnormen erweiterte M. ist ein Wesensmerkmal des gegenwärtigen Imperialismus der NATO-Staaten, dessen Politik auf verstärkte Aufrüstung im Rahmen seiner globalen Kriegsvorbereitung vor allem gegen die Länder der sozialistischen Gemeinschaft gerichtet ist.

militärische Demokratie: höchstes und letztes Stadium der Urgesellschaft, in dem die sozialökonomische Differenzierung der Gentilordnung einsetzte und der Krieg sowie die bewaffnete Organisation entstanden.

Seit Anfang des 2. Jt. v. u. Z. veränderten sich die Produktionsbedingungen, vor allem durch die Einführung des Hakenpfluges und die Entwicklung der Viehzucht sowie der Bronze- und später der Eisenmetallurgie. Die Erzeugung eines ständigen Mehrprodukts und die Herausbildung von Sondereigentum schufen Möglichkeit und Anreiz, den Menschen durch den Menschen auszubeuten. Auf Grund der relativ stabilen urgesellschaftlichen Verhältnisse entwickelten sich die Widersprüche zunächst zwischen den Stämmen, während innerhalb der Stämme die m. D. entstand. Ihre wichtigsten Organe waren die Stammesversammlung, der Rat der Gentilvorsteher sowie die gewählten Heerführer und Häuptlinge. Sie dienten einerseits der Ordnung der inneren Verhältnisse, andererseits dem Krieg zur gewaltsamen Aneignung des Mehrprodukts anderer Stämme, der Bestandteil des Stammeslebens wurde. Die wirkliche Macht lag bei der Stammesversammlung. Für die m. D. waren die Bewaffnung aller wehrfähigen Männer des Stammes und ihre Organisation im → *Aufgebot* (Heerbann) charakteristisch. Gleichzeitig bildeten sich Gefolgschaften der Heerführer und Häuptlinge heraus. Mit der Aneignung von Teilen des in Stammeskriegen geraubten wie auch des im eigenen Stamm erzeugten Mehrprodukts durch die führende Stammesschicht und ihre Gefolgschaften begann die soziale Differenzierung innerhalb der Stämme. Es entwickelte sich eine Gentilaristokratie, die ihre ökonomische und politisch-militärische Macht ständig zu erweitern versuchte und dazu als ein Hauptmittel die Kriege nutzte. Die m. D. setzte sich in einem langen, komplizierten Prozeß durch, der entsprechend dem jeweiligen Entwicklungsstand zeitlich und territorial unterschiedlich verlief. Im mitteleuropäischen Raum begann er im 2. Jt. v. u. Z. Während im 1. Jt. v. u. Z. bei den Kelten die Verfassung der m. D. bereits untergraben war, bildete sie sich bei einer Reihe von germanischen Stämmen erst heraus. Zur Auflösung der urgesellschaftlichen Verhältnisse trugen die militärische Gewalt und die Kriege entscheidend bei. Im Verlauf der → *germanisch-römischen Kriege 2. Jh. v. u. Z.–5. Jh. u. Z.* wurden sowohl die Gentilgesellschaft bei den germanischen Stämmen und Stammesverbänden als auch die überlebte römische Sklavereiordnung überwunden. Der revolutionäre Prozeß der Herausbildung der neuen, historisch progressiven feudalen Gesellschaftsordnung wurde eingeleitet.

Militärische Gesellschaft: von 1801 bis 1805 in Preußen bestehende Vereinigung, die ihre Aufgaben vor allem darin sah, militärtheoretische und -geschichtliche Fragen zu beraten und die neuen Erkenntnisse im preußischen Offizierskorps zu verbreiten.

Die M. G. wurde am 2. 7. 1801 von Oberstleutnant Gerhard Scharnhorst (1755–1813) in Berlin gegründet. Einen wichtigen Platz in ihrer Tätigkeit nahmen kriegsgeschichtliche Untersuchungen mit Blick auf die von der Französischen Revolution von 1789 hervorgerufenen Umwälzungen in der Kriegskunst und Heeresreorganisation ein. Bedingung für den Beitritt zur M. G. war, eine militärische Abhandlung einzusenden, die dann diskutiert wurde. Mitglied der M. G. konnten auch Zivilisten werden, die eine mit der Armee verbundene Tätigkeit ausübten. Der M. G. gehörten sowohl fortschrittlich gesinnte wie reaktionäre Offiziere und Generale an. Präses wurde der reaktionäre Generalleutnant Ernst Philipp von

Rüchel (1754–1823); er bestätigte die Statuten und genehmigte den Druck der eingereichten Beiträge in den 1802–1805 erscheinenden «Denkwürdigkeiten der militärischen Gesellschaft in Berlin». Scharnhorst bekleidete die Stellung eines Direktors, der die Sitzungen leitete. Er veröffentlichte eine Reihe militärhistorischer Aufsätze in den «Denkwürdigkeiten».

Die Tätigkeit der M. G. fand besonders unter jüngeren Offizieren, die neuen militärischen Ideen aufgeschlossen gegenüberstanden, großen Widerhall. Die Mitgliederzahl der Gesellschaft stieg von 120 Personen Anfang 1803 auf rd. 200 Ende 1804. In Potsdam bestand ein Zweigverein. Zu den Mitgliedern gehörten Hermann von Boyen (1771–1848), Carl von Clausewitz (1780–1831), Karl von Müffling (1775–1851), August Rühle von Lilienstern (1780–1847) und andere Offiziere, die später aktiv an der Durchführung der Militärreformen beteiligt waren. Der drohende Krieg mit Frankreich beendete die Tätigkeit der Gesellschaft; am 24.4.1805 fand die letzte Tagung statt. Die M. G. trug durch ihr Wirken dazu bei, das militärische Denken anzuregen, die Militärliteratur zu fördern und den Boden für die Militärreformen nach 1807 zu bereiten.

Militärischer Abschirmdienst (MAD) → *Geheimdienst der Bundeswehr der BRD*

militärischer Geheimdienst des deutschen Imperialismus: der obersten militärischen Führung unmittelbar zugeordnete Institutionen zur Beschaffung und Auswertung geheimer und offener Informationen über das Militärwesen gegnerischer Staaten und Koalitionen, zur Schwächung des Gegners mit geheimdienstlichen Mitteln und Methoden sowie zur Abwehr und Irreführung gegnerischer Geheimdienste.

Ein ständiger militärischer Geheimdienst entstand mit dem Aufkommen der stehenden Heere im 18. Jh. Die mit der Entwicklung des Kapitalismus, namentlich seines imperialistischen Stadiums, verbundenen tiefgreifenden Veränderungen des Militärwesens und der Kriegführung bedingten seine Ausprägung im Sinne der aggressiven und konterrevolutionären Funktion der Streitkräfte kapitalistischer Staaten. Heute umfaßt die Tätigkeit des militärischen Geheimdienstes imperialistischer Staaten vor allem die Militärspionage, die militärische Subversion sowie die Überwachung eigener Streitkräfte und kriegswichtiger Einrichtungen. Die Militärspionage als älteste Form militärischer geheimdienstlicher Tätigkeit zielt vorrangig auf Informationen über die Militärpolitik und das militärische Potential gegnerischer Staaten und Koalitionen. Ihre Informationsbeschaffung ergänzt die strategische Aufklärung. Zu den Methoden der militärischen Subversion gehören Putsche, Provokationen zur Kriegsauslösung, militärische Sabotage, Formen der psychologischen Kriegführung u. a. Die Abwehr bzw. Irreführung gegnerischer Geheimdienste ist einerseits auf deren Infiltration und Täuschung gerichtet; andererseits soll sie die politische Zuverlässigkeit der eigenen Streitkräfte sowie die Geheimhaltung militärischer Vorhaben und Objekte sichern.

Ähnlich wie in anderen deutschen Staaten entstanden im 18. Jh. in Preußen Anfänge eines militärischen Geheimdienstes, der in der Folgezeit zum dominierenden Zweig des geheimdienstlichen Gesamtsystems in Preußen und nach 1871 im Deutschen Reich wurde. In dem sich Anfang des 19. Jh. formierenden → *Generalstab* bestanden spezielle Brigaden, die mögliche Kriegsschauplätze erkunden sollten. So war die Russische Brigade für den Osten und Südosten Europas zuständig, die Französische Brigade für West- und Südwesteuropa. Beide waren zugleich Vorläufer der späteren Abteilungen Fremde Heere und Fremde Marinen des deutschen General- bzw. Admiralstabs. Die → *Militärattachés* hatten geheimdienstliche Aufgaben mit zu erfüllen. Im Zusammenhang mit dem Deutsch-Dänischen Krieg 1864 und dem Preußisch-Österreichischen Krieg 1866 richtete der damalige Chef des preußischen Generalstabs, der General Helmuth von Moltke (1800–1891), im Jahre 1867 das Nachrichtenbüro des Großen Generalstabs ein. Das war ein entscheidender Schritt zu einem eigenständigen und einflußreichen militärischen Geheimdienst. Im Deutsch-Französischen Krieg 1870/71 war jedoch der von Wilhelm Stieber (1818–1882) eingerichtete Geheimdienst zunächst noch wirksamer. Der durch seine Rolle im Kölner Kommunistenprozeß von 1852 berüchtigte Stieber wurde 1866 als Feldpolizeidirektor im Großen Hauptquartier der preußischen Armee beauftragt, eine Politische Feldpolizei (Vorläufer der späteren → *Geheimen Feldpolizei (GFP)*) zu bilden. Ihr Hauptauftrag bestand in der Unterstützung der Militärbehörden durch Beschaffung von Nachrichten über die gegnerische Armee. Ab 1889 gewann die Sektion/Abteilung III B im Großen Generalstab eine gewisse Monopolstellung innerhalb der vom kaiserlichen Deutschland betriebenen geheimdienstlichen Tätigkeiten. 1905 entstand auch in der Kaiserlichen Marine eine geheimdienstliche Stelle.

In dem Maße, wie die Militärs seit Ende des 19. Jh. infolge der besonderen Aggressivität des deutschen Imperialismus zunehmenden Einfluß auf die Politik gewannen, erhöhte sich auch die Rolle ihres geheimdienstlichen Apparates. Seine Tätigkeit stand ganz im Zeichen der damaligen Militärdoktrin des imperialistischen Deutschlands, für die der → *Schlieffenplan* charakteristisch war. Als im ersten Weltkrieg 1914–1918 der vorbereitete Bewegungskrieg mit schnellen kriegsentscheidenden Operationen scheiterte, versuchte der militärische Geheimdienst der neuen Situation gerecht zu werden. Unter Leitung der Abteilung III B (Spionage und Spionageabwehr) im Generalstab intensivierte er die Erkundungen an den Fronten und baute ein weitreichendes Spionagenetz aus. Daneben gewann er an politischem Einfluß. Seit August 1916 entwickelte sich die Abteilung III B zum zentralen geheimdienstlichen Überwachungsorgan. Sie übernahm die Regie über den innenpolitischen Geheimdienstzweig und war für die Durchhaltepropaganda verantwortlich. Eine Verfügung vom 8. 5. 1917 ermächtigte ihren Chef, die OHL über wichtige innenpolitische Vorgänge zu unterrichten und die militärische Überwachung im Inland, in den besetzten Gebieten sowie beim Feldheer zu leiten.

Nach 1918 gelang es dem politischen und militärischen Führungskreis des deutschen Monopolkapitals weitgehend, den Geheimdienst über die Kriegsniederlage hinwegzuretten, um ihn in der Nachkriegszeit als Instrument für den Klassenkampf und für die Revanchepolitik wieder auszubauen. Insbesondere während der revolutionären Nachkriegskrise 1919–1923 standen die getarnt weiterexistierenden geheimdienstlichen Organe der OHL und des Generalstabs im Dienst der Konterrevolution. Ihre Tätigkeit war zunächst vorrangig gegen die revolutionäre Arbeiterbewegung und deren Organisationen gerichtet. Der militärische Geheimdienst war nach dem Versailler Vertrag zwar nicht ausdrücklich verboten, fiel aber unter die Bestimmungen über das Verbot des Generalstabs. Deshalb sollte das Weiterbestehen des Geheimdienstes verschleiert und seinen Organen nach außen ein rein defensiver Charakter zugeschrieben werden. Dem entsprach die bis Ende des zweiten Weltkrieges für den militärischen Geheimdienst verwendete Bezeichnung «Abwehr».

Eine selbständige Abwehrgruppe bestand schon ab Herbst 1919 in der Statistischen Abteilung des Truppenamtes der Reichswehr, das die wichtigsten Kader und die Funktion des Generalstabs übernahm. Geheimdienstliche Organe der Marine waren de facto die Flottenabteilung bzw. die Seetransportabteilung. 1927 wurde der Geheimdienst des Heeres zur selbständigen Heeresabwehrabteilung im Truppenamt ausgebaut, zu der 1928 auch der Geheimdienst der Marine kam. Die Abteilung umfaßte 3 Hauptreferate: den Spionage-, Chiffrier- und Horchdienst sowie Spionageabwehr und Gegenspionage. Sie ging noch im selben Jahr in das Ministeramt der Reichswehrführung ein. Damit begann die Entwicklung zu einem einheitlichen, zentralen Geheimdienst aller Teilstreitkräfte. Die Abwehr widmete der Funkaufklärung und Funkabwehr große Aufmerksamkeit. Sie setzte die Organe der Funküberwachung, die Horchleitstelle beim Inspekteur der Nachrichtentruppen und entsprechende Einrichtungen der Polizei für die offensive Funkspionage ein. Auf Betreiben der Abwehr beschäftigte sich die Reichswehrführung seit Anfang der 20er Jahre auch mit der Luftaufklärung und Luftspionage. Der militärische Geheimdienst hatte enge Verbindungen zu den Monopolen und ihren Auslandsfilialen, stützte sich auf die Institutionen der Ost- und Südostforschung und nutzte seine Verbindungen zu den bereits vor 1933 geschaffenen Auslandseinrichtungen und -organisationen der Nazipartei.

Nach der Errichtung der faschistischen Diktatur und dem Übergang zur beschleunigten Aufrüstung entstand ein ausgedehnter militärischer Geheimdienstapparat mit weltweitem Wirkungsbereich. Unter Admiral Wilhelm Canaris (1887–1945) wurde 1938 die Amtsgruppe, 1939 das Amt Ausland/Abwehr im OKW gebildet. Bei Ausbruch des zweiten Weltkrieges umfaßte das Amt 3000–4000 Offiziere. Außerdem unterstanden ihm Sondereinheiten für

Abteilung III B beim Chef des Generalstabes des Feldheeres 1915

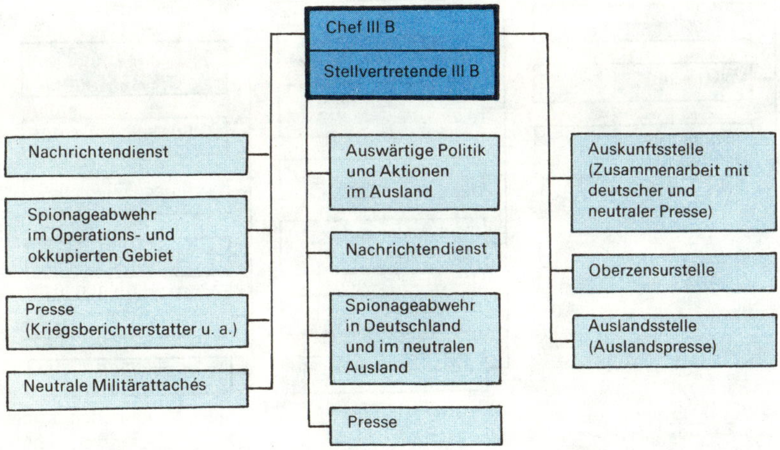

den subversiven militärischen Einsatz, so die Einheit, später Division Brandenburg z. b. V. 800. Das Amt Ausland/Abwehr des OKW nahm bis 1944 eine zentrale Stellung im faschistischen Geheimdienstsystem ein. Es stimmte die Spionage und die subversive Auslandsarbeit der faschistischen Organisationen (Fünfte Kolonnen) mit den militärstrategischen Plänen des Generalstabs ab und steuerte den entscheidenden Teil des deutschen Spionagenetzes. Das Amt unterhielt eine eigene innere Überwachungsorganisation, die eng mit dem Sicherheitsdienst der SS (SD) und der Geheimen Staatspolizei (Gestapo) – seit 1939 vereinigt im Reichssicherheitshauptamt der SS (RSHA) – zusammenarbeitete. Des weiteren arbeiteten ihm auf dem Geheimdienstsektor tätige Dienststellen der Wehrmacht zu. Das im April 1933 entstandene Forschungsamt der Luftwaffe fungierte als Zentrale für den Funkabhör- und Dechiffrierdienst sowie für eine teilweise Telefonüberwachung. Während des zweiten Weltkrieges verfügte es über etwa 4000 Mitarbeiter. Seine Aufgaben überschnitten sich teilweise mit denen der Funkabwehr beim OKW sowie der Funkaufklärung der Teilstreitkräfte. Geheimdienstliche Aufgaben im taktischen und operativ-taktischen Bereich oblagen auch den bis hinunter zu den Divisionen eingesetzten Generalstabsoffizieren für Feindaufklärung und Abwehr (Ic). In Vorbereitung des Überfalls auf die UdSSR begann das Amt Ausland/Abwehr im Frühjahr 1941 mit der Aufstellung von Frontleitstellen für Spionage und Diversion gegenüber der Sowjetarmee und dem sowjetischen Hinterland; sie hatten die Tarnbezeichnung Walli I, II und III.

Amt Ausland/Abwehr des Oberkommandos der Wehrmacht 1941

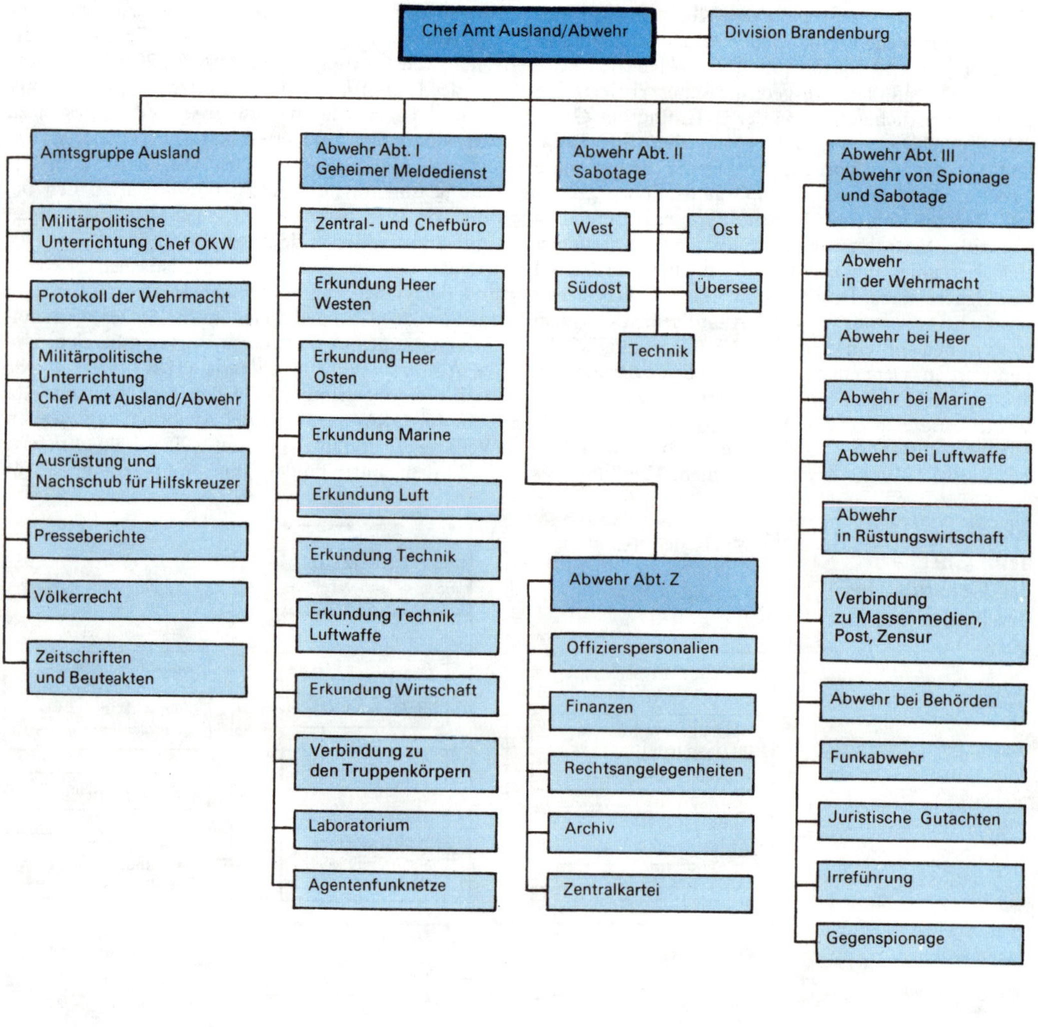

Das Scheitern der Blitzkriegsstrategie nach dem Überfall auf die UdSSR, vor allem aber die von den Sowjetstreitkräften erzwungene Wende im zweiten Weltkrieg und der zunehmende antifaschistische Widerstand verstärkten bei der politischen und militärischen Führung des deutschen Faschismus die Tendenz zur Schaffung eines einheitlichen Geheimdienstes. Mit Zustimmung und unter Mitwirkung des OKW kam es im Mai 1944 zur Konzentration zunächst der wichtigsten Geheimdienstzweige im bzw. unter dem RSHA. Durch Befehl des Chefs der Sicherheitspolizei und des SD vom 23.5.1944 kamen die Abwehrabteilungen I und II des OKW als Amt M (später Amt VIII) zum RSHA; die Abteilung III ging in dessen Amt IV (Gestapo) ein. Bei der Wehrmacht blieben jene Organe, die das OKW für die Kriegführung auf strategisch-operativer und taktischer Ebene als notwendig ansah. Eine entsprechende Bindung der Frontleitstellen Ost (Walli I–III) und West an den Reichsführer SS ermöglichte es, auch diese Organe im Interesse eines einheitlichen Geheimdienstes zu lenken, ohne die militärischen Belange zu beeinträchtigen. Ausgenommen von der Fusion, blieb die Amtsgruppe Ausland, die dem Chef des Wehrmachtführungsstabes direkt unterstellt wurde. Das OKW brachte weiterhin die Resultate der militärischen Funkspionage und Funkaufklärung, die im Verlauf des Krieges immer wichtiger wurden, sowie die Ergebnisse der Aufklärungsabteilungen der Wehrmachtteile in die Zusammenarbeit mit dem RSHA ein. Auch das Forschungsamt des Reichsluftfahrtministeriums sollte vom RSHA übernommen werden; dazu kam es jedoch nicht mehr.

Eine Sonderrolle spielte die Abteilung Fremde Heere Ost im OKH. Bis 1942 fungierte sie als Generalstabsabteilung zur Analyse der Feindlage – die analoge Abteilung Fremde Heere West behielt diese Funktion bis zum Kriegsende. Von Mitte 1942 an entwickelte sie sich unter der Leitung des späteren Generalleutnants Reinhard Gehlen (1902–1979) mehr und mehr zu einer militärischen Leitzentrale für Spionage und militärische Subversion an der gesamten Ost- und Südostfront. Sie blieb 1944 im Einvernehmen mit dem OKW und dem RSHA nicht nur weiter bestehen, sondern wurde noch verstärkt. Ihr unterstanden nunmehr auch die Frontleitstellen Walli I–III. Bei der Reorganisation des faschistischen Geheimdienstsystems während der letzten Kriegsjahre zeigten sich für das Naziregime typische Rivalitäten zwischen den einzelnen Geheimdienstzweigen. Sie waren jedoch, gemessen an der gemeinsamen reaktionär-aggressiven Tätigkeit des gesamten Geheimdienstes, stets zweitrangig.

Unmittelbar nach dem zweiten Weltkrieg formierten sich entgegen den Bestimmungen des Potsdamer Abkommens in der amerikanischen, britischen und französischen Besatzungszone Deutschlands erneut geheimdienstliche Kader des deutschen Imperialismus. Offiziere und Agenten des Amtes Ausland/Abwehr des OKW sammelten sich in München in der Arbeitsgemeinschaft ehemaliger Abwehrangehöriger, die Reste der Division Brandenburg in Bensberg-Refrath. Die Traditions- und Nachfolgeorganisationen des deutschen faschistischen Geheimdienstes stellten kriegserfahrene Kader für die Vorbereitung, den Aufbau und den späteren Ausbau aller Geheimdienstzweige der BRD. Ihr Weg führte meist über die von 1945 bis 1956 im Dienste der USA wirkende Organisation Gehlen, aus der der → *Bundesnachrichtendienst der BRD (BND)* sowie der → *Geheimdienst der Bundeswehr der BRD* hervorgingen, deren Tätigkeit in enger Zusammenarbeit mit den Geheimdiensten der USA und anderer NATO-Länder vor allem gegen die europäischen sozialistischen Staaten gerichtet ist.

militärische Traditionen der DDR: der sozialistischen Ordnung der DDR und ihrem zuverlässigen militärischen Schutz entsprechende bewahrenswerte, an progressive militärhistorische Ereignisse, Prozesse, Persönlichkeiten gebundene Erinnerungen, Erfahrungen und Verhaltensweisen.

Die m. T. sind Bestandteile der aus dem gesamten historischen Erbe entnommenen fortschrittlichen und revolutionären Traditionen, die in der ersten Arbeiter-und-Bauern-Macht auf deutschem Boden ihre staatliche Verkörperung und ihre Weiterentwicklung finden. Sie umfassen vor allem das Ringen der Arbeiterklasse der DDR im Bündnis mit den anderen Werktätigen um den Aufbau der sozialistischen Landesverteidigung mit der NVA als Kern und die Entwicklung und Festigung der Waffenbrüderschaft mit der Sowjetarmee und den anderen verbündeten Streitkräften; den wehrhaften und bewaffneten Kampf der revolutionären deutschen Arbeiterbewegung gegen Imperialismus, Militarismus und Faschismus sowie zur Lösung der Militärfrage und Schaffung volksverbundener Streitkräfte; die dem gesellschaftlichen Fortschritt dienenden bewaffneten Kämpfe und Erhebungen der nichtproletarischen werktätigen Klassen und Schichten in der bürgerlichen und feudalen Gesellschaft; die progressiven militärischen und militärtheoretischen Leistungen von Angehörigen der Ausbeuterklassen. Den Kern der m. T. bilden die in der Geschichte der DDR entstandenen neuen sozialistischen militärischen Traditionen sowie die militärischen Traditionen der revolutionären Arbeiterbewegung. Das marxistisch-leninistische Traditionsverständnis schließt jedoch geschichtliche Zeitabschnitte, Prozesse und Ereignisse ein, in denen sich mitunter progressive und reaktionäre Ideen und Handlungen mischen und verflechten. Das betrifft auch Größe und Grenzen hervorragender Persönlichkeiten in der deutschen Militärgeschichte. Die Pflege und Verbreitung der m. T. dient der sozialistischen Wehrerziehung der Bevölkerung, der Bewußtseinsentwicklung der Angehörigen der NVA und der anderen bewaffneten Organe und damit der Landesverteidigung. Demgegenüber hebt die BRD die reaktionären Traditionen der deutschen Militärgeschichte hervor. Sie verbreitet und nutzt sie im Interesse der herrschenden imperialistischen Kreise für die Erhöhung der Aggressionsbereitschaft vor allem der Bundeswehr.

Die m. T., deren hauptsächliche Träger die NVA, die Grenztruppen der DDR und die anderen bewaffneten Organe sind, gehen bis auf die Anfänge der Geschichte des deutschen Volkes zurück. Sie entstanden und entwickelten sich im opferreichen Kampf der Volksmassen gegen feudale und kapitalistische Ausbeutung und Unterdrückung, gegen den militaristischen Militärapparat und die volksfeindlichen Streitkräfte der herrschenden Klassen sowie im Ringen um ein volksverbundenes, dem gesellschaftlichen Fortschritt dienendes Militärwesen. In diesem Kampf erwarben die Volksmassen militärische Fähigkeiten und Erfahrungen. Sie schufen sich vielfach bewaffnete Organisationen und brachten militärische Talente hervor. Die progressiven militärischen Traditionen wurden jedoch über weite Strecken der deutschen Geschichte im Bewußtsein der Massen von den reaktionären, volksfeindlichen Traditionen der herrschenden Ausbeuterklassen verdrängt. Die progressive Traditionslinie in der deutschen Militärgeschichte beginnt mit den ersten Bauernaufständen gegen die entstehende feudale Klassenherrschaft und einsetzende feudale Unterjochung. Zu den Höhepunkten des bäuerlichen Widerstands und der Erhebungen jener Zeit zählen der Kampf sächsischer Bauern im → *Stellingaaufstand 841–843* und im → *Stedinger Aufstand um 1204–1234.* Auch die städtische Militärorganisation, die sich im 12. und 13. Jh. herausbildete, zählt zur progressiven Traditionslinie. Bedeutsame Impulse erhielt die antifeudale Volksbewegung weiter durch die → *Hussitenkriege 1419–1437.* Im Zuge dieser Kämpfe wurde die Macht der Feudalherren in verschiedenen deutschen Territorien geschwächt, während die bäuerlichen Erhebungen Auftrieb erhielten. So kam es im letzten Drittel des 15. und zu Beginn des 16. Jh. in den südwestlichen Reichsgebieten zu Bauernaufständen im Zeichen des Bundschuhs. Dieses der einfachen bäuerlichen Fußbekleidung entlehnte Symbol signalisierte eine neue Stufe im Kampf der Volksmassen um Befreiung von feudaler Knechtschaft. Mit dem → *deutschen Bauernkrieg 1524–1526* erreichte der antifeudale Volkskampf als Teil der frühbürgerlichen Revolution in den europäischen Staaten seinen Höhepunkt. In Thüringen, wo Thomas Müntzer (um 1490–1525) als Führer der Volksreformation wirkte, erlangte das Kampfbündnis aller Unterdrückten in diesem ersten, antifeudalen Revolutionskrieg des deutschen Volkes seine höchste politische Reife. Die Bauernhaufen bildeten den Keim einer volksverbundenen Militärorganisation. Wichtige politische und militärische Fragen wurden im Ring, der Versammlung der Bauern des Haufens, besprochen. Hier erfolgten auch die Wahl von Führern sowie die Rechtsprechung. Dieses neue militärische Traditionselement wirkte ungeachtet der Niederlage des Bauernkrieges über Jahrhunderte bewußtseinsbildend im bewaffneten Volkskampf, so in vielen kleineren Erhebungen der Bauern gegen die feudale Unterdrückung sowie in den Volkskämpfen während des Dreißigjährigen Krieges 1618–1648. Die Kraft und die militärischen Fähigkeiten der Volksmassen traten im 17./18. Jh. auch bei der Abwehr ausländischer Überfälle zutage, z. B. im Kampf gegen die Türken und gegen die einfallenden Armeen des französischen Absolutismus. Häufig verschmolz der Widerstand gegen ausländische Eroberer mit dem Klassenkampf der Bauern gegen den Feudaladel im eigenen Land.

Fähnrich und Trommler der Aufständischen im deutschen Bauernkrieg

Der mit der Französischen Revolution von 1789 einsetzende tiefgreifende gesellschaftliche Umbruch brachte auch bedeutsame neue militärische Traditionen hervor. Es waren die revolutionären Volksmassen Frankreichs, die das gesamte Militärwesen umgestalteten, ein starkes revolutionäres Volksheer und eine neue Kriegführung schufen. Unter dem Einfluß der Französischen Revolution erlangte der Klassenkampf besonders in den linksrheinischen deutschen Gebieten eine neue Qualität. In Mainz entstand 1793 die erste bürgerlich-demokratische Staatsordnung auf deutschem Boden (→ *Mainz 1793*). Zur militärischen Sicherung der neuen Ordnung wurde eine Nationalgarde nach französischem Muster gebildet. Hervorragenden Anteil hatte daran Georg Forster (1754–1794), Präsident des Mainzer Jakobinerklubs und Vizepräsident des rheinisch-deutschen Nationalkonvents. Das Wirken der deutschen Jakobiner setzte auch in militärischer Hinsicht die von Müntzer und den Bauernheeren ausgehende Linie des revolutionären Demokratismus fort.

Als der altpreußische Militärstaat Anfang des 19. Jh. unter den Schlägen der französischen Armee zerbrach, war eine grundlegende Militärreform unumgänglich geworden. Ziel der von der Militär-Reorganisationskommission unter dem Vorsitz von Gerhard von Scharnhorst (1755–1813) eingeleiteten → *Militärreformen in Preußen 1807–1815* war es, ein neues Verhältnis von Volk und Armee zu schaffen und die Armee in den Dienst des gesellschaftlichen Fortschritts, d. h. damals der bürgerlichen Umwälzung, zu stellen. Die Reformer-Patrioten wollten die Energien des Volkes freisetzen, um die nationale Unabhängigkeit zu erringen. August Neidhardt von Gneisenau (1760–1831) faßte das Grundanliegen seiner patriotischen Konzeption in die Worte: «Aber es ist billig und staatsklug zugleich, daß man den Völkern ein Vaterland gebe, wenn sie ein Vaterland kräftig verteidigen sollen.» Damit bekräftigte er nicht nur Scharnhorsts Forderung, Tradition in der Armee habe es zu sein, «an der Spitze des Fortschritts zu marschieren», sondern deutete auch deren sozialen Inhalt aus. Ebenso große Bedeutung im Rahmen der Bewahrung der Traditionen aus dieser Zeit kommt dem patriotischen Einsatz und dem militärtheoretischen Schaffen Carl von Clausewitz' (1780–1831) zu. Seine Erkenntnisse über das Verhältnis von Politik, Krieg und Strategie gehören zu den historischen Quellen der marxistisch-leninistischen Auffassungen über Krieg und Politik. Im → *nationalen Unabhängigkeitskrieg 1813/14*, der Züge eines national-demokratischen Volkskrieges trug, bestand das eingeleitete Reformwerk seine Bewährungsprobe. Volkserhebungen und Volksbewaffnung sowie das Waffenbündnis mit Rußland bezwangen die napoleonische Fremdherrschaft und begründeten die Tradition der Waffenbrüderschaft deutscher und russischer Patrioten. Im → *Scharnhorst-Orden*, der höchsten militärischen Auszeichnung der DDR, kommt die hohe Wertschätzung zum Ausdruck, die das Werk der Reformer-Patrioten im Geschichtsbild der DDR einnimmt.

Die m. T. sind tief in den Klassenkämpfen der bürgerlichen → *Revolution 1848/49* verwurzelt. Während die Bourgeoisie auch militärisch in den Abwehrkämpfen gegen die feudale Konterrevolution versagte, griffen die revolutionären Volksmassen zu den Waffen. Kern der Aufständischen waren die Arbeiter, die gemeinsam mit den fortschrittlichen Kräften der Bauernschaft und des Kleinbürgertums den bewaffneten Kampf führten. So trugen die Arbeiter die Hauptlast des ungleichen Kampfes im → *Dresdner Aufstand 1849*. Auch in Berlin und im rheinisch-westfälischen Industriegebiet bildeten die Arbeiter den Großteil der revolutionären Straßen- und Barrikadenkämpfer. Von Köln aus nahm die «Neue Rheinische Zeitung», das Organ der deutschen Kommunisten mit Karl Marx (1818–1883) als Chefredakteur und Friedrich Engels (1820–1895) als dessen engstem Freund und Kampfgefährten, offen und konsequent Partei für die bewaffnete Volksbewegung. Nach einem Ausspruch von Friedrich Engels waren die entschiedensten Kommunisten die couragiertesten Soldaten der Revolution. Er selbst nahm in der → *badisch-pfälzischen Revolutionsarmee 1849* als Adjutant im Willichschen Freikorps an mehreren

Preußische Landwehr im Gefecht bei Hagelberg am 27. August 1813

Gefechten teil und bewies beispielhafte Einsatzbereitschaft, Mut und Können in der militärischen Praxis. Als bedeutender Organisator der Volkswehren und Arbeiterfreischaren und ihr talentiertester militärischer Führer erwarb sich der revolutionäre Demokrat Johann Philipp Becker (1809–1886) große Verdienste. Friedrich Engels nannte ihn den «einzigen deutschen Revolutionsgeneral» (K. Marx/F. Engels, 7, S. 185). Die deutsche Revolution von 1848/49

Barrikade revolutionärer Kämpfer in Altenburg, Juni 1848

war Bestandteil der internationalen Revolutionsbewegung um die Mitte des 19. Jh. Den revolutionären Kämpfern eilten Freiwillige aus Frankreich, aus Polen, der Schweiz und aus Ungarn zu Hilfe. Der Oberbefehl über die badisch-pfälzische Revolutionsarmee lag in der Hand des polnischen Generals Ludwik Mierosławski (1814–1878). Ungeachtet ihrer Niederlage erwies sich die Revolution als mächtige Triebkraft der geschichtlichen Entwicklung. Sie vermittelte vor allem der Arbeiterklasse bedeutsame Erfahrungen. Marx und Engels zogen daraus wichtige Schlußfolgerungen für die weitere Ausarbeitung ihrer wissenschaftlichen Theorie vom Klassenkampf und von der Errichtung der kommunistischen Gesellschaft. Ein wesentlicher Bestandteil dieser Lehre ist die Begründung der proletarischen Militärtheorie mit ihren allgemeingültigen Prinzipien für die Militärpolitik der revolutionären Arbeiterbewegung (→ *Militärpolitik der revolutionären deutschen Arbeiterbewegung (bis 1945)*). Auf ihrer Grundlage entwickelten sich revolutionäre militärische Traditionen neuen Typs, die mit dem Wirken von August Bebel (1840–1913) und Wilhelm Liebknecht (1826–1900) an der Spitze der deutschen Sozialdemokratie verbunden sind, Traditionen des Kampfes gegen den preußisch-deutschen Militarismus, des Eintretens für allgemeine Wehrhaftigkeit und Volkswehr anstelle der stehenden Heere. Diese Traditionen entsprangen dem revolutionären Kampf der Arbeiterklasse und waren ihrem Wesen nach patriotisch und internationalistisch zugleich, wovon die Solidaritätsbekundungen deutscher Arbeiter mit den französischen Klassenbrüdern während des Krieges 1870/71 ebenso zeugten wie der starke Widerhall, den die Pariser Kommune in der deutschen Arbeiterklasse fand. Diese Traditionen setzten die deutschen Linken mit Karl Liebknecht (1871–1919) und Rosa Luxemburg (1871–1919) an der Spitze im Kampf gegen Imperialismus, Militarismus und Krieg zu Beginn des 20. Jh. fort und verteidigten sie gegen die opportunistische Entstellung durch die revisionistischen Kräfte der deutschen Sozialdemokratie. Die Militärarbeit der Linken unter den deutschen Truppen während des ersten Weltkrieges bereicherte die antimilitaristischen Traditionen entsprechend den neuen Klassenkampfbedingungen nach dem Übergang zum Imperialismus. Sie verfolgte das Ziel, die Soldaten für den Kampf zur revolutionären Beendigung des Krieges und zur Änderung der gesellschaftlichen Verhältnisse an der Seite der Arbeiterklasse zu gewinnen.

Während der → *Novemberrevolution 1918/19* in Deutschland erreichte der antimilitaristische Kampf seinen Höhepunkt. Als Teil der durch den welthistorischen Sieg der Großen Sozialistischen Oktoberrevolution ausgelösten revolutionären Erhebungen in vielen kapitalistischen Ländern begann diese erste große revolutionäre Auseinandersetzung zwischen Sozialismus und Kapitalismus auf deutschem Boden mit dem bewaffneten Aufstand der Matrosen und Arbeiter von Kiel. In kurzer Zeit wurde das ganze Land von der revolutionären Welle erfaßt. Am 11. 11. 1918 wurde in Berlin aus revolutionären Matrosen die → *Volksmarinedivision* geschaffen. Anläßlich des 42. Jahrestages des revolutionären Kampfsignals der roten Matrosen erhielten die Seestreitkräfte der DDR den verpflichtenden Traditionsnamen → *Volksmarine der NVA (VM).* Nach dem Beispiel der siegreichen Oktoberrevolution wurden in der deutschen Novemberrevolution Arbeiter- und Soldatenräte gebildet, die vielerorts an die Stelle des alten politischen und militärischen Machtapparates traten. In Bremen und München kam es für kurze Zeit zur Errichtung von Räterepubliken. Insgesamt je-

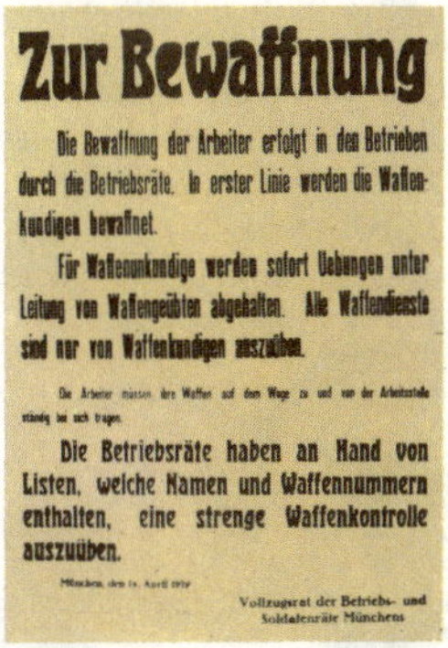

Aufruf des Vollzugsrats der Betriebs- und Soldatenräte Münchens zur Bewaffnung des Proletariats für den Schutz der Bayrischen Räterepublik, 1919

doch gewann die Konterrevolution die Oberhand gegenüber den Bestrebungen, die bürgerlich-demokratische Revolution in eine sozialistische hinüberzuleiten. Die Hauptursache lag im Verrat der rechten sozialdemokratischen Führer, die mit der Reaktion paktierten. Als wichtigste Erfahrung ergab sich für die Arbeiterklasse, eine Kampfpartei Leninschen Typs zu schaffen. Als Teil der Machtfrage mußte die Militärfrage gelöst werden. In der Zeit der revolutionären Nachkriegskrise 1919–1923 stellten sich die Mitglieder der KPD überall an die Spitze des Kampfes zur Verteidigung der Errungenschaften der Novemberrevolution. Mit der Waffe in der Hand zerschlugen die Arbeiter den → *Kapp-Putsch 1920.* Die etwa 100000 Mann starke → *Rote Ruhrarmee* befreite im März 1920 binnen wenigen Tagen das größte deutsche Industriezentrum von konterrevolutionären Truppen, bevor die erste Arbeiterarmee in der Geschichte des deutschen Volkes infolge des Verrats der rechten Sozialdemokraten entwaffnet und unter Anwendung von brutalem Terror aufgelöst wurde. Ebenso bewiesen die bewaffneten Arbeiterformationen in den → *Märzkämpfen 1921* und während des → *Hamburger Aufstandes 1923* Mut, Kühnheit, proletarische Disziplin, Initiative und Opferbereitschaft. In diesen Kämpfen wurde die Tradition der Aktionseinheit der Arbeiterklasse im wehrhaften Kampf zur Verteidigung demokratischer Rechte und Freiheiten gegen Militarismus und Faschismus begründet. Ihre Entstehung und Ausprägung sind untrennbar mit der Herausbildung der KPD als marxistisch-leninistische Kampfpartei nach dem Vorbild der KPdSU verbunden. Das von Ernst Thälmann (1886–1944) geleitete Zentralkomitee der KPD nutzte die Erfahrungen der KPdSU und wandte den Leninismus auch in der Militärfrage schöpferisch auf die Bedingungen des Kampfes im eigenen Land an. Besondere Verdienste in der Klassenauseinandersetzung mit der militaristisch-faschistischen Reaktion erwarben sich die proletarischen Formationen des von Thälmann geführten → *Roten Frontkämpferbundes (RFB)* und die antifaschistische Selbstschutzbewegung am Ende der Weimarer Republik. Die Mitglieder dieser Organisationen waren überwiegend parteilose Arbeiter, und im Rahmen der Massenselbstschutzbewegung handelten Kommunisten, klassenbewußte Sozialdemokraten, Mitglieder des Reichsbanners «Schwarz-Rot-Gold» auf örtlicher Ebene bei der Abwehr des Naziterrors oftmals gemeinsam. Die Militärpolitik der KPD, an deren Ausarbeitung und Propagierung Ernst Schneller (1890–1944) großen Anteil hatte, beruhte auf der Einheit von revolutionärem Patriotismus und proletarischem Internationalismus. Sie war darauf gerichtet, die Arbeiterklasse und deren Verbündete sowohl für den Kampf gegen Imperialismus und Militarismus im eigenen Land als auch für die Verteidigung der Sowjetunion, des internationalen Horts des Friedens, zu befähigen. Sie manifestierte sich in der aktiven Solidarität mit allen für gesellschaftlichen Fortschritt, gegen Imperialismus, Militarismus und Faschismus kämpfenden Völkern. Besonders reich an Traditionen ist der Kampf → *deutscher Internationalisten in der Roten Armee 1918–1920.* Gemeinsam mit Internationalisten vieler anderer Nationen halfen sie, den ersten sozialistischen Staat gegen Interventen und Weißgardisten erfolgreich zu verteidigen. Untrennbar damit verbunden war die internationale Bewegung «Hände weg von Sowjetrußland!». Zahlreiche Massenaktionen verhinderten, daß über deutsches Territorium Waffen für die imperialistischen Interventen gegen den jungen Sowjetstaat geliefert wurden. Der Kampf deutscher Antifaschisten in den → *Interbrigaden im nationalrevolutionären Krieg Spaniens 1936–1939* – zu den Interbrigadisten gehörten der ehemalige Minister für Nationale Verteidigung Armeegeneral Heinz Hoffmann (1910–1985) und andere Generale und Offi-

1. Astrachaner Fliegerabteilung, der deutsche Internationalisten angehörten

ziere der NVA – setzte diese Traditionen fort und bereicherte sie. Hier entstanden bedeutsame historische Grundlagen für die spätere Klassen- und Waffenbrüderschaft zwischen der NVA und der Sowjetarmee und den anderen Armeen der sozialistischen Verteidigungskoalition. Einen hervorragenden Platz in den m. T. nehmen die deutschen antifaschistischen Widerstandskämpfer ein, die als Kundschafter der Roten Armee oder unmittelbar in deren Reihen, als Angehörige von Partisanenverbänden in vielen Ländern Europas oder als Kämpfer der Frontorganisation des → *Nationalkomitees «Freies Deutschland» (NKFD)* zum Sieg der Völker über die faschistischen Eindringlinge und damit für ein antifaschistisch-demokratisches Deutschland ohne Imperialisten und Militaristen ihr Leben einsetzten. Es sind Traditionen des unbeugsamen, heldenhaften Kampfes wahrer deutscher Patrioten und Internationalisten.

An diese Traditionen knüpfte die KPD als führende Kraft des deutschen antifaschistischen Widerstandskampfes mit ihren Vorstellungen über Charakter und Aufgaben bewaffneter Organe eines neuen, demokratischen und sozialistischen deutschen Staates an. Sie haben Eingang in den Prozeß des Aufbaus der → *Landesverteidigung der DDR* gefunden. Zugleich verkörpern Militärpolitik und Militärorganisation der DDR qualitativ Neues in der Militärgeschichte des deutschen Volkes. Sie brachten dementsprechend auch neue militärische, eben sozialistische Traditionen hervor. Diese sind ihrem Inhalt nach dadurch gekennzeichnet, daß es militärische Traditionen der machtausübenden Arbeiterklasse unter Führung der marxistisch-leninistischen Partei sind. Sie entwickeln sich als untrennbarer Bestandteil der Gesamtheit neuer Traditionen des sozialistischen Staates. Von besonders nachhaltigem Einfluß auf die sozialistische militärische Traditionsbildung ist die Erfüllung des militärischen Klassenauftrags der NVA in Bewährungssituationen wie bei der → *Sicherung der Staatsgrenzen der DDR 1961*, aber auch in → *Übungen und Manövern der Vereinten Streitkräfte* sowie im täglichen militärischen Dienst, in der politischen Schulung und in der Gefechtsausbildung, im sozialistischen Wettbewerb und in der Neuererbewegung. Indem die Angehörigen der NVA und anderer bewaffneter Organe der DDR im Zusammenwirken mit den Waffenbrüdern aus der Sowjetarmee und den Armeen anderer Bruderländer bedeutende Leistungen und nachahmenswerte Taten zum Schutz des Sozialismus und des Friedens vollbringen, eifern sie den revolutionären Vorbildern nach, deren Namen viele Truppenteile oder Kasernen tragen. Die m. T. sind für die junge Generation eine unerschöpfliche Quelle der ideologischen Überzeugung für patriotische und internationalistische

Interbrigadisten auf dem Weg zur Front

Pflichterfüllung. Der erzieherische Einfluß der m. T. erzeugt Stolz auf das im harten Kampf Erreichte und fördert zugleich das Verständnis für höhere Anstrengungen bei der Erfüllung der gestellten Aufgaben. Eines der wirksamsten Elemente ist die sozialistische militärische Tradition der Verwirklichung der führenden Rolle der marxistisch-leninistischen Partei in allen Bereichen der Landesverteidigung, beim Aufbau und bei der Entwicklung der Streitkräfte und in der sozialistischen Wehrerziehung der Bevölkerung der DDR. In ihr verkörpern sich die wissenschaftlich begründete, konsequent fortschrittliche Militärpolitik und Militärorganisation des sozialistischen Staates. Ausdruck dessen ist vor allem das vorbildliche, initiativreiche und die parteilosen Armeeangehörigen mobilisierende Wirken der Kommunisten und ihrer Parteiorganisationen in den Einheiten, Truppenteilen und Verbänden der NVA und der Grenztruppen der DDR. Neue Traditionen entstanden im Prozeß der Herausbildung und ständigen Festigung der Einheit von Volk und Armee, die zum ersten Mal in der deutschen Militärgeschichte lebendige Wirklichkeit und damit wichtiger Kraftquell sozialistischer Verteidigungsbereitschaft geworden ist. Die Einheit von Volk und Armee wird auf vielfältige Weise in den Traditionen widergespiegelt. Ihrer Pflege dienen auch → *Zeremonielle in der NVA*, wie die Ablegung des Fahneneides an Mahn- und Gedenkstätten des Kampfes der revolutionären Arbeiterbewegung und des antifaschistischen Widerstandes und die symbolische Waffenübergabe an die jungen Soldaten durch Arbeiterveteranen und Aktivisten der sozialistischen Arbeit. Aber auch die Wehrspartakiaden der GST und die → *Hans-Beimler-Wettkämpfe* im Rahmen der sozialistischen Wehrerziehung der Schuljugend haben sich bereits als neue Traditionen der Einheit von Volk und Armee bewährt.

Ehemalige Häftlinge des Konzentrationslagers Buchenwald feiern die bewaffnete Selbstbefreiung am 11. April 1945

Ein wesentliches Kennzeichen der sozialistischen m. T. ist, daß sie im Prozeß der Herausbildung und ständigen Vertiefung des Bruderbundes zwischen der DDR und UdSSR, der festen Verankerung der DDR und ihrer NVA in der Gemeinschaft der sozialistischen Länder und ihrer Militärkoalition entstanden sind. Es entwickelten sich militärische Kampftraditionen des sozialistischen Internationalismus, in denen die gemeinsame Verantwortung für den Schutz des Sozialismus und des Friedens zum Ausdruck kommt. Schon Tradition geworden sind auch die gegenseitige brüderliche Hilfe und Unterstützung sowie das gemeinsame Streben nach ständiger Vervollkommnung der militärischen Meisterschaft. In diesen Traditionen widerspiegeln sich die gegenseitige Achtung, das Gefühl internationaler sozialistischer Zusammengehörigkeit, die durch das Bündnis potenzierte eigene Kraft und Stärke und der Stolz auf die gemeinsam erreichten Erfolge beim zuverlässigen Schutz des Sozialismus vor imperialistischer Aggression. Dabei stehen jene Traditionen im Mittelpunkt, die im Prozeß der Herausbildung und Vertiefung der brüderlichen Beziehungen zwischen der NVA und den sowjetischen Streitkräften entstanden sind (→ *Waffenbrüderschaftsbeziehungen der NVA*). Ihr wesentliches inhaltliches Merkmal ist, den Entwicklungsstand und die Leistungen des eigenen Truppenteils am Maßstab des sowjetischen Partnertruppenteils, des «Regiments nebenan», zu messen und mit ihm um hohe Leistungen zu wetteifern.

Gemeinsame Ausbildung von Angehörigen der NVA und der Sowjetarmee

Die Wahrung und Pflege alles Fortschrittlichen aus der Militärgeschichte des deutschen Volkes und die Einbeziehung der neuen sozialistischen m. T. in das Traditionsbild stehen in voller Übereinstimmung mit den gebotenen Anstrengungen zur Erhöhung der Verteidigungsfähigkeit des Sozialismus im Kampf um die Sicherung des Friedens. In dieser unlösbaren Verbindung liegt die große politisch-moralische Kraft der m. T., die u. a. durch die → *Traditionspflege in der NVA* und den anderen bewaffneten Organen erschlossen und genutzt wird.

Militarismus: spezifische Form der Politik, die Ausbeuterklassen vor allem in ihren Niedergangsphasen zur Sicherung ihrer Herrschaft und zur Ausweitung ihres Machtbereichs betreiben. Der M. stützt sich vorrangig auf militärische Gewalt, durchdringt alle Sphären des gesellschaftlichen Lebens und ordnet die gesamte Gesellschaft seinen reaktionären und aggressiven Zielen unter.

M. im weitesten Sinne ist «allen Klassengesellschaftsordnungen, von denen die kapitalistische die letzte ist, eigen und wesentlich. Freilich entwickelt der Kapitalismus ebenso wie jede andere Klassengesellschaftsordnung seine besondere Sorte Militarismus; denn der Militarismus ist seinem Wesen nach Mittel zum Zweck oder zu mehreren Zwecken, die je nach der Art der Gesellschaftsordnung verschieden und je nach ihrer Verschiedenheit auf verschieden gearteten Wegen zu erreichen sind» (K. Liebknecht, 1, S. 266). Den Nährboden für das Anwachsen des M. in den Ausbeuterordnungen bilden vor allem deren Niedergangsphasen, in denen sich die reaktionären Klassen bzw. Klassenfraktionen verstärkt bemühen, ihre Machtpositionen gewaltsam – gestützt auf die Streitkräfte – gegen den Ansturm der unterdrückten Klassen und Schichten zu erhalten. In den deutschen Territorien entwickelte sich der M. als eine Erscheinung des Spätfeudalismus. Seine sichtbarste Ausprägung fand er im 18. Jh. in Brandenburg-Preußen, wo er sich zu einem umfassenden Herrschaftssystem auswuchs, dessen Kern die übermäßig starke Armee bildete. Dieser spätfeudale M. wurde zur historischen Wurzel des M. der imperialistischen deutschen Staaten einschließlich der heutigen BRD. So unterschiedlich indes die Rolle, so mannigfaltig die Formen des M. in den einzelnen Klassengesellschaftsordnungen und Ausbeuterstaaten auch waren und sind, seine bestimmenden Wesenszüge blieben dieselben. Im Innern dient der M. als Gewaltmethode zur Einschüchterung und Unterdrückung der eigenen Bevölkerung, insofern die «liberale» Methode des Regierens die konterrevolutionären Ziele überlebter Ausbeuterklassen nicht mehr zu sichern vermag. Nach außen hat er die Ausdehnung des Machtbereiches der herrschenden Klassengruppierungen mittels Androhung bzw. Anwendung militärischer Gewalt zum Ziel. M. bedeutet daher reaktionäre Gewaltpolitik und ist nicht etwa, wie bürgerliche Deutungen unterstellen, mit dem Militärischen schlechthin oder mit dessen besonderer Rolle in der Politik gleichzusetzen. Revolutionäre Bewegungen, die sich militärischer Gewalt bedienen müssen, sind ihrem Charakter nach antimilitaristisch.

M. im engeren Sinne, der «moderne Militarismus» nach W. I. Lenin (1870–1924), «ist ein Resultat des Kapitalismus. In seinen beiden Formen bildet er eine ‹Lebenserscheinung› des Kapitalismus: als Militärmacht, die die kapitalistischen Staaten bei ihren äußeren Zusammenstößen einsetzen (‹Militarismus nach außen› ...), und als Waffe in den Händen der herrschenden Klassen zur Niederhaltung aller (ökonomischen und politischen) Bewegungen des Proletariats (‹Militarismus nach innen›)» (W. I. Lenin, 15, S. 187). Die neue Qualität des M. im Kapitalismus ergibt sich zum einen daraus, daß er systemimmanent ist, und zum anderen daraus, daß er zu einem ganzen System bourgeoiser Gewaltpolitik auswuchert, zu einem militaristischen Subsystem, das vor allem im monopolkapitalistischen Stadium alle Bereiche des gesellschaftlichen Lebens durchdringt und schließlich zur totalen Militarisierung des staatsmonopolistischen Herrschaftssystems tendiert.

Karl Marx (1818–1883) und Friedrich Engels (1820–1895) haben nachgewiesen, daß sich die Rolle der Gewalt in der Geschichte in direkter Relation zur fortschreitenden Verwandlung der Produktionsmittel in Privateigentum steigert. Marx hat im Zusammenhang mit der Untersuchung der ursprünglichen Akkumulation des Kapitals die Gewalt als eine ökonomische Potenz bezeichnet. Die Anwendung von Gewalt, insbesondere von bewaffneter Gewalt, wird immer stärker zu einer Methode der Profitmaximierung: einerseits dadurch, daß die Bourgeoisie im Vergleich zu früheren Zeiten viel öfter viel größere Gewaltmittel benötigt, um ihre Herrschaft über die Unterdrückten zu behaupten und im Konkurrenzkampf neue Rohstoff- und Absatzmärkte zu gewinnen bzw. bereits gewonnene zu verteidigen; andererseits dadurch, daß der Bourgeoisie diese Steigerung der militärischen Machtmittel ökonomisch und technisch durch die neue Stufe der industriellen Produktion ermöglicht wird, die erstmals in der Geschichte die Massenfertigung von Waffen- und Kriegsgerät gestattet. Die moderne Rüstungsproduktion verheißt ihrerseits den Kapitalisten doppelten Gewinn: materielle Mittel zur Gewaltanwendung und Höchstprofite.

Der in der Mitte des 19. Jh. aufgekommene Begriff M. widerspiegelt in seiner Genesis – zunächst umgangssprachlich, dann in wissenschaftlicher Abstraktion – Erscheinungen, die im Gefolge und als Bestandteil der Festigung kapitalistischer Herrschaftsverhältnisse auftraten und insgesamt eine qualitativ neue Stufe im Gebrauch militärischer Gewalt zur Erhaltung eines Herrschaftsverhältnisses in antagonistischen Klassengesellschaften darstellen. Diese Gewalt umfaßt als ihren institutionellen Träger den Militärapparat mit der Armee als Kern (Gewaltinstrument), als politische Ideologie die Verherrlichung und Anbetung der Gewalt (Gewaltideologie), als praktisch-politische Tätigkeit die Anwendung militärischer Gewalt oder die Drohung mit ihr. Sie bedient sich des gesamten Machtmechanismus des kapitalistischen Staates. M. ist also ein spezifischer, konzentrierter Ausdruck der kapitalistischen Ökonomik und seit deren Eintritt in das imperialistische Stadium eines der typischen Wesensmerkmale der Monopolherrschaft. Dem Imperialismus ist der M. immanent, weil die Daseinsweise des Monopols nicht allein ökonomische, sondern auch außerökonomische, insbesondere militärische Gewalt ist, die die Realisierung der Monopolprofite sichert. Lenin hat als allgemeine Tendenzen der Militarisierung im Imperialismus die Negation der Demokratie und die Neigung, die direkte und unmittelbare Gewalt an die Stelle des Rechts zu setzen, gekennzeichnet. Als Ursache betrachtete er das aus der Bildung allmächtiger Monopole hervorgehende Herrschaftsverhältnis.

Der prinzipielle Zusammenhang zwischen Kapitalismus und M. verdichtete sich in unserer Epoche zu einem gesetzmäßigen Entwicklungszusammenhang von sich vertiefender allgemeiner Krise des Kapitalismus und fortschreitender Militarisierung des gesamten gesellschaftlichen Lebens in den Hauptländern des Kapitals. Er kulminiert in der Gegenwart in den USA und anderen imperialistischen Staaten in der Herrschaft des militärisch-industriellen Komplexes, der charakterisiert ist durch die Verschmelzung der Macht und Interessen der führenden Rüstungsmonopole und ihrer politischen Organisationen mit der militärischen Führungsspitze und den staatlichen Führungsorganen. Dieser Militär-Industrie-Komplex ist nicht nur als personelle und institutionelle Verfilzung der Machtapparate zu verstehen, sondern auch als Machtverflechtung im Sinne der materiellen und geistigen Klassenherrschaft über die Menschen.

Mit der weiteren Ausprägung des staatsmonopolistischen Kapitalismus hat sich die Tendenz zur Internationalisierung des M. verstärkt. Imperialistische Militärpakte dienen nach innen der gegenseitigen Herrschaftssicherung nationaler Bourgeoisien, der Unterordnung der Volkswirtschaften unter die Bedürfnisse der (transnationalen) Rüstungsindustrie, der Aufblähung nationaler wie supranationaler militärisch-bürokratischer Machtapparate, der Perfektionierung von Repression und Manipulation der Volksmassen. Nach außen richten sich die Bündnisse imperialistischer Militaristen gegen die drei revolutionären Hauptströme unserer Epoche, vor allem gegen das sozialistische Weltsystem. Der Versuch des M., die Systemauseinandersetzung mittels Androhung bzw. Anwendung militärischer Gewalt zugunsten des Imperialismus zu entscheiden, macht ihn angesichts der historisch neuartigen Massenvernichtungsmittel vor allem nuklearer Art, deren Einsatz die Existenz der Menschheit in Frage stellt, zu deren gefährlichstem Feind. In der Gegenwart ist der USA-M. die Hauptstütze der reaktionärsten Gruppierungen des internationalen Monopolkapitals. In der Vergangenheit war es der besonders aggressive preußisch-deutsche M., von dem die Hauptgefahr für den Frieden ausging.

Nach Lenin zeichnete sich der vormonopolistische Kapitalismus «kraft seiner grundlegenden *ökonomischen* Eigenschaften, die in England und Amerika besonders typisch zum Ausdruck kamen, durch verhältnismäßig große Friedfertigkeit und Freiheitsliebe», der monopolistische Kapitalismus dagegen «kraft seiner grundlegenden *ökonomischen* Eigenschaften durch sehr geringe Friedfertigkeit und Freiheitsliebe und sehr große, überall wahrzunehmende Entwicklung des Militarismus aus» (W. I. Lenin, 28, S. 237/238). Der Bourgeoisie des neuen Deutschen Reiches jedoch waren bereits um 1870/71 jene Züge eigen, die Lenin am Finanzkapital feststellte: Sie wollte nicht Freiheit, sondern Herrschaft; nicht Selbständigkeit, sondern Bindung; nicht Anarchie der Konkurrenz, sondern Organisation; nicht freies Spiel der Kräfte, sondern Machtpolitik ohne jede Schranken. Zur Durchsetzung ihrer politischen Ziele setzte sie sich daher nachdrücklich für den Auf- und Ausbau des → *kaiserlich-deutschen Heeres* und der → *Kaiserlichen Marine* als Hauptinstrumente der Unterdrückung und Aggression ein. Das von den Junkern im Zeitalter des Absolutismus für ihre Zwecke entwickelte institutionalisierte System militärisch-bürokratischer Methoden der Herrschaftsausübung, das Preußentum, dessen Stärke die Organisation und dessen Glaubensbekenntnis «Zucht und Ordnung» waren, wurde damit wieder modern. Es gewann, nachdem es die «Bewährungsprobe» der Reichsgründung bestanden hatte, erneut an Wert. In gewisser Weise vollzog die deutsche Bourgeoisie, bewußt oder unbewußt, eine historisch einzigartige Operation: Die Transplantation eines Überbaus, der den ökonomisch determinierten Drang nach Gewalt und Reaktion noch steigerte.

Die Verschmelzung von Großindustrie und Hochfinanz mit dem reaktionären Preußentum ergab einen hochbrisanten M. ganz eigentümlichen Charakters, der erst im Imperialismus voll ausgeprägt war. Er war durch 3 Besonderheiten gekennzeichnet: 1. durch das absolute Vorherrschen der Gewaltmethode zur Niederhaltung des Volkes gegenüber der liberalen Methode; 2. durch die absolute Vorherrschaft der militärischen Gewalt im Rahmen der politischen Gewalt; 3. durch die relative Verselbständigung der militärischen Gewalt. Sie drückte sich darin aus, daß die militärische Gewalt ein tragendes Element der Gesellschaftsordnung bildete, nicht nur Mittel zum Zweck der Aneignung von Mehrwert bzw. von Monopolprofiten blieb, sondern selbst zu einem der Hauptzwecke des Staates wurde. Das Militär (d. h. das Offizierskorps) bediente die Schalthebel der politischen Macht, machte weitgehend die Politik der imperialistischen Bourgeoisie und gab das Strukturvorbild für die ganze bürgerliche Gesellschaft ab.

Die relative Verselbständigung des militärischen Faktors in der Politik des deutschen Imperialismus – relativ deshalb, weil in letzter Instanz die Abhängigkeit von der Ökonomie ebenso bleibt wie die Funktion des Instruments zur Sicherung der bürgerlichen Klassenherrschaft – zeigte sich besonders deutlich bei der Vorbereitung und während des ersten Weltkrieges (→ *Weltkrieg, erster, 1914–1918*). Der M. verschärft die Widersprüche des gesamten Gesellschaftssystems unter Umständen bis zu einem Grade, daß er in sein Gegenteil umschlägt und anstatt die Ausbeuterordnung dauerhaft zu sichern die Revolution und damit seinen eigenen Untergang, zumindest seinen zeitweiligen Zusammenbruch, beschleunigt. Auch dafür hat der preußisch-deutsche M. «Modellcharakter». Der Hauptwiderspruch im militärischen System liegt nach Engels darin, daß die Kapitalisten, um ihre Gewaltmethode nach innen wie nach außen anwenden zu können, gezwungen sind, «mit der allgemeinen Dienstpflicht mehr und mehr Ernst, und damit schließlich das ganze Volk mit dem Waffengebrauch vertraut zu machen». Wenn die Masse des Volkes «einen Willen» hat, «schlägt das Fürstenheer um in ein Volksheer; die Maschine versagt den Dienst, der Militarismus geht unter an der Dialektik seiner eigenen Entwicklung» (K. Marx/F. Engels, 20, S. 158). Von Engels ist diese mögliche Entwicklung, wie 1917/18 durch geschichtliche Erfahrung bestätigt, abhängig gemacht worden von dem «einen Willen» der Volksmassen, also von deren Bewußtheit und Organisiertheit. Gerade diese zu verhindern – darin besteht die neuartige ideologische Dimension des kapitalistischen M., seine Funktion, dem wachsenden proletarischen Klassenbewußtsein eine Ideologie entgegenzusetzen, die, auf der Verherrlichung von Gewalt und Krieg beruhend, die Volksmassen dazu verleiten soll, sich entgegen ihren Lebensinteressen aktiv in den Dienst bürgerlicher Gewaltpolitik zu stellen.

Der extreme M. in Preußen-Deutschland, der nach Karl Liebknecht (1871–1919) die Funktion eines Regulators des Klassenkampfes des Proletariats ausübte, zwang die revolutionäre deutsche Arbeiterbewegung geradezu, den antimilitaristischen Kampf in den Mittelpunkt ihrer praktisch-politischen Tätigkeit zu stellen, mußte doch dem militaristischen Herrschaftssystem jeder Fußbreit demokratischen Kampfbodens abgetrotzt werden (→ *Militärpolitik der revolutionären deutschen Arbeiterbewegung (bis 1945)*). Das wiederum befähigte die revolutionäre deutsche Arbeiterbewegung schon sehr frühzeitig, die wachsende Rolle des militärischen Faktors im Klassenkampf, die Schwächung des M. nach innen wie nach außen als unabdingbare Voraussetzung für die Erkämpfung der Demokratie, die Verteidigung des Friedens und die Zerschlagung des militaristischen Herrschaftssystems als wichtigste Bedingung für den Erfolg der sozialen Revolution zu erkennen. Der Kampf der Arbeiterklasse um Demokratie und Frieden ist seinem Charakter nach immer antimilitaristisch. Welchen Platz er jeweils im Rahmen des proletarischen Emanzipationskampfes einnimmt, ist dabei abhängig vom Platz des M. in der Politik der herrschenden Klasse. Die Dialektik der deutschen Geschichte bestand darin, daß gerade der extreme M., der etabliert worden war, um nach innen Demokratie und Sozialismus niederzuhalten und nach außen die Expansion des Finanzkapitals mit Gewalt durchsetzen zu können, dem proletarischen Kampf um Demokratie und Frieden eine revolutionäre Sprengkraft verlieh, die mit dem Zusammenbruch des militaristischen Herrschaftssystems in der deutschen Volksrevolution vom November 1918 (→ *Novemberrevolution 1918/19*) «jene innern dialektischen Bewegungsgesetze offenbart, nach denen der Militarismus, wie jede andre geschichtliche Erscheinung, an den Konsequenzen seiner eignen Entwicklung zugrunde geht», wie Engels voraussagte (K. Marx/F. Engels, 20, S. 161).

Das eklatante Versagen dieses zwei Generationen zuvor installierten, so leistungsfähigen und soliden militaristischen Herrschaftssystems vor der Revolution von unten stellte das politisch-psychologische Grunderlebnis der imperialistischen Bourgeoisie in der Novemberrevolution dar. Von nun an saß ihr die Furcht vor der Revolution, die ihr zudem noch von außen her in Gestalt der Sowjetunion als Staatsmacht gegenübertrat, in den Knochen. Nicht nur ökonomische Zwangsläufigkeiten bestimmten ihre Politik. Auch Existenzangst veranlaßte sie zur fieberhaften Suche nach einem neuen, besseren System der Herrschaftssicherung. Im Ergebnis dessen mündete der Wiederaufstieg des deutschen M. nach seinem Zusammenbruch 1918 und nach einer verhältnismäßig kurzen Übergangsperiode der Neuformierung und Sammlung aller reaktionären Kräfte sowie des Aufbaus der → *Reichswehr* als Kaderarmee konsequent in den Faschismus, der in dieser Hinsicht zugleich einen neuen Typus des deutschen imperialistischen M. darstellte. Dieses militaristisch-faschistische Herrschaftssystem, das die Macht der reaktionärsten, aggressivsten Gruppen des Finanzkapitals verkörperte, war gekennzeichnet durch brutalste Gewaltanwendung und ein relativ stabiles Hinterland für den eigentlichen Zweck seiner Existenz: die Vorbereitung und Durchführung des zweiten Weltkrieges. Die Gewaltanwendung wurde gepaart mit schrankenloser nationaler und sozialer Demagogie, die der faschistischen Diktatur eine Massenbasis sichern half, sowie mit haßerfülltem Antikommunismus und Antisowjetismus. Ihre Träger waren die faschistischen Organisationen, die Polizei und – als Aggressionsinstrument – die Wehrmacht (→ *Wehrmacht, faschistische*).

Darin war die Kontinuität der Politik der deutschen Bourgeoisie deutlich, die extrem militaristische Herrschaftssysteme etablierte, um im Innern wie nach außen revolutionäre Bewegungen mit Gewalt niederhalten zu können, seien es noch die bürgerlich-demokratischen oder schon die sozialistischen. In dieser selbstgewählten Rolle eines militärischen Bollwerks und Stoßtrupps der internationalen Konterrevolution liegt aber auch die letztlich bestimmende Ursache ihres mehrmaligen Scheiterns. Dies ist eine Erfahrung, die im Kampf gegen die militantesten Gruppierungen des internationalen Monopolkapitals, die auf den Krieg setzen, von sehr großem Nutzen sein kann.

Der gegenwärtige M. in der BRD ist gekennzeichnet durch die eklatanten Niederlagen in zwei Weltkriegen; er hat einige der traditionellen Besonderheiten eingebüßt. In zugespitzten Situationen jedoch tritt seine Gefährlichkeit wieder zutage, die nicht nur aus der gegenwärtigen Lage des BRD-Imperialismus resultiert, sondern auch ein Ergebnis der militaristischen Traditionslinie darstellt. Merkmale des BRD-M. sind: 1. Seine sozialökonomische Ursache und Triebkraft, das staatsmonopolistische Herrschaftsverhältnis, hat sich weiter ausgeprägt und mit ihm die diesem wesenseigene Aggressivität. 2. Diese dem BRD-Imperialismus eigene Aggressivität ist sowohl Triebkraft wie Ergebnis der weiteren Militarisierung mit dem Ziel, schrittweise die im Ergebnis des zweiten Weltkrieges verlorengegangenen Machtpositionen wiederzuerlangen. 3. Dem deutschen M. der Gegenwart ist die traditionelle Eigenständigkeit partiell verlorengegangen. Die Niederlage im zweiten Weltkrieg und die tiefgreifenden Veränderungen im internationalen Kräfteverhältnis wirkten sich nachhaltig auf die Existenzbedingungen des geschlagenen, jedoch auf dem Territorium der BRD nicht mit der Wurzel liquidierten M. aus. Sein Wiedererstarken (→ *Remilitarisierung der BRD*) war nur mit aktiver Hilfe des USA-Imperialismus möglich. Der M. der BRD hat sich supranational den Interessen der NATO-Partner eingeordnet, denen der USA untergeordnet und verfolgt im Rahmen der → *NATO* seine expansionistischen Ziele. Er verfügt über beträchtliche materielle Potenzen. Im Rahmen des Bündnisses sind auch seine spezifisch militärischen Mittel und Möglichkeiten gewachsen (→ *Bundeswehr der BRD*), dennoch ist infolge des veränderten internationalen Kräfteverhältnisses sein Handlungsspielraum nicht größer geworden, sondern er wurde noch eingeengt. 4. Der BRD-M. nach innen hat aus dem Scheitern sowohl der traditionell preußisch-deutschen wie der faschistischen militaristischen Politik gezwungenermaßen die Konsequenz einer strikten Ausnutzung formal bürgerlich-parlamentarischer Formen gezogen, die er als «demokratisch» auszugeben versucht. 5. Die innere Aushöhlung des bürgerlich-parlamentarischen Systems durch den M. geht in erster Linie über die weitere Herausbildung des Militär-Industrie-Komplexes vonstatten. Als Reaktion auf die allseitige Verschärfung der inneren und äußeren Widersprüche des Imperialismus und der Revolution im Militärwesen objektiv bedingt und ein neues Strukturelement des M. darstellend, wird der gegenwärtige Militär-Industrie-Komplex zunehmend zur militaristischen Form der weiteren Perfektionierung des staatsmonopolistischen Herrschaftssystems.

Der heutige M. ist sowohl ein entscheidender Faktor als auch ein Ergebnis der allgemeinen Krise des Kapitalismus. Die Dialektik seiner Entwicklung und Wirkung besteht in unserer Epoche darin, daß jede Maßnahme zur weiteren Militarisierung der spätbürgerlichen Gesellschaft, die ihrer Stabilisierung dienen soll, sich in ihr Gegenteil verkehren kann. Weder nach innen noch nach außen steht die wachsende Militarisierung in einem adäquaten Verhältnis zur damit zu realisierenden Macht der Monopolbourgeoisie. Der M. wird, wie Engels voraussagte, an den Konsequenzen seiner eigenen Entwicklung zugrunde gehen.

Militärjustiz: Rechtspflege im Bereich der Streitkräfte eines Staates. Zu ihr gehören spezielle Organe und Einrichtungen sowie Gesetze und Verordnungen für die Rechtsprechung sowie für die Durchsetzung der militärischen Disziplin und Ordnung.

Ziel, Inhalt und Form der M. sind abhängig vom Klassencharakter des Staates und seiner Streitkräfte und werden in graduell unterschiedlichem Maße zugleich durch überlieferte allgemeine Rechtsvorstellungen und -normen sowie durch die Entwicklung der zivilen Justiz des betreffenden Staates beeinflußt. In den Ausbeuterordnungen trägt die M. den Charakter einer Sonderjustiz, die in den Streitkräften die zivile Justiz ersetzt, besondere Verfahrensbestimmungen besitzt und die Strafgerichtsbarkeit über bestimmte Personengruppen ausübt. Die Rechtspflege in diesen Streitkräften ist eng mit der militärischen Kommandogewalt verbunden, d. h., der oberste Befehlshaber fungiert im allgemeinen als oberster Gerichtsherr. Die M. dient den herrschenden Klassen als ein wichtiges Instrument, um die Streitkräfte für die Durchsetzung ihrer Klassenziele und -interessen zu disziplinieren. In besonderem Maße richtet sich die M. gegen Bestrebungen historisch progressiver Kräfte, Einfluß auf die Streitkräfte zu erlangen.

In den sozialistischen Staaten ist die M. die Anwendung und Durchsetzung des sozialistischen

Rechts im Bereich der Streitkräfte. Sie ist keine Sonderjustiz bzw. bloße Strafjustiz, sondern gewährleistet die sozialistische Gesetzlichkeit in einem bestimmten Bereich der Gesellschaft. Die sozialistische M. dient der Festigung der Disziplin und Ordnung in den Streitkräften sowie der Sicherheit des sozialistischen Staates.

Die Anfänge der M. entstanden in den Sklavenhalterstaaten. Insbesondere die streng geregelten Normen der römischen M. übten auf die Entwicklung der Militärgerichtsbarkeit in den → *Söldnerheeren* des 16.–18. Jh. großen Einfluß aus.

Nach der allmählichen Auflösung der → *militärischen Demokratie*, in der Priester und gewählte Heerführer nach überliefertem Gewohnheitsrecht Straftaten ahndeten, wurden die aufsteigenden feudalen Herrscher Träger der Gerichtsbarkeit. Auf der Grundlage des Lehnsrechtes entstand eine höhere und niedere Gerichtsbarkeit: jene lag in den Händen des Kaisers bzw. des Königs, diese bei den mächtigen Vasallen (Herzögen, Markgrafen u. a.). In den feudalen Ritterheeren besaß der Kaiser als Spitze der Herrschaftspyramide die oberste Militärgerichtsbarkeit. Im Krieg übte sie in seinem Auftrag in der Regel ein Marschall aus, dessen Befugnisse in Gesetzen festgelegt waren, so z. B. in der 1158 von Kaiser Friedrich I. Barbarossa (um 1125–1190) erlassenen Lagerordnung. Eine begrenzte Straf- und Disziplinargewalt (niedere Gerichtsbarkeit) hatten die mächtigen Vasallen gegenüber ihren Aufgeboten. Aufgrund der verwickelten feudalen Lehnsverhältnisse gab es keine einheitlichen Bestimmungen für die M. In den städtischen Aufgeboten übten zumeist der begleitende Bürgermeister oder ein Schultheiß die Gerichtsgewalt aus.

Militärjustiz, Anfang 16. Jh.

Die Veränderungen in den feudalen Heeren im 15. Jh., namentlich aber das Aufkommen der Söldnerarmeen stellten die M. vor neue Aufgaben. Es entstanden eigene militärische Gerichtsinstitutionen. Eine 1431 verabschiedete Heeresordnung bestimmte, daß die zum Krieg gegen die Hussiten aufgebotenen Kontingente eigene Schöffen und einen «Strafer» zur Vollziehung der Urteile mitbringen sollten. Eine eigene Kriegsordnung, die Rechte und Pflichten der Kämpfer festlegte und Normen für die Disziplin und das Lagerleben aufstellte, besaßen die Hussiten. Im Unterschied zu den verschiedenen Ordnungen der Ritter- und Söldnerheere widerspiegelten die strengen Disziplinarvorschriften und Strafandrohungen das Bemühen der Hussiten um eine dem gerechten Kampf dienende feste Ordnung und Disziplin. Im 15. Jh. begann die militärische Rechtsprechung zwischen dem Fußvolk, das aus städtebürgerlichen und bäuerlichen Schichten kam, und der Reiterei, in der zumeist Adlige dienten, zu unterscheiden.

Die neuen rechtlichen Beziehungen in den Söldnerheeren wurden durch Artikelbriefe geregelt, die Ordnung, Ausrüstung, Sold, die Rechte und Pflichten der Söldner sowie die Strafen und das Gerichtswesen bestimmten. Durch den Eid verpflichteten sich die Söldner zur Einhaltung dieser Vorschriften. Das Schultheißengericht – erstmals 1499 erwähnt – widerspiegelte das Vertragsverhältnis zwischen dem Feldobristen (Söldnerführer, seltener auch der Landesfürst) und den Söldnern. Es setzte sich aus dem Feldobristen, 6–12 Beisitzern (von den Söldnern gewählt), dem Gerichtsschreiber, dem Gerichtsweibel (Gerichtsdiener) und dem vom Obristen ernannten Schultheißen zusammen. Dieser war im allgemeinen ein mit den Kriegsgebräuchen vertrauter Söldner. Aus seiner Funktion entwickelte sich im 17. Jh. der Auditeur, der juristisch ausgebildet war. Die Anklage vertrat der durch den Obristen eingesetzte → *Profoß*, der mit den «Stockknechten» auch für den Strafvollzug sorgte. In einigen Söldnerheeren war zeitweise das «Recht der langen Spieße» gebräuchlich. Dabei bestand das Gericht neben dem Feldobristen, 1 Feldwebel und 1 Fähnrich aus einer größeren Zahl von Söldnern. Profoß und Angeklagter konnten sich aus den Anwesenden Fürsprecher wählen. Nach mehreren Vorschlägen und gruppenweisen Beratungen fällte die Gerichtsgemeinde das Urteil. Lautete es auf Tod, so wurde es nach wenigen Minuten durch alle Anwesenden mit den Spießen vollstreckt.

Die Reiterei besaß eine Gerichtsbarkeit mit ausgesprochen adligem Standescharakter. Nach der 1570 erlassenen kaiserlichen «Reutter-Bestallung», die

Gericht im Landsknechtsheer, 16. Jh.

übliche Rechtsnormen fixierte, war der Kaiser oberste Gerichtsperson, dessen Befugnisse ein Generalobrist bzw. ein Feldmarschall wahrnehmen konnte. Beisitzer des Reitergerichts waren einflußreiche Adlige. Das Urteil wurde erst nach Billigung durch den Generalobristen rechtskräftig.

Trotz der harten Strafandrohungen namentlich in den Artikelbriefen für das Fußvolk (Köpfen, Rädern, Hängen, Abhauen einer Hand u. a.) war die Disziplin in den Söldnerheeren locker. Verstöße gegen die Artikelbriefe und Bestallungen traten vor allem beim Ausbleiben des Soldes auf. Die Versuche des kaiserlichen Feldherrn Lazarus von Schwendi (1522–1584), durch ein einheitliches Recht die Söldnertruppen zu disziplinieren, brachten keine durchgreifenden Erfolge.

Die revolutionären Bauernheere 1524/25 entwikkelten in Anlehnung an die Artikelbriefe ihre eigene M. In den Bauernhaufen erfolgte die Rechtsprechung im «Ring», d. h. der Versammlung der Kämpfer, es gab Schultheißen und Profosse sowie harte Strafandrohungen gegen Rechtsverletzer (Plünderer, Feiglinge, Verräter u. a.). Die Feldordnungen der Bauern waren darauf gerichtet, die revolutionäre Disziplin und Ordnung zu sichern, jedoch war die Zeit zu kurz, um wirksame Institutionen aufzubauen. Ein entschlossener Akt revolutionärer Justiz war das «Gericht von Weinsberg».

Im Dreißigjährigen Krieg 1618–1648 wurde die M. allgemein drakonischer und straffer gehandhabt. Harte Strafen drohten für Meuterei, Plünderung, Widersetzlichkeit gegen Vorgesetzte, Zauberei und andere Delikte, ohne daß es jedoch gelang, die Söldnerheere und insbesondere den großen Troß unter fester Kontrolle zu halten. Die Artikelbriefe erlangten mehr und mehr den Charakter von → *Kriegsartikeln*, die der Kriegsherr festlegte. Bedeutenden Einfluß auf die Entwicklung der M. hatten die 1621 vom schwedischen König Gustav II. Adolf (1594–1632) erlassenen Kriegsartikel (1632 erneuert). An die Spitze der M. trat unter dem König ein Generalauditeur, dem Truppenauditeure unterstanden, denen die Überwachung der Rechtsprechung in den Regimentern oblag. Die bisherigen Profosse wurden zu «Regimentsgewaltigern», die einem «Generalgewaltiger» unterstanden und als Organe der Anklage fungierten. Vorsitzender der Regimentsgerichte (Untergericht) blieb weiterhin der Obrist. Über den Regimentsgerichten stand ein Obergericht, zuständig für Meuterei, Verrat und andere schwere Straftaten sowie Straftaten von Adligen und Stabsoffizieren. Sein Vorsitzender war ein Feldmarschall. Der König behielt sich das Bestätigungsrecht für die Urteile vor.

Mit der Formierung stehender Heere nach 1648 erhielt die M. eine festere Organisation unter landesherrschaftlicher Kontrolle, wobei die Relikte der Mitbestimmung der Söldner endgültig wegfielen. Angesichts der sozialen Struktur der Heere, in denen viele Zwangsrekrutierte dienen mußten, zielte die M. vornehmlich darauf, mit härtesten Strafen eine feste Disziplin und Unterordnung der Söldner zu gewährleisten. Allgemein setzte sich eine scharfe Trennung zwischen den Strafbestimmungen für die Mannschaften und die Offiziere der stehenden Heere durch. Für Offiziere galten besondere Edikte, während die Söldner den drakonischen Strafen der Kriegsartikel unterworfen wurden. Dagegen verschwanden die unterschiedlichen Rechtsnormen für die Waffengattungen. Im 17./18. Jh. erschienen erstmals umfangreiche Gesetzessammlungen (zumeist als Corpus Iuris Militaris bezeichnet) mit den geltenden militärischen Rechtsnormen deutscher und anderer Länder.

In Brandenburg-Preußen erließ Kurfürst Friedrich III. (1657–1713) 1693 ein «Brandenburgisches Kriegsrecht», das auch die Prozeßführung regelte und als neue Einrichtungen Garnisongerichte schuf. Standgerichte, die für abgekürzte Verfahren schon vor dem Dreißigjährigen Krieg bekannt waren, konnten gebildet werden, wenn «Eile not tat» (vor allem bei Meuterei und Fahnenflucht vor dem Feind). Leiter der Heeresjustiz war ein Generalauditeur, dem Truppenauditeure unterstanden. Die Kriegsgerichtsordnung von 1712 führte außerordentliche Kriegsgerichte ein, die von Regiments- und Garnisonkommandeuren einberufen werden konnten und eine geringere Besetzung hatten (7 Personen). Der Ausbau des preußischen Militärstaates unter König Friedrich Wilhelm I. (1688–1740) war mit einer Verstärkung der Repressivfunktion der M. verbunden, namentlich gegen die zunehmende Desertion. Der Generalauditeur wurde 1718 zum Geheimen Staats- und Justizminister ernannt und erhielt das Bestätigungsrecht für die von den Militärgerichten verhängten Urteile. Die Strafbestimmungen enthielten die Todesstrafe für Meuterei und Widersetzlichkeit mit der Waffe gegen Vorgesetzte. Andere militärische und nichtmilitärische Vergehen wurden mit Festungshaft, Zwangsarbeit, Arrest, körperlicher Züchtigung und anderen Strafen geahndet. Eine der verbreitetsten Strafen für Desertion bzw. versuchte Fahnenflucht war das → *Gassenlaufen* (Spießrutenlaufen), das auch in anderen absolutistischen Heeren üblich war. Unter König Friedrich II. von Preußen (1712–1786) erhielten die Chefs der Regimenter das Recht, Urteile zu verschärfen oder zu mildern, was vorher nur dem Generalauditeur zustand. An der harten preußischen M. vermochten auch die Ideen der bürgerlichen Aufklärung, die u. a. die Prügelstrafen verurteilten und eine gerechte («vernünftige») Behandlung der Soldaten verlangten, nichts zu ändern.

Karrenstrafe in der preußischen Armee, 18. Jh.

Für das österreichische Heer galten die Straf- und Gerichtsbestimmungen des 1682 erlassenen Artikelbriefes, der an die älteren Verordnungen für das Fußvolk und die Reiterei von 1570 anknüpfte. 1768 regelte das von Kaiserin Maria Theresia (1717–1780) erlassene neue Strafgesetzbuch (Nemesis Theresiana) die M., dabei wurde 1776 die bis dahin in der M. übliche Folter abgeschafft. Die vielfältigen Gerichts- und Strafbestimmungen in den deutschen Fürstenstaaten lehnten sich an die in Preußen bzw. Österreich oder Frankreich gebräuchlichen an und widerspiegelten die partikularistische Zerrissenheit des römisch-deutschen Kaiserreiches.

Die bürgerliche Umgestaltung im Gefolge der Französischen Revolution von 1789, insbesondere die → *Militärreformen in Preußen 1807–1815*, führten zu Veränderungen in der M. Die vom damaligen Oberstleutnant August Neidhardt von Gneisenau (1760–1831) maßgeblich inspirierten preußischen Kriegsartikel vom 8. 8. 1808 gingen von der Pflicht des Staatsbürgers zum Kriegsdienst aus und beseitigten im wesentlichen die Körperstrafen. Arreststrafen konnten nach der Schwere des Deliktes in 3 Abstufungen verhängt und schwere Straftaten mit Festungshaft geahndet werden. Es war möglich, Soldaten in eine «zweite Klasse des Soldatenstandes» zu versetzen, in der weiterhin Körperstrafen galten (gültig bis 1872). Mit den neuen Kriegsartikeln und weiteren Verordnungen über die Befugnisse der Militärgerichte setzte sich endgültig die Trennung von Militär- und Disziplinarstrafen durch (Disziplinarstrafen konnten ohne gerichtliche Erkenntnis durch Vorgesetzte verhängt werden, sofern nicht Militärstrafgesetze verletzt worden waren). Weitergehende Reformvorschläge, die Militärgerichtsbarkeit generell auf militärische Verstöße zu beschränken und Soldaten bei nichtmilitärischen Delikten vor Zivilgerichte zu stellen, lehnte der preußische König ab. Die militärgesetzlichen Bestimmungen galten auch für Offiziere. Allerdings wurden 1808 besondere Ehrengerichte gegründet, die über außerhalb der Strafgesetze liegende «Vergehen gegen die Standesehre» zu befinden hatten. Sie entwickelten sich zu Organen, die einen monarchistisch-aristokratischen Ehrenkodex im Offizierskorps pflegten (1919 durch die Weimarer Verfassung aufgelöst).

Ähnliche Reformen in der M. erfolgten auch in den anderen deutschen Ländern. Jedoch blieb die M. im neuen, bürgerlichen Militärwesen nach wie vor eine Sonderjustiz. Die reaktionären Kräfte suchten nach 1815 ihre Positionen in der M. zu stärken und progressives Gedankengut zurückzudrängen. Diesem Ziel dienten die Militärstrafgesetzbücher (Bayern 1813, Württemberg 1818, Sachsen 1822, Hannover 1841).

In Preußen wurde 1845 ein Strafgesetzbuch für das Heer verabschiedet, das in seinem zweiten Teil die Militärstrafgerichtsordnung (MStGO) enthielt. Sie umfaßte alle Militärpersonen (einschließlich Militärbeamte und verabschiedete Offiziere) und unterschied zwischen einer «höheren» Gerichtsbarkeit (Kriegsgerichte) und einer «niederen» (Standgerichte). Ersterer unterstanden alle Offiziere und höheren Militärbeamten und im Falle schwerer Strafandrohungen auch Unteroffiziere, Mannschaften und untere Militärbeamte; der «niederen» Gerichtsbarkeit verblieben alle übrigen Straftaten. Der jeweilige Befehlshaber (ab Regimentskommandeur) war Gerichtsherr, berief das Gericht, beherrschte das geheime Verfahren und bestätigte das Urteil. Der antidemokratische Charakter der M. zeigte sich darüber hinaus darin, daß die Verteidigung vor Kriegsgerichten sehr erschwert und vor Standgerichten überhaupt verboten war. Die Festlegung, daß die gerichtliche Entscheidung durch den Verurteilten angefochten werden konnte (auf dem Wege über das Generalauditoriat), war nur ein geringes und in der Praxis unbedeutendes Zugeständnis an liberale Forderungen. Die neue Militärstrafgerichtsordnung galt ab 1850 auch für die preußische Marine.

Während der bürgerlich-demokratischen Revolution 1848/49, vor allem in der Reichsverfassungskampagne 1849, beteiligte sich die preußische M. mit harten Urteilen am konterrevolutionären Terror (Einsetzung von Standgerichten gegen die Aufständischen u. a.). Das 1851 in Preußen erlassene Gesetz über den Belagerungszustand und die im selben Jahr erlassene «Instruktion über den Waffengebrauch des Militärs und die Mitwirkung desselben zur Unterdrückung innerer Unruhen» ermächtigten die Befehlshaber zur Verhängung des Belagerungszustandes und zur Aufhebung verfassungsmäßiger Rechte. Auf dieser Grundlage konnte die reaktionäre M. ihre Sonderstellung im Staat weiter ausbauen.

Die meisten anderen Staaten des Deutschen Bundes folgten in der M. dem preußischen Vorbild. Jedoch rezipierten die Militärstrafgerichtsordnung Württembergs (1818) und die revidierte Militärstrafgerichtsordnung Bayerns (1869) Elemente der zivilen bürgerlichen Justiz. An den bayrischen Militärgerichten waren Geschworene tätig, die Verhandlungen waren öffentlich, und die Anklage vertrat ein Staatsanwalt (nicht der Befehlshaber als Gerichtsherr). Gegen Urteile von Untergerichten konnte Beschwerde bei einem Obergericht eingereicht werden, das darüber entschied (nicht der König wie in Preußen). Auch die Verteidigung hatte mehr Befugnisse. Der Norddeutsche Bund übernahm 1867 die preußische Militärstrafgerichtsordnung, nur Bayern, Württemberg und Sachsen behielten bis 1900 als dynastisches Reservatrecht ihre eigenen Ordnungen.

Auf dem Boden des anschwellenden Militarismus und des beginnenden Wettrüstens im Deutschen Reich wurde nach 1871 die M. weiter ausgebaut. 1872 erschienen ein neues Militärstrafgesetzbuch und eine Disziplinarstrafordnung. Diese gab den militärischen Vorgesetzten (ab Kompaniechef und Gleichgestellten) das Recht, Handlungen gegen die militärische Ordnung, die keinem Strafgesetz unterlagen (Disziplinarübertretungen), und leichte Fälle von bestimmten Vergehen gegen Militärstrafgesetze (Disziplinarvergehen) zu ahnden. Entscheidende Bedeutung erlangte die 1898 verabschiedete und für das ganze Reich geltende Militärstrafgerichtsordnung (in Kraft ab 1. 10. 1900). Ihr waren lange Auseinandersetzungen innerhalb der herrschenden Klassen vorausgegangen.

Einen konsequenten Kampf gegen die reaktionäre M. führte die revolutionäre Sozialdemokratie. August Bebel (1840–1913) und Wilhelm Liebknecht (1826–1900) prangerten die → *Soldatenmißhandlungen* an und forderten die Abschaffung der Militärgerichtsbarkeit, öffentliche Verhandlungen der Militärgerichte, größere Rechte für die Verteidigung u. a. Karl Liebknecht (1871–1919) kennzeichnete die M. als «pfeifende Peitsche des Militarismus ... mit ihrem halb mittelalterlichen Verfahren, mit ihrer unmenschlichen, barbarischen Bestrafung auch der geringsten Insubordination und ihrer gelinden Beurteilung der Ausschreitungen Vorgesetzter gegen Untergebene» (K. Liebknecht, 1, S. 297/298).

Die neue Militärstrafgerichtsordnung fixierte das Recht der militärischen Befehlshaber, als Gerichtsherren die Zusammensetzung der Militärgerichte und den Prozeßablauf zu bestimmen, das Prozeßergebnis zu beeinflussen sowie die Urteile zu bestätigen, abzulehnen, zu mildern oder zu verschärfen. Die Anklage vertraten Gerichtsoffiziere (bei den Standgerichten) bzw. Kriegs- und Oberkriegsgerichtsräte (bei den Kriegsgerichten und Oberkriegsgerichten). Oberste Instanz war das Reichsmilitärgericht, das eine eigene Militärstaatsanwaltschaft erhielt. Beim «Verfahren im Felde» gab es den kurzen Prozeß ohne Rechtsmittel; nach dem Ort des Zusammentretens waren Feldkriegsgerichte und Bordkriegsgerichte vorgesehen. Ein Zugeständnis an liberale Forderungen bestand darin, daß die Verfahren öffentlich wurden; allerdings konnte durch kaiserliche Verfügung die Öffentlichkeit ausgeschlossen werden. Auch die Rechte der Verteidigung – es wurden an den Militärgerichten zivile Rechtsanwälte zugelassen – blieben begrenzt. Revolutionäre Sozialdemokraten bezeichneten die neue Militärstrafgerichtsordnung wegen ihres reaktionären Charakters selbst im Vergleich zur bürgerlichen Reichsstrafprozeßordnung als «kleines Sozialistengesetz». Zur gleichen Zeit wurde eine kaiserliche Verordnung über die Strafrechtspflege im Heer und in der Marine in Kriegszeiten erlassen, die u. a. kriegsgerichtliche Verfahren gegen Ausländer sowie die Ausübung der

Strafgerichtsbarkeit gegen Kriegsgefangene festlegte.

Die seit 1871 erlassenen militärischen Gesetze und Verordnungen, insbesondere die Militärstrafgerichtsordnung von 1898, bildeten die Grundlage für die Tätigkeit der M. im ersten Weltkrieg 1914–1918 sowie für die Erweiterung und Verschärfung der Straf- und Disziplinarbestimmungen. Der Apparat der M. wurde personell durch die Ernennung zahlreicher Ziviljuristen (Rechtsanwälte, Staatsanwälte, Richter) zu Kriegsgerichtsräten verstärkt und rücksichtslos eingesetzt, um jegliche Form des Widerstandes gegen die imperialistische Kriegspolitik (Befehlsverweigerungen, unerlaubte Entfernung, Fahnenflucht, antimilitaristische Propaganda, Soldatenverbrüderungen u. a.) zu unterdrücken (→ *Feldgerichte*). 1917 wurden beim Feldheer Militärgefangenenkompanien geschaffen (im Juni 1918 bestanden 81). Todesurteile verhängte die M. u. a. gegen die revolutionären Matrosen Albin Köbis (1892–1917) und Max Reichpietsch (1894–1917), hohe Gefängnis- und Zuchthausstrafen gegen weitere Teilnehmer der → *revolutionären Matrosenbewegung 1917/18.* Auch in den anderen imperialistischen Staaten suchte die M. mit drakonischen Strafen der zunehmenden Antikriegsstimmung in den Streitkräften entgegenzuwirken (blutige Unterdrückung der revolutionären Erhebung in der französischen Armee im Mai 1917 und in der österreichisch-ungarischen Flotte im Januar 1918).

Die Novemberrevolution 1918/19 brachte für die imperialistische M. tiefgreifende Veränderungen. Ein gegen den Widerstand der reaktionären Kräfte am 17. 8. 1920 erlassenes Gesetz (gültig ab 1. 10. 1920) hob die Militärgerichtsbarkeit in Friedenszeiten prinzipiell auf, sie blieb aber auf Angehörige der Reichsmarine, die an Bord in Dienst gestellter Schiffe waren, anwendbar. Für Kriegszeiten wurde eine Sonderregelung angekündigt. 1926 präzisierten 2 Gesetze die Gerichtsbarkeit über Militärpersonen (Reduzierung der Zahl der Beisitzer; Überweisung einiger Tatbestände aus dem Militärstrafrecht in das Disziplinarrecht).

Mit dem Machtantritt des Faschismus 1933 sowie dem Übergang zur offenen Aufrüstung und Kriegsvorbereitung gewann die M. ihre Sonderstellung uneingeschränkt zurück. Durch Gesetz vom 12. 5. 1933 wurde auf der Grundlage der Militärstrafgerichtsordnung von 1898 die Militärgerichtsbarkeit wieder voll gültig (ab 1. 1. 1934). Die neue Militärstrafgerichtsordnung vom 4. 11. 1933 stärkte die Stellung der Militärjustizbeamten und setzte zunächst anstelle des Reichsmilitärgerichts einen Senat für Militärstrafsachen im Reichsgericht ein. 1936 wurde ein Reichskriegsgericht geschaffen. Damit gab es 3 Instanzen der Gerichtsbarkeit: Kriegsgerichte, Oberkriegsgerichte und Reichskriegsgericht. Als Oberster Gerichtsherr fungierte Adolf Hitler (1889–1945), Gerichtsherren waren der Präsident des Reichskriegsgerichts sowie die Befehlshaber und Kommandeure, die der Chef des Oberkommandos der Wehrmacht oder die Oberbefehlshaber der Wehrmachtteile für ihren Befehlsbereich dazu festlegten. Durch die «Verordnung über das militärische Strafverfahren im Kriege» (Kriegsstrafverfahrensordnung – KStVO) vom 17. 8. 1938 (in Kraft seit 26. 8. 1939), die Kriegssonderstrafrechtsverordnung (KSStV) und andere Verordnungen auf der Grundlage faschistischer Gesetze nahm die M. aktiven Anteil an der unmittelbaren Vorbereitung des Aggressionskrieges. Die Kriegsstrafverfahrensordnung erweiterte beträchtlich den Geltungsbereich der M. Neben den aktiven Militärpersonen waren ihr auch die nichteinberufenen Wehrpflichtigen sowie alle Personen wegen «Spionage», «Freischärlerei», Einwohner besetzter Gebiete wegen «Zuwiderhandlung gegen Verordnungen der Besatzungsmacht» und alle Personen wegen «Hoch- und Landesverrats» und anderer Delikte unterworfen.

Im zweiten Weltkrieg 1939–1945 richteten die faschistischen Okkupanten in den besetzten Gebieten ein Netz von Militär- und Sondergerichten ein und setzten die landeseigene Gesetzlichkeit außer Kraft. Der Apparat der M. wurde durch die Organe der Besatzungsmacht, der Geheimen Staatspolizei, des Sicherheitsdienstes der SS und anderer Institutionen ergänzt, die den Massenterror gegen die Zivilbevölkerung praktizierten. Die Zahl der Kriegsgerichte bei den Stäben des Heeres erhöhte sich von 290 mit 463 Richtern (Dezember 1939) auf 687 mit insgesamt 1113 Richtern (Dezember 1943). Mit der zunehmenden Dauer des Krieges und dem Ansteigen der verschiedensten Straftaten wurde die M. weiter ausgebaut: Seit 1942 behandelte das «Gericht der Wehrmachtkommandantur von Berlin» (ab April 1944 Zentralgericht des Heeres) schwerere politische Straftaten im Ersatzheer, im August 1942 konstituierte das Reichskriegsgericht das «Sonder-Standgericht für die Wehrmacht», das im Schnellverfahren politische Straftaten verfolgte. Bereits am 10. 10. 1940 war eine neue, der faschistischen Justiz angepaßte Fassung des seit 1872 geltenden Militärstrafgesetzbuches in Kraft getreten; die «Wehrmachtsdisziplinarverordnung» (6. 6. 1942) erweiterte die Disziplinargewalt der Vorgesetzten.

Die faschistische M. suchte mit verschärften Strafen die militärische Disziplin und Ordnung zu festigen. Auf «Fahnenflucht», «Feigheit» und «Zersetzung der Wehrkraft» stand in der Regel die Todesstrafe, andere Delikte (Ungehorsam, Widersetzlichkeit gegen Vorgesetzte und Befehle, Plünderung, Wachvergehen u. a.) wurden mit Freiheitsstrafen, der Versetzung in Strafeinheiten und anderen

Strafen geahndet. Vor allem seit Anfang 1944, als sich die Niederlage des Faschismus immer klarer abzeichnete, steigerte die M. ihr Wüten. Der am 5.5.1944 neugefaßte § 5a der Kriegssonderstrafrechtsverordnung entband die Kriegsgerichte von gewissen formalen Normen und Regeln und öffnete dem Justizterror ein weites Feld. Die Todesstrafe drohte allen, die in irgendeiner Weise die «Sicherheit des Reiches» gefährdeten. Besondere terroristische Funktionen übten der Volksgerichtshof (u. a. Verurteilung von Teilnehmern an der → *Verschwörung vom 20. 7. 1944*) sowie die Standgerichte und die in den letzten Kriegsmonaten eingesetzten Sonderstandgerichte aus. Sie fällten fast ausnahmslos unter Verzicht auf juristische Formalitäten die Todesstrafe. Insgesamt verhängte die M. in der faschistischen Wehrmacht (einschließlich Wehrmachtbeamte und andere zur Wehrmacht gehörende Personen) von 1939 bis 1945 25250 Todesurteile (22750 davon vollstreckt). Allein von den Militärgerichten des Heeres wurden im Krieg etwa 475000 Wehrmachtangehörige zu Zuchthaus und anderen Haftstrafen verurteilt. Selbst nach der Kapitulation Hitlerdeutschlands übten mit Duldung imperialistischer Militärorgane faschistische Kriegsgerichte bis Herbst 1945 in Kriegsgefangenenlagern in Norwegen, den Niederlanden, Schleswig-Holstein, Niedersachsen und Italien ihre Tätigkeit weiter aus und verhängten Todesurteile. Bei den Marineverbänden, die in deutschen, dänischen und norwegischen Gewässern zur Minenräumung eingesetzt wurden, amtierten deutsche Kriegsgerichte noch bis Ende 1947.

Während die faschistische M. alle Versuche zur Untergrabung der imperialistischen Moral, Disziplin und Kampfkraft der Streitkräfte strengstens verfolgte, war sie spürbar nachsichtig gegenüber Straftaten von Wehrmachtangehörigen an der ausländischen Zivilbevölkerung. Die Kriegssonderstrafrechtsverordnung ermächtigte die Befehlshaber, bestimmte Straftaten auf dem Disziplinarweg zu erledigen. Gnadenerlasse hoben den Verfolgungszwang auf, z. B. für ab 1. 9. 1939 in Polen begangene Straftaten. Vor der Aggression gegen Westeuropa (Mai 1940) genehmigte das Oberkommando des Heeres in mehreren tausend Fällen, den Strafvollzug zur «Bewährung an der Front» auszusetzen. Im besetzten sowjetischen Gebiet wurde 1941 der Verfolgungszwang für Straftaten an der Bevölkerung aufgehoben. Nach einem Befehl des Chefs des Oberkommandos der Wehrmacht vom Dezember 1942 durfte kein Deutscher wegen Straftaten gegenüber Partisanen, Widerstandskämpfern und ihren Helfern auch nur disziplinarisch zur Rechenschaft gezogen werden.

Der Wiederaufbau einer imperialistischen deutschen M. begann in der BRD in den 50er Jahren. Dabei mußten die reaktionären Kräfte jedoch das veränderte Kräfteverhältnis sowie den breiten Widerstand gegen die Remilitarisierung berücksichtigen. Namentlich hatten der → *Nürnberger Prozeß gegen die Hauptkriegsverbrecher* (1945/46) und die Nachfolgeprozesse vor aller Welt den verbrecherischen Charakter des faschistischen Regimes einschließlich der M. enthüllt. Die M. der BRD fußt auf der Wehrdisziplinarordnung (15. 3. 1957), dem Wehrstrafgesetz (30. 3. 1957) und anderen Gesetzen und Verordnungen, die in den 60er und 70er Jahren z. T. verändert oder neu erlassen wurden. Wehrstrafgerichte üben die Strafgerichtsbarkeit nur im Kriegsfall aus, im Frieden nur über Militärpersonen, die sich im Ausland oder an Bord von Kriegsschiffen befinden. Nach den Verordnungen finden Verfahren gegen Angehörige der Bundeswehr im Frieden vor Strafgerichten der Zivilgerichtsbarkeit statt. Die in der BRD demokratisch verbrämte M. hat die Aufgabe, die militärische Ordnung und Disziplin im Interesse einer hohen Aggressionsbereitschaft der Bundeswehr zu sichern.

Ausgehend von den Erfahrungen der sowjetischen M., wurde in der DDR im Zusammenhang mit der Gründung der NVA eine neue, sozialistische M. aufgebaut (→ *Militärjustizorgane der DDR*). Durch Anordnung des Generalstaatsanwaltes der DDR vom 17. 11. 1956 wurde die Militärstaatsanwaltschaft als Teil der einheitlichen Staatsanwaltschaft der DDR geschaffen. Gesetze vom 11. 12. 1957 und 24. 1. 1962 zur Ergänzung des Strafgesetzbuches (StGB) regelten das neue Militärstrafrecht. Die Aufnahme der Bestimmungen über Militärstraftaten in das Strafgesetzbuch der DDR vom 12. 1. 1968 (Neufassung vom 19. 12. 1974) dokumentierte die Einheitlichkeit des Strafrechts in der DDR und machte deutlich, daß es in der DDR – wie auch in anderen sozialistischen Staaten – kein Sonderstrafrecht für Militärpersonen gibt. Das Anliegen der im 9. Kapitel des Strafgesetzbuches der DDR (Militärstraftaten) enthaltenen Normen besteht im Schutz der Kampfkraft und Gefechtsbereitschaft der NVA und der Grenztruppen der DDR sowie der Streitkräfte des Warschauer Vertrages und in der wirksamen Bekämpfung schwerwiegender Angriffe auf die militärische Disziplin und Ordnung. Sie dienen der vorbeugenden Erziehung der Angehörigen der NVA und der Grenztruppen der DDR zur strikten Einhaltung der Disziplin und Ordnung, zur exakten Befehlsausführung, zur sachgemäßen Behandlung der Kampftechnik, zur Festigung der sozialistischen Beziehungen zwischen Vorgesetzten und Unterstellten, zur Wachsamkeit und zur Achtung der anerkannten Normen des Völkerrechts. Mit dem Erlaß des Staatsrates der DDR vom 4. 4. 1963 über Stellung und Aufgaben der Gerichte für Militärstrafsachen – Militärgerichtsordnung – und deren Neuregelung vom 27. 9. 1974 wurde der

Aufbau der M. der DDR im wesentlichen abgeschlossen.

Militärjustizorgane der DDR: Militärstaatsanwaltschaft und Militärgerichtsorgane, denen als Bestandteil der einheitlichen sozialistischen Justiz der DDR die Rechtspflege in der NVA und den Grenztruppen der DDR obliegt.

Die Militärstaatsanwaltschaft wurde mit Wirkung vom 17. 11. 1956 gebildet. Als Teil der Staatsanwaltschaft der DDR übernahm sie die Aufsicht über die strikte Einhaltung der sozialistischen Gesetzlichkeit und die Anwendung des sozialistischen Rechts auf militärischem Gebiet. Die Aufgaben der Rechtsprechung in Militärstrafsachen wurden zunächst durch die Kreis- und Bezirksgerichte und das Oberste Gericht der DDR wahrgenommen. Charakter und Funktion der M. unterscheiden sich grundsätzlich von jener → *Militärjustiz,* die auf Ausbeutung und Unterdrückung der Werktätigen beruht und in eine offene oder verschleierte Willkürjustiz ausartet. Demgegenüber gelten für die Tätigkeit der M. die gleichen demokratischen Prinzipien und gesetzlich geregelten Grundsätze wie für die anderen Justizorgane der DDR. Die M. sind Bestandteil der einheitlichen sozialistischen Justiz der DDR. So wird die Militärstaatsanwaltschaft durch den Militäroberstaatsanwalt geleitet, der ein Stellvertreter des Generalstaatsanwaltes der DDR ist. Dem Militäroberstaatsanwalt unterstehen die Militärstaatsanwälte der Teilstreitkräfte, Militärbezirke und Verbände der NVA sowie der Grenztruppen der DDR. Wie alle Staatsanwälte werden auch die Militärstaatsanwälte vom Generalstaatsanwalt berufen und abberufen, sind ihm in der staatsanwaltschaftlichen Tätigkeit verantwortlich und an seine Weisungen gebunden.

Ebenso untrennbarer Bestandteil der einheitlichen sozialistischen Justiz der DDR sind die im Prozeß der weiteren Erhöhung der Verteidigungsfähigkeit der DDR gebildeten Militärgerichtsorgane. Das war ein folgerichtiger Schritt, um die Lösung der wachsenden Aufgaben der sozialistischen Rechtsprechung im militärischen Bereich durch sachkundige Richter und Schöffen, die selbst Angehörige der NVA und der Grenztruppen der DDR sind, zu gewährleisten. Auf der Grundlage des Erlasses des Staatsrates der DDR über die Stellung und die Aufgaben der Gerichte für Militärstrafsachen (Militärgerichtsordnung) vom 4. 4. 1963 entstanden die Militärgerichte, die Militärobergerichte, die Hauptabteilung Militärgerichte beim Ministerium der Justiz und das Militärkollegium des Obersten Gerichts. Der Vorsitzende des Militärkollegiums ist zugleich Vizepräsident des Obersten Gerichts. Nach der Neuregelung der Militärgerichtsordnung vom 27. 9. 1974 erfolgt die Wahl der Militärrichter, der Militärgerichte und Militärobergerichte durch den Nationalen Verteidigungsrat der DDR und die der Militärrichter des Militärkollegiums des Obersten Gerichts durch die Volkskammer der DDR für die Dauer der Wahlperiode dieser Organe. An der Rechtsprechung der Militärgerichte wirken Militärschöffen mit. Diese werden von den Angehörigen der Truppenteile und Dienststellen der NVA und der Grenztruppen der DDR nach der Neuregelung der Militärschöffenordnung vom 9. 1. 1975 für die Dauer von 4 Jahren gewählt und sind ihren Wählern gegenüber rechenschaftspflichtig. Sie üben das Richteramt in vollem Umfang und mit gleichem Stimmrecht wie die Militärrichter aus. Die den Militärschöffen gesetzlich eingeräumte Stellung gewährleistet, daß sie ihrer Verantwortung gerecht werden, die gesellschaftliche Wirksamkeit der Rechtsprechung zu erhöhen. In enger Zusammenarbeit mit den Kommandeuren, den Politorganen und den gesellschaftlichen Organisationen verwirklichen die M. die Strafrechtspflege gegenüber Militärpersonen, unterstützen die Durchsetzung der sozialistischen Gesetzlichkeit, die Rechtserziehung und Rechtserläuterung und die Erziehung zur gewissenhaften Einhaltung der Rechtsvorschriften, der mili-

Militärjustizorgane der DDR 1980

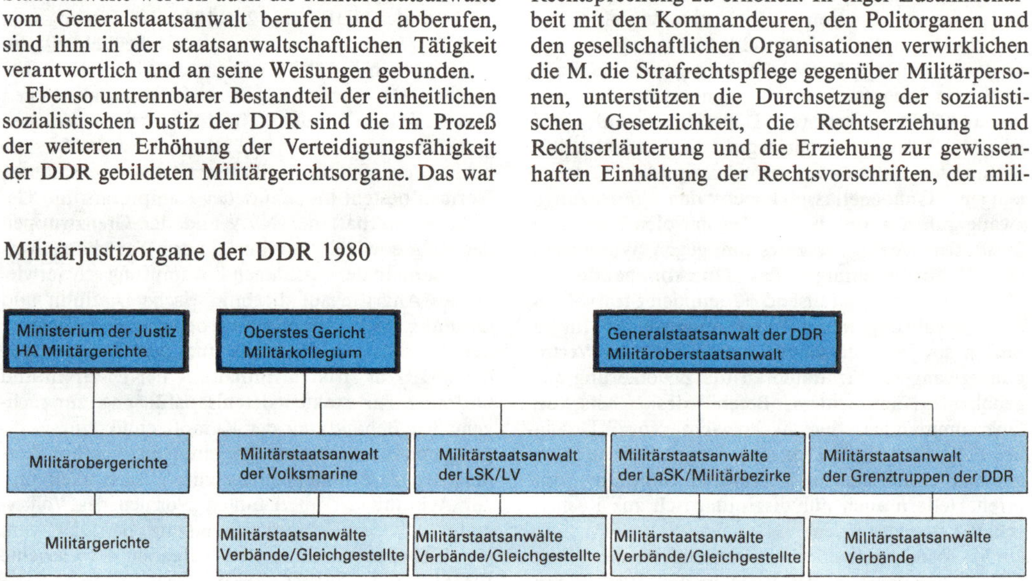

tärischen Bestimmungen und der Befehle. Ihre Tätigkeit trägt zur Sicherung der Kampfkraft und zur Erhöhung der Einsatz- und Gefechtsbereitschaft der NVA und der Grenztruppen der DDR bei.

Militärkabinett: unmittelbares Organ der Kommandogewalt des preußischen Königs und deutschen Kaisers zur Bearbeitung von Personalsachen des Offizierskorps und Vermittlungsstelle zu den Militärbehörden (1809–1918).

Das M. entwickelte sich aus der Personalabteilung des 1809 im Zuge der Militärreformen in Preußen errichteten →*Kriegsministeriums.* Sein Vorläufer war die Generaladjutantur des preußischen Königs, die in der 1. Division des Allgemeinen Kriegsdepartements des Kriegsministeriums aufgegangen war. Diese Division bearbeitete die Ernennung, Beförderung, Verabschiedung und Bestrafung von Offizieren, ihre Besoldung und Pension, Heiratskonsense sowie Ordensverleihungen und andere sog. Gnadenbeweise der Krone. Bis Februar 1810 war Major Karl von Grolman (1777–1843) ihr Direktor, ihm folgte Major Hermann von Boyen (1771–1848). Der Direktor der 1. Division erhielt 1810 das Recht des Immediatvortrags beim König, d. h. eine Sonderstellung, die geeignet war, den Einfluß der Reformer zu sichern. In der 1. Division des Allgemeinen Kriegsdepartements besaßen diese eine wichtige Machtstellung bei der Vorbereitung des nationalen Unabhängigkeitskrieges 1813/14 und für den Kampf gegen die feudalreaktionären Kräfte. Bei der organisatorischen Umgestaltung des Kriegsministeriums 1814 wurde die 1. Division zum 3. Departement. Neben seiner Bestimmung als Personalabteilung des Kriegsministeriums entwickelte es sich aber zugleich zum M. des Monarchen, da ihm nun auch die Bearbeitung aller anderen Militärangelegenheiten übertragen wurde, die allein der Kommandogewalt des Königs unterworfen waren. In einer Kabinettsorder vom 3. 6. 1814 tauchte die Bezeichnung M. erstmals offiziell auf. 1818 erhielt der damalige Direktor des 3. Departements den Titel eines Generaladjutanten. Mit der Reorganisation des Kriegsministeriums 1825 wurde das 3. Departement in die selbständige Abteilung für persönliche Angelegenheiten umgewandelt, die nur noch formell dem Kriegsminister direkt unterstand. Ihr Chef war in Personalunion Chef des M. und in der Regel Generaladjutant. Im Zusammenhang mit der politischen Restauration der Adelsherrschaft wurde das M. ein Hort der Reaktion, und sein Chef nahm immer mehr die Rolle eines intimen militärischen Beraters des königlichen Oberbefehlshabers ein. Nach 1841 wurde sein Einfluß zugunsten des Kriegsministers zeitweise eingeschränkt. Doch weigerte sich der König in der Revolution 1848/49, das M. abzuschaffen. In der Folgezeit strebte das M. danach, den seit 1848 verfassungsmäßig verantwortlichen Kriegsminister auf die Militärverwaltung zu beschränken und damit jede parlamentarische Einflußnahme auf die oberste Kommandogewalt auszuschließen. Unter dem späteren General Edwin von Manteuffel (1809–1885), von 1856/57 bis 1865 in Personalunion Chef der Abteilung für persönliche Angelegenheiten und des M. und seit 1861 Generaladjutant, erlangte das M. weitgehende Selbständigkeit. Manteuffel gehörte zur ultrareaktionären Kamarilla am Hofe. Im Zuge der → *Heeresreorganisation in Preußen 1859/60* führte er eine Verjüngung des Offizierskorps durch und drängte 1861/62 auf einen Staatsstreich mit Hilfe der Armee. Während der Kriege von 1866 und 1870/71 gehörte der Chef des M. zum Hauptquartier.

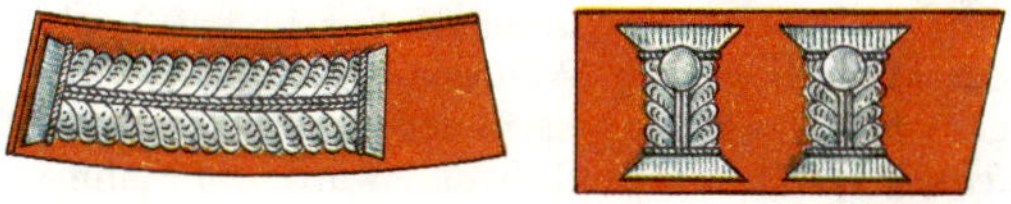

Ärmel- und Kragenstickerei für Angehörige des preußischen Militärkabinetts

Mit der Herausbildung des kaiserlich-deutschen Heeres und den Heeresverstärkungen nach 1871 erweiterten sich die Befugnisse des M. bedeutend. Das M. blieb eine preußische Behörde und fungierte zugleich als Kabinett der kaiserlichen Kommandogewalt. Bis 1918 hieß es offiziell «M. Seiner Majestät des Kaisers und Königs». Sein Chef war nur dem Monarchen verantwortlich und gehörte zu dessen Gefolge. Als einziger Militär hatte er wöchentlich mehrmals Vortrag, wohnte fast allen militärischen Immediatvorträgen bei und vermittelte in Kommandoangelegenheiten den Verkehr zwischen der Krone und den Militärbehörden. Daraus erwuchsen die Machtstellung des M. und sein großer Einfluß auf Kaiser Wilhelm I. (1797–1888) und mehr noch auf Wilhelm II. (1859–1941), der das geheime Kabinettsystem besonders begünstigte und 1889 auch ein Marinekabinett (→ *Kaiserliche Marine*) einrichtete.

Durch die Personalunion des Chefs der Abteilung für persönliche Angelegenheiten und des M. bestand noch immer eine gewisse, praktisch aber bedeutungslose Bindung des M. an das Kriegsministerium. Mit der Auflösung der Abteilung am 8. 3. 1883 erhielt das M. auch formell die volle Unabhängigkeit. Im M. besaß der Adel, insbesondere das preußische Junkertum, eine Schlüsselstellung im Heer. Das M. konservierte den exklusiven Charakter und die Vorrechte des Offizierskorps und wandte sich gegen eine zu starke Vermehrung der Zahl der bürgerlichen Offiziere. Von ihm ging im wesentlichen die Geringschätzung der Offiziere der technischen Truppen aus. 1872 hatte das M. einschließlich des Chefs 4 Offiziere, nach 1900 gehörten ihm 6 Offiziere und 11 Beamte an. Vor 1914 verlangten vor allem die deutsche Sozialdemokratie und auch linksliberale Kreise, das M. zu beseitigen. Während des ersten Weltkrieges verlor das M. zugunsten der → *Obersten Heeresleitung (OHL)* an Einfluß und wurde im Rahmen der sog. Parlamentarisierung des Kaiserreiches am 28.10.1918 dem Kriegsministerium unterstellt. Mit dem Sturz der Monarchie durch die Novemberrevolution 1918/19 hörte das M. in seiner alten Form auf zu bestehen. Am 7.12.1918 erhielt es die neue Bezeichnung Personalamt im Kriegsministerium.

Militärkonvention zwischen Deutschland, Italien, Japan 1942: am 18.1.1942 in Berlin von den militärischen Oberkommandos Deutschlands, Italiens und Japans unterzeichnete Vereinbarung zur Sicherstellung der operativen Zusammenarbeit.

Ausgehend vom → *Dreimächtepakt 1940* sah die Militärkonvention vor, die Welt in eine deutsch-italienische und eine japanische Operationszone aufzuteilen. Die Trennungslinie sollte der 70° östlicher Länge sein. Im Indischen Ozean konnten die Operationen der jeweiligen Lage entsprechend über die vereinbarte Trennungslinie hinaus geführt werden. Die militärische Zusammenarbeit sollte sich hauptsächlich auf die gegenseitige Information hinsichtlich wichtiger Punkte der operativen Planung, auf den Handelskrieg, den Informationsaustausch, die militärische Zersetzungsarbeit, die Sicherstellung der Nachrichtenübermittlung, die Eröffnung des Seeverkehrs über den Indischen Ozean sowie auf die Herstellung einer militärischen Luftverbindung erstrekken. Diese Vereinbarungen entsprachen vor allem den Vorstellungen der japanischen Marineführung und maßgeblicher politischer Kreise Japans, den Krieg im Pazifik, in Südostasien und in China erfolgreich zu beenden und erst danach die Aggression gegen die Sowjetunion zu beginnen; führende Vertreter des japanischen Heeres arbeiteten hingegen nachdrücklich auf einen baldigen Überfall auf die UdSSR hin. Mit der Abwehr der faschistischen deutschen Sommeroffensive 1942 (→ *Weltkrieg, zweiter, 1939–1945*) vereitelte die UdSSR zugleich die antisowjetische Aggression Japans und machte darüber hinaus die Militärkonvention als Ganzes in hohem Maße illusorisch.

Militärmedizinische Akademie (MMA): höchste Einrichtung der NVA für die militärmedizinische Forschung, die Aus- und Weiterbildung militärmedizinischer und -pharmazeutischer Kader sowie die medizinische Betreuung der Armeeangehörigen.

An der MMA werden Militärärzte, -zahnärzte, -apotheker im aktiven und im Reservistenwehrdienst sowie Fachschulkader des medizinischen Dienstes der NVA und der Grenztruppen der DDR aus- und weitergebildet. Die MMA führt militärmedizinisch-wissenschaftliche Forschungs- und Entwicklungsarbeiten zur Gewährleistung des wissenschaftlichen Vorlaufs für die medizinische Sicherstellung der Landesverteidigung durch. Sie gewährleistet die hochspezialisierte medizinische Betreuung der NVA-Angehörigen. Die MMA wurde auf Beschluß des Ministerrats der DDR mit Wirkung vom 1.12.1981 gegründet. Damit fanden die langjährigen verdienstvollen Leistungen der Angehörigen des bis zu diesem Zeitpunkt bestehenden Zentralen Lazaretts der NVA, der → *Militärmedizinischen Sektion an der Ernst-Moritz-Arndt-Universität* und der anderen militärmedizinisch-wissenschaftlichen Einrichtungen eine hohe Anerkennung. Dem Chef der MMA steht der Wissenschaftliche Rat zur Seite. In ihn wurden Wissenschaftler berufen, die alle Gebiete der Militärmedizin vertreten. Die MMA hat das Recht zur Verleihung der akademischen Grade Diplommediziner, Diplomstomatologe, Doktor medicinae (Dr. med.) und Doktor scientiae medicinae (Dr. sc. med.).

Militärmedizinische Sektion an der Ernst-Moritz-Arndt-Universität: militärische Hochschuleinrichtung zur Aus- und Weiterbildung von Hoch- und Fachschulkadern des medizinischen Dienstes der → *Nationalen Volksarmee der DDR (NVA)* und der → *Grenztruppen der DDR.*

Am 5.10.1956 wurde die während des Sommers 1955 in Greifswald aufgestellte Dienststelle zur Ausbildung medizinischer Kader der KVP nach strukturellen und personellen Veränderungen als Militärmedizinische Sektion der NVA in die Streitkräfte der DDR übernommen. Die Sektion entwikkelte sich rasch zu einer leistungsfähigen militärmedizinischen Hochschuleinrichtung. Am 15.1.1964 erfolgte ihre Angliederung an die Ernst-Moritz-Arndt-Universität Greifswald unter Beibehaltung ihres Charakters als Dienststelle der NVA. Die Sektion führt an ihren Instituten und Lehrstühlen die gesellschaftswissenschaftliche, militärische und spezialfachliche Aus- und Weiterbildung durch. Zu ihren Aufgaben gehören ferner die militärmedizinische Forschung, die militärmedizinische Information und Dokumentation sowie die rechentechnische Bearbeitung und Aufbereitung militärmedizinischer Daten für den Führungsprozeß im medizinischen Dienst der NVA und der Grenztruppen der DDR. Die medizinische, stomatologische und pharmazeutische Hochschulausbildung erfolgt im Bereich Medizin, in der Sektion Pharmazie sowie in anderen Sektionen der Universität. Nach Einführung der akademischen Grade Diplommediziner, Diplomstomatologe und Diplompharmazeut im Jahre 1968 erhielt die Militärmedizinische Sektion das Recht, Diplomverfahren durchzuführen. 1972 schlossen bereits alle Absolventen das Studium mit dem Diplom ab. Für die Weiterbildung zu Fachärzten und -zahnärzten werden die Absolventen an Einrichtungen der NVA, des staatlichen Gesundheitswesens oder des Ministeriums für Hoch- und Fachschulwesen kom-

Absolventenabzeichen der Militärmedizinischen Sektion an der Ernst-Moritz-Arndt-Universität;
2. Ausführung

mandiert. Am 26. 2. 1970 wurde die Fakultät für Militärmedizin des Wissenschaftlichen Rates der Ernst-Moritz-Arndt-Universität gegründet. Sie erhielt das Promotionsrecht A und B sowie das Recht zur Erteilung der Facultas docendi (Lehrbefähigung) für Militärmedizin. Mit der Gründung der → *Militärmedizinischen Akademie (MMA)* Ende 1981 gingen an deren Wissenschaftlichen Rat die Aufgaben und Rechte der Fakultät über. Hochschullehrer der Militärmedizinischen Sektion sind in die Wissenschaftlichen Räte der Militärmedizinischen Akademie und der Ernst-Moritz-Arndt-Universität berufen. Ihre wissenschaftliche Arbeit betreibt die Sektion in enger Koordinierung und in Kooperation mit medizinischen, medizintechnischen und pharmazeutischen Forschungseinrichtungen der DDR sowie mit Einrichtungen der Sowjetarmee und anderer Bruderarmeen. Besonders eng sind ihre Beziehungen zum medizinischen Dienst der GSSD und zur sowjetischen Militärmedizinischen Akademie «S. M. Kirow», an der auch Führungskader und Lehroffiziere der Sektion aus- und weitergebildet wurden. Die Institute der Sektion sind bestrebt, die Forschungsergebnisse schnell in die Lehre und in die militärmedizinische Praxis überzuführen. Anerkannte Leistungen erzielten die Angehörigen der Sektion vor allem bei der Entwicklung militärmedizinischer Technik, von Mitteln des medizinischen Schutzes sowie bei der Erarbeitung von Fachliteratur, so als Mitautoren eines Handbuches für Militärmedizin. Die Sektion gibt die → *«Zeitschrift für Militärmedizin»* heraus und stellt für den Informationsdienst der NVA die Reihe «Militärmedizin» zusammen. Sie wurde 1975 mit dem Kampforden «Für Verdienste um Volk und Vaterland» ausgezeichnet.

Militärmission: 1. Gruppe von Militärangehörigen, die in ein anderes Land zu dessen Unterstützung in militärischen Angelegenheiten, in der Regel zum Aufbau oder zur Modernisierung der Streitkräfte, entsendet wird. Aufgaben bzw. Teilaufgaben von M. können auch durch Militärberater (Militärinstrukteure) erfüllt werden.

Die Entsendung von M. und Militärberatern ist eng mit der Entwicklung des Kapitalismus und Militarismus im 19. Jh. sowie dem Streben der europäischen Großmächte verbunden, ihren Einflußbereich zu erweitern. Dabei spielte der besonders profitträchtige Waffenexport in weniger entwickelte, aber zumeist strategisch wichtige und rohstoffreiche Länder Asiens, Afrikas und Lateinamerikas eine wichtige Rolle. Durch M. und Militärberater konnten sich die kapitalistischen Mächte Einfluß auf das Militärwesen und darüber hinaus auf die Politik und Wirtschaft dieser Länder verschaffen.

Preußen entsandte bereits 1835 eine M. in die Türkei, um den Sultan bei der militärischen Niederschlagung von Aufstandsbewegungen zu unterstützen; dieser M. gehörte u. a. der damalige Hauptmann (später Generalfeldmarschall) Helmuth von Moltke (1800–1891) an. Der Einsatz dieser M. richtete sich zugleich gegen die Versuche Rußlands, Großbritanniens und Frankreichs, im Osmanischen Reich größeren Einfluß zu erlangen. Seit Mitte des 19. Jh. verschmolzen die politischen Motive der Entsendung von M. und Militärberatern immer mehr mit den wachsenden ökonomischen Interessen. Eine Hauptaufgabe der in ausländischen Staaten wirkenden preußisch-deutschen M. und Militärberater wurde jetzt, Armeeangehörige an den bei deutschen Waffenfabriken gekauften Waffen auszubilden und über deren Einsatzprinzipien zu instruieren sowie neue Absatzmärkte für die Rüstungsindustrie zu erschließen. 1882 ging eine starke deutsche M. in das Osmanische Reich, die bis zum ersten Weltkrieg an der Ausbildung und Reorganisation der türkischen Streitkräfte mitwirkte. An ihrer Spitze standen zeitweise Generalleutnant (später Generalfeldmarschall) Colmar von der Goltz (1843–1916) und General Otto Liman von Sanders (1855–1929).

Seit Anfang des 20. Jh. wurde die Entsendung von M. und Militärberatern ein wichtiges Mittel der politischen Führung Deutschlands wie auch der anderen imperialistischen Großmächte im Kampf um Absatzmärkte, Einflußsphären, militärische Stützpunkte und die Gewinnung von Verbündeten. Deutsche Militärberater waren vor 1914 u. a. in China, Japan (bis 1894), Griechenland, Argentinien, Bolivien und Chile tätig, russische M. in Balkanstaaten und Persien, britische M. in der Türkei und anderen Ländern.

Der Versailler Vertrag (1919) verbot Deutschland die Entsendung von M. und Militärberatern. Diese Bestimmung wurde dadurch umgangen, daß Generale und Offiziere a. D. «privat» als Militärberater in andere Länder gingen, so u. a. nach China und in einige südamerikanische Staaten. Das faschistische Deutschland nahm im Zuge der Kriegsvorbereitungen die Praxis der Entsendung von M. und Militärberatern wieder auf, wobei der Name M. oder Heeresmission auch als Tarnung für die Vorbereitung der Aggressionsakte diente. So war z. B. seit dem Herbst 1940 in Rumänien eine Heeresmission tätig, um dieses Land militärisch in den faschistischen Block einzubeziehen und es auf den Krieg gegen die UdSSR vorzubereiten. Seit 1945 entsenden die USA und andere NATO-Mächte im Rahmen ihrer aggressiven, gegen den Sozialismus und die nationale Befreiungsbewegung gerichteten Politik häufig M. und Militärberater ins Ausland, um reaktionäre Regimes und Entwicklungen, namentlich in afrikanischen, asiatischen und lateinamerikanischen Ländern, zu unterstützen.

Militärberater der UdSSR standen zwischen dem ersten und zweiten Weltkrieg der chinesischen Volksbefreiungsarmee und der Spanischen Republik zur Seite. Nach 1945 halfen sowjetische Militärberater den sozialistischen Bruderländern, so auch der DDR, sowie jungen Nationalstaaten auf deren Bitte hin beim Aufbau von Streitkräften. Im Unterschied zur Rolle der imperialistischen M. und Militärinstrukteure dient die Tätigkeit der sozialistischen M. und Militärberater der Erringung und Festigung der staatlichen und militärischen Souveränität dieser Länder.

2. militärisch-politische, meistens mit gewissen diplomatischen Rechten ausgestattete staatliche Vertretung, die auf der Grundlage zwischenstaatlicher oder anderer Vereinbarungen installiert und akkreditiert ist.

Diese M. werden hauptsächlich geschaffen, um die Zusammenarbeit in bestimmten Fragen zu erleichtern oder die Einhaltung von Abkommen zu prüfen. So tauschten im zweiten Weltkrieg (1939–1945) eine Reihe Staaten der Antihitlerkoalition M. aus. Nach der bedingungslosen Kapitulation Deutschlands 1945 errichteten aufgrund einer Viermächtevereinbarung von Ende 1944 die UdSSR je 1 M. bei den Oberkommandierenden der 3 westlichen Besatzungszonen, die 3 Westmächte je 1 M. beim Oberkommandierenden in der sowjetischen Besatzungszone. Seit 1955 sind die 3 sowjetischen M. bei den Oberbefehlshabern der westlichen Stationierungsstreitkräfte in der BRD (Baden-Baden; Bad Salzuflen, seit 1957 Bünde; Frankfurt a. M.) akkreditiert. Die 3 westlichen M. beim Oberkommandierenden der GSSD befinden sich in Potsdam.

Militärmuseen: seit dem 19. Jh. in Deutschland bestehende Institutionen zur Sammlung und Ausstellung vor allem originaler Sachzeugnisse der Militärgeschichte.

Die Entwicklung der M. wurde entscheidend vom Klassencharakter des jeweiligen Staates und den Funktionen seiner Streitkräfte bestimmt. In Deutschland entstanden M. erst Ende des 19. Jh. Aufgrund der jahrhundertelangen territorialstaatlichen Entwicklung des Militärwesens und der relativ späten nationalstaatlichen Einigung Deutschlands wurden die M. zumeist als bundesstaatliche bzw. regionale Einrichtungen geschaffen. Den Grundstock der deutschen M. bildeten die in Magazinen und Zeughäusern eingelagerten Sachzeugen der stehenden Heere der feudalen Landesherren: Waffen, Uniformen, Fahnen, Orden, Kriegstrophäen, Modelle u. ä. Diese Bestände wurden durch Kauf, Geschenke und Kriegsbeutegut ergänzt, durch Inventare und Sachkarteien erschlossen und über ständige bzw. Sonder- oder Spezialausstellungen der Öffentlichkeit zugänglich gemacht. Die M. pflegten die reaktionären Traditionen der deutschen Militärgeschichte. Eine ihrer Hauptaufgaben bestand darin, dem Antimilitarismus und der Militärpolitik der revolutionären Arbeiterbewegung entgegenzuwirken.

Die ersten deutschen M. wurden 1881 in Preußen und Bayern geschaffen. Das als «Ruhmeshalle für die preußische Armee» gegründete Preußische Heeresmuseum im Berliner Zeughaus besaß neben Waffen aus der Zeit der Völkerwanderung bis zum Dreißigjährigen Krieg 1618–1648 vor allem Objekte aus der Geschichte der stehenden preußischen Heere seit dem 17. Jh. Ihm war ein Artilleriemuseum angeschlossen, das sich in kurzer Zeit zu einer der vollständigsten Sammlungen von Geschützen und Schnellfeuerwaffen entwickelte. Das Bayrische Armeemuseum in München, seit 1905 in einem Zweckbau, verfügte über eine umfangreiche Sammlung historischer Handfeuerwaffen und Geschütze. Mit dem Sammlungsprofil für die Armeen ihrer Territorien entstanden 1894 das Sächsische Armeemuseum in Dresden und 1914 die Ruhmeshalle im Arsenal von Schwerin. Die Dresdner Sammlung hatte insbesondere einen umfangreichen Bestand an Handfeuerwaffen. 1900 wurde im Museum für Meereskunde in Berlin eine Kriegsmarinesammlung als Bestandteil der massiven Propaganda für den imperialistischen Flottenbau eingeweiht. Die M. dienten zunehmend der ideologischen Kriegsvorbereitung und betrieben einen pompösen Herrscher- und Feldherrenkult. Eine wesentliche Seite ihrer Tätigkeit bestand darin, die Legende von der Überlegenheit des preußisch-deutschen Heeres, seiner Feldherren und Waffen zu verbreiten. Während des ersten Weltkrieges (1914–1918) unterstützten die M. die Durchhaltepropaganda der herrschenden Klassen. Dazu dienten u. a. Sonderausstellungen mit Kapitulationsfahnen und anderem Beutegut sowie die verstärkte Werbung Jugendlicher für den Museumsbesuch. Der Bestand der M. wurde im ersten Weltkrieg durch Beutegut und Raub wesentlich vermehrt. Das preußische Kriegsministerium setzte spezielle Sammelkommandos ein, die in den besetzten Gebieten auch kommunale und private Sammlungen beschlagnahmten. Der größte Teil der erbeuteten und geraubten Objekte wurde dem Preußischen Heeresmuseum übergeben, das sich zum zentralen deutschen M. entwickelte.

Die Weltkriegsniederlage des deutschen Imperialismus führte zu Veränderungen im militärischen Museumswesen Deutschlands. Aufgrund von Bestimmungen des Versailler Vertrages mußten die geraubten Bestände an die Siegermächte zurückgegeben und die M. aus dem militärischen Bereich herausgelöst werden. Sie wurden den Kultusministerien der einzelnen Länder unterstellt; ihr militärischer Charakter und ihre Aufgabenstellung blieben jedoch erhalten. Über die von der Reichswehr eingesetzten Sachverständigenkommissionen wahrte die militärische Führung ihren Einfluß auf die M. In den 20er Jahren erhielten alle M. große Weltkriegsabteilungen. Mit den für die damalige Zeit modernsten Mitteln musealer Gestaltung wurden der imperialistische Raubkrieg verherrlicht sowie die Dolchstoßlegende verbreitet. 1924 entstand das Heeresmuseum Darmstadt, das Zeugnisse der hessischen Armee sammelte und ausstellte. Neben einer reichhaltigen Uniform- und Waffensammlung bestand seine Besonderheit im Besitz zahlreicher Militärmusikinstrumente und Orden. 1932 begann das Württembergische Heeresmuseum in Stuttgart seine Tätigkeit. Nach Errichtung der faschistischen Diktatur 1933 wurden die M. fest in das System der ideologischen Kriegsvorbereitung Hitlerdeutschlands eingebaut und ihre antikommunistische und revanchistische Orientierung verstärkt. Um die Tätigkeit der M. wirksamer koordinieren und kontrollieren zu können, unterstellte man sie 1934 den faschistischen Militärbehörden. Das Berliner Zeughaus unterstand seit 1937 dem Oberkommando der Wehrmacht, bei dem im März 1938 die Stelle eines Chefs der Heeresmuseen gebildet wurde. In diesen Jahren entstanden auch einige neue M. mit regionalem und gesamtstaatlichem Wirkungskreis: 1934 das Badische Heeresmuseum (Karlsruhe), 1935 das Kurhessische Heeresmuseum (Kassel) und 1936 die Heeresgedenkstätte Hannover. Als bedeutendste und größte deutsche Sammlung zur Geschichte der Luftfahrt wurde 1936 in Berlin die Deutsche Luftfahrtsammlung eröffnet. In zahlreichen Städten und Garnisonen entstanden außerdem Regimentsmuseen; 1932 das erste in Oppeln, weitere u. a. in Potsdam, Köln und Düsseldorf. Gestützt auf die Erfahrungen aus dem ersten Weltkrieg, traf die faschistische Führung im zweiten Weltkrieg (1939–1945) spezielle Maßnahmen zum Raub militärhistorischer Sachzeugnisse. Bei allen Heeresgruppen der faschistischen Wehrmacht wurden Beutekommandos gebildet, die sog. Sammeloffizieren unterstanden. In den vom faschistischen deutschen Imperialismus überfallenen Ländern raubten sie in großem Maßstab militärhistorische Sachzeugnisse, insbesondere in der Sowjetunion. Seit Ende 1941 erhielten die M. auch Uniformen und Ausrüstungsgegenstände der Waffen-SS, die den Grundstock künftiger SS-Sammlungen bilden sollten. Wegen der zunehmenden anglo-amerikanischen Luftangriffe auf Deutschland waren die M. gezwungen, einen Großteil ihrer Bestände auszulagern. Dennoch kam es zu großen Verlusten. Die Museumsgebäude in Berlin, Darmstadt, Dresden, Hannover, Kassel und München erlitten teilweise schwere Zerstörungen. Die Darmstädter, Kasseler und Stuttgarter Sammlungen wurden fast völlig vernichtet, ebenfalls wertvolle Ausstellungsobjekte der Kriegsmarinesammlung, der Deutschen Luftfahrtsammlung und anderer M.

Nach der Zerschlagung Hitlerdeutschlands stellten die alliierten Besatzungsmächte größere Teile der erhaltenen Bestände der M. sicher, die später wieder zurückgegeben wurden. Während das zentrale M. der BRD in Rastatt die alten militaristischen Traditionen fortsetzt, entstand in der DDR ein neues, sozialistisches M.wesen (→ *Armeemuseum der DDR*).

Militärmusik: vornehmlich zur Hebung der Kampfmoral, zur Befehls- bzw. Signalgebung und zur Gestaltung von Zeremoniellen dienende Art der Musik, deren Kernstück seit dem 19. Jh. der Militärmarsch ist.

Die Geschichte der M. begann mit der Signalbzw. Kriegsmusik der Heere antiker Staaten, die über Trommeln, Pauken, Trompeten und Hörner verfügten. Von den germanischen Volksheeren ist überliefert, daß sie unter dem Blasen der weit schallenden Luren den Kampf aufnahmen, um die eigenen Streiter anzufeuern und den Gegner zu schrekken. Sie kannten auch Trommeln und Pfeifen. In den feudalen Ritterheeren wurde die Signalmusik von Feld- und Hoftrompetern sowie Paukern ausgeübt, die sich in einer Zunft zusammenschlossen. Schlachten begannen oft unter dem Schlagen großer Trommeln und dem Blasen von Trompeten. Der militärische Wiederaufstieg des Fußvolkes seit dem 14. Jh. leitete eine neue Entwicklungsstufe der M. ein, die fast ausschließlich noch eine Gebrauchsmusik für die Truppe war. Da Trompeten und Pauken ein zunftmäßiges Privileg der Kavallerie blieben, bildete sich beim Fußvolk eine eigene M. heraus. Ältestes Instrument der sog. Infanteriemusik war die große Trommel (→ *Tambour*) zur Befehlsübermittlung durch Signale und zur Ermunterung. Ihr folgte die Querpfeife (Querflöte). Auf dem Marsch dienten die Trommel als Rhythmusgeber und die Querpfeife als Melodieträger für den aufkommenden Marschgesang. Im 16./17. Jh. hatte jedes Fähnlein bzw. Bataillon zumeist 1 Trommler und 1 Pfeifer. Im Regiment zu einer Formation vereinigt, spielten diese in erster Linie Volkslieder und Choräle. Eine Eskadron besaß 1 oder 2 Trompeter, die im Regiment zu einem Trompeterkorps zusammengezogen wurden; dazu

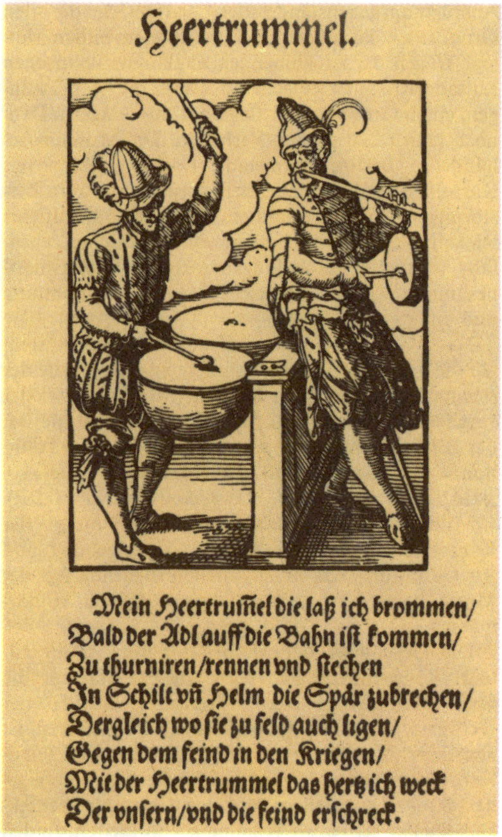

Trommler, Mitte 16. Jh.

kamen je Regiment 1 oder 2 Pauker. Aus dem Dreißigjährigen Krieg 1618–1648 stammen die ältesten Märsche: der Marsch der finnländischen Reiterei und der Marsch der Pappenheimer Kürassiere.

Die Herausbildung stehender Söldnerheere und die Weiterentwicklung der Instrumente (besonders der Klappenmechanik) bewirkten im 18. Jh. einen bedeutenden Aufschwung der M. Für das Exerzieren, den Marsch und die Führung des Gefechts gewann die Signalmusik als wichtigster Bestandteil der Gebrauchsmusik für die Truppe erheblich an Bedeutung. Zu ihren Funktionen gehörten u. a. der → *Zapfenstreich*, der Wachaufzug, die Umrahmung von Paraden und Revuen. Am nachhaltigsten wirkte sich die Einführung des Gleichschritts (in der preußischen Armee 1730) aus, die zum Entstehen der eigentlichen Marschmusik führte. Seit dem Ende des 17. Jh. entstand dann neben den Spielleuten allmählich die sog. Regimentsmusik (auch Harmoniemusik genannt) als Anfänge der Musikkorps bzw. Militärkapellen. Die ersten preußischen bestanden nur aus 4 Schalmeien; danach wurden die Oboe (französisch haut bois), die Klarinette, das Fagott, das Waldhorn, die Posaune und die Trompete eingeführt. Seit Ende des 17. Jh. beeinflußte die sog. Janitscharenmusik, das Instrumentarium der türkischen Infanterie, die deutsche M.: Triangel, Becken, Pauke und Schellenbaum. Der Schellenbaum wurde im 19. Jh. zum Wahrzeichen der deutschen Musikkorps. Noch um 1800 waren die Militärkapellen vorwiegend mit Holzbläsern besetzt und nur mit 2 bis 3 Blechbläsern (insgesamt mit einem Stabshoboisten und etwa 15 Musikern). Da die Oboe lange Zeit melodieführendes Instrument blieb, trugen alle deutschen Militärmusiker bis 1918 die Bezeichnung Hoboist bzw. Hautboist. Die sog. Kavalleriemusik blieb auch in der Folgezeit im wesentlichen nur mit Blechblasinstrumenten besetzt. Ein Kavallerieregiment hatte (seit 1718) einen Stabstrompeter und bis zu 16 Trompeter, die zugleich den Signaldienst leisteten. Die Artillerie erhielt schließlich Tamboure wie die Infanterie. In der ersten Hälfte des 18. Jh. wurde im Militärwaisenhaus in Potsdam die erste Schule der preußischen Armee für Militärmusiker eingerichtet.

Im 19. Jh. nahm die M. ihren bis dahin größten Aufschwung. Die Ursachen dafür lagen vor allem im Entstehen des bürgerlichen Massenheeres und in der Vervollkommnung der Instrumente. In der Militärreform in Preußen 1807–1815 war das Militärmusikwesen eine zweitrangige Frage. Neben der weiteren Vereinheitlichung der Signalmusik und der Einführung des Signalhorns für die gesamte Infanterie ist die Beseitigung der Zunft der Feldtrompeter (1810) zu nennen. Eine wichtige Maßnahme zur Durchsetzung der neuen Taktik war die Vereinfachung der Signale für die Infanterie 1812. Im nationalen Unabhängigkeitskrieg 1813/14 war der Angriff unter klingendem Spiel (Trommel und Signalhorn) üblich. Der progressive Charakter des Krieges schlug sich auch in der M. nieder und bewirkte deren Popularität unter den Volksmassen. Wesentlichen Einfluß auf die M. hatte die Erfindung der Ventile für Blechblasinstrumente Anfang des 19. Jh. und die Einführung der neuen Instrumente, verstärkt etwa seit 1830. Sie ermöglichten eine Marschmusik im modernen Sinne und – als neues Tätigkeitsfeld der Musikkorps – die Konzertblasmusik. Der Militärmarsch wurde zum Kernstück der M. In der preußischen Armee wurden seit 1817 Märsche systematisch gesammelt, veröffentlicht und jedem Regiment zugestellt. Den Grundstock der Sammlung bildeten 72 von der russischen Armee übernommene Märsche. Einer der berühmtesten deutschen Märsche aus dieser Zeit ist der Yorcksche Marsch von Ludwig van Beethoven (1770–1827), ursprünglich (1809) der böhmischen Landwehr gewidmet. Die Sammlung unterschied die Märsche in langsame, Geschwind- und Kavalleriemärsche. Jedes Regiment und selbständige Bataillon der preußischen Armee führte künftig durch Gewohnheit, Verleihung oder Schenkung seinen Parade- und Präsentiermarsch. Friedrich Wilhelm Wieprecht (1802–1872), von 1838 bis zu seinem Tode Musikdirektor der preußischen Garde, erwarb sich besondere Verdienste um die klangliche Verbesserung der M. Er reformierte die Kavallerie- und Infanteriemusik, vervollkommnete das Instrumentarium der Militärkapellen und vereinheitlichte ihre Besetzung. Wieprecht förderte vor allem auch die Konzertblasmusik der Musikkorps und organisierte militärische Massenkonzerte. Im Dänisch-Deutschen Krieg 1864, im Preußisch-Österreichischen Krieg 1866 und im Deutsch-Französischen Krieg 1870/71 trat die Rolle der Signalmusik noch deutlich zutage. Die deutschen Truppen griffen oft unter Blasen der Signalhörner bzw. -trompeten und Schlagen der Trommeln (seit Mitte des 19. Jh. der flachen Blechtrommel) an.

Die Bildung des Deutschen Reiches unter preußischer Hegemonie 1871 wirkte sich auch auf die M. aus. Bei Platzkonzerten, Manöverbällen, Zeremoniellen, Paraden usw. wurde ihre emotionale Wirkung zunehmend zur militaristischen Beeinflussung der Soldaten- und Volksmassen mißbraucht. Zugleich erlangte die M. durch weitere umfangreiche Pflege der außerdienstlichen und zunehmend gewerbsmäßig betriebenen Konzertblasmusik, durch die Bearbeitung von Symphonien, Ouvertüren und anderen Orchesterwerken für die M. bei einer Reihe von Militärkapellen hohes künstlerisches Niveau. Zahlreiche Kapellen gaben sich auch eine Streicherbesetzung. Das M.wesen erfuhr zusammen mit dem allgemeinen Ausbau der Streitkräfte eine bedeutende Erweiterung. Bis 1914 stieg die Zahl der Militärkapellen im Heer auf 560 und in der Marine auf 189 (insgesamt 15700 Musiker). Die Kapelle eines Infanterieregiments erreichte einen Etat bis zu 37 Musikern einschließlich des Leiters (Stabshoboist). Während die Feldartillerie Trompeterkorps hatte, besaßen Fußartillerie, Jäger, Pioniere und auch die Marine die sog. Infanteriemusik. Die ersten deutschen Marinekapellen waren Mitte des 19. Jh. entstanden. Etatmäßig hatten alle größeren Schiffe sowie die Marinestationen an Land Militärkapellen. Auch die deutschen Kolonialtruppen erhielten ihre M. Das M.wesen verfügte über 2 Periodika: die «Deutsche Militär-Musiker-Zeitung» (1879–1943) und die «Neue Militär-Musikzeitung» (1894–1914).

Ihrem Dienstverhältnis nach waren die Militärmusiker → *Berufssoldaten* bzw. Soldaten mit mindestens zwölfjähriger Dienstzeit (sog. Kapitulanten). Sie ergänzten sich durch freiwilligen Eintritt aus den zivilen Berufsmusikern mit Hochschul- bzw. Konservatoriumsausbildung. Militärmusiker und Spielleute trugen als gemeinsames Abzeichen die sog. Schwalbennester am Schulteransatz der Ärmel. Nach 1871 kam es zu einer planmäßigen Ausbildung der Militärkapellmeister. 1874 wurde an der Berliner Hochschule für Musik das Fach M. und 1886 ein Lehrstuhl dafür geschaffen. Die militärische Rangstellung der Militärkapellmeister aber blieb noch lange Zeit gering. Erst 1908 wurden sie auch Vorgesetzte ihrer Musiker. Sie waren Unteroffiziere mit Portepee, wurden aber rangmäßig den Feldwebeln bzw. Wachtmeistern übergeordnet. Ihre offizielle Dienstbezeichnung lautete jetzt einheitlich Musikmeister bzw. nach mehrjähriger Diensttätigkeit Obermusikmeister. Seit 1887 stand ein Armeemusikinspizient als Fachberater des Kriegsministers an der Spitze des M.wesens in Preußen, seit 1906 ein zweiter. Ähnlich entwickelten sich die Verhältnisse in Bayern, Sachsen und Württemberg. Neben den Militärmusikern gab es die Spielleute, die Truppendienst leisteten (Trommler, Trompeter, Hornisten) und zu den Kompanien bzw. Eskadronen gehörten. Sie wurden aus den Mannschaften ausgewählt, erhielten eine militärische Grundausbildung und wurden für den Signaldienst und zum Spielen von Märschen und anderen Stücken für Pfeife und Trommel ausgebildet. Ein Infanterieregiment vor 1914 hatte 3 Bataillonstamboure, 18 Tamboure und 18 Hornisten. Auf dem Marsch spielten die Spielleute abwechselnd mit der Kapelle oder in deren Abwesenheit allein Märsche für Trommel und Pfeife. Noch um die Jahrhundertwende waren auch Gefechtsübungen mit klingendem Spiel üblich. Mit dem Einsatz von Fernsprechern, Funkgeräten, Leuchtzeichen und anderen technischen Signalmitteln ging jedoch die Bedeutung der Signalmusik immer mehr zurück und schwand im ersten Weltkrieg fast völlig.

In der Reichswehr wurde in wenigen Jahren ein umfangreiches M.wesen aufgebaut (Verfügung vom 8. 7. 1919). 1928 bestanden 140 Musik- und Trompeterkorps (davon 8 in der Reichsmarine) mit insgesamt 3600 Musikern. Sie setzten die Traditionen der Militärkapellen des kaiserlichen Heeres fort und traten zunehmend in militaristischen und revanchistischen Veranstaltungen auf. Während Infanterie und Pioniere die traditionelle Infanteriemusik besaßen, erhielten Kavallerie, Artillerie, Nachrichten- und Fahrtruppen Trompeterkorps. Alle Militärmusiker der Reichswehr waren an der Waffe und im Nachrichtendienst ausgebildet. Die Spielleute leisteten Truppendienst. Im Reichswehrministerium war ein Heeresmusikinspizient für das M.wesen verantwortlich. Im Zuge der Aufrüstung des faschistischen Deutschlands wurde das M.wesen rasch erweitert. Für jedes Regiment und (bei getrenntem Standort) selbständige Bataillon war ein Musikkorps vorgesehen; seine Besetzung stieg auf 38 Musiker. Daneben gab es die Spielleute in den Einheiten der verschiedenen Waffengattungen (außer bei den Panzertruppen). Die faschistische Luftwaffe baute ein eigenes M.wesen auf. 3 Heeresmusikinspizienten waren für das M.wesen der faschistischen Wehrmacht verantwortlich. 1935 wurde in Bückeburg eine zentrale M.vorschule gegründet, und die Musikmeister wurden den → *Militärbeamten* im Offiziersrang gleichgestellt. Die faschistische Führung stellte die M. völlig in den Dienst der Kriegsvorbereitung. Im zweiten Weltkrieg diente die M. uneingeschränkt, aber zugleich differenziert der faschistischen Sieges- bzw. Durchhaltepropaganda (in der sog. Truppenbetreuung, im Rundfunk und in Filmen, mit Konzerten in Rüstungsbetrieben usw.).

Seit Gründung der NVA entwickelte sich in der DDR eine sozialistische M. von künstlerischer Vielfalt. Sie umfaßt sowohl Originalkompositionen für die Musikkorps der NVA, vor allem Märsche und Lieder, als auch Werke des musikalischen Gegenwartsschaffens der DDR und der anderen sozialistischen Länder und ihrer Streitkräfte sowie des nationalen und internationalen kulturellen Erbes, besonders der revolutionären Arbeiterbewegung. Die Musikkorps der NVA sind Instrumentalformationen, die über eine feste, aus langer Tradition hervorgegangene Besetzung verfügen. Sie umfassen das Zentrale Orchester der NVA, die Stabsmusikkorps der Teilstreitkräfte und die Musikkorps der Militärbezirke, Verbände und militärischen Lehreinrichtungen. Ihre Genres sind Marschmusik, konzertante Blasmusik sowie Musik der Fanfarenbläser und Spielleute. Es gehört zu den Hauptaufgaben der Musikkorps bzw. Militärmusiker, das militärische → *Zeremoniell in der NVA* mit zu gestalten sowie die kulturpolitische Erziehung und Bildung der Armeeangehörigen und die wehrpolitische Öffentlichkeitsarbeit zu unterstützen. Die M. der NVA ist ein fester Bestandteil der sozialistischen deutschen Nationalkultur.

Spielmannszug der Stadtkommandantur Berlin

Militärpharmazie: das Militärapotheken- und -arzneimittelwesen umfassende Spezialdisziplin der Pharmazie, deren zum militärischen → *Sanitätswesen* gehörenden Kräfte, Einrichtungen und Organe die Aufgabe haben, die Streitkräfte mit materiell-medizinischen Mitteln (Arzneien, Reagenzien u. a. m.) zu versorgen.

Die M. entwickelte sich in engem Zusammenhang mit der Medizin und Pharmazie einerseits und dem Sanitätswesen der Streitkräfte andererseits. Erste Ansätze einer M. gab es in den Heeren von Sklavereistaaten. Griechische und römische Wundärzte führten auf den Kriegszügen selbstbereitete Arzneien mit. Im mittelalterlichen deutschen Militärwesen lag die Behandlung verwundeter und erkrankter Krieger zunächst in Händen arznei- und heilkundiger Laien (Frauen, Mönche, Angehörige von Ritterorden). Der im 12. Jh. gegründete Johanniterorden (Hospitaliterorden) besaß eigene Hospitäler mit Apotheken. Seit dem 13. Jh. nahmen Feudalherren auf ihren Feldzügen und Reisen Leib-, Hof- und Feldärzte in Dienst, die ihre meist selbstbereiteten Arzneien mitführten. Die Aufgebote der Städte wurden in der Regel von städtischen Apothekern begleitet (1387 erste überlieferte Verpflichtung eines Apothekers zur Teilnahme am Kriegszug). Ähnliche Dienste verlangten im 15. Jh. feudale Landesherrscher im Kriegsfall von Apothekern ihrer Städte. Im 15./16. Jh. bereiteten auch die → *Feldschere* Arzneien, vor allem zur Behandlung von Schußverletzungen durch Feuerwaffen. Die im Mittelalter gesammelten Erfahrungen in der „Wund-Arzneikunst" sowie der Stand der Ausrüstung und der Therapiemaßnahmen fanden ihren Niederschlag in der medizinischen Literatur des 16. Jh.

In den Söldnerheeren des 16. und 17. Jh. gab es erste Anfänge einer organisierten medizinischen Versorgung. Die Landsknechte mußten von ihrem Sold einen sog. Medizingroschen zur Anschaffung von Arzneien, zur Auffüllung der Feldmedizinkästen, zur Einrichtung erster Feldlazarette (Spitäler) und zur Besoldung des militärmedizinischen Personals abgeben. Dieses Prinzip setzte sich in fast allen europäischen Söldnerheeren durch. 1620 wurde für das Heer der katholischen Liga eine Kriegsspitalordnung erlassen, wonach in den Spitälern u. a. je 2 Apotheker tätig sein sollten. Die hohen Verluste der Heere durch Seuchen im Dreißigjährigen Krieg 1618–1648 und in den folgenden Kriegen regten viele Ärzte und Gelehrte zu Vorschlägen über die Ausstattung transportabler Reise- und Feldapotheken an, so Raymund Minderer (1570–1621), Gottfried Wilhelm Leibniz (1646–1716), Janus Abraham à Gehema (1648–1715).

Bis zur Mitte des 17. Jh. lag die Arzneibereitung zumeist in den Händen von Feldscheren; Apotheker wurden nur zeitweise verpflichtet. Mit dem Aufkommen der stehenden Heere nach 1648 leisteten einige Apotheker ständig in den Heeren Dienst (Brandenburg-Preußen seit 1674, Sachsen seit 1683, Bayern seit 1693). Seit Mitte des 18. Jh. reglementierten in den meisten Heeren amtliche Militärpharmakopöen die Bereitung von Arzneimitteln und deren Zusammenstellung für Feldapotheken, die bis dahin individuell erfolgten. Im Laufe des 19. Jh. wurden diese nur für den militärischen Bereich geltenden Arzneibücher größtenteils durch die jeweiligen Landespharmakopöen ersetzt.

In Preußen erließ König Friedrich I. (1657–1713) 1712 ein Reglement zum Betreiben einer Hofapotheke für seinen Hofstaat, die auch die Leibgarde versorgte; Offiziere anderer Truppenteile konnten Medikamente gegen Bezahlung erhalten. Für die Soldaten hatten die Regiments- und Kompaniefeldschere sowie die Feldärzte die notwendigen Arzneimittel zu beschaffen. Diese Regelungen erwiesen sich als unzureichend. Auch die 1710 gegründete Berliner Charité hatte zunächst keine eigene Apotheke und wurde durch die Hofapotheke beliefert; die chirurgischen Instrumente und Verbandmittel dagegen verwaltete ein dazu kommandierter Regimentsfeldscher. Erst ab 1750 besaß die Charité einen fest angestellten Provisor (Verwalter) für die Arzneiversorgung. Nach dem Feldlazarettreglement von 1787 befanden sich im preußischen Heer 6 Feldapotheker, 40 Unterapotheker (Apothekergesellen) und 10 Apotheken-Handarbeiter. 1798 wurde unter dem Generalstabschirurgen Johann Goercke (1750–1822) eine Hauptfeldlazarettdirektion (ab 1808 Militärchirurgischer Stab) gebildet, der ein Generalstabsapotheker (später Oberfeldapotheker) angehörte.

Während der Kriege 1812–1815 besaßen die beweglichen Lazarette der preußischen Armee je 1 Feldapotheker und 1 Apotheken-Handarbeiter, die Hauptlazarette je 4 Feldapotheker und 2 Apotheken-Handarbeiter. Dennoch konnten die verschiedenen Lazarette mit ihrem geringen militärpharmazeutischen Personal den Anforderungen nur unzureichend gerecht werden. Der Regimentsarzt Theodor Friedrich Baltz (1785–1859) setzte sich in seiner Schrift «Freymüthige Worte über die inneren und wesentlichen Verhältnisse in der Königlich Preußischen Militair-Medicinal-Verfassung ...» (1819) für die Abschaffung des Medizingroschens und die Einstellung einer größeren Anzahl von Apothekern ein. Aber erst 1829 fiel das Medizingeld weg, und im selben Jahr wurden die ersten Lazarettapotheken (Dispensieranstalten) eingerichtet. Eine 1837 erlassene und ab 1859 mehrfach überarbeitete Instruktion regelte die Versorgung der preußischen Armee mit Arznei- und Verbandmitteln, die Einführung transportabler Sanitätskästen sowie die Anlegung und Verwaltung von Sanitätsreserven. Auf Grund der Erfahrungen des Preußisch-Österreichischen Krieges 1866 wurden schließlich für alle 13 preußischen Armeekorps je 3 Sanitätsdetachements mit jeweils 4 Feld- und mehreren Reservelazaretten, 1 Feldapotheke und 1 Lazarettreservedepot eingerichtet. Während des Deutsch-Französischen Krieges 1870/71 waren in den deutschen Armeen insgesamt 606 Militärapotheker und 254 Apotheken-Handarbeiter tätig.

Die 1878 für das kaiserlich-deutsche Heer und die Flotte erlassene Kriegssanitätsordnung regelte den Status des Militärapothekenpersonals sowie die Errichtung von Lazarettreserve- und Güterdepots, von Feld- und Reserveapotheken und von Truppenvorräten an Sanitätsmaterial. 1891 erschien eine Friedenssanitätsordnung, die sich u. a. mit der Einrichtung von Lazarettapotheken, Sanitätsdepots und hygienisch-chemischen Untersuchungsstationen in den Garnisonlazaretten befaßte, in denen jeweils Militärapotheker – teilweise mit dem Befähigungsnachweis als Nahrungsmittelchemiker – tätig waren. Die Arznei- und Verbandmittelabteilungen des Sanitätsdepots fertigten materiell-medizinische Mittel zum Teil selbst an. Antiseptische Verbandpäckchen verdrängten die bis 1887 übliche, aus abgetragener Wäsche gefertigte unsterile Charpie (Zupfleinwand). Auch die seit 1890 zugelassenen Kompressions-Arzneitabletten wurden für die Sanitätsausrüstung selbst hergestellt. Ab 1912 erfolgte die Eigenproduktion von Arznei- und Chemikalienampullen, letztere zur Herstellung von Normallösungen für analytische

Fahrbare Feldapotheke einer Sanitätskompanie des kaiserlich-deutschen Heeres im ersten Weltkrieg

Pharmazeutische Einrichtungen
in einem Wehrkreissanitätspark 1938

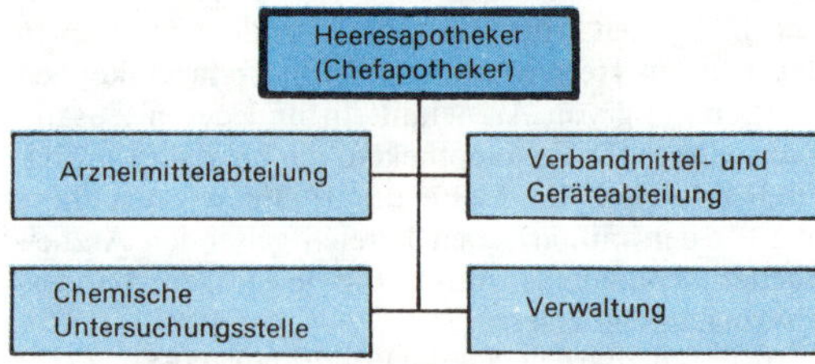

Zwecke. Die großen Fortschritte in der Medizin, der Chemie und der Pharmazie seit Mitte des 19. Jh. begünstigten die Entwicklung der M. Die neue Kriegssanitätsordnung von 1907 sah u. a. die Kriegsdienstverpflichtung von rd. 2000 Militärapothekern (davon 1612 im preußischen Heer) zum Einsatz in den Stäben, in der Kriegslazarettabteilung, in Etappensanitäts- und Güterdepots, in Sanitäts- und Reservesanitätskompanien sowie in verschiedenen Lazaretten vor. Obwohl während des ersten Weltkrieges fast die doppelte Anzahl der vorgesehenen Militärapotheker eingezogen wurde, konnten sie den enormen Anforderungen kaum gerecht werden. Vor allem erwuchsen der M. seit der Anwendung chemischer Kampfstoffe im Frühjahr 1915 zusätzliche Aufgaben. Ähnlich war die Situation auch in den anderen imperialistischen Armeen.

Nach 1918 mußte auf Grund des Versailler Vertrages die Zahl der Militärapotheker in Deutschland stark reduziert werden. Ab 1921 erfolgte die Versorgung der Reichswehr mit Sanitätsmaterial durch 34 Heeresapotheker in Lazarettapotheken und Gruppensanitätsdepots. Daneben gab es noch Arznei- und Verbandmittelanstalten, kleine Lazarettapotheken und Wehrkreissanitätsdepots, die von den zentralen Einrichtungen mit versorgt wurden. Durch ehemalige Militärapotheker bei der Schutzpolizei zusätzlich angelegte Zentraldepots mußten auf Anordnung der Entente 1924 wieder aufgelöst werden. Im Zuge des Aufbaus der faschistischen Wehrmacht wurden ab 1935 die Einrichtungen der M. erweitert. In jedem der 17 neugebildeten Wehrkreise entstanden Sanitätsparks, in denen das für einen Krieg benötigte Sanitätsmaterial zusammengestellt und teilweise selbst produziert wurde. Neben der persönlichen Sanitätsausrüstung der Wehrmachtangehörigen wurden in 10 verschiedenen Sätzen, bestehend aus jeweils mehreren transportablen Kisten, die materiell-medizinischen Mittel für die Truppenteile und Verbände, die Sanitätskompanien, die Feld- und Kriegslazarette, Lazarettzüge usw. bereitgestellt. An der bereits 1934 in Berlin eröffneten Militärärztlichen Akademie wurde ein Institut für Wehrpharmazie und angewandte Chemie eingerichtet, das die in großer Anzahl benötigten Militärapotheker durch Reservelehrgänge ziviler Apotheker heranbildete. Während des zweiten Weltkrieges standen über 4000 Militärapotheker zur Verfügung. Dennoch waren die Kräfte und Mittel der M. in der faschistischen Wehrmacht den Anforderungen des langdauernden Krieges nicht gewachsen. Durch zunehmende Verkehrs- und Nachschubschwierigkeiten und einen unerwartet hohen Arznei- und Verbandmittelverbrauch infolge großer Verluste mangelte es ständig an Sanitätsmaterial. Insbesondere fehlte es zeitweise völlig an geeignetem Transfusions- und Schienenmaterial, trockenen Gipsbinden, Tetanus- und Gasbrandserum, Wäschesterilisiergeräten, Mikroskopen zur klinischen Diagnostik, aufhängbaren Wasserbehältern zur Operationsvorbereitung sowie Aggregaten zur Stromversorgung bei Operationen und für elektrische Geräte.

Die Kräfte und Mittel der M. in der Bundeswehr der BRD nutzen sowohl Erfahrungen der M. der faschistischen Wehrmacht als auch Formen und Prinzipien der M. in den NATO-Staaten (hinsichtlich Qualität, Quantität, Auswahl und Zusammenstellung der Sanitätsversorgungsgüter). Der Sanitätsinspektion der Bundeswehr ist ein Sanitätsamt mit einem Inspizienten für Pharmazie und Sanitätsgerät unterstellt, das auch das Institut für Wehrpharmazie und Lebensmittelchemie leitet. Hier wird ein Teil der Militärapotheker als Lebensmittelchemiker ausgebildet, die in den Chemischen Untersuchungsstellen der Wehrbereiche und den Chemischen Feldlaboratorien der Korpssanitätstruppen tätig sind, wo ihnen die chemisch-physikalische Untersuchung von Arznei- und Verbandmitteln sowie von Lebensmitteln, Trinkwasser, technischen Produkten und sonstigen Bedarfsgegenständen obliegt. Die Sanitätsmaterialvorräte befinden sich zentralisiert in Sanitätshauptdepots, Sanitätsdepots und Sanitätsmaterial-Außenlagern, die von Militärapothekern geleitet werden. Im allgemeinen finden industriell gefertigte, innerhalb der Sanitätstruppen der NATO standardisierte Arznei- und Verbandmittelfertigwaren Verwendung, jedoch sind auch Möglichkeiten zur Selbstherstellung und Konfektionierung in einigen Sanitätsdepots geschaffen worden. Die Auswahl der pharmazeutischen Grundstoffe erfolgt vor allem nach der Pharmakopöe der USA als Vorbedingung für die überseeische Anschlußversorgung bei Ausfall der pharmazeutischen Industrie in Westeuropa im Kriegsfall.

Die Organe und Einrichtungen der M. in der NVA der DDR gehören zum medizinischen Dienst der NVA, der nach den Erfordernissen der medizinischen Sicherstellung der Truppen im Rahmen der sozialistischen Militärkoalition aufgebaut ist. Die M. stützt sich dabei auf die Erfahrungen der M. in den

Streitkräften der UdSSR sowie auf die neuesten Erkenntnisse der Naturwissenschaften und der Medizin. Entsprechend den Prinzipien des sozialistischen Gesundheitsschutzes unter militärischen Bedingungen erfolgt die rechtzeitige, ununterbrochene und allseitige materiell-medizinische Sicherstellung der medizinischen Einrichtungen der NVA unter stationären und feldmäßigen Bedingungen. Der hierzu benötigte Bedarf für die stationäre Ausstattung und die laufende Versorgung wird fast ausschließlich aus industriemäßig hergestellten materiell-medizinischen Mitteln gedeckt, während für die Feldsanitätsausrüstung zum Teil Spezialanfertigungen und -verpakkungen erforderlich sind. In bestimmtem Umfang ist die Selbstherstellung in den Einrichtungen der M. vorgesehen, vor allem für militärspezifische, von der Industrie nicht hergestellte Arzneimittel nach einem Standardsortiment. Organe der M. im Ministerium für Nationale Verteidigung, in den Teilstreitkräften und der Militärbezirke der NVA sowie in den Verbänden leiten die Einrichtungen der M., wie Lazarett- und Divisionsapotheken, Basen für materiell-medizinische Sicherstellung und Ausgabestellen für materiell-medizinische Mittel. Die Ausbildung der Militärapotheker der NVA erfolgt an der → *Militärmedizinischen Sektion an der Ernst-Moritz-Arndt-Universität*, der ein Institut für M. angeschlossen ist.

Militärpolitik der KPD → *Militärpolitik der revolutionären deutschen Arbeiterbewegung (bis 1945)*

Militärpolitik der revolutionären deutschen Arbeiterbewegung (bis 1945): Teil der Gesamtpolitik der marxistischen Kampfpartei des deutschen Proletariats, der insbesondere das Verhältnis der Arbeiterklasse zur bewaffneten Gewalt des Staates, die Wehrhaftmachung der Arbeiterklasse für den Kampf um die politische Macht und Vorstellungen über den militärischen Schutz der Arbeiter-und-Bauern-Macht nach deren Errichtung zum Gegenstand hat.

Die Militärpolitik der revolutionären deutschen Arbeiterbewegung war und ist vom wissenschaftlichen Kommunismus bestimmt, der von Karl Marx (1818–1883) und Friedrich Engels (1820–1895) begründeten und von W. I. Lenin (1870–1924) schöpferisch weiterentwickelten wissenschaftlichen Weltanschauung der Arbeiterklasse. Sie beruht namentlich auf der Lehre vom Klassenkampf und von der Diktatur des Proletariats, auf der Lehre vom Staat und von der Revolution sowie auf der Lehre vom Krieg und von den Streitkräften. Auf der Grundlage und zur Verwirklichung der Strategie und Taktik des Klassenkampfes wird ihr konkreter Inhalt von der bewußten und organisierten Vorhut der Arbeiterklasse, ihrer revolutionären Kampfpartei, für die einzelnen Perioden und Etappen der geschichtlichen Entwicklung festgelegt. Dabei berücksichtigt diese besonders das Kräfteverhältnis der Klassen im nationalen und internationalen Rahmen, den Bewußtseinsstand und die Organisiertheit der Massen sowie den Zustand des Staatsapparates und der bewaffneten Kräfte der herrschenden Klasse. Die Ausarbeitung, Weiterentwicklung und Durchsetzung dieser Militärpolitik waren ein kontinuierlicher, zugleich aber komplizierter Prozeß. Er vollzog sich in der gesamten Zeit im Kampf gegen die kapitalistische Ausbeutergesellschaft, gegen ihre politischen und militärischen Stützen und gegen die opportunistisch-revisionistischen Kräfte in der Arbeiterbewegung. Seit 1917 wurde die Militärpolitik der revolutionären deutschen Arbeiterbewegung maßgeblich durch den neuen welthistorischen Gegensatz zwischen dem niedergehenden Kapitalismus und dem aufstrebenden Sozialismus geprägt.

Unter den Bedingungen des sich entwickelnden Kapitalismus begann sich in den 30er und 40er Jahren des 19. Jh. das Proletariat als Klasse zu formieren und als politische Kraft gegen den Adel und die Bourgeoisie aufzutreten. In den industriell fortgeschritteneren Ländern, in Frankreich und in England, kam es zu ersten Arbeiteraufständen (Lyoner Seidenweberaufstände 1831 und 1834). In Deutschland war der → *Weberaufstand 1844* die erste offene Auseinandersetzung zwischen Proletariat und Bourgeoisie. Bei allen diesen Erhebungen stießen die Arbeiter auf das Militär, das der reaktionären Staatsmacht als wirksames Mittel zur Aufrechterhaltung von Unterdrückung und Ausbeutung diente. Damit stand das Proletariat vor der Notwendigkeit, militärische Fragen zu lösen. Es mußte sein Verhältnis zum bewaffneten Kampf, zu den Streitkräften und zum Militärwesen überhaupt klären. Auch hier ist es das Verdienst von Marx und Engels, mit der Ausarbeitung der Strategie und Taktik des proletarischen Befreiungskampfes zugleich die Grundzüge einer eigenen Militärpolitik und Militärtheorie der Arbeiterklasse entwickelt zu haben. Sie hoben hervor, daß das Proletariat die politische Macht sowohl durch den bewaffneten Aufstand als auch mit friedlichen Mitteln erkämpfen könne. Auf jeden Fall aber müsse es sich auf einen organisierten, zielstrebig geführten bewaffneten Kampf als Bestandteil umfassender Massenaktionen vorbereiten. Marx und Engels wandten sich gegen jede Geheimbündelei und gegen die putschistische Taktik kleiner Gruppen von Verschwörern. Sie erkannten, daß die Arbeiterklasse, wollte sie die politische Macht erobern, auch die Militärfrage lösen mußte. Die Methoden und Mittel dazu sollten den konkreten Zielen und Bedingungen des Klassenkampfes untergeordnet sein und auch der allgemeinen militärischen Entwicklung entsprechen. Gewonnen aus den ersten internationalen Erfahrungen des Klassenkampfes, trug die proletarische Militärpolitik von Anfang an zutiefst internationalistischen Charakter.

Am Vorabend und während der bürgerlich-demokratischen → *Revolution 1848/49* traten Marx und Engels und mit ihnen der Bund der Kommunisten für die → *allgemeine Volksbewaffnung* und die Bildung revolutionärer Streitkräfte ein. In den 17 «Forderungen der Kommunistischen Partei in Deutschland» (Ende März 1848) entwickelten sie zusammen mit der Konzeption einer bürgerlich-demokratischen Revolution in Deutschland auch das Militärprogramm der deutschen Arbeiterklasse für die demokratische Umwälzung. Aufgabe der Arbeiterklasse mußte es sein, durch den entschlossenen Kampf, die Entwaffnung der Konterrevolution und die Bewaffnung aller demokratischen Kräfte Voraussetzungen für die spätere Weiterführung der bürgerlich-demokratischen zur proletarischen Revolution zu schaffen. Während das Großbürgertum mit den Monarchen und den Junkern paktierte und das Kleinbürgertum, das beträchtliche militärische Potenzen besaß, schwankte und schließlich versagte, bestand 1848/49, wie Engels schrieb, «der *wirklich kämpfende* Kern der Aufständischen, jener Kern, der zuerst zu den Waffen griff und sich mit den Truppen schlug, aus den *Arbeitern der Städte*» (K. Marx/F. Engels, 8, S. 98). Namentlich die Mitglieder des Bundes der Kommunisten bewährten sich an den Brennpunkten der Kämpfe. Die Arbeiterklasse trat in der Revolution als Vorkämpferin der Demokratie und des gesellschaftlichen Fortschritts auf. Als einzige Klasse focht sie konsequent für die demokratische Republik und die Volkssouveränität.

Aus der Revolution 1848/49 leiteten Marx und Engels weitreichende militärpolitische und militärische Lehren ab. Sie analysierten die bewaffneten Kämpfe der europäischen und deutschen Revolutionsbewegung, namentlich den Juniaufstand 1848

Titelblatt der Erstausgabe vom Februar 1848

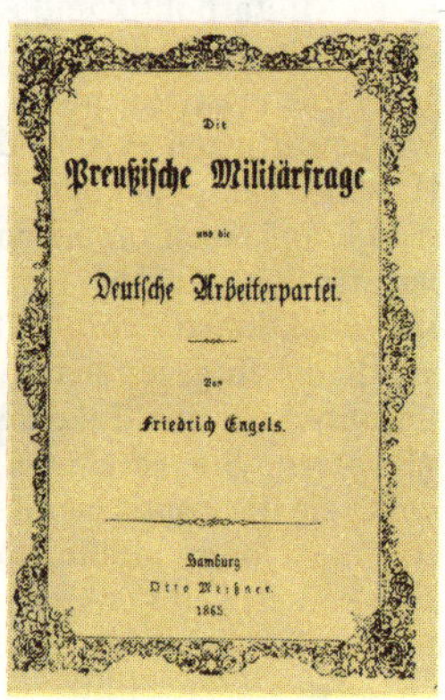

Titelblatt der Erstausgabe von 1865

in Frankreich, die → *Reichsverfassungskampagne 1849* in Deutschland und die nationalen Befreiungskämpfe in Italien, Ungarn, Polen und Schleswig-Holstein. Besonders wichtige Schlußfolgerungen formulierten sie in der «Ansprache der Zentralbehörde an den Bund» (März 1850). Diese Schrift lenkte das Augenmerk des Bundes der Kommunisten darauf, die Arbeiterklasse zu befähigen, in kommenden Kämpfen organisiert und selbständig aufzutreten, damit andere Klassen sie nicht als bloßes Anhängsel mißbrauchen können. Marx und Engels forderten, die Bewaffnung des ganzen Proletariats durchzusetzen und eine «proletarische Garde, mit selbstgewählten Chefs und eigenem selbstgewählten Generalstabe zu organisieren» (K. Marx/F. Engels, 7, S. 250). Die Niederlage der demokratischen Kräfte schwächte die Arbeiterbewegung. Während der 50er Jahre gingen Marx und Engels daran, durch theoretische und geschichtliche Studien die Bilanz der revolutionären Ereignisse zu ziehen. Dabei wandte sich Engels verstärkt militärpolitischen und militärischen Problemen zu und arbeitete die Militärtheorie der Arbeiterklasse (→ *Militärwissenschaft*) weiter aus. Die Anwendung der Grundprinzipien des dialektischen und historischen Materialismus auf die Fragen von Krieg und Armee machte es erstmals möglich, die Rolle der militärischen Gewalt in der Geschichte, die sozialhistorische Bedingtheit und das Klassenwesen der Kriege und Streitkräfte, das Verhältnis von Politik und Krieg, die entscheidende Rolle der Volksmassen im Krieg und andere Probleme wissenschaftlich exakt zu erkennen.

Im Zusammenhang mit dem Aufschwung der demokratischen Volksbewegung Ende der 50er Jahre, der → *Heeresreorganisation in Preußen 1859/60* und den preußisch-deutschen Kriegen 1864–1870/71 gewannen Fragen der Militärpolitik erneut an Bedeutung. In «Die preußische Militärfrage und die deutsche Arbeiterpartei» (1865) erarbeitete Engels in Auseinandersetzung mit den reformistischen Ansichten Ferdinand Lassalles (1825–1864) und mit der Milizschwärmerei kleinbürgerlicher Demokraten, wie Wilhelm Rüstow (1821–1878) und Ludwig Büchner (1824–1899), die Strategie und Taktik des Proletariats im Kampf um die Schaffung eines demokratischen Nationalstaates. Zugleich bestimmte er das Verhältnis der Arbeiterklasse zur → *allgemeinen Wehrpflicht* im vormonopolistischen bürgerlichen Staat. Als unmittelbare militärpolitische Aufgabe betrachtete Engels die maximale Verwirklichung der allgemeinen Wehrpflicht bei gleichzeitiger Verkürzung der Dienstzeit, um sie einerseits für die Demokratisierung des Heeres, andererseits für die Waffenübung des Proletariats auszunutzen. In der Demokratisierung des stehenden Heeres sahen Marx und Engels einen wesentlichen Schritt auf dem Wege zur allgemeinen Volksbewaffnung, wobei sie nicht verkannten, daß auch eine solche demokratische Militärorganisation ihren bürgerlichen Klasseninhalt behalten würde. Der Verband Deutscher Arbeitervereine nahm 1868 eine Resolution zur Militärpolitik an, die sich für die Beseitigung der stehenden Heere und die Einführung der allgemeinen Volksbewaffnung aussprach. Das Eisenacher Programm der 1869 gebildeten Sozialdemokratischen Arbeiterpartei enthielt mit der Forderung nach Ersetzung des stehenden Heeres durch eine Volkswehr die revolutionäre Alternative zum junkerlich-großbürgerlichen Militärstaat und zu seiner Armee.

Der → *Deutsch-Französische Krieg 1870/71* stellte die Militärpolitik der deutschen Arbeiterbewegung auf eine Bewährungsprobe. In der ersten Phase, als der Krieg deutscherseits gerechten Charakter trug, sicherte die Sozialdemokratische Arbeiterpartei die politische und ideologische Selbständigkeit des Proletariats durch ihr Auftreten gegen den Chauvinismus der herrschenden Klassen. Als der Krieg nach dem Sturz des bonapartistischen Regimes (September 1870) in einen Eroberungs- und Raubkrieg gegen Frankreich umschlug, forderte die Arbeiterklasse sofortigen Frieden mit der Französischen Republik und Verzicht auf Annexionen. Von diesen internationalistischen Positionen, die Marx in den 2 Adressen des Generalrates der I. Internationale über den Deutsch-Französischen Krieg entwickelt hatte (23. 7. und 9. 9. 1870), ließen sich auch August Bebel (1840–1913) und Wilhelm Liebknecht (1826–1900) leiten, als sie am 26. 11. 1870 im Norddeutschen Reichstag die Kriegskredite ablehnten.

In der Epoche des Übergangs vom Kapitalismus der freien Konkurrenz zum Imperialismus ergaben sich für die revolutionäre Militärpolitik neue Aufgaben und Kampfmethoden. Aus dem Kampf der Pariser Kommune 1871 zog Marx die entscheidende Schlußfolgerung für die Militärpolitik, daß die Zerbrechung der bürokratisch-militärischen Maschinerie «die Vorbedingung jeder wirklichen Volksrevolution auf dem Kontinent» ist (K. Marx/F. Engels, 33, S. 205). Marx und Engels betonten, daß die Arbeiterklasse in der proletarischen Revolution die bürgerliche Armee zerschlagen und neue, revolutionäre Streitkräfte schaffen muß.

Die Weiterentwicklung der Militärpolitik der deutschen Arbeiterbewegung nach 1871 war mit der marxistischen Analyse des anwachsenden → *Militarismus* verbunden. In «Herrn Eugen Dührings Umwälzung der Wissenschaft (‹Anti-Dühring›)» (1877/78) untersuchte Engels auch Wesen und Erscheinungsformen des Militarismus und wies nach, daß der Militarismus alle gesellschaftlichen Widersprüche verschärft und den Keim seines eigenen Untergangs in sich trägt. Marx und Engels räumten deshalb dem antimilitaristischen Kampf einen besonderen Platz im Klassenkampf ein. In der Arbeiterklasse erblickten sie die Hauptkraft, die mit der Änderung der gesellschaftlichen Verhältnisse zugleich den Militarismus beseitigen wird. Der Kampf gegen das gesamte militaristische System und das Eintreten für eine demokratische Umwandlung der Armee erschienen unter Berücksichtigung der Lehren der Pariser Kommune als Stufe in einem revolutionären Prozeß, der zur Errichtung der Macht der Arbeiterklasse führt. Unter den konkreten Bedingungen in Deutschland nach 1871 war der Kampf gegen den Militarismus und für Volksbewaffnung untrennbar mit dem Ringen um eine demokratische Republik verknüpft. In Übereinstimmung mit den Auffassungen von Marx und Engels sowie den militärpolitischen Leitsätzen der I. Internationale bekämpfte die deutsche Arbeiterklasse den preußisch-deutschen Militarismus. In der Presse und im Parlament geißelten die Vertreter der Sozialdemokratie die Politik der Unterdrückung, des Wettrüstens und des Schürens von Konflikten. Besondere Verdienste erwarb sich Bebel, der in seinen Reden und Schriften das Wesen sowie die Wechselbeziehungen der inneren und äußeren Funktion des Militarismus aufdeckte. Bebel hatte erheblichen Anteil daran, daß sich in der Sozialdemokratie die marxistischen Prinzipien in der Beurteilung des Militarismus durchsetzten und die Partei ihren antimilitaristischen Kampf von revolutionären Positionen aus führte. Im Kampf gegen den Militarismus und die Rüstung verfolgte sie die Losung: «Diesem System keinen Mann und keinen Groschen!» Der ständig steigende Stimmenzuwachs der Sozialdemokratie bei den Reichstagswahlen trotz Unterdrückung und Verfolgung unter dem Sozialistengesetz (1878–1890) bewies die zunehmende antimilitaristische Stimmung breiter Volksschichten.

Die Forderung nach Volkswehr anstelle des stehenden Heeres fand auch Eingang in das auf dem

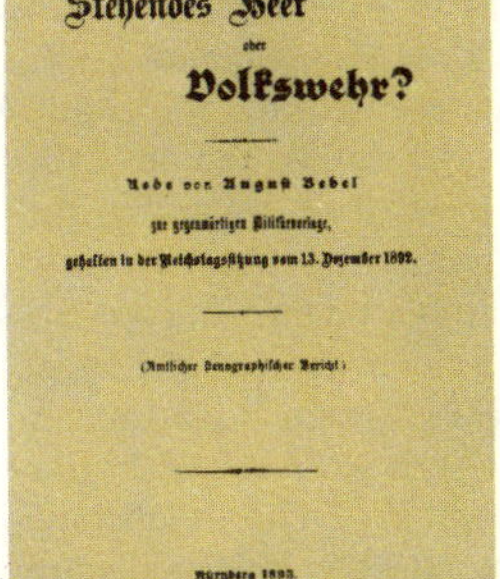
Stehendes Heer
oder
Volkswehr?
Rede von August Bebel
zur gegenwärtigen Militärvorlage,
gehalten in der Reichstagssitzung vom 13. Dezember 1892.
(Amtlicher stenographischer Bericht.)
Nürnberg 1893.
Druck und Verlag von Wörlein & Comp.

Titelblatt der Ausgabe von 1893

Vereinigungskongreß der Sozialdemokratischen Arbeiterpartei und des Allgemeinen Deutschen Arbeitervereins von 1875 angenommene Gothaer Programm. Jedoch wurde darin das Klassenwesen des Staates verwischt, woraus die Gefahr erwuchs, daß Illusionen über Klassencharakter und -funktion der Volkswehr entstehen konnten. In Verbindung mit ihrem Kampf gegen die kapitalistische Ordnung trat die Sozialdemokratie dafür ein, alle wehrfähigen Staatsbürger zum Waffendienst heranzuziehen, die Wehrerziehung zu einem Bestandteil der schulischen Erziehung zu machen und die Militärausgaben unter Wahrung gesamtgesellschaftlicher Interessen festzulegen. In ihrem Erfurter Programm (1891) forderte sie: «Erziehung zur allgemeinen Wehrhaftigkeit. Volkswehr anstelle der stehenden Heere. Entscheidung über Krieg und Frieden durch die Volksvertretung. Schlichtung aller internationalen Streitigkeiten auf schiedsgerichtlichem Wege» (Dok. GdA, 3, S. 383). Die marxistischen Kräfte der deutschen Sozialdemokratie verstanden unter der von ihnen verfochtenen Milizforderung (→ *Miliz*) nicht eine Reformierung der bestehenden kapitalistischen Streitkräfte, sondern deren Ablösung durch eine milizartig organisierte Volkswehr. Der prinzipielle politische Kern dieser Forderung war, das moralisch-politische Ansehen des militaristischen stehenden Heeres zu schwächen und mit der Milizarmee demokratische Streitkräfte zu propagieren, die für die innere Unterdrückung und ungerechte Kriege ungeeignet sind. Die Volksbewaffnung sollte nicht den Klassenzielen der Bourgeoisie, sondern der Arbeiterklasse und ihrem Kampf gegen das kapitalistische System dienen.

August Bebel, Wilhelm Liebknecht, Paul Singer (1844–1911) und andere marxistische Führungskräfte der Sozialdemokratie verteidigten den revolutionär-demokratischen Inhalt der Volkswehr- und Milizforderung gegen alle rechts- und linksopportunistischen Angriffe. In Verbindung mit der Debatte über den Revisionismus und in Auseinandersetzung mit neuen Erscheinungen des Militarismus gegen Ende des 19. Jh. vertiefte die revolutionäre Sozialdemokratie ihre Erkenntnisse über das Wesen des Militarismus und die neuen Erfordernisse des antimilitaristischen Kampfes. Zur Orientierung dieses Ringens verfaßten Engels die Artikelfolge «Kann Europa abrüsten?» (1893), Bebel die Schrift «Nicht stehendes Heer, sondern Volkswehr!» (1898) und Rosa Luxemburg (1871–1919) die Artikelserie «Miliz und Militarismus» (1899). Die sozialdemokratische Reichstagsfraktion setzte sich von marxistischen Positionen aus mit Fragen des Krieges und der Landesverteidigung sowie mit dem Wettrüsten und den Kolonialkriegen des deutschen Imperialismus auseinander. Sie trat gegen die Flottenrüstung und die wiederholten Heeresverstärkungen auf und enthüllte die volksfeindlichen Ziele militaristischer Massenbeeinflussung. Sowohl das theoretische Erfassen der Probleme als auch der praktische Kampf bewiesen, daß die deutsche Sozialdemokratie um die Jahrhundertwende eine militärpolitische Konzeption besaß, die im wesentlichen auf den Grundsätzen des Marxismus beruhte und die auch Einfluß auf militärpolitische Entscheidungen der II. Internationale hatte.

Der Beginn der Epoche des Imperialismus, der imperialistischen Kriege und der proletarischen Revolution stellte an die Arbeiterbewegung und ihre Partei neue Anforderungen. Im Imperialismus verschärften sich sowohl der Gegensatz zwischen Volk und Armee als auch die Widersprüche innerhalb des kapitalistischen Militärwesens. Die Wechselwirkung zwischen der allgemeinen gesellschaftlichen Organisation und der militärischen gestaltete sich enger als je zuvor. «Unwiederbringlich sind die Zeiten dahin, als die Kriege von Söldnern oder den Angehörigen einer vom Volk halb losgelösten Kaste geführt wurden. Die Kriege werden jetzt von den Völkern geführt» (W. I. Lenin, 8, S. 37). Deshalb trat der grundlegende Widerspruch zwischen den Interessen der Volksmassen und den Ausbeutern kraß hervor. Um die revolutionäre Bewegung zu unterdrücken, verstärkten die Imperialisten ihren militärischen Machtapparat und die Vorbereitungen auf den Bürgerkrieg. Die Militärpolitik der revolutionären Arbeiterbewegung mußte entsprechend den neuen Erfordernissen der Klassenauseinandersetzung weiterentwickelt werden. Es waren vor allem Lenin und die Bolschewiki, die unter den neuen historischen Bedingungen die Stellung des Proletariats zur Militärfrage und zu den Kriegen im Imperialismus im revolutionären Sinne beantworteten. Weitreichende militärpolitische Lehren für die internationale Arbeiterbewegung ergaben sich aus der bürgerlich-demokratischen Revolution in Rußland 1905–1907. Sie zeigte, daß die Bewaffnung des Volkes, die militärische Organisation des Proletariats und die antimilitaristische Arbeit in den imperialistischen Streitkräften zu den Hauptaufgaben der revolutionären Partei zählten. Unter Berücksichtigung dieser Lehren und gestützt auf seine wissenschaftliche Analyse des Imperialismus, entwickelte Lenin das Militärprogramm des Proletariats für die bürgerlich-demokratische Revolution im Stadium des Imperialismus und – während des ersten Weltkrieges – für die sozialistische Revolution und arbeitete die Lehre von den gerechten und ungerechten Kriegen aus. In den Werken «Was tun?» (1902) und «Zwei Taktiken der Sozialdemokratie in der demokratischen Revolution» (1905) wies er nach, daß ohne eine Partei neuen Typus die Arbeiterklasse nicht in der Lage ist, die militärischen Aufgaben im Kampf um die Macht zu erfüllen.

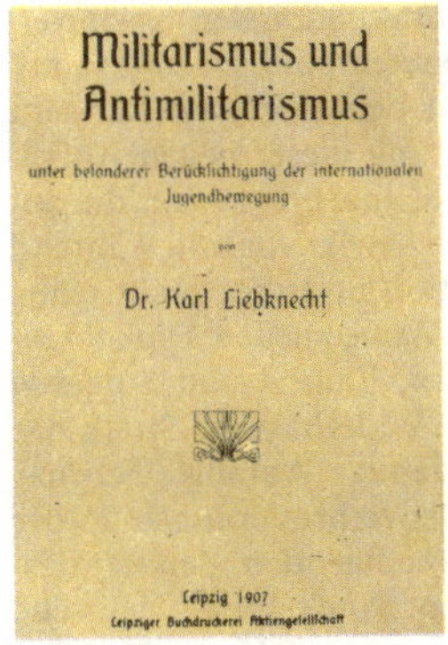
Militarismus und Antimilitarismus

unter besonderer Berücksichtigung der internationalen Jugendbewegung

von

Dr. Karl Liebknecht

Leipzig 1907

Leipziger Buchdruckerei Aktiengesellschaft

Titelblatt der Erstausgabe von 1907

In den Auseinandersetzungen um die Lehren der russischen Revolution prägten sich auch in der Militärpolitik der deutschen Arbeiterbewegung die 3 Strömungen in der Sozialdemokratie (Revisionismus, Zentrismus und revolutionäre Linke) aus. Unter dem führenden Einfluß von Karl Liebknecht (1871–1919), Rosa Luxemburg, Julian Marchlewski (1866–1925), Franz Mehring (1846–1919), Wilhelm Pieck (1876–1960) und Clara Zetkin (1857–1933) erkannten die Linken, daß für den Kampf gegen Militarismus und imperialistischen Krieg die werktätigen Massen mobilisiert werden mußten. In seiner Schrift «Militarismus und Antimilitarismus unter besonderer Berücksichtigung der internationalen Jugendbewegung» (1907) gab Karl Liebknecht die bis dahin umfassendste Analyse vom Wesen, von den Funktionen, Erscheinungsformen und inneren Widersprüchen des modernen Militarismus und begründete die Notwendigkeit einer breiten antimilitaristischen Propaganda, vor allem unter der Jugend. Mehring setzte sich mit der militaristischen Ideologie und der bürgerlichen Historiographie auseinander und brachte der Arbeiterklasse die revolutionären und fortschrittlichen militärischen Traditionen der deutschen Militärgeschichte nahe. Die Linken bekämpften entschlossen den wachsenden Einfluß revisionistischer und opportunistischer Kräfte in der sozialdemokratischen Parteiführung, die sich entgegen den antimilitaristischen Traditionen der Partei immer offener zur Verteidigung des imperialistischen Deutschlands bekannten. Als deren Exponent trat insbesondere Gustav Noske (1868–1946) auf. Auf dem Stuttgarter Kongreß der II. Internationale (1907) setzten Lenin und Luxemburg gemeinsam eine Resolution durch, daß die Arbeiterklasse im Falle eines Kriegsausbruchs die Pflicht hat, alle Kraft dafür einzusetzen, die durch den Krieg hervorgerufene wirtschaftliche und politische Krise für den Sturz der kapitalistischen Klassenherrschaft auszunutzen. Die 1907 gegründete Sozialistische Jugendinternationale machte den Kampf gegen Militarismus und imperialistischen Krieg zu einer ihrer Hauptaufgaben. In Deutschland kam es von 1910 bis 1913 im Zusammenhang mit neuen Rüstungen und der zugespitzten Kriegsgefahr zu einem Aufschwung des antimilitaristischen Kampfes. Die opportunistischen Partei- und Gewerkschaftsführer lehnten jedoch außerparlamentarische Massenaktionen ab und stimmten 1913 im Reichstag einer Vorlage zur Deckung der hohen Rüstungskosten zu. Die Preisgabe bewährter Kampftraditionen und der Verrat an den Grundsätzen revolutionärer Militärpolitik gipfelten in der Zustimmung zu den Kriegskrediten am 4. 8. 1914, in der chauvinistischen Losung von der «Vaterlandsverteidigung» und in der Burgfriedenspolitik während des ersten Weltkrieges. Da die opportunistischen Führer der meisten sozialdemokratischen Parteien ähnlich handelten, brach die II. Internationale zusammen.

Nur wenige Parteien blieben dem proletarischen Internationalismus treu, voran die Bolschewiki. In der deutschen Arbeiterbewegung hielten die Linken an der proletarischen Klassenposition fest. Sie bildeten aber eine Minderheit und vermochten trotz ihrer Aktivität das Fehlen einer revolutionären Kampfpartei nicht zu ersetzen. Am 2. 12. 1914 stimmte Liebknecht als einziger Abgeordneter im Reichstag gegen die Kriegskredite. 1915 verfaßte er das Flugblatt «Der Hauptfeind steht im eigenen Land!», und am 1. 5. 1916 rief er auf einer Antikriegsdemonstration in Berlin die Losung aus: «Nieder mit dem Krieg! Nieder mit der Regierung!» Die Linken, die sich Anfang 1916 zur Spartakusgruppe formierten, rangen um die Mobilisierung der Massen und traten für die revolutionäre Beendigung des Krieges ein. Sie unterstützten den Zusammenschluß der internationalen revolutionären Sozialisten (Konferenzen von Zimmerwald 1915 und Kienthal 1916). Unter dem Einfluß der bürgerlich-demokratischen Februarrevolution in Rußland 1917 verschärfte sich in Deutschland der Klassenkampf. Verstärkt griff die revolutionäre Antikriegsbewegung auf Heer und Flotte über. An der Ostfront kam es zu Soldatenverbrüderungen, im August 1917 unternahmen Heizer und Matrosen einen Aufstandsversuch in der kaiserlich-deutschen Hochseeflotte (→ *revolutionäre Matrosenbewegung 1917/18*).

Die Große Sozialistische Oktoberrevolution 1917, die die Epoche des Übergangs vom Kapitalismus zum Sozialismus einleitete, beeinflußte tiefgreifend alle gesellschaftlichen Bereiche und brachte die allgemeine Krise des Kapitalismus voll zum Ausbruch. Der Kampf zwischen Imperialismus und Sozialismus verschärfte alle dem Imperialismus innewohnenden Widersprüche. Er stellte der Arbeiterklasse im Kampf gegen die sich verstärkenden Militarisierungstendenzen und für die Überwindung des Imperialismus auch neue militärpolitische Aufgaben, die sich aus dem veränderten internationalen Kräfteverhältnis sowie aus den konkreten politischen und militärischen Bedingungen in den einzelnen Ländern ergaben. Den Weg zur Lösung dieser neuen Aufgaben wiesen das Leninsche Militärprogramm, die militärische Tätigkeit der Bolschewiki vor und während der sozialistischen Revolution und ihre praktischen Schritte zum Aufbau einer Armee neuen Typus. Unter den deutschen Arbeitern, Bauern und Soldaten fand die Revolution ihren Widerhall im Streik der Rüstungsarbeiter Ende Januar/Anfang Februar 1918, in zahlreichen Soldatenverbrüderungen an der Ostfront sowie in dem zunehmenden Zersetzungsprozeß in den Streitkräften. Auch traten deutsche Soldaten in die Rote Armee ein und beteiligten sich an der Verteidigung Sowjetrußlands gegen Konterrevolutionäre und Interventen (→ *deutsche Internationalisten in der Roten Armee 1918–1920*).

Im Herbst 1918 zeichnete sich der militärische Zusammenbruch des imperialistischen Deutschlands und seiner Verbündeten ab. Im Land reifte eine Revolution heran, und alle Versuche der herrschenden Klassen sowie der rechten Führer der SPD, sie abzuwenden, waren vergeblich. Die Spartakusgruppe orientierte seit Frühjahr 1918 auf die Vorbereitung des bewaffneten Aufstands. In Berlin gelang es den revolutionären Kräften bis Anfang November, in etwa 30 Großbetrieben illegale bewaffnete Kampforganisationen zu bilden, die sog. Schwarzen Katzen. Die am 7. 10. 1918 illegal in Berlin tagende Reichskonferenz der Spartakusgruppe orientierte auf die demokratische Volksrevolution für die sofortige Beendigung des Krieges, für den Kampf um demokratische Rechte und Freiheiten, für den Sturz des Imperialismus und Militarismus sowie für die Schaffung eines Bündnisses mit Sowjetrußland. Die Konferenz forderte die Bildung von Arbeiter- und → *Soldatenräten* und befaßte sich mit der revolutionären Agitation unter den Soldaten. Ein wichtiger Schritt, um die Soldatenmassen an die Revolution heranzuführen, waren die Forderungen nach demokratischer Umgestaltung des Heeres als Übergang zur Schaffung von eigenen Streitkräften der deutschen Arbeiterklasse. In den Hauptzügen folgte so die Konferenz dem von Lenin formulierten «Militärprogramm der proletarischen Revolution» (1916).

Die → *Novemberrevolution 1918/19* begann am 3. 11. 1918 mit dem Aufstand der Matrosen und Arbeiter in Kiel. Haupttriebkraft war die Arbeiterklasse, deren revolutionäre Bestrebungen vor allem in der Rätebewegung zum Ausdruck kamen. Vielerorts übten Arbeiter- und Soldatenräte in den ersten Tagen der Revolution die Macht aus. In Gestalt von Volks- und Sicherheitswehren bildeten revolutionäre Arbeiter, Soldaten und Matrosen bewaffnete Formationen, deren bedeutendste die → *Volksmarinedivision* in Berlin war. Das Streben nach sozialistischer Umgestaltung der Gesellschaft war in großen Teilen der Arbeiterklasse lebendig. Es gab jedoch infolge der Vorherrschaft des Opportunismus in der deutschen Arbeiterbewegung tiefgehende Meinungsverschiedenheiten über den Weg zum Sozialismus. Auch in der Räte- und Volkswehrbewegung traten bald die Gegensätze zwischen den opportunistischen und den revolutionären Kräften hervor.

Der Spartakusbund, am 11. 11. 1918 aus der Spartakusgruppe hervorgegangen, kämpfte dafür, die Räte zu wirklichen Machtorganen der Arbeiterklasse zu entwickeln und eine neue Staatsmacht unter Führung der Arbeiterklasse zu schaffen. Zu seinen militärpolitischen Forderungen gehörten die Beseitigung der Kommandogewalt der reaktionären Offiziere, die Entwaffnung der Konterrevolution, die Bewaffnung des werktätigen Volkes und die Bildung proletarischer Roter Garden zum Schutz der Revolution und als Rückhalt des bewaffneten Volkes. Diese Forderungen berücksichtigten die militärischen Erfahrungen der Bolschewiki und entwickelten die Milizforderung der revolutionären deutschen Sozialdemokratie unter den Bedingungen des Übergangs vom Imperialismus zum Sozialismus weiter. Auf Anregung des Spartakusbundes wurde am 15. 11. der → *Rote Soldatenbund* zur revolutionären Arbeit unter den Soldaten gegründet.

Während der Spartakusbund und die anderen linken Kräfte konsequent für die Rätemacht und den Sieg der Revolution kämpften, suchten die rechten SPD-Führer, unterstützt von zentristischen Führern der USPD, eine grundsätzliche Änderung der Machtverhältnisse und ein Weiterführen der Revolution zu verhindern. Der aus 3 SPD- und 3 USPD-Politikern bestehende Rat der Volksbeauftragten bekämpfte mit allen Mitteln die Arbeiter- und Soldatenräte. Sein rechtsopportunistischer Vorsitzender, Friedrich Ebert (1871-1925), traf am 10. 11. mit dem Ersten Generalquartiermeister der OHL, Generalleutnant Wilhelm Groener (1867–1939), eine Vereinbarung mit dem Ziel, die Armee unter der Befehlsgewalt der alten Offiziere als wichtigstes konterrevolutionäres Instrument zu erhalten und die Rätebewegung abzuwürgen. Dieses Bündnis zwischen Opportunismus und Militarismus war eine wesentliche Grundlage für das brutale Vorgehen der Konterrevolution gegen die Arbeiterklasse und ihre revolutionäre Vorhut. Die Reaktion vermochte es jedoch nicht, die zurückkehrenden Truppen für konterrevolutionäre Aktionen zu mißbrauchen. Den revolutionären Kräften gelang es, sich zeitweilig in der Militärfrage gegen die Opportunisten durchzusetzen. Gegen den Willen rechter SPD-Führer nahm der Reichsrätekongreß (16.–21. 12. 1918) die sog. Hamburger Punkte an. Sie verlangten die Abschaffung des stehenden Heeres und die Aufstellung einer

Volkswehr, den Ausbau der Rechte der Soldatenräte und weitere Maßnahmen, die auf eine demokratische Umgestaltung von Heer und Flotte zielten. Diese Forderungen konnten aber nicht realisiert werden.

Die Kämpfe im November/Dezember 1918 machten deutlich, daß die Schaffung einer revolutionären, marxistischen Kampfpartei zur dringendsten Aufgabe geworden war. Auf dem Gründungsparteitag der KPD (30. 12. 1918–1. 1. 1919) zogen die revolutionären Kräfte der Arbeiterklasse auch die notwendigen militärpolitischen Konsequenzen aus der Verratspolitik rechter und zentristischer Führer der Sozialdemokratie. Die vom Parteitag entwickelte militärpolitische Konzeption folgte den Traditionen des antimilitaristischen Kampfes der revolutionären deutschen Sozialdemokratie. Der Gründungsparteitag der KPD betonte, daß die Arbeiterklasse, um im Kampf gegen die Bourgeoisie siegreich zu sein, es lernen müsse, sich in einem ihr aufgezwungenen Bürgerkrieg zu behaupten und dafür eigene bewaffnete Machtorgane einzusetzen. Er entsprach damit wichtigen Grundsätzen des Leninismus. Mit ihrem Aufruf an die deutschen proletarischen Soldaten in Sowjetrußland, sich dem imperialistischen Klassenkrieg gegen die Sowjetmacht zu widersetzen (→ *Intervention des deutschen Imperialismus in Sowjetrußland und in Finnland 1918*) und an der Seite der Roten Armee für die Sowjetmacht einzutreten, bewies die KPD, daß sie fest auf dem Boden des proletarischen Internationalismus stand. Die im Programm der KPD enthaltenen militärpolitischen Sofortmaßnahmen – Entwaffnung aller Angehörigen der herrschenden Klasse, Beschlagnahme aller Waffen- und Munitionsbestände sowie der Rüstungsbetriebe durch Arbeiter- und Soldatenräte, Bildung einer Roten Garde u. a. m. – verstand die Parteiführung als Schritte sowohl zur Sicherung der Revolution als auch zur Vorbereitung militärischer Machtorgane der Arbeiterklasse.

Die Gründung der KPD bildete einen grundlegenden Wendepunkt auch in der Militärpolitik der deutschen Arbeiterbewegung. Sie leitete deren leninistische, proletarisch-revolutionäre Etappe ein. Ausgehend von den Lehren der bewaffneten Kämpfe in der Novemberrevolution, entwickelte die KPD ihre Militärpolitik weiter und verteidigte die gewonnenen leninistischen Positionen gegen rechtsopportunistische wie gegen linkssektiererische Elemente. Dabei erhielt die KPD Unterstützung durch die im März 1919 gegründete KI. Sie half der KPD, im Prozeß der Aneignung und Durchsetzung des Leninismus die Militärpolitik und die proletarische Wehrerziehung immer enger mit der Politik zur Gewinnung der Mehrheit der Arbeiterklasse im Kampf gegen Imperialismus, Militarismus und imperialistischen Krieg zu verbinden. Die KI unterstützte die Partei zugleich bei der Schulung und Erziehung von auf dem Gebiet der Militärpolitik tätigen Kadern. Diese Hilfe war um so bedeutsamer, als den revolutionären Kräften der Arbeiterklasse ein starker und erfahrener Klassenfeind gegenüberstand, der in den Januar- und Märzkämpfen 1919 sowie durch die Niederschlagung der Räterepubliken in Bremen Anfang Februar 1919 und München Anfang Mai 1919 (→ *bayrische Rote Armee*) seine Positionen festigen konnte.

Aus der Niederlage in den bewaffneten Kämpfen zog die KPD grundlegende Lehren für ihre Militärpolitik, wobei sie das neue internationale Kräfteverhältnis sowie die veränderte Lage in Deutschland (bürgerlich-parlamentarische Republik) berücksichtigte. Die herrschenden großbourgeoisen Kreise verfügten über den Staatsapparat einschließlich → *Reichswehr* und Polizei sowie über umfangreiche Mittel, um die imperialistische Ideologie massenwirksam zu verbreiten. Der wiedererstarkende Militarismus, der während der ganzen Zeit der Weimarer Republik von den rechten SPD-Führern gedeckt wurde, bedrohte erneut die Lebensinteressen der Arbeiterklasse. Insbesondere die militaristischen und faschistischen Verbände und Organisationen betätigten sich als militante Stoßtrupps der Reaktion und strebten danach, die revolutionäre Arbeiterbewegung mit blutigem Terror niederzuhalten und sie in unvorbereitete bewaffnete Kämpfe zu verwickeln.

Die Bedingungen des Klassenkampfes in der Zeit der revolutionären Nachkriegskrise (1919–1923) warfen viele neue Probleme für die Militärpolitik der deutschen Arbeiterbewegung auf. Aus der Abwehr des → *Kapp-Putsches 1920*, dem Kampf der → *Roten Ruhrarmee* und den → *Märzkämpfen 1921* zog die KPD wichtige Schlußfolgerungen für das Ringen um die Einheitsfront der Arbeiterklasse und die Herstellung eines breiten Bündnisses der werktätigen Massen zur Verteidigung der sozialen und demokratischen Rechte. 1923 entwickelten sich unter maßgeblichem Einfluß der KPD aus den örtlichen Selbstschutzformationen der Arbeiterklasse → *proletarische Hundertschaften*. Im Herbst 1923 spitzte sich die revolutionäre Nachkriegskrise zu, und es entstanden günstige Bedingungen für einen erfolgreichen Kampf um eine Arbeiter-und-Bauern-Regierung. Die aktivsten Kräfte in der Arbeiterklasse bereiteten sich unter Führung der KPD auf den → *bewaffneten Aufstand* vor. In Sachsen und Thüringen entstanden Arbeiterregierungen aus linken Sozialdemokraten und Kommunisten. Letzter Höhepunkt der bewaffneten Kämpfe der deutschen Arbeiterklasse von 1919 bis 1923 war der → *Hamburger Aufstand 1923*. Heldenhaft kämpften die Arbeiter gegen die überlegenen Kräfte der Polizei und der Reichswehr, jedoch blieb der Aufstand isoliert und endete mit einer Niederlage.

Die Aktionen in der revolutionären Nachkriegs-

Titelblatt eines Lehrmaterials, o. J.

krise bewiesen die militärische Kraft der Arbeiterklasse. Sie zeigten aber auch, daß die Erfahrungen und die innere Festigkeit der KPD noch nicht ausreichten, um die Aufgaben des Kampfes zum Sturz der imperialistischen Herrschaft in Deutschland voll zu meistern. Ernst Thälmann (1886–1944) betonte, daß die Machtergreifung durch das Proletariat in jahrelanger, ausdauernder Arbeit der Kommunistischen Partei und des ganzen Proletariats vorbereitet werden muß. Die kommenden Sieger über die Bourgeoisie müßten durch unzählige Teilkämpfe erzogen, vorbereitet, organisiert werden. Im Prozeß der weiteren Aneignung und Durchsetzung des Leninismus, der mit dem Kampf gegen rechts- und linksopportunistische Einflüsse verbunden war, ging es der Führung der KPD darum, alle Seiten der Militärpolitik im Einklang mit der gesamten Politik der Partei zu entwickeln. Die feste internationalistische Haltung der KPD zeigte sich in dieser Zeit, insbesondere 1920, in der aktiven Unterstützung der weltweiten Bewegung «Hände weg von Sowjetrußland!».

Mit Beginn der Periode der relativen Stabilisierung des Kapitalismus 1924 ergaben sich wieder neue militärpolitische Aufgaben und Bedingungen. Im Herbst 1925 formierte sich eine marxistisch-leninistische Führung der KPD mit Thälmann als Vorsitzendem. Unter Leitung des Thälmannschen ZK entwickelte sich die KPD zu einer marxistisch-leninistischen Massenpartei, die in ihrer Tätigkeit immer wirkungsvoller den Kampf für die Diktatur des Proletariats mit dem Eintreten für die Tagesforderungen der Arbeiter und der anderen Werktätigen verband und sich auf neue Kampfmethoden gegen den Imperialismus und Militarismus und seine Kriegspolitik orientierte. Die KPD machte ihre Mitglieder mit der marxistisch-leninistischen Lehre vom Krieg und von den Streitkräften, mit militärpolitischen Erfahrungen der Bolschewiki sowie mit revolutionären militärischen Traditionen der deutschen und internationalen Arbeiterbewegung und des deutschen Volkes vertraut. Sie leistete eine vielseitige Überzeugungsarbeit, um in der deutschen Arbeiterklasse die Bereitschaft zu wecken, getreu den Prinzipien des proletarischen Internationalismus im Falle eines imperialistischen Krieges gegen die Sowjetunion mit allen Mitteln für den Sieg der Roten Armee zu wirken und an deren Seite zur militärischen Niederlage der eigenen imperialistischen Bourgeoisie beizutragen. Große Verdienste bei der militärischen Schulung und Erziehung der Mitglieder der KPD, der Organisierung und Führung des antimilitaristischen Kampfes sowie der Wehrerziehung der Arbeiterklasse erwarben sich Ernst Schneller (1890–1944) und die Mitarbeiter der → *Militärpolitischen Abteilung beim ZK der KPD* sowie die militärpolitische Zeitschrift → *«Oktober»*. 1924 wurde als proletarische Wehr- und Schutzorganisation der → *Rote Frontkämpferbund (RFB)* gegründet.

Gestützt auf ihre bisherigen Erfahrungen und auf die Beschlüsse der KI, namentlich die Thesen des Exekutivkomitees der KI «Über Krieg und Kriegsgefahr» (Mai 1927) und des VI. Kongresses der KI (17. 7.–1. 9. 1928) «Der Kampf gegen den imperialistischen Krieg und die Aufgaben der Kommunisten», führte die KPD einen konsequenten Kampf gegen die offenen und verschleierten Kriegsrüstungen des deutschen Imperialismus. Der 11. und auch der 12. Parteitag der KPD (2.–7. 3. 1927 und 8.–15. 6. 1929) orientierten auf Massenaktionen zur Sicherung des Friedens und zur Verteidigung der UdSSR und arbeiteten militärpolitische Tagesforderungen heraus, die dem einheitlichen Ringen der Arbeiterklasse gegen die forcierte Aufrüstung und die Aktivitäten militaristischer und faschistischer Kräfte galten. Die KPD charakterisierte die Reichswehr als wichtigstes militärisches Machtinstrument des deutschen Imperialismus und als Grundstock einer imperialistischen Massenarmee. Sie bemühte sich, die antimilitaristische Arbeit in Reichswehr und Polizei weiterzuentwickeln. Mit Forderungen, die an die Interessen der Reichswehrsoldaten und Polizeibeamten anknüpften, wollte die Partei der militaristisch-faschistischen Ideologie entgegenwirken und Teile der Reichswehr und Polizei für den antiimperialistischen Kampf der Arbeiterklasse gewinnen. Dieses Ziel verfolgte die KPD auch in ihrer Zusammenarbeit mit dem → *Aufbruch-Arbeitskreis.* Die eng mit der Tätigkeit unter den Massen verbundene Wehrerziehungsarbeit der KPD zeitigte im Kampf gegen die Faschisierungspolitik der reaktionärsten imperialistischen Kreise und bei der Entfaltung einer breiten wehrhaften Massenbewegung Anfang der 30er Jahre zur Abwehr des faschistischen Terrors Erfolge. Das fand vor allem seinen Ausdruck in der Bewegung des → *proletarischen Selbstschutzes.* Alle militärpolitischen Aktivitäten der KPD waren dem Bestreben untergeordnet, einen geeigneten Weg zur Zurückdrängung des Faschismus, zum revolutionären Sturz der Herrschaft des Monopolkapitals und damit zur Verhinderung des imperialistischen Krieges zu finden.

Demgegenüber begünstigte die von den rechten Führern der SPD und von der Leitung des 1924 gegründeten Reichsbanners Schwarz-Rot-Gold (Bund republikanischer Kriegsteilnehmer) praktizierte Politik, die auf dem Antikommunismus beruhte und auf die Zusammenarbeit mit der Polizei und der Reichswehr orientierte, das imperialistische Machtstreben und die Kriegspolitik. Die Mehrzahl der proletarischen Mitglieder des Reichsbanners stand allerdings trotz mancher pazifistischer und reformistischer Illusionen auf einer antimilitaristischen Position und kämpfte wiederholt mit dem RFB zusammen. Aber die Reichsbannerleitung traf keine wirksamen Maßnahmen gegen die Rüstungspolitik und die militaristischen Umtriebe. Sie blockierte das Zustandekommen einer Aktionseinheit der wehrbereiten Kräfte der Arbeiterklasse und lehnte entschlossene Maßnahmen gegen die Faschisten ab. Innerhalb der SPD kam es im Zusammenhang mit dem → *Panzerkreuzerbau* und während der Debatte über ein Wehrprogramm zu Auseinandersetzungen um die Militärpolitik. Auf dem Parteitag der SPD in Magdeburg (26.–31. 5. 1929) gelang es dem Parteivorstand, die Annahme von «Richtlinien zur Wehrpolitik» zu erzwingen, in denen der bürgerliche Staat und sein militärisches Machtinstrument bejaht wurden. Die rechten SPD-Führer sprachen demagogisch von einer «Demokratisierung» bzw. «Republikanisierung» von Heer und Flotte, die ohne Änderung der bestehenden Machtverhältnisse erreicht werden sollte. Unter dem sozialdemokratischen Reichskanzler Hermann Müller (1876–1931) wurde gegen die starken Proteste breiter Volksschichten mit dem Baubeginn des Panzerkreuzers A die Flottenrüstung vorangetrieben.

Nach der Errichtung der faschistischen Diktatur 1933 entstanden wiederum neue Aufgaben und Bedingungen für die Militärpolitik der deutschen Arbeiterbewegung. Der Kampf gegen den Faschismus war von Anfang an auch ein militärpolitischer Kampf. Von den politischen Parteien in Deutschland war es allein die KPD, die den Charakter des Faschismus klar erkannte, die mit seiner Herrschaft verbundene Kriegsgefahr aufzeigte, in einem demokratischen Programm den Weg zum Sturz des faschistischen Regimes wies und dafür im praktischen Kampf eintrat. Die KPD bemühte sich unter den schwierigsten Bedingungen, den Massenselbstschutz als Bestandteil antifaschistischer Kampfaktionen auf der Grundlage der Einheitsfront noch breiter zu entwickeln und alle antifaschistischen Wehrorganisationen auf die Abwehr des faschistischen Terrors einzustellen. Auf der Tagung des ZK der KPD bei Zeuthen (7. 2. 1933) unterbreitete Thälmann ein entsprechendes Aktionsprogramm. In der Folgezeit vereinbarten in verschiedenen Gebieten kommunistische und sozialdemokratische Organisationen eine Zusammenarbeit. Jedoch wirkten rechte SPD-Führer diesen Bestrebungen entgegen. In antikommunistischer Verblendung rückten sie schon bald von ihrem sog. Prager Manifest (28. 1. 1934) ab, das u. a. solche Grundgedanken enthielt wie die Bildung einer starken revolutionären Regierung und die Schaffung einer zuverlässigen Militär- und Polizeimacht. Im Gegensatz dazu orientierten sich die rechten SPD-Führer militärpolitisch auf ein Zusammengehen mit Kräften der Bourgeoisie und der Generalität.

Wichtige Schlußfolgerungen für die Weiterentwicklung der revolutionären Militärpolitik vermittelte die KI. Ende 1933 bezeichnete die Tagung des Exekutivkomitees der KI es als Aufgabe der kommunistischen Parteien aller Länder, gegen die Kriegsvorbereitungen aufzutreten und entsprechende Voraussetzungen für große Massenaktionen im Kriegsfall zu schaffen sowie die antimilitaristische Aufklärungsarbeit in der Rüstungsindustrie und in den Streitkräften zu aktivieren. Der VII. Weltkongreß der KI (25. 7.–20. 8. 1935) lenkte die Aufmerksamkeit der Kommunisten darauf, die Arbeit in den imperialistischen Armeen als Massenarbeit zu organisieren und sie eng mit dem Kampf um eine antiimperialistische Demokratie zu verbinden. Im Falle einer imperialistischen Aggression gegen die UdSSR sollten die Kommunisten mit allen Mitteln zum Sieg der Roten Armee beitragen.

Auf ihrer Brüsseler Konferenz (3.–15. 10. 1935) nahm die KPD auch zu den von der KI formulierten militärpolitischen Aufgaben im Kampf gegen den Faschismus Stellung. Gleichzeitig verallgemeinerte sie jene Erfahrungen, die die illegalen Parteiorganisationen bisher im Kampf gegen die faschistischen Organisationen und gegen die Einführung der allgemeinen Wehrpflicht, in der Arbeit mit den Wehrpflichtigen sowie in der Entlarvung der materiellen und ideologischen Kriegsvorbereitung des faschistischen deutschen Imperialismus gewonnen hatten. Die KPD enthüllte den Stand der Kriegsvorbereitungen, deckte das Zusammenspiel von Naziführung und Generalität auf und bewies, daß die Streitkräfte Deutschlands seit Einführung der allgemeinen Wehrpflicht (16. 3. 1935) enorm verstärkt und zu einem schlagkräftigen Aggressionsinstrument entwickelt wurden. Die von der Konferenz beschlossene Einheits- und Volksfrontpolitik war in militärpolitischer Hinsicht darauf gerichtet, die antifaschistische Arbeit in den Rüstungsbetrieben, in den faschistisch-militaristischen Organisationen und in der Wehrmacht auf breiterer Grundlage zu führen. Die Soldatenmassen sollten für den antifaschistischen Kampf gewonnen und alle Hitlergegner in den Streitkräften bis hin zu patriotisch gesinnten Kräften im Offizierskorps zusammengeschlossen werden, um innerhalb der Streitkräfte ein Gegengewicht gegen den Faschismus zu schaffen. Darin bestand eine wesentliche Voraussetzung, um die Naziwehrmacht im Prozeß des Klassenkampfes zu zersetzen. Die Konferenz orientierte zugleich darauf, im Kampf um den Sturz der faschistischen Diktatur und die Errichtung einer antiimperialistisch-demokratischen Ordnung demokratische Streitkräfte des Volkes anzustreben.

In der Folgezeit präzisierte die KPD diese Zielstellung aufgrund der Erfahrungen des antifaschistischen Kampfes der deutschen und internationalen Arbeiterbewegung. Die vom ZK der KPD entwickelten «Richtlinien für die Ausarbeitung einer politischen Plattform der deutschen Volksfront» (Juni 1936) wiesen den Weg für gemeinsame Aktionen aller Hitlergegner. 1936 reihte sich die KPD in die von der UdSSR und der KI geförderte Solidaritätsbewegung mit dem Kampf des republikanischen Spaniens gegen die faschistische Francoclique ein (→ *Intervention in Spanien 1936–1939*). Das ZK der KPD rief die militärisch ausgebildeten deutschen Antifaschisten auf, sich der spanischen Volksfront als Soldaten zur Verfügung zu stellen. Über 5000 Deutsche kämpften in den Internationalen Brigaden (→ *Interbrigaden im nationalrevolutionären Krieg Spaniens 1936–1939*). Die Berner Parteikonferenz der KPD (30. 1.–1. 2. 1939) legte die weiteren Aufgaben im Ringen gegen Faschismus und Krieg fest. Sie beschloß das Programm einer demokratischen deutschen Republik, die eine wahre Volksarmee zum Schutz vor Angriffen imperialistischer Mächte besitzen werde. Das Offizierskorps dieser Armee sollte aus zuverlässigen, der Sache der Volksfront und der demokratischen Republik treu ergebenen Kadern gebildet werden. Der konsequent antiimperialistische Charakter der Volksarmee würde sich aus ihrer Stellung als militärisches Machtorgan einer Republik ergeben, in der die sozialen Grundlagen für Faschismus und Militarismus durch die Enteignung der großen Monopole und Grundbesitzer beseitigt sind. Das neue Deutschland werde durch Bündnisverträge mit der Sowjetunion und anderen ihm freundlich gesinnten Staaten verbunden sein und den Kampf der internationalen Arbeiterklasse sowie aller friedens- und freiheitsliebenden Völker unterstützen. Angesichts des drohenden Krieges wandte sich am 3. 4. 1939 das ZK der KPD mit einem neuen Einheitsfrontangebot an den sozialdemokratischen Parteivorstand, fand aber kein Gehör.

Die von der KPD erarbeitete militärpolitische Konzeption, die nach Beginn des zweiten Weltkrieges der jeweiligen Situation gemäß präzisiert wurde, bestand im antifaschistischen Widerstandskampf 1939–1945 ihre Bewährungsprobe. Die in Moskau tätigen Mitglieder der Parteiführung der KPD befaßten sich wiederholt mit den Fragen des bewaffneten Kampfes gegen das faschistische Regime, erörterten die Möglichkeiten der Anwendung dieser Kampfform und gaben den Kommunisten in Deutschland sowie in den Emigrationsländern wichtige Orientierungen. Die illegalen Parteiorganisationen der KPD waren häufig der Kern weitverzweigter antifaschistischer Widerstandsorganisationen, unter denen die von Anton Saefkow (1903–1944), Franz Jacob (1906–1944) und Bernhard Bästlein (1894–1944), Theodor Neubauer (1890–1945) und Magnus Poser (1907–1944) sowie Georg Schumann (1886–1945), Otto Engert (1895–1945) und Kurt Kresse (1904–1945) geleiteten Organisationen die größten waren. Mit Aufrufen und Flugblattaktionen, durch Anbringen von antinazistischen Losungen sowie durch gezielte mündliche Agitation wandten sich die deutschen Antifaschisten gegen den faschistischen Raubkrieg. In den Konzentrationslagern, vor allem in Buchenwald, Mauthausen und Sachsenhausen, organisierten die illegalen Lagerkomitees unter schwierigsten Bedingungen den antifaschistischen Widerstand. Ihre Militärorganisationen bereiteten später bewaffnete Aktionen zur Selbstbefreiung vor, wobei sie mit Kriegsgefangenen und Häftlingen vieler Nationen zusammenarbeiteten. Gleichzeitig unterhielten Mitglieder der in Deutschland gebildeten illegalen operativen Leitung der KPD auch Kontakte zu Hitlergegnern innerhalb der Wehrmacht, so zu den sich um Oberst Claus Schenk von Stauffenberg (1907–1944) gruppierenden patriotischen Kräften (→ *Verschwörung vom 20. 7. 1944*). Doch war es in den faschistischen Streitkräften noch schwieriger als in anderen gesellschaftlichen Bereichen, Einfluß zu erlangen.

Als im Frühjahr 1941 die Gefahr eines Krieges gegen die UdSSR immer sichtbarer wurde, unterrichteten deutsche Antifaschisten getreu den Prinzipien des proletarischen Internationalismus die Sowjetunion über die ihnen bekannt gewordenen Aggressionsvorbereitungen Hitlerdeutschlands. In ihrem Aufruf vom 24. 6. 1941 entlarvte das ZK der KPD die Klassen- und Raubziele des faschistischen Aggressors gegenüber der Sowjetunion und wies die Übereinstimmung der Lebensinteressen der Völker der UdSSR und des deutschen Volkes nach. Viele der in der Sowjetunion lebenden deutschen Antifaschisten traten in die Rote Armee ein, arbeiteten in der Verteidigungsindustrie oder leisteten politische Aufklärungsarbeit unter kriegsgefangenen deutschen Soldaten und Offizieren. Deutsche Antifaschisten und ehem. Wehrmachtangehörige kämpften auch in Partisaneneinheiten für die Vertreibung der Okkupanten und für die Befreiung der eigenen Heimat

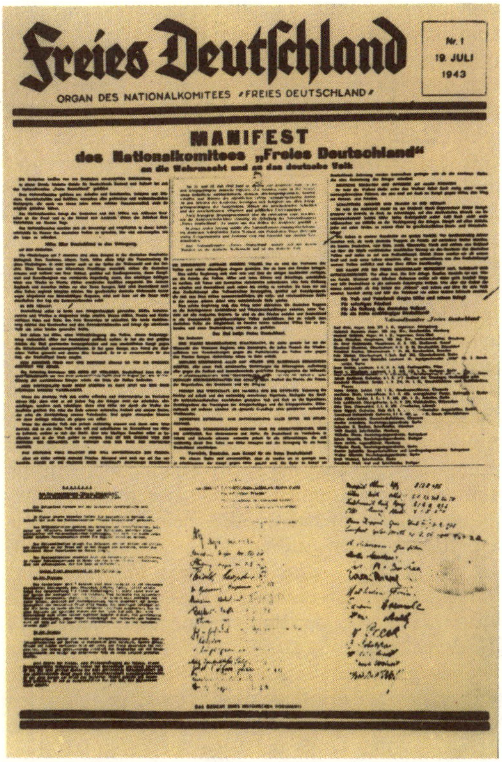
Freies Deutschland
Nr. 1
19. JULI
1943
ORGAN DES NATIONALKOMITEES »FREIES DEUTSCHLAND«
MANIFEST
des Nationalkomitees „Freies Deutschland“

Nr. 1 der Zeitung «Freies Deutschland» des Nationalkomitees «Freies Deutschland» vom 19. Juli 1943

vom Faschismus. Das Wirken des am 12./13. 7. 1943 gegründeten → *Nationalkomitees «Freies Deutschland» (NKFD)* sowie des am 11./12. 9. 1943 gebildeten → *Bundes Deutscher Offiziere (BDO)* entsprach der militärpolitischen Orientierung der KPD, alle Hitlergegner zum Sturz des faschistischen Regimes und zum Kampf für ein freies, unabhängiges und demokratisches Deutschland zusammenzuschließen. Auch in anderen von der Wehrmacht besetzten Ländern kämpften deutsche Antifaschisten, voran die Kommunisten, in Widerstands- und Partisanenorganisationen gegen die Okkupanten und leisteten eine vielseitige politisch-ideologische Aufklärungsarbeit.

Die KPD entwickelte ihre Konzeption über die Umgestaltung Deutschlands nach dem Kriege weiter. Mit dem «Aktionsprogramm des Blocks der kämpferischen Demokratie» (Oktober 1944) und den auf seiner Grundlage erarbeiteten Vorschlägen für notwendige Sofortmaßnahmen besaß die KPD als einzige politische Partei in Deutschland am Kriegsende ein auf den bisherigen Kampferfahrungen beruhendes wissenschaftliches Programm zur Entmachtung von Imperialismus und Militarismus und für den demokratischen Neuaufbau. Seit Anfang 1945 orientierte die Führung der KPD die Widerstandsorganisationen in Deutschland verstärkt auf den bewaffneten Kampf zur Befreiung von Dörfern und Städten. Sie forderte die antifaschistischen Kämpfer auf, zum Zeitpunkt der Befreiung in den einzelnen Gebieten und Ortschaften Verbindungen zur Roten Armee und zu den anderen Armeen der Antihitlerkoalition aufzunehmen und diese bei der Beseitigung faschistischer Widerstandsnester zu unterstützen. Als die Wehrmachtführung auch in Deutschland die Taktik der verbrannten Erde praktizierte, gelang es Partei- und Widerstandsgruppen, durch beherzte Aktionen viele Menschenleben zu retten und die Zerstörung von Städten, Dörfern und lebenswichtigen Objekten zu verhindern.

Der antifaschistische Widerstandskampf, der in vielfältigen Formen geführt wurde, bewies, daß es dem Naziregime nicht gelungen war, den revolutionären Geist der Kommunisten und anderer Antifaschisten zu brechen und die Ideen des proletarischen Internationalismus und der internationalen Solidarität im deutschen Volk, besonders in der Arbeiterklasse, zu ersticken. Das militärpolitische Wirken der revolutionären deutschen Arbeiterbewegung vermittelte wertvolle Erfahrungen, auf die sich die SED bei der Ausarbeitung und Entwicklung der Militärpolitik zum Schutz der sozialistischen Revolution in der DDR stützen konnte (→ *militärische Traditionen der DDR*, → *Militärpolitik der SED*).

Militärpolitik der SED: derjenige Teil der Politik der marxistisch-leninistischen Kampfpartei der Arbeiterklasse und des werktätigen Volkes der DDR, der die Gewährleistung des zuverlässigen militärischen Schutzes der Arbeiter-und-Bauern-Macht und die Stärkung der sozialistischen Militärkoalition zum Gegenstand hat.

Die SED ging in ihrer Strategie und Taktik von Anfang an davon aus, daß die antifaschistisch-demokratische Umwälzung und der erfolgreiche Aufbau des Sozialismus nur möglich sind, wenn deren zuverlässiger Schutz vor innerer Konterrevolution und imperialistischer Intervention gewährleistet ist. Sie hat daher der Militärfrage, insbesondere nach Gründung der DDR und Errichtung der Arbeiter-und-Bauern-Macht als einer Form der Diktatur des Proletariats, größte Bedeutung beigemessen. Wie in ihrer Gesamtpolitik läßt sie sich seit ihrer Gründung auch in der Sicherheits- und Militärpolitik konsequent vom Marxismus-Leninismus leiten, wobei die Leninsche Lehre von der Verteidigung des sozialistischen Vaterlandes und von der Notwendigkeit auch des militärischen Zusammenschlusses aller zum Sozialismus schreitenden Völker und Staaten eine zentrale Rolle spielt. Stets hat sie die Erfahrungen der deutschen und internationalen Arbeiterbewegung

(→ *Militärpolitik der revolutionären deutschen Arbeiterbewegung (bis 1945)*), vor allem der KPdSU, in ihrer Militärpolitik berücksichtigt. Die SED hat es verstanden, die wissenschaftlichen Erkenntnisse und praktischen Erfahrungen auf die konkreten Bedingungen der DDR anzuwenden und als führende politische Kraft eine Militärpolitik zu betreiben, die jederzeit den bewaffneten Schutz der im Bündnis mit den anderen Werktätigen ausgeübten Herrschaft der Arbeiterklasse gesichert und zur Stärkung der Verteidigungskraft der sozialistischen Gemeinschaft beigetragen hat. Die Militärpolitik der SED entspricht den Interessen des Friedens und des revolutionären Weltprozesses.

Bereits der Vereinigungsparteitag (21./22. 4. 1946) nahm eine klare marxistisch-leninistische Position zur revolutionären Gewalt ein. Er orientierte darauf, «die reaktionären Kräfte daran zu hindern, mit den Mitteln der Gewalt und des Bürgerkrieges der endgültigen Befreiung der Arbeiterklasse in den Weg zu treten. Die Sozialistische Einheitspartei Deutschlands erstrebt den demokratischen Weg zum Sozialismus; sie wird aber zu revolutionären Mitteln greifen, wenn die kapitalistische Klasse den Boden der Demokratie verläßt» (Dok. SED, I, S. 9). Ebenso klar war die Haltung zur sowjetischen Besatzungsmacht und zur Sowjetarmee als Befreierin des deutschen Volkes vom faschistischen Imperialismus und Beschützerin vor imperialistischer Aggression und Konterrevolution. Diese klassenmäßige Auffassung zu Grundfragen des revolutionären Prozesses trug entscheidend dazu bei, daß die SED eine Politik und Militärpolitik zu entwickeln vermochte, die die antifaschistisch-demokratische Umgestaltung unter friedlichen Bedingungen ermöglichte. Als gegen Ende der 40er Jahre die imperialistischen Mächte unter Führung der USA die Politik des «kalten Krieges» gegen die Sowjetunion verschärften und Kurs darauf nahmen, sich die volksdemokratischen Länder und die sowjetische Besatzungszone zu unterwerfen, erklärte die SED auf ihrer 1. Parteikonferenz (25.–28. 1. 1949) es «zur Pflicht jedes Werktätigen, die sozialistische Sowjetunion mit allen Kräften zu unterstützen» (Dok. SED, II, S. 182). Und kurze Zeit danach bekräftigte die Partei dies angesichts der imperialistischen Kriegsvorbereitungen mit dem Appell: «Im Falle der Aggression muß das deutsche Volk gegen die Aggressoren kämpfen und die Sowjetarmee in der Herbeiführung des Friedens unterstützen» (Dok. SED, II, S. 205). Damit hatte die Partei einen wichtigen, bis heute gültigen Wesenszug ihrer Militärpolitik zum Ausdruck gebracht: Frieden und gesellschaftlicher Fortschritt können nur an der Seite der Sowjetunion erfolgreich verteidigt werden.

Mit der Gründung der DDR als Antwort auf die vom Imperialismus unter Bruch des Potsdamer Abkommens vollzogene Spaltung Deutschlands und die Bildung der monopolkapitalistischen BRD erhöhte sich die Verantwortung der Arbeiterklasse und ihrer revolutionären Vorhut. Die Arbeiterklasse der DDR mußte befähigt werden, den Staat zu leiten, die Grundlagen des Sozialismus planmäßig zu errichten und alle sich aus der Militärfrage als Teil der Machtfrage ergebenden Anforderungen zu meistern. Die DDR war vom Tag ihrer Gründung an dem Druck und der Aggressivität des Imperialismus ausgesetzt. Die Klassenkampfsituation verschärfte sich in dem Maße, wie die wiedererrichteten imperialistischen Machtverhältnisse in der BRD erstarkten und die dort herrschenden finanzkapitalistischen Kreise als Juniorpartner des USA-Imperialismus Kurs auf die gewaltsame Revision der Ergebnisse des zweiten Weltkrieges nahmen. Auf Vorschlag der SED ergriff daher die Regierung der DDR Maßnahmen, um im Rahmen der politischen, ökonomischen und völkerrechtlichen Möglichkeiten den bewaffneten Schutz des sozialistischen Aufbaus auch mit eigenen Kräften zu stärken (→ *Hauptverwaltung für Ausbildung (HVA)*, → *Hauptverwaltung Seepolizei (HVS)*). Sie wurde dabei von der Sowjetunion unterstützt. Der III. Parteitag der SED (20.–24. 7. 1950) behandelte die Festigung der Arbeiter-und-Bauern-Macht, die Fortsetzung der revolutionären Umwälzung und den Kampf um den Frieden in engem Zusammenhang. Dabei enthüllte er die Rolle der BRD und Westberlins in den Aggressionsplänen des Weltimperialismus. Er bezeichnete es als erstrangige politische Aufgabe im Ringen um die Erhaltung des Friedens, die → *Remilitarisierung der BRD* zu verhindern und gegen alle Formen der ideologischen Kriegsvorbereitung, insbesondere gegen Antisowjetismus, Nationalismus und Chauvinismus, zu kämpfen. Erneut wies die Partei darauf hin, daß der Frieden erforderlichenfalls auch mit der Waffe an der Seite der Sowjetarmee verteidigt werden muß. Die Partei leistete in der Folgezeit eine große militärpolitische Aufklärungsarbeit über die friedenssichernde Rolle der Sowjetarmee, deren Truppen nach wie vor in internationalistischer Pflichterfüllung die DDR vor imperialistischer Aggression schützten (→ *Gruppe der Sowjetischen Streitkräfte in Deutschland (GSSD)*), und enthüllte die Friedensdemagogie, mit der die aggressiven imperialistischen Kräfte ihre Kriegsvorbereitungen tarnten.

Als aufgrund der erzielten Erfolge in der DDR die planmäßige sozialistische Umgestaltung aller staatlichen und gesellschaftlichen Bereiche auf der Tagesordnung stand, gleichzeitig die imperialistischen Westmächte im Komplott mit der westdeutschen Reaktion die Remilitarisierung der BRD beschleunigten und deren Einbeziehung in die → *NATO* vorbereiteten (→ *Europäische Verteidigungsgemeinschaft*

(EVG)), wurde die weitere Stärkung des bewaffneten Schutzes der Arbeiter-und-Bauern-Macht unerläßlich. Diesem Erfordernis entsprach die 2. Parteikonferenz der SED (9.–12. 7. 1952). Zusammen mit den politischen, ökonomischen und kulturellen Aufgaben, die beim weiteren Aufbau des Sozialismus zu lösen waren, beschloß sie, die Grenzen der DDR zur BRD und zu Westberlin (→ *Grenztruppen der DDR*) wirksamer zu sichern und Streitkräfte aufzustellen. Diese sollten imstande sein, an der Seite der Sowjetarmee die Errungenschaften der Werktätigen vor konterrevolutionären Anschlägen und einer imperialistischen Intervention zu schützen. Ein erster Schritt dazu war die Bildung der → *Kasernierten Volkspolizei (KVP)* im Sommer 1952. Dabei leistete die SED eine umfangreiche Unterstützung, sowohl um die Kader gründlich auszubilden als auch um Jugendliche für den Dienst in den bewaffneten Kräften zu gewinnen. Gleichzeitig setzte sie sich mit ideologischen Vorbehalten gegenüber der Landesverteidigung, vor allem mit pazifistischen Auffassungen, auseinander. Gemeinsam mit den Massenorganisationen und den anderen demokratischen Parteien förderte sie die Bereitschaft der Werktätigen in der DDR, insbesondere der Jugend, zur Verteidigung des sozialistischen Vaterlandes. Auf dem IV. Parlament der FDJ (27.–30. 5. 1952) übernahm der Jugendverband die → *Patenschaft der FDJ über die bewaffneten Organe der DDR*. Im August 1952 entstand auf Vorschlag der SED die → *Gesellschaft für Sport und Technik (GST)*. Aus dem konterrevolutionären Putschversuch im Juni 1953 und seiner Zerschlagung zog die Partei wichtige militärpolitische Schlußfolgerungen. So wurden seit Juni 1953 auf ihre Initiative die → *Kampfgruppen der Arbeiterklasse* zum Schutz des sozialistischen Staates und der volkseigenen Betriebe geschaffen. Erstmalig in der Geschichte der deutschen Arbeiterbewegung wurde im Statut der SED – beschlossen auf dem IV. Parteitag der SED (30. 3.–6. 4. 1954) – die militärpolitische Verantwortung der Partei verankert, die Werktätigen zur aktiven Verteidigung der Heimat, des Staates der Arbeiter und Bauern, zu erziehen und zu organisieren.

Plakat zur Unterstützung des Aufbaus und der Stärkung der Kampfgruppen der Arbeiterklasse, 1955

Mitte der 50er Jahre trat eine neue Etappe in der Militärpolitik der SED ein. Sie lag darin begründet, daß sich die Auseinandersetzung zwischen Sozialismus und Imperialismus, zwischen den Kräften des Friedens und des Krieges im Weltmaßstab und auf deutschem Boden zuspitzte. Wenn es bisher den sozialistischen Staaten und allen anderen Friedenskräften gelungen war, den Einfluß des Sozialismus auf das internationale Geschehen zu erhöhen und die aggressiven Kräfte an der Entfesselung eines neuen Weltkrieges zu hindern, so hatten daran die Militärpolitik der marxistisch-leninistischen Parteien, darunter der SED, und die militärische Stärke der sozialistischen Staaten mit der Sowjetunion als Hauptkraft großen Anteil. Angesichts dieser Entwicklung verschärfte der Imperialismus seinen aggressiven Kurs beträchtlich, was vor allem im Abschluß der → *Pariser Verträge 1955* und in der Einbeziehung der BRD in die NATO seinen Ausdruck fand. Die → *Bundeswehr der BRD* wurde als Stoßtrupp der NATO-Streitkräfte gegen den Sozialismus in Europa geschaffen. Mit dem Abschluß des Vertrages über Freundschaft, Zusammenarbeit und gegenseitigen Beistand vom 14. 5. 1955 und der Bildung des → *Warschauer Verteidigungsbündnisses* setzten die europäischen sozialistischen Staaten dem gefährlichen Aggressionskurs des Imperialismus unüberwindliche Schranken. Die Teilnahme der DDR an der kollektiven sozialistischen Verteidigungsorganisation wurde zum unerschütterlichen Fundament ihrer Sicherheit. Auf der Grundlage der von der SED vorgeschlagenen Ergänzung der Verfassung von 28. 9. 1955, die den Dienst zum Schutze der sozialistischen Errungenschaften als ehrenvolle Pflicht der Bürger der DDR erklärte, beschloß die Volkskammer am 18. 1. 1956 das Gesetz über die Schaffung der → *Nationalen Volksarmee der DDR (NVA)* und des Ministeriums für Nationale Verteidigung. Zum Hauptinhalt der Militärpolitik der SED wurde nunmehr, die NVA zu einer kampfkräftigen Armee aufzubauen, dabei die allgemeingültigen Prinzipien des Aufbaus sozialistischer Streitkräfte und die Erfahrungen der → *Sowjetarmee und Seekriegsflotte* schöpferisch anzuwenden, die Waffenbrüderschaft mit der Sowjetarmee und den anderen verbündeten Armeen immer enger zu gestalten und tatkräftig zur Stärkung der sozialistischen Militärkoalition beizutragen. Die SED sicherte ihre führende Rolle in der NVA durch die Bildung von Parteiorganisationen und Politorganen. Zusammen mit den Kommandeuren, unterstützt von den FDJ-Organisationen, erzogen sie die NVA-Angehörigen im Geiste des proletarischen Internationalismus und sozialistischen Patriotismus, zur Bereitschaft und Fähigkeit, an der Seite der Sowjetarmee und der anderen Bruderarmeen unter Einsatz ihres Lebens den Sozialismus ge-

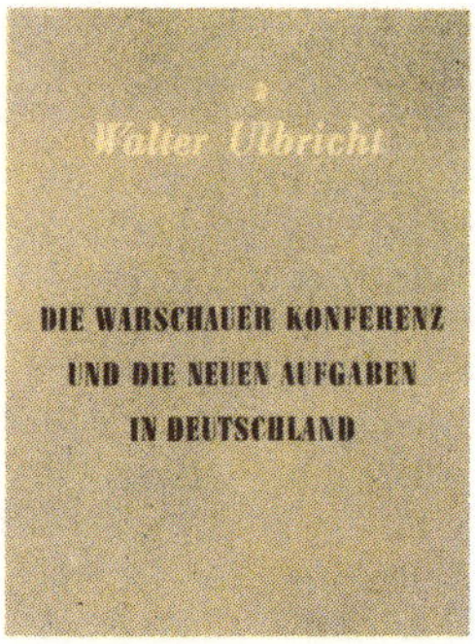

Titelblatt der Broschüre von 1955

gen jeden Feind zu schützen. Die führende Rolle der SED gegenüber der NVA und innerhalb dieser wurde zum Garanten und zur wichtigsten Quelle der Kampfkraft und Gefechtsbereitschaft der NVA, der Einheit von Volk und Armee, die tiefe historische Wurzeln in den → *militärischen Traditionen der DDR* hat, zum festen Fundament für die Lösung der militärischen Aufgaben.

Die Praxis der internationalen Klassenauseinandersetzung hat die Richtigkeit und Wirksamkeit der Militärpolitik der SED überzeugend bestätigt, so im Oktober 1956, als sich die aggressiven imperialistischen Kreise im Zusammenhang mit dem konterrevolutionären Putsch in der Ungarischen VR und dem Überfall auf Ägypten anschickten, ihre Pläne auch gegen die DDR beschleunigt umzusetzen. In dieser zugespitzten politischen Situation bewiesen die NVA und die anderen bewaffneten Organe der DDR hohe Klassenwachsamkeit und Einsatzbereitschaft beim Schutz der sozialistischen Errungenschaften. Sie leisteten einen wichtigen Beitrag zur Sicherung des Friedens an der Trennlinie zwischen Sozialismus und Imperialismus in Europa. Als beim Übergang zu den 60er Jahren die herrschenden Kreise der USA und anderer NATO-Staaten, unterstützt von der imperialistischen und militaristischen Reaktion der BRD, ihre Anstrengungen zur Annexion der DDR forcierten, trafen das ZK der SED und die Regierung der DDR rechtzeitig Vorkehrungen, um den bewaffneten Schutz des sozialistischen Aufbaus zu stärken. Mit dem auf Vorschlag des ZK von der Volkskammer verabschiedeten Gesetzes über die Bildung des → *Nationalen Verteidigungsrates der DDR* schuf sich die Arbeiterklasse ein staatliches Organ, das unter Führung der SED die gesamte → *Landesverteidigung der DDR* einheitlich leitete. Der NVA und den anderen Schutz- und Sicherheitsorganen wurde die Aufgabe gestellt, Kampfkraft und Einsatzbereitschaft weiter zu erhöhen. Diese und andere von der SED gewiesenen militärpolitischen und militärischen Maßnahmen waren entscheidende Voraussetzungen für die erfolgreiche → *Sicherung der Staatsgrenzen der DDR 1961* ge-

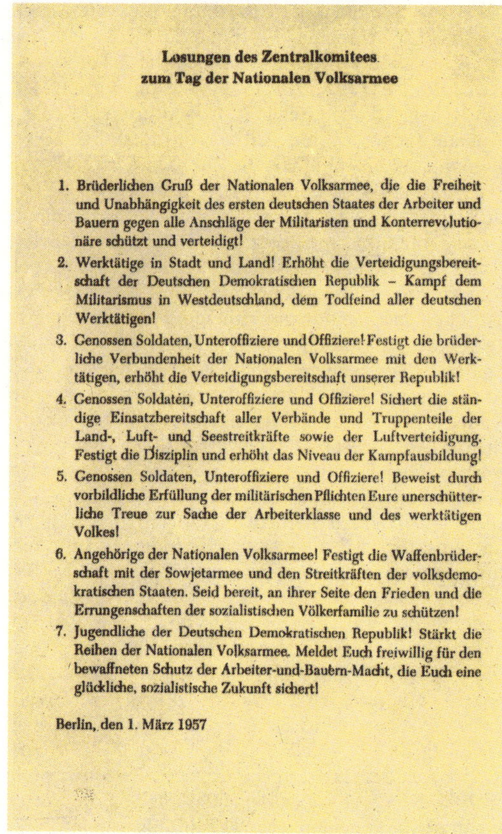

Losungen des Zentralkomitees zum Tag der Nationalen Volksarmee

1. Brüderlichen Gruß der Nationalen Volksarmee, die die Freiheit und Unabhängigkeit des ersten deutschen Staates der Arbeiter und Bauern gegen alle Anschläge der Militaristen und Konterrevolutionäre schützt und verteidigt!
2. Werktätige in Stadt und Land! Erhöht die Verteidigungsbereitschaft der Deutschen Demokratischen Republik – Kampf dem Militarismus in Westdeutschland, dem Todfeind aller deutschen Werktätigen!
3. Genossen Soldaten, Unteroffiziere und Offiziere! Festigt die brüderliche Verbundenheit der Nationalen Volksarmee mit den Werktätigen, erhöht die Verteidigungsbereitschaft unserer Republik!
4. Genossen Soldaten, Unteroffiziere und Offiziere! Sichert die ständige Einsatzbereitschaft aller Verbände und Truppenteile der Land-, Luft- und Seestreitkräfte sowie der Luftverteidigung. Festigt die Disziplin und erhöht das Niveau der Kampfausbildung!
5. Genossen Soldaten, Unteroffiziere und Offiziere! Beweist durch vorbildliche Erfüllung der militärischen Pflichten Eure unerschütterliche Treue zur Sache der Arbeiterklasse und des werktätigen Volkes!
6. Angehörige der Nationalen Volksarmee! Festigt die Waffenbrüderschaft mit der Sowjetarmee und den Streitkräften der volksdemokratischen Staaten. Seid bereit, an ihrer Seite den Frieden und die Errungenschaften der sozialistischen Völkerfamilie zu schützen!
7. Jugendliche der Deutschen Demokratischen Republik! Stärkt die Reihen der Nationalen Volksarmee. Meldet Euch freiwillig für den bewaffneten Schutz der Arbeiter-und-Bauern-Macht, die Euch eine glückliche, sozialistische Zukunft sichert!

Berlin, den 1. März 1957

Losungen des ZK der SED zum 1. Jahrestag der NVA

genüber Westberlin und der BRD. Die mit der UdSSR und den anderen sozialistischen Staaten abgestimmte Militärpolitik der SED und Regierung der DDR trug aktiv dazu bei, daß die imperialistische Strategie des «roll back» in Europa scheiterte und ebenso der von den herrschenden Kreisen in der BRD betriebenen aggressiven und revanchistischen Politik vor allem gegenüber der DDR Einhalt geboten und der Frieden in Europa gerettet wurde. Um den erreichten Erfolg zu sichern und die bewaffneten Kräfte sowie alle Werktätigen umfassender auf die Abwehr einer imperialistischen Aggression vorzubereiten, leitete die SED eine Reihe wichtiger Maßnahmen zur Verstärkung des militärischen Schutzes ein. Auf Vorschlag des ZK der SED verabschiedete die Volkskammer das Verteidigungsgesetz im September 1961 und das Gesetz über die allgemeine Wehrpflicht 1962. Der Nationale Verteidigungsrat beschloß, die NVA mit modernen Waffensystemen auszurüsten. Die Grenztruppen der DDR verstärkten die Grenzsicherung. Gleichzeitig intensivierten die Parteiorganisationen in allen bewaffneten Organen die politisch-ideologische Arbeit zur Erhöhung der Verteidigungsbereitschaft. Im → *Jugendaufgebot 1961* erklärten sich über 300000 junge Arbeiter und andere Jugendliche bereit, freiwillig ihren Ehrendienst in den bewaffneten Kräften abzuleisten. Die Kampfgruppen der Arbeiterklasse verbesserten ihre Ausbildung.

Nachdem Anfang der 60er Jahre die Aufgaben der Übergangsperiode vom Kapitalismus zum Sozialismus im wesentlichen gelöst waren und die DDR in einen neuen Entwicklungsabschnitt eintrat, ergaben sich auch militärpolitisch neue Forderungen. Vordringlich war der weitere Ausbau der Landesverteidigung der DDR mit der NVA als Kern. Es galt, den Erfordernissen des wissenschaftlich-technischen Fortschritts und der sich stürmisch entfaltenden Revolution im Militärwesen gerecht zu werden und dabei die durch die gesellschaftliche Entwicklung entstandenen größeren Potenzen zu nutzen. Der VI. Parteitag der SED (15.–21. 1. 1963), der den umfassenden Aufbau des Sozialismus beschloß, wies dazu den Weg. Um einen dauerhaften Frieden herbeizuführen, so wurde auf dem Parteitag begründet, stand vor allem die Aufgabe, eine höhere Stufe der Einheit von Politik, Ökonomie, Ideologie und Landesverteidigung zu erreichen. Nachdrücklich wurde die Notwendigkeit betont, die Kampfkraft und Gefechtsbereitschaft der bewaffneten Organe der DDR zu erhöhen, um jederzeit auf die Abwehr einer imperialistischen Aggression und die Zerschlagung des Aggressors vorbereitet zu sein. Bei der Verwirklichung der vom VI. Parteitag gestellten militärpolitischen Aufgaben standen die Weiterentwicklung der NVA als moderne sozialistische Koalitionsarmee und die Festigung der engen Waffenbrüderschaftsbeziehungen zur Sowjetarmee und zu den Armeen der anderen sozialistischen Staaten im Mittelpunkt. Die 1962 auf Vorschlag der SED bei den Räten der Bezirke und Kreise gebildeten Kommissionen für sozialistische Wehrerziehung brachten zusammen mit weiteren Maßnahmen auf dem Gebiet der → *sozialistischen Wehrerziehung der Bevölkerung der DDR* die Vorzüge des Sozialismus bei der notwendigen Stärkung seiner Verteidigungsfähigkeit immer wirkungsvoller zur Geltung. Die SED vertiefte die allseitige Zusammenarbeit der DDR mit der UdSSR und den anderen sozialistischen Staaten. Von weitreichender Bedeutung war der am 12. 6. 1964 abgeschlossene Vertrag über Freundschaft, gegenseitigen Beistand und Zusammenarbeit zwischen der DDR und der UdSSR. Beide Seiten bekräftigten, verstärkt dafür zu wirken, daß die anstehenden komplizierten internationalen Probleme auf der Grundlage der Prinzipien der friedlichen Koexistenz zwischen Staaten unterschiedlicher Gesellschaftsordnung gelöst werden. Sie legten fest, alle Maßnahmen zu treffen, um den aggressiven Kurs der imperialistischen Mächte, die eine Revision der Ergebnisse des zweiten Weltkrieges anstrebten, zu durchkreuzen. Weitere → *bilaterale Verträge der DDR mit anderen sozialistischen Staaten über gegenseitigen Beistand* wurden abgeschlossen. Charakteristisch für die beginnende höhere Stufe der Zusammenarbeit auch auf militärischem Gebiet war der Übergang zu größeren gemeinsamen → *Übungen und Manövern der Vereinten Streitkräfte.*

Die Bukarester Tagung des Politischen Beratenden Ausschusses des Warschauer Vertrages (4.–6. 7. 1966) leitete eine neue Etappe des Kampfes der sozialistischen Länder für Frieden, Sicherheit und friedliche Koexistenz in Europa ein. Sie schlug vor, eine gesamteuropäische Konferenz über Sicherheit und Zusammenarbeit einzuberufen. Es entsprach der objektiven Einheit von Sozialismus und Frieden, wenn die SED auf ihrem VII. Parteitag (17.–22. 4. 1967) als Grundlinie für die Militärpolitik der DDR die Aufgabe stellte, die Landesverteidigung zu vervollkommnen und als einheitliches Ganzes zu gestalten. Im Volksentscheid vom 6. 4. 1968 über die neue sozialistische Verfassung der DDR, die den Schutz des Friedens und des sozialistischen Vaterlandes als Recht und Ehrenpflicht jedes Bürgers staatsrechtlich fixierte, bekundeten die Werktätigen ihr Vertrauen auch zur Militärpolitik und ihre Verbundenheit mit den bewaffneten Kräften des Arbeiter-und-Bauern-Staates. Deutlich trat das auf die Sicherung des Friedens gerichtete Klassenwesen der Militärpolitik von Partei und Staat erneut zutage, als im August 1968 Einheiten der NVA Seite an Seite mit den Waffenbrüdern aus der UdSSR und aus anderen sozialistischen Staaten den Brudervölkern der ČSSR halfen, den Sozialismus zu verteidigen. Angesichts des wahnwitzigen Spiels der aggressivsten Kreise des Imperialismus war es geboten, die Verteidigungsfähigkeit des Sozialismus weiter zu stärken. Einen wichtigen Schritt bedeutete der Übergang vom Luftschutz zur → *Zivilverteidigung der DDR.* Unter Führung der SED wurde die Landesverteidigung zunehmend zur Sache des ganzen Volkes.

In Übereinstimmung mit dem XXIV. Parteitag der KPdSU (30. 3.–9. 4. 1971) und den Parteitagen anderer Bruderparteien beschloß der VIII. Parteitag der SED (15.–19. 6. 1971) als strategische Aufgabe die Gestaltung der entwickelten sozialistischen Gesellschaft in der DDR und bestimmte zugleich die militärpolitischen Aufgaben in der neuen Entwicklungsetappe. Der Parteitag analysierte den Aggressionskurs der reaktionären imperialistischen Kreise und wies darauf hin, daß die BRD im Rahmen der Globalstrategie des Imperialismus der USA eine Schlüsselstellung einnimmt und nach wie vor Speerspitze und Aufmarschgebiet der NATO gegen den Sozialismus in Europa ist. Die Partei erklärte, daß sie auch künftig aktiv an der Koordinierung der Außen- und Militärpolitik der Staaten des Warschauer Vertrages sowie an der Erhöhung der Verteidigungskraft der sozialistischen Militärkoalition mitwirken wird. Um den militärischen Schutz der DDR im kollektiven sozialistischen Verteidigungsbündnis mit der UdSSR als Hauptkraft weiterhin auf dem gebotenen Niveau zu halten, war es notwendig, die militärpolitische, militärökonomische, militärwissenschaftliche und militärtechnische Zusammenarbeit zwischen den sozialistischen Staaten planmäßig auszubauen und dazu die Vorzüge und Triebkräfte der entwickelten sozialistischen Gesellschaft wirksamer zu nutzen. Vom VIII. Parteitag der SED ging die militärpolitische Linie aus, die Funktionsfähigkeit der Landesverteidigung entsprechend den Bedingungen eines modernen Krieges zu vervollkommnen, die Wehrbereitschaft und -fähigkeit aller Bürger zur Verteidigung des sozialistischen Vaterlandes zu fördern und die patriotische und internationalistische Erziehung zu vertiefen. Der Parteitag bestimmte als Kampfauftrag der NVA, die Staatsgrenze, das Territorium, den Luftraum und das Küstenvorfeld der DDR sowie die verbündeten sozialistischen Staaten gemeinsam mit der Sowjetarmee und den anderen Bruderarmeen des Warschauer Vertrages zuverlässig zu schützen. Wie in der Gesamtpolitik, so widerspiegelte sich auch auf militärpolitischem Gebiet eine höhere Qualität der Einheit von Nationalem und Internationalem. Der militärische Schutz wurde konsequent als Bestandteil des Wesensinhalts der entwickelten sozialistischen Gesellschaft und als ein Grundelement der Friedensstrategie der sozialistischen Staaten verstanden. Die Angehörigen der NVA, der Schutz- und Sicherheitsorgane und alle Werktätigen der DDR arbeiteten angestrengt, um die vom VIII. Parteitag der SED gestellten militärpolitischen Aufgaben zu erfüllen. Entsprechend den kollektiven Festlegungen der Führungsgremien des Warschauer Vertrages wurden die Pläne für die Entwicklung der Vereinten Streitkräfte koordiniert, erfolgte deren weitere Bewaffnung und Ausrüstung in Übereinstimmung mit dem sich vollziehenden wissenschaftlich-technischen Fortschritt und seinen Auswirkungen auf das Militärwesen. Durch Anwendung neuester Erkenntnisse der Wissenschaft im allgemeinen und der Militärwissenschaft im besonderen wurden die Prinzipien und Methoden der Erziehung und Ausbildung vervollkommnet. In der NVA wurde zur Verwirklichung der Beschlüsse des VIII. Parteitages der SED die führende Rolle der Partei verstärkt und konsequent verwirklicht, der Einfluß der Parteiorganisationen in allen Bereichen des militärischen Lebens erhöht. Wachsende Bedeutung gewann der Ausbau der Verteidigungsorganisation des Landes im territorialen Bereich. Große Aufmerksamkeit widmeten die SED und die Staatsführung dementsprechend der Festigung der Kampfgruppen der Arbeiterklasse und der Zivilverteidigung. In Übereinstimmung mit der vom VIII. Parteitag der SED beschlossenen Hauptaufgabe wurden die Dienst- und Lebensbedingungen der Angehörigen der Organe der Landesverteidigung kontinuierlich verbessert.

Das gemeinsame außenpolitische Handeln und die Verteidigungsmacht der sozialistischen Staatengemeinschaft bewirkten in der ersten Hälfte der 70er Jahre, daß der Entspannungsprozeß in Europa voranschritt. Dies fand u. a. darin seinen Ausdruck, daß die Westmächte ein völkerrechtlich gültiges Dokument unterzeichneten, in dem die DDR als souveräner Staat, ihre Grenzen und ihr Territorium als Realitäten akzeptiert wurden. Der Entspannungsprozeß stellte die Partei auch auf militärpolitischem Gebiet vor neue Aufgaben. Ausgehend von den Ursachen des Entspannungsprozesses, vor allem der politischen, ökonomischen, militärischen und ideologischen Stärke der sozialistischen Staatengemeinschaft, sowie der Tatsache, daß die Durchsetzung der Prinzipien der friedlichen Koexistenz keineswegs die Unversöhnlichkeit des Klassengegensatzes zwischen Sozialismus und Imperialismus aufhebt oder abschwächt, entfaltete die SED eine breite Aufklärungsarbeit. Sie zeigte, daß die Schritte imperialistischer Kräfte zur Anpassung an das neue internationale Kräfteverhältnis nichts am reaktionären Klassenwesen des Imperialismus und seiner Aggressivität änderten. Sie erläuterte ferner die große Rolle, die die militärische Macht des Sozialismus für die Fortsetzung des Entspannungsprozesses besaß und daß es ihr zu verdanken war, wenn der Imperialismus von einer Aggression in Europa abgehalten wurde. Zugleich forderte sie die Werktätigen auf, hohe Wachsamkeit gegenüber den aggressivsten imperialistischen Kräften zu üben, die jederzeit jähe, friedensgefährdende Wendungen in der Politik herbeiführen können. Die SED orientierte daher darauf, auch weiterhin die Bereitschaft und Fähigkeit zum Schutz der sozialistischen Errungenschaften zu erhöhen. Gleichzeitig verstärkte sie die sozialistische Wehrerziehung, vor allem der Jugend.

Aktiv bemühte sich die SED, im Sinne des VIII. Parteitages die allseitige Zusammenarbeit mit der Sowjetunion noch enger zu gestalten, dabei die militärpolitische und militärische. In dem am 7. 10. 1975 in Moskau unterzeichneten neuen Vertrag über Freundschaft, Zusammenarbeit und gegenseitigen Beistand zwischen der DDR und UdSSR wurden auf lange Sicht die Hauptrichtungen der außen- und militärpolitischen Zusammenarbeit festgelegt. Beide Seiten erklärten ihre feste Absicht, auch künftig alles für die Festigung des Friedens zu tun. Sie unterstrichen ihre Entschlossenheit, gemeinsam und im Bündnis mit den anderen Teilnehmerstaaten des Warschauer Vertrages die Unantastbarkeit ihrer Grenzen, einschließlich der Grenzen zwischen der DDR und der BRD, zu gewährleisten. Zum gegenseitigen Beistand legte der Vertrag fest: Falls ein Staat oder eine Staatengruppe eines der beiden Länder mit Waffengewalt überfällt, so sieht das andere dies als einen Angriff auf sich selbst an und leistet dem Partner unverzüglich jeden Beistand. Auf der Grundlage des Vertrages erfuhr die militärische Zusammenarbeit zwischen der DDR und der UdSSR als ehernes Fundament der erfolgreichen Militärpolitik der DDR eine quantitative und qualitative Höherentwicklung. Besonders eng gestalteten sich die → *Waffenbrüderschaftsbeziehungen der NVA* zur GSSD, wofür der Begriff vom «Regiment nebenan» zum Symbol geworden ist.

Zur geschichtlichen Bilanz, die auf dem IX. Parteitag der SED (18.–22. 5. 1976) gezogen wurde, gehörten die Ergebnisse der Militärpolitik. Wachsam, kampfentschlossen und einsatzbereit rechtfertigten die Angehörigen der NVA und aller anderen bewaffneten Organe das Vertrauen der Partei, der Arbeiterklasse und des gesamten werktätigen Volkes, den Sozialismus zuverlässig zu schützen und zu sichern und damit das internationale Kräfteverhältnis weiter zugunsten des Sozialismus zu verändern. Die konsequente Verwirklichung der führenden Rolle der SED in allen Bereichen der sozialistischen Landesverteidigung, die schöpferische und angestrengte Arbeit der Werktätigen waren die Grundlage dafür, daß die militärpolitischen Beschlüsse des VIII. Parteitages so erfolgreich verwirklicht wurden. Im Programm der SED, beschlossen auf dem IX. Parteitag, wurden die Gewährleistung des zuverlässigen Schutzes des Friedens und der sozialistischen Errungenschaften zu jeder Zeit sowie die Festigung der Bereitschaft zur Verteidigung des Sozialismus bei allen Bürgern der DDR als ein wesentliches Merkmal und Kriterium der entwickelten sozialistischen Gesellschaft bezeichnet. Der IX. Parteitag präzisierte den Klassenauftrag der NVA und die Aufgaben der anderen Organe und Kräfte der Landesverteidigung. In konsequenter Verwirklichung der programmatischen Aufgabenstellung für die Militärpolitik wurden seitdem bedeutende Schritte eingeleitet, um die Landesverteidigung planmäßig auf dem gebotenen hohen Niveau zu entwickeln. Ein Ausdruck dafür ist die auf Initiative der SED vorgenommene Neufassung des Verteidigungsgesetzes vom 13. 10. 1978 (→ *Recht der Landesverteidigung der DDR*). Partei- und Staatsführung stimmten der von den Teilnehmerstaaten des Warschauer Vertrages auf der Tagung des Politischen Beratenden Ausschusses in Moskau im November 1978 angenommenen Deklaration zu, in der eine klare und konstruktive Antwort auf die Frage Krieg oder Frieden als Lebensfrage der Menschheit gegeben und auf die nächsten Schritte orientiert wurde, um das von der NATO angeheizte Wettrüsten zu beenden, zur Abrüstung überzugehen und auf diese Weise die Entspannung unumkehrbar zu machen.

Angesichts des an der Wende zu den 80er Jahren von den USA und anderen imperialistischen Mächten eingeschlagenen Kurses auf Konfrontation, Hochrüstung und militärische Gewalt, auf Aggression und Konterrevolution erhöhte sich die Verantwortung auch der Militärpolitik. Der X. Parteitag der SED (11.–16. 4. 1981) wurde dieser Tatsache gerecht. Er stimmte dem vom XXVI. Parteitag der KPdSU unterbreiteten Aktionsprogramm für den Frieden zu und bestimmte das Friedenskonzept der DDR als Vereinigung konstruktiver Schritte für die Friedenssicherung mit dem, was für die militärische Verteidigung des sozialistischen Vaterlandes notwendig ist. Im Bericht an den Parteitag, den der Generalsekretär des ZK der SED Erich Honecker (geb. 1912) vortrug, hieß es: «Eingedenk ihrer Verantwortung für die Erhaltung des Friedens und die Sicherheit der sozialistischen Gemeinschaft stärkt die Deutsche Demokratische Republik als Teilnehmerstaat des Warschauer Vertrages die Kampfkraft und Geschlossenheit der sozialistischen Militärkoalition.» Der Parteitag wies darauf hin, daß sich aus der wachsenden Aggressivität des Imperialismus und der durch die USA und NATO verursachten Verschärfung der internationalen Lage zunehmende Gefahren ergeben. Um daher den Frieden dauerhaft zu gestalten, ist die Stärkung der Verteidigungsfähigkeit erforderlich. Davon ausgehend beschloß der Parteitag, die Landesverteidigung der DDR noch wirksamer unter dem Gesichtspunkt ihres engen dialektischen Zusammenhangs mit der Wirtschafts- und Sozialpolitik zu entwickeln; die Kampfkraft, Gefechts- und Einsatzbereitschaft der NVA und der an-

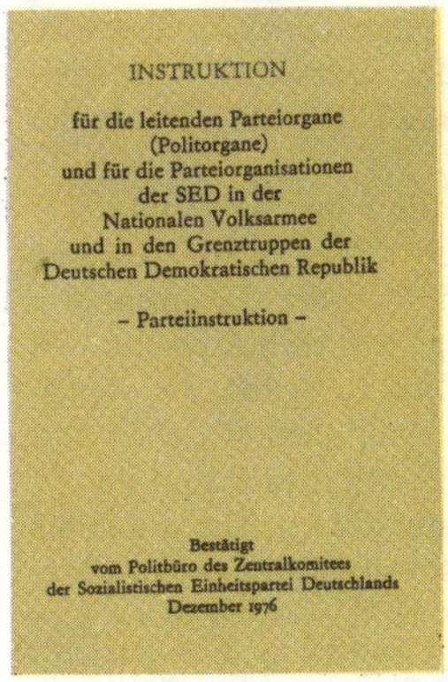

Titelblatt der Parteiinstruktion für die NVA von 1976

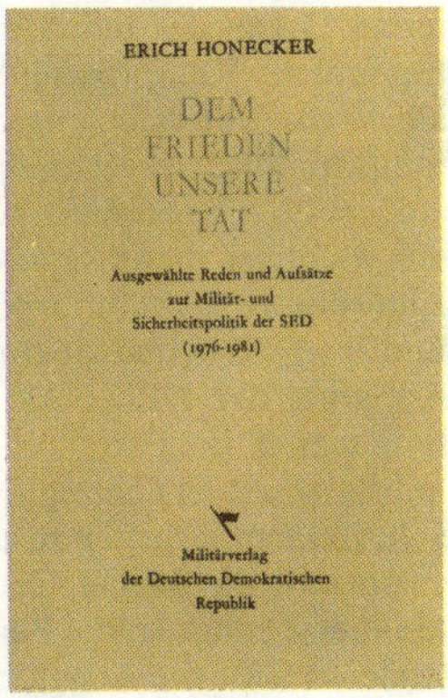

Titelblatt der Ausgabe von 1982

deren Schutz- und Sicherheitsorgane der DDR zu erhöhen und zur allseitigen Stärkung der sozialistischen Militärkoalition beizutragen, dabei vor allem die Waffenbrüderschaft mit den sowjetischen Streitkräften weiter zu festigen; den Erfordernissen der Landesverteidigung stets durch die Staats- und wirtschaftsleitenden Organe Rechnung zu tragen; durch die sozialistische Wehrerziehung alle Bürger, insbesondere die Jugend, zielstrebig zur Verteidigung des sozialistischen Vaterlandes zu befähigen. Der Parteitag erklärte, daß es für die NVA, die Schutz- und Sicherheitsorgane bei der Weiterführung der sozialistischen Revolution gemeinsamer Klassenauftrag ist, die sozialistische Ordnung und das friedliche Leben der Bürger der DDR und aller Staaten des sozialistischen Bündnisses gegen jegliche Angriffe der aggressiven Kräfte des Imperialismus und der Reaktion zu schützen, die Souveränität der DDR, ihre territoriale Integrität, die Unverletzlichkeit ihrer Grenzen und ihrer staatlichen Sicherheit zu gewährleisten. An der Seite der Waffenbrüder der Sowjetunion und der anderen sozialistischen Bruderländer haben sie jederzeit bereit und fähig zu sein, diesen Auftrag zu erfüllen. Die gefährliche Konfrontations- und Hochrüstungspolitik des USA-Imperialismus sowie die 1983 begonnene Stationierung von Pershing-2-Raketen und Cruise Missiles in der BRD und anderen NATO-Ländern stellen an die Politik und Militärpolitik der sozialistischen Staaten neue, höhere Anforderungen, um Frieden und Sozialismus zu schützen. Es gilt, entsprechende Gegenmaßnahmen zu ergreifen und die vom USA-Imperialismus angestrebte strategische Überlegenheit der NATO nicht zuzulassen. In voller Übereinstimmung mit der KPdSU und den anderen Bruderparteien kennt die SED keine wichtigere Aufgabe, als den Frieden mit dem Einsatz aller politischen, ökonomischen und militärischen Potenzen zu verteidigen.

Militärpolitische Abteilung beim ZK der KPD: internes Organ des zentralen Parteiapparats der revolutionären Kampfpartei der deutschen Arbeiterklasse zur Unterstützung des ZK bei der Leitung des militärpolitischen Kampfes.

Der 1927 begonnene Aufbau der Abteilung war ein wichtiger organisatorischer Schritt zur besseren Einordnung der Militärpolitik in die Gesamtpolitik und zur Weiterentwicklung des militärpolitischen Apparats der KPD. Die Hauptaufgabe der Abteilung war es, die Partei bei der militärpolitischen und militärischen Erziehung ihrer Mitglieder und der revolutionären Arbeiter zu unterstützen. Dazu gab sie entsprechende Bücher, Zeitschriften und andere Materialien heraus, so die Zeitschrift → *«Oktober»*. Des weiteren hatte die Abteilung spezifische Aufgaben zu erfüllen, z. B. Aufklärungsarbeit in der Reichswehr und Polizei, Überwachung militaristisch-faschistischer Organisationen und von Rüstungsbetrieben, Sicherung der KPD vor Agenten oder Aufdeckung gegen die Partei geplanter Provokationen. Dementsprechend war sie in Ressorts gegliedert. Die Mitarbeiter der Militärpolitischen Abteilung und des gesamten militärpolitischen Apparats der KPD hatten wesentlichen Anteil an der Entwicklung des wehrhaften Massenkampfes gegen den drohenden Faschismus. Sie halfen der Partei beim Übergang in die Illegalität und standen auch in der antifaschistischen Widerstandsbewegung mit in den vordersten Reihen.

Militärpolitische Hochschule «Wilhelm Pieck»: militärische Hochschuleinrichtung zur Aus- und Weiterbildung von Polit- und Parteikadern der Nationalen Volksarmee, der Grenztruppen und der Zivilverteidigung der DDR sowie zur Qualifizierung leitender militärischer Kader auf gesellschaftswissenschaftlichem Gebiet.

Die Einrichtung wurde am 15. 2. 1968 als Parteischule mit Sitz in Berlin-Grünau gebildet. Ihre Gründung entsprach den in den 60er Jahren herangereiften objektiven gesellschaftlichen und militärischen Erfordernissen der sozialistischen Streitkräfte, insbesondere den höheren Ansprüchen an die Tätigkeit der Politorgane und Parteiorganisationen der SED in der NVA. Beim Aufbau der Schule wurde der Auswahl und Qualifizierung des Lehrkörpers große Aufmerksamkeit gewidmet. Die hohen Ergebnisse und Leistungen in der Aus- und Weiterbildung waren die Grundlage dafür, daß der Einrichtung am 3. 3. 1970 der Status einer Hochschule zuerkannt wurde. Sie erhielt am 2. 3. 1972 die Truppenfahne und am 11. 10. 1972 den Namen des bedeutenden

Ehrenposten an der Büste Wilhelm Piecks

Führers der deutschen und internationalen Arbeiterbewegung, des Mitbegründers der KPD und SED und Präsidenten der DDR von 1949 bis 1960, Wilhelm Pieck (1876–1960), verliehen.

Am 11. 10. 1975 wurden den ersten Absolventen der akademische Grad eines Diplomgesellschaftswissenschaftlers und das damit verbundene Absolventenabzeichen der Militärpolitischen Hochschule «Wilhelm Pieck» verliehen.

Absolventenabzeichen der Militärpolitischen Hochschule «Wilhelm Pieck»

Das Ausbildungsprofil der Hochschule umfaßt die Heranbildung von Politoffizieren für die Kompanie/Gleichgestellte und das Bataillon/Gleichgestellte, die Ausbildung von Politoffizieren zu Diplomgesellschaftswissenschaftlern und von Polit- und Parteikadern für Spezialverwendungen der Politorgane; die marxistisch-leninistische Qualifizierung von Generalen, Admiralen und leitenden Offizieren, von Führungs- und Lehrkräften militärischer Lehreinrichtungen; die Weiterbildung von Politoffizieren, von ehrenamtlichen Partei- und FDJ-Funktionären sowie von Kadern der Gewerkschaft der Zivilbeschäftigten der NVA; die Ausbildung und Qualifizierung von Reserveoffizieren für Politoffiziersdienststellungen. Im Interesse einer effektiven, auf die Erfordernisse der Truppenpraxis orientierten Ausbildung sind die Ausbildungsbasis und die Kabinette nach dem neuesten Stand der Wissenschaft und Technik gestaltet.

Ziel und Inhalt der Erziehung, Ausbildung und Forschung werden von den Erfordernissen der unablässigen Stärkung der Verteidigungsfähigkeit der DDR als Teil der sozialistischen Staatengemeinschaft bestimmt. Die Hauptaufgabe der Hochschule besteht in der Aus- und Weiterbildung von Offizieren mit Truppenerfahrung zu Polit- und Parteikadern, die zur allseitigen Verwirklichung der führenden Rolle der SED und zur Führung der politischen Arbeit im Interesse der Erfüllung des militärischen Klassenauftrags befähigt sind. In der gesellschaftswissenschaftlichen Ausbildung werden die tiefgründige Aneignung der wissenschaftlichen Weltanschauung der Arbeiterklasse in der Einheit ihrer Bestandteile und ein zusammenhängendes Studium von Werken der Klassiker des Marxismus-Leninismus gewährleistet. Einen wichtigen Platz in der Ausbildung nimmt die Einbeziehung neuester Ergebnisse der Gesellschaftswissenschaften in der DDR und der UdSSR unter besonderer Beachtung der sowjetischen Militärwissenschaft ein. Konsequent wird die Einheit von Theorie und Praxis im Erziehungs- und Ausbildungsprozeß verwirklicht. Entscheidenden Einfluß nehmen darauf die Grundorganisationen der SED.

Die Forschungsleistungen der Hochschule konzentrieren sich vor allem auf die Anforderungen der politischen Arbeit und ihrer Führung in der NVA zur Vorbereitung der Armeeangehörigen auf das moderne Gefecht. Große Aufmerksamkeit genießt die Erforschung des Lebens und Kampfes Wilhelm Piecks, insbesondere seines militärpolitischen Erbes. Wichtige Forschungsergebnisse gelangen in den «Schriften der Militärpolitischen Hochschule ‹Wilhelm Pieck› der NVA» zur Veröffentlichung. Sachkundigen und bestimmenden Einfluß auf das wissenschaftliche Leben, insbesondere auf die Weiterentwicklung von Lehre und Forschung, übt der Wissenschaftliche Rat aus, dem erfahrene, militärisch und gesellschaftswissenschaftlich gebildete Führungs- und Lehrkräfte sowie Truppenoffiziere angehören. Erziehung und Bildung werden durch Maßnahmen der politischen Massenarbeit unterstützt. Wichtige Impulse für die kommunistische Erziehung der Kader gehen von Treffen mit erfahrenen Genossen sowie von den Verbindungen zu sozialistischen Betrieben aus, namentlich zu einem Betriebsteil des VEB Mansfeld Kombinat «Wilhelm Pieck». Die Hochschule gestaltet den Erfahrungsaustausch mit der Truppe und arbeitet eng zusammen mit der → *Militärakademie «Friedrich Engels»* und anderen militärischen Bildungseinrichtungen der NVA. Produktive Kooperationsbeziehungen bestehen ebenso mit der Parteihochschule «Karl Marx» beim ZK der SED und weiteren gesellschaftswissenschaftlichen Institutionen der DDR. Sie pflegt feste Waffenbrüderschaftsbeziehungen mit einer militärpolitischen Hochschule und einer Gardedivision der Sowjetarmee. Für ihre erfolgreiche Entwicklung wurde die Hochschule 1974 mit dem Vaterländischen Verdienstorden in Gold ausgezeichnet.

Im Sinne des Vermächtnisses von Wilhelm Pieck, dessen Leben vom Kampf um die Errichtung und Festigung der Macht der Arbeiterklasse und den militärischen Schutz des Sozialismus erfüllt war, leistet die Hochschule einen wachsenden Beitrag zur Erziehung und Bildung von Polit- und Parteikadern, die den hohen politischen und militärischen Anforderungen der 80er und 90er Jahre gerecht werden. Dabei wird das Profil der Hochschuleinrichtung weiterentwickelt.

Militärpresse: Gesamtheit der zu Problemen des Militärwesens, der Militärpolitik, der Militärwissenschaft und der Militärgeschichte erscheinenden Zeitschriften und Zeitungen.

Zeitungen, Zeitschriften und Schriftenreihen des Militärverlages der DDR

Die M. trägt Klassencharakter, der die politisch-militärische Zielstellung, die Thematik, den Autoren- und Leserkreis sowie den Wirkungsbereich der Presseorgane bestimmt. Sie ist eng mit den Streitkräften des jeweiligen Staates verbunden und erfüllt im Dienst der herrschenden Klasse spezifische Aufgaben bei der Erziehung und Ausbildung der Armeeangehörigen und bei der politisch-ideologischen Beeinflussung der Volksmassen. In den kapitalistischen Ländern gibt es im allgemeinen eine amtliche M. der Militärbehörden, eine offiziöse (halbamtliche) M. von Gruppen oder Personen, die den Regierungen bzw. Streitkräften nahestehen, und eine sog. unabhängige M. In der Entwicklung des kapitalistischen Militärwesens traten diese Arten der bürgerlichen M. in unterschiedlichem Maße und Umfang hervor. In den sozialistischen Staaten ist die M. ein Teil des Publikationswesens der Streitkräfte. Ihre Aufgaben werden vom Charakter und von den Funktionen und konkreten Aufgaben der Streitkräfte bestimmt, wobei die M. eng mit Institutionen und Organen der Presse des Staates, der Parteien und der gesellschaftlichen Organisationen zusammenarbeitet.

Bürgerliche M.: Ihre Anfänge entwickelten sich im letzten Drittel des 18. Jh. unter dem Einfluß der Aufklärung. Einzelne Verleger, Publizisten und Offiziere begründeten Militärzeitschriften mit dem Ziel, durch die Verbreitung humanistisch-aufklärerischen Gedankengutes Mißstände in den stehenden Söldnerheeren zu beseitigen. Einen führenden Platz nahmen dabei die «Bellona» (Dresden, 1781–1787) und das → *«Neue militairische Journal»* (Hannover, 1788–1793, 1797–1805) ein. Sie trugen durch die Kritik an der barbarischen Strafdisziplin in den Söldnerheeren sowie durch die Verbreitung neuer militärischer Ideen, wie sie von der Französischen Revolution von 1789 und den Revolutionskriegen seit 1792 ausgingen, mit dazu bei, die bürgerliche Umgestaltung des Militärwesens in den deutschen Territorien vorzubereiten. Ein Vorläufer der militärtechnischen Zeitschriften war das «Magazin für Ingenieure und Artilleristen» (Gießen, 1777–1795). Autoren- und Leserkreis sowie Wirkungsbereich der M. blieben im 18. und beginnenden 19. Jh. begrenzt. Die M. erhielt kaum Unterstützung durch die Militärbehörden. Aristokratischer Standesdünkel und verbreitete Bildungsfeindlichkeit in den Offizierskorps der feudalabsolutistischen Heere beeinträchtigten wesentlich die publizistischen Aktivitäten.

Ein Aufschwung der M. setzte nach 1815 ein. In Frankreich, Großbritannien, Schweden, Rußland und verschiedenen Staaten des Deutschen Bundes begannen Militärzeitschriften und -zeitungen zu erscheinen, die über lange Zeit das Profil der kapitalistischen M. prägten. Die bürgerliche Umgestaltung des Militärwesens, die Fortschritte im Bildungswesen (→ *Akademien*), in der → *Militärwissenschaft* und der → *Militärgeschichtsschreibung* im 19. Jh. sowie die Eindrücke und Erfahrungen der Revolutions- und napoleonischen Kriege stimulierten die M. Viele Militärzeitschriften und -zeitungen entwikkelten sich zu Organen fachlicher Belehrung und Information sowie des Meinungsaustausches über militärische Probleme. Einzelne Zeitschriften wirkten bereits in der ersten Hälfte des 19. Jh. als Mittel der politisch-ideologischen Beeinflussung der Soldaten und Offiziere.

In den Staaten des Deutschen Bundes förderten militärische Führungsorgane und Gesellschaften sowie auf Militärliteratur orientierte Verlage, so vor allem der Verlag E. S. Mittler & Sohn in Berlin, die bürgerliche M. Aus der Mitteilungsrubrik der Militärzeitschriften gingen Mitte des 19. Jh. militärische Verordnungsblätter (→ *Heeresverordnungsblatt*) hervor. Großen Einfluß auf Inhalt und Wirkungsbereich der M. besaß die seit 1819 ausgeübte Zensur. Die bürgerlich-demokratische Revolution 1848/49 beseitigte die staatliche Zensur, die in der Folgezeit für die M. nur noch in Kriegszeiten galt. Jedoch regelten besondere Erlasse der Kriegsministerien weiterhin die M. mit dem Ziel, militärpolitische Veröffentlichungen im Sinne der Herrscherhäuser zu lenken und zu kontrollieren sowie militärische Geheimnisse zu wahren.

In Preußen erschienen das vom Kriegsministerium privilegierte → *«Militär-Wochenblatt»* (1816–1942), die «Militär-Literatur-Zeitung» (1820–1919, ab

1883 als Beilage zum «Militär-Wochenblatt») und die «Zeitschrift für Kunst, Wissenschaft und Geschichte des Krieges» (1824–1861). Das von 1835 bis 1897 in Berlin herausgegebene «Archiv für die Königlich Preußischen Offiziere der Artillerie- und Ingenieur-Korps» (seit 1871 unter dem Titel «Archiv für die Artillerie- und Ingenieuroffiziere des deutschen Reichsheeres») wurde als «Kriegstechnische Zeitschrift» bis 1919 fortgesetzt. In Bayern kamen die «Kriegsschriften bayrischer Offiziere» (1820–1823), die Zeitschrift «Militärische Mitteilungen» (1828–1830) und das «Archiv für Offiziere aller Waffen» (1844–1850) heraus. Diese bayrischen Publikationsorgane waren ebenso wie die Zeitschrift «Hannoversches Militairisches Journal» (1831–1837) relativ kurzlebig. Dagegen entwickelte sich die hessische → *«Allgemeine Militär-Zeitung»* (1826–1902), für die auch Friedrich Engels (1820–1895) schrieb, zu einem der bekanntesten Organe der bürgerlichen M. Mit der preußischen Zeitschrift «Der Soldatenfreund» (1833–1919) erschien erstmals ein von der Krone protegiertes Blatt speziell für die monarchistisch-patriarchalische Beeinflussung der Soldaten; es wurde zum Vorbild für ähnliche Journale in anderen Ländern. Während der Revolution 1848/49 gründeten einige reaktionäre preußische Offiziere die → *«Deutsche Wehr-Zeitung»* (1848–1854, ab 1852 unter dem Titel «Preußische Wehr-Zeitung»), die alle demokratischen und liberalen Kräfte und Ideen bekämpfte. Gegen die reaktionäre M. konnten sich die progressiven Charakter tragenden Militärjournale nur kurze Zeit behaupten. Dazu gehörten die in Leipzig von demokratisch gesinnten Offizieren herausgegebene → *«Deutsche Krieger-Zeitung»* (1848/49), die insbesondere für die Verbesserung der medizinischen Betreuung der Soldaten eintretende «Allgemeine Zeitung für Militair-Ärzte» (Braunschweig, 1843–1848) sowie die → *«Deutsche Wehrzeitung»* (Coburg, 1864–1866), die für das Milizsystem (→ *Miliz*) plädierte.

Auf dem Boden des anschwellenden Militarismus nach 1871 und insbesondere in der Zeit des Übergangs zum Imperialismus wuchs die M. in Deutschland in die Breite. Als Initiatoren und Förderer traten verstärkt Militärbehörden sowie Kriegervereine und imperialistische Propagandaorganisationen (Deutscher Flottenverein, Deutscher Wehrverein, Deutscher Luftflottenverein) auf. Sie lenkten die M. auf die Verbreitung militaristischen und chauvinistischen Gedankenguts sowie auf die Propagierung des Wettrüstens und orientierten die militärischen Fachzeitschriften auf eine intensive Beschäftigung mit taktischen, technischen, organisatorischen und ausbildungsmäßigen Problemen der Vorbereitung der Streitkräfte auf den Krieg. Durch finanzielle Zuschüsse und Begünstigung des Vertriebs im Heer und in der Flotte unterstützten die Militärbehörden zahlreiche militärische Presseorgane. Auch Konzerne, wie Krupp, gaben Militärzeitschriften finanzielle Mittel (direkte Zuschüsse, Werbeinserate u. a. m.) und nahmen dadurch Einfluß auf die M. Durch die rasche militärtechnische Entwicklung gewann die Geheimhaltung in der M. an Bedeutung. 1897 und 1913 erließ das preußische Kriegsministerium Verordnungen über die Kontrolle militärischer Publikationen; andere europäische Staaten gaben vor 1914 ähnliche Zensurbestimmungen heraus. Die Kontakte zwischen der M. und der kapitalistischen Massenpresse wurden nach 1871 enger. Offiziere arbeiteten an Tageszeitungen mit, die ihrerseits häufiger militärische Themen aufgriffen und das Wettrüsten propagandistisch unterstützten.

Dem Bedürfnis nach Information über die Entwicklung des Militärwesens im In- und Ausland entsprachen die → *«Jahrbücher für die deutsche Armee und Marine»* (1871–1919), die Zeitschrift «Neue Militärische Blätter» (1872–1912), die «Jahresberichte über die Veränderungen und Fortschritte im Militärwesen» (1874–1935) und die «Internationale Revue über die gesamten Armeen und Flotten» (1883–1919). Der Unterrichtung speziell der Offiziere dienten die «Deutsche Heeres-Zeitung» (1876–1900) und die «Militärzeitung» (1878–1918). Die vom preußischen Generalstab herausgegebenen «Vierteljahreshefte für Truppenführung und Heereskunde» (1904–1914) galten als das wichtigste militärtheoretische Organ der M. Fachorgane für die Waffengattungen waren die Zeitschriften «Artilleristische Monatshefte» (1906–1926), «Kavalleristische Monatshefte» (1906–1914) und «Infanteristische Halbmonatshefte» (1911/12). Außerdem erschienen Fachzeitschriften für die Militärtechnik, das Militärrechtswesen, die Militärverwaltung, die Militärseelsorge und die Militärmedizin. Die Militäranwärter und die Militärbeamten besaßen eigene Zeitungen, die auch wirtschaftlich-rechtliche Interessen ihres Leserkreises vertraten. Die «Marine-Rundschau» (1890–1914, 1921–1945) und das Jahrbuch «Nauticus» (1899–1944) unterstützten als Fachorgane für die Seestreitkräfte vor allem die Flottenrüstung. Als zentrales Sprachrohr der Kriegervereine fungierten die «Deutsche Krieger-Zeitung» (1873–1914) und die «Krieger-Zeitung» (1876–1919), die zusammen mit einer großen Zahl von regionalen Zeitungen und Mitteilungsblättern eine rege monarchistische und militaristische Propaganda betrieben.

Während des ersten Weltkrieges 1914–1918 rechtfertigte die M. die Ziele und Methoden des imperialistischen Krieges. Dabei wurden Inhalt und Form der Berichterstattung entscheidend durch die 1914 eingeführte militärische Zensur bestimmt (bis Ende 1916 über 2000 Zensurverfügungen). Weitreichende politisch-ideologische Wirksamkeit im Heer gewannen die Feld- und Schützengrabenzeitungen. Während des Krieges erschienen insgesamt 21 Armee- und Armeeabteilungszeitungen, 13 Korps-, 22 Divisions- sowie 55 Regiments-, Bataillons- und Kompaniefeldzeitungen; die Flotte besaß eigene Bordzeitungen. Eine Reihe älterer und fachspezifischer Militärzeitschriften und -zeitungen mußte nach 1914 aus Mangel an Papier, Geld und Druckkapazität ihr Erscheinen einstellen.

Nach 1918 unterstützte die reaktionäre M. auf vielfältige Weise das Wiedererstarken des deutschen Imperialismus und Militarismus. Sie propagierte lautstark die Dolchstoßlegende und verunglimpfte die revolutionären und demokratischen Kräfte. Dabei wurden die Kontakte zur imperialistischen Massenpresse noch enger als vor 1914. Unter den neuen militärischen Verhältnissen wandelte sich das Gefüge der M. Eine Reihe militärischer Fachzeitschriften fand in der Reichswehr nur einen kleinen Wirkungs- und Leserkreis und stellte ihr Erscheinen ein. Andere Militärjournale wurden von neugegründeten Offiziersvereinen und Soldatenverbänden übernommen und auf deren Interessenvertretung umprofiliert. Zwischen 1919 und 1939 gab es etwa 1 200 Zeitschriften, Zeitungen und Mitteilungsblätter militaristischer Verbände. Größeren öffentlichen Einfluß besaßen die «Zeitschrift des Nationalverbandes deutscher Offiziere» (1918–1921; fortgesetzt als «Deutsche Treue» bis 1934), die «Deutsche Soldatenzeitung für Heer, Marine und deren Freunde» (1919–1936) und «Deutscher Offizier-Bund» (1922–1934). Die militärischen Fachzeitschriften dienten der Reichswehrführung als ein wichtiges Mittel, Erfahrungen des Weltkrieges auszuwerten, Entwicklungstendenzen des Militärwesens im Ausland zu verfolgen sowie militärwissenschaftliche und -theoretische Probleme zu erörtern. Deshalb protegierte das Reichswehrministerium Zeitschriften wie → *«Wissen und Wehr»* (1920–1944), «Kriegskunst in Wort und Bild» (1924–1942/43) und «Der Kraftzug in Wirtschaft und Heer» (1924–1934). Die «Wehrgedanken des Auslandes» (1925–1939) erschienen als amtliches Informationsorgan mit Übersetzungen aus der ausländischen M.

Nach 1933 zentralisierte die faschistische Führung die M. und ordnete sie zielstrebig und einheitlich in ihre Kriegsvorbereitungen ein. Eine Reihe von Krieger- und Traditionsblättern wurde vereinigt und verstärkt zur Propagierung der faschistisch-militaristischen Ideologie genutzt. Neben dem Reichskriegsministerium und dem Generalstab des Heeres lenkten vor allem die → *Deutsche Gesellschaft für Wehrpolitik und Wehrwissenschaften* mit ihrer Arbeitsgemeinschaft Wehrpublizistik sowie das Propagandaministerium maßgeblich die M. Im Zuge des Aufbaus der faschistischen Wehrmacht erschienen weitere Militärzeitschriften, die an frühere Periodika anknüpften. Dazu gehörten die → *«Militärwissenschaftliche Rundschau»* (1936–1944) sowie die Fachzeitschriften «Artilleristische Rundschau» (1935–1944), «Vierteljahreshefte für Pioniere» (1934–1944), «Deutsche Infanterie» (1937–1939), «Wehrtechnische Monatshefte» (1935–1945), «Zeitschrift für Wehrrecht» (1936–1945), «Zeitschrift für Heeresverwaltung» (1936–1945) und «Der deutsche Militärarzt» (1936–1943). Außerdem wirkten viele militärische Zeitungen, darunter «Deutsche Luftwacht» (1934–1944), «Die Kriegsmarine» (1935–1944) und «Die Wehrmacht» (1936–1944), sowie Kalender und Jahrbücher mit hohen Auflagen auf die Öffentlichkeit ein. Während des zweiten Weltkrieges 1939–1945 gaben das OKW, OKH, OKL und OKM zahlreiche Truppenzeitungen, Informationsblätter und sog. Tornisterschriften zur ideologisch-politischen Manipulierung der Wehrmachtangehörigen heraus. Speziell zur politischen Beeinflussung der Offiziere erschien die Zeitschrift «Offiziere des Führers» (1944/45). Insgesamt existierten im zweiten Weltkrieg etwa 170 Armee-, Divisions-, Regiments- und Kompaniezeitungen im Bereich des Heeres, 27 Feldzeitungen in der Luftwaffe und 11 Feld- und Bordzeitungen in der Kriegsmarine. Mit ihren spezifischen Methoden unterstützte die M. den Raubkrieg und die faschistische Ideologie bis zur totalen Niederlage des deutschen Imperialismus und Militarismus.

Die → *Remilitarisierung der BRD* war die Grundlage für das Wiedererstehen der imperialistischen deutschen M. Initiatoren waren zunächst militaristische Soldaten- und Traditionsverbände, der → *Arbeitskreis für Wehrforschung*, die → *Gesellschaft für Wehrkunde*, die → *Arbeitsgemeinschaft für Wehrtechnik* sowie der Verlag E. S. Mittler & Sohn (seit 1945 Darmstadt/Frankfurt am Main) und nach 1955 die Bundeswehrführung. Die nach 1951 neu- bzw. wiedergegründeten Militärzeitschriften «Wehrwissenschaftliche Rundschau» (seit 1951), «Wehrkunde» (seit 1952), «Marine-Rundschau» (seit 1953) und «Wehrtechnische Monatshefte» (seit 1953) förderten den Aufbau neuer imperialistischer Streitkräfte. Nach 1955 entstanden Militärzeitschriften und -zeitungen für die Bundeswehr der BRD. Ein Teil der M., so die für die militärische Aus- und Weiterbildung bestimmte «Truppenpraxis» (seit 1957), die Zeitschrift «Wehrausbildung in Wort und Bild» (seit 1958) und andere Fachorgane, wird unmittelbar von der Bundeswehrführung herausgegeben. Offiziöse Publikationen wie «Soldat und Technik» (seit 1958) werden von Konzernen finanziell unterstützt und von der Bundeswehrführung protegiert. Einige Fachzeitschriften sind zugleich Organe von Traditionsvereinen. Zur M. gehören ferner die Truppenzeitungen der Bundeswehr. Über das Bundespresseamt steht die M. mit der Presse der Soldaten-, Traditions- und Revanchistenverbände sowie mit den imperialistischen Massenmedien und den Nachrichtenagenturen in Verbindung. Die M. der BRD unterhält auf der Grundlage des Antikommunismus und der NATO-Partnerschaft Beziehungen zur M. der NATO-Staaten sowie zur M. anderer kapitalistischer Länder.

Sozialistische M.: Sie dient der Stärkung der militärischen Verteidigungsbereitschaft der sozialistischen Staaten und ihrer Streitkräfte. Sie knüpft an Traditionen der fortschrittlichen bürgerlich-demokratischen M. an und setzt das Wirken der Militärpublizistik der revolutionären Arbeiterbewegung im Kampf gegen Imperialismus, Militarismus und Faschismus, für die Wehrhaftmachung der Arbeiterklasse auf einer höheren Stufe fort.

Mit militärpolitischen und -historischen Problemen befaßte sich bereits die von Karl Marx (1818–1883) und Friedrich Engels geleitete «Neue Rheinische Zeitung» (Köln, 1848/49). In Zeitungen und Zeitschriften der deutschen Sozialdemokratie nach 1871 nahmen August Bebel (1840–1913), Karl Liebknecht (1871–1919), Rosa Luxemburg (1871–1919) und Franz Mehring (1846–1919) zu Krieg und Frieden, Militarismus und Streitkräfte sowie zur Militärpolitik der Arbeiterbewegung Stellung. Das Zentralorgan der KPD «Die Rote Fahne» (1918–1933, danach illegal) entlarvte die imperialistische Rüstungs- und Kriegspolitik und verbreitete Kenntnisse und Erfahrungen der Militärpolitik des deutschen und internationalen Proletariats, insbesondere militärpolitische Lehren der KPdSU. Von 1926 bis 1932 erschien die militärpolitische Zeitschrift der KPD → *«Oktober»*, deren Chefredakteur zeitweise Ernst Schneller (1890–1944) war.

Die M. der DDR entstand in Verbindung mit dem Aufbau der NVA. Ihre Aufgaben sind die Erläuterung der → *Militärpolitik der SED*, die Information über die Militärpolitik und Landesverteidigung der mit der DDR verbündeten sozialistischen Staaten, die Mitwirkung bei der → *sozialistischen Wehrerziehung der Bevölkerung der DDR*, die Enthüllung imperialistischer Rüstungs- und Kriegspolitik u. a. m. Die militärischen Fachzeitschriften unterstützen die → *militärwissenschaftliche Arbeit in der NVA* sowie die militärpolitische, -theoretische, -technische und -historische Forschung, Lehre und Propaganda. Zu den Organen der M. gehören: → *«Militärwesen»* (seit 1957), → *«militärtechnik»* (seit 1961), → *«Marinewesen»* (1962–1971), → *«rückwärtige dienste»* (1962–1971), → *«Luftverteidigung»* (1966–1971), → *«Zeitschrift für Militärmedizin»* (seit 1960), → *«Parteiarbeiter»* (seit 1961), → *«Militärgeschichte»* (seit 1962), «Ausbilder» (seit 1972, hervorgegangen aus «Gefechtsausbildung» 1964–1972), das Soldatenmagazin → *«Armeerundschau»* (seit 1956), die kulturpolitische Zeitschrift «im klub» (seit 1961) und die Wochenzeitung → *«Volksarmee»* (seit 1956). Für die politische Schulung gibt die Politische Hauptverwaltung der NVA Schriftenreihen heraus, unter denen → *«Wissen und Kämpfen»* (seit 1961) den zentralen Platz einnimmt. Alle Organe und Reihen erscheinen im → *Militärverlag der DDR (VEB).*

Die M. wird durch das Ministerium für Nationale Verteidigung geleitet. Die Presseabteilung des Ministeriums gibt außerdem seit 1964 den «Militär-Presse-Dienst» mit Beiträgen und Informationen für die Presse heraus. Durch die politische Zielstellung, die thematische Gestaltung und Spezialisierung sowie durch vielfältige Verbindungen mit dem Leserkreis wird die M. ihren Aufgaben in der politisch-ideologischen und fachlichen Erziehung und Ausbildung der Angehörigen der NVA und der Grenztruppen der DDR gerecht und trägt dazu bei, militärpolitisches und militärisches Wissen in der Öffentlichkeit zu verbreiten. Die Militärjournalisten gehören dem Verband der Journalisten der DDR an. Die M. der DDR ist mit der M. der UdSSR und der anderen sozialistischen Staaten eng verbunden und beteiligt sich in vielfacher Weise an gemeinsamen Aktivitäten (Konferenzen der Militärjournalisten u. a. m.). Militärpolitische Themen sowie Fragen der sozialistischen Wehrerziehung und der Traditionspflege werden unter spezifischen Gesichtspunkten auch in der Zeitung der Kampfgruppen der Arbeiterklasse → *«Der Kämpfer»* (seit 1957) und in der GST-Zeitung → *«Sport und Technik»* (seit 1952) behandelt.

Militärrat der Vereinten Streitkräfte → *Warschauer Verteidigungsbündnis*

Militärreformen in Preußen 1807–1815: Maßnahmen zur bürgerlichen Umgestaltung wesentlicher Bereiche des Militärwesens im Zusammenhang mit den liberalen Reformen im ökonomischen, staatlichen und administrativen Bereich, mit denen nach dem Frieden von Tilsit (9. 7. 1807) die bürgerliche Umgestaltung der spätfeudalen Gesellschaftsordnung in Preußen eingeleitet wurde.

Die Notwendigkeit der M. ergab sich aus der militärischen Katastrophe von → *Jena und Auerstedt 1806* und der ihr folgenden napoleonischen Fremdherrschaft, die ohne eine moderne, schlagkräftige Armee nicht beseitigt werden konnte. Der Neuaufbau des Militärwesens oblag zunächst der Mitte Juli 1807 berufenen Militär-Reorganisationskommission. Ihr Vorsitzender war Generalmajor Gerhard von Scharnhorst (1755–1813), dessen engster Mitarbeiter in der Folgezeit Stabskapitän Carl von Clausewitz (1780–1831) wurde. Nach dem Ausscheiden der reaktionären Mitglieder gehörten der Kommission seit Januar 1808 ausschließlich Offiziere der Reformpartei an, unter ihnen Oberstleutnant August Neidhardt von Gneisenau (1760–1831), Major Karl von Grolman (1777–1843) und Major Hermann von Boyen (1771–1848). Die Kommission arbeitete bis Ende 1808, danach übernahm das neugeschaffene → *Kriegsministerium* ihre Aufgaben.

Die Reformmaßnahmen begannen mit der Bestrafung derjenigen Offiziere, die sich im Krieg 1806/07 (→ *Koalitionskriege 1792–1815*) der Feigheit oder des Verrats schuldig gemacht hatten, und mit der Entlassung ungeeigneter und überalterter Offiziere. Bis 1809 wurden von 142 Generalen 17 kassiert und 86 verabschiedet. Das für die Ergänzung des Offizierskorps grundlegende «Reglement über die Besetzung der Stellen der Portepee-Fähnriche und über die Wahl zum Offizier bei der Infanterie, Kavallerie und Artillerie» vom 6. 8. 1808 hob das Privileg des Adels auf die Besetzung der Offiziersstellen auf. Offizier sollte nur werden können, wer sich im Frieden durch Kenntnisse und Bildung und im Krieg durch Tapferkeit und Überblick auszeichnete. Voraussetzungen für die Ernennung zum Portepeefähnrich waren das vollendete 17. Lebensjahr, eine mindestens 3monatige Dienstzeit als Soldat und gewisse Allgemeinkenntnisse. Der zu ernennende Offizier wurde aus dem Kreis der Portepeefähnriche, die die Offiziersprüfung bestanden hatten, von den Stabsoffizieren seines Regiments gewählt und dem König zur Bestätigung vorgeschlagen. Noch im August 1808 erfolgte die Bildung einer zentralen Prüfungskommission, und 1810 wurden 3 → *Kriegsschulen* für Portepeefähnriche zur Vorbereitung auf die Offiziersprüfung eingerichtet. Das Reglement vom 6. 8. 1808 beschwor den erbitterten Widerstand großer Teile des Adels herauf.

Der organisatorische Aufbau der preußischen Armee erfolgte in Anlehnung an das französische Vorbild. Preußen wurde in 6 Militärkantone und die Armee in ebensoviele Brigaden eingeteilt. Die Brigaden waren einheitlich gegliedert und ausgerüstet und bestanden aus Infanterie und Kavallerie. Die Truppenteile erhielten die Bezeichnungen der Provinzen mit durchlaufenden Nummern; die Benennung nach den Regimentschefs entfiel. Am 20. 11. 1807 wurde die Beibehaltung der 20jährigen Dienstzeit bestimmt und am 17. 12. 1807 die Werbung von Ausländern abgeschafft. Eine grundlegende Veränderung in der Organisation der Armee bedeutete die Beseitigung der → *Kompaniewirtschaft* durch Verordnung vom 13. 7. 1808. Die Aufgaben der Regimentsquartiermeister übernahmen Offiziere, die sog. Rechnungsführer. Das Kriegskommissariat lieferte die großen Montierungsstücke, die Ökonomiekommission des Regiments beschaffte die kleinen. Die Kompaniechefs erhielten von nun an ein festes Gehalt. Der Sold für die Soldaten wurde neu festgesetzt.

Tagung der Militär-Reorganisationskommission unter Vorsitz von Scharnhorst

Entsprechend der Verordnung vom 5. 9. 1807 wurden nach russischem Vorbild einfachere und praktischere Uniformen eingeführt. Eine leichte Patronentasche mit 60 Patronen und ein Brotbeutel ergänzten die Ausrüstung des Soldaten. Große Bedeutung für die Beweglichkeit der Armee besaß die Verringerung des Trosses; u. a. entfielen die Zelte, die besonderen Packpferde der Offiziere und die Brotwagen. Das 1809 in der Infanterie eingeführte sog. neupreußische Gewehr hatte ein verbessertes Schloß und einen handlicheren Schaft. Auch die Geschütze wurden technisch verbessert.

Durch eigenständige Rezeption des französischen Militärwesens erfuhren Ausbildung sowie Taktik und Strategie entscheidende Veränderungen. An die Stelle des Exerzierdrills trat die zielgerichtete, gefechtsnahe Übung der Soldaten. Das 1808 für die Infanterie eingeführte Scheibenschießen, Vorpostendienst, Marschsicherung und vor allem das aufgelöste Feuergefecht (Tiraillieren) sowie der Kolonnenangriff (→ *Kolonne*) bestimmten von nun an die Ausbildung. Zwischen 1808 und 1810 erschienen Instruktionen für die Übungen aller Waffengattungen, 1812 folgten → *Exerzierreglements.* Diese Vorschriften waren für die Durchsetzung einer neuen → *Kriegskunst* und für die einheitliche taktische Ausbildung von großer Bedeutung. Die Taktik der preußischen Infanterie bestand nun in der Verbindung von Schützengefecht, Bataillonskolonne und Linienformation. Für die Ausarbeitung und Vermittlung neuer strategischer Lehren suchten die Reformer, vor allem Scharnhorst, fähige Generalstabsoffiziere heranzubilden. Mit der Reorganisation der militärischen Bildungsanstalten und der Gründung der Allgemeinen Kriegsschule in Berlin im Oktober 1810, der späteren → *Kriegsakademie,* wurden die erforderlichen Voraussetzungen geschaffen. Scharnhorst leitete auch die Umformung des Generalquartiermeisterstabes in einen funktionstüchtigen

→ *Generalstab* ein. Durch diese Maßnahmen gelang es, die fähigsten Offiziere, ungeachtet ihrer sozialen Herkunft, zu Kommandeuren, Stabschefs und Stabsoffizieren heranzubilden, die gemäß den Anforderungen der modernen Kriegführung handeln und eine einheitliche Kriegführung sichern konnten.

Nach hartnäckigen Auseinandersetzungen mit dem preußischen König und dessen feudalreaktionärer Umgebung erreichten die Reformer die Bildung einer zentralen Militärbehörde für die Kommandoführung und die Heeresverwaltung. Durch Verordnung vom 15.7.1808 wurde das bisherige Oberkriegskollegium zunächst in 2 Departements geteilt und dann am 25.12.1808 in das Kriegsdepartement oder Kriegsministerium umgewandelt. Das Kriegsministerium, seit 1.3.1809 einzige militärische Zentralbehörde, bestand aus dem Allgemeinen Kriegsdepartement, dem Militärökonomiedepartement und dem Kriegskommissariat. Da der König eine Beeinträchtigung seiner Kommandogewalt befürchtete, ernannte er vorerst keinen Kriegsminister; dessen Aufgaben übernahm Scharnhorst als Chef des Allgemeinen Kriegsdepartements. 1814 wurde mit Boyen erstmals ein preußischer Kriegsminister ernannt.

Zu den wichtigsten Bestandteilen der Militärreformen gehörte die Reform des barbarischen militärischen Strafsystems, zugleich eine wesentliche Voraussetzung für die Aufstellung einer bürgerlichen Armee. Am 3.8.1808 erschienen die neuen → *Kriegsartikel* sowie die auf einem Entwurf Gneisenaus beruhende «Verordnung wegen der Militärstrafen». Die Kriegsartikel fixierten bereits die künftige Verpflichtung jedes Staatsbürgers zum Dienst in der Armee und beseitigten die körperlichen Strafen: Stockprügel und → *Gassenlaufen.* Nur in der neu eingerichteten zweiten Klasse des Soldatenstandes blieben noch Körperstrafen für Desertion und Diebstahl gestattet. Strafarten für schwere Vergehen waren jetzt der Arrest in 3 Abstufungen sowie Festungsarrest und Festungsbaugefangenschaft.

Kernstück der Militärreformen bildete die → *allgemeine Wehrpflicht.* Von Anfang an traten die preußischen Patrioten um Scharnhorst dafür ein, die Verpflichtung jedes Staatsbürgers zur «Vaterlandsverteidigung» zu verwirklichen. Ihr Ziel war eine bürgerliche Nationalarmee in der Verbindung von Einheiten einer stehenden regulären Armee und in Friedenszeiten ausgebildeten Milizeinheiten. Alle Vorstöße in dieser Frage scheiterten zunächst am Widerstand des Königs und des Hofes, an der finanziellen Lage Preußens und an den Bestimmungen der → *Pariser Konvention 1808.* Die Verordnung vom 6.8.1808 über die Ausbildung einer Kriegsreserve, nach der das → *Krümpersystem* eingeführt wurde, war jedoch ein wichtiger Schritt auf dem Wege zur allgemeinen Wehrpflicht. Erst 1813, angesichts des russischen Sieges über die Große Armee des französischen Kaisers Napoleon I. (1769–1821) und der patriotischen Volksbewegung gegen die napoleonische Fremdherrschaft, gaben die feudalreaktionären Kräfte mit dem König an der Spitze unter dem Zwang der Ereignisse vorübergehend ihren Widerstand gegen die Volksbewaffnung auf. Die Bekanntmachung vom 3.2.1813 über die Aufstellung von Jägerdetachements (→ *Freiwillige Jäger*) bildete die Grundlage für die Organisation der Freiwilligen, und der Erlaß vom 9.2.1813 über die Aufhebung der Befreiungen vom Militärdienst für die Dauer des Krieges machte den Weg frei für die allgemeine Wehrpflicht. Diese wurde mit der Bildung der → *Landwehr* und des → *Landsturms* verwirklicht (Verordnungen vom 17.3. bzw. 21.4.1813). Das Prinzip der allgemeinen Wehrpflicht blieb in Preußen auch nach dem Sieg über Napoleon gültig. Es wurde sanktioniert durch das Gesetz über die Verpflichtung zum Kriegsdienst vom 3.9.1814 und die Landwehrordnung vom 21.11.1815, mit denen die Militärreformen ihren Abschluß fanden.

Die Militärreformen, im erbitterten Ringen zwischen Fortschritt und Reaktion durchgesetzt, brachten das seinerzeit fortgeschrittenste Militärsystem in Europa hervor. Im → *nationalen Unabhängigkeitskrieg 1813/14*, der weitgehend von einem neuen Verhältnis von Volk und Armee getragen wurde, bestanden sie ihre Bewährungsprobe. Nach 1815 gelang es jedoch den dynastisch-reaktionären Kräften, die progressiven Militärreformen allmählich umzufunktionieren und im eigenen Interesse zu nutzen. Die mit den Militärreformen begonnene bürgerliche Umgestaltung des Militärwesens wurde erst in der zweiten Hälfte des 19. Jh. vollendet (→ *Heeresreorganisation in Preußen 1859/60*). Das bürgerliche Militärwesen in Preußen entstand nicht wie in Frankreich auf der Grundlage des Sieges der bürgerlichen Revolution, sondern auf dem Wege der Reform. Daher blieben starke feudale Überreste erhalten, vor allem die Kommandogewalt der Krone und die Vorherrschaft des Adels im Offizierskorps.

Militär-Reorganisationskommission → *Militärreformen in Preußen 1807–1815*

Militärstrafen → *Militärjustiz*

«militärtechnik»: seit 1961 im → *Militärverlag der DDR (VEB)* zweimonatlich erscheinende Fachzeitschrift der NVA für technische Fragen der Land-, See- und Luftstreitkräfte.

Das Fachjournal dient in erster Linie der militärtechnischen Unterrichtung und praktischen Anleitung der Truppenoffiziere und behandelt im Zusammenhang damit auch militärpolitische und -ökonomische Fragen sowie Probleme des Verhältnisses von Mensch und Technik im modernen Militärwesen. Es informiert über die Fortschritte bei der Mechanisierung und Automatisierung der Truppenführung, stellt militärtechnische Neuentwicklungen in den sozialistischen Ländern vor und vermittelt Erfahrungen und Ratschläge zur militärtechnischen Aus- und Weiterbildung der NVA-Angehörigen sowie zum Einsatz, zur Wartung und Instandsetzung von Waffen und Geräten. Große Aufmerksamkeit widmet es der Förderung des militärtechnischen Neuererwesens in der NVA. Weitere Beiträge gehen auf die Geschichte der Militärtechnik ein und behandeln u. a. den Einsatz technischer Kampfmittel in den Kriegen des 19. und 20. Jh. Die Zeitschrift analysiert die ökonomisch-technischen Seiten der Rüstungspolitik in den wichtigsten kapitalistischen Staaten und enthält einen Annotationsteil sowie Typenkarten, Falttafeln und andere Illustrationen, die über militärtechnische Einzelprobleme informieren. Durch die Vermittlung technischen Wissens trägt sie zur Erhöhung der Kampfkraft und Gefechtsbereitschaft der NVA bei; sie informiert die Reservisten der NVA über Neuerungen und interessiert darüber hinaus Jugendliche für militärtechnische Fragen.

Militärtechnische Akademie → *Akademien*

Militärtransportwesen: Einrichtungen und Kräfte in den Streitkräften zur Sicherstellung der Versorgung sowie von Bewegungen und Kampfhandlungen der Truppen unter Ausnutzung der verschiedensten Transportarten und -mittel.

Das M. entwickelte sich in Abhängigkeit vom Charakter, von der Struktur, Ausrüstung und Bewaffnung der Streitkräfte, vom Stand der Ökonomie und Technik sowie von den Verkehrsformen und -verbindungen. Die Anfänge des M. entstanden in den Heeren der Sklavenhalterstaaten des Alten Orients, Griechenlands und Roms. Für den Transport von Truppen und Gütern wurden Straßen angelegt, Troßkolonnen formiert und Segel- und Ruderschiffe genutzt. Mit dem Zerfall der Sklavereigesellschaft im 4./5. Jh. verfiel das antike M. Bei den germanischen, slawischen und keltischen Stämmen waren Versorgung und Transport Sache der Krieger selbst, die Stämme führten auf ihren Kriegszügen zahlreiche Wagen und Tragtiere mit. Ansätze eines organisierten M. entwickelten sich erst wieder im Frankenreich. Die sog. Kapitularien (Gesetze) der fränkischen Herrscher des 8./9. Jh. regelten u. a. die Verantwortung der Vasallen für die Ausrüstung und Versorgung ihres Gefolges im Heeresaufgebot sowie die Bereitstellung von Fuhrwerken. Der Troß der mittelalterlichen Ritterheere war groß und schwerfällig. Im allgemeinen stellten die Dörfer die Heer- oder Rüstwagen für die Kriegszüge, die abhängigen Bauern leisteten dabei Transportdienste. Die städtischen Aufgebote besaßen einen eigenen Troß mit Wagen und Knechten. Während der Kreuzzüge (11.–13. Jh.) übernahmen auch Schiffe der italienischen Städte den Transport der Heere in den Vorderen Orient.

Mit dem Aufkommen zahlenmäßig starker Söldnerheere im 16. Jh. bildeten sich allmählich festere Formen der Führung und Organisation eines M. heraus. Jedes Regiment, später auch jedes Fähnlein besaß einen eigenen Troß, den ein Troßmeister befehligte. Die Fuhrwerke transportierten Lebensmittel, Waffen, Munition sowie einen Teil der Habe der Söldner. Diesem Troß schlossen sich die Händler an, die im Lager Markt hielten. Ein staatlich organisiertes M. entwickelte sich in den stehenden Heeren des 17./18. Jh. Vorbild war das absolutistische Frankreich. Die deutschen Landesfürsten legten in Städten Arsenale, Magazine und Zeughäuser an und errichteten Fuhrparks, um Kriegsmaterial und Verpflegung zu den Truppen zu transportieren. Das Magazinsystem fußte auf dem Ausbau des M. und war zugleich ein Lebensnerv der Söldnerheere und ihrer Kriegführung, den der jeweilige Gegner zu durchtrennen bestrebt war. In Preußen verfügte König Friedrich Wilhelm I. (1688–1740) die Aufstellung von Troßformationen sowie die Erfassung von Fuhrknechten und Fuhrwerken für Militärtransporte. König Friedrich II. (1712–1786) ließ bereits einen Teil des Fuhrparks magazinieren und ernannte einen Generalintendanten für Nachschub, Magazinverlegung und Einsatz des Fuhrparks. Aus dem wenig geordneten Troß der Söldnerheere des 16./17. Jh. entwickelte sich der organisierte Train der stehenden Heere, dessen Zugtier-, Fuhrwerks- und Mannschaftsbestand nach den Transportaufgaben in verschiedene Trains aufgeteilt wurde: Brücken-, Proviant-, Munitions- und Belagerungstrains u. a. m. Diese Entwicklung setzte sich im 19. Jh. im weiteren Ausbau des Trainwesens fort. Nach 1763 erhielt der preußische Train Wagendepots und eigene Trainoffiziere. Die Möglichkeiten des M. wurden durch den Bau von Straßen und Kanälen sowie das Schiffbarmachen von Flüssen im 18. Jh. erweitert.

Der Beginn der bürgerlichen Umgestaltung des Militärwesens im Gefolge der Französischen Revolution von 1789 leitete eine neue Entwicklungsetappe im M. ein. Das Aufkommen von Massenheeren erforderte eine erhöhte Beweglichkeit des M., stärkere personelle Kräfte und mehr technische Mittel. Im Zuge der Militärreformen in Preußen 1807–1815 erhielt jede Brigade des preußischen Heeres eine Trainkompanie. Die Artillerie bekam eigene Munitionskolonnen sowie Kolonnen für das Pioniergerät und für den Brückenschlag.

Der Weg zum modernen bürgerlichen M. begann nach 1830 unter dem Einfluß der rasch voranschreitenden kapitalistischen Entwicklung mit ihren technischen Fortschritten. 1839 erfolgte der erste militärische Eisenbahntransport in Preußen. Bei der Unterdrückung des Aufstandes in Krakow 1846 holte man preußische Truppen mit der Eisenbahn heran. In der folgenden Zeit, so in der Revolution 1848/49, wurden immer häufiger Truppen auf dem Schienenwege verlegt. Besondere Aufmerksamkeit erfuhr die militärische Verwendung der Eisenbahn nach der Heeresreorganisation in Preußen 1859/60. Mit der frühzeitig vorbereiteten Nutzung von Eisenbahn und Straße sowie durch die Wahl der Hauptoperationsrichtungen nach gegebenen Konzentrations- und Transportmöglichkeiten erlangte das M. strategische Bedeutung. 1859 entstand bei der II. (Aufmarsch-) Abteilung des Generalstabs eine Eisenbahnsektion, die Militärfahrpläne und erste Bestimmungen zur Wiederherstellung zerstörter Eisenbahnanlagen erarbeitete. Namentlich der 1858 zum Chef des preußischen Generalstabs ernannte Generalmajor Helmuth von Moltke (1800–1891) maß der Eisenbahn große Bedeutung für die Kriegführung bei. Im Preußisch-Österreichischen Krieg (1866) war der schnellere Aufmarsch mit Hilfe der Eisenbahn wesentlich für den preußischen Erfolg. Preußen entfaltete erstmals Feldeisenbahnabteilungen für die Wiederherstellung und den Neubau von Strecken. Nach 1866 wurde die militärische Nutzung der Eisenbahn weiter vorbereitet. 1870 waren 9 West-Ost-Durchgangsstrecken mit einer Tagesleistung von 12 bis 18 Zügen verfügbar. Zu Beginn des Deutsch-Französischen Krieges (1870/71) beförderte die Eisenbahn – nunmehr militärisches Massentransportmittel – innerhalb von 13 Tagen 510000 Mann, 160000 Pferde und 1476 Geschütze sowie kurz danach weitere 117000 Mann.

Nach 1871 wuchs im Zusammenhang mit der Verstärkung der Streitkräfte, dem Wettrüsten und dem allgemeinen Ausbau des Verkehrswesens das M. in allen kapitalistischen Armeen in die Breite. Im deutschen Kaiserreich wurden die Bestrebungen zur Militarisierung der Eisenbahn durch Bestimmungen der Verfassung von 1871 (Weisungsrecht des Reiches über die Eisenbahnen der Länder zum Zweck der Landesverteidigung u. a. m.), durch das «Gesetz über Kriegsleistungen» von 1873 (Verpflichtungen der Eisenbahn zur «Beförderung der bewaffneten Macht») und durch eine «Eisenbahnordnung» (Koordinierung zwischen Militär- und Zivilbehörden) sanktioniert. Der weitere Ausbau der Strecken, der Bau neuer Rheinbrücken sowie die Verstaatlichung der Eisenbahnen erfolgten unter Berücksichtigung militärischer Interessen und Forderungen. Dabei rückte, besonders seit 1879, die Sicherstellung eines möglichen Zweifrontenkrieges gegen Frankreich und Rußland immer mehr in den Vordergrund. Seit 1869 wurde im Großen Generalstab die Eisenbahnsektion zur selbständigen Eisenbahnabteilung ausgebaut. Nach 1871 entstanden die → *Eisenbahntruppen.* Mit der kolonialen Expansion seit den 80er Jahren des 19. Jh. gewann der militärische Schiffstransport zur Beförderung und Versorgung der Kolonialtruppen an Bedeutung. Das M., das sich zu Beginn der imperialistischen Epoche auf eine leistungsfähige Eisenbahntechnik, ein ausgebautes Streckennetz, eine straff organisierte Verwaltung und auf den entstehenden Kraftverkehr stützte, war eine wichtige Grundlage der Kriegsplanungen des deutschen Militarismus. Eine 1907 aufgestellte Kraftfahrabteilung der → *Verkehrstruppen* wurde 1911 zu einem Kraftfahrbataillon erweitert (→ *Kraftfahrtruppen*).

Mit Beginn des ersten Weltkriegs (1914–1918) übernahm der Chef der Eisenbahnabteilung die Funktion des Chefs des Feldeisenbahnwesens, der für den gesamten Kriegseinsatz der Eisenbahn sowie für den Heerestransport auf den Wasserstraßen verantwortlich war. Ihm standen 1914 zur Verfügung: 13 2gleisige Strecken in Richtung Westen, 4 2gleisige Strecken zwischen dem linken und rechten Flügel der Westfront, 2 2gleisige Strecken in Ost- bzw. Südostrichtung sowie das entwickelte Eisenbahnnetz in Oberschlesien. Vom 31.7. bis 18.8.1914 wurden 20800 Mobilmachungs- und 11100 Kriegstransporte

Preußisches militärisches Eisenbahntransportwesen im Krieg 1870/71

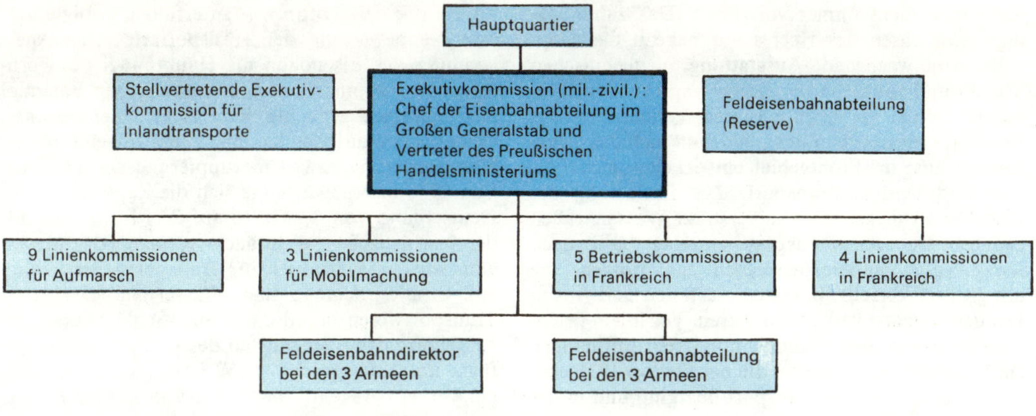

Militäreisenbahnwesen 1917

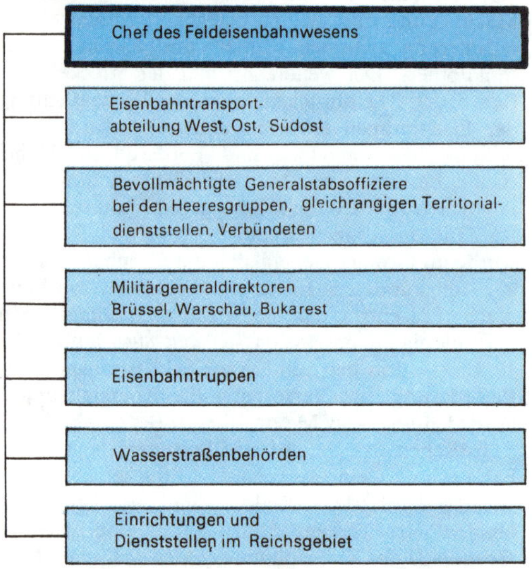

zum Aufmarsch von 3,12 Mill. Mann, 860000 Pferden und 5700 Geschützen gefahren. Die Eisenbahn erwies sich als strategisches Transportmittel einer modernen Massenarmee für Aufmarsch, Verlegung, Nachschub und für das operative Manöver mit den Truppen. Im Stellungskrieg fuhr sie Reserven und Nachschub teilweise direkt ins Frontgebiet und beeinflußte den Kampf unmittelbar. Eine maximale Nutzung wurde indes nicht erreicht. Im Bewegungskrieg 1914 ließ sich die Eisenbahn bald nicht schnell genug nachführen; die Entfernung zwischen den Eisenbahnendpunkten und der Front wuchs bis auf 125 km an. Die Zerstörungen an den Anlagen waren weit größer als erwartet. Im weiteren Kriegsverlauf konnte die Eisenbahn trotz erhöhter Leistungen ihre Transportaufgaben vor allem in den Materialschlachten nicht immer voll lösen. Das zahlenmäßige Anwachsen des Heeres auf nahezu das Doppelte, seine wachsende Ausstattung mit technischen Mitteln und vor allem der riesige Verbrauch an Munition führten zu einer enormen Verstärkung des Eisenbahntransports. Zugleich dehnte sich das Streckennetz aus; im Frontgebiet entwickelten sich Förder- und Feldbahntransport. Zur Entlastung der Eisenbahn wurden ab 1916 verstärkt Wasserstraßen genutzt. Der Kfz-Transport unterlag bald nach Kriegsbeginn außerordentlichen Belastungen, die mit großem Verschleiß, hohen Ausfällen und Absinken der Nutzlast verbunden waren. Vor allem beeinträchtigten ihn aber Gummi- und Treibstoffmangel. Im Gegensatz zur Entente, die bei Verdun 1916 erstmals zum Kfz-Massentransport überging und in der Folgezeit die Kfz-Produktion rasch steigerte, mußte im deutschen Heer bereits 1915 die Neuaufstellung von Kraftfahrtruppen eingeschränkt sowie Eisen- und Holzbereifung der Kfz eingeführt werden. Der Train entsprach trotz hoher spezifischer Leistung bei weitem nicht den Anforderungen und erlitt große Verluste. Der Seetransport beschränkte sich auf die teilweise Versorgung in Küstenrichtung handelnder Truppen sowie auf Truppenanlandungen im östlichen Ostseeraum. 1917 wurden erste Schritte unternommen, das Flugzeug für den Lufttransport zu nutzen.

Nach den militärischen Bestimmungen des Versailler Vertrages (28. 6. 1919) war Deutschland verpflichtet, auch das M. wesentlich einzuschränken. Als neues Führungsorgan entstand 1920 beim Truppenamt der Reichswehr eine Transportabteilung. Sie wurde zwar 1926 auf Verlangen der Entente aufgelöst, bereitete jedoch im Zuge der geheimen Aufrüstung, unter anderer Bezeichnung, weiterhin den Wiederaufbau und die Modernisierung des M. vor. Beim Aufbau des faschistischen Heeres ging aus ihr 1935 die 5. (Transport-) Abteilung im Generalstab des Heeres hervor. Bei der unmittelbaren Vorbereitung des zweiten Weltkriegs wurden die Erfahrungen des M. im ersten Weltkrieg ausgewertet; es entwickelte sich eine enge Zusammenarbeit mit dem Verkehrs- und Handelsministerium sowie mit der Lufthansa und Handelsmarine. Der Einsatz eines hochbelastbaren neuen Oberbaus seit den 20er Jahren auf wichtigen Eisenbahnstrecken trug sowohl ökonomischen als auch strategischen Belangen Rechnung. Die steigende Kfz-Produktion, die Schaffung von Durchgangsstraßen und in den 30er Jahren der Autobahnbau boten dem M. neue Möglichkeiten. Der Ausbau des M. der faschistischen Wehrmacht war eine wesentliche Grundlage der → *Blitzkriegskonzeption.* Um die von der Wehrmachtführung an das M. gestellten Aufgaben – schnelle und bewegliche Transportsicherstellung von Mobilmachung und strategischer Entfaltung sowie des Manövers mit den Truppen – zu erfüllen, erfolgte u. a. eine Neubewertung der Transportarten. Bei Anerkennung der Eisenbahn als Hauptmittel des Ferntransports, wo man mit dem vorhandenen Potential auszukommen gedachte, kam es zu einer betonten Orientierung auf das Kfz als Mittel für eine rasche Konzentrierung bzw. Umgruppierung der Truppen. Von 1938 bis 1939 erhöhte sich die Zahl der Kfz in Deutschland von 3,24 Mill. auf 3,71 Mill. Zum M. der faschistischen Wehrmacht zählten Führungsorgane sowie die Truppen zur Transportsicherstellung auf Straße, Schiene und Wasserweg. Der Chef Transportwesen besaß dabei eine Schlüsselposition. Er gehörte dem Generalstab des Heeres an und verfügte im Auftrage des OKW über die Ausnutzung der Verkehrswege für die Streitkräfte und die Kriegs-

Erweiterung des Verkehrs- und Transportpotentials des faschistischen Deutschlands 1937–1941

	1937	1939	1941
Streckennetz der Eisenbahn (km)	59166,3	77956,8	83439,6
Lokomotiven (Stück)	21618	25580	29679[1]
Güterwagen (Stück)	586680	649400	807378[1]
Autobahnen (km)	2026,4	3302,9	3816

1 ohne die in den besetzten Ländern vorhandenen Transportmittel. Aus Belgien und Frankreich wurden 1940/41 u. a. 5000 Lokomotiven und 324000 Waggons geraubt.

wirtschaft; Heeresbedarf an See- und Lufttransport meldete er beim OKM bzw. OKL an. Über den Chef Transportwesen setzte die militärische Führung zugleich die Forderungen an das gesamte Verkehrswesen durch. Er hatte weiter für die Sicherstellung der Kriegswirtschaftstransporte und die Ausnutzung des Transportpotentials anderer, namentlich der überfallenen Länder zu sorgen. Außerhalb der Operationsgebiete regelte er auch die Bewegung größerer mot. Verbände.

Zu Beginn des zweiten Weltkriegs (1939–1945) war das deutsche M. auf einen Blitzkrieg vorbereitet, verfügte aber vor allem hinsichtlich der Eisenbahn kaum über Reserven. Die Transportsicherstellung beim Überfall auf Polen 1939 verlief noch ohne Komplikationen, doch kam es zu spürbaren Einbußen an Kfz und Transportflugzeugen (11 bzw. 10% des Bestands). Bei der Vorbereitung der Aggression gegen Westeuropa 1940 gab es Schwierigkeiten infolge überalterter Strecken, abgenutzten rollenden Materials sowie durch Produktionsausfälle im Winter 1939/40. Zur Vorbereitung des Überfalls auf die UdSSR wurde die Durchlaßfähigkeit der 6 West-Ost-Hauptlinien von 200 auf 600 Zugpaare täglich erhöht und in West-Ost- sowie in Südostrichtung das Durchgangsstraßennetz entwickelt («Otto-Programm»). Der Eisenbahntransportraum war durch die Aneignung belgischen und französischen Materials sowie eine erhöhte Eigenproduktion erheblich vergrößert worden. Mit 33800 Zügen wurden ab Februar 1941 3 Mill. Soldaten, 600000 Fahrzeuge aller Art, über 3500 Panzer, mehr als 7000 Geschütze und 625000 Pferde an die Grenze zur Sowjetunion verlegt.

Nach dem Überfall auf die UdSSR im Juni 1941 wurde die bisher im wesentlichen latent wirkende Schwäche des deutschen M. offenkundig. Mit der Ausdehnung der Kampfhandlungen und der Dauer des Kriegs gestaltete sich die Transportlage für die faschistische Wehrmacht immer schwieriger und nahm im Winter teilweise katastrophale Ausmaße an. Durch eine erhöhte Produktion von Transportmitteln (u. a. einer «Kriegs-Güterzuglok»), die Wiederherstellung und den Ausbau von Eisenbahnstrecken in den okkupierten Gebieten, die Erweiterung der Durchgangsstraßen sowie durch Veränderungen in der Leitung suchte die faschistische Führung die

Transportwesen der faschistischen Wehrmacht 1943

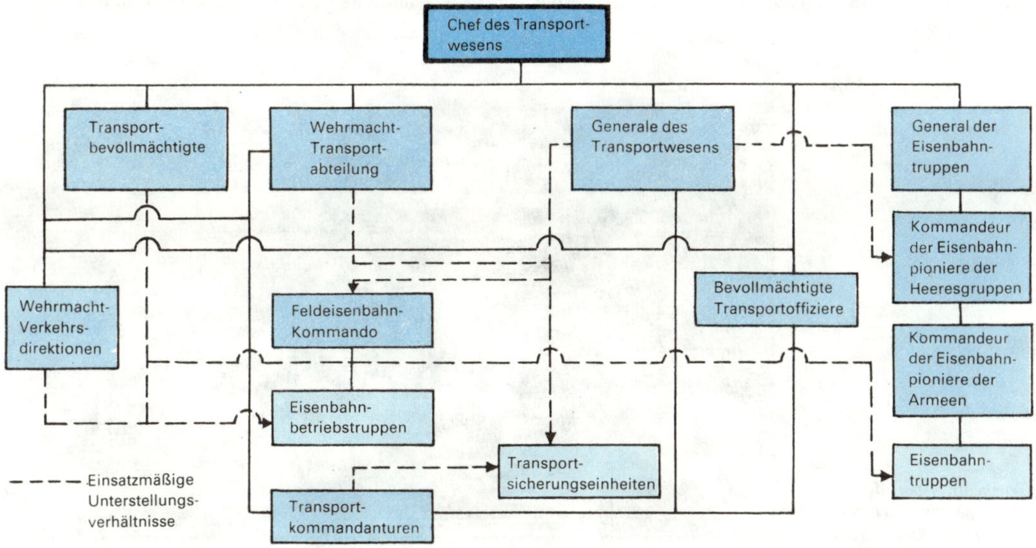

Ausfälle und wachsenden Verluste im M. zu kompensieren.

Demgegenüber erhöhten sich die Leistungen des sowjetischen M. trotz der großen Einbußen zu Beginn des Überfalls und bedeutender Schwierigkeiten. Ab 1943 konnte es bei steigenden Anforderungen den Vormarsch der sowjetischen Streitkräfte transportmäßig insgesamt sicherstellen. Einen bedeutenden Anteil an der Vernichtung faschistischen Transportpotentials hatte auch die Partisanen- und Widerstandsbewegung in der UdSSR (1943 Operationen «Schienenkrieg» und «Konzert» gegen das Bahn- und Straßennetz der Okkupanten), in Polen, Jugoslawien und in Westeuropa. Systematische anglo-amerikanische Luftangriffe seit 1943 auf Transportwege in West- und Südeuropa sowie in Deutschland vermochten zwar den Verkehr nicht lange zu unterbinden, begünstigten aber 1944/45 das Vordringen der alliierten Truppen.

Die Eisenbahn blieb während des zweiten Weltkriegs für die faschistische Wehrmacht Hauptmittel des Ferntransports. Die enormen Einbußen an rollendem Material und Zerstörungen an den Bahnanlagen schränkten den Eisenbahnbetrieb der Okkupanten in Osteuropa zeitweilig stark ein und zwangen bereits 1941 zur Einführung des sog. Inselbetriebs, wobei der auf Kfz umgeladene Nachschub von einem zum nächsten intakten Streckenabschnitt gefahren wurde. Das Kfz gewann als Transportmittel stark an Bedeutung, besonders um die Panzer- und mot. Verbände vom Eisenbahntransport weitgehend unabhängig zu machen. Seine Möglichkeiten für einen beweglichen Transport im operativ-strategischen Rahmen wurden jedoch von der faschistischen Führung überschätzt. Ungeachtet steigender Produktion und Requisition von Kfz in den besetzten Ländern scheiterte die weitgehende Motorisierung. Ursachen dafür waren die schweren Verluste und Ausfälle, die vorherrschende Typenvielfalt, die im Kriegsverlauf zusammenschrumpfenden Produktions- und Reparaturkapazitäten sowie der Mangel an Treibstoff. Die Folgen der bereits 1942 einsetzenden Entmotorisierung – die planmäßige Verringerung des Kfz-Parks der Infanteriedivisionen und anderer Verbände sowie die Reduzierung von Einrichtungen des M. – konnten von den bespannten Kolonnen nicht aufgefangen werden. See- und Lufttransporte spielten im deutschen M. insgesamt eine untergeordnete Rolle.

Nach 1945 führten die wissenschaftlich-technischen Fortschritte und ihre Auswirkungen auf das Militärwesen sowie die Erkenntnisse über den Charakter eines modernen Krieges zu neuen Veränderungen im M. Die Eisenbahn blieb weiterhin Hauptmittel des Ferntransports zu Lande, doch wuchs die Bedeutung des beweglicheren Kfz-Transports. Für das moderne M. sind hohe Transportgeschwindigkeiten und Umleitungen ermöglichende belastbare Militärstraßennetze charakteristisch. Militär-Kfz wurden geländegängig bzw. erhöht geländegängig konstruiert und als Mehrzwecktransportmittel einsetzbar. Der Lufttransport für schnellen Transport über große Entfernung, im taktischen Bereich auch durch Hubschrauber, nahm stark zu. Für den Kampf in Küstenrichtungen ist nach wie vor der Schiffstransport mit Transportschiffen, Landungsschiffen und -booten, zunehmend auch mit Tragflügel- und Luftkissenfahrzeugen bedeutsam. Es entwickelten sich der Rohrleitungstransport sowie die Verwendung von Containern und flexiblen Behältern. Wesentlichen Einfluß auf das M. moderner Ar-

Truppentransport der NVA über eine von Eisenbahnbautruppen errichtete Strecke

Sowjetisches Transportflugzeug An-12

meen haben die vielfältigen Transportverflechtungen im Rahmen der Militärkoalitionen.

In den Kriegsvorbereitungen der NATO nimmt das M. der Bundeswehr der BRD einen wichtigen Platz ein. Es hat den Land-, Luft- und Seetransport der Bundeswehr und der in der BRD stationierten NATO-Truppen sicherzustellen. Die Führung liegt bei der Stabsabteilung V (Logistik) des Führungsstabs der Bundeswehr und entsprechenden Einrichtungen des Heeres, der Luftwaffe und der Marine. Seit den 60er Jahren besteht eine Abteilung Verkehrsführung bei den Territorial- und den Wehrbereichskommandos mit nachgeordneten Verkehrskommandanturen bei der Bundesbahn. Der Einfluß der Bundeswehrführung erstreckt sich auch auf die Festlegung der wichtigsten Eisenbahnstrecken als Transportlinien, auf das Autobahnbauprogramm, auf den Ausbau des übrigen Straßennetzes, auf Ausweichflugplätze und auf die Notstandsplanung im Verkehrswesen. Beim Aufbau des M. wurde von der gleichrangigen Bedeutung von Eisenbahn (Massentransporte und Truppenbewegungen aus der Tiefe) und Kfz (Transport in der Kampfzone) ausgegangen, mit Entwicklung der Vollmotorisierung in den 60er Jahren von einem teilweisen Vorrang des letzteren. Der Lufttransport soll die Beweglichkeit der Stoßverbände des Heeres weiter erhöhen, der Seetransport Aggressionen in Küstenrichtungen des Ostseeraums sicherstellen.

Die Aufgaben des M. der NVA der DDR ergeben sich aus dem Charakter eines modernen Krieges, aus der Rolle der NVA als sozialistische Koalitionsarmee und aus der geographischen Lage der DDR gegenüber der BRD als der europäischen Hauptkraft der NATO. Die zentrale Führung liegt bei der Verwaltung M. im Ministerium für Nationale Verteidigung mit nachgeordneten Einrichtungen bei den Teilstreitkräften und Militärbezirken, die eng mit staatlichen Organen und Dienststellen des Verkehrs- und Transportwesens zusammenarbeiten. Die Or-

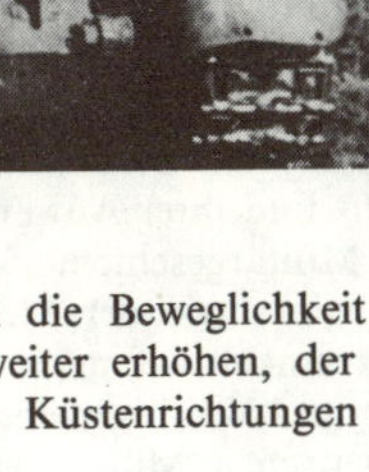

Absolventenabzeichen der Sektion militärisches Transport- und Nachrichtenwesen der Hochschule für Verkehrswesen «Friedrich List»

gane des M. sind verantwortlich für Truppen-, Versorgungs- und sonstige militärische Transporte, für die Sicherstellung von Transportwegen und für die Regulierung auf Militärstraßen. Für den Bau von Transportwegen sowie für das Errichten und Beseitigen von Sperren auf Transportwegen verfügt das M. über → *Bautruppen.* Hohe Beweglichkeit der Streitkräfte, Manövercharakter der Operation, enormer Nachschubbedarf, Einsatz des M. unter Kernwaffenbedingungen und zu erwartendes Ausmaß der Zerstörung von Transportwegen fordern in einem modernen Krieg die komplexe Nutzung aller Transportarten.

Militärverlag der DDR (VEB): Fachverlag der → *Nationalen Volksarmee der DDR (NVA)* für Militärliteratur.

Der Verlag wurde im Mai 1956 mit Sitz in Berlin gegründet. Er hat die Aufgabe, Bücher, Zeitungen und Zeitschriften sowie andere Publikationen herauszugeben, die der Stärkung der Landesverteidigung, der Entwicklung der Kampfkraft und Gefechtsbereitschaft der NVA und der Grenztruppen der DDR sowie der Förderung der Wehrbereitschaft und Wehrfähigkeit der Bevölkerung der DDR dienen. Im Verlag erscheinen Monographien, Hand-, Lehr- und Fachbücher, Nachschlagewerke und Editionen anderer Genres zu Problemen der marxistisch-leninistischen Lehre vom Krieg und von den Streitkräften, der Militärpolitik, der Militärwissenschaft und ihrer Anwendung in der Truppenpraxis, der Militärgeschichte, Militärpädagogik und -psychologie sowie der Militärtechnik. Besondere Aufmerksamkeit widmet dabei der Verlag der Propagierung und Verallgemeinerung neuer Erkenntnisse der sowjetischen Militärwissenschaft und Erfahrungen der sowjetischen Streitkräfte in der politischen Arbeit, Truppenführung, gefechtsnahen Ausbildung sowie der rückwärtigen Sicherstellung. Der Verlag entwickelt und veröffentlicht Werke der belletristischen und Memoirenliteratur sowie Tatsachenberichte zur Thematik: sozialistische Landesverteidigung, Waffenbrüderschaft, revolutionäre militärische Traditionen und antiimperialistischer Befreiungskampf. Er unterstützt die Arbeit der Zivilverteidigung der DDR und der Gesellschaft für Sport und Technik (GST) mit Fachliteratur für die Ausbildung und publiziert auch Literatur zur Amateurelektronik. Der Verlag gibt die Wochenzeitung → *«Volksarmee»*, das Soldatenmagazin → *«Armeerundschau»*, die Zeitschriften → *«Militärwesen»*, → *«Parteiarbeiter»*, → *«militärtechnik»* und «Ausbilder», Schriftenreihen sowie Propaganda- und Agitationsschriften wie «im klub», → *«Wissen und Kämpfen»* u. a. heraus. Er verlegt die Zeitschriften → *«Militärgeschichte»*, → *«Zeitschrift für Militärmedizin»* und das Organ des Sportkomitees der befreundeten Armeen «SKDA-Sportrundschau». Im Verlag erscheinen außerdem Zeitungen, Zeitschriften und andere Veröffentlichungen der Gesellschaft für Sport und Technik. Der Verlag wurde mit dem Orden «Banner der Arbeit» Stufe I und dem Kampforden «Für Verdienste um Volk und Vaterland» in Gold ausgezeichnet.

Militärverlag der DDR (VEB) in Berlin

«Militärwesen»: seit 1957 vom Ministerium für Nationale Verteidigung der DDR im → *Militärverlag der DDR (VEB)* hrsg. Zeitschrift für Militärpolitik und Militärtheorie.

Die Zeitschrift erschien 1957–1959 jährlich 6mal und ist seit 1960 Monatsschrift. Von 1972 bis 1975 kam sie in 3 Ausgaben heraus, die sich voneinander durch einen Spezialteil für die Landstreitkräfte (Ausgabe A), die Luftstreitkräfte/Luftverteidigung (B) und die Volksmarine (C) unterschieden. In der Thematik der Zeitschrift widerspiegelt sich die Entwicklung der Militärpolitik der SED, der NVA und der marxistisch-leninistischen Militärwissenschaft. In den ersten Jahrgängen veröffentlichte sie Beiträge zu allen Bereichen des Militärwesens; außerdem gab die Redaktion Beilagen, technische Beihefte und Sonderhefte heraus. Mit der Gründung weiterer Militärzeitschriften (→ *«militärtechnik»*, → *«Militärgeschichte»*) wurde ihr Profil als wissenschaftliche Zeitschrift stärker auf Grundfragen der Militärpolitik, der marxistisch-leninistischen Lehre vom Krieg und von den Streitkräften, der marxistisch-leninistischen Militärwissenschaft, insbesondere der Kriegskunst, und der Gefechtsausbildung konzentriert. Sie unterstützt die Arbeit der Offiziere der NVA und der Grenztruppen der DDR vor allem ab der Ebene Bataillonskommandeur aufwärts. Darüber hinaus wendet sie sich an alle Offiziere der bewaffneten Organe, einschließlich der Reserveoffiziere. Sie fördert die

→ *militärwissenschaftliche Arbeit in der NVA.* Die Redaktion wurde 1977 mit dem Kampforden «Für Verdienste um Volk und Vaterland» in Bronze ausgezeichnet.

Militärwissenschaft: Wissenschaft zur Gewinnung von Erkenntnissen über den Charakter und die Gesetze des → *Krieges*, insbesondere des bewaffneten Kampfes im Krieg, über die Vorbereitung der Streitkräfte und des Landes auf den Krieg und die Methoden der Kriegführung.

Die M. entwickelte sich in einem langen historischen Prozeß im engen Zusammenhang mit der Militärpolitik der Klassen und Staaten, den Streitkräften und den von ihnen geführten Kriegen, der → *Kriegskunst* sowie dem militärtheoretischen Denken. Elemente der M. entstanden bereits in der Sklavenhaltergesellschaft. Große Bedeutung hatten die in Griechenland entstandenen Arbeiten. Friedrich Engels (1820–1895) schrieb, daß mit den Armeen Griechenlands «die Geschichte der Taktik, besonders der Infanterietaktik, beginnt» (K. Marx/F. Engels, 14, S. 9). War in Griechenland die Militärtheorie zu einem relativ selbständigen Wissenszweig geworden, so erreichte sie im alten Rom eine höhere Stufe vor allem durch die beginnende Verallgemeinerung von Kriegserfahrungen. Im Feudalismus nahm die Militärtheorie lange Zeit keine besondere Entwicklung. Erst seit dem 16. Jh., im Zusammenhang mit den Fortschritten in der Militärtechnik, Kriegskunst und Heeresorganisation sowie in den Natur- und Geisteswissenschaften, setzte ein Aufschwung ein. Zusätzlichen Impuls erhielt sie durch Werke antiker Militärtheoretiker und -historiker, die in der Zeit vom 16. bis 18. Jh. neu herausgegeben wurden und mit ihrer strengen systematischen Darstellung zu einem Vorbild für die damalige Militärliteratur wurden. Der italienische Politiker und Militärtheoretiker Niccoló Machiavelli (1469–1527), die kaiserlichen Feldherren Lazarus von Schwendi (1522–1584) und Raimund von Montecuccoli (1609–1680), der französische Marschall Moritz von Sachsen (1696–1750) und der preußische König Friedrich II. (1712–1786) suchten Prinzipien der Kriegführung zu finden und zu systematisieren. Dabei befaßten sie sich vor allem mit der Organisation und Kriegskunst der damaligen Söldnerheere. Insgesamt waren die militärischen Werke in der vorbürgerlichen Zeit im allgemeinen Beschreibungen kriegsgeschichtlicher Erfahrungen, verbunden mit Verallgemeinerungen und Schlußfolgerungen (→ *Militärgeschichtsschreibung*). Sie trugen zur Herausbildung der Grundlagen der M. nicht unwesentlich bei.

Bürgerliche M.: Sie ist ein Zweig der bürgerlichen Lehren von der Gesellschaft und dient der Vorbereitung und Führung von Kriegen im Interesse der Bourgeoisie. Sie sucht allgemeingültige Grundsätze und Regeln des bewaffneten Kampfes und der Kriegführung zu erarbeiten und wertet dafür in breitem Maße die Kriegsgeschichte aus. Im Verlaufe ihrer Entwicklung hat die bürgerliche M., besonders nach dem ersten Weltkrieg (1914–1918) und noch stärker nach 1945, die politischen, moralischen, ökonomischen, wissenschaftlichen und technischen Potenzen der gegeneinander kämpfenden Länder (Koalitionen) in ihre Untersuchung einbezogen.

Die allgemeine weltanschaulich-theoretische und methodologische Grundlage der bürgerlichen M. ist der philosophische Idealismus. Je nach den konkreten gesellschaftlichen Bedingungen des jeweiligen kapitalistischen Landes wird das militärwissenschaftliche Denken von unterschiedlichen bürgerlichen Gesellschaftslehren beeinflußt. So war die M. des faschistischen deutschen Imperialismus in bedeutendem Maße von rassistischen Theorien geprägt. Die politischen Ziele der Bourgeoisie sowie die weltanschaulich-theoretischen und methodologischen Auffassungen bestimmen nicht nur den Charakter der bürgerlichen M., sondern auch die Grenzen ihrer Erkenntnismöglichkeiten in der Geschichte des kapitalistischen Militärwesens und der Kriege.

Die entscheidende Grundlage für die bürgerliche M. legte die Französische Revolution von 1789. Die Umwälzung der sozialökonomischen Basis und die Errichtung der Herrschaft der Bourgeoisie riefen qualitative militärische Veränderungen hervor, die eine neue Stufe in der Entwicklung von Krieg und Armee weltweit bewirkten. Die eigentlichen Schöpfer des neuen Militärwesens waren die revolutionären Volksmassen Frankreichs. «So wie damals innerhalb des Landes das französische revolutionäre Volk erstmalig ein in Jahrhunderten ungekanntes Höchstmaß an revolutionärer Energie an den Tag legte, so offenbarte es auch im Krieg am Ende des 18. Jahrhunderts eine gigantische revolutionäre Schöpferkraft, als es das ganze System der Strategie umgestaltete, mit allen alten Kriegsgesetzen und -bräuchen brach und an Stelle der alten Truppen ein neues, revolutionäres Volksheer und eine neue Kriegführung schuf» (W. I. Lenin, 24, S. 397/398). Bedeutender Vertreter dieser Kriegführung war Napoleon Bonaparte (1769–1821), seit 1804 als Napoleon I. französischer Kaiser. Er nutzte die mit der bürgerlichen Revolution und dem aufsteigenden Kapitalismus entstandenen materiellen und politisch-moralischen Potenzen und Möglichkeiten umfassend und entwickelte die von den französischen Revolutionsheeren hervorgebrachten Elemente der neuen Kriegführung zu einem einheitlichen Ganzen weiter. Charakteristisch für seine Kriegführung, die das militärtheoretische Denken bis weit in das 19. Jh. beeinflußte, waren kühne, entschlossene Manöver, massierte Schläge und das Streben nach einer schnellen Entscheidung in einer Generalschlacht.

Die Entwicklung der bürgerlichen M. in der ersten Hälfte des 19. Jh. wurde in starkem Maße durch die Erforschung und Darstellung vor allem der Kriege Napoleons I. und der Kriege Friedrichs II. geprägt. Zu den bedeutendsten Militärtheoretikern gehörten in Frankreich Henri de Jomini (1779–1869) und Carrion de Nisas (1767–1841), in England William F. P. Napier (1785–1860) und in Österreich Erzherzog Karl Ludwig Johann (1771–1847). In Preußen und anderen deutschen Ländern waren es Georg von Berenhorst (1733–1814), Gerhard von Scharnhorst (1755–1813), Adam Heinrich Dietrich von Bülow (1757–1807), ferner Johann Gottfried von Hoyer (1767–1848), Wilhelm von Willisen (1790–1879) und Franz von Kausler (1794–1848). Die russischen Heerführer A. W. Suworow (1729–1800), M. I. Kutusow (1745–1813), N. W. Medem (1796–1870) und A. I. Astafjew (1816–nach 1863) leisteten einen eigenständigen Beitrag zur Weiterentwicklung der bürgerlichen M.

Der hervorragendste Vertreter der bürgerlichen M. in der Zeit des aufsteigenden Kapitalismus war der preußische Generalmajor Carl von Clausewitz (1780–1831). Er wandte die dialektische Methode auf die Erforschung des Krieges und des bewaffneten Kampfes an und schuf damit Grundlagen einer allgemeinen Theorie der M. Sein Hauptwerk «Vom Kriege» ist die tiefgründigste Untersuchung zur Theorie des bewaffneten Kampfes in der vormarxistischen Militärliteratur. Im Unterschied zu den meisten Militärtheoretikern jener Zeit versuchte Clausewitz, kein System allgemeingültiger Regeln für die Kriegführung aufzustellen. Die Theorie des Krieges war für ihn eine Anleitung zum praktischen Handeln, die helfen sollte, den Krieg als Gesamterscheinung unter den jeweils konkreten Bedingungen begreifen zu können. Clausewitz widerlegte die Auffassung, daß der Krieg eine von der Politik unabhängige Erscheinung sei, und wies nach, daß jeder Krieg die Fortsetzung der Politik mit den Mitteln der Gewalt ist. Allerdings verstand er unter Politik nicht die Interessenvertretung von Klassen. Clausewitz entwickelte wissenschaftlich begründete Ansichten über das Wechselverhältnis von Angriff und Verteidigung sowie über die Einheit der materiellen Bedingungen und des moralischen Faktors im Kriege. Clausewitz' Werk «Vom Kriege» hatte weitreichende Wirkung. Friedrich Engels und auch W. I. Lenin (1870–1924) stützten sich in ihren militärpolitischen und -theoretischen Arbeiten namentlich auf Clausewitz' Ansichten über das Wechselverhältnis von Politik und Krieg und entwickelten sie auf der Grundlage des historischen Materialismus weiter. Engels nannte Clausewitz «einen Stern erster Größe» (K. Marx/F. Engels, 21, S. 350). Im bürgerlichen militärtheoretischen Denken begannen Clausewitz' Auffassungen erst in der zweiten Hälfte des 19. Jh. eine größere Rolle zu spielen, jedoch wurden sie einseitig interpretiert und von deutschen Militärtheoretikern dazu benutzt, den Militarismus zu rechtfertigen.

Die Entwicklung der bürgerlichen M. in der zweiten Hälfte des 19. Jh. wurde stark von der raschen ökonomischen und technischen Entwicklung beeinflußt. Der Krimkrieg (1853–1856), der Krieg zwischen Österreich und Frankreich/Sardinien (1859), der amerikanische Sezessionskrieg (1861–1865) sowie die preußisch-deutschen Einigungskriege (1864, 1866, 1870/71) brachten neue militärwissenschaftliche Erfahrungen. In Deutschland orientierte namentlich Helmuth von Moltke (1800–1891) auf die militärische Nutzung der Eisenbahn, des Telegrafen und anderer technischer Neuerungen. Er hinterließ zwar kein größeres militärtheoretisches Werk, dennoch hoben bürgerliche Militärtheoretiker seine Aussprüche, Notizen und kleineren Schriften zu militärischen und kriegsgeschichtlichen Fragen in den Rang einer geschlossenen Militärtheorie.

Ein großer Teil der führenden Militärs in Deutschland war nicht in der Lage, die neuen militärischen Erfahrungen und Erscheinungen schöpferisch zu verwerten, blieb sogar Grundsätzen der ersten Hälfte des 19. Jh. verhaftet. Einige Militärs hingegen bemühten sich, die schnelle Entwicklung der Waffentechnik in ihrer Auswirkung für die Kriegskunst, besonders aber für die Taktik, zu berücksichtigen. Dazu gehörten Wilhelm Rüstow (1821–1878) sowie Sigmund von Schlichting (1829–1909), dessen Werk «Taktische und strategische Grundsätze der Gegenwart» (Berlin 1897/99) internationale Geltung erlangte. Die Generale Friedrich von Bernhardi (1849–1930) und Colmar von der Goltz (1843–1916) betonten um die Jahrhundertwende die Notwendigkeit, den künftigen Krieg mit millionenstarken Armeen zu führen und dazu um-

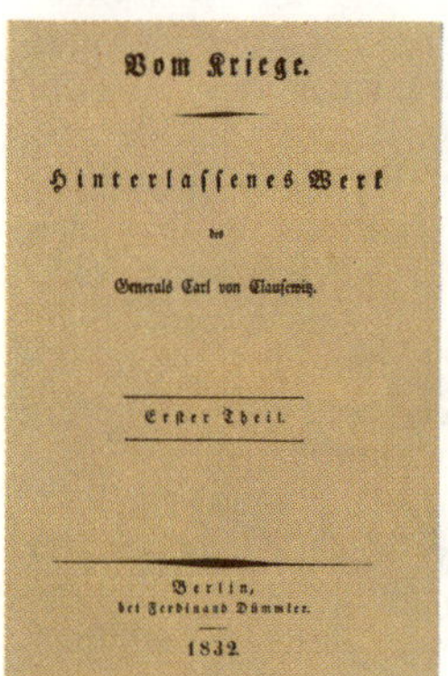
Vom Kriege.

Hinterlassenes Werk

des

Generals Carl von Clausewitz.

Erster Theil.

Berlin,
bei Ferdinand Dümmler.

1832.

Titelblatt der Erstausgabe von 1832

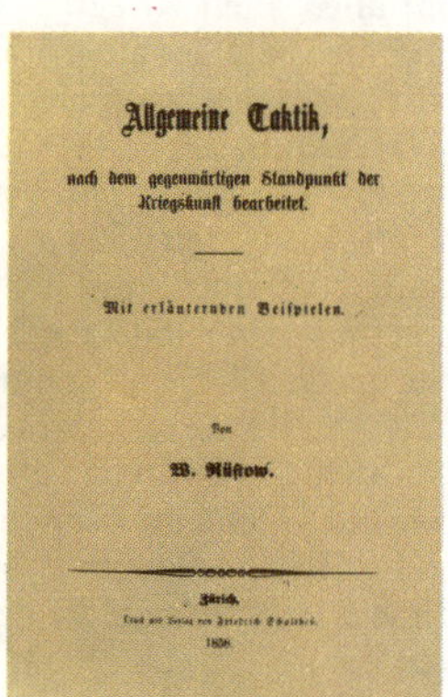
Allgemeine Taktik,

nach dem gegenwärtigen Standpunkt der Kriegskunst bearbeitet.

Mit erläuternden Beispielen.

Von

W. Rüstow.

Zürich.

Titelblatt der Ausgabe von 1858

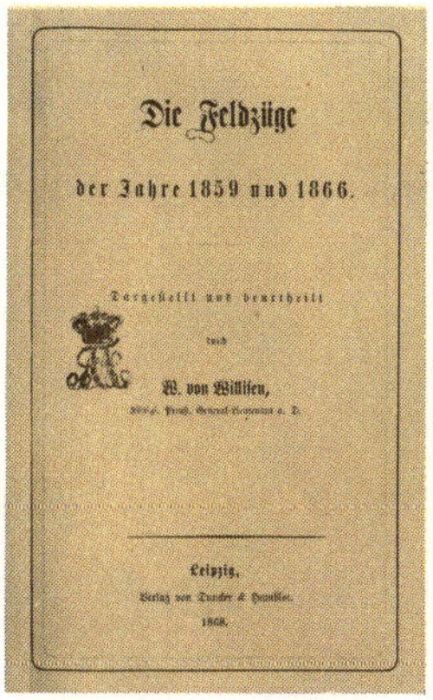

Titelblatt der Ausgabe von 1868

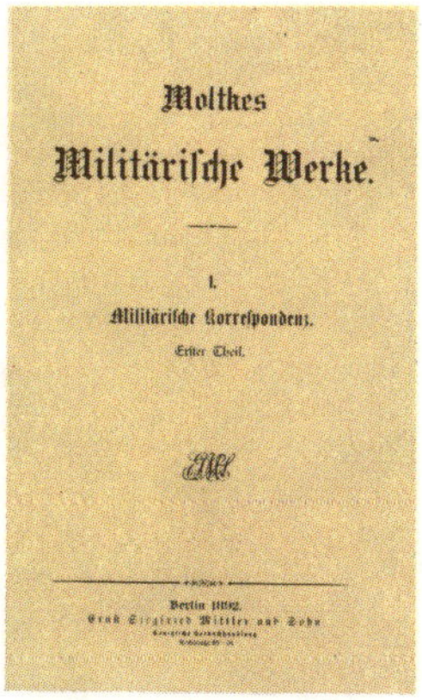

Titelblatt der Ausgabe von 1892

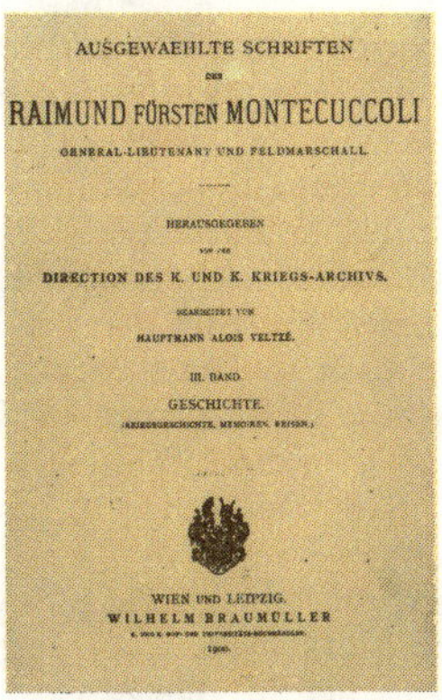

Titelblatt der vom österreichisch-ungarischen Kriegsarchiv herausgegebenen Ausgabe von 1900

fangreiche personelle und materielle Reserven zu bilden. Ihre Theorie vom «Volk in Waffen» diente den herrschenden Kreisen als Grund für die forcierte Rüstung und war Ausdruck der zunehmenden Militarisierung des gesellschaftlichen Lebens.

Mit dem Übergang zum Imperialismus verstärkten sich die reaktionären, aggressiven Züge der bürgerlichen M. um ein Vielfaches. Gleichzeitig wurde sie mit neuen Problemen des Verhältnisses von Ökonomie und Krieg, der Stabilität und Leistungsfähigkeit des Hinterlandes und der Volkswirtschaft, der Schaffung von Reserven für langandauernde Kriege und vor allem mit dem Gegensatz zwischen Volk und Armee konfrontiert. Die bürgerliche M. erkannte die neuen Erscheinungen und Entwicklungstendenzen unzureichend und bewertete sie extrem einseitig. Im strategischen Denken dominierte nach wie vor die Idee der Generalschlacht. Ihr Hauptvertreter im Deutschen Reich war Alfred von Schlieffen (1833–1913), von 1891 bis 1905 Chef des Generalstabes, der die → *Blitzkriegskonzeption* dem Plan eines Zweifrontenkrieges gegen Frankreich und Rußland zugrunde legte (→ *Schlieffenplan*). Mit militärwissenschaftlichen Fragen befaßten sich vor 1914 die Kriegsakademie und der Generalstab sowie die 1843 in Berlin gegründete → *Militärische Gesellschaft*. Ergebnisse der militärwissenschaftlichen Arbeit fanden in der Militärliteratur, vor allem in den Militärzeitschriften → *«Militär-Wochenblatt»*, → *«Jahrbücher für die deutsche Armee und Marine»* und «Vierteljahreshefte für Truppenführung und Heereskunde» (Berlin 1904–1914) ihren Niederschlag.

General Ferdinand Foch (1851–1929), der führende Vertreter des strategischen Denkens in Frankreich, blieb ebenfalls der Idee der Generalschlacht verhaftet. Die M. Großbritanniens und der USA wurde durch den geographischen Umstand beeinflußt, daß beide Staaten keine Landgrenze mit anderen imperialistischen Großmächten haben. Ihre Expansionsziele wollten sie vor allem mittels starker Seestreitkräfte realisieren. Das fand seine Widerspiegelung in der Theorie von Admiral Alfred Thayer Mahan (1840–1914), nach der die Kriegsflotte als das entscheidende Instrument der Kriegführung galt (→ *Seekriegskunst*). In Rußland beeinflußten die Ansichten von G. A. Leer (1829–1904), M. I. Dragomirow (1830–1905) sowie von N. P. Michnewitsch (1849–1927) und von S. O. Makarow (1849–1904) über den Wert allgemeingültiger Prinzipien der Kriegskunst bedeutend die M. Im Mittelpunkt des bürgerlichen militärtheoretischen Denkens in Frankreich, Deutschland und Rußland vor 1914 standen Probleme der Aufstellung, Führung, Ausbildung und des Einsatzes von zahlenmäßig starken Landstreitkräften. Die bürgerliche M. Deutschlands und Rußlands konzentrierte sich auf die Durchführung großer Angriffsfeldzüge mit entschiedener Zielstellung. Jedoch wurden die neuen Probleme der operativen Kunst, des Einflusses der Ökonomie auf die Kriegführung nur zum Teil erkannt.

Der Verlauf des ersten Weltkrieges offenbarte die Krise der bürgerlichen M. Sie hatte die Auswirkungen der neuen Waffen (Maschinengewehre, Schnellfeuergeschütze) auf die Kriegskunst, die bereits im Russisch-Japanischen Krieg (1904/05) sichtbar geworden waren, nicht vorausgesehen. Entgegen den Ansichten von vor 1914 bildeten sich durchgehende Fronten mit Stellungssystemen und in der Tiefe liegenden operativen Reserven. Das Problem des Durchbruchs wurde zu einer der zentralen Fragen der Kriegskunst. Es zeigte sich auch, daß die vor 1914 gebildeten materiellen Reserven, vor allem an Munition, für einen langandauernden Krieg zu gering waren. Es kam zu wochen- und monatelangen Materialschlachten. Erst gegen Kriegsende deutete sich an, daß es möglich war, durch den massierten Einsatz von Panzerkräften im Zusammenwirken mit der Infanterie und Artillerie einen Durchbruch zu erzielen (→ *Weltkrieg, erster, 1914–1918*).

Die Große Sozialistische Oktoberrevolution 1917 und das Ende des ersten Weltkrieges 1918 markierten einen grundlegenden Einschnitt in der bürgerlichen M. Ihre weitere Entwicklung wurde entscheidend durch die allgemeine Krise des Kapitalismus und ihre Auswirkungen auf das imperialistische Militärwesen geprägt. Der Antikommunismus wurde zum beherrschenden Grundzug der bürgerlichen M., die seitdem nach Mitteln und Methoden sucht, um den Sozialismus mit militärischer Gewalt zu vernichten und der imperialistischen Kriegführung dafür eine dauerhafte politisch-moralische Unterstützung durch die Volksmassen zu garantieren. Der Versuch, diese Probleme zu lösen, war in den 20er und 30er Jahren eng damit verbunden, Lehren aus dem ersten Weltkrieg zu ziehen, den wissenschaftlich-technischen Fortschritt für die Schaffung schlagkräftiger Streitkräfte zu nutzen und die politisch-ideologische Beeinflussung der Streitkräfte und breiter Volksschichten zu verstärken.

Die imperialistische deutsche M. ließ sich davon leiten, den nächsten Krieg zur Eroberung der Weltherrschaft umfassend und gründlich vorzubereiten, ihn mit allen Mitteln und Methoden einschließlich völker- und kriegsrechtswidriger zu führen. In der → *Theorie des totalen Krieges* und der weiterentwikkelten Blitzkriegskonzeption kamen die Grundsätze und Auffassungen der faschistischen deutschen M. umfassend zum Ausdruck. An der Auswertung des ersten Weltkrieges und der militärwissenschaftlichen Entwicklung der 20er und 30er Jahre hatten das Reichsarchiv, die → *Deutsche Gesellschaft für Wehrpolitik und Wehrwissenschaften* und die nach 1935 geschaffenen Kriegswissenschaftlichen Abteilungen der Generalstäbe der Teilstreitkräfte der faschistischen Wehrmacht besonderen Anteil.

Einige imperialistische Militärtheoretiker entwikkelten unter dem Eindruck der revolutionären Aktivitäten der Volksmassen und der breiten antimilitaristischen Bewegung Theorien, künftige Kriege mit relativ kleinen, technisch gut ausgerüsteten Armeen aus Berufssoldaten zu führen. Auf diese Weise sollte die politisch-moralische Stabilität imperialistischer Streitkräfte gewährleistet werden. Führende Vertreter der Theorie der kleinen Heere waren in Deutschland zeitweise Hans von Seeckt (1866–1936), in Großbritannien Basil H. Liddell Hart (1895–1970) und in Frankreich Charles de Gaulle (1890–1970). In den Militärdoktrinen der imperialistischen Staaten fanden diese Auffassungen keine dauerhafte Anerkennung. Größeren Einfluß gewannen jene Theoretiker, die dem Einsatz von großen Panzerverbänden in einem künftigen Krieg kriegsentscheidende Bedeutung beimaßen und Theorien über den mechanisierten Krieg begründeten. Wichtige Arbeiten hierzu veröffentlichten der englische General John

Achtung – Panzer!

Die Entwicklung der Panzerwaffe, ihre Kampftaktik und ihre operativen Möglichkeiten

von

Heinz Guderian

Generalmajor

Union Deutsche Verlagsgesellschaft Stuttgart

Titelblatt der Ausgabe von 1937

Fuller (1878–1966), der österreichische General Ludwig von Eimannsberger (1878–1945) und der deutsche General Heinz Guderian (1888–1954). Die Theorie von der kriegsentscheidenden Rolle starker Fernbombenfliegerkräfte, deren Hauptvertreter der italienische General Giulio Douhet (1869–1930) war, fand eine gewisse Anerkennung in der Militärdoktrin der USA und Großbritanniens (→ *Luftkriegskunst*). Große Aufmerksamkeit schenkten die Militärtheoretiker dieser Länder weiterhin den Fragen der Seekriegführung, wobei sie sich nach wie vor auf die Theorie Mahans stützten. In Frankreich hielt sich die imperialistische M. eng an die Erfahrungen des Stellungskrieges 1914–1918, was sich u. a. im Bau der Maginotlinie zeigte.

Die Auseinandersetzungen um Elite- oder Massenheer bzw. Material oder Moral widerspiegelten das Bemühen der imperialistischen M., die Auswirkungen der allgemeinen Krise des Kapitalismus auf das imperialistische Militärwesen zu überbrücken und Siegesrezepte zu finden. Obwohl sie für viele Detailfragen des Militärwesens, so für die Taktik und den Einsatz neuer technischer Kampfmittel, Lösungswege zeigte, war es ihr nicht möglich, den Charakter eines künftigen Krieges und die Formen und Methoden seiner Führung wissenschaftlich umfassend zu begründen. Der zweite Weltkrieg (1939–1945) offenbarte die Fehlerhaftigkeit der strategischen Konzeptionen aller beteiligten imperialistischen Staaten. Das faschistische Deutschland erzielte mit der Blitzkriegsstrategie nur zeitweilige Erfolge, im Krieg gegen die UdSSR scheiterte sie. Die USA und Großbritannien konnten durch den Luftkrieg das ökonomische und militärische Potential ihres Gegners zwar schwächen, aber ihre Luftkriegführung war nicht entscheidend für den Sieg der Antihitlerkoalition. Frankreich wurde 1940 u. a. aufgrund seiner defensiven Grundhaltung in kurzer Zeit militärisch geschlagen (→ *Weltkrieg, zweiter, 1939–1945*). Verlauf und Ausgang des zweiten Weltkrieges brachten für die Kriegskunst, den Einsatz neuer technischer Kampfmittel, die Organisation und Ausbildung der Streitkräfte und andere Probleme zahlreiche neue Erkenntnisse für die M.

Nach 1945 beeinflußten die Veränderung des internationalen Kräfteverhältnisses, die Vertiefung der allgemeinen Krise des Kapitalismus, die Erfahrungen des zweiten Weltkrieges und seit den 50er Jahren in wachsendem Maße die Ergebnisse der wissenschaftlich-technischen Revolution die weitere Entwicklung der bürgerlichen M. Sie beschäftigte sich unter extrem antikommunistischer Zielstellung mit dem politischen und militärischen Charakter eines Krieges gegen das sozialistische Lager, den Formen und Methoden des bewaffneten Kampfes, vor allem mit der Rolle der Kernwaffen, mit Problemen des Hinterlandes und dem operativen Ausbau des Territoriums, mit der Rolle des moralischen Faktors im Kriege und mit dem Verhältnis von Mensch und Technik im Militärwesen.

Die bürgerliche M. betrachtete die Entwicklung der Kernwaffen und ihre Einführung in die Streitkräfte der USA, Großbritanniens und Frankreichs sowie die durchgängige Ausstattung der Streitkräfte anderer NATO-Staaten mit taktischen und operativtaktischen Kernwaffeneinsatzmitteln als wesentliche Grundlage einer Politik der Stärke gegenüber der UdSSR und den anderen sozialistischen Staaten. Ende der 40er Jahre wurde das militärische Denken vieler imperialistischer Militärs davon beherrscht, in einer Aggression nicht vorrangig Massenarmeen, sondern Kernwaffen einzusetzen. Dieses Bestreben, das an die Theorie der kleinen Heere und an Ansichten Douhets nach 1918 anknüpfte, fand in der NATO-Strategie des überraschenden, massierten Kernwaffenschlages seinen Niederschlag. Danach war beabsichtigt, mit einer Reihe von Kernwaffenschlägen gegen lebenswichtige Zentren der Sowjetunion und gegen Basen, von denen aus Gegenschläge geführt werden könnten, das Kräfteverhältnis entscheidend zugunsten des Imperialismus zu verändern.

Mit der Festigung und den Erfolgen des sozialistischen Lagers seit Mitte der 50er Jahre (Gründung des Warschauer Vertrages, Start des ersten Sputniks u. a.) kam es zu Veränderungen in der USA-Strategie und damit in der M. der imperialistischen Hauptmächte. Sie ergänzte ihre strategischen Vorstellungen vom allgemeinen Kernwaffenkrieg durch weitere Kriegsarten mit und ohne Einsatz von Kernwaffen. Diese Vorstellungen wurden Grundlage für die Anfang der 60er Jahre von den USA und der NATO-Militärorganisation angenommenen Strategie der flexiblen Reaktion. An der Ausarbeitung dieser neuen strategischen Konzeption hatten die Amerikaner Maxwell Taylor (geb. 1901) und Hermann Kahn (geb. 1922), die Franzosen André Beaufre (1902–1975), Charles Ailleret (1907–1968), die BRD-Generale Hans Speidel (1897-1984), Ulrich de Maizière (geb. 1912) und andere Militärs, Militärtheoretiker sowie Politiker aus NATO-Ländern einen maßgeblichen Anteil. In der imperialistischen M. nahmen nunmehr Probleme der sog. Theorie des begrenzten Krieges einen wichtigen Platz ein.

Mit den Vorstellungen über eine flexible Militärstrategie der NATO war eine Aufwertung der konventionellen Streitkräfte verbunden. Das Konzept der ausgewogenen Streitkräfte sah den Ausbau zahlenmäßig starker, waffenmäßig modern ausgerüsteter, gut ausgebildeter Streitkräfte in einem relativ abgestimmten Verhältnis der Teilstreitkräfte und Waffengattungen untereinander vor. Um einen hohen Grad der Kriegsbereitschaft der NATO-Streitkräfte zu erreichen und ihre Fähigkeit zu überraschenden Operationen zu steigern, beschäftigte sich die imperialistische M. seit Ende der 60er Jahre zunehmend mit den Möglichkeiten einer raschen zahlenmäßigen Verstärkung der Truppen in Krisen- und Kriegszeiten sowie mit ihrer schnellen Verlegung in Krisen- und Kriegsgebiete. Dabei modifizierten die USA zu Beginn der 70er Jahre ihre strategischen Grundsätze als Militärstrategie der sog. realistischen Abschreckung, ohne die in der NATO vereinbarten und für den europäischen Raum gedachten Prinzipien einer flexiblen Militärstrategie aufzugeben. Verbindendes Glied beider Varianten ist die periodische Abstimmung der Einsatzprinzipien für Kernwaffen, die seit 1969/70 zwischen den USA und den anderen NATO-Staaten fortlaufend erfolgt. Mit der vorgesehenen Auflockerung des Kernwaffeneinsatzes – von einem möglichen Ersteinsatz durch die NATO über geplante Demonstrativschläge bis zu Erwägungen über die Verwendung strategischer Kernwaffen – soll den Anforderungen der Militärstrategie der sog. realistischen Abschreckung entsprochen werden. Die von der NATO im November 1983 begonnene Stationierung von nuklearen Mittelstreckensystemen strategischer Bestimmung in europäischen NATO-Staaten ist ein Element dieser Militärstrategie und zielt auf die Vorbereitung eines regionalen strategischen Kernwaffenkrieges in Europa. Unter diesem Gesichtspunkt hat sich die imperialistische M. der 70er Jahre ständig mit den vorgesehenen Kriegsarten befaßt und Möglichkeiten regionaler und lokaler Kriegshandlungen mit und ohne Einsatz von Kernwaffen in Europa untersucht.

Marxistisch-leninistische M.: Sie ist Bestandteil der marxistisch-leninistischen Gesellschaftswissenschaften. Sie hat in der Lehre vom Krieg und von den Streitkräften ihre weltanschaulich-theoretische und methodologische Grundlage und entwickelt sich unter Führung der marxistisch-leninistischen Partei. Sie erwuchs aus den praktischen Erfordernissen des revolutionären Kampfes des Proletariats zur Erringung bzw. Sicherung seiner politischen Macht. Wesentlichen Einfluß auf ihre Entwicklung hatten die sich ständig bereichernde Theorie des Marxismus-Leninismus sowie die zunehmende Differenzierung und Integration der Wissenschaften, besonders im 20. Jh. Im Ergebnis dessen beinhaltet die marxistisch-leninistische M. heute ein ganzes System von Erkenntnissen mit einer komplizierten Struktur. Sie untersucht die Gesetze des Krieges, welche die Abhängigkeit des Verlaufs und des Ausgangs des Krieges von der Politik, der Ökonomie und dem Verhältnis der politisch-moralischen, wissenschaftlich-technischen und militärischen Möglichkeiten der kriegführenden Seiten bestimmen. Hauptgegenstand ihrer Untersuchung ist der bewaffnete Kampf im Krieg. Die marxistisch-leninistische M. gliedert sich in eine Reihe von Disziplinen (Theorien), wobei jede ihren eigenen Forschungsgegenstand hat. Kern der marxistisch-leninistischen M. ist die Theorie der Kriegskunst, weitere wichtige Bestandteile sind die Theorie des Aufbaus der Streitkräfte, die Theorie der militärischen Ausbildung und Erziehung sowie die Theorie der Militärökonomie und der rückwärtigen Dienste.

Die Grundlagen der marxistisch-leninistischen M. entstanden in der zweiten Hälfte des 19. Jh. Die Begründer des wissenschaftlichen Kommunismus, Karl Marx (1818–1883) und Friedrich Engels, wendeten in ihren Arbeiten die dialektisch-materialistische Methode auch auf die Analyse des Krieges und des Militärwesens an. Erstmals in der Geschichte gaben sie eine umfassende wissenschaftliche Erklärung für die Entstehung und das Wesen der Kriege und wiesen deren sozial-historische Bedingtheit und Klassencharakter nach. Das Studium von Problemen des Krieges und des Militärwesens verbanden die Begründer des wissenschaftlichen Kommunismus stets mit den Aufgaben des Kampfes des Proletariats um die Verwirklichung seiner historischen Mission. Auf dieser Grundlage sahen Marx und Engels auch die historische Notwendigkeit einer M. des sozialistischen Staates voraus. Engels schrieb: «Die Emanzipation des Proletariats wird auch einen besonderen militärischen Ausdruck haben, wird eine aparte, neue Kriegsmethode erzeugen» (K. Marx/F. Engels, 7, S. 480). Die proletarische Militärtheorie war für sie eine wichtige und notwendige Waffe im Kampf gegen die Bourgeoisie.

Engels beschäftigte sich nach der bürgerlich-demokratischen Revolution 1848/49 eingehend mit militärischen Fragen und verfaßte mehr als 300 Arbeiten zu dieser Thematik (teils gemeinsam mit Marx). Darin erklärte er hauptsächliche Fragen vom Krieg und von den Streitkräften. Er enthüllte die objektiven, gesetzmäßigen Beziehungen zwischen Krieg, Politik und Ökonomie, zwischen Mensch und Technik, zwischen Volksmassen und Feldherren sowie die vielschichtigen Zusammenhänge zwischen Kriegführung und moralischem Faktor. Er analysierte geschichtliche Entwicklungslinien und -tendenzen des Militärwesens in den Klassengesellschaften. Aufbauend auf den Gesetzmäßigkeiten der Entwicklung des Militärwesens, erarbeitete Engels die Grundlagen der proletarischen M. Er erläuterte die Gesetze und Prinzipien der Kriegskunst, deckte ihren historischen Charakter auf und wies ihre Abhängigkeit von den sozialökonomischen und technischen Veränderungen nach (Bedingungen und Aussichten eines Krieges der Heiligen Allianz gegen ein revolutionäres Frankreich im Jahre 1852, erschienen 1851; Armee, erschienen 1858; Herrn Eugen Dührings Umwälzung der Wissenschaft («Anti-Dühring»), erschienen 1878). Große Aufmerksamkeit widmete Engels der Strategie und Taktik des bewaffneten Kampfes des Proletariats. Er begründete wichtige Kerngedanken der Lehre vom bewaffneten Aufstand, gab die klassische Definition des Aufstandes als Kunst und wies gleichzeitig nach, daß dieser ebenso wie der Krieg bestimmten Gesetzen unterliegt, von denen sich das Proletariat leiten lassen müsse (K. Marx/F. Engels, 8, S. 93–97). Und schließlich untersuchte Engels auch solche Seiten des Militärwesens wie die Organisation, Auffüllung und Ausbildung der Streitkräfte, ihre Taktik, materielle Versorgung und Gefechtsausbildung (Die Armeen Europas, 1855).

Marx und Engels studierten und verarbeiteten das reiche Gedankengut der bürgerlichen M. Dabei er-

Engels · Die Armeen Europas

Erster Artikel
(Putnam's Monthly, Aug' 1855)
I. Die französische Armee
II. Die englische Armee
III. Die österreichische Armee

Zweiter Artikel
(Putnam's Monthly, Sept. 1855)
I. Die preußische Armee
II. Die russische Armee
III. Die kleineren Armeen Deutschlands

Dritter Artikel
(Putnam's Monthly, Dez. 1855)
I. Die türkische Armee
II. Die sardinische Armee
III. Die kleineren italienischen Armeen
IV. Die Schweizer Armee
V. Die skandinavischen Armeen
VI. Die holländische Armee
VII. Die belgische Armee
VIII. Die portugiesische Armee
IX. Die spanische Armee

Marx/Engels · Artikel für „The New American Cyclopædia“
(Juli 1857–Nov. 1860)

Engels · Armee
Engels · Adjutant
Engels · Albuera
Engels · Alma
Engels · Arkebuse
Engels · Airey
Engels · Aspern
Engels · Angriff
Engels · Afghanistan
Engels · Verhau
Engels · Barbette
Engels · Bastion
Engels · Bajonett
Marx/Engels · Barclay de Tolly
Marx · Berthier
Engels · Algerien
Engels · Munition
Marx/Engels · Bennigsen
Marx · Blum
Marx · Bourrienne
Engels · Schlacht
Engels · Batterie
Engels · Biwak
Engels · Blindage
Engels · Bonnet
Marx/Engels · Bem
Marx · Bessières
Marx/Engels · Bosquet
Marx · Brune
Engels · Bombe
Engels · Bombardier
Engels · Bombardement
Engels · Bombardiergaliote
Engels · Bombenschiff
Engels · Bombensicher
Engels · Brücke
Marx · Bernadotte
Marx/Engels · Armada
Marx/Engels · Ayacucho
Marx/Engels · Blücher
Engels · Artillerie
Marx · Bugeaud
Marx · Bolivar y Ponte
Engels · Kampagne
Engels · Kapitän
Engels · Karabiner
Engels · Karronade
Engels · Kartätsche
Engels · Karkasse
Engels · Patrone
Engels · Berme
Engels · Blindheim
Engels · Borodino
Engels · Bidassoa
Engels · Buda
Engels · Brückenkopf
Engels · Katapult
Engels · Lager
Engels · Coehoorn
Engels · Brescia
Engels · Birma
Engels · Bomarsund
Marx/Engels · Beresford
Engels · Kavallerie
Engels · Fortifikation
Engels · Infanterie
Engels · Flotte

Aus dem militärtheoretischen Schaffen von Karl Marx und Friedrich Engels

kannten sie, daß die bürgerlichen Militärtheoretiker in ihren Untersuchungen zum größten Teil nicht über eine Systematisierung der historischen Fakten und eine Betrachtung einzelner Seiten des Militärwesens hinausgingen und letztlich nicht in der Lage waren, die Gesetzmäßigkeiten der Vorbereitung und Führung von Kriegen prinzipiell zu erkennen.

Das militärtheoretische Erbe von Marx und Engels wurde zum Schlüssel für die wissenschaftliche Erkenntnis der modernen Kriege und zugleich zur Grundlage der Weiterentwicklung der marxistischen M. in der Epoche des Imperialismus und der proletarischen Revolutionen. Ein großes Verdienst von Lenin besteht vor allem darin, daß er schöpferisch die proletarische Militärtheorie entsprechend den neuen Bedingungen weiterentwickelte. Eng verbunden mit seinen theoretischen Arbeiten zur Rolle der Arbeiterklasse und ihrer Partei bei der Vorbereitung und Durchführung der sozialistischen Revolution, leistete er einen großen Beitrag zur marxistischen Lehre vom Krieg und von den Streitkräften. Er wies nach, daß die Militärfrage ein Teil der politischen Machtfrage ist, begründete die Lehre von der Verteidigung des sozialistischen Vaterlandes und arbeitete eine Reihe von grundlegenden Leitsätzen der M. aus. Dabei zog er Schlußfolgerungen aus dem bewaffneten Kampf der Pariser Kommune von 1871 und den Klassenschlachten des russischen Proletariats in der bürgerlich-demokratischen Revolution 1905–1907. Er analysierte den reichen Erfahrungsschatz der Bolschewiki aus der Großen Sozialistischen Oktoberrevolution und dem Sieg über die russische Konterrevolution und ausländische imperialistische Interventionen (Die Lehren der Kommune, 1908; Sozialismus und Krieg, 1915; Das Militärprogramm der proletarischen Revolution, 1916; Staat und Revolution, 1917; Alle zum Kampf gegen Denikin, 1919).

Bedeutsam für alle Gebiete der proletarischen M. wurde Lenins Charakteristik der Kriege in der Epoche des Imperialismus. «Unwiederbringlich sind die Zeiten dahin, als die Kriege von Söldnern oder den Angehörigen einer vom Volk halb losgelösten Kaste geführt wurden. Die Kriege werden jetzt von den Völkern geführt» (W. I. Lenin, 8, S. 37). Gleichzeitig deckte Lenin die grundlegenden Veränderungen im Militärwesen auf, die sich aus dem wissenschaftlich-technischen Fortschritt und der wachsenden Rolle der Ökonomie und des politisch-moralischen Faktors in einem Krieg ergaben. Aus all dem schlußfolgerte er, daß der Krieg als komplizierte gesellschaftlich-historische Erscheinung gewaltige Anstrengungen des gesamten Volkes und die Mobilisierung aller Ressourcen des Staates erfordert. Lenin begründete darüber hinaus viele grundlegende Leitsätze der Kriegskunst, entwickelte eine in sich geschlossene Theorie des Aufbaus der Streitkräfte und der Verteidigung des sozialistischen Staates, auf deren Grundlage die KPdSU Streitkräfte neuen Typs schuf (→ *Sowjetarmee und Seekriegsflotte*). In den Jahren des Bürger- und Interventionskrieges (1918–1920) leitete Lenin maßgeblich die militärischen Anstrengungen der Sowjetrepublik.

Die sowjetische M. befaßte sich nach 1920 mit der Auswertung der Erfahrungen des ersten Weltkrieges und des Bürger- und Interventionskrieges. Sie richtete jedoch ihr Hauptaugenmerk auf die Erforschung des politischen und militärischen Charakters eines möglichen Krieges, die Erfordernisse, Formen und Methoden seiner Führung, die Gesetze und Prinzipien der Kriegskunst, die Richtungen des Aufbaus der Streitkräfte sowie die Forderungen an die Vorbereitung des Volkes und des gesamten Landes auf einen Krieg. Diese Untersuchungen führten zu der Erkenntnis, daß ein künftiger Weltkrieg, falls die imperialistischen Staaten ihn entfesseln sollten, unvermeidlich einen ausgeprägten Klassencharakter annehmen und mit großer Entschiedenheit um grundlegende politische und militärstrategische Ziele geführt werden würde. Ein solcher Krieg würde folgerichtig langwierig sein und eine maximale Anspannung aller Kräfte des Sowjetstaates erfordern. Diese militärwissenschaftlichen Thesen wurden zu Eckpfeilern der sowjetischen Militärdoktrin und bestimmten die Hauptrichtungen des Aufbaus der Landesverteidigung der UdSSR.

Titelblatt der deutschen Ausgabe von 1918

Titelblatt der ersten DDR-Ausgabe von 1956

Große Verdienste bei der Entwicklung der sowjetischen M., der Militärdoktrin und der darauf begründeten Landesverteidigung hatte M. W. Frunse (1885–1925). Gemeinsam mit anderen sowjetischen Militärtheoretikern und Heerführern, vor allem mit S. I. Gussew (1874–1933), K. J. Woroschilow (1881–1969), M. N. Tuchatschewski (1893–1937), B. M. Schaposchnikow (1882–1945) u. a., erarbeitete Frunse einheitliche Anschauungen über den Charakter der militärischen Aufgaben des Sowjetstaates, den Aufbau, die Ausbildung und Erziehung der Roten Armee. Erstmals formulierte er umfassend den Begriff «Militärdoktrin» sowie seine politischen und militärisch-technischen Aspekte (Die einheitliche Militärdoktrin und die Rote Armee, 1921). Frühzeitig erkannte er die zunehmende Bedeutung der Technik in einem künftigen Krieg und forderte deshalb die schnelle Entwicklung der Fliegerkräfte, der Artillerie und Panzertruppen sowie der Luftverteidigung. Er vertiefte die Erkenntnis über die entscheidende Rolle des Menschen im Krieg und zeigte den Zusammenhang zwischen dem hohen moralischen Geist der Soldaten der Roten Armee und dem gerechten Charakter ihres Kampfes. Er entwickelte schöpferisch Lenins Aussagen zur Theorie der Kriegskunst weiter und begründete die Notwendigkeit einer hohen Aktivität und der schnellen und planmäßigen Durchführung manöverreicher Handlungen.

Die sowjetische M. entwickelte sich in den 30er Jahren auf der Grundlage neuer Erkenntnisse sowie der Stärkung der Streitkräfte der UdSSR weiter. Für ein besonderes Kennzeichen eines möglichen Krieges hielt sie die Verbindung von Manöver- und Stellungskampfhandlungen beim Primat der ersteren. Sie begründete das Prinzip, den Erfolg im Krieg durch vereinte Anstrengungen aller Teilstreitkräfte und Waffengattungen zu sichern. Es wurden die Theorie der tiefen Angriffsoperationen und des tiefen Angriffsgefechts entwickelt, die das Führen gleichzeitiger Schläge auf die gesamte Tiefe der gegnerischen Verteidigung und die Vernichtung der Hauptgruppierung des Gegners durch zielstrebige, entschlossene Angriffshandlungen beinhalteten. Die Erkenntnisse über die Rolle der rückwärtigen Dienste und das System der Mobilmachung in einem künftigen Krieg wurden vertieft. Hingegen wurden die Probleme der Anfangsperiode des Krieges, der Organisation und Führung der strategischen Verteidigung und der Gegenoffensive sowie die Möglichkeiten des Gegners, seine Streitkräfte gedeckt zu entfalten und überraschend einzusetzen, nicht entsprechend beachtet.

Insgesamt dienten die Erkenntnisse der sowjetischen M. dazu, erforderliche Maßnahmen zur Erhöhung der Verteidigungsfähigkeit der Sowjetunion wissenschaftlich zu begründen und dabei die damaligen Bedingungen sowie die Möglichkeiten des Sowjetstaates real zu berücksichtigen. Bereits in den Kampfhandlungen am Chassansee (1938), am Chalchyn gol (1939) und im militärischen Konflikt mit Finnland (1939/40) bestanden viele Prinzipien der sowjetischen M. ihre praktische Bewährungsprobe.

Der Große Vaterländische Krieg (1941–1945) war für die sowjetische M. eine schwere Prüfung unter außerordentlich komplizierten Bedingungen. Ihr Hauptaugenmerk galt nun der Lösung aktueller Probleme der Strategie, der operativen Kunst und Taktik, die sich aus der Notwendigkeit einer erfolgreichen Kriegführung gegen einen technisch gut ausgerüsteten und kriegserfahrenen Gegner ergaben. Geleitet von den Beschlüssen der KPdSU, löste die sowjetische M. erfolgreich komplizierte Probleme der Kriegskunst, des Aufbaus der Streitkräfte, der Militärökonomie sowie der Einheit von Front und Hinterland. In der Anfangsperiode des Krieges galt dies vor allem für die Organisation und Führung der strategischen Verteidigung, die Vorbereitung und Durchführung der Gegenoffensive, die Staffelung der Kräfte und Mittel und ihre Konzentrierung in den entscheidenden Richtungen sowie für das Manöver mit den Reserven und ihren Einsatz im Verlauf der Verteidigungsoperationen. Mit dem Übergang der strategischen Initiative auf die Seite der Sowjetarmee orientierte sich die M. auf neue Probleme: auf die Organisation und Führung der strategischen Offensive, die Ausarbeitung der theoretischen Grundlagen für strategische Angriffsoperationen von Gruppen verschiedener Fronten unter Einbeziehung aller Teilstreitkräfte, aber auch auf die Theorie der Armeeoperation und des allgemeinen Gefechts der Landstreitkräfte. So entwickelte sich die sowjetische M. bei einer ständigen Verbindung von Theorie und Praxis. Einen großen Beitrag leisteten dazu auch die militärischen Lehr- und Forschungseinrichtungen sowie die sowjetischen Heerführer. Die militärische Praxis bestätigte die Leitsätze der marxistisch-leninistischen M. über den Charakter des Krieges, über die Formen und Methoden seiner Führung und über die Wege der Vorbereitung der Streitkräfte und des ganzen Landes auf den Schutz der sozialistischen Errungenschaften. So war der Sieg der sowjetischen Streitkräfte über die Aggressoren zugleich ein Sieg der marxistisch-leninistischen M. über die bürgerliche.

Nach Beendigung des zweiten Weltkrieges vollzogen sich in den Streitkräften der UdSSR große Veränderungen. Ihre Ausrüstung, ihre Gefechtsmöglichkeiten und ihre Ausbildung erreichten ein höheres Niveau. Grundlage der Bewaffnung und Ausrüstung waren zunächst noch die herkömmlichen Kampfmittel aus den Jahren des Großen Vaterländischen Krieges. Unter diesen Bedingungen bestand die Aufgabe der sowjetischen M. darin, die reichen Kampferfahrungen dieses Krieges wissenschaftlich zu verallgemeinern und dadurch die militärische Theorie, vor allem die Theorie der Kriegskunst, weiterzuentwickeln. Auf dem Gebiet der Strategie vertiefte sie die theoretischen Ansichten zur strategischen Angriffsoperation, zur strategischen Verteidigung mit anschließendem Übergang zur Offensive sowie zum Einsatz der Teilstreitkräfte. In der operativen Kunst galt es, neue Fragen der Vorbereitung und Durchführung von Luftlandeoperationen, der gemeinsamen Operationen von Land- und Seestreitkräften, selbständiger Luft- und Seeoperationen sowie neue theoretische Leitsätze der Luftverteidigung zu erarbeiten. Auf taktischem Gebiet konzentrierten sich die sowjetischen Militärwissenschaftler auf jene effektiven Methoden des allgemeinen Gefechts, die auf gemeinsamen Anstrengungen aller Waffengattungen beruhten und die realen Möglichkeiten der Kampfmittel im Gefecht berücksichtigten. Die wichtigsten Erkenntnisse fanden ihren Niederschlag in neuen Felddienstvorschriften der Streitkräfte, in Dokumentationen und kriegsgeschichtlichen Werken sowie in neuen Lehrmaterialien zur Ausbildung und Erziehung der Armeeangehörigen. Gleichzeitig wandte sich die sowjetische M. jenen aktuellen Fragen zu, die sich aus der Entwicklung von Kernwaffen und neuen Trägermitteln (Raketen) ergaben, und untersuchte die Eigenschaften dieser Waffen sowie die Schutzmöglichkeiten gegen deren Wirkung.

Ein neuer Abschnitt in der Entwicklung der marxistisch-leninistischen M. begann gegen Mitte der 50er Jahre. Mit der Herausbildung und Festigung des sozialistischen Weltsystems, dem Aufschwung der nationalen Befreiungsbewegung und der Vertiefung der allgemeinen Krise des Kapitalismus veränderte sich das internationale Kräfteverhältnis weiter zugunsten der Kräfte des Friedens, der Demokratie und des Sozialismus. Die wissenschaftlich-technische Revolution beeinflußte tiefgreifend die materiellen Grundlagen der Kriegführung. Mit zunehmender Einführung von Raketenkernwaffen als qualitativ neue Mittel des bewaffneten Kampfes kam es auch im Militärwesen zu grundlegenden Veränderungen, die der marxistisch-leninistischen M. neue Aufgaben stellten. Mit dem Abschluß des Vertrages über Freundschaft, Zusammenarbeit und gegenseitigen Beistand (→ *Warschauer Verteidigungsbündnis*) entstand 1955 erstmals in der Geschichte eine sozialistische Militärkoalition. Der Schutz der Länder der sozialistischen Gemeinschaft wurde zur kollektiven Pflicht aller Teilnehmerstaaten, die sich beim Aufbau ihrer Streitkräfte auf die Erkenntnisse der sowjetischen M. stützten und einen eigenen schöpferischen Beitrag zu leisten begannen (→ *militärwissenschaftliche Arbeit in der NVA*).

Die marxistisch-leninistische M. konnte aufgrund dieser Veränderungen und neuen Möglichkeiten in kurzer Zeit wichtige Aufgaben erfolgreich lösen. Sie wurde durch viele neue Leitsätze über das Wesen und den Charakter eines möglichen Krieges, über die Formen und Methoden der Vorbereitung und Führung moderner Operationen, die Organisation der Streitkräfte, die Erhöhung des Grades der Gefechtsbereitschaft der Truppen, ihre Ausbildung und Erziehung bereichert. Neue Erkenntnisse wurden auch über weitere Entwicklungsmöglichkeiten der Militärökonomie, den Schutz der Bevölkerung und volkswirtschaftlicher Objekte vor der Einwirkung gegnerischer Massenvernichtungsmittel, insbesondere von Kernwaffen, gewonnen. Damit erreichte die marxistisch-leninistische M. eine qualitativ neue Stufe ihrer Entwicklung, die u. a. in einer Reihe von Publikationen sichtbar wurde (W. D. Sokolowski, Militärstrategie, 1962, DDR-Ausg. 1965; Militärische Theorie und militärische Praxis. Methodologische Probleme, 1969, DDR-Ausg. 1972; W. J. Sawkin, Grundprinzipien der operativen Kunst und der Taktik, 1972, DDR-Ausg. 1974; W. M. Bondarenko, Die moderne Wissenschaft und die Entwicklung des Militärwesens, 1976, DDR-Ausg. 1979; A. B. Bupko, System Mensch – Militärtechnik, 1976, DDR-Ausg. 1979; Methodologie der militärwissenschaftlichen Erkenntnis, 1977, DDR-Ausg. 1980). Die Schlußfolgerungen der marxistisch-leninistischen M. dienen der weiteren Festigung der Verteidigungsfähigkeit der sozialistischen Militärkoalition. Ein wesentlicher Teil geht in die Militärdoktrin der sozialistischen Staaten ein, wird Bestandteil von Gefechtsvorschriften und Ausbildungsunterlagen der Truppen und Stäbe.

Für die zielstrebige Weiterentwicklung der marxistisch-leninistischen M. gibt es in den sozialistischen Staaten alle notwendigen Bedingungen: die fortschrittliche Gesellschaftsordnung und ihre marxistisch-leninistische Ideologie; die führende Rolle und ständige Sorge der marxistisch-leninistischen Parteien um die Stärkung der Verteidigungsfähigkeit der sozialistischen Staaten; eine sich rasch entwikkelnde Wirtschaft, Wissenschaft und Technik. Ein wesentlicher Charakterzug der marxistisch-leninistischen M. ist ihr schöpferisches Herangehen an die zu untersuchenden Prozesse und Erscheinungen. Das schließt die Fähigkeit ein, objektive Gesetze des Krieges und der Kriegskunst zu erklären, die Ent-

Titelblatt der DDR-Ausgabe von 1965

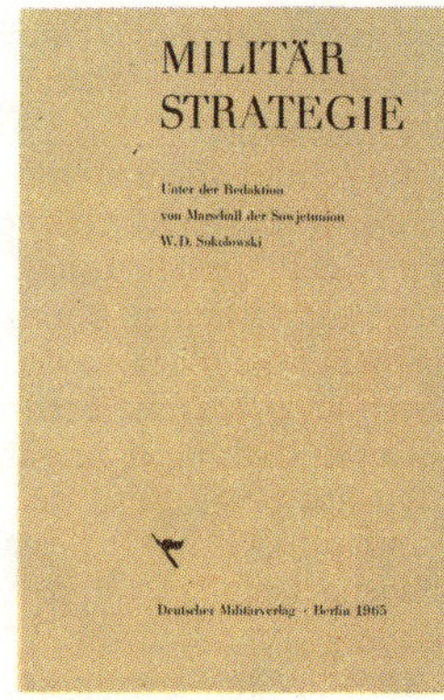

wicklungsrichtungen des Militärwesens vorauszusehen und der militärischen Praxis den Weg zu weisen. Die daraus erwachsenden Anforderungen steigen in dem Maße, wie sich die internationale Klassenauseinandersetzung durch die Konfrontationspolitik der USA verschärft, wie das Tempo des wissenschaftlich-technischen Fortschritts zunimmt und sich die Mittel und Methoden des bewaffneten Kampfes immer schneller verändern.

Bei der Weiterentwicklung der marxistisch-leninistischen M. spielt die sowjetische M. die überragende Rolle. Sie ist der Auffassung, daß ein von den aggressivsten imperialistischen Kräften der USA und anderer NATO-Staaten gegen die UdSSR und deren Verbündete entfesselter Krieg zur entscheidenden Klassenauseinandersetzung der beiden entgegengesetzten sozialökonomischen Systeme eskalieren und den Charakter eines Weltkrieges annehmen würde, kompromißlos geführt von millionenstarken Streitkräftegruppierungen. Davon ausgehend, orientiert die sowjetische M. die Streitkräfte auf die Führung von Kampfhandlungen mit und ohne Einsatz von Kernwaffen. Dabei berücksichtigt sie die Erklärung der Sowjetregierung, nicht als erste Kernwaffen einzusetzen, ebenso wie die Erstschlagkonzeption des Pentagons, indem sie dem Zeitfaktor und der entsprechenden Vorbereitung der Streitkräfte und des ganzen Landes erstrangige Bedeutung beimißt. Im Zusammenhang mit dem Charakter eines möglichen Weltkrieges befaßt sie sich mit solchen Fragen wie der Erarbeitung wissenschaftlich begründeter Empfehlungen für die Ausrüstung der sowjetischen Streitkräfte mit neuesten Arten von Waffen und Kampftechnik und für die an die Streitkräfte gestellten operativ-taktischen und taktisch-technischen Anforderungen. Ihre Anstrengungen sind dabei vor allem auf die Kräfte und Mittel gerichtet, die in höchstem Maße die Kampfkraft von Armee und Flotte bestimmen: die sowjetischen Kernwaffenkräfte.

Eine der zentralen Aufgaben der sowjetischen M. war und ist die Weiterentwicklung der Kriegskunst.

Unter Berücksichtigung der Anschauungen des wahrscheinlichen Gegners kam sie zu der Erkenntnis, daß im Falle des Einsatzes von Kernwaffen durch einen imperialistischen Aggressor die Hauptmethode der Handlungen die gleichzeitige Bekämpfung von Streitkräftegruppierungen auf den verschiedenen Kriegsschauplätzen und im tiefen Hinterland des Gegners, seiner militärökonomischen Zentren und anderer wichtiger Objekte ist. Im Falle des Nichteinsatzes von Kernwaffen wird bei Operationen wie in der Vergangenheit die Hauptmethode der Handlungen in der Lösung einer Reihe strategischer Aufgaben durch Gruppierungen von Streitkräften auf den Kriegsschauplätzen bestehen.

Schwerpunkte der sowjetischen M. sind ferner Fragen, die die Weiterentwicklung der Theorie der Ausbildung sowie die Effektivität der politisch-ideologischen Arbeit bei der Vorbereitung der Streitkräfte auf den modernen Krieg betreffen.

Eine Besonderheit der marxistisch-leninistischen M. besteht heute darin, daß sie die theoretische Begründung für die Führung moderner Kriege liefert, ohne sich unmittelbar auf die militärische Praxis des Einsatzes aller Mittel des bewaffneten Kampfes stützen zu können. Da sie sich nicht nur auf eine Verallgemeinerung der Erfahrungen des zweiten Weltkrieges und auf gewonnene Erkenntnisse aus Kriegen nach 1945 sowie aus Truppenübungen beschränken kann, erhöht sich ihre prognostische Funktion. Sie kann den Anforderungen um so besser gerecht werden, je fester sie sich auf die marxistisch-leninistische Lehre vom Krieg und von den Streitkräften stützt. Da der Krieg in unserer Zeit zu einer immer komplizierteren gesellschaftlichen Erscheinung wird und auf seine Vorbereitung und Führung Gesetze unterschiedlichen Charakters komplex einwirken, kann er nicht nur von einer Wissenschaft allein oder einigen Wissenschaftsdisziplinen untersucht werden. Der Krieg wird zum Forschungsobjekt einer Vielzahl von Wissenschaften, mit denen die marxistisch-leninistische M. vielfältig verbunden ist. Das ergibt sich objektiv aus den Veränderungen des bewaffneten Kampfes und aus der Vertiefung seiner Wechselbeziehungen zu allen Bereichen der Gesellschaft. So bilden sich in den verschiedenen Gesellschafts-, Natur- und technischen Wissenschaften immer stärker militärische Aspekte heraus und entwickeln sich im Rahmen dieser Wissenschaften spezielle Zweige, die mit den Erfordernissen des Krieges, des Militärwesens und der Landesverteidigung verbunden sind.

Die Weiterentwicklung der marxistisch-leninistischen M. gewinnt in der Gegenwart immer größere Bedeutung für die Erhöhung der Kampfkraft und Gefechtsbereitschaft der sozialistischen Streitkräfte sowie für die Gewährleistung günstiger Bedingungen für den erfolgreichen Aufbau von Sozialismus und Kommunismus.

militärwissenschaftliche Arbeit in der NVA: wissenschaftliche Tätigkeit in der NVA, die zur Entwicklung der marxistisch-leninistischen → *Militärwissenschaft* beiträgt und militärwissenschaftliche Forschungsergebnisse der Truppenführung, Ausbildung und Erziehung in der NVA nutzbar macht.

Seit Gründung der → *Nationalen Volksarmee der DDR (NVA)* nahm die militärwissenschaftliche Arbeit einen wichtigen Platz im militärischen Aufbau der DDR ein, «denn ohne Wissenschaft kann man keine moderne Armee aufbauen» (W. I. Lenin, 30, S. 388). Es konnten nicht zuletzt deshalb in kurzer Zeit kampfstarke Verbände und Truppenteile der NVA geschaffen werden, weil der reiche wissenschaftliche Erfahrungsschatz der Sowjetarmee, besonders aus dem Großen Vaterländischen Krieg und der Nachkriegsperiode, das militärtheoretische Denken der Führungskader der NVA geprägt und stimuliert hat. Dabei bildete das Studium grundlegender Erkenntnisse der sowjetischen Militärwissenschaft den Hauptinhalt der beginnenden militärwissenschaftlichen Arbeit in der NVA. Bedeutende Hilfe leisteten dabei sowjetische Militärspezialisten, die den Kommandeuren und Stäben der NVA langjährige Erfahrungen vermittelten und sie auf neue militärwissenschaftliche Probleme und Forschungsergebnisse orientierten. Die → *Waffenbrüderschaftsbeziehungen der NVA* insbesondere zur Sowjetarmee erwiesen sich von Anfang an als eine entscheidende Kraftquelle für die eigene militärwissenschaftliche Arbeit. Dazu bedurfte es einer Reihe weiterer Voraussetzungen, vor allem qualifizierter Kader, entsprechender Lehr- und Forschungseinrichtungen sowie wissenschaftlicher Informations- und Publikationsorgane.

Seit dem Jahre 1956, mit der Herausgabe der «Zeitschrift für Militärwissenschaft» – ab 1957 → *«Militärwesen»* –, nahm die Anzahl periodisch erscheinender militärischer Fachzeitschriften und wissenschaftlicher Informationsdienste rasch zu. Von erstrangiger Bedeutung für die Bewältigung der Aufgaben in der militärwissenschaftlichen Arbeit angesichts der sich vollziehenden grundlegenden Verän-

Medaille zum «Friedrich-Engels-Preis» 1. Klasse; seit 1970 in 3 Klassen

derungen im Militärwesen war die planmäßige Aus- und Weiterbildung von Kadern der NVA an sowjetischen Militärakademien. Große Anstrengungen wurden in der DDR selber unternommen. Mit der → *Militärakademie «Friedrich Engels»*, den Offiziersschulen und späteren Offiziershochschulen, der → *Militärmedizinischen Sektion an der Ernst-Moritz-Arndt-Universität*, dem → *Militärgeschichtlichen Institut der DDR* und weiteren wissenschaftlichen Institutionen entstanden Einrichtungen, die Kader für die militärwissenschaftliche Arbeit heranbildeten und mit der eigenen Forschungsarbeit begannen. Die von 1957 bis 1965 durchgeführten 4 zentralen militärwissenschaftlichen Konferenzen orientierten auf die systematische Auswertung neuester Erkenntnisse der sowjetischen Militärwissenschaft, lenkten die militärwissenschaftliche Arbeit auf die vordringlich zu erforschenden Probleme der Gefechtsausbildung, Truppenführung u. a. m. und förderten den wissenschaftlichen Meinungsstreit zu Hauptfragen der militärischen Theorie und Praxis. Mit der wachsenden Befähigung der Offiziere wurde es möglich, seit Anfang der 60er Jahre die Forschung auf der Grundlage vorgegebener Zielstellungen durchzuführen. Es erfolgte die erste zentrale Forschungsplanung. Die Verbindung der theoretischen Arbeit mit den in der Praxis zu lösenden Aufgaben gestaltete sich enger. Die Anwendung der Wissenschaft im allgemeinen und der Militärwissenschaft im besonderen wurde ein Hauptfaktor zur Aufrechterhaltung einer hohen Gefechtsbereitschaft der Streitkräfte, ein festes Element aller Bereiche und Aktivitäten des militärischen Lebens. Nach und nach konnte die Forschungsarbeit erweitert werden und wurden auch komplexe interdisziplinäre Zusammenarbeit erfordernde Aufgaben gelöst. Dadurch erhöhte sich der Nutzen für die Praxis der Truppen und Stäbe. Nicht nur die Offiziere der Forschungs- und Lehreinrichtungen leisteten selbständige Forschungsarbeit und verwirklichten das Prinzip der Einheit von Lehre und Forschung, sondern immer mehr wurden dazu auch die Offiziere der höheren Stäbe herangezogen.

Die militärischen Bestimmungen, Forschungs-, Publikations- und anderen Pläne der militärwissenschaftlichen Arbeit waren wichtige Führungsinstrumente für die Chefs, Kommandeure und Leiter. Zu ihrer Unterstützung wurden in den militärischen Hochschulen und höheren Stäben entsprechende Stabsorgane geschaffen, die die militärwissenschaftliche Arbeit planen, koordinieren, organisieren und sicherstellen. So waren Anfang der 70er Jahre Voraussetzungen gegeben, um die militärwissenschaftliche Arbeit in der NVA auf eine neue Stufe zu heben. Grundlage dafür bildeten eine Forschungsordnung und Bestimmungen zur militärwissenschaftlichen Informationstätigkeit. Gleichzeitig erfolgte eine Konzentration von Kräften und Mitteln auf die im Zentralen Forschungsplan der NVA gewiesenen Aufgaben. Die wachsende thematische Breite, verbunden mit der Anwendung vielfältiger Formen und Methoden, ist seitdem ein Wesenszug der militärwissenschaftlichen Arbeit in der NVA. Ihre Ergebnisse werden vielfältig verbreitet und genutzt. Sie finden Eingang in Vorschriften, Ordnungen, Merkblätter, Gefechtsdokumente u. a. Zunächst auf der Basis zweiseitiger Vereinbarungen auf Teilgebieten begonnen, hat sich auch die Zusammenarbeit der NVA mit der Sowjetarmee und den Armeen der anderen Staaten des Warschauer Vertrages in den letzten Jahren umfassender nach einem gemeinsamen Plan des Stabes der Vereinten Streitkräfte entwickelt. Das gewährleistet nicht nur eine Arbeitsteilung zwischen den Armeen der Teilnehmerstaaten des Warschauer Vertrages und damit eine sinnvolle Begrenzung eigener Arbeiten auf ausgewählte Schwerpunkte, sondern sichert der NVA zugleich die zunehmende Nutzung der militärwissenschaftlichen Erkenntnisse der Sowjetarmee und der anderen Bruderarmeen bei der Meisterung der Anforderungen des modernen Militärwesens.

Die militärwissenschaftliche Arbeit in der NVA dient der Erhöhung der Kampfkraft und Gefechtsbereitschaft der sozialistischen Streitkräfte. Seit dem 150. Geburtstag von Friedrich Engels (1820–1895) werden jährlich hervorragende Forschungsergebnisse der NVA mit dem «Friedrich-Engels-Preis» gewürdigt.

«Militärwissenschaftliche Rundschau»: militärwissenschaftliche Zeitschrift, die als Organ der faschistischen militärischen Führung von 1936 bis 1944 2monatlich in Berlin erschien.

Die Zeitschrift war eines der einflußreichsten Organe der → *Militärpresse* im faschistischen Deutschland. Ihr Hauptanliegen war es, die Ansichten des Generalstabes über die Führung eines künftigen Krieges im Wehrmachtoffizierskorps zu verbreiten sowie dieses zur verstärkten Beschäftigung mit militärtheoretischen Fragen anzuregen und bis zu einem gewissen Grad in die Ausarbeitung der faschistischen Militärdoktrin einzubeziehen. An zentraler Stelle standen hierbei die mit der → *Theorie des totalen Krieges* und der → *Blitzkriegskonzeption* verbundenen Probleme der Gesamtkriegführung sowie operative Fragen. Einige Beiträge befaßten sich mit der gewachsenen Rolle von Militärtechnik und Kriegswirtschaft für die Kriegführung. In den Aufsätzen über politisch-moralische Probleme im imperialistischen Militärwesen, namentlich in Aufsätzen zur Rolle der Feldherren, widerspiegelten sich besonders sichtbar der Eklektizismus faschistischer Irrlehren und das Abenteurertum des deutschen Imperialismus. Nach Beginn des zweiten Weltkrieges traten an die Stelle militärwissenschaftlicher Untersuchungen mehr und mehr Einzelschilderungen aus den Feldzügen von 1939 bis 1941, in denen die Erfolge verherrlicht und der faschistische Raubkrieg als «großdeutscher Freiheitskampf» glorifiziert wurden. Unter dem Eindruck der Niederlagen der Wehrmacht im Krieg gegen die UdSSR beschwor die Zeitschrift ab 1942 den «Sieges- und Durchhaltewillen» mit historischen Reminiszenzen und nazistischen Parolen.

«Militär-Wochenblatt»: von 1816 bis 1942 in Berlin erschienene führende Militärzeitschrift, die Beiträge über Stand und Entwicklung des Militärwesens sowie zur Militärpolitik und Kriegsgeschichte veröffentlichte und über Personalangelegenheiten informierte.

Das Journal war eines der bekanntesten und am längsten erscheinenden Organe der bürgerlichen deutschen → *Militärpresse.* Es wurde vom Verleger Ernst Siegfried Mittler (1785–1870) und den beiden preußischen Offizieren Otto Rühle von Lilienstern (1780–1847) und Karl von Decker (1784–1844) gegründet und erhielt vom preußischen Kriegsministerium das Privileg, die amtlichen Erlasse und Verfügungen sowie Personalnachrichten aus dem preußischen Offizierskorps zu veröffentlichen. 1824 übernahm der Generalstab die Schriftleitung, damit wurde die Zeitschrift amtliches Organ der preußischen Armee. Die Redaktion orientierte in den Beiträgen vor allem auf vielseitige Informationen über die Entwicklung des Militärwesens; größere, namentlich militärhistorische Arbeiten erschienen in den «Beiheften zum Militär-Wochenblatt» (1843–1914). Durch ihre breitgefächerte Thematik und das Privileg besaß die Zeitschrift einen großen Leserkreis in der Armee und förderte u. a. die Beschäftigung mit militärischen Fragen sowie das Interesse an der Militärliteratur im Offizierskorps. Während des Deutsch-Französischen Krieges (1870/71) erschien das Journal täglich mit Kriegsberichten; von 1883 bis 1919 gab die Redaktion als Beilage die «Militär-Literatur-Zeitung» mit Rezensionen, Annotationen und Literaturankündigungen heraus. Während des ersten Weltkrieges (1914–1918) veröffentlichte die Zeitschrift wöchentlich 3mal Nachrichten vom Kriegsverlauf sowie Personalmitteilungen des Kriegsministeriums. Obgleich seit 1900 nicht mehr amtliches Organ, wurde das Journal weiterhin von den Militärbehörden finanziell und durch Begünstigung des Vertriebs innerhalb der Armee unterstützt.

Ab 1919 kam die Zeitschrift mit dem Untertitel «Unabhängige Zeitschrift für deutsche Wehrmacht» heraus und enthielt als Beilagen «Kritische Beiträge zur Geschichte des Weltkrieges» (1920/21) und «Der Kampfwagen» (1924/25). Thematisch befaßte sie sich stärker mit militärpolitischen, -technischen und -wissenschaftlichen Fragen und unterstützte publizistisch aktiv das Wiedererstarken des deutschen Imperialismus und Militarismus sowie nach 1933 die faschistische Aufrüstung. Später büßte die Zeitschrift ihre ehemals dominierende Position in der bürgerlichen Militärpresse zugunsten der neuen militärpolitischen Journale und Fachzeitschriften zunehmend ein, galt jedoch weiterhin als offiziöses Organ der Reichswehr- und faschistischen Wehrmachtführung.

Miliz: Bezeichnung für Streitkräfte, die im Unterschied zum stehenden Heer im Frieden lediglich aus einem relativ kleinen Stamm von Kadern bestehen und deren Truppenkörper nur im Kriegsfall voll aufgefüllt bzw. gebildet werden.

Der Begriff M. (vom lateinischen militia = Heer) ging im 17. Jh., von Frankreich übernommen, in den deutschen Sprachgebrauch ein. Er wurde zunächst für die Bezeichnung von Landesaufgeboten bzw. Aufgeboten von Städten und Provinzen verwendet, ehe er im 18. Jh. die obige Bedeutung erhielt. Militärische Formationen mit M.charakter gab es bereits in den altorientalischen Staaten wie auch in anderen Ländern der Sklavereigesellschaft. In West- und Mitteleuropa bildeten die seit dem 11. Jh. erstarkenden Städte M., die im römisch-deutschen Kaiserreich Aufgebot, Bürgerwehr o. ä. hießen. In verschiedenen deutschen Territorien begannen im 16./17. Jh. die Landesfürsten, auf der Grundlage der → *Landesdefension* M. zu formieren. Die unzureichend ausgerüsteten und ausgebildeten, zahlenmäßig schwachen M. waren jedoch den kampferfahrenen und besser bewaffneten → *Söldnerheeren* unterlegen. Trotzdem verzichteten die Landesherren auch nach 1648 nicht auf die M.organisation, da ihr Unterhalt wesentlich billiger als der von Söldnertruppen war.

Die meisten deutschen Territorien besaßen im 18. Jh. neben den stehenden Truppenteilen eine M.organisation. In Preußen errichtete König Friedrich I. (1657–1713) eine «National-Milice» (1713 zugunsten der raschen Verstärkung des stehenden Hee-

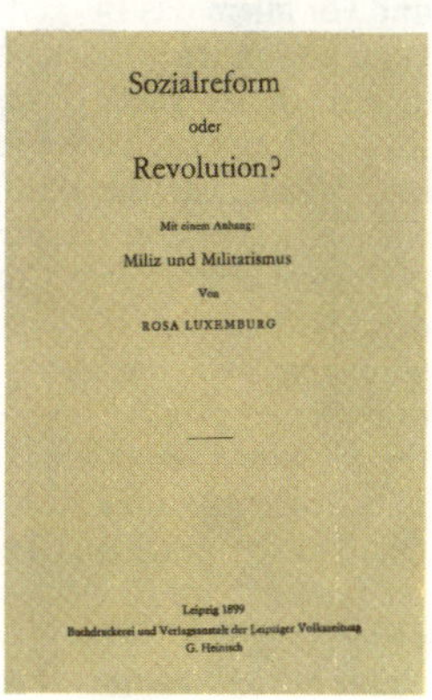
Sozialreform
oder
Revolution?
Mit einem Anhang:
Miliz und Militarismus
Von
ROSA LUXEMBURG

Leipzig 1899
Buchdruckerei und Verlagsanstalt der Leipziger Volkszeitung
G. Heinisch

Titelblatt der Broschüre von 1899

res aufgelöst). Die bekannteste M.organisation war die von Schaumburg-Lippe, wo Graf Wilhelm von Schaumburg-Lippe (1724–1777) eine weitgehende Dienstpflicht aller tauglichen Landeseinwohner dekretiert hatte und die M. mit dem zahlenmäßig schwachen stehenden Heer eng verbunden war. Nach 1775 übte der erfolgreiche Kampf amerikanischer M.aufgebote im Unabhängigkeitskrieg gegen England (1775–1783) großen Einfluß auf die Erörterungen über M. und stehendes Heer in Europa aus. Gotthold Ephraim Lessing (1729–1781), Immanuel Kant (1724–1804) und andere Vertreter der bürgerlichen Aufklärung sowie Offiziere wie Georg von Berenhorst (1733–1814), Adam Heinrich Dietrich von Bülow (1757–1807), Karl Friedrich von dem Knesebeck (1768–1848) und Gerhard von Scharnhorst (1755–1813) verwarfen das Söldnerwesen und verlangten die Errichtung einer neuen Streitmacht, in der die Bürger ihr Vaterland verteidigen. Ihre Vorstellungen über die M. waren unterschiedlich und reichten von einer vollständigen Negation stehender Heere bis zu Mischformen von Kaderarmee und M.

Seit Ende des 18. Jh. war die Entwicklung des M.gedankens aufs engste mit den Auswirkungen der Französischen Revolution von 1789 auf das gesellschaftliche Leben und besonders auf das Militärwesen verbunden. Das Dekret des französischen Konvents über die «levée en masse» (1793) mit seiner Verpflichtung aller Landeseinwohner zum Militärdienst stimulierte die Erörterungen um Volksbewaffnung und M., die in vielen europäischen Ländern im Zusammenhang mit der beginnenden bürgerlichen Umgestaltung des Militärwesens geführt wurden. In Preußen befaßten sich besonders die Militärreformer sehr intensiv mit M.plänen. Durch die Formierung milizähnlicher Formationen neben dem stehenden Heer – in Denkschriften als Heerbann, Reserve-Armee, Provinzialtruppen u. ä. bezeichnet – sollte die tiefe Kluft zwischen Volk und Armee überbrückt und vor allem das Bürgertum für die Landesverteidigung gewonnen werden. Aber erst nach der Niederlage im Krieg gegen Frankreich (1806/07) konnten solche M.pläne teilweise verwirklicht werden. Ein erster Schritt war die Bestimmung über die Bildung einer Kriegsreserve (August 1808), die das → *Krümpersystem* ermöglichte. Im März 1813 erhielten mit dem Aufbau der → *Landwehr*, der Bildung von Abteilungen → *Freiwilliger Jäger* sowie der Vorbereitung des → *Landsturmes* die M.pläne der Militärreformer einen konkreten Inhalt. Auch in anderen Ländern entstanden milizähnliche Formationen. In den deutschsprachigen Teilen Österreichs wurde unter Leitung von Erzherzog Karl Ludwig Johann von Österreich (1771–1847) und Staatskanzler Johann Philipp von Stadion (1763–1824) 1808 eine Landwehr errichtet. Sie kämpfte 1809 zusammen mit dem reorganisierten stehenden Heer und den von Andreas Hofer (1767–1810) geführten Freischaren Tirols gegen Frankreich. Auch in nord- und mitteldeutschen Gebieten handelten 1809 Freischaren und Freikorps (→ *nationale Erhebungen 1809*). Die preußische Landwehr und die M.formationen anderer deutscher Länder hatten einen maßgeblichen Anteil an den Erfolgen im → *nationalen Unabhängigkeitskrieg 1813/14*. Aus den Kriegen seit 1792 leitete u. a. der preußische General Carl von Clausewitz (1780–1831) wesentliche Erkenntnisse über den Volkskrieg und die Volksbewaffnung ab; in seinem Werk «Vom Kriege» (1830/31) begründete er die enge Verbindung des Kampfes von M. mit den Handlungen der stehenden Heere als eine wichtige Grundlage für eine erfolgreiche Kriegführung.

In Bayern und Baden, wo es seit 1819 bzw. 1831 parlamentarische Vertretungen (Kammern) gab, forderten Vertreter des liberalen Bürgertums die Errichtung einer National-M. sowie die Vereidigung des stehenden Heeres auf die Verfassung. Ihre Wortführer waren Karl von Rotteck (1775–1840) und Karl Theodor Welcker (1790–1869). Die kleinbürgerlich-demokratischen Kräfte traten für die Bildung von Bürgergarden ein, in denen nicht nur besitzende Bürger, sondern auch Handwerksgesellen, Arbeiter und Studenten vertreten sein sollten. Als allgemeines Vorbild für alle liberalen und kleinbürgerlich-demokratischen Verfechter der M. galt das M.system der Schweiz. Die bürgerlich-demokratische Revolution 1848/49 in Deutschland schuf günstige Bedingungen für die Durchsetzung der M.vorstellungen. In nahezu allen Staaten des Deutschen Bundes entstanden im Gefolge der → *Märzkämpfe 1848* Bürgerwehren, Kommunal- und Nationalgarden, in Wien auch eine aus Studenten bestehende Akademische Legion (Teil der Wiener Nationalgarde). Diese M. fungierten größtenteils als polizeiliche Organe der Bourgeoisie, die sich später an den Kämpfen gegen die revolutionären Kräfte beteiligten. Während des Wiener Oktoberaufstandes 1848 bildeten die demokratischen Kräfte neben der bestehenden Nationalgarde eine besondere Mobilgarde (rd. 10000 Mann), der vor allem Arbeiter angehörten. Während der → *Reichsverfassungskampagne 1849* nahm das in Stuttgart tagende Rumpfparlament der Frankfurter Nationalversammlung ein Gesetz über die Bildung einer Volkswehr an. M.charakter trug die → *badisch-pfälzische Revolutionsarmee 1849*. Sie setzte sich aus der auf die Seite der Aufständischen übergegangenen regulären badischen Armee sowie aus zahlreichen badischen Volkswehren und pfälzischen Volkswehrbataillonen sowie verschiedenen Freischaren zusammen (Freikorps Willich, Mannheimer und Karlsruher Arbeiterbataillon, Hanauer Turner, Heubergers Schützen und mehrere Legionen, in denen auch Freiwillige aus Polen, Ungarn und anderen Ländern kämpften, so die Deutsche Legion und die deutsch-polnische Legion). Einer der bedeutendsten Organisatoren und militärischen Führer der badischen Volkswehren war Johann Philipp Becker (1809–1886). Im Ringen zwischen den revolutionär-demokratischen und den konterrevolutionären Kräften um die Art und Weise der Zuendeführung der bürgerlichen Umwälzung in Deutschland traten M.pläne in den 60er Jahren erneut in den Vordergrund. Sprachrohr der kleinbürgerlichen Opposition gegen die stehenden Heere war die → *«Deutsche Wehrzeitung»*. Einer ihrer Herausgeber, der ehemalige preußische Offizier Wilhelm Rüstow (1821–1878), sprach sich für die Ersetzung der stehenden Heere durch M. aus. Wesentliche Grundsätze der kleinbürgerlichen M.vorstellungen waren: konsequente Durchführung der allgemeinen Wehrpflicht mit Herabsetzung der Dienstzeit; allgemeine Bewaffnung der wehrfähigen Männer; systematische Heranbildung von M.offizieren und gesetzliche Verankerung eines kleinen Berufsoffizierskorps für bestimmte Kommandohöhen. Ähnliche Forderungen nach einer «nationalen Volkswehr» bzw. «vaterländischen Miliz» auf der Grundlage einer allgemeinen Volksbewaffnung beherrschten auch die Volksbewegung gegen den bevorstehenden Preußisch-Österreichischen Krieg von 1866.

Die revolutionäre Arbeiterbewegung entwickelte ihre eigene, selbständige M.konzeption. Karl Marx (1818–1883) und Friedrich Engels (1820–1895) wandten sich gegen die «Milizschwärmerei» kleinbürgerlicher Demokraten sowie gegen die M.illusionen der Anhänger Ferdinand Lassalles (1825–1864) und unterstützten in der M.frage die programmatischen Standpunkte der I. Internationale und der 1869 gegründeten Sozialdemokratischen Arbeiterpartei Deutschlands (Eisenacher). Als grundlegende Erkenntnis aus den Kriegen und revolutionären Kämpfen des 19. Jh. betonte Engels 1868, daß «jede rationelle Militärorganisation irgendwo zwischen der preußischen und schweizerischen in der Mitte liegt – wo? Das hängt von den jedesmaligen Umständen ab. Erst eine kommunistisch eingerichtete und *erzogene* Gesellschaft kann sich dem Milizsystem sehr nähern und auch da noch asymptomatisch» sein (K. Marx/F. Engels, 32, S. 21). Der revolutionäre Kampf der Arbeiterklasse erforderte die allgemeine Volksbewaffnung sowohl in Form demokratischer M. mit kleinen stehenden Kadertruppen für die Ausbildung der Wehrfähigen (Volkswehren u. a. m.) als auch in Gestalt selbständiger militärischer Organisationen des Proletariats (Arbeiterwehren, proletarische Garden u. a. m.). Dabei schloß Engels auf dem Wege zu einer möglichen Abrüstung und Demokratisierung der stehenden Heere und angesichts notwendiger moderner Bewaffnung und Gefechtsführung auch für die angestrebte sozialistische Volkswehr Kombinationen von M. und stehenden Truppenteilen nicht aus.

Wesentliche Lehren für die M.frage brachte die Pariser Kommune (1871). Sie hob das bürgerliche stehende Heer auf und ersetzte es durch die auf der allgemeinen Volksbewaffnung beruhende proletarische Nationalgarde. Die Übernahme der Kommandogewalt durch den Rat der Kommune sowie die Wahl der Offiziere und politischen Organe waren tiefgreifende demokratische Maßnahmen. Damit hatte der Gedanke der allgemeinen Volksbewaffnung in der Praxis einen proletarischen Inhalt erhalten. Im Kampf gegen den preußisch-deutschen Militärstaat entwickelte die revolutionäre Sozialdemokratie in den Grundzügen eine M.konzeption, die der revolutionären Beseitigung des junkerlich-kapitalistischen Systems und seiner Machtstützen diente. Die Grundforderung der militärpolitischen Programmatik war, das stehende Heer durch eine milizartig organisierte Volkswehr abzulösen. Der prinzipielle politische Kern dieser Forderung bestand darin, das politisch-moralische Ansehen des militaristischen stehenden Heeres zu schwächen und mit der M.armee demokratische Streitkräfte zu propagieren, die für innere Unterdrückung und ungerechte Kriege ungeeignet sind. August Bebel (1840–1913) verlangte, daß die Volkswehr die gesamte wehrfähige Bevölkerung umfassen und die Arbeiter sowie die anderen Werktätigen in den Besitz von Waffen und Munition bringen sollte, um Sicherheit im Innern gegen Angriffe auf die Volksrechte und Schutz nach außen gegen Überfälle konterrevolutionärer Mächte jederzeit zu garantieren. Eine etwa einjährige aktive Dienstzeit in der Volkswehr, verbunden mit Reserveübungen der Wehrpflichtigen und der vormilitärischen Ausbildung der männlichen Jugend auf Territorialebene, sollte die notwendige Kampfbereitschaft der M. gewährleisten.

In der Epoche des Imperialismus und des Vorabends der proletarischen Revolution seit Ausgang des 19. Jh. wurden durch die bürgerlich-demokratische Revolution in Rußland 1905–1907 und die Februarrevolution 1917 allgemeingültige Wege und Formen zur Lösung der M.frage unter den neuen historischen Bedingungen aufgezeigt. W. I. Lenin (1870–1924) betonte 1916 in seiner Arbeit «Das Militärprogramm der proletarischen Revolution»: «Was die Miliz betrifft, so würden wir sagen: Wir sind nicht für eine bürgerliche, sondern nur für eine proletarische Miliz. Deshalb keinen Mann und keinen Groschen nicht nur für das stehende Heer, sondern auch für die bürgerliche Miliz» (W. I. Lenin, 23, S. 80). Als proletarische M., aufgebaut sowohl nach dem Territorial- als auch dem Produktionsprinzip, und als grundlegende Organisationsform der bewaffneten Arbeiterklasse entstanden nach der Februarrevolution 1917 in Rußland die Roten Garden.

Neben den Bolschewiki vertraten die Linken in der deutschen Sozialdemokratie eine revolutionäre Position in der M.frage. Karl Liebknecht (1871–1919), Rosa Luxemburg (1871–1919) und Franz Mehring (1846–1919) verfaßten dazu programmatische Schriften. In ihren Arbeiten orientierten sie darauf, daß der Kampf gegen das stehende Heer und für die Volkswehr nichts anderes ist als der Kampf gegen den Kapitalismus und für den Sozialismus. Wesentliche Punkte ihrer M.programmatik waren: systematische Verkürzung der Dienstzeit und Einführung einer Mindestdienstzeit in Ausbildungseinheiten von etwa einem Jahr zum Erlernen des Waffengebrauchs, der taktischen Übungen und eines organisierten militärischen Handelns; zielbewußte Erziehung des Volkes zur allgemeinen Wehrhaftigkeit, vor allem durch planmäßige Körpererziehung und vormilitärische Ertüchtigung der Jugend; Verfügungsgewalt der Angehörigen der Reserve und der Landwehr über persönliche Waffen und Ausrüstung einschließlich Munition sowie Wahl der Offiziere und Unteroffiziere und Bestätigung des Einsatzes höherer Kommandokader und technischer Spezialisten durch Vertrauensräte der Soldaten.

Die Große Sozialistische Oktoberrevolution 1917, namentlich die militärischen Erfahrungen der Bolschewiki im Kampf um die Erringung und Behauptung der politischen Macht, wirkte tiefgreifend auf die M.auffassungen der revolutionären Arbeiterbewegung ein. Angesichts des Bürger- und Interventionskrieges mußte die Sowjetrepublik 1918 unverzüglich mit dem Aufbau einer starken regulären Roten Arbeiter-und-Bauern-Armee beginnen, wofür auch die proletarischen M. (Rote Garden u. a.) herangezogen wurden. Nach Beendigung des Bürger- und Interventionskrieges erfolgte der weitere Ausbau der Streitkräfte zeitweise (bis 1939) auf der Grundlage einer Verbindung von zahlenmäßig begrenzten Kadertruppen und territorialen M.verbänden (→ *Sowjetarmee und Seekriegsflotte*). Die M.frage spielte in den militärpolitischen und -theoretischen Erörterungen in der UdSSR in den 20er Jahren eine bedeutende Rolle, jedoch orientierte das Militärprogramm der KPdSU eindeutig auf die reguläre Kader-Massen-Armee als Kernstück der sozialistischen Landesverteidigung.

In einer Reihe kapitalistischer Staaten schufen die revolutionären Kräfte im Kampf gegen Imperialismus und Militarismus neue, proletarische M. und milizartige bewaffnete Formationen. Dazu zählten in Deutschland, wo die Novemberrevolution 1918/19 und die revolutionäre Nachkriegskrise 1919–1923 die imperialistische Herrschaft erschütterten, die → *Volksmarinedivision*, die → *bayrische Rote Armee*, die → *Rote Ruhrarmee* sowie die proletarischen Volks- und Sicherheitswehren. Ihnen gehörten vor allem Arbeiter, Soldaten und werktätige Bauern an. Auch die konterrevolutionären Kräfte bildeten milizartige Formationen, die sich unter Mißbrauch volkstümlicher M.bezeichnungen Freikorps, Volkswehr, Bürgerwehr u. ä. nannten. Diese M. waren ein Sammelbecken militaristischer, monarchistischer und faschistischer Elemente.

Im Kampf gegen den Faschismus und seine Kriegsvorbereitung wurde die progressive M.losung zu einer militärpolitischen Hauptforderung der antifaschistisch-demokratischen Kräfte im internationalen Rahmen. Die KI auf dem VII. Weltkongreß (Juli/August 1935) wie die KPD auf der Brüsseler Konferenz (Oktober 1935) und der Berner Konferenz (Januar 1939) orientierten in der Einheits- und Volksfrontpolitik darauf, den Kampf um die entschiedene Demokratisierung der bürgerlichen Armeen mit der Schaffung bewaffneter Arbeiter-M. und antifaschistischer Volkswehren zu verbinden. Die neuen M. sollten wirksame Instrumente von Volksfrontregierungen sein und als Kern für den Aufbau demokratischer Streitkräfte dienen. Dabei werteten die KPD und andere kommunistische und Arbeiterparteien Erfahrungen der Bildung und des Einsatzes von M. im nationalrevolutionären Krieg Spaniens (1936–1939) aus. Während des zweiten Weltkrieges (1939–1945) entstanden in der antifaschistischen Widerstandsbewegung zahlreiche milizähnliche bewaffnete Gruppen und Formationen, in denen auch deutsche Antifaschisten kämpften.

Die Erfahrungen der Großen Sozialistischen Oktoberrevolution und des Großen Vaterländischen Krieges der Sowjetunion bewiesen, daß ein sozialistischer Staat zu seiner erfolgreichen Verteidigung und zur Vernichtung eines imperialistischen Aggressors über eine schlagkräftige Armee mit stehenden Truppenkörpern verfügen muß. Deshalb haben die in verschiedenen sozialistischen Staaten bestehenden M.formationen vor allem Sicherungsaufgaben. Die → *Kampfgruppen der Arbeiterklasse* in der DDR erfüllen als Bestandteil der territorial gebundenen bewaffneten Kräfte eine wichtige Aufgabe im Rahmen der Landesverteidigung.

Mine: mit Sprengstoff oder Kampfstoff gefüllter und mit einem Zünder versehener Hohlkörper, der zur Vernichtung von Kräften und Mitteln des Gegners verlegt wird.

Ursprünglich bezeichnete man als M. Stollen oder Kammern im Erdreich, Mauerwerk oder Fels mit Sprengladungen zur Vernichtung gegnerischer militärischer Anlagen, hauptsächlich im Festungskrieg. Von der türkischen Armee, die M. zum Angriff auf Festungen und auch zu deren Verteidigung einsetzte, verbreitete sich der sog. M.krieg seit dem Anfang des 16. Jh. über ganz Europa. Seinen letzten Höhepunkt

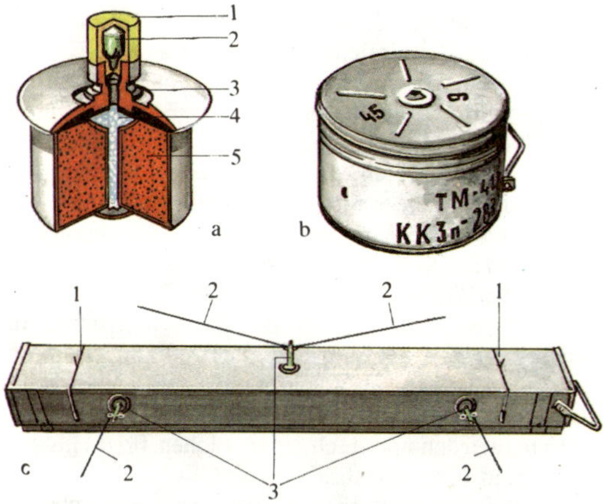

a Topf- oder Tretmine der faschistischen Wehrmacht: *1* chemischer Zünder; *2* Säure; *3* Plastikmantel; *4* Detonator; *5* Sprengstoff
b TM-41-Mine der Sowjetarmee im zweiten Weltkrieg
c Riegelmine 43, Panzerabwehrmine der faschistischen Wehrmacht: *1* Bruchdraht; *2* Stolperdraht; *3* Zünder

erreichte er während der Stellungskämpfe im ersten Weltkrieg. Vor allem in Flandern und den Argonnen führte der M.krieg zu hohen Verlusten an Menschen und Material. Bei dem großen Minierangriff der Ententetruppen am Wytschaete-Bogen südlich von Ypern zündeten britische Pioniere am 7. 7. 1917 etwa 420 t Sprengstoff in Tiefen bis zu 40 m.

Neben dem unterirdischen Einsatz von Minen fanden seit dem 18. Jh. zur Sperrung von Geländeabschnitten sog. Fladder-M. (Flatter-M.) Verwendung, deren ein bis mehrere Kilopond starke Ladungen in geringe Bodentiefe versenkt und durch bloßes Darauftreten (Tret-M.) oder Berühren eines flach gespannten Drahtes (Stolper-M.) ausgelöst wurden. Die Entwicklung der M. als fertiger, transportabler Sprengkörper begann vor dem ersten Weltkrieg und erreichte während des Krieges größere Bedeutung. Gegen die Infanterie fand u. a. die sogenannte Schrapnell-M. Verwendung, die, mit einer Kette verankert, bei der Zündung hochgeschleudert wurde und über dem Boden detonierte. Ende des Krieges gab es M., die nur durch das Gewicht eines Panzers ausgelöst werden konnten. Im zweiten Weltkrieg verwendeten die Streitkräfte aller am Krieg beteiligten Staaten in großem Umfang Infanterie-Tret-M. und Panzer-M. (→ *Panzerabwehrmittel*). Sie waren gegenüber den M. des ersten Weltkrieges mit brisanterem Sprengstoff und wirksameren Zündern versehen. Durch Verlegen ganzer M.felder wurde es möglich, wirksame Sperren für den Gegner zu errichten oder seinen Angriff auf für die Verteidigung günstige Richtungen bzw. Abschnitte zu kanalisieren. In immer stärkerem Maße setzten sich nichtmetallische Stoffe für den Hohlkörper durch, um die Ortung der zumeist dicht unter der Erdoberfläche verlegten M. zu erschweren.

Nach ihrer Zweckbestimmung werden heute Panzer-, Infanterie- und Spezial-M. unterschieden. Sie können mechanisch, elektrisch, chemisch oder akustisch gezündet werden. M. finden defensive und offensive Verwendung. Ihre Verlegung kann dabei sehr rasch durch Schützenpanzerwagen, Lkw, Panzer oder Hubschrauber mit Hilfe besonderer Geräte erfolgen. Einzeln oder in M.feldern verlegt, sind sie ein wirksames Kampfmittel der Landstreitkräfte. M. mit Kernladung stellen eine besondere Art der Kernwaffen dar und gehören zu den Spezial-M. Über die Verwendung von M. im Seekrieg → *Seemine. (s. Abb. S. 771)*

Minenleg- und Räumschiff: Klasse der leichten Überwasserkräfte (→ *Seestreitkräfte*), deren Hauptaufgaben das Legen von → *Seeminen*, die Minenaufklärung und Minenvernichtung sowie das Geleiten von Über- und Unterwasserkräften durch minenverseuchte Seegebiete und Minensperren sind.

Die Ende des 19. Jh. einsetzende Entwicklung der Seeminen hatte den Bau von Minenräum- und Legefahrzeugen zur Folge. Nach anfänglichen Versuchen mit Torpedo- und Kanonenbooten wurde im ersten Weltkrieg begonnen, Typen einer neuen Schiffsklasse zum Minensuchen und -räumen zu entwikkeln. Die → *Kaiserliche Marine* stellte ab 1915 die ersten Einheiten eines als «M-Boot 15» bezeichneten Minensuchboottyps, kurz darauf den verbesserten Typ «M-Boot 16» in Dienst. Seine Weiterentwicklung im faschistischen Deutschland führte zur Indienststellung der Typen «M-Boot 35», «M-Boot 40» und «M-Boot 43». Diese Boote hatten eine Wasserverdrängung zwischen 550 t und 900 t, einen Tiefgang von weniger als 3 m und eine Höchstgeschwindigkeit von 16 bis 18 kn. Neben der Ausrüstung mit vorwiegend mechanischem Minensuch- und -räumgerät verfügten sie über 1–2 105-mm-Geschütze sowie 1–2 37-mm- und 2–8 20-mm-Flak. Die Besatzungsstärke lag zwischen 80 und 120 Mann. Während bis zum zweiten Weltkrieg das Minenlegen hauptsächlich durch Zerstörer und Hilfskreuzer sowie durch speziell konstruierte → *U-Boote*, Minenleger und Flugzeuge erfolgte, wurde dies in den Jahren danach in vielen Flotten eine Aufgabe der Minenleg- und Räumschiffe (MLR-Schiff) bzw. -boote (MLR-Boot). Moderne Schiffe haben mit ihren elektronischen, magnetischen sowie akustischen Ortungs- und Räumeinrichtungen breiten Eingang in die Seestreitkräfte gefunden. Einige Flotten besitzen außerdem unbemannte Räumgeräte, die von einem Lenkboot über größere Entfernungen gesteuert werden.

Die → *Volksmarine der NVA (VM)* verfügte von Anfang an über Minenleg- und Räumfahrzeuge, deren Besatzungen gemeinsam mit Angehörigen der sowjetischen und polnischen Seestreitkräfte einen wichtigen Auftrag bei der Räumung minenverseuchter Gebiete in der Ostsee erfüllten. Neben Räumbooten vom Typ «Schwalbe» (Wasserverdrängung 75 t, Höchstgeschwindigkeit 12 kn, Bewaffnung 2 25-mm-Flak in Doppellafette) verfügte die Volksmarine in den 50er und 60er Jahren über MLR-Schiffe der Typen «Habicht» und «Krake», die eine Wasserverdrängung von 500 bis 650 t, eine Höchstgeschwindigkeit von 15 bis 18 kn und eine Bewaffnung von 1 85-mm-Geschütz bzw. 2 76-mm-Geschützen in Doppellafette sowie 8–10 25-mm-Flak in Doppellafetten besaßen. Sie konnten neben Minenleg- und Räumzwecken auch für Sicherungsaufgaben und im Vorpostendienst verwendet werden. Mit der weiteren Vervollkommnung der Minenwaffe kam ab Ende der 60er Jahre eine neue Generation von Fahrzeugen zum Einsatz, die als Minensuch- und Räumschiffe (MSR-Schiffe) bezeichnet werden und mit modernen Geräten für alle Standardminentypen ausgerüstet sind. Ihre Leistungsfähigkeit liegt trotz geringerer Wasserverdrängung wesentlich höher als die der bisherigen MLR-Schiffe. *(s. Abb. S. 882, 891, 895, 899)*

Minenwerfer → *Granatwerfer*

Ministerium für Nationale Verteidigung → *Nationale Volksarmee der DDR (NVA)*

Mobilmachung: Umstellung des Landes auf die Erfordernisse des Krieges, die unter modernen Bedingungen die Bereiche Landesverteidigung, Wirtschaft, Staatsapparat und Bevölkerung umfaßt.

Kernstück der M. ist die Überführung der Streitkräfte von der Friedens- auf die Kriegsstärke. Dazu zählten die personelle und materielle Auffüllung aller bestehenden Truppenteile und Verbände auf die festgelegte Kriegsstruktur, die Aufstellung in Friedenszeiten nicht existierender neuer Einheiten, Truppenteile und Verbände aller Waffengattungen einschließlich Ersatztruppen sowie die Bildung operativer Kommandobehörden entsprechend der geplanten Kriegsgliederung der Streitkräfte. Zu den wichtigsten ökonomischen Maßnahmen gehörten die Umstellung der Betriebe und Einrichtungen auf die Bedürfnisse der Landesverteidigung und die Mobilisierung aller ihrer Reserven zur Erfüllung kriegswichtiger Forderungen. Die M. kann allgemein oder teilweise, offen oder gedeckt durchgeführt werden.

Die Notwendigkeit einer M. entstand mit der Entwicklung der stehenden Söldnerheere im 17. Jh. Der niedrige Stand der Produktivkräfte nötigte die feudalabsolutistischen Herrscher, ihre kostspieligen Heere zwischen den Kriegen stark zu reduzieren. Für den Kriegsfall mußte der entstehende militärische Behördenapparat Ausrüstung, Bewaffnung und Verpflegung beschaffen und lagern. Nicht zuletzt waren für die Kavallerie, die Artillerie und für den umfangreichen Troß zahlreiche Pferde und Fahrzeuge bereitzustellen. Die personelle Auffüllung der Armeen geschah durch die meist langwierige Neuwerbung von Söldnern, teilweise auch durch Rückbeorderung beurlaubter Soldaten, die als Landeseinwohner zum Militärdienst gezwungen worden waren. In Preußen trug das sog. → *Kantonsytem* wesentlich dazu bei, daß im 18. Jh. die Armee einen besonders hohen Stand der M.- und Kriegsbereitschaft erreichte. In den meisten Staaten nahm die M. viele Wochen in Anspruch. Die Streitkräfte dieser Länder, deren Stärke bei den europäischen Kontinentalmächten im Zuge der M. auf über 100000 Mann ansteigen konnte, wurden erst nach einer solchen Frist einsatzbereit und operationsfähig.

Die tiefgreifenden sozialpolitischen Umwälzungen der Französischen Revolution von 1789 bewirkten auch grundlegende Veränderungen in Organisation und Auffüllung der Streitkräfte. Die vom bürgerlichen Frankreich ausgehende Wehrpflicht mit der Möglichkeit der Stellvertretung (→ *Konskription*), die in der Folgezeit von den meisten europäischen Staaten übernommen wurde, gestattete eine erhebliche Vermehrung der Heeresstärken und stellte damit höhere Anforderungen an die Organisation der M. Preußen führte nach der Niederlage im Kriege

Verkündung der Mobilmachung in Berlin, August 1914

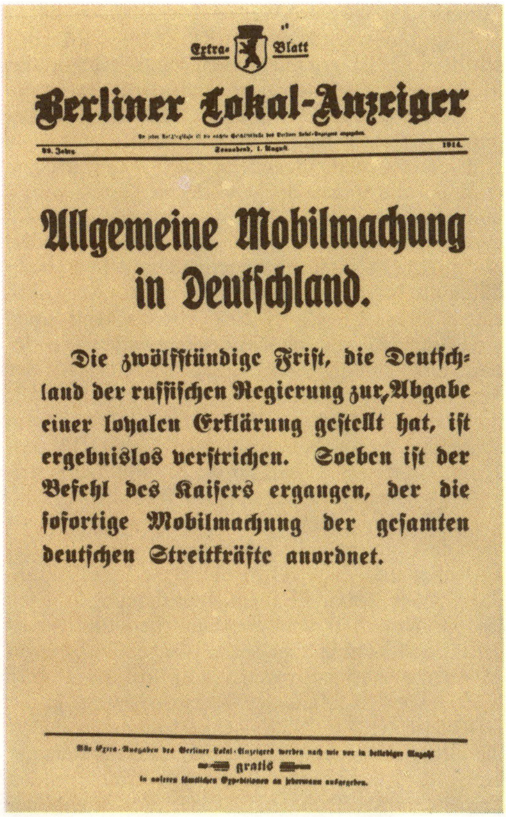

Extra-Blatt

Berliner Lokal-Anzeiger

Sonnabend, 1. August 1914.

Allgemeine Mobilmachung in Deutschland.

Die zwölfstündige Frist, die Deutschland der russischen Regierung zur Abgabe einer loyalen Erklärung gestellt hat, ist ergebnislos verstrichen. Soeben ist der Befehl des Kaisers ergangen, der die sofortige Mobilmachung der gesamten deutschen Streitkräfte anordnet.

Alle Extra-Ausgaben des Berliner Lokal-Anzeigers werden nach wie vor in beliebiger Anzahl
gratis
in unseren sämtlichen Expeditionen an jedermann ausgegeben.

Extrablatt des «Berliner Lokal-Anzeigers» vom 1. August 1914

1806/07 im Verlaufe der Militärreform die → *allgemeine Wehrpflicht* ohne Stellvertretung ein. Auch wenn diese in der Periode der feudalen Reaktion nicht konsequent verwirklicht wurde, sahen sich die preußischen Militärbehörden doch zunehmend vor Probleme gestellt, die sich bei der Vorbereitung und Planung der M. aus der Differenz zwischen Friedens- und vorgesehener Kriegsstärke ihrer Armee ergaben. Das betraf vor allem die Eingliederung von Teilen der → *Landwehr* in die Feldarmee unter Rückgriff auf die nach dem → *Krümpersystem* kurzfristig ausgebildeten Rekruten, die Besetzung der im Kriegsfall beträchtlich höheren Zahl von Offiziersplanstellen und die Organisierung des → *Landsturms.*

Völlig neue Bedingungen und Möglichkeiten für die M. der Streitkräfte entstanden Mitte des 19. Jh. Die rasche Entwicklung des Kapitalismus in Mittel- und Westeuropa zog einen schnellen Ausbau des Eisenbahn- und Telegrafenwesens nach sich. Diese modernen Kommunikationsmittel verringerten die Fristen für die M. einer Armee entscheidend und machten sie von Jahreszeit und Witterung unabhängiger. Das Prinzip der territorialen Auffüllung der Truppen mit Rekruten, Reservisten und Landwehrmännern aus den Garnisongebieten erlaubte in Preußen eine wesentliche Verkürzung der M.zeit auf rd. 2–2½ Wochen. Die den Truppenstäben unterstellten Landwehrkommandos (ab 1888 in Bezirkskommandos umbenannt) wurden gleichzeitig zu reinen Auffüllungs- und M.organen umgestaltet, die mit Hilfe der Polizei und der Verwaltungsbehörden die Nachweisführung und Einberufung aller personellen Reserven zu bearbeiten hatten. Ferner oblag ihnen die Bestätigung der → *Einjährig-Freiwilligen,* aus deren Zahl der große Bedarf an Reserveoffizieren bei einer M. gedeckt werden konnte. Die preußisch-deutschen Kriege von 1864, 1866 und 1870/71 offenbarten die Vorzüge des auf der allgemeinen Wehrpflicht aufbauenden preußischen M.systems mit seiner Kombination von territorialer Auffüllung, sorgfältiger Transportplanung und dezentralisierter Leitung unter Mitwirkung der Post- und Eisenbahnverwaltungen. Bei der M. von 1870 wurden erstmalig Streitkräfte in einer Stärke von über 1 Mill. Mann in nur 2 Wochen planmäßig mobilisiert.

In der Regel wurde die M. vor dem Beginn der Kampfhandlungen eingeleitet und durchgeführt, fiel jedoch weitgehend mit der strategischen Entfaltung und Konzentration der Streitkräfte in den Aufmarschgebieten zusammen. Nicht selten benutzten Staaten die M. oder die Ankündigung einer M. als Demonstration ihrer Kriegsbereitschaft, um auf andere Staaten zur Erlangung diplomatischer, wirtschaftlicher und anderer Vorteile Druck auszuüben, ohne daß es zum Kriege kam. Neben der Planung und Vorbereitung einer M. der gesamten Armee und Flotte sahen die Pläne der militärischen Führungen der meisten Staaten auch die Möglichkeit von Teil-M. vor. Sie dienten als Vorsichtsmaßnahme in außenpolitischen Konfliktsituationen und ließen sich bei Zuspitzung der Lage jederzeit zur Gesamt-M. erweitern. Für Kriege gegen einen eindeutig schwächeren Staat konnte ebenfalls eine Teil-M. angeordnet werden, wie z. B. beim Dänisch-Deutschen Krieg 1864. Auch zur Niederschlagung von Aufständen national oder kolonial unterdrückter Völker mobilisierten die imperialistischen Mächte Teile ihrer Streitkräfte. Nicht zuletzt erfolgten M. in beschränktem Umfang während zugespitzter Klassenkampfsituationen.

Da alle größeren Mächte seit der Jahrhundertwende die Formierung von Millionenheeren planten, wurde die M. zu einem der kompliziertesten Bestandteile der imperialistischen Kriegsvorbereitungen. Um den Ablauf der M. zu proben, führten alle Mächte entsprechende Organisationsübungen durch. Dagegen hielt man umfassende ökonomische und finanzielle M.vorbereitungen nicht für erforderlich. Mit dem → *Schlieffenplan* wurde die M. zur Grundvoraussetzung des strategischen Kriegsplanes im kaiserlichen Deutschland. Dazu entwickelte der → *Generalstab* eine ganze Reihe von Vorstufen, die bereits vor der öffentlichen Bekanntmachung der M. die getarnte Einberufung eines großen Teiles der Reservisten ermöglichten. So konnte der deutsche Imperialismus während der M. von 1914 seine Streitkräfte in 7 Tagen auf eine Stärke von fast 4 Mill. Mann bringen. Dieses Tempo und der glatte Verlauf der M. trugen wesentlich zu den Anfangserfolgen des kaiserlich-deutschen Heeres im ersten Weltkrieg bei.

Nach dem ersten Weltkrieg untersagte die Entente im Versailler Vertrag alle M.vorbereitungen in Deutschland. Dennoch traf die Führung der Reichswehr illegal erneut Vorkehrungen für eine M. Dazu erarbeitete das Truppenamt als getarnter Generalstab jährlich die entsprechenden Richtlinien. Daneben erfolgte der Aufbau einer getarnten Wehrersatzorganisation. Anders als 1914 sollten mit ihren Kräften nicht die bestehenden Verbände aufgefüllt, sondern zusätzliche Truppenkörper formiert werden, um die Erweiterung der Reichswehr zum Massenheer jederzeit in kürzester Frist vornehmen zu können. Darüber hinaus wurde die M. mehrerer sog. Grenzschutzdivisionen vorbereitet. Im wirtschaftlichen Bereich erstreckten sich die M.vorbereitungen vor allem darauf, alle für die Rüstung wichtigen Betriebe zu erfassen und in enger Zusammenarbeit mit den Monopolen Vorkehrungen für die Massenproduktion von Waffen und anderem Kriegsgerät zu treffen. Das Oberkommando der faschistischen Wehrmacht knüpfte an die M.pläne der Reichswehr an und entwickelte diese parallel zur beschleunigten Aufrüstung weiter. Bei der Planung des Blitzkrieges stellte der Generalstab in Rechnung, daß sowohl durch die Heeresmotorisierung als auch durch die Luftstreitkräfte neue Möglichkeiten für die M. herangereift waren. Für die Vorbereitung der bewaffneten Überfälle wurde ein neues, sehr elastisches M.system eingeführt, wobei der absolute Schwerpunkt auf der getarnten M. aller Teilstreitkräfte lag. Die Erfahrungen aus der M. von 1938 zur Okkupation Österreichs und von Teilen der ČSR gingen in die Planung des Überfalls auf Polen ein. Für die Aggression gegen Polen setzten bereits ab Frühjahr 1939 M.maßnahmen ein, die zur Täuschung des In- und Auslandes als «Manöver», «Reservistenübungen», «Erntehilfe», «Paraden» und «Stellungsbau» bezeichnet wurden. Schließlich gab das OKW im August 1939 den Befehl zur geheimen Gesamt-M. Die Masse der aktiven Verbände benötigte dazu nur noch eine M.frist von 12 Stunden. Die Streitkräfte des faschistischen Deutschlands erreichten am 1. 9. 1939 eine Stärke von 4,2 Mill. Mann.

Nach dem zweiten Weltkrieg entstanden durch den stürmischen wissenschaftlich-technischen Fortschritt und die grundlegenden Veränderungen im Militärwesen qualitativ neue Anforderungen an die M. Sie bestehen vor allem darin, daß unter den Bedingungen eines modernen Krieges die personelle und materielle M. in äußerst kurzer Zeit erfolgen muß. Für die Staaten des Warschauer Verteidigungsbündnisses ist die sorgfältige und umfassende Vorbereitung einer schnellen M. ein erstrangiges Erfordernis. Es ergibt sich aus ihrer permanenten Bedrohung durch die NATO und deren Absicht, zur Verwirklichung ihrer aggressiven Ziele überraschend einen Krieg unter Einsatz von Raketenkernwaffen auszulösen. Eine ständig hohe Gefechtsbereitschaft der Streitkräfte und M.bereitschaft des Landes ist daher für die sozialistischen Staaten unerläßlich. Davon ausgehend, ist im Wehrdienstgesetz der DDR vom 25. 3. 1982 festgelegt, daß für die M. und den Verteidigungszustand in bezug auf den Wehrdienst rechtzeitig alle Maßnahmen durchzuführen sind, damit die DDR unverzüglich jeden bewaffneten Überfall abwehren und ihre völkerrechtlichen Verpflichtungen erfüllen kann. Ähnliche Bestimmungen gelten für die Wirtschaft und die staatlichen Einrichtungen. Die M. wird in allen sozialistischen Staaten von den höchsten Staatsorganen ausgelöst, so in der UdSSR vom Präsidium des Obersten Sowjets. In der DDR beschließt der Nationale Verteidigungsrat über die allgemeine oder teilweise M., die Volkskammer bzw. im Dringlichkeitsfall der Staatsrat über den Verteidigungszustand (Art. 52 der Verfassung der DDR). Zur Durchführung der M. hat der Nationale Verteidigungsrat alle notwendigen Maßnahmen für die Landesverteidigung und den Schutz der sozialistischen Ordnung zu treffen, einschließlich solcher, die abweichend von Gesetzen oder anderen Rechtsvorschriften erforderlich sind (§ 4 des Verteidigungsgesetzes vom 13. 10. 1978). Bei der Vorbereitung und im Falle einer M. können sich die DDR und ihre Bruderländer auf die Vorzüge und Triebkräfte der sozialistischen Staats- und Gesellschaftsordnung stützen.

Mollwitz 1741: Schlacht im ersten Schlesischen Krieg 1740–1742 (→ *Schlesische Kriege 1740–1742, 1744/45*) zwischen preußischen und österreichischen Truppen am 10. 4. 1741.

Im März 1741 stieß die österreichische Armee unter Feldmarschall Wilhelm Reinhard von Neipperg (1684–1774) überraschend nach Schlesien vor und entsetzte die von preußischen Truppen belagerte Festung Neisse. Ihr weiterer Vormarsch auf Brieg drohte die preußische Armee, die in einer weitläufigen Aufstellung die schlesische Grenze gegen Böhmen deckte, zu spalten und die in Oberschlesien stehenden Hauptkräfte abzuschneiden. Mit den eiligst bei Jägerndorf zusammengezogenen Truppen folgte

Schlacht bei Mollwitz – 10. April 1741

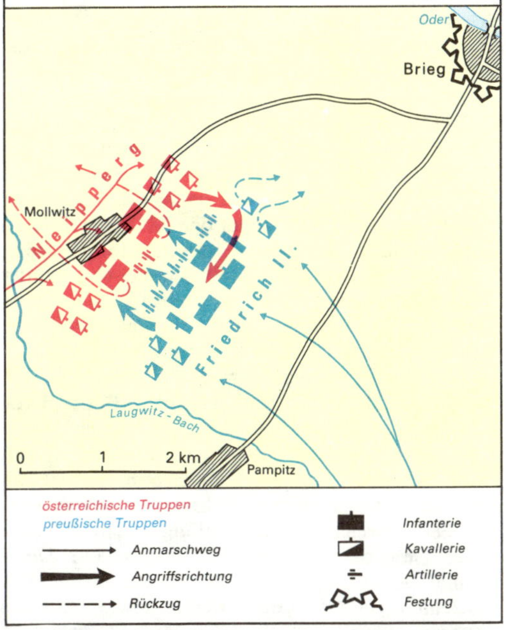

der preußische König Friedrich II. (1712–1786) dem Gegner, um ihm den Weg zur Oder zu verlegen. Bei M. nahe Brieg trafen beide Armeen am 10. 4. aufeinander. Die Preußen zählten 23400 Mann (davon 4600 Reiter) mit 53 Geschützen, die Österreicher 16600 Mann (davon 6800 Reiter) mit 19 Geschützen. Die preußische Infanterie marschierte in 2 Treffen auf. Da das Gelände ihre volle Entfaltung behinderte, wurde die Frontlinie verkürzt und mit 3 zurückgenommenen Grenadierbataillonen die Lücke zwischen den beiden Treffen an der rechten Flanke

Angriff österreichischer Infanterie bei Mollwitz

geschlossen. Die Kavallerie stand zu gleichen Teilen an den Flügeln, die schwere Artillerie vor der Infanterielinie. Der Aufmarsch der Österreicher, der später erfolgte, geriet unter dem mittags einsetzenden Feuer der preußischen Artillerie ins Stocken. Daraufhin griff die österreichische Kavallerie den preußischen rechten Flügel an. Im ersten Anritt zersprengte sie die preußischen Reiterregimenter und attackierte dann die rechte Flanke der Infanterielinie. Gegen die dort aufgestellten Grenadierbataillone gelang es jedoch nur einzelnen Gruppen, in die preußische Aufstellung einzudringen. Angesichts der steigenden Verwirrung seiner Truppen gab Friedrich II. die Schlacht verloren und floh vom Gefechtsfeld. Den Oberbefehl übernahm Generalfeldmarschall Kurt Christoph von Schwerin (1684–1757). Nachdem die gut gedrillte preußische Infanterie mit ihrem Salvenfeuer die österreichische Kavallerie zermürbt und zum Abzug gezwungen hatte, ging sie zum Angriff über. Die weit unterlegene österreichische Infanterie vermochte nicht standzuhalten, zumal ihre rechte Flanke umfaßt wurde. Gegen 18 Uhr befahl Neipperg den Rückzug. Die Österreicher verloren 4550, die Preußen 4850 Mann an Gefallenen, Verwundeten und Vermißten. Die Preußen konnten die Verbindung nach Niederschlesien wiederherstellen, jedoch blieben die Österreicher in Oberschlesien und vor allem im Besitz von Neisse und Glatz. Bei M. behauptete sich erstmals Infanterie gegen die bis dahin überlegene Kavallerie. Die preußische Reiterei, deren Schwäche in der Schlacht zutage getreten war, wurde in der Folgezeit verstärkt und intensiver gedrillt. Politisch führte der Sieg von M. zum Abschluß eines gegen Österreich gerichteten Offensivbündnisses zwischen Preußen und dem mit Bayern verbündeten Frankreich (5. 6. 1741).

«Monatshefte für Politik und Wehrmacht» → *«Jahrbücher für die deutsche Armee und Marine»*

Morgenstern: streitkolbenähnliche, mit Stacheln besetzte volkstümliche → *Schlagwaffe* des Fußvolks und der Reiterei.

Der M. entstand wie der Streitkolben aus der Keule. Als Waffe des Fußvolks bestand der M. ursprünglich aus einem Holzschaft, dessen oberes Ende keulenförmig verstärkt und mit strahlenförmig angeordneten Eisenstacheln besetzt war. Der Kopf hatte außerdem häufig noch eine Metallspitze oder

Morgenstern, 13. bis 16. Jh.:
1 Schlagkopf;
2 Stoßklinge;
3 Eisenstachel;
4 Schafthals;
5 Schaft

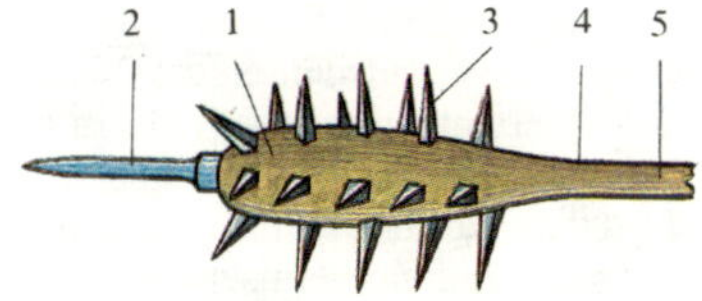

Stoßklinge. Streitkolbenähnliche M. mit kurzem Stiel waren auch bei der Reiterei gebräuchlich. Eine besondere Art war der Ketten-M., bei dem eine oder mehrere stachelbesetzte Kugeln mit dem Schaft durch eine Kette verbunden waren. Mit dem Ketten-M. verwandt war der einem Dreschflegel ähnliche Kriegsflegel, der selbst im Kampf gegen schwergepanzerte Ritter wirksam war. Der M. war einfach herzustellen. Seine Anwendung erforderte vom Träger Körperkraft und Gewandtheit. Bis ins 17. Jh. gehörte der M. noch zur Bewaffnung von Festungsbesatzungen.

M. unterschiedlicher Form wurden sowohl von den aufständischen Bauern im → *deutschen Bauernkrieg 1524–1526* als auch im polnischen Aufstand von 1794 unter Tadeusz Kościuszko (1746–1817) und im Kampf der Schweizer gegen die französischen Truppen 1798 verwandt. *(s. Abb. S. 865)*

Mörser: ursprünglich fest gebettetes, kurzrohriges Wurfgeschütz, später bewegliches, großkalibriges → *Geschütz* für Steilfeuer.

M. gehören zu den ältesten Geschützarten. Nachweislich wurden sie bereits im 14. Jh. bei der Belagerung und Verteidigung von Städten und Burgen eingesetzt. Die bevorzugte Verwendung der M. als Belagerungs- oder Festungsartillerie (→ *Artillerie*) erhielt sich aufgrund der spezifischen Eigenschaften dieser Waffe über den gesamten Verlauf ihrer Entwicklung. M. waren ursprünglich Vorderlader mit einer Masse bis zu 2,5 t, aus denen Steinkugeln von 100, 500 und mehr Pfund, später Eisenkugeln geworfen wurden. Vom 18. Jh. an kamen auch Hohlgeschosse mit Sprengladung zum Einsatz. Die Bedeutung, die dem M. in den Streitkräften beigemessen wurde, änderte sich in Abhängigkeit von der Rolle des Festungskrieges. Zu Beginn des 19. Jh., als Festungen infolge des Abgehens von der Kordonstrategie und vom Magazinsystem allgemein geringer geschätzt wurden, schenkte man dem M. keine große Aufmerksamkeit. Das änderte sich bereits Mitte des Jh. Anstoß zur Weiterentwicklung des M. war die Einführung des gezogenen Rohres. Zugleich wurde die Kaliberlänge vergrößert und das Hinterladeprinzip eingeführt. Das erste Modell eines neuen M. mit einem Kaliber von 210 mm setzte das preußische Heer als Belagerungsartillerie im Deutsch-Französischen Krieg 1870/71 ein.

Seit Beginn des 20. Jh., vor allem nach Weiterentwicklung der → *Haubitze*, war die Bezeichnung M. den Steilfeuergeschützen schweren und schwersten Kalibers vorbehalten. Schon 1897 hatte das kaiserliche Deutschland den ersten 305-mm-M. entwickelt, der – vervollkommnet – 1910 in die Streitkräfte eingeführt wurde. Er hatte eine Schußweite von 11900 m, Rohrrücklauf, eine unabhängige Visiereinrichtung und eine Hülsenkartusche. Kurze Zeit später entstand der 420-mm-M., die sog. Dicke Berta, die im ersten Weltkrieg neben dem 305-mm-M. und einem 210-mm-M. zum Einsatz kam. Dieser M. hatte eine Schußweite von 9300 m, die Masse des Geschosses betrug 930 kg; in der Feuerstellung wog der M. etwa 32 t. Auch im zweiten Weltkrieg setzten die Streitkräfte des deutschen Imperialismus, vorrangig gegen Befestigungen der überfallenen Staaten, 210-mm- und 420-mm-M. ein. Außerdem brachten sie einige extrem überdimensionale Geschütze zum Einsatz, so gegen Sewastopol den M. «Karl», Kaliber 600 mm, und den M. «Thor», Kaliber 540 mm. Sie gehörten zu den größtkalibrigen Geschützen der Welt. «Karl» wog 120 t und vermochte 2,5 m Beton oder 45 cm Stahl zu durchschlagen. Der militärische Wert dieser Riesengeschütze war im Verhältnis zum Aufwand jedoch äußerst gering.

Im imperialistischen Militärwesen, z. B. der BRD, werden mit M. vielfach Granatwerfer bezeichnet.

Im sozialistischen Militärwesen wird als M. ein großkalibriges Geschütz mit kurzem, gezogenem Rohr und einer möglichen Rohrerhöhung von +45° bis +80° bezeichnet. Die Anfangsgeschwindigkeit seiner Geschosse beträgt bis 300 m/s. Die Übernahme seiner Aufgaben durch Haubitzen (im «M.schießen») und Granatwerfer sowie seine geringe Beweglichkeit machen den M. heute praktisch bedeutungslos. *(s. Abb. S. 32, 35, 39)*

Moskau 1941/42: Schlacht vom 30. 9. 1941 bis Anfang 1942 zwischen der Sowjetarmee und der faschistischen Wehrmacht westlich der sowjetischen Hauptstadt, die mit einer schweren deutschen Niederlage endete und die grundlegende Wende im zweiten Weltkrieg (→ *Weltkrieg, zweiter, 1939–1945*) einleitete.

In den strategischen Vorstellungen des faschistischen Oberkommandos war die Eroberung von M. fast gleichbedeutend mit der endgültigen Niederlage der Sowjetunion. Die Stadt gehörte daher zu den im → *Barbarossaplan* angewiesenen Hauptangriffsrichtungen und -zielen. Der heldenhafte Widerstand der Sowjetarmee zwang die zur Einnahme der sowjetischen Hauptstadt bestimmte Heeresgruppe Mitte jedoch, im August/September 1941 zur Verteidigung überzugehen. Die Heeresgruppe Mitte mußte zudem eine starke Gruppierung vorübergehend in südlicher Richtung einsetzen, um die Flankenbedrohung durch die sowjetische Südwestfront auszuschalten und dabei die Heeresgruppe Süd zu unterstützen. Nach Erfüllung dieser Aufgabe sah die am 6. 9. 1941 erlassene Weisung für die Kriegführung Nr. 35 vor, die sowjetischen Streitkräfte westlich von M. zu zerschlagen sowie die sowjetische Hauptstadt zu erobern. Daran knüpfte das deutsche Oberkommando die Hoffnung, im Krieg gegen die Sowjetunion noch 1941 die Entscheidung herbeiführen zu können. Für die Generaloffensive unter dem Decknamen «Tai-

Die Moskauer Bevölkerung beim Bau von Verteidigungsanlagen auf den Zufahrtsstraßen zur Hauptstadt, August 1941

fun» verfügte die Heeresgruppe Mitte über 3 Armeen und 3 Panzergruppen (später Panzerarmeen) mit insgesamt 78 Divisionen, darunter 23 Panzer- und motorisierte Infanteriedivisionen. Sie wurde unterstützt von der durch das VIII. Fliegerkorps verstärkten Luftflotte 2. An Kräften und Mitteln waren das insgesamt 1,8 Mill. Mann, etwa 14000 Geschütze und Granatwerfer, 1700 Panzer und rd. 1400 Flugzeuge. Demgegenüber besaßen die ihr gegenüberstehenden sowjetischen Truppen (West-, Reserve- und Brjansker Front) 95 Divisionen mit insgesamt 1250000 Mann, 7600 Geschützen und Granatwerfern, 990 Panzern und 680 Flugzeugen.

Die Heeresgruppe Mitte ging zwischen dem 30. 9. und 2. 10. zum Angriff über. Damit begann für die Sowjetarmee die Verteidigungsperiode der Schlacht vor M., die bis zum 5. 12. 1941 andauerte. Den Gruppierungen der Heeresgruppe Mitte gelang es, die sowjetische Verteidigung zu durchbrechen und in der ersten Oktoberhälfte bei Wjasma und Brjansk mehrere sowjetische Armeen einzuschließen. Obwohl nur Teilkräfte aus der Einschließung ausbrechen konnten, hemmte ihr hartnäckiger Widerstand den faschistischen Vormarsch. Das sowjetische Oberkom-

Panzer der faschistischen Wehrmacht vor Moskau, Herbst 1941

mando gewann dadurch Zeit, die Kräfte umzugruppieren und Reserven heranzuführen. Hunderttausende Moskauer errichteten an den unmittelbaren Zugängen zur sowjetischen Hauptstadt Stellungen und Sperren, insbesondere Panzergräben. Ende Oktober waren die deutschen Verbände nur noch 75–100 km von M. entfernt. Sie hatten allerdings hohe Verluste erlitten, so daß die Heeresgruppe Mitte erst ab 15. November den Angriff wiederaufnehmen konnte. Ihre Stoßgruppierungen versuchten nun, M. von Norden in Richtung Klin und von Süden in Richtung Tula zu umgehen, während eine weitere Gruppierung frontal mit dem Ziel angriff, die Hauptkräfte der sowjetischen Westfront zu binden und zu zerschlagen. In erbitterten und verlustreichen Kämpfen näherten sich die faschistischen Angriffsspitzen M. Ihre Angriffskraft ließ aber infolge der hartnäckigen Verteidigung der Sowjetarmee bald nach. Die aus den Panzergruppen 3 und 4 gebildete nördliche Stoßgruppierung eroberte am 23. 11. Klin und erreichte am 28. 11. bei Dmitrow den Moskwa-Wolga-Kanal. Der Südflügel dieser Gruppierung kam noch bis auf etwa 25 km an M. heran, wurde dann aber – ebenso wie die Angriffsspitze bei Dmitrow – endgültig aufgehalten. Die 2. Panzerarmee als Kern der südlichen Stoßgruppierung konnte nordöstlich von Tula bis Kaschira vordringen, wurde dort aber vom 1. Gardekavalleriekorps aufgehalten und durch einen am 27. 11. beginnenden Gegenangriff zurückgeworfen. Gegenangriffe der 1. Stoßarmee bei Jachroma ab 29. 11. und der 20. Armee bei Krasnaja Poljana ab 2. 12. brachten der Sowjetarmee ebenfalls Erfolge. Am 2. 12. versuchte das Oberkommando der Heeresgruppe Mitte, durch einen Angriff der 4. Armee aus dem Raum Naro-Fominsk doch

Von der Parade anläßlich des 24. Jahrestages der Großen Sozialistischen Oktoberrevolution gehen die Truppenteile direkt an die Front, 7. November 1941

Gegenoffensive der sowjetischen Truppen vor Moskau – 5. Dezember 1941 bis 20. April 1942

noch den Durchbruch nach M. zu erzwingen, jedoch auch dieser Versuch scheiterte nach Anfangserfolgen an sowjetischen Gegenangriffen.

Am 4./5. 12. 1941 trat vor M. die entscheidende Wende ein. Die deutsche Offensive war zusammengebrochen. Die Heeresgruppe Mitte der faschistischen Wehrmacht konnte ebensowenig wie die übrigen faschistischen Gruppierungen die im Barbarosaplan gesteckten Ziele erreichen. Am Heroismus des Sowjetvolkes und seiner Streitkräfte erschöpfte sich die Angriffskraft der Wehrmacht. Die Hoffnung der faschistischen Führung auf eine Beendigung des Krieges gegen die UdSSR noch im Jahre 1941 hatte sich nicht erfüllt. Damit war der Blitzkrieg Anfang Dezember 1941 endgültig gescheitert.

Am 5./6. 12. 1941 gingen die sowjetischen Streitkräfte in der Schlacht vor M. mit 3 Fronten zur Gegenoffensive über, die bis Anfang Januar 1942 andauerte. Die Heeresgruppe Mitte war zwar bis auf die Anzahl der Flugzeuge den sowjetischen Gruppierungen noch überlegen, doch hatte das deutsche Oberkommando seine Reserven längst verausgabt, während die sowjetischen Streitkräfte vor M. weitere Verstärkungen erhielten, so daß sich das Kräfteverhältnis im Dezember 1941 zu ihren Gunsten verschob.

Die Gegenoffensive der sowjetischen Fronten, die aus einer Verteidigungsschlacht heraus begann, überraschte die faschistischen Führungsorgane völlig. Am 5. 12. nahmen Truppen der Kalininer Front den Angriff auf. Einen Tag später schlossen sich die West- und der rechte Flügel der Südwestfront (ab Ende Dezember Brjansker Front) an. Nach harten Kämpfen um Stützpunkte und Widerstandsknoten, die die faschistischen Einheiten hastig in Städten und Dörfern schufen, entwickelte sich die Gegenoffensive mit wachsendem Tempo. Die kritische Situation der deutschen Verbände wurde durch Angriffe von Partisanen, zunehmende Nachschubschwierigkeiten und unzureichende Winterausrüstung verschärft. Um die Heeresgruppe Mitte vor dem völligen Zusammenbruch zu bewahren, verbot das deutsche Oberkommando jegliche Rückzugsbewegung ohne seine ausdrückliche Genehmigung.

Bis Anfang Januar 1942 hatten die 3 sowjetischen Fronten die deutschen Stoßgruppierungen zerschlagen und damit die ihnen gestellte Aufgabe erfüllt. Die unmittelbare Gefahr für M. war beseitigt. Das sowjetische Oberkommando entschloß sich, in allen strategischen Richtungen zur allgemeinen Offensive überzugehen, um die erzielten Erfolge weiter auszubauen. In der Westrichtung nahmen am 9./10. 1. 1942 – ohne strategische Pause – die Truppen der Kalininer Front, der Westfront und der Brjansker Front den Angriff wieder auf. Sie stießen zusammen mit der Nordwestfront bis an die Zugänge von Welikije Luki, Witebsk, Rshew, Gshatsk und Juchnow vor. Teile des linken Flügels der Westfront erreichten den Raum Wjasma–Dorogobush und vereinten sich mit den dort kämpfenden großen Partisanenabteilungen und zuvor abgesetzten Luftlandetruppen. Der deutschen 9. Armee und der 4. Panzerarmee drohte die Einschließung; weit in ihrem Rücken bei Jarzewo und Spas-Demensk kämpften bereits Truppen der Westfront.

Das faschistische Oberkommando orientierte vor allem darauf, die Eisenbahnlinien, Straßen und Ortschaften zu behaupten. Es führte neue Verbände aus Westeuropa heran, was der Heeresgruppe Mitte die Möglichkeit gab, durch Gegenstöße bei Orjol, Brjansk, westlich und ostwärts Wjasma sowie südlich Rshew die sowjetischen Gruppierungen aufzuhalten. Die erbitterten Kämpfe am Mittelabschnitt der deutsch-sowjetischen Front dauerten noch bis April 1942 an, führten jedoch zu keiner wesentlichen Veränderung der Frontlinie mehr.

Im Verlaufe der Schlacht vor M. gelang es der Sowjetarmee, den Ansturm der stärksten Gruppierung der faschistischen Wehrmacht abzuwehren. In der daran anschließenden allgemeinen Offensive westlich M., die von Angriffsoperationen im Norden und Süden der deutsch-sowjetischen Front begleitet war, rückten die sowjetischen Truppen 180–400 km nach Westen vor und fügten dem Gegner schwere Verluste zu. Ende März 1942 waren von 162 deutschen Infanteriedivisionen nur noch 8 voll einsatzbereit. Die an der deutsch-sowjetischen Front befindlichen 16 Panzerdivisionen besaßen nur noch 140 einsatzfähige Panzer. Die personellen Verluste der Wehrmacht betrugen bis zum 30. 3. über 1,1 Mill. Mann. Das war ein Drittel der Stärke, mit der das faschistische Deutschland im Juni 1941 die Aggression begonnen hatte.

In der Schlacht vor M. zerbrach der Nimbus der Unbesiegbarkeit der faschistischen Wehrmacht.

Vorstoßender sowjetischer Panzertruppenteil zu Beginn der sowjetischen Gegenoffensive am 5. Dezember 1941

Erstmals errang die Sowjetarmee die strategische Initiative, die sie bis zum Frühjahr 1942 nicht mehr abgab. In der Wehrmacht brach eine Führungskrise aus. Adolf Hitler (1889–1945) übernahm selbst den Oberbefehl über das Heer. Über 30 Befehlshaber und Kommandierende Generale wurden abgelöst oder entlassen. Die Niederlage vor M. zwang das faschistische Deutschland dazu, sich auf einen lang andauernden, angespannten Krieg einzustellen. Die Siege der Sowjetarmee stärkten die internationale Autorität der UdSSR, festigten ihre Stellung in der Antihitlerkoalition und gaben dem antifaschistischen Widerstandskampf neue Impulse.

mot. Schützen → *Infanterie,* → *Landstreitkräfte der NVA (LaSK)*

mot. Schützendivision der NVA (MSD): allgemeiner taktischer Verband von Truppenteilen und Einheiten der Waffengattungen, Spezialtruppen und Dienste der → *Landstreitkräfte der NVA (LaSK)* mit überwiegendem Anteil von mot. Schützenregimentern.

Die Aufstellung der MSD erfolgte im zweiten Halbjahr 1956. Grundlage für die Schaffung dieses neuen Verbandstyps, der in vieler Hinsicht Vorzüge der → *Infanteriedivision* und eines als mechanisierte Division bezeichneten weiterentwickelten Verbandstyps vereinigte, bildeten moderne Erkenntnisse der sowjetischen Militärwissenschaft sowie Erfahrungen des militärischen Aufbaus in der Sowjetunion. Im Bestand der MSD befanden sich bei deren Bildung mot. Schützen-, Panzer-, Artillerie- und Flak-Truppenteile sowie weitere Einheiten bzw. Einrichtungen der Spezialtruppen und Dienste. Dank der uneigennützigen Unterstützung durch die UdSSR wurde die MSD von Anfang an mit moderner Militärtechnik ausgerüstet, vollmotorisiert und mit starken gepanzerten Kräften ausgestattet. Im Ergebnis intensiver militärischer Ausbildung erreichte die MSD in wenigen Jahren die Fähigkeit zu taktischen Handlungen zur Verteidigung des Sozialismus an der Seite ihrer sowjetischen Waffenbrüder. In den 60er Jahren entwickelte sich die MSD im Zeichen der Revolution im Militärwesen. Ihr Bestand wurde durch Einheiten der Raketentruppen sowie der Truppenluftabwehr ergänzt. Alle Truppenteile und Einheiten erhielten

Panzerjägerartillerie einer mot. Schützendivision beim Üben von Gefechtselementen

neue Waffen bzw. Waffensysteme sowjetischer Konstruktion. Feuerkraft und Beweglichkeit erhöhten sich. Mit effektiveren Methoden erfolgte eine gefechtsnahe Ausbildung, die den Möglichkeiten und Erfordernissen des modernen Militärwesens zunehmend entsprach. Die MSD wurden befähigt, im Rahmen operativer Gruppierungen der Vereinten Streitkräfte des Warschauer Vertrages in modernen Kampfhandlungen aller Art zu handeln und dabei verschiedenartige Gefechtsaufgaben zu lösen. Die Einführung einer neuen Generation gepanzerter Gefechtsfahrzeuge, insbesondere des Schützenpanzers BMP, und anderer moderner Waffensysteme trug dazu bei, daß sich die Kampfkraft der MSD weiter erhöht hat.

Mühlberg 1547 → *Schmalkaldischer Krieg 1546/47*

Munition: alle Arten von Geschossen, → *Minen* und Bomben sowie Sprengladungen zur Bekämpfung gegnerischer Kräfte, Mittel und Objekte.

Das aus dem Lateinischen stammende Wort M. erlangte im Mittelalter die allgemeine Bedeutung von Kriegsbedarf, später von Schießbedarf der Feuerwaffen. Dagegen wurde die Bezeichnung Geschoß auch für alle mittels Muskelkraft geschleuderten oder verschossenen Gegenstände (Stein, Pfeil, Bolzen u. a.) gebraucht. Die M. kann unterteilt werden nach dem Verwendungszweck (z. B. Gefechts-, Übungs-, Exerzier- und Unterrichts-M.), der Zuordnung zu Teilstreitkräften oder Waffengattungen (z. B. Artillerie-M., Infanterie-M., M. der → *Seestreitkräfte*, M. der → *Luftstreitkräfte*) sowie nach der Art des verwendeten Spreng- oder Kampfstoffes (z. B. M. mit herkömmlichem Sprengstoff, Kern-M., chemische M., biologische M.).

M. der → *Artillerie*: Die ersten, aus relativ großkalibrigen Feuerwaffen geschleuderten Geschosse waren abgerundete Steine, die wegen ihrer geringen Festigkeit jedoch nur mäßige Wirkung hatten. Deshalb ersetzte man sie frühzeitig durch massive Metallkugeln aus Blei oder Eisen. Damit wurde es zugleich möglich, das Kaliber der → *Geschütze* zu verringern, sie beweglicher zu machen und ihre Schußweite zu erhöhen. Seit dem 15. Jh. fanden Ketten- oder Stangenkugeln und Brandgeschosse Verwendung. Auf das 16. Jh. gehen die Anfänge der → *Kartätsche* und der mit einer Sprengladung aus Schwarzpulver versehenen Hohlkugel (Bombe) zurück. Letztere wurde später bei Kanonen und Haubitzen → *Granate*, bei Mörsern dagegen weiterhin Bombe genannt. Leonhard Fronsperger (um 1520–1575) schlug vor, Hohlgeschosse zusätzlich mit Bleikugeln zu füllen, ein Gedanke, der etwa 250 Jahre später mit dem → *Schrapnell* verwirklicht wurde. Der Verschuß der Artillerie-M. erfolgte mit Hilfe einer Treibladung aus Schwarzpulver, die anfangs lose in die Geschützrohre eingefüllt wurde. Um 1600 kamen, zunächst bei der Festungsartillerie, Kartuschbeutel (→ *Kartusche*) auf, die eine bestimmte Pulvermenge enthielten. Der dadurch erreichte Zeitgewinn beim Laden

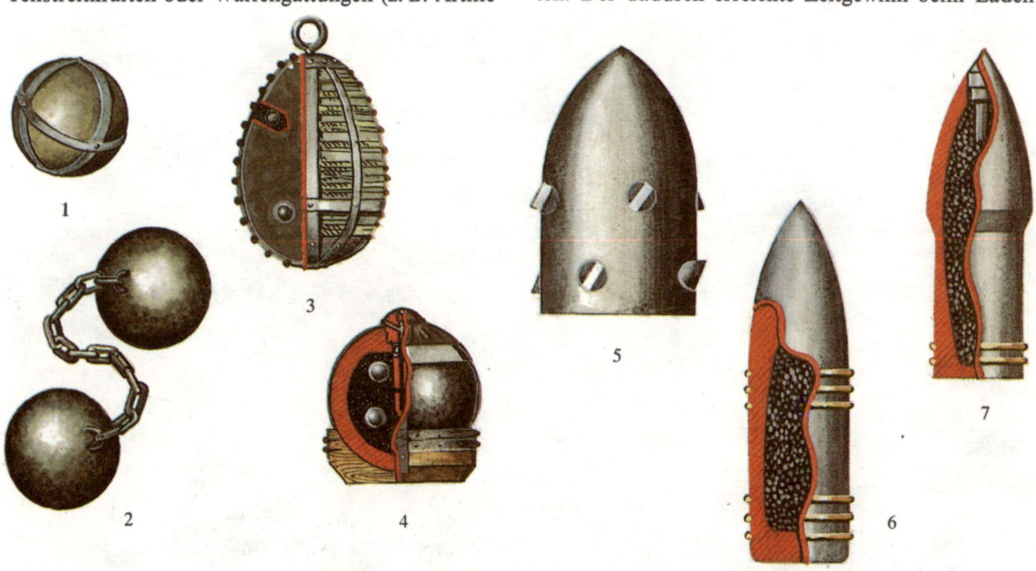

Munition der Artillerie: 1 eisenbereifte Steinkugel (16. Jh.); *2* Kettenkugeln (17./18. Jh.); *3* Brandgeschoß, geladen mit Mordschlägen (17. Jh.); *4* Bombengranate mit Brennzünder und Holzspiegel (1. Hälfte 19. Jh.); *5* zylindrisches Vollgeschoß mit Führungswarzen (Mitte 19. Jh.); *6* Hohlgeschoß mit Führungsringen und Sprengladung, Zündung erfolgte durch Auftreffschock (2. Hälfte 19. Jh.); *7* Sprenggranate mit Führungsringen, Zentrierwulst und Aufschlagzünder (20. Jh.)

führte zur Erhöhung der Feuergeschwindigkeit. Schußweite und Wirksamkeit der kugelförmigen Geschosse blieben jedoch auch in den folgenden Jahrhunderten relativ gering. Erst gegen Mitte des 19. Jh. ermöglichte die Einführung gezogener → *Hinterlader* die Anwendung aerodynamisch günstiger Langgeschosse mit einer drallstabilisierten Flugbahn. Damit konnten die Schußweite beträchtlich erhöht, die Treffgenauigkeit verbessert und so die Wirksamkeit des Geschützfeuers wesentlich gesteigert werden. Der Ersatz des Gußeisens durch gezogenen Stahl bei der Herstellung der Geschoßhülle ermöglichte im letzten Drittel des 19. Jh. die Verringerung der Wandstärken und damit die Aufnahme einer größeren Sprengladung. Seit Anfang der 60er Jahre besaßen die Granaten Aufschlagzünder mit einstellbarer Verzögerung. Das Geschoß konnte so eine leichte Deckung durchschlagen, bevor es detonierte. Fortschritte in der Feinmechanik begünstigten die Konstruktion eines zuverlässig arbeitenden Doppelzünders, der das Zerlegen von Explosivgeschossen auf einem vorher berechneten Punkt der Flugbahn ermöglichte oder an deren Ende als Aufschlagzünder wirkte. Für die Füllung der Explosivgeschosse standen seit Mitte der 80er Jahre neue, hochwirksame Sprengstoffe (Pikrinsäure u. a.), als Treibladung rauchschwaches Pulver zur Verfügung. Damit begann die Entwicklung der vor allem zur Bekämpfung lebender Ziele eingesetzten Brisanzgranaten. Je nach dem Verhältnis der Sprengstoffmasse zur Gesamtmasse der Granate und ihrer Mantelstärke unterschied man zwischen Splitter-, Spreng-, Splitterspreng- und Minengranaten. Zusammen mit den Schrapnells bildeten sie die wichtigsten Geschoßarten der Artillerie. Um den Langgeschossen eine aerodynamisch optimale Form zu geben, erhielten sie ab 1900 anstelle des zumeist abgerundeten Kopfes eine längere Spitze. Die Produktion stoßsicherer Sprengstoffe (z. B. TNT) ermöglichte seit Beginn des 20. Jh. eine bedeutende Vergrößerung des Geschoßkalibers und damit die Herstellung schwerster Land- und Schiffsgeschütze mit panzerbrechender M. Allerdings bedurfte es langwieriger Versuche, um einen Bodenzünder mit Verzögerung zu entwickeln, der die Sprengladung erst zur Detonation brachte, nachdem das Geschoß die Panzerung durchschlagen hatte. Von der Artillerie-Prüfungskommission des kaiserlich-deutschen Heeres wurde u. a. eine 420-mm-Betongranate mit einem Gesamtgewicht von 920 kg konstruiert, deren Sprengladung 100 kg betrug. In der Marine fanden bei der schweren Schiffsartillerie neben Spreng- auch Panzersprenggranaten bis zu einem Kaliber von 380 mm Verwendung. Sie besaßen einen besonders starken Mantel aus Chrom-Nikkel-Stahl. Damit die gehärtete Geschoßspitze nicht beim Aufschlag brach, versah man die Granate mit einer Metallkappe, die den Aufschlagstoß auf den Geschoßkörper ableitete. Für kleinkalibrige Schnellfeuerkanonen setzte sich seit der Jahrhundertwende die patronierte M. durch, bei der das Geschoß fest mit der Kartuschhülse verbunden war. Diese M.art wurde später auch bei leichten Feldkanonen, bei Panzerabwehr- und Fla-Geschützen verwendet. Schwere Kanonen und Haubitzen behielten dagegen getrennt zu ladende M. Mit der Entstehung von Millionenheeren und großen Schlachtflotten stieg auch der M.bedarf stark an. Betrug im Deutsch-Französischen Krieg 1870/71 der Verbrauch an Artillerie-M. im deutschen Heer 190 Granaten je Geschütz, so waren es im Russisch-Japanischen Krieg 1904/05 auf russischer Seite bereits 720 Granaten. In den Generalstäben wurden daher nach 1905 neue Berechnungen über den voraussichtlichen M.bedarf in einem künftigen Krieg angestellt. Obgleich die Produktion von M. daraufhin gesteigert wurde, entsprach sie zu Beginn des ersten Weltkrieges speziell bei der Artillerie keineswegs den tatsächlichen Erfordernissen. Bereits im September 1914 trat ein allgemeiner M.mangel ein. Seine Beseitigung wurde um so dringlicher, als beide Seiten zum Stellungskrieg übergingen, der eine weitere Steigerung des M.verbrauchs mit sich brachte. Die Rüstungsindustrie der kriegführenden Länder arbeitete fieberhaft daran, die M.produktion kurzfristig zu erhöhen. In Deutschland und Frankreich gelang das bei der Artillerie-M. nur dadurch, daß man für die Feldartillerie leicht herzustellende, jedoch minderwertige Graugußgranaten mit einfachen Aufschlagzündern verwandte, die später durch Preß- und Gußstahlgranaten abgelöst wurden. Dennoch konnte der Bedarf nicht voll gedeckt werden.

Die vor 1914 angestrebte Vereinheitlichung der M.ausstattung ging im Krieg bald verloren. Neben Leucht-, Brand-, Nebel- und Panzergranaten entstanden chemische Kampfstoffgranaten, die 1918 bei der deutschen Artillerie-M. etwa 25% ausmachten. Außerdem beschleunigte man die Entwicklung und Massenproduktion von Wurfgranaten, die in Aufbau und Wirkungsweise den Brisanzgranaten entsprachen und mit → *Granatwerfern* verschossen wurden. Während des ersten Weltkrieges stellte die deutsche Rüstungsindustrie über 200 verschiedene Artilleriegeschoßarten her, von denen 1918 noch etwa 90 Verwendung fanden. Insgesamt wurden von den am ersten Weltkrieg beteiligten Hauptmächten über 1 Mrd. Granaten hergestellt.

Nach dem ersten Weltkrieg und besonders während des zweiten Weltkrieges wurden in den industriell hochentwickelten Ländern große Anstrengungen unternommen, um durch eine Verbesserung der M. die Feuerwirkung der Geschütze zu steigern. Wichtigste M.art der Artillerie waren weiterhin herkömmliche Sprenggeschosse. Als Sprengladung fanden u. a. TNT, Hexogen und Pikrinsäure Verwendung. Die Sprenggranaten besaßen in ihrem Kopfteil gewöhnlich Aufschlag- oder mechanische Zeitzünder. Daneben fanden kombinierte Zünder mit einfacher Aufschlagvorrichtung und mechanischem Zeitwerk mit Feder- oder Fliehkraftantrieb Verwendung. Vor und während des Krieges entstanden auch verschiedene M.arten für die reaktive Artillerie (→ *Geschoßwerfer*, → *Nebeltruppen*), deren Gefechtskopf mit einer ballistischen Rakete ins Ziel gebracht wurde. Die rasche Entwicklung der → *Panzer* zwang zu einer wesentlichen Verbesserung der panzerbrechenden M. Die aus einer Chrom-Nickel-Molybdän-Legierung, wegen des Rohstoffmangels jedoch teilweise auch aus weniger hochwertigem Material hergestellten Geschosse besaßen eine besonders gehärtete Spitze mit Metallkappe oder ballistischer Haube. Daneben entwickelte man zur effektiveren Panzerbekämpfung Hohlladungs- und Unterkalibergranaten. Wenig erfolgreich verliefen erste Versuche mit aktiv-reaktiven Geschossen, die mit einer konventionellen Treibladung abgeschossen und durch ein eingebautes Raketentriebwerk auf einem Teil der Flugbahn zusätzlich beschleunigt wurden. Größter Nachteil war zur damaligen Zeit die geringe Treffgenauigkeit dieser Geschosse.

Nach dem zweiten Weltkrieg wurde die Artillerie-M. weiter verbessert und die Wirksamkeit der Geschütze wesentlich gesteigert. Bei den M.arten tendiert die Entwicklung allgemein zu einer weiteren Standardisierung und höheren Wirksamkeit der Geschosse. Dazu werden neben der Kern-M. auch neuartige konventionelle Sprengstoffe entwickelt, so z. B. verflüssigte Zweikomponentensprengstoffe, deren detonierende Gaswolken eine sehr hohe Sprengkraft aufweisen sollen. Große Erwartungen werden auf die Entwicklung von Kassettengeschossen gesetzt, mit denen im Flächenfeuer eine Wirkung erreicht werden soll, die an die taktischer Kernwaffen heranreicht. Zur Vergrößerung der Schußweiten dienen technisch verbesserte aktiv-reaktive Geschosse. Entsprechend den angestrebten höheren Schußweiten wächst, vor allem aus aerodynamischen Gründen, die Geschoßlänge. Daneben werden neue Geschoßformen, wie z. B. Pfeilgeschosse, erprobt. Ein Hauptproblem der M.entwicklung ist nach wie vor die Steigerung der Treffgenauigkeit. Im Einsatz bzw. in der Entwicklung befinden sich bei allen modernen Armeen zielsuchende Geschosse verschiedenster Art und Zweckbestimmung. Allwettersensoren sollen eine bessere Bekämpfung von Zielen außerhalb der Sichtweite ermöglichen. Insgesamt soll mit der Lenk-M. eine maximale Treffwahrscheinlichkeit und damit eine bedeutende Senkung des M.verbrauchs erreicht werden.

M. der → *Infanterie*: Bei den älteren → *Handfeuerwaffen* hatten die Geschosse gewöhnlich die Form einer Kugel, anfangs aus Stein, später aus Blei. Das als Treibladung über Jahrhunderte verwendete Schwarzpulver wurde zunächst fein gemahlen, seit dem ersten Drittel des 15. Jh. zu Körnern geformt. Das stabilisierte die Verbrennung, so daß sich der Gasdruck erhöhte und damit die Auftreffwucht der Geschosse verstärkte. Geschosse und Pulver wurden anfangs in Lederbeuteln getragen. Ab Ende des 16. Jh. führten die → *Musketiere* die jeweils zu einem Schuß benötigte Pulvermenge in kleinen, an einem Bandelier hängenden Holzgefäßen mit sich. Ab Mitte des 17. Jh. wurden für die → *Steinschloßgewehre* immer häufiger Papierpatronen verwendet, die außer dem Geschoß die notwendige Pulvermenge enthielten. Für das Schießen auf kurze Entfernungen dienten Kartätschpatronen. Sie enthielten mehrere kleine Kugeln, deren Gesamtmasse etwa der des normalen Geschosses entsprach. Zur Aufbewahrung der M. wurden in der zweiten Hälfte des 17. Jh. → *Patronentaschen* eingeführt. Mit der Entwicklung gezogener Perkussionswaffen (→ *Perkussionsgewehr*) in der ersten Hälfte des 19. Jh. ging man bei der M. von der Kugelform zum Langgeschoß über, das den Luftwiderstand besser überwand und dessen Flugstabilisierung durch Drehung um die Längsachse (Drall) mittels in den Lauf eingeschnittener Züge gewährleistet wurde. Durch die Konstruktion von Kompressions- und Expansionsgeschossen suchten die Konstrukteure dem Geschoß eine möglichst gute Führung zu geben und den Lauf gegen entweichende Pulvergase abzudichten. Vereinzelt benutzte man auch Brandgeschosse, deren Spitze ein Zündhütchen, eine explosive Ladung und einen Brandsatz enthielt. Seit Anfang des 19. Jh. ging das Bestreben dahin, Treibladung und Zündsatz in einer Patrone zu vereinigen. 1812 erfand der in Paris ansässige Schweizer Samuel Johannes Pauly (1766–1817) eine derartige Patrone. Ihre Hülse bestand aus Messing bzw. aus Pappe mit einem Messingkopf. In der Mitte des Bodens befand sich eine Vertiefung für die Zündkapsel. Die Patronenhülse konnte zwar ein Entweichen der Pulvergase nicht völlig verhindern, doch lag mit der Paulyschen Erfindung die Grundkonstruktion einer Einheitspatrone mit Zentralzündung vor. Allerdings erwies sich das Entfernen der Patronenhülse nach dem Schuß aus dem Patronenlager als schwierig. Auch war die Herstellung solcher Patronen noch sehr arbeitsaufwendig und teuer. Daher fanden noch längere Zeit Einheitspatronen mit Papierhülsen Verwendung, die beim Schuß abbrannten. So bestand die Patrone des von Nikolaus Dreyse (1787–1867) entwickelten Hinterladers, des → *Zündnadelgewehrs*, aus einer Papierhülse, die das Geschoß, einen Papp-Pfropfen (Treibspiegel), die Pulverladung und eine Zündkapsel enthielt. Letztere befand sich am Boden des Treibspiegels, so daß die Zündnadel die ganze Pulverladung durchstechen mußte. Nach der Einführung des Zündnadelgewehrs wurden in verschiedenen Ländern auch Perkussionswaffen zu Hinterladern umgebaut. Für diese Armeegewehre konstruierte man Papierpatronen mit Außenzündung. Bevor das Feuer des Zündhütchens die Treibladung entzündete, mußte es die Papierhülse durchbrennen. Die Papierpatronen besaßen eine Reihe von Mängeln. Am nachteiligsten war die ungenügende Abdichtung des Patronenlagers und das dadurch verursachte Entweichen von Gasen. Diesen Mangel beseitigte erst die seit Anfang der 60er Jahre des 19. Jh. aufkommende Einheitspatrone mit Selbstdichtung, bei der eine Patronenhülse aus elastischem Blech das Entweichen der Gase verhinderte. Die selbstdichtende Metallpatrone fand u. a. Anwendung beim Hinterladegewehr Modell 71, der ersten Einheitswaffe des kaiserlich-deutschen Heeres. Selbstdichtende Einheitspatronen bildeten auch eine wesentliche Voraussetzung für die Herstellung funktionstüchtiger → *Mehrladegewehre*, die im letzten Drittel des 19. Jh. Eingang in das Militärwesen fanden. Das rauchschwache Pulver hatte auch bei der Infanterie-M. eine bedeutende Erhöhung der Anfangsgeschwindigkeit der Geschosse bei Verringerung ihres Kalibers auf 8–6,5 mm zur Folge. Das führte zur Änderung der Geschoßkonstruktion. So umgab man den Hartbleikern mit einem kupfer-nikkel-plattierten Stahlmantel. Im kaiserlich-deutschen Heer wurden ab 1888 Mantelgeschosse des Kalibers 7,9 mm verwendet. Eine wesentliche Neuerung war das 1902 entwickelte S-(Spitz)Geschoß mit seiner im Vergleich zu den Rundkopfgeschossen aerodynamisch günstigeren Form. Die Verwendung von verbessertem rauchschwachem Pulver in Verbindung mit dem geringeren Gewicht des S-Geschosses (10 g gegenüber 14,7 g des Mantelgeschosses von 1888) ermöglichte eine Steigerung der Anfangsgeschwindigkeit auf 900 m/s und dadurch eine gestrecktere Flugbahn sowie geringere Streuung. Für → *Maschinengewehre* wurde im kaiserlich-deutschen Heer ein schweres Spitzgeschoß (sS-Geschoß) entwickelt. Neben Deutschland und Frankreich rüsteten Großbritannien, Rußland, die USA und Japan sowie einige andere Staaten ihre Armeen noch vor dem ersten Weltkrieg mit S-Geschossen aus. Dagegen verwendeten Österreich-Ungarn und Italien weiterhin die ballistisch ungünstigeren Rundkopfgeschosse. Die in den einzelnen Heeren geführten Gewehre und MG verschossen in der Regel dieselbe M., zumeist mit unterschiedlich starker Treibladung. Die Patronenhülsen hatten Flaschenform und besaßen am Boden eine Rille oder eine vorstehende Wulst für die Auszieherkralle bzw. den Patronenträger (Ladestreifen).

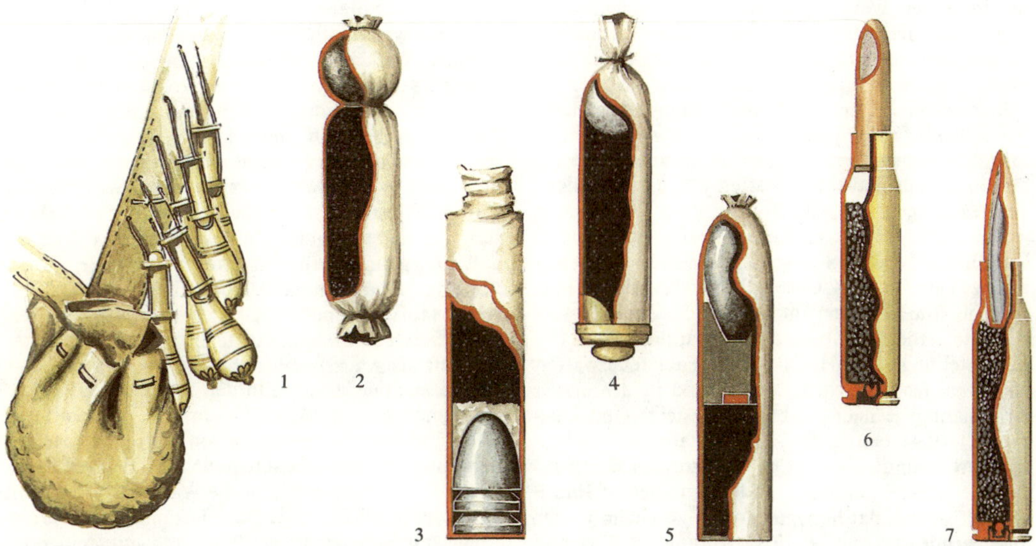

Munition der Handfeuerwaffen: 1 Bandelier mit Pulvermaßbüchsen und Kugelbeutel für Luntenschloß- und Radschloßwaffen (17. Jh.); *2* Papierpatrone, enthaltend Kugel und Pulverladung (17./18. Jh.); *3* Patrone aus Pappe und Papier, enthaltend Pulverladung und Kompressionsgeschoß (1. Hälfte 19. Jh.); *4* Patrone von Pauly aus Papier und Messingboden mit Zündmechanismus, Pulverladung und Kugel (1812); *5* Papierpatrone für Zündnadelgewehr mit Langbleigeschoß, Treibspiegel, Zündpille und Pulverladung (1855); *6* Zentralfeuerpatrone 1888 mit Messinghülse, Zündkapsel, Pulverladung, Trennblättchen und Rundkopfstahlmantelgeschoß, Kal. 8,1 mm; *7* Zentralfeuerpatrone mit galvanisierter Stahlhülse und SmK-Geschoß (Spitzgeschoß mit Stahlkern), Kal. 7,9 mm (20. Jh.)

Als M. für → *Faustfeuerwaffen* verwendete man gewöhnlich Rundkopfgeschosse, die aus einem Hartbleikern mit Stahlmantel bestanden. Während des ersten Weltkrieges wurden besondere M.arten für Mehrladegewehre und MG entwickelt. So führte das verstärkte Auftreten widerstandsfähiger Ziele (zunächst Geschütze und MG mit Schutzschilden, später Panzerkampfwagen und teilgepanzerte Schlachtflugzeuge) zur Herstellung panzerbrechender S-Geschosse mit einem Wolfram-Stahl-Kern (SmK-M.). Zur besseren Abwehr der immer zahlreicher in die Bodenkämpfe eingreifenden Flugzeuge sowie für das Nachtgefecht wurde Leuchtspur-M. entwickelt, die ihre Flugbahn durch eine am Geschoßende austretende Flamme kenntlich machte. In der kaiserlich-deutschen Armee fanden Leuchtspurgeschosse mit Stahlkern Verwendung. Zur wirksamen Bekämpfung von Luftschiffen, Flugzeugen und Beobachtungsballons dienten Brandgeschosse mit Phosphorfüllung. Wenngleich der Rohstoffmangel in Deutschland auch bei der M.herstellung zu Ausweichlösungen zwang (u. a. Patronenhülsen aus Eisenblech statt Messing), stieß diese bei Hand- und Faustfeuerwaffen während des ersten Weltkrieges auf keine allzu ernsten Schwierigkeiten. Insgesamt produzierte die Rüstungsindustrie des deutschen Imperialismus von 1914 bis 1918 etwa 8,2 Mrd. Patronen. Zur Erhöhung der Kampfkraft der Infanterie entstand neben der im ersten Weltkrieg starke Verbreitung findenden → *Handgranate* als entsprechendem Kampfmittel auf größere Entfernung die Gewehrgranate. Anfangs an einem Schießstock befestigt, wurde sie später aus einem auf die Laufmündung aufgesteckten Schießbecher abgefeuert.

Während der 20er und 30er Jahre erfuhr die M. für Hand- und Faustfeuerwaffen nur unwesentliche Verbesserungen. In der faschistischen Wehrmacht wurde für den 1935 als Einheitswaffe eingeführten Karabiner 98 k das sS-Geschoß verwendet. Daneben waren auch das SmK-Geschoß und das Leuchtspurgeschoß (SmKL-Spur) im Gebrauch. Zum Einsatz gelangte ferner ein verbessertes Brandgeschoß. Die M.herstellung für Hand- und Faustfeuerwaffen wurde im faschistischen Deutschland in den ersten Kriegsjahren je nach Verbrauch gesteigert oder gedrosselt. 1941 betrug sie 76 Mill. Patronen im Monatsdurchschnitt. Der mit dem Aggressionskrieg gegen die UdSSR jäh ansteigende Dauerbedarf führte ähnlich wie bei Artilleriegeschossen zu einem länger andauernden M.mangel. Erst Anfang 1943 gelang es, den M.ausstoß bedeutend zu erhöhen. Er erreichte im November 1944 mit 486 Mill. Patronen seinen höchsten Stand während des gesamten Krieges.

Seit den 50er und 60er Jahren zeichnen sich in der M.entwicklung für Handfeuerwaffen einige neue Tendenzen ab. Sie betreffen einmal die Verringerung des Geschoßkalibers auf 4–5 mm und damit verbunden die Reduzierung des Gewichts der Waffen, die Verminderung des Rückstoßes, die Erhöhung der Treffgenauigkeit durch höhere Anfangsgeschwindigkeit des Geschosses sowie die Vergrößerung des Kampfsatzes beim Schützen. Zum anderen wird an der Einführung hülsenloser Geschosse bzw. von verbrennenden Hülsen gearbeitet. Die hülsenlose Patrone besteht im Prinzip aus einem normalen Geschoß und einer eingepreßten zylindrischen Treibladung mit Druckbuchse und Zündkapsel. Den Vorzügen dieser M.art (Gewichtseinsparung, rückstandlose Verbrennung) stehen jedoch noch beträchtliche Probleme bei der Abdichtung des Patronenlagers, dem Schutz vor Feuchtigkeit und der notwendigen mechanischen Festigkeit der Patrone gegenüber. Weniger kompliziert erscheint die Konstruktion von Patronen mit abbrennenden Hülsen. Darüber hinaus werden Versuche mit veränderten Geschoßformen sowie zur Konstruktion von Raketengeschossen für bestimmte Arten von Handfeuerwaffen unternommen.

Spezielle M. anderer Teilstreitkräfte und Waffengattungen: Die M. der Seestreitkräfte umfaßt neben den Geschossen der Rohrartillerie sowie der Raketen-M. einige spezielle M.arten. Die → *Seemine* fand als Kampfmittel gegen Über- und Unterwasserfahrzeuge seit dem 19. Jh. Verwendung. Ihre aus hochwirksamem Sprengstoff bestehende Ladung wurde in der Regel durch Stoßkappenzündung, seit dem zweiten Weltkrieg auch durch akustische, hydrodynamische und magnetische oder kombinierte Zünder ausgelöst. Der in der zweiten Hälfte des 19. Jh. als Unterwassergeschoß entwickelte → *Torpedo* wurde seit Beginn des 20. Jh., vor allem mit der Entwicklung der → *U-Boote,* zu einem der wirksamsten Kampfmittel des Seekrieges. Seine Sprengladung steigerte sich von anfänglich weniger als 100 kg bis auf 500 kg und mehr im zweiten Weltkrieg, seine Laufstrecke von unter 1000 m bis über 15000 m, seine laufstreckenabhängige Geschwindigkeit erreichte bis zu 40 sm/h. Anstelle von Dampf, später Preßluft als Antriebsmittel fanden noch in den 40er Jahren auch elektrische, in den folgenden Jahrzehnten zunehmend reaktive Triebwerke Verwendung. Die Zündvorrichtung wurde von Aufschlag- zu Annäherungszündern weiterentwickelt. Während des ersten Weltkrieges entstand die Wasserbombe als ein spezifisches Mittel der U-Boot-Bekämpfung. Die aus einem mit Sprengstoff gefüllten und mit Zeit- oder Tiefenzünder versehenen dünnwandigen Behälter bestehende Bombe wurde zunächst von Überwasserschiffen, später auch von Flugzeugen abgeworfen. Moderne Kampfschiffe verwenden in der Regel mehrrohrige Wasserbombenwerfer mit reaktiver Treibladung. Zur Auslösung des Sprengsatzes fin-

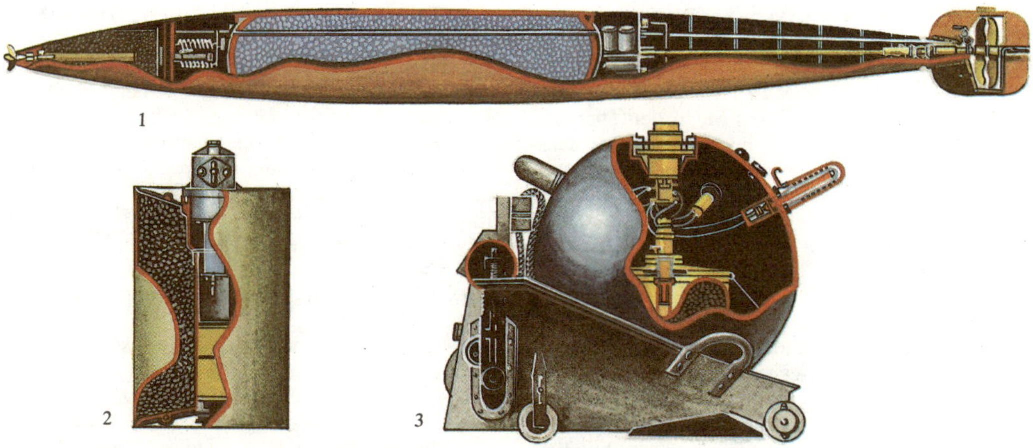
1 2 3

Munition der Seestreitkräfte: 1 Whitehead-Torpedo (um 1875); *2* britische Wasserbombe MK III vom Typ D (Ende erster Weltkrieg); *3* sowjetische Ankertaumine 08/39 (zweiter Weltkrieg)

den zunehmend Annäherungszünder Verwendung.

Als spezielle M. der Luftstreitkräfte gelten vor allem die verschiedenen Arten von Abwurfmitteln, insbesondere die → *Fliegerbombe.* Sie wurde erstmals im italienisch-türkischen Krieg 1911/12 verwendet und entwickelte sich bereits im Verlauf des ersten Weltkrieges zu einem Hauptkampfmittel des Luftkrieges. Neben der anfangs kugel- oder eiförmigen, später mit Stabilisierungsflächen versehenen birnenförmigen Sprengbombe entstand bald die verschiedene Formen aufweisende, mit leicht entzündbaren und schwer zu löschenden Stoffen (Thermit, Phosphor, Napalm) gefüllte Brandbombe. Mit der steigenden Tragfähigkeit des Flugzeugs wuchs die mitgeführte Bombenlast von 50–800 kg im ersten Weltkrieg bis zu 10 t während des zweiten Weltkrieges und Ladungen von 25 t und mehr in den Jahrzehnten danach. Gleichzeitig erhöhte sich das Gewicht der einzelnen Bombe von 1–2 kg bis zu mehreren Tonnen. Zu den modernen M.arten der Luftstreitkräfte gehören weiter Lenk- und zielsuchende Bomben sowie zerlegbare Kugel- und Splitterbomben mit großer Flächenwirkung. Einen ständig wachsenden Anteil an der M. der Luftstreitkräfte nehmen seit dem zweiten Weltkrieg Raketengeschosse unterschiedlicher Bestimmung ein.

Zur speziellen M. gehören auch bestimmte, von den → *Pioniertruppen* verwendete M.arten, insbesondere die Landminen sowie verschiedene Arten von Spreng- bzw. pyrotechnischen Kampfmitteln, wie geballte und gestreckte Ladungen, Flammöl (→ *Flammenwerfer*) u. a. m.

Kern-M.: Die Kern-M. erlangte in der Zeit nach dem zweiten Weltkrieg entscheidende Bedeutung.

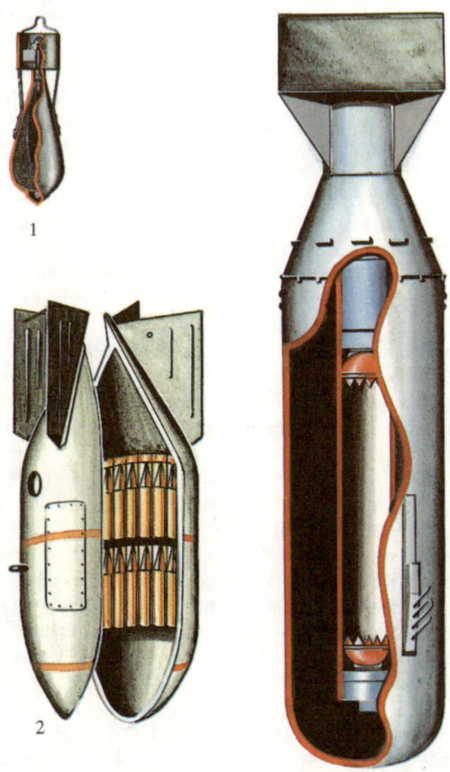
1 2 3

Munition der Luftstreitkräfte: 1 deutsche 10-kg-Karbonit-Sprengbombe (erster Weltkrieg); *2* 500-kg-Behälter-Brandbombe (faschistische Luftwaffe); *3* Kernspaltungsbombe «Little Boy» (abgeworfen am 6. August 1945 über Hiroshima)

Zunächst nur in Form von Kernspaltungs-M. in Bombenform hergestellt und im August 1945 von der USA-Luftwaffe militärisch sinnlos gegen die Bevölkerung der japanischen Städte Hiroshima und Nagasaki eingesetzt, fand die Kern-M. in den 50er und 60er Jahren (seit 1953/54 auch als Kernfusionswaffe) Eingang in die Bewaffnung der Luft-, Land- und Seestreitkräfte (neben Bomben z. B. Granaten, Minen, Torpedos mit Kernladung). Als Trägermittel für Kern-M. werden vor allem Raketen unterschiedlicher Reichweite und Bestimmung (→ *Raketenwaffen*) verwendet.

Chemische M.: Neben den bereits in früherer Zeit verwendeten Leuchtgeschossen fand chemische M. vor allem im Rahmen des vom deutschen Militarismus während des ersten Weltkrieges initiierten Gaskrieges (→ *chemische Kriegführung*) erstmals breitere Anwendung. Dabei wurden Gasgranaten mit und ohne Splitterwirkung, Gasbomben, Wurfgeschosse sowie Gashand- und Gasgewehrgranaten eingesetzt. Zur Deckung bzw. Tarnung der eigenen Kräfte fanden spezielle Nebelgeschosse Verwendung. Während des zweiten Weltkrieges wurde von den kriegführenden Seiten verbesserte Leucht- und Nebel-M. eingesetzt. Dagegen unterblieb der vor allem vom faschistischen Deutschland vorbereitete Gaskrieg, hauptsächlich aus Furcht vor Vergeltungsmaßnahmen der Mächte der Antihitlerkoalition. Nach 1945 wurden besonders in den USA verschiedene Arten chemischer M. zur Bekämpfung der Kräfte des Gegners mit nervenlähmenden Kampfstoffen sowie zur Vergiftung von Waffen und Ausrüstungsgegenständen, Lebensmitteln und des Geländes entwickelt. Solche von den USA-Streitkräften teilweise bereits im Vietnamkrieg angewandten Mittel können u. a. in Form von Artillerie- und Raketengeschossen, Minen, Fliegerbomben und Abwurfkassetten eingesetzt werden.

Biologische M.: Biologische Waffen wurden in einigen imperialistischen Ländern während, in den USA besonders nach Beendigung des zweiten Weltkrieges entwickelt und teilweise erprobt. Sie enthalten krankheitserregende Mikroorganismen bzw. deren Toxine, teilweise auch entsprechende Überträger, die mittels Sprengsatzes, auf mechanischem Weg oder unter Gasdruck gegen lebende Ziele und gegen die natürliche Umwelt eingesetzt werden. *(s. Abb. S. 24, 256, 279, 361, 645, 743, 796–798)*

Murg 1849: Schlacht während der → *Reichsverfassungskampagne 1849* zwischen der → *badisch-pfälzischen Revolutionsarmee 1849* und den preußisch-deutschen Interventionstruppen vom 28. bis 30. 6. 1849.

Durch den hinhaltenden Kampf ihrer Nachhut am 25. 6. bei Durlach (→ *Durlach 1849*) konnte die badisch-pfälzische Revolutionsarmee geordnet auf die M. zurückgehen. Hier plante der Oberbefehlshaber, General Ludwik Mierosławski (1814–1878), eine aktive Verteidigung, weil der Fluß ein natürliches Hindernis bildete, die Festung Rastatt einen starken Rückhalt bot und die nur 20 km breite Front eine rasche Verschiebung von Kräften ermöglichte. Er formierte die Armee, die noch etwa 15000 Mann und 50 Feldgeschütze umfaßte, neu in 4 Divisionen und ließ sie vor der M. Stellung beziehen. Der linke Flügel war an den Rhein angelehnt. Im Vertrauen auf die angebliche Neutralität Württembergs war jedoch die rechte Flanke ungenügend gesichert. Das Oberkommando der Interventionstruppen beabsichtigte, die M.stellung mit den beiden preußischen Korps (zusammen etwa 34000 Mann, 80 Geschütze) frontal und mit dem Bundeskorps (12600 Mann, 16 Geschütze) von württembergischem Gebiet aus in Flanke und Rücken anzugreifen.

Nachdem es am 28. 6. bei Ötigheim und Michelbach zu ersten Gefechten gekommen war, entbrannten am 29. 6. die Kämpfe in voller Härte. Am linken Flügel und im Zentrum konnte die Revolutionsarmee die preußischen Truppen aufhalten und an mehreren Stellen durch tapfere Gegenangriffe zurückwerfen. Inzwischen waren Truppenteile des über Württemberg vorgedrungenen Bundeskorps in die rechte Flanke der Revolutionstruppen hineingestoßen, hatten Gernsbach eingenommen (29. 6. nachmittags) und hier die M. überschritten. Die Truppen des rechten Flügels der Revolutionsarmee sahen sich umgangen und zogen sich bei Kuppenheim überstürzt über die M. zurück. Die beginnende Auflösung übertrug sich auf die ganze Armee, die mit der Masse (fast 8000 Mann) auf Freiburg und mit Teilen nach Rastatt zurückflutete. Mierosławski mußte seinen Plan aufgeben, hinter der M. eine neue Verteidigung aufzubauen. Am 30. 6. lieferten noch wenige Einheiten der Revolutionsarmee unter Oberst Johann Philipp Becker (1809–1886), der als einziger Divisionskommandeur auf seinem Posten geblieben war, bei Kuppenheim ein Nachhutgefecht. Die nur 1500 Mann hielten stundenlang eine erdrückende Übermacht auf und ermöglichten damit vielen Kämpfern das Entkommen. Die schwere Niederlage der Revolutionsarmee an der M. leitete deren völlige Auflösung ein. Nur die Besatzung von Rastatt (→ *Rastatt 1849*) verteidigte sich noch bis zum 23. 7. Obwohl das ungleiche Kräfteverhältnis einen Sieg von vornherein ausschloß, demonstrierte die Revolutionsarmee an der M. den Willen der revolutionären Kräfte des deutschen Volkes, der Reaktion bis zuletzt Widerstand zu leisten. Wie im gesamten badisch-pfälzischen Feldzug bewiesen auch an der M. besonders die Arbeiter Mut und Standhaftigkeit, wobei die Volkswehreinheiten unter Becker und das von August Willich (1810–1878) geführte Freikorps herausragten. *(s. Abb. S. 60)*

Muskete: → *Handfeuerwaffe* (Vorderlader) des 16. und 17. Jh. mit glattem Lauf und Lunten-, teilweise auch Radschloß- oder Steinschloßzündung.

Die Anfang des 16. Jh. in Spanien aufkommende M. gelangte wenig später auch nach Deutschland. Von der → *Arkebuse* mit Luntenschloß unterschied sie sich vor allem durch größere Handlichkeit, die durch geringeres Gewicht des Laufes, günstigere Formgebung mittels des leicht abwärts geneigten Kolbens und des Daumengriffs sowie durch eine Visiereinrichtung (Kimme und Korn) erreicht wurde. Die mit der M. bewaffneten Fußsöldner wurden → *Musketiere* genannt. Das zunächst 7–8 kg betragende Gewicht der fast 2 m langen M. verringerte sich bereits in der ersten Hälfte des 16. Jh. auf etwa 5 kg. Damit konnte auf die anfänglich noch notwendige Stützgabel verzichtet werden. Das Kaliber betrug 18–20 mm, das Geschoßgewicht 35–40 g, die wirksame Schußweite 200–250 m. Zur Bedienung der M. trug der Musketier ein Bandelier mit Pulvermaßen, die jeweils die für einen Schuß notwendige Pulvermenge enthielten. Ein Zündfläschchen diente zur Aufnahme von besonders fein gemahlenem Pulver (Zündkraut) für die Pulverpfanne. Ein Kugelbeutel, Abdichtungspfropfen, die Lunte und ein hölzerner Ladestock vervollständigten die Ausrüstung des Musketiers. Der ähnlich wie bei der Arkebuse noch recht zeitaufwendige Ladevorgang vollzog sich folgendermaßen: Die M. schräg haltend, nahm der Schütze Kugel und Pfropfen aus dem Beutel und verwahrte erstere im Mund, letztere im Hut. Dann entleerte er ein Pulvermaß in den Lauf, setzte mit Hilfe des Ladestockes einen Dichtungspfropfen darauf, ließ die Kugel folgen und dichtete mit einem zweiten Pfropfen ab. Nun hielt er die M. waagerecht, schüttete Zündkraut auf die Pulverpfanne und schloß deren Deckel. Schließlich blies er die Lunte an, steckte sie in den Hahn des Schlosses und öffnete die Pfanne. Damit war die M. schußbereit. Unter Gefechtsbedingungen wurden für einen Schuß etwa 2–3 Minuten benötigt. In den 60er Jahren des 16. Jh. fand die M. allgemein Eingang in das europäische Heerwesen. Im → *Dreißigjährigen Krieg 1618–1648* bildete sie neben der → *Pike* die Hauptbewaffnung des Fußvolkes. In den darauffolgenden Jahrzehnten wurde die M. zur verbreitetsten Feuerwaffe der → *Infanterie*, die mit der Einführung der Papierpatrone, vor allem aber des Rad- und Steinschlosses weitere wichtige Verbesserungen erfuhr. Die Bezeichnung M. für diese Waffen blieb noch einige Zeit bestehen. *(s. Abb. S. 273, 305)*

Musketiere: Angehörige der mit der → *Muskete* als Hauptwaffe ausgerüsteten Truppengattung der → *Infanterie* vom 16. bis 18. Jh.

Die M. traten mit der breiteren Einführung von → *Handfeuerwaffen* Anfang des 16. Jh. als neue Truppengattung in Erscheinung. Sie lösten die mit der Hakenbüchse bewaffneten Arkebusiere (→ *Arkebuse*) ab. Bei Verzicht auf Schutzwaffen gehörten zur Ausrüstung der M. außer der Muskete noch Lunte, Kugelbeutel, Pulverflasche, Zündkraut, die Stützgabel für die Muskete und ein → *Degen.* M. und → *Pikeniere* bildeten das Fußvolk der europäischen Heere des 16. und 17. Jh. Im Gefecht wurden beide Truppengattungen gemeinsam eingesetzt. Dabei standen die M. in der Regel an Front und Flanken der Pikenierhaufen. Sie bereiteten mit ihrem Feuer die Gefechtshandlung der Pikeniere vor und fanden danach beim Herannahen des Gegners, insbesondere beim Angriff feindlicher Reiterei, in der Aufstellung der Pikeniere Schutz. Bei der zumeist tiefer gegliederten Aufstellung der M. schoß jeweils das erste Glied und zog sich dann an den Flanken der Formation (Caracole) oder durch die zwischen deren einzelnen Gliedern belassenen Zwischenräume (Kontermarsch) hinter die Aufstellung zurück, um erneut zu laden. Mit der technischen Verbesserung der anfangs recht unhandlichen, nur geringe Feuergeschwindigkeit aufweisenden Muskete erhöhte sich im Verlauf des 17. Jh. auch ihre taktische Verwendbarkeit. Das zahlenmäßige Verhältnis zwischen Pikenieren und M. wandelte sich daher immer mehr zugunsten der letzteren. Betrug der Anteil der M. an

a b

a Musketier vom preußischen Infanterieregiment Below, 1757
b Musketier vom sächsischen Infanterieregiment Niesemeuschel, 1812

der Infanterie Anfang des 16. Jh. ein Zehntel der Pikeniere, so erreichte er zu Beginn des 17. Jh. bereits etwa die Hälfte. Mit der Einführung des → *Steinschloßgewehrs* und aufsteckbaren → *Bajonetts* um die Wende vom 17. zum 18. Jh. wurden die M. in fast allen europäischen Armeen, darunter auch in den Söldnerheeren der deutschen Staaten, zum dominierenden Teil der Infanterie. Auf die Pikeniere konnte endgültig verzichtet werden. Damit änderte sich auch die taktische Aufstellung der Infanterie. An die Stelle der tiefgegliederten Haufen trat die nur wenige Glieder tiefe Linie (→ *Lineartaktik*). Die Bezeichnung M. blieb auch in der Folgezeit für Teile der Infanterie erhalten. Von anderen infanteristischen Truppengattungen, insbesondere den → *Grenadieren* und → *Füsilieren*, unterschieden sich die M. bald nur noch in der Bekleidung sowie in einigen Stücken der Ausrüstung. In den preußisch-deutschen Streitkräften blieb der Begriff M. als Bezeichnung für den einfachen Infanteristen bis zum ersten Weltkrieg erhalten. *(s. Abb. S. 305, 1003)*

Musterung: 1. Überprüfung der Geworbenen oder Wehrpflichtigen auf Tauglichkeit für den Militärdienst.

In der Zeit vom 15. bis 17. Jh. wurden die im Auftrage eines Kriegsherrn Angeworbenen von einem «Musterherrn» auf dafür bestimmten Plätzen besichtigt, in Listen eingetragen und anschließend vereidigt. Damit waren sie offiziell in den Heeresdienst genommen. Neben ihrer Kriegserfahrung entschied dabei meistens die zur M. mitzubringende Bekleidung und Bewaffnung über ihre Verwendung als Doppel- oder einfacher Söldner (Prima und Seconda Plana). Auch als im 18. Jh. an die Stelle der freien Werbung, z. B. in Preußen, die Zwangsrekrutierung trat (→ *Kantonsystem*), verlief die M. etwa in gleicher Weise.

Mit der Einführung der → *allgemeinen Wehrpflicht* bzw. → *Konskription* nach französischem Vorbild zu Beginn des 19. Jh. wurde die M. ein rechtlich geregelter Bestandteil des militärischen → *Ersatzwesens* in den deutschen Staaten. Die erfaßten und zum Militärdienst anstehenden Wehrpflichtigen mußten sich an einem bestimmten Tag und Ort zur M. einfinden, bei der eine Kommission die Tauglichkeit und Abkömmlichkeit zum Wehrdienst feststellte. Während Zurückstellungen bei der M. sofort verfügt wurden, war die getroffene Festlegung, wo der Wehrdienst abzuleisten war, nur vorläufig. An die M. schloß sich die Aushebung an. Sie umfaßte den endgültigen Entscheid über die Waffengattung und den Truppenteil, die Eintragung in die Musterrolle und schließlich die Einberufung. Im kaiserlichen und faschistischen Deutschland wurde im wesentlichen nach dieser Regelung die M. durchgeführt.

In der DDR vollzieht sich die M. der Wehrpflichtigen gemäß dem am 25. 3. 1982 erlassenen Wehrdienstgesetz (→ *Gesetz über den Wehrdienst in der DDR 1982*).

Die Wehrpflichtigen werden vor ihrer erstmaligen Einberufung zum Wehrdienst gemustert. Dabei wird festgestellt, welche Wehrpflichtigen für den Wehrdienst tauglich sind und welche sonstige Eignung sie für den Wehrdienst besitzen. Die M. dient gleichzeitig der weiteren Vorbereitung der Bürger auf die Wahrnehmung ihres verfassungsmäßig garantierten Rechtes sowie die ehrenvolle Erfüllung ihrer staatsbürgerlichen Pflicht, Wehrdienst zu leisten. Den Zeitpunkt der M. und den zu musternden Geburtsjahrgang bzw. Personenkreis bestimmt der Minister für Nationale Verteidigung. Die M. selbst wird von den Wehrkreiskommandos (→ *Wehrbezirkskommando (WBK) und Wehrkreiskommando (WKK) der NVA*) in Zusammenarbeit mit den Räten der Kreise oder Stadtbezirke vorbereitet und durchgeführt. Für die M. werden bei den Wehrkreiskommandos M.kommissionen gebildet, denen auch Ärzte angehören. Sofern kein anderer Zeitpunkt festgelegt ist, erhalten die Wehrpflichtigen bei der M. Wehrdienstausweise.

In Vorbereitung auf die Einberufung können die Wehrkreiskommandos Einberufungsüberprüfungen durchführen, wo für die Wehrpflichtigen die Teilstreitkräfte, Waffengattungen usw. bestimmt werden, zu denen voraussichtlich die Einberufung erfolgt. Dabei kann die spezielle Diensttauglichkeit und sonstige Eignung des Wehrpflichtigen überprüft werden.

2. periodisch stattfindende Besichtigung und Überprüfung von Truppen, Ausrüstungsgegenständen und Waffen.

Der Begriff M. wurde in dieser Bedeutung erstmalig bei der öffentlichen Prüfung des Kriegswesens der Stadt Nürnberg im 15. Jh. gebraucht. Wahrscheinlich setzte er sich aber erst bei den stehenden Heeren endgültig durch. In bestimmten Abständen, gewöhnlich alle 2 Jahre, wurde jeder Truppenteil von einer M.kommission (in der Regel bestehend aus dem Truppenbefehlshaber und einem Intendanturbeamten, bei Spezialtruppen erweitert durch Fachberater) besichtigt. Die M. erstreckte sich auf den gesundheitlichen und moralischen Zustand der Truppen, die Ausstattung mit Bekleidung und Ausrüstung, Geräten, Fahrzeugen, Waffen usw., den Zustand und die Lagerung der Bestände und Vorräte und deren schnelle Verfügbarkeit im Mobilmachungsfall, die Verwendung und Verwaltung der Geldmittel. In den Streitkräften des Deutschen Reiches wurde die periodische Überprüfung der Einheiten und Truppenteile mit «Besichtigung» bezeichnet. Heute ist der Begriff M. in der hier angeführten Bedeutung nicht mehr gebräuchlich.

N

Nachrichtentruppen → *Nachrichtenwesen*

Nachrichtenwesen: Gesamtheit der in den Streitkräften vorhandenen Kräfte, Mittel und Einrichtungen, mit denen Verbindungen zur Gewährleistung der Führung und des Zusammenwirkens der Truppen aufgebaut und betrieben werden.

Anfänge des N. entstanden in den antiken Heeren. Nachrichten wurden von Läufern und berittenen Boten, mittels Rauch- und Feuerzeichen, Trommeln, Hörnern, Brieftauben sowie mit Hilfe schneller Ruder- und Segelschiffe übermittelt. Persien, die hellenistischen Staaten und Rom verfügten bereits über ausgedehnte Netze von Übermittlungsstationen, die mit optischen Signalanlagen oder Reitern in kurzer Zeit Nachrichten von den Grenzen bis zu den Hauptstädten weiterleiteten. Diese Arten von Nachrichtenmitteln und Kurierverbindungen waren auch in den Heeren der Feudalstaaten gebräuchlich. Für den diplomatischen und militärischen Kurierdienst wurden besondere berittene Abteilungen aufgestellt. In Preußen begründete König Friedrich II. (1712–1786) 1740 das Reitende Feldjägerkorps zur Befehls- und Nachrichtenübermittlung. Daneben behielten bis in das 19. Jh. Rauch- und Feuerzeichen als Warnung vor Einfällen fremder Heere oder als Ruf zum Sammeln des Aufgebotes ihre militärische Bedeutung.

Mit dem Aufkommen bürgerlicher Massenheere im Gefolge der Französischen Revolution von 1789, der Ausdehnung der Kampfhandlungen auf weite Räume und den damit wachsenden Aufgaben der Truppenführung nahm das N. eine rasche Entwicklung. Im Laufe des 19. Jh. erschloß vor allem der naturwissenschaftlich-technische Fortschritt dem N. neue Mittel und Möglichkeiten. Eine wichtige Rolle spielten die Forschungen der deutschen Physiker und Mathematiker Carl Friedrich Gauß (1777 bis 1855) und Heinrich Hertz (1857–1894), des russischen Physikers A. S. Popow (1859–1906) und des italienischen Physikers Guglielmo Marconi (1874–1937) zur elektrischen Telegrafie und über elektromagnetische Schwingungen als Grundlage der drahtlosen Telegrafie und Telefonie (Funk).

Die erste militärisch genutzte nachrichtentechnische Einrichtung war der 1793 gebaute optisch-mechanische Telegraf (Masten mit verstellbaren Querarmen) des Franzosen Claude Chappe (1763–1805). Dieser Telegraf wurde, zum Teil in verbesserter Form, bald auch in anderen Ländern eingeführt, so 1795 in Schweden und 1796 in England. 1813 verlief eine optisch-mechanische Telegrafenlinie von Metz nach Mainz. Im Zusammenhang mit dem Bau der Telegrafenlinie Berlin–Trier, die mit 61 Stationen 700 km überbrückte, entstand 1830 in Preußen eine Telegrafensektion beim Gardepionierbataillon in Berlin. Die optisch-mechanische Telegrafie in Preußen diente ausschließlich militärischen und anderen staatlichen Zwecken. Sie war dem Kriegsministerium unterstellt und wurde von einem Generalstabsoffizier geleitet, dem Militärbeamte beigegeben waren. Entscheidende Bedeutung für das N. gewann ab Mitte des 19. Jh. die Nutzung des elektrischen Stromes. Als Teil der preußischen Staatstelegrafie wurde 1846 die erste oberirdische elektrische Telegrafenlinie von Berlin nach Potsdam, 1847 die erste unterirdische elektrische Telegrafenlinie von Bremen nach Bremerhaven gebaut. Nachdem die Staatstelegrafie 1849 dem zivilen Generalpostamt unterstellt worden war, unternahm das preußische Kriegsministerium eigene Versuche zum Bau von Telegrafenlinien. Ab 1855/56 erhielt das preußische Heer elektromagnetische Telegrafieapparate. Die sog. Kriegstelegrafie arbeitete mit Morseschreibern und Kupferleitungen im Hochstangenbau. Im Verlauf der → *Heeresreorganisation in Preußen 1859/60* wurden am 31. 3. 1859 2 mobile Feldtelegrafenabteilungen zu je 3 Zügen beim Gardepionierbataillon aufgestellt.

Auch in anderen Staaten wurden seit Mitte des 19. Jh. die in den 40er Jahren erbauten Telegrafenlinien militärisch genutzt und – zunächst nur in Kriegszeiten – spezielle Formationen für die Feldtelegrafie geschaffen. Während der Belagerung von Sewastopol im Krimkrieg (1853–1856) diente der elektrische Telegraf auf russischer und britisch-französischer Seite erstmals unmittelbar der Truppenführung. Auch im Krieg zwischen Österreich und Frankreich/Sardinien-Piemont (1859) und im nordamerikanischen Sezessionskrieg (1861–1865) wurde die Feldtelegrafie eingesetzt.

Im Dänisch-Deutschen Krieg 1864 formierte Preußen eine weitere Feldtelegrafenabteilung. Alle 3 Abteilungen kamen im Preußisch-Österreichischen Krieg 1866 zum Einsatz. Jedoch konnten sie mit den raschen Bewegungen der Truppen nicht Schritt halten und daher die an sie gestellten Aufgaben nur teilweise erfüllen. 1870 verfügte das preußische Heer über 4 Feld- und 3 Etappentelegrafenabteilungen. Während des Deutsch-Französischen Krieges 1870/71 wurden weitere 6 Feld- und 4 Etappentelegrafenabteilungen aufgestellt, darunter auch bayrische und württembergische. Die Gesamtstärke aller Abteilungen betrug einschließlich der zivilen Beamten und Telegrafenarbeiter etwa 2500 Mann. Neben der Nutzung des Staatstelegrafennetzes der deutschen Länder und des besetzten Frankreichs wurden über 600 Telegrafenstationen für die militärische Nachrichtenübermittlung eingesetzt und mehr als 10000 km Leitungen verlegt bzw. wiederhergestellt. Die Militärtelegrafie ermöglichte gegenüber den Kriegen von 1864 und 1866 eine stärker zentralisierte Truppenführung, vor allem während des Aufmarsches 1870 und bei der Belagerung französischer Festungen. Hingegen konnte die telegrafische Nachrichtenverbindung während der Schlachten im Juli/August 1870 und der folgenden Operationen im Herbst sowie im Winter 1870/71 nicht ausreichend gesichert werden.

Aufgrund der Kriegserfahrungen wurde das N. nach 1871 weiter ausgebaut. Zur Verbesserung der Führung entstand 1877 die Inspektion der Militärtelegrafie. Für die Ausbildung von Unteroffizieren und Mannschaften wurde 1887 die Militärtelegrafenschule geschaffen. 1888 und 1892 wurden die Telegrafenabteilungen reorganisiert und Armee-, Korps- und Divisionsfeldtelegrafenabteilungen gebildet. In dieser Zeit fanden zahlreiche technische Versuche zur Erprobung von Feldtelefonen (ab 1878), feldverwendungsfähigen Kabeln (ab 1887), Lichtsignalgeräten (ab 1889) und Geräten der Funktelegrafie (ab 1897) statt. Mit der Herauslösung der Telegrafeneinheiten aus den Pioniertruppen und der Bildung der Inspektion der Feldtelegrafie am 1. 10. 1899 wurde die Telegrafentruppe (3 Telegrafenbataillone zu je 3 Kompanien) weitgehend selbständig; sie blieb aber bis 1917 der Inspektion der Verkehrstruppen (ab 1911 Generalinspektion des Militärverkehrswesens) unterstellt.

Bei der Vorbereitung des ersten Weltkrieges nutzten die deutschen Militärs die Neuerungen in der Nachrichtentechnik, vor allem in der drahtlosen Telegrafie und Telefonie. Die Elektrokonzerne AEG, Siemens & Halske und Telefunken-AG produzierten zunehmend Geräte für den Ausbau des militärischen N. Die Reichweite im Funkverkehr erhöhte sich rasch. Betrug sie 1897 maximal 3 km, so stieg sie innerhalb weniger Jahre auf 100 km und ermöglichte 1901 bereits eine erste transozeanische Verbindung. Um die Funktechnik militärisch zu nutzen, wurden 1901 in einigen deutschen Festungen Funkstationen eingerichtet. Am 1. 10. 1907 erhielten die Telegrafenbataillone je 1 Funktelegrafenabteilung (ab 1911 Funkerkompanie). Allerdings bereitete der feldmäßige Einsatz des Funks noch technische und organisatorische Schwierigkeiten, zumal die Bedeutung der neuen Nachrichtentechnik noch teilweise unterschätzt wurde. Neben dem Funkverkehr wurde der Fernsprechverkehr weiterentwickelt. 1904 erfolgte die Einführung des Feldfernsprechers. Der erfolgreiche Einsatz von Feldfernsprechgeräten und -einheiten im Russisch-Japanischen Krieg 1904/05 beschleunigte den Aufbau von Fernsprechabteilungen. Neue nachrichtentechnische Geräte wie Feldsignallampen, Kabeltrommeln und Rückentragen wurden eingeführt. Die Drahttelegrafie ging zum Doppelbetrieb über, bei dem über einen Draht gleichzeitig ein Ferngespräch geführt und ein Telegramm abgesetzt werden konnte.

Eine erste kriegsmäßige Erprobung von Kräften und Mitteln des N. nach 1871 war der Einsatz der «Ostasiatischen Korpstelegrafenabteilung» während der → *Intervention in China 1900/01.* An der blutigen Niederschlagung des → *Herero- und Namaaufstandes 1904–1907* in Südwestafrika waren 5 Nachrichtenabteilungen mit nahezu allen Gerätetypen beteiligt. Zwischen 1907 und 1914 wurde die Telegrafentruppe durch zahlreiche Neuaufstellungen, Versuchsabteilungen und die Schaffung von Ausbildungsstätten personell und materiell-technisch weiter verstärkt und in Manövern auf den Kriegseinsatz vorbereitet. Ihre Friedensstärke betrug 1914 550 Offiziere und 5800 Mann. Organisatorisch gliederte sie sich in 9 Telegrafenbataillone, 8 Festungsfernsprechkompanien und 1 Kriegstelegrafenschule (vorher Militärtelegrafenschule); das bayrische Heer besaß eine eigene Kavallerietelegrafenschule. Die Marine verfügte 1914 über 380 Funkstationen.

Mit der Mobilmachung 1914 erhöhte sich die Stärke der Telegrafentruppe auf 800 Offiziere und 25000 Mann; insgesamt wurden im August 1914 130 verschiedene Telegrafeneinheiten formiert. Der Kriegseinsatz des N. offenbarte eine Reihe von Unzulänglichkeiten. So mangelte es an ausreichend geschulten Kräften, Fahrzeugen und technischen Geräten. Außerdem erschwerte die unterschiedliche Ausrüstung der einzelnen Waffengattungen mit Nachrichtenmitteln das Zusammenwirken. So blieben zu Beginn des ersten Weltkrieges zunächst Ordonnanzoffiziere und Meldereiter die sichersten Nachrichtenübermittler.

Erst mit dem Übergang zum Stellungskrieg Ende 1914/Anfang 1915 entstand ein dichtes Netz von Drahtverbindungen von den vorderen Linien in die rückwärtigen Gebiete. Da diese Verbindungen durch die gegnerische Artillerie häufig zerstört wurden, stieg der Bedarf an Funkgeräten, optischen Nachrichtenmitteln, Brieftauben und Meldehunden, vor allem bei den Truppennachrichteneinheiten. Nach wiederholten Änderungen der Struktur und der Unterstellungsverhältnisse entstand am 1. 10. 1917 die selbständige Nachrichtentruppe. An ihre Spitze trat ein «Chef des Nachrichtenwesens» mit seinem Stab, dem die Telegrafendirektion und die Funkabteilung der OHL sowie Nachrichtengenerale für die Kriegsschauplätze unterstanden. Auch bei den Armeen, Korps und Divisionen wurden

Transport von Brieftauben an der Westfront. Zum Schutz der Tauben vor Gasangriffen wird ein Gasschutzkasten mitgeführt, 1917

Nachrichtenkommandeure und -stäbe eingesetzt. Die Ausbildung von Kadern erfolgte an der 1917 gegründeten Nachrichtenmittelschule Namur sowie an Armeenachrichtenschulen. Nach dieser Reorganisation verfügte das Heer über 52 Heeresgruppen- und Armeefernsprechabteilungen, 304 Gruppen- und Divisionsnachrichtenabteilungen, 15 Festungsfernsprechabteilungen, 377 besondere Fernsprechzüge, 247 Funkerabteilungen, 46 besondere Funkerstationen, 66 Blinkerzüge, mehr als 1000 Brieftaubenschläge, 272 Abhörstationen, 8 Meldehundestaffeln, 22 Nachrichtenparks sowie über eine große Zahl von Ersatzformationen. Die Fliegerkräfte besaßen 250 Funkentelegrafenstationen auf den Flugplätzen. Bei Kriegsende zählte die Nachrichtentruppe über 190000 Mann; dazu kamen rd. 150000 Mann in Truppennachrichteneinheiten sowie die Angehörigen des 1918 aufgestellten «Weiblichen Nachrichtenkorps».

Im Krieg wurden die Mittel des N. weiter vervollkommnet und neues technisches Gerät entwickelt. Dazu gehörten verbesserte Sprech- und Schreibapparate, Vermittlungen, Kleinfunkgeräte, Richtempfänger, Abhörgeräte u. a. m. Aus dem Abhören des gegnerischen Funkverkehrs entwickelte sich die Funkaufklärung. In den Streitkräften der anderen Staaten vollzog sich eine ähnliche Entwicklung. In der Regel wurden die Telegrafenformationen aus der Zugehörigkeit zu den anderen Waffengattungen herausgelöst und zur selbständigen Nachrichtentruppe zusammengefaßt.

Nach 1918 wertete der deutsche Militarismus die Kriegserfahrungen auf dem Gebiet des N. sorgfältig aus. Entsprechend den Bestimmungen des Versailler Vertrages gliederte sich die Nachrichtentruppe der Reichswehr in 7 Divisionsabteilungen mit einer personellen Gesamtstärke von 3500 Mann. Jede Abteilung bestand aus 2 gemischten Nachrichtenkompanien (Fernsprecher, Funker, Blinker). 1929 wurden reine Funk- und Fernsprechkompanien gebildet. Alle anderen Truppenformationen stellten ihr Nachrichtenpersonal selbst. Durch den Versailler Vertrag war auch die technische Ausrüstung begrenzt (Verbot von Richtfunkempfängern u. a. m.), jedoch erfolgten im Rahmen der illegalen Rüstung Entwick-

Nachrichtenwesen im kaiserlich-deutschen Heer 1918

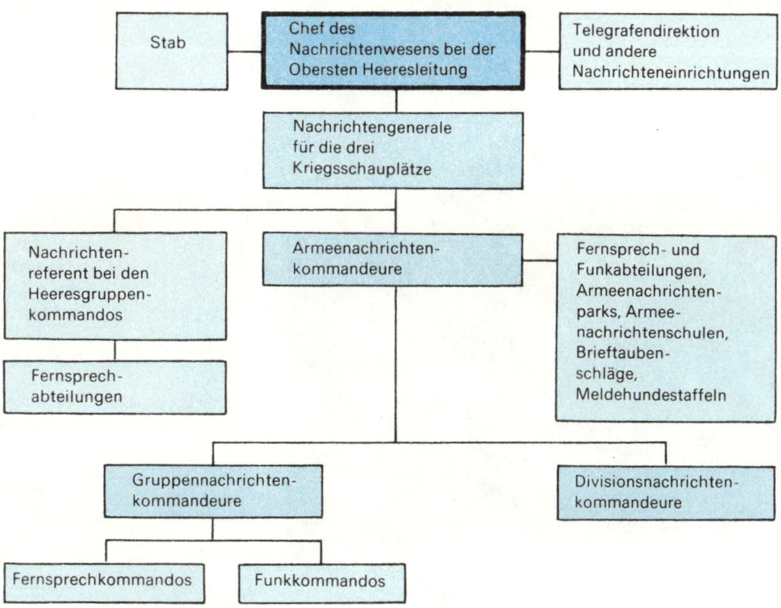

lungsarbeiten an neuen Nachrichtenmitteln. Kader für die Nachrichtentruppe wurden an der Artillerieschule mit ausgebildet. Die sprunghaften Fortschritte in der Funktechnik (Rundfunk) sowie im Ausbau des Fernsprech- und Fernschreibnetzes (Telex-System) wurden genutzt, um die Leistungsparameter der militärischen Nachrichtenmittel wesentlich zu erhöhen. 1925 fanden Versuche des Funkens und Empfangens in der Bewegung statt, 1929/30 begann die Entwicklung eines Kurzwellen-Tornisterfunkgerätes mit einer Reichweite bis 10 km. Im Fernsprechverkehr wurden neue Trägerfrequenzen erprobt. Auch der Ausbau des Fernmeldenetzes der Reichspost diente weitgehend militärischen Zwekken.

Die Funktechnik der imperialistischen deutschen Streitkräfte im ersten und zweiten Weltkrieg

System	Erster Weltkrieg	Zweiter Weltkrieg
Funkverbindungen		
Betriebsarten	Telegrafie	Telegrafie Sprechfunk Funkfernschreiben
Frequenzband	Langwelle und Mittelwelle	Langwelle, Mittelwelle, Kurzwelle, Ultrakurzwelle
Verwendung	stationäre Funkstellen, bewegliche Landfunkstellen (ab Division), Funkstellen auf Kriegsschiffen	auf Kriegsschiffen, in Flugzeugen, Panzern Führung durch Funk bis zur Kompanie
Richtfunkverbindungen		
		erste mehrkanalige Dezimeter-Richtfunkverbindungen
Funkmeßtechnik		
		Flugzeug- und Schiffsortung, Funkmeßausrüstung von Flugzeugen, Schiffen und Flakartillerie

Funkstelle der Reichswehr bei den Herbstmanövern in Mecklenburg, 1925

Mit Beginn der faschistischen Aufrüstung erhöhte sich die zahlenmäßige Stärke der Nachrichtentruppe des Heeres rasch. 1935 gab es bereits 10 Korps-, 26 Divisions- und 3 Panzernachrichtenabteilungen sowie die Heeresnachrichtenschule mit 1 Nachrich-

Nachrichtenverbindungen des faschistischen deutschen Heeres im zweiten Weltkrieg

Kommandobehörden von – zu	Nachrichtentruppe	Nachrichtenmittel
OKH – Heeresgruppen	Führungsnachrichtenregimenter	Fernkabel Unterwasserkabel Drehkreuzachsen Funk
Heeresgruppen – Armeen	Heeresgruppennachrichtenregimenter	Drehkreuzachsen vorgefundene Linien Funk Richtfunkverbindungen
Armeen – Korps	Armeenachrichtenregimenter	vorgefundene Linien Feldfernkabel Funk Richtfunkverbindungen
Korps – Divisionen	Korpsnachrichtenabteilungen	Feldfernkabel Funk
Divisionen – Regimenter und Einheiten	Divisionsnachrichtenabteilungen, Truppennachrichteneinheiten	Feldkabel Funk
Panzerarmeen – Panzerkorps	Panzerarmeenachrichtenregimenter	Funk Feldfernkabel vorgefundene Linien
Panzerkorps – Panzerdivisionen	Panzerkorpsnachrichtenabteilungen	Funk Feldfernkabel
Panzerdivisionen – Panzerregimenter	Panzerdivisionsnachrichtenabteilungen Truppennachrichteneinheiten	Funk Feldkabel

tenlehr- und -versuchsabteilung. Bis 1939 stieg die Stärke der Nachrichtentruppe auf 69 Abteilungen und 33 Nachrichtenergänzungskompanien. Dazu kam eine große Zahl von Sondereinheiten und Truppennachrichteneinheiten der einzelnen Waffengattungen. In Nachrichtenrahmenübungen sowie durch den Einsatz von Nachrichtenkräften und -geräten bei der faschistischen Intervention in Spanien 1936–1939, der Annexion Österreichs 1938 und der Tschechoslowakei 1938/39 wurde das N. auf den Kriegseinsatz vorbereitet. Zur zentralen Lenkung des Nachrichtenverbindungsnetzes wurde 1937 die Dienststellung des «Inspekteurs für Wehrmachtnachrichtenverbindungen» geschaffen. Innerhalb der Nachrichtentechnik entwickelte sich das Funkwesen zum Hauptführungs- sowie -aufklärungsmittel. Vor allem in den Panzer- und mot. Verbänden wurde der Funkbetrieb ausgebaut. Während bei den Funkern der Betrieb von UKW-Geräten in der Bewegung im Vordergrund stand, lag bei den Fernsprech- und Fernschreibeinheiten der Schwerpunkt auf dem Bau und der Wartung von Fernsprechdauerleitungen sowie dem Verlegen von Feldfernkabel. Für die Funkaufklärung, die seit 1924 von ortsfesten Funkstellen betrieben wurde, entstanden ab 1934 spezielle Horchkompanien.

Zu Beginn des zweiten Weltkrieges stellte die faschistische Wehrmacht weitere Nachrichtentruppenteile und -einheiten auf. Bis Ende 1944 erhöhte sich die personelle Stärke auf rd. 200000 Mann (ohne die Truppennachrichtenkräfte der einzelnen Waffengattungen). Infolge der Ausdehnung der Kampfhandlungen stieg der Bedarf an Nachrichtenmitteln und -verbindungen. Zu seiner Deckung wurden auch neue technische Lösungen verwendet. Dazu gehörten die Mehrfachnutzung von Verbindungen durch Trägerfrequenz- und Wechselstromtelegrafiegeräte, verbesserte Richtfunkverbindungen u. ä. Durch die Verknüpfung von Linien- und Querverbindungen entstand ein engmaschiges Fernmeldenetz, in dem mit Hilfe von Durchgangsvermittlungen an den Knotenstellen Umwegschaltungen möglich waren. Die Reichweite der Feldleitungen betrug rd. 1000 km. Eine ähnliche Entwicklung vollzog sich im N. der Luftwaffe, wo vor allem Funkverbindungen und Funkmeßverfahren (→ *Funkmeß*) wachsende Bedeutung erlangten. Die zahlenmäßige Stärke der → *Luftnachrichtentruppen* betrug 1939 ca. 70000 Mann und stieg bis 1941 auf 243000 Mann. Die Kriegsmarine besaß keine eigene Nachrichtentruppe; ihre Fernverbindungen wurden von der Reichspost eingerichtet und betrieben. Die Nachrichtentruppe der Waffen-SS war analog der des Heeres aufgebaut. Das N. der Wehrmacht erlitt im Verlaufe des Krieges hohe personelle und materielle Verluste, jedoch vermochte die faschistische Führung ihre Nachrichtenverbindungen bis Kriegsende im wesentlichen sicherzustellen.

Nach 1945 beeinflußte der besonders seit den 60er

Nachrichtenwesen des faschistischen deutschen Heeres 1944/45

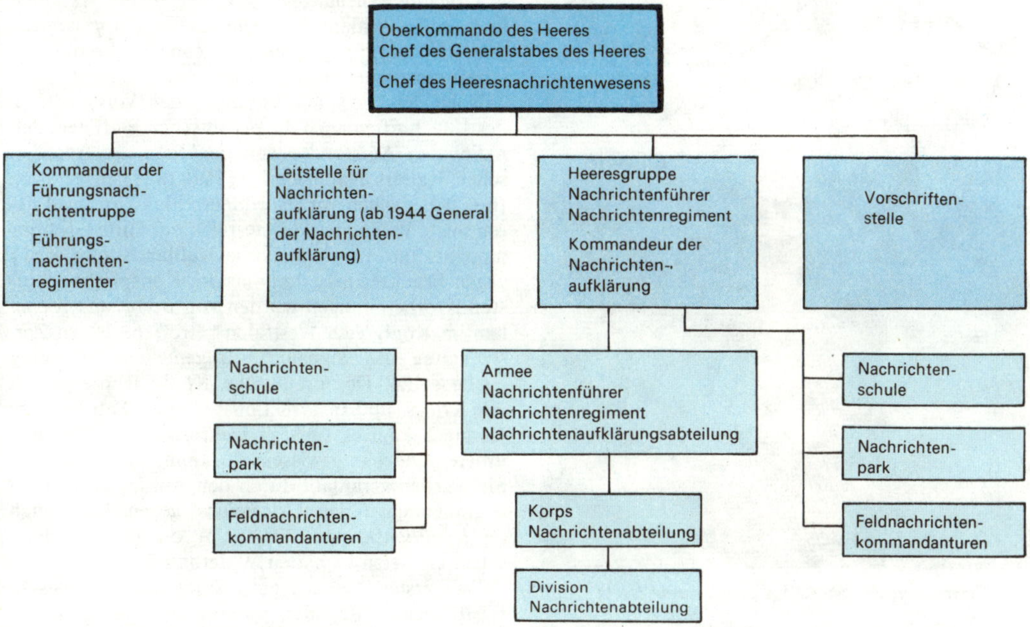

Jahren in den Bereichen der Elektronik und Mikroelektronik sowie der Laser- und Raumfahrttechnik erreichte wissenschaftlich-technische Fortschritt maßgeblich das N. In den imperialistischen Staaten erfolgte der Ausbau des N. vor allem mit dem Ziel, die Aggressionsbereitschaft der Streitkräfte zu steigern und dafür die neuen technischen Mittel zu nutzen. Das Heer der Bundeswehr der BRD verfügt seit 1956 über eine Fernmeldetruppe. Sie gehört zu den Führungstruppen und besteht aus den Fernmeldeverbindungstruppen, der Fernmeldetruppe für die elektronische Kampfführung und den bodenständigen Fernmeldediensten. Die Luftwaffe und die Territorialorganisation der Bundeswehr besitzen eigene Fernmeldetruppen. Die Nachrichtentechnik, die in den 50er Jahren hauptsächlich aus den USA kam, wurde in den 60er und 70er Jahren zum Teil durch Eigenentwicklungen ersetzt. Das N. der Bundeswehr ist weitgehend in das der NATO integriert und wird materiell und personell weiter ausgebaut.

Die sozialistischen Streitkräfte nutzen Technik und Organisation des modernen N. für die Erhöhung der Kampfkraft und Gefechtsbereitschaft der Stäbe und Truppen. Das sowjetische N. bewies im Großen Vaterländischen Krieg (1941–1945) seine

Eine Nachrichteneinheit der NVA entfaltet eine UKW-Funkstelle

Stärke und Leistungsfähigkeit. In der Sowjetarmee verfügen alle Teilstreitkräfte über Nachrichtentruppen. Sie sind in der Lage, die Nachrichtenverbindungen der militärischen Führungsorgane sowie der Verbände und Truppenteile entsprechend den jeweiligen spezifischen Bedingungen sicherzustellen. Das N. der NVA der DDR entstand nach dem Vorbild des sowjetischen N., an das es sich in Struktur, Geräteausstattung und Einsatzprinzipien anlehnt. Die Nachrichtentruppen der NVA gehören zu den Spezialtruppen und bestehen aus Nachrichtentruppenteilen und -einheiten. Zu ihnen zählen weiter Spezialnachrichtenkräfte und Spezialnachrichteneinheiten, Nachrichtenlager, Instandsetzungseinheiten sowie die Feldposteinrichtungen. Sie sind mit modernen Nachrichtenmitteln ausgestattet, die auch in anderen Armeen des Warschauer Verteidigungsbündnisses verwendet werden. Die Weiterentwicklung des N. ist auf die Vervollkommnung der Nachrichtengeräte, insbesondere ihre Miniaturisierung, die Erhöhung der Leistung und Stabilität der Verbindungen sowie deren Tarnung gerichtet. Das N. ist in die angestrebte komplexe Automatisierung der Truppenführung mit Hilfe vermehrter Anwendung der elektronischen Datenverarbeitung und anderer elektronischer Techniken einbezogen. Der Lasertechnik und der Nutzung von Satelliten wird große Aufmerksamkeit zugewandt. Insgesamt zeigt die Entwicklung, daß sich die Bedeutung des N. im Militärwesen ständig weiter erhöht.

napoleonische Kriege → *Koalitionskriege 1792 bis 1815*

nationale Erhebungen 1809: bewaffnete Aktionen in Norddeutschland mit dem Ziel, einen gesamtnationalen Kampf gegen die napoleonische Fremdherrschaft einzuleiten.

Nach dem Beispiel des spanischen Volksaufstandes 1808 hofften auch die preußischen Patrioten, den nationalen Aufstand gegen das Joch des französischen Kaisers Napoleon I. (1769–1821) auszulösen. Ihre Pläne sahen vor, Norddeutschland zu insurgieren sowie Preußen und Österreich mit Hilfe Großbritanniens und möglicherweise Rußlands zum Krieg gegen Frankreich zu veranlassen. Konspirative Aufstandsvorbereitungen wurden von Berlin aus vor allem im Königreich Westfalen getroffen, dessen Zerschlagung das Signal zur allgemeinen Erhebung geben sollte. Der preußische König lehnte jedoch alle Kriegs- und Insurrektionspläne der Patrioten ab. Dennoch kam es 1809 zu mehreren n. E., die auch untereinander in gewissem Zusammenhang standen. Sie wurden veranlaßt durch den Anfang April 1809 beginnenden Krieg Österreichs gegen Frankreich (→ *Koalitionskriege 1792–1815*), der in allen deutschen Gebieten lebhaften Widerhall fand.

Den ersten Versuch zum Sturz des französisch-westfälischen Regimes unternahm der vormalige preußische Leutnant Friedrich Karl von Katte (1770–1836). Mit etwa 150 Mann besetzte er am 3. 4. Stendal. Die vorbereitete Überrumpelung der Festung Magdeburg wurde jedoch von reaktionären preußischen Militärs abgewürgt. Katte löste daraufhin sein schließlich auf 300 Mann angewachsenes → *Freikorps* auf. Die Besatzungsmacht ließ 14 Teilnehmer erschießen; andere kamen ins Zuchthaus und auf die Galeere. Eng verbunden mit Kattes Zug war die Erhebung des westfälischen Obersten Wilhelm von Dörnberg (1768–1850), der ebenfalls früher in preußischen Diensten gestanden hatte. Er plante, in Kassel den König von Westfalen auszuheben und gleichzeitig die Bevölkerung der Umgebung zum Aufstand zu bringen. Als am 22. 4. in mehreren Orten die Sturmglocken das Signal zur Erhebung gaben, strömten zwischen 4000 und 8000 Bauern zusammen. Nachdem der Handstreich gegen den König durch Verrat mißlungen war, wollte Dörnberg die Aufständischen nach Kassel führen. Doch westfälische Truppen zersprengten die nur ungenügend bewaffneten Bauern und warfen bis zum 24. 4. den Aufstand nieder. Ebenso wie Kattes und Dörnbergs Aktionen scheiterte der → *Schillsche Zug 1809*, das bedeutendste und populärste Unternehmen der n.E., vor allem an der fehlenden Massenbasis. Unter dem Eindruck des österreichischen Sieges bei Aspern (21./22. 5.) und des Tiroler Freiheitskampfes kam es im Juni in Westfalen zu neuen, wenn auch wiederum erfolglosen Aufstandsversuchen. Die letzte bedeutsame Aktion war der Freischarenzug des Herzogs Friedrich Wilhelm von Braunschweig-Oels (1771–1815), dessen Land dem Königreich Westfalen einverleibt worden war. Mit seiner in Böhmen aufgestellten Schwarzen Schar, die eine Stärke von etwa 2000 Mann erreichte, nahm der Herzog im Mai und Juni an Handlungen österreichischer Truppen in Sachsen und Bayern teil. Nach dem österreichisch-französischen Waffenstillstand im Juli 1809

Herzog Friedrich Wilhelm von Braunschweig-Oels mit seiner Schwarzen Schar in Halberstadt, 29. Juli 1809

rückte er in Westfalen ein. Am 29. 7. wurde Halberstadt gestürmt und am 1. 8. bei Ölper, nahe Braunschweig, der Weg zur Weser gegen überlegene westfälische Truppen freigekämpft. Die Schwarze Schar konnte dem sie verfolgenden Gegner entgehen und sich zur Nordseeküste durchschlagen, wo sie von englischen Schiffen aufgenommen wurde. In britischen Diensten nahm sie in Spanien weiter am Kampf gegen Napoleon teil.

Die n.E. blieben trotz gemeinsamer Ziele voneinander isoliert und scheiterten an der militärischen Überlegenheit des Gegners. Die Zahl ihrer Teilnehmer, in der Mehrheit aktive oder ehem. Offiziere und Soldaten, war begrenzt. Konservative Zielstellungen trugen wesentlich dazu bei, daß keine der Bewegungen wirklichen Massencharakter erlangte und über ein rein militärisches Unternehmen hinausging. Die n.E. wirkten jedoch mobilisierend und erweckten bei den Volksmassen Anteilnahme und Begeisterung. Sie bildeten eine wichtige Voraussetzung für den → *nationalen Unabhängigkeitskrieg 1813/14.*

nationaler Unabhängigkeitskrieg 1813/14: Befreiungskampf des deutschen Volkes gegen die napoleonische Fremdherrschaft im Rahmen des 6. Koalitionskrieges (→ *Koalitionskriege 1792–1815*).

Das durch die Kriege des französischen Kaisers Napoleon I. (1769–1821) entstandene Herrschaftssystem der französischen Großbourgeoisie in Europa lastete auch, allerdings graduell unterschiedlich, auf den deutschen Staaten. Gegen die Fremdherrschaft wuchs allmählich eine breite Unabhängigkeitsbewegung, die sich bereits in den → *nationalen Erhebungen 1809* äußerte. Erst der Sieg des russischen Volkes im Vaterländischen Krieg 1812 über die Große Armee Napoleons war die entscheidende Vorbedingung für den n.U. des deutschen Volkes. Nachdem die Konvention von → *Tauroggen 1812* (30. 12.) das Signal gegeben hatte, wurde mit dem Vormarsch der russischen Truppen Ostpreußen zum Ausgangspunkt der Volkserhebung. Die patriotischen Kräfte gingen daran, die Volksbewaffnung zu organisieren und den Kampf an der Seite Rußlands aufzunehmen. Währenddessen verhandelten der preußische König Friedrich Wilhelm III. (1770–1840) und seine Regierung mit Frankreich, Österreich und Rußland um ein möglichst günstiges Bündnisangebot. Gleichzeitig mußten sie jedoch unter dem Eindruck der wachsenden Volksbewegung Rüstungsmaßnahmen einleiten. Am 28. 1. 1813 wurde eine Rüstungskommission eingesetzt, in der Generalmajor Gerhard von Scharnhorst (1755–1813) führend tätig war. Als erste Schritte zur Volksbewaffnung ergingen Bestimmungen über die Aufstellung von Jägerdetachements (3. 2.; → *Freiwillige Jäger*) und über die Aufhebung der Befreiungen vom Militärdienst für die Dauer des Krieges (9. 2.). Mit den Verordnungen zur Bildung der → *Landwehr* (17. 3.) und des → *Landsturms* (21. 4.) gelang es den Reformern, die bereits im Rahmen der begonnenen → *Militärreformen in Preußen 1807–1815* ausgearbeiteten Vorschläge zur Einführung der allgemeinen Wehrpflicht durchzusetzen.

Das erfolgreiche Vorgehen der russischen Armee zwischen Weichsel und Oder gegen die napoleonischen Truppen, vor allem aber die spontanen Volkserhebungen, die über das preußische Königtum hinwegzugehen drohten, veranlaßten Friedrich Wilhelm III. zum Bündnis mit Rußland (Vertrag von Kalisch 28. 2.). Man verpflichtete sich, den Krieg bis zum Sieg über Frankreich zu führen. Rußland wollte 150000, Preußen 80000 Mann stellen. Es war auch ausdrücklich die Wiederherstellung des preußischen Staates in den Grenzen von 1805 festgelegt. Die Kriegserklärung Preußens an Frankreich erfolgte jedoch erst am 16. 3. Zu diesem Zeitpunkt hatten die französischen Hauptkräfte bereits die Oderlinie aufgegeben und sich auf die Elbe zurückgezogen. Nach dem russischen Vorstoß über die Oder und dem Kriegseintritt Preußens dehnten sich auch die antinapoleonischen Insurrektionen aus, die seit Januar in verschiedenen Rheinbundstaaten ausgebrochen waren. Die größte Erhebung begann Ende Februar in Hamburg und ergriff das ganze Küstengebiet zwischen Weser und Elbe. Zur Unterstützung der Aufständischen drang Mitte März eine 1300 Mann starke berittene Abteilung unter dem Oberstleutnant in russischen Diensten Friedrich Karl von Tettenborn (1778–1845) nach Hamburg vor und zwang die französische Besatzung zum Abzug. Andere Abteilungen leichter Truppen, hauptsächlich Kosakeneinheiten und Freischaren, durchstreiften Hannover, Thüringen und das Harzgebiet. Besonders populär war das → *Freikorps* des preußischen Majors Adolf von Lützow (1782–1834), das sich aus Freiwilligen verschiedener deutscher Staaten zusammensetzte. Die rege Tätigkeit der Streifkorps fügte dem Gegner bedeutenden materiellen Schaden zu und hatte eine nachhaltige moralische Wirkung auf die Bevölkerung.

Das Hauptquartier der russisch-preußischen Armee ging davon aus, daß der Krieg gegen die französische Militärmacht nicht in einer einzigen Schlacht entschieden werden konnte. Es sah die Hauptaufgabe darin, die eigene strategische Position zu verbessern, andere Staaten zum Anschluß an die Koalition zu bewegen, den Rheinbund zu sprengen und dem Gegner standzuhalten, um Zeit für die Vollendung der Rüstungen und für die Verstärkung der Armee zu gewinnen. Daher war der vereinbarte Feldzugsplan im wesentlichen auf das Festsetzen an der oberen Elbe gerichtet. Die südliche Richtung galt als die wichtigste, weil die Verbündeten hofften, das zum Rheinbund gehörende Sachsen auf ihre Seite ziehen zu können. Napoleon seinerseits plante, durch eine große operative Umgehung von Norden her die rechte Flanke und die Verbindungen der Verbündeten anzugreifen. Zu Beginn des Frühjahrsfeldzuges besaßen die Verbündeten das Kräfteübergewicht. Die Stärke ihrer in 3 Armeen aufgeteilten Feldtruppen betrug 124000 Mann mit 680 Geschützen. Sowohl die vom russischen General P. Ch. Wittgenstein (1769–1843) als auch die von dem preußischen General Gebhard Leberecht von Blücher (1742–1819) geführte Armee vereinigten russische und preußische Truppenverbände. Oberkommandierender war Generalfeldmarschall M. I. Kutusow (1745–1813), der die russische Hauptarmee befehligte. Die napoleonischen Truppen, die Mitte März

Feldarmee der Verbündeten zu Beginn des Frühjahrsfeldzuges 1813

Befehlshaber	Stärke	Geschütze	Verbände	Raum
Wittgenstein	52000	236	Streifkorps Tettenborn, Tschernyschow und Benkendorff	an der Elbe
			Hauptquartier und Korps Yorck	Berlin
			Brigade Borstell	Angermünde
			Korps Bülow	Gartz
Blücher	40000	172	Korps Wintzingerode	Bautzen
			Korps Blücher	Hainau
Kutusow	32000	272	Korps Miloradowitsch	Glogau
			Korps Tormassow	Kalisch

Johanna Stegen trägt den die Stadt Lüneburg stürmenden Soldaten Munition zu, 2. April 1813

die Elblinie von Königstein bis zur Unterelbe hielten, zählten 88200 Mann mit mindestens 218 Geschützen. Jedoch bemühte sich Napoleon fieberhaft, eine neue Armee aus französischen und Rheinbundtruppen aufzustellen. In den taktisch-technischen Daten der Waffen unterschieden sich die kämpfenden Armeen nur geringfügig voneinander. Die Bewaffnung der preußischen Truppen blieb aber uneinheitlich, obwohl es dank den Bemühungen von Scharnhorst gelang, bis Kriegsbeginn unter Überwindung größter Schwierigkeiten eine beträchtliche Anzahl von Waffen zu beschaffen. An Kavallerie waren die Verbündeten zahlenmäßig überlegen.

Mitte März begann der Vormarsch der Verbündeten zur Elbe und Saale. Als Napoleon Ende April mit einer neuaufgestellten Armee (etwa 130000 Mann) aus dem Raum Erfurt heranrückte, traten Scharnhorst und der nach dem Tode Kutusows den Oberbefehl führende Wittgenstein für eine Schlacht ein. Trotz geringerer Kräfte rechneten sie dabei vor allem auf die moralische Überlegenheit und das Übergewicht an Kavallerie. Bei → *Großgörschen 1813* (2. 5.) errang Napoleon den politisch dringend benötigten Sieg. Die Verbündeten konnten sich geordnet zurückziehen. Scharnhorst erlitt in der Schlacht eine Verwundung, an deren Folgen er am 28. 6. 1813 starb. Der weitere Rückzug war maßgeblich dadurch bestimmt, die Fühlung mit Österreich nicht zu verlieren und dessen Eingreifen an der Seite der Verbündeten zu erleichtern. Mitte Mai bezogen die Verbündeten eine ausgedehnte Stellung auf dem rechten Spreeufer bei Bautzen. Ihre Gesamtstärke betrug hier rd. 96000 Mann, während Napoleon über fast 190000 Mann verfügte. Am 20./21. 5. kam es zur Schlacht zwischen den beiderseitigen Hauptkräften. Die Franzosen blieben erneut erfolgreich, hatten aber nahezu doppelt so hohe Verluste wie die Verbündeten (25000 gegenüber 15000 Mann). Die russisch-preußische Armee ging in voller Ordnung nach Schlesien zurück. Napoleon hatte nur einen taktischen Sieg erringen können, seine strategischen Ziele waren gescheitert. Die vereinigten russischen und preußischen Truppen hatten sich insgesamt, von den Volksmassen unterstützt, behauptet und besaßen noch große Kraftreserven. Außerdem entwickelte sich die politische Lage zu ihren Gunsten, denn der Beitritt Schwedens und Österreichs zur Koalition stand unmittelbar bevor.

Beide Seiten bedurften dringend einer Kampfpause zur Reorganisation ihrer Armeen. Deshalb wurde der Vorschlag Österreichs zu Verhandlungen angenommen und am 4. 6. 1813 in Pläswitz ein Waffenstillstand geschlossen, der schließlich bis zum 10. 8. dauerte. Die Bedingungen lauteten: Räumung Breslaus durch die französische Besatzung; Festlegung einer zwischen 20 und 40 km breiten neutralen Zone von der böhmischen Grenze bis zur Oder; Rückzug aller verbündeten Truppen aus den westelbischen Gebieten bis 12. 6. Der Waffenstillstand rief unter den patriotischen Kreisen Preußens große Sorge hervor, weil er einen Kompromißfrieden mit Napoleon anzukündigen schien. Die einflußreichen Kräfte am preußischen Hof, die eher Zugeständnisse machen als den Kampf weiterführen wollten, konnten sich jedoch nicht durchsetzen. Während der Waffenruhe ergänzten beide Seiten ihre Rüstungen. In Preußen wurden die Linieneinheiten aufgefüllt und die Aufstellung und Ausrüstung der Landwehr unter Überwindung größter Hemmnisse vollendet. Für die russische Armee trafen erhebliche Verstärkungen ein. Vor allem aber waren die Verbündeten bestrebt, neue Bundesgenossen zu gewinnen. Am 14./15. 6. kam das Bündnis mit Großbritannien zustande, und am 22. 7. trat Schweden der Koalition bei. Nach dem Scheitern seiner Verhandlungen mit Napoleon schloß sich auch Österreich am 10. 8. den Verbündeten an und erklärte am 12. 8. Frankreich den Krieg. Die Erweiterung der Koalition verstärkte ihr militärisches Potential bedeutend. Gleichzeitig verringerte sich jedoch der Einfluß der patriotischen Kräfte auf die Kriegführung zugunsten feudaldynastischer Elemente. Vom angestrebten Sieg über das napoleonische Frankreich abgesehen, verfolgten die einzelnen Koalitionspartner sehr unterschiedliche Kriegsziele. Das mußte die Kriegführung ebenso behindern wie das Fehlen eines einheitlichen Oberbefehls.

Nur unter Schwierigkeiten einigten sich die Verbündeten über den Operationsplan für den Herbstfeldzug. Als Hauptprinzip galt, mit allen Kräften auf die gegnerische Hauptmacht zu marschieren und sie anzugreifen. Wieder wurden 3 Armeen gebildet: die aus russischen, preußischen und schwedischen Truppen bestehende Nordarmee unter Kronprinz Karl Johan von Schweden (1763–1844), dem ehem. französischen Marschall Jean Baptiste Bernadotte; die Hauptarmee, die russische, preußische und österreichische Truppen umfaßte und vom österreichischen Feldmarschall Karl Philipp zu Schwarzenberg (1771–1820) befehligt wurde; die russische und preußische Truppen vereinigende Schlesische Armee unter Blücher. Dazu kam noch ein selbständiges Korps. Die französische Feldarmee stand inmitten der weit voneinander getrennten Armeen der Verbündeten in einer strategischen Stellung auf der inneren Linie. Sie zählte 427000 Mann mit 1268 Geschützen und gliederte sich in 5 Gruppierungen. Operationsbasis war der Raum Dresden. Angesichts der langen Nachschubwege nach Frankreich und der gesunkenen Disziplin und Moral seiner Truppen faßte Napoleon den Entschluß, gegenüber der Hauptarmee und der Schlesischen Armee in der Defensive zu bleiben und nur gegen die Nordarmee offensiv vorzugehen.

Als der Waffenstillstand ablief, setzte die französische Berlinarmee aus dem Raum Luckau zum Stoß auf Berlin an, wurde aber am 23. 8. bei → *Großbeeren 1813* geschlagen. Mit den Siegen im Gefecht bei Hagelberg am 27. 8. und in der Schlacht bei Dennewitz am 6. 9. vereitelte die Nordarmee endgültig den französischen Angriff auf Berlin. In diesen Kämpfen zeichneten sich die preußischen Landwehrtruppen aus. Auch die Schlesische Armee schlug am 26. 8. in der Schlacht an der → *Katzbach 1813* eine französische Gruppierung zurück. Dagegen scheiterte der Angriff der Hauptarmee auf die sächsische Hauptstadt, weil er sich in eine Reihe von Einzelunternehmungen zersplitterte. Die Schlacht von Dresden am 26./27. 8. war nur ein taktischer Erfolg der Hauptkräfte Napoleons. Die Hauptarmee der Verbündeten erlitt zwar hohe Verluste (rd. 25000 Mann) und geriet in eine schwierige Lage, erhielt jedoch durch den von Teilkräften errungenen Sieg am 29./30. 8. in der Nähe des nordböhmischen Ortes Kulm Zeit, sich wieder zu ordnen. Auch während des Herbstfeldzuges operierten Streifkorps der Verbündeten im Rükken der napoleonischen Streitkräfte. Allein im September vernichteten sie über 10000 Mann sowie zahlreiche Geschütze und Transportkolonnen des Gegners. Trotz des erfolgreichen Feldzugsverlaufs konnten sich die Verbündeten nicht zu einer energischen Offensive entschließen. Ende September ergriff die Schlesische Armee die Initiative, erkämpfte sich am 3. 10. den Elbübergang bei Wartenburg und stieß zur Saale vor. Dadurch wurden die beiden anderen Armeen der Verbündeten ebenfalls zum Vormarsch gezwungen. Napoleon gelang es nicht, die strategische Vereinigung der verbündeten Armeen zu verhindern. Bei → *Leipzig 1813* kam es vom 16. bis 19. 10. zur entscheidenden Schlacht, die mit der Zerschlagung der napoleonischen Armee endete. Napoleon mußte alle rechtsrheinischen deutschen Gebiete aufgeben. Bis Jahresende kapitulierten auch mehrere Festungen, darunter die starken Besatzungen von Dresden, Stettin, Torgau und Danzig. Der Rheinbund löste sich auf. Die Vasallen Napoleons gingen zu den Verbündeten über.

Mit dem Zusammenbruch der französischen Fremdherrschaft war der n.U. jedoch nicht beendet. Napoleon zeigte keine Friedensbereitschaft und nutzte die noch vorhandenen bedeutenden Möglichkeiten zur Aufstellung einer neuen Armee. Sie erreichte im Januar 1814 bereits eine Stärke von 115000 Mann; dazu kamen rd. 150000 Mann auf den Nebenkriegsschauplätzen. Die Verbündeten verfügten dagegen am Jahreswechsel 1813/14 über größere Kräfte als je zuvor. Die Gesamtzahl ihrer Streitkräfte betrug über 1,1 Mill. Mann, von denen 327000 Mann mit 1005 Geschützen am Rhein und in Holland standen. Obwohl die ehem. Rheinbundfürsten die Aufstellung ihrer Kontingente verzögerten und es teilweise an Bewaffnung und Ausrüstung mangelte, wären die verbündeten Truppen in der Lage gewe-

Feldarmee der Verbündeten zu Beginn des Herbstfeldzuges 1813

Armee	Befehlshaber	Stärke	Geschütze	Raum
Hauptarmee	Schwarzenberg	255000	692	Böhmen
Schlesische Armee	Blücher	105000	339	Schlesien
Nordarmee	Karl Johan von Schweden	125000	290	Brandenburg
Selbständiges Korps	Wallmoden	27000	60	Mecklenburg

Attacke eines Landwehr-Kavallerieregiments in der Schlacht bei Dennewitz, 6. September 1813

Eleonore Prohaska fällt im Gefecht an der Göhrde am 16. September 1813

sen, sofort nach Frankreich vorzustoßen. Trotzdem entstand eine Pause in den Operationen, deren Ursache in den gegensätzlichen politischen Bestrebungen der Koalitionsmächte lag. Die heftigen Meinungsverschiedenheiten über die Weiterführung des Krieges endeten mit dem Kompromiß, die Kampfhandlungen fortzusetzen, zugleich aber mit Napoleon zu verhandeln. Der Operationsplan für den Feldzug in Frankreich 1814 spiegelte wider, daß die militärischen Handlungen nur Druckmittel bildeten, um Napoleon zur Annahme der Friedensvorschläge zu zwingen. Die Hauptarmee sollte nach Süden abmarschieren, den Oberrhein überschreiten und das Plateau von Langres besetzen, das als strategische Hauptposition für die Beherrschung Frankreichs angesehen wurde. Aufgabe der Schlesischen Armee war es, nach dem Übergang über den Mittelrhein die gegnerischen Kräfte zu binden, bis die Hauptarmee ihr Ziel erreicht hatte. Die Nordarmee sollte in Holland auf die linke Flanke der französischen Aufstellung wirken. Generalfeldmarschall Blücher und sein Generalstabschef, Generalleutnant August Neidhardt von Gneisenau (1760–1831), konnten sich mit ihrer Forderung nach einer Offensive auf Paris nicht durchsetzen.

Am 20. 12. 1813 begann die Hauptarmee den Übergang über den Rhein. 3 Korps und die österreichischen Reserven, insgesamt 75000 Mann, überschritten den Fluß bei Schaffhausen; 2 Korps mit 60000 österreichischen, württembergischen und bayrischen Truppen drangen in das Oberelsaß ein, und 1 russisches Korps mit 21000 Mann sollte Kehl und Straßburg beobachten und später einschließen. Die 82000 Mann zählende Schlesische Armee setzte in der Neujahrsnacht bei Kaub über den Rhein. Auf ihrem Vormarsch traf sie auf keinen größeren Widerstand, mußte aber Truppen zur Einschließung von Mainz sowie der Mosel- und Saarfestungen zurücklassen. Um die bei Langres stehengebliebene Hauptarmee mitzureißen, stieß Blücher mit seinen Truppen

Erstürmung der Schäferei Auenhain in der Schlacht bei Leipzig, 16. Oktober 1813

von Nancy aus, das am 17. 1. eingenommen worden war, an die Aube vor. Unterdessen hatte Napoleon die zwischen Marne und Aube verfügbaren Kräfte (etwa 42000 Mann) konzentriert. Am 29. 1. griff er bei Brienne-le-Château die Schlesische Armee an, die sich nach erbittertem Kampf auf die Hauptarmee zurückzog. Durch Teilkräfte der Hauptarmee verstärkt, konnte die Schlesische Armee aber am 1. 2. in der Schlacht bei La Rothière die Franzosen zum Rückzug zwingen. Napoleon entging hier einer vernichtenden Niederlage, weil Schwarzenberg aus politischen Erwägungen nicht seine ganze Armee einsetzte. Doch Napoleon zeigte sich auf dem am 5. 2. in Châtillon-sur-Seine eröffneten Friedenskongreß unnachgiebig. Er nutzte vielmehr den Vorteil der inneren Linie und errang zwischen dem 10. und 18. 2. mehrere Erfolge über die Truppen der Verbündeten. Während das Hauptquartier dem Drängen der österreichischen Führung auf einen Rückzug nachgab, setzte das Kommando der Schlesischen Armee die Trennung von der Hauptarmee und eigene Vorwärtsbewegungen auf Paris durch. Die Schlesische Armee ging zunächst hinter die Aisne zurück, um 2 heranrückende Korps aufzunehmen. In der Schlacht bei Laon am 9./10. 3. wies sie erfolgreich den Angriff Napoleons ab, der ihr mit seinen Hauptkräften gefolgt war. Napoleon wandte sich dann gegen die Hauptarmee. Diese hatte am 27. 2. französische Teilkräfte bei Bar-sur-Aube geschlagen und war wieder langsam vorgerückt. Am 20./21. 3. kam es bei Arcis-sur-Aube zu hartnäckigen Gefechten, die mit dem Rückzug der Franzosen endeten. Die Verbündeten marschierten nun konzentrisch auf Paris. Sie besiegten am 30. 3. die Verteidigungskräfte und zogen am folgenden Tag in die Stadt ein. Napoleon dankte am 6. 4. ab und erhielt die Insel Elba als souveränes Fürstentum zugewiesen.

Mit dem Sturz Napoleons erreichte die Koalition ihr Kriegsziel. Die Siegermächte restaurierten die Herrschaft der Bourbonen und bestimmten im ersten Pariser Frieden vom 30. 5. 1814 für Frankreich im wesentlichen die Grenzen von 1792. Die Niederlage des französischen Kaiserreiches war einerseits bedingt durch die gewaltige Überlegenheit der Verbündeten, andererseits durch die Erschöpfung des Landes und die Abkehr der Bevölkerung vom napoleonischen Regime. Der gerechte Charakter des n.U. war auch durch die Fortsetzung des Kampfes auf französischem Territorium erhalten geblieben, obwohl sich seine reaktionären Elemente bedeutend verstärkt hatten. Der Sturz Napoleons war ein objektives Erfordernis, um die nationale Unabhängigkeit zu sichern. Die mit dem n.U. verbundene Hoffnung der deutschen Patrioten auf Überwindung der feudalstaatlichen Zersplitterung erfüllte sich nicht. Der Sieg stärkte jedoch das Vertrauen der Volksmassen in die eigene Kraft und entwickelte das Verständnis für die Notwendigkeit eines einheitlichen bürgerlichen Nationalstaates. Der n.U. forderte hohe Opfer. Nach Schätzungen verloren die preußisch-deutschen und österreichischen Truppen über 176000 und die russische Armee etwa 121000 Mann an Gefallenen und Verwundeten. Im n.U. hatten die bürgerlichen Militärreformen ihre Bewährungsprobe bestanden. Die preußische Armee war getragen vom Opfermut und von der patriotischen Begeisterung des Volkes und bewies hohe moralische und kämpferische Qualitäten. In den erbittert geführten Kämpfen zeichneten sich auch die Landwehrmänner aus. Der n.U. bereicherte die Erfahrungen, die die Koalitionskriege insgesamt für das Militärwesen vermittelten. Vor allem setzte sich die bürgerliche → *Kriegskunst* allgemein durch, und das schon ansatzweise entwickelte bürgerliche Kriegsbild erfuhr eine stärkere Ausprägung. Völlig neu war das Zusammenwirken großer selbständiger Armeen, die sich gegenseitig unterstützten und unmittelbar vor der gegnerischen Hauptmacht vereinigen sollten. Der n.U. und die in ihm begründete Waffenbrüderschaft deutscher und russischer Soldaten gehören zu den → *militärischen Traditionen der DDR. (s. Abb. S. 53, 185, 1003)*

Nationaler Verteidigungsrat der DDR: staatliches Führungsorgan, das auf der Grundlage der hierzu erlassenen Gesetze der Volkskammer sowie gefaßten Beschlüsse des Staatsrates die zentrale Leitung aller Verteidigungs- und Sicherheitsmaßnahmen der DDR wahrnimmt.

Am 10. 2. 1960 beschloß die Volkskammer der DDR das Gesetz über die Bildung des N.V., das mit sofortiger Wirkung in Kraft trat. Es trug den wachsenden Anforderungen des bewaffneten Schutzes Rechnung. Infolge der revolutionären Veränderungen im Militärwesen und der Verschärfung der internationalen Lage durch forcierte Kriegsvorbereitungen der NATO wurden weitergehende Maßnahmen für eine zuverlässige Landesverteidigung der DDR dringend erforderlich. Dabei kam ihrer zentralen Leitung durch ein staatliches Führungsorgan vorrangige Bedeutung zu. Nur dadurch war die Einheit von Politik, Ökonomie, Ideologie und Landesverteidigung umfassend zu gewährleisten.

Der N.V. setzt sich aus dem Vorsitzenden sowie mindestens 12 Mitgliedern zusammen. Die Volkskammer wählt den Vorsitzenden, die Mitglieder werden vom Staatsrat der DDR berufen. In Anbetracht der großen Verantwortung des N.V. für die Verteidigungsfähigkeit des Landes wird der Generalsekretär (vordem Erster Sekretär) des ZK der SED mit der Funktion des Vorsitzenden betraut. Von 1960 bis 1971 war es Walter Ulbricht (1893–1973), seit 1971 Erich Honecker (geb. 1912). Der Vorsitzende leitet die Arbeit des zentralen staatlichen Führungsorgans auf der Grundlage eines vom N.V. beschlossenen

Statutes. Für seine Tätigkeit ist der N.V. der Volkskammer und dem Staatsrat der DDR verantwortlich. In Zusammenarbeit mit anderen staatlichen Organen lenkt und koordiniert der N.V. die erforderlichen Maßnahmen zur gebotenen komplexen Entwicklung der modernen, sozialistischen Landesverteidigung der DDR, abgestimmt mit der Verteidigungspolitik der anderen sozialistischen Staaten im Rahmen des Warschauer Vertrages. Unter Berücksichtigung bisheriger Erfahrungen und künftiger Erfordernisse für den zuverlässigen Schutz von Sozialismus und Frieden wurden im neugefaßten Verteidigungsgesetz der DDR vom 13. 10. 1978 (→ *Recht der Landesverteidigung der DDR*) Stellung, Aufgaben und Befugnisse des N.V. präzisiert. Der N.V. trifft zur Gewährleistung der Landesverteidigung die erforderlichen Festlegungen. So erließ er als Folgebestimmungen zum Wehrdienstgesetz vom 25. 3. 1982 (→ *Gesetz über den Wehrdienst in der DDR 1982*) die Einberufungsordnung; die Dienstlaufbahnordnungen sowie die Reservistenordnung. Die Anordnungen und Beschlüsse des N.V. sind für alle staatlichen und wirtschaftsleitenden Organe, Betriebe, Einrichtungen, gesellschaftlichen Organisationen und Bürger rechtsgültig. Damit werden die zentrale Leitung der gebotenen Verteidigungs- und Sicherheitsmaßnahmen, die persönliche Verantwortung der Leiter in den verschiedenen Bereichen der Gesellschaft sowie die unmittelbare Teilnahme der Werktätigen der DDR gewährleistet. Die dem N. V. durch Gesetz übertragenen Aufgaben und Befugnisse entsprechen in Übereinstimmung mit der Verfassung den Erfordernissen einer einheitlichen Landesverteidigung auch im Verteidigungszustand.

Nationale Volksarmee der DDR (NVA): stärkstes bewaffnetes Machtorgan der DDR, das im Klassen- und Waffenbündnis der Streitkräfte der Teilnehmerstaaten des Warschauer Vertrages die sozialistische Ordnung und das friedliche Leben der Bürger der DDR und aller Staaten der sozialistischen Gemeinschaft gegen jegliche Angriffe der aggressiven Kräfte des Imperialismus und der Reaktion schützt und die Souveränität der DDR, ihre territoriale Integrität sowie die Unverletzlichkeit ihrer Grenzen und ihrer staatlichen Sicherheit gewährleistet.

Die Gründung der NVA erfolgte gemäß dem «Gesetz über die Schaffung der Nationalen Volksarmee und des Ministeriums für Nationale Verteidigung» vom 18. 1. 1956. Staatsrechtliche Grundlage dafür bildete die von der Volkskammer am 26. 9. 1955 beschlossene Ergänzung der Art. 5 und 112 der Verfassung der DDR vom 7. 10. 1949. Der Dienst zum Schutze des Vaterlandes und der Errungenschaften der Werktätigen wurde zu einer ehrenvollen nationalen Pflicht der Bürger der DDR erklärt. Die Entwicklung der internationalen Lage Mitte der 50er Jahre, insbesondere die Eingliederung der BRD in die aggressive → *NATO* und die Aufstellung der → *Bundeswehr der BRD* erforderten, die Verteidigungsfähigkeit der DDR durch den Aufbau nationaler Streitkräfte grundlegend zu erhöhen und zum gemeinsamen Schutz der sozialistischen Staatengemeinschaft beizutragen. Die SED hatte diese Notwendigkeit auf der 25. Tagung ihres ZK im Oktober 1955 ausführlich begründet. Auf ihrer 3. Parteikonferenz im März 1956 legte sie dar, daß sich die NVA als Armee der Arbeiter-und-Bauern-Macht sowohl hinsichtlich ihres politischen Charakters als auch ihrer Aufgaben von der Bundeswehr der BRD als einem Machtinstrument des Monopolkapitals grundsätzlich unterscheidet. Von Anfang an entwikkelte sich die NVA als Bestandteil des → *Warschauer Verteidigungsbündnisses.* Offiziellen Ausdruck fand dies in dem Beschluß des Politischen Beratenden Ausschusses der Teilnehmerstaaten des Warschauer Vertrages vom 27./28. 1. 1956, entsprechend dem Vorschlag der DDR-Delegation nach Schaffung der NVA bewaffnete Kontingente in die Vereinten Streitkräfte einzubeziehen. Auf der Grundlage der Verfassungsergänzung und des Gesetzes vom 18. 1. 1956 faßte der Ministerrat der DDR am 9. 2. 1956 Beschlüsse über die Bildung und Struktur des Ministeriums für Nationale Verteidigung, über die Bildung der Militärbezirke, der Stäbe der Luftstreitkräfte, der Luftverteidigung und der Seestreitkräfte sowie über die Besetzung der leitenden Dienststellungen. Er bestätigte die «Grundsätze für die Ausarbeitung der Strukturen, Stellenpläne und Ausrüstungsnachweise für die Nationale Volksarmee».

Gemäß dem Befehl Nr. 1 des Ministers für Nationale Verteidigung vom 10. 2. 1956 begann die Aufstellung der NVA. Am 1. 3. 1956 nahmen das Ministerium für Nationale Verteidigung, die Stäbe der Luftstreitkräfte, der Seestreitkräfte sowie der Militärbezirke ihre Tätigkeit auf; es erfolgte die Formierung der ersten Einheiten. Der 1. März wird seitdem in der DDR als Tag der Nationalen Volksarmee begangen. An die Spitze der NVA stellten das ZK der SED und die Führung des Arbeiter-und-Bauern-Staates Generale und Admirale, die sich in den Klassenkämpfen gegen den Imperialismus, Faschismus und Militarismus bewährt und hervorragenden Anteil am Aufbau der bewaffneten Kräfte der DDR, der Volkspolizei, hatten. Dazu gehörten die Minister für Nationale Verteidigung der DDR Willi Stoph (geb. 1914), Heinz Hoffmann (1910–1985) und Heinz Keßler (geb. 1920), Minister seit 3. 12. 1985, sowie Friedrich Dickel (geb. 1913), Rudolf Dölling (1902–1975) und Waldemar Verner (1914–1982).

80 % der Offiziere sowie 40 % der Unteroffiziere und 10 % der Soldaten waren Mitglieder und Kandidaten der SED. 81,5 % der Offiziere entstamm-

ten der Arbeiterklasse, 3,1 % der werktätigen Bauernschaft. Die Auffüllung und Ergänzung der NVA erfolgten nach dem Freiwilligenprinzip. Vor allem klassenbewußte junge Arbeiter stärkten die Reihen der Armee. Fast alle jugendlichen Armeeangehörigen gehörten der FDJ an. Die geschaffenen Politorgane und Parteiorganisationen der SED gewährleisteten die führende Rolle der marxistisch-leninistischen Partei in der NVA. Damit wurde von Anfang an dem obersten Prinzip des Aufbaus sozialistischer Streitkräfte entsprochen. Mit der NVA entstand zum ersten Mal in der Geschichte des deutschen Volkes eine Armee sozialistischen Typs. Von ihrer Entstehung an ist die NVA fest mit der Arbeiterklasse und den anderen Werktätigen der DDR verbunden und erfüllt ihre Aufgaben Schulter an Schulter mit den Waffenbrüdern der Sowjetunion und der anderen sozialistischen Bruderländer. In ihr verkörpern sich zugleich die progressiven und revolutionären militärischen Traditionen des deutschen Volkes, besonders der Arbeiterklasse und deren Kampfpartei (→ *militärische Traditionen der DDR*). Im Rahmen einer von der Sowjetunion Mitte der 50er Jahre initiierten Friedensoffensive wurde in Abstimmung mit einer Verringerung der Streitkräfte der UdSSR und der Truppen anderer sozialistischer Länder auf Beschluß des Ministerrates der DDR vom 28. 6. 1956 die ursprünglich festgelegte Stärke der NVA von 120000 auf 90000 Mann herabgesetzt. Ende 1956 bestanden die → *Landstreitkräfte der NVA (LaSK)* aus 2 Militärbezirken, in Leipzig und Neubrandenburg, mit unmittelbar unterstellten Truppenteilen und Einheiten, mot. Schützen- und Panzerverbänden; die Luftstreitkräfte und die Luftverteidigung – später → *Luftstreitkräfte/Luftverteidigung der NVA (LSK/LV)* – mit dem Kommando in Eggersdorf bei Strausberg aus den Fliegerkräften, der Flakartillerie und den Funktechnischen Truppen; die Seestreitkräfte – später → *Volksmarine der NVA (VM)* – mit dem Kommando in Rostock aus Flottillen. Mehrere Faktoren begünstigten die Bildung der NVA. Die führende Kraft der Arbeiterklasse, die SED, hatte bereits bedeutende Erfahrungen bei der Errichtung der Grundlagen des Sozialismus gewonnen und war in der Lage, die Leninsche Lehre vom Schutz des sozialistischen Vaterlandes auf die konkreten Bedingungen in der DDR anzuwenden. Die beim sozialistischen Aufbau erzielten Ergebnisse stellten wichtige politische, ökonomische und ideologische Voraussetzungen auch für die Schaffung von Streitkräften sozialistischen Typs dar. In der → *Kasernierten Volkspolizei (KVP)* besaß die DDR ein bewaffnetes Organ, das als Kaderreservoir für die aufzustellenden Streitkräfte dienen konnte. Schließlich war die Hilfe, die

Parteiversammlung vor der Erfüllung einer Gefechtsaufgabe

Gliederung der NVA

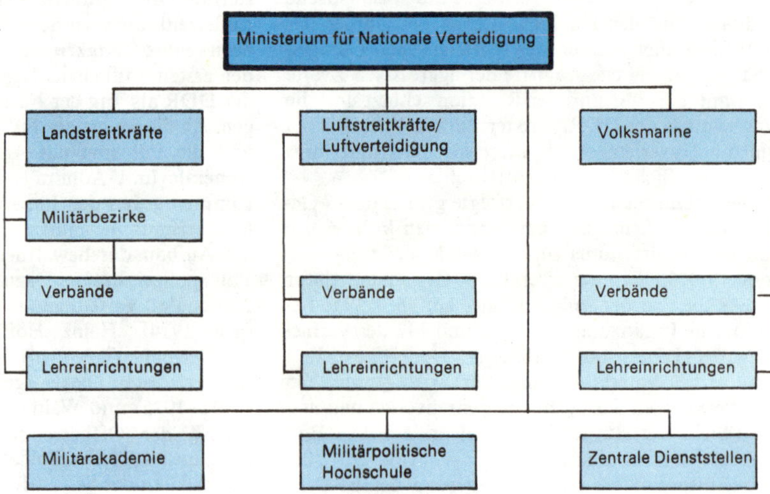

die Sowjetarmee in jeder Hinsicht erwies, ein bedeutender Vorzug. Auch die Erfahrungen der anderen Staaten des Warschauer Vertrages beim Aufbau sozialistischer Streitkräfte waren von großem Wert.

Die NVA unternahm alle Anstrengungen, ein kampfstarker, ebenbürtiger Teil der Vereinten Streitkräfte zu werden. In Verwirklichung der vom Politbüro des ZK der SED bestätigten Parteiinstruktionen vom 21. 5. 1957 und vom 17. 6. 1958, vor allem aber des Politbürobeschlusses «Über die Rolle der Partei in der Nationalen Volksarmee» vom 14. 1. 1958 wurden die führende Rolle der Partei in der Armee erhöht und die Parteiarbeit auf die Gefechtsbereitschaft ausgerichtet, die militärische Einzelleitung als Einheit von politischer und militärischer Führung gefestigt, die Truppenführung als Menschenführung begriffen und die Beziehungen zwischen der NVA und den Hauptbereichen der Gesellschaft erweitert. Die Kommandeure, Politorgane, Partei- und FDJ-Organisationen leisteten eine angestrengte Arbeit, um die Armeeangehörigen zur Treue gegenüber der Partei der Arbeiterklasse und der Arbeiter-und-Bauern-Macht sowie zu hoher Einsatzbereitschaft für den Sozialismus, gegen seine Feinde zu erziehen. Geleitet von der Losung «Von der Sowjetarmee lernen heißt siegen lernen», entwickelten die Soldaten, Unteroffiziere und Offiziere vielfältige Initiativen, um die Kampfkraft der Einheiten und Truppenteile zu erhöhen, dabei insbesondere die ihnen anvertrauten Waffen und Kampftechnik zu meistern. Die Landstreitkräfte wurden in jener Zeit mit sowjetischer Hilfe so ausgerüstet, daß Beweglichkeit, Manövrierfähigkeit und Feuerkraft den ihnen gestellten Aufgaben entsprachen. Charakteristisch dafür waren die Ausstattung mit modernen Typen des bewährten sowjetischen Panzers T-34, die Einführung des T-54 und die beginnende Ausrüstung mit automatischen Schützenwaffen. In den Luftstreitkräften/Luftverteidigung vollzog sich der Übergang zu Strahlflugzeugen der Typen MiG-15 und MiG-17. Die Seestreitkräfte erhielten Küstenschutzschiffe und Torpedoschnellboote sowjetischer Produktion. Vom gestiegenen Ausbildungsstand zeugten erste Kommandostabs- und Truppenübungen mit Stäben und Truppen der → *Gruppe der Sowjetischen Streitkräfte in Deutschland (GSSD)* und Teilen der Baltischen Flotte der UdSSR in den Jahren 1956 und 1957. In Anerkennung der erzielten Ergebnisse bei der Erhöhung der Kampfkraft und Gefechtsbereitschaft sowie im Hinblick auf größere Aufgaben bestätigte der Politische Beratende Ausschuß auf seiner Tagung am 24. 5. 1958 die Einbeziehung der Truppen der NVA in die Vereinten Streitkräfte. Für die NVA ergab sich daraus, noch wirkungsvoller zum kollektiven Schutz des Sozialismus beizutragen. Ihre Gliederung und Struktur, Bewaffnung und Ausrüstung wurden vervollkommnet. Gleichzeitig waren größere Anforderungen an die Erziehung und Ausbildung gestellt. Vor allem galt es, Kader mit hoher politischer und militärischer Qualifikation auszubilden. Auf Initiative der SED wurde im Januar 1959 die → *Militärakademie «Friedrich Engels»* gegründet. Die Offiziersschulen erhielten neue, anspruchsvollere Lehrprogramme und verstärkten die truppennahe Ausbildung. Richtungweisend für die Erfüllung der weiteren Aufgaben der NVA waren die vom ZK der SED am 5. 11. 1959 beschlossenen Grundsätze für die politische und militärische Arbeit. Darin wies das ZK auf die Gefahren hin, die vor allem aus dem Kurs der NATO auf beschleunigte nukleare Rüstung und dem Ausbau der Bundeswehr der BRD zur stärksten NATO-Streitmacht in Europa resultierten. Es gab eine auf Erkenntnissen der sowjetischen Militärwissenschaft beruhende Charakterisierung eines von den Imperialisten entfesselten möglichen Krieges, in dem Kernwaffen eingesetzt würden. Das ZK der SED stellte die Aufgabe, die Ausbildung auf diese Bedingungen einzustellen. Große Bedeutung für die NVA hatten die Empfehlungen des Oberkommandierenden der Vereinten Streitkräfte, die nun regelmäßig ergingen und deren Hauptinhalt in Beschlüsse der Partei- und Staatsführung sowie in Befehle des Ministers für Nationale Verteidigung einging. Gestützt auf neueste Erkenntnisse der sozialistischen Militärwissenschaft, nahm die → *militärwissenschaftliche Arbeit in der NVA* mehr und mehr Einfluß auf alle Seiten des militärischen Lebens und förderte die Lösung herangereifter Fragen. Dazu wurden das Verlags-, Bibliotheks- und Archivwesen ausgebaut (→ *Militärverlag der DDR (VEB)*, → *Militärbibliothek der DDR*, → *Militärarchiv der DDR*). Ergebnisse der militärge-

Mot. Schützen bei einer Übung

schichtswissenschaftlichen Arbeit (→ *Militärgeschichtliches Institut der DDR*) wurden zu einer wichtigen Quelle der klassenmäßigen Erziehung der Armeeangehörigen und der Führungstätigkeit. Zunehmende Bedeutung im militärischen Leben erlangte die kulturelle Arbeit. Bis Anfang der 60er Jahre waren die Fähigkeiten der Soldaten, Unteroffiziere und Offiziere, im Falle einer imperialistischen Aggression Seite an Seite mit ihren Waffenbrüdern gemeinsame Aufgaben zu erfüllen, sichtbar gewachsen. Das zeigte sich vor allem bei den gemeinsamen Übungen von Verbänden der Seestreitkräfte, denen im Oktober 1960 anläßlich des 42. Jahrestages des Kieler Matrosenaufstandes 1918 der verpflichtende Name «Volksmarine» verliehen wurde, der Baltischen Flotte der UdSSR und der Polnischen Seekriegsflotte, von Verbänden der Landstreitkräfte und der Luftstreitkräfte/Luftverteidigung der NVA sowie von Truppen der GSSD. Auf dem Wege zu einer modernen, sozialistischen Armee hatte sich die NVA erfolgreich entwickelt. Bei der → *Sicherung der Staatsgrenzen der DDR 1961* und des Friedens im Zentrum Europas bewährte sich die NVA im Zusammenwirken mit den Kampfgruppen der Arbeiterklasse, der Deutschen Grenzpolizei, der Deutschen Volkspolizei und den Truppen der GSSD. Die Armee als Instrument des sozialistischen Arbeiter-und-Bauern-Staates wurde ihrer friedenserhaltenden Funktion gerecht.

Mit Beginn der 60er Jahre trat die NVA in eine neue Entwicklungsetappe ein. Ihr Ausbau stand im Zeichen der verstärkten militärischen Zusammenarbeit der Staaten des Warschauer Vertrages wie auch der revolutionären Veränderungen im Militärwesen. In dem Gesetz zur Verteidigung der DDR 1961, dem Gesetz über die allgemeine Wehrpflicht 1962, vor allem aber in den Beschlüssen des VI. Parteitages der SED 1963 (→ *Militärpolitik der SED*) waren die grundlegenden Orientierungen hierfür enthalten. Die mit dem Sieg der sozialistischen Produktionsverhältnisse und der Sicherung der Staatsgrenzen gewachsenen wirtschaftlichen, politischen und ideologischen Potenzen wurden beim umfassenden Aufbau des Sozialismus in der DDR auch für die Stärkung der Verteidigungskraft genutzt, um den imperialistischen Gegner in die Schranken zu weisen. Dieser setzte auf Gewalt und Annexion, stützte sich vor allem auf sein Kernwaffenpotential und ging nun auch mit flexibleren Methoden gegen den realen Sozialismus vor. Die gesetzlichen Grundlagen der DDR (→ *Recht der Landesverteidigung der DDR*) entsprachen diesen neuen Erfordernissen und Möglichkeiten. Sie trugen der engen Verbindung von Landesverteidigung und allen anderen Bereichen des staatlichen und gesellschaftlichen Lebens Rechnung sowie der Notwendigkeit, die Armee, das Land und das ganze Volk auf die Abwehr einer imperialistischen Aggression vorzubereiten. Das Verteidigungsgesetz schuf Voraussetzungen für die planmäßige materiell-technische Sicherstellung der Streitkräfte durch die Volkswirtschaft. Mit dem Wehrpflichtgesetz wurde auch in der DDR die für sozialistische Verhältnisse zweckmäßigste Form der Auffüllung und Ergänzung der Armee angewandt, um die jungen wehrfähigen Bürger systematisch militärisch auszubilden. Die → *sozialistische Wehrerziehung der Bevölkerung der DDR* wirkte entscheidend darauf ein, den militärischen Schutz zur Sache des ganzen Volkes zu machen. Diese Schritte entsprachen der wachsenden Rolle der Volksmassen beim umfassenden Aufbau der sozialistischen Gesellschaft und trugen zur Entfaltung der Initiative aller Bürger für die Stärkung der Verteidigungskraft des Sozialismus bei.

Die Kampfkraft und Gefechtsbereitschaft der NVA wurden in gebotenem Maße erhöht; denn sie mußte fähig sein, im Zusammenwirken mit der Sowjetarmee und den anderen sozialistischen Bruderarmeen einem plötzlichen nuklearen Überfall des imperialistischen Gegners – die gefährlichste Variante der Kriegsentfesselung – zu begegnen und den Aggressor zu zerschlagen. Sie mußte aber auch in der Lage sein, unter konventionellen Bedingungen Kampfhandlungen zu führen. Der Ausbau der NVA erfolgte schrittweise und abgestimmt mit der UdSSR und den anderen sozialistischen Bruderländern. Entsprechend einer einheitlichen Konzeption für die Vereinten Streitkräfte der Teilnehmerstaaten des Warschauer Vertrages wurden zuerst die Kräfte der Luftverteidigung der NVA mit Raketenwaffen sowjetischer Konstruktion ausgerüstet. Außerdem wurden die wichtigsten herkömmlichen Waffengattungen mit neuen technischen Kampfmitteln versehen. Fortan gehörten zum Bestand der NVA Panzer vom Typ T-55, verbesserte Schützenpanzerwagen und

a

b

a «Bestenabzeichen» der NVA; seit 1964 (diese Ausführung bis 1972), Anhänger für wiederholte Verleihung ab 1968

b «Leistungsabzeichen der Nationalen Volksarmee»; seit 1956 (diese Ausführung ab 1960)

Schwimmpanzer, moderne Geschoßwerfer, Panzerabwehrlenkraketen; Fliegerabwehrraketen, Überschallflugzeuge MiG-19 und MiG-21; Raketen- und Torpedoschnellboote, U-Jagdschiffe sowie Landungsschiffe. In Verbindung damit vollzogen sich auch organisatorische Veränderungen. Bei den Landstreitkräften der NVA wurden die Raketentruppen mit der Artillerie sowie die Truppenluftabwehr selbständige Waffengattungen. Die Luftstreitkräfte/Luftverteidigung bildeten Luftverteidigungsdivisionen. Die Volksmarine strukturierte auf der Basis neugeschaffener selbständiger Raketen- und Torpedoschnellbootsformationen die Stoßkräfte um. Ausgehend von den Erkenntnissen der sowjetischen Militärwissenschaft und den Ergebnissen der militärwissenschaftlichen Konferenz der NVA am 4./5. 6. 1962, wurden für die Gefechtsausbildung wichtige Schlußfolgerungen gezogen, die sich aus den Anforderungen eines modernen Krieges ergaben. Es galt, das Niveau der Taktikausbildung zu erhöhen. Die ideologische Arbeit war auf die Erziehung sozialistischer Soldatenpersönlichkeiten und sozialistischer Kollektive in der NVA gerichtet. Im Mittelpunkt standen die Ausprägung des Klassen- und Staatsbewußtseins der NVA-Angehörigen im Geiste der untrennbaren Einheit von sozialistischem Patriotismus und proletarischem Internationalismus, die Vertiefung der sozialistischen Beziehungen zwischen Vorgesetzten und Unterstellten sowie die Stärkung der militärischen Disziplin und Wachsamkeit. Zu neuen Höhepunkten und Bewährungsproben gestaltete sich das Zusammenwirken mit den Klassen- und Waffenbrüdern. In dem Manöver → *«Quartett» 1963*, der ersten Übung von Kräften der NVA, der Sowjetarmee und weiterer im Warschauer Vertrag zusammengeschlossener Streitkräfte auf dem Territorium der DDR, handelten die eingesetzten Truppen entsprechend den Merkmalen moderner Operationen und Gefechte. Die NVA bewies dabei, daß sie sich als moderne, sozialistische Armee an der Seite der mit ihr verbündeten Streitkräfte weiterentwickelt hatte.

Auf der Grundlage des vom VI. Parteitag der SED beschlossenen Programms und Statuts, der vom Politbüro des ZK der SED Ende 1962 festgelegten Grundsätze für die politische und militärische Arbeit in der NVA und der am 5. 11. 1963 bestätigten Parteiinstruktion steigerten die Kommandeure, Politorgane, Partei- und FDJ-Organisationen ihre Aktivität, um die Kampfkraft und Gefechtsbereitschaft der Streitkräfte zu erhöhen. Geleitet von der Direktive über den sozialistischen Wettbewerb in der NVA vom 23. 3. 1964, rangen die Armeeangehörigen darum, die Normen in der Gefechtsausbildung und Gefechtsbereitschaft zu erreichen bzw. zu unterbieten, die Waffen und Geräte bestmöglich zu warten und sie meisterhaft zu beherrschen. Um die Kommandeure und anderen Offiziere noch besser für die Lösung der Aufgaben zu befähigen, wurden weitere Maßnahmen zur Qualifizierung der Kader eingeleitet. Dazu gehörte der Ausbau der Militärakademie «Friedrich Engels», die nun Offiziere zur Verwendung in allen Teilstreitkräften ab Truppenteil aufwärts ausbildete. Die Einführung eines einheitlichen

Einheit der Truppenluftabwehr

Panzertruppen mit mittleren Panzern vom Typ T-55

Torpedoschnellboote der Volksmarine

Weiterbildungssystems für Offiziere führte zur Vertiefung der politischen, militärischen, militärtechnischen, naturwissenschaftlichen und pädagogischen Kenntnisse und Fähigkeiten. Die Umbildung bzw. Neuprofilierung der Offiziersschulen war ein wichtiger Schritt, um die künftigen Offiziere besser auf ihre Tätigkeit in der ersten und zweiten Offiziersdienststellung vorzubereiten. Die Verbände und Truppenteile kämpften erfolgreich darum, die Zeit zur Herstellung der Gefechtsbereitschaft und zur Erfüllung der ersten Gefechtsaufgaben zu verkürzen. Mit sowjetischer Hilfe wurden die weitgehende Mechanisierung und teilweise Automatisierung der Truppenführung eingeleitet. Zugleich wurden die weltanschauliche Grundhaltung der Soldaten, Matrosen, Unteroffiziere und Offiziere, ihre Verbundenheit mit der Arbeiterklasse und ihrer marxistisch-leninistischen Partei, der SED, ihre Treue zum sozialistischen Vaterland, der DDR, ihre Freundschaft zur Sowjetunion und zu den anderen sozialistischen Bruderländern sowie ihre Bereitschaft zum bewaffneten Schutz des Sozialismus und des Friedens gefestigt.

Auf der Grundlage weiterer Forderungen der Partei- und Staatsführung, die → *Landesverteidigung der DDR* komplex zu organisieren, erhöhte die NVA ihre Kampffähigkeit auch durch die engere Zusammenarbeit mit den → *Grenztruppen der DDR* und anderen Schutz- und Sicherheitsorganen sowie mit weiteren staatlichen und gesellschaftlichen Bereichen. In Übungen trainierten sie gemeinsam das Zusammenwirken zur Abwehr einer Aggression. In der Volkswirtschaft, den Bildungseinrichtungen und den Massenkommunikationsmitteln wurde systematisch den Erfordernissen des militärischen Schutzes und des Wehrdienstes Rechnung getragen. Die → *Gesellschaft für Sport und Technik (GST)* schuf wichtige Voraussetzungen, um in den Einheiten der NVA nach der Eingliederung neuer Wehrpflichtiger schnell die geforderte Kampfkraft und Gefechtsbereitschaft zu erreichen. In den Betrieben entwickelten sich Reservistenkollektive (→ *Reservistenordnung der DDR*). Unter Führung der SED und mit Unterstützung der staatlichen Organe und gesellschaftlichen Organisationen wurde die NVA noch fester in der sozialistischen Ordnung verwurzelt, die Landesverteidigung immer mehr zur Sache des ganzen von der Arbeiterklasse geführten Volkes. In weiteren Übungen und Manövern der Vereinten Streitkräfte, vor allem bei → *«Oktobersturm» 1965* in der DDR, «Moldau» 1966 in der ČSSR, «Oder-Neiße» 1969 in der VR Polen und → *«Waffenbrüderschaft» 1970* auf dem Gebiet der DDR, stellte die NVA ihre gestiegenen Fähigkeiten unter Beweis. Diesen großen Übungen lagen unterschiedliche, die flexible Aggressionsstrategie der NATO berücksichtigende Varianten des bewaffneten Kampfes zugrunde. Die gestellten Aufgaben waren in hohem Maße den zu erwartenden Gefechtsbedingungen angenähert. Im Zusammenwirken der Vereinten Streitkräfte bewährten sich auch die feste Verankerung der NVA im sozialistischen Klassen- und Waffenbündnis und die enge Freundschaft der Werktätigen der DDR mit den verbündeten Streitkräften. Dank der gefestigten politischen und militärischen Einheit und Geschlossenheit der sozialistischen Staatengemeinschaft wurden der Sozialismus und der Frieden in Europa zuverlässig geschützt. Die aggressiven Pläne der NATO und revanchistischer Kreise der BRD zur Revision der Ergebnisse des zweiten Weltkrieges und der Nachkriegsentwicklung waren gescheitert. Der Angriff auf die sozialistischen Errungenschaften der ČSSR 1968 wurde kollektiv zurückgewiesen. Das internationale Kräfteverhältnis hatte sich weiter zugunsten des Sozialismus verändert. Der Durchsetzung der Politik der friedlichen Koexistenz war dadurch der Weg geebnet worden. Dazu hatte auch die NVA als Teil der Vereinten Streitkräfte durch die Erhöhung ihrer Kampfkraft und Gefechtsbereitschaft beigetragen.

Anfang der 70er Jahre setzte auf der Grundlage der Beschlüsse des VIII. Parteitages der SED (15.–19. 6. 1971) eine neue Entwicklungsetappe der NVA ein. Der Parteitag hatte darauf orientiert, die Waffenbrüderschaft mit der Sowjetarmee und den Streitkräften der anderen Staaten des Warschauer Vertrages als das Fundament der Sicherheit des Vol-

---

Fahneneid der Angehörigen der NVA

Ich schwöre:
Der Deutschen Demokratischen Republik, meinem Vaterland, allzeit treu zu dienen und sie auf Befehl der Arbeiter-und-Bauern-Regierung gegen jeden Feind zu schützen.

Ich schwöre:
An der Seite der Sowjetarmee und der Armeen der mit uns verbündeten sozialistischen Länder als Soldat der Nationalen Volksarmee jederzeit bereit zu sein, den Sozialismus gegen alle Feinde zu verteidigen und mein Leben zur Erringung des Sieges einzusetzen.

Ich schwöre:
Ein ehrlicher, tapferer, disziplinierter und wachsamer Soldat zu sein, den militärischen Vorgesetzten unbedingten Gehorsam zu leisten, die Befehle mit aller Entschlossenheit zu erfüllen und die militärischen und staatlichen Geheimnisse immer streng zu wahren.

Ich schwöre:
Die militärischen Kenntnisse gewissenhaft zu erwerben, die militärischen Vorschriften zu erfüllen und immer und überall die Ehre unserer Republik und ihrer Nationalen Volksarmee zu wahren.

Sollte ich jemals diesen meinen feierlichen Fahneneid verletzen, so möge mich die harte Strafe der Gesetze unserer Republik und die Verachtung des werktätigen Volkes treffen.

Militärische Dienstgrade der NVA und der Grenztruppen der DDR

Dienstgradgruppen	Landstreitkräfte, Luftstreitkräfte/Luftverteidigung, Grenztruppen der DDR (außer Grenzbrigade Küste und Bootseinheiten der Grenzkommandos)	Volksmarine, Grenztruppen der DDR (nur Grenzbrigade Küste und Bootseinheiten der Grenzkommandos)
a) Soldaten	Soldat	Matrose
	Gefreiter	Obermatrose
	Stabsgefreiter	Stabsmatrose
b) Unteroffiziersschüler	Unteroffiziersschüler	Unteroffiziersschüler
	(Die Unteroffiziersschüler sind dem Dienstgrad nach den Gefreiten bzw. Obermatrosen gleichgestellt)	
c) Fähnrichschüler	Fähnrichschüler	Fähnrichschüler
	(Die Fähnrichschüler sind dem Dienstgrad nach gleichgestellt: – im 1. Jahr der Ausbildung den Unteroffizieren bzw. Maaten – im 2. Jahr der Ausbildung den Feldwebeln bzw. Meistern)	
d) Unteroffiziere	Unteroffizier	Maat
	Unterfeldwebel	Obermaat
	Feldwebel	Meister
	Oberfeldwebel	Obermeister
	Stabsfeldwebel	Stabsobermeister
e) Offiziersschüler	Offiziersschüler	Offiziersschüler
	(Die Offiziersschüler sind dem Dienstgrad nach gleichgestellt: – während der Berufs- bzw. Hochschulreifeausbildung den Soldaten bzw. Matrosen – während der Ausbildung an den Offiziershochschulen im 1. Studienjahr den Feldwebeln bzw. Meistern im 2. Studienjahr den Oberfeldwebeln bzw. Obermeistern im 3. Studienjahr den Stabsfeldwebeln bzw. Stabsobermeistern im 4. Studienjahr den Fähnrichen)	
f) Fähnriche	Fähnrich	Fähnrich
	Oberfähnrich	Oberfähnrich
	Stabsfähnrich	Stabsfähnrich
	Stabsoberfähnrich	Stabsoberfähnrich
g) Offiziere		
– Leutnante	Unterleutnant	Unterleutnant
	Leutnant	Leutnant
	Oberleutnant	Oberleutnant
– Hauptleute	Hauptmann	Kapitänleutnant
– Stabsoffiziere	Major	Korvettenkapitän
	Oberstleutnant	Fregattenkapitän
	Oberst	Kapitän zur See
– Generale	Generalmajor	Konteradmiral
	Generalleutnant	Vizeadmiral
	Generaloberst	Admiral
	Armeegeneral	Flottenadmiral

Der höchste militärische Dienstgrad in der Deutschen Demokratischen Republik ist Marschall der DDR. Die Ernennung zum Marschall der DDR erfolgt im Verteidigungszustand oder für außergewöhnliche militärische Leistungen auf Beschluß des Staatsrates der Deutschen Demokratischen Republik durch dessen Vorsitzenden.

Waffenfarben in der NVA

1. Landstreitkräfte	
mot. Schützen und Aufklärung	weiß
Raketentruppen und Artillerie, raketen- und waffentechnischer Dienst sowie Truppenluftabwehr	ziegelrot
Panzer	rosa
Pionierwesen, chemischer Dienst, Kraftfahrzeugdienst und Militärtransportwesen	schwarz
Nachrichten	gelb
Fallschirmjäger	orange
rückwärtige Dienste sowie Militärjustiz- und Finanzorgane	grün
2. Luftstreitkräfte/Luftverteidigung	
Luftstreitkräfte	hellblau
Luftverteidigung	hellgrau
3. Volksmarine	
Volksmarine	dunkelblau

Generale der Landstreitkräfte tragen hochrot, Generale der Luftstreitkräfte/Luftverteidigung hellblau, Admirale der Volksmarine dunkelblau.

kes der DDR und als Gebot des sozialistischen Internationalismus weiter zu festigen; klassenbewußte Kämpfer, die die marxistisch-leninistische Militärwissenschaft meistern, die modernen Führungsmittel, Bewaffnung und Technik beherrschen, zu erziehen und auszubilden; konsequent die führende Rolle der Partei zu verwirklichen und den Einfluß ihrer Grundorganisationen in allen Bereichen des militärischen Lebens zu erhöhen. Für die Erfüllung dieser Aufgaben waren jene Maßnahmen bedeutungsvoll, die entsprechend dem Beschluß des Politischen Beratenden Ausschusses auf seiner Budapester Tagung (17. 3. 1969) zur Vervollkommnung der Struktur und Arbeit der Führungsorgane der sozialistischen Militärkoalition durchgeführt wurden. Sie bewirkten den Übergang zu einer höheren Stufe des militärischen Zusammenwirkens und der Waffenbrüderschaft zwischen den verbündeten Staaten und Armeen. Die neue Etappe in der Entwicklung der NVA war vor allem dadurch gekennzeichnet, daß die NVA ihre Kampfkraft und ständige Gefechtsbereitschaft bei engerer Zusammenarbeit mit den verbündeten Armeen auf allen wichtigen Gebieten grundlegend erhöhte. Maßgebend dafür waren die Gestaltung der entwickelten sozialistischen Gesellschaft in der DDR, die wachsende Annäherung der verbündeten sozialistischen Völker und Nationen, die weiteren quantitativen und qualitativen Veränderungen im Militärwesen und die komplizierter werdende Auseinandersetzung zwischen Sozialismus und Imperialismus, insbesondere in Europa. Auf der Grundlage der vom Politbüro des ZK der SED Ende 1971 beschlossenen Grundsätze für die politische und militärische Arbeit in der NVA und der am 7. 3. 1972 bestätigten Parteiinstruktion verstanden es die Kommandeure, Politorgane und Parteiorganisationen, den höheren Anforderungen zu entsprechen. Dazu nutzten sie die wachsende Bewußtheit, das höhere Bildungsniveau und physische Leistungsvermögen sowie die steigende Initiative aller Armeeangehörigen. Angesichts der dauernden Gefahr einer plötzlichen Zuspitzung der internationalen Lage infolge der aggressiven Politik des Imperialismus wurden wie in den anderen verbündeten Streitkräften auch in der NVA alle Anstrengungen darauf gerichtet, bereits im Frieden einen solchen Zustand der Gefechtsbereitschaft zu erreichen und aufrechtzuerhalten, der es ermöglicht, bei einem bewaffneten imperialistischen Überfall jederzeit und unter allen Bedingungen sofort vernichtende Schläge gegen den Feind zu führen. Dazu wurden die Faktoren der Gefechtsbereitschaft in ihrer Einheit und Komplexität stärker in den Vordergrund gerückt. Besonders aus den Forderungen nach kürzeren Zeitnormen zur Herstellung einer höheren Stufe der Gefechtsbereitschaft erwuchsen höhere Ansprüche an die Verbände und Truppenteile. Die Gefechtsausbildung wurde kampfbezogener und komplexer gestaltet, ihre Effektivität erhöht. Grundlage waren neue Dienstvorschriften und Ausbildungsprogramme. Sie beruhten auf Normativen der Ausbildung und Kriterien für die Überprüfung ihrer Ergebnisse, die sich in der Sowjetarmee bewährt hatten und im Rahmen der Vereinten Streitkräfte aufgestellt worden waren. Günstig wirkte sich die Bildung des Kommandos Landstreitkräfte mit Wirkung vom 1. 12. 1972 aus. Dadurch entstanden führungsmäßig die Voraussetzungen, um die neuen Aufgaben in der zahlenmäßig stärksten Teilstreitkraft der NVA zu meistern. Untrennbar mit der Gefechtsausbildung verbunden war die truppenbezogene ideologische Arbeit der Kommandeure, Politorgane, Partei- und FDJ-Organisationen, um die Armeeangehörigen politisch-moralisch, psychisch und physisch auf die Härten eines modernen Gefechts vorzubereiten. Ein Schwerpunkt dabei war die internationalistische Erziehung, besonders zur festen Verbundenheit mit der Sowjetarmee. In enger Einheit mit der Erziehung zum sozialistischen Patriotismus half sie, daß die Armeeangehörigen besser verstanden, warum der Beitrag der NVA zur Gewährleistung der Gefechtsbereitschaft der Vereinten Streitkräfte weiter erhöht werden mußte. Wesentlich trug dazu auch die Vermittlung eines realistischen Bildes über die aggressive Rolle der Streitkräfte der USA, der BRD und anderer NATO-Mächte bei. Stimuliert wurden die Armeeangehörigen durch die verbesserten Dienst- und Lebensbedingungen, was mit dem Aufschwung der Volkswirtschaft der DDR nach dem VIII. Parteitag der SED möglich wurde. Leistungswille und Leistungsvermögen des einzelnen Kämpfers und der militärischen Kollektive zur dynamischen Entwicklung der Gefechtsbereitschaft der NVA stiegen an.

Eine Antwort auf die höheren Forderungen der Partei- und Staatsführung an die Landesverteidigung waren die Leistungen der Soldaten, Unteroffiziere, Fähnriche und Offiziere im → *sozialistischen Wettbewerb in der NVA*, der auf der Grundlage der Ordnungen vom 7. 2. 1972 und 4. 9. 1973 geführt wurde. Kennzeichnend für die Wettbewerbe waren ihre Breite, Konkretheit und Zielgerichtetheit sowie ihre Effektivität für die Kampfkraft und Gefechtsbereitschaft. Viele Anregungen dazu gingen aus Wettstreiten mit sowjetischen Truppenteilen und Einheiten hervor. Zur Basis der Wettbewerbsführung wurde das militärische Kampfkollektiv. Seit 1971/72 rufen Kompanien, Geschwader und Bootsbesatzungen zum Wettbewerb auf. Zu seiner Hauptform wurden Einzel- und Kollektivverpflichtungen. Seit Anfang der 70er Jahre erschloß er die bisher größten Reserven für gute und sehr gute Ergebnisse in der politischen und Gefechtsausbildung. Im sozialistischen Wettbewerb sind seitdem das Können des einzelnen, die gegenseitige kameradschaftliche Hilfe und die Schöpferkraft des Kollektivs zu einer untrennbaren Einheit geworden.

Einheitliches Klassifizierungsabzeichen der NVA, Stufe I; seit 1963 (diese Ausführung bis 1985)

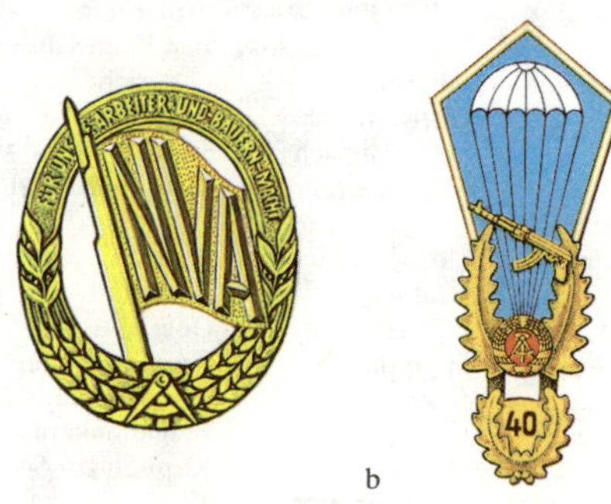

a b

a «Militärsportabzeichen» der NVA; seit 1968
b «Fallschirmsprungabzeichen» mit Anhänger für 40 Sprünge; seit 1967

Absolventenabzeichen für Offiziere der NVA, die während ihrer aktiven Dienstzeit ein Studium an einer zivilen Hochschule oder Universität mit dem Diplom abgeschlossen haben, 1. Ausführung

Es wurden auch weitere Maßnahmen zur Heran- und Weiterbildung von Kadern eingeleitet, um deren Qualifikation den militärischen Erfordernissen der 80er und 90er Jahre anzupassen. So erfolgten der Ausbau der Anfang 1968 geschaffenen Ausbildungsstätte für Polit- und Parteikader zur → *Militärpolitischen Hochschule «Wilhelm Pieck»*, die Entwicklung der Offiziersschulen der Teilstreitkräfte zu Offiziershochschulen (→ *Offiziershochschule der Landstreitkräfte «Ernst Thälmann»*, → *Offiziershochschule der Luftstreitkräfte/Luftverteidigung «Franz Mehring»*, → *Offiziershochschule der Volksmarine «Karl Liebknecht»*) und die Um- bzw. Neubildung von Unteroffiziersschulen. Von hervorragender Bedeutung ist nach wie vor das Studium von Offizieren an Akademien der Sowjetarmee und Seekriegsflotte. Eine große Hilfe der sowjetischen Streitkräfte für die Weiterbildung von Kadern der NVA besteht auch darin, daß sie diesen neue militärwissenschaftliche Erkenntnisse vermitteln. Ihre Anwendung in der militärischen Praxis trägt dazu bei, die Einheitlichkeit in den militärtheoretischen Auffassungen und in der Gefechts- und operativen Ausbildung der Truppen und Stäbe weiter auszuprägen. Von der erfolgreichen Bildungsarbeit zeugt u. a. die Tatsache, daß gegen Ende der 70er Jahre jeder zweite Offizier der NVA eine abgeschlossene Hochschulbildung besaß.

Zu den Fortschritten in der Entwicklung der NVA trugen in hohem Maße die sich vertiefenden → *Waffenbrüderschaftsbeziehungen der NVA* zu den sozialistischen Klassen- und Waffenbrüdern, besonders zu den sowjetischen Kampfgefährten, bei. Dies äußerte sich erstens in größerer Planmäßigkeit und Komplexität der gemeinsamen Maßnahmen. Zweitens richteten sich die Beziehungen unmittelbarer auf die Erhöhung der Kampfkraft und Gefechtsbereitschaft. Drittens entwickelten sich die Verbindungen zwischen den Streitkräften auf allen Ebenen. Sie nahmen dadurch umfassenden Charakter an und traten als Bestandteil des täglichen militärischen Lebens sichtbar hervor. Insbesondere gemeinsame Maßnahmen mit der GSSD halfen, die Schlagkraft der Verbände und Truppenteile der NVA und ihre Fähigkeit zum Zusammenwirken in verschiedenen nationalen Kontingenten auf dem Gefechtsfeld zu erhöhen. So bewährten sich Teile der NVA in der Übung «Schild 72» der Vereinten Streitkräfte vom 4. bis 16. 9. 1972 in der ČSSR, wo wertvolle Erfahrungen in der Bildung und beim Einsatz verbündeter Gruppierungen gesammelt und die Methoden zur Organisierung der Angriffsoperation einer Front zu Beginn eines von den Imperialisten entfesselten Krieges weiterentwickelt wurden. Die allseitige Zusammenarbeit der Verbände, Truppenteile und Einheiten der NVA und der sowjetischen Streitkräfte wirkte sich immer unmittelbarer auf die Erhöhung der Kampfkraft und Gefechtsbereitschaft aus. Deutlicher denn je trat zutage, daß die Geschichte der NVA auch die Geschichte ihres Klassen- und Waffenbündnisses mit der Sowjetarmee und den anderen sozialistischen Bruderarmeen ist – einer Waffenbrüderschaft, die durch die Verfassung von 1968 und ihre Ergänzung und Änderung von 1974 auch staatsrechtlich verankert wurde.

Der IX. Parteitag der SED (18.–22. 5. 1976), der das neue Parteiprogramm annahm, beschloß das langfristige Ziel, in der DDR weiter die entwickelte sozialistische Gesellschaft zu gestalten und grundle-

Kampfhubschrauber unterstützen die Gefechtshandlungen

gende Voraussetzungen für den allmählichen Übergang zum Kommunismus zu schaffen. Er fixierte als ein Kriterium dieser Gesellschaft, den Schutz des Friedens und der sozialistischen Errungenschaften jederzeit zuverlässig zu gewährleisten und bei allen Bürgern der Deutschen Demokratischen Republik die Bereitschaft zur Verteidigung des Sozialismus zu festigen. Dabei berücksichtigte er, daß die Erfolge in der politischen Entspannung, die die Sowjetunion und die anderen Staaten der sozialistischen Gemeinschaft zusammen mit allen Friedenskräften in der Welt errungen hatten, dauerhaft gesichert werden mußten; denn die Lage konnte sich infolge der andauernden Aktivitäten der aggressivsten Kräfte des Imperialismus jederzeit jäh ändern. Die Volkskammer der DDR verabschiedete am 13. 10. 1978 das neugefaßte Verteidigungsgesetz. Damit war die erforderliche staatsrechtliche Grundlage für ein schnelles und flexibles Reagieren auf bedrohliche militärpolitische Situationen geschaffen. Eingedenk der Erfahrungen in der Klassenauseinandersetzung mit den aggressivsten Kreisen des Imperialismus mußte der Sozialismus seine Friedensschritte auch weiterhin mit der Anspannung seiner militärischen Kräfte paaren. Dies bestätigte sich Ende der 70er Jahre, als die USA, die BRD und andere imperialistische Mächte zur Politik der Konfrontation und der Hochrüstung gegenüber der Sowjetunion und den anderen Ländern der sozialistischen Gemeinschaft übergingen, verbunden mit unverhüllter Kriegsvorbereitung, um das politische Kräfteverhältnis in der Welt und das annähernde militärstrategische Gleichgewicht zwischen den USA und der UdSSR, den NATO-Ländern und den Mitgliedstaaten des Warschauer Vertrages zu ihren Gunsten zu verändern. Erneut zeigte sich die Richtigkeit der Politik der SED, zu keiner Zeit an den Grundfesten der Macht des sozialistischen Staates rütteln zu lassen, sie stets zu stärken und zu schützen.

Gestützt auf die Kraft der entwickelten sozialistischen Gesellschaft in der DDR, die Unterstützung der UdSSR und den kontinuierlichen Ausbau der Zusammenarbeit in der sozialistischen Verteidigungskoalition, hatte die NVA in den 70er Jahren ein höheres Niveau der Kampfkraft und Gefechtsbereitschaft erreicht. Die Rolle der Partei in den Streitkräften und ihre Massenverbundenheit wurden gestärkt. In fast allen Waffengattungen der Teilstreitkräfte erfolgte eine Modernisierung vorhandener bzw. Zuführung neuartiger Kampfmittel. Die Verbände der Landstreitkräfte erhielten den Schützenpanzer BMP, eine neue Generation von Raketenwaffen und verbesserte Artilleriesysteme. Mit der Einführung neuer Panzer vom Typ T-72 wurde begonnen. Die Luftstreitkräfte/Luftverteidigung wurden mit neuen Versionen von Fla-Raketen und Jagdflugzeugen der MiG-Serie ausgerüstet. Die Volksmarine erhielt eine neue Generation von Küstenschutzschiffen und vervollkommnetere andere Bewaffnung und Technik. Durchgängig wurden Elektronik und Automatisierung in den Führungs-,

Teilstreitkräfte, Waffengattungen, Spezialtruppen und Dienste der NVA 1980

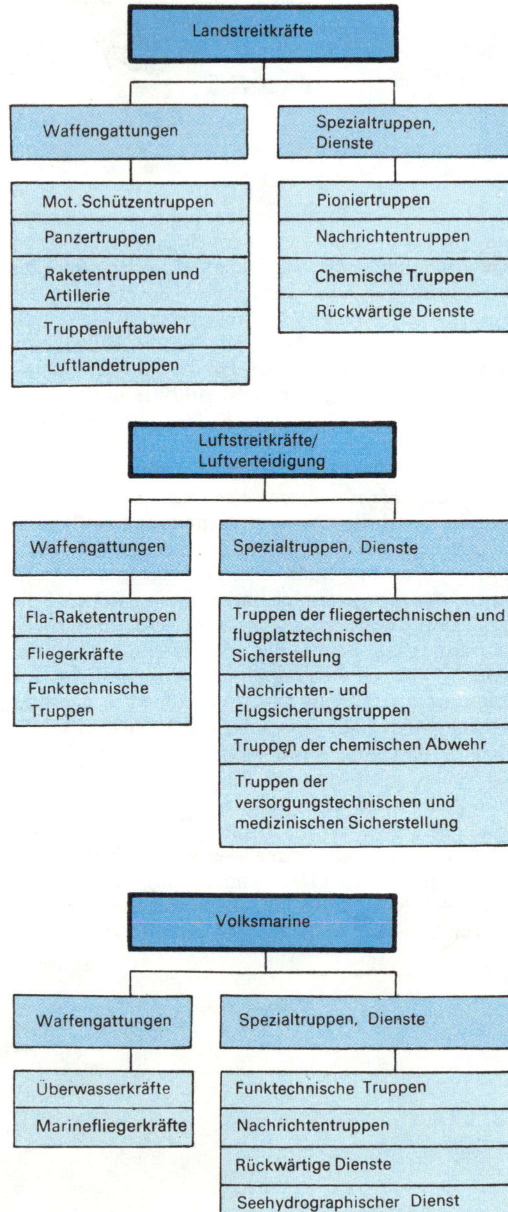

Start von Jagdflugzeugen des Typs MiG-23

Aufklärungs- und Waffensystemen genutzt. Im Manöver → *«Waffenbrüderschaft 80»* und in der gemeinsamen Kommandostabsübung «Sojus 81» bewies die NVA ihre hohe Kampfkraft und Gefechtsbereitschaft sowie ihre Fortschritte in der Gefechtsausbildung.

Der X. Parteitag der SED (11.–16. 4. 1981) konstatierte, daß die NVA wie auch die anderen Schutz- und Sicherheitsorgane der DDR ihren Auftrag in Ehren erfüllt haben. Es sei ihr gemeinsamer Klassenauftrag, die sozialistische Ordnung und das friedliche Leben der Bürger der DDR und aller Staaten der sozialistischen Gemeinschaft gegen jegliche Angriffe der aggressiven Kräfte des Imperialismus und der Reaktion zu schützen und dazu Schulter an Schulter mit den Waffenbrüdern der Sowjetunion und der anderen sozialistischen Bruderländer jederzeit bereit und fähig zu sein. Von der NVA und ihren Angehörigen forderte der Parteitag u. a., jene Vorzüge konsequent auszuprägen, die nur einer sozialistischen Armee eigen sind und die vor allem in einem hohen Klassenbewußtsein und in allseitig entwickelten sozialistischen Beziehungen zum Ausdruck kommen; an die Auswahl der Kader, ihr Klassenbewußtsein, ihr Wissen und Können sowie ihre Aus- und Weiterbildung größere Ansprüche zu stellen; eine hohe Qualität der Gefechtsausbildung zu gewährleisten. Den Parteiorganisationen in der Armee stellte er die Aufgabe, ihre Anstrengungen im Interesse einer hohen Kampfkraft und Gefechtsbereitschaft vor allem auf die klassenmäßige Erziehung und ideologische Stählung aller Armeeangehörigen, auf die Meisterung der neuen Militärtechnik, die Festigung der Einzelleitung sowie die Entwicklung sozialistischer Beziehungen in den Kollektiven zu richten.

Feierliches Zeremoniell anläßlich der Übernahme des UAW-Schiffes «Parchim» durch die Volksmarine

Diese richtungweisende Aufgabenstellung durch den Parteitag erweist sich als um so wichtiger, als die Kriegsgefahr infolge der Stationierung neuer amerikanischer Mittelstreckenraketen in Westeuropa gewachsen ist. Zur Wahrung des militärstrategischen Gleichgewichts hat die UdSSR nach Abstimmung mit den Regierungen der DDR und der ČSSR damit begonnen, operativ-taktische Raketen größerer Reichweite auf dem Territorium dieser Länder zu stationieren. Diese und andere notwendige Gegenmaßnahmen dienen einzig und allein dem zuverlässigen Schutz von Frieden und Sozialismus. Sie erfolgen mit dem eindeutigen Ziel, die Kriegspläne des Imperialismus zu durchkreuzen. Das erfordert auch zusätzliche Anstrengungen, um die Kampfkraft und Gefechtsbereitschaft der NVA im Bestand der sozialistischen Militärkoalition weiter zu erhöhen. *(s. Abb. S. 44, 45, 56, 146, 147, 186, 278, 310, 501, 753, 775, 899, 1009)*

Nationalkomitee «Freies Deutschland» (NKFD): auf Initiative der KPD von Emigranten und Kriegsgefangenen am 12./13. 7. 1943 in der Sowjetunion gegründetes politisches und organisatorisches Zentrum des deutschen antifaschistischen Widerstandskampfes.

Das NKFD entstand im Ergebnis des Kampfes um die Verwirklichung der Beschlüsse der Brüsseler und Berner Parteikonferenz der KPD (1935 bzw. 1939) nach dem durch die sowjetischen Siege in den Schlachten vor → *Moskau 1941/42* und bei → *Stalingrad 1942/43* bewirkten Umschwung im Verlauf des zweiten Weltkrieges (→ *Weltkrieg, zweiter, 1939–1945*). Zu den wichtigsten Voraussetzungen für die Gründung des NKFD gehörten der zunehmende antifaschistische Widerstandskampf in Deutschland, der beginnende Zusammenschluß aller antifaschistischen deutschen Widerstandskämpfer in der Bewegung «Freies Deutschland», die Herausbildung der antifaschistischen Bewegung unter den deutschen Kriegsgefangenen in der UdSSR sowie die uneingeschränkte Unterstützung der deutschen Antifaschisten durch die KPdSU(B) und den Sowjetstaat sowie durch andere kommunistische Parteien. Dem NKFD gehörten anfangs 38, nach der Bildung des → *Bundes Deutscher Offiziere (BDO)* 55 Personen an. Auf seinen insgesamt 17 Plenartagungen beriet und beschloß das NKFD über alle wichtigen politischen, ideologischen und organisatorischen Fragen des Kampfes der Bewegung «Freies Deutschland». Der Geschäftsführende Ausschuß des Komitees leitete die Arbeit zwischen den Plenartagungen. Beim NKFD bestanden Fachgruppen für Wirtschaft, Sozialpolitik, Recht, Kultur, Ideologie und Geschichtsschreibung, deren Aufgabe es war, Propaganda- und Schulungsmaterial über die Auswirkungen des Faschismus auf diese Bereiche sowie Vorstellungen über notwendige gesellschaftliche Veränderungen nach dem Sturz der Hitlerdiktatur zu erarbeiten. Außerdem existierte seit Juni 1944 beim NKFD ein Arbeitskreis für kirchliche Fragen. Präsident des Komitees war der Schriftsteller Erich Weinert (1890–1953). Zu den Mitgliedern gehörten neben Kommunisten, wie Wilhelm Florin (1894–1944), Wilhelm Pieck (1876–1960) und Walter Ulbricht (1893–1973), Sozialdemokraten und Gewerkschafter, Vertreter bürgerlich-demokratischer Kräfte, Angehörige verschiedener Konfessionen, Generale, Offiziere, Unteroffiziere und Soldaten. Der Sitz des NKFD befand sich in Lunjowo bei Moskau.

Programm und Ziele des NKFD, die den gerechten Kriegszielen der Antihitlerkoalition entsprachen, waren im Manifest des Nationalkomitees «Freies Deutschland» an die Wehrmacht und an das deutsche Volk niedergelegt. Das Manifest umriß die Aufgaben der Bewegung «Freies Deutschland» im Kampf um die Beendigung des Krieges und den Sturz der Hitlerdiktatur und für die Umgestaltung der gesellschaftlichen Verhältnisse in Deutschland auf antifaschistisch-demokratischer Grundlage. Die Politik des NKFD stimmte in Richtung und Ziel mit der politischen Linie der in Deutschland illegal wirkenden Widerstandsorganisation der KPD überein. Das fand seinen Ausdruck u. a. in der Plattform «Wir Kommunisten und das Nationalkomitee ‹Freies Deutschland›», die ab Frühjahr 1944 die grundlegende Orientierung für den Kampf der Bezirksorganisationen der KPD in Berlin-Brandenburg, Sachsen, Sachsen-Anhalt und Thüringen, im Rhein-Ruhr-Gebiet, in Nordbaden-Pfalz u. a. Gebieten bildete. Die Bezirksleitungen der KPD übten zugleich die Funktion von Leitungen der Bewegung «Freies Deutschland» im Bezirksmaßstab aus. Unter Führung von Kommunisten entstanden auch in Dänemark, Frankreich, Griechenland, Großbritannien, Mexiko, Schweden, der Schweiz, den USA und anderen Ländern, in denen deutsche antifaschistische Emigranten lebten, Komitees der Bewegung «Freies Deutschland», die das NKFD in Moskau als ihr Führungsorgan anerkannten.

Das Zentralkomitee der KPdSU(B) und der Sowjetstaat gewährten dem NKFD vielseitige Unterstützung und schufen die notwendigen Voraussetzungen für seine Tätigkeit. So stellten sie eine Rundfunkstation zur Verfügung, die sich ab 20. 7. 1943 als «Sender Freies Deutschland» an das deutsche Volk und an die Weltöffentlichkeit wandte und ein wichtiges Mittel zur Propagierung der Ziele des NKFD sowie zur Anleitung und Orientierung der antifaschistischen deutschen Widerstandsbewegung war. Die Sowjetregierung ermöglichte weiter die Herausgabe der wöchentlich erscheinenden Zeitung «Freies Deutschland», der Illustrierten «Freies Deutschland im Bild» sowie den Druck zahlreicher Flugblätter und anderer Materialien.

Plakat der Bewegung «Freies Deutschland» in Frankreich, 1944

Bewegung «Freies Deutschland»

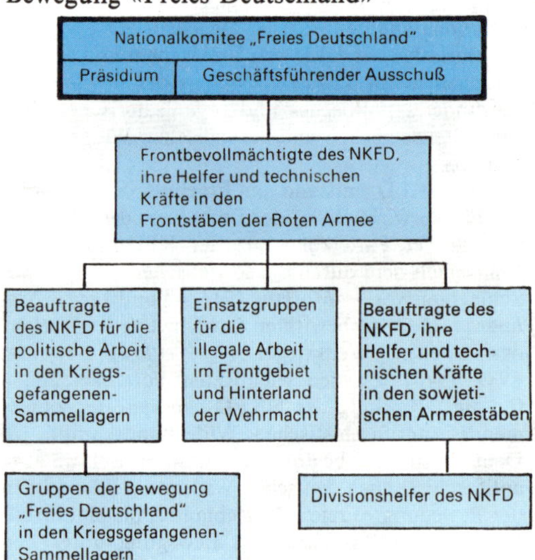

Im antifaschistischen Ringen der Bewegung «Freies Deutschland» und ihres Nationalkomitees nahm der militärpolitische Kampf einen bedeutenden Platz ein. Zu seinen wichtigsten Elementen gehörten das Wirken der Frontorganisation des NKFD an der Seite der Roten Armee, die Tätigkeit illegaler Partei- und Widerstandsorganisationen unter den Wehrmachtangehörigen, Maßnahmen zur Störung der faschistischen Kriegsmaschinerie, die Teilnahme von Angehörigen der Bewegung «Freies Deutschland» am bewaffneten Kampf der europäischen Völker gegen den Faschismus und das Ringen um die antifaschistisch-demokratische Umerziehung der deutschen Kriegsgefangenen in der UdSSR. Die Frontorganisation des NKFD war ein spezifisches Instrument der Bewegung «Freies Deutschland» an der sowjetisch-deutschen Front, der Hauptfront des zweiten Weltkrieges. In ihr wirkten Frontbevollmächtigte, Armeebeauftragte, Divisionshelfer, Absolventen antifaschistischer Frontschulen, Beauftragte des NKFD in den Kriegsgefangenen-Sammellagern, Angehörige von operativen Einsatzgruppen und technische Kräfte, wie Schriftsetzer, Drucker, Elektriker und Rundfunkmechaniker. Die zahlenmäßige Stärke der Frontorganisation betrug im September 1943 etwa 350 bis 400 Mann. Ende 1944 kämpften in ihr etwa 1500, gegen Ende des Krieges ca. 1800 bis 2000 Antifaschisten. In ihrer gesamten Tätigkeit wirkten sie eng mit den Politorganen der Roten Armee zusammen, von denen sie betreut, politisch unterstützt und materiell versorgt wurden. Die Hauptaufgabe der Frontorganisation des NKFD bestand darin, antifaschistische Überzeugungs- und Aufklärungsarbeit unter den auf sowjetischem Territorium befindlichen faschistischen Truppen zu leisten, sie mit den Zielen des NKFD vertraut zu machen und zu Handlungen gegen Faschismus und Krieg zu bewegen.

Der Tätigkeit der deutschen Antifaschisten an der Front lagen als taktische Hauptlosungen bezeichnete politische Orientierungen zugrunde, die auf Plenartagungen des NKFD beschlossen worden waren. Die Losungen, die der Kriegslage Rechnung trugen und den Bewußtseinsstand der Wehrmachtangehörigen berücksichtigten, richteten sich auf die Verwirklichung des strategischen Zieles des NKFD und legten die jeweils notwendigen Schritte im militärpolitischen Kampf der Frontorganisation fest. Ihre Ausarbeitung und Begründung stellen eine hervorragende Leistung der Führung der KPD dar und sind zugleich Ausdruck ihres engen Zusammenwirkens mit dem Zentralkomitee der KPdSU(B). Die erste taktische Hauptlosung des NKFD, die bis Ende 1943 Gültigkeit besaß, orientierte auf die kampflose Räumung aller okkupierten Gebiete und die Rückführung der Wehrmacht nach Deutschland. Die Anfang Januar 1944 proklamierte zweite taktische Hauptlosung, die bis zur bedingungslosen Kapitulation Deutschlands Gültigkeit besaß, forderte die Wehrmachtangehörigen zur Einstellung der Kampfhandlungen und zum Übergang auf die Seite des NKFD auf. Im Sommer 1944, als sich die alliierten Truppen den Grenzen Deutschlands näherten, beschloß das NKFD zusätzlich die Losung: «Alle Waffen gegen Hitler!»

Entsprechend diesen Orientierungen wirkten die Angehörigen der Frontorganisation mit wachsender Intensität auf die Wehrmachtangehörigen ein. In Zehntausenden Lautsprechersendungen, mit Funkgeräten und teilweise auch über mobile Rundfunkstationen verkündeten sie die Ziele des NKFD, entlarvten den verbrecherischen Charakter des faschistischen Krieges und forderten zum Kampf für die Herbeiführung des Friedens und für ein demokratisches Deutschland auf. In Hunderten von Flugblättern, die in Millionen Exemplaren in das Frontgebiet und Hinterland der Wehrmacht gelangten, mit der Verbreitung der Zeitung «Freies Deutschland» und der Illustrierten «Freies Deutschland im Bild» wandte sich das NKFD an die Angehörigen der Wehrmacht. In persönlichen Briefen an Truppenkommandeure der faschistischen Streitkräfte, durch das Schleusen von Kriegsgefangenenpost über die Frontlinien hinweg und durch Kriegsgefangene selbst, die in ihre früheren Einheiten zurückgeschickt wurden, verbreitete die Frontorganisation die Wahrheit über die UdSSR und ihre Streitkräfte sowie über die Kriegslage. Sie appellierte an das nationale Gewissen der Soldaten und Offiziere der Wehrmacht, um das deutsche Volk vor der drohenden Katastrophe zu bewahren. Gleichzeitig führte sie mit den Mitteln der Frontpropaganda einen zähen Kampf gegen die faschistische Ideologie, gegen Kadavergehorsam und Lethargie.

Angehörige der Frontorganisation überschritten einzeln oder in kleinen Gruppen nachts die Frontlinie, diskutierten mit Wehrmachtangehörigen und verbreiteten Aufklärungsmaterialien des NKFD. Mit

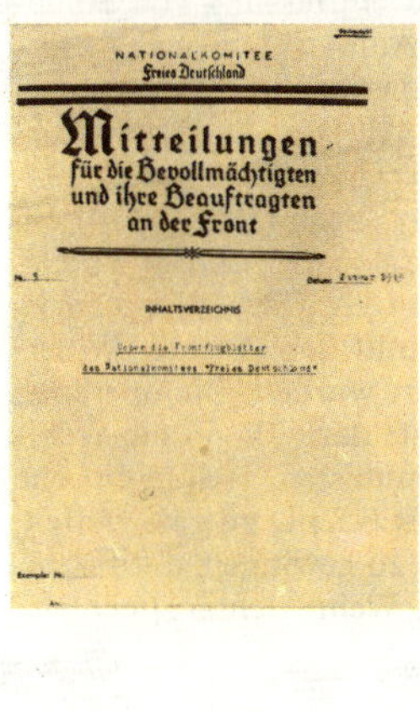
NATIONALKOMITEE
Freies Deutschland
Mitteilungen für die Bevollmächtigten und ihre Beauftragten an der Front
INHALTSVERZEICHNIS
Ueber die Frontflugblätter des Nationalkomitees "Freies Deutschland"

Hektographiertes Arbeitsmaterial für die Frontbevollmächtigten und Frontbeauftragten des NKFD

fingierten Versetzungsbefehlen und Marschpapieren drangen sie in Wehrmachteinheiten ein, um dort illegale Gruppen der Bewegung «Freies Deutschland» aufzubauen. Oft gelangten sie tief in das faschistische Hinterland, teilweise sogar bis nach Deutschland und lösten wichtige antifaschistische Kampfaufträge. Sie sprangen mit Fallschirmen über Operationsgebieten sowjetischer, aber auch polnischer, tschechoslowakischer und jugoslawischer Partisanenverbände ab und leisteten von hier aus antifaschistische Überzeugungsarbeit in den umliegenden Wehrmachtgarnisonen. Dabei nahmen sie nicht selten an den Kampfaktionen der Partisanen teil. Wirksam war ihr Einsatz in eingeschlossenen Wehrmachtverbänden, indem sie den Soldaten ihre aussichtslose Lage erläuterten und zur Kapitulation und Rettung des eigenen Lebens aufforderten. Angehörige der Frontorganisation des NKFD betrieben militärische Aufklärung für die Rote Armee, erkundeten wichtige militärische Objekte sowie die Dislozierung von Truppenteilen und Verbänden, erbeuteten Wehrmachtdokumente, hörten Nachrichtenverbindungen der Wehrmacht ab und erteilten in der Uniform von Wehrmachtoffizieren Befehle, um die faschistische Kampfführung zu desorganisieren. Damit stellten sie sich der faschistischen Kriegführung in vielfältiger Weise entgegen, führten Zehntausende deutsche Soldaten auf die Seite des NKFD und leisteten mit ihren Kampfaktionen einen eigenen Beitrag zur Beschleunigung der Niederlage des faschistischen deutschen Imperialismus.

Der Kampf der Frontorganisation des NKFD stand sowohl inhaltlich als auch in seinen Formen und Methoden in engem Zusammenhang mit der militärpolitischen Tätigkeit der illegalen Widerstandsorganisationen in Deutschland, die sich der Bewegung «Freies Deutschland» angeschlossen hatten, und dem Wirken deutscher Antifaschisten im Widerstandskampf der anderen europäischen Völker.

Die unter Führung der KPD stehenden illegalen Widerstandsorganisationen in Deutschland widmeten der antifaschistischen Beeinflussung von Soldaten und Offizieren große Aufmerksamkeit. Ausgehend von der in der Plattform «Wir Kommunisten und das Nationalkomitee ‹Freies Deutschland›» enthaltenen Orientierung, erarbeiteten Anton Saefkow (1903–1944) und Franz Jacob (1906–1944) ein «Merkblatt für die zur Wehrmacht eingezogenen Genossen», in dem die Weisungen des Nationalkomitees zur Richtschnur des antifaschistischen Widerstandes in der Armee erklärt wurden. Die operative Leitung der KPD beauftragte darin die in die Wehrmacht eingezogenen Kommunisten, sich politische Klarheit über die Politik des NKFD zu verschaffen, das Vertrauen der Soldaten zu gewinnen, antifaschistisch auf sie einzuwirken, Wehrmachtgruppen der Bewegung «Freies Deutschland» zu bilden, die faschistische Kriegführung zu stören und auf der Grundlage der taktischen Hauptlosungen des NKFD zu handeln. Die illegalen Widerstandsorganisationen in Deutschland sammelten Namen und Feldpostnummern von Soldaten und Offizieren und sandten an sie Flugblätter und Soldatenbriefe. Darin brandmarkten sie die Kriegspolitik des faschistischen deutschen Imperialismus und erläuterten den Wehrmachtangehörigen die Ziele und Aufgaben des antifaschistischen deutschen Widerstandskampfes. Allein die Saefkow-Organisation versandte im Frühjahr 1944 monatlich bis zu 500 solcher Soldatenbriefe. In einigen Widerstandsorganisationen war zur Führung des antifaschistischen Kampfes in der Armee ein spezieller militärischer Sektor geschaffen worden, der Flugblätter und Soldatenbriefe ausarbeitete, Verbindung zu antifaschistischen Kräften in der Wehrmacht hielt und sie mit Aufklärungsmaterial versorgte.

Auch Angehörige der Bewegung «Freies Deutschland», die in den Widerstandsorganisationen und Partisaneneinheiten anderer europäischer Völker kämpften, beteiligten sich aktiv an der antifaschistischen Beeinflussung von Wehrmachtangehörigen. So gaben Angehörige des «Komitees Freies Deutschland für den Westen» in Frankreich mit Unterstützung französischer Patrioten die Zeitungen «Volk und Vaterland», «Unser Vaterland», «Deutsche Freiheit» sowie «Der Ausweg» heraus und verfaßten zahlreiche Flugblätter an Wehrmachtangehörige. Auch in Dänemark, der Tschechoslowakei, Griechenland und anderen Ländern unterstützten Angehörige der Bewegung «Freies Deutschland» die einheimischen Widerstandskräfte bei der Ausarbeitung, Herstellung und Verbreitung von Aufklärungsmaterialien für die deutschen Soldaten. Das «Komitee Freies Deutschland für den Westen» bildete über 80 Frontbeauftragte aus.

Auch in Deutschland kämpften Kommunisten und andere Antifaschisten für die Ziele der Bewegung «Freies Deutschland». Viele Widerstandsorganisationen bereiteten sich zielstrebig auf bewaffnete

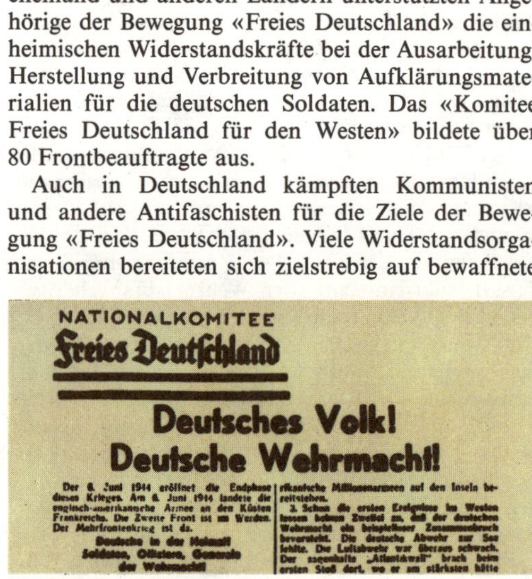
NATIONALKOMITEE
Freies Deutschland

Deutsches Volk!
Deutsche Wehrmacht!

Der 6. Juni 1944 eröffnet die Endphase dieses Krieges. Am 6. Juni 1944 landete die englisch-amerikanische Armee an den Küsten Frankreichs. Die Zweite Front ist im Werden. Der Mehrfrontenkrieg ist da.

Deutsche in der Heimat!
Soldaten, Offiziere, Generale
der Wehrmacht!

...rikanische Millionenarmeen auf den Inseln bereitstehen.

3. Schon die ersten Ereignisse im Westen lassen keinen Zweifel zu, daß der deutschen Wehrmacht ein beispielloser Zusammenbruch bevorsteht. Die deutsche Abwehr zur See fehlte. Die Luftabwehr war überaus schwach. Der sagenhafte „Atlantikwall" brach beim ersten Stoß dort, wo er am stärksten hätte

Flugblattaufruf des NKFD an das deutsche Volk und an die faschistische Wehrmacht nach Eröffnung der zweiten Front, Sommer 1944

Freies Deutschland im Bild
ORGAN DES NATIONALKOMITEES »FREIES DEUTSCHLAND«
Nr. 6 JUNI 1944
DIE GANZE WELT SPRICHT DAVON!
DEUTSCHLAND SPRICHT DAVON!
FRONT 2.

Die Illustrierte des NKFD vom Juni 1944

Handlungen gegen die faschistische Diktatur vor. Sie beschafften Waffen, Munition und Sprengstoff, betrieben eine gewisse militärische Ausbildung und formierten teilweise bewaffnete Kampfgruppen. Obgleich ein bedeutender Teil dieser Organisationen Mitte 1944 zerschlagen wurde, kam es gegen Ende des Krieges dennoch zu einer Reihe militärisch organisierter Aktionen. Dadurch gelang es, wichtige Objekte, wie die Dresdner Elbbrücke, das Kraftwerk Peenemünde oder die Slipanlage der damaligen Hansa-Werft in Wismar, vor der Zerstörung zu bewahren, die kampflose Übergabe einiger Städte (Greifswald, Freiberg u. a.) zu erzwingen, faschistische Durchhalteoffiziere und Nazifunktionäre auszuschalten.

Im militärpolitischen Kampf der Bewegung «Freies Deutschland» nahm die antifaschistisch-demokratische Umerziehung der deutschen Kriegsgefangenen in der UdSSR einen sehr bedeutsamen Platz ein. Unterstützt von sowjetischen Offizieren, nutzten die Angehörigen der Bewegung «Freies Deutschland» die vielfältigen Möglichkeiten, die ihnen der Sowjetstaat hierzu gab. Die Lagergruppen der Bewegung «Freies Deutschland» bzw. des Bundes Deutscher Offiziere organisierten Versammlungen, politische Zirkel und Kulturveranstaltungen. Dort und in Wandzeitungen, Buchbesprechungen und Zeitungsschauen setzten sie sich mit der faschistischen Ideologie auseinander, traten für die Freundschaft zur Sowjetunion ein und erläuterten das Bild des neuen, antifaschistischen Deutschlands. Damit bewirkten sie bei Zehntausenden deutscher Soldaten eine dauerhafte ideologische Wandlung im Sinne des Friedens, der Demokratie und des gesellschaftlichen Fortschritts. An den antifaschistischen Zentralschulen sowie den Frontschulen wirkten neben sowjetischen Offizieren zunehmend Angehörige der Bewegung «Freies Deutschland» als Lehrer bzw. Assistenten. Sie bildeten zahlreiche Kader für die politische Arbeit in den Lagern, für den Kampf der Frontorganisation des NKFD, für illegale Einsätze in Wehrmachteinheiten und für den demokratischen Neuaufbau des Landes nach der Zerschlagung der faschistischen Diktatur heran.

Die großen Anstrengungen der Bewegung «Freies Deutschland», nicht zuletzt die auf militärpolitischem Gebiet, waren ein Beitrag zum Sieg der Sowjetunion und der anderen Staaten der Antihitlerkoalition, der auch dem deutschen Volk die Befreiung von der faschistischen Diktatur brachte. Als sich im Osten Deutschlands der Block antifaschistischer Parteien herausgebildet hatte, beschloß das NKFD am 2. 11. 1945 seine Selbstauflösung und appellierte an seine Anhänger, ihre Tätigkeit unter den neuen Bedingungen in den antifaschistisch-demokratischen Parteien und Massenorganisationen fortzusetzen.

Der militärpolitische Kampf des NKFD war ein notwendiger und bedeutsamer Teil des antifaschistischen Ringens der besten Kräfte des deutschen Volkes und ihrer führenden Kraft, der KPD. Eng mit dem Kampf der vom Faschismus bedrohten und überfallenen Völker verbunden, fanden Patriotismus und proletarischer Internationalismus ihren besonderen Ausdruck in diesem Kampf, der heute eine der historischen Grundlagen bildet, auf denen das Klassen- und Waffenbündnis zwischen der Nationalen Volksarmee der DDR und den sozialistischen Bruderarmeen, besonders der Sowjetarmee, beruht. Im militärpolitischen Kampf der Bewegung «Freies Deutschland» wurden Zehntausende deutsche Antifaschisten erzogen und ideologisch gestählt. Das war eine wichtige Voraussetzung dafür, daß die historische Chance, die sich dem deutschen Volk mit der Befreiung vom Faschismus bot, im Osten Deutschlands genutzt und damit eine grundlegende Wende in der deutschen Geschichte eingeleitet werden konnte. Der Kampf der Frontorganisation des NKFD gehört zu den bedeutenden militärpolitischen und → *militärischen Traditionen der DDR* und ist Bestandteil der → *Traditionspflege in der NVA* und den anderen bewaffneten Organen. *(s. Abb. S. 1008)*

Nationalverband Deutscher Offiziere (NDO) → *Reichsverband Deutscher Offiziere (RDO)*

NATO: Kurzbezeichnung für die auf Initiative der USA 1949 geschaffene und von ihr geführte North Atlantic Treaty Organization (Nordatlantikpaktorganisation). Die NATO ist ein militärisch-politischer Block, der seinen aggressivsten Kreisen als Hauptinstrument zur Durchsetzung ihrer Globalstrategie gegen die sozialistischen Staaten vor allem in Europa sowie als Zentrum des weltumspannenden imperialistischen Militärblocksystems gegen die nationale Befreiungsbewegung in Asien, Afrika und Lateinamerika dient und zugleich auch gegen antimilitaristische, demokratische Kräfte in den Paktländern selbst gerichtet ist.

Die NATO wurde mit dem am 4. 4. 1949 in Washington unterzeichneten und am 24. 8. 1949 in Kraft gesetzten sog. Nordatlantikvertrag gegründet. Mitgliedstaaten waren zunächst: Belgien, Dänemark, Frankreich, Großbritannien, Island (ohne militärische Kontingente), Italien, Kanada, Luxemburg, Niederlande, Norwegen, Portugal und die USA. Am 18. 2. 1952 traten Griechenland und die Türkei, am 9. 5. 1955 die BRD dem Pakt bei. Die Mitgliedschaft Spaniens wurde am 10. 6. 1982 wirksam. Die NATO entstand auf Initiative der USA als Instrument des kalten Krieges und der vor allem gegen die UdSSR gerichteten Politik der Stärke. In einer seitens der aggressivsten Kräfte des Imperialismus verschärften internationalen Situation hatten die USA ihre Stellung als kapitalistische Führungsmacht ausgebaut und waren bestrebt, ihre Verbündeten über ein Militärblocksystem mit der NATO als Kern in ihre Globalstrategie einzuordnen. Die westeuropäischen Paktstaaten verfolgten mit ihrem Beitritt in Übereinstimmung mit den USA hauptsächlich das Ziel, einer weiteren Vertiefung der allgemeinen Krise des Kapitalismus entgegenzuwirken und den Vormarsch der Kräfte des Friedens, der Demokratie und des Sozialismus in erster Linie in Europa aufzuhalten. Für die USA wurde die NATO gleichzeitig das militärisch-politische Instrument zur Durchsetzung ihrer Hegemonie gegenüber Westeuropa. Der Vorläufer der NATO war der → *Brüsseler Pakt 1948.* Die Bildung der NATO stand im Widerspruch zu den im Potsdamer Abkommen und in anderen Dokumenten der Antihitlerkoalition völkerrechtlich verankerten Prinzipien über die Zusammenarbeit mit der Sowjetunion bei der Gewährleistung von Sicherheit und Frieden in Europa. Vorbereitung und Gründung des Paktes waren außerdem unvereinbar mit den Prinzipien der UNO-Charta. Begründet mit der neubelebten antisowjetischen Bedrohungslegende, versuchten die Initiatoren des Paktes dessen aggressiven, reaktionären und völkerrechtswidrigen Charakter zu verschleiern.

Die erste Etappe der NATO, von 1949 bis zum Ende der 50er Jahre, ist durch die Versuche gekennzeichnet, entsprechend der Strategie der «Eindämmung» und des «roll back» den Vormarsch des Sozialismus aufzuhalten und diesen schließlich – gegebenenfalls auch mit Waffengewalt – zu beseitigen. In provokatorischer Weise drohten die NATO-Mächte unter Führung der USA, den kalten Krieg in einen heißen umzuwandeln. 1950 entfesselten die USA ihre Aggression gegen die Koreanische Demokratische Volksrepublik, an der sich weitere 8 NATO-Staaten beteiligten. NATO-Staaten inszenierten seit 1945 mehr als 30 lokale Kriege oder waren an ihnen beteiligt.

Sofort nach dem Inkrafttreten des Vertrages wurde unter dem bestimmenden Einfluß der USA begonnen, die politischen und militärischen Führungsgremien und die Militärorganisation der NATO zu formieren sowie verbindliche militärstrategische Grundsätze des Paktes zu vereinbaren. Im September 1949 konstituierte sich das oberste politische Gremium der NATO, der Nordatlantikrat (später auch als NATO-Rat bzw. NATO-Ministerrat bezeichnet). Ihm obliegen Grundsatzentscheidungen, die auf den 2mal jährlich stattfindenden Ratstagungen der Außenminister, in Ausnahmen auch der Regierungschefs, getroffen werden. Seit Februar 1952 amtieren akkreditierte Botschafter der Mitgliedstaaten als sog. Ständiger NATO-Rat, die u. a. die genannten Tagungen vorbereiten, laufende Arbeiten erledigen und Entscheidungen treffen oder vorbereiten. Auf seiner Tagung im September 1949 berief der NATO-Rat den Militärausschuß des Paktes (Military Committee – MC), dem die Generalstabschefs der Mitgliedstaaten angehören, und dessen Exekutivorgan, die Ständige Gruppe (Standing Group), bestehend aus den Generalstabschefs der Streitkräfte der USA, Großbritanniens und Frankreichs oder den von ihnen benannten Vertretern. Dieser höchsten militärischen Instanz obliegt die Ausarbeitung der strategischen und operativen Grundsätze, sie bereitet die Koalitionskriegführung vor und ist für die Streitkräfteplanung zuständig. Im Februar 1952 entstand als Arbeitsorgan des NATO-Rates das Internationale Sekretariat. An der Spitze dieses integrierten politischen Organs steht ein Generalsekretär, seit Dezember 1956 im Rang eines Ministerpräsidenten. Seit jener Zeit ist er auch Ratsvorsitzender in allen Tagungsformen. Sein Sekretariat bearbeitet alle Bereiche der NATO-Politik, bereitet die Ratsbeschlüsse vor, überwacht und sichert ihre Durchführung. Parallel zur Formierung dieser Führungsorgane erfolgte der Aufbau der Militärorganisation der NATO auf der Grundlage imperialistischer militärischer Integration. Bis Anfang 1952 entstanden die obersten militärischen Kommandos der NATO für Europa, den Atlantik, den Ärmelkanal und die Regionale Planungsgruppe USA/Kanada. Bis zum Herbst 1951 richtete die NATO ein militärisches Hauptquartier für den Bereich Europa in Paris ein, berief den Obersten Befehlshaber für diese Region und gründete eine Militärakademie. Das erste Infrastrukturprogramm für den Bau von Flugplätzen, Nachrichtenverbindungen und Nachschubeinrichtungen lief an. Mitte der 50er Jahre wurden die kontinentaleuropäischen NATO-Abschnitte (Nord-, Zentral- und Südeuropa) einheitlich in Kommandos für Land-, Luft- und Seestreitkräfte untergliedert und gleichzeitig die Rechte des Obersten Befehlshabers Europa erweitert.

Seit Gründung der NATO waren die USA bemüht, eine für den Pakt verbindliche Militärstrategie festzulegen, die der aggressiven politischen Zielstellung und dem damaligen Stand der wissenschaftlich-technischen Entwicklung des imperialistischen Militärwesens entsprach. Bereits im Herbst 1950 stimmte der NATO-Rat den ersten militärstrategischen Grundsätzen für den Pakt zu, die im wesentlichen in dem USA-Plandokument NSC 68 sowie im Operationsplan «Dropshot» formuliert waren. Sie sahen die «Ausrottung des Bolschewismus» unter Einsatz von Kernwaffen vor. Am 9. 12. 1952 faßte der Militärausschuß des Paktes die bis in die 60er Jahre gültigen Grundsätze der Militärstrategie der NATO im Dokument MC 14/1 zusammen, deren Hauptinhalt in der Vorbereitung eines überraschenden massierten Kernwaffenüberfalls auf die UdSSR und ihre Verbündeten («massive Vergeltung») bestand. Sie wurden später mehrfach modifiziert, in der Regel auf Veranlassung der USA, so im Dokument MC 14/2 vom 21. 3. 1957, ohne die generelle militärstrategische Orientierung zu verändern.

Entsprechend den von den USA dem Pakt oktroyierten militärstrategischen Festlegungen und den militärtechnischen Möglichkeiten leitete die NATO die Streitkräfteplanung ein. Ein 1950 erarbeiteter Vierjahresplan hatte den Aufbau ausgewogener Paktstreitkräfte zum Inhalt, die in der Lage sein sollten, unter Bedingungen des Kernwaffeneinsatzes zu handeln. Hinsichtlich der Zuordnung der Kontingente der Mitgliedstaaten sah die Streitkräfteplanung 3 Stufen vor: 1. Streitkräfte, die im Frieden bereits unter NATO-Befehl stehen (assigned forces); 2. Streitkräfte, die von einer festgelegten höheren Alarmstufe an oder nach der Mobilmachung zur Unterstellung vorgesehen sind (earmarked forces); 3. Streitkräfte, die unter nationalem Kommando verbleiben. Zur letztgenannten Stufe gehören die strategischen Kernwaffenkräfte der USA und Großbritanniens mit Ausnahme bestimmter Kontingente, die im Mobilmachungs- bzw. Kriegsfall der NATO zugeordnet werden, ferner territoriale Truppen, militärische Bildungseinrichtungen und die gesamte Logistik. Aufgrund des bestehenden militärischen Kräfteverhältnisses innerhalb des Paktes, ihrer wissenschaftlich-technischen und finanziellen Möglichkeiten konnten sich die USA die absolute Überlegenheit bei den strategischen Kernwaffen sichern. In den 50er Jahren errichteten die Streitkräfte der USA Depots für taktische und operativ-taktische Kernwaffen in Europa. Als Trägermittel für Kernwaffen dienten zunächst die im Strategischen Luftkommando (SAC) der USA zusammengefaßten Langstreckenbomber, dann auch strahlgetriebene mittlere Bomber und Jagdbomber. In der ersten Hälfte der 50er Jahre kamen unbemannte Flugkörper (Matador, Mace) mittlerer Reichweite in die Bewaffnung. Gegen Ende der 50er Jahre führten die USA Interkontinentalraketen (Atlas, ab 1961 auch Titan und Minuteman) ein und stellten an der Jahreswende 1959/60 das erste mit ballistischen Mittelstreckenraketen (Polaris) ausgerüstete kernkraftgetriebene U-Schiff in Dienst (→ *Raketenwaffen*).

Die Einbeziehung der BRD in den NATO-Block (→ *Westeuropäische Union (WEU)*, → *Pariser Verträge 1955*), deren Machthaber die Ergebnisse des zweiten Weltkrieges und die politische und territoriale Nachkriegsentwicklung nicht anerkannten, verschärfte die Aggressivität des Paktes. Die NATO unterstützte die Revanchepolitik der herrschenden Kreise der BRD und baute deren Territorium zur Hauptaufmarschbasis gegen die UdSSR und die anderen sozialistischen Staaten aus. Im Dezember 1956 erklärten sich die USA bereit, den europäischen Partnern, eingeschlossen die BRD, Einsatzmittel für taktische Kernwaffen zu übergeben. Entsprechende Festlegungen enthielt die NATO-Direktive MC 70 vom Mai 1958. Die USA deponierten in zunehmender Anzahl nukleare Sprengköpfe in Westeuropa. Zur gleichen Zeit fächerten sie die Kernwaffenbedrohung der sozialistischen Staaten weiter auf. Sie trafen Vorbereitungen zur Aufstellung ständig gefechtsbereiter Verbände, die zur Führung des Kernwaffenkrieges befähigt sein sollten. Durch Erhöhung der Beweglichkeit, Feuer- und Stoßkraft, durch Veränderungen in der Struktur, in den Einsatz- und Ausbildungsprinzipien vergrößerte sich auch die Aggressionsfähigkeit der konventionellen Streitkräfte. Die NATO erprobte die Grundsätze ihrer Militärstrategie, insbesondere den sofortigen direkten Einsatz von Kernwaffen sowie die Führung und das Zusammenwirken ihrer Truppen, in zahlreichen Manövern. Dabei stand das Üben von Angriffsoperationen im Vordergrund.

Die zunehmend aggressive Politik und Aufrüstung der USA und anderer NATO-Hauptmächte sowie der beschleunigte Ausbau der NATO-Militärorganisation erhöhten gefährlich die Bedrohung des Friedens, der Sicherheit der Völker und des gesellschaftlichen Fortschritts in Europa und der Welt. Großen Anteil daran hatte die Entwicklung der → *Bundeswehr der BRD* zu einer einsatzbereiten Armee im NATO-Rahmen und zum Stoßkeil des imperialistischen Kriegspaktes gegen die sozialistischen Länder Europas. Die Regierungen der USA, der BRD und anderer NATO-Staaten unterstützten den konterrevolutionären Putsch in der Ungarischen VR im Oktober/November 1956. Sie verstärkten ihre konterrevolutionären Aktivitäten auch gegen die DDR, gegen Polen und andere sozialistische Staaten. NATO-Streitkräfte standen für militärische Aktionen in Alarmbereitschaft, um den Einflußbereich des Imperialismus bis an die Grenzen der UdSSR auszudehnen. Zur selben Zeit überfielen die NATO-Staaten Großbritannien und Frankreich gemeinsam mit Israel Ägypten, um dort eine progressive Entwicklung mit Waffengewalt zu verhindern, die nationale Befreiungsbewegung in den arabischen Ländern zurückzudrängen und die Südflanke des Paktes für eine Aggression gegen die Sowjetunion und die sozialistische Staatengemeinschaft zu stärken. Unterstützt von der UdSSR und anderen sozialistischen Staaten, gelang es den revolutionären und fortschrittlichen Kräften in diesen Ländern, die aggressiven Pläne der NATO zu durchkreuzen. Gegen Ende der 50er Jahre, Anfang der 60er Jahre forcierten die herrschenden Kreise der USA, der BRD und anderer NATO-Staaten erneut ihre Aggressionsvorbereitungen. Ihr Ziel war, die DDR gewaltsam zu annektieren. Aber auch jetzt wurde dem Imperialismus durch eine politische Aktion der Staaten des → *Warschauer Verteidigungsbündnisses* und die → *Sicherung der Staatsgrenzen der DDR 1961* eine schwere Niederlage zugefügt und ihm endgültig der Weg versperrt, seinen Herrschaftsbereich nach Osten auszudehnen.

Die zweite Etappe der NATO umfaßt die 60er Jahre. Für sie war charakteristisch, daß bestimmte Kreise ihrer Hauptmächte nach neuen strategischen Konzeptionen suchten, um ihre aggressiven Pläne, vor allem gegen den Sozialismus, zu verwirklichen. Sie setzten mehr auf die Kombination von politischen, ökonomischen, ideologischen, diplomatischen und militärischen Mitteln und Methoden im Kampf gegen den Sozialismus und die anderen Hauptströme des revolutionären Weltprozesses, bedingt durch den Zwang zur Anpassung an das zuungunsten des Imperialismus veränderte internationale Kräfteverhältnis. Das sozialistische Weltsystem sollte mit flexiblen Mitteln und Methoden zersetzt werden, ohne auf militärischen Druck und bewaffnete Intervention zu verzichten. Insbesondere durch psychologische Kriegführung und ideologische Diversion, Schüren von bürgerlichem Nationalismus und Antisowjetismus wollte der Imperialismus das Bündnis der sozialistischen Staaten zerstören, einzelne von innen aufweichen und herausbrechen.

Als erste ersetzten die USA die bisherige Strategie des überraschenden massierten Kernwaffenschlages durch eine flexible Militärstrategie. Beim Versuch, diese als NATO-Militärstrategie durchzusetzen, entstanden zum Teil scharfe Auseinandersetzungen zwischen den Paktländern, in deren Verlauf Frankreich eigene Vorstellungen entwickelte, seine Streitkräfte schrittweise aus der NATO zurückzog und 1966 aus deren Militärorganisation ausschied, nicht jedoch aus dem Pakt selbst. Der Prozeß der Herausbildung, Einführung und Präzisierung der flexiblen Militärstrategie erstreckte sich in der NATO fast über das ganze Jahrzehnt. Im Jahre 1962 beschloß der NATO-Rat eine Änderung der bisherigen militärstrategischen Konzeption. Die Planung der NATO ging nunmehr davon aus, daß auch begrenzte Kriege in Europa gegen die sozialistischen Staaten möglich sind, bei denen die taktisch-nuklearen und konventionellen Streitkräfte des Paktes vorrangig als Stoßkräfte eingesetzt werden sollten, unterstützt von den strategischen Kernwaffenkräften der USA. Im Herbst 1963 wurde im Einklang damit die maßgeblich von der Bundeswehrführung der BRD mit konzipierte Vorwärtsstrategie für das Oberkommando Zentraleuropa und das Kommando Ostseezugänge von den Paktorganen bestätigt. Ihr Hauptkennzeichen war die Vorbereitung eines als präventive Maßnahme deklarierten überraschenden Angriffs gegen sozialistische Staaten, um weiträumige Kampfhandlungen sofort auf deren Territorium führen zu können. Im Dezember 1967 beschloß der NATO-Rat die flexible Militärstrategie («flexible Reaktion») als verbindlich für den Pakt. Ihre im Dokument MC 14/3 vom 16. 1. 1968 festgelegten wichtigsten Leitsätze umfaßten die Vorbereitung der Streitkräfte und Länder des Paktes auf verschiedene Arten von Aggressionskriegen nach den Grundsätzen der Vorwärtsstrategie gegen die sozialistischen Staaten Europas; das Auslösen und gezielte Steuern von Krisen sowie vielfältige Varianten und Methoden der Kriegsentfesselung und Kriegführung. Insbesondere die Regierungen der USA und der BRD glaubten an die Möglichkeit, militärische Kampfhandlungen gegen einzelne sozialistische Staaten in Europa so weit begrenzen zu können, daß eine umfassende militärische Konfrontation mit der UdSSR und den anderen Staaten des Warschauer Vertrages vermieden würde. Die beträchtliche Aufwertung der konventionellen Streitkräfte in der flexiblen Militärstrategie des Paktes erhöhte gleichzeitig die Rolle der BRD im Militärblock.

In den 60er Jahren vertiefte und erweiterte die NATO die militärische Integration, schuf neue Führungsorgane und verstärkte die operativen Streitkräftegruppierungen. Erste Veränderungen der bestehenden militärischen Struktur wurden bereits 1961 mit der Bildung des Kommandos Ostseezugänge im Oberkommando Nordeuropa eingeleitet. Umfassendere Maßnahmen folgten im Dezember 1966 im Zusammenhang mit dem Ausscheiden Frankreichs aus der Militärorganisation der NATO, aber auch aus militärstrategischen Erwägungen. In die Struktur der NATO kamen folgende neue Organe: Ausschuß für Verteidigungsplanung (Defence Planning Committee – DPC); Ausschuß für nukleare Verteidigung (Nuclear Defence Affairs Committee – NDAC); Nukleare Planungsgruppe (Nuclear Planning Group – NPG) als Arbeitsorgan des NDAC; Internationaler Militärstab (International Military Staff – IMS) anstelle der Ständigen Gruppe, mit Sitz in Brüssel; die Abteilung Verteidigungsplanung und -politik im Generalsekretariat und das Lagezentrum. Der Sitz des Obersten Kommandos Europa und der ständigen obersten Organe der NATO wurde von Paris nach Brüssel verlegt. Der NATO-Rat tagte seitdem auf unterschiedlichen Ebenen, einerseits – um die politische Beteiligung Frankreichs zu sichern – in der ursprünglichen Zusammensetzung, andererseits als Ausschuß für Verteidigungsplanung, der militärpolitische, militärstrategische und Streitkräftefragen ohne Teilnahme Frankreichs berät und entsprechende Beschlüsse faßt. Der neugebildete Ausschuß für nukleare Verteidigung entstand als Kompromiß im Ergebnis der jahrelangen Auseinandersetzungen in der NATO um den Einfluß auf den Kernwaffeneinsatz. Er informiert die Paktmitglieder, die nur über Kernwaffeneinsatzmittel verfügen, über die Einsatz- und Zielplanung der der NATO nichtunterstellten Kernwaffenkräfte der USA und Großbritanniens und gibt ihnen ein gewisses Mitspracherecht für deren Anwendung in Europa. Während die Einsatzplanung für strategische Kernwaffen unverändert von den Kernwaffenmächten erfolgt, legt die Nukleare Planungsgruppe Richtlinien für den Einsatz operativ-taktischer und taktischer Kernwaffen auf den vorgesehenen Kriegsschauplätzen in Europa fest. Die Abteilung Verteidigungsplanung und -politik im Generalsekretariat der NATO koordiniert vor allem die Streitkräfteentwicklung. Der Internationale Militärstab lenkt als faktisch weisungsberechtigter Generalstab der NATO über die integrierten Stäbe die Streitkräfteentwicklung und die militärischen Operationen auf den verschiedenen Kriegsschauplätzen. Das neugeschaffene Lagezentrum beim Internationalen Militärstab sammelt und verarbeitet Informationen der Geheimdienste und der militärischen Aufklärung und dient der Krisenmanipulierung. Von 1966 bis 1969 wurden die Strukturen in der militärischen Kommandoorganisation des Paktes durch die Eingliederung der Stäbe der Land- und Luftstreitkräfte in das Oberkommando Südeuropa gestrafft und mit dem neugebildeten Ibero-Atlantischen Kommando im Bereich Atlantik erweitert. Neben dem seit 1960 bestehenden luftbeweglichen Heereseingreifverband der NATO (Allied Command Europe Mobile Force – AMF) schuf die NATO 1967 eine erste ständige Einsatzflotte im Bereich Atlantik und eine sog. Abrufflotte beim Oberkommando Südeuropa. 1968 kam ein Luftüberwachungsverband für den Mittelmeerraum hinzu. Auf Initiative Großbritanniens und der BRD entstand 1968 die Europagruppe (Eurogroup) der NATO. Außer Frankreich und Island gehören ihr alle europäischen Paktstaaten an. Schwerpunkte des Ausbaus der Infrastruktur waren die Erweiterung des militärischen Rohrleitungssystems, der Bau neuer Militärflugplätze sowie der umfassende Aufbau des 1961 begonnenen Luftverteidigungssystems der NATO.

Die NATO-Streitkräfte wurden auf die vorgesehenen Kriegsarten vorbereitet. Die weiter ausgebauten strategischen Kernwaffenkräfte der USA blieben das militärische Rückgrat der NATO. Parallel dazu erhielten die allgemeinen Streitkräfte (Land-, Luft- und Seestreitkräfte sowie das Marinekorps) der USA moderne operativ-taktische Kernwaffen und neue Waffen und Ausrüstungen für die konventionelle Kriegführung. Pläne maßgebender NATO-Kreise, auch andere Paktstaaten mit Kernwaffen auszurüsten, konnten nicht verwirklicht werden. Entscheidend dafür war der nach jahrelangem Ringen der UdSSR und der anderen sozialistischen Staaten erreichte Vertrag über die Nichtweiterverbreitung von Kernwaffen, den im Juli 1968 die UdSSR, die USA und Großbritannien unterzeichnet und dem sich bis Ende 1968 bereits 83 Staaten angeschlossen hatten. Vor allem den aggressiven Kreisen in der BRD konnte damit der Zugang zu Kernwaffen versperrt werden. Die europäischen, der NATO-Militärorganisation angehörenden Staaten, allen voran die BRD, verstärkten die konventionelle Kampfkraft ihrer Streitkräfte vorrangig durch moderne gepanzerte Fahrzeuge, Mehrzweckartillerie, Flugzeuge, Schiffe u. a. m. Wesentliche Merkmale dafür waren die gesteigerte Feuer- und Stoßkraft sowie die erhöhte Mobilität der Streitkräfte. In den 60er Jahren intensivierte die NATO die ideologische Manipulierung und die kriegsnahe militärische Ausbildung. Die 1968 einsetzende sog. rollende Fünfjahresplanung und die Ausarbeitung einheitlicher militärischer Führungs- und Einsatzgrundsätze steigerten die Fähigkeit der NATO zu überraschenden Aggressionshandlungen.

Die Grundziele der flexiblen Militärstrategie der NATO spiegelten sich seit 1962/63 zunehmend in den Stabsübungen und Manövern wider. Die nuklearen und konventionellen Varianten eines Krieges, die schnelle Verlegung von mobilen Landstreitkräften und taktischen Luftstreitkräften sowie die Vorwärtsstrategie waren ihr Hauptinhalt. Die BRD konnte, gestützt auf das enge Bündnis mit den USA und ihre eigene wachsende militärische Macht im Pakt, ihre Stellung in der NATO festigen, ihren Einfluß weiter vergrößern und sich zur konventionell stärksten Militärmacht in Westeuropa entwickeln.

Seit Mitte der 60er Jahre verschärften die NATO-Staaten, insbesondere die USA und die BRD, erneut ihren aggressiven Kurs, der zu internationalen Spannungen in Europa und anderen Teilen der Welt führte. Die USA steigerten ihre Aggressionsakte gegen die Völker Vietnams, Laos' und Kambodschas. NATO-Staaten bedrohten die Souveränität und die Unabhängigkeit Zyperns, unterstützten die israelischen Aggressoren im Nahen Osten. Die NATO steigerte ihre aggressiven, konterrevolutionären Aktivitäten gegen die europäischen sozialistischen Staaten. Führende NATO-Kreise vor allem der USA und der BRD unterstützten aktiv die antisozialistischen Kräfte in der ČSSR. Sie wollten dieses Land aus dem Warschauer Vertrag und dem RGW herauslösen, dem imperialistischen Herrschaftssystem einverleiben und günstige Ausgangspositionen für weitere Aggressionen gegen den Sozialismus erlangen. Dazu wurde die Subversion durch militärische Maßnahmen nach dem NATO-Operationsplan «Zephir» abgesichert. Die für Anfang September 1968 geplanten Manöver der Bundeswehr und von Verbänden der 7. USA-Armee im Südteil der BRD mit Richtung ČSSR dienten ebenfalls diesem Ziel. Die gemeinsame Hilfeleistung der Sowjetunion und anderer Teilnehmerstaaten des Warschauer Vertrages im August 1968 für die Völker der ČSSR vereitelten die aggressiven Pläne der NATO. Nachdem die «rollback»-Politik in den 50er Jahren und Anfang der 60er Jahre Schiffbruch erlitten hatte, war nun auch die gegen die ČSSR versuchte Variante ihrer «indirekten» Strategie gescheitert. Auch in der von den USA eskalierten militärischen Aggression in Indochina, die unter dem Druck der Weltöffentlichkeit zu Spannungen innerhalb der NATO geführt hatte, zeichnete sich eine Niederlage ab. Diese Tatsachen demonstrierten erneut das reale politische und militärische Kräfteverhältnis zwischen Sozialismus und Imperialismus und die Perspektivlosigkeit der aggressiven Politik und Strategie der NATO. Die herrschenden NATO-Kreise mußten das erreichte annähernde militärstrategische Gleichgewicht zwischen den USA und der UdSSR, zwischen NATO und Warschauer Vertragsorganisation zur Kenntnis nehmen.

Unter den Bedingungen der sich verschärfenden allgemeinen Krise des Kapitalismus und der wachsenden Macht des Sozialismus setzte mit dem Beginn der 70er Jahre eine dritte Entwicklungsetappe der NATO ein. Sie war von der erneuten Suche der maßgebenden Kreise des Paktes nach erfolgversprechenden militärpolitischen und militärischen Konzeptionen und erhöhten Rüstungsanstrengungen gekennzeichnet, um die im Wesen unveränderten, gegen den Sozialismus gerichteten Ziele angesichts dessen weiteren Erstarkens durchzusetzen und alle verfügbaren Kräfte für den Kampf gegen die Hauptströme des weltrevolutionären Prozesses effektiver zusammenzufassen. Die dazu seit Ende der 60er Jahre entwickelte politische Doppelstrategie des «Rüstens und Verhandelns» zielte darauf, den von den Kräften des Sozialismus und des Friedens erzwungenen politischen Entspannungsprozeß aufzuhalten bzw. ihn im imperialistischen Interesse auszunutzen, insbesondere die Einheit der sozialistischen Staatengemeinschaft zu untergraben und ihre Gesellschaftsordnung aufzuweichen. Gleichzeitig sollte das militärische Kräfteverhältnis durch fortgesetzte Aufrüstung zugunsten der NATO verändert werden. Trotz größeren Widerstandes der aggressiven Kräfte gegen alle Entspannungsvorschläge der UdSSR und der anderen sozialistischen Staaten kamen die USA und ihre NATO-Verbündeten nicht umhin, sich an einer Reihe von Entspannungsmaßnahmen zu beteiligen. So waren sie unter dem Druck der friedliebenden Völker gezwungen, an der Konferenz über Sicherheit und Zusammenarbeit in Europa, 1975 in Helsinki, teilzunehmen und deren Schlußakte zu unterzeichnen. NATO-Staaten mußten 1973 Verhandlungen mit den Staaten des Warschauer Vertrages über die Reduzierung der Streitkräfte und Rüstungen in Mitteleuropa, die USA mit der UdSSR über die Begrenzung der strategischen Kernwaffen (SALT I und SALT II) aufnehmen u. a. m. Aber gleichzeitig versuchten die NATO-Mächte, erzielte Fortschritte für ihre aggressiven Ziele gegen die sozialistischen Staaten zu mißbrauchen und weitere echte Fortschritte in der politischen Entspannung zu verhindern. Besonders hartnäckig begannen die reaktionärsten NATO-Kreise sich der Vereinbarung von Maßnahmen zur militärischen Entspannung zu widersetzen. Während sich die Regierungen der NATO-Hauptmächte, darunter der BRD, demagogisch für die Fortsetzung der Entspannungspolitik aussprachen, führten sie entsprechend der Doppelstrategie die Aggressionsplanung weiter. Modifikationen der NATO-Militärstrategie enthielten u. a. eine Präzisierung der vorgesehenen Kriegsarten bei weiterer Aufwertung des begrenzten nuklearen sowie unter bestimmten politischen Bedingungen des konventionellen Krieges nach den Grundsätzen der Vorwärtsstrategie; Erweiterung der Einsatzprinzipien für Kernwaffen, wobei der Ersteinsatz von Kernwaffen gegen militärische Ziele immer mehr in den Vordergrund trat; zunehmende Aktivitäten, um die Einflußsphären des Militärblocks im Mittelmeerraum zu sichern, im Atlantik und Indik auszuweiten. Die NATO bildete 1973 eine ständige Gruppierung von Seestreitkräften im Ärmelkanal und in der südlichen Nordsee und 1974 das Kommando Luftstreitkräfte im Oberkommando Zentraleuropa. Die Infrastruktur wurde erweitert und modernisiert, der Aufbau des Luftwarn- und Führungssystems 1974 abgeschlossen. In der zweiten Hälfte der 70er Jahre veränderte die NATO die Unterstellungsstufen der Streitkräfte mit dem Ziel, ein höheres Maß an Aggressionsbereitschaft zu erreichen. Die Europagruppe vermochte die militärische Integration zu vertiefen. Mit der 1976 geschaffenen sog. Unabhängigen Europäischen Programmgruppe, in der auch Frankreich mitarbeitet, konnten die Koordination und Kooperation auf dem Rüstungssektor verstärkt werden. Die BRD erweiterte ihren Einfluß im Pakt. Der 1977 neugeschaffene Stellvertreterbereich beim Obersten Befehlshaber für Europa ist stets durch einen Bundeswehrgeneral besetzt. Die NATO begann mit dem im Mai 1978 auf dem Gipfeltreffen in Washington beschlossenen Langzeitrüstungsprogramm (bis 1993) eine neue Runde des Wettrüstens auf allen Gebieten. Die USA vervollkommneten vor allem ihr strategisches Kernwaffenpotential durch qualitativ verbesserte see- und landgestützte Trägersysteme mit höherer Mobilität und Treffgenauigkeit und entwickelten eine neue Generation nuklearer Sprengköpfe. Die politisch-ideologischen Aggressionsvorbereitungen der Soldaten wurden auf der Grundlage des Antikommunismus verstärkt, ebenso die ideologische Diversion gegen die Bevölkerung und Streitkräfte der sozialistischen Staaten auf der Grundlage der sog. Ost-West-Studie vom Mai 1978. Der Pakt schuf dafür ein koordinierendes Organ im Internationalen Sekretariat.

Es gelang jedoch den NATO-Mächten in den 70er Jahren nicht, die politischen und militärischen Hauptziele ihrer Doppelstrategie zu erreichen. Vor allem aber war es ihnen nicht möglich, das annä-

NATO-Rüstungsausgaben
(in Mrd. Dollar zu laufenden Preisen)

1950	1955	1958	1970	1975	1980	1983
26,69	58,98	60,81	104,39	149,45	256,29	326,18

Zahlenmäßige Entwicklung der Streitkräfte von NATO-Staaten
(Territorialstreitkräfte sind bei Landstreitkräften mit erfaßt)

	1949	1955	1960	1965	1970	1975	1983
Insgesamt:				5685500	6153650	5071250	5337000
Davon:							
USA							
insgesamt:	1557517	2934977	2476435	2659000	3161000	2130000	2136400
davon:							
Landstreitkräfte	641225	1109296	873078	963000	1363000	785000	780800
Luftstreitkräfte	419347	959946	814752	829000	810000	612000	592000
Seestreitkräfte	415569	660695	617984	674000	694000	536000	569000
Marinekorps	81376	205040	170621	193000	294000	197000	194600
BRD							
insgesamt:		79900[1]	272600	438000	466000	495000	495000[2]
davon:							
Landstreitkräfte		60200[1]	186500	306000	326000	345000	335500
Luftstreitkräfte		12000[1]	63000	97000	104000	111000	105900
Seestreitkräfte		7700[1]	23100	35000	36000	39000	36400
Großbritannien							
insgesamt:	935000	823000	593000	440000	390000	345100	320623
davon:							
Landstreitkräfte	550000	437000	317000	208000	190000	174900	159070
Luftstreitkräfte	239000	258000	174000	132000	113000	94100	89827
Seestreitkräfte	146000	128000	102000	100000	87000	76100	71726
Frankreich							
insgesamt:	600000	913000	1026000	557000	506000	502500	492850[3]
davon:							
Landstreitkräfte	465000	688000	812000	350000	328000	331500	311200
Luftstreitkräfte	77000	155000	146000	122500	106000	102000	100400
Seestreitkräfte	58000	70000	68000	84500	72000	69000	68000

1 1956
2 einschließlich Personal der zentralen militärischen Dienststellen, Sanitätsdienststellen und Wehrübungsplätze
3 einschließlich Personal der zentralen militärischen Dienststellen

hernde militärstrategische Gleichgewicht zwischen den Staaten des Warschauer Vertrages und der NATO zu ihrem Vorteil zu verändern. Auch teilweise nicht unerhebliche Widersprüche innerhalb der NATO selbst blieben – bei dominierender Übereinstimmung der antisozialistischen Positionen – bestehen, wobei sich der Gegensatz zwischen den USA und den westeuropäischen Staaten mit der weiteren Formierung der sog. Europäischen Gemeinschaft verschärfte. Griechenland verließ 1974–1981 im Zusammenhang mit der Zypernkrise die Militärorganisation des NATO-Paktes.

Die grundlegenden Ursachen für das Nichterreichen der mit der Doppelstrategie verfolgten Ziele der NATO in den 70er Jahren waren die weitere Veränderung des internationalen Kräfteverhältnisses zugunsten des realen Sozialismus und der anderen revolutionären Hauptströme sowie die konsequente Politik der Sowjetunion und der anderen sozialistischen Staaten für Frieden, friedliche Koexistenz, Entspannung und Abrüstung. Während für das sozialistische Weltsystem ein ständiger Machtzuwachs auf allen Gebieten charakteristisch war, wurde das imperialistische System durch eine besondere Art der Verflechtung von sich verschärfender allgemeiner und tiefer zyklischer Krise erschüttert. Zugleich verlor es, z. T. verbunden mit militärischen Niederlagen wie in Vietnam, weitere Positionen und Einflußgebiete. Der Widerspruch zwischen den expansiven Zielen der NATO und den Möglichkeiten, sie zu realisieren, vergrößerte sich weiter.

Veranlaßt durch diese Entwicklung, schlugen die USA und die aggressiven Kräfte der anderen NATO-Staaten gegen Ende der 70er Jahre einen verschärften politischen und militärischen Kurs ein, um den weltrevolutionären Prozeß einzudämmen. Die NATO trat damit in eine vierte Entwicklungsetappe ein. Ihre Hauptkennzeichen sind die arbeitsteilige politische, ideologische und ökonomische Konfron-

Gliederung der NATO 1980

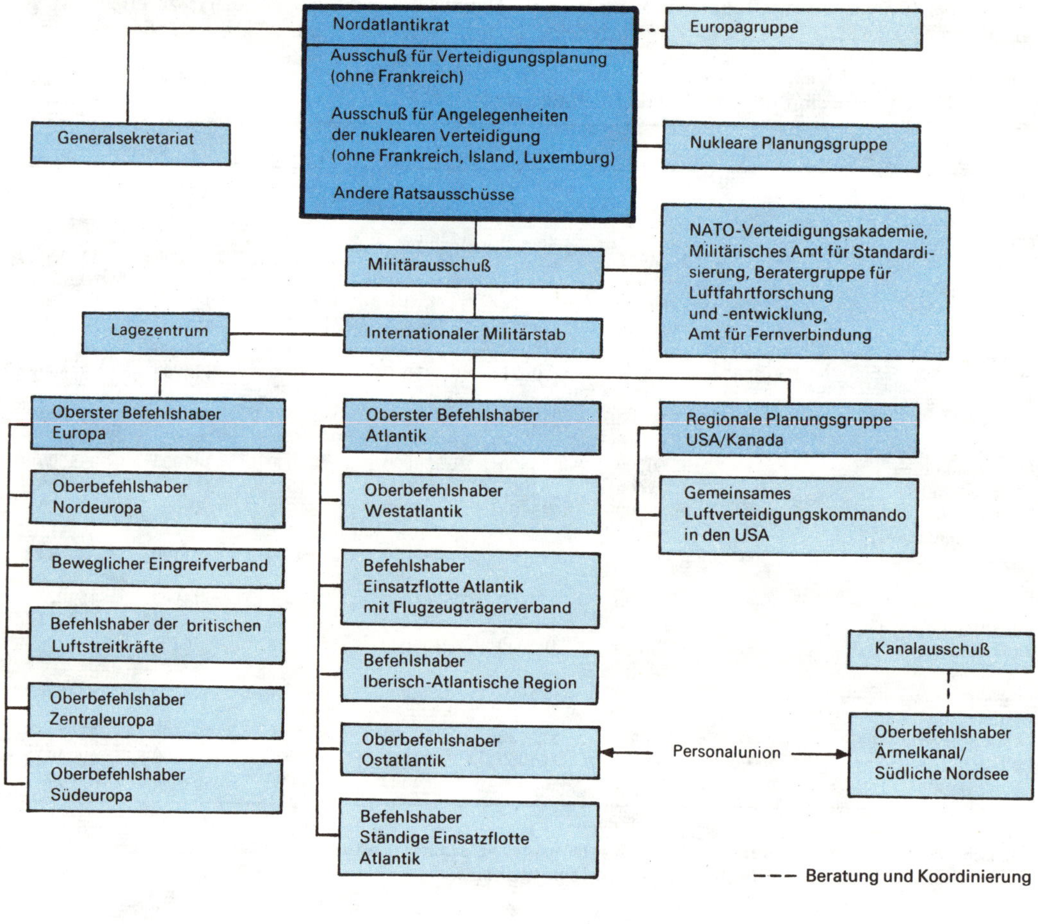

tation, das besessene Streben nach militärischer Überlegenheit sowie die forcierte Vorbereitung vor allem der USA auf einen Kernwaffenkrieg gegen die sozialistischen Staaten. Den Weltfrieden ernsthaft bedrohende Pläne eines nuklearen «Enthauptungs-» bzw. «Entwaffnungsschlages» gegen die UdSSR und andere Staaten des Warschauer Vertrages sind zu Leitsätzen der USA-Militärstrategie geworden. Wichtiger Bestandteil dieser abenteuerlichen Strategie und eine gefährliche Bedrohung der sozialistischen Länder und des Friedens ist auch der Beschluß der NATO-Führungsgremien vom 12. 12. 1979 über die Stationierung neuartiger nuklearer Mittelstreckensysteme der USA in 5 europäischen NATO-Ländern. Mit seiner Realisierung wurde trotz der Warnungen der Sowjetunion und ihrer Verbündeten und gegen den Willen der überwiegenden Mehrheit der Bevölkerung in Westeuropa Ende 1983 begonnen. Die neue Entwicklungsetappe der NATO ist weiterhin durch eine umfassende ideologische Diversion geprägt, durch Streben nach Ausweitung des angemaßten Wirkungsbereiches des Paktes sowie durch verstärkte politische, ökonomische und militärische Aktivitäten gegen unabhängige Nationalstaaten Afrikas, Asiens und Lateinamerikas.

Die NATO-Mächte forcieren ihre konzeptionellen, materiellen und ideologischen Kriegsvorbereitungen unter rigoroser Ausnutzung der Möglichkeiten des wissenschaftlich-technischen Fortschritts für ihr militärisches Überlegenheitsstreben. Bei den strategischen Kernwaffen konzentrieren sich die USA, Großbritannien und Frankreich auf eine erhöhte Typenvielfalt, Mobilität und Treffsicherheit der Systeme sowie auf die Einführung zusätzlicher Kernwaffensysteme der USA in Westeuropa. Die operativ-taktischen und taktischen Kernwaffeneinsatzmittel werden ebenfalls modernisiert oder durch Neuentwicklungen ergänzt mit dem Ziel, die Feuergeschwindigkeit, Treffgenauigkeit und Reichweiten zu erhöhen. Große Anstrengungen werden unternommen, um die Zeiten für die Herstellung der Einsatzbereitschaft zu senken, die Verwundbarkeit zu verringern u. a. m. Die Entwicklung der konventionellen Streitkräfte und Rüstungen erfolgt entsprechend den Vorgaben des Langzeitrüstungsprogramms sowie seit Anfang der 80er Jahre von den USA unter BRD-Mitwirkung entwickelter Vorstellungen über neue Dimensionen nichtnuklearer Kriegführung bis tief in die UdSSR hinein, die dem Einsatz taktischer Kernwaffen in der Wirkung nahekommen (Rogers-Plan). Im Rahmen der Manöver Autumn Forge übt die NATO seit Herbst 1980 jährlich das Zusammenwirken aller Teilstreitkräfte vom Nordkap bis zum Mittelmeer, die Führung überraschender Schläge gegen die Staaten des Warschauer Vertrages, das multinationale Zusammenwirken und die schnelle Heranführung von Verstärkungen. In der bisher größten Einsatzübung strategischer Offensivwaffen Global Shield 81 erprobten die USA Anfang 1981 den massierten Einsatz von strategischen Bombern und Interkontinentalraketen, eingeschlossen den überraschenden Kernwaffenschlag, gegen die Staaten des Warschauer Vertrages. Weitere Verbesserungen der Infrastruktur sowie Verträge zwischen den USA und europäischen NATO-Staaten, wie beispielsweise das zwischen den USA und der BRD am 15. 4. 1982 unterzeichnete «Abkommen über Unterstützung durch den Aufnahmestaat in Krise und Krieg», dienen der schnellen Verstärkung der Streitkräftegruppierungen der NATO in Europa. Die politisch-ideologische und psychologische Aggressionsbereitschaft der Streitkräfte der NATO wuchs. 1980 verfügte die NATO über rd. 5 Mill. Mann in den regulären Streitkräften, etwa 2700 taktische und operativ-taktische Kernwaffeneinsatzmittel, 14100 Panzer, 17000 Geschütze und Granatwerfer, 11400 Panzerabwehrmittel (davon 5400 Panzerabwehrlenkraketen), 3180 Kampfflugzeuge und 2175 Kampfschiffe. Die Gefechtsmöglichkeiten der Divisionen werden bis zur Mitte der 80er Jahre um 20–50 % gesteigert.

Im Pakt verstärkten sich beim Übergang zu den 80er Jahren die Versuche von Hauptmächten, sich in die inneren Angelegenheiten anderer Mitgliedstaaten einzumischen. Der Mechanismus zur Unterdrückung progressiver Kräfte im Innern wurde breiter ausgebaut und stärker internationalisiert. Ungeachtet wachsender Differenzen zwischen Paktstaaten, insbesondere zwischen der sog. Europäischen Gemeinschaft und den USA, entwickelt sich die NATO in den 80er Jahren insgesamt immer mehr zum Koordinator der abgestimmten imperialistischen Konfrontationspolitik. Der Pakt bildet gleichzeitig die wichtigste Klammer zwischen den imperialistischen Machtzentren.

Ihren verschärften Konfrontationskurs, gepaart mit dem Übergang zu einer neuen Stufe der Aufrüstung und Aggressionsvorbereitung, versuchen die Politiker, Militärs und Ideologen der NATO-Staaten, besonders der USA und der BRD, mit einer gesteigerten Hetze gegen die UdSSR und die anderen sozialistischen Länder zu rechtfertigen. Dabei strapazieren sie erneut die Lüge von einer angeblichen Bedrohung durch die Warschauer Verteidigungsgemeinschaft. Sie konnten damit aber nicht verhindern, daß ihre den Frieden in Europa und in der ganzen Welt bedrohende Konfrontations- und Hochrüstungspolitik zunehmend auf den Widerstand aller progressiven und friedliebenden Kräfte, auch in den NATO-Staaten selbst, stößt. Die sozialistischen Staaten stellen der Konfrontationspolitik und dem militärischen Überlegenheitsstreben der NATO ihre

Politik zur Festigung des Weltfriedens, zur Rüstungsbegrenzung und Abrüstung, zur Beilegung von Krisen und Konflikten entgegen. Sie werden aber auch nicht zulassen, daß die USA und die NATO insgesamt eine militärische Überlegenheit erlangen, um ihre aggressiven Pläne verwirklichen zu können.

Nebeltruppen: Spezialtruppen der faschistischen deutschen Wehrmacht für den Einsatz von Brisanz-, Brand- und Nebelmunition mittels → *Geschoßwerfern* gegen Flächenziele.

Die Vorarbeiten für die Aufstellung der N. begannen 1929 im Rahmen der illegalen Aufrüstung der Reichswehr. Mitte des Jahres wurde die 2. Eskadron der Fahrabteilung 4 in Dresden vollmotorisiert und mit der Erprobung sowie Weiterentwicklung von Nebelmitteln und -geräten beauftragt. Der zunächst in den Vordergrund gestellte Einsatz von künstlichem Nebel im Gefecht sollte zugleich die Vorbereitung der → *chemischen Kriegführung* tarnen. Die erprobten Waffen und Geräte ermöglichten sowohl den Einsatz von Nebel als auch von chemischen Kampfstoffen. Im Herbst 1935 erfolgte die Aufstellung der ersten Nebelabteilung. Anfänglich führten die N. den 100-mm-Nebelwerfer 35, einen aus Rohr, Bodenplatte und Zweibein bestehenden → *Granatwerfer*, der mit einer 10 kg schweren Wurfgranate eine Schußweite von 3000 m erreichte. Seine Weiterentwicklung, der 100-mm-Nebelwerfer 40 mit einer Schußweite bis 6000 m, kam nur noch in geringer Stückzahl zur Einführung, da er zum Zeitpunkt seiner Truppenreife bereits von den inzwischen konstruierten Geschoßwerfern überholt war.

Die Reichswehrführung hatte sich frühzeitig für die Entwicklung militärischer Raketen und reaktiver Waffen interessiert. Die Geschoßwerfer als relativ einfache Abschußgeräte für ungelenkte reaktive Geschosse mit ihrem in fast jedem Gelände möglichen Einsatz und ihrer Flächenwirkung erschienen für die N. besonders geeignet. 1939 begann die Umrüstung der zu Kriegsbeginn vorhandenen 3 Nebelabteilungen von Granat- auf Geschoßwerfer. Der das Standardgerät der N. bildende 150-mm-Werfer 41 hatte 6 Rohre und eine Spreizlafette. Seine günstigste Schußentfernung lag zwischen 4000 und 6500 m. Innerhalb von 5 min konnten 5 Salven abgefeuert werden. Die Batterie hatte 6 Werfer. Eine Abteilung mit 3 Batterien konnte mit einer Salve 108 Geschosse starten. Der notwendige Geschoßdrall wurde durch schräggestellte Gasaustrittsdüsen erreicht. Im Zuge des raschen Ausbaus der N. erfolgte im Juni 1940 die Aufstellung des ersten Nebelwerferregiments, dessen Hauptbewaffnung der 150-mm-Werfer war. Die N. sollten durch überraschendes Massenfeuer insbesondere gegen lebende Ziele außerhalb von Deckungen wirken. Um ihren Einsatz an Schwerpunkten zu gewährleisten, blieben sie als Heerestruppe in der Hand des Oberkommandos und wurden den Verbänden zeitweise zugeteilt. Im Juni 1941 bestanden die N. aus 7 Abteilungen und 4 Regimen-

Sechsrohriger Nebelwerfer mit Geschossen

Werfer der faschistischen Wehrmacht

Typenbezeichnung	Lafette	Schußweite m	Günstigste Schußentfernung m	Geschoßmasse kg	Größe der Salve
150-mm-Werfer 41	Sechsling mit Spreizlafette und Dreipunktlagerung	6700	4000–6500	32	Abteilung 108 Schuß in 10 s
210-mm-Werfer 42	Fünfling mit Spreizlafette und Dreipunktlagerung	7850	5500–7500	100	Abteilung 90 Schuß in 8 s
300-mm-Werfer 42	Sechsling mit Spreizlafette	4500	3000–4500	115,5	Abteilung 108 Schuß in 10 s
150-mm-Panzerwerfer 42	Zehnling auf leichtgepanzerter SFL «Maultier»	6700	4000–6500	34,1	Batterie 80 Schuß in 18 s

tern. Unter dem Eindruck der starken Ausrüstung der Sowjetarmee mit modernen Geschoßwerfern wurde der Ausbau der N. 1942 fortgesetzt. Damit sollte zugleich die in der Produktion material- und zeitaufwendigere Rohrartillerie ergänzt und teilweise ersetzt werden. Im Frühjahr 1945 verfügte die faschistische Wehrmacht über 15 Brigaden der N. mit insgesamt 30 Regimentern, deren Waffenbestand (Dezember 1944) 3585 Werfer unterschiedlicher Typen und Geschoßkaliber betrug. Außerdem bestanden 2 Regimenter und 2 Abteilungen als selbständige Truppenteile. Zur Verwendung kamen hauptsächlich Brisanz- und Flammölgeschosse.

Neuererbewegung in der NVA → *sozialistischer Wettbewerb in der NVA*

«Neues militairisches Journal»: fortschrittliche militärische Zeitschrift, die von 1788 bis 1793 und 1797 bis 1805 in Hannover erschien.

Die von Oberst Gerhard von Scharnhorst (1755–1813) herausgegebene Zeitschrift berichtete über taktische, organisatorische und waffentechnische Veränderungen in deutschen und anderen Armeen, über Fragen der Kriegskunst sowie über neue militärische Publikationen und gab Hinweise für den praktischen Dienst der Offiziere. Sie enthielt ferner Mitteilungen aus dem Leben von Offizieren und militärische Anekdoten. Unter dem Einfluß von Ideen der Aufklärung traten die Verfasser für Reformen im erstarrten feudalabsolutistischen Militärwesen und in der Kriegskunst ein. Durch bessere Allgemeinbildung und größere militärische Kenntnisse der Offiziere hofften sie, einen neuen Typ des Offiziers heranbilden zu können und die Lage sowie die Ausbildung der Soldaten zu verbessern. Die zweite Folge des Journals, die Scharnhorst nach seiner Rückkehr aus dem Krieg gegen Frankreich ab 1797 herausgab, trug den Untertitel «Militairische Denkwuerdigkeiten unserer Zeiten, insbesondere des französischen Revolutions-Krieges im Jahr 1792 u. s. f.». Das erste Heft enthielt den programmatischen Aufsatz von Scharnhorst «Entwickelung der allgemeinen Ursachen des Glücks der Franzosen in dem Revolutions-Kriege und insbesondere in dem Feldzuge von 1794», in dem er die Mängel der feudalabsolutistischen Heere und die Ursachen der französischen Siege auf gesellschaftliche Ursachen zurückführte. In ähnlicher Weise setzten sich auch weitere Autoren des Journals sowie andere Zeitschriften mit dem absolutistischen Militärwesen und den Kriegen seit 1792 auseinander (→ *Militärpresse*). Das «Neue militairische Journal» gehörte zu den Wegbereitern des bürgerlichen militärischen Denkens und der → *Militärgeschichtsschreibung*.

New-Yorker Konferenz 1950: Konferenz der Außenminister der USA, Großbritanniens und Frankreichs vom 12. bis 14. 9. und am 18. 9. 1950, die sich mit den militärischen, politischen und wirtschaftlichen Vorbereitungen für die Einbeziehung der BRD in das imperialistische Militärpaktsystem befaßte.

Im Zuge der von den herrschenden Kreisen des westdeutschen Staates betriebenen → *Remilitarisierung der BRD* billigte die Konferenz die Einbeziehung der BRD in die NATO und die Beteiligung von BRD-Streitkräften an denen des Paktes. Das entsprach dem Angebot, das im → *Rüstungsmemorandum Adenauers 1950* den Westmächten unterbreitet worden war. Die Konferenz stand im Zeichen der von den USA entfesselten Korea-Aggression. Nach Vorstellungen der USA sollte die BRD beschleunigt als militärisches Aufmarschgebiet der NATO in Europa ausgebaut werden. Konkret war vorgesehen, daß die BRD 10 von den geplanten 60 Divisionen der NATO stellte. Ferner beschlossen die Außenminister, die Besatzungstruppen in der BRD und in Westberlin zu verstärken. Zur inneren Stabilisierung des reaktionären Regimes der BRD und zur Beschleunigung der Remilitarisierung sagten die Westmächte allseitige Unterstützung zu. Sie genehmigten die Aufstellung sog. beweglicher Polizeikräfte. Die Regierung der BRD erhielt das Recht, diese auf Länderbasis aufzustellen und sie in ihrem Ermessen als «Ganzes oder als Teile» einzusetzen (→ *Bereitschaftspolizei in der BRD*, → *Bundesgrenzschutz der BRD (BGS)*). Die Außenminister kündigten die Abänderung des Besatzungsstatuts (→ *Besatzungstruppen in der BRD*) sowie die Ermächtigung für die BRD an, ein Außenministerium zu errichten und diplomatische Beziehungen zu anderen Staaten aufzunehmen. Mit diesen Maßnahmen wurde der BRD in der Folgezeit schrittweise die Möglichkeit zur Einbeziehung in das imperialistische Militärblocksystem gegeben (→ *Pariser Verträge 1955*, → *Westeuropäische Union (WEU)*). Die Konferenz billigte die Alleinvertretungsanmaßung der herrschenden Kreise der BRD und die darauf beruhende revanchistische Politik gegenüber der DDR und anderen sozialistischen Staaten. Die Außenminister legten auf der Konferenz eine Revision der Abkommen über bisher für die BRD verbotene oder eingeschränkte Industriezweige fest, um damit die Entwicklung einer Rüstungsindustrie zu ermöglichen. Sie gestatteten eine Erhöhung der Stahlproduktion und hoben Beschränkungen für den Bau von Handelsschiffen für den Export auf. Mit der Konferenz war zwischen den Westmächten und der BRD, trotz noch bestehender Vorbehalte insbesondere von französischer Seite, die Schaffung militärischer, politischer und wirtschaftlicher Voraussetzungen für die Remilitarisierung der BRD und ihre Eingliederung in das imperialistische Paktsystem beschlossen worden. Die getroffenen Festlegungen widersprachen den Bestimmungen des Potsdamer Abkommens.

nordafrikanische Feldzüge 1941–1943: Kampfhandlungen zwischen deutsch-italienischen und anglo-amerikanischen Truppen in Nordafrika während des zweiten Weltkrieges (→ *Weltkrieg, zweiter, 1939–1945*).

Ende 1940 erlitten die aus ihrem Kolonialgebiet Libyen in Richtung auf den Suezkanal angreifenden Truppen des faschistischen Italiens infolge eines überraschenden britischen Gegenschlages eine schwere Niederlage. Der drohende Verlust Libyens veranlaßte die italienische Regierung, das faschistische Deutschland um Hilfe zu bitten. Die deutsche Führung, die für die Stabilität Italiens fürchtete und den nordafrikanischen Kriegsschauplatz als eine Basis für den Krieg gegen Großbritannien erhalten wollte, konnte jedoch nur ein relativ kleines Truppenkontingent bereitstellen, da sich die militärischen Anstrengungen seit Monaten voll auf den bevorstehenden Aggressionskrieg gegen die Sowjetunion konzentrierten. Unter der Bedingung, daß auch italienische Verbände unter deutschen Oberbefehl gestellt würden, erfolgte ab Februar 1941 der Einsatz des sog. Sperrverbandes Afrika. Kurz zuvor war bereits das deutsche X. Fliegerkorps nach Sizilien verlegt worden, um den Nachschub über das Mittelmeer abzusichern und die Operationen auf dem nordafrikanischen Kriegsschauplatz zu unterstützen.

Der Sperrverband Afrika, der am 14. 2. 1941 die offizielle Bezeichnung «Deutsches Afrikakorps» erhielt und dessen Führung dem späteren Generalfeldmarschall Erwin Rommel (1891–1944) übertragen wurde, bestand zunächst nur aus einer leichten Division, der bis zum Mai 1941 eine Panzerdivision folgte. Bis Mitte November 1941 erreichte das Afrikakorps eine Stärke von 3 deutschen Divisionen und 1 italienischen Division. Es bildete den Kern der in Nordafrika handelnden deutsch-italienischen Streitkräfte.

Im April 1941 gingen die deutsch-italienischen Streitkräfte zur Offensive über, in deren Verlauf die überraschten und durch die bisherigen Kämpfe geschwächten britischen Truppen bis zur libysch-ägyptischen Grenze zurückgeworfen wurden. Die Festung Tobruk wurde eingeschlossen und belagert. Da inzwischen die Vorbereitungen für den Überfall auf die Sowjetunion in ihr entscheidendes Stadium getreten waren, konnte das Afrikakorps keine zusätzlichen Kräfte erhalten. Nachdem die Versuche der deutsch-italienischen Truppen zur Einnahme von Tobruk Ende April 1941 gescheitert waren, erschöpften sich die Kampfhandlungen in örtlich begrenzten Aktionen, die keiner Seite wesentliche Erfolge brachten. Während das Afrikakorps jedoch wegen mangelnden Nachschubs an Truppen, Kampftechnik und Treibstoff in seiner Handlungsfähigkeit eingeschränkt blieb, konnten die britischen Kräfte, die in der neu gebildeten 8. Armee zusammengefaßt wurden, relativ rasch personell und materiell aufgefüllt werden. In der ersten Novemberhälfte 1941 umfaßte die britische 8. Armee 5 Divisionen und 5 Brigaden, darunter 1 Panzerdivision und 2 Panzerbrigaden. Am 18. 11. 1941 griff sie an der Sollum-Front an, zwang die faschistischen Truppen zum Rückzug und entsetzte Tobruk. Erst nach 800 km, am westlichen Rand der Cyrenaica, kam die Front zum Stehen. Das OKW sah sich daher im November/Dezember 1941 trotz der sich immer mehr zuspitzenden Lage an der deutsch-sowjetischen Front gezwungen, Teilkräfte der Luftflotte 2 nach Süditalien zu verlegen. Außerdem erhöhte es die Zahl der im Mittelmeer eingesetzten U-Boote. Zusammen mit den italienischen Luft- und Seestreitkräften gelang es vorübergehend, den See- und Luftraum im mittleren Teil des Mittelmeeres zu beherrschen und den Nachschub für das Afrikakorps zu forcieren. In Ausnutzung dieser Lage gingen die deutsch-italienischen Truppen am 21. 2. 1942 erneut zum Angriff über und warfen die britische 8. Armee bis Anfang März auf El Gazala zurück. Damit hatten sie einen großen Teil der Cyrenaica zurückerobert. Der Erfolg war vor allem auf das veränderte Kräfteverhältnis zurückzuführen. Zu Beginn des Frühjahrs 1942 zählte die britische 8. Armee 3 Infanterie- und 2 Panzerdivisionen sowie 3 Brigaden. Dagegen verfügte die deutsch-italienische Gruppierung über 5 Infanterie-, 2 Panzer- und 2 mot. Infanteriedivisionen.

In den Kontroversen über die Weiterführung der Kampfhandlungen setzte die deutsche Führung ihre Ansicht durch, den an der deutsch-sowjetischen Front 1942 geplanten Vorstoß über den Kaukasus in den Nahen und Mittleren Osten durch eine entsprechende Operation in Nordafrika zu unterstützen und die von der italienischen Führung geforderte Eroberung Maltas und die Besetzung von Tunis zurückzustellen. Ende Mai 1942 begannen die inzwischen zur Panzerarmee Afrika formierten faschistischen Truppen eine neue Angriffsoperation. Am 21. 6. 1942 kapitulierte die Garnison von Tobruk; am 28. 6. erreichten die deutsch-italienischen Verbände die letzte britische Verteidigungslinie vor Alexandria bei El Alamein, die sie jedoch nicht durchbrechen konnten. Das OKW, das fast seine gesamten Reserven an der deutsch-sowjetischen Front eingesetzt hatte, konnte den deutschen Verbänden in Nordafrika keine nennenswerten Verstärkungen zuführen. Als die britische 8. Armee unter dem Befehl des späteren Feldmarschalls Bernard L. Montgomery (1887–1976) am 23. 10. 1942 zur Offensive überging, wurde die Panzerarmee Afrika schwer geschlagen (→ *El Alamein 1942*). Nachdem am 7./8. 11. 1942 anglo-amerikanische Truppen bei Casablanca, Algier und Oran gelandet waren, gerieten die faschistischen Truppen zwischen zwei Fronten. Ende November 1942 hatten die alliierten Truppen Marokko und Algerien besetzt und begannen den Vormarsch nach Tunesien, während die britische 8. Armee auf Tripolis vordrang. Die faschistische deutsche Führung, die den nordafrikanischen Kriegsschauplatz nicht preisgeben wollte, entsandte Verstärkungen nach Tunesien, die Mitte Dezember 1942 zur 5. Panzerarmee zusammengefaßt wurden. Die Reste der deutsch-italienischen Panzerarmee Afrika, die am 22. 1. 1943 Tripolis räumen mußten, zogen sich bis Anfang Februar auf die Mareth-Stellung zurück und stellten die Verbindung zur 5. Panzerarmee her.

Mitte Februar 1943 scheiterte nach einigen Anfangserfolgen ein Panzervorstoß der zur Heeresgruppe Afrika vereinigten faschistischen Truppen. Zwar standen rein zahlenmäßig den in der 18. Armeegruppe unter dem späteren Feldmarschall Harold R. Alexander (1891–1969) zusammengefaßten 18 Divisionen und 2 Brigaden der Alliierten 17 Divisionen und 2 Brigaden der Heeresgruppe Afrika gegenüber, jedoch waren die alliierten Streitkräfte an Infanterie um das 2fache, an Artillerie um das 3fache und an Panzern um das 4fache überlegen. Sie verfügten zudem über eine große Luftüberlegenheit. Ende März 1943 begannen die alliierten Truppen ihre Offensive zur endgültigen Zerschlagung der faschistischen Streitkräfte in Nordafrika. Von Westen und Süden her vorgehend, drängten sie die deutsch-italienischen Truppen bis Anfang Mai in Nordtunesien zusammen. Am 13. 5. 1943 mußten die letzten Verbände der Heeresgruppe Afrika kapitulieren.

Die faschistischen Streitkräfte verloren in Tunesien über 300000 Mann, darunter mehr als 32000 Gefallene und annähernd 250000 Gefangene, davon 130000 Deutsche. Die Niederlage der deutsch-italienischen Streitkräfte in Nordafrika trug zur Zuspitzung der innenpolitischen Lage Italiens und seiner Beziehungen zu Deutschland bei. Die Kampfhandlungen in Nordafrika waren jedoch kein Ersatz für die Errichtung einer → *zweiten Front* in Westeuropa. Die Vernichtung der deutsch-italienischen Streitkräfte in Nordafrika konnte keine schwerwiegenden Auswirkungen auf Verlauf und Ausgang des zweiten Weltkrieges haben, da sie die militärische Stärke des faschistischen Blocks nur unwesentlich verringerte und die Konzentration der Masse seiner Streitkräfte an der Hauptfront des zweiten Weltkrieges, der deutsch-sowjetischen Front, unvermindert bestehen blieb. *(s. Abb. S. 173)*

Nordischer Krieg 1700–1721: Koalitionskrieg, der von Dänemark, Rußland und Polen-Sachsen, später auch von Preußen und Hannover gegen Schweden geführt wurde, um dessen Ostseeherrschaft zu brechen.

Im Herbst 1699 verbündeten sich Dänemark, Rußland und Polen-Sachsen gegen Schweden, das durch eine erfolgreiche Expansionspolitik die Vorherrschaft im Ostseeraum errungen hatte. Durch das polnische Königtum Sachsens und die schwedischen Besitzungen im römisch-deutschen Reich wurden auch deutsche Territorien in den Kampf um die Ostseeherrschaft einbezogen. Der N. K. begann im Februar 1700, als sächsisch-polnische Truppen ohne Kriegserklärung in Livland einfielen. Im März gingen auch die Dänen zum Angriff auf Schleswig-Holstein über, und im September stieß die russische Armee unter Zar Peter I. (1672–1725) nach Ingermanland vor. König Karl XII. von Schweden (1682–1718), auch ein begabter Feldherr, machte es sich zunutze, daß die militärischen Operationen der Verbündeten wenig koordiniert waren. Durch eine überraschende Offensive zwang er Dänemark bereits am 18. 8. 1700 zum Frieden von Traventhal. Dann wandte er sich gegen die russische Armee, die in der Schlacht bei Narva am 30. 11. 1700 eine schwere Niederlage erlitt. Nach der Vertreibung der sächsisch-polnischen Truppen aus Livland stießen die Schweden im Frühjahr 1702 nach Polen vor. Dort besiegten sie das Heer des polnischen Königs und sächsischen Kurfürsten August des Starken (1670–1733) bei Kliszów am 19. 7. 1702 und bei Pułtusk am 1. 5. 1703. Während die schwedische Armee in Polen operierte und dabei zunehmend an Kampfkraft verlor, reorganisierte Peter I. die russischen Streitkräfte und drängte die Schweden in den baltischen Gebieten zurück. Dem Anfang 1706 geplanten Doppelangriff der Verbündeten auf die schwedischen Hauptkräfte in Polen kam Karl XII. zuvor. Eine russisch-sächsische Armee wurde im Raum Grodno zum Rückzug gezwungen und auch die sächsisch-polnische Gruppierung am 13. 2. 1706 bei Fraustadt zerschlagen.

Im September 1706 fielen die Schweden in das von Truppen entblößte Sachsen ein, das am 24. 9. 1706 den Frieden von Altranstädt schließen mußte. Trotzdem kämpften noch sächsisch-polnische Truppen gemeinsam mit der russischen Armee am 29. 10. 1706 in der Schlacht bei Kalisz gegen das in Polen verbliebene schwedische Korps, dessen Niederlage aber keine strategische Auswirkung hatte. Die schwedische Besetzung lastete schwer auf Sachsen. Erst nach Abschluß der Altranstädter Konvention am 1. 9. 1707 zwischen dem römisch-deutschen Kaiser Joseph I. (1678–1711) und Karl XII., die eine Verflechtung des N. K. mit dem → *Spanischen Erbfolgekrieg 1701–1714* verhinderte, verließen die Schweden das Land. Der folgende russische Feldzug des Schwedenkönigs brach mit dessen vernichtender Niederlage in der Schlacht bei Poltawa am 8. 7. 1709 zusammen. Der russische Sieg bedeutete den Wendepunkt des Krieges. Er zog die Erneuerung der antischwedischen Koalition nach sich, auf deren Seite die strategische Initiative überging.

Seit Sommer 1711 wurden auch die schwedischen Besitzungen in Norddeutschland zum Kriegsschauplatz. Verbündete Truppen rückten in Pommern ein, ohne zunächst dauerhafte Vorteile zu erringen. Eine auf Rügen gelandete schwedische Armee konnte im Herbst 1712 das belagerte Stralsund entsetzen und am 20. 12. 1712 die Dänen bei Gadebusch schlagen. Sie wurde jedoch von den Verbündeten zum Rückzug nach Schleswig gezwungen und mußte im Mai 1713 bei Tönning südlich von Husum kapitulieren. Nach der Eroberung Stettins (29. 9. 1713) durch sächsisch-russische Truppen näherte sich Preußen den Verbündeten, um bei der Teilung des schwedischen Erbes nicht leer auszugehen. Es schloß am 6. 10. 1713 in Schwedt einen Vertrag mit Rußland, durch den es Stettin und Vorpommern bis zur Peene zur Verwahrung bis zum Friedensschluß erhielt. Der Sicherung dieses Gebietes diente der preußisch-russische Vertrag vom 12. 6. 1714. Ihm trat im November 1714 Hannover bei, das Bremen und Verden gewinnen wollte. Am 1. 5. 1715 erfolgte die Kriegserklärung Preußens und bald auch Hannovers an Schweden. Die Verbündeten eroberten im Sommer 1715 Wolgast, Usedom und Peenemünde, schlugen im November auf Rügen die Schweden in mehreren Gefechten und schlossen Stralsund ein, das am 24. 12. 1715 kapitulierte. Als im April 1716 auch Wismar eingenommen wurde, waren die Schweden von deutschem Boden vertrieben.

Nach dem Tod Karls XII. zerfiel die antischwedische Koalition. Besonders Großbritannien, das eine Ostseeherrschaft Rußlands zu verhindern suchte, trug zur Bildung der antirussischen Wiener Allianz (5. 1. 1719) bei. Noch im November 1719 beendeten Polen-Sachsen und Hannover-Großbritannien den Krieg mit Schweden, im folgenden Jahr auch Preußen (1. 2. 1720) und Dänemark (3. 7. 1720). Der abschließende russisch-schwedische Frieden von Nystad am 10. 9. 1721 besiegelte den Abstieg Schwedens zu einer zweitrangigen Macht sowie Rußlands Vorherrschaft im Ostseeraum und seine europäische Großmachtstellung. Vorpommern bis zur Peene mit Stettin, Usedom und Wollin fiel an Preußen, während Hannover die Herzogtümer Bremen und Verden erhielt. Der Wiedergewinn der Elb- und Odermündungen revidierte eines der für das Reich nachteiligsten Ergebnisse des → *Dreißigjährigen Krieges 1618–1648*. Schweden konnte auf deutschem Territorium nur noch Wismar, ein Küstengebiet mit Stralsund, Greifswald und Wolgast sowie Rügen behaupten. Die Gesamtverluste des N. K. betrugen etwa

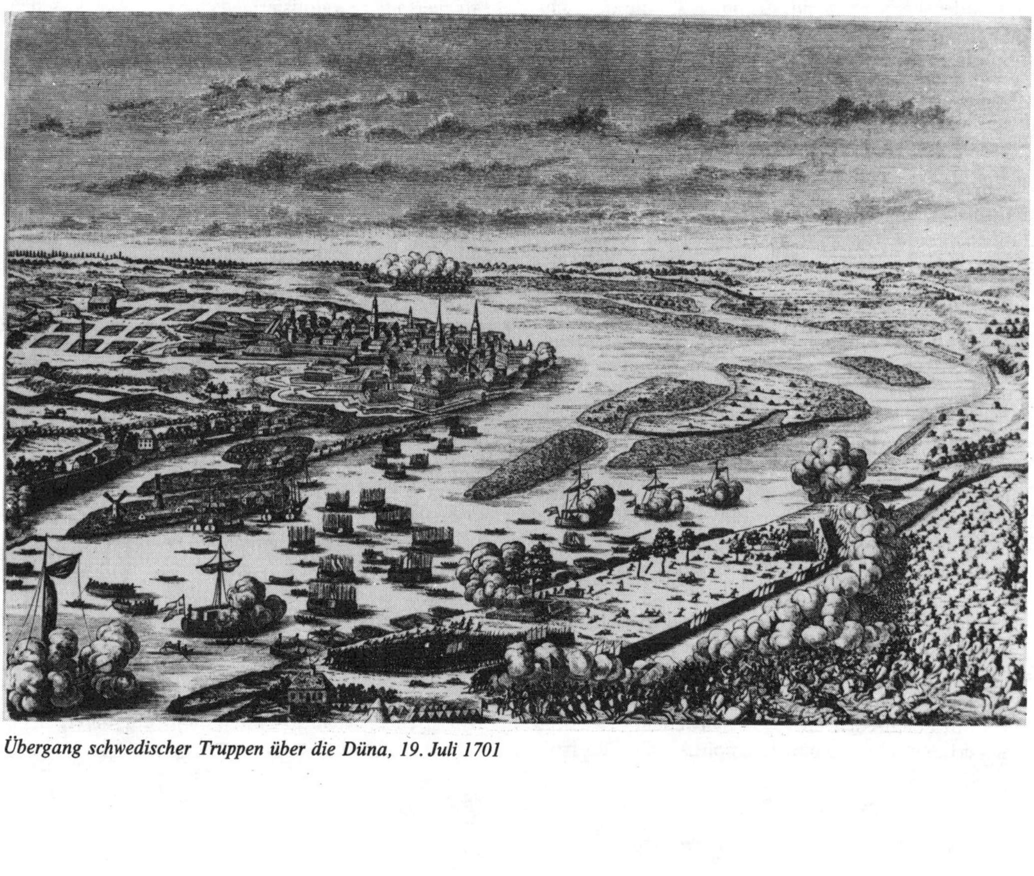

Übergang schwedischer Truppen über die Düna, 19. Juli 1701

300000 Soldaten und Offiziere, von denen mehr als 200000 Mann an Krankheiten starben.

Nördlingen 1634: Schlacht im → *Dreißigjährigen Krieg 1618–1648* zwischen schwedisch-deutschen und kaiserlich-ligistisch-spanischen Truppen am 5./6. 9. 1634.

Nach der Einnahme von Regensburg und Donauwörth begann die kaiserlich-ligistische Armee unter Erzherzog Ferdinand von Österreich (1608–1657) und General Matthias von Gallas (1584–1647) am 18. 8. 1634 die Stadt N. zu belagern. Mit den spanisch-italienischen Truppen, die der spanische Kardinalinfant Ferdinand (1609–1641) aus Oberitalien herangeführt hatte, stieg die Gesamtstärke der Belagerer auf etwa 40000 Mann. Zum Entsatz von N. rückte die schwedisch-deutsche Armee unter Herzog Bernhard von Weimar (1604–1639) und dem schwedischen Feldmarschall Gustav Horn (1592–1657) heran. Sie zählte etwa 25000 Mann, davon über 5000 Mann württembergische Aufgebotstruppen (→ *Landesdefension*). Geplant war, durch eine Stellung südlich N. die Belagerer von ihrer Versorgungsbasis Donauwörth abzuschneiden und dadurch zum Abzug zu zwingen. Am Spätnachmittag des 5. 9. begann die schwedisch-deutsche Armee die vorgesehene Stellung zu beziehen. Die am rechten Flügel gelegene und für die Realisierung des Planes wichtige Allbuch-Höhe war jedoch bereits vom Gegner besetzt worden. Um den Besitz dieser Höhe entbrannte die Schlacht. Sie wurde an diesem Tag noch mit Teil-

kräften geschlagen, sah anfangs die überraschten Belagerer im Nachteil und dauerte bis nach Mitternacht. Am Morgen des 6. 9. versuchte Horn mit dem Gros der Armee das Allbuch zu stürmen, während der von Bernhard befehligte linke Flügel ein hinhaltendes Gefecht führte. Nach über 5stündigem erbittertem Kampf, in dessen Verlauf sie 15mal erfolglos angegriffen hatten, traten die schwedisch-deutschen

Kampfszene aus der Schlacht bei Nördlingen

Truppen den Rückzug an. Sie erlitten dabei durch den nachsetzenden Gegner noch schwere Verluste. Insgesamt verlor die schwedisch-deutsche Armee etwa 11000 Mann an Toten, Verwundeten und Gefangenen, darunter fast die gesamte Infanterie und die Württemberger, sowie über 70 Geschütze und die Bagage. Auch Horn geriet in Gefangenschaft, während Bernhard mit dem Rest der Truppen bis an den Rhein zurückwich. Die Belagerungsarmee büßte über 1500 Mann ein. Die Schlacht bei N. war eine der größten und blutigsten des Dreißigjährigen Krieges. Durch die schwere Niederlage wurde das Übergewicht Schwedens gebrochen. Der Süden und Westen des Reiches fielen in die Hände des habsburgisch-spanisch-katholischen Lagers. Die Veränderung im Kräfteverhältnis veranlaßte das katholische Frankreich, auf seiten der protestantischen Mächte in den Krieg einzugreifen (1635).

Novemberrevolution 1918/19: bis dahin größte revolutionäre Massenaktion in der Geschichte der deutschen Arbeiterbewegung gegen Imperialismus und Militarismus vom 3.11.1918 bis Anfang Mai 1919.

Mit zunehmender Dauer des Weltkrieges (→ *Weltkrieg, erster, 1914–1918*) wuchs in der Bevölkerung und auch in den Streitkräften des deutschen Kaiserreiches die Unzufriedenheit mit der imperialistischen Kriegspolitik und ihren katastrophalen Folgen. Die Antikriegsbewegung erhielt durch die Große Sozialistische Oktoberrevolution in Rußland einen mächtigen Auftrieb. Der Kampf der Volksmassen gegen Not und soziales Elend, die ein ungeheures Ausmaß erreichten, und gegen die Fortführung des Krieges nahm im Sommer 1918 unter dem Einfluß vor allem der Spartakusgruppe (seit 11.11.1918 Spartakusbund) immer mehr politischen Charakter an. Er wirkte zusammen mit der militärischen Niederlage des deutschen Imperialismus beschleunigend auf die Zersetzung des Heeres und der Marine. Im Herbst reifte als gesetzmäßiges Ergebnis der Verschärfung des kapitalistischen Grundwiderspruchs die Revolution in Deutschland heran. Ihre geschichtliche Aufgabe bestand darin, den antagonistischen Gegensatz zwischen der imperialistischen Bourgeoisie und der Arbeiterklasse sowie den anderen werktätigen Klassen und Schichten zu beseitigen. In Anbetracht des bestehenden Kräfteverhältnisses der Klassen mußte die Revolution mit antiimperialistischer, demokratischer Zielsetzung beginnen. Sie hatte zunächst den Krieg zu beenden, das kaiserlich-imperialistische Regime zu stürzen und den reaktionären Staats- und Militärapparat zu zerschlagen. Von der Bewußtheit und dem Stand der Organisiertheit der Arbeiterklasse als der führenden Kraft der Revolution hing es entscheidend ab, wie sich im revolutionären Prozeß das Kräfteverhältnis der Klassen veränderte und damit die Überleitung in die sozialistische Revolution möglich wurde, die objektiv auf der Tagesordnung stand.

Wesentlicher Bestandteil des Kampfes der Arbeiterklasse um die Macht war die revolutionäre Lösung der Militärfrage. Das bedeutete, den imperialistischen Militärapparat zu zerschlagen, die Soldatenmassen an die Revolution heranzuführen und die allgemeine Bewaffnung der revolutionären Arbeiter und Soldaten zu verwirklichen. Diese Aufgaben wurden allein von der Linken in der deutschen Arbeiterbewegung gestellt. Am 7.10.1918 beschloß die Reichskonferenz der Spartakusgruppe das Programm der Volksrevolution in Deutschland. Seine militärpolitischen Forderungen waren darauf gerichtet, die kaiserliche Armee als wichtigstes militärisches Machtinstrument der herrschenden Klasse unbrauchbar zu machen und neue, dem gesellschaftlichen Fortschritt dienende bewaffnete Kräfte zu schaffen (→ *Militärpolitik der revolutionären deutschen Arbeiterbewegung (bis 1945)*). Während die Linken auf die revolutionäre Erhebung orientierten und sie vorbereiteten, gingen die rechten sozialdemokratischen Führer offen zur Koalitionspolitik mit der herrschenden Klasse über. Aber alle Versuche, die Revolution abzuwenden, waren vergeblich.

Die N. begann am 3.11.1918 mit dem bewaffneten Aufstand der Matrosen und Arbeiter in Kiel (→ *revolutionäre Matrosenbewegung 1917/18*). Bereits einen Tag später waren der Kriegshafen, militärische Anlagen und wichtige öffentliche Gebäude in den Händen der Aufständischen, die Arbeiter- und → *Soldatenräte* bildeten. Von Kiel breitete sich die revolutionäre Welle innerhalb weniger Tage über das ganze Land aus. Der auf lokaler Ebene zunächst einheitlich handelnden Arbeiterklasse schloß sich die Mehrheit der Soldaten des Heimatheeres an. Bewaffnete Arbeiter und Soldaten besetzten zentrale öffentliche Gebäude, entwaffneten Militär- und Polizeiwachen, stürmten militärische Einrichtungen und befreiten politische Gefangene. Der in einigen Städten, wie in Düsseldorf (6.11.), Magdeburg, Hannover (7.11.), Dresden und Wolfenbüttel (8.11.), von konterrevolutionären Offizieren organisierte Widerstand wurde schnell gebrochen. Fast überall bildeten sich Arbeiter- und Soldatenräte als Machtorgane der Revolution, und vielerorts entstanden Volks- und Sicherheitswehren. Die Ereignisse in der Hauptstadt des Reiches besiegelten das Schicksal der Hohenzollernmonarchie. Am 9.11. folgten Hunderttausende Berliner dem Aufruf des Vollzugsausschusses der revolutionären Obleute und der Spartakusgruppe zum Generalstreik und bewaffneten Aufstand. In mehreren Marschsäulen, mit bewaffneten Arbeitern und Soldaten an der Spitze, zogen sie in die Innenstadt und besetzten das Polizeipräsidium, das Rathaus und andere wichtige Gebäude. Die meisten Soldaten der Berliner Garnison verbrüderten sich mit den Demonstranten oder verhielten sich neutral. Nur an wenigen Stellen kam es zu Zusammenstößen. Beim Sturm auf die Kaserne des Garde-Füsilier-Regimentes wurden 3 Arbeiter ermordet, unter ihnen der Jugendfunktionär Erich Habersaath (1893–1918). Unter dem Jubel der Massen proklamierte Karl Liebknecht (1871–1919) am Berliner Schloß die «freie sozialistische Republik Deutschland». Den rechten Führern der SPD und der USPD war es nicht gelungen, die Erhebung der Arbeiter und Soldaten einzudämmen. Sie suchten sich nun an die Spitze der revolutionären Bewegung zu stellen und die N. abzuwürgen.

Der relativ unblutige Verlauf der Revolution war vor allem auf den wuchtigen Ansturm der Volksmassen zurückzuführen. Das Heimatheer, wichtigstes Machtinstrument der herrschenden Klasse im Innern, war zersetzt, teilweise revolutioniert und konnte nicht gegen die revolutionäre Bewegung eingesetzt werden. Am 9. 11. meldete z. B. das → *Oberkommando in den Marken*, daß es über keine Truppen verfüge, die bereit seien, gegen die Revolution zu kämpfen. In den ersten Tagen der N. entstanden in den Streitkräften viele Soldatenräte, wobei die Rätebewegung zunehmend auch das Feldheer ergriff. Die Mehrzahl der Soldatenräte forderte die sofortige Herbeiführung des Friedens, die Beseitigung der Monarchie und der Fürstenherrschaft sowie größere politische und soziale Rechte und Freiheiten für die Soldaten. Ein großer Teil dieser Forderungen konnte unter dem Druck der revolutionären Kräfte durchgesetzt werden. Die unter dem Einfluß des Spartakusbundes und linker Vertreter der USPD stehenden

Revolutionäre Soldaten in der Berliner Innenstadt, 9. November 1918

Novemberrevolution in Deutschland- November 1918 bis Frühjahr 1919

Soldatenräte leiteten in Braunschweig, Chemnitz (Karl-Marx-Stadt), Düsseldorf, Essen, Gotha, Halle, Hanau, Mülheim, Solingen sowie in den Bereichen zahlreicher Matrosen- und Soldatenräte der Marine und des Heimatheeres Maßnahmen ein, die auf eine Veränderung der Machtverhältnisse gerichtet waren (Bildung Roter Garden, zeitweilige Übernahme der militärischen Gewalt). Sie traten entschieden für die Rätemacht ein. Die Forderungen und Maßnahmen der Mehrzahl der Soldatenräte zielten, beeinflußt vom Opportunismus und Zentrismus, jedoch nicht auf die Zerschlagung des imperialistischen Militärapparates ab. Diese Räte waren auch für die Nationalversammlung, die zur zentralen, scheindemokratischen Losung der Konterrevolution wurde.

Die opportunistische Politik und Ideologie der rechten sozialdemokratischen Führer waren auch die Hauptursache dafür, daß die Möglichkeiten zur Weiterführung der Revolution, die sich aus der Existenz der Volks- und Sicherheitswehren ergaben, nicht genutzt wurden. Diese Wehren entstanden in der N. als Machtorgane der örtlichen Arbeiter- und Soldatenräte und waren ein bedeutender Schritt zur Verwirklichung der Volksbewaffnung. Starke proletarische Wehren, die auch über einen beträchtlichen militärischen Einfluß verfügten, bildeten sich insbesondere in Berlin, Braunschweig, Bremen, Düsseldorf, Gotha, Halle, Leipzig, Suhl und Zwickau. Die Wehren erreichten insgesamt eine Stärke von mehr als 150000 Mann und setzten sich zumeist aus parteimäßig oder gewerkschaftlich organisierten Arbeitern, Soldaten, Matrosen und anderen Werktätigen zusammen. Sie verkörperten eine wirksame Form der Aktionseinheit der Arbeiterklasse. Die Wehren waren aber territorial zersplittert, besaßen keine zentrale Leitung und standen vielfach unter dem Einfluß opportunistisch ausgerichteter Räte.

Der rasche Erfolg der revolutionären Kräfte in den ersten Tagen der N. bewies deren Kraft. Er förderte aber auch Illusionen über den Grad der tatsächlich erreichten Veränderungen in den Machtverhältnissen. Die Mehrheit der Arbeiter und Soldaten glaubte, die politische Macht bereits erobert zu haben, zumal bis dahin kein ernsthafter Widerstand aufgekommen war. Die rechten SPD- und USPD-Führer nutzten in ihrer bewußten Irreführung der Massen die parlamentarisch-demokratischen Illusionen in der Arbeiterklasse und die politische Unerfahrenheit der meisten Soldaten aus, um die Frage der Macht, die Kernfrage der Revolution, im Sinne der imperialistischen Bourgeoisie zu lösen. Das galt auch für die Militärfrage. Am 10.11. schlossen Friedrich Ebert (1871–1925), Vorsitzender des sog. Rates der Volksbeauftragten, und Generalleutnant Wilhelm Groener (1867–1939), Erster Generalquartiermeister der → *Obersten Heeresleitung (OHL)*, ein Bündnis. Es hatte das Ziel, die kaiserliche Armee als wichtigstes konterrevolutionäres Machtinstrument zu erhalten, die Befehlsgewalt der Offiziere wiederherzustellen und die Rätebewegung zu beseitigen. Gemeinsam unternahmen Opportunismus und Militarismus alle Anstrengungen, damit «Ruhe und Ordnung» in die Armee zurückkehrten und eine «ordnungsgemäße» Rückführung des Feldheeres sowie dessen «planmäßige» Demobilisierung gewährleistet

Mit roten Fahnen demonstrierende Arbeiter und Soldaten am Brandenburger Tor in Berlin, Dezember 1918

wurden. Durch die verräterische Politik der rechten Arbeiterführer konnte die OHL den alten Militärapparat, den Kern des Offiziers- und Unteroffizierskorps und einen beträchtlichen Stamm an Truppen vor der Revolution retten.

Der Spartakusbund und andere linke Kräfte erkannten den Widerspruch zwischen den objektiven Aufgaben der N. und ihren bisherigen Ergebnissen. Davon ausgehend, entwickelte der Spartakusbund ein Programm zur Verteidigung und Weiterführung der Revolution. Seine wichtigsten Forderungen waren der Ausbau der Arbeiter- und Soldatenräte, insbesondere die Säuberung der Soldatenräte von allen gegenrevolutionären Offizieren und Unteroffizieren; die verstärkte Bildung proletarischer Roter Garden zum Schutz der Revolution und Schaffung einer Arbeitermiliz durch Bewaffnung des Proletariats; die Beseitigung der Machtorgane des alten Staatsapparats; die Enteignung der Großgrundbesitzer; die Aufnahme von Verbindungen mit dem internationalen Proletariat, vor allem mit der Sowjetmacht. Auf Initiative des Spartakusbundes wurde am 15.11. der → *Rote Soldatenbund (RSB)* gegründet, die erste revolutionäre Wehrorganisation der deutschen Arbeiterklasse. Er machte es sich zur Aufgabe, die Soldaten und ihre Räte im revolutionären Sinne zu beeinflussen und sie für die Zerschlagung des Militarismus zu mobilisieren.

Seit Mitte November machte die Formierung der Konterrevolution schnelle Fortschritte. Militärpolitisch zeigte sich das in vielfältigen Formen. Gestützt auf das Bündnis mit den rechten SPD-Führern und unterstützt vom preußischen Kriegsministerium, entwickelte sich die OHL zum Zentrum der militärischen Konterrevolution. OHL, Kriegsministerium und die ihnen nachgeordneten Führungsorgane und Dienststellen versuchten, die Rückführung des Westheeres zur Beseitigung von Errungenschaften der N. auszunutzen. Doch ein bedeutender Teil dieses Heeres war zersetzt, und die meisten Truppenteile lösten sich spätestens nach Erreichen der Demobilmachungsorte spontan auf. Kader des Westheeres bildeten aber auch den Stamm für die seit Ende November entstehenden → *Freikorps*. Mit diesen Formationen schufen sich die Militaristen spezielle militärische Verbände für den Einsatz im Innern. Nach der Rückkehr von Formationen des Westheeres wurden oftmals revolutionäre Soldatenräte der Stammtruppenteile des Heimatheeres aufgelöst. Der Rat der Volksbeauftragten und die OHL orientierten die Soldatenräte immer stärker auf die Ausübung von Kontrollfunktionen im sozialen Bereich (Urlaub, Unterkunft, Verpflegung). Die Kommandogewalt der Offiziere festigte sich. Anfang Dezember kam es zu ersten bewaffneten Vorstößen der militärischen Konterrevolution. Sie konnten in Bremen, Braunschweig, Dresden, Chemnitz, Düsseldorf, Hamm und anderen Orten von den revolutionären Kräften zurückgeschlagen werden. Besonders fieberhafte Aktivitäten entfaltete die militärische Gegenrevolution in Berlin, dem Zentrum der revolutionären Bewegung. Am 6. 12. putschten reaktionäre Truppen. Sie verhafteten zeitweilig den Vollzugsrat der Arbeiter- und Soldatenräte und versuchten, Ebert zum Präsidenten auszurufen. Am selben Tag verübten Gardefüsiliere auf mehr als 2000 Arbeiter und Soldaten, die für die Weiterführung der Revolution demonstrierten, einen Feuerüberfall. Angesichts der machtvollen Gegenaktionen der Berliner Werktätigen (8. 12. Massendemonstration mit 150000 Teilnehmern) wagte es die Konterrevolution nicht, mit den ab 10. 12. in die Hauptstadt einrückenden Frontdivisionen gegen die revolutionären Kräfte vorzugehen. Die Truppen selbst entzogen sich zum überwiegenden Teil binnen weniger Tage dem Einfluß ihrer Offiziere. Mit der erfolgreichen Abwehr der Putschversuche vereitelten die revolutionären Kräfte den Plan der Konterrevolution, der N. noch vor dem Reichsrätekongreß in wichtigen Städten eine entscheidende Niederlage zu bereiten.

Höhepunkt in der Auseinandersetzung um die Frage Rätemacht oder Nationalversammlung war der vom 16. bis 21. 12. in Berlin tagende erste Reichskongreß der Arbeiter- und Soldatenräte Deutschlands. Seine Zusammensetzung spiegelte das inzwischen zugunsten der Konterrevolution veränderte Kräfteverhältnis wider. Die Mehrheit der Delegierten, Vertreter der SPD und der sie unterstützenden rechten USPD-Führer, entschied sich für Wahlen zur Nationalversammlung und damit zugunsten der Herrschaft der imperialistischen Bourgeoisie in der Form der bürgerlich-parlamentarischen Republik. Nur in der Militärfrage konnten sich die revolutionären Kräfte durchsetzen. Die vom Kongreß angenommenen sog. Hamburger Punkte beinhalteten die Abschaffung des stehenden Heeres, die Aufstellung einer Volkswehr, die Übertragung der Kommandogewalt an den Rat der Volksbeauftragten unter Kontrolle des Vollzugsrates der Arbeiter- und Soldatenräte, den Ausbau der Rechte der Soldatenräte und die Wählbarkeit der militärischen Führer. Diese auf eine demokratische Umgestaltung der Streitkräfte gerichteten Forderungen wurden jedoch in der Folgezeit auf Betreiben des Rates der Volksbeauftragten und der OHL nicht verwirklicht. Der Reichsrätekongreß leitete eine Wende in der N. ein. Sein Beschluß in der Machtfrage ermutigte die Konterrevolution, zum direkten militärischen Angriff auf die N. überzugehen. Den Hauptstoß richtete sie gegen die stärkste bewaffnete Kraft der Revolution, die → *Volksmarinedivision.* Am 24. 12. überfielen zahlenmäßig und materiell überlegene konterrevolutionäre Truppen die im Berliner Schloß und im Marstall liegende Abteilung der Volksmarinedivision. Die Matrosen verteidigten sich tapfer und erzwangen schließlich zusammen mit herbeieilenden bewaffneten Arbeitern und Angehörigen von Sicherheitswehren sowie zahlreichen Demonstranten den Rückzug der Truppen.

Der aufopferungsvolle Kampf der bewußtesten Teile der Arbeiterklasse für den Sturz des deutschen Imperialismus und Militarismus und damit auch für die revolutionäre Lösung der Militärfrage konnte nicht die führende Kraft einer revolutionären Partei ersetzen. Der Spartakusbund trug der dringenden Notwendigkeit Rechnung, eine selbständige marxistische Kampfpartei zu schaffen. Vom 30. 12. 1918 bis 1. 1. 1919 fand in Berlin der Gründungsparteitag der KPD statt. In den militärpolitischen Forderungen ihres Programms orientierte die KPD auf den Kampf um die Macht der Soldatenräte, auf die Entwaffnung der herrschenden Klasse, auf die allgemeine Bewaffnung des Proletariats in einer Arbeitermiliz sowie auf die Bildung einer Roten Garde zum Schutz der revolutionären Errungenschaften. Mit diesen Forderungen stellte die KPD der auf die Erhaltung des bürgerlichen Macht- und Militärapparates gerichteten Politik der SPD-Führer eine den Interessen der Arbeiterklasse dienende revolutionäre Politik in der Militärfrage entgegen.

Nachdem die Zerschlagung der Volksmarinedivision gescheitert war, verstärkte die Konterrevolution ihre Anstrengungen, um die revolutionären Kräfte in der Hauptstadt noch vor den Wahlen zur Nationalversammlung militärisch niederzuwerfen. Dabei sollte vor allem die junge KPD vernichtet werden, bevor sie Masseneinfluß erringen konnte. Im engen Zusammenwirken mit Gustav Noske (1868–1946), dem Verantwortlichen für Militärangelegenheiten im Rat der Volksbeauftragten, stationierte die OHL Freikorps um Berlin. Die provokatorische Absetzung des dem linken Flügel der USPD angehörenden Ber-

Revolutionäre Soldaten und Matrosen im Berliner Schloß, Ende 1918

liner Polizeipräsidenten Emil Eichhorn (1863–1925) löste am 6. 1. 1919 nach Aufruf der revolutionären Obleute sowie der Leitungen der USPD und der KPD den Generalstreik und bewaffnete Kämpfe aus. Bewaffnete Arbeiter und Soldaten besetzten u. a. die Reichsdruckerei, das Proviantamt, die Eisenbahndirektion und das Haupttelegrafenamt. In zahlreichen Orten kam es zu Unterstützungsaktionen (Streiks, Demonstrationen) für das Berliner Proletariat und auch zu bewaffneten Auseinandersetzungen, wie in Dortmund (7. 1.), Leipzig (9. 1.) und Düsseldorf (10. 1.). Die opportunistische Politik der SPD-Führer und das kapitulantenhafte Verhalten der USPD-Funktionäre erleichterten die Gegenangriffe konterrevolutionärer Berliner Truppen seit dem 7. 1. und den Einmarsch der Freikorps am 11. 1. in Berlin. Schwerpunkte der bewaffneten Auseinandersetzungen waren Spandau, das «Vorwärts»-Gebäude und das Polizeipräsidium. Die revolutionären Arbeiter und Soldaten Berlins, die sich heldenhaft wehrten, aber uneinheitlich handelten und ungenügend organisiert waren, wurden blutig niedergeworfen. Heimtückisch ermordete die Soldateska die hervorragenden Führer der KPD und der deutschen Arbeiterklasse Karl Liebknecht und Rosa Luxemburg (1871–1919). Mit der Niederschlagung der revolutionären Kräfte in Berlin, deren stärkste Bastion, war es den Imperialisten und Militaristen gelungen, der Arbeiterklasse die für den weiteren Verlauf der N. entscheidende Niederlage zu bereiten.

Die Januarkämpfe und die Wahlen zur Nationalversammlung (19. 1.), bei denen die bürgerlichen Parteien die Mehrheit der Stimmen erhielten, fixierten das endgültig zugunsten der Reaktion verschobene Kräfteverhältnis. In Form der kapitalistisch-parlamentarischen Weimarer Republik begann die imperialistische Bourgeoisie mit Hilfe der rechten SPD-Führer ihre Klassenherrschaft zu festigen. Einer der ersten Schritte beim Ausbau der bürgerlichen Staatsmacht war die Schaffung der vorläufigen → *Reichswehr.* Die Konstituierung der Weimarer Republik vollzog sich unter erneuten Klassenauseinandersetzungen. Die Arbeiterklasse kämpfte mit revolutionärer Energie gegen die Versuche der Konterrevolution, demokratische Errungenschaften der N. abzubauen. In verschiedenen Landesteilen entwickelten sich machtvolle Aktionen der Arbeiter, zu deren Hauptforderungen die Auflösung der konterrevolutionären Verbände, die Bewaffnung der Arbeiterklasse und die Erhaltung der Räte gehörten. Während die junge KPD an der Spitze dieser Kämpfe stand, begünstigten die rechten SPD-Führer die Taktik der Konterrevolution, die revolutionären Zentren nacheinander niederzuschlagen. Der erste Stoß richtete sich gegen die am 10. 1. gebildete Bremer Räterepublik, die am 4. 2. von Freikorpstruppen

Konterrevolutionärer Flammenwerfertrupp geht im Zentrum Berlins in Stellung, März 1919

beseitigt wurde. Von Januar bis März kam es vor allem an der Nordseeküste, im Ruhrgebiet, im Raum Halle und in Ostpreußen zu blutigen Kämpfen. Gegen die am 3. 3. in den Generalstreik getretenen Berliner Arbeiter wurden Truppen in Stärke von 35 000 Mann zusammengezogen. Sie marschierten am 4. 3. in die Stadt ein und provozierten bewaffnete Kämpfe. Der Belagerungszustand wurde verhängt, von Reichswehrminister Noske am 9. 3. der berüchtigte Schießbefehl erlassen. Mit barbarischer Gewalt erstickte die Soldateska den bewaffneten Widerstand der revolutionären Kämpfer. Zu den 1 200 gefallenen und ermordeten Arbeitern und Soldaten gehörte Leo Jogiches (1867–1919), der die Zentrale der KPD leitete.

Die großen Massenaktionen seit Anfang 1919 waren Kämpfe zur Verteidigung der revolutionären Errungenschaften. Die Versuche, diese Auseinandersetzungen erneut zum Kampf um die Macht auszuweiten, erreichten einen letzten Höhepunkt mit der Errichtung der Bayrischen Räterepublik (13. 4.). Die sofort gebildete → *bayrische Rote Armee* behauptete sich zunächst erfolgreich gegen angreifende konterrevolutionäre Truppen. Geschwächt durch kleinbürgerliche Schwankungen von USPD-Funktionären, erlag sie jedoch nach mehrtägigen erbitterten Kämpfen am 3. 5. einer militärischen Übermacht. Unter den vielen Opfern des weißen Terrors waren auch die Kommunisten Eugen Leviné (1883–1919), Vorsitzender des Vollzugsrates, und Rudolf Egelhofer (1896–1919), Oberkommandierender der bayrischen Roten Armee. Mit der Niederschlagung der Bayrischen Räterepublik endeten die revolutionären Massenaktionen des Frühjahrs 1919. Sie blieben isoliert voneinander und ohne einheitliche Führung. Sie konnten nacheinander von der Konterrevolution blutig niedergeschlagen werden. Der Ausgang dieser

Kämpfe besiegelte die Niederlage der deutschen Arbeiterklasse in der N.

Die N. war nach der Großen Sozialistischen Oktoberrevolution die größte antiimperialistische Massenbewegung in Europa. Hauptsächlich bedingt durch die opportunistische Politik und Ideologie der rechten sozialdemokratischen Führer, gelang es der deutschen Arbeiterklasse nicht, die Frage der Macht zu ihren Gunsten zu entscheiden. Die N. blieb eine bürgerlich-demokratische Revolution. In schweren Klassenkämpfen wurden zwar von den Volksmassen die Monarchie und die Fürstenherrschaft gestürzt sowie wichtige soziale und demokratische Rechte erkämpft. Die herrschende Klasse konnte jedoch ihre politischen, ökonomischen und militärischen Machtpositionen behaupten. Die N. bestätigte, daß die Beseitigung des Imperialismus und der Aufbau des Sozialismus nur durch die Zerschlagung des alten Machtapparates möglich sind. Die neue Staatsmacht der Arbeiterklasse und ihrer Verbündeten muß sich die entsprechenden Machtmittel und auch bewaffnete Kräfte schaffen, um sich gegen alle inneren und äußeren konterrevolutionären Angriffe verteidigen zu können. Der Kampf der revolutionären Kräfte um die Macht der Soldatenräte, die Bildung progressiver militärischer Formationen und Organisationen wie der Volks- und Sicherheitswehren und des Roten Soldatenbundes, die zukunftweisenden Forderungen des Spartakusbundes und der KPD nach Aufstellung einer proletarischen Roten Garde als Kern der Arbeitermiliz waren Ansätze dazu und zugleich wichtige Schritte zur Herausbildung einer marxistisch-leninistischen Militärpolitik. Um in der N. zu siegen, fehlten den revolutionären Kräften jedoch die entscheidenden Voraussetzungen: das Bündnis der Arbeiterklasse mit den anderen an der Überwindung des Imperialismus und Militarismus objektiv interessierten Klassen und Schichten und die Führung durch eine marxistisch-leninistische Partei. Die Kämpfe der revolutionären Massen in der N. gehören zu den → *militärischen Traditionen der DDR* und sind Bestandteil der → *Traditionspflege in der NVA* und den anderen bewaffneten Organen. *(s. Abb. S. 1008)*

«Medaille für Teilnahme an den bewaffneten Kämpfen der deutschen Arbeiterklasse in den Jahren 1918 bis 1923» mit Interimsspange; seit 1957

NS-Führungsoffiziere (NSFO): seit Ende November 1943 in der faschistischen Wehrmacht speziell für die politisch-ideologische Manipulierung der Wehrmachtangehörigen eingesetzte Offiziere und Unterführer.

Ausgehend von den Erfahrungen des ersten Weltkrieges, der Novemberrevolution und der revolutionären Nachkriegskämpfe in Deutschland, maßen die führenden deutschen Militärs bei der Vorbereitung des zweiten Weltkrieges der politischen und ideologischen Manipulierung der Soldaten große Bedeutung bei. Der bereits in der Vorkriegszeit aufgebaute und bei der Mobilmachung erweiterte Apparat der Wehrmachtpropaganda sorgte dafür, daß vom ersten Kriegstag an die faschistische Propaganda möglichst schnell und wirkungsvoll jeden Soldaten erreichte. Im Spätherbst 1939 wurde in enger Zusammenarbeit mit dem Propagandaministerium und der NSDAP die politisch-ideologische Manipulierung verstärkt. Neben der Intensivierung der Presse-, Rundfunk- und Filmpropaganda sowie der Herausgabe spezieller Materialien, u. a. den «Mitteilungen für die Truppe» und den «Nachrichten des OKW», wurden in den Truppenteilen nebenamtliche Sachbearbeiter für die geistige Betreuung eingesetzt. Das sich abzeichnende Scheitern des Blitzkrieges gegen die Sowjetunion im Spätherbst 1941 veranlaßte die militärische Führung zu der Anweisung, der ideologischen Beeinflussung vor allem im Heer erhöhte Aufmerksamkeit zu widmen. Als besonders wichtige Mittel galten der nationalpolitische Unterricht und die regelmäßige Behandlung von Tagesfragen in Kompaniebesprechungen. Nach den schweren Niederlagen der Wehrmacht im Winter 1941/42 baute die Wehrmachtführung den Apparat zur politisch-ideologischen Beeinflussung aus. Am 15. 7. 1942 erfolgte die Einsetzung von hauptamtlichen Bearbeitern für wehrgeistige Führung in allen höheren Stäben bis hinunter zu den Divisionskommandos. Diese Maßnahme wurde im Heer wenig später durch die Bestimmung eines für diese Aufgabe verantwortlichen Offiziers in jedem Stab ergänzt.

Seit dem Spätherbst 1942 und besonders nach der schweren Niederlage der faschistischen Truppen bei → *Stalingrad 1942/43* entstand in der gesamten Wehrmacht ein breitgefächertes System von haupt- und nebenamtlichen Betreuungsoffizieren bzw. Offizieren für wehrgeistige Führung. Sie waren Gehilfen der Oberbefehlshaber, Kommandeure und Kompaniechefs, die weiterhin die Hauptverantwortung für die politisch-ideologische Manipulierung trugen. Angesichts der sich im zweiten Halbjahr 1943 zuspitzenden Lage des faschistischen Deutschlands suchten die politische und die militärische Führung nach noch wirkungsvolleren Formen und Methoden der Beeinflussung der Wehrmachtangehörigen. Ende

November 1943 wurden die Wehrgeistige Führung in Nationalsozialistische Führung und die Betreuungsoffiziere bzw. Offiziere für wehrgeistige Führung in Offiziere für nationalsozialistische Führung (NSFO) umbenannt. Ein grundlegender Befehl Adolf Hitlers (1889–1945) vom 22. 12. 1943 über die nationalsozialistische Führung in der Wehrmacht verlangte, die politische Erziehung zum fanatischen Soldaten des Nationalsozialismus zu aktivieren und ein engmaschiges Netz von NSFO bis zu den Bataillonen zu schaffen. Die militärische Führung baute mit Unterstützung der entsprechenden Staats- und NSDAP-Stellen den NSFO-Apparat schnell auf und aus. Bereits im Februar 1944 war der NS-Führungsstab im OKW als oberstes zentrales Organ zur Leitung der politischen Arbeit in der Wehrmacht arbeitsfähig. Beim Oberkommando jeder Teilstreitkraft entstand ebenfalls ein NS-Führungsstab. Hauptamtliche NSFO gab es in den übrigen Kommandobehörden bis zu den Divisionen. In den unteren Stäben bis zu den Bataillonen war aus Mangel an Offizieren jeweils ein Offizier des Stabes nebenamtlich mit den Aufgaben des NSFO beauftragt. Der NSFO unterstand unmittelbar dem jeweiligen Oberbefehlshaber oder Kommandeur. Durch eine umfangreiche Schulung und bei einigen Generalkommandos sogar durch Kurse für Bataillonskommandeure und Kompaniechefs sollten alle an der politisch-ideologischen Beeinflussung beteiligten Offiziere, vor allem die hauptamtlichen NSFO, einheitlich ausgerichtet und zu wirksamer politischer Arbeit befähigt werden. Ergänzt wurden diese Schulungen durch die Herausgabe zahlreicher neuer Propagandamaterialien.

In der zweiten Hälfte 1944 umspannte der NSFO-Apparat die ganze Wehrmacht. Gegen Jahresende gab es insgesamt 1074 hauptamtliche und mehr als 47300 nebenamtliche NSFO, davon allein im Heer 623 hauptamtliche und rd. 43000 nebenamtliche Offiziere. In den NS-Führungsstäben arbeiteten rd. 180 Offiziere, davon 96 im NS-Führungsstab der Wehrmacht. Seit Ende 1944 wurden auch die Unterführer, besonders die Hauptfeldwebel, verstärkt zur politischen Arbeit herangezogen. Schließlich setzte man sogar in den Kompanien und Zügen sog. NS-Richtmänner ein. Der NSFO-Apparat arbeitete bis zur völligen Zerschlagung der Wehrmacht. Die meisten NSFO gehörten der NSDAP an und waren erbarmungslose Nazispitzel, die jegliche oppositionelle Regung gegen das Hitlerregime brutal unterdrücken ließen. Vor allem aber trugen sie als unentwegte Durchhaltepropagandisten dazu bei, daß viele Soldaten und Offiziere bis zuletzt den Parolen des Naziregimes Glauben schenkten.

Nürnberger Prozeß gegen die Hauptkriegsverbrecher: Gerichtsverfahren vom 20. 11. 1945 bis 1. 10. 1946 vor dem Internationalen Militärtribunal der 4 Hauptmächte der Antihitlerkoalition gegen 24 führende Vertreter und 8 Organisationen bzw. Institutionen des faschistischen deutschen Imperialismus wegen Verbrechen gegen den Frieden, gegen die Gesetze und Gebräuche des Krieges und gegen die Menschlichkeit bei der Vorbereitung und Führung des zweiten Weltkrieges.

Die Hauptmächte der Antihitlerkoalition hatten mehrfach ihre Entschlossenheit bekundet, die Verantwortlichen für die faschistischen Kriegsverbrechen zur Rechenschaft zu ziehen. Das geschah insbesondere in ihrer Moskauer Erklärung vom 30. 10. 1943. Darin war auch die Vereinbarung enthalten, daß jene Hauptkriegsverbrecher, deren Ver-

Berliner Werktätige fordern die strengste Bestrafung der Kriegsverbrecher

gehen nicht mit einem geographisch bestimmbaren Tatort verbunden sind, durch gemeinsames Urteil der alliierten Regierungen bestraft werden sollten. Dieser Strafprozeß erfolgte gemäß dem Londoner Viermächteabkommen über die Verfolgung und Bestrafung der Hauptkriegsverbrecher vom 8. 8. 1945. Das Abkommen, dem 19 weitere Staaten beitraten, bestimmte die Bildung eines Internationalen Militärtribunals. Dessen Statut vom 6. 10. 1945 regelte Zusammensetzung, Zuständigkeit, Prozeßführung und Rechtsprechung des Militärtribunals und konkretisierte in Art. 6 die strafbaren Tatbestände.

Am 18. 10. 1945 wurde auf der Eröffnungssitzung des Militärtribunals in Berlin die Anklageschrift eingereicht. Die Richter und die Hauptankläger repräsentierten die 4 Hauptmächte der Antihitlerkoalition. Der Prozeß fand in Nürnberg statt und wurde gemäß der Verfahrensordnung des Internationalen Militärtribunals vom 29. 10. 1945 durchgeführt. An 218 Verhandlungstagen fanden 403 öffentliche Gerichtssitzungen statt. Dabei wurden 135 Zeugen gehört, die schriftlichen Aussagen weiterer 143 Zeugen ausgewertet und viele Tausende schriftlicher eidesstattlicher Erklärungen bearbeitet. Die Ankläger stützten sich bei ihrer Beweisführung auf 2630 Dokumente. Die Verteidiger der Angeklagten legten zur Entlastung ihrer Mandanten 2700 Dokumente vor. Insgesamt ergab sich aus der Fülle des Materials eine erdrückende Beweislast für die Schuld der Angeklagten.

Das Gericht verurteilte 12 Angeklagte zum Tode durch den Strang (Göring, Ribbentrop, Keitel, Kaltenbrunner, Rosenberg, Frank, Frick, Streicher, Sauckel, Jodl, Seyß-Inquart sowie Bormann in Abwesenheit). 3 Angeklagte erhielten lebenslängliche Haft (Heß, Funk, Raeder), 4 langjährige Gefängnisstrafen (Schirach, Speer, Neurath, Dönitz). 3 Angeklagte wurden freigesprochen (Fritzsche, Papen, Schacht). Einer beging vor Prozeßbeginn Selbstmord (Ley), ein Verfahren wurde vertagt (Krupp). Das Gericht erklärte das Korps der Politischen Leiter der NSDAP, die Geheime Staatspolizei, den Sicherheitsdienst und die SS (mit Waffen-SS) zu verbrecherischen Organisationen. Dagegen wurden das OKW, der Generalstab, die Reichsregierung und die SA nicht als verbrecherisch eingestuft. Gegen diese Entscheidung wie auch gegen die 3 Freisprüche und das Strafmaß in einem Fall legte das sowjetische Mitglied des Militärtribunals begründeten Protest ein. Die Gnadengesuche der Verurteilten wurden vom Alliierten Kontrollrat am 9./10. 10. 1946 geprüft und abgelehnt. Die Todesurteile wurden am 16. 10. 1946 vollstreckt, die zu Gefängnisstrafen Verurteilten in das Kriegsverbrechergefängnis der 4 Alliierten in Berlin-Spandau eingeliefert.

Das Internationale Militärtribunal in Nürnberg, 20. November 1945 bis 1. Oktober 1946

Der Prozeß untersuchte und ahndete Verbrechen von internationalem Charakter, die von führenden Repräsentanten des imperialistischen Deutschlands als Bestandteil der faschistischen Aggressionspolitik organisiert und in die Tat umgesetzt worden waren. Erstmalig wurden die Verantwortlichen für eine verbrecherische Staatspolitik angeklagt und verurteilt, faschistische Organisationen als Instrumente dieser Politik eingestuft und auch festgestellt, daß gegen das Völkerrecht verstoßende Befehle nicht bindend sind. In den Resolutionen Nr. 3(I) vom 12. 2. 1946 und Nr. 95(I) vom 11. 12. 1946 bestätigte die UNO-

Vollversammlung die im Statut und im Urteil des Gerichts enthaltenen Rechtsgrundsätze als allgemeingültige Normen des Völkerrechts. Bei Prozessen gegen faschistische Kriegsverbrecher in verschiedenen europäischen Ländern wurden diese Grundsätze auch in das innerstaatliche Strafrecht übernommen.

Das Internationale Militärtribunal führte infolge der ablehnenden Haltung der USA, Frankreichs und Großbritanniens, die zunehmend von den Prinzipien der Antihitlerkoalition abgingen, keine weiteren Prozesse mehr durch. Bei den in Nürnberg von 1947 bis 1949 von den USA durchgeführten sog. 12 Nachfolgeprozessen (gegen Generale, Ministerialbeamte, Industrielle, NSDAP- und SS-Funktionäre, Juristen, Ärzte) zeigte sich ein teilweises Abrücken von den Prinzipien des Statuts und Urteils des Internationalen Militärtribunals und auch vom Gesetz Nr. 10, das der Alliierte Kontrollrat am 20. 12. 1945 zur Verfolgung und Bestrafung der Nazikriegsverbrecher erlassen hatte.

Trotzdem beeinflußten die im Nürnberger Prozeß gegen die Hauptkriegsverbrecher angewandten Grundsätze stark die weitere Entwicklung des Völkerrechts. Sie wurden bei der Abfassung der Friedensverträge mit Bulgarien, Finnland, Italien, Rumänien und Ungarn vom Februar 1947 berücksichtigt. Von ihrem Geist sind u. a. die Konvention über die Verhütung und die Bestrafung des Völkermordes (9. 12. 1948), die 4 Genfer Konventionen zum Schutze der Kriegsopfer (12. 8. 1949) und die Menschenrechtskonventionen (16. 12. 1966) beeinflußt worden. In diesem Sinne wurde auch an der Bekräftigung und Weiterentwicklung des in bewaffneten Konflikten anzuwendenden humanitären Völkerrechts gearbeitet (Diplomatische Konferenz 1954–1957, Ergänzungsprotokolle zu den Genfer Konventionen vom 8. 6. 1977).

O

Oberfeldwebel → *Feldwebel*

Oberkommandierender der Vereinten Streitkräfte → *Warschauer Verteidigungsbündnis*

Oberkommando der Kriegsmarine (OKM): oberste Kommando- und Verwaltungsbehörde der → *Seestreitkräfte* des faschistischen Deutschlands.

Das OKM wurde am 1. 6. 1935 aus der 1920 geschaffenen Marineleitung (→ *Reichswehr*) gebildet. An seiner Spitze stand der Oberbefehlshaber der Kriegsmarine, bis zum 30. 1. 1943 der Großadmiral Erich Raeder (1876–1960), dann Großadmiral Karl Dönitz (1891–1980). Im Zuge der verschärften Kriegsvorbereitung des faschistischen Deutschlands übernahm der Oberbefehlshaber der Kriegsmarine 1937 gleichzeitig die Funktion des Chefs der Seekriegsleitung, deren Aufgabe in der Planung und operativen Führung des Seekrieges bestand. Im August 1939 gliederte sich das OKM in folgende Bereiche: Stab des Oberbefehlshabers der Kriegsmarine mit der Marinehaushaltsabteilung, der Militärischen Abteilung für Schiffsmaschinenbetrieb, der Marinemedizinalabteilung und der Kriegswissenschaftlichen Abteilung; Seekriegsleitung mit der Operationsabteilung, dem Marinenachrichtendienst und dem Marinekommandoamt; dem Oberbefehlshaber der Kriegsmarine direkt unterstellte Behörden (Marinepersonalamt, Marinewehramt, Allgemeines Marineamt, Marinewaffenamt, Marineverwaltungs-

Oberkommando der Kriegsmarine – Spitzengliederung, 1940

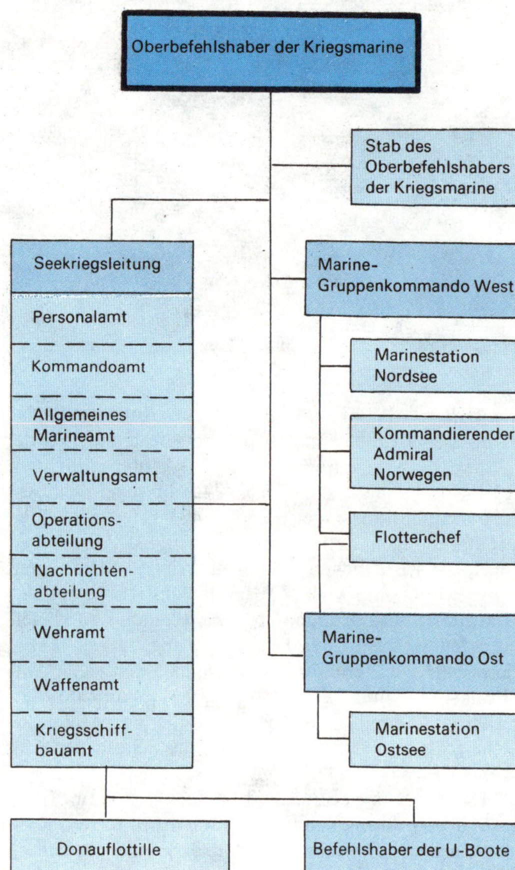

amt, Amt Kriegsschiffbau). Im Verlauf des zweiten Weltkrieges kam es wiederholt zu Strukturveränderungen. Die erste größere fand im November 1939 statt, wobei vor allem das Marinekommandoamt und das Marinewaffenamt erweitert wurden.

Ausdruck der gewachsenen Bedeutung des → *U-Boot-Krieges* im Rahmen der deutschen Seekriegführung war die Bildung einer Amtsgruppe U-Boot-Wesen im Stab der Seekriegsleitung, die 1944 zur U-Boot-Führungsabteilung erweitert wurde. Im Mai 1944 bestand das OKM aus der stark vergrößerten Seekriegsleitung, der u. a. Abteilungen für Funkaufklärung und Ortung sowie ein Generalreferat Sonderkampfmittel angegliedert waren, dem Allgemeinen Marinehauptamt, das nunmehr neben dem Marineverwaltungsamt und dem Marinemedizinalamt das Marinetruppenamt, die Amtsgruppe Marinerechtswesen, das Amt Marinebauwesen und den Wehrgeistigen Führungsstab umfaßte, sowie dem Chef Marinerüstung. Dessen Bereich waren außer den Waffenämtern für Artillerie, Torpedos und Sperrmittel die Amtsgruppen Technisches Nachrichtenwesen, Pioniere und Festungen sowie Forschung, Erfindungs- und Patentwesen, das Amt Rüstung und Wehrwirtschaft sowie das Amt Kriegsschiffbau zugeordnet. Bereits im März 1944 war die Funktion des Chefs der Seekriegsleitung vom Oberbefehlshaber der Kriegsmarine auf den Chef des Stabes der Seekriegsleitung übertragen worden. Diese Struktur des OKM blieb im wesentlichen bis zur bedingungslosen Kapitulation des faschistischen Deutschlands am 8. 5. 1945 bestehen.

Oberkommando der Luftwaffe (OKL): seit Anfang 1944 oberste Kommando- und Verwaltungsbehörde der → *Luftstreitkräfte* des faschistischen Deutschlands.

Im Unterschied zu der am 1. 6. 1935 erfolgten Umbenennung der Führungen des Heeres und der Marine blieb die Luftwaffe zunächst noch weiter dem am 27. 4. 1933 aus dem Reichskommissariat für die Luftfahrt gebildeten Reichsluftfahrtministerium unterstellt. Am 15. 5. 1933 erfolgte die Übergabe des Luftschutzamtes, der zentralen Dienststelle für die getarnte Luftrüstung, vom Reichswehrministerium an das Luftfahrtministerium. Dem Reichsminister der Luftfahrt Hermann Göring (1893–1946), der ab Juni 1935 zugleich die Bezeichnung Oberbefehlshaber der Luftwaffe führte, unterstanden damit die Zivil- und die Militärluftfahrt. Die militärischen Aufgaben wurden zunächst weiterhin maßgeblich vom Luftschutzamt wahrgenommen, das am 1. 9. 1933 in

Oberkommando der Luftwaffe, Mai 1944

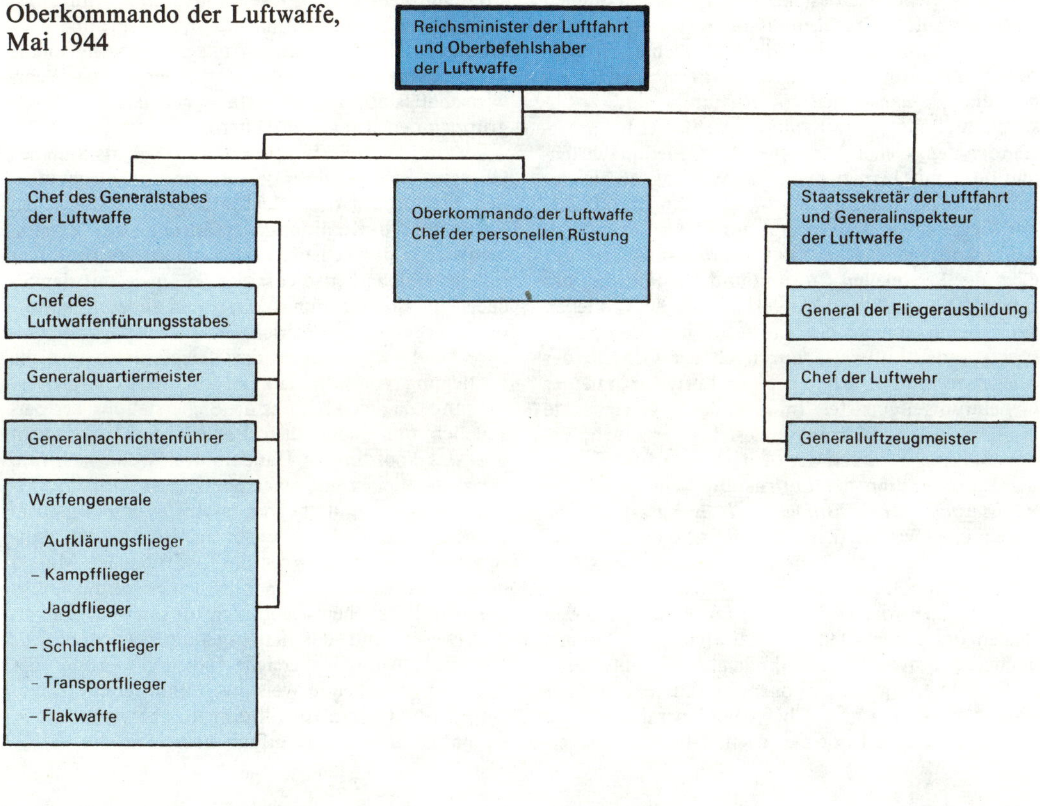

Luftkommandoamt umbenannt wurde, faktisch als Generalstab der Luftwaffe fungierte und Mitte 1937 diese Bezeichnung auch offiziell erhielt. 1939 bestand der Generalstab der Luftwaffe aus dem Luftwaffenführungsstab mit der 1. (Führungs-), 3. (Taktischen) und 5. (Fremde Luftmächte) Abteilung sowie dem Generalquartiermeister mit der 2. (Organisations-), 4. (Quartiermeister-) und 6. (Rüstungs-) Abteilung. Daneben bestanden unter dem Staatssekretär der Luftfahrt und Generalinspekteur der Luftwaffe die Dienststellen des Generalluftzeugmeisters, des Chefs der Luftwehr, des Chefs Ausbildungswesen und des Chefs Nachrichtenwesen mit einer Anzahl selbständiger Ämter (u. a. Allgemeines Luftamt, Technisches Amt, Luftwaffenverwaltungsamt, Luftwaffenpersonalamt) sowie verschiedenen Inspektionen. Diese scharfe organisatorische Trennung zwischen der operativen Führung des Luftkrieges und der Ausrüstung, Ausbildung und Verwaltung entsprach der → *Blitzkriegskonzeption.*

Die schweren Niederlagen der Luftwaffe ab 1941/42 und die wachsenden Anforderungen der Luftrüstung zwangen die faschistische Führung, die Kommandostruktur der Luftwaffe zu verändern. Das am 5. 2. 1944 neu gebildete OKL als zentralisiertes strategisches Führungsorgan bestand aus dem Chef des Generalstabes mit den Hauptabteilungen Chef des Luftwaffenführungsstabes (Führungs- und Taktische Abteilung, Fremde Luftmächte, Arbeitsstab Luftschutz) und Generalquartiermeister (Organisations-, Quartiermeister-, Rüstungs- und Nachschubabteilung sowie Sanitätswesen). Ferner unterstanden dem Generalstabschef der Generalnachrichtenführer mit Inspizienten, die Waffengenerale der Aufklärungs-, Kampf-, Jagd-, Schlacht- und Transportflieger sowie der General der Flakwaffe mit seinen Inspizienten. Dem OKL wurde außerdem der Chef der Personellen Rüstung und NS-Führung der Luftwaffe angegliedert. Außerhalb des OKL blieben beim Staatssekretär der Luftfahrt und Generalinspekteur der Luftwaffe nur noch der General der Fliegerausbildung, der Chef der Luftwehr und der Generalluftzeugmeister. Im Sommer 1944 versuchte die faschistische Führung angesichts der zunehmenden Wirkungslosigkeit der deutschen Luftwaffe und der Konzentration der Luftrüstung beim → *Reichsministerium für Rüstung und Kriegsproduktion,* durch eine weitere Zentralisierung von Aufgaben beim OKL die Kampfkraft der Luftwaffe wiederherzustellen. Am 31. 7. 1944 wurde durch die Angliederung des Chefs der Technischen Luftrüstung aus den Resten des aufgelösten Generalluftzeugmeisteramts auch die Luftwaffentechnik dem OKL unterstellt. Außerdem erfolgte die Zuordnung des Generals der Fliegerausbildung zum Chef des Generalstabes der Luftwaffe. Gegen Ende des zweiten Weltkrieges vereinte das OKL alle strategischen, taktischen, technischen und personellen Aufgabenbereiche der faschistischen deutschen Luftstreitkräfte.

Oberkommando der Wehrmacht (OKW): oberste Kommando- und Verwaltungsbehörde der Wehrmacht (→ *Wehrmacht, faschistische*) des faschistischen Deutschlands.

Das OKW entstand am 4. 2. 1938 aus dem → *Wehrmachtamt* im Reichskriegsministerium, das sich schon seit Ende 1936 im Schriftwechsel als OKW bezeichnet hatte. Gleichzeitig übernahm Adolf Hitler (1889–1945) selbst den Oberbefehl über die Wehrmacht und faßte damit die oberste politische und militärische Führung unmittelbar in seiner Hand zusammen. Chef des OKW wurde der bisherige Chef des Wehrmachtamtes, der spätere Generalfeldmarschall Wilhelm Keitel (1882–1946), der den Reichsministern im Rang gleichgestellt wurde. Das OKW nahm die Geschäfte des aufgelösten Reichskriegsministeriums wahr und übte im Auftrag Hitlers die bisher dem Reichskriegsminister zustehenden Befugnisse aus. Hauptaufgabe des OKW sollte es sein, die einheitliche Vorbereitung des Krieges, insbesondere der Wehrmacht, zu sichern. Im Frühjahr 1939 unterstanden dem Chef des OKW folgende Abteilungen und Amtsgruppen: Wehrmachtzentralabteilung, Wehrmachtrechtsabteilung und Justizstelle beim Chef OKW, Amtsgruppe Führungsstab, Allgemeines Wehrmachtamt, Amtsgruppe Auslandnachrichten/Abwehr, Amtsgruppe Allgemeine Wehrmachtangelegenheiten und Amtsgruppe Wehrwirtschaftsstab. Im Kriegsfall erhielten die Amtsgruppen den Rang von Ämtern.

Im zweiten Weltkrieg nahm das OKW als Stab des Obersten Befehlshabers der Wehrmacht entscheidenden Einfluß auf die Kriegführung im strategischen Rahmen, die Koalitionskriegführung, das Zusammenwirken der Teilstreitkräfte, die Zusammenarbeit mit dem Sicherheitsdienst der SS sowie mit der Sicherheits- und Ordnungspolizei und anderen bewaffneten Organen, die Ausrichtung der Propaganda entsprechend den Belangen der Kriegführung und die Festlegung von Maßnahmen zur Wirtschaftskriegführung. Zugleich hatte es die Sicherstellung des personellen und materiellen Bedarfs der Wehrmacht und das koordinierte Handeln von Wehrmachtführung, staatlichen und staatspolitischen Führungsgremien, NSDAP und anderen faschistischen Organisationen sowie Okkupationsbehörden bei der Ausschöpfung der Ressourcen des faschistischen Machtbereichs zu garantieren. Schließlich erließ das OKW die grundsätzlichen Richtlinien für das Wehrmachtjustizwesen und das Kriegsgefangenenwesen. Für alle diese Aufgabenbereiche hatten die Ämter des OKW entsprechende Weisungen und Befehle vorzubereiten und deren Ausführung zu überwachen. Für einige gleichgeartete Aufgabenbereiche des OKW und des → *Oberkommandos des Heeres (OKH)* bestand eine Personalunion, so beim Chef des Wehrmacht- und Heerestransportwesens und beim Chef der Wehrmacht- und Heeresnachrichtenverbindungen. Andere Gesamtaufgaben der Wehrmacht wurden von festgelegten Dienststellen der Teilstreitkräfte wahrgenommen.

Im Verlauf des Krieges veränderte sich die Struktur des OKW infolge der Ausweitung der Kriegsschauplätze, mehr aber noch infolge der Widersprüche innerhalb des faschistischen militärischen und staatsmonopolistischen Führungssystems, die sich mit den Niederlagen an der deutsch-sowjetischen Front verstärkten. Zunehmende Bedeutung erlangte der Wehrmachtführungsstab (bis 8. 8. 1940 Wehrmachtführungsamt), der jedoch die Funktionen eines Wehrmachtgeneralstabes nur eingeschränkt wahrnehmen konnte (→ *Generalstab*). Das OKH war bis Juni 1941 mit Ausnahme des Überfalls auf Dänemark und Norwegen für die Führung aller Aggressionsfeldzüge und seit Juni 1941 an der deutsch-sowjetischen Front, der entscheidenden Front des zweiten Weltkrieges, verantwortlich. Die Luft- und Seekriegführung verblieben beim → *Oberkommando der Luftwaffe (OKL)* bzw. → *Oberkommando der Kriegsmarine (OKM)*. Dem Wehrmachtführungsstab unterstanden direkt die sog. OKW-Kriegsschauplätze Nordafrika, Italien, Südosteuropa, Westeuropa, Norwegen und Finnland. Maßgeblich war der Wehrmachtführungsstab zusammen mit anderen Ämtern des OKW an der Ausarbeitung verbrecherischer Befehle für die Kriegführung, wie des → *Kommissarbefehls*, und von Befehlen zur Unterdrückung und Ausplünderung der okkupierten Gebiete sowie an anderen verbrecherischen Maßnahmen beteiligt. Die Abteilung Landesverteidigung im Wehrmachtführungsstab bereitete grundlegende militärpolitische und strategisch-operative Weisungen (→ *Weisungen für die Kriegführung 1939–1943*) und Befehle sowie Maßnahmen vor, bearbeitete sie und kontrollierte ihre Ausführung. Außerdem war sie für die Vorbereitung und den Vortrag der täglichen Gesamtlageberichte verantwortlich. Den für die Führung der Wehrmachtbefehlshaber (in Norwegen, Dänemark, Niederlande, Belgien/Nordfrankreich und den Reichskommissariaten Ukraine und Ostland) verantwortlichen Chef OKW hatte sie in Fragen der Besatzungspolitik und militärischen Sicherung der okkupierten Gebiete zu unterstützen. Die dem Chef des Wehrmachtführungsstabes unterstehende Abteilung Wehrmachtpropaganda war im Zusammenwirken mit dem Reichsministerium für Volksaufklärung und Propaganda vor allem für die Festlegung von Grundlinien für die Propaganda in der Wehrmacht verantwortlich. Die Abteilung Nachrichtenverbindungen hatte die zentralen Nachrichtenverbindungen sicherzustellen und Funkaufklärung zu betreiben.

Als nach der Niederlage vor Moskau Ende 1941 Hitler den Oberbefehl über das Heer übernahm, wurden Anfang 1942 dem Chef OKW aus dem OKH der Chef der Abteilung Heerwesen, die vorrangig für die politisch-ideologische Beeinflussung im Heer zuständig war, das Heerespersonalamt, der Chef Heeresrüstung und Befehlshaber des Ersatzheeres sowie der General z. b. V. führungsmäßig unterstellt. Gleichzeitig kam es aber auch zu Einschränkungen der Kompetenzen des OKW infolge des staatsmonopolistischen Konzentrationsprozesses in der Kriegswirtschaft. Dem → *Wehrwirtschafts- und Rüstungsamt* im OKW wurden im Mai 1942 durch die Eingliederung des Rüstungsamtes in das seit März 1940 bestehende Reichsministerium für Bewaffnung und Munition zentrale Aufgabenbereiche entzogen. Dieser Prozeß setzte sich durch die Herauslösung weiterer Dienststellen aus diesem Amt fort.

Oberkommando der Wehrmacht 1940/41

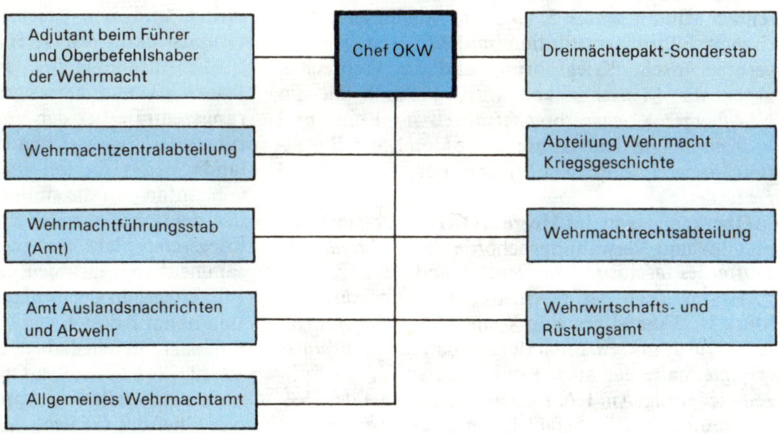

Im Mai 1944 erfolgte im Zuge der Konzentrierung der faschistischen Geheimdienste die Auflösung des Amtes Ausland/Abwehr, dessen Abwehrabteilungen in das Reichssicherheitshauptamt der SS übernommen wurden; nur die operative Truppenabwehr verblieb beim OKW. Aus der Abteilung Inland des Allgemeinen Wehrmachtamtes und Teilen der Amtsgruppe Wehrmachtpropaganda bildete sich Anfang 1944 der Nationalsozialistische Führungsstab der Wehrmacht. Er sollte die politisch-ideologische Manipulierung der Wehrmachtangehörigen verstärken. In den letzten Kriegsmonaten gingen weitere Dienststellen des OKH in das OKW ein. Im Januar 1945 wurden die letzten mit der Heeresrüstung befaßten Dienststellen dem Chef des Heeresstabes beim Chef OKW angegliedert. Im April 1945 erfolgte die Unterstellung der Führungsgruppe im Generalstab des Heeres (Operationsabteilung, Organisationsabteilung, Abteilung Fremde Heere) und des Generalinspekteurs der Panzertruppe unter den Chef des Wehrmachtführungsstabes, des Generalquartiermeisters des Heeres als Wehrmachtquartiermeister unter den Chef OKW und des → *Heereswaffenamtes* unter den neueingesetzten Chef Wehrmachtrüstung im OKW. Am 25. 4. 1945 wurde das OKW für die Fortführung der Operationen an allen Fronten verantwortlich gemacht, wobei für den entstandenen Südraum des faschistischen Machtbereichs ein spezieller operativer Stab gebildet wurde.

Nach der bedingungslosen Kapitulation des faschistischen Deutschlands am 8. 5. 1945 übernahm Generaloberst Alfred Jodl (1890–1946) die Geschäfte des Chefs OKW. Am 10. 5. erfolgte noch eine Neugliederung des OKW. Es sollte der sog. Geschäftsführenden Regierung unter Großadmiral Karl Dönitz (1891–1980) als militärische Spitzenbehörde zur Verfügung stehen. Der Versuch, das OKW in die Nachkriegszeit hinüberzuretten, scheiterte mit der Verhaftung der Regierung Dönitz und der führenden Militärs am 23. 5. 1945. Die von dieser militärischen Führungsinstitution initiierte und geleitete verbrecherische Kriegführung und die Verbrechen gegen die Menschlichkeit wurden durch die im Nürnberger Kriegsverbrecherprozeß für Keitel und Jodl verhängte Todesstrafe sowie durch die Bestrafung anderer führender Militärs nur unzureichend geahndet.

Oberkommando des Heeres (OKH): oberste Kommando- und Verwaltungsbehörde der → *Landstreitkräfte* des faschistischen Deutschlands.

Als im Zuge der faschistischen Aufrüstung im März 1935 die allgemeine Wehrpflicht wiedereingeführt wurde und ein forcierter Ausbau der Streitkräfte erfolgte, hatte das auch Konsequenzen für die Spitzengliederung. Am 1. 6. 1935 wurde der Chef der Heeresleitung zum Oberbefehlshaber des Heeres ernannt und die bisherige Heeresleitung in das OKH umgebildet. Wichtigste Dienststellen des OKH waren der Generalstab des Heeres (→ *Generalstab*), das Heerespersonalamt, das Heeresverwaltungsamt, das Heereswaffenamt und das Allgemeine Heeresamt. Im Laufe der weiteren Kriegsvorbereitungen wurden die verschiedenen Teile des OKH ausgebaut und besonders der Generalstab des Heeres und das Allgemeine Heeresamt erheblich erweitert. Als Planungs- und Führungsorgan der Landstreitkräfte des faschistischen Deutschlands leitete das OKH den Aufbau der größten und wichtigsten Teilstreitkraft der faschistischen Wehrmacht (→ *Wehrmacht, faschistische*). Zugleich war es gemeinsam mit dem → *Oberkommando der Wehrmacht (OKW)* und den Oberkommandos der anderen Teilstreitkräfte maßgeblich an der Vorbereitung und Durchführung der Aggressionen des deutschen Imperialismus vor dem zweiten Weltkrieg beteiligt.

Mit der Mobilmachung am 25. 8. 1939 trat die vorgesehene Kriegsgliederung des OKH in Kraft. Das OKH wurde in 2 Teile gegliedert. Zum Hauptquartier OKH, das in Zossen und Wünsdorf untergebracht wurde, gehörten alle zur operativen Führung des Feldheeres notwendigen Dienststellen des Generalstabes des Heeres sowie der Chef des Heerespersonalamtes. Die Ämter und Dienststellen bzw. deren Teile, die für die Ausbildung, Ergänzung und Ausrüstung des Feldheeres in personeller, materieller und finanzieller Hinsicht zu sorgen hatten, wurden mit dem Ersatzheer dem neueingesetzten Befehlshaber des Ersatzheeres (später Chef der Heeresrüstung und Befehlshaber des Ersatzheeres) unterstellt und blieben in Berlin. Dem Oberbefehlshaber des Heeres unterstanden direkt nur noch der Chef des Generalstabes des Heeres, der Befehlshaber des Ersatzheeres, der Chef des Heerespersonalamtes und die am 1. 10. 1940 geschaffene Dienststelle eines Generals z. b. V. beim Oberbefehlshaber des Heeres. Bis 1941 wurden zahlreiche Dienststellen erweitert, umstrukturiert und neu geschaffen, ohne daß sich die Grundstruktur des OKH änderte.

Mit Ausnahme des faschistischen Überfalls auf Dänemark und Norwegen war das OKH die Führungszentrale bei der Vorbereitung und Durchführung aller Aggressionen des faschistischen Deutschlands. Beim Überfall auf die Sowjetunion nahm es von Anfang an die strategisch-operative Führung an der deutsch-sowjetischen Front wahr, dem Hauptkriegsschauplatz des zweiten Weltkrieges. Im Zusammenhang mit dem endgültigen Scheitern des Blitzkrieges in der Schlacht vor → *Moskau 1941/42* übernahm Adolf Hitler (1889–1945) als Führer und Oberster Befehlshaber der Wehrmacht dann am 19. 12. 1941 selbst den Oberbefehl über das Heer. Er unterstellte sich vom Apparat des OKH unmittelbar den Chef des Generalstabes des Heeres und die die-

Oberkommando des Heeres 1939/40

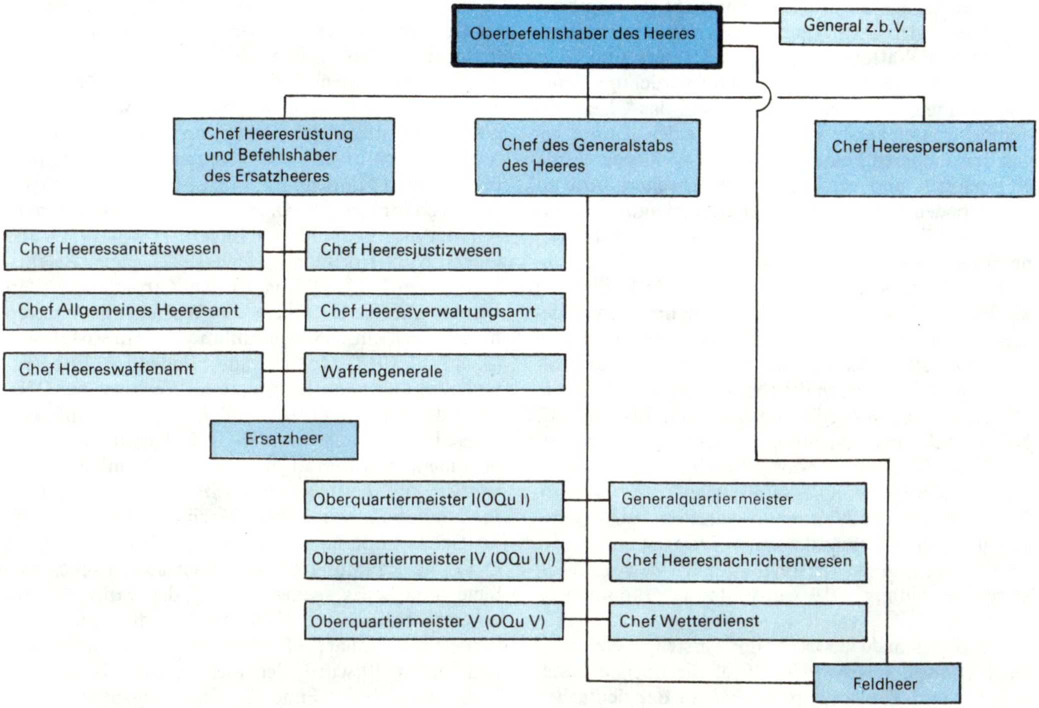

sem unterstehenden Dienstbereiche. Die übrigen Aufgaben des Oberbefehlshabers des Heeres übernahm der Chef des OKW, dem dazu der Chef der Heeresrüstung und Befehlshaber des Ersatzheeres, das Heerespersonalamt, der General z. b. V. und die aus dem Generalstab des Heeres herausgelöste Abteilung Heerwesen direkt unterstellt wurden. Im Herbst 1942 kam auch das Heerespersonalamt unter die unmittelbare Befehlsgewalt Hitlers. Die genannten organisatorischen Veränderungen waren ein Teil des vergeblichen Bemühens der faschistischen Führung, die sich entwickelnde Krise der deutschen Kriegführung zu überwinden. Sie führten zur engeren Zusammenarbeit zwischen dem Generalstab des Heeres und dem OKW, wobei ersterer das strategisch-operative Planungs- und Führungsorgan für die deutsch-sowjetische Front blieb. Am 1. 9. 1944 wurden die Operationsabteilung, die Organisationsabteilung und die Abteilung Fremde Heere Ost zur Führungsgruppe im Generalstab des Heeres zusammengefaßt. Diese Maßnahme erfolgte ebenso im Zeichen der sich abzeichnenden Kriegsniederlage wie die weitere Verschmelzung der Dienststellen des OKH mit dem OKW.

Oberkommando in den Marken: Kommandobehörde des preußisch-deutschen Heeres für Berlin und die Provinz Brandenburg von 1848 bis 1919. Das Oberkommando entstand während der Revolution von 1848/49. Am 13. 9. 1848 wurde General Friedrich von Wrangel (1784–1877) Oberbefehlshaber über sämtliche Truppen im Raum Berlin, um die wachsende revolutionäre Bewegung mit Waffengewalt niederzuschlagen. Als → *Militärbefehlshaber* übernahm er die vollziehende Gewalt und setzte den Belagerungszustand mit äußerster Schärfe durch. Nach dem Sieg der Konterrevolution blieb das Oberkommando durch Kabinettsorder vom 28. 7. 1849 eine ständige Militärbehörde mit Sitz in Berlin, der allerdings unmittelbar keine Truppen unterstanden. Es bestand in Friedenszeiten nur aus dem Oberbefehlshaber in den Marken und einem Stabsoffizier. Das Oberkommando trat bei inneren Unruhen oder bei Mobilmachung in Aktion. In diesen Fällen waren die Kommandierenden Generale bzw. die später im Kriegsfall eingesetzten stellvertretenden Kommandierenden Generale des Garde- und des III. Armeekorps, deren Sitz sich gleichfalls in Berlin befand, an seine Weisungen gebunden. Damit sollte vor allem eine einheitliche Führung der Truppen zur Bekämpfung innerer Unruhen ermöglicht werden. Zeitweise war der Oberbefehlshaber in Personalunion Kommandierender General des Garde- oder des III. Armeekorps und zugleich Gouverneur von Berlin. Auf der Grundlage des preußischen Gesetzes über den Belagerungszustand von 1851 (in Kraft bis 1919) und der Instruktion des Kriegsministeriums «Über den Waffengebrauch des Militärs und über die Mitwirkung desselben zur Unterdrückung innerer Unruhen» vom selben Jahr besaß das Oberkommando weitreichende Befugnisse für den Kampf gegen den «inneren Feind». Im ersten Weltkrieg wurde es personell und organisatorisch erweitert und zu einem bedeutenden Faktor der parlamentarisch verbrämten Militärdiktatur. Der Oberbefehlshaber, Generaloberst Gustav von Kessel (1846–1918), verkündete am 31. 7. 1914 den Kriegszustand für Berlin und die Provinz Brandenburg und übernahm die vollziehende Gewalt. Unterdrückung der Antikriegsbewegung, vor allem der revolutionären Linken, und Sicherung kriegswirtschaftlicher Maßnahmen (u. a. Militarisierung von Rüstungsbetrieben 1917/18 zur Niederschlagung von Streiks) waren die Hauptaufgaben des Oberkommandos. Seit dem 9. 12. 1916 verfügte es über eine Kriegsamtsstelle (→ *Kriegsamt*). Bei Ausbruch der Novemberrevolution 1918/19 besaß das Oberkommando keine Truppen mehr, die bereit waren, gegen die revolutionäre Bewegung zu kämpfen. Anfang 1919 wurde das Oberkommando aufgelöst.

Oberkommando Ost: im ersten Weltkrieg (→ *Weltkrieg, erster, 1914–1918*) die oberste Kommando- und Verwaltungsbehörde an der deutschen Ostfront.

Die Bildung des O. O. war durch den Zweifrontenkrieg bedingt. Am 1. 11. 1914 wurde Generaloberst Paul von Beneckendorff und von Hindenburg (1847–1934) zum Oberbefehlshaber Ost (Oberost) ernannt; sein Chef des Stabes wurde Generalmajor Erich Ludendorff (1865–1937). In den operativen Entscheidungen blieb das O. O. von der → *Obersten Heeresleitung (OHL)* abhängig, konnte jedoch die Operationen des deutschen Ostheeres relativ selbständig leiten. Auf die in die österreichisch-ungarische Ostfront eingeschobenen deutschen Truppen hatte es zunächst keinen Einfluß. Sein Hauptquartier befand sich bis Februar 1915 in Posen, danach in Lötzen und Kowno und seit Juli 1916 in Brest-Litowsk. Seit Ende 1914 kam es zwischen dem O. O., insbesondere Ludendorff, und der OHL unter Generalleutnant Erich von Falkenhayn (1861–1922) zunehmend zu Auseinandersetzungen über die günstigste Weiterführung des Krieges. Mit Verlegung des Schwergewichts der deutschen Kriegführung Anfang 1915 gegen Rußland verstärkte das O. O. seinen militärischen und politischen Einfluß. Es entwickelte sich zu einer Art Kristallisationszentrum der aggressivsten Kräfte des deutschen Imperialismus, die forderten, Hindenburg und Ludendorff an die Spitze der OHL zu stellen. Anfang August 1915 schränkte Falkenhayn deshalb den Befehlsbereich des O. O. wesentlich ein. Das O. O. behielt aber (als einzige Kommandobehörde) die Verwaltung großer besetzter Gebiete (Litauen und Kurland), die es rücksichtslos ausplünderte. Infolge der Krise an der österreichisch-ungarischen Ostfront erhielt das O. O. am 30. 7. 1916 den Oberbefehl über den größten Teil der gesamten Ostfront (bis Brody) und damit auch über österreichisch-ungarische Truppen. Am 29. 8. 1916 übernahmen Hindenburg und Ludendorff die OHL. Ihre Nachfolger im O. O. waren Generalfeldmarschall Prinz Leopold von Bayern (1846–1930) und Oberst Max Hoffmann (1869–1927), deren Befehlsbereich am 1. 10. 1917 bis zu den Karpaten erweitert wurde. Das O. O. führte die Waffenstillstandsverhandlungen mit Sowjetrußland in Brest-Litowsk (3.–15. 12. 1917). In den anschließenden Friedensverhandlungen trat Hoffmann als Vertreter der OHL besonders provokatorisch auf. Das O. O. plante und leitete in Absprache mit der OHL den am 18. 2. 1918 beginnenden Überfall auf Sowjetrußland (→ *Intervention des deutschen Imperialismus in Sowjetrußland und in Finnland 1918*). Nach der Niederlage des deutschen Imperialismus im Herbst 1918 zögerte das O. O. die Räumung der besetzten sowjetischen Gebiete hinaus. Es spekulierte auf den Sturz der Sowjetmacht (auch mit Hilfe der Entente) und stellte konterrevolutionäre Freiwilligenformationen auf. Am 26. 1. 1919 wurde der noch bestehende Stab des O. O., der sich seit Ende 1917 in Königsberg befand, aufgelöst. Seine Nachfolgedienststelle war das Oberkommando Grenzschutz Nord.

Oberleutnant → *Leutnant*

Obermaat → *Maat*

Obermeister → *Meister*

Oberst: ursprünglich oberster Befehlshaber eines Heeres, später Regimentsinhaber; seit dem 19. bzw. 20. Jh. höchster Dienstgrad der Gruppe der → *Stabsoffiziere* in den Land- und Luftstreitkräften, so auch in der NVA und den Grenztruppen der DDR.

Als O. (Obrist) wurde bis zur Mitte des 16. Jh. der Befehlshaber über die Streitkräfte eines Landes, danach bis zum 17. Jh. der Inhaber eines → *Regiments*, das er auf Geheiß des Kriegsherrn angeworben hatte oder das er einem Kriegsherrn anbot, bezeichnet. Der Vertrag mit dem Kriegsherrn beließ dem O. in der Regel den alleinigen Einfluß auf seine Soldaten. Er ernannte die Offiziere und übte die oberste Rechtsprechung in seinem Regiment aus. Für den O., der in erster Linie militärischer Unternehmer war, führte den militärischen Dienst zumeist der → *Major*. Daher war die Bezeichnung O. lange Zeit kein eigentlicher Dienstgrad, sondern galt als Synonym für den Regimentsinhaber. Als sich Ende des 17. Jh. stehende Heere herausbildeten und die jeweiligen Landesherren auch in den deutschen Staaten die Privilegien der O. beseitigten, wurde Angehörigen der Herrscherhäuser, Generalen und anderen hochstehenden Persönlichkeiten ein Regiment als Inhaber (Chef) verliehen. Die Führung der Truppen lag in den Händen eines Titular-O. oder eines O.leutnants (Obristleutnants). Letzterer war bis zur Mitte des 16. Jh. der → *Leutnant* des O., d. h. der Stellvertreter des Befehlshabers. Von dieser Zeit an war er Gehilfe des O. und übernahm nicht selten an dessen Stelle die unmittelbare Führung des Regiments. Zu Beginn des 19. Jh. wurde O. Dienstgrad im eigentlichen Sinne.

In den Landstreitkräften und Luftstreitkräften/Luftverteidigung der NVA sowie den Grenztruppen der DDR ist O. in der Regel der Dienstgrad für den Kommandeur eines Regiments bzw. gleichgestellten Truppenteils oder einen höheren Offizier im Stabsdienst. Der O.leutnant bekleidet entsprechend niedrigere Dienststellungen. Die Mindestzeit für die Beförderung vom O.leutnant zum O. beträgt 5, vom Major zum O.leutnant 4 Jahre. Als Regimentskommandeur ist der O. für die ständige Gewährleistung der Gefechts- und Mobilmachungsbereitschaft des Truppenteils verantwortlich. *(s. Abb. S. 144, 146)*

Oberste Heeresleitung (OHL): oberste Kommandobehörde des deutschen Heeres im ersten Weltkrieg (→ *Weltkrieg, erster, 1914–1918*).

Die OHL wurde bei Ausbruch des Krieges gebildet. An ihrer Spitze stand nominell der Kaiser, der nach der Reichsverfassung von 1871 im Kriege oberster Befehlshaber aller Streitkräfte war. Die tatsächliche Leitung der Landkriegsoperationen übernahm jedoch laut Mobilmachungsplan der Chef des → *Generalstabes.* Er erhielt am 2. 8. 1914 das Recht, im Namen des Kaisers den Kommandobehörden des Feldheeres selbständig Befehle zu erteilen. Nur bei grundlegenden Entscheidungen holte er (in der Regel) die Zustimmung des Kaisers ein. Der Chef des Generalstabes des Feldheeres verkörperte somit die OHL und wurde vom Begriff her immer mehr mit ihr gleichgesetzt. Im weiteren Sinne verstand man unter der OHL auch sein Führungsorgan, den Generalstab des Feldheeres, der mit der Mobilmachung aus dem Großen Generalstab entstand. Die OHL bildete den wichtigsten Bestandteil des kaiserlichen Großen Hauptquartiers, dem die militärischen und politischen Spitzen des imperialistischen Deutschlands bzw. deren Vertreter sowie die Verbindungsoffiziere der verbündeten Staaten angehörten. Das Scheitern der strategischen Pläne der OHL führte 1914, 1916 und 1918 in der Spitze der OHL zu personellen Veränderungen: 1. OHL: Generaloberst Helmuth von Moltke (1848–1916), Chef des Generalsta-

Generalstab des Feldheeres bei der Obersten Heeresleitung 1914/15

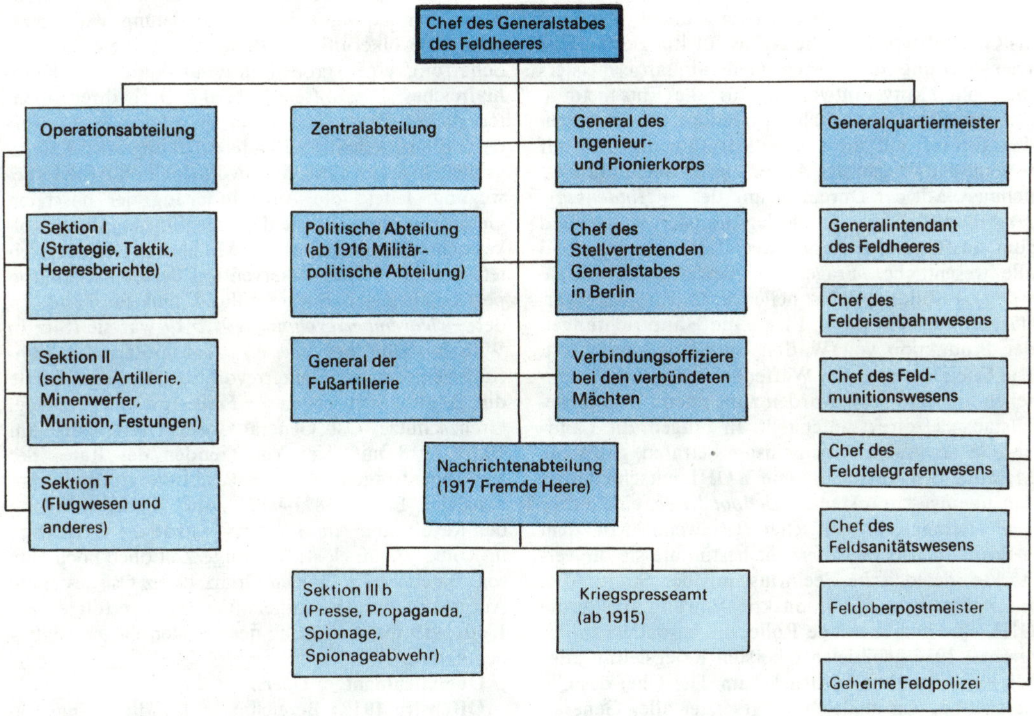

bes des Feldheeres vom 2.8. bis 14.9.1914 (die offizielle Ablösung erfolgte am 3.11.1914); 2. OHL: Generalleutnant, später General Erich von Falkenhayn (1861–1922), Chef des Generalstabes des Feldheeres vom 14.9.1914 (offiziell ab 3.11.1914) bis 29.8.1916; 3. OHL: Generalfeldmarschall Paul von Beneckendorff und von Hindenburg (1847–1934), Chef des Generalstabes des Feldheeres vom 29.8.1916 bis 9.11.1918, Oberbefehlshaber des Feldheeres vom 9.11.1918 bis 3.7.1919. An seiner Seite stand General Erich Ludendorff (1865–1937), Erster Generalquartiermeister vom 29.8.1916 bis 26.10.1918, danach Generalleutnant Wilhelm Groener (1867–1939), Erster Generalquartiermeister vom 29.10.1918 bis 3.7.1919. Sitz der OHL waren vor allem Luxemburg, Charleville-Mézières, Pleß, Kreuznach und Spa.

Aufgrund seiner Befugnisse und Aufgaben erlangte der Chef des Generalstabes im Verlaufe des Krieges faktisch direkt oder indirekt die Leitung des gesamten Heeres. Auf die Truppen des Heimatheeres (Besatzungsheeres), die den stellvertretenden Generalkommandos und den Kriegsministern der Bundesstaaten (→ *Kriegsministerium*) unterstanden, konnte er über den Kaiser Einfluß nehmen. Die Tendenz einer zunehmenden Zentralisation der Führung erreichte unter der 3. OHL mit ihrer Doppelspitze eine neue Stufe. Hindenburg fungierte als eigentlicher Oberbefehlshaber des Heeres und Ludendorff als Generalstabschef. Die eigens für ihn geschaffene Dienststellung des Ersten Generalquartiermeisters (bei voller Mitverantwortung für alle Entscheidungen der OHL) ermöglichte Ludendorff, bestimmenden Einfluß auf die Gesamtkriegführung und auf wesentliche Fragen der Außen- und Innenpolitik zu nehmen. Mit der Durchführung des → *Hindenburgprogramms* wurde der Kriegsminister weitgehend zum ausführenden Organ der OHL. Sie entschied alle wesentlichen Fragen der Bewaffnung, Ausrüstung, Ausbildung, personellen Ergänzung und Verstärkung des Heeres und legte die Hauptrichtungen der Produktion von Waffen und Kriegsgerät fest. Die Chefs der obersten Waffenbehörden und technischen Spezialdienste wurden zunehmend dem Generalstabschef direkt unterstellt. In Fragen, die Land- und Seekriegführung gemeinsam betrafen, gab seine Meinung den Ausschlag. Die 3. OHL entschied über den uneingeschränkten → *U-Boot-Krieg*, eine Frage von erstrangiger politischer Tragweite. Mit dem → *Vaterländischen Unterricht* bestimmte sie die verstärkte ideologische Beeinflussung der Streitkräfte. Im Rahmen der Koalitionskriegführung spielte die OHL eine dominierende Rolle, die besonders in der am 6.9.1916 gebildeten Obersten Kriegsleitung der Mittelmächte zum Ausdruck kam. Der Chef des Generalstabes war zugleich Vorgesetzter aller Generalstabsoffiziere des Feldheeres. Da die Stabschefs der hohen Kommandobehörden, z.B. der AOK und Heeresgruppenkommandos, zumeist den entscheidenden Einfluß auf die Führung der Verbände hatten, verkehrte Ludendorff hauptsächlich mit ihnen. Der Charakter des Krieges bedingte, daß sich die Arbeitsgebiete und die Organisation des Generalstabes des Feldheeres wesentlich veränderten und außerordentlich erweiterten. Seit Herbst 1914 nahmen die Verbindungen mit zivilen Staatsbehörden, vor allem mit der Rüstungsindustrie rasch zu. Die wichtigsten Organe des Generalstabschefs waren: die eigentlichen Führungsabteilungen, insbesondere die Operationsabteilung; der für die Versorgung des Feldheeres verantwortliche Generalquartiermeister mit seinem Stab; die zugeteilten bzw. unterstellten Chefs der obersten Waffenbehörden und technischen Spezialdienste; die sog. Außenstellen der OHL (u.a. der stellvertretende Generalstab in Berlin und die deutschen Verbindungsoffiziere bei den verbündeten Heeresleitungen).

Die OHL, insbesondere die 3., vertrat im Interesse der Monopole weitreichende Kriegsziele im Westen und Osten zur Verbesserung des Aufmarschgebietes für einen künftigen Krieg: Beherrschung Belgiens mit dem Besitz von Lüttich und eines Stützpunktes an der flandrischen Küste sowie Annexion des französischen Erzbeckens von Briey und eines polnischen «Grenzstreifens» von Schlesien bis Ostpreußen unter zwangsweiser Aussiedelung der polnischen Bevölkerung. Außerdem verlangte sie die Schaffung eines großen mittelafrikanischen Kolonialreiches. Diese Ziele legte die OHL ihren abenteuerlichen strategischen Plänen zugrunde. Sie forderte die rücksichtslose Unterdrückung aller Kriegsgegner, in erster Linie der revolutionären Arbeiterbewegung, leitete die Ausplünderung der besetzten Gebiete und verschärfte die Kriegführung durch völkerrechtswidrige Mittel und Methoden. Die OHL leitete die militärische Intervention der deutschen Imperialisten gegen Sowjetrußland und Finnland. In der → *Novemberrevolution 1918/19* war sie (Sitz in Wilhelmshöhe bei Kassel) das militärische Führungszentrum der Konterrevolution. Sie organisierte die Bildung der ersten → *Freikorps* und des sog. Grenzschutzes Ost. General Groener vereinbarte am 10.11.1918 mit dem Vorsitzenden des Rates der Volksbeauftragten, dem Rechtssozialdemokraten Friedrich Ebert (1871–1925), die Niederschlagung der Revolution. Am 3.7.1919 wurde die OHL (Sitz in Kolberg) aufgelöst; für einige Zeit blieb noch eine sog. Befehlsstelle für den Grenzschutz Ost bestehen. Aufgrund des Versailler Vertrages erfolgte am 1.10.1919 die Auflösung des Großen Generalstabes der Armee.

Oberstleutnant → *Oberst*

Offensive 1918: Bezeichnung für die 5 Angriffsoperationen des deutschen Heeres im ersten Weltkrieg (→ *Weltkrieg, erster, 1914–1918*) an der Westfront vom 21. 3. bis 17. 7. 1918.

Nach dem Ausscheiden Rußlands aus dem Krieg beschloß die OHL Anfang November 1917, durch eine Offensive gegen das britische Heer im Frühjahr 1918 den «Siegfrieden» herbeizuführen. Dazu zwangen insbesondere die schwindenden Menschenreserven, der Hunger, die zunehmende Kriegsmüdigkeit und die sich ausbreitende Antikriegsbewegung. Entgegen den Bestimmungen des Waffenstillstandes mit Sowjetrußland verlegte die OHL zahlreiche Divisionen vom Osten an die Westfront. Die Vorbereitungen der O. (Deckname «Sankt Michael») leitete der Erste Generalquartiermeister in der OHL, General Erich Ludendorff (1865–1937). Sie waren vor allem von der Überschätzung der eigenen Möglichkeiten geprägt. Die O. sollte erfolgen, bevor die Masse der amerikanischen Armee in Frankreich gefechtsbereit war. Nach dem ursprünglichen Plan der OHL hatten die 17. und die 2. Armee (Heeresgruppe Kronprinz Rupprecht) sowie die 18. Armee (Heeresgruppe Deutscher Kronprinz) die Aufgabe, die britische Front zwischen Arras und La Fère zu durchbrechen und in nordwestliche Richtung aufzurollen. Dabei sollte die 18. Armee den Flankenschutz gegen das französische Heer übernehmen. Seit Februar 1918 ließ die OHL von der Heeresgruppe Kronprinz Rupprecht eine zweite Angriffsoperation (Deckname «Sankt Georg») in Flandern für den Fall vorbereiten, daß «Michael» scheiterte. In der Folgezeit wurden deren Ziele bedeutend erweitert. Ludendorff orientierte darauf (20. 3.), nach gelungenem Durchbruch auch das französische Heer anzugreifen. Obwohl die militärische Führung auch Zweifel am Gelingen der O. hegte, war sie um der imperialistischen Kriegsziele willen bereit, alles auf eine Karte zu setzen. Aufgrund des bestehenden Kräfteverhältnisses an der Westfront besaß die O. keinerlei Aussicht auf einen strategischen Sieg. Um rasch einen größeren Anfangserfolg zu erringen, richtete Ludendorff die «Michael»-Operation gegen den schwächeren Südflügel der britischen Front und deren Nahtstelle mit der französischen. Diese Richtung war jedoch operativ ungünstig, denn sie führte durch das 1917 beim deutschen Rückzug verwüstete Gelände (→ *Siegfriedstellung*). Nach Ansicht der OHL aber mußte sich aus dem taktischen Durchbruch, wo er auch erfolgte, der operative irgendwie ergeben. Dieser Vorrang taktischer Gesichtspunkte wurzelte in dem Widerspruch zwischen den überspannten Zielen der O. und den unzureichenden Kräften und Mitteln. Es fehlte an Mannschafts- und Offiziersersatz, an Kfz, Panzern, Pferden, Artillerie und Ausrüstungsgegenständen aller Art sowie an Nahrungsmitteln. Die OHL formierte deshalb 52 sog. Angriffsdivisionen, die besser ausgerüstet und verpflegt wurden als die sog. Stellungsdivisionen. Ablenkungsangriffe zur Bindung der gegnerischen Reserven mußten aus Kräftemangel unterbleiben. Die deutsche Führung setzte vorrangig auf das Überraschungsmoment.

Kräfteverhältnis im Frühjahr 1918 an der Westfront

	Deutsches Heer	Alliierte
Divisionen	200	176
Truppenstärke	4000000	5000000
Geschütze	14000	18500
Flugzeuge	3670	4500
Lkw	23000	100000
Panzer	10	800

Die «Michael»-Operation begann im Morgengrauen des 21. 3. mit einer mehrstündigen, sehr massierten Artillerievorbereitung (3,2 Mill. Schuß, davon ein Drittel Granaten mit chemischem Kampfstoff) auf etwa 75 km Breite zwischen Arras und La Fère. Ein neues Schießverfahren (es ermöglichte den Verzicht auf das Einschießen der Artillerie), Kräfteüberlegenheit in den Hauptrichtungen u. a. bewirkten, daß der Gegner zumeist überrascht wurde. Teilen der 2. Armee und der 18. Armee gelang es, in den ersten 3 Tagen bis zu 20 km vorzudringen und den taktischen Durchbruch zu erreichen. Die OHL überschätzte die Anfangserfolge und erweiterte mit ihren Weisungen vom 23. und 26. 3. die Operationsziele bedeutend. Die 17. Armee sollte auf Saint-Pol, die 2. Armee auf Amiens und die 18. Armee auf Noyon sowie über die Aisne vorstoßen. Das Schwergewicht der Operation wurde immer mehr auf die 18. Armee verlegt, die am weitesten vordrang und Noyon sowie Montdidier (27. 3.) eroberte. Damit aber lief die Operation strahlenförmig auseinander und verlor rasch ihre Wucht. Ludendorff beabsichtigte, mit dem Vorstoß der deutschen Truppen beiderseits der Somme über Amiens bis an das Meer die britisch-französische Front auseinanderzureißen. Angesichts dieser Gefahr kam es am 26. 3. zur Bildung eines alliierten Oberkommandos in Frankreich unter dem französischen General Ferdinand Foch (1851–1929), das wirksamere Abwehrmaßnahmen treffen konnte. Am 27. 3. scheiterten die Angriffe der 17. Armee gegen die britische Front bei Arras und wurden vorerst eingestellt. Seit dem Einsatz der französischen Reserven kamen auch die Angriffe der 2. und der 18. Armee zum Stehen (30. 3.). Am 5. 4. mußte die «Michael»-Operation, Beginn und Höhepunkt der O., endgültig eingestellt werden. Ihr Scheitern wurzelte vor allem in den unzureichenden Kräften und Mitteln und dem zu geringen Angriffstempo. Die Gegner konnten deshalb die taktischen Durchbrüche immer wieder abriegeln. Der etwa 80 km breite und bis zu 60 km tiefe Frontvorsprung verschlechterte die

Lage der deutschen Truppen nur. Ihre Gesamtverluste betrugen rd. 240000 Mann, die gegnerischen 220000 Mann. Die alliierte Front befand sich zwar in einer schwierigen Lage, aber niemals am Rande des Zusammenbruchs, wie die deutschen Imperialisten in ihrem Siegesrummel behaupteten, um die kriegsmüden Volks- und Soldatenmassen zum Durchhalten anzustacheln. Die OHL und das Oberkommando der Heeresgruppe Kronprinz Rupprecht hofften nun, auch mit einer verkleinerten «Georg»-Operation (Deckname «Georgette») das geschwächte britische Heer entscheidend schlagen zu können. 2 Armeen mit zahlreichen schwachen Stellungsdivisionen sollten über den flandrischen Höhenrücken zur Kanalküste vorstoßen. Die Operation begann am 9. 4. nach sehr starker Artillerievorbereitung mit der 6. Armee auf etwa 29 km Breite zwischen Warneton und La Bassée. Nördlich davon griff die 4. Armee an (seit 10. 4.). Die deutschen Truppen konnten Armentières (11. 4.) und den Kemmelberg (25. 4.) erobern sowie den Frontbogen bei Ypern besetzen, insgesamt aber nur bis zu 20 km vordringen. Am 29. 4. mußte die Operation abgebrochen werden. Damit war die große deutsche Frühjahrsoffensive, die den Siegfrieden bringen sollte, unwiderruflich zusammengebrochen. Unter den erschöpften, von der Propaganda getäuschten deutschen Truppen sank die Kampfmoral rasch.

Die OHL überschätzte die Verluste und Schwierigkeiten der Alliierten. Sie spekulierte darauf, die britisch-französische Front durch weitere Angriffe so zu schwächen, bis sie schließlich zusammenbrach. Den Abschluß sollte eine entscheidende Operation in Flandern gegen das britische Heer (Deckname «Hagen») bilden. Zunächst plante die OHL eine überraschende Operation gegen die französische Front zwischen Montdidier und Reims, um die alliierten Reserven aus Flandern wegzuziehen. Der Mangel an gefechtsbereiten Kräften und Mitteln erforderte sowohl eine mehrwöchige Pause als auch die Durchführung der Operation in 2 Teilen. Die Zeit arbeitete jedoch für die Alliierten. Von März bis Juli 1918 stieg z. B. die Stärke der amerikanischen Armee in Frankreich von 329000 auf über 1 Mill. Mann, wenngleich vorerst nur einige Divisionen gefechtsbereit waren. Der erste und Hauptteil der Operation gegen das französische Heer (Decknamen «Blücher» und «Goerz») begann am 27. 5. mit der 7. Armee und dem rechten Flügel der 1. Armee auf etwa 55 km Breite vom Chemin des Dames bis Reims. Um die tiefgegliederte französische Verteidigung rasch zu durchbrechen, wurde eine der bisher stärksten Massierungen an Artillerie geschaffen (bis 110 Geschütze je Kilometer). Durch die gewaltige Artillerievorbereitung (3 Mill. Schuß, davon 50% Granaten mit chemischem Kampfstoff), die geglückte Überraschung und die Kräfteüberlegenheit gelang es, den Chemin des Dames, die Aisne und die Vesle zu überschreiten und Soissons (29. 5.) zu erobern. Daraufhin erwei-

Kräfteverhältnis bei Beginn der einzelnen Angriffsoperationen

Zeit	Deutsche Streitkräfte		Alliierte Streitkräfte	
	Divisionen	Artillerie	Divisionen	Artillerie
21. 3.–5. 4.	76 (davon 5 Reserve der OHL)	6608 Geschütze (davon 2598 schwere u. schwerste) 3534 Minenwerfer	35⅓	2686 Geschütze (davon 976 schwere u. schwerste)
9.–29. 4.	29 (davon 19 Angriffsdivisionen)	2208 Geschütze (davon 1009 schwere u. schwerste)	12⅔	749 Geschütze (davon 305 schwere u. schwerste)
27. 5.–4. 6.	36	5263 Geschütze (davon 1631 schwere u. schwerste) 1233 Minenwerfer 3080 Gaswerfer[1]	16	1400 Geschütze (davon 600 schwere u. schwerste)
9.–14. 6.	21	2276 Geschütze (davon 784 schwere u. schwerste) 400 Minenwerfer 2000 Gaswerfer[1]	11	1058 Geschütze (davon 474 schwere u. schwerste)
15.–17. 7.	48	6353 Geschütze (davon 2091 schwere u. schwerste) 2200 Minenwerfer	36 (am 17. 7. 48 Divisionen)	3080 Geschütze (davon 1560 schwere u. schwerste)

1 Die Gaswerfer nur für einen Schuß

terte die OHL die Operationsziele für die 7. Armee bis Compiègne und zur Marne, die am 30. 5. stellenweise überschritten wurde, und für die 1. Armee bis Reims. Die französischen Truppen hielten jedoch die Eckpfeiler ihrer Front, den Wald von Villers-Cotterêts und Reims, so daß die deutschen Verbände in dem bis zu 60 km tiefen, sackartigen Frontvorsprung in eine gefährliche Lage gerieten. Am 4. 6. kamen die Angriffe zum Stehen. Der zweite Teil der Operation (Deckname «Gneisenau») begann am 9. 6. mit der 18. Armee auf etwa 34 km Breite zwischen Montdidier und Noyon. Nach geringen Anfangserfolgen stießen die deutschen Truppen am 12. 6. auf starke französische Gegenangriffe. Am 14. 6. mußte die Operation eingestellt werden. Es war nicht gelungen, die alliierten Reserven aus Flandern wegzuziehen. Die OHL hielt jedoch an ihrem strategischen Vabanquespiel fest. Das erneute Überschreiten der Marne und die militärisch sinnlose Beschießung der französischen Hauptstadt mit dem sog. Paris-Geschütz (→ *Geschütz*) wurden als Zeichen des bevorstehenden Endsieges ausgegeben. Ende Juni erwog man in der OHL einen Angriff auf Paris. Die geplante nächste Operation gegen die französische Front (Deckname «Marneschutz-Reims») hatte zunächst das Ziel, Reims zu erobern und die Marne mit starken Kräften auf breiter Front zu überschreiten. Der Gegner wußte von den deutschen Angriffsvorbereitungen und räumte seine vorderste Stellung. Dadurch blieb die gewaltige deutsche Artillerievorbereitung (4,5 Mill. Schuß) am 15. 7. fast wirkungslos. Die auf etwa 100 km Breite vorgetragenen Angriffe der 7., 1. und 3. Armee brachen schon am 16. 7. zusammen. Tags darauf mußte die OHL den Rückzug der deutschen Truppen einleiten. Am 18. 7. begann unter Einsatz starker Panzerkräfte die französische Gegenoffensive aus dem Wald von Villers-Cotterêts heraus. Sie traf die OHL völlig unerwartet und warf die deutschen Truppen weit zurück. Damit ging die strategische Initiative im Westen endgültig an die Alliierten über. Der grundlegende Umschwung im Kriegsverlauf zu ihren Gunsten war vollzogen. Nach der O. befand sich der deutsche Imperialismus am Rand des militärischen Zusammenbruchs. Die Gesamtverluste dieser abenteuerlichen Kriegführung beliefen sich auf fast 1 Mill. Mann.

Offizier: 1. ursprünglich Inhaber eines höheren Amtes, später Bezeichnung für militärische Vorgesetzte vom Leutnant aufwärts; in der NVA und den Grenztruppen der DDR Angehöriger der Dienstgradgruppe Offiziere, die sich in die Untergruppen Leutnante, Hauptleute, Stabsoffiziere und Generale gliedert.

Die Bezeichnung O. für alle militärischen Vorgesetzten, zunächst unterteilt in Ober- und → *Unteroffiziere*, ist seit Anfang des 17. Jh., insbesondere seit dem Dreißigjährigen Krieg, im deutschen Sprachgebrauch üblich. Mit der Herausbildung stehender Heere im 17. Jh. begannen sich allmählich feste Regeln für die Ausbildung, Ernennung und Beförderung von O. zu entwickeln. Einen entscheidenden Platz nahm hierbei der absolutistische Herrscher ein, in dessen Händen die Ernennung zum O. lag. Um einen geregelten O.ersatz besorgt, richteten die Landesherren Schulen mit militärischem Charakter für die Söhne des Adels ein, aus dessen Reihen der O.nachwuchs kam (→ *Kadetten*). Seit Anfang des 18. Jh. wurden die dienstlichen Aufgaben der O. in speziellen Reglements festgelegt. Der O. hatte von nun an die volle Verantwortung für die ihm unterstehende militärische Formation im Frieden wie im Krieg. Die Ernennung zum O. erfolgte durch ein Patent des Monarchen; die Beförderung in den nächsthöheren Dienstgrad geschah gewöhnlich nach dem Dienstalter. Die napoleonische Herrschaft führte in den westlichen deutschen Gebieten u. a. zu Reformen im Militärwesen und zur Abschaffung des Adelsprivilegs auf die Besetzung der O.stellen. Gleichgeartete Bestimmungen enthielt auch das im Zuge der → *Militärreformen in Preußen 1807–1815* erlassene Reglement über die Besetzung der Stellen der Portepeefähnriche und über die Wahl zum O. vom 6. 8. 1808. Voraussetzung für die Ernennung zum O. sollten allein Kenntnisse und Bildung und im Krieg persönliche Tapferkeit sein. Der zu ernennende O. wurde fortan von den Stabs-O. seines Regiments aus den Portepeefähnrichen, die die O.prüfung bestanden hatten, gewählt und vom Kommandeur zur Bestätigung vorgeschlagen, wobei dieser den Vorschlag jedoch auch mit einer verneinenden Stellungnahme versehen konnte. Die O.wahl blieb bis ins 20. Jh. erhalten. Um die Heranbildung fähiger O. zu fördern, erfolgte eine Reorganisierung des militärischen Bildungswesens, vor allem durch die Einrichtung von → *Kriegsschulen*. Gegen den hartnäckigen Widerstand der um ihre Privilegien besorgten

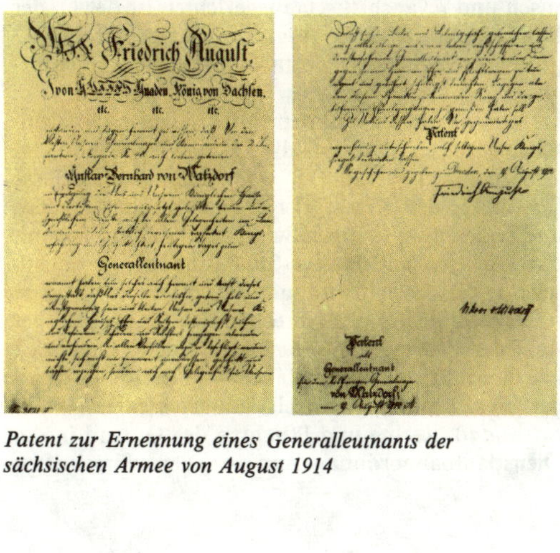
Friedrich August
von Gottes Gnaden König von Sachsen
etc. etc. etc.
Generalleutnant
Patent
Generalleutnant

Patent zur Ernennung eines Generalleutnants der sächsischen Armee von August 1914

Junkerkaste verstärkte sich in einem langwierigen Prozeß das bürgerliche Element unter den O., ohne daß jedoch die Vorherrschaft des Adels bei der Besetzung der O.stellen gebrochen worden wäre. So stammten um 1900 sämtliche Kommandierenden Generale und zwei Drittel der Generalstabschefs in den 16 Armeekorps der preußischen Armee aus dem Adel; von den 34 Divisionskommandeuren waren 25 Adlige. Der Adelsanteil und -einfluß wurde im kaiserlichen Heer noch durch die Einführung des O. à la suite (= im Gefolge) verstärkt: Vor allem Fürstlichkeiten sowie adlige O. und Generale erhielten dazu vom Kaiser die Ernennung, wurden bei der Armee oder einem Verband außerhalb des Etats geführt, galten aber als Vorgesetzte im betreffenden Truppenkörper, ohne dienstliche Funktionen auszuüben. Auch in der Reichswehr der Weimarer Republik war der Anteil des Adels noch unverhältnismäßig hoch. So waren im Jahre 1932 mehr als die Hälfte aller Generale und rd. ein Viertel der Stabs-O. adlig. Obwohl sich mit dem Aufbau der faschistischen Wehrmacht als Massenarmee für den Aggressionskrieg der prozentuale Anteil der adligen O. verringerte, blieb ihr Einfluß weiterhin groß. Der formelle Werdegang zum O. änderte sich in den deutschen imperialistischen Armeen im grundsätzlichen kaum. Der O.bewerber mußte eine Aufnahmeprüfung und nach Ausbildung in der Truppe und dem Besuch einer Kriegsschule eine O.prüfung ablegen. Nach anschließender O.wahl wurde er zu seinem ersten O.dienstgrad ernannt. Durch die Vorauswahl bei den Bewerbungen und die O.wahl ließ sich weitgehend gewährleisten, daß nur solche Kräfte O. wurden, die sowohl von ihrer sozialen Herkunft als auch von ihrer politischen Einstellung die Gewähr boten, daß sie im Interesse der herrschenden Ausbeuterklassen handelten. Der O. der Bundeswehr der BRD ist dieser Tradition durch Herkunft, Ausbildung und Erziehung verpflichtet. Antikommunistisch und revanchistisch ausgerichtet, ist der O. der Bundeswehr auf einen Aggressionskrieg der NATO gegen die sozialistische Staatengemeinschaft vorbereitet.

Im Unterschied zu den imperialistischen deutschen Armeen stammen die O. der NVA und der Grenztruppen der DDR aus der Arbeiterklasse (70–75 %), der Klasse der Genossenschaftsbauern und anderen werktätigen Schichten. Sie sind fest mit dem Arbeiter-und-Bauern-Staat und der sozialistischen Gesellschaftsordnung verbunden. Jedem staatsbewußten und entsprechend befähigten Bürger steht der Weg zum O. offen. Es werden O. auf Zeit (sie dienen in der Regel 4 Jahre) und Berufs-O. (mindestens 25 Jahre Dienstzeit) unterschieden (→ *Berufssoldat*). Rechte und Pflichten des O. sind in der Dienstlaufbahnordnung und in Dienstvorschriften

Soziale Herkunft der Offiziere der NVA

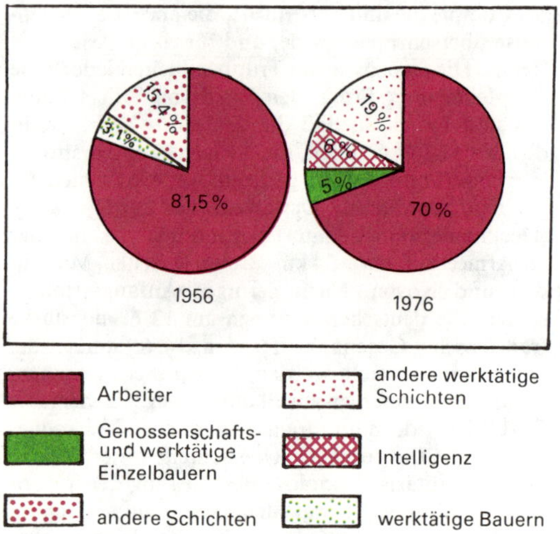

geregelt (→ *Dienstlaufbahnbestimmungen für die Angehörigen der NVA*). Nach der Absolvierung einer der O.hochschulen ist ein Einsatz als O. des operativen Dienstes, als Polit-O., O. der technischen und rückwärtigen Dienste oder an Lehreinrichtungen möglich. Eine systematische gesellschaftswissenschaftliche und militärische Weiterbildung befähigt den O., seine Aufgaben zum Schutz von Frieden und Sozialismus zu erfüllen.

2. mit entsprechenden Zusätzen Bezeichnung für Dienststellungen und Tagesdienste in der NVA und den Grenztruppen der DDR.

Der Verantwortliche für die materielle und medizinische Sicherstellung des Bataillons, die Unterkunftsausstattung, den Brandschutz u. a. heißt seiner Dienststellung nach O. Rückwärtige Sicherstellung. In den Stäben von Truppenteilen, Verbänden, Verwaltungen und Gleichgestellten besteht die Dienststellung Ober-O. für die für bestimmte Fachgebiete Verantwortlichen, z. B. im Regiment Ober-O. Panzer, Ober-O. Bekleidung und Ausrüstung, Ober-O. Treib- und Schmierstoffe. Mit O. vom Dienst (OvD) werden z. B. die in einem Truppenteil als Tagesdienst eingesetzten O. bezeichnet. Der OvD ist für die Gewährleistung der ständigen Gefechtsbereitschaft, die Aufrechterhaltung der inneren Ordnung und die Dienstdurchführung der Tagesdienste verantwortlich. Der für die innere Ordnung im Park verantwortliche O. oder Fähnrich des Truppenteils heißt O. vom Parkdienst (OvP). Die Dienstpflichten dieser O. und Ober-O. sind in der Innendienstvorschrift der NVA festgelegt.

Offiziershochschule der Grenztruppen der DDR «Rosa Luxemburg»: Stätte zur Ausbildung von Kommandeuren für Einheiten der → *Grenztruppen der DDR* von der Ebene Zug bis zur Ebene Bataillon sowie von Politoffizieren in Dienststellungen der Ebenen Kompanie und Bataillon.

Seit dem Aufbau der Grenzsicherungskräfte der DDR widmeten Partei- und Staatsführung der Erziehung und Ausbildung klassenbewußter und befähigter Offizierskader hohe Aufmerksamkeit. An der 1951 geschaffenen Lehreinrichtung der Grenzpolizei wurden zunächst in kurzfristigen Kursen, später in Ein- und Zweijahreslehrgängen Offiziere für den Grenzdienst heran- und weitergebildet. 1955 entstand die Politschule der Grenzpolizei, an der Politoffiziere des Grenzsicherungsorgans mit spezifischen Kenntnissen und Erfahrungen für ihre Tätigkeit ausgerüstet wurden.

Der Anfang der 60er Jahre beginnende neue Entwicklungabschnitt der DDR, für den die → *Sicherung der Staatsgrenzen der DDR 1961* eine wichtige Voraussetzung bildete, stellte qualitativ höhere Anforderungen an den Schutz der Grenzen des sozialistischen Staates und damit an die Grenzsicherungskräfte, die zu Grenztruppen der DDR weiterentwikkelt wurden. Diese Aufgabe setzte vor allem ein höheres Niveau der politischen und fachlichen Qualifikation der Offizierskader voraus. Bedeutende Unterstützung leisteten dabei die Landstreitkräfte der NVA. Gleichzeitig wurde der Aufbau einer eigenen Kaderausbildungsstätte zielstrebig vorbereitet. Am 2. 12. 1963 erfolgte die Eröffnung der Offiziersschule der Grenztruppen der DDR mit Standort Plauen (ab 1983 Standort Suhl). Ihr wurde am 1. 3. 1964 die Truppenfahne übergeben sowie der Ehrenname «Rosa Luxemburg» verliehen. Das Vermächtnis Rosa Luxemburgs (1871–1919) zu erfüllen und ihrem Vorbild nachzueifern, das bedeutet für die Angehörigen des Lehrkörpers wie für die Offiziersschüler, ständig um hohe Leistungen bei der Erfüllung ihres Auftrages zu ringen. Die Lehreinrichtung, die zunächst Fachschulcharakter trug, ging zu einer mehrjährigen, systematischen und profilbezogenen Ausbildung von Offizierskadern der Grenztruppen der DDR über. Ausbildungsebene war die Dienststellung Zugführer, mit einer Einweisung in die Dienststellung Kompaniechef einer Grenzkompanie. Die Erziehung und Ausbildung erfolgten komplex in jenen Ausbildungszweigen und -fächern, die den Offiziersnachwuchs befähigen, im Grenzdienst politisch richtige Entschlüsse zu fassen und diese durch effektiven Einsatz und ununterbrochene Führung der Kräfte und Mittel in der Grenzsicherung zu verwirklichen.

Die vom VIII. Parteitag der SED (15.–19. 6. 1971) beschlossene Strategie und Taktik zur weiteren Gestaltung der entwickelten sozialistischen Gesellschaft in der DDR, das verstärkte Ringen um die vertragliche Regelung der im Ergebnis des zweiten Weltkrieges entstandenen Grenzen in Europa sowie der Beziehungen zwischen der DDR und der BRD auf der Grundlage der Prinzipien friedlicher Koexistenz stellten erhöhte Anforderungen an die Stabilität der Grenzsicherung. Damit ergaben sich auch für die Heran- und Weiterbildung der Kader höhere Aufgaben. Der Übergang zur Hochschulausbildung trug dem Rechnung. Mit Wirkung vom 25. 2. 1971 wurde der bisherigen Fachschule der Status einer Offiziershochschule verliehen. Das neu bestimmte Ausbildungsprofil lautete: Kommandeure von Einheiten der Grenztruppen der DDR – Dienststellungen Zugführer und Kompaniechef. Der gesamte Erziehungs- und Ausbildungsprozeß wurde darauf ausgerichtet, klassenbewußte sozialistische Offizierspersönlichkeiten der Grenztruppen der DDR heranzubilden, die auf der Grundlage ihrer tiefen Überzeugung und fundierter gesellschaftswissenschaftlicher und militärischer Kenntnisse jederzeit bereit und fähig sind, die Politik der SED und der Regierung der DDR zur zuverlässigen Sicherung der Staatsgrenze der DDR erfolgreich zu verwirklichen. Das Ausbildungsniveau war in der Folgezeit durch eine wissenschaftlich fundierte marxistisch-leninistische, militärische

Ausbildung an der Lehrgrenze

Ausbildung im Funkbetriebsdienst

und militärtechnische, mathematisch-naturwissenschaftliche, pädagogisch-psychologische und fremdsprachliche Ausbildung gekennzeichnet. Die Hochschulausbildung erforderte einen höheren Qualifikationsgrad der Führungs- und Lehrkräfte. Dank der ständigen Fürsorge der Partei und der militärischen Führungsorgane, der aktiven Einflußnahme der Kommandeure und Politorgane sowie dank der hohen Aktivität der Parteiorganisation der Offiziershochschule zeigte sich der Lehrkörper den neuen Aufgaben immer besser gewachsen. Die Sektionen Gesellschaftswissenschaften, Grenzoffiziere und Allgemeine Grundlagenausbildung sowie die ihnen zugeordneten Lehrstühle, Lehr- und Fachgruppen wurden ihren Aufgaben in Erziehung, Ausbildung und Forschung immer besser gerecht. Die 3jährige Ausbildung zum Offizier beinhaltete ein Truppenpraktikum im 2. und im 3. Studienjahr. Mit einer mehrteiligen Hauptprüfung, dem feierlichen Offiziersgelöbnis, der Ernennung zum Leutnant und der damit verbundenen Zuerkennung der Berufsbezeichnung Hochschulingenieurökonom fand das Studium seinen Abschluß. Damit besaß der Absolvent die Voraussetzungen, nach erfolgreicher Bewährung im Truppendienst ein Studium an der → *Militärakademie «Friedrich Engels»* bzw. an der → *Militärpolitischen Hochschule «Wilhelm Pieck»* aufzunehmen.

Am 1. 9. 1983 ging die Offiziershochschule zur 4jährigen Ausbildung mit Diplomabschluß über. Die Absolventen beenden das Studium mit dem akademischen Grad eines Diplomingenieurpädagogen oder eines Diplomgesellschaftswissenschaftlers. Mit der neuen Qualität in der Heranbildung von Offizieren der Grenztruppen der DDR, die den gegenwärtigen und zukünftigen Anforderungen gewachsen sind, erfüllt die Offiziershochschule eine wesentliche Vorbedingung für die stets zuverlässige Sicherung der Staatsgrenzen der DDR. In Würdigung der Verdienste und Leistungen bei der Erfüllung ihres Auftrages wurde ihr 1974 der Vaterländische Verdienstorden in Gold verliehen.

Offiziershochschule der Landstreitkräfte «Ernst Thälmann»: Stätte zur Ausbildung von Kommandeuren und Spezialisten für die Einheiten der Waffengattungen, Spezialtruppen und Dienste der → *Landstreitkräfte der NVA (LaSK).*

Die Bildungsstätte wurde am 2. 12. 1963 als Offiziersschule der LaSK mit Standort Löbau/Zittau gegründet. Bis dahin hatten 8 Offiziersschulen der Waffengattungen und Dienste der Teilstreitkraft bestanden. An ihnen war eine große Anzahl von Offizieren ausgebildet worden, die ihre Aufgaben als sozialistische Militärkader erfolgreich erfüllten. Ausdruck dafür waren die bestandenen Bewährungsproben der NVA, insbesondere bei der Sicherung der Staatsgrenzen der DDR 1961.

Anfang der 60er Jahre waren neue Bedingungen für die Stärkung der Verteidigungsfähigkeit der DDR als Teil der sozialistischen Staatengemeinschaft herangereift. Den sich hieraus ergebenden höheren Anforderungen an die Heranbildung des Offiziersnachwuchses trug die Schaffung einer einheitlichen Ausbildungsstätte Rechnung. Wie der Minister für Nationale Verteidigung bei der Eröffnung der Offiziersschule der LaSK am 2. 12. 1963 betonte, entsprach es der konzeptionellen Linie der SED, «einen allseitig gebildeten sozialistischen Offizier, der die Zeichen unserer Zeit begriffen hat und der sein ganzes Leben der gerechtesten Sache der Welt, der Sache des Sozialismus, weiht, heranzubilden» (H. Hoffmann, 1, S. 103).

Am 1. 3. 1964 wurden der Offiziersschule der LaSK die Truppenfahne und der Ehrenname «Ernst Thälmann» verliehen. Es gehört zum festen Bestandteil der Erziehung und Bildung, den reichen Erfahrungsschatz Ernst Thälmanns (1886–1944) zu vermitteln. Dem Vorbild des großen Führers der deutschen Arbeiter, des unbeugsamen Gegners des Imperialismus und Faschismus, des konsequenten proletarischen Internationalisten, des treuen Freundes der Sowjetunion und ihrer Leninschen Partei nachzueifern ist verpflichtender Auftrag aller Angehörigen der Bildungsstätte.

Mit der Gründung der Offiziersschule war ein wichtiger Schritt getan, um ein höheres Niveau der Lehrtätigkeit sowie eine effektivere, den Truppenanforderungen nahekommende komplexe Ausbildung in Theorie und Praxis zu erreichen. Der militärischen Fachschule war die Aufgabe gestellt, in einer 3jährigen (in einzelnen Profilen 4jährigen) Ausbildung Kommandeure und Spezialisten für die erste bzw. analoge Offiziersdienststellung heranzubilden. Die kontinuierliche Vervollkommnung des Lehr- und Lernprozesses ermöglichte 1966 den vollen Übergang zur Ingenieurausbildung der Offiziersschüler. Damit wurde den wachsenden Erfordernis-

Taktikausbildung im Profil Panzerkommandeur

sen besser entsprochen, die sich aus der Revolution im Militärwesen an das Bildungsniveau der jungen Offiziere, aber auch aus den höheren bildungsmäßigen Voraussetzungen der Offiziersbewerber ergaben. Die Offiziersschule erhielt den Status einer militärischen Fachschule mit ingenieurtechnischem Charakter. Besondere Bedeutung für die effektivere Ausbildung und Erziehung hatte die sich ab 1965/66 entwickelnde Zusammenarbeit mit der Offiziersschule für allgemeine Truppenkommandeure «Oberster Sowjet der RSFSR» der Sowjetarmee sowie mit Lehreinrichtungen der Polnischen Armee, der Ungarischen und Tschechoslowakischen Volksarmee. Die Nutzung der dabei gewonnenen wertvollen Erfahrungen beschleunigte die Entwicklung der eigenen militärischen Fachschule zu einer modernen sozialistischen Lehreinrichtung.

1968/69 begann der Übergang zur Offiziershochschule. Dieser Schritt entsprach den Bedingungen der weiteren Gestaltung der entwickelten sozialistischen Gesellschaft in der DDR als fester Bestandteil der sozialistischen Staatengemeinschaft an der Schwelle der 70er Jahre. Es galt, das einheitliche sozialistische Bildungssystem entsprechend den spezifischen militärischen Erfordernissen zu verwirklichen. Die damit angestrebte höhere Qualität in der Erziehung, Bildung und Befähigung der jungen Offiziere der NVA hatte insbesondere die Entwicklungstendenzen im Militärwesen zu berücksichtigen. Neue Kampftechnik, wie der Schützenpanzerwagen 60-PP und der Schützenpanzer BMP, die vervollkommneten Panzertypen, die Profilierung der Artillerie- und Raketenbewaffnung, das moderne Waffensystem der Truppenluftabwehr oder die verbesserten Führungsmittel erweiterten die Rolle, Aufgaben und Gefechtsmöglichkeiten der LaSK im bewaffneten Kampf. Damit verbunden war auch ein höheres Niveau des Zusammenwirkens zwischen den Truppenteilen der befreundeten Armeen. Diesen Bedingungen und Entwicklungstendenzen wurde auf der 1. Bildungskonferenz der NVA Ende 1968 Rechnung getragen. Danach waren Offiziere auszubilden, die in ihrer klassenmäßigen Haltung und ihren Persönlichkeitseigenschaften, ihrem politisch-militärischen Wissen und Können den rapide wachsenden Anforderungen in Politik und Militärwesen entsprachen. Sie sollten einen solchen Bildungsvorlauf gewinnen, der ihnen eine kurzfristige Anpassung oder Umstellung entsprechend den neuen Bedingungen ermöglichte. Zur Bewältigung dieser Anforderungen wurde ein höheres Niveau wissenschaftlich fundierter und truppenbezogener Ausbildung durchgesetzt. Ihr Hauptanliegen bestand darin, Grundlagenkenntnisse zu vermitteln, die den Einsatz der Absolventen in der ersten Offiziersdienststellung sowie in mehreren Aufgabengebieten gestatteten. Bestehende Ausbildungsfächer wurden profiliert, neue Fachgebiete eingeführt und entsprechende Ausbildungsprogramme aufgestellt. Dabei wurde einerseits eine gewisse Enge der Spezialisierung zugunsten des Ausbildungsprofils Kommandeure von Einheiten überwunden. Andererseits entstanden der fortschreitenden Entwicklung des Militärwesens entsprechende neue Ausbildungsprofile, wie Offiziere des raketentechnischen Dienstes oder Offiziere des Fla-raketentechnischen Dienstes. Außerdem entstand eine den neuen Erfordernissen besser entsprechende Ausbildungsbasis. Lehrklassen und Labors wurden vervollkommnet, Übungs- und Schießplätze nach modernsten Gesichtspunkten ausgebaut. Eine bessere Bewältigung der Einheit von Lehre, Forschung und Qualifizierung durch den Lehrkörper förderte eine hochschulgemäße Ausbildung. Die Angehörigen der Bildungsstätte hatten im sozialistischen Wettbewerb großen persönlichen Anteil an der Lösung dieser Aufgaben. Dabei erwies sich die zielgerichtete politisch-ideologische Arbeit der Kommandeure, der Politabteilung, der Partei- und FDJ-Organisationen als aktiver Faktor der Bewußtseinsentwicklung und motivierte das aktive Handeln. Am 25. 2. 1971 erhielt die Bildungsstätte den Status einer Offiziershochschule. Ihr wurde die Aufgabe gestellt, in einem 3jährigen Kurs Offizierskader der Landstreitkräfte mit festem Klassenstandpunkt, umfassenden marxistisch-leninistischen, militärischen, militärtechnischen und allgemeinen Kenntnissen sowie mit ausgeprägten Fähigkeiten als politische und militärische Führer in der Kommandoebene Einheit zu erziehen und auszubilden. Einen wichtigen Platz bei der Heranbildung von jungen Offizieren nahm deren verstärkte internationalistische Erziehung ein. Besonders bewährten sich die vielfältigen Verbindungen zu Truppenteilen und Einheiten der GSSD. Insbesondere die Beziehungen zum Gardepanzerregiment «Suche Bator» wurden zu Traditionen der Waffenbrüderschaft.

Offiziersschüler bei der waffentechnischen Ausbildung

Basierend auf einer stabilen Grundlagenausbildung und verbunden mit der zielgerichteten Vermittlung von Spezialkenntnissen über modernste Militärtechnik, wird für die Absolventen der notwendige Bildungsvorlauf gesichert, um für längere Zeit den Anforderungen ihrer Dienststellungen in den Einheiten gerecht zu werden. Die Ausbildung in 13 Grund profilen der Waffengattungen, Spezialtruppen und Dienste ist vor allem auf eine hohe Disponibilität der jungen Militärkader gerichtet. Die Absolventen werden nach erfolgreicher Hauptprüfung und bestandenem Truppenpraktikum zum Leutnant ernannt. Am 1. 9. 1983 erfolgte der Übergang zur 4jährigen Ausbildung mit Diplomabschluß in den verschiedenen Profilen.

Auf der Grundlage einer zielstrebigen und fundierten wissenschaftlichen Lehr- und Erziehungsarbeit, die enge Verbindungen zu Truppenteilen einschließt, hat sich die Offiziershochschule zu einer bedeutenden sozialistischen militärischen Bildungsstätte entwickelt. Sie nimmt maßgeblichen Einfluß auf das Niveau der Kampfkraft und Gefechtsbereitschaft der Einheiten und Truppenteile der LaSK und trägt dazu bei, daß die NVA den von der Partei der Arbeiterklasse gestellten militärischen Klassenauftrag erfolgreich erfüllt. Im Januar 1974 wurde sie mit dem Vaterländischen Verdienstorden in Gold ausgezeichnet.

Offiziershochschule der Luftstreitkräfte/Luftverteidigung «Franz Mehring»: Stätte zur Ausbildung von Kommandeuren und Spezialisten für die Einheiten der Waffengattungen, Spezialtruppen und Dienste der → *Luftstreitkräfte/Luftverteidigung der NVA (LSK/LV).*

Die Bildungsstätte wurde am 2. 12. 1963 als Offiziersschule der LSK/LV mit Standort Kamenz gegründet. Damit begann ein neuer Abschnitt in der Heranbildung von Offizierskadern, die bis dahin an speziellen Lehreinrichtungen der Waffengattungen und Dienste der Teilstreitkraft durchgeführt worden war. Auf den dabei erreichten Ergebnissen aufbauend, konnten die gestellten Aufgaben bei der

Offiziersschüler des 1. Studienjahres in einem Fachkabinett

Schaffung der zentralen Bildungsstätte der LSK/LV erfolgreich gemeistert werden. Am 1. 3. 1964 wurde der Offiziersschule der Ehrenname «Franz Mehring» verliehen. Die mit diesem Namen verbundenen revolutionären Traditionen der deutschen und internationalen Arbeiterbewegung werden seitdem zielstrebig gepflegt und für die kommunistische Erziehung des Offiziersnachwuchses genutzt. Besonders der zum 50. Todestag Franz Mehrings (1846–1919) am 7. 5. 1969 eingeweihte Mehring-Ehrenhain hat einen festen Platz in der patriotischen und internationalistischen Erziehung der Offiziersschüler.

Die Offiziersschule entwickelte sich in den 60er Jahren zu einer modernen militärischen Bildungsstätte mit Fachschulcharakter. Die Erziehung und Ausbildung entsprachen den neuen Bedingungen für die Stärkung der Verteidigungsfähigkeit des Sozialismus. Es wurden grundlegende Veränderungen berücksichtigt, die sich in der Bewaffnung und Organisation der LSK/LV als Teil des Diensthabenden Systems der sozialistischen Militärkoalition vollzogen und die vor allem auf der Einführung von Fla-Raketenkomplexen und Überschallabfangjagdflugzeugen vom Typ MiG-21 beruhten. Dank der Fürsorge durch Partei- und Staatsführung, der Zielstrebigkeit bei der Qualifikation des Lehrkörpers

Flugausbildung der künftigen Flugzeugführer

und der Erhöhung des Niveaus der Erziehungs- und Bildungsarbeit begann ab 1.9.1965 die Ausbildung von Militär- und Flugzeugführer-Ingenieuren. Die Entwicklung der Lehreinrichtung wurde durch die → *Militärakademie «Friedrich Engels»* aktiv gefördert. Die beginnende Zusammenarbeit mit Offiziersschulen der Sowjetarmee und mit der Fliegertechnischen Schule der Tschechoslowakischen Volksarmee vermittelte wertvolle Erfahrungen für die weitere Erhöhung der Effektivität und Qualität der Offiziersausbildung. Wesentlichen Anteil an der Erziehung und Ausbildung des Offiziersnachwuchses hatten die Politorgane und Parteiorganisationen sowie FDJ-Organisationen. Bedeutsame Leistungen im sozialistischen Wettbewerb zeugten vom gewachsenen Bewußtsein der Angehörigen der Schule, von ihrem Willen, Höchstleistungen in der Ausbildung zu erzielen.

Die gesellschaftlichen und militärpolitischen Entwicklungsbedingungen beim Übergang zu den 70er Jahren stellten qualitativ neue Anforderungen an die Ausbildungsstätte. Die LSK/LV verfügten nunmehr über zentralisierte Führungssysteme, moderne Fla-Raketenkomplexe sowie Abfangjagdflugzeuge der 2-Mach-Klasse und über ein geschlossenes Funkmeßfeld. Die unmittelbare Zusammenarbeit mit der Sowjetarmee und den anderen Bruderarmeen beim gemeinsamen Schutz des Luftraumes der DDR und der sozialistischen Staatengemeinschaft hatte sich weiter vertieft. Dieses Zusammenwirken sowie die fortschreitende Revolution im Militärwesen hatten wesentliche Auswirkungen auf die Erhöhung des Automatisierungsgrades und auf die Verflechtung der technischen Mittel zu komplexen automatischen Systemen. Die Gefechtsmöglichkeiten der technischen Mittel wuchsen erneut, die Kampftechnik wurde durch leistungsfähigere Geräte und Gerätesysteme vervollkommnet, und in den Formen und Methoden der Entschlußfassung kam es zu erheblichen Veränderungen. Am 25.2.1971 erhielt die Ausbildungsstätte den Status einer Offiziershochschule. Ihr wurde die Aufgabe gestellt, klassenbewußte sozialistische Offizierspersönlichkeiten heranzubilden, die als Vorgesetzte, Ausbilder, Erzieher und Militärspezialisten bereit und fähig sind, einen ständigen Zuwachs an Kampfkraft und Gefechtsbereitschaft in den Truppenteilen und Einheiten der LSK/LV zu sichern und deren Zusammenwirken mit den sozialistischen Bruderarmeen im Diensthabenden System der kollektiven Luftverteidigung jederzeit und unter allen Lagebedingungen zu gewährleisten. Besondere Aufmerksamkeit galt der Qualifizierung des Lehrkörpers. Während 1970 etwa 50% aller Offiziere mit Hochschuldienststellung die geforderte Qualifikation besaßen, verfügten im Jahre 1974 alle Lehrstuhlleiter, 74% der Fachgruppenleiter und 48% der Fachlehrer über eine abgeschlossene akademische Bildung. Außerdem wurde die Lehrbasis wesentlich erweitert, neueste Waffentechnik zugeführt und in die militärische Hochschulausbildung einbezogen. In mehreren Sektionen entstanden moderne Lehrkabinette, den Erfordernissen des modernen Krieges entsprechende Lehrgefechtsstände und -stellungen sowie ein Lehrdiensthabendes System, umfangreiche Laboreinrichtungen und spezielle Ausbildungseinrichtungen der Waffengattungen der LSK/LV. Parallel dazu wurden die Ausbildungsprogramme vervollkommnet. Dabei kamen die erreichten Fortschritte bei der Durchsetzung des Prinzips der Einheit von Erziehung, Ausbildung und Forschung zum Tragen. Eine wichtige Rolle spielen der 1972 konstituierte Wissenschaftliche Rat der Offiziershochschule sowie die Räte der Sektionen. Sie beeinflussen insbesondere die Führungstätigkeit und fördern aktiv die Entwicklung des notwendigen geistigen Vorlaufs im Erziehungs- und Ausbildungsprozeß. Bedeutende Anstrengungen der Führungs- und Lehrkräfte sind darauf gerichtet, die Wirksamkeit der Truppenpraktika zu erhöhen, die Ausbildungszeit optimaler zu nutzen, die Ausbildungsfächer besser zu koordinieren sowie die Selbständigkeit und Fähigkeiten der Offiziersschüler zielstrebiger zu entwickeln. Wesentliche Aktivitäten gehen dazu von den Waffenbrüderschaftsbeziehungen vor allem mit sowjetischen Ausbildungszentren aus. Der Erfahrungsaustausch gehört zur festen Tradition der Offiziershochschule «Franz Mehring» und hilft, die ihr gestellten Aufgaben bei der politischen und Gefechtsausbildung erfolgreich zu lösen.

Seit der Bildung der Offiziershochschule werden Offiziere in den Profilen Flugzeugführer, Offiziere des Fliegeringenieurdienstes, Offiziere der Fla-Raketentruppen und Offiziere der Funktechnischen Truppen ausgebildet. Am 1.9.1983 erfolgte der Übergang zur 4jährigen Ausbildung mit Diplomabschluß. Für die unter Führung der Parteiorganisationen der SED vollbrachten hervorragenden Leistungen bei der Erfüllung der ihr gestellten Aufgaben wurde die Offiziershochschule am 4.2.1974 mit dem Vaterländischen Verdienstorden in Gold und am 1.3.1984 mit dem → *Scharnhorst-Orden* geehrt.

Offiziershochschule der Volksmarine «Karl Liebknecht»: Stätte zur Ausbildung von Kommandeuren und Spezialisten für die Einheiten der Waffengattungen, Spezialtruppen und Dienste der → *Volksmarine der NVA (VM).*

Die Bildungsstätte wurde am 1.7.1956 als Seeoffizierslehranstalt mit Standort Stralsund eröffnet und nach Vereinigung mit der zum gleichen Zeitpunkt gegründeten Ingenieurtechnischen Lehranstalt am 6.10.1956 in Seeoffiziersschule umbenannt. Am selben Tag erhielt die Schule die Truppenfahne verliehen. Die Gründung einer einheitlichen Lehreinrichtung mit den Ausbildungsprofilen Seeoffizier, Schiffsmaschinenoffizier, Nachrichtenoffizier förderte die Effektivität der Ausbildung. Sie entsprach den Erfordernissen der weiteren Entwicklung der Seestreitkräfte, insbesondere den Notwendigkeiten verstärkter technischer und waffentechnischer Ausbildung. Der Aufbau moderner Seestreitkräfte der NVA, die in der Lage sind, gemeinsam mit der Baltischen Flotte der UdSSR und der Polnischen Seekriegsflotte die Sicherheitsinteressen der DDR und der verbündeten sozialistischen Staaten in der Ostsee zu gewährleisten, stellte wachsende Anforderungen an die heranzubildenden Kader, Dementsprechend ging man ab 1. 12. 1956 von der 3- zu 4jährigen Offiziersausbildung über. Die Ausbildungsprogramme wurden auf der Grundlage sowjetischer Erkenntnisse neu gestaltet. Die Übernahme des Schulschiffes «Ernst Thälmann» (1957) durch die Schulte trug wesentlich dazu bei, die Ausbildung praxisbezogener zu gestalten. Im Juni 1958 wurde mit Offiziersschülern die erste Navigationsbelehrungsfahrt in die Rigaer Bucht durchgeführt. Von diesem Zeitpunkt an nahmen solche Fahrten einen festen Platz im Erziehungs- und Ausbildungsprozeß ein. Im Juli 1959 weilten Offiziersschüler erstmals in der Heldenstadt Leningrad. Es folgten Besuche in Riga, Tallinn, Gdynia und Swinoujście. Die Navigationsbelehrungsfahrten sind für die Festigung der seemännischen und navigatorischen Kenntnisse sowie das Kennenlernen des Seegebietes von außerordentlicher Bedeutung. Als wichtige Höhepunkte der Ausbildung haben sie zugleich nachhaltigen Einfluß auf die Festigung der Freundschaft und Waffenbrüderschaft mit dem sowjetischen und polnischen Volk, insbesondere mit der Baltischen Flotte der UdSSR und der Polnischen Seekriegsflotte.

Offiziersschüler bei der waffentechnischen Ausbildung

In Auswertung der 1. Schulkonferenz der NVA (Juli 1959), die zu den perspektivischen Aufgaben der Offiziersschulen Stellung genommen hatte, wurden neue Ausbildungsprogramme erarbeitet. Diese waren darauf gerichtet, Offizierspersönlichkeiten zu erziehen und auszubilden, die sich durch hohes politisches und militärisches Wissen und Können sowie gut entwickelte Führungseigenschaften auszeichneten, die bereit und fähig waren, den Sozialismus an der Seite der Bruderarmeen und -flotten zu verteidigen. Diesem Anliegen entsprachen Veränderungen in der Struktur der Lehrfächer, die Einführung von Bordpraktika in allen Lehrjahren sowie eines mehrmonatigen Praktikums für Offiziersschüler des 4. Lehrjahres zur Einarbeitung in die erste Offiziersdienststellung. Die Angehörigen des Lehrkörpers unternahmen große Anstrengungen, um die eigene Qualifikation gemäß den neuen Anforderungen schnell zu erhöhen. Zugleich verstärkten die Partei- und FDJ-Organisationen ihren Einfluß auf die Offiziersschülerkollektive, um die Erziehungs- und Ausbildungsziele mit hohen Ergebnissen zu erreichen. Das wurde vor allem nach der 2. Schulkonferenz der NVA (Juli 1962) forciert. Dort war den Lehreinrichtungen die Aufgabe gestellt worden, die künftigen Offiziere mit den Problemen ihres Verantwortungsbereiches allseitiger vertraut zu machen und dazu die Lehr- und Forschungsarbeit enger mit dem Truppenleben zu verbinden. Mit Beginn des Ausbildungsjahres 1963/64 erhielt die Offiziersschule der VM den Status einer militärischen Fachschule. Anläßlich des 8. Jahrestages der Gründung der NVA wurde ihr der Name «Karl Liebknecht» verliehen. Eine Stele, die am 1. 3. 1968 eingeweiht wurde, erinnert an den bedeutenden Führer der deutschen und internationalen Arbeiterbewegung. Es ist zur festen Tradition geworden, daß die Offiziersschüler des 1. Studienjahres am 15. Januar, dem Tag der Ermordung von Karl Liebknecht (1871–1919) durch die Konterrevolution, an dem Monument das feierliche Gelöbnis ablegen, stets getreu dem Vermächtnis des unbeugsamen Revolutionärs ihre Pflicht gegenüber der Arbeiterklasse und dem Sozialismus zu erfüllen.

Für die 70er Jahre stellten sich höhere Anforderungen an die Erziehung und Ausbildung des Offiziersnachwuchses. Die Situation in der internationalen Klassenauseinandersetzung und die Entwicklungstendenzen im Militärwesen, die ebenso den weiteren Aufbau der VM bestimmten, machten den

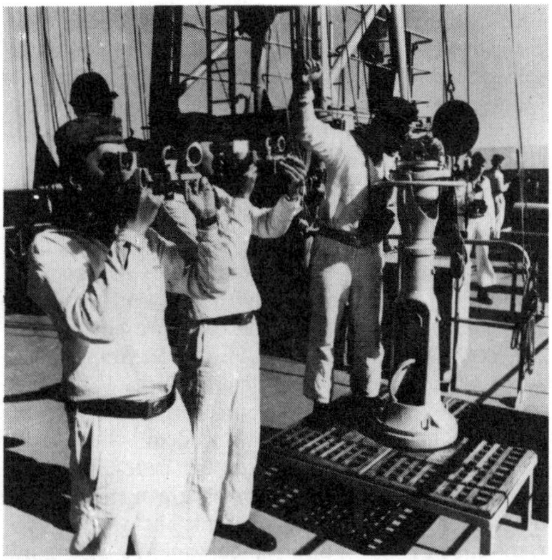

Navigationsausbildung auf dem Schulschiff «Wilhelm Pieck» der Volksmarine

Übergang zur militärischen Hochschuleinrichtung notwendig. Nach entsprechenden Vorbereitungen, wozu umfangreiche Maßnahmen zur Qualifizierung des Lehrkörpers sowie die Ausarbeitung neuer Ausbildungsprogramme gehörten, erhielt die Lehreinrichtung mit Wirkung vom 4. 1. 1971 den Status einer Offiziershochschule. Die Ausbildung erlangte ein höheres theoretisches Niveau, wurde truppenbezogener und praxiswirksamer. In wachsendem Maße gelang es, das Prinzip der Einheit von Erziehung, Ausbildung und Forschung zu verwirklichen. Der Lehrkörper begann neben der weiteren Mitarbeit an zentralen Forschungsvorhaben eigene Forschungsprojekte zu konzipieren und zu realisieren. Große Bedeutung hatte in diesem Zusammenhang die Bildung des Wissenschaftlichen Rates der Hochschule und der Räte der Sektionen im Februar 1972. Ausdruck der sich immer stärker durchsetzenden hochschulgemäßen Erziehung und Ausbildung war die Gründung wissenschaftlicher Offiziersschülerzirkel. Der erste Zirkel entstand im Dezember 1973. Unter Leitung verantwortlicher Lehroffiziere werden leistungsstarke Offiziersschüler in die Lehre und Forschung der Hochschule einbezogen und damit ihre Selbständigkeit und Fähigkeiten als künftige Offiziere zusätzlich gefördert. In Zusammenarbeit mit der → *Militärakademie «Friedrich Engels»*, anderen Hochschuleinrichtungen der NVA und Dienstbereichen der Volksmarine veranstaltete die Offiziershochschule theoretische Konferenzen und Kolloquien, so 1971 anläßlich des 100. Geburtstages von Karl Liebknecht, 1974 zum 25. Jahrestag der Gründung der DDR und 1980 zur Vorbereitung auf den 25. Jahrestag der NVA. Im Juni 1976 erhielt die Lehreinrichtung das neue Schulschiff «Wilhelm Pieck». Das Befahren auch entfernterer Seegebiete, darunter des Schwarzen Meeres, des Europäischen Nordmeeres und der Karibik, ermöglichte es, die seemännischen und fachlichen Fähigkeiten und Fertigkeiten der Offiziersschüler zielstrebiger auszuprägen und zu entwickeln. Am 1. 9. 1983 ging die Offiziershochschule zur Ausbildung von Seeoffizieren und Schiffsmaschinenoffizieren mit Diplomabschluß über. Darüber hinaus werden Offiziere und Fähnriche für verschiedene Spezialisierungsrichtungen qualifiziert. In Anerkennung ihrer erfolgreichen Entwicklung und ihres dabei geleisteten Beitrages zur Erhöhung der Kampfkraft und Gefechtsbereitschaft der VM wurde die Offiziershochschule am 4. 2. 1974 mit dem Vaterländischen Verdienstorden in Gold ausgezeichnet.

Offizierskorps: Gesamtheit der durch militärische, politisch-soziale, ideologische und moralische Gemeinsamkeiten in Auffassung und Verhaltensweisen gekennzeichneten → *Offiziere* einer bestimmten Armee oder Teilstreitkraft.

Die Anfänge der Herausbildung eines O. in den deutschen Streitkräften gehen auf die Zeit der Entstehung stehender Heere in der zweiten Hälfte des 17. Jh. zurück. Die gesellschaftliche Grundlage für das O. in seiner Frühform bildete der Absolutismus. Feudale Klassenziele und Privilegien, zu denen das Recht auf die Offiziersstelle gehörte, die Ehrbegriffe des Adels, seine Anschauungen und Verhaltensweisen formten das O. und bestimmten sein Verhältnis zum jeweiligen Landesherrn. Damit widerspiegelten sich in den Streitkräften die gesellschaftlichen Verhältnisse. In Preußen, wo das Militär eine überragende Stellung einnahm, galt das O. als der «erste Stand» im Staat. Dem Gegensatz zwischen Adel und Volk entsprach der Widerspruch zwischen O. und Soldaten, deren Gehorsam mit härtesten Strafen und menschenunwürdigem Drill erzwungen wurde. Die klassenbestimmte Geschlossenheit des O. beruhte vor allem auf seiner sozialen Homogenität. Eine zeitweilig verstärkte Aufnahme von Offizieren bürgerlicher Herkunft, z. B. während des Siebenjährigen Krieges (1756–1763), änderte daran nichts. Der Adel behielt bis in das 19. Jh. hinein im O. eine absolute Vorrangstellung.

Die Niederlagen gegen die Streitkräfte der Französischen Republik und des Napoleonischen Kaiserreiches offenbarten auch die im O. der feudalabsolutistischen Heere bestehenden Mängel. Vor allem in Preußen waren große Teile des O. durch besondere Dünkelhaftigkeit, Egoismus und Unwissenheit gekennzeichnet. In der Niederlage bei Jena und Auerstedt 1806 trat das ganze Unvermögen des preußischen O. zutage. Die danach in diesem deutschen Teilstaat unter Führung fortschrittlicher Vertreter des Adels betriebene Heeresreform leitete auch Veränderungen im O. ein. Dazu gehörten die Entlassung dienstunfähiger Offiziere aus der Armee, die Abschaffung der Kompaniewirtschaft und Einführung fester Gehälter für alle Offiziere, die Aufhebung des Adelsprivilegs auf die Offiziersstellen und die Festlegung, daß von nun an Kenntnis und Bildung sowie persönliche Tapferkeit über die Eignung zum Offizier entscheiden sollten. Diese Festlegungen entsprachen den Anforderungen der bürgerlichen Entwicklung an das O. Gleichzeitig blieben jedoch bedeutende feudale Überreste in den Streitkräften erhalten. Bald nach dem nationalen Unabhängigkeitskrieg 1813/14 gelang es den reaktionären Kräften, wieder verstärkt Einfluß auf das O. zu nehmen. Sie nutzten u. a. die Offizierswahl zur Verdrängung des bürgerlichen Einflusses und zur Stärkung des preußischen Militarismus in Armee und O.

Der Übergang zum imperialistischen Massenheer in Deutschland am Ende des 19./Anfang des 20. Jh. führte zu wesentlichen Wandlungen im O., die Ausdruck der gesellschaftlichen Verhältnisse im deutschen Kaiserreich waren. Der Anteil bürgerlicher Offiziere nahm ständig zu. Gleichzeitig behielt der Adel die maßgeblichen Positionen im O. sowie in der Generalität und beherrschte weiterhin den Militärapparat. Im Jahre 1913 betrug der Anteil von Adligen unter den Obersten und Generalen noch 52%. Die vorwiegend aus bürgerlichen Kreisen stammenden Reserveoffiziere paßten sich in ihrem Verhalten weitgehend der tonangebenden Militärkaste an. In seiner Gesamtheit war das O. somit williges Werkzeug und aktiv handelndes Instrument zur Durchsetzung der außenpolitischen Ziele des deutschen Imperialismus und zur Unterdrückung revolutionärer Bewegungen im Innern. Das zeigte sich sowohl im ersten Weltkrieg (1914–1918) als auch in der Novemberrevolution 1918/19 und in der revolutionären Nachkriegskrise 1919–1923. Das O. bildete in den Jahren nach der Revolution das geistige und organisatorische Zentrum der Konterrevolution in Deutschland. Das O. der Reichwehr war demgemäß antidemokratisch und dem gesellschaftlichen Fortschritt gegenüber feindlich eingestellt. Diese Grundhaltung sowie ein scharf ausgeprägter Revanchismus kennzeichneten den unveränderten Gegensatz zum eigenen Volk. Die reaktionäre Einstellung des O. begünstigte die Errichtung der faschistischen Diktatur in Deutschland. Zugleich machte die relativ hohe militärische Qualifikation das O. der Reichswehr zu einem gefährlichen Exponenten der Ziele der aggressivsten Kreise des deutschen Finanzkapitals. Die faschistische Wehrmacht konnte auf ein O. aufbauen, das aus langgedienten, militärisch gut ausgebildeten und von scharfem Antikommunismus geprägten Kräften bestand. Es übernahm die faschistische Ideologie und reicherte sie mit seinen eigenen militaristischen Auffassungen an. Trotz der graduell unterschiedlichen Opposition einzelner Angehöriger des O. gegenüber der Nazipartei blieb dieses in seiner überwiegenden Mehrheit eine feste Stütze der faschistischen Diktatur bis zu ihrer Zerschlagung 1945.

Das O. der Bundeswehr der BRD, dessen erste Generation zum größten Teil aus der faschistischen Wehrmacht hervorging, setzte die alten Traditionen fort. Geprägt durch die Ideologie des Antikommunismus, ist es ein aktives Instrument der herrschenden Kreise der BRD, das die Bundeswehr als Teil der NATO-Streitkräfte im Sinne der imperialistischen Globalstrategie organisiert und leitet.

In der NVA, der ersten deutschen Armee, die aus dem Volk hervorgegangen ist und dem Schutz seiner Errungenschaften dient, wurde ein neues, sozialistisches O. geschaffen. Seine Angehörigen entstammen der Arbeiterklasse sowie den mit ihr verbündeten werktätigen Klassen und Schichten und sind eng mit diesen verbunden. Die Geschlossenheit des O. der NVA, die Einheitlichkeit des Denkens und Handelns seiner Angehörigen, ist bedingt durch die Weltanschauung des Marxismus-Leninismus, geprägt vom sozialistischen Patriotismus und proletarischen Internationalismus.

«Oktober»: von der → *Militärpolitischen Abteilung beim ZK der KPD* hrsg. parteiinterne Zeitschrift für militärpolitische Aufklärung und Schulung sowie zur Unterstützung des wehrhaften Massenkampfes gegen Militarismus, Faschismus und Krieg, die von 1926 bis Ende 1932 erschien.

Die Zeitschrift, die bis 1929 Ernst Schneller (1890–1944) leitete, verbreitete das militärtheoretische Erbe von Karl Marx (1818–1883), Friedrich

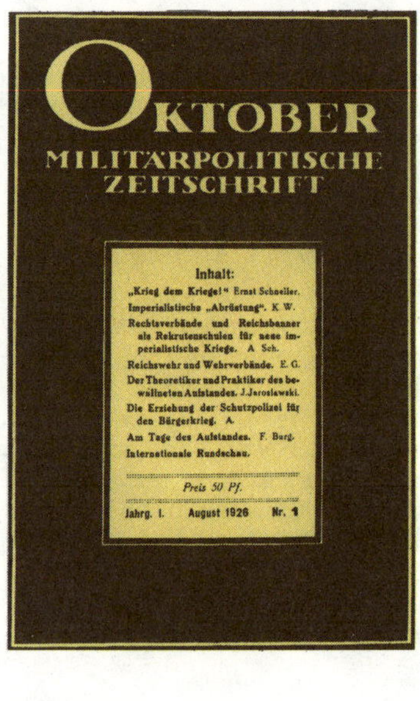
OKTOBER
MILITÄRPOLITISCHE ZEITSCHRIFT

Inhalt:
„Krieg dem Kriege!" Ernst Schneller.
Imperialistische „Abrüstung". K. W.
Rechtsverbände und Reichsbanner als Rekrutenschulen für neue imperialistische Kriege. A. Sch.
Reichswehr und Wehrverbände. E. G.
Der Theoretiker und Praktiker des bewaffneten Aufstandes. J. Jaroslawski.
Die Erziehung der Schutzpolizei für den Bürgerkrieg. A.
Am Tage des Aufstandes. F. Burg.
Internationale Rundschau.

Preis 50 Pf.

Jahrg. I. August 1926 Nr. 1

Nr. 1 der Zeitschrift «Oktober» vom August 1926

Engels (1820–1895) und W. I. Lenin (1870–1924) sowie die militärpolitischen und militärischen Erfahrungen der deutschen und internationalen Arbeiterbewegung. Breiten Raum nahmen Beiträge über bewaffnete Kämpfe der deutschen Arbeiterklasse in der Novemberrevolution 1918/19 und in der Zeit der revolutionären Nachkriegskrise 1919–1923 ein, dazu kamen Aufsätze über die Haltung der KPD und der KI zum imperialistischen Krieg, über die illegalen Rüstungen des deutschen Imperialismus in den 20er Jahren und die Kriegspolitik imperialistischer Mächte. «Oktober» analysierte den Charakter der Reichswehr und der anderen bewaffneten Unterdrückungsorgane der Weimarer Republik, deckte das reaktionäre Wesen der von den herrschenden Klassen gestützten paramilitärischen Verbände auf und gab Instruktionen für die Abwehr von Überfällen dieser Organisationen. Große Aufmerksamkeit widmete die Zeitschrift der antimilitaristischen Tätigkeit in der Reichswehr und der Polizei. Internationalistisches Gedankengut vermittelten namentlich Beiträge über die Militärpolitik der KPdSU und über die Streitkräfte der UdSSR. Militärtheoretische Aufsätze befaßten sich mit der Rolle des bewaffneten Aufstandes sowie mit Fragen der Kriegskunst und -technik. «Oktober» leistete einen gewichtigen Beitrag zur Wehrerziehung der revolutionären deutschen Arbeiterbewegung (→ *Militärpolitik der revolutionären deutschen Arbeiterbewegung (bis 1945)*).

«Oktobersturm» 1965: Bezeichnung für das vom 16. bis 22. 10. 1965 auf dem Territorium der DDR durchgeführte Manöver von Streitkräften der Teilnehmerstaaten des Warschauer Vertrages (→ *Übungen und Manöver der Vereinten Streitkräfte*).

Wie bei → *«Quartett» 1963* vereinte dieses weitere gemeinsame Manöver erneut Stäbe, Verbände und Truppenteile der NVA, der Polnischen Armee, der Sowjetarmee und der Tschechoslowakischen Volksarmee mit 50 000 Mann, 800 Panzern, 700 Rohren Artillerie, 1 000 Schützenpanzerwagen, 5 000 Kfz sowie 400 Flugzeugen und Hubschraubern. Ziel der Übung war es, die Gefechtsbereitschaft der verbündeten Truppen und ihr effektives Zusammenwirken bei der gemeinsamen Abwehr einer Aggression in Räumen nahe der Staatsgrenze der DDR zu überprüfen und zu vervollkommnen. Die variantenreichen Manöveraufgaben entsprachen neuesten Erkenntnissen der sozialistischen Militärwissenschaft. Der angenommene Einsatz zunächst von herkömmlichen, dann von atomaren Kampfmitteln stellte hohe Anforderungen an das einheitliche Handeln der Stäbe und das Zusammenwirken der Truppen. Wie die teilnehmenden Kräfte der anderen Armeen, so bewiesen auch die Angehörigen der NVA große politische Reife, Einsatzbereitschaft und gediegenes militärisches Können. Beachtliches leisteten die erstmalig in größerer Anzahl einberufenen und in den Bestand der Manövertruppen eingegliederten gedienten Reservisten der NVA. Das Manöver wurde in der Nationalen Mahn- und Gedenkstätte auf dem Ettersberg in Buchenwald eröffnet.

operative Kunst → *Kriegskunst*

Orden → *Auszeichnungen*

Ordonnanz: 1. Bezeichnung für die taktische Gefechtsaufstellung der → *Söldnerheere,* insbesondere des Fußvolkes, im 16. und 17. Jh.

Ab Mitte des 15. Jh. führten der Niedergang der Ritterheere und der Wiederaufstieg des Fußvolkes zu wesentlichen Veränderungen in der Taktik der Söldnerheere des Spätmittelalters. Es bildeten sich neuartige, als O. bezeichnete Gefechtsordnungen heraus, die vor allem Festlegungen für die Aufstellung und das Zusammenwirken der einzelnen Truppenkörper im Gefecht enthielten. So regelte die sog. Schweizer O. die taktische Aufstellung der Landsknechtshaufen (→ *Gevierthaufen*) und das Zusammenwirken von → *Pikenieren* und Hellebardieren im Haufen. Mit den im 16. Jh. verbesserten Feuerwaffen, insbesondere mit Einführung der → *Muskete,* veränderten sich Struktur und Gefechtsweise der Söldnerheere in noch stärkerem Maße. Neben die Pikeniere traten nun die → *Musketiere.* Die hieraus resultierende Notwendigkeit des engen taktischen Zusammenwirkens beider Arten des Fußvolkes bildete im 16. und 17. Jh. den Hauptinhalt verschiedener O. Besondere Bedeutung erlangten die spanisch-ungarische, die niederländische und die schwedische O. Die in der ersten Hälfte des 16. Jh. entstandene spanisch-ungarische O. legte eine Truppenaufstellung fest, bei der die aus den Pikenieren gebildete, relativ gedrängte Gefechtsordnung von Musketieren umgeben wurde, die notfalls unter den Piken Schutz fanden. Dagegen waren in der gegen Ende des 16. Jh. entstandenen niederländischen O. die Pikeniere und die Musketiere bzw. Schützen in jeder taktischen Einheit nebeneinander aufgestellt, und zwar die Pikeniere in der Mitte und die Musketiere auf beiden Flügeln. Eine Weiterführung dieser Gefechtsordnung war die vor und während des Dreißigjährigen Krieges 1618–1648 entwickelte schwedische O., die durch eine verminderte Tiefenstaffelung des Fußvolkes sowie durch die Aufstellung der Musketiere in selbständigen Formationen zwischen oder hinter, in zunehmendem Maße jedoch vor den Pikenieren gekennzeichnet war. Die Ursache für diese Veränderungen war neben der Einführung einer geregelten Ausbildung vor allem die technische Verbesserung der Muskete, so daß das Feuergefecht nun immer mehr in den Vordergrund des Kampfes trat. Den entscheidenden Angriff auf den vom Geschütz- und Musketenfeuer erschütterten Gegner führten nicht mehr die Pikeniere, die allmählich vom Schlachtfeld verschwanden, sondern die Reiterei. Auch in der

Folgezeit wurden die Gefechtsformationen des Fußvolkes häufig noch als O. bezeichnet, z. B. die in der ersten Hälfte des 18. Jh. entwickelte taktische Aufstellung und Gliederung der preußischen Infanterie als preußische O. Im weiteren wurde der Begriff O. durch die Bezeichnung Schlacht- bzw. Gefechtsordnung ersetzt.

2. als Gehilfe von Kommandeuren und Offizieren eingesetzter Militärangehöriger.

Aus dem französischen Militärwesen übernommen, bürgerte sich der Begriff O. während des 18. Jh. als Bezeichnung für Offiziersdienstgrade ein, die bei Übungen und Inspektionen sowie während des bewaffneten Kampfes zu höheren Truppenführern und Stäben kommandiert und meist zur Unterstützung der Generalstabsoffiziere und Adjutanten eingesetzt wurden. In der preußischen Armee gab es O. seit 1813/14. Die höheren Truppenbefehlshaber ab Brigade- bzw. Divisionskommandeur verfügten über ständige O. in Gestalt der berittenen Stabs-O. Ständige O. waren auch die nach 1871 geschaffenen kaiserlichen Leibgendarmen. In den imperialistischen deutschen Streitkräften gab es bis 1945 ab Regiment und gleichgestellten Truppenteilen stellenplanmäßige O.offiziere, die als Gehilfen der Kommandeure und Generalstabsoffiziere tätig waren.

Unteroffiziers- und vor allem Mannschaftsdienstgrade wurden in den bürgerlich-imperialistischen deutschen Armeen als O. zur persönlichen Dienstleistung für Offiziere herangezogen. Daneben wurden die zu zeitweiligen Dienstverrichtungen in Büros, Küchen und Kasinos kommandierten Mannschaften teilweise als O. bezeichnet.

Österreichischer Erbfolgekrieg 1740–1748: durch die weibliche Thronfolge in den österreichischen Erbländern ausgelöster Koalitionskrieg europäischer Staaten.

Am 20. 10. 1740 starb der römisch-deutsche Kaiser Karl VI. (geb. 1685). Obwohl die weibliche Nachfolge in den österreichischen Erbländern (Pragmatische Sanktion vom 19. 4. 1713) allgemein anerkannt worden war, wurde seiner Tochter Maria Theresia (1717–1780), Erzherzogin von Österreich und Königin von Ungarn und Böhmen, das Erbe von mehreren Staaten streitig gemacht. Bei der angestrebten Aufteilung des Habsburgerreiches ging Preußen voran, mit dessen Einfall in Schlesien am 16. 12. 1740 (→ *Schlesische Kriege 1740–1742, 1744/45*) der Ö. E. begann. Die in Europa herrschenden Widersprüche ließen die machtpolitische Auseinandersetzung zwischen Preußen und Österreich sofort in einen europäischen Krieg hinüberwachsen, der von der britisch-französischen Rivalität im Kampf um die kontinentalen Märkte und überseeischen Kolonien beeinflußt war. Die sich 1741 bildende antihabsburgische Koalition umfaßte Frankreich, Spanien, Sardinien, Preußen, Bayern, Sachsen und die Pfalz. Österreich wurde von Großbritannien, den Niederlanden, Rußland und Hannover unterstützt. Beide Mächtegruppierungen besaßen von Beginn an infolge innerer Gegensätze wenig Stabilität.

Der preußische Sieg bei → *Mollwitz 1741* (10. 4.) und der Vorstoß bayrisch-französischer Truppen nach Österreich im Spätsommer 1741 verschlechterten die Lage Maria Theresias. Um ihre in Schlesien stehende einzige Feldarmee freizubekommen, schloß sie mit König Friedrich II. von Preußen (1712–1786) am 9. 10. den Geheimvertrag von Klein Schnellendorf. Preußen erhielt einen Teil Schlesiens zugesichert und stellte dafür die Kampfhandlungen ein. Als seine Verbündeten jedoch nach Böhmen vorstießen und Prag besetzten (26. 11.), schlug sich Friedrich II. wieder auf ihre Seite, um wegen seines Verrats den schlesischen Raub nicht einzubüßen. Anfang 1742 drangen österreichische Truppen in Bayern ein und besetzten München (14. 2.), währenddem sich der bayrische Kurfürst als Karl VII. (1697–1745) in Frankfurt am Main zum römisch-deutschen Kaiser wählen ließ (24. 1.). Gegen die preußische Armee gelang dagegen kein Erfolg. Erst nach dem Frieden von Berlin mit Preußen (28. 7.), der den ersten Schlesischen Krieg beendete, konnten die Österreicher bis Jahresende die französisch-bayrischen Truppen aus Böhmen und Mähren verdrängen (Rückgewinnung Prags am 2. 1. 1743), mußten ihrerseits aber Bayern aufgeben. Auf dem italienischen Kriegsschauplatz wehrte Österreich gemeinsam mit Sardinien, das sich ihm angeschlossen hatte, die spanischen Truppen ab. Im April 1743 gingen die aus britischen, niederländischen und deutschen Kontingenten gebildete sog. Pragmatische Armee und die österreichischen Truppen zur Gegenoffensive über. Ihre Erfolge bei Simbach (13. 5.) und Dettingen (27. 6.) führten zum Rückzug der Franzosen hinter den Rhein und zum Waffenstillstand mit Bayern. Am 13. 9. schlossen Großbritannien, Österreich, Sardinien und die Niederlande in Worms ein förmliches Bündnis, dem Sachsen und Rußland beitraten. Der von Frankreich angestiftete Gegenbund, die Frankfurter Union vom 22. 5. 1744, vereinigte den Kaiser, Preußen, die Pfalz und Hessen-Kassel; außerdem erneuerten das mit Spanien verbündete Frankreich und Preußen am 5. 6. 1744 ihre Allianz. In dem seit August 1744 geführten zweiten Schlesischen Krieg blieb die preußische Armee über die österreichischen und sächsischen Truppen siegreich, so daß Preußen im Frieden von Dresden am 25. 12. 1745 Schlesien behaupten konnte. Der Dresdener Frieden bezog Hannover, die Pfalz und Hessen-Kassel ein. Bayern war bereits im Frühjahr 1745 unter dem Eindruck des österreichischen Sieges bei Pfaffenhofen über die Franzosen (16. 4.) aus dem

Ö. E. ausgeschieden. Im Füssener Frieden vom 22. 4. mit Österreich verzichtete der Kurfürst auf die Kaiserwürde und alle Besitzansprüche. Dem verstorbenen Kaiser Karl VII. folgte der Gemahl Maria Theresias, der am 13. 9. 1745 als Franz I. (1708–1765) zum Kaiser gewählt wurde.

Seit Anfang 1746 fanden auf dem deutschen Kriegsschauplatz keine Kampfhandlungen mehr statt. In Italien erlangten Österreich und Sardinien nach ihrem Sieg bei Piacenza (11. 6. 1746) die Oberhand und verdrängten allmählich die Franzosen und Spanier aus Oberitalien. Auf dem niederländischen Kriegsschauplatz dagegen siegten die Franzosen in mehreren Schlachten (bei Fontenoy 11. 5. 1745, Rocoux 11. 10. 1746, Lafeld 2. 6. 1747) und besetzten die österreichischen Niederlande (Belgien). Im See- und Kolonialkrieg behauptete sich Großbritannien gegen Frankreich und Spanien. Die allgemeine Erschöpfung führte am 18. 10. 1748 zum Frieden von Aachen. Er sanktionierte den territorialen Vorkriegsstand; nur Österreich trat Gebiete in Italien ab. Preußen erhielt den Besitz Schlesiens bestätigt und rückte zur Großmacht auf. Neben dem fortbestehenden britisch-französischen Gegensatz entwickelte sich der preußisch-österreichische Dualismus. Die Gesamtverluste im Ö. E. betrugen etwa 450000 gefallene sowie an Verwundung und Krankheit gestorbene Soldaten und Offiziere. Österreich hatte 120000, Frankreich 140000 Gefallene und Verwundete. Im Ö. E. kam es zu mehr als 30 größeren Schlachten und zahlreichen Belagerungen. Im Verlauf des Krieges wuchs die zahlenmäßige Stärke der Armeen an, teilweise bis auf das 3fache. Steigende Bedeutung wurde dem Gelände bei der Wahl des Gefechtsfeldes eingeräumt, auch gewann die Artillerie weiter an Geltung.

P

Pallasch: degenartige schwere → *Stich- und Hiebwaffe* mit relativ breiter, gerader, meist zweischneidiger Klinge.

Der P. kam im 16. Jh. aus dem Orient über Ungarn nach Europa. Als eine Abart des → *Degens* mit einer mehr für den Hieb als für den Stich geeigneten Klinge fand er in den europäischen Heeren vor allem als Hiebwaffe der schweren Kavallerie, besonders der → *Kürassiere,* Verwendung. Er wurde daher häufig auch als Kürassierdegen bezeichnet. Bis Mitte des 18. Jh. hatte der P. meist eine schlichte zweischneidige Klinge, deren Spitze in der Mittelachse lag. Das einfache, aus Messing oder Eisen hergestellte Gefäß besaß oft ein emporgehobenes Stichblatt. Der gewöhnlich mit Leder bezogene Griff war häufig mit einem Metallknauf abgeschlossen, die meist hölzerne, lederüberzogene Scheide mit Metallbeschlägen versehen.

Unter König Friedrich II. (1712–1786) wurde die ganze preußische Schlachtenkavallerie mit dem P. ausgerüstet, während die leichte Kavallerie den → *Säbel* führte. Auch die 1759 aufgestellte reitende Artillerie führte bis 1802 einen P. In der zweiten Hälfte des 18. Jh. wurde der P. durch die Einführung der einschneidigen Rückenklinge und eines säbelartigen Griffes weiter verbessert. In Preußen wurden die Kavallerieregimenter nach dem nationalen Unabhängigkeitskrieg 1813/14 mit dem russischen, teilweise auch mit dem französischen P. ausgerüstet, die sich vor allem durch die Form der Klingenspitze unterschieden. Erst 1876–1878 wurde ein neues, einheitliches Modell eingeführt. Die Scheide wurde vom 19. Jh. ab hauptsächlich aus Eisenblech gefertigt und besaß zumeist einen Schlepper. Im kaiserlich-deutschen Heer fand der P. noch bis in den ersten Weltkrieg bei Kürassieren (Preußen) und Schweren Reitern (Sachsen, Bayern) Verwendung, verlor aber wie andere Stich- und Hiebwaffen mit dem verstärkten Einsatz von Schnellfeuerwaffen an militärischer Bedeutung. Nach 1918 fand der P. keine Verwendung mehr. Die Kavallerieeinheiten der Reichswehr führten als Stich- und Hiebwaffe den Säbel. *(s. Abb. S. 951)*

Panzer: vollständig gepanzertes geländegängiges, zumeist auf Gleisketten laufendes Kampffahrzeug, das sich durch große Feuerkraft sowie hohe Beweglichkeit auszeichnet und die Hauptausrüstung der → *Panzertruppen* bildet.

Pläne zum Bau eines geländegängigen, gepanzerten und bewaffneten Kampffahrzeuges wurden bereits seit 1911 in verschiedenen Ländern entwickelt. Die Erfindung der Gleis- oder Raupenkette (zunächst bei Traktoren genutzt) bot neben der Entwicklung leistungsstärkerer Verbrennungsmotoren eine wichtige Voraussetzung für die Konstruktion eines neuartigen, nicht straßengebundenen Kampfwagens. Die maßgeblichen Militärs lehnten jedoch entsprechende Pläne zunächst ab. Während des ersten Weltkrieges (1914–1918) erforderte der beginnende Stellungskrieg ein Kampffahrzeug, das die gegnerischen MG-Stellungen, Drahthindernisse und Schützengräben überwinden konnte. In Großbritannien war im September 1915 das erste Versuchsmuster eines P. («Little Willie») fertiggestellt. Nach mehreren weiteren Versuchsbauten und Verbesserungen lief im Februar 1916 die Serienfertigung des P. vom Typ Mark I an. Aus dem Decknamen «Tank» (im Sinne von Kasten oder Behälter) leitete sich der lange Zeit im allgemeinen Sprachgebrauch (in einigen Ländern bis heute) übliche Gattungsbegriff für den P. ab. Die Forderung nach einem leichteren und schnelleren P. führte zur Entwicklung des Mark A oder «Whippet» (14 t; 4 MG). In Frankreich begann der Bau von P. um die Mitte des Jahres 1916. Die schweren Typen St. Chamond (23 t; 75-mm-Kanone) sowie Char Schneider (13,5 t; 75-mm-Kanone) besaßen einen geringeren Gefechtswert. Als zukunftsträchtige Konstruktion erwiesen sich dagegen die leichten P. der Baureihe Char Légère von Renault. Diese kamen ab April 1917 in die Truppe und zeichneten sich durch hohe Geländegängigkeit und einen Drehturm für die Hauptwaffe aus.

Die deutsche Heeresleitung, die den taktischen Wert des P. unterschätzte, gab erst im November 1916 den Auftrag zur Entwicklung eines P. Der einzige einsatzfähige deutsche P. im ersten Weltkrieg war der schwere Kampfwagen A 7 V, der zusammen mit Beute-P. ab Frühjahr 1918 zum Einsatz kam. Den britischen P. der Mark-Serie war er insbesondere hinsichtlich der Geländegängigkeit und Betriebssicherheit unterlegen. Andere deutsche Projekte erwiesen sich als Fehlschlag, wie der nach dem Vorbild des britischen Mark mit hochgeführter Kette konstruierte A 7 V-U oder gar der Entwurf eines überschweren P. von 150 t. Der begonnene Bau des leichten P. LK II, der dem britischen «Whippet» ähnlich war, kam nicht mehr zur Vollendung. Während die Alliierten bis zum Ende des Krieges mehr als 5000 P. verschiedener Typen produzierten, wurden in Deutschland insgesamt nur 20 P. vom Typ A 7 V hergestellt. Darin äußerte sich vor allem die materielle Unterlegenheit des deutschen Imperialismus, aber auch technischer und militärtheoretischer Konservatismus der führenden Militärs. Die taktisch-technischen Eigenschaften der P. des ersten Weltkrieges – ihre geringe Geschwindigkeit, ihr ungenügender Fahrbereich, ihre schwache Panzerung, die Störanfälligkeit der Hauptaggregate und des Fahrwerks – machten sie verwundbar und begrenzten ihren Einsatz auf die unmittelbare Unterstützung der Infanterie. Trotzdem wiesen die Entwicklungstendenzen auf eine breitere Verwendbarkeit und revolutionierende Wirkung der neuen Waffe.

Taktisch-technische Daten von Panzern des ersten Weltkrieges (1914–1918)

	Großbritannien	Frankreich	Deutschland	
	Mark I	Renault M 17 (Char Légère)	A 7 V	LK II
Baujahr	1916	1917	1918	(nicht fertiggestellt)
Masse (t)	28 (27)[1]	6,7	32	8,5
Länge (m)	8,05	4,88	7,35	5,06
Breite (m)	4,26 (4,37)[1]	1,74	3,06	1,95
Höhe (m)	2,45	2,14	3,30	2,50
Besatzung (Mann)	8	2	18	3
Motorleistung (PS/kW)	105/77	39/29	2 × 100/74	55/40
Höchstgeschwindigkeit (km/h)	6	8	9	16
Fahrbereich (km)	37	60	30	60
Überschreitfähigkeit (m)	4(mit Spornrädern)	1,80	2,5	–
Kanone (Anzahl/Kal. in mm)	2/57	1/37	1/57	1/57
Anzahl der MG	4 (5)[1]	(oder 1 MG)	6	(oder 2 MG)
Panzerung (mm)	12	22	30	14

1 Zahlen in Klammern gelten für die sog. weiblichen Tanks (nur mit MG bewaffnet)

Innenansicht des deutschen schweren Kampfwagens A 7 V, 1917

In den 20er und 30er Jahren wurde das Voranschreiten der P.technik durch die jeweils vorherrschenden militärtheoretischen Ansichten bestimmt. Bei den wesentlichen Konstruktionsmerkmalen setzte sich die Tendenz fort, die sich bereits während des Krieges abgezeichnet hatte: niedrigere Laufwerke, geringere Abmessungen, gedrungenere Formen sowie aufgesetzte, drehbare Türme. Aus der Forderung nach einer optimalen Kombination von Beweglichkeit, Feuerkraft und P.schutz entstanden je nach dem vorherrschenden Zweck unterschiedliche Arten von P.: leichte P. (5–12 t) zur Aufklärung und Verfolgung sowie zur Unterstützung der Infanterie (zu ihnen zählten kombinierte Rad-Ketten-Fahrzeuge und Klein-P.); mittlere P. (12–30 t) zur Unterstützung der Infanterie und zur Lösung selbständiger Aufgaben; schwere P. (30–48 t) als Durchbruchs-P. und zur Bekämpfung gegnerischer P.; Spezial-P. (z. B. Befehls-, Flammenwerfer-, Brückenlege-P.). Bis in die Mitte der 30er Jahre lag, bei Betonung von Geschwindigkeit und Geländegängigkeit, das Hauptgewicht auf dem Bau leichter, nur kugelgeschützter P. Die Kombination von Gleisketten- und Räderfahrwerken bewährte sich nicht. Die Entwicklung der → *Panzerabwehrmittel* erforderte den Bau granatgeschützter und stärker bewaffneter P. Danach begannen die mittleren P. die leichten P. zu verdrängen. Die technischen Verbesserungen erstreckten sich vor allem darauf, die Motorleistung zu erhöhen und damit das Leistungs-Masse-Verhältnis zu verbessern, die Kraftübertragungssysteme und die Laufwerke (Abfederung der Laufrollen, Entwicklung neuartiger Gleisketten) zu vervollkommnen, die Panzerung zu verstärken und die Feuerkraft durch leistungsfähigere Kanonen zu erhöhen. Eine optimale Verbindung von Beweglichkeit, Feuerkraft und Panzerung erreichten Ende der 30er Jahre die sowjetischen P. vom Typ T-34, die mit einem leistungsfähigen Dieselmotor und starker Bewaffnung und granatsicherer Panzerung versehen waren.

Der Versailler Vertrag verbot Deutschland die Herstellung und Einführung von P. und ähnlichen Konstruktionen. Aber im Zuge der geheimen Aufrüstung ließ die Reichswehrführung seit 1925 von einigen Monopolfirmen (Krupp, Rheinmetall, Daimler-Benz) nach gewissen taktisch-technischen Vorgaben Prototypen von leichten und mittleren P. entwickeln. Unter Tarnbezeichnungen entstanden in den Jahren 1929–1934 folgende Typen, teils in mehreren Varianten: «Großtraktor» (16–18 t; 75-mm-Kanone), mehrtürmiges «Großtraktor-Neubaufahrzeug» (19,5 t; 2 Kanonen: 35 mm und 75 mm), «Leichttraktor» (9 t; 37-mm-Kanone im Drehturm) und «Landwirtschaftlicher Schlepper» (5,4 t; 2 MG im Drehturm). Nach dem Machtantritt des Faschismus wurden beim Aufbau der modern ausgerüsteten Aggressionsarmee im Sinne der → *Blitzkriegskonzeption* die Entwicklung und der Bau von P. vorangetrieben. Im Streben nach einer möglichst schnellen Aufrüstung und unter Betonung der Geschwindigkeit der P. lag bis 1938 das Schwergewicht auf dem Bau eines leichten, nur mit MG bewaffneten P. Der seit 1934 auf der Grundlage des «Landwirtschaftlichen Schleppers» in Serie gebaute P. vom Typ P I hatte auch in der verbesserten Ausführung von 1935 einen geringen Gefechtswert, ermöglichte aber die schnelle Ausstattung der ersten faschistischen → *Panzerdivisionen.* Der P. vom Typ P II (zunächst unter der Tarnbezeichnung «Landwirtschaftlicher Schlepper 100» gebaut), der erst ab 1937 in größeren Serien gefertigt wurde, war ein bewegliches, aber nicht ausreichend geschütztes und relativ schwach bewaffnetes Fahrzeug. Nach dem Überfall auf die Tschechoslowakei übernahmen die faschistischen P.truppen den tschechischen P. P 38 (t), der – bis 1942 weitergebaut – den fehlenden mittleren P. ersetzen sollte.

Als sich beim Überfall auf Polen 1939 und noch mehr während der Offensive gegen Frankreich erwies, daß Panzerung und Feuerkraft der leichten P. P I und P II nicht ausreichten, ließ die faschistische Wehrmachtführung seit 1939/40 die Produktion von mittleren P. beschleunigen. Bereits 1934/35 hatte das Heereswaffenamt den Auftrag für die Entwicklung zweier Kampfwagen von 15 t und 24 t (beide mit panzerbrechender Kanone) gegeben, aber dem Bau anfangs geringe Dringlichkeit beigemessen. Daraus gingen 2 mittlere P. hervor: der P III (in Ausführung A: 15 t; 37-mm-Kanone), der seit 1938/39 in größeren Serien gebaut wurde und eine hohe Beweglichkeit, aber zu schwache Bewaffnung aufwies; der P IV (in Ausführung A: 17,3 t; 75-mm-Kanone), der sich vom P III im wesentlichen nur durch die stärkere Kanone sowie ein anderes Fahrwerk unterschied und der zunächst bei den schweren Kompanien der P.abteilungen eingesetzt wurde. Beim Überfall auf die Sowjetunion verfügte das Heer über 5260 P., davon mehr als die Hälfte vom Typ P III und P IV.

Die gravierenden Niederlagen an der deutsch-sowjetischen Front im Winter 1941/42, insbesondere aber das Auftreten der überlegenen sowjetischen P. vom Typ T-34 und KW zwangen die faschistische Führung, die P.produktion zu steigern sowie verbesserte und neue Typen entwickeln zu lassen. Während die Produktion des P II eingestellt wurde, erhielten die P. P III und P IV nach und nach eine stärkere Panzerung (von 14,5 auf 50 mm beim P III und von 20 auf 80 mm beim P IV) sowie eine kräftigere Bewaffnung (Vergrößerung des Kalibers beim P III auf 50 mm; Verlängerung des Rohres bei beiden Typen). Diese und andere Maßnahmen (z. B. Anbringen seitlicher P.schürzen; Schutzanstrich gegen Haftminen)

Taktisch-technische Daten sowjetischer, US-amerikanischer und britischer Panzer im zweiten Weltkrieg

	Sowjetunion		USA	Groß-britannien
	T-34/85	IS-2	M4 A3 E8	Cromwell VIII
Baujahr	1943	1944	1942/43	1943
Masse (t)	32	46	33	28
Länge ohne Kanone (m)	6,10	6,77	5,98	6,35
Breite (m)	3,00	3,07	2,99	3,05
Höhe (m)	2,70	2,73	2,99	2,49
Panzerung (mm)	45–90	90–160	51–89	80–100
Besatzung (Anzahl)	5–4	4	5	5
Kaliber der Kanone (mm)	85	122	76,2	75
MG (Anzahl)	2	3	3	2
Motorleistung (PS/kW)	500/370	520/380	450/331	600/441
Höchstgeschwindigkeit (km/h)	55	37	42	52
Fahrbereich (km)	300	200	160	265

erhöhten die Masse der Fahrzeuge und senkten trotz verstärkter Motoren das Leistungs-Masse-Verhältnis (beim P IV auf 12 PS (8,8 kW)/t). Der Bau der Kampf-P. vom Typ P V («Panther») und P VI («Tiger») von 1943 bis 1945 war ein Versuch, die panzertechnische Überlegenheit der Sowjetarmee zu paralysieren und womöglich die sowjetischen P. in einigen wichtigen Gefechtsparametern zu überbieten. Aber selbst bei dem höchsten Produktionsausstoß im faschistischen Deutschland von insgesamt 16768 P. vom Typ P IV, P V und P VI, der von Frühjahr 1943 bis Februar 1945 erreicht wurde, blieben die faschistischen P. den sowjetischen nach Zahl und in wesentlichen Parametern unterlegen. Spekulative überdimensionale «P.wunderwaffen» mit einem Gewicht bis zu 200 t, 150-mm-Kanonen, einer Panzerung von 350 mm (Projekt «Maus») wurden nicht mehr realisiert.

Seit 1945 wurde die Entwicklung der P. bei grundsätzlich bestimmendem Charakter der ökonomischen und politischen Verhältnisse des jeweiligen Staates wesentlich von den Auswirkungen der wissenschaft-

Taktisch-technische Daten von Panzern der faschistischen deutschen Wehrmacht im zweiten Weltkrieg

Typ	Leichte		Mittlere		Schwere		
	P I/B	P II/D	P III/E	P IV/E	P V «Panther»/G	P VI «Tiger» I	P VI «Tiger» II
Baujahr	1935	1938	1939/40	1940	1944	1943	1944
Masse (t)	6,0	10,0	19,5	21	44,8	55	69,7
Länge (m)	4,42	4,64	5,41	5,91	6,88	6,21	7,26
Breite (m)	2,06	2,30	2,91	2,86	3,43	3,73	3,75
Höhe (m)	1,72	2,02	2,44	2,68	3,00	2,86	3,09
Besatzung (Mann)	2	3	5	5	5	5	5
Motorleistung (PS/kW)	100/74	140/103	300/220	300/220	700/515	700/515	700/515
Höchstgeschwindigkeit (km/h)	40	55	40	42	46	38	38
Fahrbereich (km)	140	200	175	200	177	100	110
Kletterfähigkeit (cm)	36	46	60	60	91	79	85
Überschreitfähigkeit (cm)	140	183	230	220	191	180	250
Watfähigkeit (cm)	60	85	80	110	170	120	160
Kanone (Kaliber in mm/Rohrlänge in Kalibern)	–	20	37/L 42	75/L 24	75/L 70	88/L 56	88/L 71
MG (Anzahl)	2	1	1	2	2	2	3
Panzerung der Turmfront (mm)	13	30	30	30	100	100	185

lich-technischen Revolution auf das Militärwesen beeinflußt. Die Einführung von Raketen- und Kernwaffen in die Streitkräfte, deren Vollmotorisierung und Mechanisierung, die Einführung elektronischer Mittel sowie auch die Weiterentwicklung der P.abwehrmittel stellten neue Anforderungen an die taktisch-technischen Eigenschaften der P. Technologische Fortschritte in der P.industrie sicherten den rationellen Bau laufend verbesserter Typen von P.

Die imperialistischen Staaten forcierten im Zuge ihrer aggressiven Rüstungspolitik die Entwicklung der P.technik. Im Interesse des Militär-Industrie-Komplexes entstanden umfangreiche Forschungs- und Bauprogramme zur Neuentwicklung von P.typen. Die USA, die mit der sog. Pattonserie die Modernisierung ihrer P.truppen begannen, statteten auch andere NATO-Armeen mit ihren P. aus. In der BRD wurde seit Mitte der 50er Jahre an der Entwicklung eines mittleren Kampf-P. gearbeitet, der später den Namen «Leopard» erhielt. Gleichzeitig beteiligten sich verschiedene Firmen am sog. Europa-P. (Frankreich, Italien, BRD) sowie an einem Gemeinschaftsprojekt mit den USA für den Kampf-P. 70. Da die daran geknüpften Erwartungen sich nicht erfüllten, setzen die Bundeswehrführung und Rüstungsfirmen das «Leopard»-Projekt weiter fort, bei dem sie weitgehend die Erfahrungen aus dem P.bau des faschistischen Deutschlands nutzten und Ergebnisse der sowjetischen P.entwicklung berücksichtigten.

Die UdSSR vervollkommnete nach 1945 ihre P.technik und entwickelte neue P.typen mit dem Ziel, die Kampfkraft und Gefechtsbereitschaft ihrer Streitkräfte und der verbündeten sozialistischen Armeen gegenüber der imperialistischen Bedrohung zu erhöhen. Dabei fand vor allem die gesteigerte Wirkung der P.abwehrmittel Berücksichtigung. Erfolgreich wurden die Versuche fortgeführt, P. wat- und tauchfähig zu machen sowie schwimmfähige P. und solche für den Luftlandeeinsatz zu konstruieren. Der sowjetische P.bau orientierte sich auf einige Grundklassen: mittlere P. als Hauptwaffe der P.truppen; leichte P. für die Aufklärung und den Luftlandeeinsatz; Selbstfahrlafetten sowie gepanzerte Gefechtsfahrzeuge für Schützenverbände. Schwere P. zur Lösung von Unterstützungs-, Sicherungs- und Durchbruchsaufgaben verloren an Bedeutung. Bei den mittleren P. blieb der verbesserte Typ T-34/85 noch bis in die 50er Jahre hinein das Standardmodell. Der qualitativ und quantitativ hohe Stand des sowjetischen P.baus, der internationale Maßstäbe setzte, ermöglichte es, die Streitkräfte der Staaten des Warschauer Vertrages und anderer sozialistischer Länder mit modernen P. auszustatten. Auch die P.truppen der NVA erreichten durch die Ausstattung mit so-

Taktisch-technische Daten sowjetischer Panzer der Nachkriegszeit

	Schwimm-P. PT-76	Mittlerer P. T-54	Mittlerer P. T-72
Masse (t)	14	36	41
Länge ohne Kanone (m)	6,91	6,04	7,28
Breite (m)	3,14	3,27	3,61
Höhe (m)	2,19	2,40	2,40
Panzerung (mm)	bis 20	bis 105	–
Besatzung (Anzahl)	3	4	3
Kaliber der Kanone (mm)	76,2	100	125
MG (Anzahl)	1	3	2
Motorleistung (PS/kW)	240/178	520/382	780/575
Höchstgeschwindigkeit (km/h)	44 Straße 10 Wasser	50	60
Fahrbereich (km)	260 Straße 70 Wasser	390 Gelände 720 Straße	500 Straße
Steigfähigkeit (Grad)	38	30	30
Kletterfähigkeit (m)	1,1	0,8	0,85
Überschreitfähigkeit (m)	2,8	2,7	2,8

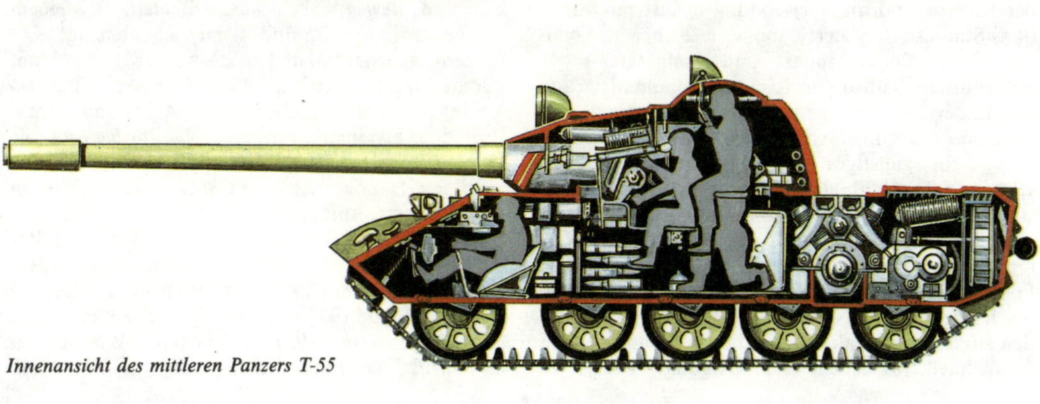

Innenansicht des mittleren Panzers T-55

wjetischen P. eine hohe Kampfkraft und Gefechtsbereitschaft.

Ein qualitativer Sprung im sowjetischen P.bau, der den neuen Anforderungen an die P.technik weitestgehend entsprach, war die Entwicklung des mittleren Kampf-P. vom Typ T-54. Charakteristisch waren der flache Rumpf, die geschoßabweisende und stark winkelgeneigte Form des Bugs und der flache ovale Gußturm. Die stabilisierte 100-mm-Kanone mit einer Feuergeschwindigkeit von 8 bis 10 Schuß/min und einer V_0 von mehr als 1400 m/s verlieh ihm eine hohe Feuerkraft. Er besaß moderne Infrarot- und Hermetisierungsanlagen. Der T-54 löste seit Beginn der 50er Jahre den Typ T-34 schrittweise ab und war bis zur zweiten Hälfte der 60er Jahre Hauptwaffe der P.truppen der Armeen des Warschauer Vertrages. Schwere P. aus der Kriegszeit, die nach Modernisierung noch 10-15 Jahre in der Ausrüstung verblieben, waren die Typen IS-2 und IS-3; letzterer sowie der Mitte der 50er Jahre eingeführte T-10 mit einer 200 mm dicken Panzerung und einer 122-mm-Kanone. Zu den leichten P. zählte in den 50er Jahren der Schwimm-P. vom Typ PT-76 mit einer 76-mm-Kanone. Seine Vorzüge bestanden in den hervorragenden amphibischen Leistungen und in der großen Geländegängigkeit.

Eine weitere Steigerung der Feuerkraft, Beweglichkeit und Manövrierfähigkeit wurde bei den Typen T-55 und T-62 erreicht, u. a. durch Stabilisierung der Kanone in 2 Ebenen. Die einheitliche Ausstattung der Armeen des Warschauer Vertrages mit P. ermöglicht gegenseitige Unterstützung bei Havarien sowie rasche Austauschbarkeit und Ersetzbarkeit von Baugruppen und -teilen. Das sind Vorteile, die der Erhöhung der Kampfkraft und Gefechtsbereitschaft sowie der weiteren technischen Vervollkommnung dienen. Alle bisherigen Fortschritte und Erfahrungen beim P.bau sind vereinigt in dem sowjetischen P. vom Typ T-72. Er verkörpert die wichtigsten Tendenzen in der Entwicklung der P.technik: erhöhte Feuerkraft durch verbesserte ballistische Leistungen der Kanone und die Verwendung neuartiger Munition, Stabilisierung der Kanone in 2 Ebenen, hochentwickelte Beobachtungs- und Zielgeräte sowie elektronische ballistische Rechner, Automatisierung der Ladevorgänge (damit Reduzierung der Besatzung auf 3 Mann), verbesserte Manövrierfähigkeit durch ein günstiges Leistungs-Masse-Verhältnis, sehr gute Tauchfähigkeit durch verbesserte Ausrüstung für Unterwasserfahrt, Verbesserung des Schutzes gegen die Wirkung von Artillerie und KCB-Waffen durch reduzierte Silhouette, geschoßabweisende Formgebung, optimale Panzerung, Hermetisierung des Kampfraumes. Neben diesen Eigenschaften werden zugleich in idealer Weise die Forderungen nach Einfachheit, Robustheit und Fertigung größerer Serien erfüllt. Ihrer Zweckbestimmung nach lassen sich moderne P. in Kampf-P., Jagd-P. und Spezial-P. unterteilen. Ein Ergebnis der Revolution im Militärwesen ist die Entwicklung eines Schützen-P. (SPz), der in sich die Eigenschaften eines Schützen-P.wagens (SPW) und eines Kampf-P. vereinigt. Zur Ausrüstung der mot. Schützentruppen aller Armeen der sozialistischen Militärkoalition gehört seit Ende der 60er Jahre der Schützen-P. BMP, der in seinen Gefechtseigenschaften international gesehen neue Maßstäbe setzte. *(s. Abb. S. 749, 751, 753)*

Panzerabwehrmittel: seit dem ersten Weltkrieg entwickelte und verwendete Waffen sowie deren Einsatz sicherstellende Mittel zur Bekämpfung von → *Panzern* und anderen gepanzerten Zielen.

Das Aufkommen des Panzers als einer neuen Waffe im ersten Weltkrieg bedingte die Schaffung von P. Obwohl die Entente seit September 1916 in wachsendem Umfang Panzer einsetzte, unterschätzte die deutsche imperialistische Armeeführung bis Kriegsende die Panzerabwehr und begnügte sich mit Behelfsmaßnahmen. Wirksamstes P. war die Artillerie, die ihre Wirkung gegen Panzer durch Einrichtung von Nahkampfbatterien aus abgeänderten Feldkanonen (→ *Kanone*) sowie Verschießen einer besonderen Panzergranate zu erhöhen suchte. Die Infanterie behalf sich notdürftig mit dem Verschießen von Stahlkernmunition (→ *Munition*) aus MG und Gewehren sowie der Verwendung von Behelfsminen (→ *Mine*) und gebündelten → *Handgranaten* (geballte Ladung). Dazu kam die meist pioniermäßige Einrichtung von Tankfallen und Panzergräben. Erst seit Mai 1918 erhielt die deutsche Infanterie das 13-mm-Tankgewehr, das auf eine Entfernung von 100 m eine Panzerung von 22 mm durchschlug, aber zu unhandlich und von zu geringer Wirkung war.

Zwischen den beiden Weltkriegen hielt die Entwicklung der P. mit dem raschen Fortschreiten der Panzerwaffe nur teilweise Schritt. In den 30er Jahren führten die größeren Staaten spezielle Panzerabwehrkanonen ein, die sich durch hohes Durchschlagsvermögen sowie größere Feuergeschwindigkeit und Beweglichkeit auszeichneten. Bei einem Kaliber zwischen 37 und 47 mm konnten auf eine Entfernung von 500 m Panzerungen bis zu 40 mm durchschlagen werden. Panzerbüchsen (Tankgewehre) mit einem Kaliber zwischen 7,9 und 20 mm (Ein- oder Zweimannwaffen), großkalibrige MG (bis 13,2 mm) sowie – als Nahbekämpfungsmittel – Panzerminen, Handgranaten und Brandflaschen blieben die wichtigsten infanteristischen P.

Das Auftreten schnellerer und stärker geschützter Panzer im zweiten Weltkrieg machte das Zurückbleiben der P. deutlich. So entwertete der sowjetische Panzer T-34 die 1934 in die faschistische Wehrmacht eingeführte 37-mm-Pak völlig. Der Einsatz der 88-mm-Flak zur Panzerbekämpfung sollte den Man-

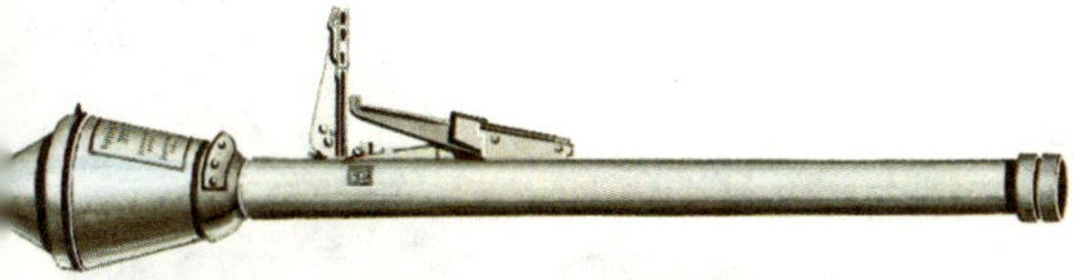

Reaktive Panzerbüchse (Panzerfaust) der faschistischen Wehrmacht, 1944

gel an speziellen P. ausgleichen. Von nun an setzte ein Wettlauf zwischen Panzerung und P. ein. Während die Frontpanzerungen bis auf 128 mm anstiegen, wuchsen die Kaliber der Pak bis auf 128 mm. Die Notwendigkeit, die nunmehr sehr schwerfälligen Pak wieder beweglicher zu machen, führte zur Entwicklung der → *Selbstfahrlafette (SFL)* und des Jagdpanzers. Die P. der Infanterie blieben zunächst weiterhin die Panzerbüchsen (z. B. die sowjetischen Modelle PTRD und PTRS, beide mit einem Kaliber von 14,5 mm) sowie die bisher üblichen Nahbekämpfungsmittel. Ein wesentlicher Einschnitt in der Entwicklung der P. war die Anwendung des Prinzips der Hohlladung (kumulative Wirkung) und des reaktiven Antriebs. Die Hohlladung konnte bis zu 200 mm starke Panzerungen durchschlagen und wurde zunächst aus Kanonen verschossen, als Handgranate geworfen oder mittels Magneten (Hohlhaftladung) am gegnerischen Panzer angebracht. Die Verbindung von Hohlladung und reaktivem Antrieb führte zur Entwicklung der reaktiven Panzerbüchse. Dazu gehörten die «Bazooka» der USA-Armee sowie die 1942 bzw. 1944 in die faschistische Wehrmacht eingeführten Panzerbüchsen «Panzerschreck», eine Zweimannwaffe, sowie «Panzerfaust», eine Einmannwaffe.

Nach dem zweiten Weltkrieg nahmen die Beweglichkeit und die Durchschlagskraft der Panzerabwehrkanonen besonders durch den Einsatz rückstoßfreier (aktiv-reaktiver) Geschütze (z. B. das sowjetische Modell RG B-10 mit einem Kaliber von 82 mm) und die Verbesserung der Munition (insbesondere Panzerspreng-, Unterkaliber- und Hohlladungsgranaten) zu. In die infanteristische Bewaffnung kamen weiterentwickelte reaktive Panzerbüchsen, z. B. das seit den 60er Jahren eingeführte sowjetische Modell RPG-7, mit einer kumulativen Überkaliber-Panzergranate. Seit den 50er Jahren wurden Panzerabwehrlenkraketen das wichtigste P. der Landstreitkräfte, besonders auf mittlere und größere Entfernungen. Verbesserung der Lenksysteme sowie die Montage auf gepanzerten Ketten- oder Räderfahrzeugen machten dieses P. immer treffsicherer und beweglicher. Gegenwärtig sind die wirksamsten P. Panzerabwehr-Hubschrauber mit gelenkten oder ungelenk-

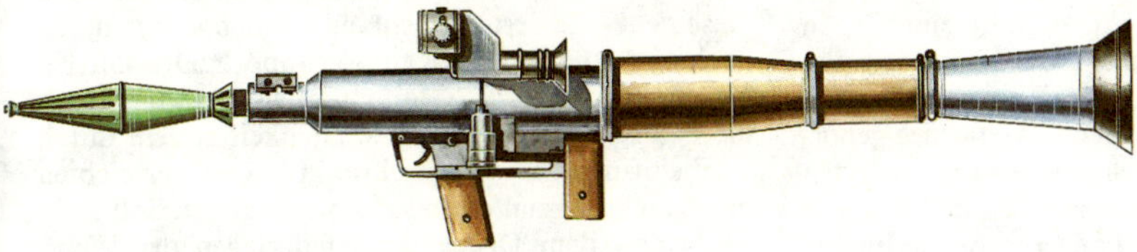

Panzerbüchse RPG-7 der NVA

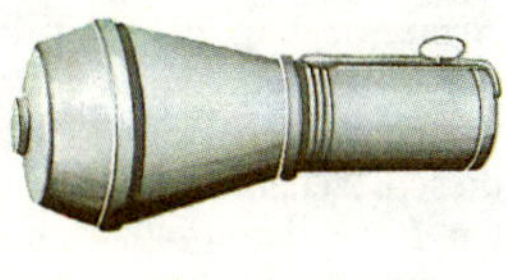

Panzerhandgranate AZ-58-K-100 der NVA

Angaben zu einigen Typen von reaktiven Panzerbüchsen

Bezeichnung Herstellungsjahr Land	Gesamtmasse (geladen) kg	Geschoßmasse kg	Geschoßkaliber mm	Reichweite m	Durchschlagsleistung mm
Panzerschreck, 1942, Deutschland	9,5	3,35	88	150	160
Bazooka M 1 A 1, 1941, USA	5,7	1,55	60	500	90
Panzerfaust, 1944, Deutschland					
Panzerfaust 30	6,9	2,0	120	30	140
Panzerfaust 60	8,5	2,4	145	80	200
Panzerfaust 100	9,4	2,6	160	150	200
Panzerfaust 44-1A1, 1959, BRD	7,4	2,3	44	200	370
M 72, 1962, USA	3,45	1,25	66	275	270
Reaktive Panzerbüchse RPG-7, 1960, UdSSR	6,35	2,25	84	150	–

Lenkschema einer Panzerabwehrlenkrakete

ten Raketen. Zu den P. gehören auch weiterhin Panzerminen, Panzerhandgranaten, Brandflaschen u. a. Im weiteren Sinne werden auch Panzer, Selbstfahrlafetten und Panzersperren dazu gerechnet. Die Armeen des Warschauer Vertrages verfügen über zahlreiche höchst wirksame P., die im Panzerabwehrsystem aufeinander abgestimmt sind und sich gegenseitig ergänzen. *(s. Abb. S. 41, 43–45, 256, 641)*

Panzerarmee → *Panzertruppen*

Panzerdivision: allgemeiner taktischer Verband der Landstreitkräfte mit → *Panzertruppen* als der dominierenden Waffengattung.

Die P. entwickelte sich aus den Panzertruppenteilen, die nach dem ersten Weltkrieg (1914–1918) in den Landstreitkräften imperialistischer Staaten sowie in der Sowjetarmee formiert und besonders in den 30er Jahren ausgebaut wurden. Die französische Armee begann 1937 mit der Aufstellung einer P.; in der britischen Armee entstand 1937/38 mit der Beweglichen Division faktisch eine P., die 1939 auch diese Bezeichnung erhielt. In der Sowjetarmee gehörten P. zu den 1940/41 bestehenden mechanisierten Korps; die vorher existierenden wie auch die seit April/Mai 1942 gebildeten Panzerkorps enthielten nicht die Führungsebene Division.

Im faschistischen Deutschland wurden bereits 1935, bei Beginn der beschleunigten Aufrüstung, die ersten 3 P. gebildet, da der Panzerverband, der gepanzerte und motorisierte Truppen vereinigte und eine besonders hohe Feuer- und Stoßkraft sowie Beweglichkeit besaß, als entscheidendes Angriffsmittel angesehen wurde. Bis zum Beginn des zweiten Weltkrieges (1939–1945) entstanden noch weitere 2 P. und 2 selbständige Panzerbrigaden, außerdem 4 sog. leichte Divisionen, die sich P. annäherten. Während des Krieges stieg die Zahl der P. bis Mai 1940 zunächst auf 10, bis Juni 1941 auf 21. Danach wurden bis Kriegsende noch mehr Panzerverbände aufgestellt, darunter 7 in der Waffen-SS und 1 in der Luftwaffe. Es bestanden ohne die 1945 kurzfristig geschaffenen Verbände, die kaum mehr als ein verstärktes Regiment oder eine Brigade waren, insgesamt 40 deutsche P. Ihre Gliederung, personelle Stärke, Bewaffnung und Ausrüstung waren jedoch recht unterschiedlich. Während des Krieges war die Entwicklung der deutschen P. besonders gekennzeichnet durch die zahlenmäßige Verringerung der Panzer und der Panzertruppenteile, die Erhöhung des Anteils der motorisierten Infanterie (teilweise auf Schützenpanzerwagen), das Streben nach größerer Feuerkraft und höherer Beweglichkeit der Artillerie sowie die Verstärkung der Panzer- und Fliegerabwehr. Mit immer neuen Grundgliederungen suchte die militärische Führung den Anforderungen des bewaffneten Kampfes sowie den schwindenden personellen und materiellen Möglichkeiten des faschistischen Deutschlands zu entsprechen. Dies führte auch dazu, daß sich P. und → *Panzergrenadierdivisionen* immer mehr anglichen. Im März 1945 schließlich wurde für beide Divisionstypen eine einheitliche Gliederung festgelegt, so daß die P. mit nur noch einer Panzerabteilung faktisch lediglich ein schwacher Panzerverband bzw. eine motorisierte Division war. Zugleich wurde für Verbände, die auch diese neue Gliederung nicht einnehmen konnten, die noch mehr gekürzte «Kampfgruppe PzDiv 45» befohlen, die nur 8602 Mann umfassen sollte. Doch die deutschen P., deren Beweglichkeit zudem durch Treibstoffmangel eingeschränkt war, erreichten meist nicht einmal diese stark verringerten Soll-Zahlen. Unter dem Druck der Niederlagen der Wehrmacht besonders an der deutsch-sowjetischen Front war aus der für Angriffsaufgaben in weiträumigen Operationen bestimmten P. im wesentlichen ein für die Verteidigung geeigneter Verband geworden. Die deutsche P. erwies sich den Panzerverbänden der Sowjetarmee wie denen der anderen Armeen der Antihitlerkoalition als unterlegen.

Nach dem zweiten Weltkrieg ließen die schnelle Entwicklung von Massenvernichtungsmitteln und der Charakter des allgemeinen Gefechts die Rolle der Panzertruppen als Hauptstoßkraft der Landstreitkräfte weiter wachsen. In Verbindung mit ihrer antisozialistischen Aggressionsstrategie maßen die NATO-Streitkräfte dem Aufbau starker Panzerverbände seit den 50er Jahren eine entscheidende Bedeutung bei. In der Bundeswehr der BRD wurden bei der Schaffung von P. sowohl die Erfahrungen der faschistischen Wehrmacht als auch der USA-Armee berücksichtigt. Die 1956 aufgestellten ersten 2 P. waren bereits für eine Kampfführung in Kampfgruppen vorgesehen und wurden 1958 auf die Brigadestruktur umgestellt, die im wesentlichen noch heute gilt. Mit dem Übergang zur «Brigade 80» seit Ende der 70er Jahre erhöhte sich die Anzahl der Kampfbataillone jeder P. von 9 auf 12, darunter 6 statt wie bisher 4 Panzerbataillone. Anfang der 80er Jahre verfügten die Landstreitkräfte der Bundeswehr über 6 P.

In der NVA der DDR besteht die P. wie in den Armeen anderer sozialistischer Staaten aus Panzerregimentern, einem mot. Schützen- und einem Artillerieregiment, Einheiten der Panzer- und Truppenluftabwehr sowie weiteren Einheiten der Spezialtruppen und Dienste. Die P. ist Bestandteil eines operativen Verbandes und handelt im allgemeinen im Zusammenwirken mit anderen Verbänden und Kräften. Struktur, Bewaffnung und Ausrüstung der P., die über eine weit größere Stoß- und Feuerkraft sowie über eine höhere Beweglichkeit als die früheren P. verfügen, ermöglichen es ihnen, über einen längeren Zeitraum in allen Gefechtsarten selbständig unterschiedliche Aufgaben zu lösen.

Panzergrenadierdivision: allgemeiner taktischer Verband des faschistischen deutschen Heeres und der Bundeswehr der BRD mit motorisierter Infanterie als der dominierenden Waffengattung.

Motorisierte Infanterieverbände entstanden in den 30er Jahren des 20. Jh. in den Landstreitkräften verschiedener imperialistischer Staaten sowie in der Sowjetarmee. In Hitlerdeutschland wurden im Oktober 1937, bei Beginn der unmittelbaren Kriegsvorbereitungen, durch Vollmotorisierung von → *Infanteriedivisionen* die ersten 4 der sog. Infanteriedivisionen (mot.) gebildet, die im Mai 1943 die Bezeichnung P. erhielten. In erster Linie sollten diese Verbände, die zusammen mit den → *Panzerdivisionen* die Hauptstoßkraft der Landstreitkräfte bildeten, die schnell verschiebbare Reserve der oberen militärischen Führung sein. Mit Beginn des zweiten Weltkrieges (1939–1945) wurden sie jedoch ausschließlich für weitgesteckte operative Ziele im Zusammenwirken mit Panzerdivisionen eingesetzt. Während des Krieges stieg die Zahl der deutschen vollmotorisierten Infanteriedivisionen bis Mai 1940 zunächst auf 6, dann bis Juni 1941 auf 14. Bis Kriegsende wurden weitere P. aufgestellt, so daß insgesamt 36 P., darunter 13 der → *Waffen-SS* und 1 der Luftwaffe, bestanden. Gliederung, personelle Stärke, Bewaffnung und Ausrüstung der P. änderten sich während des zweiten Weltkrieges recht erheblich. Ihre Entwicklung war vor allem gekennzeichnet durch das Streben nach einer für die bewegliche Kampfführung möglichst geeigneten Gliederung, die Erhöhung der Zahl gepanzerter Einheiten (einschließlich Panzer- bzw. Sturmgeschützabteilungen), die Steigerung der infanteristischen und artilleristischen Feuerkraft sowie die Verstärkung der Panzer- und Fliegerabwehr. Angesichts der zunehmenden personellen und materiellen Schwierigkeiten des faschistischen Deutschlands infolge der schweren Niederlagen der Wehrmacht besonders an der deutsch-sowjetischen Front erreichten auch die P. meist nur zeitweilig die festgelegten Soll-Zahlen. Sie waren im wesentlichen nur noch für die Verteidigung und bestenfalls für taktische Angriffshandlungen geeignet.

Nach dem zweiten Weltkrieg verstärkte sich angesichts der Entwicklung der Kernwaffen die Tendenz, die gegen Feuerschläge weitgehend ungeschützten Infanterieverbände möglichst vollständig mit gepanzerten Gefechtsfahrzeugen auszustatten. Davon ausgehend und unter Berücksichtigung der Kriegserfahrungen der faschistischen Wehrmacht und der USA-Armee, wurden in der Bundeswehr der BRD erneut P. aufgestellt. Sie waren zunächst in Kampfgruppen, seit Ende der 50er Jahre in Brigaden gegliedert. Ende der 70er Jahre wurde in den Brigaden der P. und der Gebirgsdivision die Anzahl der Kampfbataillone von 3 auf 4 (3 Panzergrenadierbataillone und 1 Panzerbataillon) erhöht. Zu Beginn der 80er Jahre hatte die Bundeswehr der BRD (Feldheer) 5 P. (einschließlich 1 Gebirgsdivision). Diese verfügen über eine hohe Stoßkraft, Feuerkraft und Beweglichkeit und sind für alle Kriegsarten und Gefechtsbedingungen geeignet.

Panzerhemd: aus Metallgeflecht bestehender elastischer Körperschutz des feudalen Kriegers vom 11. bis 15. Jh.

Hemd- oder wamsartige, metallverstärkte Schutzkleidung war bereits im Militärwesen des Altertums gebräuchlich. Im europäischen Raum wurde vom 7. bis 11. Jh. u. Z. ein hemdartiger Schuppenpanzer (Haubert) getragen, der aus Leinwand oder Leder bestand und durch übereinanderliegende Horn- bzw. Eisenplättchen oder aufgenähte Metallringe verstärkt war. Man fertigte den Haubert in sehr unterschiedlicher Länge, mit oder ohne Ärmel. Teilweise wurde er durch eine Kapuze aus Kettengeflecht und entsprechende Beinlinge erweitert. Auf die Dauer erwies sich dieser Körperschutz jedoch als unzulänglich, da ihn → *Lanze* und → *Dolch* zu durchbohren vermochten. In den Kreuzzügen des 11.–13. Jh. kamen die europäischen Ritterheere mit der orientalischen Waffentechnik in Berührung und übernahmen

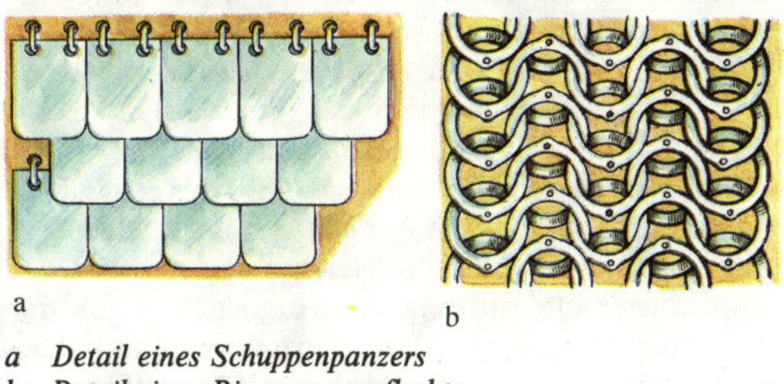

a b

a Detail eines Schuppenpanzers
b Detail eines Ringpanzergeflechts

u. a. das P. Es wurde als Ketten-, Maschen- oder Ringpanzer gefertigt, dessen Geflecht aus enggefügten, maschenartig ineinandergreifenden Ringen aus gehämmertem Eisendraht bestand und am Körper des Ritters oder des Fußknechts anlag, ohne ihn in seinen Bewegungen wesentlich zu behindern. Unter dem P. wurde ein Stoff- oder Lederhemd, über dem P. ein Waffenrock getragen. Die Herstellung der P. oblag einem speziellen Zweig der Waffenschmiede, den Sarwürkern (Panzermachern). Das P. schützte gegen die Schnittwirkung des Schwertes oder Dolches, jedoch nicht gegen die Schlagwirkung der mittelalterlichen Waffen. Vor allem bot es keinen Schutz gegen die Bolzen der inzwischen aufgekommenen → *Armbrust.* Um die Mitte des 13. Jh. ging man deshalb dazu über, das zwischen 8 und 15 kg wiegende P. durch Eisenplatten zu verstärken. Teilweise wurde das P. unverändert beibehalten und der darüber getragene Waffenrock durch eingenähte Plättchen oder Spangen (Spangenrock) verstärkt. Die ständige Verbesserung der Angriffswaffen führte zu Beginn des 14. Jh. zur weiteren Verstärkung des P. durch aufgesetzte Eisenplatten (Brustplatten, Schulterstücke, Arm- und Beinschienen, Ellenbogen- und Knieschutz). Damit wurde der Übergang zum vollständigen metallenen Körperschutz, dem → *Harnisch,* eingeleitet. *(s. Abb. S. 305, 367, 833)*

Panzerkorps → *Panzertruppen*

Panzerkreuzerbau: Schwerpunkt der Flottenrüstung des wiedererstarkenden deutschen Imperialismus in den letzten Jahren der Weimarer Republik.

Mit der im Versailler Vertrag festgelegten Altersgrenze von 20 Jahren für die → *Linienschiffe* der Reichsmarine bot sich der deutschen Marineführung ab 1927/28 die Möglichkeit zur legalen Erneuerung von Teilen des Schiffsbestandes. In der Auseinandersetzung über den Charakter der Neubauten, deren Wasserverdrängung nach den Festlegungen des Versailler Vertrages 10000 t nicht überschreiten durfte, setzte sich die Forderung nach einem für den atlantischen Zufuhrkrieg geeigneten Fahrzeug durch. Die als Panzerschiff bezeichnete neue Schiffsklasse, von der zunächst 4 Einheiten geplant waren, sollte allen größeren Gegnern an Schnelligkeit und allen gleich großen an Bewaffnung und Panzerung überlegen sein. Der für die damalige Zeit bemerkenswerte Aktionsradius von 10000 sm und darüber ließ das Schiff als Handelsstörer besonders geeignet erscheinen.

Der P. war ein Versuch des deutschen Imperialismus, durch diese neue Schiffsklasse schwerer Überwasserkräfte die Bestimmungen des Versailler Vertrages zu umgehen, und zugleich Teil der wiederbeginnenden Flottenrüstung. Im August 1928 gab die Reichsregierung unter dem sozialdemokratischen Reichskanzler Hermann Müller (1876–1931) ihre Zustimmung für den mit 80 Mill. Reichsmark veranschlagten Bau des Panzerschiffes «A». Damit brach die SPD ihr zu den Reichstagswahlen vom Mai d. J. gegebenes Wahlversprechen. Insgesamt bürdete der P. dem deutschen Volk fast 500 Mill. Reichsmark zusätzlicher Rüstungslasten auf. Die KPD rief im Oktober 1928 zu einem Volksbegehren gegen den P. auf. Der Inhalt der von ihr vorgeschlagenen Gesetzesvorlage bestand aus einem Artikel: «Der Bau von Panzerschiffen und Kreuzern jeder Art ist verboten.» Durch massive Rüstungspropaganda der herrschenden Klasse, unterstützt durch raffinierte taktische Manöver der SPD-Führung gegenüber den Mitgliedern, gelang es, große Teile der deutschen Werktätigen von der Teilnahme am Volksbegehren abzuhalten. Der von der KPD geführte Kampf gegen den P. wurde auch von fortschrittlichen Vertretern des Bürgertums und der Intelligenz unterstützt. Es gelang je-

Taktisch-technische Daten des Panzerschiffs «Deutschland»

Indienststellung	1. 4. 1933
Besatzung	619 Mann
größte Wasserverdrängung	15900 t
Länge	186 m
Breite	20,7 m
Maschinenleistung	55400 PS
max. Geschwindigkeit	28 kn
Fahrstrecke	10000 sm bei 20 kn
Bewaffnung	6/280 mm (Drillingstürme)
	8/150 mm
	3/88 mm
	4/37 mm (Doppellafette)
	8 Torpedorohre (Vierlingssätze)
	2 Bordflugzeuge

Agitation in Leipzig gegen den Panzerkreuzerbau, August 1928

doch nicht, die für ein Volksbegehren erforderliche Stimmenzahl zu erreichen.

Das offiziell mit 10000 t Wasserverdrängung angegebene, tatsächlich aber beträchtlich größere Panzerschiff «A» lief am 19. 5. 1931 von Stapel und erhielt den Namen «Deutschland» (1939 umbenannt in «Lützow»). Bis zum November 1935 wurden 2 weitere Panzerschiffe («Admiral Scheer» und «Admiral Graf Spee») in Dienst gestellt. Nach dem Anfang 1939 beschlossenen, aufgrund des Verlaufs des zweiten Weltkrieges jedoch nicht zur Ausführung gelangenden → *Z-Plan* zum Ausbau der faschistischen deutschen Kriegsmarine sollte eine größere Zahl weiterer Panzerschiffe gebaut werden. Der Einsatz der vorhandenen, ab Februar 1940 als schwere Kreuzer (→ *Kreuzer*) bezeichneten Panzerschiffe gegen die britischen Seeverbindungen hatte trotz einiger Teilerfolge nicht das von der faschistischen Führung erhoffte Ergebnis. Nach dem Verlust des → *Schlachtschiffs* «Bismarck» und der Liquidierung der schwimmenden deutschen Versorgungsbasen wurde im Herbst 1941 der Zufuhrkrieg mit schweren Überwasserkräften im Atlantik eingestellt.

Panzerreiter: gerüstete und schwerbewaffnete berittene Krieger im Frankenreich und frühfeudalen deutschen Staat.

Auf der Grundlage des sich seit dem 6. Jh. im Frankenreich entwickelnden Lehnswesens entstand eine Schicht feudaler Gefolgsleute, aus denen sich eine schwere Reiterei von Berufskriegern formierte. Dieser Prozeß wurde von den Karolingerkönigen intensiv gefördert. Die P. bildeten bald den Kern des → *Vasallenheeres* und waren dessen Hauptschlagkraft. Die Bewaffnung der P. bestand aus Lanze, Streitkolben bzw. Streitaxt, Schwert und Schild, die Rüstung aus Helm, Ring- oder Kettenpanzer und Beinschienen. Zusammen mit dem ebenfalls gepanzerten Streitroß hatte die Ausrüstung um das Jahr 800 einen Wert von über 40 Kühen. Diese Mittel vermochte nur noch ein Vasall aufzubringen. Die P. waren weniger verwundbar und den Fußkämpfern ebenso überlegen wie den leichtbewaffneten Reitern. Sie entschieden den Kampf auf dem Schlachtfeld durch die Wucht ihres geschlossenen Angriffs. Die waffentechnischen und taktischen Vorteile der P. zeigten sich in den fränkischen Kriegen (→ *fränkische Expansionskriege 5.–9. Jh.*), in den Abwehrkämpfen gegen die Araber, Normannen und Ungarn (Schlacht auf dem → *Lechfeld 955*), in den Eroberungszügen gegen Italien und die slawischen Stämme sowie in den bewaffneten Klassenauseinandersetzungen jener Zeit (→ *sächsischer Bauernaufstand 1073–1075*). Die P. vergrößerten die militärische Macht des Feudaladels. Mit der weiteren Ausprägung der Feudalordnung wurden die → *Ritter* dann zum Träger der schweren Reiterei, der Hauptkraft des → *Ritterheeres. (s. Abb. S. 367)*

Panzertruppen: im ersten Weltkrieg 1914–1918 entstandene Waffengattung der → *Landstreitkräfte*, die überwiegend mit → *Panzern* ausgerüstet ist.

Nachdem im Spätherbst 1914 auf dem westeuropäischen Kriegsschauplatz die Fronten im Stellungskrieg zu erstarren begannen, suchten die führenden Militärs nach erfolgversprechenden Mitteln und Methoden, den taktischen und operativen Durchbruch durch die sich festigenden Verteidigungssysteme zu erreichen. Dabei griffen sie auch auf frühere Projekte gepanzerter, geländegängiger und bewaffneter Kampffahrzeuge zurück. In Großbritannien, wo bereits im Februar 1916 die Serienproduktion eines brauchbaren Panzers vom Typ Mark I begann, wurden im Juli d. J. auch die ersten Panzereinheiten gebildet. Nach dem ersten Einsatz von 49 Panzern in der Schlacht an der → *Somme 1916* nahmen die britischen P., seit Juli 1917 «Royal Tank Corps» genannt, einen raschen Aufschwung. Die Schlacht bei → *Cambrai 1917*, an der 3 britische Panzerbrigaden (insgesamt 476 Panzer) teilnahmen, zeigte die Zukunftsträchtigkeit, aber auch die Grenzen der neuen Waffe. Ihr Einsatz trug im Zusammenwirken mit den anderen Waffengattungen zum Gelingen des taktischen Durchbruchs bei; die Ausweitung zum operativen Durchbruch blieb aber ein ungelöstes Problem, vor allem wegen der unzureichenden taktisch-technischen Eigenschaften der Panzer. Danach wurde der Bau leichter Panzer (vom Typ Mark A), die als eine Art Verfolgungspanzer die Rolle der Kavallerie übernehmen sollten, beschleunigt.

Britischer Tank im ersten Weltkrieg

Unabhängig von der Entwicklung in Großbritannien entstanden die französischen P. im August 1916. Der erste Einsatz französischer P. (132 Panzer vom Typ Schneider M 16) erfolgte am 16. 4. 1917 während der Offensive an der Aisne. Nach Mißerfolgen der anfänglichen Taktik und der Einführung einer größeren Zahl leichter Panzer vom Typ Renault wurde wie den britischen auch den französischen P. mehr die Rolle einer Begleitwaffe der Infanterie beigemessen. Trotz verschiedener Hemmnisse (technische Entwicklungsprobleme, ungenügende Produktionszahlen, unzweckmäßiger Einsatz und Vorurteile) konnten die französischen und britischen P. die Technik vervollkommnen, den Mannschaftsbestand erweitern sowie die Organisations- und Führungsstruktur festigen. Sie trugen wesentlich zu den Erfolgen der Alliierten 1918 bei, so insbesondere während der Gegenoffensive zwischen Marne und Aisne, wo am 18. 7. 1918 bei Soissons etwa 400 Panzer zum Einsatz kamen, oder bei der am 8. 8. 1918 beginnenden großen Offensive bei Amiens, an der 546 Kampfpanzer teilnahmen.

Die deutsche OHL unterschätzte lange Zeit die Bedeutung der neuen Waffe, wie sie auch die Möglichkeiten für deren Abwehr überbewertete. Erst im November 1916 erteilte das Kriegsministerium den Auftrag zur Entwicklung von Panzern, und im Frühjahr 1918 standen die ersten, wenigen Kampfwagen eigener Produktion vom Typ A 7 V zur Verfügung. Die P. des deutschen Heeres entstanden Ende 1917 mit der Aufstellung der ersten «Sturmpanzerkraftwagen-Abteilungen». Insgesamt wurden bis Kriegsende 10 Abteilungen (zu je 5 Panzern) gebildet. Davon waren 3 Abteilungen mit deutschen Panzern (A 7 V), die übrigen mit Beutepanzern ausgestattet. Die Führung und waffentechnische Ausbildung der P. lag seit Mai 1918 in den Händen eines Kommandeurs der Sturmpanzerkraftwagen-Abteilungen, der dem Stab des Chefs des Feldkraftfahrwesens angehörte. Nach Ansicht der OHL sollten die P. als Hilfswaffe der Infanterie zusammen mit Infanteriestoßtrupps gegnerische Widerstandsnester (insbesondere MG-Stellungen) niederkämpfen, um der nachfolgenden Infanterie den Weg zu bahnen. Der erste Einsatz deutscher P. (2 Abteilungen mit insgesamt 9 Panzern) erfolgte am 21. 3. 1918 bei St-Quentin. Im September 1918 wurde begonnen, die bisherigen Abteilungen (jetzt in «Schwere Kampfwagenabteilungen» umbenannt) durch Zusammenfassung auf je 15 Panzer zu verstärken; außerdem war geplant, aus den im Bau befindlichen leichten Panzern vom Typ LK II 3 Abteilungen zu je 100 Panzern aufzustellen. Die Niederlage des deutschen Imperialismus machte jedoch alle diesbezüglichen Pläne gegenstandslos. Im Vergleich zur Entente blieb die Verwendung von P. auf deutscher Seite mangels Anzahl der Panzer bedeutungslos. Während die Entente bis Kriegsende insgesamt mehr als 5000 Panzer herstellte, belief sich die deutsche Produktion nur auf 20 Panzer.

In der Zeit zwischen den beiden Weltkriegen nahmen die P. international eine rasche Entwicklung, die wesentlich von den wirtschaftlich-technischen Möglichkeiten und der Militärdoktrin des jeweiligen Staates bestimmt wurde. Im Zuge der antisowjetisch und antikommunistisch orientierten Rüstungs- und Kriegspolitik der imperialistischen Mächte maßen deren führende Militärs den neuen technischen Kampfmitteln (insbesondere Panzern und Flugzeugen) einen hohen Stellenwert bei. Die Mehrzahl der führenden Militärs, namentlich in Frankreich, sah aber in den P. weiterhin eine reine Unterstützungswaffe der Infanterie. Dementsprechend dominierte die Gliederung in Panzerbataillone, die den Infanteriedivisionen nach Bedarf zugewiesen werden sollten. Die kurz vor dem zweiten Weltkrieg in Großbritannien und Frankreich begonnene Aufstellung gemischter Panzerverbände kam nicht mehr zur Auswirkung.

In der Sowjetunion entstanden P. im eigentlichen Sinne erst ab Ende der 20er Jahre. Die sozialistische Industrialisierung ermöglichte eine technologisch fortgeschrittene Großserienproduktion zweckentsprechender Panzertypen. In den 30er Jahren setzte sich in der sowjetischen Militärdoktrin der Gedanke des operativen Einsatzes gemischter Panzerverbände durch, und zwar im Zusammenhang mit der Theorie der tiefen Operation. Der Einsatz von P. während der Intervention in Spanien (1936–1939) führte zu kontroversen Ansichten über die Bildung großer Panzerverbände. Ab 1941 entstanden erneut motorisierte und mechanisierte Korps.

Die Niederlage des deutschen Imperialismus im ersten Weltkrieg unterbrach die Entwicklung der P. in Deutschland. Der Versailler Vertrag verbot u. a. auch die Produktion und Einfuhr von Panzern und ähnlichen Fahrzeugen. Im Zuge der geheimen Aufrüstung traf jedoch die Reichswehrführung schon früh Vorbereitungen für die spätere Aufstellung von P. Ende der 20er Jahre wurden die Maßnahmen für die Heeresmotorisierung und damit auch für den Aufbau von P. beschleunigt. Die Industrie lieferte die ersten Versuchsmodelle von Panzern und anderen gepanzerten Kampffahrzeugen. Im Rahmen der → *Kraftfahrtruppen,* aus denen sich Kraftfahrkampftruppen herausbildeten, erprobten sog. Kraftwagen-Nachbildungsbataillone unter Verwendung von Panzerattrappen taktische Einsatzprinzipien der P. und der Panzerabwehr. Seit 1927 begann sich eine theoretische Richtung herauszubilden, die dem Einsatz gemischter und selbständig handelnder Panzerverbände die Wirkung schneller Kriegsentscheidung beimaß. Die Reichswehrführung orientierte jedoch vorerst auf die Formierung selbständiger Panzerregimenter, die dem entscheidungsuchenden Angriff von Infanterieverbänden größere Stoßkraft verleihen sollten.

Beim Aufbau der faschistischen Aggressionsarmee nahmen die P. im Sinne der → *Blitzkriegskonzeption* einen besonderen Platz ein. Ein forciertes Motorisierungsprogramm mit Bevorzugung der Panzerproduktion diente der Schaffung eines stoßkräftigen

Panzer. *Streitkräfte des imperialistischen Deutschlands – 1917 bis 1945, I:* **1** Kampfwagen A 7 V (1917); **2** leichter Kampfwagen LK II, Prototyp (1918); **3** Daimler-Benz-Panzerkampfwagen „Großtraktor I", Prototyp (1929); **4** Panzerkampfwagen I, Ausf. A (1934); **5** Panzerkampfwagen II, Ausf. C (1937); **6** TNHPS, Panzerkampfwagen 38 (t), tschechoslow. Konstruktion (1939)

und hochbeweglichen Heeres. Bereits 1934 begann die Serienproduktion von Panzern, zunächst der leichten Typen P I und P II. Im Herbst 1935 wurden die ersten 3 → *Panzerdivisionen* aufgestellt, die strukturmäßig je 521 Panzer bekommen sollten. Wachsenden Einfluß auf Einsatz- und Organisationsprinzipien der deutschen P. erlangte die Theorie des operativen Panzereinsatzes, die vor allem von dem österreichischen General Ludwig von Eimannsberger (1878–1945) sowie dem späteren Generaloberst Heinz Guderian (1888–1954) verfochten wurde. Der Generalstab des Heeres sah aber bis 1938 den Schwerpunkt des Panzereinsatzes bei der Infanterieunterstützung; daher blieben zunächst auch die Panzerdivisionen an den taktischen Rahmen gebunden. Seit 1938, mit dem Überfall auf die Tschechoslowakische Republik, setzte sich die Theorie des operativen Einsatzes von Panzerverbänden endgültig in der faschistischen Militärdoktrin durch; nunmehr war der größte Teil der bestehenden Panzerabteilungen (20 von 29) in Panzerdivisionen zusammengefaßt. Der im November 1938 eingesetzte Chef der Schnellen Truppen (gepanzerte und motorisierte Verbände) hatte gegenüber den anderen Waffeninspekteuren erweiterte Befugnisse.

Beim Überfall auf Polen im September 1939 verfügte das faschistische Heer über 2980 Kampf- und 215 Befehlspanzer. Es bestanden 5 Panzerdivisionen, 2 Panzerbrigaden sowie 4 sog. leichte Divisionen mit dem Charakter schwacher Panzerdivisionen. Die Panzerdivision umfaßte in der Regel 2 Panzerregimenter (zu je 2 Abteilungen), 1 Schützen- und 1 Artillerieregiment sowie verschiedene Einheiten anderer Waffengattungen und Dienste. Die Kampfkraft der Division war jedoch dadurch herabgesetzt, daß mangels Kampfwagen die Zahl der Kompanien in der Abteilung von 4 auf 3 vermindert und damit die Zahl der Panzer je Division auf etwa 320 herabgesetzt wurde. Außerdem bestand die Mehrzahl der Panzer noch aus den veralteten Typen P I und P II sowie den tschechischen Panzern P 38 (t); die allmählich zugeführten mittleren Panzer P III und P IV bildeten im Mai 1940 erst ein Fünftel des Gesamtbestandes. Durch Umwandlung der leichten Divisionen, die zunächst nur 1 Panzerabteilung (je 86 Panzer) besaßen, in Panzerdivisionen erhöhte sich deren Zahl bis zum Mai 1940 auf 10. Obwohl zahlenmäßig und teilweise technisch unterlegen, erreichten die faschistischen P. hinsichtlich des organisatorischen Aufbaus und der Einsatzmethoden einen beträchtlichen Vorsprung gegenüber denen der voraussichtlichen Gegner. Beim Überfall auf Polen und noch mehr während der Offensive gegen Frankreich zeigten die mit massierten Panzerverbänden in ausgewählten Richtungen geführten Operationen hohes Tempo und große Tiefe. So stießen beim Hauptschlag durch die Ardennen zur Kanalküste («Sichelschnitt») die schnellen Verbände mit P. an der Spitze in 6 Tagen 250 km vor und trennten 41 alliierte Verbände ab. Die in den Hauptstoßrichtungen eingesetzten Verbände aus Panzer- und motorisierten Infanteriedivisionen nahmen faktisch schon den Charakter von Panzerkorps und Panzerarmeen an. In panzergünstigem Gelände griffen die beiden Regimenter der Panzerdivision mit den schweren Panzern voraus an, während die leichteren Panzer den Durchbruch erweiterten. Fliegerkräfte und Artillerie hielten die schweren Waffen des Gegners nieder. In panzerungünstigem Gelände öffneten die Schützenregimenter den Weg, bis genügend Raum für die Panzerregimenter geschaffen war. Die bisherigen Kriegserfahrungen wurden in der Vorschrift «Richtlinien für die Führung und den Einsatz der Panzerdivisionen» (3. 12. 1940) zusammengefaßt.

Bei der Vorbereitung des Überfalls auf die Sowjetunion wollte die faschistische Führung die operative Beweglichkeit des Heeres weiter erhöhen. Dazu wurde die Zahl der Panzerdivisionen bis Juni 1941 auf 21 erhöht und eine weitere Anzahl von Infanteriedivisionen motorisiert (→ *Panzergrenadierdivision*). Bis zum Juni 1941 verfügte das Heer über

Panzertruppen der faschistischen Wehrmacht an der deutsch-sowjetischen Front, 1942

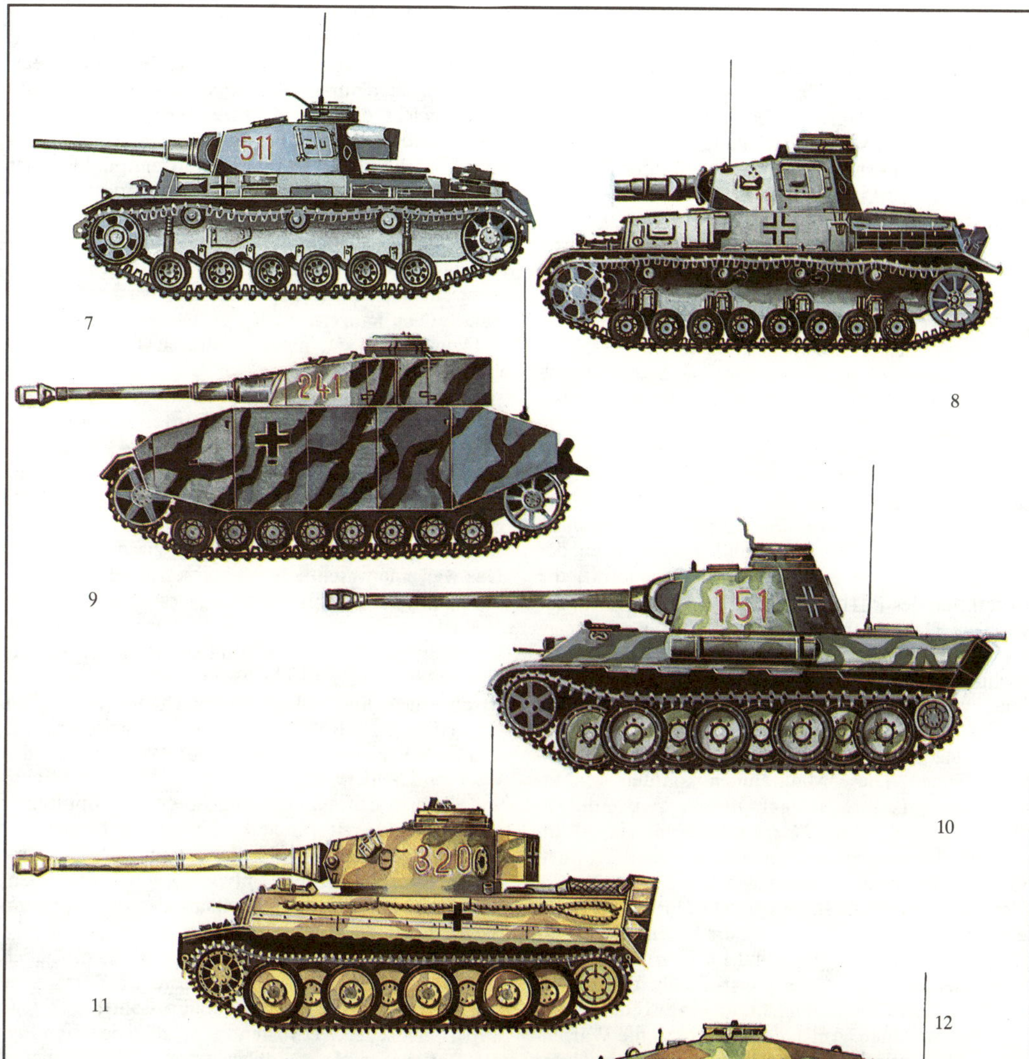

Panzer. *Streitkräfte des imperialistischen Deutschlands – 1917 bis 1945, II:* **7** Panzerkampfwagen III, Ausf. L (1941); **8** Panzerkampfwagen IV, Ausf. D (1939); **9** Panzerkampfwagen IV, Ausf. H mit Zusatzpanzerung und Seitenschürzen (1943); **10** Panzerkampfwagen V „Panther“, Ausf. G (1944); **11** Panzerkampfwagen VI „Tiger I“ (1943); **12** Panzerkampfwagen VI „Tiger II (Königstiger)“ (1945)

5260 Panzer, jetzt mehr als die Hälfte mittlere Typen (P III und P IV) mit verbesserten taktisch-technischen Eigenschaften. Da dieser Bestand nicht zur Deckung des strukturmäßigen Bestands ausreichte, wurde die Zahl der Panzerabteilungen und Panzer in den Divisionen erneut herabgesetzt (2 oder 3 Abteilungen mit insgesamt 147–299 Panzern). Nach dem faschistischen Operationsplan sollten sog. Panzerkeile die Masse der sowjetischen Streitkräfte durch einseitige oder doppelte Umfassung vernichten. Die dafür eingesetzten 4 Panzergruppen (insgesamt 3300 Panzer) waren faktisch Panzerarmeen und wurden später auch so bezeichnet. Nach den gravierenden Niederlagen im Winter 1941/42 bemühte sich die faschistische Führung, die geschwächten Panzer- und mot. Infanteriedivisionen wieder zu relativ kampfkräftigen Verbänden aufzufüllen. Dafür ließ sie die Panzerproduktion steigern, unter wachsendem Anteil verbesserter Typen und von Neukonstruktionen. Angesichts der überlegenen sowjetischen Panzer vom Typ KW und T-34 wurden der P IV in Panzerung und Bewaffnung verstärkt, die Produktion des P III eingestellt (Ende Juni 1943) sowie neue Typen beschleunigt entwickelt: der schwere P VI («Tiger»), der mittlere P V («Panther»), der leichte Aufklärungspanzer «Leopard» sowie verschiedene, vornehmlich für die Panzerbekämpfung gedachte Typen von → *Selbstfahrlafetten (SFL)*. Bis Ende 1942 erfolgte die Aufstellung weiterer 5 Panzerdivisionen. Diese Maßnahmen konnten den faschistischen P. ihre Schlagkraft nur zeitweilig zurückgeben. Bei ihren Gegenoffensiven im Winter 1942/43 vernichteten die sowjetischen Truppen 5 Panzerdivisionen. Diktiert von den Siegen der Sowjetarmee, leitete die faschistische Führung im Frühjahr 1943 Maßnahmen ein, um die Offensivkraft der P. wiederherzustellen. Sie schuf im Februar 1943 die Dienststellung eines Generalinspekteurs der P. Der dazu berufene Generaloberst Guderian sollte die Reorganisation leiten. Am 1. 4. 1943 erhielt die Waffengattung Schnelle Truppen die Bezeichnung P. Unter großen Anstrengungen konnte die Panzerproduktion, die im Dezember 1944 ihren höchsten Stand erreichte, beträchtlich gesteigert werden. Die verstärkte Zuführung verbesserter und neuer Panzertypen ermöglichte es, 1943–1945 weitere 18 Panzerdivisionen aufzustellen. Die Niederlagen, Rückzüge und Verluste zwangen jedoch die faschistische Führung zunehmend zu Improvisationen. An der deutsch-sowjetischen Front, der Hauptfront des zweiten Weltkrieges, erlitten die faschistischen P. 1941–1944 etwa 80 Prozent ihrer Gesamtverluste. Die Panzerdivisionen besaßen teilweise nur noch 1 Panzerabteilung. Außerdem mußten bis März 1945 mindestens 7 Panzerdivisionen aufgelöst werden. Den Panzerdivisionen, deren Bestand an Panzern ständig sank, glichen sich die im Mai 1943 gebildeten Panzergrenadierdivisionen hinsichtlich Ausstattung immer mehr an. Schließlich wurde im März 1945 für beide eine einheitliche, aber nur in Ansätzen verwirklichte Struktur festgelegt, die u. a. 76 Panzer, 90 Schützenpanzerwagen und 16 Panzerspähwagen vorsah. Die gepanzerten Verbände, zersplittert an Brennpunkten der Front eingesetzt, hatten ihre Rolle als operative Angriffswaffe endgültig ausgespielt und waren im wesentlichen nur noch zur Verteidigung geeignet.

Dagegen entwickelten sich die sowjetischen P. zu einer entscheidenden Stoßkraft. Die wachsende Produktion von Panzern der laufend verbesserten Serien T-34 und KW, des neuen schweren Typs IS sowie von Selbstfahrlafetten ermöglichte es, die P. zu verstärken. Die jetzt aufgestellten Panzerverbände (Panzerkorps, mechanisierte Korps, Panzerarmeen) eigneten sich zu operativen Schlägen. Seit 1943 entwickelten sich die Panzerarmeen zu einem Mittel, den Erfolg der allgemeinen Armeen auszubauen, die operativen Reserven des Gegners zu zerschlagen und seine rückwärtigen Verbindungen zu durchstoßen. Das war eine wesentliche Voraussetzung für die Zerschlagung der faschistischen Aggressoren.

Nach dem zweiten Weltkrieg vollzog sich die Entwicklung der P. unter dem Einfluß des wissenschaftlich-technischen Fortschritts und der militärischen Erfahrungen und militärtheoretischen Erkenntnisse des Krieges. Im Rahmen ihrer antisowjetischen, mit atomarer Erpressung verbundenen Politik waren die USA und andere imperialistische Mächte bestrebt, vor allem in Europa aggressionsbereite Gruppierungen der Landstreitkräfte zu schaffen, zu deren Kern starke P. gehörten. Die NATO-Hauptländer forcierten die panzertechnische Entwicklung und erprobten und praktizierten neue Organisationsstrukturen, um die P. zu modernisieren und ihre Feuer- und Stoßkraft sowie Manövrierfähigkeit zu erhöhen. Dabei wurde im Interesse des Militär-Industrie-Komplexes der wissenschaftlich-technische Fortschritt für das imperialistische Wettrüsten genutzt. Die Eignung der P. für Kampfhandlungen unter Kernwaffeneinsatz zusammen mit ihrer hohen Beweglichkeit, Feuer- und Stoßkraft verlieh ihnen einen hohen Stellenwert im Gesamtkonzept der imperialistischen Kriegsvorbereitungen. Deshalb nahmen auch bei der Aufstellung und Entwicklung der Bundeswehr der BRD die P. einen vorrangigen Platz ein. Die zunächst nach dem Vorbild der Streitkräfte der USA aufgestellten und mit Kampftechnik aus den USA ausgestatteten P. trugen wesentlich zur Aggressionsbereitschaft der Bundeswehr im Rahmen der NATO bei. Seit Mitte der 60er Jahre erhielten sie moderne Kampfpanzer aus der BRD-Rüstungsproduktion, wurden in ihrer Struktur mehrmals verändert und in den Führungs- und Einsatzprinzipien den sich veränderten Kampfbedingungen angepaßt.

Panzer. *NVA der DDR:* **1** mittlerer Panzer T-34/85 (50er/60er Jahre); **2** schwerer Panzer IS-2 (50er Jahre); **3** Schwimmpanzer PT-76; **4** mittlerer Panzer T-54; **5** mittlerer Panzer T-55; **6** mittlerer Panzer T-72

Unter diesen Bedingungen sahen sich die Sowjetunion und die anderen Staaten des → *Warschauer Verteidigungsbündnisses* veranlaßt, die P. ihrer Streitkräfte zu vervollkommnen und zu modernisieren. Ihre Panzer- und mot. Schützenverbände wurden mit vermehrten und verbesserten Kampffahrzeugen, insbesondere Panzern, ausgerüstet. Die P. entsprechen in hohem Maße den Merkmalen und Forderungen des allgemeinen Gefechts und sind die Hauptstoßkraft der Landstreitkräfte. Sie können selbständig zur Lösung von Kampfaufgaben oder zur Unterstützung der Gefechtshandlungen der mot. Schützentruppen eingesetzt werden. P. sind zu weiträumigen Marschbewegungen, zu wendigen Manövern auf dem Gefechtsfeld und zur schnellen Entwicklung des Angriffs imstande. Sie können rasch zu massiertem und dezentralisiertem Einsatz übergehen und sind gegenüber den Wirkungen von Massenvernichtungsmitteln widerstandsfähig. Für den Vorstoß in die Tiefe der gegnerischen Aufstellung erlangen Handlungen der P. in getrennten Richtungen, Stöße in die Flanken und in den Rücken des Gegners bei engem Zusammenwirken mit Raketentruppen, Fliegerkräften und Luftlandetruppen erhöhte Bedeutung bei der Lösung der Gefechts- und Operationsaufgaben.

Die NVA orientierte sich beim Aufbau ihrer P. an den reichen Erfahrungen und großen Leistungen der Sowjetarmee. Dank umfassender Hilfe durch die Sowjetunion konnten bei der Schaffung der → *Landstreitkräfte der NVA (LaSK)* auch kampfstarke P. formiert werden. Im Sommer 1956 erfolgte die Aufstellung des ersten Panzerverbandes der NVA. Er umfaßte neben P.teilen und -einheiten auch andere Waffengattungen und Dienste. P. gehörten ebenso zur Gliederung der → *mot. Schützendivisionen der NVA (MSD).* Die Bewaffnung und Ausrüstung der P. bestand zunächst aus den Kampfpanzern T-34/85 und T-54, amphibischen Aufklärungspanzern PT-76, Schützenpanzerwagen sowie verschiedenen Artilleriesystemen und anderer Kampftechnik. Zu Beginn der 60er Jahre traten die P. der NVA in eine neue Entwicklungsetappe, charakterisiert durch die Einführung qualitativ neuer Kampftechnik und durch erweiterte Gefechtsmöglichkeiten. Insbesondere die Zuführung neuer Kampfpanzer vom Typ T-55 erweiterte die Möglichkeiten von Gefechtshandlungen unter den verschiedensten Bedingungen. In gemeinsamen Übungen und Manövern der Vereinten Streitkräfte bewiesen die P. der NVA ihre Fähigkeit, sowohl Angriffe aus der Bewegung und Begegnungsgefechte zu führen, Wasserhindernisse zu überwinden und den Angriff in hohem Tempo in die Tiefe der gegnerischen Verteidigung vorzutragen als auch eine aktive Verteidigung zu führen. Das enge Zusammenwirken mit den Streitkräften der Sowjetunion und der anderen Staaten des Warschauer Vertrages garantiert und erfordert zugleich die weitere Erhöhung der Kampfkraft und Einsatzbereitschaft der P. der NVA. Dabei leistet die Sowjetarmee auch weiterhin den entscheidenden Beitrag zur Entwicklung der P. als Hauptstoßkraft der Landstreitkräfte der verbündeten sozialistischen Armeen. Das beweist u. a. der von sowjetischen Konstrukteuren und Arbeitern geschaffene Panzer vom Typ T-72, der eine neue Qualität im Panzerbau bedeutet. *(s. Abb. S. 749, 751, 753)*

Ein Panzertruppenteil der NVA im Manöver

Paris 1870/71: Einschließung und Belagerung durch deutsche Truppen im → *Deutsch-Französischen Krieg 1870/71* vom 19. 9. 1870 bis zum 28. 1. 1871.

Nach der französischen Kapitulation von Sedan am 2. 9. (→ *Sedan 1870*) rückten die deutsche Maasarmee (4. Armee) gegen die Nordfront und die 3. Armee gegen die Südfront von P. vor (insgesamt 150000 Mann und 675 Feldgeschütze). Sie mußten sich zunächst auf die Einschließung beschränken, weil die Belagerungsartillerie des Feldheeres noch vor den ostfranzösischen Festungen (u. a. Toul und Strasbourg) eingesetzt war. Der Chef des Generalstabes, General Helmuth von Moltke (1800–1891), erwartete, daß P. in etwa 6 Wochen infolge von Hunger und inneren Unruhen kapitulieren würde. P. band jedoch für mehrere Monate einen Großteil des deutschen Feldheeres und erleichterte dadurch die Mobilisierung neuer Armeen im unbesetzten Frankreich. Die französische Hauptstadt (1,85 Mill. Einwohner) war die derzeit größte Lagerfestung. Ihr innerer bastionierter Stadtwall besaß eine Ausdehnung von 30 km; 1,5–4,5 km davor lag ein Gürtel von 16 großen, stark armierten Forts (Ausdehnung 52 km). Die geographischen Bedingungen begünstigten die Verteidigung. Munition und Waffen (über 2200 Geschütze) waren genügend vorhanden, Lebensmittel bis Ende Dezember. Die Verteidigung konnte sich auf etwa 500000 Mann stützen: zusammengewürfelte aktive Truppenteile, Mobilgarden und die vor allem aus Werktätigen gebildeten Nationalgarden. Sie waren aber zum größten Teil nur mangelhaft ausgebildet und ausgerüstet; vor allem fehlten erfahrene militärische Führer. Den Oberbefehl hatte der Präsident der Regierung der nationalen Verteidigung inne, General Louis Trochu (1815–1896), ein Bonapartist. Er lehnte den von den Volksmassen geforderten Widerstand bis zum Äußersten ab, mußte aber wirksame Verteidigungsmaßnahmen treffen. Anfang November wurden für die verschiedenen Aufgaben der Verteidigung 3 Armeen gebildet (300000 Mann und 300 Geschütze). Ballons und Brieftauben bewährten sich als Verbindungsmittel zum unbesetzten Frankreich. Seit dem 19. 9. bestand der 84 km lange Einschließungsring. Bis Mitte November konnten P., traf aber entsprechende Vorbereitungen. Der in Deutschland dafür neuaufgestellte Belagerungspark konnte erst nach dem Fall von Toul (23. 9.) in die Nähe von P. transportiert werden. Nach der Kapitulation von Metz am 27. 10. (→ *Metz 1870*) wurde auch die Einschließungsarmee verstärkt. Ende November zählte sie etwa 200000 Mann.

Seit Anfang Dezember verschlechterte sich die Lage von P. zusehends. In der Ausfallschlacht von Villiers–Champigny (30. 11.–2. 12.) konnten 7–8 französische Divisionen die deutschen Truppen nur vorübergehend zurückwerfen. Auch die Gefahr von Entsatzangriffen der französischen Nordarmee und der Loirearmee war beseitigt. Nunmehr wurden die Vorbereitungen für einen Belagerungsangriff forciert, der infolge der Länge der Einschließungsfront nur an einigen Abschnitten erfolgen konnte. Er be-

Preußische Belagerungsbatterie im Park von Raincy bei Paris, Dezember 1870

Württembergische Infanterie im Kampf um die Ortschaft Champigny bei Paris, 2. Dezember 1870

ihn die deutschen Truppen nur mühevoll aufrechterhalten, da Kräfte gegen die Franktireurs und zur Abwehr der französischen Loirearmee abgezogen wurden und auch Nachschubschwierigkeiten bestanden. Doch alle französischen Ausfälle (am 19. 9., 30. 9., 13. 10., 21. 10. und 28. 10.) endeten infolge der unfähigen Führung durch die bonapartistischen Generale mit großen Verlusten. Ende Oktober kam es in P. zu Unruhen gegen den Defätismus der politischen und militärischen Führung. Da P. nicht kapitulierte und die Französische Republik den Krieg fortsetzte, drängte besonders der preußische Ministerpräsident und Kanzler des Norddeutschen Bundes, Otto von Bismarck (1815–1898), aus politischen Gründen auf einen Belagerungsangriff und ein rücksichtsloses Bombardement. Vom Fall von P. erhoffte er sich die Beendigung des Krieges. Moltke aber wollte dies vor allem durch die Vernichtung der neuen französischen Feldarmeen und eine weitere Besetzung Frankreichs erreichen. Er erkannte die Schwierigkeiten eines Belagerungsangriffes auf die Riesenfestung gann am 27. 12. mit 76 Geschützen an der Nordostfront und bewirkte am 29. 12. die Räumung der Forts. Die Masse der Einwohner von P. hungerte, da die Lebensmittelverteilung nicht streng kontrolliert wurde. In den Arbeitervierteln kam es täglich zu Unruhen. Mangel an Brennstoffen und Kälte erhöhten die Sterblichkeit. Am 5. 1. 1871 begann die Schlußphase der Belagerung mit einem Artillerieangriff von 108 Geschützen an der Südfront. Gleichzeitig setzte ein terroristisches Bombardement einiger Stadtviertel ein, um den Widerstand der Bevölkerung zu brechen. Nach einem gescheiterten Ausbruch am 14. 1. führte Trochu am 19. 1. einen großen Ausfall mit der Nationalgarde durch (90000 Mann), der schwere Verluste kostete. Er sollte die demokratischen Kräfte dezimieren, von den inneren Unruhen ablenken und die Kapitulationsbereitschaft fördern. Am 21. 1. begann ein weiterer Belagerungsangriff mit 69 Geschützen an der Nordfront. In P. kam es am 22. 1. zu bewaffneten Zusammenstößen. Aus Furcht vor den revolutionären Kräften leitete die französische Regie-

Preußische Jäger bei der Abwehr eines französischen Angriffs am Mont-Valérien bei Paris, 18. Januar 1871

rung am 23. 1. Waffenstillstandsverhandlungen ein, die zur Feuereinstellung führten (26. 1.). Am 28. 1. wurde eine Konvention zur Übergabe von P. abgeschlossen und damit die Belagerung beendet. Am folgenden Tag besetzten die deutschen Truppen die Forts. Der Waffenstillstand mit Frankreich trat am 31. 1. in Kraft. Für P. sahen seine Bedingungen vor, die Stadtmauern zu schleifen und die Truppen mit Ausnahme einer Division und der Nationalgarde zu übergeben (insgesamt 250000 Mann). Die Beute betrug 1,77 Mill. Gewehre, 1964 Geschütze, große Mengen Munition u. a. m. Das deutsche Hauptquar-

Erschießung von Kommunarden, Mai 1871

tier wagte jedoch nicht, P. besetzen zu lassen. Nur vom 1. bis 3. 3. rückten 30000 deutsche Soldaten in einige Stadtviertel rings um die Champs Elysées ein. Hauptursachen für den Fall von P. waren die defätistische Haltung der Regierung und der bonapartistischen Militärs, das Fehlen entschlossener Massenausbrüche sowie die höhere Kampfkraft der deutschen Truppen. Die Belagerung von P. gehört zu den größten Belagerungen in der Kriegsgeschichte. Für den Verlauf der zweiten Etappe des Deutsch-Französischen Krieges 1870/71 hatte sie strategische Bedeutung. Sie vermittelte wesentliche Lehren für den Festungskrieg. Die deutschen Truppen vor P. unterstützten die Niederschlagung der Pariser Kommune (18. 3.–28. 5. 1871). *(s. Abb. S. 142)*

Pariser Konvention 1808: am 8. 9. 1808 zwischen Frankreich und Preußen abgeschlossener Vertrag, der die militärische Ergänzung des Tilsiter Friedens von 1807 bedeutete.

Der Tilsiter Friedensvertrag vom 9. 7. 1807, der den Krieg 1806/07 zwischen Preußen und Frankreich beendete (→ *Koalitionskriege 1792–1815*), enthielt keine speziellen militärischen Bestimmungen. In der zusätzlichen preußisch-französischen Konvention von Königsberg (12. 7. 1807) war festgelegt, daß Preußen so lange besetzt bleiben sollte, bis es alle auferlegten Kontributionen gezahlt hatte. Die Höhe dieser Kontributionen wurde jedoch erst durch die P. K. fixiert. Der französische Kaiser Napoleon I. (1769–1821) setzte sie hier auf 141 Mill. F fest, verringerte die Summe aber im November 1808 auf Ersuchen des russischen Zaren um 20 Mill. F. Bis zur Begleichung der Kontribution, die in monatlichen Raten von 4 Mill. F zu zahlen war, sollten in den Festungen Glogau, Küstrin und Stettin insgesamt 10000 Mann französische Besatzung verbleiben. Die P. K. beschränkte auch die Stärke der preußischen Armee für die Dauer von 10 Jahren auf 42000 Mann, und zwar 22000 Mann Infanterie, 8000 Mann Kavallerie und je 6000 Mann Artillerie und Garden. Außerdem wurde jede Art von Volksbewaffnung verboten. In einem weiteren Geheimartikel verpflichtete sich Preußen, im Falle eines Krieges Napoleons gegen Österreich ein Hilfskorps zu stellen. Als Gegenleistung für die auferlegten Verpflichtungen sollte Preußen bis auf die genannten 3 Festungen binnen 40 Tagen nach der Ratifikation der P. K. von den napoleonischen Truppen geräumt werden. Dieses Zugeständnis erfolgte vor allem deshalb, weil Napoleon seine Truppen für den Krieg in Spanien benötigte. Die Ratifikation der P. K. durch den preußischen König am 8. 10. 1808 machte alle Pläne der Patrioten in Preußen zunichte, gemeinsam mit dem bereits zum Krieg rüstenden Österreich einen allgemeinen Volkskrieg gegen die napoleonische Fremdherrschaft zu beginnen. Trotz des Zwanges zur Erfüllung der P. K. wurden die → *Militärreformen in Preußen 1807–1815* als Hauptvoraussetzung für den Unabhängigkeitskampf fortgeführt. Gegen die Beschränkung der Heeresstärke fanden die Reformer im sog. → *Krümpersystem* einen Ausweg. Die P. K. brachte zwar neue schwere Lasten, jedoch konnte sich Preußen eine gewisse Selbständigkeit bewahren.

Pariser Verträge 1955: Bezeichnung für das am 23. 10. 1954 in Paris unterzeichnete und am 5. 5. 1955 in Kraft gesetzte, aus mehreren Abkommen bestehende Vertragswerk zwischen den USA, Großbritannien, Frankreich sowie den anderen NATO-Staaten und der BRD, das die Eingliederung der BRD in den aggressiven NATO-Militärpakt und ihre beschleunigte Aufrüstung im Rahmen dieses Paktes besiegelte.

Nach dem Scheitern des Projekts der → *Europäischen Verteidigungsgemeinschaft (EVG)* verstärkten insbesondere die USA ihren Druck auf die anderen Paktstaaten, um die BRD direkt in die → *NATO* einzugliedern. Entsprechende Vorarbeiten leistete dazu vor allem die Londoner Außenministerkonferenz (28. 9.–3. 10. 1954), an der die an der EVG beteiligten Staaten sowie die USA, Großbritannien und Kanada teilnahmen. Die Konferenz gelangte zu einem prinzipiellen Übereinkommen, das in der Londoner Schlußakte vom 3. 10. 1954 fixiert wurde. Mehrere Ausschüsse und Unterkommissionen arbeiteten anschließend die Londoner Übereinkünfte in Verträge um. Diese wurden als Abschluß einer nachfolgenden Konferenzserie in Paris am 23. 10. 1954 von den beteiligten Mächten unterzeichnet und im Verlaufe der folgenden Monate von den jeweiligen Parlamenten ratifiziert. Gegen den Widerstand einer machtvollen Volksbewegung in der BRD, die in Proteststreiks der Berg- und Hüttenarbeiter des Ruhrgebiets sowie in einer Großkundgebung in der Paulskirche in Frankfurt am Main im Januar 1955 ihren Höhepunkt fand, ratifizierte eine reaktionäre Mehrheit des Bundestages der BRD Ende Februar 1955 das Vertragswerk. Darin nahm das Protokoll über die Erweiterung des → *Brüsseler Paktes 1948* zur → *Westeuropäischen Union (WEU)* und die Aufnahme der BRD und Italiens einen wichtigen Platz ein. Obwohl die WEU offiziell nicht als Militärblock deklariert wurde, legalisierte sie faktisch die Aufrüstung der BRD und deren Weg in die NATO. Unter Bruch des Potsdamer Abkommens wurden Festlegungen getroffen über die Aufstellung von Streitkräften der BRD in Stärke von 500000 Mann und über deren Einbeziehung in die NATO-Streitkräfte. Unmittelbar vor Abschluß der P. V. hatten die Unterzeichnerstaaten festgelegt, alle im Bereich des Obersten Befehlshabers Europa (SACEUR) stationierten Streitkräfte dieser oder einer anderen zuständigen NATO-Kommandobehörde zu unterstellen. Die von den USA besetzte Position des Obersten Befehlshabers schloß weitreichende Kontrollmaßnahmen über die kontinental-europäischen NATO-Truppen einschließlich der in der BRD zu schaffenden Streitkräfte sowie Befugnisse über die Stärke, Bewaffnung, Ausrüstung u. a. der NATO-Streitkräfte ein.

Die P. V. legten fest, den im Jahre 1952 von den USA, Großbritannien und Frankreich sowie der BRD unterzeichneten Vertrag über die Beziehungen zwischen der BRD und den 3 Mächten (Generalvertrag) in veränderter Form in Kraft zu setzen. Dieser Vertrag war mit den Protokollen über die WEU durch ein Junktim verbunden. Nach Art. 1 des Vertrages wurden das bis dahin gültige Besatzungsregime sowie -statut (→ *Besatzungstruppen in der BRD*) aufgehoben und die Alliierte Hohe Kommission aufgelöst. Bei Anerkennung der BRD als souveräner Staat behielten sich die Westmächte in Art. 2 «die bisher von ihnen ausgeübten oder innegehabten Rechte und Verantwortlichkeiten in bezug auf Berlin und auf Deutschland als Ganzes einschließlich der Wiedervereinigung Deutschlands und einer friedensvertraglichen Regelung» vor. Gleichermaßen bezogen sie lt. Art. 4 «ihre bisher ausgeübten oder innegehabten Rechte» weiterhin «auf die Stationierung von Streitkräften in der Bundesrepublik». Art. 5 sicherte ihnen sogar das Recht zu, den sog. Notstand zu erklären und die oberste Exekutivgewalt in der BRD wieder zu übernehmen. Erst nach dem vollständigen Aufbau der → *Bundeswehr der BRD* und nach Inkrafttreten der Notstandsverfassung 1968 (→ *Militärgesetzgebung der BRD*) verlor dieser Art. seine Gültigkeit. Art. 7 legte fest, daß ein von den Vertragspartnern künftig anzustrebendes «wiedervereinigtes Deutschland» in die «europäische Gemeinschaft» integriert sein sollte. Die endgültige Festlegung der deutschen Grenzen wurde offengehalten. Damit unterstützten die Westmächte die revanchistische Politik der herrschenden imperialistischen Kreise der BRD und ihrer Regierung ausdrücklich. Diese wiederum bekräftigte im Art. 3 ihre Absicht, durch die Mitgliedschaft im Paktsystem den gemeinsamen antisozialistischen Zielen zu dienen. In einer gesonderten Erklärung billigten die Westmächte die Alleinvertretungsanmaßung der BRD. Zusammen mit dem Vertragswerk wurden folgende Zusatzverträge unterzeichnet: der Vertrag über Rechte und Pflichten ausländischer Streitkräfte und deren Mitglieder in der BRD (Truppenvertrag) ohne zeitliche Begrenzung und mit der Möglichkeit zur Erhöhung ihrer Stärke; der Finanzvertrag über die Unterhaltszahlungen für ausländische Streitkräfte in der BRD; der Vertrag zur Regelung aus Krieg und Besatzung entstandener Fragen; das Abkommen über die steuerliche Behandlung der ausländischen Streitkräfte.

Insgesamt waren die P. V. ein Separatabkommen der imperialistischen Westmächte mit dem wiedererstandenen Imperialismus in der BRD. Sie widersprachen dem Potsdamer Abkommen und anderen Festlegungen der Antihitlerkoalition über den Aufbau eines friedliebenden, demokratischen deutschen Staates und zementierten die Spaltung Deutschlands. Auf der Grundlage der gemeinsamen antikommunistischen und antisozialistischen Klassenziele der NATO-Mächte entstanden, bewirkten die Verträge eine Verschärfung des aggressiven Kurses der NATO im Zentrum Europas. Sie waren Ausgangspunkt für eine Eskalation der Rüstung und konterrevolutionäre Aktionen gegen den Sozialismus. Die Einbeziehung der BRD in die NATO führte zur Festigung der Klassenherrschaft jener monopolkapitalistischen Kräfte, die in der Vergangenheit schwerste Verbrechen an den Völkern der Welt, darunter auch am deutschen Volk, verübt hatten und deren reaktionäre Politik erneut ernste Gefahren für Frieden und Sicherheit der Völker heraufbeschwor.

Die UdSSR und die anderen sozialistischen Staaten hatten sich entschieden gegen die Ausweitung des imperialistischen Blocksystems und den Ausbau der BRD zu dessen europäischer Speerspitze gewandt. Ihre Initiativen für kollektive Sicherheit in Europa gaben dem antimilitaristischen Kampf der fortschrittlichen Kräfte in vielen kapitalistischen Ländern Unterstützung und Auftrieb. Nach Unterzeichnung der P. V. erging von sozialistischer Seite ein erneuter Appell an alle europäischen Staaten, die Gewährleistung des Friedens und der Sicherheit auf einer gesamteuropäischen Konferenz zu erörtern. Die NATO-Staaten lehnten jedoch auch diese Vorschläge ab und setzten die P. V. am 5. 5. 1955 in Kraft. Angesichts der entstandenen neuen Lage war der am 14. 5. 1955 durch die europäischen sozialistischen Staaten abgeschlossene Vertrag über Freundschaft, Zusammenarbeit und gegenseitigen Beistand (→ *Warschauer Verteidigungsbündnis*) ein notwendiger Schritt von historischer Tragweite für Frieden und Sicherheit in Europa wie für die Festigung der Positionen der friedliebenden Kräfte in der ganzen Welt.

Parlamentär: Bevollmächtigter einer kriegführenden Seite für Verhandlungen mit dem Gegner oder zur Überbringung von Mitteilungen, der durch eine weiße Fahne kenntlich ist.

Der Begriff P. stammt aus dem Französischen (parlementer = verhandeln). Als Vorläufer der P. gelten die Kriegsherolde bei den Griechen und Römern, die später auch von anderen Völkern übernommen wurden. Sie überbrachten Kriegserklärungen und führten Friedensverhandlungen. Auch die weiße Fahne ist seit dem Altertum das Zeichen für die Kontaktaufnahme mit dem Gegner. Der P. und seine Begleitpersonen waren nach Kriegsbrauch und Gewohnheitsrecht unantastbar.

Völkerrechtlich kodifiziert wurden die Rechte und Pflichten des P. erstmals im II. Haager Abkommen vom 29. 7. 1899 und in ergänzter Form im IV. Haager Abkommen vom 18. 10. 1907, denen jeweils eine «Ordnung der Gesetze und Gebräuche des Landkrieges», die Haager Landkriegsordnung (HLKO), beigelegt wurde (→ *Regeln des Landkrieges*). Nach Art. 32–34 haben der P. und seine Begleitpersonen (Trompeter, Hornist oder Trommler, Fahnenträger und Dolmetscher) Anspruch auf persönliche Unverletzlichkeit. Der P. muß sich durch eine schriftliche Vollmacht ausweisen. Der gegnerische Befehlshaber ist jedoch nicht unbedingt verpflichtet, den P. zu empfangen oder seinetwegen das Feuer einzustellen. Aber auch im Falle einer Ablehnung muß die sichere Rückkehr des P. garantiert sein. Durch entsprechende Maßnahmen (Verbinden der Augen u. a. m.) kann verhindert werden, daß der P. seine Stellung ausnutzt, um Informationen zu beschaffen. Der P. verliert seine Unverletzlichkeit, wenn er Spionage betreibt oder zu Verrat anstiftet. Bei Mißbrauch kann die empfangende Seite den P. zeitweilig zurückhalten. Mißbrauch der P.fahne ist durch Art. 23 der HLKO untersagt.

In Kriegen zwischen Ausbeuterklassen oder -staaten wurde der Status des P. in der Regel gegenseitig anerkannt, gegenüber progressiven Klassen, Staaten oder Bewegungen jedoch oft mißachtet, obwohl die Kontaktaufnahme korrekt eingeleitet worden war. So erschossen im zweiten Weltkrieg faschistische Truppen in nicht wenigen Fällen und oft auf Befehl von Vorgesetzten sowjetische P. Im Seekrieg bestand bis zum ersten Weltkrieg die Praxis, P.schiffe (sog. Kartellschiffe) einzusetzen, die durch eine weiße Flagge oder das P.signal des internationalen Signalbuchs gekennzeichnet waren. Für diese P. galten dieselben Regeln wie im Landkrieg.

«Parteiarbeiter»: seit 1961 von der Politischen Hauptverwaltung der NVA im → *Militärverlag der DDR (VEB)* hrsg. Monatszeitschrift (bis 1977 Schriftenreihe) für die Funktionäre der Politorgane und Parteiorganisationen der SED sowie der Massenorganisationen in der NVA und den Grenztruppen der DDR.

Der «Parteiarbeiter» (von 1961 bis 1963 «Für den Parteiarbeiter») orientiert auf die Schwerpunkte der politischen Arbeit in der NVA und den Grenztruppen der DDR. Die Zeitschrift veröffentlicht vorbildliche Beispiele und Erfahrungen aus der politischen Arbeit in der NVA und den anderen sozialistischen Bruderarmeen. Sie widmet der Anleitung der Propagandisten und Agitatoren breiten Raum und trägt dazu bei, daß die führende Rolle der SED in allen Bereichen der NVA und der Grenztruppen der DDR gewährleistet und gefestigt wird. Weitere Beiträge geben den in den Leitungen der FDJ, der Gewerkschaft der Zivilbeschäftigten der NVA sowie der → *Armeesportvereinigung «Vorwärts» (ASV)* tätigen Mitgliedern der SED praktische Hinweise für ihre Arbeit. Der «Parteiarbeiter» informiert außerdem über Neuerscheinungen vor allem parteipolitischer Literatur und über Materialien für die Agitations- und Propagandaarbeit. Zu besonderen Anlässen, z. B. zu den Delegiertenkonferenzen der Parteiorganisationen der SED in der NVA und den Grenztruppen der DDR, erscheinen Sonderhefte mit Referaten, Diskussionsbeiträgen und anderen Materialien.

Partisane: vom 15. bis 17. Jh. gebräuchliche, zum Stoß dienende → *Stangenwaffe*, die außer einer Klinge mehrere Nebenspitzen besaß.

Die P. kam im 15. Jh. in Frankreich und Italien auf und gelangte von dort nach Deutschland. Ihre auf einem etwa 2 m langen Schaft befestigte zweischneidige Stoßklinge war breit, mit zulaufender Spitze. Die meist paarig angeordneten kürzeren Nebenspitzen (Ohren) sollten die Wirkung der P. durch weiteres Aufreißen der durch die Stoßklinge verursachten Wunde verstärken. Als der P. eng verwandte Waffen waren in Deutschland gegen Ende des 15. Jh. die Korseke und die Runka verbreitet, deren Nebenspitzen in der Regel länger und verschieden stark gebogen waren. Bei einer weiteren Abart, dem Friauler Spieß, hatten die langen und relativ dünnen Nebenspitzen eine Krümmung nach unten.

Die P. war offenbar vor allem in den städtischen Aufgeboten verbreitet. Sie diente neben dem → *Spieß* und der → *Hellebarde* jedoch auch als Waffe des Söldnerfußvolkes im 15./16. Jh. Teilweise befand sie sich noch z. Z. des Dreißigjährigen Krieges 1618–1648 im militärischen Gebrauch, wurde zu dieser Zeit aber bereits vorrangig als Rangabzeichen der Offiziere benutzt. Von der zweiten Hälfte des 17. Jh. ab fand die P. nur noch als Prunkwaffe Verwendung, bei der die Nebenspitzen in der Regel zu bloßen Verzierungen der Stoßklinge abgewandelt waren. Neben der P. als Trabantenwaffe gab es das Sponton (Halbpike) der Offiziere und das Unteroffiziersponton. Letzteres wurde auch Kurzgewehr genannt, da es trotz seiner Länge von 2 m wesentlich kürzer war als der Langspieß der Landsknechtszeit, aus dem es hervorgegangen war. Sponton und Kurzgewehr wurden bis gegen Ende des 18. Jh. als Rang-

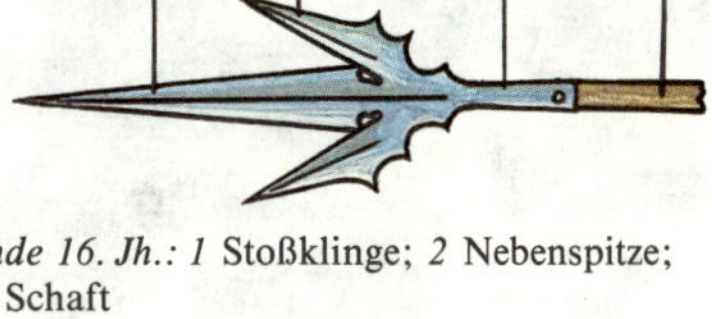

Runka, Ende 16. Jh.: 1 Stoßklinge; *2* Nebenspitze; *3* Tülle; *4* Schaft

abzeichen geführt. Im preußischen Heer gehörten sie bis 1806 zur strukturmäßigen Ausstattung der Offiziere bzw. Unteroffiziere der Infanterie. Als Prunkwaffe von Hausgarden und ähnlichen traditionellen Formationen findet die P. heute noch in einigen Ländern Verwendung. *(s. Abb. S. 947)*

Patenschaft der FDJ über die bewaffneten Organe der DDR: 1952 übernommene Verpflichtung des sozialistischen Jugendverbandes, den Aufbau und die Entwicklung der bewaffneten Organe der Arbeiter-und-Bauern-Macht mit allen Kräften zu unterstützen und zu fördern.

Die Übernahme der Patenschaft erfolgte im Zusammenhang mit der vom IV. Parlament der FDJ (27.–30. 5. 1952) in Leipzig beschlossenen Verfassung des Jugendverbandes. Darin bekundete die FDJ ihre Entschlossenheit, die Errungenschaften der DDR zu verteidigen und die erforderliche Stärkung der bewaffneten Organe der Arbeiter-und-Bauern-Macht zur Sache der ganzen werktätigen Jugend zu machen. Viele Funktionäre und Mitglieder der FDJ folgten dem Verbandsauftrag und stärkten die Reihen der bewaffneten Organe der DDR. In wehrsportlichen Arbeitsgemeinschaften der FDJ – Vorläufer der → *Gesellschaft für Sport und Technik (GST)* – darauf vorbereitet, leisteten die Jugendlichen mit ihrer freiwilligen Entscheidung, die Republik mit der Waffe zu verteidigen, einen bedeutenden Beitrag insbesondere beim Aufbau der Mitte 1952 gebildeten → *Kasernierten Volkspolizei (KVP).* Zu gleicher Zeit verpflichteten sich zahlreiche FDJ-Gruppen volkseigener Betriebe, durch eine entsprechende Steigerung der Arbeitsproduktivität die Lükken zu schließen, die durch den Eintritt von jungen Arbeitern in die bewaffneten Organe entstanden waren. Die Patenschaft der FDJ über die bewaffneten Organe, insbesondere über die → *Nationale Volksarmee der DDR (NVA)* und die → *Grenztruppen der DDR,* findet ihren Ausdruck in einer Vielzahl wehrpolitischer und wehrsportlicher Aktivitäten. So erzieht die FDJ ihre Mitglieder u. a. dazu, gute Ergebnisse im Wehrunterricht der 9. und 10. Klassen der polytechnischen Oberschulen zu erreichen und sich aktiv an der vormilitärischen Ausbildung der GST zu beteiligen. Kontakte mit militärischen Kampfkollektiven und militärpolitische Veranstaltungen verschiedenster Art tragen dazu bei, den künftigen Wehrpflichtigen nähere Vorstellungen über ihren Ehrendienst und Klarheit über die Schutz- und Sicherungsfunktion der sozialistischen Streitkräfte, aber auch über die friedensbedrohenden Absichten und Pläne der aggressiven imperialistischen Kräfte zu vermitteln. Als eine wichtige Form der Arbeit der FDJ zur Sicherung des militärischen Berufsnachwuchses haben sich die FDJ-Bewerberkollektive bewährt, in denen aktive Berufssoldaten und Reservisten den Jugendlichen helfen, sich auf ihren künftigen Beruf vorzubereiten. Anläßlich des 20. Jahrestages der Übernahme der Patenschaft stiftete der Zentralrat der FDJ für Verdienste um die Stärkung der Verteidigungskraft die Ehrenmedaille «Bekenntnis und Tat zum Schutz der DDR», die erstmals am 16. 5. 1972 verliehen wurde. Am 16. 6. 1982 wurden die Verdienste der FDJ um den bewaffneten Schutz des Friedens und des Sozialismus mit der Verleihung des → *Scharnhorst-Ordens* gewürdigt.

Patrone → *Munition*

Patronentasche: Behälter zur Aufbewahrung der

Die Delegierten des IV. Parlaments der FDJ demonstrieren in Leipzig ihre Bereitschaft zur Stärkung des bewaffneten Schutzes der DDR, 2. Juni 1952

am Mann getragenen → *Munition* für → *Handfeuerwaffen.*

Die P. entstand mit der Verwendung der Papierpatrone für das → *Steinschloßgewehr* ab Mitte des 17. Jh. Ihre Vorläufer waren Kugelbeutel und die hölzernen Pulvermaße der → *Musketiere.* Die ursprünglich als → *Kartusche* bezeichnete P., die am Bandelier, später am Koppel getragen wurde, bestand gewöhnlich aus Leder. Ihr Inhalt betrug zwischen 10 und 40 Patronen. Der nicht am Mann getragene Munitionsvorrat wurde in gesonderten Munitionswagen mitgeführt. Im Siebenjährigen Krieg 1756–1763 trugen die Grenadiere der preußischen Armee bereits 60 Patronen mit sich. 1809 verkleinerte man die P., behielt jedoch die Patronenzahl bei. Unter der Klappe der P. war eine Tasche für Ersatzfeuersteine angebracht, die bei Einführung des → *Perkussionsgewehrs* zur Aufnahme der Zündhütchenbüchse an die Außenseite der P. verlegt wurde. Auf dem Deckel der zunächst lederfarbenen, später zumeist geschwärzten P. befanden sich häufig Metallverzierungen. Von 1847 bis 1850 wurde die P. am Koppel hinten auf dem Rockschoß getragen. Danach erhielten Mannschaften und Unteroffiziere vorn an Schlaufen hängende kleine P. Seit 1874 waren P. vorgeschrieben, die sich statt nach oben vorn öffnen ließen und bei denen die Patronen nicht in Packungen, sondern einzeln in Lederhülsen gefaßt wurden. Mit der Einführung des → *Mehrladegewehrs* M 88 erhielt jeder Schütze 2 vorn am Koppel befestigte P. für je eine Packung von 3mal 5 Schuß in Laderahmen. Dazu kam eine größere Tasche am Rockschoß, die 1895 wieder abgeschafft wurde. 1910 führte man eine neue Art von ebenfalls vorn getragenen P. ein, die aus 3 auf ein Lederstück genähten Taschen bestand und sich der Körperform besser anpaßte. Jede Tasche faßte 4 Ladestreifen mit je 5 Patronen. In der Reichswehr und der faschistischen Wehrmacht fand ein ähnliches Modell Verwendung. Es bestand aus 2 dreiteiligen P., bei denen jedes Teil 2 Ladestreifen zu 5 Patronen aufnahm. Gegen Ende des zweiten Weltkrieges wurde die P. größtenteils aus Stoff gefertigt. Aus demselben Material waren auch die Magazintaschen für MPi und Maschinenkarabiner (Sturmgewehr). In der NVA werden Magazintaschen getragen, in denen sich die Magazine und das Waffenreinigungsgerät für die automatischen Handfeuerwaffen befinden.

Pavese → *Schild*

Pavia 1525: entscheidende Schlacht im ersten französisch-habsburgischen Krieg 1521–1526 zwischen → *Söldnerheeren* am 24. 2. 1525.

Der vor allem um den Besitz Oberitaliens geführte Krieg zwischen Frankreich und dem habsburgischen Universalreich verlief wechselvoll. Seit Ende November 1524 belagerte ein Heer unter König Franz I. von Frankreich (1494–1547) die Stadt P., die von einer

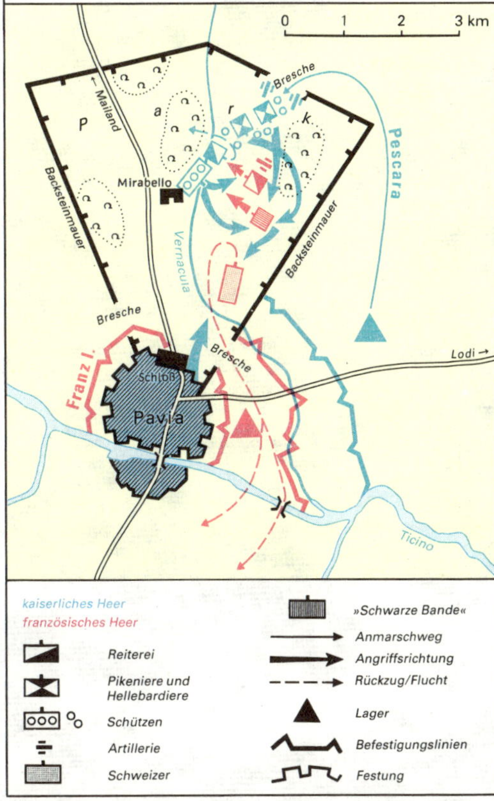

Schlacht bei Pavia – 24. Februar 1525

6000 Mann starken Besatzung, darunter 5000 deutsche → *Landsknechte,* verteidigt wurde. Franz I. verfügte über insgesamt 26000 Fußsöldner, davon 8000 Schweizer, 7000 Franzosen, 6000 Italiener und die aus 5000 deutschen und flämischen Landsknechten bestehende sog. Schwarze Bande. Hinzu kamen 1200 schwere und 2000 leichte Reiter sowie 51 Geschütze. Ende Januar 1525 zog ein kaiserliches Entsatzheer heran. Es wurde nominell vom Vizekönig von Neapel befehligt, tatsächlich jedoch vom spanischen Feldherrn Fernando Francesco d'Avalos, Marchese de Pescara (1489–1525). Die 18000 Fußsöldner setzten sich aus 12000 deutschen Landsknechten, 4000 Spaniern und 2000 Italienern zusammen. An Reiterei standen 800 Schwer- und 1200 Leichtberittene, an Artillerie 16 Geschütze zur Verfügung. Gegen die Kaiserlichen zog Franz I. seine Hauptkräfte an der Ostseite von P. zusammen. Hier lagen sich beide Heere seit dem 3. 2. in befestigten Stellungen gegenüber. In der Nacht zum 24. 2. ließ Pescara mehrere Breschen in die Mauer des großen Wildparks brechen, der sich im Norden der Stadt erstreckte. Am Morgen drang das kaiserliche Heer in

Kampfszene aus der Schlacht bei Pavia

den Park ein, um den Belagerern in die Flanke zu fallen. Der überraschte Gegner führte zuerst die Reiterei und Artillerie heran. Der Angriff der schweren Reiter gegen die kaiserliche Reiterei entwickelte sich anfangs erfolgreich, blieb dann aber im Feuer von 1500 spanischen Schützen stecken. Die inzwischen herangerückte Schwarze Bande wurde von den überlegenen kaiserlichen Landsknechten in erbittertem Kampf völlig vernichtet, wobei auch die französischen Geschütze verlorengingen. Die danach eintreffenden Schweizer ergriffen die Flucht, als sie sich frontal von den Kaiserlichen und in der Flanke von den Verteidigern der Stadt, die einen erfolgreichen Ausfall unternommen hatten, bedrängt sahen. Da die fliehende Nachhut die Brücke über den Ticino hinter sich abbrach, erlitten die zurückweichenden Söldner des französischen Königs am Fluß nochmals schwere Verluste. Sie verloren insgesamt etwa 10000 Tote und fast ebensoviele Gefangene; auch Franz I. geriet in Gefangenschaft. Die kaiserlichen Verluste sollen etwa 500 Mann betragen haben. Franz I. mußte im Frieden von Madrid (14. 1. 1526) auf Oberitalien verzichten, nahm aber sofort nach seiner Freilassung den Kampf wieder auf (zweiter französisch-habsburgischer Krieg 1526–1529). In der nur 2stündigen Schlacht von P. siegten die Kaiserlichen, weil sie ihre Kräfte koordiniert einsetzten, während die gegnerischen Heeresteile isoliert und nacheinander zum Einsatz gelangten. Bei P. ging der Ruf, beste Söldnertruppe Europas zu sein, von den Schweizern an die deutschen Landsknechte über.

Peipussee 1242: Schlacht während der feudalen deutschen Ostexpansion zwischen einem Heer des Deutschen Ordens und einem russischen Heer am 5. 4. 1242.

Unter Führung des Deutschen Ordens (→ *Ritterorden*) suchten deutsche Feudalherren 1240/41 nordwestrussische Gebiete zu erobern. Bei der Abwehr dieser Aggression konnte die Bojarenrepublik Nowgorod unter Fürst Alexander Newski (um 1220–1263) faktisch über alle Streitkräfte verfügen, die die Rus nach dem Einfall der Mongolen noch besaß. Nach der Rückeroberung von Pskow rückte Alexander Newski mit einem 15000–17000 Mann starken Heer, in der Masse Fußvolk, auf dem Südwestufer des P. vor und griff das Ordensgebiet an. Der Orden sammelte daraufhin bei Dorpat ein 10000–12000 Mann starkes Heer, das sich aus → *Rittern* als Hauptkraft und Fußvolk zusammensetzte. Es zog über den zugefrorenen P., um in gerader Richtung auf Nowgorod vorzustoßen. Das russische Heer verlegte jedoch den Kreuzrittern den Weg. Am 5. 4. 1242 standen sich beide Heere in der Südostecke des P. (bei der Insel Woroni Kamen) auf dem Eis gegenüber. Das Ordensheer stellte sich in Keilform auf. Die Masse der Ritter bildete die Spitze, gefolgt vom Fußvolk, das an den Flanken und im Rükken durch mehrere Reihen Ritter gedeckt war. Unter Berücksichtigung dieser Aufstellung, die auf den Durchbruch des gegnerischen Zentrums gerichtet war, wich Alexander Newski von der üblichen Schlachtordnung mit massiertem Zentrum und schwächeren Flügeln ab. Er stellte nur ein Drittel des Heeres in das Zentrum (Fußvolk) und verstärkte beide Flügel (jeweils Fußvolk und Reiterei), um die Kreuzritter in den Flanken angreifen zu können. Außerdem legte er eine Abteilung leichte Reiter in einen Hinterhalt.

Die Schlacht begann bei Tagesanbruch. Die Kreuzritter durchbrachen die Vorhut, drangen in das russische Zentrum ein und warfen es bis zum Seeufer zurück. Währenddessen führten jedoch die beiden russischen Flügel einen wuchtigen Stoß in die Flanken und in den Rücken des Ordensheeres, unterstützt durch den Angriff der bisher zurückgehaltenen Reiterabteilung. In dem erbitterten Kampf wurden die eingeschlossenen Kreuzritter auf immer engerem Raum zusammengedrängt und boten dadurch den russischen Bogenschützen ein gutes Ziel. An mehreren Stellen barst das Eis unter dem Gewicht der Kämpfenden, wobei es besonders für die gepanzerten Ritter kaum Rettung gab. Das russische Heer errang einen vollständigen Sieg. Während der Schlacht und der anschließenden Verfolgung zum etwa 10 km entfernten Westufer des P. wurden mindestens 400 Ritter getötet und etwa 50 gefangengenommen. Die Verluste des Fußvolks beliefen sich auf mehrere tausend Gefallene und Gefangene. Die Niederlage auf dem Eis des P. zwang den Deutschen Orden, seine Pläne zur Eroberung russischer Gebiete endgültig aufzugeben. Sie wirkte zugleich stimulierend auf den Unabhängigkeitskampf der vom Orden unterjochten Völker (1242 Aufstand der Pruzzen).

Peloton → *Lineartaktik*

Perkussionsgewehr: um die Mitte des 19. Jh. gebräuchliche → *Handfeuerwaffe*, bei der die Treibladung mit Hilfe einer gesonderten Zündkapsel zur Reaktion gebracht wurde.

Das P. bestand aus einem glatten oder gezogenen schmiedeeisernen Lauf und einem hölzernen Schaft mit ausgearbeiteten Kolben. Für den Nahkampf konnte ein → *Bajonett* aufgepflanzt werden. Als Zündvorrichtung diente das Perkussionsschloß, nach dem die Waffe benannt war. Ausgangspunkt des neuen, das Steinschloß (→ *Steinschloßgewehr*) ablösenden Zündsystems waren Zündsätze, die im Unterschied zum Schwarzpulver durch Schlag und Stoß reagierten. Die Herstellung chemischer Substanzen mit Initialzündwirkung (z. B. Kaliumchlorat und Knallquecksilber) setzte bereits im 17. Jh. ein. 1807 ließ sich der Schotte Alexander Forsyth (1768–1843) ein von ihm konstruiertes Schloß zum Entzünden von Knallmitteln patentieren, bei dem sich eine mittels eines drehbaren Magazins abgemessene Pulvermenge unter dem Schlag eines Hammers oder Hahns entzündete. In der Folgezeit konzentrierten sich die Bemühungen auf die Vervollkommnung des Perkussionsschlosses, insbesondere auf die Präparierung des Zündgemisches. So entstanden allmählich verschiedene Arten von Zündkapseln (Zündröhrchen, Zündpillen u. a.). Eine befriedigende Lösung bot jedoch erst das um 1815 erfundene kupferne Zündhütchen. Es bestand aus einer zylinder- bzw. kugelförmigen Hülle, in der sich die Zündmasse befand. Das Zündhütchen wurde auf einen

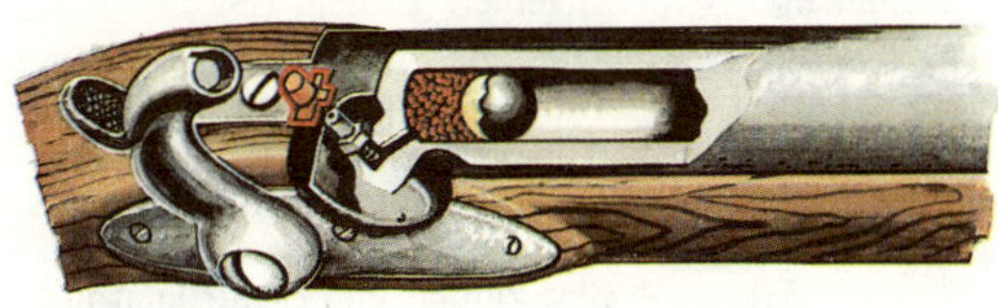

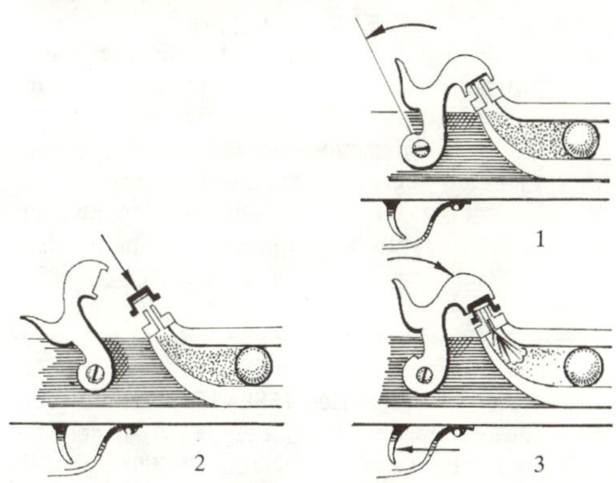

Funktionsweise des Perkussionsschlosses: 1 Spannen des Hahns; *2* Aufsetzen des Zündhütchens auf den Zündkegel; *3* Betätigen des Abzugshebels, dadurch Aufschlagen des Hahns auf das Zündhütchen und Zünden des Schusses

Zündkegel (Piston) gesteckt, durch dessen Kanal nach Aufschlagen des Hahns die Stichflamme zur Treibladung des Geschosses durchschlug.

Mit dem Perkussionsschloß fand die Entwicklung des → *Vorderladers* ihren abschließenden Höhepunkt, da durch seine Verwendung wesentliche Mängel des Steinschlosses, wie Feuchtigkeitsempfindlichkeit und Versager durch Abnutzung des Feuersteins, beseitigt werden konnten. Anfangs wurden vorhandene Steinschloßwaffen auf das Perkussionssystem umgearbeitet (aptiert). Dabei blieb der Schloßmechanismus unverändert, doch wurde der Hahn mit Feuerstein durch einen Hammer ersetzt, und an die Stelle der Pulverpfanne trat ein Piston. Später ging man verstärkt zur Konstruktion spezieller P. über. In den 30er und 40er Jahren des 19. Jh. wurde das P. in den meisten Armeen eingeführt, bei den deutschen Staaten z. B. in Sachsen 1835, in Preußen 1839 und in Bayern 1842. Das preußische P. Modell 1839 hatte eine Länge von 1440 mm und ein Kaliber von 18,4 mm. Seine wirksame Schußweite lag nicht wesentlich über der des Steinschloßgewehrs. Eine bessere Schießleistung der P. ermöglichte erst die allgemeine Einführung gezogener Läufe zu Beginn der 40er Jahre des 19. Jh.

Der Einsatz der P. führte zu keiner grundsätzlichen Änderung der Kolonnentaktik der Infanterie, da die Feuergeschwindigkeit nicht wesentlich höher war als die der bisherigen Gewehre. Nach der Entwicklung des → *Zündnadelgewehrs* baute man in verschiedenen Ländern einen großen Teil der Vorderlader mit gezogenem Lauf und Perkussionszündung zu → *Hinterladern* um. Dazu wurde der Gewehrlauf am hinteren Ende abgeschnitten und ein Gehäuse mit Zylinder- oder Kammerverschluß angeschraubt. Das Perkussionsschloß blieb unverändert. Für diese Armeegewehre kamen Papierpatronen mit Außenzündung zur Verwendung, die jedoch eine Reihe von Mängeln aufwiesen. Am nachteiligsten war die ungenügende Abdichtung der Patronenkammer und das dadurch verursachte Entweichen von Gasen. In den europäischen Armeen wurden deshalb Hinterlader mit Perkussionszündung nur im begrenzten Umfang eingeführt und in der zweiten Hälfte des 19. Jh. durch Gewehre für Einheitspatronen mit Selbstdichtung ersetzt. *(s. Abb. S. 275, 659)*

Petersberger Abkommen 1949 → *Rüstungsmemorandum Adenauers 1950*

Pfälzischer Erbfolgekrieg 1688–1697: durch Aussterben des Herrscherhauses der Pfalz ausgelöster Aggressionskrieg Frankreichs zur Eroberung pfälzisch-rheinischer Gebiete.

Der französische Absolutismus unter König Ludwig XIV. (1638–1715) nutzte die Hilflosigkeit des römisch-deutschen Reiches, um seinen Machtbereich auszudehnen. Als 1685 das Herrscherhaus der Pfalz ausstarb, erhob Ludwig XIV. Ansprüche auf dieses Gebiet. Damit verfolgte er das Ziel, Frankreichs Vormachtstellung am Rhein zu festigen und den französischen Einfluß im Reich zu vergrößern. Der P. E. begann Ende September 1688 mit dem Einfall französischer Truppen in die Pfalz und weitere linksrheinische Gebiete. Nachdem der Reichstag im Februar 1689 den Reichskrieg gegen Frankreich beschlossen hatte, bildete sich auf der Grundlage der Augsburger Liga (9. 7. 1686) seit Mai 1689 die antifranzösische sog. Große Allianz mit dem Kaiser, den Niederlanden, England, Schweden, Spanien, Savoyen und einigen Reichsfürsten. Kriegsschauplätze waren das deutsche Rheingebiet, die spanischen Niederlande (Belgien), Oberitalien und Spanien. Die Überlegenheit der französischen Heeresverfassung und die einheitliche Führung des fest organisierten französischen Söldnerheeres glichen das zahlenmäßige Übergewicht der Koalition mehr als aus. Sonderinteressen und Streitigkeiten untereinander hinderten die Verbündeten, ihre Kräfte bis zum Äußersten anzuspannen und den Krieg energisch zu führen. Überdies dauerte der Krieg gegen die Türken an, die von Frankreich unterstützt wurden. Großen Anteil am Kampf gegen die Interventen nahmen die Bauern und Bürger. In der Pfalz, in Baden und Württemberg entfaltete sich ein breiter Volkswiderstand, der mit zahlreichen bewaffneten Aktionen der französischen Soldateska empfindliche Verluste zufügte.

Die in der Pfalz und am Niederrhein vorgestoßenen Franzosen wurden 1689 von Reichstruppen zurückgedrängt. Bei der Räumung der besetzten Gebiete verwüsteten die französischen Truppen weite Landstriche und brannten zahlreiche Städte nieder, darunter Heidelberg, Mannheim, Speyer, Worms, Oppenheim und Bingen. Das planmäßige Zerstörungswerk, von dem besonders die Pfalz betroffen wurde, rief im Reich große Erbitterung hervor und förderte den patriotischen Aufschwung unter der Bevölkerung. In der Folgezeit verlagerte sich der Schwerpunkt der Kampfhandlungen auf die anderen Kriegsschauplätze, wo die Franzosen unter Ausnutzung der inneren Linie bis Kriegsende im allgemeinen das Übergewicht behaupteten. 1692/93 drangen französische Armeen noch einmal über den Rhein vor. Heidelberg wurde erobert (18. 5. 1693) und erneut zerstört. Die → *Reichsarmee* unter Reichsfeldmarschall Markgraf Ludwig Wilhelm I. von Baden (1655–1707) konnte zwar die Verheerung auch württembergischer Gebiete nicht verhindern, jedoch den Gegner schließlich zum Abzug zwingen. Ihr 1694 unternommener Vorstoß in das Elsaß blieb erfolglos. Obwohl es Frankreich noch gelang, Savoyen auf seine Seite zu ziehen, überforderte der Krieg die Kräfte des Landes. Die bevorstehende Auseinandersetzung um das spanische Erbe (→ *Spa-*

nischer Erbfolgekrieg 1701–1714) beschleunigte den Abschluß des Friedens, den England, Schweden, Spanien und die Niederlande am 20. 9. sowie Kaiser und Reich am 30. 10. 1697 zu Rijswijk mit Frankreich schlossen. Frankreich mußte seine rechtsrheinischen Eroberungen und Lothringen sowie die Ansprüche auf die Pfalz aufgeben, behielt jedoch das Elsaß mit Strasbourg. Damit hatte es seine Grenzen auf Kosten des Reiches beträchtlich nach Osten vorgeschoben. Der P. E. führte zu großen Menschenverlusten und materiellen Schäden; vor allem die Pfalz wurde in ihrer Entwicklung weit zurückgeworfen.

Pfeil → *Armbrust*, → *Bogen*

Pickelhaube → *Helm*

Pike: aus langem Schaft und aufgesetzter Spitze bestehende → *Stangenwaffe* des Fußvolkes, vorwiegend im 16. und 17. Jh.

Mit dem Wiederaufleben der → *Infanterie* im 14. und 15. Jh. und ihrer Aufstellung in großen, geschlossenen Formationen erlangten der Langspieß und in der Folgezeit die P. zunehmende Bedeutung. Seit Mitte des 15. Jh. kämpften die angeworbenen Söldner, insbesondere die deutschen Landsknechte, in → *Gevierthaufen*, wobei der Langspieß bzw. die P. die → *Hellebarde* mehr und mehr verdrängten. Im Verlauf des 16. Jh. trat die P. endgültig die Nachfolge des Langspießes an, und es entstand eine besondere Truppengattung, die → *Pikeniere*. Man unterschied ganze P. mit einer Länge bis zu 5 m und halbe P. von etwa 3–3,5 m. Das Stoßblatt war schmal gehalten, die Dille häufig mit am Schaft hinablaufenden Eisenbändern als zusätzliche Befestigung versehen. Beim Angriff faßte der Pikenier die P. mit beiden Händen und hielt sie etwa waagerecht; bisweilen nahm er sie der besseren Handlichkeit wegen verkürzt. Bei der Verteidigung auf dem Gefechtsfeld wurden die P. kreuzweise vorgestreckt, bei der Abwehr von Reiterei mit den Enden in den Boden gestemmt, so daß die Spitzen gegen die Brust der Pferde gerichtet waren. Mit der Verbesserung der Handfeuerwaffen verlor die P. an Bedeutung. Um sie gänzlich abzuschaffen, waren – wie Friedrich Engels (1820–1895) in seinem Aufsatz «Infanterie» schreibt – «zwei Erfindungen notwendig», das → *Steinschloßgewehr* und das → *Bajonett* (K. Marx/F. Engels, 14, S. 358). Gegen Ende des 17. Jh. war die P. nahezu vollständig aus der Bewaffnung der regulären Truppen verdrängt. Zum Schutz vor Reiterangriffen führte die Infanterie statt der P. zeitweise tragbare Hindernisse (spanische Reiter) mit. Einige Militärtheoretiker des 18. Jh. haben den Gedanken erwogen, die P. wieder einzuführen, um der angreifenden Infanterie größere Stoßkraft zu verleihen. Im nationalen Unabhängigkeitskrieg 1813/14 wurde aus Mangel an Gewehren anfangs ein Teil der → *Landwehr* mit P. ausgerüstet. Die weitere Entwicklung der Handfeuerwaffen machte jedoch die Rückkehr zu jeder Form von Stangenwaffen überflüssig und brachte in Verbindung mit der bürgerlichen Umwälzung im Militärwesen neue, zeitgemäße Formen der infanteristischen Taktik hervor. *(s. Abb. S. 305, 947)*

Pikeniere: die → *Pike* als Hauptwaffe führende Truppengattung des Fußvolkes im 16. und 17. Jh.

Im Verlauf des 16. Jh. wurden in der Bewaffnung des Fußvolkes → *Hellebarde* und Langspieß immer mehr von der handlicheren Pike abgelöst. Damit entstand eine neue Truppengattung, die P., die über einen längeren Zeitraum die Hauptmasse der wiederentstandenen → *Infanterie* bildeten. Die P. führten außer der Pike den → *Degen*, zuweilen auch einen → *Dolch*. Wegen der stärker aufkommenden Handfeuerwaffen trugen die P. im Unterschied zu den Spießern der Anfangszeit der → *Landsknechte* wieder eine Schutzausrüstung, die aus Schutzhaube (→ *Helm*) und Brustharnisch (→ *Harnisch*), Beinschienen, Armrüstung und Panzerhandschuhen bestand. Der Umfang dieser Schutzausrüstung verminderte sich im Laufe der Zeit, jedoch blieben Haube und Brustharnisch bis ins späte 17. Jh. erhalten. Wegen der recht kostspieligen Rüstung wurden die P. in der Regel als Doppelsöldner geführt. Im Kampf bildeten die P. anfangs die herkömmlichen Gefechtsformationen der Landsknechtszeit (→ *Gevierthaufen*), jedoch in dichterer Aufstellung. Beim Angriff wur-

Pikenier vom bayrischen Infanterieregiment Steinau, 1684

den die bis zu 5 m langen Piken waagerecht vorgestreckt, bei der Verteidigung dagegen gekreuzt oder zur Abwehr von Reitern schräg aufwärts in den Boden gestemmt. Wurden die P. gleichzeitig von verschiedenen Seiten angegriffen, so formierten sie den sog. Igel. Mit dem stärkeren Aufkommen der → *Musketiere* bildete sich eine veränderte Gefechtsordnung heraus. Dabei standen die P. gewöhnlich in der Mitte der jeweiligen Formation, während die Musketiere an den Flügeln oder vor den P. Aufstellung nahmen. Die Musketiere bereiteten mit ihrem Feuer die Gefechtshandlung der P. vor und fanden notfalls in bzw. hinter deren Aufstellung Schutz. Stellten die P. im 16. Jh. – wie Friedrich Engels (1820–1895) schreibt – eine große Offensivkraft dar, so hatten sie im Dreißigjährigen Krieg 1618–1648 ihre Angriffsfähigkeit weitgehend eingebüßt. «Sie waren zu einer bloßen Defensivkraft geworden, und ihre Aufgabe bestand darin, die Musketiere vor einem Angriff der Kavallerie zu decken» (K. Marx/F. Engels, 14, S. 357). In der zweiten Hälfte des 17. Jh. verminderte sich mit der weiteren Verbesserung der Handfeuerwaffen die Zahl der P. im Verhältnis zu den Musketieren immer mehr. Gegen Ende des Jh. waren sie in den meisten Heeren als Truppengattung gänzlich verschwunden, so daß die Infanterie nunmehr relativ einheitlich aus mit → *Steinschloßgewehr* und → *Bajonett* ausgerüsteten Soldaten bestand. *(s. Abb. S. 305)*

Pioniere: Angehörige von Spezialtruppen zur pioniermäßigen Sicherstellung der Kampfhandlungen der Streitkräfte; in den imperialistischen deutschen Armeen und bis Ende 1970 in der NVA sowie den Grenztruppen der DDR zugleich unterster Dienstgrad in den → *Pioniertruppen.*

Schon in den Heeren der Sklavenhalterstaaten des Altertums, insbesondere des Römischen Reiches, gab es Abteilungen von Kriegern und Handwerkern bzw. Bauern für Befestigungs- und Belagerungsarbeiten. In den deutschen Territorien waren Entstehung und Einsatz spezieller Kräfte für P.arbeiten mit dem Aufkommen starker Söldnerheere sowie der Entwicklung der Artillerie und des Festungsbaus im 15. und 16. Jh. verbunden. Zu solchen Arbeiten wurden vor allem angeworbene Handwerker, Gehilfen und Knechte, zum Dienst gepreßte Bergknappen und sog. Schanzbauern eingesetzt, die meist besonderen «Kriegsbaumeistern» oder «Kriegsingenieuren» unterstellt waren. Im 17./18. Jh. bildeten sich als spezielle Zweige die mit dem Bau von Brücken beauftragten → *Pontoniere*, die im unterirdischen Festungskampf eingesetzten Mineure und die für den Bau von Feldbefestigungen bestimmten → *Sappeure* heraus. Am Brücken- und Festungsbau, an der Planung und Leitung des Festungskrieges, der Herstellung von Karten u. ä. waren häufig zivile Fachleute als Ingenieuroffiziere beteiligt. Die P. standen bei den Söldnern der kämpfenden Truppe meist in geringem Ansehen. Das traf auch auf die brandenburgisch-preußische Armee zu, wo das P.wesen einen im Vergleich zu den Armeen Frankreichs, Österreichs, Sachsens oder Bayerns niedrigeren Entwicklungsstand besaß. Die Ausbildung der P., die zumeist der Artillerie angegliedert waren, bestand bis zum Anfang des 19. Jh. im wesentlichen aus Exerzierdrill, Wach- und Arbeitsdiensten. Die → *Militärreformen in Preußen 1807–1815* bewirkten auch eine Reorganisation des P.wesens, die in den folgenden Jahrzehnten weitergeführt wurde. Eine Kabinettsorder vom 4. 11. 1809 enthält erstmalig die Bezeichnung P. als Sammelbegriff für Mineure, Sappeure und Pontoniere. Im Zuge der Reorganisation wurden die Aufgaben und Einsatzmöglichkeiten der P. bei der Unterstützung der Kampfhandlungen klarer erkannt; ihre Rolle in der Armee wurde aufgewertet. Die allgemeine Wehrpflicht ermöglichte es, die benötigten Fachkräfte zu den P. einzuziehen und damit den Ausbildungsstand zu heben. Weitere Fortschritte in der Ausbildung und technischen Ausrüstung der P. bewirkte die → *Heeresreorganisation in Preußen 1859/60.* Nach 1871 stand im kaiserlich-deutschen Heer die Ausbildung des sog. Einheits-P. im Vordergrund, dessen Hauptaufgaben in Schanzarbeiten sowie im Brücken- und Straßenbau bestanden. Damit entfiel die bisherige Unterteilung in Mineure, Sappeure und Pontoniere. Die P. entwickelten sich zu einer Spezialtruppe im modernen Sinn. Im

Pionier vom sächsischen Pionierbataillon Nr. 12, 1870

ersten Weltkrieg veränderten sich Organisation, Aufgaben und Kampfweise der P. Der Stellungskrieg führte zu einer beträchtlichen Verbreiterung und Spezialisierung ihrer Tätigkeit. So entstanden Minenwerfer-P., Flammenwerfer-P., Gaskampf-P. und Sturm-P. mit entsprechender Spezialausrüstung. In der Reichswehr der Weimarer Republik war die Entwicklung der P. vor allem durch die beginnende Motorisierung sowie eine intensive militärische, pioniertechnische und handwerkliche Ausbildung gekennzeichnet. Das war zugleich eine wichtige Voraussetzung für die rasche Vermehrung der P.truppen im Rahmen des faschistischen Massenheeres. Während des zweiten Weltkrieges kam es je nach Kriegsverlauf und den Aufgaben auf den einzelnen Kriegsschauplätzen zu einer weiteren Spezialisierung der P., so z. B. als Feld-, Panzer-, Landungs-, Brücken-, Eisenbahn- und Bau-P. War bei den ersten Feldzügen der faschistischen Wehrmacht die Sicherstellung der Bewegungen der eigenen Truppen die Hauptaufgabe der P., so traten mit der von der Sowjetarmee erzwungenen Wende im Kriegsverlauf die Kampf-P. in den Vordergrund, die immer stärker zum Bau von Stellungssystemen und Stützpunkten, aber auch zur Verwüstung aufzugebender Gebiete im Rahmen der Strategie der «verbrannten Erde» herangezogen wurden. Dabei erlitten die P. der faschistischen Wehrmacht hohe Verluste.

In der NVA und den Grenztruppen der DDR wurde Ende 1970 der Dienstgrad P. durch Soldat ersetzt. Seither wird der Begriff P. nur noch als Sammelbezeichnung für die Angehörigen der P.truppen verwendet. An die P. werden hohe militärische, technische und physische Anforderungen gestellt. Ihre Ausbildung umfaßt u. a. die P.aufklärung, den Stellungsbau, den Straßen-, Wege- und Brückenbau, den Spreng- und Sperrdienst und die Tarnung. *(s. Abb. S. 769, 771, 775, 780, 854, 952, 1001, 1005)*

Pioniertruppen: Spezialtruppen für die pioniermäßige Sicherstellung von Kampfhandlungen der Teilstreitkräfte und Waffengattungen.

Der aus dem Französischen übernommene Name → *Pionier* tauchte im deutschen Sprachgebiet im 18. Jh. auf. In anderen Staaten waren und sind für die P. auch die Bezeichnungen Genie-, Ingenieur- oder technische Truppen gültig. Bestimmenden Einfluß auf die Entwicklung der P. übten Klassencharakter und Funktion der Streitkräfte sowie der ökonomisch-technische Fortschritt und dessen Auswirkungen auf Militärwesen und Kriegführung aus. Besonders beeinflußten der Festungsbau und seit dem 18./19. Jh. die Veränderungen im Verkehrs- und Transportwesen die Entwicklung der P.

Die Geschichte der P. reicht bis ins Altertum zurück. In den Heeren der Sklavenhalterstaaten des Alten Orients, Griechenlands und Roms wurden Befestigungs- und Belagerungsarbeiten bereits von besonders dafür bestimmten Abteilungen von Kriegern, Handwerkern oder Bauern geleistet, die von kriegskundigen Baumeistern angeleitet wurden. Einen hohen Entwicklungsstand erreichte das Pionierwesen im Römischen Reich, wo für den Bau von Verteidigungsanlagen (z. B. des → *Limes*) sowie für Belagerungsarbeiten besondere Militärhandwerker eingesetzt wurden. In den Vasallen- und Ritterheeren der europäischen Feudalstaaten gab es keine P. Für Befestigungsarbeiten, Wegebau u. ä. wurden in der Regel fronpflichtige Dorfbewohner oder Fußvolk der feudalen Heere herangezogen. In den Städten übernahmen vorwiegend Zunfthandwerker und in Dienst genommene Bauleute Arbeiten an den Verteidigungsanlagen. Die Heere des Byzantinischen Reiches, der Araber und der Mongolen verfügten dagegen bei ihren ausgedehnten Eroberungszügen über sog. Kriegsingenieure und -baumeister sowie über spezielle Abteilungen von Kriegern und Handwerkern für die Belagerung von Festungen und das Überwinden von Wasserhindernissen.

Die Entwicklung der Artillerie und ihre Auswirkungen auf das Befestigungswesen sowie das Aufkommen zahlenmäßig starker Söldnerheere im 15. und 16. Jh. bereiteten in den europäischen Feudalstaaten das Entstehen von P. vor. Landesfürsten und Städte verpflichteten häufig namhafte Gelehrte und Baumeister für die Errichtung militärischer Anlagen. Dazu gehörten auch Albrecht Dürer (1471–1528) und Daniel Speckle (1536–1589). Die Söldnerheere des 16. Jh. nahmen für pioniertechnische Arbeiten befristet Handwerker und Gehilfen in Dienst: Brükkenbaumeister und Knechte für das Schlagen von Behelfsbrücken, Bergknappen für das Graben von Stollen gegen Mauern und Bauern für Schanzarbeiten (Schanzbauern).

Mit der Entwicklung stehender Heere nach 1648 entstanden in den meisten europäischen Ländern ständige Formationen von P., vor allem zur Unterstützung der Artillerie und der Infanterie. Entsprechend ihren traditionellen Aufgaben bildeten sich 3 Zweige heraus: → *Sappeure* (bzw. Pioniere) für Befestigungs- und Wegearbeiten, → *Pontoniere* für den Brückenbau und Mineure für Sprengungen. Organisatorisch gehörten sie zumeist zur Artillerie. Das Gerät bestand aus einfachen Pontons, Pulversäcken, Zündschnüren, Äxten, Hacken und Schaufeln. Zum Vorbild für das europäische Pionierwesen wurde im 18. Jh. die französische Armee, die 1704 bereits 4 Mineurkompanien und über 600 Militäringenieure besaß. In Sachsen und in Preußen bestanden seit 1698 bzw. 1715 kleinere Pontonierformationen. Das 1742 in Preußen gebildete «Regiment Pionniers» aus Mineuren, Pontonieren und Pionieren (Sappeuren) entsprach beim Einsatz im Festungskampf (1744/45 und 1756/57) nicht den Erwartungen. Ab 1758 bildeten Pontoniere und Mineure wieder selbständige Einheiten. 1806 gab es im preußischen Heer 4 Kompanien Mineure und 3 Kompanien Pontoniere. Ständige Formationen von Pontonieren und Mineuren bestanden seit Ende des 17. Jh. auch im österreichischen und bayrischen Heer. Das österreichische Heer besaß eine große Zahl von Pontonieren, da im Verlauf der Türkenkriege wiederholt die Donau und ihre Nebenflüsse überwunden werden mußten.

Im 18. Jh. entstand in vielen Armeen ein Militäringenieurkorps, dessen Chef zumeist auch die P. sowie die Festungen unterstanden. Für die Ausbildung wurden spezielle Lehranstalten geschaffen, so 1717 in Österreich (Wien), 1775 in Preußen (Berlin) und 1792 in Sachsen (Dresden). Im Unterschied zum Offizierskorps der Infanterie- und Kavallerieregimenter überwog im Militäringenieurkorps – ähnlich wie bei der Artillerie – das bürgerliche Element. Den relativ hohen Stand der sog. Ingenieurwissenschaften (militärische Baukunst, Landvermessung, Kartographie u. a.) im 18. Jh. widerspiegelte auch die zunehmende militärtechnische Literatur.

Die Entwicklung der P. im 19. Jh. wurde durch die bürgerliche Umgestaltung des Militärwesens, die Fortschritte in der Kriegskunst und seit Mitte des 19. Jh. vor allem durch die Auswirkungen der industriellen Revolution auf Militärtechnik und Kriegführung beeinflußt. In den meisten Ländern lösten sich die P. von der Artillerie. Die enge Verbindung mit dem Militäringenieurkorps blieb jedoch bestehen. In Frankreich entstanden im Verlauf der Revolutions- und napoleonischen Kriege zahlenmäßig starke, gut ausgerüstete P. Bereits 1793 erhielt jede Division 1 Pionierkompanie. Im Verlauf der → *Militärreformen in Preußen 1807–1815* wurde auch das Ingenieur- bzw. Pionierwesen der preußischen Armee neu organisiert. Nach der Verordnung von 1809 waren unter der zusammenfassenden Bezeichnung «Pionierkompanien» 6 Kompanien zu formieren, von denen jede einen bestimmten Anteil an Mineuren, Pontonieren und Sappeuren hatte. In den folgenden Jahren wurden weiter Festungspionier- und Feldpionierkompanien aufgestellt. Sie bewährten sich in den Feldzügen 1813–1815 bei der Belagerung bzw. der Verteidigung von Festungen sowie beim Bau von Feldstellungen und Brücken. Eine besondere Leistung preußischer und russischer P. war der Bau der 321 m langen Kriegsbrücke bei Kaub am 1. und 2. 1. 1814, auf der die preußische Armee den Rhein überschritt. Aufgrund der Kriegserfahrungen wurden in Preußen 1816 die P. neu organisiert und dem «Chef des Ingenieurkorps und Generalinspekteur der Festungen» unterstellt. Die 9 Pionierabteilungen bestanden aus je 2 Pionierkompanien, die sich in Mineur-, Pontonier- und Sappeursektionen (Züge) untergliederten. Im Kriegsfalle stellte die Landwehr gleichfalls 18 Pionierkompanien auf. Die Ausbildung der Ingenieur- und Pionieroffiziere erfolgte an der 1816 gegründeten «Vereinigten Artillerie- und Ingenieurschule» (ab 1903 Militärtechnische Akademie). Jede Pionierabteilung erhielt 1 Ponton- und 1 Schanzzeugkolonne. Die Einführung neuer zerlegbarer Kriegsbrücken (österreichisches «Biragogerät» mit geteilten Pontons und einer Brükkenlänge bis 53 m) beschleunigte das Übersetzen. In den anderen größeren Staaten des Deutschen Bundes durchliefen die P. eine ähnliche Entwicklung.

Nach der → *Heeresreorganisation in Preußen 1859/60* wurden die bestehenden 9 Pionierabteilungen zu Pionierbataillonen mit je 1 Pontonier- und 1 Mineurkompanie sowie 2 Sappeurkompanien erweitert. Bei der Mobilmachung sollte jedes Armeekorps 1 Pionierbataillon erhalten. Die Ausbildung umfaßte sowohl die Vorbereitung auf Spezialaufgaben als auch den allgemeinen Feldpionierdienst. Das entsprach der im preußischen Heer vorherrschenden Orientierung, die P. zur unmittelbaren Unterstützung der Infanterie, vor allem im Kampf gegen befestigte Feldstellungen, einzusetzen. Während des Dänisch-Deutschen Krieges 1864 wurden Pioniereinheiten zum Angriff gegen Befestigungen eingesetzt, so bei den → *Düppeler Schanzen 1864* und beim Übergang auf die Insel Alsen. Kennzeichnend für den Einsatz der P. im Preußisch-Österreichischen Krieg 1866 waren zahlreiche Brückenschläge, im Deutsch-Französischen Krieg 1870/71 ausgedehnte Schanz- und Grabenarbeiten, namentlich bei der Belagerung der französischen Festungen. 1866 und 1870/71 erfüllten die P. auch Aufgaben des Eisenbahndienstes sowie der Nachrichtenübermittlung. Aus den Spezialeinheiten entwickelten sich in der Folgezeit die → *Eisenbahntruppen* und die Nachrichtentruppen (→ *Nachrichtenwesen*). Auch mit dem Minen- und Torpedowesen befaßten sich zunächst die P., ehe es 1886 von der → *Kaiserlichen Marine* übernommen wurde. Für den Bau neuer und die Modernisierung alter Festungen sowie die Einführung neuer Pioniertechnik wurde 1868 in Preußen ein Ingenieurkomitee gegründet. Insgesamt erhöhten sich seit Mitte des 19. Jh. die Zahl der Militäringenieure und der Personalbestand der P. beträchtlich.

Nach 1871 richteten sich die Organisation und Ausbildung sowie die Führungs- und Einsatzprinzipien der P. im → *kaiserlich-deutschen Heer* nach preußischem Vorbild aus. Die technische Ausstattung der P. wurde weiter vermehrt. Jedes Armeekorps erhielt 1 Korpsbrückentrain und jede Infanteriedivision 1 Divisionsbrückentrain. In den Ausbildungs- und Einsatzprinzipien dominierte das Bestreben, den sog. Einheitspionier zu schaffen. Seine Hauptaufgaben sollten Schanzarbeiten, Brücken- und Straßenbau sein. Angesichts der gestiegenen Feuerkraft der Artillerie und der Wirkung ihrer Ge-

Pioniersicherstellung. *14. Jh. bis Mitte 19. Jh.:* **1** Anlegen einer Approche für den Angriff auf eine Mauerbefestigung (14./15. Jh.); **2** Kriegsbrücke (15./16. Jh.); **3** Sturmbrücke (15./16. Jh.); **4** Pioniere bei Schanzarbeiten (17. Jh.); **5** Faschinenblende (16. bis 19. Jh.); **6** Holzblende (16. bis 19. Jh.); **7** doppelter Schanzkorb (16. bis 18. Jh.); **8** Sappeurkorb (16. bis 19. Jh.); **9** sächsischer gedeckter Ponton (1709); **10** preußischer Sappeurwagen (1838)

schosse gegen Befestigungen wurde den P. im Festungskampf nur ein untergeordneter Platz eingeräumt. Diese Bewertung der P., die auch in anderen kapitalistischen Armeen vorherrschte, wurde durch den Russisch-Japanischen Krieg (1904/05) etwas korrigiert. Im Sinne des → *Schlieffenplans* dominierte im deutschen Heer auch bei den P. die Orientierung auf einen schnellen Bewegungskrieg mit einer Überbetonung des Angriffs. Die P. wurden daher zahlenmäßig weiter verstärkt und mit verbessertem Kriegsbrückengerät höherer Tragfähigkeit, Minenwerfern (→ *Granatwerfer*), → *Handgranaten,* Sprengladungen sowie anderen Kampfmitteln ausgerüstet. 1907 wurden die ersten Festungspionierbataillone formiert, die vorrangig zum Einsatz gegen die belgischen und französischen Forts bestimmt waren. Ab 1910 erhielten die Pionierbataillone Minenwerfer- und ab 1911/12 Scheinwerferzüge. In der Ausbildung dominierte die Tendenz zum infanteristisch ausgebildeten «Kampfpionier», der im Angriff und Festungskampf unmittelbar die Infanterie unterstützt. 1913 gehörten zu den P. insgesamt 6 Pionierinspektionen (4 preußische, 1 sächsische, 1 bayrische) mit 35 Pionierbataillonen, darunter 9 Festungspionierbataillone, sowie 4 Ingenieurinspektionen mit 9 Festungsinspektionen für 38 Festungsbereiche, darunter 5 der Marine.

Im ersten Weltkrieg 1914–1918 veränderten sich Organisation, Aufgaben und Kampfmittel der P. der kriegführenden Staaten wesentlich. Die P. des deut-

Entwicklung des Militäringenieurkorps in Preußen und im kaiserlichen Deutschland

Jahr		Jahr	
1728	39	1872	438 (Soll: 632)
1740	49	1893	715
1806	80	1901	732
1810	55	1907	694
1816	176 (Soll: 220)	1909	756
1852	257 (Soll: 266)		

Entwicklung der zahlenmäßigen Stärke der Pioniere in Preußen und im Deutschen Reich

	Jahr	Zahl der Pioniere	Prozentsatz zur Heeresstärke
Preußen	1810	372	knapp 1%
	1813	1305	0,5%
	1840	2304	1,9%
	1859	2805	1,9%
	1869	6663	2,24%
	1870	rd. 21200 (Kriegsstärke)	1,42%
Deutsches Reich	1874	9397	2,24%
	1914	rd. 21000	2,83%
	1914	rd. 80000 (Kriegsstärke)	2,1%
	1921	3000	3%
	1938	über 45000	5,7%

Pioniertruppen des kaiserlich-deutschen Heeres 1914

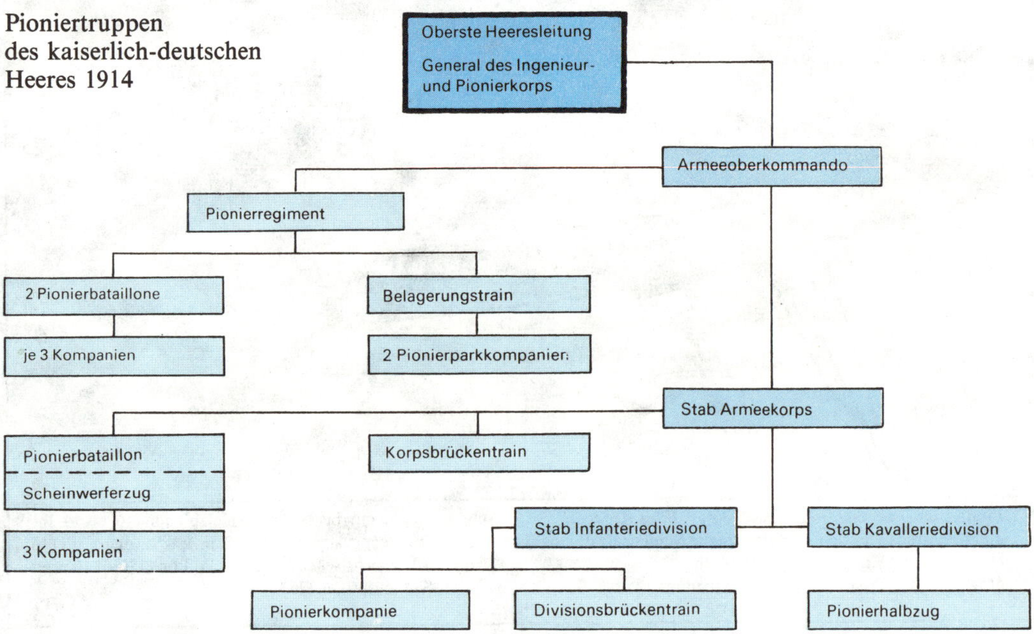

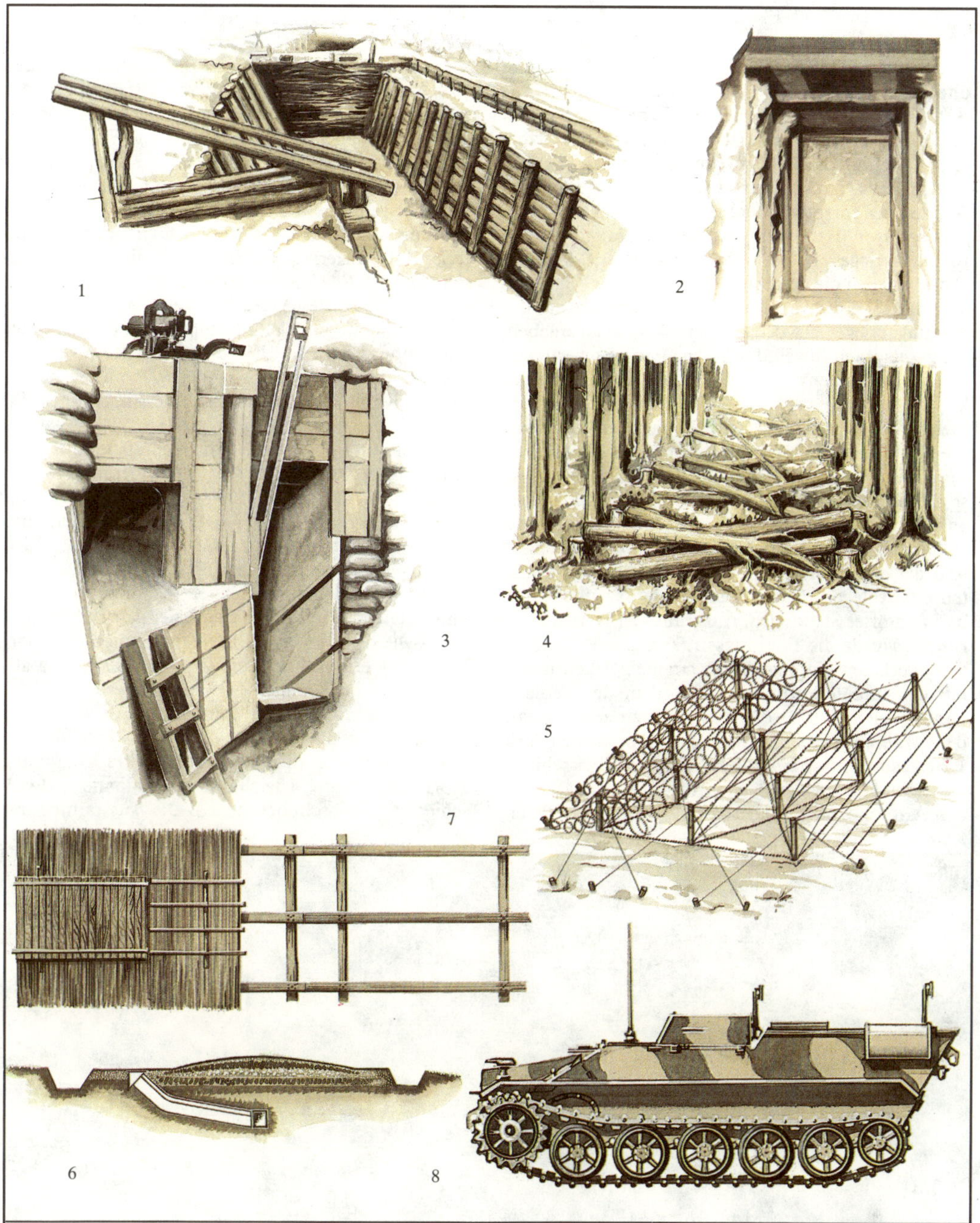

Pioniersicherstellung. *Streitkräfte des imperialistischen Deutschlands – 1914 bis 1945:* **1** ausgebaute Grabenstellung (1914/15); **2** Mineurstollen (1915); **3** betonierter MG-Unterstand (1916); **4** Lehrschema für das Anlegen einer schweren Baumsperre (1936); **5** Lehrschema für den Bau eines Flächendrahthindernisses (1936); **6** Profilschema für die Unterminierung einer Straße (1936); **7** Lehrschema für den Bau einer Bretter- und Strauchbahn (1936); **8** Pionierpanzer, Ausf. C (1943), schwerer Ladungsträger

schen Heeres wurden von 21000 Mann Friedensstärke auf 80000 Mann nach der Mobilmachung und auf 170000 Mann bis Kriegsende vermehrt. Ihr Anteil an der Gesamtstärke des Heeres erhöhte sich auf etwa 4%. Zugleich erweiterte sich ihr Einsatzbereich. Die auf die Bedürfnisse eines schnell verlaufenden Bewegungskrieges zugeschnittene technische Ausrüstung entsprach nach Art und Zahl nicht den Bedingungen des Stellungskrieges. Während des Bewegungskrieges 1914 im Westen und 1914/15 im Osten wurden die deutschen P. vorwiegend für Brückenschläge eingesetzt. Aus den Bedingungen des Stellungskrieges erwuchsen den P. neue Aufgaben. Dem entsprach die Bildung von Flammenwerfereinheiten und Minenwerferabteilungen sowie von Gaskampftruppen (→ *chemische Kriegführung*). 1916 erhielt jede Infanteriedivision 1 Pionierbataillon. Auch die Kavalleriedivisionen besaßen einen Pionierzug. Für den Minenkampf wurden 1916/17 insgesamt 46 sog. Pionier-Mineurkompanien aufgestellt. Daneben gab es zahlreiche weitere Sondereinheiten für spezielle technische Belange. Zu den Aufgaben der P. und der Armierungstruppen (→ *Bautruppen*) gehörten das Anlegen rückwärtiger sowie der Wiederaufbau zerstörter Stellungen. Aufgrund der Kriegserfahrungen wurde die Führungsstruktur der P. 1916/17 verändert, um ein engeres Zusammenwirken der P. mit der Infanterie im Angriff und in der Verteidigung zu sichern. Für die Ausbildung der P. bestanden während des Krieges 2 Pionierschulen und 1 Heeresminenwerferschule. Neben den verschiedenen Formationen der P. gab es in allen kriegführenden Armeen eine große Zahl von Truppenpionieren, d.h. im Pionierdienst ausgebildete und zu Pionierarbeiten eingesetzte Infanteristen.

Die Entwicklung der P. in den imperialistischen Streitkräften nach 1918 ging von Erfahrungen des ersten Weltkrieges aus. Sie berücksichtigte Einsatz und Wirkung neuer Kampfmittel (u. a. Panzer, Flugzeug) sowie die Möglichkeiten, die sich aus der zunehmenden Mechanisierung und Motorisierung ergaben. Allgemein wurde den P. eine größere Bedeutung, vor allem im Zusammenwirken mit Infanterie und Panzern sowie im Brückenbau, beigemessen. Die → *Reichswehr* verfügte entsprechend den Bestimmungen des Versailler Vertrages über 7 Pionierbataillone (mit je 2 Kompanien, 1 Brückenkolonne und 1 Scheinwerferzug). Die Reichswehrführung war bestrebt, die vorhandenen Pionierformationen als Kern starker P. ausbildungs- und führungsmäßig vorzubereiten. Die 1928/29 einsetzende Motorisierung der P. wurde in den 30er Jahren beschleunigt weitergeführt. Mit dem Übergang zur offenen Aufrüstung nach 1933 wurden die P. im Rahmen des faschistischen Heeres rasch erweitert und mit neuem technischem Gerät ausgestattet. Zu den bisherigen teilmotorisierten Pionierbataillonen der Infanteriedivisionen kamen Korpspionierbataillone (mot.), leichte Pionierbataillone bei den Panzertruppen sowie Gebirgs- und Eisenbahnpionierbataillone. Insgesamt erhöhte sich die Zahl der Pionierbataillone auf 65 im Sommer 1939 und stieg mit der Mobilmachung auf 128 im September d. J. Allgemein verfügten die Pionierbataillone über 2 teilmotorisierte Kompanien und 1 vollmotorisierte Kompanie, 1 Brückenkolonne, 1 leichte Pionierkolonne und verschiedene Nachschubeinheiten. Die Ausstattung mit

Brückenschlag über die Alte Elbe bei Magdeburg durch ein Pionierbataillon der Reichswehr, 1932

Kfz und Halbketten-Zugmaschinen erhöhte die Beweglichkeit der P. Neue Übersetzmittel und Brükkengeräte ermöglichten auch den motorisierten Truppen sowie den Panzern und der Artillerie das rasche Überwinden von Flußhindernissen. Die Ausbildung der Offiziere erfolgte an der 1920 als Nachfolgerin der Militärtechnischen Akademie eingerichteten Pionierschule München, aus der 1936 2 neue Pionierschulen (Berlin und Dessau) hervorgingen. Zu den P. gehörten auch die 1936 formierten 25 Festungspionierstäbe, die 11 Festungsinspektionen unterstanden. Die P. der faschistischen Wehrmacht (→ *Wehrmacht, faschistische*) wurden im Sinne der → *Blitzkriegskonzeption* vor allem dafür ausgebildet, Angriffe der motorisierten und gepanzerten Verbände pioniermäßig sicherzustellen und das Überwinden gegnerischer Sperren und Festungsanlagen unmittelbar zu unterstützen. Deshalb unterschieden sich die Pionierbataillone in Gliederung und Ausstattung wenig voneinander. Für die erste pioniertechnische Unterstützung der Truppenteile und Einheiten waren die Truppenpioniere bestimmt, die Angehörige der jeweiligen Waffengattung blieben.

Im zweiten Weltkrieg 1939–1945 führten ständige Neuaufstellungen und Umgliederungen zu einer wachsenden Zahl verschiedenartiger Pionierformationen auf allen Führungsebenen. Dazu gehörten auch die mit der Mobilmachung 1939 unter Rückgriff auf den RAD aufgestellten Bautruppen, die zu den Heerestruppen zählten und während des Krieges laufend verstärkt wurden. Eigene Pionierkräfte erhielten auch die Luftwaffe (Luftwaffenbaubataillone, Luftwaffenfelddivisionen und Fallschirmjägerdivisionen), die Waffen-SS und die «Organisation Todt». Im Sommer 1941, bei Beginn der Aggression gegen die UdSSR, besaß das Heer neben den in den Divisionsverbänden bestehenden Pionierbataillonen weitere 54 Pionierbataillone und 29 Brückenbaubataillone als Heerestruppen. Die P. wurden zu den verschiedensten Aufgaben eingesetzt. Zu Beginn des Krieges war die Sicherstellung der Bewegungen der eigenen Truppen die Hauptaufgabe. In der Folgezeit trat mehr und mehr der «Kampfpionier» in den Vordergrund. Die verschiedenartigen Aufgaben in Verbindung mit der Weiterentwicklung der Technik und der Einsatzgrundsätze führten zur zunehmenden Spezialisierung innerhalb der P. So gab es u. a. Brükkenbaupioniere mit Kriegsbrückengerät, Pontonfähren usw., mit gepanzerten Fahrzeugen ausgerüstete Panzerpioniere, Sturmpioniere, die mit Nahkampfmitteln meist im Stoßtrupp kämpften, Fallschirmpioniere, Landungspioniere (Sturmbootkommandos und Fährbataillone), Baupioniere und Eisenbahnpioniere. Letztere wurden im Winter 1939/40 den Eisenbahntruppen unterstellt. Die P. erlitten besonders an der deutsch-sowjetischen Front hohe Verluste; allein bei Stalingrad büßten sie 36 Bataillone ein. Deshalb mußte die faschistische Führung Gliederung und technische Ausstattung der P. wiederholt ändern. Ab 1942 besaßen viele Pionierbataillone nicht mehr ihre strukturmäßige Stärke, auch ging der Motorisierungsgrad durch den Ausfall von Fahrzeugen zurück. Eine Anzahl umformierter und neu aufgestellter Pioniereinheiten wurde im Sommer 1944 zu Pionierbrigaden zusammengefaßt. Für den Bau von Verteidigungsstellungen entstanden aus den Resten zerschlagener Pioniereinheiten, aus Kräften der «Organisation Todt» und des faschistischen Reichsarbeitsdienstes zahlreiche Heeresbaupionierbrigaden.

Im Großen Vaterländischen Krieg der Sowjetunion bewiesen besonders die sowjetischen P., die 1918/19 als Spezialtruppe im Bestand allgemeiner Truppenverbände entstanden waren und seit den 30er Jahren eine rasche Entwicklung genommen hatten, hohe Leistungsfähigkeit. Mitte 1941 bestanden sie aus taktischen Truppenteilen (im Bestand der Armeen, Korps und Divisionen) und aus Truppenteilen der Reserve des Oberkommandos. Zu Beginn der faschistischen Aggression waren jedoch die Auffüllung mit Kräften und die Ausstattung mit moderner Pionierausrüstung noch nicht abgeschlossen. Sowohl bei Verteidigungs- als auch bei Angriffsoperationen unterstützten die P. der Sowjetarmee wirksam die Gefechtshandlungen der anderen Waffengattungen und trugen mit zur Zerschlagung der faschistischen Aggressoren bei. Beim Ausbau tiefgestaffelter Verteidigungsstellungen, bei der Pioniersicherstellung des Durchbruchs der faschistischen Verteidigung, beim Forcieren von Wasserhindernissen, bei der Befestigung eroberter Brückenköpfe und der Erstürmung befestigter Städte vervollkommneten sich die Prinzipien für den Gefechtseinsatz der sowjetischen P.

Nach 1945 wurde die weitere Entwicklung der P. wesentlich durch das Aufkommen neuer Waffen und Kampfmittel bestimmt. Die traditionellen Hauptaufgaben der P., die Bewegung der eigenen Truppen zu fördern und die der gegnerischen Kräfte zu hemmen, blieben bestehen. Im Unterschied zum zweiten Weltkrieg trat die unterstützende Rolle der P., die Pioniersicherstellung, stärker hervor, soweit sie den Einsatz spezieller Pionierausrüstung erfordert. Andere Pionierarbeiten werden in zunehmendem Maße von den Waffengattungen und Spezialtruppen selbst durchgeführt. Der Manövercharakter der Kampfhandlungen, die Notwendigkeit, die Truppen vor der Wirkung von Massenvernichtungsmitteln zu schützen, die Sicherstellung des Überwindens zerstörter und aktivierter Zonen und andere Anforderungen des modernen Gefechts erhöhen Bedeutung und Umfang der Pionierarbeiten. Dabei entwickelten sich die P. zu einer technischen Spezialtruppe. Das war verbunden mit höherer Beweglichkeit durch moderne Land-

und Wasserfahrzeuge, mit der Zuführung neuer und verbesserter Ausrüstung sowie mit einer hohen Spezialisierung von Offizieren und Mannschaften. Insgesamt hat sich der Anteil der Pioniereinheiten in den allgemeinen Verbänden und Truppenteilen vergrößert.

In der von den USA und anderen NATO-Mächten betriebenen, gegen die sozialistischen Staaten gerichteten Kriegs- und Rüstungspolitik wird auch dem Ausbau der P. große Aufmerksamkeit gewidmet. In Anlehnung an Strukturen der USA-Streitkräfte entstanden die P. der → *Bundeswehr der BRD*. Entsprechend den verschiedenen Aufgaben gliedern sie sich in leichte Pioniere zur unmittelbaren Unterstützung der Kampftruppen, schwere Pioniere mit umfangreicher technischer Ausstattung (Brückengerät, Maschinen usw.), Spezialpioniere für Eisenbahnbau und Instandsetzungsarbeiten verschiedener technischer Anlagen sowie – im Kriegsfall – Pionierhilfsformationen. Ihre weitere Ausrüstung, Organisation und Ausbildung erfolgen unter dem Gesichtspunkt, sie für einen Aggressionskrieg im mitteleuropäischen Raum unter den Bedingungen des Einsatzes von Kernwaffen und konventionellen Waffen zu befähigen.

Bedeutende Veränderungen vollzogen sich nach 1945 im Aufbau und in der Ausrüstung der P. der Sowjetarmee. Kennzeichnend dafür waren vor allem die Erhöhung der Beweglichkeit und die Ausstattung mit leistungsfähiger Technik. Zum Bestand der sowjetischen P. gehören u. a. moderne Übersetzmittel, die allen Waffenarten und Kampfmitteln ein rasches Überwinden von Wasserhindernissen ermöglichen. Mittels hochproduktiver Erdräummaschinen sowie verschiedenartiger Montage- und Demontageausrüstungen sind die P. in der Lage, kurzfristig Deckungen für Truppen und Kampftechnik auszuheben. Spezialgeräte dienen dem raschen Verlegen von Minen aus Fahrzeugen oder Hubschraubern bzw. ihrer Aufklärung und Räumung. Mit Mechanisierungsmitteln ausgerüstete Eisenbahnpioniere sind in der Lage, in raschem Tempo Eisenbahnstrecken instand zu setzen bzw. neu zu verlegen. Ihren hohen Ausbildungs- und Leistungsstand bewiesen sowjetische P. auch bei der Lösung volkswirtschaftlicher Aufgaben sowie bei ihrem Einsatz in Katastrophenfällen.

Die Erfahrungen und die moderne Ausrüstung der sowjetischen P. werden auch von den Armeen der anderen Teilnehmerstaaten des Warschauer Vertrags für ihre P. erfolgreich genutzt. Die P. der NVA (→ *Landstreitkräfte der NVA (LaSK)*) entwickelten sich seit Ende der 50er Jahre zu einer leistungsfähigen Spezialtruppe. Ihre Brückenbau-, Landeübersetz-, Stellungsbau-, Straßenbau-, Pioniersperr-, Pionieraufklärungs- und Betoniereinheiten sind mit moderner Technik, meist sowjetischer Produktion, ausgerüstet. Dazu gehören Stellungs- und Straßen baumaschinen (z. B. Grabenbagger BTM-3, Planierraupe BAT-M), Minenräumgeräte, Übersetzmittel verschiedener Art (z. B. Bugsierboot BMK-T, Schwimmwagen PTS-M, selbstfahrende Fähre GSP), Brückenlegegerät (BLG), Pontonparks für den Brükken- und Fährenbau, holz- und metallverarbeitende Maschinen sowie Elektrogeneratoren. Die P. der NVA verfügen über einen hohen Ausbildungsstand, den sie in zahlreichen Übungen und Manövern unter Beweis stellten. Sie sind in der Lage, ihnen gestellte Aufgaben selbständig oder im Bestand bzw. im Zusammenwirken mit Verbänden, Truppenteilen und Einheiten anderer Waffengattungen in vollem Umfang zu erfüllen. *(s. Abb. S. 73, 74, 77, 184, 766, 780, 854, 1001, 1005)*

Eine von Pioniereinheiten der NVA gebaute Brücke in der Bewährung, 1978

Pioniersicherstellung. *NVA der DDR:* **1** Bugsierboot BMK-T; **2** Schwimmwagen PTS-M; **3** Grabenbagger BTM-3; **4** Planierraupe BAT-M; **5** Brückenlegegerät BLG; **6** Brückenschlag mit dem Straßen- und Eisenbahnbrückengerät ESB-16

Pistole → *Faustfeuerwaffen*

Politischer Beratender Ausschuß des Warschauer Vertrages → *Warschauer Verteidigungsbündnis*

Polnische Armee (PA): stärkstes bewaffnetes Machtorgan der VR Polen, das in Klassen- und Waffenbrüderschaft mit den anderen Streitkräften des → *Warschauer Verteidigungsbündnisses* die sozialistische Ordnung, die staatliche Sicherheit und das friedliche Leben der Bürger der VR Polen und aller Staaten der sozialistischen Gemeinschaft gegen jegliche Angriffe der aggressiven Kräfte des Imperialismus und der Reaktion schützt.

Die Entstehung der polnischen Volksarmee ist untrennbar mit dem Widerstands- und Befreiungskampf des polnischen Volkes gegen die faschistischen deutschen Okkupanten während des zweiten Weltkrieges (1939–1945) verbunden. Dieser mit vielfältigen Formen und Methoden geführte Kampf entfaltete sich unmittelbar nach der Niederlage im September 1939. Den entscheidenden Einfluß übten auf ihn aber lange Zeit die Parteien aus, die die bürgerliche, mit den Westmächten zusammenarbeitende Exilregierung (in Frankreich gebildet, im Sommer 1940 nach London verlegt) und deren Vertretung in Polen, die «Delegatur der Regierung der Republik Polen für das Land», unterstützten. Da diese Parteien außerdem miteinander rivalisierten, besaß die Widerstandsbewegung in dieser Etappe keine einheitliche, die Interessen des polnischen Volkes konsequent verfolgende Führung; ihre Kräfte und Aktionen waren zersplittert. Eine qualitativ neue Stufe des Widerstands- und Befreiungskampfes wurde durch die Gründung der Polnischen Arbeiterpartei am 5. 1. 1942 eingeleitet. Diese Partei orientierte auf den Zusammenschluß aller antifaschistisch-demokratischen Kräfte unter Führung der Arbeiterklasse. Sie trat für ein enges Bündnis mit der Sowjetunion und den kompromißlosen, vor allem bewaffneten Kampf gegen die faschistischen Aggressoren ein. Es gelang ihr in kurzer Zeit, ihr organisatorisches Netz fast über das ganze Land auszudehnen, ihren politisch-ideologischen Einfluß in der Bevölkerung zu erhöhen und zahlreiche Abteilungen der Volksgarde (Gwardia Ludowa) aufzustellen, die dem Feind empfindliche Schläge versetzten. Die Kampffähigkeit der Volksgarde wurde besonders durch die Siege der sowjetischen Streitkräfte über die faschistische Wehrmacht aktiviert, die die Wende im Kriegsverlauf herbeiführten.

Unter Berücksichtigung der internationalen und der militärisch-politischen Lage im Land gelangte Ende 1942 die Polnische Arbeiterpartei zu dem Schluß, reguläre polnische Streitkräfte aufzustellen, die im engen Waffenbündnis mit der Sowjetarmee aktiv an der Zerschlagung der faschistischen Interventen teilnehmen und den Aufbau einer volksdemokratischen Ordnung sichern konnten. Im Januar 1943 gab die Sowjetregierung ihre Zustimmung zur Bildung des «Bundes Polnischer Patrioten», einer Organisation zur Vereinigung der in der UdSSR lebenden Polen. Anfang Mai 1943 entsprach die Sowjetregierung den Anträgen dieser demokratischen Vertretung, polnische militärische Einheiten auf sowjetischem Territorium zu schaffen. Von Mai bis Juli 1943 wurde die erste polnische Infanteriedivision «Tadeusz Kościuszko» aufgestellt. Bei der Mobilisierung von Freiwilligen, bei der Ausrüstung mit Waffen und anderen technischen Kampfmitteln sowie bei der Ausbildung leistete die Sowjetunion umfassende Hilfe und Unterstützung. Die Division wurde Ende September 1943 der sowjetischen 33. Armee unterstellt und erfüllte am 12. 10. 1943 bei dem belorussischen Ort Lenino erfolgreich ihre erste Gefechtsaufgabe. Der 12. Oktober wird seit 1950 in der VR Polen als Tag der PA begangen. Der Zustrom polnischer Freiwilliger war so groß, daß noch im August 1943 mit der Aufstellung des 1. Korps der polnischen Streitkräfte in der UdSSR begonnen werden konnte, und im Frühjahr 1944 entstand dann die polnische 1. Armee. Diese verfügte Mitte d. J. über eine Kampfstärke von 90000 Mann, die im Bestand der 1. Belorussischen Front der Sowjetarmee während der Sommeroffensive 1944 an der Befreiung der polnischen Gebiete östlich der Weichsel teilnahmen.

Von großer Bedeutung für die weitere Intensivierung des Befreiungskampfes sowie für die künftige, demokratische Entwicklung Polens war die von der Polnischen Arbeiterpartei initiierte Bildung volksdemokratischer Machtorgane: des Landesnationalrats (Volksvertretung) am 1. 1. 1944 und des Polnischen Komitees der Nationalen Befreiung (provisorisches zentrales Exekutivorgan) am 21. 7. 1944, aus dem am 31. 12. 1944 die Provisorische Regierung der Republik Polen entstand. Sie wurden von der sowjetischen Regierung anerkannt und in ihrer Arbeit unterstützt. Besondere Aufmerksamkeit richteten diese Organe auf den Auf- und Ausbau der Streitkräfte, um an der Seite der Sowjetarmee noch einen möglichst großen Beitrag zur vollständigen Befreiung des Landes und endgültigen Zerschlagung des faschistischen deutschen Staates zu leisten. So wurde Anfang 1944 die Volksgarde zur Volksarmee (Armia Ludowa) formiert. Im Juni d. J. entstand der Polnische Partisanenstab, wodurch der Partisanenkampf bedeutend an Schlagkraft gewann und immer besser mit den Handlungen der Sowjetarmee koordiniert werden konnte. Im Juli, nachdem sich der Bund Polnischer Patrioten in der UdSSR dem Landesnationalrat unterstellt hatte, wurde die Vereinigung der Volksarmee und der in der UdSSR aufgestellten 1. Armee zur einheitlichen PA (Wojsko Polskie) mit einem Oberkommando an der Spitze vollzogen. Die am

15. 8. 1944 verkündete Mobilmachung in den befreiten Gebieten schuf die personellen Voraussetzungen, um die 1. Armee aufzufüllen und die 2. Armee zu formieren. Im Herbst wurde das 1. Reserve-Seebataillon aufgestellt, die Keimzelle der künftigen Seekriegsflotte. Die polnischen Streitkräfte waren Ende 1944 bereits 290000 Mann stark. Die UdSSR leistete weiterhin umfassende Hilfe. Ihre Regierung, die am 26. 7. 1944 ein Abkommen mit der Volksmacht Polens abgeschlossen hatte, lieferte nicht nur die gesamte Bewaffnung und Ausrüstung, sondern entsandte auf Ersuchen des Polnischen Komitees der Nationalen Befreiung auch Tausende erfahrene Kommandeure und Spezialisten der Sowjetarmee zur Unterstützung beim Aufbau der PA. Von entscheidender Bedeutung für die Entwicklung der Kampfkraft und Gefechtsbereitschaft der polnischen Verbände war es, daß die Polnische Arbeiterpartei ihren Einfluß in den Streitkräften ständig erhöhte. Sie delegierte etwa 10000 ihrer Mitglieder in die PA und leistete eine intensive politisch-ideologische Arbeit unter den Armeeangehörigen. Dabei nahm die Erziehung zur Freundschaft und Waffenbrüderschaft mit der Sowjetunion und ihren ruhmreichen Streitkräften einen zentralen Platz ein. Die Ergebnisse beim Aufbau der PA im Jahre 1944 waren die Grundlage dafür, daß deren 1. Armee im Bestand der 1. Belorussischen Front der Sowjetarmee an der Weichsel-Oder-Operation, den Kämpfen in Ostpommern und der → *Berliner Operation 1945* erfolgreich teilnahm. Die 2. Armee handelte im Bestand der 1. Ukrainischen Front der Sowjetarmee bei der Berliner und der Prager Operation. Die Sowjetregierung erkannte das militärische Können, den Mut und die Tapferkeit der polnischen Armeeangehörigen hoch an. Die Kampfbanner von 29 traditionsreichen Verbänden und Truppenteilen der PA tragen den Rotbannerorden, Kutusow-Orden, Alexander-Newski-Orden und den Orden «Roter Stern». Mit ihrem Kampf trug die PA zur Befreiung des polnischen sowie des deutschen Volkes von der faschistischen Herrschaft bei. Der bewaffnete polnische und deutsche Widerstands- und Befreiungskampf gehört zu den militärhistorischen Wurzeln der Waffenbrüderschaft, die heute die PA und die NVA verbindet.

Mit dem Sieg über den faschistischen deutschen Imperialismus begann ein neues Kapitel in der Geschichte Volkspolens und seiner Streitkräfte. Vor der PA stand nach Kriegsende die Aufgabe, zur Stärkung und Sicherung der Volksmacht beizutragen, die Kriegsschäden beseitigen zu helfen und am Wiederaufbau des Landes auf volksdemokratischer Grundlage mitzuwirken. Als nächstes mußten die Streitkräfte auf den Friedensstand übergeführt und mußte die Landesverteidigung entsprechend den neuen Bedingungen aufgebaut werden. In den Jahren von 1945 bis 1947 wurde etappenweise ein großer Teil der Armeeangehörigen demobilisiert. Gleichzeitig erfolgte die Reorganisation der Streitkräfte. Im Land wurden 7 Militärbezirke gebildet und ein Netz von Wehrkommandos geschaffen. Die Kommandos der Militärbezirke waren operative Führungsorgane, die im Kriegsfall in Armeeführungsorgane verwandelt werden konnten. In den Landstreitkräften löste man die 1. und 2. Armee auf und schaffte die Armeekorps ab. Die Divisionen erhielten eine neue Struktur, ihre Anzahl und personelle Stärke wurden verringert, Brigaden in Regimenter umgebildet u. a. m. Gleichzeitig begann der Aufbau der polnischen Seekriegsflotte. Den Grundstock bildeten das bestehende Seebataillon und 23 Kampfschiffe, die die UdSSR im Rahmen der Reparationen übergab. Später kamen polnische Schiffseinheiten dazu, die während des zweiten Weltkrieges im Bestand von Seestreitkräften westlicher Staaten der Antihitlerkoalition gekämpft hatten. Mitte 1946 war die Seekriegsflotte eine selbständige Teilstreitkraft. In den Fliegerkräften war bei der Überführung auf den Friedensstand ebenfalls eine Umorganisierung erforderlich. So wurden das Kommando und der Stab des 1. gemischten Fliegerkorps, später auch die Stäbe der Fliegerdivisionen aufgelöst; diese erhielten die Struktur von Fliegerregimentern. Die UdSSR unterstützte die Reorganisation der Luftstreitkräfte und den Aufbau eines Systems der Luftverteidigung, indem sie der PA Jagd-, Schlacht- und Bombenflugzeuge lieferte. Außerdem nahmen in Polen stationierte sowjetische Fliegerkräfte am Schutz des polnischen Luftraums teil. Die Überführung auf den Friedensstand sollte auch jene polnischen Truppen umfassen, die nach der Septemberniederlage 1939 den Kampf gegen die faschistischen Aggressoren in den Streitkräften der Westmächte fortgesetzt hatten. Während aus Frankreich – ehrenvoll mit Waffen und Kampfbannern verabschiedet – die Offiziere und Soldaten, darunter viele Kommunisten und Spanienkämpfer, heimkehrten, von denen die meisten in die PA übernommen wurden, bedurfte es großer Anstrengungen der polnischen Regierung, gegen den Widerstand vor allem der USA und Großbritanniens die Rückkehr der Kämpfer aus den anderen westlichen Ländern zu erreichen. Ende 1947 hatte die PA eine Stärke von 150000 Mann gegenüber 457000 am 1. 7. 1945. Oberster Befehlshaber der PA war jetzt der Präsident der Republik, der Minister für Nationale Verteidigung führte die Streitkräfte. Ihm unterstanden der Generalstab, die Kommandos der Landstreitkräfte, Luftstreitkräfte, Seekriegsflotte und der Militärbezirke.

Demobilisation, Reorganisation und Aufbau der PA mußten unter äußerst komplizierten Bedingungen durchgeführt werden. Mit Hilfe der imperialistischen Westmächte organisierte die polnische Reaktion unter Ausnutzung der komplizierten ökonomischen und politischen Lage, in die das Land infolge des barbarischen Vernichtungskrieges des faschistischen Aggressors geraten war, die Kräfte der Konterrevolution. Bewaffnete Banden, die zeitweilig eine Gesamtstärke von ca. 50000 Mann annahmen, verübten Terrorakte, schufen Unsicherheit und Desorganisation und bedrohten die Volksmacht. Jedoch die PA schützte zuverlässig die revolutionären Errungenschaften. Bis zum Jahre 1948/49 gelang es ihr im Zusammenwirken mit anderen bewaffneten Organen des Staates, der Konterrevolution eine vernichtende Niederlage zu bereiten. Brüderlichen Beistand leisteten entsprechend dem am 21. 4. 1945 zwischen der UdSSR und der VR Polen abgeschlossenen Vertrag über Freundschaft, Zusammenarbeit und gegenseitigen Beistand die auf polnischem Territorium stationierten sowjetischen Truppen.

Von der Polnischen Arbeiterpartei mobilisiert und der Sowjetunion unterstützt, unternahm das polnische Volk große Anstrengungen zur Stärkung seiner Verteidigungsfähigkeit. So wurde bereits im Rahmen des ersten Dreijahresplanes der Volkswirtschaft (1947–1949) mit der Produktion von Waffen und Kampfausrüstung sowie von Transportmitteln für die Armee begonnen. Besondere Aufmerksamkeit widmeten Partei- und Staatsführung der politisch-ideologischen Festigung und militärischen Qualifizierung der Armeeangehörigen. Die in den Streitkräften geschaffenen Organe der politischen Erziehung nutzten dazu vor allem die Erfahrungen der Sowjetarmee. Anknüpfend an die Traditionen des gemeinsamen Kampfes in den schweren Jahren des Krieges, erzog die Partei die Armeeangehörigen im Geiste des proletarischen Internationalismus und des Patriotismus.

Im Dezember 1948 vereinigten sich die Polnische Arbeiterpartei und die Polnische Sozialistische Partei zur Polnischen Vereinigten Arbeiterpartei (PVAP). Der Vereinigungsparteitag, der die Generallinie für die Schaffung der Grundlagen des Sozialismus in der VR Polen beschloß, stellte die Aufgabe, die Entwicklung von Streitkräften neuen Typs konsequent weiterzuführen. Das bedeutete zugleich, höhere Anforderungen an die führende Rolle der Partei in der Armee zu stellen. Entscheidend war, die Klassenstruktur des Offizierskorps zugunsten der Arbeiterklasse zu verändern. In der Zeit von 1949 bis 1954 erhöhte sich der Anteil der Offiziere, die aus der Arbeiterklasse stammten, von 21 auf 50 %. In die Ausbildungsprogramme an den Offiziersschulen der Teilstreitkräfte und an der 1947 gegründeten Generalstabsakademie «Waffengeneral Karol Świerczewski» wurde das Fach «Grundlagen des Marxismus-Leninismus» eingeführt. Die gesellschaftswissenschaftliche Qualifizierung der Offiziere wurde

Vereidigung

maßgeblich von der 1951 eröffneten Militärpolitischen Akademie gefördert. Auf Bitten der Regierung der VR Polen leisteten Anfang der 50er Jahre mehrere hundert sowjetische Generale und Offiziere brüderliche Hilfe bei der Entwicklung und Modernisierung der PA. Die UdSSR lieferte moderne Kampftechnik und vergab Kredite und Lizenzen an die polnische Verteidigungsindustrie. Die 1951 eröffnete Militärtechnische Akademie und technische Offiziersschulen bildeten qualifizierte Kader aus.

Mit dem Abschluß des Warschauer Vertrages 1955 trat die PA in einen neuen Abschnitt ihrer Entwicklung ein. Abgestimmt mit der Außen- und Sicherheitspolitik der UdSSR und der anderen Teilnehmerstaaten des Warschauer Vertrages, leistete die VR Polen einen wichtigen Beitrag zur Erhöhung der Verteidigungskraft des Sozialismus. Im Vordergrund der eingeleiteten Veränderungen beim weiteren Aufbau der PA stand die durchgängige Mechanisierung und Motorisierung der Landstreitkräfte. Alle Verbände erhielten etatmäßige Panzereinheiten. Ein Teil der Infanteriedivisionen wurde in Panzerdivisionen umgebildet, wodurch sich die Beweglichkeit, Stoß- und Feuerkraft der Landstreitkräfte bedeutend erhöhten. Die operativen Fliegerkräfte zur Unterstützung der Handlungen der Landstreitkräfte und die Truppen der Luftverteidigung des Landes wurden zu neuen Teilstreitkräften umformiert. Die Seekriegsflotte erhielt moderne sowjetische Schiffe sowie Kampfeinheiten aus der polnischen Schiffbauindustrie. 1958 wurde ein eigenes Forschungszentrum der Seekriegsflotte eröffnet. Zur Vervollkommnung der Führung der Streitkräfte nahmen 1957 Militärräte auf der Ebene des Ministeriums für Nationale Verteidigung, der Militärbezirke und Teilstreitkräfte sowie in den Divisionen und gleichgestellten Verbänden ihre Tätigkeit auf. Zur Festigung der führenden Rolle der Partei in allen Bereichen des militärischen Lebens wurden im Jahre 1957 Parteileitungen in den Militärbezirken, Verbänden und Truppenteilen sowie militärischen Lehranstalten gebildet. Die erhöhte Aktivität der Parteiorganisationen und Politorgane förderte die Durchsetzung der Leninschen Normen des Parteilebens und der militärischen Einzelleitung. Insgesamt waren die eingeleiteten Schritte auf die weitere Entwicklung der PA als moderne sozialistische Koalitionsarmee gerichtet. Die im Juni 1958 durchgeführten Übungen der Land- und Luftstreitkräfte, an denen Vertreter des Oberkommandos der Vereinten Streitkräfte des Warschauer Vertrages teilnahmen, machten deutlich, daß sich die Kampfkraft und Gefechtsbereitschaft der PA im Rahmen der sozialistischen Verteidigungskoalition bedeutend erhöht hatten.

Seit Anfang der 60er Jahre vollzogen sich grundlegende Veränderungen im weiteren Aufbau der PA. Angesichts der verstärkten Kriegsvorbereitungen seitens der aggressivsten Kreise der USA, der BRD und anderer NATO-Staaten vollbrachten die Arbeiterklasse und das ganze werktätige Volk der VR Polen große Leistungen zur Stärkung der Landesverteidigung. Die Revolution im Militärwesen stellte auch an die PA wachsende Anforderungen. In enger Zusammenarbeit mit der UdSSR und den anderen sozialistischen Ländern wurden Raketen verschiedener Zweckbestimmung in allen Teilstreitkräften der PA eingeführt. Gleichzeitig wurde mit der Modernisierung der herkömmlichen Kampfmittel und Waffensysteme begonnen. Die PA erhielt neue Typen von Panzern und Schützenpanzerwagen. Von 1960 bis 1970 erhöhte sich der Anteil der Panzertechnik je Soldat in der mechanisierten Division auf das 1,8fache und in der Panzerdivision auf das 2,3fache. Im Jahre 1967 wurden die Offiziersschulen der PA in Hochschulen mit vierjähriger Ausbildung umgewandelt. Die Erhöhung des Niveaus der Erziehung und Ausbildung der Führungskader der Armee und die damit verbundene Vervollkommnung der Truppenführung gewährleisteten eine kontinuierliche Steigerung der Kampfkraft und Gefechtsbereitschaft. Davon zeugten insbesondere die → *Übungen und Manöver der Vereinten Streitkräfte*, an denen Stäbe und Truppen der PA erfolgreich teilnahmen.

Grundlage für die weitere Entwicklung der PA waren die Beschlüsse des VI. Parteitages der PVAP 1971. Im Vordergrund der militärpolitischen Konzeption der Partei stand die kontinuierliche Festigung und Vertiefung des Klassen- und Waffenbündnisses mit der Sowjetunion und den anderen Bruderstaaten. Auf der Grundlage einer engeren militärtechnischen Zusammenarbeit mit den verbündeten Staaten vermochte die VR Polen die Kampfkraft und Gefechtsbereitschaft ihrer Armee auf dem erforderlichen Niveau zu halten. Die besondere Fürsorge

Fla-Raketenstellung

Jagdflugzeuge werden für einen Autobahnstart vorbereitet

der Partei- und Staatsführung galt den Kadern der PA. Mehr als 90 % der Offiziere stammten jetzt aus der Arbeiterklasse und der Bauernschaft, 85 % gehören der Partei an. Auf der Grundlage eines ständig wachsenden Bildungsniveaus der Kader – 1973 besaßen 39,4 % Hochschul- und 59,5 % Fachschulbildung – verbesserte sich die Truppenführung. In weiteren Bewährungsproben, so beim Manöver → *«Waffenbrüderschaft 80»* und bei der gemeinsamen Kommandostabsübung «Sojus 81», bewiesen die Angehörigen der PA, daß sie den Anforderungen gerecht werden, die der kollektiven Verteidigung des Sozialismus gestellt sind. Gemeinsam mit der Baltischen Flotte der UdSSR und der → *Volksmarine der NVA (VM)* steht die Seekriegsflotte der PA im Ostseeraum auf Wacht für den Frieden. Angehörige der PA leisten im Diensthabenden System der Luftverteidigung der Teilnehmerstaaten des Warschauer Vertrages verantwortungsbewußt ihren Beitrag zum zuverlässigen Schutz der sozialistischen Staatengemeinschaft und zur Erhaltung des Friedens in Europa. Ausdruck für die friedenssichernde Rolle der PA ist auch die Tatsache, daß sich militärische Kontingente entsprechend der auf internationale Entspannung und Zusammenarbeit gerichteten Außen- und Militärpolitik der VR Polen an der Erfüllung wichtiger Aufgaben im Rahmen der UNO-Streitkräfte im Nahen Osten beteiligt haben. In der schweren Zeit der konterrevolutionären Umtriebe und Attacken in Polen Anfang der 80er Jahre hat die PA überzeugend bestätigt, daß sie ihrem Klassenauftrag, das friedliche Leben der Bürger des Landes, die sozialistische Gesellschaftsordnung, die Souveränität und staatliche Sicherheit zu garantieren, gerecht wird. *(s. Abb. S. 56, 146, 147, 186, 310, 899, 1011)*

Pontoniere: zu den → *Pioniertruppen* gehörende Truppengattung zur technischen Sicherstellung des Überwindens von Wasserhindernissen mit vorgefertigtem, schwimmfähigem Gerät.

Bereits im Militärwesen des Altertums fanden vorwiegend aus Handwerkern bestehende Brückenbaueinheiten Verwendung, die unter Leitung kriegserfahrener Baumeister Floß- und Schiffsbrücken errichteten. Im Spätmittelalter war das auf besonderen Brückenwagen mitgeführte Kriegsbrückengerät, darunter aus Holz oder aus Leder gefertigte Pontons (vom französischen Wort ponton = Brückenkahn) ein wichtiger Bestandteil des Trosses. Die Handhabung dieses Geräts oblag den Brückenbaumeistern und ihren Knechten. Aus ihnen entwickelten sich mit der Herausbildung der stehenden Heere im 17. Jh. die P., die seither mit ihrem Brückengerät regulär zur Heeresstruktur gehörten. Sie waren zunächst in der Regel der Artillerie beigegeben. Die ersten P.formationen auf deutschem Territorium entstanden 1698 in Sachsen und 1715 in Preußen. Auch das 1744 in Bayern gebildete Brückenkorps verfügte über P. Die genannten P.formationen blieben unter Kompaniestärke. 1742 wurde in der preußischen Armee ein Pionierregiment aufgestellt, zu dem eine Kompanie P. gehörte. In den europäischen Kriegen des 18. Jh. erleichterten die P. durch zahlreiche Brückenschläge die Bewegungen der feudalabsolutistischen Heere. 1806 besaß die preußische Armee 2 Kompanien P. und ein weiteres, zahlenmäßig unbedeutendes P.detachement. Im Zuge der → *Militärreformen in Preußen 1807–1815* wurde auch das Pionierwesen reorganisiert und erweitert. Während des nationalen Unabhängigkeitskrieges 1813/14 verfügte jedes preußische Korps über 1–2 Pionierkompanien mit jeweils 1. P.formation (Abteilung, später Sektion). Die P. wurden vor allem bei der Vorhut der Truppen eingesetzt. Nach der → *Heeresreorganisation in Preußen 1859/60* gehörte zu jedem der neu gebildeten Pionierbataillone auch 1 P.kompanie. Im 19. Jh. setzte sich im Pionierwesen die Zwei- oder Mehrteilung der Pontons durch, um Transport und Verwendbarkeit zu erleichtern. Beim Bau der Pontons fanden Kupfer- und Eisenblech, später vorzugsweise Stahlblech Verwendung. Um die Mitte des 19. Jh. wurde in verschiedenen Armeen das sog. Birago-Gerät, ein nach dem österreichischen Pionieroberst Karl von Birago (1792–1845) konstruiertes Kriegsbrückengerät, eingeführt, dessen Hauptelemente zerlegbare leichte Pontons bildeten. Als be-

Pontonier der hannoveranischen Ingenieurtruppen, 1800

Pontonpark preußischer Truppen in Bereitstellung am Mont-Valérien bei Paris, Februar 1871

deutsame Leistungen der P. im 19. Jh. gelten u. a. der Rheinübergang bei Kaub Anfang Januar 1814 sowie das Überwinden des Alsensunds und des Kleinen Belts während des → *Dänisch-Deutschen Krieges 1864*. Im kaiserlich-deutschen Heer wurden die bisher bestehenden P.einheiten zu Brückentrains zusammengefaßt und den Korps und Divisionen zugeteilt. Bei Kriegsausbruch 1914 waren 26 Korps- und 79 Divisionsbrückentrains vorhanden. Die aus dem mitgeführten Gerät herstellbare Brückenlänge betrug beim Korpsbrückentrain 124,5 m, beim Divisionsbrückentrain 34,5 m bei einer Tragfähigkeit von jeweils 3,5 t. Besondere Bedeutung erlangten während des Krieges u. a. der Weichselübergang der Armeeabteilung Woyrsch im Juli 1915 und der Übergang

Pontoniere beim Bau einer Pontonbrücke, um 1900

der 11. Armee über Donau und Save in der ersten Oktoberhälfte 1915. Nach dem ersten Weltkrieg wurde die Bezeichnung P. in den deutschen Streitkräften nicht mehr offiziell verwendet. In der → *Reichswehr* der Weimarer Republik verfügte jedes Pionierbataillon über eine als Brückenkolonne bezeichnete P.formation. Mit der forcierten Aufrüstung im faschistischen Deutschland wurden auch die für ein schnelles Überwinden von Wasserhindernissen bestimmten Pioniereinheiten zahlenmäßig erweitert. Im Feldheer erhielt jede Division innerhalb ihres strukturmäßigen Pionierbataillons eine Brückenkolonne, jedes Korps mehrere solcher Kolonnen zugeteilt. Gleichzeitig erfolgte eine weitgehende Motorisierung. Das der Division zugeteilte Gerät ermöglichte einen Brückenschlag über eine Distanz von etwa 60 m. Bei Ausbruch des zweiten Weltkrieges verfügte das Heer über insgesamt 148 Brückenkolonnen. Ihre Zahl erhöhte sich bis zum Überfall auf die UdSSR im Juni 1941 auf 225. In den folgenden Jahren sank sie trotz Neuaufstellungen infolge der vor allem an der deutsch-sowjetischen Front eintretenden Verluste beträchtlich.

In der NVA ist der Begriff P. nicht gebräuchlich. Die hochbeweglichen, mit modernster Technik, darunter Pontonparks für den Fähren- und Brückenbau, ausgestatteten → *Pioniere* der NVA sind in der Lage, das Überwinden von Wasserhindernissen auch für schwere Kampftechnik in relativ kurzer Frist sicherzustellen. *(s. Abb. S. 769)*

Portepee: um Griff und Bügel der Seitenwaffe (→ *Stich- und Hiebwaffen*) geschlungener, verzierter

Faustriemen mit Quast als Standesabzeichen vor allem des → *Offiziers.*

Die Bezeichnung P. wurde Anfang des 18. Jh. aus dem Französischen übernommen (porte-épée = Degenträger bzw. Degengehenk). In älteren deutschen Reglements und Befehlen steht für P. der Begriff «Feldzeichen». Das P. bestand aus einem zumeist mit Silber- oder Goldgespinst versehenen Lederriemen, Tuchband oder einer Kordel, die jeweils in einen durch Kranz, Stengel und Schieber abgesetzten silber- oder golddurchwirkten Quast ausliefen. Es wurde in einer nach Waffenart vorgeschriebenen Schlingung an der Seitenwaffe getragen. Das P. entwickelte sich aus dem gewöhnlichen Faustriemen (auch Schlagriemen genannt), der ursprünglich den Zweck hatte, die Waffe am Handgelenk des Kämpfers zu befestigen. Damit sollte verhindert werden, daß sie ihm aus der Hand geschlagen wurde oder entfiel. Diese Vorrichtung ermöglichte es auch, eine → *Handfeuerwaffe* zu benutzen, ohne z. B. den gezogenen Degen oder Säbel in die Scheide stecken zu müssen.

Mit der Zeit wurde der Faustriemen zu einem Schmuck, dessen Gestaltung und Farbgebung genutzt wurden, um Ranggruppen, Waffengattungen, Formationen und auch Landeskontingente zu kennzeichnen. Vor Einführung von → *Dienstgradabzeichen* im letzten Drittel des 18. Jh. galt das P. als Offiziersrangabzeichen schlechthin und blieb auch danach wichtiges Standesabzeichen des Offiziers. Die Mannschaften trugen an der Seitenwaffe dem P. ähnliche wollene Troddeln (Faustriemen bei berittenen Truppen), deren unterschiedliche Farbgebung in den Streitkräften einiger deutscher Staaten die Zuordnung des Trägers bis zur Kompanie (Eskadron,

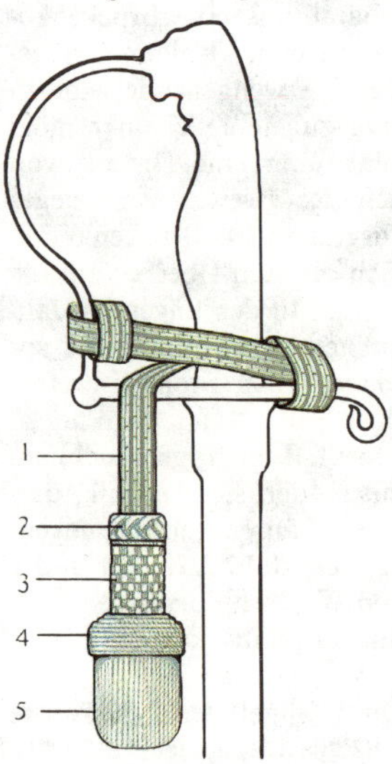

Bestandteile des Portepees und seine Trageweise am Offiziersdegen:
1 Lederriemen;
2 Schieber;
3 Stengel;
4 Kranz;
5 Quast

Batterie) gestattete. Unteroffiziere trugen mit Metallgespinst verzierte Wolltroddeln. Das silberdurchwirkte P. des preußischen Infanterieoffiziers besaß anfangs lose Quasten, die nach 1820 starr in Eichelform geschlossen wurden. Das P. des Kavallerieoffiziers bestand aus einem mit silberfarbenen Seidenfäden durchzogenen schwarzledernen Faustriemen und Schieber sowie silbernen Kranz, Stengel und Quast. Mit der 1890 erfolgenden Einführung eines neuen Degens erhielten die Offiziere aller Waffengattungen dieses P., wobei die Farbe des Faustriemens später feldgrau war. Im kaiserlich-deutschen Heer, in der Reichswehr und in der faschistischen Wehrmacht trugen neben Offizieren auch höhere Unteroffiziersdienstgrade (Unteroffiziere mit P.) vom Feldwebel aufwärts sowie die entsprechenden Militärbeamten- und Sanitätsdienstgrade das P. Bei der Kaiserlichen Marine gehörten zu den Unteroffizieren mit P. die → *Deckoffiziere,* Seekadetten und Marinestabswachtmeister.

Die Bundeswehr der BRD unterscheidet die Dienstgradgruppen Unteroffizier mit P. und Unteroffizier ohne P.

Posener Aufstand 1848: nationalrevolutionäre Erhebung des polnischen Volkes von März bis Mai 1848.

Mit Ausbruch der → *Revolution 1848/49* belebte sich erneut der Kampf des polnischen Volkes für die Wiederherstellung seiner nationalen Unabhängigkeit. Der Schwerpunkt dieser Bewegung, die zunächst von breiten Massen des deutschen Volkes unterstützt wurde, lag in dem von Preußen annektierten sog. Großherzogtum Posen. Am 20. 3. 1848 bildete sich in der Stadt Posen ein polnisches Nationalkomitee aus Vertretern der Gutsbesitzer, der katholischen Geistlichkeit und der städtischen Bourgeoisie. Aus Furcht vor einer Volksrevolution beschränkte es sich jedoch auf die Forderung nach nationaler Autonomie im Rahmen des preußischen Staates. Demgegenüber waren die Bauern, Handwerker und Plebejer entschlossen, sowohl für volle nationale Unabhängigkeit als auch für soziale Veränderungen zu kämpfen. Ende März hatte die revolutionäre Bewegung das ganze Großherzogtum erfaßt. Die Bevölkerung bewaffnete sich, verjagte vielerorts die preußischen Behörden und bildete etwa 70 nationale Verwaltungskomitees. Um die Bewegung unter Kontrolle zu bekommen, übernahm der niedere Adel die Aufstellung und Führung der bewaffneten Einheiten. Diese setzten sich meist aus Kleinbauern und Landarbeitern zusammen, denen Landzuteilung aus Staatsbesitz zugesagt wurde. Mitte April zählte die in 5 Lagern konzentrierte Armee der Aufständischen etwa 20000 Mann, darunter rd. 1000 Reiter (Ulanen). Die Bewaffnung der Infanterie bestand größtenteils aus Streitsensen, Piken und Heugabeln; Feuer- und Blankwaffen waren kaum vorhanden. Den Oberbe-

Polnische Aufständische im Kampf mit preußischen Truppen, Mai 1848

fehl übernahm der Patriot Ludwik Mierosławski (1814–1878), der später auch die → *badisch-pfälzische Revolutionsarmee 1849* befehligte.

Das Nationalkomitee wollte seine Truppen nur als Druckmittel gegen die großbürgerliche preußische Regierung benutzen. Die preußische Bourgeoisie war jedoch auf nationalistische Positionen umgeschwenkt und nicht mehr gewillt, das geraubte polnische Gebiet aufzugeben. Für die Zusicherung einer «nationalen Reorganisation» erreichte sie in der Konvention von Jaroslawez (11.4.) die Auflösung der polnischen bewaffneten Formationen. Inzwischen hatte die anfangs ohnmächtige preußische Konterrevolution ihre militärischen Kräfte in Posen (etwa 30000 Mann) auf den Einsatz vorbereitet. Unterstützt von bewaffneten Gruppen der deutschen Minderheit, überfielen Truppen die nach Hause zurückkehrenden Insurgenten und terrorisierten die Bevölkerung. Da sich viele polnische Kämpfer ihrer Entwaffnung widersetzten, gingen die preußischen Truppen zum Angriff über. Am 29.4. nahmen sie das Lager von Xions ein. Dagegen gelangen den Abteilungen Mierosławskis in den Gefechten bei Miłosław (30.4.) und Wreschen (2.5.) beachtliche Erfolge über die Preußen. Zugleich führten Partisanenabteilungen einen wirksamen Kleinkrieg. Viele in der preußischen Armee dienende polnische Soldaten, vor allem Landwehrmänner, gingen zu den Aufständischen über. Die Mehrzahl der polnischen adligen Offiziere drängte jedoch auf Einstellung des Kampfes. Mierosławski konnte sich mit seinen Abteilungen einem Angriff überlegener preußischer Kräfte zwar noch einmal entziehen, legte aber, ohne Hoffnung auf einen Sieg, am 7.5. den Oberbefehl nieder. Sein Nachfolger unterzeichnete am 9.5. in Bardo die Kapitulation. Der P. A. scheiterte hauptsächlich an der konterrevolutionären Haltung der polnischen Aristokratie und eines Teils des niederen Adels. Seine Niederschlagung wurde zudem durch die Unentschlossenheit und Defensivtaktik der militärischen Führung erleichtert. Eine besondere Verantwortung trug die deutsche Bourgeoisie, die den Unterdrückungsfeldzug der preußischen Truppen billigte und förderte. Die Frankfurter Nationalversammlung verleibte am 27.7.1848 Posen dem Deutschen Bund ein und besiegelte damit den Verrat am gerechten Kampf des polnischen Volkes.

Pour le mérite: seit 1740 für militärische und zivile Verdienste verliehener preußischer Orden.

Der P. wurde 1740 vom preußischen König Friedrich II. (1712–1786) als hohe → *Auszeichnung* für Militär- und Zivilpersonen gestiftet. Seit 1810 nur noch an Offiziere für militärische Verdienste verliehen, galt er bis 1918 als höchste Kriegsauszeichnung des Königreichs Preußen. Der P. wurde mehrmals erweitert: 1817 durch das goldene Eichenlaub (für gewonnene Schlachten), 1844 durch eine goldene Krone (für 50jährigen Besitz) und 1866 durch ein Großkreuz mit zugehörigem Stern. Die 1842 gestiftete Friedensklasse des P. für Wissenschaften und Künste weicht von der Militärklasse in der Form des Ordenszeichens und der Farbe des Bandes ab. Die Militärklasse des P. besteht aus einem hellblau emaillierten 8spitzigen Kreuz (Malteserkreuz) mit schmaler goldener Bortierung, einem überkrönten F (Friedrich) im oberen Kreuzarm, den Worten «Pour/le Mé/rite» (Für das Verdienst) in den anderen 3 Armen und je einem goldenen Adler in den Winkeln. Das Großkreuz sowie der zugeordnete 4zackige goldene Bruststern zeigen in der Mitte das Bildnis Friedrichs II. Der P. wurde von Friedrich II. insgesamt 324mal vergeben. Im Krieg 1806/07 erhielten nur wenige Offiziere den P., darunter Oberst Gerhard von Scharnhorst (1755–1813) für seine Verdienste in der Schlacht von → *Preußisch-Eylau 1807* und Oberstleutnant August Neidhardt von Gneisenau (1760–1831) für die erfolgreiche Verteidigung von → *Kolberg 1807*. König Wilhelm I. (1797–1888) verlieh den P. 299mal. Im ersten Weltkrieg erhielten 687 Personen den P. und 122 Personen das Eichenlaub. Dazu gehörten automatisch alle Souveräne und Fürsten. Allein diese Tatsache widerlegt die Behauptung militaristischer Kreise, der P. sei ausschließlich für persönliche Tapferkeit vor dem Feind verliehen worden. Als militärische Auszeichnung seit 1919 nicht mehr verliehen, wurde die als korporative Vereinigung ihrer Mitglieder weiter bestehende Friedensklasse des P. 1952 in der BRD erneuert. *(s. Abb. S. 53)*

Präventivkrieg: Aggressionskrieg, der dem vermuteten oder vorgeblichen Angriff des als Opfer eines Überfalls ausersehenen Staates zuvorkommen soll.

P. und bewaffnete Aggressionen mit präventiven Zügen gehören zu den Methoden der Kriegführung aller Ausbeuterstaaten. Diese Variante des Angriffskrieges wird praktiziert, um das überfallene Land als Aggressor hinzustellen und die Entfesselung eines räuberischen Eroberungskrieges zu rechtfertigen.

Mit präventivem Vorgehen gegen Sachsen eröffnete der preußische König Friedrich II. (1712–1786) den Siebenjährigen Krieg 1756–1763. Nach dem Deutsch-Französischen Krieg 1870/71 und der Annexion Elsaß-Lothringens schmiedete insbesondere der preußisch-deutsche Generalstab wiederholt P.pläne gegen Frankreich oder Rußland, um aus der «Zwickmühle» eines Zweifrontenkrieges gegen die französisch-russische Übermacht herauszukommen. Seit dem Übergang zum Imperialismus strebte der deutsche Militarismus einen rücksichtslosen Offensivkrieg an, der präventiv eröffnet werden sollte. Der P.gedanke wurde zum festen Bestandteil der Kriegstheorie des imperialistischen Deutschlands wie des Imperialismus überhaupt. Verschiedene aggressive Aktionen während des ersten Weltkrieges, z. B. den Einfall deutscher Truppen in Belgien, versuchte die Reichsregierung mit der Lüge vom P. zu rechtfertigen. In Vorbereitung und Durchführung des zweiten Weltkrieges war das P.denken ein wichtiges Moment der faschistischen Kriegführung. So wurde der Überfall auf Polen als präventives Vorgehen ausgegeben. Den langfristig vorbereiteten Überfall auf die UdSSR am 22.6.1941 deklarierte die faschistische Propaganda demagogisch als P., womit man einer angeblich bevorstehenden sowjetischen Aggression zuvorgekommen sei. Dabei nahm bereits damals die Legende von der «sowjetischen Bedrohung» im Arsenal der imperialistischen Ideologen einen zentralen Platz ein. Die Idee des P. spielt in der gegenwärtigen imperialistischen Kriegsideologie eine wichtige Rolle und ist fester Bestandteil der modernen imperialistischen Kriegstheorie. Ihre Propagierung soll die insbesondere gegen die sozialistischen Staaten gerichteten imperialistischen Aggressionspläne verschleiern, sie als Verteidigungsmaßnahmen hinstellen und politisch-moralische und materielle Potenzen für einen Überfall gewinnen helfen. Der P. steht im Widerspruch zum Völkerrecht, das ihn als Aggression verurteilt.

preußische Kriegsflotte → *Seestreitkräfte*

«Preußische Wehr-Zeitung» → *«Deutsche Wehr-Zeitung»*

Preußisch-Eylau 1807: Schlacht im 4. Koalitionskrieg 1806/07 (→ *Koalitionskriege 1792–1815*) zwischen russisch-preußischen und napoleonischen Truppen am 7./8. 2. 1807.

Im Januar 1807 stieß eine russische Armee unter General L. L. Bennigsen (1745–1826) nach Ostpreußen vor. Sie wich zunächst einer Schlacht mit der von Kaiser Napoleon I. (1769–1821) geführten französischen Armee aus, blieb aber am 7. 2. bei P. stehen, um Königsberg zu schützen. Das verbündete preußische Korps (annähernd 8000 Mann) unter Generalleutnant Anton Wilhelm von L'Estocq (1738–1815) befand sich im Anmarsch. Es waren die einzigen einsatzfähigen Feldtruppen, die dem preußischen Staat nach der vernichtenden Niederlage von → *Jena und Auerstedt 1806* noch zur Verfügung standen. Die russische Armee, die 70000 Mann mit 400 Geschützen zählte, nahm eine Höhenstellung nordöstlich von P. ein. Die Masse der Kavallerie stand am linken Flügel, während die schwere Artillerie, in 3 großen Batterien zu jeweils 40–60 Geschützen zusammengefaßt, im Zentrum konzentriert war. Die Stadt selbst wurde von vorgeschobenen Truppen unter General P. I. Bagration (1765–1812) gesichert.

Kampfszene aus der Schlacht bei Preußisch-Eylau

Napoleon verfügte ebenfalls über 70000 Mann, darunter Rheinbundtruppen, sowie über 450 Geschütze. Er plante, den linken Flügel des Gegners auf dessen Zentrum zu drängen und dann mit den Hauptkräften einen vernichtenden Schlag zu führen.

Die Schlacht begann am 7.2. abends mit dem Kampf um P., das die Franzosen erobern, gegen die russischen Angriffe aber nicht halten konnten. Der am 8.2. herrschende Schneesturm behinderte die französischen Angriffsbewegungen gegen den russischen linken Flügel. Ein Korps verfehlte den Weg, traf auf das russische Zentrum und erlitt durch heftiges Artilleriefeuer hohe Verluste. Die russischen Truppen stießen daraufhin selbst im Zentrum vor. Nur mit Mühe und unter schweren Verlusten gelang es den Franzosen, ihre Stellung zu behaupten. Erst als gegen Mittag der französische Angriff gegen den linken Flügel begann und sich erfolgreich entwikkelte, gerieten die russischen Truppen in eine schwierige Lage. Durch das jetzt eintreffende und in die französische rechte Flanke stoßende preußische Korps konnte jedoch der russische linke Flügel standhalten. Die Franzosen mußten zurückweichen. Der Eilmarsch der Preußen nach P. und ihr Eingreifen im Brennpunkt der Schlacht waren vom Stabschef des Korps, Oberst Gerhard von Scharnhorst (1755–1813), durchgesetzt worden. Im weiteren Kampfverlauf vermochte keine Seite einen entscheidenden Vorteil zu erringen. Die physische Erschöpfung der Truppen und die Dunkelheit setzten dem erbittert geführten Kampf schließlich gegen 21 Uhr ein Ende.

Die Schlacht endete unentschieden. Erstmals verließ Napoleon das Schlachtfeld nicht als Sieger. Da er aber noch frische Kräfte in der Nähe hatte, zogen sich die Verbündeten zurück. Mit 45000 Gefallenen und Verwundeten war die Schlacht bei P. eine der blutigsten der napoleonischen Kriege; allein die russischen Verluste betrugen 26000 Mann. Gemeinsam hatten die russischen und preußischen Truppen der scheinbar unbesiegbaren napoleonischen Armee standgehalten. Nach der Schlacht von P. verpflichteten sich Rußland und Preußen im Vertrag von Bartenstein (26.4.), den Krieg fortzusetzen.

Preußisch-Französischer Krieg 1806/07 → *Jena und Auerstedt 1806*, → *Koalitionskriege 1792–1815*

Preußisch-Österreichischer Krieg 1866: dynastischer Krieg Preußens gegen Österreich um die Vorherrschaft in Deutschland.

Der Krieg erwuchs aus der preußisch-österreichischen Rivalität um die Hegemonie in Deutschland. Seinen Anlaß bildeten die Auseinandersetzungen um Schleswig-Holstein (→ *Dänisch-Deutscher Krieg 1864*). Seit Winter 1865/66 bereiteten die preußische Regierung und der → *Generalstab* den Krieg vor, um die nationalstaatliche Frage im Interesse der preußischen Monarchie zu lösen und einer Volksrevolution vorzubeugen. Der Preußisch-Österreichische Krieg war verbunden mit dem Krieg Italiens gegen Österreich zur nationalen Befreiung Venetiens. Preußen schloß mit Italien ein Kriegsbündnis (8.4.), das Österreich zu einem schwierigen Zweifrontenkrieg zwang. Erste Mobilmachungsmaßnahmen seit März verschärften die Spannungen. In Österreich verlief die Mobilmachung in mehreren Abschnitten bis zum 7.5., in Preußen weitaus rascher vom 3. bis 12.5. Gegen Preußens Kriegspolitik entstand im Frühjahr 1866 eine demokratische Volksbewegung, besonders in Süddeutschland, im Rheinland, in Sachsen und Berlin. Sie forderte auch die allgemeine Volksbewaffnung, um den Krieg in einen Volkskrieg für einen demokratischen Nationalstaat zu verwandeln. Unter den einberufenen preußischen Reservisten kam es zwar zu Gehorsamsverweigerungen, die Masse der Soldaten aber glaubte, für nationale Interessen zu kämpfen, und zeigte daher eine hohe Kampfmoral. Am 7.6. marschierten preußische Truppen in das österreichisch besetzte Holstein ein. Auf Antrag Österreichs beschloß daraufhin der Bundestag des Deutschen Bundes am 14.6. die Mobilmachung der nichtpreußischen Kontingente (VII.–X. Bundesarmeekorps) des → *Bundesheeres.* Die Mehrheit der Mittel- und Kleinstaaten ging mit Österreich, darunter Bayern, Sachsen, Württemberg und Hannover. Preußen, unterstützt von den meisten thüringischen sowie einigen norddeutschen Kleinstaaten, u. a. Hamburg, Mecklenburg und Braunschweig, trat aus dem Deutschen Bund aus und eröffnete am 16.6. die Kampfhandlungen.

Die Kriegsstärke des preußischen Heeres betrug 617000 Mann; das Feldheer zählte 324000 Mann und 917 Geschütze. Der Chef des Generalstabes, General Helmuth von Moltke (1800–1891), leitete im Namen des Königs die Operationen erstmals selbständig. Seine strategische Konzeption war, die Hauptkräfte gegen Österreich einzusetzen. Sie sollten die Initiative ergreifen, nach Böhmen vordringen und frühzeitig eine Schlacht herbeiführen, die den Krieg entschied. Gegen Österreichs Verbündete in West- und Süddeutschland wurden nur schwache Kräfte bereitgestellt. Aufgrund des sorgfältig vorbereiteten und raschen Aufmarsches waren die preußischen Truppen früher gefechtsbereit als der Gegner. Unter Ausnutzung des Eisenbahnnetzes marschierten an der sächsischen und böhmischen Grenze 3 Armeen auf: die sog. Elbarmee (46000 Mann und 144 Geschütze) bei Torgau, die 1. Armee (93000 Mann und 300 Geschütze) bei Görlitz und die 2. Armee (115000 Mann und 352 Geschütze) bei Neisse. Ihr räumlich getrennter Vormarsch war riskant, da die Gefahr bestand, daß der Gegner die preußischen Armeen einzeln mit Übermacht angriff. Österreich verfügte zwar über ein größeres Kriegspotential als

Preußen, doch war sein Reservesystem unzureichend (→ *Konskription*). Aus dem Feldheer (450000 Mann und über 1000 Geschütze) wurden die Nordarmee gegen Preußen und die Südarmee gegen Italien gebildet, deren Befehlshaber an die Weisungen des Wiener Hofkriegsrates gebunden waren. Die Nordarmee (247000 Mann und 744 Geschütze), ein schwerfälliger Verband von 7 Korps, unter Feldzeugmeister Ludwig von Benedek (1804–1881) versammelte sich bei Olmütz. Erst am 18. 6. begann sie, nicht komplett, den Vormarsch nach Königgrätz. Ein nach Böhmen vorgeschobenes Korps vereinigte sich an der Iser mit der sächsischen Armee (24000 Mann und 58 Geschütze).

Die entscheidenden Operationen des Krieges fanden im nordöstlichen Böhmen statt. Nachdem die Elbarmee widerstandslos Sachsen besetzt hatte (16.–18. 6.), überschritten ihre und die Truppen der 1. Armee ab 22./23. 6. die Grenze nach Böhmen in Richtung auf Gitschin. Sie waren in mehreren Gefechten, so bei Hühnerwasser, Münchengrätz und Gitschin, erfolgreich. Nachschubmangel führte auf beiden Seiten zu Requisitionen, die oft in Plünderungen ausarteten. Die 2. Armee drang über das Riesengebirge nach Böhmen vor. Ihre Truppen siegten u. a. bei Nachod, Böhmisch-Skalitz und Burkersdorf, erlitten aber bei Trautenau eine Niederlage. Mit der operativen Vereinigung der beiden preußischen Kräftegruppierungen (Elbarmee/1. Armee mit der 2. Armee) am 30. 6. war das erste Ziel des Feldzuges erreicht. Das → *Zündnadelgewehr* der preußischen Infanterie besaß die 4fache Feuergeschwindigkeit des Vorderladers der österreichischen Truppen, so daß diese mit ihrer veralteten Stoßtaktik (→ *Kriegskunst*) schwere Verluste hatten. Benedek erwog deshalb den Rückzug nach Süden und forderte (1. 7.) von der Regierung Friedensverhandlungen. Auf ihr Drängen hin ließ er jedoch nordwestlich von Königgrätz eine Verteidigungsstellung beziehen. Der preußische Sieg am 3. 7. in der Schlacht bei → *Königgrätz 1866* entschied im wesentlichen den Kriegsausgang. Die Hauptkräfte der Nordarmee zogen sich auf Olmütz zurück und wurden danach im Verein mit der aus Venetien herangeholten Südarmee an der Donau zur Verteidigung Wiens eingesetzt. Fast kampflos okkupierten die preußischen Truppen Böhmen. Aufrufe der österreichischen Regierung zur Insurrektion und zum Partisanenkampf gegen die preußischen Truppen hatten wenig Erfolg. Durch den direkten Vormarsch der Elb- und der 1. Armee auf Wien und die zunehmende nationale Befreiungsbewegung, besonders in Ungarn, war Österreichs Lage bedrohlich. Die preußischen Truppen, unter denen die Cholera grassierte, erreichten am 21. 7. die Donau bei Wien. Der preußische Ministerpräsident Otto von Bismarck (1815–1898), unterstützt von Moltke, drängte auf einen für Österreich annehmbaren Frieden, vor allem weil er eine französische Intervention befürchtete.

In der österreichischen Regierung setzten sich die friedensbereiten Kräfte durch, die bei andauerndem Krieg innere Erschütterungen der Monarchie befürchteten, vor allem durch einen sich noch verstärkenden Unabhängigkeitskampf in Ungarn, Böhmen und Dalmatien. Beide Seiten vereinbarten eine Waffenruhe und schlossen am 26. 7. den Präliminarfrieden von Nikolsburg.

Kavalleriegefecht bei Nachod, 27. Juni 1866

Preußisch-Österreichischer Krieg / Kriegsschauplatz Böhmen – 16. Juni bis 26. Juli 1866

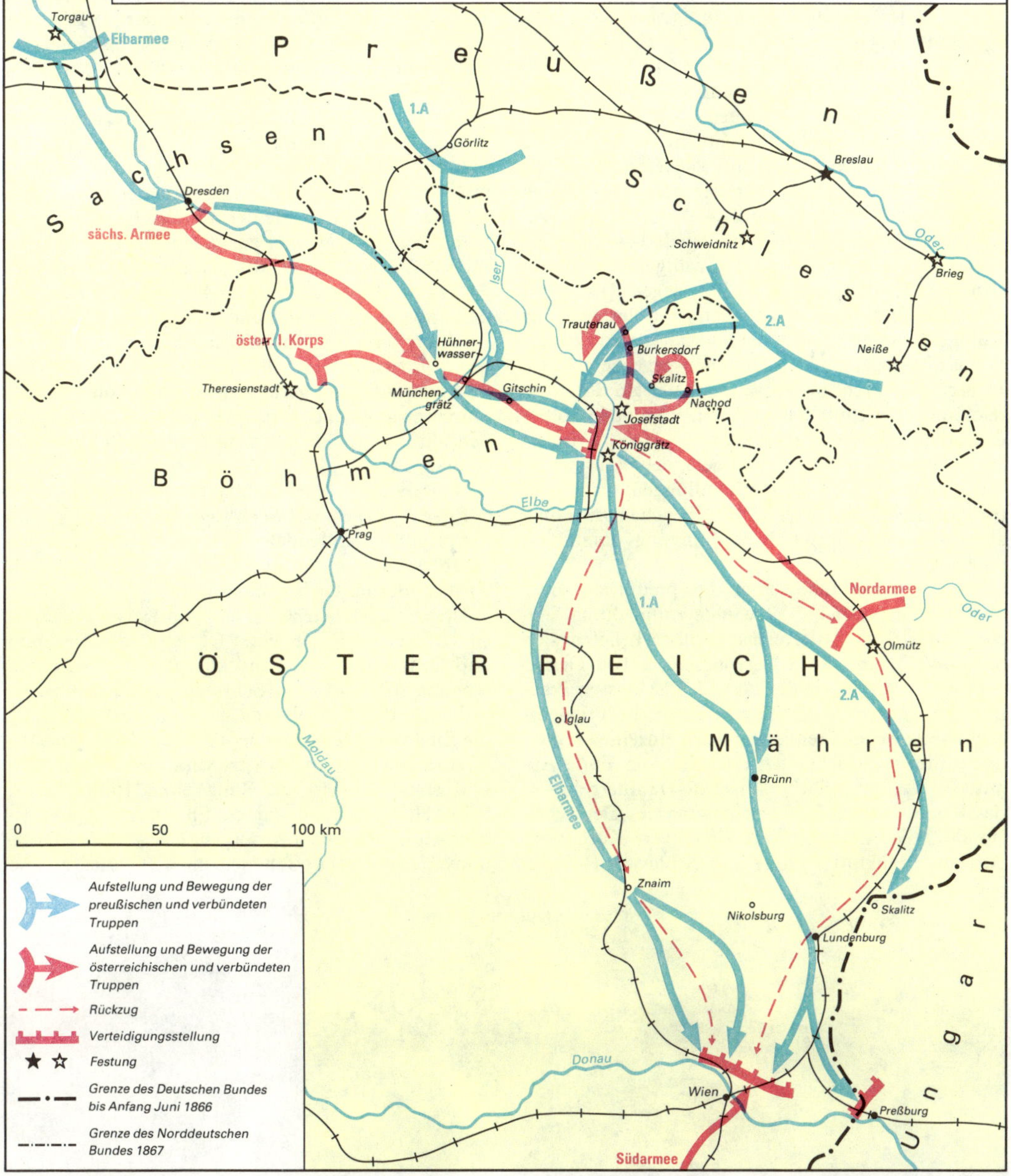

Inzwischen waren die preußischen Truppen (48000 Mann und 121 Geschütze), verstärkt durch 19000 Mann der verbündeten Kleinstaaten, auf dem west- und süddeutschen Kriegsschauplatz erfolgreich. Österreichs Verbündete verfügten zwar über 119000 Mann und 320 Geschütze, sie blieben jedoch zersplittert, und ihre Kriegsbereitschaft war mangelhaft. Seit 16. 6. besetzten die preußischen Truppen kampflos Hannover und Kurhessen und zwangen am 29. 6. bei Langensalza die hannoversche Armee zur Kapitulation. Danach formierten sich die preußischen und verbündeten Truppen zur sog. Mainarmee, schlugen das VII. (bayrische) Bundeskorps bei Dermbach und Kissingen, dann das VIII. (badischwürttembergische) Bundeskorps bei Aschaffenburg und besetzten am 16. 7. Frankfurt (Main), den Sitz des Bundestages. Ende Juli kam es zu letzten Gefechten bei Tauberbischofsheim und Roßbrunn. Am 2. 8. begann der Waffenstillstand zwischen Preußen und den süddeutschen Staaten. Auf dem Kriegsschauplatz in Oberitalien brachte die österreichische Südarmee (143000 Mann und 248 Geschütze) der jungen, an Kampfkraft unterlegenen italienischen Armee (246000 Mann und 490 Geschütze) bei Custozza (24. 6.) eine schwere Niederlage bei. Die Vorstöße des italienischen Freiwilligenkorps unter Giuseppe Garibaldi (1807–1882) gegen Tirol wurden abgewehrt. Nach der Niederlage Österreichs bei Königgrätz mußte jedoch die Südarmee zum Schutze Wiens abgezogen und Venetien preisgegeben werden. In der Seeschlacht bei Lissa (20. 7.) siegte die österreichische Flotte mit der veralteten Rammtaktik über die italienische (→ *Seekriegskunst*). Nach befristeter Waffenruhe (seit 26. 7.) beendete der Waffenstillstand vom 12. 8. die Kampfhandlungen. Österreich trat im Frieden von Wien (3. 10.) Venetien an Italien ab, dessen nationalstaatliche Einigung damit fast vollendet war.

Im Krieg von 1866 verlor das preußische Heer 4450 Gefallene, 16177 Verwundete und durch Seuchen 6427 Tote. Österreichs Verluste beliefen sich auf 10404 Tote, 30418 Verwundete, 22040 Gefangene und 12494 Vermißte. Am 23. 8. schlossen Preußen und Österreich in Prag Frieden; die Friedensschlüsse zwischen Preußen und den einzelnen mittel- und süddeutschen Staaten erfolgten von Ende August bis Oktober. Die politischen Hauptergebnisse des Krieges waren die Zerschlagung des Deutschen Bundes, die Annexion von Hannover, Kurhessen, Nassau, Frankfurt (Main) und Schleswig-Holstein durch Preußen sowie das vollständige Ausscheiden Österreichs aus dem deutschen Staatsverband. Die Bildung des Norddeutschen Bundes 1867 unter preußischer Hegemonie stellte einen bedeutenden Schritt auf dem Wege zum bürgerlichen deutschen Nationalstaat dar. Hauptursachen des preußischen Sieges waren die außenpolitische Vorbereitung des Krieges durch Bismarck, die größere Kampfkraft der preußischen Truppen und die überlegene strategisch-operative Führung. Dagegen zeigte sich die österreichische Artillerie der preußischen überlegen. Der Krieg verdeutlichte vor allem die Unzweckmäßigkeit der Kolonnentaktik infolge der gesteigerten Feuerkraft der Infanterie und Artillerie sowie die Bedeutung von Eisenbahn und Telegraf für die Mobilmachung und den Aufmarsch. Die Kriegserfahrungen förderten den allgemeinen Übergang zum → *Hinterlader* und gezogenen Geschützrohr und die Durchsetzung neuer Prinzipien der operativen Truppenführung, die vor allem in den preußischen Verordnungen für die höheren Truppenführer vom 24. 6. 1869 ihren Niederschlag fanden.

Prise → *Regeln des Seekrieges*

Profoß: in den feudalen Heeren, insbesondere den → *Söldnerheeren* des 16./17. Jh., die Polizeigewalt Ausübender im Offiziersrang.

Ursprünglich war der P. ein vom Kaiser eingesetzter Offizier im Range eines Obristen, der Disziplin und Ordnung in den Landsknechtsheeren aufrechterhalten sollte. Mit der Schwächung der Zentralgewalt und der Ausdehnung des Söldnerwesens ging die Einsetzung des P. immer mehr an die Regimentsinhaber über. Er wurde jetzt vom Obristen ernannt und stand zumeist im Rang eines Hauptmanns. Seine Hauptaufgabe war es, für Ordnung und Sicherheit im Regiment zu sorgen. Der P. nahm Disziplinverletzer in Haft, fahndete nach Deserteuren und

Gefecht bei Tauberbischofsheim, 24. Juli 1866

Profoß und Steckenjunge des Leibgrenadier-Garderegiments von Hessen-Darmstadt, 1788

Marodeuren, erhob Anklage vor dem vom Schultheiß geführten Feldgericht und vollstreckte die Urteile. Zuweilen übte er noch weitere Funktionen aus. So ordnete er den Markt im Lager an, bestimmte den Preis der Lebensmittel und Gebrauchsgüter und kontrollierte den Handel mit ihnen. Als Polizeigewaltiger des Regiments unterstanden dem P. der Stockmeister (Gefangenenaufseher), die Steckenknechte (Polizeidiener) und der Scharfrichter des Regiments. Ihm selbst konnte ein für das ganze Heer ernannter General-P. übergeordnet sein. In den Söldnerheeren hatten Fußvolk, Reiterei und Artillerie jeweils einen eigenen P. Bei den Landsknechten schützten besondere Bestimmungen den P. und seine Gehilfen. Nach der Entlassung aus dem Dienst galten sie als vogelfrei und waren oft Racheakten ausgesetzt. Auch einige Haufen der revolutionären Bauern im deutschen Bauernkrieg 1524–1526 setzten einen P. ein, teilweise wurde er gewählt. Name und einzelne Funktionen des P. hielten sich in der preußischen Armee bis in das 18. Jh., in der österreichischen Armee bis Ende des 19. Jh. Zuletzt war der P. zumeist ein Unteroffizier, der nur noch die Aufgabe hatte, Arrestanten zu beaufsichtigen.

proletarische Hundertschaften: nach militärischen Prinzipien aufgebaute Schutz- und Wehrformationen der Arbeiterklasse, die 1923 auf Initiative der KPD und linkssozialdemokratischer Kräfte gebildet wurden.

Die ersten p.H. entstanden Anfang 1923, als sich die Klassenkämpfe in Deutschland erneut zuspitzten. Mit der Bildung p.H. reagierten die revolutionären Arbeiter auf die wachsende faschistische Gefahr, die durch eine zügellose chauvinistische und nationalistische Hetze anläßlich der Besetzung des Ruhrgebiets durch französische und belgische Truppen im Jahre 1923 sowie durch die faschistische Machtübernahme in Italien im Oktober 1922 gefördert wurde. Die p.H. entwickelten sich zu revolutionären Einheitsfrontorganen im Kampf um die Verteidigung der Errungenschaften der → *Novemberrevolution 1918/19*, aber auch um eine revolutionär-demokratische Änderung der Machtverhältnisse zugunsten der Arbeiter und aller anderen Werktätigen. Ihre Bildung entsprach den Forderungen des IV. Weltkongresses der KI (5. 11.–5. 12. 1922) und des 8. Parteitages der KPD (28. 1.–1. 2. 1923) an das Proletariat, sich im Kampf gegen soziale Not und konterrevolutionäre Gefahr auch auf Schutzformationen zu stützen. Vorbild für die p.H. waren die seit 1918 insbesondere in den Kämpfen zur Niederwerfung des → *Kapp-Putsches 1920* in Deutschland entstandenen proletarischen Schutz- und Wehrformationen. Entsprechend den in diesen Kämpfen gesammelten Erfahrungen entstanden p.H. in Betrieben und Wohngebieten, an denen sich neben kommunistischen auch sozialdemokratische und parteilose Arbeiter beteiligten. Sie gliederten sich vorzugsweise in Gruppen, Züge und Kompanien. Eine Hundertschaft umfaßte etwa 80–120 Mann. Sie bestand zumeist aus 3–4 Zügen zu 3 Gruppen, Sanitäts-, Aufklärungs- und Meldegruppen sowie Propagandatrupps. An der Spitze jedes Zuges und jeder Gruppe stand der Zug- bzw. Gruppenführer. Die Hundertschaftsleitung setzte sich aus der politischen und militärischen (technischen) Leitung zusammen. In den Zentren der Hundertschaftsbewegung, in Sachsen, Thüringen und im Ruhrgebiet, bestanden bereits Mitte 1923 in einigen Städten zentrale Leitungen der p.H., die sich häufig ebenso wie die Leitungen der einzelnen p.H. aus Mitgliedern der KPD und SPD sowie aus Parteilosen zusammensetzten. In einigen Gebieten bildeten sich unter dem Einfluß der in der KPD noch vorhandenen linkssektiererischen Kräfte Hundertschaften, denen fast ausschließlich Kommunisten angehörten. Eine große Rolle bei der Entstehung und Formierung der p.H. spielten die in den Ordnerdiensten der KPD organisierten Kader. Sie wurden bald zum Kern der Hundertschaften, stellten einen großen Teil der Hundertschaftsfunktio-

Die Rote Fahne

Zentralorgan der Kommunistischen Partei Deutschlands (Sektion der Kommunistischen Internationale)

Generalstreik für die Bewaffnung proletarischer Hundertschaften.

Der Generalstreik der französischen Bergarbeiter.

Nicht Verpulverung des Reichsbankgoldes – Sachwerterfassung!

Meldung der «Roten Fahne» vom 16. Februar 1923 über den Generalstreik in Hagen, verbunden mit der Forderung, die proletarischen Hundertschaften zu bewaffnen

näre und bemühten sich, den Mitgliedern der p.H. militärpolitische und militärische Grundkenntnisse zu vermitteln. Die KPD übte ihren Einfluß auf die Hundertschaften durch ihre Mitglieder, Presseorgane, Herausgabe von Richtlinien usw. aus. Den raschen Einsatz der p.H. zu jeder Tages- und Nachtzeit gewährleisteten gut funktionierende Alarmsysteme in den Betrieben und Wohngebieten. Rote, zuweilen auch andersfarbige Armbinden und ein Ausweis kennzeichneten die Zugehörigkeit zu dieser Schutz- und Wehrformation. Die p.H. trugen nicht nur Merkmale einer Wehrformation wie militärische Gliederung, Befehl und Kommando, sondern auch die einer demokratischen Massenorganisation wie Wählbarkeit der Leitungen, Versammlungen usw. In der Ausbildung dominierten zunächst Exerzierübungen, geschlossene Märsche, Kampfsportarten und Bewegungen im Gelände. Später kamen Waffeninstruktion, Übungsalarme und taktische Geländeausbildung hinzu. Die hauptsächlichen Aufgaben der p.H. bestanden darin, die Tätigkeit der Arbeiterorganisationen (Versammlungen, Demonstrationen u. ä.) und deren Eigentum zu schützen, Kundgebungen, Aufmärsche, Versammlungen und andere Formen der konterrevolutionären Tätigkeit der faschistisch-militaristischen Verbände zu verhindern oder zu stören und die sozialen Kämpfe der Werktätigen (Streiks, Lebensmittelbeschaffung, Verhinderung von Exmittierungen usw.) zu unterstützen. Die Wirkung der p.H. in den politisch-sozialen Massenkämpfen des Jahres 1923 beruhte in erheblichem Maße auf ihren spezifischen Kampfformen. Dazu zählten der Kontrolldienst zum Aufspüren illegaler faschistischer Versammlungen, der Kampf gegen Lebensmittelhortung und Preistreiberei, die Sicherung von Streiks und der Aufmarsch von Hundertschaften an der Spitze von Arbeiterdemonstrationen.

In der Entwicklung der p.H. lassen sich mehrere Phasen unterscheiden. Die erste Phase von Januar bis April 1923 umfaßt die Entstehung und das erstmalige Auftreten der Hundertschaften. Ausgangspunkt waren die Beschlüsse von Betriebsräten und -belegschaften sowie Gewerkschaftskartellen vorwiegend in Zentren der Arbeiterbewegung in Thüringen, Sachsen und dem Ruhrgebiet im Januar/Februar 1923, proletarische Selbstschutzformationen aufzustellen, für die schließlich die Bezeichnung p.H. üblich wurde. Der Beschluß des Landesparteitages der SPD in Sachsen Anfang März 1923, mit der KPD zusammenzuarbeiten, förderte die Bildung gemeinsamer p.H. gegen den energischen Widerstand des Parteivorstandes der SPD. In verschiedenen Orten Deutschlands traten die Hundertschaften gegen Inflationspolitik und weißen Terror auf. Höhepunkt dieser Etappe war der Aufmarsch von Arbeiterwehren an der Spitze der Demonstrationszüge der Werktätigen in Berlin und anderen Städten am 1. 5. 1923.

In der zweiten Phase von Mai bis August 1923 wuchs die Zahl der Hundertschaften rasch und stieg auf über 800 an. Diese Entwicklung konnte selbst das Verbot dieser Formationen in Preußen am 12. 5. 1923 durch den sozialdemokratischen Innenminister Carl Severing (1875–1952), dem sich die meisten deutschen Länderregierungen anschlossen, nicht stoppen. Allerdings entwickelten sich die p.H. in Deutschland sehr unterschiedlich. Neben ausgesprochenen Zentren dieser Bewegung, wie Thüringen, Sachsen, Ruhrgebiet, gab es Gebiete, wie Bayern, Niedersachsen, Pommern und Oberschlesien, wo es nur in größeren Städten gelang, aktionsfähige p.H. zu bilden. Wesentlich größer waren dagegen Stärke und Zahl der p.H. in Berlin, Brandenburg, der Niederlausitz sowie in Hessen und Württemberg. Die p.H. beteiligten sich im Sommer 1923 in vorderster Reihe an den Massenaktionen der Werktätigen, insbesondere am Kampf zum Sturz der Regierung Cuno, und traten in vielen Fällen als Einheitsfrontorgane auf.

Die dritte und letzte Phase der p.H. umfaßt die Monate September und Oktober 1923. Sie war vor allem durch eine verstärkte militärische Ausbildung der p.H. und Bestrebungen zu ihrer Bewaffnung gekennzeichnet. In den Mittelpunkt der Tätigkeit der p.H. rückten immer mehr die Verteidigung der Arbeiterregierungen in Sachsen und Thüringen und der Kampf um eine Arbeiter-und-Bauern-Regierung in ganz Deutschland. Die Bildung von Kampfstäben bei den Oberbezirks-, Bezirks- und Unterbezirksleitungen der KPD, die Durchführung von Betriebskongressen und kleineren Konferenzen bzw. Beratungen von Hundertschaftsfunktionären und andere Maßnahmen führten zu einer stärkeren Zentralisierung der Hundertschaftsbewegung, der im Oktober insgesamt 133000 Kämpfer angehörten. Allerdings schränkte die starke wehrhafte Orientierung der Hundertschaften ihre Rolle als Organe des Massenkampfes ein. Die herrschenden Kreise in Deutschland mobilisierten mit Unterstützung rechter sozialdemokratischer Führer ihre Kräfte jedoch schneller als die Arbeiterklasse. Am 22. 10. marschierte die → *Reichswehr* in Sachsen, am 6. 11. in Thüringen ein, zerschlug den größten Teil der p.H. und erzwang bis Ende 1923 ihre Auflösung.

Die p.H. waren Ausdruck des revolutionären Handelns der Arbeiterklasse und in erster Linie Organe des politischen Kampfes. Sie wandten in ihren täglichen Auseinandersetzungen mit dem Klassengegner teilweise wirkungsvoll militärische Grundsätze, Formen und Methoden an. Die p.H. hatten beträchtlichen Anteil an der teilweisen Herstellung der Einheitsfront der Arbeiterklasse und an deren Heranführung an den Kampf zum Sturz des Imperialismus und Militarismus. Die revolutionären Traditionen der p.H. wurden vom → *Roten Frontkämpferbund (RFB)* fortgesetzt. Sie gehören zu den → *militärischen Traditionen der DDR* und sind Bestandteil der → *Traditionspflege in der NVA* und den anderen bewaffneten Organen. *(s. Abb. S.711)*

proletarischer Selbstschutz: Kampfform der revolutionären deutschen Arbeiterbewegung während der Weltwirtschaftskrise zur Abwehr des Nazi- und Polizeiterrors und zur Verteidigung der sozialen und politischen Rechte der Werktätigen.

Erste Formationen des p.S. entstanden im Sommer 1929. Mit ihnen leitete die KPD nach dem Verbot des → *Roten Frontkämpferbundes (RFB)* im Mai 1929 den Aufbau neuer legaler Schutzorgane der Arbeiterklasse ein. Der sich steigernde Nazi- und Polizeiterror, die Abwälzung der Krisenlasten auf die Werktätigen sowie die verschärfte Aufrüstungspolitik des deutschen Imperialismus machten derartige Organe unumgänglich. Sie sollten im Zusammenhang mit ihrer Schutzfunktion möglichst große Teile der Werktätigen erfassen. Nach den blutigen Terrorakten der Berliner Polizei gegen die Arbeiterdemonstrationen am 1. 5. 1929 hatte der 12. Parteitag der KPD im Juni 1929 den p.S. als eine der dringlichsten Aufgaben bezeichnet. Anfang Juli gab das Sekretariat des ZK der Partei «Richtlinien über die Organisierung eines proletarischen Selbstschutzes» heraus; sie orientierten vor allem auf den Betriebs-, Demonstrations- und Agitationsschutz. Noch im selben Monat empfahl das X. Plenum des Exekutivkomitees der KI allen kommunistischen Parteien in den kapitalistischen Ländern, einen p.S. aufzubauen.

Bei der Bildung des p.S. knüpfte die KPD an ihre Erfahrungen mit den proletarischen Wehr- und Schutzformationen der Zeit von 1920 bis 1924 an. Der p.S. sollte vorrangig in den Betrieben organisiert werden, um ihn rasch bei Streiks und Demonstrationen wirksam werden zu lassen. Gleichzeitig sollte das dazu beitragen, ihn zu einer Massenbewegung zu entwickeln. Die p.S.formationen gliederten sich zumeist in Gruppen, Züge und Hundertschaften. Ihre Angehörigen waren nicht uniformiert und waren unbewaffnet. Beim Einsatz stand ihnen ein beweglicher Kurierdienst auf Fahr- bzw. Motorrädern zur Verfügung. Erste Erfolge konnte der p.S. beim Streik der Mansfelder Arbeiter im Juni/Juli 1930 verzeichnen. Seine Formationen sicherten die Vorbereitung und Durchführung des Streiks, bildeten den Kern der Massenstreikposten und unterstützten so wirksam den Kampf der Mansfeldarbeiter gegen die Versuche der Konzernleitung, die Krisenlasten auf die Werktätigen abzuwälzen. Nicht selten mußte der p.S. auch unvermittelt in Aktion treten, vor allem wenn es darum ging, sich gegen den physischen Terror der SA zur Wehr zu setzen. Das ZK der KPD unterstrich die Notwendigkeit solcher Schutzaktionen, und sein Politbüro orientierte den p.S. in der Resolution «Über den Kampf gegen den Faschismus» vom 4. 6. 1930 zugleich auf die Einheit von politischem und wehrhaftem Massenkampf; ohne diese war die Nazibewegung nicht erfolgreich zu bekämpfen.

Das Anwachsen der faschistischen Bewegung machte es erforderlich, dem p.S. eine noch breitere Massenbasis zu geben. Mit diesem Ziel leitete das ZK der KPD im Herbst 1930 verschiedene Maßnahmen ein. Am 28. 9. wurde in Berlin der Kampfbund gegen den Faschismus als eine überparteiliche Massenorganisation mit Einheitsfrontcharakter gegründet. Nach dem Verbot des RFB besaß die Arbeiterklasse mit dem Kampfbund wieder eine revolutionäre Schutzorganisation im Reichsmaßstab. Er entstand vor allem dort, wo der illegale RFB entweder nicht mehr oder noch nicht existierte. Mehr als 80% seiner Mitglieder waren parteilos. Aufbau und Arbeitsweise des Kampfbundes entsprachen den Prinzipien des demokratischen Zentralismus. Der Bund war in Bezirksverbände, Bezirke (Unterbezirke), Ortsgruppen, Abteilungen und Staffeln gegliedert. Seine Basis hatte er in den Betrieben und Wohngebieten der Städte, aber auch auf dem Lande. Alle Funktionäre wurden gewählt. Der Bund entwickelte sich durch die Zusammenfassung bereits bestehender p.S.formationen und durch die Neuwerbung von Mitgliedern relativ rasch zu einer starken Massenorganisation. Im Dezember 1931 gehörten ihm bereits 106293 Mitglieder an, die in 1658 Ortsgruppen und Betriebsstaffeln registriert waren. Antifaschistische Demonstrationen, Unterstützung und Sicherung von Streikkämpfen, Schutz von Arbeiterveranstaltungen, Diskussionsabende mit Werktätigen der verschiedensten politischen Orientierungen sowie Aufklärungseinsätze in den Wohngebieten und auf dem Lande waren wesentliche Formen und Methoden des antifaschistischen Kampfes.

Viele Arbeiter zögerten jedoch aus politisch-ideologischen Gründen oder aus Furcht vor sozialen Konsequenzen (Arbeitslosigkeit) und vor dem Terror

Demonstration für die Schaffung proletarischer Selbstschutzorgane, 1930

der SA, einer revolutionären Organisation wie dem Kampfbund beizutreten. Daher drängte das ZK der KPD Ende 1931/Anfang 1932 auf die Entwicklung eines Massenselbstschutzes. Er sollte über die Arbeiterorganisation hinaus eine breite antifaschistische Einheitsfront schaffen. Der Aufbau der neu entstehenden Massenselbstschutzstaffeln, denen neben Arbeitern auch Bauern, Angehörige des Mittelstandes und der Intelligenz beitraten, wurde vom illegalen RFB und vom Kampfbund unterstützt. Die Selbstschutzstaffeln gehörten jedoch keiner dieser Organisationen an. Mit dieser neuen Form des Massenselbstschutzes gelang es immer häufiger, im politischen Kampf die Aktionseinheit zwischen Kommunisten und Sozialdemokraten sowie zwischen RFB- und Reichsbanner-Mitgliedern herzustellen. Im Rahmen der von der KPD im Mai 1932 eingeleiteten Antifaschistischen Aktion entwickelte sich der p.S. zu einer breiten Massenbewegung. Der Aufbau und die Kampfweise der p.S.formationen waren an die jeweiligen Aktionen gebunden, wobei stets das Mitwirken aller antifaschistischen Kräfte angestrebt wurde. So entstanden im täglichen Kampf vielerorts Betriebswehren und Erwerbslosen- oder Wohngebietsstaffeln. Sie besaßen keine feste organisatorische Bindung; Mitgliedsbücher, Beitragszahlungen usw. gab es nicht. Eine typische Form des Aufbaus der Selbstschutzformationen war folgende: Jede Selbstschutzstaffel wählte aus ihrer Mitte eine Staffelleitung von 3 Mann. Die Staffelleitungen eines Stadtteils bildeten aus ihrer Mitte das Stadtkomitee in Stärke von 5 Mitgliedern. In großen Städten mit mehreren Stadtkomitees bildeten diese einen Kampfausschuß von 15 Mitgliedern, der zugleich die Verbindung mit den Komitees in anderen Städten aufrechterhielt. Die Staffelleitungen richteten ständige Werbelokale ein und riefen die Mitglieder der Staffeln oder alle antifaschistischen Kräfte ihres Stadtgebietes zu Versammlungen und anderen Aktionen auf. Im Sommer 1932, als die Formationen des Massenselbstschutzes schon auf mehr als die 2fache Stärke der übrigen antifaschistischen Schutz- und Wehrorganisationen angewachsen waren, konnte mit ihrer Hilfe der faschistische Straßenterror spürbar eingedämmt und die schon zu dieser Zeit beabsichtigte politische Knebelung der Arbeiterklasse verhindert werden.

Die Organe des p.S. kämpften unter Führung der KPD aufopferungsvoll gegen den Nazi- und Polizeiterror und die Errichtung der faschistischen Diktatur in Deutschland. Angesichts der einheitsfrontfeindlichen Politik der rechten Führer der SPD und der Gewerkschaften blieben der Bewegung jedoch entscheidende Erfolge versagt. Der p.S. ist Gegenstand der → *Traditionspflege in der NVA* und den anderen bewaffneten Organen.

proletarische Wehrsportbewegung: Bewegung zur physischen und ideologisch-erzieherischen Vorbereitung des revolutionären Proletariats für den wehrhaften Kampf in der Weimarer Republik.

Wehrsportausbildung an der Gau- und Sportschule Hegermühle des RFB, 1928

Die p.W. entstand Anfang der 20er Jahre als Antwort der revolutionären deutschen Arbeiter auf den Abbau demokratischer Rechte und Freiheiten, den wachsenden konterrevolutionären Terror sowie die zunehmende Militarisierung und war Teil des Kampfes der Arbeiterklasse um die Veränderung der Machtverhältnisse in Deutschland. Erste Anfänge der p.W. waren wehrsportliche Maßnahmen, vor allem Marsch- und Geländeübungen, in den → *proletarischen Hundertschaften.* Sie nahmen während der akuten revolutionären Krise im Herbst 1923 stark zu. Mit der Bildung des → *Roten Frontkämpferbun-*

Ausbildung im Gelände

des (RFB) im Sommer und des Roten Jungsturms im Herbst 1924 (seit 1926 Rote Jungfront) begann eine neue Etappe der p.W. Die Zahl der Teilnehmer am Wehrsport stieg, seine Formen wurden vielfältiger. Häufigste Disziplinen waren nunmehr Gepäckmärsche und Geländeübungen bei Tag und bei Nacht, Meldedienst, Wurf- und Selbstverteidigungsübungen sowie sportliche Veranstaltungen zur körperlichen Ertüchtigung. Der Wehrsport war im RFB ein Element der proletarischen Wehrerziehung und Ausbildung für den Kampf um die Macht und der unmittelbaren Befähigung zum Schutz von Versammlungen und Demonstrationen klassenbewußter Arbeiter, ihres Eigentums und der von ihnen geschaffenen Einrichtungen vor militaristischen und faschistischen Überfällen. Die technischen Führer der Abteilungen bzw. Ortsgruppen des RFB waren auch für den Wehrsport verantwortlich. Als der RFB im Mai 1929 verboten wurde, mußte die revolutionäre proletarische Wehrerziehung unter den Bedingungen der Illegalität weitergeführt werden. Verschiedene Einheiten des RFB traten jetzt als Wehrsportverbände an die Öffentlichkeit.

Seit 1930 verstärkte die KPD ihren Kampf gegen die imperialistische Reaktion und ihre Politik der Zerstörung der Weimarer Republik und der Vorbereitung einer faschistischen Diktatur. Angesichts des zunehmenden faschistischen Terrors bekam die wehrsportliche Arbeit erhöhte Bedeutung. Wehrsportliche Disziplinen spielten auch in dem am 28. 9. 1930 auf Initiative der KPD gegründeten Kampfbund gegen den Faschismus eine Rolle. Die Bestrebungen der KPD zum Zusammenschluß der Arbeiterklasse und der anderen Werktätigen im Kampf gegen den Faschismus führten am 6./7. 12. 1930 zur Bildung der Kampfgemeinschaft für Rote Sporteinheit. In dieser Gemeinschaft, deren Leiter das Mitglied des ZK der KPD Ernst Grube (1890–1945) war, wurde der Wehrsport von allen Mitgliedern in ihren Spezialsportarten ausgeübt. Revolutionäre Sportorganisationen entfalteten vielfach unter dem Einfluß der Kampfgemeinschaft eine große Aktivität. Dazu gehörten die revolutionären Arbeiterschützen der «Fichte»-Sparte, die Organisationen der revolutionären Rad- und Motorradfahrer, die revolutionären Arbeitersamariter, die Flugsparte Rote Flieger, die im Februar 1931 von der Kampfgemeinschaft geschaffen worden war, die Wandersparte «Fichte», die Schwimmsportler sowie die revolutionären Leichtathleten. Die Zeitschrift «Der Techniker» gab Anleitung und vermittelte Erfahrungen zum proletarischen Wehrsport. Die 2. Landeskonferenz der Kampfgemeinschaft am 12. 4. 1931 zog aus der Entwicklung des revolutionären Arbeitersports eine positive Bilanz und orientierte darauf, den Übungsbetrieb stärker mit der Erziehung zur proletarischen Wehrhaftigkeit und Solidarität zu verbinden. Starke Impulse für die Entwicklung und Förderung der p.W. gingen von der Roten Sportinternationale aus. Sie rief die revolutionär gesinnten Arbeitersportler der ganzen Welt auf, internationale Spartakiaden zu veranstalten.

In der DDR werden die Traditionen der p.W. vor allem durch die → *Gesellschaft für Sport und Technik (GST)* fortgeführt.

Protze → *Geschütz*

Pulver → *Explosivstoffe*

Q

«Quartett» 1963: Bezeichnung für das vom 9. bis 14. 9. 1963 auf dem Territorium der DDR durchgeführte Manöver von Bruderarmeen des → *Warschauer Verteidigungsbündnisses.*

An dem Manöver nahmen erstmals Stäbe, Verbände und Truppenteile von 4 sozialistischen Bruderarmeen teil: der NVA, der Polnischen Armee, der Sowjetarmee und der Tschechoslowakischen Volksarmee. Insgesamt waren 41 000 Mann mit 700 Panzern, 8 300 Schützenpanzerwagen und Kraftfahrzeugen, 560 Geschützen und Granatwerfern sowie 323 Flugzeugen und Hubschraubern beteiligt. Die Zielstellung des Manövers ergab sich aus dem wahrscheinlichen Charakter, den Formen und Methoden einer von den Imperialisten entfesselten Aggression gegen die europäischen Staaten des Sozialismus. Davon ausgehend, wurde in diesem Manöver das Zusammenwirken operativer Gruppierungen der verbündeten Armeen im mitteleuropäischen Raum erprobt und vervollkommnet. Dem dienten Märsche über große Entfernungen, das Üben von Begegnungsgefechten und zielstrebigen Angriffshandlungen sowie der Abwehr von Gegenschlägen. Das Manöver demonstrierte den hohen Ausbildungsstand der teilnehmenden Truppen und trug zur Festigung des Klassen- und Waffenbündnisses bei. Die NVA nahm zum erstenmal an einer Übung solchen Ausmaßes teil. Die Leitung des Manövers lag bei Armeegeneral Heinz Hoffmann (1910–1985), dem damaligen Minister für Nationale Verteidigung der DDR. Dies zeugte vom Ansehen, das sich die NVA im Rahmen der Vereinten Streitkräfte aufgrund ihrer gewachsenen Gefechtsbereitschaft erworben hatte. Auf der abschließenden Feldparade in Dresden (15. 9.) und auf den Märschen der teilnehmenden Truppen in ihre Heimatgarnisonen bekundeten Hunderttausende Werktätige der DDR ihre enge Verbundenheit mit der NVA und den anderen Armeen.

R

Radar → *Funkmeß*

Radfahrtruppen: Gesamtheit der mit Fahrrädern ausgerüsteten Einheiten, die zur Aufklärung, überraschenden Besetzung wichtiger Geländepunkte und Objekte, Flankendeckung sowie Spitzen-, Seiten- oder Rückensicherung eingesetzt wurden.

Nach Einführung des Niederrades und der Erfindung des Luftreifens um 1885 begannen in Europa ernsthafte Versuche zur militärischen Nutzung des Fahrrads. In Deutschland wurden seit 1892 Truppenteilen einzelne Radfahrer zugewiesen, insbesondere für den Melde- und Verbindungsdienst. Die relativ hohe Marschgeschwindigkeit der Truppenradfahrer auf Straßen und guten Wegen führte in den meisten europäischen Armeen zu Überlegungen, geschlossene R. als bewegliche Kampftruppen aufzustellen. Im kaiserlich-deutschen Heer nahmen 1894 erstmals kleinere Radfahrerabteilungen an den Manövern teil. 1906 wurde eine Radfahrer-Versuchsabteilung beim V. Armeekorps in Posen formiert. Den Höhepunkt ihrer Entwicklung erreichten die R. im ersten Weltkrieg 1914–1918. Bei der Mobilmachung 1914 wurden bei jedem Jägerbataillon durchschnittlich 2 Radfahrerkompanien gebildet. Während des Krieges kamen beim deutschen Heer 36 Radfahrerkompanien, 1 bayrische Kavallerie-Radfahrerabteilung, 10 Reserve-Radfahrerkompanien und 17 Ersatz-Radfahrertrupps zum Einsatz. 1936 stellte die faschistische Wehrmachtführung als eine ihrer kriegsvorbereitenden Maßnahmen beim I. Armeekorps in Königsberg erneut eine Radfahrer-Versuchsabteilung auf. Im zweiten Weltkrieg 1939–1945 wurden R. hauptsächlich bei den Aufklärungsabteilungen der Infanterie-, Gebirgs- und Jägerdivisionen des faschistischen Feldheeres eingesetzt. Der Großteil der R. wurde während des Krieges aufgelöst. Ihre Funktion übernahmen motorisierte Einheiten. Ein spezifischer Ausdruck des militärischen Fiaskos Hitlerdeutschlands war der 1945 unternommene Versuch, Infanterieformationen durch Fahrräder beweglich zu machen. Unter modernen Gefechtsbedingungen sind R. bedeutungslos.

Radfahrerkompanie, 1902

Radfahrmelder wird auf einer Übung des kaiserlich-deutschen Heeres von Dragonern verfolgt

Radschloßgewehr: Handfeuerwaffe (Vorderlader) des 16. und 17. Jh., bei der der Zündfunke durch Reibung eines mittels Federzug bewegten geriffelten Rädchens an Eisen- oder Schwefelkies erzeugt wurde.

Das Anfang des 16. Jh. erfundene Radschloß, dessen erste überlieferte Konstruktionszeichnung von Leonardo da Vinci (1452–1519) stammt, war eine wesentliche Verbesserung des Zündsystems der Handfeuerwaffen. Die wichtigste Neuerung gegenüber dem Luntenschloß (→ *Luntenschloßgewehr*) bestand im Wegfall der ständig mitzuführenden glimmenden Lunte, weil der Zündfunke unmittelbar beim Abfeuern erzeugt wurde. Das geschah beim R. mit Hilfe eines am Schloßblech senkrecht angebrachten geriffelten oder gezähnten Stahlrädchens, das durch einen Durchbruch am Boden der Zündpfanne in diese hineinragte und ähnlich wie bei einer Uhr mittels einer Feder gespannt wurde. Nach dem Lösen eines Arretierhebels durch den Abzugsmechanismus lief das Rädchen ab und rieb sich dabei an einem in die Zündpfanne hineinragenden, am Hahn des Schlosses befestigten Stückchen Eisen- oder Schwefelkies. Die dadurch erzeugten Funken ließen das Pulver in der Zündpfanne aufflammen, das wiederum die Treibladung zur Reaktion brachte. Der Hauptvorteil des R. gegenüber dem Luntenschloßgewehr bestand in der weniger witterungsabhängigen Zündung. Eine bessere Schußleistung wurde nicht erreicht. Das Radschloß war kompliziert im Aufbau und daher teuer in der Herstellung sowie relativ um-

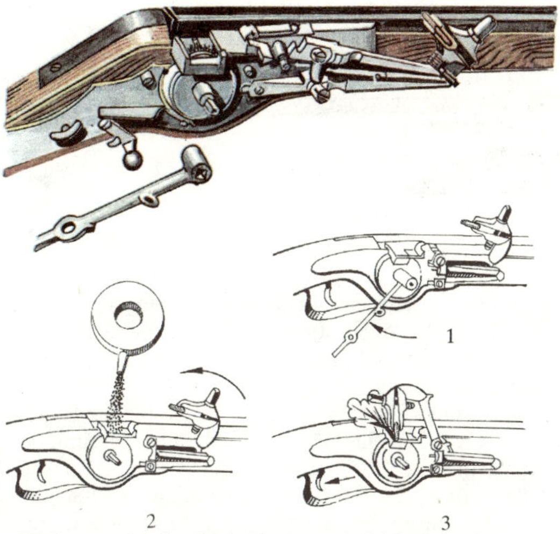

Funktionsweise des Radschlosses: 1 Aufziehen des Rädchens bei hochgeklapptem Hahn; *2* Aufschütten des Zündpulvers auf die Pfanne, Niederklappen des Hahns auf das Rädchen; *3* Betätigen des Abzugshebels, Zünden des Schusses durch Reibung des Rädchens am Schwefelkies des Hahns

ständlich zu handhaben und störanfällig. Manche R. hatten daher zusätzlich ein Luntenschloß. In seltenen Fällen wurden Radschloßwaffen, insbesondere Pistolen, als → *Hinterlader* gefertigt. Die hohen Herstellungskosten machten die allgemeine Einführung des R. als Infanteriewaffe in den meisten Heeren unmöglich. Trotzdem fand das Radschloß im 16. und 17. Jh. zeitweilig relativ breite Anwendung im europäischen Militärwesen, besonders bei der Reiterei. Für sie war das Hantieren mit der glimmenden Lunte schwieriger und gefährlicher als für das Fußvolk. Im Dreißigjährigen Krieg 1618–1648 waren vor allem Reiterpistolen mit Radschloß verbreitet. Ihr Einsatz bewirkte zeitweilig eine neue Taktik der Kavallerie: Die Reiterformationen griffen ihren Gegner, speziell dessen Infanterie, auf Nahdistanz mit Pistolenschüssen an und zogen sich dann wieder zurück. Für die Infanterie blieb das R. dagegen eine Episode; sie ging in der Masse vom Luntenschloßgewehr direkt zum → *Steinschloßgewehr* über. *(s. Abb. S. 193, 273)*

Raketentruppen und Artillerie → *Artillerie*, → *Landstreitkräfte der NVA (LaSK)*

Raketenwaffen: unbemannte Flugkörper mit Raketenantrieb, die als Träger von Kampfladungen eingesetzt werden können.

Als erste Vorläufer der modernen R. können die mit Brandsätzen versehenen pfeilartigen Geschosse angesehen werden, die bereits im 10.–12. Jh. in Indien und China zu Kriegszwecken verwendet wurden. Ihr Treibsatz befand sich in einer am Schaft befestigten Hülse. Um eine ausreichende Wirkung zu erzielen, montierte man auf besonderen Abschußvorrichtungen gleichzeitig 20–200 solcher Raketenpfeile, die Schußweiten bis 400 m erreichten. Kenntnisse über dieses Kampfmittel kamen u. a. über die Araber nach Europa. Vom Ende des 13. Jh. an verwendeten Heere verschiedener europäischer Staaten bei Belagerungen primitive Stab-R. mit größerem Querschnitt, die mit Brand- oder Leuchtsätzen versehen waren (sog. fliegendes Feuer). Die in Europa mit mäßigem Erfolg eingesetzten R. traten mit dem Aufkommen des Schießpulvers und mit der Vervollkommnung der Pulvergeschütze (→ *Geschütz*) in den folgenden Jh. fast völlig in den Hintergrund. Raketen wurden nur als Signalmittel und für das sog. Lustfeuerwerk verwendet. Dagegen gab es in einigen asiatischen Staaten mit R. ausgerüstete Truppenteile in einer Stärke von mehreren tausend Mann. In Indien machten britische Kolonialtruppen

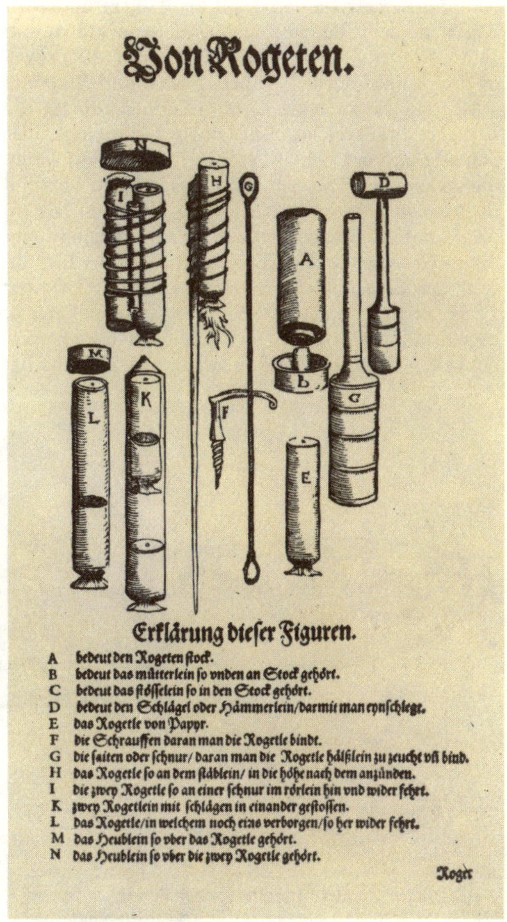
Von Rogeten.

Erklärung dieser Figuren.

A bedeut den Rogeten stock.
B bedeut das mütterlein so vnden an Stock gehört.
C bedeut das stösselein so in den Stock gehört.
D bedeut den Schlägel oder Hämmerlein/darmit man eynschlegt.
E das Rogetle von Pappr.
F die Schrauffen daran man die Rogetle bindt.
G die saiten oder schnur/ daran man die Rogetle hälßlein zu zeucht vñ bind.
H das Rogetle so an dem städlein/ in die höhe nach dem anzünden.
I die zwey Rogetle so an einer schnur im rörlein hin vnd wider fehrt.
K zwey Rogetlein mit schlägen in einander gestossen.
L das Rogetle/in welchem noch etas verborgen/so her wider fehrt.
M das Heublein so vber das Rogetle gehört.
N das Heublein so vber die zwey Rogetle gehört.

Roger

Raketen des 16. Jh.

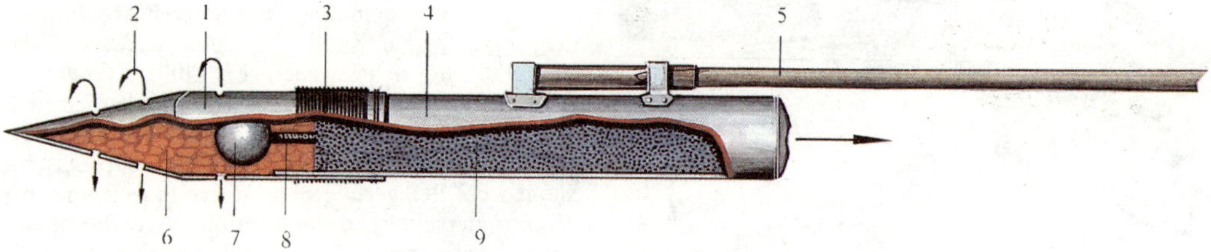

Konstruktionsschema der Congreveschen Kampfrakete: *1* oberes Rohr; *2* Brandlöcher; *3* Rohrwicklung; *4* unteres Rohr; *5* Stabilisierungsstab; *6* Brandsatz; *7* Granate; *8* Zündröhre; *9* Treibsatz

mit dieser Waffe Bekanntschaft, und Anfang des 18. Jh. führte William Congreve (1772–1828) Kampfraketen mit Brandsätzen in den britischen Streitkräften ein. Die etwa 3–6 kg schweren R. hatten eine Reichweite von 1500 bis 2500 m und wurden u. a. zum Beschuß von Boulogne (1805 und 1806), bei der Zerstörung Kopenhagens (1807) sowie in den Schlachten bei Leipzig (1813) und Waterloo (1815) eingesetzt. Nach Großbritannien führten die Armeen Frankreichs, Rußlands, Österreichs, der Schweiz und der USA R. ein. In Deutschland waren die sächsischen Truppen damit ausgerüstet, während in Preußen nur einzelne derartige Einheiten bestanden. Ab 1808 nutzte man die R. als Geschoßträger für → *Granaten* und → *Kartätschen.* Mit der Einführung gezogener Geschütze in der zweiten Hälfte des 19. Jh. zeigte sich, daß die Vorteile der damaligen R. gegenüber der Artillerie – Leichtigkeit und Beweglichkeit – ihre Nachteile in bezug auf Zielgenauigkeit und Reichweite nicht mehr aufwogen. Die R. verschwanden daher aus den Streitkräften.

Erst die Entwicklung von Wissenschaft und Technik in den 20er und 30er Jahren des 20. Jh. sowie die Erarbeitung theoretischer Grundlagen für die Raumfahrt bewirkten eine relativ schnelle Entwicklung der Raketentechnik. Besonders in der Sowjetunion, den USA und Deutschland entstanden Raketenforschungszentren. In Deutschland förderte das Bestreben, das im Versailler Vertrag enthaltene Verbot schwerer Artillerie zu umgehen, die Entwicklung von R. 1929 gab der damalige Reichswehrminister Wilhelm Groener (1867–1939) dem Heereswaffenamt den Auftrag, eine ballistische Rakete zu entwickeln, mit der man Kampfstoffe gegen Objekte des Gegners in großer Tiefe einsetzen konnte. In den Vordergrund der deutschen Raketenforschung traten jedoch immer stärker die Bemühungen zur Schaffung operativ-strategischer R.

Wie in anderen Ländern wurden in der deutschen Raketenentwicklung zwei Richtungen eingeschlagen: die Konstruktion von Feststoff- und von Flüssigkeitsraketen. Die erste Richtung führte u. a. zum Bau eines als Nebelwerfer (→ *Nebeltruppen*) bezeichneten

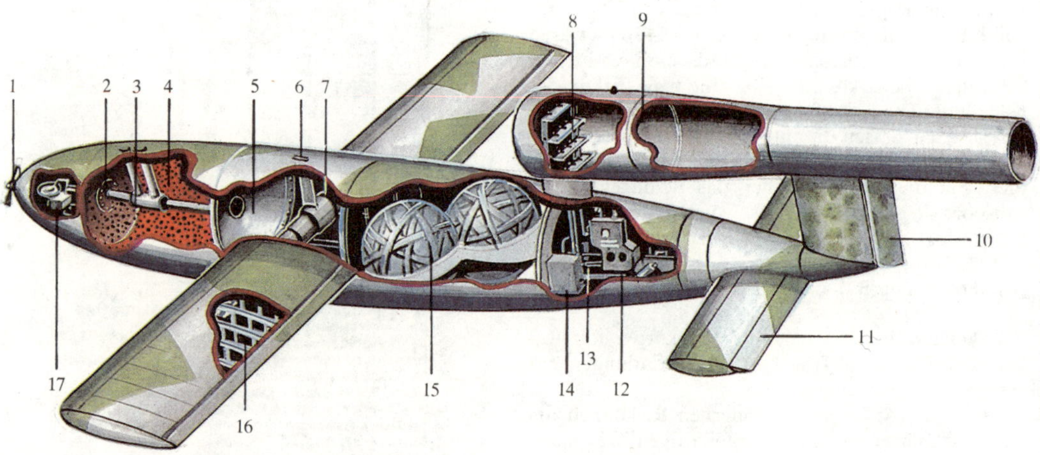

Konstruktionsschema des FZG 76 (V 1): 1 Luftschraube; *2* elektrischer Zünder; *3* mechanischer Zünder; *4* Sprengladung; *5* Tank; *6* Hebezapfen für Trägerflugzeug; *7* Eisenholm zur Stabilitätsverstärkung; *8* Düsenrahmen und Flatterventile; *9* Schubrohr; *10* Seitenruder; *11* Höhenruder; *12* Höhenregulator; *13* Benzinzufuhr; *14* Autopilot; *15* Kugelflaschen in Drahtwicklung mit komprimierter Luft; *16* Stahlspanten; *17* Kreiselkompaß

Geschoßwerfers sowie zur Entwicklung einmannbedienter Feststoffraketen mit Hohlladung während des zweiten Weltkrieges (→ *Panzerabwehrmittel*).

Der erste erfolgreiche Start einer Flüssigkeitsrakete mit der Bezeichnung Aggregat-2 (A-2) erfolgte in Deutschland im Dezember 1934 auf dem Versuchsgelände des Heereswaffenamtes Kummersdorf bei Berlin. 1936 begann der Bau eines Raketenversuchsgeländes bei Peenemünde auf der Insel Usedom und gleichzeitig die Entwicklung der Flüssigkeitsrakete A-4, aus der die Rakete vom Typ V-2 entstand (V ist die Abkürzung für die demagogische Bezeichnung Vergeltungswaffe). Chefkonstrukteur war Wernher von Braun (1912–1977). Die V-2 wies folgende taktisch-technische Daten auf: Länge 14 m, Flugmasse 12900 kg (davon entfielen auf den Treibstoff 8900 kg und die Sprengladung 750 kg), Maximalgeschwindigkeit 5700 km/h, Reichweite etwa 350–400 km. Am 8. 9. 1944 begann der Einsatz der Rakete gegen London. Insgesamt wurden bis Ende März 1945 1115 V-2 auf Ziele in England und über 2100 auf Nachschubbasen der Alliierten in Belgien geschossen. Obwohl die V-2-Raketen damals nicht abgewehrt und die Startstellungen nur schwer bekämpft werden konnten, blieb ihre Wirkung weit hinter den Erwartungen der faschistischen Führung zurück. Mehr als 30% der V-2 zerfielen während des Fluges, und auch die Treffgenauigkeit war gering. Kurze Zeit vor der V-2, am 13. 6. 1944, hatte der erste Abschuß der sog. V-1 stattgefunden. Im Unterschied zur V-2 handelte es sich dabei um einen von 2 Tragflächen getragenen Flugkörper, der von einer Katapultvorrichtung mit eigener Kraft abgefeuert wurde. Die V-1 war 8 m lang, wog etwa 2200 kg (davon der Sprengstoff 800–1000 kg, der Treibstoff 550 kg). Die Geschwindigkeit betrug 600–800 km/h, die Reichweite 250 km. Insgesamt wurden vom 30. 7. 1944 bis zum 29. 3. 1945 gegen Großbritannien etwa 10500 V-1 gestartet, von denen nur ein reichliches Drittel die britische Luftverteidigung überwinden konnte.

Bis kurz vor seine totale Niederlage setzte das faschistische Deutschland die Entwicklung von R. fort. So entstand u. a. das Projekt einer Zweistufenrakete mit einer Reichweite von 4000 km. Gleichzeitig wurde fieberhaft an Fla-Raketen gearbeitet. Ende Januar 1945 mußten die Versuche mit R. abgebrochen werden, da sich die sowjetischen Truppen Peenemünde näherten. Die führenden deutschen Raketenkonstrukteure traten mit den wichtigsten Entwicklungsgeräten und Unterlagen in den Dienst der Amerikaner. Beim Verlassen der unterirdischen Raketenwerke bei Nordhausen wurden die Stollen gesprengt. Etwa 30000 dort als Zwangsarbeiter beschäftigte politische Häftlinge und Kriegsgefangene kamen ums Leben.

Ein qualitativ neuer Abschnitt in der Entwicklung der R. begann nach dem zweiten Weltkrieg. Er war

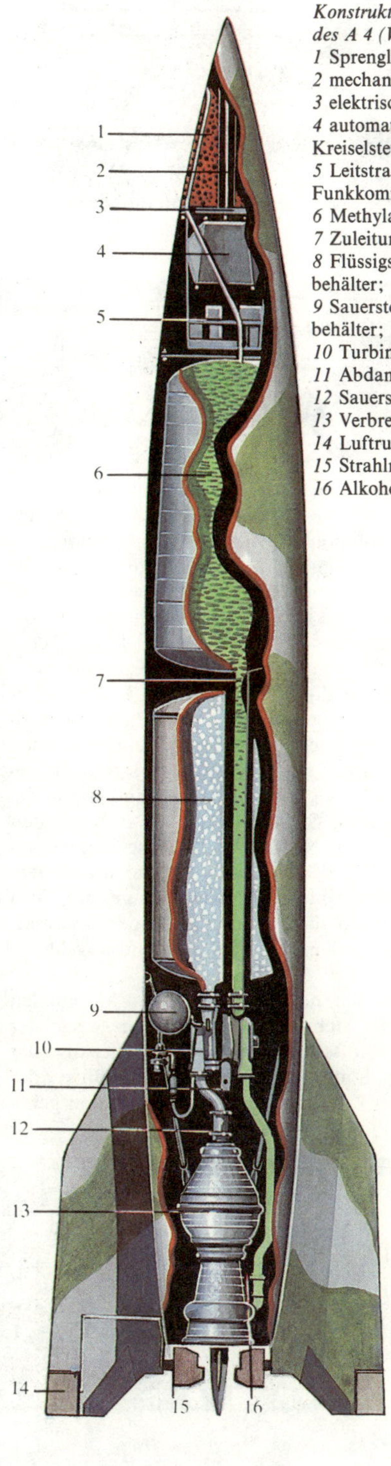

Konstruktionsschema des A 4 (V 2):
1 Sprengladung;
2 mechanischer Zünder;
3 elektrischer Zünder;
4 automatische Kreiselsteuerung;
5 Leitstrahl- und Funkkommandogeräte;
6 Methylalkoholbehälter;
7 Zuleitungsrohr;
8 Flüssigsauerstoffbehälter;
9 Sauerstoffzwischenbehälter;
10 Turbinen und Pumpen;
11 Abdampf;
12 Sauerstoffhauptventil;
13 Verbrennungskammer;
14 Luftruder;
15 Strahlruder;
16 Alkoholhauptventil

Mobile taktische Rakete der Sowjetarmee, 1957

Mobile operativ-taktische Rakete der NVA

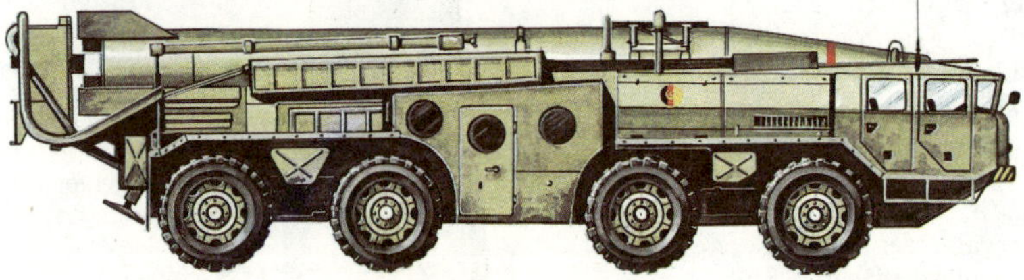

Bestandteil des rasch voranschreitenden wissenschaftlich-technischen Fortschritts und der sich entfaltenden Revolution im Militärwesen. Besonders erfolgreich entwickelte sich die Raketentechnik in der UdSSR. Dabei konnte man sich auf die Vorarbeiten von K. E. Ziolkowski (1857–1935) und anderen Forschern stützen. Das erste sowjetische Flüssigkeitstriebwerk für Raketen war schon 1929 gebaut worden. Seitdem war die Entwicklung der Raketentechnik kontinuierlich verlaufen und hatte einen deutlichen Vorsprung gegenüber anderen Ländern. In den 50er Jahren wurden besonders große Fortschritte gemacht. Der Schutz des Sowjetlandes und der anderen sozialistischen Staaten angesichts der von den USA und anderen NATO-Staaten ausgehenden aggressiven «Politik der Stärke» hatte auch auf diesem Gebiet entsprechende Anforderungen gestellt. Von 1956 an erhielten die Teilstreitkräfte der Sowjetarmee in zunehmendem Maße gelenkte und ungelenkte Raketen.

Die R. werden nach verschiedenen Merkmalen eingeteilt, z. B. nach ihrem Verwendungszweck, der Art des Treibstoffs, der Art der Stabilisierung, der Anzahl der Stufen oder der Sprengköpfe, der Steuerbarkeit. Zu den wichtigsten Merkmalen gehören Startort und Zielstandort und die dementsprechende Einteilung der Raketen in folgende Klassen: Boden-Boden, Boden-Luft, Boden-Schiff, Luft-Boden, Luft-Luft, Luft-Schiff, Schiff-Boden, Schiff-Schiff, Schiff-Luft. Eine andere, häufig verwendete Einteilung ist die nach der maximalen Reichweite. Danach unterscheidet man Kurzstreckenraketen (bis 10 km), Raketen geringer Reichweite (10–100 km), Raketen mittlerer Reichweite (100–5 000 km) und interkontinentale Raketen (über 5 000 km). Nach ihrer Einsatzbestimmung und dem Charakter der zu erfüllenden Aufgaben klassifiziert man die R. als strategische, operativ-taktische und taktische. Die R. traten als Kernwaffeneinsatzmittel neben die Bombenfliegerkräfte. Strategische Raketen wurden zu einem entscheidenden Mittel der Militärstrategie. Ein Ergebnis dieser Entwicklung war z. B. in der Sowjetarmee die Bildung einer qualitativ neuen Teilstreitkraft, der strategischen Raketentruppen. Operativ-taktische und taktische R. bildeten nunmehr das Hauptfeuermittel der Landstreitkräfte, befinden sich aber auch im Bestand der Luft- und Seestreitkräfte. Die Entwicklung der R. ist vor allem charakterisiert durch eine systematische Steigerung der Feuergeschwindigkeit, Treffgenauigkeit und Zerstörungskraft, der

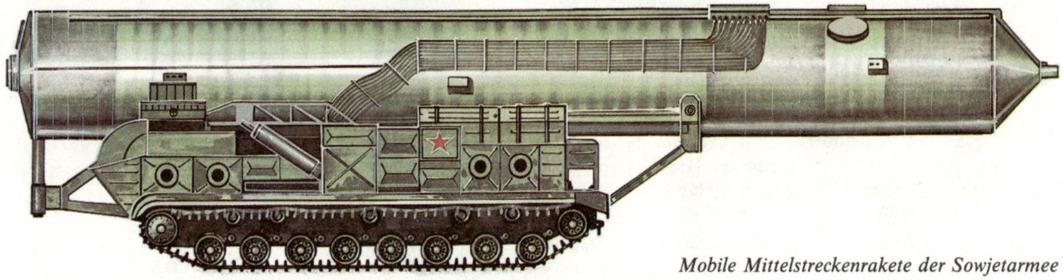

Mobile Mittelstreckenrakete der Sowjetarmee

Fluggeschwindigkeit und Manövrierfähigkeit sowie durch Verbesserungen beim Heranleiten der Raketen ans Ziel. Zur Bekämpfung strategischer R. entstanden Raketenabwehrraketen.

Die mit der Sowjetarmee in der Warschauer Verteidigungsgemeinschaft verbündeten sozialistischen Streitkräfte verfügen über taktische und operativtaktische R. In den Landstreitkräften der NVA bilden die Raketentruppen gemeinsam mit der Artillerie eine Waffengattung und sind die Hauptfeuerkraft. Die Truppenluftabwehr besitzt in den R. ihrer Fla-Raketentruppen ihre stärksten Kampfmittel. Unmittelbar zur Artillerie zählen die Panzerabwehrlenkraketen. In den Luftstreitkräften/Luftverteidigung der NVA gehören gelenkte und ungelenkte R. zur Flugzeugbewaffnung. Sie sind eine wichtige Kraft zur Vernichtung gegnerischer Luftangriffsmittel und zur Bekämpfung von Bodenzielen. Die Volksmarine der NVA verfügt über Raketen zur Vernichtung von See-, Luft- oder Küstenzielen.

In dem Bestreben, die militärische Überlegenheit auf dem Gebiet der Raketenkernwaffen zu erreichen und zur politischen Erpressung der UdSSR zu nutzen, betrieben die USA und später auch andere NATO-Staaten die Raketenbewaffnung ihrer Streitkräfte. Ab 1953 wurden in die Bewaffnung der Landstreitkräfte der USA schrittweise nichtlenkbare taktische R. mit einer Reichweite bis 40 km und 1954 lenkbare operativ-taktische R. mit einer Reichweite von 125 bis 1240 km aufgenommen. Die Luft- und Seestreitkräfte erhielten ab 1953 lenkbare operativtaktische Flügelgeschosse. Seit 1958 verfügten die USA über lenkbare strategische R. mit einer Reichweite bis zu 3500 km, seit 1959 auch über interkontinentale ballistische R., so die Typen «Titan» und «Minuteman», die eine Reichweite zwischen 10000 und 15000 km hatten. Interkontinentale R. der Typen «Titan II» und «Minuteman 3» bilden heute noch den Kern der landgestützten strategischen R. der USA-Kernwaffenstreitmacht. 1961 wurden bordgestützte strategische Mittelstreckenraketen des «Polaris»-Typs auf kernkraftgetriebenen U-Schiffen der USA-Kriegsmarine eingeführt, die später teilweise von «Poseidon»-Raketen abgelöst wurden. Gegenwärtig werden R. des Typs «Trident» in die Bewaffnung dieser Schiffe aufgenommen. Nichtlenkbare taktische und lenkbare operativ-taktische R. verschiedener Bestimmung wurden seit den 50er Jahren in alle NATO-Streitkräfte eingeführt und zum dominierenden Feuermittel. Die seit dem Herbst 1983 von den USA in der BRD stationierten Raketen «Pershing 2» sind Mittelstreckenraketen (Reichweite bis 2000 km) mit strategischer Bestimmung. Dasselbe trifft auf die bodengestützten Cruise Missiles zu (Reichweite etwa 2500 km), deren Stationierung in Großbritannien, Italien, der BRD und anderen NATO-Staaten erfolgt.

Raketensysteme in den Streitkräften der NATO-Hauptmächte (Auswahl)

Raketentyp	Land	Reichweite km	Einführung
1. Strategische Raketen (landgestützt)			
«Titan II»	USA	15000	1963
«Minuteman 3»	USA	12900	1970
S-3	Frankreich	4000	1980
2. Strategische Raketen (seegestützt)			
«Poseidon C3»	USA	4600	1971
«Trident I C4»	USA	7500	1980
«Polaris A3»	Großbritannien	4600	1967
M-20	Frankreich	3500	1980
3. Operativ-taktische Raketen			
«Pershing 1A»	USA	740	1962
4. Taktische Raketen			
«Honest John»	USA	40	1953
«Lance»	USA	110	1972
«Pluton»	Frankreich	120	1974
5. Luftabwehrraketen[1]			
a) Fla-Raketenkomplexe der Luftverteidigung			
«Nike Hercules»	USA	45	1958
«Hawk»	USA	18	1959
«Bloodhound» Mk.2	Großbritannien	–	1964
«Patriot»	USA	80	1984
b) Truppenluftabwehr			
«Tiger Cate»	Großbritannien	3	1967
«Redeye»	USA	1,5	1964
c) Schiffs-Fla-Raketenkomplexe			
«Talos»	USA	27	1956
«Tartar» IA	USA	18	1959
6. Panzerabwehrlenkraketen			
«Milan»	Frankreich/BRD	75–2000 m	–
«HOT»	Frankreich/BRD	75–4000 m	–
«Shillelagh»	USA	60–3000 m	–
«Swingfire»	Großbritannien	150–4000 m	–

1 Reichweite als maximale Zielhöhe

Rangabzeichen → *Dienstgradabzeichen*

Rangliste: vom 17. Jh. bis zum Machtantritt des Faschismus in Deutschland geführtes, meist veröffentlichtes Jahresverzeichnis mit Angaben über Gliederung und Struktur der Streitkräfte, die Stellenbesetzung durch Generale, Offiziere und Militärbeamte sowie über das Dienstalter.

Die R. kamen mit den stehenden Heeren auf. Die erste deutsche R. stammt von der kurbrandenburgischen Armee aus dem Jahre 1660. Veröffentlicht wurden R. in Preußen jedoch erst ab 1785. Die dem Militärkabinett unterstellte Geheime Kriegskanzlei gab jährlich bis 1806 R., seit 1817 sog. Rang- und Quartierlisten heraus. Von 1848 an enthielten sie auch Angaben über die Marine; 1874, nach Bildung der Admiralität, führte diese eigene Rang- und Quartierlisten. In den als Anhang beigefügten sog. Anciennitätslisten war bis 1900 das Dienstalter der Generale bzw. Admirale und Stabsoffiziere, danach auch der übrigen Offiziere erfaßt. Bayern veröffentlichte seit 1831 R. mit der Bezeichnung Militär-Handbuch, Württemberg seit 1872 Rang- und Quartierlisten, die 1894 Teil der preußischen wurden. Sachsen gab ebenfalls eigene R. heraus. Während des ersten Weltkrieges 1914–1918 wurden keine R. geführt. Nachdem das Reichswehrministerium von 1919 bis 1922 nur Stellenbesetzungen herausgegeben hatte, erschienen R. für die Reichswehr wieder von 1923 bis 1932. Seit 1933, als die beschleunigte Kriegsvorbereitung einsetzte und die Aufstellung des faschistischen Massenheeres begann, wurden nur noch Geheimlisten über Stellenbesetzung und, nach verschiedenen Offizierskategorien getrennt, über Dienstalter geführt.

Titelblatt der Stamm- und Rangliste der sächsischen Armee von 1811

Rastatt 1849: Festungsverteidigung durch Truppen der → *badisch-pfälzischen Revolutionsarmee 1849* gegen preußische Interventionstruppen vom 30. 6. bis zum 23. 7. 1849 in der → *Reichsverfassungskampagne 1849*.

Nach der Schlacht an der → *Murg 1849* (28.–30. 6.) zogen sich Teile der badisch-pfälzischen Revolutionsarmee in die Festung R. zurück, die noch am Abend des 30. 6. eingeschlossen wurde. Die fast 6000 Verteidiger setzten sich aus Linientruppen, Volkswehren und Freischaren zusammen. Festungskommandant war Oberst Gustav Tiedemann (1808–1849), ehemaliger badischer Dragonerleutnant und Teilnehmer am Freiheitskampf des griechischen Volkes. Die gut ausgebauten Befestigungsanlagen bestanden aus 3 großen, durch bastionierte Umwallung verbundenen Forts und vorgeschobenen Außenforts. Die Verteidiger verfügten über ausreichende Bewaffnung, über eine Festungsartillerie von 300 Geschützen sowie über eine Ausfallbatterie von 16 bespannten Feldgeschützen. In der Festung lagerten größere Vorräte an Munition und Proviant. Bei der Besatzung und den etwa 8000 Einwohnern von R., hoffend auf baldigen Entsatz, herrschten Disziplin und Ordnung. Gegen die Festung war das preußische II. Korps unter Generalleutnant Karl von der Gröben (1788–1876) eingesetzt. Seine Gesamtstärke betrug etwa 15000 Mann mit 48 Geschützen; während der Belagerung wurden ihm noch schwere Feldgeschütze und Mörser zugeführt. Trotz ihrer zahlenmäßigen und materiellen Überlegenheit planten die Belagerer keine Erstürmung der Festung. Als eine am 2. 7. überreichte Kapitulationsaufforderung vom Festungskommando abgelehnt wurde, wählte Gröben die Taktik, die Verteidiger und Einwohner zu demoralisieren und auszuhungern.

Am 6. 7. unternahm die Besatzung von R. den ersten größeren Ausfall. Er scheiterte wie alle weiteren Ausbruchsversuche. Der am 7. 7. einsetzende Beschuß der Festung, u. a. mit Brandgeschossen, konzentrierte sich befehlsgemäß auf nichtmilitärische Ziele und hatte große Brände in der Stadt und viele Opfer unter der Zivilbevölkerung zur Folge. Als Mitte des Monats keine Hilfe von außen mehr zu erwarten war, zudem die Lebensmittel und Medikamente immer knapper wurden, begann die Moral der Verteidiger zu sinken. Unter der Besatzung und der Bürgerschaft kam es zu Auseinandersetzungen über die Frage Fortsetzung des Widerstands oder Kapitulation. In dieser Situation nahmen die Preußen, die nicht an einen baldigen Erfolg glaubten, Verhandlungen auf. 2 Offiziere der Festungsbesatzung durften sich in Baden davon überzeugen, daß die Revolution niedergeworfen war. Ihr Bericht veranlaßte den Festungskriegsrat, den Kampf einzustellen. Am 23. 7. wurde die Kapitulation vollzogen. 5000 Mann gingen in die Gefangenschaft; nur wenige entkamen. Der Fall von R. bedeutete das Ende der Reichsverfassungskampagne und der → *Revolution 1848/49.* Entgegen der versprochenen ehrenvollen Behandlung pferchte man die Revolutionssoldaten in die Festungskasematten von R., wo viele unter den menschenunwürdigen Bedingungen und den Quälereien starben. 19 Revolutionäre wurden vom preußischen Standgericht in R. zum Tode verurteilt und erschossen. Zu den ersten Opfern gehörten Tiedemann und Georg Böning (1788–1849), der Kommandeur der Deutschen Legion, die eine Hauptkraft des Widerstands in R. gewesen war. «Das deutsche Volk», schrieb Friedrich Engels (1820–1895), «wird die Füsilladen und die Kasematten von Rastatt nicht vergessen» (K. Marx/F. Engels, 7, S. 197).

reaktives Geschütz → *Geschütz*

Recht der Landesverteidigung der DDR: Gesamtheit der im Rahmen der einheitlichen sozialistischen Rechtsordnung der DDR auf der Grundlage der Verfassung in Gesetzen und anderen Rechtsvorschriften erlassenen allgemeinverbindlichen Normen zur Organisierung und Sicherstellung der → *Landesverteidigung der DDR.*

Das Recht der Landesverteidigung wird in Übereinstimmung mit den konkreten Erfordernissen des zuverlässigen militärischen Schutzes der DDR entsprechend dem Reifegrad der sozialistischen Gesellschaft und den Bündnisverpflichtungen im Rahmen der sozialistischen Staatengemeinschaft gestaltet und weiterentwickelt. Die ersten rechtlichen Grundlagen für die Organisation und Sicherstellung der Landesverteidigung der DDR wurden Mitte der 50er Jahre geschaffen, nachdem durch die verstärkte → *Remilitarisierung der BRD* und deren Eingliederung in die → *NATO* eine gefährliche Bedrohung der Sicherheit für die sozialistischen Staaten in Europa entstanden war. In Übereinstimmung mit der völkerrechtlichen Garantie der Souveränität der DDR und auf der Grundlage des am 20. 9. 1955 abgeschlossenen Vertrages über die Beziehungen zwischen der DDR und der UdSSR beschloß die Volkskammer der DDR am 26. 9. 1955 das Gesetz zur Ergänzung der Verfassung. Im ergänzten Art. 5 hieß es, daß der Dienst zum Schutze des Vaterlandes und der Errungenschaften der Werktätigen eine ehrenvolle Pflicht der Bürger der DDR ist. Die Ergänzung des Art. 112 legte fest, daß der Republik die Gesetzgebung über den militärischen Schutz der Heimat und über den Schutz der Zivilbevölkerung obliegt. Damit waren verfassungsrechtliche Bestimmungen geschaffen, die es der DDR im Einklang mit dem in Art. 51 der UN-Charta verbrieften Recht jedes Staates auf kollektive und individuelle Selbstverteidigung ermöglichten, ihrer als Mitgliedstaat des → *Warschauer Verteidigungsbündnisses* übernommenen Verantwortung für den Schutz des Sozialismus und die Sicherung des Friedens voll gerecht zu werden. Auf der Grundlage der Verfassung beschloß die Volkskammer am 18. 1. 1956 das Gesetz über die Schaffung der Nationalen Volksarmee und des Ministeriums für Nationale Verteidigung. In Durchführung dieses Gesetzes faßte der Ministerrat der DDR die erforderlichen Beschlüsse über den Aufbau der → *Nationalen Volksarmee der DDR (NVA),* so über deren Struktur und Gliederung, über die Einführung der Uniformen, der Dienstgradbezeichnungen und Dienstgradabzeichen. Ein weiterer Schritt war die Annahme des Gesetzes über den Luftschutz in der DDR durch die Volkskammer vom 11. 2. 1958.

Angesichts der von den herrschenden Kreisen der USA, der BRD und anderer NATO-Staaten forcierten Aggressionsvorbereitungen an der Grenzlinie von Sozialismus und Imperialismus in Europa trafen die SED und die Staatsführung der DDR zu Beginn der 60er Jahre rechtzeitig Vorkehrungen, um den bewaffneten Schutz des Sozialismus und des Friedens im notwendigen Maße zu stärken. Am 10. 2. 1960 beschloß die Volkskammer das Gesetz über die Bildung des → *Nationalen Verteidigungsrates der DDR.* Gleichzeitig faßte sie den Beschluß über die Bildung des → *Ausschusses für Nationale Verteidigung.* Im Zusammenhang mit der → *Sicherung der Staatsgrenzen der DDR 1961* wurden neue Grenzordnungen erlassen. Die Annahme des Gesetzes zur Verteidigung der Deutschen Demokratischen Republik (Verteidigungsgesetz) am 20. 9. 1961 war ein wesentlicher Schritt, um mit dem Mittel des Rechts aktiv auf das dialektische Wechselverhältnis von Politik, Ökonomie und Landesverteidigung einzuwirken und den qualitativ neuen Anforderungen der Revolution im Militärwesen zu entsprechen. Besondere Bedeutung hatte das Verteidigungsgesetz für die ökonomische Sicherstellung einer modernen Landesverteidigung der DDR. Objektiv notwendig wurde das Gesetz über die allgemeine Wehrpflicht (Wehrpflichtgesetz) vom 24. 1. 1962. Beide Gesetzeswerke bildeten die Grundlage für weitere Rechtsvorschriften, die vor allem zur Entwicklung der NVA als einer modernen sozialistischen Koalitionsarmee dienten. Zu den wichtigsten gehörten die → *Dienstlaufbahnbestimmungen für die Angehörigen der NVA,* die → *Reservistenordnung der DDR,* die Musterungsordnung sowie die Besoldungs-, Unterhalts-, Förderungs-, Wiedergutmachungs-, Leistungs- und Lieferverordnung. Es entstand ein ganzes System von Rechtsvorschriften für die Organisierung und Sicherstellung der Landesverteidigung der DDR, das entsprechend den veränderten Erfordernissen mehrmals neugefaßt wurde.

Mit dem Übergang in die 70er Jahre mußte neuen Bedingungen und Erfordernissen für die Landesverteidigung entsprochen werden. Am 16. 9. 1970 beschloß die Volkskammer das Gesetz über die Zivilverteidigung der Deutschen Demokratischen Republik (Zivilverteidigungsgesetz). Auf dieser rechtlichen Grundlage wurde die → *Zivilverteidigung der DDR*, der an Bedeutung zunehmende Bereich der sozialistischen Landesverteidigung, ausgebaut. Den neuen Erfordernissen entsprach auch die am 7. 10. 1974 beschlossene Ergänzung und Änderung der Verfassung. Gemäß Art. 7 der Verfassung gewährleisten die Staatsorgane die territoriale Integrität der DDR und die Unverletzlichkeit ihrer Staatsgrenzen einschließlich ihres Luftraumes und ihrer Territorialgewässer sowie den Schutz und die Nutzung ihres Festlandsockels. Weiter wird dort bestimmt, daß die NVA im Interesse der Wahrung des Friedens und der Sicherung des sozialistischen Staates enge Waffenbrüderschaft mit der Sowjetarmee und den Armeen anderer sozialistischer Staaten pflegt. Art. 23 legt fest: «Der Schutz des Friedens und des sozialistischen Vaterlandes und seiner Errungenschaften ist Recht und Ehrenpflicht der Bürger der Deutschen Demokratischen Republik. Jeder Bürger ist zum Dienst und zu Leistungen für die Verteidigung der Deutschen Demokratischen Republik entsprechend den Gesetzen verpflichtet.» Gemäß Art. 52 der Verfassung obliegt der Volkskammer als oberstem staatlichem Machtorgan der DDR, den Verteidigungszustand zu beschließen. Im Dringlichkeitsfalle ist dazu der Staatsrat berechtigt. Dieser faßt ferner, nach Art. 73, grundsätzliche Beschlüsse zu Fragen der Verteidigung und Sicherheit des Landes, organisiert die Landesverteidigung mit Hilfe des Nationalen Verteidigungsrates und beruft dessen Mitglieder. Der Nationale Verteidigungsrat ist für seine Tätigkeit der Volkskammer und dem Staatsrat verantwortlich. Der Ministerrat als Organ der Volkskammer hat die Erfüllung der ihm übertragenen Verteidigungsaufgaben zu organisieren (Art. 76).

Gemäß der Aufgabenstellung des IX. Parteitages der SED vom Mai 1976, zur Gewährleistung des Friedens und der Sicherheit die Verteidigungsbereitschaft der DDR weiter zu stärken und die Rechtsordnung entsprechend dem Reifegrad der sozialistischen Gesellschaft planmäßig auszubauen, beschloß die Volkskammer am 13. 10. 1978 das neugefaßte Gesetz über die Landesverteidigung der Deutschen Demokratischen Republik (Verteidigungsgesetz). Durch die Aufnahme fast aller grundsätzlichen Fragen des Rechts der Landesverteidigung in das neue Gesetz – mit Ausnahme der im Wehrpflichtgesetz geregelten – konnten das Verteidigungsgesetz von 1961, die Gesetze über den Nationalen Verteidigungsrat von 1960 und 1964 sowie das Zivilverteidigungsgesetz von 1970 außer Kraft gesetzt werden. Der Erlaß des neuen Verteidigungsgesetzes ist somit eine folgerichtige staatsrechtliche Maßnahme und zeugt von der Kontinuität der auf die Sicherung des Friedens und auf den Ausbau der sozialistischen Rechtsordnung gerichteten Politik der DDR. In der Präambel des Gesetzes und im I. Abschnitt mit seinen grundlegenden Bestimmungen über die Landesverteidigung findet die auf die Erhaltung und Sicherung des Friedens gerichtete einheitliche und koordinierte Außen-, Sicherheits- und Militärpolitik der DDR im Rahmen des sozialistischen Verteidigungsbündnisses in konzentrierter Form staatsrechtlichen Ausdruck. Diese Bestimmungen regeln die inneren und völkerrechtlichen Grundlagen und Garantien für eine zuverlässige Landesverteidigung. Sie orientieren darauf, die Vorzüge und Triebkräfte der entwickelten sozialistischen Gesellschaft umfassend zu nutzen und die Verteidigungsbereitschaft durch die erforderlichen Maßnahmen auf allen Gebieten des staatlichen, wirtschaftlichen und gesellschaftlichen Lebens zu gewährleisten. Davon ausgehend bestimmt § 2, daß dem Nationalen Verteidigungsrat die zentrale Leitung der Verteidigungs- und Sicherheitsmaßnahmen obliegt und die von ihm getroffenen Festlegungen für alle staatlichen und wirtschaftlichen Organe, Kombinate, Betriebe, Einrichtungen, Genossenschaften, gesellschaftlichen Organisationen, Vereinigungen und Bürger verbindlich sind. § 3 des Verteidigungsgesetzes präzisiert den Art. 23, Abs. 1 der Verfassung der DDR insofern, als er Festlegungen über den Dienst und über Leistungen der Bürger für die Landesverteidigung enthält. Die Bestimmungen in § 4 schaffen die staatsrechtliche Grundlage für die notwendige schnelle und flexible Reaktion auf bedrohliche militärpolitische Situationen, für die allseitige Vorbereitung des Landes auf den Verteidigungszustand, auf die Abwehr einer möglichen imperialistischen Aggression. Die dem Nationalen Verteidigungsrat hier übertragenen gesetzlichen Rechte und Pflichten dienen dem zuverlässigen Schutz der verfassungsmäßigen sozialistischen Ordnung. Im II. Abschnitt sind die Aufgaben und die Leitung der Zivilverteidigung sowie die Mitarbeit der Bevölkerung auf dem Gebiet der Zivilverteidigung geregelt. Der III. Abschnitt enthält Bestimmungen über die ökonomische Sicherstellung und weitere Maßnahmen für die Landesverteidigung. Zu ihrer Durchführung wurden das Gesetz präzisierende Rechtsvorschriften erlassen, so die Leistungs-, die Sperrgebiets-, die Finanzierungs- und Entschädigungs- sowie die Lieferverordnung.

Entsprechend der Aufgabenstellung des X. Parteitages der SED vom April 1981, die Landesverteidigung zu festigen und die sozialistische Rechtsordnung ständig zu vervollkommnen, wurde die Wehrgesetzgebung der DDR weiterentwickelt.

Am 25. 3. 1982 beschloß die Volkskammer der DDR das «Gesetz über den Wehrdienst in der Deutschen Demokratischen Republik – Wehrdienstgesetz» (→ *Gesetz über den Wehrdienst in der DDR 1982*). Dieses Gesetz und die auf seiner Grundlage erlassenen Folgebestimmungen stellen eine kontinuierliche Weiterentwicklung der in den vergangenen 20 Jahren praktisch bewährten Rechtsvorschriften über den Wehrdienst dar und tragen den gewachsenen Anforderungen an die sozialistische Landesverteidigung in den 80er Jahren Rechnung. Entsprechend dem erreichten Stand und den vorauszusehenden Erfordernissen zur weiteren allseitigen Stärkung der DDR sind in den neuen Rechtsvorschriften praktisch alle mit dem Wehrdienst verbundenen Fragen neu geregelt.

Die Festlegungen im Wehrdienstgesetz gehen hinsichtlich der Pflicht zum Wehrdienst und des freiwilligen Wehrdienstes von den bereits geltenden Regelungen aus. Die Dauer des Grundwehrdienstes von 18 Monaten wurde beibehalten (§ 30, Abs. 1), und die Einberufung zum Grundwehrdienst erfolgt wie bisher vom vollendeten 18. Lebensjahr an (§ 29, Abs. 2). Des weiteren wurden grundsätzlich auch die oberen Altersgrenzen der Wehrpflicht – das vollendete 50. Lebensjahr und bei Offizieren und Fähnrichen das vollendete 60. Lebensjahr – beibehalten. Das Wehrdienstgesetz enthält im einzelnen Regelungen über die nationale und internationale Bedeutung des Wehrdienstes; die Vorbereitung der Bürger auf den Wehrdienst; die Wehrpflicht und den freiwilligen Wehrdienst; den aktiven Wehrdienst, seine Gestaltung und innere Organisation; den Reservistenwehrdienst; den Wehrdienst während der Mobilmachung und im Verteidigungszustand; die Reserve der Nationalen Volksarmee und die Förderung nach dem Wehrdienst.

Die mit dem Wehrdienstgesetz ab 1. 5. 1982 in Kraft gesetzten neuen Folgebestimmungen präzisieren die Regelungen des Wehrdienstgesetzes in dem für die praktische Handhabung erforderlichen Umfang. Im einzelnen handelt es sich um folgende Rechtsvorschriften: Beschluß des Staatsrates der Deutschen Demokratischen Republik über die militärischen Dienstgrade; Einberufungsordnung; Dienstlaufbahnordnungen; Reservistenordnung; Besoldungsverordnung; Förderungsverordnung – die letzten 3 mit Durchführungsbestimmungen.

Gleichzeitig mit dem Wehrdienstgesetz beschloß die Volkskammer das Gesetz über die Staatsgrenze der DDR – Grenzgesetz. Mit diesem Gesetz wurde erstmalig eine komplexe Regelung über alle die Staatsgrenze der DDR betreffenden Fragen geschaffen. Diese Regelung steht in voller Übereinstimmung mit dem Völkerrecht und orientiert im wesentlichen darauf, die Unantastbarkeit der Staatsgrenze der DDR zu gewährleisten; die Sicherheit und Ordnung in den Grenzgebieten weiter zu festigen; die Stellung und Verantwortung der Grenztruppen der DDR und ihr Zusammenwirken mit den anderen Schutz- und Sicherheitsorganen zu präzisieren und die Verantwortung aller gesellschaftlichen Kräfte für den Schutz der Staatsgrenze zu erhöhen.

Das Recht der Landesverteidigung der DDR ist wie das sozialistische Recht insgesamt Ausdruck der im Bündnis mit den anderen Werktätigen ausgeübten politischen Macht der Arbeiterklasse. Es dient den Grundinteressen des gesamten Volkes und der internationalen Verantwortung der DDR, dem zuverlässigen Schutz des Sozialismus und dem Frieden.

Regeln des Landkrieges: rechtliche Normen und Leitsätze für die Kriegführung der → *Landstreitkräfte.*

Die Regeln des Landkrieges beruhen teilweise auf Vertragsrecht (→ *völkerrechtliche Abkommen über die Regeln der Kriegführung*), teils auf Gewohnheitsrecht. Sie enthalten Bestimmungen über die Teilnehmer am bewaffneten Kampf, die Kampfmittel und die Methoden der Kriegführung, die kriegerische Besetzung einschließlich das Verhalten zur Zivilbevölkerung und zu ihrem Eigentum, die Behandlung von → *Parlamentären*, Verwundeten und Kranken, → *Kriegsgefangenen* sowie Kundschaftern und Spionen. Im Kriegsvölkerrecht nehmen sie den meisten Raum ein; einige ihrer Grundsätze gelten auch für den See- und Luftkrieg (→ *Regeln des Seekrieges*, → *Regeln des Luftkrieges*).

Die Regeln des Landkrieges begannen sich im Feudalismus als Kriegsbräuche zu entwickeln. Auf der Basis gemeinsamer Klasseninteressen schlossen die Kriegführenden zeitweilige Vereinbarungen ab über Waffenstillstand und Kapitulation, Schonung, Freikauf oder Austausch von Kriegsgefangenen, Geiselstellung, Zulassung von Parlamentären und andere Fragen. Die Artikelbriefe der Landsknechte und die → *Kriegsartikel* der feudalabsolutistischen stehenden Heere regelten auch das Verhalten zum Gegner, vor allem das Beuterecht. Bis ins 18. Jh. wurde das Kriegsgewohnheitsrecht jedoch in zahlreichen Kriegen nicht oder nur geringgeachtet. Im Kapitalismus bildeten sich neue Regeln des Landkrieges heraus, vor allem bedingt durch die Teilnahme der Bevölkerung am Kriege, das Entstehen der Massenheere sowie die steigende Zerstörungskraft der Waffen und Kampfmittel. Ende des 18. Jh. gewann in Europa das Prinzip der Unantastbarkeit des Privateigentums im Landkrieg an Bedeutung. In der zweiten Hälfte des 19. Jh. waren die Regeln des Landkrieges relativ weit entwickelt, was ihre Kodifizierung in Abkommen erleichterte. 1864 wurde erstmals der Schutz der Verwundeten und Kranken im Landkrieg vereinbart, 1868 die Anwendung bestimmter Sprenggeschosse verboten. Unter dem Eindruck des Deutsch-Französischen Krieges 1870/71 und der schweren Verstöße der deutschen Kriegführung gegen das Kriegsgewohnheitsrecht erarbeitete die Brüsseler Konferenz 1874 den Entwurf einer Deklaration über die Regeln des Landkrieges. Diese wurde jedoch nicht ratifiziert. Im Zeichen zunehmender Spannungen und des Wettrüstens zwischen den imperialistischen Mächten erfolgte in Den Haag 1899 (II. Haager Abkommen) und 1907 (IV. Haager Abkommen) eine umfassende Kodifizierung der Regeln des Landkrieges. Beiden Abkommen war eine «Ordnung der Gesetze und Gebräuche des Landkrieges», die sog. Haager Landkriegsordnung (HLKO), beigelegt. Im 1. Abschnitt sind der Status der Kriegführenden (Kombattanten und Nichtkombattanten) und der Status der Kriegsgefangenen festgelegt. Wichtige Artikel betreffen die Teilnahme irregulärer Kräfte (Milizen und Freiwilligenkorps) und der Zivilbevölkerung am Kampf. Diese werden als Kriegspartei anerkannt, wenn sie bestimmte Bedingungen erfüllen (u. a. offenes Waffenführen). Der 2. Abschnitt definiert die Mittel zur Schädigung des Gegners. Die Kriegführenden haben kein unbeschränktes Recht in deren Wahl. Verboten sind die Anwendung von Gift oder vergifteten Waffen, Pardonverweigerung, Mißbrauch der Parlamentärsflagge, Zerstörung oder Wegnahme feindlichen Eigentums ohne militärische Notwendigkeit, Angriffe auf unverteidigte Orte und Wohnstätten, Plünderung eroberter Orte und Wohnstätten, der Zwang von Angehörigen der Gegenseite, an Kriegsunternehmungen gegen ihr Land teilzunehmen, u. a. Der 3. Abschnitt enthält die Bestimmungen zur militärischen Gewalt auf besetztem feindlichem Gebiet (Okkupation) mit ihren Beschränkungen (u. a. Verbot von Kollektivstrafen), über die Natural- und Dienstleistungen der Zivilbevölkerung und den Schutz ihres Eigentums sowie das Verbot, den Treueid der Zivilbevölkerung gegenüber der Besatzungsmacht zu erzwingen und Auskünfte über das Heer und die Verteidigungsmittel ihres Staates zu erpressen. Gegen die letztgenannte Bestimmung (Art. 44) machte die deutsche Regierung Vorbehalte. Das Deutsche Reich ratifizierte die Haager Abkommen, plante aber zugleich im Rahmen seiner Kriegsvorbereitungen die Verletzung grundlegender Artikel, z. B. den Neutralitätsbruch (→ *Schlieffenplan*). Die 1902 vom Großen Generalstab herausgegebene Schrift «Kriegsbrauch im Landkrieg» negierte die Haager Landkriegsordnung fast völlig. Erst Ende 1911 wurde sie als Anlage in die Felddienstordnung von 1908 aufgenommen. Insgesamt war das kaiserliche deutsche Heer ungenügend über diese völkerrechtlichen Festlegungen unterrichtet. Der deutsche Imperialismus wandte sich insbesondere gegen die ohnehin eingeschränkte Anerkennung des Volkswiderstandes. Im ersten Weltkrieg 1914–1918 verletzten beide Seiten die Regeln des Landkrieges. Der deutsche Imperialismus überfiel Luxemburg und Belgien, wobei über 6000 Belgier unter der Beschuldigung der Freischärlerei getötet wurden. Er wandte erstmals in größerem Umfang chemische Kampfstoffe an, plünderte die besetzten Gebiete aus, verschleppte über 100000 Menschen zur Zwangsarbeit nach Deutschland, verwüstete beim Rückzug 1917/18 im Westen die aufgegebenen Gebiete und beging zahlreiche andere Verbrechen. Bei ihrer Intervention gegen Sowjetrußland setzten sich die imperialistischen Mächte rücksichtslos über die Regeln des Landkrieges hinweg. Ungeachtet dieser Verletzungen blieb die Haager Landkriegsordnung nach 1918 allgemein anerkannt und war Grundlage für die weitergefaßten Regeln des Landkrieges, wie sie im Genfer Protokoll 1925 und Genfer Abkommen 1929 niedergelegt sind. Der deutsche Imperialismus versuchte die von ihm 1914–1918 begangenen Verbrechen als Notwehrakte zu rechtfertigen. Hitlerdeutschland anerkannte formell die Haager Landkriegsordnung, bereitete aber zugleich mit dem Revanchekrieg massenhafte Verletzungen ihrer Regeln vor. Im Oberkommando der faschistischen Wehrmacht beschäftigte sich eine Gruppe speziell mit der Auslegung der Regeln im Sinne der faschistischen Kriegführung. Gegenüber der Sowjetunion wurde ihre Gültigkeit verneint. Die Wehrmachtangehörigen wurden ungenügend über die Haager Landkriegsordung informiert.

Im zweiten Weltkrieg 1939–1945 verletzte das faschistische Deutschland die Regeln des Landkrieges in bisher nicht dagewesenem Umfang. Dazu gehörten die Pardonverweigerung für Partisanen und militärische Kommandotrupps sowie der Massenmord an Geiseln (in Frankreich 29660). Der Geiselmordbefehl des Chefs des Oberkommandos der Wehrmacht vom 16. 9. 1941 legte fest, für jeden getöteten deutschen Soldaten 50–100 Geiseln zu erschießen. Gegenüber der Sowjetunion beging Hitlerdeutschland unzählige Verbrechen, darunter auch Völkerrechtsverletzungen (→ *Kommissarbefehl*). Aus der UdSSR wurden insgesamt 5 Mill. Menschen deportiert und auf ihrem okkupierten Territorium fast 10 Mill. Menschen umgebracht. Unter dem Eindruck dieser Verbrechen wurden auf der Genfer Konferenz 1949 die Regeln des Landkrieges weiterentwickelt, u. a. die über die Behandlung von Verwundeten, Kranken und Kriegsgefangenen sowie der Zivilbevölkerung. Neu waren die vor allem von der Sowjetunion durchgesetzte Anerkennung der Angehörigen organisierter Widerstandsbewegungen unter bestimmten Bedingungen als Kombattanten und das Verbot der Geiselnahme. Ergänzungen zu den Regeln des Landkrieges brachte die 1974–1977 tagende Diplomatische Konferenz über die Bekräftigung und

Weiterentwicklung der in bewaffneten Konflikten anzuwendenden Regeln des humanitären Völkerrechts. Sie erweiterte den völkerrechtlichen Schutz von Partisanengruppen und dehnte ihn auf den Befreiungskampf gegen Kolonialismus, Okkupation und Rassismus aus. Die DDR ist den die Regeln des Landkrieges betreffenden Abkommen beigetreten bzw. hat sie, soweit sie älteren Datums sind, für wiederanwendbar erklärt.

Regeln des Luftkrieges: rechtliche Normen und Leitsätze für die Kriegführung der → *Luftstreitkräfte.*

Die Regeln des Luftkrieges sind nur zu einem geringen Teil Vertragsrecht geworden (→ *völkerrechtliche Abkommen über die Regeln der Kriegführung*). Sie beruhen überwiegend auf gewohnheitsrechtlicher Anwendung der Regeln des Land- und Seekrieges (→ *Regeln des Landkrieges,* → *Regeln des Seekrieges*) auf den Luftkrieg. Die Regeln des Luftkrieges bestimmen den Schauplatz und die Objekte der Luftkriegführung, zu denen sämtliche militärischen Kräfte, Mittel und Objekte, die Rüstungsindustrie und die Transportlinien gehören.

Zur ersten völkerrechtlichen Vereinbarung über den Luftkrieg kam es auf der Haager Konferenz von 1899. Eine von ihr am 29. 7. 1899 verabschiedete Deklaration verbot den Abwurf von Geschossen und Explosivkörpern aus Flugkörpern für 5 Jahre. Sie wurde von 25 Staaten ratifiziert (u. a. von Deutschland). Das auf der Haager Konferenz von 1907 erneuerte Verbot ratifizierten die meisten Staaten (auch Deutschland) jedoch nicht. Maßgebend für die Regeln des Luftkrieges wurden der Art. 25 der Haager Landkriegsordnung (HLKO) vom 18.10.1907, der verbot, unverteidigte Städte, Dörfer, Wohnstätten oder Gebäude anzugreifen oder zu beschießen, Art. 27 der HLKO über die Schonung bestimmter, deutlich gekennzeichneter Gebäude und Einrichtungen der Kunst, Wissenschaft, Religionsausübung, des Gesundheitswesens (Krankenhäuser, Lazarette u. ä.) sowie die Deklaration der Haager Konferenz vom 29. 7. 1899 über das Verbot von Gasgeschossen. Im ersten Weltkrieg 1914–1918 mißachteten die imperialistischen Staaten die Regeln des Luftkrieges. Das Bombenabwurfverbot wurde aufgrund der Allbeteiligungsklausel nicht anerkannt, der Begriff «unverteidigte Ortschaft» sehr dehnbar ausgelegt. Deutsche Luftschiffe warfen seit Anfang August 1914 wiederholt Bomben auf belgische, französische und polnische Städte ab. Seit Januar 1915 erfolgten zahlreiche Luftschiff- und Flugzeugangriffe gegen London und andere südenglische Städte. Beide Seiten verstärkten im Jahre 1917 den Luftkrieg gegen das tiefe Hinterland des Gegners, um die Bevölkerung zu demoralisieren und die Wirtschaft zu stören.

Nach 1918 entstanden im Auftrag der Washingtoner Konferenz zur Beschränkung der Rüstungen (1921/22) die «Haager Luftkriegsregeln 1923», die jedoch kein Staat annahm. Sie widerspiegelten das für den Luftkrieg geltende Gewohnheitsrecht und wurden von der Generalversammlung des Völkerbundes am 30. 9. 1938 bestätigt. Art. 22 verbot terroristische Luftangriffe auf die Zivilbevölkerung. Verbindlich auch für den Luftkrieg war das im Genfer Protokoll vom 17. 6. 1925 enthaltene Verbot, Gas und bakteriologische Kampfmittel anzuwenden, das viele Staaten aber nur mit Vorbehalten ratifizierten. Das Nichtzustandekommen bindender vertraglicher Regelungen für den Luftkrieg zeigte, daß die imperialistischen Staaten den Krieg mit möglichst unbeschränktem Waffeneinsatz führen wollten. Bereits in den imperialistischen Aggressionskriegen vor 1939 gewann der Luftterror wachsende Bedeutung. Während der faschistischen Intervention in Spanien 1936–1939 erfolgte der bis dahin beispiellose Terrorangriff deutscher Kampfflugzeuge auf Guernica (26. 4. 1937). Im zweiten Weltkrieg 1939–1945 wurden die Regeln des Luftkrieges von den imperialistischen Staaten mißachtet. Die faschistische deutsche Luftwaffe führte einen verbrecherischen Luftkrieg gegen die Zivilbevölkerung und vernichtete mit ihren Terrorangriffen auf polnische, niederländische, französische, englische und sowjetische Städte unersetzliche kulturhistorische Werte. Die Bomberverbände Großbritanniens und der USA warfen mehr als die Hälfte ihrer Bombenlast in Flächenangriffen auf Städte und Verkehrsziele in Deutschland ab. Seinen Höhepunkt erreichte der Luftterror mit dem Abwurf der beiden Atombomben im August 1945 auf Hiroshima und auf Nagasaki. Nach dem zweiten Weltkrieg präzisierte das IV. Genfer Abkommen vom 12. 8. 1949 die Regeln des Luftkrieges hinsichtlich der Hospital- und Sicherheitszonen, der neutralisierten Zonen im Kampfgebiet und der Zivilkrankenhäuser. Die «Diplomatische Konferenz über die Bekräftigung und Weiterentwicklung der in bewaffneten Konflikten anzuwendenden Regeln des humanitären Völkerrechts» (1974–1977) verabschiedete in ihren Dokumenten zahlreiche Bestimmungen zum Schutz der Zivilbevölkerung und von medizinischen Einrichtungen, die unmittelbar als Regeln des Luftkrieges gelten. Die DDR hat alle wesentlichen Abkommen anerkannt.

Regeln des Seekrieges: rechtliche Normen und Leitsätze für die Kriegführung der → *Seestreitkräfte.*

Die Regeln des Seekrieges beruhen zum geringen Teil auf Vertragsrecht (→ *völkerrechtliche Abkommen über die Regeln der Kriegführung*) und überwiegend auf Gewohnheitsrecht. Sie enthalten neben den allen Kriegsarten gemeinsamen Bestimmungen spezielle Regeln über den Seekriegsschauplatz, die Streitkräfte, die Kampfmittel und -methoden im Seekrieg, über die Waffenanwendung gegen Landziele sowie Festlegungen zum Seebeute- bzw. Prisenrecht und Vorschriften über die Behandlung der Verwundeten und Kranken im Seekrieg.

Im Altertum finden sich kaum Ansätze für die Normierung des Seekrieges, der stets die Zerstörung oder Wegnahme von Schiffen und Gut bezweckte. Ab Mitte des 12. Jh. wurde der Begriff der Neutralität bekannt. Die Seerechtssammlung «Consolato del mare» von 1370 sowie das 1591 und 1614 zusammengefaßte Hanseatische Seerecht legten den Schutz neutraler Schiffe und Waren in bestimmten Fällen fest. Im Kampf um die in den Kolonien geraubten Schätze verschärften die großen Seemächte vom 16. Jh. an das Seebeutewesen. Im 17. Jh. schlossen sie zahlreiche Verträge zur Regelung des Beuterechts. Dabei kam für den Kriegsbedarf des Gegners der Begriff der Konterbande auf, die samt dem neutralen Schiff, das sie beförderte, als Prise eingezogen wurde. Auch die → *Blockade* und der später entwikkelte Grundsatz der «fortgesetzten Reise», nach dem neutrale Waren beschlagnahmt wurden, wenn sie auf Umwegen zum Gegner gelangen konnten, schädigten den neutralen Handel. Rußland, Schweden und Dänemark vereinbarten 1780 gegen England, die stärkste Seemacht, die bewaffnete Neutralität (Schutz des Seehandels durch Kriegsschiffe), der sich 1781 Preußen und Österreich anschlossen. Seekriegsrechtliche Bestimmungen enthielten auch die preußisch-amerikanischen Verträge vom 10. 9. 1785, 11. 7. 1799 und 1. 5. 1828. Insgesamt aber trugen die deutschen Territorialstaaten wenig zur Herausbildung des Seekriegsrechts bei. Ein wichtiger Meilenstein in der Entwicklung der Regeln des Seekrieges war die Pariser Seerechtsdeklaration vom 16. 4. 1856. Sie schaffte die Kaperei ab, legte die Unantastbarkeit – Konterbande ausgenommen – von feindlichem Gut auf neutralem Schiff und von neutralem Gut auf feindlichem Schiff fest und bestimmte, daß eine völkerrechtsverbindliche Blockade effektiv sein, d. h. tatsächlich die Zugänge zu den feindlichen Häfen und Küsten sperren müsse. Ende des 19. Jh. versuchten die kapitalistischen Staaten im Zusammenhang mit dem zunehmenden Schiffsfrachtverkehr, den Seekrieg stärker zu reglementieren. Ihre unterschiedlichen Interessen führten aber nur zur Regelung von Teilfragen. So verlangte eine auf der Haager Konferenz 1899 angenommene Konvention die Anwendung der Genfer Konvention vom 22. 8. 1864 über den Schutz der Kranken und Verwundeten auf den Seekrieg. Infolge des imperialistischen Flottenwettrüstens gewannen die Fragen des Seekrieges weiter an Bedeutung. Auf der Haager Konferenz von 1907 wurden 8 Abkommen zum Seekrieg geschlossen. Sie betrafen: die Behandlung feindlicher Handelsschiffe bei Kriegsausbruch; die rechtliche Bestimmung von Kriegsschiffen, Kriegshilfsschiffen usw. und die Umwandlung eines Handelsschiffes in ein Kriegsschiff, das allein zur Seekriegführung berechtigt war; die Beschränkung des Minenkrieges; das Verbot der Beschießung unverteidigter Plätze; die Anwendung der Genfer Konvention auf den Seekrieg und den Schutz von Lazarettschiffen; Beschränkungen im Seebeuterecht; die Bildung eines internationalen Prisengerichtshofes; die Rechte und Pflichten der Neutralen. In der Schlußakte der Konferenz hieß es, die Staaten sollten die Grundsätze der Haager Landkriegsordnung (→ *Regeln des Landkrieges*) so weit wie möglich auf den Seekrieg anwenden. Danach durfte z. B. ein unverteidigtes Schiff nicht mit Waffengewalt angegriffen werden. Erlaubt waren Kriegslisten, wie der Gebrauch einer falschen Nationalflagge. Kampfhandlungen aber durften nur unter der eigenen Flagge geführt werden. Die Eigenarten des Seekrieges erforderten jedoch auch Modifizierungen. Die Unverletzlichkeit des Privateigentums, im Landkrieg weitgehend gültig, wurde im Seekrieg durch das Prisenrecht (Recht der Wegnahme privater Schiffe und Ladungen des Feindes) faktisch aufgehoben. Die Unterzeichnerstaaten meldeten gegen zahlreiche Artikel der 8 Abkommen Vorbehalte an. Die Londoner Seerechtskonferenz 1908/09 unternahm den Versuch, eine völkerrechtlich verbindliche Zusammenfassung der Regeln des Seekrieges zu erreichen. Die am 26. 2. 1909 in London vereinbarte Seerechtsdeklaration wurde jedoch von keinem der Unterzeichnerstaaten ratifiziert. Im ersten Weltkrieg 1914–1918 verletzten die imperialistischen Staaten die Regeln des Seekrieges: der deutsche Imperialismus vor allem durch den uneingeschränkten → *U-Boot-Krieg*; der britische vor allem durch die Erklärung der gesamten Nordsee zum Kriegsgebiet für die Fernblockade und durch die Gleichstellung von absoluter und relativer Konterbande. Beide Seiten verletzten in einigen Fällen den Status von Lazarettschiffen und töteten Schiffbrüchige.

Nach 1918 spielte der U-Boot-Handelskrieg im Kriegsvölkerrecht eine wichtige Rolle. Auf der Washingtoner Konferenz 1921/22 wurde in einem Vertrag über die Regeln des Seekrieges (6. 2. 1922) darauf eingegangen, der aber nicht in Kraft trat. Vertragsrechtlichen Charakter erlangten Bestimmungen über den U-Boot-Handelskrieg erstmals in einem Abkommen über die Begrenzung und Herabsetzung der Flottenrüstungen vom 22. 4. 1930. Ihm folgte am 6. 11. 1936 das Londoner Protokoll über die Regeln des U-Boot-Krieges. Danach mußten sich U-Boote beim Einsatz gegen Handelsschiffe nach den Völkerrechtsnormen richten, die für Überwasserkriegsschiffe galten. Aber bereits während der Intervention gegen die Spanische Republik 1936–1939 versenkten faschistische U-Boote Handelsschiffe ohne Warnung. Im zweiten Weltkrieg 1939–1945 verletzten die imperialistischen Mächte, allen voran Hitlerdeutschland, skrupellos die Regeln des Seekrieges. Die faschistische Führung versuchte, die große maritime Unterlegenheit gegenüber Großbritannien durch eine rücksichtslose Kriegführung zu kompensieren. Der Oberbefehlshaber der Kriegsmarine, Großadmiral Erich Raeder (1876–1960), trat offen für die Verletzung des Völkerrechts ein, wenn es um kriegsentscheidende Erfolge ging (u. a. Denkschrift über den verschärften Seekrieg gegen England vom 15. 10. 1939). Der Befehl Nr. 154 des Befehlshabers der U-Boote von Ende 1939 verbot die Rettung von Menschen; sein Befehl vom 17. 9. 1942 untersagte jegliche Hilfeleistung für die Besatzung eines versenkten Schiffes.

Nach dem zweiten Weltkrieg wurde am 12. 8. 1949 das Genfer Abkommen zur Verbesserung des Loses der Verwundeten, Kranken und Schiffbrüchigen der Streitkräfte zur See unterzeichnet. Die DDR setzt sich konsequent für die Einhaltung der Regeln des Seekrieges ein. Mit Wirkung vom 22. 12. 1958 anerkannte die Regierung der DDR eine Reihe diesbezüglicher Verträge als wiederanwendbar.

Regiment: seit dem 16. Jh. bestehender, anfangs nur administrativer, später auch taktischer Truppenteil verschiedener Waffengattungen, Spezialtruppen und Dienste, der seit dem Ende des 18. Jh. in der Regel zum Bestand einer → *Division* gehört.

Ursprünglich bezeichnete R. die Gewalt bzw. die Rechte des obersten Hauptmannes oder Obristen (→ *Oberst*) über die angeworbenen Söldner (→ *Landsknechte*). Seit Mitte des 16. Jh. ging die Bezeichnung auf den Truppenkörper über. Im 16. und 17. Jh. schwankte die Stärke der aus 10–18 → *Fähnlein* bestehenden R. der meist aus Fußvolk zusammengesetzten → *Söldnerheere* zwischen 500 und 5000 Mann. Die Zahl der → *Handfeuerwaffen* in ihrer Bewaffnung stieg mit deren Bedeutung im Kampf, ohne daß die blanken Waffen völlig verschwanden. Im Dreißigjährigen Krieg 1618–1648 wurden die R. der → *Infanterie* im allgemeinen zu 2 Dritteln aus → *Schützen* und zu 1 Drittel aus → *Pikenieren* formiert. Etwa seit Anfang des 17. Jh. gab es auch bei der → *Kavallerie* R. Ab Mitte des 17. Jh. entwickelten sich die R., nunmehr eingeteilt in → *Bataillone* und → *Kompanien* (bei der Infanterie) bzw. → *Eskadronen* (bei der Kavallerie), zu einem einheitlichen Truppenkörper. Die bis dahin nur in → *Batterien* und Kompanien formierte → *Artillerie* wurde in der zweiten Hälfte des 18. Jh. ebenfalls in R. gegliedert. Bis zu dieser Zeit blieb das R. die höchste taktische Formation; nur von Fall zu Fall faßte man die R. zu → *Brigaden* zusammen. Ende des 18. Jh. wurde das R. zum festen Bestandteil der Division. Seit der zweiten Hälfte des 19. Jh. gliederten sich die R. in Bataillone, Kompanien und Züge (bei der Infanterie) bzw. in Abteilungen, Batterien und Züge (bei der Artillerie). Zugleich stiegen bei den R. der Hauptwaffengattungen Infanterie und Artillerie mit den verbesserten und neuen Waffen, der allmählichen Motorisierung der Zug- und Transportmittel sowie mit den neuen, immer besseren Führungsmitteln Feuerkraft, Beweglichkeit und Manövrierfähigkeit. Mit der fortschreitenden Technisierung im imperialistischen Militärwesen entstanden, verstärkt ab 1900, R. weiterer Waffengattungen, Spezialtruppen und Dienste der verschiedenen Teilstreitkräfte. Mit der weiteren Entwicklung der Militärtechnik setzten sich diese Prozesse fort. Mitte der 50er Jahre wurden in einigen NATO-Staaten (USA, BRD) die R. bei den allgemeinen Truppen abgeschafft; nur bei einigen speziellen Truppengattungen blieben sie bestehen. In anderen NATO-Staaten dagegen (Frankreich, Großbritannien, Kanada) blieb das R., meist in Größe etwa eines verstärkten Bataillons, als Truppenkörper weitgehend erhalten, gliedert sich aber nur in Kompanien bzw. Batterien und selbständige Züge.

In der Nationalen Volksarmee der DDR und in den anderen sozialistischen Armeen gehört ein R. im allgemeinen zum Bestand einer Division, es gibt aber auch selbständige R. Man unterscheidet entsprechend der vorherrschenden Waffengattung u. a. mot. Schützen-, Panzer-, Flak-, Fla-Raketen-, Kfz- und Fallschirmjäger-R. Das R. ist taktischer Truppenteil, administrativ, ausbildungsmäßig und wirtschaftlich selbständig und bildet die Hauptstätte der militärischen Ausbildung und Erziehung der Mannschaften, Unteroffiziere und Offiziere.

Reichsarchiv → *Militärarchive*

Reichsarmee: Kontingentsheer des römisch-deutschen Kaiserreiches vom 16. bis 18. Jh.

Die R. entstand im Zusammenhang mit den Bestrebungen der Kaiser Maximilian I. (1459–1519) und Karl V. (1500–1558) zur staatlichen Zentralisierung. Auf der Grundlage der Einteilung des Reiches in 10 Kreise legte der Reichstag zu Worms 1521 die Stärke der R. auf 20000 Fußkrieger und 4000 Reiter fest, die im Kriegsfall von den Kreisen nach festgelegten Quoten aufzubringen waren. Die Reichsexekutionsordnung von 1555 präzisierte die Kreiseinteilung sowie die militärischen Pflichten und Rechte der Kreise (Bereitstellen von Geldern, Einsatz von Befehlshabern u. a. m.). Weitergehende Schritte zu einer zentralisierten Militärorganisation des Reiches (stehendes kaiserliches Heer) scheiterten vor allem am Widerstand der Fürsten, die militärische Souveränität anstrebten.

Nach dem Dreißigjährigen Krieg 1618–1648 wurde die zerrüttete Militärverfassung des Reiches reorganisiert. 1681 bestimmte der Reichstag die Errichtung einer R. in Stärke von rd. 40000 Mann (sog. Simplum). Sie sollte sich nach der Erklärung eines

Reichskrieges aus Kontingenten der 10 Kreise, die nach 1648 mehr als 300 Territorien, Reichsstädte sowie andere Herrschaftsgebiete weltlicher und geistlicher Feudalherren umfaßten, formieren. Je nach Bedarf konnte die R. auf 80000 Mann (sog. Duplum) oder auf 120 000 Mann (sog. Triplum) verstärkt werden. Jeder Kreis hatte schon im Frieden Truppen und eine Kreiskasse zu unterhalten sowie einen Kreisobristen und Generale und Offiziere zu benennen. Im Krieg lag der Oberbefehl über die R. in den Händen des Kaisers oder eines Reichsgeneralfeldmarschalls. Die finanziellen Kosten der R. wurden durch spezifizierte Beiträge der Kreise sowie durch eine Reichskasse gedeckt. Darin lagen Ansatzpunkte für eine Stärkung der Verteidigung des Reiches, jedoch entzogen sich viele Territorien weitgehend ihren militärischen Verpflichtungen gegenüber dem Reich. Die R. bot daher ein Spiegelbild der militärischen Zersplitterung des Reiches. Ihre Kontingente waren uneinheitlich bewaffnet, ausgerüstet und ausgebildet; die Rivalitäten der Landesfürsten erschwerten zusätzlich die ohnehin komplizierte Führung. Die Ist-Stärke der R. blieb in den Kriegen weit unter der Soll-Stärke. Im 18. Jh. reduzierte sich die R. im allgemeinen auf Kontingente der süd- und westdeutschen Kleinstaaten, die angesichts der Bedrohung durch Frankreich und des preußisch-österreichischen Dualismus untereinander Bündnisse schlossen und stärker Rückhalt bei Kaiser und Reich suchten.

Stärke der Reichsarmee 1681

Kreise	Soll-Stärke	
	Kavallerie	Infanterie
Österreichischer Kreis	2522	5507
Burgundischer Kreis	1321	2708
Kurrheinischer Kreis	600	2707
Fränkischer Kreis	980	1902
Bayrischer Kreis	800	1494
Schwäbischer Kreis	1321	2707
Oberrheinischer Kreis	491	2853
Niederrheinisch-westfälischer Kreis	1321	2708
Obersächsischer Kreis	1322	2707
Niedersächsischer Kreis	1322	2707
Insgesamt	12000	28000

Der Einsatz einer schwachen R. im Siebenjährigen Krieg (→ *Roßbach 1757*) und in den Kriegen gegen Frankreich nach 1792 endete mit Niederlagen. Die Auflösung des deutschen Feudalreiches 1806 brachte auch das Ende der R.

Reichsgeneralfeldmarschall → *Generalfeldmarschall*, → *Reichsarmee*

Reichsmarine → *Reichswehr*, → *Seestreitkräfte*

Reichsmarineamt: von 1889 bis 1919 oberste Verwaltungsbehörde der Marine des imperialistischen Deutschlands (→ *Kaiserliche Marine*).

Das 1889 gebildete R. war eine der 3 Nachfolgebehörden (Oberkommando der Marine, Marinekabinett und R.) der aufgelösten Kaiserlichen Admiralität. Es hatte die Befugnisse einer obersten Reichsbehörde und trug die Verantwortung für die Verwaltung und Versorgung der Marine, den Flottenbau, die Organisation und Bewaffnung und bearbeitete die Mobilmachungsbestimmungen sowie die Dienstvorschriften. An seiner Spitze stand ein Admiral als Staatssekretär, der Mitglied der Reichsregierung war und dem Kaiser als Inhaber der obersten Kommandogewalt unmittelbar unterstand. De facto bekleidete er die Stellung eines Marineministers. Zu seinen wichtigsten Aufgaben gehörten die Ausarbeitung der Flottenvorlagen und ihre Vertretung im Reichtstag. Von 1889 bis 1919 gab es 6 Staatssekretäre und 1 Leiter des R.

Die Entwicklung des R. prägte vor allem der spätere Großadmiral Alfred von Tirpitz (1849–1930), der von 1897 bis 1916 Staatssekretär des R. war. Im Einklang mit dem aggressiven Welt- und Seemachtstreben des deutschen Imperialismus und dem daraus resultierenden Schlachtflottenbau, dessen Initiator Tirpitz war, wurde das R. unter seiner Leitung zur dominierenden Marinebehörde. Dem diente auch die von ihm 1899 durchgesetzte Neuorganisation der Marineführung (→ *Admiralstab*). Tirpitz besaß bis 1914 bestimmenden Einfluß auf die Marinepolitik und Seekriegsdoktrin des deutschen Imperialismus. Mit dem Schlachtflottenbau hatten sich der Geschäftsbereich des R. und seine Zusammenarbeit mit der Rüstungsindustrie bedeutend erweitert. Die Zahl der Departements und Abteilungen stieg bis 1914 von 7 auf 10, die der Offiziere und Beamten von 91 auf 199. Seit Ende des 19. Jh. bestand ein Nachrichtenbüro zur propagandistischen Massenbeeinflussung, das mit dem 1898 gegründeten Deutschen Flottenverein zusammenarbeitete. Dem R. unterstanden die Kolonie Kiautschou, die staatlichen Werften, zahlreiche Inspektionen, technische Institute, Depots, die Deutsche Seewarte in Hamburg und andere Einrichtungen. Dem Staatssekretär des R. waren außerdem die Marineakademie (seit 1907) und die Marineattachés unterstellt.

Im ersten Weltkrieg 1914–1918 gehörte der Staatssekretär des R. zum Großen Hauptquartier des Kaisers, während sein Stellv. das R. in Berlin leitete. Mit der erweiterten Kriegsgliederung stieg die Zahl der Offiziere und Beamten (Anfang 1915 über 500). Das Scheitern der irrealen deutschen Seekriegsdoktrin hatte zur Folge, daß der Einfluß von Tirpitz schwand. Auseinandersetzungen mit der Reichsregierung und dem Kaiser über den uneingeschränkten

→ *U-Boot-Krieg*, den Tirpitz seit Ende 1914 forderte, führten schließlich am 17. 3. 1916 zu seinem Sturz. Sein Nachfolger, Admiral Eduard von Capelle (1855–1931), trat ebenfalls für den U-Boot-Krieg und für weitreichende Eroberungsziele ein. Am 5. 12. 1917 wurde im R. das U-Boot-Amt gebildet.

Nach Inkrafttreten des Waffenstillstands am 11. 11. 1918 übernahm das R. die Abrüstung und Internierung der Hochseeflotte sowie andere Aufgaben, die sich aus dem Waffenstillstand und der Demobilisierung für die Marine ergaben. Marinekabinett und Admiralstab wurden dem R. unterstellt. Nach Unterzeichnung des Versailler Vertrages gingen die Befugnisse des R. am 15. 7. 1919 auf die neugebildete Admiralität als oberste Kommando- und Verwaltungsbehörde der Reichsmarine über. Sie wurde am 19. 9. 1920 in Marineleitung umbenannt.

Reichsmarineamt 1914

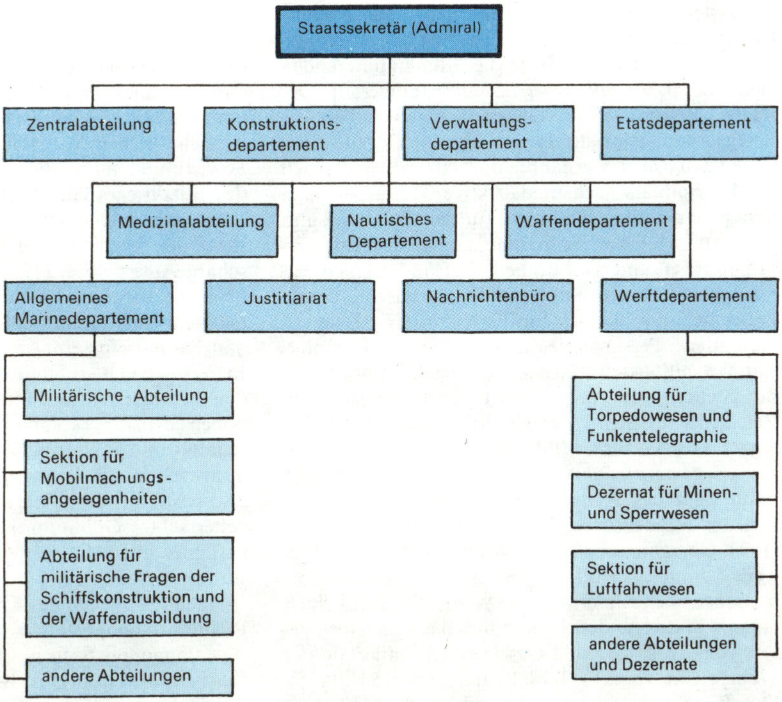

Reichsmilitärgericht → *Militärjustiz*

Reichsmilitärgesetz 1874: grundlegende staatsrechtliche Festlegung der Funktion, Organisation, Stärke, Ergänzung und des Ersatzwesens des → *kaiserlich-deutschen Heeres.*

Die Verfassung des am 18. 1. 1871 während des → *Deutsch-Französischen Krieges 1870/71* proklamierten Deutschen Reiches sah vor, die Friedenspräsenzstärke und ihre Bewilligungsdauer sowie die einheitliche Gliederung und Struktur des deutschen Heeres durch ein Militärgesetz zentral zu regeln. Ziel der Reichsregierung und der militärischen Führung war es, größeren Einfluß des Reichstages auf das Heer und eine Beschränkung der Kommandogewalt der Krone zu verhindern. Beim Ausarbeiten des Entwurfs des R. 1872/73 war der preußische Kriegsminister, Generalfeldmarschall Albrecht von Roon (1803–1879), federführend. Reichskanzler Otto von Bismarck (1815–1898) veranlaßte, daß der Passus über die innere Funktion des Heeres mit Rücksicht auf die Öffentlichkeit gestrichen wurde. Er eliminierte aus preußisch-partikularistischen Gründen auch den Vorschlag, ein Reichskriegsministerium zu bilden.

Der Entwurf des R. wurde von Februar bis April 1874 im Reichstag beraten. Die das Budgetrecht des Reichstages berührende Bewilligungsdauer der Friedenspräsenzstärke war Kernpunkt der Auseinandersetzungen zwischen der Regierung, die eine Bewilligung für immer forderte (das sog. Äternat), und den bürgerlichen Parteien, die eine jährliche Regelung wollten. In geheimen Verhandlungen erreichte Bismarck eine Bewilligung für 7 Jahre (das sog. Septennat). Am 20. 4. 1874 nahm der Reichstag den Entwurf des R. mit 214 gegen 123 Stimmen an. Es wurde am 2. 5. 1874 verkündet und trat am 1. 1. 1875 in Kraft.

Das R. bestand aus 5 Abschnitten: Organisation

des Reichsheeres; Ergänzung; aktives Heer; Entlassung; → *Beurlaubtenstand* und → *Ersatzreserve* erster Klasse. Seine wichtigsten Bestimmungen waren: Vom 1. 1. 1875 bis 31. 12. 1881 betrug die Friedenspräsenzstärke 401 659 Unteroffiziere und Soldaten; → *Einjährig-Freiwillige* (etwa 7 000) sowie Offiziere, Ärzte und Militärbeamte (insgesamt 20 986) rechneten nicht dazu. Für 7 Jahre hatte der Reichstag keinen Einfluß auf die bewilligte Stärke. Das Heer gliederte sich in 18 Armeekorps mit 469 Bataillonen Infanterie, 465 Eskadronen Kavallerie, 300 Batterien Feldartillerie, 29 Bataillonen Fußartillerie, 18 Pionier- und 18 Trainbataillonen. Die Kriegsministerien und Generalstäbe Preußens, Bayerns, Sachsens und Württembergs, die obersten Waffenbehörden und andere zentrale Einrichtungen des Heeres wurden vom R. nicht erfaßt. Die Offiziers-, Ärzte- und Beamtenstellen unterlagen dem jährlichen Reichshaushaltsetat. Das Reichsgebiet wurde in 17 Armeekorpsbezirke eingeteilt, in denen die Kommandierenden Generale als → *Militärbefehlshaber* fungierten. Der Kaiser bestimmte als Oberster Befehlshaber die Kriegsorganisation des Heeres und die Organisation des → *Landsturms*, ernannte die Generale und erließ die Disziplinarvorschriften. Aktive Militärpersonen hatten kein aktives Wahlrecht für den Reichstag und die Landtage; die Teilnahme an politischen Versammlungen und die Mitgliedschaft in Vereinen waren ihnen verboten, um sozialdemokratische, demokratische und liberale Einflüsse auf das Heer zu verhindern. Personen des Beurlaubtenstandes unterstanden militärischer Kontrolle. Ungeklärt blieb u. a. die Stellung des preußischen Kriegsministers im Reich, der als Stellv. des Reichskanzlers im Reichstag faktisch alle Militärangelegenheiten vertrat (→ *Kriegsministerium*).

Im Zuge des Wettrüstens wurde das R. hinsichtlich der Friedenspräsenzstärke und ihrer Zeitdauer (1893 Übergang zur Bewilligung der Stärke für jeweils 5 Jahre), der Bildung neuer Verbände und Formationen, der Änderung der Wehrpflicht mehrfach ergänzt und verändert (u. a. durch das Landsturmgesetz vom 12. 2. 1875, die Gesetze über Änderung der Wehrpflicht vom 11. 2. 1888 und vom 15. 4. 1905). Das R. stärkte in ganz Deutschland den Militarismus nach innen und außen. Es war eines der wichtigsten Gesetze zur Regelung der Organisation des Militärwesens im deutschen Kaiserreich und galt bis zu dessen Sturz durch die Novemberrevolution 1918/19.

Reichsministerium für Rüstung und Kriegsproduktion: zentrale Behörde des faschistischen Deutschlands im zweiten Weltkrieg zur Organisation und Sicherstellung der Kriegswirtschaft.

Am 17. 3. 1940 wurde das Reichsministerium für Bewaffnung und Munition gebildet. Als Minister wurde der Generalinspekteur für das deutsche Straßenwesen und Generalbevollmächtigte (des Vierjahresplanes) für die Regelung der Bauwirtschaft Fritz Todt (1891–1942) eingesetzt. An der Schaffung des neuen Ministeriums, der die Rüstungsdienststellen der Wehrmacht, insbesondere das → *Wehrwirtschafts- und Rüstungsamt*, erheblichen Widerstand entgegengesetzt hatten, waren die Leitung der Reichsgruppe Industrie und andere führende Vertreter der deutschen Rüstungskonzerne maßgeblich beteiligt. Nach ihrem Rat stellte Todt Produktions- und Rationalisierungspläne auf und schuf zu deren Durchführung eine staatsmonopolistische Organisation von Arbeitsgemeinschaften, Ausschüssen und Entwicklungskommissionen, die sog. Selbstverwaltungsorganisation der Industrie («Selbstverantwortung» der Industrie), die durchweg von leitenden Konzernvertretern mit staatlichen Vollmachten geführt wurde.

Zunächst geschaffen hauptsächlich für die beschleunigte Belieferung des Heeres mit Munition, dann auch mit Panzern und Waffen, weitete sich die Organisation des Ministeriums im Laufe der kriegswirtschaftlichen Vorbereitung des Überfalls auf die Sowjetunion allmählich aus. Nach dem Scheitern des Blitzkrieges entwickelte sich das Reichsministerium zur mächtigsten staatsmonopolistischen Instanz der faschistischen Rüstungs- und Kriegswirtschaft. Albert Speer (1905–1981), am 9. 2. 1942 zum Minister berufen, wurde wie sein Vorgänger von maßgeblichen Repräsentanten des deutschen Finanzkapitals in sein Amt eingewiesen und beraten. Er setzte die Übernahme des Rüstungsamtes und der diesem unterstellten Mittelinstanz (Rüstungsinspektionen, Rüstungskommandos) aus dem Wehrwirtschafts- und Rüstungsamt des OKW in das Reichsministerium für Bewaffnung und Munition durch und schuf mit der «Zentralen Planung» ein von ihm beherrschtes Gremium mit höchster Entscheidungsbefugnis über die Verteilung der wichtigsten Rüstungsrohstoffe.

Nach der Wende des Krieges setzten die deutschen Rüstungsmonopole eine weitere Konzentration der staatsmonopolistischen Regierungsgewalt beim Reichsministerium für Bewaffnung und Munition durch. Im Juni/Juli 1943 ging die Marinerüstung in die Kompetenz des Reichsministeriums über. Nach einem Erlaß vom 2. 9. 1943 wurden die produktionsregulierenden Befugnisse des Reichswirtschaftsministeriums über die gesamte sog. zivile Produktion dem Ministerium Speers übertragen, dessen Bezeichnung zugleich in «Reichsministerium für Rüstung und Kriegsproduktion» abgeändert wurde. In diesem Zusammenhang wurden neben den bisherigen 4 Ämtern des Reichsministeriums für Bewaffnung und Munition (Zentralamt, Technisches Amt, Rüstungslieferungsamt, Rüstungsamt) 3 neugebildet (Planungsamt, Rohstoffamt, Produktionsamt für Verbrauchsgüter). Das gesamte staatsmonopolistische System der Regulierung der Kriegswirtschaft wurde unter der Führung der «Selbstverantwortungs»organe des Ministeriums zusammengefaßt und vereinheitlicht. Als im Juni 1944 auch die Luftrüstung dem Ministerium unterstellt wurde, war die deutsche Kriegsrüstung damit vollständig in einem zentralisierten System staatsmonopolistisch regulierter und rationalisierter Kriegswirtschaft integriert, an dessen Spitze der Reichsminister für Rüstung und Kriegsproduktion stand.

Reichsverband Deutscher Offiziere (RDO): von 1934 bis 1938 bestehende Vereinigung der Offiziersverbände im faschistischen Deutschland.

Im Februar 1934 schlossen die Faschisten im Zuge ihrer Politik der «Gleichschaltung» alle Offiziersverbände zum RDO zusammen, um deren Potential für die Vorbereitung des zweiten Weltkrieges optimal nutzen zu können. Der RDO arbeitete eng mit der Nazipartei und der Reichswehr bzw. Wehrmacht sowie der SA und SS zusammen und verbreitete, besonders durch sein Presseorgan «Reichsverband Deutscher Offiziere» mit den Beilagen «Nachrichtenblatt für Regimentsvereinigungen» und «Die deutsche Frau», eine zügellose revanchistische und chauvinistische Hetze. Mitte der 30er Jahre gliederte sich der RDO in 19 Landesverbände mit ca. 500 Ortsgruppen.

Unter den Offiziersverbänden, die 1934 in den RDO eingingen, waren der Deutsche Offiziersbund (DOB) und der Nationalverband Deutscher Offiziere (NDO) die einflußreichsten. Der Offiziersbund war am 28. 11. 1918 als Reaktion militaristischer Kräfte auf die Kämpfe der Volksmassen in der Novemberrevolution gegründet worden. Als seine Hauptaufgabe deklarierte er die Vertretung der Standes-, Berufs- und Wirtschaftsinteressen seiner Mitglieder, besonders der Kriegsbeschädigten und Kriegshinterbliebenen. Zugleich beteiligte er sich aktiv an der Propagierung von revanchistischem und chauvinistischem Gedankengut. Dazu diente u. a. die von ihm hrsg. Zeitschrift «Deutscher Offiziersbund». Unterstützt von konservativen Kreisen der Bourgeoisie und des Großgrundbesitzes, trat er dafür ein, eine offene imperialistische Diktatur zu errichten und eine starke Armee aufzubauen. Der Bund war in mehr als 400 Ortsgruppen und einige Auslandsgruppen in Südamerika gegliedert. Er hatte etwa 100000 Mitglieder. Viele von ihnen wirkten in der Deutschnationalen Volkspartei, der Deutschen Volkspartei und im Stahlhelm – Bund der Frontsoldaten.

Auch der am 16. 12. 1918 gegründete Nationalverband Deutscher Offiziere proklamierte von Anfang an den politischen Kampf gegen die Revolution. Seine Mitglieder gehörten zu den reaktionärsten, vor allem adligen Kreisen des kaiserlichen Offizierskorps. Der Verband war ein Gegner der bürgerlich-parlamentarischen Staatsform der Weimarer Republik; er setzte sich offen für die Errichtung eines Kaiserreiches Bismarckscher Prägung unter Führung der Hohenzollern ein. Er verbreitete, vor allem mit Hilfe seiner Zeitschrift «Deutsche Treue», unablässig eine antikommunistische, chauvinistische Hetze. Die etwa 10000 Mitglieder des Verbandes waren in Landesverbände, Kreisgruppen und Ortsgruppen gegliedert, darunter auch Auslandsgruppen in einigen europäischen Staaten, in den USA, in Südamerika und Indonesien. Sein politischer Einfluß war relativ groß, da er die Unterstützung der aggressivsten Kreise des deutschen Monopolkapitals und der ostelbischen Junker besaß und ein Teil seiner Mitglieder führende Positionen im Stahlhelm sowie in anderen militaristischen Wehrverbänden innehatte und enge Beziehungen zu republikfeindlichen, monarchistischen Kreisen der Reichswehr unterhielt.

Nach dem Zusammenschluß im RDO sah dieser seine Hauptaufgabe darin, alle Offiziersverbände auf die Politik und Ideologie der faschistischen Machthaber auszurichten. Der Verband verlor jedoch bald an Bedeutung, da viele seiner Mitglieder reaktiviert wurden oder Positionen in faschistischen Organisationen übernahmen. Von März bis Oktober 1938 erfolgte gemäß einer Weisung Adolf Hitlers (1889–1945) die Vereinigung aller Soldatenverbände im NS-Reichskriegerbund, der bis zum Ende des zweiten Weltkrieges einzigen Organisation dieser Art im faschistischen Deutschland.

Reichsverfassungskampagne 1849: Volkserhebungen und bewaffnete Kämpfe in der → *Revolution 1848/49* zur Durchsetzung der Reichsverfassung und zur Abwehr der adlig-militaristischen Konterrevolution von Anfang Mai bis Ende Juli 1849.

Die von der Frankfurter Nationalversammlung am 28. 3. 1849 angenommene Reichsverfassung war trotz ihres gemäßigt liberalen Charakters gegenüber der Verfassung des Deutschen Bundes ein Fortschritt, da sie eine größere staatliche Zentralisation und wesentliche bürgerliche Rechte und Freiheiten festlegte. Das Reich sollte ein erbkaiserlich-konstitutioneller Bundesstaat unter Führung Preußens und unter Ausschluß Österreichs werden. Bei Wahrung der inneren Selbständigkeit der Einzelstaaten sollten nur die Außen- und die Wirtschaftspolitik sowie das Militärwesen in der Zuständigkeit der Zentralgewalt liegen. Es war vorgesehen, das → *Bundesheer* durch ein zwar noch immer aus den Kontingenten der Einzelstaaten bestehendes, aber weitgehend vereinheitlichtes und auf die Reichsverfassung vereidigtes Reichsheer zu ersetzen, eine reichseigene Flotte (→ *Kriegsflotte der Frankfurter Nationalversamm-*

lung) zu schaffen und eine einheitliche Wehrverfassung für das ganze Reich einzuführen. Die Reichsverfassung stieß auf die offene Ablehnung der Reaktion vor allem in Preußen, Bayern, Sachsen und Hannover. Sie wurde deshalb zum Ausgangspunkt und Symbol für den Entscheidungskampf aller antifeudalen Kräfte gegen die vordringende adlig-militaristische Konterrevolution. Anfang Mai wuchs die Bewegung zur Durchsetzung der Reichsverfassung verschiedenenorts in den offenen Aufstand hinüber, während gleichzeitig die preußische Konterrevolution den längst geplanten Feldzug gegen die deutsche Revolution eröffnete.

In Sachsen kulminierte die R. im → *Dresdner Aufstand 1849* (3.–9. 5.). Im preußischen Breslau brach ein Aufstand aus (6./7. 5.), als die Militärs versuchten, in der Stadt garnisonierte Artillerie nach Sachsen in Marsch zu setzen. Zu heftigen Barrikaden- und Straßenkämpfen kam es auch im rheinisch-westfälischen Industriegebiet. Hier hatte die bewaffnete Volkserhebung, die durch den Widerstand der preußischen Landwehrmänner gegen ihre Einberufung ausgelöst und von der Arbeiterschaft getragen wurde, ihre Zentren in Düsseldorf, Elberfeld, Iserlohn und Solingen (erste Maihälfte). Am breitesten entfaltete sich die R. in Südwestdeutschland. In Baden und der bayrischen Pfalz führten die Volksaufstände nicht nur zur Bildung demokratischer Regierungsorgane, sondern auch zur Aufstellung revolutionärer Streitkräfte. Die → *badisch-pfälzische Revolutionsarmee 1849* leistete in einem opferreichen Feldzug den überlegenen Interventionstruppen wochenlang tapferen Widerstand. Mit der Kapitulation der Festung → *Rastatt 1849* (23. 7.) endeten die R. und zugleich die deutsche Revolution. Hauptkraft der Konterrevolution bei der Niederwerfung der R. war die preußische Militärmacht, die auch die blutige Abrechnung mit den Revolutionären übernahm.

Die R. erlitt vor allem deshalb eine Niederlage, weil die kampfbereiten, auf eine Weiterführung der Revolution drängenden Volkskräfte nicht zur Entfaltung kamen und die einzelnen Aufstände zeitlich und örtlich weitgehend isoliert blieben. Als es zum bewaffneten Kampf kam, zog sich die liberale Bourgeoisie von der R. zurück und schlug sich zumeist auf die Seite der Konterrevolution. Das demokratische Kleinbürgertum, dem die Führung in der R. zufiel, stellte zwar viele tapfere Kämpfer, erwies sich aber insgesamt als unfähig, die R. politisch und militärisch zielklar und entschieden zu führen. Am konsequentesten focht die gerade erst entstehende Arbeiterklasse. Sie war auch, wie Friedrich Engels (1820–1895) schrieb, «der *wirklich kämpfende* Kern der Aufständischen, jener Kern, der zuerst zu den Waffen griff und sich mit den Truppen schlug» (K. Marx/F. Engels, 8, S. 98). In der R. kämpften viele deutsche Kommunisten an vorderster Front, unter ihnen Engels, der den Barrikadenbau in Elberfeld leitete und als Adjutant in einem Freikorps am badisch-pfälzischen Feldzug teilnahm. Die R. gehört als einer der bedeutendsten bewaffneten Kämpfe des deutschen Volkes gegen die Reaktion zu den → *militärischen Traditionen der DDR. (s. Abb. S. 60)*

Reichsverteidigungsausschuß: ständiger Arbeitsausschuß des faschistischen → *Reichsverteidigungsrates* mit der Aufgabe, die Mobilmachung aller gesellschaftlichen Bereiche für den Krieg umfassend vorzubereiten.

Der R., dessen Vorläufer der 1929/30 vom Truppenamt ins Leben gerufene Ausschuß von Referenten für Landesverteidigung war, bestand aus Vertretern der dem Reichsverteidigungsrat angehörenden Reichsminister sowie anderer zentraler Institutionen, die als sog. Reichsverteidigungsreferenten in ihren Bereichen hauptamtlich für die Kriegsvorbereitung zuständig waren. Den Vorsitz im R. hatte zunächst der Chef des Truppenamts, ab Herbst 1934 der Chef des Wehrmachtamts bzw. seit Februar 1938 der Chef des OKW. Der R. trat bis zur Entfesselung des Krieges zu insgesamt 15 Sitzungen zusammen, von denen die meisten in die Zeit bis zur Einführung der allgemeinen Wehrpflicht fielen (10. Sitzung bereits am 26. 6. 1935). Auf seinen Sitzungen koordinierte der R. die militärischen Planungen mit den zivilen staatlichen und wirtschaftlichen Maßnahmen und erließ entsprechende Ausführungsbestimmungen. Für spezielle Fragen der Kriegsvorbereitung bildete der R. zusätzlich Unterausschüsse. Die wichtigsten Arbeitsergebnisse des R. wurden im Mobilmachungsbuch für die Zivilverwaltungen zusammengefaßt, das erstmals 1936 erschien und die bei der Mobilmachung von ziviler Seite zu treffenden Maßnahmen in Form von Kennziffern enthielt. Diese Kennziffern wurden nach einheitlichen Richtlinien des Reichskriegsministers von den zivilen Stellen bis zur unteren Ebene in Mobilmachungskalendern detailliert aufgeschlüsselt, so daß eine schlagartige Mobilmachung aller Bereiche der Gesellschaft möglich war. Kurz vor Entfesselung des zweiten Weltkrieges, um die Monatswende August/September 1939, veranlaßte das OKW durch Auslösung von Kennziffern die zivilen Dienststellen, die entsprechenden Maßnahmen durchzuführen.

Reichsverteidigungsgesetz: geheimes Gesetz der faschistischen Regierung, das die Erfassung aller Kräfte und Mittel für die Kriegsvorbereitung und für den Kriegsfall regelte.

Das R. wurde kurz nach der Errichtung der faschistischen Diktatur unter verantwortlicher Beteiligung der militärischen Führung erarbeitet (Entwurf vom 2. 5. 1934; Fassung vom 30. 1. 1935) und trat in Verbindung mit dem Wehrgesetz am 21. 5. 1935 in erneut geänderter Fassung in Kraft. Es gab Adolf Hitler (1889–1945) als deutschem Reichskanzler das Recht, den Verteidigungszustand zu erklären und die Mobilmachung anzuordnen. Mit der Erklärung des Verteidigungszustands begann die Herstellung der Kriegsbereitschaft. Die gesamte vollziehende Gewalt ging gleichzeitig auf den Reichskanzler über, in dessen Auftrag sie der Reichskriegsminister auszuüben hatte. Die Reichsminister waren an die Weisungen des Reichskriegsministers gebunden und ermächtigt, für ihren Bereich von den gesetzlichen Bestimmungen abweichende Verordnungen zu erlassen, zu deren Durchsetzung das R. die Verhängung von Strafen und den Einsatz von Sondergerichten vorsah. Ein gleichzeitiger Beschluß der faschistischen Regierung vom 21. 5. 1935 über den → *Reichsverteidigungsrat* bestimmte die Einsetzung eines → *Generalbevollmächtigten für die Kriegswirtschaft* mit umfassenden Vollmachten.

In der Phase der unmittelbaren Kriegsvorbereitung wurde am 4. 9. 1938 eine neue Fassung des R. in Kraft gesetzt. Es sah die Möglichkeit vor, auch für Teile des Reichsgebietes bzw. der Wehrmacht den Verteidigungszustand und die Mobilmachung zu erklären. Mit der Erklärung des Verteidigungszustands ging die vollziehende Gewalt im Operationsgebiet auf den Oberbefehlshaber des Heeres und die Armeeoberbefehlshaber über. Das R. von 1938 kodifizierte die weitere Konzentrierung des staatsmonopolistischen Lenkungsapparates im imperialistischen Deutschland bei der Kriegsvorbereitung und nach Kriegsausbruch. Die einheitliche Führung der nichtmilitärischen Verwaltung mit Ausnahme der Wirtschaft wurde einem Generalbevollmächtigten für die Reichsverwaltung übertragen, der diese Funktion im Einvernehmen mit dem OKW und dem Generalbevollmächtigten für die Wirtschaft auszuüben hatte. Außerdem wurden dem OKW über seine bereits bestehende Lenkungsfunktion für die Rüstung (→ *Wehrwirtschafts- und Rüstungsamt*) hinaus der Reichsverkehrsminister, der Reichspostminister sowie der Generalinspekteur für das deutsche Straßenwesen in wichtigen Aufgabenbereichen nachgeordnet. Mit der Erklärung des Kriegszustands sollten die vorbereiteten Kriegsgesetze und -verordnungen in Kraft treten. Spezielle Festlegungen des R. betrafen Tätigkeit und Zusammensetzung des → *Reichsverteidigungsrates* und des → *Reichsverteidigungsausschusses.*

Reichsverteidigungskommissar: im zweiten Weltkriege im faschistischen Deutschland dem Ministerrat für die Reichsverteidigung (→ *Reichsverteidigungsrat*) nachgeordneter Beauftragter zur vollständigen Unterordnung des zivilen Bereichs unter die Belange der Kriegführung.

Mit Verordnung des Ministerrates für die Reichsverteidigung vom 1. 9. 1939 wurde am Sitz jedes Wehrkreiskommandos (→ *Wehrkreis*) ein Gauleiter der NSDAP als R. mit der Aufgabe eingesetzt, unabhängig von der Verwaltungsstruktur die sog. zivile Reichsverteidigung zu steuern und als Partner des jeweiligen Wehrkreisbefehlshabers die Einheitlichkeit der für die Kriegführung erforderlichen Maßnahmen auf zivilem Gebiet sicherzustellen. Ausgenommen die obersten preußischen Landesbehörden, die Höheren SS- und Polizeiführer und die Dienststellen der Reichsbahn und Reichspost, war er gegenüber allen zivilen Dienststellen weisungsberechtigt. Dabei stützte er sich auf einen Verteidigungsausschuß. In der Praxis konzentrierten sich die R. und die beigegebenen Verteidigungsausschüsse darauf, die Bewirtschaftungsmaßnahmen durchzusetzen und zu kontrollieren und als eine Art Katastrophenkommission tätig zu sein, insbesondere bei der Beseitigung der Folgen von Luftangriffen. Mit Wirkung vom 1. 12. 1942 wurden 42 Verteidigungsbezirke mit einem R. an der Spitze gebildet, zugleich sog. federführende R. in jedem Wehrkreis eingesetzt, um auf dessen Gebiet die einheitliche Durchführung wichtiger Aufgaben zu sichern. Als sich der Krieg den deutschen Grenzen näherte und die endgültige Niederlage des faschistischen Deutschlands bevorstand, stattete ein Erlaß vom 20. 9. 1944 die R. mit weiteren Machtbefugnissen aus. Sie erhielten die vollziehende Gewalt in den entstehenden Operationsgebieten und waren für die Mobilisierung aller Kräfte, u. a. die Aufstellung des Volkssturms, und die Evakuierung der Zivilbevölkerung verantwortlich. Das Wirken der R. trug dazu bei, den faschistischen Terror bis zum Äußersten zu verschärfen, die letzten Kräfte zusammenzuraffen und den Krieg zu verlängern.

Reichsverteidigungsrat: Gremium führender Vertreter des faschistischen Staates, das die Vorbereitung des Landes auf den Krieg leiten und die dabei zu treffenden vielfältigen militärischen, ökonomischen und organisatorischen Maßnahmen koordinieren sollte.

Der bereits Anfang der 30er Jahre von der militärischen Führung Deutschlands als Kriegskabinett geplante R. wurde am 4. 4. 1933 auf Beschluß der faschistischen Regierung gebildet. Unter dem Vorsitz Adolf Hitlers (1889–1945) gehörten ihm als ständige Mitglieder an: der Reichswehrminister (später Reichskriegsminister) als stellv. Vorsitzender, die Oberbefehlshaber der Teilstreitkräfte sowie die Reichsminister der Ressorts Finanzen, Wirtschaft, Inneres, Äußeres und Propaganda. Die übrigen Minister wie auch führende Monopolvertreter konnten erforderlichenfalls hinzugezogen werden.

Der R. trat selten zusammen. Als sein ständiges Arbeitsorgan fungierte der → *Reichsverteidigungsausschuß.* Außerdem nahmen die faschistische Regierung, insbesondere das seit Herbst 1933 bestehende Innere Reichskabinett, der im Mai 1935 eingesetzte → *Generalbevollmächtigte für die Kriegswirtschaft* und andere zentrale Lenkungsorgane Aufgaben im Sinne des R. wahr. Im Zusammenhang mit der Vorbereitung der Aggression gegen die Tschechoslowakei aktivierte das → *Reichsverteidigungsgesetz* vom 4. 9. 1938 die Tätigkeit des R.; der ihm angehörende Personenkreis wurde erweitert. Die ständige Vertretung Hitlers als Vorsitzenden übernahm der Reichsminister der Luftfahrt und Oberbefehlshaber der Luftwaffe, Hermann Göring (1893–1946). An die Stelle des Reichskriegsministers trat nach Auflösung des Reichskriegsministeriums der Chef des neuen OKW, Generaloberst Wilhelm Keitel (1882–1946). Unter Berücksichtigung der bei früheren Aggressionsakten gesammelten Erfahrungen beriet der R. im November 1938 und im Juni 1939 darüber, wie die allseitige Kriegsvorbereitung weiter vorangetrieben und bis zur Entfesselung des Krieges zu einem gewissen Abschluß gebracht werden konnte. Mit Erlaß Hitlers vom 30. 8. 1939 wurde aus dem R. der Ministerrat für die Reichsverteidigung gebildet, dem als ständige Mitglieder angehörten: Göring als Vorsitzender, der Stellv. Hitlers in der NSDAP, die Generalbevollmächtigten für die Wirtschaft und die Reichsverwaltung, der Chef der Reichskanzlei, der Chef des OKW. Der Ministerrat zeichnete besonders im Herbst 1939, aber auch in den darauffolgenden Jahren für die Herausgabe einer großen Zahl von Gesetzen und Verordnungen im Interesse der faschistischen Kriegführung verantwortlich.

Reichswehr: Streitkräfte des deutschen Imperialismus während der Weimarer Republik und der ersten Jahre der faschistischen Diktatur (1919–1935).

Die R. wurde seit Anfang 1919 zur Unterdrückung bzw. Niederhaltung der revolutionären Kräfte und zur Vorbereitung eines Revanchekrieges aufgebaut. Ihr Grundstock waren Truppenteile des alten

«Lehrbuch» der Reichswehr für die Taktik im Bürgerkrieg vom 14. Mai 1919

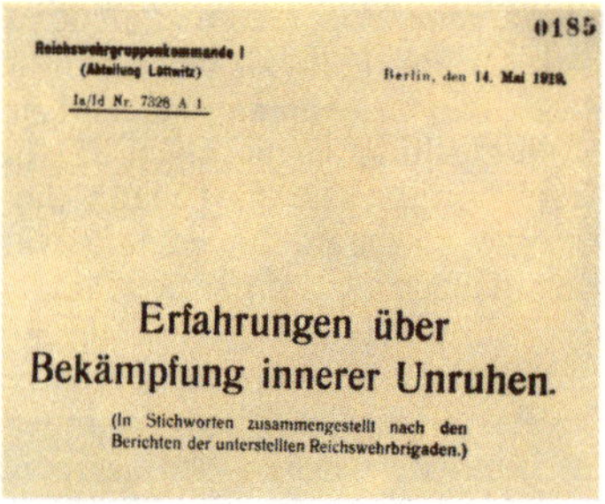

0185

Reichswehrgruppenkommando I
(Abteilung Lüttwitz)

Ia/Id Nr. 7328 A 1

Berlin, den 14. Mai 1919.

Erfahrungen über
Bekämpfung innerer Unruhen.

(In Stichworten zusammengestellt nach den Berichten der unterstellten Reichswehrbrigaden.)

kaiserlich-deutschen Heeres, konterrevolutionäre → *Freikorps* und andere Freiwilligenformationen, die vor allem auf Betreiben der OHL gebildet worden waren, um die revolutionäre Arbeiterbewegung militärisch niederzuwerfen. Auf der Grundlage der vorläufigen Reichsverfassung (10. 2. 1919) bestimmten Gesetze vom 6. 3. und 16. 4. 1919 die Schaffung einer vorläufigen R., deren Oberbefehl in den Händen des mit außerordentlichen Vollmachten ausgestatteten Reichspräsidenten lag. Aufbau und Struktur der R. wurden durch die militärischen Festlegungen des Versailler Vertrages (Juni 1919), die Weimarer Verfassung (in Kraft seit 11. 8. 1919) und das Wehrgesetz vom 23. 3. 1921 bestimmt. Nach dem Versailler Vertrag durfte die Stärke des Reichsheeres 100000 Mann (einschließlich 4000 Offiziere) und die der Reichsmarine 15000 Mann (einschließlich 1500 Offiziere) nicht überschreiten. Der größte Teil des vorhandenen Kriegsmaterials war an die Siegermächte auszuliefern oder zu zerstören. Deutschland wurde verboten, Luftkampfmittel, Panzer, U-Boote und chemische Waffen zu besitzen bzw. herzustellen. Die Ein- und Ausfuhr von Waffen, Munition und Kriegsmaterial war untersagt, eine Ersatzproduktion von Kriegsmaterial durfte nur in bestimmten Mengen und Arten in festgelegten Betrieben erfolgen. Der Generalstab mußte aufgelöst, die allgemeine

Parade von Truppen der vorläufigen Reichswehr, Frühjahr 1919

Wehrpflicht abgeschafft werden. Die Dienstzeit für Soldaten und Unteroffiziere betrug 12 Jahre, für Offiziere 25 Jahre bzw. bis zum 45. Lebensjahr (→ *Berufssoldat*). Der Vertrag untersagte sämtliche Mobilmachungsvorbereitungen und legte außerdem eine entmilitarisierte Zone an der deutschen Westgrenze (bis zu 50 km ostwärts des Rheins) fest, während dagegen das Befestigungssystem an der Nord- und Ostgrenze im wesentlichen bestehen bleiben sollte. Die Reichsmarine durfte insgesamt 6 Linienschiffe, 6 kleine Kreuzer, 12 Zerstörer und 12 Torpedoboote sowie Hilfsschiffe in Dienst halten und in diesem Rahmen genau festgelegte Modernisierungen (Neubauten u. a. m.) vornehmen. Die Kontrolle über all diese Klauseln übten Interalliierte Militärkontrollkommissionen für Heer, Marine und die Luftfahrt aus (bis Ende Januar 1927). Der Versailler Vertrag legte damit dem Revanchestreben und der Rüstung des deutschen Imperialismus spürbare Fesseln an, ohne seine Machtgrundlagen anzutasten. Die ihm zugestandenen Streitkräfte hatten den Charakter einer Kaderarmee, was den faschistischen Machthabern in den 30er Jahren ermöglichte, in kurzer Zeit eine aggressionsbereite Massenarmee aufzustellen.

Im Laufe der Jahre 1919/20 wurde die vorläufige R., deren zahlenmäßige Stärke Mitte 1919 bereits 422000 Mann betrug (gegliedert in 22 große und 18 kleine Brigaden), allmählich auf die vorgeschriebene Stärke reduziert. Dabei wurden alle als politisch unzuverlässig geltenden Soldaten, darunter auch Soldaten aus den übernommenen demokratisch-republikanischen Volks- und Sicherheitswehren, entlassen. Ähnlich wurde bei der Reduzierung des Offizierskorps verfahren. In der R. verblieben fortschrittsfeindliche und extrem konservative Offiziere, darunter viele Generalstabsoffiziere. Mit der demagogischen Parole von der «unpolitischen Armee» suchte die R.führung in der Folgezeit eine strenge Abkapselung der Truppe gegenüber allen progressiven Bestrebungen und Organisationen zu begründen. Die Angehörigen der R. durften nicht wählen und keine politische Tätigkeit ausüben. Ein Erlaß des Chefs der Heeresleitung orientierte auf die militaristische Beeinflussung durch den sog. staatsbürgerlichen Unterricht in den Einheiten und Schulen der R. Dabei pflegte die R. betont die reaktionären militärischen Traditionen des preußisch-deutschen Militarismus. Der Klassencharakter der R. offenbarte sich u. a. in der sozialen Zusammensetzung der Generalität und des Offizierskorps: rd. 95 % entstammten großbourgeoisen und junkerlichen Kreisen, dem höheren Beamtentum sowie alten Offiziersfamilien und brachten eine monarchistisch-antirepublikanische Grundgesinnung mit. Charakteristisch für die Kontinuität von kaiserlich-deutscher Armee und R. war die hervorstechende Stellung des Adels in der Generalität und im Offizierskorps; in den Jahren 1920–1932 betrug der Anteil der Adligen bei den Generalen 50 %, bei den Offizieren zwischen 21 % und 24 % gegenüber einem Anteil des Adels an der Gesamtbevölkerung von nur etwa 0,1 %. Die R.führung selbst dokumentierte betont diese Kontinuität durch die Schaffung der sog. Traditionstruppenteile. Sie wies den einzelnen Kompanien, Batterien und Schwadronen Truppenteile der kaiserlichen Armee zur Fortführung von deren Traditionen zu. Die Einrichtung der Traditionstruppenteile sollte gleichzeitig dazu dienen, bei den R.angehörigen den Gedanken an ein wieder zu errichtendes Massenheer und den Geist der Revanche wachzuhalten.

Nach der Weimarer Verfassung hatte der Reichspräsident den Oberbefehl über die R. (Art. 47) sowie das Ernennungsrecht für die Offiziere (Art. 46). Er konnte den Ausnahmezustand erklären und die R. zur «Wiederherstellung der Ordnung» einsetzen. Entsprechend dem Wehrgesetz war das R.ministerium (gebildet am 1. 10. 1919) die oberste Kommando- und Verwaltungsbehörde der R. Der R.minister übte unter dem Reichspräsidenten und in dessen Auftrag die Befehlsgewalt über die R. aus. Unterstellt waren ihm der Chef der Heeresleitung, der an der Spitze des Reichsheeres stand, und der Chef der Marineleitung, der die Reichsmarine befehligte. Faktisch besaß jedoch nicht der R.minister, sondern der Chef der Heeresleitung die militärische Kommandogewalt. Das Reichsheer gliederte sich in 2 Gruppenkommandos (Berlin und Kassel) mit 7 Infanterie- und 3 Kavalleriedivisionen. Im Bestand jeder Infanteriedivision befanden sich 3 Infanterieregimenter, 1 Artillerieregiment, 1 Pionierbataillon, 1 Nachrichten-, 1 Kraftfahr-, 1 Fahr- und 1 Sanitätsabteilung sowie 1 Reiterschwadron und Ausbildungseinheiten (3 Infanteriebataillone, 1 Batterie). Die Kavalleriedivision gliederte sich in 6 Reiterregimenter, 1 reitende Artillerieabteilung und 6 Reitereskadronen als Ausbildungseinheiten. Das ganze Reichsgebiet war in 7 → *Wehrkreise* eingeteilt, die Kommandeure der Infanteriedivisionen waren zugleich die Wehrkreisbefehlshaber. In den Küstengebieten wurden 2 den Wehrkreisen gleichgestellte Marinestationskommandos (Nordsee und Ostsee) geschaffen. Die Bewaffnung der R. bestand aus Blankwaffen, Pistolen, Gewehren, leichten und schweren MGs, leichten und mittleren Minenwerfern, Feldartillerie (bis 105-mm-Kaliber) sowie stationären Festungsgeschützen (bis 210-mm-Kaliber); Fliegerabwehrwaffen waren nur im Bereich der Festung Königsberg erlaubt, wurden aber ab 1929 schrittweise in den Divisionen des Reichsheeres illegal wieder eingeführt.

Während der revolutionären Nachkriegskrise erwies sich die R. als zuverlässiges Instrument der herrschenden Klasse zur Unterdrückung der Arbeiterbewegung. Teile der R. unter dem Befehl von Generalleutnant Walther von Lüttwitz (1859–1942) und Vizeadmiral Adolf von Trotha (1868–1940) beteiligten sich mit Freikorps und reaktionären Einwohnerwehren am → *Kapp-Putsch 1920* und am Kampf gegen die → *Rote Ruhrarmee.* 1921 war die R.führung maßgeblich an der Vorbereitung der Polizeiaktion gegen die Arbeiterklasse im mitteldeutschen Industriegebiet beteiligt (→ *Märzkämpfe 1921*). Gleichzeitig begann die R. bei strengster Geheimhaltung mit der Formierung von militärischen Einheiten, die als Kriegs- und Bürgerkriegsreserven dienten (→ *Schwarze Reichswehr*). Ende Oktober/Anfang November 1923 marschierten durch Hilfsfreiwillige verstärkte R.truppen in Sachsen und Thüringen ein, wo Mitte Oktober 1923 Arbeiterregierungen aus Kommunisten und linken Sozialdemokraten entstanden waren. Dieser Angriff richtete sich zugleich gegen die starken → *proletarischen Hundertschaften* in beiden Ländern. Die R.führung tolerierte den faschistischen Putschversuch in München am 8. 11. 1923, an dem sich auch Angehörige der R. beteiligten. In den Auseinandersetzungen innerhalb der herrschenden Klasse konnte Ende 1923 die R.führung ihr politisches Gewicht stärken. Am 9. 11. 1923 übertrug der Reichspräsident die vollziehende Gewalt an den Chef der Heeresleitung, Generaloberst Hans von Seeckt (1866–1936). Jedoch scheiterte der Plan, eine Militärdiktatur zu errichten, am Widerstand der Werktätigen (Aufhebung des Ausnahmezustands am 1. 3. 1924).

In den Jahren der relativen Stabilisierung des Kapitalismus bereitete sich die R. zielstrebig auf den Wiederaufbau einer modernen imperialistischen Massenarmee vor. Dabei konnte die R.führung die antisowjetische Politik der imperialistischen Mächte für ihre Rüstungsziele ausnutzen. Die Grundlinien für die militärische Wiederaufrüstung waren bereits 1921 fixiert worden. Hauptziel war die Schaffung von Grundlagen für den Aufbau eines Heeres in der Stärke von 63 Divisionen mit schwerer Artillerie, Panzertruppen und Luftstreitkräften. Ein entsprechender Plan für die materielle Ausrüstung eines «Großen Heeres» wurde im Herbst 1924 konzipiert. Jedoch stellte sich heraus, daß dieses Ziel vorerst nicht erreichbar war. Deshalb reduzierte die R.führung die Erweiterungspläne auf 21 und später auf 16 Divisionen. Führungszentren der militärischen Wiederaufrüstung der R. waren in erster Linie das Truppenamt und das Marinekommandoamt, die faktisch die Tätigkeit eines → *Generalstabes* bzw. → *Admiralstabes* ausübten. Das → *Heereswaffenamt* und das Allgemeine Marineamt lenkten maßgeblich die materiell-technischen Rüstungsmaßnahmen.

Zur Niederschlagung des Hamburger Aufstandes eingesetzte Reichswehrtruppen, Oktober 1923

Die deutschen Militaristen hielten prinzipiell an der im ersten Weltkrieg gescheiterten Blitzkriegs- und Vernichtungskonzeption fest (→ *Schlieffenplan*). Sie werteten Erfahrungen der Kampfhandlungen 1914–1918 sowie die Entwicklungstendenzen im Militärwesen aus. Die militärtheoretische und -wissenschaftliche Arbeit, an der das Reichsarchiv und das Marinearchiv (→ *Militärarchive*) sowie die imperialistische → *Militärpresse* großen Anteil hatten, orientierte sich auf die vielseitigen Erfordernisse, die mit dem Aufbau und Einsatz eines modernen Massenheeres, der Führung eines Bewegungskrieges sowie der politisch-ideologischen Beeinflussung der Soldaten und breiter Volksschichten verbunden waren. Als entscheidende Waffen in einem modernen Krieg betrachteten die deutschen Militärs vor allem Panzer- und Luftstreitkräfte. In Planspielen und Manövern wurden die Führung größerer Verbände sowie das Zusammenwirken der Kräfte und Mittel im Bewegungskrieg erprobt. Bereits am 1. 9. 1921 war die Vorschrift «Führung und Gefecht der verbundenen Waffen» erlassen worden. Die angestrebte Ausbildung des Reichsheeres zum «Führerheer» schloß eine Vielzahl von Maßnahmen zur Ausbildung und Qualifizierung der Kader der R. für ein 21-Divisionen-Heer ein. Dem dienten die Einführung einer sog. Stufenausbildung der Soldaten und Unteroffiziere, die Befähigung der älteren Unteroffiziere zur Erfüllung von Führungsaufgaben bis zur Kompanie, verschiedene Formen der Weiterbildung der Offiziere sowie die getarnte systematische Heran- und Weiterbildung von Generalstabsoffizieren auf dem Wege der → *Führergehilfenausbildung.* Seit 1924 wurde der sog. Landes- und Grenzschutz erweitert. Zusammen mit Zivilbehörden schuf die R.führung eine getarnte Wehrersatzorganisation. Illegal wurde mit Hilfe der R. die militärische Ausbildung von Angehörigen der militaristischen und faschistischen Wehrverbände

Reichswehrübung mit Panzerattrappen, um 1929

weitergeführt. Unter dem Deckmantel militärwissenschaftlicher Arbeitsgemeinschaften erfolgte eine militärische Weiterbildung ehem. Offiziere. Einen besonderen Platz nahm dabei die getarnte Aus- und Weiterbildung von Kadern für die verbotenen Waffen ein. Die materiell-technischen Rüstungen wurden forciert, wobei man auch hier Erfahrungen des ersten Weltkrieges berücksichtigte. Das Hauptinteresse der R.führung galt zunächst der Verbesserung vorhandener Waffen sowie der Neukonstruktion moderner Waffentypen, der Erweiterung der Fertigungskapazitäten von Rüstungsbetrieben, der Entwicklung von verbotenen Waffen durch getarnte Firmen im kapitalistischen Ausland sowie der Vorbereitung einer Umstellung der Wirtschaft auf den Krieg. 1926 wurde die Statistische Gesellschaft als Gremium von Industriellen und Militärs gebildet, das die rüstungswirtschaftliche Zusammenarbeit von R. und Monopolen intensivierte. Auf diesen Grundlagen konzipierte die R.führung das erste Rüstungsprogramm (1928–1932), das die materiellen Voraussetzungen für die Ausstattung eines 16-Divisionen-Heeres schaffen sollte. Gleichzeitig leitete sie Maßnahmen zur Entwicklung und Fertigung von Kampfflugzeugen für Heer und Marine ein. Das bereits seit 1924 laufende Programm von Neubauten und Indienststellungen von Schiffen der Reichsmarine wurde Ende der 20er Jahre bedeutend erweitert. Bis dahin hatte der Bau von Kreuzern und Torpedobooten im Vordergrund gestanden. 1928 wurde das erste von 3 geplanten Panzerschiffen, die den modernsten Gesichtspunkten des Kriegsschiffbaus entsprachen, auf Stapel gelegt (→ *Panzerkreuzerbau*).

In der Zeit der Weltwirtschaftskrise erwies sich die R. als eine der Hauptstützen des Monopolkapitals. Ihre Führung gehörte zu jenen Kräften im Lande, die den Ausweg aus der Krise in der schrittweisen Ausschaltung des Parlaments und in der Errichtung einer reaktionären Präsidialdiktatur sowie in der offenen Aufrüstung sahen. Unter diesen Bedingungen gewann die aggressive Militärclique in der Politik weiter an Einfluß. Im März 1929 wurde im R.ministerium das Ministeramt gebildet, das faktisch als politischer Führungsstab fungierte. Unter entscheidender Mitwirkung der R.führung vollzog sich in den folgenden Jahren die etappenweise Vorbereitung der faschistischen Diktatur. Nach dem sog. → *Reichswehrprozeß* wurden die Kontakte zwischen der R.führung und der NSDAP immer enger; zwischen der R. und den faschistischen Organisationen, vor allem der SA, entwickelte sich eine zunehmende Zusammenarbeit. Im März 1931 verfügte der Chef des Ministeramtes, daß im Fall eines «inneren Notstandes» auch die SA unter dem Befehl der R. herangezogen werden könne. Die R. organisierte mit Hilfe des Reichskuratoriums für Jugendertüchtigung eine vormilitärische Ausbildung von Jugendlichen, die vorwiegend faschistischen und halbfaschistischen Organisationen angehörten. Gleichzeitig traf die R.führung weitere Maßnahmen für die Vorbereitung der R. auf einen Einsatz im Innern und betrieb verstärkt die Rüstung. Im Oktober 1931 übernahm der R.minister zugleich das Reichsinnenministerium, am 31. 10. 1931 erließ er den Anhang B der «Sonderbestimmungen für die Erhöhung der Schlagkraft des Reichsheeres in besonderen Fällen», der kürzere Fristen für die Einsatzbereitschaft bestimmte und die vorübergehende Einberufung ehem. R.angehöriger festlegte. Der schon 1930 verkündete → *Uhrenerlaß* diente der Bespitzelung und sollte antimilitaristischen Aktivitäten in der R. entgegenwirken.

Die langjährigen umfangreichen Mobilmachungsvorbereitungen mündeten 1929/30 in den sog. A-Plan (Aufstellungsplan), der im Mobilmachungsfall die Aufstellung von insgesamt 21 Infanterie- und 5 Kavalleriedivisionen vorsah. Im zweiten Rüstungsprogramm (1932–1938) war geplant, die materiell-technische Ausrüstung für 21 Divisionen bereitzustellen, den Aufbau der Panzertruppen und Fliegerkräfte beschleunigt fortzusetzen sowie Waffentypen zu entwickeln, die in kurzer Zeit in die Massenproduktion gehen konnten (neues MG, neue Minenwerfer, Infanteriegeschütze, Panzer- und Fliegerabwehrwaffen sowie Panzermodelle). Seit den 20er Jahren arbeitete man an Prototypen von Bomben-, Transport- und Jagdflugzeugen, das U-Boot-Bauprogramm von 1932 sah den Bau von 16 U-Booten vor. Als im Herbst 1932 die USA, Großbritannien, Frankreich und Italien Deutschland formell die «Rüstungsgleichberechtigung» zubilligten, existierten bereits viele Voraussetzungen für die Vergrößerung der R.

Die R. sicherte am 20. 7. 1932 den Staatsstreich in

Reichswehrminister

1919–1920	Gustav Noske (1868–1946)
1920–1928	Otto Geßler (1875–1955)
1928–1932	General a. D. Wilhelm Groener (1867–1939)
1932–1933	General Kurt von Schleicher (1882–1934)
1933–1938	Generaloberst Werner von Blomberg (1878–1946) (ab 1935 Reichskriegsminister)

Chefs der Heeresleitung

1919–1920	Generalmajor Walther Reinhardt (1872–1930)
1920–1926	Generaloberst Hans von Seeckt (1866–1936)
1926–1930	Generaloberst Wilhelm Heye (1869–1946)
1930–1934	Generaloberst Kurt Freiherr von Hammerstein-Equord (1878–1943)
1934–1938	General Werner von Fritsch (1880–1939) (ab 1935 Oberbefehlshaber des Heeres)

Preußen, wobei der Befehlshaber im Wehrbezirk III, Generalleutnant Gerd von Rundstedt (1875–1953), die vollziehende Gewalt übernahm. In der Folgezeit konnte die R.führung ihre Position weiter ausbauen.

Die Anfang Dezember 1932 eingesetzte Regierung des Generals Kurt von Schleicher (1882–1934), der zugleich R.minister war, stellte die letzte Etappe auf dem Weg zur Hitlerdiktatur dar. Wenige Stunden

Reichswehr 1932

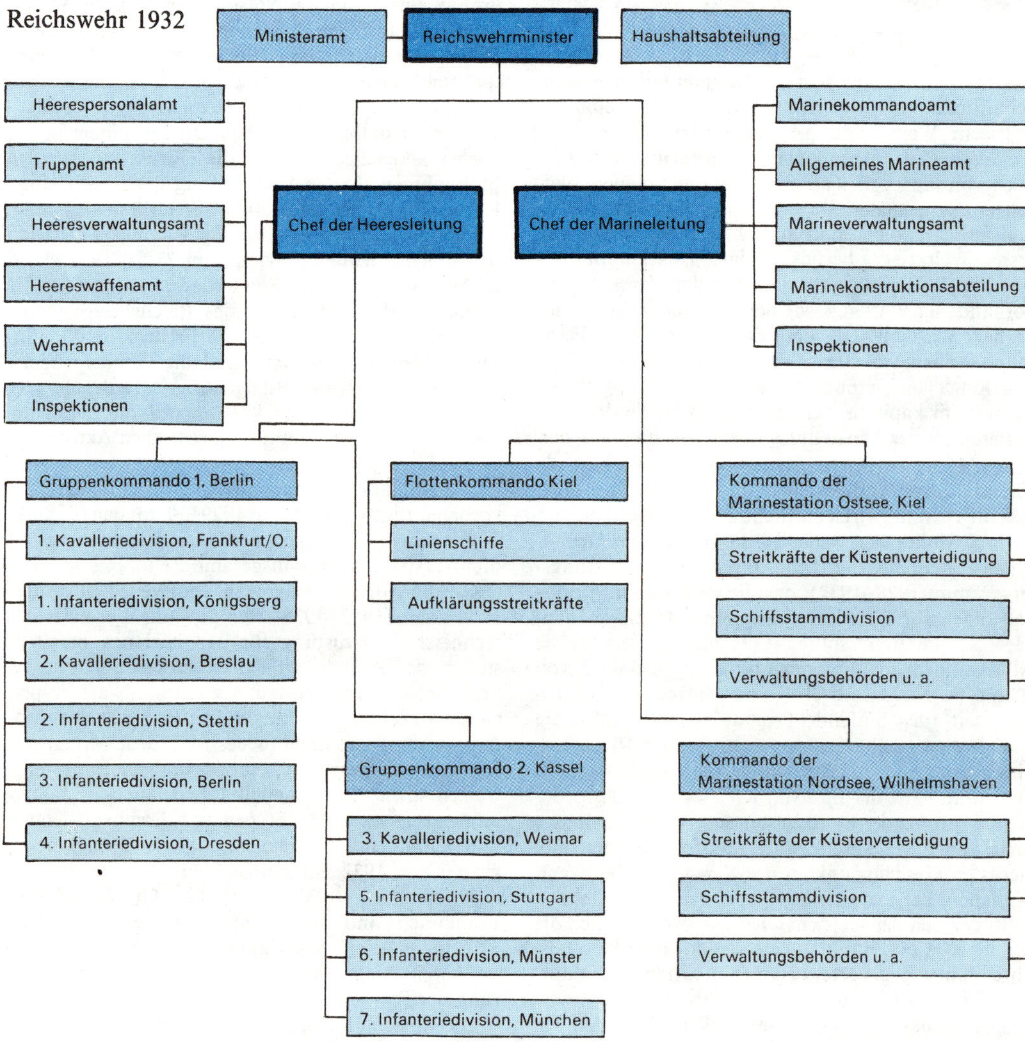

vor ihrer Errichtung am 30. 1. 1933 wurde General Werner von Blomberg (1878–1946) als R.minister eingesetzt. Die faschistische Diktatur machte den Weg zur umfassenden Aufrüstung und unmittelbaren Vorbereitung des zweiten Weltkrieges frei. Das zweite Rüstungsprogramm wurde bereits im Herbst 1934 erfüllt, die R. zählte zu dieser Zeit über 240000 Mann. Nach dem Tode des Reichspräsidenten Generalfeldmarschall Paul von Beneckendorff und von Hindenburg (1847–1934) wurde Adolf Hitler (1889–1945) Oberster Befehlshaber der R. Mit der weiteren Aufrüstung und der Wiedereinführung der allgemeinen Wehrpflicht (Gesetz für den Aufbau der Wehrmacht vom 16. 3. 1935) entstand aus der R. die faschistische Wehrmacht (→ *Wehrmacht, faschistische*). *(s. Abb. S. 37, 145, 185, 371, 895, 1007)*

Reichswehrprozeß: Hochverratsprozeß gegen die Reichswehroffiziere Leutnant Hanns Ludin (1905–1947), Leutnant Richard Scheringer (1904 bis 1986) und Oberleutnant a. D. Hans Friedrich Wendt (geb. 1903) vor dem Reichsgericht in Leipzig vom 23. 9. bis 4. 10. 1930.

Den Offizieren wurde im Prozeß aktive Betätigung für die NSDAP nachgewiesen. Sie hatten enge Kontakte zu Führungsspitzen dieser Partei unterhalten und versuchten, nazistische Gruppen in der Reichswehr zu bilden. Obgleich politische Aktivitäten in der Reichswehr als Hoch- und Landesverrat deklariert und dementsprechend streng geahndet wurden, verurteilte das Gericht die Angeklagten nur zu je 1 Jahr und 6 Monaten Festungshaft. Die Reichswehrführung benutzte den Prozeß, sich gegenüber der Öffentlichkeit demokratisch zu drapieren, die Verbindungen zur Nazipartei zu tarnen und zugleich der Hitlerclique gegenüber unmißverständlich die Rolle der Reichswehr als stärkstes Machtorgan der deutschen Monopolbourgeoisie zum Ausdruck zu bringen. Während des R. erhielt Adolf Hitler (1889–1945) als Zeuge die Möglichkeit, das militärpolitische Programm der NSDAP darzulegen, ihre Verbundenheit mit der Reichswehr zu bekunden und eidesstattlich zu erklären, daß er keinesfalls beabsichtigte, gegen den Willen der herrschenden Kreise an die Macht zu kommen. Dieser «Legalitätseid» trug dazu bei, noch vorhandene Vorbehalte gegen die Nazipartei unter Teilen der Monopolbourgeoisie und der Reichswehr weiter abzubauen. Der R. machte sichtbar, daß ein nicht geringer Teil des Offizierskorps der Reichswehr bereits faschistisch verseucht war. Überzeugt von ebenfalls inhaftierten Kommunisten, bekannte sich Scheringer noch während seiner Festungshaft im März 1931 zur Politik der KPD. Nach 1945 betätigte er sich in der BRD als aktiver Kämpfer gegen Imperialismus und Militarismus, für eine demokratische Entwicklung, weshalb er von der BRD-Justiz mehrfach strafrechtlich verfolgt wurde.

Reisige: gerüstete und schwerbewaffnete Reiter im Feudalheer bis zum Ende des 16. Jh.

Der Begriff R. (mittelhochdeutsch reise = Aufbruch, Kriegszug) bezeichnete ursprünglich die bewaffneten, meist berittenen Dienstmannen der Feudalherren, die am Kriegszug teilzunehmen hatten. Mit der Entstehung des Ritterheeres im 11. Jh. ging er auf dessen Hauptkraft über, die mit Lanze, Schwert, Streitaxt oder Streitkolben bewaffneten und mit Rüstung für Mann und Streitroß sowie mit Schild ausgestatteten schweren Reiter (→ *Ritter*). Im 16. Jh. wurde die Bezeichnung R. allgemein für berittene Krieger – im Unterschied zum Fußvolk – gebraucht und galt sowohl für die auf der Grundlage der Lehnspflicht aufgebotenen Adelsreiter als auch für nichtadlige Söldnerreiter (auch reisige Knechte genannt). Als das → *Söldnerheer* im 16. Jh. zur entscheidenden militärischen Stütze des Feudaladels wurde, vollzog sich zugleich der Wandel von der schweren Reiterei der Ritter zur leichter gerüsteten Söldnerkavallerie (→ *Kavallerie*). An die Stelle der R. traten die → *Kürassiere. (s. Abb. S. 367)*

Reislaufen: Kriegsdienste von Schweizern in fremdem Sold; in übertragenem Sinn allgemeine Bezeichnung für Söldnerdienste in der Zeit vom 13. bis 16. Jh.

Das R. (mittelhochdeutsch reise = Aufbruch, Kriegszug) war eine Erscheinung des spätmittelalterlichen Militärwesens, die in der Schweiz besonders ausgeprägt war. Sie wurzelte in der Entwicklung der Geldwirtschaft, in der vielschichtigen sozialen Differenzierung und partiellen Auflösung der feudalen Klassengesellschaft und im Niedergang des → *Ritterheeres*. Die militärischen Erfolge von Schweizer Aufgeboten über habsburgische und burgundische Feudalheere im 14. und 15. Jh. trugen entscheidend zur Ausweitung des R. bei; die Schweizer galten als schlagkräftiges Fußvolk (→ *Infanterie*). Das R. wurde für die Kantone der Schweiz zu einem einträglichen Finanzgeschäft, da fremde Mächte gern Schweizer Krieger in ihre Dienste nahmen. Seine Blütezeit hatte das R. in den habsburgisch-französischen Kriegen um Italien (1494–1559), in denen Schweizer Söldner zumeist auf seiten der französischen Krone kämpften. Nach den Niederlagen bei Bicocca 1522 und bei → *Pavia 1525* büßte das Schweizer R. seinen Ruf mehr und mehr ein. Im Unterschied zum staatlich organisierten R. der Schweizer war das R. von Fußkriegern und Reitern aus den deutschen Ländern Sache der Söldner selbst. Versuche, das R. gleichfalls zu einem Geldgeschäft der Landesherren zu machen, blieben ohne Erfolg. Mit dem Übergang von den zeitweilig geworbenen zu den stehenden → *Söldnerheeren* im 17. Jh. verschwanden die alten Formen des R.; das Wort R. wurde in den Quellen nicht mehr gebraucht. Die

Schweiz untersagte erst 1859 den Dienst unter fremder Fahne. Einzige Ausnahme und modernes Relikt des R. ist die päpstliche Schweizergarde.

Reiterei → *Kavallerie*

Rekrut: vom 17. Jh. bis 1945 gebräuchliche Bezeichnung für den neueingestellten Soldaten während der Grundausbildung.

Der aus dem Französischen stammende Begriff R. (recrue = Nachwuchs, Ersatz) ging in die deutsche Militärsprache ein, als die stehenden Heere entstanden. Die Weiterentwicklung des Militärwesens erforderte eine laufende personelle Ergänzung (Rekrutierung) sowie eine einheitliche und systematische Ausbildung der Armeeangehörigen. Die vielfach zum Militärdienst gezwungenen jungen Soldaten mußten mit psychischen und physischen Mitteln zu einem willfährigen Werkzeug der herrschenden Klassen erzogen und ausgebildet werden. Den Grundstein hierfür legte man in der sog. R.zeit; sie wurde daher bewußt von der übrigen Dienstzeit abgehoben. Der Hauptzweck der R.ausbildung bestand darin, die Soldaten zu Kadavergehorsam zu erziehen und ihnen zugleich militärische Grundfertigkeiten anzudrillen. In der kaiserlichen deutschen Armee war die R.zeit, in der die Einzelausbildung erfolgte, von → *Soldatenmißhandlungen* durch die Vorgesetzten geprägt. In der Reichswehr und faschistischen Wehrmacht nahm die R.ausbildung besonders menschenunwürdige Formen an, so daß R. nicht selten zum Selbstmord getrieben wurden. Die revolutionäre deutsche Arbeiterbewegung führte gegen die R.mißhandlungen einen entschiedenen Kampf und prangerte sie als Begleiterscheinung des Militarismus in der Presse und im Reichstag öffentlich an. Besonders treffend charakterisierte auch Karl Liebknecht (1871–1919) in seinem Artikel «Rekrutenabschied» (1906) das den R. erwartende Kasernenhofmilieu.

Remilitarisierung der BRD: vom Ende des zweiten Weltkrieges bis Mitte der 50er Jahre auf dem Gebiet der BRD bei der Restauration und beim Ausbau des monopolkapitalistischen Herrschaftssystems vollzogener Prozeß zur Wiederherstellung des Kriegspotentials, insbesondere von in die → *NATO* integrierten Streitkräften des deutschen Imperialismus.

Mit ihrer bald nach dem zweiten Weltkrieg eingeschlagenen Politik des kalten Krieges wollten die imperialistischen Mächte mit den USA an der Spitze den revolutionären Weltprozeß aufhalten, vor allem aber in Europa sein weiteres Voranschreiten verhindern. Sie konzentrierten sich dabei auf Deutschland. Hier bereiteten sie einen separaten Westzonenstaat vor, dem, in einen unter amerikanischer Führung stehenden Militärblock einbezogen, die Rolle einer antisozialistischen Speerspitze zugedacht war. Im Komplott mit den reaktionären Kreisen des deutschen Monopolkapitals und Großgrundbesitzes sabotierten sie die Verwirklichung des Potsdamer Abkommens, betrieben die Restauration der imperialistischen Machtverhältnisse in den Westzonen, unterstützten die massive Verbreitung imperialistischer Ideologie, vor allem des Antikommunismus und Antisowjetismus, und bereiteten die Spaltung Deutschlands und Berlins vor (→ *Besatzungstruppen in der BRD*). Zu den wichtigsten Remilitarisierungsmaßnahmen vor Bildung der BRD gehörte die Erhaltung und Sammlung militärischer Kader der faschistischen Wehrmacht, die sich erneut als Kern eines Führungszentrums künftiger imperialistischer deutscher Streitkräfte formieren konnten. Mit der Auswertung der Erfahrungen des zweiten Weltkrieges entwickelten sie u. a. Vorstellungen und Studien über Führung, Gliederung, Stärke und Ausrüstung einer in sog. europäische Streitkräfte eingegliederten Armee (→ *Halderplan 1949*). Angesichts des wachsenden Volkswiderstandes, der Proteste der Weltöffentlichkeit und vor allem der Politik der UdSSR und der volksdemokratischen Staaten, die auf die Verteidigung des Friedens und die strikte Durchführung des Potsdamer Abkommens gerichtet war, versuchten die imperialistischen Kräfte die Remilitarisierung zu verschleiern.

Die Gründung der BRD (September 1949) leitete eine neue Stufe der beschleunigten, allseitigen Restauration der imperialistischen Machtverhältnisse und der R. ein. In die im Zusammenhang mit der Bildung der NATO (1949) und der Aggression der USA und ihrer Satelliten gegen die Koreanische Demokratische Volksrepublik (1950) entfesselte antikommunistische Kriegshysterie einstimmend, versuchte das BRD-Monopolkapital die Gegner der R. brutal zu unterdrücken und den Bonner Staat auf schnellstem Wege in das imperialistische Paktsystem einzugliedern. Die imperialistischen Kreise der BRD entwickelten dabei, obwohl die Restauration der Macht des Monopolkapitals und die R. unter amerikanischer Schirmherrschaft erfolgten, ihr eigenes Aggressionsprogramm. Gestützt auf die imperialistischen Westmächte, wollten sie die DDR liquidieren und das ehem. Deutsche Reich in den Grenzen von 1937 wiederherstellen. Die R. und die Eingliederung in die NATO sollten ihnen dazu die Möglichkeiten verschaffen. Die BRD-Regierung bot den Westmächten die Aufstellung von Streitkräften als Bestandteil einer sog. Europaarmee an (→ *Rüstungsmemorandum Adenauers 1950*). Die Konzeption für deren Aufstellung war in der → *Himmeroder Denkschrift 1950* fixiert. Auf der → *New-Yorker Konferenz 1950* billigten die Westmächte die R. offen, und der NATO-Rat beschloß auf seiner Tagung im September 1950, die BRD mit Streitkräften in den Pakt einzubeziehen. Mit der sog. Zentrale für Heimatdienst und dem daraus hervorgegangenen → *Amt Blank* begannen 1950 der Aufbau einer staatlichen Behörde zur Vorbereitung von Streitkräften und die Erfassung der dazu notwendigen Kader aus den ehem. Offizieren und Unteroffizieren der faschistischen Wehrmacht. Parallel dazu schufen die herrschenden Kreise der BRD Instrumente zur inneren Absicherung des Systems. Mit Genehmigung der westlichen Besatzungsmächte formierten sie ab 1950/51 als mobile Truppe vorwiegend für den inneren Einsatz zur Verfügung der Bundesregierung den sog. → *Bundesgrenzschutz der BRD (BGS)* und zur Verfügung der Länderregierungen die kasernierte → *Bereitschaftspolizei in der BRD* sowie das Bundesamt für Verfassungsschutz, dessen Tätigkeit sich seitdem gegen alle fortschrittlichen und antimilitaristischen Kräfte richtet. Als erste Maßnahme zur umfassenden Vorbereitung des Landes auf den Krieg entstanden die Anfänge der späteren → *zivilen Verteidigung in der BRD.* Mit der Aufnahme der BRD in die Montanunion (1951), die die Rüstungsbasis der westeuropäischen NATO-Mächte bildete, wurden wichtige rüstungswirtschaftliche Voraussetzungen für die R. geschaffen, insbesondere für die Wiederherstellung einer Rüstungsindustrie. Das erweiterte die ökonomischen Möglichkeiten der Monopolbourgeoisie der BRD und begünstigte den Ausbau ihrer wirtschaftlichen Macht. Zur selben Zeit entstanden zahlreiche Traditions- und → *Soldatenverbände* (→ *Kyffhäuserbund,* → *Verband deutscher Soldaten (VdS),* → *Hilfsgemeinschaft auf Gegenseitigkeit ehemaliger Angehöriger der Waffen-SS (HIAG),* → *Arbeitskreis für Wehrforschung,* → *Gesellschaft für Wehrkunde,* → *Arbeitsgemeinschaft für Wehrtechnik*). Sie waren bestrebt, die militaristischen Traditionen wiederzubeleben, rechtfertigten und glorifizierten den Aggressionskrieg der Wehrmacht, um den faschistischen und militaristischen Geist wieder zu entfachen. Sie unterstützten die Remilitarisierungspolitik der BRD-Regierung, propagierten die Aufrüstung und sammelten gleichzeitig Kader für eine Armee. Die sog. Landsmannschaften betrieben offene revanchistische und chauvinistische Hetze, forderten die Wiederherstellung eines imperialistischen großdeutschen Reiches. Die staatlich organisierte R. erfaßte alle Bereiche des gesellschaftlichen Lebens.

Mit dem Abschluß des sog. Generalvertrags und des EVG-Vertrags (→ *Europäische Verteidigungsgemeinschaft (EVG)*) – von der Bonner Regierung im Frühjahr 1952 unterzeichnet und vom Bundestag der BRD im März 1953 ratifiziert – legalisierten die Westmächte die beschleunigte R. Zugleich war der Modus für die Wiederbewaffnung des deutschen Imperialismus und Militarismus, den Aufbau seiner Streitkräfte und ihre Einbeziehung in den von den USA geführten aggressiven Militärblock beraten worden. Das Wiedererstehen des Imperialismus und Militarismus in der BRD und deren Politik zur gewaltsamen Revision der Ergebnisse des zweiten Weltkrieges verschärften die Kriegsgefahr im Zentrum Europas. Der massive Widerstand innerhalb und außerhalb der BRD gegen die R., vor allem auch der Kampf der UdSSR, der DDR und der anderen sozialistischen Staaten für Entspannung und europäische Sicherheit, gegen die vom wiedererstehenden deutschen Militarismus drohenden Gefahren brachte schließlich 1954 die EVG-Variante zum Scheitern. Jetzt nahmen die USA und die anderen imperialistischen Hauptmächte Kurs darauf, die BRD direkt zum Mitglied des NATO-Paktes zu machen; denn ihr war in der Politik des «roll back» des Sozialismus in Europa die unverzichtbare Rolle eines Aufmarschgebietes zugedacht. Das kam den aggressiven Plänen des Monopolkapitals und aller militaristischen Kräfte entgegen. Die BRD-Regierung intensivierte daher die Vorbereitungen zur Aufstellung von Streitkräften. Im Frühjahr 1954 waren die Vorstellungen über Struktur und Ausrüstung der künftigen Streitkräfte durch das Amt Blank weitgehend präzisiert und bereits 3500 Offiziere und Unteroffiziere in Speziallagern der USA-Armee ausgebildet. Gleichzeitig bemühte sich das Amt Blank, die militärische Führungsspitze – vor allem mit ehem. Generalen und Generalstabsoffizieren der faschistischen Wehrmacht – voll zu besetzen, die Werbung von Freiwilligen vorzubereiten, Waffen, Ausrüstungen und Unterkünfte zu beschaffen. Es erarbeitete Entwürfe für Militärgesetze (→ *Militärgesetzgebung der BRD*) und verstärkte die sog. Wehraufklärung. Eine wichtige militärisch vorgebildete Kaderreserve für den Ausbau der Streitkräfte war der Bundesgrenzschutz, dessen Stärke rd. 20000 Mann betrug. Ein weiteres Reservoir waren die → *Dienstgruppen in der BRD* bei den westlichen Besatzungsmächten. Ende 1954 standen rd. 63000 Mann zur Verfügung, die aus dem Bundesgrenzschutz, den Dienstgruppen und den Polizeiformationen übernommen werden konnten. Der Gesamtbedarf sah ca. 150000 Berufssoldaten für Stammeinheiten zur Ausbildung von 350000 Wehrpflichtigen vor. Bis 1954 waren die organisatorischen Vorbereitungen soweit gediehen, daß die ausgesuchten Freiwilligen in die Streitkräfte eingestellt und 1955 die ersten Wehrpflichtigen einberufen werden konnten. Ende 1954 begann das Amt Blank, mit einer Sonderkommission der USA-Streitkräfte über die Lieferung von Waffen und Gerät zu verhandeln und deren Übergabemodus zu vereinbaren. Gleichzeitig beschlagnahmten dafür eingesetzte Kommissionen ehem. Kasernen und Wehrmachtanlagen für die Aufnahme der Truppenteile. Wesentlicher Bestandteil der Vorbereitungen zur Aufstellung der künftigen Streitkräfte durch das Amt Blank war die Ausarbeitung von «Grundsätzen der Inneren Führung» (→ *Innere Führung der Bundeswehr der BRD*) als Richtlinie für die politisch-ideologische

Beeinflussung der Soldaten im Sinne eines militanten Antikommunismus. Die ideologischen Vorbereitungen der R. waren mit einer umfassenden Manipulierung der Bevölkerung und der künftigen Soldaten verbunden.

Am 23. 10. 1954 unterzeichnete der BRD-Kanzler die Pariser Verträge, die die Aufnahme der BRD in die → *Westeuropäische Union (WEU)* und die NATO festlegten. In der BRD wuchs erneut der Widerstand gegen diese friedensgefährdende, volksfeindliche Politik. Es entstand die bis dahin breiteste antimilitaristische Massenbewegung. Die Vertreter der SPD und der Gewerkschaften verhinderten jedoch mit einem antikommunistischen und opportunistischen Kurs einen Erfolg. Den Volkswillen mißachtend, ratifizierte die reaktionäre Mehrheit des BRD-Bundestages die → *Pariser Verträge 1955* (Februar). Der NATO-Rat beschloß im Mai 1955 die Aufnahme der BRD in den aggressiven Militärblock. Die internationalen Spannungen wurden dadurch verschärft, die Spaltung Deutschlands zementiert, der Friede in Europa ernsthaft gefährdet. Es begann die offene Aufrüstung der BRD. Die Regierung des Bonner Staates stellte beschleunigt die → *Bundeswehr der BRD* unter dem Kommando faschistischer Generale und Offiziere auf, unterdrückte brutal die antimilitaristischen Kräfte und verbot die KPD als konsequenteste Kämpferin gegen die R. Den friedliebenden, demokratischen Kräften war es zwar nicht gelungen, die Eingliederung der BRD in die NATO zu verhindern, aber sie konnten mit ihren Aktionen den Prozeß der R. verlangsamen und die Aufrüstung der BRD im Rahmen der NATO verzögern.

Reservedivision: 1. aus den Kontingenten von Kleinstaaten des Deutschen Bundes aufgestellter Verband.

Im Dezember 1830 beschloß der Bundestag des Deutschen Bundes, aus den militärischen Kontingenten von 19 süd- und mitteldeutschen Klein- und Zwergstaaten eine sog. R. zu bilden. Sie setzte sich nur aus Infanterieeinheiten zusammen und sollte Festungsdienst verrichten. Obwohl ihre Verwendung, Zusammensetzung und Bewaffnung ständig umstritten waren, bestand sie bis zur Auflösung des Deutschen Bundes 1866.

2. vorwiegend aus Reservisten und jüngeren Landwehrmännern bestehender allgemeiner taktischer Verband des kaiserlich-deutschen Feldheeres.

Die Bildung von R. im eigentlichen Sinne ist untrennbar mit der Entstehung imperialistischer Massenarmeen und ihrem Einsatz im Krieg verbunden. Im Deutschen Reich enthielt erstmals der Mobilmachungsplan vom 28. 9. 1875 die Aufstellung von R. Aus Landwehrbataillonen sollten bei Mobilmachung 13 R. sowie 3 Reserveinfanteriebrigaden gebildet werden, die im Kriege die Feldarmee zu verstärken, Nachschubstraßen zu sichern und Besatzungsaufgaben zu erfüllen hatten. Die späteren Mobilmachungspläne sahen eine ständig größere Anzahl von R., vor allem aus Angehörigen des 1. Aufgebots der Landwehr bestehend (Gediente vom 28.–32. Lebensjahr), vor. Auch die Aufgabe der R. änderte sich. Zu Reservekorps formiert, sollten sie im Kriegsfalle Seite an Seite mit den aktiven Korps eingesetzt werden. Bei der Mobilmachung am 2. 8. 1914 wurden unter Verwendung eines kleinen Stammes aktiver Offiziere und Unteroffiziere 31 R. aufgestellt und unter Reservekorpskommandos an der Front eingesetzt. In Bewaffnung und Ausrüstung unterschieden sich die meisten R. von den aktiven → *Infanteriedivisionen* vor allem durch die wesentlich geringere Ausstattung mit Artillerie und Maschinengewehren. Bis Januar 1915 wurden 22 weitere R., teilweise aus Kriegsfreiwilligen, aufgestellt und eingesetzt. Die Anfang August 1914 gebildeten R. entsprachen den an sie gestellten militärischen Anforderungen. Bei den später aufgestellten Verbänden führten aber Mängel in Ausbildung und Ausrüstung sowie fehlende Kriegserfahrung zu teilweise enormen Verlusten, so bei Langemarck in Westflandern im November 1914, wo R. als fast reine Rekrutenformationen in den Kampf geworfen wurden. In der Folgezeit wurden die R. daher strukturmäßig ergänzt sowie personell und materiell aufgefüllt, so daß sie im wesentlichen normalen Infanteriedivisionen entsprachen. Neuaufstellungen erfolgten bis auf eine im Sommer 1916 nicht mehr. 1918 wurden 12 R. aufgelöst.

3. allgemeiner taktischer, nicht voll frontverwendungsfähiger Verband des faschistischen deutschen Ersatzheeres im zweiten Weltkrieg 1939–1945 mit Ausbildungs- und Sicherungsaufgaben.

Im Zusammenhang mit der Neugliederung des Ersatzheeres zum 1. 10. 1942 wurden von September/Oktober 1942 bis Frühjahr 1943 aus Ausbildungstruppenteilen 18 R. aufgestellt, die in die unter deutscher Zivilverwaltung stehenden okkupierten Gebiete der Sowjetunion, in das sog. Generalgouvernement, die besetzten Länder Westeuropas und auf den Balkan kamen. Sie waren territorialen Befehlshabern unterstellt, gehörten aber weiter zum Ersatzheer. Ähnlich wie die → *Feldausbildungsdivisionen*, die den Heeresgruppenkommandos unterstanden, hatten die R. den Ersatz in Frontnähe auszubilden. Gleichzeitig dienten sie zur Unterdrückung der Bevölkerung der okkupierten Gebiete, besonders zur Bekämpfung der Partisanenbewegung. Sie waren daher besser gegliedert und beweglicher als die → *Ersatzdivisionen.* Im Juli/August 1943 erfolgte die Aufstellung von 3 neuen R., darunter erstmalig auch 2 Reservepanzerdivisionen. Die in den okkupierten Gebieten der Sowjetunion eingesetzten 4 R. wurden im Oktober 1943 von den unter den Schlägen der Sowjetarmee zurückweichenden Heeresgruppen zu Kampf- und Sicherungsaufgaben herangezogen und erlitten dabei teilweise hohe Verluste. Zwischen Januar und März 1944 wurden sie aufgelöst und auf Infanteriedivisionen verteilt. Die Anfang Juni 1944 vorhandenen 12 R. wurden bis Februar 1945 in andere Divisionstypen des Feldheeres umgewandelt oder in Infanteriedivisionen eingegliedert. 2 im März 1945 in Dänemark neuaufgestellte R. fanden keine Verwendung mehr.

Reserveoffizier: nicht im aktiven Wehrdienst stehender Offizier, der im Bedarfsfall zum Einsatz in den Streitkräften herangezogen wird.

Mit der Einführung der → *allgemeinen Wehrpflicht* wurde es notwendig, für die im Kriegsfall vorgesehenen Neuaufstellungen entsprechende Offizierskader auszubilden. Dazu diente u. a. das 1814 in Preußen eingeführte, zunächst für die Landwehr gedachte System der → *Einjährig-Freiwilligen.* Das waren aus vermögenden Kreisen stammende Wehrpflichtige mit höherer Schulbildung (in der Regel Abitur), die sich selbst ausrüsten, bekleiden und verpflegen mußten und nach 1 Jahr Grundwehrdienst sowie 2 mehrwöchigen Übungen zu Offizieren gewählt wurden. Sie konnten nach Absolvierung weiterer Übungen und Lehrgänge bis zum Hauptmann, in Ausnahmefällen bis zum Major befördert bzw. ernannt werden. Zusammen mit anderen aus dem aktiven Wehrdienst ausgeschiedenen Offizieren bildeten sie die Kategorie der Offiziere des → *Beurlaubtenstandes.* Nachdem im Zuge der preußischen Heeresreorganisation 1859/60 die Landwehr aus dem Feldheer herausgenommen worden war, unterteilte die Wehrordnung vom 4. 7. 1868 die Offiziere des Beurlaubtenstandes in Landwehroffiziere und R. Letztere bildeten im Kriegsfall den Hauptanteil des Offiziersbestands in den Reserveformationen des Feldheeres. Nach der Gründung des Deutschen Reichs 1871 übernahmen auch die übrigen deutschen Staaten das System der Einjährig-Freiwilligen. Die vorwiegend aus dem Mittel- und Großbürgertum stammenden Angehörigen des R.korps standen den aktiven, in der Mehrzahl adligen Offizieren an Standesdünkel und konservativ-monarchistischer Einstellung kaum nach. Da der R.dienstgrad eine wesentliche Voraussetzung für die Karriere im öffentlichen Dienst war, prägten die R. in erheblichem Maße das Bild des wilhelminischen Deutschlands und trugen wesentlich zur Militarisierung des gesellschaftlichen Lebens bei. Im ersten Weltkrieg stellten sie nach den bereits in den Anfangsmonaten eingetretenen hohen Verlusten an aktiven Offizieren sowie aufgrund der beträchtlichen Heeresverstärkungen den Hauptanteil der unteren und mittleren Offiziersdienstgrade. In der Reichswehr der Weimarer Republik gab es gemäß den Bestimmungen des Versailler Vertrages offiziell keine R. Die faschistische Wehrmacht führte mit der allgemeinen Wehrpflicht am 16. 3. 1935 auch den Status des R. wieder ein. Danach konnten ehem. Weltkriegsoffiziere sowie ehem. Offiziere der Reichswehr, in Ausnahmefällen auch Unteroffizierskader R. werden. Voraussetzung dafür waren faschistische Grundeinstellung, geordnete wirtschaftliche Verhältnisse sowie eine der nazistischen Rassenideologie entsprechende «arische» Abstammung. Der Abschluß einer höheren Bildungsanstalt war nicht unbedingt erforderlich. Die normale Ausbildung zum R. mit dem Dienstgrad Leutnant d. R. umfaßte den 2jährigen Wehrpflichtdienst, während dem in der Regel die Ernennung zum Unteroffizier und R.anwärter (ROA) erfolgte, und mindestens eine Reserveübung (Offiziersübung). Eine andere Möglichkeit bestand ab 1937 für die ihre Wehrpflicht Erfüllenden in der Ableistung eines 3. Dienstjahres. Die Bundeswehr der BRD ernannte in den ersten Jahren ihres Bestehens zahlreiche ehem. Offiziere der faschistischen Wehrmacht, nachdem sie eine oder mehrere Wehrübungen abgeleistet hatten, zu R. Der bis heute in der BRD übliche Weg zum R. besteht darin, daß Wehrpflichtige, die mindestens den Bildungsstand einer Mittelschule besitzen, R.anwärter und nach einer Offiziersprüfung Leutnant d. R. werden können. Ihre weitere Beförderung erfolgt nach Ableistung von Wehrübungen.

Die R. der NVA entsprechen völlig dem neuen Charakter der Streitkräfte des ersten sozialistischen deutschen Staates. Der Hauptweg zum R. der NVA führt über die Einstufung von Unteroffizieren und Soldaten auf Zeit sowie Soldaten im Grundwehrdienst als R.anwärter. Erforderlich sind dazu bestimmte politisch-soziale, bildungsmäßige, militärische und militärtechnische, physische und psychische Voraussetzungen sowie die Bereitschaft, die Pflichten eines Offiziers der Reserve zu übernehmen. R. werden auch Berufsoffiziere, die vor Erlangung des 60. Lebensjahres in Ehren aus der NVA ausscheiden. Die R. tragen eine besondere Verantwortung für die Stärkung der Landesverteidigung der DDR sowie für die Sicherung der Kampfkraft und Gefechtsbereitschaft der NVA. Ihre Beförderung bzw. Ernennung erfolgt in der Regel nach Teilnahme an Maßnahmen zur Reservistenqualifizierung und an Reservistenübungen. In den Reservistenkollektiven bilden sie R.aktive und beteiligen sich an der sozialistischen Wehrerziehung. Sie sind berechtigt, bei bestimmten Anlässen (z. B. Staatsfeiertagen) Uniform zu tragen. Die wichtigsten Rechtsvorschriften für die Verantwortung, Qualifizierung und Arbeit der R. sind das Wehrdienstgesetz vom 25. 3. 1982 (→ *Gesetz über den Wehrdienst in der DDR 1982*) sowie die gleichzeitig erlassene Reservistenordnung (→ *Reservistenordnung der DDR*).

Reservistenkollektive → *Reservistenordnung der DDR*

Reservistenordnung der DDR: rechtliche Bestimmungen vor allem über die Zugehörigkeit zur Reserve der NVA, die Aufgaben und Pflichten der Reservisten sowie die Organisation und Führung der Reservistenarbeit.

Gleichzeitig mit dem durch die Volkskammer der DDR verabschiedeten Gesetz über die allgemeine Wehrpflicht vom 24. 1. 1962 beschloß der Nationale Verteidigungsrat eine Anordnung über den Wehrdienst der Reservisten (Reservistenordnung). Sie enthielt u. a. Bestimmungen über die Einteilung der Reserve der NVA, über die Ableistung des Reservewehrdienstes sowie die Pflichten und Rechte der Reservisten. Die wachsende Zahl von Reservisten und die in der Arbeit mit ihnen gewonnenen Erfahrungen erforderten Ende der 60er Jahre, diese Bestimmungen zu ergänzen, z. T. auch zu präzisieren. Dem wurden die neue Reservistenordnung vom 30. 7. 1969 und die dazu erlassenen Durchführungsbestimmungen vom 30. 7. 1969 und 30. 10. 1975 gerecht. Neben anderen die Reservisten betreffenden Fragen behandelten sie ausführlich die Aufgaben der Wehrbezirks- und Wehrkreiskommandos, die Bildung, Leitung und Aufgaben der Reservistenkollektive sowie die speziellen Formen der Arbeit mit den Reservisten. Auf ihrer Grundlage entwickelte sich in den 70er Jahren eine vielgestaltige, organisierte Reservistenarbeit. Die Reservistenkollektive, in den Betrieben, staatlichen Organen, gesellschaftlichen und wissenschaftlichen Einrichtungen sowie in den Gemeinden gebildet, wurden zur wichtigsten Organisationsform. Ihre Tätigkeit richteten sie darauf, die Kampf- und Mobilmachungsbereitschaft der gedienten Reservisten zu erhalten und zu fördern sowie deren wachsendes Potential für die Stärkung der Landesverteidigung zu nutzen. Immer mehr Reservisten wirken seitdem aktiv in den Kampfgruppen der Arbeiterklasse und in der Zivilverteidigung mit, unterstützen die Jugendlichen bei der Vorbereitung auf den Wehrdienst, insbesondere als Ausbilder in der Gesellschaft für Sport und Technik (GST), oder beteiligen sich an der militärpolitischen Propaganda. Sie führen verschiedenartige Veranstaltungen durch, um ihre militärische, militärtechnische und militärtheoretische Qualifikation zu erhalten oder sich wehrsportlich zu ertüchtigen. Die Reservistenarbeit wird von den Wehrbezirks- und Wehrkreiskommandos tatkräftig unterstützt. Sie geben den gedienten Militärkadern periodisch Reserveoffiziersinformationen, stellen ihnen neue Bewaffnung und Ausrüstung vor, machen sie bei Wehrvorführungen auf Foren mit neuen Entwicklungsproblemen im Militärwesen vertraut. Die Reservistenkollektive werden von den Wehrorganen mit militärpolitischer und militärfachlicher Literatur versorgt. Eine wesentliche Unterstützung gibt die Zeitung «Volksarmee» mit speziellen Beiträgen zur Tätigkeit der Reservisten. Immer mehr Reservistenkollektive haben in den Betrieben militärpolitische Kabinette eingerichtet, in denen sich u. a. Handbibliotheken für die Reservisten befinden. Viele Reservistenkollektive pflegen enge Patenschaftsbeziehungen mit Einheiten der NVA.

«Reservistenabzeichen» in Bronze;
seit 1965 in 3 Stufen

Die seit Ende der 70er Jahre von den USA und anderen NATO-Staaten betriebene aggressive Politik der Konfrontation und Hochrüstung erhöhte die Verantwortung auch der Reservisten für den Schutz des Friedens und des sozialistischen Vaterlandes. Sofern sie zur Auffüllung der Truppenteile und Verbände herangezogen werden, sind sie genauso Träger der Kampfkraft und Gefechtsbereitschaft der NVA wie die aktiv dienenden Wehrpflichtigen. All dies fand in dem von der Volkskammer der DDR am 25. 3. 1982 beschlossenen Wehrdienstgesetz (→ *Gesetz über den Wehrdienst in der DDR 1982*), in der zum selben Zeitpunkt vom Nationalen Verteidigungsrat der DDR erlassenen Anordnung über die Zugehörigkeit der Wehrpflichtigen zur Reserve der NVA (Reservistenordnung) und der Ersten Durchführungsbestimmung zur Reservistenordnung des Ministers für Nationale Verteidigung der DDR Berücksichtigung. In diesen Rechtsvorschriften sind alle die Reserve der NVA und die Reservisten betreffenden Fragen komplex geregelt. Im Gesetz ist festgelegt, daß die Wehrpflichtigen in der Zeit, in der sie keinen aktiven Wehrdienst oder Reservistenwehrdienst bzw. keinen dem Wehrdienst entsprechenden Dienst in anderen Organen leisten, als Reservisten die Reserve der NVA bilden (§ 38). Als Arten des Reservistenwehrdienstes sieht das Gesetz die Reservistenausbildung, die Reservistenqualifizierung und die Reservistenübung vor (§§ 33–36). Die auf dem Wehrdienstgesetz beruhende Reservistenordnung beginnt mit dem gesellschaftlichen Auftrag der gedienten Reservisten. Nach § 1 besteht er darin, die persönliche Kampfbereitschaft zu erhalten, die Maßnahmen zur Festigung der Landesverteidigung und allseitigen Stärkung des sozialistischen Vaterlandes sowie zum Schutz der sozialistischen Errungenschaften verantwortungsvoll und aktiv zu unterstützen. Die Ordnung leitet davon die konkreten Pflichten der gedienten und ungedienten Reservisten ab. Sie enthält ferner Bestimmungen zu folgenden Fragen: Entlassung aus dem Wehrdienst und erneute Zugehörigkeit zur Reserve (§ 2); Meldung nach der Entlassung aus dem Wehrdienst (§ 3); Tragen von Uniformen (§ 4); Übernahme in den aktiven Wehrdienst sowie Ernennung und Beförderung (§ 5); Aussageerlaubnis (§ 6); Beendigung der Zugehörigkeit zur Reserve der NVA (§ 7). Die Erste Durchführungsbestimmung zur Reservistenordnung geht vom gesellschaftlichen Auftrag der gedienten Reservisten und deren Hauptaufgaben aus. Sie fordert von ihnen, stets bereit und fähig zu sein, zu jedem gesellschaftlich notwendigen Zeitpunkt Wehrdienst zu leisten, bei der Formung des Wehrbewußtseins der Bürger mitzuwirken und besonders der Jugend zu helfen, sich auf den Wehrdienst vorzubereiten. Die Durchführungsbestimmung zeigt die hohe Verantwortung der Offiziere der Reserve und die an sie gestellten Anforderungen. Sie bekräftigt, daß die Reservistenkollektive, die aus Reservistengruppen und einem Reserveoffiziersaktiv bestehen können, die grundlegende Organisationsform für die gedienten Reservisten sind. Zugleich legt sie detailliert die Aufgaben und Rechte ihrer Leitungen fest. Sie enthält außerdem die Formen der Reservistenarbeit, die Aufgaben und Formen der Zusammenarbeit der Reservistenkollektive mit den GST-Grundorganisationen sowie Festlegungen über den sozialistischen Wettbewerb der gedienten Reservisten (Reservistenwettbewerb). Ausführlich sind die Pflichten der Chefs und Leiter der Wehrkommandos, die Aufgaben der Verbände, Truppenteile und Einrichtungen der NVA und anderer Organe sowie der Leiter von Betrieben und Einrichtungen zur Förderung der Reservistenarbeit behandelt.

Revolution 1848/49: Höhepunkt des Klassenkampfes im Prozeß der bürgerlichen Umwälzung in den Staaten des Deutschen Bundes von Februar 1848 bis Juli 1849.

Die deutsche R. war Teil der bürgerlich-demokratischen Revolutionen in Europa. Sie ergab sich aus dem Widerspruch zwischen den herangereiften neuen Produktivkräften und den kapitalistischen Produktionsverhältnissen einerseits sowie den noch bestehenden feudalen Produktionsverhältnissen andererseits. Ihre Hauptaufgabe war, das adlig-junkerliche Herrschaftssystem zu vernichten und die bürgerliche Gesellschaftsordnung radikal und endgültig durchzusetzen. Die notwendige Überwindung der feudalstaatlichen Zersplitterung und die Schaffung eines bürgerlich-demokratischen Nationalstaates schlossen die Aufgabe ein, eine volksverbundene bürgerliche Nationalarmee aufzustellen.

Erste Phase (Februar–Mitte März 1848): Unter dem Einfluß der siegreichen französischen Februarrevolution begann die R. Ende Februar 1848 in Süd- und Südwestdeutschland. Sie breitete sich rasch aus und erreichte ihren Höhepunkt, als sie die beiden reaktionären Hauptmächte Österreich und Preußen erfaßte und die Volksmassen in den → *Märzkämpfen 1848* in Wien (13. 3.) und Berlin (18./19. 3.) dem alten Regime eine schwere Niederlage zufügten. Dabei bewährte sich die junge Arbeiterklasse als tapferster und opferbereitester Vorkämpfer für Demokratie und gesellschaftlichen Fortschritt. Die revolutionären Massenaktionen erschütterten die Macht der Fürsten und des Adels, erzwangen die Einführung wichtiger bürgerlicher Rechte und Freiheiten und verschafften der Bourgeoisie einen Anteil an der Regierung. Die Machtfrage, wesentlich eine Frage der Verfügung über militärische Mittel, blieb jedoch ungelöst. Die regulären Armeen waren zwar in ihrem moralischen Gefüge erschüttert, bildeten aber weiterhin das wichtigste Machtinstrument in den Händen der Fürsten und des Adels. Die Bourgeoisie war objektiv zur Führung der R. berufen. Da sie sich aber schon im Gegensatz zum Proletariat befand, begann sie die R. zu verraten, indem sie sich gegen die demokratischen Volksmassen stellte und eine Vereinbarung mit dem Adel anstrebte. Sie ließ den alten Militärapparat unangetastet und tat nichts für eine wirkliche → *allgemeine Volksbewaffnung* zur Durchsetzung und zum Schutz der Volkssouveränität. Ansätze für eine Volksbewaffnung boten die überall auf kommunaler Ebene entstehenden Bürgerwehren (→ *Miliz*). Sie hatten gewisse volkstümliche Züge und galten besonders beim Kleinbürgertum als Mittel zum Schutz der errungenen bürgerlichen Freiheiten. Von der Reaktion beargwöhnt, stellten sie sich in der Folge auch zeitweise auf die Seite des Volkes gegen das Militär oder weigerten sich, gegen das Volk einzugreifen. Durch die antirevolutionäre Haltung der Bourgeoisie wurden sie jedoch in der Masse zu einem Instrument der Klassenbewaffnung gegen das Volk. Behördlich reglementiert, zumeist aus dem Besitzbürgertum rekrutiert und von Vertretern der Bourgeoisie und ehem. Offizieren geführt, leisteten sie im wesentlichen Polizeidienste zum Schutz des bürgerlichen Eigentums und auch der Krone.

Zweite Phase (Mitte März–Juni 1848): In dieser Phase bestand ein labiles Kräftegleichgewicht zwischen Revolution und Konterrevolution. Der Adel sammelte und stabilisierte seine Kräfte, um mittels militärischer Gewalt seine politische Macht wieder voll herzustellen. In den meisten Staaten, besonders aber in Preußen, stand die Generalität an der Spitze der Konterrevolution. Sie wollte zunächst den militärischen Führungsapparat intakt halten und das Heer vor revolutionären Einflüssen abschirmen. Die liberale Bourgeoisie, die in ihrer Mehrheit eine konstitutionelle Monarchie unter preußischer Führung anstrebte, wollte ihre vermeintlich schon gesicherte

Herrschaft ausbauen und gegenüber den Arbeitern, Bauern und Kleinbürgern absichern. Sie hatte aber keinen Einfluß auf die Führung der Armee und versuchte auch nicht ernsthaft, den Fürsten die Kommandogewalt zu entreißen, sondern begnügte sich mit der Bildung der Bürgerwehren und der in Aussicht gestellten Vereidigung der Armeen auf die Verfassung. Auch die kleinbürgerlichen Demokraten, die mit Hilfe des Parlaments eine deutsche Föderativrepublik durchsetzen wollten, sahen ihre Forderung nach Volksbewaffnung mit der Bildung von Bürgerwehren im allgemeinen erfüllt. Der Bund der Kommunisten unter Führung von Karl Marx (1818–1883) und Friedrich Engels (1820–1895) vertrat den fortgeschrittensten Teil der Arbeiterklasse. In den 17 «Forderungen der Kommunistischen Partei in Deutschland» (Ende März 1848) entwickelte er ein revolutionär-demokratisches Programm der R., nach dessen Grundsätzen auch die seit 1. 6. 1848 herausgegebene «Neue Rheinische Zeitung» wirkte. Kerngedanke war die radikale Beseitigung der politischen und ökonomischen Macht der Junkerklasse und die weitgehende Demokratisierung des gesamten gesellschaftlichen Lebens. Damit sollten zugleich Ansatzpunkte für den weiteren Kampf des Proletariats geschaffen werden. Dieser Gedanke lag auch der Forderung nach allgemeiner Volksbewaffnung zugrunde (→ *Militärpolitik der revolutionären deutschen Arbeiterbewegung (bis 1945)*).

Von Ende März bis Ende Juni unternahmen die Volksmassen wiederholt bewaffnete Aktionen, um die Märzerrungenschaften zu sichern und die revolutionäre Entwicklung voranzutreiben. In Baden erhoben sich im April republikanische Kräfte unter den Freischarführern Friedrich Hecker (1811–1881) und Gustav von Struve (1805–1870). In Wien erkämpften am 15. und 26. 5. Arbeiter, Kleinbürger und Studenten demokratische Zugeständnisse. Mit dem → *Zeughaussturm in Berlin 1848* (14. 6.) wollten Arbeiter und Handwerker die allgemeine Volksbewaffnung in die Tat umsetzen. Im März und April fanden vor allem in Südwestdeutschland, Thüringen, Sachsen, Mecklenburg und Schlesien große Bauernerhebungen statt. Wie beim Sturm auf das Waldenburger Schloß (5. 4.) führte der Kampf der Bauern und Landarbeiter für die Befreiung von feudaler Ausbeutung und Unterdrückung vielerorts zu bewaffneten Zusammenstößen mit Truppen. Die meisten Versuche, die errungenen demokratischen Positionen weiter auszubauen, scheiterten jedoch hauptsächlich am Widerstand der adlig-junkerlichen Konterrevolution und der mit ihr verbündeten regierenden Bourgeoisie. In diesen Monaten entfalteten sich in ganz Europa nationale Unabhängigkeitsbewegungen. Die deutschsprachige Bevölkerung Schleswig-Holsteins erhob sich gegen die drohende Annexion durch Dänemark (→ *Dänisch-Deutscher Krieg 1848–1851*). In Polen (→ *Posener Aufstand 1848*), in Italien, in den tschechischen Ländern und in Ungarn begannen bewaffnete Kämpfe gegen die preußische bzw. österreichische Fremdherrschaft. Dabei zeugten z. B. der Beschluß kleinbürgerlicher Demokraten in Berlin, mit einem Freikorps den polnischen Aufständischen zu Hilfe zu eilen, sowie später die Bildung der → *Deutschen Legion* zur Unterstützung des ungarischen Freiheitskampfes vom revolutionären Internationalismus deutscher Demokraten. Die deutsche Bourgeoisie dagegen ließ der militärischen Konterrevolution freie Hand bei der Niederwerfung der nationalrevolutionären Bewegungen in Polen, Böhmen und Italien und beraubte sich damit selbst ihrer natürlichen Verbündeten.

Barrikade beim Teichtor in Altenburg, Juni 1848

Die Unterdrückungsfeldzüge erleichterten es der preußischen und österreichischen Armeeführung, die Streitkräfte für einen konterrevolutionären Gegenschlag materiell und ideologisch zu stärken. Die reaktionären Kräfte waren um so mehr bemüht, die Truppen gegen liberale und demokratische Ideen abzuschirmen, als das nach dem März entstandene rege politische Leben auch viele Soldaten und Teile des Offizierskorps beeinflußte. In Preußen waren bereits vor der R. einige demokratisch gesinnte Offiziere, die an den preußischen Militärzuständen heftige Kritik übten, aus der Armee ausgeschieden, unter ihnen der spätere Freischarführer Leutnant August Willich (1810–1878). In Sachsen agitierte eine kleine Gruppe fortschrittlicher Offiziere, deren Sprachrohr die → *«Deutsche Krieger-Zeitung»* wurde, für die Demokratisierung der Armee. Ihr Wortführer, Oberleutnant Hermann Müller, trat auch als Abgeordneter der Zweiten Kammer des sächsischen Landtags hervor. Die revolutionäre Bewegung erfaßte insbesondere die preußische → *Landwehr*. Bereits im März hatten Landwehrmänner an der Seite des Volkes gekämpft. Bei den Frühjahrsappellen kam es zu Widersetzlichkeiten, auch entstanden demokratische Landwehrvereine.

Der Aufstand der Pariser Arbeiter im Juni 1848,

Erstürmung des Berliner Zeughauses durch revolutionäre Arbeiter und Gesellen, 14. Juni 1848

die erste große Klassenschlacht zwischen Proletariat und Bourgeoisie, war das bedeutendste Ereignis in den europäischen Revolutionen von 1848/49. Etwa 40000 Arbeiter kämpften 4 Tage lang (23.–26. 6.) gegen eine gewaltige Übermacht von Linientruppen und Nationalgarde für die Erhaltung der in der Februarrevolution errungenen politischen Freiheiten und sozialen Zugeständnisse. Auch deutsche Arbeiter, die in Paris lebten, nahmen an der Seite ihrer französischen Klassenbrüder am Kampf teil. Die brutale Niederschlagung der Pariser Juniinsurrektion leitete eine Wende in den europäischen Revolutionen ein.

Dritte Phase (Juni–Dezember 1848): Mit der Niederlage der Pariser Arbeiter begann auch in der deutschen R. eine neue Phase, in der Adel und Fürsten wesentliche Machtpositionen zurückeroberten. Entscheidend wurden die Ereignisse in Preußen und Österreich. Die adlig-junkerliche Konterrevolution, die nach dem März mehr im Hintergrund gewirkt hatte, ging jetzt offen und verschärft gegen die demokratische Bewegung und die nationale Befreiungsbewegung vor. Dabei wirkte besonders in Preußen die Armee als bestimmender Faktor. Seit dem Sommer agitierten reaktionäre Offiziere für die uneingeschränkte Kommandogewalt des Königs, gegen den Verfassungseid der Armee, gegen das Wahlrecht der Soldaten und andere liberale und demokratische Forderungen. Sprachrohr war die im Juli 1848 gegründete → *«Deutsche Wehr-Zeitung»*. Die von Generalmajor Leopold von Gerlach (1790–1861), einem Vertrauten des Königs, angeführte Militärkamarilla arbeitete auf die militärische Niederschlagung der R. und auf einen Staatsstreich hin. Vielerorts provozierte das Militär bewaffnete Zusammenstöße mit Demonstranten. Besonders das Blutbad in Schweidnitz, wo Festungstruppen am 31. 7. auf Bürgerwehr und eine Menschenmenge schossen und mehr als 30 Personen töteten oder verwundeten, steigerte die Volksempörung über die konterrevolutionären Anschläge.

Die Bourgeoisie, die weiterhin mit dem Adel paktierte, leistete mit ihrer antidemokratischen Haltung der Konterrevolution Vorschub und untergrub damit die eigenen Machtpositionen. Das erwies sich auch bei den Auseinandersetzungen um die Militärfrage in der deutschen Nationalversammlung, die sich seit Mitte Mai in Frankfurt a. M. konstituiert hatte. Die Mehrheit der Abgeordneten, Vertreter der liberalen Bourgeoisie, verhinderte konsequente Maßnahmen, die bewaffneten Kräfte dem Adel zu entreißen. Sie drängte nicht einmal darauf, das bisherige → *Bundesheer* zu einer wirklich einheitlichen Nationalarmee umzugestalten. Die Bourgeoisie beschränkte sich im wesentlichen auf die Forderung, die mit Erhaltung der Dynastien weiterbestehenden einzelstaatlichen Kontingente dem preußischen Militärsystem anzugleichen (vor allem durch Einführung der → *allgemeinen Wehrpflicht* und der Landwehr) und sie der künftigen Zentralgewalt zu unterstellen. Dabei hegte sie die Illusion, die einzelstaatlichen Armeen durch Vereidigung auf die Reichsverfassung einem bürgerlichen Nationalstaat verpflichten zu können. Dagegen befürworteten Vertreter des demokratischen Kleinbürgertums die Einschmelzung der stehenden Heere, der Landwehr und der Bürgerwehr zu einer Art Nationalmiliz. Mit wenigen Ausnahmen versäumten es aber auch die demokratischen Abgeordneten, den außerparlamentarischen Kampf zur Durchsetzung ihrer Ziele zu organisieren.

Die Versuche der Frankfurter Nationalversammlung, mit der Ausarbeitung einer Reichsverfassung zugleich eine neue deutsche Wehrverfassung zu schaffen, verliefen ganz auf der Linie der Vereinbarungen mit dem Adel sowie unter dem Einfluß preußischer Militärs, die z. B. im Wehrausschuß vertreten waren. Obwohl eine echte Integration der einzelstaatlichen Armeen in das Reichskriegswesen nicht vorgesehen war, kam es doch zu ersten Schritten in Richtung eines Reichsheeres und einer Reichskriegsflotte (→ *Kriegsflotte der Frankfurter Nationalversammlung*). Der im Juli vorliegende Vorentwurf der Reichsverfassung sah ein auf das künftige Reichsoberhaupt und die Reichsverfassung vereidigtes Reichsheer vor. Das provisorische Reichsoberhaupt, der am 12. 7. sein Amt antretende Reichsverweser, sollte vorläufig die Oberleitung über alle deutschen Truppen erhalten. Der Reichsverweser setzte ein Reichsministerium ein und delegierte die ihm übertragene Oberleitung an den preußischen Generalmajor Eduard von Peucker (1791–1876), der im Juli das Amt des Reichskriegsministers übernahm (→ *Kriegsministerium*). Der Versuch, durch Anordnung einer Feldparade aller deutschen Truppen zur Huldigung des Reichsverwesers die zentrale Befehlsgewalt zu etablieren, scheiterte jedoch am Widerstand der reaktionären partikularistischen Kräfte in den Einzelstaaten. Weil die Nationalversammlung darauf verzichtete, sich eine ihr ergebene bewaffnete Macht zu schaffen, konnte sie nicht einmal ihre gemäßigten Beschlüsse gegen den Widerstand der Einzelstaaten durchsetzen. Vor parlamentarischen Illusionen warnten die Kommunisten. Sie verlangten von der Bourgeoisie, mit Hilfe außerparlamentarischer Aktionen der Volksmassen die Machtfrage im Sinne der bürgerlich-demokratischen Gesellschaftsordnung zu lösen.

Seit Juli wuchs die Massenbewegung zur Abwehr der konterrevolutionären Offensive. Die sog. Septemberkrise wurde ausgelöst durch einen Konflikt zwischen der Mehrheit der preußischen konstituierenden Versammlung und der Regierung, die sich schützend vor die Krone und die reaktionären Kräfte in der Armee stellte. Verschärfend wirkte die Zustimmung der Frankfurter Nationalversammlung zu dem von Preußen abgeschlossenen Waffenstillstand mit Dänemark, der einen Verrat an der nationalen Bewegung bedeutete. Die breite, fast alle deutschen Staaten erfassende Volksbewegung griff selbst auf die Truppen über (Soldatenunruhen in Potsdam am 12. 9.; Auflösung der «unzuverlässigen» sächsischen Leibgrenadiergarde im Dezember 1848). Sie erreichte mit dem bewaffneten Volksaufstand in Frankfurt a. M. am 18. 9. einen Höhepunkt, konnte jedoch überall durch Militär unterdrückt werden. Im Oktober vermochte die Konterrevolution ihre Stellung weiter zu festigen. Am 6. 10. erhob sich das Volk in Wien und verhinderte den Abmarsch von Truppen gegen das aufständische Ungarn. Nach anfänglich erfolgreichen Kämpfen, an denen sich auch zahlreiche polnische Revolutionäre beteiligten, erlagen die Aufständischen jedoch Ende Oktober der Übermacht des kaiserlichen Heeres. Hauptkraft des revolutionären Kampfes waren die in der Mobilgarde und in der Akademischen Legion organisierten bewaffneten Arbeiter und Studenten. Die Niederschlagung des Wiener Aufstandes ermutigte die preußische Konterrevolution, den schon lange geplanten Staatsstreich durchzuführen. Am 10. 11. marschierten Truppen in Stärke von etwa 40000 Mann in Berlin ein. Die Bürgerwehr wurde aufgelöst (11. 11.), der Belagerungszustand verhängt (12. 11.) und die konstituierende Versammlung von Militär zersprengt (15. 11.). Danach nahm der Volkskampf schärfere Formen an. Besonders im Rheinland, in Westfalen, Schlesien und der Provinz Sachsen drängten die Massen auf bewaffnete Aktionen. Vielerorts bekundeten Bürgerwehren ihre Bereitschaft, mit dem Volk gegen das Militär vorzugehen. In Erfurt kam es am 23./24. 11. zu blutigen Zusammenstößen zwischen Truppen und Bürgerwehr, der sich Arbeiterabteilungen und Landwehrmänner anschlossen. Vielfach widersetzte sich die Landwehr ihrer Einberufung und ihrem Einsatz gegen das Volk. Im preußischen Regierungsbezirk Merseburg bildete der demokratische Bürgerwehrkommandeur Carl Stockmann eine revolutionäre Kampfgruppe, die etwa 1000 Bewaffnete zählte und erfolgreich gegen preußische Truppen operierte. Sie konnte nur unter Einsatz einer größeren Anzahl mit Artillerie ausgestatteter Truppen zerschlagen werden.

Vierte Phase (Januar–Juli 1849): Die Konterrevolution erlangte das entscheidende Übergewicht. Noch bestanden aber Möglichkeiten, die R. weiterzuführen, zumal sie in Frankreich, Italien und Ungarn einen neuen Aufschwung nahm. Immer mehr zeichnete sich, bedingt durch den Verrat der Bourgeoisie, eine unmittelbare Auseinandersetzung zwischen Volk und adlig-junkerlicher Konterrevolution ab. Das führte die Kommunisten zu der Schlußfolgerung, die Volksmassen zum selbständigen Kampf zu befähigen und sie vom Einfluß der Bourgeoisie zu befreien. Die → *Reichsverfassungskampagne 1849* (Mai–Juli) war die letzte große bewaffnete Auseinandersetzung in der deutschen R. Der → *Dresdner Aufstand 1849*, die Volkserhebung im Rheinland und in Westfalen und insbesondere der Kampf der → *badisch-pfälzischen Revolutionsarmee 1849* waren heroische Versuche der Arbeiter, Bauern und Handwerker, der R. neuen Aufschwung zu verleihen und

Kampf um eine Barrikade in der Dresdner Frauengasse, Mai 1849

sich der Wiederherstellung der Macht der Fürsten zu widersetzen. Mit der Niederwerfung dieser Bewegungen, wobei die preußischen Truppen die Hauptkraft bildeten, vermochte die Konterrevolution die R. vollends abzuwürgen. Die Kapitulation der Festung → *Rastatt 1849* (23. 7.) bedeutete zugleich das Ende der deutschen R. Auch in den anderen europäischen Ländern unterlag im Sommer 1849 die revolutionäre Bewegung.

Die R. war die entscheidende Klassenschlacht in der deutschen Geschichte des 19. Jh. und das bedeutendste revolutionäre Ereignis seit dem Bauernkrieg 1524–1526. Die demokratischen Kräfte erlitten vor allem deshalb eine Niederlage, weil die Bourgeoisie ihre historische Führungsfunktion nicht wahrnahm und die R. verriet. Trotz ihrer Niederlage gab die R. jedoch einen mächtigen Anstoß für die Durchsetzung des gesellschaftlichen Fortschritts in den folgenden Jahrzehnten. Die bewaffneten Kämpfe der Volksmassen in der R. sind fester Bestandteil der → *militärischen Traditionen der DDR.* Die Teilnahme zahlreicher ausländischer Revolutionäre an den Kämpfen in Paris und Wien, in Ungarn, Italien und Deutschland ist hervorragendes Beispiel für den revolutionären Internationalismus. Die bewaffneten Volkskämpfe der R. brachten keine prinzipiell neue Kriegskunst hervor, abgesehen von begrenzten Fortschritten auf dem Gebiet des Barrikaden- und Straßenkampfes sowie der insurrektionellen Kleinkriegführung. Die Hauptursache war, daß angesichts der herangereiften Klassenwidersprüche die Bourgeoisie zu einer entschlossenen Revolutionskriegführung nicht mehr willens und fähig war, dem jungen Proletariat jedoch noch die objektiven und subjektiven Voraussetzungen fehlten, die Kriegführung entscheidend zu beeinflussen. Marx und Engels zogen aus den Erfahrungen der R. u. a. die Schlußfolgerung, daß sich die Arbeiterklasse für die kommende demokratische Revolution auf die selbständige Vorbereitung und Führung bewaffneter Kämpfe einstellen und ihre eigene militärische Organisation mit eigener militärischer Führung organisieren müsse. *(s. Abb. S. 185, 1004)*

revolutionäre Matrosenbewegung 1917/18: Massenbewegung von Matrosen und Heizern der deutschen Hochseeflotte für die revolutionäre Beendigung des ersten Weltkrieges (→ *Weltkrieg, erster, 1914–1918*).

Während des ersten Weltkrieges traten oppositionelle und revolutionäre Tendenzen in der → *Kaiserlichen Marine* weit stärker zutage als im Heer. Die Klassengegensätze waren in der Marine, namentlich auf den lange Zeit in den Heimathäfen liegenden Schiffen, besonders fühlbar. Sie kamen in der schikanösen, menschenunwürdigen Behandlung der Mannschaften und deren sich bis zu Hungerrationen verschlechternden Verpflegung einerseits und im Herrenmenschentum und Wohlleben der Offiziere andererseits zum Ausdruck. Auf diesem Boden wuchs in der Flotte die Opposition gegen Militarismus und Krieg. Schon seit 1915 bildeten sich insbesondere auf einzelnen schweren Einheiten kleine Diskussionsgruppen sozialistisch gesinnter Heizer und Matrosen, die Antikriegsgedanken unter den Mannschaften verbreiteten. Ihre Verbindungen waren noch lose, aber ihre Zahl nahm ständig zu. Gefördert wurde diese Entwicklung durch die Konzentration proletarischer Kräfte unter den Mannschaften der Schiffsbesatzungen und das enge Zusammenleben an Bord. Die Februarrevolution 1917 in Rußland und die Gründung der USPD im April 1917 gaben den klassenbewußten Matrosen und Heizern neue Impulse für ihre Antikriegstätigkeit. Zu revolutionären Arbeitern in den Hafenstädten bestanden Kontakte, über die auch Flugblätter (u. a. ein Spartakusbrief) in die Hände der Mannschaften gelangten. So reiften im Zusammenhang mit dem allgemeinen Aufschwung der Antikriegsbewegung in Deutschland sehr rasch in der Hochseeflotte die Bedingungen für eine revolutionäre Massenbewegung gegen den Krieg heran. In Wilhelmshaven und Kiel fanden im April und Mai 1917 Versammlungen zu wirtschaftlichen, dienstlichen und politischen Fragen statt, an denen Hunderte Heizer und Matrosen teilnahmen. Auf dem Linienschiff «Friedrich der Große» und auf dem Linienschiff «Prinzregent Luitpold» wurden in Wachen und Divisionen (Einheiten an Bord) Vertrauensleute der Mannschaften gewählt. Auf «Prinzregent Luitpold» kam es am 6. 6. zum Hungerstreik und Ende Juni zur Dienstverweigerung von Heizern und Matrosen. Die Mannschaften beider Linienschiffe erzwangen in der ersten Julihälfte auch die Wahl von Menagekommissionen als allgemeine Vertretung gegenüber den Vorgesetzten.

Die Bildung von Menagekommissionen, der Auf-

Soldatenrat auf dem Linienschiff «Prinzregent Luitpold», 1918

bau eines weitverzweigten Netzes von Vertrauensmännern, die Werbung für die USPD und das Sammeln von Zustimmungserklärungen für einen Frieden ohne Annexionen und Kontributionen leiteten eine neue Etappe in der Entwicklung der r. M. ein. Ziel der Bewegung war es nun, die gesamte Hochseeflotte zu erfassen. Ende Juli 1917 wurde eine Flottenzentrale gebildet, die die Aktionen koordinieren sollte. Ihr gehörten auch der Heizer Albin Köbis (1892–1917) und der Matrose Max Reichpietsch (1894–1917) an. Auf Initiative der Flottenzentrale kam es auf verschiedenen Linienschiffen zu Hungerstreiks, Dienstverweigerungen und unerlaubtem Verlassen der Schiffe. Der Gedanke eines Flottenstreiks und eines Protestausmarsches im Flottenmaßstab gewann in der r. M. immer mehr Einfluß. Höhepunkt der Bewegung war am 2. 8. der Aufstandsversuch von 600 Heizern und Matrosen von der «Prinzregent Luitpold». Unter Führung der illegalen Schiffsorganisation verweigerten sie den Dienst, verließen das Schiff und kehrten erst nach Stunden an Bord zurück. Über den weiteren Verlauf ihrer Aktionen hatten sie jedoch keine klaren Vorstellungen. Noch bevor sich andere Besatzungen und die Flottenzentrale dem Aufstandsversuch anschließen konnten, gelang es der Flottenführung, die gesamte illegale Bewegung aufzudecken. Sie bediente sich dabei der Hilfe von Provokateuren und Spitzeln und nutzte auch die politische Unerfahrenheit vieler Matrosen aus. Die r. M., die zu diesem Zeitpunkt etwa 5000 Matrosen und Heizer erfaßte, wurde mit äußerster Härte niedergeschlagen. Ein Kriegsgericht verurteilte am 25. 8. Reichpietsch, Köbis und 3 weitere Heizer zum Tode. 4 Matrosen und Heizer erhielten Zuchthausstrafen von jeweils 10 bis 15 Jahren. Weitere 50 Aufständische wurden zu insgesamt 400 Jahren Zuchthaus verurteilt. Am 5. 9. 1917 wurden Reichpietsch und Köbis in Wahn bei Köln standrechtlich erschossen. Die anderen zum Tode Verurteilten «begnadigte» man zu je 15 Jahren Zuchthaus. Hunderte revolutionäre Matrosen wurden in Strafabteilungen gepreßt und strafversetzt. Nach den Aprilstreiks Hunderttausender Arbeiter war die r. M. in der Hochseeflotte die zweite große Massenaktion 1917 für die Beendigung des Krieges. Allein die Spartakusgruppe forderte alle revolutionären Kräfte auf, dem Beispiel der Matrosen von Wilhelmshaven zu folgen. Die r. M. war 1917 zurückgedrängt, aber nicht vernichtet.

Die Auswirkungen der Oktoberrevolution und die sich seit Sommer 1918 zuspitzende Krise des deutschen Imperialismus waren entscheidende Ursachen für die im Herbst entstehende r. M. gegen eine Verlängerung des Krieges. Als am 27. 10. 1918 die «Todesfahrt» der Hochseeflotte gegen die britische Flotte beginnen sollte, um die Waffenstillstandsverhandlungen zu torpedieren, durchkreuzten revolutionäre Heizer und Matrosen den Plan der Marineführung. Die Mannschaften des Kreuzers «Straßburg» und des Schlachtkreuzers «Moltke» verhinderten das Auslaufen durch offenen Widerstand. Auf den Schlachtkreuzern «Derfflinger», «Von der Tann» und «Seydlitz» wurde passiver Widerstand geleistet. Auf mehreren Schiffen tauchten revolutionäre Flugblätter auf und bildeten sich Matrosenräte. Am 28. 10. griff die r. M. auf die Linienschiffe «Markgraf», «Großer Kurfürst», «König», «Kronprinz Wilhelm» und «Bayern» über (III. Geschwader). Bis zum Abend des 29. 10. hatte sie fast die gesamte Hochseeflotte erfaßt. Als die Marineführung am 30. 10. versuchte, das Auslaufen der Schiffe zu erzwingen, verhinderten dies vor allem die Matrosen und Heizer der Linienschiffe «Thüringen», «Helgoland», «Markgraf» und «Großer Kurfürst». Mehr als 1000 Aufständische wurden unter Einsatz von Marineinfanteristen sowie von Torpedo- und U-Booten verhaftet. Der Flottenvorstoß konnte jedoch nicht mehr durchgeführt werden. Der Kampfeswille war auf den meisten Schiffen ungebrochen und fand Unterstützung an Land. Der Widerstand der Matrosen und Heizer fiel mit der Herausbildung einer revolutionären Krise in Deutschland zusammen. Unverkennbar war der Einfluß der Bremer Linken und der Spartakusgruppe, deren Flugblätter in der Flotte kursierten. Versuche der Marineführung, die r. M. aufzusplittern und zu isolieren, schlugen fehl. Vor allem im III. Geschwader, dem Zentrum der Bewegung, verstärkte sich der Widerstand. Nach Einlaufen des Geschwaders am 31. 10. in den Kieler Hafen und durch die Verbindungen der Aufständischen zu den Werftarbeitern gab die r. M. den Auftakt zur Revolution.

Am 1. und 2. 11. fanden in Kiel Versammlungen von Angehörigen des III. Geschwaders statt, auf denen sie die Freilassung ihrer Kameraden forderten. Seesoldaten und Marineinfanteristen weigerten sich, gegen die revolutionären Heizer und Matrosen, denen sich Arbeiter anschlossen, vorzugehen. Die revolutionäre Bewegung griff immer mehr auf das Land über. Am 3. 11. kam es auf dem Kieler Exerzierplatz zu einer Protestversammlung von mehr als 3000 Matrosen, Heizern, Soldaten und Werktätigen. Am Schluß formierte sich ein Demonstrationszug, der unter Rufen «Es lebe die Internationale!», «Es lebe die deutsche Republik!» und «Weg mit dem Kaiser!» in Richtung der Marinearrestanstalt zog. Eine vorwiegend aus Offizieren und Unteroffizieren bestehende Patrouille schoß auf die Demonstranten, tötete 8 und verletzte 29 schwer, wurde jedoch von den teilweise bewaffneten Aufständischen vertrieben. Der bewaffnete Aufstand hatte begonnen. In der Nacht zum 4. 11. entstanden auf Schiffen und in den Kasernen Matrosen- und → *Soldatenräte.* Am 4. 11.

überwältigten Matrosen und Heizer vieler Schiffe ihre Offiziere und hißten die rote Fahne. Bis Mittag hatten sich annähernd 20000 Matrosen und Soldaten, die Hälfte der in Kiel befindlichen Truppen, den Räten unterstellt. Sie forderten u. a. Freilassung der politischen Gefangenen, menschenwürdige Behandlung der Mannschaften durch die Vorgesetzten und straffreie Rückkehr an Bord. In der I. Torpedodivision, in der die Linken in der deutschen Arbeiterbewegung einen gewissen Einfluß hatten, wurden vor allem politische Forderungen erhoben, u. a. sofortige Beendigung des Krieges, Abdankung der Hohenzollern, Aufhebung des Belagerungszustandes sowie Einführung des allgemeinen, gleichen und geheimen Wahlrechts.

Der Aufstand der Matrosen und Heizer von Kiel war das Signal zum Beginn der → *Novemberrevolution 1918/19* in Deutschland. Nach Bekanntwerden des Kieler Matrosenaufstandes erhoben sich revolutionäre Matrosen, Soldaten und Arbeiter in Cuxhaven, Hamburg, Wilhelmshaven, Bremen und in den Ostseestädten Wismar, Rostock und Stralsund. Revolutionäre Matrosen und Heizer aus Kiel waren sowohl an der Ausbreitung der revolutionären Bewegung an der Küste als auch im Binnenland beteiligt (u. a. in Braunschweig, Köln, Frankfurt a. M., Düsseldorf, Hannover, Leipzig). In Berlin war die → *Volksmarinedivision* die bedeutendste bewaffnete Formation der revolutionären Kräfte. Die Räte der Marine, insbesondere der Hauptausschuß der Marine in Wilhelmshaven, der 53er Ausschuß der Marine sowie der Zentralrat der Marine in Berlin, traten von allen Soldatenräten am konsequentesten für die Sicherung und Weiterführung der Revolution ein.

Die r. M. ist Bestandteil der politischen wie → *militärischen Traditionen der DDR*. Kasernen, Truppenteile und Schiffe der NVA tragen Namen revolutionärer Matrosen (→ *Traditionspflege in der NVA*). Einen besonderen Platz nimmt die Pflege des Erbes der r. M. in der Volksmarine der NVA ein. In Rostock-Kabutzenhof befindet sich ein Reichpietsch-Köbis-Denkmal. *(s. Abb. S. 711, 1008)*

Revolver → *Faustfeuerwaffen*

Ritter: gepanzerte und berittene Adlige des Feudalheeres vom 12. bis 15. Jh.

Im 12. Jh. entstand durch Verschmelzung von edelfreien Untervasallen und Ministerialen ein neuer niederer Adel. Er leistete gegen Belehnung mit Grundbesitz vor allem Kriegsdienst und stellte dabei die schwere Reiterei, die im vollentfalteten Feudalismus die schlachtentscheidende Waffengattung war. Der Strukturwandel innerhalb der Adelsklasse und die ständisch-hierarchische Gliederung des Heeresaufgebots spiegelten sich in der → *Heerschildordnung* wider. Die Inhaber der 3 unteren Heerschilde waren die R., die einen eigenen, zunächst nicht erblichen Stand bildeten. Noch im 11. Jh. konnte jeder, der die kostspielige Ausrüstung eines → *Panzerreiters* aufbrachte, also auch reichere Bauern, den R.gurt als Zeichen der R.würde empfangen. Im 12. Jh. grenzten sich die R. jedoch zunehmend von den Volksmassen ab. Nach den königlichen Gesetzen von 1152 und 1186 konnten allein Söhne von Feudalherren und Ministerialen zum R. geschlagen werden. Schließlich fand nur noch derjenige Aufnahme in den R.stand, der ritterlicher Abstammung war (R.bürtigkeit). Die R.schaft wurde zur exklusiven Kaste mit eigener Denk- und Lebensweise sowie besonderen Standesidealen.

Der R. verkörperte die militärische Macht der Feudalherren. Nach standesgemäßer Erziehung, die die Waffenausbildung und den Knappendienst einschloß, erhielt der R.sohn mit dem 21. Lebensjahr den R.schlag (Schwertleite) sowie R.gurt, Schärpe und goldene Sporen als äußere Zeichen seiner Wehrhaftigkeit. Die Bewaffnung und Ausrüstung des R. bestanden aus Lanze, Schwert, Streitkolben, Schild, Helm und den ganzen Körper bedeckender Metallrüstung. Auch das Streitroß war gepanzert. Der R. und sein leichter bewaffnetes Gefolge, etwa 3–9 Knappen und Knechte zu Pferde und zu Fuß, bildeten zusammen eine Lanze oder Gleve, jedoch nicht als taktische Einheit. Zur Schlacht vereinigten sich die R. eines Lehnsherrn in einer Kampfformation (Banner). Da Disziplin und Unterordnung dem ritterlichen Standesgeist widersprachen, blieben auch das → *Ritterheer* insgesamt und die Schlachtordnung locker gefügt; nur die Streitmacht der → *Ritterorden* wies eine größere Geschlossenheit auf. Die Kampfweise der R. war gekennzeichnet durch den gemeinsamen Anritt mit eingelegter Lanze und den Einzelkampf nach erfolgtem Zusammenstoß. War der R. aus dem

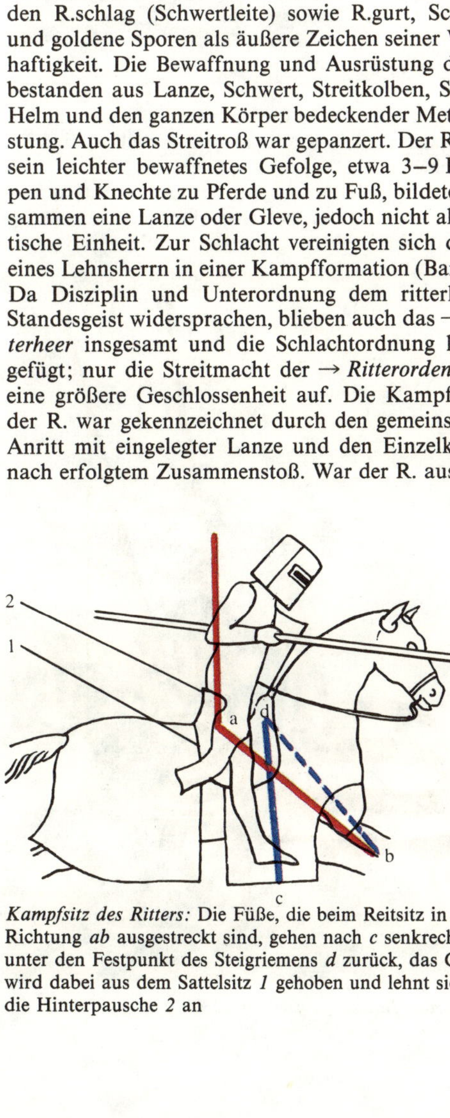

Kampfsitz des Ritters: Die Füße, die beim Reitsitz in der Richtung *ab* ausgestreckt sind, gehen nach *c* senkrecht unter den Festpunkt des Steigriemens *d* zurück, das Gesäß wird dabei aus dem Sattelsitz *1* gehoben und lehnt sich an die Hinterpausche *2* an

Ritter, um 1500

Sattel gehoben, konnte er wegen der schweren Rüstung weder allein wieder aufsitzen noch zu Fuß beweglich handeln.

Die Ideologie des feudalen R.tums verklärte den bewaffneten Kampf und das ritterliche Leben, bemäntelte die Eroberungskriege im Orient und gegen die Slawen als Kreuzzüge für den Glauben (→ *Kreuzzüge 11.–13. Jh.*) und verherrlichte den R. als «Gottesstreiter». Die R. erfüllten auch wichtige Aufgaben im Klassenkampf. Ihre Burgen entwickelten sich zu Machtzentren des feudalen Staates und dienten dazu, die Feudalherrschaft über die unterdrückten und ausgebeuteten Klassen aufrechtzuerhalten. Die R.burgen waren deshalb ein Hauptangriffsziel des bäuerlichen Widerstandskampfes, zumal die zahllosen R.fehden die Leiden der Bevölkerung vergrößerten. Der Niedergang des R.tums begann im 14. Jh. mit den Veränderungen im feudalen Wirtschafts- und Gesellschaftsgefüge. Das Raub- und das Sold-R.tum nahmen sprunghaft zu. Der Wiederaufstieg des Fußvolkes, die Entwicklung der Feuerwaffen und die rasche Ausbreitung des Söldnerwesens machten schließlich die R. als Berufsstand überflüssig. Die schwere Reiterei der R. wandelte sich zur leichter gerüsteten, beweglicheren Söldnerkavallerie. *(s. Abb. S. 281, 282, 293, 367, 833, 860, 865, 951, 952)*

Ritterheer: auf dem Lehnswesen fußende Streitkräfte des Feudaladels im mittelalterlichen römisch-deutschen Kaiserreich, deren Hauptwaffengattung die schwere Reiterei war.

Mit der vollen Entfaltung der Feudalordnung ging aus dem → *Vasallenheer* des frühfeudalen deutschen Staates das R. hervor. Seine Organisation spiegelte sich in der → *Heerschildordnung* wider, die die komplizierter gewordenen lehnsrechtlichen Abhängigkeitsverhältnisse innerhalb der herrschenden Klasse fixierte. Das R. wurde im Kriegsfall vom König aufgeboten. Es umfaßte hauptsächlich die Kontingente der großen Feudalherren und ihrer Vasallen, daneben schon frühzeitig einzelne Söldnerabteilungen sowie Aufgebote der dem König unterstehenden Städte. Den Kern des R. bildeten die gepanzerten und schwerbewaffneten → *Ritter*, die sich zum exklusiven Berufsstand entwickelten und die militärische Macht der Feudalherren verkörperten. Damit grenzte sich das R. noch schärfer von den Volksmassen ab. Auch Waffenverbote und -beschränkungen vor allem für die Bauern verfolgten das Ziel, die Trennung von Volk und Armee zu vertiefen.

Die schwere Reiterei der R. entschied die Schlachten (→ *Kavallerie*). Zusammen mit seinem Gefolge, das aus 3–9 leichter bewaffneten Knappen und Knechten zu Pferde und zu Fuß bestand, bildete der Ritter eine Lanze oder Gleve. Den zahlenmäßig stärkeren Teil des R. machte das Fußvolk aus, das mit Pfeil und → *Bogen*, → *Armbrust*, → *Spieß* und Blankwaffen (→ *Kaltwaffen*) ausgerüstet war. Kaum organisiert und wenig für ein taktisches Zusammenwirken mit der Reiterei ausgebildet, erfüllte es nur Nebenaufgaben in der Schlacht (→ *Infanterie*). Im Vergleich zur Streitmacht der → *Ritterorden* besaß das R. in politischer und militärischer Hinsicht eine

Ritter, zum Turnier gerüstet, um 1530

geringere Festigkeit. Die Rivalitäten innerhalb des Adels bewirkten häufig, daß mächtige Feudalherren dem königlichen Aufgebot nicht folgten. Hinzu kamen die nach Art, Raum und Zeit sehr unterschiedlichen militärischen Pflichten der Vasallen. Lehnsträger verließen nicht selten das Heer, wenn die Zeit ihrer Heerfolgepflicht abgelaufen war oder sich das Kriegsgeschehen in Gebiete verlagerte, wo sie keinen Kriegsdienst zu leisten brauchten. Solche Verhältnisse beeinträchtigten die Zuverlässigkeit und Einsatzbereitschaft des R. als Machtinstrument der Zentralgewalt und begünstigten ein immer stärkeres Eindringen von Söldnern in das R.

Die Taktik des R. wurde wesentlich vom Charakter des Ritters als Einzelkämpfer bestimmt. Zur Schlacht formierten sich die Ritter desselben Lehnsherrn zwar zu einem Banner, das jedoch kein festgefügter Kampfverband war. Disziplin und Unterordnung widersprachen dem feudalen Standesgeist und individuellen Erfolgsanspruch der Ritter. Zudem gab es keine Festlegungen für die Ausbildung, die Organisation und die zahlenmäßige Stärke der Banner. Die übliche Schlachtordnung war die Aufstellung der Ritter in Linie, dahinter das Fußvolk. Seltener stellte sich das R. keil- oder staffelförmig auf, wobei das Recht des Vorstreites zur Anwendung kam, d. h., bestimmte Banner konnten zuerst den Kampf mit dem Gegner aufnehmen. Reserven wurden kaum gebildet und meist schon nach dem Zusammenprall der Reitermassen eingesetzt, um Lükken zu schließen oder gefährdete Stellen abzusichern. Die Schlacht wurde in der Regel von den Bogenschützen oder Armbrustern eingeleitet, die sich dann zurückzogen. Der Angriff erfolgte in relativ geschlossenem Anritt mit eingelegter Lanze. Nach dem Zusammenprall löste sich die Schlacht in eine Vielzahl von Einzelkämpfen auf, wobei versucht wurde, den Gegner aus dem Sattel zu heben und gefangenzunehmen. Die im 12. Jh. aufkommenden Turniere dienten der Ausbildung der Ritter für diese Kampfart. Während für die gefangengenommenen Ritter ein hohes Lösegeld gefordert – und auch gezahlt – wurde, hatte der «unebenbürtige» Gegner wenig Schonung zu erwarten. Wie die Ritter suchten sich auch die sie begleitenden Knappen ihre Gegner. Der Einsatz des Fußvolkes hing ab von seinem Kampfvermögen, der Stärke des Gegners und der Beschaffenheit des Geländes. Zumeist löste es sich in der Schlußphase des Gefechts aus der Deckung der Ritter.

Das R. erreichte im ausgehenden 12. und im 13. Jh. den Höhepunkt seines äußeren Glanzes. Jedoch bewiesen bereits die Schlachten bei → *Legnano 1176* und auf dem → *Peipussee 1242* sowie der → *Stedinger Aufstand um 1204–1234*, welch bedeutende Erfolge ein gut organisiertes und diszipliniertes Fußvolk über ein R. erringen konnte. Die → *Hussitenkriege 1419–1437* und die Siege der Schweizer im 14. und 15. Jh. über österreichische und burgundische R. führten im Zusammenhang mit den sozialökonomischen Veränderungen im Spätmittelalter und dem Aufkommen des Massensöldnerwesens zum Verfall des R. und zum Wiederaufstieg des Fußvolkes. Ende des 15. Jh. wurde das → *Söldnerheer*, in dem auch Ritter mit ihrem Gefolge Dienste nahmen, zur entscheidenden militärischen Machtstütze des Feudaladels. *(s. Abb. S. 281, 282, 293, 367, 831, 833, 860, 865, 951, 952)*

Ritterorden: Vereinigungen des niederen Adels, die vom 12. bis 15. Jh. als Instrument der feudalen Expansion und der gewaltsamen Christianisierung dienten.

Die ersten R. entstanden im 12. Jh. während der Kreuzzüge in Palästina (→ *Kreuzzüge 11.–13. Jh.*), so die Johanniter, die Templer und der Deutsche Orden. Ihre Angehörigen mußten Gehorsam, Armut und Keuschheit geloben und sich verpflichten, mit der Waffe gegen die «Feinde des Kreuzes und des Glaubens» zu kämpfen. Die R. umfaßten die → *Ritter* als privilegierte Oberschicht und militärische Hauptkraft sowie Geistliche und dienende Brüder. Letzteren oblagen nicht nur die gewöhnlichen Arbeiten und die Armen- und Krankenpflege, sondern sie wurden auch als Fußvolk im Kampf eingesetzt. An der Spitze der hierarchisch gegliederten und straff organisierten R. stand ein gewählter Hoch- oder Großmeister. Der rasch anwachsende Landbesitz, der sich neben dem Vorderen Orient auf ganz Europa verteilte, wurde in Ordensprovinzen und in militärisch eingerichtete Verwaltungsbezirke zusammengefaßt. Mittelpunkte der R. waren die Burgen.

Ritter vom Schwertbrüderorden, 13. Jh.

Sie dienten als Garnisonen und Stützpunkte sowie der Unterwerfung und Beherrschung des Landes.

Die R. traten in den Kreuzzügen als politische Macht auf. Während sich der Johanniter- und der Templerorden vor allem auf den Orient konzentrierten, fand der Deutsche Orden (Tracht: weißer Mantel mit schwarzem Kreuz) bald im Rahmen der feudalen Ostexpansion ein neues Betätigungsfeld. Nach dem Vorbild der Ordensgründungen im Orient entstanden in Europa seit dem 12. Jh. besonders auf der Iberischen Halbinsel mehrere R. für die Rückeroberung des arabisch-islamischen Herrschaftsgebietes (Reconquista). In Osteuropa unterwarf Anfang des 13. Jh. der Schwertbrüderorden die nichtchristlichen Stämme in Livland und Estland. Fast alle R. wurden dem Papst direkt unterstellt und von ihm mit zahlreichen Sonderrechten ausgestattet. Dem lag das Bestreben zugrunde, die R. zum Kern eines stehenden Heeres der Papstkirche zu entwickeln.

Die strengen Ordensregeln garantierten eine feste Disziplin und eine hohe Einsatzbereitschaft. Sie ermöglichten zudem die Herausbildung eines militanten Elitebewußtseins, eine relativ einheitliche Bewaffnung und Ausrüstung sowie eine straffe militärische Organisation. Dadurch hatte die Streitmacht der R. allgemein größere Geschlossenheit und Schlagkraft als das feudale → *Ritterheer.* Die Ordenstruppen setzten sich aus den Angehörigen des Ordens, zugezogenen Rittern mit ihrem Gefolge sowie kriegspflichtigen Adligen, Städtern und Bauern zusammen; später wurden auch Söldner in Dienst genommen. Hauptwaffengattung waren die gepanzerten Ritter zu Pferde, deren Bewaffnung aus Schwert, Lanze und Schild bestand. Sie entschieden die Schlachten, während die leichte Reiterei und das Fußvolk vor allem solche Aufgaben erfüllten wie Aufklärung, Verfolgung, Marsch- und Lagersicherung. Zur Schlacht stellten sich die in Abteilungen formierten Ritter entweder in Keilform oder in Linie auf, dahinter das Fußvolk. Ohne Erlaubnis durfte niemand aus dem Glied reiten. Der Angriff erfolgte in geschlossenem Anritt mit eingelegter Lanze. Wurde der Gegner nicht sofort geworfen, löste sich die Schlacht nach dem Zusammenprall in eine Vielzahl von Einzelkämpfen auf. Einzige Verbindung der Ritter im Kampf war das Banner, das jede Abteilung mitführte. Solange es wehte, durfte kein Ritter, auch wenn er verwundet war, das Schlachtfeld verlassen. Die «Glaubenskämpfer» zeichneten sich zwar allgemein durch hohe Kampfmoral aus, jedoch bildeten Terror, Brand, Plünderung und Verwüstung wesentliche Bestandteile ihrer Kriegführung.

Im Unterschied zu den stärker international ausgerichteten Johannitern und Templern vereinigten sich im Deutschen Orden fast ausschließlich Ritter aus dem deutschen Sprachgebiet. Sonderrechte und Privilegien machten die R. von den weltlichen Feudalgewalten weitgehend unabhängig und begünstigten die Herausbildung eigener Staaten. Dies gelang vor allem den Johannitern und den Deutschordensrittern; der bereits 1312 vom Papst aufgelöste Templerorden vermochte dagegen keine eigene Territorialherrschaft zu errichten. Der Johanniterorden schuf sich zunächst in Syrien souveräne Positionen und eroberte Anfang des 14. Jh. nach seiner Vertreibung durch die Mameluken das byzantinische Rhodos, wo er einen selbständigen Staat bildete. Von den Türken zum Abzug gezwungen, siedelte der Orden 1530 nach Malta über (daher auch Malteserorden genannt). Seine Herrschaft endete hier 1798 mit der Besetzung der Insel durch französische Truppen. Die Johanniter besitzen noch heute Souveränitätsrechte, die seit 1953 unter der Oberhoheit des Vatikans ausgeübt werden.

Der Deutsche Orden hatte sich in seinem Expansionsstreben angesichts der übermächtigen Konkurrenz der Johanniter und Templer im Orient schon Anfang des 13. Jh. auf Osteuropa konzentriert. Zunächst versuchte er, in Siebenbürgen im Zuge der Unterwerfung der Kumanen einen autonomen Ordensstaat zu schaffen, wurde jedoch 1224/25 wegen seiner rücksichtslosen Territorialpolitik von der ungarischen Krone vertrieben. Die Deutschordensritter konnten dann aber in Preußen festen Fuß fassen, wohin sie um 1225 zur Unterwerfung der Pruzzen gerufen wurden. Sie erhielten 1226 die kaiserliche Bestätigung, in den eroberten preußischen Gebieten die souveräne Herrschaft auszuüben. Das dem Orden 1230 übereignete Kulmerland (Gebiet um Chełmno) wurde zur Ausgangsbasis der durch Brutalität, Mord und Verwüstung gekennzeichneten Eroberungszüge. Mit Hilfe von Kreuzfahrern aus vielen Ländern wurden die Pruzzen trotz erbitterter Gegenwehr bis Ende des 13. Jh. unterworfen sowie baltische Gebiete und das polnische Herzogtum Pommerellen mit Danzig besetzt. Durch den Anschluß des Schwertbrüderordens (1237), der 1236 eine schwere Niederlage gegen die Liven erlitten hatte, gelangte der Deutsche Orden auch in den Besitz von Livland und Kurland. Das weitere Vordringen des Ordens nach Osten wurde in der Schlacht auf dem zugefrorenen → *Peipussee 1242* von russischen Aufgeboten verhindert. Ebenso scheiterten alle Versuche (sog. Litauenreisen im 14. Jh.), die Ordensherrschaft gegen Litauen auszuweiten. Nach der Einverleibung Estlands (1346) und Schamaitens (Samogitien; 1404) erreichte der Ordensstaat um 1400 seine größte Ausdehnung. Bereits 1309 hatte der Hochmeister seinen Sitz von Venedig nach der Marienburg verlegt.

Ende des 14. Jh. begann der Verfall des Deutschen Ordens, dem zu jener Zeit etwa 3000 Ritter (Höchstzahl) angehörten. Während im Innern die Opposition der Stände gegen die Ordensherrschaft wuchs, schwächten ständige kriegerische Auseinandersetzungen mit Polen und Litauen die militärische und finanzielle Kraft des Ordens. Da die Zuzüge abendländischer Ritter allmählich aufhörten, wurden zunehmend kostspielige Söldner in Dienst genommen. Gegen das seit 1386 vereinigte Polen-Litauen erlitt der Deutsche Orden in der Schlacht bei → *Grunwald (Tannenberg) 1410* eine vernichtende Niederlage. Im Frieden von Thorn (1. 2. 1411) mußte er Schamaiten abtreten und ein erdrückend hohes Lösegeld (100 000 Schock böhmische Groschen) für die gefangenen Ordensritter zahlen. Der Zusammenbruch der Ordensherrschaft vollzog sich in dem äußerst erbittert geführten Krieg 1454–1466 gegen die preußischen Stände und das mit ihnen verbündete Polen. Konnte der Orden noch bei Konitz 1454 siegreich bleiben, so geriet er bald durch Geldnot in eine schwierige Lage. Die Marienburg wurde den unbezahlten Söldnern verpfändet, die sie wie zahlreiche andere Burgen an die Ordensgegner verkauften. Nach der schweren Niederlage seines Söldnerheeres bei Zarnowitz 1462 war der Krieg für den Orden verloren. Er mußte im zweiten Thorner Frieden (19. 10. 1466) die Lehnshoheit der polnischen Krone anerkennen und die westlichen Gebiete mit Danzig, Elbing und Marienburg an Polen abtreten. Die Umwandlung in ein weltliches Herzogtum und die Einführung der Reformation 1525 bedeuteten das Ende des selbständigen Ordensstaates; Mitte des 16. Jh. wurde auch die Ordensherrschaft in den baltischen Gebieten beseitigt. Der blutbefleckte Orden selbst existierte weiter und wurde schließlich im 20. Jh. zu einer vorwiegend karitativ tätigen kirchlichen Organisation umgewandelt. Gegenwärtig spielt er in Österreich und der BRD eine Rolle als klerikal-militaristischer Traditionsverband.

Die R. verloren als militärisches Instrument des «Heiligen Krieges» seit Ende des 15. Jh. jede Bedeutung. Aus ihnen gingen im Spätfeudalismus zumeist weltliche Adelsgemeinschaften hervor, die nicht mehr mit der Kirche, sondern mit der Landesherrschaft verbunden waren. Solche Orden entstanden auch als förmliche Neugründungen der Fürsten. Die Zugehörigkeit war kenntlich an einem Ordensabzeichen, das im Laufe der Zeit immer mehr an Bedeutung gewann. Die Ordensabzeichen wurden von den Fürsten als → *Auszeichnungen* verliehen und mit dem Begriff Orden identisch. *(s. Abb. S. 184)*

Rittmeister → *Hauptmann*

Roßbach 1757: Schlacht im → *Siebenjährigen Krieg 1756–1763* zwischen preußischen Truppen und verbündeten französischen und Reichstruppen am 5. 11. 1757.

Mitte September 1757 vereinigte sich bei Eisenach eine französische Armee unter Marschall Charles de Rohan, Fürst von Soubise (1715–1787), mit der vom

Schlacht bei Roßbach – 5. November 1757

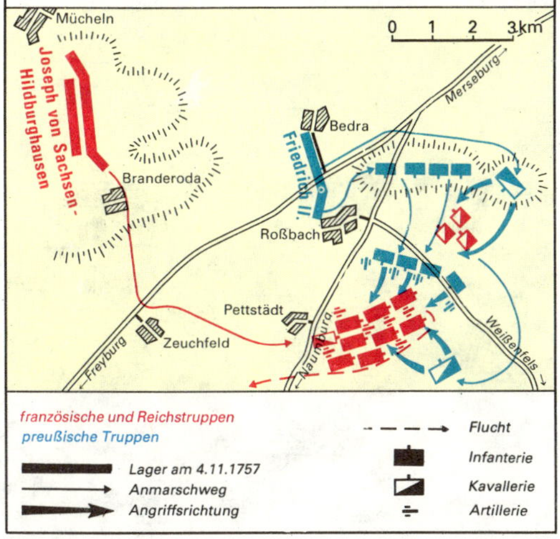

kaiserlichen Feldmarschall Prinz Joseph Friedrich von Sachsen-Hildburghausen (1702–1787) befehligten → *Reichsarmee.* Die Reichstruppen (etwa 11 000 Mann), aus Kontingenten aller mit Österreich und Frankreich verbündeten deutschen Fürsten zusammengewürfelt, hatten nur geringe Kampfkraft. Auch die französischen Truppen (über 30 000 Mann) waren in heruntergekommenem Zustand. Im Oktober zogen die Verbündeten plündernd auf Sachsen zu, wobei sie einer Schlacht mit der preußischen Hauptarmee unter König Friedrich II. (1712–1786) auswichen. Als stärkere preußische Kräfte zum Schutze Berlins gegen einen österreichischen Vorstoß abrückten, marschierten die Verbündeten in Richtung Leipzig, in dessen Nähe auch Friedrich II. alle verfügbaren Truppen konzentrierte. Am 3. 11. lagerten beide Seiten links der Saale zwischen Merseburg und Weißenfels: 22 000 Preußen (16 600 Mann Infanterie, 5 400 Mann Kavallerie) mit 79 Geschützen bei Bedra und 41 000 Verbündete (33 700 Mann Infanterie, 7 300 Mann Kavallerie) mit 114 Geschützen bei Mücheln. Nachdem Friedrich II. wegen der vorteilhaften Position des Gegners auf einen Angriff am 4. 11. verzichtet hatte, suchten die Verbündeten am folgenden Tag die nun zwischen Bedra und R. stehende preußische Armee südlich zu umgehen. Während sie mit der Kavallerie an der Spitze vorrückten, entfalteten sich die Preußen, durch einen Höhenzug gedeckt, zum Angriff.

Die Schlacht begann gegen 15 Uhr, als die preußischen schweren Geschütze das Feuer eröffneten. Etwa um 15.30 Uhr attackierte die Kavallerie unter dem Befehl von Generalmajor Friedrich Wilhelm von Seydlitz (1721–1773) die größtenteils noch in Kolonne formierte Reiterei der Verbündeten, die

Angriff der preußischen Kavallerie bei Roßbach

überrascht und völlig zersprengt wurde. Gleichzeitig griff die preußische Infanterie mit Artillerieunterstützung die Marschkolonnen der gegnerischen Infanterie frontal und in der linken Flanke an. In der allgemeinen Verwirrung gelang es nur wenigen verbündeten Regimentern, sich zur Gefechtsordnung zu formieren. Als die wieder gesammelte preußische Kavallerie in die rechte Flanke stieß, brach der Widerstand zusammen (gegen 16.30 Uhr). Panikartig flohen die Verbündeten in Richtung Freyburg, wobei sie den größten Teil der Bagage und 72 Geschütze zurückließen. Sie verloren über 10000 Mann, darunter fast 7000 Gefangene, die Preußen nur etwa 550 Mann.

Der glanzvolle Sieg der preußischen Truppen bei R. wurde in kriegskunstmäßiger Hinsicht vor allem durch die gelungene Überraschung des Gegners sowie durch den zweckmäßigen Einsatz der Artillerie und der Kavallerie gesichert. Strategisch bedeuteten die Zerschlagung der Reichsarmee und der Rückzug der französischen Truppen, daß für Preußen die unmittelbare Gefahr aus dem Westen gebannt und eine Vereinigung französischer und österreichischer Truppen in Sachsen vereitelt war. Viele Deutsche feierten den Sieg über das absolutistische Frankreich, dessen Armeen in den vergangenen Jahrzehnten wiederholt Reichsgebiet verheert hatten. Friedrich II. dagegen hoffte auf ein neues Bündnis mit Frankreich. Die bürgerliche Geschichtslegende machte später aus Preußens dynastischer Eroberungspolitik und dem Sieg bei R. ein nationales Anliegen.

Rote Armee und Flotte → *Sowjetarmee und Seekriegsflotte*

Roter Frontkämpferbund (RFB): antimilitaristisch-antifaschistische Schutz- und Wehrorganisation der deutschen Arbeiterklasse in der Weimarer Republik.

Am 31. 5. 1924 faßte die Zentrale der KPD den Beschluß zur Gründung des RFB. Die Aufgabe, eine Schutz- und Wehrorganisation der Arbeiterklasse zu schaffen, entsprach den veränderten Klassenkampfbedingungen in Deutschland nach der Niederlage der Arbeiterklasse im Herbst 1923. Mit der beginnenden relativen Stabilisierung des Kapitalismus Anfang 1924 setzte in Deutschland der Prozeß des Wiedererstarkens des Imperialismus ein. Er war von einem neuen Anwachsen des Militarismus begleitet, was sich u. a. in der zunehmenden Aktivität aggressiv-revanchistischer Kreise äußerte. Die KPD tat daher alles, die Arbeiterklasse zur Abwehr der reaktionären Angriffe zu befähigen. Den unmittelbaren Anstoß für die Gründung des RFB gaben die Umtriebe militaristischer Verbände im Frühjahr 1924, die sich verstärkt in revanchistischen Aufmärschen sowie in einem zügellosen, durch die Polizei unterstützten Terror gegen die revolutionäre Arbeiterbewegung äußerten. Die ersten Gruppen des RFB wurden im Juli 1924 in Thüringen und im KPD-Bezirk Halle-Merseburg gegründet. Wenig später entstanden RFB-Organisationen in Sachsen, Braunschweig und Berlin sowie im Ruhrgebiet und in Oberschlesien. Der RFB entwickelte sich relativ schnell zu einer proletarischen Massenorganisation. Mitte 1925 umfaßte er bereits über 40000, im Frühjahr 1929 weit über 100000 Mitglieder, darunter neben Kommunisten viele sozialdemokratische und parteilose Arbeiter. Jugendliche von 16 bis 21 Jahren (später bis 23 Jahren) bildeten den Roten Jungsturm, ab 1926 Rote Jungfront genannt. Aus den zunächst im RFB entstandenen Frauenabteilungen formierte sich im Jahre 1925 der selbständige Rote Frauen- und Mädchenbund, die erste proletarische Frauenorganisation Deutschlands. Vorwiegend in Hafenstädten entstand, den Traditionen der revolutionären Matrosen folgend, die Rote Marine als eine Sonderformation des RFB.

Der RFB war nach dem Prinzip des demokratischen Zentralismus aufgebaut. Er gliederte sich in Gruppen, Züge, Kameradschaften, Abteilungen, Ortsgruppen und Gaue bzw. Untergaue. Die Gruppe bestand aus 8 Kameraden und dem Gruppenführer. 4 Gruppen bildeten einen Zug, 3 Züge die Kameradschaft. In Großstädten schlossen sich mehrere Kameradschaften zu einer Abteilung zusammen. Die Ortsgruppe erfaßte alle im Ort bestehenden Abteilungen oder Kameradschaften. Der Gau bzw. Untergau entsprach den Bezirken und Unterbezirken der KPD. Die ab Abteilungsebene bestehenden kollektiven Leitungsorgane setzten sich aus dem Politischen Führer, dem Technischen Führer, der für Organisationsfragen und für den Wehrsport verantwortlich war, dem Bildungsobmann, dem Gegnerobmann, dem Kassierer sowie dem Politischen und Technischen Führer der Roten Jungfront zusammen. Alle Funktionäre wurden von unten nach oben gewählt und durch das jeweils übergeordnete Leitungsgremium bestätigt. Beschlußrecht hatte die Mitgliederversammlung, ab Untergau die Delegiertenkonferenz. Das höchste Organ war die Reichskonferenz des RFB. Sie wählte die Bundesführung, die zwischen den Reichskonferenzen für das Wirken des RFB verantwortlich war. Im Fahneneid, der die Mitglieder des RFB zur vorbildlichen Erfüllung der gestellten Aufgaben verpflichtete, hieß es: «In eiserner revolutionärer Disziplin und in strengster Zucht unterwerfen wir uns allen Befehlen und Anordnungen, die im Kampf für die Interessen des Proletariats notwendig sind.» Hierin widerspiegeln sich die hohen Forderungen zur Durchsetzung einer straffen, bewußten Disziplin.

Angehörige der Roten Jungfront des RFB in Hamburg

Der RFB war uniformiert, aber unbewaffnet. Er bediente sich zur Erfüllung seiner Aufgaben militärischer Formen, war jedoch keine Militärorganisation der KPD. Grundinhalte seiner Tätigkeit waren die ständige, massenwirksame Aufklärungsarbeit über die revanchistischen Pläne des rasch wiedererstarkenden deutschen Imperialismus und der entschlossene Kampf gegen einen neuen imperialistischen Krieg, das Eintreten für eine kämpferische Solidarität und enge Freundschaft mit der Sowjetunion, die Wehrhaftmachung des Proletariats sowie der Schutz von Veranstaltungen und Einrichtungen der Werktätigen gegen Überfälle der Polizei und reaktionärer Verbände. Die Ausbildung seiner Mitglieder erfolgte auf der Grundlage des von der Bundesführung im Frühjahr 1925 herausgegebenen Kommando-Reglements. Zu besonderen Höhepunkten entwickelten sich die jährlich zu Pfingsten durchgeführten Reichstreffen des RFB. Sie trugen dazu bei, das Klassenbewußtsein sowie das Vertrauen in die Kraft der Arbeiterklasse zu stärken. Zur Propagierung des Inhalts seines Kampfes und zur Information seiner Mitglieder gab der RFB das Zentralorgan «Die Rote Front» und die Funktionärzeitschrift «Der Rote Führer» heraus. Er unterstützte wirksam die massenpolitische Arbeit der KPD. Die große Bedeutung, die die Partei ihrerseits dem RFB beimaß, drückt sich in der auf der I. Reichskonferenz (1925) erfolgten Berufung Ernst Thälmanns (1886–1944) zum Vorsitzenden des Bundes aus. Die Kampfaktionen der Arbeiterklasse gegen die Wiederaufrüstung Deutschlands und für die entschädigungslose Enteignung der Fürsten, die Sicherungsmaßnahmen für die großen Streiks in den Jahren 1926 und 1928 in Hamburg und im Ruhrgebiet oder die Wahlkämpfe der KPD sind untrennbar mit dem Wirken des RFB verbunden. Bei den von der KPD seit 1924 jährlich Anfang August organisierten Antikriegstagen bemühte sich der RFB, den deutschen Arbeitern den internationalen Charakter dieser Aktionen bewußt zu machen. Er stand auch mit in vorderster Front zur Verteidigung des ersten sozialistischen Staates der Welt, so im Frühjahr 1927, als der Weltimperialismus die Sowjetunion mit einer neuen militärischen Intervention bedrohte. Auf ihrem 3. Reichstreffen am 6. 6. 1927 in Berlin legten über 100000 Rote Frontkämpfer das Gelöbnis ab, «niemals zu vergessen, daß das Schicksal der Arbeiterklasse der ganzen Welt unlöslich verbunden ist mit der Sowjetunion, ... stets und immer ein Soldat der Revolution zu bleiben». Der RFB sah in der Sowjetunion und ihren Streitkräften die unbezwingbare Basis und Stütze des weltrevolutionären Prozesses. Seit 1926 entwickelte er auch direkte Kontakte zur Roten Armee. Ehrenmitgliedschaften, Fahnenverleihungen und Freundschaftsbesuche in der UdSSR trugen dazu bei, die RFB-Mitglieder zu bewußten Internationalisten und konsequenten Verteidigern des Sozialismus zu erziehen.

Damit der RFB seine Aufgaben erfüllen konnte, war das Verständnis seiner Mitglieder für die komplizierten Probleme des Klassenkampfes unerläßlich. Sie wurden deshalb in Schulungen verschiedenster Art mit Grundfragen des Marxismus-Leninismus, besonders mit dem Wesen des Imperialismus und mit den Fragen von Krieg und Armee, Staat und Revolution, bekannt gemacht. Davon ausgehend befaßten sie sich mit dem Charakter und dem Wirken imperialistischer Streitkräfte, speziell der Reichswehr. Wehrsportliche Übungen stählten die Mitglieder für ihre Schutzaufgaben. Die grundsätzlichen Aufgaben des RFB wurden entsprechend der Strategie und Taktik der KPD je nach den konkreten Erfordernissen des Klassenkampfes auf den jährlichen Reichskonferenzen beschlossen. So orientierte Thälmann mit großem Nachdruck auf der II. Reichskonferenz (22./23. 5. 1925 in Berlin) darauf, für den wehrhaften Kampf verstärkt um die Einheitsfront der Arbeiterklasse zu ringen. Dem entsprachen die von der Bundesführung verabschiedeten Richtlinien über die Stellung des RFB zu der von der SPD geführten Organisation Reichsbanner. Die Bemühungen der KPD und des RFB, gegen die reaktionären militaristischen Kräfte das einheitliche Handeln der Arbeiterklasse zu erreichen, scheiterten jedoch an der antikommunistischen Haltung der Reichsbanner- und SPD-Führung. Die IV. Reichskonferenz des RFB (11.–13. 3. 1927 in Düsseldorf) forderte die verstärkte Organisierung von Betriebsgruppen. Die V. Reichskonferenz (23. 3. 1928 in Hamburg) beriet über den Kampf gegen die Vorbereitung eines imperialistischen Krieges und beschloß Richtlinien über den Aufbau und die Aufgaben des RFB sowie der Roten Jungfront.

Ende der 20er Jahre spitzte sich die Klassenkampfsituation in Deutschland zu. Von der Polizei provozierte blutige Zusammenstöße vom 1. bis 3. 5. 1929 in Berlin nahm der sozialdemokratische Reichsinnenminister Carl Severing (1875–1952) zum Anlaß, den RFB in Preußen, bald darauf auch in den anderen deutschen Ländern verbieten zu lassen.

IV. Reichstreffen des RFB in Berlin, Mai 1928

Das RFB-Verbot war ein Schlag gegen die Arbeiterbewegung und half unmittelbar den faschistischen Terrorbanden. Doch der RFB führte seine Tätigkeit illegal weiter. Zur Unterstützung des Kampfes für die Aufhebung des Verbots schuf die KPD Anfang September 1929 ein legal wirkendes Komitee in Berlin sowie örtliche Komitees in verschiedenen Teilen Deutschlands. Die Reaktion erzwang jedoch deren

Roter Frontkämpferbund 1928

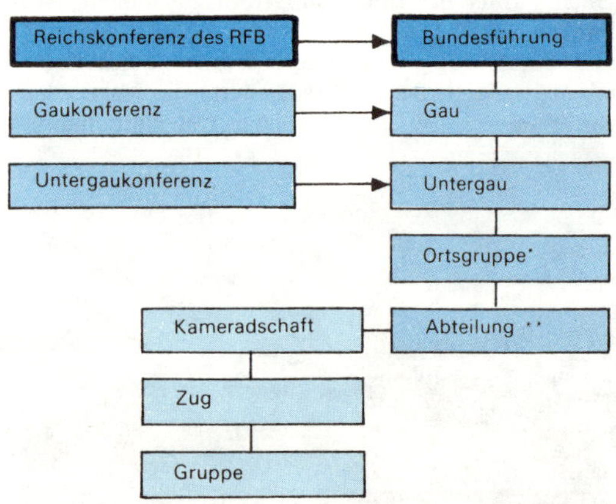

* in großen und mittleren Städten erfüllten die dortigen Gau- und Untergauführungen die Aufgaben der Ortsgruppenleitungen (z. B. in Berlin, Leipzig, Gera)

** Abteilungen bestanden in großen Städten (z. B. in Berlin, Hamburg, Leipzig, Dresden)

Auflösung und verfolgte brutal alle Versuche, die Legalität des RFB wiederherzustellen. Bis zum Herbst 1929 wurden über 1000 RFB-Mitglieder verhaftet. 1930 saßen schon über 3000 Rote Frontkämpfer in den Gefängnissen der Weimarer Republik.

Freundschaftstreffen einer RFB-Delegation mit Angehörigen der Roten Armee in Pjatigorsk, 1928

Den RFB auf die illegale Arbeit umzustellen war im wesentlichen im Herbst 1929 abgeschlossen. Die Organisationsarbeit war nach unten verlagert und auf ein unbedingt notwendiges Maß reduziert worden. Versammlungen und Schulungen fanden meist nur noch auf der Basis der Gruppen statt. Nicht selten tarnten sich die Einheiten als legale Arbeiterwehren, Wehrsport- und Wandervereine. Diese Maßnahmen gewährleisteten den notwendigen Schutz der Mitglieder und sicherten die Weiterführung der massenpolitischen Arbeit. Vom 10. bis 13. 8. 1929 fand in Berlin die erste illegale Funktionärskonferenz des RFB statt, an der Vertreter aller Gauorganisationen teilnahmen. Es ging darum, den Kampf gegen Imperialismus, Faschismus und Krieg sowie für die Verteidigung der Sowjetunion zu verstärken und sich noch intensiver für die Einheitsfront mit Arbeitern anderer Organisationen einzusetzen. Das vom RFB beschlossene Manifest unterstrich, daß dauerhafte Erfolge im Kampf gegen den Imperialismus nur an der Seite der Sowjetunion erreicht werden können. Die zweite illegale Funktionärskonferenz, die Anfang 1930 in Danzig stattfand, verallgemeinerte die Erfahrungen des illegalen Kampfes und forderte von den Mitgliedern eine differenzierte ideologische Aufklärungsarbeit in den Betrieben sowie eine offensive Tätigkeit gegen die militaristisch-faschistischen Organisationen wie den Stahlhelm und die SA. Der RFB kämpfte aufopferungsvoll gegen den sich ausdehnenden faschistischen Terror. Als dieser die KPD zwang, neue legale Formen des wehrhaften Kampfes zu entwickeln, und so 1930 der Kampfbund gegen den Faschismus und 1932 Selbstschutzstaffeln (→ *proletarischer Selbstschutz*) entstanden, waren es die Mitglieder des illegalen RFB, die die Hauptlast bei der Abwehr der terroristischen Aktionen der Nazis trugen. Außerdem half der RFB der Partei bei der Propagierung und Organisation aller dem antifaschistischen wehrhaften Kampf dienenden Maßnahmen. Regelmäßig erschien, illegal gedruckt, das Zentralorgan «Die Rote Front». Eine Vielzahl von Propaganda- und Agitationsmaterialien wurde auf örtlicher Ebene verbreitet. Die Angehörigen des RFB setzten ihren illegalen Kampf auch nach der Errichtung der faschistischen Diktatur in Deutschland fort. Noch im Februar 1933 wandte sich die proletarische Schutz- und Wehrorganisation in einer Sonderausgabe ihres Zentralorgans an die deutschen Arbeiter mit der Aufforderung, den Widerstand gegen den Faschismus zu organisieren und das Hitlerregime zu stürzen. Angehörige des illegalen RFB kämpften in den folgenden Jahren ohne Schonung ihres Lebens in der antifaschistischen Widerstandsbewegung in Deutschland, in den Interbrigaden im nationalrevolutionären Krieg des spanischen Volkes und in der Bewegung «Freies Deutschland» in von der faschistischen Wehrmacht okkupierten Staaten. Ehemalige Mitglieder des RFB erwarben sich große Verdienste beim Aufbau der NVA und der anderen Schutz- und Sicherheitsorgane der DDR.

Das Wirken des RFB gehört zu den wertvollsten Traditionen der revolutionären deutschen Arbeiterbewegung und der NVA (→ *Traditionspflege in der NVA*). *(s. Abb. S. 185, 1008)*

Roter Soldatenbund (RSB): revolutionäre Wehrorganisation des Proletariats in der → *Novemberrevolution 1918/19* in Deutschland.

Der RSB wurde auf Anregung des Spartakusbundes am 15. 11. 1918 in Berlin gegründet. Neben Willi Budich (1890–1942) und Karl Grubusch (ermordet 1919) als Vorsitzende gehörten der zentralen Leitung Karl Schulz (1884–1933) und Christoph Wurm (1891–1939) sowie Albert Schreiner (1892–1979) an. Ziel des RSB war es, die Soldaten im Sinne der revolutionären Ideen des Spartakusbundes zu beeinflussen und für den Kampf gegen den Militarismus zu gewinnen. Besonders die von der Front zurückkeh-

Nr. 2 — Jahrgang 1 Dienstag, 26. November 1918 Preis 5 Pf.

Der Rote Soldat

Organ des Roten Soldatenbundes

Parole:

Alle Macht den Arbeiter- und Soldatenräten!

Nr. 2 der Zeitung «Der Rote Soldat» vom 26. November 1918

renden Soldatenmassen sollten dem Einfluß des reaktionären Offizierskorps entzogen werden. Dementsprechend trat der RSB vor allem gegen die auf Forderung der OHL vom Rat der Volksbeauftragten wiederhergestellte Befehlsgewalt der Offiziere auf und forderte die Säuberung der → *Soldatenräte* von konterrevolutionären Elementen. In wenigen Wochen konnte sich der RSB mit der Bildung von Ortsgruppen in mehr als 30 Städten bzw. größeren Garnisonen organisatorisch festigen. Gegen Ende des Jahres 1918 gehörten ihm etwa 12000 Mitglieder an. Das Schwergewicht der Arbeit des RSB lag auf propagandistischem und agitatorischem Gebiet. Auf zahlreichen Versammlungen traten Mitglieder der Leitung des RSB sowie Führer des Spartakusbundes, darunter Karl Liebknecht (1871–1919), vor Soldaten auf. Der zielgerichteten Aufklärungsarbeit des RSB unter den Soldaten dienten von der Zentrale oder auf örtlicher Ebene herausgegebene Flugblätter und Schriften, die bei Demonstrationen, Versammlungen und auf Bahnhöfen verteilt sowie in die Kasernen geschleust wurden. Ab 23. 11. 1918 erschien als Organ des RSB «Der Rote Soldat». Diese dreimal wöchentlich erscheinende Zeitung, die die Auflagenhöhe von 15000 Exemplaren erreichte, trug entscheidend zur Ausbreitung der Organisation bei und gab ihr eine im wesentlichen richtige politisch-ideologische Orientierung. «Der Rote Soldat» propagierte die militärpolitischen Forderungen des Spartakusbundes und später der KPD zur Weiterführung und Verteidigung der Novemberrevolution, setzte sich mit der antikommunistischen und antisowjetischen Hetze der Reaktion auseinander und rief zur Solidarität mit den siegreichen Arbeitern und Bauern Sowjetrußlands auf.

Ab Anfang Dezember 1918 übernahm der RSB auch Sicherungsaufgaben. Zunehmende Vorstöße der militärischen Konterrevolution machten den bewaffneten Schutz von Kundgebungen, Demonstrationen und Versammlungen des revolutionären Proletariats notwendig. Davon zeugte der Überfall einer Gardefüsiliereinheit auf eine vom RSB organisierte Demonstration im Zentrum Berlins am 6. 12. 1918. 14 Tote und mehr als 30 Schwerverletzte, darunter Willi Budich, waren Opfer des konterrevolutionären Anschlages. Mitglieder des RSB nahmen aktiv an der Abwehr des Angriffs konterrevolutionärer Truppen des Generalkommandos Lequis auf die → *Volksmarinedivision* am 24. 12. 1918 sowie an den bewaffneten Kämpfen Anfang Januar 1919 in Berlin teil, die von der Reaktion zur Niederschlagung der revolutionären Bewegung provoziert wurden. Unter den von der Noskesoldateska Ermordeten befand sich auch Karl Grubusch. Am Gründungsparteitag der KPD (30. 12. 1918–1. 1. 1919) nahm eine dreiköpfige Delegation des RSB teil. Ihr Sprecher, Christoph Wurm, richtete an die Delegierten den Appell, die Aufklärungsarbeit des RSB unter den Soldaten im ganzen Land aktiv zu unterstützen. Der zunehmende Terror der Konterrevolution zwang den RSB, nach den Januarkämpfen 1919 zur illegalen Arbeit überzugehen. Um die Organisation den veränderten Kampfbedingungen anzupassen, wurden neue Leitsätze für den RSB erarbeitet und im Organ «Der Rote Soldat» vom 20. 2. 1919 veröffentlicht. Sie bezweckten, den RSB politisch und organisatorisch zu festigen und das Eindringen klassenfremder und feindlicher Elemente zu verhindern. Trotz Verfolgung nahmen viele RSB-Mitglieder an den bewaffneten Auseinandersetzungen im Frühjahr 1919 zum Schutz und zur Erweiterung der revolutionären Errungenschaften teil, so bei der Verteidigung der Bremer Räterepublik (15. 1.–4. 2.), an den Märzkämpfen in Berlin und an der Verteidigung der Bayrischen Räterepubik (13. 4.–3. 5.). Die Niederlage der Arbeiter in diesen Kämpfen, der Abschluß der Demobilisierung der alten Armee und die Auflösung der Soldatenräte sowie der Mißbrauch des Namens der Organisation für Provokationen seitens der Konterrevolution veranlaßten die Leitung des Bundes im Einvernehmen mit der Zentrale der KPD, die Selbstauflösung des RSB zu beschließen (Mai/Juni 1919). Die KPD nutzte in den Jahren der Weimarer Republik die Erfahrungen des RSB in ihrer militärpolitischen, insbesondere wehrerzieherischen Arbeit. Das Wirken des RSB, der ersten revolutionären Wehrorganisation des deutschen Proletariats, gehört zu den → *militärischen Traditionen der DDR* und ist Bestandteil der → *Traditionspflege in der NVA* und den anderen bewaffneten Organen. *(s. Abb. S. 711)*

Rote Ruhrarmee: im Abwehrkampf gegen den → *Kapp-Putsch 1920* geschaffene milizartige Militärorganisation der Arbeiter des Ruhrgebiets, die vom 15. 3. bis 2. 4. 1920 gegen konterrevolutionäre Truppen kämpfte.

Die R. R. enstand in Verbindung mit dem machtvollen Generalstreik der deutschen Arbeiterklasse gegen den am 13. 3. 1920 ausgelösten Kapp-Putsch. In Abwehr der zur Unterdrückung des Ruhrproletariats am 14. 3. in Marsch gesetzten Truppen der → *Reichswehr* und der → *Freikorps* formierten sich vielerorts im Ruhrgebiet bewaffnete Arbeiterabteilungen, die binnen weniger Tage zu einer kampfstarken Arbeiterarmee zusammenwuchsen. Die ersten Formationen der R. R. bildeten sich am 15./16. 3. in den Kämpfen mit dem auf Hagen vorrückenden Freikorps Lichtschlag. Am 15. 3. griffen bewaffnete Arbeiter in Wetter eine verstärkte Batterie dieses Freikorps an und zwangen sie nach heftigem Gefecht zur Kapitulation. Ähnlich erging es dem II. Bataillon des Freikorps Lichtschlag am 16. 3. in Herdecke. Am selben Tag versuchten die Hauptkräfte des Freikorps, die sich in Dortmund befanden, nach

Hagen durchzubrechen. Tausende Arbeiter verhinderten bei Schwerte den Durchbruch und danach den Abtransport der Freikorpssöldner aus Dortmund. Die inzwischen aus Herdecke, Wetter, Hagen, Unna, Hörde und anderen Orten verstärkten Arbeiterformationen griffen am 17. 3. die Freikorpstruppen in Dortmund mit großer Wucht an. Die Putschisten mußten die Waffen strecken. Den Kämpfern der R. R. fielen 32 Minenwerfer, 2 Panzerautos, 1 behelfsmäßiger Panzerzug sowie viele Gewehre und MGs in die Hände. Diese Erfolge der R. R. waren von großer militärischer und politischer Bedeutung. Sie führten zur Bildung einer Kampfleitung der R. R. in Hagen, stärkten die Aktionseinheit und die Kampfbereitschaft der Ruhrarbeiter und trugen zum Sturz der Kapp-Regierung (17. 3.) bei. Der größte Teil des östlichen Ruhrgebiets war von putschistischen Truppen gesäubert. Durch das rasche zahlenmäßige Anwachsen der Arbeiterformationen erfaßte die R. R. zu dieser Zeit bereits etwa 50000 Mann. Tausende Gewehre, zahlreiche MGs, Minenwerfer und Geschütze waren erbeutet worden.

Die Formationen der R. R. operierten in den folgenden Tagen vorrangig in 3 Richtungen. Am 18. 3. wurde ein Angriff in Richtung Süden auf Remscheid vorgetragen, wo das von Sicherheitspolizisten und → *Zeitfreiwilligen* unterstützte Freikorps Lützow stand. Tausende Arbeiter schlugen unter Einsatz von 2 leichten Feldgeschützen den etwa 1500 Mann starken Gegner nach teilweise erbitterten Häuserkämpfen am 19. 3. in die Flucht. Die Putschisten verloren 32 Tote, 41 Verwundete und 266 Gefangene. Die Verluste der Arbeitersoldaten betrugen 33 Tote. Mit der Befreiung Remscheids war die Aufgabe der nach Süden in das Bergische Land vorgestoßenen Kräfte der R. R. im wesentlichen erfüllt. Um sich gegen Angriffe der in Münster stationierten Reichswehrtruppen zu sichern, wurde versucht, eine Nordfront aufzubauen. Dem diente das Vordringen der in Richtung Münster handelnden Kräfte der R. R. Diese relativ schwache Gruppierung kontrollierte nach wenigen Tagen das gesamte Gebiet der Lippe mit den Städten Hamm, Kamen, Lüdinghausen, Lünen und Unna; Stoßtrupps rückten bis auf 7 km an Münster heran. Die Kampfgruppen der Arbeiter schlossen in den meisten Fällen die von den Putschisten beherrschten Orte ein und veranlaßten die konterrevolutionären Kräfte zur kampflosen Übergabe der Orte und Waffen.

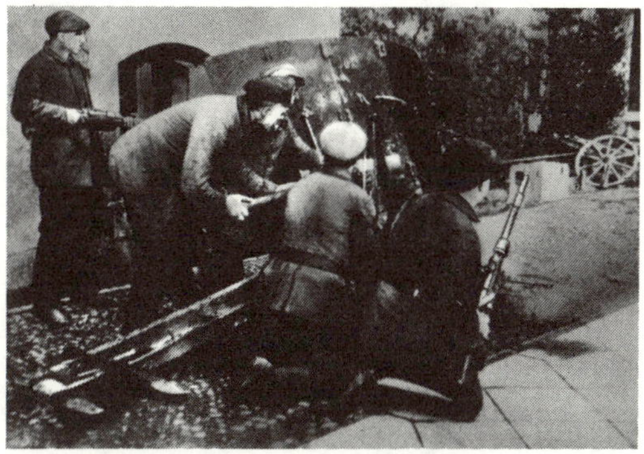

Geschütz der Roten Ruhrarmee in Stellung

Den Hauptstoß führten die Formationen der R. R. in Richtung Westen (Duisburg, Düsseldorf, Essen, Mülheim, Wesel). Besonders blutige Auseinandersetzungen gab es um Essen, das etwa 1000 Sicherheitspolizisten besetzt hielten. Nach Gefechten um befestigte Stützpunkte vor der Stadt am 18. 3. stürmten die Einheiten der R. R. am 19. 3. Essen und zwangen in erbitterten Kämpfen die Besatzung zur Kapitulation. Dieser Erfolg der R. R. veranlaßte den Befehlshaber des Wehrkreises VI, Generalleutnant Oskar von Watter (1861–1939), das Reichswehr-Schützenregiment 61 in Düsseldorf und das Freikorps Schulz in Mülheim anzuweisen, sich sofort in Richtung Wesel zurückzuziehen, um nicht vom Hinterland abgeschnitten zu werden. Bei diesem fluchtartigen Rückzug der Truppen erbeuteten die Arbeiter Tausende Gewehre, mehrere Geschütze und Minenwerfer sowie zahlreiche Ausrüstungen. Düsseldorf und Mülheim wurden kampflos besetzt. In diesen wie in anderen befreiten Städten formierten sich Einheiten der R. R. Bis zum 23. 3. hatten die Arbeitertruppen das gesamte Ruhrgebiet freigekämpft. Die politische Hauptursache dieses Sieges waren die Aktionseinheit der Arbeiterklasse, die entschiedene Kampfführung der R. R. und deren tatkräftige Unterstützung durch große Teile des Volkes. Das Bewußtsein von der Gerechtigkeit ihres Kampfes verlieh den Arbeitersoldaten ein moralisches Übergewicht über die Angehörigen der bewaffneten Kräfte der Ausbeuterklasse.

Die Ausstrahlungskraft der militärischen Erfolge der R. R. auf den Kampf der Werktätigen gegen Monopolkapital, Junkertum und Militarismus in ganz

Ruhr-Echo

Grosser Sieg!

Das Freikorps Schulz
vernichtend geschlagen.

Das USPD-Organ «Ruhr-Echo» vom 21. März 1920 verkündet den Sieg über das Freikorps Schulz

Deutschland sowie die Möglichkeit der Errichtung einer auf die proletarischen Einheitsfrontorgane und die militärischen Organisationen der Arbeiterklasse gestützten Arbeiterregierung erschreckten die herrschenden Kreise. Die Reaktion intensivierte daher mit Hilfe rechter SPD- und Gewerkschaftsführer ihre Bemühungen, die Einheitsfront der Arbeiter, besonders im Ruhrgebiet, zu spalten. Im Bielefelder Abkommen vom 24. 3. versprachen die Vertreter der sozialdemokratisch geführten Regierung, wesentliche Forderungen der Ruhrarbeiter zu erfüllen, u. a. Entwaffnung und Bestrafung der Putschisten, Auflösung aller konterrevolutionären militärischen Formationen und Bildung von Ortswehren vor allem aus organisierten Arbeitern. Dieses Zugeständnis sowie die Ankündigung einiger demokratischer und sozialer Reformen sollten die Arbeiter zum Abbruch des Generalstreiks und zur Niederlegung der Waffen veranlassen. Im Vertrauen auf das Abkommen begann ein wachsender Teil der Arbeiter des Ruhrgebiets, die Kämpfe einzustellen und die Waffen abzugeben. Verhängnisvoll war der Beschluß der Hagener Kampfleitung, die Formationen der R. R. vom östlichen Frontabschnitt abzuziehen und aufzulösen. Aber auch die inzwischen gebildete zweite Kampfleitung der R. R. in Mülheim, die das Bielefelder Abkommen ablehnte, entsprach mit ihrer einseitigen Orientierung auf die Weiterführung des bewaffneten Kampfes nicht der neuen Lage. Der weitere Kampf mußte vorrangig mit politischen Mitteln geführt werden. Unter maßgeblicher Mitwirkung von Wilhelm Pieck (1876–1960), den die Zentrale der KPD in das Ruhrgebiet entsandt hatte, gelang es am 25. 3. in Essen, einen Zentralrat als gemeinsame Oberleitung des Kampfes der Ruhrarbeiter zu bilden. Die Beschlüsse dieses Führungsorgans wurden jedoch von den beiden militärischen Zentralleitungen der R. R. abgelehnt.

Bereits am 22. 3. hatte der Aufmarsch von Truppen gegen das Ruhrgebiet begonnen. Um auf jeden Fall einen Vorwand für die geplante militärische Niederwerfung des Ruhrproletariats zu haben, organisierte die Reaktion eine beispiellose antikommunistische Hetze und Greuelpropaganda gegen die revolutionären Kräfte und die R. R. und veranlaßte «Hilferufe» bürgerlicher Gremien. Unter vorsätzlichem Bruch des Bielefelder Abkommens rückten Reichswehrtruppen, die teilweise gerade erst mitgeputscht hatten, seit dem 24. 3. mit Zustimmung der Reichsregierung in das äußere Ruhrgebiet ein. Sie besetzten die größtenteils von der R. R. geräumten Orte. Hartnäckigen Widerstand leisteten bewaffnete Arbeiterformationen südwestlich von Hamm (31. 3.), bei Haltern sowie im Raum Pelkum (1. 4.). Die von Sicherheitspolizisten und Zeitfreiwilligen unterstützte Reichswehr ignorierte, daß der Essener Zentralrat am 29. 3. ausdrücklich die Bielefelder Vereinbarungen anerkannt und sich am 31. 3. den Bedingungen der Reichsregierung zur Einstellung des Kampfes und zur Auflösung der R. R. bis zum 2. 4. unterworfen hatte. Noch vor Ablauf der Frist befahl Watter den Einmarsch in das innere Ruhrgebiet. Die Truppen, die kaum auf Widerstand stießen, gingen mit äußerster Grausamkeit vor. Dem blutigen Terror fielen Hunderte Arbeiter und auch Frauen und Jugendliche zum Opfer. In manchen Orten, wie in Recklinghausen, Bottrop und Borbeck, veranstaltete die Soldateska Exzesse. Bis Mitte Juli 1920 verhängte die Terrorjustiz über 822 Arbeiter 1088 Jahre Freiheitsentzug.

Die R. R., die größte Arbeiterarmee in Deutschland unter kapitalistischen Bedingungen, war das bewaffnete Instrument des Massenkampfes der Ruhrarbeiter. Ihre Formierung innerhalb nur weniger Tage und dazu noch im Kampf gegen die militärische Konterrevolution stellte eine bedeutende schöpferische Leistung der Arbeiterklasse auf militärischem Gebiet dar. Ungeachtet der unterschiedlichen Auffassungen in wichtigen politischen Fragen war es gelungen, in der R. R. parteilose, christliche, sozialdemokratische und kommunistische Arbeiter zur Verteidigung der Lebensinteressen des ganzen Volkes zusammenzuführen. An der Spitze der Kämpfer standen Kommunisten und linke Mitglieder der USPD. Die R. R. ging aus dem Volk hervor und wurde von einem großen Teil der Bevölkerung unterstützt. Arbeiterorganisationen halfen bei der Unterbringung und bei der Versorgung der Kämpfer, Arbeiterfrauen vor allem bei der Verpflegung und bei der Verwundetenbetreuung.

Die R. R. rekrutierte sich ausschließlich aus Frei-

Kommandostruktur der Roten Ruhrarmee Ende März 1920

Militärische Zentralleitung West (Gefechtsleitung Mülheim)
Stabsquartier: Mülheim-Ruhr
Abschnitt I (Westabschnitt) Wesel–Schermbeck; Stabsquartier: Oberhausen
Unterabschnitt I/1 Rhein–Hünxe
Unterabschnitt I/2 Hünxe–Schermbeck
Etappe: Dinslaken
Abschnitt II (Ostabschnitt) Schermbeck–Ahsen; Stabsquartier: Marl
Unterabschnitt II/1 Schermbeck–Hervest
Unterabschnitt II/2 Hervest–Ahsen
Etappe: Marl

Militärische Zentralleitung Ost (Hagener Zentrale)
Stabsquartier: Hagen
Abschnitt I Haltern–Werne–Hamm
Abschnitt II Haltern
Truppensammelstelle und Hauptnachschubpunkte: Lünen, Kamen, Unna.

willigen und umfaßte auf dem Höhepunkt ihrer Entwicklung mehr als 80000 Kämpfer. Sie gliederte sich in Gruppen, Züge, Kompanien, Bataillone und Kampfgruppen. Die Aufstellung der Formationen erfolgte zumeist auf lokaler Basis, teilweise nach Betriebsbelegschaften. Einige Einheiten nahmen als Ausdruck ihrer politischen Haltung die Namen bewährter Arbeiterführer an, wie August Bebels (1840–1913) und Rosa Luxemburgs (1871–1919). Unter den Kämpfern der R. R. befanden sich auch im Ruhrgebiet lebende polnische Bergarbeiter und ehem. russische Kriegsgefangene. Vielen Kompanien waren Spezialkräfte, wie Artilleristen, MG-Schützen, Kuriere mit Fahrrädern und Sanitäter, zugeteilt. An Sonderformationen bestanden u. a. MG-, Radfahrer- und Sanitätskompanien. Die R.R. verfügte kaum über entsprechend ausgebildete Offiziere. Die Führer bis zur Ebene Kompanie wurden von den Kämpfern gewählt, die Kommandeure höherer Ebenen von den in zahlreichen Orten bestehenden Kampfleitungen eingesetzt. Bis zum Schluß blieb die R. R. ohne ein zentrales militärisches Führungsorgan. Die schon am 17. 3. gebildete Hagener Zentrale führte die Arbeitertruppen im östlichen Ruhrgebiet. Im Westteil des Reviers entstanden örtliche Kampfleitungen, die alsbald in Mülheim eine zweite Zentralleitung einsetzten. Rechtsopportunistische Einflüsse in der Hagener Zentrale und linksradikale Bestrebungen in der Mülheimer Gefechtsleitung verhinderten sowohl das Entstehen einer einheitlichen Befehlsführung für das gesamte Ruhrgebiet als auch eine uneingeschränkte Unterordnung der militärischen Leitungen unter den Essener Zentralrat.

Durch Entwaffnung von Bürgerwehren und Polizei sowie durch Eroberung von Waffen der Freikorps- und Reichswehrtruppen waren die Kämpfer der R. R. gut und ausreichend bewaffnet. Sie verfügten vor allem über Pistolen, Gewehre, MGs und Handgranaten, aber auch über Geschütze und Minenwerfer. Großer Mangel herrschte dagegen an pionier- und nachrichtentechnischem Gerät. Lkws, Pferdegespanne und Fahrräder erhöhten die Beweglichkeit der Arbeiterformationen. Eine einheitliche Kleidung der Rotarmisten gab es nicht; wichtigstes äußeres Kennzeichen war die rote Armbinde. Große Probleme bereiteten die Löhnung und die Verpflegung der Zehntausenden Arbeitersoldaten, die oftmals entfernt von ihren Heimatorten kämpften. Bei der Lösung dieser Aufgaben halfen die örtlichen Vollzugsräte und Kampfleitungen. Teils wurden die Unternehmer gezwungen, die Löhne weiterzuzahlen, teils bewilligten die Stadtverwaltungen finanzielle Mittel. Die Versorgung der Kämpfer erfolgte weitgehend aus den eroberten Depots der Reichswehr und Sicherheitspolizei, jedoch mußten Lebensmittel und Kleidung mitunter auch requiriert werden. In der R. R. herrschte eine feste Disziplin; viele Formationen besaßen selbsterarbeitete Dienstreglements. Die Arbeitersoldaten zeichneten sich durch Heldenmut, Opferbereitschaft und revolutionären Elan aus. In dem von Zehntausenden unterschriebenen Eid der R. R. verpflichteten sich die Rotarmisten, für die hohen und heiligen Ideale der Freiheit, Gleichheit und Brüderlichkeit und für den Sozialismus zu kämpfen.

Die R. R. und ihr bewaffneter Widerstand gegen den Kapp-Putsch wurden für die deutsche Arbeiterklasse zu einer Quelle wichtiger militärischer und militärpolitischer Erfahrungen. Die R. R. gehört zu den revolutionären → *militärischen Traditionen der DDR* und ist Bestandteil der → *Traditionspflege in der NVA* und den anderen bewaffneten Organen der DDR. *(s. Abb. S. 711, 1008)*

Rotkreuzzeichen: Zeichen für Personen und Sachen des Sanitätswesens, die nach den völkerrechtlichen Abkommen Schutz genießen.

Das R. – ein rotes Kreuz (in einigen Ländern ein roter Halbmond oder roter Löwe mit der roten Sonne) auf weißem Grund – wird auf Flaggen und Armbinden oder nur als solches von Personen und an Einrichtungen, Gebäuden, Fahrzeugen, Flugzeugen, Schiffen, Ausrüstungen und Materialien sichtbar gezeigt. Das R. ist seit der Genfer Konferenz vom 22.8. 1864 völkerrechtlich anerkannt. Der Status der unter diesem Zeichen geschützten Personen oder Sachen wurde durch die Genfer Abkommen vom 12. 8. 1949 bestätigt. Die DDR erklärte 1956 ihren Beitritt (→ *Deutsches Rotes Kreuz der DDR (DRK)*). Das R. ist hauptsächlich dazu bestimmt, bei bewaffneten Konflikten die Kräfte, Mittel und Einrichtungen des medizinischen Dienstes (Sanitätsdienstes) zu schützen. Internationale Rotkreuzgesellschaften sind berechtigt, es jederzeit zu führen. Nationale Gesellschaften des Roten Kreuzes haben im Rahmen der Genfer Abkommen das Recht zur Verwendung des Schutzzeichens in Kriegszeiten. Sie dürfen außerdem im Frieden gemäß den nationalen Rechtsvorschriften den Namen und das Wahrzeichen des Roten Kreuzes für ihre sonstige den Grundsätzen der internationalen Rotkreuzkonferenzen entsprechende Tätigkeit verwenden.

rückstoßfreies Geschütz → *Artillerie*, → *Geschütz*

«rückwärtige dienste»: von 1962 bis 1971 im → *Militärverlag der DDR (VEB)* erschienene Fachzeitschrift für die rückwärtigen Dienste der NVA.

Die Zeitschrift, deren erster Jahrgang unter dem Titel «Informationsblatt der Rückwärtigen Dienste der NVA» erschien, informierte über die Tätigkeit der rückwärtigen Dienste innerhalb der einzelnen Waffengattungen und Spezialtruppen der Teilstreitkräfte, publizierte Neuerungen sowie Initiativen im sozialistischen Wettbewerb in der NVA und vermittelte Erfahrungen aus der Arbeit der rückwärtigen Dienste der Sowjetarmee und der anderen verbündeten sozialistischen Armeen. Die Leitartikel befaßten sich in der Regel mit militärpolitischen Themen. Durch praktische Ratschläge unterstützte die Zeitschrift die fachliche Qualifizierung der Angehörigen der rückwärtigen Dienste der NVA. Die Hefte waren mit Typenkarteikarten ausgestattet, auf denen technische Mittel der Dienste vorgestellt wurden. Ab Januar 1972 übernahmen die Ausgaben A, B und C der Zeitschrift → *«Militärwesen»* die Aufgaben von «rückwärtige dienste».

Rumänische Volksarmee → *Streitkräfte der Sozialistischen Republik Rumänien*

Russisch-Deutsche Legion: 1812 in Rußland zum Kampf gegen die napoleonische Armee gebildetes und bis 1815 bestehendes deutsches Freiwilligenkorps.

Der preußische Staatsmann und deutsche Patriot Karl vom und zum Stein (1757–1831), der sich seit Juni 1812 in Rußland aufhielt, schlug am 18. 6. in einer Denkschrift vor, eine deutsche Legion aus Freiwilligen zu bilden. Sie sollte am russischen Abwehrkampf gegen die unmittelbar bevorstehende napoleonische Invasion und danach auf deutschem Boden am Kampf um die nationale Unabhängigkeit teilnehmen. Zar Alexander I. von Rußland (1777–1825) stimmte dem Vorschlag zu und überantwortete die Bildung der Legion dem Komitee für deutsche Angelegenheiten. Das Komitee war auf Steins Initiative im Juni 1812 in Rußland gegründet worden und widmete sich der Agitation für einen Befreiungskampf des ganzen deutschen Volkes gegen die napoleonische Fremdherrschaft. Es unternahm große Anstrengungen zur Schaffung der Legion, über deren Charakter es jedoch unterschiedliche Meinungen gab. Der Vorsitzende des Komitees, der Herzog Peter Friedrich Ludwig von Oldenburg-Holstein (1755–1829), wollte sie dem partikularistischen Interesse der Feudalaristokratie unterordnen. Stein dagegen war bestrebt, die Legion zum Keim einer künftigen deutschen Nationalarmee zu machen. An der Seite und im Sinne Steins wirkte der patriotische Schriftsteller Ernst Moritz Arndt (1769–1860) propagandistisch für die Legion («Kurzer Katechismus für deutsche Soldaten»).

In die Legion, offiziell als Kaiserlich Russisch-Deutsche Legion bezeichnet, sollten nur deutschsprechende Freiwillige aufgenommen werden. Die Verpflichtung zum Dienst galt für die Dauer des Krieges. Die Aufstellung der Legion war mit sehr großen Schwierigkeiten verbunden und erfolgte über einen längeren Zeitraum. Sie begann im Sommer 1812 in Reval, wo bis Mitte Oktober 1500 deutsche Freiwillige versammelt waren. Die Freiwilligen rekrutierten sich aus gefangengenommenen oder übergelaufenen preußischen und Rheinbundsoldaten. Auch 31 preußische Offiziere, die bereits vor dem Krieg von 1812 nach Rußland emigriert waren, traten in die Legion ein, darunter Oberstleutnant Carl von Clausewitz (1780–1831). Nachdem im Sommer 1813 auf deutschem Gebiet die letzten Einheiten errichtet worden waren, umfaßte die Legion 2 Infanteriebrigaden zu je 4 Bataillonen, 2 Husarenregimenter zu je 4 Schwadronen, 2 reitende Batterien, 1 Fußbatterie, 1 Jägerkompanie und 1 Park-Kolonne. Die vorgesehene Gesamtstärke von rd. 9500 Mann konnte nicht erreicht werden. Zu Beginn des → *nationalen Unabhängigkeitskrieges 1813/14* hatte die Legion 4244 Mann (3003 Infanteristen, 929 Kavalleristen, 312 Artilleristen) und 2245 Pferde im Bestand (Stand vom 1. 4. 1813), wuchs aber in der Folgezeit zahlenmäßig rasch an. Der russisch-englische Vertrag von Peterswaldau vom 6. 7. 1813 sicherte die Oberhoheit des Zaren über die Legion. Ausrüstung und Unterhalt wurden jedoch für die Kriegsdauer von England mit dem Recht übernommen, die Legion nach eigenem Ermessen in Europa einzusetzen. Die Ausrüstung erfolgte über ein Depot in Stralsund fast ausschließlich mit englischem Material.

Infanterist der Russisch-Deutschen Legion, 1813

Den Oberbefehl über die Legion erhielt am 28. 6. 1813 der in russischen und englischen Diensten stehende österreichische Feldmarschalleutnant Ludwig von Wallmoden-Gimborn (1769–1862). Er kommandierte ein zur Nordarmee der Verbündeten gehörendes selbständiges Korps, dem die Legion zugeteilt war und zu dessen Generalstabschef Clausewitz ernannt wurde. Das Korps Wallmoden stand in Mecklenburg, wo sich die Legion im Sommer sammelte. Im Herbstfeldzug 1813 kam sie erstmals zum Einsatz. Auf ihren Zügen trieb die Legion patriotische Propaganda unter der Bevölkerung, traf jedoch selten auf den Gegner. Am 16.9. kämpfte sie im Gefecht an der Göhrde, in dem das Korps Wallmoden eine französische Division schlug. Nach der Völkerschlacht bei → *Leipzig 1813* ging die Legion, die Mitte November mit rd. 8500 Mann ihre Höchststärke erreichte, im Rahmen der Nordarmee über die Elbe. Sie nahm jedoch nicht, wie Offiziere und Soldaten hofften, am Vormarsch nach Frankreich teil, sondern kam am Jahresende in Holstein und im Frühjahr 1814 in den Niederlanden zum Einsatz.

Unter den Angehörigen der Legion wuchs die Unzufriedenheit, da für mehrere Monate der Sold ausstand und die weitere Verwendung ungewiß war. Viele patriotische Offiziere befürchteten, daß die Legion zum Schacherobjekt der europäischen Mächte werden könnte. Deshalb wurde die Aufnahme des Korps Wallmoden in die preußische Armee angestrebt. Ein am 2.6.1814 in Paris abgeschlossener Vertrag zwischen Rußland, England und Preußen bestimmte, das Korps auf die sächsischen und bergischen Truppenkontingente zu verteilen, die der preußischen Armee angegliedert werden sollten. Die Legion wurde in Deutsche Legion umbenannt, ihr Weiterbestehen als selbständige Truppenformation gewährleistet. Den in ihren Dienstgraden bestätigten Offizieren und den Mannschaften stand es frei, in die russische Armee oder in die Streitkräfte ihrer Heimatstaaten einzutreten. Die Entlassung der nichtpreußischen Soldaten begann Mitte 1814. Zur Anpassung an das neue Unterstellungsverhältnis gliederte man die Infanterie der Legion in 2 Regimenter, die am 16.7.1814 vom preußischen III. Armeekorps übernommen wurden. Mit der Umbildung der 2 Husarenregimenter zum 8. Ulanenregiment und der 2 Infanterieregimenter zum 30. und 31. Infanterieregiment vollzog sich die endgültige Eingliederung der Legion in die preußische Armee. Am 18.4.1815 erfolgte ihre offizielle Auflösung. Die Legion war Ausdruck des Volkskampfes gegen die napoleonische Fremdherrschaft und der russisch-deutschen Waffenbrüderschaft im nationalen Unabhängigkeitskrieg. Die Feudalaristokratie, die von Anfang an der Legion mit tiefem Mißtrauen begegnete, konnte verhindern, daß die Legion größere militärische Bedeutung erlangte.

Rüstungsmemorandum Adenauers 1950: Bezeichnung für das am 29.8.1950 dem Vorsitzenden der Alliierten Hohen Kommission der USA vom damaligen Bundeskanzler der BRD, Konrad Adenauer (1876–1967), unterbreitete Geheimdokument, das den Aufbau von Streitkräften der BRD in Stärke von 500000 Mann im Rahmen einer Westeuropaarmee vorsah.

Dem R. A., in demagogischer Weise als «Sicherheitsmemorandum» deklariert, lagen jahrelange Vorarbeiten zugrunde, so der von ehem. Generalen und Generalstabsoffizieren der faschistischen Wehrmacht ausgearbeitete → *Halderplan 1949* wie auch das sog. Petersberger Abkommen vom 22.11.1949, in dem Adenauer mit den Vertretern der 3 Westmächte bereits eine erste Übereinkunft über die Einbeziehung der BRD in das imperialistische Militärblocksystem getroffen hatte. Zum günstigen Zeitpunkt der beginnenden amerikanischen Korea-Aggression (Juni 1950) gedachte die BRD-Regierung mit dem Memorandum den von ihr verfolgten aggressiv-revanchistischen Kurs gegenüber der DDR und anderen sozialistischen Staaten mit Hilfe der USA und anderer NATO-Mächte zu beschleunigen. Das R. A. entsprach der weitgesteckten imperialistischen Zielstellung, die BRD zum Hauptaufmarschraum der → *NATO* in Zentraleuropa zu machen. Davon zeugten ebenfalls im R. A. enthaltene Forderungen, die Zahl der westlichen Besatzungstruppen auf dem Territorium der BRD zu erhöhen und zusätzlich militärähnlich organisierte Polizeikräfte der BRD aufzustellen zur Absicherung der imperialistischen Politik im Innern. Mit dem R. A., das auf der → *New-Yorker Konferenz 1950* die faktische Billigung der Westmächte erhielt, war unter Bruch des Potsdamer Abkommens und anderer völkerrechtlicher Grundsätze der Antihitlerkoalition eine wichtige Vorentscheidung für die Wiederaufrüstung des deutschen Imperialismus im Rahmen der → *Remilitarisierung der BRD* und für deren Eingliederung in die NATO gefallen.

S

Säbel: mit einschneidiger, gekrümmter Klinge versehene → *Stich- und Hiebwaffe*, die im europäischen Militärwesen seit dem 16. Jh. zumeist von Berittenen geführt wurde.

Der S. ist orientalischen Ursprungs. Nach Europa gelangte er während der Kreuzzüge des 11.–13. Jh., vereinzelt auch früher, konnte sich jedoch infolge der ständig an Stärke zunehmenden Körperpanzerung der → *Ritter* nicht durchsetzen. Als diese Panzerung mit dem Aufkommen der → *Handfeuerwaffen* allmählich an Bedeutung verlor, fand der S. vor allem unter türkischem Einfluß auch im europäischen Militärwesen stärkere Verbreitung. Der S. unterschied sich in seiner ursprünglichen Form vom → *Schwert* nur durch die gekrümmte Klinge und wurde daher häufig als Krummschwert bezeichnet. Die Klingenkrümmung und ihr nach dem Griff hin verlagertes Schwergewicht ermöglichten beim S.hieb eine zusätzliche Schneidwirkung. Um den S. auch zum Stich verwenden zu können, war die Klinge an der Spitze zweischneidig geschliffen. Einfache S. mit kurzen, gekrümmten Klingen wurden seit dem 14. Jh. als sog. Bauernwehren vom Volk geführt. Eine noch einfachere Art war die Dusägge, die anstelle eines besonderen Gefäßes lediglich einen am breiten hinteren Klingenende ausgeschnittenen Handgriff besaß. Eine andere Form hatte der Schweizer-S., der sich in der ersten Hälfte des 15. Jh. aus dem einschneidigen Schwert entwickelte und nur geringe Krümmung aufwies. Im 17. Jh wurde mit dem Aufkommen leichter Reiterformationen in den Armeen der europäischen Länder dort auch die türkische S.form mit stärker gekrümmter Klinge eingeführt. Seit dem 18. Jh. waren neben der leichten Kavallerie, insbesondere den → *Husaren*, in verschiedenen deutschen Staaten auch die Infanterie, die Artillerie und der Train mit einem kurzen S. als Seitenwaffe ausgerüstet. Ein an die Stelle der ursprünglichen Parierstange tretender Griffbügel bot besseren Handschutz. In den Kriegen des 18. Jh. gewann der Einsatz des S. bei Reiterattacken zunehmende Bedeutung. Bei den Husaren hing der gezogene S. während der Attacke am Handgelenk, so daß er nach dem Abfeuern der Reiterpistolen sofort benutzt werden konnte. Die S.scheide aus Leder oder Holz, später auch aus Stahlblech war in der Regel innen gefüttert, um der Klinge eine feste Lage zu geben und die Schneide zu schonen. Im preußischen Heer führten ab 1811 Husaren, → *Dragoner* und Reiter des Trains einen S. englischen Modells mit einfachem Handbügel, der 1857 durch den neu entwickelten Kavallerie-S. Modell 52 mit schwach gekrümmter Klinge und zum Korb erweitertem Bügel abgelöst wurde. Bei der Artillerie wurde ab 1848 ebenfalls der bei der leichten Kavallerie verwendete S. getragen. Im kaiserlich-deutschen Heer wurde 1890 der S. allgemein durch den Infanterie- bzw. Kavalleriedegen Modell 89 ersetzt (→ *Kürassiere* behielten weiterhin den → *Pallasch*). Die Reichswehr der Weimarer Republik führte den S. wieder ein. Die zunächst unterschiedlichen, aus Beständen des kaiserlichen Heeres stammenden Waffen wurden Anfang der dreißiger Jahre durch einheitliche Modelle für Offiziere und für Unteroffiziere bzw. Mannschaften abgelöst. In der faschistischen Wehrmacht führten die berittenen und bespannten Truppen den S. teilweise bis 1941.

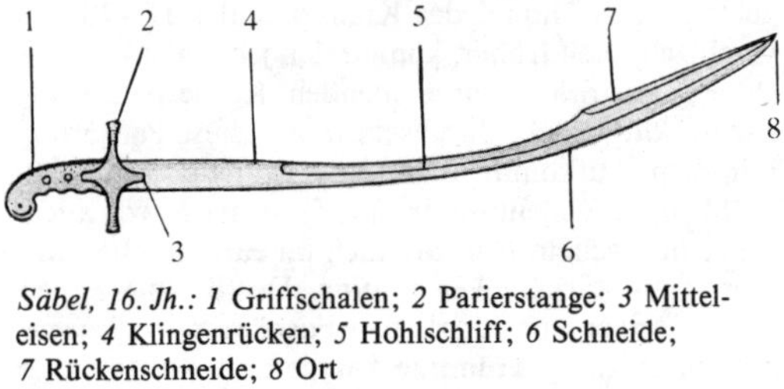

Säbel, 16. Jh.: 1 Griffschalen; *2* Parierstange; *3* Mitteleisen; *4* Klingenrücken; *5* Hohlschliff; *6* Schneide; *7* Rückenschneide; *8* Ort

In der NVA führen Fahnenbegleitkommandos und Kommandeure von Ehrenformationen bei der Parade einen S. *(s. Abb. S. 951)*

Sachsenkriege 772–804 → *fränkische Expansionskriege 5.–9. Jh.*

sächsischer Bauernaufstand 1073–1075: antifeudale Erhebung der ostsächsischen und thüringischen Bauern, die zeitweise mit der sächsischen Adelsopposition gegen das Königtum verflochten war.

Seit Ende der 60er Jahre des 11. Jh. suchte der deutsche König Heinrich IV. (1050–1106) im Gebiet zwischen Werra und Elbe mit dem Harz im Zentrum ein geschlossenes Königsterritorium aufzubauen. Als Stützpunkte dieser Hausmachtpolitik ließ er systematisch Burgen errichten, von denen aus die königlichen Ministerialen die Bauern hart bedrückten. Verschärfte Ausbeutung durch die Ministerialen, deren Räubereien und Eingriffe in bäuerliche Rechte und vor allem der mit schweren Frondiensten verbundene Burgenbau erbitterten die Bauern. Die sächsischen Feudalherren, deren Machtposition durch die königliche Politik gefährdet wurde, schürten geschickt den Haß des Volkes gegen Heinrich IV., seine Ministerialen und Burgen. Es gelang ihnen vorübergehend, sich den Kampfeswillen und das → *Aufgebot* der Bauern für ihre partikularen Interessen gegen die Zentralgewalt nutzbar zu machen. So wurde in Sachsen durch den gemeinsamen Kampf der Bauern und des Adels gegen den König der Hauptklassenwiderspruch der Feudalgesellschaft zeitweise überdeckt.

Der s. B. brach im August 1073 aus, erfaßte ganz Ostsachsen und griff auf die angrenzenden thüringischen Gebiete über. Die überwiegende Mehrheit der Bauern beteiligte sich an der machtvollen Erhebung; genauere Angaben über die zahlenmäßige Stärke und die soziale Zusammensetzung der Aufständischen fehlen. Die mit selbstgefertigten Spießen, Streitäxten, Keulen und erbeuteten Waffen ausgerüsteten Bauern eroberten mehrere Burgen und schlugen kleinere → *Vasallenheere.* Da die süddeutschen Fürsten aus Mißtrauen gegen die Königspolitik die geforderte Heerfolge gegen die Sachsen verweigerten, mußte der König mit den Aufständischen verhandeln. Im Frieden von Gerstungen (2. 2. 1074) kam der Hauptklassenwiderspruch wieder offen zum Ausbruch. Es zeigte sich, daß Bauern und Adel für völlig verschiedene Ziele gefochten hatten. Heinrich IV. und die sächsischen Feudalherren einigten sich und paktierten gegen die Bauern, deren Hauptforderung, die königlichen Burgen abzubrechen, unerfüllt blieb. Die getäuschten und verratenen Bauern zerstörten daraufhin im Frühjahr 1074 das «Joch Sachsens», die Harzburg bei Goslar. Unter dem Eindruck dieser selbständigen bäuerlichen Aktion gingen einige sächsische Feudalherren nun offen zu Heinrich IV. über, dem jetzt auch die süddeutschen Fürsten Heerfolge leisteten. Die zum weiteren Widerstand entschlossenen Bauern sammelten sich mit einem Teil des oppositionellen sächsischen Adels im Frühsommer 1075 bei Eisenach. Von vielen Adligen im Stich gelassen, erlitt das Bauernaufgebot am 9. 6. in der Schlacht bei Homburg an der Unstrut durch die an Zahl, Bewaffnung und Kampferfahrung überlegenen → *Panzerreiter* des Königs und der Feudalherren eine schwere Niederlage. Dennoch dauerte der Widerstand der Bauern an, und auch die Opposition des Adels war noch nicht gebrochen. Heinrich IV. plante deshalb einen neuen Feldzug. Die süddeutschen Fürsten verweigerten aber erneut die Heerfolge, um die sächsischen Standesgenossen nicht weiter zu schwächen. Erst nachdem der König seine harten Forderungen etwas gemildert hatte, unterwarfen sich die Sachsen im Oktober in der Ebene von Spier bei Sondershausen. Nach der Niederschlagung des s. B. ließ Heinrich IV. die zerstörten Burgen wiederherstellen und sogar neue Plätze befestigen. Die Bauern wurden von seinen Ministerialen härter als zuvor bedrückt. Der s. B. war ein Höhepunkt des antifeudalen Kampfes im 11. Jh.

sächsischer Bauernaufstand 1790: bewaffnete antifeudale Erhebung kursächsischer Bauern im August/September 1790.

In den Jahren 1789/90 führten strenger Winter, Wildplage, große Dürre und Teuerung zu einer rapiden Verschlechterung der Lage der feudal unterdrückten Bauern in Kursachsen. Bereits im Frühjahr 1790 brachen unter dem Einfluß der Französischen Revolution von 1789 in einigen Gebieten antifeudale Unruhen aus. Programmatische Bedeutung für den s. B. gewannen 2 Flugschriften des Seilers Christian Benjamin Geißler (1743–nach 1808) aus Liebstadt, in denen er zum Sturz des Adels aufrief. Nach französischem Vorbild forderte er auch die Errichtung einer Nationalgarde zu Fuß und zu Pferde. Geißler wurde zwar im Juli 1790 verhaftet, aber seine Aufrufe fanden in Abschriften weite Verbreitung. Ausgangspunkt und Zentrum des s. B. wurde das Gebiet um Lommatzsch, wo die Erhebung auch eine gewisse Organisiertheit erreichte. Am 3. 8. verweigerte hier ein Dorf geschlossen die Frondienste. Innerhalb von 14 Tagen folgten die Bauern in mehr als 50 Rittergutsdörfern diesem Beispiel. Die Aufständischen entwaffneten Militäreinheiten und zwangen Rittergutsbesitzer zum Verzicht auf alle Frondienste. Bei den Katzenhäusern, einer Anhöhe zwischen Nossen und Meißen, errichteten sie ein Feldlager, in dem sich bis zu 8000 Mann versammelt haben sollen. Von hier aus wurden bewaffnete Aktionen unternommen. So zogen am 23. 8 über 2000 Mann, bewaffnet fast ausschließlich mit Stökken, Beilen, Sensen und Forken, nach Meißen und erzwangen die Freilassung von 4 inhaftierten Anführern. Die Garnison wagte nicht einzugreifen.

Mitte August war auch das ganze mittlere Erzgebirge im Aufstand, der sich bis Monatsende insgesamt über ein Gebiet von mehr als 5000 km² ausdehnte. Die Aufständischen entledigten sich nicht nur ihrer Feudallasten, sondern gingen örtlich auch zur Enteignung der Gutsherren über. Die Staatsbehörden in Mittelsachsen waren teilweise außer Funktion gesetzt und die auf verschiedene Garnisonen verteilten Truppen zu schwach für ein erfolgreiches Vorgehen. Auch vermied es anfangs der Adel aus Furcht vor einem Übergreifen des Aufstandes auf das Militär, die einzelnen Einheiten in ihren Heimatgebieten gegen die Aufständischen einzusetzen. Die Hoffnung der Bauern, daß sich ihnen die Masse der Soldaten anschließen würde, erfüllte sich allerdings nicht. Der s. B., dem jede einheitliche Führung und jede Unterstützung durch die städtischen Schichten fehlte, blieb lokal zersplittert. Das erleichterte der herrschenden Klasse seine Niederschlagung, wofür auch Preußen militärische Hilfe anbot. Ende August wurden Truppen in Stärke von 5600 Mann Infanterie, Kavallerie und Artillerie gegen das Zentrum des Aufstandes zusammengezogen sowie die Garnisonen mehrerer Städte verstärkt. Die militärisch kaum organisierten und völlig unzureichend bewaffneten Bauern mußten sich Anfang September der Übermacht unterwerfen. In anderen Aufstandsgebieten konnte der Widerstand erst nach Wochen gebrochen werden. Weit über 100 Aufständische wurden zu Zucht- und Arbeitshaus verurteilt. Ein am 18. 1. 1791 erlassenes Mandat drohte härteste Strafen bei «Tumult und Aufruhr» an. Der s. B. beunruhigte die herrschende Klasse über Sachsens Grenze hinaus. Er stärkte die antifeudale Bewegung in anderen deutschen Territorien und trug zur beschleunigten Zersetzung der Feudalordnung bei. Namentlich die → *schlesischen Aufstände 1793/94* wurden von ihm beeinflußt.

Salutschießen: Ehrenbezeigung durch Schüsse bzw. Salven, abgegeben mit Artilleriegeschützen oder Schützenwaffen.

Das S. ist Teil des militärischen Zeremoniells. Seine Ausführung ist durch internationale Gewohnheit sowie staatliche Gesetze, Salutreglements oder Befehle festgelegt. Es entstand während des 14. und 15. Jh. in den Flotten. An fremden Küsten oder bei Begegnungen mit Schiffen anderer Staaten wurde durch rechtzeitiges, ungezieltes Abfeuern der Geschütze die friedliche Absicht angezeigt. Die sich daraus entwickelnde Zeremonie wurde auch von den

Heeren übernommen. Das S. erfolgte mit blinden Schüssen (Manöverkartuschen, Platzpatronen) bei feierlichen Anlässen, z. B. bei Begrüßungen hochgestellter Persönlichkeiten, Sieges- und Trauerfeiern, Empfang fremder Kriegsschiffe. Feste Regeln für das S. bildeten sich seit dem 16. Jh. heraus. Der Ursprung der bis heute gültigen Regel, hohe Persönlichkeiten, z. B. Staatsoberhäupter und Regierungschefs, mit einer ungeraden Anzahl von Schüssen zu ehren, ist nicht mit Sicherheit festzustellen. Vom Ende des 19. Jh. an wurde das S. in zunehmendem Maße international einheitlich gehandhabt. Zu den bekanntesten nationalen Maßnahmen auf diesem Gebiet gehört das S. anläßlich der Befreiung von Städten durch die Sowjetarmee im Großen Vaterländischen Krieg des Sowjetvolkes.

In der DDR wird das S. von der Regierung festgelegt, erfolgt bei bestimmten Anlässen auf Befehl des Ministers für Nationale Verteidigung und ist durch Dienstvorschrift geregelt. S. findet z. B. statt bei offiziellen Besuchen von Generalsekretären bzw. Ersten Sekretären kommunistischer Parteien sozialistischer Länder und von Staatsoberhäuptern (Salut der Nation – 21 Schuß – durch eine Salutbatterie der NVA), bei Beginn von Flottenparaden (durch ein salutfeuerndes Schiff) und bei Trauerparaden (Ehrensalven durch eine Salvenkompanie oder einen Ehrenzug).

Sanitätswesen: seit 1871 in Deutschland Bezeichnung für die Gesamtheit der Organisation, Kräfte, Mittel, Einrichtungen und Methoden der medizinischen Sicherstellung der Streitkräfte; die strukturmäßigen Kräfte des Sanitätspersonals bilden den Sanitätsdienst (medizinischen Dienst).

Vorformen des S. existierten in Heeren der Sklavenhalterstaaten. In den römischen Legionen gab es seit dem 1. Jh. v. u. Z. eine organisierte Betreuung der Verwundeten und Kranken. Die mittelalterlichen Vasallen- und Ritterheere kannten kein organisiertes S.; Heilkundige bzw. Wundärzte bereiteten selbst Arzneien zu (→ *Militärpharmazie*) und pflegten die Verwundeten und Kranken in heimatlichen Burgen und Dörfern oder in dem Schlachtfeld nahegelegenen Orten. In der Folgezeit übernahm der im 11. Jh. gegründete Johanniterorden (Hospitaliterorden) die Betreuung verwundeter und kranker Ritter, vor allem von Teilnehmern an den Kreuzzügen.

Anfänge eines organisierten S. entwickelten sich in den Söldnerheeren des 16./17. Jh. Erste sanitätsdienstliche Festlegungen und Regeln enthielten die 1506 erlassenen Kriegsartikel Kaiser Maximilians I. (1459–1519) sowie die «Ordnung und Instruktion über das Feld- oder Kriegsspital der katholischen

Ehrensalut beim Begräbnis des bei Hochkirch 1758 gefallenen preußischen Feldmarschalls Keith

Liga» von 1620. Die Kriegsartikel legten vor allem Maßnahmen zur Bekämpfung von Seuchen (Cholera, Pest, Flecktyphus) fest, denen in den Kriegen oft bis zu 50% der Heere zum Opfer fielen. Zu Beginn des 18. Jh. entstanden in den meisten deutschen Territorien zentrale Militärmedizinalbehörden mit dem Status beratender Organe des Landesfürsten. In den Armeen prüfte der jeweilige «Generalchirurgus» (in Preußen seit 1716) die Regimentsfeldschere (→ *Feldscher*) vor ihrer Anstellung und leitete ihre Tätigkeit an. Die Kompaniefeldschere (seit 1638 in Brandenburg im Etat) hatten den Soldaten die Bärte zu scheren sowie Kranken und Verwundeten Hilfe zu erweisen. Seit dem 18. Jh. bestimmten Reglements die Tätigkeit der Feldschere und die Arbeitsorganisation in den → *Lazaretten.* Nach dem preußischen Reglement von 1788 für die Infanterie hatten die Feldschere ein «Buch über Krankheiten und Behandlungsweisen» zu führen und die Ergebnisse der Behandlung jährlich dem Generalchirurgen in einem Bericht («Generalliste») mitzuteilen. Daraus entwikkelten sich die späteren Militärmedizinalstatistiken.

Anfang des 18. Jh. entstanden die ersten → *militärärztlichen Bildungsanstalten.* In den Garnisonen wurden Lazarette oder Krankenstuben eingerichtet. Sie dienten der kontrollierten Unterbringung und Pflege erkrankter oder verletzter Soldaten. In den Kriegen nahmen bewegliche, in der Nähe der Schlachtfelder eingerichtete Feldlazarette die Verwundeten und Kranken auf. Von dort erfolgte der Abtransport zu den Hauptlazaretten, die in der Regel in befestigten Orten eingerichtet wurden. Infolge des niedrigen Entwicklungsstandes der Militärmedizin war die Sterblichkeit unter den Verwundeten und Kranken sehr hoch. Meist starb ein Drittel von ihnen

Organisation des Abtransportes von Verwundeten in der preußischen Armee – 1756 bis 1763

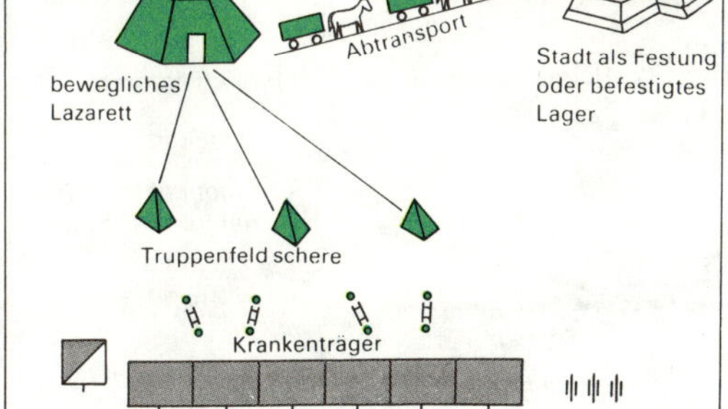

während des Abtransports. Seit Ende des 17. Jh. nahm die militärmedizinische Literatur unter dem Einfluß der bürgerlichen Frühaufklärung einen Aufschwung. Gottfried Wilhelm Leibniz (1646–1716) und Janus Abraham á Gehema (1648–1715) wurden mit ihren Reformvorschlägen, vor allem mit den Forderungen nach Abhärtung und Hygiene, zu Wegbereitern der medizinischen Prophylaxe in der Armee. Die «Ratgeber» und die «Unterrichtsbücher» der preußischen Generalchirurgen Johann Theden (1714–1797), Christian Mursinna (1741–1823) und Johann Goercke (1750–1822) sollten vor allem das Fachwissen der Kompaniefeldschere heben.

Die bürgerliche Umgestaltung des Militärwesens im Gefolge der Französischen Revolution von 1789 und die wissenschaftlichen Fortschritte, vor allem in der Medizin, veränderten die Struktur des S. und erweiterten dessen Aufgaben. In Frankreich wurden alle wehrfähigen Ärzte zum Kriegsdienst verpflichtet und zumeist in den «Service santé» (Gesundheitsdienst) eingereiht. Ein Reglement für die Gesundheitspflege (21. 2. 1794) hob die in den feudalabsolutistischen Armeen üblichen Unterschiede in der Behandlung der Verwundeten und Kranken nach Rang und Stand auf und legte die gleichberechtigte Pflege und Behandlung fest. Die französischen Generalchirurgen Pierre-François Percy (1754–1825) und Dominique Jean Larrey (1766–1842) führten bahnbrechende Neuerungen eines zu operativem Einsatz geeigneten S. ein: Krankenträgerkompanien, schnell einsatzbereite bewegliche Feldlazarette sowie leichte, gefederte Krankenwagen.

Die Staaten des 1806 gegründeten Rheinbundes reorganisierten ihr S. nach französischem Vorbild. Erstmals erhielten die Einheiten, Truppenteile und Verbände eigene Kräfte und Mittel des S. Den Verwundeten und Kranken wurde auf Bataillons- und Regimentsambulanzplätzen erste medizinische Hilfe erwiesen. Durch die Einrichtung von Divisionsambulanzen und Divisionsfeldspitälern sowie Hauptspitälern der Armeen wurde es möglich, den Verwundeten und Kranken im Kriege rechtzeitiger und besser medizinische Hilfe zu erweisen. Die aus zivilen Einrichtungen und mit deren Personal gebildeten sog. Unterlagsspitäler waren Vorläufer der späteren Reservelazarette.

In Preußen wurde im Rahmen der Militärreformen 1807–1815 das S. umgestaltet. Der Generalchirurg Goercke erreichte, daß 1808 den Regimentschirurgen (Chirurg seit 1790 Bezeichnung für Feldscher) und den Medici (Bezeichnung für an Universitäten ausgebildete Ärzte) der Armee Offiziersrechte zuerkannt wurden. Die Kompaniechirurgen unterlagen seit 1809 nicht mehr der Fuchtelstrafe und der Barbierpflicht. Bewegliche, «fliegende» Lazarette wurden bei den Brigaden, Hauptlazarette bei den Divisionen sowie Provinziallazarette als weiterentwikkelte Form der Unterlagsspitäler eingeführt. In den Kriegen 1813–1815 gelangten die beweglichen Lazarette nur selten rechtzeitig zum Einsatzort, da ihre Fahrzeuge zu schwerfällig waren. Die Provinziallazarette waren im Lande entsprechend ihrer Entfernung von den Grenzen in 3 Staffeln angeordnet. In Verbindung mit der spontanen Hilfe ziviler Ärzte und einzelner Bürger erwiesen sie sich als geeignete Ergänzung der Feld- und Hauptlazarette.

Die politische Restauration nach 1815 hemmte die Weiterführung der Reformen im S.; Reformgedanken fanden bis 1848 lediglich in der Literatur ihren Niederschlag. In der Revolution 1848/49 leisteten patriotische Ärzte und Helfer in Berlin, Dresden und anderen Orten verwundeten Barrikadenkämpfern spontan medizinische Hilfe. 1849 gingen Kräfte des S. der badischen Armee auf die Seite der Revolution über, auch freipraktizierende Ärzte unterstützten das S. der badisch-pfälzischen Revolutionsarmee. Im Dänisch-Deutschen Krieg (1848–1851) setzte der hannoveranische Generalarzt Louis Strohmeyer (1804–1876) Verbesserungen in der Organisation des S. durch. Er führte die Krankenträgerkompanie der Armee zum Abtransport der Verwundeten vom Schlachtfeld (erstmals 1814 gebildet) wieder und den → *Verbandplatz* zur ärztlichen Hilfe auf dem Gefechtsfeld neu ein. Etwa zur gleichen Zeit wie der russische Militärarzt N. I. Pirogow (1810–1881) forderte er, durch die Einheit von Einstufung, Abtransport und Verteilung der Verwundeten und Kranken deren rechtzeitige und erfolgreiche Behandlung zu sichern. 1855 stellte Strohmeyer in Hannover die erste Sanitätskompanie auf. Diese verfügte über Kräfte und Mittel zum Bergen und Abtransportieren der Verwundeten und Kranken sowie zur Entfaltung des Verbandplatzes und eines leichten Feldlazaretts. Sie war damit die erste gemischte Sanitätsformation in den Heeren des Deutschen Bundes.

In Preußen befaßte sich seit 1859 eine Kommission unter der Leitung von Generalarzt Friedrich Löffler (1815–1874) mit der Reorganisation des S. Ihre Festlegungen betrafen den Truppensanitätsdienst auf dem Gefechtsfeld (Verbandpäckchen am Mann, Hilfskrankenträger der Kompanien), die einheitliche ärztliche Führung des Sanitätsdienstes im Krieg durch leitende Ärzte in den Regimentern, Divisionen, Korps und Armeen, die Organisation des Feldlazarettwesens (2–3 leichte und schwere Feldlazarette je Korps sowie mehrere stationäre Kriegslazarette je Armee), die Staffelung der Etappenlazarette sowie die Schaffung von Reservelazaretten im Heimatgebiet. Im Preußisch-Österreichischen Krieg (1866) wirkte die Unterschätzung der Organisation des S. in der preußischen Armee noch nach. Veraltete Vorstellungen erschwerten die Verbesserung der Organisation des medizinischen Abtransports der Verwundeten und Kranken und führten zu einer Überbelegung der Feldlazarette, die außerdem nicht beweglich genug waren, der Truppe zügig zu folgen. Dagegen waren die Kriegs- und Etappenlazarette meist unterbelegt. Die preußische Armee hatte im Gegensatz zur österreichischen den Eisenbahntransport der Verwundeten und Kranken schlecht vorbereitet. Katastrophal gestaltete sich die Versorgung der österreichischen Verwundeten nach der Schlacht bei Königgrätz 1866. Österreich war der Genfer Konvention von 1864 über die Erleichterung des Loses der Verwundeten und Kranken nicht beigetreten, die dem Sanitätspersonal Neutralitätsstatus gewährte; deshalb floh das Sanitätspersonal vom Schlachtfeld und überließ die Verwundeten ihrem Schicksal.

Die 1869 abgeschlossene Reform des preußischen S. brachte eine bedeutende Erweiterung seiner Kräfte und Mittel. Alle Ärzte Preußens wurden zum Waffendienst verpflichtet. Die 1863–1868 entstandenen «Vereine zur freiwilligen Krankenpflege unter dem Roten Kreuz» wurden in die Organisation des S. für den Kriegsfall einbezogen. Die Vorherrschaft Preußens im Norddeutschen Bund sowie im 1871 ge-

Organisation des medizinischen Abtransportes in den deutschen Armeen 1870/71

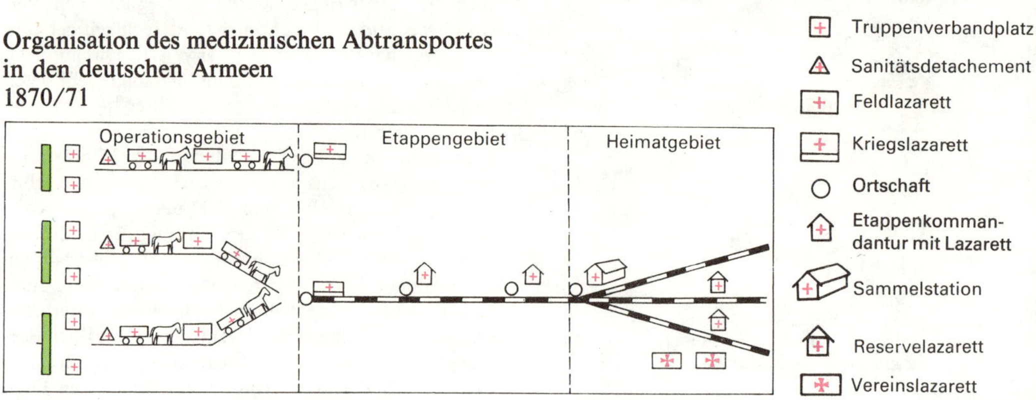

gründeten Kaiserreich führte dazu, daß das S. aller Bundesstaaten nach dem Muster des preußischen S. umgestaltet bzw. weiterentwickelt wurde.

Im Deutsch-Französischen Krieg (1870/71) vermochte das S. im wesentlichen seine Aufgaben zu erfüllen. Der Abtransport der Verwundeten und Kranken erfolgte nach Erweisung der medizinischen Hilfe auf den Verbandplätzen zur weiteren Behandlung in die Feld- und die Kriegslazarette sowie zur Ausheilung in die Etappen- oder Heimatlazarette. 45% aller Verwundeten und Kranken gelangten mit der Eisenbahn in Reserve- und Vereinslazarette in der Heimat. Dank den Fortschritten in der Medizin sowie der durchgängigen akademischen Bildung aller Ärzte konnte trotz hoher Ausfälle durch Erkrankungen (5mal mehr als durch Verwundungen) die Sterblichkeit in den Lazaretten auf 3,1% (1813/14 noch 9–15%) gesenkt werden. Prophylaktische Schutzimpfungen verhinderten in den Armeen der deutschen Staaten 1870/71 das Ausbrechen einer Pokkenepidemie. In der französischen Armee und Bevölkerung wie auch unter Teilen der deutschen Zivilbevölkerung forderte diese Seuche dagegen große Opfer.

1873 wurde das Sanitätspersonal der Heereskontingente der einzelnen Länder des Kaiserreiches (außer Bayern) in einem einheitlichen Sanitätskorps vereinigt. Es hatte den Status einer technischen Waffengattung und bestand aus dem Sanitätsoffizierskorps, der Sanitätstruppe mit dem leichten Gefechtspark (Fahrzeuge und Ausrüstung der Feldlazarette u. a. m.) und den stationären Sanitätsanstalten (z. B. Garnisonlazarette). Für den Kriegsfall war seine Verstärkung durch ein System der freiwilligen Verwundeten- und Krankenpflege sowie Maßnahmen für den Abtransport und die Verteilung auf die Etappen- und Heimatlazarette vorgesehen. Als selbständige Organisation bestand das S. der Kaiserlichen Marine ab 1896 unter dem Generalstabsarzt der Marine mit der Marinemedizinalabteilung, den Marinelazaretten und dem ärztlichen Dienst an Bord.

Mit dem Übergang zum Imperialismus wurden die Fortschritte in der Medizin in allen imperialistischen Ländern noch zielstrebiger für die Kriegsvorbereitungen genutzt und die Organisation des S. entsprechend ausgebaut. Für das kaiserlich-deutsche Heer erschien 1907 eine neue Kriegssanitätsordnung (KSO), die durch die Dienstvorschriften «Freiwillige Krankenpflege», «Sanitätsordnung», «Krankenträgerordnung» und «Feld-Röntgenwagenvorschrift» ergänzt wurde. Nach der Kriegssanitätsordnung unterstand dem Chef des Feld-S. das gesamte im Operations- und Etappengebiet eingesetzte Sanitätspersonal, während das S. des Heimatgebietes, nach Ländern unterteilt, dem Leiter der Medizinalabteilung des jeweiligen Kriegsministeriums unterstand. Die Kräfte und Mittel des S. im Operationsgebiet waren in den Armeekorps konzentriert. Die Korpsärzte verfügten über je 1 Sanitätsbataillon (3 Sanitätskompanien und 12 Feldlazarette) und teilten den Divisionen einen Teil der Sanitätskompanien und Feldlazarette zu. Die Infanteriebataillone sowie die Artillerieabteilungen hatten 1–2 Ärzte und mehrere Sanitäter und Krankenträger. Sie bildeten (meist gemeinsam mit anderen Bataillonen) aus diesen Kräften und mit eigenen Mitteln die Truppenverbandplätze. Entsprechend der strategischen Planung eines kurzen Krieges orientierte die Kriegssanitätsordnung auf den Vorrang des Abtransports vor der Behandlung auf Verbandplätzen und in Feldlazaretten. Der Hauptverbandplatz (HVP) bestand aus 3 Abtransportabteilungen und 1 Behandlungsabteilung, um die Einrichtungen rasch von Verwundeten und Kranken frei zu machen.

Nach Beginn des ersten Weltkrieges (1914–1918) erwies sich das deutsche S. ungenügend auf die Kriegsanforderungen vorbereitet. 1914 vermochten die pferdebespannten Sanitätskolonnen nicht, der Truppe rechtzeitig zu folgen. Den Armeeärzten der einzelnen Armeen standen in der Regel keine beweglichen Sanitätsformationen zur Verfügung, um an Schwerpunkten Reserven einsetzen zu können. Der Stellungskrieg ab Ende 1914 stellte das S. der imperialistischen Staaten vor Aufgaben, auf die es nicht vorbereitet war. Trotzdem wurden für das deutsche S. keine grundlegenden Veränderungen an der Kriegssanitätsordnung von 1907 vorgenommen. Lediglich bei den Armeen wurden 1915 eigene Sanitätsformationen gebildet, die den Einsatz von zusätzlichen Kräften und Mitteln an Schwerpunkten der medizinischen Hilfe ermöglichten. Der Abtransport der Verwundeten und Kranken erfolgte über ein abgestuftes Behandlungssystem, d. h., sie durchliefen in der Regel nacheinander alle Haupttypen der Lazarette (Feld-, Kriegs-, Etappen- und Heimatlaza-

Pferdebespannte Sanitätskolonne des kaiserlich-deutschen Heeres auf dem Marsch an die Front, 1914

rette). Dieses Prinzip wirkte in der Praxis der erklärten Maxime entgegen, die Mehrzahl der Verwundeten und Kranken so schnell wie möglich der Truppe dienstfähig wieder zuzuführen und aus den Genesenen den Hauptteil des Ersatzes zu bilden. Ab 1916 wurden deshalb Lazarette für Leichtverwundete und -kranke in Frontnähe eingerichtet.

Unter den sanitären Verlusten (Menschenverluste durch Verwundung, Gefechtsschädigung oder Erkrankung, die zu mehr als eintägigem Dienstausfall führten) nahmen wiederum die Kranken die erste Stelle ein. Die für den Stellungskrieg typischen Erkältungs-, Nieren-, Magen- und Darmerkrankungen verursachten große Ausfälle. Psychische Depressionen mehrten sich unter dem Eindruck des langen Einsatzes in den Stellungen und des schweren Artilleriebeschusses. Durch die medizinischen Fortschritte und günstigen Arbeitsmöglichkeiten der Lazarette (1915–1917 meist an denselben Orten in Frontnähe stationiert) blieb die Sterblichkeit der Kranken relativ gering. Auf der Grundlage der Antisepsis und Asepsis sowie der Narkose konnten bei der Wundbehandlung bessere Ergebnisse als in früheren Kriegen erzielt werden, obwohl der Einsatz neuer Waffen mit hoher Vernichtungskraft die Struktur der Verwundungen veränderte. Auf den Einsatz chemischer Kampfstoffe ab 1915 zeigte sich das S. nicht vorbereitet. Insgesamt überwog bei den Verwundungen die Zahl der durch Splitter hervorgerufenen Verletzungen (70 % der offenen Schädigungen).

Während des Krieges vervollkommnete das S. in allen imperialistischen Staaten das System der hygienisch-antiepidemischen Sicherstellung nach den Erkenntnissen der modernen Bakteriologie. Im Deutschen Reich hatte der preußische Generalstabsarzt als Chef des gesamten Feld-S. der bakteriologischen Forschung bereits vor 1914 große Aufmerksamkeit gewidmet. In seinem Auftrag waren, zeitweilig unter Leitung des preußischen Generalarztes Robert Koch (1843–1910), seit 1897 zur Absicherung der Kolonialexpansion und seit 1902 in den potentiellen west- und südwestdeutschen Aufmarschräumen gegen Frankreich umfangreiche antiepidemische Maßnahmen durchgeführt worden. In den imperialistischen Heeren wurden während des Krieges prophylaktische Schutzimpfungen durchgesetzt.

Nach 1918 werteten die imperialistischen Streitkräfte die sanitätsdienstlichen Erfahrungen des ersten Weltkrieges aus und entwickelten die Organisation, Technik und Taktik des S. weiter. In der Reichswehr stand der Heeres-Sanitätsinspekteur beim Chef der Heeresverwaltung im Reichswehrministerium an der Spitze des S. Ihn unterstützten die leitenden Sanitätsoffiziere im Etat des Ministeriums, nachgeordnet waren die Generalärzte der Gruppenkommandos und diesen die Divisionsärzte (zugleich Kommandeure der Divisions-Sanitätsabteilungen). Die Ärzte und Sanitäter der Divisions-Sanitätsabteilungen waren unter dem Befehl von Standortärzten in Sanitätsstaffeln in den Standorten eingesetzt und betreuten die Angehörigen der dort stationierten Truppenteile und Einheiten. Jede Kompanie verfügte über eigene Krankenträger, jede Sanitätsabteilung konnte im Kriegsfalle 1 Sanitätskompanie und 1 Feldlazarett bilden. Außer der Sanitätsabteilung gab es in jeder Division 3 Krankenkraftfahrzüge. 1932 bestanden bereits 48 Reichswehrlazarette. Die Gesamtstruktur des S. der Reichswehr ermöglichte es, in kurzer Zeit aus der Friedensstruktur heraus 2 Armeen mit 7 Armeekorps medizinisch sicherzustellen.

Im faschistischen Deutschland wurde das S. zielstrebig erweitert und auf die medizinische Sicherstellung eines Aggressionskrieges vorbereitet. Die Militärärztliche Akademie bildete seit 1934 die künftigen Führungskader des S. heran. Fast alle übrigen Ärzte hatten, soweit sie nicht bereits Reserveoffiziere waren, Waffendienst und Reserveübungen zu leisten. 1935 entstanden in den 3 Wehrmachtteilen selbständige Organisationen des Sanitätsdienstes. An der Spitze des Luftwaffensanitätsdienstes stand eine Sanitätsinspektion, während der Sanitätsdienst der Kriegsmarine von einer Medizinalabteilung (ab 1939 Marinemedizinalamt) geleitet wurde. Der Heeres-Sanitätsinspekteur (zugleich Heeresarzt) unterstand dem Oberbefehlshaber des Heeres und hatte auch die Sanitätsangelegenheiten, die die gesamte Wehrmacht betrafen, zu koordinieren. Am 7. 8. 1944 wurde die Funktion des Chefs des Wehrmacht-S. geschaffen mit Zuständigkeit für die Sanitätsdienstangelegenheiten aller Wehrmachtteile und der Waffen-SS.

Zu Beginn des zweiten Weltkrieges (1939–1945) war die Organisation des S. auf die Erfordernisse der Blitzkriegskonzeption zugeschnitten. Das faschistische S. war entsprechend der Kriegssanitätsvorschrift (KSV) von 1938 aufgebaut, die der Kriegssanitätsordnung von 1907 ähnelte. Eine Reihe von Erfahrungen des ersten Weltkrieges waren berücksichtigt worden. So verfügte bereits der Heeres-Sanitätsinspekteur, der in seiner Funktion als Heeresarzt zugleich Leiter des Feldsanitätsdienstes war, über operative Kräfte und Mittel zur Unterstützung der Armeeärzte in besonderen Situationen. Die Kräfte und Mittel des Armeearztes (Krankentransportabteilungen, Kriegslazarettabteilungen, Armeesanitätsabteilungen und -parks) waren beträchtlich erhöht worden. In jeder Infanteriedivision gab es ab 1939/40 in der Regel 2 Sanitätskompanien und in jeder Panzerdivision 1 Sanitätskompanie zur Entfaltung des Hauptverbandplatzes. Wie schon 1914 hatte der medizinische Abtransport zur Entlastung der Truppen

Organisation des medizinischen Abtransportes in der faschistischen Wehrmacht (nach der Kriegssanitätsvorschrift von 1938)

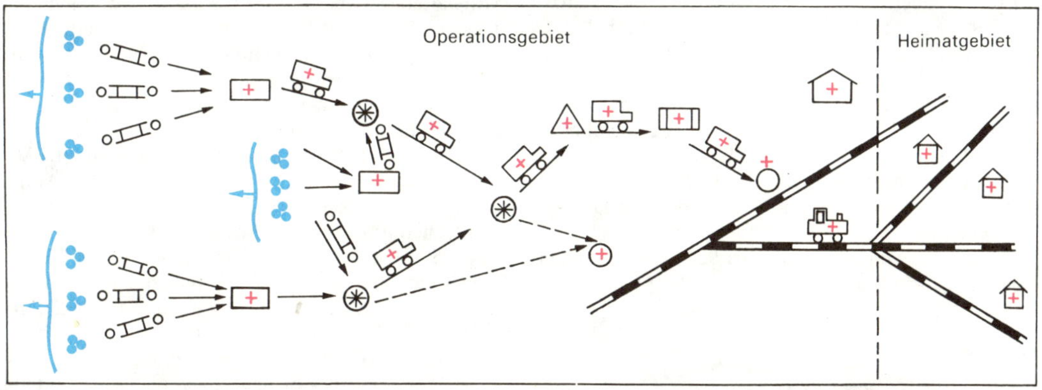

und des Operationsgebietes von Verwundeten und Kranken den Vorrang vor der medizinischen Behandlung im Front- und Etappenbereich. Auf dem Hauptverbandplatz sollten die unaufschiebbaren lebensrettenden Eingriffe und – soweit notwendig – die erste chirurgische Wundversorgung durchgeführt werden. Die weitere chirurgische Hilfe war in den Feldlazaretten zu leisten. Die während des Krieges geschaffenen Speziallazarette und mobilen chirurgischen Einrichtungen dienten vorwiegend der Erprobung neuer Organisationsformen und Behandlungsmethoden. 1942 wurde die Kriegssanitätsvorschrift von 1938 ergänzt, um den steigenden Belastungen des S. infolge der zunehmenden sanitären Verluste an der deutsch-sowjetischen Front besser gewachsen zu sein. Die neuen Festlegungen und alle weiteren Weisungen enthielten im Prinzip jedoch nur Aushilfen. Dem Bestreben, die angeschlagene faschistische Kriegsmaschine personell zu stärken, dienten die Bildung von Sonderformationen aus Magen- und Ohrenkranken für den Kriegseinsatz und die Senkung der Behandlungszeiten der Kranken und Verwundeten in den Lazaretten auf ein Mindestmaß. Das bewirkte wiederum eine Zunahme des Krankenstandes. Dringend erforderliche prophylaktische Maßnahmen wie die Tetanus-Schutzimpfung oder die hygienisch-antiepidemische Fürsorge entsprechend der Spezifik des Kriegsschauplatzes wurden vernachlässigt. Nach den schweren Niederlagen an der deutsch-sowjetischen Front 1942/43 konnte das faschistische S. seine Aufgaben immer weniger lösen. Gegen Ende des Krieges brach mit der Gesamtversorgung der Wehrmacht auch deren medizinische Sicherstellung zusammen.

Das S. der Bundeswehr der BRD knüpft an das S. der Wehrmacht an und nutzt die Erfahrungen der USA-Streitkräfte und anderer imperialistischer Armeen bei der Vorbereitung der medizinischen Sicherstellung eines Krieges. Es ist nach dem Territorialprinzip gegliedert. Den Sanitätsstäben bei den Territorialkommandos unterstehen Sanitätsabteilungen, deren Aufgabe die Führung der Sanitätsschulen, -materialparks und der Bundeswehrsanitätszentren, -apotheken sowie der Krankenkraftwagenkompanien, der Reservelazarettgruppen und der Sanitätsfeldersatzkompanien ist. Außerdem verfügt das S. über die dem Sanitätsdienstamt der Bundeswehr unterstellten Institute und Untersuchungsstellen, das Zentralkrankenhaus und die Krankenhäuser der Bundeswehr sowie die Akademie für Sanitäts- und Gesundheitswesen mit dem Sanitätslehrbataillon.

In den sozialistischen Streitkräften ist die Entwicklung des S. von der Übereinstimmung der allgemeinen humanitären Pflicht des medizinischen Personals mit der gesellschaftlichen Funktion des S. geprägt, die Gesundheit und Dienstfähigkeit der Armeeangehörigen als Element der Kampfkraft und Gefechtsbereitschaft zu erhalten, zu festigen sowie im Falle von Erkrankung und Verwundung wiederherzustellen. Es hat das in der UdSSR aufgebaute S. zum Vorbild, das im Großen Vaterländischen Krieg (1941–1945) seine Bewährungsprobe bestand und nach 1945 entsprechend der Entwicklung des Militärwesens und auf der Grundlage der Fortschritte in der medizinischen Forschung ständig vervollkommnet wurde. Bereits während des zweiten Weltkrieges verfügten alle Einheiten, Truppenteile, taktischen und operativen Verbände (außer den Korps) der Sowjetarmee über eigene Kräfte und Mittel des medizinischen Dienstes. Das System der Etappenbehandlung gewährleistete die Rechtzeitigkeit und Folgerichtigkeit der medizinischen Hilfe von der ersten medizinischen Hilfe auf dem Gefechtsfeld bis zur spezialisierten Hilfe in den Lazaretten nach einheitlichen Behandlungsrichtlinien. In Zusammenarbeit mit den 1941 gebildeten Komitees für die Hilfe und Betreuung der Kranken und Verwundeten gelang es, ein leistungsfähiges Blutspendewesen aufzubauen. 72% aller Verwundeten und über 90% aller Kranken konnten geheilt und dienstfähig den Truppen wieder zugeführt werden.

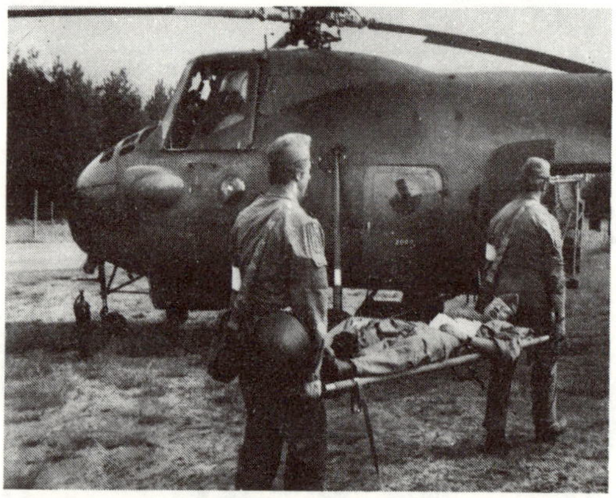

Geschädigtentransport mit Hubschraubern während einer Leistungsüberprüfung in der NVA

Auf der Grundlage der sowjetischen Erfahrungen wurden der medizinische Dienst und die Organisation der medizinischen Sicherstellung in den Streitkräften des Warschauer Verteidigungsbündnisses weitgehend einheitlich aufgebaut. Der medizinische Dienst der NVA knüpft an die progressiven Traditionen in der Militärmedizin an und verwirklicht die Prinzipien des sozialistischen Gesundheitswesens unter militärischen Bedingungen. Er ist ein Teil der rückwärtigen Dienste und verfügt über Einheiten, Truppenteile und Einrichtungen in den Verbänden und in den Dienststellen der NVA sowie über Lazarette. Die Kräfte des medizinischen Dienstes werden an der → *Militärmedizinischen Sektion an der Ernst-Moritz-Arndt-Universität* Greifswald, an der → *Militärmedizinischen Akademie (MMA)* und anderen Einrichtungen heran- und weitergebildet.

Sappeure: im 18./19. Jh. Angehörige der → *Pioniertruppen*, die für Schanz- und Wegebauarbeiten eingesetzt wurden.

Die S. erhielten ihren Namen nach den bei Belagerungsarbeiten von den eigenen Stellungen aus feindwärts vorgetriebenen Laufgräben (Sappen). Vorläufer der S. waren die in den Söldnerheeren des Mittelalters verwendeten Schanzbauern, die sich vorwiegend aus zeitweilig zu Bau- und Befestigungsarbeiten gepreßten fronpflichtigen Bauern rekrutierten. Das bayrische Heer verfügte Anfang des 16. Jh. z. B. über mehrere Fähnlein von Schanzbauern. In Versorgung und Entlohnung waren sie in der Regel schlechter gestellt als die eigentlichen Söldner. Als Truppengattung traten die S. im wesentlichen erst im Gefolge der bürgerlichen Revolution in Frankreich in Erscheinung. In den Armeen der meisten deutschen Staaten versahen in den Kriegen des 18. Jh. Angehörige der einzelnen Waffengattungen, insbesondere der Artillerie, teilweise auch die bereits länger bestehenden Mineure die früher den Schanzbauern zufallenden Arbeiten. Diese Praxis erwies sich jedoch vor allem bei Belagerungen als wenig vorteilhaft. Deshalb wurden zu Beginn des 19. Jh. nach französischem Vorbild S.formationen im Rahmen der bereits bestehenden Ingenieur- bzw. Pioniertruppen geschaffen, so in Sachsen 1805/06 und in Preußen nach 1810. In Hannover verfügte das Ingenieurkorps bereits 1786 über eine halbe Kompanie S. In einigen deutschen Staaten, z. B. in Baden und Württemberg, erfolgte die Aufstellung von S.formationen erst nach 1815. In der preußischen Armee hatte nach der Reorganisierung des Pionierwesens 1816 jede Pionierkompanie neben Mineuren und → *Pontonieren* auch eine zahlenmäßig kleine Sektion S. In ihr dienten vorzugsweise Erdarbeiter, Zimmerleute, Stellmacher und Schlosser. Das für ihre Tätigkeit er-

Sappeur vom Mecklenburg-Schweriner Gardegrenadierbataillon, 1830

forderliche Gerät wurde in gesonderten Schanzkolonnen mitgeführt. Zur ursprünglichen Funktion der S. im Belagerungswesen traten bald umfangreiche Aufgaben im Wege- und Brückenbau, beim Anlegen von Feldbefestigungen, bei Sprengungen u. a. m. Deshalb vergrößerte sich die Zahl der S. in den Pioniertruppen kontinuierlich. In Preußen erhielt z. B. im Verlauf der Heeresreorganisation 1859/60 jedes Pionierbataillon 2 Kompanien S., das waren etwa 50% des gesamten Personalbestandes des Bataillons. Im Deutsch-Französischen Krieg 1870/71 war der Anteil der S. in den Pionierbataillonen – nicht zuletzt wegen der erwarteten Festungskämpfe – teilweise noch höher.

Gegen Ende des 19. Jh. verminderte sich vor allem durch die Einführung schwerer und weittragender Geschütze mit beton- und panzerbrechender Munition die Rolle des Festungskrieges. Damit verloren auch die S. an Bedeutung. Ihre Aufgaben wurden mehr und mehr von sog. Einheitspionieren (→ *Pioniere*) übernommen, die für Schanzarbeiten, Brükken- und Straßenbau gleichermaßen ausgebildet waren. Dabei blieb die Bezeichnung S. für einen Teil der Pioniertruppen in einigen Ländern bis in die Zeit des ersten Weltkrieges bestehen. Während des Krieges wurde ein beträchtlicher Teil der infolge des Stellungskrieges in sehr großem Umfang anfallenden Schanz- und Befestigungsarbeiten von den Armierungstruppen (→ *Bautruppen*) übernommen. *(s. Abb. S. 769, 1005)*

Schanzbauern → *Sappeure*

Schanze → *Befestigungen*

Scharnhorst-Orden: höchste militärische → *Auszeichnung* der DDR.

Der S. wurde am 17. 2. 1966 in einer Klasse gestiftet. Damit würdigte der sozialistische deutsche Staat das Wirken des preußischen Generalleutnants Gerhard von Scharnhorst (1755–1813), des Initiators der Volksbewaffnung (→ *Militärreformen in Preußen 1807–1815*) und Organisators der Erhebung gegen die napoleonische Fremdherrschaft im → *nationalen Unabhängigkeitskrieg 1813/14.* Der S. kann für außerordentliche Verdienste bei der Stärkung der Verteidigungsbereitschaft der DDR, bei der Truppenführung, beim Einsatz der Persönlichkeit zum Schutz der DDR, bei der Weiterentwicklung der Militärwissenschaft und Militärtechnik sowie bei der Festigung der Militärkoalition der sozialistischen Bruderstaaten verliehen werden. Das Ordenszeichen ist ein fast runder, mit Strahlen unterlegter fünfzakkiger Stern mit einem größten Durchmesser von 44 mm. Das Zentrum bildet ein blau emailliertes Medaillon, umfaßt von einem weißen, 1 mm breiten Emaillering. Auf dem Medaillon ist das geprägte Porträt von Scharnhorst aufgelegt, darunter 2 gekreuzte Dolche. Die Metallteile des S. sind vergoldet. Er wird an einer großen fünfeckigen Spange getragen, die mit blauem Band bezogen ist. Das Band hat schmale goldene Seitenstreifen. Zum S. gehören eine Urkunde und für Einzelpersonen eine Prämie. Mit dem S. können Verbände, Truppenteile, Einrichtungen oder Einzelpersonen der NVA und anderer bewaffneter Organe sowie Zivilpersonen ausgezeichnet werden. Erstmalig wurde der S. am 1. 3. 1966 dem damaligen Minister für Nationale Verteidigung, Armeegeneral Heinz Hoffmann (1910–1985), verliehen. *(s. Abb. S. 56)*

Schärpe → *Feldbinde*

schiefe Schlachtordnung → *Lineartaktik*

Schiffsartillerie: Teil der Bewaffnung von Schiffen und Booten der → *Seestreitkräfte,* der aus → *Geschützen* unterschiedlicher Bestimmung einschließlich aller für ihren effektiven Einsatz notwendigen Mittel besteht.

Die S. entwickelte sich als Bestandteil der → *Artillerie* in engem Zusammenhang mit dem Schiffbau, der Navigation und der → *Seekriegskunst.* Bereits im 14. Jh. erhielten einzelne Segel- und Riemenschiffe Geschütze, die auf dem Vorder- und dem Achterkastell aufgestellt wurden. Die Wirkung dieser hauptsächlich aus → *Vorderladern* geringer Reichweite bestehenden S. im Gefecht war gering. Bis zur Seeschlacht bei Lepanto (7. 10. 1571) blieben Rammen, Entern und der Nahkampf mit Blank- und Handfeuerwaffen vorherrschend. Seit Mitte des 16. Jh. stieg allmählich die Bedeutung der S. Man ging dazu über, die Geschütze vorwiegend an den Bordwänden aufzustellen.

Die Fortschritte im Schiffbau (größerer Schiffe mit mehreren Decks) und eine Reihe artillerietechnischer Neuerungen im 17. und 18. Jh. ermöglichten eine stärkere artilleristische Armierung. Die → *Linienschiffe,* → *Fregatten* und → *Korvetten* der Kriegsflotten Englands, Frankreichs, Hollands, Spaniens, Dänemarks, Schwedens, Rußlands und anderer Länder waren mit einer relativ großen Zahl von Schiffsgeschützen verschiedenen Kalibers (3–60 Pfund = 70–etwa 190 mm) bestückt, die in Batteriedecks entlang der Bordwände aufgestellt waren und durch Stückpforten Vollkugeln oder Explosivgeschosse (sog. Bomben) abfeuerten. Die neue Aufstellung der S., eine sich durchsetzende Feuerordnung und -disziplin der Flotten sowie die bessere Manövrierfähigkeit der Schiffe ließen die Wirkung der S. weiter anwachsen. Die glatten Rohre erreichten Schußweiten bis zu 3000 m. Aufgrund der unzureichenden Treffgenauigkeit und der schwachen Durchschlagskraft der Geschosse wurde der Feuerkampf jedoch zumeist auf 200–300 m, seltener bis 600 m Distanz geführt. Seit den Kriegen zwischen England und Holland in der 2. Hälfte des 17. Jh. entschied hauptsächlich das Feuer der S. die Seeschlachten und -gefechte. In einigen Flotten wurden für den Kampf auf kürzeste Entfernung auch → *Mörser* eingesetzt. Im letzten Viertel des 18. Jh. kamen sog. Karronaden, kurze, leichte Rohre mit Kalibern von 120–200 mm, für den Nahkampf auf. Die Einführung von Sprenggranaten (→ *Munition*) in der 1. Hälfte des 19. Jh. steigerte die Wirkung der S. weiter. Diese neuen Geschosse trugen zum Sieg der russischen Schwarzmeerflotte über die türkische Flotte in der Schlacht bei Sinop (30. 11. 1853) bei.

Zum Schutz gegen die verbesserte S. wurde im 1. Drittel des 19. Jh. begonnen, die Schiffe teilweise zu panzern. Die mit der industriellen Revolution verbundenen Fortschritte in der Metallindustrie und im Schiffbau boten dafür günstige Grundlagen. Gepanzerte Artillerieträger wurden als schwimmende Batterien erstmals von Frankreich im Krimkrieg 1853–1856 mit Erfolg eingesetzt. Der Bau von gepanzerten Schiffen war seit Mitte des 19. Jh. mit der Nutzung der Dampfkraft und des Schraubenantriebs sowie mit dem Übergang zu Hinterladergeschützen mit gezogenem Rohr verbunden. «Die Angriffskraft eines jeden Schiffes», schrieb Friedrich Engels (1820–1895), «das mit gezogener schwerer Artillerie bestückt ist, wird wenigstens verdreifacht» (K. Marx/F. Engels, 14, S. 377). Es begann ein Wett-

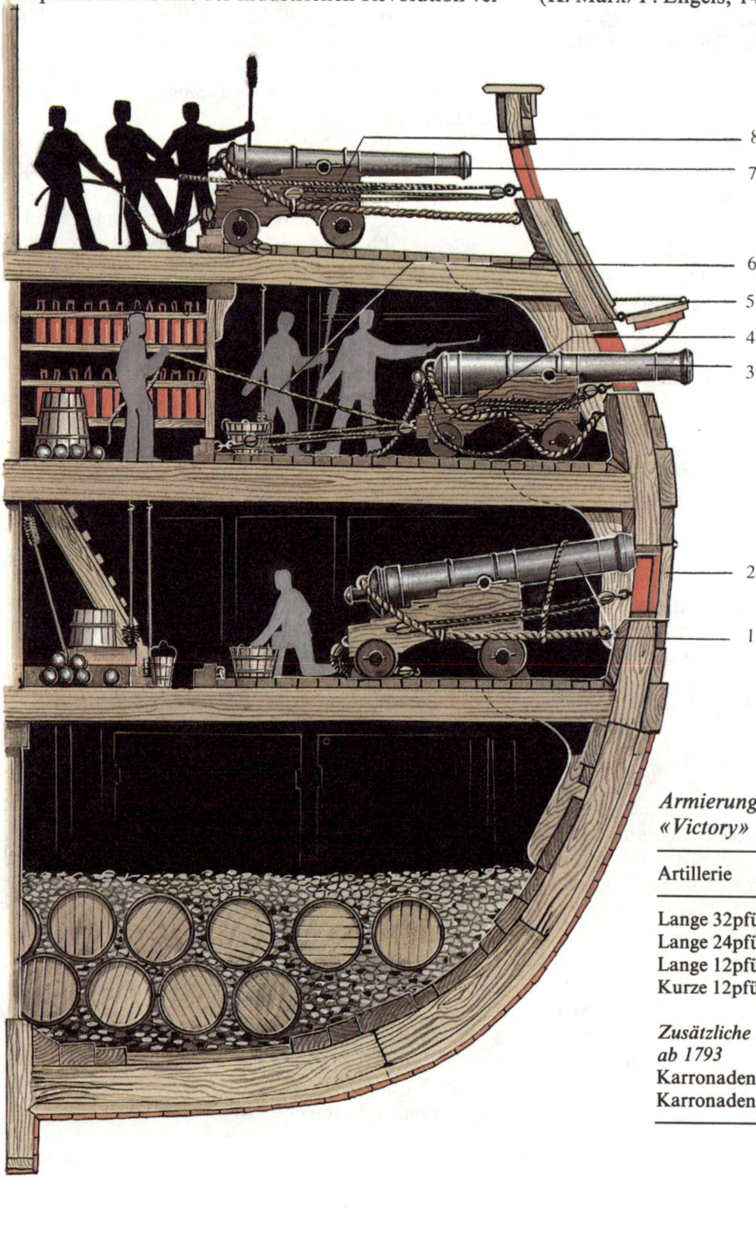

Schiffsartillerie in Batteriedecks, 17. Jh. bis 1. Hälfte 19. Jh.:
1 32pfünder festgezurrt;
2 Stückpforte geschlossen;
3 24pfünder in Feuerstellung;
4 Verseilung gegen den Rückstoß (Brooktau);
5 Stückpforte geöffnet;
6 Rücklauftakel;
7 12pfünder geladen;
8 Kanonentakel zum Vorbringen des Geschützes

Armierung des englischen Linienschiffes «Victory» (1778)

Artillerie	Anzahl	Position
Lange 32pfünder	30	Unterdeck
Lange 24pfünder	30	Mitteldeck
Lange 12pfünder	32	Hauptdeck
Kurze 12pfünder	12	Oberdeck
Zusätzliche Bewaffnung ab 1793		
Karronaden 32pfünder	4	Oberdeck
Karronaden 18pfünder	6	Achterdeck

lauf zwischen Panzerung und S., der den gesamten Kriegsschiffbau und das maritime Rüsten stimulierte. Die dampfgetriebenen Schraubenschiffe besaßen zwar weniger S. als die Linienschiffe des 18. Jh., ihre Geschütze hatten jedoch eine höhere Feuergeschwindigkeit und größere Reichweite. Mit der im letzten Drittel des 19. Jh. einsetzenden Verwendung von rauchlosem Pulver und Panzersprenggranaten stieg die Wirksamkeit der S. weiter. Zur Abwehr von → *Torpedobooten* wurden klein- und mittelkalibrige Schnellfeuergeschütze entwickelt. Auf den größten gepanzerten Schiffen erfolgte die Aufstellung der schweren, später auch der mittleren S. zum besseren Schutz zunächst in Kasematten, seit den 70er Jahren zunehmend auf drehbaren gepanzerten Plattformen und in Panzertürmen, womit sich zugleich das Schußfeld erweiterte. Neue Fertigungsverfahren ermöglichten die Herstellung längerer und leichterer Rohre. Die Einführung von Schnellverschlüssen (Schraub- und Fallblockverschlüssen) und von hydraulischen Einrichtungen zum Heben der Rohre sowie zum Bremsen des Rücklaufs der Oberlafette, Richtzahnbogen und Zahnräderschwenkvorrichtungen erleichterten die Geschützbedienung. An die Stelle der schweren Unterlafetten traten Barbetten und Pivots. Technisch vervollkommnete Visiereinrichtungen und optische Geräte ermöglichten die Feuerführung über größere Distanzen und erhöhten die Genauigkeit des gezielten Feuers. Die S. galt als Hauptbewaffnung der Kriegsflotten. → *Torpedo* und → *Mine* nahmen ihr gegenüber einen untergeordneten Platz ein.

Zu Beginn des ersten Weltkrieges 1914–1918 gehörten zur Bestückung der deutschen Linienschiffe und → *Schlachtkreuzer* u. a. Geschütze der Kaliber 88, 150, 170, 280 und 305 mm. Sie waren mit Mitteln zur Berechnung der Schußweite (Kurs- und Geschwindigkeitsmesser) ausgestattet. Weitere Neuerungen waren elektrisch angetriebene Höhenrichtmaschinen und Schwenkwerke, die synchrone Steuerung der Richtmaschinen durch sog. Richtungsweiser sowie die Übertragung der einheitlichen Erhöhung durch Aufsatzgeber und Abfeuergeräte, die – auf dem Kreiselprinzip beruhend – die Salven in dem Augenblick auslösten, in dem das Schiff in der Horizontalen lag. Zur Abwehr von Fliegerkräften erhielten die Kriegsschiffe während des ersten Weltkrieges Fliegerabwehrgeschütze, die in der Folgezeit zur Entwicklung einer speziellen Fla-S. führten. Nach 1918 verstärkten die imperialistischen Siegermächte die S. ihrer Kriegsflotten. Obwohl die Washingtoner Konferenz über die Begrenzung der Seerüstungen von 1921/22 (→ *Flottenkonferenzen und -verträge*) das schwerste Kaliber der S. auf 406 mm fesgesetzt hatte, rüstete Japan 2 seiner Schlachtschiffe mit 460-mm-Geschützen aus. In der Reichsmarine der Weimarer Republik, die nach dem Versailler Vertrag bestimmten Waffenverboten und -beschränkungen unterlag, waren als schwere Kaliber 170-, 203- und 280-mm-Geschütze vorhanden. Durch intensive technische Forschungen, Entwicklungen und Erprobungen gelang es, hohe Leistungsparameter der S. und ihrer technischen Mittel zu erreichen und damit die Aufrüstung und den späteren Einsatz der Seestreitkräfte vorzubereiten. Die faschistische Kriegsmarine verfügte über S. bis zum Kaliber von 380 mm sowie über Fla-S. mit 20-, 37-, 88- und 105-mm-Geschützen. Die Vervollkommnung aller Arten der S. war auf die Erhöhung der Rohrbelastbarkeit und der ballistischen Leistung sowie die Steigerung der Feuergeschwindigkeit durch weitgehende Automatisierung des Ladevorgangs und auf die raschere Ermittlung der Schießgrundlagen gerichtet. Im zweiten Weltkrieg 1939–1945 konnte die Wirkung der S. vor allem durch die Nutzung von Neuerungen aus dem Bereich der Nachrichtentechnik und Elektronik weiter gesteigert werden. Funkmeßstationen für die Feuerleitung (→ *Funkmeß*), verbesserte elektromechanische Artillerierechenge-

Die hauptsächlichsten taktisch-technischen Daten der Schiffsartillerie der Kaiserlichen Marine zu Beginn des ersten Weltkrieges

Kaliber mm	V_0 m/s	Feuergeschwindigkeit Schuß/min	Geschoßmasse kg	Durchschlagene Panzerstärke nahe der Mündung mm
305	940	1	390	1071
280	890	1,5	300	900
210	940	3	125	711
150	890	7	46	463
105	840	8	16	292
88	840	10	9,5	243

Die Schiffsartillerie des Schlachtschiffs «Bismarck» der faschistischen Kriegsmarine

Kaliber mm	Anzahl	Position
380	8	je 2 Zwillingstürme vorn und achtern
150	12	je 3 Zwillingstürme auf den Seitendecks
105 (Flak)	16	je 4 Zwillingslafetten auf den Seitendecks
37 (Flak)	16	je 4 Zwillingslafetten vorn und achtern
20 (Flak)	12	verteilt auf allen Decks

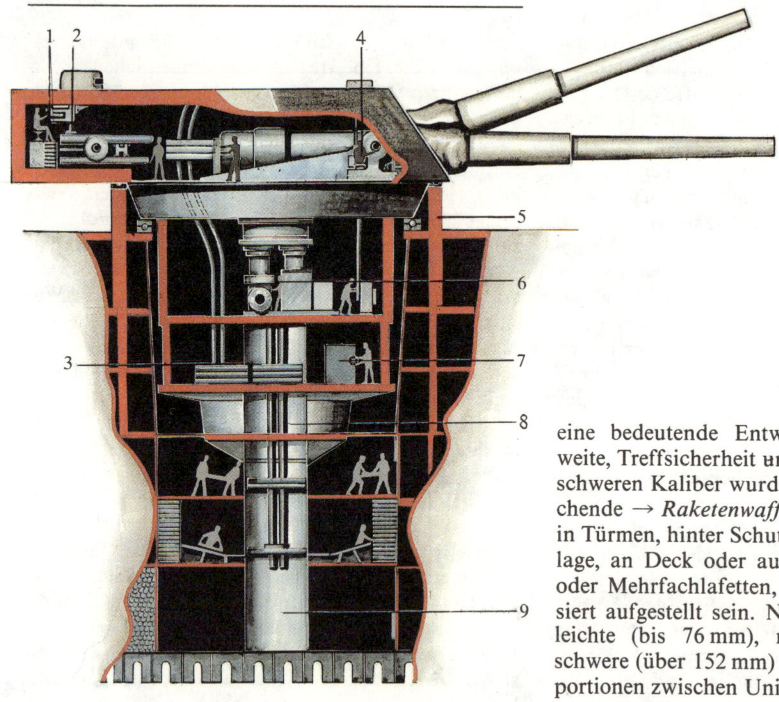

Zwillingsturm der schweren Schiffsartillerie, 1. Hälfte 20. Jh.: 1 Platz des Turmkommandanten; *2* Zuführer bzw. Ansetzer der Munition; *3* Umladestelle der Munition vom schiffsfesten in den beweglichen Teil des Turms; *4* Höhenrichtanlage; *5* Panzerbarbette; *6* Einrichtungen der Betriebsabteilung; *7* Antrieb des Munitionsaufzuges; *8* Aufzugsschacht für Geschosse und Ladungen; *9* unterer Drehzapfen

räte, aber auch Vorrichtungen zur Schlinger- und Stampfstabilisierung der Schiffe ermöglichten ein treffsicheres Feuer auch bei Dunkelheit und unter ungünstigen meteorologischen Bedingungen. In breitem Maße wurde die S. bei der Vorbereitung von Seelandungen sowie zur Unterstützung von Landstreitkräften verwendet. Die stark anwachsende Rolle der Fliegerkräfte bei den Kampfhandlungen auf See, insbesondere der Einsatz von → *Flugzeugträgern*, minderte die Bedeutung der S. schweren Kalibers und führte zur vermehrten Ausrüstung der Schiffe mit Flak sowie mit Universal-S. leichten und mittleren Kalibers, mit der Ziele aller Art bekämpft werden können.

Nach 1945 nahmen die Universal- und die Fla-S. eine bedeutende Entwicklung hinsichtlich Reichweite, Treffsicherheit und Feuergeschwindigkeit. Die schweren Kaliber wurden weitgehend durch entsprechende → *Raketenwaffen* ersetzt. Moderne S. kann in Türmen, hinter Schutzschilden oder als offene Anlage, an Deck oder auf den Aufbauten, in Einzel- oder Mehrfachlafetten, stabilisiert oder nichtstabilisiert aufgestellt sein. Nach Kalibern wird die S. in leichte (bis 76 mm), mittlere (100–152 mm) und schwere (über 152 mm) eingeteilt. Ausgewogene Proportionen zwischen Universal- und Fla-S. sowie Torpedo- und Raketenwaffen gewährleisten einen hohen Wirkungsgrad der Bordbewaffnung. Die weitere Entwicklung der S. ist auf die volle Automatisierung der Feuerleitung und des gesamten Schießvorgangs, die Erhöhung der Feuergeschwindigkeit sowie die

Kriegsschiffsverluste durch Waffeneinwirkung (in % der Gesamtzahl versenkter Schiffe)

Waffen	Erster Weltkrieg	Zweiter Weltkrieg
Artillerie	19	10
Torpedos	24	30
Minen	40	7
U-Boot-Abwehrwaffen	14	22
Fliegerbomben	3	26
Andere Waffen und ungeklärt	–	5

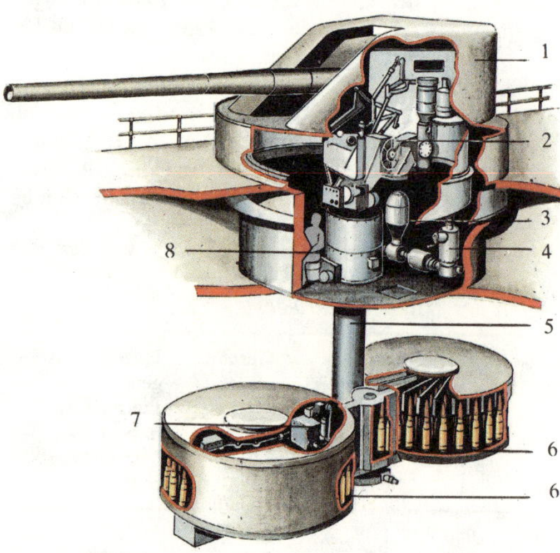

Geschützturm der automatischen Universalschiffsartillerie, 2. Hälfte 20. Jh.: 1 Gefechtsstation; *2* Höhenrichtmaschine; *3* Feuerleitkammer; *4* Seitenrichtmaschine; *5* Munitionsaufzug; *6* Munitionstrommeln; *7* Antrieb der Munitionszuführung; *8* Feuerleitpult

Taktisch-technische Daten der Schiffsartillerie von NATO-Seestreitkräften

Bezeichnung des Systems Land Jahr	Kaliber mm	Rohre Anzahl	Geschoßmasse kg	V_0 m/s	Feuergeschwindigkeit Schuß/min	Reichweite Höhe km	Reichweite Weite km
Universal-Turm-Anlage MK 45 Mod. 0 (USA 1970)	127	1	31,8	810	20	14,9	23,7
Universal-Turm-Anlage MK 8 (Großbritannien 1971)	114	1	24,0	868	30	11,6	17,3
Universal-Turm-Anlage L 5/5 Mod. ASA (Frankreich 1968)	100	1	13,5	869	60	8,0	16,8
Universal-Turm-Anlage «Compact OTO Melara» (Italien 1969)	76	1	6,2	925	80	11,8	16,1
Fla-Automat «Compact» Breda (Italien 1972)	40	2	0,95	1000	600	8,5	12,3
Hispano Suiza Typ A-32 (Großbritannien 1971)	30	2	0,36	1080	1300	3,0	8,2

Treffsicherheit und Wirksamkeit der Geschosse gerichtet. Gleichzeitig wird versucht, Ausmaß und Gewicht der Anlagen der S. zu verringern. *(s. Abb. S. 32, 33, 879, 885–889, 891–893, 895–897, 899)*

Schild: hauptsächlich im Altertum und Mittelalter gebräuchliche Schutzwaffe zur Deckung gegen Hieb, Stich und Schuß.

Der S. ist eine der ältesten Schutzwaffen. Er war zumeist aus Holz, teilweise mit Lederbezug und Metallbeschlägen, seltener aus reinem Metall gefertigt, in der Form rund, oval, recht- oder dreieckig. Die kleinsten S. deckten nur einen Arm des Kriegers, die größten boten mehreren Kämpfern Schutz. An der Innenseite des S. waren Haltegriffe oder Tragriemen befestigt, die Außenseite bei vielen S.arten mit einem Metallbuckel versehen, der in einen Stachel auslaufen konnte, so daß der S. auch zum Stoß zu verwenden war. Bei den Germanen herrschte z. Z. der Völkerwanderung und in den folgenden Jh. der hölzerne, mit Häuten bezogene und meist mit einem Schildbuckel aus Metall versehene Rund-S. vor. Daneben waren Rund-S. aus Bronze gebräuchlich. Außerdem führten Germanen und Kelten rechteckige S. Bei beiden Formen ist der römische Einfluß unverkennbar. Im deutschen Raum ist seit dem 11. Jh. ein hoher, mandelförmiger S. (sog. normannischer S.) nachweisbar. Eine Besonderheit dieses S. bildete neben seiner Form die S.fessel, ein beim Tragen um den Nacken gelegter Riemen, der dem S. einen festeren Halt gab. Während die Fußkämpfer in der Folgezeit allgemein hohe und zumeist rechteckige S.formen beibehielten, führte das Streben nach Gewichtserleichterungen und besserer Handlichkeit bei den Berittenen im Hoch- und beginnenden Spätmittelalter zur Verkleinerung des S. Unterstützt wurde diese Entwicklung durch den verbesserten Schutz des Gesichts sowie der unteren Körperpartien des → *Ritters*, der die Schutzfunktion des S. weitgehend auf die Deckung gegen Lanzenstöße, Schwert- und Streitkolbenhiebe reduzierte. Der Ritter-S. war zumeist farbig gestaltet und in der Regel mit dem Wappen des Trägers versehen. Neben dem seit dem 12./13. Jh. gebräuchlichen Dreieck-S. entstand die Tartsche, ein zunächst ovaler, später viereckiger Reiter-S. Charakteristisches Merkmal der Tartsche war ein Ausschnitt auf der rechten S.seite, in den der Reiterspeer bzw. die → *Lanze* eingelegt wurde. Die im Gegensatz zur konvexen Wölbung des Dreieck-S. häufig nach innen gehöhlte Form sollte das Abgleiten der gegnerischen Lanze verhindern und damit ihr leichteres Brechen ermöglichen. Die Tartsche wurde daher gern als Turnier-S. verwendet. Im 15. Jh. machte der vollständig ausgebildete Plattenharnisch (→ *Harnisch*) den Reiter-S. entbehrlich. Für den Fußkrieger bildete der S. weiterhin eine wichtige Schutzbewaffnung. Die Armbrustschützen des spätmittelalterlichen Fußvolks deckten sich mit Setz-S., sog. Pavesen. Sie hatten eine annähernd rechteckige Form. Kleine Pavesen waren etwa 1,10 m hoch; die größten, auch als Sturmwände bezeichnet, erreichten eine Höhe von 2 m und boten mehreren Kriegern Schutz. Durch Aneinanderreihen mehrerer Schilde konnte die Schutzwirkung noch erheblich gesteigert werden. Am Setz-S. angebrachte Stützen bewirkten einen festen Stand des S. Sehschlitze und Schießscharten erweiterten seine Verwendbarkeit im Kampf. Die Hussiten setzten Pavesen in großer Zahl ein. Im 16. Jh. verschwand der S., vor allem wegen der zunehmenden Durchschlagskraft der Feuerwaffen; nur bei der Reiterei einiger Länder blieb der kleine Rund-S. in Gebrauch. Im 20. Jh. tauchte der S. vor dem ersten Weltkrieg als Schutz-S. an Ge-

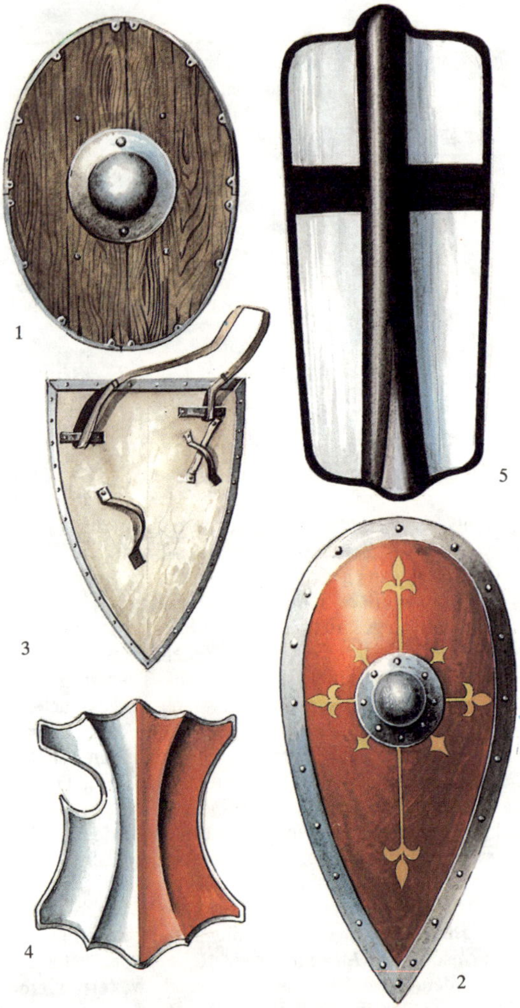

Schilde: 1 germanischer Rundschild (1. Jh.); *2* normannischer Schild (11. Jh.); *3* Dreieckschild, Rückansicht mit Schildfessel (13. Jh.); *4* Tartsche (15. Jh.); *5* Pavese (15. Jh.)

schützen und MGs, später als Graben-S. im Stellungskrieg wieder auf. Schutz-S. waren auch im zweiten Weltkrieg gebräuchlich. Sie werden z. B. bei verschiedenen Geschützarten auch gegenwärtig noch verwendet. *(s. Abb. S. 37, 41, 44, 305, 367)*

Schillscher Zug 1809: Streifzug eines preußischen → *Freikorps* vom 28. 4. bis 31. 5. 1809 mit dem Ziel, in Norddeutschland eine Insurrektion gegen die napoleonische Fremdherrschaft auszulösen.

Nach dem Frieden von Tilsit (9. 7. 1807) nahm der wegen seiner Verdienste um die Verteidigung von → *Kolberg 1807* zum Major und Kommandeur des 2. Brandenburgischen Husarenregiments ernannte Ferdinand von Schill (1776–1809) Verbindung zu den Patrioten auf, die den nationalen Unabhängigkeitskampf gegen das napoleonische Joch konspirativ vorbereiteten. Mit Ausbruch des Krieges Österreichs gegen Frankreich Anfang April 1809 (→ *Koalitionskriege 1792–1815*) kam es zu → *nationalen Erhebungen 1809* in Norddeutschland. Auch Schill entschloß sich zum Losschlagen. Am 28. 4. verließ er mit seinem Regiment (550 Husaren und Jäger) eigenmächtig Berlin, zog über Potsdam, Wittenberg, Dessau und Köthen nach Bernburg und drang anschließend in das Königreich Westfalen vor. Seine Aufrufe zur Volkserhebung nach dem Beispiel der Tiroler und Spanier fanden zwar in der westfälischen Bevölkerung Zustimmung, hatten jedoch nicht die erhoffte Wirkung. Schill verband den Kampf um Unabhängigkeit nicht mit dem Streben nach bürgerlichem Fortschritt, sondern trat aus konservativem Bewußtsein letztlich für die Restauration feudaler gesellschaftlicher Verhältnisse ein. Im Verlauf seines ganzen Zuges schlossen sich ihm nur etwa 900 Freiwillige, zumeist ehem. Soldaten und Offiziere, sowie 150 Mann seines früheren Infanteriebataillons aus Berlin an. Das Freikorps war mangelhaft ausgerüstet und bewaffnet.

Auf dem Kriegsrat in Bernburg am 4. 5. wählte Schill nicht die Möglichkeit, einen aktiven Kleinkrieg in Westfalen zu führen, sondern den Rückzug nach Stralsund. Er wollte diese Festung, die ihm mit Hilfe der britischen Ostseeflotte zu längerer Verteidigung geeignet schien, zu einem Widerstandshort des Patriotismus machen. Nachdem am 5. 5. in einem verlustreichen Gefecht bei Dodendorf, südlich Magdeburg, mit französischer und westfälischer Infanterie der Weg nach Norden freigekämpft war, marschierte Schill mit dem Gros seines Freikorps nach Tangermünde. Reitertrupps streiften währenddessen bis Halberstadt, Goslar und Helmstedt. Auf dem weiteren Zug wurde am 8. 5. Arneburg erreicht und am 15. 5. die militärisch bedeutungslose mecklenburgische Festung Dömitz vorübergehend besetzt. Mit 4 Schwadronen, 400 Infanteristen und 3 Geschützen rückte Schill am 18. 5. aus Dömitz in Richtung Wismar – Rostock ab und zwang am 24. 5. in einem Gefecht bei Damgarten mecklenburgische Rheinbundtruppen zum Rückzug. Am folgenden Tag wurde nach blutigem Kampf mit der französischen Besatzung Stralsund erobert und sofort mit Hilfe patriotischer Einwohner die Instandsetzung der geschleiften Befestigungsanlagen begonnen.

Gegen die etwa 1500 Verteidiger rückten 5000 holländische und dänische Soldaten unter französischem Kommando vor. Am Mittag des 31. 5. stürmten sie das Knieper Tor, den schwächsten Punkt der Befestigungen, und drangen in die Stadt ein. Die

Verteidiger leisteten tapferen Widerstand; Schill fiel im Straßenkampf. 11 gefangene Offiziere wurden später von den Franzosen erschossen, viele Gefangene sofort niedergemacht oder auf Galeeren geschickt. Nur Reste des Freikorps konnten nach Pommern entkommen, wo die Offiziere vor ein preußisches Kriegsgericht gestellt wurden. Ungeachtet einer gewissen Planlosigkeit war der S. Z. das wichtigste Ereignis der nationalen Erhebungen 1809. Wenn er auch nicht in einer allgemeinen Insurrektion aufging, stärkte er doch den Widerstandswillen gegen die napoleonische Fremdherrschaft. In Stralsund steht ein Schilldenkmal.

Schlachtfliegerkräfte: Gattung der Fliegerkräfte (→ *Luftstreitkräfte*) zur Vernichtung bzw. Niederhaltung von kleineren, insbesondere beweglichen Bodenzielen in der taktischen und nahen operativen Tiefe des Gegners.

Die S. bildeten sich in den Streitkräften des kaiserlichen Deutschlands gegen Ende des ersten Weltkrieges heraus. Sie entstanden aus den 1916 formierten Schutzstaffeln, die als schwere Begleitjagdflugzeuge die Aufklärungs- und Artillerieflieger bei der Erfüllung ihrer Aufträge zu eskortieren hatten. Ab 1917 dienten die Schutzstaffeln immer mehr dazu, im Angriff die vordersten Linien des Gegners und in der Verteidigung die gegnerischen Bereitstellungen mit MGs, Bomben und Handgranaten niederzuhalten. Dabei nutzte man die Einsatzerfahrungen der in geringer Höhe operierenden Infanterie- (Verbindungs-) Flieger. Bevorzugte taktische Formationen waren der Reihenflug in Kiellinie, um ein schmales Ziel für längere Zeit zu bekämpfen, und der Angriff in Frontlinie, um einen breiten Frontstreifen in mehrmaligen Anflügen unter Feuer zu nehmen. Aus den bestehenden 30 Schutzstaffeln und durch Neubildungen wurden im Frühjahr 1918 38 Schlachtstaffeln zu je 6 Flugzeugen formiert. Insgesamt plante die OHL den Aufbau von 10 Schlachtfliegergeschwadern mit 60 Staffeln. Verwendung fanden vor allem Flugzeuge der Typen «Halberstadt» CL-II und CL-IV sowie «Hannover» CL-IIIa.

1918 kamen die ersten Ganzmetallflugzeuge von Hugo Junkers (1859–1935), die der Forderung nach ausreichender Panzerung gegen Erdbeschuß entsprachen, zum Einsatz, zunächst als Infanterieflugzeug (Junkers-Fokker J I), später als Schlachtflugzeug (Junkers-Fokker CL-I). In Großbritannien, Frankreich und Rußland wurden während des ersten Weltkrieges keine speziellen Schlachtfliegerverbände aufgestellt. Ihre Aufgabe übernahmen leichte Bombensowie speziell ausgerüstete Jagdflugzeuge, wie die britische Bristol F 2 B «Fighter».

Nach 1918 wurde die Idee des Schlachtfliegereinsatzes am zielstrebigsten in der UdSSR verfolgt. 1926 entstand die erste reguläre sowjetische Schlachtfliegerstaffel. Sie war mit dem 2sitzigen Doppeldecker R-1 ausgestattet, dessen Bewaffnung aus 3 MGs und mehreren Splitterbomben (→ *Fliegerbombe*) bestand. In den 30er Jahren wurden in der Sowjetunion mehrere Schlachtflugzeugmuster konstruiert.

In der Luftwaffe des faschistischen Deutschlands fand Anfang 1937 der bei der Intervention in Spanien 1936–1939 eingesetzte Doppeldecker He 51, der als Jagdflugzeug der sowjetischen I-16 unterlegen war, als Schlachtflugzeug Verwendung. Unter Berücksichtigung der in Spanien gesammelten Erfahrungen erfolgte in Vorbereitung des Überfalls auf die Tschechoslowakei im Spätsommer 1938 die Aufstellung von 5 Fliegergruppen als Schlachtfliegerverbände. 4 dieser Gruppen wurden jedoch im November 1938 auf das Sturzkampfflugzeug Ju 87 umgerüstet, das nach Auffassung des Generalstabs der Luftwaffe nicht als Schlachtflugzeug, sondern als operativ-taktisches Bombenflugzeug verwendet werden sollte. Zum Überfall auf Polen verfügte die faschistische Luftwaffe über 1 Schlachtfliegergruppe mit 40 Doppeldeckern vom Typ Hs 123, dessen Bewaffnung aus 2 starren MGs und 1 250-kg-Bombe bestand. Später wurden in Deutschland, ähnlich wie in Großbritannien und in den USA, umgerüstete Jagdflugzeuge, sog. Jagdbomber, als Schlachtflugzeuge verwendet. Im faschistischen Deutschland war das teilweise die Me 109, vor allem jedoch die FW 190. Daneben fanden während des Krieges die speziell als Schlachtflugzeug konstruierte Hs 129 B, ein 2motoriger Tiefdecker mit Bordkanonen-, MG- und Bombenbewaffnung, sowie weiterhin die Ju 87 Verwendung.

Nur in der Sowjetunion setzte sich die Forderung nach einem speziell den Bedürfnissen der Landstreitkräfte entsprechenden, stark gepanzerten und schwer bewaffneten Schlachtflugzeug klar durch. Am 30. 12. 1939 startete die von S. W. Iljuschin (1894–1977) konstruierte Il-2 zu ihrem Erstflug. Sie erwies sich als das modernste und wirkungsvollste Erdkampfflugzeug des zweiten Weltkrieges. Bis zum 22. 6. 1941 waren 249, bis Kriegsende 36136 Il-2 fertiggestellt. Ab 1942 faßte das sowjetische Oberkommando die S. in Divisionen und Korps zusammen. Ab Herbst 1944 wurde die Il-2 durch die noch kampfstärkere Il-10 ersetzt. Angesichts des Umschwungs im Kriegsverlauf an der deutsch-sowjetischen Front begann der Generalstab der faschistischen Luftwaffe 1942/43 weitere Schlachtfliegerverbände aufzustellen. Besonderer Nachdruck wurde auf die Errichtung von Panzerjagdstaffeln gelegt, die mit der Hs 129 B sowie der Ju 87 G (2 37-mm-Kanonen in Waffenschächten unter den Flügeln) ausgerüstet waren. Im Oktober 1943 wurden die Sturzkampf- und Panzerjagdverbände in Schlachtfliegerverbände umgebildet und der neu errichteten

Inspektion des Generals der Schlachtflieger unterstellt. Damit waren alle sog. Nahkampffliegerverbände unter einem Kommando zusammengefaßt. Die Zahl der Schlachtflugzeuge stieg von 140 am 31. 8. 1943 auf 601 bis Jahresende und auf 1005 am 30. 6. 1944 und erlangte mit 1313 am 1. 1. 1945 ihren Höchststand.

Seit Oktober 1942 kopierte die faschistische Führung den Einsatz von Behelfskampfflugzeugen, wie ihn die Sowjetarmee mit dem ursprünglich als Schulflugzeug konstruierten, während des Krieges jedoch als leichtes Nachtbombenflugzeug verwendeten Doppeldecker U-2 vorgenommen hatte. Sie stellte dazu aus Flugzeugen der Typen Go 145, Hs 126, Ar 66, He 46 u. a. m. Behelfskampfstaffeln auf, die Ende 1943 in sog. Nachtschlachtgruppen zusammengefaßt und ab 1944 in der Mehrzahl auf Ju 87 umgerüstet wurden. Die Zahl der Nachtschlachtflugzeuge erreichte im Frühjahr 1945 fast 550. Bei Kriegsende machten die S. über 20% des Bestandes der faschistischen Luftwaffe aus.

Nach dem zweiten Weltkrieg übernahmen Jagdbombenflugzeuge mit verstärkter Bewaffnung und verbesserten taktisch-technischen Eigenschaften weitgehend die Funktion der Schlachtflugzeuge. Bei den sowjetischen Luftstreitkräften sind die Jagdbombenfliegerkräfte seit 1957 eine selbständige Gattung der Frontfliegerkräfte. Neben Kampfhubschraubern, die seit Ende der 60er Jahre Aufgaben der Schlachtflugzeuge übernommen haben, bildet die Konstruktion spezieller Erdkampfflugzeuge auch weiterhin einen Schwerpunkt der Entwicklung der taktischen Fliegerkräfte. *(s. Abb. S. 497, 501)*

Schlachtkreuzer: Klasse der schweren Überwasserkräfte (→ *Seestreitkräfte*) zu Beginn des 20. Jh., die sich durch starke Artilleriebewaffnung und hohe Geschwindigkeit auszeichnete.

S. entstanden als direkte Weiterentwicklung der um die Wende vom 19. zum 20. Jh. gebauten Panzerkreuzer (→ *Kreuzer*). Sie waren ausgesprochene Großkampfschiffe mit einer den modernen → *Linienschiffen* fast gleichwertigen schweren Bewaffnung, jedoch etwas schwächerer Panzerung. Ihre Wasserverdrängung wuchs von 20000 auf 40000 t, das Kaliber ihrer in Doppeltürmen aufgestellten schweren Artillerie lag zwischen 280 mm und 380 mm, die Geschwindigkeit erreichte 28–30 kn. Neben der Lösung von Aufklärungsaufgaben sollten die S. in der Schlacht der Linienschiffe Verwendung finden. Der erste S. überhaupt war die 1908 in Dienst gestellte britische «Invincible». Als erster in Deutschland gebauter S. lief 1909 «von der Tann» von Stapel. Ihm folgten bei ständiger Steigerung der Kampfeigenschaften und der Schiffsgrößen «Moltke» (1910), «Goeben» (1911), «Seydlitz» (1912), «Derfflinger» (1913), «Lützow» (1913) und «Hindenburg» (1915). Die darüber hinaus geplanten S. vom Typ «Mackensen» (Stapellauf 1917) konnten nicht mehr fertiggestellt werden. Während des ersten Weltkrieges gehörten die S. zu den häufiger eingesetzten Teilen der deutschen Hochseeflotte. Im Seegefecht mit britischen S. an der Doggerbank (24. 1. 1915) und als Vorhut der deutschen Hochseeflotte in der Seeschlacht am → *Skagerrak 1916* bewiesen sie gute Kampfeigenschaften. Die S. wurden mit Ausnahme der am Skagerrak verlorengegangenen «Lützow» am 21. 6. 1919 in der Bucht von Scapa Flow selbst versenkt.

Nach dem ersten Weltkrieg begann man allgemein auf den Bau von S. zu verzichten, da ihr Hauptvorzug, starke Bewaffnung bei hoher Geschwindigkeit, auch von den → *Schlachtschiffen* erreicht wurde. Die ersten beiden Schlachtschiffe der faschistischen Kriegsmarine («Scharnhorst» und «Gneisenau») wurden noch auf der Grundlage von S.entwürfen

Kreuzergefecht bei der Doggerbank, 24. Januar 1915

Schlachtkreuzer der Kaiserlichen Marine

	Von der Tann	Seydlitz	Derfflinger	Mackensen
Indienststellung	1910	1913	1914	nicht mehr erfolgt
Besatzung	998	1068	1112	1186
Größte Wasserverdrängung (t)	21082	25146	30707	34742
Maschinenleistung (PS)	79000	89700	76600	90000
max. Geschwindigkeit (kn)	24,8	26,5	26,5	27
Hauptbewaffnung (Zahl/Kal. in mm)	8/280	10/280	8/305	8/350
Panzerung (mm)	50–250	80–300	80–300	80–350

aus dem ersten Weltkrieg gebaut. Das Anfang 1939 beschlossene langfristige Flottenbauprogramm des faschistischen Deutschlands, der → *Z-Plan*, sah in einer Ergänzung wieder den Bau von mehreren S. vor. *(s. Abb. S. 889, 893)*

Schlachtschiff: Klasse der schweren Überwasserkräfte (→ *Seestreitkräfte*), die nach dem ersten und noch im zweiten Weltkrieg Hauptschlagkraft der Kriegsflotten bzw. Schiffskampfgruppen war.

Nach 1918 sahen die führenden Seemächte das Rückgrat ihrer Kriegsflotten weiterhin in möglichst starken Artillerieträgern mit hoher operativer Beweglichkeit. Auf den Flottenkonferenzen von Washington 1921/22 und London 1930 und 1935 (→ *Flottenkonferenzen und -verträge*) unternommene Versuche zur Begrenzung des S.baus brachten nur zeitweilig Erfolge. So entstanden in den 20er und 30er Jahren schnelle, als S. bezeichnete Großkampfschiffe, die den vor dem und im ersten Weltkrieg gebauten → *Dreadnoughts* überlegen waren. Sie hatten eine Wasserverdrängung von etwa 40000 t und mehr, ein Hauptgeschützkaliber bis 406 mm und eine Geschwindigkeit von 25 bis 30 kn. Diese S. waren nicht mehr für den Kampf in der Linie bestimmt. Sie bildeten das artilleristische Rückgrat von Kampfgruppen, die je nach Aufgabenstellung aus Einheiten verschiedener Schiffsklassen zusammengesetzt waren. Die Marine des imperialistischen Deutschlands durfte aufgrund des Versailler Vertrages nur Schiffe bis 10000 t Wasserverdrängung besitzen. Jedoch wurden bereits 2 Jahre nach Errichtung der faschistischen Diktatur, begünstigt durch das britisch-deutsche Flottenabkommen von 1935, die ersten S. auf Stapel gelegt. Sie erhielten in Verfälschung des progressiven Erbes der preußischen Reformer die Namen «Gneisenau» und «Scharnhorst». Ihre Konstruktion beruhte noch auf Entwürfen aus dem ersten Weltkrieg für den Bau von → *Schlachtkreuzern.* Mit «Bismarck» und «Tirpitz» folgten 2 sehr große und kampfstarke S., die erst während des zweiten Weltkrieges in Dienst gestellt wurden. Der Anfang 1939 mit dem → *Z-Plan* beschlossene Bau einer größeren Zahl weiterer S. kam aufgrund des Kriegsverlaufes nicht mehr zustande. Im zweiten Weltkrieg verloren die S. mit dem Einsatz der → *Flugzeugträger* stark an Bedeutung. Auch der vorwiegend zur Störung der gegnerischen Zufuhren im Atlantik und im Europäischen Nordmeer erfolgende Einsatz der deutschen S. war ohne ausreichende Sicherung durch andere Flotten- und vor allem Fliegerkräfte sehr risikovoll und insgesamt wenig effektiv. Ende Mai 1941 ging das S. «Bismarck» nach zunächst erfolgreichem Gefecht mit britischen Großkampfschiffen verloren. Anfang 1942 wurde die «Gneisenau» durch Bombentreffer schwer beschädigt und später teilweise abgewrackt. Ende 1943 sank die «Scharnhorst» am Nordkap bei einem Gefecht mit britischen Seestreitkräften. Die «Tirpitz»,

Die Schlachtschiffe der faschistischen deutschen Kriegsmarine

	Gneisenau	Scharnhorst	Bismarck	Tirpitz
Indienststellung	1938	1939	1940	1941
Besatzung	1840	1669	2092	bis 2530
max. Wasserverdrängung (t)	31850	38900	50900	52600
Länge über alles (m)	229,8	234,9	251	251
Maschinenleistung (PS)	165000	165000	150170	163000
max. Geschwindigkeit (kn)	31	31,5	30,1	29
Fahrstrecke (sm/kn)	10000/17	10000/17	9280/16	10200/16
Hauptbewaffnung (Zahl/Kal. in mm)	9/280	9/280	8/380	8/380
Schußweite (m)	42600	42600	36200	36200
Panzerung (mm)	105–350	105–350	120–360	120–360

das letzte S. der faschistischen Kriegsmarine, wurde nach Einsätzen gegen alliierte Geleitzüge im Europäischen Nordmeer im November 1944 auf ihrem Liegeplatz bei Tromsö durch britische Fliegerbomben zum Kentern gebracht.

Nach dem zweiten Weltkrieg büßten die S. endgültig ihren Wert für die Seekriegführung ein. An ihre Stelle traten raketenkernwaffentragende Über- und Unterwasserkräfte, die bei geringerer Wasserverdrängung eine bedeutend höhere Kampfkraft haben. *(s. Abb. S. 893)*

Schladming 1525: Gefecht im → *deutschen Bauernkrieg 1524–1526* zwischen dem Salzburger Bauernhaufen und dem steirischen Adelsheer am 3. 7. 1525.

Ende Mai 1525 erhoben sich die Bauern und Bergknappen im Erzbistum Salzburg und eroberten binnen kurzem die Macht. Der Aufstand griff im Juni auf die Steiermark über und erfaßte dort vor allem das obere Ennstal. Die steirischen Stände stellten ein Heer unter dem Landeshauptmann Sigmund von Dietrichstein (1484–1540) auf, das durch Söldner, darunter 300 böhmische Büchsenschützen, verstärkt wurde und schließlich fast 5000 Mann zählte. Es bestand aus Reiterei und Fußvolk und verfügte über 12 Feldgeschütze. Am 1. 7. besetzte das Adelsheer das nahe der Salzburger Grenze am rechten Ennsufer gelegene S. und lagerte in und vor der Stadt. Dietrichstein plante, am Morgen des 3. 7. auf salzburgisches Gebiet vorzustoßen und den bei Radstadt stehenden Salzburger Bauernhaufen anzugreifen. Dieser etwa 3500 Mann starke Haufen wurde von dem militärisch erfahrenen Bergmann Michael Gruber (gest. nach 1526) geführt. Die Aufständischen waren schlecht bewaffnet; sie hatten nur wenige Handfeuerwaffen, kein Feldgeschütz und keine Reiterei. Als Kundschafter den Zeitpunkt für den Aufbruch des Adelsheeres ermittelten, beschlossen die Aufständischen, dem Gegner durch einen Überraschungsangriff zuvorzukommen. In der Nacht zum 3. 7. rückte der Haufen vom Mandlingpaß aus in 2 Kolonnen vor. Die größere zog links der Enns an S. vorbei, überquerte den Fluß und drang am Morgen unmittelbar nach dem Auszug der Adelsreiterei durch die offenen Tore in die Stadt ein. Der Kampf innerhalb der Mauern von S. war kurz und für den überrumpelten Gegner verlustreich. Währenddessen eroberte die rechts der Enns herangezogene kleinere Kolonne im Handstreich die Geschütze und setzte sie wirkungsvoll gegen die Reiterei ein, die sich, behindert durch Fluß und Stadtmauer, nicht entfalten konnte. Das Adelsheer wurde zerschlagen, seine Reste flohen ennsabwärts. Der Sieg von S. war der bedeutendste militärische Erfolg der progressiven Kräfte im Bauernkrieg. Das Adelsheer verlor allein an Toten etwa 500 Mann. Die Aufständischen nahmen 18 Adlige, darunter Dietrichstein, und eine größere Anzahl Fußknechte gefangen und erbeuteten alle Geschütze und den gesamten Troß. Sie nutzten ihren Erfolg jedoch nicht zur Ausweitung des Aufstands aus. Durch den Sieg von S. militärisch und moralisch erheblich gestärkt, leisteten die Aufständischen im August 1525 bei der Verteidigung von Salzburg dem Heer des Schwäbischen Bundes erfolgreichen Widerstand und ertrotzten einen für sie relativ günstigen Waffenstillstand.

Schlagwaffen: vom Altertum bis ins 17. Jh. gebräuchliche → *Kaltwaffen* des Fußvolks und der Reiterei, die aus einem Schaft mit fest aufgesetztem oder beweglichem Schlagkopf bestanden.

Die einfachste und älteste S. ist die Keule. Sie diente der Erhöhung der Schlagkraft und der Reichweite des Armes. Die Körperpanzerung bei den → *Rittern* führte zur Entwicklung spezieller Schlag- bzw. Streitkolben aus Bronze oder Eisen. Aber auch die Holzkeule mit langem Schaft, hervorstehenden Stacheln und einer scharfen Spitze, → *Morgenstern* genannt, war ähnlich wie der Kriegsflegel, bei dem der Schlagkopf an einer Kette befestigt war, eine wirksame Waffe.

Die Reiter führten S. mit kurzem Schaft, deren zylindrisch geformter Schlagkopf herausstehende, längslaufende Kanten, Schlagblätter oder Stacheln hatte. Dieser Streitkolben, auch Kürißbengel oder Faustkolben genannt, wurde von den Berittenen bis ins 16. und 17. Jh. zur Zertrümmerung der Rüstung des Gegners benutzt. In prunkvoller Ausführung galt er als Würdezeichen militärischer Befehlshaber. Der Streithammer, wie andere Waffen aus einfachem

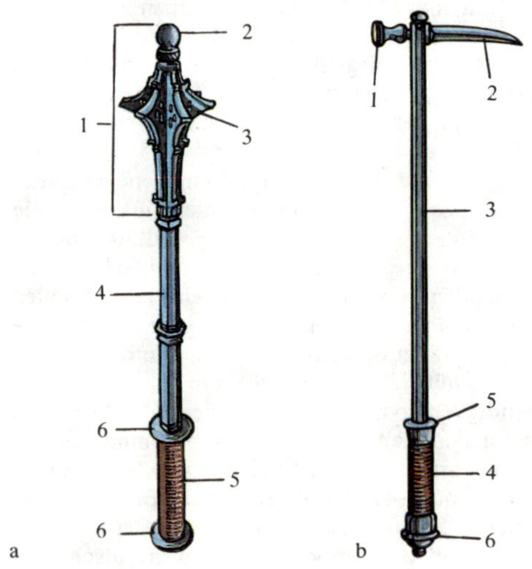

a Streitkolben, 15. Jh./16. Jh.: 1 Kolben; *2* Knauf; *3* Schlagblatt; *4* Schaft; *5* Griff; *6* Handteller
b Streithammer, 16. Jh.: 1 Hammer mit Schlagfläche; *2* Haken; *3* Schaft; *4* Griff; *5* Handteller; *6* Knauf

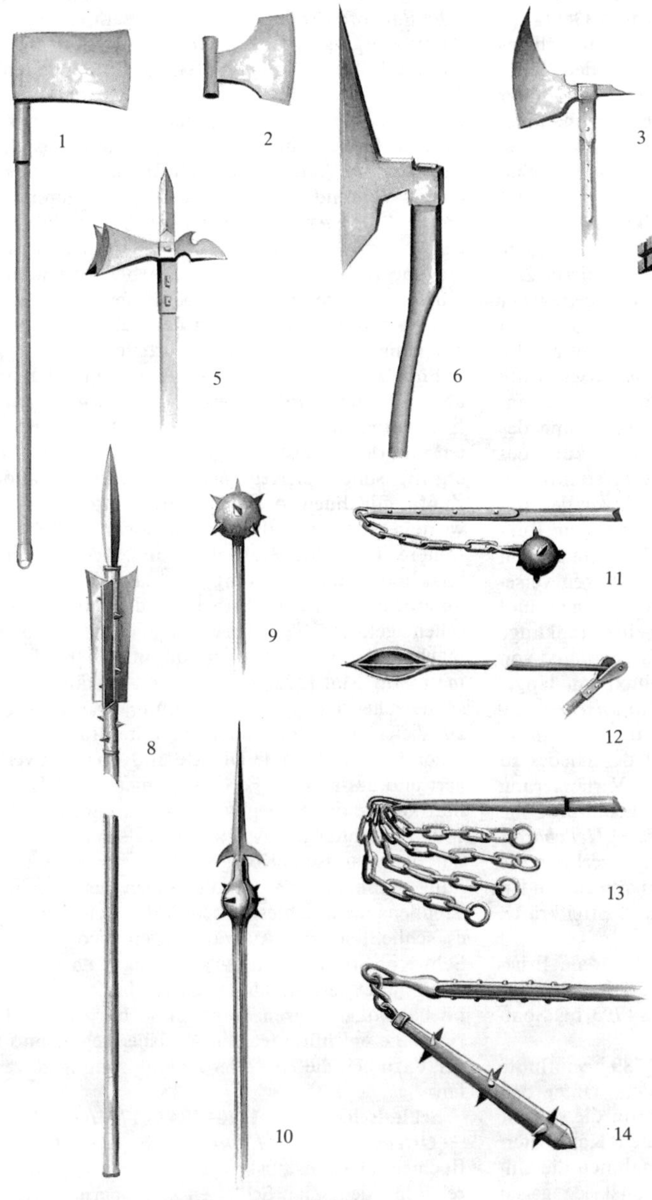

Schlagwaffen. *6. Jh. bis 18. Jh.:* **1** Fußstreitaxt (12. Jh.); **2** germanische Streitaxt (6. bis 8. Jh.); **3** Fuß- und Schnabelstreitaxt (Ende 14. Jh.); **4** Fußhammerstreitaxt (15. Jh.); **5** Luzerner Hammer (14./15. Jh.); **6** Reiterstreitaxt (Ende 15. Jh.); **7** stählerner Streithammer (bis 18. Jh.); **8** Morgenstern (15. Jh.); **9** Morgenstern (15. Jh.); **10** Morgensternkorseke (15./16. Jh.); **11** Kettenmorgenstern mit Stachelkugel, „Schlachtgeißel" (12. bis 15. Jh.); **12** Kriegsflegel mit Eisenschläger (15. Jh.); **13** Kriegsflegel, „Skorpion" (Hussitenwaffe des 15. Jh.); **14** Kriegsflegel mit stachelbesetztem Schläger (15. Jh.); **15** Streitkolben (13. Jh.); **16** Streitkolben (14. bis 16. Jh.); **17** Streitkolben (15. Jh.); **18** Sattelkolben deutscher Kürassiere (Ende 16./Anfang 17. Jh.)

Werkzeug entstanden, wurde im 13. Jh. als S. bei der Reiterei eingeführt. Obwohl in Form und Gebrauch dem Streitkolben ähnlich, konnte durch sein höheres Vordergewicht bei geschickter Führung der Waffe mehr Wirkung erreicht werden. Auch Fußkämpfer waren zeitweilig damit ausgerüstet. Ihr Streithammer hatte einen langen Schaft, an dem sich auf der einen Seite ein Hammer, auf der anderen ein spitzer Stachel oder Haken befand, der dazu diente, den Ritter vom Pferd zu ziehen. Mit der Vervollkommnung der Plattenharnische (→ *Harnisch*) im 15. Jh. erhöhte sich auch die Wirkung der S. weiter. In dieser Zeit kam ein von den Berittenen am Gürtel getragener Faust- oder Reiterhammer auf. Mit der allgemeinen Einführung der Feuerwaffen und dem Wegfall des Harnischs kam der Streithammer als Kriegswaffe außer Gebrauch. Die → *Streitaxt* gehörte als Schlag- oder Wurfwaffe im Mittelalter zur Ausrüstung des Fußvolks. Wegen der unzureichenden Wirkung des Reiterschwertes gegen den immer widerstandsfähiger werdenden Harnisch wurde sie auch von der Reiterei übernommen. Seit dem 13. Jh. war sie am Rükken mit einem hammerartigen Ansatz, einem spitzen Stachel oder einem schnabelförmigen Haken versehen. In dieser Art ähneln sich Streithämmer und Streitäxte sehr. Ende des 14. Jh. kam eine Stoßklinge hinzu. Im 15. Jh. wurde die kurzstielige Streitaxt von schwergepanzerten Rittern, die Streitaxt mit längerem Stiel dagegen von den → *Landsknechten* geführt. Das schwere, keilartige Beil hatte eine scharfe Schneide. Das Bestreben, die Wucht des Hiebes zu verstärken, führte zu einer weiteren Verlängerung des Schaftes. Mit Stoßklinge und Haken wurde die Streitaxt auf diese Weise zu einer Art → *Hellebarde.* Mit dem Wegfall der Körperpanzerung verloren die S. ihre ursprüngliche Bedeutung und verschwanden im 17. Jh. aus der Bewaffnung der Streitkräfte. *(s. Abb. S. 645, 953)*

schlesische Aufstände 1793/94: antifeudale Erhebungen von Heimwebern, Bauern und Handwerksgesellen in Schlesien von Ende März 1793 bis Sommer 1794.

Die Französische Revolution von 1789 beeinflußte auch die Volksbewegung in Schlesien. Unter den Bauern und vor allem den Heimwebern, die sowohl von den Gutsherren als auch von den Kaufleuten und Verlegern ausgebeutet wurden, nahmen die Unruhen zu. Der durch den 1. Koalitionskrieg gegen Frankreich (→ *Koalitionskriege 1792–1815*) stokkende Absatz von schlesischem Leinen und die Versuche der Verleger, ihre Verluste auf die Heimarbeiter abzuwälzen, steigerten deren Notlage. Ende März 1793 erhoben sich in mehreren Orten die Weber und verjagten die Kaufleute. Am 30. 3. kam es zu den ersten Zusammenstößen mit dem Militär. Der Aufstand breitete sich schnell aus und erfaßte Anfang April etwa 20000 Weber und dörfliche Handwerksgesellen. War in Schlesien schon der → *sächsische Bauernaufstand 1790* aufmerksam verfolgt worden, so ergingen jetzt nach Sachsen Aufrufe zum Anschluß. Um ein Übergreifen der Erhebung auf die Nachbarstaaten zu verhindern, verstärkten die preußischen Behörden den militärischen Schutz der sächsischen Grenze und ersuchten Österreich, durch Truppen die Verbindung nach Böhmen zu unterbrechen. Während der schlesische Provinzialminister am 15. 4. den Aufständischen die Prüfung ihrer Klagen versprach, zog er gleichzeitig Truppen aus Breslau und dem polnischen Grenzgebiet heran. Brutal ging das Militär in den Weberdörfern vor. Zahlreiche Aufstandsteilnehmer wurden zum → *Gassenlaufen*, einige auch zum Tode verurteilt.

Ende April 1793 griffen die Unruhen auf Breslau über. Als die Schneidergesellen am 26. 4. wegen der Entlassung eines Zunftgenossen die Arbeit niederlegten und der Magistrat gegen sie Gewaltmaßnahmen ergriff, solidarisierten sich die Gesellen anderer Zünfte mit ihnen. Am 30. 4. entwickelte sich die Bewegung zum Generalstreik. Nachdem die Regierung weitere Truppen herangeholt und Artillerie eingesetzt hatte, konnte Anfang Mai die Erhebung blutig unterdrückt werden. Dabei wurden etwa 30 Menschen getötet. Ihre Beisetzung mündete in eine machtvolle Demonstration mit über 3000 Teilnehmern. Im Mai 1793 nahmen die Aufstände in den schlesischen Dörfern an Zahl und Stärke sprunghaft zu. Vielerorts wurden, auch von unterdrückten polnischen Bauern, feudale Dienste und Abgaben verweigert und antifeudale Forderungen erhoben. Das Militär konnte der Bewegung nicht Herr werden. Mitte 1794 erreichten die Aufstände ein solches Ausmaß, daß der preußische König am 10. 7. harte Unterdrükkungsmaßnahmen ankündigte. Den aus allen Teilen Preußens nach Schlesien beorderten Truppen gelang es schließlich, die Aufständischen niederzuwerfen. Schwere Strafen wurden verhängt, darunter Festungshaft und 8maliges Gassenlaufen. Die s. A. blieben lokal begrenzt und ohne bürgerliche Führung. Sie erschütterten die Adelsherrschaft und trugen dazu bei, die Krise der Feudalordnung zu vertiefen.

Schlesische Kriege 1740–1742, 1744/45: mit dem → *Österreichischen Erbfolgekrieg 1740–1748* verflochtene Expansionskriege Preußens gegen Österreich mit dem Ziel, Schlesien zu erobern.

Um den preußischen Junkerstaat machtpolitisch weiter zu stärken, verfolgte König Friedrich II. (1712–1786) weitgespannte Eroberungspläne. Der Tod des römisch-deutschen Kaisers Karl VI. (1685–1740) und der sich an der Erbfolge entzündende europäische Streit um die habsburgischen Besitzungen boten ihm Gelegenheit, das dichtbevölkerte und wirtschaftlich starke Schlesien zu rauben.

Dieses Vorhaben wurde begünstigt durch die Schwäche des Habsburgerreiches unter der neuen Regentin Maria Theresia (1717–1780), Erzherzogin von Österreich und Königin von Ungarn und Böhmen. Während Preußen finanziell und militärisch gerüstet war, hatte Österreich weder ausreichende Mittel noch kriegsbereite Streitkräfte. Militärisches Machtinstrument der absolutistischen Staaten waren die stehenden → *Söldnerheere.* Sie unterschieden sich in der Rekrutierung, Organisation, Bewaffnung und Ausbildung nicht wesentlich, jedoch wurde in der preußischen Armee der Drill perfektioniert gehandhabt. Hauptwaffengattung war die mit → *Steinschloßgewehr* und Bajonett bewaffnete Infanterie. Die Kavallerie gliederte sich in Schlachten- und leichte Reiterei, die Artillerie in Belagerungs- und Feldartillerie. In der → *Kriegskunst* setzten sich allgemein die → *Lineartaktik* sowie die Manöver- und Kordonstrategie durch, und auch der Kampf um Festungen hatte große Bedeutung. Die Kriegführung wurde nicht zuletzt beeinflußt von der Desertion (→ *Fahnenflucht*), dem Grundübel der Söldnerheere.

Erster S. K. 1740–1742: Preußen verfügte über eine Armee von nahezu 100000 Mann, von denen 27000 Mann für die Besetzung Schlesiens bereitgestellt wurden. Die österreichischen Streitkräfte, deren Soll-Stärke fast 108000 Mann betrug, waren vor allem in Ungarn, Italien und den österreichischen Niederlanden (Belgien) disloziert. In Schlesien befanden sich Mitte Dezember 1740 insgesamt nur 7300 Mann; viele Festungen waren verwahrlost. Der preußische Einfall in Schlesien am 16. 12. 1740 löste zugleich den Österreichischen Erbfolgekrieg aus. Die preußischen Truppen, deren Vormarsch von ergebnislosen diplomatischen Verhandlungen begleitet war, stießen kaum auf Widerstand. Bis Ende Januar 1741 war Schlesien mit Ausnahme der Festungen Glogau, Brieg und Neiße in ihrem Besitz. Im März verschlechterte sich die militärische Lage für die Okkupanten. Zwar konnten sie Glogau stürmen (9. 3.), das ihren Hauptversorgungsweg nach Schlesien, die Oder, sperrte. Aber ein überraschender österreichischer Vorstoß nach Schlesien drohte die preußischen Hauptkräfte in Oberschlesien abzuschneiden. Die Preußen konnten durch ihren Sieg am 10. 4. in der Schlacht bei → *Mollwitz 1741* diese Gefahr abwenden und im Mai auch Brieg einnehmen. Neiße und Glatz blieben in österreichischer Hand. Am 5. 6. schlossen Preußen und das mit Bayern verbündete Frankreich ein gegen Österreich gerichtetes Offensivbündnis, dem die Pfalz und im Herbst auch Sachsen beitraten. Als im Spätsommer 1741 bayrisch-französische Truppen in Österreich eindrangen und Wien bedrohten, suchte Maria Theresia ihre in Schlesien stehende Armee freizubekommen. Da Friedrich II. selbst an einer schnellen Beendigung des Krieges und der Sicherung Schlesiens interessiert war, kam am 9. 10. der preußisch-österreichische Geheimvertrag von Klein Schnellendorf zustande. Gegen die Zusicherung eines Teiles von Schlesien stellte der Preußenkönig die Kampfhandlungen ein und ließ die österreichischen Truppen ungehindert abziehen.

Preußen nutzte den Waffenstillstand, mit den aus Schlesien gezogenen Geldern die Armee zu verstärken. Unterdessen stießen die von ihm im Stich gelassenen Verbündeten nach Böhmen vor und eroberten Prag (26. 11.). Friedrich II. befürchtete, bei der Verteilung der habsburgischen Beute leer auszugehen, und brach den Klein Schnellendorfer Vertrag. Preußische Truppen rückten in Böhmen und Mähren ein und besetzten am 27. 12. die Festung Olmütz. Gemeinsam mit dem sächsischen Korps traten sie im Februar 1742 den Vormarsch auf Wien an. Dieser mährische Feldzug war jedoch versorgungsmäßig schlecht vorbereitet, so daß es trotz rücksichtsloser Ausplünderung des Landes bald an Proviant mangelte. Die durch bäuerliche Widerstandsaktionen verstärkten Schwierigkeiten bei der Versorgung der Truppen, deren Verbindungen nach Schlesien überdies von Ungarn her bedroht wurden, sowie der in Mähren aufflammende Volkskrieg zwangen die Interventen zum Rückzug (seit 8. 3.). Ihr Abmarsch wurde durch bewaffnete Formationen des Volkes gestört, die teilweise eine Stärke von 4000 Mann hatten. Nach erfolgloser Belagerung der Festung Brünn (27. 3.–3. 4.) räumten die Verbündeten Mähren und gingen Mitte April nach Böhmen zurück. Am 17. 5. kam es bei Chotusitz zur Schlacht zwischen gleich starken preußischen und österreichischen Truppen (je 28000 Mann). Nach erbittertem Kampf entschied der Angriff des gewissermaßen als Reserve zurückgehaltenen preußischen rechten Infanterieflügels die Schlacht. Dieser Sieg brachte dem finanziell erschöpften Preußen, das von seinen Forderungen auf böhmische Gebiete abrückte, den benötigten Frieden. Es erhielt in dem am 11. 6. 1742 in Breslau mit Österreich geschlossenen Präliminarfrieden (bestätigt am 28. 7. in Berlin) Schlesien mit der Grafschaft Glatz und trat dafür aus der antihabsburgischen Koalition aus. Mit der Eingliederung Schlesiens vergrößerte der preußische Staat sein Gebiet um ein Drittel; um den gleichen Anteil wuchsen die Bevölkerungszahl und die Finanzeinnahmen.

Zweiter S. K. 1744/45: Der andauernde Österreichische Erbfolgekrieg zwang Friedrich II. zu ständiger Kriegsbereitschaft, um seinen schlesischen Raub zu sichern. Das Heer wurde bis Sommer 1744 auf 123000 Mann verstärkt, der Staatsschatz auf 6 Mill. Taler gebracht und in Schlesien das → *Kantonsystem* eingeführt sowie mit der Anlage neuer Festungen begonnen. Bei der Ausbildung der Truppen berücksichtigte man die Kriegserfahrungen, vor allem wurde die Kavallerie reorganisiert. Militärische Erfolge Österreichs und seiner Verbündeten und das Wormser Bündnis zwischen Österreich, Großbritannien, den Niederlanden und Sardinien (13. 9. 1743), dem sich Sachsen und Rußland anschlossen, ließen Friedrich II. um den Besitz Schlesiens fürchten. Nachdem er das Bündnis mit Frankreich erneuert hatte (5. 6. 1744), wobei ihm der Erwerb Nordostböhmens zugestanden worden war, erklärte er am 10. 8. 1744 Österreich wieder den Krieg. Ende August fielen 3 preußische Gruppierungen (insgesamt 80000 Mann) in Böhmen ein. Sie vereinigten sich bei Prag, das nach kurzer Belagerung am 16. 9. kapitulierte. Im weiteren Verlauf des böhmischen Feldzugs konnten zwar die preußischen Truppen im September bis Tábor und Budweis vordringen, aber ihre Versorgung nicht sicherstellen. Die schwächeren österreichischen Kräfte wichen geschickt einer offenen Feldschlacht aus und störten sehr erfolgreich mit ihren leichten Truppen die Verbindungslinien. Auch die Bevölkerung verhielt sich feindselig. Die Lage der unter Hunger und Seuchen leidenden preußischen Armee, in der die Desertion sprunghaft zunahm, wurde unhaltbar. Von österreichisch-sächsischen Truppen bedrängt, erreichte sie nach einem verlustreichen Rückzug in nahezu aufgelöstem Zustand Anfang Dezember schlesisches Gebiet. Insgesamt sollen während des böhmischen Feldzugs etwa 30000 Soldaten desertiert sein.

Friedrich II. ergriff rigorose Maßnahmen, um die Armee aufzufüllen und die Finanzen zu verbessern. Zur strategischen Defensive gezwungen, setzte er gegen die Ende Mai 1745 nach Schlesien vorstoßende österreichisch-sächsische Armee alles auf eine Karte. Der preußische Sieg am 4. 6. bei → *Hohenfriedeberg 1745* blieb jedoch ohne Auswirkung auf die militärische und politische Lage. Die preußischen Truppen folgten dem geschlagenen Gegner nach Böhmen, mußten allerdings Mitte September vor allem wegen Verpflegungsschwierigkeiten wieder nach Schlesien zurückgehen. Dabei kam es am 30. 9. nahe Soor zur Schlacht mit überlegenen österreichisch-sächsischen Kräften (39000 Mann), deren Führung aber das Überraschungsmoment nicht ausnutzte. Die Preußen (22500 Mann) konnten ihre Schlachtordnung herstellen und den erbitterten Kampf für sich entscheiden. Im folgenden Winterfeldzug in Sachsen vereitelte der preußische Sieg bei Kesselsdorf am 15. 12. über die sächsischen Hauptkräfte den Plan, die österreichische und sächsische Armee zu vereinigen und dann in die Mark Brandenburg vorzustoßen. Fast gleichzeitig mit der Übergabe Dresdens an die Preußen (17. 12.) bot Friedrich II. seinen Gegnern Frieden an, die ebenfalls eine Waffenruhe benötigten. Am 25. 12. 1745 wurde mit dem Frieden von Dresden zwischen Preußen, Österreich und Sachsen der zweite S. K. beendet. Preußen blieb im Besitz Schlesiens.

Die S. K. veränderten das Kräfteverhältnis im Reich. Mit Preußens Aufstieg zur Großmacht entstand der preußisch-österreichische Dualismus, der die weitere politische Entwicklung bestimmte. Die Gegensätze wurden zudem durch das Streben der Habsburgermonarchie vertieft, Schlesien zurückzugewinnen. Beide Mächte stießen wenig später im → *Siebenjährigen Krieg 1756–1763* (sog. dritter S. K.) erneut aufeinander. In den S. K. verloren die deutschen Staaten etwa 100000 Mann an Gefallenen und Verwundeten, davon Preußen allein in den 5 großen Feldschlachten etwa 22000 Mann. Hohe Verluste erlitten die Armeen durch Krankheiten und Desertion. Auch zeigte sich die Schwäche der Söldnerheere in allen Fragen, die ihre Versorgung berührten. Die Festungen sowie der von den leichten Truppen geführte Kleinkrieg gewannen an Bedeutung. Den Einfluß des Volkskampfes auf die militärischen Handlungen machte vor allem der preußische Feldzug in Mähren 1742 deutlich. *(s. Abb. S. 299, 649)*

Schlieffenplan: strategisch-operativer Plan des Chefs des Generalstabs der preußischen Armee, Generaloberst Alfred von Schlieffen (1833–1913), zur Führung eines Zweifrontenkrieges gegen Frankreich und Rußland.

Der S. erwuchs aus der aggressiven Politik des deutschen Imperialismus im Zuge der Vorbereitung des Krieges um die Neuaufteilung der Welt. Seit Anfang der 90er Jahre sahen die militärische und politische Führung des Deutschen Reiches den Krieg gegen Frankreich und Rußland als unvermeidlich an. Um einen langen, erschöpfenden Zweifrontenkrieg zu vermeiden, in dem das Deutsche Reich unterliegen würde, arbeitete Schlieffen von 1892 bis 1905 seine abenteuerliche → *Blitzkriegskonzeption* aus. Sie zielte darauf ab, gegen die Übermacht von Frankreich und Rußland durch die Vernichtung ihrer Heere nacheinander den Sieg zu erringen. Schlieffens strategische Konzeption basierte seit 1894 auf der Annahme, daß es gelingen würde, zuerst das französische Heer mit den eigenen Hauptkräften in einem kurzen Feldzug zu zerschlagen und dadurch Frankreich niederzuwerfen. Eine schnelle Vernichtung des russischen Heeres bezweifelte er wegen der Größe des Landes. Gegen Rußland sah er für die erste Etappe des Zweifrontenkrieges nur schwächere Kräfte zur strategischen Defensive vor. Nach dem Sieg über Frankreich sollte im Bündnis mit Österreich-Ungarn Rußland niedergeworfen werden. Diese strategische Variante, der sog. große Westaufmarsch, dominierte eindeutig bis 1914 in der Aufmarsch- und Operationsplanung des Generalstabes. Daneben bearbeitete der Generalstab zwar alljährlich noch den sog. großen Ostaufmarsch (zuerst Offensive gegen Rußland). Aber diese Variante verlor zusehends an Bedeutung und wurde 1913 fallengelassen. Da Frankreichs Ostgrenze von Verdun bis Belfort durch Festungen geschützt war, konnte eine schnelle Kriegsentscheidung nach Schlieffen nur durch Umfassung des französischen Heeres erreicht werden. Seit 1897/98 plante er deshalb eine Umgehungs- und Umfassungsoperation mit Teilen des Heeres unter Verletzung der Neutralität Belgiens und Luxemburgs.

1904/05 kam es zu einer grundlegenden Neufassung des Aufmarsch- und Operationsplans für den Krieg gegen Frankreich. Sie erfolgte unter dem Einfluß des Russisch-Japanischen Krieges (1904/05) und der Verschärfung des deutsch-französischen Gegensatzes in der ersten Marokkokrise. Führende deutsche Militärs und Politiker hielten die Lage für einen Krieg mit Frankreich für günstig, solange dessen Verbündeter, Rußland, durch den verlustreichen Krieg und die Revolution (1905–1907) erschüttert war. Die Gefahr eines Zweifrontenkrieges schien vorerst gebannt. Schlieffen ließ deshalb für das Mobilmachungsjahr 1905/06 erstmals den Aufmarsch des Feldheeres für den Einfrontenkrieg im Westen als wichtigsten Fall bearbeiten. Ihm lag der Gedanke einer bis zur Kanalküste ausholenden Umgehung der französischen Festungsfront mit der Masse des Heeres zugrunde. Schlieffen hatte ihn im Sommer 1904 konzipiert anstelle der bis dahin geplanten kleineren Operation um Verdun herum. Für den Fall einer kriegerischen Lösung der ersten Marokkokrise überprüfte und präzisierte er seine neue Konzeption auf der sog. Großen Generalstabsreise West im Sommer 1905. Als Schlieffen seiner Verabschiedung zum Jahresende aus Altersgründen sicher war, legte er seine Vorstellungen über den Krieg gegen Frankreich ausführlich nieder, um seinen Nachfolger, Generalleutnant Helmuth von Moltke (1848–1916), unbedingt daran zu binden. Diese Operations- und Feldzugsstudie wurde nach 1918 von der bürgerlichen Militärhistoriographie als der eigentliche S. bezeichnet. Im Februar 1906 wurde sie mit einem Zusatzmemorandum über die Bekämpfung einer britischen Expeditionsarmee Moltke übergeben.

Das strategische Ziel des S. war die Vernichtung des französischen Millionenheeres in wenigen Wochen bei fehlender eigener zahlenmäßiger Überlegenheit. Schlieffen erwartete davon das Ende des Krieges überhaupt. Das deutsche Feldheer sollte mit den Hauptkräften (7 Achtel des Heeres) von Wesel bis Metz und mit einem schwachen linken Flügel von Metz bis zur Schweizer Grenze aufmarschieren. In der Hauptangriffsrichtung, d. h. auf dem rechten Flügel (Schwerpunkt nördlich der Maas – Sambre), war die stärkste Massierung an Kräften und Mitteln vorgesehen. Unter Verletzung der holländischen, belgischen und luxemburgischen Neutralität sollte die französische Festungsfront umgangen und versucht werden, den Gegner durch Umfassung seiner linken Flanke und einen Stoß in den Rücken vernichtend zu schlagen. Zog sich der Gegner unter Anlehnung an Paris bis hinter die Marne und die Seine zurück, so sollte Paris eingeschlossen, das französische Heer gegen die eigene Festungsfront und die Schweizer Grenze abgedrängt und schließlich in einer gewaltigen Kesselschlacht vernichtet werden. Nach Schlieffen kam alles darauf an, dem französischen Heer den Rückzug nach Süden abzuschneiden, um einen «endlosen Krieg» zu verhindern. Der schwache linke Flügel des deutschen Heeres hatte die Aufgabe, möglichst starke gegnerische Kräfte zu binden. Um zu verhindern, daß die Offensive im Stellungskrieg stekkenbliebe, forderte er, alle Kriegsdienstfähigen zum Einsatz an der Front bzw. im rückwärtigen Gebiet zu mobilisieren. Auf die materielle Sicherstellung der Operationen und andere wesentliche Fragen wurde nicht eingegangen. Zur Verpflegung der deutschen Truppen war vorgesehen, die besetzten Gebiete auszuplündern. Rücksichtslose Unterdrückung jeglichen Volkswiderstandes sollte die Kampfmoral der Gegner schwächen. Den möglichen Krieg mit der Weltmacht Großbritannien reduzierte Schlieffen auf den Kampf gegen eine britische Expeditionsarmee. Frankreichs schnelle Niederwerfung sollte die Mobilisierung des britischen Kriegspotentials unterlaufen. Der S. von 1905 war zwar in erster Linie für den Einfrontenkrieg entstanden. Er galt aber zugleich für den Fall eines Zweifrontenkrieges.

Moltke übernahm Schlieffens strategische Blitzkriegskonzeption für den Zweifrontenkrieg. Sie lag auch den seit 1909 getroffenen Abmachungen mit dem österreichisch-ungarischen Generalstab für die Koalitionskriegführung gegen Rußland zugrunde. Für die Niederwerfung Frankreichs veranschlagte Moltke 1914 etwa 6 Wochen, in denen der Verbündete dem deutschen Imperialismus den Rücken freihalten sollte. Am S. von 1905 nahm er bedeutsame Änderungen vor, ohne vom Grundgedanken abzugehen. Er verstärkte den linken Flügel zum Schutz Elsaß-Lothringens gegen eine französische Offensive und ließ anstelle des Bruches der holländischen Neutralität einen Überfall auf die Festung Lüttich vorbereiten. Dieser sollte unmittelbar nach Kriegsausbruch erfolgen und die Maasübergänge für den Vormarsch des rechten Flügels sichern. Im Einverständnis mit der Reichsregierung hielt Moltke daran fest, die belgische Neutralität auch auf die Gefahr hin zu verletzen, daß Großbritanniens Kriegseintritt unvermeidlich wurde. Der Generalstab glaubte, mit dem S. das «Geheimnis des Sieges» auch gegen eine bedeutend stärkere Koalition zu besitzen.

Der S. berücksichtigte zwar wichtige Prinzipien der Kriegskunst, z. B. die Massierung der Kräfte und Kampfmittel in der Hauptrichtung, die Bedeutung der Initiative und des Überraschungsmoments, Planmäßigkeit und entschlossenes Handeln der Führung, und konnte zu großen Anfangserfolgen führen. Insgesamt jedoch war er abenteuerlich. Dies zeigten vor allem der Widerspruch zwischen seinen strategischen Zielen und dem vorhandenen militärischen Potential des deutschen Imperialismus sowie die geplanten Völkerrechtsbrüche. Schlieffen und seine Anhänger unterschätzten völlig das Kriegspotential der imperialistischen Großmacht Frankreich und die Kampfkraft seiner Streitkräfte. Bis 1914 bestimmte der S. weitgehend die Landkriegsvorbereitungen des deutschen Imperialismus. Zu Beginn des ersten Weltkrieges lag er den Aufmarschweisungen für das Feldheer zugrunde und scheiterte endgültig in der Schlacht an der → *Marne 1914.* Nach 1918 wurde der S. zum meisterörterten Problem der deutschen bürgerlichen Militärgeschichtsschreibung. Schlieffens Bewunderer umgaben ihn mit dem Nimbus der Unfehlbarkeit. Sie behaupteten, der S. sei durch Moltke «verwässert» und aufgrund von Führungsfehlern unzulänglich verwirklicht worden. Damit versuchten sie zu beweisen, daß der deutsche Imperialismus den ersten Weltkrieg hätte gewinnen können und Schlieffens strategisch-operative Lehren für den Revanchekrieg galten. Die sog. Schlieffenschule hatte bestimmenden Einfluß auf das militärische Denken und Handeln des faschistischen deutschen Imperialismus. *(s. Abb. S. 1064)*

Schmalkaldischer Krieg 1546/47: vom römisch-deutschen Kaiser Karl V. (1500–1558) gegen den Schmalkaldischen Bund geführter Krieg, um die deutsche protestantische Fürstenopposition der universalen katholischen Kaisermacht zu unterwerfen.

Der S. K. entstand aus den Gegensätzen innerhalb der herrschenden Feudalklasse. Der Politik der Habsburger, eine katholische Universalmonarchie zu schaffen, traten die deutschen Territorialfürsten mit ihrem Souveränitätsstreben entgegen. Der 1531 gegründete Schmalkaldische Bund, eine politisch-militärische Kampforganisation protestantischer Fürsten und Städte, entwickelte sich unter Führung Kursachsens und Hessens zum Zentrum der antihabsburgischen Kräfte. Gegen ihn rüstete Karl V., nachdem 1544/45 die kriegerischen Auseinandersetzungen mit Frankreich und dem Osmanischen Reich beigelegt worden waren. Eine Übereinkunft mit dem Papst (6. 6. 1546) sicherte ihm eine bedeutende Finanzhilfe und ein Truppenkontingent von 12500 Mann; durch ein Bündnis mit Bayern (7. 6.) erhielt er die Verfügung über die festen Plätze des Landes. Außerdem konnte der Kaiser einige protestantische Fürsten, vor allem den Herzog Moritz von Sachsen (1521–1553), auf seine Seite ziehen. Die Vertreibung des katholischen Herzogs von Braunschweig-Wolfenbüttel im Jahre 1542 durch Kursachsen und Hessen lieferte Karl V. den Vorwand zum militärischen Vorgehen gegen die Schmalkaldener. Auf dem Reichstag zu Regensburg wurde am 20. 7. 1546 die Reichsacht über die beiden Bundeshauptleute, den Landgrafen Philipp I. von Hessen (1504–1567) und den Kurfürsten Johann Friedrich I. von Sachsen (1503–1554), verhängt und damit der S. K. ausgelöst. Der Kaiser, der sich in Regensburg aufhielt, verfügte zunächst nur über einige tausend Söldner. Während er auf den Zuzug von Truppen aus Italien, Ungarn und Flandern wartete, bot der Bund in kurzer Zeit eine schlagkräftige Streitmacht auf und ergriff die Initiative.

Ein sächsisch-hessisches Heer in Stärke von 24000 Mann Fußvolk und 5000 Reitern sammelte sich am 20. 7. 1546 bei Meiningen und erreichte am 25. 7. Schweinfurt. Das in Süddeutschland von den protestantischen Städten aufgestellte Heer zählte 15000 Fußkämpfer und 1000 Reiter und wurde vom Augsburger Feldhauptmann Sebastian Schertlin von Burtenbach (1496–1577) befehligt. Es hatte bereits am 10. 7. die Ehrenberger Klause besetzt, um den aus Italien heranrückenden päpstlichen Hilfstruppen den Weg zu versperren. Da die Städte aber einen Angriff Bayerns befürchteten, war die Masse des Heeres zurückgerufen worden und hielt seit dem 20. 7. Donauwörth besetzt. Die günstige Gelegenheit, mit ihren überlegenen Kräften den Kaiser in Regensburg anzugreifen, ließen die Schmalkaldener ungenutzt. Auch in der Folgezeit blieben sie darauf bedacht, ihre Truppen zu schonen. Dadurch konnten sich die heranziehenden kaiserlichen Formationen ungehindert Mitte September bei Ingolstadt vereinigen. Karl V. verfügte nun über 44000 Mann Fußvolk und 12000 Reiter unter dem Kommando seines Feldherrn Fernando Alvarez de Toledo, Herzog von Alba (1507–1582). Der Schmalkaldische Bund hatte zu diesem Zeitpunkt nur etwa 35000 Mann Fußvolk und 6000 Reiter im Feld. Da beide Seiten eine Schlacht vermieden, bestand der Donaufeldzug im wesentlichen aus Manöverhandlungen mit kleineren Gefechten.

Die Entscheidung des S. K. fiel in Sachsen. Ende Oktober 1546 unternahm Herzog Moritz zusammen mit dem böhmisch-ungarischen König Ferdinand (1503–1564), Bruder Karls V. und dessen Nachfolger als Kaiser (seit 1556), einen Einfall in das ungedeckte Kursachsen. Die Schmalkaldener gaben darauf am 21. 11. ihre befestigte Stellung bei Giengen auf und zogen eilig nach Norden ab. Damit wurden die süddeutschen Städte, Württemberg und Kurköln preisgegeben und mußten sich dem Kaiser unterwerfen. Überall erfolgte die Wiederherstellung der katholischen Kirche. Kurfürst Johann Friedrich I. konnte zwar sein Territorium befreien und große Teile des sächsischen Herzogtums sowie die Stifte

Magdeburg und Halberstadt besetzen. Er blieb jedoch ohne Unterstützung, als Mitte April 1547 Karl V. mit 10000 Mann zu Fuß und 17000 Reitern von Böhmen aus in Sachsen eindrang. Der Kurfürst, der einen Teil seiner Truppen den böhmischen Protestanten zu Hilfe geschickt hatte, verfügte nur noch über etwa 5000 Fußsöldner und 2500 Reiter. Auf der Lochauer Heide bei Mühlberg bezog er Stellung, wo es am 24. 4. zur Schlacht kam. Nachdem die Kaiserlichen in einem taktisch geschickten Manöver die Elbe überwunden hatten, wurden die überraschten sächsischen Truppen vollständig geschlagen und in die Flucht getrieben. Der Kurfürst selbst geriet in Gefangenschaft. Er mußte die Festungen ausliefern und in der Wittenberger Kapitulation (19. 5.) Kurlande und Kurwürde an Moritz von Sachsen abtreten. Am 19. 6. ergab sich auch Philipp I. von Hessen dem Kaiser. Lediglich die norddeutschen Städte leisteten erfolgreichen Widerstand; Bremen trotzte der Belagerung durch ein 29000 Mann starkes kaiserliches Heer. Magdeburg, Braunschweig, Hamburg und Bremen warben ein Söldnerheer an, dem es gelang, die von Bremen abziehenden zahlenmäßig überlegenen Kaiserlichen am 23. 5. 1547 bei Drakenburg an der Weser zu schlagen.

Der S. K. endete mit einer Niederlage des Schmalkaldischen Bundes, der sich auflöste. Der Sieg des Kaisers wurde vor allem mit finanzieller Unterstützung durch den Papst und mit Hilfe spanischer und italienischer Truppen errungen. Karl V. vermochte es aber nicht, das zugunsten der Habsburger veränderte politisch-militärische Kräfteverhältnis zu stabilisieren. Am Widerstand der Reichsstände scheiterte sowohl der Versuch eines Religionsvergleichs als auch die Durchsetzung einer Reichsreform. Durch die sog. Fürstenrebellion 1551/52, an deren Spitze der inzwischen vom Kaiser abgefallene Kurfürst Moritz stand, wurde mit Unterstützung Frankreichs und unter Einsatz von Truppen das vor dem S. K. bestehende Kräfteverhältnis wiederhergestellt.

Schnellboot: Klasse der leichten Überwasserkräfte (→ *Seestreitkräfte*) zum offensiven Einsatz bei Kampfhandlungen im Küstenvorfeld sowie in Rand- und Binnenmeeren; nach ihrer Hauptbewaffnung allgemein in Torpedo-S., Artillerie-S. und Raketen-S. unterteilt.

Die Entwicklung von S. begann im ersten Weltkrieg. Den Anstoß dazu gab die Forderung nach schnellen Kleinfahrzeugen mit hoher Kampfkraft in den für größere Kriegsschiffe wenig geeigneten engen Gewässern der östlichen Ostsee, des Ärmelkanals und der Adria. Die ursprüngliche Zweckbestimmung der S., Bekämpfung von Sperranlagen und -fahrzeugen sowie von U-Booten, wurde in immer stärkerem Maße durch offensive Einsätze gegen gegnerische Überwasserkräfte ergänzt. Vorwiegend in Italien sowie in Deutschland rüstete man hierfür neben anderen maritimen → *Kleinkampfmitteln* seit 1916/17 schnelle Motorboote mit Torpedos aus. Trotz technischer Mängel und noch unausgereifter Einsatztaktik erzielten die Fahrzeuge, die bei einer Geschwindigkeit bis 30 kn und geringen Dimensionen schwer auszumachen und zu bekämpfen waren, bei Überraschungsangriffen Erfolge. Nach 1918 gehörte die Weiterentwicklung der S. zu den illegalen Rüstungsmaßnahmen in der Weimarer Republik. Dabei legte man Wert auf stabile, schnelle Fahrzeuge mit größerer Seeausdauer, um die im Versailler Vertrag begrenzte Zahl von → *Torpedobooten* und → *Zerstörern* zu ergänzen. Nachdem in den 20er Jahren verschiedene Versuchsboote gebaut worden waren, wurde 1930 das erste, zunächst noch als Wachboot bezeichnete S. («S 1») von der Reichsmarine in Dienst gestellt. Es hatte eine Wasserverdrängung von 51,6 t und war mit 2 Torpedorohren vom Kaliber 533 mm auf dem Vorschiff und einer 20-mm-Flak bewaffnet. Die Höchstgeschwindigkeit betrug 34 kn, der Fahrbereich etwa 300 sm. In den folgenden Jahren wuchsen Größe und Geschwindigkeit der S. weiter an; ab 1933 traten an die Stelle der brandgefährdeten Benzinmotoren Dieselaggregate. Der kriegsmäßige Einsatz dieser S. wurde erstmals 1937/38 in Spanien erprobt. Bei Ausbruch des zweiten Weltkrieges verfügte die faschistische Kriegsmarine über 18 einsatzbereite S. Während des Krieges wurden über 200 weitere Boote mit schrittweise verbesserten Kampfeigenschaften (höhere Geschwindigkeit, stärkere Flakbewaffnung, Teilpanzerung u. a.) gebaut. Ihre Versorgung übernahmen spezielle S.begleitschiffe. Haupteinsatzgebiete waren die Nordsee, der Ärmelkanal und das Mittelmeer, nach dem Überfall auf die UdSSR im Juni 1941 auch die Ostsee und das Schwarze Meer. Außer zur Bekämpfung von Kriegs- und Handelsschiffen fanden die S. auch als Geleitfahrzeuge, schnelle Minenleger und Landungsfahrzeuge Verwendung. Gegen Kriegsende wurden auch Versuche mit Kleinsttorpedo-S. unternommen. Insgesamt verlor das faschistische Deutschland während des zweiten Weltkrieges etwa 150 S.

Auch nach 1945 behaupteten die S. ihren Platz in den Seestreitkräften. Kampfkraft und Einsatzmöglichkeiten konnten durch erhöhte Seeverwendungsfähigkeit, neuartige Bewaffnung (Lenktorpedos, Seezielflugkörper) und noch höhere Geschwindigkeit weiter gesteigert werden. S. gehören auch zum Bestand der → *Volksmarine der NVA (VM)*. 1957 wurden von der UdSSR die ersten Torpedo-S. (TS-Boote) übernommen. Ihre Wasserverdrängung betrug 65 t, die Höchstgeschwindigkeit 45 kn. Die Bewaffnung bestand aus 2 Torpedorohren mit einem Kaliber von 533 mm, 4 25-mm-Flak in Doppellafetten und Wasserbomben. Dieser Bestand an TS-Booten wurde durch in der DDR gebaute leichtere Fahrzeuge (LTS-Boote) ergänzt. Eine bedeutende Vervollkommnung der Kampftechnik bewirkte die Einführung von Raketen-S. (RS-Booten) sowjetischer Produktion in den 60er Jahren, die mit weitreichenden Seezielraketen von hoher Treffgenauigkeit und Zerstörungswirkung ausgerüstet waren. Anfang der 70er Jahre wurden die TS-Boote durch einen weiterentwickelten sowjetischen Typ ergänzt, der statt des bisherigen Bootskörpers aus Holz einen robusten Stahlkörper sowie eine beträchtlich stärkere Bewaffnung aufweist. Die LTS-Boote wurden durch Fahrzeuge neuerer Konstruktion ersetzt, die als kleine Torpedo-S. (KTS-Boote) bezeichnet werden. *(s. Abb. S. 895, 899)*

Schrapnell: Artilleriegeschoß mit Kugelfüllung und kleiner Sprengladung zur Bekämpfung ungedeckter lebender Ziele.

Das S. (auch Granatkartätsche oder Kartätschgranate genannt) wurde 1803 von dem englischen General Henry Shrapnel (1761–1842) erfunden. Es verdrängte allmählich die nur auf kurze Entfernung wirksame → *Kartätsche.* Die Einführung des S. in die → *Artillerie* der europäischen Heere wurde begünstigt durch die Ende des 18. Jh. veränderte Gefechtsordnung der Infanterie, gegen deren in Bataillonskolonnen vorgetragenen Angriff es besonders wirksam war. Bis in die zweite Hälfte des 19. Jh. bestand das S. aus einer mit Schwarzpulver und Blei- oder Zinkkugeln gefüllten dünnwandigen eisernen Hohlkugel. Die Füllkugeln waren in Wachs, Kolophonium oder Schwefel gebettet, um ihre stabile Lage während des Fluges zu sichern. Dem gleichen Zweck dienten gußeiserne Füllplatten sowie eine spezielle Pulverfüllung, die beim Zerspringen des S. mit weithin sichtbarer Rauchwolke abbrannte. Die Zündung erfolgte durch einen beim Abfeuern des S. in Brand gesetzten Pulversatz, der nach einer bestimmten Zeit die Sprengladung in geringer Höhe vor bzw. über dem Ziel zur Explosion brachte. Mit der Einführung gezogener Hinterlader nach 1860 erhielt der S.mantel die Form eines Langgeschosses. Seine Wandstärke konnte durch die Verwendung von Gußstahl verringert und die Kugelladung vergrößert werden. Die zum Verschuß des S. benutzte Treibladung (→ *Kartusche*) wurde zunächst getrennt geladen; später war sie fest mit dem Geschoß verbunden (Granatpatrone). Für die relativ kleine Sprengladung des S., die sich im Geschoßkopf (Kopfkammer-S.), im Geschoßboden (Bodenkammer-S.) oder in der Geschoßachse (Röhren-S.) befand, stand seit 1886 anstelle des Schwarzpulvers hochwirksamer Sprengstoff zur Verfügung. Die Artillerie des preußisch-deutschen Heeres führte bis 1896 verschiedene Arten von Röhren-S., danach Bodenkammer-S. Die Masse der einzelnen Füllkugel lag zwischen 11 und 13 g. Ihre Zahl betrug bei einem Geschoß vom Kaliber 77 mm etwa 300, bei großkalibrigen Festungs- und Belagerungsgeschützen 500–3 000. Der 1865 eingeführte Zeitzünder wurde ab 1870 durch den mehrfach verbesserten «Feld-Schrapnell-Zünder», eine Kombination von Brenn- und Aufschlagzünder, abgelöst. Dieser Doppelzünder ermöglichte es, das S. auf einem vorher berechneten Punkt der Flugbahn oder beim Aufschlag zu zerlegen. Sein Mechanismus beruhte auf einem abbrennbaren Pulversatzring («Pulverseele»), später auf einem Präzisionsuhrwerk. Die Schußweite des S. hing von der Brenndauer des Zünders ab. Sie betrug bei der Feldkanone 96 etwa 5 000 m, bei der Feldhaubitze 98 etwa 5 600 m. Die angestrebte Detonationshöhe lag bei 4–6 m. Das S. war in seiner Wirkung gegen ungedeckte lebende Ziele der Sprenggranate (→ *Granate*) lange Zeit überlegen. Mit dem Übergang zur aufgelösten Gefechtsordnung der Infanterie in den letzten Jahrzehnten des 19. Jh. und besonders mit dem Stellungskampf des ersten Weltkrieges verlor es jedoch an Bedeutung, so daß die meisten Armeen nach 1918 auf das S. verzichteten. Seine Funktion übernahm weitgehend die Splittersprenggranate, die mit Doppelzünder oder als sogenannter Abpraller (Aufschlagzünder mit Verzögerung) beträchtliche Wirkung hatte. Nach dem zweiten Weltkrieg kamen bei einigen Armeen wieder schrapnellartige Geschosse in Gebrauch. So wurde z. B. Anfang der 60er Jahre bei der Artillerie der USA-Landstreitkräfte eine mit ungefähr 8 000 pfeilförmigen Stahlstiften gefüllte 105-mm-Granate eingeführt. Im Rahmen ihrer barbarischen Kriegführung in Indochina setzten die USA neben diesen Granaten Kugelbomben mit S.wirkung ein, die vor allem unter der Zivilbevölkerung große Opfer forderten. Auch Israel verwendete solche Geschosse zur Terrorisierung der arabischen Bevölkerung. Seit den 70er Jahren werden verschiedenartige Streu- und Flächenwaffen nach dem S.prinzip entwickelt, deren Gefechtsköpfe z. B. Panzer- oder Infanterieminen verstreuen.

Schulterklappen: an Schultern oder Achseln getragene Uniformteile, die in deutschen Streitkräften seit dem 19. Jh. vor allem zur Kennzeichnung von Soldaten- und Unteroffiziersdienstgraden sowie der Waffengattungen dienen.

S. (auch Achselklappen, Achselspangen oder Achseldragoner genannt) sind in der Uniformierung der stehenden Heere seit Ende des 17. Jh. nachweisbar. Bei den französischen Dragonern waren sie bereits um 1640 vorhanden. Oftmals brachte man sie (oder auch nur eine Klappe) nicht oberhalb der Schultern an, sondern zum Rücken hin verschoben. Sie dienten als Halterung der Bandeliers des Soldaten, an denen der Degen oder der Karabiner befestigt waren. Mit der Einführung des gekreuzten Lederzeugs setzte sich generell das S.paar durch. Wie andere Uniform-

Entwicklung von Schulterklappenformen in den deutschen Streitkräften: 1 Schulterklappe einer Füsilieruniform (um 1800); *2* Schulterklappe in Armeekorpsfarbe mit Regimentsnummer, Kompanienummer im Knopf und Auszeichnungsschnur für eine besondere Abkommandierung (Mannschaften des kaiserlich-deutschen Heeres); *3* Schulterklappe mit Rangtresse, unterlegter Waffenfarbe, Abteilungsnummer und Laufbahnabzeichen (Unteroffizier einer Sanitätsabteilung der Reichswehr)

teile erhielten auch die S. später weitere Funktionen. Farblich abgestimmt und mit Ziffern, Symbolen oder Initialen versehen, kennzeichneten sie die Zugehörigkeit zu bestimmten Formationen (Brigade, Korps o. ä.). Diese Entwicklung begann in der zweiten Hälfte des 18. Jh. Im 19. Jh. erhielten die S. neben der Formationsfarbe noch eine zweite Farbe für die Waffengattung sowie Ziffern, Initialen oder andere Symbole, die Zugehörigkeit, Ausbildung, Verwendung kennzeichneten. Rangabzeichen wurden auf den S. deutscher Heeresformationen bis 1918 nur in Ausnahmefällen (Offiziersstellvertreter) getragen. In der Reichswehr (ab 1921) und der faschistischen Wehrmacht waren die Rangabzeichen der Unteroffiziere auf den S. angebracht.

In der NVA, den Grenztruppen und der Zivilverteidigung der DDR tragen die Dienstgrade der Gruppen Soldaten, Unteroffiziersschüler, Fähnrichschüler, Offiziersschüler und Unteroffiziere S. aus Uniformtuch mit einer Biesenumrandung in der entsprechenden Waffenfarbe. Die Dienstgrade (→ *Dienstgradabzeichen*) sind darauf durch Tresse, Metallstreifen bzw. Sterne kenntlich gemacht. *(s. Abb. S. 144–147)*

Schulterstücke: in deutschen Streitkräften seit dem 19. Jh. vornehmlich für Offiziere, Generale und Admirale verwendete Rang- und → *Dienstgradabzeichen.*

Die früher auch als Achselstücke bezeichneten S. entstanden aus den ab Mitte des 18. Jh. in verschiedenen Armeen gebräuchlichen, auf der Schulter angebrachten Rangabzeichen für Offiziere, die teilweise in Form eines schmalen Schultergeflechts, zumeist jedoch als Epauletten (reich verzierte S. aus Stoff, Leder oder Metall) getragen wurden. In der preußischen Armee wurden die 1808 für Offiziere eingeführten S. 1813/14 durch Epauletten ersetzt, die in anderen deutschen Ländern, wie Bayern oder Hessen, bereits Ende des 18. Jh. gebräuchlich waren.

Aufgrund der Erfahrungen des Dänisch-Deutschen Krieges 1864 wurden die Epauletten in der preußischen Armee 1866 durch weniger auffällige Feldachselstücke ergänzt, die auch nach dem Preußisch-Österreichischen Krieg 1866 für den Garnison- und Felddienst im Gebrauch blieben. Sie bestanden für die Dienstgrade Leutnant bis Hauptmann (Rittmeister) aus Tressenbesatz, für die Dienstgrade Major bis Oberst aus silberfarbenem Schnurgeflecht. Generale trugen S. aus geflochtener Silber- und Goldschnur. Zusätzlich wurden die S. mit Sternen und weiteren Kennzeichen versehen, die den jeweiligen Dienstgrad sowie die Zugehörigkeit zu bestimmten Waffengattungen bzw. Truppeneinheiten ausdrückten. Nach der Reichsgründung wurden ab 1873 die S. in allen deutschen Ländern vereinheitlicht. Epauletten wurden nur noch zur Paradeuniform sowie zu besonderen gesellschaftlichen Anlässen getragen. 1888 wurden für die Dienstgrade Leutnant bis Hauptmann (Rittmeister) anstelle des Tressenbesatzes Silberplattschnüre eingeführt. Im ersten Weltkrieg erhielten die Dienstgrade Leutnant bis Oberst im Felddienst S. mit mattfarbenem Schnurgeflecht. Diese Regelung blieb im wesentlichen bis zum Ende des zweiten Weltkrieges bestehen. Epauletten wurden seit 1921 nur noch an der Paradeuniform der Marineoffiziere und Admirale getragen. Sie blieben bis 1945 erhalten.

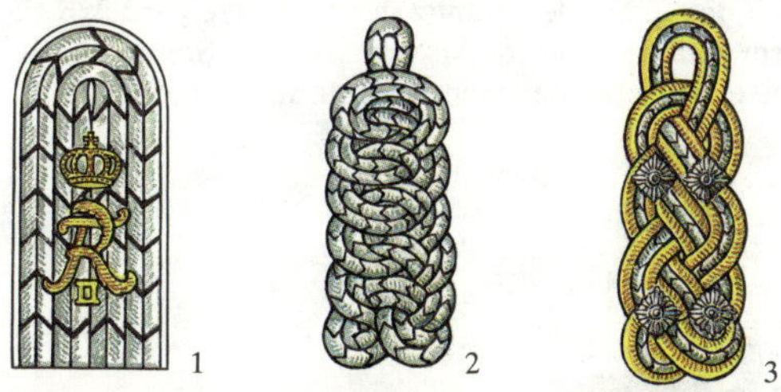

Schulterstücke des kaiserlich-deutschen Heeres: 1 Schulterstück aus Plattschnüren mit besonderem Regimentsabzeichen (Leutnant); *2* geflochtenes Schulterstück in spezieller Verschlingung für Stabsoffiziere der Husarenregimenter (Major); *3* geflochtenes Schulterstück aus Silber- und Goldschnüren mit Rangsternen (Generaloberst im Range eines Generalfeldmarschalls)

In der NVA, den Grenztruppen und der Zivilverteidigung der DDR dienen S., die in ihrer Formgebung an militärische Bräuche angelehnt sind, zur Kennzeichnung von Dienstgraden der Gruppen Fähnriche und Offiziere (Leutnante, Hauptleute, Stabsoffiziere, Generale). *(s. Abb. S. 144–147)*

Schützen: allgemeine Bezeichnung für Angehörige des Fußvolkes bzw. der → *Infanterie,* die eine Schußwaffe tragen und im Gefecht handhaben; von 1920 bis 1945 auch unterster Mannschaftsdienstgrad einiger Waffengattungen der Landstreitkräfte.

Die Bezeichnung S. entstand im deutschen Sprachgebrauch wahrscheinlich bereits im 14. Jh. Sie wurde auf Bogner und Armbruster und dann vor allem auf die Träger von Feuerwaffen angewendet. Erste S.ordnungen sind aus dem 15. Jh. bekannt. Die seit dem 14./15. Jh. wiedererstehende Infanterie gliederte sich nach der Bewaffnung bereits in Handfeuerwaffen führende S. und in → *Pikeniere.* Der Anteil der S. betrug um 1500 zwar erst rd. 10%, stieg jedoch mit der breiten Einführung der Feuerwaffen in der Folgezeit rasch an (um 1600 rd. 60%). Anfang des 18. Jh. hatten die S. schließlich die Pikeniere aus den Armeen verdrängt, wobei die allgemeine Verwendung des → *Steinschloßgewehrs* mit aufsteckbarem Bajonett eine entscheidende Rolle spielte. Erste S.gattungen waren die Arkebusiere, genannt nach der von ihnen geführten → *Arkebuse.* Sie wurden im 17. Jh. von den → *Musketieren* abgelöst, neben denen sich auch die → *Füsiliere,* die → *Jäger* und im 18. Jh. die → *Grenadiere* als S.gattungen entwickelten. Durch das Aufkommen vieler neuer Waffen, vor allem im 20. Jh., bildeten sich für die S. auch Funktionsbezeichnungen heraus, wie MPi-S., MG-S., Lade-S. und Richt-S.

Anfangs spielten die S. infolge ihrer geringen Anzahl nur eine unbedeutende Rolle im Gefecht. Sie schwärmten lose vor der Front und am Rande der → *Gevierthaufen,* eröffneten den Kampf und zogen sich danach in den Schutz der Pikeniere zurück. Mit dem zahlenmäßigen Anwachsen der S. im 16. Jh. entstanden zur besseren Verbindung von Stoß- und Feuerkraft neue, in → *Ordonnanzen* festgelegte Gefechtsordnungen. Sie führten im 18. Jh. zur → *Lineartaktik,* für die das Salvenfeuer der enggeschlossenen Infanterielinien mit anschließendem Bajonettangriff charakteristisch war. Die sich im Gefolge der Französischen Revolution von 1789 vollziehende bürgerliche Umgestaltung des Militärwesens schloß tiefgreifende Veränderungen in der Organisation und Kampfführung der Infanterie ein. Die taktische Rolle der S. wuchs als Teil der neuen Tirailleur- und Kolonnentaktik (→ *Kriegskunst*). Es kam auch zur Bildung von S.bataillonen, später von S.regimentern. Die Einführung neuer, wirkungsvollerer Feuerwaffen förderte seit Mitte des 19. Jh. die Herausbildung des S.gefechts in aufgelöster Ordnung als Hauptkampfform der Infanterie (Exerzierreglement der Infanterie von 1888 und 1906). Die Bedeutung der S. in den bewaffneten Kämpfen des 19. und 20. Jh. widerspiegelt sich in Bezeichnungen für Gefechtsordnungen, wie S.linie (bis Ende des ersten Weltkrieges), S.kette und S.reihe, und für Feldbefestigungen, wie S.loch und S.graben. Gute S. erhielten als Auszeichnung die S.schnur. Seit der Verordnung des Chefs der Heeresleitung in der Reichswehr vom 6. 12. 1920 wurde die Bezeichnung S. als unterster Mannschaftsdienstgrad in den Landstreitkräften zunächst bei der Infanterie und später in den entstehenden Panzertruppen, dort als Panzer-S., eingeführt.

In der NVA gibt es in den Landstreitkräften die Waffengattung mot. S.truppen, deren Angehörige mot. S. heißen, und die Funktionsbezeichnung S. einer Gruppe.

Scharfschütze vom Korps des Herzogs von Braunschweig-Oels, 1809

Schützenpanzerwagen → *Landstreitkräfte*

Schützenwaffen der NVA: Schußwaffen im Bestand der → *Nationalen Volksarmee der DDR (NVA),* mit denen mot. Schützen bzw. mot. Schützeneinheiten zur Bekämpfung ungedeckter und leicht gedeckter, vor allem lebender Ziele ausgerüstet sind.

Bei der Aufstellung der Verbände und Truppenteile der NVA wurden die mot. Schützeneinheiten durchgängig mit sowjetischen Schützenwaffen ausgerüstet. Dazu gehörten: Pistole TT 33, Karabiner 38 und 44, MPi 41, lMG DP und sMG 38 – Waffen, die sich im Großen Vaterländischen Krieg der Sowjetunion (1941–1945) bewährt hatten (→ *Karabiner,* → *Maschinengewehr,* → *Maschinenpistole*). Eine Schützengruppe, bestehend aus dem Gruppenführer und 9 Soldaten, verfügte über 2 MPi, 1 lMG und 6 Karabiner. Dazu kam als panzerbrechende Waffe die reaktive Panzerbüchse RPG 2. Bereits 1957 wurde mit der Einführung folgender neuer sowjetischer Schützenwaffen in der NVA begonnen: Pistole M und Karabiner S (Gasdruckselbstlader), MPi K, lMG D, sMG RP 46 und sMG 43. 1962 waren die mot. Schützeneinheiten der NVA einheitlich mit der MPi K (mit Kolben bzw. abklappbarer

Schützenwaffen der NVA

	MPi 41	MPi K	lMG DP	lMG K	sMG K	RPG 2	RPG 7
Kaliber (mm)	7,62	7,62	7,62	7,62	7,62	40/80[1]	40/85[1]
V_0 (m/s)	500	710	840	745	825	84	140
Masse (kg)	5,3/4,1[2]	4,8[3]	8,4[3]	6,8/5,6[2]	9,0[4]	2,75[5]	6,3[6]
Prakt. Feuergeschwindigkeit (Schuß/min)	100	100	80	150	250	4–6	4–6
Visierreichweite (m)	200/500[7]	800	1 500	1 000	1 500	150	500
Fassungsvermögen des Magazins (Schuß)	71/35[8]	30	47	75/40[8]	100/200[9]		
Im Bestand der NVA	1956	1959/60	1956	1964	1966	1956	1964
Aus Bestand der NVA herausgenommen	1960/61		1964			1965	

1 Rohr/Granate
2 mit gefülltem Trommel-/Stangenmagazin
3 mit gefülltem Magazin
4 ohne Zweibein bzw. Dreibeinlafette
5 nur Abschußgerät
6 mit optischem Visier
7 mit Klapp-/Schiebevisier
8 Trommel-/Stangenmagazin
9 kleiner/großer Gurtkasten

Schulterstütze) ausgerüstet. Seit den 60er Jahren wurde diese Waffe mit einem vielseitig anwendbaren Seitengewehr versehen. Ergänzt wurde die MPi K durch die auf demselben Grundmodell basierenden lMG K und sMG K, die ebenfalls in den 60er Jahren eingeführt wurden. Die neue Generation von S. zeichnet sich durch eine weitgehende Standardisierung ihrer Hauptgruppen, geringere Masse, größere Feuerkraft sowie einfachere Bedienung aus. Die Feuergeschwindigkeit eines mot. Schützenregiments der NVA in Schuß/min stieg mit der Einführung dieser Waffen auf über 130%. Entsprechend der wachsenden Bedeutung der Panzerabwehr erhielten die mot. Schützengruppen in den 60er Jahren auch die verbesserte reaktive Panzerbüchse RPG 7 mit einer im Vergleich zur RPG 2 größeren Reichweite, höheren Treffgenauigkeit (optisches Visier) und stärkeren Wirkung bei der Bekämpfung gepanzerter Ziele. Aus der Notwendigkeit, die Truppen gegen im Tief- und Tiefstflug operierende gegnerische Flugzeuge zuverlässig zu decken, wurden Einmann-Fla-Raketenkomplexe des Typs «Strela» eingeführt. Wie alle anderen Waffen unterliegen auch die S. einer kontinuierlichen Weiterentwicklung entsprechend den Erfordernissen des modernen Gefechts. Die leistungsfähigen S. der NVA befähigen in Verbindung mit modernen Schützenpanzerwagen und Schützenpanzern sowie anderen Waffensystemen bereits die kleinsten taktischen Einheiten der mot. Schützen, selbständig bestimmte Gefechtsaufgaben zu lösen. *(s. Abb. S. 193, 278, 279, 310, 743)*

Schwadron → *Eskadron*

Schwarze Reichswehr: inoffizielle Bezeichnung für die von der → *Reichswehr* geheim und illegal organisierten und ausgebildeten Kräfte zur Schaffung von Kriegs- und Bürgerkriegsreserven über die vom Versailler Vertrag festgelegte Truppenstärke hinaus.

Beim Aufbau der S.R. stützte sich die Reichswehr vor allem auf die extrem antikommunistischen, militaristischen und faschistischen Verbände. In den ersten Jahren der Weimarer Republik waren dies konterrevolutionäre Organisationen wie der Bund Wiking, die sog. Heimatbünde, die Arbeitsgemeinschaft Roßbach, der Bund Oberland. Diese rekrutierten sich hauptsächlich aus den Reihen der berüchtigten → *Freikorps*, aufgelöster reaktionärer Einwohnerwehren (Orgesch) und ehem. Angehörigen der Reichswehr und der Schutzpolizei. Eine wichtige Rolle bei der illegalen Erweiterung der militärischen Kräfte und beim bewaffneten Einsatz zur Niederschlagung der revolutionären Bewegung spielten die → *Zeitfreiwilligen.* Um die Jahreswende 1922/23 begann die Reichswehr unter strengster Geheimhaltung mit dem Aufbau kadrierter Einheiten, geführt als «Arbeitskommandos». Damit sollten organisatorische und kadermäßige Voraussetzungen zur kurzfristigen Heereserweiterung für den Fall eines bewaffneten Konflikts und erneuter revolutionärer Erhebungen der Arbeiterklasse geschaffen werden. Organisations- und Verbindungsglieder zwischen der Reichswehr und den «schwarzen» Formationen waren die Wehrkreiskommandos. Die Ausbildung führten in der Regel die Reichswehrgarnisonen durch. Sie stellten hierfür Offiziere, Truppenübungsplätze, Waffen, Munition und Ausrüstungsgegenstände zur Verfügung. Angehörige und Einheiten der S.R. waren zusammen mit regulären Truppen zur Niederschlagung der kämpfenden Arbeiter in der Zeit der revolutionären Nachkriegskrise eingesetzt. Ein mißglückter Putsch der in Küstrin stationierten «Arbeitskommandos» Ende 1923 zwang die Reichswehrführung, diese aufzulösen. Mit Beginn der relativen Stabilisierung des Kapitalismus forcierte die Reichswehr die Schaffung zusätzlicher Reserven für den Einsatz im Innern und nach außen. Es folgte der schnelle Aufbau des «Landes- und Grenzschutzes», woran besonders ehem. Offiziere, als Zivilbeschäftigte bei der Reichswehr über den zugelassenen Etat hinaus angestellt, beteiligt waren. Zugleich verstärkte die Reichswehr ihre Aktivitäten, um Offiziere des ersten Weltkrieges zu erfassen und in Kursen militärisch weiterzubilden. Angesichts der Verschärfung der Klassengegensätze Ende der 20er Jahre intensivierte die Reichswehr ihre Beziehungen zu den faschistischen Organisationen und reaktionären Wehrverbänden. Auf Truppenübungsplätzen, teilweise auch auf Gütern von ostelbischen und ostpreußischen Großgrundbesitzern wurden von Reichswehroffizieren und -unteroffizieren verstärkt Angehörige der militaristischen Verbände ausgebildet. Getarnt als Reichskuratorium für Jugendertüchtigung, finanziert vom Reichsinnenministerium, initiiert und durchgeführt von der Reichswehr, nahm diese militärische Ausbildung in der letzten Phase der Weimarer Republik faktisch staatlich organisierten Charakter an. Die S.R. wurde zu einem beschleunigenden Faktor der Entwicklung zur faschistischen Diktatur.

Schwert: im Altertum und Mittelalter verwendete → *Stich- und Hiebwaffe* mit gerader, zumeist beiderseitig geschliffener Klinge.

Das S. war bis zum Spätmittelalter die Hauptwaffe der Fußkrieger und Berittenen. Die germanischen Krieger trugen als Nahkampfwaffe meist ein zweischneidiges, zum Hieb geeignetes S. mit gerundeter Spitze, die Spatha. Franken und Sachsen bevorzugten den kürzeren, einschneidigen Scramasax mit scharfer Spitze. Mit dem Dominieren der → *Ritterheere* fanden seit dem 12. Jh. S. mit längeren Klingen weite Verbreitung, da sie den Kampfbedingungen zu Pferde besser angepaßt waren. Das vom → *Ritter* ohne Scheide im Gurt getragene S. trat in der Regel nach der → *Lanze* in Funktion. Mit der Verstärkung der Körperpanzerung wurde die S.klinge nicht nur schwerer, sondern auch spitzer. Sie war damit geeignet, schwächer gepanzerte Stellen der gegnerischen Rüstung zu durchstoßen oder durch deren Fugen zu stechen. Teilweise wurden ausgesprochene Stoß- oder Bohr-S. mit mehrkantiger Klinge verwendet, aus denen sich im 15. Jh. der sog. Panzerstecher entwickelte. Die zunehmende Vergrößerung des S. (die längere und damit schwerere Klinge bedingte zugleich ein entsprechendes Gegengewicht des Knaufs) machte seine Führung mit einer Hand immer schwieriger. Es entstand der mit beiden Händen geführte Anderthalbhänder und das Zweihand-S., der Bidenhänder, der beim Schweizer Fußvolk und bei den → *Landsknechten* des 15. und 16. Jh. gebräuchlich war. Beide konnten nur von besonders kräftigen und geübten Kriegern gehandhabt werden, die dafür höheren Sold bezogen. Anderthalb- und Bidenhänder dienten vor allem dazu, in den Wall der vorgestreckten gegnerischen → *Spieße* eine Lücke zu schlagen, durch die das eigene Fußvolk eindringen konnte. Der bis zu 2 m lange Bidenhänder wie auch der kürzere Katzbalger, den man üblicherweise in einer Hülle aus Katzenfell trug, waren für das Fußvolk auch gegen gepanzerte Ritter eine brauchbare Waffe. Dabei wurden u. a. Bidenhänder mit gezackter oder gewellter Klinge (Flamberg) verwendet. Neben dem langen und schweren Landsknecht-S. blieb das kürzere und schmalere Reiter-S. in Gebrauch. Es wurde auch als Haudegen (→ *Degen*) bezeichnet und erhielt im 16. Jh. eine zum Stich wie zum Hieb geeignete schmale, spitz zulaufende Klinge. Zum Schutz des Zeigefingers, der zur sicheren Handhabung des S. über die Parierstange gelegt wurde, erschien ein Bügel bzw. eine Spange als Handschutz, die in der Folgezeit bis zu einem Spangenkorb, ähnlich wie beim Degen, ausgebildet wurde. Seit dem verstärkten Einsatz verbesserter → *Handfeuerwaffen* fand das S. nur noch bei der Reiterei Verwendung. Dort wurde es im 17. Jh. allgemein durch andere Stich- und Hiebwaffen, speziell durch Degen und → *Pallasch*, ersetzt. *(s. Abb. S. 951)*

Sedan 1870: Schlacht im → *Deutsch-Französischen Krieg 1870/71* am 1. 9. 1870.

Nach Einschließung der französischen Rheinarmee in → *Metz 1870* plante der preußische Große Generalstab, die zweite französische Feldarmee zu zerschlagen. Diese Armee, von Marschall Patrice de Mac-Mahon (1808–1893) befehligt, sammelte sich

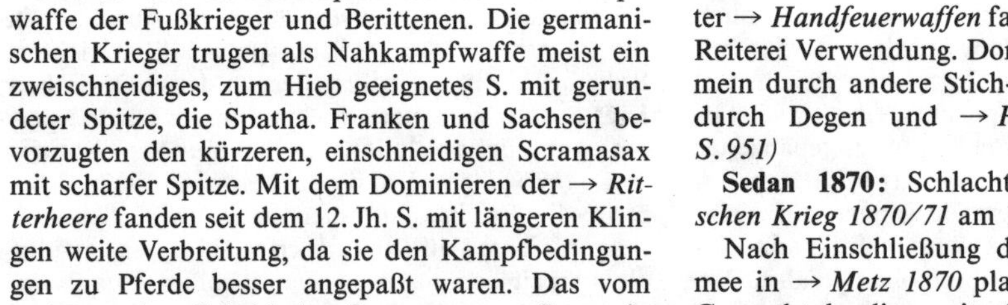

Schwert, 14. Jh.: 1 Knauf; *2* Nietkopf; *3* Angel; *4* Parierstange; *5* Schneide; *6* Hohlschliff; *7* Ort

Operationen vom 23. bis 31. August 1870 vor der Schlacht von Sedan

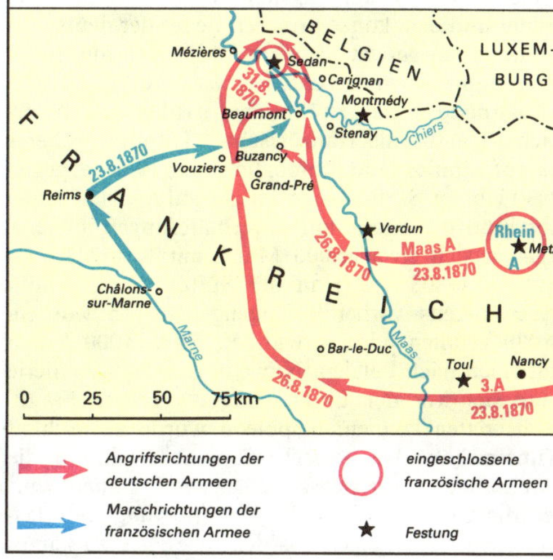

bei Châlons-sur-Marne und wurde dort aufgefüllt (134000 Mann, 402 Geschütze und 84 Mitrailleusen). Die Kampfmoral eines großen Teils der Truppen war bereits erschüttert. Am 23. 8. begannen die deutsche Maasarmee und die 3. Armee (zusammen 184000 Mann und 800 Geschütze) ihre gemeinsame Operation in Richtung auf Châlons. Die inzwischen nach Reims vorgerückte französische Armee wurde jedoch nicht, wie die deutsche Führung erwartete, zur Deckung von Paris eingesetzt. Aus dynastischen und innenpolitischen Interessen erhielt sie den militärisch widersinnigen Befehl, sich mit der Rheinarmee in Metz zu vereinigen. Am 23. 8. marschierte sie von Reims ab, um in einem weiten Bogen über Montmédy zur Rheinarmee zu stoßen. Durch stockende, kräftezehrende Märsche, Verpflegungsschwierigkeiten und Untätigkeit des Oberkommandos, vor allem aber durch die raschen deutschen Gegenmaßnahmen verschlechterte sich ihre Lage zusehends. Auf Weisung des Generalstabs hin schwenkten die beiden deutschen Armeen am 26. 8. nach Norden ein. Die Maasarmee drang bis Stenay vor und verlegte den französischen Truppen den Weg nach Montmédy. MacMahon versuchte deshalb, über Carignan die Rheinarmee zu erreichen. Die Maasarmee rückte jedoch weiter auf Beaumont–Buzancy vor, während die 3. Armee auf Grand-Pré–Vouziers marschierte, um einen etwaigen Rückzug der französischen Truppen nach Westen zu verhindern. Obwohl der Marsch nach Metz aussichtslos geworden war, beharrte der französische Kriegsminister darauf. Nach Kämpfen bei Beaumont und Grand-Pré entschloß sich MacMahon zum Rückzug nach Mézières. Um den demoralisierten Truppen eine Atempause zu verschaffen sowie Lebensmittel und Munition aufzunehmen, führte er die Armee zunächst nach S. zurück. Damit aber wurde sie zwischen der belgischen Grenze und den beiden deutschen Armeen eingekeilt und von diesen bis zum 31. 8. eingekreist. Die Schlacht entbrannte am frühen Morgen des 1. 9. Für die französischen Truppen war die Lage katastrophal. Nach Mac-Mahons Verwundung übernahm General Emanuel von Wimpffen (1811–1884) den Oberbefehl. Sämtliche Ausbruchsversuche scheiterten. Am spä-

Hessische Infanterie verhindert bei Floring den Durchbruch französischer Kavallerie, 1. September 1870

ten Nachmittag waren die französischen Truppen im Talkessel von S. auf engstem Raum zusammengedrängt und dem konzentrischen Feuer der deutschen Artillerie ausgesetzt. Mit rd. 150 Geschützen je Frontkilometer wurde dabei eine für die damaligen Verhältnisse außergewöhnliche Artilleriedichte erreicht. Da für die französischen Truppen weiterer Kampf sinnlos und unmöglich war, wurde gegen 16.30 Uhr in S. die weiße Fahne aufgezogen. Nach Abschluß der Kapitulationsverhandlungen am 2.9. ergaben sich etwa 85000 Mann mit Kaiser Napoleon III. (1808–1873) an der Spitze. 21000 Mann waren bereits vorher gefangengenommen worden, 16000 gefallen oder verwundet. Etwa 3000 Mann entkamen nach Belgien. Nur ein Teil der Kavallerie hatte sich vor der Einkreisung ins Innere Frankreichs retten können. Napoleon wurde auf Schloß Wilhelmshöhe bei Kassel gebracht. Während die Mannschaften in Kriegsgefangenschaft kamen, wurden die Offiziere gegen die Verpflichtung freigelassen, nicht weiter gegen das deutsche Heer zu kämpfen. Die deutschen Verluste betrugen etwa 9000 Mann. Mit der Schlacht von S. endete die erste Etappe des Deutsch-Französischen Krieges. Auf die Nachricht von der Kapitulation hin wurde am 4.9.1870 in Paris die Republik errichtet. Nach 1871 benutzten die herrschenden Klassen des deutschen Kaiserreiches den Jahrestag der Schlacht zu militaristischen und chauvinistischen Veranstaltungen (S.feiern). Die Militärgeschichtsschreibung des deutschen Generalstabes machte S. zum Modellfall einer vermeintlich kriegsentscheidenden Umfassungsschlacht.

Seefliegerkräfte → *Marinefliegerkräfte*

Seekriegskunst: Theorie und Praxis der Vorbereitung und Durchführung von Kampfhandlungen der → *Seestreitkräfte.*

Die S. ist Bestandteil der → *Kriegskunst.* Sie untersucht die Gesetzmäßigkeiten des bewaffneten Kampfes auf See und bestimmt die Formen und Methoden des Einsatzes der Seestreitkräfte bei Handlungen, die von diesen selbständig oder im Zusammenwirken mit anderen Teilstreitkräften geführt werden. Die S. umfaßt als Bestandteile den strategischen Einsatz der Seestreitkräfte, die operative Kunst der Seestreitkräfte und die Flottentaktik, zwischen denen enge Wechselbeziehungen bestehen.

Elemente der S. entstanden etwa seit dem 5. Jh. v. u. Z. in den Kriegen der Sklavenhalterstaaten des Mittelmeerraumes. Zu den wirksamsten Kampfschiffen jener Zeit wurden flachgehende Riemenschiffe mit Rammsporn, als deren klassischer Vertreter die Triere betrachtet werden muß. Die nicht selten mehrere hundert Schiffe zählenden Flottenkräfte hatten die Aufgabe, die eigenen Seehandelswege zu sichern und die des Gegners zu stören, Truppen anzulanden

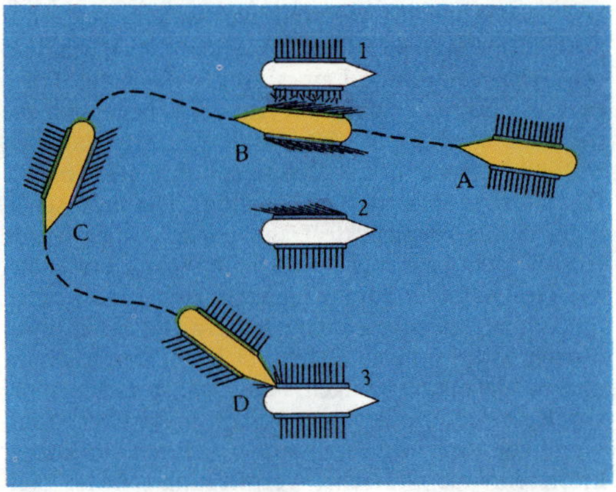

Gefechtsbild der Rammtaktik griechischer Riemenschiffe, 5. Jh. v. u. Z.: Das angreifende, gelb gekennzeichnete Riemenschiff rudert bei *A* auf die in Dwarslinie formierten, weiß gekennzeichneten gegnerischen Schiffe zu, durchbricht bei *B* mit beigeklappten oder eingezogenen Riemen die gegnerische Linie, wobei durch dichtes Vorbeijagen an Schiff *1* dessen Steuerbordriemen zertrümmert werden – während Schiff *2* durch rechtzeitiges Beiklappen oder Einziehen seine Backbordriemen schützt –, wendet bei *C* und setzt – von hinten aufrudernd – zum Rammstoß *D* auf Schiff *3* an

und die Versorgung der Landstreitkräfte sicherzustellen sowie die gegnerischen Küsten zu blockieren. Bei den in Küstennähe geführten Seeschlachten und -gefechten bestand die Führungskunst vor allem darin, die eigenen Flottenkräfte in Positionen und Aufstellungen zu bringen, die die Manövrierfähigkeit der gegnerischen Flotte einschränkten, diese aufzuspalten und ihre Teile einzeln zu vernichten. Die Aufstellung der Flotten erfolgte in der Regel in einer oder mehreren Schiffsreihen. Wichtigste Kampfmethoden waren Rammstoß und Enterkampf.

Infolge der zeitweiligen Stagnation im Schiffbau kam es bis zum 10. Jh. u. Z. zu keiner wesentlichen Weiterentwicklung der S. Erst die Erfindung des Steuerruders, die den Übergang zum echten Segelschiff ermöglichte, weitere Neuerungen wie Kompaß, Sextant und Seekarten sowie die im 14. Jh. einsetzende Armierung der Schiffe mit Geschützen und deren – vor allem nach Erfindung der Geschützpforten um 1500 – zur Regel werdende Aufstellung in Breitseitbatterien erhöhten die Möglichkeiten der Flottenkräfte. Die veränderten Seekriegsmittel wirkten im Zeitalter der Entdeckungen in enger Verbindung mit der bürgerlichen Entwicklung in den Niederlanden und in England sowie den machtpolitischen Auseinandersetzungen um koloniale Eroberungen, Handelsprivilegien und Einflußsphären stimulierend auf die S. Den Flottenkräften wurden selbständige Aufgaben zur Sicherung der eigenen Seewege und zur Störung der gegnerischen Seeverbindung übertragen. Bis zum 15./16. Jh. unterschied sich die Taktik des Seegefechts jedoch noch wenig von den Methoden der Riemenschiffe. Im 17. Jh. entstanden in mehreren europäischen Staaten ständige Kriegsflotten, die zu einem wichtigen Instrument außenpolitischen Macht- und Eroberungsstrebens wurden. Die gesteigerte Seetüchtigkeit der Schiffe führte zur räumlichen Ausdehnung der Seekriegshandlungen. Dazu wurden Kriegsschiffe in Geschwadern unter einheitlichem Kommando zusammengefaßt. Hauptmethoden zur Lösung der den Seestreitkräften übertragenen Aufgaben, die bei den Seemächten des 17. und 18. Jh. teilweise strategisches Ausmaß erreichten, waren die Seeschlacht mit dem Ziel, die gegnerischen Flottenkräfte zu vernichten, die Störung der gegnerischen Seeverbindungslinien, die Blockade der gegnerischen Flottenkräfte in ihren Basen und die Anlandung von Truppen.

Noch in der ersten Hälfte des 17. Jh. bestand die Gefechtsordnung vielfach aus der für die Entertaktik günstigen Dwars- oder Doppeldwarslinie (Schiffe in 1 Linie bzw. 2 Linien nebeneinander). Im Verlauf des ersten niederländisch-englischen Seekrieges 1652–1654 setzte sich die Linientaktik als Konsequenz aus der Breitseitenaufstellung der Geschütze in mehreren übereinanderliegenden Batteriedecks und der höheren Feuergeschwindigkeit der Artillerie durch. Von nun an marschierten die Schiffsverbände in Kiellinie auf und führten das Seegefecht auf Gegen- oder parallelen Kursen, wobei die Flotten bzw. Geschwader häufig eine Vorhut, ein Zentrum und eine Nachhut bildeten. Zum Hauptträger dieses Gefechts wurde das → *Linienschiff.*

In der zweiten Hälfte des 18. Jh. begannen sich die Seestreitkräfte einiger Staaten von der zum Dogma

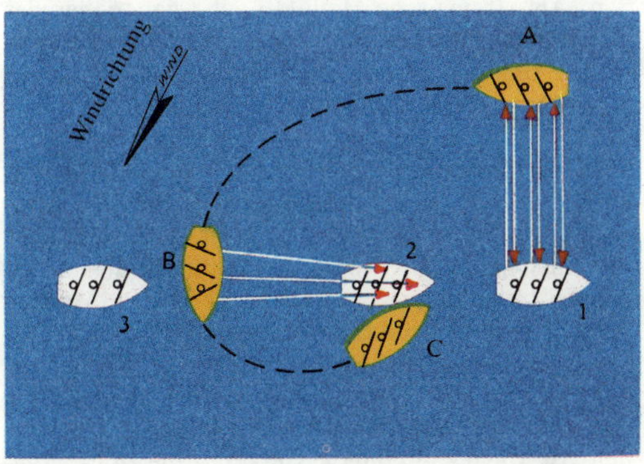

Gefechtsbild der Segellinienschiffstaktik, 17. Jh. bis 1. Hälfte 19. Jh.: Das aus Luvposition mit raumem Wind angreifende, gelb gekennzeichnete Linienschiff tauscht bei *A* Breitseitfeuer mit Schiff *1* der in Leeposition bei dem Wind liegenden, weiß gekennzeichneten Linie aus, durchbricht bei *B* mittels einer Halse vor dem Wind die gegnerische Kiellinie und enfiliert Schiff *2,* das – durch Enfilierfeuer schwer getroffen – bei *C* geentert wird

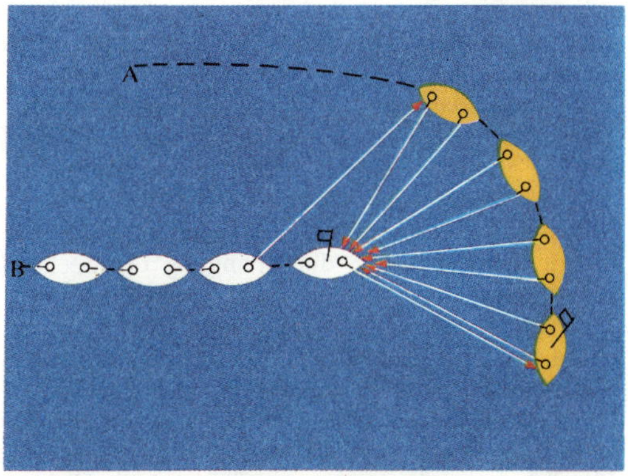

Gefechtsbild der Panzerlinienschiffstaktik «Crossing the T», 19./20. Jh.: Das auf Kurs *A* in Kiellinie laufende, gelb gekennzeichnete Geschwader nutzt seine überlegene Geschwindigkeit, um sich aus dem Parallelgefecht mit dem auf Kurs *B* befindlichen – ebenfalls in Kiellinie laufenden –, weiß gekennzeichneten Geschwader zu lösen, sich vor dessen Spitze zu legen (den T-Strich ziehen), damit die gesamte Feuerkraft auf die gegnerische Spitze zu konzentrieren und das Spitzenschiff (Flaggschiff) außer Gefecht zu setzen

erhobenen Linientaktik zu lösen. Sie gingen zur flexiblen Manövertaktik über, die es ermöglichte, die → *Schiffsartillerie* wirksamer einzusetzen. Damit leiteten sie eine neue Etappe in der Entwicklung der S. ein. Neben solchen russischen Flottenführern wie G. A. Spiridow (1713–1790) und F. F. Uschakow (1744–1817) war es vor allem der englische Admiral Horatio Nelson (1758–1805), der die Manövertaktik entwickelte und in den Seeschlachten bei Abukir (1798) und Trafalgar (1805) erfolgreich anwandte. Nelson verzichtete auf die unbedingte Einhaltung der Kiellinie und räumte den Kommandanten der Schiffe größere Selbständigkeit ein. Zur Unterstützung der Vorhut wurde eine spezielle Reserve gebildet.

Im Ergebnis der industriellen Revolution und der bürgerlichen Umgestaltung des Militärwesens wandelte sich die S. ab Mitte des 19. Jh. grundlegend. Dampfantrieb und Schiffsschraube, Panzerung der Schiffe, eiserner Rumpf, gezogene Geschütze und Granaten mit Aufschlagzünder revolutionierten den Kriegsschiffbau. Neue Waffen, z. B. → *Seemine* und → *Torpedo,* sowie neue Schiffsklassen, wie → *Kreuzer,* → *Torpedoboot,* → *Zerstörer* und später → *U-Boot,* stellten die S. vor neue Probleme. Die größten Veränderungen gingen in der Flottentaktik vor sich. Die sich überstürzenden Neuerungen im Marinewesen brachten zahlreiche neue Auffassungen hervor. Sie berücksichtigten vor allem die weitaus größeren Manövriermöglichkeiten der Dampfschiffe, den Einsatz von Seeminen und Torpedos sowie das Zusammenwirken von Einheiten verschiedener Schiffsklassen im Seegefecht. Häufigste Gefechtsordnung blieb die Kiellinie.

In Deutschland gewann die S. erst mit dem Übergang zum Imperialismus und der forcierten Flottenrüstung größere Bedeutung. Die Küstenverteidigung und der Kreuzerkrieg, die bisher im Mittelpunkt der S. gestanden hatten, traten in den Hintergrund. Die S. orientierte sich auf die Erringung der Seeherrschaft durch Einsatz einer starken Schlachtflotte. Die hierzu entwickelten Vorstellungen basierten hauptsächlich auf den Seekriegstheorien des nordamerikanischen Konteradmirals Alfred Mahan (1840–1914) und des britischen Vizeadmirals Howard Colomb (1831–1899), wonach die gegnerischen Flottenkräfte mit Hilfe einer mächtigen eigenen Schlacht- bzw. Linienschiffsflotte in einer Generalschlacht zerschlagen oder durch eine Blockade ihrer Stützpunkte neutralisiert werden sollten. Eine solche Auffassung entsprach dem Streben der imperialistischen Großmächte nach Erweiterung ihrer Einflußsphären und ihrer Absatzmärkte. Im kaiserlichen Deutschland fanden die Ideen der beiden Seekriegstheoretiker in dem im Juni 1897 zum Staatssekretär des Reichsmarineamtes berufenen späteren Großadmiral Alfred von Tirpitz (1849–1930) einen eifrigen Verfechter. Der Bau einer großen Schlachtflotte sollte die → *Kaiserliche Marine* in die Lage versetzen, im Kriegsfall in einer Generalschlacht die Hauptkräfte der gegnerischen Flotte zu zerschlagen und die Seeherrschaft Großbritanniens zu brechen. Diese Auffassungen erwiesen sich im ersten Weltkrieg als irreal. In der Schlacht vor dem → *Skagerrak 1916*, der einzigen Seeschlacht während des Krieges zwischen den Hauptkräften der britischen und der deutschen Flotte, war die deutsche Hochseeflotte nicht in der Lage, einen entscheidenden Sieg zu erringen und die britische Blockade zu durchbrechen. Vielmehr nahm der vor allem mit Hilfe des → *U-Boot-Krieges* geführte Kampf gegen die Seeverbindungen des Gegners breiten Raum ein. Gegen die U-Boote, die sich zu einer selbständigen Waffengattung der Seestreitkräfte entwickelten, wurden spezielle Geleit- und U-Jagdschiffe gebaut und taktische Varianten ihres Einsatzes ausgearbeitet. Das Flugzeug erwies seine Befähigung im Seekrieg. Es entstand die neue Waffengattung der → *Marinefliegerkräfte*. Für die S. ergab sich die Aufgabe, die neu heranreifenden Fragen des Einsatzes der Kräfte und Mittel in Seeoperationen und anderen Seekriegshandlungen zu bearbeiten. Das betraf Aufmarsch und Konzentrierung der Flottenkräfte, die Organisation der operativen Aufklärung, die operative Tarnung, die U-Boot- und Luftabwehr, die Schaffung günstiger operativer Verhältnisse in den verschiedenen Seegebieten, in den Küstenrichtungen und vor den eigenen Flottenbasen sowie die materiell-technische Sicherstellung der Kampfhandlungen der Seestreitkräfte.

Die sowjetische S. entstand nach der Großen Sozialistischen Oktoberrevolution. Unter konsequenter Anwendung der marxistischen Dialektik nahm sie eine gründliche Analyse der jüngsten Seekriegserfahrungen vor. Davon ausgehend, vervollkommnete sie die S. durch einen neuen Bestandteil, die operative Kunst der Seestreitkräfte, und erarbeitete deren theoretische Grundlagen. Wichtige weitere Elemente bildeten die Theorie der Vorbereitung und Durchführung von Seeoperationen und von gemeinsamen Operationen mit anderen Teilstreitkräften bei Handlungen in Küstenrichtungen. Gleichzeitig wurde, ausgehend von den Veränderungen der materiellen Basis des Seekrieges, die Flottentaktik weiterentwickelt. Im Mittelpunkt standen Fragen des effektiven Einsatzes der verschiedenen Waffengattungen der Flotte und ihres Zusammenwirkens. Dabei übernahm die sowjetische S. viele Erkenntnisse der bürgerlichen S. und machte sie unter den Bedingungen und Anforderungen des sicheren Schutzes des ersten sozialistischen Staates der Welt für die neu entstehende Seekriegsflotte der UdSSR nutzbar.

In der bürgerlichen S. dominierte in der Zeit zwischen den beiden Weltkriegen weiterhin das Prinzip der Generalschlacht. Daneben entstanden jedoch auch andere Theorien für die Erringung der Seeherrschaft. In Deutschland hatten sich bis zum Vorabend des zweiten Weltkrieges folgende Hauptgedanken über den Charakter des Seekrieges und seine strategisch-operative Führung herausgebildet: Der Einsatz der Seestreitkräfte, der primär auf die wirtschaftliche Niederringung des Gegners zielte, sollte gegen dessen Seeverbindungslinien konzentriert werden. Als strategische Hauptaufgabe galt daher der Zufuhrkrieg. Durch seine operativen Maßnahmen sollten zugleich günstige Bedingungen zur Bekämpfung der gegnerischen Flottenkräfte geschaffen werden.

In der S. der imperialistischen Hauptmächte galt nach wie vor das Großkampfschiff (→ *Schlachtschiff*) als Rückgrat der Seestreitkräfte und Träger der Entscheidung. Obwohl die Seestreitkräfte durch das Auftreten der → *Flugzeugträger* und der Marineflieger sowie durch das Anwachsen der leichten Einheiten an Stärke und Schlagkraft wesentlich gewannen, blieben die Einsatzprinzipien für diese Kräfte hinter den Erfordernissen zurück. Unterschätzt wurden vor allem die Unterwasser- und die Marinefliegerkräfte.

Im zweiten Weltkrieg zeigte sich die zurückgegangene Bedeutung der Großkampfschiffe. Als schwere und schwerste Artillerieträger konnten sie ihre Feuerkraft noch am besten bei Landungsoperationen zur Geltung bringen. Die Entscheidungen auf See fielen in erster Linie durch den Einsatz land- und bordgestützter Fliegerkräfte. In den ausgedehnten Seekriegsoperationen der alliierten Westmächte gegen Japan im Pazifik wurden die entscheidenden Seeschlachten durch bordgestützte Fliegerkräfte entschieden. Dem Einsatz und der Sicherung von Flugzeugträgerverbänden wurde deshalb großes Augenmerk geschenkt. Dazu wurden Schlachtschiffe, Kreuzer, Zerstörer, U-Boote und Versorgungsschiffe herangezogen, die in mehreren Angriffs- und Sicherstellungsgruppen formiert waren und durch Kräfte der Luft- und der U-Boot-Abwehr ergänzt wurden, so daß sich die Gefechtsordnung oft über mehrere tausend Quadratkilometer erstreckte. Eine wichtige Rolle spielten die U-Boote, bis es ab 1943 gelang, wirksame Bekämpfungsmethoden zu entwickeln.

Zusammensetzung und Marschordnung einer Flottenkampfgruppe gegen Ende des zweiten Weltkrieges

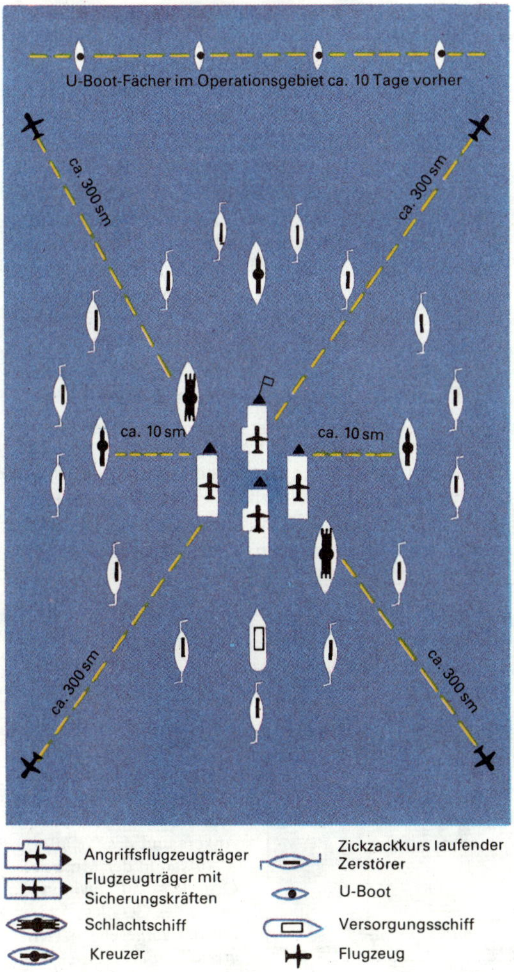

Funkmeßtechnik und Unterwasserortung beeinflußten wesentlich die Entwicklung der S. Haupteinsatzform der Seestreitkräfte wurde die Seeoperation, die sowohl beim Kampf auf den Seeverbindungen, bei Seelandungen sowie zur Vernichtung der gegnerischen Flottenkräfte Anwendung fand.

Die sowjetische Seekriegsflotte konzentrierte unter den besonderen Bedingungen des Krieges an der sowjetisch-deutschen Front ihre Hauptanstrengungen auf die Unterstützung der Landstreitkräfte in den Küstenrichtungen. Daneben waren die Verteidigung von Flottenbasen, der Einsatz von U-Booten in verschiedenen Seegebieten, Landungsoperationen sowie die U-Boot-Abwehr grundlegende Formen der sowjetischen Seekriegführung. Ihre Erfahrungen bereicherten die sowjetische S. bedeutend.

Der wissenschaftlich-technische Fortschritt und die Revolution im Militärwesen führten nach 1945 zu qualitativ neuen Erscheinungen in den Seestreitkräften. Einen entscheidenden Zuwachs an Kampfkraft bewirkten die Ausrüstung der Flotten mit Raketenkernwaffen, die Einführung des Kernenergieantriebs, die breite Anwendung der Funkelektronik und die Einführung automatisierter Waffen- und Führungssysteme. Zum Bestand moderner Seestreitkräfte gehören heute in der Regel kernkraftgetriebene U-Boote mit Raketen- und Torpedobewaffnung, starke Marinefliegerkräfte, neuartige Überwasserschiffe verschiedenster Zweckbestimmung, Küstenraketen- und Küstenartilleriekräfte sowie → *Marineinfanterie.* Diese Entwicklung in den Seestreitkräften führte zu entscheidenden Veränderungen in allen Bestandteilen der S.

In den imperialistischen Staaten, insbesondere in den USA, wurden und werden verschiedene Theorien über die Führung des Seekrieges mit unbegrenztem und begrenztem Kernwaffeneinsatz erarbeitet. Die sog. Ozeanstrategie der USA sieht eine Konzentration des eigenen Kernwaffenpotentials innerhalb der Seestreitkräfte vor. Mit diesen und anderen Auffassungen sucht die bürgerliche S. nach zweckmäßigen Lösungen des Einsatzes der kernenergiegetriebenen Raketen-Unterwasserkräfte, der Flugzeugträgergruppierungen und der U-Boot-Abwehrkräfte sowie nach vervollkommneten Methoden der Vorbereitung und Durchführung von Seeoperationen im Interesse ihrer aggressiven Ziele. Die von den USA erarbeiteten theoretischen Auffassungen spiegeln sich auch in den Ansichten ihrer NATO-Partner über den Einsatz der Seestreitkräfte wider. Einen wichtigen Platz nimmt dabei die Bundesmarine der BRD ein, die einen hohen Stellenwert im Rahmen der aggressiven militärischen Planung der NATO hat.

Die sowjetische S. geht davon aus, daß im Falle einer imperialistischen Aggression der Sieg durch die gemeinsamen Anstrengungen aller Teilstreitkräfte errungen wird. Im Zusammenhang damit hat sie die durch die Seestreitkräfte zu lösenden Aufgaben sowie die Formen und Methoden ihres Einsatzes klar herausgearbeitet und unter den veränderten Bedingungen eines modernen Seekrieges Platz und Rolle aller Waffengattungen der Seestreitkräfte grundsätzlich bestimmt. Die Hauptschlagkraft der sowjetischen Seekriegsflotte bilden u. a. kernenergiegetriebene U-Boote und Marinefliegerkräfte, die mit modernen Raketen und Torpedos ausgerüstet sind. Damit können die Flottenkräfte entscheidende strategische Ziele im Seekrieg erreichen. Von der sowjetischen S. wurden neue Formen und Methoden des strategischen und operativen Handelns sowie des Gefechtseinsatzes der Seestreitkräfte ausgearbeitet, darunter auch Maßnahmen zur ständigen Aufrechterhaltung einer hohen Gefechtsbereitschaft und zur unverzüglichen Abwehr eines überraschenden Überfalls des Gegners. Die → *Volksmarine der NVA (VM)* stützt sich auf die grundlegenden Erkenntnisse und Lehren der sowjetischen S. und wendet sie entsprechend den ihr im Rahmen des sozialistischen Verteidigungsbündnisses, speziell im Zusammenwirken mit der Baltischen Flotte der UdSSR und der Polnischen Seekriegsflotte, zufallenden Aufgaben schöpferisch an. *(s. Abb. S. 884, 886, 888, 892, 896, 898)*

Seekriegsleitung → *Admiralstab*, → *Oberkommando der Kriegsmarine (OKM)*

Seekriegsrecht → *Regeln des Seekrieges*

Seemine: unter der Wasseroberfläche verankerter, treibender oder auf dem Grund liegender Sprengkörper zur Vernichtung von Über- und Unterwasserfahrzeugen.

Erste Versuche mit Unterwassersprengladungen machte im Jahre 1776 David Bushnell (1742–1826). Robert Fulton (1765–1815) ließ 1805 versuchsweise eine S. unter ein Schiff treiben und brachte es zum Sinken. Die militärische Verwendung der anfangs → *Torpedo* genannten S. begann mit der Herstellung wirksamer Zünder Mitte des 19. Jh. Bereits während des Krimkrieges 1853–1856 fanden auf russischer Seite im Schwarzen Meer und in der Ostsee Minensperren Anwendung. Einfache S. wurden auch im Bürgerkrieg der USA 1861–1865, im Dänisch-Deutschen Krieg 1864, im Krieg von 1866 zwischen Italien und Österreich und im Deutsch-Französischen Krieg 1870/71 eingesetzt. Zur Auslösung der Explosion wurden neben chemischen elektrische Zünder verwendet. An die Stelle des ursprünglich verwendeten Pulvers traten Dynamit und Schießbaumwolle.

In Preußen entstand 1868 ein Versuchsdetachement aus Pionieren zur Entwicklung von S. 1877 wurde in der → *Kaiserlichen Marine* die Kontaktmine C/77 eingeführt. Es handelte sich dabei um eine Ankertaumine, die aus einem kegelförmigen Metallzylinder mit 5 Bleikappen für die Stoßzünder und einer Sprengladung von 40 kg Schießbaumwolle bestand. Automatische Tiefeneinstellung und andere Verbesserungen erhöhten die Wirksamkeit der S., die zunehmend Verwendung fand, so im Russisch-Türkischen Krieg 1877/78 und im Russisch-Japanischen Krieg 1904/05. Die in fernöstlichen Gewässern erstmals praktizierte offensive Verwendung der S. brachte völkerrechtliche Probleme mit sich, die jedoch von den imperialistischen Großmächten weitgehend ignoriert wurden, da sie gleichermaßen an dem neuen Kampfmittel interessiert waren. Während des ersten Weltkrieges setzten alle kriegführenden Länder in größerem Umfange S. ein. Ab Sommer 1915 dienten neben Überwasserschiffen speziell konstruierte → *U-Boote* zum Minenlegen. Insgesamt wurden während des Krieges in den europäischen Gewässern 187000 S. gelegt, davon 57000 in einer amerikanisch-britischen Sperre, die von den Orkney-Inseln bis zur norwegischen Küste reichte.

Der Versailler Vertrag von 1919 gestattete der deutschen Reichsmarine nur die Lagerung von 3500 S. Die Marineführung war jedoch bestrebt, durch intensive Entwicklungsarbeiten den künftigen Seekrieg auch auf diesem Gebiet vorzubereiten. Es gelang u. a., sog. Magnetminen zu konstruieren, deren

Wurfschema einer Ankertaumine: 1 Mine nach dem Wurf; *2* Sinkphase des Ankers und des Gefäßes; *3* Aufsetzen der Mine auf Grund; *4* Aufschwimmphase des Gefäßes; *5* Gefäß hat vorgegebene Tiefe erreicht

Zündsystem auf die Veränderung des erdmagnetischen Feldes durch das Magnetfeld eines Schiffes reagierte. Damit konnte die faschistische Kriegsmarine 1939 die Schiffahrt in den britischen Gewässern vorübergehend ernsthaft behindern. Im Verlauf des zweiten Weltkrieges wurden allein in der Nordsee 64915 S. gelegt. Neben Ankertauminen kamen zunehmend Grundminen zum Einsatz. Die aus TNT bestehende Sprengladung, akustische, hydrodynamische und kombinierte Zünder mit und ohne Verzögerung sowie der Minenabwurf von Flugzeugen verliehen ihrem Einsatz eine neue Qualität. Wurden im ersten Weltkrieg insgesamt etwa 310000 S. gelegt, so im zweiten Weltkrieg annähernd 700000, davon ca. 90000 von Flugzeugen. Von 1939 bis 1945 wurden etwa 2000 Kriegs- und Handelsschiffe durch Minentreffer versenkt.

Durch den massenhaften Einsatz von S. waren nach beiden Weltkriegen weite Teile vor allem der küstennahen Gewässer unpassierbar. An den nach dem zweiten Weltkrieg notwendigen Räumarbeiten waren im Küstenbereich der DDR Einheiten der → *Hauptverwaltung Seepolizei (HVS)* und dann der → *Volksmarine der NVA (VM)* beteiligt. Auch in einigen nach 1945 geführten Kriegen fanden S. Verwendung. So verloren die USA-Seestreitkräfte im Koreakrieg bei der Landungsoperation von Wonsan im Herbst 1950 durch Minentreffer 5 Zerstörer und Minensuchschiffe. 1972 verminten die USA Häfen und Teile der Küstengewässer der Demokratischen Republik Vietnam. S. gehören auch weiterhin zu den Kampfmitteln, die zum Schutz der eigenen Seeverbindungen sowie zur Störung der gegnerischen Seewege vorgesehen sind. Dabei dominieren seit längerem verschiedene Arten von Fernzündungsminen, deren Detonation magnetisch, akustisch, hydrodynamisch oder durch kombinierte Anwendung der genannten Verfahren ausgelöst wird. *(s. Abb. S. 661, 892, 896)*

Seepolizei der DDR → *Hauptverwaltung Seepolizei (HVS)*

Seestreitkräfte: Teil der → *Streitkräfte*, der strategische, operative und taktische Aufgaben des Seekrieges selbständig oder im Zusammenwirken mit anderen Teilstreitkräften löst.

Moderne S. bestehen aus den Waffengattungen Überwasser- und Unterwasserkräfte, → *Marinefliegerkräfte*, Küstenraketen- und Küstenartilleriekräfte und → *Marineinfanterie* sowie aus Spezialtruppen und Diensten. Die wichtigsten Gliederungsformen der S. sind Flotte, → *Flottille*, Flottenbasis, → *Geschwader*, Division, Brigade, Schiffs-/Bootsabteilung. Landgebundene Waffengattungen der S. wie Marineinfanterie und Marinefliegerkräfte sowie ihre Spezialtruppen und Dienste sind in der Regel analog denen der Land- bzw. Luftstreitkräfte gegliedert. Funktion, Gliederung, Bewaffnung, Ausrüstung, Ausbildung und Einsatzprinzipien der S. änderten sich im Laufe der geschichtlichen Entwicklung (→ *Seekriegskunst*). Sie sind abhängig vom Klassencharakter des Staates und von den Funktionen der bewaffneten Gewalt, dem Entwicklungsstand von Wissenschaft und Technik sowie den geographischen Bedingungen.

Erste Formen von S. entwickelten sich in den Sklavenhalterstaaten des Alten Orients und Europas. Bereits lange v. u. Z. begann sich eine Trennung zwischen Handels- und Kriegsschiff durchzusetzen. Als erste unterhielten die phönizischen Stadtstaaten und Ägypten zeitweise kleine Kriegsschiffsflotten. Außerdem nahmen Handelsschiffe häufig Krieger zur Abwehr von Seeräubern an Bord. Stabiler organisierte S. entstanden in den ökonomisch und politisch fortgeschritteneren Stadtstaaten Athen (6./5. Jh. v. u. Z.) und Karthago (4./3. Jh. v. u. Z.) sowie seit dem 3. Jh. v. u. Z. in Rom. Die S. der Antike wurden zur Bekämpfung gegnerischer Kriegsschiffe, zum Seetransport von Truppen, zur Störung der gegnerischen und zum Schutz der eigenen Seeverbindungen, zuweilen auch zur Blockade von Häfen eingesetzt.

Die damaligen Kriegsschiffe waren relativ lange, schmale Riemen- (Ruder-) Schiffe mit Segel. Gesegelt wurde bei günstigem Wind auf dem Marsch, im Gefecht dagegen wegen der besseren Manövrierfähigkeit gerudert. Man navigierte mit Hilfe des Polarsterns, des Lotes und nach Landmarken. Zum klassischen Kriegsschiffstyp der Antike entwickelte sich die aus dem phönizischen Langschiff hervorgegangene Triere des 5. Jh. v. u. Z., ein Riemenschiff von etwa 20 m Länge und über 2,5 m Breite mit 52 in 3 Reihen übereinander sitzenden Ruderern. Später gebaute Trieren waren über 30 m lang und wurden von maximal 170 Ruderern, zumeist Sklaven, gehandhabt. Die Trieren konnten kurzzeitig eine Geschwindigkeit von 7 kn erreichen. Die eigentliche Besatzung bestand aus 30–50 Kriegern und 12–16 Matrosen, die sich aus freien Bürgern oder aus Söldnern rekrutierten. Die Krieger waren mit Pfeil und Bogen, Wurfspieß, Schild und Schwert bewaffnet; außerdem wurden auf den Trieren Wurfmaschinen aufgestellt. Athen, Karthago und Rom verfügten auf dem Höhepunkt ihrer maritimen Macht über Flotten von 200–300 Kriegsschiffen. Die Karthager benutzten ihre Schiffe selbst als Waffe, indem sie das Rammen zur Hauptmethode des Kampfes auf See machten. Den in dieser Taktik unterlegenen Römern gelang es, mit der Erfindung der Enterbrücke den Kampf Mann gegen Mann wieder zu beleben und so die Überlegenheit ihrer Legionäre in den Punischen Kriegen (264–146 v. u. Z.) zur Geltung zu bringen. Nach der Zerstörung Karthagos (146 v. u. Z.) beherrschten die römischen S. das Mittelmeer bis zum Zerfall des Römischen Reiches im 5. Jh. u. Z.

Mit der Herausbildung feudaler Staaten entstanden in einem jahrhundertelangen Entwicklungsprozeß neue S. In den Flotten der Mittelmeerstaaten (Byzantinisches Reich, arabische Kalifate, italienische Stadtstaaten) herrschten auch weiterhin Riemenschiffe vor. Einen wesentlichen Fortschritt im Kriegsschiffbau verkörperten die seit dem 11. Jh. gebauten Galeeren, niederbordige Ruderschiffe mit einem oder mehreren Hilfssegeln, etwa 200 t Wasserverdrängung und darüber sowie 200–500 Mann Besatzung. Die Galeere wurde zum wichtigsten Handels- und Kriegsschiff des Mittelmeerraumes bis in das 16. Jh. Die wohl bedeutendste Galeerenschlacht der Seekriegsgeschichte war die Seeschlacht bei Lepanto am 7. 10. 1571 zwischen einer türkischen und einer spanisch-italienischen Flotte, in der die türkische Seemachtstellung im Mittelmeer verlorenging. Italienische Städte verwendeten in der Zeit der Kreuzzüge des 11.–13. Jh. kleine Segelschiffe, sog. Barsen, zum Transport von Truppen, Kriegsmaterial und Proviant in den Vorderen Orient. Für den Gefechtseinsatz wurden die Schiffe mit Wurfmaschinen ausgerüstet und nahmen Krieger für den Nahkampf an Bord. Die byzantinischen Schiffe setzten darüber hinaus das sog. griechische Feuer, eine Mischung aus Pech, Salpeter, Schwefel und Erdöl, ein. Von den Arabern übernahmen die Flotten der Mittelmeerländer im 12./13. Jh. den Kompaß.

Die an der Nord- und Ostseeküste lebenden germanischen Stämme besaßen schmale, relativ lange Fahrzeuge mit scharfem Kiel. Sie wurden durch Riemen oder Segel fortbewegt, waren verhältnismäßig flach, schnell und wendig. Größere Boote hatten etwa 30 Mann an Bord. Mit derartigen Schiffen landeten Mitte des 5. Jh. die Stämme der Angeln, Sachsen und Jüten in England. Die Wikinger (auch Normannen genannt) besaßen größere Fahrzeuge ähnlicher Bauart, mit denen sie seit dem 8. Jh. auf weiten Raubzügen die europäischen Küsten verheerten. Im 9. Jh. erreichten sie Island, im 10. Jh. Grönland und um 1000 Nordamerika.

Geschwindigkeiten riemen- und windgetriebener Schiffe (Seemeilen in 24 Stunden)

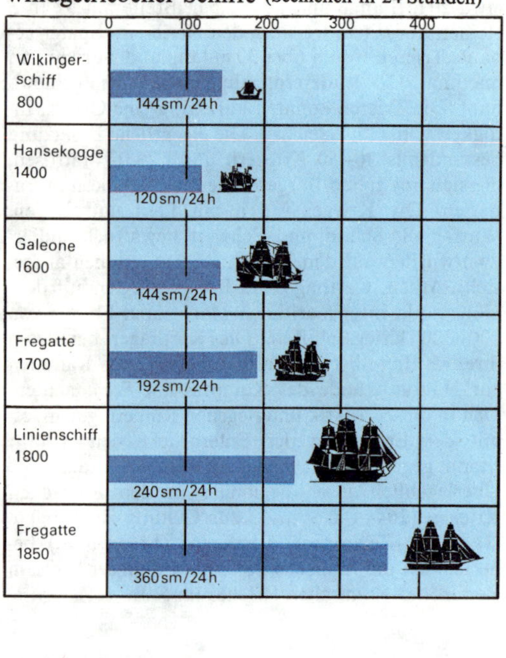

Seit Ende des 13. Jh. bildete sich im Nord- und Ostseebereich die Städtehanse heraus. Ihre Seemacht beruhte zum Teil auf der seit der zweiten Hälfte des 12. Jh. aufkommenden Kogge, einem hochbordigen Handels- und Kriegsschiff, das den anderen Schiffstypen dieser Zeit überlegen war. Etwa seit 1200 führte sie ein drehbares Heckruder. Die Kogge war ein reines Segelschiff. Vom 15. Jh. an hatten die größten Koggen 3 Masten. Fock- und Großmast trugen Rahsegel, der Besanmast das an einer Schrägrah laufende lateinische Dreiecksegel. Als Kampfplattform besaßen die Koggen hohe Vorder- und Achterkastelle sowie ein fierbares Toppkastell. In Kriegszeiten nahmen die Hansekoggen zusätzliche Mannschaften (Söldner und dienstpflichtige Bürger) sowie Wurfmaschinen an Bord, seit dem 14. Jh. auch Geschütze. Die Hanse konnte aufgrund ihrer ökonomischen und finanziellen Potenzen starke Flotten ausrüsten. Gegen die seit dem 15. Jh. erstarkenden west- und nordeuropäischen Feudalstaaten vermochte sie sich jedoch nicht zu behaupten.

Einen entscheidenden Impuls erhielt die Entwicklung der S. im Zeitalter der Entdeckungen. Der wissenschaftlich-technische und ökonomische Fortschritt auf der Grundlage der manufakturkapitalistischen Entwicklung seit dem 16. Jh., vor allem die Entwicklung im Schiffbau, in der Waffentechnik (→ *Schiffsartillerie*) und der Navigation (Verbreitung des Kompasses, Verwendung von Fernrohren und genaueren Chronometern, Einführung winkelgetreuer Segelkarten u. a.), übte auf die Schiffahrt und den Seekrieg umwälzenden Einfluß aus. Friedrich Engels (1820–1895) schrieb darüber: «Die Ära der kolonialen Unternehmungen ... erlebte ebenfalls die Bildung großer Kriegsflotten, um die neugegründeten Kolonien samt dem Handel zu schützen; es folgte eine Periode, die an Seekämpfen reicher und für die Entwicklung der Schiffsarmierung fruchtbarer war als irgendeine vorangegangene» (K. Marx/ F. Engels, 14, S. 369/370). Bis zum Ende des 17. Jh. entstanden die ersten ständigen Kriegsflotten der feudalabsolutistischen Staaten Europas. Sie waren im Interesse der Krone sowie des Handels- und Manufakturkapitals ein Instrument zur Eroberung von Kolonien, zur Sicherung der Seeverbindungen und

Kriegsschiffe. *Flotten der Wikinger 9. Jh. bis Flotten der Hanse 16. Jh.:* **1** Wikingerschiff (um 900); **2** Normannenschiff (um 1100); **3** Hansehulk (um 1470); **4** Karacke „Jesus von Lübeck" (um 1540)

zur Erringung der Seeherrschaft. An die Stelle der schwerfälligen Galeeren und Galeonen der Spanier und Portugiesen traten – zuerst in England – voll seefähige Segelschiffe, die bereits im 17. Jh. eine Wasserverdrängung von 1000 t und mehr sowie eine Bewaffnung bis zu 100 Geschützen hatten. In langwährenden See- und Kolonialkriegen gegen Spanien, die Niederlande und Frankreich wurde England im 18. Jh. zur stärksten Seemacht der Welt. In der Ostsee kämpften im 17. Jh. die Kriegsflotten Dänemarks und Schwedens um entscheidende Machtpositionen. Die Vorherrschaft gewann aber die unter Zar Peter I. (1672–1725) geschaffene russische Kriegsflotte. Von den deutschen Territorialstaaten des 17. Jh. besaßen nur die ehem. Hansestädte Hamburg, Bremen und Lübeck einige Segelkriegsschiffe zum Schutz ihres ausgedehnten Handels. Brandenburg verfolgte unter Kurfürst Friedrich Wilhelm (1620–1688) eigene Flottenpläne. Seine zahlenmäßig kleine Flotte gemieteter, gekaufter und erbeuteter Schiffe (zeitweise 6 Fregatten sowie eine Anzahl kleinerer Schiffe und Boote) spielte jedoch nur eine untergeordnete Rolle. Im Krieg gegen Schweden 1674–1679 landeten brandenburgische Schiffe und Boote 1678 mit Unterstützung dänischer Kriegsschiffe Truppen auf Rügen an. 1679–1681 waren einige brandenburgische Fregatten als Kaper gegen spanische Handelsschiffe tätig. In den folgenden Jahren ermöglichte die kleine Flotte den vorübergehenden Erwerb kolonialer Besitzungen Brandenburgs an der afrikanischen Goldküste. Nach 1715 verfiel die brandenburgisch-preußische Flotte völlig, da der preußische Militärstaat alle Mittel für die rasche Vergrößerung des Heeres einsetzte. Lediglich während des Siebenjährigen Krieges 1756–1763 kam es zur Bildung einer als Preußisches Schiffsarmement bezeichneten Flottille, um die Odermündung gegen die Schweden zu sichern.

Mit der Errichtung ständiger Flotten nahm die Organisation der S. feste Formen an. Besonders nach dem ersten englisch-holländischen Krieg 1652–1654 wurde in den S. begonnen, ein Führungssystem zu schaffen, die Gefechtsausbildung zu organisieren und die Seetaktik in feste Regeln zu fassen. Zu dieser

Wirksame Einsatzmöglichkeiten von Waffen der Seestreitkräfte – 15. bis Mitte 19. Jh.

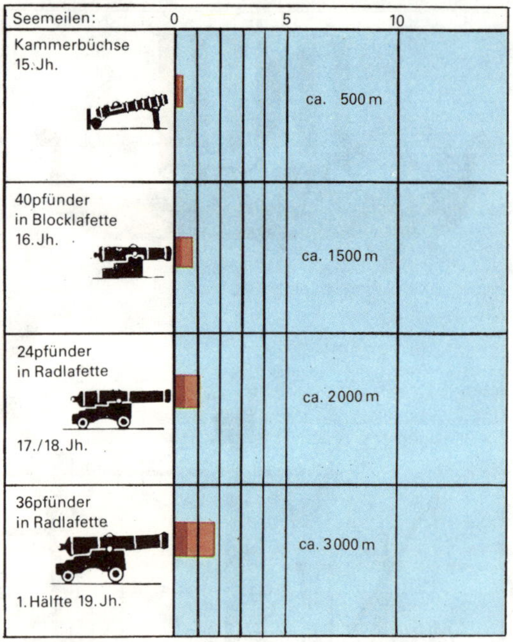

Die dunkelroten Felder geben die hauptsächlichen Einsatzentfernungen an.

Zeit bildete sich ein System der Einteilung der Schiffe nach Klassen heraus, das bei allen Seemächten Anwendung fand. Von den insgesamt 6 Klassen zählten die ersten 3 zu den → *Linienschiffen.* Die restlichen 3 bestanden aus → *Fregatten,* → *Korvetten* und anderen kleineren Kriegsschiffen. Die Linienschiffe mit ihrer starken Artilleriebewaffnung waren das vor allem zum Kampf in der Kiellinie bestimmte Hauptkampfmittel. Sie wurden nach der Zahl der Batteriedecks als Zwei- oder Dreidecker bezeichnet. Es waren dreimastige, vollgetakelte Schiffe, die im 18. Jh. eine Wasserverdrängung bis 3500 t und eine Bewaffnung von über 120 Kanonen erreichten sowie

Kriegsschiffsklassen Mitte des 17. Jh. (am Beispiel der englischen Flotte von 1653)

Rang	Anzahl der Decks	Wasserverdrängung in t	Anzahl der Geschütze	Besatzungsstärke	Klasse	Anzahl der Schiffe
1	3	891–1556	64–104	350–750	Linienschiffe	3
2	2	721– 875	54– 66	260–650		11
3	2	532– 800	44– 60	200–450		11
4	1–2	301– 700	28– 50	100–250	Fregatten	63
5	1	105– 500	12– 36	30–130		35
6	1	55– 255	6– 36	25–100	Korvetten Avisos u. a.	9

Kriegsschiffe. *Kurbrandenburgische Flotte 1684 bis Marine des Norddeutschen Bundes 1871:* **1** Fleute „Feldmarschall Derfflinger" (um 1684); **2** Fregatte „Friedrich Wilhelm zu Pferde" (um 1684); **3** Fregatte „Der König von Preußen" (um 1760), preußische Bengalische Handlungskompagnie; **4** Radkorvette „Barbarossa" (1849), Kriegsflotte der Frankfurter Nationalversammlung; **5** Schraubenfregatte „Arcona" (1859), preußische Marine; **6** Panzerfregatte „König Wilhelm" (1869), Marine des Norddeutschen Bundes

eine Besatzung von 600 bis 1 000 Mann hatten. Die kleineren Fregatten hatten ebenfalls 3 Masten und waren als vollgetakelte Rahsegler aufgrund ihrer relativ großen Segelfläche den Linienschiffen an Geschwindigkeit und Manövrierfähigkeit überlegen. Sie wurden zur Aufklärung und Verfolgung sowie im Kaperkrieg eingesetzt; im Gefecht dienten sie als Signalwiederholer oder zum Abschleppen beschädigter Linienschiffe. Ähnliche Aufgaben hatten die noch kleineren und schwächer bestückten, jedoch sehr schnellen Korvetten. Im Krieg konnten die S. durch eine Vielzahl kleinerer Schiffe – Avisos, Briggs u. a. – verstärkt werden; sie kamen vorwiegend in Küstengewässern zum Einsatz. Für den Kampf gegen Segelkriegsschiffe wurden auch Brander (Schiffe mit brennbarer Ladung, die an den Gegner herangebracht und dort angezündet wurden) verwendet. Bis Mitte des 18. Jh. gab es in den Flotten einiger Mittelmeerstaaten sowie in den schwedischen und russischen S. noch eine geringe Zahl von Galeeren. Sie transportierten Truppen oder dienten als schwimmende Batterien in Küstennähe.

Mit den Auswirkungen der industriellen Revolution und der bürgerlichen Umgestaltung des Militärwesens begannen sich in der ersten Hälfte des 19. Jh. Charakter, Organisation, Technik und Taktik der S. grundlegend zu verändern. Sie wurden zu einem starken und vielseitig einsetzbaren militärischen Machtinstrument der Bourgeoisie im Kampf um Rohstoffquellen, Kolonien, Absatzmärkte und um die Beherrschung wichtiger maritimer Verbindungswege. Mit der Durchsetzung der → *allgemeinen Wehrpflicht* traten in der zweiten Hälfte des 19. Jh. an die Stelle der Söldner dienstpflichtige Landeseinwohner, wobei der verbürgerlichte Adel und die Bourgeoisie die Offiziers- und Kommandopositionen einnahmen. Gleichzeitig erhöhte sich seit Mitte des 19. Jh. das technische Personal beträchtlich. Die Auswirkungen des wissenschaftlich-technischen Fortschritts auf den Schiffbau, die Waffentechnik, das Nachrichtenwesen und die Navigation steigerten die Kampfkraft und erweiterten die Einsatzmöglichkeiten der S. in vorher nicht gekanntem Maße, was seinen Niederschlag auch in der raschen Entwicklung des seekriegstheoretischen Denkens fand. Zu Beginn des 19. Jh. wurden die ersten dampfgetriebenen Schiffe gebaut. Es dauerte jedoch mehrere Jahrzehnte, bis sich die Dampfmaschinenanlage voll durchsetzte und die Segeltakelage gänzlich verschwand. Die Schlacht bei Navarino am 20. 10. 1827 zwischen einer türkischen und einer russisch-französisch-britischen Flotte war die letzte Seeschlacht mit reinen Segelkriegsschiffen. Seit dem Krimkrieg 1853–1856 gehörten dampfgetriebene Schiffe zum Bestand der S. Bis ins letzte Drittel des 19. Jh. wurde die Segeltakelage jedoch auf vielen Kriegsschiffen neben dem Dampfantrieb beibehalten. Die Verwendung der von dem österreichischen Techniker Josef Ressel (1793–1857) erfundenen Schiffsschraube, der Übergang zur Panzerung der Schiffe ab Mitte des 19. Jh. und die Einführung gezogener Hinterlader bei der Artillerie nach 1860 erhöhten die Einsatzfähigkeit und Kampfkraft der S. bedeutend. Zwischen Panzerung und Schiffsartillerie begann ein Wettlauf, der den Schiffbau und die Seekriegskunst beeinflußte und die maritime Rüstung stimulierte. Gegen Ende des 19. Jh. wurde das dampfgetriebene, gepanzerte, mit drehbaren Geschütztürmen ausgerüstete Linienschiff von 10000 bis 15000 t zum Hauptkampfmittel der Flotten. Als neue Schiffsklasse entstand seit den 80er Jahren der → *Kreuzer.* Aus ihm entwickelten sich der Kleine und der Große Kreuzer, aus letzterem wiederum der Panzerkreuzer und zu Beginn des 20. Jh. der → *Schlachtkreuzer.* Großen Einfluß auf die Entwicklung der S. hatten die Konstruktion wirksamer → *Seeminen* und seit den 70er Jahren des 19. Jh. die Erfindung des → *Torpedos.* Die Entwicklung der Minen- und Torpedowaffe führte zum Bau von Minenleg- und -suchbooten sowie von → *Torpedobooten* und → *Zerstörern.* Um die Schiffe gegen die Wirkung der neuen Waffen zu schützen, wurde neben der Panzerung ihre Standfe-

Wirksame Einsatzmöglichkeiten von Waffen der Seestreitkräfte – letztes Drittel 19. Jh.

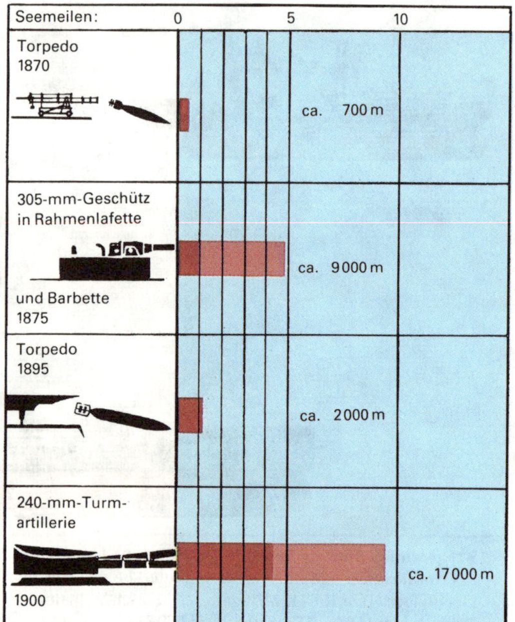

Die dunkelroten Felder geben die hauptsächlichen Einsatzentfernungen an.

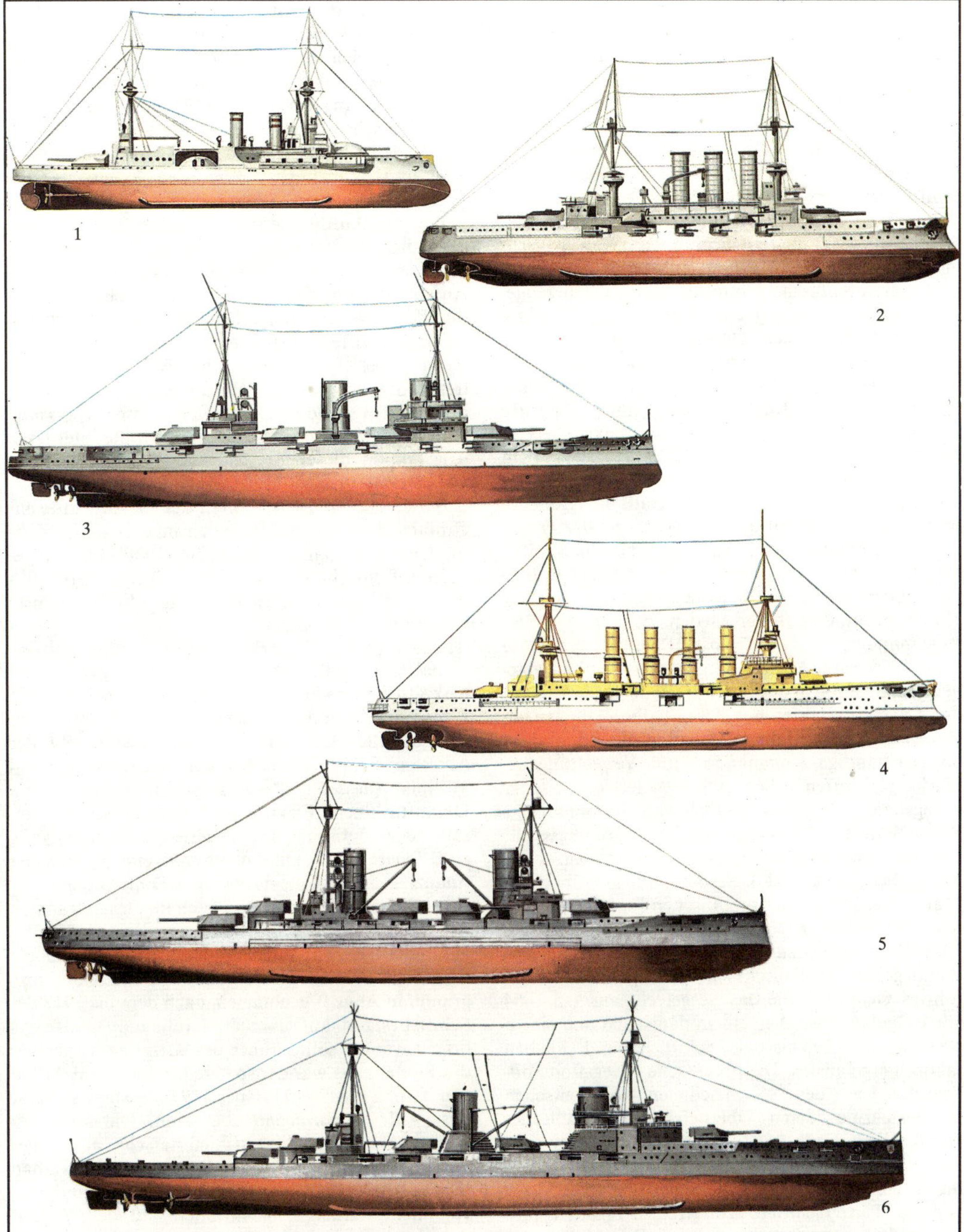

Kriegsschiffe. *Kaiserliche Marine – 1871 bis 1918, I:* **1** Linienschiff „Brandenburg“ (1893); **2** Linienschiff „Braunschweig“ (1904); **3** Linienschiff „Nassau“ (1909); **4** Panzerkreuzer „Scharnhorst“ (1909); **5** Linienschiff „Friedrich der Große“ (1912); **6** Schlachtkreuzer „Seydlitz“ (1913)

stigkeit durch die Aufteilung des Schiffskörpers in wasserdichte Abteilungen, die Verstärkung der Spanten und den Einbau von Doppelböden erhöht. Insgesamt wuchs die Zahl der Kriegsschiffe aller Klassen rasch an.

Gegenüber den S. Großbritanniens, Frankreichs, Spaniens und Rußlands spielten die wenigen Kriegsschiffe einzelner Staaten des Deutschen Bundes eine untergeordnete Rolle. Die Flottenpläne der preußischen Militärreformer zu Beginn des 19. Jh. wurden nicht verwirklicht. In der ersten Hälfte des 19. Jh. zählte die preußische Flotte nur wenige Fahrzeuge. 1817 wurde in Danzig eine Navigationsschule gegründet, 1827 auf dem Dänholm bei Stralsund die erste Marinewerft eingerichtet. 1848–1850 stellten die Herzogtümer Schleswig und Holstein eine kleine Flotte auf, um die Küsten gegen dänische Angriffe zu schützen. 1849/50 konstruierte der bayrische Unteroffizier Wilhelm Bauer (1822–1876) mit dem «Brandtaucher» ein funktionsfähiges Tauchboot.

Während der bürgerlich-demokratischen Revolution 1848/49 entstand die → *Kriegsflotte der Frankfurter Nationalversammlung.* Sie fand bei breiten Volksschichten als Symbol nationalstaatlicher Einheit Unterstützung, wurde jedoch nach dem Sieg der Konterrevolution von der wiedererrichteten Bundesversammlung 1852 aufgelöst. Preußen verstärkte nach 1850 seine Anstrengungen beim Aufbau eigener S. 1853 erfolgte der Kauf des Jadegebietes, wo in den folgenden Jahren der Kriegshafen Wilhelmshaven entstand. Ebenfalls 1853 wurde die Admiralität als selbständige Kommando- und Verwaltungsbehörde geschaffen. 1865 wurde Kiel preußischer Kriegshafen. Zu dieser Zeit bestand die preußische Kriegsflotte aus 31 Dampf- und 8 Segelkriegsschiffen sowie 40 kleineren Fahrzeugen mit ca. 1 500 Mann Besatzung und 1 Seebataillon mit über 600 Mann. Der Beitrag der preußischen Flotte im → *Dänisch-Deutschen Krieg 1864* war gering. Ein am 15. 3. 1864 von 3 preußischen Dampfschiffen bei Jasmund gegen ein dänisches Blockadegeschwader geführtes Gefecht sowie das Seegefecht am 9. 5. 1864 vor Helgoland zwischen einem dänischen und einem preußisch-österreichischen Schiffsverband blieben faktisch ergebnislos. Die preußische Kriegsflotte bildete den Kern der 1867 errichteten Norddeutschen Bundesmarine, deren Oberbefehl in preußischer Hand blieb. Ende 1867 nahm der Norddeutsche Bundestag den sog. Flottengründungsplan an, der im Verlauf von 10 Jahren die Schaffung einer Flotte von 16 Panzerschiffen, 20 Kreuzerfregatten und Kreuzerkorvetten, 8 Avisos und 22 Dampfkanonenbooten (→ *Kanonenboot*) vorsah. Während des → *Deutsch-Französischen Krieges 1870/71* kam es zu keinen bedeutenden Kampfhandlungen mit der an Stärke weit überlegenen französischen Flotte. Im August 1870 in der Ost- und Nordsee eingetroffene französische Blockadegeschwader wurden wegen der für Frankreich ungünstigen Gesamtkriegslage bereits im September wieder zurückgezogen. Mit der Reichsgründung im Januar 1871 entstand aus der Norddeutschen Bundesmarine die unter dem Oberbefehl des Kaisers stehende → *Kaiserliche Marine.* Kiel und Wilhelmshaven wurden Reichskriegshäfen.

Bis zur Jahrhundertwende nahmen die S. des deutschen Kaiserreiches im Vergleich zum Heer einen untergeordneten Platz ein. Die ihnen gestellten Aufgaben beschränkten sich anfänglich meist auf die Küstenverteidigung. Daneben befand sich ein Teil der Schiffe fast ständig in Übersee, um dort expansive Interessen der deutschen Bourgeoisie zu vertreten. Sie wurden zur Unterdrückung von Aufständen in den Kolonien, aber auch zur Erpressung abhängiger Staaten eingesetzt. Die größte internationale Aktion dieser Art war die → *Intervention in China 1900/01.*

In den 70er und 80er Jahren des 19. Jh. wurde ein Großteil der Kriegsschiffe noch im Ausland, insbesondere in England, gebaut. Bis 1900 entstand jedoch in Deutschland eine leistungsfähige Werft- und Zulieferindustrie, die in der Lage war, modernste und größte Kriegsschiffe zu bauen und zu reparieren. Der 1895 in Betrieb genommene Nord-Ostsee-Kanal ermöglichte eine rasche Verlegung von Flottenkräften in beide Richtungen. Mit dem Übergang zum Imperialismus erreichten die maritimen Rüstungen aller Großmächte unter Ausnutzung der neuesten Errungenschaften von Wissenschaft und Technik (besserer Panzerstahl, Einführung von Dampfturbinen, Elektro- und Dieselmotoren, Einsatz neuer optischer und Feuerleitgeräte, Übergang zu Ölfeuerung u. a.) und unter Aufwendung enormer finanzieller Mittel nie dagewesene Dimensionen. Die Kaiserliche Marine wuchs – auch im Gesamtrahmen der imperialistischen deutschen Streitkräfte – sprunghaft an. Im Interesse der Rüstungsmonopole wurde ab 1898 in Deutschland ein Flottenbauprogramm in Angriff genommen, nach dem bis 1917 der Schiffsbestand auf über 60 Großkampfschiffe gebracht werden sollte. Einer der eifrigsten Verfechter des Flottenbaus war der spätere Großadmiral Alfred von Tirpitz (1849–1930), der 1897 als Staatssekretär das → *Reichsmarineamt* übernahm. Die seekriegstheoretischen Grundlagen lieferte vor allem der nordamerikanische Konteradmiral Alfred Mahan (1840–1914), der den entscheidenden Einfluß der S., vor allem starker Schlachtflotten, auf den Verlauf der Geschichte nachzuweisen suchte. Mahans Auffassungen entsprachen weitgehend den expansiven Interessen des Finanzkapitals. Sie fanden daher Eingang in das seekriegstheoretische Denken aller imperialistischen Großmächte. Anfang des 20. Jh. setzte

Kriegsschiffe. *Kaiserliche Marine – 1871 bis 1918, II:* **7** Kanonenboot „Iltis“ (1898); **8** Kleiner Kreuzer „Kormoran“ (1893); **9** Kleiner Kreuzer „Karlsruhe“ (1914); **10** Großes Torpedoboot „B 109“ (1915); **11** Minensuchboot „M 45“ (1916); **12** großes U-Boot „U 117“ (1918); **13** kleines U-Boot „UC 34“ (1916), Minenleger

eine stetige Größensteigerung der Linienschiffe ein, die nach dem Russisch-Japanischen Krieg 1904/05 zum Bau von Großkampfschiffen (→ *Dreadnought*) führte. Damit begann ein neues Stadium des Wettrüstens. In Deutschland wurden 1907 die ersten Großkampfschiffe auf Kiel gelegt. Sie hatten eine maximale Wasserverdrängung von über 20000 t und eine größere Zahl weittragender schwerer Geschütze der Kaliber 280 mm und 305 mm. Um 1900 begannen die Seemächte mit dem Bau militärisch verwendbarer → *U-Boote.* Die deutsche Kaiserliche Marine stellte ab 1906 U-Boote in Dienst. 1914 verfügte sie mit 10 Dieselbooten über die meisten hochseefähigen Einheiten dieser neuen Schiffsklasse. Nach 1910 wurden den S. auch Luftschiffe und Flugzeuge zugeteilt. Bei Ausbruch des ersten Weltkrieges (→ *Weltkrieg, erster, 1914–1918*) waren die S. der Mittelmächte denen der Entente dennoch unterlegen.

Die S. und der Seekrieg spielten im ersten Weltkrieg gegenüber dem Landkrieg eine selbständige, aber untergeordnete Rolle. Die Kriegsdoktrin des kaiserlichen Deutschlands war insgesamt auf einen kurzen Krieg ausgerichtet. Das Scheitern der deutschen Operationspläne zu Lande (→ *Marne 1914*) brachte daher auch für die S. eine völlig neue Lage. Auf ihrem Hauptkriegsschauplatz, der Nordsee, blieb die von der kaiserlichen Marineführung erwartete Seeschlacht im Raum der Deutschen Bucht aus. Die britische Fernblockade (→ *Blockade*) hatte beträchtliche Auswirkungen auf die kriegswirtschaftliche Lage der Mittelmächte. Umgekehrt brachte der deutsche → *U-Boot-Krieg* Großbritannien zeitweilig in Versorgungsschwierigkeiten. Relativ untätig blieben die Schlachtflotten beider Seiten. Die einzige Seeschlacht zwischen den deutschen und britischen Hauptkräften, die Schlacht vor dem → *Skagerrak 1916*, hatte keinen wesentlichen Einfluß auf den Kriegsverlauf. Charakteristisch für den Einsatz der S. im ersten Weltkrieg waren der U-Boot-Krieg, die Ausweitung des Minenkrieges und der gesteigerte Einsatz leichter Überwasserkräfte. Erstmalig wurden auch Marinefliegerkräfte verwendet. Die wenigen Seelandungsoperationen stießen, da im Frieden nicht vorbereitet, auf beträchtliche Schwierigkeiten.

Nach 1918 rüsteten die imperialistischen Siegermächte in Auswertung der Ergebnisse des Seekrieges 1914–1918 ihre S. mit neuen Schiffen und Kampfmitteln aus oder modernisierten die vorhandenen Einheiten. Dabei dominierten weiter die schweren Überwasserkräfte. Der Flottenvertrag von Washington vom 6. 3. 1922 (→ *Flottenkonferenzen und -verträge*) legte die Flottenstärken der USA, Großbritanniens, Japans, Frankreichs und Italiens in einem Verhältnis von 5:5:3:1,75:1,75 zueinander fest. Außerdem wurden maximale Wasserverdrängung und auch Höchstkaliber der Artilleriebewaffnung für

Wirksame Einsatzmöglichkeiten von Waffen der Seestreitkräfte im ersten Weltkrieg

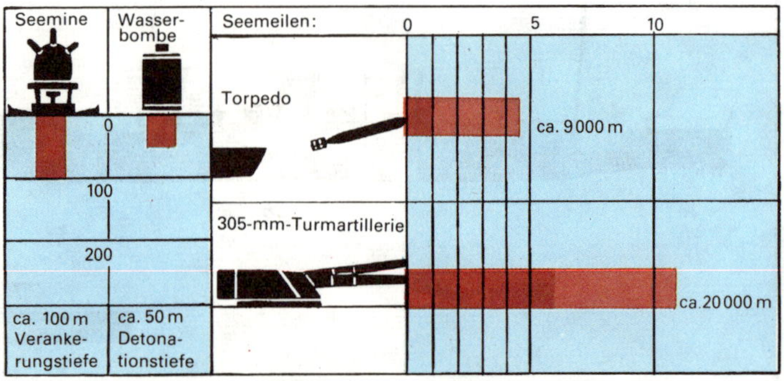

Die dunkelroten Felder geben die hauptsächlichen Einsatzentfernungen an.

Schiffsbestand der kriegführenden Mächte nach Kriegsausbruch 1914 (ohne Spezial- und Hilfskriegsschiffe)

	Großkampfschiffe		Ältere Linienschiffe	Panzerkreuzer	Kreuzer	Zerstörer bzw. Große Torpedoboote	U-Boote
	Linienschiffe	Schlachtkreuzer					
Deutschland	15	5	22	11	34	90	28
Österreich-Ungarn	3	–	12	3	9	66	6
Großbritannien	21	9	40	34	63	250	77
Frankreich	4	–	18	18	9	80	55
Rußland	–	–	8	6	8	100	28

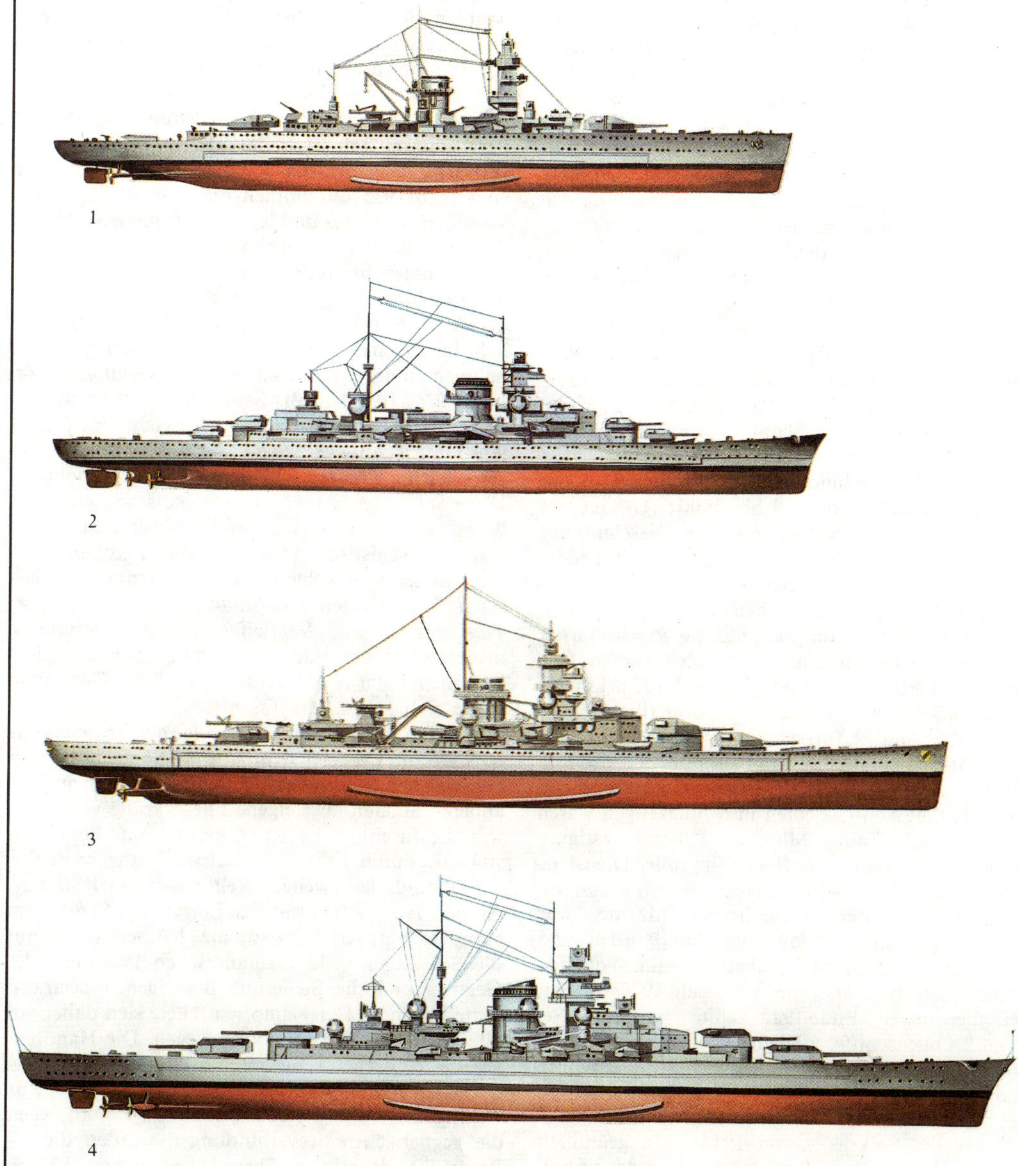

Kriegsschiffe. *Reichsmarine der Weimarer Republik und faschistische Kriegsmarine – 1919 bis 1945, 1:* **1** Panzerschiff „Admiral Graf Spee" (1936); **2** schwerer Kreuzer „Admiral Hipper" (1939); **3** Schlachtschiff „Gneisenau" (1938); **4** Schlachtschiff „Tirpitz" (1941)

→ *Schlachtschiffe*, → *Flugzeugträger* und schwere Kreuzer (sog. Washingtonkreuzer) vertraglich fixiert. So galten z. B. für Schlachtschiffe eine maximale Wasserverdrängung von 35000 t und ein Höchstkaliber von 406 mm, für schwere Kreuzer entsprechend 10000 t und 203 mm. Diese durch den Londoner Flottenvertrag von 1930 für die wichtigsten Schiffsklassen leichter Überwasserkräfte und für U-Boote ergänzten Bestimmungen prägten in den 20er und 30er Jahren in gewissem Maße die Entwicklung der S. Sie wurden jedoch mit der Zuspitzung der internationalen Konflikte vor dem zweiten Weltkrieg immer weniger beachtet. Zur wichtigsten neuen Klasse der Überwasserkräfte wurde nun der Flugzeugträger, wenngleich seine Bedeutung allgemein noch nicht voll erkannt wurde. Der Bestand leichter Überwasserkräfte erhöhte sich durch den Bau zahlreicher Minenräumfahrzeuge, U-Boot-Abwehrschiffe und Geleitfahrzeuge sowie von Schul-, Spezial- und Hilfsschiffen. Die vor allem für den Kampf auf den gegnerischen Seeverbindungen bestimmten U-Boote wurden in Größen von 250 bis 2000 t (U-Kreuzer) gebaut. Technische Neuerungen wie Dieselantrieb, Funknavigation, elektrisch gesteuerte Torpedos, ferngezündete Minen trugen wesentlich zur Steigerung der Kampfkraft der S. bei.

An dieser Entwicklung konnte die Reichsmarine der Weimarer Republik nur partiell teilnehmen. Der Versailler Vertrag hatte ihren Bestand auf 6 Linienschiffe (bis 10000 t), 6 Kleine Kreuzer (bis 6000 t), 12 Zerstörer und 12 Torpedoboote (200–800 t) sowie eine Stärke von 15000 Mann einschließlich der Marinedienststellen an Land festgelegt. Bau und Indienststellung von U-Booten und Flugzeugen waren untersagt, Bewaffnung, Munition, Küstenbefestigungen und Neubauten – als Ersatz für außer Dienst gestellte alte Schiffe – unterlagen Beschränkungen. Der Großteil der Kaiserlichen Marine war Ende 1918 in Scapa Flow interniert worden und hatte sich am 21. 6. 1919 selbst versenkt. Von den Schiffen der Reichsmarine war nach 1920 nur ein Teil dienstbereit, Ende 1922 zählte der aktive Bestand 2 Linienschiffe, 5 Kleine Kreuzer und 18 Torpedoboote; in Reserve befanden sich 4 Linienschiffe und mehrere Torpedoboote. Die Marinespezialisten des deutschen Imperialismus werteten jedoch die Ergebnisse des Seekrieges von 1914–1918 gründlich aus. Durch sorgfältige Berücksichtigung des technischen Fortschritts im Kriegsschiffbau, Entwicklung von Prototypen, Schaffung von Produktionskapazitäten sowie durch illegale Entwicklungsarbeiten, z. B. die Konstruktion neuer U-Boote in Finnland und den Niederlanden sowie den Bau von U-Booten in Spanien, bereiteten sie die Vergrößerung und Modernisierung der S. langfristig vor. Mit dem → *Panzerkreuzerbau* begann 1928 eine Neuorientierung auf den ozeanischen Zufuhrkrieg. Bis 1934 liefen 3 Panzerschiffe, 5 leichte Kreuzer und 12 moderne Torpedoboote vom Stapel. Ende 1932 wurde ein sog. Umbauplan für die Reichsmarine genehmigt, der eine Vergrößerung und Modernisierung der Schiffsklassen und die Indienststellung von U-Booten, Marineflugzeugen sowie eines Flugzeugträgers vorsah. Im Zuge der faschistischen Aufrüstung wurde die Reichsmarine (ab 21. 5. 1935 Kriegsmarine) weiter verstärkt. Das britisch-deutsche Flottenabkommen vom 18. 6. 1935 durchbrach die Bestimmungen des Versailler Vertrages und legte das Tonnageverhältnis der deutschen zur britischen Kriegsflotte auf 35:100, bei U-Booten bis 100:100 fest. In der Folgezeit trat der zunehmend aggressive Kurs der faschistischen deutschen Führung auch im Bereich seiner S. deutlich in Erscheinung. Einheiten der Kriegsmarine nahmen an der faschistischen → *Intervention in Spanien 1936–1939* teil. Bis September 1939 wuchs der Bestand der deutschen S. auf 2 Schlachtschiffe, 2 ältere Linienschiffe, 3 Panzerschiffe, 2 schwere Kreuzer, 6 leichte Kreuzer, 22 Zerstörer, 16 Torpedoboote, 18 → *Schnellboote* und 57 U-Boote sowie eine größere Zahl von Hilfskriegs- und Hilfsschiffen. Damit war das faschistische Deutschland den großen imperialistischen Seemächten in den meisten Schiffsklassen noch unterlegen. Die Anfang 1939 mit dem → *Z-Plan* beschlossene Vervielfachung des Bestandes, insbesondere der Bau einer großen Schlachtflotte, kam nicht mehr zur Durchführung. Beim Flottenbau zeigte sich seitens der faschistischen Führung einschließlich des → *Oberkommandos der Kriegsmarine (OKM)* eine Unterschätzung der U-Boote, aber auch der Marinefliegerkräfte. Während die S. der meisten anderen Staaten über eigene Fliegerkräfte verfügten, war die faschistische Kriegsmarine auf die Unterstützung durch Kräfte der Luftwaffe angewiesen.

Während des zweiten Weltkrieges (→ *Weltkrieg, zweiter, 1939–1945*) war der Einsatz der S. auf dem europäischen Kriegsschauplatz hauptsächlich auf die Schwächung des ökonomischen Potentials des Gegners und die Sicherung der eigenen Seetransporte gerichtet. Der Kampf entfaltete sich daher vor allem auf den Seeverbindungswegen. Die Handlungen der deutschen schweren Überwasserkräfte endeten nach Anfangserfolgen mit Niederlagen. Zur wichtigsten Waffe der deutschen S. im Kampf gegen die gegnerischen Seeverbindungen wurden die U-Boote. Sie versenkten während des Krieges 2831 alliierte und neutrale Handelsschiffe mit 14,3 Mill. BRT. Dabei verloren sie 809 der insgesamt 1171 von 1935 bis 1945 in Dienst gestellten U-Boote. Mit dem Geleitzugsystem (→ *Geleitzug*), dem verstärkten Bau von U-Boot-Abwehrschiffen und der Entwicklung neuer Abwehrwaffen, dem Einsatz von land- und trägergestützten Flugzeugen und funkelektronischen Mitteln gelang es den Alliierten seit Anfang 1943,

Kriegsschiffe. *Reichsmarine der Weimarer Republik und faschistische Kriegsmarine – 1919 bis 1945, II:* **5** leichter Kreuzer „Köln" (1930); **6** Zerstörer „Z 5" (1937); **7** Torpedoboot „Iltis" (1928); **8** Schnellboot „S 6" (1934); **9** Minensuchboot „M 1" (1938); **10** Räumboot „R 8" (1934); **11** U-Boot „U 25" (1936), Typ I A; **12** U-Boot „U 236" (1943), Typ VII C

Wirksame Einsatzmöglichkeiten von Waffen der Seestreitkräfte im zweiten Weltkrieg

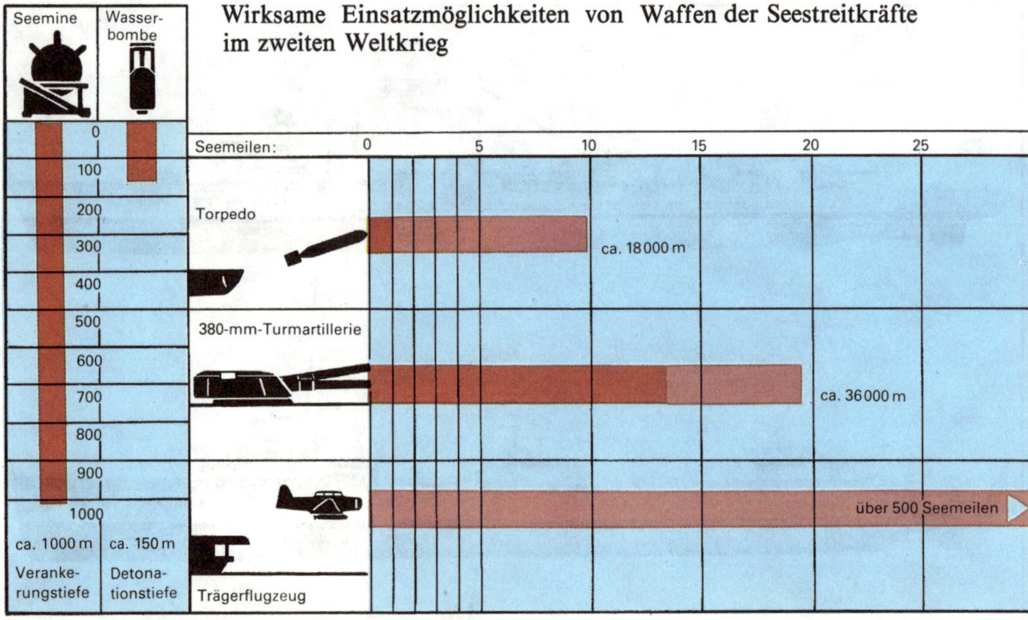

Die dunkelroten Felder geben die hauptsächlichen Einsatzentfernungen an.

die U-Boot-Gefahr abzuwenden. Die Entwicklung von U-Booten mit größerer Unterwassergeschwindigkeit und -reichweite sowie mit Mitteln zur Täuschung der gegnerischen U-Boot-Abwehr konnte diese Lage nicht mehr grundlegend ändern. Differenzen innerhalb der faschistischen Führung, die sich angesichts der Niederlagen im Seekrieg verschärften, veranlaßten Großadmiral Erich Raeder (1876–1960) Anfang 1943, als Oberbefehlshaber der Kriegsmarine zurückzutreten. Ihm folgte der bisherige Befehlshaber der U-Boote, Admiral Karl Dönitz (1891–1980).

Der bewaffnete Kampf auf See nahm während des zweiten Weltkrieges teilweise neue Dimensionen an. Moderne technische Mittel, insbesondere die Radartechnik (→ *Funkmeß*), veränderten die Methoden des Einsatzes der S. Es kam zur Bildung von Kampfgruppen schwerer Überwassereinheiten mit Flugzeugträgern als Kern, zu weiterentwickelten Formen des Geleitschutzes für Seetransporte und zur Anwendung der Gruppen- oder Rudeltaktik der U-Boote im Kampf gegen die Seeverbindungswege des Gegners. Erstrangige Bedeutung gewannen die Seefliegerkräfte, besonders die trägergestützten Flugzeuge. Der Verlauf der Kampfhandlungen zeigte, daß die Schlachtschiffe ihre Rolle als Hauptstoßkraft der Flotten an die Flugzeugträger verloren hatten. Neben diesen gewannen vor allem die U-Boote, aber auch die leichten Überwasserkräfte, Zerstörer, Schnellboote, Räumboote u. a., an Bedeutung. Die S. waren im zweiten Weltkrieg an vielen Seelandungsoperationen unterschiedlichen Ausmaßes beteiligt und wirk-

Schiffsbestand der imperialistischen Hauptmächte bei Kriegsbeginn 1939

Schiffsklassen	Deutschland	Italien	Japan	Großbritannien	Frankreich	USA
Schlachtschiffe und Schlachtkreuzer	2	4	10	15	7	15
Flugzeugträger	–	–	6	7	1	5
Panzerschiffe	3	–	–	–	–	–
Kreuzer	8	22	35	64	19	36
Zerstörer und Torpedoboote	38	128	121	184	71	181
U-Boote	57	115	56	58	77	99

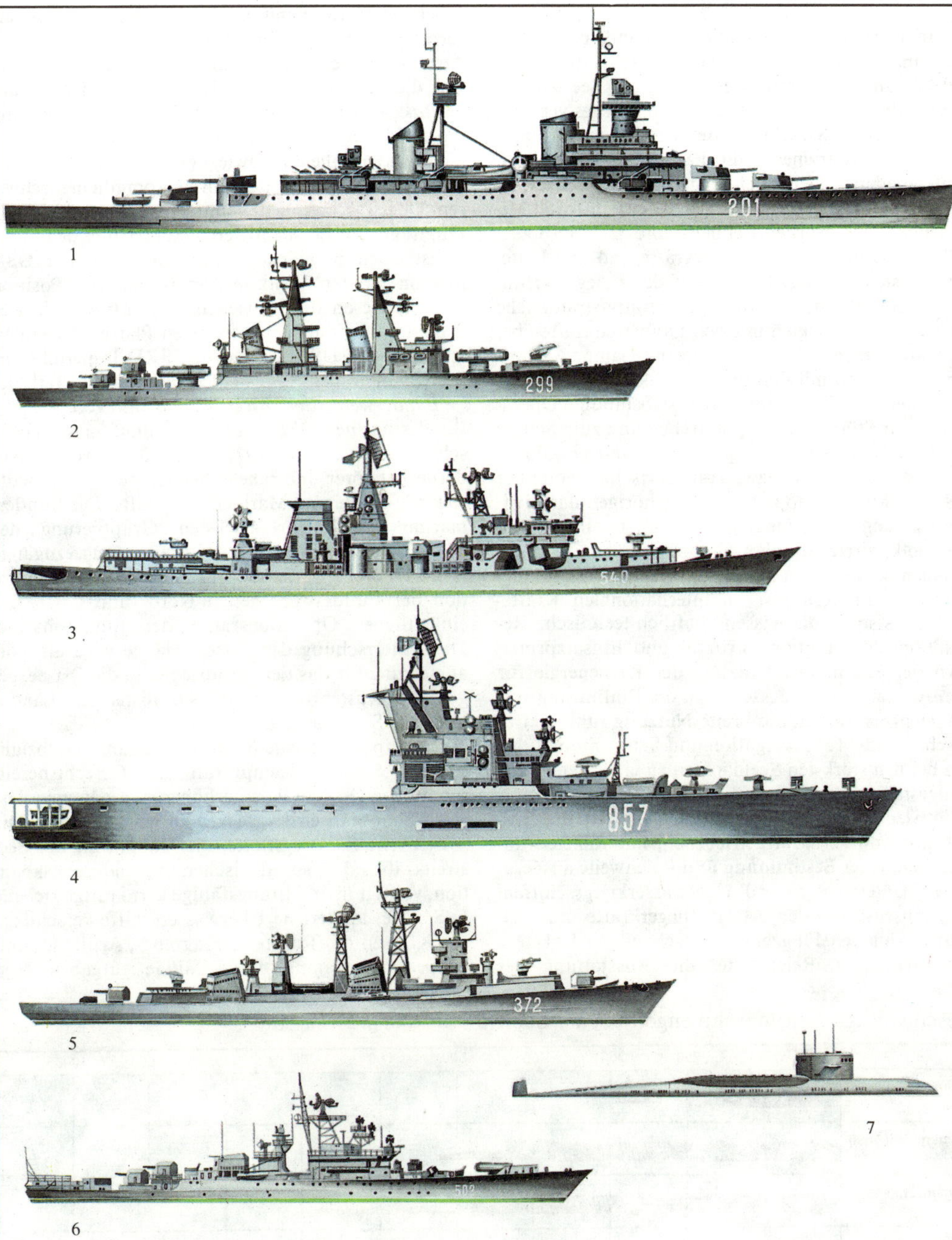

Kriegsschiffe. *Verbündete sozialistische Ostseeflotten – Kreuzer und Zerstörer der Seekriegsflotte der UdSSR:* **1** Kreuzer vom Typ „Swerdlow“ (50er Jahre); **2** Raketenkreuzer vom Typ „Warjag“ (60er Jahre); **3** Raketenkreuzer vom Typ „Nikolajew“ (70er Jahre); **4** UAW-Kreuzer vom Typ „Moskwa“ (70er Jahre); **5** UAW-Zerstörer vom Typ „Slawny“ (60er Jahre); **6** Raketenzerstörer vom Typ „Dostoiny“ (70er Jahre); **7** Raketen-U-Schiff (70er Jahre)

ten in Küstenrichtungen mit den Landstreitkräften zusammen. Seit Juni 1941 nahmen auch die S. der UdSSR an den Kampfhandlungen auf See teil. Zu Beginn des Großen Vaterländischen Krieges verfügte die sowjetische Seekriegsflotte, die sich in die Baltische, die Schwarzmeer-, die Pazifik- und die Nordflotte gliederte, über 3 Schlachtschiffe, 7 Kreuzer, 54 Großzerstörer und Zerstörer, 22 Wachschiffe, 80 Minensuch-, 269 Torpedoschnell- und 218 U-Boote, 2581 Flugzeuge der Seefliegerkräfte und 260 Batterien Küstenartillerie. Im Verlauf des Krieges erfüllten die sowjetischen S. wichtige operativ-strategische Aufgaben. Sie wirkten mit den Landstreitkräften bei Operationen in Küstenrichtungen zusammen, führten vorwiegend mit den leichten Überwasserkräften, U-Booten und Seefliegerkräften selbständige Operationen zur Störung der gegnerischen und zum Schutz der eigenen Seeverbindungen durch und gewährleisteten den Transport bzw. Transportschutz von über 9,8 Mill. Mann Truppen und Angehörigen der Zivilbevölkerung sowie mehr als 94 Mill. t militärischer und volkswirtschaftlicher Güter.

Nach dem zweiten Weltkrieg wirkten die grundlegenden Veränderungen im internationalen Kräfteverhältnis sowie die wissenschaftlich-technische Revolution auf Funktion, Struktur und Einsatzprinzipien der S. ein. Die Nutzung der Kernenergie für den Antrieb von Kriegsschiffen, die Einführung von Raketenkernwaffen, die breite Nutzung funkelektronischer Mittel für Navigation und Feuerleitung führten bei den stärksten Seemächten zu einer generellen Umgestaltung der S., in anderen Ländern zu ihrer teilweisen Reorganisation. Dazu gehörten die Einführung von kernkraftgetriebenen, mit Raketen unterschiedlicher Bestimmung und Reichweite ausgerüsteten Unterwasser- und Überwasserkriegsschiffen, die Ausrüstung der Marinefliegerkräfte mit leistungsfähigeren Flugzeugen einschließlich Raketenträgern großer Reichweite, die Ausstattung der Überwasserkräfte mit modernen Typen von Kreuzern, Zerstörern, Schnellbooten und einer großen Anzahl weiterer leichter Kampfschiffe und -boote sowie die Umrüstung von Teilen dieser Kräfte auf → *Raketenwaffen.* Damit erhöhte sich gleichzeitig die Zahl der modernen Unterwasser- und leichter Überwassereinheiten sowie der Marinefliegerkräfte, während sich der Bestand an herkömmlichen schweren Überwassereinheiten mit Ausnahme der Flugzeugträger entscheidend verringerte. Unter den imperialistischen Seemächten festigten die S. der USA ihre im zweiten Weltkrieg errungene erste Position und verwiesen die britischen und französischen S. endgültig auf die nachgeordneten Plätze. Mit Unterstützung der USA konnte der BRD-Imperialismus im Rahmen der → *NATO* eigene S. als Teil der → *Bundeswehr der BRD* aufbauen. Verfügte die Bundesmarine 1957 über 80 Kampf- und Hilfsschiffe, so waren es 1977 etwa 300, darunter moderne Zerstörer und raketenbewaffnete Schnellboote sowie U-Boote und Marinefliegerkräfte. Die Bundesmarine wurde zur stärksten Gruppierung des NATO-Kommandos Seestreitkräfte Ostseezugänge (Naval Forces Baltic Approaches). In der Konzeption der Bundeswehr gelten Nord- und Ostsee als einheitlicher Operationsraum der Bundesmarine. Die Beherrschung der Ostseezugänge wird als Voraussetzung für das tiefe Eindringen in die Ostsee, gegen die Küstenflanken der sozialistischen Länder und ihre S. betrachtet.

Die imperialistische Bedrohung zwang die sozialistischen Staaten, Kampfkraft und Gefechtsbereitschaft ihrer S. ständig zu erhöhen, um den zuverlässigen Schutz ihrer Seegrenzen zu gewährleisten. Die sowjetische Seekriegsflotte, die Hauptkraft der Seestreitkräfte der sozialistischen Verteidigungskoalition, verfügt über leistungsfähige kernkraftgetriebene U-Schiffe, modernste Überwasserschiffe verschiedener Klassen mit Raketen-, Flugzeug-, Artillerie- und Torpedobewaffnung, die vielfältige Aufgaben lösen

Geschwindigkeiten maschinengetriebener Schiffe (Seemeilen in 24 Stunden)

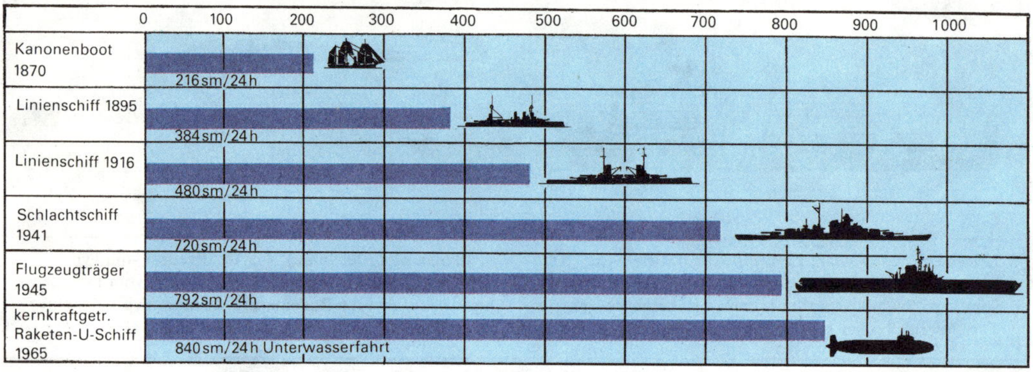

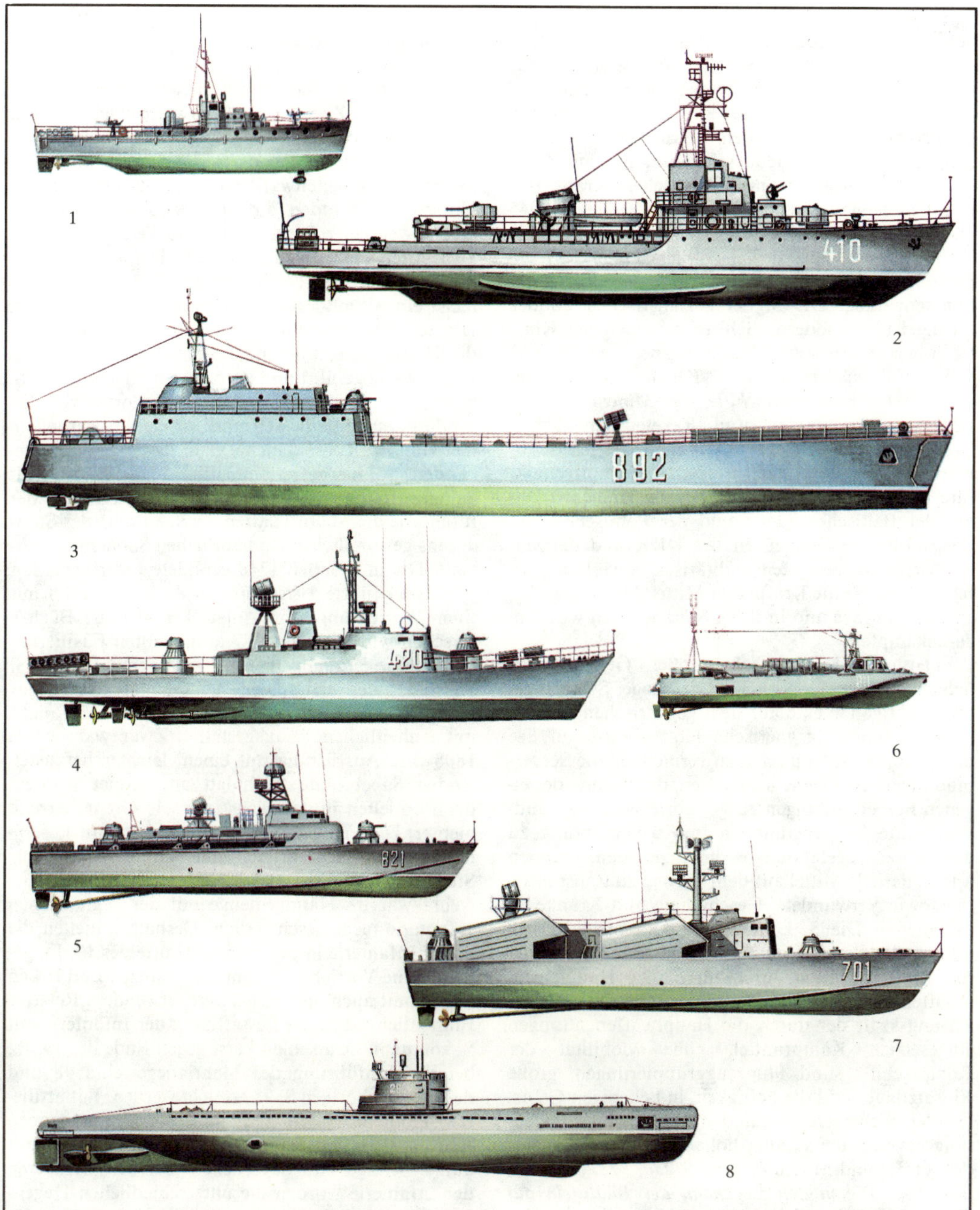

Kriegsschiffe. *Verbündete sozialistische Ostseeflotten – Kampfschiffe und -boote der Polnischen Seekriegsflotte (PSKF) und der Volksmarine der NVA (VM):* **1** Küstenschutzboot der VM (50er Jahre); **2** Minensuchboot der PSKF (60er Jahre); **3** Landungsschiff der PSKF (60er Jahre); **4** U-Jagdschiff der VM (70er Jahre); **5** Torpedoschnellboot der VM (70er Jahre); **6** leichtes Torpedoschnellboot der VM (60er Jahre); **7** Raketenschnellboot der VM (70er Jahre); **8** U-Boot der PSKF (60er Jahre)

können, raketentragende Seefliegerkräfte sowie Küsten-Raketeneinheiten. Sie hat moderne Schiffe für den Transport und das Anlanden von Truppenteilen der Landstreitkräfte und der Marineinfanterie. Durch ihre Präsenz auf den Weltmeeren tragen die sowjetischen S. zur Friedenssicherung und zur Zügelung der aggressiven imperialistischen Kräfte bei. Mit Unterstützung der UdSSR stellten nach 1945 auch Polen, Rumänien, Bulgarien und ab 1956 die DDR eigene S. auf, die im → *Warschauer Verteidigungsbündnis* mit der Seekriegsflotte der UdSSR zusammenwirken. Die S. der sozialistischen Länder verfügen über moderne Schiffe verschiedener Klassen, Fliegerkräfte sowie Spezialtruppen und Dienste. Die → *Volksmarine der NVA (VM)* hat in ihrem Bestand → *Küstenschutzschiffe*, → *Minenleg- und Räumschiffe*, Torpedo- und Raketenschnellboote, U-Boot-Abwehrschiffe, → *Landungsschiffe*, Hubschrauber sowie andere moderne Kampftechnik. Ihre Aufgabe besteht darin, im Zusammenwirken mit der Baltischen Flotte und der Polnischen Seekriegsflotte die Seegrenzen der DDR und der verbündeten Ostseestaaten militärisch zuverlässig zu schützen sowie die Kräfte und Mittel der S. eines Aggressors auf See und in ihren Stützpunkten wirksam zu bekämpfen.

Entsprechend ihren sehr großen Gefechtsmöglichkeiten sind moderne S. in der Lage, Schläge gegen wichtige Objekte auf dem gegnerischen Territorium zu führen, gegnerische Flottenkräfte auf See und in ihren Stützpunkten zu vernichten, die Seeverbindungen des Gegners zu stören, den Schutz der eigenen Seeverbindungen zu gewährleisten, die Landstreitkräfte bei Operationen in Küstenrichtung zu unterstützen, Seelandungen durchzuführen, Truppen und materielle Mittel auf dem Seeweg zu transportieren sowie Verwundete, Geschädigte und Kranke zu evakuieren. Die S. können Seeoperationen sowohl selbständig als auch im Zusammenwirken mit anderen Teilstreitkräften durchführen. Die Haupteigenschaften moderner S. sind große Reichweite und Zerstörungskraft der durch die Hauptwaffengattungen eingesetzten Kampfmittel, hohe Mobilität der Kampfschiffs- und Flugzeuggruppierungen, große Einsatzdauer und die Fähigkeit, in beliebigen Gebieten der Weltmeere zu handeln. Erstrangige Bedeutung gewinnt die ständig hohe Gefechtsbereitschaft der Kräfte und Mittel. *(s. Abb. S. 230, 373, 661, 878, 879, 881. Die in den Legenden der Bildtafeln auf S. 887, 889, 891, 893 und 895 in Klammern angegebenen Jahreszahlen betreffen den Zeitpunkt der Indienststellung.)*

Seitengewehr: zu den → *Stich- und Hiebwaffen* gehörende, meist kurze Seitenwaffe für den Nahkampf.

Kurze Seitenwaffen, wie etwa das Kurzschwert (→ *Schwert*) oder der → *Dolch*, waren bereits im Altertum gebräuchlich. Auch in den Heeren der Feudalzeit spielten sie eine bedeutende Rolle. Ein besonderes Merkmal der kurzen Seitenwaffen war ihr Gebrauch als Zweit- oder Drittwaffe. Neben ihnen wurden jedoch auch längere, mit Leibgurt oder Schulterriemen getragene Waffen wie → *Säbel* und → *Degen* als Seitenwaffen oder Untergewehre (im Unterschied zu den auf der Schulter getragenen Obergewehren, z. B. Pike oder Muskete) bezeichnet. So führten die Fußtruppen und die Reiterei in der zweiten Hälfte des 17. Jh. neben → *Handfeuerwaffen* meist einen Stoßdegen mit langer, schmaler Klinge. Die Seitenwaffen waren bei der Reiterei in der Regel die Hauptwaffe, während sie bei der Infanterie als Nebenwaffe geführt und im weiteren allgemein als S. bezeichnet wurden. Der technische Fortschritt, besonders im Hüttenwesen und im metallverarbeitenden Handwerk, ermöglichte es in dieser Zeit, die stehenden Söldnerheere einheitlicher als bisher mit Seitenwaffen auszurüsten. Im 18. Jh. trugen bei der Infanterie die Mannschaften als S. anstelle des Stoßdegens gewöhnlich einen handlichen Säbel mit Stichblatt. Die in Preußen 1740 gebildete Jägerformation (→ *Jäger*) führte Hirschfänger als S., die 1786 mit einer Vorrichtung zum Aufstecken auf die Büchse versehen wurden. Die 1787 aufgestellten Füsilierbataillone (→ *Füsiliere*) trugen Faschinenmesser als S. Während des nationalen Unabhängigkeitskrieges 1813/14 war die preußische Infanterie noch nicht mit einheitlichen S. ausgestattet. Zwar war bereits 1808 ihre Ausrüstung mit einem leichter herzustellenden Säbel ohne Stichblatt angeordnet worden, doch erhielten ihn zunächst nur die Grenadierregimenter. Die Füsiliere verwendeten weiterhin Faschinenmesser. Der Gebrauch einer zweiten Waffe für Stich und Hieb bei gleichzeitigem Tragen des Gewehrs war im Handgemenge mit der gegnerischen Infanterie recht beschwerlich. Deshalb erhielten die S. der Infanterie in der zweiten Hälfte des 19. Jh. generell eine Vorrichtung zum Aufpflanzen und ließen sich damit auch als → *Bajonett* verwenden. Relative Einheitlichkeit in der Bewaffnung der Infanterie mit S. konnte in Deutschland erst gegen Ende des 19. Jh. bei der Einführung des Mehrladegewehrs 98 und dem dazugehörigen S. 98 erreicht werden. Fußartillerie, Pioniere, Eisenbahn- und Telegrafentruppen führten als S. ein verbessertes Faschinenmesser mit kurzer Klinge und Sägerücken. Bei den Offizieren der Infanterie wurden die unterschiedlichen Degen- und Säbelmodelle 1889 durch einen einheitlichen Infanterie-Offiziersdegen ersetzt. Mit dem verstärkten Einsatz von Schnellfeuerwaffen zu Beginn des 20. Jh. verloren die blanken Seitenwaffen militärisch generell an Bedeutung. S. mit Aufpflanzvorrichtung wurden jedoch im ersten wie im zweiten Weltkrieg verwendet. Als Traditionswaffen behielten auch andere Arten von Seitenwaffen ihre Bedeutung. In der Nationalen Volksarmee der DDR tragen die mot. Schützen ein kurzes S., das auch als Bajonett Verwendung findet. Zu bestimmten Anlässen werden von Offizieren Ehrensäbel und Dolche als Seitenwaffen getragen. *(s. Abb. S.952)*

Selbstfahrlafette (SFL): gepanzertes Gefechtsfahrzeug der Landstreitkräfte und der Truppen der Luftverteidigung mit aufmontierter Geschütz- oder Raketenbewaffnung, das sich durch hohe Beweglichkeit und Geländegängigkeit auszeichnet.

SFL bestehen allgemein aus einem Fahrgestell mit Ketten-, Halbketten- oder Radantrieb als Basis, auf das die Bewaffnung, zumeist ohne Turm, aufgesetzt ist. Die seit dem ersten Weltkrieg angestrebte größere Beweglichkeit der → *Artillerie* zur ständigen Begleitung und als Rückhalt der Infanterie führte ab Ende der 20er Jahre zur Entwicklung von SFL mit relativ hoher Fahrleistung, schneller Feuerbereitschaft und Panzerung, die der Bedienung Schutz gegen Gewehr- und MG-Feuer sowie Granatsplitter bot. Die auf den Fahrgestellen von → *Panzern* oder Schützenpanzerwagen montierten Kanonen bzw. Haubitzen hatten Kaliber von 75 bis 150 mm. Versuche, Geschütze mit noch größerem Kaliber als SFL zu bauen, ergaben erst nach dem zweiten Weltkrieg befriedigende Resultate. Die faschistische Wehrmacht verfügte über eine spezifische Art von SFL, die sog. Sturmgeschütze. Sie sollten als Begleitartillerie beim Angriff wie in der Verteidigung in der Gefechtsordnung der Infanterie eingesetzt werden und unmittelbar unterstützende Panzer ersetzen. Sie waren dazu wegen ihrer Geländegängigkeit und ständigen Bereitschaft zum Schießen im direkten Richten besonders geeignet. Die Sturmgeschütze hatten ein Gleiskettenfahrgestell und eine Kanone hinter dem an der Frontseite verstärkten Panzerschutz. Sturmgeschütze wurden seit Ende der 30er Jahre entwickelt und kamen erstmalig im Sommer 1940 zum Einsatz. Der meistgebaute Typ war das Sturmgeschütz III (Fahrgestell des Panzers III) mit einer 75-mm-Kanone. Angesichts der überlegenen sowjetischen Panzertypen forcierte die Wehrmachtführung seit 1942 die Entwicklung von SFL vor allem als → *Panzerabwehrmittel.* Als Jagdpanzer bezeichnet, waren sie meistens auf Fahrgestellen des tschechoslowakischen Panzers vom Typ TNHP (deutsche Bezeichnung P 38 t) sowie der Panzer V (Panther) und VI (Tiger) gebaut und hatten Kanonen mit Kalibern von 75 bis 128 mm. Außerdem begann im Frühjahr 1943 die Serienproduktion von SFL für die Artillerie der Panzerdivisionen, z. B Panzerhaubitzen vom Kaliber 105 bis 150 mm (u. a. Wespe, Hummel), Flakpanzer und Pak. Die SFL der faschistischen Wehrmacht erreichten nicht das Niveau der sowjetischen SFL-Technik, die vor allem mit den Typen ISU-122, ISU-152 und SU-100 über hervorragende Waffensysteme verfügte. Insgesamt wurden im faschistischen Deutschland von 1941 bis Februar 1945 über 15 000 SFL produziert, die überwiegend an der deutsch-sowjetischen Front eingesetzt waren und dort verlorengingen.

Gegenwärtig gibt es in den Streitkräften fast aller Staaten SFL verschiedener Bestimmung. Die Landstreitkräfte und die Luftverteidigung der sozialistischen Armeen verwenden unterschiedliche Arten von SFL als Gefechtsfahrzeuge. Dazu gehören auf Ketten- oder Räderfahrgestell montierte operativ-taktische und taktische Raketen, Artillerie- und Flakartilleriegeschütze, Panzerabwehrlenkraketen, Geschoßwerfer und Fla-Raketen. *(s. Abb. S. 41, 43–45)*

Selbstladegewehr: → *Handfeuerwaffe* mit automatischer Repetiervorrichtung.

Die ersten S. entstanden Ende des 19./Anfang des 20. Jh. aus dem Bestreben, den beim → *Mehrladegewehr* von Hand betätigten mechanischen Repetiervorgang zu automatisieren und so dem Schützen das ununterbrochene Verfolgen und Beschießen von Zie-

Innenansicht einer SFL mit 122-mm-Haubitze

len über einen bestimmten Zeitraum zu ermöglichen. Erste erfolgreiche Versuche unternahmen gegen Ende des 19. Jh. u. a. der Tscheche Karel Krnka (1858–1926), der Nordamerikaner Hiram Maxim (1840–1916) sowie russische, deutsche, französische und englische Konstrukteure. Von 1900 bis zum Ausbruch des ersten Weltkrieges entstanden zahlreiche Modelle von S. als Gasdrucklader unterschiedlicher Konstruktion, darunter die in kleinerer Stückzahl im Krieg verwendete Waffe des russischen Artillerieoffiziers und späteren Generalleutnants der Sowjetarmee W. G. Fjodorow (1874–1966). In Deutschland fand während des ersten Weltkrieges vor Einführung des Flieger-MG das von der Waffenfabrik Mauser entwickelte S., ein Gasdrucklader mit feststehendem Lauf und Einsteckmagazin für 25 Patronen, in der Flugzeugbewaffnung Verwendung. Für die Infanterie erwies sich diese Waffe wie auch ein in der Schweiz angekauftes S. des Systems Mondragon wegen zu großer Schmutzempfindlichkeit als nicht brauchbar. Nach dem ersten Weltkrieg ging man in verschiedenen Ländern daran, die Mehrladegewehre durch S. zu ersetzen. Die vorgelegten Konstruktionen waren jedoch noch zu störanfällig. Immerhin entstanden in den 20er und 30er Jahren zahlreiche neue Modelle von S., darunter die für ihre Zeit beachtlichen Konstruktionen von S. G. Simonow (geb. 1894) und F. W. Tokarew (1871–1968). In Deutschland begutachtete 1929/30 das Heereswaffenamt zwei S.modelle, konnte sich jedoch nicht zur Einführung dieses Waffentyps in die Reichswehr entschließen. 1935 mit einem verbesserten Modell erneut aufgenommene Versuche wurden 3 Jahre später eingestellt, da es die militärischen Führungsstellen angesichts des nahenden Krieges offenbar für besser hielten, die Produktion auf den erprobten Mehrladekarabiner 98 k zu konzentrieren. Erst ab 1941 erhielt die faschistische Wehrmacht S. der Firmen Mauser und Walther, denen 1943 ein verbessertes Walther-Modell folgte. Alle Waffen hatten ein Magazin für 10 Gewehrpatronen des Kalibers 7,92 mm. Während die 41er Modelle – beides halbautomatische Gasdrucklader mit Mündungsdüse – nur in relativ geringer Stückzahl gefertigt wurden, erreichte das unter dem Eindruck der wirksamen sowjetischen S. beschleunigt entwickelte Modell 43 – ein halbautomatischer Gasdrucklader mit angebohrtem Lauf – Fertigungsziffern von mehreren Hunderttausend. Darüber hinaus produzierten die deutschen Rüstungsfabriken das Fallschirmjägergewehr 42, einen für Einzel- und Dauerfeuer eingerichteten Gasdrucklader mit einem Magazin für 20 Normalpatronen, sowie den für Kurzpatronen vom Kaliber 7,92 mm eingerichteten Maschinenkarabiner 42, eine MPi-ähnliche Waffe, die die faschistische Propaganda als «Sturmgewehr» bezeichnete. Nach dem zweiten Weltkrieg wurden in fast allen Armeen die noch vorhandenen Mehrladegewehre von S. oder anderen automatischen Handfeuerwaffen abgelöst. Die NVA hatte in den ersten Jahren Selbstladekarabiner des Systems Simonow (Karabiner S) im Bestand ihrer Handfeuerwaffen (→ *Schützenwaffen der NVA*). Die in den 50er Jahren und danach in verschiedenen Ländern neuentwickelten S., die für Einzel- und Dauerfeuer eingerichtet sind, weisen eine wirksame Schußweite bis 800 m auf. Die praktische Feuergeschwindigkeit beträgt 40–60 Schuß/min. Seit den 70er Jahren ist auch bei den S. der für die automatischen Handfeuerwaffen allgemein zu verzeichnende Trend zu klein- bzw. unterkalibrigen Waffen spürbar. *(s. Abb. S. 277, 278)*

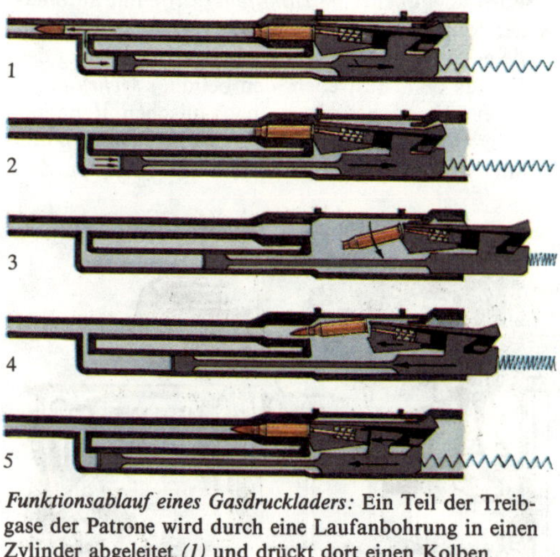

Funktionsablauf eines Gasdruckladers: Ein Teil der Treibgase der Patrone wird durch eine Laufanbohrung in einen Zylinder abgeleitet *(1)* und drückt dort einen Kolben zurück *(2)*. Dadurch werden das Auswerfen der Patronenhülse und das Spannen der Schließfeder bewirkt *(3)*. Diese drückt den Kolben wieder nach vorn, wobei eine weitere Patrone in das Patronenlager eingeführt wird *(4)*, so daß die Waffe wieder feuerbereit ist *(5)*

seltsamer Krieg 1939/40: Bezeichnung für die Phase von September 1939 bis Mai 1940 im zweiten Weltkrieg (→ *Weltkrieg, zweiter, 1939–1945*), in der an der deutschen Westfront beide Seiten kaum nennenswerte Kampfhandlungen führten.

Obwohl sich die britische und die französische Regierung gegenüber Polen verpflichtet hatten, bei einem faschistischen Überfall spätestens am 15. Mobilmachungstag im Westen eine Offensive mit dem Gros der französischen Streitkräfte zu beginnen, gingen ihre Streitkräfte zu keinen aktiven Kampfhandlungen in größerem Umfang über. Anfang Oktober 1939 räumten französische Truppen sogar kampflos das zu Kriegsbeginn besetzte Gebiet um Saarbrücken. In den folgenden Monaten herrschte an der Westfront fast völlige Waffenruhe. Die passive Kriegführung entsprach dem Bestreben der regierenden Kreise Großbritanniens und Frankreichs, mit dem faschistischen Deutschland zu einem Ausgleich auf Kosten der UdSSR zu gelangen. Der s.K. war seinem Wesen nach die Fortsetzung der Befriedungspolitik der Vorkriegszeit unter neuen Bedingungen. Darauf zielten auch die diplomatischen Kontakte mit dem faschistischen Deutschland. Parallel zu den Geheimverhandlungen, die sich bis März 1940 hinzogen und in die sich auch die USA einschalteten, intensivierten die Westmächte ihre antisowjetischen Intrigen und Kriegspläne, wobei sie vor allem den sowjetisch-finnischen Krieg auszuweiten versuchten. Der deutsche Imperialismus nutzte die militärische Passivität der Westmächte, um seine Streitkräfte zu verstärken und den Angriff auf die imperialistischen Rivalen gründlich vorzubereiten. Der s.K. wurde auch während der faschistischen Aggression gegen Dänemark fortgeführt. Obwohl das Scheitern der Kontakte mit dem faschistischen Deutschland und der sowjetisch-finnische Friedensvertrag vom 12. 3. 1940 der Politik des s.K. jede Basis entzogen hatte, endete der kampflose Zustand an der deutschen Westfront erst am 10. 5. 1940 mit dem Angriff der Wehrmacht auf Frankreich, Belgien, die Niederlande und Luxemburg.

Septennat → *Reichsmilitärgesetz 1874*

Sicherung der Staatsgrenzen der DDR 1961: System von Maßnahmen, die, beginnend mit dem 13. 8. 1961, zur Gewährleistung des stabilen Schutzes der bis dahin offengehaltenen Staatsgrenze der DDR zu Westberlin sowie der Staatsgrenze zur BRD realisiert wurden.

Die Sicherungsmaßnahmen zum Schutz der Staatsgrenzen der DDR waren Teil des Kampfes, den die DDR gemeinsam mit der UdSSR und den anderen Staaten des → *Warschauer Verteidigungsbündnisses* zur Gewährleistung des Friedens im Zentrum Europas führte. Die aggressiven Kreise der BRD hatten – unterstützt von den USA und anderen NATO-Mächten – seit Jahren eine Politik der Nichtanerkennung der Ergebnisse des zweiten Weltkrieges und der Nachkriegsentwicklung betrieben und eine Revision bestehender Grenzen, vor allem die gewaltsame Einverleibung der DDR, angestrebt. Im Frühjahr und Sommer 1961 beschleunigten sie die unmittelbare Aggressionsvorbereitung gegen die DDR. Der sog. Forschungsbeirat für «Fragen der Wiedervereinigung Deutschlands» bei der Regierung der BRD legte dazu in seinem Jahresbericht 1961 einen umfassenden Plan für den «Tag X» vor. Insbesondere sollte die offene Staatsgrenze der DDR zu Westberlin verstärkt mißbraucht werden, um die DDR wirtschaftlich zu schwächen und durch politische Diversion und psychologische Kriegführung sowie durch massive Provokationen die Lage aufs Äußerste zuzuspitzen. Vor der Weltöffentlichkeit wollte man die Annexion der DDR als «Befreiung» ausgeben, zumal die aggressiven imperialistischen Kräfte damit rechneten, daß ihre konterrevolutionären Machenschaften Unterstützung in der DDR finden würden. So sollten nach ihren Plänen Teile der Bevölkerung der DDR zum Widerstand gegen die Arbeiter-und-Bauern-Macht aufgestachelt werden, der dann schließlich zum Aufruhr führen und den gewünschten Anlaß zur militärischen Intervention von außen bieten sollte. Diese aggressiven Bestrebungen waren eine Fehlspekulation der imperialistischen Feinde des Sozialismus und Ausdruck ihrer Unfähigkeit, die Lage real einzuschätzen. Sie bedrohten jedoch ernsthaft den Frieden.

Die Situation im Jahre 1961 verlangte von den Staaten des Warschauer Vertrages wirksame Gegenmaßnahmen, um den weiteren Aufbau der sozialistischen Gesellschaft in ihren Ländern als Ganzes zuverlässig zu schützen und die Trennlinie zwischen Sozialismus und Imperialismus vor allem an den Staatsgrenzen der DDR zu Westberlin und zur BRD zu sichern. Grundlegende Festlegungen dazu hatte der Politische Beratende Ausschuß der Staaten des Warschauer Vertrages im März 1961 beschlossen. Da die imperialistischen Kräfte ungeachtet aller Warnungen der sozialistischen Staaten im Sommer 1961 die Lage gefährlich zuspitzten – Hetzkundgebungen in Westberlin und in der BRD, verbunden mit Provokationen gegen die Staatsgrenze der DDR, Vorbereitung von Mobilmachungsmaßnahmen durch den Führungsstab der Bundeswehr der BRD, Versetzung der NATO-Verbände in Zentraleuropa in Alarmbereitschaft, Seekriegsmanöver der NATO vor der Küste der DDR, subversive Aktionen in der Hauptstadt und in anderen Orten der DDR –, beauftragte die Volkskammer der DDR auf Vorschlag des ZK der SED den Ministerrat, alle erforderlichen Maßnahmen zur Sicherung der Staats-

Panzer der NVA in Bereitstellung, August 1961

grenzen zu treffen. Im Ministerratsbeschluß vom 12. 8. 1961 hieß es, daß eine solche Ordnung und Kontrolle an allen Teilen der Staatsgrenze der DDR eingeführt werden, wie sie an den Grenzen jedes souveränen Staates üblich sind. Dementsprechend nahmen in den Morgenstunden des 13. 8. zum Einsatz befohlene Teile der bewaffneten Kräfte der DDR die bis dahin offene Staatsgrenze zu Westberlin unter Kontrolle. Sie sicherten die Unterbrechung des durchgehenden Schienennahverkehrs nach Westberlin, schlossen den Hauptteil der Straßenübergänge, errichteten Kontrollstellen an den offenbleibenden Übergängen und begannen mit dem Aufbau erster Sicherungsanlagen. Unmittelbar an der Grenze standen als erste Sicherungsstaffel Grenz- und Bereitschaftspolizei und vor allem Formationen der → *Kampfgruppen der Arbeiterklasse.* Letztere bildeten am Brandenburger Tor und an anderen Grenzbereichen eine lebende Mauer, an der es für die Imperialisten kein Durchkommen mehr gab. Als zweite Sicherungsstaffel hatten mot. Schützen- und Panzertruppen sowie Aufklärungs- und Pionierkräfte der → *Nationalen Volksarmee der DDR (NVA)* Stellung bezogen. Einheiten der → *Gruppe der Sowjetischen Streitkräfte in Deutschland (GSSD)* bildeten eine dritte Sicherungsstaffel. Weitere Kräfte der NVA und der GSSD wurden in Alarmbereitschaft versetzt. Parallel zu den Sicherungsmaßnahmen an der Staatsgrenze zu Westberlin wurden Ordnung und Kontrolle an der Staatsgrenze zur BRD und an der Küste verstärkt. Dank gründlicher Vorbereitung, hoher Einsatzbereitschaft und vorbildlicher Pflichterfüllung der eingesetzten bewaffneten Kräfte wurden die herrschenden Kreise der USA, der BRD und der

Arbeiter und Angehörige der bewaffneten Organe errichten Grenzsicherungsanlagen, Dezember 1961

FDJler begrüßen zur Grenzsicherung eingesetzte Panzersoldaten, August 1961

anderen NATO-Staaten völlig überraschend getroffen. Die Maßnahmen schränkten die imperialistische Wühl- und Provokationstätigkeit schlagartig ein. Das entschlossene Handeln war zugleich eine entscheidende Voraussetzung, die Sicherungsmaßnahmen durch die Errichtung des antifaschistischen Schutzwalls zu stabilisieren. Des weiteren diente der Beschluß des Nationalen Verteidigungsrates vom 15. 9., die bisherige Deutsche Grenzpolizei als → *Grenztruppen der DDR* dem Ministerium für Nationale Verteidigung zu unterstellen, dem zuverlässigen Schutz der Staatsgrenzen der DDR. Am 23. 8. 1962 wurde die → *Stadtkommandantur der Hauptstadt der DDR* gebildet. Die bisher zum Ministerium des Innern gehörenden, an der Grenze zu Westberlin eingesetzten Sicherungskräfte wurden nunmehr dem Stadtkommandanten unterstellt. Den höheren Sicherheitsanforderungen entsprach ferner, daß im September 1961 die an der Grenze zur BRD bestehende Grenzordnung präzisiert und im Juli 1962 eine neue Grenzordnung für das Küstengebiet der DDR eingeführt wurde.

Das beim Aufbau der bewaffneten Kräfte der DDR von Anfang an konsequent verfolgte Prinzip der ständigen Erhöhung der führenden Rolle der marxistisch-leninistischen Partei garantierte das für die Maßnahmen vom 13. 8. 1961 erforderliche hohe Maß politischer Reife und militärischen Könnens. Während der Sicherungsmaßnahmen festigte sich die enge Verbundenheit zwischen der NVA sowie den anderen Schutz- und Sicherheitsorganen und dem werktätigen Volk der DDR. Davon zeugten Zustimmungserklärungen der Bevölkerung, freundschaftliche Zusammenkünfte mit den eingesetzten bewaffneten Kräften und vor allem zusätzliche Anstrengungen der Werktätigen in der Produktion zur raschen Stabilisierung der Volkswirtschaft. Der sozialistische Internationalismus bewährte sich als entscheidender Garant für die Verteidigungsfähigkeit des Sozialismus. Die UdSSR und die anderen Staaten des Warschauer Vertrages ließen keinen Zweifel daran, daß sie den Schutz der territorialen Integrität der DDR als ihre ureigenste Sache betrachten.

Die Maßnahmen zur Sicherung der Staatsgrenzen der DDR zügelten die aggressiven imperialistischen Kräfte und retteten den Frieden in Europa. Sie bedeuteten für den Imperialismus der BRD die schwerste Niederlage seit der Gründung der DDR, weil ihm endgültig der Weg versperrt wurde, seinen Herrschaftsbereich nach Osten auszudehnen. Sie waren zugleich ein sichtbarer Ausdruck dafür, daß sich das internationale Kräfteverhältnis weiter zugunsten des Sozialismus verändert hatte. Die gegen den Sozialismus gerichtete NATO-Strategie des «roll back» war in Europa gescheitert. Der Sozialismus hatte erneut seine historische Überlegenheit bewiesen, wodurch sich neue Perspektiven im Kampf der Völker um die Festigung des Friedens eröffneten.

Sicherungsdivision: 1. allgemeiner taktischer Verband des faschistischen deutschen Feldheeres im zweiten Weltkrieg (1939–1945) zur Unterdrückung des Volkswiderstandes vor allem in den zeitweilig okkupierten Gebieten der Sowjetunion.

In Vorbereitung des faschistischen Überfalls auf die Sowjetunion wurden im März 1941 unter Verwendung von 3 → *Infanteriedivisionen* 9 S. gebildet. Jede der gegen die Sowjetarmee eingesetzten → *Heeresgruppen* erhielt 3 S., die zunächst im rückwärtigen Armee- und Heeresgebiet eingesetzt wurden, später ausschließlich den Befehlshabern der rückwärtigen Heeresgebiete unterstanden. Für den Einsatz an der deutsch-sowjetischen Front wurden im Juni 1942 noch 2 und im Frühjahr 1944 eine weitere S. aufgestellt und Mitte 1944 3 S. aus 3 bisherigen → *Feldausbildungsdivisionen* gebildet. Im August 1942 entstand in Frankreich aus der sog. Wachtruppe Paris ebenfalls eine S. Außer für Wach- und Sicherungsaufgaben wurden die S. für jede Art des Terrors zur Unterdrückung des Volkswiderstandes, besonders zum Kampf gegen die sowjetischen Partisanen, eingesetzt. Obwohl die S. seit Ende 1941 immer wieder verstärkt wurden, so daß sie 1942–1944 meist aus 2–3 Sicherungsregimentern, 1 Polizeibataillon, bis zu 1 Reiterabteilung, 1 Artillerieabteilung, 1 Nachrichtenabteilung, teilweise auch 1 Pionier- und 1 Panzerkompanie bestanden, gelang es ihnen nicht, den Volkswiderstand zu brechen. Als 1944 die Sowjetarmee die faschistische Wehrmacht aus den okkupierten Gebieten der Sowjetunion verjagte und die Faschisten sich unter den Schlägen der Alliierten auch aus Frankreich zurückziehen mußten, wurden die S. ab Herbst 1944 entweder aufgelöst oder zu normalen Infanteriedivisionen umgebildet.

2. Verband der faschistischen Kriegsmarine (→ *Seestreitkräfte*) im zweiten Weltkrieg, in dem die im Küstenvorfeld eingesetzten Sicherungsstreitkräfte eines bestimmten Küstenabschnittes zusammengefaßt waren.

Zum effektiveren Einsatz der Sicherungsstreitkräfte der Kriegsmarine wurden seit Februar 1941 durch Neuordnung der Befehlsverhältnisse zunächst in Westeuropa, dann auch in der Nord- und Ostsee, im Mittelmeer und im Schwarzen Meer alle Minenleg-, Räum-, Vorposten-, U-Boot-Jagd-, Landungs- und Artillerieträgerflottillen sowie die Sperrbrecher des entsprechenden Küstenabschnittes in S. zusammengefaßt (ähnliche Verbände in Norwegen hießen Küstenschutzverbände). Im Laufe des Krieges entstanden insgesamt 10 S. und 1 Sicherungslehrdivision. Hauptaufgaben der S. waren Minenabwehr, Minenlegen, U-Boot-Jagd, Aufklärungs-, Vorposten- und Geleitdienst. Im Sommer 1944 wurden die in Westeuropa eingesetzten S. zum großen Teil aufgerieben, auch die S. im Schwarzen Meer mußte aufgelöst werden. Nach Kriegsende wurde etwa ab September 1945 ein erheblicher Teil der ehem. S. (anfangs etwa 27000 Mann mit 840 Fahrzeugen) im Rahmen der sog. Dienstgruppen – zunächst unter britischem, später amerikanischem Kommando – zum Minenräumen in der Nordsee und in Teilen der Ostsee eingesetzt. Die letzten 6 Minensuch- und 6 Räumboote erhielten am 15.5.1956 die Seestreitkräfte der BRD als erste schwimmende Einheiten.

Siebenjähriger Krieg 1756–1763: auch als dritter Schlesischer Krieg bezeichneter Eroberungskrieg zwischen einer von Preußen/Großbritannien und einer von Österreich/Frankreich geführten Koalition.

Der 1754/55 ausgebrochene britisch-französische Kolonialkrieg in Nordamerika wirkte auf Europa zurück, wo sich die Widersprüche zwischen den europäischen wie auch den deutschen Staaten erneut zuspitzten. Anfang 1756 kam es zu einer Umkehrung des bisherigen Bündnissystems: Großbritannien und Preußen schlossen die Konvention von Westminster (16.1.), während sich Österreich, seit 1746 mit Rußland verbündet, und Frankreich im Vertrag von Versailles (1.5.) liierten. Im S.K. kämpften Großbritannien und Frankreich um die Vorherrschaft zur See und in den Kolonien (Nordamerika und Indien), Preußen und Österreich vor allem um die politische und wirtschaftliche Hegemonie im Reich und um den Besitz Schlesiens. Rußland und Schweden, die ihre Stellung im Ostseeraum zu festigen suchten, standen wie auch die meisten deutschen Staaten auf österreichisch-französischer Seite. Preußens Rüstungen nach dem zweiten Schlesischen Krieg (→ *Schlesische Kriege 1740–1742, 1744/45*) waren intensiver als die Österreichs. Infolge mangelnder wirtschaftlicher Stärke konnte die preußische Armee zwar nicht erheblich vergrößert werden, jedoch erreichte ihre Kampfkraft vor allem durch perfektionierten Drill auf taktischem Gebiet den höchsten Stand unter den feudalabsolutistischen → *Söldnerheeren.* Aber auch Österreich und Rußland hatten durch Reorganisationen die Kampfkraft ihrer Streitkräfte erhöht. Die französische Armee war dagegen bereits von der Krise des Ancien régime erfaßt. Im Sommer 1756 waren die Kriegsvorbereitungen im vollen Gange. Um dem geplanten österreichisch-russischen Angriff auf Preußen zuvorzukommen, griff der preußische König Friedrich II. (1712–1786) zum → *Präventivkrieg.* Sein erstes Aggressionsziel war Sachsen, das ihm als Operationsbasis, Ausbeutungsobjekt und Faustpfand dienen sollte. Ohne Kriegserklärung fiel die preußische Hauptmacht (66600 Mann) am 29. 8. 1756 in Sachsen ein. Damit begann der S.K.

Die preußischen Truppen besetzten Dresden (9. 9.), wo sie große Mengen an Waffen erbeuteten, und schlossen die sächsische Armee (18000 Mann) bei Pirna ein. Ein österreichischer Entsatzversuch wurde am 1. 10. in der Schlacht bei Lobositz abgewehrt. Am 16. 10. kapitulierte die sächsische Armee; ihre Mannschaften preßte Friedrich II. in seine Dienste, doch desertierten sie massenhaft. In Sachsen wurde ein brutales Okkupationsregime errichtet. Der Überfall verbesserte zwar die militärische Lage Preußens. Er führte aber auch zu einem engeren Zusammenschluß der antipreußischen Koalition (Offensivbündnis Österreichs mit Rußland 22. 1., mit Frankreich 1. 5. 1757), der im März 1757 Schweden beitrat. Im Januar 1757 wurde außerdem die Reichsexekution gegen Preußen beschlossen und die → *Reichsarmee* mobilisiert. Für Preußen, das die Unterstützung von Großbritannien, Hannover, Braunschweig, Hessen-Kassel, Schaumburg-Lippe und Sachsen-Gotha erhielt, verschlechterte sich die Gesamtkriegslage. Es mußte einen Mehrfrontenkrieg gegen eine überlegene Koalition führen, deren Heere allerdings auf weit auseinanderliegenden Kriegsschauplätzen operierten. Das zwang auch Friedrich II., seine Armee in mehrere Gruppierungen aufzuteilen. Er konnte aber als allein verantwortlicher Feldherr uneingeschränkt über die Streitkräfte verfügen. Demgegenüber waren die Feldherren der antipreußischen Koalition ihren Höfen und Kabinetten verantwortlich und durch deren Weisungen in ihrer Initiative eingeengt. Während des ganzen S.K. hatten die Gegner Preußens eine beträchtliche zahlenmäßige Überlegenheit. Ihre gemeinsame Kriegführung wurde jedoch durch eigensüchtige Bestrebungen der Koalitionspartner und das Fehlen eines einheitlichen Oberkommandos behindert.

Schlacht bei Leuthen, 5. Dezember 1757

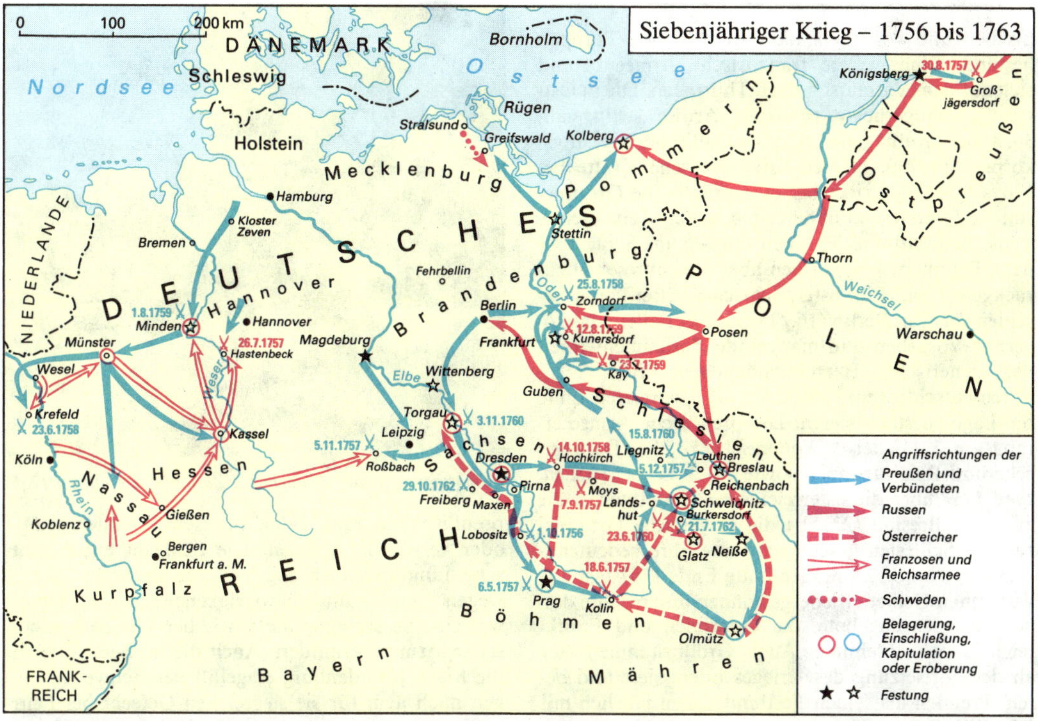

Siebenjähriger Krieg – 1756 bis 1763

Für 1757 entschloß sich Friedrich II. zur strategischen Offensive mit dem Ziel, die österreichische Armee zu schlagen und Wien zum Frieden zu veranlassen, ehe Rußlands und Frankreichs Offensive begann. Die preußische Hauptmacht (113500 Mann) marschierte Mitte April in Böhmen ein, wo das Gros der österreichischen Armee (118000 Mann) konzentriert war. Am 6. 5. wurden die österreichischen Hauptkräfte in der für beide Seiten äußerst verlustreichen Schlacht bei Prag besiegt und in der Stadt eingeschlossen. Die Niederlage am 18. 6. bei → *Kolin 1757* zwang jedoch Friedrich II. zum Rückzug nach Sachsen. Damit war seine Absicht durchkreuzt, den Krieg rasch zu beenden. Im Sommer 1757 verschlechterte sich die militärische Lage Preußens erheblich. Auf dem westdeutschen Kriegsschauplatz besiegte eine vom Niederrhein vordringende überlegene französische Armee am 26. 7. in der Schlacht bei Hastenbeck die sog. Observationsarmee, die aus hessischen, braunschweigischen, preu-

Stärke der Feldtruppen auf dem europäischen Kriegsschauplatz (Etwa-Angaben)

	1756	1757	1758	1759	1760	1761	1762
Preußen	129000	152000	143000	124000	101000	120000	118000
Deutsch-britische Armee	–	45000	40000	72000	94000	70000	70000
Gesamtstärke	129000	197000	183000	196000	195000	190000	188000
Österreich	151000	174000	122000	140000	141000	127000	135000
Sachsen	20000	–	–	–	–	–	–
Reichsarmee	–	30000	28000	18000	17000	19000	19000
Frankreich	–	134000	75000	97000	130000	140000	125000
Rußland	–	104000	76000	79000	80000	87000	–
Schweden	–	22000	14000	13000	16000	14000	–
Gesamtstärke	171000	464000	315000	347000	384000	387000	279000

ßischen und vor allem hannoveranischen Truppen bestand. Eine weitere französische Armee befand sich auf dem Vormarsch nach Thüringen. Die in Ostpreußen eingerückte russische Armee schlug am 30. 8. bei Großjägersdorf das preußische Deckungskorps. Am 7. 9. blieben österreichische Kräfte bei Moys in der Lausitz über eine preußische Gruppierung erfolgreich und besetzten große Teile Schlesiens. Schwedische Truppen stießen im September nach Pommern vor, wurden aber am Jahresende zurückgeworfen. Ein österreichisches Streifkorps erschien sogar in Berlin (16./17. 10.). Vor allem das zögernde Vorgehen und mangelnde Zusammenwirken der gegnerischen Heere ermöglichten Friedrich II., durch entschlossenes Handeln auf der inneren Linie die Lage zu stabilisieren. Die preußische Armee errang am 5. 11. bei → *Roßbach 1757* über französische und Reichstruppen sowie am 5. 12. bei → *Leuthen 1757* über die österreichische Hauptmacht, die zuvor in Breslau (22. 11.) die preußische Gruppierung in Schlesien geschlagen hatte, ihre bedeutendsten Siege im S.K. Preußen hatte Ende 1757 fast alle verlorenen Gebiete wiedergewonnen und machte deshalb Friedensangebote, die Österreich und Frankreich jedoch ablehnten. Auch Großbritannien war an der Fortsetzung des Krieges interessiert und bereit, Preußen als seinen Festlandsdegen jährlich mit 5,3 Mill. Taler zu unterstützen (Subsidienvertrag vom 11. 4. 1758).

1758 begannen die Kampfhandlungen im Januar mit der Offensive der russischen Armee, die Ostpreußen besetzte und danach auf Thorn marschierte. Auf dem westdeutschen Kriegsschauplatz dagegen wurde die desorganisierte französische Armee über den Rhein zurückgeworfen (Anfang April), so daß Preußen von dieser Seite keine Gefahr drohte. Ende April stießen die preußischen Hauptkräfte (55000 Mann) nach Mähren vor. Die im Mai einsetzende Belagerung der Festung Olmütz mußte jedoch am 1. 7. abgebrochen werden, nachdem österreichische Truppen einen großen Versorgungs- und Munitionstransport (3000 Wagen) abgefangen hatten. Friedrich II. zog ungehindert nach Schlesien zurück. Der Feldzug war gescheitert; die strategische Initiative ging an die russische und österreichische Seite über. Nur im Westen blieb die Lage durch den Sieg über die französische Armee am 23. 6. bei Krefeld sicher. Ein britisches Hilfskorps verstärkte künftig die deutschen Verbündeten Preußens. Die größte Gefahr drohte von der russischen Hauptmacht (44300 Mann, 159 Geschütze), die Anfang August bei Küstrin die Oder erreichte. Begünstigt durch die Untätigkeit der Österreicher und Schweden, verstärkte Friedrich II. das an der Oder stehende Korps auf 36800 Mann und 193 Geschütze. Am 25. 8. kam es bei Zorndorf zur verlustreichsten Schlacht des S.K., in der über 12000

Kampfszene aus der Schlacht bei Zorndorf, 25. August 1758

preußische und fast 19000 russische Soldaten getötet oder verwundet wurden. Die Schlacht endete entscheidungslos, doch zog sich die russische Armee wegen Verpflegungsschwierigkeiten zurück. Damit war eine Vereinigung der russischen und österreichischen Armee verhindert. Auch die im September in die Mark Brandenburg eingefallenen Schweden gingen nach dem für sie siegreichen Gefecht bei Fehrbellin (28. 9.) wieder zurück. Anfang September verlagerte sich das Schwergewicht der Kampfhandlungen nach Sachsen. Dort erlitt die preußische Armee (30000 Mann, 200 Geschütze) am 14. 10. im Lager bei Hochkirch durch einen Überfall der österreichischen Hauptmacht (78000 Mann, 340 Geschütze) eine schwere Niederlage. Da der Gegner seinen Erfolg nicht ausnutzte, konnten die Preußen, die 30% ihres Bestandes und 101 Geschütze eingebüßt hatten, nach Schlesien abziehen. Die österreichische Armee mußte jedoch im November nach Böhmen zurückkehren, so daß sich Ende 1758 Sachsen und Schlesien wieder in preußischer Hand befanden. Auf dem westdeutschen Kriegsschauplatz vermochte die französische Führung nicht, ihre beiden Armeen zu vereinigen, die hinter dem Rhein Winterquartiere bezogen. Im Kolonialkrieg erzielte Großbritannien 1758 vor allem in Nordamerika entscheidende Erfolge gegen Frankreich.

Anfang 1759 nahm die Kräfteüberlegenheit der antipreußischen Koalition zu. Dagegen mißlangen die Versuche Friedrichs II., die Türkei in den Krieg gegen Österreich zu ziehen. Die Kampfhandlungen wurden im Frühjahr mit kleineren preußischen Vorstößen gegen Magazine in Franken, Thüringen, Böhmen und Polen eröffnet. Im Westen scheiterte die Offensive der deutsch-britischen Armee am 13. 4. bei Bergen nahe Frankfurt (Main), doch kam auch die französische Gegenoffensive am 1. 8. bei Minden zum Erliegen. Während in Schlesien die preußischen Hauptkräfte den österreichischen Vormarsch aufhalten konnten, unterlag eine Gruppierung am 23. 7. bei Kay der heranrückenden russischen Armee. Diese ging danach auf Frankfurt (Oder) vor und vereinigte sich Anfang August mit einem österreichischen Korps. Unter Entblößung Sachsens wandte sich Friedrich II. gegen die Verbündeten. Am 12. 8. kam es bei → *Kunersdorf 1759* zur Schlacht, in der die preußische Armee ihre schwerste Niederlage im S.K. erlitt. Vornehmlich die aus unterschiedlichen politischen Interessen resultierende Uneinigkeit der russischen und österreichischen Führung über die Weiterführung der Operationen bewahrte Preußen vor der militärischen Katastrophe. Auch Sachsen drohte ihm verlorenzugehen. Am 4. 9. kapitulierte die preußische Besatzung Dresdens vor der Reichsarmee, und am 21. 11. geriet ein ganzes preußisches Korps (14000 Mann) bei Maxen nahe Pirna in österreichische Gefangenschaft. Friedrich II. versuchte nach dem Abzug der russischen Armee vergeblich, die Gegner aus Sachsen hinauszumanövrieren. Beide Seiten bezogen Anfang 1760 sächsische Winterquartiere. Während die Lage auf dem westdeutschen Kriegsschauplatz stabil blieb, stand der See- und Kolonialkrieg 1759 im Zeichen der Erfolge Großbritanniens.

Ein preußisch-britisches Friedensangebot im November 1759 lehnten Österreich und Rußland in der Hoffnung ab, das erschöpfte Preußen 1760 endgültig niederwerfen zu können. Sie wollten vor allem Schlesien erobern. Friedrich II. mußte wiederum strategisch defensiv bleiben, hoffte aber darauf, Sachsen ganz zurückzugewinnen. Die Kämpfe setzten erst im Frühsommer 1760 ein. In Schlesien zerschlug eine überlegene österreichische Gruppierung am 23. 6. bei Landeshut ein 11500 Mann starkes preußisches Korps und zwang am 26. 7. auch die Festung Glatz zur Kapitulation. In Sachsen belagerten die Preußen im Juli erfolglos Dresden, wobei die Innenstadt durch rücksichtslosen Beschuß schwere Schäden erlitt. Als die russische Armee in Schlesien einrückte, zogen Anfang August die preußischen (30000 Mann) und die österreichischen Hauptkräfte (78000 Mann) dorthin. Den Preußen gelang es am 15. 8. bei Liegnitz, der Einschließung durch die Österreicher zu entgehen und ein starkes Korps (24000 Mann) in einer Begegnungsschlacht zu besiegen. Sie konnten danach die Lage in Schlesien wiederherstellen. Währenddessen stießen die Reichsarmee in Sachsen und russisch-österreichische Truppen (35000 Mann) auf Berlin vor, das sie vom 9. bis 13. 10. besetzten. Im Kampf um Sachsen trafen am 3. 11. bei Torgau die preußischen Hauptkräfte (48500 Mann, 246 Geschütze) unter Friedrich II. und die österreichische

Belagerung von Glatz durch österreichische Truppen, Juli 1760

Hauptarmee (52000 Mann, 275 Geschütze) unter Feldmarschall Leopold von Daun (1705–1766) aufeinander. Die erstmals in 2 selbständige Abteilungen getrennte preußische Armee errang durch einen Doppelangriff gegen Front und Rücken des Gegners jedoch nur einen Pyrrhussieg (fast 40% Verluste). Die Österreicher (etwa 30% Verluste) konnten sich geordnet zurückziehen und einen Teil Sachsens behaupten. Auf dem westdeutschen Kriegsschauplatz unterlag die deutsch-britische Armee am 10. 7. bei Korbach und am 16. 10. bei Kloster Kamp den französischen Truppen, die Hessen besetzten. Ohne Erfolg blieben die russische Belagerung Kolbergs im Spätsommer und ein kurzzeitiger schwedischer Vorstoß in die Uckermark. In Nordamerika und Indien brach 1760 die französische Kolonialherrschaft endgültig zusammen.

Auch 1760 konnte die überlegene antipreußische Koalition keine Kriegsentscheidung herbeiführen. Die Bevölkerung litt furchtbar, da die Armeen beider Seiten den Krieg immer räuberischer führten und massenhaft brandschatzten. Obwohl die Kriegsmüdigkeit wuchs, kam der für 1761 vorgeschlagene Friedenskongreß nicht zustande. Preußens Lage hatte sich weiter verschärft und zwang mehr denn je zur Defensive. Friedrich II. konnte nicht verhindern, daß sich die russische und die österreichische Armee im August 1761 in Schlesien vereinigten. Die preußischen Hauptkräfte (55000 Mann) bezogen daraufhin bei Bunzelwitz ein befestigtes Lager (20. 8.–26. 9.), gestützt auf die Festung und das große Magazin Schweidnitz. Die überlegenen Verbündeten (rd. 130000 Mann) griffen jedoch nicht an, und schließlich marschierte vor allem wegen Verpflegungsschwierigkeiten das Gros der russischen Armee nach Polen ab (10. 9.). Während die Preußen noch die wichtigen Festungen Schweidnitz (1. 10.) und Kolberg (16. 12.) verloren, fanden im Westen nach dem Scheitern der französischen Offensive bei Vellinghausen (15./16. 7.) bis Jahresende keine größeren Operationen mehr statt.

Ende 1761 waren ganz Hinterpommern, halb Schlesien und große Teile Sachsens von der antipreußischen Koalition eingenommen. Großbritannien hatte seine Kriegsziele im wesentlichen erreicht und erneuerte den Subsidienvertrag nicht mehr. Preußen stand am Rande des Zusammenbruchs, vor dem es hauptsächlich das Ausscheiden Rußlands aus dem S.K. rettete. Der am 5. 1. 1762 zur Regierung gelangte Zar Peter III. (1728–1762), ein Bewunderer des Preußenkönigs, schloß am 16. 3. Waffenstillstand und am 5. 5. den Frieden von Petersburg mit Preußen. Rußland gab alle Eroberungen zurück und vermittelte auch den preußisch-schwedischen Friedensschluß vom 22. 5. in Hamburg, der ebenfalls den Vorkriegsstand sanktionierte. Aufgrund dieser Wende plante Friedrich II., die verlorenen schlesischen Gebiete zurückzuerobern. Am 1. 7. begann die preußische Offensive in Schlesien. Ihr Ziel wurde mit den Siegen bei Burkersdorf (21. 7.) und Reichenbach (16. 8.) über die Österreicher sowie mit der Einnahme von Schweidnitz (9. 10.) erreicht. Der Erfolg einer preußischen Gruppierung (22000 Mann) über die durch österreichische Truppen verstärkte Reichsarmee (27000 Mann) am 29. 10. bei Freiberg entschied schließlich auch den Kampf um Sachsen zugunsten Preußens. Auf dem westdeutschen Kriegsschauplatz unterlagen die französischen Truppen am 24. 6. bei Wilhelmsthal und am 23. 7. bei Lutterberg und räumten Hessen. Die letzten Kampfhandlungen des S.K. bestanden aus einem preußischen Raubzug nach Franken und Böhmen.

Die allgemeine Erschöpfung führte seit Ende 1762 zu Friedensverhandlungen. Der Pariser Frieden vom 10. 2. 1763 zwischen Großbritannien/Portugal und Frankreich/Spanien bestätigte Großbritannien als vorherrschende See- und Kolonialmacht. Während der französische Absolutismus an Einfluß in Europa verlor, erhöhte sich die politische und militärische Bedeutung Rußlands. Am 15. 2. 1763 unterzeichneten Österreich, Preußen und Sachsen auf Schloß Hubertusburg bei Leipzig die Friedensverträge, die den territorialen Vorkriegsstand garantierten. Preußen behauptete seine Stellung als europäische Großmacht und blieb Österreichs Konkurrent im Reich. Die Gesamtverluste des S.K. betrugen 550000 gefallene sowie an Verwundungen und Krankheiten gestorbene Soldaten, unter ihnen 180000 Preußen, 140000 Österreicher, 120000 Russen und 70000 Franzosen. Die Opfer unter der Zivilbevölkerung und die materiellen Schäden waren außerordentlich hoch; sie betrafen Preußen und Sachsen am stärksten. Die Kriegskosten verschlangen den größten Teil der Staatsfinanzen. Für Preußen, das allein aus Sachsen etwa 50 Mill. Taler herauspreßte, betrugen sie 139 Mill. Taler. Die abenteuerliche Kriegspolitik Friedrichs II. hatte Preußen und Sachsen ruiniert. Der S.K. offenbarte die Schwierigkeiten der Koalitionskriegführung, die Abhängigkeit der Feldzüge vom Magazinsystem und die wachsende Bedeutung des Kampfes um Festungen (→ *Kriegskunst*). Er zeigte insbesondere den Widerspruch zwischen der gewachsenen Feuerkraft der Truppen und der starren Gefechtsordnung. Die Entwicklung der → *Lineartaktik* fand in der schiefen Schlachtordnung (Leuthen) und der Teilung der Armee in selbständig handelnde Abteilungen (Torgau) ihren Höhepunkt. Schließlich zeigte sich der Wert von Feldbefestigungen für die Verteidigung (Kunersdorf) und von leichten Truppen für den Einsatz außerhalb der Linienformationen. Der S.K. übte auf die Entwicklung der Ideologie des preußisch-deutschen Militarismus nachhaltigen Einfluß aus und nahm während der beiden Weltkriege in der imperialistischen deutschen Durchhaltepropaganda einen hervorragenden Platz ein.

Siegfriedstellung: Bezeichnung für die operative rückwärtige Stellung innerhalb der deutschen Westfront im ersten Weltkrieg (→ *Weltkrieg, erster, 1914–1918*).

Unter dem Druck der schwierigen Lage des deutschen Westheeres im Sommer und Herbst 1916 beschloß die dritte → *Oberste Heeresleitung (OHL)*, zur Abwehr künftiger französischer und britischer Offensiven ein tiefgegliedertes und pioniertechnisch stark ausgebautes Stellungssystem anlegen zu lassen. Der Bau der sog. S. von Ende September 1916 bis Juni 1917 verschlang gewaltige Mengen an Material, das die besetzten Gebiete zu einem großen Teil liefern mußten. Zeitweise waren über 100000 Mann zum Bau eingesetzt, Pionier-, Armierungs-, Park- und Landsturmformationen sowie völkerrechtswidrig auch Kriegsgefangene und französische Zwangsarbeiter. Die S. verlief von Arras über St-Quentin bis Vailly an der Aisne. Ihre Gesamtlänge betrug etwa 150 km, ihre Tiefe etwa 25 km. Gedrängt vom Oberkommando der Heeresgruppe Kronprinz Rupprecht, erließ die OHL am 4. 2. 1917 die Weisung zum Rückzug der Heeresgruppe (6., 1., 2. und 7. Armee) in die S. (Deckname «Alberich») vom 16. bis 19. 3. 1917. Zu dieser Zeit war die S. noch nicht voll ausgebaut. Sie bestand aus 2 miteinander verbundenen Grabenlinien, zahlreichen Betonunterständen, MG-, Beobachtungs- und Gefechtsständen sowie Artillerieschutzstellungen. Sie verfügte über ein Nachrichtennetz und über Bahnanschluß für den Nachschub. Auf Befehl der OHL wurde das Vorfeld der S., ein Geländestreifen von 10 bis 15 km Tiefe, dem Erdboden gleichgemacht und teilweise vermint. Aus dem geräumten Gebiet wurden die gesamte wehr- und arbeitsfähige Bevölkerung (etwa 126000 Menschen) zwangsevakuiert, sämtliche Vorräte sowie Eisenbahnmaterialien abtransportiert und in einigen Fällen auch Brunnen vergiftet. Der Rückzug in die S. war ein wesentlicher Teil des Planes der OHL zur strategischen Defensive im Westen 1917. Er verkürzte die Front um 50 km, machte 13 Divisionen und 100 Batterien der Feld- und schweren Artillerie als Reserven frei und störte die Offensivvorbereitungen der überraschten Gegner sehr empfindlich. Der Rückzug in die S. erwies sich als eine entscheidende Voraussetzung zur Abwehr der großen französisch-britischen Frühjahrsoffensive 1917. Durch die S. wurde der Stellungskrieg an der Westfront weiter ausgeprägt.

Skagerrak 1916: Seeschlacht im ersten Weltkrieg (→ *Weltkrieg, erster, 1914–1918*) zwischen der deutschen Hochseeflotte (→ *Kaiserliche Marine*) und der britischen Grand Fleet am 31. 5./1. 6. 1916.

Seit Anfang 1916 plante die deutsche Flottenführung eine aktivere Kriegführung in der Nordsee mit dem Ziel, Teile der Grand Fleet zur Schlacht herauszulocken und zu vernichten. Der deutsche Flottenvorstoß gegen die englische Ostküste Ende April und das Drängen der russischen Regierung, die deutsche Ostseeblockade zu brechen, veranlaßten die britische Admiralität, ihrerseits die bisherige Defensive aufzugeben. Aus dem offensiveren Handeln beider Seiten heraus kam es zur Schlacht vor dem S. Am 31. 5. stieß die Hochseeflotte unter Vizeadmiral Reinhard Scheer (1863–1928) zur norwegischen Küste vor. Ihr lief, durch Funkaufklärung am 30. 5. vom Inseegehen stärkerer deutscher Seestreitkräfte unterrichtet, die Grand Fleet unter Admiral John Jellicoe (1859–1935) entgegen. Die deutsche Hochseeflotte war zahlenmäßig erheblich schwächer. Ihre Schiffe zeichneten sich aber gegenüber vergleichbaren britischen Typen durch größere Standhaftigkeit, höhere Treffsicherheit der schweren Artillerie bei Salvenfeuer und bessere Manövrierfähigkeit im Verband aus. Dagegen entwickelten die Schiffe der Grand Fleet zumeist eine höhere Geschwindigkeit; ihre schwere Artillerie hatte eine größere Reichweite und größere Kaliber.

Am Nachmittag des 31. 5. trafen die Aufklärungskräfte beider Flotten, deren Kern → *Schlachtkreuzer* bildeten, vor dem S., 65 sm westlich von Lodbjerg an der Nordwestküste von Jütland, aufeinander. Auf britischer Seite kamen während des Kampfes noch 4 den Schlachtkreuzern beigegebene moderne Großkampfschiffe zum Einsatz. Auf 15–16 km Entfernung begann ein etwa zweistündiges laufendes Gefecht auf südöstlichem, dem deutschen Gros entgegenführendem Parallelkurs, in dem 2 britische

Einheiten der deutschen Flotte vor der Schlacht

Höhepunkt der Seeschlacht vor dem Skagerrak – 31. Mai 1916

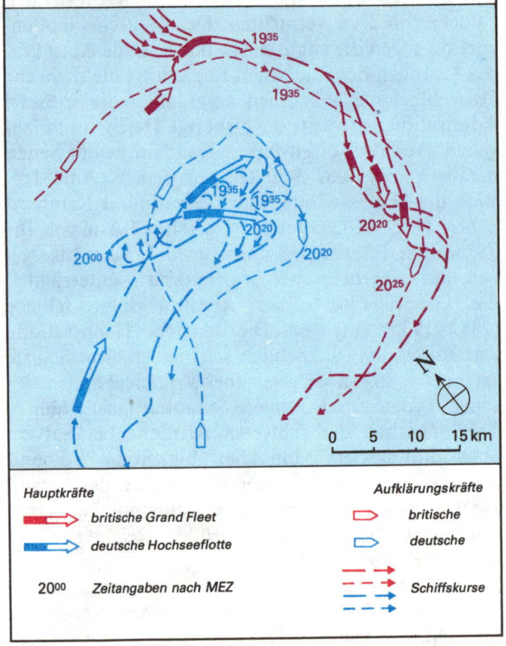

Schlachtkreuzer sanken. Als die deutschen Linienschiffsgeschwader in Sicht kamen, drehte der Gegner auf nordwestlichen Kurs und zog damit die ihn verfolgende Hochseeflotte auf die Grand Fleet. Gegen Abend entbrannte die Schlacht der Hauptkräfte. Jellicoe gelang es, die Grand Fleet in weitem Bogen vor die in Kiellinie herankommende Hochseeflotte zu legen, ein im Englischen als crossing the T (den Strich über das T ziehen) bezeichnetes Manöver. Aus dieser taktisch günstigen Position konzentrierten die britischen Geschwader ein wirkungsvolles Breitseitenfeuer auf die Spitzenschiffe der deutschen Linie, die nur ihre vorderen Geschütztürme zum Tragen bringen konnten. Durch eine Gefechtskehrtwendung (19.35 Uhr) führte Scheer die Flotte aus dieser unhaltbaren Position heraus. Er stieß jedoch wenig später (20 Uhr zweite Gefechtskehrtwendung) in Verkennung der taktischen Lage erneut in das Zentrum des Gegners hinein und brachte damit die Flotte in eine noch gefährlichere Situation. Nur mit Mühe, unterstützt vom rücksichtslosen Einsatz der bereits schwer getroffenen Schlachtkreuzer und von einem massierten Angriff der → *Torpedoboote,* konnte Scheer mit einer dritten Gefechtskehrtwendung (20.20 Uhr) die Linienschiffsgeschwader dem vernichtenden britischen Feuer nochmals entziehen. Dem deutschen Torpedoangriff wich der Gegner aus. In dieser für die deutsche Flotte aussichtslosen Lage brach Scheer die Schlacht ab und befahl den Rückmarsch auf Horns Riff (westlich der dänischen Küste). Auch Jellicoe wollte einen Kampf bei Nacht vermeiden und beabsichtigte, ihn am nächsten Morgen vor der Deutschen Bucht zu erneuern. In der Nacht kreuzte die deutsche Hochseeflotte den Kurs der vorwiegend aus → *Zerstörern* bestehenden britischen Nachhut. Dabei entwickelten sich beiderseitig verlustreiche Gefechte. Am Morgen des 1.6. beschloß auch Jellicoe den Rückmarsch. Beide Seiten verbuchten die unentschiedene Schlacht als Sieg für sich. Die deutsche Führung begründete ihn vor allem mit den höheren britischen Verlusten. Für sie war jedoch das Kräfteverhältnis nach der Schlacht ungünstiger als zuvor, da 7 ihrer → *Linienschiffe* und Schlachtkreuzer schwer beschädigt waren und die Grand Fleet in der Folgezeit in weit stärkerem Maße durch Neubauten vergrößert wurde als die Hochseeflotte. Die Schlacht vor dem S. war die bis dahin größte Seeschlacht in der Geschichte und blieb die einzige zwischen ganzen Flotten von Großkampfschiffen. Sie konnte die strategische Lage zur See nicht verändern. Die deutsche Hochseeflotte war au-

Das Kräfteverhältnis zu Beginn der Schlacht am Skagerrak und die Verluste beider Seiten

	Grand Fleet			Hochseeflotte		
	Gesamtstärke	Aufklärungskräfte	Verluste	Gesamtstärke	Aufklärungskräfte	Verluste
Linienschiffe (Dreadnoughts)	28	–	–	16	–	–
Schlachtkreuzer	9	6	3	5	5	1
Ältere Linienschiffe	–	–	–	6	–	1
Panzerkreuzer	8	–	3	–	–	–
Kleine Kreuzer	26	14	–	11	5	4
Torpedoboote/Zerstörer	79	27	8	61	30	5
Personelle Verluste	6097 Gefallene 510 Verwundete 177 Gefangene			2545 Gefallene 494 Verwundete		

Der durch schwere Treffer gezeichnete Schlachtkreuzer «Seydlitz»

ßerstande, die britische weite → *Blockade* zu durchbrechen oder Großbritannien durch eine Seeschlacht zum Frieden zu zwingen. Damit wurde das Fiasko der Seekriegskonzeption des kaiserlichen Deutschlands gegenüber Großbritannien in vollem Umfang deutlich. Mit der Seeschlacht vor dem S. wurde die Doktrin von der kriegsentscheidenden Rolle starker Schlachtflotten widerlegt. Ihr Ausgang bestärkte die deutsche Marineführung in ihrem Entschluß zur Führung des uneingeschränkten → *U-Boot-Krieges.* *(s. Abb. S. 183)*

Slawenkreuzzug 1147 → *Wendenkreuzzug 1147*

Soldat: 1. Bezeichnung für den Angehörigen der Streitkräfte schlechthin.

Mit der Herausbildung stehender Heere in der zweiten Hälfte des 17. Jh. setzte sich der aus dem Italienischen stammende Begriff S. als Bezeichnung für den Militärangehörigen im deutschen Sprachgebrauch durch. Seit Mitte des 19. Jh. wird er auf alle in einem militärischen Dienstverhältnis stehenden Angehörigen der bürgerlich-imperialistischen Streitkräfte im Unterschied zu den Militärbeamten und zivilen Angestellten angewendet. In der DDR ist er für die Bezeichnung der NVA-Angehörigen gebräuchlich.

2. Sammelbegriff für die Angehörigen der untersten Rangklasse bzw. Dienstgradgruppe, in der NVA und den Grenztruppen der DDR auch unterster Dienstgrad.

Im Zusammenhang mit der zu Beginn des 18. Jh. verstärkt einsetzenden Herausbildung von Dienstgraden und Dienstgradgruppen (Rangklassen) wurde als Bezeichnung für die untersten Gruppen der Begriff «Gemeine» üblich. Das aus den Landsknechtsheeren des 15./16. Jh. stammende Wort umfaßte die → *Gefreiten* sowie die nach ihrer Truppengattung bezeichneten niedrigsten Dienstgrade wie → *Musketiere,* → *Kanoniere,* → *Füsiliere.* Der Sammelbegriff «Gemeine» wurde in der Reichswehr der Weimarer Republik 1921 durch die Bezeichnung Mannschaften ersetzt, die die faschistische Wehrmacht übernahm. Zu diesen zählten die Gefreiten sowie die → *Schützen,* → *Jäger,* → *Pioniere,* Kanoniere usw. genannten untersten Dienstgrade. Für sie wurde als Sammelbegriff auch S. gebraucht. Nach Wiedereinführung der allgemeinen Wehrpflicht 1935 hießen S. die den Wehrdienst Leistenden. In den Streitkräften der DDR gab es bis 1970 für den untersten Dienstgrad Bezeichnungen, die die Zugehörigkeit zu einer bestimmten Waffengattung oder Spezialtruppe ausdrückten (Kanonier, Flieger u. a.). Seitdem ist bei den Landstreitkräften und Luftstreitkräften/Luftverteidigung der NVA sowie den Grenztruppen der DDR (außer Grenzbrigade Küste und Bootseinheiten der Grenzkommandos) der unterste Dienstgrad einheitlich S. Der Dienstgrad S. gehört zur Dienstgradgruppe Soldaten, die außerdem die Dienstgrade Gefreiter, Stabsgefreiter, Matrose, Obermatrose, Stabsmatrose umfaßt.

3. mit entsprechendem Zusatz versehen, Bezeichnung für ein spezielles Dienstverhältnis in den Streitkräften.

In der NVA und den Grenztruppen der DDR heißen nach dem Dienstverhältnis die ihren Wehrdienst Ableistenden S. im Grundwehrdienst, die freiwillig länger dienenden Wehrpflichtigen S. auf Zeit. Berufsunteroffiziere, Fähnriche und Berufsoffiziere werden auch → *Berufssoldaten* genannt.

Soldatenhandel: Vermieten oder Verkauf von Truppen an andere Staaten zum Zwecke des Gelderwerbs in der Zeit des Absolutismus.

Der S. wurde nach dem Dreißigjährigen Krieg 1618–1648 zu einer allgemeinen Erscheinung im deutschen territorialstaatlichen Absolutismus. Zur Finanzierung ihrer Prunksucht oder ihrer politischen Ambitionen verkauften oder vermieteten Landesherren der kleinen und mittleren Staaten, darunter auch geistliche Fürsten, Landesbewohner als Kanonenfutter an den Kaiser und an fremde Mächte. Der S. erfolgte vor allem mit Venedig, Spanien, den Niederlanden und Großbritannien und war jeweils durch Verträge geregelt. Gewöhnlich erhielt der fürstliche «Vermieter» für seine Truppenformation, die er zu bewaffnen und auszurüsten hatte, jährlich Subsidien und Werbegeld für jeden Soldaten. Die vereinbarten finanziellen Entschädigungen für Tote und Verwundete flossen ebenfalls in die Privatkassen der Landesherren. Zu den ersten Fürsten, die sich Geld durch den S. beschafften, gehörten die niedersächsischen Herzöge. Sie verkauften 1665 12000 Mann an den Bischof von Münster und 1668 2700 Mann an Venedig. Ihrem Beispiel folgten besonders die Landesherren von Württemberg, Hessen-Kassel und Sachsen. Sehr berüchtigt für den S. wurden Hessen-Kassel, das zwischen 1677 und 1815 eine Vielzahl von Verträgen (darunter mit beiden kriegführenden Seiten) abschloß, und Württemberg, das zwischen 1786 und 1808 allein an die holländische Ostindische Kompanie 32000 Landesbewohner für etwa 900000 Gulden verkaufte. Sachsen vermietete u. a. 1685 3000 Mann für 120000 Taler an Venedig und 1708 9000 Mann an den Kaiser. Die Fürstbischöfe von Würzburg verkauften 1747 2 Regimenter Würzburger Soldaten an die Niederlande und 1755 erneut 2 Regimenter an Großbritannien. Seinen Höhepunkt erreichte der S. während des amerikanischen Unabhängigkeitskrieges 1776–1783. Hier kämpften insgesamt 30000 Deutsche, die von den britischen Kolonialherren hauptsächlich in Hessen-Kassel, Hanau, Waldeck, Braunschweig, Ansbach-Bayreuth und Anhalt-Zerbst gemietet worden waren. Allein Landgraf Friedrich II. von Hessen-Kassel (1720–1785) verkaufte für 1,254 Mill. Pfund Sterling fast 17000 Mann an Großbritannien. Viele davon fielen oder wurden ein Opfer der ungewohnten klimatischen Bedingungen und der menschenunwürdigen Behandlung; außerordentlich hoch war auch die Zahl der Desertionen. Der S. offenbarte drastisch das volksfeindliche, antinationale Wesen der absolutistischen

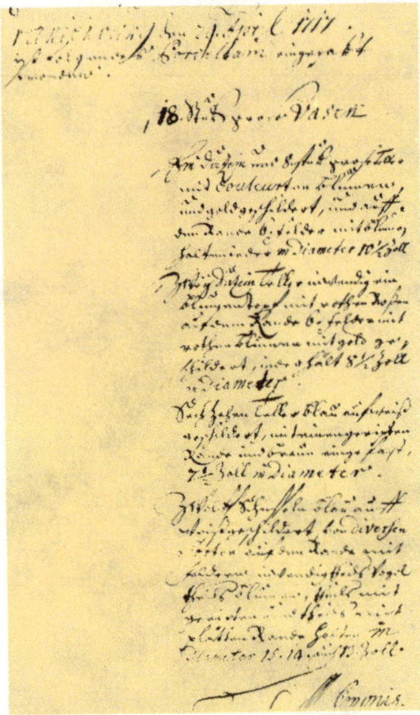

Verzeichnis der aus Schloß Oranienburg im Austausch gegen Soldaten dem sächsischen König übergebene Exponate aus Porzellan, April 1717

An England verkaufte hessische Soldaten vor der Einschiffung nach Übersee, um 1755

Macht- und Militärpolitik. Unter dem Einfluß der Aufklärung setzte im späten 18. Jh. eine scharfe Kritik am S. ein. Er wurde u. a. von Friedrich Schiller (1759–1805) in dem Drama «Kabale und Liebe» (1783) und von Christian Schubart (1739–1791) in der seit 1774 von ihm herausgegebenen Zeitung «Deutsche Chronik» angeprangert. 1776 gab es selbst im englischen Parlament Gegenstimmen, als Verträge über den S. zur Abstimmung standen.

Soldatenmißhandlungen: Sammelbezeichnung für physische und psychische Grausamkeiten und Schikanen, denen Mannschaften in spätfeudalen und kapitalistischen Streitkräften durch Vorgesetzte ausgesetzt waren bzw. noch sind.

Die S. bildeten sich als eine internationale Erscheinung des feudalabsolutistischen Militärwesens in den stehenden → *Söldnerheeren* heraus. Um die zwangsgeworbenen und gewaltsam ausgehobenen Söldner zu disziplinieren, wurden die brutalsten Mittel angewandt. Besonders zahlreich und kraß waren S. in der preußischen Armee im 18. Jh., in der als Grundsatz galt, daß der Soldat seinen Vorgesetzten mehr fürchten müsse als den Feind. Stockprügel, Schläge mit der flachen Klinge und andere Roheiten prägten den Paradedrill und die für die → *Lineartaktik* notwendige Abrichtung der Soldaten zu willenlosen Schieß- und Bewegungsautomaten. Nach dem Zusammenbruch des feudalabsolutistischen Militärsystems gingen die S. im Zuge der → *Militärreformen in Preußen 1807–1815* zeitweise erheblich zurück. Sie nahmen jedoch in dem Maße erneut zu, wie der Militarismus wiedererstarkte und sturer Gamaschendienst an die Stelle kriegsmäßiger Ausbildung trat. Mit der Einführung eines für alle Militärangehörigen gültigen Militärstrafgesetzbuches (in Preußen 1845) wurden die S. unter Strafe gestellt und so gewisse Voraussetzungen geschaffen, sie einzudämmen (→ *Militärjustiz*). Trotz des gesetzlichen Verbots erreichten die S. im → *kaiserlich-deutschen Heer* ein sehr großes Ausmaß. Um die Streitkräfte zu einem zuverlässigen Instrument für den Einsatz gegen das Proletariat, die sozialistische Arbeiterbewegung und alle anderen demokratischen Kräfte zu machen, wurden neben der ideologischen Beeinflussung auch die Zwangsmittel verstärkt. Extrem stumpfsinniger Drill in der Ausbildung, teilweise bis zum physischen Zusammenbruch der Soldaten getrieben, verband sich mit brutalen und raffinierten S. durch die Offiziere und Unteroffiziere. Die Vorgesetzten stachelten zudem länger Gediente zur Mißhandlung von Soldaten an (sog. Selbsterziehung). Die Unmenschlichkeit des Drills nahm Ende des 19. Jh. noch zu, als die neue Waffentechnik und Taktik höhere Anforderungen an die Ausbildung stellten. Körperverletzungen durch Kolbenstöße, Faustschläge und Peitschenhiebe, Drangsalierungen beim Reinigen von Waffen, Gerät, Uniformen, Kasernen und Ställen sowie außerhalb des Dienstes, entwürdigende Beschimpfungen, sadistische Quälereien und andere Brutalitäten waren an der Tagesordnung. Tausende von Soldaten trugen schwere körperliche und geistige Schäden davon. Angehörige unterdrückter Nationalitäten (Polen, Elsässer, Lothringer) hatten besonders zu leiden. Die S. waren die Hauptbeweggründe für Selbstmorde, Fahnenflucht, unerlaubte Entfernung von der Truppe und Notwehr gegenüber Vorgesetzten. Von 1870 bis 1911 gab es im Heer 10439 Selbstmorde und 2353 Selbstmordversuche. Wegen Fahnenflucht wurden jährlich im Durchschnitt 2855 Soldaten abgeurteilt. Die offiziellen Angaben erfaßten nur einen Bruchteil der Fälle von S., deren jährliche Zahl der sozialdemokratische Parteivorstand auf etwa 100000 schätzte. Die Mehrzahl der S. blieb im Dunkel der Kasernen verborgen und wurde von den Betroffenen aus Furcht vor Strafen und weiteren Quälereien nicht gemeldet. Das Beschwerderecht der Soldaten war eine Farce. Die schuldigen Vorgesetzten erhielten, wenn überhaupt, durchweg milde Strafen. Obwohl z. B. die offizielle Zahl der Körperverletzungen von Soldaten infolge Mißhandlung durch Vorgesetzte 1903 1711 und 1905 1425 betrug, wurden in den beiden Jahren nur 878 bzw. 390 Vorgesetzte wegen dieser Untaten bestraft. Die deutsche Sozialdemokratie, vor allem August Bebel (1840–1913), Karl Liebknecht (1871–1919) und Rosa Luxemburg (1871–1919), prangerte jahrzehntelang die S. als Ausdruck des volksfeindlichen militaristischen Systems an. Dadurch wurden die Militärbehörden gezwungen, sich intensiver mit den S. zu befassen. Ihre Maßnahmen zur Einschränkung der S. sowie das Auftreten hoher Offiziere gegen die S. erfolgten jedoch nicht aus Humanität, sondern hauptsächlich aus Sorge um die Moral der Truppen beim Einsatz im Innern und nach außen.

In der Reichswehr der Weimarer Republik waren die Mannschaften vielfältigen S. ausgesetzt. Im ersten Halbjahr 1932 verübten z. B. 13 Soldaten in der Garnison Potsdam deshalb Selbstmord. Die schuldigen Vorgesetzten wurden lediglich strafversetzt bzw. beurlaubt. Am konsequentesten setzte sich die KPD für eine menschenwürdige Behandlung der Soldaten ein und deckte in den Parlamenten und in ihrer Presse die S. auf. In der faschistischen Wehrmacht waren die Mannschaften inner- und außerhalb des Dienstes den Schikanen und Schindereien durch Vorgesetzte fast wehrlos ausgeliefert, zumal öffentliche Kritik daran schärfstens unterdrückt wurde. Allgemein üblich waren raffinierte Methoden des sog. Schleifens, das Strafexerzieren bis zur physischen Erschöpfung sowie eine sadistische, entwürdigende und schikanöse Behandlung der Soldaten. Dabei kam es in vielen Fällen zu Körperverletzungen. Schweren Drangsalen unterlagen die Angehörigen

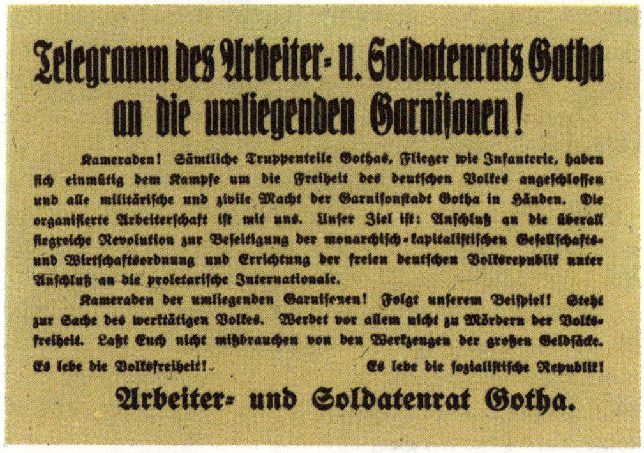

Telegramm des Arbeiter- u. Soldatenrats Gotha an die umliegenden Garnisonen!

Kameraden! Sämtliche Truppenteile Gothas, Flieger wie Infanterie, haben sich einmütig dem Kampfe um die Freiheit des deutschen Volkes angeschlossen und alle militärische und zivile Macht der Garnisonstadt Gotha in Händen. Die organisierte Arbeiterschaft ist mit uns. Unser Ziel ist: Anschluß an die überall siegreiche Revolution zur Beseitigung der monarchisch-kapitalistischen Gesellschafts- und Wirtschaftsordnung und Errichtung der freien deutschen Volksrepublik unter Anschluß an die proletarische Internationale.

Kameraden der umliegenden Garnisonen! Folgt unserem Beispiel! Steht zur Sache des werktätigen Volkes. Werdet vor allem nicht zu Mördern der Volksfreiheit. Laßt Euch nicht mißbrauchen von den Werkzeugen der großen Geldsäcke.

Es lebe die Volksfreiheit! Es lebe die sozialistische Republik!

Arbeiter- und Soldatenrat Gotha.

Telegramm des Arbeiter- und Soldatenrates Gotha vom November 1918 an die Soldaten anderer Garnisonen mit der Aufforderung, sich der Revolution anzuschließen

der Strafformationen (u. a. Strafbataillon 999). Von 1939 bis 1944 wurden nach offiziellen Angaben 7450 Urteile gegen Vorgesetzte wegen S. gefällt; die große Masse der Fälle von S. blieb jedoch ungeahndet.

Die S. waren insbesondere in den imperialistischen deutschen Armeen ein Mittel, die Mannschaften dafür abzurichten, sich in blindem Gehorsam für volksfeindliche und ihnen klassenfremde Ziele einzusetzen und jeden Befehl, auch einen verbrecherischen, bedenkenlos auszuführen. Sie dienten außerdem mit dazu, die Soldaten militärfachlich zu perfektionieren. Wie das Beispiel der faschistischen Wehrmacht zeigt, konnte mit derartigen menschenunwürdigen Methoden eine zeitweilige kampfkraftsteigernde Wirkung erzielt werden. Aber ebenso erwiesen sich die S. als einer der Faktoren, die die Entwicklung einer stabilen Kampfmoral und initiativreich handelnder Soldaten nicht zulassen. Dieser Widerspruch war und ist den Streitkräften von Ausbeuterstaaten immanent. Auch die Bundeswehr der BRD kennt S., wie der jährliche Bericht des Wehrbeauftragten ausweist.

Soldatenräte: proletarische Kampf- und Machtorgane revolutionärer Soldaten, die am Vorabend und im Verlauf der → *Novemberrevolution 1918/19* entstanden.

Die Bildung der S. erfolgte unter dem Einfluß der Großen Sozialistischen Oktoberrevolution auf Deutschland, besonders in Auswirkung der Rätebewegung (Sowjets) im revolutionären Rußland. Auf ihrer Reichskonferenz am 7. 10. 1918 beschloß die Spartakusgruppe das Programm der heranreifenden Revolution und orientierte auf die Bildung von Arbeiter- und S. in allen Orten und Truppenteilen. Die ersten Matrosenräte entstanden während des Aufstandes in der deutschen Hochseeflotte, der Ende Oktober ausbrach (→ *revolutionäre Matrosenbewegung 1917/18*). Nachdem am 3. 11. die Revolution in Kiel begonnen hatte, bildeten sich noch in der Nacht zum 4. 11. Matrosen- und S. auf den Schiffen der 1. Torpedoboot-Division und in den Kieler Kasernen. Mit der revolutionären Woge breitete sich auch die Rätebewegung aus, die in den Streitkräften zuerst die Marine und das Heimatheer erfaßte. Matrosen- und S. wurden am 5./6. 11. in Wilhelmshaven, Hamburg, Bremen und zahlreichen anderen Städten Norddeutschlands gewählt. Ab 7. 11. bildeten sich S. in Bayern, im nordrheinisch-westfälischen Industriegebiet, in Baden, Württemberg, Hannover, Braunschweig, Sachsen, Thüringen und Brandenburg. Die Entstehung von S. am 9. 11. in Berlin war der vorläufige Höhepunkt dieses revolutionären Prozesses. In den industriell weniger entwickelten Gebieten Pommern, Ostpreußen und Schlesien wählten die Soldaten ihre Räte erst nach dem 9. 11. Die Hunderte von S., die in den Garnisonen und militärischen Formationen entstanden, charakterisieren diese Bewegung entgegen bürgerlichen Behauptungen eindeutig als eine Massenbewegung.

Die rasche Verbreitung der S. spiegelte die weitgehende Zersetzung und teilweise Revolutionierung der Streitkräfte des kaiserlichen Deutschlands wider. Die Rätebewegung entwickelte sich vor allem im Heimatheer und in der Marine, drang aber auch in das Feldheer ein. Dabei vollzog sich im Ostheer die Bildung der S. stärker unter dem Einfluß der revolutionären Umgestaltung in Sowjetrußland. Im Westheer dagegen erfolgte sie weniger spontan und unter dem Bestreben der OHL, die Bewegung unter Kontrolle zu bekommen. In vielen Städten Deutschlands vereinigten sich die S. mit den Arbeiterräten oder arbeiteten eng mit ihnen zusammen. Die Mitgliederzahl der S. schwankte zwischen 3 in den Kompanien und 15 in den Korps. Am 10. 11. wurde bei der OHL ein ca. 30köpfiger Zentral-S. gewählt sowie ein Vollzugsausschuß aus 7 Mitgliedern gebildet; dieser S. betrachtete sich als oberster S. des gesamten Feldheeres. In der Marine gab es 2 zentrale Räte: den Hauptausschuß der Marine (5er Rat) in Wilhelmshaven und den 53er Ausschuß in Berlin. Der am 10. 11. geschaffene Vollzugsrat der Berliner Arbeiter- und S., dem 14 Uniformierte angehörten, verstand sich als oberstes Organ aller Arbeiter- und S. in Deutschland.

Die im Verlauf der Novemberrevolution gebildeten Arbeiter- und S. führten den Kampf für den sofortigen Frieden, für die Beseitigung des Kriegsregimes, des Militarismus und der Monarchie, viele auch für die sozialistische Umgestaltung Deutschlands. Obwohl sich die Arbeiter- und S. vielerorts reale Machtpositionen eroberten, entwickelten sie sich nicht wie in Rußland zu Trägern einer neuen, revolutionären Staatsmacht. Hauptgrund hierfür war das Paktieren der rechten Führer der Sozialdemokratie mit der Konterrevolution. Es fehlte eine revolutionäre marxistische Partei, die die Führung der Arbeiter- und S. hätte übernehmen können. In der Zusammensetzung und den Forderungen der Mehrheit der S. schlug sich die politische Unerfahrenheit der Masse der Soldaten nieder. Vielen Räten gehörten neben Soldaten auch Unteroffiziere, Feldwebel und selbst Offiziere und Militärbeamte an. Den Einfluß des Opportunismus und Zentrismus spiegelten Forderungen wie die nach Wiederherstellung von «Ruhe und Ordnung» und vor allem nach einer Nationalversammlung wider.

In der zweiten Novemberhälfte begannen die imperialistischen Kräfte im Zusammenspiel mit den rechten SPD-Führern, den Einfluß der Räte zurückzudrängen. Im Gegensatz dazu kämpften der Spartakusbund und die anderen linken Kräfte für die Macht der Arbeiter- und S. und damit für die Weiterführung der Revolution. Zunehmend erlagen jedoch die Arbeiter- und S. der konterrevolutionären Politik und der Demagogie der rechten sozialdemokratischen Führer und des von ihnen beherrschten sog. Rates der Volksbeauftragten. Durch die Demobilisierung von Formationen des Heimatheeres und die Neuwahl der S. nach der Rückkehr größerer Teile des Feldheeres in die Heimatgarnisonen gelang es, den opportunistischen Einfluß auf die S. zu verstärken. Immer mehr Räte sprachen sich für Wahlen zur Nationalversammlung aus, so die erste Landesversammlung der S. Württembergs am 17. 11., die Delegiertenkonferenz der S. der Berliner Garnison am 30. 11. und der Vertretertag der S. des Feldheeres am 1./2. 12. in Bad Ems. Von entscheidender Bedeutung für den Fortgang der Revolution war der vom 16. bis 21. 12. in Berlin tagende erste Reichskongreß der Arbeiter- und S. Deutschlands. Von den 489 stimmberechtigten Delegierten, in der Mehrheit Anhänger der SPD, vertraten 100 die Streitkräfte. Der Kongreß lehnte das Rätesystem ab und beschloß Wahlen zur Nationalversammlung. Damit wurde die Frage der politischen Macht, die Grundfrage der Revolution, zugunsten der Herrschaft der imperialistischen Bourgeoisie entschieden.

In der Militärfrage war der Kongreß unter dem Druck der allgemein herrschenden antimilitaristischen Stimmung und der Forderungen der Soldatenmassen gezwungen, die sog. Hamburger Punkte anzunehmen. Sie zielten auf eine demokratische Umgestaltung der Streitkräfte und sahen u. a. den Ausbau der Rechte der S. vor. Dieser Beschluß rief den offenen Widerstand der OHL hervor, die in der Folgezeit mit Unterstützung des Rates der Volksbeauftragten ihren Kampf gegen die S. verstärkte. Der weiteren Zurückdrängung des Einflusses der S. diente besonders der Erlaß des preußischen Kriegsministers vom 19. 1. 1919 über die vorläufige Regelung der Kommandogewalt und Stellung der S. in der Armee. Er machte die Hamburger Punkte in der Praxis faktisch unwirksam und degradierte die S. zu Kontrollorganen in Sozial-, Urlaubs-, Disziplinar- und Beschwerdeangelegenheiten. Der Erlaß stieß bei vielen S. auf große Empörung und wurde auf der Reichskonferenz der S. vom 4. bis 6. 2. in Berlin als rechtsungültig erklärt. Aber das zugunsten der Reaktion gewandelte Kräfteverhältnis ließ den S. immer weniger Möglichkeiten, ihre Rechte wirksam zu verteidigen. Die gesetzlichen Bestimmungen vom März und April 1919 über die Bildung der vorläufigen → *Reichswehr* und Reichsmarine schlossen S. in den neu formierten Streitkräften des deutschen Imperialismus aus. Nach der Niederlage der Novemberrevolution verfügten der Reichswehrminister und der preußische Kriegsminister am 14. 5. in einer speziellen Anordnung, die S. gleichzeitig mit den Behörden und Formationen der alten Armee aufzulösen. Die noch bestehenden S. wurden bis Jahresende 1919 liquidiert.

Soldatenverbände: Vereinigungen ehem. Angehöriger der kapitalistischen deutschen Streitkräfte, deren Haupttätigkeit die Erhaltung und Glorifizierung reaktionärer militärischer Traditionen, die Verbreitung militaristisch-chauvinistischen und revanchistischen Gedankengutes sowie die Interessenvertretung der Mitglieder ist.

Historische Vorläufer der S. waren die Ende des 18. und zu Beginn des 19. Jh. auf deutschem Territorium entstandenen Kriegervereine. Der erste derartige Verein wurde 1786 in Wangarin (Pommern) als «Militärische Schützenbruderschaft» gegründet. Nach Ende des nationalen Unabhängigkeitskrieges 1813/14 kam es zur Gründung zahlreicher Vereine von Kriegsteilnehmern. Der zunächst meist demokratische und patriotische Geist in diesen Vereinen wurde unter dem Einfluß monarchistisch-militaristischer Kräfte, vor allem des Junkertums, bald zurückgedrängt. Eine königliche Kabinettsorder vom 22. 2. 1842 gab in Preußen den Mitgliedern der Kriegervereine das Recht, bei besonderen Anlässen Uniform und Waffen zu tragen. In der Revolution 1848/49 standen die Kriegervereine in der Mehrzahl auf seiten der Reaktion.

Nach 1871 stieg die Zahl der S. in Preußen und den übrigen Ländern des deutschen Kaiserreiches rasch an; es kam zum Zusammenschluß der lokalen Vereine auf Landesebene. 1873 entstand als Sammelorganisation in Preußen und Norddeutschland der Deutsche Kriegerbund, 1874 daneben die Allgemeine Deutsche Kriegerkameradschaft. An die Spitze dieser S. traten als Protektoren häufig die Landesfürsten. Während sich der Zusammenschluß der S. innerhalb der einzelnen Länder relativ rasch vollzog, verzögerte er sich im Reichsmaßstab längere Zeit vor allem wegen der in den S. vorherrschenden föderalistischen Bestrebungen. Unter den Bedingungen des Übergangs zum Imperialismus ausgangs des 19. Jh. gewann die militaristische und revanchistische Beeinflussung der Bevölkerung mit Hilfe der S. an Bedeutung. Die Regierungen widmeten dem Ausbau der S. und deren Zentralisierung erhöhte Aufmerksamkeit. 1897 wurde der Preußische Landes-Kriegerverband gegründet. Wenig später fanden sich unter dem wachsenden Einfluß nationalistischer und chauvinistischer Ideologie auch die anderen S. zum Zusammenschluß unter einem Dachverband bereit. Als Ergebnis entstand der → *Kyffhäuserbund* der Deutschen Landeskriegerverbände. Die meisten S. nahmen ehem. Militärangehörige, unabhängig von der Waffengattung oder dem Truppenteil, auf. In einigen S., besonders der Garde, der Kavallerie und der Marine, wurde hingegen ein spezieller Korpsgeist gezüchtet. Parallel zur Entwicklung im kaiserlichen Deutschland entstanden große S. auch in den anderen kapitalistischen Ländern.

Wichtigstes Ziel der S. war, die ehem. Soldaten weiterhin an die Streitkräfte zu binden. Darüber hinaus waren sie wesentlich an der Militarisierung großer Teile der Bevölkerung beteiligt. Intensiv widmeten sich die S. der Rekrutenbetreuung. Sie setzte faktisch bereits mit der Entlassung der Jugendlichen aus der Volksschule ein und umfaßte vor allem wehrsportliche Veranstaltungen. Während des ersten Weltkrieges unterstützten die S. die Aggressionspolitik der herrschenden imperialistischen Kreise. In ihrer Propagandatätigkeit verfälschten sie besonders den Charakter des Krieges, an dessen Entfesselung der deutsche Imperialismus die Hauptschuld trug. Sie stellten Personal für die Bewachung ausländischer Zwangsarbeiter und leisteten andere Hilfsdienste.

Im Verlauf der Novemberrevolution 1918/19 gerieten auch die S. in eine Krise. Zahlreiche Austritte führten zu einem zeitweiligen Absinken der Mitgliederstärken. Viele Mitglieder der S. betätigten sich jedoch weiterhin in konterrevolutionären Verbänden, Einwohnerwehren und in den → *Freikorps.* Zugleich entstanden bereits während der Novemberrevolution und vor allem danach neue S., darunter der sog. Stahlhelm – Bund der Frontsoldaten, der zu den Wegbereitern der faschistischen Diktatur in Deutschland gehörte. Wie zuvor, so erhielten die S. auch in den Jahren nach dem ersten Weltkrieg beträchtliche finanzielle Zuwendungen aus Kreisen der Monopolbourgeoisie und der Großgrundbesitzer. Mit ausgeprägtem Antikommunismus sowie einer zügellosen nationalen und sozialen Demagogie suchten sie die Hinwendung der ehem. Soldaten zur revolutionären Arbeiterbewegung zu verhindern und ihren eigenen Masseneinfluß wieder zu erweitern. Die S. entwickelten sich zunehmend zum Sammelbecken der Reaktion. Zwar vermieden sie zumeist ein offenes Bekenntnis zu einer Partei, waren jedoch faktisch Werkzeuge solch reaktionärer politischer Gruppierungen wie der Deutschnationalen Volkspartei, der Deutschen Volkspartei und später besonders der Nazipartei. Mit dem Wiedererstarken des deutschen Imperialismus und der Aktivierung seiner aggressiven Politik vollzog sich eine entsprechende Orientierung in den S., speziell im Dachverband Reichskriegerbund «Kyffhäuser». Noch offener und aktiver wurden die Wiederaufrüstung des imperialistischen deutschen Staates und die Vorbereitung eines Revanchekrieges propagiert und tatkräftig die Machtergreifung des Faschismus unterstützt. Dieser Haltung entsprach die Ernennung des Reichskriegerbundes durch Regierungserlaß im März 1938 zur alleinigen Körperschaft ehem. Soldaten. Seit Herbst d. J. führte er die Bezeichnung Nationalsozialistischer Reichskriegerbund. In den Jahren des zweiten Weltkrieges (1939–1945) trat er aktiv für die Aggressionspolitik und verbrecherische Kriegführung des faschistischen deutschen Imperialismus ein. Im Frühjahr 1943 erfolgte im Zusammenhang mit der Proklamierung des totalen Krieges die Auflösung der zentralen und regionalen Führungsorgane des Bundes. Die örtlichen Vereinigungen wurden den entsprechenden Organen der Nazipartei direkt unterstellt. In der Schlußphase des Krieges entwickelten diese Vereine teilweise besondere Aktivitäten im Sinne der faschistischen Durchhalteparolen, so bei der Organisierung des Volkssturms.

Nach dem zweiten Weltkrieg fielen die S. wegen ihres faschistisch-militaristischen Charakters unter die Verbotsbestimmungen des → *Alliierten Kontroll-*

Oben: Faschistische Marineverbände, 1934
Unten: Skagerrak-Siegesfeier in Wilhelmshaven (BRD), 1961

rates für Deutschland. Bereits Anfang der 50er Jahre bildeten sich jedoch mit Förderung durch die imperialistischen Besatzungsmächte im Zusammenhang mit der → *Remilitarisierung der BRD* erneut militaristische S. und Traditionsverbände. Ihre Zahl wuchs rasch und betrug 1956 bereits 1118. Bei den in der BRD damals und später entstandenen S. handelt es sich teils um Traditionsgemeinschaften, die auf der Grundlage der Zugehörigkeit zu einer bestimmten Teilstreitkraft, Waffengattung, Spezialtruppe oder zu einem bestimmten Truppenteil oder Verband der früheren imperialistischen deutschen Armeen, vor allem der faschistischen, gebildet wurden, teils um Verbände, die auf Bundesebene organisiert sind bzw. den Charakter von Dachorganisationen haben (z. B. → *Verband deutscher Soldaten (VdS)*, Ring deutscher Soldatenverbände, Deutscher Soldatenbund Kyffhäuser). Zu den S. im weiteren Sinne gehören aber auch Gesellschaften, in denen sich neben Militärs Persönlichkeiten aus der Wirtschaft, Wissenschaft und Politik sowie anderen Bereichen aktiv betätigen (z. B. → *Gesellschaft für Wehrkunde*, → *Clausewitz-Gesellschaft*).

Vor der Öffentlichkeit tarnten sich die S. zunächst, ähnlich wie nach dem ersten Weltkrieg, mit der Behauptung, in erster Linie soziale Ansprüche ihrer Mitglieder zu vertreten. Tatsächlich bestanden ihre Hauptaufgaben und Funktionen in der Wiederbelebung militaristischen Geistes und Verbreitung antikommunistischen und revanchistischen Gedankengutes; in der Sammlung bewährter Offiziere und Unteroffiziere der faschistischen Wehrmacht als Kader für künftige Streitkräfte der BRD; in der Bewahrung und Pflege der reaktionären Traditionen des preußisch-deutschen Militarismus; in der Verherrlichung «soldatischer Leistungen» der imperialistischen deutschen Streitkräfte bei Leugnung oder Bagatellisierung ihrer Kriegsverbrechen; in der Bekämpfung antimilitaristischer Bewegungen in der BRD. Die Führung der S. lag in jener Zeit ausschließlich in den Händen ehem. Generale, Admirale und Offiziere der faschistischen Wehrmacht. Seit der Gründung der → *Bundeswehr der BRD* und ihrer Entwicklung zu einer der stärksten Armeen der → *NATO* sowie der Verschärfung der aggressiven Politik der USA und ihrer NATO-Verbündeten gegen die sozialistischen Staaten vollzog sich bei den S. ein Funktionswandel, der zugleich mit einem Generationswechsel in ihrer Führung und Mitgliederschaft verbunden war. Führungspositionen wurden zunehmend von ehem. Bundeswehrgeneralen und -stabsoffizieren besetzt. Bei den Mitgliedern der S. nahm der Anteil ehem. Berufs- und Zeitsoldaten der Bundeswehr immer mehr zu. Im Mittelpunkt ihrer Tätigkeit steht seitdem die Einflußnahme auf die Militärpolitik und die Entwicklung der Bundeswehr mit extrem aggressiver, antikommunistischer und revanchistischer Zielrichtung, ohne daß jedoch die anderen bisherigen Aufgaben vernachlässigt werden. Um ihr politisches und ideologisches Gewicht zu erhöhen, vollzogen sie gleichzeitig einen Konzentrierungsprozeß. Ende der 70er Jahre bestanden «nur noch» etwa 600 S. in der BRD. Die S. erhalten eine vielfältige Förderung und Unterstützung durch die Bundesregierung, die Bundeswehrführung, im Bundestag vertretene Parteien sowie durch private Wirtschaftskreise. Sie arbeiten eng mit Verbänden der Bundeswehr wie dem Deutschen Bundeswehrverband und dem Verband der Reservisten der Deutschen Bundeswehr zusammen.

Söldnerheere: vor allem in den vorkapitalistischen Klassengesellschaften bestehende → *Streitkräfte*, deren zumeist geworbene Angehörige berufsmäßig gegen Geld (Sold) Militär- und Kriegsdienste leisteten.

Die Entwicklung der S. hing eng mit der sozialen Differenzierung der freien Bevölkerungsschichten, der Ausbreitung der Geldwirtschaft und dem Aufkommen starker Zentral- und Partikulargewalten zusammen. In der Geschichte gab es verschiedene Arten von S.: zeitweilig geworbene und stehende S. sowie Mischformen von Sold-, Aufgebots- und Lehnsdienst mit fließenden Grenzen. Allgemein spiegelte sich im Söldnerwesen die Rolle des Geldes in der jeweiligen Entwicklungsetappe der Klassengesellschaft wider. Die ersten S. gab es in den Staaten des Alten Orients, so u. a. in Ägypten, Babylonien und Persien. In Griechenland nahm nach dem Peloponnesischen Krieg 431–404 v. u. Z. und im Römischen Reich seit dem 1. Jh. v. u. Z. das Söldnerwesen einen nachhaltigen Aufschwung. Die S. Roms rekrutierten sich aus den ärmeren freien Bevölkerungsschichten sowie aus abhängigen und unterworfenen Völkern (germanische, keltische und slawische Soldtruppen). Im mittelalterlichen → *Ritterheer* spielten Soldkrieger zunächst nur eine untergeordnete Rolle. Erst mit der Ausbreitung der Ware-Geld-Beziehungen stieg, begünstigt durch zahlreiche Kriege, seit dem 12./13. Jh. die Zahl der Söldner an. Die partielle Auflösung feudaler Bindungen während der frühkapitalistischen Entwicklung und das allgemeine Bevölkerungswachstum seit dem 15. Jh. schufen ein großes Reservoir für den Solddienst. Anstelle des verfallenden Ritterheeres wurde immer mehr das S. zum militärischen Hauptinstrument der herrschenden Feudalklasse. Als kampfstärkste Söldner galten im 15./16. Jh. die Schweizer, die deutschen → *Landsknechte* und das spanische Fußvolk.

Die S. des 16. und beginnenden 17. Jh. bestanden nur zeitweise. Bei Ausbruch eines Krieges beauftragten die Landesherren bzw. die Städte erfahrene Söldnerführer mit der Werbung eines Heeres. Die Masse der Söldner kam aus bäuerlichen und städtebürgerlichen Schichten und diente in erster Linie als Fußkämpfer. Die Söldnerreiterei rekrutierte sich zumeist aus dem Adel und seinem Gefolge sowie aus dem Patriziat der Städte. Organisatorisch gliederten sich Fußvolk und Reiterei in → *Regimenter,* die aus → *Fähnlein* bestanden. Der Feldobrist setzte die Hauptleute der Fähnlein ein und bestimmte für die Verwaltung, Versorgung und die Lagerordnung Weibel und Meister. In seinen Händen lag auch der Strafvollzug (→ *Militärjustiz,* → *Profoß*). Die Beziehungen zwischen den Feldobristen und den Söldnern wurden durch die Artikelbriefe (→ *Kriegsartikel*) geregelt, wobei die Artikelbriefe für die Reiterei stärker auf adlige Vorrechte zugeschnitten waren. Die Artikelbriefe umfaßten Bestimmungen über Pflichten und Rechte der Söldner, Sold, Ausrüstung, Versorgung, Beuteanteil, Strafen, Marsch- und Lagerordnung u. a. m., zu deren Einhaltung sich die Söldner eidlich verpflichteten (→ *Fahneneid*). Taktische Formation des Fußvolkes auf dem Schlachtfeld war der → *Gevierthaufen.* Die Aufstellungsformen des Haufens (→ *Ordonnanz*) wurden bestimmt durch das zahlenmäßige Verhältnis von → *Pikenieren* und → *Musketieren,* das sich allmählich zugunsten der Schützen wandelte. Die Söldnerreiterei war leichter gerüstet und beweglicher als die Ritter und führte Lanzen, Degen und Pistolen. Zum Kampf formierte sie sich ebenfalls in Haufen, die aus Geschwadern oder Schwadronen (→ *Eskadron*) bestanden. Einsatzbereitschaft und Kampfkraft der S. wurden

Lagerleben, 16. Jh.

durch Betrügereien und Korruption von Befehlshabern, durch Beutegier und Disziplinlosigkeit der Söldner und durch andere Mißstände beeinträchtigt; das Ausbleiben des Solds führte häufig zu Meutereien. Reformversuche in der zweiten Hälfte des 16. Jh. brachten keine nachhaltigen Änderungen im Gefüge der S. Im Dreißigjährigen Krieg 1618–1648 erreichte die Verwilderung der zahlenmäßig stark angewachsenen S. ihren Höhepunkt.

Nach 1648 erwuchs aus den zeitweilig formierten Söldnertruppen das stehende S., mit dem sich die Trennung von Volk und Armee weiter vertiefte. Es diente den ein absolutistisches Regime anstrebenden

Anwerbung und Ausrüstung von Söldnern, Anfang 17. Jh.

Landesfürsten dazu, ihre politische Macht zu festigen und auszubauen. Der Klassencharakter des stehenden S. zeigte sich u. a. in der engen Bindung an den Feudalherrscher sowie in der sozialen Struktur. Der Adel nahm die führenden Positionen im Offizierskorps und in der militärischen Ranghierarchie ein. Die Mannschaften rekrutierten sich durch verschiedene Arten von Werbung und Zwangsaushebung, z. B. in Preußen seit 1733 durch das → *Kantonsystem*, vor allem aus den ärmeren Schichten des Volkes. Das Manufaktur- und Handelsbürgertum war aus ökonomischen Gründen (Steuerzahler und Produzent von Heeresbedarf) von der Dienstpflicht weitgehend befreit. Der Aufbau stehender S. stärkte in den westeuropäischen Ländern sowie in Rußland den zentralstaatlichen Absolutismus. Im politisch zersplitterten römisch-deutschen Feudalreich hingegen konnten die Fürsten mit stehenden S. ihre Territorialherrschaft politisch und militärisch festigen. In der zweiten Hälfte des 17. Jh. wurden stehende S. zuerst in Österreich und Brandenburg-Preußen, dann auch in Württemberg, Bayern, Sachsen und weiteren deutschen Ländern errichtet. Das unter den Königen Friedrich Wilhelm I. (1688–1740) und Friedrich II. (1712–1786) stark vergrößerte preußische S. war im 18. Jh. der Kern des feudalabsolutistischen Militarismus und nahm eine dominierende Stellung im Staat ein. In den stehenden S. wurden die alten Befugnisse der Feldobristen (Ernennungsrechte u. ä.) beseitigt. An die Stelle der Artikelbriefe traten Kriegsartikel; Mannschaften und Offiziere wurden auf den Souverän vereidigt. Die manufakturkapitalistische Entwicklung ermöglichte es, die stehenden S. relativ einheitlich mit Ausrüstungen, Waffen, Munition und Bekleidung zu versorgen. Für die Ausbildung erschienen → *Exerzierreglements.* Die schärfere Disziplinierung der Söldner zeigte sich im Drill, in harten Strafen (→ *Gassenlaufen*) sowie in der beginnenden Kasernierung. Sie bewirkte zusammen mit den → *Soldatenmißhandlungen* und der Zwangsrekrutierung ein bisher nicht gekanntes Ansteigen der Desertion, die ein Charakteristikum der stehenden S. wurde. Die Finanzierung der kostspieligen S. erfolgte vor allem durch Steuergelder sowie durch ausländische Subsidien, wobei der schändliche → *Soldatenhandel* eine wesentliche Rolle spielte. Die stehenden S. gliederten sich organisatorisch in Regimenter und → *Kompanien*; in Preußen war die Kompanie zugleich die unterste Verwaltungseinheit des Heeres (→ *Kompaniewirtschaft*). Taktische Formationen waren das → *Bataillon* bei der Infanterie und die Eskadron bei der Kavallerie. Während die Pikeniere aus den Armeen verschwanden, entwickelte sich die Artillerie endgültig zu einer festen Waffengattung des Heeres. Aus der Waffentechnik und dem politisch-moralischen Zustand der S. ergab sich die → *Lineartaktik*; vom Charakter der S. war auch die Kordon- und Manöverstrategie bestimmt. Durch straffere Organisation und Führung, durch waffentechnische Neuerungen und durch die intensive Ausbildung erreichten die stehenden S. in den Kriegen des 18. Jh. zeitweise eine hohe Kampfkraft. Als besonders schlagkräftig galten die französische, die russische und die preußische Armee.

Die mit der Französischen Revolution von 1789 eingeleitete bürgerliche Umgestaltung des Militärwesens beseitigte weitgehend die S. In fast allen europäischen Staaten und deutschen Territorien entstanden im 19. Jh. Streitkräfte, die auf dem Prinzip der Aushebung der Bürger zum Militärdienst entweder in Form der → *allgemeinen Wehrpflicht* oder der → *Konskription* beruhten. Daneben stellten Kolonialmächte Söldnertruppen zur Unterdrückung von Unabhängigkeitsbewegungen in ihren Kolonien auf (z. B. Frankreich 1830 die bis heute bestehende Fremdenlegion). Nach dem zweiten Weltkrieg haben imperialistische Staaten verschiedentlich versucht, mit Hilfe von S., die sie finanzieren und ausbilden, ihnen unliebsame Regimes junger, einen demokratischen Entwicklungsweg beschreitender Nationalstaaten zu liquidieren.

Somme 1916: Schlacht im ersten Weltkrieg (→ *Weltkrieg, erster, 1914–1918*) zwischen britisch-französischen und deutschen Truppen vom 24. 6. bis Ende November 1916.

Seit Februar 1916 plante das französische Oberkommando eine Offensive beiderseits der S. zum Durchbruch der geschlossenen deutschen Stellungsfront. Sie sollte den Höhepunkt der Offensiven der Ententemächte 1916 bilden und dem deutschen Westheer eine entscheidende Niederlage zufügen. Aufgrund der deutschen Offensive bei → *Verdun 1916* mußte sie jedoch erheblich eingeschränkt werden. Anstelle der französischen Verbände stellten überwiegend kampfunerfahrene britische Divisionen die Hauptkräfte. Aufeinanderfolgende, räumlich begrenzte Angriffe sollten die deutsche Verteidigung in Richtung Chaulnes–Péronne–Bapaume systematisch durchbrechen und den deutschen Frontbogen beseitigen. Ein wichtiges operatives Ziel war Cambrai. Außerdem wurde mit der Offensive die Absicht verfolgt, die französischen Truppen bei Verdun zu entlasten. Das Angriffsverfahren beruhte einseitig auf einer tagelangen Artillerievorbereitung mit der bislang stärksten Massierung von Artillerie (maximale Dichte 167 Rohre je Frontkilometer) und riesigem Munitionseinsatz. Auf die Überraschung wurde damit verzichtet. In dem etwa 40 km breiten Angriffsabschnitt wurden einschließlich der Heeresreserven bereitgestellt: 11 französische und 23 britische (darunter 3 Kavallerie-) Divisionen, 1635 leichte und 1348 schwere Geschütze, mehr als 1100 Minenwerfer und 421 britische Flugzeuge. Die gegenüber-

Schlacht an der Somme –
24. Juni bis Ende November 1916

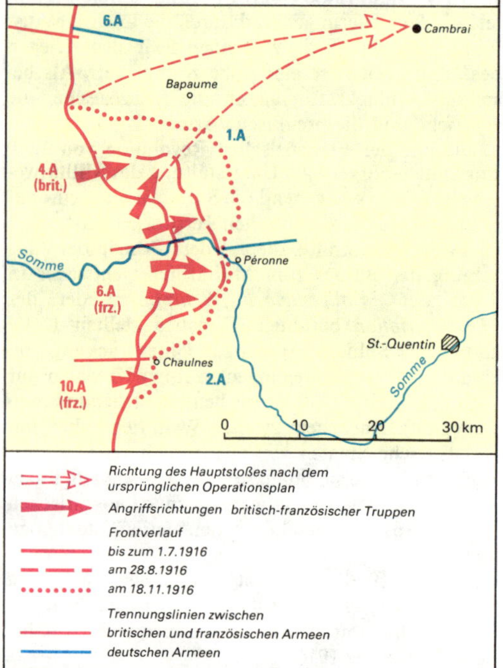

liegende deutsche 2. Armee verfügte auf 100 km Frontbreite nur über 12 Divisionen, 598 leichte und 246 schwere Geschütze, eine größere Anzahl Minenwerfer und 104 Flugzeuge. Die deutsche Verteidigung bestand aus 2 durchgängigen Stellungen. Die erste, 500–1 000 m tief, hatte mehrere Grabenlinien; ihr folgte eine Zwischenstellung. Etwa 3–5 km hinter der ersten lag die zweite Stellung mit nur einer Grabenlinie.

Die Schlacht an der S. begann am 24. 6. mit einer 7tägigen Artillerievorbereitung, die in den Hauptrichtungen wiederholt zu pausenlosem massiertem Feuer aller Kaliber gesteigert wurde. Da die verheerende Wirkung des Trommelfeuers in den ersten Tagen nicht ausgenutzt wurde, konnte die deutsche Seite Gegenmaßnahmen treffen. Der am 1. 7. einsetzende Angriff von 19 Divisionen stieß daher auf hartnäckigen Widerstand von 7 deutschen Divisionen. Nur südlich der S. gelang es den französischen Truppen, teilweise bis zur zweiten deutschen Stellung (westlich Péronne) vorzudringen. Der rasche Einsatz von Reserven (7 Divisionen und Artillerie) konnte den drohenden Durchbruch abwenden. Mitte Juli wurde die deutsche Front zweckmäßiger gegliedert (Bildung der 1. und 2. Armee unter einem Heeresgruppenkommando). In der zweiten Phase der Schlacht (Ende Juli–Ende August) entwickelte sich ein typischer Zermürbungskampf, in dem kleine Angriffe mit äußerst massiertem Artillerieeinsatz vorherrschten. Zerstörte Dörfer und Gehöfte sowie schmale Geländestreifen waren wochenlang auf das härteste umkämpft. In der Regel nahmen beiderseits nur 2–3 Divisionen unmittelbar am Kampf teil, die jedoch in kurzer Zeit ihre Kampffähigkeit einbüßten. Das Gelände wurde zu einem schwer passierbaren Trichterfeld. Das Angriffstempo betrug oft nur wenige hundert Meter am Tage. Da die Gräben zerstört waren, verteidigten sich die deutschen Truppen zunehmend in Granattrichtern und Schützenlöchern. Im Juli und August hatte die deutsche Artillerie ihre bisher schwersten Verluste (etwa 2360 Geschütze). Zugleich beschwor der Verbrauch von rd. 14 Mill. Granaten eine neue Munitionskrise herauf. Infolge der schweren Verluste mußte die OHL an der S. erstmals für die Kampftruppen die regelmäßige Ablösung einführen und dazu schließlich fast das gesamte Westheer heranziehen.

Anfang September begann die letzte Phase der Schlacht. Der Einsatz der französischen 10. Armee südlich der S. blieb erfolglos. Ihren Höhepunkt erreichte die Schlacht von Mitte September bis Anfang Oktober nördlich des Flusses, wo die verstärkten britischen Truppen angriffen. Am 15. 9. setzte das britische Oberkommando erstmals Panzer ein (49 St.), jedoch noch ohne größere Erfolge. Die neue, dritte OHL gab die Konzeption des verlustreichen Haltens der vorderen Linie auf und führte eine elastischere und tiefer gestaffelte Verteidigung ein. Ungeachtet des bisher erfolglosen Verlaufs der Offensive, der verheerenden Verluste und der zunehmenden Kritik, ließen das französische und das britische Oberkommando die Angriffe fortsetzen. Ende Oktober verfügte die Entente an der S. über 4881 Geschütze und über 1000 Flugzeuge, die deutsche Seite über 2377

Zerschossener Schützengraben an der Somme, 1916

Geschütze und 508 Flugzeuge. Die französisch-britischen Fliegerkräfte besaßen während der ganzen Schlacht die Luftherrschaft. Sie unterstützten die Infanterieangriffe und bombardierten Objekte hinter der deutschen Front, konnten aber die Heranführung deutscher Reserven nicht ernsthaft stören. In dem durch Regen verschlammten Trichterfeld kamen Ende Oktober alle Angriffe zum Erliegen. Die Kampfmoral der Truppen beider Seiten sank rapide. Am 18.11. scheiterte der letzte britische Großangriff.

Die Entente erlitt an der S. eine schwere Niederlage. Die Ursachen lagen vor allem in dem einseitigen und schematischen Angriffsverfahren und dem Fehlen beweglicher Angriffsmittel. Nach fast 5 Monaten war die deutsche Front lediglich auf etwa 40 km Breite bis zu 10 km eingedrückt worden. Auch tagelanges massiertes Artilleriefeuer hatte es nicht vermocht, sämtliche Widerstandspunkte zu vernichten. Die Überlegenheit der Verteidigung äußerte sich in einem wirksameren Feuersystem und in größerer Beweglichkeit der Infanteriereserven. Die französischen Verluste (Tote, Vermißte, Verwundete und Gefangene) betrugen fast 200000 Mann, die britischen rd. 556000 Mann und die deutschen rd. 500000 Mann. Nach und nach waren 104 französische und britische Divisionen (rd. 2,5 Mill. Mann) und 95½ deutsche Divisionen (rd. 1,5 Mill. Mann) durch die «Hölle an der S.» gegangen. Stärker als bisher hatte sich die materielle Überlegenheit der Entente gezeigt. Ihr Munitionseinsatz von rd. 24 Mill. Granaten lag weit über dem auf deutscher Seite. Zu den Auswirkungen der Schlacht gehörten eine deutliche Zunahme der Antikriegsstimmung unter den deutschen Soldaten und der Bau der → *Siegfriedstellung*. Mit der Offensive an der S. hatte die Entente auf dem westeuropäischen Kriegsschauplatz zeitweilig die strategische Initiative übernommen. Trotz ihres Scheiterns trug die Offensive wesentlich zur Verschlechterung der Lage des deutschen Imperialismus bei.

Sowjetarmee und Seekriegsflotte: Streitkräfte der UdSSR, die den Schutz der sozialistischen Errungenschaften des Sowjetvolks, seine Freiheit und Unabhängigkeit und zusammen mit den anderen sozialistischen Armeen die Sicherheit der sozialistischen Gemeinschaft vor Anschlägen imperialistischer Aggressoren gewährleisten.

Am Vorabend der Großen Sozialistischen Oktoberrevolution waren unter Führung der Kommunistischen Partei Rußlands (Bolschewiki) bewaffnete Freiwilligenabteilungen vor allem aus den Reihen der klassenbewußten Arbeiter aufgestellt und militärisch geschult worden. Sie erhielten die Bezeichnung Rote Garde. Von der Partei der Bolschewiki mit W. I. Lenin (1870–1924) an der Spitze klug geführt, sicherte die Rote Garde – unterstützt von Soldaten und Matrosen aus der alten Armee – den siegreichen Verlauf der Revolution in Petrograd, Moskau und anderen Städten und Gebieten. Für den erfolgreichen Kampf gegen die bewaffnete Konterrevolution und ausländische imperialistische Intervention bedurfte es jedoch einer regulären, kampfstarken Armee völlig neuen Typus. Im Januar 1918 nahm das Gesamtrussische Zentralexekutivkomitee der Sowjets der Arbeiter-, Soldaten- und Bauerndeputierten die von W. I. Lenin verfaßte «Deklaration der Rechte des werktätigen und ausgebeuteten Volkes» an, die auch die Bildung einer sozialistischen Roten Armee der Arbeiter und Bauern und die völlige Entwaffnung der Ausbeuterklassen vorsah. Auf dieser gesetzlichen Grundlage unterzeichnete W. I. Lenin Ende Januar 1918 das Dekret des Rates der Volkskommissare über den Aufbau einer Roten Arbeiter-und-Bauern-Armee und im Februar 1918 ein weiteres über die Schaffung einer Roten Arbeiter-und-Bauern-Flotte. Den Formierungsprozeß der nach dem Freiwilligenprinzip aufgestellten Streitkräfte leitete das Gesamtrussische Kollegium für den Aufbau der Roten Armee. Am 21.2.1918, zu einem Zeitpunkt, als die deutschen Aggressionstruppen in Richtung Petrograd vorstießen, wandte sich die So-

Soldaten der Roten Armee unterzeichnen den Fahneneid, 1918

wjetregierung mit dem Aufruf «Das sozialistische Vaterland ist in Gefahr!» an das werktätige Volk. Durch den massenweisen Eintritt von Freiwilligen in die Rote Armee konnten in wenigen Tagen zahlreiche neue Truppenteile aufgestellt und eingesetzt werden. Sie brachten die Offensive der Interventen bei Pskow und Narva zum Stehen. Zum Gedenken an den Massenheroismus des Volkes zur Verteidigung des sozialistischen Vaterlandes beschloß die Sowjetregierung im Jahre 1919, den 23. Februar jährlich als Tag der Gründung der Roten Armee (nach dem zweiten Weltkrieg Tag der Sowjetarmee und Seekriegsflotte) zu begehen. Angesichts der zunehmenden Angriffe der äußeren und inneren Konterrevolution wurde im Mai 1918 die Wehrpflicht eingeführt. An die Stelle des Gesamtrussischen Kollegiums trat der Gesamtrussische Hauptstab, der die Organisation, den Aufbau und die Ausbildung der Truppen leitete. In Armee und Flotte wurde die Institution der Kriegskommissare geschaffen, im März 1919 die Politische Verwaltung gebildet. Erfahrene Kommunisten leisteten, gestützt auf die Politorgane und Parteizellen, in den Verbänden und Truppenteilen eine große Arbeit bei der Formierung kampfstarker Armee- und Frontvereinigungen. Dank ihrer hohen Kampfmoral errang die Rote Armee bedeutende Erfolge im Kampf gegen die äußere und innere Konterrevolution. Bis 1922 wurden die Interventen und Weißgardisten in mehreren Feldzügen vernichtend geschlagen und ihre Reste vom Territorium des Sowjetlandes vertrieben.

Mit der Gründung der UdSSR im Dezember 1922 begann eine neue Etappe in der Entwicklung der sowjetischen Streitkräfte. Der militärische Aufbau erfolgte von nun an nicht mehr republikweise, sondern im gesamtstaatlichen Rahmen, zentral geleitet vom Volkskommissariat für Militär- und Marineangelegenheiten. Vordringliche Aufgabe war, die Streitkräfte auf die Friedensbedingungen umzustellen und zu reorganisieren. Von 1920 bis 1923 wurden sie von über 5 Mill. Mann auf 516000 Mann verringert, gleichzeitig die Schützentruppen, die Artillerie, die Pionier- und Nachrichtentruppen anteilmäßig vergrößert. Weittragende Bedeutung hatte die 1924/25 durchgeführte Militärreform. Um die einheitliche und effektivere Führung von Armee und Flotte zu erreichen und die führende Rolle der Partei zu verstärken, wurden die zentralen und örtlichen militärischen Organe umgestaltet, die Politische Verwaltung des Revolutionären Kriegsrates der UdSSR zur Politischen Verwaltung der Roten Arbeiter-und-Bauern-Armee umgewandelt und die Funktionen der Verwaltungen des Volkskommissariats für Militär- und Marineangelegenheiten neu festgelegt. Zu den wichtigsten Maßnahmen der Militärreform gehörte der Übergang zum gemischten Territorial- und Kaderprinzip bei der Auffüllung und Ausbildung der Roten Armee. Die meisten Verbände, die sog. Territorialdivisionen, hatten einen relativ kleinen Kaderbestand. Sie wurden durch Wehrpflichtige aufgefüllt, die im Verlauf von 5 Jahren jährlich für kurze Zeit zum Wehrdienst einberufen wurden. Reine Kadertruppen blieben die Verbände und Truppenteile der grenznahen Militärbezirke, die technischen Truppen und die Seekriegsflotte. Dieses gemischte Prinzip entsprach der schwierigen wirtschaftlichen Lage des Landes und den Erfordernissen der Landesverteidigung am besten. Die Militärreform leitete auch den Übergang zur Einzelleitung in den Streitkräften ein. Zugleich wurde die Aus- und Weiterbildung der Kader verbessert. Die Unteroffiziere wurden an Regimentsschulen der Divisionen ausgebildet, die Offiziere an 57 Offiziersschulen der Teilstreitkräfte, die höheren Kommandeure an 6 Militärakademien, in akademischen Kursen, an 4 Militärhochschulen und militärischen Fakultäten ziviler Hochschulen. Aus der Akademie des Generalstabs entstand die Militärakademie der Roten Arbeiter-und-Bauern-Armee «M. W. Frunse». Das 1925 erlassene erste Allunionsgesetz über die Wehrdienstpflicht legte diese für alle männlichen Werktätigen von 19 bis 40 Jahren fest und verankerte rechtlich die während der Militärreform durchgeführten Maßnahmen. Das Gesetz bestimmte auch die Struktur der Streitkräfte, die in Land-, Luft- und Seestreitkräfte sowie spezielle Truppen eingeteilt wurden. Bis Ende der 20er Jahre waren so bedeutende Schritte auf dem Weg zur Schaffung einer Streitmacht sozialistischen Typs getan worden, die bereit und fähig war, die an sie gestellten Anforderungen zu erfüllen. Als 1929 Truppen der chinesischen Militaristen in der Mandschurei die zur UdSSR gehörende Ostchinabahn besetzten, vereitelten die Fernöstliche Armee und die Amurflottille diesen Aggressionsakt in einer erfolgreichen Operation.

Seit Beginn der 30er Jahre verschärfte sich die internationale politische Lage erneut. Die reaktionärsten Kräfte des Monopolkapitals, vor allem in Deutschland, Italien und Japan, suchten den Ausweg aus der Weltwirtschaftskrise in der Vorbereitung und Entfesselung eines Krieges, der die Vernichtung des ersten sozialistischen Staates der Welt zum Hauptziel hatte. Dieser Bedrohung sowie der Entwicklung im Militärwesen Rechnung tragend, bereiteten das ZK der Kommunistischen Partei und die Sowjetregierung Land und Volk der UdSSR auf die höheren Erfordernisse des militärischen Schutzes vor. Zum Hauptkettenglied der Militärpolitik der KPdSU wurden die grundlegende technische Rekonstruktion und Erhöhung der Kampfkraft der Streitkräfte. Die Möglichkeit dazu boten die Erfolge, die die sowjetischen Werktätigen unter Führung der KPdSU bei der Erfüllung des 1. Fünfjahrplans errungen hatten und die während des 2. Fünfjahrplans zu erwarten waren. Sowjetische Wissenschaftler und Konstrukteure entwickelten moderne Waffen und Kampftechnik, besonders automatische Schützenwaffen, Artilleriesysteme, Panzer, Flugzeuge und U-Boote, die im Laufe der 30er Jahre in die Streitkräfte eingeführt wurden. Die Umrüstung sowie neue militärwissenschaftliche Erkenntnisse über die Methoden des bewaffneten Kampfes bedingten auch Veränderungen in der Gliederung und Struktur der Streitkräfte. Bei den Landstreitkräften veränderte sich vor allem das Verhältnis zwischen den Waffengattungen zugunsten der mechanisierten und motorisierten Truppen. Viele territoriale Divisionen wurden auf Kaderdivisionen umgestellt. Die Luftstreitkräfte wurden vergrößert, die Proportionen zwischen ihren Gattungen ebenfalls verändert. Machten die Aufklärungsflugzeuge 1929 über 80 % der Kampfflugzeuge aus, so betrug ihr Anteil 1938 nur noch 9,5 %; 52 % waren jetzt Bomben- und Schlachtflugzeuge, 38,6 % Jagdflugzeuge. Zur Baltischen Flotte und Schwarzmeerflotte kamen die Pazifik- und die Nordflotte hinzu. Die KPdSU ergriff auch Maßnahmen zur Festigung des militärischen Führungsapparates. So wurden 1934 der Revolutionäre Kriegsrat der UdSSR aufgelöst, das Volkskommissariat für Militär- und Marineangelegenheiten in das Volkskommissariat für Verteidigung der UdSSR und der Stab der Roten Arbeiter-und-Bauern-Armee zum Generalstab umgebildet. Zur Führung der Seestreitkräfte entstand 1938 das Volkskommissariat für die Seekriegsflotte. Weitere Maßnahmen bezweckten, den Einfluß der Partei in den Streitkräften zu festigen. So führte man die 1934 aufgelösten Militärräte der Militärbezirke 1937 wieder ein und schuf ein Jahr später beim Volkskommissariat für Verteidigung den Obersten Kriegsrat der Roten Arbeiter-und-Bauern-Armee. Er hatte die Beschlüsse der Partei auf dem Gebiet der Landesverteidigung zu verwirklichen.

Um den durch die Modernisierung und Vergrößerung der Streitkräfte entstandenen höheren Anforderungen an die Truppenführung zu entsprechen, faßte das ZK der KPdSU eine Reihe Beschlüsse zur Ausbildung qualifizierter, technisch und politisch hochgebildeter Militärspezialisten. Seit 1932 war für alle Offiziere die marxistisch-leninistische Schulung obligatorisch. 1937 bildeten die Streitkräfte ihre Offiziere an 75 Schulen aus, davon an 18 Schulen für Fliegerkräfte, an 7 für die Seestreitkräfte, an 11 Artillerieschulen und an 9 Schulen für Panzertruppen. Beachtliche Fortschritte erzielte die sowjetische Militärwissenschaft. Viele ihrer Forschungsergebnisse gingen in neue Gefechtsvorschriften ein. Der Aufbau und Sieg des Sozialismus wirkte sich auch tiefgreifend auf den politisch-sozialen Charakter der Streitkräfte aus, was vor allem in der klassenmäßigen Zusammensetzung der Kader zum Ausdruck kam. Der Anteil der Arbeiter bei den Kommandeuren stieg kontinuierlich an, ebenso erhöhte sich die Zahl der Parteimitglieder. Besonders war dies bei den technischen Truppen und in den Seestreitkräften der Fall.

Ende der 30er Jahre hatten die sowjetischen Streitkräfte neue Bewährungsproben zu bestehen. Dank ihrer gewachsenen Kampfkraft bereiteten sie am Vorabend des zweiten Weltkrieges den japanischen Interventen 1938 am Chassansee eine empfindliche militärische Niederlage. Im Sommer 1939 leistete die UdSSR der Mongolischen VR, mit der sie einen Beistandspakt abgeschlossen hatte, militärische Hilfe. Die in das Gebiet des Flusses Chalchyn gol eingefallenen Truppen der japanischen Armee wurden zerschlagen. In diesen Kämpfen zeigten sich die Vorzüge der sowjetischen Militärorganisation und -technik, das hohe Niveau der Kriegskunst der Roten Armee und die hervorragenden moralisch-kämpferischen Eigenschaften der Sowjetsoldaten.

Der Beginn des zweiten Weltkrieges (→ *Weltkrieg, zweiter, 1939–1945*) und die drohende Gefahr eines imperialistischen Überfalls zwangen die Kommunistische Partei und die Sowjetregierung, die Vorkehrungen zur Vergrößerung der Streitkräfte und Erhöhung ihrer Kampfkraft zu beschleunigen. Am 1. 9. 1939 erließ der Oberste Sowjet auf der Grundlage der Verfassung von 1936 das Gesetz über die allgemeine Wehrpflicht, das auch eine Reorganisation der militärischen Führungsorgane und den endgültigen Übergang zu Kaderdivisionen festlegte. Am Vorabend des Großen Vaterländischen Krieges der Sowjetunion betrug die Stärke der Streitkräfte 4,207 Mill. Mann, das Dreifache von der im Jahre 1938. Die unmittelbare Führung der Streitkräfte hatten der Volkskommissar für Verteidigung und der Volkskommissar für die Seekriegsflotte inne. Zu den Landstreitkräften gehörten 303 Schützen-, Panzer-, motorisierte und Kavalleriedivisionen, von denen aber viele nicht aufgefüllt waren oder sich erst im Aufbau befanden. Die Seekriegsflotte umfaßte 4 Flotten und 5 Flottillen. Die Luftstreitkräfte gliederten sich in die Fliegerkräfte des Oberkommandos, die Front- und Armeefliegerkräfte. Ihre Hauptaufgabe war die Unterstützung der Landstreitkräfte, sie sollten aber auch bestimmte selbständige Aufgaben durchführen können. Die Seekriegsflotte hatte eigene Fliegerkräfte. Die Streitkräfte waren zu diesem Zeitpunkt nur zu einem geringen Teil mit modernster Bewaffnung und Kampftechnik ausgerüstet. Die Um- und Neuausrüstung befand sich noch im Anfangsstadium, als Hitlerdeutschland am 22. 6. 1941 die Sowjetunion wortbrüchig überfiel. Infolgedessen mußten die sowjetischen Streitkräfte in der Anfangsperiode des Großen Vaterländischen Krieges unter außerordentlich schwierigen Bedingungen kämpfen.

Der Große Vaterländische Krieg erforderte die Mobilisierung aller Kräfte des Landes. Zur Leitung der Kampfhandlungen wurde unmittelbar nach dem faschistischen Überfall das Hauptquartier des Oberkommandos der Streitkräfte gebildet. Mit den Kommunisten an der Spitze und dank dem Heroismus und der grenzenlosen Opferbereitschaft des ganzen Volkes bestanden Armee und Flotte ihre härteste Be-

Sowjetische Truppen gehen vor Moskau zum Angriff über, Dezember 1941

währungsprobe. Ende 1941 wurden die Aggressoren an den Zugängen nach Moskau, Leningrad und anderen lebenswichtigen Zentren des Landes zum Stehen gebracht. Die historische Schlacht vor → *Moskau 1941/42* bereitete der faschistischen Wehrmacht die erste große Niederlage während des zweiten Weltkrieges und machte den «Blitzkriegsplan» zunichte. Nachdem sich im Sommer 1942 das Zentrum der Kriegshandlungen an den Südflügel der sowjetisch-deutschen Front verlagert hatte, führten die sowjetischen Streitkräfte mit ihren Siegen in der Schlacht um → *Stalingrad 1942/43,* der Schlacht *um den* → *Kaukasus 1942/43* und der Schlacht bei → *Kursk 1943* die grundlegende Wende nicht nur im Großen Vaterländischen Krieg der Sowjetunion, sondern im gesamten zweiten Weltkrieg herbei. Durch die gigantischen Leistungen des Sowjetvolkes erhöhten sich stetig die Kampfkraft und Gefechtsbereitschaft der Streitkräfte, die den Aggressor im Verlaufe der Sommer-Herbst-Offensive 1944 vom Territorium der UdSSR vertrieben. Gleichzeitig erfüllten die sowjetischen Streitkräfte ihre historische Befreiungsmission gegenüber anderen vom Faschismus unterjochten Völkern Europas. Durch hervorragend geplante und durchgeführte Operationen, wie die → *Belorussische Operation 1944,* die Operation von Iaşi – Kischinjow 1944, die Weichsel-Oder-Operation 1945, die Prager Operation 1945 und die → *Berliner Operation 1945,* fügten die sowjetischen Streitkräfte der faschistischen Wehrmacht katastrophale Niederlagen zu. Hitlerdeutschland wurde zur bedingungslosen Kapitulation gezwungen. Nach Beendigung der Kämpfe in Europa führte die Offensive sowjetischer Verbände zur raschen Zerschlagung der japanischen Kwangtung-Armee in der Mandschurei. Mit dem Sieg über Japan endete der zweite Weltkrieg.

Die sowjetischen Streitkräfte errangen einen Sieg von welthistorischer Bedeutung und hatten sich zu einer unüberwindlichen Macht entwickelt, weil

Marineinfanterie vor Sewastopol, 1942

ihr Aufbau, ihre Erziehung, Ausbildung und allseitige Sicherstellung in den Händen der KPdSU lagen. Die Landstreitkräfte bildeten die zahlenmäßig stärkste und entscheidende Teilstreitkraft. Ihre Hauptwaffengattung, die Schützentruppen, war mit für die damalige Zeit modernsten Schützenwaffen ausgerüstet, von denen die Hälfte während des Krieges entwickelt wurde. Der wichtigste taktische Verband war die Schützendivision, der größte das Schützenkorps. Hauptfeuerkraft der Landstreitkräfte war die Artillerie. Sie wuchs während der Kriegsjahre quantitativ und qualitativ. Die Truppen erhielten in zunehmendem Maße verbesserte Granatwerfer- und Geschütztypen, so den 120-mm-Regimentsgranatwerfer und den 160-mm-Divisionsgranatwerfer. Bei der Geschützartillerie wurden viele Arten und Typen modernisiert und neue Systeme eingeführt, z. B. die 76-mm- und die 100-mm-Kanone sowie die 152-mm-Haubitze. Die Kaliber der Panzerabwehrartillerie stiegen im Verlauf des Krieges auf mehr als das Doppelte, wodurch sich die Durchschlagskraft verfünffachte. In die Truppen wurden 37-mm-, 76,2-mm- und 85-mm-Flak eingeführt. Besonders wirkungsvoll war die reaktive Artillerie (Geschoßwerfer BM-13). Hauptstoß- und -manöverkraft bildeten die Panzer- und mechanisierten Truppen. Dank der gewachsenen Produktion von mittleren und schweren Panzern sowie SFL konnte im Frühjahr 1942 mit der Aufstellung von Panzerkorps, im Herbst auch von mechanisierten Korps und ein Jahr später von Panzerarmeen begonnen werden. Das ermöglichte, die Operationen in große Tiefen auszuweiten. Die mittleren Panzer T-34 wie auch die schweren Panzer wurden verbessert, außerdem neue Typen entwickelt. Einsatzmöglichkeiten und Kampfkraft stiegen in nicht geringem Maße auch bei den Pioniertruppen, Nachrichtentruppen und Truppen des chemischen Schutzes. Den wichtigsten operativen Verband bildete während des Krieges die allge-

Die rote Fahne weht auf dem Reichstag in Berlin, 1. Mai 1945

meine Armee, der größte operativ-strategische Verband war die Front. Sie setzte sich 1942/43 aus mehreren Armeen mit 20–30 Schützendivisionen zusammen und verfügte über 500–800 Panzer und 700–1000 Flugzeuge; 1944/45 besaß sie etwa das Doppelte an Kräften und Mitteln. In der Hauptrichtung eingesetzte Fronten waren noch bedeutend stärker.

Auch die Luftstreitkräfte machten während des Krieges wesentliche Veränderungen durch und gewannen erheblich an Kampfkraft. Waren die Fliegerkräfte 1941 noch auf die allgemeinen Armeen aufgeteilt, so wurden sie 1942 zu Luftarmeen formiert, über die der Frontoberbefehlshaber verfügte. Die strategischen Bombenfliegerkräfte wurden zu Fernfliegerkräften umgebildet und waren dem Hauptquartier unterstellt. Gleichzeitig vollzog sich der Übergang von Verbänden gemischter Gattungen zu Verbänden einer Gattung. Das steigerte die Manövrierfähigkeit, erleichterte das Zusammenwirken mit den Bodentruppen und erhöhte die Wirksamkeit ihres Einsatzes. Eine wichtige Rolle spielte dabei auch die Zuführung neuer Konstruktionen in großer Anzahl. Dazu gehörten die Jagdflugzeuge Jak-3, Jak-7b, Jak-9, La-5 und La-7, die Schlachtflugzeuge Il-2 und Il-10, die Bombenflugzeuge Pe-2, Il-4 und Tu-2. Geschwindigkeit, Flughöhe und Reichweite nahmen beträchtlich zu. Die Luftstreitkräfte lösten erfolgreich ihre Hauptaufgabe, Truppen und Kampftechnik des Gegners auf dem Gefechtsfeld zu vernichten und die Luftherrschaft zu erringen.

Die Kräfte der Luftverteidigung schützten zuverlässig die Truppen und wichtige Objekte vor gegnerischen Schlägen. Aufgrund der Erfahrungen der ersten Kriegsmonate wurde im Herbst 1941 das System der Luftverteidigung reorganisiert. So schuf man das Oberkommando der Truppen der Luftverteidigung und bildete Divisions- und Korpsluftabwehrräume, später auch Armee- und Frontverbände. Die Truppen erhielten im Verlauf des Krieges in wachsender Anzahl neue Jagdflugzeuge, Flak und Fla-MGs, Scheinwerfer- und Funkmeßtechnik.

Die Kampfhandlungen der Seestreitkräfte dienten vor allem zur Unterstützung der Landstreitkräfte, in erster Linie bei Operationen in Küstenrichtungen. Zu Beginn des Krieges verfügten sie nur über eine geringe Anzahl neuer Schiffe. Auch ihre Fliegerkräfte und Flakartillerie waren unzureichend. Seit 1943 erhielt die Flotte neue U-Boote, Torpedoschnellboote und andere Kriegsschiffe sowie neue Flugzeugtypen zugeführt. Statt der bisherigen gemischten Verbände ging man zu Verbänden einer Gattung über. Um ein enges Zusammenwirken mit den Landstreitkräften in Flußrichtungen zu gewährleisten, wurden Kriegsflottillen gebildet und neue Flottenbasen eingerichtet. Die Seestreitkräfte führten während des Krieges über 100 operative und taktische Seelandungen durch. Sie bekämpften erfolgreich den Gegner auf seinen Seeverbindungen und schützten die eigenen See-, Binnensee- und Flußversorgungswege.

Die Streitkräfte der UdSSR brachten hervorragende Heerführer und Generalstabsoffiziere hervor, die es glänzend verstanden, die sowjetische Kriegskunst weiterzuentwickeln und in einen entscheidenden Faktor des Sieges zu verwandeln. Sie meisterten so komplizierte Aufgaben wie die Planung und Durchführung von strategischen Angriffs- und Verteidigungsoperationen, das strategische Zusammenwirken der operativen und taktischen Verbände der Teilstreitkräfte und mit Partisanenverbänden. Durch die Bildung, Konzentrierung und den rationellen Einsatz von strategischen Reserven verstand es die militärische Führung, der jeweiligen Lage entsprechend eine Überlegenheit an Kräften und Mitteln über den Gegner zu gewährleisten. Nicht weniger erfolgreich entwickelten sich die operative Kunst (Vorbereitung und Durchführung von Angriffs- und Verteidigungsoperationen im Front- und Armeemaßstab) und die Taktik (Organisation von Angriffs- und Verteidigungsgefechten).

Wichtigste Quelle des Sieges der UdSSR und ihrer Streitkräfte war die Führung durch die Kommunistische Partei. In den Streitkräften gewährleistete sie ihre führende Rolle über die Politische Hauptverwaltung der Roten Armee, über die Kriegsräte der Fronten, Flotten, Armeen und Flottillen sowie über die

Politorgane und Parteiorganisationen in den Verbänden und Truppenteilen. Die Politorgane und Parteiorganisationen hoben die Kampfmoral der Soldaten. Die Kommunisten mobilisierten die Soldaten und Matrosen durch ihr persönliches Vorbild.

Beim Übergang der UdSSR vom Krieg zum Frieden demobilisierte der Sowjetstaat etwa 8,5 Mill. Angehörige der Roten Armee (seit 1946 Sowjetarmee) und der Seekriegsflotte. Diese besaßen 1948 eine Stärke von 2,874 Mill. Mann. Die Verbände und Truppenteile, die zeitweilig auf dem Territorium der vom Faschismus befreiten Länder verblieben, wurden zu Gruppen der sowjetischen Streitkräfte zusammengefaßt. Zur Führung der Streitkräfte schuf man statt den Volkskommissariaten für Verteidigung und für die Seekriegsflotte im Februar 1946 das Volkskommissariat (ab März 1946 Ministerium) der Streitkräfte der UdSSR (seit März 1953 Ministerium für Verteidigung der UdSSR). Angesichts der durch die imperialistischen Mächte mit den USA an der Spitze verschärften internationalen Lage, ihres aggressiven antisowjetischen Kurses und der amerikanischen Atomkriegsdrohungen verstärkte die Sowjetunion ihre Verteidigungsfähigkeit im notwendigen Umfange.

Ende der 40er/Anfang der 50er Jahre gelang es, das Kernwaffenmonopol der USA zu brechen. Gleichzeitig wurden die ersten gelenkten ballistischen Raketen entwickelt. Die Streitkräfte erhielten verbesserte oder neue Waffen bzw. Waffensysteme, moderne Führungs- und Wartungstechnik u. a. m. Bei den Landstreitkräften vollzog sich ein Prozeß der vollständigen Motorisierung und Mechanisierung. Die Panzer- und mechanisierten Truppen, deren Anteil sich wesentlich erhöhte, wurden mit neuen mittleren Panzern (T-54), schweren Panzern und Schwimmpanzern ausgerüstet, die Artillerie mit neuen Geschützen, u. a. mit einer neuen, weittragenden 152-mm-Kanone, einer 130-mm-Kanone, einem 240-mm-Granatwerfer, einer 57-mm- und 100-mm-Flak, sowie mit neuen Geschoßwerfern (BM-14; BM-24; BM-21). Auch die Spezialtruppen bekamen verbesserte Technik und Ausrüstung. Die Luftstreitkräfte erhielten statt der Kolbenflugzeuge Strahlflugzeuge sowie neue Navigationssysteme. In den Seestreitkräften erfolgte der weitere Ausbau der U-Boot-Flotte. Die Gefechtsmöglichkeiten der Truppen der Luftverteidigung, die 1948 zu einer selbständigen Teilstreitkraft umgebildet wurden, nahmen ständig zu. Seit Beginn der 50er Jahre bekamen sie gelenkte Fla-Raketen. Große Anstrengungen galten der Entwicklung der Luftlandetruppen.

Erstrangige Aufmerksamkeit widmeten die KPdSU und die Sowjetregierung der Erziehung und Ausbildung der Angehörigen der Streitkräfte, vor allem der Meisterung der neuen Waffen und der Kampftechnik. Im Mittelpunkt der militärwissenschaftlichen Arbeit stand die Untersuchung der Erfahrungen des zweiten Weltkrieges, ihre Verallgemeinerung unter Berücksichtigung der Nachkriegsveränderungen und die Vermittlung der gewonnenen Erkenntnisse an die Truppe. Brüderliche Hilfe leistete die UdSSR in den Nachkriegsjahren beim Aufbau der Volksarmeen in den anderen sozialistischen Staaten. Sie entsandte auf Bitten der Regierungen dieser Länder Militärberater. Diese halfen ihren Waffenbrüdern, die von der Sowjetunion gelieferte Militärtechnik zu meistern und eine wirkungsvolle Gefechtsausbildung zu organisieren. Zahlreiche Militärkader der Bruderarmeen erhielten die Möglichkeit, sich an Militärakademien oder anderen Lehreinrichtungen der Sowjetarmee und der Seekriegsflotte weiterzubilden.

Eine neue Etappe in der Entwicklung und Rolle der Sowjetarmee und Seekriegsflotte begann um die Mitte der 50er Jahre. Seit Gründung der NATO 1949 hatten die herrschenden Kreise der USA, Großbritanniens und anderer imperialistischer Staaten ihre Politik der Stärke verschärft. Sie schufen weitere aggressive Blöcke, umgaben die sozialistischen Länder mit einem Netz von Militärstützpunkten, beschleunigten die Aufrüstung und drohten der UdSSR mit einer unter Einsatz von Kernwaffen geführten Aggression. Mit der Einbeziehung der BRD in die NATO 1954/55 schufen sie sich ein bis unmittelbar an die Grenzen des sozialistischen Weltsystems in Europa heranreichendes Aufmarschgebiet. Auf der Grundlage ihrer fortschreitend engeren Zusammenarbeit schlossen daher die UdSSR und die europäischen sozialistischen Länder im Mai 1955 den Warschauer Vertrag über Freundschaft, Zusammenarbeit und gegenseitigen Beistand und bildeten ihre kollektive Militärorganisation in Gestalt des → *Warschauer Verteidigungsbündnisses*, dessen Hauptkraft die sowjetischen Streitkräfte sind. In Einklang mit

Panzerangriff in einem Manöver, 1979

Strategische Raketentruppen auf der Parade in Moskau, 1967

den Grundsätzen des Warschauer Vertrages und durch bilaterale Abkommen zwischen den jeweiligen Staaten rechtlich fixiert, blieben sowjetische Truppen zeitweilig auf dem Territorium der DDR (→ *Gruppe der Sowjetischen Streitkräfte in Deutschland (GSSD)*), der VR Polen, der ČSSR und der Ungarischen VR zum Schutz der sozialistischen Errungenschaften und des Friedens vor imperialistischer Aggression stationiert.

Gleichzeitig stärkten die UdSSR und die anderen sozialistischen Länder ihre Verteidigungskraft. Überragende Bedeutung hatte dabei die Einführung von Raketenkernwaffen in die sowjetischen Streitkräfte, wodurch ein tiefgreifender Umwälzungsprozeß im gesamten sowjetischen Militärwesen einsetzte. An der Schwelle der 60er Jahre wurden die strategischen Raketentruppen als Teilstreitkraft geschaffen. Mit ihren qualitativ neuen Gefechtsmöglichkeiten bilden sie die Grundlage zur Erhöhung der Kampfkraft und Gefechtsbereitschaft nicht nur der Streitkräfte der UdSSR, sondern auch der kollektiven Verteidigungsmacht der sozialistischen Staatengemeinschaft. Die Luftverteidigung des Landes wurde weiterentwickelt. Ihre Truppen erhielten Fla-Raketenkomplexe, Allwetter-Fernabfangjagdflugzeuge mit Überschallgeschwindigkeit und moderne Funkmeßstationen. Tiefgreifende Umwälzungen vollzogen sich ebenfalls in den anderen Teilstreitkräften. In den 60er und 70er Jahren machten Waffengattungen und Spezialtruppen der Landstreitkräfte als größter Teilstreitkraft große Veränderungen durch. Zur Hauptfeuerkraft wurden die Raketentruppen taktischer und operativ-taktischer Bestimmung. Die Truppenluftabwehr wurde eine selbständige Waffengattung, ausgerüstet mit beweglichen Fla-Raketenkomplexen, selbstfahrenden Mehrfach-Fla-Geschützen, funktechnischen Mitteln und automatischen Feuerleitmitteln. Die Luftlandetruppen erhielten u. a. neue SFL und Schützenpanzerwagen, Panzerabwehr- und Fliegerabwehrmittel, reaktive Artillerie und moderne Nachrichten- und Führungsmittel. In den Panzertruppen stieg die Anzahl der Panzer bedeutend. Die zugeführten neuen Typen (T-55, T-62, T-72) sind stärker gepanzert, ihre Bewaffnung erreichte eine größere Wirkung; leistungsfähige Motoren erhöhten ihren Aktionsradius. Die Kampfkraft und die Gefechtsmöglichkeiten der mot. Schützentruppen, insbesondere der mot. Schützendivisionen, stiegen gewaltig. Die Artillerie wurde mit modernen Waffensystemen ausgestattet, die über große Beweglichkeit und Schußentfernung verfügen. Die reaktive Artillerie (Geschoßwerfer BM-21, RM-70) erreichte die Treffsicherheit der Rohrartillerie. Zu den Panzerabwehrmitteln traten neben Panzerabwehrgeschütze moderne Panzerabwehrlenkraketen. Auch die Pioniertruppen, Nachrichtentruppen und die chemischen Truppen erhielten die notwendige Ausrüstung und Technik, um ihre Aufgaben unter den Bedingungen des bewaffneten Kampfes im modernen Krieg erfüllen zu können. Das Gesicht der Fliegerkräfte prägten neue Überschalljagdflugzeuge (MiG-21, MiG-23), Jagdbombenflugzeuge, strategische Raketenträger und Kampfhubschrauber. Die Transportfliegerkräfte entwickelten sich zu einer selbständigen Gattung der Fliegerkräfte. Seit Beginn der 60er Jahre wurden die Luftstreitkräfte mit immer besseren Flugzeugraketen verschiedener Klassen und Zweckbestimmung ausgerüstet. Die Seekriegsflotte erhielt raketentragende kernkraftgetriebene Unterwasser- sowie Überwassereinheiten, moderne Seefliegerkräfte und Versorgungsschiffe, die in der Lage sind, auf den Weltmeeren zu operieren. So wurden seit Ende der 60er Jahre Flugdeckschiffe der Typen «Moskwa» und «Kiew» in Dienst gestellt. Die Küstenverteidigung wurde durch Raketenkräfte bedeutend verstärkt.

Fla-Raketen der Luftverteidigung des Landes

Die revolutionierenden Veränderungen im Militärwesen, im Charakter und in den Methoden der Kampfhandlungen stellten qualitativ höhere Anforderungen an die Menschen als Hauptfaktor kampfstarker sozialistischer Streitkräfte. Entscheidend war die Verbesserung der parteipolitischen Arbeit. In dem dazu gefaßten Beschluß des ZK der KPdSU vom Oktober 1957 wurde nachdrücklich die Einhaltung der Leninschen Normen und Prinzipien in der Parteiarbeit gefordert. Neben der vollen persönlichen Verantwortung des Kommandeurs als militärischen Einzelleiters unterstrich der Beschluß die große Rolle der Militärräte, der Politorgane und Parteiorganisationen, die dazu berufen sind, die Politik der Partei in den Streitkräften strikt und konsequent durchzusetzen. Von den seitdem unternommenen Anstrengungen zur Erhöhung der Wirksamkeit der ideologischen Arbeit sind der Beschluß des ZK der

Jagdflugzeug MiG-25

Flugdeckschiff «Kiew»

KPdSU vom Januar 1967 «Über Maßnahmen zur Verbesserung der parteipolitischen Arbeit in der Sowjetarmee und in der Seekriegsflotte» sowie der Erlaß einer neuen Ordnung für die Militärräte hervorzuheben. Durch die Umbildung der Mehrzahl der Offiziersschulen zu Offiziershochschulen und durch Profilierung der Militärakademien wurde vor allem den gewachsenen Anforderungen an die Truppenführung Rechnung getragen.

Hervorragendes leistete die sowjetische Militärwissenschaft, deren Rolle mit der Entwicklung der militärtechnischen Revolution bedeutend wuchs. Sie erforschte so erstrangige Fragen wie den Charakter der Kriegshandlungen in einem modernen Krieg, die

Kampfhubschrauber setzen Sturmtruppen ab

ihnen eigenen Gesetze und die Methoden der Führung der Kriegshandlungen. Sie schuf theoretische Grundlagen zu Fragen des Aufbaus der Streitkräfte, der Ausbildung der Truppen sowie der Methoden der Truppenführung und gab Empfehlungen für die Truppenpraxis.

Eine wichtige Maßnahme zur Gewährleistung des zuverlässigen Schutzes war auch das im Oktober 1967 vom Obersten Sowjet der UdSSR erlassene neue Gesetz über die allgemeine Wehrpflicht. In ihm war festgelegt, daß zu den bewaffneten Kräften der UdSSR die Sowjetarmee, die Seekriegsflotte, die Grenztruppen und die Inneren Truppen zählen. Es legte die Dauer des aktiven Wehrdienstes für Soldaten, Unteroffiziere und Maate der Sowjetarmee, der Seefliegerkräfte, der Grenztruppen und der Inneren Truppen auf 2 Jahre, für Matrosen und Maate der Schiffe, Boote und Küsteneinheiten der Seekriegsflotte und der Marineeinheiten der Grenztruppen auf 3 Jahre fest. Zugleich enthielt das Gesetz ein System von Maßnahmen zur Vorbereitung der Jugendlichen auf den Wehrdienst.

Die sowjetischen Streitkräfte haben sich in jeder Situation als Klassen- und Waffenbrüder der verbündeten Völker und Armeen der Teilnehmerstaaten des Warschauer Vertrages bewährt. Auf → *Übungen und Manövern der Vereinten Streitkräfte* bewiesen sie ihre hohe Kampfkraft und Gefechtsbereitschaft. Die sowjetischen Stäbe und Truppen trugen in entscheidendem Maße zur ständig erstarkenden Einheit der Kampfgemeinschaft der Bruderarmeen, zur Vervollkommnung ihres Zusammenwirkens bei.

Solange die NATO mit den USA an der Spitze durch aggressive Konfrontationspolitik und Hochrüstung die sozialistische Staatengemeinschaft bedroht, erhöht die UdSSR im gebotenen Maße die Kampfkraft und Gefechtsbereitschaft ihrer Streitkräfte. Das höchste dafür verantwortliche Organ ist der Oberste Sowjet, der über die Organisation der Landesverteidigung der Sowjetunion entscheidet. Der Ministerrat leitet den allgemeinen Aufbau der Streitkräfte. Die spezielle Verantwortung dafür hat das Ministerium für Verteidigung, an dessen Spitze der Minister für Verteidigung steht. Ihm sind der Generalstab sowie Haupt- und Zentralverwaltungen der Streitkräfte unterstellt. Der Chef des Generalstabes ist zugleich erster Stellvertreter des Ministers. Die parteipolitische Arbeit wird von der Politischen Hauptverwaltung der Sowjetarmee und der Seekriegsflotte geleitet, die einer Abteilung des ZK der KPdSU gleichgestellt ist. Die Sowjetarmee und die Seekriegsflotte werden auch künftig die Aufbauarbeit und die Errungenschaften des Sowjetvolkes und der sozialistischen Gemeinschaft zusammen mit den Bruderarmeen zuverlässig schützen und den Frieden der Völker verteidigen. Getreu den heldenhaften Traditionen des Sowjetvolkes und seiner ruhmreichen Streitkräfte, so wurde auf dem XXVI. Parteitag der KPdSU im Februar 1981 bekräftigt, erweist sich dabei der Sowjetsoldat vor der Welt als selbstloser und tapferer Patriot, als Internationalist. *(s. Abb. S. 55, 56, 146, 147, 186, 310, 501, 798, 897, 1012)*

Stabsarbeit im Manöver «Waffenbrüderschaft 80», September 1980

sowjetische Besatzungstruppen in Deutschland → *Gruppe der Sowjetischen Streitkräfte in Deutschland (GSSD)*

Sowjetische Militäradministration in Deutschland (SMAD): nach der totalen Niederlage des faschistischen Regimes von der Regierung der UdSSR entsprechend den Vereinbarungen der Antihitlerkoalition eingesetztes militärisches Verwaltungsorgan, das von 1945 bis 1949 in der sowjetischen Besatzungszone Deutschlands die oberste Regierungsgewalt ausübte.

Militärische Verwaltungsorgane entstanden noch vor Beendigung des zweiten Weltkrieges in dem von der Sowjetarmee besetzten deutschen Gebiet. Sie wirkten gemäß den Befehlen der Oberbefehlshaber der Fronten und begannen im Auftrage der Sowjetregierung Besatzungsfunktionen auszuüben. Gemeinsam mit den aus Gefängnissen, Zuchthäusern und Konzentrationslagern befreiten und aus der Illegalität hervortretenden antifaschistischen Widerstandskämpfern des deutschen Volkes trafen sie erste Maßnahmen zum demokratischen Neuaufbau. Am 9. 6. 1945 wurde die SMAD mit Sitz in Berlin-Karlshorst gebildet. Ihr erster Chef, Marschall der Sowjetunion G. K. Shukow (1896–1974), war zugleich Oberkommandierender der Gruppe der Sowjetischen Besatzungstruppen in Deutschland (GSBD) (→ *Gruppe der Sowjetischen Streitkräfte in Deutsch-*

land (GSSD)). Diese Funktionen übten ab April 1946 Marschall der Sowjetunion W. D. Sokolowski (1897–1968) und ab Ende März 1949 Armeegeneral W. I. Tschuikow (1900–1982) aus. Die administrativen und politischen Machtbefugnisse der SMAD erstreckten sich auf die Länder Sachsen, Thüringen und Mecklenburg sowie auf die Provinzen Brandenburg und Sachsen-Anhalt. Die völkerrechtliche Grundlage für die Tätigkeit der SMAD bildeten die Festlegungen der Staaten der Antihitlerkoalition, wie sie insbesondere auf der Krimkonferenz (Konferenz von Jalta) vom 4. bis 11. 2. 1945 durch die Repräsentanten der UdSSR, der USA und Großbritanniens beschlossen worden waren. Entsprechend den hier getroffenen Vereinbarungen übernahmen die Besatzungsmächte einschließlich Frankreich die Verpflichtung, dafür zu sorgen, daß von deutschem Boden aus nie wieder der Frieden der Völker gebrochen wird. Deshalb sollte der deutsche Faschismus und Militarismus mit seinen Wurzeln ausgerottet und das deutsche Volk bei der Errichtung eines friedliebenden, demokratischen Staates unterstützt werden. Zur Koordinierung und Kontrolle des einheitlichen, den gefaßten Beschlüssen entsprechenden Vorgehens der Besatzungsmächte wurde nach der bedingungslosen Kapitulation Hitlerdeutschlands der → *Alliierte Kontrollrat für Deutschland* geschaffen. Während die imperialistischen Westmächte entgegen Geist und Buchstaben der gemeinsam getroffenen Vereinbarungen handelten, wurde allein die Sowjetunion ihrer Verantwortung gerecht. Zur Lösung der mit der Übernahme der obersten Regierungsgewalt verbundenen Aufgaben wurden innerhalb der SMAD Abteilungen für Industrie, Landwirtschaft, Volksbildung, Gesundheitswesen und andere wichtige Bereiche des gesellschaftlichen Lebens gebildet. Die Offiziere und Mitarbeiter der SMAD, der Militärverwaltungen in den Ländern und Provinzen sowie der Kommandanturen in den Kreisen und Städten arbeiteten eng mit den Kommunisten, Sozialdemokraten und anderen deutschen Antifaschisten zusammen. Die SMAD verfügte über einen eigenen Verlag und gab die deutschsprachige Zeitung «Tägliche Rundschau» heraus.

Die strikte Verwirklichung der Ziele und Prinzipien der Antihitlerkoalition durch die SMAD entsprach den Lebensinteressen des deutschen Volkes. Davon zeugten bereits die ersten Amtshandlungen des Chefs der SMAD. In seinem am 10. 6. 1945 erlassenen Befehl Nr. 2 wurde die Tätigkeit antifaschistisch-demokratischer Parteien und Massenorganisationen gestattet. Daraufhin konnte sich das politische Leben in der sowjetischen Besatzungszone rasch entfalten. Als erste Partei trat die KPD an die Öffentlichkeit. Der Aufruf des Zentralkomitees der KPD vom 11. 6. 1945 wandte sich an das schaffende

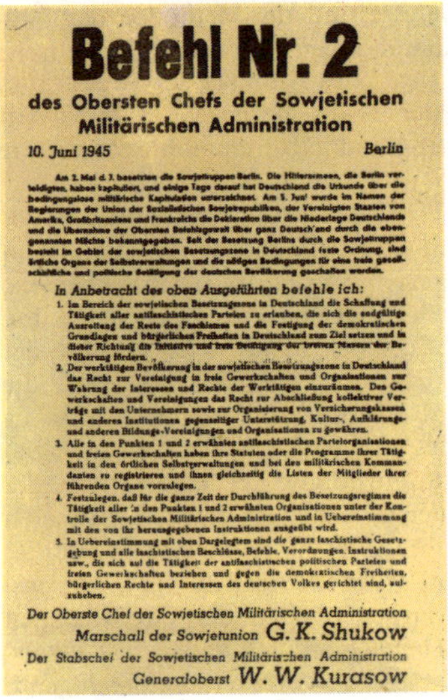

Befehl Nr. 2

des Obersten Chefs der Sowjetischen Militärischen Administration

10. Juni 1945 Berlin

Am 2. Mai d. J. besetzten die Sowjettruppen Berlin. Die Hitlerarmeen, die Berlin verteidigten, haben kapituliert, und einige Tage darauf hat Deutschland die Urkunde über die bedingungslose militärische Kapitulation unterzeichnet. Am 5. Juni wurde im Namen der Regierungen der Union der Sozialistischen Sowjetrepubliken, der Vereinigten Staaten von Amerika, Großbritanniens und Frankreichs die Deklaration über die Niederlage Deutschlands und die Übernahme der Obersten Befehlsgewalt über ganz Deutschland durch die obengenannten Mächte bekanntgegeben. Seit der Besetzung Berlins durch die Sowjettruppen besteht im Gebiet der sowjetischen Besatzungszone in Deutschland feste Ordnung, sind örtliche Organe der Selbstverwaltungen und die nötigen Bedingungen für eine freie gesellschaftliche und politische Betätigung der deutschen Bevölkerung geschaffen worden.

In Anbetracht des oben Ausgeführten befehle ich:

1. Im Bereich der sowjetischen Besatzungszone in Deutschland die Schaffung und Tätigkeit aller antifaschistischen Parteien zu erlauben, die sich die endgültige Ausrottung der Reste des Faschismus und die Festigung der demokratischen Grundlagen und bürgerlichen Freiheiten in Deutschland zum Ziel setzen und in dieser Richtung die Initiative und freie Betätigung der breiten Massen der Bevölkerung fördern.
2. Der werktätigen Bevölkerung in der sowjetischen Besatzungszone in Deutschland das Recht zur Vereinigung in freie Gewerkschaften und Organisationen zur Wahrung der Interessen und Rechte der Werktätigen einzuräumen. Den Gewerkschaften und Vereinigungen das Recht zur Abschließung kollektiver Verträge mit den Unternehmern sowie zur Organisierung von Versicherungskassen und anderen Institutionen gegenseitiger Unterstützung, Kultur-, Aufklärungs- und anderen Bildungs-Vereinigungen und Organisationen zu gewähren.
3. Alle in den Punkten 1 und 2 erwähnten antifaschistischen Parteiorganisationen und freien Gewerkschaften haben ihre Statuten oder die Programme ihrer Tätigkeit in den örtlichen Selbstverwaltungen und bei den militärischen Kommandanten zu registrieren und ihnen gleichzeitig die Listen der Mitglieder ihrer führenden Organe vorzulegen.
4. Festzulegen, daß für die ganze Zeit der Durchführung des Besatzungsregimes die Tätigkeit aller in den Punkten 1 und 2 erwähnten Organisationen unter der Kontrolle der Sowjetischen Militärischen Administration und in Uebereinstimmung mit den von ihr herausgegebenen Instruktionen ausgeübt wird.
5. In Uebereinstimmung mit oben Dargelegtem sind die ganze faschistische Gesetzgebung und alle faschistischen Beschlüsse, Befehle, Verordnungen, Instruktionen usw., die sich auf die Tätigkeit der antifaschistischen politischen Parteien und freien Gewerkschaften beziehen und gegen die demokratischen Freiheiten, bürgerlichen Rechte und Interessen des deutschen Volkes gerichtet sind, aufzuheben.

Der Oberste Chef der Sowjetischen Militärischen Administration
Marschall der Sowjetunion **G. K. Shukow**

Der Stabschef der Sowjetischen Militärischen Administration
Generaloberst **W. W. Kurasow**

Befehl Nr. 2 des Obersten Chefs der SMAD vom 10. Juni 1945, der die Schaffung und Tätigkeit antifaschistisch-demokratischer Parteien und Massenorganisationen gestattet

Volk in Stadt und Land und «orientierte auf die Schaffung antiimperialistisch-demokratischer Verhältnisse, mit der Möglichkeit, dem deutschen Volk den Weg zum Sozialismus zu öffnen» (E. Honecker, 4, S. 293). Bei allen Schritten der antifaschistisch-demokratischen Umgestaltung fanden die Kommunisten und anderen fortschrittlichen Kräfte Rat und Hilfe bei der SMAD. Dank ihrer marxistisch-leninistischen Bildung, internationalistischen Erziehung und reichen praktischen Erfahrung ließen sich die Offiziere und Mitarbeiter der Militäradministrationen und Kommandanturen davon leiten, daß der demokratische Neuaufbau auf deutschem Boden nur das Werk der Volksmassen sein konnte. Daher war es ein Hauptanliegen der SMAD, den Aufbau demokratischer Verwaltungsorgane als Keimzellen einer neuen Staatsorganisation zu fördern. Systematisch erfolgte in den Gemeinden, Städten und Kreisen der Einsatz von Antifaschisten in die Funktion von Bürgermeistern und Landräten. Es wurde eine neue Polizei formiert, deren Kern bewährte Hitlergegner waren. Anfang und Mitte Juni bestätigte der Chef der SMAD die Bildung der fünf Landes- bzw. Provinzialverwaltungen in der sowjetischen Besatzungszone in der von den antifaschistisch-demokratischen Parteien vorgeschlagenen Zusammensetzung. Durch Befehl Nr. 110 vom Oktober 1945 wurde ihnen das Recht eingeräumt, Gesetze und Verordnungen zu erlassen. Die SMAD unterstützte und förderte die demokratische Bodenreform. Ihre Befehle Nr. 124 und 126 über die Beschlagnahme des Eigentums des faschistischen Staates, der aktiven Nazis und der Kriegsverbrecher waren eine wichtige Vorentscheidung gegen das Monopolkapital. Sie hatte maßgeblichen Anteil an der Ausmerzung der Naziideologie und des imperialistisch-militaristischen Gedankenguts und förderte die Erneuerung des geistig-kulturellen Lebens. Die Anwesenheit sowjetischer Truppen schützte zuverlässig die demokratischen Errungenschaften vor Anschlägen reaktionärer Kräfte im Innern und vor ausländischer Intervention. Die Regierung der UdSSR und die SMAD verteidigten das Selbstbestimmungsrecht des deutschen Volkes gegen die imperialistischen Besatzungsmächte, die unter Verletzung der völkerrechtlichen Bestimmungen, wie sie ausdrücklich im Potsdamer Abkommen vom 2. 8. 1945 bekräftigt worden waren, in den Westzonen die Herrschaft des deutschen Monopolkapitals restaurieren halfen.

Zur Abwehr der gefährlichen Störaktionen gegen die antifaschistisch-demokratische Umwälzung in der sowjetischen Besatzungszone wurden die Kontrolle und der Schutz der Zonengrenze durch die Sowjetarmee verstärkt. Diesem Ziel diente auch der Aufbau von Kommandos der 1946 gebildeten Grenzpolizei (→ *Grenztruppen der DDR*), die eng mit den sowjetischen Besatzungstruppen zusammenarbeiteten. In dem Maße, wie die antifaschistisch-demokratischen Staatsorgane erstarkten, übertrug ihnen die SMAD erhöhte Verantwortung und schränkte sie ihre Kontrollfunktionen ein. So übertrug sie der im Juni 1947 zunächst mit beratender und vorschlagender Funktion geschaffenen Deutschen Wirtschaftskommission (DWK) im Februar 1948 das Recht, Verordnungen mit Gesetzeskraft zu erlassen. Ebenso übten im wachsenden Maße die Zentralverwaltungen für Inneres, für Justiz und für Volksbildung die Funktion zentraler staatlicher Führungsorgane in der sowjetischen Besatzungszone aus. Auf diese Weise entstanden wichtige Voraussetzungen für die Errichtung der Arbeiter-und-Bauern-Macht in der DDR als notwendige Antwort auf die Spaltung Deutschlands durch den Imperialismus. Am 10. 10. 1949 gab der Oberste Chef der SMAD den Beschluß der Regierung der UdSSR über die Auflösung der SMAD bekannt. Die bisher von der SMAD ausgeübten Verwaltungsfunktionen gingen an die staatlichen Organe der DDR über. Mit der Übergabe wesentlicher Souveränitätsrechte an den deutschen Arbeiter-und-Bauern-Staat setzte die UdSSR ihre internationalistische Politik gegenüber dem deutschen Volk konsequent fort. An Stelle der SMAD wurde eine Sowjetische Kontrollkommission (SKK) gebildet. Sie hatte die Aufgabe, die weitere Erfüllung des Potsdamer Abkommens und der anderen Deutschland betreffenden Beschlüsse der Antihitlerkoalition zu überwachen. Auf Beschluß der Regierung der UdSSR vom 27. 5. 1953 wurde die SKK aufgelöst; die Befehle und Anordnungen sowohl der SMAD als auch der SKK wurden am 6. 8. 1954 aufgehoben. Der am 20. 9. 1955 in Moskau unterzeichnete Vertrag über die Beziehungen zwischen der DDR und der UdSSR verankerte staats- und völkerrechtlich die uneingeschränkte Souveränität der DDR.

sozialistischer Wettbewerb in der NVA: Wettstreit in der NVA um die besten Ergebnisse bei der Erhöhung der Kampfkraft und Gefechtsbereitschaft, zugleich Hauptmethode zur Entwicklung der schöpferischen Mitarbeit der Angehörigen der NVA und fester Bestandteil der Führungstätigkeit der Kommandeure bei der Erfüllung des militärischen Klassenauftrags.

Der sozialistische Wettbewerb in der NVA ist eine spezifische, sozialistischen Streitkräften eigene Methode zur Steigerung der Kampfkraft und Gefechtsbereitschaft. Er beruht auf dem sozialistischen Charakter der NVA, auf der Gemeinsamkeit der Interessen von Vorgesetzten und Unterstellten sowie den sozialistischen Beziehungen in den militärischen Kollektiven. Er ist ein Ausdruck hoher gesellschaftlicher Verantwortung und Verteidigungsbereitschaft, zugleich eine Triebkraft bei der Bewältigung der militärischen Aufgaben. Die volle Verantwortung für den Wettbewerb haben die Kommandeure (Chefs, Leiter, Direktoren), die auf der Grundlage der Wettbewerbsdirektiven des Ministers für Nationale Verteidigung (seit 1972) den Angehörigen ihres Bereiches Ziel und Aufgaben des Wettbewerbs für das Ausbildungsjahr stellen. Sie werden bei der Führung des Wettbewerbs von den Politorganen und Parteiorganisationen sowie den FDJ-Kollektiven und den Gewerkschaftsorganisationen der Zivilbeschäftigten unterstützt. Diese regen die Aktivitäten der Armeeangehörigen und Zivilbeschäftigten an, lenken sie auf die zu lösenden politischen und militärischen Aufgaben und wirken auf die Erfüllung der übernommenen Verpflichtungen ein. Mobilisierende Kraft und Vorbild zur Gewinnung aller Angehörigen der NVA für die aktive Teilnahme am Wettbe-

Offiziersschüler mit dem Albin-Köbis-Ehrenbanner für die beste Einheit der Seestreitkräfte im sozialistischen Wettbewerb, 1958

werb sind die Mitglieder und Kandidaten der SED. Als Grundformen des Ringens um gute und ausgezeichnete Leistungen während des Ausbildungsjahres entwickelten sich die Bestenbewegung, die Tätigkeit der Neuerer, Wettbewerbe sowie Einzel- und Kollektivverpflichtungen.

Nach der Gründung der NVA war der sozialistische Wettbewerb darauf gerichtet, den planmäßigen Aufbau der Einheiten und Truppenteile zu gewährleisten, die Disziplin und den politisch-moralischen Zustand zu festigen und die Ausbildungsergebnisse kontinuierlich zu verbessern. Bereits die Zentrale Delegiertenkonferenz der Parteiorganisation der SED im Dienstbereich des Ministeriums für Nationale Verteidigung vom 9. bis 11.3.1956 appellierte an alle Mitglieder und Kandidaten der SED in der NVA, die Besten-, Rationalisatoren- und Erfinderbewegung zu entfalten. Kurze Zeit später stellte der Minister für Nationale Verteidigung in einer Direktive den Kommandeuren, Politorganen, Partei- und FDJ-Organisationen die Aufgabe, die schöpferische Aktivität aller NVA-Angehörigen zur Erfüllung der Ausbildungsprogramme zu entwickeln. Sie löste vielfältige Wettbewerbsinitiativen aus. Der erste zentrale Wettkampf fand vom 31.7. bis 2.8.1956 in den Landstreitkräften statt: Mit hohen Ergebnissen in der militärischen Grundausbildung, in der Taktik- und Gefechtsausbildung und anderen Ausbildungszweigen sowie im Sport wurde um den Titel «Bester Zug in der Kampfausbildung» gewetteifert. Bestenkonferenzen halfen, die Erfahrungen bei der Organisation und Durchführung des Wettbewerbs zu verallgemeinern. Dieser Wettbewerb war beispielgebend und hatte einen starken Einfluß darauf, daß sich eine schöpferische Masseninitiative in der NVA entfaltete. Die Wettbewerbsbewegung erfaßte immer mehr Armeeangehörige und Einheiten und hatte großen Anteil an den raschen Fortschritten beim Aufbau der NVA als schlagkräftige sozialistische Koalitionsarmee. Ein wichtiger Schritt, um die der Wettbewerbsbewegung innewohnenden Potenzen noch stärker für die Erhöhung der Kampfkraft und Gefechtsbereitschaft auszuschöpfen, war die Direktive des Ministers für Nationale Verteidigung vom 16.4.1959 über «Ziel und Aufgaben des sozialistischen Wettbewerbs, der Bestenbewegung und Rationalisatoren- und Erfinderbewegung in der Nationalen Volksarmee». Sie legte einheitliche Maßstäbe fest und präzisierte die Anforderungen an die Bestenbewegung. Daran teilzunehmen bedeutete für die Armeeangehörigen, während des gesamten Ausbildungsjahres vorbildliche Leistungen auf allen Gebieten des politischen und militärischen Lebens zu vollbringen. In allen Teilstreitkräften, Waffengattungen und Diensten entwickelten sich sozialistische Kampfkollektive, die aufgrund ihrer Leistungen mit dem Titel «Beste Gruppe», «Beste Bedienung», «Beste Kette», «Bestes Boot» usw. geehrt wurden.

Mit dem Befehl des Ministers für Nationale Verteidigung vom 15.6.1961 über «Ziel und Aufgaben des sozialistischen Wettbewerbs, der Besten- sowie der Rationalisatoren- und Erfinderbewegung in der Nationalen Volksarmee» wurde die Alleinverantwortung der Kommandeure als Einzelleiter für die Führung des sozialistischen Wettbewerbs eindeutig fixiert. Der Befehl forderte von ihnen, den Wettbewerb in enger Zusammenarbeit mit den Politorganen, Parteileitungen und Leitungen der FDJ-Organisationen so zu organisieren und zu führen, daß er unmittelbar der Erfüllung des Ausbildungsprogramms dient. Er verwies auf die große Rolle kollektiver Wettbewerbsformen. Der Befehl bewirkte, daß die Masseninitiative vor allem auf die qualitative Verbesserung der Gefechtsausbildung gelenkt und der effektive Einsatz der Waffen und Technik durch die Kampfkollektive gefördert wurde. Besondere Bedeutung hatten die «Ordnung über die Bestenbewegung in der Nationalen Volksarmee» vom 23.3.1964 und die «Ordnung über die Aufgaben, Förderung und Organisation der Neuererbewegung in der Nationalen Volksarmee» vom 15.4.1964, die der Minister für Nationale Verteidigung erließ. Es waren die ersten Ordnungen ihrer Art nach Einführung der allgemeinen Wehrpflicht, und sie bezweckten, die Verteidigungsbereitschaft und Schöpferkraft der Wehrpflichtigen zu entwickeln, sie anzuspornen, die relativ kurze Wehrdienstzeit optimal für die Bewältigung der durch die Umwälzung im Militärwesen hervorgerufenen höheren Anforderungen zu nutzen. Am 7.10.1964 wurde erstmals das «Bestenabzeichen der Nationalen Volksarmee» verliehen. Alles dies führte in der Folgezeit zu einem Aufschwung der Wettbewerbsbewegung und erhöhte beträchtlich ihre Wirksamkeit. Es förderte das Bestreben der Armeeangehörigen, die höheren Normen in der Gefechtsausbildung und für die Herstellung der Gefechtsbereitschaft zu erfüllen und zu unterbieten, Waffen und technisches Gerät bestmöglich zu warten und zu beherrschen sowie jede Ausbildungsstunde mit bestem Ergebnis abzuschließen. Eine wachsende Zahl von Kollektiven errang den Bestentitel, Tausende Armeeangehörige erwarben das Bestenabzeichen, das Abzeichen «Für gutes Wissen», erfüllten die Verleihungsbedingungen für Schützenschnüre, Klassifizierungsspangen oder für das Militärsportabzeichen. Der Wert des ökonomischen Nutzens der Neuerervorschläge ging in die Millionen.

Charakteristisch für die 60er Jahre war auch, daß enge Beziehungen zur Wettbewerbsbewegung in der → *Gruppe der Sowjetischen Streitkräfte in Deutschland (GSSD)* entstanden. Zwischen Einheiten und Truppenteilen beider Armeen entwickelten sich verschiedene Formen des Wettbewerbs. Neben den

Wettbewerbsinitiative «Roter Kampfwagen» in der NVA, 1968

schon lange ausgetragenen Sportwettkämpfen und Kulturwettstreiten wetteiferte man nun auch um die beste Erfüllung von Erziehungs- und Ausbildungsaufgaben. Diese Wettbewerbe förderten das Streben der NVA-Angehörigen, eine gleich hohe Standhaftigkeit und Leistungsfähigkeit wie die sowjetischen Waffenbrüder zu erreichen. Sie wirkten sich vorteilhaft auf das Zusammenwirken in gemeinsamen Übungen und Manövern der Vereinten Streitkräfte aus.

Mit Beginn der 70er Jahre und vor allem im Ergebnis des VIII. Parteitages der SED (Juni 1971) richteten sich die Wettbewerbsinitiativen noch stärker auf die Erhöhung der Kampfkraft und Gefechtsbereitschaft der Einheiten und Truppenteile zur zuverlässigen Erfüllung des militärischen Klassenauftrages. Es galt, den sozialistischen Wettbewerb auf der Grundlage differenzierter, überschaubarer, kontrollierbarer und abrechenbarer Verpflichtungen und Kampfprogramme effektiv zu führen. Dabei wirkten auch in der NVA die seit dem VIII. Parteitag der SED eingeleiteten Maßnahmen zur Erhöhung des materiellen und kulturellen Lebensniveaus des Volkes als zusätzliche Stimuli für hervorragende Leistungen. Die Masse der Armeeangehörigen und militärischen Kollektive orientierte sich zunehmend an den vorgegebenen Maßstäben, Zeitnormen und anderen meßbaren Kriterien einer gefechtsnahen Ausbildung. Solche im Rahmen des sozialistischen Wettbewerbs ausgelösten Initiativen der mot. Schützen wie «5 Minuten weniger Zeit bedeutet schneller zu sein als der Feind», der Matrosen wie «Gefechtsstation der hohen Zuverlässigkeit», der Flieger wie «Flugzeug der ausgezeichneten Qualität» fanden, zugeschnitten auf die jeweiligen Waffengattungen und Dienste, immer wieder neue Träger und Formen. Gleichzeitig wurde der sozialistische Wettbewerb zu einem festen Bestandteil der Waffenbrüderschaftsbeziehungen der NVA-Angehörigen zum «Regiment nebenan». Die gemeinsamen Verpflichtungen, Ausbildungsmaßnahmen und Veranstaltungen der verschiedensten Art mit den sowjetischen Waffenbrüdern entsprechend den Wettbewerbsprogrammen steigerten seine Wirksamkeit, hoben ihn auf eine qualitativ höhere Stufe.

Ausgehend von der Aufgabenstellung des IX. Parteitages der SED (Mai 1976) und den sich aus dem kollektiven Schutz des Sozialismus ergebenden größeren Anforderungen an die NVA, erließ der Minister für Nationale Verteidigung am 26. 10. 1976 eine neue Wettbewerbsordnung. Sie ging davon aus, daß die Erziehung sozialistischer Soldatenpersönlichkeiten, die Formung kampfstarker militärischer Kollektive, die Festigung der Waffenbrüderschaft mit dem sowjetischen Partnertruppenteil Schwerpunkte des Wettbewerbs bilden. Dementsprechend orientierte die Ordnung auf die Aneignung des Marxismus-Leninismus, auf das intensive Studium der Parteibeschlüsse und ihre Anwendung im täglichen Handeln, auf wirksame und meßbare Beiträge zur kampfbezogenen, auch mit den sowjetischen Waffenbrüdern durchzuführenden Gefechtsausbildung, auf die initiativreiche Erfüllung der Befehle und Dienstpflichten sowie auf die Festigung bewußter Disziplin und Ordnung. Ein wichtiges Aufgabengebiet des Wettbewerbs blieb die Entwicklung des geistig-kulturellen und sportlichen Lebens. Die Ordnung legte auch Formen und Methoden des sozialistischen Wettbewerbs der Zivilbeschäftigten der NVA und der Reservistenkollektive fest. Wie in den anderen Bereichen des gesellschaftlichen Lebens, so entwickelten

Verpflichtungen (V) und Ergebnisse (E) im sozialistischen Wettbewerb in den Landstreitkräften der NVA (Auswahl)

1. Ausbildungshalbjahr	Bestenabzeichen		Beste Einheit		Schützenschnur		Klassifizierungsabzeichen	
	V	E	V	E	V	E	V	E
1977/78	21531	14368	7555	4078	13400	6595	24259	16252
1978/79	23342	18416	8329	5935	13162	6908	26496	19531
1979/80	29859	21692	10570	7431	16948	8708	29878	20897
1980/81	33269	27637	12213	9429	18744	11304	30699	25158

sich in der NVA breite Masseninitiativen zur Meisterung der neuen Aufgaben. Die aktive und bewußte Teilnahme am sozialistischen Wettbewerb auf der Grundlage konkreter Wettbewerbsprogramme zeugte vom gewachsenen Leistungsvermögen sowie von einer ausgeprägten Leistungsbereitschaft der Armeeangehörigen und Kollektive. Unter der Losung «Kampfposition X. Parteitag!» erreichte die Wettbewerbsbewegung einen neuen Höhepunkt. Bei umfassender Beteiligung wurden hervorragende Ergebnisse erzielt, die sich in höherer Kampfkraft und Gefechtsbereitschaft der Einheiten, Truppenteile und Verbände niederschlugen. In vielen Fällen kam es zu Leistungsvergleichen der besten Kraftfahrer, Richt- oder Lenkschützen, Funker und anderer Spezialisten bis auf die Ebene des Verbandes. Ähnliche Leistungsvergleiche fanden mit dem «Regiment nebenan» statt. Die Neuerer und Neuererkollektive reichten zu Ehren des X. Parteitages (April 1981) mehr als 5000 Neuererleistungen ein. Mit der Initiative zum Kampf um den Titel «Bester in der Funktion» wurden die Wettbewerbsformen bereichert. Die Zivilbeschäftigten der NVA rangen erfolgreich um die Erfüllung von Verpflichtungen, die die Intensivierung und Rationalisierung der Arbeitsprozesse, die Erhöhung der Qualität ihrer Arbeit, die Durchsetzung strenger Material- und Energieökonomie, die Verbesserung der Arbeits- und Lebensbedingungen u. ä. zum Ziel hatten.

Der sozialistische Wettbewerb hat sich seit Gründung der NVA als wichtigste, ihrer Rolle und Bedeutung nach ständig wachsende Triebkraft zur Entfaltung der Masseninitiative sowie als unerläßliches Mittel der Führungstätigkeit zur Steigerung der Kampfkraft, Gewährleistung einer hohen Gefechtsbereitschaft und Festigung der Waffenbrüderschaft mit den Truppen der GSSD erwiesen. Wie in der NVA wird er auch in den Grenztruppen der DDR geführt. Das Wehrdienstgesetz vom 25. 3. 1982 berechtigt und verpflichtet die Angehörigen der NVA, den Wehrdienst initiativreich mitzugestalten, u. a. durch die Teilnahme am sozialistischen Wettbewerb und an der Tätigkeit der Neuerer (§ 24).

sozialistische Wehrerziehung der Bevölkerung der DDR: Bestandteil der Erziehung und Bildung in der DDR, der darauf gerichtet ist, die Bereitschaft und Fähigkeit der Bürger zur Verteidigung von Sozialismus und Frieden zu entwickeln, im besonderen die Jugendlichen auf den Wehrdienst vorzubereiten.

Die s. W. ergibt sich aus der Notwendigkeit, den Sozialismus jederzeit zuverlässig vor Anschlägen der aggressiven Kräfte des Imperialismus zu schützen. Ihre zeitgemäßen Aufgaben, inhaltlichen Schwerpunkte und ihre Formen bestimmt die Situation in der Klassenauseinandersetzung zwischen Sozialismus und Imperialismus. Dabei findet die sich erweiternde gesellschaftliche Basis für den Schutz der revolutionären Errungenschaften Berücksichtigung. Die s. W. hat zum Ziel, die Bürger für die Wahrnehmung des in der Verfassung der DDR festgelegten Rechts und der Ehrenpflicht zum Schutz des Friedens, des sozialistischen Vaterlandes und der sozialistischen Staatengemeinschaft zu befähigen, ihre klassenmäßige, patriotische und internationalistische Haltung und Wehrmotivation zu festigen sowie die Jugendlichen systematisch und planmäßig auf die Anforderungen des Wehrdienstes und der Zivilverteidigung durch Vermittlung entsprechender Kenntnisse, Fähigkeiten und Fertigkeiten vorzubereiten.

Erste Schritte zur Wehrerziehung der Bürger wurden im Prozeß der Entstehung des Arbeiter-und-Bauern-Staates und des Aufbaus der Grundlagen des Sozialismus in der DDR getan. In dieser Zeit war der in der BRD wiedererstandene deutsche Imperialismus zu einer Gefahr für den Frieden in Europa geworden. Die Staatsmacht der DDR und ihre führende Kraft, die SED, betrachteten es daher als eine wesentliche Aufgabe, die Arbeiterklasse und die anderen Werktätigen von der Notwendigkeit des bewaffneten Schutzes der sozialistischen Errungenschaften und des Friedens zu überzeugen. Dieser Aufgabe widmete sich auch die FDJ mit ganzer Kraft. Sie bildete wehrsportliche Arbeitsgemeinschaften, und im Mai 1952 beschloß ihr IV. Parlament, den Aufbau und die Entwicklung starker bewaffneter Organe zu unterstützen und zur Sache der ganzen werktätigen Jugend zu machen (→ *Patenschaft der FDJ über die bewaffneten Organe der DDR*). Mit der Gründung der → *Gesellschaft für Sport und Technik (GST)* im August 1952 erreichten die wehrpolitische Erziehung und Bildung eine größere Organisiertheit und Intensität. Mitte der 50er

Schüler in einem Lehrkabinett der Luftstreitkräfte

Tag der offenen Tür

Jahre begründete die SED, ausgehend von der durch die Remilitarisierung der BRD und den Abschluß der Pariser Verträge 1955 entstandenen neuen Lage, daß die weitere Stärkung der Wehrbereitschaft der Werktätigen erforderlich ist. Erstmals wurde für diese Aufgabe auf der 23. Tagung des ZK der SED im April 1955 der Begriff «Wehrerziehung» benutzt. Die Vorbereitung regulärer Streitkräfte nach Abschluß des Warschauer Vertrages und die Gründung der NVA im Jahre 1956 beeinflußten maßgeblich Inhalt und Formen der s. W. Zur Hauptaufgabe wurde es jetzt, die Gründe für den Aufbau von Streitkräften zu erklären, die wehrfähige Jugend für den freiwilligen Wehrdienst zu gewinnen und sie auf die Anforderungen einer modernen sozialistischen Koalitionsarmee vorzubereiten. Gleichzeitig galt es, die moralische Unterstützung des Waffendienstes durch die Arbeiterklasse und alle anderen Werktätigen gezielt zu fördern.

Der Abschluß der Übergangsperiode vom Kapitalismus zum Sozialismus und der beginnende umfassende sozialistische Aufbau seit Anfang der 60er Jahre schufen die gesellschaftlichen Voraussetzungen, um die Wirksamkeit der s. W. zu erhöhen und alle Bürger in die Stärkung der Landesverteidigung einzubeziehen. Dies war angesichts der Aggressionspläne vor allem des BRD-Imperialismus, die die DDR im Sommer 1961 zu Grenzsicherungsmaßnahmen zwangen, auch dringend erforderlich. Das in dieser Situation vom Zentralrat der FDJ initiierte → *Jugendaufgebot 1961* wurde zur bis dahin größten wehrpolitischen Massenaktion für die Stärkung der bewaffneten Kräfte der DDR. Das Verteidigungsgesetz vom September 1961 und das Gesetz über die allgemeine Wehrpflicht 1962 stellten neue Anforderungen an die s. W., an ihr politisch-ideologisches Niveau wie auch an ihre Organisiertheit und Zielstrebigkeit. In allen Bezirken und Kreisen wurden daher 1962 Kommissionen für Sozialistische Wehrerziehung gebildet, die sich zu wirksamen Instrumenten einer engen Zusammenarbeit zwischen den staatlichen Einrichtungen und gesellschaftlichen Organisationen sowie für die Koordinierung ihrer Tätigkeit bei der s. W. entwickelten. Von grundlegender Bedeutung war der Beschluß des Sekretariats des ZK der SED im Mai 1965 über «Die Verantwortung der leitenden Parteiorgane für die sozialistische Wehrerziehung». Er bewirkte, daß die s. W. zu einem unmittelbaren Bestandteil der Führungstätigkeit der Partei und der politischen Massenarbeit wurde und ihr politisch-ideologisches Niveau durch Behandlung und Klärung auch prinzipieller Fragen auf interessante und verständliche Art und Weise wesentlich stieg. Die Verantwortung aller staatlichen Leitungen und der Leitungen der gesellschaftlichen Organisationen sowie der ihnen nachgeordneten Einrichtungen und der Funktionäre für die s. W. erhöhte sich. Auf der Grundlage einer Vereinbarung zwischen dem Ministerium für Volksbildung und dem Ministerium für Nationale Verteidigung vom 7.7. 1966 entwickelte sich eine enge Zusammenarbeit der Volksbildungsorgane und Schulen mit den Einheiten der NVA auf dem Gebiet der Wehrerziehung. An den Schulen konnten sich die Lehrkräfte bei der Erfüllung ihrer wehrerzieherischen Aufgaben in wachsendem Maße auf die Parteiorganisationen der SED, die Pionierorganisation «Ernst Thälmann», die FDJ und die GST stützen. Insgesamt nahm die s. W. einen großen Aufschwung. Dem Beispiel der SED folgend, begannen auch die anderen Blockparteien, der FDGB, die Nationale Front der DDR, das Deutsche Rote Kreuz, die Sektion Militärpolitik der Urania, der Demokratische Frauenbund Deutschlands und die Massenmedien, sich mit ihren Mitteln und Möglichkeiten verstärkt an der s. W. zu beteiligen. Sie alle bezogen die Erkenntnisse und Erfahrungen der Sowjetunion und anderer sozialistischer Bruderstaaten in ihre Tätigkeit ein. Das Ministerium für Nationale Verteidigung traf weitere Vereinbarungen zur Unterstützung der s. W. mit Organen anderer gesellschaftlicher Bereiche.

Eng verbunden mit der Gestaltung der entwickelten sozialistischen Gesellschaft setzte sich seit dem Übergang zu den 70er Jahren in den verschiedenen staatlichen und gesellschaftlichen Bereichen eine systematische, kontinuierliche s. W. durch. Es bildeten sich spezielle Formen und Methoden zur Förderung der Wehrbereitschaft an den allgemeinbildenden Oberschulen, den Berufsausbildungsstätten, den Hoch- und Fachschulen sowie in den Betrieben und Arbeitskollektiven heraus, z. B. die Pioniermanöver und → *Hans-Beimler-Wettkämpfe* sowie militärpolitische Foren und Vorträge zur Unterstützung der wehrpolitischen Arbeit. Die GST ging zur planmäßigen allgemeinen vormilitärischen und Laufbahnausbildung über. Eine im Dezember 1968 vom Minister für Nationale Verteidigung erlassene Direktive legte die Aufgaben des Ministeriums, der Kommandos, Verbände, Truppenteile und Offiziersschulen der NVA zur Unterstützung der GST fest. Aus der vom VIII. Parteitag der SED im Juni 1971 beschlossenen strategischen Zielstellung zur Gestaltung der entwickelten sozialistischen Gesellschaft in der DDR ergaben sich auch höhere Anforderungen an die s. W. Der Parteitag bestätigte nachdrücklich die Einheit von Sozialismus und Frieden und stellte die Aufgabe, die Bereitschaft und Fähigkeit aller Bürger zur Verteidigung des Sozialismus entsprechend den gewachsenen gesellschaftlichen Möglichkeiten, den Bedingungen des internationalen Klassenkampfes und den militärischen Notwendigkeiten zu fördern. In Verwirklichung der vom VIII. Parteitag der SED gestellten Aufgabe orientierte sich die s. W. vorrangig darauf, eine zielstrebige und differenzierte militärpolitische Agitation und Propaganda unter allen Bevölkerungsschichten zu entwickeln; die Jugend allseitig politisch-ideologisch, militärtechnisch und physisch auf den Wehrdienst vorzubereiten; den erforderlichen Kadernachwuchs für militärische Berufe und für die verschiedenen Aufgabengebiete der bewaffneten Kräfte zu gewinnen sowie die Bürger noch stärker in alle Bereiche der Landesverteidigung einschließlich der Zivilverteidigung einzubeziehen. Erstrangige Bedeutung wurde der überzeugenden ideologischen Arbeit beigemessen. In ihrem Mittelpunkt stand die Diskussion und Klärung solcher Fragen wie der Verteidigung des sozialistischen Vaterlandes und der revolutionären Errungenschaften als einer objektiven Gesetzmäßigkeit der sozialistischen Revolution, solange der aggressive Imperialismus existiert; der Bedeutung des unerschütterlichen Kampfbündnisses mit der UdSSR und den anderen sozialistischen Staaten für den kollektiven Schutz von Sozialismus und Frieden u. ä. Die verstärkt durchgeführte s. W. und die breite Entwicklung der militärpolitischen Massenarbeit unter Führung der SED trugen dazu bei, in den 70er Jahren das Verständnis für Erfordernisse des gemeinsamen Schutzes von Frieden und Sozialismus zu festigen, eine hohe Aktivität der Werktätigen bei der Mitarbeit in den Kampfgruppen der Arbeiterklasse, in den Formationen der Zivilverteidigung, als freiwillige Helfer der Grenztruppen und der Volkspolizei sowie bei der Gewährleistung von Ordnung und Sicherheit zu erreichen. Durch alle Erziehungsträger wurden große Fortschritte im Ringen um die Erfüllung der an die Wehrerziehung als gesamtgesellschaftliches Anliegen gestellten hohen Ansprüche erzielt. Als Organisation zur Förderung der Wehrbereitschaft nahm die GST wachsenden Anteil an der Vorbereitung der männlichen Jugend auf den Wehrdienst und an der Heranbildung des Nachwuchses für militärische Berufe. Eine wichtige Maßnahme zur Erweiterung und Vertiefung der s. W. war angesichts der zunehmenden Aggressivität des Imperialismus, insbesondere des von den USA eingeschlagenen Kurses auf Konfrontation und Hochrüstung, die Einführung des Wehrunterrichts Ende der 70er Jahre in den Klassen 9 und 10 der allgemeinbildenden polytechnischen Oberschulen der DDR. Da die aggressivsten NATO-Kreise ihre friedensbedrohende Politik fortsetzten und verschärften, stellte der X. Parteitag der SED 1981 die Aufgabe, die Verteidigungsbereitschaft der DDR weiter zu erhöhen. Im Zusammenhang damit erklärte Erich Honecker (geb. 1912) als Berichterstatter des ZK der SED, daß die s. W. darauf zu richten ist, «alle Bürger, insbesondere die Jugend, in ihrer Überzeugung von der Notwendigkeit der Verteidigung des sozialistischen Vaterlandes zu bestärken. Ihre Fähigkeiten zur Verteidigung sind durch zielstrebig organisierte Ausbildung zu vervollkommnen. Hierbei hat die GST als Organisation zur Förderung der Wehrbereitschaft weiterhin eine große Aufgabe zu erfüllen» (E. Honecker, 8, S. 118).

Großen Einfluß auf die s. W. nimmt die NVA. Sie unterstützt die leitenden Partei- und Staatsorgane bei der Erfüllung ihrer Aufgaben in der s. W. durch eine zielgerichtete, sachkundige Öffentlichkeitsarbeit. Bei den in die Reserve zu versetzenden Armeeangehörigen entwickelt sie die Bereitschaft und Fähigkeit, in allen Bereichen des gesellschaftlichen Lebens an der Wehrerziehung teilzunehmen und aktiv an der Vorbereitung der Jugend auf den Wehrdienst mitzuwirken. Sie stellt qualifizierte Ausbilder und Funktionäre für die GST sowie Arbeitsgemeinschaftsleiter zur Verfügung. Bei der Förderung der s. W. wendet sie so bewährte Mittel und Methoden an wie die Entwicklung von Patenschaftsbeziehungen zwischen Einheiten, Schulen und Arbeitskollektiven, den Einsatz von militärischen Propagandisten, die Bereitstellung von Informationsmaterial, den Einsatz von Beauftragten für militärische Nachwuchsgewinnung u. a. m.

Die Verantwortlichkeiten und Aufgaben der staatlichen Organe, der örtlichen Volksvertretungen, der wirtschaftsleitenden Organe, Kombinate, Betriebe, Einrichtungen, Genossenschaften, gesellschaftlichen Organisationen, der Lehrer und Erzieher bei der s. W. sind gesetzlich festgelegt, so im Gesetz über die örtlichen Volksvertretungen und ihre Organe in der DDR vom 12. 7. 1973, im Jugendgesetz der DDR vom 28. 1. 1974, im Verteidigungsgesetz der DDR vom 13. 10. 1978 sowie im Wehrdienstgesetz vom 25. 3. 1982. Wurde bereits in das Jugendgesetz die

Bestimmung aufgenommen, daß die Reservisten der NVA aktiv an der Wehrerziehung der Jugend teilnehmen, so enthalten die Reservistenordnung vom 25. 3. 1982 und die Erste Durchführungsbestimmung dazu umfassend und konkret die wehrerzieherischen Aufgaben der gedienten Reservisten. Danach sind diese verpflichtet, ihr militärpolitisches und militärisches Wissen und Können durch Teilnahme am Wehrkampfsport oder anderen Wehrsportarten der GST zu erhalten und zu festigen, die Jugend bei der Vorbereitung auf den Wehrdienst zu unterstützen, aber auch an der Lösung anderer Aufgaben der s. W. mitzuwirken.

Spanischer Erbfolgekrieg 1701–1714: vom englisch-französischen Streben nach Hegemonie in Mittel- und Westeuropa bestimmter Krieg um die spanischen Besitzungen.

Die Hauptursache des S. E. lag in den ökonomischen Gegensätzen zwischen England und Frankreich. Nur äußerlich ein dynastischer Krieg, war er seinem Wesen nach ein Kampf zwischen Frankreich als stärkster Festlandsmacht und der See- und Kolonialmacht England um die Hegemonie in Mittel- und Westeuropa sowie um die spanischen Besitzungen als Absatzmärkte und Ausbeutungsobjekte. Der S. E. entzündete sich an der Nachfolge des kinderlosen Königs Karl II. von Spanien (1661–1700). Die Habsburger beanspruchten den spanischen Thron für den Kaisersohn Erzherzog Karl von Österreich (1685–1740), als Karl VI. von 1711 an römisch-deutscher Kaiser, konnten sich aber am Madrider Hof gegen die französische Partei nicht durchsetzen. Der spanische König bestimmte testamentarisch Herzog Philipp von Anjou (1683–1746) zu seinem Erben, einen Enkel König Ludwigs XIV. von Frankreich (1638–1715) und französischer Thronfolger, der dann auch als Philipp V. die Herrschaft in Spanien antrat. Gegen diese Entscheidung wandte sich neben Österreich und den Niederlanden vor allem England, das die drohende Vorherrschaft der Bourbonen auf dem Kontinent und eine Machtverstärkung seines Hauptkonkurrenten Frankreich verhindern wollte. Am 7. 9. 1701 schlossen diese Mächte die sog. Große (Haager) Allianz gegen Frankreich. Ihr traten Preußen, die Mehrzahl der Reichsstände sowie 1703 auch Portugal und Savoyen bei; Dänemark und Sachsen stellten Hilfstruppen. Frankreichs Verbündete waren Spanien, Bayern, Kurköln und (bis 1703) Savoyen.

Der S. E. begann ohne eigentliche Kriegserklärung. Hauptkriegsschauplätze waren Spanien, Süddeutschland, Norditalien und die Niederlande. Zu den ersten Kampfhandlungen kam es im Frühsommer 1701 in Italien, wo französische Truppen die Lombardei besetzt hatten. Ende Mai rückte nach schwierigem Alpenübergang ein österreichisches Heer in Oberitalien ein. Es wurde geführt vom kaiserlichen Feldmarschall (ab 1708 kaiserlicher Generalleutnant-Generalissimus) Prinz Eugen von Savoyen (1663–1736), einem der bedeutendsten Feldherren seiner Zeit. Die Österreicher errangen anfangs einige Erfolge gegen die französischen Truppen, konnten sich aber in der Folgezeit auf dem italienischen Kriegsschauplatz nur mit Mühe französischer Angriffe erwehren. Am Rhein eroberten

Preußische Infanterie erstürmt in der Schlacht bei Turin französische Schanzen, 7. September 1706

Reichstruppen am 9.9.1702 die Festung Landau und vertrieben die Franzosen aus dem kurkölnischen Gebiet. In den Niederlanden gelang es dem englischen Feldherrn John Churchill, Duke of Marlborough (1650–1722), mit einem Heer, das aus englischen, holländischen, deutschen und dänischen Kontingenten bestand, wichtige Festungen einzunehmen, darunter Lüttich (31.10.1702). Im Jahre 1703 verschlechterte sich die Lage für die Große Allianz. Französische Truppen besetzten Kehl (11.3.), drangen nach Süddeutschland vor und vereinigten sich am 12.5. an der oberen Donau mit dem Heer des Kurfürsten Maximilian II. Emanuel von Bayern (1662–1726). Obwohl der Versuch des Kurfürsten, durch Tirol nach Oberitalien vorzustoßen, unter großen Verlusten am Tiroler Volksaufstand (Juni–August 1703) scheiterte, setzten die französischen und bayrischen Truppen ihre Offensive fort. Sie eroberten die Festung Alt-Breisach (6.9.), schlugen am 20.9. eine kaiserliche Heeresabteilung bei Höchstädt, besetzten die Donaulinie bis Regensburg und Passau, zwangen Landau zur Kapitulation (17.11.) und nahmen am 13.12. Augsburg ein. Auch wurden Versuche unternommen, den Aufstand gegen die habsburgische Herrschaft in Ungarn (zweiter Kuruzzenkrieg 1703–1711) auszunutzen.

1704 fiel eine erste militärische Vorentscheidung. Prinz Eugen, seit 30.6.1703 Präsident des kaiserlichen Hofkriegsrates, reorganisierte das heruntergekommene österreichische Heerwesen und drängte auf eine energischere Kriegführung. Er erreichte, daß Marlborough in den Kampf in Süddeutschland eingriff und damit die Hauptkräfte der Großen Allianz auf diesem Kriegsschauplatz konzentriert wurden. Am 12.6.1704 legten in Großheppach nahe Stuttgart beide Feldherren und der kaiserliche Generalleutnant und Reichsgeneralfeldmarschall Markgraf Ludwig Wilhelm I. von Baden (1655–1707), der die → *Reichsarmee* befehligte, den weiteren Feldzugsplan fest. Er sah vor, einen Angriff gegen Österreich von Bayern aus zu verhindern. Nachdem Marlborough, der ganze Landstriche in Bayern verwüsten ließ, und Ludwig Wilhelm I. mit ihren Truppen am Schellenberg bei Donauwörth ein bayrisches Korps besiegt hatten (2.7.), errangen die Armeen Marlboroughs und Prinz Eugens am 13.8. in der Schlacht von → *Höchstädt 1704* einen entscheidenden Erfolg über das vereinigte bayrisch-französische Heer. Mit der folgenden Besetzung Bayerns und der Vertreibung der Franzosen aus den deutschen Gebieten verlor der deutsche Kriegsschauplatz im S.E. jede Bedeutung. Die Ausnutzung der Kriegsereignisse für den antifeudalen Klassenkampf offenbarte der große Bauernaufstand in Bayern, der Anfang November 1705 ausbrach und sich sowohl gegen die österreichische Besatzungspolitik als auch gegen die feudale Ausbeutung richtete. Die bewaffneten und zu Landfahnen (→ *Landesdefension*) zusammengeschlossenen Bauern wurden nach zahlreichen Kämpfen im Januar 1706 endgültig niedergeworfen.

Während es der Großen Allianz im ganzen S.E. nicht gelang, in Spanien entscheidende Vorteile zu erringen, entwickelte sich seit 1706 die militärische Lage in den Niederlanden und Italien zu ihren Gunsten (alliierte Siege bei Ramillies 23.5.1706, vor Turin 7.9.1706, bei Oudenaarde 11.7.1708 und Malplaquet 11.9.1709). Ein Kabinettswechsel in England und der Tod des Kaisers, dem Erzherzog Karl als Regent nachfolgte, wodurch nun eine Vereinigung Österreichs mit dem spanischen Erbe drohte, brachten für das schwer bedrängte Frankreich eine günstige Wendung. Vor allem England drängte auf Frieden, der schließlich am 11.4.1713 in Utrecht zwischen Frankreich einerseits und England, den Niederlanden, Savoyen, Portugal und Preußen andererseits zustande kam. Österreich und Frankreich schlossen am 7.3.1714 den Frieden zu Rastatt, dem am 6.9.1714 der Friedensschluß von Baden (Schweiz) zwischen Frankreich und dem Reich folgte.

Der S.E. hatte die meisten kriegführenden Staaten erschöpft. Frankreichs Vormachtstellung in Europa wurde zwar nicht gebrochen, jedoch erheblich geschwächt. Philipp V., der auf die Thronfolge in Frankreich verzichtete, blieb König von Spanien. Österreich mußte sich mit dem größten Teil der spanischen Nebenländer in Europa begnügen. Hauptgewinner des S.E. war England, das sich Gibraltar, Menorca, französische Kolonialgebiete in Nordamerika und Handelsprivilegien in den spanischen Kolonien sicherte. Dagegen trat die Schwäche des Reiches in den internationalen Auseinandersetzungen erneut zutage. Die Verluste an Gefallenen und Verwundeten betrugen im S.E. etwa 600000 Soldaten und Offiziere. Für den Krieg waren weiträumige Feldzüge charakteristisch, in denen Manöverhandlungen und Kämpfe um Festungen eine wesentliche Rolle spielten. Doch kam es auch zu bedeutenden Schlachten, darunter bei Malplaquet zu einer der größten und blutigsten des 18.Jh. Die stehenden Söldnerheere, zahlenmäßig weitaus stärker als im 17.Jh., wurden zunehmend vom Magazinsystem (→ *Kriegskunst*) abhängig. Frankreich stellte 1702 etwa 222000 Mann ins Feld, während die Große Allianz nach und nach 350000 Mann aufbot. Die Heere operierten jedoch zersplittert auf weit voneinander entfernten Kriegsschauplätzen. Die Heeresverfassung der meisten Staaten war dem französischen Vorbild angeglichen. In der Infanteriebewaffnung herrschte das → *Steinschloßgewehr* mit Bajonett vor. In den Schlachten kam es zum massenhaften Einsatz von Kavallerie. Die Artillerie entwickelte sich zu einer gleichrangigen Waffengattung. Im S.E. erlangten bewaffnete Volkskämpfe größere Bedeutung als früher; teilweise wurde versucht, sie mit der Kriegführung zu koordinieren. Es zeigten sich im S. E. auch neue politische Tendenzen. Gegenüber der französischen Hegemonie verfocht England erstmals die Politik des europäischen Gleichgewichts. Mit seinem Eingreifen erhielten wirtschaftliche Kriegsziele größeres Gewicht als zuvor. Der S. E. hatte nachhaltigen Einfluß auf das Kräfteverhältnis in Europa und die Herrschaft im Welthandel. Die Ziele der kriegführenden Mächte aber deckten sich nicht mit den Interessen der Völker. *(s. Abb. S. 298)*

Speer → *Spieß*

Spieß: aus langem Schaft und aufgesetzter blattförmiger Klinge bestehende → *Stangenwaffe*, die bis zum 17. Jh. im Militärwesen Verwendung fand.

Der S. ist offenbar die historische Ausgangsform für alle langschäftigen Stangenwaffen. Er wurde in unterschiedlichen Formen als Stoß- und Wurfwaffe verwendet und ist vom frühmittelalterlichen Speer nicht exakt zu trennen. Der S. war beim Fußvolk und bei der Reiterei gebräuchlich. Die Germanen verwandten den S. oder Speer (u. a. als Ger oder Framea bezeichnet) sowohl mit meißelförmiger wie mit spitz zulaufender Klinge. Die Spitze der aus Holz bestehenden Waffe war anfangs feuergehärtet, bald jedoch aus Knochen oder Stein, später aus Bronze und Eisen gefertigt und zumeist mittels einer Tülle am hölzernen Schaft befestigt. Stoß- und Wurfwaffe unterschieden sich vor allem durch die Länge und Stärke des Schaftes sowie durch unterschiedliche Klingenformen. Der Wurf-S. war häufig an der Klinge mit Widerhaken versehen. Im 13. und 14. Jh. prägten sich mit dem zunehmenden Formenreichtum der Stangenwaffen auch die Unterschiede in ihrer Anwendung stärker aus. Dabei traten Stangenwaffen in den Vordergrund, die vor allem zum Stoß verwendet wurden, wie Lang-S., Knebel-S. und Ahl-S. bei den Fußkämpfern oder die → *Lanze* bei den Berittenen. Zwar fanden kurze und leichte, teilweise am Schaft befiederte Wurf-S. nach wie vor bei Reitern und Fußkämpfern Verwendung, doch wurden sie mehr und mehr durch → *Bogen* und → *Armbrust* ersetzt. Die wieder zunehmende Bedeutung des Fußvolkes vom 14. Jh. an führte zu einer Blütezeit des Lang-S. Aus Italien stammend, wurde er zunächst von den Volksaufgeboten der Schweizer, seit dem 15. Jh. auch von den → *Landsknechten* geführt. Er bildete fast ein Jh. die Hauptbewaffnung der auch Spießer genannten Fußsöldner. Der S. der Landsknechte war 4,5–6 m lang. Die Länge der blattförmigen, mit kurzen S.eisen (Froschmäuler) versehenen Eisenspitze erreichte 20 cm und mehr, die der Klinge etwa 8–12 cm. Die Waffe war so gearbeitet, daß der Schwerpunkt im Bereich der hinteren Schafthälfte lag. Die in Haufen (→ *Gevierthaufen*) aufgestellten Landsknechte hielten beim Angriff den vorgestreckten S. etwa in Brusthöhe waagerecht oder etwas nach oben geneigt vor sich und erreichten damit beim Anlaufen eine beachtliche Stoßkraft. In der Verteidigung gegen Reiterei bildeten bei gedrängter Aufstellung der Landsknechte die in den Boden gestemmten und schräg nach oben gerichteten S. eine dichte Abwehrmauer, den «Igel», der nur schwer zu überwinden war. Seit der zweiten Hälfte des 16. Jh. wurde der S. durch die kürzere und leichter zu handhabende → *Pike* ersetzt. *(s. Abb. S. 947)*

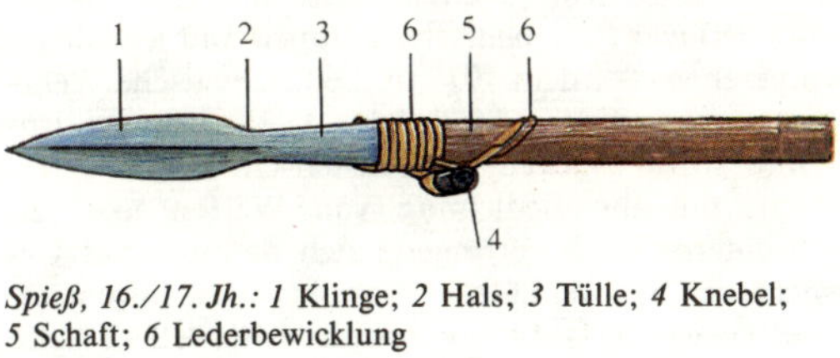

Spieß, 16./17. Jh.: *1* Klinge; *2* Hals; *3* Tülle; *4* Knebel; *5* Schaft; *6* Lederbewicklung

Spießrutenlaufen → *Gassenlaufen*

Sponton → *Partisane*

«Sport und Technik»: seit 1952 vom Zentralvorstand der → *Gesellschaft für Sport und Technik (GST)* im → *Militärverlag der DDR (VEB)* monatlich hrsg. wehrpolitisches Jugendmagazin.

Die Zeitung fördert die Erziehung der Jugend im Geiste des sozialistischen Patriotismus und proletarischen Internationalismus, informiert über militärpolitische Probleme und Ereignisse und popularisiert die wehrsportlichen Disziplinen. Sie berichtet über die Tätigkeit der GST-Grundorganisationen und dient dem Austausch von Erfahrungen, die bei der Laufbahnausbildung zur Vorbereitung auf den Wehrdienst gesammelt werden. Einen wichtigen Platz nehmen Berichte und Meldungen zu wehrsportlichen Wettkämpfen und Leistungsvergleichen sowie über die Tätigkeit der Wehrorganisationen in den sozialistischen Bruderländern ein. Darüber hinaus gibt die Zeitung Anregungen zur Pflege der revolutionären und wehrhaften Traditionen der Arbeiterbewegung in der GST. In den 50er Jahren erschienen verschiedene Ausgaben der Zeitung mit den Untertiteln «Flugsport», «Motorsport», «Nachrichtensport», «Seesport» und «Sportschießen». Aus ihnen entwickelten sich selbständige Fachzeitschriften der einzelnen Wehrsportarten. «Sport und Technik» unterstützt zugleich die → *sozialistische Wehrerziehung der Bevölkerung der DDR.*

Sprengstoffe → *Explosivstoffe*

Stab der Vereinten Streitkräfte → *Warschauer Verteidigungsbündnis*

Stabsfeldwebel → *Feldwebel*

Stabsgefreiter → *Gefreiter*

Stabsobermeister → *Meister*

Stabsoffizier: ursprünglich Gehilfe bzw. Stellvertreter des Regimentskommandeurs für Stabsdienstaufgaben, später → *Offizier* im Dienstgrad → *Major* (Korvettenkapitän) bis → *Oberst* (→ *Kapitän*).

Als S. bezeichnete man in Deutschland seit dem 16. Jh. diejenigen Offiziere, die den Oberst bei der Führung des Regiments unterstützten, und zwar den Oberstleutnant als seinen Stellvertreter und den Oberstwachtmeister (später Major) als Verantwortlichen für die taktische Aufstellung, die Ausbildung und den Wachdienst. Die Zunahme von Truppenkörpern, das Entstehen neuer Gliederungs- und Strukturelemente seit Ende des 17. Jh. (neue Teilstreitkräfte und Waffengattungen, Zusammenfassung der Truppen in größeren Verbänden wie Divisionen, Korps, Armeen) hatten auch eine wachsende Zahl von Offizieren und Stäben zur Folge. Die von ihnen zu lösenden Aufgaben wurden umfangreicher und differenzierter. Eine Dienstgradhierarchie entstand. Dabei wurden im allgemeinen Sprachgebrauch alle in den Stäben tätigen Offiziere als S. bezeichnet. Seit dem 19. Jh. hießen S. die Offiziere, die einen Dienstgrad zwischen Hauptmann und Generalmajor bzw. Gleichgestellten hatten.

Die NVA, die Grenztruppen und die Zivilverteidigung der DDR haben diese Regelung beibehalten. Zu den S. gehören hier die Dienstgrade Major/Korvettenkapitän, Oberstleutnant/Fregattenkapitän und Oberst/Kapitän z. S. (bei der Zivilverteidigung mit dem Zusatz «der ZV»). Sie bilden die Dienstgraduntergruppe Stabsoffiziere.

Stabsrittmeister → *Hauptmann*

Stadtkommandantur der Hauptstadt der DDR: Organ der → *Nationalen Volksarmee der DDR (NVA)*, das Aufgaben der militärischen Sicherung, des militärischen Zeremoniells, der militärpolitischen Öffentlichkeitsarbeit sowie des Standortdienstes in der Hauptstadt der DDR wahrnimmt, die Interessen der DDR gegenüber dem amerikanischen, britischen und französischen Militärkommandanten in Westberlin vertritt und Angelegenheiten ausländischer Militärpersonen auf dem Territorium der Hauptstadt der DDR regelt.

Die Stadtkommandantur wurde auf Beschluß des Ministerrates im August 1962 gebildet. Zuvor erfolgte entsprechend einem Beschluß der Regierung der UdSSR die Auflösung der Kommandantur der Garnison der sowjetischen Truppen in Berlin. Die nach den internationalen Abkommen in der Verantwortung der Sowjetunion verbleibenden Aufgaben – Kontrolle des Personen- und Güterverkehrs der Garnisonen der USA, Großbritanniens und Frankreichs von und nach Westberlin, Bewachung der faschistischen deutschen Hauptkriegsverbrecher im Westberliner Gefängnis von Spandau und Schutz des Ehrenmals für die gefallenen Sowjetsoldaten im Westberliner Stadtbezirk Tiergarten – gingen in die Kompetenz der → *Gruppe der Sowjetischen Streitkräfte in Deutschland (GSSD)* über. Am 23. August 1962 nahm der erste Stadtkommandant der Hauptstadt der DDR mit Sitz in Berlin-Karlshorst seine Tätigkeit auf. Ihm wurden die bis dahin zum Ministerium des Innern gehörenden bewaffneten Kräfte zur Sicherung der Staatsgrenze der DDR zu Westberlin sowie andere Einheiten und Einrichtungen unterstellt. Der Stadtkommandant ist gleichzeitig Standortältester für den Standort der Hauptstadt der DDR. Anfang der 70er Jahre wurden die Truppenteile und Einheiten, die die Staatsgrenze zu Westberlin sichern, dem Chef der → *Grenztruppen der DDR* unterstellt. Gegenwärtig unterstehen dem Stadtkommandanten mit Sitz in Berlin-Mitte das Wachregiment der Stadtkommandantur, das den Ehrennamen «Friedrich Engels» trägt, der Standortzug, das Stabsmusikkorps mit Spielmannszug und das Informationszentrum am Brandenburger Tor. Das Informationszentrum gibt Besuchern aus Staaten aller Kontinente anhand von Lichtbildervorträgen und durch Publikationen, die in mehr als 10 Sprachen zur Verfügung stehen, Einblick in die Geschichte und Rolle des antifaschistischen Schutzwalls.

Stahlhelm: im ersten Weltkrieg eingeführte metallene Kopfbedeckung zum Schutze gegen Schlag, Splitter und Handfeuerwaffengeschosse.

Der S. wurde von einigen kriegführenden Ländern in verschiedenen Ausführungen entwickelt. Anlaß war der hohe Anteil von Kopfverletzungen, vor allem im Stellungskrieg. Auf deutscher Seite befürwortete insbesondere der namhafte Mediziner August Bier (1861–1949), auch als beratender Chirurg beim XVIII. Armeekorps tätig, die Entwicklung eines S. Der S. wurde seit 1915 im französischen Feldheer eingeführt und seit Februar 1916 im deutschen Heer verwendet (zuerst bei den vor → *Verdun 1916* eingesetzten Truppen). Das Modell 16 (M 16) bestand aus Chromnickelstahl, hatte einen Augen- und Nackenschutz und wog entsprechend der Kopfgröße 1000–1350 g. Die am Vorderteil befindlichen 2 Lüftungsbolzen dienten auch zur Befestigung einer speziellen Panzerplatte zum zusätzlichen Stirnschutz. Sie wurde bei Posten zum Schutz gegen Scharfschützen eingesetzt, bewährte sich jedoch wegen ihres hohen Gewichtes nicht. Der S. M 16 wurde in der deutschen Wehrmacht bis 1935 verwendet, vereinzelt bis Ende des zweiten Weltkrieges. Das Modell 18 mit stark heruntergezogenem Nacken- und Seitenschirm (auch als «Kavalleriehelm» bezeichnet) war für technische Truppen und Kavallerie vorgesehen. Bei dem 1935 in die faschistische Wehrmacht eingeführten Modell 35 (M 35) waren Stirnschild sowie Nacken- und Seitenschirm etwas verkürzt, um die Bedienung von Waffen usw. zu erleichtern. Auch verringerte sich dadurch das Gewicht des S. Die Lüftungsbolzen waren durch Löcher ersetzt. Das 1943 eingeführte Modell 42 hatte

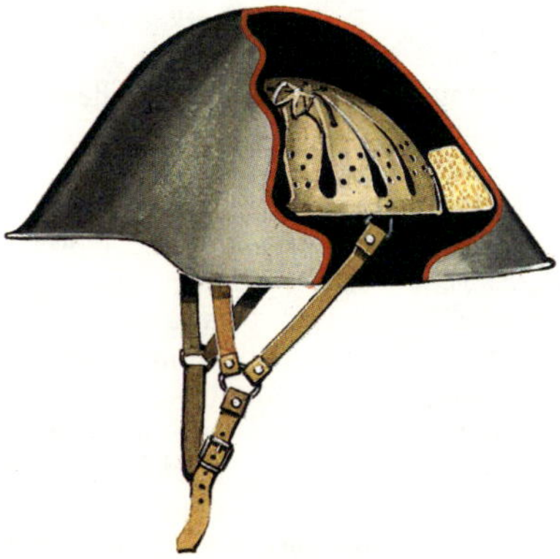

1

2

3

4

Schnitt eines Stahlhelms der NVA (links). Stahlhelmmodelle imperialistischer deutscher Streitkräfte bis 1945: 1 M 16; *2* M 18; *3* M 35; *4* M 42

keinen gebördelten Rand mehr. In der faschistischen Wehrmacht wurde auch ein Kunststoffhelm des M 35 von älteren Offizieren und Generalen getragen. Neben den genannten S. gab es für Fallschirmjäger, Flieger, die Polizei und andere paramilitärische Organisationen Modelle, denen der M 35 zugrunde lag. Die Armeen der NATO-Staaten verwenden meist einen S. amerikanischen Musters (entwickelt im zweiten Weltkrieg), so auch die Bundeswehr der BRD. Der Bundesgrenzschutz hat einen S. des Typs M 35.

Die NVA der DDR trägt den S. Modell 56 mit einer überschrägen Form mit hohem Splitterschutz und guter Bewegungsfreiheit. Das Modell gibt es auch in einer Variante aus Plast für Paraden, für Sonderformationen u. ä. Die anderen sozialistischen Armeen sind mit dem S. des sowjetischen Typs in verschiedenen Abwandlungen ausgestattet.

Stalingrad 1942/43: eine der größten Schlachten des zweiten Weltkrieges (→ *Weltkrieg, zweiter, 1939–1945*) vom 17. 7. 1942 bis 2. 2. 1943, in der die Sowjetarmee der faschistischen Gruppierung eine vernichtende Niederlage zufügte und damit entscheidend dazu beitrug, den grundlegenden Umschwung im Verlauf des Krieges herbeizuführen.

Eines der wichtigsten Ziele der deutschen Sommeroffensive 1942 bestand nach der Weisung Nr. 41 des OKW vom 5. 4. 1942 darin, die Wolga bei S. zu erreichen. Damit sollte ein leistungsfähiges Industriezentrum der UdSSR ausgeschaltet, die Wolga als Hauptverkehrsader zwischen den zentralen Teilen und den kaukasischen Republiken der Sowjetunion abgeschnitten und die Flanke des vorgesehenen Vorstoßes in den Kaukasus gesichert werden. Nachdem die Sommeroffensive Ende Juni begonnen hatte, veränderte das faschistische Oberkommando in der Weisung Nr. 45 vom 23. 7. 1942 die Reihenfolge der operativ-strategischen Ziele. Nunmehr sollte die Offensive in den Richtungen S. und Kaukasus gleichzeitig geführt werden. Während die Heeresgruppe A Ende Juli die Schlacht um den → *Kaukasus 1942/43* aufnahm, war die Heeresgruppe B mit ihrer Hauptstoßkraft, der 6. Armee, bis in den großen Donbogen vorgedrungen. Der am 17. 7. wieder aufgenommene Angriff, der den Auftakt zur Schlacht um S. bildete, kam jedoch nur langsam voran. Das deutsche Oberkommando änderte daher am 30. 7. die Schwerpunktverteilung seiner Kräfte und unterstellte der Heeresgruppe B für den Angriff auf S. die in Richtung Kaukasus vorstoßende 4. Panzerarmee.

Die Sowjetarmee nahm den Kampf um S. unter schwierigen Bedingungen auf. Die Südwest- und die Südfront hatten in den vorangegangenen Kämpfen hohe Verluste erlitten und waren kaum noch imstande, dem deutschen Druck standzuhalten. Das sowjetische Oberkommando übertrug daher die Verteidigung der Stadt der am 12. 7. aus Truppen und Stäben der Südwestfront sowie aus herangeführten Reserven gebildeten Stalingrader Front (am 5. 8. in Stalingrader Front und Südostfront geteilt). Die Truppen der an den fernen Zugängen zu S. entfalteten 62. und 64. Armee verwickelten die faschistischen Verbände in langwierige und beiderseits verlustreiche Kämpfe und verhinderten damit einen schnellen Durchbruch zur Wolga. Erst in der ersten Augusthälfte konnte die 6. Armee das gesamte rechte Flußufer im Donbogen erobern und Teile der 62. Armee zerschlagen. Die 6. Armee befand sich Mitte August 60–70 km westlich und die 4. Panzerarmee 20–30 km südlich von S. Da sich die nördliche Flanke der Heeresgruppe B ständig verlängert hatte, waren am Don die italienische 8. und die rumänische 3. Armee herangeführt worden und hatten Verteidigungsstellungen bezogen. Die rumänische 4. Armee war im Antransport, um die südöstliche Flanke der Heeresgruppe B zu sichern.

Nachdem die Heeresgruppe B ihre Kräfte aufgefrischt und umgruppiert hatte, nahmen Stoßgruppierungen der 6. Armee und der 4. Panzerarmee am 15.

bzw. 17. 8. den Angriff wieder auf. Am 23. 8. brach ein Panzerkorps der 6. Armee im Norden von S. bei Rynok zur Wolga durch. An den anderen Abschnitten wurden die sowjetischen Truppen bis Anfang September auf den inneren Verteidigungsgürtel zurückgedrängt. Die Stadt selbst war schweren Bombardements ausgesetzt.

Unter Führung der Kommunistischen Partei vervielfachten die Werktätigen ihre Anstrengungen, um die Verteidigung der Stadt zu stärken. Sie steigerten im August die Panzerproduktion um das Doppelte, halfen beim Bau von Verteidigungsstellungen und verstärkten mit Volkswehrabteilungen und Jägerbataillonen die sich heldenhaft verteidigenden Truppen. Teile der Bevölkerung wurden evakuiert. Unter großen Anstrengungen mußten die in S. kämpfende 62. und 64. Armee immer wieder mit Menschen und Material aufgefüllt werden. Starke Artillerie- und Fliegerkräfte unterstützten die Verteidiger vom linken Wolgaufer aus. Am 28. 9. wurden die Stalingrader Front in Donfront und die Südostfront in Stalingrader Front umbenannt. Angriffe gegen die Flanke der 6. Armee nördlich von S. entlasteten die Lage in der Stadt etwas, wo sich seit Mitte September die harten und verlustreichen Kämpfe in das Stadtinnere verlagert hatten. Vom 13. bis 26. 9. wurde um das Stadtzentrum gekämpft, vom 27. 9. bis 8. 10. um die Werksiedlungen und im Raum Orlowka und vom 9. 10. bis 18. 11. um das Stalingrader Traktorenwerk sowie die Werke «Barrikady» und «Krasny Oktjabr». Die deutschen Truppen eroberten dabei große Teile der Stadt und drangen an weiteren Stellen zur Wolga vor. Es gelang ihnen jedoch nicht, den oft nur mehrere hundert Meter tiefen sowjetischen Brückenkopf am rechten Wolgaufer zu beseitigen. Mitte November mußten die faschistischen Truppen ihre Angriffe einstellen.

Damit hatte die Sowjetarmee den Plan des deutschen Oberkommandos vereitelt, mit der Einnahme von S. die Lage am Südabschnitt der deutsch-sowjetischen Front entscheidend zu verändern. Zugleich hatte sie hinreichende Voraussetzungen für eine Gegenoffensive geschaffen. An den Plänen dafür arbeitete das sowjetische Oberkommando bereits seit September 1942. Mit der Gegenoffensive sollte eine grundlegende Veränderung der Lage an der gesamten deutsch-sowjetischen Front herbeigeführt werden. Der Operationsplan sah vor, die Stalingrader Gruppierung der Wehrmacht durch tiefe Stöße in ihre von rumänischen Verbänden verteidigten Flanken mit der neugebildeten Südwestfront von Norden und der Stalingrader Front von Südosten einzuschließen und die eingekreisten Kräfte durch weitere Schläge der Donfront und der Stalingrader Front aufzuspalten und zu vernichten. Am Vorabend der sowjetischen Gegenoffensive bestand an diesem Frontabschnitt ein fast ausgeglichenes Kräfteverhält-

Verteidigung Stalingrads, 1942

nis mit leichter sowjetischer Überlegenheit an Panzern, Geschützen und Flugzeugen.

Mit der Gegenoffensive der sowjetischen Stoßgruppierungen am 19./20. 11. 1942 begann die zweite Etappe der Schlacht um S. Die faschistischen Führungsorgane, die das Ausmaß der sowjetischen Angriffsvorbereitungen nicht erkannt hatten, wurden vom Zeitpunkt und von der Wucht der Offensive überrascht. Am 23. 11. vereinigten sich vordringende sowjetische bewegliche Truppen bei Sowjetski und schlossen den Ring um die 6. Armee und Teile der 4. Panzerarmee, insgesamt 22 Divisionen und etwa 160 selbständige Truppenteile mit mehr als 300000 Mann. Bis Ende November wurde der Kessel auf 1 500 km² verengt und an Tschir und Don eine äußere Einschließungsfront gebildet, die 40–80 km von der inneren entfernt war.

Das faschistische Oberkommando war nicht bereit, die 1942 eroberten Positionen aufzugeben. Es führte eilig neue Kräfte heran und bildete die Heeresgruppe Don, die mit 2 Gruppierungen den Einschließungsring aufbrechen sollte. Die aus dem Raum Kotelnikowski seit 12. 12. angreifende Stoßgruppierung konnte bis zum 23. 12. bis auf 40 km an die bei S. eingeschlossenen Truppen herankommen. Inzwischen wurden jedoch die Gegenmaßnahmen des sowjetischen Oberkommandos wirksam. Es hatte die Operation zur Vernichtung der eingekesselten Gruppierung verschoben und die Stalingrader Front mit einer Gardearmee und weiteren Kräften verstärkt, um die faschistische Stoßgruppierung zu zerschlagen. Ein ursprünglich geplanter und vorbereiteter Stoß der Südwestfront vom mittleren Don über Millerowo auf Rostow wurde nunmehr in die Flanke und in den Rücken der Heeresgruppe Don am Tschir geführt. Die am 16. 12. begonnene Operation der Südwestfront und des linken Flügels der Woronesher Front führte zur Zerschlagung der italienischen 8. Armee am mittleren Don und bedrohte die rückwärtigen Verbindungen der Heeresgruppe Don. Diese mußte die sich bei Tormossin für den zweiten geplanten Entsatzangriff auf S. versammelnde Stoßgruppierung einsetzen, um den sowjetischen Angriff

Sowjetische Gegenoffensive bei Stalingrad – November bis Dezember 1942

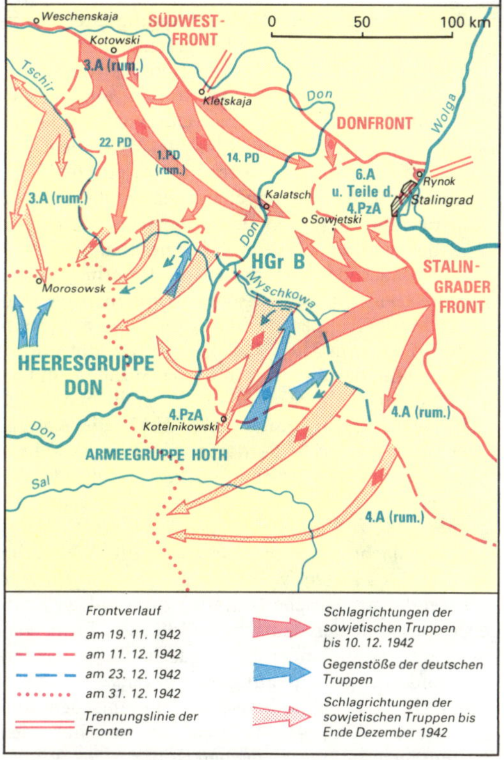

Bei Stalingrad zerschlagene faschistische Truppen, Anfang 1943

aufzuhalten. Da auch die andere deutsche Stoßgruppierung Ende Dezember den Rückzug antreten mußte, waren die Versuche, die Stalingrader Gruppierung zu entsetzen, endgültig gescheitert.

Während sich aus der Gegenoffensive von S. eine allgemeine Winteroffensive der Sowjetarmee entwikkelte, wurde vom sowjetischen Oberkommando die Liquidierung des Kessels eingeleitet. Nachdem das Oberkommando der 6. Armee eine sowjetische Kapitulationsaufforderung abgelehnt hatte, begann die Donfront am 10. 1. 1943 den Angriff zur Zerschlagung der eingeschlossenen Gruppierung. In 3 Wochen andauernden erbitterten und verlustreichen Kämpfen wurden die deutschen Truppen aufgespalten und in 2 Gruppen im Stadtgebiet von S. zusammengedrängt. Am 31. 1. bzw. 2. 2. streckten mehr als 90000 Mann, darunter der in letzter Stunde zum Generalfeldmarschall ernannte Oberbefehlshaber der 6. Armee, Friedrich Paulus (1890–1957), die Waffen. Über 140000 deutsche Soldaten waren im Kessel gefallen, wegen der mangelhaften Versorgung aus der Luft verhungert, erfroren oder an fehlender medizinischer Hilfe zugrunde gegangen.

Die Schlacht um S. brachte eine große Wende im Verlauf des zweiten Weltkrieges. Die Sowjetarmee gewann die strategische Initiative zurück. Das Kräfteverhältnis an der deutsch-sowjetischen Front veränderte sich entscheidend. Die faschistische Niederlage und die Zerschlagung der gegen die Sowjetunion eingesetzten italienischen, rumänischen und ungarischen Truppen führten zu zunehmenden Spannungen im faschistischen Block. Der Widerstands- und der Partisanenkampf, die durch den sowjetischen Sieg neue Perspektiven erhielten, wuchsen an. Der Erfolg bei S. als Kernstück der sowjetischen Winteroffensive 1942/43 verlieh auch den gleichzeitigen Siegen der westlichen Alliierten in Nordafrika (→ *nordafrikanische Feldzüge 1941–1943*) strategischen Rang und gewährleistete ihre Dauerhaftigkeit. Die Sowjetarmee errang den Sieg, ohne daß die USA und Großbritannien ihrer Verpflichtung zur Eröffnung einer zweiten Front nachgekommen waren. Die Autorität der Sowjetunion im internationalen Leben wuchs stark an, und die Antihitlerkoalition festigte sich. Die Schlacht um S. demonstrierte mit ihren Operationen zur Umfassung, zur Bildung einer inneren und äußeren Einschließungsfront und zur Liquidierung einer großen Gruppierung die Überlegenheit der sowjetischen Kriegskunst.

Standarte → *Fahne*

Standgerichte → *Militärjustiz*

Standort → *Garnison*

Stangenwaffen: zum Stoß bzw. Wurf, teilweise auch zum Hieb verwendete → *Kaltwaffen* mit langem Schaft und aufgesetzter Klinge.

Zu den S. gehören Stoß- und Wurfwaffen wie → *Spieß* bzw. Speer und → *Lanze*, Stoßwaffen wie → *Pike* und → *Partisane* sowie kombinierte Stoß- und Hiebwaffen wie die → *Hellebarde*. Länge und Stärke des meist aus Holz bestehenden Schaftes und die Form der Klinge waren je nach dem Verwendungszweck verschieden. S. hatten schon im Militärwesen des Altertums weite Verbreitung. Vor allem Speer, Spieß und Lanze, die sich in ihrer Funktionsweise oft nicht voneinander unterschieden, können zu den ersten Waffen überhaupt gerechnet werden. Die S. spielten auch in den bewaffneten Kämpfen des Mittelalters eine wichtige Rolle. So nahm die Stoßlanze neben Schwert und Streitkolben einen bedeutenden Platz in der Bewaffnung des → *Ritters* ein. Bis zum 17. Jh. gehörten S. zur Hauptbewaffnung des Fußvolks und der Reiterei. Besonders in den Kriegen der Schweizer gegen Habsburg im 14. und 15. Jh. erlangten die S. schlachtentscheidende Bedeutung. Sie befähigten das in Haufen (→ *Gevierthaufen*) geordnete Fußvolk, den schwergerüsteten Reitern zu widerstehen. An den vorgestreckten Langspießen zerbrach der Angriff der Berittenen. Zugleich verlieh diese Waffe dem anstürmenden Haufen außerordentliche Stoßkraft. Mit der Hellebarde konnte der Fußkämpfer im Einzelgefecht auch gegen Gepanzerte wuchtige Hiebe führen. Ähnlich wirksam waren die mit einer beilförmigen, oben zugespitzten Klinge gearbeitete Kriegshippe sowie die teilweise mit einem Haken versehene und am oberen Klingenende zweischneidige Kriegssichel. Zu einer

Kampfweise mit Stangenwaffen im Landsknechtsheer, Mitte 16. Jh.

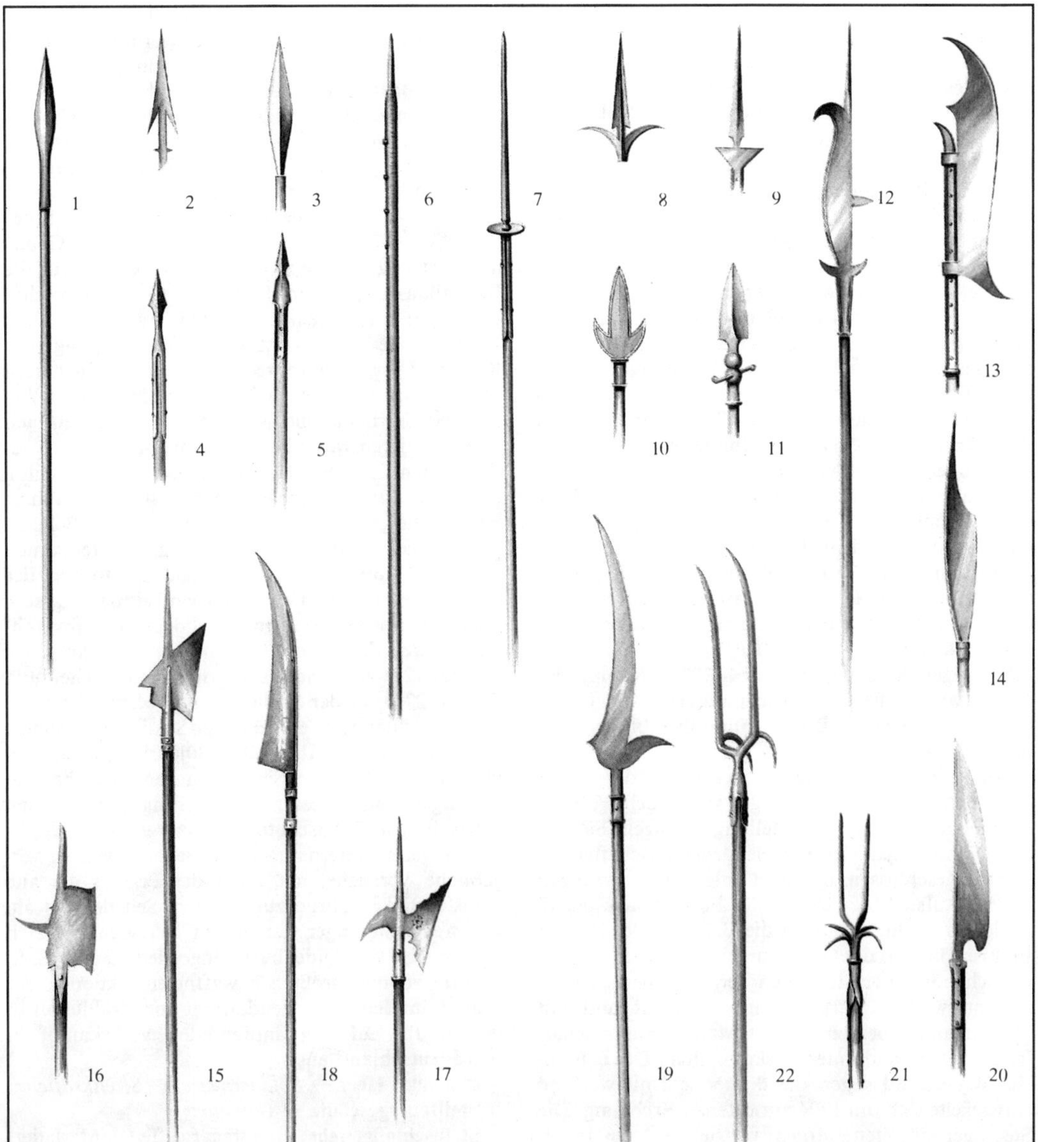

Stangenwaffen. *5. Jh. bis Ende 19. Jh.:* **1** Framea (5. Jh.), germanischer Wurf- und Stoßspeer; **2** normannischer Speer (11. Jh.); **3** Langspieß (15. Jh.), Landsknechtswaffe; **4** Söldnerspieß (15./16. Jh.); **5** Pike (17. Jh.); **6** Stahlrohrlanze der deutschen Kavallerie (1890); **7** Ahlspieß (15./16. Jh.); **8** Korseke (16. Jh.); **9** Knebelspießeisen (15. Jh.); **10** Offiziersponton (Ende 17. Jh.); **11** preußischer Knebelsponton (2. Hälfte 18. Jh.); **12** Gläfe (Ende 16. Jh.); **13** sächsische Kriegshippe (16. Jh.); **14** Kriegshippe (16./17. Jh.), bäuerliche Waffe; **15** schweizerische Hellebarde (Anfang 15. Jh.); **16** Hellebarde (Ende 15. Jh.); **17** Hellebarde (Mitte 16. Jh.); **18** Kriegssense (15. bis 17. Jh.), bäuerliche Waffe; **19** Krakuse (16. Jh.); **20** Couse, Breschmesser (16./17. Jh.); **21** Sturmgabel mit Reißhaken (15. bis 17. Jh.), bäuerliche Waffe; **22** doppelte Sturmgabel (17. Jh.)

weit verbreiteten S. des Fußvolks entwickelte sich im 16. und 17. Jh. anstelle des Langspießes die kürzere und leichter zu handhabende Pike. Sie führte zur Entstehung einer ganzen Gattung des Fußvolks, der → *Pikeniere*. Als S. mit mehreren, der eigentlichen Stoßklinge untergeordneten Spitzen entstanden im 15. Jh. die Partisane, die Korseke und diesen ähnliche Waffen, die durch längere, gerade oder gekrümmte Nebenspitzen gekennzeichnet waren. Gegen Ende des 15. Jh. trat in der Bewaffnung des Fußvolks auch die zwei- oder dreizinkige Sturmgabel (Kriegsgabel) in Erscheinung. S. verschiedenster Art dienten seit dem 16. Jh. in prunkvoller Ausführung als Trabantenwaffen sowie als Rangabzeichen für Offiziere und Unteroffiziere. Mit der Verbesserung der Handfeuerwaffen im 17. Jh. wurden die S. fast gänzlich aus der Bewaffnung verdrängt. Die Lanze blieb als Stoßwaffe bei der → *Kavallerie* noch bis zum ersten Weltkrieg, in der Reichswehr der Weimarer Republik bis 1927 in Gebrauch. Bei der Infanterie wurde seit dem 17. und verstärkt seit dem 18. Jh. durch das → *Bajonett* das wichtigste Funktionselement der S. auf die Handfeuerwaffen übertragen und teilweise bis in die Gegenwart beibehalten. *(s. Abb. S. 292, 759, 941)*

Stedinger Aufstand um 1204–1234: Kampf der Wesermarschbauern um Selbständigkeit und Unabhängigkeit gegen die Bremer und Oldenburger Feudalgewalten.

Bei der Urbarmachung und Besiedlung der Wesermarschen hatten die Stedinger (Gestadebewohner) eine relativ unabhängige Stellung errungen. Sie waren in straff organisierten Deichgenossenschaften zusammengeschlossen, die auch gute Voraussetzungen für die Aufstellung bewaffneter Formationen boten. Ende des 12. Jh. begannen die Versuche der Bremer Erzbischöfe und der Oldenburger Grafen, die Wesermarschen ihren entstehenden Territorialherrschaften zu unterwerfen. Burgen wurden gebaut und mit Dienstmannen besetzt, die die Marschbauern schärfer ausbeuten und unterdrücken sollten. Der bäuerliche Widerstand gegen die drohende Unterwerfung entwickelte sich um 1204 zur offenen Erhebung. Die Stedinger stürmten Burgen, vertrieben deren Besatzungen und verweigerten Abgaben und Dienste. Zunächst wagten die Feudalherren kein gewaltsames Vorgehen gegen die Aufständischen, die sich als Universitas Stedingorum (Gemeinschaft aller Gestadebewohner) bezeichneten und eine eigene militärische Organisation schufen. Unter Ausnutzung des staufisch-welfischen Thronstreits und der damit verbundenen Auseinandersetzungen innerhalb der Feudalklasse konnten die Stedinger in der Folgezeit ihre selbständige Stellung festigen. Sie zerstörten weitere Burgen in der umliegenden Marsch und Geest, gleichzeitig sicherten sie ihr Gebiet durch den Bau mächtiger Landwehren. Ende 1229 versuchte der Erzbischof von Bremen, die Stedinger mit Waffengewalt zu unterwerfen. Das in das Stedinger Land einfallende Ritterheer, dessen Hauptkraft mehr als 200 → *Panzerreiter* bildeten, wurde jedoch am 24. 12. 1229 vernichtend geschlagen (Ort unbekannt). Im Gegenangriff nahmen die Stedinger einige befestigte feudale Stützpunkte ein.

Der S. A., unter dessen Einfluß sich auch der bäuerliche Widerstand in den benachbarten Gebieten verstärkte, wurde zu einer ernsten Gefahr für die Feudalklasse. Im März 1230 erklärte der Erzbischof von Bremen die Stedinger deshalb zu Ketzern. Seit 1232 wurde mit päpstlicher Genehmigung der Kreuzzug gegen sie gepredigt und den Teilnehmern reiche Beute versprochen. Feudalherren aus dem Weser-, Niederrhein- und Maasgebiet vereinigten sich zu einem Kreuzfahrerheer, das im Juni 1233 in Stedingen einfiel. Beim Hemmelskamper Wald schlug das Stedinger → *Aufgebot* am 6. 7. die Kreuzfahrer zurück, die große Verluste erlitten und ihren Befehlshaber, einen Grafen von Oldenburg, verloren. Auch eine im Winter 1233/34 geplante Zerstörung der Deiche konnte durch die Wachsamkeit der Marschbauern verhindert werden. Nachdem die Kreuzfahrer weiteren Zuzug erhalten hatten, unternahmen sie im Mai 1234 einen neuen Angriff. Die Entscheidung fiel am 27. 5. in der Schlacht bei → *Altenesch 1234*. Die vernichtende Niederlage der Stedinger bedeutete zugleich das Ende ihres über 30jährigen Unabhängigkeitskampfes. Die Sieger hausten furchtbar im Stedinger Land, dessen Bevölkerung der feudalen Herrschaft und Ausbeutung unterworfen wurde. In der Folgezeit unternahmen die Bauern mehrere vergebliche Versuche, mit Hilfe der Friesen die alte Selbständigkeit zurückzugewinnen. Seit dem 14. Jh. waren die Stedinger fest in den Herrschaftsbereich der Grafen von Oldenburg eingegliedert. Der S. A. gehörte zu den größten bewaffneten Aktionen der Bauern im deutschen Feudalstaat und strahlte bis in das 18. Jh. auf den antifeudalen Volkskampf in Norddeutschland aus.

stehendes Heer → *Söldnerheere*, → *Streitkräfte*

Steilfeuergeschütz → *Geschütz*

Steinschloßgewehr: Handfeuerwaffe (Vorderlader) des 17. und 18. Jh., bei der das durch Federzug bewirkte Anschlagen eines in einen beweglichen Hahn gespannten Feuersteins an eine Stahlfläche den Zündfunken erzeugte.

Das Steinschloß entstand in der ersten Hälfte des 17. Jh. in Frankreich. In den folgenden Jahrzehnten fand es allgemeine Verbreitung im Militärwesen. Seine Funktionsweise beruhte darauf, daß ein federgespannter Hahn, in dessen Lippen ein Feuerstein (Flintstein) eingeklemmt war, beim Betätigen des Abzugsmechanismus hart gegen einen Feuerstahl schlug und dadurch Zündfunken erzeugte, die auf

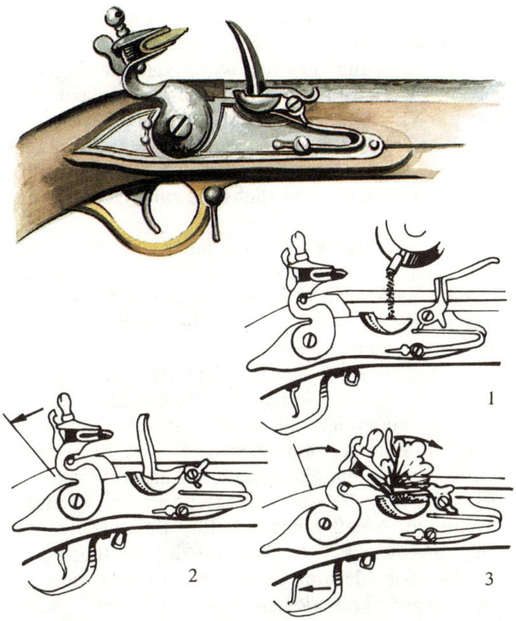

Funktionsweise des Steinschlosses: 1 Aufschütten des Zündpulvers bei geöffnetem Pfannendeckel; *2* Spannen des Hahns nach Schließen der Pfanne; *3* Betätigen des Abzugshebels, dadurch Schlag des Hahns mit Feuerstein an den Feuerstahl des Pfannendeckels, damit Anheben des Pfannendeckels und Zünden des Schusses

die zuvor geöffnete Pulverpfanne fielen. Gegenüber dem Radschloß (→ *Radschloßgewehr*), bei dem der Zündfunke durch die Reibung von Schwefelkies an Stahl erzeugt wurde, bot die neue Konstruktion mit dem 30 und mehr Schüsse aushaltenden Flintstein den Vorteil der geringeren Abnutzung. Außerdem fiel die einfachere und billigere Herstellung ins Gewicht. Die Entwicklung des Steinschlosses brachte viele Varianten hervor, die sich in der inneren und äußeren Schloßmechanik, im Einbau des Schlosses in den Schaft sowie in der Anordnung der Schlagfläche voneinander unterscheiden. Ihre Bezeichnungen (z. B. spanisches, holländisches, englisches, russisches, schwedisches Steinschloß) weisen zugleich auf die weite Verbreitung des S. hin. In der zweiten Hälfte des 17. Jh. wurde der Feuerstahl unmittelbar mit dem Deckel der Zündpfanne verbunden (Batterieschloß), so daß diese sich beim Niederschlagen des Hahns automatisch öffnete. Eine weitere Verbesserung bestand in der Verlegung des Federmechanismus von der Außen- auf die Innenseite des Schlosses, da er dort besser geschützt war. Bereits im letzten Drittel des 17. Jh. wurde das S. fast überall mit patronierter → *Munition* geladen. Die Patrone bestand aus einer Papierhülse mit Pulverladung und Geschoß. Der im Stehen ladende Schütze stellte das Gewehr vor sich hin, nahm die Patrone, biß das Papier am unteren Ende ab, schüttete ein wenig Pulver auf die Pfanne und den Rest in den Lauf, führte die Kugel nach und stieß dann mit dem Ladestock die leere Papierhülse zum Abdichten im Lauf fest. Das S. zeichnete sich vor allem durch eine beträchtliche Verbesserung des Zündvorgangs aus. Mit dieser Waffe wurde eine höhere Feuergeschwindigkeit erreicht, dagegen blieb die Treffsicherheit im wesentlichen so gering wie bei den älteren glattläufigen Gewehren. Mit dem Übergang vom 17. zum 18. Jh. hatte sich das S. mit → *Bajonett* endgültig durchgesetzt. Die technische Vervollkommnung der Handfeuerwaffen und damit die verbesserten Schußleistungen waren ein wesentlicher Faktor für die Entwicklung der → *Lineartaktik*. Das S. erfuhr im Verlauf des 18. Jh. eine Reihe weiterer Verbesserungen. Dazu gehörten Vorrichtungen zum selbsttätigen Füllen der Pulverpfanne, Schutzvorrichtungen gegen das Eindringen von Wasser sowie Vereinfachungen der Schloßkonstruktion. Dennoch blieben bestimmte Mängel, u. a. der ungenügende Schutz des Zündpulvers gegen Feuchtigkeit, das Austreten von Pulvergasen aus dem Zündloch und die Abnutzung der Flintsteine, bestehen. Diese Mängel wurden teilweise durch die Anfang des 19. Jh. aufkommende Perkussionszündung (→ *Perkussionsgewehr*) beseitigt. *(s. Abb. S. 273, 659)*

Stellingaaufstand 841–843: bewaffnete Erhebung sächsischer Bauern gegen die verschärfte feudale Ausbeutung und gegen die Überführung in feudale Abhängigkeit.

Die weitere Ausprägung der feudalen Produktionsverhältnisse führte Mitte des 9. Jh. im Frankenreich zu einer Zuspitzung der Auseinandersetzungen zwischen Adel und Bauern. Mehrfach brachen Aufstände aus, unter denen der S. der größte war. Er wurde begünstigt durch die politische Krise des Reiches und den Versuch des römisch-fränkischen Kaisers Lothar I. (795–855), im dynastischen Machtkampf der Karolinger bei den Volksmassen Sachsens Unterstützung zu finden. Freie und feudalabhängige Bauern – sie nannten sich Stellinga (die Namensdeutung ist umstritten) – erhoben sich, wobei der Schwerpunkt des S. in den südlichen Gebieten Niedersachsens lag. Über die zahlenmäßige Stärke und die Führer der Aufständischen liegen keine Angaben vor. Der S. richtete sich vor allem gegen die Ausbeutung und Unterdrückung durch den weltlichen und geistlichen Adel und gegen dessen Versuche, die noch freien Bauern in feudale Abhängigkeit zu zwingen. Er hatte das Ziel, die bäuerlichen Positionen zu sichern und zu erweitern. Verbunden damit war der Kampf gegen die fränkische Herrschaft und die christliche Kirche. Der S. begann wahrscheinlich einige Wochen nach der sehr verlustreichen Schlacht bei Fontenay (25. 6. 841), in der Lothar I. von seinen königlichen Brüdern Ludwig II. (um 805–876) und Karl II. (823–877) entscheidend geschlagen wurde. Die Beteiligung vieler sächsischer Feudalherren an diesem Bruderkrieg war für die Aufständischen von Vorteil. Sie konnten anfangs große Erfolge erzielen, obwohl sie keine einheitliche Führung und keine militärische Organisation besaßen. Im Frühjahr und Sommer 842 erreichte der S. seine größte Ausdehnung und seinen Höhepunkt. Er bedrohte die entsprechend der schwachen Feudalisierung Sachsens noch instabile Macht des Feudaladels, der unterdrückt und teilweise aus dem Land vertrieben wurde. Die bereits mit den Sachsenkriegen 772–804 (→ *fränkische Expansionskriege 5.–9. Jh.*) eingeleitete Entwicklung konnte jedoch nicht mehr rückgängig gemacht werden. Schließlich gelang es dem ostfränkischen König Ludwig II., mit einem Heer den S. niederzuschlagen. Tausende Aufständische wurden im Kampf getötet, mehr als 150 hingerichtet und viele andere verstümmelt. Die erneute Erhebung der Stellinga im Winter 842/43 brach 843 mit der Niederlage in einer Schlacht gegen die sächsischen Feudalherren zusammen. Die Ursachen für die Niederlage des S. lagen in seinem spontanen Charakter, seiner Unorganisiertheit und Zersplitterung. Trotz ihrer Niederlage erreichten die Bauern in Sachsen einerseits, daß der Feudaladel aus Furcht vor weiteren Erhebungen zunächst die Intensität der Ausbeutung begrenzte. Andererseits förderte der S. wesentlich den festeren Zusammenschluß der sächsischen Feudalherren um die mächtigsten Adelsgeschlechter zur Sicherung und zum Ausbau der feudalen Klassenherrschaft.

Stich- und Hiebwaffen: auch als Blank- oder Griffwaffen bezeichnete → *Kaltwaffen* mit breiter oder schmaler Klinge für den Nahkampf.

Die Stich- und Hiebwaffen zählen zu den ältesten Waffenarten. Ihre Entwicklung vollzog sich teilweise bereits im Altertum mit der Gewinnung und Verarbeitung von Metallen, besonders von Eisen. Kennzeichnend für diese Waffen, zu denen u. a. → *Schwert*, → *Degen*, → *Säbel* und → *Bajonett* gehören, ist vor allem die Klinge. Ihre Form, Länge, Schwere und Schwerpunktlage mußten der jeweils vorherrschenden Kampfesweise entsprechen und waren entweder für Hieb, Stich (Stoß) oder beide Anwendungsarten eingerichtet. Die eisengeschmiedete Klinge bestand aus der Spitze (Ort) und der ein- oder mehrseitig geschliffenen Schneide, der zur Erhöhung der Elastizität meist eine Hohlkehle eingeschliffen war. Einen weiteren Hauptbestandteil der Stich- und Hiebwaffen bildete das aus dem Knauf, der Angel und der Parierstange bestehende Gefäß. Über die mit der Klinge aus einem Stück geschmiedete Angel wurde ein Holz- oder Metallgriff geschoben und am oberen Ende durch den Eisenknauf fest verschlossen. Die technische Entwicklung, die verstärkte Panzerung der Ritter sowie Veränderungen in der Fechtweise führten im 15. und 16. Jh. dazu, daß sich um Griff und Parierstange ein ganzes System von Bügeln und Spangen zum Schutz der Faust gruppierte. Es entstand ein Bügel- bzw. Korbgefäß, das den Übergang vom Schwert zum Degen kennzeichnete.

Stich- und Hiebwaffen, die an der Seite getragen und auch Seitenwaffen (→ *Seitengewehr*) genannt wurden, hatten zur Aufbewahrung der Klinge und zum Schutz vor Verletzungen eine Scheide. Sie war aus Leder oder lederbezogenem Holz, später auch aus Metall gefertigt und besaß an der Öffnung und am Ende häufig festigende Beschläge. Manche Scheiden wiesen Verstärkungen durch Metallbänder oder Einfassungen mit Querstegen auf. Bei Prunkwaffen waren die Scheiden oft kunstvoll verziert. Der Bidenhänder, ein Langschwert der Landsknechtszeit, besaß keine Scheide. Er wurde blank oder mit einem Fell umhüllt auf der Schulter getragen. Die Scheide hing entweder am Gürtel oder an zwei langen Trageriemen bzw. an einem breiten Wehrgehänge. Seit dem 17. Jh. wurde das sog. Bandelier verwendet, das von der Schulter quer über den Oberkörper zur Hüfte reichte. Bis ins 19. Jh. wurden Säbel und Bajonett an einem Bandelier getragen.

Stich- und Hiebwaffen gehörten jahrhundertelang zur Hauptbewaffnung der Krieger. Sie wurden sowohl von der schweren Reiterei als auch vom Fußvolk verwendet und erforderten gute Ausbildung und physische Kraft zur erfolgreichen Anwendung im Kampf Mann gegen Mann. Mit dem Aufkommen der Feuerwaffen im 14. Jh. verloren sie ihre dominierende Rolle. Erst König Gustav II. Adolf von Schweden (1594–1632) ließ im Dreißigjährigen Krieg 1618–1648 wieder Reiterangriffe mit der blanken Waffe ausführen. Der preußische König Friedrich II. (1712–1786) drillte seine Kavallerie zu Attacken in vollem Galopp, bei denen die Reiter in geschlossenen Reihen mit bloßem Säbel oder Degen angriffen. In den Söldnerheeren des 16. und 17. Jh. trugen die → *Musketiere* und → *Pikeniere* gewöhnlich eine Stich- und Hiebwaffe als Zweitwaffe. Seit dem 17. Jh. kamen diese Waffen bei den Fußtruppen immer mehr außer Gebrauch. Dazu trug die Ausrüstung der Infanterie mit einem kürzeren Seitengewehr bei, das als Bajonett auch auf das Gewehr aufgesteckt werden konnte. Bei der Kavallerie wurden Degen, Säbel und → *Pallasch* bis zum Beginn des 20. Jh. geführt. Gegenwärtig gehören Stich- und Hiebwaffen (z. B. Bajonett, Messer) zur Kampfausrüstung von Angehörigen bestimmter Waffengattungen (mot. Schützen, Fallschirmjäger). Degen werden von Offizieren in der Regel nur noch bei Zeremoniellen getragen. *(s. Abb. S. 129, 154, 846, 876)*

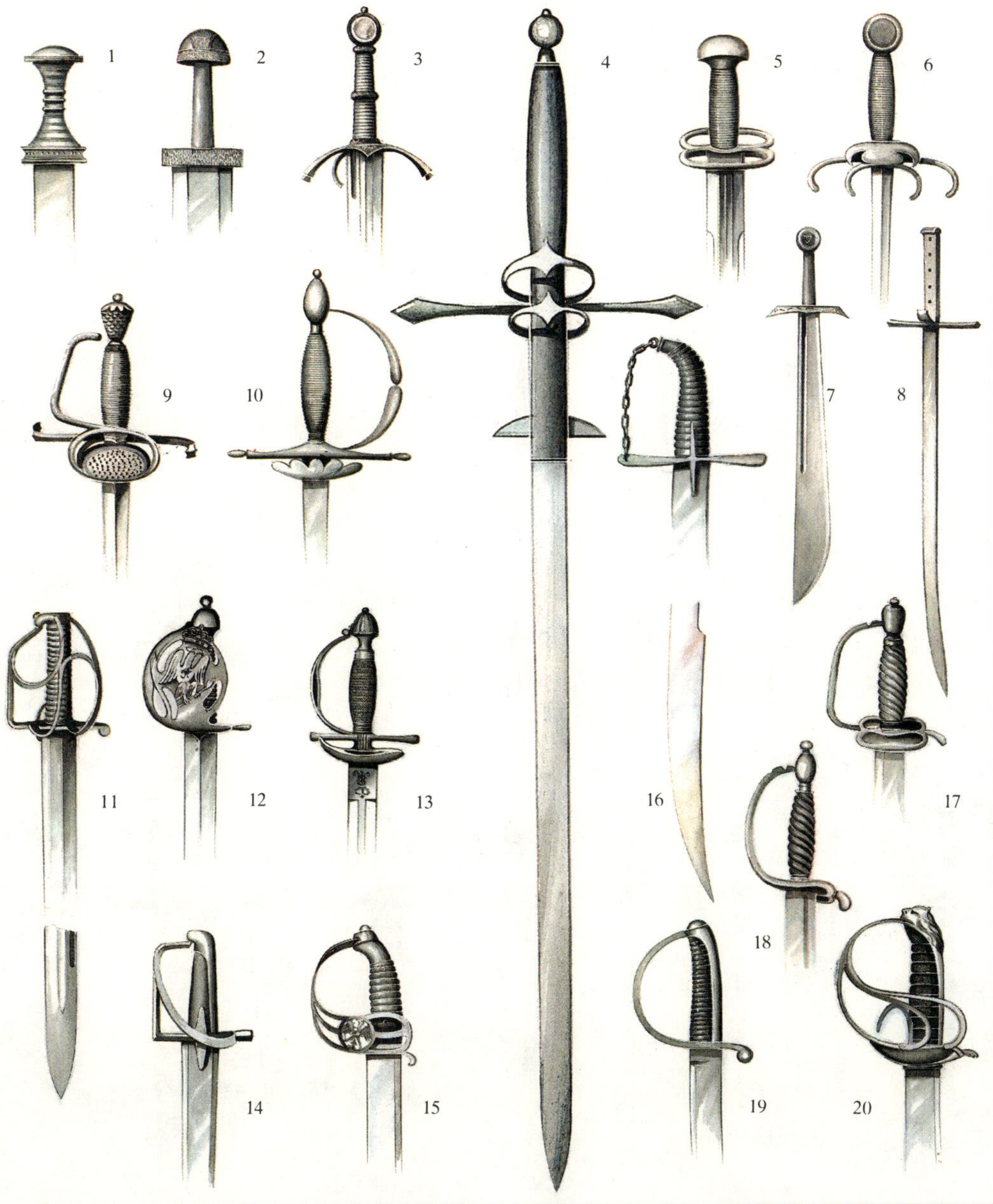

Stich- und Hiebwaffen. *5. Jh. bis 20. Jh., I:* **1** germanisches Schwert (5./6. Jh.); **2** Wikingerschwert (9./10. Jh.); **3** Schwert (Ende 15. Jh.); **4** Bidenhänder (2. Hälfte 16. Jh.); **5** Katzbalger (1520), Landsknechtswaffe; **6** Panzerstecher (Ende 16. Jh.); **7** Dussack (Anfang 14. Jh.); **8** Hiebmesser (Säbelart des 15./16. Jh.), Waffe der Städtebürger; **9** norddeutscher Degen (1650); **10** Rapier (um 1650); **11** bayrischer Kürassierpallasch (um 1700); **12** preußischer Kürassierdegen M 1732 (2. Hälfte 18. Jh.); **13** sächsischer Offiziersdegen (Mitte 18. Jh.); **14** preußischer Artilleriepallasch (2. Hälfte 18. Jh.); **15** deutscher Kavalleriedegen M 1889 (Ende 19./Anfang 20. Jh.); **16** Säbel (16./17. Jh.); **17** preußischer Infanteriesäbel (1. Hälfte 18. Jh.); **18** preußischer Infanteriesäbel (2. Hälfte 18. Jh.); **19** Säbel der preußischen Infanterie und Landwehr M 1818 (1813 bis 1870); **20** Offiziersdegen der sächsischen Gardereiter (2. Hälfte 19. Jh. bis 1918)

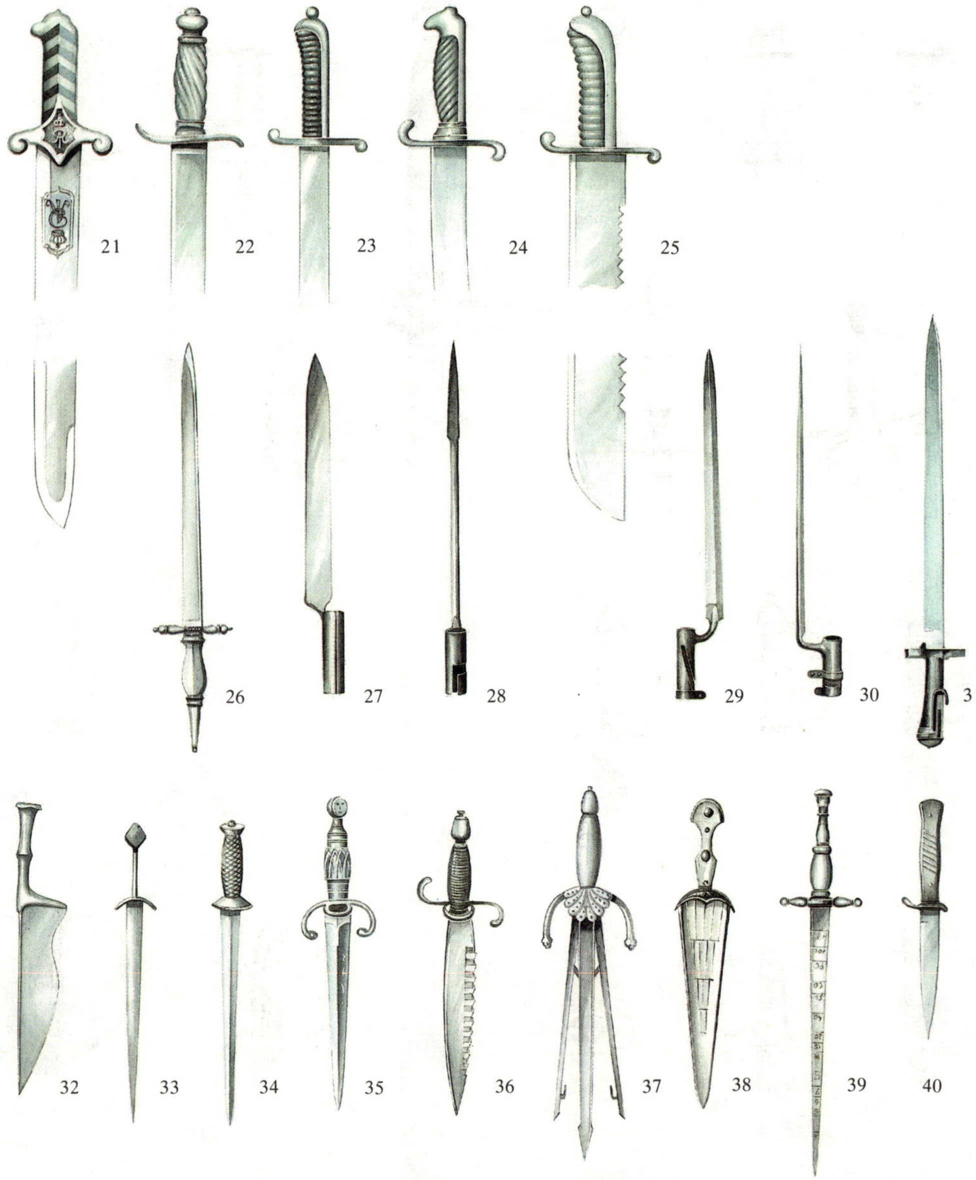

Stich- und Hiebwaffen. *5. Jh. bis 20. Jh., II:* **21** Seitengewehr der sächsischen Janitscharen (1. Hälfte 18. Jh.); **22** Seitengewehr der preußischen Infanterie M 1852 (2. Hälfte 19. Jh.); **23** sächsisches Füsilierseitengewehr M 1845 (2. Hälfte 19. Jh.); **24** Faschinenmesser der preußischen Linieninfanterie (2. Hälfte 19. Jh.); **25** Pionierfaschinenmesser (1810 bis 1856); **26** Spundbajonett (1. Hälfte 17. Jh.); **27** sächsisches Dillenbajonett (um 1700); **28** sächsisches Dreikantbajonett (um 1750); **29** Haubajonett (um 1850); **30** preußisches Stichbajonett (um 1870); **31** preußischer aufpflanzbarer Hirschfänger (1809); **32** Sax (5. bis 7. Jh.), germanisches Messer; **33** Dolchmesser (13. Jh.); **34** Ritterdolch (15. Jh.); **35** Dolch (16. Jh.); **36** Dolch „Degenbrecher" (16. Jh.); **37** Linkehanddolch (16. Jh.); **38** „Ochsenzunge" (15./16. Jh.); **39** Artilleriestilett (17. Jh.); **40** Patrouillendolch (1914 bis 1918)

Streitaxt, 15./16. Jh.:
1 Stoßklinge; *2* Axteisen; *3* Haken; *4* Schaftfedern; *5* Parierscheibe; *6* Schaft

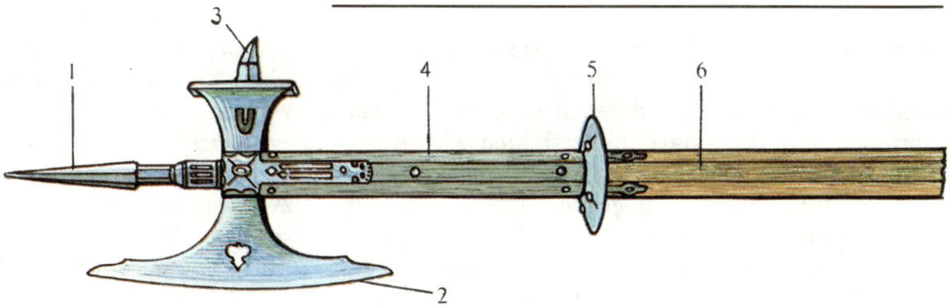

Stoßwaffen → *Stangenwaffen*

Strategie → *Kriegskunst*

Streitaxt: bis zum 17. Jh. verwendete Wurf- bzw. → *Schlagwaffe*, die aus einem Stiel von unterschiedlicher Länge und aufgesetztem Axteisen bestand.

Die in ihrem Gebrauch dem Streithammer ähnliche S. war bereits im Altertum bekannt. Als Wurfwaffe war sie vor allem bei den Galliern und später bei den Franken (daher auch Franziska genannt) verbreitet. Die sehr unterschiedlichen Entwicklungsformen reichten von der ein- und zweischneidigen S. über hammer- und schnabelförmige Ausführungen bis zu sichelartigen Waffen. Große Bedeutung für die Entwicklung der S. hatte die Länge des Axtstiels. So trat an die Stelle des bis ins 11. Jh. gebräuchlichen Wurfbeils in der Folgezeit eine wesentlich schwerere S., die von den Fußkriegern als Schlagwaffe im Nahkampf verwandt wurde und deren Stiellänge bis zu 1,5 m betrug. Der Grund hierfür lag vor allem in der verstärkten Panzerung der → *Ritter*. Mit den häufig am Rücken des Axteisens angebrachten Reißhaken oder Stacheln wurde der Ritter vom Pferd gezogen. Die Axtschneide diente zum Durchhauen der Harnischplatten (→ *Harnisch*). Armlange S. gehörten zur Bewaffnung der Ritter. Die kurz- oder langstielige S. mit Klinge und Haken bzw. Hammer stellte im 15. und 16. Jh. den Haupttyp dieser Waffe dar. S. mit besonders kurzem Stiel und kleinerem Axteisen wurden als Ergänzungswaffe zum Schwert von den Berittenen am Sattel mitgeführt. Stiel und Axteisen waren dabei zur Verstärkung durch Eisenschienen miteinander verbunden. Derartige Satteläxte, oft mit schnabelförmiger Schneide, gehörten noch im 16. und 17. Jh. nicht selten zur Bewaffnung der Reiterei. Eine Besonderheit ihrer Ausführung bildete zuweilen eine in den Stiel eingearbeitete Reiterpistole. Mit dem Verzicht auf eine starke Körperpanzerung der Berittenen und mit der Entwicklung wirksamerer Handfeuerwaffen kam die S. außer Gebrauch. *(s. Abb. S. 865)*

Streithammer → *Schlagwaffen*

Streitkolben → *Schlagwaffen*

Streitkräfte: mit den antagonistischen Klassen entstandene, für den bewaffneten Kampf ausgerüstete und ausgebildete Formationen von Menschen.

Die S. tragen Klassencharakter, der ihre innere und äußere Funktion in den Gesellschaftsordnungen bestimmt. Er spiegelt sich in ihrem Auftrag, in der Verfügungsgewalt über die S., in der Zusammensetzung des Offizierskorps, in der Erziehung und Ausbildung der Angehörigen der S., in der Stellung der S. im Staat u. a. m. wider. In den Ausbeuterordnungen sind die S. ein entscheidendes Instrument der jeweils herrschenden Klasse, um ihre Macht zu festigen und zu erweitern. Dabei können die S. partiell und zeitweise auch im Interesse der Volksmassen wirksam sein, vor allem in den Aufstiegsphasen antagonistischer Klassengesellschaften. Mit der Errichtung der sozialistischen Gesellschaftsordnung entstehen S. eines grundsätzlich neuen Typus, deren Aufgaben sich aus der historischen Mission der Arbeiterklasse ergeben.

Ausrüstung, Bewaffnung, Organisation und Einsatzprinzipien der S. werden letztlich von den Produktionsverhältnissen und vom Stand der Produktivkräfte bestimmt. Friedrich Engels (1820–1895) betonte: «Nichts ist abhängiger von ökonomischen Verbindungen als grade Armee und Flotte. Bewaffnung, Zusammensetzung, Organisation, Taktik und Strategie hängen vor allem ab von der jedesmaligen Produktionsstufe und den Kommunikationen» (K. Marx/F. Engels, 20, S. 155). Die S. durchliefen eine lange geschichtliche Entwicklung mit vielfachen Wandlungen. Die ältesten Teil-S. sind die → *Landstreitkräfte* und die → *Seestreitkräfte*, wobei das Verhältnis zwischen ihnen auch von den geographischen Bedingungen mitbestimmt wird. Im 20. Jh. entstanden die → *Luftstreitkräfte* sowie (in der UdSSR) die Truppen der → *Luftverteidigung* und die strategischen Raketentruppen. Innerhalb der Teil-S. vollzog sich die Herausbildung von Waffengattungen, Spezialtruppen und Diensten. Es gab in allen Klassengesellschaften stehende S., zeitweilig aufgebotene bzw. geworbene S., → *Milizen* und Mischformen. Namentlich in den vorkapitalistischen Epochen waren die Grenzen zwischen den S.arten fließend.

Die S. entstanden in der Zeit der → *militärischen Demokratie*. Sie waren im Zusammenhang mit den → *Kriegen* ein stimulierender Faktor beim gesetzmäßigen Übergang von der Gentilordnung zur Klassengesellschaft. In der Sklavereigesellschaft dienten die S. vor allem dazu, die Macht der Sklavenhalter und

Grundbesitzer gegen die unterdrückten Volksschichten zu sichern sowie in Eroberungskriegen fremde Länder zu gewinnen und deren Bevölkerung zu versklaven. Die S. der Sklavenhalterstaaten wiesen hinsichtlich der Organisation und Führung sowie der politischen Rolle im Staat große Unterschiede auf. Im allgemeinen ergänzten sich die S. Athens, Karthagos, Roms und anderer Staaten zunächst aus der freien Bevölkerung; Sklaven waren vom Kriegsdienst ausgeschlossen. Mit der Entwicklung der Geldwirtschaft traten an die Stelle der aus dienstpflichtigen Freien aufgebotenen S. → *Söldnerheere*, die in den großen Reichen bald zu stehenden Armeen wurden. Die römischen S. repräsentierten in Organisation, Führung und Technik den höchsten Entwicklungsstand der S. in der Sklavereigesellschaft. Der Kampf der unterdrückten Volksmassen in der Antike kulminierte im Spartakusaufstand 74–71 v. u. Z. gegen die römischen Sklavenhalter sowie in großen Erhebungen im 3. und 4. Jh. u. Z., in deren Verlauf die Aufständischen eigene Heere schufen.

Mit der allmählichen Herausbildung des Feudalismus in West- und Mitteleuropa seit dem 5./6. Jh. entstanden die feudalen S. Unter den Bedingungen der vorherrschenden Naturalwirtschaft und der lokkeren politischen Struktur des frühfeudalen deutschen Staates wurde das → *Vasallenheer*, aus dem im 11. Jh. das → *Ritterheer* hervorging, zum entscheidenden militärischen Machtinstrument der Feudalherren, um die abhängigen Bauern niederzuhalten sowie fremde Gebiete zu erobern. Das → *Aufgebot* der freien Bauern verlor durch das Absinken der Bauern in feudale Abhängigkeit weitgehend seine soziale Grundlage und militärische Schlagkraft. In Gestalt der → *Landesdefension* blieben bis zum Ende des 18. Jh. Elemente des Aufgebots bestehen. Die Entstehung der Städte, die in den Kriegen ihre milizähnlichen Bürgerwehren und schon frühzeitig Söldner einsetzten, sowie die ökonomischen und technischen Fortschritte seit dem 11. Jh. und die langwährenden feudalen Eroberungskriege beeinflußten Organisation, Bewaffnung und Kriegführung der feudalen S. Dabei leitete das Aufkommen der Feuerwaffen im 14. Jh. eine Revolution im Militärwesen ein, die zusammen mit den großen ökonomisch-sozialen Umwälzungen im 15./16. Jh. die Struktur der S. tiefgreifend wandelte. Mit der allmählichen Herausbildung kapitalistischer Produktionsverhältnisse in West- und Mitteleuropa wuchs das Söldnerwesen rasch an. Die Söldner wurden im 16. Jh. zum zahlenmäßig und waffentechnisch stärksten Teil der S. Bis zum 17. Jh. gab es – mit Ausnahme von Leibgarden (→ *Garde*) und Haustruppen der Fürsten – keine größeren stehenden S. Im Kriegsfall warben die Landesherren Söldner an und boten ihre Vasallen sowie die Landesdefension auf. Nach Friedensschluß wurden die Truppen wieder entlassen.

Im Verlauf der antifeudalen Kämpfe, namentlich während der → *Hussitenkriege 1419–1437* und im → *deutschen Bauernkrieg 1524–1526*, schufen die Aufständischen eigene S. Dabei übernahmen sie zwar bestimmte Organisationsformen der zeitgenössischen Heere, jedoch zeugten diese S. in hohem Maße von der militärischen Schöpferkraft der Volksmassen. Mit den Bauernhaufen entstand zum erstenmal auf deutschem Boden eine bewaffnete Streitmacht des Volkes, deren Kampf gegen die feudalen Fürstenheere zu den revolutionären militärischen Traditionen der DDR gehört.

Mit der Herausbildung des Absolutismus im 17. Jh. entwickelten sich die neuzeitlichen stehenden Heere. Sie besaßen im Unterschied zu den älteren feudalen S. eine weitgehend zentralisierte Führung, Organisation und Verwaltung und rekrutierten sich aus Söldnern und zwangsausgehobenen Landeseinwohnern. Im allgemeinen stellte der Adel das Offizierskorps. Die Mittel für die Heere und Flotten wurden durch staatliche Anleihen, Steuern und Subsidien aufgebracht. Die manufakturkapitalistische Entwicklung ermöglichte es, die zahlenmäßig starken S. relativ rasch und einheitlich mit Waffen, Munition, Bekleidung und Verpflegung zu versorgen; der Staat unterhielt dafür → *Arsenale*, Magazine und → *Zeughäuser*. Während in westeuropäischen Ländern und Rußland die stehenden S. den zentralstaatlichen Absolutismus festigen halfen und damit partiell eine historisch progressive Rolle spielten, bauten im deutschen Feudalreich die Landesfürsten mit der Errichtung stehender Truppen ihre Partikularherrschaft zuungunsten der kaiserlichen Zentralgewalt weiter aus. In Brandenburg-Preußen bildete das in der Zeit des Kurfürsten Friedrich Wilhelm (1620–1688) begründete und unter den Königen Friedrich Wilhelm I. (1688–1740) und Friedrich II. (1712–1786) vergrößerte stehende Heer den Kern des feudalabsolutistischen → *Militarismus*. Das stehende Heer Österreichs diente der Erweiterung der Macht der Habsburger und war im 18. Jh. zugleich das Instrument zur Unterdrückung der Slawen, Ungarn, Italiener und Belgier im Vielvölkerstaat. Gegenüber den S. Österreichs, Preußens, Bayerns, Sachsens und Hannovers waren die Heere der meisten deutschen Mittel- und Kleinstaaten militärisch bedeutungslos und die Truppen vielfach finanzielles Schacherobjekt der Fürsten (→ *Soldatenhandel*). Einige deutsche Länder, in denen absolutistische Bestrebungen gescheitert waren, besaßen keine stehenden Heere, darunter Mecklenburg-Schwerin. Die Militärverfassung des Reiches sah nach den Beschlüssen der Reichstage von 1521 und 1681 im Krieg die Errichtung einer → *Reichsarmee* aus Kontingenten der Territorien vor, jedoch blieb diese Streitmacht bis zur Auflösung des Reiches 1806 ein Torso. Die Entwicklung der feudalen S. einiger europäischer Staaten und besonders der deutschen Länder wurde in der zweiten Hälfte des 18. Jh. immer stärker durch Stagnations- und Verfallstendenzen geprägt. Sie offenbarten die historische Notwendigkeit, Militärsystem und S. im bürgerlichen Sinn umzugestalten.

Durch die gesellschaftlichen Umwälzungen im Gefolge der Französischen Revolution von 1789 entstanden die bürgerlichen S. mit neuer Organisation, Führung, Verwaltung und → *Kriegskunst.* «Die moderne Kriegführung», schrieb Engels, «ist das notwendige Produkt der Französischen Revolution. Ihre Voraussetzung ist die soziale und politische Emanzipation *der Bourgeoisie und der Parzellenbauern.* Die Bourgeoisie schafft das Geld, die Parzellenbauern stellen die Soldaten» (K. Marx/F. Engels, 7, S. 477). Unter Kaiser Napoleon I. (1769–1821) nahmen die neuen, bürgerlichen S. zu Beginn des 19. Jh. in Frankreich feste Gestalt an und wurden zu einem Vorbild für die S. vieler europäischer Länder. Im Prozeß der Durchsetzung und Festigung des Kapitalismus spielten die bürgerlichen S. eine widersprüchliche Rolle. Sie trugen zur gewaltsamen Beseitigung des Feudalismus innerhalb und außerhalb des jeweiligen Landes sowie zur Schaffung der nationalen Einheit territorial zerrissener Staaten bei. Als Instrument der Bourgeoisie wurden sie von Anfang an zugleich zur Unterdrückung der ausgebeuteten Volksmassen und zur Eroberung von Ländern, Kolonien und Absatzmärkten eingesetzt.

In den deutschen Ländern begann die bürgerliche Umgestaltung des Militärwesens anfangs des 19. Jh. nach den Niederlagen in den Kriegen gegen Frankreich. Am weitesten gingen dabei die → *Militärreformen in Preußen 1807–1815.* Hier vermochten die Militärreformer um Generalleutnant Gerhard von Scharnhorst (1755–1813) und den späteren Generalfeldmarschall August Neidhardt von Gneisenau (1760–1831) eine neue, mit volkstümlichen Elementen durchsetzte Armee für den Kampf gegen das napoleonische Joch zu schaffen. Der bürgerliche Charakter der neuen Armee zeigte sich vor allem in den Einrichtungen → *Landwehr* und → *Landsturm,* in den Führungs- und Verwaltungsinstitutionen (→ *Generalstab,* → *Kriegsministerium*) und in der Einführung der → *allgemeinen Wehrpflicht.* Im Zusammenhang mit den Reformen nahmen das militärische Bildungswesen (→ *Akademien,* → *Kriegsschulen*), die → *Militärgeschichtsschreibung* und das militärische Denken (→ *Militärwissenschaft*) einen nachhaltigen Aufschwung.

Die nach 1815 einsetzende spätfeudale Restaurationspolitik hemmte die Entwicklung des bürgerlichen Militärwesens in den Staaten des Deutschen Bundes (→ *Bundesheer*), vermochte sie aber nicht auf die Dauer zu verhindern. Starke Positionen besaß der Adel vor allem im Offizierskorps. Die Kommando- und Befehlsgewalt über die S. lag in den Händen der Krone, die in den meisten deutschen Ländern absolutistisch herrschte. In der bürgerlich-demokratischen Revolution 1848/49 versuchten progressive Kräfte, gesamtnationale S. aufzustellen (→ *Kriegsflotte der Frankfurter Nationalversammlung*), scheiterten jedoch am Widerstand der Reaktion. Während der Reichsverfassungskampagne entstand mit der → *badisch-pfälzischen Revolutionsarmee 1849* zum erstenmal in der deutschen Geschichte eine wirkliche Revolutionsarmee. Dagegen fungierten die lokalen Bürgerwehren meist als Instrumente der Bourgeoisie gegen die Arbeiterklasse und die kleinbürgerlich-demokratischen Kräfte.

Die Mitte des 19. Jh. einsetzende rasche ökonomisch-technische Entwicklung in den kapitalistischen Ländern Europas leitete eine neue Etappe in der Geschichte der S. und der Kriegführung ein. Besonders die Revolutionierung der Waffentechnik (Einführung weittragender gezogener Hinterladegewehre und Geschütze mit gezogenen Rohren) sowie die militärische Nutzung der Eisenbahn und des Telegrafen beeinflußten nachhaltig die S. und den Charakter des bewaffneten Kampfes. Der Krimkrieg 1853–1856 und der Krieg zwischen Österreich und Piemont-Sardinien/Frankreich 1859 beschleunigten die Herausbildung modern bewaffneter, kriegsbereiter Massenheere. Die technischen Fortschritte wirkten auch auf die See-S. ein (Übergang vom Segel- zum Dampfkriegsschiff, Panzerung der Schiffe u. a. m.). Durch die → *Heeresreorganisation in Preußen 1859/60* entstand ein zahlenmäßig beträchtlich verstärktes, schlagkräftiges und fest an die Krone gebundenes Heer, das zum Hauptmittel bei der nationalstaatlichen Einigung Deutschlands unter Führung der junkerlich-militaristischen preußischen Monarchie wurde. Das Heer des 1867 gebildeten Norddeutschen Bundes bestand zu etwa 80 % aus preußischen Truppen.

Nach 1871 prägten sich Charakter und Funktion der bürgerlichen S. als Werkzeug der Bourgeoisie zur Unterdrückung der Arbeiterklasse und zur Absicherung der kapitalistischen Expansions- und Eroberungspolitik endgültig aus. Im anwachsenden Militarismus nahmen die S. einen zentralen Platz ein. Gleichzeitig brachte die Pariser Kommune (1871) die Keimform einer proletarischen Revolutionsarmee hervor. Von nun an mußten die herrschenden Klassen damit rechnen, daß bei wachsendem Anteil von Arbeitern an den Rekrutierten jede zahlenmäßige Verstärkung der S. zugleich deren Zuverlässigkeit schwächen könnte. Deshalb maßen sie neben dem Strafsystem und dem Drill der antidemokratischen und chauvinistischen Verhetzung der Soldaten große Bedeutung bei. Auf der Grundlage des Bevölkerungswachstums und der Durchsetzung der allgemeinen Wehrpflicht in den meisten europäischen Staaten stieg die zahlenmäßige Stärke der S. im letzten Drittel des 19. Jh. rasch an. Das deutsche Kaiserreich ging beim Ausbau der S. voran. Dabei bedingte das junkerlich-bürgerliche Klassenbündnis bei führender Rolle der Junker im Staats- und Militärapparat besonders reaktionäre Züge der Militärpolitik. Unter dem Aspekt eines Zweifrontenkrieges gegen Frankreich und Rußland galt die besondere Aufmerksamkeit der Militärs der Kriegsorganisation und der Schlagkraft des → *kaiserlich-deutschen Heeres*. Dagegen spielte die → *Kaiserliche Marine* bis Ende des 19. Jh. in den Rüstungsplänen eine untergeordnete Rolle. Sie diente jedoch zunehmend als Mittel expansiver Wirtschafts- und Kolonialpolitik.

Mit Beginn der imperialistischen Epoche verschärften sich die Gegensätze zwischen Volk und Armee sowie die Widersprüche innerhalb des kapitalistischen Militärwesens. Die S. wurden zum Hauptmittel der imperialistischen Großmächte im Kampf um die Neuaufteilung der Welt, zugleich wurden sie verstärkt auf den Bürgerkrieg gegen das Volk vorbereitet. Der gesteigerte Drang nach Profit und Eroberungen führte zu einem sprunghaften Anwachsen des Wettrüstens. Die imperialistischen Staaten bereiteten die Aufstellung von Millionenarmeen vor und beschleunigten den Ausbau moderner Schlachtflotten. In vorher nicht gekanntem Maße nutzten sie das Wirtschaftspotential wie auch die technischen Fortschritte, um die S. mit neuen Kampfmitteln (automatischen Schußwaffen, Schnellfeuer- und großkalibrigen Geschützen u. a. m.) auszurüsten. Der Ausbau des Eisenbahn-, Straßen- und Nachrichtennetzes (Telegrafie) ermöglichte eine rasche Mobilmachung und Verlegung der Truppen auf die Kriegsschauplätze. Die Entwicklung kriegsbrauchbarer → *Militärflugzeuge* und → *U-Boote* begann der Kriegführung neue Räume zu erschließen. Infolge des relativ gleichmäßigen industriell-technischen Entwicklungsstandes der imperialistischen Großmächte war auch das militärtechnische Niveau ihrer S. vor 1914 relativ ausgeglichen.

Während des ersten Weltkrieges 1914–1918 vollzogen sich in den imperialistischen S. tiefgreifende Wandlungen. Es kamen Millionenarmeen zum Einsatz (insgesamt 70 Mill. Einberufene), deren Kampfkraft in hohem Maße vom ökonomisch-technischen und politisch-moralischen Potential des Landes bzw. der Koalition abhängig war. Die stürmische Entwicklung der Militärtechnik und ihr massenhafter Einsatz wirkten sich auf alle Teil-S., Waffengattungen und Spezialtruppen sowie auf die Kriegskunst gravierend aus. Da das Schwergewicht der Kriegsführung zu Lande lag, spielten innerhalb der S. die Land-S. die entscheidende Rolle. Die Handlungen der See-S. richteten sich vor allem gegen die Seeverbindungen des Gegners, wobei der → *U-Bott-Krieg* wachsende Bedeutung erlangte. Dauer und Bedingungen des Krieges führten zu außerordentlich hohen Verlusten der S. Dadurch gewann die Mobilisierung des vorhandenen Menschenpotentials für die S. erhöhtes Gewicht. Die imperialistischen Widersprüche innerhalb der Koalitionen erschwerten die Bildung gemeinsamer militärischer Führungsorgane. Während bei der Entente schließlich ein Oberster Kriegsrat entstand, blieb bei den Mittelmächten die militärische Führung bei den einzelnen Staaten, wobei die deutsche → *Oberste Heeresleitung (OHL)* einen gewissen Führungsanspruch durchzusetzen versuchte. Angesichts der ungeheuren Kriegsopfer sowie unter dem Einfluß der bürgerlich-demokratischen Februarrevolution 1917 und namentlich der Großen Sozialistischen Oktoberrevolution 1917 in Rußland wuchsen in den imperialistischen S. die Kriegsmüdigkeit und die Antikriegsbewegung (1917 Aufstand in der französischen Armee, Soldatenverbrüderung, deutsche → *revolutionäre Matrosenbewegung 1917/18*). Der erste Weltkrieg endete mit der militärischen Niederlage der S. des deutschen Imperialismus und seiner Verbündeten.

Die Große Sozialistische Oktoberrevolution 1917 markierte einen grundlegenden Einschnitt in der Geschichte der S. Die Partei der Bolschewiki unter Führung W. I. Lenins (1870–1924) schuf «die bewaffnete Macht der Arbeiter und Bauern . . ., wobei diese Macht nicht wie die Macht des alten stehenden Heeres vom Volke losgelöst, sondern aufs engste mit ihm verbunden ist» (W. I. Lenin, 26, S. 86). Geführt von der Kommunistischen Partei, untrennbar verbunden mit dem Volk, durchdrungen vom Geist des sozialistischen Patriotismus und proletarischen Internationalismus, entwickelten sich die S. der UdSSR als Armee neuen Typus zum zuverlässigen, kampfstarken Instrument der Arbeiter-und-Bauern-Macht (→ *Sowjetarmee und Seekriegsflotte*).

In einer Reihe von Ländern bildeten sich im Verlauf von bürgerlich-demokratischen Revolutionen 1918/19 und während der Klassenkämpfe in der revolutionären Nachkriegskrise bewaffnete Formationen der Arbeiterklasse. Dazu zählten in Deutschland die Volks- und Sicherheitswehren (1918/19), die → *bayrische Rote Armee* sowie die → *Rote Ruhrarmee*, die Rote Armee der Ungarischen Räterepublik (1919) und die Rote Arbeiter-und-Bauern-Armee im Septemberaufstand in Bulgarien (1923). An der Seite der spanischen Volksarmee kämpften die → *Interbrigaden im nationalrevolutionären Krieg Spaniens 1936–1939*. So unterschiedlich die Organisationsformen und der politische und militärische Reifegrad all dieser bewaffneten Kräfte waren, so verkörperten diese doch eine echte Alternative zu den imperialistischen S. Sie waren Keime bzw. Ansätze von Armeen, die den Interessen des Volkes dienten und die sowjetischen S. als ihr Vorbild betrachteten.

Nach 1917/18 trat der fortschrittsfeindliche, antikommunistische Charakter der imperialistischen S. als Unterdrückungsinstrument gegen revolutionäre, nationale und antikoloniale Bewegungen sowie als Aggressionsinstrument zur Verwirklichung von räuberischen Zielen des Monopolkapitals voll hervor. Die S. waren ein Hort des Militarismus. Ihre Führungen gehörten zu den Kräften, die im Interesse der Aufrechterhaltung der imperialistischen Herrrschaft und der Kriegsvorbereitung die Militarisierung des gesellschaftlichen Lebens vorantrieben. In verschiedenen Ländern, darunter Deutschland, zählten sie zu den aktiven Wegbereitern des Faschismus. Die herrschenden Klassen setzten verstärkt ihre S. ein, um revolutionäre Bewegungen in anderen Ländern blutig zu unterdrücken. Am Bürger- und Interventionskrieg in Sowjetrußland 1918–1922 nahmen S. von 14 kapitalistischen Ländern teil, darunter auch deutsche Truppen (→ *Intervention des deutschen Imperialismus in Sowjetrußland und in Finnland 1918*, → *Baltikumunternehmen 1919*). Rumänische und tschechoslowakische Truppen beteiligten sich 1919 an der Zerschlagung der Ungarischen Räterepublik, deutsche und italienische S. an der faschistischen → *Intervention in Spanien 1936–1939*. Schließlich führten die S. vieler kapitalistischer Länder blutige Kolonialkriege gegen die nationalen Befreiungsbewegungen in Asien, Afrika und Lateinamerika.

Die Erfahrungen des ersten Weltkrieges und die schnelle Entwicklung der Produktivkräfte mit ihren stärker werdenden Auswirkungen auf die Militärtechnik eröffneten der Kriegführung neue Dimensionen und beeinflußten nachhaltig den weiteren Ausbau der S. Es entwickelten sich neue Waffengattungen, Spezialtruppen und Dienste; ältere Waffengattungen veränderten sich. Das Schwergewicht der Rüstungen lag darauf, vervollkommnete Waffen und Militärtechnik einzuführen, die Motorisierung der S. voranzutreiben. Bei den Land-S. erhöhten sich vor allem die Beweglichkeit und die Schlagkraft. In einigen Ländern entwickelten sich die Luft-S. zu einer Teil-S., die befähigt wurde, sowohl die anderen Teil-S. wirksam zu unterstützen als auch selbständige Luftoperationen durchzuführen. Die Entwicklung der See-S. wurde durch die Indienststellung von → *Schlachtschiffen* sowie durch den verstärkten Bau von leichten Einheiten und U-Booten geprägt; einige Flotten erhielten → *Flugzeugträger* und → *Marinefliegerkräfte*.

Die Einführung neuer, komplizierter Militärtechnik förderte die Tendenz, die S. aus Berufssoldaten zu rekrutieren. Die auch von vielen Militärtheoretikern geforderte Bildung kleiner, schlagkräftiger und für die herrschende Klasse politisch zuverlässiger Berufsarmeen erfolgte jedoch nur in Ländern wie Großbritannien und den USA, die infolge ihrer geographischen Lage mit plötzlichen, direkten Angriffen kaum zu rechnen hatten. Allerdings verstärkte sich in allen imperialistischen S. das Bestreben, politisch besonders zuverlässige Eliteverbände zu schaffen und infolge der wachsenden technischen Anforderungen die Anzahl der ständigen Kader zu erhöhen. In Deutschland wurde die Entwicklung der S. nach 1918 vom Versailler Vertrag bestimmt, der die zahlenmäßige Stärke der → *Reichswehr* auf 115000 Mann begrenzte, Fliegerkräfte, Panzer und U-Boote verbot sowie die Art und die zulässige Menge der Bewaffnung festlegte. Jedoch wurden diese Bestimmungen systematisch umgangen. Die Reichswehr wurde als Kaderarmee ausgebaut, die den Grundstock für ein großes, schlagkräftiges Aggressionsinstrument abgab, mit dessen Aufbau sofort nach der Errichtung der faschistischen Diktatur begonnen wurde. Als der faschistische deutsche Imperialismus mit dem Überfall auf Polen am 1.9.1939 den zweiten Weltkrieg entfesselte, machten die Land-S. den Hauptteil der Wehrmacht aus (→ *Wehrmacht, faschistische*).

Der zweite Weltkrieg 1939–1945 brachte ein gewaltiges Anwachsen der S.; von den kriegführenden Ländern wurden insgesamt über 110 Mill. Mann mobilisiert. Allein die zahlenmäßige Stärke der faschistischen Wehrmacht (einschließlich der Waffen-SS) stieg von 4,722 Mill. Mann 1939 auf 8,154 Mill. Mitte 1941 und erreichte Mitte 1944 mit 12,070 Mill. Mann den höchsten Stand. Durch die massenhafte Ausrüstung mit hochentwickelter Kampftechnik sowie mit leistungsfähigen Transport- und Nachrichtenmitteln erhöhte sich die Schlagkraft der S. Die schnell fortschreitende Motorisierung steigerte die Beweglichkeit der S. und verlieh den Kampfhandlungen zu Lande einen ausgeprägten Bewegungscharakter. Besonders rasch entwickelten sich die Luft-S. und die Luftverteidigung. Bei den See-S. stieg die Anzahl der Flugzeugträger und U-Boote, deren Einsatz den Seekrieg stark beeinflußte. Raketenartillerie, strahlgetriebene Flugzeuge und ballistische Raketen (→ *Raketenwaffen*) waren neue Waffenarten, die – wie die Entwicklung der Kernwaffe – eine Revolution im Militärwesen ankündigten, aber auch schon erste Auswirkungen auf die Organisation und Struktur der S. zeitigten.

Von den S. der Antihitlerkoalition leistete die Sowjetarmee den entscheidenden Beitrag im bewaffneten Kampf gegen das faschistische Deutschland. Ihre historischen Siege bestimmten maßgeblich den Verlauf und den Ausgang des zweiten Weltkrieges. Die sowjetischen S. demonstrierten überzeugend ihre politisch-moralische und militärische Überlegenheit sowie ihre Fähigkeit, die Vorzüge der sozialistischen

Gesellschafts- und Staatsordnung und der marxistisch-leninistischen Ideologie für den Sieg über den Feind zu nutzen. In vielen von den faschistischen Mächten okkupierten Ländern entstanden Volksbefreiungsarmeen als bewaffnete Machtinstrumente der um ihre Freiheit kämpfenden Völker. Zu den Erfolgen der Antihitlerkoalition trugen auch die Kämpfer der Widerstands- und Partisanenbewegung erheblich bei.

Auf die Entwicklung der S. nach 1945 übten die Erfahrungen des zweiten Weltkrieges und seit den 50er Jahren insbesondere die von der wissenschaftlich-technischen Revolution ausgehenden Umwälzungen im Militärwesen einen entscheidenden Einfluß aus. Vor allem die Einführung der Kernwaffen und ihrer Trägermittel sowie die qualitative Steigerung der Wirksamkeit der herkömmlichen Waffen veränderten Organisation, Führung, Ausbildung und Erziehung der S. und beeinflußten das militärische Denken sowie die Mittel und Methoden des bewaffneten Kampfes.

Im kapitalistischen Lager nutzten die USA ihre gewachsene ökonomische, politische und militärische Macht, um ihren Führungsanspruch gegenüber den anderen imperialistischen Staaten durchzusetzen. Gleichzeitig strebten sie danach, den Vormarsch der Kräfte des Friedens und Sozialismus aufzuhalten und sie zurückzudrängen. Der reaktionäre Klassencharakter der S. der imperialistischen Staaten als Instrument der Monopolbourgeoisie für den Kampf gegen die sozialistischen Länder und gegen die erstarkende nationale Befreiungsbewegung sowie zur Niederhaltung der Werktätigen in den eigenen Ländern prägte sich weiter aus. Das fand in der Schaffung der → *NATO* und anderer Militärblöcke sowie in der → *Remilitarisierung der BRD* seinen Ausdruck. Die imperialistischen Mächte versuchten, eine hohe Kriegsbereitschaft ihrer S. sicherzustellen. Sie trafen Maßnahmen zur raschen zahlenmäßigen Verstärkung der S. in Krisen- und Kriegszeiten, zur Ausrüstung mit modernen Waffen und Geräten, zur politisch-ideologischen Beeinflussung, zur kriegsnahen Ausbildung, zum Aufbau einer Mobilmachungsorganisation, zur schnellen Heranführung von Reserven sowie zum Einsatz territorialer S. Organisation, Gliederung und Einsatzprinzipien der S. der NATO-Staaten wurden in beträchtlichem Maße von den militärstrategischen Konzeptionen der USA bestimmt. In den 50er Jahren dominierten zeitweilig Auffassungen, denen eine Überschätzung der Kernwaffen und der Luft-S. zugrunde lag. Ende der 50er Jahre gewann das Konzept der ausgewogenen S. an Gewicht, das stärker als zuvor auf ein enges Zusammenwirken der Teil-S. im Rahmen der Militärstrategie orientierte. In den 70er Jahren wurde diese Entwicklung besonders durch das Konzept der sog. S.-Triade – der Dreiheit von strategischen Kernwaffenkräften, operativ-taktischen Kernwaffen-S. und konventionellen S. – forciert. Der Ausbau der imperialistischen S. war mit der strategischen Entfaltung von Angriffsgruppierungen in grenznahen Räumen zu sozialistischen Staaten und mit der Schaffung ständig kriegsbereiter Land-, Luft- und See-S. der NATO bereits in Friedenszeiten verbunden. In Mitteleuropa wurde mit der Aufstellung der → *Bundeswehr der BRD* als NATO-Armee und der Stationierung starker S. der USA und Großbritanniens die gegen die sozialistischen Staaten gerichtete umfassendste und kampfstärkste Truppenkonzentration geschaffen. Die Entwicklung in den imperialistischen S. (Modernisierung der Ausrüstung und Bewaffnung, Intensivierung der antikommunistischen Manipulierung u. a. m.) ist darauf gerichtet, einen hohen Grad der Aggressionsbereitschaft sowie die militärtechnische Überlegenheit über die sozialistischen S. zu erlangen. In den 80er Jahren nehmen die imperialistischen S. in der Konfrontationspolitik und im militärischen Überlegenheitsstreben sowie bei der Unterstützung reaktionärer Regimes in afrikanischen, asiatischen und lateinamerikanischen Ländern einen wichtigen Platz ein.

Nach dem zweiten Weltkrieg entstanden im Ergebnis revolutionärer Veränderungen in Ländern Mittel- und Südosteuropas sowie Asiens sozialistische S., so die → *Bulgarische Volksarmee (BVA)*, die → *Polnische Armee (PA)*, die → *Streitkräfte der Sozialistischen Republik Rumänien*, die → *Tschechoslowakische Volksarmee (Tsch VA)* und die → *Ungarische Volksarmee (UVA)*. Mit der Schaffung der → *Nationalen Volksarmee der DDR (NVA)* entstanden auch erstmals in der Geschichte des deutschen Volkes sozialistische S. zum Schutz der Errungenschaften des Arbeiter-und-Bauern-Staates (→ *Militärpolitik der SED*). Der Aufbau dieser Armeen erfolgte entsprechend den allgemeinen Gesetzmäßigkeiten und Prinzipien des Aufbaus sozialistischer S. Grundlegendes Prinzip ist die Führung der S. durch die marxistisch-leninistische Partei. Darauf beruhen als weitere wesentliche Prinzipien das Klassenprinzip, die Einheit von Volk und Armee sowie die Einheit von sozialistischem Patriotismus und proletarischem Internationalismus. Das sind Faktoren der Stärke und der Überlegenheit der sozialistischen S., die sich vor allem aus den historischen Lehren des Kampfes der revolutionären Arbeiterbewegung, den Erfahrungen der sowjetischen S. und den Erkenntnissen der marxistisch-leninistischen Militärwissenschaft ergeben. Unterschiede in der Entwicklung der S. der einzelnen sozialistischen Länder resultieren aus der konkreten historischen Situation und den Bedingungen, unter denen die Aufstellung der S. erfolgte. Die sozialistischen S. wurden und werden von der UdSSR und ihren S. allseitig unterstützt.

In den ersten Nachkriegsjahren entwickelten sich die S. der UdSSR und der anderen sozialistischen Länder vor allem auf der Grundlage der im Großen Vaterländischen Krieg der Sowjetunion gesammelten Erfahrungen und der vervollkommneten herkömmlichen Ausrüstung und Bewaffnung. Dabei mußte das zeitweilige Kernwaffenmonopol der USA berücksichtigt werden. Gegen die Kriegspolitik der imperialistischen Mächte schlossen die sozialistischen Staaten 1955 den Warschauer Vertrag (→ *Warschauer Verteidigungsbündnis*). Sie festigten damit ihre Klassen- und Waffenbrüderschaft, deren Basis bereits während des zweiten Weltkrieges im gemeinsamen Kampf gegen die faschistischen Aggressoren gelegt worden war. Die S. der UdSSR verfügten ab 1954 über Kernwaffen. Qualitative Veränderungen in den Mitteln des bewaffneten Kampfes führten Anfang 1960 zur Entstehung strategischer Raketentruppen. Sie wurden zur wichtigsten Teil-S. der Sowjetarmee und beeinflußten Rolle und Aufgaben aller anderen Teil-S. Seit Anfang der 60er Jahre wurde das Zusammenwirken der Teil-S. in operativen Gruppierungen auch in den → *Übungen und Manövern der Vereinten Streitkräfte* in immer zunehmendem Ausmaß und mit immer besseren Ergebnissen trainiert. Bei der Vorbereitung der S. auf die zu lösenden Aufgaben in einem von den aggressivsten Kräften des Imperialismus entfesselten Krieg werden die möglichen Kriegsarten und die vorausschaubaren Varianten des Kriegsbeginns berücksichtigt.

Die sozialistischen S. sind stets wachsam und gefechtsbereit. Sie wehrten imperialistische Anschläge gegen sozialistische Staaten (1956 gegen die VR Ungarn, 1961 gegen die DDR, 1968 gegen die ČSSR) erfolgreich ab. Durch ihre hohe Kampfstärke hinderten sie die imperialistischen Kriegstreiber an der Auslösung eines thermonuklearen Weltkrieges. Diese internationalistische Funktion der S. prägte nicht nur ihr politisches Antlitz, sondern auch die Führung und Ausbildung. Die sozialistischen S. werden auch künftig alle gebotenen Maßnahmen im Interesse der Sicherheit des Sozialismus und der Erhaltung des Weltfriedens treffen.

Streitkräfte der Sozialistischen Republik Rumänien: stärkstes bewaffnetes Machtorgan der Sozialistischen Republik Rumänien, das in Klassen- und Waffenbrüderschaft mit den anderen Streitkräften des → *Warschauer Verteidigungsbündnisses* die sozialistische Ordnung, die staatliche Sicherheit und das friedliche Leben der Bürger der Sozialistischen Republik Rumänien und aller Staaten der sozialistischen Gemeinschaft gegen jegliche Angriffe der aggressiven Kräfte des Imperialismus und der Reaktion schützt.

Die Entstehungsgeschichte der S. ist untrennbar mit dem welthistorischen Sieg der Sowjetunion im Großen Vaterländischen Krieg verbunden. Die Teilnahme Rumäniens am räuberischen Überfall auf die UdSSR im Rahmen des faschistisch-militaristischen Blocks im zweiten Weltkrieg entlarvte den verbrecherischen Charakter des monarcho-faschistischen Regimes und führte zur Verschärfung der Widersprüche im Land. Die Rumänische Kommunistische Partei (1948–1965 Rumänische Arbeiterpartei) wandte sich im September 1941 mit einem Aktionsprogramm an alle fortschrittlichen Kräfte des rumänischen Volkes, das den Sturz der Militärdiktatur, den Übergang Rumäniens auf die Seite der Antihitlerkoalition und die Errichtung einer demokratischen Ordnung unter Führung der Arbeiterklasse forderte. Im Herbst 1943 stimmte die Regierung der UdSSR dem Ersuchen rumänischer Antifaschisten zu, aus ehemaligen Angehörigen der monarcho-faschistischen rumänischen Armee, die sich in sowjetischer Kriegsgefangenschaft befanden, Freiwilligeneinheiten aufzustellen. Bis Ende des Krieges wurden auf sowjetischem Territorium 2 Infanteriedivisionen in einer Gesamtstärke von 14573 Mann formiert, als erste im Frühjahr 1944 die Division «Tudor Vladimirescu». Die Sowjetregierung leistete bei der Schaffung der rumänischen Freiwilligenverbände umfassende Hilfe. Sie entsandte 158 Offiziere der Sowjetarmee als Instrukteure und übergab den Truppen sowjetische Waffen, Kampftechnik und Ausrüstung. Für die Ausbildung von Zug- und Kompanieführern wurde eine Offiziersschule geschaffen. Die politische Arbeit lag vor allem in den Händen erprobter Klassenkämpfer der revolutionären rumänischen Arbeiterbewegung, unter ihnen 30 Kommunisten, die in den Internationalen Brigaden in Spanien gekämpft hatten. Die Infanteriedivision «Tudor Vladimirescu» handelte im Rahmen der 2. Ukrainischen Front der Sowjetarmee und bestand ihre Feuertaufe am 29. 8. 1944 südlich von Vaslui in der abschließenden Etappe der Iaşi-Kischinjower Operation. Die Zerschlagung von 22 Divisionen und 60 selbständigen Truppenteilen der faschistischen deutschen Wehrmacht im Verlauf dieser Operation sowie die Kapitulation der monarcho-faschistischen rumänischen 3. Armee schufen eine günstige Lage für den Befreiungskampf des rumänischen Volkes. Das unter Führung der Kommunistischen Partei im Juni 1944 gebildete illegale Militärkomitee bereitete die bewaffnete Volkserhebung im Lande vor. Am 23. 8. 1944 besetzten Arbeitergarden und Truppenteile der Bukarester Garnison die wichtigsten Objekte der Hauptstadt. Die neugebildete rumänische Regierung erklärte dem faschistischen Deutschland am 24. 8. 1944 den Krieg. Sie verpflichtete sich in dem am 12. 9. 1944 mit den Hauptmächten der Antihitlerkoalition abgeschlossenen Waffenstillstandsabkommen, mindestens 12 Infanteriedivisionen zur Teilnahme am Krieg gegen Hitlerdeutschland unter alliierter (sowjetischer) Gesamtführung zu stellen. Gemeinsam mit den sowjetischen Truppen kämpften rumänische Verbände in einer Maximalstärke von etwa 275000 Mann. Bis zum 25. 10. 1944 wurde das Territorium Rumäniens vollständig von faschistischen Okkupanten befreit. Aus diesem Anlaß wird der 25. 10. als Tag der S. begangen. An der Seite der Sowjetarmee nahmen rumänische Truppen auch an der Befreiung Ungarns und der Tschechoslowakei teil. Zehntausende Angehörige der rumänischen Armee erhielten sowjetische Orden und Medaillen, und mehrfach wurden die rumänischen Truppen in Tagesbefehlen des sowjetischen Oberkommandos genannt.

Die mit dem Sieg über die imperialistischen Aggressoren eingeleitete Wende in der Geschichte des rumänischen Volkes war zugleich die Grundlage für den Aufbau einer rumänischen Volksarmee. Zunächst wurde jedoch dieser objektiv notwendige und herangereifte revolutionäre Prozeß durch reaktionäre Kräfte gehemmt, die nach dem Volksaufstand vom August 1944 in der Regierung die Mehrheit bildeten. Sie wollten sich die Armee als willfähriges Instrument ihrer reaktionären Innen- und Außenpolitik bewahren. Erst die am 6. 3. 1945 gebildete demokratische Regierung unter Petru Groza (1884–1958) beschritt den Weg grundlegender Veränderungen. Einem Aufruf der Kommunistischen Partei folgend, meldeten sich vor allem junge Arbeiter freiwillig zu den bewaffneten Kräften. Die Kommunisten leisteten über die im April 1945 in der Armee geschaffenen politischen Organe eine große antifaschistisch-demokratische Erziehungsarbeit unter den Armeeangehörigen. Es gelang der Partei, den Einfluß reaktionärer Offiziere weitgehend zurückzudrängen. Die zeitweilig in Rumänien stationierten sowjetischen Truppen gewährleisteten gemeinsam mit der rumänischen Armee den Schutz der revolutionären Errungenschaften des Landes. Nach Abschaffung der Monarchie wurde am 30. 12. 1947 die VR Rumänien ausgerufen. Eingebettet in den Übergang zur sozialistischen Etappe der Revolution, vollzog sich die weitere Entwicklung der S. zu einer Armee neuen Typs. Der Aufbau eines Systems von Offiziersschulen und Militärakademien diente der systematischen Heran- und Weiterbildung befähigter Militärkader vor allem aus der Arbeiterklasse. Dies war eine entscheidende Voraussetzung, den sozialistischen Charakter der S. auszuprägen.

Gebirgsjäger bei der Ausbildung

Ehrenformation

Mit dem Warschauer Verteidigungsbündnis traten die S. in einen neuen Abschnitt ihrer Entwicklung ein. Gestützt auf die Erfahrungen und die Hilfe der Sowjetunion, unternahm das rumänische Volk große Anstrengungen, um die Kampfkraft und Gefechtsbereitschaft seiner Armee als Kern der Landesverteidigung im gebotenen Maße zu erhöhen. So stieg der Motorisierungsgrad je Soldat in einer mechanisierten Division im Jahre 1965 auf 33 PS gegenüber 0,6 PS in einer Infanteriedivision des Jahres 1948. Mit der kontinuierlichen Entwicklung des Technisierungsgrades der Armee erfolgte gleichzeitig eine strukturelle Vervollkommnung der Teilstreitkräfte und Waffengattungen. Einen besonderen Platz nahmen dabei, entsprechend der geographischen Lage des Landes, die Gebirgsjägertruppenteile ein. Im März 1960 wurden die Grenztruppen, die bis dahin dem Ministerium des Innern angehört hatten, den S. unterstellt. Charakteristische Merkmale des militärischen Aufbaus in den 60er Jahren waren die Formierung von Raketeneinheiten bei den Landstreitkräften, die Erhöhung der Feuerkraft und Kampffähigkeit der Truppen der Luftverteidigung durch die Einführung von Boden-Luft-Raketen und die Ausrüstung der Luftstreitkräfte mit sowjetischen Überschalljagdflugzeugen. Die Kampffähigkeit der Seestreitkräfte wurde durch den Ankauf moderner Kampfschiffe erhöht.

Große Aufmerksamkeit galt im Prozeß der technischen Neuausrüstung und strukturellen Entwicklung der Qualifizierung der Kader. Kennzeichnend dafür waren die ständige Erweiterung und Vervollkommnung der wissenschaftlichen Grundlagen des Ausbildungs- und Erziehungsprozesses an den militärischen Bildungseinrichtungen. In den Jahren 1957–1959 wurde auch die Vereinigung der bestehenden 4 akademischen Bildungseinrichtungen zur Militärakademie abgeschlossen. Diese verfügt über eine Kommandeurs-, Stabs- und Ingenieurfakultät. Neben den Offiziersschulen für einzelne Waffengattungen entstanden in den 60er Jahren Spezialschulen für Unteroffiziere. Durch die systematische Entwicklung und Profilierung der militärischen Bildungseinrichtungen stieg der Anteil der Kader mit Hoch- und Fachschulbildung rasch an. Ende der 70er Jahre verfügten 70 % der Regimentskommandeure und der Kommandeure selbständiger Bataillone über eine militärische Hochschulbildung, und mehr als 33 % der Offiziere besuchten nach Absolvierung der Offiziersschule weitere Qualifizierungslehrgänge. Von einer erfolgreichen Entwicklung zeugt das beträchtliche Anwachsen des Anteils der Kommunisten unter den Militärkadern. Gehörten im Jahre 1949 rd. 26 % der Offiziere der Kommunistischen Partei an, so sind es gegenwärtig mehr als 90 %. Bei den Militärmeistern erhöhte sich der Anteil von 11 auf 50 %, und bei den Unteroffizieren betrug er zu Beginn der 80er Jahre etwa 70 %. Im Jahre 1964 erfolgte eine Neustrukturierung der Partei- und Politorgane in den S. An die Stelle der Politischen Hauptverwaltung der Armee trat der Oberste Politische Rat der S. Ihm gehören die Vertreter der Haupt- und Zentralverwaltungen des Ministeriums der S., die Chefs der Teilstreitkräfte sowie Kommandeure und Politarbeiter von Verbänden, Truppenteilen und Einheiten an. Die Mitglieder des Obersten Politischen Rates der S. und seines Büros, der Sekretär des Rates und seine Stellvertreter werden vom ZK der Kommunistischen Partei eingesetzt. Weiterhin wurden Politische Räte in den Kommandos und Verbänden sowie Parteikomitees in den Truppenteilen und Lehreinrichtungen geschaffen. An der Spitze der Politischen Räte stehen Sekretäre, die gleichzeitig Stellvertreter der jeweiligen Kommandeure sind. Das leitende Parteiorgan im Truppenteil ist das Parteikomitee. Der Sekretär des Parteikomitees wird nach seiner Wahl in diese Funktion als Politstellvertreter des Regimentskommandeurs eingesetzt. Grundorganisationen der Kommunistischen Partei bestehen bis zur Ebene der Bataillone, Organisationen des kommunistischen Jugendverbandes bis zur Ebene der Kompanien. Die Partei- und Politorgane verwirklichen die führende Rolle der Kommunistischen Partei in den S. entsprechend einer vom ZK der Partei bestätigten Ordnung.

Im Dezember 1972 beschloß die Große Nationalversammlung das Gesetz über die Organisierung der Landesverteidigung. Danach sind alle männlichen Bürger im Alter von 20 bis 50 Jahren wehrdienstpflichtig. Frauen können im Alter von 18 bis 45 Jahren zum Militärdienst herangezogen werden. Die Dauer des Grundwehrdienstes beträgt allgemein 16 Monate, für den Dienst in den Seestreitkräften 2 Jahre. Auf der Grundlage des Gesetzes wurden wichtige Schritte zur Stärkung der Verteidigungsfähigkeit des Landes und damit gleichzeitig zur Entwicklung des kollektiven Schutzes des Sozialismus und des Friedens eingeleitet. Stäbe und Truppen der

Truppenteile der Landstreitkräfte bei einer Übung

S. waren an Übungen im Rahmen der Vereinten Streitkräfte beteiligt, so an den Manövern → *«Waffenbrüderschaft» 1970* und → *«Waffenbrüderschaft 80»*. Durch Entsendung von Militärdelegationen in die Bruderländer, durch Teilnahme an gemeinsamen Beratungen und andere Aktivitäten trugen die S. zur Entwicklung der militärischen Zusammenarbeit der sozialistischen Staaten bei.

Als moderne sozialistische Armee sind die S. in der Lage, unter allen Bedingungen eines möglichen Krieges erfolgreich Kampfhandlungen zu führen. Sie leisten im Rahmen der sozialistischen Militärkoalition ihren Beitrag zum zuverlässigen Schutz der sozialistischen Errungenschaften und zur Sicherung des Friedens. *(s. Abb. S. 56, 146, 186, 310, 1012)*

Stückjunker → *Fähnrich*

Sturmgepäck → *Tornister*

Sturmgeschütz → *Geschütz*, → *Selbstfahrlafette (SFL)*

Sturzkampfflugzeug → *Luftstreitkräfte*, → *Militärflugzeug*

Subalternoffizier: von Anfang des 18. Jh. bis 1918 übliche Bezeichnung für Offiziere niederer Dienstgrade in den deutschen Streitkräften.

Die Bezeichnung S. begann sich Ende des 17. Jh., von Frankreich kommend, in den deutschen Streitkräften einzubürgern. Sie umfaßte den Premier- und Secondeleutenant bzw. den → *Leutnant* und Oberleutnant. Bis 1807 gehörten zu den S. auch der → *Fähnrich* und zeitweise der → *Hauptmann*. Die S. waren meist Gehilfen des Kompanie-, Eskadron- oder Batteriechefs und hatten keine Disziplinargewalt. S. fanden auch in Stäben und Spezialdiensten Verwendung.

T

Taktik → *Kriegskunst*

Tambour: 1. vom 17. bis zum Anfang des 20. Jh. übliche Bezeichnung für den Signale schlagenden Trommler bei der Infanterie.

Seit dem 13. Jh. bezeichnete T. eine Handtrommel. Im 17. Jh. ging der Name auf den Trommler selbst über, der bis dahin Drommel-Schläger hieß. In der preußisch-deutschen Armee gehörte der T. mit den Pfeifern (später Hornisten) zu den Spielleuten der Infanterie. Jede Kompanie hatte in der Regel 2–3 T. Der T. war militärisch ausgebildet, trug jedoch kein Gewehr. Seine Aufgabe bestand vor allem darin, Signale zu geben, z. B. zur → *Vergatterung*, zum → *Zapfenstreich*, beim Exerzieren und bei Übungen. Im Gefecht sollte er mit seinem Trommeln den Kampfgeist stärken; beim Sturmangriff schlug er den Sturmmarsch. Seit Anfang des 20. Jh. waren diese Signale im Gefecht nicht mehr gebräuchlich. Die Spielleute wurden bataillonsweise unter einem Bataillons-T. vereinigt. Dieser T.major, der im Unteroffiziersrang stand, hatte auch für die Ausbildung des T. zu sorgen. Nach dem ersten Weltkrieg wurde die Bezeichnung T. durch Trommler ersetzt. Sie blieb

Links vorn preußische Tambours, den Takt für das Vorgehen der Infanterie schlagend, Mitte 18. Jh.

noch erhalten in der Verbindung T.major (Leiter des Spielmannszuges) und T.stab (mit farbiger Wollschnur umwickelter, unten mit Metallkugel und oben mit Metallspitze versehener langer Stab, den der T.major führt). In der NVA der DDR wird der Begriff T. nur in der Wortverbindung T.stab verwendet. *(s. Abb. S. 1006)*

2. verteidigungsfähiger Raum, meistens als Teil von Befestigungsanlagen.

Der T. war ein von Palisaden oder Mauern gebildeter kleiner, oben offener Raum für Posten und kleine Abteilungen. Er diente zum Schutz und zur Sicherung von Ein- und Übergängen, Schanzen, Feldwachen, Befestigungsanlagen u. a. Je nach dem Zweck unterschied man z. B. Tor-, Brücken-, Feld- oder Kehl-T. (vorspringende Befestigung einer Verteidigungsanlage). Der T. spielte besonders im 18. Jh. eine Rolle, als die Festungen große militärische Bedeutung erlangten. Auch im 19. Jh. fand er noch Anwendung beim Ausbau der Forts und Gürtelfestungen.

Tannenberg 1410 → *Grunwald (Tannenberg) 1410*

Tannenberg 1914: Schlacht im ersten Weltkrieg (→ *Weltkrieg, erster, 1914–1918*) zwischen deutschen und russischen Truppen vom 26. bis zum 31. 8. 1914.

Im Rahmen des Zweifrontenkrieges hatte die deutsche 8. Armee in Ostpreußen zu Beginn des Krieges die Aufgabe, die Offensive der zahlenmäßig überlegenen russischen Nordwestfront abzuwehren und möglichst viele Kräfte des Gegners zu binden. Ziel der russischen Offensive war es, die 8. Armee zu vernichten, Ostpreußen zu besetzen und dann weiter nach Westen vorzustoßen. Auf französisches Drängen hin begann die Nordwestfront den Vormarsch früher als geplant und nicht in voller Stärke: ab 17. 8. mit der 1. (Neman-)Armee nördlich und ab 20. 8. mit der 2. (Narew-)Armee südwestlich der Masurischen Seen. In der Schlacht bei Gumbinnen (19./20. 8.) fügte die Neman-Armee den deutschen Truppen eine Niederlage zu. Überstürzt befahl daraufhin der Oberbefehlshaber der 8. Armee, Generaloberst Maximilian von Prittwitz und Gaffron (1848–1929), den Rückzug hinter die Weichsel. Die Zivilbevölkerung sollte fliehen. Da aber die Neman-Armee stehenblieb und die Narew-Armee nur langsam vorrücken konnte, wurde der Rückzug aufgegeben und ein Angriff auf die Narew-Armee geplant. Am 22. 8. hatte jedoch die OHL angesichts der kritischen Situation beschlossen, den zögernden Prittwitz abzulösen. An seine Stelle trat der reaktivierte Generaloberst Paul von Beneckendorff und von Hindenburg (1847–1934). Stabschef wurde Generalmajor Erich Ludendorff (1865–1937), der die Operationen leiten sollte. Außerdem ordnete die OHL am 25. 8. an, die 8. Armee durch 5 Divisionen von der Westfront zu verstärken, die aber erst Anfang September eintreffen konnten. Der 8. Armee drohte vor allem die Gefahr, durch die Narew-Armee von ihren rückwärtigen Verbindungen abgeschnitten zu werden. Auch Hindenburg und Ludendorff planten deshalb, die Narew-Armee anzugreifen, ehe die Neman-Armee herankam. Durch Funkaufklärung kannten sie die Absichten des Gegners und waren gewillt, die Trennung der russischen Armeen, die fehlerhafte Lagebeurteilung seitens der russischen Führung und andere Widersprüche mit äußerstem Risiko auszunutzen. Gegen die Neman-Armee blieben nur schwache Sicherungen stehen. Alle verfügbaren Kräfte und Kampfmittel (153 000 Mann, 728 Geschütze und 296 MGs) wurden in kurzer Zeit gegen die Narew-Armee (191 000 Mann, 612 Geschütze und 384 MGs) konzentriert, die auf der Linie Bischofsburg – Usdau vorrückte. Die Schlacht entbrannte am 26. 8. Mit dem Durchbruch der deutschen Truppen auf Usdau am 27. 8. und ihrem weiteren Vorstoß auf Neidenburg konnten starke russische Kräfte von ihren rückwärtigen Verbindungen abgeschnitten werden. Der Erfolg des deutschen linken Flügels am 28. 8. führte zur Entscheidung der Schlacht. Da die Neman-Ar-

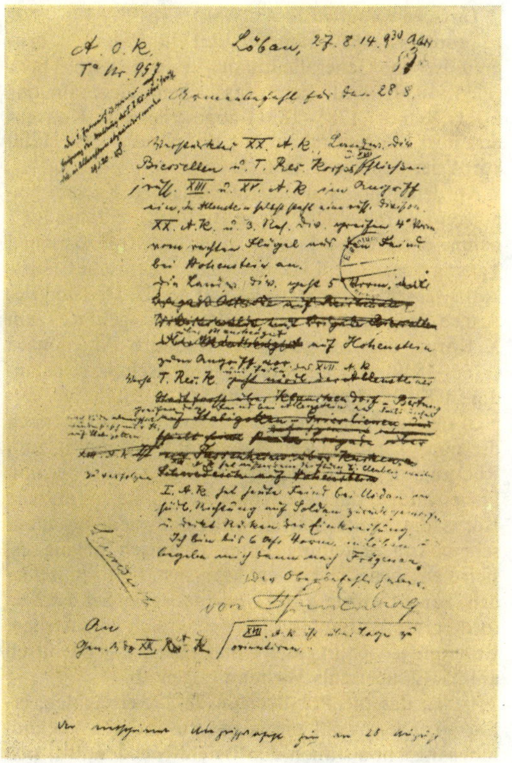
A. O. K.
Löbau, 27. 8. 14.

Armeebefehl des Oberbefehlshabers der 8. Armee für den 28. August 1914

mee fast untätig blieb, gelang es, die Masse der Narew-Armee bei Neidenburg einzuschließen und ihr eine schwere Niederlage beizubringen. Sie verlor insgesamt 120000 Mann und den Großteil ihrer schweren Waffen; ihre restlichen Kräfte wichen hinter die Grenze zurück. Die deutschen Verluste betrugen 12000 Mann. Anfang September wurde die Neman-Armee in der Schlacht an den Masurischen Seen besiegt. Die Auswirkungen der Schlacht bei T. blieben im wesentlichen auf Ostpreußen beschränkt. Die imperialistische deutsche Propaganda übertrieb die Bedeutung der Schlacht gewaltig und schuf um Hindenburg und Ludendorff einen Feldherrnmythos. Zugleich verbreitete sie die Lüge von russischen Greueln in Ostpreußen. Auf Vorschlag Ludendorffs erhielten die Kämpfe die Bezeichnung Schlacht bei T., gleichsam als Revanche für die Niederlage des Deutschen Ritterordens bei → *Grunwald (Tannenberg) 1410.* Die Schlacht bei T., von der bürgerlichen deutschen Militärgeschichte als modernes Cannae verherrlicht, blieb die einzige Schlacht des ersten Weltkrieges, in der es gelang, die gegnerischen Hauptkräfte durch Umfassung und Einschließung zu vernichten. *(s. Abb. S. 1065)*

Tartsche → *Schild*

Tauroggen 1812: am 30. 12. 1812 zwischen dem preußischen Generalleutnant Ludwig von Yorck (1759–1830) und dem russischen Generalmajor I. I. Diebitsch (1785–1831) abgeschlossene Konvention über die Neutralisierung des preußischen Hilfskorps der napoleonischen Armee.

An der Aggression des französischen Kaisers Napoleon I. (1769–1821) gegen Rußland im Jahre 1812 nahm entsprechend dem preußisch-französischen Vertrag vom 24. 2. 1812 auch ein preußisches Hilfskorps (20000 Mann) teil. Es war als 27. Division der Armee Napoleons eingegliedert und gehörte zum X. Korps des Marschalls Alexandre Macdonald (1765–1840), das als linker Flankenschutz selbständig in Kurland operierte. Die fast vollständige Vernichtung der Hauptkräfte Napoleons zwang auch die noch kampfstarken Truppen Macdonalds zum Rückzug, der Mitte Dezember in 2 Staffeln begann. Dabei bildete das von Yorck befehligte preußische Korps die zweite Staffel. Einer schwächeren russischen Armeeabteilung unter Diebitsch gelang es, sich zwischen die beiden Marschstaffeln zu schieben. Erneut wurde Yorck von russischer Seite aufgefordert, die Waffenhilfe für Frankreich einzustellen. Er lehnte jedoch in einer Unterredung mit Diebitsch am 25. 12. abermals Verhandlungen ab.

In T., das die Preußen am 28. 12. erreichten, erhielt Yorck sowohl ein neues russisches Verhandlungsangebot als auch den Befehl Macdonalds, sich unverzüglich mit ihm in Tilsit zu vereinigen. Da die beim preußischen König nachgesuchten Instruktionen ausblieben, entschloß sich Yorck, eigenmächtig die russischen Vorschläge anzunehmen. Dies geschah unter dem Eindruck der in Preußen beginnenden Volkserhebung und der wachsenden antifranzösischen Stimmung unter seinen Truppen sowie unter dem Einfluß in Rußland wirkender deutscher Patrioten, vor allem des als Oberstleutnant in die russische Armee eingetretenen Carl von Clausewitz (1780–1831). Am 30. 12. trafen sich Yorck und Diebitsch in der Mühle beim nahe T. gelegenen Dorf Poscherun, wo die Konvention abgeschlossen wurde. Sie sah vor, daß das preußische Korps bis zur königlichen Entscheidung im Gebiet zwischen Memel, Tilsit und Kurischem Haff neutrale Position bezog. Falls ein Rückmarsch zur französischen Armee befohlen wurde, sollte das Korps zwar freien Abzug erhalten, jedoch bis zum 1. 3. 1813 nicht gegen die russische Armee kämpfen. Außerdem war festgelegt, daß sich weitere preußische Truppen der Konvention anschließen konnten.

Der preußische König lehnte zunächst die Konvention ab, erklärte Yorck für abgesetzt und befahl die Einleitung eines Kriegsgerichtsverfahrens gegen ihn. Yorck schritt jedoch auf dem Weg der Rebellion weiter und begann Mitte Januar den Vormarsch nach Westen. Seine patriotische Tat hatte große militärische und politische Auswirkungen. Die linke Flanke der französischen Armee brach zusammen, und Ostpreußen sowie die Gebiete östlich der Weichsel mußten von den Franzosen geräumt werden. Zudem stärkte die Konvention von T. diejenigen Kreise in Rußland, die für die Fortsetzung des Krieges bis zur endgültigen Niederlage Napoleons eintraten. Vor allem aber ermutigte sie die Volksmassen zum Kampf gegen die napoleonische Fremdherrschaft. Die von Ostpreußen ausgehende Volkserhebung zwang die regierenden Kreise Preußens schließlich zum Waffenbündnis mit Rußland und zum → *nationalen Unabhängigkeitskrieg 1813/14.*

Technisches Komitee der Vereinten Streitkräfte → *Warschauer Verteidigungsbündnis*

Technische Truppen: 1. im → *kaiserlich-deutschen Heer* zusammenfassende Bezeichnung für Spezialformationen zur Lösung technischer Aufgaben (mit Ausnahme der Waffentechnik) im Feld- und Festungskrieg.

Vor dem ersten Weltkrieg wurden unter T. T. die → *Pioniertruppen,* insbesondere aber die sich daraus lösenden → *Verkehrstruppen* (Eisenbahn-, Telegraphen-, Luftschiffer- und Kraftfahrtruppen) verstanden.

2. während des zweiten Weltkrieges Spezialformationen des faschistischen deutschen Heeres (→ *Wehrmacht, faschistische*) für Instandsetzungs- und Versorgungsleistungen in besetzten Gebieten.

Die faschistische Wehrmachtführung formierte die T. T. unter vorwiegend kriegswirtschaftlichem

Eisenbahntruppen und eine Luftschifferabteilung des kaiserlich-deutschen Heeres bei einer Übung

Aspekt. Hauptaufgabe der T. T war, in okkupierten Gebieten nutzbare Rohstoffquellen, Vorratslager, Versorgungs- und Rüstungsbetriebe zu erkunden, technisch zu sichern, notfalls wieder in Gang zu setzen und auszubeuten. Ab 1939 bestanden zunächst 2 verschiedene Formationen ähnlichen Charakters nebeneinander. Das waren zum einen die vom Wehrwirtschafts- und Rüstungsamt aufgestellten Technischen Wehrwirtschaftskommandos. Sie wurden im April in das Heer übernommen und im Januar 1941 in Technische Bataillone umbenannt. Zu dieser Zeit bestanden 9 Bataillone (zu je 4 Kompanien), spezialisiert für Elektro-, Gas/Wasser-, Bergbau- und Hochbautechnik, sowie 4 Spezialbataillone, davon je 1 für Bergbau und Tropeneinsatz und 2 für Mineralöl. Zum anderen gab es die im Rahmen des Wehrmachtgefolges formierten Kräfte der Technischen Nothilfe. Im Februar 1941 bestanden 11 Technische Abteilungen (zu je 3–5 Kompanien), die in 4 Einsatzgruppen zusammengefaßt waren und später ebenfalls in Technische Bataillone umbenannt wurden. In Vorbereitung des Überfalls auf die UdSSR erfolgte im Mai 1941 die Zusammenfassung der bestehenden Formationen als Waffengattung unter einer Inspektion im Allgemeinen Heeresamt. Die T. T. erfuhren eine weitere Aufwertung im Sommer 1942 durch die Einsetzung eines Generals der T. T. sowie die Bildung von Stäben der Kommandeure der T. T. bei den Heeresgruppen. Unter den Bedingungen der eklatanten Niederlagen der faschistischen Wehrmacht entstand im September 1944 das Technische Einsatzbataillon beim OKH; auch erfolgte die Überführung der großen Heeresbaudienststellen zu den T. T. In der UdSSR waren die T. T. insbesondere an der Ausplünderung der Bergwerke im Donezgebiet und der Erdölfelder im Kaukasus beteiligt.

Territorialorganisation der Bundeswehr der BRD: Teil der → *Bundeswehr der BRD* mit der Aufgabe, die Operationsfreiheit der Streitkräfte der → *NATO* im NATO-Abschnitt Zentraleuropa und im Raum des Kommandos Ostseezugänge zu gewährleisten sowie im Zusammenwirken mit anderen bewaffneten Organen die monopolkapitalistische Herrschaft im Innern zu sichern.

Seit 1948 entwickelten ehem. führende Militärs der faschistischen Wehrmacht, ab 1950 vornehmlich im → *Amt Blank*, in Auswertung der Erfahrungen aus dem zweiten Weltkrieg Vorstellungen über die Rolle, die Aufgaben und die Schaffung einer militärischen territorialen Organisation innerhalb künftiger Streitkräfte. Diese sollte die Operationsfreiheit der Feldverbände gewährleisten und gemeinsam mit anderen staatlichen Machtinstrumenten progressive Bewegungen im Innern erforderlichenfalls gewaltsam niederhalten. Die Aufteilung der Streitkräfte in territoriale und operative Kontingente sollte gleichzeitig dem militärischen Charakter eines umfassend vorbereiteten Krieges entsprechen. In der Zeit von 1955 bis 1958 erfolgte die weitere Klärung der Aufgaben und des Platzes der T. in der Militärdoktrin und im Militärwesen der BRD. Auch ihre Funktion in einem Aggressionskrieg gegen die Staaten des Warschauer Vertrages im Rahmen der geltenden NATO-Militärstrategie des massierten, überraschenden Kernwaffenüberfalls wurde präzisiert. Zugleich nahm das Bundesministerium für Verteidigung der BRD eine detailliertere Planung zur Formierung der Führungsorganisation und zur Aufstellung territorialer Truppen vor. Parallel dazu kam es zu ersten Kontaktaufnahmen mit den in der BRD stationierten NATO-Streitkräften. Dabei spielten besonders Fragen des Zusammenwirkens bei der militärischen Unterstützung der Paktstreitkräfte in den rückwärtigen Räumen und beim Einsatz zur Niederhaltung revolutionärer, demokratischer Klassenkräfte in der BRD eine Rolle. Das stand in engem Zusammenhang mit der Aufnahme der BRD in die NATO und der damit verbundenen aggressiven Zielsetzung, die BRD als Stoßkeil und Hauptaufmarschbasis des Paktes gegen die sozialistischen Staaten auszubauen. Zur Lösung der zentralen Führungs- und Planungsaufgaben entstand gegen Ende 1955 die Unterabteilung VII (Militärische Territorialorganisation) der Abteilung IV (Streitkräfte) des Bundesministeriums für Verteidigung. Mit der Umgestaltung der Abteilung Streitkräfte zum Führungsstab der Bundeswehr und der Ausgliederung der Unterabteilung VII formierte sich am 1. 6. 1957 das dem Generalinspekteur der Bundeswehr unmittelbar nachgeordnete Amt für Territoriale Verteidigung. Mit seiner Reorganisation zum Kommando der Territorialen Verteidigung (KTV) im Oktober 1957 war der Prozeß der Herausbildung der Führungsspitze der T. vorläufig abgeschlossen. Dem Kommando unterstanden die ab 15. 4. 1956 gebildeten und von einem Befehlshaber im Wehrbereich geführten Wehrbereichskommandos. Von 1956 an entstanden den Wehrbereichskommandos nachgeordnete territoriale Stäbe und Dienststellen. Anfang 1958 existierten 109 Standortkommandanturen bzw. Standortoffiziere; Verkehrskommandanturen bei den Regierungsbezirken; Transportkommandanturen bei den 16 Bundesbahndirektionen (seit Anfang der 60er Jahre mit erweiterten Vollmachten ausgestattet und gleichfalls als Verkehrskommandanturen bezeichnet); Fernmeldekommandanturen (an ihre Stelle traten in den 60er Jahren Bereichsfernmeldeführer) bei 13 der 21 Oberpostdirektionen und Truppenübungsplatzkommandanturen. An territorialen Streitkräften wurden bis 1958 vorrangig Führungs- und Pioniertruppen aufgestellt. Ihre Gesamtstärke betrug zu dieser Zeit ca. 10400 Mann.

Von 1958 bis 1963 entwickelte sich die T. in 3 Hauptrichtungen. Die erste Hauptrichtung betraf den Ausbau der Führungsorgane. Das System territorialer Stäbe auf der mittleren und unteren Ebene wurde erweitert und sein Aufbau bis Ende 1963 einstweilig abgeschlossen. Es entstanden 29 Territoriale Verteidigungsstäbe (TV-Stäbe), die in der Regel einen oder mehrere Regierungsbezirke umfaßten, und die ihnen gleichgestellten Standortkommandos Hamburg und Bremen. Auf der unteren Ebene erhöhte sich die Zahl der Standortkommandanturen auf 146. Zur Verbesserung der Koordination mit den NATO-Armeegruppen Nord und Mitte richtete die Bundeswehrführung 1959 die zwischen dem Kommando der Territorialen Verteidigung und den Wehrbereichskommandos liegende Befehlsebene des Deutschen Bevollmächtigten Nord und des Deutschen Bevollmächtigten Mitte mit ihren Stäben ein. Später kam der Deutsche Bevollmächtigte für den NATO-Abschnitt Nordeuropa hinzu. Neben Koordinierungsaufgaben waren die Bevollmächtigten hauptsächlich für die Versorgung der operativen NATO-Gruppierungen verantwortlich. Ihren logistischen Führungsstäben unterstand zu diesem Zweck die ausführende logistische Basisorganisation (Basis Inland). Die territorialen Stäbe mit Ausnahme der Bevollmächtigten wurden zuständig für die Führung der ihnen unterstellten aktiven wie der von der Mobilmachung abhängigen Truppen. Als man ab 1963 intensiver zum Aufbau der nichtaktiven Truppen überging, wandten sie sich verstärkt der Personalgewinnung zu. Aus diesem Grunde wurde in der T. ein Apparat zur Reservistenbetreuung aufgebaut, der alle Ebenen erfaßte. Er arbeitet mit dem 1960 geschaffenen Verband der Reservisten der Bundeswehr (e. V.) und zahlreichen anderen militaristischen Vereinigungen eng zusammen. Die zweite Hauptrichtung des Ausbaus der T. beinhaltete die beschleunigte Aufstellung territorialer Truppen, insbesondere der Führungstruppen. Bis Ende 1963 waren sie zu 60–70% verfügbar. Weitere Schwerpunkte bildeten die Pioniertruppen, eingeschlossen die für die Anlage von operativen Sperren verantwortliche Wallmeisterorganisation, sowie die Kampftruppen. Letztere waren Ende 1963 zu 40% aufgestellt. Mitte 1963 hatte die T. eine Stärke von 28000 Mann. Die dritte Hauptrichtung betraf die Formierung der logistischen Basisorganisation. Diese wurde, obgleich kein organischer Bestandteil der T., 1958/59 dem Kommando der Territorialen Verteidigung unterstellt. Sie war im strategischen und operativen Maßstab zuständig für den Nachschub und die Versorgung der im Abschnitt Zentraleuropa und im Gebiet des Kommandos Ostseezugänge dislozierten operativen Gruppierungen der NATO in der sog. rückwärtigen Kampfzone und in der Verbindungszone. Zahlreiche Übungen und Planspiele sowie die Beteiligung an NATO-Manövern, insbesondere an «Fallex 62», führten damals zu der offiziellen Einschätzung, daß die T. nur bedingt ihre Funktionen wahrnehmen konnte.

In der Entwicklung der T. ab 1964 sollten deshalb die militärischen Territorialkräfte zielgerichtet auf die Anforderungen der Vorwärtsstrategie, dem seit 1.9.1963 gültigen strategischen Prinzip für das NATO-Oberkommando Zentraleuropa und das Kommando Ostseezugänge, eingestellt werden. Das stand in unmittelbarem Zusammenhang mit dem allmählichen Übergang der BRD zur flexiblen Militärstrategie der NATO. Ausgehend von der erhöhten Bedeutung, die den Territorialstreitkräften im Rahmen dieser Strategie beigemessen wurde, erhielt die Formierung der territorialen Kampftruppen Priorität. Deshalb begann die Aufstellung einer aus freiwilligen Reservisten bestehenden Territorialreserve als personelle Basis für alle Waffengattungen, speziell jedoch für die Kampftruppen. Da es aber recht beträchtliche Schwierigkeiten bei der Gewinnung von Freiwilligen gab, ging die Bundeswehrführung mit Wirkung vom 1.4.1966 zur Einberufung nach dem Wehrpflichtgesetz als Rekrutierungsprinzip über. Die Einberufenen traten ihren Dienst ausschließlich in den Kampftruppen der T. an, die zusammen mit den zu ihnen gehörenden Führungs- und Versorgungstruppen seit 1966 die Bezeichnung Heimatschutztruppe führten. Unter Berücksichtigung der Erfahrungen von Stabs- und Truppenübungen leitete die Führung der Bundeswehr am 1.9.1966 eine im Prinzip bis in die Gegenwart gültige Neuorganisation des Stabssystems der T. auf der mittleren und unteren Ebene ein. Mit dem Ziel, sie in Stäbe vornehmlich zur Führung der Heimatschutztruppe und zur Organisation des Zusammenwirkens mit der nunmehr so bezeichneten → *zivilen Verteidigung in der BRD* zu verwandeln, entstanden aus den bisherigen Territorialen Verteidigungsstäben insgesamt 32 Verteidigungsbezirkskommandos. Aus den Standortkommandanturen wurden, bei Verringerung ihrer Zahl, Verteidigungskreiskommandos gebildet. Angesichts der erfolglosen Bemühungen der Bundeswehrführung, die Logistik auf NATO-Ebene zu organisieren, erfolgte 1963–1967 auch ein konzentrierter Ausbau der Stäbe, Dienststellen, Einrichtungen und Truppen zur Gewährleistung der Verbindungen und der Versorgung der kämpfenden Truppe. Ebenso wurde die logistische Basisorganisation ausgebaut. In den gleichen Jahren erreichte das Zusammenwirken von T. und ziviler Verteidigung in der BRD eine höhere Stufe.

Ende der 60er/Anfang der 70er Jahre vollzogen sich im Rahmen der Reorganisation der Bundeswehr einschneidende Veränderungen in den Unterstellungsverhältnissen und in der Organisation der T. Sie dienten dazu, die Struktur effektiver den Anforderungen der NATO-Militärstrategie anzupassen. Der entscheidende Schritt hierzu war die partielle Fusion mit dem Feldheer. Gleichlaufend mit der Umgliederung des Führungsstabes des Heeres (seit Mai 1968) wurde die bisher dem Generalinspekteur direkt unterstehende T. als Territorialheer dem Inspekteur des Heeres nachgeordnet und am 31. 3. 1970 das Kommando der Territorialen Verteidigung aufgelöst. Die obere Führungsebene bildeten nunmehr die aus den Dienststellen der Deutschen Bevollmächtigten hervorgegangenen beiden Territorialkommandos Süd (Juli 1969) und Nord (November 1969) und das gleichgestellte Territorialkommando Schleswig-Holstein/Deutscher Bevollmächtigter Bereich AFNORTH (Oktober 1970). Ihnen

Territorialorganisation der Bundeswehr der BRD 1980

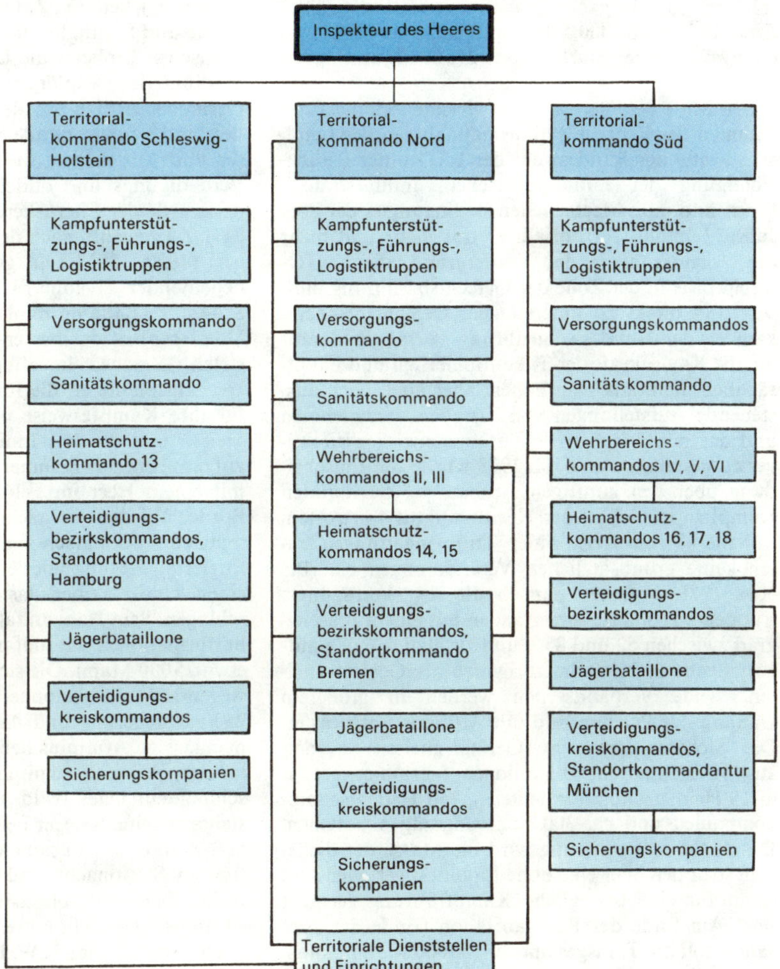

wurden die Wehrbereichskommandos unterstellt. Die Basis Inland verschmolz im Februar 1969 mit der Depotorganisation des Heeres. Die Grundgliederung der Wehrbereichskommandos und der ihnen nachgeordneten Stäbe blieb unverändert. Auf allen Ebenen prägte sich jedoch deren Charakter als Führungsstäbe für die ihnen unterstehenden Verbände und Einheiten stärker aus. Die Hauptkampfkraft des Territorialheeres bildeten jetzt die seit 1970 aufgebauten, den Wehrbereichskommandos bzw. dem Territorialkommando Schleswig-Holstein (Wehrbereichskommando I) unterstehenden 6 Heimatschutzkommandos. Sie sollten im Frieden zu 32% präsent sein. Ihre Kriegsstärke betrug rd. 8000 Mann. Mit ihrer Bewaffnung, eingeschlossen schwere Waffen, und ihrer modernen Ausrüstung besaßen die Heimatschutzkommandos die Kampfkraft einer verstärkten Jägerbrigade. Das Territorialheer zählte Ende 1973 ca. 64000 Mann und sollte im Mobilmachungsfall eine Stärke von 275000 Mann erreichen.

Seit Mitte der 70er Jahre entwickelte sich die T. im Rahmen der Reorganisationsmaßnahmen der Landstreitkräfte der Bundeswehr der BRD unter Berücksichtigung der militärpolitischen, militärstrategischen und militärtechnischen Bedingungen der 80er Jahre. Für das Territorialheer trat mehr und mehr die Orientierung in den Vordergrund, die NATO-Streitkräfte in der Zone der Gefechtsberührung indirekt und direkt zu unterstützen. Dementsprechend kam es der Bundeswehrführung vorrangig darauf an, die Kampfkraft der T. kontinuierlich und hauptsächlich qualitativ zu erhöhen, aber auch noch ausstehende Aufstellungen von Truppen vorzunehmen und das militärisch-zivile Zusammenwirken effektiver zu gestalten. Am 6. 11. 1978 wurde die Entscheidung über den künftigen Ausbau der territorialen Kampftruppen nach der Heeresstruktur 4 getroffen. Für die übrigen territorialen Truppengattungen traten keine grundsätzlichen Veränderungen ein. Bis etwa 1985 umfassen danach die sog. Verfügungstruppen 6 Heimatschutzbrigaden mit einem Präsenzgrad zwischen 52 und 85% und zusätzlich 6 neu aufzustellende Heimatschutzbrigaden als Geräteeinheiten. Beide Verbandstypen werden in größerem Umfang mit Panzern und mit Artillerie ausgerüstet. Die Sicherungstruppen (Geräteeinheiten) werden aus 45 Heimatschutzbataillonen (zusammengefaßt in 15 Heimatschutzregimentern), 150 Heimatschutzkompanien und ca. 300 Sicherungszügen bestehen. Durch Vollmotorisierung wird die Masse der Sicherungstruppen über eine hohe Mobilität verfügen und somit für eine bewegliche Kampfführung geeignet sein. Am Ende der Reorganisation (Ende der 80er Jahre) soll die T. insgesamt ca. 100000 Mann umfassen. Aufbau und Entwicklung der T. kennzeichnen das Bestreben der Führungskreise der BRD, sie zur Erhöhung der Aggressionsbereitschaft und -fähigkeit der NATO-Verbände und zur Perfektionierung des Systems der Unterdrückung progressiver Klassenkräfte im Innern zu nutzen. Der zielgerichtete Ausbau der T., das enge Zusammenwirken mit den Institutionen und Organisationen der zivilen Verteidigung, die breite Heranziehung von Reservisten und die Schaffung einer Vielzahl rasch zu mobilisierender Truppen sind zugleich konkreter Ausdruck für die starke Militarisierung von Staat und Gesellschaft in der BRD.

Teutoburger Wald 9 u. Z.: entscheidende Schlacht im Verlauf der → *germanisch-römischen Kriege 2. Jh. v. u. Z.–5. Jh. u. Z.* zwischen germanischen Stammesaufgeboten und römischen Truppen im Spätsommer 9 u. Z.

Unter Publius Quinctilius Varus (um 50 v. u. Z. bis 9 u. Z.), seit 7 u. Z. Oberbefehlshaber der Rheinarmee und Statthalter in Germanien, verstärkten die römischen Eroberer die Unterdrückung der noch im Stadium der → *militärischen Demokratie* lebenden Germanen östlich des Rheins. Der germanische Widerstand erfaßte vor allem die Stämme zwischen Weser und Mittelrhein, die schließlich einen lockeren Verteidigungsbund bildeten. Zum Führer des Bundes wurde der Cheruskerfürst Arminius (17 v. u. Z.–21 u. Z.) gewählt, nach dem Urteil von Friedrich Engels (1820–1895) «ein großer Staatsmann und ein bedeutender Feldherr» (K. Marx/F. Engels, 19, S. 443). Er hatte im römischen Heer gedient und die Überlegenheit der besser bewaffneten und ausgerüsteten Legionen in offener Feldschlacht erkannt. Deshalb plante er, die römischen Truppen in einem für ihre Kampfesweise ungünstigen Gelände anzugreifen und durch ständigen Kleinkrieg allmählich aufzureiben. Im Sommer 9 u. Z. befand sich Varus mit einem Heer im Feldlager nahe der Warburger Börde. Auf dem wahrscheinlich im September angetretenen Rückmarsch zum Rhein veranlaßte ihn die fingierte Meldung über einen rebellierenden Stamm, einen Umweg über das «Aufstandsgebiet» einzuschlagen. Sein Heer umfaßte 3 Legionen und 9 Auxiliarformationen mit umfangreichem Troß, insgesamt etwa 25000 Mann. Die sich nur langsam vorwärtsbewegende Marschkolonne hatte eine Länge von etwa 25 km. Sicherung und Aufklärung waren stark vernachlässigt. Arminius ließ den Marsch ständig beobachten. Als das römische Heer ein unwegsames, schluchtenreiches Wald- und Sumpfgebiet erreichte, stellte er seine Krieger beiderseits des Weges gedeckt auf. Stärke und Zusammensetzung der von ihm geführten Streitmacht sind nicht bekannt; ebenso ist nicht überliefert, ob jeder verbündete Stamm ein → *Aufgebot* gestellt hatte.

Die Schlacht im T. W. bestand aus mehreren Teilgefechten. Der germanische Überfall überraschte die

Römer völlig, die sich nicht entfalten konnten. Während die Reiterei schon in der Anfangsphase floh, erlitten die ständig in Kämpfe verwickelten Fußtruppen hohe Verluste. Varus ließ seinen Troß zerstören und ein notdürftig befestigtes Lager errichten. Der Nachschubmangel zwang die Römer, den Marsch fortzusetzen. Die Germanen griffen sofort wieder an und schlugen innerhalb von wenigen Tagen den Gegner vernichtend. Varus beging Selbstmord. Nur wenigen Römern gelang die Flucht, eine größere Anzahl geriet in Gefangenschaft. Die Germanen erbeuteten fast die gesamte Bewaffnung und Ausrüstung. Der genaue Schlachtort konnte bisher nicht ermittelt werden, und selbst der T. W. ist als Kampfgebiet nicht sicher überliefert. Die Schlacht im T. W. bildete, wie Engels schrieb, «einen der entscheidendsten Wendepunkte der Geschichte» (K. Marx/F. Engels, 19, S. 447). Sie festigte den germanischen Widerstand gegen erneute römische Eroberungsversuche und bewirkte letztlich das Scheitern der römischen Expansionspolitik in Mitteleuropa. So sicherten die ostrheinischen Germanenstämme ihre eigenständige sozialökonomische und ethnische Entwicklung. In militärischer Hinsicht wies die Schlacht im T. W. neue taktische Elemente der germanischen Kriegführung auf: aufgelöster Kampf in schwierigem Gelände, Hinterhalte und Zermürbung des Gegners durch ständige Angriffshandlungen.

Theorie des totalen Krieges: von imperialistischen Militärtheoretikern in Auswertung des ersten Weltkrieges entwickeltes System von Auffassungen über den allumfassenden Charakter des Krieges und die höchstmögliche Ausschöpfung aller Ressourcen zu seiner Führung, das neben der → *Blitzkriegskonzeption* in die Militärdoktrin des faschistischen deutschen Imperialismus einging.

Die Auffassungen über den totalen Krieg, die sich bereits in den 20er Jahren zu einer Theorie verdichteten, nahmen im militärischen Denken des deutschen Imperialismus und Militarismus einen beherrschenden Platz ein. Die von General a. D. Erich Ludendorff (1865–1937) im Jahre 1935 publizierte Schrift «Der totale Krieg» faßte alle bisher entwickelten Ansichten zusammen und legte die Vorstellungen über den totalen Krieg umfassend dar. Diese Theorie wurzelte in der weiteren Zuspitzung der imperialistischen Widersprüche im Gefolge der allgemeinen Krise des kapitalistischen Systems sowie in der raschen Entwicklung der Produktivkräfte mit ihren vielfältigen Auswirkungen auf das Militärwesen. Sie sollte den Weg weisen, um alle Ressourcen maximal zu mobilisieren, räuberische Kriegsziele zu verwirklichen und dabei innere Schwierigkeiten, insbesondere eine Revolutionierung der Volksmassen, zu vermeiden. Die Erkenntnis, daß der Krieg komplexen Charakter besitzt und alle Bereiche des gesellschaftlichen Lebens erfaßt, daß das ökonomische und das moralische Potential eine ausschlaggebende Rolle bei der Erringung des Sieges spielen und daß ein enger Zusammenhang zwischen Front und Hinterland besteht, wurde von den imperialistischen deutschen Militärtheoretikern verabsolutiert. Sie leiteten daraus die Schlußfolgerung ab, daß die Totalität des Krieges den Einsatz aller Mittel und Methoden verlange und rechtfertige.

Mit den Auffassungen über den totalen Krieg erfuhr der sog. Vernichtungsgedanke in der Theorie und Praxis des faschistischen Militärwesens eine extreme Erweiterung und dehnte sich auf die Vernichtung anderer Staaten und Völker aus. In der als Grundsatzdokument geltenden Denkschrift des OKW vom April 1938 über «Die Kriegführung als Problem der Organisation» hieß es, der totale Krieg müsse nach dem Leitmotiv «Not kennt kein Gebot» geführt werden. Daraus wurden der rücksichtslose Einsatz aller Mittel und die Anwendung völker- und kriegsrechtswidriger Methoden der Kriegführung abgeleitet. Die im zweiten Weltkrieg (→ *Weltkrieg, zweiter, 1939–1945*) praktizierten verbrecherischen Methoden der Kriegführung waren somit in der Theorie des totalen Krieges konzipiert und durch die Militärdoktrin des faschistischen deutschen Imperialismus sanktioniert worden.

Die Theorie verlangte die völlige Militarisierung des gesellschaftlichen Lebens und die rücksichtslose Ausnutzung aller Kräfte des Volkes für den Eroberungskrieg. Als innenpolitische Voraussetzung für den totalen Krieg galt daher die terroristische Unterdrückung der Volksmassen und deren ideologische Manipulierung durch eine raffinierte Propaganda.

Die strategische Konzeption zur Führung des totalen Krieges war die Blitzkriegskonzeption. Mit deren Hilfe sollte nach Meinung der führenden faschistischen Militärs die für den deutschen Imperialismus nach den Erfahrungen des ersten Weltkrieges nicht zu verkraftende Belastung eines langwierigen, angespannten Mehrfrontenkampfes gegen eine überlegene Koalition vermieden werden. Die faschistische Führung ließ sich im zweiten Weltkrieg bedenkenlos von dem Prinzip leiten, alle Mittel ohne Rücksicht auf kriegs- und völkerrechtliche Normen anzuwenden. Die für die faschistische Kriegführung charakteristische rücksichtslose Anwendung verbrecherischer Methoden im bewaffneten Kampf wie auch gegen das Hinterland und die Zivilbevölkerung verstärkte sich im Krieg gegen die Sowjetunion auf das Äußerste. Das Scheitern des Blitzkrieges nach dem Überfall auf die Sowjetunion zerschlug die Hoffnungen der faschistischen Führung, einen angespannten langen Krieg zur Eroberung der Weltherrschaft vermeiden und statt dessen den Krieg im Wechsel von kurzer Anstrengung und strategischer Pause führen zu können. Nach der katastrophalen Niederlage der

Wehrmacht bei → *Stalingrad 1942/43* rief der Propagandaminister Joseph Goebbels (1897–1945) am 18. 2. 1943 im Berliner Sportpalast offiziell den totalen Krieg aus. Die mit diesem verbundenen, in der Folgezeit wiederholt verschärften Maßnahmen zur äußersten Ausschöpfung aller Kräfte bedeuteten eine weitere Steigerung von Terror und Ausbeutung, insbesondere der okkupierten Länder und Gebiete. Sie konnten die totale Niederlage des deutschen Imperialismus und Militarismus nur etwas hinauszögern, jedoch nicht verhindern.

Die Prinzipien des totalen Krieges werden von den gegenwärtigen imperialistischen Militärtheoretikern im wesentlichen akzeptiert. Sie sind weitgehend, wenn auch unter anderer Bezeichnung, in die imperialistischen militärdoktrinären Auffassungen eingegangen.

Tiroler Freiheitskampf 1809 → *Koalitionskriege 1792–1815*

Tornister: von Anfang des 19. Jh. bis zum zweiten Weltkrieg verwendetes Ausrüstungsstück der Fußtruppen, das zur Aufnahme vor allem von Bekleidung, Gegenständen des persönlichen Bedarfs und Verpflegung diente und auf dem Rücken getragen wurde.

Vorläufer des T. war die Tasche aus Stoff oder Kalbfell, die im 18. Jh. von den Infanteristen und Fußartilleristen der europäischen Söldnerheere an einem breiten Riemen über der rechten Schulter an der linken Seite getragen wurde. Mit der Herausbildung des bürgerlichen Militärwesens und der Entwicklung der Militärtechnik nahm die Anzahl der am Mann zu tragenden Gegenstände des persönlichen Bedarfs sowie Ausrüstungsstücke zu. Die Tragetasche mußte vergrößert und ihre Trageweise verändert werden. In den deutschen Territorien führten 1807 zuerst die Rheinbundstaaten nach dem Vorbild der französischen Armee den kastenförmigen T. ein, der auf dem Rücken getragen wurde. In Preußen gab es den T. in dieser Form ab 1809. Er besaß eine entsprechend den jeweiligen Truppengattungen (Grenadiere, Musketiere usw.) unterschiedliche Form sowie Farbe und war aus unterschiedlichem Material. Das 1895 eingeführte Modell 95 blieb in Form und Trageweise mit geringen Abänderungen noch für die faschistische Wehrmacht gültig. Dieser T. bestand aus einem mit Leder oder präpariertem Segeltuch überzogenen Pappelkernholzgestell und einer Kalbfellklappe. An den Schmalseiten befanden sich 2 Patronenbehälter. An 3 Seiten des T. waren der Mantel und die Zeltbahn, auf der T.klappe das Kochgeschirr geschnallt. Allmählich jedoch hinderten der wachsende Umfang des T.inhalts und die Zunahme des Gewichts der unbedingt am Mann zu tragenden Waffe, Munition und Ausrüstungsstücke den Soldaten, die Anforderungen des bewaffneten Kampfes zu erfüllen. Daher wurde der T. nach dem ersten Weltkrieg zumeist nur noch bei Übungsmärschen verwendet. Der wachsende Motorisierungsgrad ermöglichte den Transport des T. im Krieg auf Fahrzeugen des Trosses. Die paramilitärischen Organisationen des faschistischen Deutschlands verfügten ebenfalls über T., die sich von denen der Wehrmacht nur in der Farbgebung unterschieden.

Tornister (Modell 95) mit Mantel, Zeltbahn und Kochgeschirr

Nach dem zweiten Weltkrieg wurde in den Landstreitkräften der meisten Armeen der T. durch weiterentwickelte, modernen Kampfbedingungen angepaßte Ausrüstungsstücke ersetzt. Sie bestehen in der Regel aus 2 Teilen. Der Teil mit Gegenständen des täglichen Bedarfs wird nahe beim Mann transportiert, der Teil mit Bekleidungsstücken im allgemeinen in den Einheiten nachgeführt. In den einzelnen Armeen werden diese Ausrüstungsstücke unterschiedlich bezeichnet; in der NVA der DDR heißen sie Sturmgepäck (Teil I und II). Offiziere besitzen ein Marschgepäck und einen Marschkoffer.

Torpedo: seit Mitte des 19. Jh. verwendetes Unterwassergeschoß mit Eigenantrieb und Selbststeuerung zur Bekämpfung von Über- und Unterwasserfahrzeugen.

Als T. wurden ursprünglich alle auf See im Wasser verwendeten Sprengkörper bezeichnet. Seit Mitte des 19. Jh. bürgerte sich für die verankerte oder treibende Ladung die Bezeichnung → *Seemine* ein, während die mobile Sprengladung T. genannt wurde. Versuche, diese Sprengladung im Schlepp kleiner Überwasserfahrzeuge oder mit Hilfe von an diesen befestigten Stangen (seemännisch: Spieren, daher Spieren-T.) an den Gegner heranzubringen, blieben wenig wirksam. 1865/66 konstruierte der in Österreich-Ungarn tätige englische Ingenieur Robert Whitehead (1823–1905) einen T. mit Eigenantrieb und Selbststeuerung. Der Fisch- oder Whitehead-T. hatte zigarrenähnliche Gestalt und eine Hülle aus Stahl, später aus Stahlbronze. Die Antriebsmaschine des T. wurde mit komprimierter Luft und dann mit einem Dampf-Druckluft-Gemisch gespeist. Hauptträger des T. war zunächst das neugeschaffene → *Torpedoboot*.

Die ersten Einsätze von T. mit Eigenantrieb erfolgten während des chilenischen Bürgerkrieges von 1891 und im Chinesisch-Japanischen Krieg 1894/95. Der T. setzte sich rasch durch. Die deutsche Kaiserliche Marine erhielt 1872 die ersten Spieren-T.boote, ab 1881/82 mit T.rohren versehene Fahrzeuge. Bereits 1871 war eine T.abteilung aufgestellt und 1879 ein T.-Ingenieurkorps gebildet worden. Seit den 80er Jahren des 19. Jh. rüstete man auch Linienschiffe und Kreuzer neben ihrer Artilleriebewaffnung mit T. aus. Im ersten Weltkrieg 1914–1918 wurde das → *U-Boot* zum entscheidenden T.träger. Während des Krieges kamen erstmalig von Flugzeugen abgeworfene T. zur Erprobung. In den 20er und 30er Jahren wurde der T. in seinen taktisch-technischen Daten beträchtlich weiterentwickelt. Neben dem herkömmlichen Dampfgas-T. entstand der optisch nicht mehr auszumachende T. mit elektrischem Antrieb. Bei den Überwasserfahrzeugen fanden die als kleine T.träger entwickelten → *Schnellboote* Verwendung. In dieser Zeit verschwand die T.waffe bei den Großkampfschiffen. Dagegen blieb sie – zumeist in Mehrfachsätzen aufgestellt – bei den leichten Überwasserkräften weiter in Gebrauch. Eine wachsende Rolle kam dem T.flugzeug (→ *Marinefliegerkräfte*) zu. Hauptträger des T. blieb jedoch das U-Boot. Der von der faschistischen Kriegsmarine hauptsächlich benutzte sog. Einheits-T. hatte ein Kaliber von 533 mm und bei einer Geschwindigkeit von 30 kn eine Laufstrecke von ca. 12000 m. Während des zweiten Weltkrieges 1939–1945 kamen ab 1943 manövrierende und zielsuchende T. und anstelle der früher verwendeten Aufschlagzünder magnetische Abstandszünder zum Einsatz. Von faschistischen U-Booten abgeschossene T. verursachten ca. 40 % der Kriegsschiffs- und 65 % der Handelsschiffsverluste der Alliierten.

Zu den T.trägern moderner Kriegsflotten zählen neben U-Booten U-Boot-Abwehrschiffe, → *Zerstörer*, → *Küstenschutzschiffe*, → *Fregatten* und Schnellboote sowie Flugzeuge und Hubschrauber der Marinefliegerkräfte und maritime → *Kleinkampfmittel*. Nach dem Antrieb unterscheidet man Wärmekraft-, Elektro- und Reaktiv-T. Die T. können mit einer Fern-, Zielsuch- oder autonomen bzw. kombinierten Steuerung ausgestattet sein. Moderne T. verfügen bei einem Kaliber bis 600 mm über Geschwindigkeiten bis zu 80 kn und eine Laufstrecke bis 20000 m. Zum Einsatz gegen kernkraftgetriebene U-Schiffe wurden T. mit einer Lauftiefe von einigen hundert Metern entwickelt. *(s. Abb. S. 661, 888, 892, 896)*

Torpedoboot: Klasse der leichten Überwasserkräfte (→ *Seestreitkräfte*), deren Hauptbewaffnung → *Torpedos* bilden.

Das T. entstand in den 60er Jahren des 19. Jh. Dabei wirkte die Vorstellung fördernd, mittels dieser neuen, auch gegen größere Schiffe einsetzbaren Schiffsklasse die Unterlegenheit kleinerer bzw. aufstrebender Seemächte rasch kompensieren oder zumindest verringern zu können. Gestützt auf Erfahrungen aus dem Nordamerikanischen Bürgerkrieg 1861–1865, wurden zunächst die sog. Spieren-T. gebaut, an deren Bug die als Torpedo bezeichnete Sprengladung (→ *Seemine*) an einer langen Stange (Spiere) befestigt war. Die deutsche Kaiserliche Marine erhielt 1872 die ersten Spieren-T., die bei einer Wasserverdrängung bis zu 35 t eine Geschwindigkeit von 8 kn erreichten. Ihr Hauptnachteil bestand darin, daß sie ganz nahe an das Ziel heranfahren mußten, um die Ladung darunter zu plazieren. Auch Versuche mit einem seitlich vom Schiff gezogenen Schlepptorpedo brachten keine günstigen Resultate. Eine entscheidende Verbesserung bedeutete erst die Verwendung des mit Eigenantrieb und Selbststeuerung versehenen Torpedos, der mittels eines auf dem Oberdeck befindlichen Lancierrohrs ausgestoßen wurde. Ab 1884/85 erfolgte ein rascher Ausbau der deutschen Torpedowaffe. Den zunächst vorrangig für den Küstenschutz gebauten T. folgten kurz vor der Jahrhundertwende im Zusammenhang mit der sich in der deutschen Marinerüstung durchsetzenden imperialistischen Zielsetzung hochseetüchtige sog. Große T. Diese waren vorwiegend zur offensiven Verwendung bestimmt. Ab 1905 wurde Dampfturbinenantrieb, ab 1908 Ölfeuerung eingeführt. Vor Beginn des ersten Weltkrieges erreichten die T. der Kaiserlichen Marine eine Wasserverdrängung von über

Entwicklung des Torpedos

	1871	1903	1914	1937	1944/45	Gegenwart
Typ	Whitehead	C/03	G 7	G 7a	Wal	–
Länge (m)	4,50	5,15	7,00	7,16	7,16	2,30–8,00
Kaliber (mm)	350	450	500	533	533	250–600
Geschwindigkeit (kn)	16,5	27	28,5	40	45	29–80
Laufstrecke (m/kn)	730/16,5	3000/26	9800/27	12000/30	21000/45	bis 20000/ bis 80
Gefechtsladung (kg)	12	147,5	195	280	400	25–500 Kernladung bis 20 kt

600 t und eine Geschwindigkeit bis zu 34 kn. Ihre Hauptbewaffnung bestand aus 3–4 Torpedoausstoßrohren sowie 1–2 88-mm-Kanonen. Während des Krieges wurden teilweise noch größere Typen von T. gebaut, die als T.zerstörer (→ *Zerstörer*) zur Bekämpfung gegnerischer T. geeignet waren. Die T. fanden vor allem als Aufklärungs- und Sicherungskräfte sowie bei überraschenden Angriffen auf gegnerische Seetransporte und Sperren Verwendung. In der Seeschlacht am → *Skagerrak 1916* ermöglichte ihr Einsatz das Lösen der deutschen Großkampfschiffe vom Gegner.

Gemäß den Bestimmungen des Versailler Vertrages mußte Deutschland 92 moderne Hochsee-T. an die Entente ausliefern; es durfte maximal 24 solcher Einheiten (12 T. und 12 Zerstörer) mit einer Wasserverdrängung von 200 bis 800 t besitzen. Ende 1922 hatte die Reichsmarine der Weimarer Republik 18 T. in Dienst. Im Zuge der beginnenden Wiederaufrüstung des deutschen Imperialismus entstanden 1924–1929 die ersten Nachkriegsbauten des Raubvogel- und Raubtiertyps. Offiziell hatten sie je 800 t, in Wirklichkeit jedoch etwa 1300 t Wasserverdrängung und waren mit 6 Torpedorohren sowie 3 105-mm-Geschützen bewaffnet. Nach Abschluß des britisch-deutschen Flottenabkommens von 1935 wuchs die Zahl der T. in der faschistischen deutschen Kriegsmarine rasch an. Den ab 1937 gebauten 21 Booten (T 1–T 21) folgten während des zweiten Weltkrieges 15 weiterentwickelte sog. Flotten-T. (T 22–T 36), die faktisch den Gefechtswert kleinerer Zerstörer besaßen. Allgemein erfolgte der Einsatz der T. weniger offensiv als im ersten Weltkrieg, vorzugsweise zur Geleitsicherung, zu Bewachungsaufgaben und zum Minenlegen. Haupteinsatzgebiete waren Nordsee, Ärmelkanal, Atlantikküste sowie ab 1941 zunehmend die Ostsee. Die T. der faschistischen Kriegsmarine erlitten vor allem in den letzten beiden Kriegsjahren durch gegnerische See- und Luftstreitkräfte hohe Verluste und gingen bis auf wenige Einheiten verloren. Nach 1945 wurden die Aufgaben der T. weitgehend von Zerstörern und Torpedoschnellbooten (→ *Schnellboot*) übernommen. *(s. Abb. S. 891, 895)*

Traditionspflege in der NVA: Bestandteil der politisch-ideologischen Arbeit in der → *Nationalen Volksarmee der DDR (NVA)* zur Erschließung und Nutzung der → *militärischen Traditionen der DDR* für die Willens- und Motivbildung der Armeeangehörigen im Sinne vorbildlicher militärischer Pflichterfüllung.

Bereits auf der 2. Parteikonferenz der SED im Juli 1952 hatte der Präsident der DDR und Vorsitzende der SED, Wilhelm Pieck (1876–1960), die Aufgabe gestellt, die Angehörigen der bewaffneten Organe und künftiger Streitkräfte des Arbeiter-und-Bauern-Staates im Sinne der Traditionen des Kampfes der Arbeiterbewegung gegen die Kräfte der Reaktion, gegen Imperialismus und Militarismus sowie für den Schutz der revolutionären Errungenschaften zu erziehen. Seit Gründung der NVA nimmt entsprechend dieser Aufgabenstellung die militärische Traditionspflege einen festen Platz im Prozeß der Erziehung und Bildung der Armeeangehörigen ein. Sie unterstützt wirksam die Ausprägung der marxistisch-leninistischen Weltanschauung, insbesondere des wissenschaftlichen Geschichtsbildes, vermittelt historische Erfahrungen und Lehren und fördert das Denken, Fühlen und Handeln der Armeeangehörigen im Geiste des sozialistischen Patriotismus und proletarischen Internationalismus. Dadurch motiviert sie die Armeeangehörigen zum bewußten, aktiven Einsatz für die vorbildliche Erfüllung des militärischen Klassenauftrags. Im Mittelpunkt der Traditionspflege in der NVA stehen die militärischen Erfahrungen der revolutionären deutschen Arbeiterbewegung, die sozialistischen militärischen Traditionen der DDR, insbesondere der NVA und ihrer Truppenteile, sowie die gemeinsamen Traditionen

Torpedoboote deutscher Seestreitkräfte 1885–1945

Bezeichnung	S 1	D 3	G 137	V 43	«Iltis»	T 22
Indienststellung	1885	1900	1907	1915	1928	1942
Besatzung	15	46	81	87	120	206
max. Wasserverdrängung (t)	99	300	693	1106	1320	1754
Länge (m)	37,7	57,6	71,5	79,6	92,6	102,5
Breite (m)	4,9	6,8	7,7	8,3	8,7	10,0
Maschinenleistung (PS)	900	2200	10800	24700	25160	32000
Geschwindigkeit (kn)	19,3	20,3	30,0	34,5	34,0	32,5
Fahrstrecke (sm/kn)	1400/10	1940/14	–	1750/17	3100/17	5000/19
Torpedobewaffnung Zahl/Kaliber (mm)	3/350	3/350	3/450	6/500	6/500	6/533
Artilleriebewaffnung Zahl/Kaliber (mm)	2/37	3/50	1/88 3/52	3/88	3/105 4/37	4/105 4/37; 9/20

Fahnendelegation der NVA an der Gedenkstätte der Interbrigadisten in Berlin

der Streitkräfte der Staaten des → *Warschauer Verteidigungsbündnisses.* Die Traditionspflege beruht auf den Erkenntnissen der Klassiker des Marxismus-Leninismus, dem Parteiprogramm der SED sowie militärischen Grundsatzdokumenten und berücksichtigt die Ergebnisse der marxistisch-leninistischen Geschichtswissenschaft. Sie erfolgt in Auseinandersetzung mit dem reaktionären militärischen Traditionsbild, das den imperialistischen deutschen Armeen bis 1945 eigen war und in der Bundeswehr der BRD verbreitet ist. Dabei werden vor allem die Versuche bürgerlicher und reformistischer BRD-Ideologen entlarvt, die Klassengebundenheit der Traditionen zu verschleiern und angebliche deutsche Soldatentugenden als zeit- und klassenindifferent zu glorifizieren.

Die Pflege, Bewahrung und Vermittlung der Traditionen erfolgt in der NVA auf verschiedene Art und Weise. Zu den wesentlichen Formen gehören z. B. Namensverleihungen an Truppenteile, Verbände und Lehreinrichtungen (in den 60er Jahren auch an Kasernen) sowie an Schiffe und Boote der Volksmarine. Dabei handelt es sich um Namen hervorragender Führer der deutschen und internationalen Arbeiterbewegung und der DDR, großer Patrioten des deutschen Volkes, bedeutender Heerführer der Sowjetarmee und anderer Bruderarmeen. Die Traditionen der NVA, der Teilstreitkräfte, der Verbände und Truppenteile werden in der gesellschaftswissenschaftlichen Aus- und Weiterbildung und in der politischen Massenarbeit, vor allem in der politischen Schulung, Agitation, kulturpolitischen und sportpolitischen Arbeit, vermittelt. Dabei spielen die Traditionen der → *Waffenbrüderschaftsbeziehungen der NVA* zur Sowjetarmee eine erstrangige Rolle. Breit werden die Kampftraditionen der sowjetischen Streitkräfte und anderer sozialistischer Bruderländer popularisiert. Militärhistorische Veranstaltungen und Ausstellungen, Exkursionen zu Gedenkstätten und musealen Einrichtungen, Zusammenkünfte mit Arbeiterveteranen werden in den Einheiten und Truppenteilen organisiert. Bestandteil der Traditionspflege ist das militärische → *Zeremoniell in der NVA.* An der Erschließung, Aufbereitung und Popularisierung der Traditionen der Truppenteile haben die Traditionszirkel und die Traditionszimmer hervorragenden Anteil.

Großen Einfluß auf die Traditionspflege nimmt die marxistisch-leninistische Geschichts- und Militärgeschichtswissenschaft mit ihren Forschungsergebnissen und Publikationen. Militärische Einrichtungen wie die → *Militärakademie «Friedrich Engels»*, die Offiziershochschulen der NVA, das → *Militärgeschichtliche Institut der DDR*, das → *Armeemuseum der DDR*, das → *Militärarchiv der DDR*, das → *Armeefilmstudio der NVA* und der → *Militärverlag der DDR (VEB)* erschließen und verbreiten seit ihrem Bestehen durch Forschung, Lehre, Propaganda und Publikation die revolutionären und fortschrittlichen militärischen Traditionen und unterstützen äußerst wirksam inhaltlich und methodisch die Traditionsarbeit in der Truppe.

Verantwortlich für die Traditionspflege in der NVA sind die Kommandeure der Truppenteile und Einrichtungen. Sie werden bei der Wahrnehmung dieser Verantwortung von den Politorganen, den Partei-, FDJ-, Sport- und Gewerkschaftsorganisationen unterstützt. Mit ihrer Tätigkeit im Sinne der militärischen Traditionspflege leisten sie einen wichtigen Beitrag zur Entwicklung sozialistischer Soldatenpersönlichkeiten und zur kommunistischen Erziehung der Armeeangehörigen.

Traditionstruppenteile → *Reichswehr*

Train → *Militärtransportwesen*

Transportfliegerkräfte: Gattung der Fliegerkräfte (→ *Luftstreitkräfte*) zur Gewährleistung des Lufttransports von Truppen, Bewaffnung und Ausrüstung sowie von Versorgungsgütern aller Teilstreitkräfte.

Transportflugzeuge entstanden seit Beginn der 20er Jahre. Häufig wurden zunächst schwere Bombenflugzeuge älterer Bauweise verwendet. Anfang der 30er Jahre erfolgte in verschiedenen Ländern die Aufstellung einzelner Transportfliegereinheiten. In der UdSSR wurden im Juni 1931 mit der Aufstellung der ersten Luftlandeerprobungsabteilung 2 spezielle Transportfliegerstaffeln gebildet. Im faschistischen Deutschland entwickelten sich die T. in engem Zusammenhang mit der Aufstellung von → *Luftlandetruppen.* Hauptflugzeugtyp war die 1930 als Verkehrsflugzeug entworfene 3motorige Ju 52, die zeitweilig als Behelfsbomber eingesetzt und ab 1936/37 als Transportflugzeug verwendet wurde. Ihre Besatzung betrug 3 Mann, die Höchstgeschwindigkeit 270 km/h, die Nutzlast 2 t, die Bewaffnung 3 oder 4 MG. Bis zum Sommer 1939 wurden 4 Kampfgruppen z. b. V. aus Ju 52 gebildet, die in je 4 Staffeln zu 12 Flugzeugen pro Staffel zuzüglich 1 Stabsstaffel mit 5 Maschinen gegliedert und einem Geschwaderstab unterstellt waren. Zu Beginn des zweiten Weltkrieges verfügte die faschistische Luftwaffe einschließlich der an den Fliegerschulen vorhandenen Bestände über 525 Transportflugzeuge Ju 52. Im Mai 1940 wurden die T. entsprechend ihrem operativen Verwendungszweck unter einem Lufttransportführer zusammengefaßt. Seine Aufgabe bestand in der Führung von Luftlandeoperationen, der Leitung größerer Lufttransporte sowie der laufenden Versorgung der Luftflotten und Fliegerkorps. Nach dem Scheitern des Blitzkrieges gegen die UdSSR im Herbst/Winter 1941 erfuhren die T. eine rasche Erweiterung und wurden immer häufiger zur Versorgung eingeschlossener Heeresverbände eingesetzt. Die größten Lufttransportoperationen wurden 1941/42 bei Moskau und im Raum Demjansk, 1942/43 bei Stalingrad und in Tunesien durchgeführt. Dabei gelangten u. a. auch Bombenflugzeuge der Typen He 111 und Ju 86 (veraltet) zum Einsatz. Die T. des faschistischen Deutschlands erlitten bei diesen Operationen schwerste Verluste, bei Stalingrad allein etwa 1 000 Mann fliegendes Personal und 488 Flugzeuge. Der notwendige Rückgriff auf Fluglehrer als Piloten beeinträchtigte wiederum das Ausbildungswesen stark. Ab Mai 1943 wurden die T. im XIV. Fliegerkorps unter einem General der Transportflieger zusammengefaßt. Ihm unterstanden neben den Ju-52-Geschwadern Seetransportstaffeln, Sanitätsflugbereitschaften sowie spezielle Lufttransportstaffeln, bei denen u. a. der 6motorige, jedoch

Mit Flugzeugen vom Typ Ju 52 transportieren Piloten der faschistischen deutschen Luftwaffe Franco-Putschisten von Nordafrika nach Spanien, 1936

Transportflugzeug Il-76 im Einsatz

sehr langsame und schwerfällige Großraumtransporter Me 323 «Gigant» mit 12 t Nutzlast sowie Lastensegler zum Einsatz kamen. Da die Produktion von Transportflugzeugen die schweren Verluste nicht ausgleichen konnte, mußte die Luftwaffe immer wieder auf Bombenflugzeuge und Verkehrsmaschinen als Behelfstransporter zurückgreifen. Aufgrund der hohen Verluste wurden im Oktober 1944 das XIV. Fliegerkorps mit den Geschwaderstäben aufgelöst und die verbliebenen T. den einzelnen Luftflotten, Fliegerkorps usw. unterstellt. Insgesamt gingen auf deutscher Seite während des Krieges 5926 Transportflugzeuge verloren.

Nach 1945 entwickelten sich die T. der meisten größeren Militärmächte zu einer selbständigen Gattung der Luftstreitkräfte. Moderne T. besitzen speziell für diesen Zweck konstruierte Flugzeuge unterschiedlicher Größenordnungen. Darunter befinden sich Großraumtransporter wie die C-141 «Starlifter» (USA) oder die An-22 «Antäus» (UdSSR), die bis zu 100 t Nutzlast befördern kann. Seit Ende der 40er Jahre werden in zunehmendem Maße auch Hubschrauber als Lufttransportmittel eingesetzt. Der Antrieb erfolgt bei Transportflugzeugen heute in der Regel durch Strahltriebwerke oder kombinierten (Turboprop-) Antrieb. Moderne T. sind in der Lage, ganze Truppenverbände mit ihrer Bewaffnung und Ausrüstung rasch über größere Entfernungen zu verlegen und zu versorgen. Entsprechend ihren Aufgaben verfügt auch die NVA über T.

Troß → *Militärtransportwesen*

Truppenamt → *Generalstab*, → *Reichswehr*

Truppenfahne → *Fahne*

Truppenluftabwehr: Waffengattung der → *Landstreitkräfte* zum Schutz von Truppen, militärischen Objekten und Räumen vor gegnerischen Luftangriffsmitteln.

Die sich Anfang des 20. Jh. ausbreitende Luftfahrt und die Verwendung von Ballons, Luftschiffen und Flugzeugen zu militärischen Zwecken erforderten die Entwicklung von Abwehrwaffen. Während sich die anderen imperialistischen Großmächte erst kurze Zeit vor Ausbruch des ersten Weltkrieges mit der Herstellung von dementsprechenden Spezialgeschützen befaßten, hatte das kaiserliche Deutschland bereits 1906 Versuche mit Feldgeschützen begonnen. Diese führten jedoch zu keinen brauchbaren Ergebnissen, und den später von der Industrie konstruierten speziellen Ballonabwehrkanonen maß die militärische Führung nur geringe Bedeutung bei. So verfügte das Heer bei Ausbruch des ersten Weltkrieges 1914 lediglich über 18 Ballonabwehrkanonen, größtenteils ältere Versuchsmodelle vom Kaliber 77 mm, von denen einige auf Lkw montiert waren. Der Einsatz von immer mehr und leistungsfähigeren Flugzeugen während des Krieges zwang jedoch zum Aufbau einer Luftabwehr und zur Konstruktion spezieller Fliegerabwehrkanonen (Flak). Am 10. 7. 1915 wurden in der kaiserlichen deutschen Armee für das gesamte Operationsgebiet die Dienststellung eines Inspekteurs der Flugabwehrkanonen im Operationsgebiet und in den AOK die eines Stabsoffiziers der Flugabwehrkanonen (Stoflak) zur Führung, Ausbildung und Entwicklung von Einheiten der T. eingeführt. So wurde deren Trennung von der Feldartillerie vollzogen. Die zur T. eingesetzte → *Flakartillerie* war in Batterien und Abteilungen formiert. Die Mehrzahl ihrer Geschütze bestand in den letzten Kriegsjahren aus 75-mm-Kanonen französischer Herkunft und aus 76-mm-Kanonen, denen ein russisches Modell zugrunde lag (Schußhöhe 5600 m). Die Flak erwiesen sich auch zur Panzerbekämpfung bei entsprechenden Einsätzen 1917 und 1918 aufgrund der hohen Anfangsgeschwindigkeit ihrer Geschosse (bis zu 588 m/s) als geeignet.

Die stürmische Entwicklung der Luftstreitkräfte bedingte, daß der T. nach dem ersten Weltkrieg große Aufmerksamkeit geschenkt wurde. Dabei standen die Konstruktion neuer Geschütztypen unterschiedlichen Kalibers und von Kommandogeräten sowie die Verbesserung von Munition und Entfernungsmeßgeräten im Mittelpunkt. In den Landstreitkräften der meisten imperialistischen Armeen wurden Führungsorgane, Einheiten und Truppenteile der Flakartillerie gebildet und in die taktischen und operativ-taktischen Verbände eingegliedert. In der Roten Armee, in der schon 1918 eine Verwaltung für die Flakbatterien existierte, wurden Flakbatterien der Divisionen, Flakabteilungen der Armeekorps und in den 30er Jahren Luftabwehrkompanien formiert. Die sowjetische Verteidigungsindustrie stellte ab 1925 modernisierte Flak (85, 76 und 25 mm) und ab 1931 Fla-MG her. 1941 erfolgte die organisatorische Trennung von T. und Luftverteidigung des Landes. Im Großen Vaterländischen Krieg der Sowjetunion ermöglichte die Massenfertigung von Flak die Aufstellung von T.regimentern der Armeen, Flakartilleriedivisionen der Reserve des Oberkommandos und die Formierung von Flakartilleriegruppen zum Schutz der Hauptkräfte von Fronten und Armeen. All dies erhöhte die Effektivität der T., die von 1941 bis 1945 – unterschiedlich bei den einzelnen Kalibern – auf das 8- bis 17fache anwuchs.

Die militärischen Bestimmungen des Versailler Vertrages verboten dem imperialistischen Deutschland u. a. die Aufstellung von Truppen der Luftabwehr. Trotzdem erfolgten geheime Entwicklungen von entsprechenden Waffen und Geräten, so der 88-mm-Flak ab 1928. Im Jahre 1930 wurde ein Lehrstab für Flakfragen (ASTA 3) innerhalb der Artillerieinspektion gebildet, und 1932 stellte das Reichswehrministerium geheime Ausarbeitungen für eine Luftabwehr fertig. Seit Mitte der 30er Jahre, dem Beginn der offenen Aufrüstung, wurde die Flakartillerie als Teil der Luftwaffe aufgebaut. Sie verfügte über automatische und halbautomatische Flak der Kaliber 20, 35, 50, 88 und 105 mm und sollte zur T. oder zur Luftverteidigung des Landes eingesetzt werden. Die Konzentration der Flakartillerie in der Luftwaffe hatte u. a. das Fehlen wirksamer strukturmäßiger Kräfte der T. in den Truppenteilen und Verbänden des faschistischen deutschen Heeres zur Folge. Die Aufstellung von Flakbataillonen des Heeres (20- und 37-mm-Flak) 1939, von 35 Heeres-Flakabteilungen und 11 Heeres-Panzerflakabteilungen (nur teilweise komplett) im Verlaufe des Krieges wie auch die Zuteilung von Flakartillerie der Luftwaffe an die Heeresverbände vermochte diesen Mangel nicht zu beheben. Die Flakartillerie, in Batterien, Abteilungen, Regimentern, Divisionen und Flakkorps organisiert, konnte im Krieg gegen die Sowjetunion ihrer Aufgabe, den Schutz der Truppen zu gewährleisten, nicht voll gerecht werden. Sie wurde weitgehend beim Erdeinsatz im Kampf gegen die sowjetischen Panzer «aufgebraucht».

In der Nachkriegszeit wurden in den Armeen sozialistischer und imperialistischer Staaten die Erfahrungen des zweiten Weltkrieges für die Weiterentwicklung der Theorie und Praxis der T. genutzt. Die Bedeutung der T. erhöhte sich durch das quantitative und qualitative Anwachsen der Fliegerkräfte und durch die militärische Nutzung von Hubschraubern. Bereits in den 50er Jahren erreichte die Flakartillerie der T. ein höheres Niveau. Die Einführung von Fla-SFL, neuer Flak und Funkmeßstationen ermöglichte die Bekämpfung des Luftgegners bei allen Wetterverhältnissen und zu allen Tageszeiten. Die Aufstellung von Fla-Raketentruppen mit mobilen

Vierlingsflakstellung der faschistischen Wehrmacht an der deutsch-sowjetischen Front, Dezember 1944

Fla-Raketenkomplexen unterschiedlicher Reichweiten und von funktechnischen Truppen in der zweiten Hälfte der 50er Jahre bewirkte eine qualitative Wandlung der Kräfte der T. Sie führte in den sozialistischen Armeen und einigen imperialistischen Armeen zur Bildung einer neuen Waffengattung der Landstreitkräfte, der T. Diese umfaßt neben der Flakartillerie (weitgehend auf SFL) Fla-Raketentruppen und funktechnische Truppen in selbständigen Einheiten und Truppenteilen, die in allgemeine Truppenteile, Verbände und Gruppierungen eingegliedert sind.

In den Armeen der NATO wird der T. großes Gewicht beigemessen, unabhängig davon, ob sie als eigenständige Waffengattung bezeichnet wird oder weiterhin nur als Art der Artillerie klassifiziert ist. Flaksysteme der USA dominierten in den 50er Jahren in den meisten NATO-Landstreitkräften, darunter die 40-mm-Fla-SFL M 42 mit Zwillingsbewaffnung. Für die 60er Jahre war typisch, daß neu in die Verbände und Gruppierungen eingeführte Fla-Raketen die Luftraumverteidigung über dem Gefechtsfeld übernehmen sollten. Ferner wurden Fla-Raketenpanzer und Flakpanzer sowie tragbare Fla-Raketenkomplexe in T.truppenteile der Divisionen und Korps eingeführt. Die Aufrüstungspläne der → *Bundeswehr der BRD* sehen für die T. – als Heeresflugabwehrtruppe bezeichnet – 1 Fla-Raketenregiment je Korps und 1 Fla-Panzerregiment je Division vor.

In den sowjetischen Landstreitkräften stieg nach dem zweiten Weltkrieg der prozentuale Anteil der Kräfte der T. in den Truppenteilen und Verbänden. Ihre Kampfkraft wurde durch die Einführung neuer Flaksysteme (57 und 100 mm) und Fla-SFL verstärkt. Die Luftrüstung der NATO-Staaten und der Einsatz von Flugzeugen als Kernwaffenträger bedingten die schnelle Weiterentwicklung der Flakartillerie, die Aufstellung von Fla-Raketentruppen 1957/58 und von funktechnischen Truppen in der Sowjetarmee. Die gewachsene Rolle sowie die umfangreicheren und komplizierteren Mittel der T. machten 1958 die Umgestaltung des Führungssystems dieser Kräfte notwendig. Die Waffengattung T. der Landstreitkräfte wurde geschaffen. Dem gestiegenen Bedarf an technisch gebildeten Kommandeuren und Ingenieurkadern wurde und wird durch 5 Offiziershochschulen und 1 Ausbildungsbereich der Militärakademie der Artillerie «M. I. Kalinin» entsprochen. Die T. der sowjetischen Landstreitkräfte verfügt gegenwärtig über Flakartilleriesysteme mit hoher Mobilität, Treffgenauigkeit und Feuergeschwindigkeit, die teilweise auf autonome Fla-SFL montiert sind und über eine mehrrohrige Bewaffnung und Geräte zur Zielauffassung und Feuerführung verfügen. Sie sind in der Lage, Luftziele bis zu einer Entfernung von 20 km zu orten und bis zu einer Höhe von 4000 m effektiv zu bekämpfen. Zum

Fla-Raketenkomplex der Truppenluftabwehr der Landstreitkräfte der NVA

Bestand der sowjetischen T. gehören ebenfalls Fla-Raketenkomplexe, die aus einem System der Ortung und Zielzuweisung, einer unterschiedlichen Anzahl von Fla-Raketen und Einrichtungen zur Lenkung der Raketen bestehen. Sie sind für Entfernungen von 10 bis 20 km und in Gefechtshöhen bis 16 km einsetzbar. Tragbare Fla-Raketenkomplexe dienen dem Schutz der Einheiten gegen tieffliegende Luftziele.

Die T. der → *Nationalen Volksarmee der DDR (NVA)* bestand in den ersten Jahren aus Einheiten und Truppenteilen der Flakartillerie, die mit bewährten und ständig verbesserten sowjetischen Waffensystemen ausgerüstet waren. Bestimmten in den 50er Jahren 37-mm-Flak M 39, 85-mm-Flak M 44 und 14,5-mm-Vierlings-Fla-MG ZPU-4 die Ausrüstung, so waren es später 23-mm-Flak ZU-23 und ab 1958 100-mm-Flak KS-19 und Fla-SFL ZSU-57/2 mit Zwillingsbewaffnung. Mit ihnen konnten auch schnelle und weitreichende Manöver der Verbände und Truppenteile stabil gegen Luftangriffsmittel gesichert werden. Zu Beginn der 60er Jahre wurde die T. als selbständige Waffengattung auf der Basis der Flakartillerie gebildet, und es wurden ihr in der Folge Fla-Raketenkomplexe und neue funktechnische Mittel zugeführt. Die ab 1969 in die Ausrüstung aufgenommene Vierlings-Fla-SFL ZSU-23/4 verstärkte als autonomes Waffensystem wesentlich die Kampfkraft der T. Für die gegenwärtige Ausrüstung sind außerdem mobile Fla-Raketenkomplexe und tragbare Fla-Raketenkomplexe kennzeichnend. Die Militärliteratur der DDR hebt die große Bedeutung des Zusammenwirkens zwischen T., Jagdfliegerkräften und der Luftverteidigung des Landes hervor und betont die durch die moderne Technik stark gewachsenen militärischen Anforderungen an Soldaten, Unteroffiziere und Offiziere dieser Waffengattung. *(s. Abb. S. 35, 43–45, 310)*

Tschako → *Helm*

Tschechoslowakische Volksarmee (Tsch VA): stärkstes bewaffnetes Machtorgan der ČSSR, das in Klassen- und Waffenbrüderschaft mit den anderen Streitkräften des → *Warschauer Verteidigungsbündnisses* die sozialistische Ordnung, die staatliche Sicherheit und das friedliche Leben der Bürger der ČSSR und aller Staaten der sozialistischen Gemeinschaft gegen jegliche Angriffe der aggressiven Kräfte des Imperialismus und der Reaktion schützt.

Die Tsch VA entstand auf der Basis der in den Jahren des zweiten Weltkrieges formierten tschechoslowakischen Truppenteile und Verbände sowie Partisanenabteilungen. Sie hatten an der Hauptfront des Krieges gegen die faschistischen Aggressoren Schulter an Schulter mit der Sowjetarmee bzw. gegen die Okkupanten im Lande gekämpft. Völkerrechtlich durch das zwischen der Sowjetregierung und der tschechoslowakischen Exilregierung in London am 18. 7. 1941 abgeschlossene Abkommen über gegenseitige Hilfe und Beistand im Krieg gegen Hitlerdeutschland vorbereitet – am 27. 9. 1941 unterzeichneten beide Seiten noch ein Militärabkommen –, wurde mit der Aufstellung tschechoslowakischer Formationen auf dem Territorium der UdSSR begonnen. Die Auslandsleitung der Kommunistischen Partei der Tschechoslowakei (KPTsch) mit Klement Gottwald (1896–1953) an der Spitze unterstützte die eingeleiteten Maßnahmen und mobilisierte die in der Sowjetunion lebenden tschechischen und slowakischen Emigranten zum Eintritt in die tschechoslowakischen Einheiten. Die Partei organisierte und leitete die antifaschistisch-demokratische Erziehung der Soldaten und Offiziere, wobei sie besonderen Wert auf die Ausprägung der unverbrüchlichen Waffenbrüderschaft mit der Sowjetarmee legte. Sie durchkreuzte die Absicht der Londoner Exilregierung, die Aufstellung von militärischen Formationen in der Sowjetunion hinauszuzögern, um sie dann in der Schlußphase des Krieges als bewaffnetes Instrument zur Wiedererrichtung der Macht der Bourgeoisie in der von faschistischer Okkupation befreiten Tschechoslowakei einsetzen zu können. Dank umfassender Unterstützung durch die Sowjetregierung wurde Anfang 1942 in der sowjetischen Stadt Busuluk (Orenburger Gebiet) mit der Aufstellung tschechoslowakischer Einheiten zunächst in Bataillonsstärke begonnen. Kommandeur des 1. Selbständigen Tschechoslowakischen Feldbataillons (rd. 1 000 Mann) war der spätere Armeegeneral und ČSSR-Präsident Ludvík Svoboda (1895–1979). Das Bataillon wurde in die sowjetische 3. Panzerarmee der Woronesher Front eingegliedert und bestand am 8. 3. 1943 im Raum Sokolowo (Ukraine) seine Feuertaufe. Bis Ende August 1944 erreichten die tschechoslowakischen Truppen die Stärke eines Armeekorps, bestehend aus 2 Infanteriebrigaden, 1 Luftlande- und 1 Panzerbrigade. Das Korps verfügte weiter über Artillerieeinheiten, 1 Fliegerregiment (aus dem später die 1. gemischte Fliegerdivision wurde) sowie über weitere Einheiten. Dieses mit modernen sowjetischen Waffen ausgerüstete 1. Tschechoslowakische Armeekorps kämpfte an der Seite der Sowjetarmee gegen den gemeinsamen Feind und trug zur Befreiung von Dörfern und Städten der Ukraine bei. Es nahm im Bestand der sowjetischen 38. Armee der 1. Ukrainischen Front im Frühherbst 1944 an der Karpaten-Dukla-Operation zur Unterstützung des Slowakischen Nationalaufstandes teil. Am 6. 10. 1944 überschritten tschechoslowakische Soldaten am Duklapaß die Grenze ihrer Heimat. Zur Erinnerung daran wird seit 1950 der 6. Oktober als Tag der Tsch VA begangen. Das 1. Tschechoslowakische Armeekorps kämpfte seit Oktober 1944 auf heimatlichem Boden und begann sich mit den Partisanenformationen zu vereinigen. Seine Stärke erreichte Anfang 1945 mehr als 35000 Mann. Im Bestand der 4. Ukrainischen Front der Sowjetarmee kämpfte das Armeekorps in der Prager Operation, die am 9. 5. 1945 zur Vernichtung der faschistischen Kräftegruppen rings um die tschechoslowakische Hauptstadt führte.

Mit dem welthistorischen Sieg über den faschistischen deutschen Imperialismus wurde auch der Tschechoslowakei der Weg zum demokratischen Neubeginn geöffnet. Bereits am 5. 4. 1945 erfolgte in der ostslowakischen Stadt Košice die Bildung einer Regierung der Nationalen Front. Das gleichzeitig beschlossene Regierungsprogramm, an dessen Ausarbeitung die Kommunistische Partei maßgeblichen Anteil hatte, enthielt die Aufgaben der nationalen und demokratischen Umwälzung als Etappe des einheitlichen revolutionären Prozesses beim Übergang vom Kapitalismus zum Sozialismus. Zu den ersten Maßnahmen der neuen Regierung gehörte der Beschluß vom 15. 5. 1945, das 1. Tschechoslowakische Armeekorps zur 1. Armee zu reorganisieren. Die Verwirklichung des Programms von Košice stieß vor allem auf den Widerstand rechter Führer der bürgerlichen Parteien, die zur Regierung der Nationalen Front gehörten. Die Reaktion widersetzte sich ebenso hartnäckig der Anwendung revolutionärer Prinzipien beim weiteren Aufbau der Tsch VA und versuchte, deren Entwicklung in Bahnen zu lenken, die auf eine Rückkehr zur bürgerlichen Vorkriegsarmee hinausliefen. Obwohl entsprechend einem Gesetz 1946 ein Prozeß zur Säuberung des Offizierskorps von reaktionären Kräften eingeleitet und mit der Veränderung seiner klassenmäßigen Zusammensetzung begonnen wurde, verblieben noch zahlreiche Anhänger der Reaktion in leitenden Dienststellungen der Tsch VA. Vor 1948 kamen nur 30–40 % der Offiziere aus den Reihen der Arbeiterklasse und aus anderen werktätigen Schichten. Unter diesen Bedingungen war es für die Entwicklung einer Armee neuen Typs entscheidend, daß die Kommunistische Partei ihren Einfluß erweiterte und vertiefte. Gemäß der «Richtlinie für politische Erziehung, Kultur und Information» des Militärrates der Regierung vom 5. 6. 1945 waren schon frühzeitig außer der Hauptverwaltung Erziehung und Bildung im Ministerium für Nationale Verteidigung entsprechende Verwaltungen bei den Militärbezirken, Abteilungen für Erziehung und Bildung in den Korps, Divisionen, Brigaden und Regimentern gebildet worden. In den Bataillonen wirkten Bildungsoffiziere, in den Kompanien Bildungsunteroffiziere. Die Kommandeure hatten die Aufgabe erhalten, die politisch-moralische Erziehung als untrennbares Element ihrer Tätigkeit durchzuführen. Etwa 90 % der im Bereich Erziehung und Kultur tätigen Offiziere waren Mitglieder der Kommunistischen Partei der Tschechoslowakei. Als Antwort auf die wachsenden Aktivitäten der reaktionären Kräfte verstärkten sie nunmehr gemeinsam mit allen anderen Kommunisten und mit fortschrittlichen Offizieren die patriotische und internationalistische, im Einklang mit der volksdemokratischen Entwicklung stehende Erziehungsarbeit unter den Armeeangehörigen. Auf diese Weise konnten Einfluß und Wirkungsmöglichkeiten reaktionärer Offiziere zunehmend paralysiert und schwankende Kräfte im Offizierskorps neutralisiert werden. Nicht zuletzt deshalb gelang es der Tsch VA, in den Nachkriegsjahren ihre Funktion als bewaffnetes Instrument der neuen, demokratischen Volksmacht zu erfüllen. Im Sommer 1947 liquidierten Einheiten der Tsch VA im Zusammenwirken mit Einheiten der Sowjetarmee und der Polnischen Armee mehrere Tausend Mann zählende terroristische Banden, die sich

Angehörige des Truppenteils «Ernst Thälmann» im Traditionszimmer

nach Westen durchschlagen wollten. Während der Februarereignisse 1948 vermochte die Reaktion nicht, die Armee für ihre abenteuerlichen, konterrevolutionären Pläne zu mißbrauchen. Dank der Kampfentschlossenheit vor allem der neugebildeten Arbeitermilizen konnten die Versuche, dem tschechoslowakischen Volk einen Bürgerkrieg aufzuzwingen, verhindert und die volksdemokratischen Machtpositionen als Form der Diktatur des Proletariats entscheidend gefestigt werden.

Mit dem Aufbau der Grundlagen des Sozialismus begann auch eine neue Etappe in der Entwicklung der Tsch VA. Nur eine Armee sozialistischen Typs, so orientierte die Kommunistische Partei der Tschechoslowakei auf ihrem IX. Parteitag im Mai 1949, vermochte den Erfordernissen des militärischen Schutzes der sozialistischen Revolution gerecht zu werden. Diese allgemeingültige Gesetzmäßigkeit galt um so mehr, als die Verantwortung des tschechoslowakischen sozialistischen Staates für den Schutz der internationalen Errungenschaften des Sozialismus und die Sicherung des Friedens an der Trennlinie der beiden Gesellschaftssysteme in Europa wuchs. Die Bildung der NATO 1949 stand im engen Zusammenhang mit der Entfachung einer Kriegshysterie, mit der die imperialistischen Brandstifter eines neuen Krieges gegen die Sowjetunion und die anderen Staaten des sozialistischen Weltsystems die internationale Lage verschärften. Die unter diesen Bedingungen gebotene Erhöhung der Verteidigungsfähigkeit stellte höhere Anforderungen an die führende Rolle der marxistisch-leninistischen Partei und an die Tsch VA als das stärkste bewaffnete Machtorgan des sozialistischen Staates. Geleitet von den Erfahrungen beim Aufbau der Sowjetarmee sowie anderer sozialistischer Armeen, verwirklichte die Kommunistische Partei das Prinzip der Schaffung von Parteiorganisationen in allen Bereichen des militärischen Lebens. Bis 1948 war die Parteiarbeit in der Armee durch Beauftragte der Partei angeleitet worden, während die Kommunisten unter den Armeeangehörigen in den örtlichen Parteiorganisationen erfaßt waren. Der Aufbau von Parteiorganisationen der Kommunistischen Partei der Tschechoslowakei in der Tsch VA fand Ende 1949 im wesentlichen seinen Abschluß. Im Herbst 1950 erfolgte die Bildung der Politischen Hauptverwaltung des Ministeriums für Nationale Verteidigung sowie von Politorganen auf den verschiedenen Kommandoebenen der Tsch VA. Damit waren qualitativ neue organisatorische Voraussetzungen gegeben für die Verwirklichung der führenden Rolle der marxistisch-leninistischen Kampfpartei als Hauptquelle der Entwicklung der Tsch VA zu einer modernen sozialistischen Armee. Ein wichtiger Schritt dabei war die weitere Durchsetzung des Klassenprinzips im Offizierskorps. Bis zum Jahre 1952 erhöhte sich der Anteil der Offiziere aus der Arbeiterklasse und der werktätigen Bauernschaft auf 67,7 %. Das erfolgte vor allem über die am 18. 10. 1948 auf Beschluß des ZK der Kommunistischen Partei eröffneten Schulen für Offiziersbewerber und die Verbesserung der Kaderauswahl bei Bewerbungen für die Reserveoffiziers- und Offiziersschulen. Zugleich intensivierte die Partei die Propagierung des Marxismus-Leninismus unter den Offizieren und Offiziersschülern und deren Parteierziehung. Waren 1948 nur etwa 15 % aller Offiziere Parteimitglieder, so wuchs ihr Anteil Anfang 1952 auf 65 %.

Geführt von der revolutionären Partei der Arbeiterklasse, vollzog sich eine umfassende Reorganisation und Neubewaffnung der Tsch VA zu Beginn der 50er Jahre, die vor allem durch uneigennützige Hilfe der Sowjetunion möglich wurde. Ein entsprechendes Abkommen wurde am 7. 7. 1949 in Moskau unterzeichnet. Neben der Lieferung von modernen Waffensystemen stellte die UdSSR der tschechoslowakischen Verteidigungsindustrie Rohstoffe, Halbfertigwaren sowie kostenlos Lizenzen zur Verfügung. Sie entsandte Spezialisten, die die Aufnahme der Lizenzproduktion unterstützten. Mit der Einführung neuer Kampftechnik setzte ein Prozeß tiefgreifender Umwandlungen im gesamten Militärwesen ein. So kam es zu bedeutenden strukturellen Veränderungen in der Tsch VA. Die Infanterie entwickelte sich zu mot. Schützentruppen. Der Anteil der Panzereinheiten und der mechanisierten Einheiten erhöhte sich zu Beginn der 50er Jahre um etwa ein Sechstel. Die Beweglichkeit, Feuerkraft und Gefechtsbereitschaft aller Waffengattungen der Landstreitkräfte nahmen rasch zu. Die Truppen der Luftverteidigung und der Luftstreitkräfte wurden mit modernen Düsenjägern vom Typ MiG ausgestattet. Ab Oktober 1950 wurden in der Tsch VA neue Dienstvorschriften eingeführt, die auf den Erfahrungen der Sowjetarmee beruhten. Sowjetische Militärberater nahmen entsprechend einer Vereinbarung zwischen den Regierungen der Tschechoslowakei und der UdSSR vom Juni 1950 ihre Tätigkeit in der Tsch VA auf und halfen vor allem bei der Vervollkommnung der Gefechtsausbildung. Gleichzeitig ermöglichte die Regierung der UdSSR die verstärkte Delegierung von tschechoslowakischen Offizieren zum Studium an sowjetische Bildungseinrichtungen. Eine Reorganisation der militärischen Lehranstalten in der ČSR zu Beginn der 50er Jahre führte zur Gründung der Militärakademie in Prag und der Militärtechnischen Akademie in Brno sowie weiterer neuer militärischer Lehranstalten. 1952 wurde in Prag eine Militärpolitische Akademie gebildet.

Auf die weitere Entwicklung der Tsch VA als moderne sozialistische Armee nahm die Schaffung des Warschauer Verteidigungsbündnisses (1955) wesentlichen Einfluß. Entsprechend der im Warschauer Vertrag übernommenen Verpflichtung, den kollektiven Schutz des Sozialismus gegen die Aggressionspolitik der USA, der BRD und anderer Staaten der NATO zuverlässig zu gewährleisten, wurden die Kampfkraft und Gefechtsbereitschaft der Tsch VA vervollkommnet. Mit Nachdruck orientierten die Beschlüsse des XI. Parteitages der Kommunistischen Partei der Tschechoslowakei vom Juni 1958 darauf, den sozialistischen Charakter der Armee im Einklang mit den Erfordernissen des modernen Militärwesens weiter zu vertiefen. Die Ausrüstung aller Teilstreitkräfte mit operativ-taktischen und taktischen Raketen sowie anderen modernen Kampfmitteln war die Grundlage für wichtige Strukturveränderungen. So entstand eine neue Waffengattung: die Raketentruppen/Artillerie der Landstreitkräfte. Deren allgemeine Verbände wurden beweglicher, ihre Gefechtsbereitschaft erhöhte sich; die Feuerkraft stieg bei insgesamt weniger Personal. Durch die Bildung von operativen Verbänden der Luftverteidigung und Luftstreitkräfte wurden günstigere Bedingungen für den zentralisierten Einsatz dieser Teilstreitkraft geschaffen. Ausgehend von der sich verschärfenden internationalen Klassenauseinandersetzung und den sich aus der Revolution im Militärwesen ergebenden höheren Anforderungen, widmeten die Partei- und Staatsführung verstärkt ihre Aufmerksamkeit der politischen und militärischen Erziehung sowie der Aus- und Weiterbildung der Armeeangehörigen. Richtungweisend dabei war ein Beschluß des Politbüros des ZK der Partei vom September 1960 über die Arbeitsprinzipien und die Struktur der parteipolitischen Organe und Parteiorganisationen sowie der Jugendorganisationen in den bewaffneten Kräften. In den folgenden Jahren befaßte sich die Parteiführung mit der Stärkung der Rolle der Kommandeure und der Festigung der Disziplin in der Tsch VA. Im März 1965 erließ das Ministerium für Nationale Verteidigung Richtlinien für die ideologische Erziehungsarbeit. Im März 1966 faßte das Präsidium des ZK einen Beschluß «Über die Weiterentwicklung des Militärschulwesens». Die zu seiner Verwirklichung getroffenen Maßnahmen dienten vor allem dazu, die Qualifikation der Offiziere und Fähnriche zu erhöhen sowie eine engere Verbindung der militärischen Lehreinrichtungen mit dem Truppenleben und der Truppenpraxis zu erreichen. Von den bedeutenden Erfolgen beim Aufbau der Tsch VA als moderner sozialistischer Koalitionsarmee zeugt ihre Teilnahme an → *Übungen und Manövern der Vereinten Streitkräfte.* Im September 1966 fand auf dem Territorium der ČSSR das bis dahin größte gemeinsame Manöver der Vereinten Streitkräfte der Teilnehmerstaaten des Warschauer Vertrages unter der Bezeichnung «Moldau» statt. Vor einer besonderen Bewährungsprobe standen die Tsch VA und das sozialistische Klassen- und Waffenbündnis 1968, als konterrevolutionäre Kräfte, unterstützt durch die aggressiven imperialistischen Kreise der NATO, die sozialistischen Errungenschaften in der ČSSR auf das äußerste bedrohten. Die Tsch VA sollte ihrer Führung durch die Kommunistische Partei beraubt, von der Arbeiterklasse und dem werktätigen Volk isoliert und aus der sozialistischen Militärkoalition herausgelöst werden, um sie gegen die Interessen des Sozialismus, der Demokratie und des Friedens mißbrauchen zu können. Gegen die Angriffe der Konterrevolution traten auch in der Armee die dem Sozialismus und dem Warschauer Verteidigungsbündnis treu ergebenen Kräfte auf.

Entsprechend den Verpflichtungen aus dem Warschauer Vertrag sowie bilateralen Beistandsverpflichtungen leisteten die UdSSR und andere sozialistische Staaten, darunter die DDR, dem tschechoslowakischen Brudervolk internationalistische Hilfe. Dank dieser Hilfe konnten sich die sozialistischen Kräfte in der ČSSR, auch in den Streitkräften, zur Abwehr der Konterrevolution, zur Konsolidierung und aktiven Entwicklung auf Grundlage einer marxistisch-leninistischen Politik und Militärpolitik mobilisieren. Dabei festigte sich die brüderliche Kampf-

Kampfhubschrauber im Manöver «Waffenbrüderschaft 80», September 1980

Geschoßwerfer der Landstreitkräfte vom Typ RM-70

gemeinschaft der Tsch VA mit der Sowjetarmee und den anderen verbündeten sozialistischen Armeen.

Der Sieg über die Konterrevolution ermöglichte ab Ende 1969, die Leninschen Prinzipien der Militärpolitik wieder durchzusetzen und den sozialistischen Charakter der Streitkräfte zu erneuern. Um den neuen Bedingungen und Anforderungen der Verteidigung der ČSSR und der sozialistischen Gemeinschaft besser zu entsprechen, wurde im Herbst 1969 die Struktur der Tsch VA verändert. Aus demselben Grunde erfolgten auch Veränderungen im Militärschulwesen. Die Militärpolitische Akademie «Klement Gottwald» in Prag wurde aufgelöst und die Militärpolitische Fakultät der Militärakademie «Antonín Zápotocký» mit Sitz in Bratislava gegründet, aus der später die Militärpolitische Akademie «Klement Gottwald» in Bratislava hervorging. Die militärische und politische Ausbildung erhielt einen konsequent marxistisch-leninistischen Inhalt. Sie nutzt die reichen Erfahrungen der Sowjetarmee. Große Aufmerksamkeit widmete der XIV. Parteitag der Kommunistischen Partei vom Mai 1971 der gebotenen Stärkung der Verteidigungsfähigkeit des Landes. Ausdruck fand dies bereits während der Vorbereitung und Durchführung der gemeinsamen Übung «Schild 72» auf dem Territorium der ČSSR. Die Übung demonstrierte die Einheit und Geschlossenheit der brüderlich verbundenen Völker und Armeen der sozialistischen Staatengemeinschaft. Große Anstrengungen unternahm das tschechoslowakische Volk, um die Streitkräfte mit moderner Technik und Bewaffnung auszurüsten. Dadurch gewannen die Verbände und Truppenteile weiter an Feuer- und Stoßkraft. Auch in der sozialen und politischen Zusammensetzung der Kader gab es wichtige Veränderungen. Anfang 1976 entstammten drei Viertel der Offiziere und Fähnriche der Arbeiterklasse und der Bauernschaft, waren fast 75% der Offiziere in der Kommunistischen Partei organisiert. Über 90% der Berufssoldaten verfügten über eine militärische Hoch- und Fachschulausbildung. Auch beim Übergang zu den 80er Jahren hat die Tsch VA einen wichtigen Beitrag für den kollektiven militärischen Schutz des Sozialismus und des Friedens in Europa geleistet. Stäbe und Truppen nahmen am Manöver → *«Waffenbrüderschaft 80»* sowie an der Kommandostabsübung «Sojus 81» und an der Übung «Schild 82» teil.

Die Tsch VA ist unter Führung der marxistisch-leninistischen Partei und dank den großen Leistungen des ganzen Volkes bei der weiteren Gestaltung der entwickelten sozialistischen Gesellschaft in der Lage, gemeinsam mit den anderen Koalitionsarmeen die sozialistische Ordnung, die staatliche Sicherheit und das friedliche Leben der Bürger der ČSSR und aller Staaten der sozialistischen Gemeinschaft zu schützen. *(s. Abb. S. 56, 146, 186, 310, 1012)*

U

U-Boot: Waffengattung der → *Seestreitkräfte* zur Durchführung von Kampfhandlungen oder zur Erfüllung sicherstellender Aufgaben in der Unter- und Überwasserlage; auch als Unterwasserkräfte bezeichnet.

An der Entwicklung des U. waren Erfinder aus vielen Ländern beteiligt, darunter der Deutsche Wilhelm Bauer (1822–1876) mit seinem «Brandtaucher» (erste Unterwassererprobung 1851). Die Konstruktion militärisch brauchbarer U. gelang, nachdem Ende des 19. Jh. Verbrennungsmotoren für die Überwasser- und Elektromotoren für die Unterwasserfahrt zur Verfügung standen. Die Einsatzfähigkeit erhöhte sich mit der Konstruktion eines U.-Dieselmotors und der Einführung des Kreiselkompasses kurz vor dem ersten Weltkrieg. Die meisten U. wurden als Zweihüllenboote konstruiert. Dabei war der zylindrisch geformte Druckkörper, der bei größeren Typen durch druckfeste Schotten in mehrere Abteilungen unterteilt wurde, von einer Hülle umgeben, die dem Fahrzeug eine für die Überwasserfahrt günstige Form gab. Zwischen dem Druckkörper und der mit Öffnungen und Flutschlitzen versehenen Außenhülle befanden sich Reglertanks, die zum Tauchen geflutet und zum Auftauchen durch Preßluft entleert wurden, bei verschiedenen Typen auch Treibstoffzellen. Daneben baute man für den küstennahen Einsatz auch kleinere Einhüllenboote. Die Hauptbewaffnung der U. bildete der → *Torpedo.* Dazu kamen 1–2 Geschütze, vorwiegend kleinen Kalibers. Zur Verlegung kleinerer Minensperren wurden spezielle Minen-U. konstruiert.

Die deutsche → *Kaiserliche Marine* stellte ab Ende 1906 U. in Dienst. Von den 28 U., über die sie bei Ausbruch des ersten Weltkrieges verfügte, hatten 10 Dieselantrieb. Damit besaß Deutschland mehr moderne, hochseefähige U. als jeder andere Staat. Die anfängliche Unterschätzung der Möglichkeiten der neuen Waffe durch die deutsche Marineführung schlug in übertriebene Erwartungen um, als es U 9 im September 1914 gelang, binnen weniger Stunden 3 britische Panzerkreuzer (→ *Kreuzer*) zu torpedieren. Nach dem Erstarren der Landfronten und der strategisch ergebnislosen Seeschlacht am → *Skagerrak 1916* erhoffte man sich vor allem durch den uneingeschränkten → *U-Boot-Krieg* die entscheidende Kriegswende. Während des Krieges wuchs die Wasserverdrängung der U. von etwa 500 t auf 1200 t. Für

Innenansicht des Brandtauchers, 1850

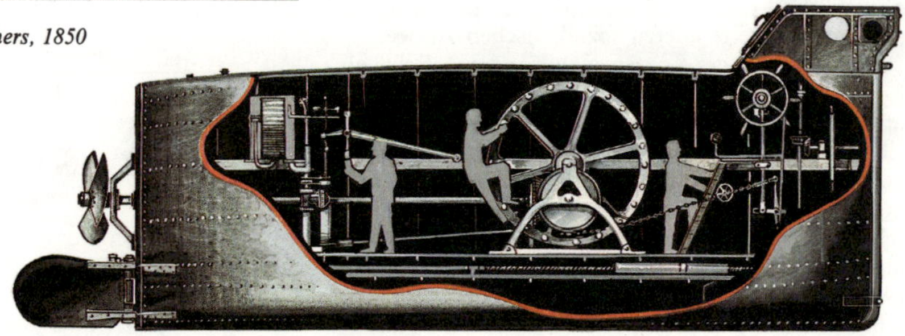

den Überwassereinsatz gegen Handelsschiffe erhielten sie eine verstärkte Geschützbewaffnung. Zur Verwendung in entfernteren Seegebieten wurden U-Kreuzer mit einer Wasserverdrängung bis über 2000 t sowie einer Fahrstrecke über Wasser bis zu 25000 sm gebaut. Die auf ein überlegenes materiell-technisches Potential gestützte U.-Abwehr der Entente ließ jedoch den U.-Krieg trotz zeitweiliger hoher Versenkungsziffern in seiner strategischen Zielsetzung scheitern.

In den 20er und 30er Jahren gab es eine Reihe technischer Verbesserungen im U.-Bau, so u. a. die Erhöhung der Antriebsleistung, die Konstruktion geräuscharmer Motoren und die Weiterentwicklung der funktechnischen Mittel. Der Versailler Vertrag hatte Deutschland den Bau und den Besitz von U. untersagt. Die Marine der Weimarer Republik unterhielt jedoch getarnte Konstruktions- und Planungsbüros, deren Arbeitsergebnisse sie teilweise im Ausland erproben ließ. Damit wurden wichtige Vorarbeiten für den Wiederaufbau der U.-Waffe geleistet. Bei Ausbruch des zweiten Weltkrieges verfügte

U-Boot-Typen in der Kriegsmarine des imperialistischen Deutschlands 1913–1944

Typ	Indienststellung	Besatzung	Wasserverdrängung (t) über Wasser unter Wasser	Länge (m)	Breite (m)	Antrieb	Geschwindigkeit (kn) über Wasser unter Wasser	Fahrbereich (sm/kn) über Wasser unter Wasser	Bewaffnung
U 19	1913	35	650 837	64,2	6,1	2/850-PS-Diesel 2/600-PS-E-Motoren	15,4 9,5	7600/8 80/5	2 Bugtorpedorohre 2 Hecktorpedorohre 1 MG (ab 1915 1/88-mm-Geschütz)
U 93	1917	36	838 1000	71,6	6,3	2/1200-PS-Diesel 2/600-PS-E-Motoren	16,8 8,6	8300/8 52/5	4 Bugtorpedorohre 2 Hecktorpedorohre 1/88-mm-Geschütz (ab 1918 zusätzlich 1/105-mm-Geschütz)
VII B	ab 1938	44	753 857	66,5	6,2	2/1400-PS-Diesel 2/375-PS-E-Motoren	17,2 8,0	8700/10 90/4	4 Bugtorpedorohre 1 Hecktorpedorohr 1/88-mm-Geschütz 1/20-mm-Geschütz
IX D 2	ab 1942	57	1616 1804	87,6	7,5	2/2200-PS u. 2/500-PS-Diesel 2/500-PS-E-Motoren	19,2 6,9	31500/10 57/4	4 Bugtorpedorohre 2 Hecktorpedorohre 1/105-mm-Geschütz 1/37-mm-Geschütz 2/20-mm-Geschütze
XXI	ab 1944	57	1621 1819	76,7	6,6	2/2000-PS-Diesel 2/2100-PS u. 2/113-PS-E-Motoren	15,6 17,2	15500/10 365/5	6 Bugtorpedorohre 2/20-mm-Zwillingslafetten

die faschistische Kriegsmarine über 57 einsatzbereite U. Bis zum Kriegsende 1945 wurden insgesamt 1171 U. in Dienst gestellt. Am meisten gebaut wurden U. der Typen VII A–C, die eine Wasserverdrängung von 700 bis 900 t hatten und eine Überwasserfahrstrecke bis zu 10000 sm erreichten. Noch größere Reichweiten besaßen die Typen IX C und D, X und XI. Der vom faschistischen Deutschland brutal geführte U.-Krieg brachte besonders 1941/42 ernste Gefahren für die Handelsschiffahrt der Alliierten, scheiterte jedoch in der Folgezeit an deren technisch hochentwickelten und in großer Zahl zum Einsatz gelangenden Abwehrmitteln. Weder Verbesserungen an den bisherigen U.-Typen (Ausrüstung mit Funkmeßgeräten, leichten Fla-Waffen, Zielsuch- und Flächenabsuchtorpedos, einem als «Schnorchel» bezeichneten Luftmast für längere Tauchfahrten usw.) noch die ab 1943 erfolgende Konstruktion neuer Typen mit höheren Kampfeigenschaften vermochten diese Lage wesentlich zu ändern. Von 1939 bis 1945 gingen insgesamt 809 U. der faschistischen Kriegsmarine verloren. Der Bau von Kleinst-U. (→ *Kleinkampfmittel*) ab 1944 erlangte kaum noch militärische Bedeutung.

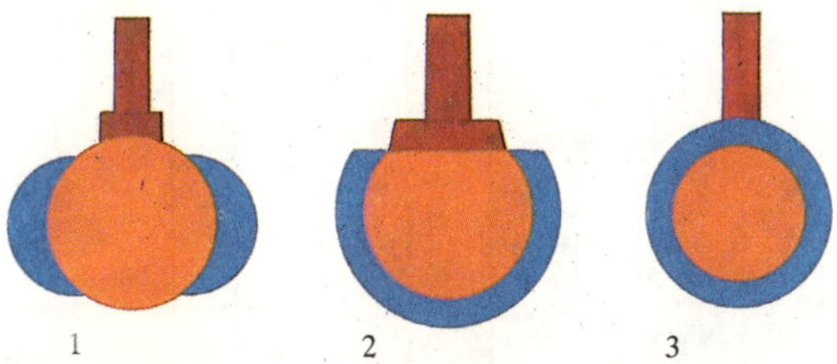

Grundtypen des U-Boot-Rumpfes: 1 einfacher Rumpf mit Satteltanks; *2* Doppelrumpf mit innenanliegenden Satteltanks; *3* moderner Doppelrumpf

Heute bilden die Unterwasserkräfte eine Hauptwaffengattung der Seestreitkräfte. Moderne U. besitzen einen zigarren- oder tropfenförmigen Stahlkörper, der Tauchtiefen bis 400 m zuläßt. Die hochentwickelten dieselelektrischen oder kernkraftgespeisten Antriebsanlagen gestatten Unterwassergeschwindigkeiten bis zu 20 bzw. 35 kn. Kernkraftgetriebene U. verfügen über einen theoretisch unbegrenzten Aktionsradius. Zur Ausrüstung moderner U. gehören ballistische und Flügelraketen, Torpedos und Minen, hydroakustische, Funk- und Funkmeßanlagen. Zu den strategischen Einsatzmitteln moderner Flotten zählen U-Schiffe mit einer Wasserverdrängung von 8000 bis 20000 t, die mit ballistischen Raketen (→ *Raketenwaffen*) bewaffnet sind. *(s. Abb. S. 373, 891, 895, 897, 899)*

U-Boot-Krieg: mit Unterwasserkräften geführte Form des bewaffneten Kampfes auf See zur Unterbrechung der Seeverbindungen und zur Vernichtung von Schiffen des Gegners.

Bei Ausbruch des ersten Weltkrieges im August 1914 verfügten die Seestreitkräfte aller imperialistischen Großmächte über → *U-Boote* (Großbritannien 76, Frankreich 38, Deutschland 28, Rußland 20, Österreich-Ungarn 6). Über ihre Einsatzmöglichkeiten bestand jedoch noch wenig Klarheit. In der Führung der deutschen → *Kaiserlichen Marine* herrschte die Absicht vor, die neue Waffe vor allem gegen größere Kriegsschiffe des Gegners einzusetzen, um ein günstiges Kräfteverhältnis in einer für seekriegsentscheidend gehaltenen Generalschlacht der Linienschiffsflotten zu erreichen. Der Erfolg des deutschen U 9, dem es am 22.9.1914 gelang, 3 britische Panzerkreuzer zu versenken, schien diese Auffassung zunächst zu bekräftigen. Er zeigte die Leistungsfähigkeit der U-Boote unter Kriegsbedingungen. Das galt vor allem für die modernen, mit Dieselmotoren zur Überwasserfahrt ausgerüsteten Boote, von denen das kaiserliche Deutschland bei Kriegsbeginn 10 besaß. Es erwies sich jedoch bald, daß gegen schnelle, hochmanövrierfähige Kampfschiffe, die zudem zunehmend von Begleitfahrzeugen gedeckt wurden, auf die Dauer kaum größere Ergebnisse durch U-Boote zu erzielen waren. Erfolgversprechender schien dagegen ihr Einsatz gegen die Handelsschiffahrt von und nach den Britischen Inseln, um die Versorgung Großbritanniens trotz der Seeherrschaft seiner Flotte ernsthaft zu stören. Dahingehende Forderungen wurden von Vertretern der militärischen Führung und der herrschenden Klassen Deutschlands nach dem Scheitern des → *Schlieffenplanes* immer nachdrücklicher erhoben. Trotz der noch relativ geringen Zahl von U-Booten erhoffte man sich von der abschreckenden Wirkung der ohne Warnung versenkten Schiffe eine Lähmung der gegnerischen Handelsschiffahrt.

Die deutschen U-Boot-Kommandanten führten bereits seit dem Herbst 1914 – am 20.10.1914 versenkte erstmalig U 17 ein britisches Handelsschiff – den Krieg auf den Seeverbindungen der Entente. Dabei wurde die sog. Prisenordnung, die das vorherige Untersuchen der Schiffe nach verbotener, d.h. der unmittelbaren Kriegführung dienender Ladung vorsah, häufig nicht beachtet. Der offizielle Beginn des U. verzögerte sich jedoch. Der Hauptgrund hierfür waren Bedenken über die möglichen Auswirkungen dieser bisher nicht dagewesenen Form des Seekrieges auf die Haltung der neutralen Staaten, insbesondere der USA. Der ab 18.2.1915 offiziell eröffnete U-Boot-Handelskrieg unterlag daher gewissen Einschränkungen, vor allem in bezug auf neutrale Schiffe. Dies wie auch der am 29.2.1916 verschärfte U. waren Versuche, die neue Form der Seekriegführung den außenpolitischen Erfordernissen des kaiserlichen Deutschlands anzupassen. Die Rücksichtnahme schwand in dem Maße, wie die deutsche

Führung glaubte, im U. ein Mittel zur Niederringung Großbritanniens und damit zur Herbeiführung einer Wende im Kriegsverlauf zugunsten der Mittelmächte gefunden zu haben.

Am 1. 2. 1917 eröffnete Deutschland den uneinge-

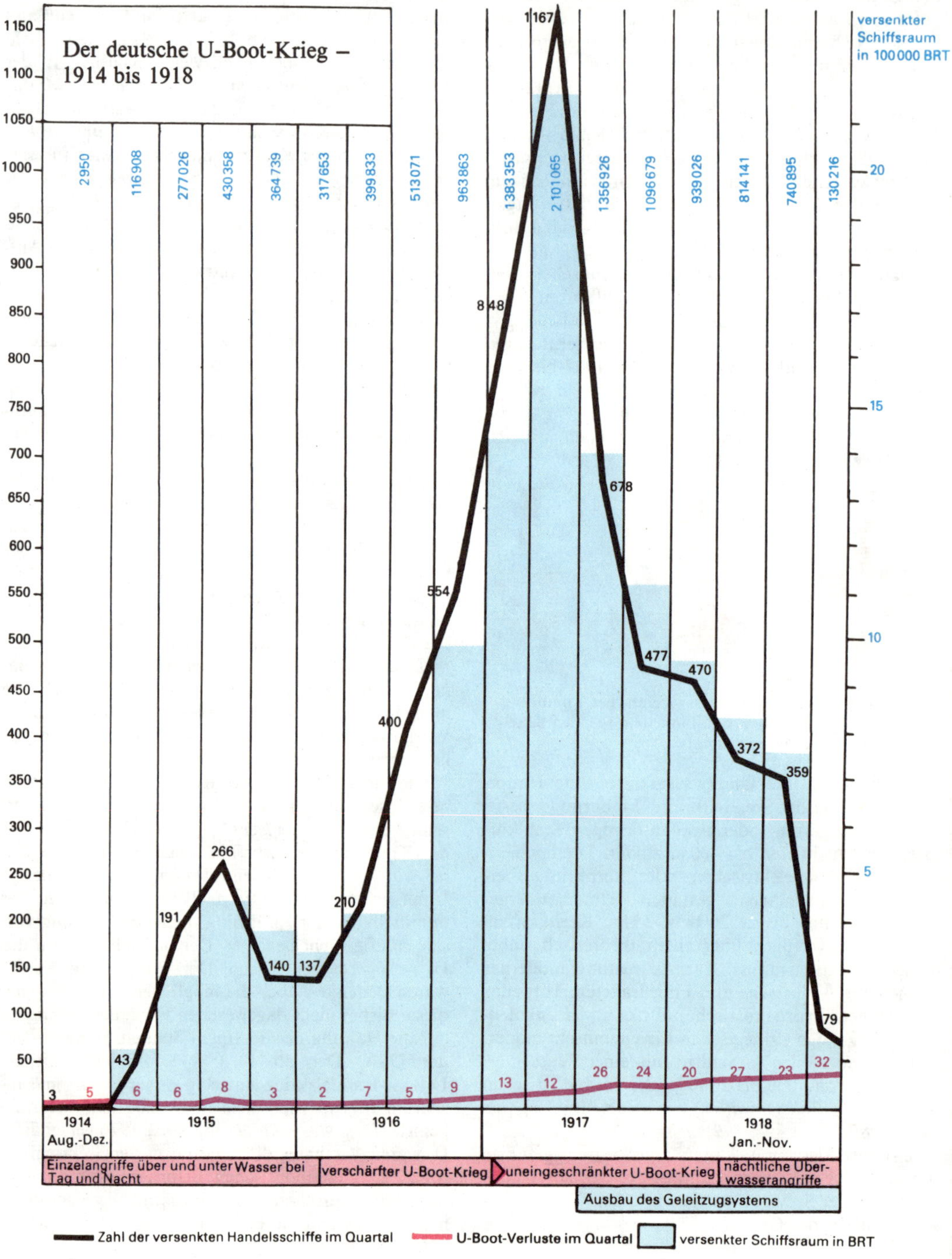

schränkten U. Von diesem Zeitpunkt an hatten die deutschen U-Boote den Befehl, alle innerhalb bestimmter Sperrgebiete (→ *Blockade*) angetroffenen Handelsschiffe warnungslos anzugreifen und zu versenken. Außerhalb dieser Gebiete angetroffene Handelsschiffe waren nach der Prisenordnung aufzubringen, bei Bewaffnung jedoch wie Kriegsschiffe zu behandeln. Die Sperrgebiete erstreckten sich zunächst auf die Gewässer um Großbritannien, Frankreich und Italien sowie auf das östliche Mittelmeer und wurden in den folgenden Monaten auf einen Teil des Europäischen Nordmeeres und das Seegebiet der Azoren ausgedehnt. Darüber hinaus operierten deutsche U-Boote an der Ostküste der USA und vor der Westküste Afrikas. Zum Zeitpunkt der Eröffnung des uneingeschränkten U. standen 106 Boote zur Verfügung, von denen sich jeweils annähernd ein Drittel im Einsatzgebiet, auf dem Hin- oder Rückmarsch bzw. im Hafen oder auf der Werft befand. Der rücksichtslose Einsatz der U-Boote führte zunächst zu einer beträchtlichen Steigerung der Versenkungsziffern. Im April 1917 versenkten deutsche U-Boote 458 Handelsschiffe mit 841118 BRT, im gesamten Jahr 1917 Schiffsraum in Höhe von fast 6 Mill. BRT. Diese hohen Verluste verursachten vorübergehend ernste Störungen, vor allem in der Rohstoffversorgung der Ententemächte. Das Ziel des U., die Niederwerfung Großbritanniens und die Wende im Kriegsverlauf, konnte jedoch nicht erreicht werden. Vielmehr gab die Eröffnung des uneingeschränkten U. den endgültigen Anlaß für den Kriegseintritt der USA auf seiten der Entente, wodurch sich das Kräfteverhältnis weiter entschieden zu deren Gunsten veränderte. Die seit Sommer/Herbst 1917 wirksamer werdenden Maßnahmen zur U-Boot-Abwehr, insbesondere die Einführung des Geleitzugsystems (→ *Geleitzug*) sowie der Einsatz von Wasserbomben und Unterwasserhorchgeräten, die beschleunigte Bewaffnung der Handelsschiffe und der verstärkte Bau von Geleitfahrzeugen führten zu einem beträchtlichen Rückgang der Versenkungsziffern. Ab Frühjahr 1918 überstiegen die amerikanischen und britischen Schiffsneubauten die Tonnageeinbußen der Entente. Der vom kaiserlichen Deutschland geführte U. brachte größere Verluste. Insgesamt versenkten die deutschen U-Boote von 1914 bis 1918 6394 gegnerische und neutrale Handelsschiffe mit fast 12 Mill. BRT sowie etwa 100 Kriegsschiffe. 228 der 374 eingesetzten U-Boote gingen verloren.

Die Reichsmarine der Weimarer Republik durfte nach den Versailler Vertragsbestimmungen U-Boote weder besitzen noch bauen oder erwerben. Dennoch begann sie bereits 1920, die Erfahrungen des U. auszuwerten und insgeheim U-Boote zu konstruieren, in Drittländern zu bauen und zu erproben. Die Anfang der 30er Jahre auch auf diesem Gebiet rasch zunehmenden illegalen Rüstungsvorbereitungen schufen entscheidende Voraussetzungen dafür, daß die faschistische Kriegsmarine bereits kurz nach Unterzeichnung des britisch-deutschen Flottenabkommens vom 18.6.1935 (→ *Flottenkonferenzen und -verträge*) die ersten U-Boote in Dienst stellen konnte. Das → *Oberkommando der Kriegsmarine (OKM)* ging zunächst, ähnlich wie die Marineführungen der anderen imperialistischen Großmächte, davon aus, daß der U. aufgrund der Abwehrmittel in einem künftigen Seekrieg keine entscheidende Rolle spielen würde, traf aber gleichwohl Maßnahmen zu seiner Vorbereitung. Insbesondere der Befehlshaber der U-Boote, Kapitän zur See Karl Dönitz (1891–1980), arbeitete mit seinem Stab auf dieses Ziel hin. Der spätere Großadmiral und Oberbefehlshaber der Kriegsmarine konnte sich mit seinen Vorschlägen, die eine Schwerpunktverlagerung der Marinerüstung auf den U-Boot-Bau vorsahen, zunächst nicht durchsetzen. Dennoch entstanden wesentliche Voraussetzungen für die Führung des U. durch das faschistische Deutschland im zweiten Weltkrieg. Technische Verbesserungen, insbesondere die Weiterentwicklung der Funkmittel, eröffneten dem Einsatz der U-Boote auf den gegnerischen Seewegen neue taktische Möglichkeiten. Sie wurden begünstigt durch die Unterschätzung der U-Boote und die Überbewertung der Wirksamkeit der U-Boot-Abwehr seitens der britischen Admiralität. Im Unterschied zum kaiserlichen Deutschland umging die Hitlerregierung bei Ausbruch des zweiten Weltkrieges eine offene Proklamierung des U., obwohl sie von vornherein beabsichtigte, ihn in schärfster Form zu führen. Die bei Kriegsausbruch in 6 Flottillen zusammengefaßten 57 U-Boote der faschistischen Kriegsmarine versenkten bereits in den ersten beiden Kriegsmonaten 290000 BRT. Mit dem Übergang zur warnungslosen Versenkung von bewaffneten bzw. abgeblendet oder im Konvoi fahrenden Handels- und Passagierschiffen ab 17.10.1939 und der Erklärung der totalen Blockade der Britischen Inseln am 17.8.1940 entbrannte der U. mit voller Schärfe. Er führte im Zusammenhang mit der Konzentration der U-Boote auf den Seeverbindungen nach den Britischen Inseln, ihren mit der Besetzung der französischen Atlantikhäfen wesentlich verbesserten Operationsmöglichkeiten und der ab 1941 beträchtlich anwachsenden Zahl einsatzbereiter Boote zu einem raschen Ansteigen der alliierten Schiffsverluste. Von Kriegsbeginn bis zum März 1943 fielen den deutschen U-Booten über 12 Mill. BRT alliierten und neutralen Schiffsraums zum Opfer. Hauptschauplatz des U. war der Nordatlantik. Außerdem operierten U-Boote der faschistischen Kriegsmarine während des zweiten Weltkrieges, teilweise mit Unterstützung von Versorgungs-U-Booten, im Südatlantik, Europäischen Nordmeer,

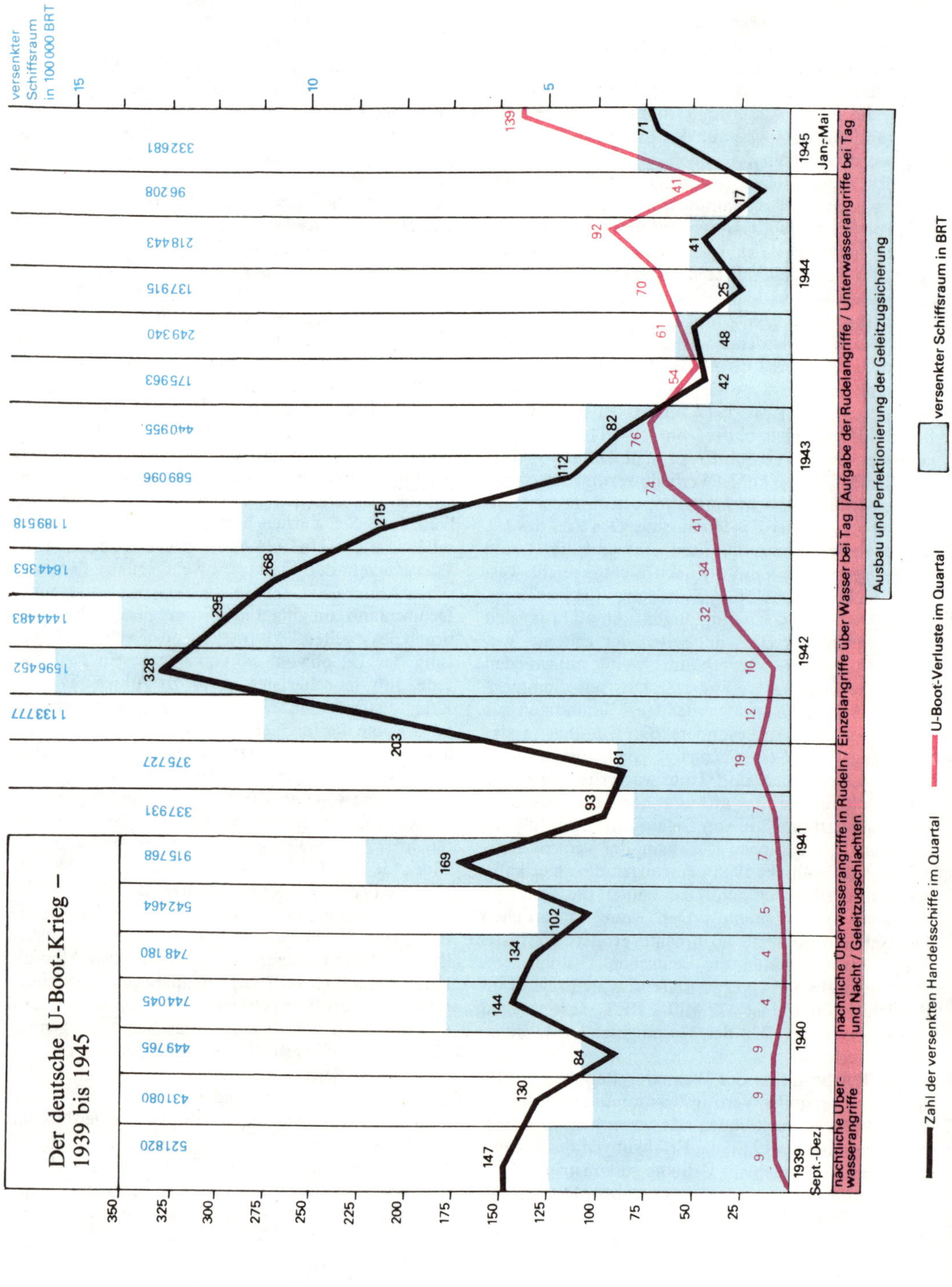
Der deutsche U-Boot-Krieg – 1939 bis 1945
versenkter Schiffsraum in 100 000 BRT
15
10
5
350
325
300
275
250
225
200
175
150
125
100
75
50
25
1939 Sept.-Dez.
1940
1941
1942
1943
1944
1945 Jan.-Mai
521820
431080
449765
744045
748180
542464
915768
337931
375727
1133777
1596452
1444483
1644353
1189518
589096
440955
175963
249340
137915
218443
96208
332681
147
130
84
144
134
102
169
93
81
203
328
295
268
215
112
82
42
48
25
41
17
71
9
9
9
4
4
5
7
7
19
12
10
32
34
41
74
76
54
61
70
92
41
139
nächtliche Überwasserangriffe
nächtliche Überwasserangriffe in Rudeln / Einzelangriffe über Wasser bei Tag und Nacht / Geleitzugschlachten
Aufgabe der Rudelangriffe / Unterwasserangriffe bei Tag
Ausbau und Perfektionierung der Geleitzugsicherung
Zahl der versenkten Handelsschiffe im Quartal
U-Boot-Verluste im Quartal
versenkter Schiffsraum in BRT

Mittelmeer, Schwarzen Meer, in der Karibik und – mit japanischer Hilfe – im Indischen Ozean. In der sog. Schlacht im Atlantik wandten die U-Boote die bereits vor dem Krieg entwickelte Gruppen- oder Rudeltaktik gegen die für Großbritannien lebenswichtigen Geleitzüge aus den USA und Kanada an. Diese seit dem Frühjahr 1941 voll wirksam werdende Taktik führte zu tagelangen Geleitzugschlachten, in deren Verlauf die faschistische U-Boot-Waffe zunächst Erfolge erzielen konnte. Bald aber sah sie sich einer immer wirksamer werdenden U-Boot-Abwehr gegenüber, die sich zunehmend auf ein engmaschiges Überwachungsnetz von mit Radartechnik (→ *Funkmeß*) ausgestatteten Schiffen und Flugzeugen, verstärkte Geleitzugsicherungskräfte und weiterentwickelte U-Boot-Bekämpfungswaffen stützen konnte. Besonders ab Frühjahr 1943 erhöhten sich die deutschen Verluste so stark, daß sich die faschistische Marineführung gezwungen sah, den U. im Nordatlantik zeitweilig einzustellen. Alle Bemühungen, diese Lage zu ändern (Ausstattung der U-Boote mit Funkmeßgeräten, leichten Fla-Waffen, Zielsuch- und Flächenabsuchtorpedos, einem als «Schnorchel» bezeichneten Luftmast für längere Tauchfahrt u. a. m.) blieben letztlich erfolglos. 1944 stand einer Versenkungsziffer von etwa 700000 BRT der Verlust von 264 U-Booten gegenüber. Während des zweiten Weltkrieges fielen dem vom faschistischen Deutschland geführten U. 2840 Handelsschiffe mit 14,3 Mill. BRT sowie 150 gegnerische Kriegs- und Hilfskriegsschiffe zum Opfer. Dabei gingen von den 1935–1945 in Dienst gestellten 1171 U-Booten 809 verloren. Auch im zweiten Weltkrieg konnte der vom faschistischen Deutschland geführte U. sein Hauptziel, die Lähmung der überseeischen Zufuhren des Gegners, nicht erreichen.

Bei den Mächten der Antihitlerkoalition spielte der U. ebenfalls eine Rolle. Er stand jedoch nicht im Vordergrund ihrer Seekriegführung. So versenkten z. B. sowjetische U-Boote im Europäischen Nordmeer u. a. 59 Transport- und 16 Kampfschiffe. Britische Boote vernichteten im Zusammenwirken mit Überwasser- und Fliegerkräften 1941 im Mittelmeer 295000 BRT. Im Unterschied dazu führten die U-Boot-Kräfte der USA im Pazifik einen der faschistischen Kriegführung ähnlichen U. gegen die japanischen Seeverbindungen. Sie versenkten 1113 Handelsfahrzeuge mit 5,3 Mill. BRT und 214 Kriegsschiffe, darunter 131 U-Boote, mit insgesamt 578000 t. In beiden Weltkriegen erwies sich der U. als eine wirksame Form des Seekrieges. Er vermochte jedoch nicht die vom deutschen Imperialismus erhoffte strategische Wirkung zu erzielen.

Die offensive Bekämpfung von Seetransportraum, die das erstrangige Ziel des U. im ersten und zweiten Weltkrieg war, ist auch in der Gegenwart eine der wichtigsten Aufgaben der Unterwasserkräfte der Flotten. Moderne U-Boote mit dieselelektrischem oder Kernkraftantrieb, hoher Geschwindigkeit, großem Aktionsradius, Torpedo- und Raketenbewaffnung gehören zu den Waffengattungen der Seestreitkräfte, die besonders geeignet sind, den Kampf auf den Seeverbindungswegen zur Störung bzw. Unterbindung von gegnerischen Schiffstransporten zu führen.

Übungen und Manöver der Vereinten Streitkräfte: wichtige Form der planmäßigen Zusammenarbeit der Armeen der Teilnehmerstaaten des Warschauer Vertrages mit dem Ziel, das Zusammenwirken der Waffengattungen, operativ-taktischen Vereinigungen, Verbände und Truppenteile unter dem realen Gefecht maximal angenäherten Bedingungen zu erproben, die Ausbildung der Kommandeure und Stäbe zu vervollkommnen, Erfahrungen, insbesondere in der Gefechtsausbildung der Truppen, auszutauschen und die Waffenbrüderschaft der Armeen und Völker zu festigen.

Seit Gründung des → *Warschauer Verteidigungsbündnisses* widmeten die Teilnehmerstaaten dem Zusammenwirken der verbündeten Armeen große Aufmerksamkeit. In den ersten Jahren fanden gemeinsame Übungen im taktischen Rahmen und auf bilateraler Ebene statt, die in Übereinstimmung mit den Ausbildungsplänen der nationalen Verteidigungsministerien und der Planung des Vereinten Kommandos durchgeführt wurden. Ihre Anlage und Anforderungen entsprachen dem erreichten Niveau beim Aufbau der Bruderarmeen, die, am Vorbild der Sowjetarmee orientiert und von der UdSSR allseitig unterstützt, erfolgreich die Kampffähigkeit ihrer Verbände und Truppenteile entwickelten.

Der Eintritt der sozialistischen Staatengemeinschaft in eine neue geschichtliche Etappe zu Beginn der 60er Jahre war mit einer qualitativ höheren Stufe im Zusammenwirken der Bruderarmeen verbunden. Angesichts der forcierten Kriegsvorbereitung seitens der USA und anderer mit ihnen in der NATO verbündeter imperialistischer Mächte war es für die Teilnehmerstaaten des Warschauer Vertrages dringend geboten, eine ständig hohe Gefechtsbereitschaft ihrer Streitkräfte zu erreichen. Eine wichtige Grundlage dafür war das Bestehen einheitlicher militärtheoretischer Erkenntnisse über den Charakter eines möglichen Krieges unter den Bedingungen der Revolution im Militärwesen und davon abgeleiteter Ansichten über die Organisation, Stärke und Kampfweise der Streitkräfte. Während der Kommandostabsübung «Burja» im Herbst 1961 probten erstmalig Führungsorgane der Sowjetarmee, der Polnischen Armee, der Tschechoslowakischen Volksarmee und der NVA Elemente des Zusammenwirkens der Stäbe im operativ-taktischen Rahmen. Seitdem verbindet diese Armeen eine besonders enge Waffenbrüder-

Manöver «Quartett» 1963. Pioniertruppen beim Brückenbau

schaft, die u. a. von der Notwendigkeit geprägt ist, mit den Sicherheitserfordernissen der Warschauer Vertragsstaaten an der Trennlinie zur NATO zusammenhängende Fragen komplex zu lösen. Nach gemeinsamen Truppenübungen im Jahre 1962 war vor allem → *«Quartett» 1963* ein wichtiger Gradmesser für den erreichten Stand. Im Vordergrund des auf dem Territorium der DDR durchgeführten Manövers stand das Zusammenwirken von Stäben und Truppen der 4 Bruderarmeen unter den Bedingungen eines möglichen Krieges, in dem Raketenkernwaffen das entscheidende Mittel des bewaffneten Kampfes sind. Märsche über große Entfernungen, die Organisation von Begegnungsgefechten, der Angriff, die Abwehr von Gegenschlägen, der Einsatz von Luftlandekräften und andere Handlungen wurden in hohem Maße den Gefechtsbedingungen eines solchen Krieges angenähert. Vom gewachsenen Niveau der Ausbildung und Gefechtsbereitschaft aller Waffengattungen im Zusammenwirken von gemischten Koalitionsgruppierungen zeugten die Manöver → *«Oktobersturm» 1965* auf dem Territorium der DDR und «Moldau» 1966 auf dem Territorium der ČSSR, die Truppenübung «Rhodopen» 1967 auf dem Territorium der VR Bulgarien und im Schwarzen Meer sowie die Kommandostabsübung «Böhmerwald» 1968 auf dem Territorium der ČSSR, der DDR, der VR Polen und der UdSSR.

Ab Mitte der 60er Jahre zeichneten sich die gemeinsamen Übungen und Manöver vor allem dadurch aus, daß ihnen mögliche, die NATO-Strategie der «flexiblen Reaktion» berücksichtigende Varianten des Krieges zugrunde lagen. Die Organisation des Zusammenwirkens zwischen den verbündeten Streitkräften wurde vervollkommnet. Dabei fanden neueste militärwissenschaftliche Erkenntnisse über

Manöver «Oktobersturm» 1965. Die Teilnehmer legen den Schwur von Buchenwald ab

Formen und Methoden der Führung von Kampfhandlungen Berücksichtigung, wurden verbesserte technische Ausrüstungen und Waffensysteme sowie automatisierte Führungsmittel erprobt. Der erreichte Entwicklungsstand der verbündeten Armeen ermöglichte es, zu einer qualitativ höheren Stufe des Zusammenwirkens unter Einbeziehung von Stäben und Truppen der Land-, Luft- und Seestreitkräfte überzugehen. So war das Manöver «Oder-Neiße» 1969 auf dem Territorium der VR Polen nicht nur eine weitere Bewährungsprobe für die Bruderarmeen, sondern auch nach Umfang der Aufgaben sowie Anzahl der beteiligten Truppen das bis dahin größte Manöver der Vereinten Streitkräfte. Ein Jahr später nahmen am Manöver → *«Waffenbrüderschaft» 1970* auf dem Territorium der DDR erstmals Stäbe und Truppen aller 7 Armeen der Teilnehmerstaaten des Warschauer Vertrages teil. Der weiteren Vervollkommnung des Zusammenwirkens dienten die Truppenübungen «Schild 72» auf dem Territorium der

Übung «Schild 72». Truppenluftabwehr sichert Panzertruppen beim Forcieren eines Wasserhindernisses

ČSSR, «Schild 76» auf dem Territorium der VR Polen und «Schild 79» auf dem Territorium der VR Ungarn. Neben Kommandostabs- und Truppenübungen der verschiedenen Teilstreitkräfte wurde in den 70er Jahren verstärkt das Zusammenwirken von Waffengattungen und Diensten der Vereinten Streitkräfte erprobt. Dabei gewannen gemeinsame Übungen der rückwärtigen Dienste an Bedeutung. Sie ermöglichten es, das Ausbildungsniveau der Stäbe und rückwärtigen Organe zu erhöhen, eine Reihe von Erprobungsaufgaben zu lösen und Erfahrungen zu Fragen der operativen Kunst auf dem Gebiet der rückwärtigen Sicherstellung der Truppen auszutauschen. Eine große Bewährungsprobe hoher Verteidigungsbereitschaft und internationalistischer Verbundenheit der Bruderarmeen war das Manöver → *«Waffenbrüderschaft 80»* auf dem Territorium der DDR. Die Stäbe und Truppen aus allen Armeen der Warschauer Vertragsstaaten lieferten einen überzeugenden Beweis für die Geschlossenheit der Vereinten Streitkräfte und für den hohen Stand ihrer Gefechtsausbildung. Im vollen Umfang demonstrierte das gemeinsame Manöver, daß die kommuni-

Übung «Schild 76». Panzer im Angriff

Manöver «Waffenbrüderschaft 80». Anlandung durch ein Luftkissenboot der Baltischen Flotte

Übungen und Manöver der Vereinten Streitkräfte (Auswahl)

Bezeichnung	Zeit der Durchführung	Charakter	Teilnehmende Armeen	Territorium	Leitender
«Burja»	28. 9.–10. 10. 1961	Kommando-stabsübung	NVA, Polnische Armee, Sowjetarmee, Tschechoslowakische Volksarmee	ČSSR, DDR, VR Polen, UdSSR	Oberkommandierender der Vereinten Streitkräfte
«Vítr»	23.–27. 9. 1962	Truppenübung	NVA, Sowjetarmee, Tschechoslowakische Volksarmee	ČSSR, DDR	Minister für Nationale Verteidigung der ČSSR
«Bałtyk-Odra»	5.–10. 10. 1962	Truppenübung	NVA, Polnische Armee, Sowjetarmee	VR Polen, DDR	Minister für Nationale Verteidigung der VR Polen
«Quartett»	9.–14. 9. 1963	Manöver	NVA, Polnische Armee, Sowjetarmee, Tschechoslowakische Volksarmee	DDR	Minister für Nationale Verteidigung der DDR
«Oktobersturm»	16.–22. 10. 1965	Manöver	NVA, Polnische Armee, Sowjetarmee, Tschechoslowakische Volksarmee	DDR	Oberkommandierender der Gruppe der Sowjetischen Streitkräfte in Deutschland
«Moldau»	19.–22. 9. 1966	Manöver	Ungarische Volksarmee, NVA, Sowjetarmee, Tschechoslowakische Volksarmee	ČSSR	Minister für Nationale Verteidigung der ČSSR
«Rhodopen»	20.–27. 8. 1967	Truppenübung	Bulgarische Volksarmee, Streitkräfte der Sozialistischen Republik Rumänien, Sowjetarmee	VR Bulgarien, westlicher Teil des Schwarzen Meeres	Minister für Volksverteidigung der VR Bulgarien
«Böhmerwald»	20.–30. 6. 1968	Kommando-stabsübung	Ungarische Volksarmee, NVA, Polnische Armee, Sowjetarmee, Tschechoslowakische Volksarmee	ČSSR, DDR, VR Polen, UdSSR	Oberkommandierender der Vereinten Streitkräfte
«Oder-Neiße»	21.–28. 9. 1969	Manöver	NVA, Polnische Armee, Sowjetarmee, Tschechoslowakische Volksarmee	VR Polen, Ostsee	Minister für Nationale Verteidigung der VR Polen
«Waffenbrüderschaft»	12.–18. 10. 1970	Manöver	Alle Armeen der Teilnehmerstaaten des Warschauer Vertrages	DDR, Ostsee	Minister für Nationale Verteidigung der DDR
«Schild 72»	4.–16. 9. 1972	Truppenübung	Ungarische Volksarmee, NVA, Polnische Armee, Sowjetarmee, Tschechoslowakische Volksarmee	ČSSR	Minister für Nationale Verteidigung der ČSSR
«Schild 76»	9.–16. 9. 1976	Truppenübung	NVA, Polnische Armee, Sowjetarmee, Tschechoslowakische Volksarmee	VR Polen	Minister für Nationale Verteidigung der VR Polen
«Schild 79»	12.–19. 5. 1979	Truppenübung	Bulgarische Volksarmee, Ungarische Volksarmee, Streitkräfte der Sozialistischen Republik Rumänien, Sowjetarmee, Tschechoslowakische Volksarmee	VR Ungarn	Minister für Landesverteidigung der Ungarischen VR
«Waffenbrüderschaft 80»	4.–12. 9. 1980	Manöver	Alle Armeen der Teilnehmerstaaten des Warschauer Vertrages	DDR, Ostsee	Minister für Nationale Verteidigung der DDR
«Sojus 81»	17. 3.–7. 4. 1981	Kommando-stabsübung	NVA, Polnische Armee, Sowjetarmee, Tschechoslowakische Volksarmee	VR Polen, DDR, UdSSR, ČSSR	Oberkommandierender der Vereinten Streitkräfte
«Schild 82»	25.9.–1.10.1982	Truppenübung	Alle Armeen der Teilnehmerstaaten des Warschauer Vertrages	VR Bulgarien	Minister für Volksverteidigung der VR Bulgarien

Feldmeeting zum Abschluß des Manövers «Waffenbrüderschaft 80»

stischen und Arbeiterparteien und die Regierungen der Länder des Warschauer Vertrages ihre auf den Frieden gerichtete Außen- und Militärpolitik konsequent fortsetzen. Davon zeugten erneut die gemeinsame Kommandostabsübung, die im Frühjahr 1981 unter der Bezeichnung «Sojus 81» auf dem Territorium der VR Polen, der DDR, der UdSSR und der ČSSR stattfand, sowie die Truppenübung «Schild 82» auf dem Territorium der VR Bulgarien.

Solange die USA und die anderen NATO-Mächte das Ziel verfolgen, durch Hochrüstung militärische Überlegenheit über den Sozialismus zu erlangen, und die Kriegsgefahr schüren, nehmen gemeinsame Übungen und Manöver einen wichtigen Platz in den koordinierten Plänen der Vereinten Streitkräfte der Teilnehmerstaaten des Warschauer Vertrages ein. Sie tragen in besonderem Maße zur Erhöhung des Niveaus der operativen und Gefechtsausbildung der verbündeten sozialistischen Armeen bei und demonstrieren deren Kraft und Geschlossenheit, den Frieden und den Sozialismus zuverlässig zu schützen.

Kommandostabsübung «Sojus 81». Erfahrungsaustausch auf einem NVA-Schützenpanzerwagen

Bei der Vorbereitung und Durchführung von Manövern und Übungen handeln die Staaten des Warschauer Verteidigungsbündnisses entsprechend den Festlegungen in der Schlußakte der Konferenz von Helsinki über Sicherheit und Zusammenarbeit in Europa (Juli 1975) zur Vorankündigung von Manövern und zum Austausch von Beobachtern.

Uhrenerlaß: gegen demokratische und antimilitaristische Einflüsse in der → *Reichswehr* gerichtete spezielle Verfügung des Reichswehrministeriums vom 25. 2. 1930.

Im U. wurde den Soldaten Anerkennung und Belohnung «für erfolgreiche Abwehr radikaler Zersetzungsangriffe» gegen die Reichswehr versprochen. Reichswehrangehörige, die Soldaten oder andere Personen wegen «wehrmachts- und staatsfeindlicher Bestrebungen» denunzierten und der «Verhaftung und Bestrafung» zuführten, sollten ein Anerkennungsschreiben des Reichswehrministers, eine gravierte Uhr oder Sonderurlaub erhalten; sie konnten auch vorzeitig befördert werden. Während die Reichswehrführung einerseits die faschistischen Organisationen tolerierte, ging sie andererseits verstärkt gegen alle Versuche fortschrittlicher Kräfte vor, Reichswehrangehörige im Sinne der Verteidigung der Demokratie gegen die heraufziehende faschistische Gefahr zu beeinflussen. Der Hauptangriff richtete sich gegen die KPD und ihre antimilitaristische Arbeit, deren Wirksamkeit in der Reichswehr zunahm. Bereits vor dem U. waren verschiedentlich Angehörige der Reichswehr für Denunziationen belobigt worden; der U. faßte die bis dahin praktizierten Maßnahmen zusammen und gab ihnen eine rechtliche Grundlage.

Ulanen: Angehörige einer die → *Lanze* als Hauptwaffe führenden Truppengattung der → *Kavallerie*, insbesondere im 18. und 19. Jh.

Bis zum Beginn des Dreißigjährigen Krieges 1618–1648 waren die schweren, gepanzerten Lanzenreiter (Lanzierer) wegen ihrer Schwerfälligkeit und der Verbesserung der Handfeuerwaffen aus den europäischen Söldnerheeren fast völlig verschwunden. Jedoch dienten seit dem 16. und 17. Jh. im Sold der polnischen Könige leichte, mit langen Lanzen bewaffnete tatarische Reiter (polnisch ułani, vom türkischen oghlani). Nach diesem Vorbild entstanden Anfang des 18. Jh. in Deutschland wieder Lanzenreiter, nunmehr als leichte, äußerst bewegliche Kavalleriegattung. Die ersten U.regimenter in Deutschland wurden Anfang des 18. Jh. in der kursächsischen Armee aus angeworbenen polnisch-tatarischen Reitern gebildet. In der preußischen Armee entstand erstmalig 1741 ein U.regiment, dessen Kriegseinsatz jedoch nicht den Erwartungen entsprach und das in ein Husarenregiment umgewandelt wurde. Während der Name U. zunächst verschwand, bestanden in der preußischen Armee seit 1745 wieder Formationen leichter Lanzenreiter, meist angeworbene Tataren und Polen, die 1762 zu einem Regiment formiert wurden. Ab 1807 wieder U. genannt, bildete dieses Regiment den Grundstock für die 1808 erfolgte Aufstellung von 3 U.regimentern. Darüber hinaus wurde die 1813 gebildete Landwehrkavallerie mit Lanzen bewaffnet. Die U. fanden vorwiegend zur Aufklärung Verwendung, bewährten sich jedoch auch in verschiedenen Schlachten und Gefechten des nationalen Unabhängigkeitskrieges 1813/14. Mit der Heeresverstärkung von 1815 wurde die Zahl der U.regimenter auf 9 erhöht. 1819 erfolgte die Umwandlung der U. zur schweren Kavallerietruppe, um nach dem Beispiel der napoleonischen Armee die Schlachtenkavallerie zu verstärken. 1860 wurden kombinierte U.regimenter, denen U. und → *Kürassiere* angehörten, aufgestellt. In den ersten Jahrzehnten des 19. Jh. bildete sich auch die für die U. typische Uniform heraus, deren besondere Merkmale die Kurtka, ein kurzer zweireihiger Waffenrock, und die Tschapka, eine Kopfbedeckung mit hohem, viereckigem Deckel, waren. In den anderen deutschen Territorialstaaten entwickelte sich die Kavalleriegattung U. ähnlich wie in Preußen, wenngleich in geringerem Umfang. Der Preußisch-Österreichische Krieg 1866 und der Deutsch-Französische Krieg 1870/71 erwiesen, daß die Unterteilung der Kavallerie in mehrere Gattungen und die Attacke geschlossener Reitermassen den veränderten Bedingungen, insbesondere der gesteigerten Wirkung der Feuerwaffen, nicht mehr entsprachen. Trotzdem erhöhten die deutschen Militärs die Zahl der U.regimenter und hielten an deren Schlachteinsatz fest. Erst 1876 erhielten die U.regimenter durchgängig Karabiner als Nebenwaffen, nachdem die bei den preußischen U. 1830 eingeführten Karabiner bereits 1859 wieder abgeschafft worden waren. Die Hauptwaffe der U., die Lanze, wurde 1889–1893 sogar bei der gesamten deutschen Kavallerie als Strukturwaffe eingeführt, obwohl sie zu dieser Zeit in den meisten größeren Armeen Europas aus der Bewaffnung gestrichen war. Zu Beginn des ersten Weltkrieges 1914–1918 gab es im deutschen Heer 26 U.regimenter. Während des Bewegungskrieges im Westen sowie auf dem östlichen Kriegsschauplatz fanden sie noch kavalleristische, sonst jedoch vorwiegend infanteristische Verwendung. Die U. als Truppengattung verschwanden mit dem Ende des ersten Weltkrieges. In der Reichswehr und der faschistischen Wehrmacht wurde die Bezeichnung U. nur noch als Traditionsname gebraucht. *(s. Abb. S. 371, 1 005, 1 006)*

a

b

a Ulan vom bayrischen Ulanenregiment, 1814
b Dienstanzug vom sächsischen Ulanenregiment Nr. 18, 1910

Umfassung → *Kriegskunst*

Umgehung → *Kriegskunst*

Unbekannter Soldat: namenloser Gefallener, der symbolisch für alle Gefallenen eines Staates oder einer Armee geehrt wird.

Die Idee für eine zentrale Gefallenenehrung entstand nach dem ersten Weltkrieg (1914–1918) in Frankreich. Am 11. 11. 1920, dem 2. Jahrestag der Unterzeichnung des Waffenstillstands von Compiègne, wurden unter dem Arc de triomphe in Paris mit militärischem Zeremoniell die sterblichen Überreste eines unbekannten französischen Soldaten beigesetzt. Andere Teilnehmerstaaten des Krieges errichteten ebenfalls Grabmale des U. S. oder ähnliche Gedenkstätten. In Berlin wurde 1931 der Innenraum der Neuen Wache, Unter den Linden, zur «Gedächtnishalle» für die Gefallenen des ersten Weltkrieges umgestaltet. Als sog. Reichsehrenmal diente sie vor allem während der faschistischen Diktatur der militaristischen Beeinflussung der Bevölkerung.

Nach dem zweiten Weltkrieg (1939–1945) führten die sozialistischen Staaten eine zentrale Ehrung der Gefallenen ein. Dem Gedenken der bei der Verteidigung des sozialistischen Vaterlandes und der Zerschlagung des Faschismus gefallenen Soldaten sind in der UdSSR das Grabmal mit Ewiger Flamme im Alexandergarten am Kreml in Moskau, in der VR Polen das Grabmal im Sächsischen Garten in Warschau und in der ČSSR das Grabmal am Nationaldenkmal auf dem Žižkov in Prag gewidmet. Zentrale Gedenkstätte der DDR ist seit 1969 das Mahnmal für die Opfer des Faschismus und Militarismus in Berlin, Unter den Linden (die rekonstruierte ehem. Neue Wache). In der Mitte der Ehrenhalle brennt in einem facettierten Kristallwürfel die Ewige Flamme. Davor liegen 2 Bronzeplatten, unter denen sich – symbolisch für den Unbekannten Widerstandskämpfer und den U. S. – Urnen mit blutgetränkter Erde aus faschistischen Konzentrationslagern und von Schlachtfeldern des zweiten Weltkrieges befinden. Die NVA erweist den Opfern des Faschismus und Militarismus durch Ehrenposten und Wachaufzug militärische Ehren; zu besonderen Anlässen finden Kranzniederlegungen statt.

Ungarische Volksarmee (UVA): stärkstes bewaffnetes Machtorgan der Ungarischen VR, das in Klassen- und Waffenbrüderschaft mit den anderen Streitkräften des → *Warschauer Verteidigungsbündnisses* die sozialistische Ordnung, die staatliche Sicherheit und das friedliche Leben der Bürger der Ungarischen VR und aller Staaten der sozialistischen Gemeinschaft gegen jegliche Angriffe der aggressiven Kräfte des Imperialismus und der Reaktion schützt.

Die UVA entstand im Kampf um das neue, volksdemokratische Ungarn. Entscheidende Voraussetzungen schuf dazu der welthistorische Sieg der Sowjetunion im Großen Vaterländischen Krieg. Die Niederlagen der faschistischen Aggressoren an den Fronten ließen den faschistisch-militaristischen Block, zu dem Ungarn gehörte, auseinanderbrechen. Mit der Kommunistischen Partei Ungarns an der Spitze nutzten die antifaschistisch-demokratischen Kräfte des Landes die gebotene historische Chance zu einer grundlegenden Wende in der Geschichte Ungarns. Im befreiten Debrecen konstituierte sich am 21. 12. 1944 die Provisorische Nationalversammlung Ungarns. Die neugebildete Provisorische Regierung annullierte alle durch das bürgerlich-faschistische Horthyregime abgeschlossenen Verträge und erklärte am 28. 12. 1944 Hitlerdeutschland den Krieg. Die noch auf seiten der Faschisten kämpfenden Truppen der alten ungarischen Armee wurden aufgefordert, die Waffen gegen die Aggressoren zu richten und die sowjetischen Streitkräfte zu unterstützen. Bei der Befreiung des Westteils der ungarischen Hauptstadt kämpfte das Budaer Freiwilligenregiment gemeinsam mit sowjetischen Truppen. Technische Einheiten in Stärke von 8000 Mann, insbesondere Eisenbahnbautruppen, lösten bei der Budapester Operation der Sowjetarmee wichtige Aufgaben zur Sicherung des Nachschubs. Für die Formierung von weiteren ungarischen Einheiten war der Abschluß eines Waffenstillstandsvertrages mit der UdSSR, den USA und Großbritannien am 20. 1. 1945 von Bedeutung. Auf seiner Grundlage kamen die Regierungen der UdSSR und Ungarns überein, unter den Angehörigen der ehemaligen ungarischen Armee, die sich in sowjetischer Kriegsgefangenschaft befanden, Freiwillige für den Aufbau neuer ungarischer Verbände zu werben. Dank umfassender Hilfe durch die Sowjetunion konnten bis Mitte April 1945 die ungarische 1. und 6. Infanteriedivision aufgestellt werden. Die neuformierten Einheiten leisteten in der Endphase des Krieges, insbesondere im Rahmen der auf österreichischem Territorium handelnden 3. Ukrainischen Front der Sowjetarmee, einen Beitrag zum Sieg über die faschistische Wehrmacht.

Der weitere Aufbau der neuen ungarischen Armee war geprägt vom Vormarsch der Arbeiterklasse und des ganzen werktätigen Volkes auf dem Weg der revolutionären Umgestaltung der Gesellschafts- und Staatsordnung. Eine große Rolle spielten dabei die fortschrittlichen militärischen Traditionen, vor allem diejenigen der Honvéd, wie die zur Verteidigung Ungarns gegen die Kräfte des Feudalismus organisierte Nationalarmee hieß. In Erinnerung an den Sieg über die Truppen der Habsburger Monarchie im Herbst 1848 wird in der Ungarischen VR seit 1951 der 29. September als Tag der Armee begangen. Das im Ergebnis des Sieges der Sowjetunion im Großen Vaterländischen Krieg veränderte internationale Kräfteverhältnis und die zeitweilig in Ungarn stationierten sowjetischen Streitkräfte waren ausschlaggebend dafür, daß in den ersten Nachkriegsjahren zahlenmäßig relativ geringe ungarische Streitkräfte ausreichten, um die demokratischen Errungenschaften des Volkes zu schützen und die Weiterentwicklung zur volksdemokratischen Revolution zu sichern. So konnten auch die noch in der Aufstellung befindlichen Verbände wieder aufgelöst werden. Weitere Einheiten wurden demobilisiert. Im März 1946 belief sich der Personalbestand der Armee auf etwa 14000 Mann; das waren im Vergleich zum Juni 1945 nur noch etwa die Hälfte. Die Streitkräfte leisteten neben ihrer Hauptfunktion, dem Schutz der am 1. 2. 1946 proklamierten Ungarischen Republik, einen wichtigen Beitrag zum ökonomischen Aufbau des Landes und festigten ihre Verbundenheit mit dem werktätigen Volk. So räumten Einheiten der Armee bis Ende 1946 große Mengen an Munition und Sprengstoff, die als Folge der Kriegshandlungen zurückgeblieben waren. Insgesamt standen die fortschrittlichen Kräfte vor komplizierten Problemen bei der Lösung der Militärfrage in der volksdemokratischen Revolution. Diese ergaben sich vor allem aus der sozialen und politischen Zusammensetzung des Offizierskorps. Hier verfügten die ehemals herrschenden Klassen noch über bedeutende Positionen. Im Zuge einer Säuberung des gesamten Staatsapparates von reaktionären Kräften Anfang 1946 wurden auch deren exponierte Vertreter aus der Armee entfernt. Der weiteren Ausprägung des Charakters der

Streitkräfte als Volksarmee diente die Einführung der Institution der Erziehungsoffiziere. Hier wurden vor allem in der politischen Arbeit erfahrene Kader aus den Reihen der Arbeiterklasse eingesetzt. Gleichzeitig erfolgte der Aufbau von Organisationen der Kommunistischen Partei Ungarns in der Armee. Anfang 1948 waren etwa 50 % der Armeeangehörigen Mitglieder der marxistisch-leninistischen Partei, die im Juni 1948 die Vereinigung mit der Sozialdemokratischen Partei zur Partei der Ungarischen Werktätigen beschloß.

Von großer Tragweite für den militärischen Schutz der volksdemokratischen Revolution erwies sich der im Februar 1948 unterzeichnete Vertrag über Freundschaft, Zusammenarbeit und gegenseitigen Beistand zwischen der UdSSR und der Ungarischen Republik. Beide Staaten trugen darin der Tatsache Rechnung, daß der Imperialismus im Zuge seiner Strategie des «roll back» gegenüber dem Sozialismus das Ziel verfolgte, die revolutionären Errungenschaften Ungarns zu beseitigen und das Land erneut dem imperialistischen Machtbereich einzuverleiben. Die aggressiven Maßnahmen, die im Zusammenhang mit der Bildung der NATO (1949) getroffen wurden, führten zu einer Verschärfung der internationalen Lage. Unter diesen Bedingungen lag es im Interesse der Sicherheit Ungarns wie des Friedens in Europa, die Verteidigungsfähigkeit des Staates zu stärken, der am 20. 8. 1949 mit der Annahme der neuen Verfassung zur Ungarischen VR erklärt wurde. Die Partei der Ungarischen Werktätigen hatte in ihrem auf dem Vereinigungsparteitag beschlossenen Programm die Notwendigkeit begründet, die führende Rolle der Partei in der Armee zu sichern, deren Personalstärke zu erhöhen, die Streitkräfte modern auszurüsten und die Erkenntnisse der sowjetischen Militärwissenschaft beim weiteren militärischen Aufbau voll zur Geltung zu bringen. Zu den ersten auf Beschluß des ZK der Partei der Ungarischen Werktätigen eingeleiteten Schritten zählten die Bildung der Politischen Hauptverwaltung der Armee im Herbst 1948 und der Einsatz von Politoffizieren auf allen Kommandoebenen. Es wurden große Anstrengungen unternommen, den rasch anwachsenden Kaderbedarf sicherzustellen. Dem diente die Gründung von Offiziersschulen, die Ende 1949 mit der Ausbildung begannen. In Speziallehrgängen wurden verdienstvolle Parteimitglieder zu Kommandeuren für Einheiten und Truppenteile ausgebildet. Auf der Grundlage eines im Sommer 1948 mit der UdSSR abgeschlossenen Militärhilfeabkommens erhielt die UVA die erforderliche Kampftechnik. Sowjetische Militärspezialisten standen der UVA mit ihren

Ehrenwache auf dem Heldenplatz in Budapest

MiG-21 beim Start

Kenntnissen und Erfahrungen zur Verfügung. So vollzogen sich im Prozeß des sozialistischen Aufbaus in der Ungarischen VR zugleich wichtige Veränderungen im militärischen Aufbau. In kurzer Zeit gelang es, kampfstarke Verbände und Truppenteile der Landstreitkräfte und Luftverteidigungskräfte aufzustellen.

Die Ungarische VR gehörte zu den Gründerstaaten des Warschauer Verteidigungsbündnisses 1955. Diese Kampfgemeinschaft der sozialistischen Staaten vereitelte die konterrevolutionären Versuche, in Ungarn im Herbst 1956 die Volksmacht zu stürzen und die sozialistischen Errungenschaften zu liquidieren. Dem Hilfeersuchen der am 3. 11. 1956 gebildeten Ungarischen Revolutionären Arbeiter-und-Bauern-Regierung entsprechend und getreu dem proletarischen Internationalismus, zerschlugen im November 1956 sowjetische Truppen gemeinsam mit den neuaufgestellten ungarischen revolutionären Streitkräften und den Sicherheitsorganen den konterrevolutionären Putsch. Die sozialistischen Errungenschaften wurden verteidigt. Bei der Konsolidierung und Festigung der UVA ließen sich Partei- und Staatsführung von den bewährten marxistisch-leninistischen Prinzipien des sozialistischen Militäraufbaus leiten. Enge brüderliche Beziehungen entwickelten sich zwischen der UVA und der Südgruppe der sowjetischen Streitkräfte, die im Einvernehmen mit der Regierung der Ungarischen VR auf deren Territorium stationiert ist. Die neuformierte Ungarische Sozialistische Arbeiterpartei (USAP) richtete ihre Aufmerksamkeit auf die konsequente Verwirklichung der Führung der UVA durch die marxistisch-leninistische Partei. In schöpferischer Anwendung der Erfahrungen der KPdSU beschloß das Politbüro der Partei im November 1957, die gesamte Tätigkeit der UVA durch das ZK der Partei zu leiten und zu kontrollieren. Die Parteiführung orientierte auf die Festigung des neu geschaffenen Politapparates und bestimmte die Grundlinie für die Leitungs- und Führungstätigkeit der Parteiorganisationen. Bereits im Herbst 1957 konnte wieder mit der normalen Ausbildung der einberufenen Jahrgänge begonnen werden.

Von herausragender Bedeutung für die weitere Entwicklung der UVA war der VII. Parteitag der Ungarischen Sozialistischen Arbeiterpartei im November 1959. Er rückte die Erhöhung der Qualität der Landesverteidigung mit der Armee als Kern in den Mittelpunkt der Militärpolitik. Im Dezember 1960 nahm die Nationalversammlung auf Initiative der Partei ein neues Verteidigungsgesetz an. Es regelte u. a. die Wehrpflicht für alle diensttauglichen männlichen Bürger der Ungarischen VR im Alter von 18 bis 50 Jahren und legte den Grundwehrdienst in der UVA auf 2 Jahre fest. Die Entwicklung der UVA erfolgte entsprechend der militärpolitischen Linie des VII. Parteitages. Die UVA erhielt ihre bis heute bestehende Struktur (Teilstreitkräfte, Waffengattungen, Spezialtruppen, Dienste). Die Truppen der Luftverteidigung wurden zu einer vollwertigen Teilstreitkraft, deren Stärke auf einem Fla-Raketensystem beruht. Die Luftverteidigung entwickelte sich zu einem organischen Bestandteil des Diensthabenden Systems der Luftverteidigung des Warschauer Vertrages. Hauptfeuerkraft der Landstreitkräfte wurden operativ-taktische und taktische Raketenkräfte. Die Panzertruppen, mot. Schützentruppen und die Spezialtruppen erhielten moderne Bewaffnung und Ausrüstung. Infolge der Modernisierung stieg in den 60er Jahren die Feuerkraft der Verbände auf das Achtfache, der Motorisierungsgrad erhöhte sich in annähernd gleichem Maße. Im Februar 1968 konnte das ZK der Partei feststellen, daß die UVA das Niveau der Bruderarmeen erreicht habe und in der Lage sei, ihre Aufgaben im Rahmen des Warschauer Vertrages voll zu erfüllen.

Der X. (1970) und der XI. Parteitag (1975) beschlossen, den Kurs der qualitativen Entwicklung der UVA fortzusetzen. Bei den Truppen der Luftverteidigung begannen die stufenweise Ablösung der vorhandenen durch modernere Technik und der Aufbau von gemischt zusammengesetzten Fla-Raketenkomplexen. Die Feuerkraft und Manövrierfähigkeit der Verbände und Truppenteile der Landstreitkräfte wurden, u. a. durch Einführung neuer Schützenpanzerwagen, weiter erhöht, die Panzer- und Luftabwehr sowie der Schutz der Truppen vor Massenvernichtungsmitteln verstärkt. Truppenfliegerkräfte zur Unterstützung der Landstreitkräfte im Gefecht wurden aufgestellt. Die technische Modernisierung erfolgte in allen Waffengattungen und Spezialtruppen. In der ersten Hälfte der 70er Jahre bildete sich auch ein einheitliches System der Verteidigung des Hinterlandes heraus, das die bewaffnete und die Zivilverteidigung umfaßt. Weitere wichtige Maßnahmen in dieser Periode der qualitativen Entwicklung der Armee betrafen vor allem die Erhöhung der Gefechtsbereitschaft und die Verbesserung des Mobilmachungs- und Führungssystems. Den wachsenden Erfordernissen der wissenschaftlich-technischen Revolution und ihren Auswirkungen auf das Militärwesen entsprechend, wurde das Aus- und Weiterbildungssystem der UVA reorganisiert. Neben der Militärakademie «Miklós Zrínyi» als der höchsten militärischen Ausbildungsstätte des Landes zur Qualifizierung von Offizieren aller Waffengattungen sowie Politkadern bestehen seitdem eine Offiziershochschule der Landstreitkräfte, eine Offiziershochschule für ingenieurtechnisches Personal der Luftverteidigung und eine militärtechnische Offiziershochschule. Die Berufsunteroffiziere absolvieren eine Spezialschule. Ein Teil der Militärkader der

UVA, darunter alle Jagdflieger, qualifiziert sich an militärischen Lehranstalten der UdSSR. Ende der 70er Jahre besaßen über 60 % der Offiziere einen Hochschul-, Akademie- oder Universitätsabschluß. Größte Bedeutung wird bei der qualitativen Entwicklung der Streitkräfte der Erhöhung des politisch-moralischen Zustandes beigemessen. Die ideologische Arbeit der Kommandeure, Politorgane, Partei- und Jugendorganisationen ist darauf gerichtet, daß die Armeeangehörigen die Politik der Ungarischen Sozialistischen Arbeiterpartei und der im Warschauer Bündnis vereinten sozialistischen Staaten auf der Grundlage der Lehren des Marxismus-Leninismus verstehen und diese Politik unterstützen, daß sie die Tendenzen im internationalen Klassenkampf und die aktuellen politischen Ereignisse, besonders die unveränderte Aggressivität des Imperialismus, begreifen, in diesem Zusammenhang die Aufgaben der UVA sehen und sich in ihrem Handeln von den Anforderungen des zuverlässigen Schutzes des Sozialismus leiten lassen. 82 % der Offiziere und 36 % der Unteroffiziere gehörten Ende der 70er Jahre der Ungarischen Sozialistischen Arbeiterpartei an; 75 % der Armeeangehörigen waren Mitglieder des sozialistischen Jugendverbandes KISZ.

Die Erfolge bei der Entwicklung der Landesverteidigung in den 60er und 70er Jahren sowie die gestiegenen höheren Anforderungen machten ein neues Verteidigungsgesetz (Gesetz über den Schutz der Heimat) notwendig, das am 1. 7. 1976 in Kraft trat. Das Gesetz enthält die Verteidigungsaufgaben und -pflichten der staatlichen, wirtschaftlichen und gesellschaftlichen Bereiche sowie das Führungssystem der Landesverteidigung mit den entsprechenden Befugnissen und Verantwortlichkeiten. Dem Verteidigungsminister wurden dabei die fachliche Aufsicht über die Führung der Landesverteidigung, die Führung der Armee und die Führung der Zivilverteidigung übertragen. Als Hauptaufgabe der UVA und des Grenzschutzes wurde der Schutz des Territoriums der Ungarischen VR, ihrer Unabhängigkeit, ihrer sozialistischen Gesellschaftsordnung und des Friedens gegen äußere Angriffe festgelegt. Außerdem haben sie innere Funktionen zu erfüllen, zu denen die Mitwirkung an der sozialistischen Wehrerziehung der Jugend und bei volkswirtschaftlichen Aufgaben gehört. Die Hauptaufgabe der Polizei, der Arbeiterkampfgruppen und anderer bewaffneter Organe besteht in der Gewährleistung der inneren Sicherheit; sie müssen sich aber auch auf Aufgaben der Zivilverteidigung vorbereiten. Im Gesetz sind ferner die Verteidigungspflichten der Staatsbürger (vormilitärische Ausbildung, aktiver Wehrdienst, Reservistendienst u. a.) festgelegt. Mit dem Gesetz wurden günstige Voraussetzungen für die Stärkung der Landesverteidigung, insbesondere der UVA, im Einklang mit den Zielen der entwickelten sozialistischen Gesellschaft und den Anforderungen des sozialistischen Verteidigungsbündnisses geschaffen.

SFL der Landstreitkräfte im Manöver «Waffenbrüderschaft 80», September 1980

Die UVA hat sich seit Ende der 50er Jahre erfolgreich als sozialistische Koalitionsarmee entwickelt. Ungarische Truppen beteiligten sich an → *Übungen und Manövern der Vereinten Streitkräfte,* so an → *«Waffenbrüderschaft» 1970* und → *«Waffenbrüderschaft 80».* Ihr Einsatz zeugte vom hohen Stand der Gefechtsausbildung in der UVA. Er bewies, daß die UVA über politisch und militärisch qualifizierte Kader verfügt, die sich durch hohes Können, Organisiertheit, Disziplin, Treue zur Heimat und zum internationalen Bruderbund der Völker der sozialistischen Länder auszeichnen. Die UVA leistete 1968 gemeinsam mit der Sowjetarmee und anderen Armeen des Warschauer Verteidigungsbündnisses dem tschechoslowakischen Brudervolk internationalistische Hilfe im Kampf gegen die konterrevolutionären Kräfte. Sie ist als moderne, sozialistische Armee in der Lage, im Zusammenwirken mit der Sowjetarmee und den anderen Armeen der Vereinten Streitkräfte die zum Schutz des eigenen Landes und der sozialistischen Bruderländer sowie zur Erhaltung des Friedens erforderlichen Aufgaben zu lösen. *(s. Abb. S. 56, 146, 186, 310, 1011)*

ungerechter Krieg → *Kriege*

Uniformen: den Angehörigen der Streitkräfte kennzeichnende Bekleidung, deren Schnitt, Farbe, Abzeichen, sonstige Ausstattung und Tragweise in der Regel durch Vorschriften festgelegt sind.

Vorläufer der U. waren die Trachten, die von den Kriegern altorientalischer und antiker Heere getragen wurden. Je nach der Gattung des Fußvolkes oder der Reiterei gab es teilweise besondere Bekleidungsstücke bzw. Teile der Schutzbewaffnung, die schon relativ einheitliche Formen aufwiesen und zugleich die Heere äußerlich unterschieden. Das Römische Reich war aufgrund seiner entwickelten Wirtschaft und Technik in der Lage, die Legionen weitgehend einheitlich zu bekleiden. Mit dem Niedergang der Sklavereigesellschaft verschwanden diese Vorläufer bzw. Frühformen einer Uniformierung; die Söldner des Weströmischen Reiches trugen im 4./5. Jh. ebenso wie die Krieger der germanischen, slawischen und keltischen Stämme in der Regel ihre Stammeskleidung.

Die mittelalterlichen Vasallen- und Ritterheere kannten keine U. Die relative Einheitlichkeit in der Rüstung und Bekleidung wurde durch die Vielfalt schmückenden und unterscheidenden Beiwerkes (Schildbilder, Helmziere, Helmdecken, Wappenmäntel u. a.) zum Teil wieder aufgehoben. Nur Leibwachen und Haustruppen feudaler Herrscher, Ordensritter und städtische Söldner trugen zuweilen einheitliche Bekleidungsstücke. Fahnen, Wappen auf der Bekleidung oder Rüstung sowie Schärpen zeigten die Zugehörigkeit zum Aufgebot einer feudalen Herrschaft. Die Fuß- und Reiterkrieger der im 15./16. Jh. aufkommenden Söldnerheere mußten in der Regel ihre Bekleidung selbst mitbringen (nach der Qualität der Bekleidung und Waffen richtete sich der Sold). Mit den Berufssöldnern entstand jedoch auch eine charakteristische Tracht, die am sinnfälligsten von den Landsknechten gezeigt wurde. Unterscheidungsmerkmale der sehr buntgekleideten Heere waren häufig Armbinden, Tücher, Zweige und andere Feldzeichen. Im römisch-deutschen Feudalreich begannen einige Landesherrscher, die Aufgebote der Landesdefension mit einheitlichen Bekleidungsstücken auszurüsten. Diese Uniformierung blieb jedoch zu Beginn des 17. Jh. in den Anfängen stecken. Mit der Ausweitung des Söldnerwesens im Dreißigjährigen Krieg (1618–1648) setzten sich – zunächst noch im Rahmen der Regimenter – die Tendenzen zur Uniformierung immer stärker durch. Jedoch blieben einigermaßen einheitlich gekleidete Regimenter bis Mitte des 17. Jh. noch eine Seltenheit.

Wesentliche Grundlagen für die Uniformierung der Truppen entstanden seit der Mitte des 17. Jh. mit dem Aufschwung der manufakturkapitalistischen Produktion und der Bildung stehender Heere in den meisten europäischen Staaten. Die textilverarbeitenden Manufakturen konnten in großer Menge, relativ einheitlich sowie rascher und billiger als die Handwerkszünfte Bekleidungsstücke für die zahlenmäßig starken Söldnerheere herstellen. Die Uniformierung der Truppen war ein Prozeß, der sich von der Mitte des 17. Jh. bis in das 18. Jh. erstreckte. Zunächst wurden Schnitt, Farbe und Ausstattungsstücke der U. noch vom jeweiligen Regimentsinhaber bestimmt. Mit der Durchsetzung der landesfürstlichen Verfügungsgewalt über das Heer legte die Krone die U. fest und vergab die Aufträge an die Manufakturen. Sie erließ für die Herstellung, das Tragen und die Ergänzung der U. spezielle Vorschriften und Anordnungen. Grundzüge einer einheitlichen Bekleidung im Rahmen eines Heeres setzten sich zuerst in der englischen Revolutionsarmee Mitte des 17. Jh. durch. Sie nahm als erste die später für Großbritannien typische rote Grundfarbe der U. an. In Frankreich wurden zwischen 1670 und 1700 U. für das Heer eingeführt. Um 1720 waren fast alle europäischen Armeen uniformiert. Kennzeichnend für die U. war das Vorherrschen einer Grundfarbe, so grau (später weiß, noch später blau) für Frankreich und Österreich, rot für Großbritannien, grün für Rußland, dunkelblau für Brandenburg-Preußen, hellblau für Bayern, blau-gelb kombiniert für Schweden. Kleinere Armeen paßten sich in der Regel der U. ihrer stärkeren Verbündeten an, wobei katholische Staaten dem Beispiel Österreichs und Frankreichs, protestantische Länder dem Vorbild Großbritanniens oder Preußens folgten.

1 2 3 4 5

Uniformrockschnitte: 1 langschößiger Rock (2. Hälfte 17. Jh.); *2* langschößiger Frackrock (18. Jh.); *3* kurzschößiger Frackrock (1. Hälfte 19. Jh.); *4* Waffenrock (2. Hälfte 19. Jh.); *5* Uniformjacke (20. Jh.)

Arten militärischer Kopfbedeckungen: 1 Filzhut (17. Jh.); *2* Dreispitz (18. Jh.); *3* Flügelmütze (18. Jh.); *4* Grenadiermütze (18. Jh.); *5* Zweispitz (1. Hälfte 19. Jh.); *6* Kaskett (Wende 18./19. Jh.); *7* Pelzmütze (1. Hälfte 19. Jh.); *8* Tschako (1. Hälfte 19. Jh.); *9* Tschapka (1. Hälfte 19. Jh.); *10* Raupenhelm (19. Jh.); *11* Pickelhaube (19. Jh.); *12* Käppi (19. Jh.); *13* Schirmmütze (20. Jh.)

Anfangs lehnte sich die U., vor allem beim Fußvolk, noch stark an die zivile bürgerliche Mode an. Um die Mitte des 17. Jh. trugen die Fußtruppen der deutschen Territorien in der Regel langschößige Röcke in der Grundfarbe der U., langschößige, oft andersfarbene Westen, Kniehosen, Strümpfe, zumeist Schnallenschuhe und flache breitkrempige Filzhüte. Über dem Rock hingen kreuzweise Degengehenk und Patronentaschenbandelier. Teilweise wurden auch Gurte getragen. Die schweren Reiter trugen zumeist Lederkoller, oft noch Küraß, Lederhosen, Sturmhauben bzw. Filzhüte mit metallenem Kopfschutz und hohe lederne Stiefel. Die leichten Reiter, die sich häufig aus Balkanvölkern rekrutierten, trugen ihre Nationaltrachten, aus denen sich später typische U. entwickelten. Die U. der Artillerie folgte der der Infanterie, war jedoch gewöhnlich dunkler gehalten. Zur U. aller Waffengattungen gehörte auch ein Mantel, da Zelte noch nicht im allgemeinen Gebrauch waren. Gegen Ende des 17. Jh. entstand als charakteristisches militärisches Bekleidungsstück die Grenadiermütze (hohe Kopfbedekkung aus Tuch oder Pelz, zumeist mit vorderem Metallschild). Bereits zu Beginn des 18. Jh. unterschieden sich die Waffengattungen und die einzelnen Regimenter durch gewisse Form- und Farbvarianten der U., insbesondere des Rockbesatzes. Die reichgestalteten U. der Offiziere waren in Farbe und Form fast überall dem Belieben des Trägers überlassen, wobei reichbestickte rote Röcke vorherrschten, orientierten sich jedoch bereits an den jeweiligen Regiments-U.

Im ersten Drittel des 18. Jh. trennte sich die U. des Söldners endgültig vom bürgerlichen Kostüm. In Preußen, wo das stehende Heer eine dominierende Stellung in der spätfeudalen Gesellschaft einnahm, legte ein 1714 von König Friedrich Wilhelm I. (1688–1740) erlassenes Reglement die Infanterie-U. bis in die Einzelheiten fest. Friedrich Wilhelm I. war der erste Monarch, der ständig eine U. trug und damit die Rolle der Armee im absolutistischen Staat auch äußerlich hervorhob. Auch in den Heeren anderer Staaten nahmen die U. der einzelnen Waffen- und Spezialgattungen sowie der Dienstgrade feste Formen an. Die U. der Infanterie im 18. Jh. bestand aus einem meist offen und mit aufgeschlagenen Schößen getragenen Rock, der beiderseits mit überknöpfbaren Rabatten (Klappen) versehen war. Die verschiedenartige Form- und Farbgebung des Rockbesatzes und schließlich auch der Ärmelaufschläge unterschied die einzelnen Regimenter. Weste, Hose und Gamaschen wie auch Bandeliers und Gurt wa-

Uniformen. *16. Jh. bis Anfang 18. Jh.:* **1** revolutionärer Bauer (1525); **2** Stückmeister der Artillerie (um 1630); **3** Kürassier vom Regiment Promnitz (Sachsen 1660); **4** Musketier vom Regiment Kurfürstin Dorothea (Brandenburg 1683); **5** Grenadiermütze der weißen Füsiliergarde (Preußen 1708); **6** Artillerieuniform (Sachsen 1680); **7** Galarock eines Pfeifers vom Regiment de Bavière (Bayern 1707); **8** Schützenhaube (um 1630)

ren vorrangig in Weiß gehalten. Es wurden sehr breite schwarze Schnürschuhe getragen. Häufigste Kopfbedeckung war der aus dem Filzhut entstandene Dreispitz. Die Grenadiere, aber auch andere Gattungen der Infanterie (in Preußen z. B. die Füsiliere) trugen spezielle Kopfbedeckungen. Die um die Mitte des 18. Jh. als Freibataillone aufkommenden leichten Infanterieeinheiten wählten von Anfang an eine U., die den Anforderungen des taktischen Einsatzes besser entsprach und zumeist einen legeren Schnitt und eine zurückhaltende Farbgebung aufwies. Die U. der Kavallerie unterschieden vom Schnitt her deren Gattungen und durch die Farbe zumeist noch die einzelnen Regimenter. Die U. der Dragoner war – ihrer ursprünglichen Verwendung entsprechend – bis auf die notwendigen Stiefel zumeist infanteristisch. Die Kürassiere trugen kleine Westen, darüber Lederkoller, lederne Reithosen und hohe Stulpstiefel. Charakteristisch für die U. der Kürassiere in fast allen europäischen Armeen waren die weiße bis gelbe Farbe sowie der auf eine Brustplatte reduzierte, zumeist geschwärzte Küraß. Die U. der Husaren war sehr bunt und wechselte in den Farben häufig, ihr Vorbild war die Bekleidung der ungarischen Husaren. Charakteristisch für die Husaren waren der Dolman und der Pelz, beide wie auch die Hose mit einem reichen Schnur- und Knopfbesatz versehen. Als Kopfbedeckung wurde eine abgestumpfte kegelförmige Filzmütze oder eine Pelzmütze getragen. Die gegen Ende des 18. Jh. aufkommenden Ulanen zeichneten sich vor allem durch die mit einem viereckigen Deckel abschließende Kopfbedeckung, die Tschapka, und durch einen besonders geschnittenen U.rock, die Kurtka, aus. Beide wiesen auf die polnische Herkunft dieser Gattung der Kavallerie hin. Im Gegensatz zur Infanterie behielt die Kavallerie die Mäntel bei. Die U. der Artilleristen sowie der im 18. Jh. allmählich entstehenden Pioniereinheiten waren im allgemeinen der U. der Infanterie angeglichen. Die berittene Artillerie trug Stiefel bzw. war gänzlich kavalleristisch uniformiert.

Um die Mitte des 18. Jh. bildeten sich neue Formen von Rangabzeichen heraus (→ *Dienstgradabzeichen*). Tressen an den Ärmeln und Ärmelaufschläge wurden typisch für die Dienstgradgruppe der Unteroffiziere, Epauletten bzw. diverse Schnurgeflechte auf den Schultern für die der Offiziere. Daneben galten allgemein Tressenbesatz, Schärpe, → *Portepee* und Ringkragen als Rangabzeichen. Offiziere und Generale trugen die U. ihrer Regimenter. Erst gegen Ende des 18. Jh. entstanden in den meisten Armeen besondere Generals-U. Mitte des 18. Jh. ähnelten sich die U. der meisten europäischen Söldnerheere im Schnitt. Bestimmte Farbtöne und Formen begründeten langwirkende U.traditionen in verschiedenen Ländern.

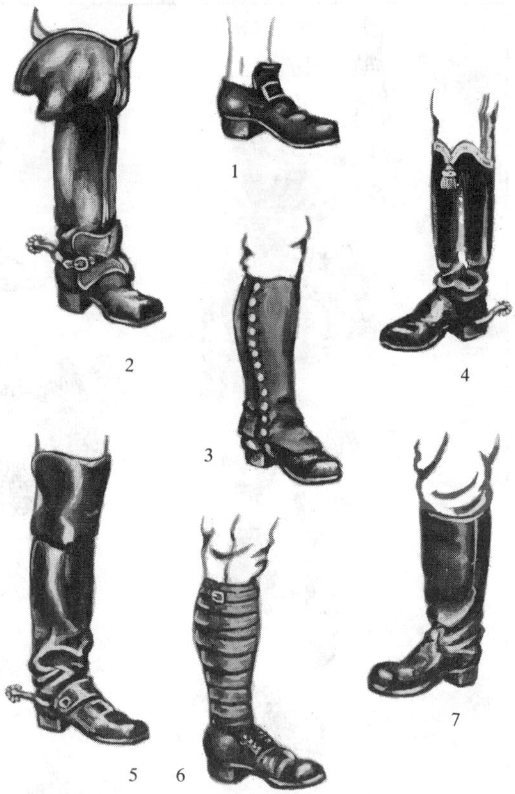

Arten militärischer Fußbekleidung: 1 Schnallenschuh (17./18. Jh.); *2* Reitstiefel (17. Jh.); *3* Tuchgamasche (18. Jh.); *4* Husarenstiefel (18./19. Jh.); *5* Reitstiefel (18./19. Jh.); *6* Wickelgamasche (19./20. Jh.); *7* Schaftstiefel (19./20. Jh.)

Auf die U. wirkten im letzten Drittel des 18. Jh. neben den Fortschritten in der manufakturkapitalistischen Produktion vor allem Erfahrungen des amerikanischen Unabhängigkeitskrieges (1775–1783) und der französischen Revolutionskriege seit 1792 ein. In vielen Armeen setzten Bestrebungen ein, die U. für Kriegsbedingungen zweckmäßiger zu gestalten. An der Wende vom 18. zum 19. Jh. begannen der allmähliche Übergang zu langen, relativ weiten Hosen, die Reduzierung des Tressenbesatzes und vor allem die breite Verwendung verschiedenster Formen des Kasketts als Kopfbedeckung in allen Waffengattungen. Im ersten Jahrzehnt des 19. Jh. traten weitere Veränderungen der U. auf, die sich im Gefolge der napoleonischen Kriege rasch verbreiteten. Die U.-röcke wurden kurzschößig und bis zur Taille zugeknöpft getragen, Rabatten, sofern vorhanden, verbreiterten sich über die ganze Brust. Die Kragen wurden höher und steifer, teilweise wurden Revers

Uniformen. *Absolutistische Söldnerheere 18. Jh.:* **1** Offizier vom Mineurkorps (Preußen 1742); **2** Offizier der Zietenhusaren, 2. Husarenregiment (Preußen 1763); **3** Grenadier vom Infanterieregiment Herzog von Weimar (Sachsen 1730); **4** Dragoner vom Regiment Sacken (Sachsen 1765); **5** Infanteriekaskett (Bayern 1789); **6** Generalshut mit Plumage (Preußen 1741); **7–10** Tressenbesatz am Uniformrock der Offiziere (7), Unteroffizierslitzen (8), Tressenbesatz am Uniformrock der Unteroffiziere und Soldaten (9) und Tambourlitzen (10) des Infanterieregiments Nr. 19 (Preußen 1756)

zurückgeschlagen. Epauletten bzw. → *Schulterklappen* dienten allgemein der Unterscheidung von Dienstgraden, Waffengattungen und Formationen. Insbesondere bei der Gestaltung der Dienstgrade entstanden Formen, die teilweise bis ins 20. Jh. gültig blieben. Die lange Hose setzte sich als U.stück durch. Zur charakteristischen Kopfbedeckung wurden einmal der Tschako, zum anderen, namentlich für die Kavallerie, → *Helme* aus Metall und Leder, die sich an antike Vorbilder anlehnten. In einigen Armeen wurde erneut der Küraß eingeführt. Zur persönlichen Ausrüstung des Fußsoldaten gehörte auch wieder ein Mantel, der allerdings nicht selten innerhalb eines Regiments unterschiedliche Farbtöne aufwies. Die U. wurden durch die Einführung von U.arten für bestimmte Anlässe und Zwecke vielfältiger. Diese Entwicklung setzte sich zuerst bei den Offiziers-U. durch.

Die U. der Armeen Preußens und anderer deutscher Länder in der Zeit des Kampfes gegen die napoleonische Fremdherrschaft waren sehr unterschiedlich. Die schwierige wirtschaftlich-finanzielle Lage zu Beginn des 19. Jh. erlaubte keine Massenherstellung von neuen U.stücken und Ausrüstungen. So wurden U. fremder Armeen, umgeänderte zivile Bekleidungsstücke und umgefärbte U. an die Truppen ausgegeben. Für das preußische Heer nach den Militärreformen 1807–1815 war die U. der russischen Armee Vorbild. Trotz ihres provisorischen Charakters wies vor allem die U. der Landwehr zukunftsweisende Elemente auf. Als besonders brauchbar erwies sich die knielange, vorn geknöpfte Litewka, die später in Form des Waffenrocks wiederauflebte. Die besonders von der preußischen Landwehr getragene Schirmmütze russischen Vorbilds wurde zu einer weit verbreiteten Kopfbedekkung in vielen Armeen des 19. und 20. Jh.

Nach 1815 beeinflußte die spätfeudale Restaurationspolitik auch die U. und äußerte sich hier in einem konservativ-restaurativen U.stil. Der U.schnitt wurde marionettenhaft eng, die Kopfbedeckung überdimensional groß, die gesamte Formgebung in monarchistischem Sinn repräsentativer. Die fortschreitende kapitalistische Entwicklung in der ersten Hälfte des 19. Jh. und ihre Konsequenzen für das Militärwesen und die Kriegführung förderten jedoch Bestrebungen, eine zweckmäßigere U. zu schaffen. Die Einführung des Waffenrockes und der Pickelhaube Anfang der 40er Jahre des 19. Jh. in Preußen kündigte einschneidende Veränderungen des U.stils an. Die Pickelhaube, die den Soldaten besser schützte als der Tschako, wurde von Schweden (1845), Rußland (1846), England (1876) und anderen europäischen und außereuropäischen Ländern übernommen. Auch Frankreich führte in den 40er Jahren eine neue U. ein, zu der neben dem Waffenrock das charakteristische Käppi gehörte. Ihr Schnitt wurde in Belgien, den Niederlanden, Schweden, Spanien und anderen Ländern nachgeahmt. Im Volk, das in der bürgerlich-demokratischen Revolution 1848/49 gegen die preußischen konterrevolutionären Truppen gekämpft hatte, wurde die Pickelhaube zum Sinnbild militaristischer Reaktion. Zur U. gehörten seit Mitte des 19. Jh. auch Drillichanzüge, Koppel und ein neues Tragegestell. Die Offiziers-U. wurde in Schnitt und Form der U. der Mannschaften mehr angepaßt. Namentlich die Fortschritte in der Waffentechnik und die sich daraus ergebenden Veränderungen in der Taktik wirkten auf die U. ein und führten allmählich zu einer zweckmäßigeren, den neuen Kriegsbedingungen angepaßten U. Die Feld-U. erhielt immer eigenständigeren Charakter, unterschied sich jedoch nicht grundsätzlich von den anderen U.arten. Seit Mitte des 19. Jh. bestimmten Waffenrock, lange Hose, Hüftkoppel mit Tragegestell sowie Helm bzw. Käppi die U. der Fußtruppen. Bei den U. der Kavallerie hielt sich eine größere und unzweckmäßige Vielfalt an Formen und Farben, obwohl der Grundschnitt generell waffenrockartig wurde. Die Fußtruppen vieler Armeen trugen Stiefel, andere Heere übernahmen gegen Ende des 19. Jh. die aus Indien stammenden Wickelgamaschen.

Im deutschen Kaiserreich, nach 1871, wurden die U. der Heere der Bundesstaaten weitgehend dem preußischen Vorbild angepaßt. Das Aufkommen von Spezialtruppen – Nachrichtenformationen, Luftschifferabteilungen u. a. m. – führte zu Modifizierungen der U. 1898 erhielten die kaiserlichen Kolonialtruppen eine sog. Schutztruppen-U. in zurückhaltender Farbgebung. Die Erfahrungen des Burenkrieges (1899–1902) und namentlich des Russisch-Japanischen Krieges (1904/05) wiesen auf die Zweckmäßigkeit einer Feld-U. hin, die in der Farbe dem Gelände angepaßt war. Eine solche Änderung der U. setzte sich nur zögernd durch. Erst 1910 begann im deutschen Heer die Einführung einer feldgrauen U. Ihr Schnitt entsprach der bisher farbigen U., war aber weiter gehalten. Die neue U. hatte farbige Spiegel (→ *Kragenspiegel*) und Einfassungen, der Helm erhielt einen schilffarbenen Tuchüberzug; die Jägereinheiten bekamen eine hellgrüne Feld-U. Daneben gab es weiterhin Parade- und Gesellschafts-U. mit pomphaften traditionsbezogenen Elementen. Auch in anderen europäischen Heeren wurde eine Feld-U. eingeführt, in erster Linie für die Infanterie und die Artillerie (in Großbritannien bereits seit den 70er Jahren des 19. Jh., in Österreich-Ungarn 1909, in Rußland 1910, in Serbien 1914). Dagegen behielt Frankreich noch die bunte U.

Die Kampfbedingungen des ersten Weltkrieges (1914–1918), namentlich die gesteigerte Waffenwirkung und die Notwendigkeit der Tarnung, beein-

Uniformen. *Anfang 19. Jh. bis 1813/14:* **1** schlesischer Landwehrmann (Preußen 1813); **2** Musketier vom Infanterieregiment Nr. 6, 1. Westpreußisches (Preußen 1813); **3** Offizier der Freiwilligen Jäger zu Fuß (Weimar 1814); **4** Unteroffizier vom Brandenburgischen Dragonerregiment (Preußen 1814); **5** Kürassierhelm (Preußen 1809); **6** Rückseite des Dolmans eines Offiziers der Blücherhusaren, Pommersches Husarenregiment Nr. 5 (Preußen 1810); **7** Überrock und Mütze für Generale (Preußen 1813); **8** Landwehrhut (Schwarzburg-Sondershausen 1814)

Uniformen. *Revolution 1848/49:* **1** Volkswehrmann; **2** Grenadier der sächsischen Leibgrenadiergarde; **3** Dragoner vom 1. Dragonerregiment der badisch-pfälzischen Revolutionsarmee; **4** Infanterist der Deutschen Legion in der ungarischen Revolutionsarmee; **5** Heckerhut deutscher Revolutionäre; **6** Bluse eines Offiziers der Hanauer Turnerwehr; **7** Infanterieuniform der badisch-pfälzischen Revolutionsarmee; **8** Bekleidung eines Berliner Barrikadenkämpfers

Uniformen. *Streitkräfte der deutschen Staaten – Mitte 19. Jh. bis 1871/72:* **1** Einjährig-Freiwilliger vom Infanterieregiment Nr. 28 (Preußen 1866); **2** Zimmermann der Jägerbrigade (Sachsen 1859); **3** Oberjäger (Bayern 1854); **4** Kanonier (Mecklenburg 1866); **5** Tschapka und Ulanka eines Majors vom Ulanenregiment Nr. 11, 2. Brandenburgisches (Preußen 1870); **6** Husarenattila (Braunschweig 1859); **7** Uniform eines Seekadetten (Preußen 1864); **8** Tschako der Provinzial-Landwehr (Preußen 1866)

Uniformen. *Streitkräfte des kaiserlichen Deutschlands – Ende 19. Jh. bis 1918:* **1** Hauptmann vom preußischen Feldartillerieregiment Nr. 18 (1900); **2** Feldwebel der Kaiserlichen Schutztruppe in Ostafrika in Heimatuniform (1905); **3** Admiral der Kaiserlichen Marine in großer Uniform (1890); **4** Kürassier vom preußischen Regiment Garde du Corps im Paradeanzug (1912); **5** Paradegrenadiermütze vom preußischen Kaiser-Alexander-Garde-Grenadierregiment Nr. 1 (1900); **6** feldgraue Uniform eines Ulanen vom sächsischen Ulanenregiment Nr. 18 (1910); **7** Rock mit Bandelier zur Paradeuniform eines Bataillonstambours vom sächsischen 7. Infanterieregiment Nr. 106 (1890); **8** Stahlhelmmodell (1916)

Uniformen. *Reichswehr und faschistische Wehrmacht – 1919 bis 1945:* **1** Leutnant der Artillerie der Reichswehr im Dienstanzug mit Stahlhelm (1919); **2** Obergefreiter der Panzertruppen (Kraftfahrkampftruppen) der faschistischen Wehrmacht im Paradeanzug (1935); **3** Hauptmann der Fliegertruppe der faschistischen Luftwaffe im kleinen Dienstanzug mit Fliegermütze (1940); **4** Obermaat der faschistischen Kriegsmarine im Dienstanzug Winter (1940); **5** Mütze und Rock zum kleinen Gesellschaftsanzug eines Generalleutnants der Reichswehr (1930); **6** Bergmütze der Gebirgsjäger der faschistischen Wehrmacht (1939); **7** Einheitsfeldmütze 1943 und Felduniform 1944 der faschistischen Wehrmacht

Uniformen. *Revolutionäre und progressive Kräfte – 1918 bis 1945:* **1** Angehöriger der Volksmarinedivision (1918); **2** Mitglied des Roten Frontkämpferbundes (1925); **3** Kämpfer der Roten Ruhrarmee (1920); **4** Deutscher Interbrigadist in Spanien (1936–1939); **5** Mütze und Bluse eines Angehörigen der Organisation „Reichsbanner Schwarz-Rot-Gold“ (1930); **6** Bluse (Dresdner Form) eines Mitgliedes des Roten Frontkämpferbundes (1926); **7** Armbinde des Nationalkomitees „Freies Deutschland“ (1943)

Uniformen. *NVA der DDR:* **1** Gefreiter (mot. Schützen) in Ausgangsuniform Sommer mit Uniformjacke; **2** Oberstleutnant (Luftstreitkräfte) in Stabsdienstuniform Sommer mit Uniformjacke; **3** Matrose (Volksmarine) in Paradeuniform Sommer; **4** Generalmajor (Landstreitkräfte) in Paradeuniform Winter; **5** Gesellschaftsuniform, Konteradmiral (Volksmarine); **6** Ärmelabzeichen für Fähnriche (Landstreitkräfte, Luftstreitkräfte/Luftverteidigung); **7** Hemdbluse Sommer, Oberfeldwebel (Landstreitkräfte); **8** Baskenmütze zur Parade- und Ausgangsuniform für Fähnriche und Offiziere (Fallschirmjäger)

flußten tiefgreifend die U. Im deutschen Heer wurde 1915 durchgängig die feldgraue U., 1916 der → *Stahlhelm* eingeführt. Auch in den Heeren der anderen kriegführenden Staaten vollzog sich eine ähnliche Entwicklung. Damit verschwand endgültig der «bunte Rock», der lange Zeit die U. der Soldaten geprägt hatte.

Das Heer der 1919 geschaffenen Reichswehr übernahm die graue Tarnfarbe, modernisierte jedoch den U.schnitt wesentlich. Von 1919 bis 1921 wurden die Dienstgradabzeichen auf den Ärmeln angebracht, danach kam es zur Einführung von Abzeichen, die bis auf wenige Änderungen und Ergänzungen bis 1945 geführt wurden. Der Aufbau der faschistischen Wehrmacht brachte erneut Veränderungen in der U. Die Symbole des faschistischen Staates wurden an der U. angebracht, zugleich wurden für die Luftwaffe sowie die neuen Waffengattungen und Dienste teilweise völlig neue U. eingeführt. Die Luftwaffe erhielt eine U. aus graublauem Grundtuch und von speziellem Schnitt, die Panzertruppen bekamen eine schwarze U. Während des zweiten Weltkrieges (1939–1945) wurde erstmalig bei den Fallschirmtruppen eine Felddienst-U. eingeführt. Auch die Waffen-SS erhielt eine besondere U., die in den Augen der Völker zu einem Symbol des faschistischen Massenterrors gegen die Bevölkerung der überfallenen Länder wurde. Spezielle Kampfanzüge und Tarnmäntel wurden im Verlaufe des zweiten Weltkrieges Bestandteil der Bekleidung mehrerer Armeen.

Die U. der preußischen und später Kaiserlichen Marine lehnte sich seit dem 19. Jh. mit ihrer blauen Farbe und ihrem Grundschnitt an die in den europäischen Seestreitkräften üblichen U. an. Mit der verstärkten maritimen Rüstung Deutschlands seit Ende des 19. Jh. setzten sich Tendenzen zu einer vielfältigeren und schmuckbetonteren Marine-U. mit attraktiv-werbender Funktion durch. Die U. der Reichsmarine wurde 1921 modernisiert, die der Kriegsmarine der Wehrmacht zeigte seit 1935 die faschistischen Symbole.

Nach 1945 beeinflußten die Erfahrungen des zweiten Weltkrieges sowie die mit der Revolution im Militärwesen verbundenen Veränderungen die U. Der Kampfanzug fand in allen Armeen Eingang und veränderte das äußere Erscheinungsbild der Soldaten grundlegend. Er erfüllt kein repräsentatives oder traditionsbezogenes Bedürfnis mehr, sondern dient allein der Erfüllung der militärischen Aufgaben unter den neuen Bedingungen. Damit ging auch eine frühere Funktion der U., die kriegführenden Heere klar zu unterscheiden, weitgehend verloren.

Die U. der Streitkräfte der sozialistischen Staaten entsprechen den modernen Kampfbedingungen und berücksichtigen fortschrittliche militärische Traditionen der jeweiligen Länder. Mit der Gründung der NVA der DDR 1956 wurde eine steingraue bzw. blaue U. eingeführt, die in der Folgezeit modernisiert und in der Ausstattung verändert wurde. Schnitt und Ausführung der U. entsprechen der Funktion ihres Trägers. Die U. der Teilstreitkräfte unterscheiden sich, außer bei der Volksmarine, durch verschiedenfarbige Paspelierungen bzw. Effekten. Daneben werden die Waffengattungen und Dienste durch farbig unterlegte Schulterstücke und -klappen unterschieden. Die Grundfarbe der U. der Volksmarine ist dunkelblau. Neben den allgemein gültigen Dienstgradabzeichen trägt die Volksmarine zusätzlich Ärmelabzeichen bzw. -streifen auf dem Ober- bzw. Unterarm. Entsprechend den Dienstvorschriften der NVA sind die U.arten und Tragweise festgelegt. Man unterscheidet Felddienst-, Dienst-, Stabsdienst-, Parade-, Ausgangs- und Gesellschafts-U., bei der Volksmarine Gefechts-, Felddienst-, Dienst-, Arbeits-, Parade-, Gesellschafts- und Ausgangs-U. Zur Felddienst-U. wird der Kampfanzug in einer Sommer- und Wintervariante getragen. Die Sicherstellung der Truppen mit U. ist eine Aufgabe des Bekleidungs- und Ausrüstungsdienstes als Teil der rückwärtigen Dienste; er verfügt dazu über Führungsorgane und Einrichtungen (Werkstätten, Lager u. a. m.).

Im Kampf gegen die feudale und kapitalistische Klassenherrschaft und ihre militärischen Machtinstrumente übernahmen kleinbürgerlich-demokratische Kräfte und die revolutionäre Arbeiterbewegung bestimmte Elemente der U. kapitalistischer Heere und gaben ihnen durch Symbole (Armbinden, Kokarden, Schärpen) eine progressive politische Bedeutung. Da für revolutionäre Streitscharen und Schutzwehren vollständige U. im allgemeinen materiell unerreichbar blieben, waren vor allem Kopfbedekkungen (z. B. der sog. Heckerhut der Revolutionäre von 1848/49) oder Hemdblusen (z. B. Blusen der Hanauer Turnerwehr 1848/49 und der Pariser Kommunarden 1871 oder Kleidung des Roten Frontkämpferbundes) beispielgebend für solche Formationen. Die aus der Geschichte überlieferten Symbole des militärischen Volkskampfes gegen Ausbeutung und Unterdrückung, für eine demokratische, den Interessen des Volkes dienende Streitmacht gehören zum progressiven Traditionsgut der sozialistischen Streitkräfte.

Im → *Armeemuseum der DDR* gehören Bekleidungsstücke, wie Uniformen, Helme und Mützen, sowie Effekten, die vom fortschrittlichen und revolutionären Kampf des deutschen Volkes, insbesondere der Arbeiterklasse, zeugen, zu den wertvollsten Beständen. *(s. Abb. S. 36, 69, 144–147, 155, 196, 197, 222, 258, 260, 281, 282, 293, 300, 305, 307, 310, 334, 351, 355, 367, 369, 371, 384, 396, 440, 515, 663, 765, 766, 780, 782, 844, 854, 873, 874, 943, 992)*

Uniformen. *Verbündete der NVA in der Warschauer Verteidigungsgemeinschaft, I: – Bulg. VA:* **1** Leutnant (Landstreitkräfte) in Dienstuniform; **2** Mütze und Hemdbluse, Oberfeldwebel, Berufsunteroffizier (Luftstreitkräfte); **3** Dienstuniform, Konteradmiral; **4** Ärmelabzeichen für Soldaten, Unteroffiziere und Offiziersschüler; **5** Kokarde – *Ung. VA:* **6** Kokarde; **7** Mütze und Hemdbluse, Oberleutnant (Luftstreitkräfte); **8** Mütze und Kragenstickerei, Generale; **9** Sommerfeldmütze, Unteroffizier; **10** Major in Paradeuniform (Landstreitkräfte) – *Poln. Armee:* **11** Kapitänleutnant in Paradeuniform; **12** Dienstuniform, Soldat (Landstreitkräfte); **13** Mütze, Oberstleutnant (Luftstreitkräfte); **14** Kragenstickerei, Generale; **15** Mützenadler der Luftstreitkräfte/Luftverteidigung, der Land- und der Seestreitkräfte

Uniformen. *Verbündete der NVA in der Warschauer Verteidigungsgemeinschaft, II: – Streitkr. der SR Rumänien:* **16** Kokarde; **17** Mütze und Uniformbluse zur Ausbildungsuniform, Feldwebel (Luftstreitkräfte); **18** Mütze, Offiziere (Luftstreitkräfte); **19** Mütze und Bluse zur Ausgangs- und Dienstuniform, Stabsmatrose; **20** Hauptmann (Landstreitkräfte) in Dienstuniform – *Streitkr. der UdSSR:* **21** Obermatrose in Winteruniform; **22** Ausgangsuniform, Soldat (Landstreitkräfte); **23** Ausgangsuniform, Oberstleutnant (Luftstreitkräfte); **24** Ärmelabzeichen mot. Schützen für Soldaten, Unteroffiziere und Fähnriche; **25** Ärmelabzeichen Luftstreitkräfte für Soldaten, Unteroffiziere und Fähnriche; **26** Mützenstern – *Tschechoslow. VA:* **27** Kokarde; **28** Gesellschaftsuniform, Oberfähnrich (Luftstreitkräfte); **29** Ausgangsuniform Sommer, Soldat (Landstreitkräfte); **30** Ärmelabzeichen für Soldaten im Grundwehrdienst und Offiziersschüler bis zur Ernennung zum ersten Offiziersdienstgrad; **31** Major (Landstreitkräfte) in Ausgangsuniform

Unterfeldwebel → *Feldwebel*

Unterleutnant → *Leutnant*

Unteroffizier: ursprünglich ein Gehilfe des → *Hauptmanns*, später Unterführerdienstgrad; in der NVA und den Grenztruppen der DDR unterster Dienstgrad der Dienstgradgruppe Unteroffiziere.

Unterführerbezeichnungen im Sinne des späteren U. bildeten sich, verbunden mit der Verantwortung für bestimmte Aufgabengebiete, in den Söldnerheeren des 16. und 17. Jh. heraus, ohne daß bereits eine strenge Abgrenzung zwischen U. und Offizier vorhanden war. Während der → *Feldwebel* als ranghöchster U. vom → *Oberst* ernannt wurde, erfolgte die Bestallung der «gemeinen Weybel», zu denen als U. vor allem der Rottmeister gehörte, nicht selten auf Vorschlag der Kriegsknechte. Feldwebel, Rottmeister und andere U. (z. B. der → *Wachtmeister*, der → *Furier*, der → *Feldscher*) unterstützten den Hauptmann, der das → *Fähnlein* führte, bei der Ausbildung, der Sicherung von Ordnung und Disziplin und auf anderen Gebieten. In den stehenden Heeren der feudalabsolutistischen deutschen Staaten des 18. Jh. prägte sich der U. als Rangklasse und Berufsstand stärker aus. Zugleich wuchs die Rolle des Rottmeisters, auch → *Korporal* genannt. Er wurde, wie das älteste, aus dem Jahre 1726 stammende preußische Reglement für die U. der Infanterie zeigt, zum Drill- und Zuchtmeister der Soldaten. Darüber hinaus hatte er diese in der Garnison und während des Feldzuges zu überwachen, um Desertionen zu verhindern. Mit der weiteren Herausbildung der militärischen Hierarchie in jener Zeit wurden viele U.bezeichnungen, die früher vor allem Funktionen ausdrückten, zu Dienstgraden, von denen der unterste der Korporal war. Die U. bildeten einen festen Stamm von → *Berufssoldaten*, die häufig bis zur Invalidität dienten und durch geringe Privilegien von der Masse der → *Söldner* abgehoben wurden. Da ihr Sold in der Regel sehr gering war, betrieben sie nicht selten nebenbei ein Gewerbe oder Handwerk. Ausgediente U. wurden häufig als Schulmeister eingesetzt.

Die bürgerliche Umgestaltung des Militärwesens in Preußen und anderen deutschen Staaten seit Anfang des 19. Jh. wandelte die Rolle und die Aufgaben der U. und erhöhte die an sie gestellten Anforderungen. Die U. rekrutierten sich nun aus den Wehrpflichtigen und blieben als freiwillig Längerdienende (→ *Kapitulant*) 9, 12 oder noch mehr Jahre bei der Truppe. Die rasche Entwicklung der Waffentechnik besonders seit Mitte des 19. Jh., verbunden mit Änderungen in der Struktur der Einheiten und Truppenteile, in der Taktik und Kampfesweise (z. B. Entstehung der Gruppe als kleinste Einheit sowie neuer Funktionen auf dem Gebiet der Dienste, beginnender Übergang zur aufgelösten Gefechtsordnung), erforderten vom U. größere Allgemeinbildung, Spezialkenntnisse sowie Fähigkeiten zum Führen und selbständigen Handeln. In Verbindung mit dieser Entwicklung wurde Korporal durch die Bezeichnung U. ersetzt (z. B. in Preußen 1856, in Bayern 1872), die man jetzt als Dienstgrad wie auch für die Rangklasse der Unterführer verwendete. Zugleich bildete sich die Dienststellung des Kompaniefeldwebels heraus, der Vorgesetzter aller U. der Kompanie wurde und für den gesamten Dienstablauf verantwortlich war. Um die U. für ihre Aufgaben zu befähigen, erhielten sie in den kaiserlich-deutschen Streitkräften eine intensivere Ausbildung (→ *Unteroffiziersschulen*). Darüber hinaus wurden Maßnahmen zur Erhöhung ihres seit den Söldnerheeren geringen Ansehens in der Truppe und in der Öffentlichkeit sowie zu ihrer Versorgung nach dem Ausscheiden aus dem Armeedienst getroffen (Zahlung von Dienstprämien, Gewährung einer Militärpension, Verwendung in niederen Beamtenstellen nach Abschluß der Militärdienstzeit u. a.). Die aus längerdienenden Freiwilligen bestehende Reichswehr verfügte ihrem Charakter als Kaderarmee entsprechend über eine relativ große Zahl (über 20 % der Gesamtstärke) sorgfältig ausgebildeter U. Sie bildeten einen wichtigen Faktor beim Ausbau der faschistischen Wehrmacht zum kriegsbereiten Aggressionsinstrument. In den imperialistischen deutschen Streitkräften wurde bis 1945 zwischen U. mit → *Portepee* und ohne Portepee unterschieden. Zur ersten Gruppe gehörten u. a. der Feldwebel/Wachtmeister und der → *Deckoffizier*, zur zweiten der U., Unterfeldwebel und → *Maat*.

In der NVA sowie in den Grenztruppen der DDR zählen zur «Dienstgradgruppe Unteroffiziere» der U., der Unterfeldwebel, Feldwebel, Ober- und Stabsfeldwebel wie auch der Maat, Obermaat, → *Meister*, Obermeister und Stabsobermeister. Sie dienen als U. auf Zeit oder als Berufs-U. und führen Gruppen, Besatzungen, Trupps oder Bedienungen. Die meisten von ihnen sind Kommandeure oder technische Spezialisten und erwerben eine staatlich anerkannte Meisterqualifikation. Die U. haben die Möglichkeit, den Berufsweg zum → *Fähnrich* einzuschlagen. *(s. Abb. S. 144–147, 357, 873, 1001, 1003, 1005)*

Unteroffiziersschulen: militärische Lehreinrichtungen zur Ausbildung von Mannschaftsdienstgraden für die Dienststellung → *Unteroffizier*.

Die ersten U. in Deutschland entstanden im Zusammenhang mit der → *Heeresreorganisation in Preußen 1859/60*. Eine Vorform dieser Schulen bestand bereits seit 1822 in Gestalt der Schulabteilung beim Lehrinfanteriebataillon in Potsdam. Die 1848 nach Auflösung des Bataillons dem 1. Garderegiment zu Fuß unterstellte Abteilung wurde 1860 in eine selbständige U. umgewandelt. Gleichzeitig erfolgte die Gründung einer U. in Jülich. In den folgenden Jahrzehnten erhöhte sich die Zahl der U. auf insgesamt 10 im Jahre 1914, davon 7 in Preußen und je eine in Sachsen (seit 1868), Bayern (seit 1893) und Württemberg (seit 1913). Zu ihrer einheitlichen Leitung war 1872 die Inspektion der Infanterieschulen geschaffen worden. Obwohl die Schulen sich auf die Ausbildung von Unteroffizieren für die Infanterie konzentrierten, konnten sie nur einen Teil des Bedarfs decken. Die Masse stellten weiterhin in der Truppe ausgebildete → *Kapitulanten.* Neben der Infanterie verfügte die Kavallerie von 1866 bis 1906 am Militärreitinstitut in Hannover über eine U., die teilweise auch Unteroffiziere für die Feld- bzw. reitende Artillerie ausbildete. Die übrigen Waffengattungen bildeten ihre Unteroffiziere im allgemeinen in den Truppenteilen heran und qualifizierten sie für ihre Dienststellungen auf Lehrgängen oder Sonderkursen an den Spezialschulen der einzelnen Waffengattungen. Auf die gleiche Weise verfuhren bei der Heranbildung ihrer Unterführer die Marine (→ *Maat*) und die später entstehenden Luftstreitkräfte. Die Divisions- und Abteilungsschulen der Marine dienten der fachlichen Qualifizierung der angehenden Maate, nachdem diese ihre Grundausbildung durchlaufen hatten. Sie waren dazu entsprechend den verschiedenen Laufbahnen in Lehrklassen aufgeteilt. Diese Schulen unterstanden der 1885 gegründeten Direktion (später Inspektion) des Bildungswesens der Marine. Ein großer Teil des Nachwuchses an Maaten kam aus der von 1850 bis 1918 bestehenden Schiffsjungenausbildung. In beiden Teilstreitkräften bestanden bis 1918 keine speziellen Schulen für die allgemeine Heranbildung zum Unteroffizier.

Die laufenden Heeresverstärkungen nach 1871, der Übergang zum imperialistischen Massenheer sowie die aus der Entwicklung der Militärtechnik, der militärischen Taktik und der Organisation des Militärwesens erwachsenden Anforderungen führten zu einer ständigen Erhöhung der Ausbildungsquoten an den U., deren Schüler seit 1869 → *Füsiliere* hießen. Waren bis zum Jahre 1870 5422 Unteroffiziere an den U. bzw. ihrem Vorläufer ausgebildet worden, so betrug die Zahl von 1881 bis 1892 rd. 10800. 1914 absolvierten 3810 Kursanten die U., das waren annähernd 40% der benötigten Unteroffizierskader. 5000 bis 6000 Unteroffiziere rekrutierten sich jährlich weiterhin aus den Kapitulanten. Seit 1877 wurden zur Vorbereitung auf die U. sogenannte Vorschulen geschaffen, deren Zahl bis 1914 auf 9 mit insgesamt 1100 Schülern stieg. Die Ausbildung an den U. dauerte in der Regel 3 Jahre, bei Besuch der zweijährigen Vorschule 2 Jahre. Der Unterricht umfaßte neben der militärischen und militärsportlichen Ausbildung auch allgemeinen Unterricht in Deutsch, Mathematik, Geographie und «vaterländischer» Geschichte. Zahlreiche materielle Anreize dienten der Leistungssteigerung und trugen dazu bei, die politische und fachliche Zuverlässigkeit der künftigen Unteroffiziere im Interesse der herrschenden Klassen zu erhöhen. Als Ausbilder waren Offiziere und Unteroffiziere mit längerer Berufspraxis, für die allgemeinbildenden Fächer seit 1878 auch zivile Lehrkräfte tätig. Die Absolventen der U., die den Kern des Unteroffizierskorps bildeten, waren in der Regel zunächst 3 bis 4 Jahre als Gruppenführer tätig. Danach rückten sie zumeist in höhere Unteroffiziersstellungen der Einheiten, Stäbe, Verwaltungen usw. auf. Im Unterschied zu anderen militärischen Lehreinrichtungen setzten die U. ihre Tätigkeit nach Kriegsausbruch 1914 fort. Jedoch fanden einige organisatorische Veränderungen (Standortwechsel, Zusammenlegung von U.) statt. Außerdem wurde die Ausbildung intensiviert und auf 2 Jahre verkürzt (u. a. durch Einschränkung der Exerzierausbildung). Während des ersten Weltkrieges gingen 4800 Unteroffiziere aus den U. hervor. Noch im Juli 1918 erließ die Inspektion der Infanterieschulen neue Grundsätze für den Unterricht und die Ausbildung, in denen die Erziehung zu politischer Zuverlässigkeit als wichtigstes Ziel angesehen wurde.

Nach den Bestimmungen des Versailler Vertrages waren der Reichswehr U. verboten. 1920 wurden daher die bestehenden Schulen aufgelöst. Die Heranbildung von Unteroffizieren erfolgte nunmehr auch bei der Infanterie unmittelbar in der Truppe. Die Unteroffiziersanwärter aller Laufbahnen der Marine hatten jetzt zunächst die Marineschule Friedrichsort zu absolvieren. Aufgrund der 12jährigen Dienstzeit konnte die Reichswehrführung auf diesem Wege qualifizierte Unteroffizierskader heranbilden. In der faschistischen Wehrmacht wurde die erste U. als Einrichtung des Heeres am 1. 10. 1936 eröffnet. 2 weitere folgten 1938. Jede U. hatte etwa 600 Schüler in 4 Kompanien. Die 2jährige Ausbildung, die auch allgemeinbildende Fächer (Deutsch, Geschichte, Erdkunde, Mathematik) enthielt, umfaßte als Schwerpunkte im 1. Jahr die allgemeine infanteristische Ausbildung und im 2. Jahr die spezialisierte Schulung für die einzelnen Waffengattungen oder Dienstlaufbahnen. Um die politische Zuverlässigkeit im Sinne der faschistischen Diktatur zu sichern, mußten die Bewerber der Hitlerjugend angehört und die Arbeitsdienstpflicht abgeleistet haben. Bei Kriegsausbruch wurden die U. zunächst aufgelöst. Sie hatten bis zum 1. 9. 1939 fast 2500 Unteroffiziere ausgebildet, weitere 1000 Schüler (die wieder als Füsiliere bezeichnet wurden) des 1. Lehrjahres traten zu diesem Zeitpunkt zur Truppe. Anfang 1940 wurden wieder U. gebildet. Zunächst entstanden in Potsdam und Treptow/Rega Heeres-U., im selben Jahr aber auch U. der Waffengattungen (Artillerie, Panzer, Pioniere, Nachrichten). Die Lehrgangsdauer betrug erneut 2 Jahre, die Teilnehmerstärke pro Schule etwa 600 Mann. 1942 entstanden 8 weitere Schulen. Wegen der hohen Verluste der faschistischen Truppen im Krieg gegen die UdSSR und des Scheiterns der Blitzkriegskonzeption war die Wehrmachtführung gezwungen, die Zahl der Schulen zu vergrößern. Gleichzeitig wurde die Ausbildungsdauer verkürzt (anfangs auf 12, dann auf 8 und sogar auf 3 Monate) sowie die Ausbildung auf den militärischen Teil beschränkt. Die Standorte der U. wechselten häufig. Am 1. 4. 1943 bestanden 26 U. – teilweise auch in den besetzten Gebieten – mit etwa 17000 Schülern. Verschiedentlich wurden U. des Heeres auch als Lehreinrichtungen zur Ausbildung von Offiziersbewerbern genutzt. Unteroffiziersvorschulen wurden ebenfalls wieder geschaffen, 1940 bestanden 2 mit je 1 Kompanie zu 170 Jungschützen, 1942 bereits 22 mit 11650 Schülern. Die Bundeswehr der BRD schuf ebenfalls U., und zwar für alle Teilstreitkräfte. Die Marine-U. entstand bereits 1956, die des Heeres (I und II) und der Luftwaffe existieren seit 1964. 1972 wurden sie aufgelöst bzw. umstrukturiert. Die Unteroffiziersausbildung findet für Heer und Luftwaffe seitdem an den Truppenschulen statt.

Als U. bezeichnete Lehreinrichtungen der NVA entstanden seit 1969 im Rahmen der durchgängigen Neugestaltung der Aus- und Weiterbildung der Unteroffiziere entsprechend den neuen Anforderungen des Militärwesens. Mit ihnen wurde eine Zentralisierung der bisherigen Ausbildungsformen der Unteroffiziere, die seit der Gründung der NVA geschaffen worden waren, herbeigeführt. Die Gründung von U. war Ausdruck der kontinuierlichen Fortsetzung des unter Führung der SED beschrittenen Weges der Heran- und Weiterbildung von Kadern der sozialistischen Streitkräfte. Neben U. der Landstreitkräfte bestehen noch die Flottenschule der Volksmarine der NVA «Walter Steffens», die U. der Luftstreitkräfte/Luftverteidigung «Harry Kuhn» sowie die Militärtechnische Schule «Erich Habersaath» (1969–1979 Technische Unteroffiziersschule). Sie bilden in $4\frac{1}{2}$- bis 12monatigen Lehrgängen in truppenbezogener Ausbildung Unteroffiziere auf Zeit und Berufsunteroffiziere als untere Kommandeurskader und technische Spezialisten heran und führen Weiterbildungskurse durch. Gestützt auf das einheitliche sozialistische Bildungswesen in der DDR sowie die abgeschlossene Berufsausbildung der Unteroffiziersbewerber, vermitteln sie diesen die für ihre spätere Dienststellung notwendigen politischen, militärischen, militärtechnischen und pädagogisch-methodischen Kenntnisse und Fertigkeiten.

Nachrichtenausbildung an der Unteroffiziersschule «Harry Kuhn»

V

Valmy 1792: Artilleriekampf im 1. Koalitionskrieg 1792–1797 (→ *Koalitionskriege 1792–1815*) zwischen französischen Revolutionstruppen und preußischen Truppen am 20. 9. 1792.

Mitte August 1792 war die preußisch-österreichisch-hessische Interventionsarmee unter dem preußischen Generalfeldmarschall Herzog Karl Wilhelm Ferdinand von Braunschweig (1735–1806) in Frankreich eingefallen. Am 2. 9. konnte sie mit Verdun die letzte Festung auf dem Weg nach Paris einnehmen. Dort wurde eine mehrtägige Pause eingelegt, die durch hohe Marschverluste und die Sicherstellung des weiteren Vormarsches bedingt war. Inzwischen führte General Charles François Dumouriez (1739–1823) die Hauptkräfte der französischen Nordarmee im Eilmarsch von Sedan in die Argonnen. Die Besetzung der Pässe durch die Franzosen veranlaßte den Herzog von Braunschweig, die Argonnen mit dem Gros der Armee nördlich zu umgehen. Seine Hoffnung, den Gegner dadurch zum Rückzug zu zwingen, erfüllte sich nicht. Dumouriez' Truppen bezogen eine günstige Stellung auf den Höhen von Sainte-Menehould am Westrand der Argonnen, wo sich am 19. 9. stärkere Kräfte der Armee von Metz unter General François Christophe Kellermann (1735–1820) mit ihnen vereinigten. Die Gesamtstärke der Revolutionstruppen betrug nun 36000 Mann. Am selben Tag näherte sich auch der Herzog von Braunschweig mit 34000 Preußen. Infolge des Umgehungsmanövers standen sich die Gegner mit verkehrter Front gegenüber.

Am 20. 9. morgens besetzte Kellermann mit Infanterie und 56 Geschützen die Höhe von V. (Windmühlenberg) und nahm die aufmarschierenden preußischen Truppen unter Artilleriebeschuß. Da anhaltender Nebelregen die Sicht stark behinderte, beschränkten sich die Preußen zunächst darauf, das Feuer mit ihren 40 Geschützen zu erwidern. Als sich am frühen Nachmittag der Nebel lichtete, befahl der Herzog von Braunschweig den Angriff. Die französischen Truppen, deren einsetzende Verwirrung namentlich durch Kellermanns flammenden Appell «Es lebe die Nation!» gebannt wurde, wichen nicht. Als die preußischen Bataillone schon in traditioneller linearer Gefechtsordnung vorrückten, wurde der Angriffsbefehl zurückgenommen. Das Artillerieduell dauerte jedoch bis zum Einbruch der Dunkelheit an. Weil die meisten Geschosse (insgesamt auf über 40 000 geschätzt) wirkungslos im regennassen Boden versanken, verloren beide Seiten nur je 200–300 Mann an Toten und Verwundeten. Ein österreichisches Korps traf erst nach Beendigung der Kanonade auf dem Gefechtsfeld ein.

In den folgenden Tagen verharrten beide Seiten bei vereinbarter Waffenruhe in ihren Stellungen. Schließlich mußten die Interventen am 30. 9. den Rückzug antreten. Ihre Lage hatte sich nicht nur militärisch, sondern auch durch Verpflegungsmangel und Krankheiten rapide verschlechtert. Zudem hatte sich ihre Hoffnung, vom französischen Volk unterstützt zu werden, als Illusion erwiesen. Daß der Herzog von Braunschweig bei V. im letzten Augenblick vor dem Angriff zurückgeschreckt war, resultierte vor allem aus der Furcht, bei einem Mißerfolg von den nur ungenügend gesicherten Verbindungslinien abgeschnitten zu werden. Die Standhaftigkeit der französischen Truppen ließ ihn am sicher geglaubten Sieg zweifeln. V. war zwar keine durchkämpfte Schlacht, jedoch für die Revolutionstruppen ein großer moralischer Erfolg. Ein erst im Aufbau begriffenes Volksheer hatte der gerühmtesten Söldnerarmee ihrer Zeit standgehalten. Auf dem später errichteten Denkmal von V. stehen die Worte Johann Wolfgang von Goethes (1749–1832) über die Schlacht, deren Augenzeuge er war: «Von hier und heute geht eine neue Epoche der Weltgeschichte aus.»

Vasallenheer: militärische Organisationsform der Lehnsträger im Frankenreich und im frühfeudalen deutschen Staat.

Das V. bildete sich auf der Basis des Lehnswesens heraus, das sich seit dem 6. Jh. durch die Verbindung von Vasallität (persönliche Verpflichtung) und Benefizium (Landbesitz) im Frankenreich entwikkelte. Die Vergabe von Grundbesitz an Mitglieder der in der Zeit der → *militärischen Demokratie* ent-

Kanonade bei Valmy

Darstellung des Vasallenverhältnisses aus der ältesten Handschrift des Sachsenspiegels.
Bild 1 (erste Figurenreihe): Vasallen stehen vor dem sitzenden Lehnsherrn;
Bild 2 (zweite Figurenreihe, rechts): Vor dem sitzenden König kniet ein Reichsvasall und gelobt, sich nach 6 Wochen mit seinen eigenen Vasallen zum Heerzug einzufinden;
Bild 3 (zweite Figurenreihe, links): Der Reichsvasall von Bild 2 erscheint hier als Lehnsherr und fordert von seinem Vasallen die Heerfolge;
Bild 4 (dritte Figurenreihe, rechts vom Fluß): Ein Ritter gelobt seinem Lehnsherrn, nach 6 Wochen ins Feld zu ziehen;
Bild 5 (dritte Figurenreihe, links vom Fluß): Symbolische Darstellung des Heerzuges selbst.

standenen Gefolgschaften, an Angehörige des alten Stammesadels und später auch an unfreie Dienstmannen durch den König und den fränkischen Hochadel war mit der Verpflichtung verbunden, administrative und vor allem militärische Dienste zu leisten. Das Lehnswesen wurde durch die Karolinger gefördert und zu einer staatsrechtlichen Einrichtung erhoben, um die Adelsanarchie im Frankenreich zu überwinden und die sich herausbildende feudale Ordnung zu sichern und auszubauen. Sie setzten durch, daß die weltlichen und geistlichen Hochadligen mit ihren Vasallen zu den Heerfahrten erschienen. Diese Vasallengefolgschaften mußten beritten sein und eine bestimmte Ausrüstung und Bewaffnung aufweisen. So formierte sich aus den Lehns- und Gefolgsleuten eine gut gerüstete und schwerbewaffnete → *Kavallerie* (→ *Panzerreiter*) als Kern des feudalen Heeres. Wenn auch zahlenmäßig schwächer, war das V. in militärischer Hinsicht dem weiter existierenden allgemeinen → *Aufgebot* durch raschere Einsatzbereitschaft, größere Beweglichkeit sowie bessere Ausrüstung und Bewaffnung überlegen. In politischer Hinsicht erwies sich das V. als geeignetes Instrument des Feudaladels, Aufstände der Bauern niederzuwerfen und fremde Stämme und Völker zu unterjochen. In den → *fränkischen Expansionskriegen 5.–9. Jh.* und im Einsatz gegen den → *Stellingaaufstand 841–843* zeigte sich die waffentechnische und taktische Überlegenheit des V. über die nur leicht bewaffneten und wenig gerüsteten Fußkämpfer und Reiter der bäuerlichen Aufgebote.

Der durch die fränkischen Eroberungen beschleunigte Feudalisierungsprozeß hatte auch in den ostfränkisch-deutschen Gebieten den Verfall des allgemeinen Aufgebots und die weitere Ausbildung des V. zur Folge. Mit der Entstehung des deutschen Feudalstaates, der Festigung der Feudalherrschaft und den Eroberungskriegen des Adels im 10. Jh. wurde das V. zum dominierenden Element im Militärwesen. Seit Ende des 10. Jh. war die schwere Reiterei die einzige schlachtentscheidende Waffengattung, während das zahlenmäßig starke, aber unorganisierte Fußvolk auf dem Schlachtfeld nur Hilfsdienste leistete. Das V. bildete die militärische Hauptkraft in den Abwehrkämpfen gegen die Ungarn (→ *Lechfeld 955*), in den Eroberungszügen gegen Italien und die slawischen Stämme sowie in den bewaffneten Klassenauseinandersetzungen, besonders bei der Niederschlagung des → *sächsischen Bauernaufstandes 1073–1075.* Das V. wurde im Kriegsfall vom König aufgeboten und geführt. Es war locker organisiert und konnte nur eine bestimmte Zeit zusammengehalten werden, da die Kriegsdienstpflicht der Vasallen große Unterschiede aufwies. Nicht zuletzt wirkten sich die divergierenden Interessen der einzelnen Vasallen auf die Zuverlässigkeit des V. als Machtinstrument der Zentralgewalt aus. Mit der vollen Entfaltung des Feudalismus wandelte sich das V. seit Mitte des 11. Jh. allmählich zum → *Ritterheer.* *(s. Abb. S. 305, 367)*

Vaterländischer Unterricht: System der organisierten ideologischen und politischen Beeinflussung der Streitkräfte des deutschen Imperialismus im ersten Weltkrieg (→ *Weltkrieg, erster, 1914–1918*).

Die sich seit dem Frühjahr 1916 stark verschlechternde militärische und wirtschaftliche Situation des deutschen Imperialismus ließ die Kriegsmüdigkeit und Antikriegsbewegung unter den Volks- und Soldatenmassen rasch anwachsen. Mit der allseitigen Verschärfung der Kriegführung drängte die dritte → *Oberste Heeresleitung (OHL)* auch darauf, die ideologische Manipulierung der Bevölkerung und insbesondere der Soldaten unter ihrer Führung zu verstärken, zu vereinheitlichen und zu zentralisieren. Auf Veranlassung der OHL verfügte das preußische Kriegsministerium am 9. 7. 1917, bei den stellvertretenden Generalkommandos und bei den Armeeoberkommandos Aufklärungsoffiziere einzusetzen, die die Propaganda im Heimatheer und unter der Zivilbevölkerung bzw. bei den Feldtruppen, Etappenformationen und Besatzungstruppen anleiten sollten. Am 29. 7. 1917 erließ die OHL «Leitsätze für die Aufklärungstätigkeit unter den Truppen». Aufgabe der verstärkten und organisierteren Propaganda sollte es sein, der Antikriegsbewegung entgegenzuwirken und den Willen zum «Endsieg» einzuimpfen. Dabei nahm die Lüge vom Verteidigungskrieg Deutschlands einen zentralen Platz ein. Mitte September 1917 wurden die Bezeichnungen «Aufklärungstätigkeit» und «Aufklärungsoffizier» in «Vaterländischer Unterricht» und «Unterrichtsoffizier» geändert. Zur Leitung des V. U. entstand beim Kriegspresseamt, das der OHL unmittelbar unterstand, eine neue, 4. Abteilung, die nach Richtlinien der OHL (Abteilung III b) und des preußischen Kriegsministeriums (Nachrichtenabteilung) arbeitete. Das vom Kriegspresseamt gelieferte Material (Mitteilungen, Filme, Plakate, Broschüren u. a.) wurde in Vorträgen, Unterhaltungsabenden, Feldbibliotheken, Feldpredigten usw. verwertet. Bei Abhaltung des V. U. war eine Diskussion nicht zugelassen. Seit dem Sieg der Großen Sozialistischen Oktoberrevolution 1917 nahmen die Propaganda gegen die revolutionäre Antikriegsbewegung und das Erzeugen von Furcht vor einer Niederlage des deutschen Imperialismus immer breiteren Raum ein. Bei der inhaltlichen Konzipierung des V. U. arbeitete die militärische Führung mit Vertretern des Monopolkapitals und der reaktionären Parteien zusammen. Die Unterstützung durch rechte sozialdemokratische Partei- und Gewerkschaftsführer sollte den volksfeindlichen Charakter des V. U. verschleiern helfen. Die militärische Führung, besonders die OHL, überschätzte weit die Möglichkeiten und die Wirkungen des V. U. Weder der V. U. noch die Anwendung verschärfter Strafen vermochten es, die anwachsende Kriegsmüdigkeit und Antikriegsbewegung in den Streitkräften einzudämmen. Mit dem Scheitern der strategischen Offensive des deutschen Heeres 1918 im Westen und der zunehmenden revolutionären Entwicklung in den deutschen Interventionstruppen in Sowjetrußland wurde der Bankrott des V. U. offenkundig. Ungeachtet dessen widerspiegelten Einführung und Ausbau des V. U. die wachsende Erkenntnis der imperialistischen Militärs über die Rolle des politisch-moralischen Faktors im modernen Krieg. Die Führung der Reichswehr und der faschistischen Wehrmacht bauten auf den Erfahrungen des V. U. auf.

Verband deutscher Soldaten (VdS): seit 1951 in der BRD bestehender Zusammenschluß reaktionärer → *Soldatenverbände*, dessen Haupttätigkeit in der Glorifizierung des deutsch-faschistischen Militarismus, seiner Streitkräfte und Aggressionskriege, in einer revanchistisch-antikommunistischen Propaganda zur Aufrüstung der → *Bundeswehr der BRD* und → *NATO* sowie in der Vertretung militärpolitischer, juristischer und materieller Interessen und Ansprüche seiner Mitglieder (vor allem Berufssoldaten) besteht.

Im Prozeß der → *Remilitarisierung der BRD* wurde der VdS am 8. 9. 1951, unter maßgeblicher Förderung durch die BRD-Regierung und wohlwollend geduldet besonders durch die amerikanische Besatzungsmacht, in Bonn gegründet. Er entstand durch Zusammenschluß mehrerer Soldaten- und Traditionsverbände. Der VdS hatte 1957 (unter widerrechtlicher Einbeziehung eines Westberliner sog. Landesverbandes) 11 Landesverbände und mehr als 3000 Untergliederungen (Kreisverbände, Kreisgemeinschaften, Kreisgruppen; Bezirksverbände, Bezirksgruppen, Ortsgruppen) mit bis zu 150000 Mitgliedern. 1979 waren dem Verband 33 sog. Traditionsverbände unmittelbar angeschlossen, weitere 43 gehörten den Landesverbänden als kooperative Mitglieder an, darunter auch die berüchtigte HIAG (→ *Hilfsgemeinschaft auf Gegenseitigkeit ehemaliger Angehöriger der Waffen-SS (HIAG)*). Der VdS ist seit 1955 Mitglied der BRD-Sektion der reaktionären Europäischen Vereinigung von Kriegsteilnehmerverbänden (FEDAC). Er setzte sich aktiv für die Vereinigung aller militaristischen Organisationen der BRD ein. Unter seiner Ägide und in engem Zusammenwirken mit dem → *Kyffhäuserbund* wurde 1957, nach Überwindung taktischer und organisatorischer Differenzen, der Ring deutscher Soldatenverbände mit 85 Verbänden geschaffen. Organ des VdS ist die monatlich erscheinende Zeitung «Soldat im Volk», die sich während der zeitweiligen Fusion mit dem Kyffhäuserbund 1973–1976 «Soldat im Volk – Kyffhäuser» nannte. Basierend auf einem bei seiner Gründung beschlossenen 7-Punkte-Programm, betrieb der VdS in Wort und Schrift unter der demagogischen Forderung nach «Wiederherstellung der Rechte der ehemaligen Soldaten» eine intensive Propaganda zur Rehabilitierung der faschistischen Wehrmacht. Damit diente er der ideologischen Vorbereitung der Bundeswehr und war gleichzeitig für diese ein Kaderreservoir. Die ständige enge Zusammenarbeit mit der Bundeswehr der BRD fand 1979 ihren Niederschlag in einer entsprechenden Vereinbarung mit deren Reservistenverband, die sich auch auf die Kooperation mit dem Deutschen Bundeswehr-Verband erstreckt. Der VdS betreibt antikommunistische Propaganda, erhebt revanchistische und nationalistische Forderungen und setzt sich nachhaltig für die Steigerung der Aggressionsbereitschaft der Bundeswehr der BRD im Rahmen der NATO sowie gegen Abrüstung und Entspannung ein.

Verbandplatz: Einrichtung des militärischen → *Sanitätswesens* im Frontbereich zur Einstufung der Verwundeten und Kranken (Geschädigten), zur Erweisung der medizinischen Hilfe und zur Vorbereitung auf den medizinischen Abtransport.

Vorläufer der V. waren die sog. geschützten Plätze, auf denen die verwundeten Krieger antiker und mittelalterlicher Heere eine medizinische Hilfe erhielten. Nach französischem Vorbild – seit 1590 gab es in Frankreich bewegliche und ortsfeste → *Lazarette* für die Söldnertruppen – richtete die preußische Armee im 18. Jh. vorgeschobene Abteilungen der Lazarette als V. ein. Hier erhielten die Verwundeten erste Hilfe, ehe der Abtransport in die Hauptlazarette erfolgte. Diese Art von V. wurde auch als bewegliches Lazarett (l'hôpital volant) bezeichnet. 1792 führte der französische Generalchirurg Dominique Jean Larrey (1766–1842) bewegliche Ambulanzen (ambulantes volantes) ein, die leichte Fahrzeuge besaßen und den Verwundeten erstmalig eine umfangreichere chirurgische Hilfe auf dem Schlachtfeld gewährleisten konnten. Die Bezeichnung V. setzte sich Mitte des 19. Jh. im deutschen Sprachgebrauch durch. Der hannoveranische Generalarzt Louis Stromeyer (1804–1876) und der russische Militärarzt N. I. Pirogow (1810–1881) führten um 1850 die medizinische Einstufung der Verwundeten auf dem V. ein, die Festlegungen für die weitere Behandlung und den Abtransport in die Lazarette betraf. 1855 stellte Stromeyer in Hannover die erste Sanitätskompanie auf, zu deren Aufgaben die Einrichtung eines V. und eines leichten Feldlazarettes gehörte. Während des Preußisch-Österreichischen Krieges 1866 und des Deutsch-Französischen Krieges 1870/71 entfaltete das Sanitätspersonal der Infanteriebataillone Truppen- oder Not-V. und das Personal der leichten Feldlazarette Haupt-V. Letztere waren in Abteilungen für Einstufung und Leichtverwundetenbehandlung, für Frakturbehandlung und für unaufschiebbare Operationen eingeteilt. Während des ersten und zweiten Weltkrieges gab es in den imperialistischen deutschen Streitkräften Bataillons-V., Regiments-V. und Haupt-V. Letztere wurden von den Sanitätseinheiten der Divisionen entfaltet und besaßen im allgemeinen mehrere Abteilungen für die medizinische und ärztliche Hilfe. Der Sanitätsdienst der Bundeswehr der BRD soll im Kriegsfall Truppen-V. der Bataillone zur Erweisung der ersten ärztlichen Hilfe und Haupt-V. der Brigaden zur ersten ärztlichen und fachärztlichen Hilfe entfalten.

In den sozialistischen Streitkräften, die sich auf entsprechende Erfahrungen der Sowjetarmee im Großen Vaterländischen Krieg der Sowjetunion (1941–1945) und auf die Fortschritte in der Medizin und Medizintechnik stützen, gibt es Bataillons-V. für die erste medizinische Hilfe, Regiments-V. für die erste medizinische und die erste ärztliche Hilfe und Divisions-V. für die erste ärztliche und die qualifizierte medizinische Hilfe.

Verdun 1916: Schlacht im ersten Weltkrieg (→ *Weltkrieg, erster, 1914–1918*) zwischen deutschen und französischen Truppen vom 21. 2. bis 18. 12. 1916, die mit der Niederlage der deutschen Seite endete, woraus sich eine Wende im Kriegsverlauf zugunsten der Entente anbahnte.

Ende 1915 beschloß die → *Oberste Heeresleitung (OHL)*, 1916 die Kriegsentscheidung im Westen herbeizuführen. In krassem Widerspruch zu den Kampferfahrungen an der Westfront glaubte der Chef des Generalstabes des Feldheeres, General Erich von Falkenhayn (1861–1922), mit relativ geringen Kräften, aber gewaltigem Artillerieeinsatz dem französischen Heer bei V. eine vernichtende Niederlage bereiten zu können. Er nahm an, das französische Oberkommando würde versuchen, V. als den nördlichen Eckpfeiler der französischen Festungsfront um jeden Preis zu halten, und dafür immer neue Kräfte einsetzen. Auf diese Weise sollte das französische Feldheer nach und nach auf V. gezogen und dort ausgeblutet werden. Außerdem spekulierte Falkenhayn darauf, die neuaufgestellten britischen Armeen zu einer verfrühten Entlastungsoffensive veranlassen und danach entscheidend schlagen zu können. Zugleich sollte der uneingeschränkte → *U-Boot-Krieg* die britische Wirtschaft abschnüren und dazu beitragen, den Hauptgegner Großbritannien zum Frieden zu zwingen. Die Offensive (Deckname «Gericht») wurde vom Oberkommando der 5. Armee vorbereitet und geleitet, das im Gegensatz zu Falkenhayn eine rasche Eroberung V. durch Angriffe auf beiden Maasufern plante. Falkenhayn begrenzte jedoch die Offensive auf das östliche Maasufer. Vorgesehen waren dafür 10 Divisionen. In der Hauptrichtung (Nordabschnitt mit Fort Douaumont), dem stärksten Abschnitt des Festungsbereichs, konzentrierte das AOK 5 auf 13 km Breite 6½ Divisionen und 858 Geschütze, davon 576 schwere und schwerste. Die maximale Artilleriedichte betrug 160 Rohre je Frontkilometer. Außerdem verfügte die 5. Armee über 202 Minenwerfer und starke Fliegerkräfte (168 Flugzeuge, mehrere Luftschiffe und zahlreiche Fesselballons). 2,5 Mill.

Schlacht um Verdun –
21. Februar bis 18. Dezember 1916

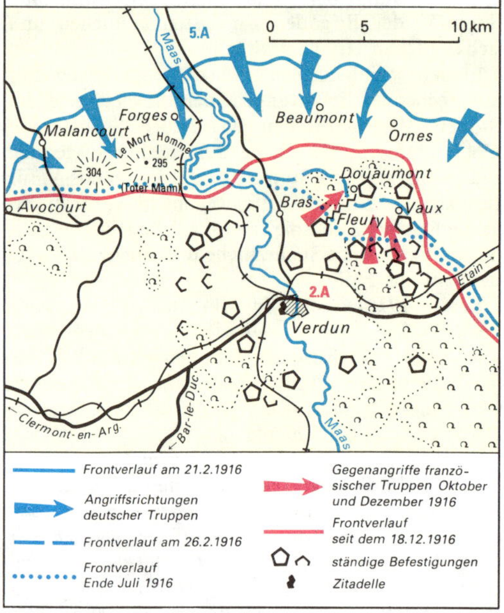

Granaten wurden bereitgelegt, darunter ein großer Teil Gasgranaten (→ *chemische Kriegführung*). Das deutsche Angriffsverfahren gründete sich vor allem auf eine kürzere, massierte Artillerievorbereitung, um den Gegner zu überraschen. Zur Verstärkung des Infanterieangriffs wurden → *Flammenwerfer* und besondere Handgranatentrupps eingesetzt. Auf französischer Seite standen anfangs nur 3 Divisionen und 263 Geschütze. Die Stärke V. lag in der Kombination von ständigen Befestigungsanlagen (Forts) und Feldbefestigungen (→ *Befestigungen*), die dem hügeligen und auf dem Ostufer schluchten- und waldreichen Gelände angepaßt waren. Die ständigen Befestigungen waren jedoch weitgehend desarmiert, die vorgelagerten 3 Feldstellungen unfertig. Schlechtes Wetter zwang dazu, den Angriffstermin mehrfach zu verschieben, so daß der Gegner seine Verteidigung verstärken konnte und die Überraschung teilweise verlorenging.

Mit der Offensive ergriff zunächst das deutsche Heer die strategische Initiative und störte erheblich die französisch-britischen Vorbereitungen für die Angriffsoperation an der → *Somme 1916*. Die Offensive begann am 21. 2. 1916 mit einer 8stündigen, zeitweise zum Trommelfeuer gesteigerten Artillerievorbereitung von bis dahin unerreichter Stärke und erzielte beträchtliche Anfangserfolge. Mit der Einnahme des Forts Douaumont durch deutsche Truppen (25. 2.) erreichte die Krise auf französischer Seite ihren Höhepunkt. Doch die deutsche Angriffskraft war vorerst erschöpft, während sich die französische Verteidigung durch Reserven stabilisierte. Das französische Oberkommando hatte sich entschlossen, V. unbedingt zu halten und dafür alle verfügbaren Heeresreserven, insbesondere die 2. Armee, einzusetzen. Da die Eisenbahnlinie Clermont – V. durch deutsches Artilleriefeuer zerstört war, erfolgten die opera-

Angriff deutscher Infanterie unter Einsatz von Flammenwerfern auf die Höhe 295 «Toter Mann», 15. März 1916

tive Umgruppierung und die Versorgung hauptsächlich durch motorisierte Kolonnen auf der Straße Bar-le-Duc – Souilly – V. Das war erstmalig in der neueren Kriegsgeschichte. Vom 22. 2. bis 7. 3. wurden 190000 Mann und 25000 t Material mit 3900 Kfz herantransportiert. Seit Ende Februar versuchten die deutschen Truppen, die Befestigungen von V. abschnittsweise zu erobern. Es entwickelte sich die erste große sog. Material- oder Zermürbungsschlacht des Krieges. Sie bestand aus vielen Angriffs- und Verteidigungsgefechten und massiertem Artillerieeinsatz, der immer wieder gesteigert wurde und das Gelände in ein ödes Trichterfeld verwandelte. Die deutschen Truppen mußten den Kampf vorwiegend in kleinen Gruppen mit MG in Granattrichtern führen. Forts und Reste zertrümmerter Dörfer wurden wochen- und monatelang erbittert umkämpft. Um das französische Flankenfeuer vom West- auf das Ostufer der Maas auszuschalten, wurden die deutschen Angriffe am 6. 3. auf das westliche Maasufer ausgedehnt. Bis Ende Mai lag dort das Schwergewicht der Schlacht. In wochenlangen, beiderseits verlustreichen Kämpfen eroberten die deutschen Truppen die Höhen Toter Mann (Ende Mai) und 304, doch das französische Flankenfeuer blieb. Ab Ende März besaß die französische Seite die allgemeine Überlegenheit an Kräften und Mitteln und im Mai auch die Luftüberlegenheit. Obwohl die deutsche Führung seit Anfang April das Fehlschlagen der Offensive eingestehen mußte, spekulierte sie weiter auf den Fall von V. Sie jagte ihrer Annexionsziele wegen und auch aus Prestigegründen noch monatelang Zehntausende Soldaten in die Schlacht, die fast alle Reserven des Feldheeres verschlang. Ende Mai sprach sich Falkenhayn für die Annexion des Forts Douaumont aus, um das Erzgebiet von Briey, ein Hauptkriegsziel des deutschen Imperialismus, zu sichern. In der ersten Junihälfte erreichte die Schlacht ihren Höhepunkt. Am 7. 6. eroberten deutsche Truppen Fort Vaux und kamen damit bis auf 4 km an die Stadt V. heran. In dieser für Frankreich kritischen militärischen Situation, die auch innenpolitische Rückwirkungen hatte, begann sich jedoch die erfolgreiche Offensive der russischen Südwestfront (Brussilow-Offensive) auszuwirken. Die OHL mußte Kräfte und Mittel aus dem Westen abziehen. Nachdem auch der vom 21. bis 23. 6. unter Einsatz des neuentwickelten sog. Grünkreuz-Kampfstoffes geführte deutsche Großangriff gescheitert war und die britisch-französische Offensive an der Somme (seit 24. 6.) eingesetzt hatte, mußte die OHL am 12. 7. für die V.front den Übergang zur Verteidigung anordnen. In der Folgezeit wurden der dezimierten deutschen 5. Armee zunehmend Kräfte und vor allem Artillerie für die Sommefront entzogen. Den endgültigen Abbruch der Offensive, die die französische Front nur 7–10 km zurückgedrückt hatte, befahl die OHL am 2. 9. nach Falkenhayns Sturz.

Seit Mitte Juli wurde der Verlauf der Schlacht von den französischen Truppen bestimmt. Gestützt auf ein neues, vorwiegend auf die Überraschung gegründetes Angriffsverfahren (Anwendung der sog. Feuerwalze), eroberten sie am 24. 10. Fort Douaumont und am 2. 11. Fort Vaux zurück. Noch erfolgreicher verlief ihr Angriff vom 15. bis 18. 12., bei dem die deutsche Abwehr zusammenbrach. Die deutschen Truppen hatten damit einen Großteil des vom Februar bis Juli unter schweren Verlusten eroberten Geländes wieder eingebüßt. In der Schlacht um V. erlitt das deutsche Heer seine schwerste Niederlage seit der Marneschlacht 1914. Es verlor insgesamt 337 000 Mann an Toten, Vermißten, Verwundeten und Gefangenen, der Gegner 377 000 Mann. Bis zum 1. 9. wurden 47 deutsche und 80 französische Divisionen eingesetzt. Auf dem räumlich begrenzten Schlachtfeld (15–30 km Breite und bis 10 km Tiefe) gingen über 14 Mill. deutsche und 15 Mill. französische Granaten nieder. In der «Hölle von V.» nahmen Kriegsmüdigkeit und Antikriegsstimmung unter den Soldaten beider Seiten rapide zu. Die Niederlage des deutschen Heeres bei V. war eine wesentliche Voraussetzung für den im Sommer 1916 einsetzenden grundlegenden militärischen Umschwung zugunsten der Entente. Nach 1918 wurde die Schlacht um V. im Sinne der militaristischen Massenbeeinflussung durch Legenden und Geschichtsklitterung verklärt.

Vereinte Streitkräfte des Warschauer Vertrages → *Warschauer Verteidigungsbündnis*

Verfolgung → *Kriegskunst*

Vergatterung: nach vorgeschriebenem Zeremoniell und festgelegten Kommandos (Signalen) durchgeführte Übernahme des Wachdienstes und Ablösung der alten Wache.

Die Bezeichnung V. bedeutete im militärischen Sprachgebrauch ursprünglich allgemein Sammeln. Bereits in der Schwäbischen Kreisverfassung von 1563 war ein Kapitel der «Vergadderung oder Versammlung des Kriegsvolcks» gewidmet. Die V. erlangte spezielle Bedeutung für den Wachdienst und

Luftaufnahme des umkämpften Forts Douaumont

wurde in allen deutschen Armeen fester Bestandteil dieser Gefechtsaufgabe. Das Kommando «Vergatterung!» besagte, daß die Wache versammelt war und für eine bestimmte Zeit ein neues Vorgesetzten- und Unterstellungsverhältnis galt. Mit der V. wurde die Wache als bewaffnete Einheit aus dem allgemeinen Unterstellungsverhältnis herausgelöst und trat unter den ausschließlichen Befehl der Wachvorgesetzten. Der nach besonderen Bestimmungen durchgeführte Wachdienst dauerte von der V. bis zum Abmarsch nach vollzogener Ablösung. Anstelle des mündlichen Kommandos wurde die V. früher auch durch ein entsprechendes Signal der Spielleute verkündet.

In der NVA der DDR besteht die V. in der Überprüfung der Bereitschaft der neuen Wache zur Durchführung des Wachdienstes, ihrer Unterstellung unter die Wachvorgesetzten, die mit dem Kommando «Vergatterung!» beginnt, sowie in der Ermächtigung zur Ablösung der alten Wache.

Verkehrstruppen: zusammenfassende Bezeichnung für technische Sonderformationen zur Bewegung, Versorgung und Führung von Truppen im → *kaiserlich-deutschen Heer.*

Die Erfindung, Entwicklung und militärische Nutzung der Eisenbahn, elektrischer Nachrichtenmittel (Telegraf, Telefon, Funk), des Luftschiffs und Flugzeugs sowie des Kraftfahrzeugs führten im letzten Drittel des 19. Jh. zur Herausbildung entsprechender militärischer Sonderformationen (→ *Eisenbahntruppen,* Telegrafen-, Luftschiffer-, Flieger- und → *Kraftfahrtruppen*). Diese wurden – zusammen mit den → *Pioniertruppen* – auch als → *Technische Truppen* bezeichnet. Zunächst lösten sich 1899 die Eisenbahn-, Luftschiffer- und Telegrafentruppen aus dem Zuständigkeitsbereich der Pioniertruppen und wurden unter der (preußischen) Inspektion der V. zusammengefaßt. Nach deren Erweiterung zur Generalinspektion des Militärverkehrswesens 1911 wurden ihr auch die Flieger- und Kraftfahrtruppen unterstellt. Die wachsende Rolle der Technik im Militärwesen führte besonders im Verlauf des ersten Weltkrieges (1914–1918) zu einem raschen Ausbau der V. Dieser entsprach jedoch nicht den technischen

Lastenselbstfahrer der preußischen Verkehrstruppen auf einer Wintererprobungsfahrt

Möglichkeiten und den Erfordernissen der modernen Kriegführung. Dabei wirkte sich auch der technische Konservatismus vieler führender Militärs hemmend aus. Die rasche Entwicklung der technischen Mittel und die Bedingungen des bewaffneten Kampfes bewirkten, daß sich aus den einzelnen Zweigen der V. selbständige Waffengattungen bzw. Spezialtruppen herausbildeten. In der Folge wurde die Bezeichnung V. nicht mehr im ursprünglichen Sinne verwandt. In der Reichswehr gab es eine Inspektion der V., in der die Nachschubtruppen (Kraftfahrtruppen und pferdebespannte Fahrtruppen) zeitweilig zusammengefaßt waren.

Versailler Vertrag 1919 → *Reichswehr,* → *Weltkrieg, erster, 1914–1918*

Verschwörung vom 20.7.1944: Umsturzversuch von Kreisen des Monopolkapitals, der höheren Beamtenschaft, des diplomatischen Dienstes, des Offizierskorps und der Generalität der Wehrmacht mit dem Ziel, Adolf Hitler (1889–1945) und andere Naziführer zu beseitigen, das faschistische Regime zu stürzen und den Weg zur Beendigung des zweiten Weltkrieges zu ebnen.

Die V. entwickelte sich im Zusammenhang mit dem sich zuungunsten des faschistischen Blocks verändernden Kräfteverhältnis sowie der sich daraus ergebenden Krise des faschistischen Deutschlands. Der bestimmende Faktor für das Heranreifen dieser

Entwicklung der Verkehrstruppen 1875–1918

Truppenteile	1875	1914		1918
	Friedensstärke	Friedensstärke	Mobilmachung	
Eisenbahnkompanien (ohne Spezialformationen)	5	34	106	387
Telegrafenbataillone/ Fernsprechabteilungen	–	9	52	ca. 240/312
Fliegerbataillone/ Fliegerabteilungen	–	5	33	294
Luftschifferabteilungen	–	5	9	56

Krise waren die gewaltigen Anstrengungen der Sowjetunion und ihrer Streitkräfte, die an der deutsch-sowjetischen Front den grundlegenden militärischen Umschwung im Kriegsverlauf zugunsten der Antihitlerkoalition herbeiführten. Die Landung angloamerikanischer Streitkräfte am 6. 6. 1944 in Nordfrankreich und die Belorussische Operation der Sowjetarmee, die am 22.6.1944 begann, machten die totale Niederlage des faschistischen Deutschlands absehbar. Dennoch war die Mehrheit der deutschen Großbourgeoisie nicht bereit, mit dem Krieg Schluß zu machen. Eine einflußreiche Minderheit aber drängte angesichts der herannahenden Katastrophe auf seine rasche Beendigung. Seit Sommer 1943 hatte sich in bestimmten Kreisen des Monopolkapitals, der höheren Beamtenschaft, des diplomatischen Dienstes und der Wehrmacht eine Opposition zu formieren begonnen, die zum Träger der V. wurde. Zu den führenden Verschwörern gehörten der deutschnationale Politiker und ehem. Leipziger Oberbürgermeister Carl Goerdeler (1884–1945), der ehem. Botschafter Ulrich von Hassel (1881–1944), der Jurist und Mitbegründer des Kreisauer Kreises Helmuth von Moltke (1907–1945), der sozialdemokratische Funktionär Julius Leber (1891–1945), der sozialdemokratische Geschichtsprofessor Adolf Reichwein (1898–1944), Oberst Claus Schenk von Stauffenberg (1907–1944), Chef des Stabes beim Befehlshaber des Ersatzheeres, Generalmajor Henning von Tresckow (1901–1944), 1. Generalstabsoffizier der Heeresgruppe Mitte, und der ehem. Chef des Generalstabes Generaloberst a. D. Ludwig Beck (1880–1944).

Die Motive und Zielvorstellungen der einzelnen Personen und Gruppen waren sehr verschieden, vor allem hinsichtlich der Fragen, wie der Krieg beendet und was für eine Staats- und Gesellschaftsordnung an die Stelle des Naziregimes treten sollte. Weitblikkende und realistische Vorstellungen besaß die Gruppe um Stauffenberg. Sie war überzeugt, daß nur durch die Beseitigung des faschistischen Diktators die sofortige Einstellung der Kampfhandlungen an allen Fronten zu erreichen war. Stauffenberg und seine Kampfgefährten erstrebten eine Art antifaschistisch orientierte bürgerliche Demokratie, einen Staat, an dessen Regierung Kräfte aus allen Schichten des Volkes beteiligt sind, in dem neue soziale Wirtschaftsformen eingeführt werden und der mit den anderen Völkern friedliche Beziehungen unterhält. Ungeachtet aller differierenden Auffassungen verband die Verschwörer das Ziel, das Naziregime zu beseitigen, den Krieg schnell zu beenden und damit eine nationale Katastrophe zu verhindern.

Neben einer Anzahl von Beteiligten in verschiedenen Ministerien und anderen zentralen Dienststellen des zivilen Bereichs konnte sich die V. auf ein relativ verzweigtes, wenn auch locker geknüpftes Netz militärischer Verbindungsleute stützen. Es reichte bis in die Stäbe einzelner Heeresgruppen an der deutsch-sowjetischen Front sowie im Westen, aber auch in das Amt Ausland/Abwehr des OKW und andere militärische Dienststellen hinein. Organisatorisches Zentrum bildete eine Gruppe von Offizieren im Stab des Ersatzheeres sowie im Allgemeinen Heeresamt. Nach mehreren fehlgeschlagenen Versuchen Mitverschworener verübte Stauffenberg am 20. 7. 1944 ein Attentat auf Hitler in dessen Hauptquartier, der bei Rastenburg in Ostpreußen gelegenen «Wolfsschanze». Inzwischen begannen in Berlin, Wien, Paris und anderen Orten Aktionen von Generalen und Offizieren, um Naziführer zu verhaften und die Macht in die Hände der Militärbefehlshaber zu bringen. Stauffenberg hatte diese Aktionen mit dem Stichwort «Walküre» ausgelöst. Er machte sich damit einen Aktionsplan zunutze, der von den Faschisten selbst für den Fall «innerer Unruhen» ausgearbeitet worden war und die Übernahme der vollziehenden Gewalt durch die Wehrmacht vorsah.

Hitler erlitt jedoch lediglich leichtere Verletzungen. Ebenso mißlang der Plan, nach dem Attentat von Berlin aus die faschistischen Führungsspitzen sowie die SS und die Gestapo auszuschalten. Der Staatsstreichversuch brach in Berlin nach wenigen Stunden zusammen. Bei der Masse der Befehlshaber und Kommandeure, insbesondere an der deutsch-sowjetischen Front, war er auf Ablehnung gestoßen. Lediglich in Paris war es gelungen, die faschistischen Führungsstellen sowie die Organe der SS und der Gestapo auszuschalten, doch die Verschwörer mußten hier nach dem Fehlschlag in Berlin den Rückzug antreten. Die V. scheiterte an der Unentschlossenheit der beteiligten Generale, vor allem aber an ihrer Isoliertheit und der ablehnenden Haltung der Mehrheit der Verschwörer, der Aktion eine Massenbasis zu verschaffen und die antifaschistische Widerstandsbewegung einzubeziehen. Dabei war die Hauptkraft des deutschen Widerstandes, die KPD, die stets einen organisierten, konsequenten Kampf gegen den Faschismus und seinen Raubkrieg führte, entsprechend ihrer Volksfrontpolitik zur Zusammenarbeit bereit. Aber nur die Kräfte um Stauffenberg versuchten, mit antifaschistischen Kämpfern aus der Arbeiterbewegung in Verbindung zu kommen. Sie nahmen mit der operativen Leitung der KPD Kontakte auf und bemühten sich auch um Beziehungen zur Bewegung «Freies Deutschland».

Das Hitlerregime nutzte den fehlgeschlagenen Putsch, um seinen Massenterror weiter zu verschärfen. Außer den Verschwörern wurden Tausende Antifaschisten verhaftet und hingerichtet. Im August 1944 ermordeten die Faschisten Ernst Thälmann (1886–1944), den hervorragenden Führer der KPD.

Das Attentat auf Hitler war eine patriotische, antifaschistische Aktion. Das Handeln Stauffenbergs und seiner Gefährten war eine Form des Kampfes gegen den Faschismus, ein heroischer Versuch, dem Krieg, der Massenvernichtung von Menschen und materiellen Gütern ein Ende zu setzen.

Verteidigung → *Kriegskunst*

Verteidigungsgesetz der DDR → *Landesverteidigung der DDR,* → *Recht der Landesverteidigung der DDR*

Vertrag über Freundschaft, Zusammenarbeit und gegenseitigen Beistand 1955 → *Warschauer Verteidigungsbündnis*

Vierjahresplan: Konzeption und zentrales staatsmonopolistisches Lenkungssystem zur wirtschaftlichen Vorbereitung und Sicherstellung des Aggressionskrieges des faschistischen deutschen Imperialismus (→ *Weltkrieg, zweiter, 1939–1945*).

Die kriegswirtschaftliche Konzeption des faschistischen deutschen Imperialismus, die im Spätsommer 1936 die Bezeichnung V. erhielt, entstand in den 30er Jahren beim Monopolkapital und in der faschistischen Führung unter maßgeblicher Mitwirkung der IG Farben. Ihr lag der Gedanke zugrunde, daß das ökonomische Potential Deutschlands für einen längeren Krieg um die Weltherrschaft nicht ausreiche und die Wirtschaft daher wenigstens für die erste Phase des Krieges von Rohstoffimporten weitgehend unabhängig gemacht werden müsse. Eine zunehmende Rüstungskrise, die sich in drükkendem Devisen- und Rohstoffmangel und in inflatorischen Tendenzen äußerte, stimulierte die Orientierung maßgeblicher Kreise des deutschen Finanzkapitals, der Wehrmacht und der faschistischen Führung auf diese abenteuerliche Konzeption. Das war zugleich eine Absage an die von Teilen der herrschenden Klasse vertretene Konzeption einer langfristigen Rüstung unter Einbeziehung eines ausgedehnten wirtschaftlichen Hinterlandes, vor allem im Südosten und Süden Europas, und unter Rückendekkung durch das anglo-amerikanische Finanzkapital.

Hermann Göring (1893–1946), preußischer Ministerpräsident sowie Reichsluftfahrtminister und Oberbefehlshaber der Luftwaffe, im April 1936 zum Rohstoff- und Devisenkommissar ernannt, baute einen Rohstoff- und Devisenstab – den Kern der späteren V.organisation – auf. Seine engsten Berater waren vor allem Mitarbeiter des IG-Farben-Konzerns, von denen auch die entscheidenden wirtschaftspolitischen Überlegungen stammten, die der V.denkschrift Adolf Hitlers (1889–1945) vom August 1936 zugrunde lagen. Danach sollte ein gewaltiges, volkswirtschaftlich äußerst riskantes industrielles Investitionsprogramm durchgepeitscht werden. In vier Jahren sollte die Wirtschaft kriegsfähig und die Wehrmacht kriegsbereit sein. Die Denkschrift ging von dem Grundgedanken aus, daß die Auseinandersetzung mit der UdSSR unvermeidbar sei.

Am 18. 10. 1936 wurde Göring zum Beauftragten für den V. ernannt und mit diktatorischen Befugnissen im Bereich der gesamten Wirtschaft versehen. Der staatsmonopolistische Apparat des Beauftragten für den V. bestand aus 7 Geschäftsgruppen (Abteilungen), deren wichtigste das Amt für deutsche Roh- und Werkstoffe war. Die Leiter der Geschäftsgruppen und führende Vertreter (Staatssekretäre) anderer Wirtschaftsressorts einschließlich des Wehrwirtschaftsstabes (→ *Wehrwirtschafts- und Rüstungsamt*) bildeten den Generalrat des V., ein häufig tagendes Koordinierungszentrum der wirtschaftlichen Kriegsvorbereitung.

Eine einflußreiche Rolle spielten die großen Monopole und Banken, wobei der IG-Farben-Konzern eine dominierende Position einnahm. Von Anfang an lagen Produktions- und Investitionsplanung zu einem bedeutenden Teil, die Leitung von Forschung und Entwicklung sogar vollständig monopolisiert in den Händen der Vertreter dieses größten deutschen Konzerns. Am 22. 8. 1938 ernannte Göring den IG-Farben-Direktor Carl Krauch (1887–1968) zu seinem Bevollmächtigten für die Erzeugung von Mineralöl, Kautschuk und Leichtmetallen, von Schieß- und Sprengstoffen sowie für die Erzeugung von chemischen Kampfmitteln (Generalbevollmächtigter Chemie). In der Folgezeit wurde die bisherige V.organisation weitgehend aufgelöst oder ging in anderen Institutionen auf bzw. wurde dahin zurückgegliedert. Aber ihre neugebildeten Organe – an erster Stelle der Generalbevollmächtigte Chemie und das 1939 gebildete und ebenfalls von Krauch geleitete Reichsamt für Wirtschaftsausbau – übten eine wirksame Regulierungsgewalt über große Teile der Volkswirtschaft aus. Sie stellten bis 1942 neben dem Wehrwirtschafts- und Rüstungsamt des OKW die mächtigste staatsmonopolistische Gruppierung in der Rüstungs- und Kriegswirtschaft dar. Die dem Beauftragten für den V. übertragenen umfassenden Vollmachten betrafen im Kriege auch die Ausraubung und Ausbeutung der besetzten Länder im Sinne der V.konzeption. Diese Funktion wurde von Göring, der sich die Oberleitung vorbehielt, ab 1940 weitgehend an verschiedene andere staatsmonopolistische Organe delegiert.

Die V.organisation existierte in kaum veränderter Form bis Kriegsende. Jedoch ging der Einfluß Görings auf sie nach dem Scheitern der Blitzkriegskonzeption rapide zurück. Vom Standpunkt der Blitzkriegskonzeption aus bedeuteten die im Rahmen des V. erreichten Erzeugungs- und Vorratsziffern eine relativ stabile volkswirtschaftliche Grundlage, die sich noch wesentlich durch die imperialistischen Annexionen unmittelbar vor dem Krieg festigte.

Vizeadmiral → *Admiral*

völkerrechtliche Abkommen über die Regeln der Kriegführung: zwischenstaatliche Vereinbarungen über die Verhaltensnormen der Streitkräfte in bewaffneten Kämpfen gegenüber der bewaffneten Macht, der Zivilbevölkerung und dem Eigentum der Gegenseite sowie über die Beziehungen der Kriegführenden zu den neutralen Staaten.

Die völkerrechtlichen Abkommen über die Regeln der Kriegführung (Konventionen, Deklarationen, Protokolle) sind, zusammen mit dem sie ergänzenden Gewohnheitsrecht, Bestandteil des Völkerrechts. Der Komplex dieser Normen wird auch als Gesetze und Gebräuche des Krieges, als Kriegsvölkerrecht, als Recht der bewaffneten Konflikte und mitunter als Kriegsrecht bezeichnet (→ *Regeln des Landkrieges,* → *Regeln des Luftkrieges,* → *Regeln des Seekrieges*).

Die völkerrechtlichen Abkommen über die Regeln der Kriegführung sind das Ergebnis einer langen historischen Entwicklung und tragen Klassencharakter. Im Altertum und im Feudalismus bildeten sich Bräuche der Kriegführung heraus, die bei den Völkern unterschiedlich waren. Über viele Jahrhunderte hinweg entwickelten sich die Regeln der Kriegführung als Gewohnheitsrecht. Zu diesen Regeln gehörten z. B. die Anerkennung von → *Parlamentären* und die Pardongewährung. Im Feudalismus wurden Krieg und Kriegführung wesentlich von der Kirche reglementiert, z. B. durch den sog. Gottesfrieden, das zeitweilige Verbot von Kampfhandlungen. Die allmähliche Anerkennung des Kriegsgewohnheitsrechts zeigte sich darin, daß in Europa von 1581 bis 1864 rd. 290 bilaterale Abkommen zwischen Kriegführenden abgeschlossen wurden, insbesondere über die Behandlung kranker und verwundeter → *Kriegsgefangener.* Die Regeln der Kriegführung galten nicht für die Kriege der Feudalherren gegen «Ungläubige» (→ *Kreuzzüge 11.–13. Jh.*) und bei der Niederwerfung aufständischer Bauern.

Mit der Durchsetzung des Kapitalismus bildete sich das bürgerliche Völkerrecht heraus, und seit der Mitte des 19. Jh. wuchs die Tendenz zur Kodifizierung der Kriegsregeln. Unter dem Eindruck des Krimkrieges (1853–1856) wurde 1856 die Pariser Seerechtsdeklaration beschlossen. Die blutige Schlacht von Solferino 1859 veranlaßte humanistisch gesinnte Persönlichkeiten, sich für die Erleichterung des Schicksals der Kriegsopfer und die Bildung freiwilliger Hilfsgesellschaften zur Unterstützung der militärischen Sanitätsabteilungen einzusetzen. Am 22. 8. 1864 wurde die Genfer Konvention zur Verbesserung des Schicksals der verwundeten Soldaten der Armeen im Felde abgeschlossen, 1887 ein neutrales internationales Büro des Roten Kreuzes geschaffen.

Auf der Grundlage des entwickelten Gewohnheitsrechts, innerstaatlicher Regelungen und wissenschaftlicher Werke über das Kriegsvölkerrecht kam es an der Wende vom 19. zum 20. Jh. in breitem Umfang zur Kodifizierung der Regeln der Kriegführung, insbesondere auf den diplomatischen Konferenzen in Den Haag vom 18. 5. bis 29. 7. 1899 und vom 15. 6. bis 18. 10. 1907, an denen 26 bzw. 44 Länder teilnahmen. Einige imperialistische Regierungen hatten die Initiative zur Einberufung der Haager Konferenzen ergriffen, um durch die Erörterung der Abrüstungsfrage und gewisser Beschränkungen der Kriegführung dem Friedenskampf der revolutionären Arbeiterbewegung und dem bürgerlichen Pazifismus entgegenzuwirken und die Völker zu täuschen. Über Rüstungsbeschränkungen wurde vor allem aufgrund der ablehnenden Haltung des Deutschen Reiches nicht verhandelt. Dagegen gelang es, eine Reihe von Abkommen über die Regeln der Kriegführung auszuhandeln. Die 3 Konventionen und 3 Deklarationen der Haager Konferenz von 1899 wurden jedoch nicht von allen Teilnehmerstaaten unterzeichnet. Am bedeutendsten war die Konvention über die Gesetze und Gebräuche des Krieges mit der sog. Haager Landkriegsordnung (HLKO) als Anlage. Die Konferenz von 1907 (13 Konventionen und 2 Deklarationen) hat die Abkommen von 1899 teilweise bestätigt, modifiziert und erweitert. Hinzu kamen 8 Konventionen über die Regeln des Seekrieges.

Das Hauptanliegen der Abkommen bestand darin, angesichts der gewaltigen Militärpotentiale der imperialistischen Mächte den Kriegführenden gewisse Beschränkungen aufzuerlegen. Diese Beschränkungen betrafen folgende Komplexe: die Wahl der Mittel zur Schädigung des Gegners; den Status der Teilnehmer am bewaffneten Kampf sowie den der Kriegsgefangenen und der Zivilbevölkerung; die Rechtsnormen für das Eigentum des Gegners und für die Stellung der Neutralen. Die Haager Abkommen haben ihre Gültigkeit zum großen Teil bis heute behalten. Ihre bindende Kraft wurde jedoch bereits durch die Absicht eingeschränkt, die Leiden des Krieges nur so weit zu mildern, wie es die «militärischen Interessen» der Kriegführenden gestatten (IV. Haager Abkommen vom 18. 10. 1907), sowie durch die Allbeteiligungsklausel. Diese legte fest, daß die vereinbarten Bestimmungen nur dann gültig sind, wenn alle Kriegführenden die betreffenden Haager Abkommen anerkannt haben. Seit dem ersten Weltkrieg wurde die Allbeteiligungsklausel allmählich überwunden. Nach dem zweiten Weltkrieg lehnten der Internationale Militärgerichtshof in Nürnberg und andere Tribunale es ab, die Allbeteiligungsklausel als Entlastung für die faschistischen Kriegsverbrecher anzuerkennen. In den 4 Genfer Abkommen von 1949 wurde sie ausgeschlossen. Die

Grenzen der Haager Abkommen ergaben sich aus ihrem Klassencharakter. Das Recht zum Kriege (Jus ad bellum) war und blieb eine Grundnorm der Politik der imperialistischen Mächte, insbesondere der des deutschen Kaiserreiches, das am stärksten zum Krieg um die Neuaufteilung der Welt drängte. Seine politische und militärische Führung sowie seine Völkerrechtler vertraten den Grundsatz: Kriegsräson geht vor Kriegsrecht. Im aggressiven Wesen des Imperialismus wurzelt die Bereitschaft seiner herrschenden Kreise, bei der Verwirklichung ihrer verbrecherischen Kriegsziele das Völkerrecht zu brechen. Die Einhaltung völkerrechtlicher Abkommen sahen sie in erster Linie als eine Frage des Kräfteverhältnisses und der Zweckmäßigkeit an. Im ersten Weltkrieg (1914–1918) wurde das Völkerrecht von beiden Seiten skrupellos gebrochen, wobei der deutsche Imperialismus wiederholt die Initiative hierzu ergriff. Nur in wenigen Fällen kam es zu zweiseitigen Abkommen humanitären Inhalts, z. B. über den Austausch verwundeter Kriegsgefangener. Einen konsequenten Kampf für die Einhaltung des Völkerrechts führte allein die revolutionäre Arbeiterbewegung. Unter dem Eindruck der Kriegsverbrechen und der Forderung der Volksmassen nach Bestrafung der Verantwortlichen setzten die imperialistischen Siegermächte 1919 eine Untersuchungskommission ein und stellten eine Kriegsverbrecherliste auf. Sie versuchten damit, die alleinige Verantwortung für den Krieg und die Völkerrechtsbrüche dem geschlagenen deutschen Konkurrenten anzulasten. Die in der Weimarer Republik gebildeten Untersuchungsausschüsse beschuldigten ihrerseits die Siegermächte und rechtfertigten die deutschen Völkerrechtsbrüche als Notwehr- und Vergeltungshandlungen. Nach 1919 wurden in Deutschland gegen 1635 Personen Verfahren eingeleitet, aber nur 9 Prozesse geführt und 4 Angeklagte zu geringen Strafen verurteilt.

Mit dem Sieg der Großen Sozialistischen Oktoberrevolution 1917 begann die Herausbildung eines neuen, demokratischen Völkerrechts und die allmähliche Überwindung der Unterordnung des Völkerrechts unter die imperialistische Kriegspolitik und Kriegführung. Die von der Sowjetmacht verkündeten demokratischen Völkerrechtsprinzipien und ihr konsequenter Kampf gegen den imperialistischen Krieg gewannen zunehmenden Einfluß auf die weitere Entwicklung des Völkerrechts. Die imperialistischen Mächte sahen sich zu einer Reihe von internationalen Konferenzen und Abkommen veranlaßt, die dem weiteren Ausbau des Völkerrechts in ihrem Interesse dienen sollten. Dazu gehörte der sog. Briand-Kellogg-Pakt vom 27. 8. 1928, dem auch Deutschland beitrat. Dieser ächtete den Krieg als Mittel der Politik zur Regelung internationaler Streitigkeiten und entsprach damit den Interessen der friedliebenden Völker. Er enthielt aber noch keine Definition des Aggressors und keine Ankündigung von Sanktionen gegen einen solchen. Eine Definition der Aggression legte 1933 erstmals die Sowjetunion vor.

Die schwerste Bedrohung des Völkerrechts ging vom faschistischen Deutschland aus, das in schärfster Form das Recht zum Kriege propagierte, den Briand-Kellogg-Pakt diffamierte und vor einer Humanisierung der Kriegführung warnte. In den Kriegen und Aggressionsakten der imperialistischen Mächte vor dem zweiten Weltkrieg wurde das Völkerrecht skrupellos gebrochen, u. a. durch die faschistische Intervention in Spanien (1936–1939). Hitlerdeutschland anerkannte formell die völkerrechtlichen Abkommen über die Kriegführung, plante jedoch im Rahmen seiner Kriegsvorbereitungen von Anfang an den Bruch des Völkerrechts. Die Weltherrschaftspolitik des faschistischen deutschen Imperialismus, sein staatsdoktrinärer Antikommunismus sowie die Rassenideologie, verbunden mit der Konzeption des totalen Krieges und des Blitzkrieges, bildeten den Nährboden für die massenhaften Kriegsverbrechen und Verbrechen gegen die Menschlichkeit, die von den faschistischen Streitkräften und anderen bewaffneten Organen Hitlerdeutschlands im zweiten Weltkrieg (1939–1945) begangen wurden.

Nach dem zweiten Weltkrieg nahmen die Sowjetunion und die anderen sozialistischen Staaten starken Einfluß auf die Entwicklung des Kriegsvölkerrechts und die Festigung seiner Autorität. Von großer Bedeutung hierfür war das Londoner Viermächteabkommen über die Verfolgung und die Bestrafung der Hauptkriegsverbrecher, das zusammen mit dem Statut des Internationalen Militärgerichtshofs am 8. 8. 1945 abgeschlossen wurde. Der Anwendung des Statuts im → *Nürnberger Prozeß gegen die Hauptkriegsverbrecher* folgte die Bestätigung der in Statut und Urteil enthaltenen Rechtsgrundsätze als allgemein gültiges Völkerrecht durch die UNO-Vollversammlung (11. 12. 1946). Die Genfer Konferenz von 1949, auf der 63 Regierungen vertreten waren, erarbeitete 4 Abkommen, faßte die von 1929 neu und übertrug die Genfer Prinzipien auf den See- und Luftkrieg. 1974–1977 tagte eine diplomatische Konferenz, die das in bewaffneten Konflikten anzuwendende humanitäre Völkerrecht bestätigte und ausbaute. An ihr nahmen Bevollmächtigte von 140 Staaten sowie Vertreter nationaler Befreiungsbewegungen und internationaler Organisationen teil. Die Sowjetunion und die anderen sozialistischen Staaten kämpften konsequent für das Verbot der Anwendung von nuklearen und thermonuklearen Waffen. Zu den wichtigsten Ergebnissen der Durchsetzung demokratischer Völkerrechtsprinzipien gehört das allgemein verbindliche Gewaltverbot in der UN-

Charta (Art. 2) und in der entsprechenden Prinzipiendeklaration Nr. 81 der UNO-Vollversammlung vom 24. 10. 1970. Weiterhin zählen hierzu die Anerkennung des Rechts auf individuelle oder kollektive Selbstverteidigung gegen Aggressionen sowie das Recht der kolonial unterdrückten Völker, Selbstbestimmung, Freiheit und Unabhängigkeit durch bewaffnete Gewalt zu erkämpfen. Alle diese Abkommen sollen Aggressionen erschweren, die Willkür imperialistischer Kriegführung begrenzen, den nationalen Befreiungsbewegungen völkerrechtlichen Schutz gewähren und die Sicherheit der Zivilbevölkerung vergrößern.

Die DDR setzt sich konsequent für die Einhaltung des Völkerrechts, darunter auch der völkerrechtlichen Abkommen über die Regeln der Kriegführung, ein. Sie anerkannte 1956 die 4 Genfer Abkommen von 1949, wobei sie bestimmte, dem demokratischen Völkerrecht entsprechende Vorbehalte geltend machte. Ende 1958 erklärte die Regierung der DDR eine Reihe völkerrechtlicher Verträge als wiederanwendbar. Wiederanwendbar mit Wirkung vom 2. 3. 1959 ist das Genfer Protokoll über das Verbot der Verwendung von erstickenden, giftigen oder ähnlichen Gasen sowie von bakteriologischen Mitteln im Kriege (17. 6. 1925). Dem Haager Abkommen über den Schutz von Kulturgütern im Falle eines bewaffneten Konflikts (14. 5. 1954) trat die DDR am 16. 1. 1974 bei. Den in den 60er und 70er Jahren geschlossenen internationalen Abkommen über die Einschränkung der Mittel und Medien der Kriegführung ist die DDR beigetreten. Ihr Strafgesetzbuch sichert die Ahndung jeglicher Verletzungen des Völkerrechts, darunter auch der völkerrechtlichen Abkommen über die Regeln der Kriegführung.

Völkerschlacht 1813 → *Leipzig 1813*

«Volksarmee»: seit 1956 vom Ministerium für Nationale Verteidigung der DDR im → *Militärverlag der DDR (VEB)* hrsg. Wochenzeitung für die Angehörigen der → *Nationalen Volksarmee der DDR (NVA)*, der → *Grenztruppen der DDR* und der Reservistenkollektive.

«Volksarmee» nimmt aufgrund ihrer Themenvielfalt und ihres breiten Leserkreises einen führenden Platz in der → *Militärpresse* der DDR ein. Die Zeitung beschäftigt sich vor allem mit dem Leben in der NVA und in den Grenztruppen der DDR. Sie vermittelt den Erfahrungsaustausch über die Gefechts- und politische Ausbildung und andere Ausbildungszweige, unterstützt die Arbeit der Grundorganisationen der SED und der FDJ, stellt beispielhafte Kampfkollektive vor, popularisiert Initiativen und Ergebnisse im sozialistischen Wettbewerb und gibt vielfältige Anregungen für die Kultur- und Sportarbeit. Sie berichtet über die sowjetischen Streitkräfte und die anderen Bruderarmeen und verbreitet deren Erfahrungen in der Erziehung und Ausbildung. Sie informiert über wichtige innen- und außenpolitische Ereignisse und setzt sich dabei mit der aggressiven Rüstungs- und Kriegspolitik der imperialistischen Staaten auseinander. Ihr Themenkreis umfaßt weiterhin militärwissenschaftliche, -technische und -historische Informationen, wirtschaftliche Reportagen und Berichte aus den RGW-Ländern, aus kapitalistischen Staaten sowie den jungen Nationalstaaten. Viele Beiträge tragen unterhaltenden Charakter. Von 1963 bis 1974 erschien die Zeitung mit gesonderten Beilagen für jede Teilstreitkraft der NVA. In dem Presseorgan widerspiegelt sich die Entwicklung der NVA als sozialistischer Koalitionsarmee. Mit ihren Mitteln trägt die «Volksarmee» zur Erhöhung der Kampfkraft und Gefechtsbereitschaft der NVA und der Grenztruppen der DDR, zur Traditionspflege sowie darüber hinaus zur sozialistischen Wehrerziehung der Bevölkerung der DDR bei.

Volksbewaffnung → *allgemeine Volksbewaffnung*

Volksgrenadierdivision: demagogische Bezeichnung für einen neuen Typ eines allgemeinen taktischen Verbandes des faschistischen deutschen Heeres, der 1944 geschaffen wurde und vorwiegend für Verteidigungsaufgaben eingesetzt werden sollte.

Zum Ausgleich der schweren Verluste bei Divisionen des Heeres im Sommer 1944, besonders an der deutsch-sowjetischen Front, befahl das OKH, zwischen dem 26. 8. und 16. 9. 1944 25 → *Infanteriedivisionen* nach einer neuen Gliederung aufzustellen. Die Mannschaften der Verbände bestanden zu einem erheblichen Teil aus Polen deutscher Nationalität, die 1944 zum Wehrdienst in der faschistischen Wehrmacht gezwungen wurden. Die neuen Verbände erhielten die Bezeichnung V. und wurden zugleich truppendienstlich dem Reichsführer SS, faktisch dem SS-Führungshauptamt unterstellt. Damit wollte man vor allem eine intensive politisch-ideologische Beeinflussung ihrer Angehörigen sowie eine besonders strenge Handhabung der Disziplinargewalt und der Gerichtsbarkeit gewährleisten. Die Bezeichnung V. sollte in demagogischer Absicht die angebliche Einheit von deutschem Volk und faschistischer Wehrmacht dokumentieren, um dadurch weitere Reserven für die Fortsetzung des verbrecherischen Krieges zu mobilisieren. Zugleich war mit der Namensgebung eine bevorzugte Zuführung personellen und materiellen Ersatzes verbunden. Dieselbe Bezeichnung erhielten am 9. 10. 1944 die 17 → *Grenadierdivisionen* und die 6 nach diesen aufgestellten Infanteriedivisionen. 3 weitere V. wurden noch Ende 1944/Anfang 1945 unter Eingliederung von Resten zerschlagener Infanteriedivisionen gebildet. Die V. war infanteristisch schwächer als die «Inf. Div. 44», in der artilleristischen Feuerkraft aber etwa gleich. Infolge der kurzen Aufstellungszeit blieben Einzel-, Gruppen- und Verbandsausbildung unzulänglich. Die V. erlitten im Kampfeinsatz – 26 im Westen, 7 an der deutsch-sowjetischen Front, 1 in Norwegen (ohne die bisherigen Grenadierdivisionen) – meist höhere Verluste als die Infanteriedivisionen. Ab Ende 1944 wurden die zu dieser Zeit noch bestehenden V. in Infanteriedivisionen der Mustergliederung «Inf. Div. 45» umgebildet.

Volksmarine der NVA (VM): Teilstreitkraft der → *Nationalen Volksarmee der DDR (NVA)*, die im Zusammenwirken mit der Baltischen Flotte der UdSSR und der Polnischen Seekriegsflotte die Sicherheitsinteressen der DDR und der anderen Staaten der sozialistischen Gemeinschaft in der Ostsee gewährleistet.

Der Aufbau der VM – zunächst unter der Bezeichnung Seestreitkräfte der NVA – erfolgte gemäß dem Gesetz der Volkskammer vom 18. 1. 1956 über die Schaffung der NVA. Bis zum 1. 3. 1956 nahm die Verwaltung (ab 1957 Kommando) der Seestreitkräfte ihre Tätigkeit auf. Ende 1956 war die Aufstellung der Verbände, Truppenteile und Einheiten im wesentlichen vollzogen. Beim Aufbau von Seestreitkräften der NVA mußten die gegen die sozialistische Staatengemeinschaft gerichteten Ziele der imperialistischen Militärpolitik, speziell die aggressiven Pläne der NATO im nordeuropäischen Raum einschließlich der Ostsee, berücksichtigt werden. Zunehmende Gefahren für Sicherheit und Frieden der Völker im Ostseeraum drohten infolge der → *Remilitarisierung der BRD* und des forcierten Aufbaus der → *Bundeswehr der BRD*. Ein maßgeblicher Faktor beim Aufbau der Seestreitkräfte der NVA war die militärgeographische Lage der Ostsee. Die Bedingungen eines geschlossenen Seegebietes mit relativ geringen Ausdehnungen und vorwiegend mittleren Wassertiefen sowie eine stark gegliederte Küste mit einer großen Anzahl von Buchten und vorgelagerten Inseln verlangten, sich auf Typen leichter, schneller Flottenkräfte zu orientieren. Diese mußten eine breit gefächerte Palette militärischer Aufgaben unter voller Nutzung der Bedingungen des Seeschauplatzes erfüllen können.

Wie die NVA insgesamt, so formierten sich die Seestreitkräfte auf der Grundlage der Leninschen Prinzipien des Aufbaus moderner sozialistischer Streitkräfte. Dabei wurden die Erfahrungen und Erkenntnisse der sowjetischen Seekriegsflotte zugrunde gelegt. Besonders wirkungsvoll war die große Unterstützung der Waffenbrüder der Baltischen Flotte der UdSSR beim Aufbau der Seestreitkräfte der NVA. Die vorwiegend auf Küstenschutzbooten und Räumbooten fahrenden Mannschaften, Unteroffiziere und Offiziere der → *Hauptverwaltung Seepolizei (HVS)* und späteren Volkspolizei-See bildeten ein wichtiges Kaderreservoir für die zu schaffenden Einheiten und Verbände. Besondere Aufmerksamkeit galt beim Aufbau der Seestreitkräfte der Formierung der Stäbe, der Verbände, Truppenteile, Einheiten und Lehreinrichtungen. Dabei kamen, bis auf gewisse Modifizierungen, allgemeine Gliederungsformen von Seestreitkräften zur Anwendung, wie Flotte, Flottille, Flottenbasis, Division, Brigade, Schiffs-/Bootsabteilung, landgebundene Waffengattungen, Spezialtruppen und Dienste. Im Bestand der ersten, im Mai 1956 aufgestellten Verbände befanden sich → *Minenleg- und Räumschiffe*, Räumboote, Küstenschutzboote, Hafen- und Reedeschutzboote, das Schulschiff «Ernst Thälmann» und einige Hilfsschiffe. In erster Linie hatten diese Schiffe und Boote Sicherungs- und sicherstellende Aufgaben auf dem Seeschauplatz zu erfüllen. Die Flotte hatte alle Arten der Abwehr zu gewährleisten und ein entsprechendes Stationierungs- und Versorgungssystem für die

Mittleres Landungsschiff

Übernahme von Torpedos im Stützpunkt

eigenen und die verbündeten Flottenkräfte zu organisieren. Bereits in der Aufbauphase wurde das durchgängig wirkende Prinzip verwirklicht, alle Aufgaben unter dem Aspekt des Zusammenwirkens der im sozialistischen Militärbündnis vereinigten Ostseeflotten zu lösen. Große Anstrengungen galten der Herstellung der vollen Gefechtsbereitschaft der Verbände und Einheiten. Im Vordergrund stand die Befähigung des Personalbestandes zur Erfüllung von Gefechtsaufgaben unter unterschiedlichsten Lagebedingungen. Der in kurzer Zeit erreichte Ausbildungsstand der Räumverbände gestattete es, das bereits durch Einheiten der Hauptverwaltung Seepolizei und Volkspolizei-See begonnene Freiräumen minenverseuchter Gebiete vor der Küste der DDR mit erweiterter Aufgabenstellung fortzusetzen. Damit wurden die Bedingungen für die Handelsschifffahrt und Küstenfischerei bedeutend verbessert. Die an die Seestreitkräfte gestellten Anforderungen machten es erforderlich, neben Sicherungskräften auch Stoßkräfte aufzustellen. Dazu war die Indienststellung von Schiffen und Booten notwendig, die aufgrund ihrer Kampfeigenschaften, ihrer Bewaffnung und ihrer Ausrüstung zur aktiven Bekämpfung gegnerischer Überwasserkräfte eingesetzt werden konnten. Entsprechend den Bedingungen des Seeschauplatzes Ostsee betraf das die Abwehr von Angriffen sowohl leichter und mittlerer Überwasserkräfte als auch von Unterwasserkräften und Fliegerkräften. Ende des Jahres 1956 begann die Übernahme moderner sowjetischer Kampfschiffe, so der ersten → *Küstenschutzschiffe*, Torpedoschnellboote (→ *Schnellboot*) und U-Boot-Jäger. Hinzu kam die Indienststellung neuer Minenleg- und Räumschiffe sowie von Hilfsschiffen unterschiedlicher Typen, die auf Werften der DDR gebaut worden waren. Zum Prüfstein für den Stand der Ausbildung und Gefechtsbereitschaft der jungen Flotte wurde 1956 eine gemeinsame Übung mit Waffenbrüdern der Baltischen Flotte der UdSSR und der Polnischen Seekriegsflotte. Die dabei gewonnenen Erfahrungen bildeten eine Basis, um schrittweise zur gemeinsamen Planung und Organisation von Kampfhandlungen der verbündeten sozialistischen Ostseeflotten übergehen zu können.

Im Juli 1959 legte das Schulschiff «Ernst Thälmann» erstmalig im Rahmen der Ausbildung von Offiziersschülern in Riga und Leningrad an. Es war die Geburtsstunde einer neuen Tradition enger brüderlicher Beziehungen zwischen den noch jungen Seestreitkräften der DDR und der ruhmreichen Seekriegsflotte der UdSSR. Dank der umfassenden Hilfe und Unterstützung durch die sowjetischen Waffenbrüder konnte der Weg zu einer modernen Flotte der DDR erfolgreich beschritten werden. In Würdigung der hierbei erreichten Ergebnisse wurde den Seestreitkräften der NVA auf Beschluß des Nationalen Verteidigungsrates der DDR am 3. 11. 1960 der verpflichtende Name «Volksmarine» verliehen. Die Namensverleihung erfolgte anläßlich des 42. Jahrestags des Kieler Matrosenaufstands. Die revolutionären Kampftraditionen der roten Matrosen und der Berliner → *Volksmarinedivision* in der Novemberrevolution 1918/19 haben in der Traditionspflege der VM einen festen Platz gefunden. Im Geiste der Kämpfer gegen Imperialismus und Militarismus werden die Angehörigen der VM zu bewußten Verteidigern des Sozialismus erzogen. Ebenfalls 1960 wurde die Dienstflagge der VM eingeführt. Sie zeigt auf dem roten Banner der Arbeiterklasse die Symbole des Arbeiter-und-Bauern-Staates der DDR. In Erfüllung ihres militärischen Klassenauftrags bestand die VM bei der → *Sicherung der Staatsgrenzen der DDR 1961* die an ihre Gefechtsbereitschaft ge-

Raketenschnellboot

stellte Bewährungsprobe. Die VM war in jener Zeit in der Lage, die Landstreitkräfte bei Kampfhandlungen in Küstenrichtung zu unterstützen sowie Gefechtsaufgaben im Zusammenwirken mit den Luftstreitkräften zu lösen. Sie hatte die Fähigkeit erworben, auf dem Seeschauplatz Aufgaben im Rahmen der verbündeten sozialistischen Ostseeflotten zu erfüllen. Ab November 1961 sicherte die dem Kommando der VM in operativen Fragen unterstellte Grenzbrigade Küste die Seegrenze der DDR.

Der Beginn einer neuen Entwicklungsetappe der NVA beim Übergang zu den 60er Jahren stellte höhere Anforderungen an die Entwicklung der VM. Es galt, sowohl der den Frieden zunehmend gefährdenden aggressiven Strategie der «flexiblen Reaktion» der NATO-Staaten, in deren Sinne nicht zuletzt der BRD-Imperialismus systematisch sein maritimes Potential und dessen Bereitschaft zu Offensivhandlungen insbesondere im Ostseeraum steigerte, als auch den revolutionären Veränderungen im Militärwesen Rechnung zu tragen und die Kampfkraft und Gefechtsbereitschaft der VM und ihrer Verbände zu vervollkommnen. Das schloß alle Seiten der Streitkräfteentwicklung, Maßnahmen der Stärkung der militärischen Organisation, der Bewaffnung und Ausrüstung sowie der Erziehung und Bildung der Armeeangehörigen ein. In diesem Prozeß wurde die VM kontinuierlich mit moderner Kampftechnik ausgerüstet. Leichte, schnelle und kampfstarke Überwasserkräfte wurden zur weiteren Stärkung der Stoßkräfte eingeführt. Von entscheidender Bedeutung war auch in dieser Etappe die Hilfe und Unterstützung durch die Sowjetunion. Neben Schiffstypen und Waffen sowjetischer Herkunft traten Schiffe und Boote der leistungsfähigen Werftproduktion der DDR. Durch die Indienststellung von Raketenschnellbooten, kleinen Torpedoschnellbooten, → *Landungsschiffen*, Räumfahrzeugen, Hubschraubern und den Aufbau von Küstenraketeneinheiten erhöhte sich die Kampfkraft der VM wesentlich. Ihnen folgten später neue Torpedoschnellboote sowjetischer Produktion (4 Torpedorohre), U-Boot-Abwehrschiffe und die Minensuch- und Räumschiffe der 3. Generation. Unter Führung der SED erfüllte die VM in zunehmendem Maße die notwendigen Forderungen nach steigender Gefechtsbereitschaft und einer höheren Stufe des Zusammenwirkens mit den verbündeten Ostseeflotten. Ein Höhepunkt des Zusammenwirkens war die Kommandostabsübung «Sewer» im Jahre 1968. Unter der Leitung des Oberbefehlshabers der Seekriegsflotte der UdSSR, Flottenadmiral der Sowjetunion S. G. Gorschkow (geb. 1910), beteiligten sich daran unter Einbeziehung der Nordflotte der UdSSR erstmalig 4 sozialistische Flotten.

In den 70er Jahren nahmen Kampfkraft und Gefechtsbereitschaft der VM weiter zu. Ihr Schiffsbestand wurde durch moderne Minensuch- und Räumschiffe, kleine Torpedoschnellboote und mittlere Landungsschiffe ergänzt. Ende der 70er Jahre kamen Küstenschutzschiffe sowjetischer Produktion hinzu, die Kampfschiffe einer neuen Generation sind. Die gewachsenen Fähigkeiten der Kommandeure und Stäbe führten zur höheren Wirksamkeit

Klassifizierungsabzeichen Signäler, Stufe II; 1960 bis 1963

Klassifizierungsabzeichen Kommandant von Kampfschiffen und Kampfbooten, Stufe III; 1960 bis 1963

Training einer Seelandung

der Gefechtsausbildung, die mit den Ausbildungsplänen der verbündeten sozialistischen Flotten, insbesondere der Baltischen Flotte der UdSSR, abgestimmt sind. Es entwickelte sich eine höhere Stufe der Waffenbrüderschaftsbeziehungen. Neben den traditionellen Treffen anläßlich politischer und militärischer Höhepunkte prägten Leistungsvergleiche in zunehmendem Maße das enge Miteinander im Klassen- und Waffenbündnis. Im täglichen gemeinsamen Gefechtsdienst auf See wurden die Angehörigen der VM zusammen mit ihren Waffenbrüdern der gewachsenen Verantwortung der sozialistischen Flotten für den Schutz des Sozialismus und die Sicherung des Friedens gerecht. Dabei waren sie verstärkt mit Provokationen der NATO konfrontiert. In deren aggressiven Bestrebungen wird die Ostsee mehr denn je als ein strategisch bedeutsamer Raum angesehen, dessen Beherrschung erfolgreiche aggressive Flankenoperationen gegen die Länder des Warschauer Vertrages ermöglichen soll. Das erfordert höhere Anstrengungen zur Stärkung der Verteidigungskraft des Sozialismus. Im Kampf um die Erfüllung des von der Partei der Arbeiterklasse der NVA gestellten Klassenauftrags entwickelten die Angehörigen der VM große Initiativen und Schöpfertum. Zum Wettbewerbsinitiator der militärischen Kampfkollektive der NVA zu Ehren des 25. Jahrestags der DDR wurde die Besatzung des Torpedoschnellbootes «Fritz Heckert». Der Wettbewerb wurde unter der Losung «Soldatenauftrag XXV, wie Thälmann kampfentschlossen, jederzeit gefechtsbereit» geführt. Die erreichten Resultate zeugen vom wachsenden Leistungsvermögen und ausgeprägter Leistungsbereitschaft und bestimmten entscheidend die politische und Gefechtsausbildung. In Würdigung der hohen Leistungen erfolgten auf Beschluß des Politbüros des ZK der SED, des Staatsrats der DDR und des Präsidiums des FDGB die Verleihung des Karl-Marx-Ordens an die VM und des Vaterländischen Verdienstordens in Gold an eine Flottille und an die → *Offiziershochschule der Volksmarine «Karl Liebknecht»*.

Ende der 70er Jahre bestand die VM aus den Waffengattungen Überwasserkräfte (Stoß-, Sicherungs-, sicherstellende Kräfte) und Marinefliegerkräfte sowie folgenden Spezialtruppen und Diensten: funktechnische Truppen, Nachrichtentruppen, rückwärtige Dienste, Seehydrographischer Dienst. Die VM verfügt über alle Voraussetzungen, um die ihr im Rahmen der sozialistischen Militärkoalition gestellten Aufgaben zu erfüllen. Ein wesentliches Merkmal der ständigen Anstrengungen um die Sicherung des erforderlichen Niveaus der Gefechtsbereitschaft ist das immer effektiver werdende Zusammenwirken mit den verbündeten sozialistischen Ostseeflotten. Das wurde beim Manöver → *«Waffenbrüderschaft 80»* wie bei weiteren gemeinsamen Bewäh-

Klassifizierungsabzeichen Offiziere der Volksmarine mit seemännisch-technischer Qualifikation, später Offiziere der Volksmarine im Borddienst – Profil Seeoffizier, Stufe I; seit 1963 (diese Ausführung bis 1985)

Küstenschutzschiff während einer Flottenparade, 1979

rungsproben mit der Baltischen Flotte der UdSSR und der Polnischen Seekriegsflotte bestätigt. *(s. Abb. S. 10, 56, 147, 186, 899, 1009)*

Volksmarinedivision: bedeutendste Truppenformation der revolutionären Kräfte in Berlin während der → *Novemberrevolution 1918/19.*

Die V. wurde am 11. 11. 1918 in Berlin unter maßgeblichem Einfluß des Spartakusbundes durch Leutnant Heinrich Dorrenbach (1888–1919) und Obermaat Paul Wieczorek (1885–1918) zum bewaffneten Schutz der Revolution geschaffen. Die Mehrheit ihrer Angehörigen waren klassenbewußte Berliner Arbeiter, die in der Marine gedient hatten, und revolutionäre Matrosen aus Cuxhaven, die auf Ersuchen des Vollzugsrates der Groß-Berliner Arbeiter- und Soldatenräte am 13. und 14. 11. nach Berlin gekommen waren. Am Gründungstage etwa 600 Mann umfassend, wuchs die V. rasch an und erreichte Ende November mit etwa 3200 Mann ihre größte Stärke. Gegliedert war sie in 1 Stab (Verwaltung) mit etwa 100 Matrosen und 3 Abteilungen, die sich in Kompanien untergliederten. Die Abteilung I (im November etwa 1500, im Dezember 1100 Mann) lag im Marstall. Die Abteilung II (800 bzw. 300 Mann) befand sich seit 15. 11. im Berliner Schloß, ab 25. bzw. 26. 11. in einem Lokal (Straße In den Zelten) und seit 6. 12. im Abgeordnetenhaus. Die Abteilung III (900 bzw. 400 Mann) war in den Ausstellungshallen am Lehrter Bahnhof stationiert. Die V. war mit MG, Gewehren und Handgranaten, zeitweise auch mit Geschützen bewaffnet und verfügte über einige Lkw und Panzerautos. Versorgungs- und verwaltungsmäßig unterstand sie der Kommandantur und der Intendantur des Gardekorps, seit 6. 12. dem Zentralrat der Marine.

Die V. leistete vor allem im Berliner Stadtzentrum Schutz- und Sicherheitsdienst. Sie stellte ständige Wachen für öffentliche und Regierungsgebäude, wurde zu Absperrungen und für unvorhergesehene Einsätze herangezogen. Neben vielen anderen revolutionär-politischen Veranstaltungen schützte sie auch den Gründungsparteitag der KPD. Als bedeutendste militärische Kraft der Revolution in Berlin hatte die V. im November/Dezember 1918 großes politisches Gewicht. Unter wesentlicher Mitwirkung von Vertretern der V. entstanden und wirkten die zentralen Marinesoldatenräte, vor allem der 53er Ausschuß der Marine zur Kontrolle des Reichsmarineamtes und des Admiralstabes sowie der Zentralrat der Marine. Die V. gab diesen revolutionären Kontrollorganen Rückhalt und verlieh ihren Maßnahmen Nachdruck. Unter dem Einfluß der Führer der V., besonders Dorrenbachs, formulierten die revolutionären Soldatenräte Berlins ihre Forderungen über die Machtbefugnisse der Soldatenräte. Durch ihr demonstratives Auftreten erreichten sie auf dem 1. Reichskongreß der Arbeiter- und Soldatenräte am 17. und 18. 12., daß dieser einen revolutionären Beschluß über die militärische Kommandogewalt faßte. Mit bewaffneter Gewalt stellte sich die V. dem Vordringen der Konterrevolution entgegen. So verhinderten 200 Matrosen am 1. 12. die Absetzung des Berliner Polizeipräsidenten Emil Eichhorn (1863–1925) durch aufgehetzte Teile der Sicherheitswehr. Zusammen mit Berliner Arbeitern und Soldaten machten Angehörige der V. am 6. 12. die erste größere konterrevolutionäre Aktion zunichte, als der Vollzugsrat verhaftet und Friedrich Ebert (1871–1925) zum Reichspräsidenten ausgerufen werden sollte. Die kampfbereite Haltung der V. hatte auch maßgeblichen Anteil daran, daß die am 10. 12. in Berlin einrückenden konterrevolutionären Truppen es nicht wagten, mit Waffengewalt gegen die revolutionären Kräfte vorzugehen.

Die V. wurde immer mehr zum Hindernis für die konterrevolutionären Pläne. Gegen sie richtete sich daher die Hetze bürgerlicher und sozialdemokratischer Presseorgane. Am 24. 12. griffen Regierungstruppen in Stärke von etwa 1200 Mann, meist von der → *Garde-Kavallerie-Schützen-Division,* mit Artillerieunterstützung das Berliner Schloß und den Marstall an, wo zu dieser Zeit über 100 Mann der V. lagen. Der Überfall scheiterte am tapferen Widerstand der Matrosen und am Eingreifen Zehntausender vom Spartakusbund und von den revolutionären Obleuten alarmierter Arbeiter. Die konterrevolutionären Truppen wurden entwaffnet und mußten aus Berlin abziehen. Die Früchte dieses Sieges, der Höhepunkt in der Geschichte der V., wurden aber unter dem Einfluß der unentschlossenen linken USPD-Führer vergeben. In den anschließenden Verhandlungen verpflichteten sich die Führer der V., das Berliner Schloß zu verlassen, die V. in die Republikani-

Patrouille der Volksmarinedivision in den Straßen Berlins, Ende 1918

sche Soldatenwehr einzugliedern und in Zukunft nicht wieder an Aktionen gegen die Regierung teilzunehmen. Damit begann das Ende der V. als selbständige revolutionäre Truppenformation. Die jüngeren Matrosen wurden aus der V. entlassen und in ihre Standorte zurückgeschickt. Der Rest der V., aus der die konsequent revolutionären Kräfte bereits entfernt waren, wurde in Stärke von etwa 1400 Mann als 15. Depot in die Republikanische Soldatenwehr eingegliedert. Viele Angehörige der V. blieben aber der Sache der Revolution treu und beteiligten sich auf der Seite der revolutionären Arbeiter an den Januar- und Märzkämpfen 1919 in Berlin. Zahlreiche waren unter den weit über 1000 Opfern der konterrevolutionären Soldateska. Am 8. 3. wurde mit der Auflösung des 15. Depots die V. endgültig beseitigt.

Die V. war der wichtigste Ansatz zur Bildung einer revolutionär-demokratischen Volkswehr in Berlin. Ihr Kampf ist Teil der revolutionären Traditionen der DDR und ihrer Streitkräfte (→ *militärische Traditionen der DDR*). Truppenteile, Schiffe und Boote der Volksmarine tragen die Namen von Führern der V. In Berlin erinnern mehrere Gedenkstätten an den mutigen und opferreichen Kampf der V. *(s. Abb. S. 711, 1008)*

Volkssturm: im Herbst 1944 im faschistischen Deutschland gebildetes milizartiges Zwangsaufgebot aus bis dahin nicht zum Wehrdienst herangezogenen Männern im Alter von 16 bis 60 Jahren.

Im Herbst 1944 veranlaßte der drohende militärische und politische Zusammenbruch Hitlerdeutschlands die faschistische Führung, Maßnahmen zur Mobilisierung der letzten verfügbaren Kräfte und Mittel einzuleiten. Dazu gehörte auch die Realisierung der seit langem bestehenden Vorstellungen über die Schaffung zusätzlicher bewaffneter Formationen. Unter demagogischer Anlehnung an den Landsturmbegriff (→ *Landsturm*) des nationalen Unabhängigkeitskrieges 1813/14 wurde durch einen Erlaß vom 25. 9. 1944 die Bildung des V. angewiesen. Er sollte zur Unterstützung der Wehrmacht bei Kampfhandlungen innerhalb Deutschlands, zur Sicherung militärischer Objekte in Grenznähe sowie zur gewaltsamen Niederhaltung möglicher antifaschistischer Widerstandsaktionen in Deutschland eingesetzt werden. Gleichzeitig war die organisatorische Zusammenfassung und die damit verbundene Disziplinierung von über 6 Mill. Männern im V. für die Naziclique ein wichtiges Mittel, um die Zivilbevölkerung unter Kontrolle zu halten und defätistischen oder sogar antifaschistischen Tendenzen entgegenzuwirken.

Der Erlaß vom 25. 9. 1944 sowie die Ausführungsbestimmungen vom 27. 9. und 12. 10. 1944 blieben bis zum 18. 10. 1944 geheim. Die 2. Ausführungsbestimmung vom 12. 10. 1944 legte 4 Aufgebotsstufen fest. Dem 1. Aufgebot gehörten alle kriegstauglichen Angehörigen der Jahrgänge 1924–1884 an, deren Verwendung die Erfüllung der für die Kriegführung wichtigen Aufgaben im Hinterland nicht gefährdete. Das 2. Aufgebot erfaßte die Angehörigen der Jahrgänge 1924–1884, die aufgrund ihrer kriegswichtigen Tätigkeit nicht zum 1. Aufgebot herangezogen werden konnten. Während das 1. Aufgebot in ganz Deutschland und in Grenzstellungen eingesetzt werden konnte, war für das 2. Aufgebot nur der lokal begrenzte Einsatz in der näheren Umgebung vorgesehen. Das 3. Aufgebot bildeten Jugendliche der Jahrgänge 1928–1925 (ab Februar 1945 auch Jahrgang 1929), also im Alter von 16 bis 19 Jahren, die noch nicht zum aktiven Wehrdienst einberufen worden waren. Die kriegsverwendungsfähigen Jugendlichen dieser Jahrgänge erfuhren eine spezielle Ausbildung in Wehrertüchtigungslagern der HJ und des RAD und wurden dann der faschistischen Wehrmacht übergeben, während die ausgemusterten Jugendlichen in die örtlichen Einheiten des V. eingegliedert wurden. Das 4. Aufgebot umfaßte schließlich alle V.pflichtigen, die für einen Waffeneinsatz nicht tauglich, für Wach- und Sicherungsaufgaben jedoch verwendungsfähig waren. Im Februar 1945 wurden Frauen und Mädchen ab 18 Jahren aufgerufen, sich zum Hilfsdienst im V. zu verpflichten.

Organisation, Erfassung und Führung des V. wurden den Gauleitern und nachgeordneten Dienststellen der NSDAP übertragen. Für die militärische Organisation, Ausbildung, Bewaffnung und Ausrüstung war der Reichsführer SS und Befehlshaber des Ersatzheeres, Heinrich Himmler (1900–1945), für politische und organisatorische Fragen der Leiter der Kanzlei der NSDAP, Martin Bormann (1900–1945), verantwortlich. Der V. war in Kompanien und Bataillone gegliedert. Seine Angehörigen trugen als äußeres Kennzeichen eine Armbinde mit der Aufschrift «Deutscher Volkssturm – Wehrmacht». Hauptbewaffnung waren Handfeuerwaffen und Panzernahbekämpfungsmittel. Die vorgesehene Ausrüstung

Berliner Volkssturmangehörige werden an der Panzerfaust ausgebildet, April 1945

mit Unterstützungsmitteln (Granatwerfer, MG) konnte aufgrund der in den letzten Kriegsmonaten rasch absinkenden Rüstungsproduktion nicht annähernd erreicht werden. Ebenso war es der Naziführung unmöglich, Bekleidung und andere Ausrüstungsgegenstände im benötigten Umfang zu beschaffen. Viele V.bataillone waren mangelhaft ausgerüstet und bewaffnet. Ihr Ausbildungsstand war unzureichend.

Nach unvollständigen Angaben kamen 700–900 Bataillone des V. zum Einsatz, wo sie Befehlshabern bzw. Kommandeuren der Wehrmacht unterstellt waren. Haupteinsatzgebiet des V. war entsprechend ihrer politischen und strategischen Bedeutung die deutsch-sowjetische Front. So kämpften in Ostpreußen etwa 90 Bataillone mit einer Gesamtstärke zwischen 80000 und 90000 Mann, in Breslau waren es 26 Kampf-, 10 Bau- und 2 Ersatzbataillone mit rd. 15000 Mann. Die V.einheiten erlitten schwerste Verluste. Infolge der sich schnell verschlechternden Lage des faschistischen Deutschlands gelangten immer mehr Angehörige des V. zu der Einsicht, daß ihr Widerstand sinnlos ist. Viele V.einheiten lösten sich bei Feindberührung auf oder stellten nach Aufforderung den Kampf ein. Zur Erhöhung der Kampfbereitschaft schuf die faschistische Führung u. a. bereits im Herbst 1944 eine eigene V.gerichtsbarkeit, die mit rigorosen Maßnahmen gegen Kriegsmüdigkeit und Auflösungserscheinungen vorging. Bildung und Einsatz des V. gehören zu den schweren Verbrechen, die der Faschismus auch am deutschen Volk verübte.

Volkswehr → *Miliz*

Vorderlader: von der Mündung des Laufes oder Rohres her zu ladende Feuerwaffe.

Die Entwicklungsgeschichte der V. reicht von den Anfängen der Feuerwaffentechnik bis zur Gegenwart. Elementarer Bestandteil des V. ist eine metallene Röhre, die am hinteren Ende massiv (Stoßboden) oder durch eine Verschraubung (Schwanzschraube) verschlossen ist. Die Entstehung der V. fällt mit der beginnenden Verwendung von Pulver als Treibladung zusammen. In Europa sind V. seit dem Ende des 13. Jh. nachweisbar. Im 14. Jh. begann eine Differenzierung der anfangs allgemein als → *Büchsen* bezeichneten, aus Bronze oder Eisen gefertigten V. nach Kaliber und Handhabung in → *Geschütze* und → *Handfeuerwaffen.* Allen V. war bei zunehmender Unterschiedlichkeit der Abmessungen, der Munitionierung, der ballistischen Charakteristika und des Einsatzzweckes gemeinsam, daß Pulver und Geschoß von der Mündung her in den Lauf oder das Rohr eingeführt werden mußten und die Zündung über eine im hinteren Drittel des Laufes oder Rohres angebrachte Bohrung (Zündloch) erfolgte. Bei V.geschützen erfolgte die Zündung jahrhundertelang von Hand mit Loseisen, Lunten und Luntenschlagröhren, später mittels sog. Friktionsschlagröhren. Für Hand- und → *Faustfeuerwaffen* entwickelte man hingegen seit dem ersten Viertel des 15. Jh. Hebelmechanismen (Schlösser). Durch deren Betätigung wurde mit Hilfe eines Glimmfeuers (Zündschwamm oder Lunte), eines durch Reibung oder Schlag erzeugten Zündfunkens oder einer detonierenden Zündkapsel der Schuß ausgelöst. Obwohl bereits seit dem 16. Jh. empirisch gewonnene Kenntnisse über die größere ballistische Leistungsfähigkeit gezogener Waffen vorhanden waren, blieben im Militärwesen V. mit glattem Lauf oder Rohr bis zu den 40er Jahren des 19. Jh. die Regel. Das hatte seine Ursache vor allem in der umständlichen, die Feuergeschwindigkeit beeinträchtigenden Ladeweise gezogener V., bei denen das Geschoß, um die gewünschte Stabilisierung zu erhalten, möglichst eng an den in die innere Rohrwandung eingeschnittenen Zügen anliegen mußte. Auch die seit dem 15./16. Jh. bekannten → *Hinterlader* vermochten sich lange Zeit nicht durchzusetzen, da es nicht gelang, einen hinreichend gasdichten Verschluß für sie zu konstruieren. Mitte des 19. Jh. begann mit der Lösung dieses Problems der Siegeszug des Hinterladers. Vor allem aus militärökonomischen Gründen wurden in verschiedenen Staaten verbesserte gezogene V. noch kurze Zeit als Strukturwaffen eingeführt. Diejenigen Staaten, darunter Preußen, die sich bereits in dieser Phase auf die Ablösung der V. durch Hinterlader orientierten, erlangten jedoch einen bedeutsamen Bewaffnungsvorteil. In den letzten Jahrzehnten des 19. Jh. verschwand der V. völlig aus der Heeres- und Flottenbewaffnung. Erst kurz vor dem Beginn des ersten Weltkrieges fand er erneut Verwendung in Form von → *Granatwerfern* (Minenwerfern), die zumeist als V. konstruiert sind. Auch die im zweiten Weltkrieg und danach entwickelten Werfer und Handwaffen, aus denen teilweise reaktive Geschosse verfeuert werden, sind häufig V.

W

Wachtmeister: ursprünglich der für den Wachdienst Verantwortliche, später dem → *Feldwebel* gleichgestellter Unterführerdienstgrad bei der → *Kavallerie* und → *Artillerie*; in der NVA der DDR eine Zeitlang Dienstgrad der Dienstgradgruppe Unteroffiziere.

In den Landsknechtsheeren und in den Städten des 16. Jh. war W. die Amtsbezeichnung für den «kriegserfahrenen, geschickten ehrlichen Gesellen», der nach Weisung seiner Vorgesetzten für die Sicherheit des Lagers oder der marschierenden Truppen zu sorgen hatte. Er teilte die Wachen ein, sorgte für ihre richtige Aufstellung und dafür, daß sie ihren Dienst diszipliniert versahen, aufmerksam blieben und das Losungswort kannten. Die meisten Wachen stellte die Kavallerie, so daß nicht selten die W. des ganzen Heeres – z. B. in Brandenburg um 1620 – der Reiterei zugeteilt wurden. Mit der Herausbildung stehender Heere bürgerte sich die Bezeichnung W. für die Feldwebel der Kavallerie, später auch der Artillerie und artverwandter Waffengattungen ein. Entsprechend den Feldwebeldienstgraden gab es bis zum Jahre 1945 den Unter-W., den W., den Ober- und den Haupt-W.

Bis 1970 hießen in der NVA die Feldwebel der Artillerie W.

«Waffenbrüderschaft» 1970: Bezeichnung für das vom 12. bis 18. 10. 1970 auf dem Territorium der DDR und in der Ostsee durchgeführte Manöver der Vereinten Streitkräfte des → *Warschauer Verteidigungsbündnisses.*

Die zweiseitige, mehrstufige operativ-taktische Kommandostabs- und Truppenübung, die der Minister für Nationale Verteidigung der DDR leitete, nimmt einen wichtigen Platz in der Entwicklung der sozialistischen Militärkoalition und den → *Übungen und Manövern der Vereinten Streitkräfte* ein. An dem Manöver nahmen erstmalig seit Gründung der sozialistischen Militärkoalition alle 7 verbündeten Armeen teil. Es wurde das Zusammenwirken von Gruppierungen der Panzer- und mot. Schützenverbände, Fallschirm- und Luftlandeeinheiten, Hubschrauber- und Fliegerkräften sowie Einheiten der verbündeten sozialistischen Ostseeflotten erprobt. Außerdem waren Kräfte der Territorial- und Zivilverteidigung der DDR einbezogen. Dem Manöver wohnten Militärdelegationen der Warschauer Vertragsstaaten, der Republik Kuba, der Demokratischen Republik Vietnam und der Mongolischen VR sowie Repräsentanten der SED und der Regierung der DDR bei.

Die Handlungen des Manövers begannen mit Begegnungsgefechten, führten über die Abwehr von Gegenangriffen, das Forcieren von Wasserhindernissen, eine kombinierte Luft- und Seelandeoperation zu dynamischen und weiträumigen Gefechtshandlungen in die Tiefe. Die Kommandeure und Stäbe meisterten schwierige Probleme der Truppenführung, wobei in größerem Umfang feldverwendungsfähige Mittel der maschinellen Datenverarbeitung zum Einsatz kamen. Die Ergebnisse des Manövers hatten große politische Bedeutung. Sie demonstrierten die Einheit und Geschlossenheit der Bruderarmeen, deren ständige hohe Gefechtsbereitschaft ein entscheidender Faktor bei der Gewährleistung der Sicherheit der sozialistischen Länder und zur Erhaltung des Friedens in Europa ist. Die während des Manövers gewonnenen Erfahrungen trugen wesentlich dazu bei, die Auffassungen über die Prinzipien des taktischen und operativen Einsatzes der Truppen, über das System der Führung und des Zusammenwirkens aller Teile der Vereinten Streitkräfte zu vertiefen.

«Waffenbrüderschaft 80»: Bezeichnung für das vom 4. bis 12. 9. 1980 auf dem Territorium der DDR durchgeführte Manöver der Vereinten Streitkräfte des → *Warschauer Verteidigungsbündnisses.*

Wie bereits bei → *«Waffenbrüderschaft» 1970* nahmen Stäbe und Truppen der Land-, Luft- und Seestreitkräfte der Armeen aller Teilnehmerstaaten des Warschauer Vertrages teil. In Anwesenheit des Oberkommandierenden der Vereinten Streitkräfte, Marschall der Sowjetunion W. G. Kulikow (geb. 1921), wurde die zweiseitige, mehrstufige Kommandostabs- und Truppenübung vom Minister für Nationale Verteidigung der DDR geleitet. Ihr wohnten neben den Repräsentanten der SED und der Regierung der DDR Militärdelegationen der Warschauer Vertragsstaaten, der Mongolischen VR, der Republik Kuba und der Sozialistischen Republik Vietnam unter der Leitung ihrer Verteidigungsminister bei. Entsprechend den in der Schlußakte der Konferenz über Sicherheit und Zusammenarbeit in Europa von 1975 enthaltenen Festlegungen über vertrauensbildende Maßnahmen auf militärischem Gebiet war das Manöver vorher angekündigt worden.

Die geplanten Gefechtshandlungen wurden von den teilnehmenden Kräften der Bruderarmeen in Stärke von etwa 40000 Mann unter komplizierten Bedingungen durchgeführt. Die Anlage der verschiedenen Übungselemente und ihre Umsetzung in geographisch sehr unterschiedlichen Übungsabschnitten stellten hohe Anforderungen an die Stäbe und Truppen. Der Übungsverlauf legte Zeugnis ab vom Ausbildungsstand der Land-, Luft- und Seestreitkräfte, vom taktisch-operativen Können der Kommandeure wie vom initiativreichen Handeln der Armeeangehörigen. Im Südabschnitt wehrten Truppenteile und Einheiten der NVA, der Tschechoslowakischen Volksarmee und Stäbe der Streitkräfte der Sozialistischen Republik Rumänien im Zusammenwirken einen überraschenden Angriff starker Gruppierungen der Gegenseite ab, um nach entsprechender Konzentration der eigenen Kräfte in offensiven Handlungen ihren Kampfauftrag zu erfüllen. Im Mittelabschnitt wirkten Verbände der Sowjetarmee, darunter ein aus der UdSSR eingeflogener Fallschirmjägerverband, der Polnischen Armee und der Ungarischen Volksarmee sowie Artilleriekräfte der Bulgarischen Volksarmee und der NVA zusammen. Im Nordabschnitt verhinderten Kräfte der Sowjetarmee und der NVA das Vorhaben der Gegenseite, Marineinfanterie anzulanden. Zur Unterstützung

7 Waffenbrüder – vereint im Manöver «Waffenbrüderschaft 80»

des Gegenangriffs und zur Sicherung der offenen Flanke erfolgte eine Seelandung. Zwei neue Typen von Luftkissenfahrzeugen kamen zum Einsatz. Ihre Besatzungen und die angelandeten Sturmgruppen, sowjetische und polnische Marineinfanteristen, sowie Fallschirmjäger der NVA demonstrierten hohe militärische Meisterschaft beim präzisen Zusammenwirken. In einer Situation der offenen und massierten Hinwendung imperialistischer Kräfte zu Konfrontation, Aggression und Konterrevolution erbrachte das Manöver den überzeugenden Nachweis für die Gewährleistung des zuverlässigen militärischen Schutzes des Sozialismus durch die Vereinten Streitkräfte der Teilnehmerstaaten des Warschauer Vertrages. Die Angehörigen der verbündeten Armeen lösten ehrenvoll ihr zu Beginn des Manövers gegebenes Soldatenwort ein: Die Grenzen des Sozialismus sind unantastbar! Der Schutz des Friedens liegt in sicheren Händen! (→ *Übungen und Manöver der Vereinten Streitkräfte*).

Waffenbrüderschaftsbeziehungen der NVA: Beziehungen, die die Einheit von sozialistischem Patriotismus und Internationalismus auf militärischem Gebiet ausdrücken, sich in der unverbrüchlichen Freundschaft und engen Zusammenarbeit der → *Nationalen Volksarmee der DDR (NVA)* mit den Streitkräften der UdSSR und den anderen sozialistischen Armeen äußern und der zuverlässigen Verteidigung von Sozialismus und Frieden dienen.

Die Waffenbrüderschaftsbeziehungen zwischen den sozialistischen Streitkräften sind als eine neue sozialhistorische Erscheinung im Prozeß der Herausbildung und Entwicklung des sozialistischen Weltsystems entstanden. Sie tragen der marxistisch-leninistischen Lehre von der Notwendigkeit einer engen Zusammenarbeit der sozialistischen Staaten auch auf militärischem Gebiet Rechnung. In Europa sind sie völkerrechtlich im Warschauer Vertrag (→ *Warschauer Verteidigungsbündnis*) und in bilateralen Verträgen fixiert. Sie sind für die einzelnen verbündeten Armeen und die sozialistische Militärkoalition insgesamt eine Quelle der Kampfkraft und Gefechtsbereitschaft. Sie dienen der Stärkung des kollektiven Schutzes jedes Bündnispartners und damit zugleich dem Frieden. Aufgrund dieser großen Bedeutung sind in der DDR die W. verfassungsrechtlich verankert. In Art. 7 der Verfassung heißt es: «Die Nationale Volksarmee pflegt im Interesse der Wahrnehmung des Friedens und der Sicherung des sozialistischen Staates enge Waffenbrüderschaft mit den Armeen der Sowjetunion und anderer sozialistischer Staaten.»

Kernstück und Hauptkriterium der W. bilden die engen freundschaftlichen Bande zu den Streitkräften der UdSSR. Unter Führung der SED orientierte sich die NVA seit ihrer Gründung konsequent am Vorbild der fortgeschrittensten, erfahrensten und stärksten sozialistischen Armee. Die W. erwiesen sich als eine wichtige Kraftquelle für ihren erfolgreichen Aufbau als moderne sozialistische Koalitionsarmee. Dabei erhielt die NVA allseitige Hilfe und Unterstützung von seiten der Sowjetunion und ihrer Streitkräfte. Auf Ersuchen der Regierung der DDR entsandte die Regierung der UdSSR Militärspezialisten, die ihren Klassen- und Waffenbrüdern in der NVA mit Rat und Tat zur Seite standen. Kontinuierlich eigneten sich leitende Kader der NVA durch ein Studium an sowjetischen Militärakademien neueste Erkenntnisse der sowjetischen militärischen Wissenschaften an. Die in der NVA herausgegebenen Dienstvorschriften, insbesondere für die Gefechtsausbildung, stützten sich auf die bewährte Praxis des sowjetischen Militärwesens. Als äußerst wirksam erwiesen sich die W. bei der Meisterung der von der UdSSR zur Verfügung gestellten Bewaffnung und Ausrüstung. Gemeinsame Beratungen von Kommandeuren, Politoffizieren, Funktionären der Parteiorganisationen sowie der Jugendverbände waren dem Austausch von Erfahrungen in der politischen Arbeit und bei der Führung des sozialistischen Wettbewerbs gewidmet. Zunehmend nahmen Probleme der Ausbildung einen wichtigen Platz in den W. ein. So fanden bereits 1957 erste gemeinsame taktische Übungen mit Verbänden der → *Gruppe der Sowjetischen Streitkräfte in Deutschland (GSSD)* und im Rahmen der verbündeten sozialistischen Ostseeflotten statt.

Die freundschaftlichen und auf dem festen Fundament des Marxismus-Leninismus sich vertiefenden Beziehungen mit den sowjetischen Waffenbrüdern trugen in hohem Maße dazu bei, daß sich die Kampfkraft und Gefechtsbereitschaft der NVA als sozialistischer Koalitionsarmee rasch entwickelten. Der erfolgreiche Einsatz von Kräften der NVA und sowjetischer Truppen in der gemeinsamen politischen Aktion der Staaten des Warschauer Vertrages zur Sicherung der Staatsgrenzen der DDR am 13. 8. 1961 demonstrierte augenscheinlich die Unverbrüchlichkeit der Waffenbrüderschaft zwischen beiden Armeen.

Seit Beginn der 60er Jahre traten die Waffenbrüderschaftsbeziehungen zwischen den Armeen des Warschauer Verteidigungsbündnisses, insbesondere auch die W., in eine neue Entwicklungsetappe ein. Mit der Gestaltung der entwickelten sozialistischen Gesellschaft in der UdSSR sowie dem Aufbau der Grundlagen des Sozialismus in der DDR und den meisten anderen sozialistischen Ländern waren die entscheidenden Fundamente dafür gelegt worden. Folgerichtig stellte der VI. Parteitag der SED im Januar 1963 die Aufgabe, die Angehörigen der bewaffneten Organe der DDR zu sozialistischen Kämpfern zu erziehen, die im Geiste einer engen Waffenbrüderschaft mit der Sowjetarmee und den anderen sozialistischen Armeen alle Kräfte für den gemeinsamen Schutz des Sozialismus einsetzen. Zu einem Wesensmerkmal der W. wurde jetzt die Bewältigung von Anforderungen, die sich aus der wissenschaftlich-technischen Revolution mit ihren Auswirkungen auf das Militärwesen ergaben. Dem dienten Besuche von Militärdelegationen, die seit Anfang der 60er Jahre auf höchster Ebene stattfanden, sowie der Ausbau gegenseitiger Zusammenarbeit zwischen Dienstbereichen, Verwaltungen, Kommandos und Stäben der verbündeten Armeen. Charakteristisch für die W. wurde ferner die Mitwirkung an → *Übungen und Manövern der Vereinten Streitkräfte.* Diese trugen wesentlich dazu bei, die gemeinsamen Auffassungen über die Prinzipien des Aufbaus, des taktischen und operativen Einsatzes sowie der einheitlichen Führung der verbündeten Streitkräfte zu vertiefen und ihr Zusammenwirken zu vervollkommnen.

Bedeutungsvoll für die noch engere Gestaltung der W. waren der im Juni 1964 zwischen der DDR und der UdSSR abgeschlossene Vertrag über Freundschaft, gegenseitigen Beistand und Zuammenarbeit sowie die 1967 unterzeichneten gleichartigen Verträge mit der VR Bulgarien, der Ungarischen VR, der VR Polen und der ČSSR. Der auf Grundlage des Vertrages mit der UdSSR durch den Minister für Nationale Verteidigung der DDR im November 1964 bestätigte Perspektivplan zur weiteren Festigung der Waffenbrüderschaft zwischen der NVA und der GSSD sowie die Ordnung über die Zusammenarbeit zwischen der NVA und den Bruderarmeen der sozialistischen Staaten vom Januar 1965 führten dazu, daß die W. nunmehr längerfristig geplant, komplexer und wirksamer entwickelt wurden. Es entstanden neue Formen und Traditionen der W. Zunächst wurden in einigen Verbänden der NVA jeweils Anfang Mai «Tage der Waffenbrüderschaft» durchgeführt. Seit 1968 findet Ende Februar eine «Woche der Waffenbrüderschaft» in enger Verbindung mit dem Gründungstag der sowjetischen Streitkräfte (23. 2.) und dem Gründungstag der NVA (1. 3.) statt. Dabei kommt es zu zahlreichen gemeinsamen Veranstaltungen und Begegnungen der Waffengefährten, die besonders wirksam das Bewußtsein der Gemeinsamkeit und Verbundenheit ausprägen und eine effektive Zusammenarbeit fördern. Auf die Entwicklung der Waffenbrüderschaft nahm die → *Traditionspflege in der NVA* wachsenden Einfluß. Die Verleihung von Ehrennamen hervorragender Patrioten und Internationalisten an Truppenteile und Einrichtungen wird von den Armeeangehörigen als Auftrag und Verpflichtung verstanden, die Klassen- und Waffenbrüderschaft fester zu schmieden, die Zusammenarbeit mit den verbündeten Armeen enger zu gestalten. Zur festen Tradition der W. wurde der erstmals 1964 durchgeführte Flug der Freundschaft. Die Fliegerkräfte der Sowjetarmee und der NVA sowie später auch der Polnischen Armee und der Tschechoslowakischen Volksarmee bekunden damit ihre Bereitschaft und Fähigkeit, den Luftraum der verbündeten Staaten zuverlässig zu schützen. Die Ueckermünder Haffwoche, ebenfalls 1964 ins Leben gerufen, ist jährlich ein Höhepunkt der brüderlichen Beziehungen zwischen den Angehörigen der sozialistischen Ostseeflotten und den Werktätigen der DDR. Jugendfestivals sozialistischer Länder und andere internationale Begegnungen werden zu erlebnisreichen Treffen der Waffenbrüder. Zu einer erneuten Bewährungsprobe der W. wurde die internationalistische Hilfsaktion im August 1968, als Truppenteile der NVA Seite an Seite mit Truppen der Sowjetarmee, der Bulgarischen Volksarmee, der Polnischen Armee und der Ungarischen Volksarmee die tsche-

Feldmeeting nach einer gemeinsamen Leistungsüberprüfung

choslowakischen Werktätigen und ihre Streitkräfte bei der Verteidigung des Sozialismus gegen die Anschläge der Konterrevolution unterstützten.

Seit Mitte der 70er Jahre entwickelten sich die Beziehungen in neuen Dimensionen. Die W. zeichneten sich immer stärker durch eine vielseitige Zusammenarbeit mit den verbündeten Streitkräften zur gemeinsamen Lösung von militärischen Problemen der verschiedensten Art aus. Wesentlich bestimmt wurde dieser Prozeß durch die Grundorientierung des VIII. Parteitages der SED (Juni 1971), die DDR noch fester in der sozialistischen Gemeinschaft zu verankern und vor allem das Bündnis mit der Sowjetunion noch enger zu gestalten. Der IX. Parteitag der SED (Mai 1976) bekräftigte diese Generallinie und forderte, die W. insbesondere zur Sowjetarmee weiter zu vertiefen. Er betonte, daß es ein ehernes Gesetz für das verantwortungsbewußte internationalistische Handeln der NVA-Angehörigen bleibt, von der Sowjetarmee zu lernen, wie die politisch-ideologische Erziehung und die Meisterung der modernen Bewaffnung und Technik noch effektiver und truppenwirksamer gestaltet werden können. Geleitet von diesen Aufgaben und der Notwendigkeit, die Militärorganisation der sozialistischen Gemeinschaft weiter zu stärken, wirkten leitende Kader der NVA aktiv in den Führungsorganen der Vereinten Streitkräfte, deren Struktur und Funktion entsprechend dem Beschluß des Politischen Beratenden Ausschusses vom März 1969 ausgebaut und vervollkommnet worden waren.

Große Bedeutung für die Weiterentwicklung der W. besaß der verstärkte Austausch von Militärdelegationen mit den sozialistischen Bruderstaaten. Höhepunkte waren Besuche von Militärdelegationen der DDR im Herbst 1969 und 1975 in der UdSSR sowie von sowjetischen Militärdelegationen 1970 und 1977 in der DDR. Bei diesen Treffen ging es um die Intensivierung der Zusammenarbeit, um ihre Ausdehnung auf nahezu alle Gebiete des militärischen Lebens. Eine wichtige Rolle spielten dabei Fachberatungen zwischen den Führungskadern der verbündeten Streitkräfte zu operativ-taktischen Fragen, Treffen von Vertretern der Teilstreitkräfte und Waffengattungen der verschiedensten Ebenen sowie wissenschaftliche Konferenzen, Symposien und Konsultationen. So wirkten Ende 1971 Generale und Offiziere der NVA an der theoretischen Konferenz des Stabes der Vereinten Streitkräfte in Moskau mit. Sie erörterten Prinzipien des weiteren Ausbaus der Organisation des Warschauer Vertrages sowie Führungsaufgaben bei der Erhöhung der Gefechtsbereitschaft der Truppen. Anläßlich der Tagung des Militärrates der Vereinten Streitkräfte im November 1974 in Berlin führte das Ministerium für Nationale Verteidigung der DDR mit den Tagungsteilnehmern in

Vergleichswettkampf im Lehrkabinett für Funkausbildung des Truppenteils «Harro Schulze-Boysen»

Truppenteilen der NVA einen Erfahrungsaustausch über Ausbildungsmaßnahmen durch. Im Januar 1976 fand in Berlin ein Symposium statt, auf dem leitende Kader der NVA und der Bruderarmeen über Probleme der weiteren Vertiefung der Waffenbrüderschaft und ihre Wechselbeziehungen mit der Strategie und Taktik der Bruderparteien der Teilnehmerstaaten des Warschauer Vertrages berieten. Spezialisten der NVA trugen zur Lösung der vom Technischen Komitee der Vereinten Streitkräfte gestellten militärtechnischen Forschungs- und Entwicklungsaufgaben bei. Offiziere der Führungsorgane, der Forschungs- und Lehreinrichtungen der NVA wirkten an der Lösung vieler Probleme mit, die sich aus den abgestimmten Plänen der militärwissenschaftlichen Arbeit im Rahmen der Koalition ergaben. Die NVA setzte sich gemeinsam mit den Bündnispartnern dafür ein, daß übereinstimmend mit der weite-

Erfahrungsaustausch zwischen Panzerfahrern der GSSD und der NVA

Eröffnung des Manövers «Waffenbrüderschaft 80» in Potsdam, 4. September 1980

ren Vereinheitlichung der Kampftechnik und der Strukturen in den verbündeten sozialistischen Armeen auch für die Ausbildung zunehmend einheitliche Grundsätze und Leitlinien ausgearbeitet wurden. Vor allem verbreiterten und vertieften sich die W. zu den sowjetischen Waffengefährten. Dafür ist der Begriff vom «Regiment nebenan» zum Symbol geworden. Entsprechend der Orientierung in der neuerlassenen Ordnung für die W. mit der GSSD vom Dezember 1969 wurde das gemeinsame Ringen um höhere Ergebnisse in der politischen und Gefechtsausbildung mehr und mehr zum Inhalt der Waffenbrüderschaft zwischen Einheiten und Truppenteilen. Charakteristisch dabei sind Leistungsvergleiche zwischen Besatzungen, Bedienungen usw., wodurch der → *sozialistische Wettbewerb in der NVA* wesentliche Impulse erhielt. Gemeinsame Ausbildungsmaßnahmen der Partnertruppenteile schlossen jetzt auch die Vorbereitung der Aufgaben im Diensthabenden System und bei Übungen und Manövern der Vereinten Steitkräfte ein, die zu Schulen der Waffenbrüderschaft wurden. Zunehmend an Bedeutung gewann in allen Teilstreitkräften das gemeinsame Training von Elementen der Gefechts- und Spezialausbildung. An den jährlichen, in Zahl und Zielsetzung unterschiedlichen Übungen von Stäben und Truppen der GSSD und der NVA nahmen auch Dienste, Spezialtruppen sowie Kräfte und Mittel des Militärtransportwesens teil. Fester Bestandteil der W. wurde die planmäßige Zusammenarbeit auf politisch-ideologischem Gebiet zur Vorbereitung und Durchführung der politischen Ausbildung, gemeinsamer militärischer Aufgaben, kultureller und sportlicher Veranstaltungen. Die Waffenbrüderschaftsbeziehungen zum «Regiment nebenan» sind zum militärischen Alltag aller Truppenteile der NVA geworden.

Gleichzeitig wurde die Zusammenarbeit mit den anderen Bruderarmeen weiterentwickelt. So ist es bereits Tradition, daß Einheiten der NVA bzw. der Polnischen Armee jeweils für eine gewisse Zeit an Ausbildungsbasen der Waffenbrüder verlegt werden und hier selbständig oder zusammen mit den Waffengefährten bestimmte Ausbildungsaufgaben erfüllen. Fliegerkräfte der NVA landen und starten auf Flugplätzen der GSSD, der Polnischen Armee und der Tschechoslowakischen Volksarmee, wie umgekehrt die Jagdflieger der Bruderarmeen auf Flugplätzen der NVA Ausbildungsaufgaben lösen. Zur Vertiefung der Waffenbrüderschaft tragen Navigationsbelehrungsfahrten im Rahmen der verbündeten Ostseeflotten bei. Großen Nutzen haben der systematische Austausch von Lehroffizieren sowie vielfältige Kooperationsbeziehungen zwischen Forschungseinrichtungen und Verlagen der Bruderarmeen. Die 70er Jahre haben besonders deutlich gezeigt, daß die W. ein erstrangiger Faktor für die Erziehung sozialistischer Soldatenpersönlichkeiten und die Entstehung starker Kampfkollektive sind.

Eine neue, im Januar 1978 erlassene Ordnung über die Festigung der W. geht vom erreichten Stand aus und verdeutlicht zugleich die weitgefaßte, auch für die 80er Jahre gültige Zielstellung zur Gestaltung dieser Beziehungen, in denen sich die Einheit von sozialistischem Internationalismus und Patriotismus auf militärischem Gebiet verkörpert. Die Ordnung fordert von den Chefs, Kommandeuren und Leitern, die Waffenbrüderschaft und die Zusammenarbeit mit allen sozialistischen Bruderarmeen, vor allem mit der Sowjetarmee und der sowjetischen Seekriegsflotte, ständig zu entwickeln, das unmittelbare Zusammenwirken mit der GSSD auf allen Gebieten zu vervollkommnen und mit hohem Nutzen zu führen. Sie stellt die Aufgabe, im Zusammenwirken auf operativem Gebiet, bei der Sicherung einer hohen Kampfkraft und Gefechtsbereitschaft, im Diensthabenden System und im Gefechtsdienst für jeden NVA-Angehörigen die Waffenbrüderschaft erlebbar zu machen und dadurch das Bewußtsein von der internationalistischen Verantwortung sozialistischer Streitkräfte zu erhöhen. Schulter an Schulter mit den Waffenbrüdern der Sowjetunion und der anderen sozialistischen Bruderländer trägt die NVA entsprechend dem an sie und die anderen Schutz- und Sicherheitsorgane der DDR vom X. Parteitag der SED (April 1981) erteilten Klassenauftrag dazu bei, die sozialistischen Errungenschaften zu schützen und den Frieden zu erhalten.

Waffenfarben in der NVA → *Nationale Volksarmee der DDR (NVA)*

Waffen-SS: militärische Formation der faschistischen Terrororganisation SS (Schutzstaffel), die während des zweiten Weltkrieges (1939–1945) zum bewaffneten Kampf an der Front, zur Niederhaltung der Bevölkerung in den okkupierten Gebieten und zur Sicherung des faschistischen Regimes in Deutschland verwendet wurde.

Keimzellen der späteren W. bildeten die 1933 aufgestellte «Stabswache Berlin» und die «Politischen Bereitschaften» der SS. Aus beiden entstand 1934 mit Unterstützung der Reichswehr die sog. SS-Verfügungstruppe, deren Auftrag die «innere Sicherung» des Hitlerregimes war. Bis 1938 entstanden in München, Hamburg und Berlin sowie nach der Okkupation Österreichs in Wien je 1 SS-Regiment. Ein Erlaß Adolf Hitlers (1889–1945) vom 17. 8. 1938 bezeichnete die Verfügungstruppe als stehende Formation «für besondere innerpolitische Aufgaben», aber auch «für mobile Verwendung im Rahmen des Kriegsheeres». Im August 1939 erfolgte ihre Unterstellung unter den Oberbefehlshaber des Heeres. Während des Überfalls auf Polen kamen die bestehenden SS-Regimenter im Rahmen von Verbänden des Heeres zum Einsatz. Im Oktober 1939 begann die Aufstellung von SS-Divisionen. Dazu wurden die Regimenter der Verfügungstruppe, mit der Bewachung der KZ beauftragte SS-Totenkopf-Standarten, Teile ihrer seit Kriegsbeginn einberufenen Verstärkung und der Ordnungspolizei sowie Heereseinheiten herangezogen. Die Truppe erhielt die Bezeichnung W. Vom Beginn des Überfalls auf Polen bis zur Aggression gegen Frankreich vergrößerte sich die W. von 18000 auf 100000 Mann. Zu diesem Zeitpunkt gehörten zur W. die Leibstandarte, 3 Divisionen (SS-Polizei-Division, Verfügungsdivision und Totenkopf), Ersatzeinheiten, 2 sog. Junkerschulen sowie Organe der Versorgung, des Sanitäts-, Gerichts- und Ersatzwesens. Ein bevorzugtes Rekrutierungsreservoir bildeten ab Herbst 1939 Ausländer deutscher Nationalität, besonders vom Balkan. Mit falschen Versprechungen oder durch Erpressung wurden sie für den Dienst in der W. angeworben. Das geschah mit Unterstützung der in ihren Heimatländern tätigen faschistischen fünften Kolonnen.

Bei den im Mai 1940 beginnenden Aggressionen gegen die Staaten Westeuropas wurden die inzwischen teilweise motorisierten und mit schweren Waffen ausgerüsteten SS-Verbände in den Stoßgruppierungen des faschistischen Heeres eingesetzt. Wie schon in Polen verübten sie auch hier wieder Verbrechen an Kriegsgefangenen und an der Zivilbevölkerung. Bei der Vorbereitung des Überfalls auf die Sowjetunion forcierte die faschistische Führung den Ausbau der W. und die Erhöhung ihrer Kampfkraft. Zentrales Führungsorgan wurde das am 15. 8. 1940 gebildete SS-Führungshauptamt. Ein zusätzliches Rekrutierungsreservoir stellten Freiwillige aus den okkupierten Ländern Nord- und Westeuropas dar, darunter viele Mitglieder von faschistischen Organisationen. Aus ihnen wurden im Frühjahr 1941 die Division «Wiking» und später weitere Formationen aufgestellt. Unmittelbar vor dem Überfall auf die Sowjetunion erfolgte am 22. 4. 1941 noch die Überstellung von mehr als 170 Dienststellen und Einheiten der SS zur W., darunter das SS-Personal und die Wachmannschaften der KZ. Am 22. 6. 1941 handelten im Bestand des faschistischen Heeres 6 Divisionen der W.; 3 Brigaden standen darüber hinaus zur Partisanenbekämpfung bereit. Ab Frühjahr 1942 begann die Umrüstung der Divisionen der W. in Panzergrenadier- und Panzerverbände. Zahlreiche neue Verbände wurden gebildet. Bis Ende 1944 wuchs die Zahl der SS-Divisionen auf 38. Darunter waren 18 Divisionen, die ganz oder teilweise aus Ausländern bestanden. Die W., zu der seit 1943 auch Wehrpflichtige eingezogen wurden, trug den Charakter einer faschistischen, fanatisch kämpfenden Eliteformation. An Schwerpunkten eingesetzt, sollten die SS-Panzer- und -Panzergrenadierdivisionen sowie die großenteils aus Ausländern bestehenden SS-Infanterieverbände den Vormarsch der Sowjetarmee und der anderen Streitkräfte der Antihitlerkoalition aufhalten. Nach dem Scheitern der → *Verschwörung vom 20. 7. 1944* wurde die W. bedeutend vergrößert. Sie erreichte mit 910000 Mann (11% der Heeresstärke), darunter 510000 sog. Volksdeutsche und Ausländer, in der zweiten Hälfte des Jahres 1944 ihre höchste Stärke. Die Aufstellung einer SS-Panzerarmee sowie anderer Formationen und Einrichtungen setzten den Kurs des Ausbaus der W. fort, ohne daß diese Maßnahmen die Niederlage des faschistischen Deutschlands aufzuhalten vermochten. Die W. steigerte mit dem Beginn der Aggression gegen das Sowjetvolk noch ihre Brutalität. Sie verübte unmenschliche Greueltaten. Ihre Angehörigen ermordeten zahlreiche Gefangene. Im Sinne der faschistischen «Neuordnungspläne» nahmen SS-Verbände an den Terror- und Vernichtungsaktionen gegen Partisanen und die Zivilbevölkerung der okkupierten Länder und Gebiete teil. Sie waren an der systematischen Ausrottung ganzer Bevölkerungsgruppen beteiligt.

Nach der Zerschlagung des deutschen Faschismus verurteilte der Internationale Militärgerichtshof in Nürnberg 1946 die SS einschließlich der W. als verbrecherische Organisation. Mit der Restaurierung der imperialistischen Machtverhältnisse nach 1945 in der BRD wurden die ehem. Angehörigen der W. rehabilitiert und finanziell entschädigt. Ihre Organisation, die → *Hilfsgemeinschaft auf Gegenseitigkeit ehemaliger Angehöriger der Waffen-SS (HIAG)*, wurde zu einem Hort des Neonazismus in der BRD.

Wagenburg: vorwiegend bis zum 16. Jh. durch kreisförmig bzw. rechteckig aufgestellte Troß- oder Kampfwagen gebildete Verschanzung zu Schutz-

Die Anlage einer Wagenburg, 16. Jh.

Eingang einer Wagenburg

und Verteidigungszwecken, teilweise auch Element des Gefechts.

Bereits im Altertum angewandt, kam die W. in größerem Umfang während der Völkerwanderung (4.–6. Jh.) in Gebrauch. Auf den Zügen der germanischen und anderer Stämme dienten die aneinandergefahrenen Wagen zum Schutz eines Lagers auf freiem Felde. Teilweise fand die W. auch in bewaffneten Kämpfen Verwendung. Während die W. als Lagerumschanzung und militärische Rückendekkung über Jahrhunderte genutzt wurde, blieb sie als taktisches Gefechtselement in Europa auf das spätmittelalterliche Militärwesen beschränkt. Vor allem mit dem militärischen Wiederaufstieg des Fußvolkes, das anfangs noch der Deckung gegen Reiterangriffe bedurfte, gewann die W. auf dem Schlachtfeld an Bedeutung und wurde in der hussitischen Kriegführung zum tragenden Element der Gefechtstaktik (→ *Hussitenkriege 1419–1437*). Die W. der Hussiten bestand aus speziellen, mit Schutzblenden versehenen Kampfwagen und war mitunter durch Erdbefestigungen verstärkt. Die Wagen wurden Rad an Rad aufgestellt und mit Ketten oder Seilen verbunden. In gewissen Abständen waren die Wagenreihen durchbrochen und in den Lücken die Geschütze postiert. An 2 gegenüberliegenden Punkten der W. blieben Ausfalltore frei. Eine Wagenbesatzung bestand in der Regel aus 2 Büchsen- und 4 Armbrustschützen sowie je 4 Fleglern und Hellebardieren. Beim Sturm auf die W., zu dem die Reiter absitzen mußten, löste sich die Gefechtsordnung des Angreifers zwangsläufig auf. Im geeigneten Moment gingen dann die im Innern der W. bereitstehenden Hauptkräfte zum Gegenstoß über. Durch diese Kombination von befestigter Verteidigung mit beweglicher Feuerführung und offensivem Ausfall entwickelte sich die W. von einem defensiv-taktischen Gefechtselement zur Gefechtstaktik selbst. Die hussitische Taktik der W. fand schnell Nachahmung in deutschen und anderen Feudalheeren, allerdings mit wenig Erfolg. Auch die Aufständischen im → *deutschen Bauernkrieg 1524–1526* nutzten die W. Sie verlor jedoch im 16. Jh. in dem Maße rasch an Bedeutung, wie sich die Kampfkraft der Fußtruppen, vor allem durch Verbesserung und Vermehrung der Feuerwaffen, erhöhte.

Waghäusel 1849: Schlacht während der → *Reichsverfassungskampagne 1849* zwischen Truppen der → *badisch-pfälzischen Revolutionsarmee 1849* und preußischen Interventionstruppen am 21. 6. 1849.

Für die an der Neckarlinie stehenden Hauptkräfte der badisch-pfälzischen Revolutionsarmee entstand am 20. 6. 1849 die akute Gefahr der Einschließung. Während von Norden das preußische II. Korps (15000 Mann, 30 Geschütze) und von Nordosten das Bundeskorps (17000 Mann, 24 Geschütze) herandrängten, überschritt das preußische I. Korps (19000 Mann, 50 Geschütze) bei Germersheim den Rhein und bedrohte die Neckarlinie im Rücken. Deshalb warf der Oberbefehlshaber der Revolutionsarmee, General Ludwik Mierosławski (1814–1878), noch am 20. 6. abends etwa 12000 Mann mit 28 Geschützen dem I. Korps entgegen. Dieses war inzwischen teils auf Heidelberg, teils auf Karlsruhe vorgedrungen. Nach ihrem Nachtmarsch trafen die Revolutionstruppen am 21. 6. morgens bei W. auf die preußische 1. Division, deren Stärke etwa 5500 Mann und 8 Geschütze betrug. Sie eroberten in heftigem Kampf W., besetzten Wiesental und warfen den Gegner bis Philippsburg zurück. Die Preußen verloren 21 Tote, 101 Verwundete und 130 Vermißte; außerdem verließen während der Waldgefechte mehrere hundert Soldaten ihre Einheiten in regelloser Flucht. Die inzwischen heranbeorderte preußische 4. Division (4500 Mann, 22 Geschütze) wurde bei Wiesental von einer schwachen Abteilung der Revolutionsarmee (1500 Mann, 4 Geschütze) zum Stehen gebracht. Ihr gelang es aber, den Ort einzunehmen. Der Anfangserfolg der Revolutionstruppen schlug schließlich in eine Niederlage um. Bei einem Angriff zur Wiedereinnahme von Wiesental verursachten verräterische Offiziere eine Panik unter der Kavallerie, die die eigene Infanterie überritt und so eine haltlose Flucht auslöste, in die auch Volkswehreinheiten hineingerissen wurden. Ferner fehlte ein unterstützender Angriff durch die bei Karlsruhe stehenden Kräfte (etwa 8000 Mann). Die erschöpften Revolutionstruppen strömten in Richtung Heidelberg zurück. Nachdem Mierosławski sie wieder gesammelt hatte, führte er sie in einem großen Flankenmarsch nach Durlach (→ *Durlach 1849*) und von dort weiter zur Murg (→ *Murg 1849*). Die Niederlage bei W. zog die Räumung Nordbadens nach sich und wirkte demoralisierend auf die Revolutionsarmee. *(s. Abb. S. 60)*

Warschauer Verteidigungsbündnis: gemäß dem Vertrag über Freundschaft, Zusammenarbeit und gegenseitigen Beistand (Warschauer Vertrag) vom Mai 1955 geschaffene Militärkoalition sozialistischer Staaten Europas mit dem Ziel, den Schutz des Sozialismus und die Sicherung des Friedens unter allen Bedingungen zuverlässig zu gewährleisten.

Mitte der 50er Jahre wurde die Bildung eines Verteidigungsbündnisses der Staaten der sozialistischen Gemeinschaft objektiv notwendig. Das internationale Kräfteverhältnis hatte sich zugunsten des sozialistischen Weltsystems und aller fortschrittlichen und friedliebenden Kräfte verändert. Gleichzeitig mehrten sich die Gefahren für die Sicherheit der sozialistischen Staaten und für den Weltfrieden. Die USA und andere imperialistische Mächte nahmen Kurs auf die unverhüllte Aufrüstung und Eingliederung der BRD in die → *NATO*. Entsprechende Abkommen kamen auf der Tagung des NATO-Rates am 23.10.1954 in Paris zustande. Die UdSSR und die anderen sozialistischen Länder unternahmen größte Anstrengungen, die friedensgefährdenden Vorstöße der imperialistischen Kräfte zu entlarven und rechtzeitig zu durchkreuzen. Sie nutzten jede Möglichkeit, um den Prinzipien der friedlichen Koexistenz in den Beziehungen von Staaten mit unterschiedlicher Gesellschaftsordnung zum Durchbruch zu verhelfen und eine stabile Friedensordnung in Europa zu schaffen. Auf der 1. Konferenz europäischer Staaten zur Gewährleistung des Friedens und der Sicherheit in Europa vom 29.11. bis 2.12.1954 in Moskau – die eingeladenen Westmächte folgten dem Druck des USA-Imperialismus und sabotierten die Konferenz – unterbreiteten die teilnehmenden sozialistischen Staaten erneut konstruktive Vorschläge, die gegen die Teilung der Welt in Militärblöcke gerichtet waren. Alle europäischen Staaten wurden aufgefordert, einen Vertrag über kollektive Sicherheit abzuschließen. Zugleich brachten die Teilnehmerstaaten ihre Entschlossenheit zum Ausdruck, im Falle der Ratifizierung der Pariser Verträge gemeinsame Maßnahmen zur Sicherung ihrer Verteidigungsfähigkeit, zum Schutz der friedlichen Arbeit ihrer Völker und der Unantastbarkeit ihrer Grenzen gegen eine mögliche Aggression einzuleiten. Die NATO-Mächte zeigten jedoch keinerlei Einsicht, und ihre Parlamente ratifizierten die → *Pariser Verträge 1955.* Ihr wichtigster Bestandteil war die Einbeziehung der BRD in die NATO. Der wiedererstarkende deutsche Imperialismus hatte seit Jahren unter Verletzung gültiger Vereinbarungen der Antihitlerkoalition die → *Remilitarisierung der BRD* betrieben. Nun erhielt er, in völkerrechtswidrigen Separatabkommen verbrieft, die Möglichkeit, an der allseitigen Kriegsvorbereitung der NATO gegen die sozialistischen Staaten teilzunehmen. Der darauf basierende schnelle Aufbau eines militärischen Aggressionsinstrumentes – seine Stärke sollte 500000 Mann erreichen – führte zur Festigung der volksfeindlichen Klassenherrschaft in der BRD und beschleunigte deren reaktionäre Entwicklung im Bündnis mit den aggressivsten Kräften des Weltimperialismus. Diesen wichtigen Faktoren der neuen Lage mußten die sozialistischen Staaten Rechnung tragen. Auf der 2. Konferenz europäischer Länder zur Gewährleistung des Friedens und der Sicherheit in Europa vom 11. bis 14.5.1955 in Warschau unterzeichneten die VR Albanien, die VR Bulgarien, die Tschechoslowakische Republik, die DDR, die VR Polen, die Rumänische VR, die UdSSR und die Ungarische VR den Vertrag über Freundschaft, Zusammenarbeit und gegenseitigen Beistand (Warschauer Vertrag). Nach Ratifizierung durch die Signatarstaaten und Hinterlegung der Ratifizierungsurkunden bei der Regierung der VR Polen trat der Vertrag am 4.6.1955 in Kraft. Er wurde laut Art. 11 für die Dauer von 20 Jahren abgeschlossen. Für die vertragschließenden Seiten, so ist dort weiter fixiert, die 1 Jahr vor Ablauf der Frist der Regierung der VR Polen keine Erklärung über die Kündigung des Vertrages übergeben, bleibt dieser weitere 10 Jahre in Kraft. (Die VR Albanien stellte 1962 die Mitarbeit ein und löste 1968 den Vertrag.) Am 26.4.1985 beschlossen die Teilnehmerstaaten die Verlängerung des Vertrages um weitere 20 Jahre.

Der Warschauer Vertrag, der eine höhere Stufe der Einheit und Geschlossenheit der sozialistischen Staaten einleitete, wurde zu einem einflußreichen Faktor des Friedens und der Sicherheit der Völker. In Übereinstimmung mit der UN-Charta gingen die Teilnehmer die Verpflichtung ein, «sich in ihren internationalen Beziehungen der Drohung mit Gewalt oder ihrer Anwendung zu enthalten und ihre internationalen Streitfragen mit friedlichen Mitteln so zu lösen, daß der Weltfrieden und die Sicherheit nicht gefährdet werden» (Art. 1). Um diese gerechte und zutiefst revolutionäre Aufgabe erfolgreich zu lösen, wandten die Mitgliedsländer des Warschauer Vertrages die marxistisch-leninistische Lehre vom Schutz des sozialistischen Vaterlandes schöpferisch auf die neuen Bedingungen an. Sie verwirklichten die Erkenntnis W. I. Lenins (1870–1924), daß die Völker, die den Sozialismus aufbauen, unbedingt ein militärisches Bündnis brauchen. Von diesem Grundsatz geleitet, trafen die vertragschließenden Seiten folgende, für den kollektiven Schutz der sozialistischen Staatengemeinschaft bedeutende Festlegungen: Im Falle eines bewaffneten Überfalls wird jeder Teilnehmerstaat «dem Staat oder den Staaten, die einem solchen Überfall ausgesetzt sind, sofortigen Beistand individuell und in Vereinbarung mit den anderen Teilnehmerstaaten des Vertrages mit allen Mitteln, die ihnen erforderlich scheinen, einschließlich der Anwendung von militärischer Gewalt, erweisen» (Art. 4); «ein vereintes Kommando derjenigen ihrer Streitkräfte zu schaffen, die nach Vereinbarung zwischen den Seiten diesem auf Grund gemeinsam festgelegter Grundsätze handelnden Kommando zur Verfügung gestellt werden», sowie andere Maßnahmen zu ergreifen, «die zur Stärkung ihrer Wehrfähigkeit notwendig sind, um die friedliche Arbeit ihrer Völker zu beschützen, die Unantastbarkeit ihrer Grenzen und Territorien zu garantieren und den Schutz gegen eine mögliche Aggression zu gewährleisten» (Art. 5). Während die imperialistischen Militärpakte gegen die sozialistischen Staaten und jede freiheitsliebende Bewegung gerichtet sind, dient das W.V. dem Schutz der sozialistischen Errungenschaften vor den Anschlägen der aggressiven imperialistischen Kreise. Es bedroht in keiner Weise die Interessen irgendeines Landes. Wie es in der Präambel des Warschauer Vertrages heißt, ergreifen seine Teilnehmerstaaten die notwendigen Sicherheitsmaßnahmen «im Interesse der Aufrechterhaltung des Friedens in Europa»; sie lassen sich dabei «von den Interessen der Festigung des Weltfriedens» leiten (Art. 3). Das W.V. ist im Unterschied zu den imperialistischen Militärpakten, die durch Konkurrenz und Herrschaft der Stärkeren über die Schwächeren gekennzeichnet sind, ein freiwilliges Bündnis gleichberechtigter sozialistischer Staaten, die «im Geiste der Freundschaft und der Zusammenarbeit ... in Befolgung der Grundsätze der gegenseitigen Achtung ihrer Unabhängigkeit und Souveränität und der Nichteinmischung in ihre inneren Angelegenheiten handeln» (Art. 8).

Diese brüderlichen, dem Geist des proletarischen Internationalismus entsprechenden Beziehungen zwischen den Teilnehmerstaaten lagen den Festlegungen über die Struktur und die Tätigkeit der Führungsorgane des W.V. zugrunde. Im Politischen Beratenden Ausschuß als dem höchsten Organ des Warschauer Vertrages hat jeder Teilnehmerstaat unabhängig von der Größe seines Territoriums, der Bevölkerungszahl und dem Stand der gesellschaftlichen Entwicklung die gleichen Rechte. Jede nationale Vertretung verfügt bei der kollektiven Beratung und Entscheidung von Fragen des Schutzes und der Sicherheit der sozialistischen Staatengemeinschaft über eine Stimme, hat das Recht, in der Landessprache zu verhandeln, und übernimmt nach einem festgelegten Turnus den Vorsitz bei Tagungen. Entsprechend den Prinzipien der Gleichberechtigung, der Achtung der Unabhängigkeit und Souveränität der verbündeten sozialistischen Länder erfolgte die Bildung der Vereinten Streitkräfte des W.V. Jeder Teilnehmerstaat entsandte in deren Bestand bestimmte Teile der nationalen Streitkräfte, ohne daß diese aus der Unterstellung unter das Kommando des betreffenden Landes herausgenommen wurden. Auf der 1. Tagung des Politischen Beratenden Ausschusses am 27. und 28. 1. 1956 wurde das Statut über das Vereinte Kommando, bestehend aus dem Oberkommandierenden der Vereinten Streitkräfte und dessen Stellvertretern, angenommen. Zum ersten Oberkommandierenden der Vereinten Streitkräfte ernannten die Teilnehmerstaaten den verdienten sowjetischen Heerführer Marschall der Sowjetunion I. S. Konew (1897–1973). Ihm folgte 1960 Marschall der Sowjetunion A. A. Gretschko (1903–1976) und diesem 1967 Marschall der Sowjetunion I. I. Jakubowski (1912–1976). Seit 1976 übt Marschall der Sowjetunion W. G. Kulikow (geb. 1921) diese Funktion aus. Zu Stellvertretern des Oberkommandierenden wurden die Verteidigungsminister der Teilnehmerstaaten ernannt. Der Stab der Vereinten Streitkräfte mit Sitz in Moskau setzt sich aus ständigen Vertretern der General- bzw. Hauptstäbe der Teilnehmerstaaten zusammen. Die Tätigkeit des Vereinten Kommandos bei der Führung der Vereinten Streitkräfte und bei der Entwicklung ihrer Kampfkraft und Gefechtsbereitschaft ist Ausdruck der brüderlichen Beziehungen, wie sie für sozialistische Staaten charakteristisch sind. In enger Zusammenarbeit, gestützt auf das mächtige Verteidigungspotential der UdSSR, leistet jeder Teilnehmerstaat im Rahmen des W.V. seinen eigenen verantwortlichen Beitrag im Kampf um die gemeinsame Gewährleistung der Sicherheit des Sozialismus, um die Erhaltung und Festigung des Friedens. Die Einheit und Geschlossenheit des W.V. und davon abhängig seine Rolle und Bedeutung sind vom Charakter der Gesellschaftsordnung der in diesem Bündnis zusammengeschlossenen Staaten bestimmt. Die dem Wesen nach einheitlichen sozialökonomischen, politischen und geistig-kulturellen Entwicklungsprozesse der sozialistischen Länder, die unter Führung der marxistisch-leninistischen Parteien von der Arbeiterklasse und den mit ihr verbündeten Werktätigen erfolgreich gestaltet werden, verleihen der Militärkoalition neuen Typs Festigkeit und Stärke.

In den mit der Sowjetunion verbündeten europäischen sozialistischen Staaten waren Mitte der 50er Jahre bereits wichtige Grundlagen des Sozialismus errichtet worden. Mit dem planmäßigen weiteren sozialistischen Aufbau und der Festigung der internationalen Zusammenarbeit im Rahmen des Rates für gegenseitige Wirtschaftshilfe (RGW) und auf anderen Gebieten des gesellschaftlichen Lebens entfalteten die Bruderländer auch neue Triebkräfte für die Stärkung ihrer kollektiven Verteidigungsmacht. Den Hauptanteil hatte daran die Sowjetunion. Auf der Grundlage der dynamischen Entwicklung ihrer Volkswirtschaft, die nach Überwindung unermeßlicher Kriegsschäden 1955 eine um 90% höhere industrielle Bruttoproduktion aufzuweisen hatte als 1950, und der Fortschritte auf wissenschaftlich-technischem Gebiet brach die UdSSR das Kernwaffenmonopol der USA und stärkte im erforderlichen Maße die Kampfkraft und Gefechtsbereitschaft der → *Sowjetarmee und Seekriegsflotte.* Die sowjetische Militärwissenschaft gab Antwort auf neue Probleme der militärischen Theorie und Praxis unter den Bedingungen des wissenschaftlich-technischen Fortschritts und seiner Auswirkungen auf das Militärwesen. Sie deckte wichtige Gesetzmäßigkeiten des politischen und militärischen Charakters eines möglichen Krieges zwischen den beiden Gesellschaftssystemen auf und erarbeitete grundlegende Schlußfolgerungen für die Entwicklung der sozialistischen Militärorganisation. Getreu den Prinzipien des proletarischen Internationalismus unterstützte die Sowjetunion in uneigennütziger und umfassender Weise den militärischen Aufbau in den sozialistischen Bruderländern.

Der enge militärische Zusammenschluß im W.V. bot günstigste Möglichkeiten, den schnell wachsenden Anforderungen in der Entwicklung der Bewaffnung und Kampftechnik sowie bei deren Meisterung zur Stärkung der Verteidigungsfähigkeit des Sozialismus gerecht zu werden. So war es für die jungen sozialistischen Staaten von erstrangiger Bedeutung, daß beim Aufbau und bei der Entwicklung ihrer Armeen moderne Bewaffnung und Technik sowjetischer Konstruktion und Produktion zur Verfügung standen. Die mit der Sowjetunion abgestimmte militärökonomische Politik brachte den Bruderländern aber auch erhebliche Einsparungen an Investitionen bei der Entwicklung der nationalen Verteidigungsindustrie und der materiell-technischen Sicherstellung der Streitkräfte. Von der Sowjetunion und ihren Streitkräften gingen die entscheidenden Impulse für die Meisterung der Theorie und Praxis des modernen Militärwesens, für die Lösung neu herangereifter Probleme der Erziehung, Führung und Ausbildung der Truppen aus. Die internationalistische Hilfe und Unterstützung durch die KPdSU, den Sowjetstaat und seine Streitkräfte erfaßten in zunehmendem Maße alle Bereiche des militärischen Lebens der Bruderländer.

Ein wichtiger Faktor bei der Stärkung des W.V. und natürlich bei der Sicherung des Schutzes der DDR war die Entstehung der → *Nationalen Volksarmee der DDR (NVA).* Im Unterschied zu den anderen Teilnehmerstaaten verfügte die DDR zum Zeitpunkt des Abschlusses des Warschauer Vertrages noch nicht über eine Armee. Der Schutz des sozialistischen Aufbaus vor imperialistischer Aggression oblag in erster Linie der → *Gruppe der Sowjetischen Streitkräfte in Deutschland (GSSD).* Der im September 1955 abgeschlossene «Vertrag über die Beziehungen der DDR und der UdSSR» verankerte staats- und völkerrechtlich die Souveränität der DDR. Damit ging auch die äußere Schutzfunktion in die Verantwortung des deutschen Arbeiter-und-Bauern-Staates über. Das ermöglichte es der DDR, nunmehr der mit ihrem Beitritt zum Warschauer Vertrag übernommenen Verantwortung für den kollektiven Schutz des Sozialismus und des Friedens voll nachzukommen. Die Gründung der NVA im Jahre 1956 war ein folgerichtiger Schritt bei der Erfüllung dieser Aufgaben. Die Entwicklung und Festigung der → *Waffenbrüderschaftsbeziehungen der NVA*, vor allem zur Sowjetarmee, waren ein Garant für den erfolgreichen Aufbau der NVA als moderne sozialistische Bündnisarmee. Auf seiner Tagung im Mai 1958 bestätigte der Politische Beratende Ausschuß die Einbeziehung von Truppenkontingenten der DDR in die Vereinten Streitkräfte. Die Zugehörigkeit zum kollektiven Verteidigungspotential des W.V. bedeutete Anerkennung für die vollbrachten Leistungen beim Aufbau der NVA. Damit waren zugleich hohe Anforderungen an die Kampfkraft und Gefechtsbereitschaft der Verbände und Truppenteile gestellt, die Schulter an Schulter mit den sowjetischen Streitkräften und den anderen Bruderarmeen den kampfstärksten NATO-Gruppierungen in Westeuropa unmittelbar gegenüberstehen. Es ist ein Ausdruck der Einheit von sozialistischem Internationalismus und Patriotismus in der → *Militärpolitik der SED*, daß die Erfüllung des Klassenauftrages der NVA in ausgeprägter Weise zugleich dem Schutz der höchsten Errungenschaft der internationalen Arbeiterklasse, der sozialistischen Staatengemeinschaft, dient.

Die Entwicklung des W.V. ist untrennbar verbunden mit der von den sozialistischen Staaten verfolgten Politik der Entspannung und der friedlichen Regelung aller internationalen Streitfragen. So hieß es in einer Deklaration des Politischen Beratenden Ausschusses vom 28. 1. 1956, daß die verbündeten Staaten alle Kräfte zur Erhaltung des Friedens einsetzen. Sie bekräftigten ihre Bereitschaft, gemeinsam mit anderen interessierten Staaten die Errichtung einer Zone beschränkter Rüstung in Europa, den Abzug ausländischer Truppen aus der BRD und der DDR, die Begrenzung der Truppen beider deutscher Staaten sowie das Verbot der Stationierung von Kernwaffen auf deren Territorium zu erörtern. Im Sinne der konsequenten sozialistischen Friedenspolitik wurde der Beschluß des Obersten Sowjets der UdSSR vom 31. 3. 1958 über die einseitige Einstellung der Kernwaffenversuche durch die Sowjetunion gefaßt. Am 24. 5. 1958 verabschiedete der Politische Beratende Ausschuß eine weitere Deklaration der Teilnehmerstaaten des Warschauer Vertrages zur Sicherung des Friedens. Die darin enthaltenen Forderungen nach Einstellung aller Kernwaffenversuche, nach Verzicht auf die Anwendung von Massenvernichtungswaffen und nach anderen bedeutenden Abrüstungs- und Entspannungsschritten wurden von der weltweiten demokratischen Bewegung «Kampf dem Atomtod» unterstützt.

Im Gegensatz dazu verschärften die USA und andere imperialistische Staaten den Kurs der atomaren Aufrüstung. So beschloß die Gipfelkonferenz der NATO-Mächte im Dezember 1957, Mittelstreckenraketen in ihre auf westeuropäischem Territorium dislozierten Truppen einzuführen und dort auch Depots von amerikanischen Kernsprengköpfen anzulegen. Gleichzeitig vollzog sich eine beschleunigte Streitkräfteentwicklung der NATO-Staaten, wobei das militärische Gewicht der BRD in dem imperialistischen Pakt rasch zunahm. Aufgrund der starken Konzentration der militärischen Macht des Imperialismus gegen die sozialistischen Staaten und einer abenteuerlichen Politik der atomaren Kriegsvorbereitung sah sich die Sowjetunion gezwungen, die Kernwaffenversuche am 29. 9. 1958 wieder aufzunehmen.

Das W.V. wurde weiter vervollkommnet. Besonders enge Waffenbrüderschaftsbeziehungen entwickelten sich zwischen den auf den Territorien einiger sozialistischer Staaten zeitweilig stationierten sowjetischen Truppen und den Streitkräften dieser Staaten.

Das W.V. bewährt sich seit seiner Gründung als zuverlässiges kollektives Verteidigungsinstrument der sozialistischen Errungenschaften und als Garant der europäischen Sicherheit. Es setzte der aggressiven Globalstrategie der NATO-Mächte unüberwindliche Schranken, als 1956 mit Hilfe der Konterrevolution die Volksmacht in Ungarn zerschlagen werden sollte. Auf Bitten der ungarischen revolutionären Arbeiter-und-Bauern-Regierung leistete die UdSSR als Teilnehmerstaat des Warschauer Vertrages brüderliche Hilfe. Im selben Jahr zwang die entschlossene Haltung der Sowjetunion, unterstützt von den anderen sozialistischen Ländern, die britischen, französischen und israelischen Interventen, ihre Aggression gegen Ägypten einzustellen. 1957 verhinderten die vereinten Anstrengungen der sozialistischen Staatengemeinschaft den imperialistischen Überfall auf Syrien und 1958 auf den Irak. Rolle und Bedeutung des W.V. traten bei der → *Sicherung der Staatsgrenzen der DDR 1961* deutlich hervor. An der festen Verankerung der DDR im Klassen- und Waffenbündnis mit der Sowjetunion und den anderen Bruderländern scheiterten die Vorstöße der aggressiven, revanchistischen Kreise des Imperialismus gegen die DDR. Die Politik des «roll back» gegenüber dem Sozialismus erlitt eine schwere Niederlage, und der Frieden in Europa wurde gerettet.

Mit Beginn der 60er Jahre trat das W.V. in eine höhere Stufe seiner Entwicklung ein. Grundlage dafür war die gewachsene Stärke und Reife der Gesellschafts- und Staatsordnung in der UdSSR und in den anderen mit ihr verbündeten sozialistischen Staaten. Der Eintritt in die Etappe des entwickelten Sozialismus, das weitere Voranschreiten der sowjetischen Gesellschaft auf dem Wege zum Kommunismus sowie die beginnende Gestaltung der entwickelten sozialistischen Gesellschaft in den anderen Teilnehmerstaaten des Warschauer Vertrages bildeten die objektive Voraussetzung für die weitere Vertiefung der Zusammenarbeit der Bruderländer. Untrennbar damit verbunden waren die Festigung und Stärkung ihrer militärischen Kampfgemeinschaft. Die Notwendigkeit ergab sich aus den konkreten Bedingungen der Klassenauseinandersetzung zwischen Sozialismus und Imperialismus. Die von den USA und anderen NATO-Staaten forcierte Rüstung sowie weitere Schritte der Kriegsvorbereitung waren kennzeichnend für den seinem Wesen nach unverändert aggressiven Kurs der imperialistischen Mächte. Im Sommer und Herbst 1962 bereiteten die USA einen Überfall auf die Republik Kuba vor. Die dadurch im karibischen Raum heraufbeschworene Krise bedrohte aufs äußerste den Weltfrieden. Die Hilfe der Sowjetunion gegenüber dem sozialistischen Bruderland und die solidarische Haltung der ganzen sozialistischen Staatengemeinschaft sowie eine weltweite Protestbewegung gegen die imperialistische Intervention zwangen die USA zur friedlichen Beilegung des Konflikts. Auch in anderen Teilen der Welt kam es zu einer Verschärfung der Lage infolge der aggressiven imperialistischen Politik. Besonders barbarischen Charakter trug die Ausweitung des Krieges gegen das Volk Vietnams und andere um ihre nationale und soziale Befreiung kämpfenden Völker Südostasiens. In Europa verstärkten die herrschenden Kreise der BRD mit Unterstützung anderer NATO-Mächte ihre gefährlichen Provokationen gegen die DDR. In den 2 Jahren nach den Grenzsicherungsmaßnahmen vom 13. 8. 1961 wurde das Hoheitsgebiet der DDR 349mal von Westberlin her beschossen. Im Interesse ihrer eigenen Sicherheit und der Sicherheit der anderen Völker waren die Staaten des Warschauer Vertrages vor die Notwendigkeit gestellt, ihre Landesverteidigung auf dem erforderlichen Niveau zu halten und zu vervollkommnen. Die Entwicklung der Kampfkraft und Gefechtsbereitschaft der verbündeten Streitkräfte, die Festigung der militärischen Einheit und Geschlossenheit des W.V. waren entscheidende Faktoren, um das internationale Kräfteverhältnis weiter zugunsten des Sozialismus als Hauptfaktors des revolutionären Weltprozesses und des Weltfriedens zu verändern. In diesem Prozeß wuchs gesetzmäßig die Rolle der Sowjetarmee. Wie auf dem XXII. Parteitag der KPdSU vom Oktober 1961 eingeschätzt wurde, hatte diese bereits eine wichtige Etappe ihrer Umgestaltung unter den Bedingungen der Revolution im Militärwesen durchlaufen. Auf der Grundlage einer allseitigen Analyse der sich vollziehenden Entwicklung im Militärwesen und unter Berücksichtigung der vom Imperialismus betriebenen Rüstungseskalation erarbeitete die sowjetische Militärwissenschaft die militärtheoretischen Grundlagen der neuen Militärdoktrin der UdSSR. In ihren Grundsätzen wurde davon ausgegangen, daß sich mit der zunehmenden Ausstattung der Streitkräfte beider Militärkoalitionen mit Raketenkernwaffen strategischer, operativer und taktischer Bestimmung der Charakter der Kampfhandlungen und dementsprechend auch die Kampfmethoden verändern. Vor allem werden sich im Vergleich zu früheren Kriegen die Möglichkeiten eines überraschenden gegnerischen Überfalls erhöhen. Folglich kommt der ständigen Aufrechterhaltung einer hohen Gefechtsbereitschaft der Streitkräfte besondere Bedeutung zu. Die verbündeten Armeen der sozialistischen Staaten müssen dem potentiellen Aggressor unter allen Bedingungen eines modernen Krieges jederzeit gewachsen sein.

Die Grundprinzipien der wissenschaftlich begründeten Anforderungen an die Vorbereitung der Streitkräfte und des gesamten Landes auf die Verteidigung der sozialistischen Errungenschaften und die Sicherung des Friedens lagen der abgestimmten Außen- und Militärpolitik der sozialistischen Staaten zugrunde. Dabei gewann die Tätigkeit des Politischen Beratenden Ausschusses weiter an Bedeutung. Seit der Tagung vom 4. 2. 1960, als wichtige Probleme der internationalen Lage und der europäischen Sicherheit erörtert wurden, fanden die Beratungen ständig auf höchster Ebene statt, d. h. unter Teilnahme der obersten Repräsentanten der Staaten des Warschauer Vertrages mit den Generalsekretären (Ersten Sekretären) der Bruderparteien an der Spitze. Die Beschlüsse des Politischen Beratenden Ausschusses vom 7. 6. 1962 und vom 26. 7. 1963 – beide Tagungen fanden in Moskau statt – waren darauf gerichtet, die gewachsene Stärke und internationale Rolle des Sozialismus im Sinne der Generallinie des XXII. Parteitages der KPdSU und der Beschlüsse der anderen kommunistischen Parteien zu nutzen und den Kampf für die Lösung aller strittigen internationalen Probleme auf friedlichem Wege konsequent fortzusetzen. Ein bedeutender Erfolg war der Abschluß des Vertrags über die Einstellung der Kernwaffenversuche in der Atmosphäre, im kosmischen Raum und unter Wasser. Am 5. 8. 1963 in Moskau durch die bevollmächtigten Vertreter der Regierungen der UdSSR, der USA und Großbritanniens unterzeichnet, traten innerhalb von 2 Monaten über 100 Staaten dem Vertrag bei. Von der Tagung des Politischen Beratenden Ausschusses am 19. und 20. 1. 1965, die in Warschau stattfand, ging die Initiative aus, eine Konferenz europäischer Staaten zu Fragen der kollektiven Sicherheit in Europa einzuberufen. Auf der folgenden Tagung vom 4. bis 6. 7. 1966 in Bukarest verabschiedeten die Teilnehmerstaaten die «Deklaration über die Festigung des Friedens und der Sicherheit in Europa». Darin wurden konkrete Schritte zur politischen und militärischen Entspannung – wie Rüstungsbegrenzung und Abrüstung in Europa – vorgeschlagen, die inzwischen zum Aktionsprogramm breitester Teile der friedliebenden Völker des Kontinents und der ganzen Welt geworden sind. Dabei übersahen die sozialistischen Staaten nicht, daß die Kreise des internationalen Rüstungskapitals und des Militarismus verstärkt bemüht waren, ihren aggressiven Kurs fortzusetzen und die Spannungen zu verschärfen. Um die Wirksamkeit des Kampfes um den Frieden zu erhöhen, gestalteten sie ihre Zusammenarbeit enger. Davon zeugen die seit Mitte der 60er Jahre neu abgeschlossenen bilateralen Verträge, die das Vertragssystem zwischen allen Staaten der sozialistischen Gemeinschaft vervollkommneten und ergänzten.

Fester Bestandteil dieser Entwicklung war die weitere Stärkung des W.V. In den 60er Jahren erfolgte die zunehmende Ausstattung der Vereinten Streitkräfte mit einheitlicher moderner Hauptbewaffnung und -ausrüstung. Dazu zählten taktische und operativ-taktische Raketensysteme, neue Abfangjagdflugzeuge, Schiffe und Boote, Panzer, Artillerie, Handfeuerwaffen, Mittel der Truppenführung und andere Militärtechnik. Das begünstigte den raschen Zuwachs an Feuerkraft und Manövrierfähigkeit der verbündeten Armeen und deren variable Einsatzmöglichkeiten im Rahmen der Vereinten Streitkräfte. Nicht zuletzt erwies sich eine solche Entwicklung ökonomisch als außerordentlich vorteilhaft für die Gemeinschaft der sozialistischen Staaten. Die unvermindert großen Pionierleistungen der Sowjetunion bei der Stärkung des W.V. verschmolzen auf das engste mit den wachsenden Verteidigungsanstrengungen der anderen sozialistischen Länder. Die enge Kampfgemeinschaft der Bruderparteien und -völker im W.V. ermöglichte es, die Ausbildung und Erziehung der Armeeangehörigen in raschem Tempo zu verbessern. Spielte dabei die Qualifizierung einer wachsenden Anzahl von Offizierskadern der Bruderarmeen an sowjetischen Militärakademien eine entscheidende Rolle, so war ebenso bedeutsam, daß in immer stärkerem Maße die Gefechtsausbildung der verbündeten Armeen nach im wesentlichen einheitlichen militärtheoretischen Ansichten erfolgte. Auf dieses Ziel konzentrierten sich zunehmend die gegenseitigen Beziehungen der Waffenbrüderschaft, der Austausch von Delegationen, der Erfahrungsaustausch, die Freundschaftstreffen und vor allem die unmittelbare Zusammenarbeit bei der Lösung praktischer Aufgaben der militärischen Erziehung und Bildung. Besonders wichtig für die Entwicklung des W.V. waren die → *Übungen und Manöver der Vereinten Streitkräfte.* Dem ersten Zusammenwirken von Stäben und Truppen der NVA, der Polnischen Armee, der Sowjetarmee und der Tschechoslowakischen Volksarmee im Herbst 1961 folgten weitere Truppen-, Flotten- und Kommandostabsübungen, darunter → *«Quartett» 1963* und → *«Oktobersturm» 1965*, die auf dem Territorium der DDR stattfanden. Von besonderer Bedeutung war das Manöver → *«Waffenbrüderschaft» 1970*, das erstmals unter Beteiligung der Armeen aller Teilnehmerstaaten des Warschauer Vertrages auf dem Territorium der DDR und in der Ostsee stattfand. Nach den Plänen des Vereinten Kommandos vorbereitet und durchgeführt, dienten die gemeinsamen Ausbildungsmaßnahmen der Überprüfung und Vervollkommnung der Kampfkraft und Gefechtsbereitschaft der Vereinten Streitkräfte. Die Übungen wurden zu hervorragenden Manifestationen der unerschütterlichen Freundschaft und Waffenbrüderschaft der Soldaten und Werktätigen der sozialistischen Staatengemeinschaft. Vor der ganzen Weltöffentlichkeit demonstrierte das W.V. seine Fähigkeit und Bereitschaft zur Abwehr eines beliebigen imperialistischen Aggressionsversuches und zur zuverlässigen Sicherung der sozialistischen Errungenschaften und des Friedens. In Erfüllung ihres militärischen Klassenauftrags leisteten im August 1968 gemeinsam mit sowjetischen Streitkräften Angehörige der NVA und anderer Bruderarmeen der ČSSR internationalistische Hilfe bei der Verteidigung des Sozialismus gegen die konterrevolutionären Anschläge seiner Feinde. Die Vereitelung des imperialistischen Exports der Konterrevolution machte deutlich, daß die Staaten des Warschauer Vertrags und ihre Streitkräfte niemals und nirgends zulassen, daß die Lebensinteressen der sozialistischen Gemeinschaft oder die Existenz der sozialistischen Ordnung eines Staates dieser Gemeinschaft gefährdet werden.

Mit dem Übergang zu den 70er Jahren wurde das W.V. weiter vervollkommnet. Obwohl der Imperialismus als System labiler geworden war und imperialistische Kräfte bestimmte Schritte unternahmen, um ihn an das neue internationale Kräfteverhältnis anzupassen, blieb er seinem Wesen nach aggressiv. Ein deutlicher Ausdruck dafür waren die forcierte Aufrüstung und Militarisierung in den USA, aber auch in der BRD und in anderen kapitalistischen Staaten. Die Fortsetzung der Aggression gegen die Völker in Südostasien und im Nahen Osten sowie in anderen Teilen der Welt verschärfte die Lage. Die Dialektik des Kampfes für Sicherheit und Frieden gebot die Stärkung des W.V. Wesentlichen Einfluß nahmen darauf die Beschlüsse des XXIV. Parteitages der KPdSU (30. 3.–9. 4. 1971) sowie der Parteitage der anderen marxistisch-leninistischen Parteien der sozialistischen Staatengemeinschaft. Bei der weiteren Herausarbeitung einheitlicher Grundauffassungen in der Außen- und Militärpolitik nahmen Fragen der Vervollkommnung des W.V. einen wichtigen Platz ein. Unter Berücksichtigung der gewonnenen Erfahrungen wurde bereits auf der Tagung des Politischen Beratenden Ausschusses vom 17. 3. 1969 beschlossen, Struktur und Funktion der Führungsorgane der Vereinten Streitkräfte zur Entwicklung der Zusammenarbeit zwischen den verbündeten Armeen auszubauen und zu vervollkommnen. Ein wichtiger Schritt war die Bildung des Komitees der Verteidigungsminister der Vereinten Streitkräfte. Während die Verteidigungsminister vorher Stellvertreter des Oberkommandierenden waren und in dieser Funktion zu bestimmten Anlässen, vor allem in angespannten politischen Situationen, zusammentraten, entstand mit dem Komitee der Verteidigungsminister ein ständig arbeitendes Organ. Auf der Grundlage der Beschlüsse des Politischen Beratenden Ausschusses entscheidet das Komitee wichtige Fragen der Erhöhung der Verteidigungsfähigkeit der verbündeten Staaten, der Entwicklung und Vervollkommnung der Vereinten Streitkräfte. Weiterhin wurde der Militärrat der Vereinten Streitkräfte geschaffen, der unter dem Vorsitz des Oberkommandierenden der Vereinten Streitkräfte tagt und dem als Mitglieder dessen Stellvertreter angehören. Entsprechend der neuen Führungsstruktur sind dies die Chefs der General- bzw. Hauptstäbe der verbündeten Armeen. Der Militärrat befaßt sich mit Problemen der weiteren Vervollkommnung der Ausbildung der Truppen und Stäbe sowie mit Fragen des Standes der Gefechtsbereitschaft der Vereinten Streitkräfte. Die Bildung des Technischen Komitees der Vereinten Streitkräfte trug den wachsenden Aufgaben der militärtechnischen Zusammenarbeit Rechnung. Seine Tätigkeit reicht von der Koordinierung der Forschungs- und Entwicklungsarbeit bis zum Austausch von Fachleuten bei der Einführung der Militärtechnik in die Streitkräfte. Am 24. 4. 1973 wurde in Moskau die «Konvention über Rechtsfähigkeit, Privilegien und Immunitäten des Stabes und anderer Führungsorgane der Vereinten Streitkräfte der Teilnehmerstaaten des Warschauer Vertrages» unterzeichnet. Sie trat am 21. 11. 1973 in Kraft.

Mit dem Ziel, eine ständig hohe Gefechtsbereitschaft der Streitkräfte zu gewährleisten, konzentrierten die Führungsorgane des W.V. ihre Tätigkeit auf Anforderungen, die sich aus dem Prozeß der Revolution im Militärwesen für die militärwissenschaftliche Arbeit, für die Truppenführung, für die politische und Gefechtsausbildung ergaben. Sie trafen Entscheidungen, die den Übergang zu einer langfristig aufeinander abgestimmten und koordinierten Planung der Streitkräfteentwicklung auf nationaler Ebene und im Koalitionsrahmen einleiteten. Im Ergebnis dessen erhöhte sich die Einheitlichkeit in der Bewaffnung und Ausrüstung der Bruderarmeen. Breiter und intensiver wurden die Erkenntnisse der sowjetischen Militärwissenschaft genutzt, konsequenter die Maßstäbe der sowjetischen Streitkräfte in der Erziehung und Ausbildung von den Bruderarmeen beachtet. Zielstrebig erfolgte der Ausbau der Kontakte der Kommandeure und Stäbe sowie der persönlichen Begegnungen der Armeeangehörigen in der gemeinsamen Ausbildung. Dabei bewährten sich die entwickelten Partnerschaftsbeziehungen zum «Regiment nebenan». Das engere Zusammenwirken der Politorgane der verbündeten Armeen förderte die internationalistische Erziehung der Armeeangehörigen, ermöglichte es, intensiver und umfassender über die Erfolge der Waffengefährten zu informieren und schneller die Erfahrungen der Besten zu verbreiten. Das W.V. erfuhr im Rahmen von gemeinsamen Übungen der Vereinten Streitkräfte neue Höhepunkte und wurde vervollkommnet. Eine große Rolle

Organe des Warschauer Vertrages 1980

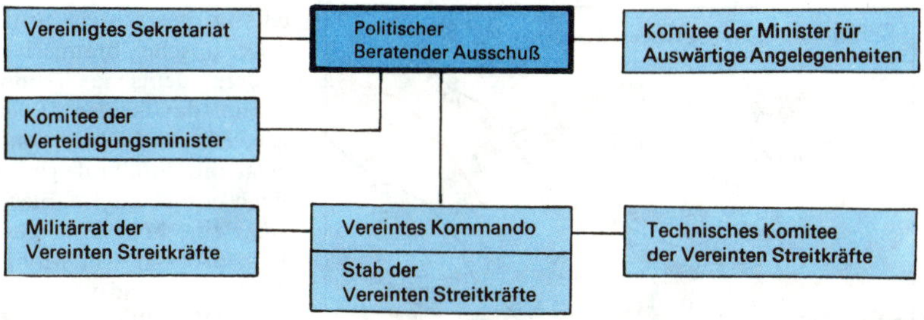

spielten die Truppenübungen «Schild 72» auf dem Territorium der ČSSR, «Schild 76» auf dem Territorium der VR Polen und «Schild 79» auf dem Territorium der Ungarischen VR. Von hohem Rang war das Manöver → *«Waffenbrüderschaft 80»* auf dem Gebiet der DDR, an dem wie auch an der Übung «Schild 82» in der VR Bulgarien erneut alle verbündeten Armeen teilnahmen. Je einheitlicher und geschlossener das W.V., je effektiver die vielseitige Zusammenarbeit der Bruderländer und -armeen gestaltet wurde, um so stärker erwies sich ihre kollektive Militärmacht als bestimmender Faktor im Kampf um den Frieden und die Sicherheit der Völker. Die Durchbrechung des Zyklus Krieg-Frieden-Krieg auf dem europäischen Kontinent, der Hauptschauplatz beider Weltkriege war und auf dem seit 1945 die größten militärischen Kräftegruppierungen konzentriert sind, ist eine der bedeutendsten Erscheinungen des veränderten internationalen Kräfteverhältnisses. Der dem Imperialismus abgerungene Frieden stärkt objektiv die Positionen der Arbeiterbewegung in den kapitalistischen Ländern. Die entscheidende solidarische Haltung der Teilnehmerstaaten des Warschauer Vertrages und ihre praktische, auch militärische Hilfe haben sich als starke Stütze im antiimperialistischen Kampf der Völker erwiesen.

Wie in der Vergangenheit erklärten die Repräsentanten der sozialistischen Staaten in den 80er Jahren wiederholt, daß sie keine Verfechter einer Militärblockpolitik sind. Im Rechenschaftsbericht des ZK der KPdSU an deren XXVI. Parteitag vom Februar 1981 bekräftigte der Generalsekretär des ZK der KPdSU, L. I. Breshnew (1906–1982), daß die Hauptrichtung der außenpolitischen Tätigkeit von Partei und Staat der Kampf für die Minderung der Kriegsgefahr, die Zügelung des Wettrüstens war und bleibt. Unverändert aktuell sind die von der Sowjetunion, der DDR und den anderen sozialistischen Staaten unterbreiteten Vorschläge, die von einleitenden Teilmaßnahmen zum militärischen Auseinanderrücken der beiden Gesellschaftssysteme bis zur gleichzeitigen Auflösung der Militärorganisationen der NATO und des Warschauer Vertrages und zur völligen Liquidierung der Militärpakte reichen. Doch die Tatsachen besagen, daß die aggressiven imperialistischen Kreise einen gegensätzlichen Kurs verfolgen und sich weiteren Fortschritten bei der Durchsetzung der Politik der friedlichen Koexistenz hartnäckig widersetzen. So sind der USA-Imperialismus und in seinem Gefolge andere imperialistische Mächte an der Wende zu den 80er Jahren erneut zur Politik der Konfrontation und Hochrüstung übergegangen. Besonders friedensgefährdend wirkt das unter dem Druck der USA durch den NATO-Rat im Mai 1978 angenommene Langzeit-Hochrüstungsprogramm. Daraufhin kam es 1979 zum verhängnisvollen Raketenbeschluß der NATO. Die Nichtratifizierung des SALT-II-Vertrages durch die USA, die neue Nuklearstrategie und die beginnende Stationierung neuer Mittelstreckenraketen strategischer Bestimmung in der BRD und anderen westeuropäischen Staaten verdeutlichen die Absicht, das bestehende militärstrategische Gleichgewicht zu verändern. Gleichzeitig belasten vom Imperialismus in verschiedenen Regionen der Welt geschürte Spannungen und Konfliktherde die internationale Lage auf das schärfste. Angesichts dessen kommt der weiteren Festigung des W.V. größte Bedeutung zu. Auf dem Gipfeltreffen der Teilnehmerstaaten des Warschauer Vertrages vom Juni 1983 in Moskau wurde unterstrichen, daß 2 eng miteinander verbundene Aufgaben zu lösen sind: alle erforderlichen Maßnahmen zu treffen, um eine militärische Überlegenheit der USA und der NATO zu verhindern, und den Kampf zur Einstellung des Wettrüstens, für Abrüstung und friedliche Koexistenz mit aller Kraft fortzusetzen. *(s. Abb. S. 44, 45, 56, 146, 147, 186, 310, 501, 753, 897, 899, 1009, 1011, 1012)*

Waterloo 1815: Schlacht im 7. Koalitionskrieg 1815 (→ *Koalitionskriege 1792–1815*) zwischen britisch-niederländisch-deutschen und französischen Truppen am 18. 6. 1815.

Nach dem Sieg über die preußische Armee unter Generalfeldmarschall Gebhard Leberecht von Blücher (1742–1819) bei Ligny am 16. 6. 1815 wandte sich der französische Kaiser Napoleon I. (1769–1821) mit der Nordarmee gegen die südlich W. stehende sog. Niederlandearmee unter dem englischen Feldmarschall Arthur Wellesley, Duke of Wellington (1769–1852). Napoleon glaubte die Preußen,

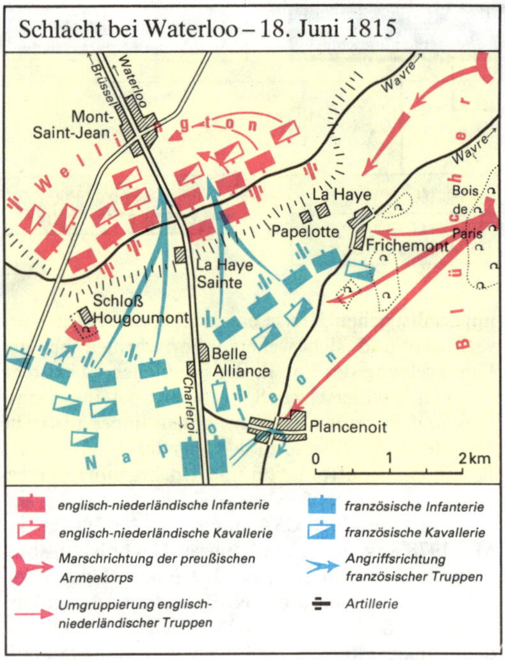

die er zudem von Teilkräften (33000 Mann) unter Marschall Emmanuel de Grouchy (1766–1847) verfolgen ließ, auf dem Rückzug nach Osten. Das preußische Oberkommando hatte jedoch den kühnen Entschluß gefaßt, ohne Rücksicht auf die rückwärtigen Verbindungen nach Norden abzuziehen und damit das vereinbarte Zusammenwirken mit Wellington zu sichern. Wellingtons Armee umfaßte großenteils kriegserfahrene britische, niederländische, hannoveranische, braunschweigische, nassauische und andere deutsche Truppenteile, insgesamt 69000 Mann (davon über 12000 Reiter) mit 184 Geschützen. Durch die traditionelle Linienaufstellung blieb zwar ihre Stoßkraft geringer als die französische, jedoch erreichten Infanterie und Artillerie in der Abwehr eine hohe Feuergeschwindigkeit. Die auf dem Höhenrücken von Mont-Saint-Jean gewählte, etwa 4 km lange und verschanzte Stellung bot außerdem gutes Schußfeld und Deckung. Napoleon marschierte bei W. mit 73000 Mann (davon 16000 Reiter), fast ausschließlich altgediente und kampferprobte Soldaten, und 254 Geschützen auf.

Die Schlacht bei W. begann am 18. 6. erst gegen 11.30 Uhr, weil der durch starken Regen aufgeweichte Boden die Entfaltung der französischen Truppen verzögerte. Napoleon plante, durch einen Angriff seines linken Flügels den Gegner abzulenken und dann dessen Zentrum zu durchbrechen. Doch aus dem Ablenkungsmanöver entwickelten sich langwierige schwere Kämpfe. Der Hauptstoß gegen das Zentrum Wellingtons, gegen 13.30 Uhr nach starker Artillerievorbereitung geführt, brach im Artillerie- und Gewehrfeuer zusammen. Auch alle folgenden französischen Infanterie- und Kavallerieangriffe wurden abgeschlagen, wobei die Infanterie Wellingtons geschickt von der Linie zu Bataillonskarrees überging. Erst gegen 18 Uhr gelang es den Franzosen, mit La Haye Sainte eine taktische Schlüsselstellung zu besetzen.

Während Napoleon gegen 19 Uhr die Garde und alle noch kampffähigen Einheiten vorrücken ließ und Wellington zum Einsatz der letzten Reserven zwang, fiel auf dem französischen rechten Flügel die

Nassauische Truppen in der Verteidigung beim Schloß Hougoumont

Sturm auf den von der französischen Garde besetzten Friedhof von Plancenoit

Entscheidung. Hier hatten am späten Nachmittag die ersten preußischen Truppen in den Kampf eingegriffen. Gegen 19 Uhr führten die inzwischen mit stärkeren Kräften herangekommenen Preußen, von denen ein Korps (24000 Mann) die Truppen Grouchys bei Wavre hinhielt, einen erfolgreichen Flankenstoß und nahmen Plancenoit ein. Die einsetzende Flucht der Franzosen wurde allgemein, als Wellingtons Armee an der ganzen Front zum Gegenangriff antrat. Gegen 21 Uhr wichen die letzten Gardebataillone vom Schlachtfeld. Napoleon konnte nur knapp der Gefangennahme durch die verfolgende preußische Kavallerie entgehen. Bei W. verloren die Franzosen 33000 Mann, darunter über 8000 Gefangene, und 200 Geschütze, die Verbündeten über 22000 Mann, davon 7000 Preußen. Die Schlacht, nach einem südlich W. gelegenen Gasthof auch Schlacht bei Belle-Alliance genannt, besiegelte das Ende der Herrschaft Napoleons.

Weberaufstand 1844: spontane Erhebung von Heimarbeitern der schlesischen Textilindustrie gegen kapitalistische Ausbeutung vom 4. bis 6. 6. 1844.

Die in bitterstem Elend lebenden Heimarbeiter der schlesischen Textilindustrie, vor allem die im Stücklohn arbeitenden Weber und die Spinner, drückte das doppelte Joch der kapitalistischen und feudalen Ausbeutung. Ihre Notlage steigerte sich 1843/44 durch eine Textilabsatzkrise und Mißernten, die mit willkürlichen Lohnkürzungen und Lebensmittelteuerungen verbunden waren. Von der wachsenden Empörung und dem Haß der Weber zeugt das seit Mai 1844 in den Dörfern gesungene Lied «Das Blutgericht», das bedeutendste literarische Dokument der entstehenden deutschen Arbeiterklasse. Die sich ausbreitenden Unruhen gingen schließlich am 4. 6. in den W. über. Er hatte sein Zentrum in den großen Weberdörfern Peterswaldau (5000 Einwohner) und Langenbielau (12000 Einwohner), strahlte aber auch auf die umliegenden Dörfer aus. Über 2000 unbewaffnete Weber, denen sich Arbeiter anderer Berufe anschlossen, zogen vor die Häuser der verhaßten Fabrikanten. Die Villen und Werkräume wurden gestürmt, Einrichtungen und Maschinen zerstört und Kaufmannsbücher, Wechsel und Rechnungen vernichtet. Am 5. 6. rückten, von den Behörden alarmiert, 2 preußische Infanteriekompanien (200 Mann) aus Schweidnitz in Langenbielau ein. Rücksichtslos eröffneten sie das Feuer auf die Menge. 11 Menschen wurden getötet, 24 schwer verletzt. Die äußerst erbitterten Weber wehrten sich mit Steinen, Knüppeln und anderen Behelfswaffen und zwangen die Soldaten zum Rückzug. Erst nachdem weitere 4 Kompanien mit 4 Geschützen sowie Kavallerie eingetroffen waren, konnte der W. am 6. 6. erstickt werden. Das Militär, am folgenden Tag noch verstärkt, setzte sich im Aufstandsgebiet fest. Mehr als 100 Aufständische wurden verhaftet und davon 80 zu insgesamt 203 Jahren Zuchthaus, 90 Jahren Festungshaft und 330 Peitschenhieben verurteilt. Der W. war die erste große Auseinandersetzung des deutschen Proletariats mit der kapitalistischen Ausbeuterklasse. Er wirkte als Signal für einen Aufschwung der politischen Massenbewegung und beschleunigte die Entwicklung des proletarischen Klassenbewußtseins. Mit dem W. eröffnete die deutsche Arbeiterklasse ihren selbständigen Kampf gegen die kapitalistische Ausbeutung und militaristische Unterdrückung.

Wehrbezirkskommando (WBK) und Wehrkreiskommando (WKK) der NVA: auf der Ebene der Bezirke bzw. der Land- und Stadtkreise sowie der Stadtbezirke der Hauptstadt der DDR tätige Dienststellen der → *Nationalen Volksarmee der DDR (NVA)*, die für deren personelle Auffüllung zuständig sind und darüber hinaus Führungsaufgaben im territorialen Bereich der → *Landesverteidigung der DDR* erfüllen.

Am 15. 4. 1956 als Bezirks- und Kreiskommandos der NVA geschaffen, leisteten die Dienststellen einen bedeutenden Beitrag, um die im Aufbau befindlichen Truppenteile und Verbände der NVA auf der Grundlage des Freiwilligenprinzips aufzufüllen. Der Ausbau der Landesverteidigung mit der NVA als Kern, vor allem die Einführung der allgemeinen Wehrpflicht 1962, stellte neue Anforderungen an die im selben Jahr zu WBK und WKK umgebildeten Dienststellen. Zur Grundlage der Tätigkeit der WBK und WKK wurden die Anordnungen des Nationalen Verteidigungsrates der DDR vom 24. 1. 1962 über die Erfassung der Wehrpflichtigen (Erfassungsordnung) sowie über die Musterung und Einberufung der Wehrpflichtigen (Musterungsordnung). Seit dem 1. 5. 1982 gelten für die Arbeit der WBK und WKK mit den Wehrdienstpflichtigen die Bestimmungen des am 25. 3. 1982 von der Volkskammer der DDR beschlossenen Wehrdienstgesetzes (→ *Gesetz über den Wehrdienst in der DDR 1982*) sowie verschiedene Anordnungen des Nationalen Verteidigungsrates der DDR, insbesondere die Anordnungen vom 25. 3. 1982 über die Musterung und Einberufung der Wehrpflichtigen zum Wehrdienst (Einberufungsordnung) und über die Zugehörigkeit der Wehrpflichtigen zur Reserve der NVA (Reservistenordnung). Entsprechend diesen Rechtsvorschriften haben die WBK die Musterung durchzuführen, die Teilstreitkräfte, Waffengattungen, Spezialtruppen bzw. Dienste zu bestimmen, zu denen die Einberufung erfolgt, die Wehrpflichtigen mittels Einberufungsbefehl einzuberufen und die Wehrdokumentation zu führen. Eine bedeutende Arbeit leisten die WBK und WKK bei der Sicherung des militärischen Berufsnachwuchses. Die Lösung aller Aufgaben der personellen Auffüllung und Ergänzung der NVA setzt eine zielstrebige → *sozialistische Wehrerziehung der Bevölkerung der DDR*, vor allem der Jugend, voraus. Hierbei werden die staatlichen und wirtschaftsleitenden Organe, die Betriebe, Bildungseinrichtungen und gesellschaftlichen Organisationen, besonders im Rahmen der seit 1962 bei den Vorsitzenden der Räte der Bezirke und Kreise bestehenden Kommissionen für sozialistische Wehrerziehung, von den WBK und WKK unterstützt. Die WBK und WKK leisten an den Oberschulen und Betriebsberufsschulen eine aktive militärpolitische Öffentlichkeitsarbeit. Sie arbeiten eng mit den Vorständen der → *Gesellschaft für Sport und Technik (GST)* zusammen, um eine weitgehende Übereinstimmung zwischen den Anforderungen des Dienstes in den Streitkräften und der allgemeinen vormilitärischen sowie der Laufbahnausbildung zu erzielen. Im territorialen Bereich der Landesverteidigung lösen die WBK und WKK Führungsaufgaben im Zusammenwirken mit den → *Kampfgruppen der Arbeiterklasse*, der → *Zivilverteidigung der DDR* und anderen Schutz- und Sicherheitsorganen des Staates. Unter den Bedingungen der Mobilmachung und im Verteidigungszustand erweitern sich Aufgabengebiet und Rechte der WBK und WKK.

Wehrkreis: Territorialbereich, in dem ein militärisches Kommando- und Verwaltungsorgan (W.kommando) für die Organisation der Einberufungen sowie weitere Maßnahmen zur personellen Auffüllung der Streitkräfte und zur Sicherung der Wehrbereitschaft verantwortlich ist.

Die W.einteilung trat in Deutschland nach dem ersten Weltkrieg am 1. 10. 1919 in Kraft. Danach wurde das Reichsgebiet in 7 W. gegliedert. Jedem W. war eine der 7 Reichswehrdivisionen zugeteilt. Bis 1934 war ihr Kommandeur gleichzeitig W.befehlshaber. In der faschistischen Wehrmacht war das W.kommando die oberste Wehrersatzdienststelle im W. Es gliederte sich für das Ersatzwesen in Wehrersatzinspektionen, Wehrbezirkskommandos und Wehrmeldeämter. Mit der beschleunigten Kriegsvorbereitung ab 1935 stieg die Zahl der W. auf 13, nach der Okkupation Österreichs und Polens auf 17. An der Spitze des W. stand der W.befehlshaber, der 1935 die Bezeichnung «Kommandierender General des ... Armeekorps und Befehlshaber im W.» erhielt. Er war für die Durchführung aller militärischen Kriegsvorbereitungen und Mobilisierungsmaßnahmen sowie für die Ausbildung der Truppen, Stäbe und Dienststellen verantwortlich. Im Kriegs- und inneren Einsatzfalle konnte er, sofern keine anderweitige Regelung befohlen war, über sämtliche im W. stationierten Militärformationen verfügen.

In der DDR entsprechen die W. den Stadt- und Landkreisen. Die entsprechende territoriale Dienststelle der NVA der DDR ist das W.kommando. Alle W. eines Bezirkes bilden den Wehrbezirk, der von einem Wehrbezirkskommando geführt wird (→ *Wehrbezirkskommando (WBK) und Wehrkreiskommando (WKK) der NVA*).

Wehrmachtakademie → *Akademien*

Wehrmachtamt: zentraler militärpolitischer und administrativer Führungsstab des Reichswehr- bzw. Reichskriegsministers.

Das W. entstand am 12. 2. 1934 aus dem Ministeramt beim Reichswehrminister. Bestehend aus den Abteilungen Inland, Landesverteidigung, Ausland, Abwehr, Recht, Haushalt, wurde es im Zusammenhang mit den forcierten Kriegsvorbereitungen personell verstärkt und strukturell vergrößert. Am 1. 11. 1934 erfolgte die Eingliederung der Wirtschaftsgruppe des → *Heereswaffenamtes* als Dienststelle Wehrwirtschafts- und Waffenwesen, 1935 ihre Umbenennung in Wehrwirtschaftsstab. Die Abteilungen Ausland und Abwehr wurden zur Amtsgruppe Auslandsnachrichten und Abwehr zusammengefaßt. Im Mai 1935 entstand die Abteilung Wehrmachtversorgung und im Oktober 1937 die Abteilung Wehrmachtnachrichtenverbindungen. Das von den Generalen Walter von Reichenau (1884–1942) 1934/35 und Wilhelm Keitel (1882–1946) 1935–1938 geführte W. entwickelte sich zum zentralen Führungsorgan des Reichskriegsministers und Oberbefehlshabers der Wehrmacht. Lediglich die Abteilung Landesverteidigung blieb personell so beschränkt, daß sie nicht über die Keimzelle eines Wehrmachtgeneralstabes hinauswuchs (→ *Generalstab*). Das W. wurde zum Zentrum der militärpolitischen und organisatorischen Vorbereitung der Streitkräfte auf den Krieg. Mit der Übernahme des Oberbefehls über die Wehrmacht durch Adolf Hitler (1889–1945) am 4. 2. 1938 ging aus dem W. das → *Oberkommando der Wehrmacht (OKW)* hervor.

Wehrmachtbefehlshaber → *Militärbefehlshaber*

Wehrmachtbericht: vom OKW hrsg. und für die Öffentlichkeit bestimmte Information über den Verlauf der Kampfhandlungen im zweiten Weltkrieg 1939–1945.

Der W. (amtliche Bezeichnung seit Juni 1941, bis dahin «Tagesberichte des OKW» bzw. «Kriegsberichte») war ein wichtiges Mittel der faschistischen Propaganda insbesondere zur politisch-ideologischen Manipulierung des deutschen Volkes. Er wurde in der Abteilung Wehrmachtpropaganda im Wehrmachtführungsstab täglich erarbeitet und zusammengestellt. Dabei bediente sich das OKW in der Regel der tendenziösen Auswahl, des Verschweigens von Fakten und des Operierens mit Teilwahrheiten sowie der direkten Fälschung. Das Grundmotiv der Berichterstattung war abhängig von der strategischen und militärpolitischen Lage Deutschlands. So nutzten die W. die Anfangserfolge der faschistischen Wehrmacht, um die nationalistisch-rassistischen Überlegenheitsgefühle sowie den chauvinistischen Siegesrausch von Teilen des Volkes zu steigern. Nach dem Scheitern des Blitzkrieges gegen die UdSSR 1941 und nach den schweren Niederlagen 1942/43 rückten die Verschleierung der Rückschläge sowie die Durchhalte- und Endsiegpropaganda betont in den Mittelpunkt der W. In wachsendem Maße stieß der W. auf Mißtrauen und Ablehnung in der Bevölkerung und den Streitkräften, da er die tatsächliche Kriegslage immer unverhohlener verfälschte.

Wehrmachtfachschulen → *Heeresfachschulen*

Wehrmacht, faschistische: Streitkräfte des deutschen Imperialismus während der faschistischen Diktatur.

Die Wehrmacht ging aus der → *Reichswehr* der Weimarer Republik hervor. Der entscheidende Schritt beim Aufbau der Wehrmacht war der Übergang des deutschen Imperialismus zur offenen Aufrüstung. Sichtbarster Ausdruck dieser Entwicklung waren die Wiedereinführung der allgemeinen Wehrpflicht (Gesetz für den Aufbau der Wehrmacht vom 16. 3. 1935) und die Umbenennung der Reichswehr in Wehrmacht. Die faschistische Wehrmacht war das wichtigste Instrument der deutschen Monopolbourgeoisie zur Sicherung der Herrschaft über das eigene Volk, insbesondere zur Niederhaltung der Arbeiterbewegung, und zur Durchsetzung der Weltmachtpläne der Großbourgeoisie, vor allem der reaktionären Klassenziele gegenüber der Sowjetunion. Zur Verschleierung des Klassencharakters der Wehrmacht bediente sich ihre militärische Führung der nationalen und sozialen Demagogie der Nazibewegung und beeinflußte die Angehörigen der Wehrmacht im Sinne eines militanten Antikommunismus, der Rassentheorie und anderer faschistischer Irrlehren.

Auf der Grundlage der Rüstungsmaßnahmen der Reichswehr begann der deutsche Imperialismus im Frühjahr 1935 seine Kriegsvorbereitungen zu forcieren. Im Mittelpunkt des Aufbaus der aus den Teilstreitkräften Heer, Kriegsmarine und Luftwaffe bestehenden Wehrmacht standen zunächst die Land- und Luftstreitkräfte. Oberster Befehlshaber der faschistischen Wehrmacht war Adolf Hitler (1889–1945) als «Führer und Reichskanzler», Oberbefehlshaber (bis 1938) der Reichskriegsminister. Nach dem Gesetz vom 16. 3. 1935 sollte das Frie-

Spitzengliederung der Wehrmacht – 1935 bis 1938

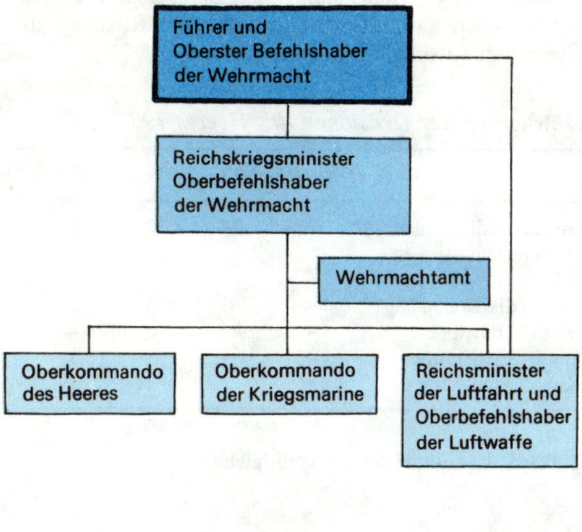

densheer 36 Divisionen umfassen, was einer Stärke von etwa 550000 Mann entsprach. An der Spitze des Heeres stand der Oberbefehlshaber des Heeres mit dem → *Oberkommando des Heeres (OKH)*, einschließlich dem am 1. 7. 1935 legalisierten, aus dem Truppenamt der Reichswehr hervorgegangenen Generalstab des Heeres. Das Heer war seit 1935 in 3, seit 1938 in 6 Gruppenkommandos gegliedert (Berlin, Frankfurt a. M., Dresden, Leipzig, Hannover, Wien). Jedes Gruppenkommando umfaßte mehrere → *Armeekorps*, an deren Spitze ein Kommandierender General stand. Sein Stab war das Generalkommando, bei dem nach Beginn des zweiten Weltkrieges aufgestellten Ersatzheer das stellvertretende Generalkommando. Die Generalkommandos, mit Ausnahme des XIV., XV. und XVI. Armeekorps, waren einem → *Wehrkreis* zugeordnet; der Kommandierende General war zugleich Befehlshaber im Wehrkreis. Ein Armeekorps bestand aus 2–3 Divisionen und einer Anzahl von Korpstruppen.

Die am 1. 3. 1935 neugebildete Teilstreitkraft Luftwaffe nahm aufgrund der umfangreichen illegalen Vorarbeiten eine rasche Entwicklung. Ihr Oberbefehlshaber hatte eine Sonderstellung inne, da er zugleich Reichsminister für Luftfahrt und Inhaber anderer Ämter des Nazistaates war. Das Reichsluftfahrtministerium bildete de facto zugleich das → *Oberkommando der Luftwaffe (OKL)*. Den Gruppenkommandos des Heeres entsprachen bei der Luftwaffe die → *Luftflotten* mit einem Befehlshaber an der Spitze. Territoriale Dienststellen, ebenfalls von einem Befehlshaber geführt, waren die Luftgaukommandos.

Vom 1. 6. 1935 an hieß die Reichsmarine offiziell Kriegsmarine, aus der Marineleitung wurde das → *Oberkommando der Kriegsmarine (OKM)*, und aus dem Chef der Marineleitung wurde der Oberbefehlshaber der Kriegsmarine. Das deutsch-britische Flottenabkommen vom 18. 6. 1935 (→ *Flottenkonferenzen und -verträge*) legalisierte den Ausbau der faschistischen Kriegsmarine und gab der Rüstung zur See einen entscheidenden Impuls.

Anwachsen der Divisionen des Heeres 1933–1939

	1933	1935	1937	1939[2]
Infanteriedivisionen	7	24	32	35
Infanteriedivisionen (mot.)	–	–	4	4
Panzerdivisionen	–	3	3	6
leichte Divisionen	–	–	–	4
Gebirgsdivisionen	–	1[1]	1[1]	3
Kavalleriedivisionen	3	2	1[1]	1[1]

1 Brigade
2 Friedensstruktur vor der Mobilmachung

Zur Realisierung der Welteroberungspläne des deutschen Imperialismus wurde die Wehrmacht in immer schnellerem Tempo vergrößert. Laut der Vierjahresplandenkschrift Hitlers vom August 1936 sollten die Wehrmacht und Wirtschaft in 4 Jahren einsatz- und kriegsfähig gemacht werden. Entsprechend den aggressiven militärpolitischen Zielen erarbeiteten die Generalstäbe des Heeres und der Luftwaffe sowie die Seekriegsleitung Aufmarsch- und Operationspläne zur Annexion Österreichs und der Tschechoslowakei, zur Intervention in Spanien u. a. m. Seit 1936 erschien jährlich eine vom Reichskriegsministerium erlassene Weisung für die einheitliche Kriegsvorbereitung der Wehrmacht, in der «ständige Kriegsbereitschaft» verlangt wurde, um etwaige Aggressionsmöglichkeiten jederzeit ausnutzen zu können. Die Besprechung Hitlers am 5. 11. 1937 mit den Oberbefehlshabern der Wehrmachtteile, dem Reichskriegsminister und dem Außenminister machte deutlich, daß die faschistische deutsche Führung die Zeit für gekommen hielt, zur offenen militärischen Aggression überzugehen. Erste Opfer sollten Österreich und die Tschechoslowakische Republik sein. Geringe Teile der deutschen Großbourgeoisie und der Generalität hielten in dieser Zeit die Wehrmacht für derartige Aufgaben noch nicht stark genug. Die aggressivsten Kreise des Monopolkapitals, der faschistischen Politiker und Militärs setzten jedoch ihren Kurs der beschleunigten Kriegsvorbereitung durch. Diese sekundäre Fragen berührenden Meinungsverschiedenheiten hatten Veränderungen in der Führung zur Folge, in deren Ergebnis die aggressivsten Militärs an die Spitze der Wehrmacht gelangten. Zugleich dienten diese Veränderungen dazu, die Streitkräfte sowie ihre Kommandostruktur noch zweckmäßiger für den Krieg zu gestalten. Laut Erlaß über die Führung der Wehrmacht vom 4. 2. 1938 übte Hitler die Befehlsgewalt über die gesamte Wehrmacht «unmittelbar persönlich» aus. Aus dem bisherigen → *Wehrmachtamt* im Reichskriegsministerium ging das → *Oberkommando der Wehrmacht (OKW)* hervor, das als militärischer Stab Hitlers fungierte. Der Chef des OKW, der spätere Generalfeldmarschall Wilhelm Keitel (1882–1946), war den Reichsministern gleichgestellt. Das Kriegsministerium wurde aufgelöst. Oberbefehlshaber des Heeres wurde Generaloberst Walther von Brauchitsch (1881–1948), neuer Chef des Generalstabes des Heeres General Franz Halder (1884–1972).

Am Vorabend des zweiten Weltkrieges verfügte der faschistische deutsche Imperialismus über zahlenmäßig starke Streitkräfte, die modern bewaffnet und gut ausgebildet waren. Ihr zielstrebiger Ausbau hatte ihm eine der Zeit entsprechende moderne und auch schlagkräftige Militärmaschinerie geschaffen. Hauptbestandteile der Militärdoktrin des faschistischen Staates waren die → *Theorie des totalen Krie-*

ges und die → *Blitzkriegskonzeption.* Die Militärdoktrin, auf deren Grundlage die faschistische Wehrmacht aufgebaut und ausgebildet wurde, verlieh ihr eine gefährliche Aggressionskraft; zugleich enthielt sie Faktoren ihres gesetzmäßigen Scheiterns. In Manövern wurden das Zusammenwirken zwischen den Wehrmachtteilen und Waffengattungen in großräumigen schnellen Angriffsoperationen erprobt und die theoretischen Ansichten auf vielen Teilgebieten überprüft. Erste praktische Erfahrungen sammelte die Wehrmacht durch den Einsatz der sog. Legion Condor während der → *Intervention in Spanien 1936–1939* sowie bei der Okkupation Österreichs 1938 und der Tschechoslowakei 1938/39.

Stärkster Wehrmachtteil war entsprechend den Kriegsvorstellungen der faschistischen Führung das Heer. Seinen Kern bildeten die schnellen Verbände, zu denen die Panzer-, mot. Infanterie- und leichten Divisionen zählten, die ab 1935 aufgestellt wurden. Seit 1938, nachdem sich die Theorie des operativen Panzereinsatzes durchgesetzt hatte, bildeten ihre gemeinsam mit der Luftwaffe vorzutragenden massierten Angriffsschläge und Umfassungsoperationen ein entscheidendes Element der faschistischen Blitzkriegführung. Wesentliche Verstärkung erhielt die Wehrmacht durch die Eingliederung des österreichischen Bundesheeres 1938, aus dem das XVII. und das XVIII. Armeekorps gebildet wurden, sowie durch das Material der tschechischen Armee.

Bereits vor Kriegsausbruch vorbereitet, bestand das sog. Kriegsheer nach dem 1. 9. 1939 aus dem Feldheer und dem Ersatzheer. Zum Feldheer gehörten die Kräfte zum beweglichen Einsatz im Felde und die Kräfte zum bodenständigen Einsatz. Das Ersatzheer umfaßte neben Kommandobehörden die Verwaltungsdienststellen, Ersatz- und Wachtruppen, Schulen, Lehr- und Versuchstruppen. Es wuchs von 996000 Mann am 1. 9. 1939 auf 2,572 Mill. Mann am Jahresende 1944. Kern der bei Kriegsentfesselung bestehenden 103 Divisionen des Feldheeres waren die Panzer-, mot. Infanterie- und leichten Divisionen. Bewaffnung, Ausrüstung und Gliederung des faschistischen Heeres entsprachen dem damals modernen Stand der Militärtechnik sowie den Bedingungen der Kampfführung. Dem faschistischen deutschen Imperialismus war es durch seine jahrelange forcierte Rüstungsproduktion, durch den fieberhaften Ausbau der Wehrmacht und die Sammlung von praktischen Erfahrungen bei den bisherigen Aggressionen gelungen, einen relativen militärischen Vorsprung gegenüber den Streitkräften und der Kriegsbereitschaft der anderen imperialistischen Staaten zu gewinnen.

Aufgabenbereich der 29495 Wehrmachtbeamten (1939) waren die Truppenverwaltungen, die Verwaltung in ortsfesten Einrichtungen, das Bekleidungs-, Militärjustizwesen u. a. m. Daneben arbeitete eine wachsende Anzahl von Angestellten, Arbeitern und dienstverpflichteten Personen innerhalb der Wehrmacht.

Die faschistische Luftwaffe war so bewaffnet und gegliedert, daß sie vor allem die Handlungen des Heeres operativ und taktisch unterstützen konnte. Sie umfaßte bei Kriegsbeginn 65 Gruppen und 71 Staffeln mit einer Ist-Stärke von 4017 Flugzeugen. Zur Luftwaffe gehörten die → *Flakartillerie* mit 657 schweren und mehr als 560 leichten Batterien sowie 190 Scheinwerferbatterien und die → *Luftlandetruppen* in Stärke 1 Fallschirmjägerdivision.

Die Kriegsmarine, deren umfassender Ausbau erst 1938 begonnen hatte (→ *Z-Plan*), war den Seestreitkräften Großbritanniens und Frankreichs unterlegen. Sie verfügte am 31. 8. 1939 u. a. über 2 Schlachtschiffe, 3 Panzerschiffe, 2 schwere Kreuzer, 6 leichte Kreuzer, 22 Zerstörer, 16 Torpedoboote und 57 U-Boote. Mit diesen Überwasserkräften konnte die Kriegsmarine ihre Aufgaben nur bedingt erfüllen. Dagegen erwies sich, entgegen den Erwartungen der Marineführung, der → *U-Boot-Krieg* als besonders wirksam. Er wurde nach dem Frühjahr 1941 zur Hauptform der Auseinandersetzung auf See.

Bis zum Überfall auf die Sowjetunion verlief der Krieg im wesentlichen nach den Vorstellungen der faschistischen Führung (→ *Weltkrieg, zweiter, 1939–1945*). Die personelle und materielle Beanspruchung der Wehrmacht hielt sich in dieser Zeit in Grenzen, so daß die Verluste relativ schnell ausgeglichen werden konnten. Die militärischen Erfolge der Wehrmacht schienen auch die operativ-strategischen Vorstellungen sowie die Gliederung, Organisation und Bewaffnung der faschistischen Streitkräfte in ihren Grundzügen zu bestätigen. Für die geplante Aggression gegen die UdSSR wurde die Wehrmacht weiter ausgebaut. Sie hatte am 22. 6. 1941 eine Stärke von 7,2 Mill. Mann, davon gehörten dem Feldheer 3,8 Mill., dem Ersatzheer 1,2 Mill., der Luftwaffe 1,68 Mill., der Kriegsmarine 404000 Mann an. Die → *Waffen-SS* war 150000 Mann stark. Im Mittel-

Entwicklung der zahlenmäßigen Stärke der faschistischen Streitkräfte 1939–1945 (in Tausend)

	1939	1941	1944	1945
Feldheer	2741	3800	4000	3800
Ersatzheer	996	1200	2510	1500
Luftwaffe	400	1680	1500	1000
Kriegsmarine	50	404	810	700
Waffen-SS	35	150	600	830
Fremdländische Kräfte	–	20	350	71
Wehrmachtgefolge	500	900	2300	1800
Summe	4722	8154	12070	9701

punkt des Ausbaus des Heeres stand vor allem die Erhöhung der Beweglichkeit, der Stoß- und Feuerkraft der Verbände. Die Zahl der Panzerdivisionen stieg von 10 (Mai 1940) auf 21 (Juni 1941), die der mot. Infanteriedivisionen im gleichen Zeitraum von 4 auf 10. Zu den älteren Panzertypen I und II traten die kampfstärkeren Panzertypen III und IV (→ *Panzer*). Es wurden mehr Sturmgeschütze zur Unterstützung der Infanterie eingeführt und die → *Panzerabwehrmittel* verbessert.

Trotz der gewaltigen Machtkonzentration der faschistischen Wehrmacht konnte sie die ihr von der deutschen Monopolbourgeoisie gestellte Aufgabe zur Vernichtung der UdSSR nicht lösen. Der geplante Blitzkrieg scheiterte. Unter dem Eindruck der Niederlage vor → *Moskau 1941/42* mußte der Oberbefehlshaber des Heeres zurücktreten, an seiner Stelle übernahm Hitler am 19. 12. 1941 selbst den Oberbefehl über das Heer. Von Juni 1941 an bestimmte die Kriegführung an der deutsch-sowjetischen Front, der Hauptfront des zweiten Weltkrieges, in immer stärkerem Maße die qualitative und quantitative Entwicklung der Wehrmacht bis zu ihrer endgültigen Niederlage im Mai 1945.

Ein vordringliches Anliegen der faschistischen Führung bis zum Kriegsende blieb, die als Elite betrachteten schnellen Verbände personell und materiell kampffähig zu erhalten und ihre Zahl zu erhöhen. In diesem Zusammenhang erfolgten insbesondere seit 1943 strukturelle Veränderungen, die sich zunehmend aus dem Zwang der Kriegslage ergaben. Der Bildung von → *Panzergrenadierdivisionen* 1943 folgten 1944 die vorübergehende Aufstellung von Panzerbrigaden, die Aufstellung von selbständigen Sturmgeschützbrigaden u. a. m. Immer neue Divisionstypen und -formen, so z. B. bodenständige Infanteriedivisionen und → *Luftwaffenfelddivisionen,* vergrößerten die Strukturvielfalt, ohne die Verluste an Kampfkraft ausgleichen zu können. Durch die Schaffung von SS-Panzerdivisionen, besonderer Eliteverbände im Rahmen der Waffen-SS, sollte der sinkenden Kampfkraft und mangelnden Standfestigkeit der Panzerdivisionen des Heeres entgegengewirkt werden. Insgesamt waren die Bestrebungen der Wehrmachtführung in den Jahren 1943–1945 darauf gerichtet, Organisationsformen zu schaffen und Kampftechnik einzuführen, die der strategischen Verteidigung angemessen waren. Die Mehrzahl der Divisionen des Heeres bildeten dennoch die an Kampfkraft im Gegensatz zu den Verbänden der Panzertruppe schwachen Infanteriedivisionen. Zur Erhöhung ihrer Standfestigkeit wurden an Brennpunkten Heerestruppen eingesetzt, deren Zahl in den letzten Kriegsjahren vermehrt wurde. Umgestaltungen der Divisionsstrukturen sowie der Spitzenorganisation mit deutlicher Tendenz zur Aufwertung der Rolle des OKW und des Wehrmachtführungsstabes fanden bis zum Frühjahr 1945 statt. Diese zahlreichen Maßnahmen waren letztlich ein Ausdruck des

Spitzengliederung der Wehrmacht und Unterstellungsverhältnisse 1943

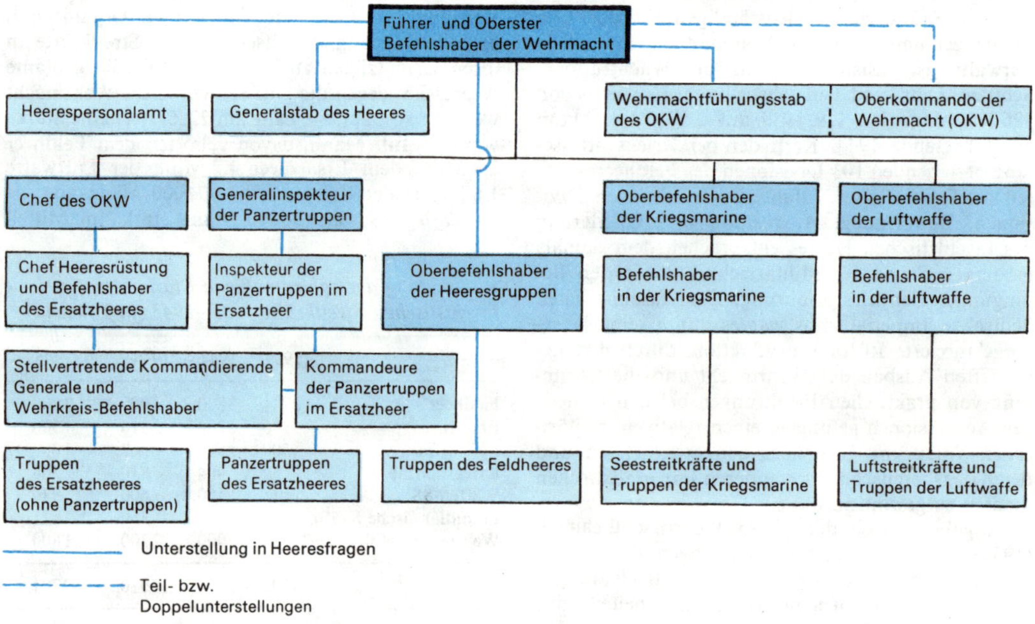

Panzer der Wehrmacht im Bereitstellungsraum, Juni 1941

Unvermögens, in den entscheidenden Bereichen des Militärwesens Änderungen herbeizuführen, so hinsichtlich der Kampftechnik, die trotz relativer Verbesserung nicht mit der Entwicklung in den Streitkräften der Hauptmächte der Antihitlerkoalition Schritt halten konnte.

Vom Sommer 1943 an war auch die Luftwaffe bemüht, ihre Einsatzprinzipien und Rüstungspläne der strategischen Defensive anzupassen, was ihr im wesentlichen ebenfalls mißlang. Komplettiert wurde die Niederlage an der deutsch-sowjetischen Front durch das Versagen der → *Luftverteidigung* gegenüber den Angriffen der anglo-amerikanischen Luftstreitkräfte. Gesteigerte Produktionszahlen von Jagdflugzeugen sowie der Einsatz propagandistisch hochgespielter, technisch aber noch unzulänglicher Kampfmittel, wie Flugzeuge mit Strahl- bzw. Raketentriebwerken, konnten den Zusammenbruch der faschistischen Luftkriegführung nicht verhindern.

Der Versuch der Marineführung, mit Hilfe des U-Boot-Krieges auf das Kriegsgeschehen einen entscheidenden Einfluß zu nehmen, scheiterte nach beträchtlichen Anfangserfolgen schließlich im Frühjahr 1943. Der Einsatz neuentwickelter U-Boot-Typen ab 1943/44 blieb im wesentlichen erfolglos. Die Kriegsmarine konzentrierte sich zunehmend auf Handlungen zur Unterstützung des Landkrieges.

Rückzug der vor Moskau geschlagenen Truppen der faschistischen Wehrmacht, Dezember 1941

Die faschistische Wehrmacht erwies sich während des gesamten zweiten Weltkrieges als zuverlässiges Instrument der deutschen Monopolbourgeoisie. Die antikommunistische und antisowjetische Beeinflussung der Wehrmachtangehörigen trug dazu bei, daß die verbrecherischen Methoden der Kampfführung und Okkupationspolitik der Streitkräfte des deutschen Imperialismus, die bereits in den Aggressionen 1939–1941 sichtbar wurden, nach dem Überfall auf die Sowjetunion noch unverhohlener und in weit größerem Maße zutage traten (→ *Kommissarbefehl*). Die Wehrmacht erwies sich bei den Terror- und Vernichtungsaktionen gegen die Bevölkerung der Sowjetunion sowie der anderen okkupierten Länder, bei der ökonomischen Ausraubung, der Zwangsverschleppung sowie bei weiteren Verbrechen (→ *Kommandobefehl*) als das wichtigste Exekutivorgan des faschistischen deutschen Imperialismus.

Trotz der immer höher werdenden Menschenverluste gelang es der faschistischen Führung bis 1944, die Personalstärke der Wehrmacht zu steigern, wenn auch die Leistungsfähigkeit des Ersatzes sank. Die hohen Einbußen an Offizieren, Unterführern und kampferfahrenen Soldaten, die die Wehrmacht unter den Schlägen der Roten Armee erlitt, konnten qualitativ nicht ersetzt werden. Infolge der ständigen starken Verluste besonders an der deutsch-sowjetischen Front sank seit Sommer 1944 die zahlenmäßige Stärke der Wehrmacht. Insgesamt büßte die faschistische Wehrmacht einschließlich der Waffen-SS während des Krieges über 5 Mill. Mann an Toten, Vermißten und Kriegsgefangenen ein.

Angesichts der aussichtslosen militärischen Lage suchten Teile der herrschenden Klasse in Deutschland nach einem geeigneten Übergang vom Krieg zum Frieden, wobei Motive und Zielvorstellungen sehr verschieden waren. Aus diesem Bestreben heraus kam es u. a. zur gescheiterten → *Verschwörung vom 20. 7. 1944.* Das faschistische Regime nutzte das fehlgeschlagene Attentat auf Hitler zur Verschärfung des Terrors im Lande und in den Streitkräften. Damit und durch verstärkte Meinungsmanipulierung gelang es, die überwiegende Mehrzahl der Wehrmachtangehörigen bis zum Mai 1945 an den faschistischen Krieg zu binden. Wenn auch dank der unermüdlichen Aufklärungsarbeit der Sowjetarmee und der Angehörigen des → *Nationalkomitees «Freies Deutschland» (NKFD)* immer mehr Soldaten aus eigener Kraft mit dem faschistischen Krieg Schluß machten, konnte die Wehrmachtführung bis in die letzten Tage des Krieges ein Auseinanderfallen der Verbände verhindern.

Die bedingungslose Kapitulation vor bevollmächtigten Vertretern der Hauptmächte der Antihitlerkoalition am 8. 5. 1945 besiegelte die endgültige Niederlage der faschistischen Streitkräfte. Ein von den Oberbefehlshabern der alliierten Besatzungstruppen

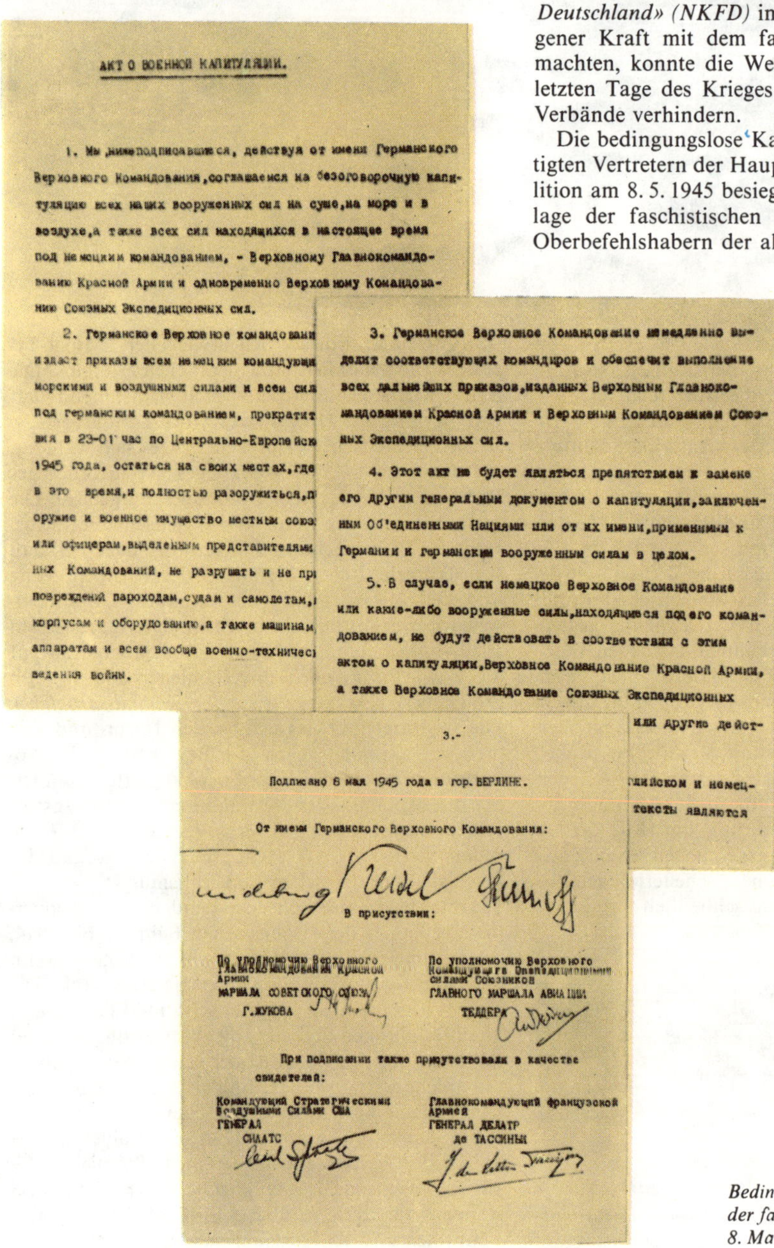
АКТ О ВОЕННОЙ КАПИТУЛЯЦИИ.

1. Мы, нижеподписавшиеся, действуя от имени Германского Верховного Командования, соглашаемся на безоговорочную капитуляцию всех наших вооруженных сил на суше, на море и в воздухе, а также всех сил находящихся в настоящее время под немецким командованием, - Верховному Главнокомандованию Красной Армии и одновременно Верховному Командованию Союзных Экспедиционных сил.

2. Германское Верховное командовани…
издаст приказы всем немецким командующи…
морскими и воздушными силами и всем сил…
под германским командованием, прекратит…
вия в 23-01 час по Центрально-Европейск…
1945 года, остаться на своих местах, где…
в это время, и полностью разоружиться, п…
оружие и военное имущество местным союз…
или офицерам, выделенным представителями…
них Командований, не разрушать и не при…
повреждений пароходам, судам и самолетам, …
корпусам и оборудованию, а также машинам, …
аппаратам и всем вообще военно-техничес…
ведения войны.

3. Германское Верховное Командование немедленно выделит соответствующих командиров и обеспечит выполнение всех дальнейших приказов, изданных Верховным Главнокомандованием Красной Армии и Верховным Командованием Союзных Экспедиционных сил.

4. Этот акт не будет являться препятствием к замене его другим генеральным документом о капитуляции, заключенным Об'единенными Нациями или от их имени, применимым к Германии и германским вооруженным силам в целом.

5. В случае, если немецкое Верховное Командование или какие-либо вооруженные силы, находящиеся под его командованием, не будут действовать в соответствии с этим актом о капитуляции, Верховное Командование Красной Армии, а также Верховное Командование Союзных Экспедиционных
… или другие дейст-
… глийском и немец-
… тексты являются

3.-

Подписано 8 мая 1945 года в гор. БЕРЛИНЕ.

От имени Германского Верховного Командования:

В присутствии:

По уполномочию Верховного Главнокомандования Красной Армии
МАРШАЛА СОВЕТСКОГО СОЮЗА
Г. ЖУКОВА

По уполномочию Верховного Командующего Экспедиционными силами Союзников
ГЛАВНОГО МАРШАЛА АВИАЦИИ
ТЕДДЕРА

При подписании также присутствовали в качестве свидетелей:

Командующий Стратегическими Воздушными Силами США
ГЕНЕРАЛ
СПААТС

Главнокомандующий французской Армией
ГЕНЕРАЛ ДЕЛАТР
де ТАССИНЬИ

Bedingungslose Kapitulation der faschistischen Wehrmacht, 8. Mai 1945

unterzeichneter Befehl legte u. a. Maßnahmen zur restlosen Entwaffnung, zur vollständigen Abrüstung und völligen Entmilitarisierung Deutschlands fest. Schließlich fixierte das auf der Potsdamer Konferenz (17. 7.–2. 8. 1945) geschlossene Abkommen zwischen der UdSSR, den USA und Großbritannien die Auflösung aller Land-, See- und Luftstreitkräfte des faschistischen Deutschlands. *(s. Abb. S. 37, 39, 41, 43, 145, 277, 307, 489, 493, 497, 749, 751, 771, 893, 895, 1007)*

Wehrmachtführungsstab → *Generalstab*, → *Oberkommando der Wehrmacht (OKW)*

Wehrpflicht → *allgemeine Wehrpflicht*

Wehrunterricht → *Landesverteidigung der DDR*, → *sozialistische Wehrerziehung der Bevölkerung der DDR*

Wehrwirtschafts- und Rüstungsamt: Dienststelle des → *Oberkommandos der Wehrmacht (OKW)* für die zentrale Leitung der Wehrmachtrüstung von 1939 bis 1942/43.

Nach Errichtung der faschistischen Diktatur existierten bei den Teilstreitkräften der Reichswehr Waffenämter. Im Herbst 1934 entstand unter Oberst Georg Thomas (1890–1946) eine in ihren Machtbefugnissen beschränkte Dienststelle Wehrwirtschafts- und Waffenwesen beim Wehrmachtamt im Reichswehrministerium, aus der im Oktober 1935 der Wehrwirtschaftsstab hervorging. Als organisatorischer Unterbau wirkten seit Anfang 1935 Wehrwirtschaftsinspektionen (später Rüstungsinspektionen) in den Wehrkreisen. Der Wehrwirtschaftsstab befaßte sich mit dem Aufbau einer Organisation der Rüstungs- bzw. Kriegswirtschaft, der Erfassung der rüstungswirtschaftlichen Kapazitäten, der Feststellung und Durchsetzung der Rohstoffanforderungen der Wehrmacht und mit der Abstimmung der Rüstungsprogramme der 3 Wehrmachtteile. Außerdem war er verantwortlich für die Vorbereitung der wirtschaftlichen Mobilmachung einschließlich der Einführung des Kriegsrechts gegenüber den Arbeitskräften, die Überprüfung der Preise für Waffen und Kriegsgerät sowie für die Wirtschaftsspionage und die wehrwirtschaftliche Propaganda.

Die Umbildung und Erweiterung des Wehrwirtschaftsstabes im Oktober 1939 zum Wehrwirtschaftsamt und im November 1939 zum W. trug den Kriegsverhältnissen Rechnung, bewirkte aber keine Zusammenfassung der kriegswirtschaftlichen Regulierungsgewalt. Das W. bestand aus einem Stab und 4 Abteilungen (Wehrwirtschaftliche Abteilung, Rüstungswirtschaftliche Abteilung, Rohstoffabteilung, Abteilung Vertrags- und Preisprüfwesen). Der Wehrwirtschaftlichen Abteilung oblagen die Verbindungen und die Verhandlungen mit den entsprechenden Dienststellen und Behörden der verbündeten und neutralen Länder, die Vorbereitung und Durchführung der Plünderung und Ausbeutung der Wirt-

Wehrwirtschafts- und Rüstungsamt 1942

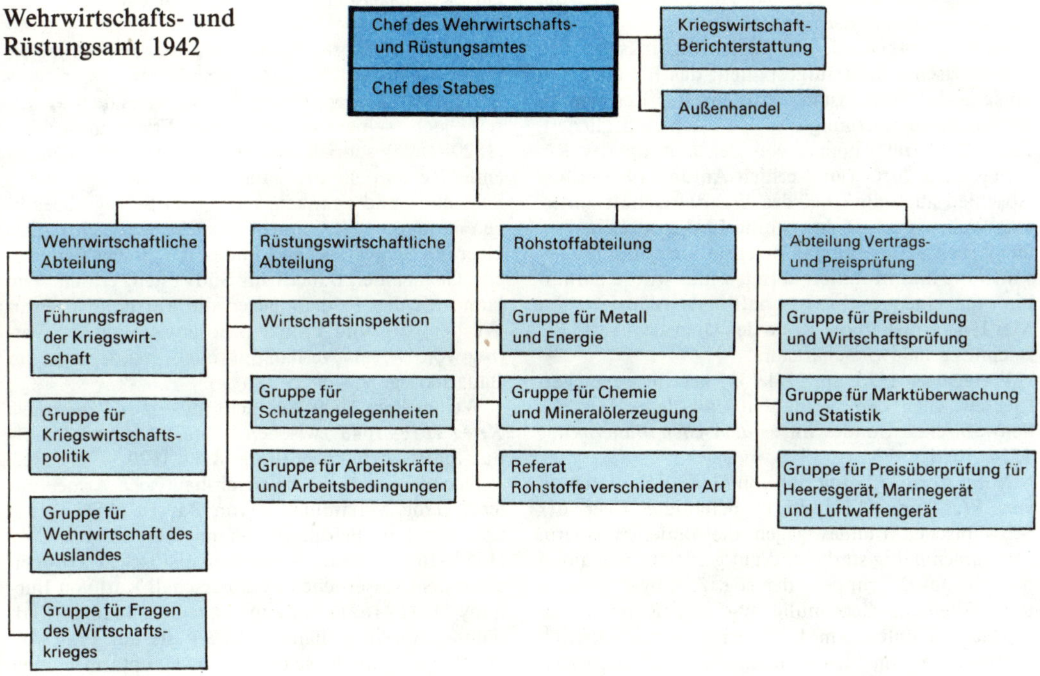

schaft der zu besetzenden bzw. besetzten Länder auf dem Rüstungssektor und die Wirtschaftsspionage. Die Rüstungswirtschaftliche und die Rohstoffabteilung hatten für die Befriedigung der materiellen und personellen Grundanforderungen der deutschen Rüstungsindustrie zu sorgen. Gegenüber den Wehrmachtteilen hatte das W. keinerlei Weisungsbefugnis. Im Unterschied zu der Vierjahresplanorganisation (→ *Vierjahresplan*) und später zum → *Reichsministerium für Rüstung und Kriegsproduktion* konnte das W. keinen direkten Einfluß auf die Kriegsproduktion nehmen. Im W., dessen gesamte Organisation im Krieg einen Personalbestand von 30000 Mann, vor allem Offiziere, aufwies, wurde die eigentlich produktionsregulierende Tätigkeit hauptsächlich in der sog. Mittelinstanz, den Rüstungsinspektionen und -kommandos, geleistet. Dort wiederum waren die Abteilungen Heer, Marine und Luftwaffe entscheidend, die fachlich den Waffenämtern der Wehrmachtteile unterstanden. Die deutschen Rüstungsmonopole stützten vor allem die Vierjahresplanorganisation und setzten schließlich die «Selbstverantwortung» der Industrie im Rahmen des Reichsministeriums für Rüstung und Kriegsproduktion durch. Eine bedeutende Rolle spielte das W. bei der Erfassung der Beute und der Ausplünderung der überfallenen und besetzten Länder, die es mit einem Netz von Dienststellen (Wirtschaftsstäben, Rüstungsinspektionen u. a.) überzog. Besonders frühzeitig bereitete es die Ausplünderung der UdSSR vor (→ *Wirtschaftsstab Ost*).

Im Mai 1942 wurde das W. in Rüstungsamt und Wehrwirtschaftsamt aufgespalten; das Rüstungsamt mitsamt der Mittelinstanz wurde in das Reichsministerium für Bewaffnung und Munition eingegliedert. Ende 1942 trat Thomas von der Leitung des Rüstungsamtes zurück und erhielt Anfang 1943 seinen Abschied auch als Chef des Wehrwirtschaftsamtes. Das Wehrwirtschaftsamt mußte 1943 zahlreiche weitere Arbeitsgebiete an das Reichsministerium für Bewaffnung und Munition abtreten und wurde daraufhin auf einen Wehrwirtschaftsstab reduziert. Im Mai 1944 erhielten die Reste der Dienststelle die Bezeichnung Feldwirtschaftsamt.

Weingarten 1525: am 17.4.1525 geschlossener Vertrag zwischen dem Seehaufen und dem Heer des Schwäbischen Bundes im → *deutschen Bauernkrieg 1524–1526*.

Mitte April 1525 zog das von Georg III. Truchseß von Waldburg (1488–1531) befehligte Heer des Schwäbischen Bundes gegen die Bodenseebauern. Der zahlenmäßig starke und gut gerüstete Seehaufen bestand aus 2 Gruppen, der sog. Aislinger Gruppe unter Eitelhans Ziegelmüller und dem Rappertsweiler Haufen unter dem Lindauer Patrizier Dietrich Hurlewagen. Am 15.4. kam es bei Gaisbeuren zwischen der Aislinger Gruppe und dem Bundesheer zu einem heftigen Artillerieduell, in dem sich die Aufständischen erfolgreich behaupteten. In der Nacht gingen sie auf W. zurück und vereinigten sich hier mit dem Rappertsweiler Haufen. Der Seehaufen zählte jetzt mindestens 12000 Mann, darunter eine größere Anzahl kriegserprobter → *Landsknechte*. Er verfügte über zahlreiche Geschütze und – nach gegnerischen Angaben – über 4000 Handbüchsen. Die Aufständischen waren dem Bundesheer, das 1500 → *Reisige*, 7000 Fußknechte und 18 Geschütze umfaßte, zahlenmäßig überlegen und militärisch durchaus ebenbürtig. Als das Bundesheer auf W. vorrückte, nahmen die Aufständischen eine günstige Stellung direkt bei W. ein. Es kam jedoch nicht zum Kampf, in dem die Aufständischen aufgrund wesentlicher militärischer Vorteile eine echte Erfolgschance besessen hätten. Statt dessen wurde am 17.4. der sog. Vertrag von W. abgeschlossen. An der Entscheidung des Seehaufens, auf die Schlacht zu verzichten, hatten seine gemäßigten Führer, besonders Hurlewagen, großen Anteil. Der Truchseß zog den Vertrag vor, weil er angesichts der Stärke der Bauern und der Unzuverlässigkeit des eigenen Fußvolkes an einem Sieg zweifelte. Im Vertrag wurden den Bauern Straffreiheit und die Entscheidung ihrer Beschwerden durch ein Schiedsgericht versprochen; auch durften sie ihre Waffen behalten. Dagegen verpflichteten sich die Bauern, auseinanderzugehen und sich künftig ruhig zu verhalten, die Feudalabgaben bis zur Schiedsgerichtsentscheidung zu entrichten und die Einhaltung des Vertrages gegen jeden zu verteidigen. Der Vertrag von W., dem sich der Allgäuer Haufen anschloß, bedeutete eine folgenschwere Niederlage der Bauern. Durch ihn gelang es dem Truchseß, sich seiner Gegner, wie Friedrich Engels (1820–1895) schrieb, «gerade in dem Moment zu entledigen, wo sie den ganzen Krieg, wenigstens für Schwaben und Franken, mit einem Schlage beendigen konnten» (K. Marx/F. Engels, 7, S. 390). Das Heer des Schwäbischen Bundes, der einzige gefährliche Gegner der Bauern im Südwesten, erhielt freie Hand für den Feldzug gegen die Aufständischen in Württemberg und Franken. So erwies sich der Vertrag von W. als verhängnisvoller Wendepunkt im Bauernkrieg. *(s. Abb. S. 136)*

Weißer Berg 1620: Schlacht im → *Dreißigjährigen Krieg 1618–1648* zwischen böhmischen und kaiserlich-ligistischen Truppen am 8.11.1620.

Nachdem sich die ligistisch-bayrische Armee unter Herzog Maximilian I. von Bayern (1573–1651) und dem Liga-Feldherrn Johann Tserclaes von Tilly (1559–1632) und die kaiserlich-spanischen Truppen unter dem kaiserlichen Feldmarschall Karl von Bucquoy (1571–1621) Anfang September 1620 in Südböhmen vereinigt hatten, stießen sie auf Prag vor. Dorthin ging auch die böhmische Hauptarmee unter

Heinrich Matthias von Thurn (1567–1640) und Fürst Christian I. von Anhalt-Bernburg (1568–1630) zurück und bezog auf dem 379 m hohen W. B. westlich Prag verschanzte Stellungen. Sie zählte etwa 11000 Mann Infanterie und 11000 Mann Kavallerie, darunter 6000 ungarische Reiter, sowie 10 Geschütze. Mit über 25000 Mann Infanterie, knapp 6000 Reitern und 18 Geschützen war ihr die kaiserlich-ligistische Armee zahlenmäßig überlegen. Die Truppen beider Seiten setzten sich aus Angehörigen mehrerer Nationalitäten zusammen. Zur Schlachtordnung wurde die Infanterie in → *Gevierthaufen* formiert, neben und hinter denen die Reiterei stand. Während die böhmische Aufstellung (2 Treffen) sehr dünn war und dem Vorteil des Geländes nicht Rechnung trug, bildeten die Kaiserlichen (rechter Flügel) 3 und die Ligatruppen (linker Flügel) 4 Treffen. Die Schlacht begann am 8. 11. mittags und dauerte 2 Stunden. Die bergauf angreifenden kaiserlich-ligistischen Truppen drangen am rechten Flügel erfolgreich vor. Böhmische Reiterei konnte sie zunächst zurückwerfen, wurde aber dann selbst in der Flanke angegriffen und zersprengt. Daraufhin gab der böhmische linke Flügel den Widerstand auf. Seine Flucht riß die übrigen Truppen mit, die größtenteils noch nicht in den Kampf eingegriffen hatten. Die böhmische Armee löste sich völlig auf. Ihre Verluste betrugen etwa 4000 Tote und Verwundete sowie 1500 Gefangene; auf der Flucht ertranken noch viele in der Moldau. Auch gingen alle Geschütze verloren. Die kaiserlich-ligistische Armee, die nur etwa 400 Mann verlor, zog am folgenden Tag in Prag ein. Mit der Niederlage am W. B. brachen der böhmische Aufstand und das böhmische Königtum des Pfälzer Kurfürsten zusammen. Das Kräfteverhältnis veränderte sich entscheidend zugunsten der feudalklerikalen Reaktion, die in Böhmen ein Terrorregime errichtete. Die böhmischen Länder verloren ihre Selbständigkeit und wurden Bestandteil der habsburgischen Erblande. *(s. Abb. S. 161)*

Weisungen für die Kriegführung 1939–1943: grundlegende strategische Richtlinien, die im zweiten Weltkrieg die oberste militärische Führung des faschistischen Deutschlands vorwiegend an die Oberkommandos der Teilstreitkräfte erließ.

Die Weisungen waren ein Führungsmittel des Oberbefehlshabers. Nach dem in den deutschen Streitkräften gültigen Auftragsprinzip waren sie eine Art Rahmenbefehl; sie besaßen Befehlscharakter, die

Schlacht am Weißen Berg bei Prag

Art der Ausführung war jedoch den entsprechenden Dienststellen und Kommandobehörden überlassen. Die Weisungen waren in der Regel für längere Zeit gültig und ordneten die strategischen Ziele und die sich daraus ergebenden operativen Hauptabsichten für einen Feldzug, für operativ-strategische Operationen bzw. für langfristige Maßnahmen zur Vorbereitung militärischer Handlungen in den strategischen Gesamtzusammenhang ein. Sie enthielten die Richtlinien, um die Handlungen der Teilstreitkräfte zu koordinieren und die beabsichtigten Handlungen der faschistischen Wehrmacht mit Maßnahmen von Regierung und Parteibehörden abzustimmen. Zugleich konnten die Weisungen Richtlinie der obersten militärischen Führung für vorbereitende Maßnahmen zur weiteren Kriegführung, über Befehlsverhältnisse, für die personelle und materielle Sicherstellung geplanter Aggressionen oder für die Partisanenbekämpfung sein.

Die vom Reichswehrminister Werner von Blomberg (1878–1946) in seiner Eigenschaft als Oberbefehlshaber der Wehrmacht seit 1936 jährlich herausgegebenen Weisungen für die einheitliche Kriegsvorbereitung der Wehrmacht orientierten auf mögliche Kriegsfälle, seit 1937 in zunehmendem Maße auf das Ausnutzen günstiger Gelegenheiten für die Annexion Österreichs und der Tschechoslowakei. Als Adolf Hitler (1889–1945), nominell bereits seit dem 2. 8. 1934 Oberster Befehlshaber der Wehrmacht, im Februar 1938 den Oberbefehl über diese direkt übernahm, unterzeichnete er die Weisungen für die Kriegführung. Die erste wurde am 31. 8. 1939 erlassen. Die Weisungen wurden vom → *Oberkommando der Wehrmacht (OKW)* aufgrund mündlicher Richtlinien Hitlers sowie von Vorschlägen der Oberkommandos der Wehrmachtteile bzw. in Abstimmung mit diesen ausgearbeitet. Die letzte Weisung trägt die Nummer 51 und wurde am 3. 11. 1943 erlassen. Sie war der letzte Versuch einer strategischen Planung des faschistischen Deutschlands auf längere Sicht. 1944/45 vom OKW herausgegebene Befehle Hitlers hatten weisungsähnlichen Charakter.

Weltkrieg, erster, 1914–1918: aus den Widersprüchen des Imperialismus erwachsener Krieg um die Neuaufteilung der Welt zwischen den Mittelmächten (Deutschland, Österreich-Ungarn, Türkei und Bulgarien) und der Entente (Frankreich, Rußland, Großbritannien und Verbündete).

Der erste Weltkrieg war die unvermeidliche Folge der Verschärfung aller Widersprüche des imperialistischen Systems, insbesondere des Dranges der Großmächte nach Expansion. Er war ein imperialistischer Raubkrieg von seiten aller Beteiligten; zugleich sollten die Volksmassen von inneren Krisen abgelenkt und die revolutionäre Arbeiterbewegung zerschlagen werden. Die Hauptverantwortung für seine Entfesselung trug der besonders aggressive deutsche Imperialismus. Der erste Weltkrieg hatte sich seit vielen Jahren angekündigt im verschärften Konkurrenzkampf der Großmächte, in der Bildung aggressiver Mächtegruppierungen, in politischen Krisen, Aggressionsakten und lokalen Kriegen, vor allem aber im Wettrüsten, das seit 1911 forciert wurde. In der Weltpolitik waren der deutsche und der britische Imperialismus die Hauptgegner.

Anlaß des ersten Weltkrieges war die Ermordung des österreichisch-ungarischen Thronfolgers am 28. 6. 1914 in Sarajevo. Die deutschen Imperialisten wollten ihre militärischen Vorteile (→ *kaiserlich-deutsches Heer*) gegenüber Frankreich und Rußland ausnutzen und drängten Österreich-Ungarn, den Krieg gegen Serbien zu provozieren (Kriegserklärung am 28. 7.). Die deutsche Regierung erklärte am 1. 8. Rußland und am 3. 8. Frankreich den Krieg. Die Lage der Mittelmächte verschlechterte sich insbesondere durch den Kriegseintritt Großbritanniens (4. 8.). Sein Verbündeter Japan erklärte am 23. 8. Deutschland den Krieg. Die deutsche Regierung hatte am 2. 8. ein Geheimabkommen mit dem morschen Osmanischen Reich (Türkei) geschlossen, das aber vorerst nicht in den Krieg eintrat. Die Entfesselung des ersten Weltkrieges wurde begünstigt durch den Übergang der rechten Führer der internationalen Sozialdemokratie in das Lager des Imperialismus. Sie gaben die Antikriegsbeschlüsse der II. Internationale preis und täuschten die Volks- und Soldatenmassen mit der Lüge von der Vaterlandsverteidigung. Am 4. 8. stimmte die deutsche sozialdemokratische Reichstagsfraktion für die Kriegskredite. Nur wenige sozialistische Parteien, voran die Bolschewiki unter Führung W. I. Lenins (1870–1924), begannen den Kampf gegen den Krieg. In Deutschland nahmen ihn die Linken auf (→ *Militärpolitik der revolutionären deutschen Arbeiterbewegung (bis 1945)*). Die herrschenden Kreise beider Seiten wurden von der Illusion eines kurzen Krieges beherrscht, verfügten jedoch nicht über eine derartige Übermacht, um die Gegner schnell niederwerfen zu können. Die Umstellung der Wirtschaft auf den Krieg war nur bruchstückhaft vorbereitet. Militärisch war der deutsche Imperialismus, die Hauptkraft der Mittelmächte, besser vorbereitet als seine Gegner, insbesondere auf die ersten Operationen; er hatte aber relativ schwache Verbündete. Insgesamt besaß die Entente eine erhebliche zahlenmäßige Überlegenheit und vor allem ein viel größeres Kriegspotential und beherrschte die überseeischen Zufuhrwege. Zwischen den Kriegszielen des deutschen Imperialismus – Hegemonie in Europa, Schaffung eines großen, zusammenhängenden Kolonialreiches in Afrika und Erringung der Vorherrschaft auf dem Weltmarkt – und dem realen Kräfteverhältnis bestand ein unlösbarer Widerspruch, der seine gesamte Kriegführung bestimmte. Die Hauptkriegsschauplätze lagen in West- und Osteuropa.

Erste Periode des Krieges (August–Ende 1914): Die strategische Konzeption der Mittelmächte, basierend auf dem → *Schlieffenplan*, sah vor, zuerst Frankreich mit der Masse des deutschen Feldheeres (rd. 1,6 Mill. Mann und 5164 Geschütze) niederzuwerfen und danach gemeinsam Rußland zu besiegen. Der Überfall auf Luxemburg (2. 8.) und Belgien (seit 4. 8.) schuf günstige Bedingungen für die am 18. 8. beginnende Offensive des Umfassungsflügels, mit der das deutsche Heer die strategische Initiative an sich riß, veranlaßte jedoch den folgenschweren Kriegseintritt Großbritanniens. In den Grenzschlachten von der Schelde bis zu den Vogesen (20.–25. 8.) wurden die gegnerischen Hauptkräfte zurückgeworfen. Anfang September gingen sie jedoch zwischen Verdun und Paris zur Gegenoffensive über und zwangen die deutschen Truppen in der Schlacht an der → *Marne 1914* (5.–12. 9.) zum Rückzug. Damit brachen die abenteuerliche → *Blitzkriegskonzeption* des deutschen Imperialismus und alle militärischen Voraussetzungen für die Verwirklichung seiner Weltmachtziele zusammen. Die Niederlage in der Marneschlacht, erster Wendepunkt des Krieges, löste in der → *Obersten Heeresleitung (OHL)* eine Führungskrise aus. Etwa gleichzeitig hatte das österreichisch-ungarische Heer in Galizien eine katastrophale Niederlage erlitten. In der deutschen militärischen Führung und zwischen den Verbündeten entbrannten anhaltende Auseinandersetzungen um die Weiterführung des Zweifrontenkrieges. Ende September entwickelte sich bereits von Noyon bis zur Schweizer Grenze der Stellungskrieg. Beide Seiten versuchten deshalb, durch den «Wettlauf um die offene Flanke» im Norden die Entscheidung zu erzwingen. Diese Operationen führten zur Schlacht bei Arras (2.–10. 10.) und endeten Mitte Oktober an der Kanalküste. Der Bewegungskrieg war damit im Westen zu Ende. In den folgenden 2 Schlachten in Flandern (20. 10.–3. 11. und 10.–18. 11.) mit dem Schwerpunkt bei Ypern scheiterten alle deutschen Versuche, zur französischen Kanalküste durchzubrechen. Erschöpfung der Truppen, Mangel an Munition und schwerer Artillerie, Fehlen von Reserven, überlebte Angriffsmethoden u. a. bewirkten, daß die 700 km lange Westfront im Stellungskrieg erstarrte. Bis zum Frühjahr 1918 änderte sich der Frontverlauf wenig.

Im Osten waren die Masse des multinationalen österreichisch-ungarischen Feldheeres und schwache deutsche Kräfte aufmarschiert. Die unerwartet frühzeitige russische Angriffsoperation nach Ostpreußen hinein konnte in den Schlachten bei → *Tannenberg 1914* (26.–31. 8.) und an den Masurischen Seen (8.–10. 9.) zerschlagen werden. In Galizien dagegen erlitt die österreichisch-ungarische Offensive Ende August und Anfang September ein Fiasko. Da die deutsch-österreichisch-ungarische Entlastungsoperation aus Südpolen heraus auf Warschau (Ende September–Ende Oktober) fehlschlug, blieb das oberschlesische Industriegebiet bedroht. Erst die deutsche Flankenoperation in Nordpolen mit der Schlacht bei Łódź (17.–25. 11.) trug wesentlich dazu bei, diese Gefahr zu beseitigen. Ende 1914 mußten

Zum militärischen Kräfteverhältnis bei Kriegsbeginn 1914

				Feldheer				
	Gesamtzahl der Wehrpflichtigen in Mill.	Gesamtzahl der Ausgebildeten in Mill.	Gesamtkriegsstärke des Heeres in Mill.	Feldheer in Mill.	Divisionen (Infanterie, Kavallerie, Reserve)[1]	Geschütze der Feldartillerie	Geschütze der schweren Artillerie des Feldheeres	MGs
Deutschland	10,494	4,900	3,823	2,292	107	5602	1369	2438
Österreich-Ungarn	6,120	3,034	2,500	1,421	63	2370	168	1582
Mittelmächte	16,614	7,934	6,323	3,713	170	7972	1537	4020
Frankreich	5,940	4,980	3,580	1,867	93	3852	180	2100
Rußland	17,000	6,300	5,338	3,420	142½	6508	288	3900
Großbritannien	keine Wehrpfl.	1,000	0,350	0,160	7	492	60	150
Serbien	0,440	0,400	0,542	0,240	13	408	58	216
Belgien	–	0,400	0,222	0,117	7	348	–	110
Entente	23,380	13,080	10,032	5,804	262½	11608	586	6476

1 einschließlich Landwehr-, Territorial- und ähnlicher Verbände

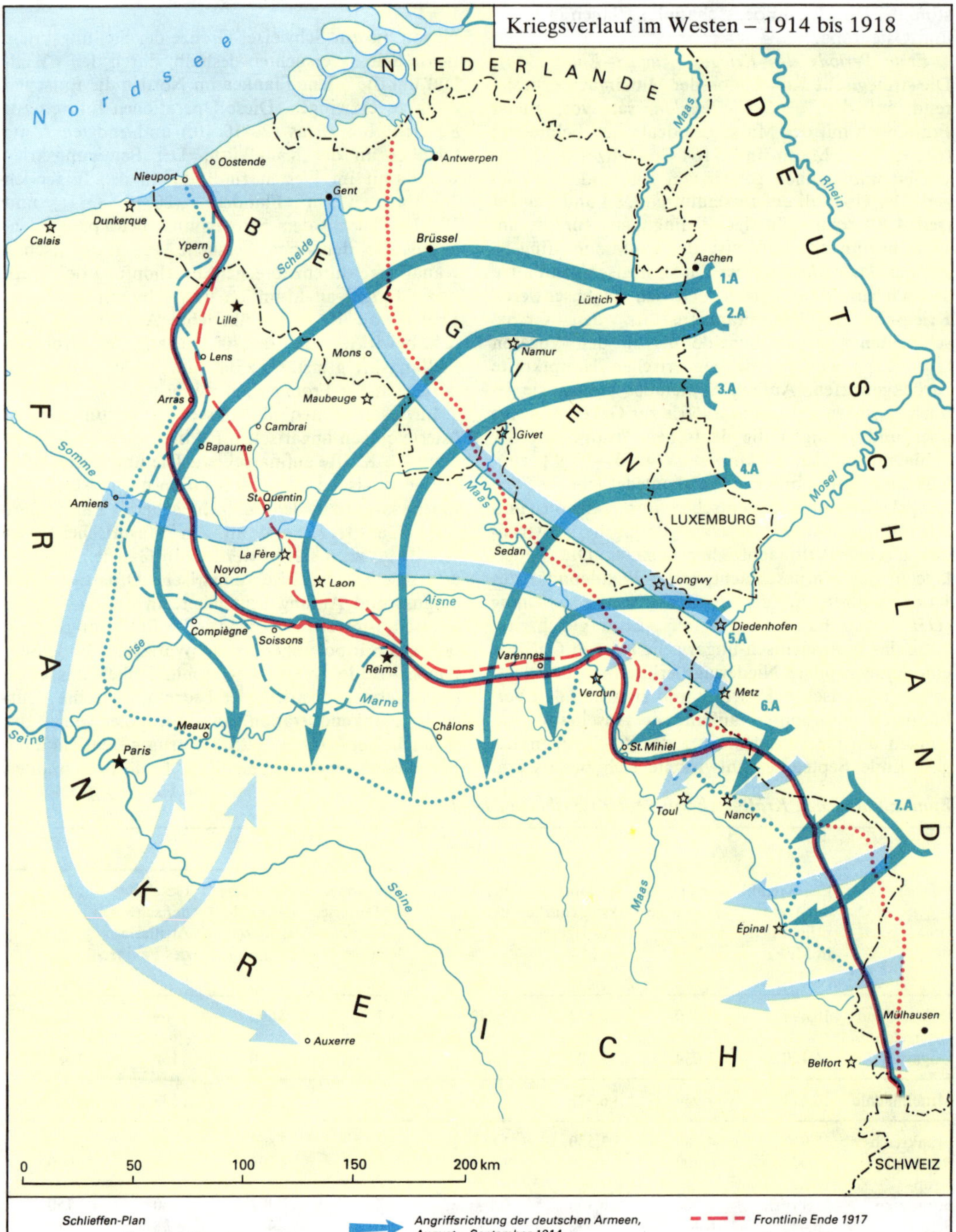
Kriegsverlauf im Westen – 1914 bis 1918
Nordsee
NIEDERLANDE
DEUTSCHLAND
BELGIEN
FRANKREICH
LUXEMBURG
SCHWEIZ
Oostende
Nieuport
Antwerpen
Gent
Dunkerque
Calais
Ypern
Brüssel
Aachen
Lüttich
Lille
Lens
Namur
Mons
Maubeuge
Arras
Cambrai
Givet
Bapaume
Amiens
St. Quentin
Sedan
La Fère
Noyon
Laon
Longwy
Diedenhofen
Compiègne
Soissons
Reims
Varennes
Verdun
Metz
Meaux
Paris
Châlons
St. Mihiel
Toul
Nancy
Épinal
Mülhausen
Belfort
Auxerre
Maas
Rhein
Mosel
Scheide
Somme
Aisne
Oise
Marne
Seine
1.A
2.A
3.A
4.A
5.A
6.A
7.A
0
50
100
150
200 km
Schlieffen-Plan
Vormarsch bis zum
22. Tag nach der Mobilmachung
31. Tag nach der Mobilmachung
42. Tag nach der Mobilmachung
Angriffsrichtung der deutschen Armeen, August – September 1914
Linie des weitesten Vordringens der deutschen Armeen, Anfang September 1914
Frontlinie des Stellungskrieges seit Oktober/November 1914
Frontlinie Ende 1917
Frontlinie Mitte Juli 1918
Frontlinie am 11.11.1918 (Waffenstillstand)
Festung

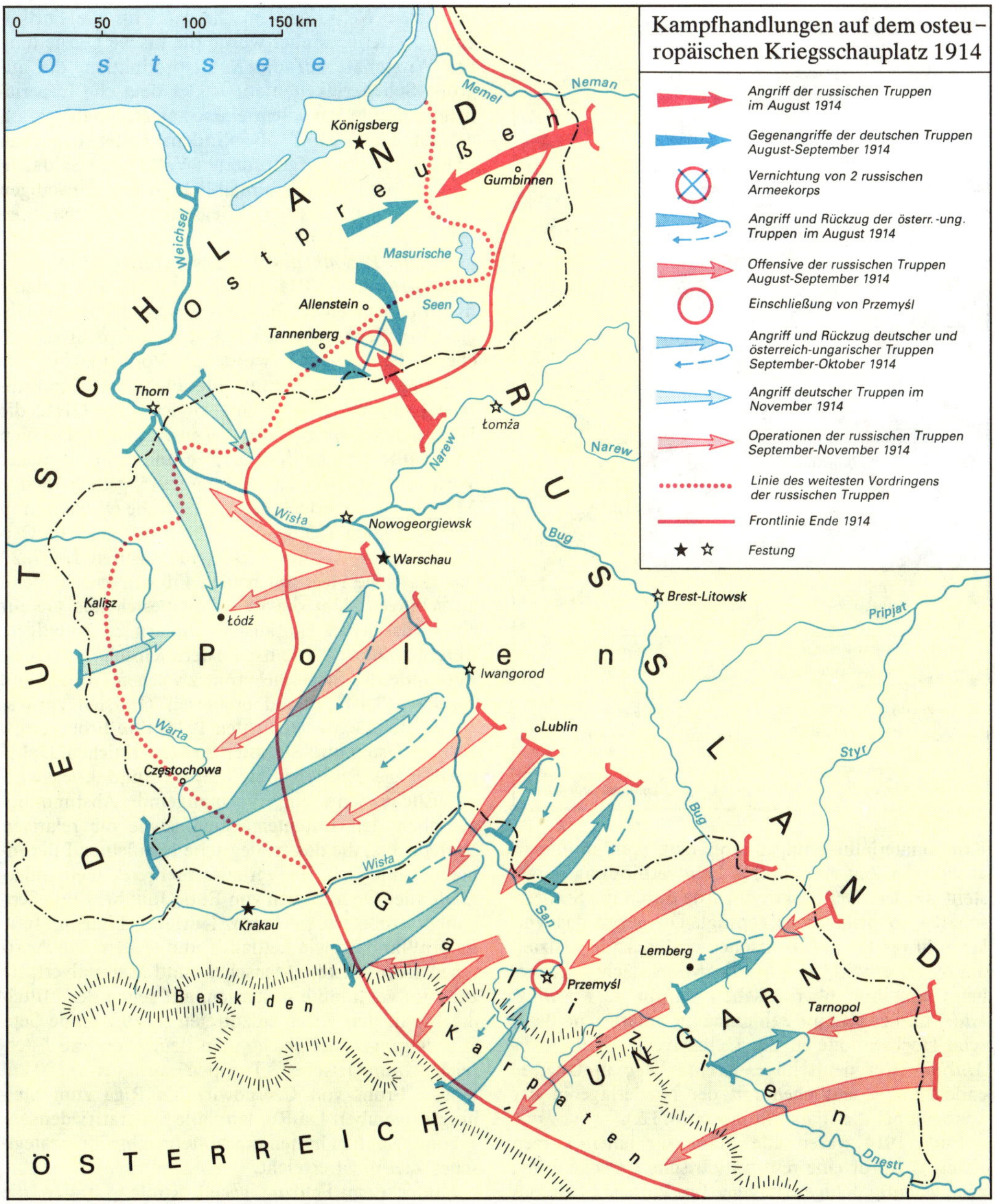

Kampfhandlungen auf dem osteuropäischen Kriegsschauplatz 1914

beide Seiten vorerst zum Stellungskrieg übergehen; doch drohte weiterhin ein russischer Einfall über die Karpaten nach Ungarn. Auch in Serbien endeten die 2 österreichisch-ungarischen Offensiven mit einem völligen Mißerfolg. Die deutschen Imperialisten drängten deshalb die Türkei, die Feindseligkeiten gegen Rußland zu eröffnen (29. 10. 1914) und dessen Zufuhrweg vom Mittelmeer zu blockieren. An den Dardanellen, auf der Halbinsel Sinai, im Kaukasus und in Mesopotamien entstanden neue Fronten, deren Nachschubverhältnisse katastrophal waren. Im Kaukasus ging die abenteuerliche türkische Offensive (Mitte Dezember 1914–Anfang Januar 1915) westlich Kars unter. Da die Türkei von deutschen

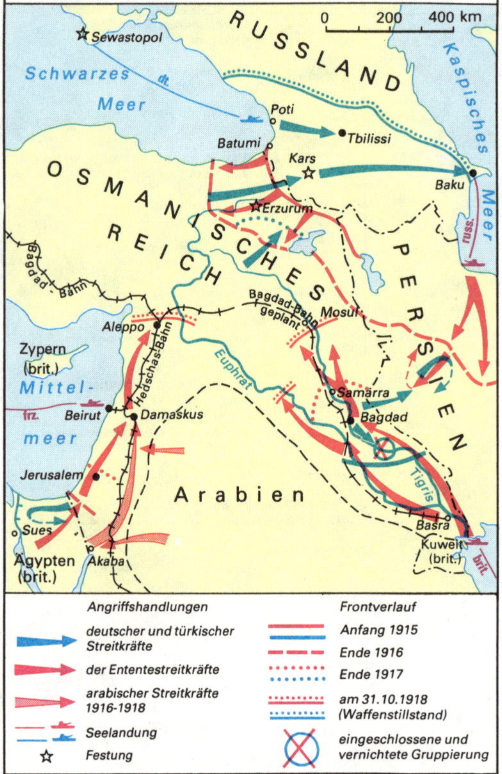

Kampfhandlungen in Vorderasien – 1914 bis 1918

Kriegsmateriallieferungen abhängig war, mußte in absehbarer Zeit eine direkte Landverbindung hergestellt werden. Der Seekrieg wurde durch die Seeherrschaft Großbritanniens geprägt. Die gegen das Völkerrecht verstoßende britische Fernblockade, offiziell am 2. 11. erklärt, schnitt die Mittelmächte weitgehend von ihrer überseeischen Zufuhr ab (→ *Blokkade*) und zwang die zahlenmäßig unterlegene deutsche Hochseeflotte in die Defensive (→ *Kaiserliche Marine*). Der deutsche → *Kreuzerkrieg* in Übersee endete im wesentlichen mit der Niederlage in der Schlacht bei den Falklandinseln (8. 12.).

Ende 1914 waren alle Pläne für einen kurzen Krieg, d. h. für eine rein militärische Entscheidung, zwangsläufig fehlgeschlagen. Im Vorherrschen des Stellungskrieges kündigte sich vielmehr eine längere Kriegsdauer an. Der bewaffnete Kampf verlief ganz anders, als die militärische Führung beider Seiten angenommen hatte. Bereits 1914 verlor das deutsche Heer etwa 818000 Tote, Vermißte, Verwundete und Gefangene. Das Entstehen geschlossener Stellungsfronten machte den Durchbruch und seine operative Erweiterung zum Grundproblem der → *Kriegskunst* im ersten Weltkrieg. Entscheidend für die Fortsetzung des Krieges aber wurde die rasche Umstellung der Wirtschaft auf die Kriegsproduktion, die auf große Schwierigkeiten stieß. Der deutsche Imperialismus mußte vor allem einen katastrophalen Mangel an Sprengstoff überwinden. Unter den zum «Durchhalten» aufgeforderten Volks- und Soldatenmassen begann sich allmählich, unter zeitweiligen Rückschlägen, eine Antikriegsstimmung auszubreiten.

Zweite Periode des Krieges (Anfang 1915–Sommer 1916): Die OHL plante für 1915, die Entente durch eine offensive Ermattungsstrategie zu bezwingen. Ein Separatfrieden mit Rußland, dem schwächeren Hauptgegner, wurde als Voraussetzung für den Sieg über die Westmächte angesehen. Die kritische Lage im Osten zwang zugleich die OHL, die Hauptanstrengungen 1915 gegen Rußland zu richten und dafür beträchtliche Kräfte und Mittel von der Westfront abzuziehen. Anfang 1915 gelang es den Mittelmächten jedoch nicht, durch die Offensiven in den Karpaten (23. 1.–Mitte Februar) und in Ostpreußen (sog. Winterschlacht in Masuren 7.–27. 2.) das russische Heer auf beiden Flügeln entscheidend zu schlagen. Um die weiterhin bestehende Gefahr eines russischen Einfalls in Ungarn zu beseitigen, durchbrachen deutsch-österreichisch-ungarische Verbände die russische Front zwischen Gorlice und Tarnów (2.–4. 5.) und eroberten Galizien zurück. Die Mittelmächte versuchten 1915, ihre Eroberungsziele im Osten und Südosten zu verwirklichen. Dabei nutzten sie Rußlands militärische und kriegswirtschaftliche Schwäche, die mangelnde Abstimmung zwischen den Ententemächten sowie die relativen Vorteile aus, die das strategische Handeln auf der inneren Linie bot. Im Verlaufe mehrerer ineinandergreifender Operationen von Ende Juni bis Ende September eroberten sie Polen, Kurland, Litauen, Teile Belorußlands sowie Lettlands und fügten dem russischen Heer schwere Menschen- und Materialverluste zu. Dies veranlaßte Bulgarien, auf seiten der Mittelmächte in den Krieg einzutreten (6. 10.). Ende September gingen die erschöpften deutschen und österreichisch-ungarischen Truppen auf der 1200 km langen Front von Czernowitz bis Riga zum Stellungskrieg über. Da Rußland alle Separatfriedensangebote ablehnte, hatten die Mittelmächte ihr strategisches Ziel nicht erreicht.

Hinter dem Feldzug gegen Rußland traten die Kämpfe im Westen zurück, wo die Masse des deutschen Feldheeres lag und strategisch defensiv blieb. Französische und britische Armeen unternahmen 1915 in der Champagne und im Artois an relativ schmalen Frontabschnitten mehrere Angriffsoperationen (16. 2.–20. 3., 9. 5.–24. 6. und 19. 9.–1. 11.). Trotz gesteigerten Menschen- und vor allem Materialeinsatzes (mehrtägige Artillerievorbereitung und sog.

Trommelfeuer) scheiterten alle Durchbruchsversuche. Im Herbst bildeten sich dabei die Anfänge der sog. Materialschlacht heraus. Massierter und langandauernder Einsatz von Artillerie und riesigen Munitionsmengen auf relativ geringem Raum sollte die gegnerische Stellungsfront systematisch zerschlagen. Gestützt auf ihre materielle Überlegenheit, wandten das französische und das britische Oberkommando 1916/17 dieses Verfahren, das die Überraschung negierte, in zunehmendem Umfang schematisch an. Der Durchbruch wurde damit nicht erreicht. Ende April/Anfang Mai 1915 versuchten deutsche Truppen vergebens, Ypern einzunehmen. Dabei wurde unter Bruch des Völkerrechts erstmals chemischer Kampfstoff in größerem Umfang eingesetzt (→ *chemische Kriegführung*). In der Folgezeit wandten ihn beide Seiten zunehmend an und formierten chemische Truppenteile.

Kampfhandlungen in Serbien und an der mazedonischen Front 1915/16

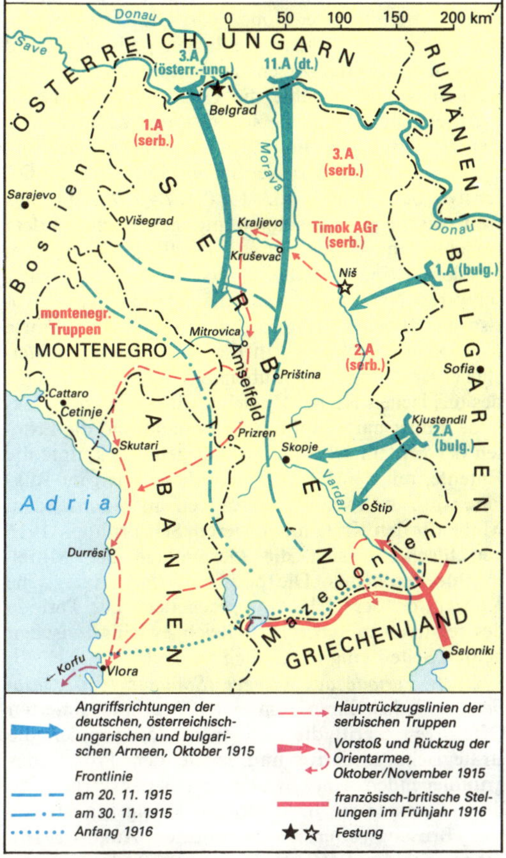

Italiens Kriegseintritt am 23. 5. 1915 gegen Österreich-Ungarn (28. 8. 1916 gegen Deutschland) verschlechterte das Kräfteverhältnis für die Mittelmächte und verschärfte die Blockade. An der etwa 600 km langen Gebirgs- und Hochgebirgsfront herrschte der Stellungskrieg vor. In 5 verlustreichen Schlachten am Isonzo (Juni 1915–März 1916), der Hauptfront, zerrann jedoch die Hoffnung des italienischen Imperialismus auf einen schnellen Sieg über die Donaumonarchie. Im Nahen Osten bestimmte die britisch-französische Operation in den Dardanellen und auf Gallipoli (19. 2. 1915–Anfang Januar 1916) als größte Seelandungsoperation des ersten Weltkrieges weitgehend das Geschehen. Der Versuch, die Türkei entscheidend zu schlagen und die Meerengen für Rußlands Zufuhr aufzubrechen, endete mit einem schweren Mißerfolg. Die Türkei war jedoch so geschwächt, daß die Herstellung einer Landbrücke nach Konstantinopel für die Mittelmächte unaufschiebbar wurde. Am 7. 10. 1915 begann deshalb ihr Feldzug gegen Serbien, nachdem Bulgarien seine Teilnahme (ab 14. 10.) zugesichert hatte. Bis Dezember wurden Serbien und danach von österreichisch-ungarischen Truppen auch Montenegro sowie Nordalbanien besetzt. Zur Unterstützung Serbiens waren seit dem 5. 10. französisch-britische Truppen (sog. Orientarmee) unter Verletzung der griechischen Neutralität bei Saloniki gelandet. Sie bauten in Mazedonien eine neue Front auf, während Griechenland formell noch neutral blieb.

Seit 1915 wurde der in verschiedenen Formen geführte → *U-Boot-Krieg* gegen die Handelsschiffahrt zum Hauptmittel der deutschen Seekriegführung, vermochte aber noch nicht, das einfuhrabhängige Großbritannien merklich zu schwächen. Auf Protest besonders der USA, aber auch anderer neutraler Staaten mußte der Anfang des Jahres 1915 begonnene völkerrechtswidrige U-Boot-Handelskrieg mit dem warnungslosen Unterwasserangriff schrittweise zurückgenommen werden. In der Nordsee blieben die deutsche und die britische Hochseeflotte 1915 defensiv. Erst im folgenden Jahr kam es zwischen ihnen zur Schlacht vor dem → *Skagerrak 1916* (31. 5./1. 6.). Im Frühjahr 1916 wurde der U-Boot-Krieg vorübergehend in verschärfter Form geführt. Bis Anfang 1916 hatte das imperialistische Deutschland alle seine Kolonien in Afrika (faktisch auch Ostafrika), im Stillen Ozean und in Ostasien verloren (→ *Kolonialtruppen*).

1915 war für die Mittelmächte militärisch das erfolgreichste Jahr; es hatte jedoch keine Kriegsentscheidung gebracht. Der große Raumgewinn stärkte aber ihre ökonomische und strategische Basis. Fast überall führten sie den Krieg auf fremdem Boden. Vor allem auf dem westeuropäischen und italienischen Kriegsschauplatz kam ihnen zugute, daß sich im Stellungskrieg die Verteidigung selbst den mit großer Übermacht an Kräften und Mitteln vorgetragenen Angriffen gegenüber als stärker erwies. Für

1916 bereiteten die deutsche und die österreichisch-ungarische Heeresleitung ohne gegenseitige Abstimmung getrennte Operationen vor. Die Ursachen dafür lagen in den unterschiedlichen politischen und strategischen Kriegszielen der beiden Staaten. Zum zweiten Male versuchte die OHL, die die eigenen Möglichkeiten völlig überschätzte, den Krieg im Westen zu entscheiden und dadurch eine Verschärfung der Lage im Innern zu vermeiden. Die deutsche Offensive bei → *Verdun 1916* (21. 2.–2. 9.), die das französische Heer ausbluten und, gekoppelt mit dem verschärften U-Boot-Krieg, Großbritannien zum Frieden zwingen sollte, endete jedoch mit einer schweren Niederlage. Auch die österreichisch-ungarische Offensive in Südtirol (15. 5.–16. 6.) führte nicht zum Durchbruch in die oberitalienische Tiefebene. Im Nahen Osten überwogen die Rückschläge des türkischen Heeres. Zugleich wirkte sich die Blokkade immer härter auf das Hinterland und die Fronten der Mittelmächte aus. Demgegenüber konnte die Entente, mit den USA als Großlieferanten im Rükken, ihre weltweiten Ressourcen in wachsendem Maße für den Krieg mobilisieren. Seit Frühjahr 1916 verschlechterte sich die Gesamtlage der Mittelmächte zusehends. Die politische und strategische Konzeption der OHL war gescheitert. Die Periode des relativen militärischen Gleichgewichts zwischen beiden Seiten ging allmählich zu Ende.

Dritte Periode des Krieges (Sommer 1916–Oktober 1917): Mit ihren zum ersten Mal koordinierten Offensiven ergriff die Entente für längere Zeit die strategische Initiative und leitete den Prozeß des grundlegenden Umschwungs im Kriegsverlauf zu ihren Gunsten ein. Den größten Erfolg brachte die sog. Brussilowoffensive (4. 6.–Ende August 1916). Sie zerschlug auf 450 km Breite große Teile der österreichisch-ungarischen Ostfront und veranlaßte Rumänien, gegen die Mittelmächte in den Krieg einzutreten (27. 8.). Im Westen dagegen erlitt die große britisch-französische Offensive an der → *Somme 1916* (24. 6.–Ende November) eine schwere Niederlage. Bei Verdun waren im Oktober und Dezember überraschende französische Gegenangriffe erfolgreich. Den italienischen Truppen gelang in der 6. Isonzoschlacht (6.–16. 8.) der erste größere Erfolg. Im Nahen Osten scheiterten die abenteuerlichen Pläne des deutschen Imperialismus, das britische Weltreich am Suezkanal (zweiter Vorstoß türkischer Truppen im August 1916) und in Indien (deutsch-türkische Unternehmungen 1916 in Persien) zu bedrohen. Anfang Juni brach im Hedschas der große Beduinenaufstand gegen die Türkenherrschaft aus. Im Sommer geriet die Kriegführung der Mittelmächte in ihre bisher schwerste Krise. Sie war untrennbar verbunden mit den wachsenden ökonomischen sowie innen- und außenpolitischen Schwierigkeiten. Es herrschten Hungersnot, Mangel an Menschenreserven und Kriegsmaterial, besonders an Artillerie und Munition. Im Frühjahr 1916 hatten sich in Deutschland die Linken zur Spartakusgruppe formiert, die der revolutionären Antikriegsbewegung neuen Auftrieb gab. In der Rüstungsindustrie kam es zu ersten Massenstreiks, und unter den Soldatenmassen wuchs die Antikriegsstimmung. Um die gesamte Kriegslage zugunsten des deutschen Imperialismus zu ändern, wurde am 29. 8. eine neue OHL eingesetzt. Sie vertrat in erster Linie die Ziele der aggressivsten Kreise des Monopolkapitals und der Junker. Mit Hilfe einer verschärften Militärdiktatur versuchte sie, alle noch vorhandenen personellen und materiellen Reserven zu mobilisieren (→ *Hindenburgprogramm*). Die Ausplünderung der besetzten Gebiete, ohne die der deutsche Imperialismus den Krieg bis 1918 nicht hätte führen können, und die Unterdrückung der Bevölkerung wurden schärfer als bisher betrieben. Eine umfassende politisch-ideologische Beeinflussung der Streitkräfte (→ *Vaterländischer Unterricht*) sollte die Kampfmoral heben. Die neue OHL nahm auch Kurs darauf, verstärkt völkerrechtswidrige Mittel und Methoden in der Kriegführung anzuwenden, um den Siegfrieden zu erzwingen. In einem gemeinsamen Feldzug (2. 9. 1916–Anfang 1917) gelang es den Mittelmächten zunächst, den größten Teil Rumäniens zu erobern. Sie gewannen damit ein wichtiges Rohstoffreservoir, verlängerten aber ihre Front um etwa 300 km.

Die ungeheuren Opfer des Krieges und die Verschärfung aller inneren Widersprüche riefen um die Wende 1916/17 in der Politik der Großmächte Tendenzen hervor, einen imperialistischen Frieden anzustreben (deutsches Friedensangebot vom 12. 12. 1916). Ein «Beuteteilungsfrieden» kam jedoch nicht zustande. Die Imperialisten waren nicht bereit, den Krieg zu beenden, ehe sie nicht alle Möglichkeiten für die Verwirklichung der räuberischen Kriegsziele ausgeschöpft hatten. Gegen den Willen der Völker setzten sie den Krieg fort. Ihre demagogischen Friedensversuche sollten einer revolutionären Entwicklung, wie der im Februar 1917 in Rußland, vorbeugen. Die russische Februarrevolution 1917 bildete den Auftakt für die Umwandlung des imperialistischen Krieges in den Bürgerkrieg. Sie durchkreuzte den Plan der Entente, die Mittelmächte 1917 durch koordinierte Offensiven zu besiegen. Zugleich gab sie der revolutionären Antikriegsbewegung starken Auftrieb, wovon u. a. die Soldatenverbrüderungen an der Ostfront, die Aprilstreiks in der deutschen Rüstungsindustrie und der Aufstandsversuch in der deutschen Flotte Anfang August (→ *revolutionäre Matrosenbewegung 1917/18*) zeugten.

Der deutsche Imperialismus, zu Lande strategisch in die Defensive gedrängt, versuchte 1917 in abenteuerlicher Weise, vor allem durch den uneingeschränkten U-Boot-Krieg (seit 1. 2.) den Siegfrieden bzw. eine Wende im Kriegsverlauf zu seinen Gunsten zu erzwingen. Dabei nahm er den Kriegseintritt der USA in Kauf (6. 4.), der ökonomisch stärksten imperialistischen Macht. Der Kriegseintritt der USA gestaltete das Kräfteverhältnis erdrückend zugunsten der Alliierten, machte die Blockade global wirksam und veranlaßte weitere Länder zur Kriegserklärung an die Mittelmächte. Den deutschen Armeen gelang es aber auf dem westlichen Hauptkriegsschauplatz nach ihrem Rückzug in die → *Siegfriedstellung* (16.–19. 3.), der großen französisch-britischen Frühjahrsoffensive (9. 4.–Ende Mai) eine schwere Niederlage zu bereiten, die im französischen Heer Widerstands- und revolutionäre Aktionen auslöste. Auch die britische Offensive in → *Flandern 1917* (15. 7.–Mitte November) zur Beseitigung der deutschen U-Boot-Stützpunkte an der Kanalküste blieb unter schweren Verlusten stecken. In der folgenden Schlacht bei → *Cambrai 1917* (20. 11.–6. 12.) zeigte der erstmalige Masseneinsatz britischer Panzer neue Möglichkeiten, den Durchbruch und den Übergang zum Bewegungskrieg zu erreichen.

Im Osten setzte die russische Provisorische Regierung den Krieg fort. Nach dem Scheitern der sog. Kerenskioffensive (29. 6.–Mitte Juli 1917) eroberten deutsche und österreichisch-ungarische Verbände fast ganz Ostgalizien und die Bukowina zurück. In Übereinstimmung mit den deutschen Annexionsplänen im Baltikum besetzten deutsche Truppen Riga (3. 9.) und, unter Mitwirkung starker Seestreitkräfte, die Ostseeinseln Ösel, Moon und Dagö (12.–21. 10.) für weiterführende Operationen gegen Finnland und auf Petrograd. Am → *Isonzo 1917* konnten deutsche und österreichisch-ungarische Truppen überraschend die italienische Front durchbrechen und aufgrund der Krise im italienischen Heer und im Hinterland bis zum Piave vordringen (24. 10.–Mitte November). Auf dem Balkan dagegen verschlechterte der Kriegseintritt Griechenlands (30. 6.) die Lage der Mittelmächte. Im Nahen Osten zeichnete sich mit dem Verlust von Bagdad (11. 3.) und dem britischen Vormarsch in Palästina der militärische Zusammenbruch der Türkei ab. Trotz militärischer Teilerfolge und des Frontverlaufs weit von den Landesgrenzen hatte der deutsche Imperialismus keine Aussicht mehr, den Krieg zu gewinnen. Davon zeugten nicht zuletzt der für die Volksmassen katastrophale «Kohlrübenwinter» 1916/17 und die Regierungskrisen im Juli und Oktober 1917. Die gesteigerte Rüstungsproduktion bewirkte den Ruin der Wirtschaft. Hungersnot, Massenverelendung und wachsende Antikriegsstimmung im Volke sowie Erschöpfung der Menschenreserven waren die Hauptschwächen des imperialistischen Deutschlands. Noch trostloser war die innere Lage seiner Verbündeten. Je länger der Krieg dauerte, desto erdrückender wirkte sich das Übergewicht der Alliierten auf ökonomischem Gebiet und an Menschenreserven auf den bewaffneten Kampf aus. Auf dem westlichen Hauptkriegsschauplatz waren jedoch entscheidende Siege für sie ausgeblieben. Die monatelangen Materialschlachten an der Somme und in Flandern führten noch tiefer in die Sackgasse des Stellungskrieges hinein. Trotz des gewaltigen Einsatzes an Material und Kräften konnte die deutsche Front stellenweise nur eingedrückt werden. Ende 1917 mußten die Alliierten zur strategischen Defensive übergehen, bis die Masse der US-amerikanischen Armee in Frankreich gefechtsbereit war.

Vierte Periode des Krieges (November 1917–November 1918): Der Sieg der Großen Sozialistischen Oktoberrevolution, das wichtigste Ereignis während des ersten Weltkrieges, leitete eine neue Epoche in der Geschichte der Menschheit ein. Rußlands Ausscheiden aus dem Krieg und die erfolgreiche Offensive in Oberitalien verbesserten zunächst die militärische Lage der Mittelmächte. Zugleich aber nahm die revolutionäre Antikriegsbewegung einen mächtigen Aufschwung. Davon zeugten der Zersetzungsprozeß in den Streitkräften, der Januarstreik der deutschen Arbeiter 1918, der Aufstand der österreichisch-ungarischen Flotte in Cattaro (1.–3. 2. 1918) und weitere Aktionen. Noch besaßen aber die rechten Führer der Sozialdemokratie und der Gewerkschaften, die auf dem Boden der imperialistischen Kriegspolitik standen, Masseneinfluß. Die Mittelmächte nutzten den sowjetrussischen Vorschlag eines Friedens ohne Annexionen und Kontributionen, den sie nur zum Schein anerkannten, zur Vereinbarung einer Waffenruhe (5. 12.) und zum Abschluß eines Waffenstillstandes (15. 12.). Die deutschen Imperialisten glaubten, vor dem Endsieg zu stehen. Seit Anfang November plante die OHL, im Frühjahr 1918 die Kriegsentscheidung im Westen herbeizuführen. Um den ersten sozialistischen Staat der Welt zu vernichten und im Interesse ihrer Eroberungsziele, begannen beide Koalitionen 1918 einen imperialistischen Klassenkrieg gegen Sowjetrußland, der einen prinzipiell anderen politischen Charakter trug als der imperialistische Weltkrieg. Er begann mit der → *Intervention des deutschen Imperialismus in Sowjetrußland und in Finnland 1918* (18. 2.). Das imperialistische Deutschland nutzte die Chance nicht, die ein annexionsloser Frieden bot, sondern setzte faktisch den Zweifrontenkrieg fort. Der Diktatfrieden von Brest-Litowsk (3. 3.) unterwarf weite Gebiete vom Schwarzen Meer bis Finnland zeitweise der Herrschaft der Mittelmächte. Während ihre Truppen Sowjetrußland überfielen, begann am 21. 3. im Westen die deutsche → *Offensive 1918* (bis 17. 7.). Sie führte zu keinem entscheidenden Erfolg über die Ententearmeen; durch die erzielten Frontvorsprünge ver-

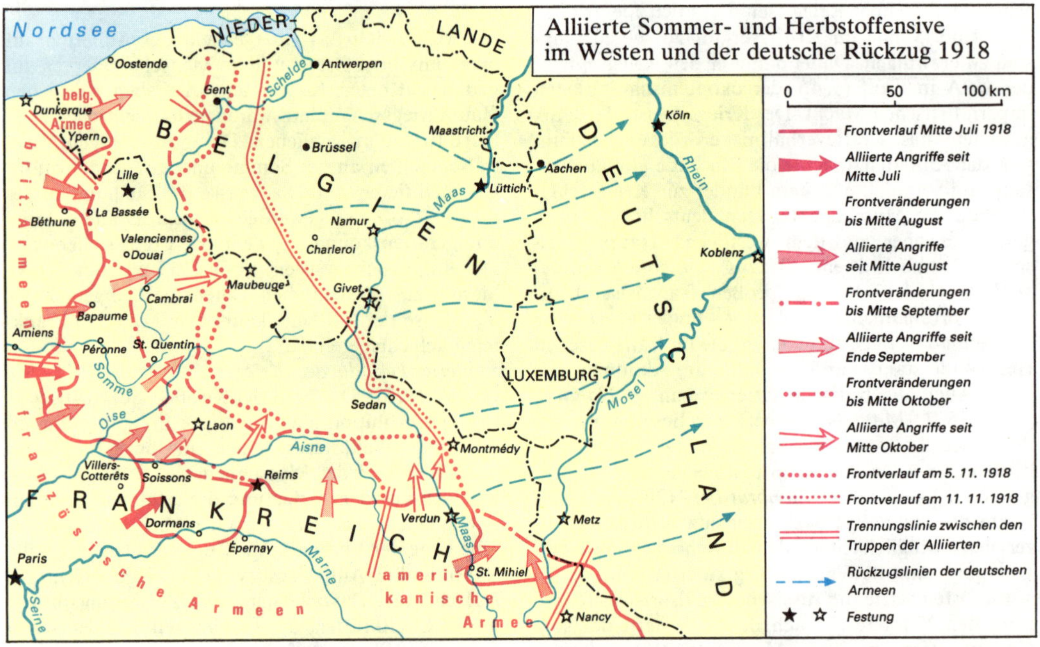

Alliierte Sommer- und Herbstoffensive im Westen und der deutsche Rückzug 1918

schlechterte sich zudem die strategische Lage des deutschen Westheeres. Der Versuch, die Alliierten zu besiegen und zugleich die Sowjetmacht zu vernichten sowie die Expansionsziele im Osten zu verwirklichen, brachte den deutschen Imperialismus an den Rand des Zusammenbruchs und verschärfte das Ausmaß seiner Niederlage bis zum äußersten. Daran änderte auch nichts, daß Mitte 1918 die von ihm besetzten Gebiete ihren größten Umfang und seine Rüstungsproduktion auf vielen Gebieten quantitativ ihren Höchststand erreichten. Infolge der gewaltigen Verluste waren die Menschenreserven für die Front im Sommer 1918 erschöpft.

Mit dem französischen Gegenangriff bei Villers-Cotterêts am 18.7. ging die strategische Initiative endgültig an die Alliierten über. Der Prozeß des grundlegenden militärischen Umschwungs zu ihren Gunsten war vollendet. Ihr Durchbruch ostwärts Amiens am 8.8. zwang die deutschen Truppen, das seit Frühjahr eroberte Gelände wieder aufzugeben. Ende September begann an verschiedenen Frontabschnitten, unter Einsatz starker US-amerikanischer Kräfte, die allgemeine Offensive der Alliierten. Mitte Oktober gewannen sie die flandrische Küste mit den deutschen U-Boot-Stützpunkten. Bis Anfang November mußten sich die deutschen Truppen unter hohen Verlusten in die sog. Antwerpen-Maas-Stellung zurückziehen. Unter dem Druck einflußreicher Kreise des Monopolkapitals verlangte die OHL seit 29.9. sofortige Verhandlungen für den raschen Abschluß eines Waffenstillstandes. Dadurch sollten eine militärische Katastrophe und ein Eindringen der Alliierten in Deutschland vermieden werden sowie der Kern des Feldheeres als Instrument gegen die heranreifende Revolution erhalten bleiben. Unter den Schlägen der Alliierten zerfiel die Koalition der Mittelmächte. Nach dem Durchbruch in Mazedonien (15.9.) kapitulierte Bulgarien (29.9.), und der Verlust von Mesopotamien, Palästina und Syrien führte zur Kapitulation der Türkei (30.10.). In Oberitalien war die letzte Offensive des österreichisch-ungarischen Heeres (15.–25.6.) gescheitert. Unter dem Druck der italienischen Gegenoffensive seit dem 24.10. löste es sich rasch auf. Bei Abschluß des Waffenstillstandes am 3.11. bestand die Doppelmonarchie Österreich-Ungarn nicht mehr. Im Herbst 1918 waren die Streitkräfte des deutschen Imperialismus revolutioniert (→ *Soldatenräte*). Das von der Seekriegsleitung geplante Auslaufen der Hochseeflotte zum «Todeskampf» gegen die britische Flotte wurde von den Matrosen verhindert (30.10.). Mit dem bewaffneten Aufstand der Matrosen und Arbeiter in Kiel am 3.11. begann die → *Novemberrevolution 1918/19.* Sie griff rasch auf ganz Deutschland über und siegte am 9.11. in Berlin. Weder die Soldatenmassen des Feld- noch die des Heimatheeres waren bereit, gegen die revolutionäre Bewegung zu kämpfen. Die Revolution machte alle Versuche zunichte, den Krieg zu verlängern. Am 11.11.1918 mußte der deutsche Imperialismus den Waffenstillstand von Compiègne unterzeichnen, der einer Kapitulation gleichkam.

Ergebnisse: Der erste Weltkrieg endete mit der völligen Niederlage der Mittelmächte, die durch imperialistische Friedensverträge besiegelt wurde. Am 28. 6. 1919 unterzeichneten Vertreter der deutschen Regierung in Versailles den von den Siegerstaaten diktierten Friedensvertrag. Er setzte zwar dem deutschen Imperialismus allseitig erhebliche Schranken, tastete aber dessen Machtgrundlagen nicht an, um ihn als potentielle Kraft gegen Sowjetrußland zu erhalten. Deutschland verlor rd. 13 % seines Vorkriegsterritoriums sowie 10 % seiner Bevölkerung, mußte auf seine Kolonien verzichten und bekam riesige Reparations- und Kontributionsleistungen auferlegt. Zu den wichtigsten militärischen Bestimmungen des Versailler Vertrages gehörten die Auflösung des Generalstabs, die Abschaffung der allgemeinen Wehrpflicht und das Verbot jeglicher Mobilmachungsvorbereitungen. Die Stärke des Heeres wurde auf 100000 Mann und die der Marine auf 15000 Mann begrenzt. Das Heer durfte nicht mehr als 7 Infanterie- und 3 Kavalleriedivisionen, die Flotte nicht mehr als je 6 Schlachtschiffe (10000 t) und kleine Kreuzer (6000 t) sowie je 12 Zerstörer (800 t) und Torpedoboote (200 t) umfassen. Der Besitz von schwerer Artillerie, Panzern, U-Booten, Luftstreitkräften und chemischen Waffen war Deutschland untersagt. Für die Befestigungen und die Rüstungsindustrie bestanden ebenfalls starke Beschränkungen. Die deutschen Imperialisten und Militaristen nutzten die Vertragsbestimmungen zur chauvinistischen Verhetzung der Massen. Zugleich versuchten sie mit der von ihnen erfundenen Dolchstoßlegende von den wahren Ursachen der Niederlage und von den für das Elend des deutschen Volkes verantwortlichen Klassenkräften abzulenken.

Am ersten Weltkrieg nahmen insgesamt 38 Staaten mit 67 % der Weltbevölkerung (einschließlich der Kolonien) teil. Davon beteiligten sich an den militärischen Kampfhandlungen 21 Länder (einschließlich der britischen Dominions und Indiens) sowie eine Reihe kolonial unterdrückter Länder Afrikas. Insgesamt wurden etwa 70 Mill. Mann mobilisiert: 45 Mill. von den Alliierten und 25 Mill. von den Mittelmächten. Fast 10 Mill. starben auf den Schlachtfeldern, mehrere Millionen Menschen an Hunger und Seuchen. Die Gesamtkosten für den Krieg wurden auf etwa 732 Mrd. RM direkte und 606 Mrd. RM indirekte Ausgaben geschätzt. Für Deutschland betrugen die direkten Kriegskosten mehr als 150 Mrd. RM. Der erste Weltkrieg unterschied sich grundlegend von allen vorangegangenen Kriegen, da er sämtliche Bereiche der Gesellschaft erfaßte und die herrschenden Klassen alle ökonomischen Hilfsquellen und Menschenreserven mobilisieren mußten. Sein qualitativ neuer Charakter zeigte sich ferner vor allem in der Größe des Kriegspotentials beider Seiten, in der Abhängigkeit des bewaffneten Kampfes von der ökonomischen Stärke und der politisch-moralischen Festigkeit des Hinterlandes sowie im massenhaften Einsatz der Militärtechnik. Erstmals wurden die Grenzen zwischen Front und Hinterland verwischt, kam es zu einer direkten Waffenwirkung auf das Hinterland des Gegners durch den operativen Luftkrieg. Die → *Luftstreitkräfte* wurden schnell entwickelt, ihr Einfluß auf den Kriegsverlauf blieb

Mobilisierte und Verluste der imperialistischen Hauptmächte 1914–1918

Land	Gesamtzahl der Mobilisierten (in Mill.)	Tote und Vermißte (in Mill.)	Verwundete (in Mill.)
Deutschland[1]	13,250	2,000	4,248
Österreich-Ungarn	9,000	1,543	3,600
Frankreich[2]	8,900	1,500	3,214
Großbritannien[3]	8,700	0,984	2,122
Rußland	15,000	2,300	4,900
Italien	5,615	0,750	0,950
USA	4,800	0,125	0,246

1 ohne Kolonien
2 mit Kolonien
3 mit Kolonien und Dominions

Produktion von Waffen und Kampfmitteln 1914–1918

Art der Waffen und Kampfmittel	Deutschland	Österreich-Ungarn	Frankreich	Großbritannien	Rußland	Italien	USA	Insgesamt
Gewehre (Mill.)	8,547	3,500	2,500	3,854	3,300	2,400	3,500	27,601
Maschinengewehre	280000	40500	312000	239000	28000	101000	75000	1075500
Geschütze	64000	11600	23200	26400	11700	6500	4000	147400
Panzer	100	–	5300	2800	–	–	1000	9200
Flugzeuge	47300	5400	52100	47800	3500	12000	13800	181900
Granaten (Mill.)	306,0	80,0	290,0	218,0	67,0	70,0	20,0	1051,0
Patronen (Mrd.)	8,2	4,0	6,3	8,6	13,5	3,6	3,5	47,7
Kraftfahrzeuge	65000	–	110000	87000	20000	28000	30000	340000

aber gering. Das Schwergewicht der Kriegführung beider Seiten lag auf dem europäischen Festland, doch zeigte sich die wachsende Bedeutung der Seeherrschaft, in erster Linie des Handelskrieges. Während des ersten Weltkrieges vollzogen sich auf allen Gebieten des Militärwesens und des bewaffneten Kampfes tiefgreifendere Veränderungen als von 1871 bis 1914, insbesondere in der Militärtechnik, in der Struktur der → *Streitkräfte*, Teilstreitkräfte und Waffengattungen sowie in der Kriegskunst. Das kapitalistische Militärwesen geriet in eine schwere Krise. Der erste Weltkrieg war nicht nur eine «gewaltige historische Krise», sondern auch der «Beginn einer neuen Epoche» (W. I. Lenin, 21, S. 87), den die revolutionären Kräfte mit ihrem Kampf einleiteten. *(s. Abb. S. 35, 307, 371, 481, 489, 493, 749, 771, 879, 889, 891, 892, 984)*

Weltkrieg, zweiter, 1939–1945: den Widersprüchen des Imperialismus sowie seinem Streben nach Vernichtung der Sowjetunion entsprungener, von Deutschland, Italien und Japan langfristig vorbereiteter und entfesselter Krieg um die Neuaufteilung der Welt.

Der zweite Weltkrieg wurzelte in der allgemeinen Krise des Kapitalismus, dem verschärften Kampf der imperialistischen Mächte um Einflußsphären, Rohstoffquellen und Absatzmärkte sowie dem Streben, den ersten sozialistischen Staat, die Sowjetunion, zu vernichten. Infolge der ungleichmäßigen Entwicklung der kapitalistischen Hauptmächte bildete sich in den 20er und 30er Jahren ein Kräfteverhältnis in der Welt heraus, das mit der 1919 von den Siegermächten des ersten Weltkrieges vorgenommenen Neuaufteilung der Welt nicht mehr übereinstimmte. Der im ersten Weltkrieg geschlagene deutsche Imperialismus, aber auch Italien und Japan, die sich bei der Verteilung der Kriegsbeute übervorteilt fühlten, strebten mit allen Mitteln nach einer Ausdehnung ihres Macht- und Einflußbereiches. Nachdem 1931 mit dem Einfall Japans in die Mandschurei ein gefährlicher Kriegsherd entstanden war, bildete sich mit der Errichtung des faschistischen Regimes und der forcierten Aufrüstung in Deutschland ein weiterer heraus. Die Länder des sich in der sog. Achse Berlin–Rom–Tokio formierenden faschistischen Blocks forcierten ihre Aggressionspolitik mit der Unterjochung Äthiopiens 1935/36 durch Italien, der deutsch-italienischen → *Intervention in Spanien 1936–1939*, dem Einfall Japans in Zentralchina 1937 sowie der Annexion Österreichs im März 1938 und großer Teile der Tschechoslowakei im September/Oktober 1938 und März 1939 durch das faschistische Deutschland.

Als Hauptaggressor erwies sich der deutsche Imperialismus. Er strebte danach, die Vorherrschaft in Europa zu erobern und die Weltherrschaft zu erringen, insbesondere die Sowjetunion zu vernichten und die revolutionäre Arbeiterbewegung sowie alle fortschrittlichen Bewegungen in Europa und anderen Teilen der Welt zu zerschlagen. Die faschistische Führung beabsichtigte, ganze Völker und Nationen auszurotten. Die britischen und französischen Imperialisten wollten, unterstützt von den USA, Deutschland als Konkurrenten schwächen, ihre bisherige Großmachtstellung behaupten und den imperialistischen deutschen Aggressionsdrang nach Osten lenken, um die Sowjetunion auszuschalten. Daher hatten sie im Münchner Abkommen vom 30. 9. 1938 die Tschechoslowakei den deutschen Faschisten geopfert und alle Vorschläge der UdSSR auf Abschluß eines wirksamen Bündnisses der kollektiven Sicherheit gegen die faschistische Bedrohung abgelehnt.

Der zweite Weltkrieg begann als beiderseits ungerechter Krieg zwischen 2 imperialistischen Koalitionen. Ebenso wie das polnische Volk führten die anderen von den Faschisten überfallenen Völker einen gerechten antifaschistischen Befreiungskampf. Das Anwachsen dieser Tendenz veränderte den Charakter des Krieges, der mit dem Kriegseintritt der Sowjetunion endgültig zu einem gerechten, antifaschistischen Kampf aller gegen die faschistischen Aggressoren kämpfenden Kräfte wurde.

Erste Periode des Krieges (September 1939–Juni 1941): Mit dem Überfall auf Polen am 1. 9. 1939, dem am 3. 9. 1939 die Kriegserklärung Großbritanniens und Frankreichs an Deutschland folgte, löste der faschistische deutsche Imperialismus den zweiten Weltkrieg aus. Wie es für die Aggressionen Hitlerdeutschlands fortan charakteristisch wurde, erfolgte der Angriff ohne vorherige Kriegserklärung. Obwohl die Wehrmacht im Westen mit 43 Divisionen nicht genügend Kräfte für eine standhafte Verteidigung einsetzen konnte, unternahmen die stark überlegenen anglo-französischen Streitkräfte keine wirksamen Kampfhandlungen zur Entlastung ihres polnischen Verbündeten. Die faschistische Führung setzte den Hauptteil der Landstreitkräfte gegen Polen ein. Aus Ostpreußen, Pommern,

Das militärische Kräfteverhältnis zwischen Deutschland und Polen (ohne Seestreitkräfte)

Kräfte und Mittel (einschl. Reserven)	Deutschland	Polen
Infanterieverbände	43 Div.	36 Div.
Mot./leichte Infanterieverbände	8⅔ Div.	2 Brig.
Panzerverbände	7 Div.	–
Kavallerieverbände	1 Brig.	11 Brig.
Gebirgsverbände	3 Div.	3 Brig.
Panzer	ca. 3200	ca. 600
Flugzeuge	ca. 2100	ca. 400

Faschistische Aggression gegen Polen – September 1939

Schlesien und der Slowakei fielen mehrere Gruppierungen konzentrisch in Polen ein und erzielten in kurzer Zeit tiefe Durchbrüche. Als sich am 16./17. 9. von Norden und von Süden vorstoßende deutsche Gruppierungen bei Warschau und weit im Osten am mittleren Bug vereinigten, waren die meisten polnischen Armeen von ihren Rückzugslinien abgeschnitten und kämpften isoliert voneinander. Zum leuchtenden Symbol für den heldenhaften Widerstand der polnischen Truppen wurden die Schlacht an der → *Bzura 1939*, die Verteidigung Warschaus, der Westerplatte, des Flottenstützpunktes Hel. Am 6. 10. erlosch der letzte organisierte Widerstand.

Mit Hilfe des Weltimperialismus provozierten militante finnische Reaktionäre einen Krieg gegen die Sowjetunion (30. 11. 1939–12. 3. 1940), den Frankreich, Großbritannien und andere kapitalistische Länder mit Waffenlieferungen und Entsendung von Freiwilligen unterstützten. Die anglo-französischen Generalstäbe bereiteten den Einsatz regulärer Ver-

Aggression des faschistischen Deutschlands gegen Westeuropa – Mai bis Juni 1940

bände und eine Landung in Norwegen vor. Sie planten einen allgemeinen Angriff auf die UdSSR. Der Krieg endete im März 1940 mit einem Friedensvertrag, der die Sicherheit von Leningrad und Murmansk gewährleistete.

Der → *seltsame Krieg 1939/40* verschaffte der Wehrmacht eine strategische Pause, in der sie ihre Kampfkraft erhöhte. Am 9. 4. 1940 überfiel sie Dänemark und Norwegen. Während sich die dänische Regierung widerstandslos dem Aggressionsakt fügte, verteidigten sich Teile der norwegischen Streitkräfte tapfer bis zum 10. 6. Am 10. 5. begann die Hitlerwehrmacht unter Verletzung der niederländischen, belgischen und luxemburgischen Neutralität die Offensive im Westen. Bei annähernder Kräftegleichheit waren die Alliierten insbesondere wegen mangelnder Panzer- und Fliegerabwehrmittel sowie in der Führung beweglicher Operationen unterlegen. Die Niederlande kapitulierten am 15. 5., Belgien am 28. 5. Der faschistische Hauptstoß durch die als panzersicher geltenden Ardennen überraschte das alliierte Oberkommando. Als er am 20. 5. die Kanalküste erreichte, waren starke anglo-französische Kräfte abgeschnitten. Von den schließlich bei Dunkerque zusammengedrängten Truppen konnten nahezu 340000 Mann über den Kanal gerettet werden. Die zweite Etappe des Feldzuges begann am 5. 6. mit dem Durchbruch durch die französische Verteidigung an der Somme und Aisne. Italien, das bei der Verteilung der Kriegsbeute nicht zu spät kommen wollte, trat am 10. 6. in den Krieg ein, kämpfte an der Alpenfront aber wenig erfolgreich. Am 22. 6. kapitulierte die inzwischen zur Macht gelangte profaschistische Pétainregierung.

Am 10. 5. war in Großbritannien vor allem auch unter dem Druck der Volksmassen die kompromittierte Chamberlainregierung durch entschiedenere Kräfte um Winston Churchill (1874–1965) ersetzt worden. Weder der verschärfte → *U-Boot-Krieg* noch der am 13. 8. einsetzende verstärkte Luftkrieg, die sog. → *Luftschlacht über England 1940/41*, noch die unter der Tarnbezeichnung «Seelöwe» organisierten Landungsvorbereitungen konnten das britische Volk einschüchtern. Die deutschen Landungspläne mußten im Oktober endgültig vertagt werden. Weiterlaufende Maßnahmen dienten zur Tarnung der inzwischen begonnenen Vorbereitungen für den Überfall auf die Sowjetunion. Gleichzeitig scheiterten auch die Pläne Hitlerdeutschlands, Spanien und das französische Vichyregime auf seiner Seite in den Krieg zu ziehen, Gibraltar und den Suezkanal einzunehmen und so den britischen Konkurrenten noch vor dem Überfall auf die UdSSR empfindlich zu schwächen.

Am 28. 10. 1940 überfielen italienische Streitkräfte von Albanien aus Griechenland, jedoch erlitten sie mehrere Niederlagen. Da in Nordafrika nach italienischen Anfangserfolgen eine britische Gegenoffensive von Dezember 1940 bis Februar 1941 mit einer gravierenden Niederlage der italienischen Streitkräfte endete, waren die Positionen des faschistischen Blocks auf dem Balkan und im Mittelmeerraum geschwächt. Die strategisch ungünstigen Auswirkungen des sog. italienischen Parallelkrieges wollte das deutsche Oberkommando durch die Entsendung von Truppen nach Afrika und einen Überfall auf Griechenland abschwächen. Als in Jugoslawien die prodeutsche Cvetkovićregierung am 27. 3. 1941 gestürzt wurde, bezog die deutsche Führung das Land kurzfristig in ihre Aggressionspläne ein. Am 6. 4. begann die Aggression gegen Griechenland und Jugoslawien. Die stark unterlegenen jugoslawischen Streitkräfte kapitulierten am 17. 4., der Hauptteil des griechischen Heeres am 21. 4. Vom 20. 5. bis 1. 6. eroberten faschistische Luftlandetruppen Kreta, doch erlitten sie dabei so starke Verluste, daß das deutsche Oberkommando in der Folgezeit auf größere Luftlandeeinsätze verzichtete. In Afrika gewannen die deutsch-italienischen Verbände im April 1941 die Cyrenaica zurück, stießen bis über die ägyptische Grenze vor, mußten sich dann jedoch wieder zurückziehen (→ *nordafrikanische Feldzüge 1941–1943*). Im Mai 1941 scheiterte ein mit deutscher Hilfe entfesselter antibritischer Aufstand im Irak, so daß es dem faschistischen Deutschland nicht gelang, in die Länder des Nahen Ostens einzudringen.

Im Frühsommer 1941 stand das faschistische Deutschland auf dem Höhepunkt seiner Macht. Gestützt auf die Produktionsreserven großer Teile Europas, bereitete es seit einem Jahr den Überfall auf die UdSSR vor, das Haupthindernis bei der Verwirklichung der Welteroberungspläne des deutschen Monopolkapitals. Mit dem → *Dreimächtepakt 1940* (27. 9.) vertieften Deutschland, Italien und Japan ihr Kriegsbündnis, ohne damit die zwischen ihnen bestehenden Widersprüche beseitigen zu können. Am 18. 12. 1940 unterzeichnete Adolf Hitler (1889–1945) die Weisung Nr. 21, den → *Barbarossaplan*, der die strategischen Festlegungen für die Vernichtung der Sowjetunion enthielt.

Zweite Periode des Krieges (Juni 1941–November 1942): Mit dem Überfall am 22. 6. 1941 auf die UdSSR entstand eine neue Front des zweiten Weltkrieges, an der die entscheidende Auseinandersetzung zwischen den faschistischen Aggressoren als Stoßkraft der Weltreaktion und der UdSSR als Bollwerk der sozialistischen und demokratischen Kräfte ausgetragen wurde. Die Völker der Sowjetunion erhoben sich zum Großen Vaterländischen Krieg, mit dem sich grundlegend Verlauf und Charakter des zweiten Weltkrieges änderten. Die Aggression, der sich Finnland, Italien, Rumänien, die Slowakei und Ungarn anschlossen, begann mit überlegenen Kräften. Sie traf die Sowjetstreitkräfte in einer Phase der Reorganisation und der Umrüstung auf neue Waffen. Auch Fehleinschätzungen hinsichtlich des möglichen Zeitpunktes eines Überfalls auf die UdSSR trugen dazu bei, daß nicht alle Truppen voll gefechtsbereit waren. Diese Umstände sowie die starke faschistische Überlegenheit in den Hauptstoßrichtungen, das Gelingen der Überraschung und die Kampferfahrungen der langfristig auf den Überfall

Das militärische Kräfteverhältnis am 10. 5. 1940 in Westeuropa (außer Seestreitkräfte)

Kräfte und Mittel	Frankreich	Britisches Expeditionskorps	Belgien	Niederlande	Alliierte insges.	Deutschland
Divisionen insges.	94	10	22	9	135	136
Infanteriediv.	83	10	20	8	121	118
Mot./mech. Div.	3	–	–	–	3	7
Panzerdiv.	3	–	–	–	3	10
Kavalleriediv.	5	–	2	1	8	1
Panzer	3100	300	–	–	3400	3505
Flugzeuge	1558	1100	180	132	2970	3242

Kampfhandlungen an der deutsch-sowjetischen Front – Juni bis September 1941

vorbereiteten Hitlerwehrmacht ermöglichten es dieser, die strategische Initiative zu erringen, tief in die Sowjetunion einzudringen und den Sowjetstreitkräften schwere Niederlagen zuzufügen. Jedoch vereitelte die heldenhafte, von zahlreichen Gegenschlägen begleitete strategische Verteidigung das Hauptziel des faschistischen Angriffsplans, die Masse der sowjetischen Streitkräfte westlich des Dnepr und der Westlichen Dwina zu vernichten und damit den Krieg zu entscheiden.

Seit Anfang September war Leningrad (→ *Leningrad 1941–1944*) blockiert. Es begann die 900 Tage dauernde, heroische Verteidigung dieser Stadt. Am Mittelabschnitt hielt die Sowjetarmee in der Smolensker Verteidigungsoperation von Juli bis September den Angriff in der Hauptrichtung Moskau 2 ½ Monate auf. Im August/September eroberten die Aggressoren große Teile der Ukraine. Die tapferen Verteidiger von Odessa, die über 70 Tage standgehalten hatten, wurden am 16./17. 10. auf die Krim übergeführt, die mit Ausnahme von Sewastopol bis Mitte November in faschistische Hände fiel. Ende September/Anfang Oktober nahm die Heeresgruppe Mitte die Offensive auf Moskau (→ *Moskau 1941/42*) wieder auf, die in den ersten Dezembertagen im Vorfeld der sowjetischen Hauptstadt zusammenbrach. Der Blitzkrieg gegen die UdSSR war damit endgültig gescheitert. Am 5./6. 12. ging die Sowjetarmee bei

Für den Überfall auf die Sowjetunion vorgesehene Kräfte und Mittel des faschistischen Deutschlands und seiner Verbündeten

Truppen und Kampftechnik	Deutschland	Finnland Rumänien Ungarn	Gesamt
Divisionen	153	37	190
Mannschaften (in Tausend)	4600	900	5500
Geschütze und Granatwerfer	über 42000	5200	47200
Panzer und Sturmgeschütze	über 4000	260	4260
Kampfflugzeuge	über 4000	980	4980

Moskau zur Gegenoffensive über, die sich zur allgemeinen Offensive an der gesamten Front ausweitete. Die Hitlerwehrmacht, deren starke Heeresgruppe Mitte mehrmals am Rande des Zusammenbruchs stand, verlor die strategische Initiative und erlitt die erste große Niederlage des Krieges. Bis März 1942 drangen die sowjetischen Streitkräfte 180–400 km vor und zerschlugen rd. 50 Divisionen. Die faschistische Führung mußte sich auf einen angespannten, langwierigen Krieg orientieren. Zusammen mit der Monopolbourgeoisie leitete sie Maßnahmen zur weiteren staatsmonopolistischen Regulierung der Kriegswirtschaft ein, um die Rüstungsproduktion radikal zu steigern (→ *Reichsministerium für Rüstung und Kriegsproduktion*).

Am 7. 12. 1941 weitete sich der Krieg mit dem japanischen Überfall auf den amerikanischen Flottenstützpunkt Pearl Harbor noch mehr aus. Deutschland und Italien erklärten den USA am 11. 12. den Krieg; in der am 18. 1. unterzeichneten → *Militärkonvention zwischen Deutschland, Italien, Japan 1942* wurden die Operationszonen abgegrenzt. Bis zum Frühjahr 1942 eroberten japanische Streitkräfte Malaya, Thailand, Burma, die Philippinen, Indonesien, die Gilbert-Inseln, den Bismarck-Archipel und große Teile Neuguineas und der Salomonen. Die alliierten Streitkräfte waren in die Defensive gedrängt und mußten, ehe sie an Operationen zur Zurückgewinnung der strategischen Initiative denken konnten, erst die Mobilisierung des Potentials der USA abwarten. Allerdings konnten sie in der See-Luft-Schlacht beim Midwayatoll vom 4. bis 7. 6. 1942 das japanische Vordringen aufhalten. Die japanischen Seestreitkräfte verloren 4 Flugzeugträger und büßten damit ihre bisherige Überlegenheit an Flugzeugträgern ein.

Die sich seit dem 22. 6. 1941 herausbildende Antihitlerkoalition festigte sich 1942 weiter, insbesondere mit der am 1. 1. 1942 von 26 Staaten unterzeichneten Deklaration über die Kriegsziele der Vereinten Nationen sowie mit dem Abschluß langfristiger Bündnisverträge zwischen der UdSSR und Großbritannien am 26. 5. und der UdSSR und den USA am 11. 6. Jedoch hielten sich die USA und Großbritannien nicht an ihre Zusage, 1942 in Westeuropa eine → *zweite Front* zu eröffnen. Die faschistische Führung konnte dadurch ihre Anstrengungen weiterhin auf den Krieg gegen die Sowjetunion konzentrieren. Im Mai 1942 gewann die Hitlerwehrmacht die Halbinsel Kertsch zurück, fügte der Südwestfront der Sowjetarmee in der Schlacht bei Charkow eine Niederlage zu und eroberte am 4. 7. nach 250tägiger Belagerung das heldenhaft verteidigte Sewastopol. Damit hatte sie die strategische Initiative zurückgewonnen. Ende Juni ging sie mit überlegenen Kräften am Südabschnitt zur Offensive über, um die Erdölfelder des Kaukasus zu erobern, die Wolga bei Stalingrad zu erreichen und der Sowjetarmee kriegsentscheidende Niederlagen zuzufügen. Zwar konnten die Aggressoren erneut große Gebiete erobern, aber die beabsichtigte Einkesselung und Vernichtung starker sowjetischer Gruppierungen mißlangen. In der Schlacht um → *Stalingrad 1942/43* und der Schlacht um den → *Kaukasus 1942/43* führte die Sowjetarmee erbitterte Verteidigungskämpfe, in deren Verlauf die faschistische Offensive im Oktober/November 1942 endgültig zum Stehen gebracht wurde. Die Kampfkraft der faschistischen Verbände nahm schnell ab, während das sowjetische Oberkommando Reserven für eine Gegenoffensive bereitstellte.

In Nordafrika drang die deutsch-italienische Gruppierung nach wechselvollen Kämpfen im Mai/Juni 1942 bis in die Nähe von El Alamein vor, wo sich die britische Front stabilisierte, so daß die abenteuerlichen Pläne scheiterten, bis zum Suezkanal vorzurücken. Im Seekrieg erzielte die faschistische Kriegsmarine zwar spektakuläre Versenkungserfolge, doch brach die deutsche Seekriegführung mit Überwasserkräften nach der Versenkung des modernen Schlachtschiffs «Bismarck» im Mai 1941 rasch zusammen. Die deutschen U-Boote erwiesen sich für die Versorgung Großbritanniens als eine ernste Gefahr. Von Juni 1940 bis Dezember 1941 versenkten U-Boote mehr als 3,8 Mill. BRT. Bis zum Sommer 1942 schnellte die monatlich versenkte Tonnage auf über 500000 BRT hoch. Im Mittelmeer gelang es infolge des befristeten Einsatzes starker deutscher Fliegerkräfte nur für kurze Zeit, die britische Seeherrschaft zu brechen. Die hohen Verluste an der deutsch-sowjetischen Front zwangen die faschistische Führung nicht nur dazu, an allen anderen Kriegsschauplätzen ein Minimum an Kräften einzusetzen, sondern auch zu einer diese Verluste ersetzen-

Von den faschistischen Aggressoren bis Mitte November 1942 besetzte Gebiete

den Rüstungsstrategie, was zu Lasten der Luft-, aber noch mehr der Seestreitkräfte ging.

Dritte Periode des Krieges (November 1942–Ende 1943): Am 19./20. 11. 1942 ging die Sowjetarmee nördlich und südlich von Stalingrad zur Gegenoffensive über, schloß am 23. 11. eine faschistische Gruppierung in Stärke von etwa 330 000 Mann ein, deren Reste am 31. 1. und 2. 2. 1943 kapitulierten. Mit diesem Sieg hatte die Sowjetunion eine entscheidende Etappe auf dem Wege zur Herbeiführung einer grundlegenden Wende im Kriegsverlauf zurückgelegt. Als die Gegenoffensive im Januar 1943 in eine allgemeine Offensive der Sowjetarmee hinüberwuchs, geriet die deutsche Front insbesondere am Südabschnitt ins Wanken. Der Rückzug aus dem Kaukasus und dessen Vorland verwandelte sich in eine überstürzte Flucht. Lediglich auf der Halbinsel Taman behaupteten die Faschisten einen Brückenkopf. Am mittleren und oberen Don drang die Sowjetarmee 500–700 km vor, befreite am 8. 2. Kursk, am 14. 2. Rostow und am 16. 2. Charkow. Eine Stoßgruppierung der Heeresgruppe Süd ging Ende Februar/Anfang März zur Gegenoffensive über und eroberte Charkow und Belgorod zurück, doch konnte dieser begrenzte Erfolg die Ergebnisse des sowjetischen Winterfeldzuges nicht rückgängig machen. Am Nordabschnitt wurde Mitte Januar die Blockade Leningrads an einer schmalen Stelle durchbrochen.

Mit der am 5. 7. begonnenen Offensive gegen den Kursker Frontbogen (→ *Kursk 1943*) versuchte die faschistische Führung, die strategische Initiative zurückzugewinnen und das für sie ungünstige Kräfteverhältnis zu verändern. Die Sowjetarmee wehrte den erwarteten Angriff in einem tiefgestaffelten Stellungssystem ab. Sie ging am 12. 7. zur Gegenoffensive bei Kursk und im August zur allgemeinen Offensive über, deren Hauptinhalt die Schlacht um den → *Dnepr 1943* bildete. Die Sowjetarmee forcierte Ende September den Fluß aus der Bewegung, schuf mehrere Brückenköpfe und erweiterte diese, befreite am 5./6. 11. Kiew, während sie weiter südlich eine faschistische Armee auf der Krim abschnitt. Mit ihren Siegen 1943 vollendete die Sowjetarmee den grundlegenden Umschwung im Kriege. Sie befreite von November 1942 bis Ende 1943 etwa die Hälfte des von den Faschisten okkupierten sowjetischen Territoriums. Die Leistungen der sowjetischen Kriegswirtschaft ermöglichten eine quantitativ und qualitativ bessere Ausstattung der Streitkräfte mit technischen Kampfmitteln und Waffen. Auch organisatorisch-strukturelle Änderungen trugen zu einer erhöhten Kampfkraft bei. Die Panzer- und mechanisierten Verbände wurden mehr und mehr zu einem entscheidenden Mittel, um operative Manöver durchzuführen und den operativen Erfolg in der Tiefe auszuweiten. Dagegen hatten die deutschen Panzerverbände ihre Stoßkraft und die Fliegerkräfte ihre Luftüberlegenheit endgültig eingebüßt.

Die schweren Niederlagen der Wehrmacht an der entscheidenden Front des Krieges engten die strategischen Möglichkeiten Hitlerdeutschlands und seiner Satelliten erheblich ein. Eine am 23. 10. bei → *El Alamein 1942* eröffnete britische Offensive und die Landung anglo-amerikanischer Streitkräfte am 7./8. 11. bei Casablanca, Algier und Oran führten zur endgültigen Niederlage der deutsch-italienischen Streitkräfte in Nordafrika. Am 13. 5. 1943 kapitulierten die letzten faschistischen Truppen in Tunesien. Nachdem alliierte Streitkräfte am 10. 7. 1943 auf Sizilien und Anfang September in Süditalien gelandet waren, brach das faschistische Regime in Italien zusammen. Die von imperialistischen Kreisen installierte neue Regierung unter Marschall Pietro Badoglio (1871–1956) erklärte am 3. 10. Hitlerdeutschland den Krieg. Die deutschen Streitkräfte konnten jedoch die italienischen Truppen entwaffnen, Ober- und Mittelitalien besetzen und das ohnehin zögernde alliierte Vordringen nach Norden erheblich abbremsen. In der Seekriegführung mußte der Befehlshaber der U-Boote am 24. 5. 1943 infolge zu großer Verluste befehlen, die Gruppenangriffe von U-Booten gegen alliierte Geleitzüge einzustellen. Damit war der Versuch gescheitert, Großbritannien und den USA im ozeanischen Zufuhrkrieg kriegsentscheidende Niederlagen zuzufügen. Den seit 1942 mit wachsender Intensität geführten anglo-amerikanischen Bombenkrieg gegen Mittel- und Großstädte konnte die deutsche Luftverteidigung immer weniger behindern.

Die Erfolge der Antihitlerkoalition, insbesondere die gewaltigen Siege der Sowjetarmee, beflügelten die Widerstands- und Befreiungsbewegungen, deren Kampf strategische Bedeutung gewann. In den besetzten Gebieten der UdSSR, in Jugoslawien, Griechenland, Albanien, Polen und Frankreich beunruhigten starke Partisanenkräfte das faschistische Hinterland. In Deutschland verstärkten die antifaschistischen Widerstandsorganisationen, deren Kern illegale Organisationen der KPD bildeten, ihren Kampf zur Schwächung des Hitlerregimes. Von dem breiten Bündnis deutscher Antifaschisten und Patrioten aus allen Volksschichten, das die KPD anstrebte, zeugte auch das von antifaschistischen Emigranten und Kriegsgefangenen am 12./13. 7. 1943 in der Sowjetunion gegründete → *Nationalkomitee «Freies Deutschland» (NKFD)*. Während 1943 der Zerfall des faschistischen Blocks einsetzte, festigte sich die Antihitlerkoalition weiter. Auf der Konferenz der Außenminister der UdSSR, der USA und Großbritanniens im Oktober 1943 in Moskau wurden Maßnahmen zur schnellen Beendigung des Krieges beschlossen und die Zusammenkunft der Regierungschefs dieser Länder vorbereitet, die vom 28. 11. bis 1. 12. in Teheran stattfand. Entgegen den Bestrebungen namentlich des britischen Imperialismus, in Südosteuropa zu landen, was zu einer weiteren Zersplitterung der anglo-amerikanischen Kräfte geführt hätte, verpflichteten sich die westlichen Alliierten schließlich, bis zum 1. 5. 1944 die zweite Front in Westeuropa zu eröffnen.

Vierte Periode des Krieges (Januar 1944–Mai 1945): Das Kriegsjahr 1944 begann mit mächtigen Schlägen der Sowjetarmee am Nord- und Südabschnitt der deutsch-sowjetischen Front. Am Nordabschnitt wurde Leningrad Ende Januar endgültig von der Blockade befreit. Am Südabschnitt erlitten die über 100 Divisionen der Heeresgruppen Süd und A eine katastrophale Niederlage. Bei Kor-

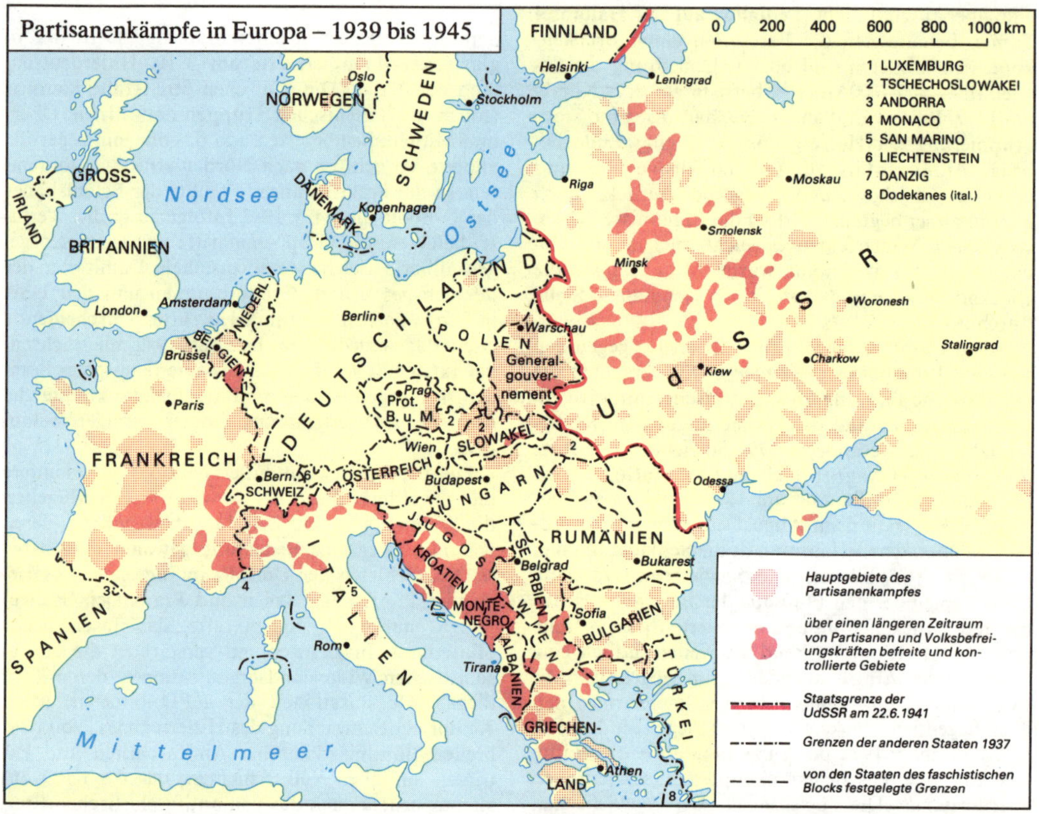

Partisanenkämpfe in Europa – 1939 bis 1945

sun-Schewtschenkowski wurde eine faschistische Gruppierung eingekreist und bis zum 17. 2. vernichtet. Die Sowjetarmee stieß von Ende Januar bis Anfang April westlich des Dnepr auf einer Frontbreite von 1400 km 250–400 km vor, überwand Bug, Dnestr und Prut und befreite am 10. 4. Odessa. Die auf der Krim abgeschnittene faschistische Armee wurde bis zum 12. 5. vernichtet. Die sehr schweren Niederlagen der Wehrmacht Anfang 1944 zeigten, daß die vom deutschen Oberkommando in der Weisung Nr. 51 vom 3. 11. 1943 fixierte langfristige strategische Defensivkonzeption faktisch schon gescheitert war. Die Absicht, eine schlagkräftige strategische Reserve zu schaffen und die noch okkupierten Gebiete im wesentlichen zu behaupten, insbesondere die für 1944 erwartete anglo-amerikanische Landung

Die Überlegenheit der Hauptmächte der Antihitlerkoalition 1943/44

		Sowjetunion	USA	Großbritannien	Gesamt	Deutschland
Streitkräfte Mitte 1944		6939000	10200000	4500000	21639000	10750000
Davon						
Landstreitkräfte		6135000	5400000	2720000	14255000	7850000
Luftstreitkräfte		447000	1800000	1002000	3249000	2120000
Seestreitkräfte		357000	3000000	778000	4135000	780000
Produktion von						
Panzern	1943	24000	29500	7470	60970	12060
	1944	29000	17670	4600	51270	19000
Geschützen	1943	130000	60000	49770	239770	27000
	1944	122500	55500	14650	192650	41900
Flugzeugen	1943	34900	85900	26260	147060	25220
	1944	40300	96320	26470	163090	37950

abzuschlagen und damit politische Entwicklungen hinsichtlich einer Spaltung der Antihitlerkoalition auszulösen, war militärisch längst fehlgeschlagen. Als am 6. 6. 1944 die westalliierten Streitkräfte an der Küste der Normandie landeten und die zweite Front eröffneten, standen in Westeuropa lediglich 59 deutsche Divisionen, während an der deutsch-sowjetischen Front 189 eingesetzt waren.

Mit der Eröffnung der zweiten Front schrumpften die strategischen Möglichkeiten der faschistischen Führung weiter zusammen. Allerdings verfügte Hitlerdeutschland noch über beträchtliche Ressourcen. Die Rüstungsproduktion erreichte im Juni/Juli 1944 ihren höchsten Stand, um dann langsam abzusinken, wobei die Fertigung von Panzern, Sturmgeschützen und Flugzeugen noch bis Ende 1944 anstieg. Obwohl die Wehrmacht über mehr technische Kampfmittel und Waffen als je zuvor verfügte, war der Widerspruch zwischen den von der Antihitlerkoalition diktierten Anforderungen des Krieges und den Möglichkeiten der faschistischen Streitkräfte größer als jemals zuvor. Die nach der Niederlage in der Schlacht von Stalingrad eingeleitete totale Mobilmachung ermöglichte es zwar, daß die Wehrmacht im Sommer 1944 mit etwa 10,750 Mill. Mann ihre größte personelle Stärke erreichte, jedoch konnten die Verluste der Feldtruppen schon längst nicht mehr voll ausgeglichen werden. Das überlegene Potential der Antihitlerkoalition kam seit 1943 mehr und mehr zum Tragen.

Am 10. 6. eröffnete die Sowjetarmee ihren Sommer-Herbst-Feldzug 1944 mit einer Angriffsoperation gegen die finnischen Streitkräfte und schuf damit die Voraussetzung für das Ausscheiden Finnlands aus dem Krieg. Am 19. 9. wurde in Moskau das Waffenstillstandsabkommen unterzeichnet. Am 22./23. 6. begann die Belorussische Operation (→ *Belorussische Operation 1944*), in deren Verlauf 3 von 4 Armeen der Heeresgruppe Mitte zerschlagen wurden. Nachdem sich weitere Fronten der Offensive angeschlossen hatten, wurden in teils gleichzeitigen, teils aufeinanderfolgenden Schlägen die faschistischen Okkupanten bis Herbst aus Belorußland, dem größten Teil der Litauischen SSR und Teilen Polens vertrieben. Als sich die ausklingende sowjeti-

Operationen der Alliierten in Westeuropa 1944

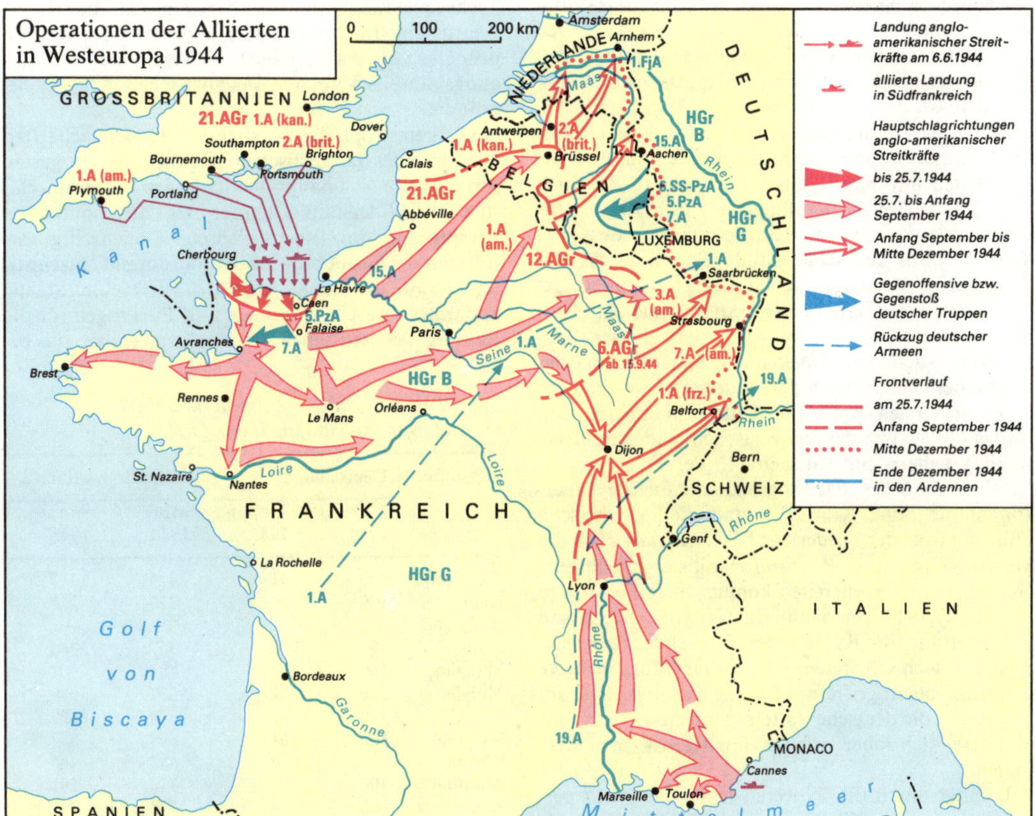

sche Offensive am Mittelabschnitt der Weichsel näherte, gab die bürgerliche polnische Exilregierung in London das Signal für einen Aufstand in Warschau, der am 1. 8. verfrüht losbrach und von den Faschisten trotz des heldenhaften Kampfes der polnischen Patrioten bis zum 2. 10. blutig niedergeschlagen wurde. Das sowjetische Vordringen in die Karpaten stimulierte den Ausbruch des Slowakischen Nationalaufstandes Ende August. Doch konnten die sowjetischen Truppen die hartnäckig verteidigten Karpatenpässe nicht schnell genug einnehmen. Am Nordabschnitt der deutsch-sowjetischen Front befreite die Sowjetarmee das Baltikum und schnitt am 10. 10. die Heeresgruppe Nord in Kurland von Ostpreußen ab. Im Oktober wurde die 20. Gebirgsarmee aus dem Polargebiet verjagt.

Die am 20. 8. begonnene Operation von Iaşi–Kischinjow führte innerhalb weniger Tage zu einer vernichtenden Niederlage der Heeresgruppe Südukraine. Ein Volksaufstand fegte das faschistische Regime in Rumänien hinweg. Als sowjetische Truppen am 8. 9. die bulgarische Grenze überschritten, brach in Bulgarien am 9. 9. ein Volksaufstand aus, der zum Sieg der Vaterländischen Front führte. Bulgarien nahm ebenso wie Rumänien am weiteren Kampf gegen das faschistische Deutschland teil. Am 20. 10. befreiten sowjetische und jugoslawische Truppen Belgrad. Unter verlustreichen Kämpfen mit den griechischen, albanischen und jugoslawischen Volksbefreiungsarmeen und Partisanenkräften mußten die Faschisten ihre Kräfte aus Griechenland, Albanien und großen Teilen Jugoslawiens zurückziehen. Bis Jahresende befreite die Sowjetarmee bedeutende Teile Ungarns und schloß Budapest am 26. 12. ein.

Auf dem westeuropäischen Kriegsschauplatz gelang den westalliierten Streitkräften Ende Juli 1944 der Ausbruch aus dem inzwischen erweiterten Landeraum. Nach der Einkesselung starker deutscher Kräfte bei Falaise brach der Widerstand westlich der Seine zusammen. Am 25. 8. rückten alliierte Truppen in das bereits von der französischen Widerstandsbewegung beherrschte Paris ein. In der Folgezeit verzettelte allerdings das anglo-amerikanische Oberkommando seine Kräfte, so daß die faschistische Führung trotz der Niederlage bei → *Aachen 1944* die Verteidigung am → *Westwall* stabilisieren und eine Gegenoffensive vorbereiten konnte. In Italien waren am 22. 1. 1944 amerikanische Truppen bei Anzio und Nettuno im Rücken der deutschen Front gelandet, jedoch scheiterten im Februar/März mehrere verlustreiche Angriffe auf Monte Cassino. Erst im Mai brach die deutsche Verteidigung zusammen, stabilisierte sich aber wieder im Herbst in Oberitalien.

Bedingt durch die schweren materiellen und personellen Verluste, die die faschistische Luftwaffe bis Ende 1943 vor allem an der deutsch-sowjetischen Front erlitten hatte, verlor sie an allen Fronten endgültig die Luftherrschaft. Im ersten Halbjahr 1944 büßte sie diese bei Tage und im zweiten Halbjahr auch bei Nacht über Deutschland ein. Der anglo-amerikanische Fernluftkrieg gegen Städte beeinträchtigte auch 1944 die faschistische Rüstungsproduktion wenig. Wirkungsvoller waren die seit Herbst 1944 forcierten Angriffe gegen die synthetische Treibstoffproduktion und das Verkehrswesen.

Bedeutenden Anteil an den Erfolgen der Antihitlerkoalition hatten die Widerstands- und die Partisanenbewegung der europäischen Völker, vor allem der Sowjetunion, Jugoslawiens, Albaniens, Polens, der Tschechoslowakei, Frankreichs und Italiens. In bewaffneten Volksaufständen in Frankreich, Polen, Rumänien, Bulgarien, in der Tschechoslowakei, in Belgien und Italien leisteten die europäischen Völker 1944/45 einen entscheidenden Beitrag für ihre Befreiung von der faschistischen Terrorherrschaft. Gemeinsam mit der Sowjetarmee kämpften die mit sowjetischer Unterstützung geschaffenen Truppenteile und Armeen Bulgariens, Polens, Rumäniens, der Tschechoslowakei und Ungarns gegen die Hitlerwehrmacht. In diesen Kämpfen wurde die Waffenbrüderschaft der heute im Warschauer Verteidigungsbündnis vereinten sozialistischen Armeen begründet.

Die katastrophalen Niederlagen 1944 verschärften die Krise des faschistischen Regimes, dessen gesteigerter Terror sich hauptsächlich gegen die antifaschistischen Widerstandskämpfer als die politischen Hauptgegner im Innern richtete. Gleichzeitig verstärkten die Großbourgeoisie und führende faschistische Kräfte aus der SS sowie des Partei- und Staatsapparates ihre Überlegungen und Planungen für die Rettung des deutschen Imperialismus über die be-

Die Überlegenheit der Antihitlerkoalition an wichtigen Rohstoffen 1944/45

Rohstoffe	Deutschland		Antihitlerkoalition	
	Mitte 1944	Anfang 1945	Mitte 1944	Anfang 1945
Treibstoffe	100	31	2920	3117
Kohle	100	80	220	252
Eisen und Stahl	100	32	367	366
Mangan	100	94	881	907
Molybdän	100	21	5000	5089
Nickel	100	15	1378	1399
Wolfram	100	51	887	887
Chrom	100	0	453	464
Aluminium	100	76	358	291
Kautschuk	100	69	748	748

Kampfhandlungen an der deutsch-sowjetischen Front – Juni bis Dezember 1944

vorstehende Kriegsniederlage hinaus, vor allem die Verhinderung ähnlicher revolutionärer Ereignisse wie am Ende des ersten Weltkrieges. Eine → *Verschwörung vom 20. 7. 1944* scheiterte nach einem mißlungenen Attentat auf Hitler. Die faschistische Führung entwickelte angesichts der Stabilisierung der Westfront im Herbst 1944 die strategische Konzeption, durch eine Gegenoffensive im Westen eine starke alliierte Gruppierung zu vernichten, um die Verhandlungsbereitschaft der reaktionärsten Kräfte des anglo-amerikanischen Imperialismus so zu stimulieren, daß auf antisowjetischer Grundlage eine Verständigung mit den Westmächten und damit die Spaltung der Antihitlerkoalition möglich würden. Die am 16. 12. begonnene → *Ardennenoffensive 1944* brachte zwar die anglo-amerikanischen Streitkräfte vorübergehend in eine schwierige Lage, erreichte jedoch nicht ihre politisch-strategischen und operativen Ziele.

Die faschistischen Erwartungen entsprachen weder dem Kräfteverhältnis noch der Stabilität der Antihitlerkoalition. Als die Sowjetarmee am 12. 1. 1945 in Ostpreußen und Polen ihre Offensive eröffnete, die sie auf Bitten ihrer westlichen Verbündeten kurzfristig eine Woche vorverlegt hatte, erlitten die faschistischen Versuche, im Westen einen erfolgreichen Abnutzungskrieg zu führen und insgesamt Zeit für eine Spaltung der Antihitlerkoalition zu gewinnen, strategisch ihr Fiasko. Die Konferenz der Regierungschefs der 3 verbündeten Großmächte vom 4. bis 11. 2. bei Jalta auf der Krim machte politisch endgültig alle Spekulationen der faschistischen Clique zunichte, das Bündnis zu spalten. Winston Churchill, Franklin Roosevelt (1882–1945) und J. W. Stalin (1879–1953) beschlossen, den deutschen Militarismus und Nazismus zu vernichten und Garantien zu schaffen, daß Deutschland nie wieder den Frieden der Welt stören konnte.

Der schnelle Zusammenbruch der deutschen Verteidigung in Polen und der sowjetische Vorstoß zur Oder, die Ende Januar in breiter Front erreicht wurde, veranlaßten die faschistische Führung zu einer Vielzahl von Maßnahmen, in deren Gefolge eine radikale Schwächung der im Westen und in Italien eingesetzten Kräfte eintrat. Dadurch konnte an der Oder in der Berliner Richtung die deutsche Verteidigung vorübergehend stabilisiert werden, jedoch erweiterte die Sowjetarmee ihre Oderbrückenköpfe. In Ostpreußen schnitt die Sowjetarmee Ende Januar die Heeresgruppe Nord ab und spaltete sie in 3 Gruppierungen auf, die bis Ende April vernichtet bzw. zur Kapitulation gezwungen wurden. In Pommern scheiterte eine am 15. 2. überstürzt begonnene deutsche Gegenoffensive nach wenigen Tagen. Die hier und in Westpreußen eingesetzten Armeen wurden bis Ende März zerschlagen. In Ungarn waren die Kampfhandlungen Anfang 1945 durch die vergeblichen faschistischen Versuche gekennzeichnet, Budapest zu entsetzen. Eine am 6. 3. begonnene Angriffsoperation am Balaton beantwortete die Sowjetarmee am 16. 3. mit einer Gegenoffensive, in deren Verlauf Ungarn völlig befreit und österreichisches Territorium erreicht wurde. Nach heftigen Straßenkämpfen wurden die Faschisten am 13. 4. aus Wien vertrieben.

Während dieser Kämpfe bereitete sich die Sowjetarmee auf den letzten Schlag vor. Die faschistische Führung versuchte, mit massenhaftem Standgerichtsterror sowie durch den Einsatz aller irgendwie verfügbaren Kräfte, wie des → *Volkssturms*, den Zusammenbruch aufzuhalten und Zeit zu gewinnen, insbesondere die Front im Osten um jeden Preis zu halten. Im Westen waren die alliierten Streitkräfte bis Mitte März in breiter Front zum Rhein vorgedrungen. Als sie Ende März zu ihrer letzten Offensive übergingen, war die Kampfkraft der deutschen Armeen im Westen durch den Kräfteabzug an die Ostfront sehr gering. Seit Anfang April gab die faschistische Führung den Raum zwischen Rhein und Elbe weitestgehend kampflos preis. Britisch-kanadische Truppen forcierten am 23./24. 3. bei Wesel den Rhein und erreichten am 2. 5. Lübeck. Damit waren die deutschen Truppen in den Niederlanden abgeschnitten. Im Ruhrgebiet wurden 17 Divisionen eingekesselt, die am 18. 4. ihren Widerstand einstellten. Amerikanische Armeen stießen nach Mittel- und Süddeutschland vor. In Italien brach die deutsche Front Ende April zusammen. Während sich die Westfront im April in zunehmendem Maße auflöste, setzten die faschistischen Gruppierungen im Osten den verbissenen Widerstand fort. In der am 16. 4. begonnenen → *Berliner Operation 1945* schloß die Sowjetarmee am 25. 4. den Ring um Berlin und brach in erbitterten Straßenkämpfen bis 2. 5. den faschistischen Widerstand. In der abschließenden Prager Operation geriet die noch stärkste faschistische Gruppierung, die Heeresgruppe Mitte, in Gefangenschaft. Prag, wo Anfang Mai ein Volksaufstand ausgebrochen war, erreichten die sowjetischen Truppen am 9. 5.

Der von Hitler als sein Nachfolger eingesetzte Großadmiral Karl Dönitz (1891–1980) versuchte, der bedingungslosen Kapitulation zu entgehen und in Teilkapitulationen vor den imperialistischen Westmächten die letzten Gruppierungen der Wehrmacht als militärische Kraft zu erhalten. Ein Ende April für die deutschen Truppen in Italien abgeschlossener Waffenstillstand trat am 2. 5. in Kraft. Am 4. 5. wurde eine separate Kapitulation für alle deutschen Streitkräfte in Nordwestdeutschland, den Niederlanden und Dänemark unterzeichnet. Die Sowjetunion setzte jedoch durch, daß am 8. 5. in Berlin-Karlshorst bevollmächtigte Vertreter des faschi-

Zusammenbruch des faschistischen Deutschlands – Frühjahr 1945

Die Rolle der wichtigsten Fronten

Front	Ausdehnung der Front in km	Dauer des Bestehens in Tagen	Dauer aktiver Kampfhandlungen in Tagen	in %
Sowjetisch-deutsche Front (22. 6. 1941–8. 5. 1945)	3000 bis 6200	1418	1320	93,0
Nordafrikanische Front (10. 6. 1940–13. 5. 1943)	bis 350	1068	309	28,8
Italienische Front (10. 7. 1943–2. 5. 1945)	bis 300	663	492	74,2
Westeuropäische Front (6. 6. 1944–8. 5. 1945)	bis 800	338	293	86,7

stischen Regimes vor den Alliierten die Urkunde über die bedingungslose Kapitulation unterschrieben. Damit war der zweite Weltkrieg in Europa beendet.

Fünfte Periode des Krieges (Mai–September 1945): Im Frühjahr 1945 stand Japan vor seiner endgültigen Niederlage, wenn es auch noch über Potenzen verfügte, um den Krieg in die Länge zu ziehen. Die Sowjetunion bereitete sich darauf vor, ihr den westlichen Alliierten gegebenes Versprechen einzulösen, 3 Monate nach dem Ende der Kämpfe in Europa in den Krieg gegen Japan einzugreifen. Die anglo-amerikanischen Streitkräfte hatten die Luft- und die Seeherrschaft erkämpft und im Stillen Ozean wichtige Positionen zurückgewonnen. In den See-Luft-Schlachten im Philippinenmeer vom 19. bis 21. 6. und bei Leyte vom 23. bis 26. 10. 1944 hatten die japanischen Seestreitkräfte solche hohen Verluste erlitten, daß sie zu wirkungsvollen Operationen nicht mehr in der Lage waren. Bereits 1943 waren die Alliierten zu der Methode übergegangen, einzelne, strategisch wichtige Inseln zurückzuerobern und von diesen Stützpunkten aus die japanischen Versorgungslinien zu Inselbesatzungen abzuschneiden und diese japanischen Gruppierungen damit zu blockieren bzw. zu neutralisieren. Mit dem amerikanischen Angriff im Oktober 1944 auf die Philippinen wurden die für Japan strategisch wichtigen Rohstoffzufuhren, insbesondere die Erdöleinfuhr aus Indonesien, abgeschnitten. Zu einem strategischen Faktor waren die nationalen Befreiungsbewegungen geworden, die einen bedeutenden Anteil am Sieg über die japanischen Aggressoren hatten.

In der ersten Hälfte 1945 besetzten die alliierten Streitkräfte weitere Inseln der Philippinen und Indonesiens, befreiten Burma und nahmen die Inseln Iwo und Okinawa ein, die als Stützpunkte für eine Invasion in Japan von Bedeutung waren. Jedoch hielt das amerikanische Oberkommando eine Landungsoperation in Japan frühestens im November für möglich. Zwar waren die japanischen See- und Luftstreitkräfte schwer angeschlagen, aber die Landstreitkräfte besaßen noch eine bedeutende Kampfkraft. Insbesondere war die in der Mandschurei aufmarschierte Kwangtung-Armee eine noch sehr kampfstarke Gruppierung. Obwohl der Kriegseintritt der Sowjetunion unmittelbar bevorstand, warfen die USA am 6. 8. eine Atombombe auf Hiroshima und 3 Tage später eine auf Nagasaki. Damit versuchte der amerikanische Imperialismus seine Stärke zu demonstrieren und die Völker seinen Weltherrschaftsplänen zu unterwerfen. Am 8. 8. erklärte die UdSSR Japan den Krieg. Die sowjetischen Streitkräfte gingen an einer mehr als 5000 km breiten Front zur Offensive über, zerschlugen bis zum 20. 8. die Kwangtung-Armee und befreiten Nordostchina, Nordkorea, Südsachalin und die Kurilen. Die vernichtenden Schläge der Sowjetarmee machten die Absichten der japanischen Militaristen zunichte, den Krieg in die Länge zu ziehen und aus den Widersprüchen zwischen den Hauptmächten der Antihitlerkoalition Kapital zu schlagen. Am 2. 9. 1945 wurde die Urkunde über die bedingungslose Kapitulation Japans unterzeichnet. Der zweite Weltkrieg war zu Ende.

Politische und militärische Ergebnisse des Krieges: Der Sieg der Sowjetunion und der Völker der Antihitlerkoalition veränderte grundlegend das Kräfteverhältnis in der Welt zugunsten der Kräfte der Demokratie und des Sozialismus. Die sozialistische Staats- und Gesellschaftsordnung war aus der schwersten Prüfung ihrer Geschichte politisch, wirtschaftlich und militärisch als Sieger hervorgegangen. Der internationale Einfluß und das Ansehen der UdSSR waren gestiegen. Ohne ihre Mitwirkung konnte keine wichtige Frage der Weltpolitik mehr gelöst werden. Aus dem Kampf der Völker gegen die Aggressoren und die mit ihnen kollaborierenden Ausbeuter und Unterdrücker erwuchs eine neue Welle von Revolutionen. In Albanien, Bulgarien, Jugoslawien, Polen, Rumänien, der Tschechoslowakei und Ungarn waren die als volksdemokratische Revolutionen in die Geschichte eingegangenen revolutionären Umwälzungen die unmittelbare Fortsetzung des nationalen Befreiungskampfes der Völker gegen die Faschisten. Auch in Asien eroberten die revolutionären Kräfte dauerhafte Machtpositionen. Der stürmische Aufschwung der revolutionären Bewegung führte zur Entstehung des sozialistischen Weltsystems. In den kolonialen und halbkolonialen Ländern hob der Sieg über den Faschismus den nationalen Befreiungskampf auf eine neue Stufe. Der Zerfall des Kolonialsystems setzte ein. Der Einfluß der kommunistischen und Arbeiterparteien wuchs an. Die internationale kommunistische Bewegung wurde zur einflußreichsten politischen Kraft. Das gesamte politische Gefüge des Kapitalismus war ins Wanken geraten. Der Kapitalismus war in die zweite Etappe seiner allgemeinen Krise eingetreten.

In Deutschland ging die oberste Regierungsgewalt in die Hände der 4 Besatzungsmächte über. Vom 7. 7. bis 2. 8. 1945 fand in Potsdam die Konferenz der Regierungsoberhäupter der Großmächte der Antihitlerkoalition statt, die gemeinsame Maßnahmen zur Ausrottung des deutschen Militarismus und Faschismus festlegten, eine demokratische Neugestaltung Deutschlands beschlossen und die deutschen Grenzen bestimmten. Ein internationaler Militärgerichtshof verurteilte im → *Nürnberger Prozeß gegen die Hauptkriegsverbrecher* von 24 Angeklagten 12 zum Tode; auch im Tokioer Prozeß gegen die japanischen Hauptkriegsverbrecher wurden 7 Todesurteile gefällt. Auf der Pariser Friedenskonferenz (29. 7.–15. 10. 1946) erfolgte die Festlegung der Friedensverträge mit Finnland, Rumänien, Ungarn, Bulgarien und Italien, die am 10. 2. 1947 unterzeichnet wurden. Mit Japan schlossen die Westmächte am 8. 9. 1951 einen Separatfriedensvertrag. In Deutschland wurden in der sowjetischen Besatzungszone die Bestimmungen des Potsdamer Abkommens konsequent durchgeführt. Demgegenüber sabotierten die westlichen Besatzungsmächte seine Verwirklichung und begannen, Westdeutschland und die im September 1949 geschaffene imperialistische BRD in ein Aufmarschgebiet und Bollwerk gegen die sozialistischen Staaten umzuwandeln. So konnten nur im Osten Deutschlands die Werktätigen unter Führung der Arbeiterklasse eine antifaschistisch-demokratische Ordnung aufbauen und das Vermächtnis der antifaschistischen Widerstandskämpfer erfüllen. Die Gründung der DDR am 7. 10. 1949 versetzte dem Imperialismus in Europa einen weiteren Schlag und kündete von der durch die Befreiungstat der Sowjetarmee ermöglichten Wende in der Geschichte des deutschen Volkes. In der Hauptstadt der DDR Berlin befindet sich auch als Stätte der Ehrung und des Gedenkens das Mahnmal für die Opfer des Faschismus und Militarismus.

Im zweiten Weltkrieg vollbrachten die Völker der antifaschistischen Koalition, vor allem das sowjetische Volk, unter schweren Opfern und Belastungen große Leistungen von welthistorischer Bedeutung. Der Krieg erfaßte alle Erdteile und bezog nahezu alle Völker und Staaten in das Kriegsgeschehen ein. Er übertraf in seinen Ausmaßen und Folgen den ersten Weltkrieg um ein vielfaches. Durch die Kampfhandlungen und den faschistischen Terror verloren die Sowjetunion 20 Mill. Menschen, Polen über 6 Mill., Jugoslawien über 1,7 Mill., Frankreich über 650 000, die USA über 405 000 und Großbritannien 375 000 Menschen. Die materiellen Schäden erreichten außerordentlich große Ausmaße in den von den deutschen Imperialisten zeitweise besetzten Gebieten in Osteuropa. Allein in der Sowjetunion wurden von den Okkupanten während der Kampfhandlungen, infolge der Besatzungspolitik und durch die barbarische Taktik der verbrannten Erde mehr als 1 700 Städte, 70 000 Dörfer, 32 000 Industriebetriebe und über 127 000 Bildungseinrichtungen zerstört. Der Gesamtschaden, den die UdSSR durch den Krieg erlitt, wird auf 679 Mrd. Rubel geschätzt. Schwere materielle Einbußen erlitt die Wirtschaft der besetzten Staaten durch den organisierten Raubzug der deutschen Monopole und durch die militärisch oft sinnlosen Zerstörungen der Wehrmacht bei ihrem Rückzug.

Das deutsche Volk büßte etwa 6 Mill. Menschen ein, davon waren über 4 Mill. Gefallene, etwa 410 000 Luftkriegsopfer und etwa 200 000 Opfer des faschistischen Terrors. In Zuchthäusern, Konzentrations- und Vernichtungslagern ermordeten die Faschisten fast 11 Mill. Menschen verschiedener Nationalität. Durch anglo-amerikanische Luftangriffe wurden 41 Groß- und 158 Mittelstädte stark zerstört und 17,5 Mill. Menschen obdachlos.

Weit mehr als im ersten Weltkrieg wurde die Kriegführung bestimmt durch den Einsatz von großen Menschenmassen und die massenhafte Verwendung hochentwickelter Kampfmittel (Panzer, Flugzeuge, Artillerie- und automatische Schützenwaffen),

Das Ausmaß des zweiten Weltkrieges im Vergleich zum ersten Weltkrieg

	Erster Weltkrieg	Zweiter Weltkrieg
Staaten im Kriegszustand	38	72
Ausdehnung der Kampfgebiete (in Mill. km²)	4	22
Zu den Streitkräften Einberufene (in Mill.)	70	110
Gefallene (in Mill.)	10	32
Kriegsversehrte (in Mill.)	20	35
Direkte Kriegsausgaben (in Mrd. Dollar)	208	1 117

leistungsfähiger Ausrüstung (Kraftfahrzeuge aller Art) und neuentwickelter Nachrichtentechnik. Die erheblich gewachsene Beweglichkeit und Feuerkraft der Streitkräfte verliehen dem Kampf zu Lande einen ausgeprägten Bewegungscharakter. Zur See waren die Kampfhandlungen gekennzeichnet durch den Masseneinsatz von U-Booten und Flugzeugen. Die Luftstreitkräfte bekamen sowohl im Zusammenwirken mit den Land- und Seestreitkräften als auch im selbständigen Einsatz gegen das Hinterland des Gegners ein neues Gewicht. Viel stärker als im ersten Weltkrieg verwischte die Grenze zwischen Front und Hinterland. Die Bedeutung des wirtschaftlichen und des politisch-moralischen Potentials für den Verlauf und den Ausgang des Krieges war weiter angewachsen. Kampfhandlungen und andere Aktionen zur Schwächung der Wirtschaft und zur Untergrabung des politisch-moralischen Potentials des Gegners nahmen in der Kriegführung breiten Raum ein. Noch ausgeprägter nahm der Krieg den Charakter eines langwierigen, unter Einsatz aller Kräfte geführten Kampfes an. Im Vergleich zum ersten Weltkrieg wuchs die Rolle der Volksmassen bedeutend: Ihre politisch-moralische Haltung als Soldaten an der Front, als Arbeiter und Angestellte in der Kriegswirtschaft oder als Widerstandskämpfer und Partisanen besaß entscheidenden Einfluß auf den Verlauf und den Ausgang des Krieges.

Die Völker der Sowjetunion und ihre Streitkräfte hatten den Hauptanteil an der Zerschlagung des faschistischen Deutschlands und seiner Satelliten. Der Inspirator und Organisator des Sieges des Sowjetvolkes war die Kommunistische Partei. An den Fronten, im Hinterland und auf dem vom Feind zeitweilig besetzten Gebiet war sie die einheitliche, mobilisierende und richtungweisende Kraft. *(s. Abb. S. 37, 39, 41, 43, 55, 230, 307, 373, 481, 483–485, 497, 743, 749, 751, 796, 797, 881, 893, 895, 896, 986)*

Wendenkreuzzug 1147: Eroberungsfeldzug vor allem sächsischer Fürsten gegen die slawischen Stämme zwischen Elbe und Oder.

Anfang des 12. Jh. begann eine neue Etappe der feudalen deutschen Ostexpansion. Nachdem Einzelunternehmungen nur Teilerfolge gebracht hatten, planten sächsische weltliche und geistliche Fürsten, durch einen gemeinsamen Angriff die slawischen Stämme zwischen Elbe und Oder mit einem Schlag zu unterwerfen. Für diesen Eroberungsfeldzug setzten sie beim deutschen König Konrad III. (1093–1152) die Anerkennung als Kreuzzug (→ *Kreuzzüge 11.–13. Jh.*) durch. Der vom Papst sanktionierte W., auch als Slawenkreuzzug bezeichnet, wurde unter der Losung «Bekehrung oder Vernichtung» organisiert. An ihm beteiligten sich auch dänische und polnische Feudalherren, die eigene Territorialinteressen verfolgten. Entsprechend ihren unterschiedlichen Expansionszielen formierten die Eroberer 2 Heere. Mit dem einen Heer wollten Herzog Heinrich der Löwe von Sachsen und Bayern (um 1129–1195), der Graf von Holstein und der Erzbischof von Bremen mit dänischer Unterstützung in das Gebiet der Obodriten vorstoßen. Diesem Überfall kamen die Obodriten unter Fürst Niklot (vor 1125–1160) im Juni durch einen Angriff auf Lübeck und einen Einfall in Wagrien zuvor. Vor dem Anfang August heranrückenden Ritterheer zogen sich die Obodriten in ihre Burgen zurück, die sie erfolgreich verteidigten. Bei einem Ausfall aus der Burg Dobin am Schweriner See brachte sie den Belagerern eine Niederlage bei. Die Feudalherren gaben schließlich die Belagerung auf und traten den Rückzug an. Angriffsziel des zweiten, zahlenmäßig größeren Heeres, an dessen Spitze Albrecht, Markgraf der Nordmark (um 1100–1170), der Erzbischof von Magdeburg und der Markgraf von Meißen standen, war das Land der Lutizen. Der Vorstoß erfolgte aus dem Raum Magdeburg. Es gelang, Havelberg zu erobern und die Burg Malchow zu zerstören, doch die Belagerung von Demmin mußte noch im Herbst ergebnislos abgebrochen werden. Ebenso widerstand Stettin den Belagerern, zu denen noch polnische Feudalherren stießen. Damit war die militärische Okkupation endgültig gescheitert. Der erbitterte Abwehrkampf der Slawen und der wesentlich daraus resultierende Streit der Fürsten über das weitere taktische Vorgehen führten zum Abbruch des W. Die Eroberer verheerten weite Landstriche, konnten jedoch die mit dem W. verfolgten Ziele nicht erreichen. Erst in den folgenden Jahrzehnten gelang es der deutschen Feudalklasse, teilweise mit Unterstützung slawischer Fürsten und Burgherren, ihren Macht- und Einflußbereich auf die ostelbischen Gebiete auszudehnen.

Werwolf: von der faschistischen Führung in der letzten Phase des zweiten Weltkrieges vorbereitete Organisation zur Durchführung von Diversionsakten im Hinterland der Armeen der Antihitlerkoalition.

Die Aufstellung des W. begann auf Weisung des Reichsführers SS und Befehlshabers des Ersatzheeres, Heinrich Himmler (1900–1945), im Herbst 1944. Damit wurde das Ziel verfolgt, durch eine geheime Terrororganisation Anschläge auf den Nachschub der Alliierten durchzuführen, deren Vorratslager und Nachrichtenverbindungen zu zerstören und Hitlergegner, die in befreiten Gebieten mit der Besatzungsmacht zusammenarbeiteten, umzubringen. Der Generalinspekteur für Spezialabwehr, SS-Obergruppenführer und General der Waffen-SS und der Polizei Hans Prützmann (1901–1945), bildete zur Führung des W. einen Sonderstab. Am 6. 2. 1945 befahl der stellv. Chef des Generalstabes des Heeres allen Heeresgruppen, den W. auf jede Weise zu unterstützen. Für den W., der aus Banden fanatischer Faschisten und irregeführter Jugendlicher bestand, wurde nach einer am 10. 3. 1945 unterzeichneten Anordnung des Leiters der NSDAP-Parteikanzlei, Martin Bormann (1900–1945), namentlich unter Evakuierten geworben, deren Verbitterung im Interesse des Regimes ausgenutzt werden sollte. Da die Bereitschaft zur Teilnahme am W. und dessen Wirksamkeit gering waren, wurde dessen Existenz am 1. 4. 1945 durch den neu geschaffenen Sender W. öffentlich bekanntgegeben und zur Schaffung einer W.bewegung sowie zur Beteiligung an W.aktionen aufgefordert. W.aufgaben sollten auch der aus Angehörigen der Gestapo gebildete «Bundschuh» und zum Teil das aus Funktionären der NSDAP und ihrer Gliederungen Ende März 1945 aufgestellte «Freikorps Adolf Hitler» übernehmen. Nur vereinzelt erfolgten W.aktionen, wie die Sprengung von Bahnhöfen, über die die Alliierten Nachschub erhielten, oder die Erschießung von Einwohnern, die die weiße Fahne gehißt oder Verwaltungsfunktionen in befreiten Orten übernommen hatten. Zum Teil wurden W.banden von alliierten Truppen und von deutschen Antifaschisten entwaffnet. Die Mehrheit der Angehörigen des W., der von der Bevölkerung nicht unterstützt wurde, versuchte angesichts der bevorstehenden Niederlage das eigene Leben zu retten.

Westeuropäische Union (WEU): 1955 geschlossenes und gegen die sozialistischen Staaten Europas gerichtetes politisches und militärisches Bündnis Belgiens, der BRD, Frankreichs, Großbritanniens, Italiens, Luxemburgs und der Niederlande innerhalb der → *NATO.*

Nach dem Scheitern des Projekts der → *Europäischen Verteidigungsgemeinschaft (EVG)* wurde mit der WEU der vertragliche Rahmen geschaffen für die direkte Einbeziehung der BRD in das imperialistische Paktsystem. Maßgeblich dafür waren die Zusatzprotokolle zum → *Brüsseler Pakt 1948,* die als Teil der Pariser Verträge unterzeichnet wurden und mit dem gesamten Vertragswerk am 6. 5. 1955 in Kraft traten (→ *Pariser Verträge 1955*). Das Protokoll Nr. I legte den Beitritt der BRD und Italiens fest, modifizierte dem entgegenstehende Klauseln des Brüsseler Vertrages und regelte grundsätzliche Organisationsfragen der WEU. Das Protokoll Nr. II über die Streitkräfte der WEU bestimmte die Soll-Stärken für die Streitkräfte, die jeder Mitgliedstaat der WEU der NATO in Europa zur Verfügung zu stellen hatte: Frankreich 14, BRD und Italien je 12, Belgien und Niederlande je 5 Divisionen, Luxemburg 1 Regiment. Großbritannien mußte sich dazu verpflichten, auf dem europäischen Festland ständig Streitkräfte zu stationieren (mindestens 4 Divisionen und 1 taktische Luftflotte). Ergänzend schlossen die WEU-Staaten im Dezember 1957 ein Abkommen über Stärke und Ausrüstung ihrer nicht der NATO unterstellten Streitkräfte. Die WEU erhielt im Vergleich zum Brüsseler Pakt einen größeren Aufgabenbereich und erweiterte Kompetenzen. Wie die Eingliederung der BRD in die NATO insgesamt unter Bruch des Potsdamer Abkommens erfolgte, so wurde auch das Verbot der Rüstungsproduktion und der Aufstellung von Streitkräften völkerrechtswidrig außer Kraft gesetzt. Die BRD erhielt die Erlaubnis, Streitkräfte mit einer Stärke von 500000 Mann und ausgerüstet mit schweren Waffen, einschließlich Luftstreitkräften und einer Kriegsflotte (einschließlich U-Booten), aufzustellen. Die Festlegungen gestatteten der BRD die Herstellung aller Waffen mit Ausnahme von atomaren, biologischen und chemischen Waffen, Raketen, Influenzminen, strategischen Bombern, Kriegsschiffen mit mehr als 3000 t und U-Booten mit mehr als 350 t Wasserverdrängung. Die Verträge legten jedoch keine Einfuhrbeschränkung für die ausgenommenen Waffen fest. Ein Mehrheitsbeschluß der WEU ermöglichte auch die Stationierung von Kernwaffen auf dem Territorium der BRD. Das Protokoll Nr. III über die Rüstungskontrolle (mit 4 Anlagen) regelte die Bedingungen für die Rüstungsproduktion in der BRD. Aufgrund der Vorbehalte der übrigen Mitgliedstaaten der WEU – insbesondere Frankreich befürchtete ein künftiges rüstungswirtschaftliches und militärisches Übergewicht der BRD – mußte sich diese bestimmten Beschränkungen der Rüstungsproduktion auf ihrem Territorium unterwerfen. Diese Bestimmungen wurden jedoch in den folgenden Jahren durch die WEU in Übereinstimmung mit den Rüstungsplanungen der NATO weitgehend gemindert bzw. von der BRD umgangen oder aufgehoben. Das Protokoll Nr. IV begründete als Institution zur Realisierung des Protokolls Nr. III ein Amt für Rüstungs-

Westeuropäische Union 1973

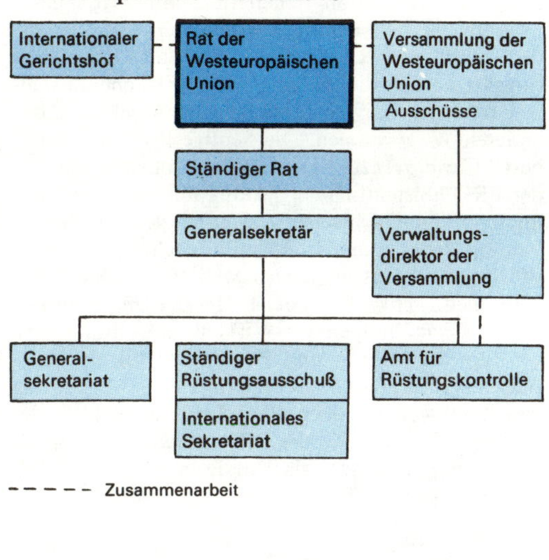

kontrolle. Für das Funktionieren der WEU ist daneben die Entschließung ihrer Mitgliedstaaten über Rüstungsproduktion und Standardisierung bedeutsam. Als Organe der WEU konstituierten sich der Rat der Westeuropäischen Union, ein Rat der Ständigen Stellvertreter, ein Generalsekretariat, das Amt für Rüstungskontrolle und ein Ständiger Rüstungsausschuß. Außerdem wurde eine Versammlung aus parlamentarischen Vertretern der Mitgliedstaaten gebildet, die sich zu einem wichtigen militärpolitischen Diskussionsforum entwickelt hat und mit ihren Empfehlungen Einfluß auf die Militärpolitik der NATO nimmt. Die Gründungsdokumente der WEU legten fest, daß die Mitgliedstaaten und alle von ihnen im Rahmen der Verträge geschaffenen Organe eng mit den Organen der NATO zusammenarbeiten und die WEU auf eine eigene Militärorganisation verzichtet.

Kern des WEU-Systems ist die vom Brüsseler Pakt übernommene feste militärische Beistandsverpflichtung ihrer Mitgliedstaaten für 50 Jahre. Sie dient zugleich dem Mechanismus der Kriegsauslösung in der NATO. Im Unterschied zur NATO legt der WEU-Vertrag die automatische und bedingungslose Pflicht der Mitgliedstaaten fest, im Kriegsfalle «alle in ihrer Macht liegende militärische und sonstige Hilfe» zu leisten. Die gegenseitige Abhängigkeit der Mitglieder der WEU ist damit größer als in der NATO. Nachdem die WEU die Aufrüstung der BRD und ihre Eingliederung in die NATO ermöglicht hatte, übertrug sie ihre militärischen Aufgaben bis auf die Rüstungskontrolle der NATO. Die WEU wirkte von der Gründung der EWG (1957) bis zum britischen EWG-Beitritt (1972) als ein wichtiger militärisch-politischer Konsultationsmechanismus in Westeuropa. Pläne zur Formierung der WEU als europäischer Kern der NATO und zum Ausbau ihrer politischen Funktion scheiterten am Widerstand Frankreichs. Vorstellungen von seiten Frankreichs, den Ständigen Rüstungsausschuß als Koordinierungsorgan für die rüstungswirtschaftliche Zusammenarbeit zu aktivieren, stießen auf Ablehnung der anderen WEU-Staaten. Die heutige Rolle der WEU besteht in begrenzten Kontrollfunktionen gegenüber der BRD hinsichtlich der Produktion nuklearer, biologischer und chemischer Waffen, in der Aufrechterhaltung der automatischen militärischen Beistandspflicht, in der vertraglichen Regelung des Unterhalts britischer Streitkräfte in der BRD. Zudem verstärken sich die Bemühungen, die WEU als Koordinierungszentrum der Militär- und Rüstungspolitik der europäischen NATO-Staaten auszubauen («Erklärung von Rom» vom Oktober 1984). Im Juni 1984 hob der Rat der WEU das für die BRD geltende Verbot der Herstellung von strategischen Bombern und Langstreckenraketen auf.

Westwall: von 1936 bis 1939 entlang der deutsch-französischen Grenze errichtete befestigte Zone.

Die ersten Abschnitte des W., den die Westmächte Siegfriedlinie nannten, wurden errichtet, weil die faschistische Wehrmacht noch nicht kriegsbereit war. Der im Mai 1938 von Adolf Hitler (1889–1945) befohlene forcierte Aufbau einer nunmehr von Aachen bis zum französisch-schweizerisch-deutschen Dreiländereck reichenden und durchgängig befestigten Zone sollte günstige Bedingungen zur Abwehr einer französischen Offensive im Falle eines Zweifrontenkrieges schaffen. 1938/39 wurde intensiv am Ausbau des W. gearbeitet, wobei zeitweilig bis zu einer halben Mill. Arbeitskräfte eingesetzt waren. Allein 1938 erforderte er an Materialaufwand 20 % der Zement- und 5 % der Eisenerzeugung. Bis zur Entfesselung des zweiten Weltkrieges wurden etwa 14000 Kampfanlagen und Bunker, dazu umfangreiche Panzersperren sowie Stacheldraht- und Minenhindernisse fertiggestellt, so daß auf 1 km des insgesamt 630 km langen W. rd. 20 Anlagen kamen. Das Kernstück der Befestigungszone bildeten kleine Betonbunker als Kampfstände für schwere MG, Infanteriegeschütze und Flammenwerfer. Hinzu kamen Befehlsstände

Bunker des Westwalls, 1939

Höckersperre des Westwalls

und ein Festungsfernsprechnetz. Besonders stark ausgebaut war der etwa 10 km tiefe W. beiderseits der Mosel und im Saargebiet. Als zweite befestigte Zone gab es in der Tiefe die Neckar-Enz-Stellung zwischen Odenwald und Schwarzwald, die relativ gut ausgebaut war, während die noch weiter östlich gelegene Main-Tauber-Stellung nur mit einfachen Hindernissen und Feuerpunkten für MG ausgestattet war. Etwa 50 km östlich des W. wurde die Luftverteidigungszone West mit zahlreichen Flakstellungen und dem Kommando der Luftverteidigungszone West geschaffen. Die faschistische Propaganda stellte die Stärke des W. übertrieben dar. Infolge des → *seltsamen Krieges 1939/40* erfolgte kein Großangriff auf den W., der seit 1942 zugunsten des → *Atlantikwalls* desarmiert wurde. Im Spätsommer 1944 erfolgte angesichts des Zusammenbruchs der deutschen Front in Westeuropa ein improvisierter Ausbau des W., der zuerst bei → *Aachen 1944* durchbrochen wurde. An anderen Stellen bot er den sich zurückziehenden faschistischen Verbänden einen gewissen Rückhalt zum Aufbau einer neuen Verteidigungsfront.

Wirtschaftsoffizier: von 1925 bis 1935 vom → *Heereswaffenamt* der Reichswehr eingesetzte ehemalige Offiziere, die in den Wehrkreiskommandos (→ *Wehrkreis*) mit Kräften der Wirtschaft bei der geheimen Wiederaufrüstung des imperialistischen Deutschlands zusammenwirkten.

Mit der systematischen Schaffung materiell-technischer Grundlagen für die künftigen Aggressionsstreitkräfte und dem Ausbau der geheimen Rüstungsorganisation begann das Heereswaffenamt der Reichswehr ab Mitte 1925, in den 7 Wehrkreisen Dienststellen für W. einzurichten. Die W. arbeiteten eng mit den Regionalkommissionen der sog. Statistischen Gesellschaft zusammen, die Anfang 1926 auf Initiative des Reichsverbandes der Deutschen Industrie gegründet wurde. Gestützt auf die Erfahrungen mit den Fachoffizieren in der Industrie während des ersten Weltkrieges, wurden ehemalige Offiziere mit wirtschaftlich-technischen Kenntnissen als W. eingestellt. Sie trugen Zivil und wurden vom Heereswaffenamt ausgesucht, angeleitet sowie besoldet. Zunächst bestand ihre Aufgabe vorwiegend in der Erfassung der für die Aufrüstung erforderlichen industriellen Potenzen, vor allem der Rohstoffressourcen und Arbeitskräfte. Das von den W. gesammelte Material (sog. WO-Berichte) erhielt nach Abstimmung mit den jeweiligen Regionalkommissionen der Statistischen Gesellschaft das Heereswaffenamt. Nach entsprechender Auswertung standen die von den W. ermittelten Angaben, getrennt in Zentral-, Firmen-, Branchen-, Orts-, Rohstoff-, Maschinen- und Facharbeiterkarteien, der militärischen Führung zur ständigen Benutzung zur Verfügung. Als ab November 1934 der Aufbau der faschistischen Wehrwirtschaftsorganisation begann, wurden im Frühjahr 1935 in den Wehrkreisen Wehrwirtschaftsinspektionen gebildet, denen in kriegswirtschaftlich wichtigen Gebieten Bezirks-W. unterstanden. Im Oktober 1935 fand ein Ausbau des Tätigkeitsbereichs der bisherigen W. zu Abteilungen und deren Angliederung an die Wehrwirtschaftsinspektionen statt. Gleichzeitig wurden die W. der Abteilungen in Wehr-W. umbenannt.

Wirtschaftsstab Ost: militärischer Teil des staatsmonopolistischen Apparates zur wirtschaftlichen Ausplünderung der vom faschistischen Deutschland 1941–1944 okkupierten sowjetischen Gebiete.

Der W. O. entstand aus einem Ende 1940 gebildeten Arbeitsstab Rußland beim → *Wehrwirtschafts- und Rüstungsamt* des OKW. Er hatte alle Vorbereitungen zu treffen, um nach dem Überfall auf die UdSSR das wirtschaftliche Potential der eroberten sowjetischen Gebiete sofort für die deutsche Kriegführung nutzbar zu machen und seine spätere systematische Ausbeutung durch das deutsche Monopolkapital zu gewährleisten. Seit Februar 1941 wurde der W. O. zum Führungszentrum einer zu diesem Zweck von ihm aufzubauenden militärischen Wirtschaftsorganisation erweitert. Er erhielt zunächst die Tarnbezeichnung Wirtschaftsstab z. b. V. «Oldenburg» und wurde mit Aggressionsbeginn am 22. 6. 1941 in W. O. umbenannt.

Der W. O. gliederte sich nach seinem vollen Ausbau in eine Führungsgruppe und 5 Haupt- bzw. Chefgruppen: Landwirtschaft, Gewerbliche Wirtschaft, Arbeit, Forstwirtschaft, Betriebsförderung und Berufserziehung. Zu den dem W. O. nachgeordneten Dienststellen mit ihren Kräften und Mitteln, insgesamt als Wehrwirtschaftsorganisation Ost bezeichnet, gehörten bei den Armeen Wirtschaftsabteilungen mit technischen Bataillonen, Erkundungstrupps, Bergungstrupps u. a., bei den Befehlshabern der rückwärtigen Heeresgebiete Wehrwirtschaftsinspektionen, bei den Feldkommandanturen Wirtschaftsgruppen, bei den Sicherungsdivisionen Wirtschaftskommandos. Militärisch war der W. O. dem Wehrwirtschafts- und Rüstungsamt des OKW unterstellt. Seine fachlichen Weisungen erhielt er in der Regel durch den als Dachorgan für den staatsmonopolistischen Apparat zur Ausbeutung des ökonomischen Potentials der UdSSR im März 1941 aufgestellten Wirtschaftsführungsstab Ost. Besondere Schwerpunkte in der Aufgabenstellung des W. O. und seiner nachgeordneten Organe waren die weitgehende Versorgung der Wehrmacht aus den okkupierten sowjetischen Gebieten, die Nutzbarmachung wichtiger sowjetischer Industriebetriebe für die weitere deutsche Kriegführung, die rigorose landwirtschaftliche Ausplünderung der okkupierten sowjetischen Gebiete und seit Frühjahr 1942 die Zwangserfassung sowjetischer Arbeitskräfte für die deutsche Kriegswirtschaft. In den vor Aggressionsbeginn ausgearbeiteten wirtschaftlichen Ausraubungsplänen wurde von vornherein der Hungertod von Millionen Sowjetbürgern einkalkuliert. Die Tätigkeit des W. O. und seiner Organe vollzog sich in enger Kooperation mit den von den führenden Verbänden der deutschen Industrie gebildeten staatsmonopolistischen Ausbeutungsgesellschaften (sog. Ostgesellschaften) und «Treuhandfirmen», mit denen die Monopole ihre Besitzansprüche auf die sowjetische Industrie dokumentierten.

Nach dem endgültigen Scheitern der faschistischen Blitzkriegskonzeption gegen die UdSSR wurden die vom W. O. und seinen Organen unternommenen Anstrengungen weiter intensiviert und noch stärker auf die Bedürfnisse der faschistischen Wehrmacht zugeschnitten. Insgesamt wurden vom W. O. und seinen Organen mehrere Millionen Tonnen kriegswichtiger Materialien wie Erze, Buntmetalle, chemische Erzeugnisse sowie industrielle Wirtschaftsgüter der deutschen Kriegswirtschaft zugeführt. Auf landwirtschaftlichem Gebiet erbrachte der vom W. O. gemeinsam mit den anderen wirtschaftlichen Ausplünderungsorganen des faschistischen Deutschlands organisierte Raubfeldzug annähernd 12 Mill. t Getreide, fast 2 Mill. t Fleisch und Fleischwaren, über 1 Mill. t Ölsaaten, etwa ½ Mill. t Zucker, mehrere hunderttausend t Butter sowie große Mengen anderer landwirtschaftlicher Produkte. Die Wehrwirtschaftsorganisation Ost war für die Zwangsverschleppung von mehr als 2 Mill. sowjetischer Arbeitskräfte verantwortlich. Die Ausplünderung der okkupierten Gebiete fügte der sowjetischen Wirtschaft großen Schaden zu und verurteilte viele Hunderttausende von Sowjetbürgern in diesen Gebieten zum Hungertod. Dennoch gelang es den faschistischen Wirtschaftsorganen aufgrund des Massenwiderstandes der sowjetischen Werktätigen nicht annähernd, die gesteckten Raubziele zu erreichen. So betrug die von den Okkupanten mit allen Mitteln betriebene Kohleförderung im Donezgebiet 1942/43 nur 4,1 Mill. t gegenüber einer sowjetischen Leistung von 90 Mill. t 1939/40.

Mit dem Einsetzen der faschistischen Rückzüge an der deutsch-sowjetischen Front konzentrierte der W. O. seine Tätigkeit mehr und mehr auf die Durchführung der Taktik der «verbrannten Erde», insbesondere auf den Abtransport wichtiger wirtschaftlicher Anlagen sowie auf die Vorbereitung umfangreicher Zerstörungsmaßnahmen. Die völlige Vertreibung der faschistischen Truppen aus der UdSSR im Herbst 1944 machte auch dem Raubzug des W. O. ein Ende.

«Wissen und Kämpfen»: seit 1961 von der Politischen Hauptverwaltung des Ministeriums für Nationale Verteidigung der DDR im → *Militärverlag der DDR (VEB)* hrsg. Schriftenreihe für die politische Schulung der Soldaten der NVA und der Grenztruppen der DDR.

Die im 18monatigen Turnus des Grundwehrdienstes mit je 15 Heften erscheinende Reihe ist dem Programm der politischen Ausbildung der Soldaten entsprechend gestaltet. Dabei werden in der Regel folgende Grundthemen behandelt: der politische und militärische Charakter eines möglichen Krieges in der Gegenwart, die Stärke der sozialistischen Militärkoalition, die NVA als Instrument der siegreichen Arbeiterklasse und Fortsetzerin revolutionärer militärischer Traditionen, das Verhältnis von Mensch und Technik im modernen Krieg, der Imperialismus als Quelle der Kriegsgefahr, die psychologische Kriegführung des Imperialismus und die Bundeswehr der BRD als Instrument imperialistischer Politik. Hinzu kommen Themen, die sich aus der Entwicklung der internationalen Lage, den Parteitagen der KPdSU und der SED sowie aus historischen Jahrestagen ergeben. Mit jedem neuen Turnus treten Variationen der Thematik sowie Änderungen in der Reihenfolge der Themen und in der Gestaltung der Hefte auf. Sie sind durch neue Anforderungen an die Ausbildung sowie durch aktuelle Erfordernisse bedingt und berücksichtigen zugleich Erfahrungen aus der Arbeit mit «Wissen und Kämpfen». Die in den einzelnen Heften enthaltenen Materialien sind didaktisch gegliedert und aufbereitet; sie werden durch reichhaltige Illustrationen sowie durch themenbezogene Auszüge aus schöngeistiger Literatur ergänzt. Der Anhang enthält Literaturempfehlungen und Begriffserklärungen. Die Schriftenreihe ist ein wichtiges Hilfsmittel der politisch-ideologischen Erziehung und Bildung der Soldaten der NVA und der Grenztruppen der DDR.

«Wissen und Wehr»: imperialistische militärische Fachzeitschrift, die von 1920 bis 1944 monatlich in Berlin erschien und seit 1933 Organ der → *Deutschen Gesellschaft für Wehrpolitik und Wehrwissenschaften* war.

Die Zeitschrift wurde 1920 von ehemaligen Generalen und Offizieren der Armee und Flotte des Kaiserreiches sowie imperialistischen Ideologen gegründet. Ihre Thematik orientierte in erster Linie auf die militärische Auswertung des ersten Weltkrieges (1914–1918) und die Analyse der Entwicklungstendenzen im imperialistischen Militärwesen mit dem Ziel, das Wiedererstarken des deutschen Militarismus zu fördern. In den 20er Jahren gewann die Zeitschrift im Feld der reaktionären → *Militärpresse* eine dominierende Position. Sie unterhielt mit der Reichswehrführung enge Kontakte und propagierte seit Beginn der 30er Jahre verstärkt faschistisches Gedankengut. Nach 1933 erweiterte sich ihre Thematik vor allem durch Beiträge zur faschistischen Aufrüstung,

Ideologie und zu den verschiedenen «Wehrwissenschaften» (Wehrgeographie, Wehrsoziologie u. a. m.) sowie durch einen breiten Rezensions- und Annotationsteil. Auf der Grundlage eines militanten Antikommunismus, Revanchismus und Nationalismus verleumdete das Journal die UdSSR, die revolutionäre Arbeiterbewegung und alle demokratischen Kräfte, bekämpfte liberale und pazifistische Ideen und unterstützte publizistisch aktiv die faschistischen Kriegsvorbereitungen. Während des zweiten Weltkrieges (1939–1945) widmete sich «Wissen und Wehr» betont der nazistischen Sieges- und Durchhaltepropaganda, wozu zahlreiche kriegsgeschichtliche Beiträge erschienen. Der breite Mitarbeiterkreis der Zeitschrift bestand vor allem aus verabschiedeten Generalen und Offizieren sowie den Angehörigen der Deutschen Gesellschaft für Wehrpolitik und Wehrwissenschaften. Die Tradition dieses Journals wurde in der BRD durch die Militärzeitschriften «Wehrkunde» und «Wehrwissenschaftliche Rundschau» weitergeführt.

Z

Zabern-Affäre: nationalistische, gewalttätige Provokation des preußisch-deutschen Militarismus gegenüber der elsässisch-lothringischen Bevölkerung 1913.

Seit der Annexion Elsaß-Lothringens 1871 wurde die Bevölkerung als nationale Minderheit brutal unterdrückt. Als Hauptmittel dabei diente das Militär, dessen Konzentration im Elsaß und in Lothringen viel höher war als im übrigen Reichsgebiet. Beide Provinzen unterstanden militärisch dem preußischen Kriegsminister. In der elsässischen Kleinstadt Zabern waren 2 Bataillone des Infanterieregiments Nr. 99 (XV. Armeekorps) garnisoniert. Das provokatorische, gewalttätige Verhalten der preußischen Militärs und Beamten gegenüber der Bevölkerung hatte einen Volkszorn gegen den Militarismus angestaut. Anlaß der Z. waren die Beschimpfung der Elsässer als «Wackes» (Strolche) durch einen Leutnant gegenüber seinen Soldaten, unter denen sich auch Elsässer befanden, und seine Forderung, bei Zusammenstößen mit der Bevölkerung von der Waffe Gebrauch zu machen. Er versprach sogar demjenigen eine Belohnung, der einen «Wackes» niederstechen würde. Nach Bekanntwerden dieser Provokation kam es am 9. und 11. 11. 1913 zu Protestversammlungen der Bevölkerung, die eine Bestrafung des Leutnants und den Schutz der elsässischen Rekruten vor Schikanen ihrer Vorgesetzten forderte. Weitere Willkürakte des Militärs verschärften die Situation. Ohne ernsthaften Anlaß verhängte der Regimentskommandeur am 28. 11. selbstherrlich den Belagerungszustand über die Stadt, hielt ihn gegen den Einspruch der Zivilregierung bis 1. 12. aufrecht und drohte mit dem Einsatz von Schußwaffen. Die Truppe erhielt scharfe Munition und ging mit der blanken Waffe gegen friedfertige Bürger vor, wobei der genannte Leutnant einen Mann schwer verletzte. Etwa 30 Bürger wurden wahllos verhaftet und mißhandelt. Kaiser Wilhelm II. (1859–1941) billigte dieses Vorgehen, und der deutsche Kronprinz Wilhelm (1882–1951) schickte dem Regimentskommandeur ein Telegramm mit der Aufforderung: «Immer feste druff!»

Die brutale Säbelherrschaft in Zabern rief in ganz Deutschland antimilitaristische Protestkundgebungen hervor, die von der SPD organisiert wurden und denen sich auch bürgerliche und kleinbürgerliche Kreise anschlossen. Im Reichstag (Debatten über die Z. am 3./4. sowie 9.–12. 12.) wurde dem Reichskanzler mit 293 gegen 54 Stimmen das Mißtrauen ausgesprochen, weil er im Verein mit dem preußischen Kriegsminister das Vorgehen der Militärs rechtfertigte. Der parlamentarische Protest blieb aber wirkungslos. Der Leutnant wurde zwar von einem Kriegsgericht wegen Mißbrauchs der Waffe zu 43 Tagen Gefängnis verurteilt, in der Berufungsverhandlung im Januar 1914 jedoch freigesprochen. Die Verhandlungen gegen den Regimentskommandeur und einen weiteren Offizier endeten gleichfalls mit Freispruch. Dagegen erhielten die Soldaten, von denen die Informationen über die Vorfälle in der Kaserne stammten, 3–6 Wochen mittleren Arrest. Wenige Wochen nach der Z. verlieh Wilhelm II. dem Regimentskommandeur demonstrativ einen hohen Orden. Die Z. offenbarte schlaglichtartig die schrankenlose Macht des preußisch-deutschen Militarismus sowie die Unterordnung der Zivilverwaltung unter die Militärgewalten. Sie war zugleich Ausdruck für die spannungsgeladene Atmosphäre in Deutschland am Vorabend des ersten Weltkrieges.

Zahlmeister: von Mitte des 19. Jh. bis 1945 Bezeichnung für den hauptsächlich mit der Besorgung des Zahlungs- und Rechnungswesens in der Truppe beauftragten → *Militärbeamten* im Offiziersrang.

Die Funktion des Z. entstand in den Armeen der deutschen Staaten während der ersten Hälfte des 19. Jh. mit der Herausbildung moderner Militärverwaltungen. Zu seinen Vorläufern gehören die Pfennigmeister der Landsknechtsheere, die Quartiermeister der stehenden Heere im 18. Jh. und die Rechnungsführer in den preußischen Streitkräften bis zur Mitte des 19. Jh. Von 1854 an war Z. eine Beamtenstellung, die nur nach längerem Dienst in der Truppe oder in der Heeresverwaltung erreicht werden konnte. Vor seiner Ernennung hatte jeder Bewerber eine Kaution zu stellen und sich außerdem einer Prüfung zu unterziehen. Auch in den kaiserlich-deutschen Streitkräften nach 1871 gab es den beamteten Z. Bis zum Ende des 19. Jh. entstanden die Rangstufen des Stabs-, Ober- und Unter-Z. Diese Rangstufen entsprachen den Offiziersdienstgraden vom → *Hauptmann* abwärts. Jedes Bataillon, Kavallerieregiment und jede Feldartillerieabteilung hatte einen Z., der seinen Dienstpflichten selbständig und eigenverantwortlich nachzukommen hatte. Die Aufgaben des Z., d. h. die Verwaltung der Finanzmittel in der Truppe, änderten sich in der Reichswehr der Weimarer Republik nicht grundsätzlich. Die Z. zählten zu den Militärbeamten des Friedensstandes mit Offiziersrang und blieben den Stäben der Bataillone und Abteilungen zugeteilt. Während 1935 die Kriegsmarine der faschistischen Wehrmacht die Z. in Verwaltungsoffiziere umwandelte, behielt das Heer die Z. als Wehrmachtbeamte des nichttechnischen Verwaltungsdienstes bei. Als Bestandteil der Truppe unterstanden die Z. den Kommandeuren und waren deren Berater in allen Verwaltungsangelegenheiten. Mit Wirkung vom 1. 5. 1944 wurden die Z. Offiziere im Truppensonderdienst. *(s. Abb. S. 145)*

Zapfenstreich: vom 17. Jh. bis 1945 übliches Abendsignal, bis zu dem die Soldaten in ihre Unterkünfte zurückgekehrt sein mußten; als Großer Z. abendliches militärisches Zeremoniell zu besonderen Anlässen.

Der Brauch des Z. hat seinen Ursprung im Lagerleben der Landsknechte. Zu einer bestimmten Stunde mußte der Marketender allabendlich auf ein Trommelzeichen hin den Zapfen in das Spundloch des Schankfasses «streichen» (schlagen) und damit den Ausschank einstellen. Mit dem Aufkommen der stehenden Söldnerheere im 17. Jh. wurde der Z. zum Signal, bis zu dem die Soldaten in ihre Unterkunft zurückgekehrt sein mußten. Der Z., bei der Kavallerie Retraite genannt, war in vielen Ländern üblich. In Kurbrandenburg wurde er durch eine kurfürstliche Verordnung vom 29. 8. 1636 eingeführt. Für seine Nichtbefolgung sahen die → *Kriegsartikel* harte Strafen vor. Die im kaiserlich-deutschen Heer von Spielleuten der Garnisonwache geschlagenen oder geblasenen Z.signale stammten aus dem 18. Jh. Vor 1914 war der Z. auf 21 Uhr (eine Viertelstunde vorher Signal «Locken») festgelegt.

Der Große Z. wurde z. Z. des nationalen Unabhängigkeitskrieges 1813/14 in das deutsche Militärwesen eingeführt. Das beeindruckende Z.zeremoniell der verbündeten russischen Streitkräfte veranlaßte den preußischen König Friedrich Wilhelm III. (1770–1840), diese feierliche Form des Z. in die preußische Armee zu übernehmen (10. 3. 1813). Als militärmusikalische Darbietung (→ *Militärmusik*)

Großer Zapfenstreich der NVA

entstand der Große Z. 1838 durch Wilhelm Wieprecht (1802–1872), Generalmusikdirektor der preußischen Garde. Unter Beibehaltung landesüblicher Z.märsche wurde er später von den anderen deutschen Armeen übernommen. Ausführende waren sämtliche Spielleute und Musikkorps der Garnison mit Begleitkommandos und Fackelträgern. Für den Einmarsch war der Yorcksche Marsch vorgeschrieben. Der Große Z. war mit allgemeinem Gebet und Choralgesang verbunden. Er konnte vom jeweiligen Wachvorgesetzten angeordnet werden und erfolgte zum Abschluß großer Truppenübungen, zur Entlassung in die Reserve, bei Versetzung höherer Kommandeure und ähnlichen Anlässen. In den kapitalistischen Streitkräften diente und dient die emotionale Wirkung des Großen Z. der militaristischen Beeinflussung der Soldaten- und Volksmassen.

In der NVA der DDR erhielt das seit 1. 3. 1962 (am 28. 2. 1981 erstmals in einer Neufassung) vollzogene Z.zeremoniell einen neuen Inhalt. Es ist verbunden mit den progressiven militärischen Traditionen des deutschen Volkes und den Kampftraditionen der deutschen und internationalen revolutionären Arbeiterbewegung (→ *Zeremoniell in der NVA*).

Zeitfreiwillige: konterrevolutionäre Angehörige eines milizartigen Ergänzungssystems der → *Reichswehr* in der Weimarer Republik.

Die Z. rekrutierten sich vorwiegend aus jüngeren, militärisch gedienten Angehörigen des Bürger- und Kleinbürgertums. Besonders stark vertreten waren reaktionär gesinnte Hochschul- und Gymnasiallehrer, Studenten und Abiturienten sowie Beamte. Ihre Werbung, Einberufung und Ausbildung basierten auf einem modernisierten → *Krümpersystem.* Durch die Mobilisierung der Z. konnte die zahlenmäßige Stärke von Truppenteilen der Reichswehr in kürzester Zeit verdoppelt, ja verdreifacht werden. Die zeitlich und örtlich begrenzte Auffüllung bzw. Ergänzung von Truppenteilen der Reichswehr erfolgte insbesondere vor und während militärischer Operationen gegen das revolutionäre Proletariat. Als Aufnahmebedingungen galten: antikommunistische Einstellung und der unbedingte Wille zum Waffengebrauch gegen alle revolutionär gesinnten Kräfte; die Bereitschaft zum militärischen Einsatz auch über die Grenzen des Wohnortes hinaus; das Einverständnis einer Eingliederung als Soldat, unabhängig von der früheren Dienststellung und dem Dienstgrad in der kaiserlichen Armee; die Teilnahme an Übungen und das sofortige Folgeleisten im Falle einer Einberufung. Erste Z.einheiten entstanden während des Einsatzes konterrevolutionärer Freiwilligentruppen gegen die Berliner Arbeiter im Januar 1919. In der Mehrheit der Garnisonen der vorläufigen Reichswehr wurden spezielle Z.einheiten gebildet. Sie waren berüchtigt wegen der von ihnen begangenen Grausamkeiten, besonders während der Februar-/Märzkämpfe 1919 und im Zusammenhang mit dem → *Kapp-Putsch 1920.* Die im Dezember 1919 von den Siegermächten des ersten Weltkrieges erhobene Forderung nach ihrer Auflösung wurde zunächst sabotiert und auch später nur zögernd verwirklicht. Die Reichswehr behielt selbst nach dem Inkrafttreten des Versailler Vertrages und des Wehrgesetzes von 1921 das Z.system illegal bei, wie die → *Schwarze Reichswehr* beweist. Die getarnte Ausbildung von Z. wurde trotz wiederholter Entlarvung durch demokratische Kräfte, insbesondere die KPD, bis zur Errichtung der faschistischen Diktatur beibehalten.

«Zeitschrift für Militärgeschichte» → *«Militärgeschichte»*

«Zeitschrift für Militärmedizin»: seit 1960 von der → *Militärmedizinischen Sektion an der Ernst-Moritz-Arndt-Universität* Greifswald im → *Militärverlag der DDR (VEB)* hrsg. wissenschaftliche Fachzeitschrift.

Die Zeitschrift, die 6mal jährlich erscheint, ging aus dem «Informationsblatt für militärmedizinische Fragen» (gegründet 1959) hervor. Sie publiziert wissenschaftliche Erkenntnisse und Erfahrungen zur Theorie und Praxis des Gesundheitsschutzes unter militärischen Bedingungen sowie zur Vervollkommnung der medizinischen Sicherstellung der Streitkräfte. Damit trägt sie zur Erhöhung der Kampfkraft und Gefechtsbereitschaft der NVA bei und unterstützt die medizinischen Dienste der anderen Schutz- und Sicherheitsorgane sowie das Gesundheitswesen bei der Erfüllung von Aufgaben im Interesse der Landesverteidigung der DDR. Das Fachjournal veröffentlicht Beiträge aus den Wissenschaftsgebieten der einzelnen Zweige der Militärmedizin, so aus der Organisation und Taktik des Medizinischen Dienstes, der Geschichte der Militärmedizin, der Militärhygiene, der Feldepidemiologie, der Militärtoxikologie und Militärradiologie, der Luftfahrt- und der Marinemedizin sowie der Militärpharmazie.

Die → *Gesellschaft für Militärmedizin der DDR* nutzt die Zeitschrift zur Information über das wissenschaftliche Leben in ihren Regionalgesellschaften und Sektionen. Die Redaktion pflegt enge Verbindungen mit den Redaktionen der militärmedizinischen Zeitschriften der Sowjetarmee und der anderen sozialistischen Armeen.

Zentrale für Heimatdienst → *Amt Blank*

Zeremoniell in der NVA: durch Vorschriften festgelegte Anlässe und Formen zur → *Traditionspflege in der NVA* sowie zur militärischen Ehrung und Auszeichnung.

Zeremonielle sind in der NVA der DDR ein wichtiger Bestandteil der Pflege progressiver und revolutionärer Traditionen einschließlich militärischen Brauchtums. Sie zeigen den hohen Stand der Ausbildung, Disziplin und Ordnung der Truppen, vertiefen die enge Verbundenheit zwischen Volk und Armee und tragen zur Festigung des Klassen- und Staatsbewußtseins der Armeeangehörigen sowie zur Entwicklung ihres Waffenstolzes bei. Form und Inhalt der Zeremonielle sind geprägt vom sozialistischen Klassencharakter der NVA und unterscheiden sich dadurch ihrem Wesen nach von den Zeremoniellen in den Armeen herrschender Ausbeuterklassen der deutschen Geschichte ebenso grundsätzlich wie von denen in der Bundeswehr der BRD.

Einen wichtigen Platz unter den Zeremoniellen in der NVA nehmen die Paraden ein. Die Parade ist die höchste Form der militärischen Ehrenbezeigung. Es werden unterschieden: Paraden zu Land (einschließlich Feldparade), in der Luft, zu Wasser, kombinierte Paraden, Flaggenparaden und Trauerparaden. Erstmalig eröffneten am 1.5.1956 Paradeeinheiten der NVA die traditionelle Kampfdemonstration der Werktätigen auf dem Marx-Engels-Platz in der Hauptstadt der DDR, Berlin. In besonders ausgeprägter Weise wird so durch die Paradeformationen der NVA bekundet, wie eng die Armee des sozialistischen deutschen Staates den Traditionen verpflichtet ist. Es ist für die Angehörigen der NVA eine große Ehre und Auszeichnung, an dem zur Tradition gewordenen Zeremoniell der Paraden bei Höhepunkten in der geschichtlichen Entwicklung der DDR teilzunehmen. Feldparaden und Flottenparaden, zum Abschluß gemeinsamer Übungen und Manöver der Vereinten Streitkräfte durchgeführt, zeigen eindrucksvoll die militärische Einheit und Geschlossenheit der sozialistischen Staaten und die unverbrüchliche Waffenbrüderschaft ihrer Armeen.

Zu den Zeremoniellen in der NVA gehört auch der Einsatz von Ehreneinheiten und Ehrenwachen zur Ehrenbezeigung und bei besonderen Anlässen. Als Ehreneinheit kann eine aus je 1 Zug der Landstreitkräfte, Luftstreitkräfte und der Volksmarine zusammengesetzte Ehrenformation, eine Ehrenkompanie, ein Ehrenzug oder eine Ehrengruppe eingesetzt werden. Außer der letzteren führen diese Einheiten die Truppenfahne mit. In der Regel nimmt auch ein Musikkorps teil. Bei offiziellen Besuchen der höchsten Repräsentanten ausländischer Staaten in der DDR umfaßt das militärische Zeremoniell das Intonieren der Hymnen, den Salut der Nation (21 Schuß), die Meldung des Kommandeurs der Ehrenformation, den Gruß an die Truppenfahne, das Abschreiten der Ehrenformation und den Vorbeimarsch der Ehrenformation. Das Musikkorps intoniert bis zur Meldung den Marsch des Yorckschen Korps, während des Abschreitens der Front den Präsentiermarsch der NVA.

Für die zur Ableistung ihres Wehrdienstes einberufenen Wehrpflichtigen hat das Zeremoniell der Vereidigung erstrangige Bedeutung. Die Vereidigung kann in der Kaserne, in Gedenkstätten und anderen geeigneten Plätzen in der Öffentlichkeit durchgeführt werden. Es ist jedoch zur Tradition geworden, daß die jungen Soldaten den → *Fahneneid* an Mahn- und Gedenkstätten leisten, die den Kämpfern gegen Militarismus und Faschismus gewidmet sind und deren Vermächtnis das Volk der DDR und ihre NVA bewahren. Während der Kommandeur des Truppenteils den Wortlaut des Fahneneides verliest, die zu vereidigenden Armeeangehörigen ihn nachsprechen, erfassen 4 Soldaten mit der linken Hand das Fahnentuch der gesenkten Truppenfahne (→ *Fahne*). Vor und nach der Vereidigung intoniert das Musikkorps einen Parademarsch.

Ein weiteres bedeutendes Zeremoniell in der NVA ist die Verleihung der Truppenfahne. Die erste Truppenfahne nach Gründung der NVA erhielt am 30. 4. 1956 ein mech. Regiment. Die feierliche Fahnenübergabe dokumentierte die feste Einheit von Volk und Armee in der DDR. Arbeiter und andere Werktätige, Funktionäre der Partei- und Staatsführung, Ehrenformationen der Kampfgruppen der Arbeiterklasse und der Gesellschaft für Sport und Technik waren anwesend, als der damalige Minister für Nationale Verteidigung der DDR, Generaloberst Willi Stoph (geb. 1914), die Truppenfahne an den Regimentskommandeur übergab. Die Truppenfahne spielt seitdem bei den Zeremoniellen in der NVA eine hervorragende Rolle. Als Symbol der militärischen Ehre, des Ruhmes und der Tapferkeit befindet sie sich ständig bei der Truppe. Sie hat ihren Ehrenplatz im Traditionszimmer bzw. -kabinett und wird bei feierlichen Anlässen mitgeführt. An die Truppenfahne werden Schleifen mit den verliehenen Ehrennamen sowie andere Auszeichnungen geheftet.

Der Große → *Zapfenstreich* gehört seit den 60er Jahren zum Zeremoniell in der NVA. Anläßlich des 6. Jahrestages der NVA am 1. 3. 1962 fand er erstmalig, in der Hauptstadt der DDR, statt. Er wird seitdem auf Befehl des Ministers für Nationale Verteidigung in der Regel am Nationalfeiertag der DDR und an runden Jahrestagen der NVA sowie zu besonderen Anlässen in Berlin durchgeführt. Für den Großen Zapfenstreich wird ein Ehrenbataillon, bestehend aus 1 verstärkten Musikkorps, 1 Fahnenkommando, 2–3 Ehrenkompanien sowie Fackelträgern, zusammengestellt. Am Vorabend des 25. Jahrestages der NVA, am 28. 2. 1981, wurde der Große Zapfenstreich in der Hauptstadt der DDR zum ersten Mal in neuer, zeitlich erweiterter Form durchgeführt. Das Zeremoniell wird mit Zapfenstreichmusik aus dem progressiven militärischen Erbe eingeleitet. Sodann folgt «Festliche Zapfenstreichmusik», in der musikalische Themen des Jahrhunderte währenden revolutionären Kampfes zu erkennen sind. Unter präsentiertem Gewehr des Ehrenbataillons wird feierlich der Opfer des Faschismus und Militarismus gedacht. Während die Truppenfahne gesenkt verharrt, intonieren die Klangkörper den Trauermarsch «Unsterbliche Opfer». Einem Fanfarensignal folgt die Nationalhymne. D. Schostakowitschs (1906–1975) Lied «Für den Frieden der Welt» und der Vorbeimarsch der Ehrenformation beschließen das feierliche Zeremoniell. Es unterstreicht den Klassenauftrag der NVA, in enger Kampfgemeinschaft mit der Sowjetarmee und den anderen sozialistischen Bruderarmeen Sozialismus und Frieden zuverlässig zu schützen.

Großer Wachaufzug in Berlin

Ein nicht nur von den Armeeangehörigen, sondern auch von den Besuchern Berlins stark beachtetes Zeremoniell ist der Große Wachaufzug am Mahnmal für die Opfer des Faschismus und Militarismus in der Hauptstadt der DDR. Schon seit dem 1. 5. 1962 befindet sich an diesem Mahnmal eine ständige Ehrenwache der NVA. Die Ehrenerweisung erfolgt durch 2 Posten mit Gewehr am Eingang zum Mahnmal. Der Große Wachaufzug findet an jedem Mittwoch, am Tag der NVA (1. 3.), am Internationalen Kampf- und Feiertag der Werktätigen (1. 5.), am Tag der Befreiung (8. 5.) und am Tag der Republik (7. 10.) statt. An ihm nehmen 1 Musikkorps und 1 Spielmannszug, 1 Ehrenkompanie und 1 Ehrenwache teil. An den anderen Tagen wird ein Kleiner Wachaufzug mit einer Ehrenwache durchgeführt. Für den Großen und Kleinen Wachaufzug ist der Stadtkommandant der Hauptstadt der DDR verantwortlich.

Außer den angeführten Zeremoniellen finden in der NVA u. a. die folgenden statt: die Verleihung von Traditionsnamen an Truppenteile, Verbände und Lehreinrichtungen; die Verleihung der Fahnenschleife an vorbildliche Regimenter; die Verleihung von Namen an Schiffe und Boote; die Übergabe und Übernahme eines Truppenteils; die Ernennung zum ersten Offiziersdienstgrad und die Ablegung des Offiziersgelöbnisses durch die neuernannten Offiziere; die Verleihung von akademischen Graden; Kranzniederlegung an Ehrenmalen oder in Gedenkstätten; die Eskortierung von Flugzeugen.

Zerstörer: Klasse der leichten Überwasserkräfte (→ *Seestreitkräfte*) zur Bekämpfung von See-, Luft- und Küstenzielen sowie zur Durchführung von Sicherungs- und Geleitaufgaben.

Als Abwehrmittel gegen die seit den 70er Jahren des 19. Jh. von allen Seemächten gebauten → *Torpedoboote* entstanden in verschiedenen Ländern sog. Torpedokanonenboote, die zusätzlich zu ihrer Torpedobewaffnung mit einer Anzahl leichter Schnellfeuergeschütze versehen waren. Zum Prototyp wurde die 1886 in England gebaute «Destructor» (Zerstörer), die der sich neu herausbildenden Schiffsklasse ihren Namen gab. In den 90er Jahren wurden in England und anderen Ländern die ersten Torpedoboots-Z. gebaut, die bei einer Wasserverdrängung von 250 bis 400 t eine Geschwindigkeit von 25–28 kn entwickelten und den damaligen Torpedobooten außerdem an artilleristischer Bewaffnung überlegen waren. Turbinenantrieb und Ölfeuerung ermöglichten zu Beginn des 20. Jh. Geschwindigkeitssteigerungen auf über 30 kn. In der deutschen → *Kaiserlichen Marine* fand die Bezeichnung Z. keine Anwendung. Jedoch entsprach eine Anzahl von großen Torpedobooten, die während des ersten Weltkrieges gebaut wurden, in ihren taktisch-technischen Eigenschaften dieser Schiffsklasse. Der Versailler Vertrag von 1919 begrenzte die Zahl der Z. auf 12 Einheiten mit je 800 t. Da dieses Tonnagelimit den Bau größerer Z. ausschloß, beschränkte man sich in der Weimarer Republik auf den Bau von Torpedobooten. Ab 1934/35 entstanden die ersten 16 Z.neubauten für die faschistische Kriegsmarine, eine wenig gelungene Weiterentwicklung der großen Torpedoboote des Weltkrieges, mit über 3 000 t Wasserverdrängung, 5 127-mm-Geschützen, leichter Flak, 8 in Vierlingssätzen angeordneten Torpedorohren und einer Höchstgeschwindigkeit von 36 kn. Auch die nächstfolgenden, etwas vergrößerten Z. entsprachen etwa diesem Typ. Ab 1938 wurde, beginnend mit «Z 23», die artilleristische Hauptbewaffnung zeitweilig auf 4–5 150-mm-Geschütze vergrößert. Bei den folgenden Typen (ab «Z 35») ging man jedoch wieder auf das 127-mm-Kaliber zurück. Alle Z. waren mit Höchstdruck-Heißdampfanlagen ausgerüstet, die zwar hohe Geschwindigkeit, aber auch eine gewisse Störanfälligkeit bewirkten. Ein für reinen Dieselantrieb vorgesehener Z. wurde nicht mehr fertiggestellt. Während des zweiten Weltkrieges waren die Z. an

Entwicklung des Zerstörers in den imperialistischen deutschen Seestreitkräften 1900–1945

Bezeichnung	Große Torpedoboote		Zerstörer	
	B 109	V 116	Z 1	Z 23
Indienststellung	1915	1918	1937	1940
Besatzung	114	176	325	332
max. Wasserverdrängung (t)	1 843	2360	3 156	3605
Länge (m)	98,0	107,5	119,3	127,0
Breite (m)	9,4	10,4	11,3	12,0
Maschinenleistung (PS)	40700	55300	70000	70000
Geschwindigkeit (kn)	36	36	36	36
Fahrstrecke (sm/kn)	2620/20	2500/20	4400/19	5000/19
Artilleriebewaffnung Zahl/Kaliber (mm)	4/88 (ab Sommer 1916 4/105)	4/150	5/127 4/37 6/20	4/150 4/37 5/20
Torpedobewaffnung Zahl/Kaliber (mm)	6/500	4/600	8/533	8/533

Operationen schwerer Überwasserkräfte beteiligt. Darüber hinaus lösten sie vor allem Geleitschutz-, Aufklärungs-, Stör- und Transportaufgaben. Haupteinsatzgebiete waren Nord- und Ostsee, Atlantikküste und Nordmeer. Dabei erlitten die Z. vor allem beim faschistischen Überfall auf Norwegen im April 1940 sowie in den folgenden Jahren bei Operationen im Nordmeer, im Finnischen Meerbusen und in der Biskaya schwere Verluste. Einige Einheiten fielen bei Kriegsende in alliierte Hände.

Aufgrund ihrer vielseitigen Verwendbarkeit erfuhren die Z. nach 1945 eine bedeutende Weiterentwicklung. Moderne Z., die in den meisten größeren Flotten die zahlenmäßig stärkste Schiffsklasse bilden, verfügen bei einer Wasserverdrängung von 3000 bis 5000 t und mehr über universelle Bewaffnung (Raketen zur Vernichtung von Luft-, See- und Küstenzielen, Universalschiffsgeschütze, Torpedos, U-Boot-Abwehrwaffen, Minen usw.). Damit sind sie u. a. zur Bekämpfung von gegnerischen Über- und Unterwasserkräften, zur Sicherung von größeren Kriegsschiffen, zum Geleiten von Landungsverbänden und zum Angriff auf Küstenobjekte verwendbar. Im Rahmen der verbündeten Ostseeflotten des → *Warschauer Verteidigungsbündnisses* verfügen die Baltische Flotte der UdSSR und die Polnische Seekriegsflotte über moderne Z. *(s. Abb. S. 895, 897)*

Zeughaus: vom 16. bis 19. Jh. zur Lagerung von Waffen, Munition und Kriegsgerät dienendes Gebäude.

Mit der Verbreitung der Feuerwaffen entstanden seit Beginn des 15. Jh. in den europäischen Staaten auch besondere Gebäude zu ihrer Lagerung. In den deutschen Ländern wurden sie anfangs vor allem zum Aufbewahren des «Zeugs» verwendet, d. h. der Geschütze und Geräte der → *Artillerie*, weshalb sie den Namen Z. erhielten. Zu den ersten bedeutenden Z. gehörte das 1563 in Dresden errichtete, das Mitte des 18. Jh. Waffen für etwa 100000 Mann und rd. 1500 Geschütze beherbergte. Bald dienten die Z. auch zur Lagerung von → *Kaltwaffen*, → *Stangenwaffen*, anderem Kriegsgerät sowie Munition. In der zweiten Hälfte des 17. Jh. wurden die Z. zu Magazinen für Bewaffnung und Ausrüstung der stehenden Söldnerheere, teilweise bereits mit eigenem Personal. In Brandenburg-Preußen z. B. wurde unter Kurfürst Friedrich Wilhelm (1620–1688) die Verwaltung von Waffen und Kriegsgerät in den Z. der Festungen durch Zeugmeister und Zeugwärter organisiert. 1716 erfolgten in der preußischen Armee die Trennung der Zeug- von den Artillerieoffizieren und die Bil-

Zeughaus, 18. Jh.

dung einer besonderen Verwaltung für die Waffen und Geräte, die nicht zur Grundausstattung der Truppe gehörten. Das sächsische Haupt-Z. in Dresden, dem zugleich die Z. in den Festungen Königstein, Wittenberg und Torgau unterstanden, wurde 1810 unter Leitung eines → *Intendanten* dem Artilleriekorps angegliedert. Seit seinem Umbau zum Albertinum (1890) beherbergt es Kunstschätze. Durch die Erweiterung der Aufgaben der Z. auf Produktion und Instandsetzung von Militärtechnik entstanden die → *Arsenale.* In der zweiten Hälfte des 19. Jh. führten die zahlenmäßige Verstärkung der Heere sowie ihr wachsender Bedarf an vielfältigem Material zur Umorganisation der Z. in Depots für die Waffengattungen und Spezialdienste. In ihnen lagerte die Ausstattung für die im Mobilmachungsfall aufzustellenden Kriegsformationen. Die Depots unterstanden der in Sachsen 1892, in Preußen 1898 und in Bayern 1906 geschaffenen Feldzeugmeisterei (→ *Generalfeldzeugmeister*).

Eine besondere Rolle spielte das Z. in Berlin, erbaut von 1696 bis 1706, als zentrales Waffenmagazin der preußischen Armee. Am 14. 6. 1848 stürmten revolutionäre Arbeiter und Handwerker das Z., um sich zu bewaffnen (→ *Zeughaussturm in Berlin 1848*). Durch Kabinettsorder vom 28. 3. 1875 wurde das Z. in eine sog. Ruhmeshalle für die preußische Armee umgewandelt. Als bedeutendstes militärhistorisches Museum des imperialistischen Deutschlands trug das Berliner Z. dazu bei, die Bevölkerung militaristisch und nationalistisch zu beeinflussen. Seit 1952 befindet sich im ehem. Berliner Z. das Museum für Deutsche Geschichte, das zentrale historische Museum der DDR.

Zeughaussturm in Berlin 1848: Besetzung des preußischen zentralen Waffenmagazins in der → *Revolution 1848/49* durch Arbeiter und Handwerker am 14. 6., um die → *allgemeine Volksbewaffnung* durchzusetzen.

Die Volksbewaffnung hatte zwar mit den → *Märzkämpfen 1848* begonnen, jedoch blieben die Arbeiter und armen Handwerker weitgehend von der Bürgerwehr ausgeschlossen. Als am 9. 6. die Mehrheit der preußischen verfassunggebenden Versammlung gegen die Anerkennung der Revolution stimmte, antworteten die Berliner Volksmassen mit neuen Aktionen. Dabei wurden auch die Forderungen nach einer wirklichen Bewaffnung des Volkes zur Sicherung der revolutionären Errungenschaften immer nachdrücklicher. Am 14. 6. erreichte die Aktivität der Massen ihren Höhepunkt. Auf die Nachricht, daß Demonstranten von Polizei und Bürgerwehr blutig auseinandergejagt worden waren, forderte eine nahe dem → *Zeughaus* (heute Museum für Deutsche Geschichte) versammelte große Volksmenge erneut die vollständige Volksbewaffnung. Als sich die Menge dem Zeughaus zuwandte und einige Steine geworfen wurden, eröffnete die vor dem Gebäude postierte Bürgerwehrabteilung das Feuer. 2 Arbeiter wurden getötet und mehrere verwundet. Doch die über die Bluttat empörte Volksmasse wich nicht. Gegen 20 Uhr gelang es ihr, in das Zeughaus einzudringen und bald dessen Besatzung (3 Offiziere und 150 Infanteristen) zum Abzug zu zwingen. Die Arbeiter bemächtigten sich der Waffen, darunter des bisher geheimgehaltenen neuen → *Zündnadelgewehrs.* Die Besetzung des Zeughauses war ein bedeutsamer Erfolg. Er konnte jedoch nicht gesichert werden, da der spontanen Aktion eine zielbewußte Leitung fehlte. Noch in der Nacht brachten Truppen und Bürgerwehr das Zeughaus wieder in ihre Hand, ohne auf organisierten Widerstand zu stoßen. Die Arbeiter und Handwerker wurden fast vollständig entwaffnet. Einige Anführer des Zeughaussturms, aber auch der Kommandant der Zeughausbesatzung erhielten hohe Festungsstrafen. Den Arbeitern war der Sieg entrissen worden und damit der erste Versuch gescheitert, die Revolution durch eine Massenaktion weiterzuführen. Doch bewies der Zeughaussturm nachhaltig die Kampfbereitschaft der Volksmassen. Karl Marx (1818–1883) und Friedrich Engels (1820–1895) verteidigten in der «Neuen Rheinischen Zeitung» dieses Ereignis gegen die Verleumdungen seitens der Reaktion und der Großbourgeoisie und werteten es als das «erste Wetterleuchten» einer zweiten Revolution (K. Marx/F. Engels, 5, S. 79).

zivile Verteidigung in der BRD: Bestandteil des als Gesamtverteidigung bezeichneten Systems umfassender Kriegsvorbereitung und geplanter Kriegführung gegen die sozialistischen Staaten, der Aufgaben zur Sicherung und Festigung der imperialistischen Klassenherrschaft im Innern, zur Unterstützung der Streitkräfte (vornehmlich bei der Aufrechterhaltung der Operationsfreiheit) sowie zur Verhütung und Abwehr von Havarien und Katastrophen zu lösen hat.

Der Aufbau einer zivilen Verteidigung (auch «Zivilverteidigung») erfolgte in der BRD in engem Zusammenhang mit der Festigung des monopolkapitalistischen Herrschaftsmechanismus und der militärischen Aufrüstung. Bereits in der Zeit der → *Remilitarisierung der BRD* wurden Maßnahmen eingeleitet, um die imperialistischen Machtpositionen gegen einen sog. Notstand, d. h. vor allem gegen die antimilitaristische Volksbewegung, abzusichern. Als staatliches Leitorgan entstand 1949 die Unterabteilung «Öffentliche Sicherheit» im Bundesministerium des Innern der BRD. 1950 wurde das Technische Hilfswerk (THW) gegründet, eine Organisation aus freiwilligen Helfern mit vorwiegend technischen Berufen. Von der BRD-Regierung gefördert, erfüllt sie neben ihren Einsatzaufgaben bei Katastrophen Streikbrecherfunktionen und hat Leistungen zur Sicherung der Operationsfreiheit der Streitkräfte zu erbringen. Analoge Aufgaben wurden den Feuerwehren, dem Deutschen Roten Kreuz, dem Malteser-Hilfsdienst sowie dem Arbeiter-Samariter-Bund im Rahmen der Notstandsplanung übertragen. Einen zentralen Platz nehmen darin der 1951 gebildete → *Bundesgrenzschutz der BRD (BGS)* sowie die Bereitschaftspolizeien der Länder ein. Sie entwickelten sich zum Rückgrat der zivilen Verteidigung in der BRD. Unter dem Deckmantel des Schutzes der Zivilbevölkerung im Kriegsfall wurde am 12. 3. 1951 die Arbeitsgemeinschaft Luftschutz gegründet. Ihrer Tätigkeit lagen Erfahrungen vor allem des faschistischen Luftschutzes in den Jahren des zweiten Weltkrieges zugrunde. Dazu wurden u. a. durch die → *Gesellschaft für Wehrkunde* Studien erarbeitet, in denen gleichzeitig Anforderungen eines modernen, unter Einsatz von Kernwaffen geführten Aggressionskrieges Berücksichtigung fanden. Die 1953 geschaffene Bundesanstalt für zivilen Luftschutz begann mit der Heran- und Weiterbildung von Kadern und war an entsprechenden theoretischen Vorarbeiten beteiligt. Die Ergebnisse fanden ihren Niederschlag in einem Vorläufigen Luftschutzprogramm, das im Juli 1955 von der Regierung der BRD offiziell gebilligt wurde. Dieser Zusammenhang macht deutlich, daß die Einbeziehung der BRD in die NATO und die Aufstellung der → *Bundeswehr der BRD* durch entsprechende Aktivitäten im nichtmilitärischen Bereich ergänzt und aktiv gefördert wurden.

Am 9. 10. 1957 erließ der Bundestag der BRD das «Erste Gesetz über Maßnahmen zum Schutze der Zivilbevölkerung». Am 5. 12. 1958 wurde die Bundesanstalt für zivilen Luftschutz zum Bundesamt für zivilen Bevölkerungsschutz umgebildet. Damit war konzeptionell wie organisatorisch der Rahmen für den Auf- und Ausbau der zivilen Verteidigung der BRD als Bereich der sog. Gesamtverteidigung abgesteckt. Sie erhielt im Zuge der Notstandsgesetzgebung (am 28. 6. 1968 als Notstandsverfassung in Kraft gesetzt) durch den Bundestag der BRD ihre gegenwärtig noch voll gültige juristische Fixierung und begriffliche Bestimmung. Sie gliedert sich danach in Zivile Verteidigung im nationalen Bereich und in Zivile NATO-Verteidigung. Zu ihren Hauptaufgaben gehören: 1. Aufrechterhaltung der Staats-

Zivile Verteidigung in der BRD 1980

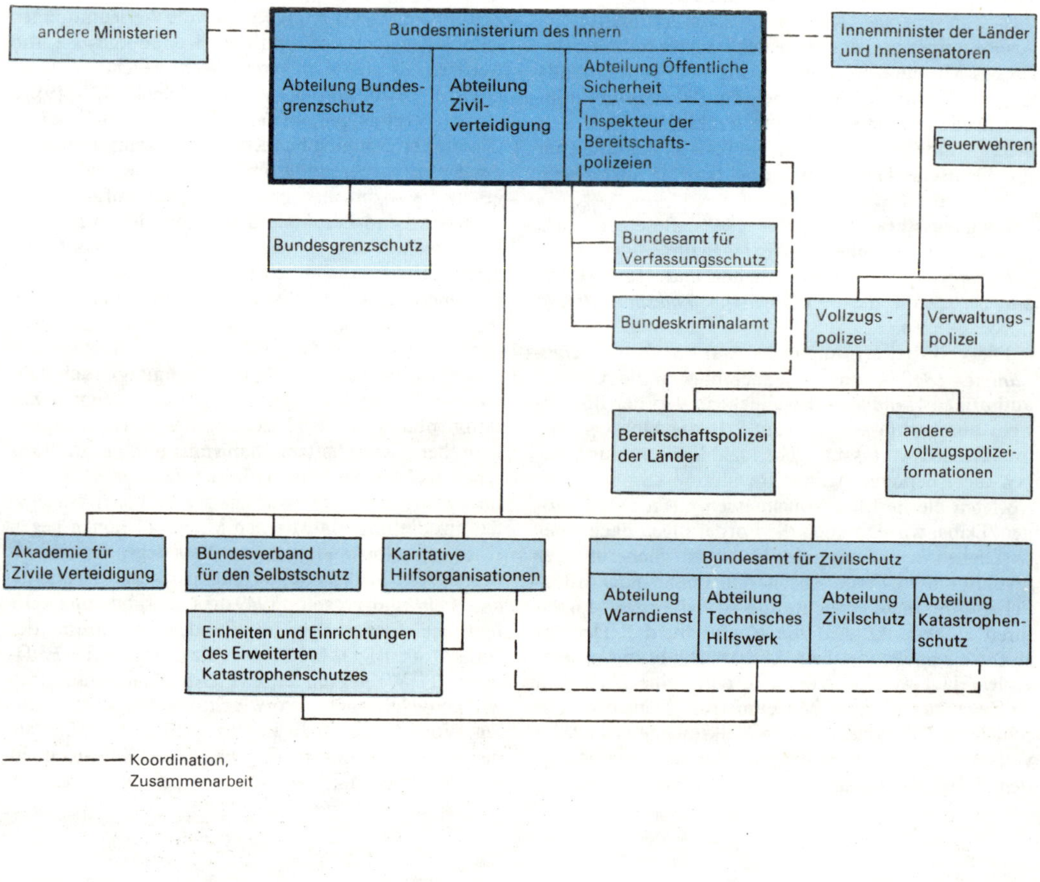

und Regierungsgewalt, 2. Zivilschutz, 3. Versorgung, 4. Unterstützung der Streitkräfte. Das System der zivilen Verteidigung in der BRD löst diese Aufgaben in enger Zusammenarbeit mit anderen staatlichen und gesellschaftlichen Einrichtungen. Als spezielles Führungsorgan fungiert die Abteilung Zivilverteidigung im Bundesministerium des Innern der BRD. Ihr unterstehen das Bundesamt für zivilen Bevölkerungsschutz mit seinen Einheiten und Einrichtungen, einschließlich des Technischen Hilfswerks (THW) und der 1966 gegründeten Akademie für Zivile Verteidigung mit Sitz in Bonn. Über einen Inspekteur übt die Abteilung außerdem die Aufsicht über die Bereitschaftspolizeien der Länder und andere Polizeiformationen aus.

Die zivile Verteidigung in der BDR wirkt eng mit der → *Territorialorganisation der Bundeswehr der BRD* zusammen. Dem dient ein umfassender Maßnahmekatalog zur Erfüllung von Anforderungen insbesondere der Militärorganisation der NATO. Dazu gehören die Bildung gemeinsamer Stäbe, gemeinsame Planungsvorarbeiten und die Durchführung gemeinsamer Übungen von militärischen, Polizei-, Bundesgrenzschutz- und Katastrophenschutzkräften. Anfang der 80er Jahre verfügte die Organisation der zivilen Verteidigung in der BRD über Einsatzkräfte in Stärke von 1,2 Mill. Mann.

Zivilverteidigung der DDR: Organisation für den Schutz der Bevölkerung, der Volkswirtschaft, der lebensnotwendigen Einrichtungen und der kulturellen Werte vor den Folgen von Katastrophen, Havarien u. ä., im Kriegsfalle auch von militärischen Aggressionshandlungen.

In Verbindung mit anderen Maßnahmen zum Schutz der Errungenschaften der DDR wurde Mitte der 50er Jahre begonnen, spezielle Einrichtungen für die Bekämpfung von Katastrophen zu schaffen. Bei den Feuerwehren entstanden dafür besondere Züge und Gruppen sowie Nachrichten- und Sanitätstrupps. Diese Einsatzkräfte wurden 1956 aus dem Bestand der Feuerwehr herausgelöst. Es erfolgte die Bildung der Verwaltung Aktiver Brandschutz im Ministerium des Innern und entsprechender Arbeitsgruppen auf der Ebene der Räte der Bezirke. Kader für leitende Funktionen in den Organen Aktiver Brandschutz bereiteten sich durch ein Studium an der zentralen Lehreinrichtung für Luftschutz in der UdSSR auf ihre Tätigkeit vor. In speziellen Schulungskursen wurden die verantwortlichen Leiter der Einsatzgruppen in ihre Aufgaben eingewiesen. Am 11. 2. 1958 beschloß die Volkskammer der DDR das Gesetz über den Luftschutz in der DDR (Luftschutzgesetz). Folgende Aufgaben wurden von den bei den Ministerien, den Räten der Bezirke, Kreise und Städte sowie in den volkswirtschaftlich wichtigsten Betrieben und Einrichtungen gebildeten Stäben und Einsatzgruppen des Luftschutzes in Angriff genommen: Aufbau eines Warnsystems; Aufstellung, Ausrüstung und Ausbildung von Luftschutzformationen auf freiwilliger Basis; Schaffung von Reserven für die medizinische und sonstige lebenswichtige Versorgung der Bevölkerung; Schaffung von geeigneten Schutzräumen in Wohngebieten, Betrieben und Einrichtungen. Der Erlaß des Luftschutzgesetzes gilt als Gründungsakt der heutigen Z.

Mit der Annahme des Gesetzes über die Z. (Zivilverteidigungsgesetz) vom 16. 9. 1970 wurde den wachsenden Erfordernissen eines wirksamen Bevölkerungsschutzes und der Sicherung lebenswichtiger Bereiche der sozialistischen Gesellschaft, auch im Falle einer imperialistischen Aggression, Rechnung getragen. Dementsprechend erfolgte der Aufbau der Einsatzkräfte der Z. Dazu gehören: Rettungs-, Bergungs- und Instandsetzungs-, Entgiftungs-, Sanitäts-, Brandschutz-, Versorgungs-, Aufklärungs- und Geräteformationen sowie Spezialeinrichtungen zur sanitären Behandlung und zur Entaktivierung. Die Formationen sind in Züge und Gruppen gegliedert. Alle grundsätzlichen staatlichen Maßnahmen der Z. beschließt der Ministerrat der DDR auf der Grundlage von Beschlüssen des → *Nationalen Verteidigungsrates der DDR*. Der Ministerrat sichert die Erfüllung der Aufgaben der Z. als Bestandteil der staatlichen Leitung und Planung. Das zentrale Führungsorgan der Z. ist die Hauptverwaltung Z. mit Sitz in Berlin. Bei den Leitern der Z. in den Bezirken, Kreisen, Städten und Gemeinden bestehen Stäbe der Z. Entsprechend dem komplexen Charakter der Z. ist deren Vorbereitung und Durchführung Aufgabe aller Staats- und Wirtschaftsorgane, Betriebe und Einrichtungen, die sie in enger Zusammenarbeit mit den gesellschaftlichen Organisationen unter Einbeziehung breitester Teile der Bevölkerung lösen. Die Minister (ausgenommen die der bewaffneten Organe), die Leiter der anderen zentralen Staatsorgane, die Vorsitzenden der örtlichen Räte, die Leiter der wirtschaftlichen Organe, Kombinate, Betriebe oder Einrichtungen sowie die Vorsitzenden der Genossenschaften sind Leiter der Z. in ihrem Verantwortungsbereich. Die Bürger der DDR und ihre gesellschaftlichen Organisationen und Vereinigungen haben das Recht und die Pflicht, an der Vorbereitung und Durchführung der Maßnahmen der Z. mitzuwirken. Zur Lösung der Aufgaben der Z. kann eine Dienstpflicht eingeführt werden.

Die im Bereich der Z. Tätigen setzen sich zusammen aus aktiven Dienst Leistenden (Soldaten, Unter-

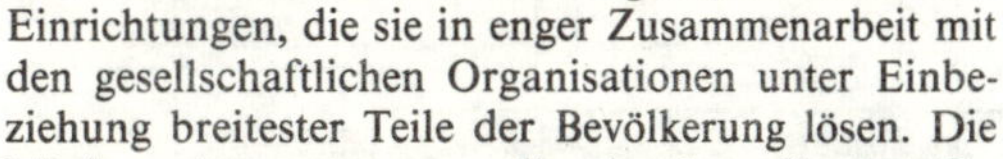

Ärmelstreifen für die Angehörigen der Zivilverteidigung der DDR

offiziersschüler, Unteroffiziere, Offiziersschüler, Offiziere), deren Dienstgrade bis Oberst den Zusatz «der ZV» haben; Leitern und Mitarbeitern von Staats- und Wirtschaftsorganen, Betrieben und Einrichtungen; ehrenamtlich mitwirkenden Bürgern.

Der aktive Dienst ist auf der Grundlage des Verteidigungsgesetzes vom 13. 10. 1978 und des Wehrdienstgesetzes vom 25. 3. 1982 durch die «Anordnung des Nationalen Verteidigungsrates der DDR über den Verlauf des Dienstes in der Zivilverteidigung – Dienstlaufbahnordnung – ZV –» vom

Führungsaufbau der Zivilverteidigung der DDR 1980

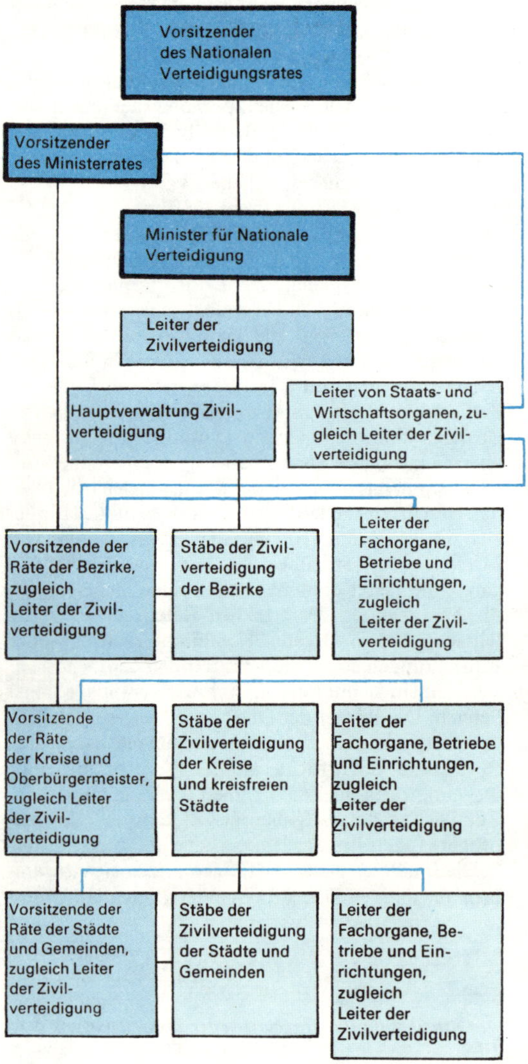

Dienstgradbezeichnungen für die Angehörigen der Zivilverteidigung

Dienstgradgruppen	Dienstgrad
a) Soldaten	Soldat der ZV Gefreiter der ZV
b) Unteroffiziersschüler	Unteroffiziersschüler der ZV (sie sind dem Dienstgrad nach den Gefreiten gleichgestellt)
c) Unteroffiziere	Unteroffizier der ZV Unterfeldwebel der ZV Feldwebel der ZV Oberfeldwebel der ZV Stabsfeldwebel der ZV
d) Offiziersschüler	Offiziersschüler der ZV (sie sind dem Dienstgrad nach gleichgestellt im 1. Studienjahr den Feldwebeln im 2. Studienjahr den Oberfeldwebeln im 3. Studienjahr den Stabsfeldwebeln)
e) Offiziere	
– Leutnante	Unterleutnant der ZV Leutnant der ZV Oberleutnant der ZV
– Hauptleute	Hauptmann der ZV
– Stabsoffiziere	Major der ZV Oberstleutnant der ZV Oberst der ZV
– Generale	Generalmajor Generalleutnant Generaloberst

25. 3. 1982 geregelt. Die im aktiven Dienst Stehenden tragen an ihrer steingrauen Uniform einen Ärmelstreifen mit der Aufschrift «Zivilverteidigung». Sie leisten einen Diensteid.

Für die ehrenamtliche Tätigkeit im Rahmen der Z. gilt die «Ordnung über den Dienst in den Einsatzkräften der Zivilverteidigung».

Große Aufmerksamkeit wird in der Z. der systematischen Heran- und Weiterbildung der Kader gewidmet. Neben der Profilierung der Ausbildungslehrgänge an den Bezirksschulen der Z. erhielt im

«Verdienstmedaille der Zivilverteidigung» in Gold;
seit 1970 in 3 Stufen

Juni 1979 das Institut für Z. (Beeskow) den Status einer Lehreinrichtung mit Hochschulcharakter. Ihm wurde die Aufgabe übertragen, Offiziere der Z. heranzubilden sowie die Aus- und Weiterbildung leitender Kader für die Führungsorgane und Einsatzkräfte der Z. auf hohem Niveau durchzuführen. An Hoch- und Fachschulen, im Rahmen der Berufsausbildung sowie an den polytechnischen und erweiterten Oberschulen werden Kenntnisse und Fähigkeiten zur Wahrnehmung der Aufgaben in der Z. vermittelt. Die Zeitschrift «Schützen und Helfen», hrsg. von der Hauptverwaltung Z., behandelt Grundfragen und aktuelle Aufgaben der Z. Die Organe der Z. arbeiten eng mit dem → *Deutschen Roten Kreuz der DDR (DRK)* zusammen. Brüderliche Beziehungen bestehen zu Organen der Zivilverteidigung der UdSSR und anderer sozialistischer Staaten. In den Formationen der Z. leisten Hunderttausende Bürger der DDR freiwillig und ehrenamtlich einen bedeutenden Beitrag zum Schutz der sozialistischen Heimat. Davon zeugen u. a. durchgeführte zentrale und örtliche Leistungsvergleiche, die vorrangig auf die Steigerung der Einsatzbereitschaft der Führungsorgane und Kräftegruppen gerichtet sind. Die Übungen werden so angelegt, daß damit gleichzeitig ein volkswirtschaftlicher Nutzen verbunden ist. Ein hohes Maß an Einsatz- und Opferbereitschaft haben die Formationen und Einrichtungen der Z. bei Rettungs- und Hilfeleistungsmaßnahmen im Katastrophenfall bewiesen. Am 16. 9. 1970 wurde die Verdienstmedaille der Z. in 3 Stufen, am 25. 10. 1977 die Medaille für treue Dienste in der Z. in 4 Stufen (für Personen in einem Dienst- oder Arbeitsrechtsverhältnis) sowie die Medaille für treue Pflichterfüllung in der Z. in 3 Stufen (für neben- und ehrenamtlich Tätige) gestiftet. Anläßlich ihres 25. Jahrestages erhielt die Z. in Anerkennung der vorbildlichen Leistungen ihrer Angehörigen und freiwilligen Mitarbeiter den Vaterländischen Verdienstorden in Gold verliehen.

Z-Plan: im Januar 1939 bestätigtes Rüstungsprogramm der faschistischen deutschen Kriegsmarine.

Bei der Vorbereitung der faschistischen Wehrmacht auf den zweiten Weltkrieg lag der Rüstungsschwerpunkt bei den Land- und Luftstreitkräften. Die Seestreitkräfte waren seit 1933 zwar beträchtlich verstärkt worden, aber ihre Kampfkraft entsprach nicht den Anforderungen eines langwierigen Seekrieges, insbesondere gegen die starke britische Flotte. Ein «Planungsausschuß Seekriegführung gegen Großbritannien» erarbeitete im Herbst 1938 Varianten für eine umfassende maritime Rüstung, die dem am 27. 1. 1939 bestätigten sog. Z. zugrunde lag. Der Ausschuß erklärte entsprechend den Weltmachtzielen des deutschen Imperialismus den schnellen Ausbau der faschistischen Kriegsmarine zur vorrangigen Aufgabe der Rüstung und sah ein spezielles Marinerüstungsprogramm vor. Schwerpunkt dabei war die Überwasserflotte, vor allem der Bau von Schlachtschiffen. Alle im Z. vorgesehenen Kriegsschiffsklassen sollten hohe Kampfkraft und Geschwindigkeit sowie großen Aktionsradius in sich vereinen und den entsprechenden Schiffsklassen der übrigen Seemächte überlegen sein. Der Z., der die in der Seekriegsleitung dominierende Unterschätzung der U-Boote und der Flugzeugträger widerspiegelte, entsprach der seestrategischen Konzeption vom atlantischen Zufuhrkrieg. Dieser Konzeption zufolge sah die faschistische Führung die strategische Hauptaufgabe der Seekriegführung darin, die Seeherrschaft auf dem Atlantik zu erobern, um die gegnerischen Zufuhren möglichst restlos abzuschneiden und die eigenen weitgehend aufrechtzuerhalten. Nach der Entfesselung des zweiten Weltkrieges trat der Z. zugunsten der Forderungen der Land- und Luftstreitkräfte mehr und mehr in den Hintergrund. Lediglich der Bau von U-Booten wurde forciert, als sich herausstellte, daß mit dieser Waffe beträchtliche Erfolge zu erzielen waren.

Geplanter Schiffsbestand der faschistischen Kriegsmarine nach dem Z-Plan

Typ	Bis Ende 1943	Endziel 1947	Schiffsbestand Sept. 1939
Schlachtschiffe/ Schlachtkreuzer	6	10	2
Panzerschiffe (20000 t)	3	10	–
Panzerschiffe (10000 t)	3	3	3
Flugzeugträger	2	4	–
Schwere Kreuzer	5	5	2
Leichte Kreuzer	3	12	6
Spähkreuzer	2	20	–
Zerstörer	44	58	22
Torpedoboote	44	78	16
U-Boote	161	249	57
Schnellboote	48	75	25

Zünder → *Artillerie*, → *Geschütz*

Zündnadelgewehr: von den 40er bis 70er Jahren des 19. Jh. verwendete → *Handfeuerwaffe* mit gezogenem Lauf, deren patronierte Munition mittels einer auf eine Zündkapsel treffende Stahlnadel gezündet wurde.

Anfang des 19. Jh. befanden sich noch vorwiegend → *Vorderlader* mit Steinschloß in der Bewaffnung der europäischen Armeen. Angeregt durch Fortschritte in der Metallherstellung und -bearbeitung, die Entwicklung einer besonderen Zündmasse und die Konstruktion eines durch Perkussion (Schlag,

Stoß) auf diese Masse wirkenden Schlosses (→ *Perkussionsgewehr*), setzten in mehreren Ländern Bemühungen ein, mit neuen Gewehrmodellen eine Erhöhung der Feuerkraft der Infanterie zu erreichen. Die Versuche richteten sich vor allem auf eine Vereinigung der Vorteile des gezogenen Laufes mit denen eines → *Hinterladers.* 1835 gelang Nikolaus Dreyse (1787–1867), Mechaniker und Teilhaber einer Zündhütchenfabrik in Sömmerda, nach mehrjährigen Erprobungen mit dem Z. eine brauchbare Konstruktion. Der von Dreyse konstruierte Zylinderverschluß war eine entwicklungsfähige Lösung für den gasdichten Verschluß an Hinterladern. Die dazu entwickelte Einheitspatrone mit Papierhülle vereinigte erstmals alle Elemente der für die Abgabe eines Schusses erforderlichen Chargierung (Treibladung, Zündkapsel, Geschoß, Treibspiegel zur Geschoßführung). Die Geschoßform veränderte sich von der anfänglichen Rundkugel über das Spitzgeschoß bis zum Langblei (→ *Munition*).

Das auf Anordnung der preußischen Militärverwaltung insgeheim in der Truppe erprobte, seit 1840 mit dem Decknamen «leichtes Perkussionsgewehr M 41» bezeichnete Z. hatte ein Kaliber von 15,4 mm. Die Schußfolge betrug 5 Schuß/min, die maximale Schußweite 1200 m. Die von Dreyse mit staatlicher Unterstützung produzierte Waffe wurde jedoch zunächst noch nicht offiziell in die Armee eingeführt, sondern in Depotbeständen gesammelt. Während der → *Revolution 1848/49* erbeuteten revolutionäre Arbeiter und Handwerker beim Sturm auf das Berliner Zeughaus am 14. 6. 1848 dort lagernde Z.; die Geheimhaltung wurde durchbrochen. Etwa zur selben Zeit begann die Ausgabe an die Truppe, zunächst an die Gardeinfanterieregimenter und die Füsilierbataillone.

In der Reichsverfassungskampagne waren die zur Niederwerfung des Aufstandes in Dresden und der → *badisch-pfälzischen Revolutionsarmee 1849* eingesetzten preußischen Truppen teilweise mit dem Z. bewaffnet. Nach Einbeziehung der staatlichen Gewehrfabriken in die Produktion konnte bis 1854 fast die gesamte Feldarmee mit dem Z. ausgerüstet werden. Überlegene Feuergeschwindigkeit, leichtere Handhabbarkeit, Funktionssicherheit und Treffgenauigkeit sowie verschiedene Anschlagmöglichkeiten bewirkten eine beträchtliche Erhöhung der Kampfkraft der preußischen Infanterie, die in den Kriegen von 1864 und 1866 erfolgreich genutzt wurde. Auf dem System des Z. beruhende Modelle fanden in größerem Umfang in den Armeen Rußlands und Italiens Verwendung. 1872 wurde ein von den Gebrüdern Mauser entwickelter Einzellader mit stabilem Schlagstift und Metallpatrone in die preußisch-deut-

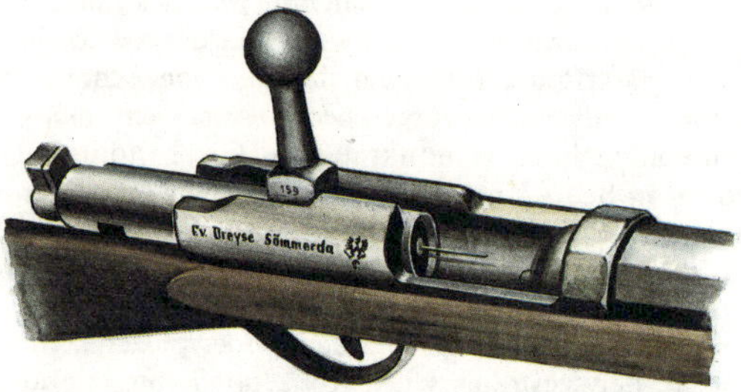

1

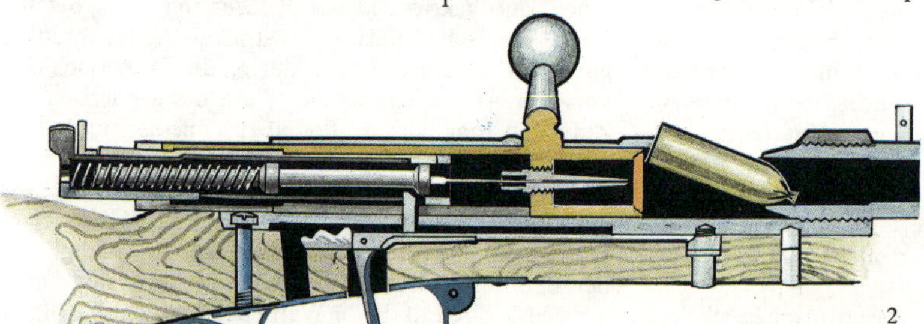

2

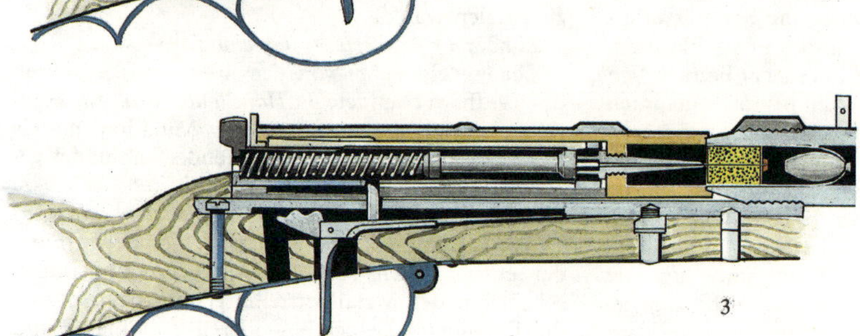

3

Funktionsweise des Dreyse-Zündnadelgewehrs, 1841:
1 Öffnen des Schlosses;
2 Einführen der Patrone in die Kammer;
3 Verriegeln der Kammer und Spannen der Zündnadel durch den Verriegelungsvorgang

sche Armee eingeführt, nachdem im → *Deutsch-Französischen Krieg 1870/71* das Z. dem verbesserten französischen Chassepotgewehr unterlegen war.

Die höhere Feuerkraft des Z. förderte die weitere Auflockerung der Gefechtsordnung der Infanterie (Schützenschwarm). Das Zylinderschloß wurde in seinem Grundprinzip zum Vorbild fast aller später entwickelten Armeegewehre. In seiner technischen Entwicklung war das Z. ein wichtiges Bindeglied zwischen dem Einzellader und dem sich Ende des 19. Jh. durchsetzenden → *Mehrladegewehr. (s. Abb. S. 275, 654)*

zweite Front: Bezeichnung für die anglo-amerikanische Invasion und Eröffnung eines Kriegsschauplatzes in Westeuropa zur Bindung und Zerschlagung einer starken strategischen Gruppierung der faschistischen deutschen Wehrmacht im zweiten Weltkrieg (→ *Weltkrieg, zweiter, 1939–1945*).

Nach dem Überfall des faschistischen deutschen Imperialismus auf die UdSSR bildete sich bis Ende 1941 die Antihitlerkoalition heraus. Die vordringlichste Aufgabe der in diesem antifaschistischen Bündnis vereinten Mächte bestand darin, die faschistischen Aggressoren zielstrebig und schnell in koordinierten Handlungen zu besiegen. Die deutsch-sowjetische Front war vom ersten Tag ihres Bestehens an die Hauptfront des Krieges. Hier kämpften bis zur Eröffnung der z. F. mehr als zwei Drittel des Heeres und ein Großteil der Luftwaffe der faschistischen Wehrmacht, die von den finnischen Streitkräften sowie von starken italienischen, rumänischen und ungarischen Verbänden unterstützt wurden. Die Hauptlast des Kampfes gegen das faschistische Deutschland und dessen Verbündete trug die Sowjetunion.

Schon im Juli 1941 hatte die Sowjetregierung die Errichtung einer z. F. in Europa gefordert und kämpfte seitdem hartnäckig dafür. Sie wurde dabei nachdrücklich von den Volksmassen in den USA und in Großbritannien unterstützt. Die sich dort entwickelnde Bewegung für die z. F. erlangte seit den Erfolgen der sowjetischen Streitkräfte im Winter 1941/42 immer größere Bedeutung im gesellschaftspolitischen Leben dieser Länder. Die Regierungen der Westmächte waren gezwungen, in der Öffentlichkeit das Verlangen nach unverzüglicher Eröffnung der z. F. anzuerkennen. Die Realisierung zögerten sie jedoch unter verschiedenen Vorwänden bis zum Frühsommer 1944 hinaus. Zwar wurden die Politik und die Strategie der USA und Großbritanniens von der Erkenntnis bestimmt, daß dem faschistischen Deutschland nur im gemeinsamen Kampf mit der Sowjetunion der Weg zur Weltherrschaft verlegt werden konnte. Aber zugleich beeinflußten die imperialistischen Kriegsziele verschiedener Monopolfraktionen sowie die antikommunistische Einstellung maßgeblicher Politiker die strategischen Entscheidungen insbesondere hinsichtlich der frühzeitigen Eröffnung einer z. F. in Westeuropa. Ultrareaktionäre Gruppierungen in den USA und Großbritannien spekulierten sogar darauf, daß sich Deutschland und die Sowjetunion gegenseitig maximal schwächen würden.

Im Mai 1942 wurde ein sowjetisch-britischer Ver-

Eröffnung der zweiten Front durch die Landung der anglo amerikanischen Truppen in der Normandie, 6. Juni 1944

trag über das Bündnis im Krieg gegen Hitlerdeutschland und im Juni ein Abkommen zwischen der UdSSR und den USA über die Prinzipien der gegenseitigen Hilfe in der Kriegführung gegen die Aggressoren unterzeichnet. Die Westmächte verpflichteten sich, die z. F. in Europa im Jahr 1942 zu eröffnen. Die militärische Führung der USA erarbeitete Pläne für eine begrenzte Landungsoperation in Nordwestfrankreich mit dem Ziel, 1942 einen Landekopf zu schaffen, in dem dann im Frühjahr 1943 eine Großlandung durchgeführt werden sollte. Diesen Plänen widersetzte sich vor allem die britische Regierung. Sie drängte entsprechend ihrer sog. peripheren Strategie auf die Besetzung Französisch-Nordafrikas, um günstige Positionen für einen Vorstoß nach Italien und zum Balkan zu gewinnen. Ende Juli beschlossen die Westmächte, 1942 nicht in Europa, sondern in Nordafrika zu landen. Die Kämpfe in Afrika fesselten jedoch nur geringe Teile der faschistischen Wehrmacht und hatten, da sie an der Peripherie des faschistischen Machtbereichs stattfanden, nicht die strategische Bedeutung einer z. F. (→ *nordafrikanische Feldzüge 1941–1943*). Die Regierungen der Westmächte hielten auch 1943 ihre der UdSSR wie ihren eigenen Völkern gegebene Zusage, in Westeuropa eine z. F. zu eröffnen, nicht ein. Die Landung auf Sizilien (10. 7. 1943) und auf der italienischen Halbinsel (3. und 9. 9. 1943) band ebenfalls nur relativ geringe deutsche Kräfte, so daß der Kampf der Sowjetunion nicht wesentlich erleichtert wurde.

Erst als durch die Siege der Sowjetarmee in den Schlachten von → *Stalingrad 1942/43*, bei → *Kursk 1943* und um den → *Dnepr 1943* die grundlegende Wende im Kriegsverlauf zugunsten der Antihitlerkoalition erkämpft wurde, änderte sich die Haltung der herrschenden Kreise der USA und Großbritanniens. Sie fürchteten, das internationale Gewicht der Sowjetunion und die Kraft der demokratischen und sozialen Bewegungen könnten zu stark wachsen. Auf der Teheraner Konferenz der Regierungschefs der Sowjetunion, der USA und Großbritanniens (28. 11.–1. 12. 1943) verpflichteten sich die beiden Westmächte zur Errichtung der z. F. in Westeuropa im Mai 1944. Die z. F. sollte vor allem ihrem politischen Ziel dienen, die eigenen Positionen in den westeuropäischen Ländern zu festigen und den Einfluß der Sowjetunion auf die Lösung der europäischen Nachkriegsprobleme einzuschränken. Am 6. 6. 1944 erfolgte die Landung der alliierten Expeditionsstreitkräfte in der Normandie (Operation «Overlord»). Mit dieser größten Seelandungsoperation des zweiten Weltkrieges wurde die von der Sowjetunion und den Werktätigen in der ganzen Welt seit Jahren geforderte z. F. in Europa eröffnet. Die Errichtung der z. F. erfolgte jedoch zu einem Zeitpunkt, als diese strategisch bereits an Bedeutung verloren hatte, da die faschistische Wehrmacht von der Sowjetarmee schon entscheidend geschlagen war. Dennoch bedeutete sie eine Entlastung der sowjetischen Truppen und trug zur rascheren Beendigung des Krieges bei. Auch nach der Landung der alliierten Streitkräfte und ihrer Entfaltung in der Tiefe Frankreichs blieb die deutsch-sowjetische Front die Hauptfront, an der sich der Ausgang des Krieges entschied. *(s. Abb. S. 1081)*

Vergleichendes geographisches und Ortsverzeichnis

Abrudbánya	Abrud
Abukir	Abû Qîr
Adrianopel	Edirne
Akkon	Akko
Alexandria	Al Iskandarîya
Algier	Al-Djazâir
Alsen	Als
Antiochia	Antakya
Apenrade	Åbenrå
Aquae Sextiae	Aix-en-Provence
Arausio	Orange
Argentoratum	Strasbourg
Askalon	Ashqelon
Aussig	Ústí nad Labem
Austerlitz	Slavkov u Brna
Bartenstein	Bartoszyce
Bärwalde	Mieszkowice
Bau	Bov
Bengasi	Banghāzī
Bischofsburg	Biskupiec
Bistritz	Bystřice
Bizerte	Bensert
Böhmen	Čechy
Bömisch-Skalitz	Česká Skalice
Brandeis	Brandýs nad Labem
Breslau	Wrocław
Brest-Litowsk	Brest
Brieg	Brzeg
Brixen	Bressanone
Brünn	Brno
Brüsterort	Mys Taran
Budweis	České Budějovice
Bunzelwitz	Bolesławice
Burkersdorf	Burkatów
Campo Formio	Campoformido
Casablanca	Dar al-Beida
Cattaro	Kotor
Chemnitz	Karl-Marx-Stadt
Chifu	Yantai
Chotusitz	Chotusice
Crusau	Kruså
Czernowitz	Tschernowzy
Dagö	Hiiumaa
Damiette	Dumyât
Danzig	Gdańsk
Deutsch Brod	Havlíčkův Brod
Deutsch-Ostafrika	Tansania
Deutsch-Südwestafrika	Namibia
Dorpat	Tartu
Dorylaion	Eskişehir
Düna	Daugava, Westliche Dwina
Dünaburg	Daugavpils
Dünkirchen	Dunkerque
Düppel	Dybbøl
Edessa	Urfa
Eger	Cheb
Elbing	Elbląg
El Gazala	Ayn al Ghazālah
Elsaß	Alsace
Flitsch	Bovec
Fraustadt	Wschowa
Friedland	Prawdinsk
Fünen	Fyn
Gallipoli	Gelibolu
Gitschin	Jičín
Glatz	Kłodzko
Glogau	Głogów
Graudenz	Grudziądz
Gumbinnen	Gussew
Günthersdorf	Godzieszówek
Hadersleben	Haderslev
Hohenfriedeberg	Dobromierz
Hühnerwasser	Kuřívody
Ikonion	Konya
Iser	Jizera
Jaffa	Tel Aviv-Yafo
Jägerndorf	Krnov
Jankau	Jankov
Jaroslawez	Jarosławiec
Jauer	Jawor
Joachimsthal	Jáchymov
Jütergotz	Güterfelde
Jütland	Jylland
Kairo	Al Qâhira
Kalisch	Kalisz
Karfreit	Kobarid
Karlowitz	Sremski Karlovci
Karlsbad	Karlovy Vary
Kasserine	Al Qasserîn
Katzbach	Kaczawa
Kay	Kije
Kiaotschou	Jiaozhou
Klein Schnellendorf	Przydroże Małe

Kolberg	Kołobrzeg
Königgrätz	Hradec Králové
Königsberg	Kaliningrad
Konitz	Chojnice
Konstantinopel	Istanbul
Kosel	Koźle
Köslin	Koszalin
Kowno	Kaunas
Krakau	Kraków
Kreta	Krḗtē
Kulm/ČSSR	Chlumec
Kulm/VR Polen	Chełmno
Kunersdorf	Kunowice
Kurisches Haff	Kurski Saliw
Kurland	Kurzeme
Küstrin	Kostrzyn
Kuttenberg	Kutná Hora
Lafeld	Laeffelt
Landeshut	Kamienna Góra
Langenbielau	Bielawa
Leuthen	Lutynia
Liegnitz	Legnica
Lipan	Lipany
Lissa	Vis
Livland	Vidzeme
Lobositz	Lovosice
Lothringen	Lorraine
Lötzen	Giżycko
Lüttich	Liège
Mähren	Morava
Maleschau	Malešov
Marienburg	Malbork
Masuren	Mazury
Memel	Klaipėda
Mies	Stříbro
Mollwitz	Małujowice
Moon	Muhu
Moys	Zgorzelec Ujazd
Münchengrätz	Mnichovo Hradiště
Nagyvárad	Oradea
Neidenburg	Nidzica
Neisse	Nysa
Neubreisach	Neuf-Brisach
Neuhäusel	Nové Zámky
Nikaia	İznik
Nikolsburg	Mikulov
Nimburg	Nymburk
Nimwegen	Nijmegen
Noreia	Neumarkt
Nystad	Uusikaupunki
Olmütz	Olomouc
Oppeln	Opole
Oran	Ouahran
Oranienbaum	Lomonossow
Ösel	Saaremaa
Peiho-Mündung	Haihe-Mündung
Peipussee	Tschudskoje Osero
Persante	Parsęta
Petersburg	Leningrad
Peterswaldau	Pieszyce
Petrograd	Leningrad
Pilgramshain	Żółkiewka
Pilsen	Plzeň
Pläswitz	Pielaszkowice
Pleß	Pszczyna
Pommern	Pomorze
Port Arthur	Lüshun
Poscherun	Požeruonai
Posen	Poznań
Preßburg	Bratislava
Preußisch-Eylau	Bagrationowsk
Reichenbach	Dzierżoniów
Reval	Tallinn
Saaz	Žatec
Saleph	Göksu
Saloniki	Thessaloníkē
Scherweiler	Scherwiller
Schlesien	Śląsk
Schlettstadt	Sélestat
Schlüsselburg	Petrokrepost
Schweidnitz	Świdnica
Sidon	Saida
Sollum	Es Salûm
Sonderburg	Sønderborg
Soor	Žd'ár
Spichern	Spicheren
Stalingrad	Wolgograd
Steinau	Ścinawa
Stettin	Szczecin
Stolp	Słupsk
Straßburg	Strasbourg
Striegau	Strzegom
Sundewitt	Sundeved
Tachau	Tachov
Tannenberg	Stębark
Tauroggen	Tauragė
Taus	Domažlice
Teschen	Český Těšín
Thomaswaldau	Tomkowice
Thorn	Toruń
Tientsin	Tianjin
Tilsit	Sowjetsk
Tobruk	Tubruq
Tolmein	Tolmin
Trautenau	Trutnov

Treptow/Rega	Trzebiatów
Tripolis/Libanon	Trâblous
Tripolis/Libyen	Tarâbulus
Usdau	Uzdowo
Veitsberg	Vítkov
Vercellae	Vercelli
Wahlstatt	Legnickie Pole
Wangerin	Węgorzyno
Weichsel	Wisła
Weißenburg	Wissembourg
Weißer Berg	Bílá Hora
Windhuk	Windhoek
Wollin	Wolin
Wörth	Woerth
Wreschen	Września
Wütende Neisse	Nysa Szalona
Xions	Książ
Zabern	Saverne
Zarizyn	Wolgograd
Zarnowitz	Żarnowiec
Zhili	Hebei
Znaim	Znojmo
Zorndorf	Sarbinowo

Stichwörterverzeichnis

Bildquellen
Armeemuseum der DDR: Archiv (170)
Militärgeschichtliches Institut der DDR: Archiv (134)
ADN-Zentralbild: Archiv (40)
Militärverlag der DDR: Archiv (9), Bersch (2),
Christel (1), MBD/Fröbus (8), AR/Gebauer (5),
Geißler (4), VA/Jeromin (3), Klöppel (1), Patzer (2),
MBD/Tessmer (5), AR/Uhlenhut (3), Walzel (1),
Zühlsdorf (3)
Militärarchiv der DDR (6)
Deutsche Fotothek Dresden (1)
Institut für Marxismus-Leninismus beim Zentralkomitee
der SED/Zentrales Fotoarchiv (3)
Märkisches Museum Berlin (1)
Museum für Deutsche Geschichte Berlin (1)
Stadtarchiv Berlin (1)
Karpinski (1), Willmann (1)

ISBN Bd. 1 3-327-00477-3
ISBN Bd. 2 3-327-00478-1
ISBN Gesamt 3-327-00239-8

2., durchgesehene Auflage
Militärverlag der Deutschen Demokratischen Republik
(VEB) – Berlin, 1987
Lizenz-Nr. 5
P 185/86
Printed in the German Democratic Republic
Gesamtherstellung:
INTERDRUCK Graphischer Großbetrieb Leipzig,
Betrieb der ausgezeichneten Qualitätsarbeit, III/18/97
Lektoren: H. Eisel, B. Götzke, B. Grebe, B. Hoffmann,
E. Krenz, R. Liebnitz, Ch. Rasmuß, Ch. Ritter, W. Sieg
Einband und typografische Gestaltung: W. Ritter
Zeichnungen: W. Friedrich, D. Garscha-Friedrich,
F. Klein, H. Kloss, R. Swoboda, E. Herrmann,
A. Engelstädter, I. Neumann, D. Bertram,
H. Jürgens, W. Kaufmann
Karten: VEB Kartographischer Dienst Potsdam,
Produktionsbereich 34/Leipzig
Redaktionsschluß: 4. Juli 1983
LSV: 0547
Bestellnummer: 746 635 0
08700